2001

Collector's Mart

Price Guide to

LIMITED EDITION

COLLECTIBLES

Edited by **Mary L. Sieber**
and the staff of
COLLECTOR'S
mart magazine

Published by

 **krause
publications**

**700 E. State Street • Iola, WI 54990-0001
Telephone: 715/445-2214**

Please call or write for our free catalog. Our toll-free
number to place an order or obtain a free catalog is
800-258-0929 or please use our regular business telephone
715-445-2214 for editorial comment and further information.

Library of Congress Catalog Number: 95-77317
ISBN: 0-87341-929-4 Printed in the United States of America

On Our Cover:

Front: Tin Cat Cruise box figurine. Harmony Kingdom; Columbus, Ohio
Writing to Santa ornament. Hallmark Cards; Kansas City, MO.
Loving, Caring & Sharing Along the Way figurine. Precious Moments, Enesco
Group Inc.; Itasca, Ill. Our thanks to Lisa Jacobsen.
Gene doll in *The Knight's Daughter* costume. Ashton-Drake Galleries; Niles,
Ill.
Spine: Chapel in Oberndorf plate. Bareuther; Bavaria, Germany. Our thanks
to Bonnie Tetzlaff.
Back: Fenton basket. Fenton Art Glass; Williamstown, W.V. Our thanks to
Dolores Haefner.
Bishop's Oast House architectural structure. Dickens' Village, Department
56; Eden Prairie, Minn. Our thanks to Terry Tomsyck.

Table of Contents

How to Use This Price Guide

Information used in this price guide was obtained from various manufacturers, publishers, producers, retailers and other secondary market sources.

Because secondary market prices can vary from region to region—and even within a given locale—values listed in this price guide are just that: *guides* to help collectors, insurance agents, appraisers and others determine the "going" or "asking" price. These values reflect the most often asked-for or sold-for prices. This guide is not published to determine exact pricing information on collectibles and should not be taken as such.

YR	NAME	LIMIT	ISSUE	TREND
① SCHMID			③	
② LOWELL DAVIS			L. DAVIS FARM SET	
85	MAIN HOUSE	CL	42.50	125.00
④	⑤	⑥	⑦	⑧

How to Read the Price Guide

① Manufacturer or Publisher

② Artist

③ Series

④ Year of Production or Publication

⑤ Name of Piece

⑥ Edition Size or Status of Piece

⑦ Issue price

⑧ Trend price at time of this publication

These abbreviations will be used to indicate edition size or status of a piece:

CL = Closed

FD = Firing Days
   (limited to a certain number of firing days)

OP = Open

RT = Retired

SO = Sold Out

ST = Set
   (two or more items issued together with one price)

SU = Suspended

TL = Time Limited

UD = Undisclosed

YR = Year of issue
   (limited to calendar year of issue)

DS = Discontinued

* = Unknown

N/A = Not Available

TW = Temporarily Withdrawn

Collectibles are listed alphabetically by category (bells, cottages, dolls, etc.); alphabetically by company (Anri, Cybis, etc.); alphabetically by series name; chronologically by year of issue; and alphabetically by title within each issue year.

Note: Price ranges may reflect various demands in the market from one geographic location to another; the condition of the collectible; specific markings found on the piece; and/or changes that occurred while the piece was in production.

Introduction

Welcome to the sixth edition of the *Collector's mart magazine Price Guide to Limited Edition Collectibles*. We've taken the information from our fifth edition, studied it, added to it, and updated it to create an incredible resource of more than 64,000 prices that covers the broad spectrum of contemporary collectibles.

Our goal for the *Price Guide to Limited Edition Collectibles* is a simple one: to provide a guide listing thousands of secondary market prices covering the gamut of contemporary collectibles including bells, cottages, dolls and plush, figurines, ornaments, plates, prints and steins. The term "secondary market" may be confusing to collectors, but simply put, it is the market collectibles enter after they have left the original, primary point of retail sales. It exists because a buyer is searching for an item no longer available through regular retail distribution channels. Secondary market transactions are represented by sales between individual collectors as well as dealers who may or may not be involved with primary retail selling.

To arrive at what we consider a fair trend price—or the average price at which a collectible is currently trading hands—we employ a panel of limited edition collectibles experts as well as comb secondary market newsletters and auction results; work with secondary market dealers and exchange specialists; monitor the manufacturers of limited edition collectibles; and listen to our readers, many of whom know as much about their collectible of choice as any expert. **Please keep in mind this book is simply a guide to be used in conjunction with every other bit of information you may be able to obtain to determine a realistic value for your collectible.** In the end, enthusiasts like you, who actually purchase collectibles on the secondary market, determine the values of those collectibles.

We've divided this book into categories that make it easy for you to find the information relevant to the items you collect: bells, cottages, dolls and plush, figurines, ornaments, plates, prints and steins. An introduction precedes each section and summarizes many of the trends occurring in today's marketplace.

Items within the listings are arranged alphabetically, first by company name, then by series name, and then by the artist's last name. They are further organized chronologically by the year in which the collectible was issued, then alphabetically by the title of the piece. Folios at the top of each page mark each section and make flipping through the book quick and easy. Two indexes at the back of the book help you locate items for which you may not have the necessary information.

Special thanks go to the distinguished group of secondary market specialists and collectibles experts who helped us with this edition. Within their respective fields, these experts have provided us with prices and trends, filled in missing information and prepared overviews of the various categories. Those individuals are:

- Dean Genth, Miller's Hallmark Gold Crown stores, Eaton, Fairborn, Xenia and Cincinnati, Ohio. Expert on M.I. Hummel, Swarovski crystal and Precious Moments figurines.
- Ken Armke and Jean Jackson, OHI Exchange, New Braunfels, Texas. Experts on Anheuser-Busch steins, David Winter cottages, Department 56 cottages, Lilliput Lane cottages and Harbour Lights lighthouses.
- Matthew Rothman, Lighthouse Trading Co., Limerick, Pa. Expert on Harbour Lights and Cheryl Spencer Collin lighthouses, Forma Vitrum architectural structures and Harmony Kingdom box figurines.
- Don Newton of The Willows, Elk Grove, Calif. Expert on prints by Thomas Kinkade, Dennis Patrick Lewan and Jack Terry.
- Kay Laubach, Shickshinny, Pa. Expert on David Winter cottages.
- Charles and Sharon Bragg, B & B Shop, Lima, Ohio. Experts on Fenton Art Glass.
- Charlotte M. Rush, Tyler, Texas. Expert on Lowell Davis figurines.
- Peggy Whiteneck, East Randolph, Vt. Expert on Lladró figurines and ornaments.
- Susan K. Elliott, Dallas. Expert on plates and plate history.
- Jay Brown, Gallery One, Mentor, Ohio. Expert on prints, especially those released by The Greenwich Workshop and Mill Pond Press.
- Sue Coffee, Old Lyme, Conn. Secondary market dealer and expert on Annalee Mobilitee Dolls.
- Teresa Reyes, Bronx, N.Y. Expert on Swarovski crystal.
- Clara Johnson Scroggins, Tampa, Fla. Expert on ornaments.
- Betty Hodges, Mission, Kan. Expert on dolls.
- Rick and Terri Peters, independent brokers and publishers of Pictorial Treasures, Pawhuska, Okla. Expert on Thomas Kinkade prints as well as prints by other major artists.
- Robert Zschack, Clifton, N.J., and William J. Healey, Holbrook, N.Y. Experts on Gregory Perillo plates.

- Harry Croft, publisher of *Bear Tales & Trails Quarterly Inc.* newsletter. Expert on The Boyds Collection Ltd.
- Lana and Rich Gernady, The Cat's Meow Gifts, Glenview, Ill. Experts on Beanie Babies and Charming Tails.
- Jean Ann and Mark Sovereign, Neosho, Mo. Secondary market specialists on The Boyds Collection Ltd.
- Joe Schulte, Gift Music Book & Collectibles, Chicago Heights, Ill. Expert on Hamilton Collection plates.

We also thank those of you who wrote or called with information and suggestions.

—Mary L. Sieber

Even with all the information we've gleaned through our market experts and by studying auction reports and exchange service publications, we constantly strive for more accurate prices. That's where you can help. If you have information you feel will benefit this book, please send it our way so we may update our records. Send information to:

Collector's mart Price Guide to Limited Edition Collectibles
700 E. State St.
Iola, WI 54990-0001
Attn. Mary Sieber

Bells

Bells ring in the hearts of collectors everywhere. At once utilitarian and extravagant, common and rare, quiet and bold, they call guests to dinner or summon admirers without making a sound.

Though bells add a note of joy to any day, they are most often associated with the holidays. Ringing in cheer to melt Scrooge's heart, bells resonate in everyone's favorite Christmas memories. Carols about silver bells and jingle bells make the Yuletide bright, and who could forget little Zuzu in *It's a Wonderful Life* telling her father, George Bailey, that "every time a bell rings, an angel gets his wings."

Bell connoisseurs know all about the power of bells because anytime they ring, their hearts take wing.

Bells—one of the very oldest forms of art—harken back centuries to ancient civilizations long gone. They are steeped in mystery, surrounded by legends of special powers ranging from thwarting demons to invoking curses and lifting spells.

In general, bells were most often used as a signal, marking significant points of ritual, calling to worship, tolling the hours, announcing events and helping communities to rejoice, mourn or send warning. Their power was at one time extremely significant to many religions. Bells have also been treasured as patriotic symbols and war trophies.

Most cultures today have turned these utilitarian objects into works of art with respect to shape, materials and ornamentation. Created of porcelain, wood, metal, china, crystal and other materials, the melodious chimers are a double joy for collectors because they are both lovely to hear and see.

The hobby of collecting limited edition bells rocketed to its zenith in the 1970s, especially during the United States' Bicentennial when a multitude of special bells were produced to commemorate the historic occasion. Unfortunately, the bell market became saturated, and as a result the hobby settled into a quieter pastime.

Today some special Bicentennial bells, as well as Lladró porcelain bells, Waterford crystal bells, Bing & Grondahl bells and Fenton Art Glass bells remain popular and do well on the secondary market. Bells produced by Pairpoint still rank high on collectors' lists as well. Other current producers of bells include Swarovski, Reed & Barton, Enesco Group Inc., Nyco International and G. DeBrekht Artistic Studios/Russian Art and Jewelry Center.

YR	NAME	LIMIT	ISSUE	TREND

BELLS

ANRI

J. FERRANDIZ
ANRI WOODEN CHRISTMAS BELLS

YR	NAME	LIMIT	ISSUE	TREND
1976	CHRISTMAS	YR	6.00	52.00
1977	CHRISTMAS	YR	7.00	42.00
1978	CHRISTMAS	YR	10.00	42.00
1979	CHRISTMAS	YR	13.00	30.00
1980	CHRISTMAS KING, THE	YR	18.00	18.00
1981	LIGHTING THE WAY	YR	18.00	20.00
1982	CARING	YR	18.00	19.00
1983	BEHOLD	YR	18.00	19.00
1985	NATURE'S DREAM	YR	18.00	20.00

J. FERRANDIZ
JUAN FERRANDIZ MUSICAL CHRISTMAS BELLS

1976	CHRISTMAS	YR	25.00	82.00
1977	CHRISTMAS	YR	25.00	82.00
1978	CHRISTMAS	YR	35.00	77.00
1979	CHRISTMAS	YR	48.00	62.00
1980	LITTLE DRUMMER BOY	YR	60.00	65.00
1981	GOOD SHEPHERD BOY, THE	YR	63.00	65.00
1982	SPREADING THE WORD	YR	63.00	65.00
1983	COMPANIONS	YR	63.00	65.00
1984	WITH LOVE	YR	55.00	57.00

ARTAFFECTS

R. SAUBER
BELLS

1987	MOTHERHOOD BELL	*	25.00	26.00
1987	NEWBORN BELL	*	25.00	26.00
1987	SWEET SIXTEEN BELL	*	25.00	26.00
1987	WEDDING BELL, THE (GOLD)	*	25.00	26.00
1987	WEDDING BELL, THE (SILVER)	*	25.00	26.00
1987	WEDDING BELL, THE (WHITE)	*	25.00	26.00

R. SAUBER
BRIDE BELLES FIGURINE BELLS

1988	CAROLINE	*	28.00	28.00
1988	ELIZABETH	*	28.00	28.00
1988	EMILY	*	28.00	28.00
1988	GROOM	*	28.00	28.00
1988	JACQUELINE	*	28.00	28.00
1988	LAURA	*	28.00	28.00
1988	MEREDITH	*	28.00	28.00
1988	REBECCA	*	28.00	28.00
1988	SARAH	*	28.00	28.00

G. PERILLO
INDIAN BRAVE ANNUAL BELL

1989	CHRISTMAS POW-WOW	YR	24.00	33.00
1990	INDIAN BRAVE	YR	24.00	25.00
1991	INDIAN BRAVE	YR	24.00	25.00

G. PERILLO
INDIAN PRINCESS ANNUAL BELL

1989	LITTLE PRINCESS, THE	YR	24.00	31.00
1990	INDIAN PRINCESS	YR	24.00	25.00

ARTISTS OF THE WORLD

T. DEGRAZIA
DEGRAZIA BELLS

1980	FESTIVAL OF LIGHTS	5000	40.00	90.00
1980	LOS NINOS	7500	40.00	90.00

BING & GRONDAHL

E. JENSEN
ANNUAL CHRISTMAS BELL

1983	CHRISTMAS IN THE OLD TOWN	YR	45.00	46.00
1984	CHRISTMAS LETTER, THE	YR	45.00	46.00
1985	CHRISTMAS EVE AT THE FARMHOUSE	YR	45.00	46.00
1986	SILENT NIGHT, HOLY NIGHT	YR	45.00	46.00
1987	SNOWMAN'S CHRISTMAS EVE, THE	YR	48.00	48.00
1988	OLD POET'S CHRISTMAS, THE	YR	50.00	50.00
1989	CHRISTMAS ANCHORAGE	YR	52.00	53.00
1990	CHANGING OF THE GUARDS	YR	55.00	56.00
1991	COPENHAGEN STOCK EXCHANGE AT XMAS, THE	YR	60.00	60.00

J. NIELSEN
ANNUAL CHRISTMAS BELL

1998	CHRISTMAS	YR	65.00	65.00

J. STEENSEN
ANNUAL CHRISTMAS BELL

1992	CHRISTMAS AT THE RECTORY	YR	62.00	63.00
1993	FATHER CHRISTMAS IN COPENHAGEN	YR	62.00	63.00

H. THELANDER
ANNUAL CHRISTMAS BELL

1980	CHRISTMAS IN THE WOODS	YR	40.00	40.00
1981	CHRISTMAS PEACE	YR	42.00	43.00
1982	CHRISTMAS TREE, THE	YR	45.00	46.00

J. WOODSON
CHRISTMAS IN AMERICA BELL

1988	CHRISTMAS EVE IN WILLIAMSBURG	YR	28.00	105.00
1989	CHRISTMAS EVE AT THE WHITE HOUSE	YR	29.00	77.00
1990	CHRISTMAS EVE AT THE CAPITOL	YR	30.00	31.00
1991	INDEPENDENCE HALL	YR	35.00	36.00
1992	CHRISTMAS IN SAN FRANCISCO	YR	38.00	38.00
1993	COMING HOME FOR CHRISTMAS	YR	38.00	38.00

YR	NAME	LIMIT	ISSUE	TREND

BRADFORD EDITIONS

HEAVEN'S LITTLE HELPERS BELL COLLECTION

*				
1997	BUNCH OF LOVE	120-DAY	20.00	20.00

C.U.I./CAROLINA COLLECTION
J. HARRIS

STERLING CLASSIC

YR	NAME	LIMIT	ISSUE	TREND
1991	BARN OWL	RT	100.00	103.00
1991	CAMBERWELL BEAUTY	RT	100.00	103.00
1991	CLOUDED YELLOW	RT	100.00	103.00
1991	KINGFISHER	RT	100.00	103.00
1991	LARGE BLUE	RT	100.00	100.00
1991	MOUSE	RT	100.00	100.00
1991	PEACOCK	RT	100.00	100.00
1991	SMALL TORTOISESHELL	RT	100.00	100.00
1991	SWALLOWTAIL	RT	100.00	100.00

CAST ART
K. HAYNES

DREAMSICLES

YR	NAME	LIMIT	ISSUE	TREND
1995	FINISHING TOUCHES	RT	*	20.00
1996	SANTA IN DREAMSICLE LAND	RT	*	20.00
1997	STAR OF WONDER	RT	*	20.00

CROWN & ROSE
J. BERGDAHL

12 DAYS OF CHRISTMAS

YR	NAME	LIMIT	ISSUE	TREND
1982	FIVE GOLDEN RINGS	7500	75.00	80.00
1983	SIX GEESE A' LAYING	7500	75.00	80.00
1984	SEVEN SWANS A' SWIMMING	7500	78.00	80.00

M. DINKEL

12 DAYS OF CHRISTMAS

YR	NAME	LIMIT	ISSUE	TREND
1978	PARTRIDGE IN A PEAR TREE	7500	50.00	300.00
1979	TWO TURTLEDOVES	7500	55.00	80.00
1980	THREE FRENCH HENS	7500	60.00	85.00

J. SPOUSE

12 DAYS OF CHRISTMAS

YR	NAME	LIMIT	ISSUE	TREND
1981	FOUR CALLING BIRDS	7500	70.00	80.00

DANBURY MINT
ROCKWELL INSPIRED

THE NORMAN ROCKWELL COMMEMORATIVE BELL

YR	NAME	LIMIT	ISSUE	TREND
1979	TRIPLE SELF-PORTRAIT	*	30.00	35.00

ROCKWELL INSPIRED

THE WONDERFUL WORLD OF NORMAN ROCKWELL

YR	NAME	LIMIT	ISSUE	TREND
1979	BABY-SITTER	*	28.00	30.00
1979	BACK TO SCHOOL	*	28.00	30.00
1979	BATTER UP	*	28.00	30.00
1979	FRIEND IN NEED	*	28.00	30.00
1979	GRAMPS AT THE REINS	*	28.00	30.00
1979	GRANDPA'S GIRL	*	28.00	30.00
1979	LEAPFROG	*	28.00	30.00
1979	PUPPY IN THE POCKET	*	28.00	30.00

ROCKWELL INSPIRED

VARIOUS

YR	NAME	LIMIT	ISSUE	TREND
1975	DOCTOR AND DOLL	*	28.00	55.00
1976	DISCOVERY, THE	*	28.00	45.00
1976	FREEDOM FROM WANT	*	28.00	45.00
1976	GRANDPA SNOWMAN	*	28.00	45.00
1976	NO SWIMMING	*	28.00	45.00
1976	SAYING GRACE	*	28.00	45.00
1977	KNUCKLES DOWN	*	28.00	40.00
1977	PUPPY LOVE	*	28.00	40.00
1977	REMEDY, THE	*	28.00	40.00
1977	RUNAWAY, THE	*	28.00	40.00
1977	SANTA'S MAIL	*	28.00	40.00
1977	TOM SAWYER	*	28.00	40.00

DAVE GROSSMAN CREATIONS
ROCKWELL INSPIRED

NORMAN ROCKWELL COLLECTION

YR	NAME	LIMIT	ISSUE	TREND
1975	FACES OF CHRISTMAS NRB-75	RT	12.00	37.00
1976	BEN FRANKLIN (BICENTENNIAL)	RT	12.00	27.00
1976	DRUM FOR TOMMY NRB-76	RT	12.00	32.00
1980	LEAPFROG NRB-90	RT	50.00	58.00

DEPARTMENT 56

HERITAGE VILLAGE

*				
1996	CHRISTMAS BELLS	YR	35.00	35.00

ENESCO CORP.
P. HILLMAN

CHERISHED TEDDIES CHRISTMAS

YR	NAME	LIMIT	ISSUE	TREND
1992	ANGEL BEAR	*	20.00	65.00

FROM BARBIE WITH LOVE

*				
1996	HERE COMES THE BRIDE FI BELL 174734	YR	40.00	40.00
1996	SWIRLED BELL W/HEART HANDLE 162272	*	12.00	13.00

KINKA

KINKA BELLS

YR	NAME	LIMIT	ISSUE	TREND
1989	EASTER...FILLED W/HOPE & BLESSINGS 116610	*	22.00	23.00
1989	YOUR LOVE IS SPECIAL TO ME 116580	*	22.00	23.00
1990	CHRISTMAS IS A TIME OF LOVE 119962	YR	25.00	25.00
1991	LIFE IS ONE JOYOUS STEP/ANOTHER 121320	YR	22.00	23.00
1991	MAY THE GLOW OF GOD'S LOVE 120596	YR	22.00	23.00

M. ATTWELL

MEMORIES OF YESTERDAY

YR	NAME	LIMIT	ISSUE	TREND
1990	HERE COMES BRIDE/GOD BLESS HER 523100	*	25.00	26.00

YR	NAME	LIMIT	ISSUE	TREND
S. BUTCHER		**PRECIOUS MOMENTS ANNUAL BELLS**		
1980	LET THE HEAVENS REJOICE E-5622	YR	17.00	175.00
1982	I'LL PLAY MY DRUM FOR HIM E-2358	YR	17.00	55.00
1983	SURROUNDED WITH JOY E-0522	YR	18.00	65.00
1984	WISHING YOU A MERRY CHRISTMAS E-5393	YR	19.00	50.00
1985	GOD SENT HIS LOVE 15873	YR	19.00	40.00
1985	WISHING YOU A COZY CHRISTMAS 102318	YR	20.00	40.00
1986	LOVE IS THE BEST GIFT OF ALL 109835	YR	22.00	35.00
1988	OH HOLY NIGHT 522821	YR	25.00	40.00
1988	TIME TO WISH/MERRY CHRISTMAS 115304	YR	25.00	40.00
1989	ONCE UPON A HOLY NIGHT 523828	YR	25.00	35.00
1990	MAY YOUR CHRISTMAS BE MERRY 524182	YR	25.00	35.00
1992	BUT THE GREATEST OF THESE/LOVE 527726	YR	25.00	30.00
S. BUTCHER		**PRECIOUS MOMENTS COLLECTION**		
1992	WISHING YOU/SWEETEST CHRISTMAS 530174	YR	25.00	32.00
S. BUTCHER		**PRECIOUS MOMENTS VARIOUS BELLS**		
1980	GOD UNDERSTANDS E-5211	RT	17.00	40.00
1980	JESUS IS BORN E-5623	SU	17.00	55.00
1980	JESUS LOVES ME E-5208	SU	17.00	55.00
1980	JESUS LOVES ME E-5209	SU	15.00	50.00
1980	PRAYER CHANGES THINGS E-5210	SU	18.00	55.00
1980	WE HAVE SEEN HIS STAR E-5620	SU	17.00	40.00
1981	LORD BLESS YOU AND KEEP YOU, THE E-7175	SU	17.00	30.00
1981	LORD BLESS YOU AND KEEP YOU, THE E-7176	SU	17.00	50.00
1981	MOTHER SEW DEAR E-7181	SU	17.00	40.00
1981	PURR-FECT GRANDMA, THE E-7183	SU	17.00	35.00
1982	LORD BLESS YOU AND KEEP YOU, THE E-7179	SU	22.00	60.00

FENTON ART GLASS
*

YR	NAME	LIMIT	ISSUE	TREND
*	BELL 7668LT 6-1/2" CHRISTMAS MORN	*	*	28.00
1980	BELL 7564BD	*	*	25.00
1980	BELL 7564JA	*	*	25.00
1980	BELL 9462BD BASKETWEAVE	*	*	36.00
1981	BELL 7562VB STAR	*	*	55.00
1981	BELL 7563VY STAR CRIMPED	*	*	50.00
1981	BELL 7564FN MOTHER'S DAY	*	*	30.00
1981	BELL 7564SS	*	*	30.00
1981	BELL 8265BO LILY OF VALLEY	*	*	32.00
1981	BELL 9462CD BASKETWEAVE	*	*	30.00
1981	BELL 9462DR BASKETWEAVE	*	*	30.00
1981	BELL 9462SF	*	*	30.00
1981	BELL 9463FL NATIVITY	*	*	40.00
1981	BELL 9463FT NATIVITY	*	*	40.00
1981	BELL 9463TB NATIVITY	*	*	40.00
1981	BELL 9463TG NATIVITY	*	*	35.00
1981	BELL 9463VE NATIVITY	*	*	25.00
1982	BELL 7564BA	*	*	22.00
1982	BELL 7564IN IRIS	*	*	35.00
1982	BELL 7564KP	*	*	35.00
1982	BELL 7564NA MOTHER'S DAY	*	*	35.00
1982	BELL 7564VI	*	*	35.00
1982	BELL 9660FG CRAFTSMAN	*	*	30.00
1983	BELL 1760TE PETITE TEDDY	*	*	20.00
1983	BELL 1760WC WINTER CHAPEL	*	*	35.00
1983	BELL 7564 SCHALLER, IA	*	*	48.00
1983	BELL 7564FD WILDFLOWERS	*	*	30.00
1983	BELL 7564RQ MOTHER'S DAY	*	*	30.00
1983	BELL 7564TT	*	*	30.00
1983	BELL 7564XA BUDWEISER CLYDESDALES	*	*	75.00
1983	BELL 9667KT BLUE BIRD CC	*	*	65.00
1983	BELL G1665HG	*	*	24.00
1984	BELL 1760FA	*	*	35.00
1984	BELL 1773RK	*	*	25.00
1984	BELL 3645PO	*	*	100.00
1984	BELL 7564PM PRECIOUS PANDA	*	*	25.00
1984	BELL 9662VE GIRL	*	*	25.00
1984	BELL 9662VP GIRL	*	*	45.00
1985	BELL 1760CL PETITE CLOWN	*	*	25.00
1985	BELL 1760F4 MINI	*	*	25.00
1985	BELL 1760HQ PETITE HOBBYHORSE	*	*	25.00
1985	BELL 7564F8	*	*	25.00
1985	BELL 7668K2 SUMMER FUN 6-1/2"	*	*	35.00
1985	BELL 7668K3 BACK TO SCHOOL 6-1/2"	*	*	35.00
1985	BELL 7668K4 WINTER WONDER 6-1/2"	*	*	35.00
1985	BELL 7668K5 THANKSGIVING 6-1/2"	*	*	35.00
1985	BELL 7668K6 XMAS CHEER 6-1/2"	*	*	35.00
1985	BELL 7673SM SNOWMAN	*	*	47.00
1985	BELL 7674SM SNOWMAN	*	*	30.00
1985	BELL 9663NK GARDEN OF EDEN	*	*	35.00
1985	BELL HARRY NORTHWOOD/GOOD LUCK	*	*	65.00
1985	BELL V1774V3 BARNYARD PIGS	*	*	24.00
1985	BELL V1774V4 BARNYARD LAMP	*	*	24.00
1985	BELL V1774V5 BARNYARD GOOSE	*	*	24.00
1986	BELL 1760HW	*	*	24.00
1986	BELL 6665UO 7-1/2"	*	*	28.00
1986	BELL 7662EW PETITE 4-1/2"	*	*	22.00
1986	BELL 7662WQ PETITE 4-1/2"	*	*	22.00

YR	NAME	LIMIT	ISSUE	TREND
1986	BELL 7668EW 6-1/2"	*	*	35.00
1986	BELL 8361NK BARRED OWL	*	*	35.00
1986	BELL 8466DK FABERGE	*	*	35.00
1986	BELL 9066BR WHITTON	*	*	50.00
1986	BELL 9665PW BEAUTY	*	*	35.00
1986	BELL V1760FX PETITE 4-1/2"	*	*	18.00
1986	BELL V1774FX OVAL 6-1/2"	*	*	28.00
1987	BELL 1760PN PETITE CHILDHOOD	*	*	18.00
1987	BELL 3067MI HOBNAIL	*	*	15.00
1987	BELL 7662FS PETITE	*	*	18.00
1987	BELL 7668FS 6-1/2"	*	*	30.00
1987	BELL 9665OO BEAUTY	*	*	18.00
1987	BELL 9667CA AURORA	*	*	18.00
1988	BELL 1760RD PETITE	*	*	18.00
1988	BELL 7662HL PETITE	*	*	18.00
1988	BELL 7662VC PETITE	*	*	18.00
1988	BELL 7668 BEE-BALM 6-1/2"	*	*	25.00
1988	BELL 7668 COLUMBINE 6-1/2"	*	*	25.00
1988	BELL 7668 JACOB'S LADDER 6-1/2"	*	*	32.00
1988	BELL 7668 LILAC MARIPOSA 6-1/2"	*	*	32.00
1988	BELL 7668 PASTURE THIMBLE 6-1/2"	*	*	28.00
1988	BELL 7668 RED CLOVER 6-1/2"	*	*	28.00
1988	BELL 7668BD BIRDS OF WINTER 6-1/2"	*	*	30.00
1988	BELL 7668VC 6-1/2"	*	*	30.00
1988	BELL 7669ML MUSICAL	*	*	45.00
1988	BELL 7669VZ MUSICAL XMAS	*	*	45.00
1988	BELL 9761OC CROSS HANDLE	*	*	25.00
1988	BELL C7562JQ CRESTED	*	*	40.00
1988	BELL C7662EQ PETITE	*	*	22.00
1988	BELL C7667EQ	*	*	40.00
1988	BELL C7668QC MUSICAL XMAS 6-1/2"	*	*	45.00
1988	BELL EDWARD MUHLEMAN/GOOD LUCK	*	*	50.00
1989	BELL 1760CX PETITE CHILDHOOD	5000	*	20.00
1989	BELL 8267MP MEDALLION	*	*	29.00
1989	BELL 9761VE CROSS	*	*	20.00
1989	BELL 9763RU PETITE HEART	*	*	18.00
1989	BELL C1773UQ MOTHER'S DAY	*	*	25.00
1990	BELL 6761ES PAISLEY 7"	*	*	36.00
1990	BELL 7662AF PETITE	*	*	19.00
1990	BELL 7662FH PETITE	*	*	22.00
1990	BELL 7668SN MOTHER'S DAY 6-1/2"	*	*	45.00
1990	BELL 9266ES BOW & DRAPE 4-1/2"	*	*	22.00
1990	BELL 9266LX BOW & DRAPE 4-1/2"	*	*	17.00
1990	BELL 9266SR BOW & DRAPE 4-1/2"	*	*	15.00
1990	BELL 9266TL BOW & DRAPE 4-1/2"	*	*	22.00
1990	BELL 9268TL BOW & DRAPE 6"	*	*	30.00
1990	BELL 9462FH BASKETWEAVE	*	*	30.00
1990	BELL 9560LX TEMPLE	*	*	38.00
1990	BELL 9560RE TEMPLE	*	*	45.00
1990	BELL 9560RN TEMPLE	*	*	37.00
1990	BELL C7666KP COPPER ROSE	*	*	42.00
1990	BELL C7668MN MOTHER'S DAY 6-1/2"	*	*	38.00
1990	BELL C7668UW THANKSGIVING 6-1/2"	*	*	38.00
1990	BELL C7668VD VALENTINE'S DAY 6-1/2"	*	*	45.00
1990	BELL C7668XA XMAS BLUE BORDER 6-1/2"	*	*	40.00
1990	BELL C7668XA XMAS GREEN BORDER 6-1/2"	*	*	40.00
1990	BELL C7668XA XMAS ROSES & PINE 6-1/2"	*	*	40.00
1990	BELL C9268ET EASTER	*	*	45.00
1990	BELL C9560GZ TEMPLE	*	*	40.00

*			**PETITE ARTIST SERIES**	
1987	BELL 1760SF	*		18.00
1989	BELL 1760AC	5000	*	20.00
*			**90TH ANNIVERSARY**	
1995	BELL 9667JE 7"	OP	35.00	38.00
D. JOHNSON			**BIRDS OF WINTER ED. I**	
1987	BELL 7668BC 6-1/2"	4500	30.00	40.00
D. JOHNSON			**BIRDS OF WINTER ED. II**	
1988	BELL 7667BD 6-1/2"	4500	30.00	45.00
D. JOHNSON			**BIRDS OF WINTER ED. III**	
1990	BELL 7667BL 6-1/2"	4500	30.00	40.00
D. JOHNSON			**BIRDS OF WINTER ED. IV**	
1990	BELL 7667NB 6-1/2"	4500	30.00	40.00
F. BURTON			**CHRISTMAS AT HOME ED. I**	
1990	BELL 7668HD 6-1/2"	3500	39.00	65.00
F. BURTON			**CHRISTMAS AT HOME ED. II**	
1990	BELL 7668HJ 6-1/2"	3500	35.00	45.00
F. BURTON			**CHRISTMAS AT HOME ED. III**	
1992	BELL 7668HQ 6-1/2"	3500	39.00	45.00
F. BURTON			**CHRISTMAS AT HOME ED. IV**	
1993	BELL 7668HT	3500	40.00	40.00
M. DICKINSON			**CHRISTMAS CLASSICS ED. I**	
1978	BELL 7466CV CHRISTMAS MORN	*	25.00	40.00
K. CUNNINGHAM			**CHRISTMAS CLASSICS ED. II**	
1979	BELL 7466NC NATURE'S CHRISTMAS	*	30.00	40.00
D. JOHNSON			**CHRISTMAS CLASSICS ED. III**	
1980	BELL 7466GH 6-1/2" GOING HOME	*	32.00	50.00

YR	NAME	LIMIT	ISSUE	TREND
D. JOHNSON			**CHRISTMAS CLASSICS ED. IV**	
1981	BELL 7466AC 6-1/2"	*	35.00	35.00
R. SPINDLER			**CHRISTMAS CLASSICS ED. V**	
1982	BELL 7466OC 6-1/2"	*	35.00	35.00
D. JOHNSON			**CHRISTMAS FANTASY ED. I**	
1983	BELL 7667AI 6-1/2"	7500	35.00	40.00
D. JOHNSON			**CHRISTMAS FANTASY ED. II**	
1984	BELL 7667GE 6-1/2"	7500	38.00	38.00
D. JOHNSON			**CHRISTMAS FANTASY ED. III**	
1985	BELL 7667WP 6-1/2"	7500	38.00	65.00
L. EVERSON			**CHRISTMAS FANTASY ED. IV**	
1987	BELL 7667CV 6-1/2"	CL	38.00	38.00
L. PIPER			**CHRISTMAS LIMITED EDITIONS**	
1986	BELL 7667XS 6"	5000	35.00	65.00
M. REYNOLDS			**CHRISTMAS LIMITED EDITIONS**	
1992	BELL 7463ZW WINTER ON TWILIGHT BLUE 6-1/2"	2500	30.00	40.00
1993	BELL 7463SD MANGER SCENE ON RUBY 6-1/2"	2500	40.00	40.00
1993	BELL 7463TV REINDEER ON BLUE 6-1/2"	2500	30.00	30.00
1993	BELL 7465GQ FLORAL ON GRN/MUSICAL 6-1/2"	2500	40.00	45.00
1994	BELL 7463VG MAGNOLIA ON GOLD 6-1/2"	1000	35.00	35.00
1994	BELL 7463VP ANGEL ON IVORY 6-1/2"	1000	39.00	40.00
1994	BELL 7465VK PARTRIDGE ON RUBY-MTNS. 6-1/2"	1000	48.00	49.00
1995	BELL 2967TH BOW & HOLLY ON IVORY 6-1/2"	900	40.00	40.00
1995	BELL 7463TP CHICKADEE ON GOLD 6-1/2"	900	40.00	40.00
1995	BELL 7667TQ ICED POINSETTIA ON RUBY 5-1/2"	900	45.00	45.00
1996	BELL 2967AC 6-1/2"	2000	40.00	40.00
1996	BELL 5144AV 6"	2000	40.00	40.00
1996	BELL 6662CH HOLLY BERRIES ON GOLD IRID. 6-1/2"	1500	40.00	40.00
1996	BELL 7668QP PARTRIDGE ON SPRUCE 6-1/2"	1500	35.00	35.00
R. SPINDLER			**CHRISTMAS LIMITED EDITIONS**	
1996	BELL 7768QV MOONLIT ON RUBY 6-1/2"	1500	45.00	45.00
1996	BELL 9463N7 NATIVITY SCENE 6-1/2"	1500	49.00	48.00
F. BURTON			**CHRISTMAS STAR "OUR HOME IS BLESSED"**	
1995	BELL 7668VT 6-1/2"	2500	45.00	45.00
F. BURTON			**CHRISTMAS STAR "SILENT NIGHT"**	
1994	BELL 7463VS 6"	2500	45.00	45.00
F. BURTON			**CHRISTMAS STAR ED. III**	
1996	BELL 7463SN 6-1/2"	2500	48.00	60.00
*			**CLYDESDALE**	
1983	BELL 7564XA		9.00	65.00
*			**CONNOISSEUR COLLECTION**	
1983	BELL 9660WI CRAFTSMEN	3500	25.00	65.00
1984	BELL 9163UR	3500	25.00	55.00
D. BARBOUR			**CONNOISSEUR COLLECTION**	
1986	BELL 7666SB SHELLS	2500	60.00	110.00
L. EVERSON			**CONNOISSEUR COLLECTION**	
1983	BELL 7562UF	2000	50.00	95.00
1985	BELL 7666EB 6-1/2"	2500	55.00	100.00
1988	BELL 7666ZW 7"	4000	45.00	85.00
1989	BELL 9667KT 7"	3500	50.00	75.00
M. REYNOLDS			**CONNOISSEUR COLLECTION**	
1991	BELL 6761UZ 7"	2000	50.00	50.00
F. BURTON			**DESIGNER BELLS**	
1996	BELL 4568EB 6-1/2"	2500	60.00	60.00
2000	LUSH GARDEN BELL 6"	2500	75.00	75.00
K. PLAUCHE			**DESIGNER BELLS**	
1996	BELL 7667HW 5-1/2"	2500	50.00	50.00
2000	DOLPHIN FROLIC BELL 5 1/2"	2500	65.00	65.00
M. REYNOLDS			**DESIGNER BELLS**	
1996	BELL 4564IN 6"	2500	60.00	60.00
1996	VANITY SET 7199WB 4 PC	1500	250.00	250.00
2000	VICTORIAN STRIPES BELL 6"	2500	65.00	65.00
R. SPINDLER			**DESIGNER BELLS**	
1996	BELL 7562PP 7"	2500	55.00	55.00
2000	WATER LILIES BELL 6 1/2"	2500	65.00	65.00
F. BURTON			**DESIGNER SERIES**	
1997	BELL 7" FOREST COTTAGE 8267CF	2500	59.00	59.00
K. PLAUCHE			**DESIGNER SERIES**	
1997	BELL 6 1/2" ROSES ON RIBBONS 4629AF	2500	59.00	59.00
M. REYNOLDS			**DESIGNER SERIES**	
1997	BELL 6" BUTTERFLIES 1145GF	2500	59.00	59.00
R. SPINDLER			**DESIGNER SERIES**	
1997	BELL 6 3/4" FEATHERS 9862BF	2500	59.00	59.00
FINN			**DOWN HOME**	
1983	BELL 7455FV	1000	65.00	65.00
F. BURTON			**FAMILY SIGNATURE SERIES**	
1998	DON FENTON ROYAL PURPLE BELL, 6 1/2"	TL	99.00	99.00
*			**HISTORIC COLLECTION**	
1993	BELL 3645RN 5 1/2"	OP	25.00	30.00
1997	BELL 6 1/2" 9665TS	*	25.00	25.00
M. REYNOLDS		**HISTORIC COLLECTION-FLORAL INTERLUDE ON SEA GREEN SATIN**		
1998	BELL, 6-1/2" 7768GG	TL	45.00	45.00

YR	NAME	LIMIT	ISSUE	TREND
*			**HISTORICAL COLLECTION**	
1989	BELL 3645XC	*	18.00	20.00
1990	BELL 8265BX 6" LILY OF THE VALLEY	*	16.00	30.00
1991	BELL 9065DT 5-1/2"	*	25.00	25.00
1991	BELL 9560BO TEMPLBELLS 6-3/4"	*	18.00	22.00
1992	BELL 3567XV 6"	*	20.00	22.00
1992	BELL 9667GF 7" AURORA	*	29.00	35.00
1993	BELL 3645RV 5-1/2"	OP	18.00	25.00
1994	BELL 9667SS 7"	OP	25.00	25.00
1994	BELL 9667ST 7"	*	35.00	35.00
1994	BELL 9667ST AURORA 7"	OP	25.00	25.00
M. DICKINSON			**LIGHTHOUSE POINT**	
1983	BELL 7466LT	1000	65.00	65.00
*			**LOVES ME, LOVES ME NOT**	
1994	BELL, 6" 7463RY	TL	49.00	55.00
M. REYNOLDS			**MARY GREGORY**	
1993	BELL 7463RQ RUBY 6"	CL	49.00	49.00
1994	BELL 7463RY RUBY 6"	CL	49.00	55.00
1995	BELL 7463RG 6-1/2"	CL	49.00	55.00
2000	MARY GREGORY SWAN LAKE BELL 6 1/2"	2350	110.00	110.00
*			**MOTHER'S DAY SERIES**	
1980	BELL 7564NB NEWBORN	*	*	25.00
*			**PETITE ARTIST**	
1982	BELL 1760TC	*	*	18.00
M. DICKINSON			**SMOKE 'N CINDERS**	
1984	BELL 7667TL DESIGNER	1250	*	90.00
1984	BELL, 7667TL	1250	*	85.00
M. REYNOLDS			**VALENTINE'S DAY**	
1992	BELL 7668XB 6"	CL	35.00	35.00

GOEBEL INC.

YR	NAME	LIMIT	ISSUE	TREND
M.I. HUMMEL			**M.I. HUMMEL**	
2000	LIGHT THE WAY	*	70.00	70.00
M.I. HUMMEL			**M.I. HUMMEL ANNUAL BELLS**	
1978	LET'S SING HUM-700	CL	50.00	50.00
1979	FAREWELL HUM-701	CL	70.00	35.00
1980	THOUGHTFUL HUM-702	CL	85.00	35.00
1981	IN TUNE HUM-703	CL	85.00	50.00
1982	SHE LOVES ME HUM-704	CL	85.00	75.00
1983	KNIT ONE HUM-705	CL	90.00	75.00
1984	MOUNTAINEER HUM-706	CL	90.00	75.00
1985	ANNIVERSARY BELL HUM-730	CL	*	1750.00
1985	SWEET SONG HUM-707	CL	90.00	75.00
1986	SING ALONG HUM-708	CL	100.00	100.00
1987	WITH LOVING GREETINGS HUM-709	CL	110.00	150.00
1988	BUSY STUDENT HUM-710	CL	120.00	150.00
1989	LATEST NEWS HUM-711	CL	135.00	150.00
1990	WHAT'S NEW? HUM-712	CL	140.00	150.00
1991	FAVORITE PET HUM-713	CL	150.00	150.00
1992	WHISTLER'S DUET HUM-714	CL	160.00	150.00
1995	FESTIVAL HARMONY W/FLUTE	CL	55.00	35.00
M.I. HUMMEL			**M.I. HUMMEL CHRISTMAS BELLS**	
1989	CHRISTMAS BELL HUM-775	CL	35.00	40.00
1990	CHRISTMAS BELL HUM-776	CL	38.00	40.00
1991	CHRISTMAS BELL HUM-777	45	40.00	40.00
1992	CHRISTMAS BELL HUM-778	CL	45.00	40.00
1993	CHRISTMAS BELL HUM-779	CL	50.00	35.00
1993	CHRISTMAS BELL HUM-780	CL	50.00	35.00
1994	CHRISTMAS BELL HUM-781	OP	55.00	35.00
1996	CHRISTMAS BELL HUM 782	OP	65.00	35.00
1998	ECHOES OF JOY HUM 784	*	*	75.00
1999	JOYFUL NOISE HUM 785	*	*	75.00

GORHAM

YR	NAME	LIMIT	ISSUE	TREND
CURRIER & IVES			**CURRIER & IVES MINI BELLS**	
1976	CHRISTMAS SLEIGH RIDE	YR	10.00	38.00
1977	AMERICAN HOMESTEAD	YR	10.00	27.00
1978	YULE LOGS	YR	13.00	21.00
1979	SLEIGH RIDE	YR	15.00	20.00
1980	CHRISTMAS IN THE COUNTRY	YR	15.00	21.00
1981	CHRISTMAS TREE	YR	15.00	18.00
1982	CHRISTMAS VISITATION	YR	16.00	18.00
1983	WINTER WONDERLAND	YR	16.00	18.00
1984	HITCHING UP	YR	16.00	18.00
1985	SKATERS' HOLIDAY	YR	18.00	18.00
1986	CENTRAL PARK IN WINTER	YR	18.00	18.00
1987	EARLY WINTER	YR	19.00	20.00
N. ROCKWELL			**MINI BELLS**	
1981	TINY TIM	YR	20.00	20.00
1982	PLANNING CHRISTMAS VISIT	YR	20.00	20.00
N. ROCKWELL			**VARIOUS**	
1975	SANTA'S HELPERS	YR	20.00	32.00
1975	SWEET SONG SO YOUNG	YR	20.00	52.00
1975	TAVERN SIGN PAINTER	YR	20.00	32.00
1976	FLOWERS IN TENDER BLOOM	YR	20.00	42.00
1976	SNOW SCULPTURE	YR	20.00	48.00

YR	NAME	LIMIT	ISSUE	TREND
1977	CHILLING CHORE (CHRISTMAS)	YR	20.00	36.00
1977	FONDLY DO WE REMEMBER	YR	20.00	58.00
1978	GAILY SHARING VINTAGE TIMES	YR	22.00	23.00
1978	GAY BLADES (CHRISTMAS)	YR	22.00	23.00
1979	A BOY MEETS HIS DOG (CHRISTMAS)	YR	24.00	32.00
1979	BEGUILING BUTTERCUP	YR	24.00	27.00
1980	CHILLY RECEPTION (CHRISTMAS)	YR	28.00	28.00
1980	FLYING HIGH	YR	28.00	28.00
1981	SKI SKILLS (CHRISTMAS)	YR	28.00	28.00
1981	SWEET SERENADE	YR	28.00	28.00
1982	COAL SEASON'S COMING	YR	30.00	30.00
1982	YOUNG MAN'S FANCY	YR	30.00	30.00
1983	CHRISTMAS MEDLEY	YR	30.00	30.00
1983	MILKMAID, THE	YR	30.00	30.00
1984	MARRIAGE LICENSE	OP	32.00	33.00
1984	TINY TIM	YR	30.00	30.00
1984	YARN SPINNER	5000	32.00	33.00
1984	YOUNG LOVE	YR	30.00	30.00
1985	YULETIDE REFLECTIONS	5000	32.00	33.00
1986	HOME FOR THE HOLIDAYS	5000	32.00	33.00
1986	ON TOP OF THE WORLD	5000	32.00	33.00
1987	ARTIST, THE	5000	32.00	33.00
1987	MERRY CHRISTMAS GRANDMA	5000	32.00	33.00
1988	HOMECOMING, THE	15000	38.00	38.00

GREENWICH WORKSHOP

J. CHRISTENSEN

1998	1998 MRS. CLAUS BELL	OP	59.00	59.00

HALLMARK

R. CHAD

			DICKENS CAROLER BELL	
1990	MR. ASHBOURNE 1ST ED. 2175QX505-6	YR	22.00	38.00
1991	MRS. BEAUMONT 2175QX503-9	YR	22.00	38.00
1992	LORD CHADWICK 3RD EDITION 2175QX455-4	YR	22.00	38.00
1993	LADY DAPHNE 4TH ED. 2175QX550-5	YR	22.00	33.00

HAMILTON GIFTS

M. HUMPHREY

			BELLS	
1992	HOLLIES 996095	*	22.00	23.00
1992	SARAH 999385	*	22.00	23.00
1992	SUSANNA 999377	*	22.00	23.00

JAN HAGARA COLLECTABLES

J. HAGARA

			VICTORIAN CHILDREN	
1986	BETSY	TL	25.00	75.00
1986	JENNY	TL	25.00	75.00
1986	JILL	YR	35.00	100.00
1986	JIMMY	TL	25.00	75.00
1986	JODY	TL	25.00	75.00
1986	LISA	TL	25.00	75.00
1986	LYDIA	TL	25.00	75.00
1987	HOLLY	YR	35.00	40.00
1988	MARIE	YR	35.00	35.00

KAISER

K. BAUER

			KAISER CHRISTMAS BELLS	
1980	SLEIGH RIDE AT CHRISTMAS	15000	60.00	65.00
1981	SNOWMAN	15000	60.00	65.00

N. PETER

			KAISER CHRISTMAS BELLS	
1979	ESKIMO CHRISTMAS	15000	60.00	65.00

T. SCHOENER

			KAISER CHRISTMAS BELLS	
1978	NATIVITY, THE	15000	60.00	65.00

K. BAUER

			KAISER TREE ORNAMENT BELLS	
1979	CAROLERS, THE	YR	28.00	45.00
1980	HOLIDAY SNOWMAN	YR	30.00	45.00
1981	CHRISTMAS AT HOME	YR	30.00	45.00
1982	CHRISTMAS IN THE CITY	YR	30.00	45.00

KIRK STIEFF

*

			BELL	
1992	SANTA'S WORKSHOP CHRISTMAS BELL	3000	40.00	40.00

K. STIEFF

			CHRISTMAS BELLS	
1990	SILVER BELLS	YR	29.00	29.00
1991	HERALD ANGEL	YR	29.00	29.00

K. STIEFF

			MUSICAL BELLS	
1977	ANNUAL BELL 1977	CL	18.00	80.00
1978	ANNUAL BELL 1978	CL	18.00	75.00
1979	ANNUAL BELL 1979	CL	18.00	55.00
1980	ANNUAL BELL 1980	CL	20.00	55.00
1981	ANNUAL BELL 1981	CL	20.00	70.00
1982	ANNUAL BELL 1982	CL	20.00	80.00
1983	ANNUAL BELL 1983	CL	20.00	55.00
1984	ANNUAL BELL 1984	CL	20.00	45.00
1985	ANNUAL BELL 1985	CL	20.00	45.00
1986	ANNUAL BELL 1986	CL	20.00	45.00
1987	ANNUAL BELL 1987	CL	20.00	35.00

YR	NAME	LIMIT	ISSUE	TREND
1988	ANNUAL BELL 1988	CL	22.00	40.00
1989	ANNUAL BELL 1989	CL	25.00	28.00
1990	ANNUAL BELL 1990	CL	27.00	28.00
1991	ANNUAL BELL 1991	CL	28.00	30.00
1992	ANNUAL BELL 1992	YR	30.00	30.00
D. BACORN		NUTCRACKER SUITE MUSICAL BELL		
1986	NUTCRACKER	*	30.00	30.00
1987	CLARA	*	30.00	30.00

LANCE CORP.

P.W. BASTON		HUDSON PEWTER BICENTENNIAL BELLS		
1974	BENJAMIN FRANKLIN	CL	*	90.00
1974	GEORGE WASHINGTON	CL	*	90.00
1974	JAMES MADISON	CL	*	90.00
1974	JOHN ADAMS	CL	*	90.00
1974	THOMAS JEFFERSON	CL	*	90.00

LENOX CHINA/CRYSTAL COLLECTION

*		ANNUAL CRYSTAL CHRISTMAS BELLS		
1981	PARTRIDGE IN A PEAR TREE	15000	55.00	56.00
1982	HOLY FAMILY	15000	55.00	56.00
1983	THREE WISE MEN	15000	55.00	56.00
1984	DOVE	15000	57.00	58.00
1985	SANTA CLAUS	15000	57.00	58.00
1986	DASHING THROUGH THE SNOW	15000	64.00	65.00
1987	HERALDING ANGEL	15000	76.00	77.00
1991	CELESTIAL HARPIST	15000	75.00	80.00
*		BIRD BELLS		
1991	BLUEBIRD	OP	57.00	58.00
1991	CHICKADEE	OP	57.00	58.00
1991	HUMMINGBIRD	OP	57.00	58.00
1992	ROBIN	OP	57.00	58.00
*		CAROUSEL BELL		
1992	CAROUSEL HORSE	OP	45.00	47.00
*		SONGS OF CHRISTMAS		
1991	WE WISH YOU A MERRY CHRISTMAS	YR	49.00	50.00
1992	DECK THE HALLS	YR	53.00	55.00

LINCOLN MINT BELLS

N. ROCKWELL			LINCOLN BELLS	
1975	DOWNHILL DARING	*	25.00	70.00

LLADRO

*				
1991	SPRING BELL L7613M	YR	35.00	40.00
1992	SUMMER BELL L7614M	YR	35.00	40.00
1993	AUTUMN BELL L7615M	YR	35.00	40.00
1994	WINTER BELL L7616M	YR	35.00	40.00
*		ANNUAL CHRISTMAS BELLS-FIRST SERIES		
1987	CHRISTMAS BELL L5458M	YR	30.00	85.00
1988	CHRISTMAS BELL L5525M	YR	33.00	40.00
1989	CHRISTMAS BELL L5616M	YR	33.00	110.00
1990	CHRISTMAS BELL L5641M	YR	35.00	65.00
1991	CHRISTMAS BELL L5803M	YR	38.00	50.00
1992	CHRISTMAS BELL L5913M	YR	38.00	50.00
1993	CHRISTMAS BELL L6010M	YR	40.00	50.00
1994	CHRISTMAS BELL L6139M	YR	40.00	75.00
1995	CHRISTMAS BELL L6206M	YR	40.00	55.00
1996	CHRISTMAS BELL L6297M	YR	40.00	55.00
*		ANNUAL CHRISTMAS BELLS-SECOND SERIES		
1997	CHRISTMAS BELL L6441M	YR	40.00	50.00
1998	CHRISTMAS BELL L6560M	YR	40.00	50.00
1999	CHRISTMAS BELL L6636M	YR	40.00	50.00
*		LIMITED EDITION BELL		
1994	ETERNAL LOVE BELL L7542M	YR	95.00	100.00

MUSEUM COLLECTIONS INC.

N. ROCKWELL			COLLECTORS BELLS	
1982	25TH ANNIVERSARY	*	45.00	48.00
1982	50TH ANNIVERSARY	*	45.00	48.00
1982	FOR A GOOD BOY	*	45.00	48.00
1982	WEDDING/ANNIVERSARY	*	45.00	48.00

PICKARD

*		CHRISTMAS CAROL BELL SERIES		
1977	FIRST NOEL, THE	3000	75.00	78.00
1978	O LITTLE TOWN OF BETHLEHEM	3000	75.00	78.00
1979	SILENT NIGHT	3000	80.00	83.00
1980	HARK! THE HERALD ANGELS SING	3000	80.00	83.00

YR	NAME	LIMIT	ISSUE	TREND

RECO INTERNATIONAL

J. MCCLELLAND | | | **JOYOUS MOMENTS** |

		LIMIT	ISSUE	TREND
1980	I LOVE YOU	5000	25.00	26.00
1981	SEA ECHOES	5000	25.00	26.00
1982	TALK TO ME	5000	25.00	26.00

S. KUCK — **RECO BELL COLLECTION**

1988	CHARITY	*	15.00	17.00
1988	GRACE	*	15.00	17.00
1988	PEACE	*	15.00	17.00

S. KUCK — **SPECIAL OCCASIONS-WEDDING**

1989	WEDDING, THE	*	15.00	17.00

C. MICARELLI — **SPECIAL OCCASIONS-WEDDING**

1991	FROM THIS DAY FORWARD	*	15.00	17.00
1991	TO HAVE AND TO HOLD	*	15.00	17.00

REED & BARTON

* — **NOEL MUSICAL BELLS**

1980	1980 BELL	YR	20.00	53.00
1981	1981 BELL	YR	22.00	48.00
1982	1982 BELL	YR	22.00	38.00
1983	1983 BELL	YR	22.00	48.00
1984	1984 BELL	YR	22.00	51.00
1985	1985 BELL	YR	25.00	41.00
1986	1986 BELL	YR	25.00	36.00
1987	1987 BELL	YR	25.00	35.00
1988	1988 BELL	YR	25.00	28.00
1989	1989 BELL	YR	25.00	28.00
1990	1990 BELL	YR	28.00	28.00
1991	1991 BELL	YR	30.00	31.00
1992	1992 BELL	YR	30.00	31.00

* — **YULETIDE BELLS**

1981	YULETIDE HOLIDAY	YR	14.00	15.00
1982	LITTLE SHEPHERD	YR	14.00	15.00
1983	PERFECT ANGEL	YR	15.00	16.00
1984	DRUMMER BOY	YR	15.00	16.00
1985	CAROLER	YR	16.00	18.00
1986	NIGHT BEFORE CHRISTMAS	YR	16.00	17.00
1987	JOLLY ST. NICK	YR	16.00	18.00
1988	CHRISTMAS MORNING	YR	16.00	18.00
1989	BELL RINGER, THE	YR	16.00	18.00
1990	WREATH BEARER, THE	YR	18.00	18.00
1991	A SPECIAL GIFT	YR	22.00	23.00
1992	MY SPECIAL FRIEND	YR	22.00	23.00

RIVER SHORE

N. ROCKWELL — **NORMAN ROCKWELL SINGLE ISSUES**

1981	GRANDPA'S GUARDIAN	7000	45.00	47.00
1981	SPRING FLOWERS	347	175.00	180.00

N. ROCKWELL — **ROCKWELL CHILDREN SERIES I**

1977	FIRST DAY OF SCHOOL	7500	30.00	80.00
1977	FLOWERS FOR MOTHER	7500	30.00	65.00
1977	FOOTBALL HERO	7500	30.00	80.00
1977	SCHOOL PLAY	7500	30.00	80.00

N. ROCKWELL — **ROCKWELL CHILDREN SERIES II**

1978	DRESSING UP	15000	35.00	53.00
1978	FIVE CENTS A GLASS	15000	35.00	42.00
1978	FUTURE ALL AMERICAN	15000	35.00	55.00
1978	GARDEN GIRL	15000	35.00	42.00

ROMAN INC.

F. HOOK — **FRANCES HOOK BELLS**

1985	BEACH BUDDIES	15000	25.00	30.00
1986	SOUNDS OF THE SEA	15000	25.00	30.00
1987	BEAR HUG	15000	25.00	30.00

R. FERRUZZI — **THE MASTERPIECE COLLECTION**

1982	MADONNA OF THE STREETS	CL	25.00	26.00

F. LIPPE — **THE MASTERPIECE COLLECTION**

1979	ADORATION	CL	20.00	22.00

P. MIGNARD — **THE MASTERPIECE COLLECTION**

1980	MADONNA WITH GRAPES	CL	25.00	26.00

G. NOTTI — **THE MASTERPIECE COLLECTION**

1981	HOLY FAMILY, THE	CL	25.00	26.00

ROYAL COPENHAGEN

S. VESTERGAARD — **CHRISTMAS**

1992	QUEEN'S CARRIAGE, THE	YR	70.00	70.00
1993	CHRISTMAS GUESTS	YR	70.00	70.00
1998	CHRISTMAS	YR	65.00	65.00

SAMSONS STUDIOS

S. BUTCHER — **MCCOONS COUNTY**

*	"5 O'CLOCK MAN" WITH POLKA DOT TIE	RT	15.00	50.00
*	BREAK TIME	RT	15.00	50.00

YR	NAME	LIMIT	ISSUE	TREND
*	CHOW TIME- COWBOY	RT	15.00	70.00
*	DINNER TIME	RT	15.00	50.00
*	GET UP- WOMAN WITH CURLERS	RT	15.00	125.00
*	LUNCH TIME	RT	15.00	50.00

SANDSTONE CREATIONS

T. DEGRAZIA — A FANTASY EDITION

*	PARTY TIME	7500	40.00	40.00
*	WEE THREE	7500	40.00	40.00
1980	LITTLE PRAYER	7500	40.00	40.00
1981	FLOWER VENDOR	7500	40.00	40.00

SCHMID

L. DAVIS — DAVIS BELLS

1991	BLOSSOM	OP	75.00	75.00
1991	CARUSO	OP	75.00	75.00
1991	KATE	OP	75.00	75.00
1991	OLE BLUE & LEAD	OP	75.00	75.00
1991	WILBUR	OP	75.00	75.00
1991	WILLY	OP	75.00	75.00

* — DISNEY ANNUALS

1985	SNOW BIZ	10000	16.00	17.00
1986	TREE FOR TWO	10000	16.00	17.00
1987	MERRY MOUSE MEDLEY	10000	18.00	18.00
1988	WARM WINTER RIDE	10000	20.00	20.00
1989	MERRY MICKEY CLAUS	10000	23.00	23.00
1990	HOLLY JOLLY CHRISTMAS	10000	26.00	27.00
1991	MICKEY & MINNIE'S ROCKIN' CHRISTMAS	10000	26.00	27.00

L. DAVIS — LOWELL DAVIS MINI BELL

1992	NEW DAY	YR	10.00	10.00

M.I. HUMMEL — M.I. HUMMEL CHRISTMAS BELLS

1972	ANGEL WITH FLUTE	YR	20.00	80.00
1973	NATIVITY	YR	15.00	82.00
1974	GUARDIAN ANGEL, THE	YR	18.00	47.00
1975	CHRISTMAS CHILD, THE	YR	22.00	47.00
1976	SACRED JOURNEY	YR	22.00	26.00
1977	HERALD ANGEL	YR	22.00	52.00
1978	HEAVENLY TRIO	YR	28.00	42.00
1979	STARLIGHT ANGEL	YR	38.00	47.00
1980	PARADE INTO TOYLAND	YR	45.00	58.00
1981	A TIME TO REMEMBER	YR	45.00	55.00
1982	ANGELIC PROCESSION	YR	45.00	52.00
1983	ANGELIC MESSENGER	YR	45.00	58.00
1984	A GIFT FROM HEAVEN	YR	45.00	75.00
1985	HEAVENLY LIGHT	YR	45.00	80.00
1986	TELL THE HEAVENS	YR	45.00	47.00
1987	ANGELIC GIFTS	YR	48.00	48.00
1988	CHEERFUL CHERUBS	YR	52.00	53.00
1989	ANGELIC MUSICIAN	YR	53.00	53.00
1990	ANGEL'S LIGHT	YR	53.00	53.00
1991	MESSAGE FROM ABOVE	1500	58.00	58.00
1992	SWEET BLESSINGS	5000	65.00	65.00

M.I. HUMMEL — M.I. HUMMEL MOTHER'S DAY BELLS

1976	DEVOTION FOR MOTHERS	YR	22.00	57.00
1977	MOONLIGHT RETURN	YR	22.00	47.00
1978	AFTERNOON STROLL	YR	28.00	47.00
1979	CHERUB'S GIFT	YR	38.00	47.00
1980	MOTHER'S LITTLE HELPER	YR	45.00	47.00
1981	PLAYTIME	YR	45.00	47.00
1982	FLOWER BASKET, THE	YR	45.00	47.00
1983	SPRING BOUQUET	YR	45.00	47.00
1984	A JOY TO SHARE	YR	45.00	47.00

C. SCHULZ — PEANUTS ANNUAL BELLS

1979	A SPECIAL LETTER	10000	15.00	30.00
1980	WAITING FOR SANTA	10000	15.00	28.00
1981	MISSION FOR MOM	10000	18.00	25.00
1982	PERFECT PERFORMANCE	10000	18.00	20.00
1983	PEANUTS IN CONCERT	10000	12.00	15.00
1984	SNOOPY & THE BEAGLE SCOUTS	10000	12.00	15.00

C. SCHULZ — PEANUTS CHRISTMAS BELLS

1975	WOODSTOCK, SANTA CLAUS	YR	10.00	25.00
1976	WOODSTOCK'S CHRISTMAS	YR	10.00	25.00
1977	DECK THE DOGHOUSE	YR	10.00	20.00
1978	FILLING THE STOCKING	YR	13.00	15.00

C. SCHULZ — PEANUTS MOTHER'S DAY BELLS

1973	MOM?	YR	5.00	15.00
1974	SNOOPY/WOODSTOCK/PARADE	YR	5.00	15.00
1976	LINUS AND SNOOPY	YR	10.00	15.00
1977	DEAR MOM	YR	10.00	15.00
1978	THOUGHTS THAT COUNT	YR	13.00	15.00

C. SCHULZ — PEANUTS SPECIAL EDITION BELL

1976	BICENTENNIAL	YR	10.00	20.00

L. DAVIS — RFD BELL

1979	BLOSSOM	RT	65.00	65.00
1979	CARUSO	RT	65.00	65.00
1979	KATE	RT	65.00	65.00

YR	NAME	LIMIT	ISSUE	TREND
1979	OLE BLUE & LEAD	RT	65.00	65.00
1979	WILBUR	RT	65.00	65.00
1980	WILLY	RT	65.00	65.00

SEYMOUR MANN

BERNINI

			CONNOISSEUR BELL COLLECTION	
1996	BUTTERFLY/LILY CLT 332	OP	15.00	15.00
1996	HUMMING BIRDS/MORNING GLORY CLT 322	OP	15.00	15.00
1996	ROSES/FORGET ME NOT CLT 342	OP	15.00	15.00

STUDIOS OF HARRY SMITH

H. SMITH

			CHRISTMAS TREE ORNAMENTS	
1995	CANTERBURY BELL	150	195.00	195.00

TOWLE SILVERSMITHS
*

			SILVERPLATED CHRISTMAS BALL BELL	
1979	1979 BALL BELL	10000	14.00	15.00
1980	1980 BALL BELL	10000	20.00	20.00
1981	1981 BALL BELL	10000	20.00	20.00
1982	1982 BALL BELL	5000	24.00	24.00
1983	1983 BALL BELL	3500	25.00	25.00
1984	1984 BALL BELL	4000	20.00	20.00
1985	1985 BALL BELL	4500	25.00	25.00
1986	1986 BALL BELL	2500	32.00	32.00
*			SILVERPLATED CHRISTMAS BELL	
1980	1980 SILVERPLATED BELL	10000	18.00	18.00
1981	1981 SILVERPLATED BELL	5000	20.00	20.00
1982	1982 SILVERPLATED BELL	5000	24.00	24.00
1983	1983 SILVERPLATED BELL	3500	24.00	24.00
1984	1984 SILVERPLATED BELL	5000	20.00	20.00
1985	1985 SILVERPLATED BELL	4500	30.00	30.00
1986	1986 SILVERPLATED BELL	4500	30.00	30.00
1987	1987 SILVERPLATED BELL	4500	30.00	30.00
1988	1988 SILVERPLATED BELL	2500	32.00	32.00
1989	1989 SILVERPLATED BELL	4500	34.00	34.00
1991	1991 SILVERPLATED BELL	*	20.00	20.00
*			SILVERPLATED CHRISTMAS MUSICAL BELL	
1981	1981 MUSICAL BELL	20000	28.00	28.00
1982	1982 MUSICAL BELL	10000	28.00	28.00
1983	1983 MUSICAL BELL	2500	28.00	28.00
1984	1984 MUSICAL BELL	4500	25.00	25.00
1985	1985 MUSICAL BELL	4000	30.00	30.00
1986	1986 MUSICAL BELL	4000	32.00	32.00
1987	1987 MUSICAL BELL	4000	32.00	32.00
1988	1988 MUSICAL BELL	3500	34.00	34.00
1989	1989 MUSICAL BELL	4000	35.00	35.00
1990	1990 MUSICAL BELL	*	28.00	28.00
1991	1991 MUSICAL BELL	*	28.00	28.00

WATERFORD WEDGWOOD USA
*

			NEW YEAR BELLS	
1979	PENGUINS	YR	40.00	40.00
1980	POLAR BEARS	YR	50.00	50.00
1981	MOOSE	YR	55.00	55.00
1982	FUR SEALS	YR	60.00	60.00
1983	IBEX	YR	64.00	64.00
1984	PUFFIN	YR	64.00	64.00
1985	ERMINE	YR	64.00	64.00

Cottages

Ken Armke

One of the most popular limited edition collectibles today is the miniature architectural structure, more commonly referred to as the "cottage." The giants in the industry–Department 56, David Winter and Lilliput Lane–still rank among collectors as their favorite collectibles lines.

The genre has expanded to include lighthouses, which have taken a considerable jump in popularity. The lighthouse companies casting the brightest beacon today include Harbour Lights, George Z. Lefton Co., Forma Vitrum and Spencer Collin Lighthouses.

Whether composed of traditional cottages, lighthouses or a combination of both, many individual collections harbor items of substantial value in today's secondary marketplace.

When *The Grange*, a David Winter creation, was retired by John Hine Studios in 1989 due to production problems, the impact was astounding. Within a single month of its retirement the cottage doubled in value, then tripled, then climbed to more than nine times its retail issue price.

One of many examples from the Department 56 line, *Norman Church* could be bought for as little as $40 prior to its retirement in 1987. In today's secondary market, it is seldom offered for under $3,500.

It's no wonder, then, that the collectibles secondary market offers an investment lure; there are lots of collectors out there searching for *The Grange* or *Norman Church* at a ground-floor price.

The question: Are opportunities such as these still available today?

The answer: Possibly.

Be aware, though, that the collectibles secondary market is much more akin to the commodities market than it is to a state lottery. Lottery winnings are generally due totally to luck. Secondary market success, on the other hand, demands that luck be accompanied by a great deal of knowledge and information.

How does one gain knowledge and information? In all the customary ways, such as gleaning the information provided by this publication, and through the experience of buying and collecting for pleasure rather than for potential profit.

KEN ARMKE SR., president of OHI Exchange, initiated one of the first comprehensive secondary market exchanges covering architectural miniatures. His company has since become a primary source for cottages available on the secondary market.

YR	NAME	LIMIT	ISSUE	TREND

COTTAGES

AMAZEE GIFTS

S. MEYERS — CENTURY CLASSICS CENTURY LIGHTS

YR	NAME	LIMIT	ISSUE	TREND
1995	ADMIRALTY HEAD, WA	3995	66.00	66.00
1995	BARNEGAT, NJ	10000	58.00	58.00
1995	BOSTON HARBOR, MA	3475	58.00	58.00
1995	BUFFALO, NY	3475	54.00	54.00
1995	BURROWS ISLAND, WA	2995	66.00	66.00
1995	CAPE BLANCO, OR	RT	58.00	58.00
1995	CAPE HATTERAS, NC	10000	58.00	58.00
1995	CHARLOTTE-GENESEE, NY	3475	40.00	40.00
1995	COQUILLE RIVER, OR	2995	66.00	66.00
1995	DIAMOND HEAD, HI	10000	54.00	54.00
1995	FORT GRATIOT, MI	3475	58.00	58.00
1995	GREAT POINT, MA	2475	58.00	58.00
1995	HILTON HEAD, SC	10000	54.00	54.00
1995	HOLLAND, MI	4975	66.00	66.00
1995	MARBLEHEAD, OH	7500	54.00	54.00
1995	MONTAUK POINT, NY	3475	54.00	54.00
1995	NEW POINT, MA	RT	40.00	40.00
1995	NORTH HEAD, WA	2995	58.00	58.00
1995	OLD POINT LOMA, CA	4550	66.00	66.00
1995	PLYMOUTH, MA	3475	58.00	58.00
1995	PONCE DE LEON, FL	3475	54.00	54.00
1995	SAND POINT, MI	3475	66.00	66.00
1995	TYBEE ISLAND, GA	3475	58.00	58.00
1995	UMPQUA, OR	2995	58.00	58.00
1996	ASSATEAGUE, VA	4975	62.00	62.00
1996	BLOCK ISLAND, RI	4896	86.00	86.00
1996	CAPE MAY, NJ	4995	58.00	58.00
1996	CHICAGO HARBOR, IL	4250	66.00	66.00
1996	EAST QUODDY HEAD, CANADA	2475	58.00	58.00
1996	JUPITER INLET, FL	7500	58.00	58.00
1996	LORAIN LIGHT, OH	3195	66.00	66.00
1996	NAUSET BEACH, MA	4995	56.00	56.00
1996	OCRACOKE ISLAND LIGHT, NC	3975	54.00	54.00
1996	PORT ISABEL, TX	3975	58.00	58.00
1996	ROSE ISLAND, RI	4111	68.00	68.00
1996	SANDY HOOK, NJ	4995	58.00	58.00
1996	SPLIT ROCK, MN	4449	66.00	66.00
1996	ST. AUGUSTINE, FL	10000	62.00	62.00
1996	ST. GEORGE REEF, CA	4500	62.00	62.00
1996	ST. SIMMONS, GA	3975	58.00	58.00
1996	WEST QUODDY HEAD, ME	4995	66.00	66.00
1996	YAQUIRA HEAD, OR	4500	60.00	60.00

S. MEYERS — CENTURY CLASSICS CENTURYVILLE

YR	NAME	LIMIT	ISSUE	TREND
1994	CATHEDRAL	RT	70.00	70.00
1994	CENTURYVILLE B&O	3250	56.00	56.00
1994	CRANES EYE POINT	RT	50.00	55.00
1994	FOGGY POINT	RT	50.00	50.00
1994	GOTHIC CHURCH	3436	60.00	60.00
1994	MR. JOHN JOHNSON	2960	50.00	50.00
1994	MR. LYLE E. WILSON	2960	50.00	50.00
1994	MS. HILDA GRANT	RT	50.00	55.00
1994	MS. MARY THOMPSON	2342	50.00	50.00
1994	RICHARD AND JAN SMITH	2960	50.00	50.00
1994	SCHOOLHOUSE	RT	56.00	56.00
1994	VILLAGE CHURCH	3250	60.00	60.00
1995	BED & BREAKFAST	1975	56.00	56.00
1995	FIRE STATION	1975	60.00	60.00
1995	LAWRENCE KEITH	1975	64.00	64.00
1995	MRS. MARY WILLIAM	1975	60.00	60.00
1995	SHIP ISLAND MISS	RT	48.00	48.00
1995	SWEET SHOPPE	1975	56.00	56.00

S. MEYERS — CENTURY CLASSICS EVERGREEN VILLAGE

YR	NAME	LIMIT	ISSUE	TREND
1994	CANDYMAKER'S	2475	36.00	36.00
1994	CARPENTER'S	2475	36.00	36.00
1994	COBBLER'S	2475	36.00	36.00
1994	COTTAGE POINT	RT	36.00	36.00
1994	EVERGREEN CHURCH	RT	50.00	50.00
1994	TRAIN CONDUCTOR'S	2475	36.00	36.00

BAND CREATIONS

RICHARDS/PENFIELD — AMERICA'S COVERED BRIDGES

YR	NAME	LIMIT	ISSUE	TREND
1995	BILLIE CREEK, PARKE COUNTY, IN	CL	30.00	30.00
1995	BRIDGE AT THE GREEN, BENNINGTON COUNTY, VT	CL	30.00	30.00
1995	BUNKER HILL, CATAWBA COUNTY, NC	CL	30.00	30.00
1995	BURFORDVILLE, CAPE GIRADEAI COUNTY, MO	CL	30.00	40.00
1995	CEDAR CREEK, OZAUKEE COUNTY, WI	CL	30.00	30.00
1995	CHISELVILLE, BENNINGTON COUNTY, VT	CL	30.00	30.00
1995	ELDER'S MILL, OCONEE COUNTY, GA	CL	30.00	30.00
1995	ELIZABETHTON, CARTER COUNTY, TN	CL	30.00	30.00
1995	FALLSBURG, KENT COUNTY, MI	CL	30.00	30.00
1995	GILLILAND, ETOWAH COUNTY, AL	CL	30.00	30.00
1995	HUMPBACK, ALLEGHENY COUNTY, VA	CL	30.00	30.00

YR	NAME	LIMIT	ISSUE	TREND
1995	KNOX , CHESTER COUNTY, PA	CL	30.00	30.00
1995	NARROWS, PARKE COUNTY, IN	CL	30.00	30.00
1995	OLD BLENHEIM, SCHOHARIE COUNTY, NY	CL	30.00	40.00
1995	PHILIPPI, BARBOUR COUNTY, WV	CL	30.00	40.00
1995	ROBERTS, PREBLE COUNTY, OH	CL	30.00	30.00
1995	ROBYVILLE, PENOBSCOT COUNTY, ME	CL	30.00	30.00
1995	ROSEMAN, MADISON COUNTY, IA	CL	30.00	30.00
1995	SHIMENAK, LINN COUNTY, OR	CL	30.00	30.00
1995	THOMPSON MILL, SHELLY COUNTY, IL	CL	30.00	30.00
1995	WAWONA, MARIPOSA COUNTY, CA	CL	30.00	30.00
1995	ZUMBROTA, GOODHUE COUNTY, MN	CL	30.00	30.00
1996	BRIDGTON COVERED BRIDGE, INDIANA	CL	30.00	30.00
1996	KNOEBEL'S GROVE AMUSEMENT PARK, PENNSYLVANIA	CL	30.00	30.00
1996	OLINS COVERED BRIDGE, OHIO	CL	30.00	30.00

RICHARDS/PENFIELD   AMERICA'S FARMLAND COLL.- AMERICA'S COUNTRY BARNS

YR	NAME	LIMIT	ISSUE	TREND
1996	PENNSYLVANIA DUTCH BARN	CL	30.00	30.00

RICHARDS/PENFIELD   BEST FRIENDS - RIVER SONG

YR	NAME	LIMIT	ISSUE	TREND
1995	BRICK HOUSE	CL	20.00	20.00
1995	CHURCH	CL	20.00	20.00
1995	GINGERBREAD HOUSE	CL	20.00	20.00
1995	STUCCO HOUSE	CL	20.00	20.00
1995	WOOD HOUSE	CL	20.00	20.00

BRANDYWINE WOODCRAFTS

M. WHITING   ACCESSORIES

YR	NAME	LIMIT	ISSUE	TREND
1994	ELM TREE W/BENCHES	OP	16.00	16.00
1994	LAMP W/BARBER POLE	CL	11.00	11.00

M. WHITING   COUNTRY LANE I

1995	BERRY FARM	CL	30.00	30.00
1995	COUNTRY SCHOOL	CL	30.00	30.00
1995	DAIRY FARM	CL	30.00	30.00
1995	FARM HOUSE	CL	30.00	30.00
1995	GENERAL STORE, THE	CL	30.00	30.00
1995	SCHOOL	CL	30.00	30.00

M. WHITING   COUNTRY LANE II

1995	ANTIQUES & CRAFTS	OP	30.00	30.00
1995	BASKETMAKER	OP	30.00	30.00
1995	COUNTRY CHURCH	OP	30.00	30.00
1995	FISHING LODGE	OP	30.00	30.00
1995	HERB FARM	OP	30.00	30.00
1995	OLDE MILL	OP	30.00	30.00
1995	SPINNERS & WEAVERS	OP	30.00	30.00

M. WHITING   COUNTRY LANE III

1996	COUNTRY AIRFIELD	OP	30.00	30.00
1996	COUNTRY CLUB	OP	30.00	30.00
1996	OLD ORCHARD	OP	30.00	30.00
1996	POST OFFICE	OP	30.00	30.00
1996	STATE FAIR	OP	30.00	30.00
1996	VOLUNTEER FIREHOUSE	OP	30.00	30.00

M. WHITING   CUSTOM COLLECTION

1994	SMITHFIELD CLERK'S OFFICE	OP	9.00	9.00

M. WHITING   HOMETOWN VI

1993	COUNTRY CHURCH	RT	24.00	30.00
1993	DINER	RT	24.00	30.00
1993	GENERAL STORE	RT	24.00	30.00
1993	PUBLIC SCHOOL	RT	24.00	30.00
1993	TRAIN STATION	RT	24.00	30.00

M. WHITING   HOMETOWN VII

1993	CANDY SHOP	CL	24.00	24.00
1993	DRESS SHOP	CL	24.00	24.00
1993	FLOWER SHOP	CL	24.00	24.00
1993	PET SHOP	CL	24.00	24.00
1993	POST OFFICE	CL	24.00	24.00
1993	QUILT SHOP	CL	24.00	24.00

M. WHITING   HOMETOWN VIII

1994	BARBER SHOP	CL	28.00	28.00
1994	COUNTRY DOCTOR	CL	28.00	28.00
1994	COUNTRY STORE	CL	28.00	28.00
1994	FIRE COMPANY	CL	28.00	28.00
1994	SEWING SHOP	CL	26.00	26.00

M. WHITING   HOMETOWN IX

1994	BED & BREAKFAST	CL	29.00	29.00
1994	CAFE/DELI	CL	29.00	29.00
1994	HOMETOWN BANK	CL	29.00	29.00
1994	HOMETOWN GAZETTE	CL	29.00	29.00
1994	TEDDYS & TOYS	CL	29.00	29.00

M. WHITING   HOMETOWN X

1995	BRICK CHURCH	CL	29.00	29.00
1995	DOLL SHOPPE, THE	CL	29.00	29.00
1995	GENERAL HOSPITAL	CL	29.00	29.00
1995	GIFT BOX, THE	CL	29.00	29.00
1995	POLICE STATION	CL	29.00	29.00

M. WHITING   HOMETOWN XI

1995	ANTIQUES	CL	29.00	29.00
1995	CHURCH II	CL	29.00	29.00
1995	GROCER	CL	29.00	29.00

YR	NAME	LIMIT	ISSUE	TREND
1995	PHARMACY	CL	29.00	29.00
1995	SCHOOL II	CL	29.00	29.00
M. WHITING				**HOMETOWN XII**
1996	BRIDAL & DRESS SHOPPE	CL	29.00	29.00
1996	COUNTRY LANE SIGN	CL	20.00	20.00
1996	FIVE & DIME	CL	29.00	29.00
1996	HOMETOWN SIGN	CL	22.00	22.00
1996	HOMETOWN THEATER	CL	29.00	29.00
1996	POST OFFICE	CL	29.00	29.00
1996	TRAVEL AGENCY	CL	29.00	29.00
M. WHITING				**NORTH POLE COLLECTION**
1993	CANDY CANE FACTORY	CL	24.00	24.00
1993	ELF CLUB	CL	24.00	24.00
1993	TEDDY BEAR FACTORY	CL	24.00	24.00
1993	TOWN CHRISTMAS TREE	CL	20.00	25.00
1994	POST OFFICE	CL	25.00	25.00
1994	TOWN HALL	CL	25.00	30.00
M. WHITING				**TREASURED TIMES**
1994	HALLOWEEN HOUSE	750	32.00	32.00
1994	HAPPY BIRTHDAY HOUSE	750	32.00	32.00
1994	MOTHER'S DAY HOUSE	750	32.00	32.00
1994	NEW BABY BOY HOUSE	750	32.00	32.00
1994	NEW BABY GIRL HOUSE	750	32.00	32.00
1994	VALENTINE'S DAY HOUSE	750	32.00	32.00
M. WHITING				**WILLIAMSBURG COLLECTION**
1993	CAMPBELL'S TAVERN	OP	28.00	28.00
1993	KINGS ARM TAVERN	OP	25.00	25.00
M. WHITING				**YORKTOWN COLLECTION**
1993	DIGGES HOUSE	OP	22.00	27.00

CAVANAGH GROUP

*

		COCA-COLA BRAND TOWN SQUARE COLLECTION		
1992	CANDLER'S DRUGS	CL	40.00	60.00
1992	DEE'S BOARDING HOUSE	CL	40.00	450.00
1992	DICK'S LUNCHEONETTE	CL	40.00	60.00
1992	GILBERT'S GROCERY	CL	40.00	75.00
1992	HOWARD OIL	CL	40.00	145.00
1992	TRAIN DEPOT	CL	40.00	275.00
1993	CITY HALL	CL	40.00	80.00
1993	EXTRA! EXTRA!	CL	7.00	13.00
1993	GONE FISHING	CL	11.00	15.00
1993	JACOB'S PHARMACY	CL	25.00	450.00
1993	MOONEY'S ANTIQUE BARN	CL	40.00	75.00
1993	OCCIER PAT	CL	7.00	10.00
1993	OLD NUMBER SEVEN	CL	15.00	15.00
1993	ROUTE 93 COVERED BRIDGE	CL	20.00	40.00
1993	SODA JERK	CL	7.00	12.00
1993	STREET VENDOR	CL	11.00	17.00
1993	T. TAYLOR'S EMPORIUM	CL	40.00	65.00
1993	TICK TOCK DINER,THE	CL	40.00	60.00
1994	CHECKER PLAYERS	CL	15.00	15.00
1994	CROWLEY CAB CO.	CL	11.00	15.00
1994	FLYING "A" SERVICE STATION	CL	40.00	40.00
1994	HOMEWARD BOUND	CL	8.00	8.00
1994	MCMAHON'S GENERAL STORE	CL	40.00	40.00
1994	PLAZA DRUGS	CL	20.00	40.00
1994	SLEDDERS	CL	11.00	11.00
1994	SLEIGH RIDE	CL	15.00	15.00
1994	STATION #14 FIREHOUSE	CL	40.00	40.00
1994	STRAND THEATRE	CL	40.00	40.00
1994	TOWN GAZEBO	CL	20.00	30.00
1995	BOYS WITH SNOWBALLS	CL	11.00	11.00
1995	COCA-COLA BOTTLING WORKS	CL	40.00	50.00
1995	GRIST MILL	CL	40.00	40.00
1995	JENNY'S SWEET SHOPPE	CL	40.00	40.00
1995	LIGHTHOUSE POINT SNACK BAR	CL	40.00	40.00
1995	LUNCH WAGON	CL	15.00	15.00
1996	CARLSON'S GENERAL STORE	OP	40.00	40.00
1996	CHANDLER'S SKI RESORT	RT	40.00	40.00
1996	CLARA'S CHRISTMAS SHOP	RT	40.00	40.00
1996	COOPER'S TREE FARM	OP	20.00	20.00
1996	DIAMOND SERVICE STATION	RT	40.00	40.00
1996	SCOOTER'S DRIVE IN	CL	40.00	40.00
1996	TOWN BARBER SHOP	CL	40.00	40.00
1996	WALTON'S 5 & 10	CL	40.00	40.00
1997	CENTRAL HIGH	CL	40.00	40.00
1997	DEW DROP INN	CL	40.00	40.00
1997	FIVE AND DIME	CL	40.00	40.00
1997	MRS. MURPHY'S CHOWDER HOUSE	CL	40.00	40.00
1997	SOUTH STATION	CL	40.00	40.00

CHARMING TAILS

D. GRIFF				**SQUASHVILLE**
1994	ACORN STREET LAMP	RT	6.00	8.00
1994	CHESTNUT CHAPEL	RT	45.00	85.00
1994	LEAF FENCE	RT	7.00	14.00
1994	OLD COB MILL	SO	45.00	65.00

YR	NAME	LIMIT	ISSUE	TREND
1994	PUMPKIN INN	RT	48.00	65.00
1994	VILLAGE SIGN	SU	31.00	31.00
1995	BUTTERNUT SQUASH DAIRY	7500	45.00	65.00
1995	CARROT POST OFFICE	RT	45.00	50.00
1995	GREAT OAK TOWN HALL	RT	48.00	50.00
1995	MAIL BOX, BENCH	RT	12.00	15.00
1996	CANDY APPLE CANDY STORE	SO	48.00	65.00
1996	CANTALOUPE CATHEDRAL	SU	48.00	50.00
1996	MUSHROOM DEPOT	SU	48.00	65.00
1996	STREET LIGHT/SIGN	SU	12.00	12.00
1997	CHARMING TAILS DISPLAY	*	21.00	21.00

CREATIVE CRAFTSMEN
M. FENLEY

			VINTAGE	VILLAGE
1995	OLD WINDMILL, THE	500	96.00	96.00
1995	PRAIRIE CHURCH	500	145.00	145.00
1996	BILLY'S LITTLE COTTAGE	300	50.00	50.00

DAVE GROSSMAN CREATIONS
*

			GONE WITH	THE WIND
1995	ATLANTA	RT	15.00	15.00
1995	BELLE'S PLACE	RT	15.00	15.00
1995	FEDERAL TAIL	RT	15.00	15.00
1995	PITTYPAT HOUSE	RT	15.00	15.00
1995	TARA	RT	15.00	15.00
1995	TWELVE OAKS	RT	15.00	15.00
*			MOUSEHOLE	COLLECTION
1994	19TH HOLE GOLF HOUSE	RT	30.00	30.00
1994	ANN HALFWAY COTTAGE	RT	30.00	30.00
1994	COURT HOUSE	RT	30.00	30.00
1994	LEIGHTON HOUSE	RT	30.00	30.00
1994	ST. MICKIE MOUSE CHURCH	RT	30.00	30.00

DAVID WINTER COTTAGES/ENESCO CORP.
D. WINTER

		CHAPELS & CHURCHES	COLLECTION	
1998	ST. CHRISTOPHER'S CHURCH	OP	110.00	110.00
1998	THORNHILL CHAPEL	OP	90.00	90.00
1999	CHURCH OF THE GOOD SHEPHERD, THE	OP	110.00	110.00
1999	COPSE CHAPEL, THE	OP	110.00	110.00
2000	ST. BARBARA (GREEN COLOURWAY)	400	160.00	160.00
2000	ST. BARBARA'S	OP	160.00	160.00

D. WINTER

		COLLECTOR'S GUILD/REDEMPTION	PIECES	
1997	ABBOTS	YR	75.00	163.00
1997	GAMEKEEPER	YR	85.00	218.00
1997	SEXTONS	YR	*	170.00
1998	CHARCOAL BURNER'S, THE	YR	85.00	80.00
1998	COPPICER'S COTTAGE, THE	YR	90.00	85.00
1998	MISTLETOE COTTAGE	YR	*	40.00
1999	ARCHITECT'S HOUSE, THE	YR	95.00	95.00
1999	TILEMAKER'S COTTAGE, THE	YR		60.00

D. WINTER

		COLLECTORS' GUILD/REDEMPTION	PIECES	
1999	JOINERY, THE	YR	95.00	95.00
2000	PORTER'S LODGE, THE	YR	90.00	90.00
2000	SIGNAL BOX, THE	YR	*	N/A
2000	STATION MASTER'S HOUSE, THE	YR	90.00	90.00

D. WINTER

		ENGLISH VILLAGE	COLLECTION	
1997	CAT & PIPE INN	RT	55.00	60.00
1997	CHANDLERY, THE	RT	55.00	73.00
1997	CHURCH & VESTRY	RT	55.00	73.00
1997	CONSTABULARY, THE	RT	55.00	50.00
1997	CRYSTAL COTTAGE	RT	55.00	50.00
1997	ENGINE HOUSE	RT	55.00	73.00
1997	GLEBE COTTAGE	RT	55.00	60.00
1997	HALL, THE	RT	55.00	60.00
1997	ONE ACRE COTTAGE	RT	55.00	73.00
1997	POST OFFICE	RT	55.00	73.00
1997	QUACKS COTTAGE	RT	55.00	73.00
1997	RECTORY, THE	RT	55.00	60.00
1997	SEMINARY, THE	RT	55.00	55.00
1997	SMITHY, THE	RT	55.00	73.00
1997	TANNERY, THE	RT	55.00	60.00

D. WINTER

		FOREST OF DEAN	COLLECTION	
1997	ABBEY RUINS	OP	55.00	50.00
1997	ARTIST'S STUDIO, THE	OP	55.00	50.00
1997	CITADEL, THE	OP	55.00	50.00
1997	FOREST OF DEAN MINE	OP	55.00	50.00
1997	OBSERVATORY, THE	OP	55.00	50.00
1997	SAWMILL, THE	OP	55.00	50.00
1999	FIREWATCHER'S TOWER, THE	OP	55.00	55.00

D. WINTER

			GENERAL	RANGE
1997	HEREWARD THE WAKE'S CASTLE	3500	175.00	200.00
1997	MILESTONE COTTAGE	RT	130.00	130.00
1997	ST. GEORGE AND THE DRAGON	OP	150.00	150.00
1998	TOM'S YARD (LIMITED EDITION)	5000	130.00	130.00
1999	GALLOW'S GATE (LIMITED EDTIION)	YR	55.00	55.00
1999	MILLENNIUM AT HORSESHOE BAY, THE	2000	850.00	850.00
1999	WATT'S COTTAGE	OP	180.00	180.00

YR	NAME	LIMIT	ISSUE	TREND
1999	WELLSTEAD COTTAGE (LIMITED EDITION)	RT	50.00	50.00
2000	TRAINSPOTTERS	OP	*	N/A
2000	TREASURES OF EGYPT	OP	300.00	300.00

D. WINTER — **HAUNTED HOUSE COLLECTION**

YR	NAME	LIMIT	ISSUE	TREND
1998	HOUSE OF USHER	YR	175.00	175.00
1999	CASTERTON RAILWAY STATION	YR	190.00	190.00
2000	PHANTOM'S RUIN	YR	200.00	200.00

D. WINTER — **KING ARTHUR COLLECTION**

YR	NAME	LIMIT	ISSUE	TREND
1999	DAGONETE THE FOOL'S	OP	50.00	50.00
1999	MERLIN'S CASTLE (LIMITED EDITION)	4250	160.00	160.00
1999	MORGAN LEFAY	OP	50.00	50.00
1999	SIR PERCEVAL'S	OP	50.00	50.00
1999	SIR TRISTAN'S	OP	50.00	50.00
2000	NIMUE'S TOWER	OP	50.00	50.00
2000	SIR GRIFLET'S HOVEL	OP	35.00	35.00

D. WINTER — **MYSTICAL CASTLES OF BRITAIN**

YR	NAME	LIMIT	ISSUE	TREND
1998	HALIDON HILL	OP	130.00	130.00
1998	HOTSPUR'S KEEP, THE	OP	110.00	110.00
1998	MYTON TOWER	OP	130.00	130.00
1998	WITCHES' CASTLE, THE (LIMITED EDITION)	4250	175.00	175.00
1999	ASTROLOGER'S CASTLE, THE (LIMITED EDITION)	3500	200.00	200.00
2000	LOOKING FOR GEORGE	OP	165.00	165.00

D. WINTER — **OLIVER TWIST CHRISTMAS COLLECTION**

YR	NAME	LIMIT	ISSUE	TREND
1997	MR. BUMBLES	RT	110.00	168.00
1998	MR. FANG-THE MAGISTRATE'S HOME	YR	110.00	120.00
1999	BILL AND NANCY'S HOUSE	YR	130.00	130.00
2000	BOTTLE AND GLASS, THE	YR	*	N/A

D. WINTER — **PILGRIM'S WAY COLLECTION**

YR	NAME	LIMIT	ISSUE	TREND
1997	ALCHEMIST'S COTTAGE, THE	RT	50.00	50.00
1997	BRICKIES, THE	RT	50.00	50.00
1997	DINGLE, THE	RT	50.00	50.00
1997	FALCONRY, THE	RT	50.00	50.00
1997	SERF'S COTTAGE, THE	RT	50.00	50.00
1997	ST. JOSEPH'S COTTAGE	RT	50.00	50.00
1998	GRISELDA'S COTTAGE	RT	90.00	90.00
1998	MARQUIS WALTER'S MANOR (LIMITED EDITION)	5000	150.00	150.00
1999	ROBBER'S RETREAT	RT	110.00	110.00

D. WINTER — **PUBS & TAVERNS OF ENGLAND**

YR	NAME	LIMIT	ISSUE	TREND
1998	BIRD CAGE, THE	OP	100.00	100.00
1998	GOOD INTENT, THE	OP	100.00	100.00
1998	HOP PICKERS, THE	OP	130.00	130.00
1998	TICKLED TROUT, THE (LIMITED EDITION)	4500	150.00	150.00
1999	POTTED SHRIMP, THE (LIMITED EDITION)	4500	160.00	160.00

D. WINTER — **SEASIDE BOARDWALK COLLECTION**

YR	NAME	LIMIT	ISSUE	TREND
1997	FISHERMAN'S SHANTY	RT	110.00	110.00
1997	HARBOURMASTER'S WATCH TOWER	RT	125.00	125.00
1997	JOLLY ROGER TAVERN	RT	199.00	199.00
1997	LODGING & SEA BATHING	RT	180.00	180.00
1997	TRINITY LIGHTHOUSE	RT	150.00	150.00
1997	WATERFRONT MARKET	RT	125.00	125.00

D. WINTER — **SHERWOOD FOREST COLLECTION**

YR	NAME	LIMIT	ISSUE	TREND
1997	FRIAR TUCK'S SANCTUM	RT	50.00	50.00
1997	KING RICHARD'S BOWER	RT	50.00	50.00
1997	LITTLE JOHN'S RIVERLOFT	RT	50.00	50.00
1997	LOXLEY CASTLE	RT	150.00	150.00
1997	MAID MARIAN'S RETREAT	RT	50.00	50.00
1997	MUCH'S MILL	RT	50.00	50.00
1997	SHERWOOD DIORAMA	RT	40.00	40.00
1997	WILL SCARLETT'S DEN	RT	50.00	50.00
1998	ALAN-A-DALE	RT	55.00	55.00

D. WINTER — **SOUTH DOWNS COLLECTION**

YR	NAME	LIMIT	ISSUE	TREND
1997	PARISH SCHOOL HOUSE, THE	RT	55.00	55.00
1997	SUNDAY SCHOOL	RT	55.00	55.00

D. WINTER — **SPECIAL EVENT**

YR	NAME	LIMIT	ISSUE	TREND
1997	SUFFOLK GARDEN (TOUR)	RT	60.00	60.00
1998	TRUFFLEMAN'S HOUSE, THE	RT	75.00	75.00
1999	BRIDGEWATER COTTAGE (20TH ANNIVERSARY)	YR	190.00	190.00
1999	SOLENT FORTRESS (RENAISSANCE FAIR)	600	200.00	200.00
1999	STAINED GLASS STUDIO, THE	YR	60.00	60.00
2000	GUARD'S VAN, THE	YR	70.00	70.00
2000	JULY COTTAGE (PAINT YOUR OWN)	YR	30.00	30.00

D. WINTER — **TRADITIONAL CRAFTS COLLECTION**

YR	NAME	LIMIT	ISSUE	TREND
1999	MR. CLINKER'S COTTAGE	OP	45.00	45.00
1999	MR. COCKER'S COTTAGE	OP	45.00	45.00
1999	MR. DELVER'S COTTAGE	OP	40.00	40.00
1999	MR. KELEMER'S COTTAGE	OP	40.00	40.00
2000	MR. FLETCHER'S COTTAGE	OP	35.00	35.00
2000	MR. TURNER'S COTTAGE	OP	35.00	35.00

DAVID WINTER COTTAGES/JOHN HINE STUDIOS

D. WINTER — **BRITISH TRADITIONS**

YR	NAME	LIMIT	ISSUE	TREND
1990	BLOSSOM COTTAGE (MAY)	RT	59.00	85.00
1990	BOAT HOUSE, THE (MARCH)	RT	38.00	73.00
1990	BULL & BUSH, THE (DECEMBER)	RT	38.00	60.00
1990	BURN'S READING ROOM (JANUARY)	RT	31.00	65.00
1990	GROUSE MOOR LODGE (AUGUST)	RT	48.00	68.00

YR	NAME	LIMIT	ISSUE	TREND
1990	GUY FAWKES (NOVEMBER)	RT	31.00	65.00
1990	HARVEST BARN (OCTOBER)	RT	31.00	55.00
1990	KNIGHT'S CASTLE (JUNE)	RT	59.00	100.00
1990	PUDDING COTTAGE (APRIL)	RT	78.00	93.00
1990	ST. ANNE'S WELL (JULY)	RT	48.00	148.00
1990	STAFFORDSHIRE VICARAGE (SEPTEMBER)	RT	48.00	105.00
1990	STONECUTTERS COTTAGE (FEBRUARY)	RT	48.00	65.00

D. WINTER   **CAMEOS COLLECTION**

YR	NAME	LIMIT	ISSUE	TREND
1992	BARLEY MALT KILN	RT	12.00	53.00
1992	BROOKLET BRIDGE	RT	12.00	32.00
1992	DIORAMA-BRIGHT	RT	30.00	45.00
1992	DIORAMA-LIGHT	RT	52.00	53.00
1992	GREENWOOD WAGON	RT	12.00	25.00
1992	LYCH GATE	RT	12.00	59.00
1992	MARKET DAY	RT	12.00	45.00
1992	ONE MAN JAIL	RT	12.00	25.00
1992	PENNY WISHING WELL	RT	12.00	70.00
1992	POTTING SHED, THE	RT	12.00	40.00
1992	POULTRY ARK	RT	12.00	30.00
1992	PRIVY, THE	RT	12.00	58.00
1992	SADDLE STEPS	RT	12.00	20.00
1992	WELSH PIG PEN	RT	12.00	20.00

D. WINTER   **CASTLE COLLECTION**

YR	NAME	LIMIT	ISSUE	TREND
1993	CASTLE COTTAGE OF WARWICK, THE-CARNIVAL EVENT	4000	160.00	450.00
1994	GUARDIAN CASTLE	8490	275.00	295.00
1994	GUARDIAN CASTLE, THE (PREM. ED.)	RT	350.00	563.00
1994	KINGMAKER'S CASTLE, THE	7150	225.00	318.00
1994	KINGMAKER'S CASTLE, THE (CARNIVAL EVENT)	2750	395.00	441.00
1995	BISHOPSGATE	RT	175.00	185.00
1995	BISHOPSGATE (PREM. ED.)	3500	225.00	208.00
1995	CASTLE TOWER OF WINDSOR (CARNIVAL)	RT	435.00	650.00
1995	CASTLE WALL, THE	RT	65.00	84.00
1995	GUARDIAN GATE, THE	RT	150.00	186.00
1995	GUARDIAN GATE, THE (PREM. ED.)	RT	199.00	150.00
1996	CHRISTMAS CASTLE	2950	160.00	600.00
1996	ROCHESTER CASTLE	2500	150.00	275.00
1996	ROCHESTER CASTLE (CARNIVAL W/SNOW)	1000	569.00	650.00
1996	ST. GEORGE'S CASTLE	RT	130.00	258.00

D. WINTER   **CELEBRATION COTTAGES COLLECTION**

YR	NAME	LIMIT	ISSUE	TREND
1994	CELEBRATON CHAPEL	RT	75.00	113.00
1994	CELEBRATON CHAPEL (PREM. ED.)	3500	150.00	122.00
1994	SPRING HOLLOW	RT	65.00	80.00
1994	SPRING HOLLOW (PREM. ED.)	3500	125.00	153.00
1994	SWEETHEART HAVEN	RT	60.00	55.00
1994	SWEETHEART HAVEN (PREM. ED.)	3500	115.00	128.00
1995	MOTHER'S COTTAGE	RT	65.00	95.00
1995	MOTHER'S COTTAGE (PREM. ED.)	3500	90.00	118.00
1995	STORK COTTAGE/BOY	RT	65.00	83.00
1995	STORK COTTAGE/GIRL	RT	65.00	103.00

D. WINTER   **CENTRE OF THE VILLAGE**

YR	NAME	LIMIT	ISSUE	TREND
1980	LITTLE MARKET	RT	29.00	72.00
1980	MARKET STREET	RT	49.00	89.00
1980	ROSE COTTAGE	RT	29.00	61.00
1980	WINE MERCHANT, THE	RT	29.00	54.00
1980	WINE MERCHANT, THE (OLD STYLE)	RT	29.00	N/A
1982	IVY COTTAGE	RT	22.00	50.00
1982	VILLAGE SHOP, THE	RT	22.00	65.00
1983	BAKEHOUSE, THE	RT	32.00	71.00
1983	GREEN DRAGON INN, THE	RT	32.00	52.00
1984	CHAPEL, THE	RT	49.00	100.00
1984	PARSONAGE, THE	RT	390.00	525.00
1984	SPINNER'S COTTAGE	RT	29.00	76.00
1985	COOPER'S COTTAGE, THE	RT	58.00	75.00

D. WINTER   **COLLECTORS GUILD EXCLUSIVE**

YR	NAME	LIMIT	ISSUE	TREND
1987	QUEEN ELIZABETH SLEPT HERE	RT	183.00	325.00
1987	ROBIN HOOD'S HIDEAWAY	RT	54.00	395.00
1987	VILLAGE SCENE, THE	RT	*	358.00
1988	BLACK BESS INN	RT	60.00	178.00
1988	PAVILION, THE	RT	52.00	152.00
1989	COAL SHED, THE	RT	112.00	195.00
1989	HOME GUARD	RT	105.00	138.00
1989	STREET SCENE (BAS RELIEF PLAQUE)	RT	*	105.00
1990	COBBLER, THE	RT	40.00	64.00
1990	PLUCKED DUCKS, THE	RT	*	58.00
1990	POTTERY, THE	RT	40.00	63.00
1991	PERSHORE MILL	RT	*	98.00
1991	TOMFOOL'S COTTAGE	RT	100.00	155.00
1991	WILL O' THE WISP	RT	120.00	135.00
1992	BEEKEEPER'S, THE	RT	65.00	93.00
1992	CANDLEMAKER'S, THE	RT	65.00	83.00
1992	IRISH WATER MILL	RT	*	63.00
1992	PATRICK'S WATER MILL	RT	*	137.00
1993	ON THE RIVERBANK	RT	*	63.00
1993	SWAN UPPING COTTAGE	RT	69.00	85.00
1993	THAMESIDE	RT	79.00	113.00
1994	15 LAWNSIDE ROAD	RT	*	66.00
1994	ASHE COTTAGE	RT	62.00	85.00
1994	WHILEAWAY COTTAGE	RT	70.00	86.00

YR	NAME	LIMIT	ISSUE	TREND
1995	BUTTERCUP COTTAGE	RT	60.00	90.00
1995	FLOWER SHOP, THE	RT	150.00	175.00
1995	FRIENDSHIP COTTAGE	RT	45.00	75.00
1995	GARDENER'S COTTAGE	RT	*	85.00
1996	MODEL DAIRY, THE	RT	*	69.00
1996	PLOUGH FARMSTEAD	RT	125.00	213.00
1996	PUNCH STABLES	RT	150.00	250.00

D. WINTER   **CURRENT PIECES**

YR	NAME	LIMIT	ISSUE	TREND
1991	CASTLE IN THE AIR	RT	675.00	678.00
1991	INGLENOOK COTTAGE	RT	60.00	71.00
1991	MOONLIGHT HAVEN	RT	120.00	195.00
1991	WEAVER'S LODGINGS, THE	RT	65.00	98.00
1996	GOLF CLUBHOUSE	RT	165.00	228.00
1997	ABBEY RUINS, THE	RT	45.00	113.00
1997	CITADEL, THE	RT	45.00	100.00
1997	FOREST OF DEAN	RT	45.00	158.00

D. WINTER   **DAVID WINTER RETIRED PIECES**

YR	NAME	LIMIT	ISSUE	TREND
1980	COACHING INN, THE	RT	165.00	3263.00
1980	DOVE COTTAGE	RT	60.00	1737.00
1980	FORGE, THE	RT	60.00	1220.00
1980	LITTLE FORGE	RT	27.00	1000.00
1980	LITTLE MILL	RT	40.00	1380.00
1980	LITTLE MILL-REMODELED	RT	40.00	N/A
1980	MILL HOUSE	RT	50.00	1750.00
1980	MILL HOUSE-REMODELED '83	RT	50.00	1270.00
1980	QUAYSIDE	RT	52.00	1200.00
1980	THREE DUCKS INN	RT	60.00	1270.00
1981	CASTLE KEEP	RT	30.00	1888.00
1981	CHINCHESTER CROSS	RT	50.00	4000.00
1981	CORNISH COTTAGE	RT	30.00	354.00
1981	DOUBLE OAST	RT	60.00	2560.00
1981	OLD CURIOSITY SHOP, THE	RT	40.00	2080.00
1981	PROVENCAL ONE (FRENCH MKT.)	RT	*	4200.00
1981	PROVENCAL TINY A (FRENCH MKT.)	RT	*	1400.00
1981	PROVENCAL TINY B (FRENCH MKT.)	RT	*	1400.00
1981	PROVENCAL TWO (FRENCH MKT.)	RT	*	5450.00
1981	ST. PAUL'S CATHEDRAL	RT	40.00	1200.00
1981	TYTHE BARN	RT	40.00	1200.00
1982	BLACKSMITH'S COTTAGE	RT	22.00	409.00
1982	CORNISH TIN MINE	RT	22.00	57.00
1982	FAIRYTALE CASTLE	RT	115.00	275.00
1982	HOUSE ON TOP, THE	RT	93.00	268.00
1982	MINER'S COTTAGE	RT	22.00	150.00
1982	MOORLAND COTTAGE	RT	22.00	235.00
1982	SABRINA'S COTTAGE	RT	30.00	1475.00
1982	WM. SHAKESPEARE'S BIRTHPLACE (LARGE)	RT	60.00	1438.00
1983	ALMS HOUS, THE	RT	60.00	415.00
1983	COTTON MILL, THE	RT	42.00	478.00
1983	HAYBARN, THE	RT	22.00	300.00
1983	WOODCUTTER'S COTTAGE	RT	87.00	290.00
1984	HOUSE OF THE MASTER MASON	RT	75.00	250.00
1985	HERMIT'S HUMBLE HOME	RT	87.00	215.00
1985	SUFFOLK HOUSE	RT	49.00	89.00
1988	CROFTER'S COTTAGE	RT	51.00	111.00
1991	PRINTERS AND THE BOOKBINDERS, THE (BOOKENDS)	RT	120.00	90.00
1992	AUDREY'S TEA ROOM	RT	90.00	200.00
1992	AUDREY'S TEA SHOP	RT	90.00	157.00
1995	WELCOME HOME COTTAGE	RT	99.00	93.00
1995	WELCOME HOME COTTAGE-MILITARY	RT	99.00	150.00

D. WINTER   **DICKENS CHRISTMAS CAROL COLLECTION**

YR	NAME	LIMIT	ISSUE	TREND
1987	EBENEZER SCROOGE'S COUNTING HOUSE	RT	97.00	175.00
1988	HOGMANAY (CHRISTMAS IN SCOTLAND...)	RT	100.00	174.00
1989	A CHRISTMAS CAROL	RT	135.00	177.00
1990	MR. FEZZIWIG'S EMPORIUM	RT	135.00	120.00
1991	FRED'S HOME	RT	145.00	200.00
1992	SCROOGE'S SCHOOL	RT	160.00	150.00
1993	OLD JOE'S BEETLING SHOP	RT	175.00	164.00
1994	SCROOGE FAMILY HOME, THE	RT	175.00	167.00
1994	SCROOGE FAMILY HOME, THE (PREM. ED.)	RT	230.00	255.00
1994	SCROOGE FAMILY HOME, THE-PLAQUE	3500	125.00	125.00
1994	UP ON THE HOUSE TOP (STAFF GIFT)	RT	*	188.00
1995	MISS BELLE'S COTTAGE	RT	185.00	163.00
1995	MISS BELLE'S COTTAGE (PREM. ED.)	2200	235.00	190.00
1995	MISS BELLE'S COTTAGE-PLAQUE	4000	120.00	135.00
1996	TINY TIM	RT	150.00	325.00
1996	TINY TIM (PREM. ED.)	2200	180.00	265.00
1996	TINY TIM-PLAQUE	4000	110.00	125.00

D. WINTER   **DISNEYANA**

YR	NAME	LIMIT	ISSUE	TREND
1992	CINDERELLA CASTLE	500	250.00	N/A
1993	SLEEPING BEAUTY CASTLE	500	250.00	N/A
1994	EURO DISNEY CASTLE	500	250.00	N/A

D. WINTER   **ENGLISH VILLAGE COLLECTION**

YR	NAME	LIMIT	ISSUE	TREND
1994	CAT & PIPE INN, THE	RT	53.00	87.00
1994	CHANDLERY, THE	RT	53.00	63.00
1994	CHURCH AND VESTRY, THE	RT	57.00	75.00
1994	CONSTABULARY, THE	RT	60.00	73.00
1994	CRYSTAL COTTAGE	RT	53.00	63.00
1994	ENGINE HOUSE, THE (BRN. DR. GEN. VISION)	RT	55.00	98.00

Stonington Harbor, CT, *a Harbour Lights Collector's Society exclusive piece for 1996, has increased in value since its retirement.*

Carolina Lighthouse, *part of the Coastal Classics Collection by Bill Job for Forma Vitrum, is an open edition.*

Guildford Lodge is *a beautiful castle that was produced by J.P. Editions in 1993.*

This festive and whimsical Christmas Boot *was the inspiriation of Jon Herbert. The line of Boot Houses is produced by John Hine Studios.*

There are three versions of the Steeple Church *from New England Village. The first was issued by Department 56 in 1986.*

School Days is *from American Landmarks collection by Lilliput Lane.*

YR	NAME	LIMIT	ISSUE	TREND
1994	ENGINE HOUSE, THE (RD. DR. DISNEY EXCLUSIVE)	RT	55.00	200.00
1994	GLEBE COTTAGE	RT	53.00	63.00
1994	HALL, THE	RT	55.00	83.00
1994	ONE ACRE COTTAGE	RT	55.00	63.00
1994	POST OFFICE, THE	RT	53.00	117.00
1994	QUACK'S COTTAGE	RT	57.00	78.00
1994	RECTORY, THE	RT	55.00	68.00
1994	SEMINARY, THE	RT	57.00	89.00
1994	SMITHY, THE	RT	50.00	63.00
1994	TANNERY, THE	RT	50.00	60.00
D. WINTER		**GARDEN COTTAGES OF ENGLAND**		
1995	SPENCER HALL GARDENS	4300	395.00	333.00
1995	SPENCER HALL GARDENS (PREM. ED.)	2200	495.00	500.00
1995	WILLOW GARDENS	4300	250.00	218.00
1995	WILLOW GARDENS (PREM. ED.)	2200	299.00	300.00
1996	PARK, THE	RT	300.00	300.00
1997	PARK, THE (PREM. ED.)	RT	400.00	650.00
D. WINTER		**HEART OF ENGLAND**		
1985	APOTHECARY SHOP, THE	RT	24.00	60.00
1985	BLACKFRIARS GRANGE	RT	24.00	76.00
1985	CRAFTSMAN COTTAGES	RT	24.00	55.00
1985	HOGS HEAD TAVERN, THE	RT	24.00	72.00
1985	MEADOWBANK COTTAGES	RT	24.00	46.00
1985	SCHOOLHOUSE, THE	RT	24.00	51.00
1985	SHIREHALL	RT	24.00	64.00
1985	ST. GEORGE'S CHURCH	RT	24.00	60.00
1985	VICARAGE, THE	RT	24.00	77.00
1985	YEOMAN'S FARMHOUSE	RT	24.00	52.00
1988	WINDMILL, THE	RT	38.00	87.00
D. WINTER		**IN THE COUNTRY**		
1982	BROOKSIDE HAMLET	RT	75.00	105.00
1982	DROVER'S COTTAGE	RT	22.00	41.00
1983	BOTHY, THE	RT	32.00	127.00
1983	FISHERMAN'S WHARF	RT	32.00	102.00
1983	PILGRIM'S REST	RT	49.00	139.00
1984	SNOW COTTAGE	RT	75.00	150.00
1984	TOLLKEEPER'S COTTAGE	RT	87.00	129.00
1986	THERE WAS A CROOKED HOUSE	RT	97.00	155.00
1987	JOHN BENBOW'S FARMHOUSE	RT	78.00	110.00
1996	LOVER'S TRYST	RT	125.00	213.00
1996	THERE WAS A NARROW HOUSE	RT	115.00	168.00
D. WINTER		**IRISH COLLECTION**		
1992	FOGARTYS	RT	75.00	95.00
1992	IRISH ROUND TOWER	RT	65.00	93.00
1992	MURPHYS	RT	100.00	143.00
1992	O'DONOVAN'S CASTLE	RT	145.00	260.00
1992	ONLY A SPAN APART	RT	80.00	93.00
1992	SECRET SHEBEEN	RT	70.00	83.00
D. WINTER		**LANDOWNERS COLLECTION**		
1981	TUDOR MANOR HOUSE	RT	49.00	100.00
1981	TUDOR MANOR HOUSE (OLD STYLE)	RT	49.00	N/A
1982	DOWER HOUSE, THE	RT	22.00	43.00
1984	CASTLE GATE	RT	155.00	255.00
1985	SQUIRES HALL	RT	93.00	143.00
1986	FALSTAFF'S MANOR	RT	242.00	388.00
1988	GRANGE, THE	RT	120.00	1063.00
D. WINTER		**MASTERPIECE COLLECTION**		
1996	GUINEVERE'S CASTLE	4300	299.00	500.00
1996	GUINEVERE'S CASTLE (PREM. ED.)	2200	350.00	650.00
1996	HAUNTED HOUSE	4900	325.00	514.00
1996	WRECKERS COTTAGE	RT	225.00	325.00
1996	WRECKER'S COTTAGE (PREM. ED.)	RT	275.00	308.00
D. WINTER		**MIDLANDS COLLECTION**		
1988	BOTTLE KILN	RT	78.00	120.00
1988	COAL MINER'S ROW	RT	90.00	197.00
1988	DERBYSHIRE COTTON MILL	RT	65.00	297.00
1988	GUNSMITHS	RT	78.00	84.00
1988	LACEMAKER'S	RT	120.00	160.00
1988	LOCK KEEPERS COTTAGE	RT	65.00	115.00
D. WINTER		**NEW SHERWOOD FOREST COLLECTION**		
1995	DIORAMA	RT	100.00	95.00
1995	FRIAR TUCK'S SANCTUM	RT	45.00	74.00
1995	KING RICHARD'S BOWER	RT	45.00	70.00
1995	LITTLE JOHN'S RIVERLOFT	RT	45.00	70.00
1995	LOXLEY CASTLE	RT	150.00	208.00
1995	MAID MARIAN'S RETREAT	RT	50.00	100.00
1995	MUCH'S MILL	RT	45.00	65.00
1995	WILL SCARLETT'S DEN	RT	50.00	110.00
D. WINTER		**PORRIDGE POT ALLEY COLLECTION**		
1995	COB'S BAKERY	RT	125.00	93.00
1995	COB'S BAKERY (PREM. ED.)	3500	165.00	121.00
1995	PORRIDGE POT ARCH	RT	50.00	113.00
1995	SWEET DREAMS	RT	79.00	62.00
1995	SWEET DREAMS (PREM. ED.)	3500	99.00	85.00
1995	TARTAN TEAHOUSE	RT	99.00	103.00
1995	TARTAN TEAHOUSE (PREM. ED.)	3500	129.00	105.00

YR	NAME	LIMIT	ISSUE	TREND
D. WINTER			**REGIONS COLLECTION**	
1981	SINGLE OAST	RT	22.00	135.00
1981	STRATFORD HOUSE	RT	75.00	114.00
1981	TRIPLE OAST	RT	60.00	145.00
1981	TRIPLE OAST (OLD STYLE)	RT	60.00	N/A
1982	COTSWOLD COTTAGE	RT	22.00	43.00
1982	COTSWOLD VILLAGE	RT	60.00	93.00
1982	SUSSEX COTTAGE	RT	22.00	75.00
1983	HERTFORD COURT (ERIC)	RT	87.00	137.00
1985	KENT COTTAGE	RT	49.00	114.00
D. WINTER			**SCOTTISH COLLECTION**	
1982	OLD DISTILLERY, THE	RT	312.00	720.00
1989	GATEKEEPER'S	RT	65.00	97.00
1989	GATEKEEPERS COLOURWAY	1000	*	378.00
1989	GILLIE'S COTTAGE	RT	65.00	86.00
1989	HOUSE ON THE LOCH, THE	RT	65.00	108.00
1989	MACBETH'S CASTLE	RT	200.00	275.00
1989	OLD DISTILLERY (RE-RELEASED)	RT	450.00	715.00
1989	SCOTTISH CROFTERS (ORIG. & REMOLDED)	RT	42.00	48.00
D. WINTER			**SEASIDE BOARDWALK**	
1995	BARNACLE THEATRE	RT	175.00	158.00
1995	DOCK ACCESSORY (INCLUDED WITH EACH PIECE)	RT	*	N/A
1995	FISHERMAN'S SHANTY	RT	110.00	200.00
1995	HARBOUR MASTER'S WATCH-HOUSE	RT	125.00	238.00
1995	JOLLY ROGER TAVERN	RT	199.00	337.00
1995	LODGINGS & SEA BATHING	RT	165.00	200.00
1995	WATERFRONT MARKET	RT	125.00	225.00
1996	TRINITY LIGHTHOUSE	RT	135.00	280.00
D. WINTER			**SHIRES COLLECTION**	
1993	BERKSHIRE MILKING BYRE	RT	38.00	50.00
1993	BUCKINGHAMSHIRE BULL PEN	RT	38.00	40.00
1993	CHESHIRE KENNELS	RT	36.00	48.00
1993	DERBYSHIRE DOVECOTE	RT	36.00	45.00
1993	GLOUCESTERSHIRE GREENHOUSE	RT	40.00	50.00
1993	HAMPSHIRE HUTCHES	RT	34.00	41.00
1993	LANCASHIRE DONKEY SHED	RT	38.00	41.00
1993	OXFORDSHIRE GOAT YARD	RT	32.00	43.00
1993	SHROPSHIRE PIG SHELTER	RT	32.00	45.00
1993	STAFFORDSHIRE STABLES	RT	36.00	74.00
1993	WILTSHIRE WATERWHEEL	RT	34.00	50.00
1993	YORKSHIRE SHEEPFOLD	RT	38.00	45.00
D. WINTER			**SOUTH DOWNS COLLECTION**	
1996	ELFIN COTTAGE	RT	60.00	100.00
1996	PARISH SCHOOL, THE	RT	45.00	123.00
1997	SUNDAY SCHOOL CHAPEL, THE	RT	60.00	153.00
D. WINTER			**SPECIAL EVENTS**	
1988	WINTERS HILL (JIM'LL FIX-IT)	250	375.00	N/A
1990	CARTWRIGHTS COTTAGE	RT	45.00	113.00
1992	BIRTHSTONE WISHING WELL	RT	40.00	56.00
1992	MAD BARON FOURTHRITE'S FOLLY	18854	275.00	298.00
1993	ARCHES THRICE	RT	150.00	228.00
1993	HORATIO PERNICKETY'S AMOROUS INTENT	9990	350.00	320.00
1993	PLUM COTTAGE	4500	50.00	132.00
1994	BIRTHDAY COTTAGE (ARCHES THWONCE)	RT	55.00	80.00
1994	QUINDENE MANOR	3000	695.00	745.00
1994	QUINDENE MANOR-PREM. ED.	1500	850.00	675.00
1994	WINTER ARCH	RT	25.00	78.00
1994	WISHING FALLS COTTAGE	RT	65.00	70.00
1995	GRUMBLEWEED'S POTTING SHED	RT	99.00	140.00
1995	NEWTOWN MILLHOUSE	4500	195.00	210.00
1995	WHISPERS COTTAGE	RT	99.00	108.00
1996	CHRISTMAS TOYSHOP, THE (MUSICAL GLOBE)	1500	50.00	213.00
1996	DERBY ARMS, THE (DW APPEARANCE)	RT	60.00	95.00
1996	PRIMROSE COTTAGE (PAINTER EVENT)	RT	65.00	103.00
D. WINTER			**TINY SERIES**	
1980	ANNE HATHAWAY'S COTTAGE	RT	*	575.00
1980	COTSWOLD FARMHOUSE	RT	*	575.00
1980	CROWN INN	RT	*	575.00
1980	ST. NICHOLAS' CHURCH	RT	*	563.00
1980	SULGRAVE MANOR	RT	*	563.00
1980	WM. SHAKESPEARE'S BIRTHPLACE	RT	*	550.00
D. WINTER			**VILLAGE COLLECTION**	
1981	VILLAGE, THE	RT	362.00	588.00
1981	VILLAGE, THE (OLD STYLE)	RT	362.00	N/A
D. WINTER			**WELSH COLLECTION**	
1993	A BIT OF NONSENSE	RT	52.00	73.00
1993	PEN-Y-CRAIG	RT	88.00	88.00
1993	TYDDYN SIRIOL	RT	88.00	85.00
1993	Y DDRAIGG GOCH	RT	88.00	100.00
D. WINTER			**WEST COUNTRY**	
1986	DEVONCOMBE	RT	73.00	130.00
1986	SMUGGLER'S CREEK	RT	390.00	414.00
1986	TAMAR COTTAGE	RT	46.00	89.00
1987	DEVON CREAMERY	RT	63.00	94.00
1987	ORCHARD COTTAGE	RT	92.00	108.00
1988	CORNISH ENGINE HOUSE	RT	120.00	155.00
1988	CORNISH HARBOUR	RT	120.00	178.00

YR	NAME	LIMIT	ISSUE	TREND
D. WINTER			**WINTERVILLE COLLECTION**	
1994	CLOCKHOUSE, THE	RT	165.00	131.00
1994	CLOCKHOUSE, THE (PREM. ED.)	RT	215.00	200.00
1994	TOYMAKER, THE	RT	135.00	133.00
1994	TOYMAKER, THE (PREM. ED.)	3500	175.00	188.00
1995	ST. STEPHEN'S	5750	150.00	155.00
1995	ST. STEPHEN'S (PREM. ED.)	1750	195.00	158.00
1995	WINTERVILLE DIORAMA	RT	80.00	100.00
1995	YE MERRY GENTLEMEN'S LODGINGS	5750	125.00	100.00
1995	YE MERRY GENTLEMEN'S LODGINGS (PREM. ED.)	1750	170.00	143.00
1996	AT HOME WITH COMFORT AND JOY	5750	110.00	135.00
1996	AT HOME WITH COMFORT AND JOY (PREM. ED.)	1750	145.00	163.00

DEPARTMENT 56

YR	NAME	LIMIT	ISSUE	TREND
*			**ALPINE VILLAGE**	
*	CHANCERY CORNER	RT	*	N/A
1986	ALPINE VILLAGE 6540-4 (SET OF 5)	RT	150.00	115.00
1986	APOTEHEKE 6540-4	RT	37.00	35.00
1986	BESSON BIERKELLER 6540-4	RT	37.00	40.00
1986	E. STAUBR BAECKER 6540-4	RT	37.00	25.00
1986	GASTHOF EISL 6540-4	RT	37.00	40.00
1986	MILCH-KASE 6540-4	RT	37.00	30.00
1987	ALPINE CHURCH 6541-2	RT	32.00	150.00
1987	JOSEF ENGEL FARMHOUSE 5952-8	RT	33.00	800.00
1988	GRIST MILL 5953-6	RT	45.00	25.00
1990	BAHNHOF 5615-4	RT	42.00	60.00
1991	ST. NIKOLAUS KIRCHE 5617-0	RT	38.00	38.00
1992	GATE HOUSE 5530-1, SELECT OPEN HOUSE	RT	23.00	35.00
1992	KUKUCK UHREN 5618-9, ALPINE SHOPS	RT	38.00	30.00
1992	METTERNICHE WURST 5618-9, ALPINE SHOPS	RT	38.00	30.00
1993	CLIMB EVERY MOUNTAIN 5613-8, (SET OF 4)	OP	28.00	28.00
1993	SPORT LADEN 5612-0	RT	50.00	40.00
1994	BAKERY & CHOCOLATE SHOP 5614-6	RT	38.00	38.00
1994	POLKA FEST 5607-3, (SET OF 3)	*	30.00	30.00
1995	ALPEN HORN PLAYER AT ALPINE SIGN 5618-2	OP	20.00	20.00
1995	KAMM HAUS 5617-1	RT	42.00	42.00
1996	DANUBE MUSIC PUBLISHER #56173	OP	55.00	55.00
1997	BERNHARDINER HUNDCHEN 56174	OP	50.00	50.00
1998	FEDERBETTEN UND STEPPDECKEN 56176	OP	48.00	48.00
1998	HEIDI'S GRANDFATHER'S HOUSE 56177	OP	64.00	64.00
1998	SOUND OF MUSIC, THE VON TRAPP VILLA 56178	OP	130.00	130.00
1998	SPIELZEUG LADEN	OP	65.00	65.00
*			**BACHMAN'S**	
1987	HOME TOWN BOARDING HOUSE 670-0	SU	34.00	275.00
1987	HOME TOWN CHURCH 671-8	SU	40.00	390.00
1988	HOME TOWN DRUGSTORE 672-6	SU	40.00	675.00
*			**CHRISTMAS IN THE CITY**	
1987	BAKERY 6512-9	RT	38.00	143.00
1987	CATHEDRAL, THE 5962-5	RT	60.00	300.00
1987	CHRISTMAS IN THE CITY 6512-9 (SET OF 3)	RT	112.00	585.00
1987	CHRISTMAS IN THE CITY SIGN 5960-9	RT	6.00	18.00
1987	PALACE THEATRE 5963-3	RT	45.00	800.00
1987	SUTTON PLACE BROWNSTONES 5961-7	RT	80.00	700.00
1987	TOWER RESTAURANT 6512-9	RT	38.00	225.00
1987	TOY SHOP & PET STORE 6512-9	RT	38.00	225.00
1987	VEHICLES 5964-1, (SET OF 3)	OP	22.00	22.00
1988	CHOCOLATE SHOPPE, THE 5968-4	RT	40.00	140.00
1988	CITY HALL 5969-2	RT	65.00	179.00
1988	HANK'S MARKET 5970-6	RT	40.00	88.00
1988	VARIETY STORE 5972-2	RT	45.00	160.00
1989	5607 PARK AVENUE TOWNHOUSE 5977-3	RT	48.00	80.00
1989	5609 PARK AVENUE TOWNHOUSE 5978-1	RT	48.00	75.00
1989	BOULEVARD 5516-6	RT	25.00	40.00
1989	DOROTHY'S DRESS SHOP 5974-9	RT	70.00	340.00
1989	MAILBOX/FIRE HYDRANT 5517-4, RD, WH & BL	RT	6.00	15.00
1989	RITZ HOTEL 5973-0	RT	55.00	60.00
1989	TOWN SQUARE GAZEBO 5513-1	OP	19.00	19.00
1989	UTILITIES SET 5512-3	OP	12.00	13.00
1989	WROUGHT IRON FENCE EXTENSION SET 5515-8	OP	12.00	12.00
1989	WROUGHT IRON GATE W/FENCE 5514-0	OP	15.00	15.00
1990	BUSY SIDEWALKS 5535-2, (SET OF 4)	RT	28.00	43.00
1990	DOCTOR'S OFFICE, THE 5544-1	RT	60.00	75.00
1990	MAILBOX/FIRE HYDRANT 5517-4, RED & GREEN	OP	6.00	18.00
1990	RED BRICK FIRE STATION 5536-0	RT	55.00	75.00
1990	REST YE MERRY GENTLEMEN 5540-9	OP	13.00	13.00
1990	SUBWAY ENTRANCE 5541-7	OP	15.00	15.00
1990	TIS THE SEASON 5539-5	RT	13.00	25.00
1990	WONG'S IN CHINATOWN 5537-9	RT	55.00	69.00
1991	ALL SAINTS CORNER CHURCH 5542-5	RT	105.00	90.00
1991	ARTS ACADEMY 5543-3	RT	45.00	60.00
1991	DOCTOR'S OFFICE 5544-1	RT	60.00	75.00
1991	HOLLYDALE'S DEPARTMENT STORE 5534-4	RT	85.00	80.00
1991	LITTLE ITALY- RISTORANTE	RT	52.00	75.00
1991	ST. MARK'S CHURCH 5549-2	RT	120.00	1400.00
1992	CITY CLOCKWORKS 5531-0, UPTOWN SHOPPE	RT	56.00	50.00
1992	HABERBASHERY 5531-0, UPTOWN SHOPPE	RT	40.00	35.00
1992	MUSIC EMPORIUM 5531-0, UPTOWN SHOPPE	RT	54.00	50.00
1992	UPTOWN SHOPPES #5531-0	RT	150.00	195.00

YR	NAME	LIMIT	ISSUE	TREND
1993	POTTERS TEA SELLER 5880-7	RT	45.00	50.00
1993	SPRING STREET COFFEE HOUSE	RT	45.00	65.00
1993	WEST VILLAGE SHOPS #5880-7	RT	90.00	117.00
1994	BROKERAGE HOUSE 5881-5	RT	48.00	69.00
1994	CHAMBER ORCHESTRA 5884-0, (SET OF 4)	OP	*	N/A
1994	CITY BROKERAGE HOUSE 5881-5	RT	48.00	48.00
1994	FIRST METROPOLITAN BANK 5882-3	RT	60.00	60.00
1994	HERITAGE MUSEUM OF ART 5883-1	RT	96.00	80.00
1994	HOLIDAY FIELD TRIP 5885-8, (SET OF 3)	RT	*	28.00
1995	BEEKMAN HOUSE, BROWNSTONES 5887-8	OP	45.00	45.00
1995	BRIGHTON SCHOOL 5887-6	RT	52.00	52.00
1995	BROWN STONES ON THE SQ. 5887-7 (SET OF 2)	OP	90.00	90.00
1995	CHOIR BOYS ALL IN A ROW 5889-2	OP	20.00	20.00
1995	HOLY NAME CHURCH 5887-5	OP	96.00	96.00
1995	IVY TERRACE APARTMENTS 5887-4	RT	60.00	60.00
1995	KEY TO THE CITY AT CHRISTMAS CITY SIGN 5889-3	OP	20.00	20.00
1995	ONE MAN BAND & DANCING DOG 5889-1 (SET OF 2)	OP	18.00	18.00
1995	PICKFORD PLACE, BROWNSTONES 5887-9	RT	45.00	50.00
1995	VILLAGE EXPRESS VAN-CANADA OM216	OP	45.00	45.00
1995	YES, VIRIGINA 5889-0, (SET OF 2)	OP	12.00	13.00
1996	CAFE CAPRICE FRENCH RESTAURANT	OP	45.00	45.00
1996	GRAND CENTRAL RAILWAY STATION 58881	RT	90.00	90.00
1996	WASHINGTON STREET POST OFFICE	RT	52.00	52.00
1997	CAFE CAPRISE FRENCH RESTAURANT 58882	*	*	N/A
1997	CITY GLOBE, THE 58883	OP	65.00	65.00
1997	HI-DE-HO NIGHTCLUB 58884	RT	52.00	52.00
1998	CAPITOL, THE	CL	110.00	110.00
1998	GRAND MOVIE THEATER 58870	RT	50.00	50.00
1998	JOHNSON'S GROCERY & DELI	OP	60.00	60.00
1998	OLD TRINITY CHURCH 58940	OP	96.00	96.00
1998	PRECINCT 25 POLICE STATION 58941	OP	56.00	56.00
1998	RIVERSIDE ROW SHOPS	RT	52.00	52.00
1998	SCOTTIE'S TOY SHOP 58871	RT	65.00	80.00
1998	UNIVERSITY CLUB 58945	OP	60.00	60.00
1998	WEDDING GALLERY 58943	OP	60.00	60.00
1999	PARKVIEW HOSPITAL 58947	OP	65.00	65.00
1999	TIMES TOWER, SET OF 3, 55510	RT	185.00	185.00
1999	WINTERGARTEN CAF… 58948	RT	60.00	60.00
*				**DICKENS' VILLAGE**
1984	ABEL BEESLEY BUTCHER 6513-3	RT	25.00	115.00
1984	BEAN AND SON SMITHY SHOP 6515-3	RT	25.00	153.00
1984	CANDLE SHOP 6515-3	RT	25.00	160.00
1984	CROWNTREE INN 6515-3	RT	25.00	250.00
1984	GOLDEN SWAN BAKER 6515-3	RT	25.00	150.00
1984	GREEN GROCER 6515-3	RT	25.00	147.00
1984	JONES & CO. BRUSH/BASKET SHOP 6515-3	RT	25.00	300.00
1984	ORIGINAL SHOPS, THE 6515-3 (SET OF 7)	RT	175.00	975.00
1985	DICKENS' COTTAGES 6518-8 (SET OF 3)	RT	75.00	1300.00
1985	DICKENS' VILLAGE CHURCH (DARK CARAMEL) 6516-1	RT	35.00	163.00
1985	DICKENS' VILLAGE CHURCH (GREEN) 6516-1	RT	35.00	460.00
1985	DICKENS' VILLAGE CHURCH (LT. CREAM) 6516-1	RT	35.00	199.00
1985	DICKENS' VILLAGE CHURCH (TAN/FLESH) 6516-1	RT	35.00	124.00
1985	DICKENS' VILLAGE MILL 6519-6	RT	35.00	4648.00
1985	STONE COTTAGE (SPLIT PEA GREEN) 6518-8	RT	25.00	300.00
1985	STONE COTTAGE (TAN) 6518-8	RT	25.00	475.00
1985	STONE COTTAGE (TAN/GREEN) 6518-8	RT	25.00	450.00
1985	THATCHED COTTAGE 6518-8	RT	25.00	175.00
1985	TUDOR COTTAGE 6518-8	RT	25.00	300.00
1985	VILLAGE CHURCH (CREAM-YELLOW) 6516-1	RT	35.00	500.00
1985	VILLAGE MILL 6519-6	RT	35.00	4700.00
1985	VILLAGE MILL, PROOF XB 6519-6	RT	35.00	5000.00
1986	BLYTHE POND MILL HOUSE 6508-0	RT	37.00	240.00
1986	BY THE POND MILL HOUSE 6508-0	RT	37.00	115.00
1986	CHADBURY STATION & TRAIN 6528-5	RT	65.00	340.00
1986	CHRISTMAS/COTTAGES 6500-5 (SET OF 3)	CL	75.00	137.00
1986	COTTAGE OF BOB CRATCHIT & TINY TIM 6500-5	RT	30.00	50.00
1986	COTTAGE TOY SHOP 6507-2	RT	27.00	180.00
1986	DICKENS' LANE SHOPS 6507-2 (SET OF 3)	RT	80.00	748.00
1986	FEZZIWIG'S WAREHOUSE 6500-5	RT	30.00	30.00
1986	NORMAN CHURCH 6502-1	3500	40.00	3500.00
1986	SCROOGE & MARLEY COUNTING HOUSE	RT	30.00	50.00
1986	THOMAS KERSEY COFFEE HOUSE 6507-2	RT	27.00	150.00
1986	TUTTLE'S PUB 6507-2	RT	27.00	160.00
1987	BARLEY BREE FARMHOUSE & BARN 5900-5 (SET OF 2)	RT	60.00	325.00
1987	BRICK ABBEY 6549-8	RT	33.00	350.00
1987	CHESTERTON MANOR HOUSE 6568-4	RT	45.00	1500.00
1987	DICKENS' VILLAGE SIGN 6569-2	RT	6.00	21.00
1987	DOVER COACH/ORIGINAL 6590-0	RT	18.00	72.00
1987	KENILWORTH CASTLE 5916-1	RT	70.00	600.00
1987	NEW ENGLAND VILLAGE SIGN 6532-3	RT	6.00	18.00
1987	OLD CURIOSITY SHOP 5905-6	RT	40.00	40.00
1987	OX SLED/BLUE 5901-1	RT	20.00	98.00
1987	OX SLED/TAN 5901-1	RT	20.00	270.00
1988	BOOTER AND COBBLER 5924-2	RT	32.00	100.00
1988	C.F. PUBLIC HOUSE 5904-8	RT	35.00	450.00
1988	COBBLESTONE SHOPS 5924-2 (SET OF 3)	RT	95.00	429.00
1988	COUNTING HOUSE & SILAS THIMBLRTON BARRISTER 5902-1	RT	32.00	70.00
1988	GEORGE WEETON WATCHMAKER 5926-9	RT	33.00	44.00
1988	IVY GLEN CHURCH 5927-7	RT	35.00	88.00

YR	NAME	LIMIT	ISSUE	TREND
1988	MERCHANT SHOPS 5926-9 (SET OF 5)	RT	150.00	244.00
1988	MERMAID FISH SHOPPE 5926-9	RT	33.00	50.00
1988	NIC(K)OLAS NICKLEBY COTTAGE 5925-0	RT	36.00	100.00
1988	NICHOLAS NICKLEBY 5925-0 (SET OF 2)	RT	72.00	165.00
1988	NICHOLAS NICKLEBY CHARACTER 5929-3, SET OF FOUR	RT	20.00	30.00
1988	NICHOLAS NICKLEBY COTTAGE 5925-0	RT	36.00	60.00
1988	POULTERER 5926-9	RT	33.00	33.00
1988	T. WELLS FRUIT & SPICE SHOP 5924-2	RT	32.00	100.00
1988	WACKFORD SQUEERS BOARDING SCHOOL 5925-0	RT	36.00	60.00
1988	WALPOLE TAILORS 5926-9	RT	33.00	43.00
1988	WHITE HORSE BAKERY 5926-9	RT	33.00	56.00
1988	WOOL SHOP, THE 5924-2	RT	32.00	135.00
1989	BETSEY TROTWOOD'S COTTAGE 5550-6	RT	42.00	50.00
1989	CHRISTMAS MORNING 5588-3 (SET OF 3)	OP	18.00	18.00
1989	COBLES POLICE STATION 5583-2	RT	38.00	114.00
1989	DAVID COPPERFIELD 5550-6 (SET OF 3)	RT	125.00	244.00
1989	FLAT OF EBENEZER SCROOGE, THE 5587-5	OP	38.00	38.00
1989	GREEN GATE 5586-7	RT	65.00	200.00
1989	KINGS ROAD CAB 5581-6	OP	30.00	30.00
1989	KNOTTINGHILL CHURCH 5582-4	RT	52.00	50.00
1989	MR. WICKFIELD SOLICITOR 5550-6	RT	42.00	82.00
1989	PEGGOTTY'S SEASIDE COTTAGE (GREEN) 5550-6	RT	42.00	62.00
1989	PEGGOTTY'S SEASIDE COTTAGE (TAN) 5550-6	RT	42.00	101.00
1989	ROYAL COACH 5578-6	RT	55.00	69.00
1989	RUTH MARION 5585-9	RT	65.00	350.00
1989	RUTH MARION 5589-9 (PROOF)	RT	65.00	250.00
1989	THEATRE ROYAL 5584-0	RT	45.00	75.00
1989	TOWN SQUARE GAZEBO 5513-1	OP	19.00	19.00
1989	VICTORIA STATION 5574-3	RT	110.00	100.00
1990	BISHOP'S OAST HOUSE 5567-0	RT	45.00	50.00
1990	C.H. WATT PHYSICIAN #55691	RT	40.00	35.00
1990	FLYING SCOT TRAIN, THE 5573-5 (SET OF 4)	OP	50.00	50.00
1990	KINGS ROAD 5568-9 (SET OF 2)	RT	72.00	80.00
1990	TUTBURY PRINTER 5569-0	RT	40.00	30.00
1990	VICTORIA STATION TRAIN PLATFORM 5575-1	OP	22.00	22.00
1991	ASHBURY INN 5555-7	RT	60.00	50.00
1991	BROWNLOW'S HOUSE 5553-0	RT	38.00	70.00
1991	FAGIN'S HIDE-A-WAY 5552-2	RT	72.00	50.00
1991	MAYLIE'S COTTAGE 5553-0	RT	38.00	50.00
1991	NEPHEW FRED'S FLAT 5557-3	RT	36.00	70.00
1991	OLIVER TWIST 5553-0 (SET OF 2)	RT	75.00	111.00
1992	CROWN & CRICKET INN 5750-9	RT	100.00	130.00
1992	HEMBLETON PEWTERER 5800-9	RT	72.00	60.00
1992	KING'S ROAD POST OFFICE 5801-7	RT	45.00	45.00
1992	LIONHEAD BRIDGE 5864-5	OP	22.00	22.00
1992	OLD MICHAELCHURCH 5562-0	RT	46.00	50.00
1992	YANKEE JUD BELL CASTING 5643-0	RT	44.00	56.00
1993	A. BIELER FARM 5648-0 SET OF 2	RT	92.00	92.00
1993	BOARDING & LODGING SCHOOL 5809-2	RT	48.00	150.00
1993	BRINGING FLEECES TO MILL, 5819-0 (SET OF 2)	OP	35.00	35.00
1993	BUMPSTEAD NYE CLOAKS & TREACLE 5808-4	RT	38.00	40.00
1993	C. BRADFORD WHEELWRIGHT & SON 5818-1, (SET OF 2)	RT	24.00	30.00
1993	DASHING THRU THE SNOW 5820-3	OP	33.00	33.00
1993	GREAT DENTON MILL 5812-2	RT	50.00	50.00
1993	KINGSFORD BREW HOUSE 5811-4	RT	45.00	50.00
1993	LOMAS LIMITED MOLASSES & TREACLE 5808-6	RT	38.00	40.00
1993	PIED BULL INN, THE 5751-7	RT	100.00	100.00
1993	PUMP LANE SHOPPES 5808-4 SET OF 3	RT	112.00	150.00
1993	VISIONS OF CHRISTMAS PAST 5817-3, (SET OF 3)	RT	28.00	38.00
1993	W.M. WHEATCAKES & PUDDINGS 5808-7	RT	38.00	45.00
1994	BOARDING & LODGING SCHOOL 5810-6	RT	48.00	60.00
1994	BROWNING COTTAGE 58249	RT	40.00	40.00
1994	BROWNING COTTAGE 58249	RT	40.00	40.00
1994	CHELSEA MARKET CURIOUSITY 5827-0, (SET OF 2)	OP	28.00	28.00
1994	CHELSEA MARKET MISTLETOE 5826-2, (SET OF 2)	OP	25.00	25.00
1994	CHRISTMAS CAROL HOLIDAY TRIMMING SET 5831-9 S/21	OP	65.00	65.00
1994	COBB COTTAGE 58248	RT	40.00	40.00
1994	COBB COTTAGE 58248	RT	40.00	40.00
1994	DEDLOCK ARMS 5752-5	RT	100.00	100.00
1994	GIGGELSWICK MUTTON & HAM 5822-0	RT	48.00	50.00
1994	HATHER HARNESS 5823-8	RT	48.00	50.00
1994	MR. & MRS. PICKLE 58247	RT	40.00	40.00
1994	MR. & MRS. PICKLE 58247	RT	40.00	40.00
1994	PEACEFUL GLOW ON CHRISTMAS EVE 5830-8, (SET OF 3)	OP	30.00	30.00
1994	PORTOBELLO COTTAGES 5824-6, (SET OF 3)	CL	120.00	120.00
1994	PORTOBELLO RD, PEDDLER, SET OF THREE	OP	28.00	28.00
1994	POSTERN/10TH ANNIVERSARY PC 9871-0	RT	18.00	32.00
1994	VICTORIAN WROUGHT IRON FENCE & GATE 5252-3	OP	15.00	15.00
1994	WHITTLESBOURNE CHURCH 5821-1	RT	85.00	85.00
1994	WINTER SLEIGHRIDE 5825-4	OP	18.00	18.00
1995	BLENHAM STREET BANK 5833-0	RT	60.00	60.00
1995	BRICKSTON ROAD WATCHMEN 5839-0, (SET OF 2)	OP	25.00	25.00
1995	CHELSEA MARKET HAT, MUNGER & CART 5839-2	OP	*	N/A
1995	CHOP SHOP, THE	RT	35.00	35.00
1995	DUDDEN CROSS CHURCH 5833-3	RT	45.00	45.00
1995	DURSLEY MANOR 5832-9	RT	50.00	50.00
1995	FALSTAFF INN 5753-3	RT	*	100.00
1995	J.D. NICHOLS TOY SHOP 5832-8	RT	48.00	48.00
1995	MALTINGS, THE 5833-5	RT	50.00	50.00

YR	NAME	LIMIT	ISSUE	TREND
1995	PARTRIDGE/PEAR TREE, 12 DAYS OF CHRISTMAS 5835-1	OP	35.00	35.00
1995	PEA PUDDLEWICK SPECTACLE SHOP	OP	35.00	35.00
1995	SIR JOHN FALLSTAFF INN	RT	100.00	98.00
1995	START A TRADITION SET DV STARTER SET 5832-7	RT	85.00	80.00
1995	T. PUDDLEWICK SPECTACLE SHOP 58334	RT	35.00	35.00
1995	TALLY HO 5839-1, (SET OF 5)	OP	25.00	25.00
1995	TWO TURTLEDOVES-12 DAYS OF CHRISTMAS 5836-0	OP	33.00	33.00
1995	VILLAGE DUDDEN CROSS CHURCH, THE 5834-3	OP	45.00	45.00
1995	WRENBURY BAKER	RT	35.00	35.00
1995	WRENBURY SHOPS 5833-1, (SET OF 3)	OP	100.00	100.00
1996	BUTTER TUB BARN #58338	RT	48.00	48.00
1996	BUTTER TUB FARMHOUSE #58337	RT	40.00	40.00
1996	CHRISTMAS CAROL COTTAGE REVISITED #58339	OP	60.00	60.00
1996	CHRISTMAS CAROL COTTAGE, THE	OP	60.00	60.00
1996	GRAPES INN, THE #5753-4	RT	120.00	120.00
1996	QUILLY'S ANTIQUES 58348	RT	46.00	46.00
1996	RAMSFORD PALACE #58336	RT	175.00	400.00
1997	ASHWICK LANE HOSE & LADDER 58305	OP	60.00	60.00
1997	BARMBY MOOR COTTAGE 58324	OP	48.00	48.00
1997	CANADIAN TRADING CO. 58306	RT	65.00	130.00
1997	CROOKED FENCE COTTAGE 58304	*	60.00	60.00
1997	DV START A TRADITION SET 58322	RT	100.00	100.00
1997	EAST INDIES TRADING CO. 58302	RT	65.00	65.00
1997	GAD'S HILL PLACE 57535	RT	98.00	100.00
1997	J. LYTES COAL MERCHANT 58323	RT	50.00	50.00
1997	LEACOCK POULTERER 58303	RT	48.00	48.00
1997	MELANCHOLY TAVERN 58346	RT	45.00	45.00
1997	MULBERRIE COURT 58345	RT	90.00	90.00
1997	NETTIE QUINN PUPPETS & MARIONETTES 58344	OP	50.00	50.00
1997	OLD GLOBE THEATRE 58501	RT	175.00	100.00
1997	OLDE CAMDEN TOWN CHURCH 58346	RT	55.00	55.00
1997	TOWER OF LONDON 58500	RT	165.00	200.00
1998	BIG BEN, SET OF 2, 58341	OP	95.00	95.00
1998	GREAT EXPECTATIONS SATIS MANOR 58310	OP	110.00	110.00
1998	HEATHMOOR CASTLE 58313	RT	90.00	90.00
1998	HORSE AND HOUNDS PUB, THE 58340	OP	70.00	70.00
1998	KENSINGTON PALACE 58309	RT	195.00	195.00
1998	LYNTON POINT TOWER 58315	OP	80.00	80.00
1998	MANCHESTER SQUARE (SET OF 25)	OP	250.00	250.00
1998	NORTH EASTERN SEA FISHERIES LTD. 58316	RT	70.00	70.00
1998	SETON MORRIS SPICE MERCHANT 58308	RT	65.00	65.00
1998	TATTYEAVE KNOLL 58311	RT	55.00	55.00
1998	TEAMAN & CRUPP CHINA SHOP 58314	OP	64.00	64.00
1998	THOMAS MUDGE TIMEPIECES 58307	OP	60.00	60.00
1999	LITTLE WOMEN, THE MARCH RESIDENCE 56606	*	90.00	90.00

DISNEY PARKS VILLAGE

1987	AUTOMOBILES #5964-1	RT	*	26.00
1988	VILLAGE EXPRESS TRAIN #5980-3	RT	*	202.00
1992	VILLAGE EXPRESS VAN #5865-3	RT	*	33.00
1993	C. BRADFORD, WHEELWRIGHT & SON #5818-1	RT	*	30.00
1993	KNIFE GRINDER #5649-9	RT	*	49.00
1993	PLAYING IN THE SNOW SET #5556-5	RT	*	36.00
1993	VISION OF A CHRISTMAS PAST #5817-3	RT	*	37.00
1994	DISNEY PARKS FAMILY #5354-6	RT	33.00	10.00
1994	DISNEYLAND FIRE DEPARTMENT #105 #5352-0	RT	45.00	30.00
1994	MICKEY & MINNIE #5353-8	RT	23.00	23.00
1994	MICKEY'S CHRISTMAS CAROL #5350-3	RT	144.00	60.00
1994	OLD WORLD ANTIQUES GATE #5355-4	RT	15.00	15.00
1994	OLDE WORLD ANTIQUES SHOPS #5351-1	RT	90.00	117.00
1995	BALLOON SELLER #5353-9	RT	25.00	45.00
1995	SILVERSMITH #5352-1	RT	50.00	200.00
1995	TINKERBELL'S TREASURES #5352-2	RT	60.00	200.00
1996	CHRISTMAS BELLS #98711	RT	*	49.00

HERITAGE VILLAGE COLLECTION

1990	TOWN CRIER & CHIMNEY SWEEP 5569-7, (SET OF 2)	OP	15.00	15.00
1991	BRINGING HOME THE YULE LOG 5558-1, (SET OF 3)	OP	28.00	28.00
1991	HOLIDAY COACH 5561-1	OP	70.00	70.00
1991	POULTRY MARKET 5559-0, (SET OF 3)	RT	32.00	46.00
1992	CHURCHYARD GATE & FENCE 5806-8, (SET OF 3)	OP	15.00	15.00
1992	CHURCHYARD GATE & FENCE 5807-6, (SET OF 4)	OP	16.00	16.00
1995	DUDDEN CROSS CHURCH 5834-3	RT	*	N/A
1997	TOWER OF LONDON (SET OF 5) 58500	RT	*	332.00

HERITAGE VILLAGE COLLECTION ACCESSORIES

1984	CAROLERS 6526-9 (SET OF 3)	RT	10.00	80.00
1985	VILLAGE TRAIN 6527-7 (SET OF 3) BRIGHTON	RT	12.00	390.00
1986	CHRISTMAS CAROL FIGS. 6501-3 (SET OF 3)	RT	12.00	60.00
1986	COVERED WOODEN BRIDGE 6531-5	RT	10.00	25.00
1986	LIGHTED TREE W/CHILDREN & LADDER 6510-2	RT	35.00	180.00
1986	NEW ENGLAND WINTER SET 6532-3 (SET OF 5)	RT	18.00	46.00
1986	SLEIGHRIDE 6511-0	RT	20.00	59.00
1987	BLACKSMITH 5934-0 (SET OF 3)	RT	20.00	60.00
1987	CITY PEOPLE 5965-0 (SET OF 5)	RT	28.00	50.00
1987	DOVER COACH 6590-0	RT	18.00	72.00
1987	FARM PEOPLE & ANIMALS 5901-3 (SET OF 5)	RT	24.00	144.00
1987	MAPLE SUGARING SHED 6589-7 (SET OF 3)	RT	19.00	316.00
1987	OX SLED 5951-1	RT	20.00	98.00
1987	SHOPKEEPERS 5966-8 (SET OF 4)	RT	15.00	36.00
1987	SILO & HAY SHED, 5950-1 (SET OF 2)	RT	18.00	140.00

YR	NAME	LIMIT	ISSUE	TREND
1987	SKATING POND 6545-5	RT	24.00	50.00
1987	STONE BRIDGE 6546-3	RT	12.00	45.00
1987	VILLAGE WELL & HOLY CROSS 6547-1 (SET OF 2)	RT	13.00	114.00
1988	CHILDE POND & SKATERS 5903-0 (SET OF 4)	RT	30.00	75.00
1988	CITY BUS & MILK TRUCK 5983-8 (SET OF 2)	RT	15.00	30.00
1988	CITY NEWSSTAND 5971-4 (SET OF 4)	RT	25.00	80.00
1988	FEZZIWIG AND FRIENDS 5928-5 (SET OF 3)	RT	12.00	75.00
1988	NICHOLAS NICKLEBY 5929-3 (SET OF 4)	RT	20.00	30.00
1988	ONE HORSE OPEN SLEIGH 5982-0	RT	20.00	35.00
1988	SALVATION ARMY BAND 5985-4 (SET OF 6)	RT	24.00	80.00
1988	VILLAGE HARVEST PEOPLE 5941-2 (SET OF 4)	RT	28.00	44.00
1988	VILLAGE TRAIN TRESTLE 5981-1	RT	17.00	45.00
1988	WOODCUTTER AND SON 5986 (SET OF 2)	RT	10.00	45.00
1989	CENTRAL PARK CARRIAGE 5979-0	OP	30.00	30.00
1989	CONSTABLES 5579-4 (SET OF 3)	RT	18.00	60.00
1989	FARM ANIMALS 5945-5 (SET OF 4)	RT	15.00	30.00
1989	HERITAGE VILLAGE SIGN W/SNOWMAN 5572-7	RT	10.00	18.00
1989	ORGAN GRINDER 5957-9 (SET OF 3)	RT	21.00	30.00
1989	RIVER STREET ICE HOUSE CART 5959-5	RT	20.00	45.00
1990	CAROLERS ON THE DOORSTEP 5570-0 (SET OF 4)	OP	25.00	37.00
1991	COME INTO THE INN 5560-3 (SET OF 3)	RT	22.00	29.00
1992	CHURCH YARD 5563-8	RT	15.00	37.00
1992	GATE HOUSE 5530-1	RT	23.00	52.00
*			**LITTLE TOWN OF BETHLEHEM**	
	VAN GUILDER'S ORNAMENTAL IRONWORKS	RT	*	N/A
1987	LITTLE TOWN/BETHLEHEM 5975-7 (SET OF 12)	OP	150.00	293.00
*			**MEADOWLAND**	
1979	ASPEN TREES 5052-6	RT	16.00	32.00
1979	COUNTRYSIDE CHURCH 5051-8	RT	25.00	100.00
1979	SHEEP 5053-4	RT	12.00	24.00
1979	THATCHED COTTAGE 5050-0	RT	30.00	173.00
*			**NEW ENGLAND VILLAGE**	
1986	APOTHECARY SHOP 6530-7	RT	25.00	110.00
1986	BRICK TOWN HALL 6530-7	RT	25.00	160.00
1986	GENERAL STORE 6530-7	RT	25.00	325.00
1986	JACOB ADAMS FARMHOUSE & BARN 6538-2	RT	65.00	450.00
1986	LIVERY STABLE & BOOT SHOP 6530-7	RT	25.00	150.00
1986	NATHANIEL BINGHAM FABRICS 6530-7	RT	25.00	156.00
1986	NEW ENGLAND 6530-7 (ORIGINAL SET OF 7)	RT	170.00	1040.00
1986	RED SCHOOLHOUSE 6530-7	RT	25.00	300.00
1986	STEEPLE CHURCH 6530-7	RT	25.00	150.00
1986	STEEPLE CHURCH 6539-0	RT	30.00	75.00
1987	CRAGGY COVE LIGHTHOUSE 5930-7	RT	45.00	55.00
1987	SMYTHE WOOLEN MILL 6543-1	RT	42.00	1100.00
1987	TIMBER KNOLL LOG CABIN 6544-7	RT	38.00	160.00
1987	VILLAGE EXPRESS ELECTRIC TRAIN/BLACK 5997-8	RT	90.00	390.00
1987	WESTON TRAIN STATION 5931-5	RT	42.00	250.00
1988	ADA'S BED & BOARDING HOUSE 2ND 5940-4	RT	36.00	115.00
1988	ADA'S BED & BOARDING HOUSE 3RD 5940-4	RT	36.00	90.00
1988	ADA'S BED & BOARDING HOUSE 5940-4 1ST	RT	36.00	275.00
1988	ANNE SHAW TOYS 5939-0	RT	27.00	150.00
1988	BEN'S BARBERSHOP 5939-0	RT	27.00	100.00
1988	CHERRY LANE SHOPS 5939-0 (SET OF 3)	RT	80.00	423.00
1988	OLD NORTH CHURCH 5932-3	RT	45.00	40.00
1988	OTIS HAYES BUTCHER SHOP 5939-0	RT	27.00	75.00
1988	RED COVERED BRIDGE 5987-0	RT	17.00	39.00
1988	VILLAGE EXPRESS ELECTRIC TRAIN SET 5980-3	OP	100.00	179.00
1989	BERKSHIRE HOUSE (ORIG BLUE) 5942-0	RT	40.00	137.00
1989	BERKSHIRE HOUSE (TEAL) 5942-0	RT	40.00	100.00
1989	HV PROMOTIONAL EARTHENWARE SIGN 9953-8	RT	5.00	20.00
1989	JANNES MULLET AMISH BARN 5944-7	RT	48.00	85.00
1989	JANNES MULLET AMISH FARM HOUSE 5943-9	RT	32.00	156.00
1989	MAILBOX/FIRE HYDRANT 5517-4 RED,WH & BL	RT	6.00	15.00
1990	AMISH FAMILY 5948-0 (SET OF 3 W/MOUSTACHE)	RT	20.00	59.00
1990	AMISH FAMILY 5948-0 (SET OF 3)	RT	20.00	34.00
1990	CAPTAIN'S COTTAGE 5947-1	RT	42.00	40.00
1990	ICHABOD CRAIN'S COTTAGE 5954-4	RT	32.00	35.00
1990	MAILBOX & FIRE HYDRANT, RED & GREEN 5517-4	RT	6.00	15.00
1990	SHINGLE CREEK HOUSE 5946-3	RT	40.00	30.00
1990	SLEEPY HOLLOW CHURCH 5955-2	RT	36.00	45.00
1990	SLEEPY HOLLOW SCHOOL 5954-4	RT	32.00	80.00
1990	SLEEPY HOLLOW SCHOOL 5954-4 (SET OF 3)	RT	96.00	176.00
1990	VAN TASSEL MANOR 5954-4	RT	32.00	45.00
1991	MCGREBE-CUTTERS & SLEIGHS 5640-5	RT	48.00	35.00
1992	BLUEBIRD SEED & BULB 5642-1	CL	48.00	45.00
1992	STONEY BROOK TOWN HALL 5644-8	RT	42.00	35.00
1992	YANKEE JUD BELL CASTING	RT	44.00	45.00
1993	A. BIELER BARN 5648-9 & FARMHOUSE 5648-9 SET OF 2	CL	50.00	80.00
1993	BLUE STAR ICE CO. 5647-2	RT	45.00	50.00
1993	PENNSYLVANIA DUTCH BARN #56482	RT	*	50.00
1993	PENNSYLVANIA DUTCH FARMHOUSE #56481	RT	*	50.00
1994	ARLINGTON FALLS CHURCH 5651-0	RT	40.00	40.00
1994	CAPE KEAG FISH CANNERY 5652-9	CL	48.00	48.00
1994	OLD MAN & THE SEA, THE 5655-3 (SET OF 3)	OP	25.00	25.00
1994	OVER THE RIVER & THROUGH THE WOODS 5654-5,SET OF 3	OP	35.00	35.00
1994	PIGEONHEAD LIGHTHOUSE 5653-7	RT	50.00	50.00
1994	TWO RIVERS BRIDGE 5656-1	OP	35.00	35.00
1995	CHOWDER HOUSE 5657-1	RT	40.00	40.00

This later issue of Alpine Church has caramel trim. Earlier issues were trimmed in cream. The church was issued in 1987 and retired in 1991.

Heceta Head Lighthouse from the "Oregon Coast series" by Genesis Designs was issued in 1994 and is now retired.

Jacob Adams Farmhouse and Barn are from the Dickens' Village produced by Department 56.

Fred's Home was David Winter's special Christmas piece for 1991.

Gainsborough Hall was introduced in 1984 in an edition size of 450. The hall from the "Great English Homes" series is by artist Patrick Gates and was produced by J.P. Editions.

Hogmanay was created by David Winter for John Hine Studios.

YR	NAME	LIMIT	ISSUE	TREND
1995	FARM ANIMALS 5658-8, (SET OF 8)	OP	33.00	33.00
1995	FRESH PAINT FOR THE N.E. SIGN 5659-2	OP	20.00	20.00
1995	JEREMIAH BREWSTER HOUSE 56568	RT	45.00	45.00
1995	LOBSTER TRAPPER 5658-9, (SET OF 4)	OP	35.00	35.00
1995	LUMBERJACKS 5659-0, (SET OF 2)	OP	30.00	30.00
1995	PIERCE BOAT WORKS 5657-3	OP	55.00	55.00
1995	THOMAS T. JULIAN HOUSE 56569	RT	45.00	45.00
1995	WOODBRIDGE POST OFFICE 5657-2	RT	40.00	40.00
1996	APPLE VALLEY SCHOOL	OP	35.00	35.00
1996	BOBWHITE COTTAGE 56576	OP	50.00	50.00
1996	J. HUDSON STOVEWORKS 56574	RT	60.00	60.00
1996	NAVIGATIONAL CHARTS & MAPS 56575	RT	48.00	48.00
1998	COLLECTOR'S CLUB HOUSE	RT	56.00	150.00
1998	DEACON'S WAY CHAPEL 56604	OP	68.00	68.00
1998	EAST WILLET POTTERY	RT	45.00	45.00
1998	EMILY LOUISE, THE, SET OF 2, 56581	OP	70.00	70.00
1998	FRANKLIN HOOK & LADDER CO. 56601	OP	55.00	55.00
1998	HARPER'S FARM 56605	OP	65.00	65.00
1998	INDEPENDENCE HALL WITH SIGN 55500	OP	110.00	110.00
1998	MOGGIN FALLS GENERAL STORE 56602	OP	60.00	60.00
1998	SEMPLE'S SMOKEHOUSE	RT	45.00	45.00
1998	STARS & STRIPES FOREVER 55502	RT	50.00	50.00
1998	STEEN'S MAPLE HOUSE (SMOKING HOUSE)	OP	60.00	60.00

*

NORTH POLE COLLECTION

YR	NAME	LIMIT	ISSUE	TREND
1990	ELF BUNKHOUSE 5601-6	RT	40.00	35.00
1990	NORTH POLE 5601-4 (SET OF 2)	RT	70.00	104.00
1990	REINDEER BARN 5601-4	OP	40.00	40.00
1990	SANTA'S WORKSHOP 5600-6	RT	72.00	260.00
1990	TRIMMING THE NORTH POLE 5608-1	RT	10.00	62.00
1991	NEENEE'S DOLLS & TOYS 5620-0	RT	38.00	40.00
1991	NORTH POLE SHOPS 5621-9 (SET OF 2)	RT	75.00	75.00
1991	ORLEY'S BELL & HARNESS SUPPLY 5621-9	RT	38.00	45.00
1991	RIMPY'S BAKERY 5621-9	RT	38.00	60.00
1991	TASSY'S MITTENS/HASSEL'S WOOLIES 5622-7	RT	50.00	60.00
1992	ELFIE'S SLEDS & SKATES 5625-1	RT	48.00	45.00
1992	OBBIE'S BOOKS & LETRINKA'S CANDY 5624-3	RT	70.00	60.00
1992	POST OFFICE 5623-5	RT	45.00	50.00
1993	EXPRESS DEPOT 5627-8	RT	48.00	50.00
1993	NORTH POLE CHAPEL 5626-0	OP	45.00	45.00
1993	NORTH POLE EXPRESS DEPOT 5627-8	OP	48.00	48.00
1993	NORTH POLE GATE 5632-4	OP	33.00	33.00
1993	SANTA'S LOOKOUT TOWER 5629-4	OP	45.00	45.00
1993	SANTA'S WOODWORKS 5628-6	RT	42.00	50.00
1993	SING A SONG FOR SANTA 5631-6, (SET OF 3)	OP	28.00	28.00
1993	WOODSMAN ELVES 5630-8, (SET OF 3)	RT	30.00	72.00
1994	BEARD BARBER SHOP 5634-0	RT	28.00	28.00
1994	DOLLS & SANTA'S BEAR WORKS 5635-9, (SET OF 3)	RT	96.00	96.00
1994	ELFIN SNOW CONE WORKS 5633-2	RT	40.00	40.00
1994	LAST MINUTE DELIVERY	OP	*	35.00
1994	NORTH POLE DOLLS & SANTA'S BEAR WORKS 5635-9	RT	*	100.00
1994	SNOW CONE ELVES 5637-5, (SET OF 4)	OP	30.00	35.00
1995	BUSY ELF SCULPTS THE N. POLE SIGN 5636-6	RT	20.00	20.00
1995	CHARTING SANTA'S COURSE 5636-4, (SET OF 2)	OP	25.00	25.00
1995	ELFIN FORGE & ASSEMBLY SHOP 5638-4	RT	65.00	55.00
1995	ELVES' TRADE SCHOOL 5638-7	RT	50.00	50.00
1995	I'LL NEED MORE TOYS 5636-5, (SET OF 2)	OP	25.00	25.00
1995	SANTA'S ROOMING HOUSE 5638-6	RT	50.00	50.00
1995	TIN SOLDIER SHOP 5638-3	RT	42.00	42.00
1995	WEATHER & TIME OBSERVATORY 5638-5	RT	50.00	50.00
1996	NORTH POLE STARTER SET 56390	RT	85.00	50.00
1996	POPCORN & CRANBERRY HOUSE #56388	RT	45.00	75.00
1996	ROUTE 1 NORTH POLE, HOME OF MR. & MRS. CLAUS	OP	110.00	110.00
1996	SANTA'S BELL REPAIR #56389	RT	45.00	45.00
1996	START A TRADITION SET #56390	RT	85.00	202.00
1997	CHRISTMAS BREAD BAKERS 56393	*	55.00	55.00
1997	GLACIER GAZETTE, THE 56394	RT	48.00	48.00
1997	HALL OF RECORDS 56392	RT	50.00	50.00
1998	CUSTOM STITCHERS 56400	OP	38.00	38.00
1998	ELF SPA, THE 56402	OP	40.00	40.00
1998	ELSIE'S GINGERBREAD (SMOKING HOUSE)	RT	65.00	85.00
1998	GLASS ORNAMENT WORKS	OP	60.00	60.00
1998	MRS. CLAUS' GREENHOUSE	OP	68.00	68.00
1998	REAL PLASTIC SNOW FACTORY 56403	OP	20.00	20.00
1998	REINDEER FLIGHT SCHOOL 56404	OP	55.00	55.00
1998	SANTA'S LIGHT SHOP	OP	60.00	60.00
1998	TILLIE'S TINY CUP CAF... 56401	OP	38.00	38.00
1999	MARIE'S DOLL MUSEUM 56408	RT	55.00	55.00
1999	SANTA'S VISITING CENTER, SET OF 6, 56407	RT	65.00	65.00

*

ORIGINAL SNOW VILLAGE COLLECTION

YR	NAME	LIMIT	ISSUE	TREND
1976	COUNTRY CHURCH 5004-7	RT	18.00	400.00
1976	GABLED COTTAGE 5002-1	RT	20.00	335.00
1976	INN, THE- 5003-9	RT	20.00	488.00
1976	MOUNTAIN LODGE 5001-3	RT	20.00	450.00
1976	SMALL CHALET 5006-2	RT	15.00	585.00
1976	STEEPLE CHURCH 5005-4	RT	25.00	650.00
1977	MANSION DK. GREEN 5008-8	RT	30.00	850.00
1977	MANSION TEAL	RT	30.00	600.00
1977	STONE CHURCH, 10 IN. 5009-6	RT	35.00	800.00

YR	NAME	LIMIT	ISSUE	TREND
1977	VICTORIAN HOUSE 5007-0	RT	30.00	500.00
1978	CAPE COD 5013-8	RT	20.00	442.00
1978	GENERAL STORE, GOLD 5012-0	RT	25.00	600.00
1978	GENERAL STORE, TAN 5012-0	RT	25.00	750.00
1978	GENERAL STORE, WHITE 5012-0	RT	25.00	500.00
1978	HOMESTEAD 5011-2	RT	30.00	228.00
1978	NANTUCKET 5014-6	RT	25.00	200.00
1978	SKATING RINK/DUCK POND 5015-3	RT	16.00	1000.00
1978	SMALL DOUBLE TREES W/BLUE BIRDS 5016-1	RT	14.00	200.00
1978	SMALL DOUBLE TREES W/RED BIRDS 5016-1	RT	14.00	35.00
1979	ADOBE HOUSE 5066-6	RT	18.00	2795.00
1979	BROWNSTONE 5056-7	RT	36.00	600.00
1979	COUNTRYSIDE CHURCH 5058-3	RT	28.00	250.00
1979	GIANT TREES 5065-8	RT	20.00	260.00
1979	KNOB HILL, GOLD 5055-9	RT	30.00	375.00
1979	KNOB HILL, GRAY 5055-9	RT	30.00	375.00
1979	LOG CABIN 5057-5	RT	22.00	575.00
1979	MEADOWLAND COUNTRYSIDE CHURCH 5051-8	RT	25.00	800.00
1979	MEADOWLAND THATCHED COTTAGE 5050-0	RT	30.00	800.00
1979	MISSION CHURCH 5062-5	RT	30.00	1400.00
1979	MOBILE HOME 5063-3	RT	18.00	2800.00
1979	SCHOOL HOUSE 5060-9	RT	30.00	442.00
1979	STONE CHURCH, 8.5 IN. 5059-1	RT	22.00	1000.00
1979	TUDOR HOUSE	RT	25.00	375.00
1979	VICTORIAN 5054-2	RT	30.00	300.00
1980	CATHEDRAL CHURCH 5067-4	RT	36.00	3600.00
1980	COLONIAL FARM HOUSE 5070-9	RT	30.00	312.00
1980	STONE MILL HOUSE 5068-2	RT	30.00	450.00
1980	TOWN CHURCH 5071-7	RT	33.00	397.00
1980	TRAIN STATION W/3 TRAIN CARS, 6 HOLES 5085-6	RT	100.00	455.00
1980	TRAIN STATION WITH 3 CARS , 8 HOLES 5085-6	RT	100.00	350.00
1981	BAKERY 5077-6	RT	30.00	222.00
1981	BARN 5074-1	RT	32.00	325.00
1981	CORNER STORE 5076-8	RT	30.00	254.00
1981	ENGLISH CHURCH 5078-4	RT	30.00	400.00
1981	ENGLISH COTTAGE 5073-3	RT	25.00	350.00
1981	LARGE SINGLE TREE 5080-6	RT	17.00	62.00
1981	WOODEN CLAPBOARD 5072-5	RT	32.00	212.00
1982	BANK 5024-5	RT	32.00	600.00
1982	CARRIAGE HOUSE 5021-0	RT	28.00	329.00
1982	CENTENNIAL HOUSE 5020-2	RT	32.00	300.00
1982	FLOWER SHOP 5082-2	RT	25.00	525.00
1982	GABLED HOUSE 5081-4	RT	30.00	500.00
1982	NEW STONE CHURCH 5083-0	RT	32.00	403.00
1982	PIONEER CHURCH 5022-9	RT	30.00	400.00
1982	SKATING POND 5017-2	RT	25.00	378.00
1982	STREET CAR 5019-9	RT	16.00	375.00
1982	SWISS CHALET 5023-7	RT	28.00	400.00
1983	CHATEAU 5084-9	RT	35.00	605.00
1983	ENGLISH TUDOR 5033-4	RT	30.00	250.00
1983	FIRE STATION 5032-6	RT	32.00	550.00
1983	GINGERBREAD HOUSE 5025-3 (LIGHTED)	RT	24.00	500.00
1983	GOTHIC CHURCH 5028-8	RT	36.00	300.00
1983	GOVERNOR'S MANSION 5003-2	RT	32.00	290.00
1983	GROCERY 5001-6	RT	35.00	300.00
1983	PARSONAGE 5029-6	RT	35.00	400.00
1983	TOWN HALL 5000-8	RT	32.00	320.00
1983	TURN OF THE CENTURY 5004-0	RT	36.00	234.00
1983	VICTORIAN COTTAGE 5002-4	RT	35.00	300.00
1983	VILLAGE CHURCH 5026-1	RT	30.00	450.00
1983	WOODEN CHURCH 5031-8	RT	30.00	330.00
1984	BAYPORT 5015-6	RT	30.00	200.00
1984	CONGREGATIONAL CHURCH 5034-2	RT	28.00	600.00
1984	DELTA HOUSE 5012-1	RT	32.00	326.00
1984	GALENA HOUSE 5009-1	RT	32.00	300.00
1984	HAVERSHAM HOUSE 5008-3	RT	37.00	231.00
1984	MAIN STREET HOUSE 5005-9	RT	27.00	225.00
1984	NEW SCHOOL HOUSE 5037-7	RT	35.00	200.00
1984	PARISH CHURCH 5039-3	RT	32.00	250.00
1984	RIVER ROAD HOUSE 5010-5	RT	36.00	150.00
1984	SCOTTIE W/TREE 5038-5	RT	3.00	240.00
1984	STRATFORD HOUSE 5007-5	RT	28.00	195.00
1984	SUMMIT HOUSE 5036-9	RT	28.00	340.00
1984	TRINITY CHURCH 5035-0	RT	32.00	240.00
1985	CHURCH OF THE OPEN DOOR 5048-2	RT	34.00	137.00
1985	DEPOT AND TRAIN WITH TWO TRAINS 5051-2	RT	65.00	100.00
1985	DUPLEX 5050-4	RT	35.00	143.00
1985	PLANTATION HOUSE 5047-4-6	RT	37.00	125.00
1985	RIDGEWOOD 5052-0	RT	35.00	130.00
1985	SPRUCE PLACE 50499-0	RT	33.00	225.00
1985	STUCCO BUNGALOW 2045-8	RT	30.00	410.00
1985	WILLIAMSBURG HOUSE 5046-6	RT	37.00	137.00
1986	2101 MAPLE 5043-1	RT	32.00	300.00
1986	ALL SAINTS CHURCH 5070-9	RT	38.00	65.00
1986	APOTHECARY 5076-8	RT	34.00	90.00
1986	BAKERY 5077-6	RT	35.00	80.00
1986	BEACON HILL HOUSE 5065-2	RT	31.00	150.00
1986	CANDY CANE HOUSE 5041-5	RT	35.00	265.00
1986	CARRIAGE HOUSE 5071-7	RT	29.00	128.00

YR	NAME	LIMIT	ISSUE	TREND
1986	HIGHLAND PARK HOUSE 5063-6	RT	35.00	125.00
1986	LINCOLN PARK DUPLEX 5060-1	RT	33.00	150.00
1986	MICKEY'S DINER 5078-4	RT	22.00	650.00
1986	PACIFIC HEIGHTS HOUSE 5066-0	RT	33.00	100.00
1986	RAMSEY HILL HOUSE 5067-9	RT	36.00	100.00
1986	SAINT JAMES CHURCH 5068-7	RT	37.00	125.00
1986	SONOMA HOUSE 5062-8	RT	33.00	140.00
1986	TOY SHOP 5073-3	RT	36.00	75.00
1986	TWIN PEAKS 5042-3	RT	32.00	350.00
1986	WAVERLY PLACE 5041-5	RT	35.00	300.00
1987	CATHEDRAL CHURCH 5019-9	RT	50.00	85.00
1987	CUMBERLAND HOUSE 5024-5	RT	42.00	65.00
1987	FARM HOUSE 5089-0	RT	40.00	75.00
1987	FIRE STATION NO. 2 5091-1	RT	40.00	175.00
1987	JEFFERSON SCHOOL 5082-2	CL	36.00	180.00
1987	LIGHTHOUSE 5030-0	RT	36.00	400.00
1987	RED BARN 5081-4	RT	38.00	80.00
1987	SNOW VILLAGE FACTORY 5013-0	RT	45.00	131.00
1987	SNOW VILLAGE RESORT LODGE 5092-0	RT	55.00	125.00
1987	SPRINGFIELD HOUSE 5027-0	RT	40.00	70.00
1987	ST. ANTHONY HOTEL & POST OFFICE 5006-7	RT	40.00	100.00
1988	BILL'S SERVICE STATION 5128-4	RT	38.00	225.00
1988	COBBLESTONE ANTIQUE SHOP 5123-3	RT	36.00	70.00
1988	CORNER CAFE 5124-1	RT	37.00	75.00
1988	HOME SWEET HOME/HOUSE & WINDMILL 5126-8	RT	60.00	90.00
1988	JOHN DEERE WATER TOWER 5133-0	RT	20.00	650.00
1988	KENWOOD HOUSE 5054-7	RT	50.00	125.00
1988	MAPLE RIDGE INN 5121-7	RT	55.00	60.00
1988	PALOS VERDES 5141-1	RT	38.00	75.00
1988	REDEEMER CHURCH 5127-6	RT	42.00	50.00
1988	SINGLE CAR GARAGE 5125-0	RT	22.00	85.00
1988	STONEHURST HOUSE 5140-3	CL	38.00	30.00
1988	VILLAGE MARKET 5044-0	RT	39.00	80.00
1988	VILLAGE STATION AND TRAIN 5122-5	RT	65.00	75.00
1989	COLONIAL CHURCH 5119-5	RT	60.00	50.00
1989	COURTHOUSE 5144-6	RT	65.00	190.00
1989	CRACK THE WHIP #5171-3	RT	*	25.00
1989	DOCTOR'S HOUSE 5143-8	RT	56.00	114.00
1989	J. YOUNG'S GRANARY 5149-7	RT	45.00	80.00
1989	JINGLE BELLE HOUSEBOAT 5114-4	RT	42.00	176.00
1989	NORTH CREEK COTTAGE 5120-9	RT	45.00	50.00
1989	PARAMOUNT THEATER 5142-0	RT	42.00	150.00
1989	PINEWOOD LOG CABIN 5150-0	RT	38.00	50.00
1989	VILLAGE WARMING HOUSE 5145-4	RT	42.00	60.00
1990	56 FLAVORS ICE CREAM PARLOR 5151-9	RT	42.00	147.00
1990	A HOME FOR THE HOLIDAYS #5165-9	RT	*	16.00
1990	MAINSTREET HARDWARE STORE 5153-5	RT	42.00	91.00
1990	MORNINGSIDE HOUSE 5152-7	RT	45.00	60.00
1990	PRAIRIE HOUSE 5156-0	RT	42.00	70.00
1990	QUEEN ANNE VICTORIAN 5157-8	RT	48.00	48.00
1990	SPANISH MISSION CHURCH 5155-1	RT	42.00	80.00
1990	VILLAGE REALTY 5154-3	RT	42.00	78.00
1991	CHRISTMAS SHOP, THE 5097-0	RT	38.00	50.00
1991	DOUBLE BUNGALOW 5407-0	RT	45.00	40.00
1991	FINKLEA'S FINERY: COSTUME SHOP 5405-4	RT	45.00	60.00
1991	GOTHIC FARMHOUSE 5404-6	RT	48.00	48.00
1991	HONEYMOONER MOTEL 5401-1	RT	42.00	88.00
1991	JACK'S CORNER BARBER SHOP 5406-2	RT	42.00	70.00
1991	OAK GROVE TUDOR 5400-3	RT	42.00	40.00
1991	SOUTHERN COLONIAL 5403-8	RT	48.00	80.00
1991	VILLAGE GREENHOUSE 5402-0	RT	35.00	59.00
1992	AIRPORT #5439-9	RT	60.00	78.00
1992	AL'S TV SHOP	RT	40.00	40.00
1992	CHRISTMAS PUPPIES #5432-1	RT	*	30.00
1992	CRAFTSMAN COTTAGE	RT	55.00	60.00
1992	GOOD SHEPHERD CHAPEL & CHURCH SCHOOL #5424-0	RT	72.00	50.00
1992	GRANDMA'S COTTAGE 5420-8	RT	42.00	70.00
1992	HARTFORD HOUSE	RT	55.00	85.00
1992	POST OFFICE 5422-4	CL	35.00	70.00
1992	PRINT SHOP & VILLAGE NEWS 5425-9	RT	38.00	72.00
1992	SPIRIT OF SNOW VILLAGE AIRPLANE #5440-2	RT	*	33.00
1992	ST. LUKE'S CHURCH 5421-6	RT	45.00	50.00
1992	VILLAGE POST OFFICE	RT	35.00	38.00
1992	VILLAGE STATION 5438-0	RT	65.00	80.00
1992	VILLAGE VET & PET SHOP	RT	32.00	80.00
1993	CHRISTMAS AT THE FARM #5450-0	RT	*	21.00
1993	DAIRY BARN 5446-1	RT	55.00	60.00
1993	DINAH'S DRIVE-IN 5447-0	RT	45.00	125.00
1993	HUNTING LODGE 5445-3	RT	50.00	150.00
1993	MOUNT OLIVET CHURCH 5442-9	RT	65.00	65.00
1993	NANTUCKET RENOVATION 5441-0	YR	55.00	40.00
1993	PINT-SIZE PONY RIDES #5453-4	RT	*	37.00
1993	SNOWY HILLS HOSPITAL 5448-8	RT	48.00	90.00
1993	SPIRIT OF SNOW VILLAGE AIRPLANE #5458-5	RT	*	13.00
1993	VILLAGE NEWS DELIVERY #5459-3	RT	*	21.00
1993	VILLAGE PUBLIC LIBRARY 5443-7	RT	55.00	55.00
1993	WOODBURY HOUSE 5444-5	RT	45.00	50.00
1994	CARMEL COTTAGE 5466-6	RT	48.00	40.00
1994	COCA-COLA BRAND BOTTLING PLANT 5469-0	RT	65.00	70.00

YR	NAME	LIMIT	ISSUE	TREND
1994	FEDERAL HOUSE 5465-8	RT	50.00	85.00
1994	FISHERMAN'S NOOK CABINS (SET/2) 5461-5	RT	50.00	50.00
1994	FISHERMAN'S NOOK RESORT 5460-7	RT	75.00	75.00
1994	GLENHAVEN HOUSE 5468-2	RT	45.00	50.00
1994	MARVEL'S BEAUTY SALON 5470-4	RT	38.00	30.00
1994	ORIGINAL SNOW VILLAGE STARTER SET, THE	CL	50.00	50.00
1994	SKATE & SKI SHOP 5467-4	RT	50.00	50.00
1994	WEDDING CHAPEL 5464-0	OP	55.00	55.00
1995	BEACON HILL VICTORIAN 5485-7	RT	60.00	60.00
1995	BOWLING ALLEY 5485-8	RT	42.00	42.00
1995	CHRISTMAS COVE LIGHTHOUSE 5483-6	*	60.00	60.00
1995	COCA-COLA BRAND DRUGSTORE 5484-4	RT	55.00	75.00
1995	DUTCH COLONIAL #5485-6	RT	45.00	45.00
1995	HOLLY BROTHERS' GARAGE 5485-4	RT	48.00	48.00
1995	PEPPERMINT PORCH DAY CARE 5485-2	RT	45.00	50.00
1995	PISA PIZZA PALACE 5485-1	RT	35.00	35.00
1995	RYMAN AUDITORIUM 5485-5	RT	75.00	80.00
1995	SNOW CARNIVAL ICE PALACE 5485-0	RT	95.00	80.00
1995	STARBUCK'S COFFEE 5485-9	OP	48.00	48.00
1995	VILLAGE POLICE STATION 5485-3	RT	48.00	48.00
1996	BIRCH RUN SKI CHALET	RT	60.00	60.00
1996	BOULDER SPRINGS HOUSE #54873	RT	60.00	60.00
1996	CHRISTMAS LAKE HIGH SCHOOL	RT	52.00	52.00
1996	HARLEY-DAVISON MOTORCYCLE SHOP	OP	65.00	65.00
1996	NICK'S TREE FARM #54871 -SET OF 10	RT	40.00	40.00
1996	REINDEER BUS DEPOT #54874	RT	42.00	42.00
1996	ROCKABILLY RECORDS	RT	45.00	45.00
1996	ROSITA'S CANTINA	RT	50.00	50.00
1996	SANTA COMES TO TOWN #5486-2	RT	*	31.00
1996	SECRET GARDEN FLORIST, THE	OP	50.00	50.00
1996	SINGLE VICTORIAN	RT	55.00	55.00
1996	SMOKY MOUNTAIN RETREAT #54872	OP	65.00	65.00
1996	TREETOP TREE HOUSE	OP	35.00	35.00
1997	BACHMAN'S FLOWER SHOP 08802	RT	50.00	100.00
1997	BRANDON BUNGALOW, THE 54918	RT	55.00	55.00
1997	CHRISTMAS BARN DANCE 54910	RT	65.00	65.00
1997	FARM HOUSE 54912	OP	50.00	50.00
1997	GRACIE'S DRY GOODS & GENERAL STORE 54915	OP	70.00	70.00
1997	HERSHEY'S & CHOCOLATE SHOP 54913	OP	55.00	55.00
1997	ITALIANTE VILLA 54911	OP	55.00	55.00
1997	LINDEN HILLS COUNTRY CLUB 54917	OP	60.00	60.00
1997	MAIN STREET GIFT SHOP (GCC EXCLUSIVE) 54887	RT	50.00	50.00
1997	MCDONALD'S (LICENSED) 54914	RT	65.00	65.00
1997	NEW HOPE CHURCH 54904	RT	60.00	60.00
1997	OLD CHELSEA MANSION 54903	RT	85.00	80.00
1997	ORIGINAL SV START A TRADITION 54902	RT	100.00	100.00
1997	ORIGINAL SV START A TRADITION PROOF 54902	RT	100.00	300.00
1997	ROLLERAMA ROLLER RINK 54916	RT	60.00	60.00
1997	RONALD MCDONALD HOUSE 8960	RT	*	200.00
1998	BACHMAN'S GREENHOUSE 2203	*	60.00	60.00
1998	CARNIVAL CAROUSEL, THE 54933	OP	150.00	150.00
1998	CENTER FOR THE ARTS 54940	OP	64.00	64.00
1998	FARMER'S CO-OP GRANARY 54946	OP	64.00	64.00
1998	FIRE STATION #3 54942	OP	70.00	70.00
1998	HARLEY-DAVIDSON MANUFACTURING 54948	OP	80.00	80.00
1998	HAUNTED MANSION, BLACK ROOF	OP	*	300.00
1998	HAUNTED MANSION, GREEN ROOF 54935	OP	110.00	110.00
1998	HIDDEN PONDS HOUSE 54944	OP	50.00	50.00
1998	LIONEL ELECTRIC TRAIN SHOP 54947	OP	55.00	55.00
1998	LIONEL TRAIN SHOP 2202	RT	50.00	175.00
1998	ROCK CREEK MILL 54932	RT	64.00	75.00
1998	RONALD MCDONALD HOUSE 2210	RT	*	225.00
1998	SECRET GARDEN GREENHOUSE 54949	OP	60.00	60.00
1998	SNOWY PINES INN, SET OF 9, 54934	RT	65.00	75.00
1998	STICK STYLE HOUSE 54943	OP	60.00	60.00
1998	UPTOWN MOTERS FORD, SET OF 3, 54941	OP	95.00	95.00
1999	2000 HOLLY LANE, SET OF 11, 54977	RT	65.00	65.00
1999	CINEMA 56 54978	OP	85.00	85.00

ORIGINAL SNOW VILLAGE COLLECTION ACCESSORIES

YR	NAME	LIMIT	ISSUE	TREND
1979	CAROLERS 5064-1	RT	12.00	143.00
1980	CERAMIC CAR 5069-0	RT	5.00	62.00
1981	CERAMIC SLEIGH 5079-2	RT	5.00	59.00
1982	SNOWMAN WITH BROOM 5018-0	RT	3.00	15.00
1983	MONKS-A-CAROLING 6459-9	RT	6.00	65.00
1984	MONKS-A-CAROLING 5040-7	RT	6.00	39.00
1984	SCOTTIE WITH TREE 5038-5	RT	3.00	115.00
1985	FAMILY MOM/KIDS, GOOSE/GIRL 5057-1	RT	11.00	46.00
1985	SANTA/MAILBOX 5059-8	RT	11.00	46.00
1985	SINGING NUNS 5053-9	RT	6.00	150.00
1985	SNOW KIDS SLED & SKIS 5056-3	RT	11.00	46.00
1986	GIRL/SNOWMAN BOY 5095-4	RT	11.00	59.00
1986	KIDS AROUND THE TREE 5094-6	RT	15.00	34.00
1986	SHOPPING GIRLS WITH PACKAGES 5096-2	RT	11.00	39.00
1987	3 NUNS WITH SONGBOOKS	RT	6.00	195.00
1987	CAROLING FAMILY 5105-5 (SET OF 3)	RT	25.00	32.00
1987	CHILDREN IN BAND 5104-7	RT	15.00	30.00
1987	CHRISTMAS CHILDREN 5107-1 (SET OF 4)	RT	20.00	39.00
1987	FOR SALE SIGN 5108-0	RT	4.00	21.00
1987	PRAYING MONKS 5103-9	RT	6.00	52.00

YR	NAME	LIMIT	ISSUE	TREND
1987	SNOW KIDS 5113-6 (SET OF 4)	RT	20.00	34.00
1988	APPLE GIRL/NEWSPAPER BOY 5129-2	RT	11.00	36.00
1988	HAYRIDE 5117-9	RT	30.00	79.00
1988	SCHOOL BUS/SNOW PLOW 5137-3 (SET OF 2)	RT	16.00	78.00
1988	SCHOOL CHILDREN 5118-7 (SET OF 3)	RT	15.00	25.00
1988	SISAL TREE LOT 8183-3	RT	45.00	108.00
1988	WATER TOWER 5133-0	RT	20.00	189.00
1988	WOODSMAN AND BOY 5130-6 (SET OF 2)	RT	13.00	34.00
1988	WOODY STATION WAGON 5136-5	RT	6.00	43.00
1989	CALLING ALL CARS 5174-8 (SET OF 2)	CL	15.00	82.00
1989	KIDS TREE HOUSE 5168-3	CL	25.00	72.00
1989	MAILBOX 5179-9	RT	4.00	21.00
1989	SKATE FASTER MOM 5170-5	CL	13.00	33.00
1989	SPECIAL DELIVERY 5148-9 (SET OF 2)	RT	16.00	72.00
1989	STATUE OF MARK TWAIN 5173-0	CL	15.00	42.00
1989	THROUGH THE WOODS 5172-1 (SET OF 2)	CL	18.00	23.00
*				**SEASONS BAY**
1998	BAY STREET SHOPS	RT	135.00	135.00
1998	CHAPEL ON THE HILL	RT	72.00	72.00
1998	GRAND CREAMERY, THE	RT	60.00	60.00
1998	GRANDVIEW SHORES HOTEL	RT	150.00	150.00
1998	INGLENOOK COTTAGE #5	RT	60.00	60.00
1998	SIDE PORCH CAF...	RT	50.00	50.00
*				**STORYBOOK**
1998	GOLDILOCKS BED AND BREAKFAST	RT	*	N/A
1998	LAMBSVILLE SCHOOL	RT	*	N/A
1998	OLD WOMAN COBBLER	RT	*	N/A
*			**VILLAGE CCP MINIATURES**	
1986	CHURCH 6564-1	CL	23.00	112.00
1986	ESTATE 6564-1	CL	23.00	200.00
1986	VICTORIAN MINIATURES 6563-3 (SET OF 5)	CL	65.00	N/A
1986	VICTORIAN MINIATURES 6564-1 (SET OF 2)	CL	45.00	300.00
1986	WILLIAMSBURG HOUSE, BLUE 6566-8	CL	10.00	60.00
1986	WILLIAMSBURG HOUSE, BROWN BRICK 6566-8	CL	10.00	40.00
1986	WILLIAMSBURG HOUSE, BROWN CLPBD 6566-8	CL	10.00	40.00
1986	WILLIAMSBURG HOUSE, RED 6566-8	CL	10.00	60.00
1986	WILLIAMSBURG HOUSE, WHITE 6566-8	CL	10.00	40.00
1986	WILLIAMSBURG SNOWHOUSE 6566-8 (SET OF 6)	CL	60.00	500.00
1987	ABEL BEESLEY BUTCHER 6558-7	CL	12.00	39.00
1987	BARLEY BREE FARMHOUSE 6562-5	CL	15.00	52.00
1987	BEAN AND SON SMITHY SHOP 6558-7	CL	12.00	39.00
1987	BLYTHE POND MILL HOUSE 6560-9	CL	16.00	40.00
1987	BRICK ABBEY 6562-5	CL	15.00	105.00
1987	CANDLE SHOP 6558-7	CL	12.00	46.00
1987	CHESTERTON MANOR HOUSE 6562-5	CL	15.00	143.00
1987	CHRISTMAS CAROL 6561-7 (SET OF 3)	CL	30.00	189.00
1987	COTTAGE OF BOB CRATCHIT/TINY TIM 6561-7	CL	10.00	26.00
1987	COTTAGE TOY SHOP 6591-9	CL	10.00	46.00
1987	CROWNTREE INN 6558-7	CL	12.00	39.00
1987	DICKENS' CHADBURY STATION & TRAIN 6592-7	CL	28.00	59.00
1987	DICKENS' COTTAGES 6559-5 (SET OF 3)	CL	30.00	175.00
1987	DICKENS' LANE SHOPS 6591-9 (SET OF 3)	CL	30.00	153.00
1987	DICKENS' VILLAGE 6558-7 (SET OF 7)	CL	72.00	345.00
1987	DICKENS' VILLAGE 6560-9 (SET OF 3)	CL	48.00	N/A
1987	DICKENS' VILLAGE 6562-5 (SET OF 4)	CL	60.00	N/A
1987	DICKENS VILLAGE CHURCH 6560-9	CL	16.00	40.00
1987	FEZZIWIG'S WAREHOUSE 6561-7	CL	10.00	55.00
1987	GOLDEN SWAN BAKER 6558-7	CL	12.00	43.00
1987	GREEN GROCER 6558-7	CL	12.00	39.00
1987	JONES & CO BRUSH & BASKET SHOP 6558-7	CL	12.00	40.00
1987	LITTLE TOWN/BETHLEHEM 5976-5 (SET OF 12)	CL	85.00	293.00
1987	NORMAN CHURCH 6560-9	CL	16.00	163.00
1987	OLD CURIOSITY SHOP, THE 6562-5	CL	15.00	59.00
1987	SCROOGE & MARLEY'S COUNTINGHOUSE 6561-7	CL	10.00	46.00
1987	STONE COTTAGE 6559-5	CL	10.00	169.00
1987	THATCHED COTTAGE 6559-5	CL	10.00	135.00
1987	THOMAS KERSEY COFFEE HOUSE 6591-9	CL	10.00	59.00
1987	TUDOR COTTAGE 6559-5	CL	10.00	125.00
1987	TUTTLE'S PUB 6591-9	CL	10.00	39.00
1988	APOTHECARY SHOP 5935-8	CL	10.00	21.00
1988	BRICK TOWN HALL 5935-8	CL	10.00	255.00
1988	CRAGGY COVE LIGHTHOUSE 5937-4	CL	14.00	124.00
1988	DICKENS' KENILWORTH CASTLE 6565-0	CL	30.00	160.00
1988	GENERAL STORE 5935-8	CL	10.00	50.00
1988	JACOB ADAMS BARN 5937-4	CL	14.00	46.00
1988	JACOB ADAMS FARMHOUSE 5937-4	CL	14.00	46.00
1988	LIVERY STABLE & BOOT SHOP 5935-8	CL	10.00	34.00
1988	MAPLE SUGARING SHED 5937-4	CL	14.00	40.00
1988	NATHANIEL BINGHAM FABRICS 5935-8	CL	10.00	59.00
1988	NEW ENGLAND VILLAGE 5935-8 (SET OF 7)	CL	72.00	300.00
1988	NEW ENGLAND VILLAGE 5937-4 (SET OF 6)	CL	85.00	N/A
1988	RED SCHOOLHOUSE 5935-8	CL	10.00	98.00
1988	SMYTHE WOLLEN MILL 5937-4	CL	14.00	189.00
1988	STEEPLE CHURCH 5935-8	CL	10.00	80.00
1988	TIMBER KNOLL LOG CABIN 5937-4	CL	14.00	36.00

YR	NAME	LIMIT	ISSUE	TREND

DIFFERENT DRUMMER STUDIOS

COLLECTOR'S CLUB MEMBERSHIP

YR	NAME	LIMIT	ISSUE	TREND
*				
1995	BOSTON COMMUNITY CHURCH	*	*	N/A
1995	FRANKFORT METHODIST CHURCH	*	*	N/A
1995	VINCENNES CATHEDRAL	*	*	N/A
1996	GINGERBREAD HOUSE	OP	*	N/A

M. NENNI — DOOR COUNTY

YR	NAME	LIMIT	ISSUE	TREND
1995	AL JOHNSON'S RESTAURANT	OP	12.00	13.00
1995	CUPOLA HOUSE	OP	12.00	13.00
1995	GILL'S ROCK	OP	12.00	13.00
1995	ICE CREAM FACTORY	OP	12.00	13.00

M. NENNI — HISTORIC HOME SERIES V

YR	NAME	LIMIT	ISSUE	TREND
1995	CULBERTSON MANSION OF NEW ALBANY, IN	OP	12.00	13.00
1995	ELLER HOUSE OF FISHERS, IN	OP	12.00	13.00
1995	PINK LADY OF LOUISVILLE, KY	OP	12.00	13.00

* — HISTORIC HOME SERIES VI

YR	NAME	LIMIT	ISSUE	TREND
1996	CRAIG HOUSE	OP	12.00	13.00
1996	MY OLD KENTUCKY HOME	OP	12.00	13.00

* — HISTORIC LIGHTHOUSE

YR	NAME	LIMIT	ISSUE	TREND
1996	ASSATEAQUE LIGHTHOUSE	OP	12.00	13.00
1996	GRAND HAVEN LIGHTHOUSE	OP	12.00	13.00
1996	HOLLAND LIGHTHOUSE	OP	12.00	13.00
1996	MACKINAC POINT LIGHTHOUSE	OP	12.00	13.00
1996	MISSION POINT LIGHTHOUSE	OP	12.00	13.00
1996	ROUND ISLAND LIGHTHOUSE	OP	12.00	13.00

* — MACKINAC ISLAND

YR	NAME	LIMIT	ISSUE	TREND
1996	CHIPPEWA HOTEL	OP	12.00	13.00
1996	WINDERMERE HOTEL	OP	12.00	13.00

M. NENNI — MACKINAC ISLAND

YR	NAME	LIMIT	ISSUE	TREND
1995	BAY VIEW BED-BREAKFAST	OP	12.00	13.00
1995	INN ON MACKINAC	OP	12.00	13.00

M. NENNI — MAPLE STREET

YR	NAME	LIMIT	ISSUE	TREND
1995	DR. HUTCHING'S OFFICE OF MADISON, IN	OP	12.00	13.00
1995	HOB NOB RESTAURANT OF NASHVILLE, IN	OP	12.00	13.00
1995	MOTHER OF SORROWS CHURCH OF PENINSULA, OH	OP	12.00	13.00
1995	WOODSTOCK OPERA HOUSE OF WOODSTOCK, IL	OP	12.00	13.00

* — SANTA TOWN

YR	NAME	LIMIT	ISSUE	TREND
1996	MRS. CLAUS CONFECTIONARY	OP	14.00	14.00
1996	SNOW FACTORY	OP	14.00	14.00

M. NENNI — SANTA TOWN

YR	NAME	LIMIT	ISSUE	TREND
1995	ANGEL SHOP	OP	14.00	14.00
1995	REINDEER STABLE	OP	14.00	14.00
1995	SANTA'S HOUSE	OP	14.00	14.00
1995	SANTA'S WORKSHOP	OP	14.00	14.00
1995	SLEIGH SHED	OP	14.00	14.00

ENESCO CORP.

S. BUTCHER — PRECIOUS MOMENTS

YR	NAME	LIMIT	ISSUE	TREND
1988	THERE'S A CHRISTIAN WELCOME HERE 523011	*	45.00	80.00

S. BUTCHER — PRECIOUS MOMENTS SUGAR TOWN

YR	NAME	LIMIT	ISSUE	TREND
1992	'94 SUGAR TOWN HOUSE- CL. SET	*	189.00	200.00
1992	LIGHTED CHAPEL 529621	*	85.00	90.00

ERTL COLLECTIBLES

L. DAVIS — AMERICAN COUNTRY BARN SERIES

YR	NAME	LIMIT	ISSUE	TREND
1996	GAMBREL ROOFED BANK BARN	RT	50.00	50.00
1996	VICTORIAN BARN	RT	50.00	50.00
1996	WESTERN LOG BARN	RT	50.00	50.00
1997	ARCH ROOFED STONE BARN	RT	55.00	55.00
1997	ROUND BARN	RT	50.00	50.00
1997	WESTERN PRAIRIE BARN	RT	55.00	55.00
1998	CROSS-GAMBREL ROOFED BARN	YR	55.00	55.00
1998	GLACIAL ROCK BARN	YR	55.00	55.00
1998	ITALIANATE BARN	YR	55.00	55.00
1998	OCTAGON BARN	YR	55.00	55.00
1998	SHAKER ROUND STONE BARN	YR	55.00	55.00

L. DAVIS — AMERICAN COUNTRY SIGNATURE SERIES

YR	NAME	LIMIT	ISSUE	TREND
1997	GEORGE WASHINGTON'S BARN AT MT. VERNON	CL	70.00	70.00
1998	FRANK LLOYD WRIGHT MIDWAY BARN	CL	75.00	75.00

L. DAVIS — FARM COUNTRY CHRISTMAS

YR	NAME	LIMIT	ISSUE	TREND
1997	BARN	CL	95.00	95.00
1997	CAT & BIRD HOUSE	CL	25.00	25.00
1997	CHICKEN HOUSE	CL	60.00	60.00
1997	DINNERBELL	CL	25.00	25.00
1997	FARM HOUSE	CL	85.00	85.00
1997	GARAGE	CL	65.00	65.00
1997	GEESE	CL	35.00	35.00
1997	MAILBOX	CL	25.00	25.00
1997	SILO	CL	65.00	65.00
1997	SMOKEHOUSE	CL	70.00	70.00

FJ DESIGNS/CAT'S MEOW

F. JONES — ACCESSORIES

YR	NAME	LIMIT	ISSUE	TREND
1983	5" HEDGE	RT	3.00	40.00
1983	5" IRON FENCE	RT	3.00	40.00

YR	NAME	LIMIT	ISSUE	TREND
1983	8" HEDGE	RT	3.00	45.00
1983	8" IRON FENCE	RT	3.00	57.00
1983	8" PICKET FENCE	RT	3.00	40.00
1983	IRON GATE	RT	3.00	65.00
1983	LILAC BUSHES	RT	3.00	300.00
1985	CHERRY TREE	RT	4.00	45.00
1985	CHRISTMAS PINE TREE	RT	4.00	40.00
1985	CHRISTMAS TREE WITH RED BOWS	RT	3.00	150.00
1985	FALL TREE	RT	4.00	30.00
1985	PINE TREE	RT	4.00	30.00
1985	POPLAR TREE	RT	4.00	45.00
1985	SUMMER TREE	RT	4.00	35.00
1986	BLUE SPRUCE	RT	4.00	7.00
1986	CABLE CAR	RT	4.00	15.00
1986	CAROLERS	RT	4.00	16.00
1986	CHICKENS	RT	3.00	18.00
1986	COWS	RT	4.00	20.00
1986	DAIRY WAGON	RT	4.00	16.00
1986	DUCKS	RT	3.00	16.00
1986	FJ REAL ESTATE SIGN	RT	3.00	24.00
1986	HORSE & CARRIAGE	RT	4.00	15.00
1986	ICE WAGON	RT	4.00	17.00
1986	LIBERTY ST. SIGN	RT	3.00	15.00
1986	MARKET ST. SIGN	RT	3.00	16.00
1986	TOURING CAR	RT	4.00	15.00
1986	WELLS, FARGO WAGON	RT	4.00	15.00
1986	WISHING WELL	RT	3.00	23.00
1987	5" PICKET FENCE	RT	3.00	18.00
1987	BAND STAND	RT	6.00	18.00
1987	BUTCH AND T.J.	RT	4.00	15.00
1987	CHARLIE & CO.	RT	4.00	14.00
1987	FJ EXPRESS	RT	4.00	18.00
1987	HORSE & SLEIGH	RT	4.00	10.00
1987	NANNY HOUSE	RT	4.00	10.00
1987	RAILROAD SIGN	RT	3.00	16.00
1987	WINDMILL	RT	3.00	12.00
1987	WOODEN GATE	RT	3.00	17.00
1988	COLONIAL BREAD WAGON	RT	4.00	13.00
1988	FLOWER POTS	RT	4.00	12.00
1988	GAS LIGHT	RT	4.00	12.00
1988	MAIL WAGON	RT	4.00	10.00
1988	MAIN ST. SIGN	RT	3.00	12.00
1988	PONY EXPRESS RIDER	RT	4.00	13.00
1988	SKIPJACK	RT	6.00	15.00
1988	STREET CLOCK	RT	4.00	10.00
1988	TELEPHONE BOOTH	RT	4.00	12.00
1988	U.S. FLAG	TL	4.00	5.00
1989	ADA BELLE	RT	4.00	11.00
1989	CLOTHESLINE	RT	4.00	9.00
1989	HARRY'S HOTDOGS	RT	4.00	9.00
1989	PASSENGER TRAIN CAR	RT	4.00	9.00
1989	PUMPKIN WAGON	RT	3.00	9.00
1989	QUAKER OATS TRAIN CAR	RT	4.00	9.00
1989	ROSE TRELLIS	RT	3.00	9.00
1989	RUDY & ALDINE	RT	4.00	8.00
1989	SNOWMEN	RT	4.00	9.00
1989	TAD & TONI	RT	4.00	9.00
1990	1909 FRANKLIN LIMOUSINE	RT	4.00	7.00
1990	1913 PEERLESS TOURING CAR	RT	4.00	7.00
1990	1914 FIRE PUMPER	RT	4.00	7.00
1990	5" WROUGHT IRON FENCE	RT	3.00	6.00
1990	AMISH BUGGY	RT	4.00	8.00
1990	BUS STOP	RT	4.00	7.00
1990	CHRISTMAS SPRUCE	RT	4.00	5.00
1990	CHRISTMAS TREE LOT	RT	4.00	7.00
1990	EUGENE	RT	4.00	7.00
1990	GERSTENSLAGER BUGGY	RT	4.00	7.00
1990	LITTLE RED CABOOSE	RT	4.00	8.00
1990	RED MAPLE TREE	RT	4.00	8.00
1990	SANTA & REINDEER	RT	4.00	7.00
1990	TULIP TREE	RT	4.00	12.00
1990	VETERINARY WAGON	RT	4.00	7.00
1990	VICTORIAN OUTHOUSE	RT	4.00	7.00
1990	WATKINS WAGON	RT	4.00	7.00
1991	AMISH GARDEN	TL	4.00	5.00
1991	BARNYARD	TL	4.00	5.00
1991	CHESSIE HOPPER CAR	TL	4.00	5.00
1991	CONCERT IN THE PARK	TL	4.00	5.00
1991	JACK THE POSTMAN	RT	3.00	5.00
1991	MARBLE GAME	RT	4.00	5.00
1991	MARTIN HOUSE	TL	3.00	5.00
1991	ON VACATION	TL	4.00	5.00
1991	POPCORN WAGON	TL	4.00	5.00
1991	SCAREY HARRY (SCARECROW)	TL	4.00	5.00
1991	SCHOOL BUS	TL	4.00	5.00
1991	SKI PARTY	TL	4.00	5.00
1991	USMC WAR MEMORIAL	TL	6.00	7.00
1991	VILLAGE ENTRACE SIGN	TL	6.00	7.00
1994	SALVATION ARMY BAND	TL	4.00	5.00

Forma Vitrum's Trinity Church, limited to 7,000 pieces, has been retired. It is from Bill Job's Vitreville Collection.

Hall Cottage from Shelia's Collectibles showcases the charm and beauty of an old Victorian home.

Winter Wonder by David Tate is from the A Year in an English Garden collection by Lilliput Lane.

Pussy Willow was exclusive to members of the Lilliput Lane Collector's Club.

Beast's Castle was issued for $245 in 1996 from the Enchanted Places Collection from the Walt Disney Classics Collection.

Dairy Farm, produced by Brandywine Woodcrafts, was issued in 1995 as part of the "Country Lane I" series.

YR	NAME	LIMIT	ISSUE	TREND
1996	SMUCKER TRAIN CAR	RT	5.00	85.00
1998	COTTAGE GARDEN	OP	14.00	14.00
1998	DOMINIC & HIS FLYING CATS	OP	14.00	14.00
1998	FEASTING	OP	14.00	14.00
1998	FLOWERS FOR SALE	OP	11.00	11.00
1998	GARAGE SALE SIGN	OP	14.00	14.00
1998	HAWTHORN TREE	OP	11.00	11.00
1998	LANDS END MARINA	OP	14.00	14.00
1998	LITTLE MISS MUFFET	OP	11.00	11.00
1998	MAYFLOWER II	OP	11.00	11.00
1998	MILITIA MUSTER	OP	14.00	14.00
1998	SILVER FIR	OP	10.00	10.00
1998	SOUTHERNMOST POINT MARKER	OP	14.00	14.00
1998	SWINGSET	OP	14.00	14.00
1998	THREE LITTLE KITTENS	OP	11.00	11.00
1998	WISTERIA	OP	14.00	14.00

F. JONES — AMERICAN BARNS

YR	NAME	LIMIT	ISSUE	TREND
1992	BANK BARN	OP	8.00	9.00
1992	CRIB BARN	OP	8.00	9.00
1992	OHIO BARN	OP	8.00	9.00
1992	VERMONT BARN	OP	8.00	9.00

F. JONES — AMISH LIFE SERIES

YR	NAME	LIMIT	ISSUE	TREND
1998	AMISH CLOTHESLINE	OP	14.00	14.00
1998	BAKING DAY	OP	14.00	14.00
1998	DAWDY HAUS	OP	11.00	11.00
1998	HOME FROM SCHOOL	OP	14.00	14.00
1998	LEVI MILLER HOME	OP	11.00	11.00
1998	MAPLE GROVE SCHOOL	OP	11.00	11.00
1998	MILLER BARN	OP	11.00	11.00
1998	PRODUCE FOR SALE	OP	14.00	14.00

F. JONES — ANNUAL EDITIONS COLLECTION

YR	NAME	LIMIT	ISSUE	TREND
1998	BLACK DOG TAVERN	*	11.00	11.00
1998	CHATEAU MONTELENA	*	11.00	11.00
1998	CLOWNS	*	11.00	11.00
1998	CORNISH/WINDSOR BRIDGE	*	11.00	11.00
1998	FATHER FLANAGAN'S HOME	*	11.00	11.00
1998	MARK TWAIN BOYHOOD HOME	*	11.00	11.00
1998	OAK ALLEY PLANTATION	*	11.00	11.00
1998	SILVER BUSH	*	11.00	11.00

F. JONES — BIBLICAL THEMES

YR	NAME	LIMIT	ISSUE	TREND
1998	MOSES & THE TEN COMMANDMENTS	OP	11.00	11.00
1998	SERMON ON THE MOUNT	OP	11.00	11.00

F. JONES — BLACK HERITAGE SERIES

YR	NAME	LIMIT	ISSUE	TREND
1994	MARTIN LUTHER KING BIRTHPLACE	RT	8.00	50.00

F. JONES — CHIPPEWA LAKE AMUSEMENT PARK

YR	NAME	LIMIT	ISSUE	TREND
1993	BALLROOM	OP	4.00	5.00
1993	BATH HOUSE	OP	4.00	5.00
1993	MIDWAY	OP	4.00	5.00
1993	PAVILION	OP	4.00	5.00

F. JONES — CHRISTMAS '83 WILLIAMSBURG

YR	NAME	LIMIT	ISSUE	TREND
1983	CHRISTMAS '83 WILLIAMSBURG SET	RT	24.00	3500.00
1983	CHRISTMAS CHURCH	RT	6.00	450.00
1983	FEDERAL HOUSE	RT	6.00	450.00
1983	GARRISON HOUSE	RT	6.00	450.00
1983	GEORGIAN HOUSE	RT	6.00	450.00

F. JONES — CHRISTMAS '84 NANTUCKET

YR	NAME	LIMIT	ISSUE	TREND
1984	CHRISTMAS '84 NANTUCKET SET	RT	26.00	1600.00
1984	CHRISTMAS SHOP	RT	6.00	250.00
1984	POWELL HOUSE	RT	6.00	350.00
1984	SHAW HOUSE	RT	6.00	350.00
1984	WINTHROP HOUSE	RT	6.00	250.00

F. JONES — CHRISTMAS '85 OHIO WESTERN RESERVE

YR	NAME	LIMIT	ISSUE	TREND
1985	BELLEVUE HOUSE	RT	7.00	250.00
1985	CHRISTMAS '85 OHIO WESTERN RESERVE SET	RT	27.00	1000.00
1985	GATES MILLS CHURCH	RT	7.00	250.00
1985	OLMSTEAD HOUSE	RT	7.00	250.00
1985	WESTERN RESERVE ACADEMY	RT	7.00	250.00

F. JONES — CHRISTMAS '86 SAVANNAH

YR	NAME	LIMIT	ISSUE	TREND
1986	CHRISTMAS '86 SAVANNAH SET	RT	29.00	900.00
1986	J.J. DALE ROW HOUSE	RT	7.00	150.00
1986	LAFAYETTE SQUARE HOUSE	RT	7.00	145.00
1986	LIBERTY INN	RT	7.00	200.00
1986	SIMON MIRAULT COTTAGE	RT	7.00	200.00

F. JONES — CHRISTMAS '87 MAINE

YR	NAME	LIMIT	ISSUE	TREND
1987	CAPPY'S CHOWDER HOUSE	RT	8.00	250.00
1987	CAPTAIN'S HOUSE	RT	8.00	250.00
1987	CHRISTMAS '87 MAINE SET	RT	31.00	925.00
1987	DAMARISCOTTA CHURCH	RT	8.00	250.00
1987	PORTLAND HEAD LIGHTHOUSE	RT	8.00	250.00

F. JONES — CHRISTMAS '88 PHILADELPHIA

YR	NAME	LIMIT	ISSUE	TREND
1988	CHRISTMAS '88 PHILADELPHIA SET	RT	31.00	613.00
1988	ELFRETH'S ALLEY	RT	8.00	175.00
1988	GRAFF HOUSE	RT	8.00	175.00
1988	HEAD HOUSE	RT	8.00	175.00
1988	HILL-PHYSICK-KEITH HOUSE	RT	8.00	175.00

YR	NAME	LIMIT	ISSUE	TREND
F. JONES		**CHRISTMAS '89 IN NEW ENGLAND**		
1989	CHRISTMAS '89 IN NEW ENGLAND SET	RT	32.00	350.00
1989	HUNTER HOUSE	RT	8.00	100.00
1989	OLD SOUTH MEETING HOUSE	RT	8.00	100.00
1989	SHELDON'S TAVERN	RT	8.00	125.00
1989	VERMONT COUNTRY STORE, THE	RT	8.00	100.00
F. JONES		**CHRISTMAS '90 COLONIAL VIRGINIA**		
1990	CHRISTMAS '90 COLONIAL VIRGINIA SET	RT	32.00	500.00
1990	DULANY HOUSE	RT	8.00	75.00
1990	RISING SUN TAVERN	RT	8.00	85.00
1990	SHIRLEY PLANTATION	RT	8.00	70.00
1990	ST. JOHN'S CHURCH	RT	8.00	100.00
1990	ST. JOHN'S CHURCH (BLUE)	RT	8.00	175.00
F. JONES		**CHRISTMAS '91 ROCKY MOUNTAIN**		
1991	CHRISTMAS '91 ROCKY MOUNTAIN SET	RT	33.00	185.00
1991	FIRST PRESBYTERIAN CHURCH	RT	8.00	55.00
1991	TABOR HOUSE	RT	8.00	65.00
1991	WESTERN HOTEL	RT	8.00	40.00
1991	WHELLER-STALLARD HOUSE	RT	8.00	40.00
F. JONES		**CHRISTMAS '92 HOMETOWN**		
1992	AUGUST IMGARD HOUSE	RT	8.00	50.00
1992	CHRISTMAS '92 HOMETOWN SET	RT	34.00	250.00
1992	HOWEY HOUSE	RT	8.00	50.00
1992	OVERHOLT HOUSE	RT	8.00	50.00
1992	WAYNE CO. COURTHOUSE	RT	8.00	50.00
F. JONES		**CHRISTMAS '93 ST. CHARLES**		
1993	CHRISTMAS '93 ST. CHARLES SET	RT	36.00	80.00
1993	LEWIS & CLARK CENTER	RT	9.00	20.00
1993	NEWBILL-MCELHINEY HOUSE	RT	9.00	20.00
1993	ST. PETER'S CATHOLIC CHURCH	RT	9.00	20.00
1993	STONE ROW	RT	9.00	20.00
F. JONES		**CHRISTMAS '94 NEW ORLEANS**		
1994	BEAUREGARD-KEYES HOUSE	RT	10.00	17.00
1994	CHRISTMAS '94 NEW ORLEANS SET	RT	40.00	50.00
1994	GALLIER HOUSE	RT	10.00	17.00
1994	HERMANN-GRIMA HOUSE	RT	10.00	17.00
1994	ST. PATRICK'S CHURCH	RT	10.00	17.00
F. JONES		**CHRISTMAS '95 NEW YORK SERIES**		
1995	CHRISTMAS '95 NEW YORK SERIES SET	RT	40.00	55.00
1995	CLEMENT C. MOORE HOUSE	RT	10.00	13.00
1995	FRAUNCES TAVERN	RT	10.00	13.00
1995	FULTON MARKET	RT	10.00	13.00
1995	ST. MARKS IN THE BOWERY	RT	10.00	13.00
F. JONES		**CHRISTMAS '96 ATLANTA SERIES**		
1996	CALLANWOLDE	YR	11.00	11.00
1996	FIRST BAPTIST CHURCH	YR	11.00	11.00
1996	FOX THEATRE	YR	11.00	11.00
1996	MARGARET MITCHELL HOUSE	YR	11.00	11.00
F. JONES		**CIRCUS SERIES**		
1995	SIDESHOW	RT	10.00	13.00
1996	FERRIS WHEEL	YR	10.00	10.00
F. JONES		**COLLECTOR CLUB 19TH CENTURY MASTER BUILDERS**		
1993	ALEXANDER JACKSON DAVIS	RT	10.00	25.00
1993	ANDREW JACKSON DOWNING	RT	10.00	25.00
1993	COLLECTOR CLUB 19TH CENTURY MASTER BUILDERS SET	RT	41.00	100.00
1993	HENRY HOBSON RICHARDSON	RT	10.00	25.00
1993	SAMUEL SLOAN	RT	10.00	25.00
F. JONES		**COLLECTOR CLUB A CHRISTMAS CAROL**		
1998	CHRISTMAS PRESENT, PAST, FUTURE SET OF 3	*	20.00	20.00
F. JONES		**COLLECTOR CLUB AMERICAN HOLIDAY SERIES**		
1996	AND TO ALL A GOODNIGHT	RT	11.00	11.00
1996	BOO TO YOU	RT	11.00	11.00
1996	EASTER'S ON ITS WAY	RT	11.00	11.00
1996	LET FREEDOM RING	RT	11.00	11.00
F. JONES		**COLLECTOR CLUB AMERICAN SONGWRITERS**		
1991	ANNA WARNER HOUSE	RT	9.00	80.00
1991	BENJAMIN R. HANBY HOUSE	RT	9.00	80.00
1991	COLLECTOR CLUB AMERICAN SONGWRITERS SET	RT	37.00	350.00
1991	OSCAR HAMMERSTEIN HOUSE	RT	9.00	80.00
1991	STEPHEN FOSTER HOME	RT	9.00	80.00
F. JONES		**COLLECTOR CLUB FAMOUS AUTHORS**		
1989	COLLECTOR CLUB FAMOUS AUTHORS SET	RT	35.00	800.00
1989	HARRIET BEECHER STOWE	RT	9.00	200.00
1989	HERMAN MELVILLE'S ARROWHEAD	RT	9.00	200.00
1989	LONGFELLOW HOUSE	RT	9.00	200.00
1989	ORCHARD HOUSE	RT	9.00	200.00
F. JONES		**COLLECTOR CLUB GIFT HOUSES**		
1989	BETSY ROSS HOUSE	RT	*	200.00
1990	AMELIA EARHART	RT	*	100.00
1991	LIMBERLOST CABIN	RT	*	50.00
1992	ABIGAIL ADAMS BIRTHPLACE	RT	*	50.00
1993	PEARL S. BUCK HOUSE	RT	*	50.00
1994	LILLIAN GISH	RT	*	30.00

YR	NAME	LIMIT	ISSUE	TREND
1995	ELEANOR ROOSEVELT	RT	*	15.00
1996	MOTHER'S DAY CHURCH	RT	*	20.00
1998	ELIZABETH CADY STANTON HOUSE	RT	*	11.00
F. JONES		**COLLECTOR CLUB GREAT INVENTORS**		
1990	COLLECTOR CLUB GREAT INVENTORS SET	RT	37.00	450.00
1990	FORD MOTOR CO.	RT	9.00	100.00
1990	SETH THOMAS CLOCK CO.	RT	9.00	75.00
1990	THOMAS EDISON	RT	9.00	100.00
1990	WRIGHT CYCLE CO.	RT	9.00	100.00
F. JONES		**COLLECTOR CLUB LITTLE TOWN ON THE PRAIRIE**		
1998	INGALLS FAMILY		7.00	7.00
F. JONES		**COLLECTOR CLUB MT. RUSHMORE PRESIDENTIAL SERIES**		
1995	COLLECTOR CLUB MT. RUSHMORE PRESIDENTIAL SERIES SE	RT	48.00	48.00
1995	GEORGE WASHINGTON BIRTHPLACE	RT	12.00	12.00
1995	METAMORA COURTHOUSE	RT	12.00	12.00
1995	THEODORE ROOSEVELT BIRTHPLACE	RT	12.00	12.00
1995	TUCKAHOE PLANTATION	RT	12.00	12.00
F. JONES		**COLLECTOR CLUB ROUTE 66**		
1998	BOOTS MOTEL-ROUTE 66	*	14.00	14.00
F. JONES		**COLLECTOR CLUB SIGNERS OF THE DECLARATION**		
1992	COLLECTOR CLUB SIGNERS OF THE DECLARATION SET	RT	39.00	250.00
1992	GEORGE CLYMER HOME	RT	10.00	50.00
1992	JOHN WITHERSPOON HOME	RT	10.00	50.00
1992	JOSIAH BARTLETT HOME	RT	10.00	50.00
1992	STEPHEN HOPKINS HOME	RT	10.00	50.00
F. JONES		**COLLECTOR CLUB WILLIAMSBURG MERCHANTS**		
1994	COLLECTOR CLUB WILLIAMSBURG MERCHANTS SET	RT	45.00	75.00
1994	CRAIG JEWELER	RT	11.00	15.00
1994	EAST CARLTON WIGMAKER	RT	11.00	15.00
1994	J. GEDDY SILVERSMITH	RT	11.00	15.00
1994	M. HUNTER MILLINERY	RT	11.00	15.00
F. JONES		**COLONIAL LIGHTHOUSE SERIES**		
1998	BEAVERTAIL LIGHTHOUSE	OP	11.00	11.00
1998	BOSTON LIGHT	OP	11.00	11.00
1998	BRANT POINT LIGHTHOUSE	OP	11.00	11.00
1998	COLONIAL LIGHTHOUSE BOXED SET	*	50.00	50.00
1998	NEW LONDON HARBOR LIGHT	OP	11.00	11.00
F. JONES		**COVERED BRIDGE SERIES**		
1995	CREAMERY BRIDGE	RT	10.00	13.00
1996	KENNEDY BRIDGE	YR	10.00	10.00
F. JONES		**DICKENS CHRISTMAS CAROL SERIES**		
1998	CRATCHIT'S HOUSE	OP	12.00	12.00
1998	FEZZIWIG'S WAREHOUSE	OP	12.00	12.00
1998	SCROOGE & MARLEY	OP	12.00	12.00
1998	SCROOGE'S FLAT	OP	12.00	12.00
F. JONES		**DISCUS THROWER**		
1996	DISCUS THROWER	6000	10.00	10.00
F. JONES		**FALL**		
1986	GOLDEN LAMB BUTTERY	RT	8.00	50.00
1986	GRIMM'S FARMHOUSE	RT	8.00	45.00
1986	MAIL POUCH BARN	RT	8.00	60.00
1986	VOLLANT MILLS	RT	8.00	50.00
F. JONES		**GREAT AMERICANS SERIES**		
1996	DANIEL BOONE HOME	YR	10.00	10.00
F. JONES		**GREEN GABLES SERIES**		
1996	GREEN GABLES HOUSE	YR	10.00	10.00
F. JONES		**HAGERSTOWN**		
1988	HAGERSTOWN SET	RT	32.00	100.00
1988	J. HAGER HOUSE	RT	8.00	25.00
1988	MILLER HOUSE	RT	8.00	25.00
1988	WOMAN'S CLUB	RT	8.00	25.00
1988	YULE CUPBOARD	RT	8.00	25.00
F. JONES		**HISTORIC SALEM SERIES**		
1998	HAWKE'S HOUSE	OP	11.00	11.00
1998	HOUSE OF SEVEN GABLES	OP	11.00	11.00
1998	SALEM WITCH MUSEUM	OP	11.00	11.00
1998	U.S. CUSTOM HOUSE	OP	11.00	11.00
F. JONES		**KEY WEST SERIES**		
1998	AUDOBON HOUSE	OP	11.00	11.00
1998	KEY WEST LIGHTHOUSE	OP	11.00	11.00
1998	PINK HOUSE	OP	11.00	11.00
1998	SOUTHERNMOST HOME	OP	11.00	11.00
F. JONES		**LIBERTY ST.**		
1988	COUNTY COURTHOUSE	RT	8.00	25.00
1988	GRAF PRINTING CO.	RT	8.00	25.00
1988	WILTON RAILWAY DEPOT	RT	8.00	25.00
1988	Z. JONES BASKETMAKER	RT	8.00	30.00
F. JONES		**LIFE CELEBRATIONS COLLECTION**		
1998	GREETINGS FROM BOY	OP	11.00	11.00
1998	GREETINGS FROM GIRL	OP	11.00	11.00
1998	HAPPY BIRTHDAY CAKE	OP	11.00	11.00
1998	ST. FRANCIS GARDEN GREETING	OP	11.00	11.00
1998	WEDDING COUPLE	OP	11.00	11.00

YR	NAME	LIMIT	ISSUE	TREND
F. JONES				**LIGHTHOUSE**
1990	ADMIRALTY HEAD	RT	8.00	11.00
1990	CAPE HATTERAS LIGHTHOUSE	RT	8.00	16.00
1990	SANDY HOOK LIGHTHOUSE	RT	8.00	11.00
1990	SPLIT ROCK LIGHTHOUSE	RT	8.00	16.00
F. JONES		**LIMITED EDITION PROMOTIONAL ITEMS**		
1990	FYRCREST FARM HOMESTEAD	RT	10.00	125.00
1992	GLEN PINE	RT	10.00	27.00
1993	CONVENTION MUSEUM	RT	13.00	13.00
1993	FJ FACTORY	RT	13.00	13.00
1993	FJ FACTORY/GOLD CAT EDITION	RT	13.00	490.00
1993	NATIVITY CAT ON THE FENCE	RT	20.00	30.00
1994	FJ FACTORY/5 YEAR BANNER	RT	10.00	18.00
1994	FJ FACTORY/HOME BANNER	RT	10.00	10.00
F. JONES		**LITTLE TOWN ON THE PRAIRIE SERIES**		
1998	BREWSTER SCHOOL	OP	12.00	12.00
1998	DESMET FIRST CONGREGATIONAL CHURCH	OP	12.00	12.00
1998	PA & MA INGALLS HOME	OP	12.00	12.00
1998	SURVEYOR'S HOUSE	OP	12.00	12.00
F. JONES				**MAIN ST.**
1987	FRANKLIN LIBRARY	RT	8.00	25.00
1987	GARDEN THEATRE	RT	8.00	25.00
1987	HISTORICAL MUSEUM	RT	8.00	35.00
1987	MAIN ST. SET	RT	32.00	110.00
1987	TELEGRAPH/POST OFFICE	RT	8.00	35.00
F. JONES		**MARK TWAIN'S HANNIBAL SERIES**		
1995	BECKY THATCHER HOUSE	RT	10.00	13.00
1996	HICKORY STICK	YR	10.00	10.00
F. JONES				**MARKET ST.**
1989	SCHUMACHER MILLS	RT	8.00	24.00
1989	SEVILLE HARDWARE STORE	RT	8.00	24.00
1989	WEST INDIA GOODS STORE	RT	8.00	24.00
1989	YANKEE CANDLE COMPANY	RT	8.00	24.00
F. JONES		**MARTHA'S VINEYARD SERIES**		
1995	JOHN COFFIN HOUSE	RT	10.00	13.00
1996	WEST CHOP LIGHTHOUSE	YR	10.00	10.00
F. JONES				**MISCELLANEOUS**
1985	PENCIL HOLDER	RT	4.00	210.00
1985	RECIPE HOLDER	RT	4.00	250.00
1986	SCHOOL DESK-BLUE	RT	12.00	N/A
1986	SCHOOL DESK-RED	RT	12.00	175.00
F. JONES				**NANTUCKET**
1987	JARED COFFIN HOUSE	RE	8.00	35.00
1987	MARIA MITCHELL HOUSE	RT	8.00	35.00
1987	NANTUCKET ATHENEUM	RT	8.00	35.00
1987	NANTUCKET SET	RT	32.00	85.00
1987	UNITARIAN CHURCH	RT	8.00	35.00
F. JONES		**NATIONAL TREASURES SERIES**		
1998	JEFFERSON MEMORIAL	OP	12.00	12.00
1998	LINCOLN MEMORIAL	OP	12.00	12.00
1998	STATUE OF LIBERTY	OP	12.00	12.00
1998	WASHINGTON MONUMENT	OP	12.00	12.00
F. JONES				**NAUTICAL**
1987	H & E SHIPS CHANDLERY	RT	8.00	32.00
1987	LORAIN LIGHTHOUSE	RT	8.00	32.00
1987	MONHEGAN BOAT LANDING	RT	8.00	32.00
1987	NAUTICAL SET	RT	32.00	105.00
1987	YACHT CLUB	RT	8.00	32.00
F. JONES		**NEIGHBORHOOD EVENT SERIES**		
1995	BIRELY PLACE	RT	13.00	18.00
1995	PETER SEITZ TAVERN & STAGECOACH	RT	13.00	18.00
1996	BAILEY-GOMBERT HOUSE	YR	13.00	13.00
1996	SEA CHIMES	YR	13.00	13.00
F. JONES				**OHIO AMISH**
1991	ADA MAE'S QUILT BARN	TL	8.00	10.00
1991	BROWN SCHOOL	TL	8.00	10.00
1991	ELI'S HARNESS SHOP	TL	8.00	10.00
1991	JONAS TROYER HOME	TL	8.00	10.00
F. JONES				**PAINTED LADIES**
1988	ANDREWS HOTEL	RT	8.00	24.00
1988	LADY AMANDA	RT	8.00	24.00
1988	LADY ELIZABETH	RT	8.00	24.00
1988	LADY IRIS	RT	8.00	24.00
1988	PAINTED LADIES SET	RT	32.00	60.00
F. JONES		**PLIMOTH PLANTATION SERIES**		
1998	FRANCIS COOK HOME	OP	12.00	12.00
1998	JOHN ALDEN HOME	OP	12.00	12.00
1998	MYLES STANDISH HOME	OP	12.00	12.00
1998	PLYMOUTH PLANTATION BOXED SET	*	40.00	40.00
1998	SAMUEL FULLER HOME	OP	12.00	12.00
F. JONES		**POSTAGE STAMP LIGHTHOUSE SERIES**		
1996	POSTAGE STAMP LIGHTHOUSE SERIES SET	RT	75.00	75.00
F. JONES				**ROSCOE VILLAGE**
1986	CANAL COMPANY	RT	8.00	55.00
1986	JACKSON TWP. HALL	RT	8.00	55.00

YR	NAME	LIMIT	ISSUE	TREND
1986	OLD WAREHOUSE RESTAURANT	RT	8.00	55.00
1986	ROSCOE GENERAL STORE	RT	8.00	55.00
1986	ROSCOE VILLAGE SET	RT	32.00	150.00
F. JONES			**ROUTE 66 COLLECTION**	
1998	ARCADIA ROUND BARN	OP	11.00	11.00
1998	BLUE SWALLOW MOTEL	OP	11.00	11.00
1998	CORAL COURT	OP	11.00	11.00
1998	JACKRABBIT BILLBOARD	OP	14.00	14.00
1998	ROUTE 66 COLLECTION BOXED SET	*	100.00	100.00
1998	ROUTE 66 SHIELD	OP	14.00	14.00
1998	SANTA MONICA PIER	OP	11.00	11.00
1998	SNOW CAP	OP	11.00	11.00
1998	U-DROP INN	OP	11.00	11.00
1998	WIGWAM VILLAGE	OP	11.00	11.00
1998	WIL ROGERS MOTOR COURT SIGN	OP	14.00	14.00
1998	WILL ROGERS HOTEL	OP	11.00	11.00
F. JONES			**SERIES 01**	
1983	ANTIQUE SHOP	RT	8.00	113.00
1983	APOTHECARY	RT	8.00	113.00
1983	BARBERSHOP	RT	8.00	100.00
1983	BOOK STORE	RT	8.00	90.00
1983	CHERRY TREE INN	RT	8.00	N/A
1983	FEDERAL HOUSE	RT	8.00	90.00
1983	FLORIST SHOP	RT	8.00	90.00
1983	GARRISON HOUSE	RT	8.00	125.00
1983	RED WHALE INN	RT	8.00	N/A
1983	SCHOOL	RT	8.00	100.00
1983	SERIES 01 SET OF 12 WITH INN	RT	96.00	1150.00
1983	SERIES 01 SET OF 14 WITH 3 INNS	RT	112.00	2500.00
1983	SWEETSHOP	RT	8.00	125.00
1983	TOY SHOPPE	RT	8.00	125.00
1983	VICTORIAN HOUSE	RT	8.00	90.00
1983	WAYSIDE INN	RT	8.00	N/A
F. JONES			**SERIES 02**	
1984	ATTORNEY/BANK	RT	8.00	125.00
1984	BROCKE HOUSE	RT	8.00	125.00
1984	CHURCH	RT	8.00	125.00
1984	EATON HOUSE	RT	8.00	165.00
1984	GRANDINERE HOUSE	RT	8.00	125.00
1984	MILLINERY/QUILT	RT	8.00	175.00
1984	MUSIC SHOP	RT	8.00	150.00
1984	S & T CLOTHIERS	RT	8.00	165.00
1984	SERIES 02 SET	RT	96.00	750.00
1984	TOBACCONIST/SHOEMAKER	RT	8.00	125.00
1984	TOWN HALL	RT	8.00	150.00
F. JONES			**SERIES 03**	
1985	ALLEN COE HOUSE	RT	8.00	60.00
1985	CONNECTICUT AVE. FIREHOUSE	RT	8.00	60.00
1985	DRY GOODS STORE	RT	8.00	65.00
1985	EDINBURGH TIMES	RT	8.00	60.00
1985	FINE JEWELERS	RT	8.00	45.00
1985	HOBART-HARLEY HOUSE	RT	8.00	65.00
1985	KALORAMA GUEST HOUSE	RT	8.00	45.00
1985	MAIN ST. CARRIAGE SHOP	RT	8.00	65.00
1985	OPERA HOUSE	RT	8.00	65.00
1985	RISTORANTE	RT	8.00	65.00
1985	SERIES 03 SET	RT	80.00	575.00
F. JONES			**SERIES 04**	
1986	BENNINGTON-HULL HOUSE	RT	8.00	50.00
1986	CHAGRIN FALLS POPCORN SHOP	RT	8.00	50.00
1986	CHEPACHET UNION CHURCH	RT	8.00	50.00
1986	JOHN BELVILLE HOUSE	RT	8.00	50.00
1986	JONES BROS. TEA CO.	RT	8.00	50.00
1986	LITTLE HOUSE GIFTABLES	RT	8.00	50.00
1986	O'MALLEY'S LIVERY STABLE	RT	8.00	50.00
1986	SERIES 04 SET	RT	80.00	500.00
1986	VANDENBERG HOUSE	RT	8.00	50.00
1986	VILLAGE CLOCK SHOP	RT	8.00	50.00
1986	WESTBROOK HOUSE	RT	8.00	50.00
F. JONES			**SERIES 05**	
1987	AMISH OAK/DIXIE SHOE	RT	8.00	25.00
1987	ARCHITECT/TAILOR	RT	8.00	35.00
1987	CONGRUITY TAVERN	RT	8.00	35.00
1987	CREOLE HOUSE	RT	8.00	35.00
1987	DENTIST/PHYSICIAN	RT	8.00	35.00
1987	M. WASHINGTON HOUSE	RT	8.00	35.00
1987	MARKETHOUSE	RT	8.00	35.00
1987	MURRAY HOTEL	RT	8.00	35.00
1987	POLICE DEPARTMENT	RT	8.00	35.00
1987	SERIES 05 SET	RT	80.00	350.00
1987	SOUTHPORT BANK	RT	8.00	35.00
F. JONES			**SERIES 06**	
1988	BURTON LANCASTER HOUSE	RT	8.00	24.00
1988	CITY HOSPITAL	RT	8.00	24.00
1988	FIRST BAPTIST CHURCH	RT	8.00	24.00
1988	FISH/MEAT MARKET	RT	8.00	24.00
1988	LINCOLN SCHOOL	RT	8.00	24.00

Cherry Hill School *was sculpted by Maurice Wideman as part of the American Collection for John Hine Studios.*

Weston Train Station *was out for a full year before Department 56 finally issued a train. The piece was retired in 1989.*

Ruth Marion Scotch Woolens *was limited to 17,500 pieces and is part of Department 56's Dickens' Village.*

Cobles Police Station *was not embraced by Department 56 collectors who chose to believe that no crime existed in their miniature town. The piece was issued in 1990 and retired in 1991.*

YR	NAME	LIMIT	ISSUE	TREND
1988	NEW MASTERS GALLERY	RT	8.00	24.00
1988	OHLIGER HOUSE	RT	8.00	24.00
1988	PRUYN HOUSE	RT	8.00	24.00
1988	SERIES 06 SET	RT	80.00	250.00
1988	STIFFENBODY FUNERAL HOME	RT	8.00	24.00
1988	WILLIAMS & SONS	RT	8.00	24.00

F. JONES — **SERIES 07**

YR	NAME	LIMIT	ISSUE	TREND
1989	BLACK CAT ANTIQUES	RT	8.00	16.00
1989	HAIRDRESSING PARLOR	RT	8.00	19.00
1989	HANDCRAFTED TOYS	RT	8.00	19.00
1989	JUSTICE OF THE PEACE	RT	8.00	19.00
1989	OCTAGONAL SCHOOL	RT	8.00	19.00
1989	OLD FRANKLIN BOOK SHOP	RT	8.00	19.00
1989	THORPE HOUSE BED & BREAKFAST	RT	8.00	19.00
1989	VILLAGE TINSMITH	RT	8.00	19.00
1989	WILLIAMS APOTHECARY	RT	8.00	19.00
1989	WINKLER BAKERY	RT	8.00	19.00

F. JONES — **SERIES 08**

YR	NAME	LIMIT	ISSUE	TREND
1990	FJ REALTY COMPANY	RT	8.00	15.00
1990	GLOBE CORNER BOOKSTORE	RT	8.00	15.00
1990	HABERDASHERS	RT	8.00	15.00
1990	MEDINA FIRE DEPARTMENT	RT	8.00	15.00
1990	NELL'S STEMS & STITCHES	RT	8.00	15.00
1990	NOAH'S ARK VETERINARY	RT	8.00	15.00
1990	PICCADILLI PIPE & TOBACCO	RT	8.00	15.00
1990	PURITAN HOUSE	RT	8.00	15.00
1990	VICTORIA'S PARLOUR	RT	8.00	15.00
1990	WALLDORFF FURNITURE	RT	8.00	15.00

F. JONES — **SERIES 09**

YR	NAME	LIMIT	ISSUE	TREND
1991	ALL SAINTS CHAPEL	TL	8.00	10.00
1991	AMERICAN RED CROSS	TL	8.00	10.00
1991	CENTRAL CITY OPERA HOUSE	TL	8.00	10.00
1991	CITY HALL	TL	8.00	10.00
1991	CPA/LAW OFFICE	TL	8.00	10.00
1991	GOV. SNYDER MANSION	TL	8.00	10.00
1991	JEWELER/OPTOMETRIST	TL	8.00	10.00
1991	SPANKY'S HARDWARE CO.	TL	8.00	10.00
1991	TREBLE CLEF,THE	TL	8.00	10.00

F. JONES — **SERIES 10**

YR	NAME	LIMIT	ISSUE	TREND
1992	CITY NEWS	OP	8.00	9.00
1992	FUDGE KITCHEN	OP	8.00	9.00
1992	GRAND HAVEN	OP	8.00	9.00
1992	HENYAN'S ATHLETIC SHOP	OP	8.00	9.00
1992	LEPPERT'S 5 & 10 CENT	OP	8.00	9.00
1992	MADELINE'S DRESS SHOP	OP	8.00	9.00
1992	OWL AND THE PUSSYCAT	OP	8.00	9.00
1992	PICKLES PUB	OP	8.00	9.00
1992	PURE GAS STATION	OP	8.00	9.00
1992	UNITED CHURCH OF ACWORTH	OP	8.00	9.00

F. JONES — **SERIES 11**

YR	NAME	LIMIT	ISSUE	TREND
1993	BARBERSHOP/GALLERY	OP	4.00	5.00
1993	HADDONFIELD BANK	OP	4.00	5.00
1993	IMMANUEL CHURCH	OP	4.00	5.00
1993	JOHANN SINGER BOOTS & SHOES	OP	4.00	5.00
1993	PET SHOP/GIFT SHOP	OP	4.00	5.00
1993	POLICE-TROOP C	OP	4.00	5.00
1993	SHRIMPLIN & JONES PRODUCE	OP	4.00	5.00
1993	STONES RESTAURANT	OP	4.00	5.00
1993	U.S. ARMED FORCES	OP	4.00	5.00
1993	U.S. POST OFFICE	OP	4.00	5.00

F. JONES — **SMITHSONIAN CASTLE**

YR	NAME	LIMIT	ISSUE	TREND
1996	SMITHSONIAN CASTLE	RT	15.00	15.00

F. JONES — **SOUTHERN BELLES SERIES**

YR	NAME	LIMIT	ISSUE	TREND
1996	AUBURN	YR	10.00	10.00

F. JONES — **SPECIAL ITEM**

YR	NAME	LIMIT	ISSUE	TREND
1994	SMOKEY BEAR WITH 50TH STAMP	RT	8.00	10.00
1995	SMOKEY BEAR	RT	9.00	13.00

F. JONES — **TRADESMEN**

YR	NAME	LIMIT	ISSUE	TREND
1988	BUCKEYE CANDY & TOBACCO	RT	8.00	24.00
1988	C.O. WHEEL COPMANY	RT	8.00	24.00
1988	HERMANNHOF WINERY	RT	8.00	24.00
1988	JENNEY GRIST MILL	RT	8.00	35.00

F. JONES — **WASHINGTON**

YR	NAME	LIMIT	ISSUE	TREND
1991	NATIONAL ARCHIVES	TL	8.00	10.00
1991	U.S. CAPITOL	TL	8.00	10.00
1991	U.S. SUPREME COURT	TL	8.00	10.00
1991	WHITE HOUSE	TL	8.00	10.00

F. JONES — **WILD WEST**

YR	NAME	LIMIT	ISSUE	TREND
1989	DRINK'EM UP SALOON	RT	8.00	24.00
1989	F.C. ZIMMERMANN'S GUN SHOP	RT	8.00	24.00
1989	MARHSAL'S OFFICE	RT	8.00	24.00
1989	WELLS, FARGO & CO.	RT	8.00	24.00

F. JONES — **WINE COUNTRY SERIES**

YR	NAME	LIMIT	ISSUE	TREND
1996	CHARLES KRUG WINERY	YR	10.00	10.00

YR	NAME	LIMIT	ISSUE	TREND
FORMA VITRUM				
B. JOB				**BED & BREAKFAST**
1995	BROOKVIEW BED & BREAKFAST 11303	RT	295.00	690.00
1996	EDGEWATER INN 11305	RT	310.00	400.00
1997	BAVARIAN LODGE	1500	225.00	225.00
1998	WHISPERING PINES	1250	250.00	250.00
1998	WHITE OAK INN	1250	275.00	275.00
B. JOB				**CHRISTMAS**
1994	GINGERBREAD HOUSE 19111	RT	100.00	360.00
1995	CONFECTIONER'S COTTAGE 41101	RT	100.00	130.00
1996	LOLLIPOP SHOPPE 41102	RT	110.00	125.00
1997	PEPPERMINT PLACE 41103	RT	110.00	125.00
1998	HOLLYDAY CHAPEL	1500	120.00	120.00
1998	HOLLYDAY HOME	1500	120.00	120.00
B. JOB				**COASTAL CLASSICS**
1994	CAROLINA 21103	OP	65.00	65.00
1994	MAINE 21102	OP	50.00	50.00
1994	MICHIGAN 21101	RT	50.00	50.00
1995	BAYSIDE BEACON 21013	RT	65.00	65.00
1995	LOOKOUT POINT 21012	RT	60.00	60.00
1995	PATRIOTS POINT 29010	OP	70.00	70.00
1995	SAILORS KNOLL 21011	OP	65.00	65.00
1996	CAPE HOPE 21014	OP	100.00	100.00
1996	COZY COTTAGE 21500	RT	70.00	70.00
B. JOB				**COASTAL HERITAGE**
1995	CAPE NEDDICK, ME 25002	RT	140.00	170.00
1995	MARBLEHEAD, OH 25201	RT	75.00	90.00
1995	NORTH HEAD, WA 25302	1995	100.00	100.00
1995	OLD POINT LOMA, CA 25301	1995	100.00	100.00
1995	PORTLAND HEAD, ME 25003	RT	140.00	170.00
1995	SANDY HOOK, NJ 25001	3759	140.00	140.00
1995	ST. SIMONS, GA 25101	RT	120.00	120.00
1996	BARNEGAT, NY 25006	2996	80.00	80.00
1996	CAPE HATTERAS, NC 25102	3867	120.00	120.00
1996	FIRE ISLAND, NY25005	2996	150.00	150.00
1996	HOLLAND HARBOR, MI 25203	1996	120.00	120.00
1996	NEW LONDON, CT 25004	2996	145.00	145.00
1996	PEGGY'S COVE, NS 25501	2500	75.00	75.00
1996	PIGEON POINT, CA 25303	2996	125.00	125.00
1996	SPLIT ROCK, MN 25202	2996	130.00	130.00
1996	ST. AUGUSTINE, FL 25103	2996	130.00	130.00
1997	CAPE LOOKOUT, NC 25105	1997	80.00	80.00
1997	JUPITER, FL 25104	1997	80.00	80.00
1997	MONTAUK, NY 25008	997	140.00	140.00
1997	WEST QUODDY HEAD, ME 25007	1997	140.00	140.00
1998	HARBOR TOWN HILTON HEAD, SC	2998	80.00	80.00
1998	SE BLOCK ISLAND, RI	998	160.00	160.00
B. JOB			**COCA-COLA THROUGH THE DECADES**	
1997	CORNER DRUG	5000	100.00	100.00
1997	SAM'S GROCERY	5000	70.00	70.00
1997	TOWN CINEMA	5000	100.00	100.00
1998	GRADY'S BARBER SHOP	5000	65.00	65.00
1998	GUS' GAS STATION	5000	76.00	76.00
1998	MURRAY'S MERCANTILE COMPANY	5000	70.00	70.00
1998	SANDY SHOAL LIGHTHOUSE	5000	70.00	70.00
B. JOB				**DISNEY LIGHTED VILLAGE**
1997	DWARF'S COTTAGE SNOW WHITE	1937	215.00	215.00
1998	BELLE'S COTTAGE	1991	225.00	225.00
1998	GEPETTO'S TOY SHOP	1940	215.00	215.00
B. JOB				**VITREVILLE**
1993	BAVARIAN CHAPEL 11503	RT	90.00	128.00
1993	BREADMAN'S BAKERY 11301	RT	70.00	85.00
1993	CANDLEMAKER'S DELIGHT 11801	RT	60.00	72.00
1993	CANDYMAKER'S COTTAGE 11102	RT	65.00	100.00
1993	COUNTRY CHURCH 11502	RT	105.00	120.00
1993	PILLARS OF FAITH 11504	RT	90.00	108.00
1993	ROOFER'S ROOST 11203	RT	74.00	90.00
1993	TAILOR'S TOWNHOUSE 11204	RT	94.00	94.00
1994	MAPLEWOOD ELEMENTARY SCHOOL 11401	OP	100.00	100.00
1994	THOMPSON'S DRUG 11302	RT	140.00	150.00
1994	TRINITY CHURCH 11511	7000	130.00	156.00
1994	VITREVILLE POST OFFICE 11402	RT	90.00	108.00
1995	FIRE STATION 11403	RT	100.00	100.00
1995	MAYOR'S MANOR MUSICAL 11205	RT	85.00	85.00
1995	MILLER'S MILL (MUSICAL) 11304	RT	115.00	115.00
1996	KRAMER BUILDING 11404	RT	100.00	100.00
1997	BREADMAN'S BAKERY-RENOVATION 11301R	RT	85.00	180.00
1997	KLAUS CLOCK SHOPPE 11307	OP	75.00	75.00
1997	WILDWOOD CHAPEL 11505	RT	60.00	60.00
1998	FARAH'S FLOWER SHOP	OP	80.00	80.00
1998	JESSIE'S BARBER SHOP	OP	75.00	75.00
1998	WHITE STONE CHAPEL	1250	85.00	85.00
B. JOB			**VITREVILLE SIGNATURE SERIES**	
*	NORTH END STATION	OP	70.00	70.00

YR	NAME	LIMIT	ISSUE	TREND
B. JOB			**WOODLAND VILLAGE**	
1993	BADGER HOUSE 31003	RT	85.00	108.00
1993	CHIPMUNK HOUSE 31005	RT	85.00	102.00
1993	OWL HOUSE 31004	RT	85.00	102.00
1993	RACCOON HOUSE 31002	RT	85.00	102.00
1994	RABBIT HOUSE 31001	RT	94.00	115.00

GENESIS DESIGNS

YR	NAME	LIMIT	ISSUE	TREND
M. MORRIS			**BETHLEHEM VILLAGE**	
1992	BETHLEHEM STABLE	3000	75.00	75.00
1992	MARKETPLACE	3000	70.00	70.00
1992	PEASANT HOUSE	3000	50.00	50.00
M. MORRIS			**CASCADES**	
1993	ALMOST PARADISE - CENTRAL	3000	50.00	50.00
M. MORRIS			**CENTRAL OREGON**	
1993	MT. BACHELOR SKIER	OP	30.00	30.00
M. MORRIS			**COLUMBIA RIVER**	
1993	MULTNOMAH FALLS LODGE - 1925	3000	70.00	70.00
M. MORRIS			**GREAT LODGES**	
1999	EL TOVAR HOTEL	3000	98.00	98.00
M. MORRIS			**JESUS' WORLD**	
1992	EMPTY TOMB	3000	75.00	75.00
M. MORRIS			**NATIONAL PARK**	
1997	WINTER AHWAHNEE	YR	110.00	110.00
1998	AHWAHNEE HOTEL	3000	98.00	98.00
M. MORRIS			**NORTHWEST**	
1994	TIMBERLINE LODGE - 1938	3000	78.00	78.00
1994	WINTER TIMBERLINE LODGE - 1938	3000	78.00	78.00
1995	CRATER LAKE LODGE	3000	78.00	78.00
1996	OLD FAITHFUL INN - YELLOWSTONE	3000	98.00	98.00
1997	SNOQUALMIE TRAIN STATION	3000	70.00	70.00
1998	PILOT BUTTE INN	3000	84.00	84.00
1999	SNOQUALMIE TRAIN STATION	3000	70.00	70.00
M. MORRIS			**OREGON COAST**	
1992	HECETA HEAD LIGHTHOUSE	RT	38.00	38.00
1994	HECETA HEAD LIGHTHOUSE	RT	70.00	70.00
1994	LIGHTKEEPER'S COTTAGE	3000	70.00	70.00
1995	COQUILLE RIVER LIGHTHOUSE	3000	60.00	60.00
1996	CAPE ARAGO III LIGHTHOUSE	3000	60.00	60.00
1996	TILLAMOOK ROCK LIGHTHOUSE	3000	70.00	70.00
1996	UMPQUA RIVER LIGHTHOUSE	3000	60.00	60.00
1996	YAQUINA BAY LIGHTHOUSE	3000	70.00	70.00
1997	CAPE BLANCO LIGHTHOUSE	3000	60.00	60.00
1997	CAPE MEARES	3000	70.00	70.00
1997	YAQUINA HEAD LIGHTHOUSE	3000	70.00	70.00
M. MORRIS			**PATRIARCHS, THE**	
1992	NOAH'S ARK	3000	50.00	50.00
1993	ABRAHAM AT THE OAKS	3000	60.00	60.00
M. MORRIS			**WASHINGTON COAST**	
1997	CAPE DISAPPOINTMENT	3000	70.00	70.00
1997	GRAYS HARBOR LIGHTHOUSE	3000	70.00	60.00
1997	NORTH HEAD LIGHTHOUSE	3000	70.00	70.00
1998	ADMIRALTY HEAD LIGHTHOUSE	3000	70.00	70.00
1998	MUKILTEO LIGHTHOUSE	3000	70.00	70.00
1998	NEW DUNGENESS LIGHTHOUSE	3000	70.00	70.00
1999	CAPE FLATTERY LIGHTHOUSE	3000	70.00	70.00
1999	DESTRUCTION ISLAND LIGHTHOUSE	3000	70.00	70.00
M. MORRIS			**WILDLIFE**	
1995	REX NANOOK	OP	80.00	80.00

GEO. ZOLTAN LEFTON CO.

YR	NAME	LIMIT	ISSUE	TREND
*			**COLONIAL VILLAGE**	
1986	VILLAGE EXPRESS	CL	27.00	145.00
1987	CHARITY CHAPEL	CL	35.00	800.00
1987	CHURCH OF THE GOLDEN RULE	CL	35.00	45.00
1987	GENERAL STORE	CL	35.00	750.00
1987	KING'S COTTAGE	CL	35.00	40.00
1987	LIL RED SCHOOL HOUSE	OP	35.00	45.00
1987	MCCAULEY'S HOUSE	CL	35.00	400.00
1987	NELSON HOUSE	CL	35.00	500.00
1987	PENNY HOUSE	CL	35.00	600.00
1987	RITTER HOUSE	CL	35.00	600.00
1987	TRAIN STATION	CL	35.00	400.00
1987	WELCOME HOME	CL	50.00	60.00
1988	CITY HALL	SU	40.00	125.00
1988	ENGINE CO. NO. 5 FIREHOUSE	OP	40.00	40.00
1988	FAITH CHURCH	CL	40.00	200.00
1988	FIRST POST OFFICE	OP	40.00	40.00
1988	FRIENDSHIP CHAPEL	CL	40.00	60.00
1988	GREYSTONE HOUSE	CL	40.00	60.00
1988	HOUSE OF BLUE GABLES	CL	40.00	60.00
1988	JOHNSON'S ANTIQUES	CL	40.00	80.00
1988	NEW HOPE CHURCH	SU	40.00	700.00
1988	OLD STONE CHURCH	SU	25.00	400.00
1988	OLD TIME STATION	CL	40.00	40.00
1988	RITZ HOTEL	CL	40.00	250.00

YR	NAME	LIMIT	ISSUE	TREND
1988	STATE BANK, THE	CL	40.00	40.00
1988	STONE HOUSE, THE	CL	40.00	60.00
1988	VILLAGE POLICE STATION	SU	40.00	40.00
1989	BIJOU THEATER	CL	40.00	500.00
1989	CAPPER'S MILLINERY	SU	40.00	75.00
1989	COBB'S BOTTERY	SU	40.00	75.00
1989	COLE'S BARN	CL	40.00	60.00
1989	GULL'S NEST LIGHTHOUSE	OP	40.00	40.00
1989	MAJOR'S MANOR	CL	40.00	60.00
1989	MAPLE STREET CHURCH	CL	40.00	60.00
1989	MILLER BROS. SILVERSMITHS	SU	40.00	85.00
1989	QUINCY'S CLOCK SHOP	SU	40.00	100.00
1989	SWEETHEART'S BRIDGE	SU	40.00	60.00
1989	VICTORIAN APOTHECARY	CL	40.00	300.00
1989	VILLAGE BAKERY	OP	40.00	50.00
1989	VILLAGE BARBER SHOP	SU	40.00	40.00
1989	VILLAGE LIBRARY	SU	40.00	60.00
1989	VILLAGE SCHOOL	CL	40.00	225.00
1990	ARDMORE HOUSE	CL	45.00	75.00
1990	COFFEE AND TEA SHOPPE	SU	45.00	100.00
1990	COUNTY POST OFFICE	CL	45.00	65.00
1990	FELLOWSHIP CHURCH	SU	45.00	45.00
1990	FIRST CHURCH	OP	45.00	45.00
1990	HAMPSHIRE HOUSE	CL	45.00	75.00
1990	MULBERRY STATION	OP	50.00	50.00
1990	NOB HILL	CL	45.00	45.00
1990	PIERPONT-SMITHE'S CURIOS	CL	45.00	80.00
1990	RYMAN AUDITORIUM	SU	50.00	75.00
1990	SHIP'S CHANDLER'S SHOP	SU	45.00	65.00
1990	VICTORIA HOUSE	CL	45.00	75.00
1990	VILLAGE HARDWARE	CL	45.00	60.00
1990	WIG SHOP	SU	45.00	65.00
1991	BELLE UNION SALOON	CL	45.00	60.00
1991	DAISY'S FLOWER SHOP	CL	45.00	80.00
1991	HILLSIDE CHURCH	CL	60.00	450.00
1991	SANDERSON'S MILL	OP	45.00	45.00
1991	SMITH'S SMITHY	CL	45.00	450.00
1991	SWEET SHOP	SU	45.00	45.00
1991	TOY MAKER'S SHOP, THE	OP	45.00	45.00
1991	VICTORIAN GAZEBO	SU	45.00	45.00
1991	WATT'S CANDLE SHOP	CL	45.00	70.00
1992	BRENNER'S APOTHECARY	OP	45.00	45.00
1992	COUNTY COURTHOUSE	OP	45.00	80.00
1992	ELEGANT LADY DRESS SHOP	SU	45.00	45.00
1992	LAKEHURST HOUSE	CL	55.00	400.00
1992	MAIN STREET CHURCH	OP	45.00	45.00
1992	NORTHPOINT SCHOOL	OP	45.00	45.00
1992	SAN SEBASTIAN MISSION	CL	45.00	75.00
1992	STEARN'S STABLE	CL	45.00	45.00
1992	VANDERSPECK'S MILL	CL	45.00	100.00
1992	VILLAGE GREEN GAZEBO	SU	22.00	22.00
1992	VILLAGE INN	CL	45.00	45.00
1993	ANTIQUES AND CURIOSITIES	CL	50.00	50.00
1993	BALDWIN'S FINE JEWELRY	CL	50.00	50.00
1993	BLACKSMITH	SU	47.00	47.00
1993	BURNSIDE	OP	50.00	50.00
1993	DENTIST'S OFFICE	SU	50.00	50.00
1993	DOCTOR'S OFFICE	OP	50.00	50.00
1993	GREEN'S GROCERY	OP	50.00	50.00
1993	JOHNSON HOUSE	OP	50.00	50.00
1993	KIRBY HOUSE	CL	50.00	100.00
1993	MARK HALL	OP	50.00	50.00
1993	ST. JAMES CATEHDRAL	CL	75.00	150.00
1993	ST. PETER'S CHURCH	SU	60.00	60.00
1994	BLACK SHEEP TAVERN	OP	50.00	50.00
1994	BROWN'S BOOKSHOP	OP	50.00	50.00
1994	MT. ZION CHURCH	5500	70.00	130.00
1994	MT. ZION CHURCH ERROR	CL	70.00	400.00
1994	NOTFEL CABIN	OP	50.00	50.00
1994	REAL ESTATE OFFICE	OP	50.00	50.00
1994	ROSAMOND	CL	50.00	50.00
1994	SMITH AND JONES DRUG STORE	OP	50.00	50.00
1994	SPRINGFIELD	OP	50.00	50.00
1994	VILLAGE HOSPITAL	OP	50.00	50.00
1994	WHITE'S BUTCHER SHOP	OP	50.00	50.00
1995	APPLEGATE	CL	50.00	100.00
1995	COLONIAL SAVINGS & LOAN	CL	50.00	50.00
1995	COLONIAL VILLAGE NEWS	OP	50.00	50.00
1995	D'OUL'S ICE HOUSE	OP	50.00	50.00
1995	HISTORICAL SOCIETY MUSEUM	OP	50.00	50.00
1995	MUNDT MANOR	OP	50.00	50.00
1995	PATRIOT BRIDGE	OP	50.00	50.00
1995	QUEENSGATE	OP	50.00	50.00
1995	RAINY DAYS BARN	OP	50.00	50.00
1995	WYCOFF MANOR	5500	75.00	125.00
1995	ZACHARY PETERS CABINET MAKER	OP	50.00	50.00
1996	BROOKFIELD	5500	75.00	150.00
1996	COLLECTOR'S SET	CL	100.00	100.00
1996	FAIRBANKS HOUSE	OP	50.00	50.00

YR	NAME	LIMIT	ISSUE	TREND
1996	FRANKLIN COLLEGE	OP	50.00	50.00
1996	HERMITAGE, THE	CL	55.00	90.00
1996	LATTIMORE HOUSE	CL	50.00	60.00
1996	ST. PAUL'S CHURCH	OP	50.00	50.00
1996	STABLE	OP	33.00	33.00
1996	TRADING POST	OP	50.00	50.00
1996	TREVISO HOUSE	OP	50.00	50.00
1997	ASHTON HOUSE	OP	50.00	50.00
1997	LAW OFFICE	CL	50.00	50.00
1997	MONTROSE MANOR	OP	50.00	50.00
1997	PARK VISTA	CL	50.00	400.00
1997	PHOTOGRAPHY STUDIO	OP	50.00	50.00
1997	POTTER HOUSE	OP	50.00	50.00
1997	SAWYER'S CREEK	OP	55.00	55.00
1997	SIR GEORGE'S MANOR	5500	75.00	75.00
1997	VARIETY STORE	OP	50.00	50.00
1998	BERKLY HOUSE	OP	50.00	50.00
1998	BLUE BELL FLOUR	OP	50.00	50.00
1998	COLONIAL QUEEN SHOWBOAT	CL	100.00	100.00
1998	COOPER'S SHOP	OP	50.00	50.00
1998	HOLMER'S BAIT SHOP	OP	60.00	60.00
1998	M.S. MILLER, PAINTER	OP	50.00	50.00
1998	OPERA HOUSE	OP	50.00	50.00
1998	TRINITY CHURCH	5500	75.00	75.00
1998	WRIGHT'S EMPORIUM	OP	50.00	50.00
1999	BLARNEY BARN, SILO	OP	150.00	150.00
1999	BLARNEY FARMHOUSE	OP	50.00	50.00
1999	MOONCREST MANSION	OP	50.00	50.00
1999	WINTER CARNIVAL	OP	120.00	120.00

HISTORIC AMERICAN LIGHTHOUSE COLLECTION

YR	NAME	LIMIT	ISSUE	TREND
1992	ASSATEAGUE, VA	OP	40.00	40.00
1992	CAPE HATTERAS, NC	CL	40.00	45.00
1992	CAPE HENRY, VA	OP	40.00	40.00
1992	CAPE LOOKOUT, NC	OP	40.00	40.00
1992	SANDY HOOK, NJ	OP	40.00	40.00
1992	WEST QUODDY HEAD, ME	OP	40.00	40.00
1993	BIG SABLE POINT, MI	OP	40.00	40.00
1993	BOSTON HARBOR, MA	OP	40.00	40.00
1993	CAPE COD, MA	OP	40.00	40.00
1993	GRAY'S HARBOR, WA	OP	40.00	40.00
1993	MARBLEHEAD, OH	OP	40.00	40.00
1993	MONTAUK, NY	OP	40.00	40.00
1993	POINT WILSON, WA	OP	40.00	40.00
1993	WHITE SHOAL, MI	OP	40.00	40.00
1994	ADMIRALTY HEAD	OP	40.00	40.00
1994	BODIE ISLAND, NC	OP	40.00	40.00
1994	CANA ISLAND, WI	OP	40.00	40.00
1994	CAPE FLORIDA, FL	CL	40.00	45.00
1994	CAPE MAY, NJ	CL	40.00	225.00
1994	CHICAGO HARBOR, IL	OP	40.00	40.00
1994	FORT GRATIOT, MI	OP	40.00	40.00
1994	HECETA HEAD, OR	OP	40.00	40.00
1994	NEW LONDON LEDGE, CT	OP	40.00	40.00
1994	OCRACOKE, NC	OP	40.00	40.00
1994	OLD POINT LOMA, CA	OP	40.00	40.00
1994	PORTLAND HEAD, ME	OP	40.00	40.00
1994	SPLIT ROCK, MN	OP	40.00	40.00
1994	ST. AUGUSTINE, FL	OP	40.00	40.00
1994	ST. SIMONS, GA	OP	40.00	40.00
1994	TYBEE ISLAND, GA	OP	40.00	40.00
1994	YERBA BUENA, CA	OP	40.00	40.00
1995	1716 BOSTON LIGHTHOUSE	7500	50.00	164.00
1995	BARNEGAT, NJ	OP	40.00	40.00
1995	CAPE MAY, NJ	OP	40.00	40.00
1995	FIRE ISLAND, NY	OP	40.00	40.00
1995	JUPITER INLET, FL	OP	40.00	40.00
1995	PIGEON POINT, CA	OP	40.00	40.00
1995	POINT BETSIE, MI	OP	47.00	47.00
1995	POINT CABRILLO, CA	OP	47.00	47.00
1995	PONCE DE LEON, FL	OP	40.00	40.00
1995	TOLEDO HARBOR, OH	OP	47.00	47.00
1996	BLOCK ISLAND, RI	OP	50.00	50.00
1996	BUFFALO, NY	OP	40.00	40.00
1996	CAPE NEDDICK, ME	OP	47.00	47.00
1996	DESTRUCTION ISLAND, WA	OP	40.00	40.00
1996	HOLLAND HARBOR, MI	OP	45.00	45.00
1996	KEY WEST, FL	OP	40.00	40.00
1996	LOS ANGELES HARBOR, CA	OP	45.00	45.00
1996	OLD CAPE HENRY, VA	7500	47.00	230.00
1996	PT. ISABEL, TX	OP	40.00	40.00
1996	THOMAS POINT, MO	OP	45.00	45.00
1997	ALCATRAZ ISLAND	9000	55.00	100.00
1997	CAPE HENLOPEN, DE	900	55.00	55.00
1997	CURRITUCK BEACH, NC	OP	40.00	40.00
1997	FORT NIAGARA, NY	OP	40.00	40.00
1997	POINT ARENA, CA	OP	40.00	40.00
1997	POINT BOLIVAR, TX	OP	40.00	40.00
1997	ROUND ISLAND, MI	OP	47.00	47.00
1997	WIND POINT, WI	OP	40.00	40.00

The Brick Town Hall *was an original issue packaged with the set of seven starter New England Village pieces manufactured by Department 56.*

Department 56 issued the General Store *with its original set of seven New England Village pieces.*

From Shelia's Inc.'s "Key West" series, Shelia Thompson's Shotgun Sister *architectural facade retails for $17.*

Nathaniel Bingham Fabrics, *also referred to as the Post Office because the mail came into and went out of the shop, was a 1986 New England Village issue from Department 56.*

Ben's Barber Shop *was issued along with* Otis Hayes Butcher Shop *and* Anne Shaw Toys *in a set designed for the New England Village produced by Department 56.*

Cavanagh Group International introduced the Flying "A" Service Station *to the Coca-Cola Town Square Collection in 1994.*

YR	NAME	LIMIT	ISSUE	TREND
1998	ALCATRAZ, CA	OP	65.00	65.00
1998	BILOXI LIGHTHOUSE, MS	OP	40.00	40.00
1998	CAPE FLORIDA, FL	OP	40.00	40.00
1998	CAPE HATTERAS, NC	OP	45.00	45.00
1998	HAROUR TOWN, SC	OP	45.00	45.00
1998	MORRIS ISLAND, SC	9000	50.00	100.00
1998	NEW LONDON HARBOR, CT	OP	40.00	40.00
1998	NEW PRESQUE ISLE, MI	OP	40.00	40.00
1998	PEMAQUID POINT, ME	OP	40.00	40.00
1999	CAPE CANAVERAL, FL	OP	40.00	40.00
1999	CONCORD PT., MD	OP	47.00	47.00
1999	DIAMOND HEAD, HI	YR	50.00	50.00
1999	MINOTS LEDGE, MA	OP	40.00	40.00
1999	PENSACOLA, FL	OP	40.00	40.00
1999	POINT PINOS, CA	OP	56.00	56.00

GOEBEL INC.

M.I. HUMMEL   BAVARIAN VILLAGE COLLECTION

YR	NAME	LIMIT	ISSUE	TREND
1996	ANGEL'S DUET	OP	50.00	50.00
1996	BENCH & PINE TREE, THE/SET	OP	25.00	25.00
1996	CHRISTMAS MAIL	OP	50.00	50.00
1996	COMPANY'S COMING	OP	50.00	50.00
1996	SLED & PINE TREE, THE/SET	OP	25.00	25.00
1996	VILLAGE BAKERY, THE	OP	50.00	50.00
1996	VILLAGE BRIDGE, THE	OP	25.00	25.00
1996	WINTER'S COMFORT	OP	50.00	50.00
1996	WISHING WELL, THE	OP	25.00	25.00

HADLEY COMPANIES

T. REDLIN   HOMESTEAD COLLECTION

YR	NAME	LIMIT	ISSUE	TREND
1995	COMFORTS OF HOME	45 DAYS	90.00	90.00
1996	EVENING WITH FRIENDS	45 DAYS	90.00	90.00

HALLMARK

L. SICKMAN   KIDDIE CAR CLASSICS

YR	NAME	LIMIT	ISSUE	TREND
1999	FIRE STATION #1 QHG3617	YR	70.00	70.00

HARBOUR LIGHTS

B. YOUNGER

YR	NAME	LIMIT	ISSUE	TREND
2000	AMERICAN SHOAL, FL	6500	99.00	99.00
2000	FORT JEFFERSON, FL	8000	75.00	75.00
2000	HAIG POINT, SC	8000	75.00	75.00
2000	OAK ISLAND, NC	6500	78.00	78.00
2000	OLD POINT COMFORT, VA	8000	82.00	82.00
2000	SHIP JOHN SHOAL, DE	6500	68.00	68.00

B. YOUNGER   CHESAPEAKE SERIES

YR	NAME	LIMIT	ISSUE	TREND
1996	CONCORD, MD 186	RT	66.00	66.00
1996	SANDY POINT, MD 167	9500	70.00	100.00
1996	SHARP'S ISLAND, MD 185	RT	70.00	70.00
1996	THOMAS POINT 181	RT	99.00	160.00
1997	DRUM POINT, MD 180	RT	99.00	125.00

B. YOUNGER   CHRISTMAS ANNUALS

YR	NAME	LIMIT	ISSUE	TREND
1995	CHRISTMAS 1995 - BIG BAY POINT, MI 700	RT	75.00	320.00
1996	CHRISTMAS 1996 COLCHESTER, VT 701	RT	75.00	130.00
1997	CHRISTMAS 1997 WHITE SHOAL, MI 702	RT	95.00	145.00

B. YOUNGER   EVENT PIECE

YR	NAME	LIMIT	ISSUE	TREND
1996	SUNKEN ROCK, NY 602	RT	25.00	56.00
1997	EDGARTOWN, MA 603	RT	35.00	80.00
1998	ROOSEVELT, NY 612	RT	30.00	30.00

B. YOUNGER   GONE BUT NOT FORGOTTEN

YR	NAME	LIMIT	ISSUE	TREND
2000	CAPE HELOPEN, DE	TL	80.00	80.00

B. YOUNGER   GREAT LAKES REGION

YR	NAME	LIMIT	ISSUE	TREND
*	TOLEDO HARBOR, OH	RT	*	N/A
1991	FORT NIAGARA, NY 113	RT	60.00	130.00
1991	SAND ISLAND, WI 112	RT	60.00	85.00
1992	BUFFALO, NY 122	RT	60.00	95.00
1992	CANA ISLAND, WI 119	RT	60.00	110.00
1992	GROSSE POINT, IL 120	RT	60.00	95.00
1992	MARBLEHEAD, OH 121	RT	50.00	105.00
1992	MICHIGAN CITY, IN 123	RT	60.00	100.00
1992	OLD MACKINAC POINT, MI 118	RT	65.00	185.00
1992	SPLIT ROCK, MI 124	RT	60.00	2100.00
1992	SPLIT ROCK, MN 124	RT	60.00	85.00
1994	HOLLAND (BIG RED), MI 142	RT	60.00	195.00
1995	ROUND ISLAND, MI 153	9500	85.00	105.00
1995	SELKIRK, NY 157	RT	75.00	75.00
1995	TAWAS PT., MI 152	RT	75.00	120.00
1995	WIND POINT, WI 154	9500	78.00	78.00
1996	CHARLOTTE-GENESEE, NY 165	RT	77.00	77.00
1997	GRAND TRAVERSE, MI 191	9500	80.00	80.00
1997	PRESQUE ISLE, PA 201	9500	75.00	75.00
1998	CHICAGO HARBOR, IL 208	10000	73.00	73.00
1998	LORAIN, OH 207	10000	75.00	75.00
1999	BIG SABLE, MI 228	10000	70.00	70.00
1999	WHITE RIVER, MI 226	10000	73.00	73.00

YR	NAME	LIMIT	ISSUE	TREND
B. YOUNGER		**GREAT LIGHTHOUSES OF THE WORLD**		
1994	CAPE HATTERAS, NC 401 W/GAL STAMP	OP	50.00	110.00
1995	BOSTON HARBOR, MA 402 MISSPELLED	CL	50.00	75.00
1995	PORTLAND HEAD, ME 404	CL	50.00	50.00
1995	SOUTHEAST BLOCK ISLAND, RI 403	CL	50.00	50.00
1996	SANDY HOOK, NJ 418	OP	50.00	50.00
1997	BARNEGAT, NJ 414 MOLD I	CL	45.00	55.00
1997	CAPE NEDDICK, ME 410	OP	50.00	50.00
1997	HILTON HEAD, SC 415	OP	50.00	50.00
1997	MONTAUK, NY 405	OP	55.00	55.00
1997	NEW LONDON LEDGE, CT	OP	55.00	55.00
1997	POINT LOMA, CA, 409	OP	50.00	50.00
1997	PONCE DE LEON, FL 408	OP	55.00	55.00
1997	ST. AUGUSTINE, FL 411	OP	45.00	45.00
1997	ST. SIMONS, GA 416	OP	50.00	50.00
1999	ASSATEAGUE, VA 425	OP	60.00	60.00
1999	KEY WEST, FLA 424	OP	65.00	65.00
B. YOUNGER		**GULF COAST REGION**		
1995	BILOXI, MS 149	RT	60.00	80.00
1995	BOLIVAR, TX 146	RT	70.00	80.00
1995	NEW CANAL, LA 148	RT	65.00	90.00
1995	PENSACOLA, FL 150	RT	80.00	100.00
1995	PORT ISABEL, TX 147	RT	65.00	65.00
1997	MIDDLE BAY, AL 187	RT	99.00	125.00
B. YOUNGER		**HARBOUR LIGHTS COLLECTOR'S SOCIETY**		
1995	POINT FERMIN, CA 501	RT	80.00	174.00
1996	SPYGLASS COLLECTION, CT 503	RT	*	32.00
1996	STONINGTON HARBOUR, CT 502	RT	70.00	135.00
1997	AMELIA ISLAND, FL	RT	*	40.00
1997	PORT SANILAC, MI 506	RT	80.00	80.00
1998	COCKSPUR, GA	RT	*	50.00
1998	SEA GIRT, NJ	RT	80.00	80.00
1999	BALTIMORE, MD 524	YR	*	N/A
1999	PT. FERMIN, CA MINI	YR	29.00	29.00
1999	SEVEN FOOT KNOLL, MD 521	YR	99.00	99.00
B. YOUNGER		**HUDSON RIVER SERIES**		
1999	ESOPUS MEADOWS, NY 231	10000	70.00	70.00
1999	HUDSON-ATHENS, NY 230	10000	78.00	78.00
1999	TARRYTOWN, NY 232	10000	75.00	75.00
B. YOUNGER		**INTERNATIONAL SERIES**		
1996	PEGGY'S COVE, NOVA SCOTIA 169	RT	68.00	68.00
1997	HOOK HEAD, IRELAND 198	9500	71.00	71.00
1997	LA JUMENT, FRANCE 192	RT	68.00	68.00
1997	LONGSHIPS, UK 193	9500	68.00	68.00
1997	MACQUARIE, AUSTRALIA 197	9500	68.00	68.00
1999	CAPE AGULHAS, SA 227	10000	73.00	73.00
B. YOUNGER		**LADY LIGHTKEEPERS**		
1996	CHATHAM, MA 172	9500	70.00	70.00
1996	IDA LEWIS, RI 174	RT	70.00	70.00
1996	MATINICUS, ME 173	RT	77.00	77.00
1996	POINT PINOS, CA 170	RT	70.00	70.00
1996	SAUGERTIES, NY 171	RT	75.00	75.00
B. YOUNGER		**NORTHEAST REGION**		
1991	BOSTON HARBOR, MA 117	RT	60.00	225.00
1991	CASTLE HILL, RI 116	RT	60.00	145.00
1991	GREAT CAPTAIN'S ISLAND, CT 114	RT	60.00	110.00
1991	SANDY HOOK, NJ 104	RT	60.00	330.00
1991	WEST QUODDY HEAD, ME 103	RT	60.00	165.00
1992	MINOT'S LEDGE, MA 131 BLUE WATER	RT	60.00	130.00
1992	MINOT'S LEDGE, MA 131 GREEN WATER	RT	60.00	380.00
1992	NAUSET, MA 126	RT	66.00	235.00
1992	NEW LONDON LEDGE, CT 129 BLUE WATER	RT	66.00	170.00
1992	NEW LONDON LEDGE, CT 129 GREEN WATER	RT	66.00	220.00
1992	PORTLAND BREAKWATER, ME 130	RT	60.00	125.00
1992	PORTLAND HEAD, ME 125	RT	66.00	675.00
1992	SOUTHEAST BLOCK ISLAND, RI 128	RT	71.00	450.00
1992	WHALEBACK, NH 127	RT	60.00	115.00
1994	BARNEGAT, NJ 139	RT	60.00	360.00
1994	CAPE NEDDICK (NUBBLE), ME 141	RT	66.00	230.00
1994	MONTAUK, NY 143	RT	85.00	199.00
1995	BRANT POINT, MA 162	RT	66.00	85.00
1995	HIGHLAND, MA 161 NO S	RT	75.00	125.00
1995	HIGHLANDS, MA 161 W/S	RT	75.00	80.00
1996	CAPE MAY, NJ 168	RT	75.00	115.00
1996	FIRE ISLAND, NY 176	RT	70.00	70.00
1996	PEMAQUID, ME 164	RT	90.00	150.00
1996	SCITUATE, MA 166	9500	77.00	77.00
1997	BEAVERTAIL, RI 188	9500	80.00	80.00
1997	JEFFREY'S HOOK, NY 195	9500	66.00	66.00
1998	EXECUTION ROCK, NY 210	10000	78.00	78.00
1998	FAULKNER'S ISLAND, CT 216	10000	70.00	70.00
1998	HORTON POINT, NY 205	10000	75.00	75.00
1998	OLD SAYBROOK, CT 206	10000	69.00	69.00
B. YOUNGER		**REUNION PIECES**		
1997	NEW POINT LOMA 604	RT	70.00	800.00
1997	NEW POINT LOMA 605	RT	*	450.00

YR	NAME	LIMIT	ISSUE	TREND
B. YOUNGER			**SOUTHEAST REGION**	
1991	CAPE HATTERAS, NC 102 MOLD ONE	RT	60.00	4800.00
1992	CAPE HATTERAS, NC 102R MOLD TWO	RT	60.00	700.00
1993	HILTON HEAD, SC 136	RT	60.00	400.00
1993	KEY WEST, FL 134	RT	60.00	363.00
1993	OCRACOKE, NC 135	RT	60.00	450.00
1993	PONCE DE LEON, FL 132	RT	60.00	350.00
1993	ST. AUGUSTINE, FL 138	RT	71.00	450.00
1993	ST. SIMONS, GA 137	RT	66.00	367.00
1993	TYBEE, GA 133	RT	60.00	240.00
1994	ASSATEAGUE, VA 145 MOLD ONE	RT	69.00	370.00
1994	ASSATEAGUE, VA 145 MOLD TWO	RT	69.00	175.00
1995	CURRITUCK, NC 158	RT	80.00	145.00
1995	JUPITER, FL 151	RT	77.00	175.00
1996	BALD HEAD, NC 155	RT	75.00	119.00
1996	BODIE, NC 159	RT	77.00	77.00
1996	CAPE CANAVERAL, FL 163	RT	80.00	120.00
1996	CAPE LOOKOUT, NC 175	RT	64.00	175.00
1997	CAPE HENRY, VA 196	RT	82.00	82.00
1997	MORRIS ISLAND, SC NOW 190	RT	65.00	65.00
1997	MORRIS ISLAND, SC THEN 189	RT	85.00	85.00
1997	SANIBEL ISLAND, FL 194	RT	120.00	145.00
1998	CAPE FLORIDA, FL 209	10000	78.00	78.00
1999	HILLSBORO, FLA. 225	6500	125.00	125.00
1999	ST. MARKS, FLA. 220	10000	75.00	75.00
B. YOUNGER			**SPECIAL EDITIONS**	
1995	LEGACY LIGHT 600 (RED) 600	RT	65.00	150.00
1995	LEGACY LIGHT 601 (BLUE) 601	RT	65.00	65.00
2000	LIBERTY ENLIGHTENING	TL	125.00	125.00
B. YOUNGER			**STAMP SERIES**	
1995	MARBLEHEAD, OH (413)	OP	50.00	50.00
1995	SPECTACLE REEF, MI 182 (410)	RT	60.00	60.00
1995	SPLIT ROCK, MN (412)	OP	60.00	60.00
1995	ST. JOSEPH, MI 183 (411)	RT	60.00	60.00
1995	THIRTY MILE POINT, NY 184 (414)	RT	62.00	62.00
B. YOUNGER			**THEN & NOW**	
2000	ROUND ISLAND, MS	TL	65.00	65.00
B. YOUNGER			**WESTERN REGION**	
1991	ADMIRALITY HEAD, WA 101 MISSPELLED	RT	60.00	125.00
1991	ADMIRALTY HEAD, WA 101	RT	60.00	150.00
1991	BURROWS ISLAND, OR 108 WRONG STATE	RT	60.00	990.00
1991	BURROWS ISLAND, WA 108	RT	60.00	300.00
1991	CAPE BLANCO, OR 109	RT	60.00	75.00
1991	COQUILLE RIVER, OR 111	RT	60.00	2250.00
1991	NORTH HEAD, WA 106	RT	60.00	75.00
1991	OLD POINT LOMA, CA 105	RT	60.00	165.00
1991	ST. GEORGE'S REEF, CA 115	RT	60.00	75.00
1991	UMPQUA RIVER, OR 107	RT	60.00	75.00
1991	YAQUINA HEAD, WA 110	RT	60.00	85.00
1994	DIAMOND HEAD, HI 140	RT	60.00	168.00
1994	HECETA HEAD, OR 144	RT	60.00	88.00
1995	POINT ARENA, CA 156	RT	60.00	138.00
1996	ALCATRAZ, CA 177 (407)	RT	77.00	160.00
1996	CAPE MEARES, OR 160	9500	68.00	100.00
1996	MUKILTEO, WA 178 (417)	RT	55.00	100.00
1997	YAQUINE BAY, WA 204	9500	77.00	77.00

HAWTHORNE

*			**ANNE OF GREEN GABLES**	
	GREEN GABLES W/ANNE 79151	*	50.00	50.00
*			**BEACONS OF FREEDOM/ILLUMINATED**	
1995	PORTLAND HEAD LIGHTHOUSE 79181	*	40.00	40.00
1995	WEST QUODDY HEAD LIGHTHOUSE 79182	*	40.00	40.00
K./H. LEVAN			**CHESTNUT HILL STATION**	
1993	CHESTNUT HILL DEPOT 78253	CL	30.00	30.00
1993	PARKSIDE CAFE 78252	CL	30.00	30.00
1993	WISHING WELL COTTAGE 78251	CL	30.00	30.00
1994	BICYCLE SHOP 78254	CL	30.00	30.00
*			**CHRISTMAS IN BEDFORD FALLS/ILLUMINATED**	
	BAILY BROS. BUILDING & LOAN 79392	*	40.00	40.00
1995	OLD GRANVILLE PLACE, THE 79391	*	40.00	40.00
*			**COLONIAL CHRISTMAS/ILLUMINATED**	
	BRUTON PARISH CHURCH, THE 79463	*	40.00	40.00
1995	MARGARET HUNTER'S SHOP 79462	*	40.00	40.00
1995	MARKET SQUARE TAVERN/FREE SIGN 79461	*	40.00	40.00
K./H. LEVAN		**CONCORD: HOMETOWN OF AMERICA LITERATURE**		
1991	HAWTHORNE'S WAYSIDE RETREAT 78221	CL	40.00	40.00
1992	EMERSON'S OLD MANSE 78222	CL	40.00	40.00
1993	ALCOTT'S ORCHARD HOUSE 78223	CL	40.00	40.00
C. LAYTON			**CORINNE LAYTON'S VICTORIANA**	
1995	MAY COTTAGE 78971	*	30.00	30.00
1998	GINGERBREAD MERCANTILE	*	36.00	36.00
1998	PICNIC PLEASANTRIES	*	30.00	30.00
*			**CURRIER & IVES SUMMER**	
1995	AMERICAN HOMESTEAD SUMMER 78731	*	30.00	30.00
1995	HOME ON THE MISSISSIPPI 78732	*	30.00	30.00

YR	NAME	LIMIT	ISSUE	TREND
*		**CURRIER & IVES: THE ART OF AMERICA**		
1994	AMERICAN HOMESTEAD WINTER 78281	*	30.00	30.00
1995	A COLD MORNING 78288	*	30.00	30.00
1995	EARLY WINTER 78286	*	30.00	30.00
1995	FEEDING THE CHICKENS 78283	*	30.00	30.00
1995	OLD GRIST MILL, THE 78284	*	30.00	30.00
1995	SNOW STORM 78282	*	30.00	30.00
1995	WINTER EVENING 78285	*	30.00	30.00
1995	WINTER MOONLIGHT 78287	*	30.00	30.00
K./H. LEVAN		**GONE WITH THE WIND**		
1992	TARA...SCARLETT'S PRIDE 78171	CL	40.00	40.00
1992	TWELVE OAKS...THE ROMANCE 78172	CL	40.00	40.00
1993	AGAINST HER WILL 78174	CL	43.00	43.00
1993	MESSAGE FOR CAPT. BUTLER 78175	CL	43.00	43.00
1993	RHETT'S RETURN 78173	CL	40.00	40.00
1993	TARA 79421	CL	40.00	40.00
1994	ALONE 78178	CL	46.00	46.00
1994	ATLANTA CHURCH 79423	CL	40.00	40.00
1994	HOPE FOR A NEW TOMORROW 78176	CL	43.00	43.00
1994	I HAVE DONE ENOUGH 78180	CL	46.00	46.00
1994	KENNEDY STORE 79424	*	40.00	40.00
1994	RED HORSE SALOON 79425	*	40.00	40.00
1994	SWEPT AWAY 78177	CL	46.00	46.00
1994	TAKE ME TO TARA 78179	CL	46.00	46.00
1994	TWELVE OAKS 79422	*	40.00	40.00
1995	ASHLEY'S SAFE 78183	CL	46.00	46.00
1995	BUTLER'S MANSION 79426	*	40.00	40.00
1995	DIGNITY AND RESPECT 78182	CL	46.00	46.00
1995	REVENGE ON SHANTY TOWN 78181	*	46.00	46.00
*		**GONE WITH THE WIND ACCESSORIES**		
1995	BARBEQUE, THE 91253	*	25.00	25.00
1995	BUTLERS, THE 91255	*	25.00	25.00
1995	HELPING THE WOUNDED 91250	*	25.00	25.00
1995	O'HARAS, THE 91252	*	25.00	25.00
1995	RHETT & SCARLETT 91254	*	25.00	25.00
1995	SCARLETT & ASHLEY 91251	*	25.00	25.00
*		**GONE WITH THE WIND LIMITED EDITION COLLECTION**		
1997	RHETT & SCARLETT POSTER SCENE	*	80.00	80.00
*		**GONE WITH THE WIND MINIATURES**		
*	ASHLEY'S SAFE/TRAIN STATION	*	30.00	30.00
*	MESSAGE FOR CAPT. BUTLER/HOPE 78663	*	30.00	30.00
*	REVENGE/DIGNITY & RESPECT 78666	*	30.00	30.00
*	RHETT'S RETURN/AGAINST HER WILL 78662	*	30.00	30.00
*	SPRINGHOUSE/CARRIAGE HOUSE 78668	*	30.00	30.00
*	SWEPT AWAY/ALONE 78664	*	30.00	30.00
*	TAKE ME TO TARA/DONE ENOUGH 78665	*	30.00	30.00
*	TARA MILL/STABLE 78669	*	30.00	30.00
1995	SCARLETT'S PRIDE/ROMANCE 78661	*	30.00	30.00
K./H. LEVAN		**GONE WITH THE WIND SPECIAL EDITIONS**		
1994	BURNING OF ATLANTA 78185	10000	80.00	80.00
1995	BUTLER MANSION, THE 78186	10000	80.00	80.00
*		**HAWTHORNE MINIATURE NATIVITY**		
1995	NATIVITY 91010	*	40.00	40.00
1995	PALM TREES 91018	*	25.00	25.00
1995	SITTING CAMELS, BLESSED BEASTS/MARY'S DONKEY 91017	*	25.00	25.00
1995	STABLE KEEPER & STANDING CAMEL 91016	*	25.00	25.00
*		**HELEN STEINER RICE ACCESSORIES**		
1995	BOY W/LANTERN 91301	*	20.00	20.00
1995	GIRL SNOWANGEL 91302	*	20.00	20.00
1995	LAMPS 91303	*	20.00	20.00
*		**HELEN STEINER RICE: WINDOWS OF GOLD**		
1994	INSPIRATION POINT LIGHTHOUSE 79541	*	35.00	35.00
1994	PEACE ON FAITH 79542	*	40.00	40.00
1994	WINTERS WARMTH 79543	*	40.00	40.00
*		**HERSHEY, PA: AN AMERICAN DREAM COME TRUE**		
1995	BIRTHPLACE OF MILTON HERSHEY 78951	CL	30.00	30.00
1995	DERRY CHURCH SCHOOL 78952	*	30.00	30.00
T. KINKADE		**HOME FOR THE HOLIDAYS**		
*	MOONLIT VILLAGE CHURCH 78022	*	30.00	30.00
*	VICTORIAN CHRISTMAS 78021	*	30.00	30.00
1997	EVENING CAROLERS	*	30.00	30.00
T. KINKADE		**HOME IS WHERE THE HEART IS**		
1998	LAZY AFTERNOON	*	35.00	35.00
*		**HOMETOWN AMERICA**		
1992	EVERGREEN COTTAGE 83601	*	35.00	35.00
1993	EVERGREEN VALLEY SCHOOL 83602	CL	35.00	35.00
1993	VILLAGE BAKERY, THE 83603	CL	38.00	38.00
1994	EVERGREEN GENERAL STORE 83606	*	40.00	40.00
1994	EVERGREEN VALLEY CHURCH 83605	*	38.00	38.00
1994	WOODCUTTER'S REST 83604	*	38.00	38.00
1995	WAITING FOR SANTA 83607	*	40.00	40.00
*		**HUMMEL ACCESSORIES**		
1995	LARGE TREE/SLED 91312	*	25.00	25.00
1995	SMALL TREE/BENCH 91313	*	25.00	25.00
1995	VILLAGE BRIDGE 91310	*	25.00	25.00
1995	WISHING WELL 91311	*	25.00	25.00

YR	NAME	LIMIT	ISSUE	TREND
		HUMMEL'S BAVARIAN CHRISTMAS		
*	ALL ABOARD 79287	*	50.00	50.00
*	LITTLE BOOTMAKER 79288	*	50.00	50.00
*	OFF FOR THE HOLIDAYS 79286	*	50.00	50.00
1994	ANGEL'S DUET 79281	*	50.00	50.00
1994	BAKERY, THE 79282	*	50.00	50.00
1995	COMPANY'S COMING 79283	*	50.00	50.00
1995	POST OFFICE 79285	*	50.00	50.00
1995	WINTER'S COMFORT 79284	*	50.00	50.00
	K./H. LEVAN	**INSIDE GONE WITH THE WIND**		
*	WILKES LIBRARY 78582	*	40.00	40.00
1994	PRIDE AND PASSION 78581	*	40.00	40.00
	T. KINKADE	**LAMPLIGHT VILLAGE COLLECTION**		
1996	KINKADE'S COTTAGE 78321	*	30.00	30.00
1997	LAMPLIGHT INN	*	30.00	30.00
*		**LAS VEGAS**		
*	FLAMINGO, THE 79091	*	50.00	50.00
*	HARRAH'S 79092	*	50.00	50.00
	R. BROUILETTE	**LOST VICTORIANS OF OLD SAN FRANCISCO**		
1991	GRANDE DAME OF NOB HILL 78111	CL	35.00	35.00
1992	EMPRESS OF RUSSIAN HILL 78112	CL	35.00	35.00
1993	PRINCESS OF PACIFIC HEIGHTS 78113	CL	35.00	35.00
*		**MARTY BELL'S MARTHA'S VINEYARD**		
*	SUMMERLAND 79891	*	40.00	40.00
*		**MAYBERRY**		
1994	COURTHOUSE, THE 79721	*	40.00	40.00
1994	FLOYD'S BARBER SHOP 79722	*	40.00	40.00
1994	MAYBERRY METHODIST CHURCH 79725	*	40.00	40.00
1994	POST OFFICE 79726	*	40.00	40.00
1994	TAYLOR HOME, THE 79724	*	40.00	40.00
1994	WALLY'S FILLING STATION 79723	*	40.00	40.00
*		**MAYBERRY ACCESSORIES**		
1995	ANDY & BARNEY 91350	*	22.00	22.00
1995	AUNT BEE & OPIE 91351	*	22.00	22.00
1995	PATROL CAR & GAS PUMPS 91352	*	22.00	22.00
*		**MCMEMORIES**		
1995	MCDONALD'S RESTAURANT 31901	*	40.00	40.00
*		**NORTH POLE ACCESSORIES**		
1994	GETTING READY FOR CHRISTMAS 91203	*	24.00	24.00
1994	LETTERS FOR SANTA SET 91202	*	24.00	24.00
1994	SANTA'S HELPER'S SET 91200	CL	24.00	24.00
1994	SWEET DELIGHTS SET 91201	*	24.00	24.00
1995	COOKIES FOR KIDDIES 91204	*	24.00	24.00
	G. HOOVER	**P.O. #1, NORTH POLE**		
1994	SANTA'S POST OFFICE 79102	*	40.00	40.00
1994	SANTA'S TOY SHOPPE W/SIGN 79101	*	40.00	40.00
1995	SANTA'S CANDY SHOP 79103	*	40.00	40.00
1995	SANTA'S GIFT WRAP CENTRAL 79104	CL	40.00	40.00
	K./H. LEVAN	**PEACEABLE KINGDOM**		
1993	SQUIRE BOONE'S HOMESTEAD 78561	*	35.00	35.00
1994	WHITE HOUSE INN 48562	*	35.00	35.00
	C. WYSOCKI	**PEPPERCRICKET GROVE**		
*	BUDZEN'S ROADSIDE FOOD STORE 78784	*	50.00	50.00
1995	EVENING SLED RIDE 78783	*	50.00	50.00
1995	PEPPERCRICKET FARM 78781	*	50.00	50.00
1995	VIRGINIA'S NEST 78782	*	50.00	50.00
1998	FIREHOUSE NO. 2	*	50.00	50.00
*		**REMEMBERING MAIN STREET**		
1998	FANNIE MAY CANDIES	*	40.00	40.00
*		**ROCKWELL'S FOUR FREEDOMS/ILLUMINATED**		
*	FREEDOM FROM WANT: THE FARMHOUSE 79944	*	40.00	40.00
*	FREEDOM IS KNOWLEDGE: THE LIBRARY 79945	*	40.00	40.00
*	SCHOOL, THE 79946	*	40.00	40.00
1994	FREEDOM FROM FEAR: THE ROCKWELL HOMESTEAD 79942	*	40.00	40.00
1994	FREEDOM OF WORSHIP: ARLINGTON CHURCH 79941	*	40.00	40.00
1995	FREEDOM OF SPEECH: TOWN HALL 79943	*	40.00	40.00
*		**ROCKWELL'S HEART OF STOCKBRIDGE/ILLUMINATED**		
1995	BELL TOWER 79235	*	40.00	40.00
1995	CHURCH ON THE GREEN 79234	*	40.00	40.00
1995	FIREHOUSE 79233	*	40.00	40.00
1995	ROCKWELL'S HOME 79231	*	40.00	40.00
1995	ROCKWELL'S STUDIO 79232	*	40.00	40.00
*		**ROCKWELL'S HOME FOR THE HOLIDAYS**		
1992	BRINGING HOME THE TREE 78122	CL	35.00	35.00
1992	BRINGING HOME THE TREE 82292	CL	35.00	35.00
1992	CAROLERS IN THE CHURCHYARD 78123	*	38.00	38.00
1992	CAROLERS IN THE CHURCHYARD 82293	CL	38.00	38.00
1992	CHRISTMAS EVE AT THE STUDIO 78121	CL	35.00	35.00
1992	CHRISTMAS EVE AT THE STUDIO 82291	CL	35.00	35.00
1993	A ROOM AT THE INN 78127	*	40.00	40.00
1993	A ROOM AT THE INN 82297	*	40.00	40.00
1993	LETTERS TO SANTA 78128	*	40.00	40.00
1993	LETTERS TO SANTA 82298	*	40.00	40.00
1993	OVER THE RIVER 78125	CL	38.00	38.00
1993	OVER THE RIVER 82295	CL	38.00	38.00

Department 56's Smythe
Woolen Mill, *from the New
England Village, was issued in
1987 and is limited to 7,500 pieces.*

Berkshire House *was added
to the Department 56 New
England Village line in 1989.*

Edgewater Inn *from the Bed and
Breakfast Collection from Forma
Vitrum was issued in 1996 and is
now retired.*

*Released by Department 56,
Santa's Lookout Tower is a
member of the North Pole
Collection and retails for $45.*

YR	NAME	LIMIT	ISSUE	TREND
1993	SCHOOL'S OUT 78126	CL	40.00	40.00
1993	SCHOOL'S OUT 82296	CL	38.00	38.00
1993	THREE-DAY PASS 78124	*	38.00	38.00
1993	THREE-DAY PASS 82294	*	38.00	38.00
1994	A GOLDEN MEMORY 78131	CL	42.00	42.00
1994	A WHITE CHRISTMAS 78129	CL	42.00	42.00
1994	A WHITE CHRISTMAS 82299	CL	42.00	42.00
1994	LATE FOR THE DANCE 78130	*	42.00	42.00
1994	LATE FOR THE DANCE 82300	*	42.00	42.00
1995	A GOLDEN MEMORY 82301	CL	42.00	42.00
1995	READY & WAITING 78132	CL	42.00	42.00
1995	READY & WAITING 82302	CL	42.00	42.00
*				
	ROCKWELL'S HOMETOWN COLLECTION			
*	BELL TOWER, THE 82283	CL	37.00	37.00
1990	ROCKWELL'S RESIDENCE 82281	CL	35.00	35.00
1991	CHURCH ON THE GREEN, THE 82285	CL	40.00	40.00
1991	FIRE HOUSE, THE 82284	CL	37.00	37.00
1991	GREY STONE CHURCH 82282	CL	35.00	35.00
1992	BERKSHIRE PLAYHOUSE 82288	CL	43.00	43.00
1992	CITIZEN'S HALL 82287	CL	43.00	43.00
1992	MISSION HOUSE, THE 82289	CL	43.00	43.00
1992	OLD CORNER HOUSE, THE 82290	CL	43.00	43.00
1992	TOWNE HALL 82286	CL	40.00	40.00
1993	PARSONAGE COTTAGE 82207	CL	43.00	43.00
1993	PLAIN SCHOOL 82206	CL	43.00	43.00
1993	TRAIN STATION 82208	CL	43.00	43.00
1994	OLD RECTORY 82209	CL	43.00	43.00
*				
	ROCKWELL'S MAIN STREET			
1993	ANTIQUE SHOP 79843	*	30.00	30.00
1993	BANK, THE 79845	*	30.00	30.00
1993	COUNTRY STORE, THE 79842	*	30.00	30.00
1993	LIBRARY, THE 79846	*	30.00	30.00
1993	RED LION INN, THE 79847	*	30.00	30.00
1993	ROCKWELL'S STUDIO 79841	*	30.00	30.00
1993	STOCKBRIDGE SIGN 79840	CL	10.00	10.00
1993	TOWN OFFICES, THE 79844	*	30.00	30.00
*				
	ROCKWELL'S NEIGHBORHOOD			
1994	FIDO'S NEW HOME 78482	*	30.00	30.00
1994	LEMONADE STAND, THE 78481	*	30.00	30.00
1994	SIDEWALK SPEEDSTER 78483	*	30.00	30.00
*				
	ROCKWELL'S SEASONS IN STOCKBRIDGE			
*	COUNTRY STORE/ROCKWELL STUDIO 78823	*	30.00	30.00
*	FIREHOUSE/OLD CORNER HOUSE 78822	*	30.00	30.00
1995	ROCKWELL RESIDENCE/ANTIQUE SHOP 78821	*	30.00	30.00
*				
	SPRINGTIME ON MAIN STREET			
1993	ROCKWELL'S STUDIO 78381	*	30.00	30.00
K./H. LEVAN			**STONEFIELD VALLEY**	
1992	CHURCH IN THE GLEN 78444	CL	38.00	38.00
1992	MEADOWBROOK SCHOOL 78442	CL	35.00	35.00
1992	SPRINGBRIDGE COTTAGE 78441	CL	35.00	35.00
1992	WEAVER'S COTTAGE 78443	CL	38.00	38.00
1993	FERRYMAN'S COTTAGE 78447	CL	40.00	40.00
1993	HILLSIDE COTTAGE 78446	CL	40.00	40.00
1993	PARSON'S COTTAGE 78445	CL	38.00	38.00
1993	VALLEY VIEW FARM 78448	CL	40.00	40.00
K./H. LEVAN		**STROLLING THROUGH COLONIAL AMERICA**		
1991	EASTBROOK CHURCH 78004	CL	38.00	38.00
1991	HIGGIN'S GRIST MILL 78003	CL	38.00	38.00
1991	JEFFERSON'S ORDINAIRE 78001	CL	35.00	35.00
1991	MILLRACE STORE 78002	CL	35.00	35.00
1992	CAPT. LEE'S GRAMMAR SCHOOL 78006	CL	40.00	40.00
1992	COURTHOUSE ON THE GREEN 78005	CL	38.00	38.00
1992	EVERETT'S JOINER SHOP 78008	CL	40.00	40.00
1992	VILLAGE SMITHY, THE 78007	CL	40.00	40.00
K./H. LEVAN			**SUNSET COVE**	
1994	WATERCOLOR COTTAGE 78051	*	35.00	35.00
1995	ARTISTS DELIGHT 78052	*	35.00	35.00
K./H. LEVAN		**TARA: THE ONLY THING WORTH FIGHTING FOR**		
1993	A DREAM REMEMBERED 78621	*	30.00	30.00
1994	CARRIAGE HOUSE 78623	*	30.00	30.00
1994	KITCHEN AND GATEWAY 78624	CL	30.00	30.00
1994	MILL, THE 78625	*	30.00	30.00
1994	SPRINGHOUSE AND HIDEAWAY 78622	CL	30.00	30.00
1995	STABLE, THE 78626	*	30.00	30.00
*				
	THATCHER'S CROSSING			
1993	CHAPEL CROSSING 78763	CL	30.00	30.00
1993	MIDSUMMER'S COTTAGE 78762	CL	30.00	30.00
1993	ROSE ARBOUR COTTAGE 78761	CL	30.00	30.00
1994	WOODCUTTER'S COTTAGE 78764	CL	30.00	30.00
T. KINKADE		**THOMAS KINKADE'S CANDLELIGHT COTTAGES**		
1992	OLDE PORTERFIELD TEA ROOM 78151	*	25.00	24.90
1993	CHANDLER'S COTTAGE 78152	*	25.00	24.90
1993	MERRITT'S COTTAGE 78154	*	28.00	28.00
1993	SWANBROOKE COTTAGE 78153	*	25.00	25.00
1994	CANDLELIT COTTAGE 78157	*	30.00	30.00
1994	SEASIDE COTTAGE 78155	*	28.00	28.00

YR	NAME	LIMIT	ISSUE	TREND
1994	SWEETHEART COTTAGE 78156	*	30.00	30.00
1995	CEDAR NOOK COTTAGE 78158	*	30.00	30.00

T. KINKADE   **THOMAS KINKADE'S CANDLELIGHT COTTAGES/ILLUMINATED**

1993	CHANDLER'S COTTAGE 79002	CL	30.00	30.00
1993	OLD PORTERFIELD TEA ROOM 79001	CL	30.00	30.00

T. KINKADE   **THOMAS KINKADE'S CHRISTMAS MEMORIES**

1995	HOME BEFORE CHRISTMAS 78876	*	35.00	35.00
1995	HOME TO GRANDMA'S 78872	*	35.00	35.00
1995	HOMESPUN HOLIDAY 78875	*	35.00	35.00
1995	OLD PORTERFIELD GIFT & SHOPPE 78871	*	35.00	35.00
1995	SILENT NIGHT 78873	*	35.00	35.00
1995	STONEHEARTH HUTCH 78877	*	35.00	35.00
1995	WARMTH OF HOME 78874	*	35.00	35.00

T. KINKADE   **THOMAS KINKADE'S ENCHANTED CHRISTMAS**

*	COTTAGE BY THE SEA 78876	*	30.00	30.00
*	SWEETHEARTS COTTAGE 78885	*	30.00	30.00
1995	HEATHER'S HUTCH 78884	*	30.00	30.00
1995	JULIANNE'S COTTAGE 78882	*	30.00	30.00
1995	MCKENNA'S COTTAGE 78881	*	30.00	30.00
1995	MILLER'S COTTAGE 78883	*	30.00	30.00

T. KINKADE   **THOMAS KINKADE'S LAMPLIGHT LANE**

1995	KINKADE'S COTTAGE 79051	*	50.00	50.00

T. KINKADE   **THOMAS KINKADE'S ST. NICHOLAS CIRCLE/ILLUMINATED**

1993	TOWN HALL 79681	*	40.00	40.00
1994	EVERGREEN APOTHECARY 79687	CL	40.00	40.00
1994	FIREHOUSE, THE 79686	CL	40.00	40.00
1994	HOLLY HOUSE INN 79688	CL	40.00	40.00
1994	KRINGLE BROS. 79684	CL	40.00	40.00
1994	MRS. C'S BAKERY 79685	CL	40.00	40.00
1994	NOEL CHAPEL 79682	*	40.00	40.00
1994	S.C. TOYMAKER 79683	*	40.00	40.00

K./H. LEVAN   **VICTORIA GROVE**

1992	LILAC COTTAGE 78331	CL	35.00	35.00
1992	ROSE HAVEN 78332	CL	35.00	35.00
1993	CHERRY BLOSSOM 78333	CL	35.00	35.00

*   **VILLAGE ACCESSORIES**

1994	BRINGING HOME THE TREE SET 91000	*	22.00	22.00
1994	CHRISTMAS SHOPPING SET 91002	*	22.00	22.00
1994	DECORATING THE TREE SET 91006	*	22.00	22.00
1994	GREETINGS & GAMES SET 91001	*	22.00	22.00
1994	NORMAN ROCKWELL & TRIO OF CAROLLERS 91003	*	22.00	22.00
1994	OLD FASHIONED STREET LIGHTS SET 91700	*	22.00	22.00
1994	ROARING ROADSTERS SET 91500	*	22.00	22.00
1994	SHOPKEEPER & TRAVELERS SET	*	22.00	22.00
1994	SKATING POND, THE 91007	*	24.00	24.00
1994	SLIPPING & SLIDING SET	*	22.00	22.00
1994	SNOW COVERED EVERGREENS SET 91600	*	22.00	22.00
1994	VILLAGE VEHICLES SET 91502	*	22.00	22.00
1994	VINTAGE V-8S SET 91502	*	22.00	22.00
1995	AUTUMN TREES 91022	*	30.00	30.00
1995	BACKYARD BARBEQUE 91019	*	22.00	22.00
1995	COUNTRY FARMSTAND 91020	*	30.00	30.00
1995	EARLY MORNING DELIVERY 91013	*	22.00	22.00
1995	FIRE DRILL 91025	*	24.00	24.00
1995	HOLIDAY MAIL 91011	*	22.00	22.00
1995	LAST DAY OF SCHOOL BEFORE CHRISTMAS 91012	*	22.00	22.00
1995	LAUNDRY DAY 91024	*	22.00	22.00
1995	OUT FOR A STROLL 91015	*	22.00	22.00
1995	PICKING OUT A PUMPKIN 91021	*	40.00	40.00
1995	REFRESHMENTS 91014	*	22.00	22.00
1995	SIDEWALK SELLERS 91009	*	22.00	22.00
1995	SNOWMAN & TREE SET 91008	*	22.00	22.00
1995	SUMMER TREES 91023	*	22.00	22.00
1996	VILLAGE CLOCK 91701	*	22.00	22.00

*   **WELCOME TO MAYBERRY COLLECTION**

1997	MAYBERRY HOTEL	*	40.00	40.00
1998	MAYBERRY SCHOOLHOUSE	*	40.00	40.00

*   **WIZARD OF OZ**

1995	JOURNEY BEGINS, THE 78891	*	150.00	150.00

*   **WYSOCKI SMALL TOWN CHRISTMAS**

1995	YE VERY OLDE FRUITCAKE SHOPPE 79121	*	40.00	40.00

C. WYSOCKI   **WYSOCKI'S SEASIDE COVE COLLECTION**

1997	BEACH BUMS	*	50.00	50.00

JAN'S ORIGINALS

J. BENSON   **ADAIRSVILLE, GEORGIA SERIES**

1992	BARNSLEY GARDENS RUINS	200	48.00	60.00
1994	1902 STOCK EXCHANGE	200	48.00	48.00
1994	ADAIRSVILLE DEPOT	200	48.00	48.00

J. BENSON   **ATHENS, GEORGIA SERIES**

1992	UNIVERSITY OF GEORGIA	200	48.00	60.00

J. BENSON   **ATLANTA, GEORGIA SERIES**

1992	FOX THEATRE	200	48.00	55.00
1992	GEORGIA TECH	200	52.00	60.00
1992	O'HARA HOMEPLACE	RT	50.00	200.00
1992	VARSITY, THE	200	50.00	50.00

YR	NAME	LIMIT	ISSUE	TREND
1994	FIRST COCA COLA BOTTLING CO.	200	48.00	48.00
1994	GEORGIA STATE CAPITOL	200	76.00	76.00
1994	LOEW'S GRAND THEATRE	200	52.00	52.00
1994	WHITE COLUMNS WSB-TV	RT	52.00	52.00
1996	SKYLINE OF ATLANTA, GA. 1996	200	70.00	70.00

J. BENSON — **BATESBURG, S.C. SERIES**

YR	NAME	LIMIT	ISSUE	TREND
1994	FIRST BAPTIST CHURCH BATESBURG	200	48.00	48.00
1994	L.B. HAYNES CHAPEL	200	48.00	48.00

J. BENSON — **CARTERSVILLE, GEORGIA SERIES**

YR	NAME	LIMIT	ISSUE	TREND
1992	CARTERSVILLE DEPOT	200	48.00	48.00
1993	4-WAY LUNCH	200	46.00	46.00
1993	ROSELAWN	200	52.00	52.00
1994	EPISCOPAL CHURCH OF THE ASCENIOUS	200	48.00	48.00
1994	FIRST BAPTIST CHURCH-CARTERSVILLE	200	50.00	50.00
1994	FIRST PRESBYTERIAN CHURCH-CARTERSVILLE	200	50.00	50.00
1994	GRAND THEATRE	200	46.00	46.00
1994	SAM JONES MEMORIAL METHODIST	200	50.00	50.00
1994	YOUNG BROTHERS PHARMACY	200	48.00	48.00
1995	OLD BARTOW COURTHOUSE	200	52.00	52.00
1995	OLD UNITED STATES POST OFFICE	200	48.00	48.00
1995	OLD WEST CHEROKEE HIGH SCHOOL	200	52.00	52.00
1995	STILESBORD ACADEMY	200	48.00	48.00
1995	TABERNACLE BAPTIST CHURCH	200	50.00	50.00
1995	TRINITY UNITED METHODIST CHURCH	200	52.00	52.00
1995	UHARLEE COVERED BRIDGE	200	52.00	52.00
1996	DAM ALLATOONA	200	54.00	54.00
1996	FIRE STATION NO. 1	200	50.00	50.00

J. BENSON — **CHARLESTON, S.C. SERIES**

YR	NAME	LIMIT	ISSUE	TREND
1992	CITADEL BARRACKS, THE	200	50.00	50.00
1992	SHRIMP BOAT	200	48.00	48.00
1992	ST. PHILIP'S CHURCH	200	48.00	48.00
1993	COLLEGE OF CHARLESTON	200	50.00	50.00
1993	MIDDLETON PLANTATION	200	50.00	50.00
1993	NO. 2 MEETING ST. INN	200	48.00	48.00
1993	PINK HOUSE, THE	200	42.00	42.00
1993	ST. MICHAEL'S CHURCH	200	48.00	48.00
1994	CHARLESON HORSE & CARRIAGE CO.	200	20.00	20.00
1994	DOCK STREET THEATRE	200	48.00	48.00
1994	GAZEBO AT THE BATTERY	200	20.00	20.00
1994	HOUSE OF CHARLESTON	200	48.00	48.00
1994	MARKET HALL	200	48.00	48.00
1994	MORRIS ISLAND LIGHT	200	46.00	46.00
1994	PINEAPPLE FOUNTAIN	200	20.00	20.00
1994	RUTLEDGE HOUSE	200	48.00	48.00
1995	CITADEL CHAPEL	200	52.00	52.00
1995	PORGY & BESS CATFISH ROW	200	50.00	50.00

J. BENSON — **COVINGTON, GEORGIA SERIES**

YR	NAME	LIMIT	ISSUE	TREND
1997	FIRST UNITED METHODIST CHURCH	200	*	N/A

J. BENSON — **CUMBERLAND ISLAND, GEORGIA SERIES**

YR	NAME	LIMIT	ISSUE	TREND
1993	RAINBOW ROW	200	65.00	65.00
1995	GREYFIELD INN	500	52.00	52.00
1995	LITTLE CUMBERLAND LIGHTHOUSE	200	48.00	48.00

J. BENSON — **DALLAS, GEORGIA SERIES**

YR	NAME	LIMIT	ISSUE	TREND
1990	OLD DALLAS HIGH SCHOOL	200	48.00	48.00
1990	PAULDING COURTHOUSE	200	52.00	52.00

J. BENSON — **GREENSBORO, GEORGIA SERIES**

YR	NAME	LIMIT	ISSUE	TREND
1994	JACKSON HOUSE, THE	200	52.00	52.00
1997	FIRST UNITED METHODIST CHURCH	200	*	N/A

J. BENSON — **LEESVILLE, S.C. SERIES**

YR	NAME	LIMIT	ISSUE	TREND
1994	ST. JOHN'S UNITED METHODIST	200	48.00	48.00
1994	UNITED METHODIST OF LEESVILLE	200	48.00	48.00
1994	WITTENBURG LUTHERAN CHURCH	200	48.00	48.00
1995	PRESBYTERIAN CHURCH LEESVILLE	200	48.00	48.00

J. BENSON — **LEXINGTON, S.C. SERIES**

YR	NAME	LIMIT	ISSUE	TREND
1998	LEXINGTON BAPTIST CHURCH	200	*	N/A
1998	LEXINGTON BAPTIST CHURCH CHADE	200	*	N/A
1998	ST. STEPHEN'S LUTHERAN CHURCH	200	*	N/A
1998	UNITED METHODIST CHURCH	200	*	N/A

J. BENSON — **MADISON, GEORGIA SERIES**

YR	NAME	LIMIT	ISSUE	TREND
1995	ADVENT EPISCOPAL CHURCH	200	48.00	48.00
1995	HUNTER HOUSE	200	52.00	52.00
1995	MORGAN COUNTY COURTHOUSE	200	56.00	56.00
1996	FIRST METHODIST CHURST	200	52.00	52.00
1996	MADISON BAPTIST CHURCH	200	50.00	50.00
1996	MADISON PRESBYTERIAN CHURCH	200	48.00	48.00
1996	ROBIN NEST	200	52.00	52.00
1997	GAZEBO IN PARK	200	20.00	20.00

J. BENSON — **MARIETTA, GEORGIA SERIES**

YR	NAME	LIMIT	ISSUE	TREND
1990	LOST MOUNTAIN STORE	200	24.00	24.00
1993	OLD COBB COUNTY COURTHOUSE	200	50.00	50.00
1994	COBB CTY. YOUTH MUSEUM	200	24.00	24.00
1994	MARIETTA DEPOT WELCOME CENTER	200	50.00	50.00
1995	MARIETTA COBB MUSEUM OF ART	200	50.00	50.00

J. BENSON — **ROME, GEORGIA SERIES**

YR	NAME	LIMIT	ISSUE	TREND
1992	CLOCK TOWER	200	46.00	55.00
1992	WATERWHEEL OF BERRY COLLEGE	200	46.00	55.00

YR	NAME	LIMIT	ISSUE	TREND
1994	FLOYD CTY. COURTHOUSE	200	50.00	50.00
1995	FIRST BAPTIST CHURCH OF ROME	200	50.00	50.00
1995	ST. MARY'S CATHOLIC CHURCH	200	46.00	46.00
1997	DESOTO THEATRE	200	52.00	52.00

J. BENSON   **SAVANNAH, GEORGIA SERIES**

YR	NAME	LIMIT	ISSUE	TREND
1997	CHESTNUT HOUSE	200	*	N/A
1997	DAVENPORT HOUSE	200	*	N/A
1997	GINGERBREAD HOUSE	200	*	N/A
1997	OWENS HOUSE	200	*	N/A

J. BENSON   **SIGNATURE SERIES**

YR	NAME	LIMIT	ISSUE	TREND
1992	CITADEL BARRACKS, THE	200	50.00	50.00
1992	ST. PHILIP'S CHURCH	200	48.00	60.00
1992	SWAN HOUSE, THE	200	52.00	60.00
1993	COLLEGE OF CHARLESTON	200	50.00	50.00
1993	MIDDLETON PLANTATION	200	50.00	50.00
1993	NO. 2 MEETING ST. INN	200	48.00	48.00
1993	PINK HOUSE, THE	200	42.00	42.00
1993	RAINBOW ROW	RT	65.00	200.00
1993	ST. MICHAEL'S CHURCH	200	48.00	48.00
1994	HOUSE OF CHARLESTON	200	48.00	48.00
1994	MARKET HALL	200	48.00	48.00
1994	MORRIS ISLAND LIGHTHOUSE	200	46.00	46.00
1994	RUTLEDGE HOUSE, THE	200	48.00	48.00
1994	WREN'S NEST, THE	200	52.00	52.00
1995	ADVENT EPISCOPAL CHURCH	200	48.00	48.00
1995	FIRST BAPTIST CHURCH	200	50.00	50.00
1995	HUNTER HOUSE, THE	200	52.00	52.00
1995	LIGHTHOUSE ON LITTLE CUMBERLAND ISLAND	200	46.00	46.00
1995	LITTLE CUMBERLAND LIGHTHOUSE	200	48.00	48.00
1995	MARIETTA COBB MUSEUM OF ART	200	50.00	50.00
1995	MORGAN COUNTY COURTHOUSE	200	56.00	56.00
1995	OLD CARTOW CO. COURTHOUSE	200	52.00	52.00
1995	OLD U.S. POST OFFICE (BARTOW)	200	48.00	48.00
1995	OLD WEST CHEROKEE HIGH SCHOOL	200	52.00	52.00
1995	ST. MARY'S CATHOLIC CHURCH	200	46.00	46.00
1995	STILESBOROUGH ACADEMY	200	48.00	48.00
1995	TABERNACLE BAPTIST CHURCH	200	50.00	50.00
1995	TRINITY UNITED METHODIST CHURCH	200	52.00	52.00
1995	UHARLEE COVERED BRIDGE	200	52.00	52.00
1996	ALTOONA DUMP	200	54.00	54.00
1996	CARTERSVILLE FIRE STATION NO. 1	200	50.00	50.00
1996	FIRST METHODIST CHURCH-MADISON	200	52.00	52.00
1996	MADISON BAPTIST CHURCH	200	50.00	50.00
1996	MADISON PRESBYTERIAN CHURCH	200	48.00	48.00
1996	ROBIN NEST	200	52.00	52.00
1996	SKYLINE OF ATLANTA	200	70.00	70.00
1997	AMELIA ISLAND LIGHTHOUSE	200	46.00	46.00
1997	HILTON HEAD LIGHTHOUSE	200	46.00	46.00
1997	LIGHTHOUSE TYBEE ISLAND	200	46.00	46.00
1997	ST. SIMON'S LIGHTHOUSE	200	46.00	46.00

J. BENSON   **SOUTH CAROLINA SERIES**

YR	NAME	LIMIT	ISSUE	TREND
1994	FIRST BAPTIST CHURCH OF BATESBURG	500	48.00	48.00
1994	L. B. HAYNES CHAPEL	200	48.00	48.00
1994	ST. JOHN'S UNITED METHODIST CHURCH	200	48.00	48.00
1994	UNITED METHODIST CHURCH, LEESVILLE	200	48.00	48.00
1995	PRESBYTERIAN CHURCH, LEESVILLE/BATESBURG	200	48.00	48.00

J. BENSON   **ST. MARY'S, GEORGIA SERIES**

YR	NAME	LIMIT	ISSUE	TREND
1992	FIRST PRESBYTERIAN CHURCH, ST. MARY'S	200	48.00	60.00
1992	OLD ST. MARY'S METHODIST CHURCH	200	48.00	60.00
1992	ORANGE HALL	500	46.00	55.00
1992	RIVERVIEW HOTEL	500	50.00	60.00
1992	SHRIMP BOAT	200	48.00	63.00
1992	TROLLEY, THE	200	46.00	55.00
1993	FIRST BAPTIST CHURCH ST. MARY'S, GA.	200	48.00	48.00
1993	MILLER'S DOCK	200	50.00	50.00
1993	SPENCER HOUSE INN	200	48.00	48.00
1994	BLUE GOOSE	100	48.00	48.00
1994	GOODBREAD HOUSE	200	48.00	48.00
1994	OLD CAMDEN CTY. HIGH SCHOOL	200	52.00	52.00
1994	PAVILION, THE	200	48.00	48.00
1995	OLD CAMDEN CTY. COURTHOUSE	200	52.00	52.00

JEFFREY SCOTT CO.

*

LIGHTHOUSE POINT

YR	NAME	LIMIT	ISSUE	TREND
1994	ADMIRALTY HEAD	15000	50.00	55.00
1994	BOSTON HARBOR	15000	40.00	44.00
1994	CAPE HATTERAS	15000	40.00	50.00
1994	CHICAGO HARBOR	15000	40.00	46.00
1994	KEY WEST	15000	45.00	47.00
1994	OLD MACKINAC POINT	15000	45.00	49.00
1994	POINT VICENTE	15000	40.00	44.00
1994	PORTLAND BREAKWATER	15000	40.00	40.00
1994	SPLIT ROCK	15000	45.00	49.00
1994	ST. AUGUSTINE	15000	50.00	52.00
1994	ST. SIMONS	15000	50.00	55.00
1994	WEST QUODDY HEAD	15000	45.00	48.00

YR	NAME	LIMIT	ISSUE	TREND

JOHN HINE STUDIOS LTD.

YR	NAME	LIMIT	ISSUE	TREND
M. WIDEMAN			**AMERICAN COLLECTION**	
1989	BAND STAND	RT	90.00	100.00
1989	BARBER SHOP	RT	40.00	44.00
1989	BLOCKHOUSE, THE	RT	25.00	35.00
1989	CAJUN COTTAGE	RT	50.00	70.00
1989	CALIFORNIA WINERY	RT	180.00	230.00
1989	CHERRY HILL SCHOOL	RT	45.00	70.00
1989	COLONIAL WELLHOUSE	RT	15.00	32.00
1989	DOG HOUSE	RT	10.00	30.00
1989	FORTY-NINER CABIN	RT	50.00	70.00
1989	GARCONNIERE	RT	25.00	42.00
1989	GINGERBREAD HOUSE, THE	RT	60.00	75.00
1989	HACIENDA	RT	51.00	56.00
1989	HAUNTED HOUSE	RT	100.00	110.00
1989	HAWAIIAN GRASS HUT	RT	45.00	50.00
1989	KING WILLIAM TAVERN	RT	99.00	168.00
1989	KISSING BRIDGE, THE	RT	50.00	58.00
1989	LOG CABIN, THE	RT	45.00	58.00
1989	MAPLE SUGAR SHACK, THE	RT	50.00	58.00
1989	MISSION, THE	RT	99.00	110.00
1989	NEW ENGLAND CHURCH, THE	RT	79.00	96.00
1989	NEW ENGLAND LIGHTHOUSE	RT	99.00	125.00
1989	OCTAGONAL HOUSE	RT	40.00	55.00
1989	OLD MILL, THE	RT	100.00	115.00
1989	OPERA HOUSE, THE	RT	89.00	100.00
1989	OUT HOUSE, THE	RT	15.00	24.00
1989	OXBOW SALOON	RT	90.00	125.00
1989	PACIFIC LIGHTHOUSE, THE	RT	89.00	105.00
1989	PLANTATION HOUSE	RT	119.00	168.00
1989	PRAIRIE FORGE	RT	65.00	90.00
1989	RAILHEAD INN	RT	250.00	295.00
1989	RIVER BELL, THE	RT	99.00	110.00
1989	SEASIDE COTTAGE	RT	225.00	275.00
1989	SIERRA MINE	RT	120.00	150.00
1989	SOD HOUSE	RT	40.00	55.00
1989	STAR COTTAGE	RT	30.00	45.00
1989	SWEETHEART COTTAGE	RT	45.00	70.00
1989	TOBACCONIST	RT	45.00	48.00
1989	TOWN HALL	RT	129.00	125.00
1989	TREE HOUSE	RT	45.00	50.00
1989	WISTERIA	RT	15.00	28.00
1991	CHURCH IN THE DALE	RT	130.00	144.00
1991	DESERT STORM TENT	RT	75.00	75.00
1991	FIRE STATION	RT	160.00	176.00
1991	JOE'S SERVICE STATION	RT	90.00	100.00
1991	MILK HOUSE	RT	20.00	22.00
1991	MO AT WORK	RT	35.00	35.00
1991	MOE'S DINER	RT	100.00	300.00
1991	PAUL REVERE'S HOUSE	RT	90.00	90.00
1992	GRAIN ELEVATOR	RT	110.00	110.00
1992	NEWSSTAND	RT	30.00	30.00
1992	TELEPHONE BOOTH	RT	16.00	16.00
1992	TOPPER'S DRIVE-IN	RT	120.00	120.00
1992	VILLAGE MERCANTILE	RT	60.00	60.00
M. COOPER			**GREAT BRITISH PUBS**	
1989	BELL, THE	RT	80.00	104.00
1989	BLACK SWAN	RT	80.00	78.00
1989	BLUE BELL	RT	58.00	58.00
1989	COACH & HORSES	RT	80.00	80.00
1989	CROWN INN, THE	RT	80.00	117.00
1989	DICKENS INN	RT	100.00	100.00
1989	DIRTY DUCK	RT	25.00	25.00
1989	EAGLE, THE	RT	35.00	35.00
1989	FALKLAND ARMS	RT	25.00	25.00
1989	FALSTAFF, THE	RT	35.00	35.00
1989	FEATHERS, THE	RT	200.00	200.00
1989	GEORGE & PILGRIMS	RT	25.00	25.00
1989	GEORGE SOMERSET	RT	100.00	100.00
1989	GEORGE, THE	RT	58.00	58.00
1989	GREEN MAN, THE	RT	*	80.00
1989	GRENADIER	RT	25.00	25.00
1989	HAWKESHEAD	RT	25.00	900.00
1989	JAMAICA INN	RT	40.00	40.00
1989	KING'S ARMS	RT	28.00	28.00
1989	LION, THE	RT	58.00	58.00
1989	LYGON ARMS	RT	35.00	35.00
1989	MONTAGUE ARMS	RT	58.00	78.00
1989	OLD BRIDGE HOUSE	RT	38.00	38.00
1989	OLD BULL INN	RT	88.00	88.00
1989	PLOUGH, THE	RT	28.00	28.00
1989	SHERLOCK HOLMES	RT	100.00	98.00
1989	SMITH'S ARMS	RT	28.00	28.00
1989	SUFFOLK BULL	RT	35.00	35.00
1989	SWAN, THE	RT	35.00	35.00
1989	WHEATSHEAF	RT	35.00	35.00
1989	WHITE HORSE	RT	40.00	40.00
1989	WHITE TOWER	RT	35.00	35.00

The Great Coast Region from Harbour Lights added Pensacola, FL *in 1995. The edition was limited to 9,500 pieces.*

Biloxi Light, MS *was issued in 1995 by Harbour Lights as part of its Great Coast Region. Limited to 5,500, the piece retailed for $60.*

C. Fletcher Public House *(Dickens' Village) was the fourth limited edition to be produced by Department 56.*

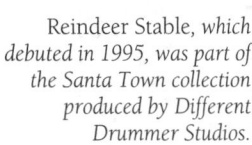

Reindeer Stable, *which debuted in 1995, was part of the Santa Town collection produced by Different Drummer Studios.*

YR	NAME	LIMIT	ISSUE	TREND
1989	YE GRAPES	RT	88.00	105.00
1989	YE OLD SPOTTED HORSE	RT	80.00	150.00
C. LAWRENCE				**MUSHROOMS**
1989	COBBLERS, THE	2500	265.00	320.00
1989	CONSTABLES, THE	2500	200.00	200.00
1989	ELDERS OF MUSHROOM, THE	2500	175.00	200.00
1989	GIFT SHOP, THE	2500	350.00	475.00
1989	MINISTRY, THE	2500	185.00	245.00
1989	MUSH HOSPITAL FOR MALINGERERS, THE	2500	250.00	325.00
1989	PRINCESS PALACE, THE	750	600.00	840.00
1989	ROYAL BANK OF MUSHLAND	2500	235.00	295.00
J. HERBERT				**SHOEMAKER'S DREAM**
1991	BABY BOOTY (BLUE)	CL	45.00	45.00
1991	BABY BOOTY (PINK)	CL	45.00	45.00
1991	CASTLE BOOT	CL	55.00	55.00
1991	CHAPEL, THE	CL	55.00	55.00
1991	CLOCKTOWER BOOT, THE	CL	60.00	60.00
1991	CROOKED BOOT, THE	CL	35.00	35.00
1991	GATE LODGE, THE	CL	65.00	65.00
1991	JESTER BOOT, THE	CL	29.00	29.00
1991	RIVER SHOE COTTAGE	CL	55.00	55.00
1991	ROSIE'S COTTAGE	CL	40.00	40.00
1991	SHOEMAKER'S PALACE	CL	50.00	50.00
1991	TAVERN BOOT	CL	55.00	55.00
1991	WATERMILL BOOT	CL	60.00	60.00
1991	WINDMILL BOOT	CL	65.00	65.00
1992	CHRISTMAS BOOT	CL	55.00	55.00
1992	CLOWN BOOT	CL	45.00	45.00
1992	GOLF SHOE, THE	CL	35.00	35.00
1992	SPORTS SHOE, THE	CL	35.00	35.00
1992	UPSIDE DOWN BOOT	CL	45.00	45.00
1992	WISHING WELL SHOE	CL	32.00	32.00
*				**SPECIAL EVENTS**
1990	CARTWRIGHT'S COTTAGE	RT	40.00	90.00

JP EDITIONS

*				**ASPECT OF WINDSOR**
1992	NORMAN GATE	100	270.00	2000.00
1993	MARBECK'S	100	330.00	1500.00
1993	SALISBURY TOWER	100	300.00	1500.00
1994	CURFEW TOWER	100	315.00	1500.00
P. GATES				**CASTLES OF ENGLAND**
1992	HEVER CASTLE	250	350.00	900.00
1992	SCOTNEY CASTLE	250	350.00	1100.00
P. GATES				**CASTLES OF GREAT BRITAIN**
1994	GRAIGIEVAR CASTLE	400	390.00	410.00
P. GATES				**CASTLES OF WALES**
1994	CALDICOT CASTLE	400	380.00	400.00
1994	CASTELL COCH	400	420.00	550.00
P. GATES				**GATE HOUSE COLLECTION**
1993	GUILDFORD LODGE	400	420.00	440.00
*				**GATES OF WARWICK**
1992	EAST GATE	100	210.00	2000.00
1992	NORTH GATE	100	280.00	2000.00
1992	SOUTH GATE	100	295.00	2000.00
1993	WEST GATE	100	350.00	2100.00
P. GATES				**GREAT ENGLISH HOMES**
1994	GAINSBOROUGH HALL	450	420.00	500.00
P. GATES				**UNIVERSITY BUILDINGS**
1992	RADCLIFFE CAMERA	250	295.00	875.00
1993	GATE OF HONOUR	250	295.00	600.00

LILLIPUT LANE LTD.

*		**A YEAR IN AN ENGLISH GARDEN COLLECTION**		
1994	AUTUMN HUES	RT	85.00	50.00
1994	WINTER WONDER	RT	85.00	85.00
1995	SPRING GLORY	RT	120.00	85.00
1995	SUMMER IMPRESSIONS	RT	120.00	85.00
R. DAY				**ALLEGIANCE COLLECTION**
1997	HOME OF THE BRAVE	RT	80.00	40.00
1997	I PLEDGE ALLEGIANCE	RT	80.00	60.00
1997	IN REMEMBRANCE	RT	80.00	50.00
1997	ONE NATION UNDER GOD	RT	80.00	80.00
1998	BY DAWN'S EARLY LIGHT	OP	70.00	55.00
1998	FOURTH OF JULY	1776	70.00	70.00
1998	I'LL BE HOME FOR CHRISTMAS	OP	75.00	70.00
1998	STARS & STRIPES FOREVER	OP	75.00	75.00
D. TATE				**AMERICAN COLLECTION**
1984	ADOBE CHURCH	RT	23.00	500.00
1984	ADOBE VILLAGE	RT	60.00	2900.00
1984	CAPE COD	RT	23.00	325.00
1984	COUNTRY CHURCH	RT	95.00	875.00
1984	COVERED BRIDGE	RT	23.00	2000.00
1984	FORGE BARN	RT	23.00	900.00
1984	GENERAL STORE	RT	23.00	1000.00
1984	GRIST MILL	RT	23.00	850.00

YR	NAME	LIMIT	ISSUE	TREND
1984	LIGHTHOUSE	RT	23.00	975.00
1984	LOG CABIN VER. 1	RT	23.00	900.00
1984	MIDWEST BARN	RT	23.00	250.00
1984	SAN FRANCISCO HOUSE VER. 1	RT	23.00	850.00
1984	WALLACE STATION	RT	23.00	850.00
R. DAY			**AMERICAN LANDMARKS**	
1989	COUNTRYSIDE BARN	RT	75.00	70.00
1989	FALLS MILL	RT	130.00	100.00
1989	MAIL POUCH BARN	RT	75.00	90.00
1990	COUNTRY CHURCH	RT	83.00	100.00
1990	COVERED MEMORIES	RT	110.00	110.00
1990	GREAT POINT LIGHT	OP	50.00	75.00
1990	HOMETOWN DEPOT	RT	68.00	75.00
1990	PEPSI COLA BARN	RT	87.00	150.00
1990	PIONEER BARN	RT	30.00	59.00
1990	RIVERSIDE CHAPEL	RT	83.00	110.00
1990	ROADSIDE COOLERS	RT	75.00	100.00
1990	SIGN OF THE TIMES	RT	34.00	43.00
1991	FIRE HOUSE 1	RT	100.00	60.00
1991	RAMBLING ROSE	RT	60.00	60.00
1991	SCHOOL DAYS	RT	75.00	60.00
1991	VICTORIANA	RT	295.00	300.00
1992	16.9 CENTS PER GALLON	OP	150.00	150.00
1992	GOLD MINERS' CLAIM	RT	110.00	110.00
1992	HOME SWEET HOME	RT	120.00	70.00
1992	SMALL TOWN LIBRARY	RT	130.00	130.00
1992	WINNIE'S PLACE	RT	395.00	400.00
1993	SEE ROCK CITY	RT	35.00	35.00
1993	SHAVE AND A HAIRCUT	RT	95.00	95.00
1993	SIMPLY AMISH	RT	110.00	150.00
1994	BIRDSONG, THE	RT	85.00	60.00
1994	FRESH BREAD	RT	95.00	85.00
1994	HARVEST MILL	3500	395.00	275.00
1994	HOLY NIGHT	RT	170.00	150.00
1994	SPRING VICTORIAN	RT	170.00	180.00
1995	AFTERNOON TEA	RT	495.00	400.00
1997	GOLD MINER'S CLAIM VER. 1	RT	110.00	60.00
1997	GOLD MINER'S CLAIM VER. 2	RT	95.00	700.00
1998	LOBSTER AT THE PIER	OP	90.00	90.00
1998	SEEK AND FIND	OP	80.00	80.00
*			**AMERICA'S FAVORITES**	
1998	NOTHING RUNS LIKE A DEERE	OP	38.00	38.00
1998	SEE THE USA IN YOUR CHEVROLET	OP	38.00	38.00
1998	SIGN OF GOOD TASTE	OP	38.00	38.00
1998	THIS BUD'S FOR YOU	OP	38.00	38.00
1998	TRUST YOUR CAR TO THE STAR	OP	38.00	38.00
R. DAY			**AN AMERICAN JOURNEY**	
1998	DAY DREAMS	OP	75.00	50.00
1998	DOG DAYS OF SUMMER	OP	55.00	55.00
1998	LACE HOUSE	OP	85.00	85.00
1998	MORNING HAS BROKEN	OP	85.00	85.00
1998	SAFE HARBOR	1783	75.00	75.00
1998	VICTORIAN ELEGANCE	OP	130.00	130.00
*			**ANNIVERSARY SPECIAL**	
1993	COTMAN COTTAGE	RT	220.00	130.00
1994	WATERMEADOWS	RT	189.00	156.00
1995	GERTRUDE'S GARDEN	RT	192.00	115.00
1996	CRUCK END	YR	130.00	95.00
1997	SUMMER DAYS	YR	165.00	165.00
1998	SHADES OF SUMMER	YR	170.00	170.00
D. TATE			**ANNIVERSARY SPECIAL**	
1992	HONEYSUCKLE COTTAGE (10TH ANNIVERSARY)	YR	195.00	250.00
*			**BED AND BREAKFAST**	
1998	SEAVIEW	OP	80.00	45.00
1998	TARNSIDE	OP	85.00	50.00
1998	WALKER'S REST	OP	85.00	55.00
1998	YORK GATE	OP	85.00	65.00
*			**BLAISE HAMLET CLASSICS**	
1993	CIRCULAR COTTAGE	RT	95.00	125.00
1993	DIAL COTTAGE	RT	95.00	55.00
1993	DIAMOND COTTAGE	RT	95.00	55.00
1993	DOUBLE COTTAGE	RT	95.00	55.00
1993	JASMINE COTTAGE	RT	95.00	55.00
1993	OAK COTTAGE	RT	95.00	100.00
1993	ROSE COTTAGE	RT	95.00	100.00
1993	SWEET BRIAR COTTAGE	RT	95.00	100.00
1993	VINE COTTAGE	RT	95.00	75.00
D. TATE			**BLAISE HAMLET COLLECTION**	
1989	CIRCULAR COTTAGE	RT	110.00	135.00
1989	DIAMOND COTTAGE	RT	110.00	115.00
1989	OAK COTTAGE	RT	110.00	140.00
1990	DIAL COTTAGE	RT	110.00	115.00
1990	SWEET BRIAR COTTAGE	RT	110.00	125.00
1990	VINE COTTAGE	RT	110.00	100.00
1991	DOUBLE COTTAGE	RT	200.00	115.00
1991	JASMINE COTTAGE	RT	140.00	90.00
1991	ROSE COTTAGE	RT	140.00	150.00

YR	NAME	LIMIT	ISSUE	TREND
*			**BRITAIN'S HERITAGE**	
1998	MICKELGATE BAR, YORK	OP	37.00	37.00
1998	ROUND TOWER, WINDSOR CASTLE	OP	50.00	50.00
*			**CASTLES**	
1988	CASTLE OF THE EXILED PRINCE	*	*	200.00
1988	CASTLE OF THE GOLDEN CHALICE	*	*	135.00
1988	CASTLE OF THE RANSOMED KING	*	*	170.00
1988	CASTLE OF THE RED NIGHT	*	*	120.00
1988	CASTLE OF THE SLEEPING PRINCESS	*	*	240.00
1988	SORCERER'S RETREAT	*	*	190.00
*			**CHRISTMAS COLLECTION**	
1992	CRANBERRY COTTAGE	RT	47.00	30.00
1992	HOLLYTREE HOUSE	RT	47.00	25.00
1993	GINGERBREAD SHOP, THE	RT	35.00	25.00
1993	PARTRIDGE COTTAGE	RT	35.00	35.00
1993	ST. JOSEPH'S CHURCH	RT	50.00	108.00
1994	RING O BELLS	RT	35.00	35.00
1994	ST. JOSEPH'S SCHOOL	RT	35.00	117.00
1994	VICARAGE, THE	RT	35.00	75.00
D. TATE			**CHRISTMAS COLLECTION**	
1992	CHESTNUT COTTAGE	RT	47.00	25.00
*			**CHRISTMAS IN AMERICA**	
1996	HOME FOR THE HOLIDAY	2596	495.00	350.00
1997	LET HEAVEN AND NATURE SING	*	158.00	100.00
1997	TO GRANDMOTHER'S HOUSE WE GO	*	158.00	158.00
*			**CHRISTMAS LODGE**	
1992	HIGHLAND LODGE	RT	180.00	165.00
1993	EAMONT LODGE	RT	185.00	100.00
1994	SNOWDON LODGE	RT	175.00	150.00
1995	KERRY LODGE	RT	160.00	90.00
*			**CHRISTMAS SPECIAL**	
1996	ST. STEPHEN'S CHURCH/1ST SERIES	YR	100.00	100.00
1997	CHRISTMAS PARTY	YR	150.00	90.00
1998	FROSTY MORNING	YR	150.00	100.00
R. DAY			**COCA-COLA COUNTRY**	
*	SANTA'S CORNER	OP	*	45.00
1996	CHERRY COKE-JUST THE PRESCRIPTION	RT	100.00	100.00
1996	COUNTRY FRESH PICKINS	RT	160.00	100.00
1996	FILL'ER UP AND CHECK THE OIL	RT	130.00	60.00
1996	HAZARDS OF THE ROAD	RT	55.00	45.00
1996	HOOK, LINE AND SINKER	RT	100.00	60.00
1996	WE'VE GOT IT (OR THEY DON'T MAKE IT)	OP	100.00	100.00
1997	COUNTRY CANVAS	RT	16.00	35.00
1997	ICE COLD COKE	*	*	N/A
1997	MMMM...JUST LIKE HOME	RT	130.00	130.00
1997	OH BY GOSH, BY GOLLY	YR	90.00	90.00
1997	SATURDAY NIGHT JIVE	RT	100.00	100.00
1997	THE LUNCH LINE	OP	42.00	42.00
1997	WET YOUR WHISTLE	OP	42.00	42.00
1997	WHEN I WAS YOUR AGE	*	*	N/A
1998	MILK FOR MOM & A COKE FOR ME	OP	95.00	95.00
1998	THEY DON'T MAKE 'EM LIKE THEY USED TO	OP	70.00	70.00
1999	CATCH OF THE DAY	OP	*	N/A
1999	CHERRY COKE, A	OP	*	90.00
*			**COLLECTORS FAIR**	
1993	COUNTING HOUSE CORNER VER. 1	*	*	1000.00
D. SIMPSON			**COUNTRYSIDE SCENE PLAQUES**	
1989	BOTTLE KILN	RT	50.00	50.00
1989	CORNISH TIN MINE	RT	50.00	50.00
1989	COUNTRY INN	RT	50.00	50.00
1989	CUMBRIAN FARMHOUSE	RT	50.00	50.00
1989	LIGHTHOUSE	RT	50.00	50.00
1989	NORFOLK WINDMILL	RT	50.00	50.00
1989	OASTHOUSE	RT	50.00	50.00
1989	OLD SMITTY	RT	50.00	50.00
1989	PARISH CHURCH	RT	50.00	50.00
1989	POST OFFICE	RT	50.00	50.00
1989	VILLAGE SCHOOL	RT	50.00	50.00
1989	WATERMILL	RT	50.00	72.00
*			**DISNEYANA CONVENTION**	
1995	BO-PEEP TEA ROOMS	RT	85.00	55.00
1995	KENDAL TEA HOUSE	*	85.00	85.00
1995	NEW FOREST TEAS	*	120.00	120.00
1996	SWALESDALE TEAS	*	85.00	85.00
D. TATE			**DUTCH COLLECTION**	
1991	AAN DE AMSTEL	RT	79.00	40.00
1991	BEGIJNHOF	RT	55.00	30.00
1991	BLOEMENMARKT	RT	79.00	60.00
1991	DE BRANDERIJ	RT	73.00	40.00
1991	DE DIAMANTAIR	RT	79.00	60.00
1991	DE PEPERMOLEN	RT	55.00	55.00
1991	DE WOLHANDELAAR	RT	73.00	55.00
1991	DE ZIJDEWEVER	RT	79.00	78.00
1991	REMBRANT VAN RIJN	RT	120.00	85.00
1991	ROZENGRACHT	RT	73.00	50.00

YR	NAME	LIMIT	ISSUE	TREND
*				**ENGLISH COTTAGES**
*	CRATHIE CHURCH	OP	*	45.00
*	LOCH NESS LODGE	OP	*	110.00
1982	HONEYSUCKLE COTTAGE 1982 VER. 1	RT	195.00	600.00
1987	CLOCKMAKERS COTTAGE	RT	40.00	275.00
1987	STREET SCENE #1	RT	40.00	150.00
1987	STREET SCENE #10	RT	45.00	150.00
1987	STREET SCENE #2	RT	45.00	150.00
1987	STREET SCENE #3	RT	45.00	150.00
1987	STREET SCENE #4	RT	45.00	150.00
1987	STREET SCENE #5	RT	40.00	150.00
1987	STREET SCENE #6	RT	40.00	150.00
1987	STREET SCENE #7	RT	40.00	150.00
1987	STREET SCENE #8	RT	40.00	100.00
1987	STREET SCENE #9	RT	45.00	100.00
1988	BROCKBANK	RT	58.00	50.00
1992	CLEY-NEXT-THE-SEA	RT	725.00	600.00
1992	WHEYSIDE COTTAGE	RT	47.00	52.00
1993	BIRDLIP BOTTOM	RT	50.00	45.00
1993	CATS COOMBE COTTAGE	RT	95.00	30.00
1993	FOXGLOVE FIELDS	RT	85.00	75.00
1993	JUNK AND DISORDERLY	RT	110.00	104.00
1993	MARIGOLD MEADOW	RT	80.00	78.00
1993	OLD MOTHER HUBBARD	RT	120.00	100.00
1993	PURBECK STORES	RT	35.00	35.00
1993	STOCKLEBECK MILL	RT	195.00	175.00
1993	STRADLING PRIORY	RT	85.00	150.00
1993	TITWILLOW COTTAGE	RT	45.00	45.00
1994	APPLEJACK COTTAGE	RT	35.00	25.00
1994	CAMOMILE LAWN	RT	90.00	75.00
1994	CREEL COTTAGE	RT	35.00	25.00
1994	ELM COTTAGE	RT	50.00	30.00
1994	LEONORA'S SECRET	RT	350.00	410.00
1994	ORCHARD FARM COTTAGE	RT	110.00	110.00
1994	SAFFRON HOUSE	RT	170.00	170.00
1994	SPRING GATE COTTAGE	RT	95.00	95.00
1994	SUNNYSIDE	RT	35.00	35.00
1994	SWEET PEA COTTAGE	RT	35.00	35.00
1994	TEA CADDY COTTAGE	RT	60.00	65.00
1994	TIRED TIMBERS	RT	60.00	60.00
1994	TWO HOOTS	RT	55.00	55.00
1994	WATERSIDE MILL	RT	50.00	65.00
1995	BUTTON DOWN	RT	30.00	25.00
1995	CHERRY BLOSSOM	RT	128.00	65.00
1995	CHIPPING COOMBE	RT	525.00	350.00
1995	DUCKDOWN COTTAGE	RT	95.00	50.00
1995	LADYBIRD COTTAGE	RT	35.00	30.00
1995	LARKRISE	RT	45.00	45.00
1995	LAZY DAYS	RT	60.00	65.00
1995	LITTLE HAY	RT	50.00	50.00
1995	LITTLE SMITHY	RT	60.00	65.00
1995	MILESTONE COTTAGE	RT	35.00	35.00
1995	PENNY'S POST	RT	50.00	52.00
1995	PIPIT TELL	RT	64.00	50.00
1995	RUSTLINGS, THE	RT	128.00	95.00
1995	TRANQUILITY	RT	425.00	450.00
1995	WINTER AT HIGH GHYLL	*	*	175.00
1996	ANCHOR, THE	OP	85.00	60.00
1996	BIRCHWOOD COTTAGE	RT	55.00	40.00
1996	BLUE BOAR	RT	85.00	55.00
1996	BLUEBELL FARM	RT	250.00	160.00
1996	BOXWOOD COTTAGE	RT	30.00	20.00
1996	CALENDAR COTTAGE	RT	55.00	40.00
1996	CHALK DOWN	RT	35.00	25.00
1996	CRADLE COTTAGE	OP	100.00	65.00
1996	CRISPIN COTTAGE	RT	50.00	35.00
1996	CUDDY, THE	RT	30.00	25.00
1996	DALESMAN, THE	RT	95.00	55.00
1996	FIDDLER'S FOLLY	RT	35.00	25.00
1996	FLOWERPOTS	RT	55.00	30.00
1996	FRY DAYS	OP	70.00	50.00
1996	FUCHSIA COTTAGE	RT	30.00	25.00
1996	GOSSIP GATE	RT	170.00	125.00
1996	GULLIVER'S GATE	RT	35.00	35.00
1996	HARRIET COTTAGE	RT	85.00	55.00
1996	HONEY POT COTTAGE	RT	60.00	40.00
1996	HONEY POT COTTAGE	RT	60.00	60.00
1996	LITTLE LUPINS	RT	40.00	40.00
1996	LOXDALE COTTAGE	RT	35.00	35.00
1996	POTTER'S BECK	RT	35.00	35.00
1996	RAILWAY COTTAGE	RT	60.00	60.00
1996	REFLECTIONS OF JADE	RT	350.00	350.00
1996	ROSEMARY COTTAGE	RT	70.00	70.00
1996	SORE PAWS	OP	70.00	70.00
1996	SPINDLES, THE	RT	85.00	85.00
1996	ST. JOHN THE BAPTIST	RT	75.00	75.00
1996	WINDY RIDGE	RT	50.00	50.00
1997	APPLEBY EAST	RT	70.00	50.00
1997	BEST FRIENDS	RT	25.00	25.00

YR	NAME	LIMIT	ISSUE	TREND
1997	BUMBLEBEE COTTAGE	RT	35.00	35.00
1997	BUTTERMILK FARM	OP	120.00	120.00
1997	CANTERBURY BELLS	RT	170.00	125.00
1997	CATKIN COTTAGE	OP	70.00	70.00
1997	COACH & HORSES	OP	90.00	90.00
1997	DEVON LEIGH	RT	90.00	90.00
1997	FIRST SNOW AT BLUEBELL	RT	250.00	165.00
1997	GEORGE INN	OP	225.00	225.00
1997	GOLDEN YEARS	OP	25.00	25.00
1997	GRANNY'S BONNET	OP	25.00	25.00
1997	GREEN GABLES	OP	225.00	225.00
1997	HALCYON DAYS	RT	150.00	80.00
1997	HARVEST HOME	RT	250.00	165.00
1997	HESTERCOMBE GARDEN	RT	350.00	225.00
1997	LILAC COTTAGE	OP	60.00	60.00
1997	MANGERTON MILL	RT	185.00	140.00
1997	OUT OF THE STORM	RT	1250.00	1100.00
1997	POPPIES, THE	OP	50.00	50.00
1997	ROSE BOUQUET	OP	25.00	25.00
1997	SCOTNEY CASTLE GARDEN	RT	300.00	300.00
1997	SILVER BELLS	OP	25.00	25.00
1997	SWEET WILLIAM	RT	25.00	25.00
1997	WALTON LODGE	RT	65.00	50.00
1997	YORKVALE COTTAGE	RT	56.00	56.00
1998	BOBBINS, THE	OP	85.00	85.00
1998	BOBBY BLUE	OP	120.00	120.00
1998	BOWBEAMS	OP	180.00	125.00
1998	BUCKLE MY SHOE	OP	85.00	85.00
1998	BWTHYN BACH GWYN	OP	35.00	24.00
1998	CAMPDEN COTTAGE	OP	35.00	35.00
1998	CHATSWORTH BLOOMS	OP	120.00	120.00
1998	COWSLIP COTTAGE	OP	120.00	65.00
1998	FREE RANGE	OP	35.00	35.00
1998	GOLDEN MEMORIES	RT	90.00	60.00
1998	GULL'S CRY	OP	35.00	35.00
1998	HAREBELL COTTAGE	OP	35.00	35.00
1998	HIDEAWAY, THE	OP	120.00	120.00
1998	HUBBLE BUBBLE	OP	35.00	28.00
1998	LADY JANE'S COTTAGE	OP	35.00	35.00
1998	LION HOUSE, THE	OP	70.00	70.00
1998	MEDWAY MANOR	OP	120.00	120.00
1998	MOSSWOOD	OP	85.00	85.00
1998	NIGHTINGALE COTTAGE	OP	25.00	25.00
1998	OLD FORGE, THE	OP	55.00	55.00
1998	PARSON'S RETREAT	OP	90.00	90.00
1998	PARSON'S RETREAT	OP	90.00	90.00
1998	PASTURES NEW	OP	350.00	350.00
1998	PENNY'S POST	RT	55.00	40.00
1998	PINEAPPLE HOUSE, THE	OP	60.00	60.00
1998	PUDDLE DUCK	OP	80.00	80.00
1998	SCOTCH MIST	OP	70.00	70.00
1998	STONEMASON, THE	OP	120.00	120.00
1998	TUPPENY BUN	OP	35.00	35.00
1998	WAGTAILS	OP	35.00	35.00
1998	WATER'S EDGE	OP	170.00	170.00

M. ADKINSON — ENGLISH COTTAGES

YR	NAME	LIMIT	ISSUE	TREND
1987	FOUR SEASONS	RT	70.00	75.00
1987	SADDLERS INN	RT	50.00	59.00
1987	SECRET GARDEN	RT	145.00	150.00

D. HALL — ENGLISH COTTAGES

YR	NAME	LIMIT	ISSUE	TREND
1986	COBBLERS COTTAGE	RT	42.00	50.00

C. HANNENBERGER — ENGLISH COTTAGES

YR	NAME	LIMIT	ISSUE	TREND
1988	SHIP INN	RT	210.00	200.00

T. RAINE — ENGLISH COTTAGES

YR	NAME	LIMIT	ISSUE	TREND
1986	TUDOR COURT VER. 1	RT	260.00	300.00
1987	BEACON HEIGHTS	RT	125.00	120.00
1987	GABLES, THE	RT	145.00	145.00

D. TATE — ENGLISH COTTAGES

YR	NAME	LIMIT	ISSUE	TREND
1982	ACORN COTTAGE	RT	40.00	550.00
1982	APRIL COTTAGE	RT	*	300.00
1982	BRIDGE HOUSE	RT	16.00	500.00
1982	BURNSIDE COTTAGE	RT	30.00	550.00
1982	DALE HOUSE (MINI)	RT	25.00	500.00
1982	DRAPERS	RT	16.00	4000.00
1982	HONEYSUCKLE	RT	45.00	90.00
1982	LAKESIDE HOUSE VER. 1	RT	40.00	1000.00
1982	OAK LODGE VER. 1	RT	40.00	850.00
1982	OLD MINE	RT	16.00	2300.00
1982	STONE COTTAGE VER. 1	RT	40.00	1700.00
1982	SUSSEX MILL VER. 1	RT	25.00	500.00
1983	ANNE HATHAWAY'S COTTAGE MOLD I	RT	40.00	1100.00
1983	CASTLE STREET	RT	130.00	375.00
1983	COACH HOUSE (MINI)	RT	100.00	1125.00
1983	COOPERS	RT	15.00	450.00
1983	HOLLY COTTAGE	RT	43.00	375.00
1983	MILLERS VER. 1	RT	15.00	350.00
1983	MINERS COTTAGE VER. 1	RT	15.00	525.00
1983	OLD POST OFFICE, THE VER. 1	RT	35.00	750.00

YR	NAME	LIMIT	ISSUE	TREND
1983	RED LION INN	RT	125.00	325.00
1983	THATCHERS REST	RT	185.00	225.00
1983	TOLL HOUSE VER. 1	RT	15.00	250.00
1983	TROUTBECK FARM VER. 1	RT	125.00	350.00
1983	TUCK SHOP VER. 1	RT	35.00	600.00
1983	WARWICK HALL VER. 1	RT	185.00	3000.00
1983	WILLIAM SHAKESPEARE'S BIRTHPLACE VER. 1	RT	130.00	1500.00
1983	WOODCUTTERS VER. 1	RT	15.00	225.00
1984	CLIBURN SCHOOL	RT	23.00	7000.00
1984	DALE FARM	RT	30.00	950.00
1984	DOVE COTTAGE	RT	35.00	500.00
1984	OLD SCHOOL HOUSE VER. 1	RT	25.00	800.00
1984	TINTAGEL	RT	40.00	250.00
1985	BERMUDA COTTAGE	RT	29.00	350.00
1985	BRONTE PARSONAGE	RT	72.00	500.00
1985	CLARE COTTAGE	RT	30.00	55.00
1985	FISHERMANS COTTAGE	RT	30.00	50.00
1985	KENTISH OAST HOUSE VER. 1	RT	55.00	550.00
1985	MORETON MANOR	RT	55.00	65.00
1985	OLD CURIOSITY SHOP, THE	RT	63.00	103.00
1985	OSTLERS KEEP	RT	55.00	60.00
1985	SAWREY GILL VER. 1	RT	30.00	40.00
1985	ST. MARY'S	RT	40.00	110.00
1985	WATERMILL	RT	40.00	72.00
1986	BAY VIEW	RT	40.00	55.00
1986	DALE HEAD	RT	75.00	65.00
1986	FARRIERS	RT	40.00	40.00
1986	GULLIVER	RT	65.00	425.00
1986	SCROLL ON THE WALL	RT	55.00	130.00
1986	SEVEN DWARF'S COTTAGE	RT	*	900.00
1986	SPRING BANK	RT	42.00	72.00
1986	THREE FEATHERS VER. 1	RT	115.00	375.00
1987	CLOVER COTTAGE	RT	28.00	75.00
1987	HOLME DYKE	RT	50.00	50.00
1987	INGLEWOOD VER. 1	RT	28.00	40.00
1987	IZAAK WALTON'S COTTAGE	RT	75.00	85.00
1987	KEEPERS LODGE	RT	75.00	90.00
1987	MAGPIE COTTAGE	RT	70.00	53.00
1987	RIVERVIEW VER. 1	RT	28.00	75.00
1987	RYDAL VIEW	RT	220.00	200.00
1987	STONEYBECK	RT	45.00	52.00
1987	SUMMER HAZE	RT	90.00	100.00
1987	TANNER'S COTTAGE VER. 1	RT	28.00	80.00
1987	WEALDEN HOUSE	RT	125.00	150.00
1988	BREDON HOUSE	RT	145.00	90.00
1988	BROOKBANK	RT	58.00	85.00
1988	CROWN INN	RT	120.00	100.00
1988	PARGETTER'S RETREAT	RT	75.00	72.00
1988	RISING SUN	RT	58.00	72.00
1988	ROYAL OAK INN	RT	145.00	175.00
1988	SAXON COTTAGE	RT	245.00	205.00
1988	SMALLEST INN	RT	43.00	75.00
1988	ST. MARK'S CHURCH	RT	75.00	108.00
1988	SWAN INN	RT	120.00	140.00
1988	SWIFT HOLLOW	RT	75.00	62.00
1989	ANNE HATHAWAY'S COTTAGE II	RT	130.00	200.00
1989	ASH NOOK	RT	48.00	40.00
1989	BEEHIVE COTTAGE	RT	73.00	70.00
1989	BRIARY, THE	RT	48.00	45.00
1989	BUTTERWICK	RT	53.00	40.00
1989	CHILTERN MILL	RT	88.00	70.00
1989	CHINE COT	RT	36.00	80.00
1989	FIVEWAYS	RT	43.00	40.00
1989	GREENSTED CHURCH	RT	73.00	90.00
1989	HELMERE	RT	65.00	50.00
1989	MAYFLOWER HOUSE VER. 1	RT	88.00	180.00
1989	ST. LAWRENCE CHURCH	RT	110.00	130.00
1989	ST. PETER'S COVE	RT	1375.00	1100.00
1989	TANGLEWOOD LODGE	RT	97.00	101.00
1989	TITMOUSE COTTAGE	RT	93.00	100.00
1989	VICTORIA COTTAGE	RT	53.00	75.00
1989	WIGHT COTTAGE	RT	53.00	78.00
1989	WILLIAM SHAKESPEARE'S BIRTHPLACE VER. 1	RT	130.00	350.00
1990	BRAMBLE COTTAGE	RT	55.00	50.00
1990	BUTTERCUP COTTAGE	RT	40.00	40.00
1990	CHERRY COTTAGE	RT	34.00	30.00
1990	CONVENT IN THE WOODS	RT	175.00	175.00
1990	KING'S ARMS, THE	RT	450.00	325.00
1990	MRS. PINKERTON'S POST OFFICE	RT	73.00	72.00
1990	OLDE YORK TOLL	RT	83.00	125.00
1990	OTTER REACH	RT	34.00	56.00
1990	PERIWINKLE COTTAGE	RT	165.00	200.00
1990	ROBIN'S GATE	RT	34.00	35.00
1990	ROWAN LODGE VER. 1	RT	50.00	100.00
1990	RUNSWICK HOUSE	RT	63.00	85.00
1990	STRAWBERRY COTTAGE	RT	36.00	52.00
1990	SULGRAVE MANOR	RT	120.00	150.00
1991	ANNE OF CLEVES	RT	250.00	185.00
1991	ARMADA HOUSE	RT	175.00	125.00

YR	NAME	LIMIT	ISSUE	TREND
1991	BRIDGE HOUSE 1991	RT	25.00	20.00
1991	CHATSWORTH VIEW	RT	250.00	150.00
1991	DAISY COTTAGE	RT	38.00	25.00
1991	DOVETAILS	RT	90.00	50.00
1991	FARTHING LODGE	RT	38.00	25.00
1991	FLOWER SELLERS, THE	RT	110.00	70.00
1991	HOPCROFT COTTAGE	RT	120.00	90.00
1991	JOHN BARLEYCORN COTTAGE	RT	130.00	85.00
1991	LACE LANE	RT	90.00	85.00
1991	LAPWORTH LOCK	RT	83.00	80.00
1991	MICKLEGATE ANTIQUES	RT	90.00	80.00
1991	MOONLIGHT COVE	RT	83.00	78.00
1991	OLD SHOP AT BIGNOR	RT	215.00	195.00
1991	PARADISE LODGE	RT	130.00	127.00
1991	PEAR TREE HOUSE	RT	83.00	75.00
1991	PRIEST'S HOUSE, THE	RT	180.00	200.00
1991	PRIMROSE HILL	RT	47.00	100.00
1991	SAXHAM ST. EDMUNDS	RT	1550.00	1400.00
1991	TILLERS GREEN	RT	60.00	60.00
1991	VILLAGE SCHOOL	RT	120.00	100.00
1991	WELLINGTON LODGE	RT	55.00	65.00
1991	WITHAM DELPH	RT	110.00	100.00
1992	BOW COTTAGE	RT	128.00	60.00
1992	CHOCOLATE HOUSE, THE	RT	130.00	70.00
1992	DERWENT-LE-DALE	RT	75.00	50.00
1992	FINCHINGFIELDS	RT	90.00	50.00
1992	GRANNY SMITH'S	RT	60.00	30.00
1992	GRANTCHESTER MEADOWS	RT	275.00	150.00
1992	HIGH GHYLL FARM	RT	360.00	185.00
1992	NUTSHELL, THE	RT	75.00	65.00
1992	OAKWOOD SMITHY	RT	450.00	300.00
1992	PIXIE HOUSE	RT	55.00	55.00
1992	PUFFIN ROW	RT	128.00	95.00
1992	RUSTIC ROOT HOUSE	RT	110.00	80.00
1992	WEDDING BELLS	RT	75.00	52.00
*				
	ENGLISH TEA ROOM COLLECTION			
1995	BARGATE COTTAGE TEA ROOM	RT	160.00	80.00
1995	GRANDMA BATTY'S TEA ROOM	RT	120.00	60.00
1998	STRAWBERRY TEAS	OP	100.00	100.00
*				
	FOUNDER'S CHOICE			
1996	ALMONRY, THE	RT	275.00	225.00
D. TATE				
	FRAMED ENGLISH PLAQUES			
1990	ASHDOWN HALL	RT	60.00	60.00
1990	BATTLEVIEW	RT	60.00	60.00
1990	CAT SLIDE COTTAGE	RT	60.00	60.00
1990	COOMBE COT	RT	60.00	98.00
1990	FELL VIEW	RT	60.00	60.00
1990	FLINT FIELDS	RT	60.00	60.00
1990	HUNTINGTON HOUSE	RT	60.00	60.00
1990	JUBILEE LODGE	RT	60.00	60.00
1990	STOWSIDE	RT	60.00	60.00
1990	TREVAN COVE	RT	60.00	60.00
D. TATE				
	FRAMED IRISH PLAQUES			
1990	BALLYTEAG HOUSE	RT	60.00	60.00
1990	CROCKUNA CROFT	RT	60.00	60.00
1990	PEARSES COTTAGES	RT	60.00	60.00
1990	SHANNONS BANK	RT	60.00	60.00
D. TATE				
	FRAMED SCOTTISH PLAQUES			
1990	BARRA BLACK HOUSE	RT	60.00	60.00
1990	FIFE NESS	RT	60.00	60.00
1990	KYLE POINT	RT	60.00	60.00
1990	PRESTON OAT MILL	RT	60.00	60.00
D. TATE				
	FRENCH COLLECTION			
1991	LA BERGERIE DU PERIGORD	RT	230.00	150.00
1991	LA CABANE DYE GARDIAN	RT	55.00	40.00
1991	LA CHAUMIERE DU VERGER	RT	120.00	75.00
1991	LA MASELLE DE NADAILLAC	RT	130.00	95.00
1991	LA PORTE SCHOENENBERG	RT	75.00	60.00
1991	L'AUBERGE D'ARMORIQUE	RT	220.00	140.00
1991	LE MANOIR DE CHAMPFLEURI	RT	265.00	150.00
1991	LE MAS DU VIGNERON	RT	120.00	85.00
1991	LE PETITE MONTMARTRE	RT	130.00	95.00
1991	LOCMARIA	RT	65.00	50.00
D. TATE				
	GERMAN COLLECTION			
1987	DAS GEBIRGSKIRCHLEIN	RT	120.00	90.00
1987	HAUS IM RHEINLAND	RT	220.00	150.00
1987	JAGHUTTE	RT	83.00	72.00
1987	MEERSBURGER WEINSTUBE	RT	83.00	80.00
1987	MOSELHAUS	RT	140.00	115.00
1987	NURMBERGER BURGERHAUS	RT	140.00	110.00
1987	SCHWARZWALDHAUS	RT	140.00	117.00
1988	DAS RATHAUS	RT	140.00	134.00
1988	DER FAMILIENSCHREIN	RT	53.00	90.00
1988	DIE KLEINEBACKEREI	RT	68.00	85.00
1992	ALTE SCHMIEDE	RT	175.00	80.00

Produced by Hawthorne, Ye Very Olde Fruitcake Shoppe *from the Wysocki Small Town Christmas Collection is 3 ¹/₄ inches high and retails for $39.95.*

Kenilworth Castle *(Dickens' Village) was available for $40 to collectors who purchased $100 worth of Department 56 merchandise.*

Clown Boot *makes an impressive residence for those tiny enough to enjoy it. This piece by Jon Herbert also makes an equally impressive collectible. John Hine Studios.*

Audrey's Tea Room *was only issued for a limited time due to the mold being broken in a highway accident. The piece was created by David Winter for John Hine Studios.*

YR	NAME	LIMIT	ISSUE	TREND
1992	DER BUCHERWURM	RT	140.00	70.00
1992	ROSENGARTENHAUS	RT	120.00	130.00
1992	STRANDVOGTHAUS	RT	120.00	91.00
*		**HISTORIC CASTLES OF BRITAIN**		
1994	BODIAM	RT	95.00	75.00
1994	CASTELL COCH	RT	120.00	180.00
1994	STOKESAY	RT	85.00	130.00
1995	PENKHILL CASTLE	RT	115.00	115.00
D. TATE			**IRISH COTTAGES**	
1987	DONEGAL COTTAGE, VERSION 1	RT	29.00	38.00
1989	BALLYKERNE CROFT	RT	75.00	95.00
1989	HEGARTY'S HOME	RT	68.00	150.00
1989	KENNEDY HOMESTEAD	RT	34.00	52.00
1989	KILMORE QUAY	RT	68.00	90.00
1989	LIMERICK HOUSE VER. 1	RT	110.00	100.00
1989	MAGILLIGANS	RT	34.00	50.00
1989	O'LACEY'S STORE	RT	68.00	60.00
1989	PAT COHEN'S BAR	RT	110.00	100.00
1989	QUIET COTTAGE	RT	73.00	100.00
1989	ST. COLUMBA'S SCHOOL	RT	48.00	59.00
1989	ST. KEVIN'S SCHOOL	RT	55.00	91.00
1989	ST. PATRICK'S CHURCH	RT	185.00	225.00
1989	THOOR BALLYLEE	RT	105.00	150.00
D. SIMPSON		**LAKELAND BRIDGE PLAQUES**		
1989	AIRA FORCE	RT	35.00	35.00
1989	ASHNESS BRIDGE	RT	35.00	35.00
1989	BIRKS BRIDGE	RT	35.00	35.00
1989	BRIDGE HOUSE	RT	35.00	25.00
1989	HARTSOP PACKHORSE	RT	35.00	35.00
1989	STOCKLEY BRIDGE	RT	35.00	35.00
*			**LAKELAND CHRISTMAS**	
1995	LANGDALE COTTAGE	RT	48.00	48.00
1995	PATTERDALE COTTAGE	RT	35.00	35.00
1995	RYDAL COTTAGE	RT	35.00	35.00
1996	ALL SAINTS WATERMILLOCK	RT	50.00	50.00
1996	BORROWDALE SCHOOL	RT	35.00	30.00
1996	MILLBECK COTTAGE	RT	35.00	35.00
*		**LILLIPUT LANE COLLECTORS CLUB**		
*	WELFORD GARDENS	*	*	N/A
1993	CURLEW COTTAGE	RT	19.00	125.00
1993	HEAVEN LEA COTTAGE	RT	150.00	110.00
1994	PETTICOAT COTTAGE	RT	*	25.00
1994	SPINNEY, THE	RT	*	30.00
1994	WOODMAN'S RETREAT	RT	135.00	176.00
1995	PORLOCK DOWN	RT	135.00	135.00
1995	THIMBLE COTTAGE	RT	*	72.00
1996	MEADOWSWEET COTTAGE	RT	110.00	100.00
1996	WINNOWS	RT	23.00	55.00
1997	HAMPTON MANOR	RT	100.00	90.00
1997	WASH DAY	RT	*	30.00
1998	HAMPTON MOAT	RT	*	30.00
1998	KILN COTTAGE	RT	*	30.00
1998	POTTERY, THE	YR	170.00	170.00
D. TATE		**LILLIPUT LANE COLLECTORS CLUB**		
1986	CRENDON MANOR	RT	285.00	1000.00
1986	PACKHORSE BRIDGE VER. 1	RT	*	600.00
1987	LITTLE LOST DOG VER. 1	RT	*	550.00
1987	YEW TREE FARM	RT	160.00	175.00
1988	WISHING WELL	RT	*	100.00
1989	WENLOCK RISE	RT	175.00	200.00
1990	BRIDLE WAY	RT	100.00	155.00
1990	COSY CORNER	RT	*	60.00
1990	DOVECOT, THE	RT	50.00	65.00
1990	LAVENDER COTTAGE	RT	50.00	70.00
1991	GARDENERS COTTAGE	RT	120.00	100.00
1991	PUDDLEBROOK	RT	*	35.00
1991	WREN COTTAGE	RT	14.00	125.00
1992	FORGET-ME-NOT	RT	130.00	125.00
1992	PUSSY WILLOW	RT	*	35.00
*			**LIMITED EDITION CASTLES**	
1989	SCHLOSS RHEINJUNGFRAU	*	*	450.00
1990	SCHLOSS NEUSCHWANSTEIN	*	*	550.00
*			**LIMITED EDITIONS**	
*	CONISTON CRAG		*	550.00
D. SIMPSON			**LONDON PLAQUES**	
1989	BIG BEN	RT	40.00	40.00
1989	BUCKINGHAM PALACE	RT	40.00	40.00
1989	PICCADILLY CIRCUS	RT	40.00	40.00
1989	TOWER BRIDGE	RT	40.00	40.00
1989	TOWER OF LONDON	RT	40.00	40.00
1989	TRAFALGAR SQUARE	RT	40.00	40.00
*			**MOMENTS IN TIME**	
*	TIME, GENTLEMEN, PLEASE	OP	*	60.00
D. TATE		**ORIGINAL CHRISTMAS COLLECTION**		
1988	DEER PARK HALL	RT	120.00	150.00
1989	ST. NICHOLAS CHURCH	RT	130.00	105.00

YR	NAME	LIMIT	ISSUE	TREND
1990	YULETIDE INN	RT	145.00	125.00
1991	OLD VICARAGE AT CHRISTMAS, THE	RT	180.00	125.00
*			**SCOTTISH COLLECTION**	
1993	EDZELL SUMMER HOUSE	RT	70.00	75.00
1994	LADYBANK LODGE	RT	60.00	50.00
1995	AMISFIELD	RT	50.00	40.00
D. TATE			**SCOTTISH COLLECTION**	
1982	CROFT, THE (WITHOUT SHEEP)	RT	29.00	800.00
1984	CROFT, THE (RENOVATED)	RT	36.00	600.00
1985	BURNS COTTAGE	RT	35.00	100.00
1985	PRESTON MILL VER. 1	RT	45.00	145.00
1987	EAST NEUK	RT	29.00	40.00
1987	PRESTON MILL (RENOVATED)	RT	63.00	75.00
1989	BLAIR ATHOLL	RT	275.00	250.00
1989	CARRICK HOUSE	RT	48.00	60.00
1989	CLAYPOTTS CASTLE	RT	72.00	65.00
1989	CRAIGIEVAR CASTLE	RT	185.00	300.00
1989	CULLODEN COTTAGE	RT	36.00	20.00
1989	INVERLOCHIE HAME VER. 1	RT	48.00	69.00
1989	JOHN KNOX HOUSE	RT	68.00	100.00
1989	KENMORE COTTAGE	RT	87.00	90.00
1989	STOCKWELL TENEMENT	RT	63.00	70.00
1990	CAWDOR CASTLE	RT	295.00	375.00
1990	ELLEAN DONAN	RT	145.00	140.00
1990	FISHERMANS BOTHY	RT	36.00	40.00
1990	GLENLOCHIE LODGE	RT	110.00	100.00
1990	HEBRIDEAN HAME	RT	55.00	60.00
1990	KINLOCHNESS	RT	79.00	90.00
1990	KIRKBRAE COTTAGE	RT	55.00	70.00
1992	CULROSS HOUSE	RT	90.00	50.00
1992	DUART CASTLE	RT	450.00	325.00
1992	ERISKAY CROFT	RT	50.00	30.00
1992	MAIR HAVEN	RT	47.00	55.00
A. YARRINGTON			**SCOTTISH COLLECTION**	
1985	7 ST. ANDREWS SQUARE	RT	16.00	124.00
*			**SECRET GARDENS**	
1998	FRAGRANT HAVEN	OP	90.00	70.00
*			**SPECIAL EDITION**	
1998	HADLEIGH COTTAGE	5000	95.00	100.00
*			**SPECIAL EVENT PIECES**	
1992	PLOUGHMAN'S COTTAGE	RT	75.00	85.00
1993	ABERFORD GATE	RT	95.00	134.00
1994	LEAGRAVE COTTAGE	RT	75.00	98.00
1994	WYECOMBE TOLL HOUSE	*	*	275.00
1995	FOSSIL, THE			140.00
1995	VANBRUGH LODGE	RT	60.00	75.00
1996	AMBERLY ROSE	RT	45.00	45.00
1996	CORNFLOWER COTTAGE	RT	*	140.00
1997	DORMOUSE COTTAGE	RT	60.00	60.00
1998	COMFORT COTTAGE	YR	50.00	40.00
1998	THORNERY, THE	RT		90.00
D. TATE			**SPECIAL EVENT PIECES**	
1989	COMMEMORATIVE MEDALLION-1989 SOUTH BEND	RT	*	195.00
1990	ROWAN LODGE 1990-SOUTH BEND	RT	50.00	300.00
1991	GAMEKEEPERS COTTAGE-1991 SOUTH BEND	RT	75.00	300.00
1992	ASHBERRY COTTAGE-1992 SOUTH BEND	RT		250.00
*			**STUDLEY ROYAL COLLECTION**	
1994	BANQUETING HOUSE, THE	RT	65.00	45.00
1994	OCTAGON TOWER	RT	85.00	92.00
1994	ST. MARY'S CHURCH	RT	115.00	100.00
1994	TEMPLE OF PIETY	RT	95.00	98.00
1995	FOUNTAIN'S ABBEY	RT	395.00	300.00
D. TATE			**UNFRAMED PLAQUES**	
1989	LARGE LOWER BROCKHAMPTON	RT	120.00	120.00
1989	LARGE SOMERSET SPRINGTIME	RT	130.00	130.00
1989	MEDIUM COBBLE COMBE COTTAGE	RT	68.00	68.00
1989	MEDIUM WISHING WELL	RT	75.00	75.00
1989	SMALL STONEY WALL LEA	RT	48.00	48.00
1989	SMALL WOODSIDE FARM	RT	48.00	48.00
*			**VICTORIAN SHOPS COLLECTION**	
1997	APOTHECARY	RT	90.00	70.00
1997	BOOK SHOP	RT	75.00	55.00
1997	HABERDASHERY	OP	90.00	75.00
1997	HOROLOGISH	RT	75.00	60.00
1997	JEWELER	RT	75.00	50.00
1997	PAWNBROKER	RT	75.00	75.00
1997	TAILOR	RT	90.00	90.00
*			**VILLAGE SHOPS COLLECTION**	
1992	PENNY SWEETS	RT	80.00	104.00
1993	GREENGROCERS VAN	RT	16.00	37.00
1993	JONES THE BUTCHER	RT	80.00	55.00
1993	JONES THE BUTCHER VAN	*	16.00	16.00
1993	PENNY SWEETS VAN	RT	16.00	91.00
1994	TOY SHOP	RT	80.00	80.00
1995	BAKER'S SHOP, THE	RT	85.00	70.00
1995	CHINA SHOP	OP	85.00	70.00

YR	NAME	LIMIT	ISSUE	TREND
1995	TOY SHOP VAN	*	16.00	16.00
1996	BAKER'S SHOP VAN	OP	16.00	16.00
1996	CHINA SHOP VAN	OP	16.00	16.00

D. TATE — **VILLAGE SHOPS COLLECTION**

YR	NAME	LIMIT	ISSUE	TREND
1992	GREENGROCERS, THE	RT	120.00	60.00

*

WELSH COLLECTION

YR	NAME	LIMIT	ISSUE	TREND
1992	ST. GOVAN'S CHAPEL	OP	75.00	75.00

D. TATE — **WELSH COLLECTION**

YR	NAME	LIMIT	ISSUE	TREND
1984	HERMITAGE	RT	30.00	188.00
1986	BRECON BACH	RT	42.00	50.00
1987	RENOVATED HERMITAGE	RT	43.00	69.00
1991	BRO DAWEL	RT	38.00	25.00
1991	TUDOR MERCHANT	RT	90.00	70.00
1991	UGLY HOUSE	RT	55.00	65.00

MARURI USA

W. WHITTEN — **THE TROPICS**

YR	NAME	LIMIT	ISSUE	TREND
1999	BAJA SURFER	OP	40.00	40.00
1999	HANA HIDEAWAY	OP	50.00	50.00
1999	HAPPY HUT	OP	70.00	70.00
1999	SHAMAN HUT	OP	85.00	85.00
1999	TAHITI DREAM	OP	75.00	75.00
1999	TIKI HUT	OP	60.00	60.00
1999	TROPIC COUNTER SIGN	OP	5.00	5.00

MCMEMORIES

*

MCMEMORIES SCULPTURES

YR	NAME	LIMIT	ISSUE	TREND
1997	YOU DESERVE A BREAK TODAY	*	40.00	40.00

MICHAEL'S LTD.

B. BAKER — **DEJA VU COLLECTION**

YR	NAME	LIMIT	ISSUE	TREND
1993	AMERICAN CLASSIC	500	99.00	110.00
1993	JAMES RIVER PLANTATION	500	108.00	120.00
1994	HILL TOP MANSION	1200	100.00	110.00
1994	PAINTED LADIES	1200	125.00	135.00
1994	WHITE POINT	700	97.00	105.00

MIDWEST OF CANNON FALLS

*

COTTONTAIL LANE COLLECTION

YR	NAME	LIMIT	ISSUE	TREND
1992	CONFECTIONARY SHOP/LIGHTED 06335-5	RT	43.00	43.00
1992	FLOWER SHOP/LIGHTED 06333-9	RT	43.00	43.00
1992	SPRINGTIME COTTAGE/LIGHTED	RT	43.00	43.00
1992	VICTORIAN HOUSE/LIGHTED 06332-1	RT	43.00	43.00
1993	BAKER/LIGHTED 01396-0	RT	43.00	43.00
1993	CHURCH/LIGHTED 01385-4	RT	42.00	42.00
1993	COTTONTAIL INN/LIGHTED 01394-6	RT	43.00	43.00
1993	PAINTING STUDIO/LIGHTED 01395-5	RT	43.00	43.00
1993	ROSE COTTAGE/LIGHTED 01386-1	RT	43.00	43.00
1993	SCHOOLHOUSE/LIGHTED 01378-6	RT	43.00	43.00
1994	BED & BREAKFAST/LIGHTED 00337-4	RT	43.00	43.00
1994	CHAPEL/LIGHTED 00331-2	RT	43.00	43.00
1994	GENERAL STORE/LIGHTED 00340-4	RT	43.00	43.00
1994	PORCELAIN LIGHTED GARDEN VALLEY CHAPEL	RT	43.00	275.00
1994	TRAIN STATION/LIGHTED 00330-5	RT	43.00	43.00
1995	BOUTIQUE & BEAUTY SHOP/LIGHTED 12301-0	RT	45.00	45.00
1995	CAFE/LIGHTED 12303-4	RT	45.00	45.00
1995	ROSEBUD MANOR/LIGHTED 12304-1	RT	45.00	45.00
1995	TOWN HALL/LIGHTED 12300-3	RT	45.00	45.00
1996	BANDSHELL/LIGHTED 15753-4	RT	50.00	50.00
1996	BUNGALOW/LIGHTED 15752-7	RT	45.00	45.00
1996	CATHEDRAL/LIGHTED 12302-7	RT	47.00	47.00
1996	FIRE STATION W/FIGURINES/LIGHTED 15830-2	RT	90.00	90.00
1996	TOWN GARDEN SHOPPE/LIGHTED 12751-0	RT	45.00	45.00

*

CREEPY HOLLOW COLLECTION

YR	NAME	LIMIT	ISSUE	TREND
1992	DR. FRANKENSTEIN'S HOUSE/LIGHTED 01621-3	RT	40.00	40.00
1992	DRACULA'S CASTLE/LIGHTED 01627-5	RT	40.00	40.00
1992	MUMMY'S MORTUARY/LIGHTED 01641-1	RT	40.00	40.00
1992	WITCHES COVE/LIGHTED 01665-7	RT	40.00	40.00
1993	BLOOD BANK/LIGHTED 08548-6	RT	40.00	40.00
1993	HAUNTED HOTEL/LIGHTED 08549-3	RT	40.00	40.00
1993	SHOPPE OF HORRORS/LIGHTED 08550-9	RT	40.00	40.00
1994	CAULDRON CAFE/LIGHTED 10649-5	RT	40.00	40.00
1994	MEDICAL GHOUL SCHOOL/LIGHTED 10651-8	RT	40.00	40.00
1994	PHANTOM'S OPERA/LIGHTED 10650-1	RT	40.00	40.00
1995	BEWITCHING BELFRY/LIGHTED 13355-2	RT	50.00	50.00
1995	FUNERAL PARLOR 13356-9	RT	50.00	50.00
1995	SKELETON CINEMA/LIGHTED 13354-5	CL	50.00	50.00
1996	CASTLE/LIGHTED 16959-9	CL	50.00	50.00
1996	GYPSY WAGON/LIGHTED 16663-5	OP	45.00	45.00
1996	JACK-O-LANT-INN 16665-9	RT	45.00	45.00
1996	SCHOOL HOUSE/LIGHTED 1662-8	RT	45.00	45.00
1998	TRAIN DEPOT	3500	45.00	45.00

PACIFIC RIM

P. SEBERN — **BRISTOL TOWNSHIP**

YR	NAME	LIMIT	ISSUE	TREND
1990	BEDFORD MANOR	RT	30.00	30.00
1990	BLACK SWAN MILLINERY	RT	30.00	30.00

YR	NAME	LIMIT	ISSUE	TREND
1990	BRISTOL BOOKS	RT	35.00	35.00
1990	COVENTRY HOUSE	RT	30.00	30.00
1990	GEO. STRAITH GROCER	RT	25.00	25.00
1990	HIGH GATE MILL	RT	40.00	40.00
1990	IRON HORSE LIVERY	RT	30.00	35.00
1990	MAPS & CHARTS	RT	25.00	25.00
1990	QUEEN'S ROAD CHURCH	RT	40.00	40.00
1990	SILVERSMITH	RT	30.00	30.00
1990	SOUTHWICK CHURCH	RT	30.00	30.00
1990	TRINITY CHURCH	RT	30.00	35.00
1990	VIOLIN SHOP	RT	30.00	30.00
1990	WEXFORD MANOR	RT	25.00	25.00
1991	BRIDGESTONE CHURCH	RT	30.00	35.00
1991	ELMSTONE HOUSE	RT	30.00	35.00
1991	FLOWER SHOP	RT	30.00	30.00
1991	HARDWICKE HOUSE	RT	30.00	35.00
1991	KILBY COTTAGE	RT	30.00	35.00
1991	PEGGLESWORTH INN	RT	40.00	40.00
1993	CHESTERFIELD HOUSE	RT	30.00	30.00
1993	FOXDOWN MANOR	RT	30.00	30.00
1994	SHOTWICK INN & SURGERY	RT	35.00	35.00
1994	SURREY ROAD CHURCH	RT	40.00	40.00
1995	KING'S GATE SCHOOL	RT	30.00	30.00

P. SEBERN
BRISTOL WATERFRONT

YR	NAME	LIMIT	ISSUE	TREND
1992	ADMIRALTY SHIPPING	RT	30.00	30.00
1992	AVON FISH CO.	RT	30.00	30.00
1992	CHANDLER	RT	30.00	30.00
1992	CUSTOMS HOUSE	RT	40.00	40.00
1992	HAWKE EXPORTS	RT	40.00	40.00
1992	QUARTER DECK INN	RT	40.00	40.00
1992	REGENT WAREHOUSE	RT	40.00	40.00
1993	BRISTOL POINT LIGHTHOUSE	RT	45.00	45.00
1993	LOWER QUAY CHAPEL	RT	40.00	40.00
1993	RUSTY KNIGHT INN	RT	35.00	35.00
1994	BRISTOL TATTLER	RT	40.00	40.00
1994	PORTSHEAD LIGHTHOUSE	RT	30.00	30.00
1995	BRISTOL CHANNEL LIGHTHOUSE	RT	30.00	30.00

POSSIBLE DREAMS
*
CRINKLE CLAUS VILLAGE

YR	NAME	LIMIT	ISSUE	TREND
1998	CRINKLE CANDY STORE	OP	62.00	62.00
1998	CRINKLE FIRE STATION	OP	62.00	62.00
1998	CRINKLE POLICE STATION	OP	62.00	62.00
1998	CRINKLE POST OFFICE	OP	62.00	62.00
1998	CRINKLE TOY SHOP	OP	62.00	62.00

RECO INTERNATIONAL
G. PERILLO
NATIVE AMERICAN VIEWS

YR	NAME	LIMIT	ISSUE	TREND
1999	ANASAZIS' SANCTUARY	OP	45.00	45.00
1999	CHEYENNE'S PRIDE	OP	45.00	45.00
1999	IROQUOIS DIGNITY	OP	45.00	45.00
1999	NAVAJO'S REFUGE	OP	45.00	45.00
1999	PUEBLO ABODE	OP	45.00	45.00

J. EVERETT
PURR-FECT VIEWS

YR	NAME	LIMIT	ISSUE	TREND
1999	COUNTRY STORE	OP	40.00	40.00
1999	POTTING SHED, THE	OP	40.00	40.00
1999	TOWN HOUSE CATS	OP	40.00	40.00

E. DERTNER
ROOMS WITH A VIEW

YR	NAME	LIMIT	ISSUE	TREND
1998	RUSTIC REPOSE	OP	40.00	40.00
1999	TOP OF THE MORNING	OP	40.00	40.00

F. LEDAN
ROOMS WITH A VIEW

YR	NAME	LIMIT	ISSUE	TREND
1998	NANTUCKET	OP	40.00	40.00
1998	NEW YORK NIGHTS	OP	40.00	40.00
1998	SALINGER MANSION	OP	40.00	40.00
1998	SALON SUR LA CITE	OP	40.00	40.00
1998	TERRASSE-SUR RIVIERA	OP	40.00	40.00
1998	YELLOW ROSES & RED POPPIES	OP	40.00	40.00

J. O'BRIEN
ROOMS WITH A VIEW

YR	NAME	LIMIT	ISSUE	TREND
1998	ARCHWAY	OP	40.00	40.00
1998	IN THE GARDEN	OP	40.00	40.00
1998	REMEMBERING II	OP	40.00	40.00

W. TERNAY
ROOMS WITH A VIEW

YR	NAME	LIMIT	ISSUE	TREND
1999	GOURMET DELIGHT	OP	40.00	40.00

G. BUFFET
SHOPS WITH A VIEW

YR	NAME	LIMIT	ISSUE	TREND
1999	BOTTLE BRIGADE	OP	45.00	45.00
1999	LA CACIOTECA	OP	45.00	45.00
1999	PANETTERIA	OP	45.00	45.00

R. SOUDERS
SHOPS WITH A VIEW

YR	NAME	LIMIT	ISSUE	TREND
1999	CLIP ART	OP	40.00	40.00
1999	POP'S	OP	40.00	40.00

W. TERNAY
SHOPS WITH A VIEW

YR	NAME	LIMIT	ISSUE	TREND
*	DINER	OP	40.00	40.00

J. CLAYBROOKS
VIEWS OF FAITH

YR	NAME	LIMIT	ISSUE	TREND
1999	GETT'N READY	2400	45.00	

S. KUCK
VIEWS OF FAITH

YR	NAME	LIMIT	ISSUE	TREND
1999	SHARING HARMONY	2400	45.00	45.00

YR	NAME	LIMIT	ISSUE	TREND

ROMAN INC.

E. SIMONETTI — FONTANINI HEIRLOOM NATIVITIES 2.5-IN. VILLAGE

YR	NAME	LIMIT	ISSUE	TREND
1996	6-PC. NATIVITY VILLAGE WITH LIGHTED BASE	RT	270.00	270.00
1996	INN	OP	30.00	30.00
1996	KING'S BLUE TENT	OP	18.00	18.00
1996	SHEPHERD'S CAMP	RT	30.00	30.00
1996	STABLE (ORIGINAL DESIGN)	RT	30.00	30.00
1996	TOWN BUILDING	RT	25.00	25.00
1996	TOWN STORE	RT	25.00	25.00
1997	KING'S GOLD TENT	OP	23.00	23.00
1997	KING'S PURPLE TENT	OP	23.00	23.00
1997	MARKETPLACE	OP	33.00	33.00
1997	POTTERY SHOP	OP	33.00	33.00
1997	TOWN GATE	OP	33.00	33.00
1998	CARPENTER'S SHOP	OP	33.00	33.00
1998	CORRAL	OP	33.00	33.00
1998	POULTRY SHOP	OP	33.00	33.00
1998	STABLE (REVISED)	OP	33.00	33.00
2000	BASKET SHOP	OP	33.00	20.00

E. SIMONETTI — FONTANINI HEIRLOOM NATIVITIES 5-IN. VILLAGE

YR	NAME	LIMIT	ISSUE	TREND
1996	BAKERY	RT	80.00	80.00
1996	INN	OP	85.00	85.00
1996	KING'S BLUE TENT	OP	50.00	50.00
1996	SHEPHERD'S CAMP	RT	80.00	80.00
1996	STABLE	OP	75.00	75.00
1997	KING'S GOLD TENT	OP	65.00	65.00
1997	KING'S PURPLE TENT	OP	60.00	60.00
1997	MARKETPLACE	RT	90.00	90.00
1997	POTTERY SHOP	OP	90.00	90.00
1997	TOWN GATE	OP	90.00	90.00
1998	CARPENTER'S SHOP	OP	90.00	90.00
1998	CORRAL	OP	95.00	95.00
1998	POULTRY SHOP	OP	90.00	90.00
2000	BASKET SHOP	OP	80.00	80.00
2000	HOME	OP	125.00	125.00
2000	VINEYARD	OP	80.00	80.00

E. SIMONETTI — FONTANINI HEIRLOOM NATIVITIES 7.5-IN. VILLAGE

YR	NAME	LIMIT	ISSUE	TREND
1997	INN	RT	55.00	55.00
1997	LIGHTED STABLE	RT	75.00	75.00
1997	MARKETPLACE	RT	65.00	65.00
1997	TOWN BUILDING	RT	70.00	70.00
1997	TOWN GATE	RT	35.00	35.00
1998	FISH MARKET	OP	120.00	120.00
1998	KING'S GOLD TENT	OP	110.00	110.00
1998	KING'S PURPLE TENT	OP	95.00	95.00
2000	WEAVER'S SHOP	OP	110.00	110.00

E. SIMONETTI — FONTANINI HEIRLOOM NATIVITIES VILLAGE

YR	NAME	LIMIT	ISSUE	TREND
2000	WEAVER'S SHOP	OP	33.00	33.00

SHELIA'S COLLECTIBLES

S. THOMPSON — ACCESSORIES

YR	NAME	LIMIT	ISSUE	TREND
1993	APPLE TREE	RT	12.00	20.00
1993	DOGWOOD TREE	RT	12.00	40.00
1994	AMISH QUILT LINE	RT	18.00	35.00
1994	FORMAL GARDEN	RT	18.00	40.00
1994	SUNRISE AT 80 MEETING	RT	18.00	40.00
1994	VICTORIAN ARBOR	RT	18.00	40.00
1995	FLOWER GARDEN	RT	13.00	13.00
1995	REAL ESTATE SIGN	RT	12.00	12.00
1995	WISTERIA ARBOR	RT	12.00	12.00
1996	AUTUMN TREE	OP	14.00	14.00
1996	BARBER GAZEBO	OP	13.00	13.00
1996	GRAZING COWS	OP	12.00	12.00
1996	SAILBOAT	OP	12.00	12.00
1996	SPRING TREE	OP	14.00	14.00
1996	SUMMERTIME PICKET FENCE	OP	12.00	12.00
1996	TROPICAL PALM TREE	OP	14.00	14.00

S. THOMPSON — AMERICAN BARNS

YR	NAME	LIMIT	ISSUE	TREND
1994	PENNSYLVANIA DUTCH BARN	RT	18.00	30.00
1994	ROCK CITY BARN	RT	20.00	40.00
1995	CASEY BARN	RT	19.00	40.00
1995	MAIL POUCH BARN	RT	19.00	40.00
1999	DR. PIERCE'S BARN	130	43.00	43.00
1999	KING MIDAS BARNS	130	42.00	42.00

S. THOMPSON — AMERICAN GOTHIC

YR	NAME	LIMIT	ISSUE	TREND
1993	GOTHIC REVIVAL COTTAGE	2500	20.00	20.00
1993	MELE HOUSE	2500	20.00	20.00
1993	PERKINS HOUSE	2500	20.00	20.00
1993	ROSE ARBOR	2500	14.00	15.00
1993	ROSELAND COTTAGE	2500	20.00	20.00

S. THOMPSON — AMISH VILLAGE

YR	NAME	LIMIT	ISSUE	TREND
1993	AMISH BARN	RT	17.00	30.00
1993	AMISH BUGGY	RT	12.00	25.00
1993	AMISH HOME	RT	17.00	25.00
1993	AMISH SCHOOL	RT	20.00	50.00
1993	COVERED BRIDGE	RT	20.00	50.00

YR	NAME	LIMIT	ISSUE	TREND
S. THOMPSON				**ARTIST CHOICE**
1995	BANTA HOUSE	RT	24.00	65.00
1995	GREENMAN HOUSE	RT	24.00	40.00
1995	RILEY-CUTLER	RT	24.00	35.00
1995	WELLER HOUSE	RT	24.00	35.00
1998	NIGHT BEFORE CHRISTMAS HOUSE/FROZEN LAWN	7500	42.00	42.00
S. THOMPSON				**ATLANTA**
1995	FOX THEATRE	RT	19.00	25.00
1995	HAMMONDS HOUSE	RT	18.00	25.00
1995	SWAN HOUSE	RT	18.00	25.00
1995	TULLIE SMITH HOUSE	RT	18.00	30.00
1995	VICTORIAN PLAYHOUSE	RT	17.00	30.00
1995	WREN'S NEST	RT	19.00	25.00
S. THOMPSON				**CHARLESTON**
1993	ASHE HOUSE	RT	16.00	40.00
1993	CITADEL	RT	16.00	40.00
1993	CITY HALL (NO BANNER)	RT	15.00	300.00
1993	COLLEGE OF CHARLESTON	RT	20.00	90.00
1993	DRAYTON HOUSE	RT	18.00	18.00
1993	JOHN RUTLEDGE HOME	RT	16.00	40.00
1993	SINGLE SIDE PORCH	RT	20.00	65.00
1995	MAGNOLIA PARLOR HOUSE	RT	19.00	19.00
1995	O'DONNELLS FOLLY	RT	18.00	18.00
S. THOMPSON				**CHARLESTON BATTERY**
1996	22 S. BATTERY	109	24.00	35.00
1996	24 S. BATTERY	99	24.00	35.00
1996	26 S. BATTERY	74	24.00	35.00
1996	28 S. BATTERY	74	24.00	35.00
S. THOMPSON		**CHARLESTON CHURCHES & PUBLIC BUILDINGS**		
1996	HUGENOT CHURCH	OP	19.00	19.00
S. THOMPSON				**CHARLESTON II**
1995	BOONE HALL PLANTATION	RT	18.00	40.00
1996	SOTTILE HOUSE	98	24.00	35.00
S. THOMPSON				**CHURCHES OF AMERICA**
1999	CHRIST CHURCH	130	43.00	43.00
1999	NEVADA CITY CHURCH	130	42.00	42.00
1999	ST. BRIDGET CHURCH	130	42.00	42.00
1999	VALLEY CHURCH	130	42.00	42.00
S. THOMPSON				**COCA-COLA**
1999	COUNTRY HARMONY	130	47.00	47.00
1999	FOUNTAIN DELIVERY	130	39.00	39.00
S. THOMPSON				**COLLECTORS SOCIETY**
1993	ANNE PEACOCK HOUSE	RT	16.00	125.00
1993	SUSAN B. ANTHONY	RT	*	100.00
1994	IVY GREEN	RT	17.00	100.00
1994	SEASVIEW COTTAGE	RT	17.00	100.00
1999	EUGENIA'S COTTAGE	YR	*	N/A
1999	EUGENIA'S FLOWER GARDEN	YR	*	N/A
S. THOMPSON				**GALVESTON**
1995	BEISSNER HOUSE	RT	19.00	19.00
1995	DANCING PAVILLION	RT	19.00	19.00
1995	FRENKEL HOME	RT	19.00	19.00
1995	REYMERSHOFFER	RT	19.00	19.00
S. THOMPSON				**GHOST HOUSE SERIES**
1994	INSIDE-OUTSIDE HOUSE	RT	20.00	45.00
1994	PIRATE'S HOUSE	RT	20.00	125.00
1995	GAFFOS HOUSE	RT	19.00	19.00
1995	RED CASTLE	RT	19.00	19.00
S. THOMPSON				**GONE WITH THE WIND**
1995	AUNT PITTY POT'S	RT	30.00	60.00
1995	GENERAL STORE	RT	24.00	30.00
1995	LOEW'S GRAND	RT	30.00	90.00
1995	TARA	RT	30.00	55.00
1995	TWELVE OAKS	RT	30.00	50.00
1996	SILHOUETTE	RT	16.00	25.00
S. THOMPSON				**INVENTOR SERIES**
1993	FORD MOTOR COMPANY	RT	20.00	60.00
1993	MENLO PARK LABORATORY	RT	20.00	50.00
1993	NOAH WEBSTER HOUSE	RT	20.00	55.00
1993	WRIGHT CYCLE SHOP	RT	20.00	55.00
S. THOMPSON				**JAZZY NEW ORLEANS**
1994	BEAUREGARD KEYS	RT	20.00	55.00
1994	GALLIER HOUSE	RT	20.00	40.00
1994	LABRANCHE BUILD	RT	20.00	40.00
1994	LEPRETRE HOUSE	RT	20.00	45.00
S. THOMPSON				**KEY WEST**
1995	ARTIST HOUSE	RT	24.00	50.00
1995	EYEBROW HOUSE	RT	24.00	45.00
1995	HEMINGWAY HOUSE	RT	24.00	50.00
1995	ILLINGSWORTH	RT	24.00	50.00
1995	SHOTGUN HOUSE	RT	24.00	80.00
1995	SHOTGUN SISTER	RT	24.00	80.00
1995	SOUTHERNMOST	RT	24.00	50.00

YR	NAME	LIMIT	ISSUE	TREND
S. THOMPSON			**LADIES BY THE SEA**	
1996	ABBEY II	93	24.00	50.00
1996	CENTENNIAL COTTAGE	94	24.00	40.00
1996	HALL COTTAGE	108	24.00	40.00
1996	HEART BLOSSOM	107	24.00	40.00
S. THOMPSON			**LIGHTHOUSES**	
1993	ASSATEAGUE ISLAND LIGHT	RT	20.00	55.00
1993	CHARLESTON LIGHT	RT	15.00	55.00
1993	NEW LONDON LEDGE LIGHT	RT	20.00	50.00
1993	ROUND ISLAND LIGHT	RT	20.00	70.00
1993	THOMAS POINT LIGHT	RT	20.00	60.00
1995	CAPE HATTERAS LIGHT	RT	24.00	60.00
S. THOMPSON			**MACKINAC**	
1996	AMBERG COTTAGE	102	24.00	35.00
1996	ANNE COTTAGE	95	24.00	35.00
1996	REARICK COTTAGE	103	24.00	35.00
1996	WINDERMERE HOTEL	105	24.00	35.00
S. THOMPSON			**MAIL ORDER VICTORIANS**	
1994	BREHAUT HOUSE	3300	24.00	24.00
1994	GOELLER HOUSE	3300	24.00	24.00
1994	HENDERSON HOUSE	3300	24.00	24.00
1994	TROTMAN HOUSE	3300	24.00	24.00
S. THOMPSON			**MARTHA'S VINEYARD**	
1993	ALICE'S WONDERLAND	RT	20.00	35.00
1993	CAMPGROUND COTTAGE	RT	20.00	45.00
1993	GINGERBREAD COTTAGE	RT	20.00	45.00
1993	WOOD VALENTINE	RT	20.00	45.00
1995	BLUE COTTAGE	RT	20.00	45.00
1995	TRAILS END	RT	20.00	50.00
1995	WHITE COTTAGE	RT	20.00	50.00
S. THOMPSON			**OLD FASHIONED CHRISTMAS**	
1994	CONWAY SCENIC RAILROAD STATION	RT	20.00	55.00
1994	DWIGHT HOUSE	RT	20.00	55.00
1994	GENERAL MERCHANDISE	RT	20.00	55.00
1994	OLD FIRST CHURCH	RT	20.00	55.00
1995	CHRISTMAS INN	RT	19.00	40.00
1995	TOWN SQUARE TREE	RT	18.00	25.00
S. THOMPSON			**PAINTED LADIES III**	
1993	GREEN STOCKTON	RT	16.00	35.00
1993	LINDA LEE	RT	16.00	40.00
1993	PINK STOCKTON	RT	16.00	16.00
1993	TAN STOCKTON	RT	16.00	16.00
1995	STEINER COTTAGE	RT	18.00	18.00
1996	CREAM STOCKTON	101	24.00	35.00
S. THOMPSON			**PANORAMIC LIGHTS**	
1996	JEFFRY HOOK	97	24.00	35.00
1996	NEW CANAL LIGHT	104	24.00	35.00
1996	QUADDY HEAD	102	24.00	35.00
1996	SPLIT ROCK LIGHTHOUSE	105	24.00	40.00
S. THOMPSON			**PANORAMIC LIGHTS III**	
1999	CURRITUCK BEACH LIGHTHOUSE	130	43.00	43.00
1999	KEY WEST LIGHT	130	43.00	43.00
1999	PONCE DE LEON INLET LIGHTHOUSE	130	43.00	43.00
1999	ST. AUGUSTINE LIGHT	130	43.00	43.00
1999	ST. SIMON'S ISLAND	130	43.00	43.00
S. THOMPSON			**PASTEL LADIES**	
1999	BLANCHE & ETHEL'S TEA ROOM	130	44.00	44.00
1999	DONNELLY HOUSE	130	44.00	44.00
1999	JOHN C. REICHERT	130	44.00	44.00
1999	MILLER HOUSE	130	44.00	44.00
1999	PASTEL BLUE LADY	130	44.00	44.00
S. THOMPSON			**PLANTATIONS**	
1995	FARLEY	RT	24.00	30.00
1995	LONGWOOD	RT	24.00	50.00
1995	MERRY SHERWOOD	RT	24.00	50.00
1995	SAN FRANCISCO	RT	24.00	40.00
S. THOMPSON			**RAINBOW ROW**	
1993	AURORA RAINBOW ROW	RT	13.00	20.00
1993	BLUE RAINBOW ROW	RT	13.00	25.00
1993	CREAM RAINBOW ROW	RT	13.00	20.00
1993	GRAY RAINBOW ROW	RT	13.00	20.00
1993	GREEN RAINBOW ROW	RT	13.00	25.00
1993	LAVENDER RAINBOW ROW	RT	13.00	15.00
1993	OFF-WHITE RAINBOW ROW	RT	13.00	25.00
1993	PINK RAINBOW ROW	RT	13.00	20.00
1993	YELLOW RAINBOW ROW	RT	13.00	20.00
S. THOMPSON			**SAN FRANCISCO**	
1995	BRANDYWINE	RT	24.00	50.00
1995	ECLECTIC BLUE	RT	24.00	50.00
1995	EDWARDIAN GREEN	RT	24.00	50.00
1995	QUEEN ROSE	RT	24.00	50.00
S. THOMPSON			**SAVANNAH**	
1993	CHESTNUT HOUSE	RT	24.00	50.00
1993	OWENS THOMAS HOUSE	RT	20.00	100.00
1996	ASENDORF HOUSE	100	24.00	85.00

YR	NAME	LIMIT	ISSUE	TREND
S. THOMPSON			**SHOW PIECE**	
1995	BALDWIN HOUSE	RT	20.00	30.00
1996	WINNIE WATSON	RT	20.00	20.00
S. THOMPSON			**SOUTH CAROLINA LADIES**	
1996	CINNAMON HILL	93	24.00	38.00
1996	DAVIS-JOHNSEY	104	24.00	38.00
1996	INMAN HOUSE	107	24.00	38.00
1996	MONTGOMERY HOUSE	105	24.00	38.00
S. THOMPSON			**VICTORIAN SPRINGTIME**	
1993	HEFFRON HOUSE	RT	20.00	55.00
1993	JACOBSEN HOUSE	RT	20.00	55.00
1993	RALSTON HOUSE	RT	20.00	95.00
1993	SESSIONS HOUSE	RT	20.00	75.00
1995	DRAGON HOUSE	RT	24.00	55.00
1995	E.B. HALL	RT	24.00	55.00
1995	GIBNEY HOME	RT	24.00	55.00
1995	RAY HOME	RT	24.00	55.00
1995	VICTORIA	RT	24.00	50.00
1996	CLARK HOUSE	96	24.00	35.00
1996	GOODWILL	88	24.00	40.00
1996	QUEEN ANNE	103	24.00	40.00
1996	SHEPARD HOUSE	98	24.00	40.00
1996	URFER HOUSE	71	24.00	40.00
1999	BARBER'S QUEEN ANNE	130	44.00	44.00
1999	COLONEL ADELBERT MOSSMAN	130	44.00	44.00
1999	TERRACE HILL	130	44.00	44.00
1999	WHEATON FAN HOUSE	130	44.00	44.00
S. THOMPSON			**WEST COAST LIGHTHOUSES**	
1995	EAST BROTHER LIGHTHOUSE	RT	24.00	50.00
1995	MUKILTEO LIGHT	RT	24.00	50.00
1995	POINT FERMIN	RT	24.00	50.00
1995	YAQUINA LIGHT	RT	24.00	50.00
S. THOMPSON			**WILLIAMSBURG**	
1995	CAPTIOL	RT	24.00	50.00
1995	RALEIGH TAVERN	RT	24.00	50.00

SJS DESIGNS

S. STENTIFORD			**IVY ROSE COLLECTION**	
1993	IVY POINT LIGHTHOUSE	2000	27.00	32.00
1993	MELMACKER'S LOBSTER POT CAFE	2000	27.00	32.00
1993	PERIWINKLE COTTAGE, THE	2000	27.00	32.00
1993	SEAFLOWER INN, THE	2000	32.00	38.00
1993	VALERIE ELIZABETH'S BEACH HOUSE	2000	25.00	30.00
1994	ANTIQUES BARN	2000	28.00	33.00
1994	AUNTIE GEN'S	2000	27.00	32.00
1994	DARRELL'S COTTAGE	2000	27.00	32.00
1994	DOROTHEA'S HOUSE	2000	29.00	34.00
1994	FARMER'S MARKET, T HE	2000	27.00	33.00
1994	GOG'S ANIMAL BARN	2000	30.00	35.00
1994	INA'S FARMHOUSE	2000	30.00	35.00
1994	LINDA IRENE'S	2000	28.00	33.00
1994	MARY ELLEN'S	2000	27.00	32.00
1994	MISS MARGARET'S	2000	29.00	34.00
1994	POLICE STATION	2000	24.00	29.00
1994	SUNFLOWER COTTAGE, THE	2000	25.00	30.00
1994	TOWN PHARMACY	2000	28.00	33.00

SPENCER COLLIN LIGHTHOUSES

C. SPENCER COLLIN			**ADMIRAL'S LIGHTS/FLAG QUARTER SERIES**	
1994	ALKI POINT LIGHTHOUSE	3000	70.00	70.00
1994	DIAMOND HEAD LIGHTHOUSE	3000	124.00	124.00
1994	HOSPITAL POINT LIGHTHOUSE	3000	68.00	68.00
1994	YERBA BUENA LIGHTHOUSE	3000	90.00	90.00
C. SPENCER COLLIN			**COMMEMORATIVE STAMP SERIES**	
1989	CAPE HATTERAS LIGHTHOUSE	RT	70.00	250.00
C. SPENCER COLLIN			**SPENCER COLLIN LIGHTHOUSES**	
1984	PORTLAND HEAD LIGHTHOUSE	RT	75.00	82.00
1984	PORTSMOUTH LIGHTHOUSE	RT	18.00	18.00
1990	ADMIRALTY HEAD LIGHTHOUSE	RT	98.00	112.00
1990	AMERICAN SHOALS	RT	92.00	92.00
1991	ROCK OF AGES LIGHTHOUSE	RT	58.00	60.00
1992	EGGROCK LIGHTHOUSE	RT	94.00	94.00
1992	HIGHLAND CAPE COD	RT	94.00	96.00
1993	ANNISQUAM HARBOR LIGHTHOUSE	2000	46.00	46.00
1993	CAPE MAY LIGHTHOUSE	RT	79.00	95.00
1993	FORT GRATIOT LIGHTHOUSE	2000	52.00	52.00
1993	JUPITER INLET LIGHTHOUSE	2000	84.00	84.00
1993	MARSHALL POINT LIGHTHOUSE	2000	46.00	46.00
1993	NEW LONDON LEDGE LIGHTHOUSE	2000	120.00	120.00
1993	PEGGY'S POINT LIGHTHOUSE	RT	38.00	45.00
1993	PONCE INLET LIGHTHOUSE	2000	86.00	86.00
1993	SAND ISLAND LIGHTHOUSE	RT	66.00	70.00
1993	SPLIT ROCK LIGHTHOUSE	RT	100.00	110.00
1993	ST. SIMONS ISLAND LIGHTHOUSE	RT	116.00	116.00
1994	POINT ISABEL LIGHTHOUSE	2000	52.00	52.00
1995	CHRISTMAS EVE	RT	82.00	82.00
1995	RUDOLPH'S LIGHT	RT	64.00	64.00

YR	NAME	LIMIT	ISSUE	TREND
1996	CASTLE HILL	RT	30.00	30.00
1996	GREAT POINT	RT	38.00	38.00
1996	MONTAUK POINT	RT	84.00	84.00
1996	PEMAQUID BELL LIGHT	RT	28.00	28.00
1996	WEST QUODDY	RT	102.00	102.00
1996	WHALEBACK	RT	36.00	36.00
1997	BOONE ISLAND	1900	80.00	80.00
1997	HILLSBORO	1900	80.00	80.00
1998	ABSECON LIGHTHOUSE	1900	90.00	90.00
1998	CHATHAM	2400	80.00	80.00
1999	POINT CABRILLO LIGHT	2400	80.00	80.00
1999	SCUIATE LIGHT	2400	70.00	70.00
1999	WHITEFISH POINT LIGHT	2400	85.00	85.00

C. SPENCER COLLIN | | | **TRADEMARK SERIES** |

1994	10TH ANNIVERSARY LIGHTHOUSE	CL	100.00	100.00

WALT DISNEY CLASSICS COLLECTION

*
				ENCHANTED PLACES
1995	SEVEN DWARF'S COTTAGE	OP	180.00	180.00
1995	SEVEN DWARFS' JEWEL MINE	OP	190.00	190.00
1995	WHITE RABBIT'S COTTAGE	OP	175.00	175.00
1995	WOODCUTTER'S COTTAGE	OP	170.00	170.00
1996	BEAST'S CASTLE	OP	245.00	245.00
1996	CAPTAIN HOOK SHIP	OP	475.00	475.00
1996	CINDERELLA'S COACH	OP	265.00	265.00
1996	FIDDLER PIG'S STICK HOUSE	OP	85.00	85.00
1996	FIFER PIG'S STRAW HOUSE	OP	85.00	85.00
1996	GEPETTO'S TOY SHOP	OP	150.00	150.00
1996	GRANDPA'S HOUSE	OP	125.00	125.00
1996	PRACTICAL PIG'S BRICK HOUSE	OP	115.00	115.00

WB STUDIOS

J. TAYLOR
1975	STEEPLE CHURCH	RT	146.00	146.00
1978	MEETING HOUSE	RT	224.00	224.00
1978	RAINBOW CHURCH	RT	394.00	394.00
1979	MANSION	RT	372.00	372.00
1980	CHRISTMAS CARD	RT	174.00	174.00
1980	FROG CREEK BRIDGE	RT	170.00	170.00
1983	TIFFANY	RT	276.00	276.00
1985	SCENTED GARDEN HOUSE	RT	146.00	146.00
1986	HISTORIC STONE GATE	RT	168.00	168.00
1987	TERRACE MANOR	RT	144.00	144.00
1992	GREENHOUSE WITH WALKWAY	2000	490.00	490.00
1993	ESTATE HOUSE	1000	900.00	900.00
1994	RAMBLING ROSE	500	660.00	660.00
1995	NATURE CENTER LODGE FURNISHED	500	390.00	390.00
1996	ANTIQUE SANTA TREASURE HOUSE FURNISHED	500	450.00	450.00
1997	REVISED TERRACE MANOR	2500	190.00	190.00

R. KAY | | | **LIGHTED SNOWHOUSE** |
1993	ESTATE HOUSE	1000	900.00	1000.00

J. TAYLOR | | | **LIGHTED SNOWHOUSE** |
1992	GREENHOUSE W/WALKWAY	2000	490.00	525.00
1994	RAMBLING ROSE	500	660.00	700.00

Dolls & Plush

Betty Hodges

Doll collecting has exploded in the collectibles arena, ranking second in popularity among hobbyists in the United States. There are more dolls available today than ever before. They abound in the marketplace in such a variety of genre that one can scarcely ignore them.

As with all buying, your own personal tastes play an important role in collecting. There are unknown factors behind every doll purchase. Why one doll appeals to you and another does not goes back to some dim reference point. Sometimes there is a special feeling connected with a certain doll, and before you know it, you've acquired it!

Childhood dolls are often the start of a collection. Collectors will go out of their way to acquire a doll they fondly remember from their early years. But no matter how you start collecting, the doll industry continues to proliferate, allowing you to add new creations to your collection at any given time.

No one can guess which dolls produced today will increase in value tomorrow. Through the years, some contemporary dolls have become quite valuable while others have not. The dolls of the early 1900s remain very desirable. Many of these dolls were played with sparingly. It is often said that Sunday afternoon was the only time children were allowed to handle these dolls.

Despite the era in which they grew up, many collectors feel their childhood dolls are as sacrosanct as the ones made decades earlier. These dolls are quite different from their older cousins but still have the same allure. Bakelite dolls made in the 1930s were abundant, but unfortunately have not worn well. Dolls composed of wood and cloth show the timeworn caress of the little hands that played with them.

Limited edition dolls are an important factor in the equation. Putting a production limit on the number of dolls made adds to their desirability. The doll that catches your eye may not be available for very long. This initial limit on the supply can increase the demand for the doll, oftentimes making it more valuable over the years.

Today's dolls have myriad diverse characteristics. The collector's desire to add more dolls to his or her collection grows, and makers fall over themselves to accommodate that desire.

There are two definite audiences for dolls produced today–children and adults. The number of dolls bought and kept by adults is unprecedented in today's doll world. These dolls are genuine collectibles, which will be cherished. They retain their beauty indefinitely.

Keep accurate records when you acquire your dolls; include the producer's name and the exact outfit the doll is wearing. Take pictures of each doll. Should you ever decide to sell your collection, these details will be essential.

Your personal taste is the key to your collection. Do you know which dolls will become valuable? Probably not, but this should not reduce the enjoyment you get from this hobby.

BETTY HODGES has 25 years of experience in the doll market. A consultant to doll artists, she has supervised dealer booths in international toy and trade markets and writes the "Doll Collecting Today" column in **Collector's Mart** *magazine.*

Mattel introduced this Happy Holiday Barbie *to the Holiday Barbie collection in 1991.*

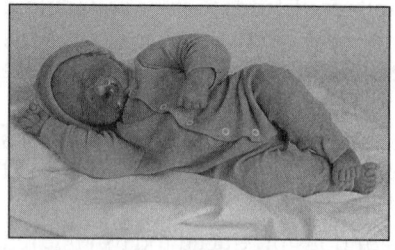

First Born My Own Baby Boy *vinyl doll takes a little snooze in his cuddly blue sleeper. This doll was introduced in 1996 by Lee Middleton Original Dolls Inc.*

*Something old, something new...*Jennifer, The 1980s Bride *is from the Classic Brides of the Century collection by Ashton-Drake Galleries.*

DOLLS & PLUSH

ANNALEE MOBILITEE

A. THORNDIKE

YR	NAME	LIMIT	ISSUE	TREND
1950	10 IN. BOY & GIRL SKIERS (SIGNED ANNALEE)	RT	15.00	2500.00
1950	10 IN. FROGMAN (GIRL DIVER) (SIGNED ANNALEE)	*	10.00	3800.00
1950	10 IN. GIRL GOLFER (SIGNED ANNALEE)	RT	*	650.00
1950	20 IN. BOY & GIRL CALYPSO DANCERS (SIGNED BY ANNAL	*	*	2000.00
1950	9 IN. CHOIR BOY (SIGNED ANNALEE)	RT	*	1000.00
1953	10 IN. GIRL WATER SKIER (SIGNED ANNALEE)	*	10.00	2500.00
1954	10 IN. COUNTRY GIRL (SIGNED ANNALEE)	RT	9.00	2000.00
1954	10 IN. ELF	*	*	300.00
1954	10 IN. SAKS FIFTH AVE. SKIER (SIGNED ANNALEE)	50	10.00	2000.00
1954	26 IN. BEAN NOSE SANTA (SIGNED ANNALEE)	*	20.00	750.00
1954	5 IN. SNO-BUNNY CHILD (SIGNED ANNALEE)	*	3.00	300.00
1954	8 IN. BOY SKIER (SIGNED ANNALEE)	RT	6.00	1000.00
1955	10 IN. BOY SWIMMER (SIGNED ANNALEE)	RT	*	1500.00
1955	7 IN. BOY SKIER (SIGNED ANNALEE)	*	*	1000.00
1956	10 IN. BABY ANGEL (SIGNED ANNALEE)	RT	6.00	600.00
1956	10 IN. FISHING GIRL (SIGNED ANNALEE)	RT	*	900.00
1956	10 IN. WATER SKIER-GIRL (SIGNED ANNALEE)	*	10.00	2500.00
1956	12 IN. SANTA WITH BEAN NOSE (SIGNED ANNALEE)	*	20.00	1000.00
1957	10 IN. BOY & GIRL IN BOAT (SIGNED ANNALEE)	RT	18.00	2000.00
1957	10 IN. BOY BUILDING BOAT (SIGNED ANNALEE)	RT	*	1000.00
1957	10 IN. BOY SKIER (SIGNED ANNALEE)	RT	16.00	2500.00
1957	10 IN. BOY SQUARE DANCER (SIGNED ANNALEE)	RT	10.00	900.00
1957	10 IN. BOY WITH STRAW HAT	RT	*	525.00
1957	10 IN. CASUALTY SKI GROUP (SIGNED ANNALEE)	RT	35.00	3150.00
1957	10 IN. CASUALTY TOBOGGAN GROUP	RT	35.00	2,425.00
1957	10 IN. CASUALTY TOBOGGAN GROUP (SIGNED ANNALEE)	RT	35.00	1250.00
1957	10 IN. EASTER HOLIDAY DOLL (SIGNED ANNALEE)	RT	10.00	1500.00
1957	10 IN. FOURTH OF JULY DOLL (SIGNED ANNALEE)	RT	10.00	1500.00
1957	10 IN. GIRL SKIER (SIGNED ANNALEE)	RT	*	2500.00
1957	10 IN. GIRL SQUARE DANCER (SIGNED ANNALEE)	RT	10.00	900.00
1957	10 IN. HOLLY ELF (SIGNED ANNALEE)	*	*	1600.00
1957	10 IN. SKIER (SIGNED ANNALEE)	*	15.00	2500.00
1957	10 IN. SKIER WITH LEG IN CAST (SIGNED ANNALEE)	*	35.00	2000.00
1957	10 IN. THANKSGIVING DOLL (SIGNED ANNALEE)	*	*	1500.00
1957	10 IN. VALENTINE DOLL (SIGNED ANNALEE)	*	10.00	1500.00
1957	9 IN. ELF WITH MUSICAL INSTRUMENT (SIGNED ANNALEE)	RT	4.00	1000.00
1958	10 IN. SPRING DOLL (SIGNED ANNALEE)	*	10.00	2000.00
1959	10 IN. ARCHITECT	RT	7.00	500.00
1959	10 IN. BOY & GIRL IN FISHING BOAT (SIGNED ANNALEE)	RT	17.00	1000.00
1959	10 IN. BOY & GIRL ON BIKE (SIGNED ANNALEE)	RT	17.00	1000.00
1959	10 IN. BOY GOLFER (SIGNED ANNALEE)	RT	10.00	800.00
1959	10 IN. BOY SKIER (SIGNED ANNALEE)	RT	*	1000.00
1959	10 IN. BOY SQUARE DANCER (SIGNED ANNALEE)	RT	10.00	900.00
1959	10 IN. DENTIST (SIGNED ANNALEE)	RT	10.00	2000.00
1959	10 IN. ELF WITH INSTRUMENT (SIGNED ANNALEE)	RT	4.00	2000.00
1959	10 IN. FOOTBALL PLAYER (SIGNED ANNALEE)	RT	10.00	1500.00
1959	10 IN. GIRL SKIER (SIGNED ANNALEE)	*	*	2500.00
1959	10 IN. GIRL SQUARE DANCER (SIGNED ANNALEE)	*	10.00	900.00
1959	10 IN. GIRL SWIMMER (SIGNED ANNALEE)	*	*	1500.00
1959	10 IN. GREEN WOODSPRITE (SIGNED ANNALEE)	*	7.00	425.00
1959	10 IN. TEXAS OIL MAN (SIGNED ANNALEE)	*	16.00	4000.00
1959	7 IN. BABY ANGEL WITH FEATHER HAIR (SIGNED ANNALEE	*	4.00	250.00
1959	7 IN. GIRL SKIER (SIGNED ANNALEE)	*	*	1000.00
1959	7 IN. SANTA WITH FUR TRIM SUIT (SIGNED ANNALEE)	RT	3.00	300.00
1960	10 IN. ANGEL ON CLOUD	*	10.00	400.00
1960	10 IN. BATHING GIRL (SIGNED ANNALEE)	RT	4.00	1250.00
1960	10 IN. GIRL SKIER (SIGNED ANNALEE)	RT	*	1250.00
1960	33 IN. BOY & GIRL ON TANDEM BIKE (SIGNED ANNALEE)	*	*	4000.00
1960	5 IN. ELF (SIGNED ANNALEE)	*	*	250.00
1960	7 IN. BABY ANGEL (SIGNED ANNALEE)	*	*	300.00
1960	7 IN. BABY ANGEL W/BLUE WINGS (SIGNED ANNALEE)	*	*	300.00
1960	7 IN. BABY ANGEL WITH STAR ON LEG (SIGNED ANNALEE)	*	*	300.00
1960	7 IN. BABY IN STOCKING (SIGNED ANNALEE)	*	*	300.00
1960	7 IN. BABY WITH BOW (SIGNED ANNALEE)	*	2.00	300.00
1960	7 IN. BABY WITH PINK BOW (SIGNED ANNALEE)	*	*	300.00
1960	7 IN. MR. AND MRS. TUCKERED (SIGNED ANNALEE)	*	*	500.00
1962	10 IN. STEEPLE (BOY) (SIGNED ANNALEE)	*	9.00	900.00
1962	10 IN. ELF W/FEATHER HAIR (SIGNED ANNALEE)	*	9.00	300.00
1963	10 IN. CHRISTMAS ELF W/TINSEL	SU	*	200.00
1963	10 IN. ELF (SP. ORDER NEW HAMPTON WINTER CARNIVAL)	SU	*	395.00
1963	10 IN. ELF SKIER	*	*	375.00
1963	10 IN. GIRL WATER-SKIER (SIGNED ANNALEE)	*	8.00	1000.00
1963	10 IN. WHITE WOODSPRITE	*	*	300.00
1963	10 IN. YELLOW WOODSPRITE (SIGNED ANNALEE)	*	*	275.00
1963	18 IN. FRIAR	*	*	400.00
1963	18 IN. FRIAR BOTTLE COVER	*	3.00	350.00
1963	22 IN. BELLHOP (RED, SIGNED ANNALEE)	*	*	1000.00
1963	24 IN. WOODSPRITE (SIGNED ANNALEE)	*	5.00	500.00
1963	5 IN. BABY ANGEL (SIGNED ANNALEE)	*	*	300.00
1963	5 IN. BABY WITH SANTA HAT	*	2.00	300.00
1963	5 IN. CHRISTMAS ELF	*	3.00	250.00
1963	7 IN. BABY ANGEL ON CLOUD (SIGNED ANNALEE)	*	2.00	300.00
1963	7 IN. SATURDAY NIGHT BABY (SIGNED ANNALEE)	RT	3.00	350.00

YR	NAME	LIMIT	ISSUE	TREND
1964	10 IN. GENDARME (SIGNED ANNALEE)	*	4.00	1000.00
1964	10 IN. IMP SKIER (SIGNED ANNALEE)	*	4.00	400.00
1964	10 IN. MONK (GREEN)	*	3.00	350.00
1964	10 IN. MONK WITH CAP	*	3.00	350.00
1964	12 IN. GEORGE & SHEILA-BRIDE/GROOM MOUSE (SIGNED)	*	13.00	600.00
1964	18 IN. P.J. BOY (SIGNED ANNALEE)	*	7.00	450.00
1964	18 IN. WOODSPRITE (SIGNED ANNALEE)	*	6.00	500.00
1964	22 IN. WOODSPRITE (SIGNED ANNALEE)	*	6.00	600.00
1964	7 IN. BABY IN A BLANKET (SIGNED ANNALEE)	*	2.00	300.00
1964	7 IN. BRIDE & GROOM MICE (SIGNED ANNALEE)	*	3.00	500.00
1964	7 IN. CHRISTMAS MOUSE (SIGNED ANNALEE)	*	4.00	300.00
1964	7 IN. SAT. NITE ANGEL W/BLANKET (SIGNED ANNALEE)	RT	3.00	350.00
1965	10 IN. BACK TO SCHOOL, BOY & GIRL (SIGNED ANNLEE)	RT	20.00	1000.00
1965	10 IN. FISHING BOY (SIGNED ANNALEE)	RT	8.00	900.00
1965	10 IN. FISHING GIRL (SIGNED ANNALEE)	RT	10.00	900.00
1965	10 IN. MONK WITH CHRISTMAS TREE PLANTING	*	3.00	300.00
1965	10 IN. REINDEER	*	5.00	500.00
1965	12 IN. NIPSY-TIPSY HARE (SIGNED ANNALEE)	*	8.00	1000.00
1965	12 IN. SANTA	*	5.00	125.00
1965	18 IN. SANTA	*	9.00	175.00
1965	26 IN. MRS. SANTA WITH APRON (SIGNED ANNALEE)	*	15.00	800.00
1965	5 IN. GREEN GNOME (SIGNED ANNALEE)	*	*	200.00
1965	7 IN. DRESDEN CHINA BABIES, TWO (SIGNED ANNALEE)	*	*	400.00
1965	7 IN. DUMB BUNNY (SIGNED ANNALEE)	*	4.00	300.00
1965	7 IN. EEK, PEEK, SQUEEK MOUSE	*	4.00	300.00
1965	7 IN. LAWYER MOUSE (SIGNED ANNALEE)	*	7.00	200.00
1965	7 IN. MR. AND MRS. SANTA	*	6.00	200.00
1966	10 IN. CENTRAL GAS CO. ELF (SIGNED ANNALEE)	RT	*	175.00
1966	10 IN. GO-GO BOY & GIRL (SIGNED ANNALEE)	*	4.00	550.00
1966	10 IN. GO-GO BOY DANCER (SIGNED ANNALEE)	*	10.00	350.00
1966	29 IN. MR. OUTDOOR SANTA	*	17.00	350.00
1966	5 IN. NEW HAMPTON SCHOOL BABY (SIGNED ANNALEE)	300	*	225.00
1966	7 IN. ANGEL/ WHITE WINGS (SIGNED ANNALEE)	*	*	225.00
1966	7 IN. MOUSE W/CANDLE (SIGNED ANNALEE)	*	*	175.00
1966	7 IN. YUM YUM BUNNY (SIGNED ANNALEE)	RT	4.00	400.00
1967	10 IN. ELF WITH ROUND BOX (SIGNED ANNALEE)	RT	2.00	350.00
1967	10 IN. ELF WITH SKIS	48	3.00	300.00
1967	10 IN. MONK	*	*	200.00
1967	10 IN. MONK W/MUSICAL INSTRUMENT	SU	*	275.00
1967	10 IN. SURFER BOY	*	5.00	350.00
1967	10 IN. SURFER BOY	*	10.00	350.00
1967	10 IN. SURFER GIRL	*	10.00	350.00
1967	10 IN. WORKSHOP ELF	*	*	200.00
1967	12 IN. FANCY NANCY CAT CHRISTMAS	*	7.00	400.00
1967	12 IN. GNOME W/PJ SUIT (SIGNED ANNALEE)	*	*	400.00
1967	12 IN. LAURA MAY CAT (SIGNED ANNALEE)	*	7.00	400.00
1967	12 IN. YUM YUM BUNNY (SIGNED ANNALEE)	*	10.00	500.00
1967	18 IN. MONK W/PLANT	*	8.00	250.00
1967	18 IN. NUN (SIGNED ANNALEE)	296	8.00	300.00
1967	36 IN. CHRISTMAS CAT (SIGNED ANNALEE)	*	12.00	500.00
1967	7 IN. CONDUCTOR MOUSE (SIGNED ANNALEE)	*	4.00	300.00
1967	7 IN. GARDEN CLUB BABY (SIGNED ANNALEE)	*	3.00	350.00
1967	7 IN. GNOME W/PJ SUIT (SIGNED ANNALEE)	*	2.00	200.00
1967	7 IN. MIGUEL THE MOUSE (SIGNED ANNALEE)	*	4.00	350.00
1967	7 IN. MR. SANTA MOUSE	*	4.00	150.00
1967	7 IN. MRS. HOLLY MOUSE	*	4.00	150.00
1967	7 IN. SANTA MOUSE	*	2.00	150.00
1967	7 IN. SANTA WITH TOY BAG (SIGNED ANNALEE)	RT	4.00	150.00
1968	10 IN. BOY WITH BEACH BALL (SIGNED ANNALEE)	RT	6.00	400.00
1968	10 IN. HONKEY DONKEY (BROWN)	RT	4.00	275.00
1968	12 IN. ICE PACK CAT (SIGNED ANNALEE)	*	7.00	400.00
1968	12 IN. TESSIE TAR CAT (SIGNED ANNALEE)	*	7.00	400.00
1968	18 IN. MR. INDOOR SANTA	*	8.00	200.00
1968	18 IN. MRS. INDOOR SANTA (SIGNED ANNALEE)	*	8.00	200.00
1968	29 IN. MR. SANTA WITH VEST & SACK	*	16.00	200.00
1968	36 IN. REINDEER (RED NOSE)	*	*	375.00
1968	5 IN. BABY ANGEL ON CLOUD	*	3.00	200.00
1968	5 IN. BABY IN SANTA HAT	*	2.00	200.00
1968	6 IN. MYRTLE TURTLE (SIGNED ANNALEE)	*	4.00	500.00
1968	7 IN. BABY I'M READING (SIGNED ANNALEE)	*	*	300.00
1968	7 IN. BABY VAIN JANE (SIGNED ANNALEE)	*	2.00	300.00
1968	7 IN. FAT FANNY (SIGNED ANNALEE)	*	6.00	400.00
1968	7 IN. MR. & MRS. SANTA TUCKERED	*	3.00	200.00
1968	7 IN. MR. HOLLY MOUSE (SIGNED ANNALEE)	*	4.00	200.00
1968	7 IN. NIGHTSHIRT BOY MOUSE (SIGNED ANNALEE)	*	4.00	200.00
1968	ELEPHANT HEAD	RT	*	125.00
1969	10 IN. BRIDE & GROOM FROGS COURTIN' (SIGNED ANNALE	RT	8.00	450.00
1969	10 IN. NUN ON SKIS	1551	4.00	300.00
1969	10 IN. REINDEER WITH RED NOSE	*	5.00	95.00
1969	10 IN. WHITE ELF WITH PRESENTS	*	*	175.00
1969	12 IN. NIGHTSHIRT MOUSE	*	*	200.00
1969	18 IN. SANTA KID (SIGNED ANNALEE)	*	7.00	350.00
1969	22 IN. GO-GO GIRL DANCER (SIGNED ANNALEE)	*	10.00	450.00
1969	25 IN. COUNTRY BOY & GIRL (PAIR, SIGNED ANNALEE)	69	7.00	750.00
1969	4 IN. PIG-BUBBLE TIME W/CHAMPAGNE GLASS (SIGNED AN	*	5.00	300.00
1969	42 IN. FROG	30	30.00	700.00
1969	7 IN. BUNNY W/OVERSIZED CARROT (SIGNED ANNALEE)	*	5.00	225.00
1969	7 IN. CHRISTMAS BABY ON 3 HOT BOXES (SIGNED ANNALE	*	3.00	225.00
1970	10 IN. CASUALTY ELF (SIGNED ANNALEE)	991	2.00	350.00

YR	NAME	LIMIT	ISSUE	TREND
1970	10 IN. CHOIR BOY	3517	4.00	150.00
1970	10 IN. CHOIR GIRL	7245	5.00	150.00
1970	10 IN. CLOWN	2362	4.00	175.00
1970	10 IN. ELF SKIER	597	*	250.00
1970	10 IN. MONK WITH SKIS (SIGNED ANNALEE)	406	4.00	250.00
1970	10 IN. REINDEER WITH HAT	144	5.00	95.00
1970	10 IN. XMAS MUSHROOM-7 IN. SANTA & DEER (SIGNED AN	RT	11.00	450.00
1970	14 IN. SPRING MUSHROOM (SIGNED ANNALEE)	*	*	450.00
1970	18 IN. BUNNY W/BUTTERFLY	258	11.00	225.00
1970	18 IN. CLOWN (SIGNED ANNALEE)	542	5.00	350.00
1970	18 IN. GIRL BUNNY WITH EGG	1727	16.00	200.00
1970	18 IN. PATCHWORK KID (SIGNED ANNALEE)	496	8.00	300.00
1970	29 IN. GIRL BUNNY	*	22.00	300.00
1970	7 IN. ARCHITECT MOUSE (SIGNED ANNALEE)	205	4.00	225.00
1970	7 IN. BLUE MONKEY (SIGNED ANNALEE)	293	*	400.00
1970	7 IN. BOXING MOUSE (SIGNED ANNALEE)	321	4.00	250.00
1970	7 IN. BUNNY (YELLOW)	SU	*	150.00
1970	7 IN. BUNNY W/BUTTERFLY	1264	5.00	75.00
1970	7 IN. CARPENTER MOUSE	307	4.00	75.00
1970	7 IN. MONKEY (SIGNED ANNALEE)	293	5.00	350.00
1970	7 IN. NIGHTSHIRT GIRL MOUSE	*	4.00	75.00
1970	7 IN. PLUMBER MOUSE	196	4.00	350.00
1970	7 IN. PROFESSOR MOUSE	248	4.00	150.00
1970	7 IN. SANTA WITH XMAS MUSHROOM	*	7.00	200.00
1970	7 IN. SHERIFF MOUSE	11	4.00	150.00
1970	7 IN. TREASURE BABY (SIGNED ANNALEE)	RT	4.00	200.00
1970	7 IN. YELLOW BUNNY	RT	4.00	150.00
1971	10 IN. BRIDE & GROOM FROGS ON BIKE (SIGNED ANNALEE	13	18.00	650.00
1971	10 IN. CHOIR BOY	904	4.00	163.00
1971	10 IN. CHOIR GIRL	925	4.00	163.00
1971	10 IN. CLOWN	708	2.00	163.00
1971	10 IN. ELF SKIER	*	*	200.00
1971	10 IN. FROG W/INSTRUMENT	233	4.00	163.00
1971	10 IN. NUN ON SKIS	617	4.00	275.00
1971	10 IN. RED NOSED REINDEER	1588	5.00	75.00
1971	12 IN. GNOME	RT	*	195.00
1971	18 IN. CHOIR GIRL	424	8.00	175.00
1971	18 IN. FROG W/BASS VIOLA (SIGNED ANNALEE)	224	12.00	750.00
1971	18 IN. MRS. SANTA WITH CARDHOLDER	1563	8.00	108.00
1971	18 IN. PETER BUNNY (SIGNED ANNALEE)	219	11.00	300.00
1971	18 IN. SANTA FUR KID (SIGNED ANNALEE)	1191	8.00	300.00
1971	29 IN. SNOWMAN WITH BROOM	1075	20.00	300.00
1971	30 IN. WHITE BUNNY WITH CARROT	172	*	300.00
1971	36 IN. REINDEER WITH TWO GNOMES	624	38.00	550.00
1971	5 IN. GNOME WITH CANDLE (SIGNED ANNALEE)	*	3.00	350.00
1971	7 IN. ANGEL WITH PAPER WINGS (SIGNED ANNALEE)	608	3.00	200.00
1971	7 IN. ARTIST MOUSE	422	4.00	100.00
1971	7 IN. BABY BUNTING IN BASKET	195	4.00	100.00
1971	7 IN. BASEBALL MOUSE	553	4.00	75.00
1971	7 IN. MOUSE W/INNER TUBE	267	4.00	100.00
1971	7 IN. MR. & MRS. SANTA WITH BASKET	3403	6.00	100.00
1971	7 IN. SKI MOUSE	1326	4.00	100.00
1971	7 IN. SNOWMAN	1917	4.00	125.00
1971	7 IN. THREE GNOMES W/LARGE CANDLE (SIGNED ANNALEE)	80	12.00	700.00
1971	7 IN. YELLOW KITTEN (SIGNED ANNALEE)	103	4.00	300.00
1972	10 IN. DONKEY	861	6.00	300.00
1972	10 IN. ROBIN HOOD ELF	*	2.00	125.00
1972	12 IN. CAT WITH MOUSE	*	13.00	195.00
1972	16 IN. ELEPHANT (SIGNED ANNALEE)	230	13.00	500.00
1972	18 IN. LEPRECHAUN (SIGNED ANNALEE)	1372	*	400.00
1972	18 IN. MR. SANTA WITH SACK	850	*	95.00
1972	29 IN. EASTER PARADE MOM BUNNY	508	35.00	300.00
1972	29 IN. SANTA WITH CARDHOLDER SACK	686	25.00	125.00
1972	30 IN. BOY BUNNY	237	25.00	300.00
1972	30 IN. ELECTION DONKEY (SIGNED ANNALEE)	120	24.00	700.00
1972	30 IN. GIRL BUNNY	223	25.00	300.00
1972	36 IN. ELECTION ELEPHANT (SIGNED ANNALEE)	113	*	700.00
1972	7 IN. BALLERINA BUNNY	4700	4.00	100.00
1972	7 IN. BARBECUE MOUSE	907	4.00	75.00
1972	7 IN. BUNNY (WITH BANDANA)	1615	4.00	125.00
1972	7 IN. CHRISTMAS MOUSE	2793	4.00	75.00
1972	7 IN. DIAPER MOUSE, IT'S A BOY (SIGNED ANNALEE)	2293	4.00	100.00
1972	7 IN. DIAPER MOUSE, IT'S A GIRL (SIGNED ANNALEE)	2293	4.00	100.00
1972	7 IN. GIRL GOLFER MOUSE	*	4.00	75.00
1972	7 IN. HOUSEWIFE MOUSE	1768	4.00	75.00
1972	7 IN. MR. & MRS. TUCKERED	1187	6.00	125.00
1972	7 IN. MRS. SANTA WITH APRON AND CAP	8867	6.00	75.00
1972	7 IN. PREGNANT MOUSE	820	6.00	75.00
1972	7 IN. SANTA WITH MUSHROOM	540	*	200.00
1972	7 IN. YACHTSMAN MOUSE	1130	4.00	120.00
1973	12 IN. GIRL NIGHTSHIRT MONKEY	*	8.00	300.00
1973	12 IN. NIGHTSHIRT MOUSE	122	8.00	125.00
1973	18 IN. MRS. SANTA	3700	7.00	100.00
1973	18 IN. MRS. SANTA WITH CARDHOLDER	3900	15.00	100.00
1973	7 IN. BUNNY ON BOX	795	6.00	100.00
1973	7 IN. CHRISTMAS PANDA	1094	9.00	325.00
1973	7 IN. FIREMAN MOUSE	557	4.00	108.00
1973	7 IN. FOOTBALL MOUSE	944	4.00	75.00
1973	7 IN. GOLFER MOUSE	*	5.00	75.00

YR	NAME	LIMIT	ISSUE	TREND
1973	7 IN. MR. & MRS. SANTA-WICKER LOVESEAT	3973	11.00	125.00
1973	7 IN. PAINTER MOUSE	*	4.00	100.00
1973	7 IN. SANTA MAILMAN	3276	5.00	100.00
1973	7 IN. SKIING MOUSE	2774	4.00	100.00
1973	7 IN. WAITER MOUSE	RT	4.00	100.00
1973	7 IN. WHITE BUNNY	1600	6.00	75.00
1974	10 IN. FUR TRIMMED ELF W/CANDY BASKET	RT	6.00	100.00
1974	10 IN. LAD & LASS (SIGNED ANNALEE)	453	*	300.00
1974	10 IN. LEPRECHAUN W/SACK	SU	6.00	125.00
1974	10 IN. WILLIE WOG GOIN' FISHING	*	6.00	200.00
1974	12 IN. RETIRED GRANDMA MOUSE	1135	14.00	125.00
1974	12 IN. RETIRED GRANDPA MOUSE	1103	14.00	125.00
1974	16 IN. CHRISTMAS WREATH W/SANTA HEAD	SU	10.00	150.00
1974	22 IN. WORKSHOP ELF W/APRON (RED)	SU	*	175.00
1974	22 IN. WORKSHOP ELF WITH APRON	1404	11.00	175.00
1974	29 IN. MRS. SANTA WITH CARDHOLDER	*	29.00	125.00
1974	7 IN. ARTIST MOUSE	397	6.00	75.00
1974	7 IN. BLACK SANTA (SIGNED ANNALEE)	1157	6.00	400.00
1974	7 IN. CARPENTER MOUSE	551	6.00	75.00
1974	7 IN. COWBOY MOUSE	394	6.00	100.00
1974	7 IN. DOCTOR MOUSE	720	6.00	75.00
1974	7 IN. HOCKEY MOUSE	687	8.00	108.00
1974	7 IN. HUNTER MOUSE W/BIRD	690	6.00	125.00
1974	7 IN. HUNTER MOUSE WITH DEER	1282	12.00	150.00
1974	7 IN. PAINTER MOUSE	*	4.00	125.00
1974	7 IN. PREGNANT MOUSE	820	*	75.00
1974	7 IN. SANTA IN SKI BOB (SIGNED ANNALEE)	704	5.00	250.00
1974	7 IN. SEAMSTRESS MOUSE	387	4.00	80.00
1974	7 IN. SECRETARY MOUSE	364	4.00	150.00
1974	7 IN. VACATION MOUSE	RT	*	95.00
1975	10 IN. CAROLER BOY	RT	*	150.00
1975	10 IN. LAD & LASS (SIGNED ANNALEE)	162	12.00	200.00
1975	10 IN. LAD ON BICYCLE (SIGNED ANNALEE)	453	6.00	200.00
1975	10 IN. LASS	558	6.00	150.00
1975	10 IN. RED NOSED REINDEER	4854	*	75.00
1975	18 IN. HORSE	221	17.00	275.00
1975	18 IN. LAD	206	12.00	200.00
1975	18 IN. LAD & LASS ON BIKE	206	24.00	300.00
1975	18 IN. LASS	224	12.00	200.00
1975	18 IN. MRS. SANTA WITH PLUM PUDDING	*	12.00	125.00
1975	25 IN. LASS WITH BASKET OF FLOWERS (SIGNED ANNALEE	92	29.00	400.00
1975	5 IN. BABY DUCK	1333	4.00	108.00
1975	5 IN. LAMB	487	6.00	225.00
1975	7 IN. BEAUTICIAN MOUSE	1349	4.00	108.00
1975	7 IN. BICYCLIST MOUSE	1561	6.00	108.00
1975	7 IN. BOUQUET GIRL MOUSE	*	4.00	108.00
1975	7 IN. CHRISTMAS MOUSE IN SANTA'S MITTEN	3959	6.00	80.00
1975	7 IN. FISHERMAN MOUSE	1343	6.00	75.00
1975	7 IN. GOIN' FISHIN' MOUSE	4507	6.00	75.00
1975	7 IN. HOUSEWIFE MOUSE	1632	6.00	75.00
1975	7 IN. PREGNANT MOUSE	879	6.00	75.00
1975	7 IN. RETIRED GRANDPA MOUSE	793	6.00	75.00
1975	7 IN. SKI MOUSE	5219	6.00	75.00
1975	7 IN. TWO IN TENT MICE	914	*	75.00
1976	10 IN. BOY IN TIRE SWING	358	7.00	175.00
1976	10 IN. CLOWN	2285	6.00	175.00
1976	10 IN. COUNTRY GIRL IN TIRE SWING	357	*	175.00
1976	10 IN. DONKEY	1202	6.00	250.00
1976	10 IN. DRUMMER BOY	SU	6.00	150.00
1976	10 IN. ELEPHANT	1223	6.00	295.00
1976	10 IN. GIRL IN TIRE SWING	357	7.00	150.00
1976	10 IN. LASS W/PLANTER BASKET (SIGNED ANNALEE)	313	7.00	150.00
1976	10 IN. SCARECROW	SU	6.00	170.00
1976	10 IN. UNCLE SAM	1095	6.00	300.00
1976	10 IN. VOTE DONKEY	1202	6.00	250.00
1976	12 IN. COLONIAL BOY & GIRL MOUSE	*	27.00	350.00
1976	12 IN. COLONIAL BOY MOUSE	838	14.00	185.00
1976	12 IN. COLONIAL GIRL MOUSE	691	14.00	185.00
1976	12 IN. GIRL MOUSE WITH PLUM PUDDING	1482	14.00	150.00
1976	15 IN. ROOSTER (SIGNED ANNALEE)	485	14.00	400.00
1976	18 IN. CHOIR BOY	*	*	175.00
1976	18 IN. CLOWN (SIGNED ANNALEE)	916	14.00	350.00
1976	18 IN. DRUMMER BOY	402	14.00	250.00
1976	18 IN. EASTER PARADE BOY BUNNY	791	14.00	150.00
1976	18 IN. ELEPHANT (SIGNED ANNALEE)	285	17.00	500.00
1976	18 IN. GIRL BUNNY WITH EGG	789	14.00	150.00
1976	18 IN. SCARECROW	916	14.00	250.00
1976	18 IN. UNCLE SAM (SIGNED ANNALEE)	245	17.00	450.00
1976	18 IN. VOTE 76 DONKEY (SIGNED ANNALEE)	285	17.00	500.00
1976	18 IN. YANKEE DOODLE DANDY (SIGNED ANNALEE)	153	*	350.00
1976	25 IN. YANKEE DOODLE DANDY/30 IN. HORSE (SIGNED AN	41	78.00	900.00
1976	29 IN. CLOWN (SIGNED ANNALEE)	466	30.00	500.00
1976	36 IN. ELECTION DONKEY (SIGNED ANNALEE)	119	*	650.00
1976	36 IN. HORSE (SIGNED ANNALEE)	27	48.00	450.00
1976	42 IN. SCARECROW	134	62.00	"1,000.00"
1976	7 IN. BIRTHDAY GIRL MOUSE	732	6.00	75.00
1976	7 IN. CARD PLAYING GIRL MOUSE	2878	6.00	125.00
1976	7 IN. COLONIAL BOY MOUSE	5457	6.00	125.00
1976	7 IN. COLONIAL GIRL MOUSE	5457	6.00	125.00

YR	NAME	LIMIT	ISSUE	TREND
1976	7 IN. GARDENER MOUSE	1255	6.00	75.00
1976	7 IN. MISTLETOE ANGEL	17540	6.00	30.00
1976	7 IN. MR. HOLLY MOUSE	2774	6.00	75.00
1976	7 IN. MRS. HOLLY MOUSE	3078	6.00	75.00
1976	7 IN. NURSE MOUSE	5164	6.00	75.00
1976	8 IN. ELECTION ELEPHANT (SIGNED ANNALEE)	1223	*	350.00
1976	8 IN. ROOSTER	1094	6.00	250.00
1976	8 IN. WHITE DUCK	3265	5.00	75.00
1977	10 IN. CLOWN	4784	6.00	150.00
1977	10 IN. SCARECROW	4879	6.00	170.00
1977	15 IN. PURPLE ROOSTER (SIGNED ANNALEE)	548	5.00	400.00
1977	18 IN. CLOWN (SIGNED ANNALEE)	2343	14.00	350.00
1977	18 IN. EASTER PARADE BOY BUNNY	1567	14.00	150.00
1977	18 IN. SCARECROW	*	14.00	250.00
1977	22 IN. JACK FROST ELF	2600	12.00	175.00
1977	29 IN. EASTER PARADE POP BUNNY	477	35.00	300.00
1977	29 IN. MECHANICAL SEE-SAW BUNNY (SIGNED ANNALEE)	*	300.00	900.00
1977	29 IN. MRS. SANTA MOUSE WITH MUFF	571	50.00	395.00
1977	29 IN. POP BUNNY WITH BASKET	*	12.00	300.00
1977	7 IN. BASEBALL MOUSE (SIGNED ANNALEE)	1634	6.00	750.00
1977	7 IN. BEAUTICIAN MOUSE	1521	6.00	108.00
1977	7 IN. BINGO MOUSE	1221	6.00	125.00
1977	7 IN. BUNNY	SU	6.00	35.00
1977	7 IN. BUNNY W/EGG	2442	6.00	75.00
1977	7 IN. BUNNY WITH BUTTERFLY	2721	6.00	75.00
1977	7 IN. DIET TIME MOUSE	1478	6.00	125.00
1977	7 IN. GROOM MOUSE	1211	7.00	75.00
1977	7 IN. HOBO MOUSE	1004	6.00	125.00
1977	7 IN. MR. NIGHTSHIRT MOUSE	309	50.00	75.00
1977	7 IN. SWEETHEART MOUSE	3323	6.00	75.00
1977	7 IN. VACATIONER MOUSE	1040	6.00	95.00
1977	8 IN. DRUMMER BOY	6522	6.00	75.00
1977	8 IN. ROOSTER	1642	6.00	250.00
1978	10 IN. BOY PILGRIM	3465	7.00	175.00
1978	10 IN. CLOWN	4020	6.00	150.00
1978	10 IN. ELF W/PLANTER	1978	7.00	155.00
1978	10 IN. SNOWMAN	9701	7.00	80.00
1978	12 IN. GNOME	10140	10.00	160.00
1978	18 IN. CANDY GIRL	1333	15.00	250.00
1978	18 IN. CLOWN (SIGNED ANNALEE)	4000	14.00	300.00
1978	18 IN. REINDEER (RED NOSE)	5134	9.00	150.00
1978	18 IN. SNOWMAN W/BIRD	3971	80.00	150.00
1978	29 IN. CAROLER MOUSE	658	50.00	350.00
1978	29 IN. EASTER PARADE MOM & POP BUNNIES, PAIR	529	37.00	450.00
1978	36 IN. REINDEER WITH SADDLEBAGS	594	58.00	325.00
1978	7 IN. AIRPLANE PILOT MOUSE	2308	7.00	95.00
1978	7 IN. ARTIST BUNNY	4217	8.00	125.00
1978	7 IN. BUNNIES WITH BASKET	2253	*	100.00
1978	7 IN. C.B. MOUSE	2396	7.00	75.00
1978	7 IN. DOCTOR MOUSE	2028	7.00	75.00
1978	7 IN. DOCTOR MOUSE	816	7.00	75.00
1978	7 IN. FIREMAN MOUSE	*	7.00	75.00
1978	7 IN. GARDENER MOUSE	*	7.00	75.00
1978	7 IN. GIRL GOLFER MOUSE	2215	7.00	75.00
1978	7 IN. GROOM MOUSE	2952	10.00	75.00
1978	7 IN. GROOM MOUSE	*	14.00	75.00
1978	7 IN. NIGHTSHIRT MOUSE	6444	8.00	75.00
1978	7 IN. POLICEMAN MOUSE	RT	7.00	100.00
1978	7 IN. SANTA WITH DEER AND TREE	5813	18.00	125.00
1978	7 IN. SKATEBOARD MOUSE	3733	8.00	125.00
1978	7 IN. TEACHER MOUSE	2249	6.00	75.00
1978	7 IN. TREE TOP ANGEL WITH WREATH	8613	6.00	75.00
1979	10 IN. BOY FROG	5642	8.00	95.00
1979	10 IN. SNOWMAN	12888	8.00	80.00
1979	12 IN. MRS. SANTA MOUSE	7210	*	125.00
1979	12 IN. NIGHTSHIRT MOUSE WITH CANDLE	5739	16.00	150.00
1979	12 IN. SANTA MOUSE	*	*	100.00
1979	14 IN. FATHER PIG	1500	19.00	150.00
1979	14 IN. MOTHER PIG	1807	19.00	175.00
1979	18 IN. ARTIST BUNNY	1064	16.00	200.00
1979	18 IN. GIRL FROG	2338	19.00	200.00
1979	18 IN. GNOME	9048	17.00	200.00
1979	18 IN. MR. SANTA WITH CARDHOLDER	*	*	85.00
1979	29 IN. EASTER PARADE MOM BUNNY	662	43.00	200.00
1979	29 IN. GNOME	1762	48.00	400.00
1979	29 IN. MOTORIZED MR. & MRS. SANTA	136	400.00	500.00
1979	29 IN. SNOWMAN	917	43.00	200.00
1979	4 IN. BOY PIG (WHITE BODY, GREEN BOW)	3435	9.00	55.00
1979	4 IN. GIRL PIG (WHITE BODY, PINK BOW)	3719	9.00	55.00
1979	7 IN. BOY GOLFER MOUSE	2743	8.00	75.00
1979	7 IN. C.B. MOUSE	1039	8.00	75.00
1979	7 IN. C.B. SANTA	2206	8.00	75.00
1979	7 IN. CARPENTER MOUSE	2024	7.00	75.00
1979	7 IN. CHIMNEY SWEEP MOUSE	6331	8.00	75.00
1979	7 IN. FIREMAN MOUSE	1773	7.00	75.00
1979	7 IN. FISHING MOUSE	3053	8.00	75.00
1979	7 IN. GARDENER MOUSE	1939	8.00	75.00
1979	7 IN. GIRL GOLFER MOUSE	2316	8.00	75.00
1979	7 IN. MRS. SANTA MOUSE WITH HOLLY	*	8.00	75.00

YR	NAME	LIMIT	ISSUE	TREND
1979	7 IN. PREGNANT MOUSE	1856	8.00	75.00
1979	7 IN. QUILTING MOUSE, SPECIAL ORDER	213	*	160.00
1979	7 IN. SANTA MOUSE	12649	8.00	75.00
1979	7 IN. SANTA WITH MISTLETOE	SU	8.00	75.00
1979	7 IN. SKATEBOARD MOUSE	1821	6.00	125.00
1979	7 IN. SWIMMER MOUSE	3640	10.00	100.00
1980	10 IN. BOY FROG	4185	10.00	95.00
1980	10 IN. BOY ON RAFT	1087	29.00	180.00
1980	10 IN. BRIDE FROG	1653	15.00	150.00
1980	10 IN. CLOWN	8136	12.00	108.00
1980	10 IN. GIRL FROG	421	10.00	100.00
1980	10 IN. GROOM FROG	1611	15.00	150.00
1980	10 IN. SANTA FROG	7631	10.00	125.00
1980	18 IN. BOY FROG	1285	23.00	195.00
1980	18 IN. CLOWN	3192	25.00	225.00
1980	18 IN. COUNTRY GIRL BUNNY W/BASKET	3964	20.00	160.00
1980	18 IN. GNOME	RT	20.00	195.00
1980	18 IN. SANTA FROG	2126	25.00	295.00
1980	22 IN. CHRISTMAS STOCKING	SU	8.00	45.00
1980	29 IN. BOY (POP) BUNNY W/BASKET (PURPLE CHECK)	SU	50.00	245.00
1980	29 IN. GNOME	RT	55.00	395.00
1980	4 IN. PIG	1615	8.00	75.00
1980	42 IN. CLOWN	224	150.00	650.00
1980	42 IN. CLOWN WITH STAND	224	85.00	650.00
1980	42 IN. FROG	202	90.00	400.00
1980	42 IN. SANTA FROG	206	100.00	500.00
1980	7 IN. BABY IN BASSINET	*	*	65.00
1980	7 IN. BACKPACKER MOUSE	1008	10.00	80.00
1980	7 IN. BALLERINA BUNNY	*	9.00	75.00
1980	7 IN. BRIDE & GROOM MICE	2418	10.00	100.00
1980	7 IN. CARD PLAYING GIRL MOUSE	1826	10.00	125.00
1980	7 IN. CHIMNEY SWEEP MOUSE	4452	*	75.00
1980	7 IN. DISCO BOY MOUSE	363	10.00	75.00
1980	7 IN. DISCO GIRL MOUSE		10.00	75.00
1980	7 IN. FISHING MOUSE	*	8.00	75.00
1980	7 IN. GNOME	13238	10.00	75.00
1980	7 IN. GREENTHUMB MOUSE	1869	10.00	75.00
1980	7 IN. PILOT MOUSE	2011	10.00	95.00
1980	7 IN. SANTA WITH STOCKING	17665	10.00	40.00
1980	7 IN. SKATING MOUSE	3369	11.00	75.00
1980	7 IN. VOLLEYBALL MOUSE	915	10.00	100.00
1981	10 IN. BOY ON RAFT	RT	*	180.00
1981	10 IN. BRIDE FROG	RT	30.00	150.00
1981	10 IN. BRIDE FROG	1239	15.00	150.00
1981	10 IN. CLOWN	6479	10.00	108.00
1981	10 IN. ELF ON BUTTERFLY	1625	25.00	200.00
1981	10 IN. GROOM FROG	2061	15.00	150.00
1981	10 IN. JACK FROST WITH SNOWFLAKE	5950	32.00	135.00
1981	12 IN. BOY MONKEY WITH TRAPEZE	1800	24.00	295.00
1981	12 IN. GIRL MONKEY WITH TRAPEZE	857	24.00	295.00
1981	12 IN. SANTA MONKEY	1800	24.00	275.00
1981	12 IN. WITCH MOUSE ON BROOM	1049	35.00	125.00
1981	14 IN. DRAGON WITH BUSHBOY	1257	29.00	295.00
1981	18 IN. BOY ON SLED	*	12.00	150.00
1981	18 IN. BUTTERFLY WITH ELF	2517	28.00	200.00
1981	18 IN. CAT W/MOUSE & MISTLETOE	18995	47.00	170.00
1981	18 IN. CLOWN	2742	25.00	225.00
1981	18 IN. COUNTRY BOY BUNNY WITH CARROT	1998	24.00	145.00
1981	18 IN. ESCORT FOX	*	28.00	325.00
1981	18 IN. FOXY LADY	*	28.00	325.00
1981	18 IN. GIRL FROG	666	24.00	175.00
1981	18 IN. MONK W/JUG	494	*	163.00
1981	22 IN. CHRISTMAS STOCKING (PATCHWORK PRINT)	SU	10.00	55.00
1981	29 IN. DRAGON WITH BUSHBOY (SIGNED ANNALEE)	75	64.00	750.00
1981	4 IN. PIG	3194	8.00	75.00
1981	5 IN. MINIATURE REINDEER	9080	12.00	25.00
1981	7 IN. AIRPLANE PILOT MOUSE	1910	10.00	95.00
1981	7 IN. BACKPACKER MOUSE	1008	10.00	80.00
1981	7 IN. BALLOONING SANTA	1737	40.00	175.00
1981	7 IN. BASEBALL MOUSE	2380	*	60.00
1981	7 IN. CARD PLAYING GIRL MOUSE	863	10.00	125.00
1981	7 IN. COUNTRY BUNNIES	7940	*	50.00
1981	7 IN. CROSS-COUNTRY SKI SANTA	5180	11.00	60.00
1981	7 IN. ESCORT FOX	RT	12.00	175.00
1981	7 IN. FOXY LADY	RT	12.00	175.00
1981	7 IN. ICE SKATER MOUSE	1429	10.00	75.00
1981	7 IN. I'M LATE BUNNY (SIGNED ANNALEE)	*	*	300.00
1981	7 IN. JOGGER MOUSE	1783	10.00	75.00
1981	7 IN. MONKEY WITH BANANA TRAPEZE	3075	*	175.00
1981	7 IN. NAUGHTY ANGEL	12359	11.00	60.00
1981	7 IN. NURSE MOUSE	3222	12.00	75.00
1981	7 IN. SANTA MONKEY	4606	10.00	150.00
1981	7 IN. SANTA WITH MISTLETOE	SU	10.00	75.00
1981	7 IN. SANTA WITH POT BELLY	SU	12.00	75.00
1981	7 IN. WITCH MOUSE ON BROOM WITH MOON	1585+	25.00	125.00
1981	7 IN. WOODCHOPPER MOUSE	2121	11.00	85.00
1981	8 IN. BOY BBQ PIG	1159	12.00	135.00
1981	8 IN. GIRL BBQ PIG	2596	10.00	150.00
1982	10 IN. ELF ON BUTTERFLY	882	*	200.00

YR	NAME	LIMIT	ISSUE	TREND
1982	10 IN. JACK FROST ELF W/10 SNOWFLAKE	RT	14.00	135.00
1982	10 IN. JACK FROST WITH SNOWFLAKE	2289	14.00	135.00
1982	10 IN. MONK	6968	13.00	75.00
1982	12 IN. BOY SKUNK	935	28.00	150.00
1982	12 IN. DUCK WITH KERCHIEF	5861	27.00	85.00
1982	12 IN. GIRL SKUNK	936	28.00	175.00
1982	12 IN. NIGHTSHIRT MOUSE	2319	26.00	125.00
1982	12 IN. PILGRIM BOY MOUSE	2151	28.00	85.00
1982	12 IN. PILGRIM GIRL MOUSE	2017	28.00	85.00
1982	12 IN. SKUNK WITH SNOWBALL	1304	29.00	250.00
1982	18 IN. GIRL P.J. KID	5389	26.00	125.00
1982	18 IN. SANTA FOX	1499	30.00	275.00
1982	22 IN. CHRISTMAS GIRAFFE WITH ELF	448	44.00	395.00
1982	22 IN. CHRISTMAS STOCKING W/MOUSE IN TOP & TOE	SU	21.00	125.00
1982	22 IN. GIRAFFE W/10 IN. ELF	RT	37.00	375.00
1982	22 IN. SUN	838	30.00	195.00
1982	4 FT. BOY BUNNY	186	190.00	900.00
1982	5 IN. DRAGON WITH BUSHBOY	1066	18.00	225.00
1982	5 IN. MRS. SANTA WITH GIFT BOX	7566	11.00	50.00
1982	5 IN. SANTA WITH DEER	8	20.00	80.00
1982	7 IN. ANGEL WITH TEARDROP	3092	13.00	110.00
1982	7 IN. BALLERINA BUNNY	SU	12.00	80.00
1982	7 IN. BALLERINA BUNNY	4179	10.00	80.00
1982	7 IN. BRIDE MOUSE	3681	11.00	45.00
1982	7 IN. CHEERLEADER MOUSE	3441	11.00	45.00
1982	7 IN. COWBOY MOUSE	3776	29.00	100.00
1982	7 IN. EASTER PARADE BOY BUNNY	RT	12.00	45.00
1982	7 IN. FOOTBALL MOUSE	2164	10.00	75.00
1982	7 IN. GIRL TENNIS MOUSE	2443	11.00	45.00
1982	7 IN. GRADUATE BOY MOUSE	4971	12.00	45.00
1982	7 IN. GRADUATE GIRL MOUSE	3563	11.00	45.00
1982	7 IN. GROOM MOUSE	3406	11.00	45.00
1982	7 IN. I'M A 10 BABY	2159	13.00	65.00
1982	7 IN. MOUSE W/STRAWBERRY	*	12.00	45.00
1982	7 IN. MR. A.M. MOUSE	2184	12.00	95.00
1982	7 IN. SANTA FOX W/BAG	3622	13.00	175.00
1982	7 IN. SANTA WREATH CENTERPIECE	1150	*	50.00
1982	7 IN. SWEETHEART MOUSE	4110	11.00	50.00
1982	7 IN. WINDSURFER MOUSE	4114	14.00	100.00
1982	7 IN. WITCH MOUSE ON BROOM	2798	13.00	50.00
1982	7 IN. WOODCHOPPER MOUSE	1910	12.00	85.00
1982	8 IN. BALLERINA PIG	1058	13.00	175.00
1982	8 IN. BALLERINA PIG W/UMBRELLA	1015	13.00	150.00
1982	8 IN. BOY BBQ PIG	1044	12.00	135.00
1983	10 IN. BALLOONING ELVES	7395	60.00	295.00
1983	10 IN. WORKSHOP ELF	RT	*	75.00
1983	12 IN. BRIDE MOUSE	854	32.00	150.00
1983	12 IN. GROOM MOUSE	826	32.00	150.00
1983	16 IN. MONK WITH JUG	*	28.00	150.00
1983	18 IN. FAWN	1444	33.00	225.00
1983	18 IN. GINGERBREAD BOY (BROWN JACKET)	5027	29.00	135.00
1983	18 IN. SCARECROW	2300	29.00	225.00
1983	18 IN. SNOWMAN #7525	SU	29.00	95.00
1983	22 IN. SUN	*	33.00	195.00
1983	24 IN. STORK WITH BABY	858	37.00	150.00
1983	29 IN. EASTER PARADE GIRL BUNNY	*	72.00	200.00
1983	3 IN. P.J. BOY	2360	11.00	175.00
1983	5 IN. BUNNY ON MUSIC BOX	*	30.00	225.00
1983	5 IN. COUNTRY GIRL BUNNY	5163	*	75.00
1983	5 IN. DRAGON WITH WINGS & BABY	199	22.00	325.00
1983	5 IN. EASTER PARADE BOY DUCK	5133	12.00	50.00
1983	5 IN. EASTER PARADE GIRL BUNNY W/MUSIC BOX	SU	30.00	225.00
1983	5 IN. EASTER PARADE GIRL DUCK	5577	12.00	50.00
1983	5 IN. FLOPPY-EAR BOY BUNNY W/EGG	*	12.00	100.00
1983	5 IN. MR & MRS. TUCKERED	SU	23.00	175.00
1983	5 IN. SWEETHEART DUCK	1530	*	65.00
1983	7 IN. ANGEL W/INSTRUMENT #7110	SU	*	30.00
1983	7 IN. ANGEL W/MUSIC BOX (PLAYS SILENT NIGHT)	SU	30.00	165.00
1983	7 IN. CHEERLEADER MOUSE	2025	12.00	50.00
1983	7 IN. CLASSIC SNOWMAN #7505	SU	*	65.00
1983	7 IN. COUNTRY BOY BUNNY WITH BUTTERFLY	*	12.00	60.00
1983	7 IN. COWBOY MOUSE	1794	13.00	100.00
1983	7 IN. COWGIRL MOUSE	1517	13.00	100.00
1983	7 IN. EASTER PARADE BOY BUNNY	*	12.00	50.00
1983	7 IN. EASTER PARADE GIRL BUNNY	RT	12.00	50.00
1983	7 IN. EQUESTRIAN MOUSE	*	13.00	125.00
1983	7 IN. FISHING BOY	*	13.00	50.00
1983	7 IN. QUILTING MOUSE	2786	12.00	80.00
1983	7 IN. SNOWMAN	15980	13.00	65.00
1983	7 IN. WINDSURFER MOUSE	2352	14.00	100.00
1984	10 IN. AEROBIC DANCER	4875	18.00	50.00
1984	10 IN. CLOWN	6383	14.00	75.00
1984	10 IN. DOWNHILL SKIER	3535	32.00	100.00
1984	10 IN. GINGERBREAD MAN	4615	16.00	55.00
1984	10 IN. JOHNNY APPLESEED (DS)	1500	80.00	425.00
1984	10 IN. ROBIN HOOD (DS)	1500	80.00	450.00
1984	10 IN. SCARECROW	3008	16.00	125.00
1984	10 IN. SHRINER (SPECIAL ORDER)	RT	*	595.00
1984	12 IN. DEVIL MOUSE	1118	30.00	175.00

YR	NAME	LIMIT	ISSUE	TREND
1984	12 IN. WITCH MOUSE ON BROOM (MOBILE, FLYING)	SU	36.00	120.00
1984	16 IN. MONK WITH JUG	1821	35.00	150.00
1984	16 IN. MONK WITH JUG	1767	35.00	150.00
1984	18 IN. AEROBIC DANCER	622	36.00	125.00
1984	18 IN. BEAR W/BRUSH	1392	40.00	220.00
1984	18 IN. BOB CRATCHET	1819	50.00	175.00
1984	18 IN. BOY ON SLED	2205	30.00	150.00
1984	18 IN. CANDY BOY	1350	30.00	150.00
1984	18 IN. CANDY GIRL	1333	30.00	150.00
1984	18 IN. CLOWN	*	33.00	195.00
1984	18 IN. COUNTRY GIRL BUNNY WITH BASKET	1481	32.00	125.00
1984	18 IN. FAWN WITH WREATH	1444	33.00	225.00
1984	18 IN. GINGERBREAD BOY (BROWN JACKET)	*	29.00	135.00
1984	18 IN. GIRL ON SLED	2328	30.00	125.00
1984	18 IN. MARTHA CRATCHET	1751	36.00	175.00
1984	18 IN. SCARECROW	1956	33.00	225.00
1984	30 IN MRS. SANTA W/CARDHOLDER APRON #6015	SU	*	125.00
1984	30 IN. CLOWN	387	70.00	325.00
1984	30 IN. EASTER PARADE BOY & GIRL BUNNY (PASTEL)	SU	160.00	450.00
1984	30 IN. MONK	432	79.00	400.00
1984	30 IN. SNOWGIRLW/MUFF	685	80.00	525.00
1984	30 IN. SNOWMAN	956	80.00	300.00
1984	32 IN. MONK WITH GARLAND	416	79.00	425.00
1984	32 IN. MONK WITH GARLAND (SIGNED ANNALEE)	416	79.00	600.00
1984	4 FT. SNOWMAN	*	170.00	"1,000.00"
1984	5 IN. COUNTRY BUNNIES WITH BASKET	1110	*	150.00
1984	5 IN. DUCK IN SANTA HAT	2371	13.00	50.00
1984	5 IN. EASTER PARADE BOY & GIRL BUNNY	SU	24.00	195.00
1984	5 IN. EASTER PARADE BOY BUNNY	SU	12.00	110.00
1984	5 IN. GIRL BUNNY	2594	12.00	100.00
1984	5 IN. PILOT DUCKLING	4396	15.00	65.00
1984	5 IN. SANTA W/4 5 IN. DEER & SLEIGH	SU	60.00	225.00
1984	5 IN. SANTA W/STOVE	SU	14.00	60.00
1984	7 IN. ANGEL MOUSE	2093	15.00	40.00
1984	7 IN. ANGEL ON STAR	772	33.00	225.00
1984	7 IN. BASEBALL KID	2079	13.00	60.00
1984	7 IN. BOWLING MOUSE	1472	14.00	75.00
1984	7 IN. BOY WITH FIRECRACKER	1893	20.00	145.00
1984	7 IN. COUNTRY BUNNIES WITH BASKET	2345	26.00	80.00
1984	7 IN. COUNTRY GIRL WITH BASKET	715	17.00	40.00
1984	7 IN. CUPID IN HANGING HEART	2445	33.00	125.00
1984	7 IN. CUPID KID	6808	15.00	55.00
1984	7 IN. DEVIL MOUSE	3571	14.00	40.00
1984	7 IN. E.P. BOY BUNNY	5989	13.00	40.00
1984	7 IN. HOCKEY PLAYER MOUSE	1525	6.00	75.00
1984	7 IN. JOGGER KID	*	18.00	45.00
1984	7 IN. MOUSE W/STRAWBERRY	1776	12.00	45.00
1984	7 IN. MOUSE W/WREATH	*	13.00	40.00
1984	7 IN. MRS. RETIRED MOUSE	1356	14.00	65.00
1984	7 IN. NAUGHTY ANGEL	4528	15.00	60.00
1984	7 IN. NIGHTSHIRT MOUSE	*	12.00	40.00
1984	7 IN. SANTA W/WHITE FELT MOON (YELLOW FELT STARS)	SU	25.00	95.00
1984	7 IN. SNOWBALL MOUSE #7740	SU	*	40.00
1984	7 IN. TEACHER MOUSE	3150	14.00	80.00
1984	7 IN. TEACHER MOUSE, GIRL	5064	14.00	80.00
1984	7 IN. TWO BUNNIES WITH BUSHEL BASKET	2339	26.00	40.00
1984	7 IN. VALENTINE BUNNY	5602	14.00	75.00
1984	8 IN. MONK WITH JUG	3502	18.00	75.00
1985	10 IN. ANNIE OAKLEY (DS)	1500	95.00	395.00
1985	10 IN. BABY BEAR W/BEE	3604	19.00	100.00
1985	10 IN. BRIDE	318	*	150.00
1985	10 IN. CHRISTMAS PANDA WITH TOY BAG	1904	20.00	85.00
1985	10 IN. CROSS COUNTRY SKIER	1150	*	115.00
1985	10 IN. GROOM	264	*	150.00
1985	10 IN. PENGUIN & CHICK (SIGNED ANNALEE)	RT	30.00	575.00
1985	10 IN. PENGUIN W/PLAQUE	3000	30.00	85.00
1985	10 IN. REINDEER WITH BELL	6398	14.00	40.00
1985	10 IN. SCARECROW	2930	16.00	125.00
1985	12 IN. DUCK WITH RAINCOAT	*	*	95.00
1985	12 IN. INDIAN BOY MOUSE	*	34.00	115.00
1985	12 IN. KID W/SLED	4707	32.00	95.00
1985	12 IN. NAUGHTY ANGEL WITH SLINGSHOT	1393	37.00	85.00
1985	15 IN. JAZZ CAT	2622	32.00	160.00
1985	15 IN. JAZZ CAT W/INSTRUMENT	RT	32.00	160.00
1985	18 IN. BALLERINA BEAR	19918	40.00	195.00
1985	18 IN. CHRISTMAS PANDA	2207	44.00	150.00
1985	18 IN. CLOWN	2275	37.00	195.00
1985	18 IN. CLOWN WITH BALLOON	1485	37.00	195.00
1985	18 IN. COUNTRY BOY BUNNY W/WATERING CAN	2355	47.00	150.00
1985	18 IN. VALENTINE CAT WITH HEART	2129	35.00	225.00
1985	5 FT. CHRISTMAS TREE SKIRT	1332	25.00	175.00
1985	5 IN. MRS SANTA	SU	12.00	50.00
1985	5 IN. SANTA W/BAG	SU	12.00	55.00
1985	5 IN. TREE SKIRT (TWO SANTA HEADS)	SU	25.00	150.00
1985	7 IN. BASEBALL KID	1221	17.00	60.00
1985	7 IN. BOY BUNNY WITH CARROT	3273	15.00	40.00
1985	7 IN. BOY GOLFER MOUSE	2099	15.00	50.00
1985	7 IN. BRIDE & GROOM MICE	2963	14.00	85.00
1985	7 IN. DENTIST MOUSE	SU	15.00	55.00

YR	NAME	LIMIT	ISSUE	TREND
1985	7 IN. DRESS-UP BOY	1174	19.00	80.00
1985	7 IN. DRESS-UP GIRL	1536	19.00	80.00
1985	7 IN. GET-WELL MOUSE	1425	15.00	50.00
1985	7 IN. GIRL TENNIS MOUSE	1947	15.00	55.00
1985	7 IN. GRADUATE GIRL MOUSE	2884	14.00	40.00
1985	7 IN. GRADUATION MOUSE	1999	14.00	40.00
1985	7 IN. HAPPY BIRTHDAY BOY	937	19.00	60.00
1985	7 IN. HAPPY BIRTHDAY GIRL	1017	19.00	60.00
1985	7 IN. HIKER MOUSE	1781	14.00	65.00
1985	7 IN. HOCKEY PLAYER KID	1578	19.00	75.00
1985	7 IN. JOGGER KID	654	18.00	45.00
1985	7 IN. KID WITH KITE	1084	18.00	50.00
1985	7 IN. VALENTINE BUNNY	5602	14.00	75.00
1986	10 IN. CHRISTMAS PANDA W/TOY BAG	4397	19.00	85.00
1986	10 IN. CLOWN	3897	16.00	75.00
1986	10 IN. CLOWN IN HOT AIR BALLOON	2700	17.00	175.00
1986	10 IN. FISHING BEAR	2817	20.00	145.00
1986	10 IN. GIRL BEAR	SU	21.00	85.00
1986	10 IN. KITTEN W/YARN & BASKET	3917	28.00	95.00
1986	10 IN. MARK TWAIN (DS)	2500	120.00	350.00
1986	10 IN. UNICORN W/PLAQUE	3000	36.00	110.00
1986	10 IN. VALENTINE PANDA	SU	20.00	125.00
1986	12 IN. NAUGHTY ANGEL WITH SLINGSHOT	*	37.00	75.00
1986	18 IN. COUNTRY BOY BUNNY W/WHEELBARROW	1224	47.00	150.00
1986	18 IN. COUNTRY GIRL BUNNY W/FLOWERS	1205	42.00	125.00
1986	18 IN. MRS. VICTORIAN SANTA	2000	*	125.00
1986	18 IN. VALENTINE CAT W/HEART	SU	35.00	225.00
1986	18 IN. VALENTINE CAT WITH HEART	*	35.00	225.00
1986	30 IN. BOY BUNNY WITH WHEELBARROW	252	120.00	250.00
1986	5 IN. DUCK WITH RAINCOAT	5029	*	60.00
1986	7 IN. BIRTHDAY GIRL MOUSE	3724	15.00	40.00
1986	7 IN. BOATING MOUSE	2320	17.00	65.00
1986	7 IN. BOY BUNNY WITH CARROT	2949	16.00	40.00
1986	7 IN. BUNNY WITH EGG	2233	17.00	40.00
1986	7 IN. CUPID IN HOT AIR BALLOON	391	55.00	185.00
1986	7 IN. INDIAN GIRL MOUSE WITH PAPOOSE	6992	25.00	45.00
1986	7 IN. MOUSE W/WHEELBARROW	2037	17.00	75.00
1986	7 IN. SKIING KID	8057	18.00	75.00
1986	7 IN. SWEETHEART MOUSE	6271	13.00	40.00
1986	7 IN. TENNIS MOUSE	1947	16.00	55.00
1986	7 IN. VALENTINE BUNNY	RT	14.00	75.00
1986	7 IN. VICTORIAN SANTA W/SLEIGH & DEER	6820	44.00	85.00
1986	7 IN. WITCH MOUSE IN PUMPKIN BALLOON	868	78.00	275.00
1987	10 IN. BEN FRANKLIN (DS)	2500	120.00	325.00
1987	10 IN. BRIDE & GROOM CAT	727	*	325.00
1987	10 IN. CARROT BALLOON W/7 BUNNY	RT	50.00	145.00
1987	10 IN. CLOWN	RT	18.00	80.00
1987	10 IN. COLLECTOR SANTA TRIMMING TREE	RT	130.00	225.00
1987	10 IN. FROG, SITTING W/WOODEN CELLO	RT	20.00	85.00
1987	10 IN. HUCK FINN	1200	103.00	195.00
1987	10 IN. PUMPKIN (MEDIUM)	SU	35.00	195.00
1987	10 IN. SANTA FROG W/TOY BAG & STAND	RT	20.00	50.00
1987	10 IN. STATE TROOPER W/DOME	836	134.00	225.00
1987	12 IN. DUCK ON SLED	300	*	200.00
1987	14 IN. PUMPKIN BALLOON W/7 WITCH MOUSE (MOBILE)	SU	60.00	195.00
1987	18 IN. BOTTLECOVER MONK	718	30.00	150.00
1987	18 IN. CHEF SANTA (BOWL) #5632	SU	37.00	105.00
1987	18 IN. MACY'S WORKSHOP SANTA (SPECIAL ORDER)	RT	40.00	150.00
1987	18 IN. MR. VICTORIAN SANTA	2150	58.00	125.00
1987	18 IN. VICTORIAN COUNTRY BOY BUNNY	1394	50.00	90.00
1987	18 IN. VICTORIAN COUNTRY GIRL BUNNY	1492	50.00	90.00
1987	18 IN. VICTORIAN MRS SANTA CARDHOLDER, CRAN. VEL.	SU	50.00	145.00
1987	18 IN. VICTORIAN MRS SANTA, IVORY MUFF, CRAN. VEL.	SU	58.00	125.00
1987	18 IN. VICTORIAN SANTA CARDHOLDER, CRAN. VEL.	SU	50.00	145.00
1987	18 IN. VICTORIAN SANTA W/STOCKING, CRANBERRY VEL.	SU	63.00	145.00
1987	18 IN. VICTORIAN SANTA, GIFT BOX, CRAN. VEL.	SU	58.00	125.00
1987	18 IN. WORKSHOP SANTA	980	*	75.00
1987	22 IN. VELOUR VICTORIAN STOCKING	SU	15.00	55.00
1987	24 IN. CHRISTMAS GOOSE WITH BASKET	*	55.00	135.00
1987	3 IN. BABY WITCH W/DIAPER	RT	14.00	95.00
1987	3 IN. BRIDE & GROOM	1250	39.00	95.00
1987	3 IN. CUPID IN HEART BALLOON	1715	39.00	150.00
1987	30 IN. MR. VICTORIAN SANTA	450	150.00	250.00
1987	30 IN. MRS. VICTORIAN SANTA	425	150.00	250.00
1987	48 IN. CARROT	2503	10.00	200.00
1987	5 IN. MONK	*	14.00	85.00
1987	7 IN. BABY MOUSE	2500	14.00	55.00
1987	7 IN. BABY W/BLANKET & SWEATER	7836	22.00	50.00
1987	7 IN. BARBECUE MOUSE	1798	18.00	60.00
1987	7 IN. BICYCLIST BOY MOUSE	1507	20.00	50.00
1987	7 IN. BOY GRADUATE	2034	*	65.00
1987	7 IN. BRIDE MOUSE	1801	14.00	45.00
1987	7 IN. CHEF MOUSE-BARBECUE (HAMBURGERS/WIRE RACK)	SU	18.00	60.00
1987	7 IN. GIRL GRADUATE	2438	20.00	50.00
1987	7 IN. GROOM MOUSE	1800	14.00	45.00
1987	7 IN. INDIAN BOY	*	20.00	50.00
1987	7 IN. KANGAROO W/PLAQUE (DS)	3000	38.00	95.00
1987	7 IN. VICTORIAN MR. & MRS. SANTA	RT	24.00	100.00
1988	10 IN. EASTER PARADE BOY PIG	3005	24.00	75.00

YR	NAME	LIMIT	ISSUE	TREND
1988	10 IN. EASTER PARADE GIRL PIG	3400	24.00	75.00
1988	10 IN. FROG	SU	16.00	40.00
1988	10 IN. SHERLOCK HOLMES (DS)	2500	120.00	275.00
1988	10 IN. STORK W/3 IN. BABY	500	50.00	150.00
1988	12 IN. MOUSE MOTHER W/7 IN. BABY MOUSE	RT	46.00	165.00
1988	15 IN. HOBO CAT	RT	36.00	85.00
1988	18 IN. ARTIST BUNNY, PASTEL STRIPE	SU	52.00	120.00
1988	18 IN. COUNTRY MOM BUNNY W/BABY	1800	69.00	135.00
1988	3 IN. SKIER	SU	14.00	35.00
1988	30 IN. SANTA (VELOUR) W/818 IN. REINDEER & SLEIGH	SU	650.00	"$1,100 ".00
1988	30 IN. VICTORIAN MRS. SANTA WITH TRAY	*	120.00	200.00
1988	48 IN. SANTA (VELOUR)	SU	270.00	550.00
1988	5 IN. OWL	3000	38.00	60.00
1988	7 IN. BUNNIES ON MUSIC BOX MAYPOLE	5602	14.00	300.00
1988	7 IN. BUNNY WITH SLED	3050	22.00	50.00
1989	10 IN. ABRAHAM LINCOLN (DS)	2500	120.00	275.00
1989	10 IN. BARBECUE PIG	2471	28.00	65.00
1989	10 IN. BUNNIES (THREE) ON REVOLVING MAYPOLE	RT	190.00	295.00
1989	10 IN. BUNNIES (TWO) ON FLEXIBLE FLYER SLED	SU	53.00	115.00
1989	10 IN. COUNTRY BOY GOOSE	RT	32.00	70.00
1989	10 IN. COUNTRY GIRL GOOSE	RT	64.00	70.00
1989	10 IN. FALL ELF (ORANGE, GREEN, BROWN)	SU	15.00	45.00
1989	10 IN. MERLIN	3565	70.00	100.00
1989	10 IN. SPRING FAIRIE	SU	38.00	60.00
1989	12 IN. TRICK OR TREAT MOUSE	*	40.00	75.00
1989	18 IN. ARTIST BUNNY -BLUE PRINT	SU	52.00	120.00
1989	24 IN. CHRISTMAS GOOSE W/BASKET	RT	58.00	135.00
1989	30 IN. CHEF SANTA	SU	114.00	250.00
1989	30 IN. TOY SOLDIER W/DRUM	762	100.00	295.00
1989	5 IN. CHRISTMAS MORNING KID W/3 BEARS IN BOX	SU	32.00	50.00
1989	7 IN. BUSINESS MAN MOUSE	5085	22.00	45.00
1989	7 IN. DUCK KID	RT	26.00	50.00
1989	7 IN. KNITTING MOUSE	5115	20.00	40.00
1989	7 IN. POLAR BEAR CUB W/PLAQUE (DS)	3000	38.00	100.00
1989	7 IN. SCIENCE CTR. OF NH FISHING MOUSE W/DOME	500	75.00	125.00
1989	7 IN. SWEETHEART MOUSE	*	17.00	35.00
1989	7 IN. TACKY TOURIST MOUSE	5116	*	40.00
1990	10 IN. BETSY ROSS (DS)	2500	120.00	275.00
1990	10 IN. CHRISTMAS FAIRIE	SU	41.00	60.00
1990	10 IN. MAUI SANTA W/PLAQUE	SU	70.00	105.00
1990	10 IN. SHEPHERD BOY AND LAMB W/PLAQUE	SU	90.00	175.00
1990	10 IN. TOY SOLDIER (MARCHING)	SU	33.00	50.00
1990	12 IN. PJ KID W/RED HAIR	2307	30.00	60.00
1990	12 IN. WITCH MOUSE (HOLDING TRICK OR TREAT BAG)	SU	43.00	75.00
1990	15 IN. CHRISTMAS DRAGON	3703	50.00	100.00
1990	18 IN. CHRISTMAS MORNING KID W/TRAIN	SU	66.00	125.00
1990	18 IN. STRAWBERRY GIRL BUNNY	2365	60.00	110.00
1990	18 IN. TOY SOLDIER (MARCHING)	SU	55.00	75.00
1990	18 IN. WINTER DRESS-UP BOY	SU	56.00	95.00
1990	20 IN. SPRING ELF (PINK)	SU	35.00	80.00
1990	20 IN. SPRING ELF (YELLOW)	SU	35.00	80.00
1990	24 IN. SPRING SWAN	RT	63.00	125.00
1990	30 IN. CLOWN WITH STAND	530	100.00	150.00
1990	30 IN. STRAWBERRY GIRL BUNNY	582	136.00	225.00
1990	5 IN. CHRISTMAS DRAGON		24.00	50.00
1990	5 IN. DUCK IN EGG (GREEN)	RT	21.00	45.00
1990	5 IN. VALENTINE DRAGON	4135	26.00	45.00
1990	7 IN. ARTIST MOUSE	7285	*	45.00
1990	7 IN. CHRISTA MCAULIFFE ESKIMO BOY	300	75.00	295.00
1990	7 IN. MAUI MOUSE	7220	*	50.00
1990	7 IN. SAILOR MOUSE	6838	24.00	40.00
1990	7 IN. THORNDIKE CHICKEN	3000	38.00	90.00
1990	7 IN. THORNDIKE CHICKEN W/PLAQUE (DS)	3000	38.00	90.00
1991	10 IN. ANNALEE COLLECTOR DOLL W/DOME	588	150.00	225.00
1991	10 IN. AVIATOR FROG (WWI)	2110	20.00	60.00
1991	10 IN. BEAR IN NIGHTSHIRT W/CANDLE	2774	33.00	60.00
1991	10 IN. BEAR IN VELOUR SANTA SUIT	3711	33.00	60.00
1991	10 IN. BEAR W/SNOWBALL, KNIT HAT	3121	30.00	60.00
1991	10 IN. BLACK CAT	6267	22.00	75.00
1991	10 IN. BOB CRATCHET & 5 IN. TINY TIM	639	100.00	160.00
1991	10 IN. BRIDE BEAR	2977	40.00	90.00
1991	10 IN. CHRISTMAS ELF-RED	16567	16.00	20.00
1991	10 IN. CHRISTOPHER COLUMBUS (DS)	1132	120.00	275.00
1991	10 IN. CONDUCTOR DOLL (N.H. MUSIC FESTIVAL)	383	130.00	450.00
1991	10 IN. COUNTRY BOY BUNNY	1844	43.00	75.00
1991	10 IN. COUNTRY GIRL BUNNY	2044	35.00	75.00
1991	10 IN. DOE	6541	21.00	35.00
1991	10 IN. EASTER PARADE BOY BUNNY	4195	38.00	68.00
1991	10 IN. EASTER PARADE GIRL BUNNY	5101	39.00	68.00
1991	10 IN. GINGERBREAD BOY	10453	22.00	45.00
1991	10 IN. GIRL W/BASKET	3592	38.00	70.00
1991	10 IN. GROOM BEAR	2745	40.00	85.00
1991	10 IN. HOBO CLOWN	2368	25.00	60.00
1991	10 IN. HUSKIE W/5 IN. PUPPY	2860	55.00	135.00
1991	10 IN. INDIAN MAN	2719	33.00	60.00
1991	10 IN. INDIAN WOMAN	2779	33.00	60.00
1991	10 IN. KITTEN ON SLED	3810	36.00	65.00
1991	10 IN. KITTEN W/KNIT MITTENS	4124	34.00	55.00
1991	10 IN. MAN SKATER	4881	46.00	85.00

YR	NAME	LIMIT	ISSUE	TREND
1991	10 IN. MARTHA CRATCHET W/PLUM	2136	60.00	150.00
1991	10 IN. NATIVITY ANGEL	2112	60.00	110.00
1991	10 IN. NATIVITY SET W/DOME	658	150.00	275.00
1991	10 IN. PILGRIM MAN W/BASKET	2374	45.00	75.00
1991	10 IN. PILGRIM WOMAN W/TURKEY	2502	45.00	75.00
1991	10 IN. REINDEER W/CAP & BELL	10300	22.00	25.00
1991	10 IN. SANTA FEEDING REINDEER	2618	80.00	125.00
1991	10 IN. SANTA ON ROCKING HORSE	2398	50.00	95.00
1991	10 IN. SANTA PIG	2685	32.00	65.00
1991	10 IN. SANTA PLAYING W/TRAIN	1525	50.00	95.00
1991	10 IN. SANTA W/REINDEER GOLFING	2462	80.00	130.00
1991	10 IN. SCROOGE	592	90.00	150.00
1991	10 IN. SHEPHERD BOY & LAMB	591	90.00	175.00
1991	10 IN. SKATING BUNNY	6027	44.00	80.00
1991	10 IN. SNOWY OWL	3163	26.00	60.00
1991	10 IN. SPIRIT OF 76 W/DOME	SU	195.00	295.00
1991	10 IN. SPRING ELF	4060	16.00	45.00
1991	10 IN. SPRING ELF (PINK, YELLOW, LIME GREEN)	SU	16.00	45.00
1991	10 IN. SUMMER SANTA	1926	60.00	95.00
1991	10 IN. THE SPIRIT OF '76 W/DOME	1080	175.00	375.00
1991	10 IN. TWO WISE MEN W/PLAQUE	476	110.00	240.00
1991	10 IN. VICTORY SKI DOLL WPLAQUE	1192	50.00	95.00
1991	10 IN. WISE MAN W/CAMEL W/PLAQUE	RT	110.00	250.00
1991	10 IN. WOMAN SKATER	4975	46.00	85.00
1991	10 IN.TINSEL ELF	17070	20.00	45.00
1991	12 IN. BASKET COUPLE	2028	97.00	100.00
1991	12 IN. BAT	3113	30.00	75.00
1991	12 IN. CHRISTMAS SWAN	RT	64.00	110.00
1991	12 IN. DRUMMER BOY	3298	40.00	55.00
1991	12 IN. EASTER DUCK W/WATERING	1407	50.00	95.00
1991	12 IN. PILGRIM BOY MOUSE	1980	43.00	85.00
1991	12 IN. PILGRIM GIRL MOUSE	1978	43.00	85.00
1991	12 IN. PJ KID W/BLONDE HAIR	2726	30.00	60.00
1991	12 IN. PJ KID W/BROWN HAIR	2307	30.00	60.00
1991	12 IN. SANTA DUCK	1187	54.00	95.00
1991	12 IN. SANTA W/POTBELLIED STOVE	5887	60.00	85.00
1991	12 IN. SANTA'S HELPER PAINTING BOAT	5274	36.00	65.00
1991	12 IN. SANTA'S POSTMAN W/CDHLDR MAILBAG	6980	36.00	75.00
1991	12 IN. SCARECROW	2330	41.00	75.00
1991	12 IN. SPIDER	5194	33.00	95.00
1991	12 IN. SPRING SWAN	615	50.00	125.00
1991	12 IN. TREE TOP ANGEL	2589	43.00	65.00
1991	12 IN. TUCKERED COUPLE	2574	90.00	125.00
1991	12 IN. TURKEY	1132	58.00	110.00
1991	12 IN. VELOUR MRS. SANTA	3677	50.00	60.00
1991	12 IN. VELOUR SANTA W/TOYBAG	3517	50.00	75.00
1991	14 IN. PUMPKIN-SOLID	1872	49.00	125.00
1991	15 IN. HOBO CLOWN	1295	48.00	125.00
1991	18 IN. ANGEL W/INSTRUMENT	1009	56.00	125.00
1991	18 IN. BUNNY KID W/BUNNY SLIPPERS	2859	50.00	95.00
1991	18 IN. CHEF SANTA (BOWL)	4511	47.00	105.00
1991	18 IN. CHOIR BOY	3120	58.00	125.00
1991	18 IN. CHOIR GIRL	2188	58.00	95.00
1991	18 IN. DAY-AFTER-CHRISTMAS SANTA	2263	80.00	140.00
1991	18 IN. EASTER PARADE BOY BUNNY	2056	63.00	90.00
1991	18 IN. EASTER PARADE GIRL BUNNY	2254	63.00	90.00
1991	18 IN. GINGERBREAD BOY (GREEN JACKET)	3966	51.00	135.00
1991	18 IN. MRS. SANTA W/PRESENTS	5497	50.00	75.00
1991	18 IN. MRS. SANTA W/TRAY	5143	50.00	95.00
1991	18 IN. NAUGHTY KID	547	75.00	125.00
1991	18 IN. PJ KID	1307	40.00	85.00
1991	18 IN. PJ KID HANGING STOCKING	1396	47.00	105.00
1991	18 IN. PJ KID IN 2 FT. STOCKING	RT	62.00	95.00
1991	18 IN. PUMPKIN COSTUME KID	1317	75.00	150.00
1991	18 IN. REINDEER W/CHRISTMAS SADDLEBAGS	4053	53.00	85.00
1991	18 IN. SANTA W/CARDHOLDER	8056	60.00	75.00
1991	18 IN. SANTA W/GIFT LIST	6334	44.00	55.00
1991	18 IN. SANTA W/STOCKING	4466	48.00	75.00
1991	18 IN. SNOWMAN W/BROOM	4218	44.00	75.00
1991	18 IN. SNOWY OWL	965	66.00	150.00
1991	18 IN. THORNY THE GHOST	1270	52.00	125.00
1991	18 IN. TRICK OR TREAT BUNNY KID	625	50.00	125.00
1991	18 IN. WITCH	2033	64.00	95.00
1991	22 IN. CHRISTMAS STOCKING	4993	18.00	45.00
1991	22 IN. RED CHRISTMAS ELF	3679	35.00	50.00
1991	3 IN. WATER BABY IN POND LILY	RT	15.00	40.00
1991	30 IN. MR. & MRS. TUCKERED W/2 18 IN. PJ KIDS	644	291.00	350.00
1991	30 IN. MRS. SANTA W/CARDHOLDER	1483	120.00	140.00
1991	30 IN. SANTA W/LIGHTED TREE	509	190.00	220.00
1991	30 IN. VELOUR MRS. SANTA W/MUFF	755	160.00	200.00
1991	30 IN. VELOUR SANTA W/PIPE & BAG	1221	160.00	160.00
1991	36 IN. REINDEER (ANIMATED)	134	340.00	450.00
1991	36 IN. REINDEER W/CARDHOLDER	879	148.00	225.00
1991	5 IN. ANGEL	9844	23.00	40.00
1991	5 IN. BABY SWAN	3168	14.00	35.00
1991	5 IN. CHRISTMAS DRAGON	4125	24.00	50.00
1991	5 IN. DUCK (WHITE) W/INNER TUBE	RT	24.00	55.00
1991	5 IN. DUCK ON FLEXIBLE FLYER SLED	3822	26.00	45.00
1991	5 IN. EASTER PARADE BOY DUCK	4261	22.00	35.00

YR	NAME	LIMIT	ISSUE	TREND
1991	5 IN. EASTER PARADE GIRL DUCK	5105	24.00	35.00
1991	5 IN. ELF (WORKSHOP)	16359	13.00	25.00
1991	5 IN. FAWN	13027	14.00	25.00
1991	5 IN. FLUFFY YELLOW CHICK	6979	16.00	45.00
1991	5 IN. LAMB	4302	16.00	35.00
1991	5 IN. LEPRECHAUN	6384	16.00	30.00
1991	5 IN. SAILOR DUCK	2241	22.00	40.00
1991	5 IN. SPRING LAMB	6709	17.00	35.00
1991	5 IN. TRIM-A-TREE ELF	10108	13.00	20.00
1991	5 IN. WINTER DUCK IN INNER TUBE	2992	24.00	55.00
1991	7 IN. ANGEL ON SLED W/CLOUD	2313	30.00	65.00
1991	7 IN. ANGEL W/MUSICAL INSTRUMENT	5879	20.00	30.00
1991	7 IN. BAKER MOUSE	6895	26.00	45.00
1991	7 IN. BEN FRANKLIN MOUSE	5029	30.00	50.00
1991	7 IN. BUNNY KID	SU	24.00	50.00
1991	7 IN. CAROLLER BOY	510	23.00	30.00
1991	7 IN. CAROLLER BOY MOUSE W/MUSIC	7281	15.00	45.00
1991	7 IN. CAROLLER GIRL	5134	23.00	30.00
1991	7 IN. CHRISTMAS GNOME	15503	18.00	45.00
1991	7 IN. COUNTRY BOY BUNNY	SU	20.00	30.00
1991	7 IN. COUNTRY GIRL BUNNY	SU	20.00	30.00
1991	7 IN. DESERT STORM MOUSE	37475	30.00	50.00
1991	7 IN. DISNEY COLLECTION(FUN IN THE SUN)	300	80.00	325.00
1991	7 IN. DRAGON KID	1116	32.00	50.00
1991	7 IN. DRUMMER BOY	7031	22.00	50.00
1991	7 IN. EARTH DAY MOUSE	5863	30.00	50.00
1991	7 IN. EASTER PARADE BOY	7043	21.00	35.00
1991	7 IN. EASTER PARADE DRESS-UP BOY	*	27.00	40.00
1991	7 IN. EASTER PARADE GIRL	9120	19.00	40.00
1991	7 IN. FLYING ANGEL W/MISTLETOE	6003	19.00	30.00
1991	7 IN. GHOST KID W/PUMPKIN	1982	24.00	55.00
1991	7 IN. GNOME W/MUSHROOM	5007	30.00	60.00
1991	7 IN. INDIAN BOY	3371	30.00	50.00
1991	7 IN. INDIAN GIRL	2777	23.00	50.00
1991	7 IN. MOUSE IN BOX	5526	20.00	40.00
1991	7 IN. MOUSE IN SANTA'S HAT	9742	18.00	25.00
1991	7 IN. MOUSE W/CANDY CANE	5206	18.00	40.00
1991	7 IN. MOUSE W/CHRISTMAS STOCKING	6543	18.00	35.00
1991	7 IN. MOUSE W/MAILBAG	14546	26.00	45.00
1991	7 IN. MOUSE W/PRESENTS	8075	18.00	40.00
1991	7 IN. MOUSE W/SNOWBALL	6805	18.00	35.00
1991	7 IN. MOUSE W/TENNIS RACQUET SNOWSHOES	5674	22.00	45.00
1991	7 IN. MR. TUCKERED MOUSE	12413	20.00	35.00
1991	7 IN. MRS. SANTA HANGING MERRY	11769	28.00	40.00
1991	7 IN. MRS. SANTA W/PRESENTS	8060	26.00	35.00
1991	7 IN. MRS. TUCKERED MOUSE	13266	20.00	35.00
1991	7 IN. PILGRIM KIDS W/BASKET	2672	54.00	85.00
1991	7 IN. PILGRIM MICE SET W/BASKET	2721	43.00	75.00
1991	7 IN. PUMPKIN KID	3517	27.00	50.00
1991	7 IN. RED CROSS NURSE MOUSE	8305	30.00	45.00
1991	7 IN. RITZ SNOWMAN	10309	27.00	45.00
1991	7 IN. SANTA BRINGING HOME CHRISTMAS TREE	8604	28.00	45.00
1991	7 IN. SANTA IN TUB W/RUBBER DUCKIE	5373	34.00	55.00
1991	7 IN. SANTA W/GIFTLIST & TOY BAG	8886	22.00	30.00
1991	7 IN. SANTA W/MAILBAG & LETTERS	12156	28.00	50.00
1991	7 IN. SANTA W/PRESENTS	7863	23.00	35.00
1991	7 IN. SANTA W/SLEIGH	3407	40.00	50.00
1991	7 IN. SECRETARY MOUSE	6394	30.00	60.00
1991	7 IN. SHERIFF MOUSE W/PLAQUE (DS)	1191	50.00	95.00
1991	7 IN. SKELETON COSTUME KID	2596	24.00	50.00
1991	7 IN. SLEDDING MOUSE	5950	21.00	40.00
1991	7 IN. SNOWMAN W/PIPE	7401	24.00	45.00
1991	7 IN. SWEETHEART BOY MOUSE	7865	20.00	30.00
1991	7 IN. SWEETHEART GIRL MOUSE	7865	19.00	30.00
1991	7 IN. TRICK OR TREAT BUNNY KID	2187	26.00	50.00
1991	7 IN. TWO IN A TENT MICE (DS)	RT	35.00	95.00
1991	7 IN. VELOUR MRS. SANTA W/COAT	5808	27.00	30.00
1991	7 IN. VELOUR SANTA W/COAT & PIPE	RT	27.00	30.00
1991	7 IN. VIDEO MOUSE	4978	26.00	45.00
1991	7 IN. WAITER MOUSE	4573	26.00	45.00
1991	7 IN. WITCH KID	3311	27.00	55.00
1991	7 IN. WORKSHOP MOUSE	12536	22.00	40.00
1991	7 IN. WORKSHOP SANTA	3872	27.00	30.00
1991	8 IN. BOY TURKEY	2586	35.00	60.00
1991	8 IN. BOY TURKEY W/7 IN. INDIAN GIRL	1658	58.00	85.00
1991	RED CROSS NURSE MOUSE HEAD	8572	8.00	30.00
1992	10 IN. BASEBALL PITCHER	1283	36.00	75.00
1992	10 IN. BASEBALL PLAYER	5760	30.00	75.00
1992	10 IN. BEAR IN NIGHTSHIRT W/CANDLE	3434	34.00	60.00
1992	10 IN. BEAR IN VELOUR SANTA SUIT	3938	33.00	60.00
1992	10 IN. BEAR W/SNOWBALL, KNIT HAT	3826	30.00	60.00
1992	10 IN. BLACK CAT	4101	26.00	75.00
1992	10 IN. CHRISTMAS ELF-WHITE	18130	16.00	25.00
1992	10 IN. CHRISTMAS EVE BOB CRATCHET	1681	70.00	195.00
1992	10 IN. CHRISTMAS EVE SCROOGE	1722	60.00	195.00
1992	10 IN. COUNTRY BOY BUNNY	2395	35.00	55.00
1992	10 IN. COUNTRY GIRL BUNNY	2577	35.00	55.00
1992	10 IN. DOE	2096	21.00	35.00
1992	10 IN. EASTER PARADE BOY BUNNY	3902	39.00	65.00

YR	NAME	LIMIT	ISSUE	TREND
1992	10 IN. EASTER PARADE GIRL BUNNY	4832	39.00	65.00
1992	10 IN. FATHER TIME	1796	55.00	100.00
1992	10 IN. FISHING MR. & MRS. SANTA IN BOAT W/PLAQUE	SU	100.00	165.00
1992	10 IN. FISHING SANTA IN BOAT	1582	100.00	200.00
1992	10 IN. FROG IN BOAT	3231	32.00	65.00
1992	10 IN. GINGERBREAD BOY	7361	22.00	45.00
1992	10 IN. INDIAN MAN	1834	34.00	60.00
1992	10 IN. INDIAN WOMAN	1816	33.00	60.00
1992	10 IN. JACOB MARLEY	672	90.00	175.00
1992	10 IN. KITTEN W/KNIT MITTENS	4004	34.00	55.00
1992	10 IN. MAN SKATER	2688	46.00	85.00
1992	10 IN. MARTHA CRATCHET W/PLUM	784	60.00	150.00
1992	10 IN. MRS. BEAR IN NIGHTSHIRT W/CANDLE	4661	39.00	75.00
1992	10 IN. PILGRIM MAN W/BASKET	1803	45.00	75.00
1992	10 IN. PILGRIM WOMAN W/TURKEY	1904	45.00	75.00
1992	10 IN. REINDEER W/CAP & BELL	10650	23.00	25.00
1992	10 IN. SANTA AT WORKBENCH	2209	70.00	125.00
1992	10 IN. SKATING BUNNY	RT	44.00	80.00
1992	10 IN. SKATING BUNNY	4005	44.00	80.00
1992	10 IN. SNOW QUEEN	4390	39.00	80.00
1992	10 IN. SNOWY OWL	2634	26.00	60.00
1992	10 IN. TENNIS SANTA	2115	50.00	95.00
1992	10 IN. TINSEL, THE ELF	9967	20.00	45.00
1992	10 IN. WOMAN SKATER	2754	46.00	85.00
1992	12 IN. BASKET COUPLE	1	60.00	75.00
1992	12 IN. BAT	2107	32.00	75.00
1992	12 IN. CHEF SANTA	3353	45.00	75.00
1992	12 IN. DRUMMER BOY	3316	40.00	55.00
1992	12 IN. MRS. SANTA W/POINSETTIA	3463	50.00	75.00
1992	12 IN. PILGRIM BOY MOUSE	1449	43.00	85.00
1992	12 IN. PILGRIM GIRL MOUSE	1474	43.00	85.00
1992	12 IN. PJ BOY	7526	30.00	65.00
1992	12 IN. PJ GIRL	7903	30.00	65.00
1992	12 IN. SANTA W/POTBELLIED STOVE	1818	62.00	85.00
1992	12 IN. SANTA'S HELPER PAINTING BOAT	2737	39.00	65.00
1992	12 IN. SANTA'S POSTMAN W/CDHLDR MAILBAG	3650	40.00	75.00
1992	12 IN. SCARECROW	1873	42.00	75.00
1992	12 IN. SNOWMAN	5457	42.00	75.00
1992	12 IN. SPIDER	3461	39.00	95.00
1992	12 IN. TUCKERED COUPLE	1827	90.00	125.00
1992	12 IN. VELOUR MRS. SANTA	2160	50.00	50.00
1992	12 IN. VELOUR SANTA W/TOYBAG	2284	50.00	50.00
1992	14 IN. PUMPKIN (SOLID)	SU	49.00	125.00
1992	14 IN. UNCLE SAM FOLK HERO (DS)	1034	88.00	295.00
1992	18 IN. BUNNY KID W/BUNNY SLIPPERS	2117	50.00	95.00
1992	18 IN. CHEF SANTA (PIE)	5314	48.00	105.00
1992	18 IN. COUNTRY BOY BUNNY	SU	55.00	90.00
1992	18 IN. EASTER PARADE BOY BUNNY	1695	66.00	90.00
1992	18 IN. EASTER PARADE GIRL BUNNY	1918	66.00	85.00
1992	18 IN. GINGERBREAD BOY (GREEN JACKET)	2969	51.00	135.00
1992	18 IN. GIRL BUNNY W/FLOWERS	1501	55.00	95.00
1992	18 IN. MRS SANTA W/TRAY	3955	53.00	95.00
1992	18 IN. MRS. SANTA W/POINSETTIA	6790	54.00	70.00
1992	18 IN. MRS. SANTA W/PRESENTS	4314	53.00	70.00
1992	18 IN. REINDEER W/CHRISTMAS SADDLEBAGS	3441	53.00	85.00
1992	18 IN. REINDEER W/NORTH POLE	2755	64.00	100.00
1992	18 IN. SANTA W/BANNER	6871	53.00	85.00
1992	18 IN. SANTA W/CARDHOLDER	4260	60.00	75.00
1992	18 IN. SANTA W/GIFT LIST	4447	46.00	50.00
1992	18 IN. SANTA W/STOCKING	3859	50.00	75.00
1992	18 IN. SNOWMAN W/BROOM	4405	47.00	76.00
1992	18 IN. SNOWY OWL	740	66.00	150.00
1992	18 IN. WITCH	1369	64.00	95.00
1992	18 IN. WITCH W/STAND	2760	66.00	100.00
1992	22 IN. CHRISTMAS STOCKING	6128	18.00	40.00
1992	22 IN. CHRISTMAS STOCKING (DARK GREEN/IVORY TREE)	SU	20.00	40.00
1992	22 IN. RED CHRISTMAS ELF	4066	35.00	40.00
1992	3 IN. SUN HEAD FLORAL PLANTER PICK	5419	6.00	15.00
1992	3 IN. SUN MAGNET	7133	6.00	9.00
1992	30 IN. MRS. SANTA W/CARDHOLDER	1380	120.00	125.00
1992	30 IN. OUTDOOR SANTA	1724	100.00	125.00
1992	30 IN. SANTA W/BANNER	1654	120.00	250.00
1992	30 IN. SANTA W/NORTH POLE	1674	110.00	125.00
1992	30 IN. VELOUR MRS. SANTA W/MUFF	576	160.00	200.00
1992	30 IN. VELOUR SANTA W/PIPE & BAG	548	160.00	160.00
1992	32 IN. STOCKING W/REMOVABLE 10 IN. ELF	2052	28.00	55.00
1992	36 IN. REINDEER W/CARDHOLDER	1219	148.00	225.00
1992	5 IN. ANGEL	7967	23.00	30.00
1992	5 IN. CHRISTMAS DRAGON	3132	24.00	50.00
1992	5 IN. CHRISTMAS LAMB/WHITE	10104	20.00	35.00
1992	5 IN. DUCK ON FLEXIBLE FLYER SLED	3124	26.00	45.00
1992	5 IN. EASTER PARADE BOY DUCK	3370	22.00	25.00
1992	5 IN. EASTER PARADE GIRL DUCK	4468	24.00	45.00
1992	5 IN. ELF (WORKSHOP)	13825	13.00	25.00
1992	5 IN. EQUESTRIAN KID ON 10 IN. HORSE	SU	75.00	105.00
1992	5 IN. FAWN	10939	14.00	25.00
1992	5 IN. FLUFFY YELLOW CHICK	4342	18.00	45.00
1992	5 IN. LEPRECHAUN	4705	16.00	25.00
1992	5 IN. RAINCOAT DUCK	5397	27.00	50.00

YR	NAME	LIMIT	ISSUE	TREND
1992	5 IN. SPRING LAMB	5053	18.00	35.00
1992	5 IN. TRIM-A-TREE ELF	11985	13.00	20.00
1992	7 IN. ANGEL ON MOON	2885	40.00	100.00
1992	7 IN. ANGEL W/MUSICAL INSTRUMENT	6347	20.00	30.00
1992	7 IN. ARTIST BUNNY W/BRUSH	5346	21.00	40.00
1992	7 IN. BABY NEW YEAR	6254	27.00	55.00
1992	7 IN. BALLERINA KID	4553	28.00	55.00
1992	7 IN. BALLERINA ON MUSIC BOX	2718	42.00	95.00
1992	7 IN. BEACH KID W/BOAT	YR	*	50.00
1992	7 IN. BEACH KID W/BOAT	3817	30.00	50.00
1992	7 IN. BIRTHDAY GIRL MOUSE	9592	24.00	40.00
1992	7 IN. BRIDE & GROOM BUNNY	SU	46.00	95.00
1992	7 IN. BRIDE BUNNY	5929	23.00	50.00
1992	7 IN. BUNNY IN SLIPPER-GREEN	6338	20.00	45.00
1992	7 IN. BUNNY IN SLIPPER-YELLOW	6338	20.00	45.00
1992	7 IN. CAROLLER BOY	4606	23.00	35.00
1992	7 IN. CAROLLER GIRL	4913	23.00	35.00
1992	7 IN. CAROLLER MOUSE W/BIG HAT & TREE	18789	20.00	35.00
1992	7 IN. CAROLLING MOUSE #7754	SU	*	35.00
1992	7 IN. CHAMPAGNE MOUSE IN GLASS	9553	26.00	55.00
1992	7 IN. CHEF SANTA #5045	11297	29.00	50.00
1992	7 IN. CHRISTMAS GNOME	9102	19.00	45.00
1992	7 IN. COUNTRY BOY BUNNY	3993	20.00	35.00
1992	7 IN. COUNTRY GIRL BUNNY	3937	20.00	30.00
1992	7 IN. DESERT STORM MOUSE	3114	30.00	50.00
1992	7 IN. DEVIL KID	6076	24.00	55.00
1992	7 IN. DISNEY COLLECTION (NICK)	300	60.00	350.00
1992	7 IN. DRACULA KID	5637	26.00	50.00
1992	7 IN. DRUMMER BOY	7297	22.00	40.00
1992	7 IN. EASTER PARADE BOY BUNNY	6668	21.00	35.00
1992	7 IN. EASTER PARADE GIRL BUNNY	9314	21.00	35.00
1992	7 IN. FISHING MOUSE	6145	32.00	55.00
1992	7 IN. FLYING ANGEL W/MISTLETOE	6457	19.00	30.00
1992	7 IN. GNOME W/MUSHROOM	1691	36.00	60.00
1992	7 IN. GOLFER MOUSE	7435	27.00	55.00
1992	7 IN. GREEN THUMB MOUSE	5995	26.00	45.00
1992	7 IN. GROOM BUNNY	5578	23.00	50.00
1992	7 IN. INDIAN BOY	2315	30.00	50.00
1992	7 IN. INDIAN GIRL	2297	23.00	50.00
1992	7 IN. KID WITH KITE	3850	30.00	50.00
1992	7 IN. LADY BUG KID	4970	30.00	45.00
1992	7 IN. LOGO KID W/PIN	17524	25.00	70.00
1992	7 IN. MOUSE IN BOX	4994	20.00	40.00
1992	7 IN. MOUSE IN CORNUCOPIA	7833	23.00	45.00
1992	7 IN. MOUSE IN SANTA'S HAT	10941	18.00	25.00
1992	7 IN. MOUSE ON CHEESE	14923	26.00	45.00
1992	7 IN. MOUSE W/MAILBAG	8000	26.00	45.00
1992	7 IN. MOUSE W/NORTH POLE	10089	22.00	45.00
1992	7 IN. MOUSE W/PRESENTS	*	18.00	40.00
1992	7 IN. MOUSE W/SNOWBALL	7095	18.00	35.00
1992	7 IN. MOUSE W/TENNIS RACQUET SNOWSHOES	4110	22.00	45.00
1992	7 IN. MR. TUCKERED MOUSE	7533	20.00	35.00
1992	7 IN. MRS. SANTA CANDLEHOLDER	9595	26.00	50.00
1992	7 IN. MRS. SANTA HANGING MERRY	6411	28.00	40.00
1992	7 IN. MRS. SANTA W/POINSETTIA	11484	30.00	335.00
1992	7 IN. MRS. SANTA W/PRESENTS	7124	28.00	35.00
1992	7 IN. MRS. TUCKERED MOUSE	8321	20.00	35.00
1992	7 IN. PILGRIM KIDS W/BASKET	2303	54.00	85.00
1992	7 IN. PILGRIM MICE SET W/BASKET	2364	43.00	75.00
1992	7 IN. PIRATE KID	5412	24.00	50.00
1992	7 IN. PUMPKIN KID	3619	27.00	50.00
1992	7 IN. RED CROSS NURSE MOUSE	*	30.00	45.00
1992	7 IN. RITZ SNOWMAN	6037	27.00	45.00
1992	7 IN. SANTA BRINGING HOME CHRISTMAS TREE	5921	28.00	45.00
1992	7 IN. SANTA CARDHOLDER	9831	26.00	25.00
1992	7 IN. SANTA IN CHIMNEY	8119	34.00	45.00
1992	7 IN. SANTA ON MOON	4157	47.00	95.00
1992	7 IN. SANTA SKUNK	6753	28.00	45.00
1992	7 IN. SANTA W/GIFT LIST & TOY BAG	7815	24.00	25.00
1992	7 IN. SANTA W/MAILBAG & LETTERS	7493	28.00	50.00
1992	7 IN. SANTA W/PRESENTS	6594	24.00	30.00
1992	7 IN. SCARECROW KID	4595	28.00	50.00
1992	7 IN. SHERIFF MOUSE W/PLAQUE(D.S.)	283	50.00	95.00
1992	7 IN. SKATEBOARD KID	3894	30.00	45.00
1992	7 IN. SLEDDING MOUSE	6247	21.00	40.00
1992	7 IN. SNOWMAN W/PIPE	7779	24.00	45.00
1992	7 IN. SPRING GIRL CHICKEN W/BOA	2753	35.00	60.00
1992	7 IN. SPRING SKUNK	1590	23.00	45.00
1992	7 IN. SWEETHEART BOY MOUSE	5723	20.00	30.00
1992	7 IN. SWEETHEART GIRL MOUSE	6522	19.00	30.00
1992	7 IN. TWO IN A TENT MICE (DS)	2910	35.00	95.00
1992	7 IN. VELOUR MRS. SANTA W/COAT	5289	27.00	25.00
1992	7 IN. VELOUR SANTA W/COAT & PIPE	5140	27.00	25.00
1992	7 IN. WITCH KID	3592	28.00	55.00
1992	7 IN. WORKSHOP MOUSE	6618	22.00	40.00
1992	DESERT MOUSE HEAD PIN	991	9.00	30.00
1992	LARGE FLOWER	2526	19.00	40.00
1992	MINI SANTA WREATH	2140	24.00	25.00
1992	PINK FLOWER PICK	6611	6.00	25.00

YR	NAME	LIMIT	ISSUE	TREND
1992	RED CROSS NURSE MOUSE HEAD	RT	9.00	30.00
1992	YELLOW FLOWER PICK	6165	6.00	30.00
1993	10 IN. ANGEL BEAR	RT	33.00	65.00
1993	10 IN. BASEBALL CATCHER	RT	38.00	75.00
1993	10 IN. BEAR IN NIGHTSHIRT W/CANDLE	RT	34.00	60.00
1993	10 IN. CHRISTA MCAULIFFE/SKIER	RT	36.00	95.00
1993	10 IN. CHRISTMAS ELF-GREEN	RT	16.00	30.00
1993	10 IN. CHRISTMAS EVE BOB CRATCHET	RT	70.00	195.00
1993	10 IN. CHRISTMAS EVE SCROOGE	RT	60.00	195.00
1993	10 IN. COUNTRY BOY BUNNY W/VEG.	RT	35.00	75.00
1993	10 IN. COUNTRY GIRL BUNNY W/VEG.	RT	35.00	75.00
1993	10 IN. DOCTOR BEAR	YR	36.00	90.00
1993	10 IN. DOE	*	21.00	35.00
1993	10 IN. EASTER PARADE BOY BUNNY	5139	39.00	65.00
1993	10 IN. EASTER PARADE GIRL BUNNY	6590	39.00	65.00
1993	10 IN. FARMER W/ROOSTER	1	1000.00	1000.00
1993	10 IN. FATHER TIME	*	55.00	100.00
1993	10 IN. FROG IN BOAT	*	36.00	65.00
1993	10 IN. GARDENING SUMMER SANTA	RT	70.00	115.00
1993	10 IN. GINGERBREAD BOY	*	22.00	45.00
1993	10 IN. HEADLESS HORSEMAN	*	57.00	125.00
1993	10 IN. KITTEN W/ORNAMENT	RT	34.00	60.00
1993	10 IN. MRS. BEAR IN NIGHTSHIRT W/CANDLE	*	39.00	75.00
1993	10 IN. MRS. SKATING SANTA	*	50.00	95.00
1993	10 IN. PONY EXPRESS RIDER (DS)	*	98.00	275.00
1993	10 IN. SANTA W/TOBOGGAN	RT	60.00	125.00
1993	10 IN. SANTA, BLACK, FIREPLACE/3 IN. CHILD, BLACK	SU	90.00	150.00
1993	10 IN. SANTA'S HELPER BEAR	4069	33.00	70.00
1993	10 IN. SKATING PENGUIN	*	35.00	60.00
1993	10 IN. SKATING SANTA	RT	50.00	95.00
1993	10 IN. SNOW QUEEN TREE TOPPER	*	30.00	80.00
1993	10 IN. SNOWY OWL	*	26.00	60.00
1993	10 IN. ST. NICK TREE TOP	*	30.00	65.00
1993	10 IN. WINTER ELF	*	17.00	27.00
1993	12 IN. BOY PILGRIM W/BASKET	*	45.00	65.00
1993	12 IN. CHEF SANTA	*	45.00	75.00
1993	12 IN. DRUMMER BOY	SU	40.00	55.00
1993	12 IN. GIRL PILGRIM W/PIE	*	45.00	75.00
1993	12 IN. INDIAN BOY	RT	36.00	80.00
1993	12 IN. MRS. SANTA W/POINSETTIA	*	50.00	75.00
1993	12 IN. PJ BOY	*	30.00	65.00
1993	12 IN. PJ GIRL	*	30.00	65.00
1993	12 IN. SANTA IN CHIMNEY	*	70.00	70.00
1993	12 IN. SANTA'S POSTMAN W/CDHLDR MAILBAG	RT	41.00	75.00
1993	12 IN. SCARECROW	*	42.00	75.00
1993	12 IN. SNOWMAN	*	42.00	75.00
1993	12 IN. TUCKERED COUPLE	*	90.00	125.00
1993	14 IN. GRAPEVINE WREATH W/7 IN. E.P. GIRL BUNNY	*	32.00	50.00
1993	14 IN. LARGE USABLE PUMPKIN W/REMOVABLE TOP	*	50.00	150.00
1993	14 IN. WREATH W/WINTER ELF	*	26.00	50.00
1993	18 IN. CHEF SANTA (PIE)	*	48.00	205.00
1993	18 IN. COUNTRY BOY BUNNY W/VEG.	*	55.00	125.00
1993	18 IN. COUNTRY GIRL BUNNY W/VEG.	*	55.00	125.00
1993	18 IN. EASTER PARADE BOY BUNNY	*	66.00	85.00
1993	18 IN. EASTER PARADE GIRL BUNNY	*	66.00	85.00
1993	18 IN. MAN SKATER (BRN. HAIR)	*	45.00	125.00
1993	18 IN. MRS. OUTDOOR SANTA	*	50.00	60.00
1993	18 IN. MRS. SANTA W/POINSETTIA	*	54.00	70.00
1993	18 IN. REINDEER W/CHRISTMAS SADDLEBAGS	*	53.00	85.00
1993	18 IN. SANTA IN SLEIGH	*	75.00	75.00
1993	18 IN. SANTA ON TOBOGGAN	*	70.00	80.00
1993	18 IN. SANTA W/BANNER	*	53.00	85.00
1993	18 IN. SANTA W/GIFT LIST & TOYBAG	*	46.00	55.00
1993	18 IN. SANTA W/LIGHTS	5441	55.00	85.00
1993	18 IN. SKATER, MAN	SU	45.00	75.00
1993	18 IN. SKATER, WOMAN	SU	45.00	115.00
1993	18 IN. SNOWMAN W/BROOM	*	48.00	75.00
1993	18 IN. VICTORIAN MR. SANTA (CRANBERRY VELOUR)	SU	65.00	130.00
1993	18 IN. VICTORIAN MRS. SANTA (CRANBERRY VELOUR)	SU	65.00	130.00
1993	18 IN. WITCH W/STAND	*	66.00	100.00
1993	18 IN. WOMAN SKATER (BLONDE)	*	45.00	125.00
1993	22 IN. CHRISTMAS STOCKING	OP	18.00	40.00
1993	22 IN. RED CHRISTMAS ELF	*	35.00	40.00
1993	3 IN. BABY JESUS IN MANGER/BLONDE	RT	17.00	35.00
1993	30 IN. MRS. SANTA W/CARDHOLDER W/BASKET	OP	120.00	115.00
1993	30 IN. SANTA W/NORTH POLE	*	130.00	130.00
1993	30 IN. WITCH KID	*	150.00	295.00
1993	36 IN. REINDEER W/CDHLDR SADDLEBAGS	*	148.00	225.00
1993	5 IN. BABY JESUS IN MANGER W/HAY	*	26.00	50.00
1993	5 IN. BLACK CHRISTMAS LAMB W/HAT & BELL	*	20.00	35.00
1993	5 IN. CHRISTMAS LAMB/WHITE	*	20.00	35.00
1993	5 IN. DUCK ON FLEXIBLE FLYER SLED	2923	26.00	45.00
1993	5 IN. EASTER PARADE BOY DUCK	*	22.00	25.00
1993	5 IN. EASTER PARADE GIRL DUCK	SU	24.00	45.00
1993	5 IN. ELF (WORKSHOP)	SU	13.00	25.00
1993	5 IN. FAWN	SU	15.00	25.00
1993	5 IN. LEPRECHAUN W/POT O' GOLD	8775	16.00	45.00
1993	5 IN. RAINCOAT DUCK	OP	22.00	50.00
1993	5 IN. TRIM-A-TREE ELF	OP	13.00	20.00

YR	NAME	LIMIT	ISSUE	TREND
1993	7 IN. ANGEL (BLACK HAIR)	*	23.00	45.00
1993	7 IN. ANGEL (BLONDE HAIR)	*	23.00	40.00
1993	7 IN. ANGEL (BROWN HAIR)	*	23.00	45.00
1993	7 IN. ANGEL MOUSE	*	22.00	40.00
1993	7 IN. ANGEL W/MUSICAL INSTRUMENT	*	20.00	30.00
1993	7 IN. ARAB BOY	YR	36.00	60.00
1993	7 IN. ARTIST BUNNY W/PALETTE, HAS MUSTACHE	SU	21.00	60.00
1993	7 IN. BABY NEW YEAR (BLONDE)	4127	27.00	55.00
1993	7 IN. BALLERINA KID (BLONDE)	*	28.00	55.00
1993	7 IN. BALLERINA ON MUSIC BOX	*	42.00	95.00
1993	7 IN. BAR MITZVAH BOY	YR	28.00	55.00
1993	7 IN. BASEBALL MOUSE	6291	26.00	60.00
1993	7 IN. BASKETBALL BOY	YR	26.00	50.00
1993	7 IN. BEDTIME KID	YR	26.00	50.00
1993	7 IN. BIRTHDAY GIRL MOUSE	5550	24.00	40.00
1993	7 IN. BIRTHDAY GIRL MOUSE	*	24.00	40.00
1993	7 IN. BOY BUILDING SNOWMAN	*	22.00	65.00
1993	7 IN. BOY BUNNY W/VEGETABLE	5200	20.00	50.00
1993	7 IN. BRIDE BUNNY	4529	23.00	50.00
1993	7 IN. BUILDING SNOWMAN, BOY, BLUE, SIGNED CHUCK 93	SU	22.00	95.00
1993	7 IN. BUNNY IN SLIPPER/GREEN	2550	20.00	45.00
1993	7 IN. BUNNY IN SLIPPER/YELLOW	OP	20.00	45.00
1993	7 IN. BUTTERFLY KID	*	28.00	50.00
1993	7 IN. CAROLLER MOUSE W/BIG HAT & TREE	*	20.00	35.00
1993	7 IN. CHAMPAGNE MOUSE IN GLASS	6985	26.00	55.00
1993	7 IN. CHEF SANTA	OP	29.00	50.00
1993	7 IN. CHOIR BOY	OP	26.00	45.00
1993	7 IN. CHOIR GIRL	SU	26.00	45.00
1993	7 IN. CHRISTMAS CHICKEN	SU	35.00	70.00
1993	7 IN. CHRISTMAS DOVE	SU	26.00	50.00
1993	7 IN. CHRISTMAS GNOME	SU	19.00	45.00
1993	7 IN. COUNTRY GIRL BUNNY W/VEG.	5621	20.00	50.00
1993	7 IN. DEVIL KID	*	24.00	55.00
1993	7 IN. DISNEY COLLECTION (ERIC & SHANE)	100	110.00	425.00
1993	7 IN. DRACULA KID	*	26.00	50.00
1993	7 IN. DRUMMER BOY	SU	22.00	40.00
1993	7 IN. EASTER PARADE BOY BUNNY	OP	21.00	35.00
1993	7 IN. EASTER PARADE GIRL BUNNY	OP	21.00	35.00
1993	7 IN. FACTORY IN THE WOODS MOUSE	8226	30.00	55.00
1993	7 IN. FIREMAN MOUSE	YR	26.00	60.00
1993	7 IN. FISHING BOY	YR	30.00	50.00
1993	7 IN. FLOWER KID, PINK	RT	26.00	50.00
1993	7 IN. FLOWER KID/YELLOW	*	28.00	50.00
1993	7 IN. FLYING ANGEL W/MISTLETOE	SU	19.00	30.00
1993	7 IN. FREE-STANDING SANTA #5005	SU	*	30.00
1993	7 IN. GHOST MOUSE	7803	26.00	55.00
1993	7 IN. GIRL EATING TURKEY	*	39.00	75.00
1993	7 IN. GROOM BUNNY	3887	23.00	50.00
1993	7 IN. HAPPY NEW YEAR BABY (HOLDING BELL)	SU	27.00	55.00
1993	7 IN. HOT SHOT BUSINESSMAN KID	YR	37.00	40.00
1993	7 IN. INDIAN BOY (BLACK HAIR)	*	30.00	50.00
1993	7 IN. INDIAN GIRL (BLK. PONYTAILS)	*	23.00	50.00
1993	7 IN. JUMP ROPE GIRL	YR	26.00	50.00
1993	7 IN. LADY BUG KID	SU	30.00	45.00
1993	7 IN. MOUSE IN CORNUCOPIA	*	24.00	45.00
1993	7 IN. MOUSE IN SANTA'S HAT	*	18.00	25.00
1993	7 IN. MOUSE ON CHEESE	SU	27.00	45.00
1993	7 IN. MOUSE W/MAILBAG & LETTERS	*	26.00	45.00
1993	7 IN. MOUSE W/NORTH POLE	*	22.00	45.00
1993	7 IN. MOUSE W/SNOWBALL	*	18.00	35.00
1993	7 IN. MR. TUCKERED MOUSE	7059	20.00	35.00
1993	7 IN. MRS. SANTA CANDLEHOLDER	*	26.00	50.00
1993	7 IN. MRS. SANTA HANGING "MERRY XMAS" SIGN	OP	28.00	40.00
1993	7 IN. MRS. SANTA W/POINSETTIA	*	30.00	35.00
1993	7 IN. MRS. SANTA W/PRESENTS	*	28.00	35.00
1993	7 IN. MRS. TUCKERED MOUSE	*	20.00	35.00
1993	7 IN. PILGRIM BOY HUGGING FAWN	*	41.00	60.00
1993	7 IN. PILGRIM GIRL W/PIE	*	26.00	45.00
1993	7 IN. PILGRIM MICE SET W/BASKET	*	47.00	75.00
1993	7 IN. PINK FLOWER KID	*	26.00	55.00
1993	7 IN. PIRATE KID	*	24.00	50.00
1993	7 IN. RITZ SNOWMAN	RT	27.00	45.00
1993	7 IN. SANTA BRINGING HOME CHRISTMAS TREE	SU	28.00	45.00
1993	7 IN. SANTA CANDLEHOLDER	SU	26.00	50.00
1993	7 IN. SANTA IN CHIMNEY	SU	35.00	45.00
1993	7 IN. SANTA SKIING #5242	SU	28.00	45.00
1993	7 IN. SANTA SKUNK	*	28.00	45.00
1993	7 IN. SANTA W/DOVE (SIGNED ANNALEE)	1	1250.00	1250.00
1993	7 IN. SANTA W/LIGHTS	OP	30.00	60.00
1993	7 IN. SANTA W/MAILBAG & LETTERS	*	28.00	50.00
1993	7 IN. SANTA W/PRESENTS	6996	24.00	30.00
1993	7 IN. SANTA W/SLEIGH	OP	40.00	50.00
1993	7 IN. SCARECROW KID	SU	28.00	50.00
1993	7 IN. SNOWMAN ON TOBOGGAN	RT	30.00	55.00
1993	7 IN. SNOWMAN W/PIPE	OP	24.00	45.00
1993	7 IN. SNOWWOMAN/MRS. RITZ	*	26.00	50.00
1993	7 IN. SPRING BOY ROOSTER	*	35.00	70.00
1993	7 IN. SPRING GIRL CHICKEN W/BOA	*	35.00	60.00
1993	7 IN. SPRING SKUNK	SU	23.00	45.00

YR	NAME	LIMIT	ISSUE	TREND
1993	7 IN. ST. PATRICK'S DAY MOUSE	*	26.00	35.00
1993	7 IN. SWEETHEART BOY MOUSE	OP	20.00	30.00
1993	7 IN. SWEETHEART GIRL MOUSE	OP	19.00	30.00
1993	7 IN. VICTORIAN MRS. SANTA	RT	30.00	55.00
1993	7 IN. VICTORIAN SANTA	RT	30.00	55.00
1993	7 IN. VICTORIAN SANTA IN SLEIGH	RT	50.00	55.00
1993	7 IN. WHITE MOUSE IN SLIPPER	RT	25.00	40.00
1993	7 IN. WHITE MOUSE ON TOBOGGAN	RT	30.00	50.00
1993	7 IN. WHITE MOUSE W/PRESENT	RT	22.00	40.00
1993	7 IN. WHITE SKATING MOUSE	SU	25.00	50.00
1993	7 IN. WITCH MOUSE	SU	26.00	40.00
1993	7 IN. WIZARD MOUSE	SU	28.00	45.00
1993	7 IN. YELLOW FLOWER KID	RT	26.00	50.00
1993	8 IN. BOY TURKEY	RT	35.00	75.00
1993	8 IN. GIRL TURKEY	SU	35.00	75.00
1993	BLUE FLOWER PICK	SU	8.00	30.00
1993	LARGE FLOWER W/FACE	*	21.00	50.00
1994	10 IN. ANGEL BEAR	3377	34.00	65.00
1994	10 IN. BALLERINA BEAR (SIGNED ANNALEE)	1	1100.00	1050.00
1994	10 IN. BASEBALL CATCHER	3440	38.00	75.00
1994	10 IN. BASKETBALL PLAYER, BLACK	2012	32.00	60.00
1994	10 IN. BASKETBALL PLAYER, WHITE	3699	32.00	60.00
1994	10 IN. BEAN NOSED SANTA W/DOME	2500	120.00	275.00
1994	10 IN. COUNTRY GIRL BEAR (SIGNED ANNALEE)	1	925.00	925.00
1994	10 IN. DOE	4319	22.00	35.00
1994	10 IN. EASTER PARADE BOY BUNNY	SU	40.00	65.00
1994	10 IN. EASTER PARADE GIRL BUNNY	SU	40.00	65.00
1994	10 IN. EASTER PARADE SHOPPER OSTRICH	2368	34.00	65.00
1994	10 IN. ELF FISHING IN BOAT, RED, JUNE SOCIAL	RT	27.00	150.00
1994	10 IN. GINGERBREAD BOY	5182	24.00	45.00
1994	10 IN. GREEN CHRISTMAS ELF	6719	17.00	25.00
1994	10 IN. HEADLESS HORSEMAN W/HORSE	SU	57.00	125.00
1994	10 IN. HOBO CLOWN (PURPLE JACKET)	6826	31.00	55.00
1994	10 IN. KITTEN W/ORNAMENT	RT	35.00	60.00
1994	10 IN. LG. FLOWER W/FACE	1807	21.00	50.00
1994	10 IN. MRS. SANTA "LAST MENDING"	5751	48.00	95.00
1994	10 IN. OLD WORLD CAROLLER MAN	5549	28.00	50.00
1994	10 IN. OLD WORLD CAROLLER WOMAN	5595	28.00	50.00
1994	10 IN. OLD WORLD SANTA W/SKIS	4331	50.00	100.00
1994	10 IN. OLD WORLD SKATERS ON MUSIC BOX	1660	120.00	225.00
1994	10 IN. PIPER BEAR W/PIN (DOLL SIGNED CHUCK)	200	130.00	295.00
1994	10 IN. RED CHRISTMAS ELF	9079	17.00	25.00
1994	10 IN. REDCOAT W/CANNON (TAG SIGNED ANNALEE)	1500	84.00	250.00
1994	10 IN. REINDEER W/CAP & BELL	10319	24.00	25.00
1994	10 IN. SANTA FROG ON BANG HAT, GREEN, EMPLOYEE	RT	*	105.00
1994	10 IN. SANTA FROG ON BANG HAT, JUNE AUCTION, RED	RT	30.00	60.00
1994	10 IN. SKATING PENGUIN	RT	35.00	60.00
1994	10 IN. SOCCER PLAYER	5751	35.00	60.00
1994	10 IN. TREE TOP ANGEL #7274	SU	30.00	60.00
1994	10 IN. WHITE CHRISTMAS ELF	RT	17.00	30.00
1994	10 IN. WHITE ST. NICHOLAS	5560	44.00	95.00
1994	10 IN. WINDOW SHOPPER OSTRICH	RT	38.00	50.00
1994	10 IN. WINTER ELF	8504	18.00	27.00
1994	12 IN. BEAN NOSE SANTA W/PLAQUE AND DOME	RT	120.00	275.00
1994	12 IN. BOY PILGRIM W/BASKET	2132	46.00	65.00
1994	12 IN. CHEF SANTA	1519	46.00	75.00
1994	12 IN. DEVIL KID	2610	40.00	75.00
1994	12 IN. DRUMMER BOY	3792	40.00	55.00
1994	12 IN. GIRL CAT KID	3176	36.00	70.00
1994	12 IN. GIRL PILGRIM W/PIE	2140	46.00	75.00
1994	12 IN. GIRL SCARECROW	3978	48.00	75.00
1994	12 IN. MRS. SANTA CARDHOLDER	4443	40.00	65.00
1994	12 IN. NORTH POLE W/RED RIBBON WRAP	1561	10.00	20.00
1994	12 IN. SANTA IN CHIMNEY	668	70.00	75.00
1994	14 IN. GRAPEVINE WREATH W/7 IN. E.P.GIRL BUNNY	2505	35.00	50.00
1994	14 IN. LARGE USABLE PUMPKIN W/REMOVABLE TOP	2486	50.00	150.00
1994	17 IN. TEEPEE	1838	38.00	65.00
1994	18 IN. CHEF SANTA (PIE)	2888	50.00	105.00
1994	18 IN. COUNTRY BOY BUNNY W/HOE	1260	57.00	95.00
1994	18 IN. COUNTRY GIRL BUNNY W/BASKET	1549	57.00	95.00
1994	18 IN. EASTER PARADE BOY BUNNY	2019	66.00	85.00
1994	18 IN. EASTER PARADE GIRL BUNNY	2299	66.00	85.00
1994	18 IN. INDOOR SANTA W/LIGHTS	3785	57.00	95.00
1994	18 IN. MR. FUR SANTA #5504	SU	46.00	75.00
1994	18 IN. MR. FUR SANTA ON STAND	4546	46.00	60.00
1994	18 IN. MR. OLD WORLD SANTA	*	52.00	85.00
1994	18 IN. MRS. OLD WORLD SANTA	5278	50.00	85.00
1994	18 IN. MRS. OUTDOOR SANTA	3614	50.00	60.00
1994	18 IN. MRS. SANTA CARDHOLDER	4312	53.00	55.00
1994	18 IN. MRS. SANTA W/POINSETTIA	2992	56.00	70.00
1994	18 IN. MUSICAL MRS. SANTA	1498	60.00	85.00
1994	18 IN. MUSICAL SANTA/GIFT LIST	1316	60.00	85.00
1994	18 IN. OLD WORLD REINDEER W/BELLS	5201	60.00	95.00
1994	18 IN. PJ KID IN 2-FT. STOCKING	2428	60.00	95.00
1994	18 IN. REINDEER W/CHRISTMAS SADDLEBAGS	3235	55.00	85.00
1994	18 IN. SANTA IN SLEIGH	1140	78.00	78.00
1994	18 IN. SANTA ON TOBOGGAN	1499	70.00	80.00
1994	18 IN. SANTA W/CARDHOLDER SACK	4899	55.00	75.00
1994	18 IN. SNOWMAN W/BROOM	4092	50.00	75.00

YR	NAME	LIMIT	ISSUE	TREND
1994	18 IN. WITCH	1823	68.00	95.00
1994	2 IN. TOMATOES (SET OF 3, NO FACE)	805	10.00	20.00
1994	22 IN. CHRISTMAS ELF, BLACK HAIR	3606	35.00	40.00
1994	22 IN. CHRISTMAS STOCKING	6796	19.00	40.00
1994	24 IN. TURKEY	1116	100.00	295.00
1994	24 IN. TURKEY (1YR)	SU	100.00	250.00
1994	3 IN. BABY JESUS IN MANGER	RT	18.00	35.00
1994	3 IN. SPRING PIXIE PICK	3557	11.00	45.00
1994	3 IN. SUN PICK PAINTED SUN FACE	1883	6.00	6.00
1994	30 IN. COUNTRY GIRL BUNNY W/BASKET	722	120.00	200.00
1994	30 IN. MR. OLD WORLD SANTA	1453	125.00	150.00
1994	30 IN. MRS. OLD WORLD SANTA	1410	125.00	150.00
1994	30 IN. MRS. SANTA W/CARDHOLDER SKIRT	1141	120.00	120.00
1994	30 IN. OUTDOOR SANTA W/TOY BAG	1019	126.00	126.00
1994	30 IN. SANTA W/CARDHOLDER SACK	1148	120.00	120.00
1994	30 IN. SANTA W/NORTH POLE	643	132.00	132.00
1994	30 IN. SNOWMAN	1782	120.00	120.00
1994	30 IN. WITCH KID	722	150.00	295.00
1994	36 IN. REINDEER W/CDHLDR SADDLEBAGS	902	154.00	225.00
1994	4 FT. QUILTED TREE SKIRT #7990	SU	25.00	45.00
1994	5 IN. BABY JESUS IN MANGER W/HAY	1726	27.00	50.00
1994	5 IN. BLACK CHRISTMAS LAMB W/HAT & BELL	4713	20.00	35.00
1994	5 IN. CHRISTMAS LAMB/WHITE #7424	SU	20.00	35.00
1994	5 IN. DUCK ON FLEXIBLE FLYER SLED	3186	27.00	45.00
1994	5 IN. EASTER PARADE BOY DUCK	3678	23.00	25.00
1994	5 IN. EASTER PARADE GIRL DUCK	4697	25.00	45.00
1994	5 IN. ELF (WORKSHOP)	9416	14.00	25.00
1994	5 IN. FAWN	8700	15.00	25.00
1994	5 IN. GOLD FALL ELF	6153	14.00	25.00
1994	5 IN. GREEN CHRISTMAS ELF	8834	14.00	15.00
1994	5 IN. GREEN SPRING ELF	3261	14.00	30.00
1994	5 IN. HALLOWEEN ELF, BLACK #3000	RT	15.00	25.00
1994	5 IN. HALLOWEEN ELF, ORANGE #3001	RT	15.00	25.00
1994	5 IN. LEPRECHAUN W/POT O' GOLD	7410	18.00	45.00
1994	5 IN. OLD WORLD CAROLLER BOY	7611	20.00	45.00
1994	5 IN. OLD WORLD CAROLLER GIRL	7817	20.00	45.00
1994	5 IN. OLD WORLD SANTA W/9 IN. WREATH	2330	33.00	65.00
1994	5 IN. ORANGE FALL ELF	6280	14.00	25.00
1994	5 IN. RAINCOAT DUCK	2410	28.00	50.00
1994	5 IN. RED CHRISTMAS ELF	11911	14.00	16.00
1994	5 IN. SPRING ELF W/6 IN. WREATH	1704	18.00	55.00
1994	5 IN. WHITE CHRISTMAS ELF	RT	14.00	25.00
1994	5 IN. WINTER ELF	10769	14.00	25.00
1994	5 IN. YELLOW SPRING ELF	3932	14.00	30.00
1994	7 IN. ANGEL MOUSE	10343	23.00	40.00
1994	7 IN. ANGEL W/MUSICAL INSTRUMENT	4302	21.00	30.00
1994	7 IN. ANGEL/BLACK HAIR	2877	24.00	45.00
1994	7 IN. ANGEL/BLONDE HAIR	4584	24.00	40.00
1994	7 IN. ANGEL/BROWN HAIR	3362	24.00	45.00
1994	7 IN. ARTIST BUNNY W/BRUSH & PALETTE	4303	22.00	60.00
1994	7 IN. AUCTION TIMES MOUSE	5962	30.00	50.00
1994	7 IN. BABY BUNNY W/BOTTLE	6588	20.00	50.00
1994	7 IN. BIRTHDAY GIRL MOUSE	3777	24.00	40.00
1994	7 IN. BRIDE MOUSE (SIGNED ANNALEE)	4674	23.00	400.00
1994	7 IN. BUTTERFLY KID, BLACK BODY	2226	29.00	50.00
1994	7 IN. CABBAGE	778	15.00	45.00
1994	7 IN. CANDY KISS KID (SIGNED ANNALEE)	1	2250.00	2200.00
1994	7 IN. CHAMPAGNE MOUSE IN GLASS	6360	27.00	55.00
1994	7 IN. CHEERLEADER GIRL	4568	27.00	45.00
1994	7 IN. CHEF SANTA	5618	30.00	50.00
1994	7 IN. CHOIR BOY	2873	27.00	45.00
1994	7 IN. CHOIR BOY W/BLACK EYE	2912	27.00	50.00
1994	7 IN. CHOIR GIRL, BLONDE HAIR	3424	27.00	45.00
1994	7 IN. CHRISTA MCAULIFFE SNOWBOARD KID	*	40.00	65.00
1994	7 IN. COCKTAIL MOUSE (SIGNED ANNALEE)	1	1100.00	1050.00
1994	7 IN. COUNTRY BOY BUNNY W/HOE	4842	22.00	45.00
1994	7 IN. COUNTRY GIRL BUNNY W/BASKET	6083	22.00	35.00
1994	7 IN. DRACULA KID, BLACK HAIR	2126	27.00	50.00
1994	7 IN. DRUMMER BOY	6817	24.00	40.00
1994	7 IN. EASTER PARADE BOY BUNNY	9937	22.00	35.00
1994	7 IN. EASTER PARADE GIRL BUNNY	13186	22.00	24.00
1994	7 IN. FLYING ANGEL #7113	SU	20.00	35.00
1994	7 IN. FOOTBALL MOUSE	5998	30.00	50.00
1994	7 IN. GHOST MOUSE	4698	27.00	55.00
1994	7 IN. GIRL BUILDING A SNOWMAN	13459	24.00	65.00
1994	7 IN. GIRL W/TEDDY BEAR	RT	27.00	45.00
1994	7 IN. GRADUATION BOY MOUSE	3769	23.00	40.00
1994	7 IN. GROOM MOUSE	*	23.00	45.00
1994	7 IN. HABITAT MOUSE	5011	30.00	55.00
1994	7 IN. HERSHEY KID	9698	38.00	65.00
1994	7 IN. HOT SHOT BUSINESS GIRL (SIGNED ANNALEE)	*	*	675.00
1994	7 IN. INDIAN BOY, BLACK HAIR	2848	31.00	50.00
1994	7 IN. INDIAN GIRL, BLACK PONYTAILS	2892	23.00	45.00
1994	7 IN. JAIL HOUSE MOUSE	3309	26.00	45.00
1994	7 IN. MARBLES KID/RED TANK TOP	RT	28.00	28.00
1994	7 IN. MISSISSIPPI LEVEE MOUSE	3012	30.00	40.00
1994	7 IN. MOUSE IN CORNUCOPIA	6467	25.00	45.00
1994	7 IN. MOUSE IN SANTA'S HAT	11641	18.00	25.00
1994	7 IN. MOUSE W/SNOWBALL	8745	18.00	35.00

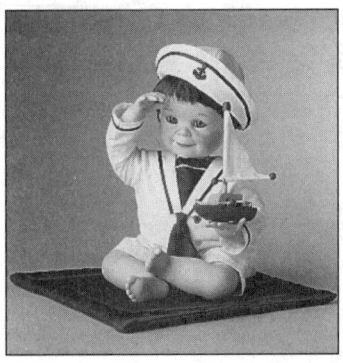

Justin *from the Moments to Remember Collection by Yolanda Bello for Ashton-Drake Galleries, has increased in value since its 1991 release.*

Ty Inc.'s *Beanie Babies have taken the country by storm.* Velvet *the panther was introduced in 1995 and is now retired.*

Premiere *is a two-piece evening gown, circa 1941, that was created exclusively for the Gene doll by Tim Kennedy. This outfit was retired in the fall of 1996. From Ashton-Drake Galleries.*

Lullaby *is the second in Sandra Kuck's Precious Moments of Motherhood collection, which is produced by Reco International..*

Linda Lee Sutton Originals *introduced* Corky of Coon Hollow *in 1992. The doll sold for $595 in a limited edition of 50.*

YR	NAME	LIMIT	ISSUE	TREND
1994	7 IN. MR. OLD WORLD SANTA	9620	28.00	45.00
1994	7 IN. MRS. OLD WORLD SANTA	9439	28.00	45.00
1994	7 IN. MRS. SANTA CARDHOLDER	4443	40.00	40.00
1994	7 IN. MRS. SANTA W/FUR TRIM	8848	22.00	23.00
1994	7 IN. MRS. SANTA W/POINSETTIA	5397	31.00	35.00
1994	7 IN. MRS. SANTA W/PRESENTS	5923	29.00	35.00
1994	7 IN. NAUGHTY ANGEL	8380	23.00	40.00
1994	7 IN. PILGRIM BOY HUGGING FAWN	2004	42.00	60.00
1994	7 IN. PILGRIM GIRL W/PIE BLONDE HAIR	2984	27.00	45.00
1994	7 IN. PILGRIM MICE SET W/BASKET	2873	47.00	75.00
1994	7 IN. POLICEMAN MOUSE	4788	28.00	45.00
1994	7 IN. RITZ SNOWMAN	4903	28.00	45.00
1994	7 IN. SANTA IN CHIMNEY	3255	36.00	45.00
1994	7 IN. SANTA W/DOVE (SIGNED ANNALEE)	1	1250.00	1200.00
1994	7 IN. SANTA W/LIGHTS	4678	31.00	60.00
1994	7 IN. SANTA W/PRESENTS	5586	25.00	30.00
1994	7 IN. SANTA W/RED FUR TRIM SUIT	8922	20.00	30.00
1994	7 IN. SANTA W/SLEIGH	3301	40.00	50.00
1994	7 IN. SANTA W/SNOWSHOES & TREE	8582	29.00	55.00
1994	7 IN. SANTA W/TREE & SLED	8865	29.00	55.00
1994	7 IN. SCOTTISH LAD	3995	30.00	55.00
1994	7 IN. SMALL CHRISTMAS DOVE	RT	27.00	50.00
1994	7 IN. SNOWMAN W/PIPE	6179	26.00	45.00
1994	7 IN. SNOWWOMAN/MRS. RITZ	5344	27.00	50.00
1994	7 IN. ST. PATRICK'S DAY MOUSE	4746	27.00	35.00
1994	7 IN. SWEETHEART BOY MOUSE	4424	20.00	30.00
1994	7 IN. THANKSGIVING BOY	1881	40.00	65.00
1994	7 IN. TREE TOP STAR W/3 IN. ANGEL	6424	21.00	40.00
1994	7 IN. VALENTINE GIRL KID W/CARD	6220	25.00	45.00
1994	7 IN. VICTORIAN SANTA IN SLEIGH	1179	50.00	55.00
1994	7 IN. WHITE MOUSE IN SLIPPER	5838	26.00	40.00
1994	7 IN. WHITE MOUSE ON TOBOGGAN	RT	30.00	50.00
1994	7 IN. WHITE MOUSE W/PRESENT	8170	23.00	40.00
1994	7 IN. WHITE SKATING MOUSE	11452	26.00	50.00
1994	7 IN. WITCH MOUSE	RT	27.00	40.00
1994	7 IN. WIZARD MOUSE	3892	29.00	45.00
1994	7 IN. YELLOW FLOWER KID	RT	29.00	50.00
1994	7 IN. YELLOW FLOWER KID, BLONDE	2303	27.00	50.00
1994	8 IN. BOY TURKEY	2852	35.00	75.00
1994	8 IN. EAR OF CORN (NO FACE)	1342	10.00	25.00
1994	8 IN. GIRL TURKEY	2174	35.00	75.00
1994	SET OF 3 LG. PEA PODS & CARROTS (NO FACES)	1377	15.00	35.00
1994	SMALL PEA PODS & CARROTS (3)	1342	12.00	25.00
1995	10 IN. BOSTON BRUINS HOCKEY PLAYER	RT	48.00	95.00
1995	10 IN. BOSTON BRUINS HOCKEY PLAYER (SIGNED CHUCK)	RT	*	150.00
1995	10 IN. CANADIAN MOUNTIE	RT	75.00	188.00
1995	10 IN. CANADIAN MOUNTIE W/HORSE	RT	130.00	275.00
1995	10 IN. CHIP BEAR BOAT W/PIN, DOLL S/CHUCK, BOAT	200	125.00	295.00
1995	10 IN. CHRISTMAS ELF #7358	SU	*	25.00
1995	10 IN. COLLECTOR, MR. NASHVILLE SANTA	RT	45.00	90.00
1995	10 IN. COLLECTOR, MR. SANTA W/WEE HELPERS	RT	75.00	125.00
1995	10 IN. COLLECTOR, MRS. NASHVILLE SANTA	RT	45.00	90.00
1995	10 IN. DOE	*	22.00	35.00
1995	10 IN. EASTER PARADE BOY BUNNY	*	41.00	65.00
1995	10 IN. EASTER PARADE GIRL BUNNY	*	41.00	65.00
1995	10 IN. FROG ON LILY PAD	*	24.00	50.00
1995	10 IN. GREEN CHRISTMAS ELF	*	18.00	25.00
1995	10 IN. INDIAN MAN	*	43.00	75.00
1995	10 IN. INDIAN WOMAN	*	43.00	75.00
1995	10 IN. KITTEN W/ORNAMENT	RT	36.00	60.00
1995	10 IN. LARGE FLOWER W/FACE	*	21.00	50.00
1995	10 IN. OLD WORLD CAROLLER MAN	*	29.00	50.00
1995	10 IN. OLD WORLD CAROLLER WOMAN	*	29.00	50.00
1995	10 IN. POCAHONTAS (W/DOME)	1300	88.00	275.00
1995	10 IN. RED CHRISTMAS ELF	*	18.00	25.00
1995	10 IN. REINDEER	OP	24.00	24.00
1995	10 IN. REINDEER W/7 IN. SANTA	*	48.00	75.00
1995	10 IN. REINDEER W/CAP & BELL	*	25.00	25.00
1995	10 IN. SKATING PENGUIN	*	36.00	60.00
1995	10 IN. TENNESSEE FIDDLER/HOUND (TAG SIGNED ANNALEE	RT	80.00	175.00
1995	10 IN. TREE TOP ANGEL	*	36.00	55.00
1995	10 IN. TREE TOP ANGEL-RED	OP	38.00	55.00
1995	10 IN. VALENTINE GIRL BEAR, RED DRESS, WHITE HEART	2487	36.00	60.00
1995	10 IN. WHITE CHRISTMAS ELF	*	18.00	30.00
1995	10 IN. WHITE ST. NICHOLAS	*	45.00	95.00
1995	10 IN. WINDOW SHOPPER OSTRICH	RT	39.00	50.00
1995	10 IN. WINTER ELF	*	18.00	27.00
1995	12 IN. BOY PILGRIM W/BASKET	*	47.00	65.00
1995	12 IN. CACTUS SET	RT	18.00	45.00
1995	12 IN. CAROUSEL HORSE #1-EMPRESS	RT	60.00	100.00
1995	12 IN. CHEF SANTA	*	47.00	75.00
1995	12 IN. DRUMMER BOY	*	40.00	55.00
1995	12 IN. GIRL CAT KID	*	37.00	70.00
1995	12 IN. GIRL PILGRIM W/PIE	*	47.00	75.00
1995	12 IN. GIRL SCARECROW	*	49.00	75.00
1995	12 IN. MR. INDOOR SANTA W/TREE TOP STAR	*	50.00	75.00
1995	12 IN. MRS. INDOOR SANTA W/GARLAND	*	45.00	85.00
1995	12 IN. MRS. SANTA CARDHOLDER	*	44.00	65.00
1995	12 IN. NORTH POLE	RT	10.00	20.00

YR	NAME	LIMIT	ISSUE	TREND
1995	12 IN. OLD WORLD ST. NICHOLAS	RT	55.00	75.00
1995	12 IN. ROSE & IVY ARBOR	RT	50.00	75.00
1995	12 IN. SANTA IN CHIMNEY	*	72.00	75.00
1995	12 IN. SCARECROW, GIRL	SU	50.00	75.00
1995	14 IN. PUMPKIN W/REMOVABLE LID (HOLDS CANDY)	SU	50.00	145.00
1995	17 IN. TEEPEE #9026	RT	38.00	65.00
1995	18 IN. CHEF SANTA (GINGERBREAD)	*	52.00	105.00
1995	18 IN. COUNTRY BOY BUNNY W/APPLE	*	68.00	90.00
1995	18 IN. COUNTRY GIRL BUNNY W/APPLE	*	68.00	95.00
1995	18 IN. EASTER PARADE BOY BUNNY	*	68.00	90.00
1995	18 IN. EASTER PARADE GIRL BUNNY	*	68.00	90.00
1995	18 IN. INDOOR SANTA W/LIGHTS	*	64.00	95.00
1995	18 IN. MR. FUR SANTA ON STAND	*	47.00	60.00
1995	18 IN. MR. INDOOR SANTA W/TREE TOP STAR	*	60.00	85.00
1995	18 IN. MR. OLD WORLD SANTA	*	53.00	85.00
1995	18 IN. MRS. INDOOR SANTA W/GARLAND	*	55.00	80.00
1995	18 IN. MRS. OLD WORLD SANTA	*	51.00	85.00
1995	18 IN. MRS. OUTDOOR SANTA	*	51.00	60.00
1995	18 IN. MRS. SANTA CARDHOLDER	*	54.00	55.00
1995	18 IN. MUSICAL SANTA W/GIFT LIST	*	62.00	85.00
1995	18 IN. OLD WORLD REINDEER W/BELLS	*	62.00	95.00
1995	18 IN. PJ KID IN 2-FT. STOCKING	RT	62.00	95.00
1995	18 IN. REINDEER W/CHRISTMAS SADDLEBAGS	*	56.00	85.00
1995	18 IN. REINDEER W/SANTA	*	90.00	90.00
1995	18 IN. SANTA HUGGING REINDEER #6605	SU	90.00	90.00
1995	18 IN. SANTA ON TOBOGGAN	*	74.00	80.00
1995	18 IN. SANTA W/CARDHOLDER SACK	*	60.00	75.00
1995	18 IN. SANTA W/GIFT LIST & TOYBAG	*	50.00	55.00
1995	18 IN. SNOWMAN W/BROOM	*	52.00	75.00
1995	18 IN. WITCH W/STAND	*	70.00	100.00
1995	2 IN. PUMPKIN W/FACE 9028	RT	7.00	15.00
1995	2 IN. RED TOMATOES SET OF THREE W/FACE	RT	13.00	35.00
1995	22 IN. CHRISTMAS STOCKING	OP	20.00	40.00
1995	22 IN. GREEN CHRISTMAS ELF	*	36.00	75.00
1995	22 IN. RED CHRISTMAS ELF	OP	36.00	40.00
1995	3 IN. BABY JESUS IN MANGER	RT	18.00	35.00
1995	3 IN. CHRISTMAS MORN' ITSIE VIGNETTE	*	68.00	200.00
1995	3 IN. C'MAS MORN ITSIE VIGNETTE (SIGNED CHUCK)	RT	68.00	150.00
1995	3 IN. MUSICAL BALLOONING KIDS	*	56.00	85.00
1995	3 IN. SPRING PIXIE PICK	*	12.00	45.00
1995	3 IN. SUN PIN	OP	6.00	6.00
1995	3 IN. SWEETHEART ITSIE BOY MOUSE	*	20.00	30.00
1995	3 IN. SWEETHEART ITSIE GIRL MOUSE	*	15.00	30.00
1995	3 IN. WITCH KID W/BROOM	SU	18.00	35.00
1995	3 IN. WITCH W/HALLOWEEN MOON	*	45.00	95.00
1995	3 IN. WYNKEN, BLYNKEN & NOD	SU	63.00	95.00
1995	30 IN. COUNTRY BOY BUNNY W/APPLES	SU	125.00	200.00
1995	30 IN. MR. OLD WORLD SANTA	RT	125.00	150.00
1995	30 IN. MRS. OLD WORLD SANTA	RT	125.00	150.00
1995	30 IN. MRS. SANTA W/CARDHOLDER APRON	OP	120.00	120.00
1995	30 IN. OUTDOOR SANTA W/TOY BAG	OP	138.00	138.00
1995	30 IN. SANTA W/CARDHOLDER SACK	OP	120.00	120.00
1995	30 IN. SANTA W/NORTH POLE	*	138.00	138.00
1995	30 IN. SNOWMAN	*	120.00	275.00
1995	30 IN. WITCH KID	*	150.00	295.00
1995	36 IN. REINDEER W/CARDHOLDER SADDLEBAGS	*	154.00	225.00
1995	4 FT. TREE SKIRT	*	30.00	45.00
1995	5 IN. ANGEL W/CHRISTMAS MOON	*	45.00	95.00
1995	5 IN. ANGEL W/MISTLETOE	*	16.00	30.00
1995	5 IN. BABY JESUS IN MANGER W/HAY	*	28.00	50.00
1995	5 IN. BLACK CHRISTMAS LAMB W/HAT & BELL	*	20.00	35.00
1995	5 IN. BOUDOIR BABY W/BLANKET	*	20.00	45.00
1995	5 IN. CACTUS SET	*	18.00	45.00
1995	5 IN. EASTER PARADE BOY DUCK	*	24.00	25.00
1995	5 IN. EASTER PARADE GIRL DUCK	*	26.00	26.00
1995	5 IN. ELF WORKSHOP	SU	14.00	15.00
1995	5 IN. FAWN	SU	16.00	25.00
1995	5 IN. GOLD FALL ELF W/LEAF	OP	15.00	25.00
1995	5 IN. GREEN CHRISTMAS ELF	OP	14.00	20.00
1995	5 IN. GREEN SPRING ELF	OP	14.00	30.00
1995	5 IN. HALLOWEEN ELF/BLACK	OP	16.00	25.00
1995	5 IN. HALLOWEEN ELF/ORANGE	OP	16.00	25.00
1995	5 IN. LEPRECHAUN W/POT O' GOLD	*	20.00	45.00
1995	5 IN. OLD WORLD CAROLLER BOY	OP	20.00	45.00
1995	5 IN. OLD WORLD CAROLLER GIRL	OP	20.00	45.00
1995	5 IN. OLD WORLD SANTA W/9 IN. WREATH #4550	RT	34.00	65.00
1995	5 IN. ORANGE FALL ELF W/LEAF	OP	15.00	30.00
1995	5 IN. PIXIE PICCOLO PLAYER	RT35	30.00	40.00
1995	5 IN. RED CHRISTMAS ELF	OP	14.00	16.00
1995	5 IN. SAILOR DUCK	RT	26.00	55.00
1995	5 IN. WHITE CHRISTMAS ELF	OP	14.00	25.00
1995	5 IN. WHITE CHRISTMAS LAMB	SU	20.00	30.00
1995	5 IN. WINTER ELF	*	14.00	25.00
1995	5 IN. YELLOW SPRING ELF	*	14.00	30.00
1995	7 IN. ANGEL MOUSE	*	24.00	40.00
1995	7 IN. ANGEL W/HARP	*	27.00	45.00
1995	7 IN. ANGEL W/MUSICAL INSTRUMENT	*	22.00	30.00
1995	7 IN. ANGEL/BLACK HAIR	*	24.00	45.00
1995	7 IN. ANGEL/BLONDE HAIR	*	24.00	40.00

YR	NAME	LIMIT	ISSUE	TREND
1995	7 IN. ANGEL/BROWN HAIR	*	24.00	45.00
1995	7 IN. ARTIST BUNNY (HAS MUSTACHE PAINTING EGG)	SU	23.00	60.00
1995	7 IN. BABY BUNNY W/BOTTLE	*	20.00	50.00
1995	7 IN. BICYCLIST BOY MOUSE	*	26.00	40.00
1995	7 IN. BIRTHDAY GIRL MOUSE	*	24.00	40.00
1995	7 IN. BRIDE MOUSE	*	24.00	45.00
1995	7 IN. CABBAGE W/FACE	SU	18.00	45.00
1995	7 IN. CALIFORNIA MUDSLIDE MOUSE	*	30.00	50.00
1995	7 IN. CAROLLER MOUSE W/BIG HAT & TREE	*	22.00	35.00
1995	7 IN. CHAMPAGNE MOUSE IN GLASS	*	28.00	55.00
1995	7 IN. CHEF MOUSE (WISK/BOWL, RED SCARF)	SU	28.00	60.00
1995	7 IN. CHEF SANTA	*	30.00	50.00
1995	7 IN. CHOIR BOY	OP	28.00	45.00
1995	7 IN. CHOIR BOY W/BLACK EYE	RT	28.00	50.00
1995	7 IN. CHOIR GIRL	SU	28.00	45.00
1995	7 IN. CHRISTMAS PARTY GIRL MOUSE #7736	RT	19.00	25.00
1995	7 IN. COUNTRY BOY BUNNY W/APPLE	OP	22.00	50.00
1995	7 IN. COUNTRY GIRL BUNNY W/APPLE	OP	22.00	30.00
1995	7 IN. DOWN THROUGH THE CHIMNEY MOUSE #7729	SU	35.00	55.00
1995	7 IN. DRUMMER BOY	SU	24.00	40.00
1995	7 IN. EASTER BUNNY KID W/BASKET	OP	22.00	45.00
1995	7 IN. FLYING ANGEL	OP	22.00	35.00
1995	7 IN. GARDEN CLUB MOUSE	RT	25.00	35.00
1995	7 IN. GHOST MOUSE	*	28.00	55.00
1995	7 IN. GIRL BUILDING A SNOWMAN	*	25.00	65.00
1995	7 IN. GRADUATION BOY MOUSE	*	24.00	40.00
1995	7 IN. GRADUATION GIRL MOUSE	*	24.00	40.00
1995	7 IN. GROOM MOUSE	*	24.00	45.00
1995	7 IN. GYPSY GIRL KID #3035	RT	32.00	45.00
1995	7 IN. HABITAT MOUSE	RT	30.00	55.00
1995	7 IN. HERSHEY KID	RT	38.00	65.00
1995	7 IN. HOCKEY KID	*	31.00	50.00
1995	7 IN. HOLLY GIRL MOUSE #7711	RT	19.00	25.00
1995	7 IN. HOUSEWIFE MOUSE (VACUUM)	*	26.00	65.00
1995	7 IN. INDIAN BOY KID #3154	RT	30.00	60.00
1995	7 IN. INDIAN BOY KID W/SPEAR	*	30.00	50.00
1995	7 IN. INDIAN GIRL KID W/BEADS	*	30.00	60.00
1995	7 IN. JOSEPH (CHILD)	SU	29.00	60.00
1995	7 IN. MARBLES KID	RT	28.00	65.00
1995	7 IN. MARY CHILD W/DOLL	RT	29.00	60.00
1995	7 IN. MARY W/BABY JESUS (CHILD)	SU	29.00	60.00
1995	7 IN. MOTORCYCLE MOUSE "MIKEY THE BIKEY"	*	31.00	50.00
1995	7 IN. MOUSE (WHITE) ON TOBOGGAN	SU	32.00	50.00
1995	7 IN. MOUSE IN CORNUCOPIA	*	26.00	45.00
1995	7 IN. MOUSE IN SANTA'S HAT	*	19.00	25.00
1995	7 IN. MOUSE KID #3037	RT	22.00	45.00
1995	7 IN. MOUSE W/SNOWBALL	*	19.00	35.00
1995	7 IN. MR. & MRS. INDOOR SANTA W/TREE	*	70.00	70.00
1995	7 IN. MR. OLD WORLD SANTA	*	29.00	45.00
1995	7 IN. MRS. SANTA W/FUR TRIM	OP	24.00	25.00
1995	7 IN. MRS. SANTA W/PRESENTS	*	31.00	35.00
1995	7 IN. NASHVILLE BOY	*	32.00	60.00
1995	7 IN. NASHVILLE GIRL	*	30.00	6.00
1995	7 IN. NAUGHTY ANGEL W/BLACK EYE	*	26.00	26.00
1995	7 IN. PILGRIM BOY HUGGING FAWN	*	43.00	60.00
1995	7 IN. PILGRIM GIRL W/PIE	*	28.00	45.00
1995	7 IN. PILGRIM MICE SET W/BASKET	*	48.00	60.00
1995	7 IN. PJ KID ON ROCKING HORSE #7232	SU	30.00	55.00
1995	7 IN. SANTA	OP	20.00	21.00
1995	7 IN. SANTA HUGGING REINDEER #6510	SU	48.00	48.00
1995	7 IN. SANTA MOUSE IN CHIMNEY	*	35.00	50.00
1995	7 IN. SANTA SKIING	*	30.00	45.00
1995	7 IN. SANTA W/LIGHTS	OP	32.00	60.00
1995	7 IN. SANTA W/NORTH POLE	*	36.00	36.00
1995	7 IN. SANTA W/PRESENTS	*	28.00	30.00
1995	7 IN. SANTA W/SLEIGH	OP	40.00	50.00
1995	7 IN. SANTA W/SNOWSHOES & TREE	OP	30.00	55.00
1995	7 IN. SANTA, INDOOR	OP	20.00	20.00
1995	7 IN. SHEPHERD CHILD W/LAMB	SU	40.00	70.00
1995	7 IN. SMALL CHRISTMAS DOVE	SU	28.00	50.00
1995	7 IN. SNOWMAN ON TOBOGGAN	OP	31.00	55.00
1995	7 IN. SNOWMAN W/PIPE	OP	26.00	45.00
1995	7 IN. SNOWWOMAN/MRS. RITZ	*	28.00	50.00
1995	7 IN. SOUTH AMERICAN GIRL	YR	32.00	50.00
1995	7 IN. ST. PATRICK'S DAY MOUSE	*	27.00	35.00
1995	7 IN. SWEETHEART BOY MOUSE	OP	21.00	30.00
1995	7 IN. SWEETHEART GIRL MOUSE	OP	21.00	30.00
1995	7 IN. SWISS ALPS BOY	YR	32.00	50.00
1995	7 IN. TREE TOP STAR W/3 IN. ANGEL	RT	22.00	40.00
1995	7 IN. TREETOP MOUSE IN CHIMNEY	RT	35.00	50.00
1995	7 IN. VALENTINE GIRL KID W/CARD	RT	27.00	45.00
1995	7 IN. WHITE MOUSE IN SLIPPER	RT	26.00	40.00
1995	7 IN. WHITE MOUSE ON TOBOGGAN W/PRESENT	RT	31.00	50.00
1995	7 IN. WHITE SKATING MOUSE	SU	26.00	50.00
1995	7 IN. WITCH MOUSE 3009	RT	28.00	40.00
1995	7 IN. WIZARD MOUSE	SU	30.00	45.00
1995	8 IN. BOY TURKEY	RT	36.00	75.00
1995	8 IN. EAR OF CORN (W/FACE)	RT	13.00	45.00
1995	8 IN. EASTER PARADE BOY BUNNY	SU	28.00	65.00

YR	NAME	LIMIT	ISSUE	TREND
1995	8 IN. EASTER PARADE GIRL BUNNY	SU	28.00	65.00
1995	8 IN. GIRL TURKEY	SU	36.00	75.00
1995	LARGE PEA PODS & CARROTS SET OF THREE	*	16.00	50.00
1996	10 IN. BABY CAKES BEAR	RT	38.00	60.00
1996	10 IN. BABY CAKES VALENTINE BEAR, WHITE/RED HEARTS	1811	38.00	60.00
1996	10 IN. CANDLEMAKER WOMEN, TAG S/ANNALEE, FENCE S/C	286	90.00	275.00
1996	10 IN. CANDY BASKET ELVES #2992	RT	42.00	65.00
1996	10 IN. CAROLLING BOY BEAR	RT	42.00	65.00
1996	10 IN. CAROLLING GIRL BEAR	RT	42.00	65.00
1996	10 IN. CAROLLING REINDEER	RT	25.00	45.00
1996	10 IN. COUNTRY BOY BEAR W/WHEELBARROW (SUNFLOWER)	SU	44.00	75.00
1996	10 IN. COUNTRY BUMPKIN SCARECROW	RT	38.00	60.00
1996	10 IN. COUNTRY GIRL BEAR (SUNFLOWER)	SU	42.00	75.00
1996	10 IN. DOE	*	22.00	35.00
1996	10 IN. EASTER PARADE BOY BEAR	"2,234"	42.00	60.00
1996	10 IN. EASTER PARADE GIRL BEAR	"2,699"	42.00	60.00
1996	10 IN. FABULOUS FIFTIES (W/DOME)	1500	150.00	275.00
1996	10 IN. FLYING WITCH	SU	38.00	55.00
1996	10 IN. GHOST OF CHRISTMAS FUTURE #5457	RT	30.00	100.00
1996	10 IN. GHOST OF CHRISTMAS PAST #5455	RT	40.00	100.00
1996	10 IN. GHOST OF CHRISTMAS PRESENT#5456	RT	56.00	125.00
1996	10 IN. GREEN CHRISTMAS ELF	*	18.00	25.00
1996	10 IN. HOOK, LINE & SANTA	RT	45.00	80.00
1996	10 IN. INDIAN CHIEF BEAR W/PIN, DOLL SIGNED CHUCK	200	130.00	295.00
1996	10 IN. INDIAN MAN	*	43.00	80.00
1996	10 IN. INDIAN WOMAN	*	43.00	80.00
1996	10 IN. JESTER & FRIEND	*	34.00	52.00
1996	10 IN. JOSEPH	RT	38.00	38.00
1996	10 IN. LEAPIN' FROG	SU	18.00	35.00
1996	10 IN. LOVER BOY BEAR	"2,076"	40.00	75.00
1996	10 IN. MARY HOLDING BABY JESUS	*	40.00	40.00
1996	10 IN. MR. FARMER	RT	35.00	75.00
1996	10 IN. MR. SCROOGE #5467	RT	38.00	95.00
1996	10 IN. MR. SCROOGE'S BED	RT	44.00	95.00
1996	10 IN. MRS. FARMER	RT	35.00	75.00
1996	10 IN. OLD TYME CAROLLING MAN	*	39.00	55.00
1996	10 IN. OLD TYME CAROLLING WOMAN	*	39.00	55.00
1996	10 IN. OLD WORLD TREE TOP ANGEL #7276	RT	47.00	65.00
1996	10 IN. OLD WORLD TREE TOP ANGEL (BURGUNDY)	SU	47.00	85.00
1996	10 IN. PILGRIM MAN	*	45.00	75.00
1996	10 IN. PILGRIM WOMAN	*	40.00	75.00
1996	10 IN. PUMPKIN PATCH ELF	*	24.00	25.00
1996	10 IN. PUPPIES FOR CHRISTMAS SANTA	RT	80.00	140.00
1996	10 IN. RED CHRISTMAS ELF	*	18.00	25.00
1996	10 IN. REINDEER	OP	24.00	24.00
1996	10 IN. TREE TOP ANGEL	*	41.00	65.00
1996	10 IN. TRICK OR TREAT ELF	SU	21.00	40.00
1996	10 IN. WANDERING ST. NICHOLAS	RT	49.00	95.00
1996	10 IN. WINTER ELF	*	18.00	27.00
1996	10 IN. WISE MAN BEARING FRANKINCENSE	RT	44.00	75.00
1996	10 IN. WISE MAN BEARING GOLD	RT	44.00	75.00
1996	10 IN. WISE MAN BEARING MYRRH	RT	44.00	75.00
1996	10 IN. WOMAN GOLFER	RT	44.00	70.00
1996	10 IN. WOMAN TENNIS PLAYER	RT	44.00	70.00
1996	10 IN. WOODLAND SANTA & REINDEER 5392	RT	66.00	125.00
1996	12 IN. BROWN HORSE	RT	36.00	80.00
1996	12 IN. CACTUS SET	*	24.00	45.00
1996	12 IN. CAROLLING MRS. SANTA #5496	SU	46.00	70.00
1996	12 IN. CAROLLING SANTA #5497	SU	56.00	85.00
1996	12 IN. CAROUSEL HORSE #2-NOEL	RT	68.00	100.00
1996	12 IN. CHRISTMAS EVE MRS. SANTA	SU	60.00	60.00
1996	12 IN. CHRISTMAS EVE SANTA	SU	60.00	85.00
1996	12 IN. DRUMMER BOY	SU	45.00	70.00
1996	12 IN. MOTHER DUCK	RT	50.00	75.00
1996	12 IN. NORTH POLE	RT	10.00	20.00
1996	12 IN. OLD WORLD ST. NICHOLAS #5450	RT	63.00	75.00
1996	12 IN. ROSE & IVY ARBOR	RT	50.00	75.00
1996	12 IN. STREET LAMP	RT	14.00	25.00
1996	12 IN. TOMMY TURKEY #3162	RT	76.00	135.00
1996	12 IN. WORKSHOP SANTA	*	54.00	54.00
1996	15 IN. HAUNTED TREE-TAN	RT	45.00	90.00
1996	17 IN. TEEPEE	SU	38.00	55.00
1996	18 IN. BEARRY CHRISTMAS STOCKING	790	78.00	125.00
1996	18 IN. CHEF SANTA (BREAD)	*	61.00	135.00
1996	18 IN. COUNTRY BOY BUNNY W/WHEELBARROW (SUNFLOWER	SU	68.00	135.00
1996	18 IN. COUNTRY GIRL BUNNY (SUNFLOWER)	SU	68.00	125.00
1996	18 IN. EASTER PARADE BOY BUNNY	*	68.00	95.00
1996	18 IN. EASTER PARADE GIRL BUNNY	*	38.00	90.00
1996	18 IN. MR. FUR SANTA ON STAND	*	50.00	60.00
1996	18 IN. MRS. OUTDOOR SANTA	*	53.00	55.00
1996	18 IN. MRS. SANTA HANGING CRANBERRIES & POPCORN	SU	60.00	135.00
1996	18 IN. MUSICAL CAROLLING SANTA	*	58.00	85.00
1996	18 IN. OLD WORLD MRS. SANTA/LAMB(BROWN VELOUR) #56	RT	84.00	150.00
1996	18 IN. OLD WORLD SANTA (BROWN VELOUR) #5652	RT	76.00	125.00
1996	18 IN. PUTTING ON THE RITZ SNOWMAN #7527	SU	65.00	110.00
1996	18 IN. REINDEER W/CHRISTMAS SADDLEBAGS	*	60.00	85.00
1996	18 IN. REINDEER W/VELOUR SANTA	*	104.00	104.00
1996	18 IN. SANTA HANGING GINGERBREAD ORNANAMENT (1 YR)	SU	77.00	28.00
1996	18 IN. SANTA W/GIFT LIST & TOYBAG	*	54.00	55.00

YR	NAME	LIMIT	ISSUE	TREND
1996	18 IN. SNOWMAN W/BROOM	*	55.00	75.00
1996	18 IN. SUNFLOWER	RT	24.00	60.00
1996	18 IN. TUCKERED MRS. SANTA & PJ KID	*	95.00	125.00
1996	18 IN. TUCKERED SANTA & PJ KID	*	92.00	125.00
1996	18 IN. WITCHY BREW	*	83.00	125.00
1996	2 IN. PUMPKIN W/FACE	RT	7.00	15.00
1996	2 IN. RED TOMATOES SET OF THREE W/FACE	RT	14.00	35.00
1996	2 IN. TOMATOES (SET OF 3)(NO FACE)	805	13.00	30.00
1996	22 IN. CHRISTMAS STOCKING	OP	20.00	40.00
1996	22 IN. GREEN CHRISTMAS ELF	*	40.00	75.00
1996	22 IN. RED CHRISTMAS ELF	OP	40.00	40.00
1996	24 IN. COUNTRY CATTAIL	RT	26.00	60.00
1996	25 IN. SUNFLOWER	RT	26.00	60.00
1996	3 IN. BIRTHDAY MOUSE	SU	21.00	35.00
1996	3 IN. BRIDE MOUSE	RT	24.00	35.00
1996	3 IN. BUTTERFLY PICK	RT	15.00	35.00
1996	3 IN. BUTTERFLY PIN	RT	15.00	35.00
1996	3 IN. CANOEING INDIAN KIDS	RT	40.00	55.00
1996	3 IN. CAROLLING BOY #8036	SU	18.00	28.00
1996	3 IN. CAROLLING GIRL #8034	SU	18.00	28.00
1996	3 IN. COMPUTER MOUSE	RT	22.00	45.00
1996	3 IN. DREAMS OF GOLD VIGNETTE W/DOME	RT	85.00	115.00
1996	3 IN. EASTER BUNNY	SU	20.00	35.00
1996	3 IN. FROGGIE	SU	14.00	38.00
1996	3 IN. GHOST MOUSE	RT	20.00	42.00
1996	3 IN. GROOM MOUSE	*	22.00	35.00
1996	3 IN. HERSHEY BOY MOUSE	SU	23.00	35.00
1996	3 IN. HERSHEY GIRL MOUSE	RT	23.00	35.00
1996	3 IN. HIKER MOUSE	RT	25.00	45.00
1996	3 IN. INDIAN BOY	SU	20.00	40.00
1996	3 IN. INDIAN GIRL	SU	20.00	40.00
1996	3 IN. LADYBUG PICK	*	15.00	30.00
1996	3 IN. MAILMAN MOUSE	RT	22.00	45.00
1996	3 IN. MATCHBOX MICE	RT	34.00	50.00
1996	3 IN. MUSICAL BALLOONING BEARS	RT	60.00	85.00
1996	3 IN. NURSE MOUSE	SU	22.00	40.00
1996	3 IN. PILGRIM BOY	*	22.00	40.00
1996	3 IN. PILGRIM GIRL	*	22.00	40.00
1996	3 IN. SLEIGH RIDE SANTA	*	24.00	30.00
1996	3 IN. TEACHER MOUSE	*	20.00	35.00
1996	3 IN. WITCH KID W/BROOM	SU	19.00	35.00
1996	3 IN. WITCH W/HALLOWEEN MOON	*	45.00	95.00
1996	3 IN. WIZARD MOUSE #2999	RT	24.00	40.00
1996	3 IN. WYNKEN, BLYNKEN & NOD	RT	68.00	100.00
1996	3 IN. YELLOW DUCKLING	SU	21.00	40.00
1996	30 IN. CHRISTMAS ELF/ RED	SU	67.00	110.00
1996	30 IN. DECK THE HALLS SANTA	SU	170.00	170.00
1996	30 IN. MR. OLD WORLD SANTA (BROWN VELOUR)	RT	160.00	325.00
1996	30 IN. MRS. OLD WORLD SANTA (BROWN VELOUR)	RT	152.00	295.00
1996	30 IN. MRS. SANTA W/CARDHOLDER APRON	OP	126.00	126.00
1996	30 IN. OLD WORLD MRS. SANTA #6253	RT	152.00	152.00
1996	30 IN. OLD WORLD SANTA #6252	RT	160.00	160.00
1996	30 IN. SHOPPING MRS. SANTA #6212	SU	156.00	175.00
1996	30 IN. SKELETON KID #3019	RT	123.00	225.00
1996	30 IN. SUNDAY MORNING SANTA #6011	SU	125.00	150.00
1996	36 IN. OLD WORLD REINDEER #6751	SU	146.00	275.00
1996	4 FT. TREE SKIRT	*	33.00	45.00
1996	4 IN. PUPPY PRESENT	RT	19.00	35.00
1996	4 IN. STREET LAMP	OP	8.00	8.00
1996	5 IN. ANGEL CENTERPIECE	*	31.00	75.00
1996	5 IN. ANGEL CENTERPIECE #7177	SU	31.00	60.00
1996	5 IN. ANGEL W/MISTLETOE	*	18.00	30.00
1996	5 IN. BLACK CHRISTMAS LAMB W/BOW	*	18.00	45.00
1996	5 IN. BLANKET BABY BOY	RT	20.00	45.00
1996	5 IN. BLANKET BABY GIRL	RT	20.00	45.00
1996	5 IN. CACTUS SET	*	24.00	45.00
1996	5 IN. ELF CENTERPIECE #7346	SU	27.00	55.00
1996	5 IN. ELF WORKSHOP	SU	*	25.00
1996	5 IN. FAWN	SU	16.00	25.00
1996	5 IN. GREEN CHRISTMAS ELF	OP	15.00	20.00
1996	5 IN. HALLOWEEN ELF/BLACK	OP	15.00	25.00
1996	5 IN. HALLOWEEN ELF/ORANGE	OP	15.00	25.00
1996	5 IN. HOLLY BERRY ANGEL	OP	22.00	32.00
1996	5 IN. LEPRECHAUN W/POT O' GOLD	RT	22.00	45.00
1996	5 IN. OLD WORLD SANTA W/9 IN. WREATH	OP	34.00	65.00
1996	5 IN. PIXIE PICCOLO PLAYER	RT	30.00	40.00
1996	5 IN. RED CHRISTMAS ELF	OP	15.00	16.00
1996	5 IN. SAILOR DUCK	RT	28.00	55.00
1996	5 IN. TEEPEE	SU	20.00	40.00
1996	5 IN. WHITE CHRISTMAS LAMB	SU	18.00	30.00
1996	5 IN. WINTER ELF	*	15.00	25.00
1996	5 IN. WOOLY LAMB #5424	SU	17.00	35.00
1996	5 IN. YELLOW DUCK	SU	22.00	25.00
1996	7 IN. ANGEL MOUSE	*	24.00	40.00
1996	7 IN. ANGEL W/HARP	*	27.00	45.00
1996	7 IN. ANGEL W/MUSICAL INSTRUMENT	*	22.00	30.00
1996	7 IN. ANGEL/BLONDE HAIR	*	24.00	40.00
1996	7 IN. BAKER KID	RT	31.00	45.00
1996	7 IN. BANANA KID 3065	RT	28.00	50.00

YR	NAME	LIMIT	ISSUE	TREND
1996	7 IN. BICYCLIST BOY MOUSE	RT	28.00	40.00
1996	7 IN. CAROLLER MOUSE W/BIG HAT & TREE	*	24.00	35.00
1996	7 IN. CAROLLING SNOWMAN	OP	30.00	50.00
1996	7 IN. CHEF MOUSE (BREAD/ROLLING PIN, BLUE SCARF)	SU	28.00	60.00
1996	7 IN. CHEF SANTA	OP	30.00	50.00
1996	7 IN. CHRISTMAS PARTY GIRL MOUSE	*	20.00	25.00
1996	7 IN. COUNTRY BOY BUNNY	OP	24.00	35.00
1996	7 IN. COUNTRY GIRL BUNNY	OP	23.00	30.00
1996	7 IN. COUNTRY GIRL MOUSE	SU	26.00	40.00
1996	7 IN. DRUMMER BOY	SU	29.00	40.00
1996	7 IN. EASTER BUNNY KID W/BASKET	RT	24.00	45.00
1996	7 IN. HARVEST BASKET (PILGRIM) MICE	SU	48.00	65.00
1996	7 IN. HERSHEY KID	RT	40.00	65.00
1996	7 IN. LAUNDRY DAY MOUSE (LAUNDRY BASKET)	2845	26.00	65.00
1996	7 IN. LETTER TO SANTA MOUSE	SU	23.00	40.00
1996	7 IN. MAKING FRIENDS SNOWMAN	SU	28.00	50.00
1996	7 IN. MOONBEAM SANTA MOBILE	*	46.00	150.00
1996	7 IN. MOUSE KID	RT	26.00	45.00
1996	7 IN. MOUSE W/SNOWBALL	*	20.00	35.00
1996	7 IN. MR. & MRS. SANTA EXCHANGING GIFTS	*	57.00	75.00
1996	7 IN. NAUGHTY ANGEL W/BLACK EYE	*	28.00	45.00
1996	7 IN. NEW YEAR'S MOUSE #8205	SU	20.00	60.00
1996	7 IN. OLD WORLD MRS. SANTA #5152	RT	32.00	50.00
1996	7 IN. OLD WORLD SANTA #5153	RT	40.00	50.00
1996	7 IN. PILGRIM BOY MOUSE	*	26.00	30.00
1996	7 IN. PILGRIM GIRL MOUSE	*	24.00	30.00
1996	7 IN. PJ KID ON ROCKING HORSE	SU	30.00	55.00
1996	7 IN. POWDER PUFF BABY	RT	21.00	50.00
1996	7 IN. SAINT PATRICK'S DAY BOY	*	31.00	55.00
1996	7 IN. SANTA	OP	22.00	22.00
1996	7 IN. SANTA CENTERPIECE #5245	RT	35.00	55.00
1996	7 IN. SANTA HUGGING REINDEER	SU	51.00	51.00
1996	7 IN. SANTA MOUSE IN CHIMNEY	*	36.00	50.00
1996	7 IN. SANTA SKIING	*	30.00	45.00
1996	7 IN. SANTA W/WHITE FELT MOON (HAS FACE & EARS)	SU	46.00	150.00
1996	7 IN. SANTA W/WHITE FELT MOON MOBILE #5200	SU	46.00	150.00
1996	7 IN. SHOPPING MRS. SANTA	OP	36.00	37.00
1996	7 IN. SHOPPING SANTA	OP	36.00	37.00
1996	7 IN. SLEIGH RIDE SANTA COUPLE	OP	84.00	84.00
1996	7 IN. SNOWBALL FIGHT KID #7233	SU	30.00	55.00
1996	7 IN. SNOWMAN W/PIPE	OP	30.00	30.00
1996	7 IN. SPIDER KID 3064	RT	28.00	45.00
1996	7 IN. SWEETHEART BOY	RT	32.00	65.00
1996	7 IN. SWEETHEART BOY MOUSE	OP	21.00	30.00
1996	7 IN. SWEETHEART GIRL	RT	28.00	45.00
1996	7 IN. SWEETHEART GIRL MOUSE	OP	22.00	30.00
1996	7 IN. TRIM TIME SANTA	OP	33.00	33.00
1996	7 IN. TUCKERED BOY MOUSE	RT	22.00	35.00
1996	7 IN. TUCKERED GIRL MOUSE	RT	22.00	35.00
1996	7 IN. VALENTINE GIRL KID W/CARD	RT	28.00	45.00
1996	7 IN. WHITE SKATING MOUSE	SU	28.00	50.00
1996	7 IN. WITCH KID	SU	32.00	50.00
1996	7 IN. WITCH MOUSE	SU	28.00	40.00
1996	8 IN. CORN STALK (W/FACE)	RT	12.00	40.00
1996	8 IN. FLOWERING LILY PAD	SU	10.00	40.00
1996	CRECHE FOR NATIVITY	RT	40.00	65.00
1996	LARGE PEA PODS & CARROTS, SET OF THREE	RT	23.00	50.00
1997	10 IN. AUTUMN ANGEL	RT	*	75.00
1997	10 IN. CAROLLING BOY BEAR	RT	42.00	65.00
1997	10 IN. CAROLLING GIRL BEAR	RT	42.00	65.00
1997	10 IN. CAROLLING REINDEER	SU	27.00	45.00
1997	10 IN. COUNTRY BOY BEAR (DENIM)	SU	45.00	60.00
1997	10 IN. COUNTRY BUMPKIN SCARECROW	SU	*	60.00
1997	10 IN. COUNTRY GIRL BEAR (DENIM)	SU	45.00	60.00
1997	10 IN. COUNTRY SNOWMAN (FEEDING BIRDS W/BIRDHOUSE)	SU	38.00	65.00
1997	10 IN. COUNTRY SNOWMAN (FEEDING BIRDS W/SEEDBAG)	SU	38.00	65.00
1997	10 IN. CRYSTAL ANGEL QVC EXCLUSIVE	1000	55.00	125.00
1997	10 IN. E.P. BOY & GIRL BUNNY (PINK DAFFODILS)	SU	90.00	140.00
1997	10 IN. FLYING WITCH	SU	*	55.00
1997	10 IN. FROSTY ELF	SU	*	30.00
1997	10 IN. HOOK, LINE & SANTA (W/CERTIFICATE)	SU	45.00	80.00
1997	10 IN. LITTLE LORD TAYLOR (GREEN)	375	65.00	195.00
1997	10 IN. LITTLE LORD TAYLOR II (RED)	1000	65.00	115.00
1997	10 IN. MEDICINE MAN	SU	*	95.00
1997	10 IN. MERRY CHRISTMAS TO ALL (PARKWEST)	750	85.00	165.00
1997	10 IN. MYSTICAL SANTA	RT	*	70.00
1997	10 IN. OLD TYME CAROLLING MAN	RT	*	55.00
1997	10 IN. OLD TYME CAROLLING WOMAN	RT	*	55.00
1997	10 IN. PEASANT (HOLDS BASKET W/BREAD AND FISH)	SU	45.00	85.00
1997	10 IN. PUPPIES FOR CHRISTMAS SANTA	RT	*	140.00
1997	10 IN. ROARING TWENTIES DANCE COUPLE (W/DOME)	RT	160.00	250.00
1997	10 IN. SCARECROW W/CORNUCOPIA	SU	50.00	70.00
1997	10 IN. STROLLING BUNNY W/7IN. BABY, WHITE STROLLER	RT	70.00	125.00
1997	10 IN. SUMMER SCHOOL ELF (JUNE AUCTION)	RT	23.00	45.00
1997	10 IN. SWEETHEART GIRL BEAR, SITTING W/SCISSORS	SU	40.00	60.00
1997	10 IN. TRICK OR TREAT ELF	SU	*	40.00
1997	10 IN. TRUE BLUE SANTA	RT	63.00	105.00
1997	10 IN. VALENTINE ANGEL	SU	45.00	70.00
1997	10 IN. WISE MAN BEARING FRANKINCENSE	RT	45.00	75.00

YR	NAME	LIMIT	ISSUE	TREND
1997	10 IN. WISE MAN BEARING GOLD	RT	45.00	75.00
1997	10 IN. WISE MAN BEARING MYRRH	RT	45.00	75.00
1997	12 IN. 1956 SKI DOLL	3500	95.00	95.00
1997	12 IN. CAROUSEL HORSE #3 LAST-CHAMPAGNE	RT	*	100.00
1997	12 IN. CHRISTMAS EVE MRS. SANTA	SU	60.00	60.00
1997	12 IN. CHRISTMAS EVE SANTA	SU	60.00	85.00
1997	12 IN. DRUMMER BOY	SU	*	70.00
1997	12 IN. MR. QUACK QUACK	RT	60.00	125.00
1997	12 IN. MRS. QUACK QUACK	RT	60.00	125.00
1997	12 IN. WORKSHOP SANTA	SU	55.00	55.00
1997	14 IN. ROGERS CLOTHING STORE MAN/WOMAN	3500	225.00	225.00
1997	15 IN. HAUNTED TREE-GRAY	RT	45.00	85.00
1997	15 IN. WOMAN WITH RED FELT COAT	3500	65.00	65.00
1997	18 IN. CATCH OF THE DAY SANTA	RT	*	130.00
1997	18 IN. E.P. BOY & GIRL BUNNY (PINK DAFFODIL)	SU	135.00	175.00
1997	18 IN. EASTER MORNING BUNNY (WHITE BODY)	SU	68.00	125.00
1997	18 IN. MRS. SANTA W/DOVE	RT	68.00	75.00
1997	18 IN. REINDEER	SU	62.00	85.00
1997	18 IN. SPELLBINDER (BLACK/SUN & WAND)	SU	90.00	195.00
1997	18 IN. SPELLBINDER (BLUE/HOLDING SUN & WAND)	SU	90.00	125.00
1997	18 IN. TUCKERED MRS. SANTA & PJ KID	SU	90.00	125.00
1997	18 IN. TUCKERED SANTA & PJ KID	SU	90.00	125.00
1997	18 IN. VINEYARD MONK	SU	60.00	90.00
1997	18 IN. WITCHY BREW	SU	84.00	125.00
1997	22 IN. CHRISTMAS STOCKING	SU	20.00	40.00
1997	22 IN. GREEN CHRISTMAS ELF	SU	40.00	75.00
1997	22 IN. JUST-A-JESTER	RT	55.00	80.00
1997	3 IN. CANOEING INDIAN KIDS	RT	40.00	55.00
1997	3 IN. EASTER BUNNY	SU	20.00	35.00
1997	3 IN. FROGGIE	RT	21.00	38.00
1997	3 IN. INDIAN BOY	SU	20.00	40.00
1997	3 IN. INDIAN GIRL	SU	20.00	40.00
1997	3 IN. MATCHBOX MICE	RT	34.00	50.00
1997	3 IN. MONK WITH CASK	SU	26.00	40.00
1997	3 IN. PILGRIM BOY	SU	24.00	40.00
1997	3 IN. PILGRIM GIRL	SU	24.00	40.00
1997	3 IN. SLEIGH RIDE SANTA	SU	24.00	30.00
1997	3 IN. SWEET SURPRISE MOUSE	RT	23.00	38.00
1997	3 IN. WITCH KID W/BROOM	SU	20.00	35.00
1997	30 IN. AUTUMN JESTER	RT	100.00	190.00
1997	30 IN. CHRISTMAS ELF, RED	SU	69.00	110.00
1997	30 IN. DECK THE HALLS SANTA	SU	180.00	180.00
1997	30 IN. FINISHING TOUCH SANTA	SU	150.00	150.00
1997	30 IN. MRS. LAST MINUTE WRAPPING	SU	150.00	150.00
1997	30 IN. MRS. SANTA & SQUEAK	SU	184.00	200.00
1997	4 IN. FIFI THE POODLE	SU	20.00	35.00
1997	4 IN. PUPPY PRESENT	RT	*	35.00
1997	4 IN. SPOT THE DALMATION	SU	20.00	35.00
1997	4 IN. WHITE CAT	OP	21.00	21.00
1997	5 IN ELF WORKSHOP	*	*	25.00
1997	5 IN. BLANKET BABY BOY (BLUE BLANKET)	SU	20.00	45.00
1997	5 IN. BLANKET BABY GIRL (PINK BLANKET)	SU	20.00	45.00
1997	5 IN. DON'T OPEN TIL CHRISTMAS II PARKWEST	625	30.00	60.00
1997	5 IN. DON'T OPEN TIL CHRISTMAS PARKWEST	500	28.00	75.00
1997	5 IN. FROSTY ELF	SU	*	25.00
1997	5 IN. HOLLY BERRY ANGEL	SU	*	32.00
1997	5 IN. MISTLETOE ANGEL	SU	20.00	30.00
1997	5 IN. SLEIGH RIDE COUPLE	2500	100.00	150.00
1997	7 IN. BABY NEW YEAR KID	SU	*	55.00
1997	7 IN. BATHTIME FOR BUDDY	3500	55.00	70.00
1997	7 IN. CAROLLING SNOWMAN	SU	*	50.00
1997	7 IN. CLEANING DAY MOUSE (MOP/BUCKET)	*	27.00	50.00
1997	7 IN. CLOWN MOUSE	*	*	50.00
1997	7 IN. EASTER EGG KID	SU	25.00	40.00
1997	7 IN. HAPPY NEW YEAR KID (HOLDING FLAG)	SU	29.00	55.00
1997	7 IN. HEARTH & HOME SANTA	RT	39.00	45.00
1997	7 IN. HOLIDAY BASKET COUPLE	SU	57.00	NA
1997	7 IN. HOSTESS MOUSE	RT	25.00	40.00
1997	7 IN. ICE FISHING KID	RT	*	60.00
1997	7 IN. INDIA, SUNIL & SAMRITA	RT	90.00	125.00
1997	7 IN. LETTER TO SANTA MOUSE	SU	*	40.00
1997	7 IN. NAUGHTY ANGEL	SU	30.00	40.00
1997	7 IN. SANTA MOUSE CENTERPIECE	RT	29.00	60.00
1997	7 IN. SANTA'S TOUCH	SU	37.00	NA
1997	7 IN. SHOPPING MRS. SANTA	SU	37.00	NA
1997	7 IN. SHOPPING SANTA	SU	37.00	NA
1997	7 IN. SKATING GIRL MOUSE	SU	*	50.00
1997	7 IN. SLEIGH RIDE SANTA COUPLE	SU	85.00	NA
1997	7 IN. SWASHBUCKLER BOY	RT	32.00	50.00
1997	7 IN. TAGS	RT	42.00	65.00
1997	7 IN. TATTERS	RT	42.00	65.00
1997	7 IN. TRIM TIME SANTA	RT	37.00	NA
1997	7 IN. TUCKERED BOY MOUSE	RT	*	35.00
1997	7 IN. TUCKERED GIRL MOUSE	RT	23.00	35.00
1997	7 IN. WITCH KID	SU	*	50.00
1997	7 IN. WIZ KID	RT	32.00	45.00
1997	8 IN. CORN STALK WITH PUMPKIN	SU	12.00	25.00
1998	10 IN. BAKING FRIENDS	SU	20.00	45.00
1998	10 IN. BETTY BEAR	SU	50.00	60.00

YR	NAME	LIMIT	ISSUE	TREND
1998	10 IN. BILLY BEAR	SU	50.00	60.00
1998	10 IN. BUNNY TUNES	SU	45.00	70.00
1998	10 IN. CHRISTMAS TREE-DITIONS PARKWEST	1500	95.00	125.00
1998	10 IN. CHRISTMAS WISHES BEAR	SU	48.00	70.00
1998	10 IN. FABULOUS FLOOZY FROGS (TRUNK SHOW)	RT	50.00	65.00
1998	10 IN. FELICITY FROG	SU	40.00	50.00
1998	10 IN. GAY NINETIES COUPLE (W/DOME)	RT	175.00	250.00
1998	10 IN. HARVEST ANGEL	5000	*	80.00
1998	10 IN. IN FROM THE COLD	2200	70.00	125.00
1998	10 IN. JEST-A-SPOOKSTER	SU	33.00	55.00
1998	10 IN. KATIE KAT LORD & TAYLOR, SIGNED CHUCK/KAREN	250	45.00	275.00
1998	10 IN. LITTLE MISS TAYLOR	1300	65.00	125.00
1998	10 IN. LITTLE MISS TAYLOR (RED DRESS)	"1,300"	65.00	95.00
1998	10 IN. MAILMAN ELF	SU	25.00	45.00
1998	10 IN. MOM BUNNY W/BASKET OF JOY	SU	60.00	80.00
1998	10 IN. PERCY THE PIRATE (SOCIAL PIECE)		*	65.00
1998	10 IN. SWEETHEART BOY ELF (WHITE ELF, RED HAT)	SU	21.00	45.00
1998	10 IN. SWEETHEART GIRL ELF (WHITE ELF, W/SKIRT)	SU	21.00	45.00
1998	10 IN. TEA TYME TOADS	RT	60.00	85.00
1998	10 IN. UN-BEAR-ABLY ANGELIC	SU	48.00	70.00
1998	10 IN. VICTOR BUNNY	3500	55.00	80.00
1998	10 IN. VICTORIA BUNNY	3500	55.00	80.00
1998	10 IN. WANDA THE WITCH	5000	*	75.00
1998	10 IN. WISE MAN BEARING FRANKINCENSE	RT	45.00	75.00
1998	10 IN. WISE MAN BEARING GOLD	RT	45.00	75.00
1998	10 IN. WISE MAN BEARING MYRRH	RT	45.00	75.00
1998	12 IN. BUFFALO	SU	49.00	75.00
1998	12 IN. WORKSHOP GNOME	SU	55.00	75.00
1998	18 IN. AGATHA ANGEL	5000	76.00	80.00
1998	18 IN. FEEDING TIME MRS. SANTA	37	150.00	335.00
1998	18 IN. JUST IN TIME BUNNY	OP	70.00	70.00
1998	18 IN. JUST IN TIME BUNNY	OP	70.00	70.00
1998	18 IN. JUST IN TIME BUNNY	OP	70.00	70.00
1998	3 IN. BRIDE	SU	26.00	40.00
1998	3 IN. GROOM	SU	26.00	40.00
1998	3 IN. HUGS AND KISSES (NAT'L OPEN HOUSE 4/4/98)	RT	25.00	35.00
1998	3 IN. LITTLE NIBBLES	3500	40.00	60.00
1998	3 IN. OAKEY DOAKEY MOUSE	SU	22.00	40.00
1998	3 IN. SURPRISE BIRTHDAY BEAR	SU	19.00	20.00
1998	3 IN. WABIT WITH CAWIT	SU	20.00	38.00
1998	30 IN. TOY SOLDIER (HOLDS RIFLE)	SU	225.00	295.00
1998	4 IN. PLAYFUL PUP	OP	18.00	18.00
1998	5 IN. HEAD OVER HEELS PIN	SU	14.00	20.00
1998	5 IN. SPINNING CHRISTMAS JOY, PARKWEST	1500	45.00	75.00
1998	7 IN. ANGEL MOUSE (WHITE BODY, BLUE DRESS)	OP	24.00	50.00
1998	7 IN. CLOWN MOUSE	*	*	50.00
1998	7 IN. IRONING DAY MOUSE (IRONING)	*	28.00	40.00
1998	7 IN. JAPAN, KAMEKO & YUJI	RT	95.00	125.00
1998	7 IN. LONE PUMPKIN MOUSE	SU	26.00	45.00
1998	7 IN. SPORTS ENTHUSIAST	3500	55.00	75.00
1999	10 IN. CHRISTMAS COOKIE BOY (VEST, CANDY CANE)	SU	35.00	45.00
1999	10 IN. CHRISTMAS COOKIE GIRL (SKIRT, CANDY CANE)	SU	35.00	45.00
1999	10 IN. FILENE'S IRISH SANTA	850	60.00	95.00
1999	10 IN. FLOATING FLO FROG (2 PC. SUIT)	45	84.00	275.00
1999	10 IN. GIRL IN BOAT	200	75.00	175.00
1999	10 IN. HIPPIE COUPLE (W/DOME)	RT	195.00	295.00
1999	10 IN. HOLIDAY BEST MRS. SANTA	SU	45.00	55.00
1999	10 IN. HOLIDAY BEST SANTA	SU	45.00	55.00
1999	10 IN. INDIAN CHIEF WHITE EAGLE, POTTERY/WHITE	SU	45.00	65.00
1999	10 IN. INDIAN MAIDEN DESERT BLOOM, RUG/WHITE DRESS	SU	45.00	65.00
1999	10 IN. LUCKY LEAPER (VEST W/CHAIN)	45	68.00	225.00
1999	10 IN. MURRAY CHRISMOOSE	RT	50.00	85.00
1999	10 IN. OX	SU	37.00	65.00
1999	10 IN. PARKER WEST MOUSE (BLACK BODY, FLOWERS)	31	45.00	275.00
1999	10 IN. PATRIOTIC ELF (FLAG/STREAMER, JUNE SOCIAL)	425	30.00	60.00
1999	10 IN. PATRIOTIC ELF SMITHSONIAN FOLKLIFE FESTIVAL	1736	26.00	30.00
1999	10 IN. PEASANT (HOLDS BASKET W/BREAD)	SU	45.00	75.00
1999	10 IN. ROSEMARY GARDEN ANGEL (REDESIGN)	27	50.00	150.00
1999	10 IN. SOUTHERN BELLE (FALL SOCIAL/CHARLESTON, SC)	RT	45.00	150.00
1999	10 IN. SWEETHEART ELF (RED ELF W/HEART ON CHEST)	SU	21.00	35.00
1999	10 IN. SWEETHEART PANDA	47	72.00	325.00
1999	10 IN. WALDO'S FIRST CHRISTMAS (HOLDS CANDY CANE)	OP	25.00	35.00
1999	10 IN. WISEMAN W/FRANKINCENSE	SU	45.00	75.00
1999	10 IN. WISEMAN W/GOLD	SU	45.00	75.00
1999	10 IN. WISEMAN W/MYRRH (HOLDS CROCK)	SU	45.00	75.00
1999	12 IN. BENNY BUNNY (GALVANIZED WATERING CAN)	OP	52.00	52.00
1999	12 IN. BENNY BUNNY (GREEN WATERING CAN)	OP	52.00	70.00
1999	12 IN. CAMEL	SU	42.00	75.00
1999	14 IN. MACY'S 2000 FROSTY ELF	2000	38.00	63.00
1999	15 IN. PAINTER ON SCAFFOLD	100	80.00	125.00
1999	18 IN. METALLIC EGG BUNNY	48	75.00	250.00
1999	18 IN. NAUTICAL BUNNY	99	75.00	275.00
1999	3 IN. BABY JESUS	SU	18.00	35.00
1999	3 IN. BUNNY (WHITE)	OP	15.00	15.00
1999	3 IN. SURPRISE BIRTHDAY BEAR	SU	19.00	20.00
1999	3 IN. SWEET PEA MOUSE (NAT'L OPEN HOUSE 3/27/99)	RT	25.00	35.00
1999	5 IN. NATIVITY ANGEL	OP	20.00	20.00
1999	7 IN. APRES SKI	OP	40.00	40.00
1999	7 IN. CELEBRATE 2000 MOUSE (CLOCK, SIGNED CHUCK)	RT	30.00	65.00

YR	NAME	LIMIT	ISSUE	TREND
1999	7 IN. CHANTEL'S EASTER BASKET	42	75.00	375.00
1999	7 IN. FOLEY'S COWBOY MOUSE	"1,000"	35.00	CALL
1999	7 IN. KING OF HEARTS (ONLY 43 MADE)	43	80.00	325.00
1999	7 IN. LUCKY THE LEPRECHAUN	SU	36.00	45.00
1999	7 IN. MILLENNIUM MOUSE IN ICE BUCKET (HOLDS GLASS)	OP	35.00	35.00
1999	7 IN. NATIVITY DRUMMER BOY	SU	30.00	55.00
1999	7 IN. ROSIE (GIRL WITH FLOWER POT HOLDING A ROSE)	OP	40.00	40.00
1999	7 IN. SPAIN JAVIER & ALMEIRA	RT	95.00	150.00
1999	7 IN. SUMMER SOLITUDE (GIRL IN CHAIR READING)	OP	40.00	40.00
1999	7 IN. TEACHER'S PET	OP	40.00	40.00
1999	8 IN. DAPPLE GREY HORSE	34	30.00	325.00
1999	8 IN. DONKEY (GREY)	RT	33.00	58.00
1999	8 IN. FISHIN' FUN WALRUS W/FISHING POLE AND FISH	SU	40.00	60.00
1999	8 IN. GIGI POODLE LORD &TAYLOR SIGNED CHUCK/KAREN	350	45.00	175.00
1999	8 IN. NAUTICAL BEAR (JUNE SOCIAL)	RT	30.00	75.00
1999	8 IN. ROSEMONT BEAR	149	37.00	295.00
1999	CRECHE FOR NATIVITY	SU	40.00	65.00
1999	UNDER THE SEA W/ANNALEE (FIVE FISH IN GLASS BOWL)	SU	60.00	85.00
2000	12 IN. BENNY BUNNY (GALVANIZED WATERING CAN)	OP	50.00	50.00
2000	13 IN. HEATHER'S HEART (SITS IN WICKER CHAIR)	OP	60.00	60.00
2000	13 IN. LOVEABLE LARRY (HOLDS VALENTINE BAG)	OP	50.00	50.00
2000	7 IN. CHORES FIRST	OP	40.00	40.00
2000	7 IN. DRESSIN' LIKE MOMMY	OP	40.00	40.00
2000	7 IN. HEART FELT BOY MOUSE (BLACK BODY)	OP	25.00	25.00
2000	7 IN. HEART FELT GIRL MOUSE (WHITE BODY)	OP	25.00	25.00
2000	7 IN. SOCCER KID	OP	40.00	40.00
2000	7 IN. XMAS BEST	OP	40.00	40.00
2000	8 IN. VIOLA IN HER VALENTINE (ELEPHANT)	OP	28.00	28.00

A. THORNDIKE — LOGO

YR	NAME	LIMIT	ISSUE	TREND
1985	7 IN. KID W/MILK & COOKIES W/PIN	3562	10.00	375.00
1985	7 IN. KID W/MILK & COOKIES W/PIN (SIGNED ANNALEE)	RT	*	595.00
1986	7 IN. SWEETHEART KID W/PIN	6271	18.00	175.00
1987	7 IN. NAUGHTY KID W/PIN	11000	18.00	110.00
1988	7 IN. RAINCOAT KID W/PIN	RT	20.00	75.00
1989	7 IN. CHRISTMAS MORNING KID W/PIN	16641	20.00	70.00
1990	7 IN. CLOWN KID W/PIN	20049	20.00	70.00
1991	7 IN. READING KID W/PIN	26516	20.00	55.00
1992	7 IN. BACK TO SCHOOL KID W/PIN	17524	25.00	55.00
1993	7 IN. ICE CREAM KID W/PIN	17839	28.00	45.00
1994	7 IN. DRESS-UP SANTA KID W/PIN	20,048"	28.00	45.00
1995	7 IN. GOIN' FISHIN' KID W/PIN	18,575"	30.00	45.00
1996	7 IN. LITTLE MAE FLOWERS	RT	30.00	45.00
1997	7 IN. TEA TIME FOR TWO	RT	30.00	45.00
1998	7 IN. KID W/BIRTHDAY CAKE (15TH ANNIVERSARY)	RT	38.00	45.00
1999	7 IN. MENDING MY TEDDY	OP	38.00	38.00

A. THORNDIKE — PINS

YR	NAME	LIMIT	ISSUE	TREND
1972	DONKEY HEAD (MINT ON CARD)	RT	*	90.00
1972	ELEPHANT HEAD	RT	*	90.00
1976	COLONIAL BOY HEAD (TRI CORN HAT)	SU	2.00	110.00
1976	COLONIAL GIRL HEAD	SU	2.00	125.00
1982	BUNNY HEAD (GIRL)	SU	6.00	45.00
1982	MOUSE HEAD (GIRL)	RT	*	50.00
1991	DESERT MOUSE HEAD PIN	9141	8.00	30.00
1991	DESERT STORM MOUSE HEAD	RT	8.00	30.00
1991	DESERT STORM MOUSE NURSE HEAD	RT	8.00	30.00
1992	3 IN. SUN PIN	6395	6.00	6.00
1992	NURSE MOUSE HEAD PIN	1615	9.00	30.00
1993	3 IN. SANTA PIN IN CARD	*	17.00	40.00
1993	3 IN. SUN PIN	OP	6.00	6.00
1994	3 IN. SUN PIN	7346	6.00	6.00
1994	WITCH HEAD (WILLIAMSBURG AUCTION)	RT	*	125.00
1995	FROG HEAD (JUNE AUCTION)	RT	*	95.00
1995	NASHVILLE SANTA HEAD (NASHVILLE AUCTION)	RT	*	150.00
1996	3 IN. BUTTERFLY PIN	SU	15.00	35.00
1996	POODLE HEAD (JUNE AUCTION)	RT	20.00	95.00
1996	WILLIAMSBURG MAN HEAD (WILLIAMSBURG AUCTION)	RT	*	95.00
1997	GRADUATE GIRL HEAD (JUNE AUCTION)	RT	15.00	45.00
1998	PIRATE HEAD PIN (PERCY, JUNE SOCIAL)	RT	*	65.00
1999	COW HEAD PIN	200	15.00	95.00
1999	NAUTICAL BEAR HEAD PIN (JUNE SOCIAL)	RT	*	75.00
1999	SOUTHERN BELLE HEAD PIN	RT	50.00	95.00
2000	3 IN. SUNSHINE PIN	OP	6.00	6.00
2000	MILLENNIUM SUN PIN (RED, BLUE OR SILVER)	OP	8.00	8.00

ANRI
*

DISNEY DOLLS

YR	NAME	LIMIT	ISSUE	TREND
1989	MICKEY MOUSE, 14 IN.	2500	850.00	895.00
1989	MINNIE MOUSE, 14 IN.	2500	850.00	895.00
1989	PINOCCHIO, 14 IN.	2500	850.00	895.00
1990	DAISY DUCK, 14 IN.	2500	895.00	895.00
1990	DONALD DUCK, 14 IN.	2500	895.00	895.00

J. FERRANDIZ — FERRANDIZ DOLLS

YR	NAME	LIMIT	ISSUE	TREND
1989	GABRIEL, 14 IN.	1000	550.00	575.00
1989	MARIA, 14 IN.	1000	550.00	575.00
1990	MARGARITE, 14 IN.	CL	575.00	725.00
1990	PHILIPE, 14 IN.	CL	575.00	675.00

YR	NAME	LIMIT	ISSUE	TREND
1991	CARMEN, 14 IN.	1000	730.00	730.00
1991	FERNANDO, 14 IN.	1000	730.00	730.00
1991	JUANITA, 7 IN.	1500	300.00	300.00
1991	MIGUEL, 7 IN.	1500	300.00	300.00
S. KAY			**SARAH KAY DOLLS**	
1988	BRIDE AND GROOM MATCHING SETS	*	1300.00	1350.00
1988	BRIDE TO LOVE AND TO CHERISH	750	750.00	775.00
1988	CHARLOTTE (BLUE)	1000	550.00	575.00
1988	EMILY, 14 IN.	CL	500.00	500.00
1988	GROOM WITH THIS RING DOLL	750	550.00	575.00
1988	JENNIFER, 14 IN.	CL	500.00	500.00
1988	KATHERINE, 14 IN.	CL	500.00	500.00
1988	MARTHA, 14 IN.	CL	500.00	500.00
1988	RACHAEL, 14 IN.	CL	500.00	500.00
1988	REBECCA, 14 IN.	CL	500.00	500.00
1988	VICTORIA, 14 IN.	CL	500.00	500.00
1989	ELEANOR (FLORAL)	1000	550.00	575.00
1989	ELIZABETH (PATCHWORK)	1000	550.00	575.00
1989	HELEN (BROWN)	1000	550.00	575.00
1989	HENRY	1000	550.00	575.00
1989	MARY (RED)	1000	550.00	575.00
1990	CHRISTINA, 14 IN.	1000	575.00	725.00
1990	FAITH, 14 IN.	CL	575.00	675.00
1990	POLLY, 14 IN.	CL	575.00	675.00
1990	SOPHIE, 14 IN.	CL	575.00	650.00
1991	ANNIE, 7 IN.	1500	300.00	300.00
1991	JANINE, 14 IN.	1500	750.00	750.00
1991	JESSICA, 7 IN.	1500	300.00	300.00
1991	JULIE, 7 IN.	1500	300.00	300.00
1991	MICHELLE, 7 IN.	1500	300.00	300.00
1991	PATRICIA, 14 IN.	1500	730.00	730.00
1991	PEGGY, 7 IN.	1500	300.00	300.00
1991	SUSAN, 7 IN.	1500	300.00	300.00

ARTAFFECTS

G. PERILLO			**ART DOLL COLLECTION**	
1986	MORNING STAR, 17 1/2 IN.	1000	250.00	250.00
1988	SUNFLOWER, 12 IN.	2500	175.00	175.00
1990	LITTLE DOVE, 12 IN.	5000	175.00	175.00
1990	STRAIGHT ARROW, 12 IN.	5000	175.00	175.00
G. PERILLO			**CHILDREN OF THE PLAINS**	
1992	BRAVE AND FREE	OP	111.00	111.00
1993	BIRD SONG	OP	111.00	111.00
1993	GENTLE SHEPHERD	OP	111.00	111.00
1993	SONG OF SIOUX	OP	111.00	111.00
1994	CACTUS FLOWER	OP	111.00	111.00
1994	LITTLE FRIEND	OP	111.00	111.00
1994	PATHFINDER	OP	111.00	111.00
1994	PRINCESS OF THE SUN	OP	111.00	111.00
*			**COUNTRY MUSICIANS COLLECTION**	
1994	DANNY	OP	118.00	118.00
*		**RUFFLES AND RHYMES DOLL COLLECTION**		
1993	LITTLE BO PEEP (15 IN.)	OP	89.00	89.00
1994	LITTLE BO PEEP	OP	107.00	107.00
G. PERILLO			**SINGLE ISSUE**	
1994	LITTLE BREEZE	OP	114.00	114.00

ASHTON-DRAKE GALLERIES

B. HANSON				*
1998	WINNING STYLE	*	100.00	100.00
J. IBAROLLE				*
1998	LA QUINCEANERA	*	100.00	100.00
T. TOMESCU				*
1997	ETERNAL LOVE	*	133.00	133.00
J. MCCLELLAND			**A CHILDREN'S CIRCUS**	
1990	TOMMY THE CLOWN	RT	78.00	78.00
1991	JOHNNIE THE STRONGMAN	RT	83.00	83.00
1991	KATIE THE TIGHTROPE WALKER	RT	78.00	78.00
1992	MAGGIE THE ANIMAL TRAINER	RT	83.00	83.00
T. MENZENBACH			**A MOTHER'S WORK IS NEVER DONE**	
1995	DON'T FORGET TO WASH BEHIND YOUR EARS	TL	60.00	60.00
1996	A KISS WILL MAKE IT BETTER	TL	60.00	60.00
1996	WHO MADE THIS MESS?	TL	60.00	60.00
J. GOOD-KRUGER			**ALL I WISH FOR YOU**	
1994	I WISH YOU LOVE	RT	50.00	50.00
1995	I WISH YOU FAITH	CL	50.00	50.00
1995	I WISH YOU HAPPINESS	CL	50.00	50.00
1995	I WISH YOU WISDOM	CL	50.00	50.00
1996	I WISH YOU CHARITY	TL	50.00	50.00
1996	I WISH YOU LUCK	TL	50.00	50.00
J. GOOD-KRUGER		**ALL I WISH FOR YOU PETITE ANGEL**		
1998	I WISH YOU FAITH	*	33.00	33.00
1998	I WISH YOU LOVE	*	33.00	33.00
Y. BELLO			**AMERICA THE BEAUTIFUL**	
1996	BILLY	RT	50.00	50.00
1996	BOBBY	RT	50.00	50.00

YR	NAME	LIMIT	ISSUE	TREND
J. KOVACIK			**AMERICAN DREAM**	
1994	HOPE	RT	80.00	80.00
1994	PATIENCE	RT	80.00	80.00
J. GOOD-KRUGER			**AMISH BLESSINGS**	
1990	REBECCAH	RT	68.00	125.00
1991	ADAM	RT	75.00	165.00
1991	RACHEL	RT	69.00	125.00
1992	ELI	RT	80.00	95.00
1992	RUTH	RT	75.00	125.00
1993	SARAH	RT	80.00	125.00
J. IBAROLLE			**AMISH INSPIRATIONS**	
1994	ETHAN	RT	70.00	70.00
1994	MARY	RT	70.00	70.00
1996	ANNA	YR	75.00	75.00
1996	SETH	RT	75.00	75.00
J. KOVACIK			**ANNE OF GREEN GABLES**	
1995	ANNE SHIRLEY	CL	70.00	70.00
1996	DIANA BARRY	TL	70.00	70.00
1996	GILBERT BLYTHE	TL	70.00	70.00
1996	JOSIE PYE	TL	70.00	70.00
D. EFFNER			**AS CUTE AS CAN BE**	
1993	SUGAR PLUM	RT	50.00	100.00
1994	ANGEL FACE	RT	50.00	75.00
1994	PUPPY LOVE	RT	50.00	75.00
1995	PATTY CAKE	CL	50.00	50.00
K. BARRY-HIPPENSTEEL			**BABIES WORLD OF WONDER**	
1996	ANDREW	TL	60.00	60.00
1996	SARAH	TL	60.00	60.00
1997	JASON	TL	60.00	60.00
1997	KIRSTEN	TL	70.00	70.00
K. BARRY-HIPPENSTEEL			**BABY BOOK TREASURES**	
1990	ELIZABETH'S HOMECOMING	RT	58.00	58.00
1991	CATHERINE'S CHRISTENING	RT	58.00	58.00
1991	CHRISTOPHER'S FIRST SMILE	RT	63.00	63.00
J. GOOD-KRUGER			**BABY TALK**	
1994	ALL GONE	RT	50.00	85.00
1994	BYE, BYE!	RT	50.00	55.00
1994	NIGHT, NIGHT	RT	50.00	50.00
P. BOMAR			**BALLET RECITAL**	
1996	CHLOE	TL	70.00	70.00
1996	HEIDI	TL	70.00	70.00
1996	KYLIE	TL	70.00	70.00
T. TOMESCU			**BARELY YOURS**	
1994	CUTE AS A BUTTON	RT	70.00	125.00
1994	SNUG AS A BUG IN A RUG	RT	75.00	75.00
1996	CLEAN AS A WHISTLE	RT	75.00	75.00
1996	COOL AS A CUCUMBER	RT	75.00	75.00
1996	GOOD AS GOLD	RT	75.00	75.00
1996	PRETTY AS A PICTURE	RT	75.00	75.00
C. JACKSON			**BEACH BABIES**	
1996	CARLY	TL	80.00	80.00
1996	KYLE	TL	80.00	80.00
1997	KELLIE	TL	80.00	80.00
C. MARSCHNER-ROLFE			**BEACH BABIES**	
1998	LACEY	TL	95.00	95.00
M. TRETTER			**BEAUTIES OF SPRING**	
1998	BLOSSOMS	*	73.00	73.00
G. RADEMANN			**BEAUTIFUL DREAMERS**	
1992	KATRINA	CL	89.00	125.00
1992	NICOLETTE	CL	90.00	90.00
1993	BRIGITTE	CL	94.00	94.00
1993	GABRIELLE	CL	94.00	94.00
1993	ISABELLA	CL	94.00	94.00
B. HANSON			**BEAUTY AND GRACE**	
1997	ISABELLA	TL	100.00	100.00
1998	LARA	TL	100.00	100.00
J. DAVIS			**BEDTIME FOR BEARS**	
1998	SARAH PRAYING BEAR	OP	43.00	43.00
B. DEVAL			**BLESSED ARE THE CHILDREN**	
1996	BLESSED ARE THE PEACEMAKERS	TL	70.00	70.00
1996	BLESSED ARE THE PURE OF HEART	TL	70.00	70.00
S. FREEMAN			**BLOSSOMING BELLES**	
1997	YELLOW ROSE	TL	83.00	83.00
1998	MAGNOLIA BLOSSOM	TL	83.00	83.00
K. BARRY-HIPPENSTEEL			**BORN TO BE FAMOUS**	
1989	LITTLE SHERLOCK	RT	87.00	87.00
1990	LITTLE FLORENCE NIGHTINGALE	RT	87.00	87.00
1991	LITTLE DAVY CROCKETT	RT	92.00	92.00
1992	LITTLE CHRISTOPHER COLUMBUS	RT	95.00	95.00
A. BROWN			**BOYS AND BEARS**	
1996	CODY AND THE CUDDLE BEAR	TL	63.00	63.00
1997	NICKY AND NAPTIME BEAR	TL	63.00	63.00
1997	SAMMY AND SHARING BEAR	TL	63.00	63.00
JOHO/ FORAN			**BOYS WILL BE BEARS**	
1998	DAVEY	OP	50.00	50.00
J. SINGER			**BOYS WILL BE BOYS**	
1993	FIRE'S OUT (BOBBY)	CL	70.00	75.00

YR	NAME	LIMIT	ISSUE	TREND
*			**CALENDAR BABIES**	
1995	APRIL SHOWERS	OP	25.00	25.00
1995	BACK TO SCHOOL	OP	25.00	25.00
1995	CUPID	OP	25.00	25.00
1995	HAPPY HAUNTING	OP	25.00	25.00
1995	JOLLY SANTA	OP	25.00	25.00
1995	JUNE BRIDE	OP	25.00	25.00
1995	LEPRECHAUN	OP	25.00	25.00
1995	MAY FLOWERS	OP	25.00	25.00
1995	NEW YEAR	OP	25.00	25.00
1995	SUN & FUN	OP	25.00	25.00
1995	THANKSGIVING TURKEY	OP	25.00	25.00
1995	UNCLE SAM	OP	25.00	25.00
A. INMAN LOOMS			**CATCH OF THE DAY**	
1999	ANY MINUTE NOW	OP	50.00	50.00
M. TRETTER			**CAUGHT IN THE ACT**	
1992	STEVIE (CATCH ME IF YOU CAN)	CL	50.00	155.00
1993	KELLY (DON'T I LOOK PRETTY?)	CL	50.00	95.00
1994	BECKY (KLEENEX BOX)	RT	60.00	60.00
1994	MIKEY (LOOK IT FLOATS)	CL	55.00	65.00
1994	NICKIE (COOKIE JAR)	RT	60.00	60.00
1994	SANDY	RT	60.00	60.00
S. BILOTTO			**CENTURY OF BEAUTIFUL BRIDES**	
1997	1900S KATHERINE	TL	63.00	63.00
1998	HEATHER	TL	70.00	70.00
S. FREEMAN			**CHARMING DISCOVERIES**	
1997	CYNTHIA	TL	90.00	90.00
M. SIRKO			**CHILDREN OF CHRISTMAS**	
1994	LITTLE ANGEL	CL	80.00	80.00
1994	LITTLE DRUMMER BOY	CL	80.00	80.00
1995	O CHRISTMAS TREE	CL	80.00	80.00
1995	SUGAR PLUM FAIRY	CL	80.00	80.00
Y. BELLO			**CHILDREN OF MOTHER GOOSE**	
1987	LITTLE BO PEEP	RT	58.00	130.00
1987	MARY HAD A LITTLE LAMB	RT	58.00	125.00
1988	LITTLE JACK HORNER	RT	63.00	95.00
1989	MISS MUFFET	RT	63.00	100.00
M. SEVERINO			**CHILDREN OF THE SUN**	
1993	DESERT STAR	RT	70.00	75.00
1993	LITTLE FLOWER	RT	70.00	75.00
J. SINGER			**CHILD'S GARDEN OF VERSES**	
1991	LAND OF NOD, THE	CL	79.00	80.00
1993	MY SHIP & I	CL	85.00	85.00
1993	MY TOY SOLDIERS	CL	80.00	80.00
1993	PICTURE BOOKS IN WINTER	CL	85.00	85.00
Y. BELLO			**CHRISTMAS MEMORIES**	
1994	CHRISTOPHER	RT	60.00	120.00
1994	JOSHUA	RT	60.00	120.00
1994	STEPHANIE	RT	60.00	120.00
C. MCCLURE			**CINDY'S PLAYHOUSE PALS**	
1989	MEAGAN	RT	87.00	87.00
1989	SHELLY	RT	87.00	87.00
1990	RYAN	RT	89.00	89.00
1991	SAMANTHA	RT	89.00	89.00
E. WILLIAMS			**CLASSIC BRIDES OF THE CENTURY**	
1990	FLORA, THE 1900S BRIDE	RT	145.00	145.00
1991	JENNIFER, THE 1980S BRIDE	RT	149.00	149.00
1993	KATHLEEN, THE 1930S BRIDE	CL	150.00	150.00
M. TRETTER			**COUNTRY SWEETHEARTS**	
1996	MILLIE	TL	63.00	63.00
K. BARRY-HIPPENSTEEL			**CUDDLE CHUMS**	
1995	HEATHER	CL	60.00	60.00
1995	JEFFREY	CL	60.00	60.00
A. TSALKIHN			**DAY IN THE LIFE OF EMILY ANN**	
1996	BREAKTIME	TL	83.00	83.00
K. BARRY-HIPPENSTEEL			**DAYS OF THE WEEK**	
1994	MONDAY	RT	50.00	50.00
1995	FRIDAY	RT	50.00	50.00
1995	SATURDAY	RT	50.00	50.00
1995	SUNDAY	RT	50.00	50.00
1995	THURSDAY	RT	50.00	50.00
1995	TUESDAY	RT	50.00	50.00
1995	WEDNESDAY	RT	50.00	50.00
M. TRETTER			**DECORATING THE TREE**	
1996	MELISSA	TL	60.00	60.00
1996	PATRICK	TL	60.00	60.00
1996	RYAN	TL	60.00	60.00
1996	TRISHA	TL	60.00	60.00
B. DEVAL			**DEVAL FAIRYTALES**	
1996	CINDERELLA	TL	93.00	93.00
1996	RAPUNZEL	TL	93.00	93.00
1997	PRINCESS AND THE FROG, THE	TL	95.00	95.00
1997	SLEEPING BEAUTY	TL	95.00	95.00
T. TOMESCU			**DIANA, THE PEOPLE'S PRINCESS**	
1998	PRINCESS DIANA	TL	133.00	133.00

YR	NAME	LIMIT	ISSUE	TREND
D. EFFNER		**DIANNA EFFNER'S CLASSIC COLLECTION**		
1995	HILARY	RT	80.00	80.00
1996	EMILY	TL	80.00	80.00
1996	WILLOW	TL	80.00	80.00
D. EFFNER		**DIANNA EFFNER'S FAVORITE LITTLE GIRLS**		
1997	SCHOOLGIRL JENNY	*	80.00	80.00
D. EFFNER		**DIANNA EFFNER'S MOTHER GOOSE**		
1990	MARY QUITE CONTRARY	CL	78.00	200.00
1991	LITTLE GIRL W/THE CURL, GOOD	CL	79.00	200.00
1991	LITTLE GIRL W/THE CURL, HORRID	CL	79.00	250.00
1992	LITTLE BOY BLUE	RT	85.00	85.00
1993	CURLY LOCKS	RT	90.00	120.00
1993	SNIPS & SNAILS	CL	85.00	135.00
1993	SUGAR & SPICE	CL	90.00	115.00
Y. BELLO		**DISNEY BABIES IN DREAMLAND**		
1999	BABY DAISY	OP	63.00	63.00
1999	BABY DONALD	OP	63.00	63.00
1999	BABY GOOFY	OP	63.00	63.00
1999	BABY MICKEY	OP	63.00	63.00
1999	BABY MINNIE	OP	63.00	63.00
1999	BABY PLUTO	OP	63.00	63.00
P. COFFER		**DOWN THE GARDEN PATH**		
1991	ANGELICA	TL	85.00	85.00
1991	ROSEMARY	CL	79.00	85.00
1993	AMANDA BY THE SHORE	CL	90.00	140.00
L. DI LEO		**ELVIS: LIFETIME OF A LEGEND**		
1992	'68 COMEBACK	CL	100.00	100.00
1994	KING OF LAS VEGAS	RT	100.00	100.00
A. TSALKIHN		**EMILY ANNE'S BUSY DAY**		
1997	CALLING GRANDMA	TL	83.00	83.00
1997	ENJOYING A SNACK	TL	83.00	83.00
G. RADEMANN		**EUROPEAN FAIRYTALES**		
1995	LITTLE RED RIDING HOOD	RT	80.00	100.00
1995	SNOW WHITE	RT	80.00	100.00
M. TRETTER		**FAMILY TIES**		
1994	WELCOME HOME BABY BROTHER	RT	80.00	80.00
1995	HAPPILY EVER AFTER	RT	90.00	90.00
1995	KISS AND MAKE IT BETTER	RT	90.00	90.00
L. DI LEO		**FATHER'S TOUCH**		
1993	2 A.M. FEEDING	CL	100.00	105.00
T. TOMESCU		**FIRST DAY AT WALT DISNEY WORLD**		
1997	DISNEY WORLD BOY	*	100.00	100.00
1997	DISNEY WORLD GIRL	*	100.00	100.00
T. TOMESCU		**FLURRY OF ACTIVITY**		
1996	MAKING SNOWFLAKES	TL	73.00	73.00
1997	MAKING ICICLES	TL	73.00	73.00
1997	MAKING SUNSHINE	TL	73.00	73.00
R. MILLER		**FOR THE BIBLE TELLS ME SO**		
1999	LUKE	*	73.00	73.00
C. MCCLURE		**FOREVER STARTS TODAY**		
1997	ANGELICA	*	200.00	200.00
G. RADEMANN		**FOUR SEASONS CAROUSEL**		
1999	SPRING ENCHANTMENT	OP	63.00	63.00
1999	WINTER SPLENDOR	OP	125.00	125.00
T. MENZENBACH		**FROM THE HEART**		
1992	CAROLIN	CL	80.00	110.00
1992	ERIK	CL	80.00	130.00
P. TUMMINIO		**FROM THIS DAY FORWARD**		
1994	ELIZABETH	RT	90.00	90.00
1995	BETH	RT	90.00	90.00
1995	BETTY	RT	90.00	90.00
1995	LISA	RT	90.00	90.00
B. FERRIER		**GALLERY TEDDY BEARS**		
1998	CINNAMON BEAR	*	83.00	83.00
D. RICHARDSON		**GARDEN OF INNOCENCE**		
1997	KINDNESS	TL	93.00	93.00
B. HANSON		**GARDEN OF INSPIRATIONS**		
1994	DAISY CHAIN	RT	70.00	70.00
1994	GATHERING VIOLETS	RT	70.00	70.00
1996	GARDEN PRAYER	RT	75.00	75.00
1996	HEART'S BOUQUET	RT	75.00	75.00
J. FERRAND				**GENE**
1999	LOVE, PARIS	RT	80.00	80.00
D. JAMES				**GENE**
1999	USO	OP	80.00	80.00
T. KENNEDY				**GENE**
1999	SHE'D RATHER DANCE	OP	80.00	80.00
M. ODOM				**GENE**
1995	PREMIERE (BLONDE)	RT	70.00	700.00
1996	BLUE GODDESS	RT	70.00	70.00
1996	MONACO (BRUNETTE)	RT	70.00	125.00
1996	PIN-UP	RT	70.00	70.00
1996	RED VENUS (RED HEAD)	RT	70.00	70.00
1997	BIRD OF PARADISE	OP	80.00	80.00
1997	ICED COFFEE	RT	80.00	80.00
1997	KING'S DAUGHTER, THE	5000	100.00	500.00
1997	MIDNIGHT ROMANCE-PARKWEST/NALED ESCLUSIVE	CL	90.00	200.00

YR	NAME	LIMIT	ISSUE	TREND
1997	MY FAVORITE WITCH-CONVENTION EXCLUSIVE	350	*	750.00
1997	NIGHT AT VERSAILLES	5000	90.00	250.00
1997	SPARKLING SEDUCTION	OP	80.00	80.00
1997	WHITE HYACINTH	RT	80.00	95.00
1998	CHAMPAGNE SUPPER	OP	80.00	80.00
1998	COVENT GARDEN-PARKWEST/NALED EXCLUSIVE	CL	100.00	150.00
1998	CREME DE CASSIS	RT	80.00	80.00
1998	DAUGHTER OF THE NILE	RT	80.00	80.00
1998	DESTINY	YR	90.00	90.00
1998	HELLO HOLLYWOOD HELLO	OP	80.00	80.00
1998	INCOGNITO	OP	80.00	80.00
1998	MIDNIGHT GAMBLE	9500	100.00	250.00
1998	ON THE AVENUE-FAO SCHWARZ SPRING EXCLUSIVE	5000	90.00	250.00
1998	WARMEST WISHES	CL	110.00	200.00
1999	SIMPLY GENE BLOND	OP	50.00	50.00
1999	SIMPLY GENE BRUNETTE	OP	50.00	50.00
1999	SIMPLY GENE REDHEAD	OP	50.00	50.00
T. KENNEDY			**GENE ANNUAL EDITION DOLL**	
1999	SONG OF SPAIN	YR	100.00	100.00
T. ALBERTS			**GENE COSTUMES**	
1995	BLUE EVENING	RT	30.00	30.00
1995	STRIKING GOLD	RT	30.00	40.00
1996	EL MOROCCO	RT	30.00	30.00
1998	FORGET ME NOT	OP	40.00	40.00
1998	SAFARI	OP	40.00	40.00
N. BURKE			**GENE COSTUMES**	
1998	MIDNIGHT ANGEL	OP	40.00	40.00
D. CIPOLLA			**GENE COSTUMES**	
1999	PRESS CONFERENCE	OP	45.00	45.00
1999	STAND UP AND CHEER	OP	45.00	45.00
L. DAY			**GENE COSTUMES**	
1999	PICNIC IN THE COUNTRY	RT	40.00	40.00
J. FERRAND			**GENE COSTUMES**	
1999	COGNAC EVENING	OP	45.00	45.00
D. JAMES			**GENE COSTUMES**	
1995	CRIMSON SUN	RT	30.00	30.00
1995	GOOD-BYE NEW YORK	OP	35.00	35.00
1995	LOVE'S GHOST	OP	30.00	30.00
1996	CRESCENDO	OP	40.00	40.00
1998	HI-FI	OP	35.00	35.00
1998	RAIN SONG	OP	30.00	30.00
1998	SMART SET	OP	40.00	40.00
P. JAMES			**GENE COSTUMES**	
1996	AFTERNOON OFF	RT	30.00	80.00
1996	ATLANTIC CITY BEAUTY-CONVENTION EXCLUSIVE	250	*	1150.00
K. JOHNSON			**GENE COSTUMES**	
1998	CAMEO	OP	30.00	30.00
T. KENNEDY			**GENE COSTUMES**	
1995	BLOND LACE	RT	30.00	30.00
1995	KISS, THE	OP	30.00	30.00
1995	PINK LIGHTNING	RT	30.00	50.00
1995	USHERETTE	OP	30.00	30.00
1996	HOLIDAY MAGIC RETAILER EXCLUSIVE	2000	45.00	400.00
1997	BLOSSOMS IN THE SNOW RETAILER EXCLUSIVE	SO	45.00	100.00
1997	MANDARIN MOOD	RT	35.00	35.00
1997	PERSONAL SECRETARY	SO	35.00	35.00
1997	PROMENADE	RT	30.00	30.00
1997	SEA SPREE	RT	35.00	35.00
1997	TANGO	SO	40.00	40.00
1998	GOLD SENSATION	OP	40.00	40.00
1998	LOVE AFTER HOURS	OP	35.00	35.00
1998	MY FAVORITE BOW	RT	*	N/A
1998	RANSOM IN RED	7500	45.00	45.00
1999	FAREWELL GOLDEN MOON	OP	45.00	45.00
L. MEISNER			**GENE COSTUMES**	
1998	EMBASSY LUNCHEON	OP	40.00	40.00
V. NOWELL			**GENE COSTUMES**	
1999	BRIDGE CLUB	OP	35.00	35.00
1999	POOL PARTY	*	35.00	35.00
1999	SUNSET CELEBRATION	OP	40.00	40.00
J. GOOD-KRUGER			**GENTLE JOYS**	
1997	FILLING EACH DAY WITH HUGS AND KISSES	TL	50.00	50.00
S. BILOTTO			**GIBSON GIRL IN FASHION**	
1998	DERBY DAY	TL	133.00	133.00
1998	EVENING AT THE OPERA	TL	133.00	133.00
M. GIRARD-KASSIS			**GIFTS FOR MOMMY**	
1997	MERRY CHRISTMAS	TL	63.00	63.00
1998	HAPPY BIRTHDAY	TL	63.00	63.00
S. FREEMAN			**GINGHAM & BOWS**	
1995	GWENDOLYN	TL	70.00	70.00
1996	ASHLEIGH	TL	70.00	70.00
1996	BRIDGET	TL	70.00	70.00
1996	MALLORY	TL	70.00	70.00
W. LAWTON			**GIRLS OF CLASSIC LITERATURE**	
1995	POLLYANNA	TL	80.00	80.00
1996	LAURA INGALLS	TL	80.00	80.00
1996	REBECCA OF SUNNYBROOK FARM	TL	80.00	80.00

YR	NAME	LIMIT	ISSUE	TREND
B. CONNER		GOD HEARS THE CHILDREN		
1995	NOW I LAY ME DOWN	TL	80.00	80.00
1996	ALL CREATURES GREAT & SMALL	TL	80.00	80.00
1996	GOD IS GREAT, GOD IS GOOD	TL	80.00	80.00
1996	WE GIVE THANKS FOR THINGS WE HAVE	TL	80.00	80.00
C. HANFORD		GONE WITH THE WIND		
1996	SCARLETT	*	90.00	90.00
B. MADEJA		GROWING UP LIKE WILDFLOWERS		
1996	ANNIE	TL	50.00	50.00
1996	BONNIE	TL	50.00	50.00
K. BARRY-HIPPENSTEEL		GROWING YOUNG MINDS		
1991	ALEX	CL	79.00	89.00
S. GUSTAFSON		GUSTAFSON'S FAIRY TALES		
1993	GOLDILOCKS AND THE THREE BEARS	CL	135.00	135.00
G. RADEMANN		HAPPILY EVER AFTER		
1998	CINDERELLA BRIDE	TL	83.00	83.00
1999	BEAUTY BRIDE	TL	83.00	83.00
J. GOOD-KRUGER		HAPPINESS IS HOMEMADE		
1997	HUGS MADE BY HAND	TL	73.00	73.00
K. BARRY-HIPPENSTEEL		HAPPINESS IS...		
1991	PATRICIA (MY FIRST TOOTH)	CL	69.00	110.00
1992	CRYSTAL (FEEDING MYSELF)	CL	70.00	105.00
1993	BRITTANY (BLOWING KISSES)	CL	70.00	105.00
1993	JOY (MY FIRST CHRISTMAS)	CL	70.00	100.00
1994	CANDY CANE (HOLLY)	RT	70.00	70.00
1994	PATRICK (MY FIRST PLAYMATE)	RT	70.00	70.00
K. BARRY-HIPPENSTEEL		HAPPY THOUGHTS		
1994	BUBBLE UP WITH JOY	*	60.00	65.00
1994	LAUGHTER IS THE BEST MEDICINE	RT	60.00	60.00
L. DUNSMORE		HATS OFF TO THE SEASONS		
1997	SPRINGTIME ROBIN	TL	83.00	83.00
1998	AUTUMN JOY	TL	83.00	83.00
C. WALSER-DEREK		HEAVENLY BLESSINGS		
1999	LOVE'S GENTLE KISS	OP	83.00	83.00
C. MCCLURE		HEAVENLY INSPIRATIONS		
1992	EVERY CLOUD HAS A SILVER LINING	CL	60.00	85.00
1993	WISH UPON A STAR	CL	60.00	80.00
1994	LUCK AT THE END OF RAINBOW	RT	65.00	65.00
1994	PENNIES FROM HEAVEN	RT	70.00	75.00
1994	SUNSHINE ANGEL	RT	70.00	70.00
1994	SWEET DREAMS	RT	65.00	65.00
J. IBAROLLE		HEIRLOOM BABY COLLECTION		
1997	BLONDE BOY	*	100.00	100.00
1997	BLONDE GIRL	*	100.00	100.00
J. LUNDY		HERITAGE OF AMERICAN QUILTING		
1994	ELEANOR	RT	80.00	80.00
1996	ABIGAIL	RT	80.00	80.00
1996	LOUISA	RT	85.00	85.00
1996	RUTH ANNE	RT	85.00	85.00
D. EFFNER		HEROINES FROM THE FAIRY TALE FOREST		
1988	LITTLE RED RIDING HOOD	RT	68.00	240.00
1989	GOLDILOCKS	RT	68.00	90.00
1990	SNOW WHITE	RT	73.00	175.00
1991	RAPUNZEL	RT	79.00	165.00
1993	CINDERELLA (BALLGOWN)	RT	80.00	175.00
1993	CINDERELLA (RAGS)	CL	80.00	175.00
H. HUNT		HOLLY HUNT'S BONNET BABIES		
1991	GRANDMA'S LITTLE GIRL (MISSY)	CL	69.00	70.00
1992	SUSIE (SOMEBODY LOVES ME)	CL	69.00	100.00
K. BARRY-HIPPENSTEEL		HOW LITTLE WAS I?		
1996	CLAIRE	YR	60.00	60.00
S. BRYER		HOW LITTLE WAS I?		
1995	BRITTANY	RT	60.00	60.00
K. BARRY-HIPPENSTEEL		I WANT MOMMY		
1993	TIMMY (MOMMY I'M SLEEPY)	CL	60.00	155.00
1993	TOMMY (MOMMY I'M SORRY)	CL	60.00	125.00
1994	TAMMY (UP MOMMY)	RT	65.00	95.00
M. TRETTER		I'D RATHER BE FISHIN'		
1997	FISHIN' BUDDIES	TL	73.00	73.00
1997	HOOKED ON FISHIN'	TL	73.00	73.00
1998	FISH STORY	TL	73.00	73.00
A. TSALIKHIN		I'M A LITTLE HANDYMAN		
1999	TOOLS MAKE THE MAN	*	73.00	73.00
K. BARRY-HIPPENSTEEL		I'M JUST LITTLE		
1996	I'M A LITTLE ANGEL	RT	50.00	50.00
1996	I'M A LITTLE CUTIE	TL	50.00	50.00
1996	I'M A LITTLE DEVIL	RT	50.00	50.00
K. BARRY-HIPPENSTEEL		IN GOD'S GARDEN		
1998	JESSICA ROSE	OP	73.00	73.00
K. BARRY-HIPPENSTEEL		INTERNATIONAL FESTIVAL OF TOYS AND TOTS		
1989	CHEN, A LITTLE BOY FROM CHINA	CL	78.00	105.00
1989	NATASHA	RT	78.00	78.00
1990	MOLLY	RT	83.00	83.00
1991	HANS	RT	88.00	88.00
1992	MIKI, ESKIMO	RT	88.00	88.00
F. WICK		INTERNATIONAL SPIRIT OF CHRISTMAS		
1989	AMERICAN SANTA	CL	125.00	125.00

YR	NAME	LIMIT	ISSUE	TREND
C. MCCLURE			JOY FOREVER	
1996	VICTORIAN SERENITY	TL	130.00	130.00
1997	VICTORIAN BLISS	TL	130.00	130.00
1997	VICTORIAN HARMONY	TL	130.00	130.00
1997	VICTORIAN PEACE	TL	130.00	130.00
K. BARRY-HIPPENSTEEL			JOYS OF SUMMER	
1993	LITTLE SQUIRT	CL	50.00	65.00
1993	TICKLES	CL	50.00	170.00
1994	HAVIN' A BALL	RT	55.00	65.00
1994	LIL' SCOOP	RT	55.00	95.00
1994	YUMMY	RT	55.00	65.00
T. TOMESCU			JUST BEFORE BEDTIME	
1997	TUCK ME IN, MOMMY	*	63.00	63.00
A. BROWN			JUST CAUGHT NAPPING	
1996	ASLEEP IN THE SADDLE	TL	70.00	70.00
1996	OATMEAL DREAMS	TL	70.00	70.00
1997	DOG TIRED	TL	70.00	70.00
1997	PRIVATE, KEEP OUT	TL	70.00	70.00
B. BAMBINA			JUST LIKE ME	
1996	AMBER	YR	60.00	60.00
1996	CARMEN	YR	60.00	60.00
1996	TIFFANY	YR	60.00	60.00
Y. BELLO			KEEPSAKE VINYL COLLECTION	
1996	CHRISTY	*	40.00	40.00
P. RYAN BROOKS			KING AND I	
1991	SHALL WE DANCE	RT	175.00	400.00
G. RADEMANN		LANGUAGE OF FLOWERS COLLECTION		
1997	A ROSE IS LOVE	OP	*	N/A
1997	CALLA LILIES FOR INNOCENCE	OP	73.00	73.00
W. HANSON			LASTING TRADITIONS	
1993	SOMETHING OLD	CL	70.00	75.00
1994	FINISHING TOUCH	RT	70.00	70.00
1994	HER TRADITIONAL GARTER	RT	85.00	85.00
1994	MOTHER'S PEARLS	RT	85.00	85.00
W. LAWTON			LAWTON'S NURSERY RHYMES	
1994	LITTLE BO PEEP	RT	80.00	125.00
1994	LITTLE MISS MUFFET	RT	80.00	80.00
1994	MARY HAD A LITTLE LAMB	RT	85.00	85.00
1994	MARY, MARY QUITE CONTRARY	RT	85.00	85.00
E. SHELTON			LEGENDS OF BASEBALL	
1996	TY COBB	RT	80.00	80.00
T. TOMESCU			LEGENDS OF BASEBALL	
1994	BABE RUTH	RT	80.00	80.00
1994	LOU GEHRIG	RT	80.00	80.00
K. BARRY-HIPPENSTEEL			LET'S PLAY MOTHER GOOSE	
1994	COW JUMPED OVER THE MOON	CL	70.00	70.00
1994	HICKORY, DICKORY, DOCK	CL	70.00	95.00
R. MATTINGLY			LIFE'S LITTLE BLESSINGS	
1997	CHARITY IS A BLESSING	TL	83.00	83.00
1998	PATIENCE IS A BLESSING	TL	73.00	73.00
G. RADEMANN			LITTLE BITS	
1993	LOVE	CL	40.00	45.00
1993	SUNSHINE	CL	40.00	45.00
1994	INNOCENCE	CL	40.00	40.00
1994	TENDERNESS	CL	40.00	40.00
K. BARRY-HIPPENSTEEL			LITTLE GYMNAST	
1996	LITTLE GYMNAST	TL	60.00	60.00
M. SEVERINO			LITTLE HANDFULS	
1993	ABBY	RT	40.00	45.00
1993	JOSIE	RT	40.00	45.00
1993	RICKY	RT	40.00	45.00
J. IBAROLLE		LITTLE HOUSE ON THE PRAIRIE		
1992	LAURA INGALLS	CL	80.00	95.00
1993	ALMANZO	CL	85.00	100.00
1993	MARY INGALLS	CL	80.00	350.00
1993	NELLIE OLSON	CL	85.00	110.00
1994	CARRIE	CL	85.00	80.00
1994	MA INGALLS	CL	85.00	90.00
1994	PA INGALLS	CL	85.00	90.00
1996	BABY GRACE	CL	70.00	70.00
J. WOLF			LITTLE LACY SLEEPYHEADS	
1996	JACQUELINE	TL	100.00	100.00
C. MCCLURE			LITTLE PERFORMERS	
1997	JOELLE	TL	95.00	95.00
1997	LAUREN	TL	95.00	95.00
W. LAWTON			LITTLE WOMEN	
1994	AMY	CL	60.00	65.00
1994	BETH	CL	60.00	65.00
1994	JO	CL	60.00	65.00
1994	MEG	CL	60.00	65.00
1996	MARMEE	CL	60.00	65.00
W. LAWTON			LITTLE WOMEN AT CHRISTMAS	
1997	MEG, JO, BETH, AMY, MARMEE (SET OF 5)	*	200.00	200.00
M. ATTWELL			LITTLE WORDS OF WISDOM	
1994	FRIEND IN NEED IS A FRIEND INDEED, A	CL	60.00	65.00
1995	TOMORROW IS ANOTHER DAY	CL	60.00	65.00
1996	BEAUTY IS IN THE EYE OF THE BEHOLDER	CL	60.00	60.00

YR	NAME	LIMIT	ISSUE	TREND
L. DI LEO				**LOOK AT ME**
1993	ROSE MARIE	CL	50.00	55.00
1994	ANN MARIE	CL	50.00	50.00
1994	LISA MARIE	CL	55.00	55.00
T. MENZENBACH				**LOTS OF LOVE**
1993	HANNAH NEEDS A HUG	CL	50.00	95.00
1993	KAITLYN	CL	50.00	95.00
1994	NICOLE	CL	55.00	55.00
1995	FELICIA	CL	55.00	55.00
D. ORTEGA		**LOVE, MARRIAGE, BABY CARRIAGE TEDDY BEAR**		
1997	CARRIE	OP	50.00	50.00
C. MCCLURE				**LUCKY CHARMERS**
1995	LUCKY STAR	TL	70.00	70.00
1996	BIT O' LUCK	TL	70.00	70.00
*			**MADAME ALEXANDER COLLECTION**	
1999	PRINCESS MARGARET ROSE	*	200.00	200.00
B. DEVAL				**MADONNA & CHILD**
1996	MADONNA & CHILD	TL	100.00	100.00
K. BARRY-HIPPENSTEEL				**MAGIC MOMENTS**
1996	BIRTHDAY BOY	TL	70.00	70.00
1996	HAPPY ANNIVERSARY	*	50.00	50.00
1996	HAPPY BIRTHDAY	*	40.00	40.00
Y. BELLO			**MAGICAL MOMENTS OF SUMMER**	
1995	WHITNEY	TL	60.00	60.00
1996	DANA	*	60.00	60.00
1996	ZOE	TL	60.00	60.00
M. TRETTER		**MAINSTREET SATURDAY MORNING**		
1994	KENNY	CL	70.00	70.00
1996	BETTY	CL	70.00	70.00
1996	DONNY	CL	70.00	70.00
J. LICERTZ		**MCMEMORIES 40TH ANNIVERSARY ICONS COLLECTION**		
1996	SPEEDEE	*	60.00	60.00
D. EFFNER		**MCMEMORIES MCDONALDS & ME COLLECTION**		
1996	YOU DESERVE A BREAK TODAY	TL	60.00	60.00
M. GIRARD-KASSIS		**MEMORIES OF A VICTORIAN CHILDHOOD**		
1997	LYDIA	TL	83.00	83.00
1997	PAIGE	TL	83.00	83.00
1998	OLIVIA	TL	83.00	83.00
T. TOMESCU				**MESSAGES OF HOPE**
1986	BEHOLD, I STAND AT THE DOOR	CL	130.00	130.00
1986	GOOD SHEPHERD, THE	CL	130.00	130.00
1994	LET THE LITTLE CHILDREN COME TO ME	CL	130.00	130.00
1996	OUR FATHER	TL	130.00	130.00
Y. BELLO				**MIRACLE OF LIFE**
1996	BEAUTIFUL NEWBORN	TL	50.00	50.00
1996	HER VERY FIRST SMILE	TL	50.00	50.00
1996	WATCH HER CRAWL	TL	50.00	50.00
W. LAWTON				**MIRACLE OF LIFE**
1996	SHE'S SITTING PRETTY	TL	50.00	50.00
T. TOMESCU				**MIRACLES OF JESUS**
1996	MULTIPLYING THE LOAVES	TL	100.00	100.00
1996	WATER INTO WINE	TL	100.00	100.00
1997	WALKING ON WATER	TL	100.00	100.00
Y. BELLO				**MOMENTS TO REMEMBER**
1991	JUSTIN	CL	75.00	80.00
1992	JILL	CL	80.00	115.00
1993	BRANDON (RING BEARER)	CL	80.00	85.00
1993	SUZANNE (FLOWER GIRL)	CL	80.00	85.00
A. CRANSHAW			**MOMMY CAN YOU FIX IT?**	
1997	EDGAR	OP	50.00	50.00
M. HOLSTAD			**MOMMY, CAN I KEEP IT?**	
1996	BELINDA'S NEW KITTY	OP	50.00	50.00
B. BAMBINA				**MORNING GLORIES**
1996	DEW DROP	TL	50.00	50.00
1996	ROSEBUD	TL	50.00	50.00
J. GOODYEAR				**MY CLOSEST FRIENDS**
1992	BOO BEAR (EVIE)	CL	79.00	140.00
1992	ME/BLANKIE (STEFFIE)	CL	79.00	95.00
1992	MY BEARY BEST FRIEND	CL	80.00	80.00
1992	MY SECRET PAL (ROBBIE)	CL	85.00	90.00
P. RYAN BROOKS				**MY FAIR LADY**
1991	ELIZA AT ASCOT	CL	125.00	400.00
J. SINGER		**MY HEART BELONGS TO DADDY**		
1992	PEANUT	CL	50.00	95.00
1992	PUMPKIN	CL	50.00	60.00
1994	PRINCESS	CL	60.00	60.00
K. BARRY-HIPPENSTEEL			**MY LITTLE BALLERINA**	
1994	MY LITTLE BALLERINA	CL	60.00	60.00
J. KOVACIK				**MY SECRET GARDEN**
1986	COLIN	CL	70.00	70.00
1986	DICKON	CL	70.00	75.00
1986	MARTHA	CL	70.00	75.00
1994	MARY LENNOX	CL	70.00	70.00
S. HOUSELY				**NATURALLY PLAYFUL**
1997	PEEK-A-BOO BUNNY	TL	83.00	83.00
1998	COOTCHY COO CUB	*	83.00	83.00
1998	KISSY FACE PUP	*	83.00	83.00

YR	NAME	LIMIT	ISSUE	TREND
	C. MCCLURE		NOSTALGIC TOYS	
1996	AMELIA	TL	80.00	80.00
1996	CHARLOTTE	TL	80.00	80.00
	J. WOLF		NURSERY NEWBORNS	
1994	IT'S A BOY	CL	80.00	90.00
1994	IT'S A GIRL	CL	80.00	90.00
	J. GOOD-KRUGER	OH HOLY NIGHT NATIVITY COLLECTION		
1994	HOLY FAMILY, THE	CL	130.00	130.00
1995	ANGEL	CL	60.00	60.00
1995	BLUE KING, THE	CL	60.00	60.00
1995	KNEELING KING, THE	CL	60.00	60.00
1995	SHEPHERD WITH LAMB	CL	60.00	60.00
1995	SHEPHERD WITH PIPES	CL	60.00	60.00
1995	STANDING KING, THE- PURPLE	CL	60.00	60.00
	Y. BELLO	ONLY AT GRANDMA & GRANDPA'S COLLECTION		
1996	I'LL FINISH THE STORY	TL	90.00	90.00
1996	TEDDY MAKES THREE	*	100.00	100.00
	P. BOMAR		OUR OWN BALLET RECITAL	
1996	CHLOE	TL	70.00	70.00
	J. IBAROLLE		PASSPORTS TO FRIENDSHIP	
1995	SERENA	TL	80.00	80.00
1996	ASHA	TL	80.00	80.00
1996	KALO	TL	80.00	80.00
1996	LILIANA	TL	80.00	80.00
	J. GOOD-KRUGER		PATCHWORK OF LOVE	
1996	FAMILY PRIDE	TL	60.00	60.00
1996	FONDEST MEMORIES	TL	60.00	60.00
1996	HARD WORK PAYS OFF	TL	60.00	60.00
1996	LOVE ONE ANOTHER	TL	60.00	60.00
1996	SIMPLICITY IS BEST	TL	60.00	60.00
1996	WARMTH OF HEART	TL	60.00	60.00
	J. GOODYEAR		PEEK-A-BOO	
1993	WHERE'S JAMIE?	CL	70.00	75.00
	A. CRANSHAW		PERFECT COMPANIONS	
1998	PERFECT HUGS	OP	60.00	60.00
	B. FERRIER		PERFECT COMPANIONS	
1999	PERFECT UNDERSTANDING	OP	60.00	60.00
	B. BAMBINA		PERFECT PAIRS	
1995	AMBER	CL	60.00	60.00
1995	CARMEN	CL	60.00	60.00
1995	TIFFANY	CL	60.00	60.00
1996	SUSIE	TL	60.00	60.00
	Y. BELLO		PETTING ZOO	
1996	ANDY	CL	60.00	60.00
1996	CORY W/BUNNY	CL	60.00	60.00
1996	KENDRA	CL	60.00	60.00
1996	MADDIE W/CHICK	CL	60.00	60.00
	R. MILLER		PLEASE COME TO TEA	
1998	CLARISSA	TL	83.00	83.00
	S. KREY		POLLY'S TEA PARTY	
1990	POLLY	CL	78.00	125.00
1991	LIZZIE	CL	79.00	79.00
1992	ANNIE	CL	83.00	83.00
	A. BROWN		POTPOURRI BABIES	
1996	BUBBLE TROUBLE	TL	50.00	80.00
	S. KUCK	PRECIOUS MEMORIES OF MOTHERHOOD		
1989	LOVING STEPS	CL	125.00	140.00
1990	LULLABY	CL	125.00	125.00
1991	EXPECTANT MOMENTS	CL	149.00	200.00
1992	BEDTIME	CL	150.00	150.00
	S. BUTCHER	PRECIOUS MOMENTS BABY'S FIRST		
1999	BABY'S 1ST BIRTHDAY	*	75.00	75.00
	S. HOUSELY		PRECIOUS PAPOOSES	
1995	SLEEPING BEAR	CL	80.00	80.00
1996	BRIGHT FEATHER	TL	80.00	80.00
1996	CLOUD CHASER	TL	80.00	80.00
1996	SWIFT FOX	TL	80.00	80.00
	J. GOODYEAR		PRETTY IN PASTELS	
1994	PRECIOUS IN PINK	CL	80.00	55.00
	R. MILLER		QUILTED ANGEL BABIES	
1997	ANGEL OF LOVE	*	73.00	73.00
1997	ANGEL OF LUCK	*	73.00	73.00
	Y. BELLO		RAINBOW OF LOVE	
1995	BABY BLUE SKY W/BASKET	CL	60.00	60.00
1995	BABY GREEN EARTH	CL	60.00	60.00
1995	BABY YELLOW SUNSHINE	CL	60.00	65.00
1996	BABY ORANGE SUNSET	CL	60.00	60.00
1996	BABY PINK FLOWER	CL	60.00	60.00
1996	BABY PURPLE MOUNTAIN	CL	60.00	60.00
	ROCKWELL- INSPIRED		ROCKWELL CHRISTMAS	
1993	MERRY CHRISTMAS GRANDMA	CL	60.00	63.00
	B. MADEJA		RUFFLES & RIBBONS	
1998	RACHEL IN RIBBONS	TL	63.00	63.00
1998	RUFFLES FOR REBECCA	TL	63.00	63.00
	C. WALSER DEREK		SCHOOL DAYS	
1998	JANE	*	79.00	79.00

YR	NAME	LIMIT	ISSUE	TREND
J. IBAROLLE			SEASONS OF JOY	
1997	NICHOLAS, THE WINTER BABY	TL	83.00	83.00
1998	BRANDON	TL	75.00	75.00
1998	KIMBERLY	TL	75.00	75.00
1998	MOLLY	TL	75.00	75.00
K. BARRY-HIPPENSTEEL			SENSE OF DISCOVERY	
1993	SWEETIE	CL	60.00	65.00
G. RADEMANN			SENSE OF SECURITY	
1996	AMY	TL	63.00	63.00
S. BILOTTO			SHE WALKS IN BEAUTY	
1996	WINTER ROMANCE	TL	93.00	93.00
1997	SUMMER DREAM	TL	93.00	93.00
C. MCCLURE			SIBLINGS THROUGH TIME	
1996	ALEXANDRA	CL	70.00	70.00
1996	GRACIE	CL	60.00	60.00
J. GOOD-KRUGER			SIMPLE GIFTS	
1996	ROLY POLY HARVEST	TL	50.00	50.00
1997	CUDDLY COMPANIONS	TL	50.00	50.00
1997	NAPTIME AT NOON	TL	50.00	50.00
1997	PAPA'S LITTLE HELPER	TL	50.00	50.00
J. LUNDY		SIMPLE PLEASURES, SPECIAL DAYS		
1996	ADELINE	TL	80.00	80.00
1996	ELIZA	TL	80.00	80.00
1996	GRETCHEN	TL	80.00	80.00
1996	MOLLY	TL	80.00	80.00
T. TOMESCU			SNOW BABIES	
1995	BENEATH THE MISTLETOE	CL	70.00	70.00
1996	CATCH OF THE DAY	TL	75.00	75.00
1996	FOLLOW THE LEADER	CL	75.00	75.00
1996	LEARNING TO FLY	TL	75.00	75.00
1996	SLIP SLIDIN'	TL	75.00	75.00
1996	SNOW BABY EXPRESS	CL	75.00	75.00
K. BARRY-HIPPENSTEEL		SOMEONE TO WATCH OVER ME		
1994	ANGEL LULLABY	CL	25.00	30.00
1994	ANGEL NIGHT-NIGHT	CL	25.00	30.00
1995	BABY SWEET DREAMS W/BASKET	CL	70.00	70.00
1996	ANGEL SLEEPYHEAD	CL	25.00	25.00
1996	ANGEL STARDUST	CL	25.00	25.00
1996	ANGEL TUCK-ME-IN	CL	25.00	25.00
M. TRETTER			SOOO BIG	
1993	JIMMY		60.00	65.00
1994	KIMMY	CL	60.00	60.00
Y. BELLO		SPECIAL EDITION TOUR 1993		
1993	MIGUEL	CL	70.00	70.00
1993	ROSA	CL	70.00	70.00
Y. BELLO			SPICE OF LIFE	
1997	CINDY	TL	63.00	63.00
1997	MEGAN	TL	63.00	63.00
C. JACKSON			SUNDAY BEST	
1998	JOSHUA	TL	73.00	73.00
T. TOMESCU		TALES FROM THE NURSERY		
1997	BABY BO PEEP	TL	83.00	83.00
1998	LITTLE GOLDILOCKS	TL	83.00	83.00
1998	LITTLE MISS MUFFET	TL	83.00	83.00
L. TIERNEY			TENDER MOMENTS	
1996	TENDER CARE	CL	50.00	50.00
1996	TENDER HEART	CL	50.00	50.00
1996	TENDER LOVE	CL	50.00	50.00
J. IBAROLLE		THEY'RE ALL PRECIOUS IN HIS SIGHT		
1997	NAOMI	TL	73.00	73.00
1998	SU LEE	*	73.00	73.00
S. KREY			TOGETHER FOREVER	
1994	COURTNEY	CL	60.00	65.00
1994	KIM	CL	60.00	65.00
1994	KIRSTEN	CL	60.00	65.00
M. GIRARD-KASSIS			TOO CUTE TO RESIST	
1997	ALLY	TL	63.00	63.00
K. BARRY-HIPPENSTEEL			TOO MUCH TO HANDLE	
1993	JULIE (FLOWERS FOR MOMMY)	CL	60.00	65.00
1993	KEVIN (CLEAN HANDS)	CL	60.00	145.00
M. TRETTER		TREASURED TOGETHERNESS		
1994	TENDER TOUCH	CL	100.00	100.00
1994	TOUCH OF LOVE	CL	100.00	100.00
K. BARRY-HIPPENSTEEL			TUMBLING TOTS	
1993	ROLY POLY POLLY	CL	70.00	75.00
1994	HANDSTAND HARRY	CL	70.00	70.00
T. TOMESCU			TWINKLE TOES	
1997	LITTLE CARNATION	TL	73.00	73.00
1998	LITTLE VIOLET	TL	73.00	73.00
P. BOMAR			UNDER HER WINGS	
1995	GUARDIAN ANGEL	TL	80.00	80.00
K. BARRY-HIPPENSTEEL			VICTORIAN DREAMERS	
1996	ROCK-A-BYE/GOOD NIGHT	CL	50.00	50.00
1996	VICTORIAN STORYTIME	CL	50.00	50.00

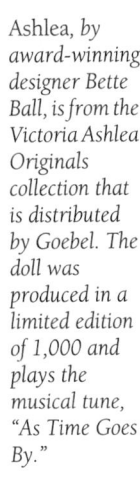

Ashlea, *by award-winning designer Bette Ball, is from the Victoria Ashlea Originals collection that is distributed by Goebel. The doll was produced in a limited edition of 1,000 and plays the musical tune, "As Time Goes By."*

Birthday Serenade Girl *porcelain doll is based on the artwork of Sister Maria Innocentia Hummel's artwork. The doll was released in 1984 and is 15 $\frac{1}{4}$ inches tall.*

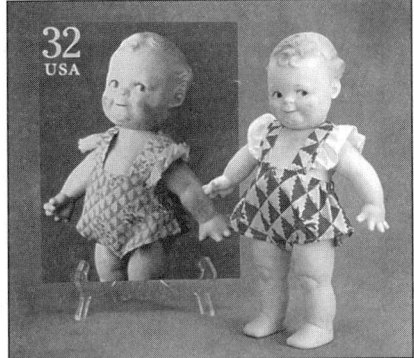

Scootles, *a vinyl doll by Lee Middleton was based on the original doll by Rose O'Neill and was produced in 1998.*

Chloe Valentine *joined the Lizzie High Society collection in 1994. The adorable wooden-faced doll was produced by Ladie & Friends.*

This little cutie is Christmas Angel 1992 *and was introduced by Lee Middleton Original Dolls Inc. The doll was part of the Christmas Angel Collection by artist Lee Middleton.*

YR	NAME	LIMIT	ISSUE	TREND
C. LAYTON			**VICTORIAN LACE**	
1993	ALICIA	CL	80.00	150.00
1994	COLLEEN	CL	80.00	80.00
1994	OLIVIA	CL	80.00	80.00
C. MCCLURE			**VICTORIAN NURSERY HEIRLOOM**	
1994	VICTORIAN LULLABY	CL	80.00	80.00
1996	VICTORIAN BUNNY BUGGY	CL	140.00	140.00
1996	VICTORIAN HIGHCHAIR	CL	130.00	130.00
1996	VICTORIAN PLAYTIME	CL	140.00	140.00
B. DEVAL			**VISIONS OF OUR LADY**	
1996	OUR LADY OF GRACE	TL	100.00	100.00
1996	OUR LADY OF LOURDES	TL	100.00	100.00
Y. BELLO			**WATCHING BABY GROW**	
1997	BABY BOY'S FIRST TOOTH	*	50.00	50.00
1997	BABY GIRL'S FIRST TOOTH	*	50.00	50.00
D. EFFNER			**WHAT LITTLE GIRLS ARE MADE OF**	
1994	PEACHES AND CREAM	CL	70.00	90.00
1995	LAVENDER AND LACE	CL	70.00	70.00
1995	SUNSHINE AND LOLLIPOPS	CL	70.00	70.00
T. TOMESCU			**WHERE DO BABIES COME FROM?**	
1996	FRESH FROM THE PATCH	TL	80.00	80.00
1996	JUST HATCHED	TL	80.00	80.00
1996	SPECIAL DELIVERY	TL	80.00	80.00
1997	HANDLE WITH CARE	TL	80.00	80.00
M. TRETTER			**WINTER MAGIC**	
1997	BRADLEY WITH SNOWMAN	OP	65.00	65.00
1997	LINDSEY	OP	65.00	65.00
1997	PAMELA	OP	65.00	65.00
1997	TYLER	OP	65.00	65.00
K. BARRY-HIPPENSTEEL			**WINTER WONDERLAND**	
1994	ANNIE	CL	60.00	60.00
1994	BOBBY	CL	60.00	60.00
S. SHERWOOD			**WINTERFEST**	
1991	BRIAN	CL	89.00	125.00
1992	MICHELLE	CL	90.00	160.00
1993	BRADLEY	CL	90.00	90.00
M. TRETTER			**WISHFUL THINKING**	
1993	DANNY (PET SHOP)	CL	80.00	85.00
M. TRETTER			**WIZARD OF OZ MINIATURES**	
1997	LION	*	43.00	43.00
1998	DOROTHY AND TOTO	*	43.00	43.00
1998	SCARECROW	*	43.00	43.00
1998	TIN MAN	*	43.00	43.00
M. TRETTER			**WONDERFUL WIZARD OF OZ**	
1994	COWARDLY LION	CL	80.00	80.00
1994	DOROTHY & TOTO	CL	80.00	90.00
1994	SCARECROW	CL	80.00	80.00
1994	TIN MAN	CL	80.00	80.00
G. RADEMANN			**WREATHED IN BEAUTY**	
1996	WINTER ELEGANCE	TL	90.00	90.00
1997	AUTUMN HARMONY	TL	100.00	100.00
1997	SUMMER SWEETNESS	TL	100.00	100.00
AKERS/GIRARDI			**YEAR BOOK MEMORIES**	
1991	PEGGY SUE	CL	87.00	95.00
1993	GOING STEADY (PATTY JO)	CL	90.00	90.00
1993	PROM QUEEN (BETTY JEAN)	CL	92.00	92.00
Y. BELLO			**YOLANDA'S HEAVEN SCENT BABIES**	
1993	CARNATION	CL	55.00	60.00
1993	CHERRY BLOSSOM	CL	55.00	60.00
1993	DAISY ANNE	CL	50.00	55.00
1993	LILY	CL	55.00	60.00
1993	MEAGAN ROSE	CL	50.00	100.00
1993	MORNING GLORY	CL	50.00	55.00
Y. BELLO			**YOLANDA'S LULLABY BABIES**	
1991	CHRISTY (ROCK-A-BYE)	CL	69.00	75.00
1992	JOEY (TWINKLE, TWINKLE)	CL	69.00	75.00
1993	AMY (BRAHMS LULLABY)	CL	75.00	80.00
1993	EDDIE (TEDDY BEAR LULLABY)	CL	75.00	75.00
1993	JACOB (SILENT NIGHT)	CL	75.00	80.00
Y. BELLO			**YOLANDA'S PICTURE PERFECT BABIES**	
1985	JASON	CL	48.00	600.00
1986	HEATHER	CL	48.00	250.00
1987	JENNIFER	CL	58.00	250.00
1987	MATTHEW	CL	58.00	195.00
1987	SARAH	CL	58.00	110.00
1988	AMANDA	CL	63.00	125.00
1989	JESSICA	CL	63.00	80.00
1990	LISA	CL	63.00	105.00
1990	MICHAEL	CL	63.00	155.00
1991	DANIELLE	CL	69.00	135.00
1991	EMILY	CL	63.00	125.00
Y. BELLO			**YOLANDA'S PLAYTIME BABIES**	
1993	LINDSEY	CL	60.00	63.00
1993	SHAWNA	CL	60.00	63.00
1993	TODD	CL	60.00	63.00

YR	NAME	LIMIT	ISSUE	TREND
Y. BELLO		YOLANDA'S PRECIOUS PLAYMATES		
1992	DAVID	CL	70.00	185.00
1993	PAUL	CL	70.00	135.00
1994	JOHNNY	CL	70.00	70.00
J.W. SMITH			YOUNG LOVE	
1993	FIRST KISS	CL	120.00	125.00
M. STAUBER		YOUR HEART'S DESIRE		
1991	JULIA	CL	99.00	130.00

ATTIC BABIES

M. MASCHINO

YR	NAME	LIMIT	ISSUE	TREND
1987	BESSIE JO	RT	33.00	38.00
1987	BETH SUE	RT	30.00	35.00
1987	COUNTRY CLYDE	RT	30.00	35.00
1987	DIRTY HARRY	RT	30.00	35.00
1987	HAROLD	RT	30.00	35.00
1987	JACOB	RT	30.00	90.00
1987	JENNY LOU	RT	37.00	40.00
1987	MAGGIE MAE	RT	30.00	260.00
1987	MISS PATTY PAT	RT	30.00	100.00
1987	MUSLIN BUNNY	RT	10.00	15.00
1987	MUSLIN TEDDY	RT	10.00	15.00
1987	RACHEL	RT	30.00	35.00
1987	RAGGEDY KITTY	RT	30.00	35.00
1987	RAGGEDY SANTY	RT	75.00	205.00
1987	ROSE ANN	RT	40.00	45.00
1987	SALLY FRANCIS	RT	40.00	65.00
1987	SARA	RT	40.00	175.00
1987	TODDY SUE	RT	30.00	90.00
1988	BUNNIFER	RT	40.00	45.00
1988	FESTER CHESTER	RT	40.00	100.00
1988	HANNAH LOU	RT	40.00	75.00
1988	LAZY DAISY	RT	40.00	65.00
1988	LAZY LIZA JANE	RT	48.00	53.00
1988	LITTLE DOVE	RT	40.00	45.00
1988	MOLLY BEA	RT	40.00	85.00
1988	MOOSEY MATILDA	RT	40.00	200.00
1988	NAUGHTY NELLIE	RT	33.00	90.00
1988	RAGGEDY SAM	RT	60.00	120.00
1988	RAGGEDY SANTY	RT	90.00	95.00
1988	ROTTEN WILBER	RT	37.00	145.00
1988	RUFUS	RT	36.00	85.00
1988	SILLY WILLIE	RT	40.00	80.00
1988	SPRING SANTA	RT	50.00	55.00
1988	SWEET WILLIAM	RT	40.00	155.00
1988	WACKY JACKIE	RT	40.00	45.00
1989	ANNIE FANNIE	RT	45.00	50.00
1989	COTTON PICKIN' NINNY	RT	50.00	95.00
1989	HEAVENLY HEATHER	RT	60.00	90.00
1989	HEFFY CHEFFY	RT	77.00	150.00
1989	JOLLY JIM	RT	32.00	125.00
1989	MS. WADDLES	RT	50.00	55.00
1989	OLD TYME SANTY	RT	80.00	85.00
1989	PRISSY MISSY	RT	33.00	35.00
1989	RAMMY SAMMY	RT	45.00	50.00
1989	SKITTY KITTY	RT	45.00	145.00
1989	WOOD DOLL-MEDIUM	RT	33.00	38.00
1989	WOOD DOLL-SMALL	RT	25.00	30.00
1990	DUCKIE DINKLE	RT	97.00	100.00
1990	FRANNIE FARKLE	RT	130.00	135.00
1990	FRIZZY LIZZY	RT	97.00	225.00
1990	HAPPY HUCK	RT	50.00	55.00
1990	IVAN IVIE	RT	130.00	200.00
1990	LAMPSIE DIVIE IVIE	RT	130.00	300.00
1990	PHYLBERT FARKLE	RT	130.00	230.00
1990	SALIE OLLIE OTIS	RT	130.00	135.00
1990	YANKEE DOODLE DEBBIE	RT	100.00	300.00
1990	ZITTY ZELDA	RT	90.00	180.00
1991	MAIZIE MAE	RT	30.00	35.00
1991	MANDI MAE	RT	30.00	35.00
1991	MEMSIE MAE	RT	30.00	35.00
1991	MR. RAGGEDY CLAUS	RT	70.00	125.00
1991	MRS. RAGGEDY CLAUS	RT	70.00	125.00
1991	PIPPY PAT	RT	50.00	55.00
1991	WINKIE BINKIE	RT	55.00	60.00
1992	CANDY APPLEBEE	RT	16.00	20.00
1992	CHRISTOPHER COLUMBUS	RT	80.00	85.00
1992	OLD ST. NICK	RT	96.00	135.00
1992	PUMPKIN PATTY	RT	80.00	85.00
1992	SCARY LARRY SCARECROW	RT	80.00	85.00
1992	TEENY WEENY ANGEL	RT	10.00	15.00
1992	WITCHY WANDA	RT	80.00	85.00
1993	HAPPY PAPPY CLAUS	RT	75.00	125.00
1993	ITTY BITTY SANTA	RT	7.00	9.00
1993	JAMMY MAMMY CLAUS	RT	70.00	80.00
1993	MERRY OLE FARLEY FAGAN DOOBERRY	RT	133.00	135.00
1993	MR. KNO MO SNO	RT	53.00	55.00
1993	OLD ST. KNICKERBOCKER	RT	80.00	85.00
1994	NATTIE FAE TUCKER	RT	65.00	70.00

YR	NAME	LIMIT	ISSUE	TREND
M. MASCHINO		**ATTIC BABIES COLLECTORS CLUB**		
1992	BURTIE BUZBEE, SNL	RT	40.00	45.00
1993	ISSIE B. RUEBOTTOM, SNL	RT	35.00	40.00
1994	SUNFLOWER FLOSSIE, SNL	RT	42.00	47.00
M. MASCHINO		**BAGGIE COLLECTION**		
1991	AMERICANA BAGGIE BEAR	RT	20.00	25.00
1991	AMERICANA BAGGIE GIRL	RT	20.00	25.00
1991	AMERICANA BAGGIE RABBIT	RT	20.00	25.00
1991	AMERICANA BAGGIE SANTA	RT	20.00	25.00
1991	CHRISTMAS BAGGIE BEAR	RT	20.00	25.00
1991	CHRISTMAS BAGGIE GIRL	RT	20.00	25.00
1991	CHRISTMAS BAGGIE RABBIT	RT	20.00	25.00
1991	CHRISTMAS BAGGIE SANTA	RT	20.00	25.00
1991	COUNTRY BAGGIE BEAR	RT	20.00	25.00
1991	COUNTRY BAGGIE GIRL	RT	20.00	25.00
1991	COUNTRY BAGGIE RABBIT	RT	20.00	25.00
M. MASCHINO		**FIRST EDITION**		
1990	RAGGEDY OLE CHRIS CRINGLE	RT	190.00	265.00
1992	AMERICANA RAGGEDY SANTA	RT	87.00	150.00
M. MASCHINO		**SECOND EDITION**		
1990	RAGGEDY OLE CHRIS CRINGLE	RT	190.00	195.00
1992	AMERICANA RAGGEDY SANTA	RT	90.00	150.00
M. MASCHINO		**TOUR BABIES**		
1993	TOUR BABY 1993	RT	20.00	25.00
1994	TOUR BABY 1994	RT	25.00	25.00
M. MASCHINO		**VALENTINE COLLECTION**		
1993	VALENTINE BEAR-BOY	RT	40.00	45.00
1993	VALENTINE BEAR-GIRL	RT	40.00	45.00
1994	HERWIN HEAPS O HUGS	RT	40.00	45.00
1994	LOTTIE LOTS-A-LOVE	RT	40.00	45.00

AVONLEA TRADITIONS INC.

*			**ANNE OF GREEN GABLES**	
1989	ARRIVING AT THE STATION	OP	260.00	260.00
1990	DIANA BARRY	OP	260.00	260.00
1990	PUFFED SLEEVES	OP	260.00	260.00
1990	SCHOOL DAYS	OP	260.00	260.00
1997	90TH ANNIVERSARY EDITION	990	120.00	120.00
1997	LIMITED EDITION	5000	60.00	60.00
1998	10TH ANNIVERSARY	2000	60.00	60.00

BOYDS COLLECTION LTD.

G. LOWENTHAL		**ANIMAL MENAGERIE**		
*	APHRODITE 5339	RT	*	45.00
*	ERIN O'PIGG 5536-09	RT	*	40.00
G. LOWENTHAL		**ARCHIVE SERIES**		
*	ADDINGTON 5701-05	RT	*	48.00
*	BERTHA UTTERBUG 5758	RT	*	50.00
*	HEATH II 5703N	RT	*	34.00
*	MACMILLAN 5707-10	RT	*	30.00
*	RALEIGH 5703M	RT	*	36.00
*	THATCHER 5706	RT	*	42.00
*	WELLINGTON 5722	RT	*	78.00
*	WILSON 5705	RT	*	28.00
G. LOWENTHAL		**ARTIST SERIES**		
*	EDGAR 5864-07	RT	*	55.00
*	ELVIS 5859	RT	*	58.00
*	FARNSWORTH JR 5870-08	RT	*	30.00
*	FARNSWORTH SR 5875-08	RT	*	40.00
*	HIGGINS 5877-06	*		45.00
*	HIGGY 5876-03	*		35.00
G. LOWENTHAL		**BEARS IN THE ATTIC**		
*	JETHRO 5630	RT	*	30.00
*	REVA 5630-02	RT	*	30.00
G. LOWENTHAL		**BUBBA BEARS**		
*	BILLY RAY	RT	*	34.00
*	BOBBIE JO	RT	*	48.00
*	BUBBA	RT	*	58.00
*	ELLY MAE	RT	*	40.00
G. LOWENTHAL		**CHOIR BEARS**		
*	GABRIEL 5825	RT	*	47.00
*	JOHN 5828	RT	*	42.00
*	JOSHUA 5826	RT	*	34.00
*	SEBASTIAN 5827	RT	*	45.00
G. LOWENTHAL		**CLINTON'S CABINET**		
*	FEDERICO 1100-08	RT	*	30.00
*	FEDERICO W/TEDDY PULLOVER SWEATER 98039	RT	*	48.00
*	GEORGE	RT	*	35.00
*	VINCENT	RT	*	28.00
G. LOWENTHAL		**FLATTIES**		
*	BRAYBURN 5670	RT	*	42.00
*	ELMORE FLATSKI 5680-08	RT	*	30.00
*	HADLEY FLATSKI 5680-05	RT	*	30.00
*	LENORA FLATSTEIN	RT	*	
*	NEWTON 5665	RT	*	44.00
G. LOWENTHAL		**FLOPPIES**		
*	ARNO-W-LD 5655-07	RT	*	50.00
*	CHIPPER 5642-05	RT	*	28.00

YR	NAME	LIMIT	ISSUE	TREND
*	HESTER 5660-10	RT	*	30.00
*	KIP 5642-08	RT	*	30.00
*	WALKER 5655-08	RT	*	36.00

G. LOWENTHAL — J.B. BEAN & ASSOCIATES

YR	NAME	LIMIT	ISSUE	TREND
*	ALBERT B. BEAN 5123-03	RT	*	48.00
*	BETTY BISCUIT	RT	*	42.00
*	DUFUS BEAR 5112	RT	*	60.00
*	J.B. BEAN 5106	RT	*	35.00
*	LOUIE B. BEAN 5114-11	RT	*	52.00
*	MISTLE 5151-04	RT	*	35.00
*	OTIS B. BEAN 5107	RT	*	55.00
*	RALPH POOCHSTEIN 5400-10	RT	*	36.00
*	TOE 5151-02	RT	*	35.00

G. LOWENTHAL — NORTHERN LIGHTS

YR	NAME	LIMIT	ISSUE	TREND
*	BEATRICE VHMOOSE 5542 (MOCHA)	RT	*	48.00
*	MAYNARD VHMOOSE 5541	RT	*	40.00
*	MURGATROYD II VHMOOSE 5540	RT	*	50.00
*	NADIA VON HINDENMOOSE 5542-01 5542-01	RT	*	70.00

G. LOWENTHAL — SNOWBEARS

YR	NAME	LIMIT	ISSUE	TREND
*	SINKIN	RT	*	85.00
*	SINKIN II 5808	RT	*	45.00
*	TINKIN	RT	*	60.00
*	TINKIN II 5801	RT	*	40.00

G. LOWENTHAL — T.J.'S BEST DRESSED

YR	NAME	LIMIT	ISSUE	TREND
*	ALASTAIR & CAMILLA 98042	*	*	50.00
*	ARLO 9141	*	*	45.00
*	AUBERGINE 9107	RT	*	22.00
*	AUNTIE IOLA 91612	RT	*	48.00
*	BAAAH'B 9131	RT	*	42.00
*	BIG BOY 9108	RT	*	40.00
*	BRUCE 1000-08	OP	*	6.00
*	BRUCE 9157-08 HEART SWEATER	RT	*	45.00
*	BRUCE 98038 TED SWEATER	RT	*	38.00
*	CALVIN ELLIS 91223	RT	*	35.00
*	CLAIRE 9179	RT	*	34.00
*	COLLEEN O'BRUIN 91805	RT	*	30.00
*	CORNWALLIS 9126	RT	*	82.00
*	CORNWALLIS 9126-01	*	*	70.00
*	EDDIE BEANBERGER 9119-01	RT	*	38.00
*	EDEN II 91391	RT	*	25.00
*	EMMA 9101	RT	*	67.00
*	FETA 91075	*	*	42.00
*	FITZGERALD O'BRUIN 91802	RT	*	26.00
*	GERALDO 912441	RT	*	35.00
*	GUNNAR 9123	RT	*	40.00
*	HARRISON 9176	RT	*	35.00
*	HERMINE GRISSLIN 91206	RT	*	60.00
*	HOOKER BAILEY QVC	*	*	150.00
*	LAS 91735	RT	*	38.00
*	LIZZIE MCBEE 91005	RT	*	40.00
*	MARLENA 9154	RT	*	40.00
*	MICHELLINE 91815	RT	*	30.00
*	NELLIE 9110-05	RT	*	42.00
*	NICHOLAS 9173	RT	*	38.00
*	OPHELIA 91207-01	RT	*	65.00
*	PETER 9111	RT	*	25.00
*	PHILOMENA 91106	RT	*	45.00
*	PUCK 9172	RT	*	38.00
*	STEWART RAREBIT #9116	RT	*	25.00
*	SVEN 9122	RT	*	38.00
*	TEDDY BEANBERGER 9118	RT	*	68.00
*	TYLER SUMMERFIELD	RT	*	58.00
*	WALTON	RT	*	40.00
*	WILLA BRUIN	RT	*	52.00
1995	EDMUND IN NAUTICAL SWEATER & HAT 9175-03	RT	*	60.00
1996	BAILEY & MATTHEW 9224 W/ORNAMENTS	RT	*	95.00
1996	BAILEY 9199-05	RT	*	55.00
1996	EDMUND IN SWEATER/PLAID PANTS 9175-05	RT	*	45.00
1996	EMILY BABBIT 9150-05	RT	*	40.00
1997	EDMUND IN DENIM ROMPER & HEART SWEATER #9175-06	RT	*	50.00

BRADFORD EXCHANGE

L. DUNSMORE — HATS OFF TO THE SEASONS

YR	NAME	LIMIT	ISSUE	TREND
1997	CHRISTMAS CAROL	*	*	NA

DADDY'S LONG LEGS

K. GERMANY — ANGELS

YR	NAME	LIMIT	ISSUE	TREND
1994	GLORY	RT	118.00	285.00
1994	HOPE	RT	118.00	350.00
1994	KARA	RT	76.00	250.00
1994	PRECIOUS	RT	76.00	250.00
1995	DEMETRIA	1	2500.00	11000.00
1996	KEISHA	OP	80.00	80.00
1996	MONICA	CL	150.00	150.00

K. GERMANY — ANIMALS

YR	NAME	LIMIT	ISSUE	TREND
1990	ABIGAIL COW, BLUE	RT	62.00	350.00
1990	ABIGAIL COW, RED	RT	68.00	350.00
1990	CAT IN JUMP SUIT	RT	60.00	1050.00
1990	GOAT-BOY	RT	62.00	1150.00

YR	NAME	LIMIT	ISSUE	TREND
1990	GOAT-GIRL	RT	62.00	1150.00
1990	HUGH HOOFNER	RT	68.00	375.00
1990	MAMIE THE PIG, GREEN	RT	68.00	800.00
1990	PIG BOY	RT	58.00	1150.00
1990	RACCOON	RT	66.00	1250.00
1990	RACHAEL RABBIT	RT	15.00	225.00
1990	ROBBY RABBIT	RT	44.00	675.00
1990	ROSE RABBIT	RT	54.00	1150.00
1990	ROXANNE RABBIT	RT	52.00	675.00
1990	RUDY RABBIT	RT	54.00	1150.00
1990	WEDDING RABBITS	RT	240.00	3550.00
1991	KITTY KAT	RT	78.00	800.00
1991	MAMIE THE PIG, BLUE	RT	84.00	800.00

K. GERMANY | | | | **ARTS & THEATER**

YR	NAME	LIMIT	ISSUE	TREND
1990	MIME	RT	58.00	1700.00
1990	WITCH HAZEL	RT	86.00	350.00
1992	BABE BOUCHARD	OP	98.00	100.00
1994	MARGO	RT	126.00	225.00
1999	DANI	*	90.00	90.00

K. GERMANY | | | | **BABIES & TODDLERS**

YR	NAME	LIMIT	ISSUE	TREND
1991	BABY JESSE	OP	18.00	20.00
1995	ANNIE LEE WITH BLANKET	RT	150.00	375.00
1995	ANNIE LEE WITHOUT BLANKET	RT	150.00	350.00
1996	BUNNY	RT	80.00	310.00
1997	ANNIE LEE @ THREE	RT	*	375.00
1997	BABY HANNAH	OP	80.00	80.00
1999	ANNIE LEE @ 5	CL	175.00	175.00

K. GERMANY | | | | **CHILDREN**

YR	NAME	LIMIT	ISSUE	TREND
1999	SQUIRT II	*	94.00	94.00

K. GERMANY | | | **CHILDREN AROUND THE WORLD**

YR	NAME	LIMIT	ISSUE	TREND
1995	LIZABETH	OP	76.00	76.00
1995	SU	CL	76.00	76.00
1996	STARR	CL	80.00	80.00
1996	TERESA	CL	80.00	80.00
1997	SALLY	OP	84.00	84.00

K. GERMANY | | | | **CLOWNS**

YR	NAME	LIMIT	ISSUE	TREND
1993	CECIL	OP	98.00	98.00
1994	PEANUT	OP	76.00	80.00
1995	SUGAR	RT	120.00	600.00
1996	BUTTONS	RT	80.00	185.00
1997	CRICKET	OP	94.00	94.00
1997	DR. TICKLES	RT	*	325.00
1999	FANCY PANTS	*	98.00	98.00

K. GERMANY | | | **CLOWNS/CONVENTION**

YR	NAME	LIMIT	ISSUE	TREND
1999	MAGIC	CL	125.00	125.00

K. GERMANY | | | **COMMUNITY & FAMILY**

YR	NAME	LIMIT	ISSUE	TREND
1990	SOFIE	RT	44.00	525.00
1991	JUNIOR WITH HAT AND BANJO	OP	54.00	54.00
1991	OMA GREEN	OP	90.00	90.00
1992	BESSIE	RT	94.00	225.00
1992	DOC MOSES	RT	98.00	375.00
1992	EZRA	OP	90.00	90.00
1992	GRACIE	RT	94.00	225.00
1992	JASMINE	RT	90.00	350.00
1992	NURSE GARNET	RT	90.00	375.00
1993	ABE	RT	94.00	250.00
1993	BILLYE	RT	98.00	300.00
1993	ESTHER	RT	158.00	425.00
1993	JACKIE	RT	98.00	250.00
1993	JUDGE	RT	98.00	300.00
1993	SAM	RT	94.00	250.00
1993	SLATS	RT	98.00	275.00
1994	AUNT FANNIE	RT	90.00	175.00
1994	CHARLES LOUIS	RT	90.00	175.00
1994	MAXINE	RT	90.00	175.00
1994	UNCLE LEON	RT	90.00	150.00
1995	CAMILLE	RT	184.00	300.00
1996	EARL & ELLA	RT	196.00	800.00

K. GERMANY | | | **CO-OP ADVERTISING**

YR	NAME	LIMIT	ISSUE	TREND
1999	BRIANNA	*	94.00	94.00

K. GERMANY | | | | **COSTUME PARTY**

YR	NAME	LIMIT	ISSUE	TREND
1994	TICKER	RT	76.00	275.00
1994	WENDY	RT	80.00	215.00
1995	GRETCHEN	RT	80.00	175.00
1995	PISTOL	RT	80.00	185.00
1996	GIGI	RT	90.00	175.00
1997	BOOTS	RT	90.00	150.00
1997	SKIPPER	RT	*	125.00

K. GERMANY | | | | **CULTURAL**

YR	NAME	LIMIT	ISSUE	TREND
1990	NETTIE	OP	70.00	95.00
1990	TOBIAS	OP	72.00	90.00
1995	KENYA	OP	98.00	100.00
1997	AMANI	OP	104.00	104.00

K. GERMANY | | | **DADDY'S BABIES/A TO Z DOLLS**

YR	NAME	LIMIT	ISSUE	TREND
1999	ABC DOLLS (26)	*	30.00	30.00

K. GERMANY | | | **DADDY'S LONG LEGS MEMBERS EDITIONS**

YR	NAME	LIMIT	ISSUE	TREND
1993	FAITH	RT	65.00	400.00
1994	BUBBY WITH HEART BLANKET	RT	65.00	350.00

YR	NAME	LIMIT	ISSUE	TREND
1994	BUBBY WITH STAR BLANKET	RT	65.00	325.00
1994	SISSY	RT	65.00	325.00
1995	BULL BISHOP	RT	65.00	180.00
1995	CHERRY	RT	65.00	185.00
1995	JOY (ANGEL)	CL	*	100.00
1996	CARRIE (ANGEL)	CL	*	45.00
1996	JACK	RT	65.00	175.00
1996	JILL	RT	65.00	175.00
1997	BABY JESUS	CL	*	N/A
1997	JOSEPH	YR	65.00	125.00
1997	MARY	YR	65.00	100.00
1999	MEAGAN	CL	65.00	65.00
1999	NATALIE	CL	65.00	65.00
K. GERMANY				**OLD WEST**
1990	COWBOY BUCK	RT	78.00	500.00
1990	INDIAN (1ST EDITION)	RT	78.00	1200.00
1990	MISS LILLY	RT	78.00	500.00
1991	INDIAN (2ND EDITION)	RT	*	400.00
1991	STILL RIVER	1452	98.00	275.00
1992	LUCKY THE GAMBLER	RT	90.00	825.00
1996	SWEET SAVANNAH	2000	260.00	350.00
1996	WILDWOOD WILL	RT	290.00	675.00
1997	PROUD EAGLE	1500	290.00	400.00
1999	JACOB	*	94.00	94.00
1999	LITTLE HAWK	900	150.00	150.00
K. GERMANY			**OLD WOMAN WHO LIVED IN A SHOE**	
1996	LOUIE	OP	98.00	98.00
1996	WILLIAM	OP	80.00	80.00
1997	HANNAH	OP	80.00	80.00
K. GERMANY				**PATRIOTIC**
1991	UNCLE SAM (WHITE)	RT	150.00	1625.00
1992	JEREMIAH	RT	90.00	350.00
1995	UNCLE SAM (BLACK)	RT	120.00	185.00
K. GERMANY				**SANTA CLAUS**
1990	SANTA (WHITE)	RT	64.00	2050.00
1990	SANTA RED VELVET	RT	180.00	2300.00
1990	SANTA TAPESTRY	RT	180.00	2300.00
1991	SANTA (BLACK)	RT	98.00	475.00
1991	SANTA (WHITE)	RT	98.00	475.00
1992	SANTA (BLACK)	RT	158.00	415.00
1992	SANTA (WHITE)	RT	158.00	440.00
1992	SANTA SPECIAL EDITION	RT	158.00	440.00
1993	SANTA (BLACK)	RT	178.00	350.00
1994	ODESSA CLAUS, 1ST EDITION	RT	144.00	275.00
1994	TUBBIN' SANTA	RT	150.00	300.00
1995	ODESSA CLAUS, 2ND EDITION	RT	144.00	175.00
1995	SANTA (BLACK)	RT	160.00	275.00
1995	SANTA (WHITE)	RT	160.00	275.00
1996	SANTA	RT	200.00	235.00
1996	SANTA (BLACK)	RT	200.00	200.00
K. GERMANY				**SCHOOLHOUSE DAYS**
1991	DAPHNE	RT	72.00	325.00
1991	IRIS	RT	90.00	450.00
1992	CHOO CHOO	RT	56.00	175.00
1992	JOSIE	RT	56.00	175.00
1992	KATY	RT	64.00	175.00
1992	MICAH	RT	64.00	175.00
1993	EMILY	RT	80.00	250.00
1993	LUCY	RT	64.00	200.00
1993	PHOEBE	RT	64.00	200.00
1993	PRISCILLA	RT	70.00	425.00
1993	TIMOTHY	RT	76.00	425.00
1994	JANE	RT	70.00	200.00
1994	JULIE	OP	76.00	76.00
1995	MARCUS	RT	76.00	185.00
1995	MOLLY	RT	76.00	185.00
1995	SKEETER	OP	80.00	80.00
K. GERMANY				**STORYBOOK**
1994	LITTLE RED RIDING HOOD	RT	80.00	300.00
1995	MARY AND HER LAMB	RT	80.00	225.00
1996	LITTLE MS. MUFFET	1117	90.00	245.00
K. GERMANY			**SUNDAY SCHOOL & CHURCH**	
1991	JUNIOR	OP	54.00	70.00
1991	MS. HATTIE	OP	90.00	95.00
1991	REV. JOHNSON	OP	86.00	95.00
1992	SISTER MARY KATHLEEN	RT	98.00	325.00
1993	CASSIE	RT	70.00	175.00
1993	POLLY	RT	70.00	175.00
1993	RUTH	OP	94.00	94.00
1993	SISTER CARTER	RT	94.00	175.00
K. GERMANY				**WEDDING PARTY**
1992	JAMES & OLIVIA (SET)	CL	250.00	640.00
1992	JAMES THE GROOM	RT	125.00	375.00
1992	OLIVIA THE BRIDE	RT	125.00	400.00
1994	MAGGIE, FLOWER GIRL	RT	98.00	175.00
1994	VICTORIA BRIDE	RT	178.00	325.00
1996	JOSHUA, RINGBEARER	2500	98.00	225.00
1996	MAURICE THE GROOM	2500	118.00	300.00

YR	NAME	LIMIT	ISSUE	TREND

DEPARTMENT 56
*

		HERITAGE VILLAGE DOLL COLLECTION		
1987	CHRISTMAS CAROL DOLLS 1000-6 (SET OF 4)	250	1500.00	1500.00
1987	CHRISTMAS CAROL DOLLS 5907-2 (SET OF 4)	CL	250.00	250.00
1988	CHRISTMAS CAROL DOLLS 1001-4 (SET OF 4)	350	800.00	800.00
1988	MR. & MRS. FEZZIWIG 5594-8 (SET OF 2)	CL	172.00	172.00
*			SNOWBABIES DOLLS	
1988	ALISON & DUNCAN 7730-5	RT	200.00	750.00

DIANNA EFFNER PORCELAIN DOLLS
E. CHEN

1994	BENJAMIN	25	325.00	350.00
1994	HEATHER	25	350.00	375.00

D. EFFNER

1993	BEDTIME JENNY	50	375.00	400.00
1993	BIRTHDAY JENNY	50	375.00	400.00
1993	DOLLY	50	95.00	110.00
1993	EVERYDAY JENNY	CL	375.00	400.00
1993	TINY (BOY OR GIRL)	50	250.00	275.00
1994	KAYLA	50	450.00	475.00

L. WILSON

1993	SHEN	50	475.00	500.00

DOLLS BY JERRI
J. MCCLOUD

			DOLLS BY JERRI	
*	BOY	1000	350.00	395.00
*	DENISE	1000	380.00	475.00
*	GINA	1000	350.00	400.00
*	GOLDILOCKS	1000	370.00	525.00
*	JAMIE	800	380.00	450.00
*	LAURA	1000	350.00	200.00
*	LITTLE BO PEEP	1000	340.00	425.00
*	LITTLE MISS MUFFET	1000	340.00	425.00
*	MEGAN	750	420.00	550.00
*	MEREDITH	750	430.00	575.00
*	UNCLE REMUS	500	290.00	450.00
1982	BABY DAVID	538	290.00	2000.00
1984	CLARA	1000	320.00	1500.00
1984	EMILY	1000	330.00	1250.00
1985	BRIDE	1000	350.00	400.00
1985	CANDY	1000	340.00	2000.00
1985	MISS NANNY	1000	160.00	300.00
1985	SCOTTY	1000	340.00	800.00
1985	UNCLE JOE	1000	160.00	300.00
1986	ALFALFA	1000	350.00	350.00
1986	ALLISON	1000	350.00	500.00
1986	AMBER	1000	350.00	800.00
1986	ANNABELLE	300	600.00	600.00
1986	ASHLEY	1000	350.00	450.00
1986	AUDREY	300	550.00	550.00
1986	BRIDGETTE	300	500.00	500.00
1986	CANE	1000	350.00	1200.00
1986	CHARLOTTE	1000	330.00	450.00
1986	CLOWN-DAVID, 3 YEARS OLD	1000	340.00	450.00
1986	DANIELLE	1000	350.00	500.00
1986	DAVID, 2 YEARS OLD	1000	330.00	550.00
1986	DAVID-MAGICIAN	1000	350.00	500.00
1986	ELIZABETH	1000	340.00	340.00
1986	FOOL, THE	1000	350.00	350.00
1986	HELEN JEAN	1000	350.00	500.00
1986	JACQUELINE	300	500.00	500.00
1986	JOY	1000	350.00	350.00
1986	LUCIANNA	300	500.00	500.00
1986	MARY BETH	1000	350.00	350.00
1986	NOBODY	1000	350.00	500.00
1986	PRINCESS AND THE UNICORN	1000	370.00	425.00
1986	SAMANTHA	1000	350.00	500.00
1986	SOMEBODY	1000	350.00	550.00
1986	TAMMY	1000	350.00	900.00
1986	YVONNE	300	500.00	500.00
1988	HOLLY	1000	350.00	825.00
1989	GOOSE GIRL, GUILD	CL	300.00	600.00
1989	LAURA LEE	1000	370.00	550.00

DYNASTY DOLL
G. HOYT

			ANNA COLLECTION	
1992	COMMUNION GIRL	RT	125.00	130.00
*			ANNUAL	
1989	AMBER	RT	90.00	95.00
1990	MARCELLA	RT	90.00	95.00
1991	BUTTERFLY PRINCESS	RT	110.00	115.00
1993	ARIEL	RT	120.00	125.00

H. TERTSAKIAN

			ANNUAL	
1993	ANNUAL BRIDE	RT	190.00	195.00
1994	ANNUAL BRIDE	*	200.00	205.00

K. HENDERSON

			BALLERINA SERIES	
1993	TINA BALLERINA	RT	175.00	180.00

L. PO NAN

			BALLERINA SERIES	
1991	MASHA-NUTCRACKER	RT	190.00	195.00

YR	NAME	LIMIT	ISSUE	TREND
*				CHRISTMAS
1987	MERRIE	RT	60.00	65.00
1988	NOEL	RT	80.00	85.00
1990	FAITH	RT	110.00	115.00
1991	JOY	RT	125.00	130.00
1993	GENEVIEVE	RT	164.00	169.00
1994	GLORIA '94	5000	170.00	175.00
R. LEE				CLOWNS
1994	BOO-BOO	5000	95.00	100.00
1994	DANDY	5000	95.00	100.00
1994	MUNCHIE	5000	95.00	100.00
1994	PRISSY	5000	95.00	100.00
1994	REGINALD	5000	95.00	100.00
*				DYNASTY COLLECTION
1991	LANA	OP	85.00	90.00
1993	AMANDA	3000	195.00	200.00
1993	ANGELA	1500	195.00	200.00
1993	NICOLE	RT	135.00	140.00
1993	PATRICIA	OP	160.00	165.00
1993	SHANNON	1500	195.00	200.00
1994	AMY	1500	175.00	180.00
1994	CHRISTINA	3500	200.00	205.00
1994	LAURELYN	2000	180.00	185.00
1994	REBECCA	1500	175.00	180.00
M. COHEN				DYNASTY COLLECTION
1993	KADYROSE	OP	145.00	150.00
1993	KATY	RT	135.00	140.00
1993	TAMI	7500	190.00	195.00
1993	TORY	7500	190.00	195.00
K. HENDERSON				DYNASTY COLLECTION
1993	JULIE	RT	175.00	180.00
G. HOYT				DYNASTY COLLECTION
1993	CARLEY	OP	120.00	125.00
1994	AMELIA	1500	170.00	185.00
S. KELSEY				DYNASTY COLLECTION
1994	GABRIELLE	1500	180.00	185.00
1994	KELSEY	1500	225.00	230.00
G. TEPPER				DYNASTY COLLECTION
1993	HEATHER	RT	160.00	165.00
1993	JULIET	RT	160.00	165.00
H. TERTSAKIAN				DYNASTY COLLECTION
1993	ANTOINETTE	5000	190.00	195.00
1993	CATHERINE	5000	190.00	195.00
1993	MEGAN	3500	150.00	155.00
*				INDIAN COLLECTION
1992	POCAHONTAS	RT	95.00	110.00
1993	SITTING CLOUD	OP	100.00	105.00
1994	CHIEF EAGLE'S WING	3500	165.00	170.00
1994	SPRING WINDS AND LITTLE WOLF	3500	120.00	125.00
U. BRAUSER				UTA BRAUSER'S CITY KIDS
1993	JAMAAL	5000	220.00	225.00
1993	KADEEM	3500	195.00	200.00
1993	MIRAMBI	5000	190.00	195.00
1993	RICKIA	3500	170.00	175.00
1993	TISHA	3500	170.00	175.00
H. TERTSAKIAN				VICTORIANS
1994	BEVERLY	1500	195.00	200.00
1994	DANIELLE	2500	195.00	200.00
1994	MARGARET	1500	195.00	200.00
1994	WINIFRED	1500	195.00	200.00

EDNA HIBEL STUDIOS

YR	NAME	LIMIT	ISSUE	TREND
E. HIBEL				CHILD'S FANTASY
1985	JENNY'S LADY JENNIFER	CL	395.00	1300.00
M. HOLCOMBE				CHILD'S FANTASY
1987	WENDY'S LADY GWENDOLYN	CL	495.00	900.00
1988	SAMI'S LADY SAMANTHA	CL	495.00	630.00
E. HIBEL				GRANDMA'S ATTIC
1987	ALICE	CL	129.00	380.00
1988	MARTHA	CL	139.00	400.00
M. HOLCOMBE				GRANDMA'S ATTIC
1989	MELANIE	CL	139.00	180.00
1989	SASSEE'S LADY SMITH	CL	495.00	640.00
1991	KATIE	CL	139.00	150.00
E. HIBEL				WAX DOLL COLLECTION
1986	WAX DOLL	12	2500.00	3400.00

EDWIN M. KNOWLES

YR	NAME	LIMIT	ISSUE	TREND
J. GOOD-KRUGER				AMISH BLESSINGS
1990	REBECCAH	TL	68.00	68.00
1991	RACHEL	CL	69.00	69.00
1991	RACHEL AT PRAYER	TL	69.00	69.00
1992	ELI	YR	80.00	80.00
1992	RUTH	YR	75.00	75.00
K. BARRY-HIPPENSTEEL				BABY BOOK TREASURES
1990	ELIZABETH'S HOMECOMING	CL	58.00	80.00
1991	CATHERINE'S CHRISTENING	TL	58.00	58.00
1991	CHRISTOPHER'S FIRST SMILE	TL	63.00	63.00

YR	NAME	LIMIT	ISSUE	TREND
K. BARRY-HIPPENSTEEL			**BORN TO BE FAMOUS**	
1990	FLORENCE NIGHTINGALE	TL	87.00	87.00
1990	LITTLE SHERLOCK	CL	87.00	110.00
1991	LITTLE DAVY CROCKETT	CL	92.00	92.00
1992	LITTLE CHRISTOPHER COLUMBUS	YR	95.00	95.00
Y. BELLO			**CHILDREN OF MOTHER GOOSE**	
1987	LITTLE BO PEEP	CL	58.00	250.00
1987	MARY HAD A LITTLE LAMB	CL	58.00	250.00
1988	LITTLE JACK HORNER	CL	63.00	150.00
1989	MISS MUFFET	CL	63.00	85.00
C. MCCLURE			**CINDY'S PLAYHOUSE PETS**	
1988	MEAGAN	TL	87.00	175.00
1989	RYAN	TL	83.00	83.00
1989	SHELLY	TL	87.00	87.00
1991	SAMANTHA	TL	89.00	89.00
D. EFFNER		**HEROINES FROM THE FAIRY TALE FORESTS**		
1988	LITTLE RED RIDING HOOD	CL	68.00	175.00
1989	GOLDILOCKS	CL	68.00	80.00
1990	SNOW WHITE	TL	73.00	73.00
1991	RAPUNZEL	TL	79.00	79.00
1992	CINDERELLA	CL	79.00	79.00
K. BARRY-HIPPENSTEEL		**INTERNATIONAL FESTIVAL OF TOYS AND TOTS**		
1988	CHEN, A LITTLE BOY OF CHINA	CL	78.00	250.00
1989	NATASHA	CL	78.00	100.00
1990	MOLLY	TL	83.00	83.00
1991	HANS	TL	83.00	83.00
M. TRETTER			**LITTLEST CLOWNS**	
1991	BUBBLES	TL	65.00	65.00
1991	SMOOCH	CL	69.00	69.00
1991	SPARKLES	TL	63.00	63.00
1992	DAISY	TL	70.00	70.00
FANGEL INSPIRED			**MAUDE FANGEL'S COVER BABIES**	
1990	BENJAMIN'S BALL	TL	73.00	73.00
1990	PEEK-A-BOO PETER	TL	73.00	73.00
J. GOODYEAR			**MY CLOSEST FRIEND**	
1991	BOO BEAR 'N ME	TL	78.00	78.00
1991	ME AND MY BLANKIE	TL	79.00	79.00
STEVENS/ SIEGEL			**PARADE OF AMERICAN FASHION**	
1987	GLAMOUR OF THE GIBSON GIRL, THE	CL	77.00	210.00
1987	SOUTHERN BELLE, THE	CL	77.00	185.00
1990	VICTORIAN LADY	TL	82.00	82.00
1991	ROMANTIC LADY	TL	85.00	85.00
S. KREY			**POLLY'S TEA PARTY**	
1990	POLLY	TL	78.00	78.00
1991	LIZZIE	TL	79.00	79.00
1992	ANNIE	TL	83.00	83.00
M. OLDENBURG			**YESTERDAY'S DREAMS**	
1990	ANDY	TL	68.00	68.00
1991	JANEY	TL	69.00	69.00
Y. BELLO		**YOLANDA'S PICTURE-PERFECT BABIES**		
1985	JASON	CL	48.00	675.00
1986	HEATHER	CL	48.00	250.00
1987	JENNIFER	CL	58.00	250.00
1988	AMANDA	CL	63.00	195.00
1988	MATTHEW	CL	58.00	110.00
1989	JESSICA	TL	63.00	100.00
1989	SARAH	CL	58.00	110.00
1990	LISA	TL	63.00	125.00
1990	MICHAEL	TL	63.00	155.00
1991	DANIELLE	TL	69.00	135.00
1991	EMILY	TL	63.00	125.00

ELKE'S ORIGINALS

E. HUTCHENS

YR	NAME	LIMIT	ISSUE	TREND
1989	ANNABELLE	250	575.00	1550.00
1990	AUBRA	250	575.00	950.00
1990	AURORA	250	595.00	950.00
1990	KRICKET	500	575.00	525.00
1990	LITTLE LIEBCHEN	250	475.00	1000.00
1990	VICTORIA	500	645.00	900.00
1991	ALICIA	250	595.00	850.00
1991	BELINDA	400	595.00	825.00
1991	BRAELYN	400	595.00	1500.00
1991	BRIANNA	400	595.00	1300.00
1992	BETHANY	400	595.00	825.00
1992	CECILIA	435	635.00	775.00
1992	CHARLES	435	635.00	1000.00
1992	CHERIE	435	635.00	925.00
1992	CLARISSA	435	635.00	850.00
1993	DAPHNE	435	675.00	775.00
1993	DEIDRE	435	675.00	800.00
1993	DESIREE	435	675.00	800.00

ENESCO CORP.

KINKA

YR	NAME	LIMIT	ISSUE	TREND
			KINKA LIMITED EDITION DOLL	
1991	WISHING YOU CLOUDLESS SKIES 408573	2500	120.00	120.00

YR	NAME	LIMIT	ISSUE	TREND
M. ATTWELL			**MEMORIES OF YESTERDAY**	
1990	HILARY JACK-IN-THE-BOX 376027	3750	175.00	175.00
1990	HILARY, 11 IN. 376019	2500	100.00	100.00
S. BUTCHER			**PRECIOUS MOMENTS DOLLS**	
1981	DEBBIE, 18 IN. E-6214G	SU	150.00	250.00
1981	MIKEY, 18 IN. E-6214B	SU	150.00	240.00
1982	CUBBY, 18 IN. E-7267B	5000	200.00	450.00
1982	TAMMY, 18 IN. E-7267G	5000	300.00	525.00
1983	KATIE LYNNE, 16 IN. E-0539	SU	165.00	190.00
1983	MOTHER SEW DEAR, 18 IN. E-2850	RT	350.00	250.00
1984	AARON, 12 IN. 12424	SU	135.00	155.00
1984	KRISTY, 12 IN. E-2851	SU	150.00	190.00
1984	MOTHER SEW DEAR, 16 IN. E-2850	RT	350.00	380.00
1984	TIMMY, 12 IN. E-5397	OP	125.00	180.00
1985	BETHANY, 12 IN. 12432	SU	135.00	155.00
1985	BONG BONG, 13 IN. 100455	12000	150.00	255.00
1985	P.D., 7 IN. 12475	SU	50.00	80.00
1985	TRISH, 7 IN. 12483	SU	50.00	55.00
1986	CANDY, 13 IN. 100463	12000	150.00	355.00
1986	CONNIE, 12 IN. 102253	7500	160.00	245.00
1987	ANGIE, THE ANGEL OF MERCY 12491	12500	160.00	255.00
1990	AUTUMN'S PRAISE 408808	2 YR	150.00	155.00
1990	SUMMER'S JOY 408794	2 YR	150.00	155.00
1990	VOICE OF SPRING, THE- 408786	2 YR	150.00	155.00
1990	WINTER'S SONG 408816	2 YR	150.00	155.00
1991	EYES OF THE LORD ARE UPON YOU, THE 429570	SU	65.00	70.00
1991	EYES OF THE LORD ARE UPON YOU, THE 429589	SU	65.00	70.00
1991	MAY YOU/OLD FASHIONED CHRISTMAS 417785	2 YR	150.00	155.00
1991	YOU HAVE TOUCHED SO MANY HEARTS 427527	2 YR	90.00	95.00
S. BUTCHER			**PRECIOUS MOMENTS JACK-IN-THE BOXES**	
1990	AUTUMN'S PRAISE 408751	2 YR	200.00	200.00
1990	SUMMER'S JOY 408743	2 YR	200.00	200.00
1990	VOICE OF SPRING 408735	2 YR	200.00	200.00
1990	WINTER'S SONG 408778	2 YR	200.00	200.00
1991	MAY YOU/OLD FASHIONED CHRISTMAS 417777	2 YR	200.00	200.00
1991	YOU HAVE TOUCHED SO MANY HEARTS 422282	2 YR	175.00	175.00

ERTL COLLECTIBLES

YR	NAME	LIMIT	ISSUE	TREND
F. HOERLEIN			**LEMUT COLLECTION I**	
1997	BUSTER SLEEPWEAR	OP	24.00	24.00
1997	CHER SLEEPWEAR	OP	24.00	24.00
1997	FIFI FORMAL GOWN	OP	75.00	75.00
1997	FIFI SKATING OUTFIT	OP	60.00	60.00
1997	FIFI SLEEPWEAR	OP	65.00	65.00
1997	FIFI UNDRESSED	OP	33.00	33.00
1997	LEMUTT BLACK TIE	OP	75.00	75.00
1997	LEMUTT SKIWEAR	OP	70.00	70.00
1997	LEMUTT SLEEPWEAR	OP	65.00	65.00
1997	LEMUTT UNDRESSED	OP	33.00	33.00

FENTON ART GLASS

YR	NAME	LIMIT	ISSUE	TREND
M. REYNOLDS			**VALENTINE'S DAY**	
1995	DOLL 5228YB 7"	2500	49.00	50.00
1996	DOLL 5228WB W/MUSICAL WD. BASE	2500	55.00	55.00

FITZ & FLOYD

YR	NAME	LIMIT	ISSUE	TREND
M. COLLINS			**BLOOMERS FLOPPY FOLKS**	
1992	BLOOMER	OP	50.00	55.00
1992	PEONY	OP	50.00	55.00
V. BALCOU			**CHRISTMAS FLOPPY FOLKS**	
1993	SANTA CLAUS	OP	65.00	70.00
1993	SANTA'S HELPER	OP	65.00	70.00
1993	SANTA'S REINDEER	OP	65.00	70.00
R. HAVINS			**DINOSAUR FLOPPY FOLKS**	
1994	JUNIOR SAURUS	OP	55.00	60.00
1994	MAMA SAURUS	OP	55.00	60.00
1994	PAPA SAURUS	OP	55.00	60.00
R. HAVINS			**HALLOWEEN HOEDOWN FLOPPY FOLKS**	
1992	DRAC-IN-THE BOX	RT	60.00	65.00
1992	HALLOWEEN KAT	OP	50.00	55.00
1992	HAZEL WITCH	OP	50.00	55.00
1992	PUMPKIN PATCH	OP	50.00	55.00
1992	WANDA WITCH	OP	50.00	55.00
R. HAVINS			**WONDERLAND FLOPPY FOLKS**	
1993	CHESHIRE CAT, THE	3000	60.00	65.00
1993	MAD HATTER, THE	3000	60.00	65.00
1993	WHITE RABBIT, THE	3000	60.00	65.00

GANZ

YR	NAME	LIMIT	ISSUE	TREND
C. THAMMAVONGSA			**COWTOWN/CHRISTMAS COLLECTION**	
1994	BUFFALO BILL CODY	OP	20.00	20.00
1994	OLD MOODONALD	OP	20.00	20.00
1994	SANTA COWS	OP	25.00	25.00
*			**LITTLE CHEESERS/PICNIC COLLECTION**	
1992	SWEET CICELY	OP	85.00	90.00

GEORGETOWN COLLECTION INC.

YR	NAME	LIMIT	ISSUE	TREND
L. MASON			**AMERICAN DIARY DOLLS**	
1990	JENNIE COOPER	100-DAY	130.00	129.00
1991	BRIDGET QUINN	100-DAY	130.00	129.00

YR	NAME	LIMIT	ISSUE	TREND
1991	CHRISTINA MEROVINA	100-DAY	130.00	129.00
1991	MANY STARS	CL	130.00	129.00
1992	RACHEL WILLIAMS	CL	130.00	129.00
1992	TULU	100-DAY	130.00	129.00
1993	SARAH TURNER	CL	130.00	135.00
T. DEHETRE				**BABY KISSES**
1992	MICHELLE	CL	119.00	119.00
C. THEROUX		**CHILDREN OF THE GREAT SPIRIT**		
1993	BUFFALO CHILD	100-DAY	140.00	150.00
1993	WINTER BABY	CL	160.00	165.00
1994	GOLDEN FLOWER	100-DAY	130.00	135.00
B. DEVAL				**FAERIE PRINCESS**
1989	FAERIE PRINCESS	CL	248.00	250.00
S. SKILLE				**FARAWAY FRIENDS**
1993	KRISTIN	CL	140.00	145.00
1994	DARA	100-DAY	140.00	145.00
L. MASON		**GEORGETOWN COLLECTION**		
1993	QUICK FOX	CL	139.00	139.00
J. GALPERIN				**HEARTS IN SONG**
1992	GRACE	100-DAY	150.00	150.00
1993	MICHAEL	100-DAY	150.00	155.00
V. WALKER				**KINDERGARTEN KIDS**
1992	NIKKI	CL	130.00	130.00
T. DEHETRE				**LET'S PLAY**
1992	EENTSY WEENTSY WILLIE	CL	119.00	119.00
1992	PEEK-A-BOO BECKIE	CL	119.00	119.00
L. MASON				**LINDA'S LITTLE LADIES**
1993	SHANNON'S HOLIDAY	CL	170.00	170.00
B. DEVAL				**LITTLE LOVES**
1988	EMMA	CL	139.00	150.00
1989	KATIE	CL	139.00	139.00
1989	MEGAN	CL	138.00	165.00
1990	LAURA	CL	139.00	139.00
P. THOMPSON				**MISS ASHLEY**
1989	MISS ASHLEY	CL	228.00	230.00
T. DEHETRE				**NURSERY BABIES**
1990	BABY BUNTING	CL	119.00	140.00
1990	PATTY CAKE	CL	119.00	118.00
1991	DIDDLE, DIDDLE	CL	119.00	118.00
1991	LITTLE GIRL	CL	119.00	118.00
1991	ROCK-A-BYE BABY	CL	119.00	118.00
1991	THIS LITTLE PIGGY	CL	119.00	118.00
A. TIMMERMAN		**PORTRAITS OF PERFECTION**		
1993	APPLE DUMPLING	100-DAY	150.00	150.00
1993	PEACHES & CREAM	CL	150.00	150.00
1993	SWEET STRAWBERRY	100-DAY	150.00	150.00
1994	BLACKBERRY BLOSSOM	100-DAY	150.00	150.00
B. DEVAL		**RUSSIAN FAIRY TALES DOLLS**		
1993	VASILISA	CL	190.00	195.00
B. DEVAL				**SMALL WONDERS**
1990	COREY	CL	98.00	125.00
1991	ABBEY	CL	98.00	120.00
1992	SARAH	CL	98.00	115.00
L. MASON				**SUGAR & SPICE**
1991	LITTLE SWEETHEART	CL	119.00	118.00
1991	RED HOT PEPPER	CL	119.00	118.00
1992	LITTLE SUNSHINE	CL	141.00	141.00
P. COFFER				**TANSIE**
1988	TANSIE	CL	81.00	85.00
L. MASON				**VICTORIAN INNOCENCE**
1994	ANNABELLE	CL	130.00	135.00

GOEBEL INC.

B. BALL				*
1993	ANGEL SWEETIE	1000	50.00	50.00
1993	BILLIE BUMPS	500	150.00	150.00
1993	CORY	1000	135.00	135.00
1993	DOLLY DINGLE	1000	115.00	115.00
1996	BROTHER MURPHY	2000	125.00	125.00
B. BALL		**80TH ANNIVERSARY ISSUE**		
1993	DAISY DUMPLING	500	125.00	125.00
1993	DIMPLES DUMPLING	500	150.00	150.00
1993	DOLLY DINGLE	500	155.00	155.00
1993	SNUGGLES SNOOKS	1500	65.00	65.00
1993	TICKLEY TINGLE	500	129.00	129.00
B. BALL				**AMERICANA SERIES**
1993	CLARA	1000	235.00	235.00
1993	RITA	500	475.00	475.00
1993	ROSEMARIE	1000	220.00	220.00
B. BALL		**ANNUAL TREE TOP ANGEL**		
1993	TREE TOP ANGEL-6TH	1000	70.00	70.00
B. BALL				**BEST DRESSED TODDLER**
1993	BUFFY	1000	245.00	245.00
1993	JOSEPHINE	1000	160.00	159.75
B. BALL/TIMBERLAKE		**BOB TIMBERLAKE COLLECTIBLE DOLLS**		
1996	ABBY LIZ	2000	195.00	195.00
1996	ANN	2000	195.00	195.00

YR	NAME	LIMIT	ISSUE	TREND
1996	CARTER	2000	195.00	195.00
1996	KATE	2000	195.00	195.00
K. KENNEDY			**CHERUBS COLLECTION**	
1994	CHEERY CHERUB	500	170.00	169.50
B. BALL/TIMBERLAKE			**CINDY GUYER ROMANCE DOLLS**	
1996	MACKENZIE	1000	225.00	225.00
B. BALL			**DOLLY DINGLE DOLLS**	
1994	DOLLY DINGLE'S TRIP AROUND THE WORLD	500	129.00	129.00
1996	MELVIS BUMPS	1000	99.00	99.00
B. BALL			**FOUR SEASONS**	
1994	BARBARA	500	299.00	299.25
B. BALL			**HOLIDAY DOLLS**	
1994	CANDY CORN	2000	89.00	89.00
1994	SANTA CLAWS	500	145.00	145.00
B. BALL			**INVITATION TO A PARTY**	
1994	VANESSA	1000	124.00	125.00
M.I. HUMMEL			**M.I. HUMMEL DOLLS**	
*	ANDERL 1718	CL	*	150.00
*	BABY 1101 A-H	CL	*	150.00
*	BABY 1102 A-H	CL	*	150.00
*	BERTL 1503	CL	*	175.00
*	BERTL 1603	CL	*	175.00
*	BERTL 1703	CL	*	175.00
*	BRIEFTRAGER 1720	CL	*	175.00
*	CHRISTL 1715	CL	*	150.00
*	FELIX 1608	CL	*	175.00
*	FELIX 1708	CL	*	175.00
*	FRANZL 1812	CL	*	150.00
*	GANSELIESL 1717	CL	*	175.00
*	GRETEL 1501	CL	*	200.00
*	GRETEL 1601	CL	*	175.00
*	GRETEL 1701	CL	*	175.00
*	HANSEL 1504	CL	*	200.00
*	HANSEL 1604	CL	*	175.00
*	HANSEL 1704	CL	*	175.00
*	JACKAL 1714	CL	*	150.00
*	JACKAL 1806	CL	*	125.00
*	KONDITOR 1723	CL	*	175.00
*	MARIANDL 1713	CL	*	150.00
*	MARIANDL 1805	CL	*	125.00
*	MAX 1506	CL	*	200.00
*	MAX 1606	CL	*	175.00
*	MAX 1706	CL	*	175.00
*	MIRZL 1811	CL	*	150.00
*	NACHWACHTER 1719	CL	*	175.00
*	PETERLE 1710	CL	*	150.00
*	PETERLE 1810	CL	*	150.00
*	PUPPENMETTERCHEN 1725	CL	*	175.00
*	RADI-BUB 1724	CL	*	175.00
*	ROSL 1709	CL	*	150.00
*	ROSL 1801	CL	*	125.00
*	ROSL 1809	CL	*	150.00
*	RUDI 1802	CL	*	125.00
*	SCHORSCHL 1716	CL	*	150.00
*	SCHUSTERBUB	CL	*	175.00
*	SEPPL 1502	CL	*	200.00
*	SEPPL 1602	CL	*	175.00
*	SEPPL 1702	CL	*	175.00
*	SEPPL 1804	CL	*	125.00
*	SKIHASERL 1722	CL	*	175.00
*	STRICKLIESL 1505	CL	*	200.00
*	STRICKLIESL 1605	CL	*	175.00
*	STRICKLIESL 1705	CL	*	175.00
*	VRONI 1803	CL	*	125.00
*	WANDERBUB 1507	CL	*	200.00
*	WANDERBUB 1607	CL	*	175.00
*	WANDERBUB 1707	CL	*	175.00
1964	CHIMNEY SWEEP 1908	CL	55.00	115.00
1964	FOR FATHER 1917	CL	55.00	125.00
1964	GOOSE GIRL 1914	CL	55.00	125.00
1964	GRETEL 1901	CL	55.00	160.00
1964	HANSEL 1902	CL	55.00	160.00
1964	LITTLE KNITTER 1905	CL	55.00	125.00
1964	LOST STOCKING 1926	CL	55.00	125.00
1964	MERRY WANDERER 1906	CL	55.00	125.00
1964	MERRY WANDERER 1925	CL	55.00	125.00
1964	ON SECRET PATH 1928	CL	55.00	85.00
1964	ROSA-BLUE BABY 1904/B	CL	45.00	95.00
1964	ROSA-PINK BABY 1904/P	CL	45.00	95.00
1964	SCHOOL BOY 1910	CL	55.00	130.00
1964	SCHOOL GIRL 1909	CL	55.00	130.00
1964	VISITING AN INVALID 1927	CL	55.00	130.00
1984	BIRTHDAY SERENADE/BOY	CL	225.00	275.00
1984	BIRTHDAY SERENADE/GIRL	CL	225.00	275.00
1984	ON HOLIDAY	CL	225.00	275.00
1984	POSTMAN	CL	225.00	275.00
1985	CARNIVAL	CL	225.00	275.00
1985	EASTER GREETINGS	CL	225.00	275.00

YR	NAME	LIMIT	ISSUE	TREND
1985	LOST SHEEP	CL	225.00	275.00
1985	SIGNS OF SPRING	CL	225.00	275.00
B. BALL			MUSEUM COLLECTION	
1994	MASAKO	500	145.00	145.00
B. BALL			NANA'S DARLINGS	
1994	COLLEEN	1000	195.00	195.00
1994	MONIQUE	1000	195.00	195.00
B. BALL			PARTY TIME	
1993	SCARLETT	1000	260.00	260.00
B. BALL			PERFECT PETS	
1993	BOBBI SOCKS	1000	119.00	120.00
1993	LIL' HONEYSUCKLE	500	124.00	125.00
1993	PENNY PUSS	1000	200.00	200.00
1993	SNOWFLAKE	250	129.00	129.00
1993	WHISPURR	1000	150.00	150.00
1994	CATSANOVA	500	129.00	129.00
K. KENNEDY			RED HEADS	
1993	GINGER MUFFIN	500	220.00	220.00
1994	CARROT TOP	500	129.00	129.00
1994	SHARON & DARREN O'HAIR	500	99.00	99.00
K. KENNEDY			SITTING PRETTY	
1994	SOMMER	500	140.00	140.00
B. BALL			STERLING SERIES	
1993	TAYLOR	1000	215.00	215.00
K. KENNEDY			STOLEN KISSES	
1993	KISSES	500	225.00	225.00
B. BALL			SWEET ROMANTICS	
1994	DEIDRE	500	180.00	179.50
K. KENNEDY			TINY TOT CLOWNS	
1994	BETH	2000	45.00	45.00
1994	JULIE	2000	45.00	45.00
1994	KAYLEE	2000	45.00	45.00
1994	LESLIE	2000	45.00	45.00
1994	NADINE	2000	45.00	45.00
1994	SHANNON	2000	45.00	45.00
B. BALL			U.S. HISTORICAL	
1996	MARY	2000	185.00	185.00
K. KENNEDY		VICTORIA ASHLEA BIRTHSTONE DOLLS		
1994	APRIL/DIAMOND	2500	30.00	30.00
1994	AUGUST/PERIDOT	2500	30.00	30.00
1994	DECEMBER/ZIRCON	2500	30.00	30.00
1994	FEBRUARY/AMETHYST	2500	30.00	30.00
1994	JANUARY/GARNET	2500	30.00	30.00
1994	JULY/RUBY	2500	30.00	30.00
1994	JUNE/LIGHT AMETHYST	2500	30.00	30.00
1994	MARCH/AQUAMARINE	2500	30.00	30.00
1994	MAY/EMERALD	2500	30.00	30.00
1994	NOVEMBER/TOPAZ	2500	30.00	30.00
1994	OCTOBER/ROSE STONE	2500	30.00	30.00
1994	SEPTEMBER/SAPPHIRE	2500	30.00	30.00
B. BALL			VICTORIA ASHLEA ORIGINALS	
*	CHARITY-912244	CL	70.00	70.00
1982	CHARLEEN-912094	CL	65.00	65.00
1982	CLOWN JOLLY-912181	CL	70.00	75.00
1982	HOLLY-901233	CL	160.00	200.00
1982	MARIE-901231	CL	95.00	100.00
1982	TRUDY-901232	CL	100.00	100.00
1983	DEBORAH-901107	CL	220.00	400.00
1984	AMELIA-933006	CL	100.00	100.00
1984	BARBARA-901108	CL	57.00	110.00
1984	CLAUDE-901032	CL	110.00	225.00
1984	CLAUDETTE-901033	CL	110.00	225.00
1984	CLOWN-901136	CL	90.00	120.00
1984	DIANA-901119	CL	55.00	135.00
1984	HENRI-901035	CL	100.00	205.00
1984	HENRIETTA-901036	CL	100.00	200.00
1984	JAMIE-912061	CL	65.00	100.00
1984	JEANNIE-901062	CL	200.00	550.00
1984	LAURA-901106	CL	300.00	575.00
1984	SABINA-901155	CL	75.00	N/A
1984	SHEILA-912060	CL	75.00	135.00
1984	STEPHANIE-933012	CL	115.00	115.00
1984	TOBIE-912023	CL	30.00	30.00
1984	VICTORIA-901068	CL	200.00	1500.00
1985	ADELE-901172	CL	145.00	275.00
1985	CHAUNCEY-912085	CL	75.00	110.00
1985	CLAIRE-901158	CL	115.00	160.00
1985	CLOWN CASEY-912078	CL	40.00	40.00
1985	CLOWN CHRISTIE-912084	CL	60.00	90.00
1985	CLOWN JODY-912079	CL	100.00	150.00
1985	DOROTHY-901157	CL	130.00	275.00
1985	GARNET-901183	CL	160.00	295.00
1985	LYNN-912144	CL	90.00	135.00
1985	MARY-912126	CL	60.00	90.00
1985	MICHELLE-912066	CL	100.00	225.00
1985	MILLIE-912135	CL	70.00	125.00
1985	PHYLLIS-912067	CL	60.00	60.00
1985	ROSALIND-912087	CL	145.00	225.00

YR	NAME	LIMIT	ISSUE	TREND
1985	ROXANNE-901174	CL	155.00	275.00
1986	ASHLEY-912147	CL	125.00	125.00
1986	BABY BROCK BEIGE DRESS-912103	CL	60.00	60.00
1986	BABY COURTNEY-912124	CL	120.00	120.00
1986	BABY LAUREN PINK-912086	CL	120.00	120.00
1986	CAT/KITTY CHEERFUL GR DR-901179	2500	60.00	60.00
1986	CLOWN CALYPSO-912104	CL	70.00	70.00
1986	CLOWN CAT CADWALADER-912132	CL	55.00	55.00
1986	CLOWN CHRISTABEL-912095	CL	100.00	150.00
1986	CLOWN CLARABELLA-912096	CL	80.00	80.00
1986	CLOWN CLARISSA-912123	CL	75.00	110.00
1986	CLOWN CYD-912093	CL	70.00	70.00
1986	CLOWN KITTEN CLEO-912133	CL	50.00	50.00
1986	CLOWN LOLLIPOP-912127	CL	125.00	225.00
1986	GINA-901176	CL	300.00	300.00
1986	GIRL FROG FREDA-912105	CL	20.00	20.00
1986	GOOGLEY GERMAN ASTRID-912109	CL	60.00	60.00
1986	PATTY ARCTIC FLOWER PRINT-901185	CL	140.00	140.00
1986	PEPPER RUST DR/APPR-901184	CL	125.00	200.00
1987	ALICE-901212	CL	95.00	135.00
1987	AMANDA POUTY-901209	CL	150.00	215.00
1987	BABY DOLL-912184	CL	75.00	75.00
1987	BABY LINDSAY-912190	CL	80.00	80.00
1987	BONNIE POUTY-901207	CL	100.00	100.00
1987	BRIDE ALLISON-901218	CL	180.00	180.00
1987	CAROLINE-912191	CL	80.00	80.00
1987	CATANOVA-901227	CL	75.00	75.00
1987	CATLIN-901228	CL	260.00	260.00
1987	CHRISTINE-912168	CL	75.00	75.00
1987	CLEMENTINE-901226	CL	75.00	75.00
1987	CLOWN CHAMPAGNE-912180	CL	95.00	95.00
1987	DOMINIQUE-901219	CL	170.00	225.00
1987	DOREEN-912198	CL	75.00	75.00
1987	JACQUELINE-912192	CL	80.00	80.00
1987	JESSICA-912195	CL	120.00	135.00
1987	JOY-912155	CL	50.00	50.00
1987	JULIA-912174	CL	80.00	80.00
1987	KITTLE CAT-912167	CL	55.00	55.00
1987	KITTY CUDDLES-901201	CL	65.00	65.00
1987	LILLIAN-901199	CL	85.00	100.00
1987	MEGAN-912148	CL	70.00	70.00
1987	MICHELLE-901222	CL	90.00	90.00
1987	NICOLE-901225	CL	575.00	575.00
1987	NOEL-912170	CL	125.00	125.00
1987	SARAH-901220	CL	350.00	350.00
1987	SOPHIA-912173	CL	40.00	40.00
1987	SUZANNE-901201	CL	85.00	100.00
1987	TASHA-901221	CL	115.00	130.00
1987	TIFFANY POUTY-901211	CL	120.00	160.00
1988	AMANDA-912246	CL	180.00	180.00
1988	ANGELICA-912204	CL	150.00	150.00
1988	ANNE-912213	CL	130.00	150.00
1988	APRIL-901239	CL	225.00	225.00
1988	ASHLEY-901235	CL	110.00	110.00
1988	BABY DARYL-912200	CL	85.00	85.00
1988	BABY JENNIFER-912210	CL	75.00	75.00
1988	BABY KATIE-912222	CL	70.00	70.00
1988	BERNICE-901245	CL	90.00	90.00
1988	BETTY DOLL-912220	CL	90.00	90.00
1988	BRANDON-901234	CL	90.00	90.00
1988	BRITTANY-912207	CL	130.00	145.00
1988	CAMPBELL KID/BOY-758701	CL	14.00	14.00
1988	CAMPBELL KID/GIRL-758700	CL	14.00	14.00
1988	CAT MAUDE-901247	CL	85.00	85.00
1988	CATHERINE-901242	CL	240.00	240.00
1988	CHRISTINA-901229	CL	350.00	400.00
1988	CLOWN COTTON CANDY-912199	CL	67.00	67.00
1988	CRYSTAL-912226	CL	75.00	75.00
1988	DIANA-912218	CL	270.00	270.00
1988	ELIZABETH-901214	CL	90.00	90.00
1988	ELLEN-901246	CL	100.00	100.00
1988	ERIN-901241	CL	170.00	170.00
1988	HEATHER-912247	CL	135.00	150.00
1988	JENNIFER-901248	CL	150.00	150.00
1988	JENNIFER-912221	CL	80.00	80.00
1988	JESSE-912231	CL	110.00	115.00
1988	KAREN-912205	CL	200.00	250.00
1988	LAURA-912225	CL	135.00	135.00
1988	LAUREN-912212	CL	110.00	110.00
1988	MARITTA SPANISH-912224	CL	140.00	140.00
1988	MELISSA-901230	CL	110.00	115.00
1988	MELISSA-912208	CL	125.00	125.00
1988	PAULETTE-901244	CL	90.00	90.00
1988	POLLY-912206	CL	100.00	125.00
1988	RENAE-912245	CL	120.00	120.00
1988	SARAH W/PILLOW-912219	CL	105.00	105.00
1988	STEPHANIE-912238	CL	200.00	200.00
1988	SUSAN-901242	CL	100.00	100.00
1988	WHITNEY BLK-912232	CL	63.00	65.00

YR	NAME	LIMIT	ISSUE	TREND
1989	ALEXA-912214	CL	195.00	195.00
1989	ALEXANDRIA-912273	CL	275.00	275.00
1989	ASHLEA-901250	CL	550.00	550.00
1989	DIANA BRIDE-912277	CL	180.00	180.00
1989	HOLLY-901254	CL	180.00	180.00
1989	HOPE BABY W/PILLOW-912292	CL	110.00	110.00
1989	JINGLES-912271	CL	60.00	60.00
1989	LICORICE-912290	CL	75.00	75.00
1989	LINDSEY-901263	CL	100.00	100.00
1989	LISA-912275	CL	160.00	160.00
1989	LONI-912276	CL	125.00	130.00
1989	MARGOT-912269	CL	110.00	110.00
1989	MARIA-912265	CL	90.00	90.00
1989	MEGAN-901260	CL	120.00	120.00
1989	MERRY-912249	CL	200.00	200.00
1989	MISSY-912283	CL	100.00	120.00
1989	NANCY-912266	CL	110.00	110.00
1989	SARA-912279	CL	175.00	175.00
1989	SIGRID-912282	CL	145.00	145.00
1989	SUZANNE-912286	CL	120.00	120.00
1989	SUZY-912295	CL	110.00	110.00
1989	TAMMY-912264	CL	110.00	110.00
1989	TERRY-912281	CL	125.00	135.00
1989	VALERIE-901255	CL	175.00	175.00
1989	VANESSA-912272	CL	110.00	110.00
1990	AMY-901262	CL	110.00	110.00
1990	ANNABELLE-912278	CL	200.00	200.00
1990	BETTINA-912310	CL	100.00	110.00
1990	EMILY-912303	CL	150.00	150.00
1990	FLUFFER-912293	CL	135.00	140.00
1990	HEATHER-912322	CL	150.00	150.00
1990	HEIDI-901266	2000	150.00	150.00
1990	HELGA-912337	CL	325.00	325.00
1990	JILLIAN-912323	CL	150.00	150.00
1990	JUSTINE-901256	CL	200.00	200.00
1990	KELLY-912331	CL	95.00	95.00
1990	KIMBERLY-912341	1000	140.00	150.00
1990	MATTHEW-901251	CL	100.00	100.00
1990	MRS. KATZ-912301	CL	140.00	150.00
1990	PAMELA-912302	CL	95.00	95.00
1990	PAULA-912316	CL	100.00	100.00
1990	PRISCILLA-912300	CL	185.00	190.00
1990	REBECCA-901258	CL	250.00	250.00
1990	ROBIN-912321	CL	160.00	165.00
1990	SAMANTHA-912314	CL	185.00	190.00
1990	SHEENA-912338	CL	115.00	115.00
1990	STEPHANIE-912312	CL	150.00	150.00
1990	SUSIE-912328	CL	115.00	120.00
1990	TRACIE-912315	CL	125.00	125.00
1992	ALICIA-912388	500	135.00	140.00
1992	ALLISON-912358	CL	160.00	170.00
1992	ANGELICA-912339	1000	145.00	150.00
1992	ASHLEY-911004	CL	99.00	110.00
1992	BETSY-912390	500	150.00	150.00
1992	CINDY-912384	1000	185.00	195.00
1992	HILARY-912353	CL	130.00	140.00
1992	HOLLY BELLE-912380	500	125.00	125.00
1992	KELLI-912361	1000	160.00	170.00
1992	MARJORIE-912357	CL	135.00	140.00
1992	TAMIKA-912382	500	185.00	190.00
1992	TRUDIE-912391	500	135.00	140.00
1993	AMANDA-912409	2000	40.00	45.00
1993	JESSICA-912410	2000	40.00	45.00
1993	KATIE-912412	2000	40.00	45.00
1993	LAUREN-912413	2000	40.00	45.00
1993	NICOLE-912411	2000	40.00	45.00
1993	SARAH-912408	2000	40.00	45.00

K. KENNEDY
VICTORIA ASHLEA ORIGINALS

YR	NAME	LIMIT	ISSUE	TREND
1988	GOLDILOCKS-912234	CL	65.00	65.00
1988	MOLLY-912211	CL	75.00	75.00
1988	MORGAN-912239	CL	75.00	75.00
1988	SANDY-901240	CL	115.00	115.00
1988	SNOW WHITE-912235	CL	65.00	65.00
1989	CANDACE-912288	CL	70.00	70.00
1989	CLAUDIA-901257	CL	225.00	225.00
1989	GINNY-912287	CL	140.00	140.00
1989	JIMMY W/PILLOW-912291	CL	165.00	165.00
1989	JOY-912290	CL	110.00	110.00
1989	KRISTIN-912285	CL	90.00	95.00
1989	MARISSA-901252	CL	225.00	225.00
1989	MELANIE-912284	CL	135.00	135.00
1989	PINKY CLOWN-912268	CL	70.00	75.00
1990	ALICE-912296	CL	65.00	65.00
1990	AMIE-912313	CL	150.00	150.00
1990	ANGELA-912324	CL	130.00	135.00
1990	ANNETTE-912333	CL	85.00	85.00
1990	BARYSHNICAT-912298	CL	25.00	25.00
1990	BRANDY-912304	CL	150.00	150.00
1990	CAROLYN-901261	CL	200.00	200.00

YR	NAME	LIMIT	ISSUE	TREND
1990	DEBRA-912319	CL	120.00	120.00
1990	GIGI-912306	CL	150.00	150.00
1990	HELENE-901249	CL	160.00	160.00
1990	JACQUELINE-912329	CL	136.00	142.00
1990	JOANNE-912307	CL	165.00	165.00
1990	JULIA-912334	CL	85.00	85.00
1990	MARSHMALLOW-912294	CL	75.00	75.00
1990	MELINDA-912309	CL	70.00	70.00
1990	MONICA-912336	CL	100.00	110.00
1990	MONIQUE-912335	CL	85.00	85.00
1990	PENNY-912325	CL	130.00	130.00
1990	SHERI-912305	CL	115.00	115.00
1990	TASHA-912299	CL	25.00	25.00
1990	TIFFANY-912326	CL	180.00	180.00
1992	BRITTANY-912365	CL	140.00	150.00
1992	CAROL-912387	1000	140.00	145.00
1992	CASSANDRA-912355	1000	165.00	170.00
1992	DENISE-912345	CL	145.00	155.00
1992	DOTTIE-912393	1000	160.00	165.00
1992	IRIS-912389	500	165.00	170.00
1992	JENNY-912374	CL	150.00	155.00
1992	KRIS-912345	CL	160.00	165.00
1992	LAUREN-912363	1000	190.00	200.00
1992	MARGARET-912354	1000	150.00	155.00
1992	MICHELLE-912381	CL	175.00	180.00
1992	NOELLE-912360	1000	165.00	175.00
1992	SHERISE-912383	CL	145.00	150.00
1992	SUSAN-912346	1000	325.00	325.00
1992	TONI-912367	CL	120.00	125.00
1992	TULIP-912385	500	145.00	150.00
1992	WENDY-912330	1000	125.00	135.00
1993	BETH-912430	2000	45.00	50.00
1993	JULIE-912435	2000	45.00	50.00
1993	KAYLEE-912433	2000	45.00	50.00
1993	LESLIE-912432	2000	45.00	50.00
1993	NADINE-912431	2000	45.00	50.00
1993	SHANNON-912434	2000	45.00	50.00
K. KENNEDY	**VICTORIA ASHLEA ORIGINALS TINY TOT CLOWNS**			
1994	DANIELLE	2000	45.00	50.00
1994	LINDSEY	2000	45.00	50.00
1994	LISA	2000	45.00	50.00
1994	MARIE	2000	45.00	50.00
1994	MEGAN	2000	45.00	50.00
1994	STACY	2000	45.00	50.00
K. KENNEDY	**VICTORIA ASHLEA ORIGINALS TINY TOT SCHOOL GIRLS**			
1994	ANDREA-12456	2000	48.00	50.00
1994	CHRISTIN-912450	2000	48.00	50.00
1994	MONIQUE-912455	2000	48.00	50.00
1994	PATRICIA-912453	2000	48.00	50.00
1994	SHAWNA-912449	2000	48.00	50.00
1994	SUSAN-12457	2000	48.00	50.00

GOOD-KRUGER DOLLS

YR	NAME	LIMIT	ISSUE	TREND
J. GOOD-KRUGER			**LIMITED EDITION**	
1990	ALICE	RT	250.00	275.00
1990	ANNIE-ROSE	RT	219.00	475.00
1990	CHRISTMAS COOKIE	RT	199.00	200.00
1990	COZY	RT	179.00	325.00
1990	DAYDREAM	RT	199.00	375.00
1990	SUE-LYNN	RT	240.00	305.00
1991	JOHNNY-LYNN	RT	240.00	700.00
1991	MOPPETT	RT	179.00	280.00
1991	TEACHERS PET	RT	199.00	255.00
1991	VICTORIAN CHRISTMAS	RT	219.00	280.00
1992	ANNE	RT	240.00	375.00
J. GOOD-KRUGER			**LIMITED EDITION/PORCELAIN**	
1992	JEEPERS CREEPERS	RT	725.00	805.00

GORHAM

YR	NAME	LIMIT	ISSUE	TREND
B. PORT			**BEVERLY PORT DESIGNER COLLECTION**	
1987	CHRISTOPHER PAUL BEARKIN, 10 IN.	CL	95.00	525.00
1987	KRISTOBEAR KRINGLE, 17 IN.	CL	200.00	475.00
1987	MOLLY MELINDA BEARKIN, 10 IN.	CL	95.00	325.00
1987	SILVER BELL, 17 IN.	CL	175.00	775.00
1987	TEDWARD JONATHAN BEARKIN, 10 IN.	CL	95.00	325.00
1987	TEDWINA KIMELINA BEARKIN, 10 IN.	CL	95.00	325.00
1988	AMAZING CALLIOPE MERRIWEATHER, THE 17 IN.	CL	275.00	1175.00
1988	BAERY MAB, 9 1/2 IN.	CL	110.00	325.00
1988	HOLLYBEARY KRINGLE, 15 IN.	CL	350.00	475.00
1988	MISS EMILY, 18 IN.	CL	350.00	625.00
1988	T.R., 28 1/2 IN.	CL	400.00	575.00
1988	THEODORE B. BEAR, 14 IN.	CL	175.00	525.00
M. SIRKO			**BONNET BABIES**	
1993	CHELSEA'S BONNET	CL	95.00	100.00
B. GERARDI			**BONNETS & BOWS**	
1988	ALICIA	CL	385.00	900.00
1988	ALLESSANDRA	CL	195.00	450.00
1988	ANNEMARIE	CL	195.00	450.00
1988	BELINDA	CL	195.00	450.00

YR	NAME	LIMIT	ISSUE	TREND
1988	BETHANY	CL	385.00	1350.00
1988	BETTINA	CL	285.00	520.00
1988	ELLIE	CL	285.00	520.00
1988	FRANCIE	CL	625.00	925.00
1988	JESSE	CL	525.00	825.00
1988	LISETTE	CL	285.00	520.00
D. VALENZA			**BRIDE DOLLS**	
1993	SUSANNAH'S WEDDING DAY	9500	295.00	295.00
C. SHAFER			**CAROUSEL DOLLS**	
1993	RIBBONS AND ROSES	CL	119.00	120.00
L. DI LEO		**CELEBRATIONS OF CHILDHOOD**		
1992	HAPPY BIRTHDAY AMY	CL	160.00	160.00
D. VALENZA			**CHILDHOOD MEMORIES**	
1991	AMANDA	CL	98.00	155.00
1991	JENNIFER	CL	98.00	155.00
1991	JESSICA-ANNE'S PLAYTIME	CL	98.00	155.00
1991	KIMBERLY	CL	98.00	155.00
S. STONE AIKEN			**CHILDREN OF CHRISTMAS**	
1989	CLARA, 16 IN.	CL	325.00	675.00
1990	NATALIE, 16 IN.	1500	350.00	480.00
1991	EMILY, 16 IN.	1500	375.00	455.00
1992	VIRGINIA	1500	375.00	425.00
S. STONE AIKEN			**CHRISTMAS TRADITIONS**	
1993	TRIMMING THE TREE	2500	295.00	300.00
S. STONE AIKEN			**CHRISTMAS TREASURES**	
1993	CHRISSY	CL	150.00	150.00
S. STONE AIKEN			**DAYDREAMER DOLLS**	
1992	HEATHER'S DAYDREAM	CL	119.00	120.00
R./L. SCHRUBBE			**DAYS OF THE WEEK**	
1992	FRIDAY'S CHILD	CL	98.00	100.00
1992	MONDAY'S CHILD	CL	98.00	100.00
1992	SATURDAY'S CHILD	CL	98.00	100.00
1992	SUNDAY'S CHILD	CL	98.00	100.00
1992	THURSDAY'S CHILD	CL	98.00	100.00
1992	TUESDAY'S CHILD	CL	98.00	100.00
1992	WEDNESDAY'S CHILD	CL	98.00	100.00
J. PILALLIS			**DOLLIE AND ME**	
1991	DOLLIE'S FIRST STEPS	CL	160.00	160.00
GORHAM			**DOLLS OF THE MONTH**	
1991	MISS APRIL	CL	79.00	130.00
1991	MISS AUGUST	CL	79.00	130.00
1991	MISS DECEMBER	CL	79.00	130.00
1991	MISS FEBRUARY	CL	79.00	130.00
1991	MISS JANUARY	CL	79.00	130.00
1991	MISS JULY	CL	79.00	130.00
1991	MISS JUNE	CL	79.00	130.00
1991	MISS MARCH	CL	79.00	130.00
1991	MISS MAY	CL	79.00	130.00
1991	MISS NOVEMBER	CL	79.00	130.00
1991	MISS OCTOBER	CL	79.00	130.00
1991	MISS SEPTEMBER	CL	79.00	130.00
S. NAPPO			**FRIENDSHIP DOLLS**	
1991	ANGELA-THE ITALIAN TRAVELER	CL	98.00	98.00
L. O'CONNOR			**FRIENDSHIP DOLLS**	
1991	MEAGAN-THE IRISH TRAVELER	CL	98.00	98.00
P. SEAMAN			**FRIENDSHIP DOLLS**	
1991	PEGGY-THE AMERICAN TRAVELER	CL	98.00	98.00
S. UEKI			**FRIENDSHIP DOLLS**	
1991	KINUKO-THE JAPANESE TRAVELER	CL	98.00	98.00
YOUNG/GERARDI			**GIFT OF DREAMS**	
1991	CHRISTINA (CHRISTMAS)	CL	695.00	695.00
1991	ELIZABETH	CL	495.00	495.00
1991	KATHERINE	CL	495.00	495.00
1991	MELISSA	CL	495.00	495.00
1991	SAMANTHA	CL	495.00	495.00
S. STONE AIKEN			**GIFTS OF THE GARDEN**	
1991	ALISA	CL	125.00	205.00
1991	DEBORAH	CL	125.00	205.00
1991	HOLLY (CHRISTMAS)	CL	150.00	205.00
1991	IRENE	CL	125.00	205.00
1991	JOELLE (CHRISTMAS)	CL	150.00	205.00
1991	LAUREN	CL	125.00	205.00
1991	MARIA	CL	125.00	205.00
1991	PRISCILLA	CL	125.00	205.00
1991	VALERIE	CL	125.00	205.00
AIKEN/MATTHEWS		**GORHAM BABY DOLL COLLECTION**		
1987	CHRISTENING DAY	CL	245.00	300.00
1987	LESLIE	CL	245.00	330.00
1987	MATTHEW	CL	245.00	290.00
*			**GORHAM DOLLS**	
1982	BABY IN WHITE DRESS, 18 IN.	CL	250.00	375.00
1982	M. ANTON, 12 IN.	CL	125.00	175.00
1982	MLLE. MARSELLA, 12 IN.	CL	125.00	275.00
1982	MLLE. YVONNE, 12 IN.	CL	125.00	375.00
S. STONE AIKEN			**GORHAM DOLLS**	
1981	ALEXANDRIA, 18 IN.	CL	250.00	575.00
1981	CECILE, 16 IN.	CL	200.00	825.00

YR	NAME	LIMIT	ISSUE	TREND
1981	CHRISTINA, 16 IN.	CL	200.00	450.00
1981	CHRISTOPHER, 19 IN.	CL	250.00	850.00
1981	DANIELLE, 14 IN.	CL	150.00	340.00
1981	ELENA, 14 IN.	CL	150.00	700.00
1981	JILLIAN, 16 IN.	CL	200.00	425.00
1981	MELINDA, 14 IN.	CL	150.00	340.00
1981	ROSEMOND, 18 IN.	CL	250.00	705.00
1981	STEPHANIE, 18 IN.	CL	250.00	1875.00
1982	BABY IN APRICOT DRESS, 16 IN.	CL	175.00	355.00
1982	BABY IN BLUE DRESS, 12 IN.	CL	150.00	365.00
1982	BENJAMIN, 18 IN.	CL	200.00	580.00
1982	CORRINE, 21 IN.	CL	250.00	500.00
1982	ELLICE, 18 IN.	CL	200.00	590.00
1982	JEREMY, 23 IN.	CL	300.00	790.00
1982	KRISTIN, 23 IN.	CL	300.00	640.00
1982	MELANIE, 23 IN.	CL	300.00	675.00
1982	MLLE. JEANETTE, 12 IN.	CL	125.00	200.00
1982	MLLE. LUCILLE, 12 IN.	CL	125.00	375.00
1982	MLLE. MONIQUE, 12 IN.	CL	125.00	275.00
1983	JENNIFER, 19 IN. BRIDAL DOLL	CL	325.00	775.00
1985	ALEXANDER, 19 IN.	CL	275.00	450.00
1985	AMELIA, 19 IN.	CL	275.00	390.00
1985	GABRIELLE, 19 IN.	CL	225.00	415.00
1985	LINDA, 19 IN.	CL	275.00	440.00
1985	NANETTE, 19 IN.	CL	275.00	375.00
1985	ODETTE, 19 IN.	CL	250.00	465.00
1986	ALISSA	CL	245.00	350.00
1986	EMILY, 14 IN.	CL	175.00	400.00
1986	FLEUR, 19 IN.	CL	300.00	450.00
1986	JESSICA	CL	195.00	325.00
1986	JULIA, 16 IN.	CL	225.00	400.00
1986	LAUREN, 14 IN.	CL	175.00	425.00
1986	MEREDITH	CL	295.00	390.00
1987	JULIET	CL	325.00	425.00
*				**HOLLY HOBBIE**
1983	BLUE GIRL, 14 IN.	CL	80.00	325.00
1983	BLUE GIRL, 18 IN.	CL	115.00	395.00
1983	CHRISTMAS MORNING, 14 IN.	CL	80.00	275.00
1983	HEATHER, 14 IN.	CL	80.00	275.00
1983	LITTLE AMY, 14 IN.	CL	80.00	275.00
1983	ROBBIE, 14 IN.	CL	80.00	275.00
1983	SUNDAY'S BEST, 18 IN.	CL	115.00	350.00
1983	SWEET VALENTINE, 16 IN.	CL	100.00	350.00
1983	YESTERDAY'S MEMORIES, 18 IN.	CL	125.00	450.00
*		**HOLLY HOBBIE CHILDHOOD MEMORIES**		
1985	BEST FRIENDS	CL	45.00	150.00
1985	CHRISTMAS WISHES	CL	45.00	150.00
1985	FIRST DAY OF SCHOOL	CL	45.00	150.00
1985	MOTHER'S HELPER	CL	45.00	150.00
*		**HOLLY HOBBIE FOR ALL SEASONS**		
1984	FALL HOLLY, 12 IN.	CL	43.00	200.00
1984	SPRING HOLLY, 12 IN.	CL	43.00	200.00
1984	SUMMER HOLLY, 12 IN.	CL	43.00	200.00
1984	WINTER HOLLY, 12 IN.	CL	43.00	200.00
R. TONNER				**IMAGINARY PEOPLE**
1993	MELINDA, THE TOOTH FAIRY	2900	95.00	100.00
R. TONNER				**INTERNATIONAL BABIES**
1993	NATALIA'S MATRIOSHKA	CL	95.00	100.00
B. GERARDI				**JOYFUL YEARS**
1989	KATRINA	CL	295.00	380.00
1989	WILLIAM	CL	295.00	380.00
KEZI			**KEZI DOLL FOR ALL SEASONS**	
1985	ADRIENNE, 16 IN.	CL	135.00	500.00
1985	AMBER, 16 IN.	CL	135.00	500.00
1985	ARIEL, 16 IN.	CL	135.00	500.00
1985	AUBREY, 16 IN.	CL	135.00	500.00
KEZI				**KEZI GOLDEN GIFTS**
1984	CHARITY, 16 IN.	CL	85.00	185.00
1984	FAITH, 18 IN.	CL	95.00	210.00
1984	FELICITY, 18 IN.	CL	95.00	200.00
1984	GRACE, 16 IN.	CL	85.00	175.00
1984	HOPE, 16 IN.	CL	85.00	210.00
1984	MERRIE, 16 IN.	CL	85.00	185.00
1984	PATIENCE, 18 IN.	CL	95.00	175.00
1984	PRUDENCE, 18 IN.	CL	85.00	175.00
R./L. SCHRUBBE			**KIDS WITH STUFFED TOYS**	
1993	TARA AND TEDDY	OP	119.00	119.00
S. STONE AIKEN				**LEGENDARY HEROINES**
1991	GUINEVERE	1500	245.00	245.00
1991	JANE EYRE	1500	245.00	245.00
1991	JULIET	1500	245.00	245.00
1991	LARA	1500	245.00	245.00
S. STONE AIKEN		**LES BELLES BEBES COLLECTION**		
1991	CHERIE	CL	375.00	475.00
1991	DESIREE	1500	375.00	445.00
1993	CAMILLE	1500	375.00	425.00

YR	NAME	LIMIT	ISSUE	TREND
S. STONE AIKEN			**LIMITED EDITION DOLLS**	
1982	ALLISON, 19 IN.	CL	300.00	4250.00
1983	ASHLEY, 19 IN.	CL	350.00	1000.00
1984	HOLLY (CHRISTMAS), 19 IN.	CL	300.00	825.00
1984	NICOLE, 19 IN.	CL	350.00	800.00
1985	JOY (CHRISTMAS), 19 IN.	CL	350.00	625.00
1985	LYDIA, 19 IN.	CL	550.00	1300.00
1986	NOEL (CHRISTMAS), 19 IN.	CL	400.00	700.00
1987	JACQUELINE, 19 IN.	CL	500.00	715.00
1987	MERRIE (CHRISTMAS), 19 IN.	CL	500.00	700.00
1988	ANDREW, 19 IN.	CL	475.00	740.00
1988	CHRISTA (CHRISTMAS), 19 IN.	CL	550.00	1200.00
1990	AMEY (10TH ANNIVERSARY EDITION)	CL	650.00	925.00
S. STONE AIKEN			**LIMITED EDITION SISTER SET**	
1988	KATELIN/KATHLEEN SET	CL	550.00	875.00
S. STONE AIKEN			**LITTLE WOMEN**	
1983	AMY, 16 IN.	CL	225.00	575.00
1983	BETH, 16 IN.	CL	225.00	575.00
1983	JO, 19 IN.	CL	275.00	675.00
1983	MEG, 19 IN.	CL	275.00	695.00
L. DI LEO			**LITTLEST ANGEL DOLLS**	
1992	MERRIEL	CL	50.00	50.00
R. TONNER			**NATURE'S BOUNTY**	
1993	JAMIE'S FRUITFUL HARVEST	CL	95.00	100.00
L. GORDON			**PILLOW BABY DOLLS**	
1993	ON THE MOVE	CL	39.00	40.00
1993	SITTING PRETTY	CL	39.00	40.00
1993	TICKLING TOES	CL	39.00	40.00
R. TONNER			**PORTRAIT PERFECT VICTORIAN DOLLS**	
1993	PRETTY IN PEACH	2900	119.00	120.00
S. STONE AIKEN			**PRECIOUS AS PEARLS**	
1986	COLETTE	CL	400.00	1400.00
1987	CHARLOTTE	CL	425.00	625.00
1988	CHLOE	CL	525.00	725.00
1989	CASSANDRA	CL	525.00	900.00
R. SCHRUBBE			**PUPPY LOVE DOLLS**	
1992	KATIE AND KYLE	CL	119.00	120.00
B. GERARDI			**SMALL WONDERS**	
1988	MADELINE	CL	365.00	370.00
1988	MARGUERITE	CL	425.00	430.00
1988	PATINA	CL	265.00	265.00
S. STONE AIKEN			**SOUTHERN BELLES**	
1985	AMANDA, 19 IN.	CL	300.00	950.00
1986	VERONICA, 19 IN.	CL	325.00	750.00
1987	RACHEL, 19 IN.	CL	375.00	825.00
1988	CASSIE, 19 IN.	CL	500.00	675.00
E. WORRELL			**SPECIAL MOMENTS**	
1991	BABY'S FIRST CHRISTMAS	CL	135.00	220.00
1992	BABY'S CHRISTENING	OP	135.00	135.00
1992	BABY'S FIRST BIRTHDAY	OP	135.00	135.00
1992	BABY'S FIRST STEPS	CL	135.00	175.00
R. SCHRUBBE			**SPORTING KIDS**	
1993	UP AT BAT	CL	50.00	75.00
M. MURPHY			**TENDER HEARTS**	
1993	SAYING GRACE	CL	119.00	120.00
L. DI LEO			**TIMES TO TREASURE**	
1991	BEDTIME	CL	195.00	225.00
1992	STORYTIME	OP	195.00	225.00
1993	CRADLETIME	OP	195.00	195.00
1993	PLAYTIME	CL	195.00	225.00
P. VALENTINE			**VALENTINE LADIES**	
1987	ANABELLA	CL	145.00	395.00
1987	ELIZABETH	CL	145.00	450.00
1987	JANE	CL	145.00	350.00
1987	LEE ANN	CL	145.00	325.00
1987	MARIANNA	CL	160.00	400.00
1987	PATRICE	CL	145.00	325.00
1987	REBECCA	CL	145.00	325.00
1987	ROSANNE	CL	145.00	325.00
1987	SYLVIA	CL	160.00	350.00
1988	FELICIA	CL	225.00	400.00
1988	JUDITH ANNE	CL	195.00	325.00
1988	MARIA THERESA	CL	225.00	275.00
1988	PRISCILLA	CL	195.00	325.00
1989	JULIANNA	CL	225.00	275.00
1989	ROSE	CL	225.00	275.00
B. GERARDI			**VICTORIAN CAMEO COLLECTION**	
1990	VICTORIA	1500	375.00	400.00
1991	ALEXANDRA	CL	375.00	400.00
S. STONE AIKEN			**VICTORIAN CHILDREN**	
1992	SARA'S TEA TIME	1000	495.00	700.00
1993	CATCHING BUTTERFLIES	1000	495.00	495.00
E. WOODHOUSE			**VICTORIAN COLLECTION**	
1992	VICTORIA'S JUBILEE	YR	295.00	325.00
J. PILLALIS			**VICTORIAN FLOWER GIRLS**	
1993	ROSE	CL	95.00	100.00

Lawton Doll Co. introduced The Little Emperor's Nightingale in 1992. The edition is now closed.

Teacher's Pet, a limited edition, vinyl doll by Good-Kruger Dolls, had an edition limited of 1,000 and retailed for $199.

A porcelain doll by Jan Hagara, May is dressed in pink from her wide-brimmed hat to her lacy pantaloons.

Guinevere is the first in the noble line of the "Legendary Heroines" by Gorham.

YR	NAME	LIMIT	ISSUE	TREND

GUND INC.

R. SWEDLIN-RAIFFE | | | **GUND CHRISTMAS COLLECTIBLE** | |

YR	NAME	LIMIT	ISSUE	TREND
1999	YULEBEARY	YR	40.00	40.00

R. SWEDLIN-RAIFFE | | | **GUND COLLECTORS CLUB** | |

| 1999 | COLLECTORS CLUB KIT | YR | 70.00 | 70.00 |

R. SWEDLIN-RAIFFE | | | **GUNDY COLLECTORS BEAR** | |

| 1999 | GUNDY | YR | 35.00 | 35.00 |

R. SWEDLIN-RAIFFE | | | **MINIATURE MOHAIR COLLECTION** | |

1998	THEO	*	8.00	8.00
*				
			MOHAIR COLLECTION	
1996	MAJOR BEARKIN	700	250.00	250.00

R. SWEDLIN-RAIFFE | | | **MOHAIR COLLECTION** | |

1998	MAXWELL	250	180.00	180.00
1999	ABIGAIL	400	150.00	150.00
1999	CAMERON	450	40.00	40.00
1999	CHELSEA	400	150.00	150.00
1999	CORKY	300	140.00	140.00
1999	GARRETT	450	40.00	40.00
1999	HANNA	300	160.00	160.00
1999	HEATHER	400	150.00	150.00
1999	HEIDI	400	150.00	150.00
1999	JEFFREY	450	40.00	40.00
1999	SOPHIE	300	160.00	160.00

R. SWEDLIN-RAIFFE | | | **SIGNATURE COLLECTION** | |

1993	ANNIE ARCTIC	600	220.00	220.00
1993	GOLD DUST	650	180.00	180.00
1993	SWEET THING	500	150.00	150.00
1993	THREAD BEAR	650	150.00	150.00
1993	WEE WILLIE	750	100.00	100.00
1994	AZURINE	700	180.00	180.00
1994	BLACK MAGIC	700	180.00	180.00
1994	HARRY HEARTTHROB	850	150.00	150.00
1994	ROCKAFELLA	600	300.00	300.00
1995	BEARNARD	350	180.00	180.00
1995	BLACKBEARD	350	300.00	300.00
1995	DUNBEARY	350	300.00	300.00
1995	GULLIVER	250	400.00	400.00
1995	O'BEARIGAN	450	140.00	140.00
1995	PEANUT BUTTER	400	180.00	180.00
1996	BEARBUSHKA	500	200.00	200.00
1996	HUGH MONGUS	310	400.00	400.00
1996	LITTLE BEAR BLUE	450	250.00	250.00
1996	PAWTHORNE	540	150.00	150.00
1996	SOMETHING'S BRUIN	425	350.00	350.00

H & G STUDIOS

B. BURKE | | | **BIRTHDAY PARTY** | |

| 1990 | SUZIE | 500 | 695.00 | 695.00 |

B. BURKE | | | **BRENDA BURKE DOLLS** | |

1989	ADELAINE	25	1795.00	3600.00
1989	ALEXANDRA	125	995.00	2000.00
1989	ALICIA	125	895.00	1800.00
1989	AMANDA	25	1995.00	6000.00
1989	ANGELICA	50	1495.00	3000.00
1989	ARABELLE	500	695.00	1400.00
1989	BEATRICE	85	2395.00	2395.00
1989	BETHANY	45	2995.00	2995.00
1989	BRITTANY	75	2695.00	2695.00
1990	BELINDA	12	3695.00	3695.00
1991	CHARLOTTE	20	2395.00	2395.00
1991	CLARISSA	15	3595.00	3595.00
1991	SLEIGH RIDE	20	3695.00	3695.00
1991	TENDER LOVE	25	3295.00	3295.00
1992	DOROTHEA	500	395.00	400.00
1993	GIOVANNA	1	7800.00	7800.00
1993	MELISSA	1	7750.00	7750.00

B. BURKE | | | **CHILDHOOD MEMORIES** | |

| 1989 | EARLY DAYS | 95 | 2595.00 | 2595.00 |
| 1991 | PLAYTIME | 35 | 2795.00 | 2795.00 |

B. BURKE | | | **DANCING THROUGH THE AGES** | |

| 1990 | MINUET | 95 | 2495.00 | 2495.00 |

B. BURKE | | | **THE FOUR SEASONS** | |

| 1990 | SPRING | 125 | 1995.00 | 1995.00 |

HALLMARK

E. HIBEL | | | **GRANDMA'S ATTIC** | |

1989	MELANIE	CL	139.00	180.00
1991	KATIE	CL	139.00	150.00
*				
		HOLIDAY HOMECOMING COLLECTOR'S SERIES		
1999	HOLIDAY SENSATION BARBIE DOLL	YR	50.00	50.00

M. ENGELBREIT | | | **MARY ENGELBREIT'S FRIENDSHIP GARDEN** | |

1993	JOSEPHINE 6000QHG5003 PORCELAIN DOLL	12500	60.00	60.00
1993	LOUISA 6500QHG5002 PORCELAIN DOLL	12500	65.00	70.00
1993	MARGARET 6000QHG5001 PORCELAIN DOLL	12500	60.00	60.00

J. GREENE | | | **VICTORIAN MEMORIES** | |

1992	ABIGAIL 1QHG1019	4500	125.00	130.00
1992	ABNER 1QHG1018	4500	110.00	110.00
1992	ALICE 1QHG1020	4500	125.00	130.00

YR	NAME	LIMIT	ISSUE	TREND
1992	EMMA/2500QHG1016 MINIATURE DOLL	9500	25.00	30.00
1992	KATHERINE 1QHG1017	1200	150.00	150.00
1992	OLIVIA 1QHG1021	4500	125.00	130.00
1993	BABY DOLL BEATRICE 2000QHG1029	RT	20.00	25.00
1993	HANNAH 1QHG1030	2500	130.00	130.00

HAMILTON COLLECTION

B. VAN BOXEL — A CHILD'S MENAGERIE

YR	NAME	LIMIT	ISSUE	TREND
1993	BECKY	CL	69.00	70.00
1993	CARRIE	CL	69.00	70.00
1994	MANDY	CL	69.00	70.00

A. WILLIAMS — ABBIE WILLIAMS DOLL COLLECTION

1992	MOLLY	CL	155.00	205.00

* — ANNUAL CONNOISSEUR DOLL

1992	LARA	CL	295.00	300.00

* — ANTIQUE DOLL COLLECTION

1989	NICOLE	CL	195.00	195.00
1990	COLETTE	CL	195.00	195.00
1991	KATRINA	CL	195.00	195.00
1991	LISETTE	CL	195.00	230.00

B. PARKER — BABY PORTRAIT DOLLS

1991	MELISSA	CL	135.00	180.00
1992	BETHANY	CL	135.00	140.00
1992	JENNA	CL	135.00	200.00
1993	MINDY	CL	135.00	140.00

C. HEATH ORANGE — BELLES OF THE COUNTRYSIDE

1992	ERIN	CL	135.00	140.00
1992	ROSE	CL	135.00	140.00
1993	LORNA	CL	135.00	140.00
1994	GWYN	CL	135.00	140.00

B.P. GUTMANN — BESSIE PEASE GUTMANN DOLL COLLECTION

1989	HE WON'T BITE	CL	135.00	135.00
1989	LOVE IS BLIND	CL	135.00	165.00
1991	FIRST DANCING LESSON	CL	195.00	200.00
1991	GOOD MORNING	CL	195.00	200.00
1991	LOVE AT FIRST SIGHT	CL	195.00	200.00
1991	VIRGINIA	CL	135.00	135.00

C. MARSCHNER — BEST BUDDIES

| 1994 | JODIE | CL | 69.00 | 70.00 |

* — BOEHM DOLLS

| 1994 | ELENA | CL | 155.00 | 200.00 |

BOEHM — BRIDAL ELEGANCE

| 1994 | CAMILLE | CL | 195.00 | 225.00 |

* — BRIDE DOLLS

| 1991 | PORTRAIT OF INNOCENCE | CL | 195.00 | 200.00 |
| 1992 | PORTRAIT OF LOVELINESS | CL | 195.00 | 225.00 |

P. RYAN BROOKS — BROOKS WOODEN DOLLS

1993	ARE YOU THE EASTER BUNNY?	CL	135.00	140.00
1993	WAITING FOR SANTA	15000	135.00	225.00
1994	BE MY VALENTINE	CL	135.00	140.00

C. MATHER — CATHERINE MATHER DOLLS

| 1993 | JUSTINE | V; | 155.00 | 160.00 |

C. WOODIE — CENTRAL PARK SKATERS

| 1991 | CENTRAL PARK SKATERS | CL | 245.00 | 250.00 |

CYBIS — CHILDREN TO CHERISH

| 1991 | A GIFT OF BEAUTY | CL | 135.00 | 140.00 |
| 1991 | A GIFT OF INNOCENCE | YR | 135.00 | 140.00 |

C.M. ROLFE — CINDY MARSCHNER ROLFE DOLLS

1993	JULIE	CL	95.00	95.00
1993	KAYLA	CL	95.00	95.00
1993	SHANNON	CL	95.00	95.00
1994	JANEY	VL	95.00	95.00

C.W. DEREK — CONNIE WALSER DEREK BABY DOLLS

1990	JESSICA	CL	155.00	250.00
1991	AMANDA	CL	155.00	160.00
1991	ANDREW	CL	155.00	155.00
1991	SARA	CL	155.00	185.00
1992	SAMANTHA	CL	155.00	160.00

C.W. DEREK — CONNIE WALSER DEREK BABY DOLLS II

| 1992 | BETH | CL | 95.00 | 150.00 |
| 1992 | STEPHANIE | CL | 95.00 | 180.00 |

C.W. DEREK — CONNIE WALSER DEREK DOLLS

| 1992 | BABY JESSICA | CL | 75.00 | 80.00 |
| 1993 | BABY SARA | CL | 75.00 | 80.00 |

C.W. DEREK — CONNIE WALSER DEREK TODDLERS

| 1994 | JESSIE | CL | 79.00 | 80.00 |

M. SNYDER — DADDY'S LITTLE GIRL

1992	LINDSAY	CL	95.00	100.00
1993	CASSIE	CL	95.00	100.00
1993	DANA	CL	95.00	100.00

A. BERWICK — DOLLS BY AUTUMN BERWICK

| 1993 | LAURA | CL | 135.00 | 140.00 |

K. MCKEE — DOLLS BY KAY MCKEE

1992	ROBIN	CL	135.00	140.00
1992	SHY VIOLET	CL	135.00	195.00
1993	KATIE DID IT!	CL	135.00	140.00
1993	RYAN	CL	135.00	140.00

YR	NAME	LIMIT	ISSUE	TREND
A. ELEKFY		**DOLLS OF AMERICA'S COLONIAL HERITAGE**		
1986	KATRINA	CL	55.00	60.00
1986	NICOLE	CL	55.00	60.00
1987	COLLEEN	CL	55.00	60.00
1987	MARIA	CL	55.00	60.00
1987	PRISCILLA	CL	55.00	60.00
1988	GRETCHEN	CL	55.00	60.00
E. CAMPBELL		**ELAINE CAMPBELL DOLLS**		
1994	EMMA	CL	95.00	100.00
*		**FIRST RECITAL**		
1993	HILLARY	CL	135.00	140.00
1994	OLIVIA	CL	135.00	140.00
H. KISH		**HELEN KISH II DOLLS**		
1992	VANESSA	CL	135.00	140.00
1994	JORDAN	CL	95.00	100.00
U. LEPP		**HOLIDAY CAROLLERS**		
1992	JOY	CL	155.00	160.00
1993	NOEL	CL	155.00	160.00
*		**I LOVE LUCY/PORCELAIN**		
1990	LUCY	CL	95.00	300.00
1991	RICKY	CL	95.00	300.00
1992	QUEEN OF THE GYPSIES	CL	95.00	250.00
1992	VITAMEATAVEGAMIN	CL	95.00	250.00
*		**I LOVE LUCY/VINYL**		
1988	ETHEL	CL	40.00	185.00
1988	FRED	CL	40.00	140.00
1990	LUCY	CL	40.00	140.00
1991	RICKY	CL	40.00	160.00
1992	QUEEN OF THE GYPSIES	CL	40.00	45.00
1992	VITAMEATAVEGAMIN	CL	40.00	45.00
L. COBABE		**I'M SO PROUD DOLL COLLECTION**		
1992	CHRISTINA	CL	95.00	100.00
1993	JILL	CL	95.00	100.00
1994	SHELLY	CL	95.00	100.00
1994	TAMMY	CL	95.00	100.00
C. WOODIE		**INTERNATIONAL CHILDREN**		
1991	ANASTASIA	CL	50.00	50.00
1991	ANGELINA	CL	50.00	50.00
1991	MIKO	CL	50.00	55.00
1992	LIAN	CL	50.00	50.00
1992	LISA	CL	50.00	50.00
1992	MONIQUE	CL	50.00	50.00
J. ZIDJUNAS		**JANE ZIDJUNAS PARTY DOLLS**		
1991	KELLY	CL	135.00	140.00
1992	KATIE	CL	135.00	140.00
1993	MEREDITH	CL	135.00	140.00
J. ZIDJUNAS		**JANE ZIDJUNAS TODDLER DOLLS**		
1991	JENNIFER	CL	135.00	135.00
1991	MEGAN	CL	135.00	160.00
1992	AMY	CL	135.00	140.00
1992	KIMBERLY	CL	135.00	140.00
J. WILSON		**JEANNE WILSON DOLLS**		
1994	PRISCILLA	CL	155.00	160.00
C. JOHNSTON		**JOHNSTON COWGIRLS**		
1994	SAVANNAH	CL	79.00	80.00
*		**JOIN THE PARADE**		
1992	BETSY	CL	50.00	50.00
1994	PEGGY	CL	55.00	60.00
1994	SANDY	CL	55.00	60.00
J. GROBBEN		**JOKE GROBBEN DOLLS**		
1992	HEATHER	CL	69.00	70.00
1993	BRIANNA	CL	69.00	70.00
1993	KATHLEEN	CL	69.00	70.00
1994	BRIDGET	CL	69.00	70.00
H. KISH		**JUST LIKE MOM**		
1991	ASHLEY	CL	135.00	275.00
1992	ELIZABETH	CL	135.00	140.00
1992	HANNAH	CL	135.00	140.00
1993	MARGARET	CL	135.00	140.00
K. MCKEE		**KAY MCKEE KLOWNS**		
1993	DREAMER, THE	15000	155.00	160.00
S. KUCK		**KUCK FAIRY**		
1994	TOOTH FAIRY	CL	135.00	TOOTH FAIRY
L. COBABE		**LAURA COBABE DOLLS**		
1992	AMBER	CL	195.00	200.00
1992	BROOKE	CL	195.00	200.00
L. COBABE		**LAURA COBABE DOLLS II**		
1993	KRISTEN	CL	75.00	80.00
L. COBABE		**LAURA COBABE TALL DOLLS**		
1994	CASSANDRA	CL	195.00	200.00
1994	TAYLOR	CL	195.00	200.00
S./J. HOFFMANN		**LITTLE RASCALS**		
1992	SPANKY	OP	75.00	80.00
1993	ALFALFA	OP	75.00	80.00
1994	BUCKWHEAT	OP	75.00	80.00
1994	DARLA	OP	75.00	80.00
1994	STYMIE	OP	75.00	80.00

YR	NAME	LIMIT	ISSUE	TREND
J. ESTEBAN		LITTLEST MEMBERS OF THE WEDDING		
1993	MATTHEW & MELANIE	CL	195.00	200.00
M.H. BOGART		MAUD HUMPHREY BOGART DOLL COLLECTION		
1989	PLAYING BRIDE	CL	135.00	200.00
1990	FIRST LESSON, THE	CL	135.00	150.00
1990	FIRST PARTY	CL	135.00	140.00
1991	LITTLE CAPTIVE	CL	135.00	140.00
1991	SEAMSTRESS	CL	135.00	150.00
1992	KITTY'S BATH	CL	135.00	140.00
1992	PLAYING BRIDESMAID	CL	195.00	230.00
B. PARKER		PARKER-LEVI TODDLERS		
1992	COURTNEY	CL	135.00	185.00
1992	MELODY	CL	135.00	140.00
P. PARKINS		PARKINS PORTRAITS		
1993	KELSEY	CL	79.00	80.00
1993	LAUREN	CL	79.00	80.00
1994	CASSIDY	CL	79.00	80.00
1994	MORGAN	CL	79.00	80.00
P. PARKINS		PARKINS TREASURES		
1992	DOROTHY	CL	55.00	60.00
1992	TIFFANY	CL	55.00	100.00
1993	CHARLOTTE	CL	55.00	60.00
1993	CYNTHIA	CL	55.00	60.00
P. PARKINS		PHYLLIS PARKINS DOLLS		
1992	SWAN PRINCESS	9850	195.00	200.00
J. ESTEBAN		PICNIC IN THE PARK		
1991	REBECCA	CL	155.00	160.00
1992	EMILY	CL	155.00	160.00
1992	VICTORIA	CL	155.00	160.00
1993	BENJAMIN	CL	155.00	160.00
R. SWANSON		PROUD INDIAN NATION		
1992	NAVAJO LITTLE ONE	CL	95.00	180.00
1993	AUTUMN TREAT	CL	95.00	100.00
1993	DRESSED UP FOR THE POW WOW	CL	95.00	125.00
1994	OUT WITH MAMA'S FLOCK	CL	95.00	100.00
*		ROYAL BEAUTY DOLLS		
1991	CHEN MAI	CL	195.00	200.00
*		RUSSIAN CZARRA DOLLS		
1991	ALEXANDRA	CL	295.00	350.00
S. KUCK		SANDRA KUCK DOLLS		
1993	A KISS GOODNIGHT	CL	79.00	80.00
1994	TEACHING TEDDY	CL	79.00	80.00
C.W. DEREK		SANTA'S LITTLE HELPER		
1992	NICHOLAS	CL	155.00	200.00
1993	HOPE	CL	155.00	200.00
T. MURAKAMI		SONGS OF THE SEASONS HAKATA DOLL COLLECTION		
1985	AUTUMN SONG MAIDEN	9800	75.00	80.00
1985	SPRING SONG MAIDEN	9800	75.00	80.00
1985	SUMMER SONG MAIDEN	9800	75.00	80.00
1985	WINTER SONG MAIDEN	9800	75.00	80.00
E. DAUB		STAR TREK DOLL COLLECTION		
1988	CAPTAIN KIRK	CL	75.00	125.00
1988	MR. SPOCK	CL	75.00	155.00
1989	DR. MCCOY	CL	75.00	125.00
1989	SCOTTY	CL	75.00	125.00
1990	CHEKOV	CL	75.00	125.00
1990	SULU	CL	75.00	125.00
1991	UHURA	CL	75.00	125.00
L. DI LEO		STORYBOOK DOLLS		
1991	ALICE IN WONDERLAND	CL	75.00	80.00
V. TURNER		THROUGH THE EYES OF VIRGINIA TURNER		
1992	DANIELLE	CL	95.00	100.00
1992	MICHELLE	CL	95.00	175.00
1993	WENDY	CL	95.00	100.00
1994	DAWN	CL	95.00	100.00
D. SCHURIG		TODDLER DAYS DOLL COLLECTION		
1992	ERICA	CL	95.00	100.00
1993	DARLENE	CL	95.00	100.00
1994	KAREN	CL	95.00	100.00
V. TURNER		TREASURED TODDLERS		
1992	WHITNEY	CL	95.00	100.00
1993	NATALIE	CL	95.00	100.00
C.W. DEREK		VICTORIAN TREASURES		
1992	KATHERINE	CL	155.00	160.00
1993	MADELINE	CL	155.00	160.00
*		WOODEN DOLLS		
1991	GRETCHEN	9850	225.00	280.00
1991	HEIDI	9850	225.00	225.00
D. SCHURIG		YEAR ROUND FUN		
1992	ALLISON	CL	95.00	100.00
1993	CHRISTY	CL	95.00	100.00
1993	PAULA	CL	95.00	100.00
1994	KAYLIE	CL	95.00	100.00
D. ZOLAN		ZOLAN DOLLS		
1991	A CHRISTMAS PRAYER	CL	95.00	255.00
1992	QUIET TIME	CL	95.00	100.00
1992	RAINY DAY PALS	CL	95.00	100.00

YR	NAME	LIMIT	ISSUE	TREND
1992	WINTER ANGEL	CL	95.00	100.00
1993	FOR YOU	CL	95.00	100.00
1993	THINKER, THE	CL	95.00	100.00
D. ZOLAN			**ZOLAN DOUBLE DOLLS**	
1993	FIRST KISS	CL	135.00	175.00

HAMILTON GIFTS

M.H. BOGART		**MAUD HUMPHREY BOGART PORCELAIN DOLLS**		
1991	MY FIRST PARTY H5686	OP	135.00	135.00
1991	PLAYING BRIDE H5618	OP	135.00	135.00
1991	SARAH H5617	OP	37.00	37.00
1991	SUSANNA H5648	OP	37.00	37.00

JAN HAGARA COLLECTABLES

J. HAGARA			**COLLECTOR'S CLUB**	
1989	MATTIE	CL	550.00	550.00
1991	BONNIE	CL	395.00	450.00
J. HAGARA			**HEIRLOOM DOLLS**	
1985	AMANDA	2 YR	125.00	250.00
1985	JIMMY	2 YR	125.00	200.00
1985	SHARICE	2 YR	125.00	200.00
J. HAGARA			**PHILLIPS COUSINS**	
1995	DEBRA 15 IN.	250	425.00	400.00
J. HAGARA		**ROYAL ORLEANS PORCELAIN DOLLS**		
1985	JODY	2 YR	375.00	450.00
J. HAGARA			**VICTORIAN CHILDREN**	
1986	PAIGE	430	195.00	450.00
1986	TRACY	2 YR	125.00	135.00
1987	MEG	2 YR	250.00	250.00
1987	MICHAEL	250	650.00	800.00
1988	ADRIANNE	2 YR	125.00	198.00
1988	AMY	2 YR	160.00	200.00
1988	ASHLEY	2 YR	160.00	180.00
1990	CLARA	120	375.00	475.00
1990	JESSICA	350	700.00	700.00
1990	SHELLEY	1200	550.00	575.00
1992	ANN MARIE	500	425.00	450.00
1992	DACY	700	495.00	550.00
1992	SHELDON	500	495.00	495.00
1992	TINA	500	425.00	425.00
1995	ADDIE WITH PRINCESS 23 IN.	85	2000.00	2000.00
1995	JOSEPH BLUE 12 IN.	150	250.00	250.00
1995	JOSEPH PINK 12 IN.	150	250.00	250.00
1995	JUNE 12 IN.	300	250.00	235.00
1995	KELTON 8 IN.	300	300.00	235.00
1995	MAY 12 IN.	300	250.00	250.00
J. HAGARA			**VINYL DOLLS**	
1983	CRISTINA	2 YR	65.00	100.00

JAN MCLEAN ORIGINALS

J. MCLEAN		**FLOWERS OF THE HEART COLLECTION**		
1990	PANSY	RT	2200.00	2700.00
1990	POPPY	100	2200.00	2800.00
1991	MARIGOLD	100	2400.00	2700.00
1991	PRIMROSE	100	2500.00	2900.00
J. MCLEAN			**JAN MCLEAN ORIGINALS**	
1990	PHOEBE I	25	2700.00	3600.00
1991	LUCREZIA	15	6000.00	6000.00

JOHANNES ZOOK ORIGINALS

J. ZOOK				
1993	ADRIANNE	500	198.00	240.00
1993	ALYSSA	500	204.00	286.00
1993	ANGEL GABRIEL	1000	250.00	303.00
1993	BREANNA	500	190.00	230.00
1993	BROOKE	1000	170.00	206.00
1993	CALVIN CLOWN	500	198.00	240.00
1993	CANDY CANE	*	164.00	198.00
1993	CHRISTMAS CAROL	500	226.00	273.00
1993	CLAIRE	1000	194.00	235.00
1993	CODY	1000	194.00	235.00
1993	COLLETTE	500	198.00	240.00
1993	DEANNE	100	170.00	206.00
1993	DENISE	250	198.00	240.00
1993	DIANNA	100	170.00	206.00
1993	FRANCESCA	250	220.00	266.00
1993	JASMINE	250	252.00	305.00
1993	JOEY	500	198.00	240.00
1993	KANIKA	1000	220.00	266.00
1993	LITTLE MISS MUFFET	500	188.00	227.00
1993	MARISSA	1000	170.00	206.00
1993	MEREDITH	500	216.00	261.00
1993	MONIKA	500	198.00	240.00
1993	ROCKY	500	172.00	208.00
1993	ROXANNE	500	172.00	208.00
1993	SISSY	500	272.00	329.00
1993	TOOTH FAIRY	500	198.00	240.00
1993	VALERIE	500	240.00	290.00
1994	ANALISSA	350	210.00	231.00

YR	NAME	LIMIT	ISSUE	TREND
1994	ANNETTE	100	230.00	253.00
1994	ANNIE	25	148.00	163.00
1994	ATHENA	500	198.00	218.00
1994	BABY ELF	250	198.00	218.00
1994	CHERRY	100	114.00	125.00
1994	CHRISTMAS NOELLE	500	224.00	246.00
1994	COOKIE	350	170.00	187.00
1994	CORY	350	170.00	187.00
1994	COWBOY	25	172.00	189.00
1994	CYNTHIA	100	194.00	213.00
1994	DANIEL BOONE	500	250.00	275.00
1994	DANIELLE	500	188.00	207.00
1994	EMMY	500	220.00	242.00
1994	GOOD NIGHT KISS	500	158.00	174.00
1994	GWEN	125	198.00	218.00
1994	KAREEM	500	198.00	218.00
1994	KATRINA	500	198.00	218.00
1994	KAYLA	1000	198.00	218.00
1994	LITTLE FEATHER	100	280.00	308.00
1994	MELINDA	1000	190.00	209.00
1994	MERCEDES	1000	218.00	240.00
1994	NURSE BETTE	500	184.00	202.00
1994	POLLYANNA	500	198.00	218.00
1994	SHARON	1000	190.00	209.00
1994	SHAYNA	1000	190.00	209.00
1994	SHELLY	100	198.00	218.00
1994	SOPHIE	500	198.00	218.00
1994	STARR	25	150.00	165.00
1994	TRISHA	500	198.00	218.00
1995	ANGIE	RT	190.00	190.00
1995	BETHANY	RT	210.00	210.00
1995	BRENT	RT	230.00	230.00
1995	CAROLYN	RT	210.00	210.00
1995	CELESTE	RT	230.00	230.00
1995	CHRISTINA	RT	398.00	398.00
1995	CHRISTMAS TWINS/SET	RT	430.00	430.00
1995	DESIREE	RT	198.00	198.00
1995	GIANNA	RT	250.00	250.00
1995	JAKE	RT	230.00	230.00
1995	JARED	RT	198.00	198.00
1995	KORTINEE ROSE	RT	218.00	218.00
1995	LESLIE	RT	198.00	198.00
1995	LIL DEVIL	RT	200.00	200.00
1995	LIZZY	RT	198.00	198.00
1995	MARY JO	RT	190.00	190.00
1995	MYCELLE	RT	170.00	170.00
1995	NANCY MAY	RT	190.00	190.00
1995	NATALIE & NATHAN/SET	RT	398.00	398.00
1995	NICHOLETTE	RT	210.00	210.00
1995	PAIGE	RT	210.00	210.00
1995	PAMELA SUE	RT	210.00	210.00
1995	PENNY	RT	240.00	240.00
1995	PRESTON	RT	290.00	290.00
1995	SCARECROW	RT	290.00	290.00
1995	SIERRA	RT	210.00	210.00
1995	SNOW BONNY	RT	198.00	198.00
1995	TREVOR	RT	180.00	180.00
1996	ARIEL	RT	212.00	212.00
1996	AUSTIN	RT	394.00	394.00
1996	BRANDON & BREA/SET	RT	374.00	374.00
1996	BRENNAN	RT	190.00	190.00
1996	CHRIS	RT	198.00	198.00
1996	CHRISTMAS BELLE	RT	308.00	308.00
1996	CORJASHON	RT	190.00	190.00
1996	DOTTIE	RT	198.00	198.00
1996	GINA	RT	220.00	220.00
1996	HALEY	500	234.00	234.00
1996	JAMAL	250	216.00	216.00
1996	JANEA	500	224.00	224.00
1996	JUAN	500	190.00	190.00
1996	KATY	500	198.00	198.00
1996	KEIKO	500	190.00	190.00
1996	KEITH	250	212.00	212.00
1996	KELSEY	1000	270.00	270.00
1996	KEVIN	1000	246.00	246.00
1996	LABRETT	500	212.00	212.00
1996	LEXUS	150	346.00	370.00
1996	LINDA	250	202.00	202.00
1996	MAGGIE	250	214.00	214.00
1996	MARIKO	500	212.00	212.00
1996	PHOENIX	1000	256.00	256.00
1996	SCOTTIE	500	170.00	170.00
1996	SHASTIN	500	212.00	212.00
1996	TOMMY	500	206.00	206.00
1998	ANGELO	350	190.00	190.00
1998	BECCA	350	198.00	198.00
1998	CHELSEA	250	194.00	194.00
1998	CHRISTMAS HOPE	350	278.00	278.00
1998	DYLAN	250	260.00	260.00

YR	NAME	LIMIT	ISSUE	TREND
1998	JOHANNA	500	298.00	298.00
1998	LADONNA	350	216.00	216.00
1998	LUCY	CL	184.00	184.00
1998	MADISON	250	218.00	218.00
1998	MEGAN	350	210.00	210.00
1998	PATTI	350	192.00	192.00
1998	ROXANNE	250	204.00	204.00
1998	SASHA	350	224.00	224.00
1998	SHELBY	500	256.00	256.00
1998	TIN MAN	200	198.00	198.00
J. ZOOK				**AMISH SERIES**
1993	JACOB	500	158.00	191.00
1994	GRACE	500	220.00	242.00
1995	RUTH	RT	190.00	190.00
1996	DAVID	RT	164.00	164.00
1998	IAN	250	192.00	192.00
J. ZOOK				**CAREER SERIES**
1994	FIREMAN GREG	250	224.00	224.00
1995	POLICEMAN GABE	RT	230.00	230.00
1996	TEACHER LADY	500	284.00	284.00
1998	CHEF PAT	350	208.00	208.00
J. ZOOK				**CHILDREN OF THE NATION**
1994	AMERICA	500	188.00	207.00
1995	NANOOK OF THE NORTH	RT	220.00	220.00
1996	PIA	1000	210.00	210.00
1998	KIRSTEN	500	272.00	272.00
J. ZOOK				**EXCLUSIVE FOR IDEX**
1996	ANNABETH	50	198.00	198.00
J. ZOOK				**EXCLUSIVE FOR SHOW**
1995	CHERISH	RT	165.00	165.00
1995	KATARINA	RT	230.00	230.00
J. ZOOK				**EXCLUSIVE FOR STORE**
1995	BABY DARLING	RT	199.00	199.00
1995	BABY DEAR	RT	199.00	199.00
1995	BABY PRECIOUS	RT	199.00	199.00
1995	SCARLETT	RT	199.00	199.00
J. ZOOK				**EXCLUSIVE FOR TOY FAIR**
1995	ROSEMARY	RT	240.00	240.00
1996	CHANTEL	250	270.00	270.00
J. ZOOK				**FLOWER SERIES**
1995	SUNFLOWER	RT	220.00	220.00
1996	PANSY	1000	274.00	271.00
1998	TULIP	150	206.00	206.00
J. ZOOK				**HALLOWEEN SERIES**
1993	TOMMY TURTLE	150	300.00	363.00
1994	DONNIE DINOSAUR	150	250.00	275.00
1994	HERBIE HOLSTEIN	150	250.00	275.00
J. ZOOK				**STORYBOOK SERIES**
1993	LITTLE RED RIDING HOOD	1000	244.00	295.00
1994	GOLDILOCKS & BABY BEAR	350	254.00	279.00
1995	CINDERELLA	RT	270.00	270.00
1996	HEIDI	1000	254.00	254.00
1998	JACK	350	188.00	188.00
1998	JILL	350	208.00	208.00

KAISER
*

1990	AMANDA, 17 IN.	1000	74.00	82.00
1990	AMY, 19 IN.	1000	98.00	106.00
1990	ANN, 24 IN.	1000	128.00	138.00
1990	ASHLEY, 19 IN.	1000	98.00	106.00
1990	ELIZABETH, 19 IN.	1000	98.00	106.00
1990	HEATHER, 22 IN.	1000	116.00	126.00
1990	JENNIFER, 22 IN.	1000	116.00	126.00
1990	JESSICA, 22 IN.	1000	116.00	126.00
1990	JILL, 24 IN.	1000	128.00	138.00
1990	KELLY, 19 IN.	1000	98.00	106.00
1990	KRISTY, 24 IN.	1000	128.00	138.00
1990	LAURA, 24 IN.	1000	128.00	138.00
1990	NEWBORN/CHRISTENING DRESS, 17 IN.	1000	74.00	82.00
1990	NICOLE, 17 IN.	1000	74.00	82.00
1990	SARAH, 22 IN.	1000	116.00	126.00
1990	SUSAN, 17 IN.	1000	74.00	82.00

KURT S. ADLER INC.
J. MOSTROM

				FLEUR-DE-LIS
1997	ALEXANDRIA IN PLUM	OP	20.00	20.00
1997	BARBARA WITH MUFF	RT	30.00	30.00
1997	BONNIE IN RIBBONS	RT	21.00	21.00
1997	CAROLLING JANE WITH BOOK	RT	22.00	22.00
1997	CELESTE THE GARDEN ANGEL	RT	45.00	45.00
1997	CHARLOTTE WITH HAT & CAPE	OP	22.00	22.00
1997	GEORGE WITH BOX	OP	22.00	22.00
1997	JENNY LIND	RT	28.00	28.00
1997	JONATHAN WITH HORN	RT	22.00	22.00
1997	KATHRYN WITH CAPE	RT	22.00	22.00
1997	LILAC FAIRY	RT	22.00	22.00
1997	LILY FAIRY	RT	22.00	22.00
1997	MARISSA IN MAUVE	OP	20.00	20.00

YR	NAME	LIMIT	ISSUE	TREND
1997	MELISSA IN LACE	RT	21.00	21.00
1997	REBECCA BURGUNDY SKATER	OP	32.00	32.00
1997	ROSE FAIRY	RT	22.00	22.00
1997	SANDRA WITH BOX	OP	22.00	22.00

J. MOSTROM ROYAL HERITAGE COLLECTION

YR	NAME	LIMIT	ISSUE	TREND
*	EDMUND	RT	32.00	32.00
*	PAULINE	RT	32.00	32.00
1993	ANASTASIA J5746	3000	125.00	125.00
1993	GOOD KING WENCESLAS W2928	2000	130.00	130.00
1993	MEDIEVAL KING OF CHRISTMAS W2981	RT	390.00	400.00
1994	NICHOLAS ON SKATES J5750	3000	120.00	120.00
1994	SASHA ON SKATES J5749	3000	130.00	130.00

J. MOSTROM SMALL WONDERS

YR	NAME	LIMIT	ISSUE	TREND
1995	AMERICA-HOLLIE BLUE W3162	OP	30.00	30.00
1995	AMERICA-TEXAS TYLER W3162	OP	30.00	30.00
1995	IRELAND-CATHLEEN W3082	RT	28.00	28.00
1995	IRELAND-MICHAEL W3082	RT	28.00	28.00
1995	KWANZA-MUFARO W3161	RT	28.00	28.00
1995	KWANZA-SHANI W3161	RT	28.00	28.00

J. MOSTROM WHEN I GROW UP

YR	NAME	LIMIT	ISSUE	TREND
1995	DR. BROWN W3079	RT	27.00	27.00
1995	FREDDY THE FIREMAN W3163	OP	28.00	28.00
1995	MELISSA THE TEACHER W3081	RT	28.00	28.00
1995	NURSE NANCY W3079	RT	27.00	27.00
1995	SCOTT THE GOLFER W3080	OP	28.00	28.00

L.L. KNICKERBOCKER CO. INC.

M. COSTA

YR	NAME	LIMIT	ISSUE	TREND
1992	DIANA/BLOWING DANDELIONS C11246	1500	117.00	117.00

A. JACKSON

YR	NAME	LIMIT	ISSUE	TREND
1993	ALYSSA/GIRL ON SWING C1974	2500	158.00	158.00

M. OSMOND

YR	NAME	LIMIT	ISSUE	TREND
1997	MARIE OSMOND DOLL CARE KIT	OP	45.00	45.00

J. ANTONELLI ANGEL

YR	NAME	LIMIT	ISSUE	TREND
1997	ANGELA	20000	39.00	39.00

L. DE MENT ANGEL

YR	NAME	LIMIT	ISSUE	TREND
1997	FAITH	YR	119.00	119.00

B. KING ANGEL

YR	NAME	LIMIT	ISSUE	TREND
1997	ANGEL HEART	20000	59.00	59.00
1997	BAMBINA	20000	29.00	29.00

* ANNETTE FUNICELLO BEARS

YR	NAME	LIMIT	ISSUE	TREND
1995	MARY LOU	5000	26.00	26.00
1995	SILVER LINING	5000	29.00	29.00

L. APPLEBERRY ANNETTE FUNICELLO BEARS

YR	NAME	LIMIT	ISSUE	TREND
1996	EMMY	2500	50.00	50.00
1996	PEACH FUZZ	2500	29.00	29.00

C. BLACK ANNETTE FUNICELLO BEARS

YR	NAME	LIMIT	ISSUE	TREND
1995	GRAPE SUZETTE	2500	35.00	35.00
1995	TIZZIE TEA CUP	3000	45.00	45.00
1996	CHUBS	1500	59.00	59.00
1996	SHELLY	2500	39.00	39.00
1996	STRAWBERRY JAM	2500	39.00	39.00

G. BUTTITTA ANNETTE FUNICELLO BEARS

YR	NAME	LIMIT	ISSUE	TREND
1995	CELESTE	YR	119.00	119.00
1996	MITZI	500	49.00	49.00
1996	PRECIOUS & BAILEY	2500	46.00	46.00
1996	VIRGINIA	1500	49.00	49.00

K. CLARKE ANNETTE FUNICELLO BEARS

YR	NAME	LIMIT	ISSUE	TREND
1995	DOLLY	2500	49.00	49.00
1995	RUDY	3000	25.00	25.00
1995	SHARON	2500	47.00	47.00
1996	BAD HAIR BEAR	3000	39.00	39.00
1996	KAREN	1500	46.00	47.00
1996	NIKKI	2500	50.00	50.00

L. DEMERIT ANNETTE FUNICELLO BEARS

YR	NAME	LIMIT	ISSUE	TREND
1996	FAITH	YR	119.00	119.00

J. HAUGHEY ANNETTE FUNICELLO BEARS

YR	NAME	LIMIT	ISSUE	TREND
1996	CHERYL ANN	2500	59.00	59.00
1996	JILL ANGEL	20000	20.00	20.00

L. HENRY ANNETTE FUNICELLO BEARS

YR	NAME	LIMIT	ISSUE	TREND
1996	CONTRARY MARY	1500	49.00	49.00

B. KING ANNETTE FUNICELLO BEARS

YR	NAME	LIMIT	ISSUE	TREND
1995	3RD ANNIVERSARY	3000	44.00	44.00
1995	CARMELLA	2500	46.00	46.00
1995	GABRIELLE	20000	39.00	39.00
1995	ROSIE	5000	35.00	35.00
1996	4TH ANNIVERSARY	400	44.00	44.00
1996	ANGEL HEART	2000	59.00	59.00
1996	BAMBINA	20000	29.00	29.00

E. KISLINGBURY ANNETTE FUNICELLO BEARS

YR	NAME	LIMIT	ISSUE	TREND
1996	SAILOR SAM	1500	49.00	49.00
1996	WINDY	2500	39.00	39.00

C. ORLANDO ANNETTE FUNICELLO BEARS

YR	NAME	LIMIT	ISSUE	TREND
1995	JOEY & JOANNE	1500	50.00	50.00

H. STODDARD ANNETTE FUNICELLO BEARS

YR	NAME	LIMIT	ISSUE	TREND
1996	PEACHES & CREAM	2500	59.00	59.00

YR	NAME	LIMIT	ISSUE	TREND
S. SWENSON			ANNETTE FUNICELLO BEARS	
1996	OZZIE	2000	44.00	44.00
*			ANNIVERSARY	
1995	JOY	YR	40.00	40.00
1995	NUTMEG	YR	60.00	60.00
1995	ROSIE	YR	30.00	30.00
K. CROOPER			ANNIVERSARY	
1997	75TH ANNIVERSARY HOUSE	TL	125.00	125.00
J. HAUGHEY			ANNIVERSARY	
1997	SHAGGY	TL	25.00	25.00
1997	SQUEAKY	TL	30.00	30.00
L. HENRY			ANNIVERSARY	
1997	CINNAMON	TL	37.00	37.00
B. KING			ANNIVERSARY	
1997	PIPPI	TL	37.00	37.00
B. MCCONNELL			ANNIVERSARY	
1997	MERRY	TL	50.00	50.00
L. SPEIGAL			ANNIVERSARY	
1997	BLUE BEARY	TL	50.00	50.00
C. ORLANDO			BEACH PARTY	
1994	DEDE C15004	10000	29.00	29.00
*			BEAN BAG	
1994	HOLLYWOOD STAR C12880	5000	30.00	30.00
A. FUNICELLO			BEAN BAG	
1993	CLEMENTINE C4735	2500	26.00	26.00
E. KISLINGBURY			BEAN BAG	
1997	CHLOE	5000	39.00	39.00
G. BUTTITTA			BEAR BUDDIES	
1997	PRECIOUS & BAILEY	2500	46.00	46.00
C. FIRMAGE			BEAR BUDDIES	
1997	GINGER & SPICE	3000	69.00	69.00
1997	MOMMY & ME	3000	59.00	59.00
1997	OLIVIA & OLLIE	3000	69.00	69.00
C. ORLANDO			BEAR BUDDIES	
1994	PUPPY LUV C15006	2500	46.00	47.00
J. HAUGHEY			BEARS ON PARADE	
*	CLOWN #2 C9658	5000	80.00	80.00
*	LITTLE MAJORETTE C9659	YR	40.00	40.00
*	POM POM GIRL C9657	5000	60.00	60.00
1992	MARINE C11513	604	48.00	48.00
1992	NAVY C11512	604	48.00	48.00
1993	ARMY C4756	2500	48.00	48.00
1994	AIR FORCE C8146	2500	52.00	52.00
B. MCCONNELL			BEARS ON PARADE	
*	APRIL C9661-765	YR	50.00	50.00
*	AUGUST C9661-769	YR	50.00	50.00
*	DECEMBER C9661-773	YR	50.00	50.00
*	FEBRUARY C9661-763	YR	50.00	50.00
*	JANUARY C9661-762	YR	50.00	50.00
*	JULY C9661-768	YR	50.00	50.00
*	JUNE C9661-767	YR	50.00	50.00
*	LITTLE LADY/LILAC C9673	YR	80.00	80.00
*	MARCH C9661-764	YR	50.00	50.00
*	MAY C9661-766	YR	50.00	49.50
*	NOVEMBER C9661-772	YR	50.00	50.00
*	OCTOBER C9661-771	YR	50.00	50.00
*	SEPTEMBER C9661-770	YR	50.00	50.00
L. HENRY			BEAUTY BUG BALL	
1997	LADY BUG	7500	90.00	90.00
1997	MADAME BUTTERFLY	7500	90.00	90.00
1997	QUEEN BEE	7500	90.00	90.00
1997	SIR STINK BUG	7500	90.00	90.00
M. NICOLE			BEST FRIENDS	
1992	ERIN/GIRL W/BUNNY C9635	2500	178.00	179.00
1992	GEORGIA/GIRL W/KITTEN C9637	2500	179.00	179.00
1992	HILLARY/GIRL W/DUCKS C9636	2500	178.00	179.00
J. MOWRY			CHILDREN OF THE WORLD	
1994	TOMIKA/ESKIMO C13710	2500	198.00	200.00
1995	BONNIE JEAN C15218	2500	124.00	124.00
J. ARNETT			CHRISTMAS	
1994	FATHER CHRISTMAS '94 C13427	1000	313.00	313.00
C. BELLSMITH			CHRISTMAS	
1994	BRYANNA C14515	7500	149.00	150.00
R. SCHMIDT			CHRISTMAS	
1992	BRYANNA/GREEN VELVET C11240	1000	183.00	183.00
C. SHAFER			CHRISTMAS	
1997	SARAFINA SNOWFLAKE	11000	178.00	178.00
D. STEWART			CHRISTMAS	
1993	HOLLY/BEAN BAG/MUSIC C2086	2500	114.00	114.00
B. STOEHR			CHRISTMAS	
1997	MINI JINGLES & BELLE	2500	69.00	69.00
C. WAUGH			CHRISTMAS	
1994	KRIS-XMAS C8329	2500	89.00	89.00
B. MCCONNELL			CIRCUS	
1993	TRIXI-ELEPHANT C4755	2500	70.00	70.00

YR	NAME	LIMIT	ISSUE	TREND
V. DEFILIPPO			**CLASSICAL BEAUTIES**	
1993	JULIA C11395	2500	169.00	169.00
1993	PRISCILLIA/DRESSED IN PEACH C11385	2500	147.00	147.00
1995	NATALIE C14829	2500	154.00	154.00
P. PARKINS			**CLASSICS**	
1993	ALESIA/BLACK BRIDE USA C11384	250	590.00	590.00
C. ROBINSON			**CLASSICS**	
1995	LAUREN C15216	500	436.00	436.00
*			**COFFEE CLUB**	
1994	HOLLYWOOD STAR C15002	OP	22.00	22.00
C. ROBINSON			**COLLECTIBLES**	
1995	MORGAN C15904	1500	155.00	155.00
D. STEWART			**COLLECTIBLES**	
1994	BUNNY LOVE C10941	2500	46.00	46.00
1994	BUNNY LOVE CHRISTMAS C14642	2500	54.00	54.00
1994	TUSH/CRAWLING BABY C10944	2500	77.00	77.00
1995	BUNNY LOVE 1995 C15893	8000	41.00	41.00
1995	SOME BUNNY LOVES YOU C15226	2500	45.00	45.00
G. LANGFORD			**COUNTRY**	
1994	COWBOY GLEN C8147	2500	127.00	127.00
M. NICOLE			**COUNTRY GIRL**	
1992	SARAH/DRESSED IN BLUE C9639	2500	159.00	159.00
1992	SARITA/DRESSED IN PURPLE C9638	2500	159.00	159.00
A. FUNICELLO			**CUTE & CUDDLY**	
1993	TAMMY C12199	2000	40.00	40.00
G. LANGFORD			**CUTE & CUDDLY**	
1994	NOELLE C8188	2500	40.00	40.00
C. WAUGH			**CUTE & CUDDLY**	
1994	KASEY C8150	2500	69.00	69.00
C. BELLSMITH			**DEAR TO MY HEART**	
1992	OZEANNA/GERMAN ORIGIN C10414	2500	120.00	120.00
M. NICOLE			**DEAR TO MY HEART**	
1992	BRETA/DRESSED IN PEACH C9633	2500	115.00	115.00
1992	GERRI/DRESSED IN MINT GRN. C9634	2500	115.00	115.00
1992	TAMMY/DRESSED IN MAUVE C9632	2500	115.00	115.00
*			**ELEGANCE**	
1994	JOHNNY C12882	1500	108.00	109.00
B. MCCONNELL			**ELEGANCE**	
*	CYNTHIA C9686	2500	150.00	150.00
J. OPENSHAW			**FAIRY TALE**	
1994	ALICE IN WONDERLAND C13706	5000	150.00	150.00
B. STOEHR			**FAIRY TALE**	
1993	SNOW WHITE C11397	5000	178.00	178.00
B. MCCONNELL			**FAMILY HELPERS**	
*	JOSIE/MAMA IN KITCHEN C9687	2500	150.00	150.00
C. SHAFER			**FASHION DESIGNER**	
1997	KATE	500	249.00	249.00
C. BLACK			**FLAVORITE**	
1997	STRAWBERRY JAM	2500	39.00	39.00
C. WAUGH			**FLAVORITE**	
1994	CAROL C12881	1500	75.00	75.00
V. DEFILIPPO			**FOUR SEASONS**	
1993	AMBER/FALL C11380	2500	188.00	188.00
B. MCCONNELL			**FOUR SEASONS**	
*	DAISY C9694	2500	110.00	110.00
C. ROBINSON			**FOUR SEASONS**	
1994	SUZANNE 13882	1500	95.00	95.00
D. STEWART			**FOUR SEASONS SMALL WONDERS**	
1994	SMALL WONDERS C12860	4000	56.00	56.00
1995	WINTER WONDER C15224	4000	61.00	61.00
B. FINLINSON			**GREETING CARDS**	
1995	EASTER C15753	YR	25.00	25.00
1995	VALENTINE C15225	YR	25.00	25.00
D. STEWART			**GREETING CARDS**	
1993	CHRISTMAS '93 C6483	YR	25.00	25.00
1993	MOTHER'S DAY '93/DRESSED IN PINK C11945	20000	25.00	25.00
1994	ALL OCCASION '94 C10943	YR	25.00	25.00
1994	CHRISTMAS '94 C14645	YR	28.00	29.00
1994	VALENTINE '94 C10942	YR	25.00	25.00
1995	MOTHER'S DAY '95 C15754	YR	25.00	25.00
M. YOKEE			**GREETING CARDS**	
1994	LIANA C12862	2500	150.00	150.00
*			**HARLEQUIN**	
1994	HARLEY C12886	1500	99.00	99.00
B. MCCONNELL			**HARLEQUIN**	
*	HARLEQUIN C9691	2500	140.00	140.00
*	HARLEQUIN C9692	2500	100.00	100.00
STEWART/GRIFFITH			**HAT BOX**	
1993	VIRGINIA MARIE/BRIDE C11902	3000	135.00	135.00
*			**HERMANN FACTORY**	
*	FATHER C9683	1000	230.00	230.00
D. CRYSTAL			**I CAN DREAM**	
1994	PLAYING MOMMY C13714	YR	47.00	47.00
V. DEFILIPPO			**INJURED**	
1992	CHELSEA/HURT LEG C11250	5000	92.00	92.00
1992	DOTTIE/CHICKEN POX C11252	5000	89.00	89.00

YR	NAME	LIMIT	ISSUE	TREND
1993	MACIE/HOSPITAL GOWN C11381	5000	88.00	88.00
1993	SAVANNAH/SNIFFLES C11907	5000	93.00	96.00
M. NICOLE				**INJURED**
1992	MCKENSIE/WOUNDED FINGER C9631	5000	88.00	88.00
B. STOEHR			**JESSICA'S BEST FRIENDS**	
1994	ANGELICA XMAS C14644	5000	228.00	228.00
1994	ANGELICA/LAVENDER DRESS C13201	5000	200.00	200.00
C. BELLSMITH				**LARGE TRUNK**
1992	TRICIA/TRAVEL THEME C10405	2500	277.00	277.00
B. MACKIE			**LEGENDARY BEAUTIES**	
1995	SPRING	10000	300.00	300.00
1996	AUTUMN	10000	300.00	300.00
*			**MARIE OSMOND FINE PORCELAIN**	
1995	A CHILD'S SONG	1995	25.00	25.00
1995	COLLECTOR CARD	10000	12.00	12.00
C. BELLSMITH			**MARIE OSMOND FINE PORCELAIN**	
1995	GOLDILOCKS	1994	48.00	48.00
1995	PRINCESS AND THE PEA	1995	50.00	50.00
1996	BEAUTY AND THE BEAST	1996	49.00	49.00
1996	THUMBELINA	1995	49.00	48.00
D. CRYSTAL			**MARIE OSMOND FINE PORCELAIN**	
1996	PLAYING DOCTOR	1996	*	N/A
V. DEFILLPPO			**MARIE OSMOND FINE PORCELAIN**	
1995	NATALIE	2500	154.00	154.00
B. FILINSON			**MARIE OSMOND FINE PORCELAIN**	
1995	BIRTHDAY	1995	25.00	25.00
1995	CONNIE	3000	44.00	44.00
1995	EASTER	1995	25.00	25.00
1995	VALENTINE '95	1995	25.00	25.00
1996	AMANDA	3000	45.00	45.00
1996	AMY KATHLYN	5000	213.00	213.00
1996	BRUHILDA	5000	45.00	45.00
1996	HANNAH	300	55.00	55.00
1996	KAREN	2500	*	N/A
1996	LYDIA	3000	*	N/A
1996	VALENTINE	1996	25.00	25.00
L. HATCH			**MARIE OSMOND FINE PORCELAIN**	
1996	CINDERELLA	5000	15.00	N/A
L. HENRY			**MARIE OSMOND FINE PORCELAIN**	
1995	BLOSSOM BUNNY	5000	118.00	118.00
1995	KELLY	5000	79.00	79.00
1995	KRISTI	5000	117.00	117.00
1995	SANTA BUNNY	5000	156.00	156.00
1996	ALEXANDRA	1500	168.00	168.00
1996	FUZZY BABY & HARIET	5000	*	N/A
1996	JULIENNE RABBIT	5000	124.00	124.00
1996	QUEEN BEE	7500	91.00	91.00
1996	TATIANA	1500	*	N/A
J. MOWRY			**MARIE OSMOND FINE PORCELAIN**	
1995	BONNIE JEAN	2500	124.00	124.00
1995	SPRING	5000	219.00	219.00
1995	USHA	2500	142.00	142.00
1996	RAPUNZEL	5000	170.00	170.00
1996	SUNFLOWER	3000	39.00	39.00
M. OSMOND			**MARIE OSMOND FINE PORCELAIN**	
1995	OLIVE MAY	20000	180.00	180.00
1995	STORYBOOK CASSETTE	1995	17.00	17.00
1996	DAISY	7500	249.00	249.00
1996	DARLA	30	140.00	140.00
1996	DENISE	1996	*	N/A
1996	GEORGETTE	2500	170.00	170.00
1996	I LOVE YOU BEARY MUCH	20000	193.00	193.00
1996	MARTA	5000	98.00	98.00
1996	MOTHER'S DAY GREETING CARD	50000	*	N/A
1996	NIKKI	3000	42.00	42.00
1996	WENDY	3000	*	N/A
C. ROBINSON			**MARIE OSMOND FINE PORCELAIN**	
1995	GRANDMA KIT	500	456.00	456.00
1995	LAUREN	500	436.00	436.00
1995	MORGAN	1500	155.00	155.00
1995	SOPHIA	2500	140.00	140.00
1996	AUDREY	500	496.00	496.00
1996	BABY RENEE	5000	200.00	200.00
1996	MISTY ROSE	5000	46.00	46.00
1996	MORGAN 1996	1500	156.00	156.00
1996	ROSA LEIGH	1500	155.00	155.00
SCHMIDT/BELLSMITH			**MARIE OSMOND FINE PORCELAIN**	
1995	BRYANNA '95	3500	179.00	179.00
C. SHAFER			**MARIE OSMOND FINE PORCELAIN**	
1996	CISSY	2500	136.00	136.00
1996	FAITH	2500	150.00	150.00
1996	SHELBY	5000	*	N/A
SHAFER/TURNER			**MARIE OSMOND FINE PORCELAIN**	
1995	GENNE	2500	342.00	342.00
D. STEWART			**MARIE OSMOND FINE PORCELAIN**	
1995	BUNNY LOVE '95	8000	11.00	11.00
1995	CHRISTMAS '95	1995	225.00	25.00
1995	FALLIN LEAVER	4000	58.00	58.00

YR	NAME	LIMIT	ISSUE	TREND
1995	FIRST KISS	2500	137.00	137.00
1995	MILLY	3000	55.00	55.00
1995	MOTHER'S DAY '95	1995	25.00	25.00
1995	POINSETTIA	3000	41.00	41.00
1995	SOME BUNNY LOVES U	2500	45.00	45.00
1995	SUMMERY DAYS	4000	63.00	63.00
1995	WINTER WONDER	4000	61.00	61.00
1996	BUNNY LOVE CHERUB	5000	45.00	45.00
1996	TEA CUP TREASURES	3000	60.00	60.00
B. STOEHR		**MARIE OSMOND FINE PORCELAIN**		
1995	ASHLEY	5000	196.00	196.00
1995	BABY BEVERLY	5000	178.00	178.00
1995	JINGLES & BELLE	15000	93.00	93.00
1995	MOLLY	5000	134.00	135.00
1995	POLLY PUMPKIN	3000	47.00	47.00
1995	TREE TOP ANGEL	2500	186.00	186.00
1995	WATCH CASE DOLL	1995	67.00	67.00
1996	ANGELICA'S	5000	180.00	180.00
1996	BABY MARIE	5000	*	N/A
1996	BABY MARIE - VINYL	2500	198.00	198.00
1996	HANSEL & GRETYL	5000	206.00	206.00
1996	MINDY	2000	234.00	234.00
1996	MIRACLE ROSIE & RAGS	15000	121.00	121.00
1996	STEPHEN	5000	235.00	235.00
1996	STITCHIN STACY	5000	113.00	113.00
M. YOKEE		**MARIE OSMOND FINE PORCELAIN**		
1996	CHRISSY	5000	175.00	175.00
1996	KIM	5000	163.00	163.00
C. BELLSMITH			**MIRACLE CHILDREN**	
1992	FRENDA/NEEDLEPOINT C10409	YR	92.00	92.00
1992	GINA/HALLOWEEN CAT C10411	YR	88.00	88.00
1993	FAITH/FLYING A KITE C1988	YR	77.00	77.00
1994	BECKY/DADDY'S GIRL/BASEBALL C12857	YR	76.00	76.00
1994	CAITLIN & BENTLY/GIRL W/DOG C12856	YR	79.00	79.00
D. BLACKALL			**MIRACLE CHILDREN**	
1993	AARON/GROOM C11364	YR	76.00	76.00
S. BLACKALL			**MIRACLE CHILDREN**	
1992	MARILYN/PLAYING DRESS-UP C11251	YR	84.00	84.00
1993	CODY/PLAYING PIRATE C11379	YR	80.00	80.00
L. HATCH			**MIRACLE CHILDREN**	
1997	CARRIE	5000	79.00	79.00
L. HENRY			**MIRACLE CHILDREN**	
1994	CELESTE/DRESSED LIKE AN ANGEL C14641	YR	82.00	82.00
HENRY/FINLINSON			**MIRACLE CHILDREN**	
1994	TRACI/DEAF-SIGNING C13113	20000	82.00	82.00
M. NICOLE			**MIRACLE CHILDREN**	
1992	BETTY/BAKING A CAKE C10413	YR	70.00	70.00
1992	COURTNIE/CLOWN BABY C9627	YR	70.00	70.00
1992	DANIELLE/LITTLE BALLERINA C9626	YR	70.00	70.00
1992	LINDA/NO WINDOWS C10412	YR	74.00	74.00
1992	PIERRE/LITTLE PICASSO C9629	YR	70.00	70.00
1992	SHANNON/LITTLE NURSE C9628	YR	70.00	70.00
1992	SHAWN/BORN TO SHOP C9630	YR	70.00	70.00
M. OSMOND			**MIRACLE CHILDREN**	
1997	BUBBLES	500	75.00	75.00
1997	FAITH	2500	149.00	149.00
D. STEWART			**MIRACLE CHILDREN**	
1993	ANNIE/GIRL ON BIKE C11911	YR	75.00	75.00
1993	FLORA/WEDDING THEME C11910	YR	80.00	80.00
1993	MEKEL/PICNIC W/TEDDY C11909	YR	85.00	85.00
1994	MOTHER'S DAY '94 C12863	YR	25.00	25.00
1994	TINA/GIRL PLAYING C13711	YR	116.00	116.50
B. STOEHR			**MIRACLE CHILDREN**	
1997	DOTTIE ANNE	5000	79.00	79.00
D. STEWART			**MOTHER CHILD**	
1994	VIRGINIA & JORDAN C13735	3000	179.00	179.00
S. & R. FOSKEY			**MUSICAL**	
1994	JOLLY C12883	2500	54.00	54.00
M. NICOLE			**MUSICAL**	
1992	EMILY/MUSICAL SEWING C9640	2500	110.00	110.00
*			**NEW GENERATION**	
1996	ANGELIQUE	5000	69.00	69.00
1996	NICK	2500	75.00	75.00
1997	CHRISTOPHER COLUMBUS	5000	30.00	30.00
J. ANTONELLI			**NEW GENERATION**	
1997	ROSALEE	2500	69.00	69.00
L. APPLEBEARY			**NEW GENERATION**	
1997	ANGELIQUE	5000	69.00	69.00
1997	BEA	2500	49.00	49.00
K. CLARKE			**NEW GENERATION**	
1997	JOY	5000	40.00	40.00
L. DE MENT			**NEW GENERATION**	
1997	BAMBOO	2500	59.00	59.00
1997	COTTONTAIL CLAIRE	2500	49.00	49.00
1997	PRUDENCE	3000	46.00	46.00

YR	NAME	LIMIT	ISSUE	TREND
J. HAUGHEY			**NEW GENERATION**	
1997	PATCHES	5000	89.00	89.00
1997	ROSIE	5000	30.00	30.00
L. HENRY			**NEW GENERATION**	
1997	EDGAR	2500	49.00	49.00
1997	HONEY	3500	69.00	69.00
1997	NUTMEG	2500	60.00	60.00
E. KISLINGBURY			**NEW GENERATION**	
1997	ALEXANDER	5000	39.00	39.00
KNICKERBOCKER			**NEW GENERATION**	
1997	GULLIVER	5000	25.00	25.00
1997	NICK	2500	75.00	75.00
C. ORLANDO			**NEW GENERATION**	
1997	BUZZ	2500	30.00	30.00
L. SPEIGAL			**NEW GENERATION**	
1997	MULLBEARY	5000	46.00	46.00
H. STODDARD			**NEW GENERATION**	
1997	GALA	2500	52.00	52.00
*				**NOSTALGIC**
1994	THORNEY C12887	2500	70.00	70.00
K. CLARKE			**NOSTALGIC**	
1994	LITTLE JOE 13877	3000	49.00	49.00
S. FOSKEY			**NOSTALGIC**	
*	BERNIE C9676	2500	60.00	60.00
*	BROWNIE C9678	2500	130.00	130.00
*	MOLLIE C9677	2500	70.00	70.00
A. FUNICELLO			**NOSTALGIC**	
1994	DAPPER DAN C8194	1500	72.00	72.00
J. HAUGHEY			**NOSTALGIC**	
1994	HEINZ 13878	2500	100.00	100.00
B. KING			**NOSTALGIC**	
1997	HEATHER	5000	69.00	69.00
D. STEWART			**PETITE AMOUR**	
1993	GOLDIE/GIRL W/BEAR C11905	3000	49.00	49.00
1994	ANITA C12858	3000	41.00	41.00
1994	CHRISTMAS DARLINGS '94 C13428	4000	152.00	152.00
B. STOEHR			**PETITE AMOUR**	
1994	GRETL C13200	3000	51.00	51.00
C. BELLSMITH			**PICTURE DAY**	
1993	CAMILLE/DRESSED IN PINK C10406	2500	216.00	216.00
1993	CAROLINE/DRESSED IN RED VELVET C10407	2500	220.00	220.00
L. HENRY			**PICTURE DAY**	
1994	LITTLE RED RIDING HOOD C12861	5000	200.00	200.00
*				**POP UP BOOKS**
1996	CHRISTOPHER COLUMBUS	5000	30.00	30.00
*			**RAGGEDY ANN & ANDY**	
1996	RAGGEDY ANN & ANDY 12 IN. PORCELAIN	2500	80.00	80.00
1996	RAGGEDY ANN & ANDY 6 IN. RAG	2500	30.00	30.00
C. WAUGH			**RUSSIAN**	
*	ARTYOM/BABY C9681	5000	40.00	40.00
*	MIKHAIL/BROTHER C9679	5000	70.00	70.00
*	POLINA/SISTER C9680	5000	70.00	70.00
1994	DMITRI C8281	2500	44.00	44.00
J. MITCHELL			**SCRAPBOOK**	
*	BALLERINA C9695	2500	145.00	145.00
*	LET IN SNOW SNOWMAN C9698	5000	90.00	90.00
*	LET IT SNOW ANNETTE C9697	5000	145.00	145.00
*	MASQUERADE C9696	5000	145.00	145.00
*	SADDLING UP C9700	5000	80.00	80.00
*	WESTERN ROUND UP C9699	5000	145.00	145.00
D. STEWART			**SMALL TRUNK**	
1993	VANESSA C11386	2500	198.00	198.00
M. COSTA			**SOMEWHERE IN TIME**	
1997	RAIMI	2500	300.00	300.00
L. HATCH			**SOMEWHERE IN TIME**	
1997	ELSIE	2500	450.00	450.00
J. HOLLENBRANDS			**SOMEWHERE IN TIME**	
1994	ELEANOR C14755	2500	212.00	212.00
*				**SPECIAL**
1994	PEANUT BUTTER C15724	800	70.00	70.00
K. CLARKE			**SPECIAL**	
1994	MARION C15005	1500	46.00	47.00
A. FUNICELLO			**SPECIAL**	
1993	NO NO NANNETTE C4736	2500	62.00	62.00
J. HAUGHEY			**SPECIAL**	
1994	TAPESTRY BEAR PURSE 13881	1500	57.00	57.00
B. KING			**SPECIAL**	
1994	GUARDIAN ANGEL BEAR C14282	10000	29.00	30.00
1994	I LOVE YOU 14143	10000	40.00	40.00
1997	DEARDRA	3000	52.00	52.00
B. MCCONNELL			**SPECIAL**	
*	ANETTE MOUSKEBEAR C9674	7500	80.00	80.00
*	BOBBY MOUSKEBEAR C9675	7500	80.00	80.00
*	HUGO W/JUNGLE BELLS C9690	2500	149.00	149.00
*	SKIPPER C9689	2500	149.00	149.00
1994	NO NO NANETTE C4736	2500	62.00	62.00

YR	NAME	LIMIT	ISSUE	TREND
J. MITCHELL				SPECIAL
1994	MIKEY C8214	1000	71.00	71.00
C. WAUGH				SPECIAL
1994	MEL C12885	2500	67.00	67.00
C. BELLSMITH				STORY BOOK
1993	JULIETTE/MAGIC FERRIS WHEEL C10404	2500	122.00	122.00
1994	LITTLE BO PEEP C13708	YR	50.00	50.00
1994	LITTLE RED RIDING HOOD C13199	YR	48.00	48.00
1997	SANTA CLAUS IS COMING TO TOWN	5000	68.00	68.00
H. STODDARD				SUMMER
1997	PEACHES & CREAM	2500	59.00	59.00
*				SWEATER
1994	JOSHUA 13879	2500	41.00	41.00
A. FUNICELLO				SWEATER
1992	GINNY C11515	604	40.00	40.00
S. HARRELL				SWEATER
1997	MATTHEW	2500	59.00	59.00
G. LANGFORD				SWEATER
1993	LITTLE NICK-XMAS C4728	5000	55.00	55.00
B. MCCONNELL				SWEATER
*	JESSICA/BABY C9685	2500	40.00	40.00
*	UNCLE TEDDY C9684	2500	130.00	130.00
1992	JESSICA C9685	2500	40.00	40.00
D. STEWART				SWEET DREAMS
1993	OLIVIA/BABY ON PILLOW C11904	2500	93.00	93.00
1994	SWEET DREAMS BABY/ON MOON C12859	2500	90.00	90.00
G. LANGFORD				SWEET PRESERVES
1994	SWEET GINA C8324	2500	138.00	139.00
B. MCCONNELL				SWEET PRESERVES
*	FLORA C9693	2500	120.00	120.00
*				TEDDY BEAR PICNIC/HERMANN FACTORY
*	MUSICAL C9682	1000	300.00	299.50
V. DEFILIPPO				TODDLER
1992	JESSICA/1ST BIRTHDAY C10415	2500	249.00	249.00
1992	RACHAEL/MARIE'S DAUGHTER C11254	2500	219.00	219.00
1993	JESSICA/CHRISTMAS C6508	5000	249.00	500.00
J. HOLLEBRANDS				TODDLER
1993	DEBBIE/DONNY'S DAUGHTER C11244	2500	262.00	262.00
M. OSMOND				TODDLER
1997	DAISY	7500	249.00	249.00
1997	PEEK-A-BOO	5000	299.00	299.00
B. STOEHR				TODDLER
1995	ASHLEY C15217	2500	196.00	196.00
1997	BABY MARIE VINYL	2500	198.00	198.00
1997	SUNSHINE & HAPPINESS	7500	159.00	159.00
*				T-SHIRT
1994	AF T-SHIRT A22433	*	22.00	22.00
A. JACKSON				TWINS
1993	NATHAN/BOY IN AQUA C11382	2000	104.00	104.00
1993	NICOLE/GIRL IN AQUA C11383	2000	137.00	137.00
M. NICOLE				TWINS
1992	ANDY & SON/COUNTRY C9641	2500	190.00	190.00
D. STEWART				TWINS
1993	JENNY & JASON/CABBAGE PATCH C11430	5000	172.00	172.50
B. STOEHR				TWINS
1994	MOPSY C13202	5000	104.00	104.00
1994	RAGS C13202	5000	104.00	104.00
C. WAUGH				VALENTINE
1992	CANDI C11511	604	75.00	75.00
B. MCCONNELL				VARSITY
*	SWEATER GIRL C9688	2500	79.00	79.00
L. HENRY				VELVETEEN RABBIT
1992	VELVET/WHITE PLUSH FUR C11245	5000	122.00	122.00
1993	ROBBIE RABBIT C11363	5000	150.00	150.00
1994	HARELOOM BUNNY C10940	5000	126.00	124.00
1994	ROSEMARIE RABBIT/BRIDE W/MASK C13198	20000	150.00	150.00
1995	BLOSSOM BUNNY C15739	5000	118.00	118.00
1997	HEAVENLY HARE	5000	160.00	160.00
G. BUTTITTA				VICTORIAN
1997	VIRGINIA	1500	49.00	49.00
L. DE MENT				VICTORIAN
1997	MISS KITTY	5000	69.00	69.00

LADIE & FRIENDS

YR	NAME	LIMIT	ISSUE	TREND
B. & P. WISBER				CHRISTMAS CONCERT
1990	CLAIRE VALENTINE 1262	OP	56.00	70.00
1992	JUDITH HIGH 1292	OP	70.00	90.00
1993	JAMES VALENTINE 1310	OP	60.00	70.00
1993	STEPHANIE BOWMAN 1309	OP	74.00	85.00
B. & P. WISBER				CHRISTMAS PAGEANT
1985	CHRISTMAS WOOLY LAMB 1133	CL	11.00	40.00
1985	EARTH ANGEL 1122	CL	30.00	100.00
1985	JOSEPH & DONKEY 1119	OP	30.00	40.00
1985	MARY & BABY JESUS 1118	OP	30.00	40.00
1985	NOEL ANGEL 1ST EDITION 1126	CL	30.00	100.00
1985	ON ANGEL 1121	CL	30.00	100.00
1985	PEACE ANGEL 1ST EDITION 1120	CL	30.00	100.00

YR	NAME	LIMIT	ISSUE	TREND
1985	WISEMAN #1 1123	CL	30.00	50.00
1985	WISEMAN #2 1124	CL	30.00	50.00
1985	WISEMAN #3 1125	CL	30.00	50.00
1985	WOODEN CRECHE 1132	OP	28.00	33.00
1986	SHEPHERD 1193	OP	32.00	40.00
1989	NOEL ANGEL 2ND EDITION 1126	OP	48.00	52.00
1989	PEACE ANGEL 2ND EDITION 1120	OP	48.00	52.00

B. & P. WISBER   **GRUMMELS OF LOG HOLLOW**

YR	NAME	LIMIT	ISSUE	TREND
1986	AUNT GERTIE GRUMMEL 1171	CL	34.00	110.00
1986	AUNT HILDA GRUMMEL 1174	CL	34.00	110.00
1986	AUNT POLLY GRUMMEL 1169	CL	34.00	110.00
1986	COUSIN LOTTIE GRUMMEL 1170	CL	36.00	110.00
1986	COUSIN MIRANDA GRUMMEL 1165	CL	47.00	110.00
1986	GRANDMA GRUMMEL 1173	CL	45.00	110.00
1986	GRANDPA GRUMMEL 1176	CL	36.00	175.00
1986	MA GRUMMEL 1167	CL	36.00	110.00
1986	PA GRUMMEL 1172	CL	34.00	110.00
1986	S-GRUMMELS, THE- BOY/GIRL 1196	CL	15.00	40.00
1986	SISTER NORA GRUMMEL 1177	CL	34.00	110.00
1986	TEDDY BEAR BED 1168	CL	15.00	110.00
1986	UNCLE HOLLIS GRUMMEL 1166	CL	34.00	110.00
1986	WASHLINE 1175	CL	15.00	110.00

B. & P. WISBER   **LITTLE ONES**

YR	NAME	LIMIT	ISSUE	TREND
1985	BLACK BOY 1ST EDITION 1130	CL	15.00	55.00
1985	BLACK GIRL 1ST EDITION 1130	CL	15.00	55.00
1985	LITTLE ONE 1ST EDITION 1130	CL	15.00	55.00
1985	WHITE BOY 1ST EDITION 1130	CL	15.00	55.00
1985	WHITE GIRL 1ST EDITION 1130	CL	15.00	55.00
1989	BLACK BOY 2ND EDITION 1130I	CL	20.00	25.00
1989	BLACK GIRL/COUNTRY 2ND EDITION 1130G	CL	20.00	25.00
1989	BLACK GIRL/PASTELS 2ND EDITION 1130E	CL	20.00	25.00
1989	LITTLE ONE (WHITE) 2ND EDITION 1130H	CL	20.00	23.00
1989	LITTLE ONE (WHITE) COUNTRY COLOR 2ND EDITION 1130F	CL	20.00	23.00
1989	WHITE BOY 2ND EDITION 1130H	CL	20.00	25.00
1989	WHITE GIRL/COUNTRY 2ND EDITION 1130F	CL	20.00	25.00
1989	WHITE GIRL/PASTELS 2ND EDITION 1130D	CL	20.00	25.00
1992	AT THE BEACH	RT	28.00	28.00
1992	BOY W/EASTER FLOWERS 1306	CL	30.00	32.00
1992	BOY W/SLED 1289	OP	30.00	30.00
1992	CLOWN 1290	CL	32.00	32.00
1992	GIRL READING 1286	CL	36.00	39.00
1992	GIRL W/APPLES 1277	OP	26.00	29.00
1992	GIRL W/BEACH BUCKET 1275	CL	26.00	29.00
1992	GIRL W/BIRTHDAY GIFT 1279	OP	26.00	29.00
1992	GIRL W/CHRISTMAS LIGHTS 1287	CL	34.00	37.00
1992	GIRL W/EASTER EGGS 1276	CL	26.00	29.00
1992	GIRL W/EASTER FLOWERS 1296	CL	34.00	36.00
1992	GIRL W/KITTEN & MILK 1280	CL	32.00	35.00
1992	GIRL W/KITTEN & YARN 1278	CL	34.00	37.00
1992	GIRL W/SNOWMAN 1288	OP	36.00	39.00
1992	GIRL W/VALENTINE 1291	CL	30.00	33.00
1993	4TH OF JULY BOY 1307	OP	28.00	30.00
1993	4TH OF JULY GIRL 1298	OP	30.00	32.00
1993	BALLERINA 1321	OP	40.00	42.00
1993	BUNNY 1297	OP	36.00	38.00
1993	EASTER BOY	RT	31.00	31.00
1993	EASTER GIRL	RT	35.00	35.00
1993	GIRL PICNICKING 1320	OP	34.00	36.00
1993	GIRL W/MOP 1300	CL	36.00	38.00
1993	GIRL W/SPINNING WHEEL 1299	CL	36.00	38.00
1993	GIRL W/VIOLIN 1319	OP	28.00	30.00
1994	BATHING PUPPY	RT	44.00	44.00
1994	BOY DYEING EGGS 1327	OP	30.00	32.00
1994	BOY W/PUMPKIN 1341	OP	29.00	31.00
1994	GIRL DYEING EGGS 1326	OP	30.00	32.00
1994	GIRL W/LAUNDRY BASKET 1338	OP	38.00	40.00
1994	GIRL W/PUPPY IN TUB 1339	CL	43.00	45.00
1994	GIRL W/WAGON 1340	OP	42.00	44.00
1994	NURSE 1328	OP	40.00	42.00
1994	TEACHER 1329	OP	38.00	40.00
1995	BASKETWEAVER 1363	OP	48.00	49.00
1995	JUNE FETE BOY 1350	CL	33.00	40.00
1995	JUNE FETE GIRL 1349	CL	33.00	40.00
1996	BLACK GIRL ROLLERSKATING 1377	CL	40.00	40.00
1996	BOY BASEBALL	OP	44.00	44.00
1996	BRIDE 1374	OP	42.00	42.00
1996	GIRL BASEBALL	OP	44.00	44.00
1996	GIRL WITH SUNFLOWER 1373	OP	37.00	37.00
1996	GROOM 1375	OP	24.00	24.00
1996	HOT SUMMER DAY	*	53.00	53.00
1996	WHITE GIRL ROLLERSKATING 1376	CL	40.00	40.00
1999	BOY SITTING AT DESK 1449	OP	45.00	45.00
1999	BOY WITH PUPPY 1451	OP	35.00	35.00
1999	GIRL SITTING AT DESK 1448	OP	45.00	45.00
1999	GIRL WITH PUPPY 1450	OP	35.00	35.00
1999	SPRING CLEANING	OP	38.00	38.00

B. & P. WISBER   **LITTLE ONES AT CHRISTMAS**

YR	NAME	LIMIT	ISSUE	TREND
1990	BLACK GIRL W/BASKET OF GREENS 1263	CL	22.00	27.00
1990	WHITE GIRL W/COOKIE 1264	CL	22.00	27.00

YR	NAME	LIMIT	ISSUE	TREND
1990	WHITE GIRL W/GIFT 1266	CL	22.00	27.00
1990	WHITE GIRL W/TREE GARLAND 1265	CL	22.00	27.00
1991	BLACK BOY W/SANTA PHOTO 1273A	CL	24.00	30.00
1991	BLACK GIRL W/SANTA PHOTO 1272A	CL	24.00	30.00
1991	WHITE BOY W/SANTA PHOTO 1273	CL	24.00	30.00
1991	WHITE GIRL W/SANTA PHOTO 1272	CL	24.00	29.00
1993	BOY PEEKING 1314	CL	22.00	24.00
1993	BOY PEEKING W/TREE 1313	CL	60.00	70.00
1993	GIRL PEEKING 1316	CL	22.00	32.00
1993	GIRL PEEKING W/TREE 1315	CL	60.00	70.00
1993	GIRL W/BAKING TABLE 1317	CL	38.00	40.00
1993	GIRL W/NOTE FOR SANTA 1318	CL	36.00	38.00
1994	GIRL W/GREENS ON TABLE 1337	CL	46.00	48.00
B. & P. WISBER		**LITTLE ONES AT CHRISTMAS-NATIVITY**		
1995	CRECHE 1361	OP	24.00	25.00
1995	DONKEY 1362	OP	17.00	18.00
1995	LITTLE ANGEL 1359	OP	36.00	37.00
1995	LITTLE JOSEPH 1358	OP	31.00	32.00
1995	LITTLE MARY WITH BABY IN MANGER 1357	OP	33.00	34.00
1995	LITTLE SHEPHERD WITH LAMB 1360	OP	45.00	46.00
B. & P. WISBER				**LIZZIE HIGH**
1985	AMANDA HIGH 1ST EDITION 1111	CL	30.00	115.00
1985	BENJAMIN BOWMAN 1129	CL	30.00	100.00
1985	BENJAMIN BOWMAN/SANTA 1134	CL	30.00	45.00
1985	CHRISTIAN BOWMAN 1110	CL	30.00	100.00
1985	CORA HIGH 1115	CL	30.00	110.00
1985	ELIZABETH SWEETLAND 1ST EDITION 1109	CL	30.00	110.00
1985	EMMA HIGH 1103	CL	30.00	100.00
1985	ESTHER DUNN 1ST EDITION 1127	CL	45.00	130.00
1985	FLOSSIE HIGH 1ST EDITION 1128	CL	45.00	130.00
1985	HANNAH BROWN 1131	CL	45.00	130.00
1985	IDA VALENTINE 1116	CL	30.00	100.00
1985	KATRINA VALENTINE 1135	CL	30.00	130.00
1985	LIZZIE HIGH 1100	CL	30.00	110.00
1985	LOUELLA VALENTINE 1112	CL	30.00	100.00
1985	LUTHER BOWMAN 1ST EDITION 1108	CL	30.00	100.00
1985	MARTIN BOWMAN 1117	CL	30.00	95.00
1985	MARY VALENTINE 1105	CL	30.00	100.00
1985	NATHAN BOWMAN 1354	RT	70.00	72.00
1985	NETTIE BROWN 1ST EDITION 1102	CL	30.00	100.00
1985	NETTIE BROWN/CHRISTMAS 1114	CL	30.00	100.00
1985	PETER VALENTINE 1113	CL	30.00	90.00
1985	REBECCA BOWMAN 1ST EDITION 1104	CL	30.00	100.00
1985	RUSSELL DUNN 1107	CL	30.00	100.00
1985	SABRINA VALENTINE 1ST EDITION 1101	CL	30.00	100.00
1985	WENDEL BOWMAN 1ST EDITION 1106	CL	30.00	100.00
1986	ALICE VALENTINE 1148	CL	32.00	100.00
1986	ANDREW BROWN 1157	CL	45.00	130.00
1986	ANNIE BOWMAN 1ST EDITION 1150	CL	32.00	100.00
1986	CARRIE HIGH 1ST EDITION 1190	CL	45.00	100.00
1986	CASSIE YOCUM 1ST EDITION 1179	CL	36.00	160.00
1986	CHRISTOPHER HIGH 1182	CL	34.00	90.00
1986	DAVID YOCUM 1195	CL	33.00	75.00
1986	DELIA VALENTINE 1153	CL	32.00	100.00
1986	DORA VALENTINE 1ST EDITION 1152	CL	30.00	100.00
1986	EDWARD BOWMAN 1ST EDITION 1158	CL	45.00	130.00
1986	EMILY BOWMAN 1ST EDITION 1185	CL	34.00	110.00
1986	GRACE VALENTINE 1ST EDITION 1146	CL	32.00	100.00
1986	JENNY VALENTINE 1181	CL	34.00	110.00
1986	JEREMY BOWMAN 1192	CL	36.00	80.00
1986	JILLIAN BOWMAN 1180	CL	34.00	110.00
1986	JULIET VALENTINE 1ST EDITION 1147	CL	32.00	100.00
1986	KARL VALENTINE 1ST EDITION 1161	CL	30.00	100.00
1986	KATIE BOWMAN 1178	CL	36.00	100.00
1986	LITTLE GHOSTS 1197	OP	15.00	20.00
1986	MADALEINE VALENTINE 1ST EDITION 1187	CL	34.00	90.00
1986	MAGGIE HIGH 1160	CL	30.00	100.00
1986	MARIE VALENTINE 1ST EDITION 1184	CL	47.00	125.00
1986	MARISA VALENTINE 1194A	CL	33.00	70.00
1986	MARISA VALENTINE W/BROTHER PETEY 1194	CL	45.00	90.00
1986	MARLAND VALENTINE 1183	CL	33.00	125.00
1986	MARTHA HIGH 1151	CL	32.00	100.00
1986	MATTHEW YOCUM 1186	CL	33.00	100.00
1986	MOLLY YOCUM 1ST EDITION 1189	CL	34.00	100.00
1986	RACHEL BOWMAN 1ST EDITION 1188	CL	34.00	100.00
1986	SADIE VALENTINE 1163	CL	45.00	90.00
1986	SALLY BOWMAN 1155	CL	32.00	110.00
1986	SARA VALENTINE 1154	CL	32.00	100.00
1986	SOPHIE VALENTINE 1164	CL	45.00	130.00
1986	SUSANNA BOWMAN 1149	CL	45.00	130.00
1986	THOMAS BOWMAN 1159	CL	30.00	100.00
1986	TILLIE BROWN 1156	CL	32.00	100.00
1986	WILLIAM VALENTINE 1191	CL	36.00	80.00
1986	WILLIE BOWMAN 1162	CL	30.00	75.00
1987	ABIGAIL BOWMAN 1199	CL	40.00	90.00
1987	ADDIE HIGH 1202	CL	37.00	60.00
1987	AMY BOWMAN 1201	CL	37.00	80.00
1987	BRIDGET BOWMAN 1222	CL	40.00	100.00
1987	CAT ON CHAIR 1217	CL	16.00	40.00

YR	NAME	LIMIT	ISSUE	TREND
1987	CHARLES BOWMAN 1ST EDITION 1221	CL	34.00	100.00
1987	FLOWER GIRL, THE 1204	CL	17.00	55.00
1987	GRETCHEN HIGH 1216	CL	40.00	90.00
1987	IMOGENE BOWMAN 1206	CL	37.00	80.00
1987	JOHANNA VALENTINE 1198	CL	37.00	100.00
1987	KATIE AND BARNEY 1219	CL	38.00	65.00
1987	LAURA VALENTINE 1223	CL	36.00	90.00
1987	LITTLE WITCH 1225	CL	17.00	30.00
1987	MARGARET BOWMAN 1213	CL	35.00	65.00
1987	MELANIE BOWMAN 1ST EDITION 1220	CL	36.00	130.00
1987	NAOMI VALENTINE 1200	CL	40.00	90.00
1987	OLIVIA HIGH 1205	CL	37.00	45.00
1987	PATSY BOWMAN 1214	CL	50.00	105.00
1987	PENELOPE HIGH 1208	CL	40.00	100.00
1987	PRISCILLA HIGH 1226	CL	56.00	125.00
1987	RAMONA BROWN 1215	CL	40.00	70.00
1987	REBECCA'S MOTHER 1207	CL	76.00	76.00
1987	SANTA CLAUS/SITTING 1224	CL	50.00	100.00
1987	WEDDING, THE BRIDE 1203	CL	37.00	100.00
1987	WEDDING, THE GROOM 1203A	CL	34.00	80.00
1988	ALLISON BOWMAN 1229	CL	56.00	95.00
1988	BESS HIGH 1241	CL	45.00	80.00
1988	BETSY VALENTINE 1245	CL	42.00	70.00
1988	DAPHNE BOWMAN 1235	CL	38.00	75.00
1988	EUNICE HIGH 1240	CL	56.00	110.00
1988	HATTIE BOWMAN 1239	CL	40.00	90.00
1988	JACOB HIGH 1230	CL	44.00	100.00
1988	JANIE VALENTINE 1231	CL	37.00	50.00
1988	KINCH BOWMAN 1237	CL	47.00	60.00
1988	MARY ELLEN VALENTINE 1236	CL	40.00	50.00
1988	MEGAN VALENTINE 1227	CL	44.00	95.00
1988	NETTIE BROWN 2ND EDITION 1102	CL	36.00	80.00
1988	PAULINE BOWMAN 1228	CL	44.00	65.00
1988	PHOEBE HIGH 1246	CL	48.00	90.00
1988	RUTH ANNE BOWMAN 1232	CL	44.00	90.00
1988	SABRINA VALENTINE 2ND EDITION 1101	CL	40.00	70.00
1988	SAMANTHA BOWMAN 1238	CL	47.00	70.00
1989	AMELIA HIGH 1248	OP	45.00	50.00
1989	CARRIE HIGH 2ND EDITION 1190	CL	46.00	50.00
1989	EMMY LOU VALENTINE 1251	CL	45.00	70.00
1989	FLOSSIE HIGH 2ND EDITION 1128	CL	54.00	65.00
1989	JASON HIGH 1254A	CL	20.00	40.00
1989	JASON HIGH W/MOTHER 1254	CL	58.00	80.00
1989	JESSICA HIGH 1253A	CL	20.00	40.00
1989	JESSICA HIGH W/MOTHER 1253	CL	58.00	80.00
1989	JOHANN BOWMAN 1250	CL	40.00	40.00
1989	LUCY BOWMAN 1255	CL	45.00	65.00
1989	MADALEINE VALENTINE 2ND EDITION 1187	CL	37.00	55.00
1989	MIRIAM HIGH 1256	CL	46.00	55.00
1989	MOLLY YOCUM 2ND EDITION 1189	CL	39.00	43.00
1989	MRS. CLAUS 1258	CL	42.00	50.00
1989	PEGGY BOWMAN 1252	CL	58.00	90.00
1989	RACHEL BOWMAN 2ND EDITION 1188	CL	34.00	50.00
1989	REBECCA BOWMAN 2ND EDITION 1104	CL	56.00	70.00
1989	SANTA W/TUB 1257	CL	58.00	70.00
1989	VANESSA HIGH 1247	CL	45.00	50.00
1989	VICTORIA BOWMAN 1249	CL	40.00	44.00
1990	ALBERT VALENTINE 1260	CL	42.00	75.00
1990	AMANDA HIGH 2ND EDITION 1111	CL	54.00	75.00
1990	EMILY BOWMAN 2ND EDITION 1185	CL	48.00	70.00
1990	GRACE VALENTINE 2ND EDITION 1146	RT	48.00	48.00
1990	JULIET VALENTINE 2ND EDITION 1147	CL	48.00	60.00
1990	MARLENE VALENTINE 1259	CL	48.00	80.00
1990	NANCY BOWMAN 1261	CL	48.00	60.00
1991	ANNABELLE BOWMAN 1267	CL	68.00	72.00
1991	BARBARA HELEN 1274	CL	58.00	70.00
1991	CYNTHIA HIGH 1127A	CL	60.00	70.00
1991	DEPARTMENT STORE SANTA, THE 1270	CL	76.00	95.00
1991	ELIZABETH SWEETLAND 2ND EDITION 1109	CL	56.00	75.00
1991	ESTHER DUNN 2ND EDITION 1127	CL	60.00	85.00
1991	MICHAEL BOWMAN 1268	CL	52.00	60.00
1991	SANTA'S HELPER 1271	CL	52.00	70.00
1991	TRUDY VALENTINE 1269	CL	64.00	75.00
1992	ASHLEY BOWMAN 1304	CL	48.00	50.00
1992	CAROL ANNE BOWMAN 1282	CL	70.00	140.00
1992	CASSIE YOCUM 2ND EDITION 1179	CL	80.00	95.00
1992	CHARLES BOWMAN 2ND EDITION 1221	CL	46.00	60.00
1992	DORA VALENTINE 2ND EDITION 1152	CL	48.00	50.00
1992	EDWIN BOWMAN 1281	CL	70.00	100.00
1992	FRANCIS BOWMAN 1305	CL	48.00	55.00
1992	JOANIE VALENTINE 1295	CL	48.00	55.00
1992	JOSEPH VALENTINE 1283	CL	62.00	70.00
1992	KATHRYN BOWMAN 1285	CL	140.00	500.00
1992	MARIE VALENTINE 2ND EDITION 1184	CL	68.00	90.00
1992	MELANIE BOWMAN 2ND EDITION 1220	CL	46.00	55.00
1992	NATALIE VALENTINE 1284	CL	62.00	80.00
1992	TIMOTHY BOWMAN 1294	CL	56.00	60.00
1992	WENDEL BOWMAN 2ND EDITION 1106	CL	60.00	70.00
1992	WENDY BOWMAN 1293	CL	78.00	82.00

YR	NAME	LIMIT	ISSUE	TREND
1993	ANNIE BOWMAN 2ND EDITION 1150	CL	68.00	70.00
1993	CHRISTMAS TREE W/CATS 1293A	OP	42.00	44.00
1993	JUSTINE VALENTINE 1302	CL	84.00	87.00
1993	LUTHER BOWMAN 2ND EDITION 1108	OP	60.00	63.00
1993	MOMMY 1312	CL	48.00	55.00
1993	PEARL BOWMAN 1303	CL	56.00	60.00
1993	PENNY VALENTINE 1308	OP	60.00	63.00
1993	SANTA CLAUS 1311	CL	48.00	48.00
1994	BONNIE VALENTINE 1323	OP	35.00	37.00
1994	CHRISTINE BOWMAN 1332	CL	62.00	65.00
1994	EDWARD BOWMAN 2ND EDITION 1158	CL	76.00	85.00
1994	ELSIE BOWMAN 1325	OP	64.00	67.00
1994	GILBERT HIGH 1335	OP	65.00	68.00
1994	GWENDOLYN HIGH 1342	RT	58.00	59.00
1994	JAMIE BOWMAN 1324	OP	35.00	35.00
1994	JOSIE VALENTINE 1322	CL	76.00	85.00
1994	KARL VALENTINE 2ND EDITION 1161	CL	54.00	57.00
1994	MARISA VALENTINE 1333	OP	58.00	61.00
1994	MINNIE VALENTINE 1336	OP	64.00	67.00
1994	PRUDENCE VALENTINE 1331	CL	180.00	180.00
1994	SHIRLEY BOWMAN 1334	OP	63.00	66.00
1995	ALICE VALENTINE 2ND EDITION 1148	CL	56.00	65.00
1995	EDWINA HIGH 1343	OP	56.00	58.00
1995	JILLIAN BOWMAN 2ND EDITION 1180	CL	90.00	100.00
1995	LEONA HIGH 1355	CL	68.00	70.00
1995	LYDIA BOWMAN 1347	CL	54.00	55.00
1995	MATTIE DUNN 1344	OP	56.00	58.00
1995	PETER VALENTINE 2ND EDITION 1113	CL	55.00	57.00
1995	REGINA BOWMAN 1353	RT	70.00	72.00
1995	ROBERT BOWMAN 1348	CL	64.00	66.00
1995	ST. NICHOLAS 1356	2 YR	98.00	101.00
1996	ADAM VALENTINE 1380	RT	70.00	70.00
1996	BETH BOWMAN 2ND EDITION 1149A	OP	28.00	29.00
1996	BEVERLY ANN BOWMAN 1379	RT	70.00	70.00
1996	CECELIA BROWN (ALONE) 1366A	CL	28.00	28.00
1996	CECELIA BROWN (W/MOTHER) 1366	CL	101.00	101.00
1996	CHARLOTTE HIGH 1370	OP	74.00	74.00
1996	DANIEL BROWN (ALONE) 1367A	CL	28.00	28.00
1996	DANIEL BROWN (WITH MOTHER) 1367	CL	101.00	101.00
1996	DARLA HIGH 1394	OP	60.00	60.00
1996	DARLENE BOWMAN 1368	CL	78.00	78.00
1996	DELIA VALENTINE 2ND EDITION 1153	OP	66.00	66.00
1996	LIZZIE HIGH 2ND EDITION 1100	OP	92.00	92.00
1996	LOTTIE BOWMAN 1395	OP	97.00	97.00
1996	LOUIS BOWMAN 1149B	OP	28.00	29.00
1996	MAISIE BOWMAN 1392	OP	58.00	58.00
1996	MATILDA HIGH 1393	OP	60.00	60.00
1996	MELODY VALENTINE 1401	OP	67.00	67.00
1996	MEREDITH HIGH	RT	80.00	80.00
1996	NICHOLAS VALENTINE (ALONE) 1365A	CL	28.00	28.00
1996	NICHOLAS VALENTINE (WITH MOTHER) 1365	CL	101.00	101.00
1996	PHILLIP VALENTINE	RT	80.00	90.00
1996	SALLY BOWMAN 2ND EDITION 1155	OP	76.00	76.00
1996	SHANNON FITZPATRICK 1391	OP	59.00	59.00
1996	SOPHIE VALENTINE (ALONE) 1164A	CL	28.00	28.00
1996	SOPHIE VALENTINE (WITH MOTHER) 2ND EDITION 1164	CL	101.00	101.00
1996	SUSANNA BOWMAN 2ND EDITION 1149	OP	50.00	50.00
1996	THOMAS BOWMAN 2ND EDITION 1159	OP	60.00	60.00
1996	TUCKER BOWMAN 1369	CL	78.00	78.00
1999	BETTY ANN HIGH 1442	OP	77.00	77.00
1999	JOSHUA HIGH 1444	OP	57.00	57.00
1999	KIMBERLY VALENTINE 1443	OP	57.00	57.00
1999	PAIGE BOWMAN 1447	OP	80.00	80.00
1999	PATTI VALENTINE 1439	OP	70.00	70.00
1999	ROSIE VALENTINE 1446	OP	59.00	59.00
B. & P. WISBER			**LIZZIE HIGH PUNKINS**	
1998	ARIEL	OP	48.00	48.00
1998	BONITA	OP	50.00	50.00
1998	BROOKE	OP	50.00	50.00
1998	CASEY	OP	50.00	50.00
1998	GILDA	OP	50.00	50.00
1998	HANNAH	OP	50.00	50.00
1998	KILEY	OP	50.00	50.00
1998	MAXINE	OP	50.00	50.00
B. & P. WISBER			**LIZZIE HIGH SOCIETY**	
1993	AUDREY HIGH 1301	CL	59.00	500.00
1993	BECKY HIGH 1330	CL	96.00	450.00
1994	CHLOE VALENTINE	CL	79.00	180.00
1996	DOTTIE BOWMAN	CL	78.00	100.00
1996	ELLIE BOWMAN	CL	62.00	90.00
1999	GLORIA VALENTINE	YR	68.00	68.00
B. & P. WISBER			**LIZZIE HIGH SPECIAL EVENT PIECE**	
1996	LITTLE AMANDA HIGH	YR	36.00	40.00
1999	SARA VALENTINE	CL	37.00	37.00
B. & P. WISBER			**PAWTUCKETS OF SWEET BRIAR LANE**	
1986	AUNT LILLIAN PAWTUCKET 1ST EDITION 1141	CL	32.00	115.00
1986	AUNT MINNIE PAWTUCKET 1ST EDITION 1136	CL	45.00	130.00
1986	BROTHER NOAH PAWTUCKET 1140	CL	32.00	115.00
1986	BUNNIES, THE/BOY 1ST ED. 1145	CL	15.00	25.00

YR	NAME	LIMIT	ISSUE	TREND
1986	BUNNIES, THE/GIRL 1ST ED. 1145	CL	15.00	55.00
1986	COUSIN CLARA PAWTUCKET 1ST EDITION 1144	CL	32.00	115.00
1986	GRAMMY PAWTUCKET 1ST EDITION 1137	CL	32.00	115.00
1986	MAMA PAWTUCKET 1ST EDITION 1142	CL	34.00	115.00
1986	PAPPY PAWTUCKET 1143	CL	32.00	115.00
1986	SISTER FLORA PAWTUCKET 1ST EDITION 1139	CL	32.00	115.00
1986	UNCLE HARLEY PAWTUCKET 1ST EDITION 1138	CL	32.00	115.00
1987	AUNT MABEL PAWTUCKET 212	CL	45.00	135.00
1987	BUNNY BED 1218	CL	16.00	115.00
1987	COUSIN ALBERTA PAWTUCKET 1210	CL	36.00	115.00
1987	COUSIN ISABEL PAWTUCKET 1209	CL	36.00	115.00
1987	SISTER CLEMMIE PAWTUCKET 1ST EDITION 1211	CL	34.00	115.00
1988	COUSIN JED PAWTUCKET 1234	CL	34.00	115.00
1988	COUSIN WINNIE PAWTUCKET 1233	CL	49.00	115.00
1993	AUNT MINNIE PAWTUCKET 2ND EDITION 1136	CL	72.00	75.00
1993	FLOSSIE PAWTUCKET 1136A	CL	33.00	35.00
1994	AUNT LILLIAN PAWTUCKET 2ND EDITION 1141	CL	58.00	58.00
1994	BUNNIES, THE/BOY 2ND ED. 1145A	CL	33.00	33.00
1994	BUNNIES, THE/GIRL 2ND ED. 1145	CL	33.00	33.00
1994	GRAMMY PAWTUCKET 2ND EDITION 1137	CL	68.00	71.00
1994	MAMA PAWTUCKET 2ND EDITION 1142	CL	86.00	89.00
1994	PAWTUCKET BUNNY HUTCH 1141A	CL	38.00	40.00
1994	UNCLE HARLEY PAWTUCKET 2ND EDITION 1138	CL	74.00	77.00
1995	BUNNIES FEMALE W/LAUNDRY 1211A,THE	CL	33.00	34.00
1995	LITTLE LIZZIE HIGH ANNIVERSARY SPECIAL EVENT	CL	40.00	40.00
1995	LIZZIE HIGH 10TH ANNIVERSARY SIGN. ED. 1100A	CL	90.00	90.00
1995	PAWTUCKET WASH LINE 1211B	CL	20.00	21.00
1995	SISTER CLEMMIE PAWTUCKET 2ND EDITION 1211	CL	60.00	62.00
1996	COUSIN CLARA PAWTUCKET 2ND EDITION	CL	84.00	110.00
1996	LITTLE REBECCA BOWMAN 1996 SPECIAL EVENT 1372	CL	37.00	37.00
1996	SISTER FLORA PAWTUCKET 2ND EDITION 1139	CL	64.00	64.00

B. & P. WISBER — THANKSGIVING PLAY

YR	NAME	LIMIT	ISSUE	TREND
1988	INDIAN SQUAW 1244	CL	36.00	75.00
1988	PILGRIM BOY 1242	CL	40.00	75.00
1988	PILGRIM GIRL 1243	CL	48.00	75.00

LAWTON DOLL CO.

W. LAWTON — A CHILD'S GARDEN OF VERSES COLLECTION

YR	NAME	LIMIT	ISSUE	TREND
1997	MY SHIP AND I	500	695.00	695.00
1997	PICTURE BOOKS IN WINTER	500	695.00	695.00

W. LAWTON — CENTERPIECES

YR	NAME	LIMIT	ISSUE	TREND
1992	LOTTA ON STAGE	CL	*	N/A
1993	LITTLE COLONEL II	CL	*	N/A
1995	ALICE CENTERPIECE	CL	*	N/A

W. LAWTON — CHERISHED CUSTOMS

YR	NAME	LIMIT	ISSUE	TREND
1990	BLESSING, THE/MEXICO	CL	395.00	1100.00
1990	GIRL'S DAY/JAPAN	CL	395.00	500.00
1990	HIGH TEA/GREAT BRITAIN	CL	395.00	500.00
1990	MIDSOMMAR/SWEDEN	CL	395.00	395.00
1991	FROLIC/AMISH	CL	395.00	395.00
1991	NDEKO/ZAIRE	CL	395.00	700.00
1992	CARNIVAL/BRAZIL	CL	425.00	425.00
1992	CRADLEBOARD/NAVAJO	CL	425.00	425.00
1992	PASCHA/UKRAINE	CL	495.00	550.00
1993	NALAUQATAQ/ESKIMO	CL	395.00	395.00
1993	TOPENG KLANA/JAVA	CL	495.00	550.00
1994	KWANZAA/AFRICA	CL	425.00	425.00
1995	PIPING THE HAGGIS	CL	495.00	495.00

W. LAWTON — CHILDHOOD CLASSICS

YR	NAME	LIMIT	ISSUE	TREND
1983	ALICE IN WONDERLAND	CL	225.00	2750.00
1984	HEIDI	CL	325.00	750.00
1985	HANS BRINKER	CL	325.00	1700.00
1986	ANNE OF GREEN GABLES	CL	325.00	2250.00
1986	LAURA INGALLS	CL	325.00	650.00
1986	POLLYANNA	CL	325.00	1500.00
1987	JUST DAVID	CL	325.00	900.00
1987	MARY LENNOX	CL	325.00	500.00
1987	POLLY PEPPER	CL	325.00	475.00
1988	LITTLE EVA	CL	350.00	500.00
1988	REBECCA OF SUNNYBROOK FARM	CL	350.00	600.00
1988	TOPSY	CL	350.00	800.00
1989	HONEY BUNCH	CL	350.00	500.00
1989	LITTLE PRINCESS	CL	395.00	800.00
1990	MARY FRANCES	CL	350.00	370.00
1990	POOR LITTLE MATCH GIRL	CL	350.00	550.00
1991	BOBBSEY TWINS, THE/FLOSSIE	CL	365.00	725.00
1991	BOBBSEY TWINS, THE/FREDDIE	CL	365.00	600.00
1991	HIAWATHA	CL	395.00	450.00
1991	LITTLE BLACK SAMBO	CL	395.00	530.00
1998	MARCELLA AND HER RAGGEDY FAMILY	1000	795.00	795.00

W. LAWTON — CHILDHOOD CLASSICS II

YR	NAME	LIMIT	ISSUE	TREND
1992	MARIGOLD GARDEN	CL	450.00	450.00
1992	OLIVER TWIST	CL	450.00	450.00
1992	PETER AND THE WOLF	CL	495.00	525.00
1993	TOM SAWYER	CL	395.00	395.00
1993	VELVETEEN RABBIT, THE	CL	395.00	395.00
1994	GIRL OF THE LIMBERLOST	CL	425.00	425.00

Dressed for a day at play, Tish—a store exclusive by the Lawton Doll Co.—is a closed edition that has increased in value since its 1991 release.

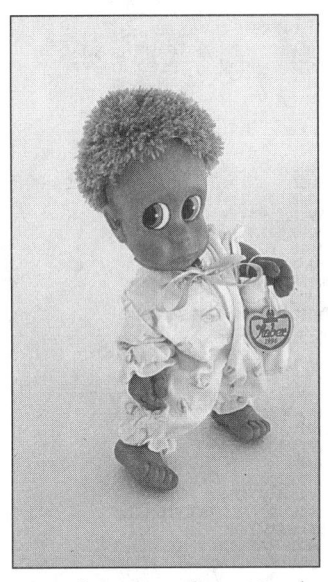

Limited to 1,001, John, a 12-inch Naber Kid, was released in 1996 for a retail price of $150.

Frolic was released in 1991 by the Lawton Doll Co. The word "frolic" comes from an old Amish custom of a working party, such as a barn raising or a quilting bee.

Kelton porcelain doll was issued in 1995 in an edition limit of 300. The doll was sculpted by Jan Hagara and named after her grandson.

YR	NAME	LIMIT	ISSUE	TREND
1995	LITTLE LORD FAUNTLEROY	CL	450.00	450.00
1996	PHOEBE PREBLE AND HITTY	CL	595.00	595.00
1997	LITTLE ORPHAN ANNIE	500	450.00	450.00
W. LAWTON			**CHILDREN'S HOUR**	
1991	EDITH WITH GOLDEN HAIR	CL	395.00	450.00
1991	GRAVE ALICE	CL	395.00	450.00
1991	LAUGHING ALLEGRA	CL	395.00	450.00
W. LAWTON			**CHILDREN'S LITERATURE**	
1998	FANTASTIC DRAWINGS OF DANIELLE	750	750.00	750.00
1998	MIRETTE ON THE HIGH WIRE	750	650.00	650.00
W. LAWTON			**CHRISTMAS COLLECTION**	
1997	VICTORIAN CHRISTMAS	350	595.00	595.00
1998	YES, VIRGINIA	350	450.00	450.00
W. LAWTON			**CHRISTMAS DOLL**	
1988	CHRISTMAS JOY	CL	325.00	775.00
1989	NOEL	CL	325.00	450.00
1990	CHRISTMAS ANGEL	CL	325.00	440.00
1991	YULETIDE CAROLE	CL	395.00	440.00
1996	BIRDS' CHRISTMAS CAROL, THE	CL	450.00	450.00
W. LAWTON			**CHRISTMAS LEGENDS**	
1992	LEGEND OF THE POINSETTIA, THE	CL	395.00	395.00
1993	LITTLE DRUMMER BOY, THE	CL	595.00	595.00
1994	SANTA LUCIA	CL	425.00	425.00
1995	NUTCRACKER, THE	CL	595.00	615.00
W. LAWTON			**CLASSIC CHILDREN COLLECTION**	
1997	PRIM N PROPER	350	595.00	595.00
1998	FLEURETTE 'F' FIFI	350	595.00	595.00
W. LAWTON			**CLASSIC LITERATURE**	
1996	SCARLET LETTER, THE	CL	1495.00	1495.00
W. LAWTON			**CLASSIC PLAYTHINGS**	
1993	PATRICIA AND HER PATSY	CL	595.00	600.00
1994	KATIE AND HER KEWPIE	CL	595.00	595.00
1995	BESSIE AND HER BYE LO BABY	CL	595.00	650.00
1996	KATHERINE AND HER KATHE KRUSE DOLL	CL	795.00	795.00
1997	GLYNNIS AND HER GOOGLIE	750	595.00	595.00
1997	GRACIE AND HER GOLLIWOGG	750	595.00	595.00
1998	PETRA AND PINOCCHIO	750	595.00	595.00
W. LAWTON			**CLASSIC PLAYTHINGS II**	
1996	HENRIETTE AND HER HILDA	CL	1395.00	1395.00
W. LAWTON			**COLLECTORS GUILD**	
1998	BABY BOUTIQUE BLUE	YR	495.00	495.00
1998	BABY BOUTIQUE PINK	YR	495.00	495.00
W. LAWTON			**CONNOISSEUR COLLECTION**	
1998	MERRY WIDOW IN THREE ACTS	150	1995.00	1995.00
W. LAWTON			**EARLY AMERICAN PORTRAIT**	
1994	ABIGAIL AND JANE AUGUSTA	CL	995.00	1500.00
1995	CARRIE AND SOPHIA GRACE	CL	1250.00	1250.00
W. LAWTON			**FABRIC OF AMERICA**	
1996	ZUDIE'S COVERLET	CL	895.00	895.00
1997	BOBBIN LACE	350	895.00	895.00
W. LAWTON			**FOLKTALES AND FAIRY STORIES**	
1992	LITTLE EMPEROR'S NIGHTINGALE, THE	CL	425.00	500.00
1992	LITTLE RED RIDING HOOD	CL	450.00	600.00
1992	SWAN PRINCESS	CL	495.00	495.00
1992	WILLIAM TELL, THE YOUNGER	CL	395.00	395.00
1993	GOLDILOCKS AND BABY BEAR	CL	595.00	640.00
1993	SNOW WHITE	CL	395.00	395.00
1994	LITTLE GRETEL	CL	395.00	400.00
1995	RAPUNZEL	CL	450.00	475.00
W. LAWTON			**FUN WITH DICK AND JANE**	
1996	DICK	CL	495.00	495.00
1996	JANE	CL	495.00	495.00
W. LAWTON			**GENTLE PURSUITS**	
1994	EMILY AND HER DIARY	CL	795.00	795.00
1995	EUGENIA'S LITERARY SALON	CL	795.00	795.00
W. LAWTON			**GRAND TOUR**	
1994	SPRINGTIME IN PARIS	CL	895.00	1250.00
1995	AFRICAN SAFARI	CL	995.00	1000.00
W. LAWTON			**GUILD DOLLS**	
1989	BAA BAA BLACK SHEEP	CL	395.00	750.00
1990	LAVENDER BLUE	CL	395.00	425.00
1991	TO MARKET, TO MARKET	CL	495.00	500.00
1992	LITTLE BOY BLUE	CL	395.00	425.00
1993	LAWTON LOGO DOLL	CL	350.00	525.00
1994	WEE HANDFUL	CL	250.00	325.00
1995	UNIQUELY YOURS	CL	395.00	500.00
1996	TEDDY AND ME	CL	450.00	450.00
1997	LAWTON TRAVEL DOLL, THE	CL	695.00	695.00
W. LAWTON			**LANGUAGE OF FLOWERS**	
1998	DAISY	350	395.00	395.00
1998	VIOLET	350	395.00	395.00
W. LAWTON			**LITTLE LUXURIES**	
1997	BLACK CAT LANTERN	*	30.00	30.00
1997	CHECKERS SET	*	70.00	70.00
1997	FATHER CHRISTMAS TREE AND VICTORIAN ORNAMENTS	*	110.00	110.00
1997	JACK O'LANTERN	*	30.00	30.00
1997	PHOTOGRAPH ALBUM	*	65.00	65.00

YR	NAME	LIMIT	ISSUE	TREND
1997	SEWING BOX	*	100.00	100.00
1997	STEREOSCOPE	*	125.00	125.00
1997	TATTING BOX	*	100.00	100.00
1997	TINY BYE LO BABY	*	225.00	225.00
1997	TINY HILDA	*	295.00	295.00
1997	WALNUT LAP DESK	*	110.00	110.00
W. LAWTON			**LITTLE WOMEN**	
1988	AMY	CL	395.00	395.00
1988	BETH	CL	395.00	395.00
1988	JO	CL	395.00	395.00
1988	MEG	CL	395.00	395.00
W. LAWTON			**MEMORIES & MELODIES**	
1993	APPLE BLOSSOM TIME	CL	295.00	325.00
1993	IN THE GOOD OL' SUMMERTIME	CL	295.00	295.00
1993	LYDA ROSE	CL	295.00	295.00
1993	SCARLET RIBBONS	CL	295.00	320.00
1994	LET ME CALL YOU SWEETHEART	CL	295.00	295.00
1995	EASTER PARADE	CL	295.00	295.00
W. LAWTON			**MERELY ME COLLECTION**	
1997	JUST JENNY	250	495.00	495.00
1997	SIMPLY SARAH	250	495.00	495.00
W. LAWTON			**NEWCOMER COLLECTION**	
1987	ELLIN ELIZABETH, EYES CLOSED	CL	325.00	1000.00
1987	ELLIN ELIZABETH, EYES OPEN	CL	335.00	1200.00
W. LAWTON			**ONE-OF-A-KIND**	
1989	AMELIA	CL	1400.00	1100.00
1990	GOLDILOCKS AND BABY BEAR	CL	*	N/A
1991	FELICITY MINDS THE QUINTS	CL	*	N/A
1992	LITTLE MISS MUFFET	CL	3900.00	3900.00
1993	CURLY LOCKS, CURLY LOCKS	CL	5700.00	5700.00
1993	JACK AND THE BEANSTALK	CL	2500.00	2500.00
1994	SARA CREWE ARRIVES AT MISS MINCHIN'S	CL	11000.00	11000.00
1995	ERRANDS FOR GRANDMOTHER	CL	4600.00	4600.00
W. LAWTON			**PLAYTHINGS PAST**	
1989	EDWARD AND DOBBIN	CL	395.00	500.00
1989	ELIZABETH AND BABY	CL	395.00	500.00
1989	VICTORIA AND TEDDY	CL	395.00	400.00
W. LAWTON			**POETRY COLLECTION**	
1994	AT AUNTY'S HOUSE	CL	795.00	800.00
1995	LUCY GRAY	CL	795.00	800.00
W. LAWTON			**ROYALTY COLLECTION**	
1998	GRAND DUCHESS ANASTASIA NICHOLAIEVNA	250	795.00	795.00
W. LAWTON			**SEASONS**	
1988	AMBER AUTUMN	CL	325.00	500.00
1989	SUMMER ROSE	CL	325.00	400.00
1990	CRYSTAL WINTER	CL	325.00	325.00
1991	SPRING BLOSSOM	CL	325.00	375.00
W. LAWTON			**SMALL WONDERS**	
1993	JAFRY	CL	150.00	150.00
1993	JAMILLA	CL	150.00	150.00
1993	MEGHAN	CL	150.00	150.00
1993	MICHAEL	CL	150.00	150.00
W. LAWTON			**SPECIAL EDITION**	
1988	MARCELLA AND RAGGEDY ANN	CL	395.00	1025.00
1993	FLORA MCFLIMSEY	CL	895.00	1200.00
1994	MARY CHILTON	CL	395.00	750.00
1995	THROUGH THE LOOKING GLASS	CL	495.00	1500.00
W. LAWTON			**SPECIAL OCCASION**	
1988	NANTHY	CL	325.00	550.00
1989	FIRST DAY OF SCHOOL	CL	325.00	550.00
1990	1ST BIRTHDAY	CL	295.00	375.00
W. LAWTON			**STORE EXCLUSIVE**	
1989	MAIN STREET, USA	CL	350.00	450.00
1990	GARDEN SONG MARTA	CL	395.00	395.00
1990	LIBERTY SQUARE	CL	350.00	350.00
1990	LITTLE COLONEL	CL	395.00	395.00
1991	TISH	CL	395.00	600.00
1992	KAREN	CL	395.00	395.00
1993	A GOOFY LITTLE KID	CL	395.00	395.00
1993	BRITA/TEA PARTY	CL	395.00	395.00
1993	KELLYN	CL	395.00	395.00
1994	KITTY	CL	425.00	425.00
1994	MELISSA AND HER MICKEY	CL	495.00	495.00
1994	MORGAN	CL	425.00	475.00
1995	CHRISTOPHER ROBIN & WINNIE THE POOH	CL	495.00	495.00
1995	JOSEPHINE	CL	*	N/A
W. LAWTON			**SUGAR 'N' SPICE**	
1986	JASON	CL	250.00	1200.00
1986	JESSICA	CL	250.00	1200.00
1986	KERSTEN	CL	250.00	650.00
1986	KIMBERLY	CL	250.00	725.00
1987	GINGER	CL	275.00	330.00
1987	MARIE	CL	275.00	475.00
W. LAWTON			**TIMELESS BALLADS**	
1987	ANNABEL LEE	CL	495.00	650.00
1987	HIGHLAND MARY	CL	495.00	750.00
1987	YOUNG CHARLOTTE	CL	495.00	950.00
1988	SHE WALKS IN BEAUTY	CL	550.00	700.00

YR	NAME	LIMIT	ISSUE	TREND
W. LAWTON			**TREASURED TALES**	
1994	DREAMER, THE	CL	395.00	395.00
W. LAWTON		**TRIBUTE TO JUNE AMOS GRAMMER**		
1996	JUNE AMOS AND MARY ANNE	CL	1395.00	1395.00
1996	JUNE AMOS AND MARY ANNE (AUTOGRAPHED BK. ED.)	CL	1495.00	1495.00
W. LAWTON				**WEE BITS**
1988	WEE BIT O' HEAVEN	CL	295.00	475.00
1988	WEE BIT O' SUNSHINE	CL	295.00	475.00
1988	WEE BIT O' WOE	CL	295.00	475.00
1989	WEE BIT O' BLISS	CL	295.00	360.00
1989	WEE BIT O' WONDER	CL	295.00	375.00

LENOX CHINA/CRYSTAL COLLECTION

YR	NAME	LIMIT	ISSUE	TREND
*			**BOLSHOI NUTCRACKER DOLLS**	
1991	CLARA	OP	195.00	195.00
*			**BONNET BABY DOLLS**	
1992	EASTER BONNET	OP	95.00	95.00
*			**CHILDREN OF THE WORLD**	
1989	HANNAH/THE LITTLE DUTCH MAIDEN	OP	119.00	119.00
1990	HEATHER/LITTLE HIGHLANDER	OP	119.00	119.00
1990	SCOTTISH/ LASS	OP	119.00	119.00
1991	AMMA/AFRICAN GIRL	OP	119.00	119.00
1991	SAKURA/JAPANESE GIRL	OP	119.00	119.00
1992	GRETCHEN/GERMAN DOLL	OP	119.00	120.00
*			**CHILDREN WITH TOYS DOLLS**	
1991	TEA FOR TEDDY	OP	136.00	136.00
J. GRAMMER			**CHINA DOLLS - CLOTH BODIES**	
1985	AMY, 14 IN.	CL	250.00	700.00
1985	ANNABELLE, 14 IN.	CL	250.00	700.00
1985	ELIZABETH, 14 IN.	CL	250.00	700.00
1985	JENNIFER, 14 IN.	CL	250.00	700.00
1985	MIRANDA, 14 IN	CL	250.00	700.00
1985	SARAH, 14 IN.	CL	250.00	700.00
*			**COUNTRY DECOR DOLLS**	
1991	MOLLY	OP	150.00	150.00
P. THOMPSON			**ELLIS ISLAND DOLLS**	
1991	MEGAN	CL	150.00	150.00
1991	STEFAN	CL	150.00	150.00
1992	ANGELINA	CL	150.00	150.00
1992	ANNA	CL	152.00	152.00
1992	CATHERINE	CL	152.00	152.00
*			**FIRST COLLECTOR DOLL**	
1992	LAUREN	OP	152.00	152.00
*			**INSPIRATIONAL DOLL**	
1992	BLESSED ARE THE PEACEMAKERS	OP	119.00	120.00
J. GRAMMER			**INTERNATIONAL BABY DOLL**	
1992	NATALIA/RUSSIAN BABY	OP	119.00	120.00
J. GRAMMER			**LENOX CHINA DOLLS**	
1984	ABIGAIL, 20 IN.	CL	425.00	2000.00
1984	AMANDA, 16 IN.	CL	385.00	1700.00
1984	JESSICA, 20 IN.	CL	450.00	1900.00
1984	MAGGIE, 16 IN.	CL	375.00	1700.00
1984	MARYANNE, 20 IN.	CL	425.00	2000.00
1984	MELISSA, 16 IN.	CL	450.00	3100.00
1984	REBECCA, 16 IN.	CL	375.00	1700.00
1984	SAMANTHA, 16 IN.	CL	500.00	2800.00
*			**LENOX VICTORIAN DOLLS**	
1989	VICTORIAN BRIDE, THE	OP	295.00	295.00
1990	CHRISTMAS DOLL, ELIZABETH	OP	195.00	195.00
1991	VICTORIAN CHRISTENING DOLL	OP	295.00	295.00
1992	LADY AT GALA	OP	295.00	300.00
*				**LITTLE WOMEN**
1992	AMY, THE INSPIRING ARTIST	OP	152.00	152.00
*			**MUSICAL BABY DOLLS**	
1991	PATRICK'S LULLABYE	OP	95.00	95.00
*			**NUTCRACKER DOLL**	
1992	SUGARPLUM	OP	195.00	200.00
1993	NUTCRACKER	OP	195.00	200.00
*			**PRIMA BALLERINA COLLECTION**	
1992	ODETTE/QUEEN OF THE SWANS	CL	195.00	200.00
1993	SLEEPING BEAUTY	OP	195.00	195.00
A. LESTER				**SIBLING DOLLS**
1991	SKATING LESSON	OP	195.00	195.00

LINDA LEE SUTTON ORIGINALS

L.L. SUTTON

YR	NAME	LIMIT	ISSUE	TREND
1986	LITTLE DAVID	2	395.00	395.00
1986	LITTLE NUBBINS	99	350.00	350.00
1987	CRYSTAL	5	235.00	235.00
1987	JESSICA FAITH AWAKE	75	495.00	495.00
1987	JESSICA FAITH NAPTIME	50	495.00	495.00
1987	MARY CHRISTMAS	75	725.00	725.00
1988	AT THE BALL GAME	75	365.00	365.00
1988	THE TWINS, ERNIE & EXIE	40 SETS	980.00	980.00
1988	THOMAS FIRST HAIRCUT	125	595.00	800.00
1989	ELIZABETH	100	595.00	800.00
1989	LINDA LEE JUST ME AND MY BEAR	125	495.00	495.00
1990	ALL-SMILES	40	595.00	595.00

YR	NAME	LIMIT	ISSUE	TREND
1990	ROSE-A-LEE	35	625.00	800.00
1991	CINDERELLA CINDERS	20	650.00	650.00
1991	CINDERELLA'S BALL GOWN	20	825.00	825.00
1991	CINDERELLA'S WEDDING	20	850.00	850.00
1991	LITTLE RED ROSE IN CRADLE BOARD	20	1200.00	1200.00
1991	POMP IN CRADLE BOARD	20	1200.00	1200.00
1992	CORKY OF COON HOLLOW	50	595.00	595.00
1992	HEATHER	10	285.00	285.00
1992	PUPPY LUV	25	675.00	675.00
1993	LACIE MARIE	25	650.00	650.00
1993	LOIS MARIE	15	795.00	795.00
1993	MISS SADIE	30	1195.00	1195.00
1994	CREEK MARY	20	1195.00	1195.00
1994	FALL BROOKE	5	1550.00	1600.00
1994	GARDEN BALLET BLUE BELL	5	475.00	475.00
1994	GARDEN BALLET ROSE	5	475.00	475.00
1994	GARDEN BALLEY LILLY	5	475.00	475.00
1994	SOPHIE	50	695.00	715.00
1994	SPRING BROOKE	5	1550.00	1600.00
1994	SUMMER BROOKE	5	1550.00	1600.00
1994	WINTER BROOKE	20	1550.00	1575.00
1995	BRITTANY	20	625.00	625.00
1995	CHELSEA CHERUB & HER HEAVENLY WARDROBE	25	895.00	895.00
1995	HEATHER "N" HARE	20	625.00	625.00
1995	LITTLE RED ROSE TODDLER	20	495.00	495.00
1995	PAIGE	10	625.00	625.00
1995	SOENG MIN & HER WARDROBE	25	889.00	889.00
1996	GOOSE GIRL	10	595.00	595.00
1996	IWA (EE-VAH)	20	495.00	495.00
1996	LADIES IN WHITE (3)	5 SETS	3250.00	3250.00
1996	MOTHER MAY I	5	495.00	495.00
1996	RAINBOW'S PROMISE	20	895.00	895.00
1996	SODA POP WITH LOVE	20	895.00	895.00
1997	CHEN LING & PANDORA	20	498.00	498.00
1997	GOLDILOCKS LET'S DANCE BABY BEAR	25	550.00	550.00
1997	IVIES ENGLISH GARDEN	1	1950.00	1950.00
1997	KAIV & POLAR FRIEND	10	650.00	650.00
1997	TEDDIE & TEDDIE FRIEND	15	498.00	498.00
1997	TOMORROW'S WASH DAY	20	650.00	650.00
1997	TUESDAY	10	625.00	625.00
1998	BIRD WATCHER TWINS	7 SETS	995.00	995.00
1998	BONNIE BONNET CHRISTENING BABY	10	695.00	695.00
1998	BREEZIE	20	895.00	895.00
1998	CRICKET	15	595.00	595.00
1998	HANSEL & GRETEL	10 SETS	995.00	995.00
1998	HANSEL & GRETEL'S PAINTED CHALET	10	195.00	195.00
1998	KOKO ON ICE	10	550.00	550.00
1998	KOKO'S PAINTED IGLOO	10	195.00	195.00
1998	LITTLE GOLFER	10	575.00	575.00
1999	DIANNA ROSE	10	650.00	650.00
1999	EMILY ON THE OREGON TRAIL & THE BLUE BUCKET LEGEND	20	650.00	650.00
1999	JOLLY JINGLES SANTA	15	725.00	725.00
1999	KIBIBI	5	995.00	995.00
1999	LITTLE CATTAIL	20	625.00	625.00
1999	PEEK-A-BOO	20	825.00	825.00
1999	SANTA BY THE SEA	10	895.00	895.00
1999	SARA JILL	10	750.00	750.00
1999	TRAVEL ANGEL	OP	175.00	175.00

MATTEL

*			35TH ANNIVERSARY BARBIE DOLL	
1994	BLONDE BARBIE	RT	40.00	45.00
1994	BRUNETTE BARBIE	RT	40.00	80.00
1994	GIFT PACK BARBIE	RT	80.00	150.00
*			BARBIE DOLL	
1990	HAPPY BIRTHDAY BARBIE	*	*	39.00
1991	BIRTHDAY SURPRISE BARBIE	*	*	39.00
1991	GAY PARISIENNE BARBIE	RT	*	225.00
B. MACKIE			BOB MACKIE BARBIE DOLL	
1990	GOLD BARBIE 5405	RT	144.00	800.00
1991	PLATINUM BARBIE 2703	RT	153.00	700.00
1991	STARLIGHT SPLENDOR BARBIE 2704	RT	135.00	700.00
1992	EMPRESS BRIDE BARBIE 4247	RT	232.00	1200.00
1992	NEPTUNE FANTASY BARBIE 4248	RT	160.00	1200.00
1992	SILKEN FLAMES BARBIE	RT	*	200.00
1993	MASQUERADE	RT	175.00	400.00
1994	QUEEN OF HEARTS	RT	175.00	235.00
C. SPENCER			GOLDEN JUBILEE	
1994	GOLDEN JUBILEE	RT	325.00	1200.00
*			HOLIDAY BARBIES	
1988	HOLIDAY BARBIE	RT	25.00	800.00
1989	HOLIDAY BARBIE	RT	35.00	300.00
1990	HOLIDAY BARBIE	RT	*	200.00
1991	HOLIDAY BARBIE	RT	*	200.00
1992	HOLIDAY BARBIE	RT	*	165.00
1993	HOLIDAY BARBIE	RT	*	140.00
1994	HOLIDAY BARBIE	RT	45.00	125.00
1995	HOLIDAY BARBIE	RT	45.00	65.00
1996	HOLIDAY BARBIE	RT	45.00	45.00

YR	NAME	LIMIT	ISSUE	TREND
1997	HOLIDAY BARBIE	RT	*	10.00
1998	HOLIDAY BARBIE	RT	*	35.00
*				
	NOSTALGIC PORCELAIN BARBIE DOLLS			
1989	WEDDING DAY BARBIE 2641	RT	198.00	600.00
1990	SOLO IN THE SPOTLIGHT 7613	RT	198.00	225.00
1990	SOPHISTICATED LADY 5313	RT	198.00	225.00
*				
	WINTER PRINCESS COLLECTION			
1993	WINTER PRINCESS	RT	60.00	400.00
1994	EVERGREEN PRINCESS	RT	60.00	150.00
1994	EVERGREEN PRINCESS (RED HAIR)	RT	60.00	400.00
1995	PEPPERMINT PRINCESS	RT	60.00	85.00

MIDDLETON DOLL CO.

YR	NAME	LIMIT	ISSUE	TREND
L. MIDDLETON			**BIRTHDAY BABIES**	
1992	FALL	RT	170.00	170.00
1992	SPRING	3000	170.00	170.00
1992	SUMMER	RT	160.00	160.00
1992	WINTER	RT	180.00	180.00
L. MIDDLETON			**CHRISTMAS ANGEL COLLECTION**	
1987	CHRISTMAS ANGEL 1987	RT	130.00	550.00
1988	CHRISTMAS ANGEL 1988	RT	130.00	275.00
1989	CHRISTMAS ANGEL 1989	RT	150.00	220.00
1990	CHRISTMAS ANGEL 1990	RT	150.00	200.00
1991	CHRISTMAS ANGEL 1991	RT	180.00	220.00
1992	CHRISTMAS ANGEL 1992	5000	190.00	190.00
1993	CHRISTMAS ANGEL 1993/GIRL	4000	190.00	190.00
1993	CHRISTMAS ANGEL 1993/SET	RT	390.00	500.00
1994	CHRISTMAS ANGEL 1994	5000	190.00	190.00
1995	CHRISTMAS ANGEL 1995 (WHITE OR BLACK)	CL	190.00	190.00
1996	CHRISTMAS ANGEL 1996	2000	250.00	250.00
L. MIDDLETON			**CLUB**	
1998	BYE BABY BLESSED HOMECOMING	RT	175.00	225.00
1998	BYE BABY TO GRANDMOTHER'S HOUSE WE GO	RT	175.00	175.00
L. MIDDLETON			**FIFTIES SERIES**	
1996	ANGEL KISSES EARTH ANGEL	CL	130.00	130.00
1996	ANGEL KISSES SPLISH SPLASH	CL	130.00	130.00
1996	LITTLE ANGEL LEADER OF THE PACK	CL	130.00	130.00
1996	POLLY ESTHER CAR HOP	CL	130.00	130.00
1996	POLLY ESTHER PEGGY SUE	CL	130.00	130.00
L. MIDDLETON			**FIRST COLLECTIBLES**	
1990	DAY DREAMER (AWAKE)	RT	42.00	60.00
1990	SWEETEST LITTLE DREAMER (ASLEEP)	RT	40.00	60.00
1991	DAY DREAMER SUNSHINE	RT	49.00	49.00
1991	TEENIE	RT	59.00	59.00
L. MIDDLETON			**FIRST MOMENTS SERIES**	
1984	FIRST MOMENTS (SLEEPING)	RT	69.00	310.00
1986	FIRST MOMENTS (BLUE EYES)	RT	120.00	150.00
1986	FIRST MOMENTS (BROWN EYES)	RT	120.00	150.00
1987	FIRST MOMENTS BOY	RT	130.00	160.00
1987	FIRST MOMENTS CHRISTENING (ASLEEP)	RT	160.00	245.00
1987	FIRST MOMENTS CHRISTENING (AWAKE)	RT	160.00	180.00
1990	FIRST MOMENTS (TWIN BOY)	RT	180.00	180.00
1990	FIRST MOMENTS (TWIN GIRL)	RT	180.00	180.00
1990	FIRST MOMENTS SWEETNESS	CL	180.00	180.00
1992	FIRST MOMENTS AWAKE (BLUE)	RT	170.00	170.00
1992	FIRST MOMENTS AWAKE (PINK)	RT	170.00	170.00
1993	FIRST MOMENTS HEIRLOOM	CL	190.00	190.00
1994	SWEETNESS (NEWBORN)	RT	190.00	190.00
R. O'NEILL			**KEWPIE SERIES**	
1997	ALMOST ANGELIC	RT	42.00	42.00
1997	BREEZY	RT	42.00	42.00
1997	BUDDY	RT	52.00	52.00
1997	ROSEBUD	OP	52.00	52.00
L. MIDDLETON			**LIMITED EDITION PORCELAIN**	
1986	DEAR ONE	CL	450.00	450.00
1988	BABY GRACE	RT	500.00	700.00
1988	CHERISH, FIRST EDITION	RT	350.00	575.00
1988	DEVAN	RT	500.00	575.00
1988	DEVAN II	100	500.00	500.00
1988	MY LEE II	100	500.00	500.00
1988	SINCERITY, FIRST EDITION	RT	330.00	475.00
1989	MY LEE	RT	500.00	675.00
1991	JOHANNA	RT	500.00	500.00
1991	MOLLY ROSE	RT	500.00	800.00
1994	BLOSSOM	CL	500.00	550.00
1994	BRIDE, THE	200	1390.00	1550.00
1994	TENDERNESS PETITE PIERROT	CL	500.00	500.00
1995	ELISE- 1860S CIVIL WAR	CL	1790.00	1790.00
1995	TENDERNESS BABY CLOWN	CL	590.00	590.00
L. MIDDLETON			**LIMITED EDITION VINYL**	
1981	LITTLE ANGEL-KINGDOM (HAND-PAINTED)	RT	40.00	300.00
1985	LITTLE ANGEL-KING II (HAND-PAINTED)	RT	40.00	200.00
1989	ANGEL FANCY	RT	120.00	200.00
1990	ANGEL LOCKS	RT	140.00	150.00
1990	FOREVER CHERISH	RT	170.00	195.00
1990	MISSY (BUTTERCUP)	5000	160.00	195.00
1990	SINCERITY (APPLES & SPICE)	RT	250.00	250.00
1991	BABY GRACE	RT	190.00	245.00

YR	NAME	LIMIT	ISSUE	TREND
1991	BUBBA BATBOY	RT	190.00	190.00
1991	DEAR ONE (SUNDAY BEST)	RT	140.00	140.00
1991	DEVAN DELIGHTFUL	RT	170.00	300.00
1991	JOHANNA	RT	190.00	245.00
1991	MY LEE CANDY CANE	RT	170.00	300.00
1991	SINCERITY (PEACHES & CREAM)	RT	250.00	250.00
1992	BETH	CL	160.00	160.00
1992	COTTONTOP CHERISH	RT	180.00	190.00
1992	GRACIE MAE/BLONDE HAIR	CL	250.00	250.00
1992	GRACIE MAE/BROWN HAIR	RT	250.00	250.00
1992	MOLLY ROSE	CL	196.00	196.00
1992	SERENITY (BERRIES & BOWS)	RT	250.00	250.00
1992	SINCERITY (PETALS & PLUMS)	RT	250.00	250.00
1993	AMANDA SPRINGTIME	CL	180.00	220.00
1993	GRACIE MAE (RED VELVET)	CL	250.00	250.00
1993	PATTY	CL	49.00	49.00
1994	BELOVED HAPPY BIRTHDAY BLUE	CL	220.00	245.00
1994	BELOVED HAPPY BIRTHDAY PINK	CL	220.00	245.00
1994	JOEY (NEWBORN)	CL	180.00	190.00
1994	JOHANNA (NEWBORN)	CL	180.00	260.00
1995	ANGEL KISSES BELLY DANCER	CL	139.00	139.00
1995	BETH FLAPPER	CL	119.00	119.00
1995	BETHIE BOWS	CL	150.00	150.00
1995	BETHIE BUTTONS	CL	150.00	150.00
1995	BRIDE	CL	250.00	250.00
1995	GORDON/GROWING UP	CL	220.00	220.00
1995	GRACE/GROWING UP	CL	220.00	220.00
1995	LITTLE ANGEL BALLERINA	1000	119.00	119.00
1995	LITTLE BLESSINGS BLESSED EVENT	CL	190.00	190.00
1995	LITTLE BLESSINGS/AWAKE BOY	CL	180.00	180.00
1995	LITTLE BLESSINGS/AWAKE GIRL	CL	180.00	180.00
1995	LITTLE BLESSINGS/SLEEPING BOY	CL	180.00	180.00
1995	LITTLE BLESSINGS/SLEEPING GIRL	CL	180.00	180.00
1995	SWEETNESS NEWBORN	RT	190.00	190.00
1998	ALL DOLLED UP	5000	180.00	180.00
1998	BO PEEP	2000	170.00	170.00
1998	CAT NAP	2000	170.00	170.00
1998	COUNTRY COZY	2500	170.00	170.00
1998	LITTLE BOY BLUE	2000	170.00	170.00
1998	LITTLE PLAYMATE	2000	170.00	170.00
1998	LOVING TRIBUTE	YR	220.00	220.00
1998	MARY MARY	2000	170.00	170.00
1998	PATTY CAKE	2000	170.00	170.00
1998	PROUD HERITAGE BOY	2000	164.00	164.00
1998	PROUD HERITAGE GIRL	2000	164.00	164.00
1998	QUIET AS A MOUSE	YR	180.00	180.00
1998	SANTA'S LITTLE HELPER BOY	YR	180.00	180.00
1998	SANTA'S LITTLE HELPER GIRL	YR	180.00	180.00
1998	SLUMBER KISSES	1000	170.00	170.00
1998	SOFTLY SLEEPING	2000	164.00	164.00
1998	STARRY NIGHT	1500	170.00	170.00
1998	WEE WILLIE WINKIE	2000	170.00	170.00

L. MIDDLETON   **LITTLEST BALLET COMPANY**

YR	NAME	LIMIT	ISSUE	TREND
1988	APRIL (DRESSED IN PINK)	7500	100.00	110.00
1988	JEANNIE (DRESSED IN WHITE)	7500	100.00	110.00
1988	LISA (BLACK LEOTARD)	7500	100.00	110.00
1988	MELANIE (DRESSED IN BLUE)	7500	100.00	110.00
1989	APRIL (IN LEOTARD)	7500	100.00	110.00
1989	JEANNIE (IN LEOTARD)	7500	100.00	110.00
1989	MELANIE (IN LEOTARD)	7500	100.00	110.00

L. HENRY   **MY OWN BABY**

YR	NAME	LIMIT	ISSUE	TREND
1997	NEWBORN TAYLOR BEAR	RT	120.00	130.00

L. MIDDLETON   **MY OWN BABY**

YR	NAME	LIMIT	ISSUE	TREND
1996	FIRST BORN MY OWN BABY BOY	RT	120.00	120.00
1996	FIRST BORN MY OWN BABY BOY (DARK)	RT	120.00	120.00
1996	FIRST BORN MY OWN BABY GIRL	OP	120.00	120.00
1996	FIRST BORN MY OWN BABY GIRL (DARK)	RT	120.00	120.00
1996	LITTLE BLESSINGS MY OWN BABY AWAKE BOY	RT	120.00	120.00
1996	LITTLE BLESSINGS MY OWN BABY AWAKE GIRL	RT	120.00	120.00
1996	LITTLE BLESSINGS MY OWN BABY BOY	RT	120.00	120.00
1996	LITTLE BLESSINGS MY OWN BABY GIRL	RT	120.00	120.00
1996	LITTLE LOVE MY OWN BABY BOY	OP	120.00	120.00
1996	LITTLE LOVE MY OWN BABY GIRL	OP	120.00	120.00
1997	FIRST BORN AWAKE MY OWN BABY BOY	RT	120.00	120.00
1997	FIRST BORN AWAKE MY OWN BABY GIRL	RT	120.00	120.00
1997	FIRST MOMENTS AWAKE MY OWN BABY BOY	RT	120.00	120.00
1997	FIRST MOMENTS AWAKE MY OWN BABY GIRL	RT	120.00	120.00
1997	FIRST MOMENTS MY OWN BABY BOY	RT	120.00	120.00
1997	FIRST MOMENTS MY OWN BABY GIRL	RT	120.00	120.00

L. MIDDLETON   **PORCELAIN BEARS & BUNNY**

YR	NAME	LIMIT	ISSUE	TREND
1993	BABY BUSTER	RT	230.00	230.00
1993	BUSTER BEAR	RT	250.00	250.00
1993	BYE BABY BUNTING	RT	270.00	270.00

L. MIDDLETON   **PORCELAIN COLLECTOR**

YR	NAME	LIMIT	ISSUE	TREND
1992	BELOVED & BE'BE'	RT	590.00	590.00
1992	SENCERITY II - COUNTRY FAIR	RT	500.00	500.00
1993	CHERISH - LILAC & LACE	RT	500.00	500.00

YR	NAME	LIMIT	ISSUE	TREND
R. SCHICK			**REVA SCHICK SERIES**	
1998	ANGEL LOVE	2000	180.00	180.00
1998	BABY MINE	2000	164.00	164.00
1998	FINE & FRILLY	2000	174.00	174.00
1998	FOREVER FRIEND BOY	1500	170.00	170.00
1998	FOREVER FRIEND BOY/GIRL	2500	170.00	170.00
1998	HEARTS & FLOWERS	2000	170.00	170.00
1998	IN THE PINK	2000	180.00	180.00
1998	OOPS A DAISY	2000	174.00	174.00
1998	SNOW BABY	1000	170.00	170.00
1998	STAR STRUCK	2000	170.00	170.00
1998	SUGAR PLUM	2000	170.00	170.00
1998	YESTERDAY'S DREAM BOY	1500	184.00	184.00
1998	YESTERDAY'S DREAM GIRL	2500	184.00	184.00
L. MIDDLETON			**ROMPER SERIES**	
1996	FIRST BORN DARK ROMPER BOY	2000	160.00	160.00
1996	FIRST BORN DARK ROMPER GIRL	CL	160.00	160.00
1996	FIRST BORN ROMPER BOY	CL	160.00	160.00
1996	FIRST BORN ROMPER GIRL	CL	160.00	160.00
1996	LITTLE LOVE TWIN BOY	CL	160.00	160.00
1996	LITTLE LOVE TWIN GIRL	CL	160.00	160.00
R. O'NEILL			**SCOOTLES**	
1998	SCOOTLES	OP	50.00	50.00
L. MIDDLETON			**VINYL COLLECTORS SERIES**	
1982	SWEET DREAMS	RT	39.00	39.00
1985	ANGEL FACE	RT	90.00	150.00
1986	BUBBA CHUBBS	RT	100.00	300.00
1986	DEAR ONE-FIRST EDITION	RT	90.00	245.00
1986	LITTLE ANGEL-THIRD EDITION	RT	90.00	110.00
1987	AMANDA-FIRST EDITION	RT	140.00	300.00
1987	MISSY	RT	100.00	150.00
1988	BUBBA CHUBBS RAILROADER	RT	140.00	175.00
1988	CHERISH	RT	160.00	245.00
1988	SINCERITY-LIMITED FIRST EDITION	RT	160.00	225.00
1989	DEVAN	RT	170.00	200.00
1989	MY LEE	RT	170.00	280.00
1989	SINCERITY-SCHOOLGIRL	RT	180.00	300.00
1992	LITTLE ANGEL/BOY	RT	130.00	145.00
1992	LITTLE ANGEL/GIRL	RT	130.00	145.00
1992	POLLY ESTHER	CL	160.00	160.00
1993	ECHO	RT	180.00	180.00
1994	ANGEL KISSES BOY	RT	98.00	100.00
1994	ANGEL KISSES GIRL	RT	98.00	98.00
1994	BRIDE (RUBY SLIPPER)	CL	250.00	250.00
1994	COUNTRY BOY	RT	118.00	118.00
1994	COUNTRY BOY (DARK)	RT	118.00	120.00
1994	COUNTRY GIRL	RT	118.00	118.00
1994	COUNTRY GIRL (DARK)	RT	118.00	120.00
1994	HERSHEY KISSES/SILVER	RT	100.00	150.00
1994	TOWN BOY	RT	118.00	118.00
1994	TOWN BOY (DARK)	RT	118.00	118.00
1994	TOWN GIRL	RT	118.00	118.00
1994	TOWN GIRL (DARK)	RT	118.00	118.00
1995	ECHO LITTLE EAGLE	CL	180.00	180.00
1995	FIRST BORN MY BABY BOY	CL	160.00	160.00
1995	FIRST BORN NEWBORN TWIN BOY	CL	160.00	160.00
1995	FIRST BORN NEWBORN TWIN GIRL	CL	160.00	160.00
1995	FIRST MOMENTS LULLABY TIME	CL	180.00	180.00
1995	HERSHEY KISSES/GOLD	RT	100.00	125.00
1995	LITTLE BLESSINGS PRETTY IN PINK	CL	190.00	190.00
1995	LITTLE LOVE VIOLETS	CL	160.00	160.00
1995	POLLY ESTHER HERSHEY COUNTRY	RT	130.00	145.00
1995	POLLY ESTHER SOCK HOP	CL	119.00	119.00
1995	TENDERNESS FRENCH BE BE	CL	220.00	220.00
1996	BELOVED BEDTIME STORY	CL	170.00	170.00
1996	BELOVED GOOD FRIENDS	CL	180.00	180.00
1996	BITSY SISTER	CL	130.00	130.00
1996	BUBBA CHUBBS/BUBBA THE CHUBBS-KID	CL	196.00	210.00
1996	CHERISH HUG-A-BUG	5000	170.00	170.00
1996	ECHO ALL DRESSED UP	CL	180.00	180.00
1996	FIRST BORN SO SNUGGLY	1000	170.00	170.00
1996	FIRST BORN WEE ONE	5000	170.00	170.00
1996	FIRST MOMENTS CHRISTENING	CL	238.00	238.00
1996	FIRST MOMENTS TOOT SWEET	5000	170.00	170.00
1996	GRACE FRESH AS A DAISY	CL	176.00	176.00
1996	HERSHEY KISSES/GREEN	RT	200.00	200.00
1996	HERSHEY KISSES/RED	RT	200.00	200.00
1996	HERSHEY'S BAKER GIRL	RT	130.00	130.00
1996	HERSHEY'S CAKE KIDS SET (2)	RT	220.00	220.00
1996	HERSHEY'S CHOCOLATE SOLDIER	RT	130.00	130.00
1996	JOEY GO BYE BYE	1000	190.00	190.00
1996	LITTLE BLESSINGS CUDDLE UP	CL	180.00	180.00
1996	LITTLE BLESSINGS NEWBORN TWINS AWAKE BOY	CL	180.00	180.00
1996	LITTLE BLESSINGS NEWBORN TWINS AWAKE GIRL	CL	180.00	180.00
1996	LITTLE BLESSINGS NEWBORN TWINS SLEEPING BOY	CL	180.00	180.00
1996	LITTLE BLESSINGS NEWBORN TWINS SLEEPING GIRL	CL	180.00	180.00
1996	LITTLE LOVE CUDDLE BUMPS	5000	170.00	170.00
1996	LITTLE LOVE SUCH A GOOD BOY	CL	160.00	160.00
1996	MOLLY ROSE - GOOD FRIENDS	CL	180.00	180.00

YR	NAME	LIMIT	ISSUE	TREND
1996	MY DARLING BOY	2000	170.00	170.00
1996	MY DARLING GIRL	2000	170.00	170.00
1996	PRETTY BABY SISTER	CL	170.00	170.00
1996	TENDERNESS SO BRAVE	CL	170.00	170.00
1996	YOUNG LADY BRIDE IN WHITE SATIN	CL	250.00	250.00
1997	BELOVED SUNBEAMS AND FLOWERS	2500	170.00	170.00
1997	CHERISH LITTLE GUY	2500	170.00	170.00
1997	DEVAN HAPPY BIRTHDAY	2500	170.00	170.00
1997	FIRST BORN AWAKE BEAUTY	CL	180.00	180.00
1997	FIRST BORN AWAKE BERRY SWEET	CL	170.00	170.00
1997	FIRST BORN BERRY SWEET	2500	170.00	170.00
1997	HONEY LOVE AWAKE BOY	5000	170.00	170.00
1997	HONEY LOVE AWAKE DARK BOY	2000	170.00	170.00
1997	HONEY LOVE AWAKE DARK GIRL	CL	170.00	170.00
1997	HONEY LOVE AWAKE GIRL	CL	170.00	170.00
1997	HONEY LOVE DARK SLEEPING BOY	2000	170.00	170.00
1997	HONEY LOVE DARK SLEEPING GIRL	2000	170.00	170.00
1997	HONEY LOVE SLEEPING BOY	5000	170.00	170.00
1997	HONEY LOVE SLEEPING GIRL	5000	170.00	170.00
1997	LITTLE ANGEL WISH FINDERS STAR BRIGHT	RT	120.00	120.00
1997	LITTLE ANGEL WISH FINDERS TWINKLE TWINKLE	RT	120.00	120.00
1997	LITTLE BLESSINGS SHIPS AHOY	2500	170.00	170.00
1997	LITTLE LOVE PEEK A BOO BOY	2500	170.00	170.00
1997	LITTLE LOVE PEEK A BOO GIRL	2500	170.00	170.00
1998	HONEY LOVE ASLEEP BOY (DARK)	OP	120.00	120.00
1998	HONEY LOVE ASLEEP GIRL	OP	120.00	120.00
1998	HONEY LOVE AWAKE BOY (DARK)	OP	120.00	120.00
1998	HONEY LOVE AWAKE GIRL	OP	120.00	120.00

L. MIDDLETON — **WISE PENNY COLLECTION**

YR	NAME	LIMIT	ISSUE	TREND
1993	ASHLEY/BLONDE HAIR	RT	120.00	120.00
1993	ASHLEY/BROWN HAIR	RT	120.00	120.00
1993	BABY DEVAN	RT	140.00	140.00
1993	GORDON	RT	140.00	140.00
1993	GRACE	RT	140.00	140.00
1993	JENNIFER/PEACH DRESS	RT	140.00	140.00
1993	JENNIFER/PRINT DRESS	RT	140.00	140.00
1993	MERRY	RT	140.00	140.00
1993	MOLLY JO	RT	140.00	140.00

MISS MARTHA ORIGINALS

M. ROOT — **ALL GOD'S CHILDREN**

YR	NAME	LIMIT	ISSUE	TREND
2000	JODY	*	*	N/A

M. ROOT — **ALL GOD'S CHILDREN REUNION**

YR	NAME	LIMIT	ISSUE	TREND
1999	HAWAIIAN ANN	2 DAYS	125.00	125.00

NABER KIDS

H. NABER — **NABER KIDS**

YR	NAME	LIMIT	ISSUE	TREND
1995	AL	RT	360.00	500.00
1995	ALMA	1001	128.00	150.00
1995	ANGEL	SO	128.00	300.00
1995	BABY B. JOHN	DS	99.00	175.00
1995	BABY B. RACHEL	DS	99.00	175.00
1995	BABY B. SANDY	DS	99.00	175.00
1995	BILL	1001	128.00	150.00
1995	BONNI B.	1001	128.00	150.00
1995	CHARI	SO	1500.00	1800.00
1995	CRYSTEL	OP	1500.00	1800.00
1995	DANNY	1001	128.00	150.00
1995	EMMA	1001	128.00	150.00
1995	FORGET-ME-NOT	1001	128.00	150.00
1995	GILBERT	1001	128.00	150.00
1995	GRETCHEN	1001	128.00	150.00
1995	JAMES THE BUTLER	1001	79.00	150.00
1995	KOOKY	SO	128.00	250.00
1995	LESLI MARIE	1001	128.00	150.00
1995	LOUI	1001	128.00	150.00
1995	MELVIN	1001	128.00	150.00
1995	MYSTIK	1001	128.00	150.00
1995	POLLI	1001	128.00	150.00
1995	THERESA	1001	128.00	150.00
1995	TOBI	1001	128.00	150.00
1995	WOLFGANG	1001	128.00	150.00
1996	DAVID	1001	100.00	150.00
1996	JOHN	1001	150.00	150.00
1996	LACEY	1001	150.00	150.00
1996	LIBBI	1001	150.00	150.00
1996	MARGI	1001	100.00	150.00
1996	MIMI	1001	150.00	150.00
1996	MO	1001	150.00	150.00
1996	MONTI	1001	150.00	150.00
1996	PAT	1001	150.00	150.00
1996	RACHEL	1001	150.00	150.00
1996	SANDY	1001	150.00	150.00
1996	STEVI	1001	150.00	150.00
1996	TED	*	150.00	150.00
1996	TRACY	1001	150.00	150.00

H. NABER — **NABER KIDS CLUB ONLY**

YR	NAME	LIMIT	ISSUE	TREND
1995	BABY B. BEE	*	99.00	175.00

YR	NAME	LIMIT	ISSUE	TREND
H. NABER			**NABER KIDS EXCLUSIVE**	
1996	JONI	1001	150.00	150.00

NAHRGANG COLLECTION

J. NAHRGANG			**PORCELAIN DOLL SERIES**	
1989	PALMER	250	270.00	270.00
1990	ALICIA	250	330.00	330.00
1990	GRANT (TAKE ME OUT TO THE BALL GAME)	500	390.00	390.00
1990	KARISSA	500	350.00	395.00
1990	KARMAN (GYPSY)	250	350.00	395.00
1990	KASEY	250	450.00	450.00
1990	KELSEY	250	350.00	350.00
1990	MAGGIE	500	295.00	295.00
1991	ANNA MARIE	250	390.00	390.00
1991	AUBRY	250	390.00	390.00
1991	CARSON	250	350.00	350.00
1991	ERIN	250	295.00	295.00
1991	HOLLY	175	295.00	295.00
1991	LAURA	250	450.00	450.00
1991	MCKINSEY	250	350.00	350.00
1991	RAE	250	350.00	390.00
1991	SOPHIE	250	450.00	450.00
1992	ALEXIS	250	390.00	390.00
1992	ANNIE SULLIVAN	25	895.00	895.00
1992	BROOKE	250	390.00	390.00
1992	DOLLY MADISON	100	395.00	395.00
1992	FLORENCE NIGHTINGALE	100	395.00	395.00
1992	HARRIET TUBMAN	100	395.00	395.00
1992	KATIE	250	295.00	295.00
1992	MOLLY PITCHER	100	395.00	395.00
1992	POCAHONTAS	100	395.00	395.00
1992	TAYLOR	250	395.00	395.00
J. NAHRGANG			**VINYL DOLL SERIES**	
1990	KARMAN (GYPSY)	2000	190.00	190.00
1991	ALEXIS	500	250.00	250.00
1991	ANGELA	500	190.00	190.00
1991	ANN MARIE	500	225.00	225.00
1991	AUBRY	2000	225.00	225.00
1991	BEATRIX	500	250.00	250.00
1991	BROOKE	500	250.00	250.00
1991	CHELSEA	250	190.00	190.00
1991	LAURA	1000	250.00	250.00
1991	MOLLY	500	190.00	190.00
1991	POLLY	250	225.00	225.00
1991	VANESSA	250	250.00	250.00
1992	DOLLY MADISON	500	199.00	199.00
1992	FLORENCE NIGHTINGALE	500	199.00	199.00
1992	HARRIET TUBMAN	500	199.00	199.00
1992	MOLLY PITCHER	500	199.00	199.00
1992	POCAHONTAS	500	199.00	199.00

ORIGINAL APPALACHIAN ARTWORKS

X. ROBERTS			**ANNIVERSARY BLUE**	
1998	AUTUMN SCHOLAR	300	395.00	395.00
1998	SPRING SASS	300	395.00	395.00
1998	SUMMER MISCHIEF	300	395.00	395.00
1998	WINTER SNUGGLES	300	395.00	395.00
X. ROBERTS			**BABYLAND**	
1995	DELTA	200	230.00	230.00
1996	MARLENE	200	230.00	230.00
1997	HAYLEY	200	220.00	220.00
X. ROBERTS			**CABBAGE PATCH KIDS**	
1982	AMY	CL	125.00	600.00
1982	BILLIE	CL	125.00	550.00
1982	BOBBIE	CL	125.00	550.00
1982	DOROTHY	CL	125.00	550.00
1982	GILDA	CL	125.00	2000.00
1982	MARILYN	CL	125.00	700.00
1982	OTIS	CL	125.00	700.00
1982	REBECCA	CL	125.00	600.00
1982	SYBIL	CL	125.00	550.00
1982	TYLER	2500	125.00	2450.00
1983	ANDRE/MADEIRA	CL	250.00	1250.00
1984	DADDY'S DARLINS' SET OF FOUR	CL	1600.00	2250.00
1984	DADDY'S DARLINS'-KITTEN	CL	300.00	460.00
1984	DADDY'S DARLINS'-PRINCESS	CL	300.00	550.00
1984	DADDY'S DARLINS'-PUN'KIN	CL	300.00	460.00
1984	DADDY'S DARLINS'-TOOTSIE	CL	300.00	460.00
1988	TIGER'S EYE-VALENTINE'S DAY	CL	150.00	300.00
1989	TIGER'S EYE-MOTHER'S DAY	CL	150.00	250.00
1990	JOY	500	250.00	575.00
1993	HAPPILY EVER AFTER BRIDE	CL	230.00	300.00
1993	HAPPILY EVER AFTER GROOM	CL	230.00	300.00
1993	LITTLE PEOPLE/GIRL 27 IN.	CL	325.00	800.00
1993	PREEMIE	CL	175.00	150.00
1993	UNICOI BALLERINA	200	200.00	310.00
1993	UNICOI KIDS	1500	195.00	325.00
1994	LITTLE PEOPLE/BOY 27 IN.	CL	325.00	425.00
1994	MTN. LAUREL BABY SIDNEY & LANIER	100	390.00	400.00

YR	NAME	LIMIT	ISSUE	TREND
1994	MTN. LAUREL EASTER	200	225.00	325.00
1994	MTN. LAUREL IRISH BOYS	100	210.00	210.00
1994	MTN. LAUREL IRISH GIRLS	200	210.00	210.00
1994	MTN. LAUREL KIDS	CL	195.00	310.00
1994	MTN. LAUREL MYSTERIOUS BARRY	CL	225.00	225.00
1994	MTN. LAUREL NORMA JEAN	CL	225.00	225.00
1994	NEWBORN FORM MOBILE PATCH	CL	198.00	300.00
1995	GRACELAND ELVIS	500	300.00	300.00
1995	NEWBORN	1042	195.00	195.00
1995	SKITTS MOUNTAIN	192	210.00	210.00
1996	NEWBORN	1710	195.00	195.00

X. ROBERTS — **CABBAGE PATCH KIDS CIRCUS PARADE**

YR	NAME	LIMIT	ISSUE	TREND
1987	BIG TOP CLOWN-BABY CAKES	2000	180.00	285.00
1989	HAPPY HOBO-BASHFUL BILLY	1000	180.00	330.00
1991	MITZI	1000	220.00	220.00
1997	JACQUELINE	500	275.00	275.00

X. ROBERTS — **CABBAGE PATCH KIDS INTERNATIONAL**

YR	NAME	LIMIT	ISSUE	TREND
1983	AMERICAN INDIAN	CL	150.00	1300.00
1983	ORIENTAL	CL	150.00	1350.00

X. ROBERTS — **CALIFORNIA COLLECTORS CLUB**

YR	NAME	LIMIT	ISSUE	TREND
1995	BUCKY	105	220.00	220.00

X. ROBERTS — **CAREER**

YR	NAME	LIMIT	ISSUE	TREND
1995	NURSE	83	210.00	210.00

X. ROBERTS — **CHRISTMAS COLLECTION**

YR	NAME	LIMIT	ISSUE	TREND
1979	X CHRISTMAS PAIR	CL	300.00	3500.00
1980	NICHOLAS/NOEL	CL	400.00	3000.00
1982	BABY RUDY/CHRISTY NICOLE	CL	400.00	2000.00
1983	HOLLY/BERRY	CL	400.00	900.00
1984	CAROLE/CHRIS	CL	400.00	550.00
1985	BABY SANDY/CLAUDE	CL	400.00	450.00
1986	HILLARY/NIGEL	CL	400.00	400.00
1987	KATRINA/MISHA	CL	500.00	500.00
1988	KELLY/KANE	CL	500.00	550.00
1989	JOY	CL	250.00	350.00
1990	KRYSTINA	CL	250.00	250.00
1991	NICK	CL	275.00	275.00
1992	CHRISTY CLAUS	CL	285.00	285.00
1993	RUDOLPH	CL	275.00	275.00
1994	NATALIE	500	275.00	275.00
1995	TREENA	500	275.00	275.00
1996	SAMMY	500	275.00	275.00
1997	MELODY	300	295.00	295.00
1998	GINGER	300	315.00	315.00

X. ROBERTS — **COLLECTORS CLUB EDITIONS**

YR	NAME	LIMIT	ISSUE	TREND
1987	BABY OTIS	CL	250.00	300.00
1989	ANNA RUBY	CL	250.00	300.00
1990	LEE ANN	CL	250.00	300.00
1991	RICHARD RUSSELL	CL	250.00	300.00
1992	BABY DODD	CL	250.00	300.00
1993	PATTI W/CABBAGE BUD BOUTONNIER	CL	280.00	300.00
1995	ROSIE	322	275.00	275.00
1997	ROBERT LONDON	CL	275.00	275.00

X. ROBERTS — **CONVENTION BABY**

YR	NAME	LIMIT	ISSUE	TREND
1989	ASHLEY	CL	150.00	400.00
1990	BRADLEY	CL	175.00	425.00
1991	CAROLINE	CL	200.00	350.00
1992	DUKE	CL	225.00	350.00
1993	ELLEN	CL	225.00	350.00
1994	JUSTIN	CL	238.00	350.00
1994	MTN. LAUREL JUSTIN	200	225.00	325.00

X. ROBERTS — **LITTLE PEOPLE**

YR	NAME	LIMIT	ISSUE	TREND
1978	A BLUE	CL	150.00	7500.00
1978	B RED	CL	125.00	4100.00
1978	C BURGUNDY	CL	100.00	2000.00
1978	E BRONZE	CL	125.00	500.00
1978	HELEN, BLUE	CL	150.00	6000.00
1979	D PURPLE	CL	100.00	1300.00
1980	CELEBRITY	CL	200.00	450.00
1980	GRAND EDITION	CL	1000.00	800.00
1980	NOEL	2500	200.00	700.00
1980	SP, PREEMIE	CL	100.00	450.00
1980	U UNSIGNED	CL	125.00	400.00
1981	NEW "EARS"	CL	125.00	300.00
1981	PR II PREEMIE	CL	130.00	300.00
1981	STANDING EDITION	CL	300.00	350.00
1982	BABY RUDY	1000	200.00	850.00
1982	CHRISTY NICOLE	1000	200.00	800.00
1982	PE, NEW 'EARS PREEMIE	CL	140.00	375.00
1982	U UNSIGNED	CL	125.00	450.00
1993	LITTLE PEOPLE EDITION/STANDING 27 IN.	CL	300.00	450.00
1993	UNICOI EDITION	CL	210.00	280.00
1996	LITTLE PEOPLE '96 (GIRLS)	300	375.00	375.00
1997	LITTLE PEOPLE	300	395.00	395.00

X. ROBERTS — **MT. YONAH**

YR	NAME	LIMIT	ISSUE	TREND
1995	FIFI POCKET BABY	200	250.00	250.00
1995	SP. FASHIONS: EASTER	200	215.00	215.00
1995	SP. FASHIONS: VALENTINE	200	200.00	200.00

YR	NAME	LIMIT	ISSUE	TREND
X. ROBERTS			**NACOOCHEE VALLEY**	
1996	EASTER	200	215.00	215.00
1996	GINA (SPROUT)	200	275.00	275.00
1996	HALLOWEEN	200	210.00	210.00
1996	VALENTINE	100	210.00	210.00
X. ROBERTS			**OLYMPIKIDS**	
1995	BASKETBALL BOY	199	275.00	275.00
1995	GYMNASTICS BOY	241	275.00	275.00
1995	ROWING GIRL	205	275.00	275.00
1995	SOCCER BOY	162	275.00	275.00
1995	SOCCER GIRL	140	275.00	275.00
1995	TRACK & FIELD GIRL	422	275.00	275.00
1995	WEIGHTLIFTING BOY	158	275.00	275.00
1996	BASEBALL BOY	159	275.00	275.00
1996	BASKETBALL GIRL	302	275.00	275.00
1996	CYCLIST BOY	126	275.00	275.00
1996	EQUESTRIAN GIRL	350	275.00	275.00
1996	SOFTBALL GIRL	140	275.00	275.00
X. ROBERTS			**PORCELAIN FRIENDS**	
1994	ANGELICA	CL	160.00	200.00
1994	KAREN LEE	CL	150.00	200.00
1994	KASSIS LOU	CL	150.00	200.00
1994	KATIE LYN	CL	150.00	200.00
1995	SHARRI STARR	198	160.00	160.00
X. ROBERTS			**SAUTEE VALLEY**	
1997	HANNAH	200	275.00	275.00

ORIGINALS BY BEVERLY STOEHR

YR	NAME	LIMIT	ISSUE	TREND
B. STOEHR			**BABY SERIES**	
1994	AMANDA	10	1000.00	1100.00
1994	KATIE BABY	10	400.00	425.00
B. STOEHR			**CHILDREN OF MEMORIES**	
1994	BARBARA	50	495.00	525.00
1994	JUDY	10	595.00	625.00
1994	SARA	50	495.00	525.00

PEGGY MULHOLLAND INC.

YR	NAME	LIMIT	ISSUE	TREND
B. GERARDI			**CHRISTINA DOLL COLLECTION**	
1993	CHRISTINA	500	499.00	499.00
1993	EMILY	500	499.00	499.00
1993	MICHAEL	500	499.00	499.00
1993	ROSE	500	499.00	499.00
1993	SARAH	500	499.00	499.00
B. GERARDI			**SWEETMMM'S**	
1993	LILI	RT	130.00	140.00
1993	LIZABETH	RT	130.00	140.00
1993	MARGARET	RT	130.00	140.00
1993	MISSY	RT	130.00	140.00
1993	PETER	RT	130.00	140.00
1993	ROSEBUD	RT	130.00	140.00
1993	SAMANTHA	RT	130.00	140.00
1993	TIFFANY	RT	130.00	140.00
1994	ANGEL	2-YR	130.00	130.00
1994	PRINCESS ORIANA	500	150.00	150.00
1995	BUTTONS	1000	159.00	159.00
1995	GEORGETTE	1000	159.00	159.00
1995	PJ	OP	159.00	159.00
1995	THEODORE	1000	159.00	159.00
B. GERARDI			**SWEETMMM'S FIRST PARTY**	
1994	SUZY	500	150.00	150.00
B. GERARDI			**SWEETMMM'S FIRST VIOLIN LESSON**	
1995	DOROTHY	1000	179.00	179.00
B. GERARDI			**SWEETMMM'S ROCK A BYE BABY**	
1994	BABY BLUE EYES	500	150.00	150.00
1994	BABY BROWN EYES	500	150.00	150.00

RECO INTERNATIONAL

YR	NAME	LIMIT	ISSUE	TREND
S. KUCK			**CHILDHOOD DOLL COLLECTION**	
1994	A KISS GOODNIGHT	RT	79.00	85.00
1994	TEACHING TEDDY HIS PRAYERS	RT	79.00	85.00
1995	READING WITH TEDDY	RT	79.00	79.00
J. MCCLELLAND			**CHILDREN'S CIRCUS DOLL COLLECTION**	
1991	JOHNNY THE STRONGMAN	RT	83.00	83.00
1991	KATIE THE TIGHTROPE WALKER	RT	78.00	78.00
1991	TOMMY THE CLOWN	RT	78.00	78.00
1992	MAGGIE THE ANIMAL TRAINER	RT	83.00	83.00
S. KUCK			**POCKET FULL OF LOVE**	
1999	NATASHA	OP	30.00	30.00
1999	VICTORIA	OP	30.00	30.00
S. KUCK			**PRECIOUS MEMORIES OF MOTHERHOOD**	
1990	LOVING STEPS	RT	125.00	175.00
1990	LULLABY	RT	125.00	125.00
1992	EXPECTANT MOMENTS	RT	149.00	149.00
1993	BEDTIME	RT	149.00	149.00
*			**TENDER MOMENTS DOLLS**	
1990	KATHY	OP	40.00	47.00
1990	KELLI	OP	73.00	73.00
1990	KIM	OP	40.00	43.00
1990	KRISTI	OP	47.00	50.00

YR	NAME	LIMIT	ISSUE	TREND
1991	CANDI	OP	106.00	106.00
1991	CARRIE	OP	30.00	30.00
1991	CASEY	OP	80.00	80.00
1991	CHRISTINE	OP	85.00	85.00
1991	CONNIE	OP	80.00	80.00
1991	CORINNE	OP	79.00	79.00
1991	KERRI	OP	64.00	64.00
1991	TANYA	OP	45.00	45.00
1991	TINA	OP	73.00	73.00
1991	TONI	OP	47.00	47.00

RHODES STUDIO
ROCKWELL INSPIRED

A NORMAN ROCKWELL CHRISTMAS

YR	NAME	LIMIT	ISSUE	TREND
1990	SCOTTY PLAYS SANTA	CL	48.00	48.00
1991	SCOTTY GETS HIS TREE	CL	59.00	59.00

ROMAN INC.
*

HOLIDAY TRADITIONS COLLECTION

YR	NAME	LIMIT	ISSUE	TREND
1997	CLAIRE THE ANGEL DOLL	RT	75.00	75.00
1997	TATTERS THE BEAR	RT	18.00	18.00

*

TIMELESS TEDDIES COLLECTION

YR	NAME	LIMIT	ISSUE	TREND
2000	TEDDY BEAR	OP	15.00	15.00

B. SARGENT

WHITNEY POPPINS COLLECTION

YR	NAME	LIMIT	ISSUE	TREND
2000	BEDTIME WHITNEY	OP	50.00	50.00
2000	PLAYTIME WHITNEY	OP	60.00	60.00
2000	WINTER WHITNEY	OP	50.00	50.00

SALLY-LYNNE DOLLS
S. BEATTY

FRENCH REPLICAS

YR	NAME	LIMIT	ISSUE	TREND
1985	ANNABELLE, 30 IN.	CL	950.00	2900.00
1985	CANDICE, 30 IN.	100	950.00	2200.00
1985	CHARLES, 30 IN.	100	1050.00	2200.00
1985	VICTORIA, 30 IN.	100	1050.00	2900.00
1986	VICTORIA AT CHRISTMAS, 30 IN.	CL	2500.00	4100.00

SAMSONS STUDIOS
S. BUTCHER

PRECIOUS MOMENTS SOFT SCULPTURE DOLLS

YR	NAME	LIMIT	ISSUE	TREND
1985	DONNY 4566	*	24.00	60.00
1985	HEATHER 4562	*	24.00	60.00
1985	PEGGY 4565	*	24.00	60.00
1985	RUTHIE 4570 ORIGINAL	*	24.00	70.00
1986	GWEN 1845	*	24.00	75.00
1986	KATIE 5605	*	24.00	65.00
1986	SNOWFLAKE 5379	*	34.00	80.00
1986	TERRIE 5488	*	24.00	75.00

SANDY DOLLS INC.
G. DY-SY

ANGELIC COLLECTION-ASIAN ANGELS

YR	NAME	LIMIT	ISSUE	TREND
2000	LI JEN	OP	75.00	75.00
2000	MEI LING	OP	75.00	75.00

S. DY

COLLECTOR ANGELS

YR	NAME	LIMIT	ISSUE	TREND
1995	CELESTE	CL	175.00	175.00

R. TEJADA

GENTLE DREAMS BABY

YR	NAME	LIMIT	ISSUE	TREND
1999	GENTLE BROOK	OP	35.00	35.00
1999	GENTLE BUTTERFLY	OP	35.00	35.00
1999	GENTLE DOVE	OP	35.00	35.00
1999	GENTLE EAGLE	OP	35.00	35.00
1999	GENTLE MOON	OP	35.00	35.00
1999	GENTLE RAINBOW	OP	35.00	35.00
1999	GENTLE STAR	OP	35.00	35.00
2000	GENTLE HEART	OP	35.00	35.00
2000	GENTLE SONG	OP	35.00	35.00
2000	GENTLE SUN	OP	35.00	35.00

K. STAFFORD

KENTE CLAUS COLLECTION

YR	NAME	LIMIT	ISSUE	TREND
2000	12" KENTE CLAUS SANTA-RED	OP	35.00	35.00
2000	12" KENTE CLAUS-GOLD	OP	35.00	35.00
2000	14" KENTE CLAUS SANTA-RED	OP	50.00	50.00
2000	14" KENTE CLAUS-GOLD	OP	50.00	50.00

S. DY

LIMITED EDITION ANGELS

YR	NAME	LIMIT	ISSUE	TREND
1995	TIFFANY	RT	195.00	195.00

R. TEJADA

NATIVE AMERICAN

YR	NAME	LIMIT	ISSUE	TREND
1994	MORNING MIST	RT	25.00	25.00
1994	SILVER STAR	RT	25.00	25.00
1999	GRACEFUL LILY	OP	28.00	28.00
1999	SWIFT ANTELOPE	OP	28.00	28.00

S. DY

SANDRA

YR	NAME	LIMIT	ISSUE	TREND
1994	SANDRA AUTUMN	1500	50.00	60.00
1994	SANDRA WINTER	1500	60.00	65.00

S. DY

SANDY CLOWNS

YR	NAME	LIMIT	ISSUE	TREND
1994	JESTER	1000	75.00	80.00
1994	JUJU	1000	60.00	65.00

S. SCHULTZ

SARAH'S GANG

YR	NAME	LIMIT	ISSUE	TREND
1996	BUDDY	OP	25.00	25.00
1996	KATIE	OP	25.00	25.00
1996	TILLIE	OP	25.00	25.00
1996	WILLIE	OP	25.00	25.00
1997	MARIA	OP	25.00	25.00

YR	NAME	LIMIT	ISSUE	TREND
1997	MIGUEL	OP	25.00	25.00
1997	SAMMY	OP	25.00	25.00
1997	SHINA	OP	25.00	25.00
R. TEJADA			**SWEET SPIRIT BABY**	
1996	LITTLE BLOSSOM--CHEROKEE IN FRONT	RT	65.00	65.00
1996	LITTLE MOONBEAM	CL	85.00	85.00
1997	LITTLE RAINDROP	CL	85.00	85.00
1998	LITTLE BEAR'S TRACK	2500	85.00	85.00
1998	LITTLE SALA	2500	85.00	85.00
R. TEJADA			**TRADITIONS**	
1994	GENTLE DOVE--WISHRAM WEDDING CEREMONY	3500	100.00	110.00
1994	GREY OWL--HUNKPAPA SIOUX CHIEF	3500	250.00	275.00
1994	MEADOW FLOWER--CHEROKEE PRINCESS	3500	85.00	95.00
1994	SPRING WATER W/LITTLE SCOUT	3500	115.00	125.00
1994	WAR CLOUD--OGLALA SIOUX CHIEF	3500	115.00	125.00
1995	BRIGHT SKY--APACHE PUBERTY	3500	100.00	100.00
1995	HUNTING WOLF--CROW WARRIOR	3500	100.00	100.00
1995	LADY REBECCA, POWHATAN PRINCESS POCAHONTAS	3500	160.00	160.00
1995	MOUNTAIN SHADOW--YAKIMA PRINCESS	3500	100.00	100.00
1995	POCAHONTAS--POWHATAN PRINCESS	3500	85.00	85.00
1995	PRINCESS BLUEBIRD	1000	295.00	295.00
1996	ANGENI SPIRIT ANGEL	500	175.00	175.00
1996	WHITE MOON--BLACKFOOT NATION	3500	75.00	75.00
R. TEJADA			**TRADITIONS/SWEET SPIRIT BABY**	
1999	LITTLE AZZIZA	2500	85.00	85.00
1999	LITTLE SONGBIRD	2500	85.00	85.00
R. TEJADA		**TRADITIONS-ANGELS OF THE MILLENNIUM**		
2000	ADELA 2000	1500	75.00	75.00
2000	ADELA 2001	1500	75.00	75.00
2000	ELISA 2000	1500	75.00	75.00
2000	ELISA 2001	1500	75.00	75.00
R. TEJADA			**WARRIOR & PRINCESS**	
1994	FALLING SNOW--NEZ PERCE PRINCESS	5000	38.00	40.00
1994	LAUGHING BROOK--COMANCHE PRINCESS	5000	38.00	40.00
1994	ROARING RIVER--MOHAWK WARRIOR	5000	38.00	40.00
1994	SHINING CLOUD--COMANCHE PRINCESS	RT	38.00	40.00
1994	SOARING HAWK--COMANCHE WARRIOR	RT	38.00	40.00
1994	SWIFT ELK--IROQUOIS WARRIOR	5000	38.00	40.00
1994	WHITE EAGLE--APACHE WARRIOR	5000	38.00	40.00
1995	BEAR'S TRACK--FOX WARRIOR	5000	38.00	38.00
1995	GROWLING BEAR	5000	38.00	38.00
1995	HOWLING DOG--CHEYENNE WARRIOR	5000	38.00	38.00
1995	LITTLE OTTER--HUPA PRINCESS	5000	38.00	38.00
1995	POCAHONTAS--POWHATAN PRINCESS	RT	38.00	38.00
1995	SWAYING REED--OJIBWA PRINCESS	5000	38.00	38.00
1996	LEAPING WATER--APACHE PRINCESS	5000	38.00	38.00
1996	RADIANT DOVE	5000	38.00	38.00
1996	WIND RIDER	5000	38.00	38.00
1996	WISE BUFFALO	5000	38.00	38.00
1997	EVENING STAR	5000	38.00	38.00
1997	FLYING FALCON	5000	38.00	38.00
1997	GRACEFUL SONG	5000	38.00	38.00
1997	WHITE STONE	5000	38.00	38.00

SARAH'S ATTIC

	S. SCHULTZ		**HEIRLOOMS FROM THE ATTIC**	
1986	AMIE AMISH DOLL	CL	40.00	40.00
1986	BETSY BOO DOLL	CL	40.00	40.00
1986	BILLY BEAR	CL	80.00	80.00
1986	BROWNIE BEAR	CL	36.00	36.00
1986	BUFFY BEAR	CL	80.00	80.00
1986	CHARITY WHITE ANGEL	CL	34.00	34.00
1986	CUPCAKE DOLL	CL	32.00	32.00
1986	HOLLY BLACK ANGEL	RT	34.00	195.00
1986	HOPE BLACK ANGEL	CL	34.00	34.00
1986	JENNIE WHITE ANGEL DOLL	CL	52.00	52.00
1986	JENNIE WHITE DOLL	CL	44.00	44.00
1986	JUDITH ANN BLACK DOLL	CL	34.00	34.00
1986	KATIE DOLL	RT	32.00	32.00
1986	LOUISA MAY BLACK COTH DOLL	CL	120.00	120.00
1986	MAGGIE CLOTH DOLL	RT	70.00	125.00
1986	MATT CLOTH DOLL	RT	70.00	125.00
1986	NELLIE DOLL	RT	32.00	32.00
1986	PETER DOLL	CL	140.00	140.00
1986	PRISCILLA DOLL	CL	140.00	310.00
1986	SADIE BLACK DOLL	CL	70.00	120.00
1986	SPIKE DOLL	RT	32.00	32.00
1986	TRAPP THE CAT	CL	36.00	36.00
1986	TWINKIE DOLL	CL	32.00	32.00
1986	WHIMPY DOLL	CL	32.00	32.00
1987	BENJI BEAR	CL	25.00	25.00
1987	LEROY BLACK RAG DOLL	CL	54.00	54.00
1987	LUCY BLACK RAG DOLL	CL	54.00	54.00
1987	MOLLY SMALL 5 PIECE DOLL	CL	36.00	36.00
1987	PATCHES WHITE RAG DOLL	CL	54.00	54.00
1987	POLLY WHITE RAG DOLL	CL	54.00	54.00
1987	ROXIE RABBIT	CL	32.00	32.00
1987	SUNSHINE 5 PIECE DOLL	CL	79.00	600.00
1987	TESS RAG DOLL	CL	140.00	140.00

YR	NAME	LIMIT	ISSUE	TREND
1987	TILLIE RAG DOLL	CL	32.00	32.00
1987	WILLIE RAG DOLL	CL	32.00	32.00
1988	ALBERT	CL	20.00	20.00
1988	ASHLEE	CL	20.00	20.00
1988	COUNTRY GIRL	CL	26.00	26.00
1988	DAISY	CL	20.00	20.00
1988	DAVID	CL	20.00	20.00
1988	LILY BLACK DOLL	CL	90.00	90.00
1988	MAYBELLE CLOTH BUNNY	CL	46.00	46.00
1988	MELVILLE CLOTH BUNNY	CL	46.00	46.00
1988	MICHAEL 5 PIECE DOLL	CL	44.00	44.00
1988	MRS. CLAUS 5 PIECE DOLL	RT	120.00	380.00
1988	SANTA 5 PIECE DOLL	RT	120.00	380.00
1988	SMILEY CLOWN	CL	126.00	800.00
1988	VICTORIAN BOY	CL	24.00	24.00
1988	VICTORIAN GIRL	CL	24.00	24.00
1989	BECKY	RT	120.00	350.00
1989	BEVERLY JANE-BLACK DRESS	RT	160.00	160.00
1989	BEVERLY JANE-RED DRESS	RT	160.00	160.00
1989	BEVERLY JANE-SUNDAY'S BEST	RT	160.00	160.00
1989	BOBBY	RT	120.00	350.00
1989	FREEDOM CLOWN	RT	150.00	375.00
1989	GLORY ANGEL	CL	50.00	225.00
1989	GREEN BEVERLY JANE	RT	160.00	160.00
1989	HARMONY CLOWN	RT	150.00	200.00
1989	HOLLY ANGEL	CL	50.00	225.00
1989	HOPE ANGEL	CL	50.00	225.00
1989	JOY ANGEL	CL	50.00	225.00
1989	LIBERTY ANGEL	CL	70.00	185.00
1989	MEGAN DOLL	RT	120.00	120.00
1989	NOEL-CHRISTMAS CLOWN	CL	50.00	275.00
1989	PEACE ANGEL	RT	70.00	180.00
1989	SCOTT DOLL	RT	150.00	210.00
1989	SPIRIT OF AMERICA SANTA	CL	120.00	200.00
1989	VICTOR	RT	120.00	600.00
1989	VICTORIA	CL	160.00	160.00
1990	AMERICANA BEAR	RT	150.00	350.00
1990	AMERICANA HICKORY	RT	150.00	350.00
1990	AMERICANA SASSAFRAS	RT	140.00	165.00
1990	BEACHTIME HICKORY	RT	140.00	165.00
1990	BEACHTIME SASSAFRAS	CL	160.00	160.00
1990	BETTY BEAR SUNDAY	CL	160.00	160.00
1990	BETTY BEAR-CHRISTMAS	RT	140.00	165.00
1990	PLAYTIME HICKORY	RT	140.00	190.00
1990	PLAYTIME SASSAFRAS	RT	140.00	300.00
1990	SCHOOL DAYS HICKORY	RT	140.00	300.00
1990	SCHOOL DAYS SASSAFRAS	RT	150.00	200.00
1990	SUNDAY'S BEST HICKORY	RT	150.00	200.00
1990	SUNDAY'S BEST SASSAFRAS	RT	140.00	165.00
1990	SWEET DREAMS HICKORY	RT	140.00	200.00
1990	SWEET DREAMS SASSAFRAS	CL	160.00	160.00
1990	TEDDY BEAR SUNDAY	CL	160.00	160.00
1990	TEDDY SCHOOL BEAR	RT	90.00	190.00
1991	ALL CLOTH ADORA ANGEL	RT	90.00	190.00
1991	ALL CLOTH ENOS ANGEL	CL	90.00	185.00
1991	ALL CLOTH MUFFIN BLACK DOLL	CL	90.00	90.00
1991	ALL CLOTH OPIE WHITE DOLL	CL	90.00	90.00
1991	ALL CLOTH POLLY WHITE DOLL	CL	90.00	185.00
1991	ALL CLOTH PUFFIN BLACK DOLL	RT	150.00	160.00
1991	CHRISTMAS HICKORY	RT	150.00	160.00
1991	CHRISTMAS SASSAFRAS	CL	160.00	160.00
1991	CHRISTMAS TEDDY BEAR	RT	90.00	190.00
1991	ENOS	RT	150.00	175.00
1991	SPRINGTIME HICKORY	RT	150.00	200.00
1991	SPRINGTIME SASSAFRAS	CL	170.00	300.00
1992	ANGELLE GUARDIAN ANGEL	RT	170.00	170.00
1992	COUNTRY EDIE	RT	250.00	250.00
1992	COUNTRY EMILY	RT	160.00	160.00
1992	COUNTRY EMMA	RT	200.00	200.00
1992	COUNTRY HILARY	CL	250.00	325.00
1992	HARPSTER W/BANJO	RT	170.00	170.00
1992	KIAH GUARDIAN ANGEL	RT	175.00	600.00
1992	PEACE ON EARTH SANTA	RT	170.00	170.00
1992	PLAYTIME EDIE	RT	160.00	160.00
1992	PLAYTIME EMMA	CL	160.00	160.00
1992	SPRINGTIME BETTY BEAR	CL	160.00	160.00
1992	SPRINGTIME TEDDY BEAR	RT	170.00	170.00
1992	VICTORIAN EDIE	RT	250.00	250.00
1992	VICTORIAN EMILY	RT	200.00	200.00
1992	VICTORIAN HILARY	CL	200.00	200.00
1992	WHOOPIE	CL	160.00	160.00
1992	WOOSTER	RT	130.00	160.00
1993	GRANNY QUILTING LADY	500	130.00	130.00
1993	JACK BOY	CL	130.00	210.00
1993	LILLA QUILTING LADY	CL	130.00	140.00
1993	MILLIE QUILTING LADY	500	130.00	130.00
1993	SALLY BOOBA	500	120.00	120.00
1994	STAR BLACK DOLL	1000	120.00	120.00
1994	TILLIE/CLOWN			

YR	NAME	LIMIT	ISSUE	TREND
1994	TWINKLE/WHITE ANGEL	500	120.00	120.00
1994	WILLIE/CLOWN	1000	120.00	120.00
1995	BABY DOLL/4341	RT	300.00	300.00
1995	LABOR OF LOVE/4338	150	300.00	300.00
1995	LABOR OF LOVE/4339	150	300.00	300.00
1995	OLIVIA/4340	150	300.00	300.00
1995	TILLIE/4337	RT	300.00	300.00
1995	WILLIE/4336	150	300.00	300.00
1997	BURLEY BEAR	100	130.00	130.00
1997	HAZEL W/ BIBLE	100	280.00	280.00
1997	TIMMERY DOLL	100	350.00	350.00
1999	GRANDMA	1200	85.00	85.00
1999	GRANDPA	1200	85.00	85.00
1999	SAM	1200	10.00	10.00
1999	SMILEY TILLIE CLOWN	1200	100.00	100.00
1999	SMILEY WILLIE CLOWN	1200	100.00	100.00
S. SCHULTZ		**LITTLE CHARMERS COLLECTION**		
1989	RED BEVERLY JANE	RT	160.00	160.00
1989	SUNDAY'S BEST-BEVERLY JANE	RT	160.00	160.00
1991	VICTORIAN EMMA	RT	160.00	160.00
S. SCHULTZ		**SNUGGABLE HUGGABLES**		
1996	AMERICANA POSIE/1900	100	130.00	130.00
1996	HALLOWEEN POSIE/1902	100	130.00	130.00
1996	POPPER W/JUMPSUIT/1904	100	90.00	90.00
1996	POPPER W/PINAFORE/1903	100	90.00	90.00
1996	SPRING POSIE/1901	100	130.00	130.00
S. SCHULTZ		**SPIRIT OF CHRISTMAS**		
1989	FATHER CHRISTMAS DOLL	500	150.00	150.00

SCHMID

YR	NAME	LIMIT	ISSUE	TREND
J. AMOS GRAMMER		**JUNE AMOS GRAMMER**		
1980	LEIGH ANN	1000	195.00	210.00
1988	ROSAMUND	750	225.00	225.00
1989	KATIE	1000	180.00	180.00
1989	VANESSA	1000	180.00	210.00
1990	JESTER LOVE	1000	195.00	210.00
1990	MEGAN	750	380.00	380.00
1991	HEATHER	1000	210.00	210.00
1991	LAUREN	1000	280.00	280.00
1991	MITSUKO	1000	210.00	210.00

SEYMOUR MANN

YR	NAME	LIMIT	ISSUE	TREND
J. WHITE		**CHRISTMAS COLLECTION**		
1990	CUPID CPD-6	OP	14.00	14.00
1990	DOLL TREE TOPPER OM-124	CL	85.00	85.00
1990	HAT W/STREAMERS OM-118	CL	20.00	20.00
1990	HEARTFACE OM-119	CL	12.00	12.00
1990	LACE BALL OM-120	CL	10.00	10.00
1990	TASSEL OM-118	CL	8.00	8.00
1991	ELVES W/MALL CJ-454	OP	30.00	30.00
1991	FLAT SANTA CJ-115	OP	8.00	8.00
1991	SANTAS, SET OF 8 CJ-12	OP	60.00	60.00
P. APRILE		**CONNOISSEUR DOLL COLLECTION**		
1992	BRIDE & FLOWER GIRL PAC-6	5000	800.00	800.00
1992	OLIVIA PAC-12	5000	300.00	300.00
1992	VIOLETTA PAC-18	5000	185.00	185.00
P. KOLESAR		**CONNOISSEUR DOLL COLLECTION**		
1992	LITTLE TURTLE INDIAN PK-110	5000	150.00	150.00
1992	REVAN ESKIMO PK-106	5000	130.00	130.00
E. MANN		**CONNOISSEUR DOLL COLLECTION**		
1984	MISS DEBUTANTE DEBI	CL	75.00	200.00
1985	CHRISTMAS CHEER-124	CL	40.00	110.00
1985	WENDY-C120	CL	45.00	160.00
1986	CAMELOT FAIRY-C84	CL	75.00	235.00
1987	ALICIA-YK-4215	CL	90.00	90.00
1987	AUDRINA-YK200	CL	85.00	150.00
1987	CYNTHIA DOM-211	CL	85.00	85.00
1987	DAWN-C185	CL	75.00	190.00
1987	LINDA-C190	CL	60.00	125.00
1987	MARCY-YK122	CL	55.00	110.00
1987	NIRMALA YK-210	CL	50.00	65.00
1987	RAPUNZEL-C158	CL	95.00	190.00
1987	SABRINA-C208	CL	65.00	100.00
1987	SAILORETTE-DOM217	CL	70.00	160.00
1987	VIVIAN C-201P	CL	80.00	80.00
1988	ASHLEY-C-278	CL	80.00	80.00
1988	BRITTANY-TK-5	CL	120.00	120.00
1988	CISSIE-DOM263	CL	65.00	140.00
1988	CRYING COURTNEY PS75	CL	115.00	115.00
1988	CYNTHIA-DOM-211	CL	85.00	85.00
1988	DOLL OLIVER FH-392	CL	100.00	100.00
1988	EMILY YK-243V	CL	70.00	70.00
1988	FRANCES-C-233	CL	80.00	140.00
1988	GISELLE ON GOOSE-FH176	CL	105.00	230.00
1988	JESSICA-DOM-267	CL	90.00	90.00
1988	JOANNE CRY BABY PS-50	CL	100.00	100.00
1988	JOLIE-C231	CL	65.00	160.00
1988	JULIE-C245A	CL	65.00	170.00
1988	JULIETTE BRIDE MUSICAL C246L TM	CL	150.00	210.00

YR	NAME	LIMIT	ISSUE	TREND
1988	KIRSTEN-PS-40G	CL	70.00	70.00
1988	LIONEL-FH206B	CL	50.00	125.00
1988	LUCINDA-DOM-293	CL	90.00	90.00
1988	MICHELLE & MARCEL-YK176	CL	70.00	160.00
1988	PAULINE YK-230	CL	90.00	90.00
1988	SABRINA C208	CL	65.00	100.00
1988	SISTER AGNES C250	CL	75.00	75.00
1988	SISTER IGNATIUS NOTRE DAME FH184	CL	75.00	75.00
1988	SISTER TERESA FH187	CL	80.00	80.00
1988	TRACY-C-3006	CL	95.00	160.00
1989	AMBER-DOM-281A	CL	85.00	85.00
1989	BETTY-PS27G	CL	65.00	130.00
1989	BRETT-PS27B	CL	65.00	130.00
1989	BRITTANY-TK-4	CL	150.00	150.00
1989	CRYING COURTNEY PS-75	CL	115.00	115.00
1989	DAPHNE ECRU/MINT GREEN C3025	CL	85.00	85.00
1989	ELISABETH OM-32	CL	120.00	120.00
1989	ELIZABETH-C-246P	CL	150.00	210.00
1989	EMILY-PS-48	CL	110.00	110.00
1989	FRANCES-C233	CL	80.00	130.00
1989	HAPPY BIRTHDAY-C3012	CL	80.00	130.00
1989	HEIDI-260	CL	50.00	100.00
1989	JAQUELINE-DOLL-254M	CL	85.00	85.00
1989	JOANNE CRY BABY PS-50	2500	100.00	100.00
1989	KAYOKO-PS24	CL	75.00	180.00
1989	KIRSTEN PS-40G	CL	70.00	70.00
1989	LING-LING-PS-87G	CL	90.00	90.00
1989	LIZ-YK-269	CL	70.00	110.00
1989	LUCINDA DOM-293	CL	90.00	90.00
1989	MAI-LING-PS-79	CL	100.00	100.00
1989	MARCEY YK-4005	CL	90.00	90.00
1989	MARGARET-245	CL	100.00	160.00
1989	MAUREEN-PS-84	CL	90.00	90.00
1989	MEIMEI-PS22	CL	75.00	230.00
1989	MELISSA-LL-794	CL	95.00	95.00
1989	MISS KIM-PS25	CL	75.00	180.00
1989	PATRICIA/PATRICK-215GBB	CL	105.00	140.00
1989	PAULA PS-56	CL	75.00	75.00
1989	PAULINE BONAPARTE OM-68	CL	120.00	120.00
1989	RAMONA PS-31B	CL	80.00	80.00
1989	REBECCA PS-34V	CL	45.00	45.00
1989	ROSIE-290M	CL	55.00	90.00
1989	SISTER MARY-C-249	CL	75.00	130.00
1989	SUNNY PS-59V	CL	71.00	75.00
1989	SUZIE-PS-32	CL	80.00	80.00
1989	TATIANA PINK BALLERINA OM-60	CL	120.00	120.00
1989	TERRI-PS-104	CL	85.00	85.00
1989	WENDY-PS-51	CL	105.00	105.00
1990	ANABELLE-C-3080	CL	85.00	85.00
1990	ANGELA-C-3084	CL	105.00	105.00
1990	ANGELA-C-3084M	CL	115.00	115.00
1990	ANGEL-DOM-335	CL	105.00	105.00
1990	ANITA-FH-277G	CL	65.00	65.00
1990	ASHLEY-FH-325	CL	75.00	75.00
1990	AUDREY-YK-4089	CL	125.00	125.00
1990	BABY BETTY-YK-4087	CL	125.00	125.00
1990	BABY KATE-WB-19	CL	85.00	85.00
1990	BABY NELLY-PS-163	CL	95.00	95.00
1990	BABY SUNSHINE-C-3055	CL	90.00	90.00
1990	BETH-YK-4099A/B	CL	125.00	125.00
1990	BETTINA-TR-4	CL	125.00	125.00
1990	BEVERLY-DOLL-335	2500	110.00	110.00
1990	BILLIE-YK-4056V	CL	65.00	65.00
1990	CAITLIN YK-4051V	CL	90.00	90.00
1990	CAITLIN-DOLL-11PH	CL	60.00	60.00
1990	CAROLE-YK-4085W	CL	125.00	125.00
1990	CHARLENE-YK-4112	CL	90.00	90.00
1990	CHIN FA-C-3061	CL	95.00	95.00
1990	CHINOOK-WB-24	CL	85.00	85.00
1990	CHRISTIE WB-2	CL	75.00	75.00
1990	DAISY-EP-6	CL	90.00	90.00
1990	DAPHNE ECRU-C-3025	CL	85.00	85.00
1990	DIANE-FH-275	CL	90.00	90.00
1990	DIANNA-TK-31	CL	175.00	175.00
1990	DOMINO-C-3050	CL	145.00	200.00
1990	DOROTHY-TR-10	CL	135.00	145.00
1990	DORRI-DOLL-16PH	CL	85.00	85.00
1990	EILEEN-FH-367	CL	100.00	100.00
1990	FELICIA-TR-9	CL	115.00	115.00
1990	FRANCESCA-C-3021	CL	100.00	190.00
1990	GERRI YK-4094	CL	95.00	150.00
1990	GINNY-YK-4119	CL	100.00	100.00
1990	HOPE YK-4118	CL	90.00	90.00
1990	HYACINTH-DOLL-15PH	CL	85.00	85.00
1990	INDIAN DOLL FH-296	CL	60.00	60.00
1990	INDIAN DOLL-FH-295	CL	60.00	60.00
1990	JANETTE-DOLL-385	CL	85.00	85.00
1990	JILLIAN DOLL-41PH	CL	90.00	90.00
1990	JOANNE-TR-12	CL	175.00	175.00

YR	NAME	LIMIT	ISSUE	TREND
1990	JULIE-WB-35	CL	70.00	70.00
1990	KAREN-PS-198	CL	150.00	150.00
1990	KATE-C-3060	CL	95.00	95.00
1990	KATHY W/BEAR TE1	CL	70.00	70.00
1990	KIKI-EP-4	CL	100.00	100.00
1990	LAURA DOLL-25PH	CL	55.00	55.00
1990	LAUREN-SP-300	CL	85.00	85.00
1990	LAVENDER BLUE-YK-4024	CL	95.00	140.00
1990	LIEN WHA-YK-4092	CL	100.00	140.00
1990	LING-LING DOLL	CL	50.00	50.00
1990	LISA BEIGE ACCORDION PLEAT YK-4093	CL	125.00	125.00
1990	LISA-FH-379	CL	100.00	100.00
1990	LISA-YK-4093	CL	125.00	135.00
1990	LIZA C-3053	CL	100.00	100.00
1990	LOLA-SP-79	CL	105.00	105.00
1990	LORETTA-FH-321	CL	90.00	90.00
1990	LORI WB-72BM	CL	75.00	75.00
1990	MADAME DU POMPADOUR-C-3088	CL	250.00	250.00
1990	MAGGIE-PS-151P	CL	90.00	90.00
1990	MAGGIE-WB-51	CL	105.00	105.00
1990	MARIA-YK-4116	CL	85.00	85.00
1990	MELANIE-YK-4115	CL	80.00	80.00
1990	MELISSA-DOLL-390	CL	75.00	75.00
1990	MERRY WIDOW-C-3040	CL	145.00	145.00
1990	MERRY WIDOW-C-3040M	CL	140.00	140.00
1990	NANOOK-WB-23	CL	75.00	75.00
1990	NATASHA-PS-102	CL	100.00	100.00
1990	ODESSA-FH-362	CL	65.00	65.00
1990	PING-LING DOLL 363RV	CL	50.00	50.00
1990	POLLY DOLL-22PH	CL	90.00	90.00
1990	PRINCESS RED FEATHER PS-189	CL	90.00	90.00
1990	PRINCESS-FH-268B	CL	75.00	75.00
1990	PRISCILLA-WB-50	CL	105.00	105.00
1990	SABRINA-C3050	CL	105.00	105.00
1990	SALLY-WB-20	CL	95.00	95.00
1990	SHIRLEY-WB-37	CL	65.00	65.00
1990	SISTER MARY-WB-15	CL	70.00	70.00
1990	SOPHIE-OM-1	CL	65.00	65.00
1990	STACY-TR-5	CL	105.00	105.00
1990	SUE CHUEN C-3061G	CL	95.00	95.00
1990	SUNNY-FH-331	CL	70.00	70.00
1990	SUSAN DOLL 364MC	CL	75.00	75.00
1990	TANIA-DOLL376-P	CL	65.00	65.00
1990	TINA-DOLL-371	CL	85.00	85.00
1990	TINA-WB-32	CL	65.00	65.00
1990	TOMMY-C-3064	CL	75.00	75.00
1990	WENDY-TE-3	CL	75.00	75.00
1990	WILMA-PS-174	CL	75.00	75.00
1990	YEN YEN-YK-4091	CL	95.00	95.00
1991	ABBY C3145	CL	100.00	100.00
1991	ABIGAIL-EP-3	CL	100.00	100.00
1991	ABIGAL-WB-72WM	CL	75.00	75.00
1991	ALEXIS-EP32	CL	220.00	220.00
1991	ALICIA YK-4215	3500	90.00	90.00
1991	AMANDA TOAST-OM-182	CL	260.00	260.00
1991	AMANDA TR-96	2500	135.00	135.00
1991	AMELIA-TR-47	CL	105.00	115.00
1991	AMY-C-3147	CL	135.00	145.00
1991	ANN TR-52	CL	135.00	135.00
1991	ANNETTE TR-59	CL	130.00	130.00
1991	ANNIE YK-4214	CL	145.00	145.00
1991	ANTOINETTE FH-452	CL	100.00	100.00
1991	ARABELLA-C-3163	CL	135.00	145.00
1991	ARIEL-EP-33	CL	175.00	175.00
1991	AUDREY-FH-455	2500	125.00	125.00
1991	AURORA-OM-181	2500	260.00	260.00
1991	AZURE-AM-15	2500	175.00	175.00
1991	BABBY ELLIE ECRU MUSICAL 402E	2500	28.00	28.00
1991	BABY BETH-DOLL-406P	2500	28.00	28.00
1991	BABY BONNIE W/WALKER MUSIC DOLL-409	2500	40.00	40.00
1991	BABY BONNIE-SP-341	CL	55.00	55.00
1991	BABY BRENT-EP-15	CL	85.00	100.00
1991	BABY CARRIE-DOLL-402P	2500	28.00	28.00
1991	BABY ELLIE 17	2500	65.00	65.00
1991	BABY GLORIA BLACK BABY-PS-289	CL	75.00	75.00
1991	BABY JOHN-PS-498	CL	85.00	85.00
1991	BABY LINDA-DOLL-406E	2500	28.00	28.00
1991	BABY SUE-DOLL-402B	CL	28.00	28.00
1991	BELINDA C-3164	CL	150.00	150.00
1991	BERNETTA-EP-40	CL	115.00	125.00
1991	BETSY-AM-6	CL	105.00	105.00
1991	BETTINA YK-4144	3500	105.00	105.00
1991	BLAINE-TR-61	CL	115.00	115.00
1991	BLYTHE-CH-15V	CL	135.00	135.00
1991	BO-PEEP W/LAMB-C-3128	CL	105.00	105.00
1991	BRIDGET-SP-379	2500	105.00	105.00
1991	BROOKE-FH-461	2500	115.00	115.00
1991	BRYNA-AM-100B	2500	70.00	70.00
1991	CAMELLIA FH-457	2500	100.00	100.00

YR	NAME	LIMIT	ISSUE	TREND
1991	CAROLINE LL-838	2500	110.00	110.00
1991	CAROLINE LL-905	2500	110.00	110.00
1991	CHERYL TR-49	2500	120.00	120.00
1991	CHIN CHIN YK-4211	CL	85.00	85.00
1991	CHRISTINA-PS-261	CL	115.00	115.00
1991	CINDY LOU-FH-464	2500	85.00	85.00
1991	CISSY EP-56	CL	95.00	95.00
1991	CLARE-DOLL 465	CL	100.00	100.00
1991	CLAUDINE C-3146	CL	95.00	95.00
1991	COLETTE-WB-7	CL	65.00	65.00
1991	COLLEEN YK-4163	CL	120.00	120.00
1991	COOKIE GU-6	CL	110.00	110.00
1991	COURTNEY-LL-859	CL	150.00	150.00
1991	CREOLE-AM-17	CL	160.00	210.00
1991	CRYSTAL YK-4237	CL	125.00	125.00
1991	DANIELLE-AM-5	CL	125.00	180.00
1991	DARCY EP-47	CL	110.00	110.00
1991	DARCY FH-451	CL	105.00	105.00
1991	DARLA C-3122	CL	110.00	110.00
1991	DARLENE DOLL-444	CL	75.00	75.00
1991	DAWN C-3135	CL	130.00	130.00
1991	DENISE-LL-852	CL	105.00	105.00
1991	DEPHINE-SP-308	CL	135.00	135.00
1991	DESIREE LL-898	CL	120.00	120.00
1991	DUANANE-SP-366	CL	85.00	85.00
1991	DULCIE-YK-4131V	CL	100.00	100.00
1991	DWAYNE C-3123	CL	120.00	120.00
1991	EDIE YK-4177	CL	115.00	115.00
1991	ELISABETH & LISA C-3095	CL	195.00	195.00
1991	ELISE-PS-259	CL	105.00	105.00
1991	ELIZABETH AM-32	CL	105.00	105.00
1991	EMMALINE BEIGE/LILAC OM-197	CL	300.00	300.00
1991	EMMALINE OM-191	CL	300.00	300.00
1991	EMMY-C-3099	CL	125.00	125.00
1991	ERIN-DOLL-4PH	CL	60.00	60.00
1991	EVALINA C-3124	CL	135.00	135.00
1991	FIFI AM-100F	CL	70.00	70.00
1991	FLEURETTE PS-286	CL	75.00	75.00
1991	FLORA TR-46	CL	125.00	125.00
1991	FRANCESCA-AM-14	CL	175.00	175.00
1991	GEORGIA YK-4143	CL	150.00	150.00
1991	GEORGIA-YK-4131	CL	100.00	100.00
1991	GIGI-C-3107	CL	135.00	135.00
1991	GINGER LL-907	CL	115.00	115.00
1991	GLORIA AM-100G	CL	70.00	70.00
1991	GLORIA YK-4166	CL	105.00	105.00
1991	GRETCHEN DOLL-446	CL	45.00	45.00
1991	GRETEL DOLL-434	CL	60.00	60.00
1991	HANSEL & GRETEL DOLL-448V	CL	60.00	60.00
1991	HELENE AM-29	CL	150.00	150.00
1991	HOLLY CH-6	CL	100.00	100.00
1991	HONEY BUNNY-WB-9	CL	70.00	70.00
1991	HONEY FH-401	CL	100.00	100.00
1991	HOPE FH-434	CL	90.00	90.00
1991	INDIRA-AM-4	CL	125.00	125.00
1991	IRIS TR-58	CL	120.00	120.00
1991	IVY PS-307	CL	75.00	75.00
1991	JANE-PS-243L	CL	115.00	115.00
1991	JANICE OM-194	CL	300.00	300.00
1991	JESSICA-FH-423	CL	95.00	95.00
1991	JOYCE AM-100J	CL	35.00	35.00
1991	JOY-EP-23V	CL	130.00	130.00
1991	JULIA-C-3102	CL	135.00	135.00
1991	JULIETTE OM-192	CL	300.00	300.00
1991	KAREN-EP-24	CL	115.00	115.00
1991	KARMELA EP-57	CL	120.00	120.00
1991	KELLY-AM-8	CL	125.00	125.00
1991	KERRY-FH-396	CL	100.00	100.00
1991	KIM AM-100K	CL	70.00	70.00
1991	KINESHA SP-402	CL	110.00	110.00
1991	KRISTI-FH-402	CL	100.00	100.00
1991	KYLA YK-4137	CL	95.00	140.00
1991	LAURA-WB-110P	CL	85.00	85.00
1991	LEIGH DOLL-457	CL	95.00	95.00
1991	LEILA-AM-2	CL	125.00	125.00
1991	LENORE LL-911	CL	105.00	105.00
1991	LENORE-YK-4218	3500	135.00	135.00
1991	LIBBY-EP-18	CL	85.00	85.00
1991	LILA FH-404	CL	100.00	115.00
1991	LILA-AM-10	CL	125.00	125.00
1991	LINDSEY C-3127	CL	135.00	165.00
1991	LINETTA C-3166	CL	135.00	135.00
1991	LISA AM-100L	CL	70.00	70.00
1991	LITTLE BOY BLUE C-3159	CL	100.00	100.00
1991	LIZ C-3150	CL	100.00	100.00
1991	LIZA YK-4226	CL	35.00	35.00
1991	LOLA-SP-363	CL	90.00	90.00
1991	LONI-FH-448	2500	100.00	100.00
1991	LORI EP-52	CL	95.00	95.00

YR	NAME	LIMIT	ISSUE	TREND
1991	LORI FH-446	CL	100.00	100.00
1991	LOUISE LL-908	CL	105.00	105.00
1991	LUCY-LL-853	CL	80.00	80.00
1991	MADELEINE-C-3106	CL	95.00	95.00
1991	MARCY TR-55	CL	135.00	135.00
1991	MARIEL C-3119	CL	125.00	125.00
1991	MAUDE AM-100M	CL	70.00	70.00
1991	MELISSA CH-3	CL	110.00	110.00
1991	MELISSA LL-901	CL	135.00	135.00
1991	MELISSA-AM-9	CL	120.00	120.00
1991	MEREDITH FH-391-P	CL	95.00	95.00
1991	MERYL FH-463	CL	95.00	95.00
1991	MICHAEL W/SCHOOL BOOKS FH-439B	CL	95.00	95.00
1991	MICHELLE EP36	CL	95.00	95.00
1991	MICHELLE W/SCHOOL BOOKS FH-439G	CL	95.00	95.00
1991	MIRANDA-DOLL-9PH	CL	75.00	75.00
1991	MISSY DOLL-464	CL	70.00	70.00
1991	MISSY PS-258	CL	90.00	90.00
1991	MON YUN W/PARASOL TR-33	CL	115.00	140.00
1991	NANCY W/RABBIT EP-31	CL	165.00	165.00
1991	NANCY WB-73	CL	65.00	65.00
1991	NELLIE-EP-1B	CL	75.00	75.00
1991	NICOLE-AM-12	CL	135.00	135.00
1991	NOELLE PS-239V	CL	95.00	95.00
1991	PATTI DOLL-440	CL	65.00	65.00
1991	PATTY-YK-4221	CL	125.00	125.00
1991	PEPPER PS-277	CL	130.00	145.00
1991	PIA-PS-246L	CL	115.00	115.00
1991	PRINCESS SUMMER WINDS FH-427	CL	120.00	120.00
1991	PRISSY WHITE/BLUE-C-3140	CL	100.00	100.00
1991	RAPUNZEL C-3157	CL	150.00	150.00
1991	RED WING AM-30	CL	165.00	165.00
1991	ROBIN AM-22	CL	120.00	120.00
1991	ROSALIND-C-3090	CL	150.00	150.00
1991	SAMANTHA GU-3	CL	100.00	100.00
1991	SANDRA-DOLL-6PHE	CL	65.00	65.00
1991	SCARLETT FH-399	CL	100.00	100.00
1991	SCARLETT FH-436	CL	135.00	135.00
1991	SHAKA-SP-401	2500	110.00	110.00
1991	SHARON BLUE-EP-34	CL	120.00	120.00
1991	SHARON C-3237	2500	95.00	95.00
1991	SHAU CHEN GU-2	CL	85.00	85.00
1991	SHELLEY CH-1	CL	110.00	110.00
1991	SOPHIE TR-53	CL	135.00	135.00
1991	STACY DOLL-6PH	CL	65.00	65.00
1991	STEPHANIE FH-467	CL	95.00	95.00
1991	STEPHANIE PINK & WHITE-OM-196	CL	300.00	300.00
1991	STEPHANIE-AM-11	CL	105.00	105.00
1991	SUMMER AM-33	CL	200.00	200.00
1991	SYBIL BEIGE-C-3131	CL	135.00	135.00
1991	SYBIL PINK-12PHMC	CL	75.00	75.00
1991	TAMARA OM-187	CL	135.00	135.00
1991	TERRI TR-62	CL	75.00	75.00
1991	TESSA AM-19	CL	135.00	135.00
1991	TINA-AM-16	CL	130.00	130.00
1991	VANESSA AM-34	CL	90.00	90.00
1991	VICKI-C-3101	CL	200.00	200.00
1991	VIOLET EP-41	CL	135.00	135.00
1991	VIOLET OM-186	CL	270.00	270.00
1991	VIRGINIA SP-359	YR	120.00	120.00
1991	WAH-CHING/ORIENTAL TODDLER-YK-4175	CL	110.00	110.00
1992	ALICE JNC-4013	CL	90.00	90.00
1992	AMY-OM-06	2500	150.00	195.00
1992	BETH-OM-05	CL	135.00	135.00
1992	BETTE-OM-01	2500	115.00	115.00
1992	CHARLOTTE-FH-484	2500	115.00	115.00
1992	CHELSEA-IND-397	CL	85.00	85.00
1992	CORDELIA OM-09	CL	250.00	250.00
1992	DEBBIE-JNC-4006	CL	90.00	90.00
1992	DEIDRE FH-473	CL	115.00	115.00
1992	DEIDRE-YK-4083	CL	95.00	95.00
1992	DONA FH-494	CL	100.00	100.00
1992	EUGENIE OM-225	CL	300.00	300.00
1992	GISELLE OM-02	CL	90.00	90.00
1992	JAN OM-012	CL	135.00	135.00
1992	JANET FH-496	CL	120.00	120.00
1992	JET FH-478	CL	115.00	115.00
1992	JODIE-FH-495	2500	115.00	115.00
1992	JULIETTE OM-08	2500	175.00	175.00
1992	LAURA OM-010	CL	250.00	250.00
1992	LAURIE JNC-4004	CL	90.00	90.00
1992	LYDIA-OM-226	CL	250.00	250.00
1992	MAGGIE FH-505	CL	125.00	125.00
1992	MELISSA OM-03	CL	135.00	135.00
1992	NANCY JNC-4001	CL	90.00	90.00
1992	SALLY FH-492	CL	105.00	105.00
1992	SAPPHIRES OM-223	CL	250.00	250.00
1992	SARA ANN FH-474	CL	115.00	115.00
1992	SCARLETT FH-471	CL	120.00	120.00

Bride Bunny *and* Groom Bunny, *each released in 1993 by Annalee Mobilitee Dolls Inc., celebrate their blessed union.*

Heather *is a charming porcelain doll that is also a musical that plays "Let Me Be Your Teddy Bear." The piece from Goebel was introduced in 1991 and the edition has since been closed.*

The first release in Yolanda's Picture-Perfect Babies, Jason *is now the most valuable doll in the collection. Released by The Edwin M. Knowles China Co. in 1985 for $48, he is now worth over $1,000.*

Produced by the Lawton Doll Co., Goldilocks *and* Baby Bear, *from the Folktales and Fairy Stories collection, has increased in value since its 1993 release.*

YR	NAME	LIMIT	ISSUE	TREND
1992	SONJA FH-486	CL	125.00	125.00
1992	SUE JNC-4003	CL	90.00	90.00
1992	TIFFANY OM-014	CL	150.00	150.00
1992	TRINA OM-011	CL	165.00	165.00
1992	VIOLETTE FH-503	CL	120.00	120.00
1992	YVETTE OM-015	CL	150.00	150.00
1993	ADRIENNE-C-3162	CL	135.00	135.00
1993	ANTONIA-OM-227	CL	350.00	350.00
1993	ARLENE SP-421	CL	100.00	100.00
1993	BLAINE-C-3167	CL	100.00	100.00
1993	CAMILLE-OM-230	2500	250.00	250.00
1993	CINNAMON JNC-4014	CL	90.00	90.00
1993	CLARE FH-497	CL	100.00	100.00
1993	CLOTHILDE FH-469	CL	125.00	125.00
1993	DONNA DOLL-447	CL	85.00	85.00
1993	ELLEN YK-4223	CL	150.00	150.00
1993	GENA OM-229	CL	250.00	250.00
1993	HAPPY FH-479	CL	105.00	105.00
1993	HEDY FH-449	CL	95.00	95.00
1993	IRIS FH-483	CL	95.00	95.00
1993	JAN DRESS UP OM-12	CL	135.00	165.00
1993	JAN-OM-12	2500	135.00	150.00
1993	JILLIAN SP-428	CL	165.00	165.00
1993	JULIETTE OM-8	CL	175.00	175.00
1993	KENDRA FH-481	CL	115.00	115.00
1993	KIT SP-426	CL	55.00	55.00
1993	LINDA SP-435	CL	95.00	95.00
1993	LYNN FH-498	CL	120.00	120.00
1993	MARIAH LL-909	CL	135.00	135.00
1993	NINA YK-4232	CL	135.00	135.00
1993	OONA TR-57	CL	135.00	135.00
1993	REBECCA C-3177	CL	135.00	135.00
1993	SARETTA-SP-423	2500	100.00	100.00
1993	SHAKA TR-45	CL	100.00	100.00
1993	SUZIE SP-422	CL	164.00	170.00
1994	ABBY-YK-4533	CL	135.00	135.00
1994	ADAK-PS-412	2500	150.00	150.00
1994	ALICE-GU-32	2500	150.00	150.00
1994	ALICE-IND-508	2500	115.00	115.00
1994	ALLY-FH-556	2500	115.00	115.00
1994	ALYSSA-C-3201	CL	110.00	110.00
1994	ALYSSA-PP-1	2500	275.00	300.00
1994	AMY-OC-43M	2500	115.00	115.00
1994	ANGELICA-FH-291E	2500	85.00	85.00
1994	ANGELICA-FH-291S	2500	85.00	85.00
1994	ANGELICA-FH-291WG	2500	85.00	85.00
1994	ANGEL-LL-956	2500	90.00	90.00
1994	ANGELO-OC-57	2500	135.00	135.00
1994	ANGEL-SP-460	2500	140.00	140.00
1994	ANTONIA-OM-42	2500	150.00	150.00
1994	ARILENE-LL-940	2500	90.00	90.00
1994	ATANAK-PS-414	2500	150.00	150.00
1994	BABY BELLE-C-3193	2500	150.00	150.00
1994	BABY SCARLETT-C-3194	2500	115.00	115.00
1994	BLAIR YK-4532	3500	150.00	150.00
1994	BOBBI NM-30	2500	135.00	135.00
1994	BRANDY YK-4537	3500	165.00	165.00
1994	BRONWYN IND-517	2500	140.00	140.00
1994	CACTUS FLOWER INDIAN LL-944	2500	105.00	105.00
1994	CALLIE-TR-76	2500	140.00	140.00
1994	CALYPSO-LL-942	2500	150.00	150.00
1994	CARMEN-PS-408	2500	150.00	150.00
1994	CASEY-C-3197	2500	140.00	140.00
1994	CATHY GU-41	CL	140.00	140.00
1994	CHRIS FH-561	2500	85.00	85.00
1994	CHRISSIE FH-562	2500	85.00	85.00
1994	CINDY OC-58	2500	140.00	140.00
1994	CLARA IND-516	2500	140.00	140.00
1994	CLARA IND-524	2500	150.00	150.00
1994	CLARA-IND-518	2500	140.00	140.00
1994	CLAUDETTE-TR-81	2500	150.00	150.00
1994	COPPER-YK-4546C	3500	150.00	150.00
1994	CORA-FH-565	2500	140.00	140.00
1994	CORY-FH-564	2500	115.00	115.00
1994	DALLAS-PS-403	2500	150.00	150.00
1994	DARYL-LL-947	CL	150.00	150.00
1994	DEE-LL-948	2500	110.00	110.00
1994	DELILAH-C-3195	2500	150.00	150.00
1994	FAITH-IND-522	2500	135.00	135.00
1994	FAITH-OC-60	2500	115.00	115.00
1994	FLORA-FH-583	2500	115.00	115.00
1994	FLORETTE-INC-519	2500	140.00	140.00
1994	GARDINER-PS-405	2500	150.00	150.00
1994	GEORGIA IND-510	2500	220.00	220.00
1994	GEORGIA SP-456	2500	115.00	115.00
1994	HATTY/MATTY-IND-514	2500	165.00	165.00
1994	HEATHER-YK-4531	3500	165.00	165.00
1994	HONEY-LL-945	2500	150.00	150.00
1994	HYACINTH-LL-941	2500	90.00	90.00

YR	NAME	LIMIT	ISSUE	TREND
1994	INDIAN-IND-520	2500	115.00	115.00
1994	IVY-C-3203	CL	85.00	85.00
1994	JACQUELINE-C-3202	CL	150.00	150.00
1994	JAN-FH-584R	2500	115.00	115.00
1994	JANIS-FH-584B	2500	115.00	115.00
1994	JENNY-OC-36M	2500	115.00	115.00
1994	JILLIAN-C-3196	2500	150.00	150.00
1994	JORDAN-SP-455	2500	150.00	150.00
1994	JO-YK-4539	3500	150.00	150.00
1994	KATE-OC-55	2500	150.00	150.00
1994	KATIE-IND-511	2500	110.00	110.00
1994	KELLY-YK-4536	3500	150.00	150.00
1994	KEVIN YK-4543	3500	140.00	140.00
1994	KEVIN-MS-25	2500	150.00	150.00
1994	KITTEN-IND-512	2500	110.00	110.00
1994	KIT-YK-4547	3500	115.00	115.00
1994	LADY CAROLINE-LL-938	2500	120.00	120.00
1994	LADY CAROLINE-LL-939	2500	120.00	120.00
1994	LAUGHING WATERS-PS-410	2500	150.00	150.00
1994	LAUREN-SP-458	2500	125.00	125.00
1994	LINDSAY-SP-462	2500	150.00	150.00
1994	LITTLE RED RIDING HOOD-FH-557	CL	140.00	140.00
1994	LORETTA SP-457	2500	140.00	140.00
1994	LUCINDA-PS-406	2500	150.00	150.00
1994	MAGNOLIA FH-558	2500	150.00	150.00
1994	MAIDEN-PS-409	2500	150.00	150.00
1994	MANDY YK-4548	3500	115.00	115.00
1994	MARGARET-C-3204	2500	150.00	150.00
1994	MARIA GU-35	2500	115.00	115.00
1994	MARY ANN-TR-79	2500	125.00	125.00
1994	MARY JO-FH-552	CL	150.00	150.00
1994	MARY LOU FH-565	2500	135.00	135.00
1994	MARY-OC-56	2500	135.00	135.00
1994	MEGAN C-3192	2500	150.00	150.00
1994	MISS ELIZABETH SP-459	2500	150.00	150.00
1994	MISSY-FH-567	2500	140.00	140.00
1994	MORNING DEW INDIAN PS-404	2500	150.00	150.00
1994	MUSICAL DOLL-OC-45M	2500	140.00	140.00
1994	NATALIE PP-2	2500	275.00	275.00
1994	NIKKI SP-461	2500	150.00	150.00
1994	NIKKI-PS-401	2500	150.00	150.00
1994	NOELLE-C-3199	2500	195.00	195.00
1994	NOELLE-MS-28	2500	150.00	150.00
1994	NOEL-MS-27	2500	150.00	150.00
1994	ODETTA IND-521	2500	140.00	140.00
1994	ORIANA-IND-515	2500	140.00	140.00
1994	PAIGE GU-33	2500	150.00	150.00
1994	PAMELA-LL-949	CL	115.00	115.00
1994	PANAMA OM-43	2500	195.00	195.00
1994	PATTY-GU-34	2500	115.00	115.00
1994	PAYSON YK-4541	3500	135.00	135.00
1994	PAYTON-PS-407	2500	150.00	150.00
1994	PEARL IND-523	2500	275.00	275.00
1994	PEGEEN-C-3205	CL	150.00	150.00
1994	PEGGY TR-75	2500	185.00	185.00
1994	PETULA-C-3191	2500	140.00	140.00
1994	PRINCESS FOXFIRE PS-411	2500	150.00	150.00
1994	PRINCESS MOONRISE-YK-4542	3500	140.00	140.00
1994	PRINCESS SNOW FLOWER PS-402	2500	150.00	150.00
1994	PRISCILLA-YK-4538	3500	135.00	135.00
1994	REBECCA C-3177	2500	135.00	135.00
1994	REGINA-OM-41	2500	150.00	150.00
1994	RITA FH-553	2500	115.00	115.00
1994	ROBBY-NM-29	2500	135.00	135.00
1994	SARETTA SP-423	2500	100.00	100.00
1994	SHAKA-TR-45	2500	100.00	100.00
1994	SISTER SUZIE-IND-509	2500	95.00	95.00
1994	SOUTHERN BELLE FH-570	2500	140.00	140.00
1994	SPARKLE-OM-40	2500	150.00	150.00
1994	STEPHIE OC-41M	2500	115.00	115.00
1994	SUE SWEL TR-73	2500	110.00	110.00
1994	SUGAR PLUM FAIRY OM-39	2500	150.00	150.00
1994	SUZANNE LL-943	2500	105.00	105.00
1994	SUZIE-GU-38	2500	135.00	135.00
1994	SUZIE-SP-422	2500	164.00	165.00
1994	TAFFEY TR-80	2500	150.00	150.00
1994	TALLULAH-OM-44	2500	275.00	275.00
1994	TERESA C-3198	CL	110.00	110.00
1994	TIFFANY OC-44M	2500	140.00	140.00
1994	TIPPI LL-946	CL	110.00	110.00
1994	TODD YK-4540	3500	45.00	45.00
1994	TOPAZ TR-74	CL	195.00	195.00
1994	TRIXIE TR-77	2500	110.00	110.00
1994	VIRGINIA-TR-78	2500	195.00	195.00
1994	WENDY MS-26	2500	150.00	150.00
1995	BRENDA DOLL 551	2500	60.00	60.00
1995	BRIANNA GU-300B	2500	30.00	30.00
1995	BRIE C-3230	2500	30.00	30.00
1995	BRIE CD-1631OC	2500	30.00	30.00

YR	NAME	LIMIT	ISSUE	TREND
1995	BRIE OM-89W	2500	125.00	125.00
1995	BRITT OC077	2500	40.00	40.00
1995	BRITTANY DOLL 558	2500	35.00	35.00
1995	BRUGUNDY ANGEL FH-291D	2500	75.00	75.00
1995	BRYNA DOLL 555	2500	35.00	35.00
1995	BUNNY TR-97	2500	85.00	85.00
1995	CAITLIN LL-997	2500	115.00	115.00
1995	CANDICE TR-94	CL	135.00	135.00
1995	CARMEL TR-93	2500	125.00	125.00
1995	CAROLOTTA OM-80	2500	175.00	210.00
1995	CARRIE C-3231	2500	30.00	30.00
1995	CATHERINE RDK-231	2500	30.00	30.00
1995	CECILY DOLL 552	CL	60.00	60.00
1995	CELENE FH-618	2500	120.00	120.00
1995	CELESTINE LL-982	2500	100.00	100.00
1995	CHELSEA DOLL 560	2500	35.00	35.00
1995	CHERRY FH-616	2500	100.00	100.00
1995	CHRISTMAS KITTEN IND-530	2500	100.00	150.00
1995	CLANCY GU-54	2500	80.00	80.00
1995	CODY FH-629	2500	120.00	120.00
1995	CYNTHIA GU-300C	2500	30.00	30.00
1995	DANIELLE MER-808	2500	65.00	65.00
1995	DANIELLE PS-432	2500	100.00	100.00
1995	DARCY FH-636	2500	80.00	80.00
1995	DARCY LL-986	2500	110.00	110.00
1995	DARLA LL-988	2500	100.00	100.00
1995	DENISE LL-994	2500	105.00	105.00
1995	DIANA RDK-221A	2500	35.00	35.00
1995	DIANE PS-444	2500	110.00	110.00
1995	DINAH OC-79	2500	40.00	40.00
1995	DONNA GU-300D	2500	30.00	30.00
1995	DULCIE FH-622	2500	110.00	110.00
1995	ELAINE CD-02210	2500	50.00	50.00
1995	ELEANOR C16669	2500	35.00	35.00
1995	ELIZABETH DOLL 553	2500	35.00	35.00
1995	ELLIE FH-621	2500	125.00	125.00
1995	EMMA DOLL-559	2500	35.00	35.00
1995	EMMA GU-300E	2500	30.00	30.00
1995	EMMY IND-533	2500	85.00	85.00
1995	ERIN RDK-223	2500	30.00	30.00
1995	FAWN C-3228	2500	55.00	55.00
1995	FELICIA TR-9	2500	30.00	30.00
1995	FLEUR C16415	2500	30.00	30.00
1995	GEORGIA IND-528	2500	125.00	125.00
1995	GINNIE FH-619	2500	110.00	130.00
1995	GOLD ANGEL FH-511G	2500	85.00	85.00
1995	GREEN ANGEL FH-511C	2500	85.00	85.00
1995	GRETCHEN FH-620	2500	120.00	120.00
1995	GUARDIAN ANGEL OM-91	2500	200.00	200.00
1995	GUARDIAN ANGEL TR-98	2500	85.00	85.00
1995	HAPPY RDK-238	2500	25.00	25.00
1995	HEATHER LL-991	2500	115.00	115.00
1995	HEATHER PS-436	2500	115.00	115.00
1995	HOLLY CD-16526	2500	30.00	30.00
1995	HYACINTH C-3227	2500	130.00	130.00
1995	IRENE GU-56	2500	85.00	85.00
1995	IRINA RDK-237	2500	35.00	35.00
1995	IVANA RDK-233	2500	35.00	35.00
1995	JAMAICA LL-989	2500	75.00	75.00
1995	JENNIFER PS-446	2500	145.00	145.00
1995	JENNY CD-16673B	2500	35.00	35.00
1995	JERRI PS-434	2500	100.00	100.00
1995	JESSICA RDK-225	2500	30.00	30.00
1995	JEWEL TR-100	2500	110.00	110.00
1995	JOELLA CD-16779	2500	35.00	35.00
1995	JOY CS-1450A	2500	35.00	35.00
1995	JOY TR-99	2500	85.00	85.00
1995	JULIA C-3234	2500	100.00	100.00
1995	JULIA RDK-222	2500	35.00	35.00
1995	JUNE CD-2212	2500	50.00	50.00
1995	KARYN RDK-224	2500	35.00	35.00
1995	KELSEY DOLL 561	2500	35.00	35.00
1995	KIMMIE CS-15816	2500	30.00	30.00
1995	KITTY IND-527	2500	40.00	40.00
1995	LENORE FH-617	2500	120.00	120.00
1995	LENORE RDK-229	2500	50.00	50.00
1995	LESLIE LL-983	2500	105.00	105.00
1995	LESLIE MER-809	2500	65.00	65.00
1995	LILA GU-55	2500	55.00	55.00
1995	LILI CD-16888	2500	30.00	30.00
1995	LILY FH-630	CL	120.00	160.00
1995	LINDSAY PS-442	2500	175.00	175.00
1995	LISETTE LL-993	2500	105.00	105.00
1995	LITTLE BOBBY RDK-235	2500	25.00	25.00
1995	LITTLE LISA OM-86	CL	125.00	125.00
1995	LITTLE LORI RDK-228	2500	20.00	20.00
1995	LITTLE LOU RDK-227	2500	20.00	20.00
1995	LITTLE MARY RDK-234	2500	25.00	25.00
1995	LITTLE PATTY PS-429	2500	50.00	50.00

YR	NAME	LIMIT	ISSUE	TREND
1995	LUCIE MER-607	2500	65.00	65.00
1995	LYNN LL-995	2500	105.00	105.00
1995	MAE PS-431	2500	70.00	70.00
1995	MAGGIE IND-532	2500	80.00	80.00
1995	MARIA PS-437	2500	125.00	125.00
1995	MARIELLE PS-443	2500	175.00	175.00
1995	MARTINA RDK-232	2500	35.00	35.00
1995	MARY ANN FH-633	CL	110.00	110.00
1995	MARY ELIZABETH OC-51	2500	50.00	50.00
1995	MAXINE C-3225	CL	125.00	125.00
1995	MC KENZIE LL-987	2500	100.00	100.00
1995	MEGAN RDK-220	2500	30.00	30.00
1995	MEREDITH MER-806	2500	65.00	65.00
1995	MERRI MER-810	2500	65.00	65.00
1995	MINDI PS-441	2500	125.00	125.00
1995	MINDY LL-990	2500	75.00	75.00
1995	MIRANDA C16456B	2500	30.00	30.00
1995	MIRANDA TR-91	2500	135.00	135.00
1995	MONICA TR-95	2500	135.00	135.00
1995	NANCY FH-615	2500	100.00	100.00
1995	NATASHA TR-90	CL	125.00	125.00
1995	NORMAN C-3226	2500	135.00	135.00
1995	OUR FIRST SKATES RDK-226/BG	2500	50.00	50.00
1995	PAIGE IND-529	2500	80.00	80.00
1995	PAN PAN GU-52	2500	60.00	60.00
1995	PATTY C-3220	2500	60.00	60.00
1995	PAULETTE PS-430	2500	80.00	80.00
1995	PAULINE PS-440	2500	65.00	65.00
1995	PEACHES IND-531	2500	80.00	80.00
1995	RAINIE LL-984	2500	125.00	125.00
1995	ROBIN C-3236	2500	60.00	60.00
1995	RUSTY CS-1450B	2500	35.00	35.00
1995	SARAH C-3214	CL	110.00	110.00
1995	SASHA GU-57	2500	75.00	75.00
1995	SHIMMERING CAROLINE LL-992	2500	115.00	115.00
1995	SLEEPING BEAUTY OM-88	2500	115.00	115.00
1995	SOPHIA PS-445	2500	125.00	125.00
1995	SOUTHERN BELLE BRIDE FH-637	2500	160.00	190.00
1995	STACY FH-634	2500	110.00	110.00
1995	STACY OC-75	2500	40.00	40.00
1995	SUZANNE DOLL 554	2500	35.00	35.00
1995	SUZIE OC-80	2500	50.00	50.00
1995	SWEET PEA LL-981	2500	90.00	90.00
1995	SYLVIE CD-16634B	2500	35.00	35.00
1995	TABITHA C-3233	2500	50.00	50.00
1995	TERRI OM-78	2500	150.00	150.00
1995	TINA OM-79	2500	150.00	150.00
1995	TOBEY C-3232	2500	50.00	50.00
1995	WEL LIN GU-44	2500	70.00	70.00
1995	WENDY FH-626	2500	200.00	200.00
1995	WINNIE LL-965	2500	75.00	75.00
1995	WINTER WONDERLAND RDK-301	2500	35.00	35.00
1995	WOODLAND SPRITE OM-90	2500	100.00	100.00
1995	YELENA RDK-236	2500	35.00	35.00
H. PAYNE		**CONNOISSEUR DOLL COLLECTION**		
1992	LITTLE MATCH GIRL HP-205	5000	150.00	150.00
1992	POLLY HP-208	5000	120.00	120.00
M. SEVERINO		**CONNOISSEUR DOLL COLLECTION**		
1992	MEGAN MS-12	5000	125.00	125.00
P. APRILE		**SIGNATURE DOLL SERIES**		
1991	PAULETTE-PAC-2	5000	250.00	285.00
1991	PAULETTE-PAC-4	5000	250.00	285.00
1992	ALEXANDRIA-PAC-19	5000	300.00	300.00
1992	CASSANDRA-PAC-8	CL	450.00	450.00
1992	CASSIE FLOWER GIRL-PAC-9	CL	175.00	175.00
1992	CELINE-PAC-11	5000	165.00	165.00
1992	CLARISSA-PAC-3	5000	165.00	165.00
1992	CYNTHIA-PAC-10	CL	165.00	165.00
1992	EUGENIE BRIDE-PAC-1	5000	165.00	165.00
1992	EVENING STAR-PAC-5	CL	500.00	500.00
1992	MELANIE PAC-14	CL	300.00	300.00
1992	NADIA PAC-18	CL	175.00	175.00
1992	PAVLOVA PAC-17	CL	145.00	145.00
1992	VANESSA PAC-15	CL	300.00	300.00
1992	VIOLETTA PAC-16	CL	165.00	165.00
1995	AMELIA PAC-28	5000	130.00	130.00
1995	BRIE PPA-26	5000	180.00	180.00
1995	IMAN PPA-24	5000	110.00	110.00
S. BILOTTO		**SIGNATURE DOLL SERIES**		
1991	PRECIOUS BABY-SB-100	5000	250.00	250.00
1991	PRECIOUS PARTY TIME-SB-102	5000	250.00	280.00
1991	PRECIOUS SPRING TIME-SB-104	CL	250.00	250.00
M.A. BYERLY		**SIGNATURE DOLL SERIES**		
1991	DOZY ELF WITH FEATHERBED-MAB-100	CL	110.00	110.00
1991	DUBY ELF WITH FEATHERBED-MAB-103	CL	110.00	110.00
1991	DUDLEY ELF WITH FEATHERBED-MAB-101	CL	110.00	110.00
1991	DUFFY ELF WITH FEATHERBED-MAB-102	CL	110.00	110.00

YR	NAME	LIMIT	ISSUE	TREND
E. DALI			SIGNATURE DOLL SERIES	
1995	CARA DALI-1	5000	400.00	400.00
1995	PATRICIA DALI-3	5000	280.00	280.00
1995	STACY DALI-2	5000	360.00	360.00
K. FITZPATRICK			SIGNATURE DOLL SERIES	
1995	AMANDA KSFA-1	5000	175.00	175.00
1995	HAPPY JFC-100	5000	120.00	120.00
J. GRAMMER			SIGNATURE DOLL SERIES	
1994	SIS JAG-110	CL	110.00	110.00
1994	TEX-JAG-114	5000	110.00	110.00
1994	TRACY JAG-111	5000	150.00	150.00
1994	TREVOR-JAG-112	5000	115.00	115.00
H. KAHL-HYLAND			SIGNATURE DOLL SERIES	
1993	GRACE-HKH-2	5000	250.00	250.00
1993	HELENE-HKH-1	5000	250.00	250.00
1993	REILLY-HKH-3	5000	260.00	260.00
1995	AMY ROSE HKHF-200	5000	125.00	125.00
1995	BRAD HKH-15	5000	85.00	85.00
1995	LAUREL HKH-17R	5000	110.00	110.00
1995	LAUREN HKH-202	5000	150.00	150.00
1995	LUCY HKH-14	CL	105.00	105.00
1995	NATASHA HKH-17P	5000	110.00	110.00
1995	NIKKI HKHF-20	5000	125.00	125.00
1995	SUZIE HKH-16	5000	100.00	100.00
P. KOLESAR			SIGNATURE DOLL SERIES	
1991	BRIDGETTE-PK-104	CL	120.00	120.00
1991	CLAIR ANN-PK-252	5000	100.00	100.00
1991	ENOC-PK-100	5000	100.00	100.00
1991	SHUN LEE-PK-102	CL	120.00	120.00
1991	SPARKLE-PK-250	5000	100.00	100.00
1991	SUSAN MARIE-PK-103	CL	120.00	120.00
1991	SWEET PEA-PK-251	CL	100.00	100.00
1992	BABY CAKES CRUMBS/BLACK-PK-CRUMBS/B	5000	18.00	18.00
1992	BABY CAKES CRUMBS-PK-CRUMBS	5000	18.00	18.00
1992	BABY CAKES CRUMBS-PK-CRUMBS/B	5000	18.00	18.00
1992	LITTLE TURTLE INDIAN-PK-110	CL	150.00	150.00
1992	RAVEN ESKIMO-PK-106	CL	130.00	130.00
G. MCNEIL			SIGNATURE DOLL SERIES	
1995	ELEANORE GMNA-100	5000	225.00	225.00
1995	HOLLY GMN-202	5000	150.00	150.00
H. PAYNE			SIGNATURE DOLL SERIES	
1992	CREOLE BLACK-HP-202	CL	250.00	250.00
1992	DARLA-HP-204	5000	250.00	250.00
1992	DULCIE-HP-200	CL	250.00	250.00
1992	DUSTIN-HP-201	CL	250.00	250.00
1992	POLLY-HP-206	5000	120.00	120.00
1992	SPANKY-HP-25	CL	250.00	250.00
P. PHILLIPS			SIGNATURE DOLL SERIES	
1995	ADAK PPA-21	5000	110.00	110.00
1995	ALAIN PPA-19	2500	100.00	100.00
1995	CASEY PPA-23	5000	85.00	85.00
1995	LATISHA PPA-25	5000	110.00	110.00
1995	LENA PPA-20	5000	120.00	120.00
1995	SHAO LING PPA-22	5000	110.00	110.00
L. RANDOLPH			SIGNATURE DOLL SERIES	
1995	GINNY LR-2	5000	360.00	360.00
1995	LENORE LRC-100	500	140.00	140.00
1995	MEREDITH LR-3	5000	375.00	375.00
1995	TAMMY LR-4	5000	325.00	325.00
1995	TIFFANY LR-1	5000	370.00	370.00
M. SEVERINO			SIGNATURE DOLL SERIES	
1991	ALICE-MS-7	CL	120.00	120.00
1991	AMBER-MS-1	CL	95.00	95.00
1991	BECKY-MS-2	CL	95.00	95.00
1991	BIANCA-PK-101	CL	120.00	120.00
1991	DADDY'S LITTLE DARLING-MS-8	CL	165.00	180.00
1991	MIKEY-MS-3	CL	95.00	95.00
1991	MOMMY'S RAYS OF SUNSHINE-MS-9	5000	165.00	165.00
1991	STEPHIE-MS-6	CL	125.00	125.00
1991	SU LIN-MS-5	CL	105.00	105.00
1991	YAWNING KATE-MS-4	CL	105.00	105.00
1992	ABIGAIL-MS-11	CL	125.00	125.00
1992	ADORA-MS-14	5000	300.00	300.00
1992	CODY MS-19	CL	120.00	120.00
1992	KATE-MS-15	CL	190.00	190.00
1992	REBECCA BEIGE BONNET MS-17B	5000	175.00	175.00
1992	RUBY-MS-18	5000	135.00	135.00
1992	SALLY-MS-25	CL	110.00	110.00
1992	STACY-MS-24	CL	110.00	110.00
1992	VICTORIA W/ BLANKET-MS-10	CL	110.00	110.00
1993	BONNETT BABY-MS-17W	5000	175.00	175.00

SPORTS IMPRESSIONS

*

			PORCELAIN DOLLS	
1990	DON MATTINGLY	1990	150.00	150.00
1990	MICKEY MANTLE	1956	150.00	150.00

YR	NAME	LIMIT	ISSUE	TREND

SUSAN WAKEEN DOLL CO. INC.

S. WAKEEN — THE LITTLEST BALLET CO.

YR	NAME	LIMIT	ISSUE	TREND
1985	CYNTHIA	375	198.00	350.00
1985	JEANNE	375	198.00	800.00
1985	JENNIFER	250	750.00	750.00
1985	PATTY	375	198.00	450.00
1987	ELIZABETH	250	425.00	1000.00
1987	MARIE ANN	50	100.00	1000.00

THE COLLECTABLES

D. EFFNER

YR	NAME	LIMIT	ISSUE	TREND
1989	WELCOME HOME	1000	330.00	680.00
1990	LIZBETH ANN	1000	420.00	425.00

P. PARKINS

YR	NAME	LIMIT	ISSUE	TREND
1986	TATIANA	CL	270.00	680.00
1987	STORYTIME BY SARAH JANE	CL	330.00	530.00
1987	TASHA	CL	290.00	530.00
1989	MICHELLE	250	270.00	455.00
1990	BASSINET BABY	2000	130.00	430.00
1990	DANIELLE	1000	400.00	480.00
1990	IN YOUR EASTER BONNET	1000	350.00	355.00
1991	ADRIANNA	CL	1350.00	1355.00
1991	BETHANY	CL	450.00	455.00
1991	KELSIE	500	320.00	325.00
1991	LAUREN	300	490.00	495.00
1991	NATASHA	CL	510.00	515.00
1991	YVETTE	300	580.00	585.00
1992	KARLIE	500	380.00	380.00
1992	MARISSA	300	350.00	350.00
1992	MARTY	250	190.00	195.00
1992	MATIA	250	190.00	195.00
1992	MISSY	OP	59.00	60.00
1992	MOLLY	450	350.00	355.00
1992	SHELLEY	300	450.00	455.00
1993	AMBER	500	330.00	335.00
1993	HALEY	500	330.00	335.00
1993	LITTLE DUMPLING (BLACK)	500	190.00	195.00
1993	LITTLE DUMPLING (WHITE)	500	190.00	195.00
1993	MAGGIE	500	330.00	335.00
1993	MOLLY	450	350.00	400.00
1994	AFTERNOON DELIGHT	500	410.00	415.00
1994	AMBER HISPANIC	500	345.00	345.00
1994	MADISON	250	350.00	355.00
1994	MADISON SAILOR	250	370.00	375.00
1994	MORGAN	250	395.00	395.00
1994	MORGAN CHRISTMAS	500	390.00	410.00
1994	MORGAN IN RED	250	395.00	395.00
1994	SUGAR PLUM FAIRY	500	250.00	255.00
1995	A MOTHER'S LOVE	450	770.00	770.00
1995	ALEXUS	150	550.00	570.00
1995	BRIANNA	SO	590.00	625.00
1995	CHRISTINE	350	390.00	390.00
1995	MY LITTLE ANGEL BOY	SO	450.00	450.00
1995	MY LITTLE ANGEL GIRL	SO	450.00	450.00

P. PARKINS — ANGELS SERIES

YR	NAME	LIMIT	ISSUE	TREND
1992	ANGEL ON MY SHOULDER	CL	530.00	535.00
1993	MY GUARDIAN ANGEL	500	590.00	595.00
1994	GUARDING THE WAY	RT	950.00	955.00

P. PARKINS — BUTTERFLY BABIES

YR	NAME	LIMIT	ISSUE	TREND
1989	BELINDA	CL	270.00	380.00
1990	WILLOW	CL	240.00	380.00
1992	LATICIA	CL	320.00	380.00

D. EFFNER — CHERISHED MEMORIES

YR	NAME	LIMIT	ISSUE	TREND
1988	TEA TIME	CL	380.00	455.00

P. PARKINS — CHERISHED MEMORIES

YR	NAME	LIMIT	ISSUE	TREND
1986	AMY AND ANDREW	CL	220.00	330.00
1988	BRITTANY	CL	240.00	305.00
1988	HEATHER	CL	280.00	325.00
1988	JENNIFER	CL	380.00	550.00
1988	LEIGH ANN AND LELAND	CL	250.00	275.00
1989	GENERATIONS	CL	480.00	505.00
1989	TWINKLES	CL	170.00	280.00
1990	CASSANDRA	CL	500.00	555.00

P. PARKINS — COLLECTOR'S CLUB

YR	NAME	LIMIT	ISSUE	TREND
1991	MANDY	CL	360.00	365.00
1992	KALLIE	CL	410.00	415.00
1992	MOMMY AND ME	CL	810.00	815.00
1994	KRYSTAL	YR	385.00	385.00

P. PARKINS — ENCHANTED CHILDREN

YR	NAME	LIMIT	ISSUE	TREND
1990	KARA	CL	550.00	555.00
1990	KATLIN	CL	550.00	555.00
1990	KRISTIN	400	550.00	655.00
1990	TIFFY	500	370.00	505.00

P. PARKINS — FAIRY

YR	NAME	LIMIT	ISSUE	TREND
1988	TABATHA	1500	370.00	425.00

P. PARKINS — LIMITED EDITION VINYL DOLLS

YR	NAME	LIMIT	ISSUE	TREND
1992	ANNIE	2500	190.00	190.00
1992	BRENDA (BLUE DRESS)	2500	180.00	180.00

YR	NAME	LIMIT	ISSUE	TREND
1992	BRENDA (CHRISTMAS)	250	240.00	240.00
1992	BRENDA (SPRING)	250	240.00	240.00
1992	BRENT	2500	190.00	190.00
1992	JENNY AND JEREMY (PUPPY LOVE)	2500	180.00	180.00
1992	JESSICA	2500	190.00	190.00
D. EFFNER			**MOTHER'S LITTLE TREASURES**	
1985	1ST EDITION	CL	380.00	705.00
1990	2ND EDITION	CL	440.00	600.00
P. PARKINS			**SMALL ANGELS SERIES**	
1994	EARTH ANGEL	500	195.00	200.00
P. PARKINS			**TINY TREASURES**	
1991	HOLLY	1000	150.00	150.00
1991	LITTLE GIRL	1000	140.00	140.00
1991	TODDLER BOY	1000	130.00	130.00
1991	TODDLER GIRL	1000	130.00	130.00
1991	VICTORIAN BOY	1000	150.00	150.00
1991	VICTORIAN GIRL	1000	150.00	150.00
1992	NICOLAUS	500	160.00	160.00
1992	NICOLE	500	180.00	180.00
1992	TOMMIE	1000	160.00	160.00
1992	TORI	1000	170.00	170.00
D. EFFNER			**YESTERDAY'S CHILD**	
1982	CLEO	CL	180.00	255.00
1982	COLUMBINE	CL	180.00	255.00
1982	JASON AND JESSICA	CL	150.00	305.00
1983	CHAD AND CHARITY	CL	190.00	195.00
1983	NOEL	CL	190.00	245.00
1984	KEVIN AND KARISSA	CL	190.00	275.00
1984	REBECCA	CL	250.00	275.00
1986	ASHLEY	CL	220.00	280.00
1986	TODD AND TIFFANY	CL	220.00	255.00

TIMELESS CREATIONS

YR	NAME	LIMIT	ISSUE	TREND
A. HIMSTEDT			**BAREFOOT CHILDREN**	
1987	BASTIAN	CL	329.00	750.00
1987	BECKUS	CL	329.00	1800.00
1987	ELLEN	CL	329.00	880.00
1987	FATOU	CL	329.00	975.00
1987	FATOU (CORNROLL)	CL	329.00	650.00
1987	KATHE	CL	329.00	850.00
1987	LISA	CL	329.00	850.00
1987	PAULA	CL	329.00	825.00
A. HIMSTEDT			**BLESSED ARE THE CHILDREN**	
1988	FREDERRICKE	CL	499.00	1800.00
1988	KASIMIR	CL	499.00	1900.00
1988	MAKIMURA	CL	499.00	1125.00
1988	MALIN	CL	499.00	1610.00
1988	MICHIKO	CL	499.00	1200.00
A. HIMSTEDT			**FACES OF FRIENDSHIP**	
1991	LILIANE/NETHERLANDS	2-YR	598.00	750.00
1991	NEBLINA/SWITZERLAND	2-YR	598.00	710.00
1991	SHIREEM/BALI	2-YR	598.00	630.00
A. HIMSTEDT			**FIENE AND THE BAREFOOT BABIES**	
1990	ANNCHEN/GERMAN BABY GIRL	2-YR	498.00	815.00
1990	FIENE/BELGIAN GIRL	2-YR	598.00	950.00
1990	MO/AMERICAN BABY BOY	2-YR	498.00	650.00
1990	TAKI/JAPANESE BABY GIRL	2-YR	498.00	1000.00
A. HIMSTEDT			**HEARTLAND**	
1988	TIMI	CL	329.00	600.00
1988	TONI	CL	329.00	580.00
A. HIMSTEDT			**IMAGES OF CHILDHOOD**	
1993	KIMA/GREENLAND	2-YR	599.00	600.00
1993	LONA/CALIFORNIA	2-YR	599.00	675.00
1993	TARA/GERMANY	2-YR	599.00	605.00
A. HIMSTEDT			**REFLECTION OF YOUTH**	
1989	ADRIENNE/FRANCE	CL	558.00	900.00
1989	AYOKA/AFRICA	CL	558.00	1100.00
1989	JANKA/HUNGARY	CL	558.00	1050.00
1989	KAI/GERMAN	CL	558.00	850.00
A. HIMSTEDT			**SUMMER DREAMS**	
1992	ENZO	2-YR	599.00	510.00
1992	JULE	2-YR	599.00	700.00
1992	PEMBA	2-YR	599.00	530.00
1992	SANGA	2-YR	599.00	625.00

TUJAYS ARTIST DOLLS

YR	NAME	LIMIT	ISSUE	TREND
BOSWORTH/MIKO				
1986	ANINA	20	595.00	925.00
1987	AMANDA	20	595.00	950.00
1987	ASHLEY	20	525.00	925.00
1987	KATHERINE	20	675.00	1000.00
1987	SOPHIE	20	475.00	875.00
1988	ALTHEA	7	595.00	1000.00
1988	ELIZABETH	25	395.00	595.00
1988	MELISSA	25	325.00	350.00
1988	SARAH	25	395.00	475.00
1989	ALETA	20	575.00	825.00
1989	CHARLOTTE	20	675.00	950.00
1989	ESTELLE	20	575.00	850.00

YR	NAME	LIMIT	ISSUE	TREND
1989	HENRIETTA	20	575.00	800.00
1990	GEORGETTE	100	475.00	740.00
1990	LUCILLE	20	695.00	950.00
1991	ABIGAIL	100	750.00	750.00
1991	GENEVIEVE	10	975.00	975.00
1991	JENNIFER	100	615.00	615.00
1991	NATALIE	100	525.00	525.00
1991	PHYLLIS	100	595.00	595.00
1991	REBECCA	100	615.00	615.00
1991	STEPHANIE	20	990.00	990.00

MIKO

YR	NAME	LIMIT	ISSUE	TREND
1986	HENRY VIII	10	650.00	800.00
1987	ANNE BOLEYN	10	550.00	700.00
1987	KATHERINE OF ARAGON	10	550.00	750.00

TY INC.

BEANIE BABIES

YR	NAME	LIMIT	ISSUE	TREND
*	BILLIONAIRE BEAR	RT	*	3400.00
*	GERMANIA THE BEAR (EUROPEAN EXCL. W/GERMAN FLAG)	RT	*	80.00
*	NUMBER 1 BEAR (EMPLOYEES ONLY)	RT	*	1000.00
1994	ALLY THE ALLIGATOR (OLD TAG)	RT	5.00	45.00
1994	BLACKIE THE BEAR (OLD TAG)	RT	5.00	40.00
1994	BONES THE DOG (NEW TAG)	RT	5.00	10.00
1994	BONES THE DOG (OLD TAG)	RT	5.00	55.00
1994	BROWNIE THE BEAR	RT	5.00	1500.00
1994	CHILLY THE POLAR BEAR	RT	5.00	1300.00
1994	CHOCOLATE THE MOOSE (OLD TAG)	RT	5.00	65.00
1994	CUBBIE THE BEAR (NEW TAG)	RT	5.00	20.00
1994	CUBBIE THE BEAR (OLD TAG)	RT	5.00	50.00
1994	DAISY THE COW (NEW TAG)	RT	5.00	15.00
1994	DAISY THE COW (OLD TAG)	RT	5.00	50.00
1994	DIGGER THE CRAB (OLD TAG, ORANGE)	RT	5.00	450.00
1994	FLASH THE DOLPHIN (NEW TAG)	RT	5.00	10.00
1994	FLASH THE DOLPHIN (OLD TAG)	RT	5.00	110.00
1994	GOLDIE THE GOLDFISH (OLD TAG)	RT	5.00	55.00
1994	HAPPY THE HIPPO (GRAY)	RT	5.00	425.00
1994	HAPPY THE HIPPO (LAVENDER, NEW TAG)	RT	*	20.00
1994	HUMPHREY THE CAMEL	RT	5.00	1900.00
1994	INKY THE OCTOPUS (NEW TAG, PINK)	RT	5.00	10.00
1994	INKY THE OCTOPUS (OLD TAG, GRAY)	RT	5.00	195.00
1994	INKY THE OCTOPUS (OLD TAG, PINK)	RT	5.00	25.00
1994	INKY THE OCTOPUS (OLD TAG, TAN)	RT	5.00	240.00
1994	LEGS THE FROG (NEW TAG)	RT	5.00	25.00
1994	LEGS THE FROG (OLD TAG)	RT	5.00	45.00
1994	LUCKY THE LADYBUG (NEW TAG, SEVEN DOTS)	RT	*	190.00
1994	LUCKY THE LADYBUG (OLD TAG, 7 SPOTS GLUED ON)	RT	5.00	100.00
1994	MYSTIC THE UNICORN (OLD TAG, COARSE YARN MANE)	RT	5.00	18.00
1994	PATTI THE PLATYPUS (RASPBERRY)	RT	*	800.00
1994	PEKING THE PANDA	RT	5.00	1000.00
1994	PINCHERS THE LOBSTER (NEW TAG, RED)	RT	5.00	10.00
1994	PINCHERS THE LOBSTER (OLD TAG, RED)	RT	5.00	40.00
1994	PUNCHERS THE LOBSTER	RT	*	2800.00
1994	QUACKERS THE DUCK (OLD TAG, W/O WINGS)	RT	5.00	1300.00
1994	SEAMORE THE SEAL (NEW TAG)	RT	5.00	140.00
1994	SEAMORE THE SEAL (OLD TAG)	RT	5.00	150.00
1994	SLITHER THE SNAKE	RT	5.00	1000.00
1994	SPEEDY THE TURTLE (NEW TAG)	RT	5.00	20.00
1994	SPEEDY THE TURTLE (OLD TAG)	RT	5.00	50.00
1994	SPLASH THE WHALE (NEW TAG)	RT	5.00	125.00
1994	SPLASH THE WHALE (OLD TAG)	RT	5.00	150.00
1994	SPOT THE DOG (NEW TAG, WITH SPOT)	RT	5.00	30.00
1994	SPOT THE DOG (OLD TAG, W/O SPOT)	RT	5.00	1000.00
1994	SPOT THE DOG (OLD TAG, WITH SPOT)	RT	5.00	40.00
1994	SQUEALER THE PIG (NEW TAG)	RT	*	30.00
1994	SQUEALER THE PIG (OLD TAG)	RT	5.00	30.00
1994	TEDDY THE BEAR (BROWN, OLD FACE)	RT	5.00	2300.00
1994	TEDDY THE CRANBERRY BEAR (OLD FACE)	RT	5.00	1650.00
1994	TEDDY THE JADE BEAR (OLD FACE)	RT	5.00	1500.00
1994	TEDDY THE MAGENTA BEAR (OLD FACE)	RT	5.00	1500.00
1994	TEDDY THE TEAL BEAR (OLD FACE)	RT	5.00	1600.00
1994	TEDDY THE VIOLET BEAR (OLD FACE)	RT	5.00	1500.00
1994	TRAP THE MOUSE (NEW TAG)	RT	*	975.00
1994	TRAP THE MOUSE (OLD TAG)	RT	5.00	1500.00
1994	WEB THE SPIDER (NEW TAG)	RT	*	1000.00
1994	WEB THE SPIDER (OLD TAG)	RT	5.00	1500.00
1994	ZIP THE CAT (NEW TAG, WHITE PAWS)	RT	5.00	50.00
1995	BESSIE THE COW (NEW TAG)	RT	5.00	60.00
1995	BESSIE THE COW (OLD TAG)	RT	5.00	100.00
1995	BLACKIE THE BEAR (NEW TAG)	RT	5.00	10.00
1995	BONGO THE MONKEY (NEW TAG, BODY COLORED TAIL)	RT	5.00	7.00
1995	BONGO THE MONKEY (NEW TAG, FACE COLORED TAIL)	RT	5.00	7.00
1995	BONGO THE MONKEY (OLD TAG, BODY COLORED TAIL)	RT	5.00	100.00
1995	BUBBLES THE FISH (NEW TAG)	RT	5.00	125.00
1995	BUBBLES THE FISH (OLD TAG)	RT	5.00	125.00
1995	BUCKY THE BEAVER (OLD TAG)	RT	5.00	40.00
1995	BUMBLE THE BEE (NEW TAG)	RT	5.00	500.00
1995	BUMBLE THE BEE (OLD TAG)	RT	5.00	600.00
1995	CAW THE CROW	RT	5.00	500.00
1995	CORAL THE FISH (NEW TAG)	RT	5.00	110.00

YR	NAME	LIMIT	ISSUE	TREND
1995	CORAL THE FISH (OLD TAG)	RT	5.00	150.00
1995	DERBY THE HORSE (DOT ON FOREHEAD)	RT	*	12.00
1995	DERBY THE HORSE (NEW TAG, COARSE YARN)	RT	5.00	5.00
1995	DERBY THE HORSE (OLD TAG, COARSE YARN)	RT	5.00	50.00
1995	DERBY THE HORSE (OLD TAG, FINE YARN)	RT	5.00	1100.00
1995	DIGGER THE CRAB (NEW TAG, RED)	RT	5.00	40.00
1995	DIGGER THE CRAB (OLD TAG, RED)	RT	5.00	90.00
1995	FLUTTER THE BUTTERFLY	RT	5.00	650.00
1995	GARCIA THE BEAR (OLD TAG)	RT	5.00	175.00
1995	GOLDIE THE GOLDFISH (NEW TAG)	RT	5.00	30.00
1995	GRUNT THE RAZORBACK (OLD TAG)	RT	5.00	175.00
1995	HAPPY THE HIPPO (LAVENDER, OLD TAG)	RT	5.00	130.00
1995	HOOT THE OWL (OLD TAG)	RT	5.00	50.00
1995	INCH THE WORM (OLD TAG, FELT ANTENNAS)	RT	5.00	150.00
1995	KIWI THE TOUCAN (NEW TAG)	RT	*	140.00
1995	KIWI THE TOUCAN (OLD TAG)	RT	5.00	150.00
1995	LIZZY THE LIZARD (OLD TAG, TIE-DYE)	RT	5.00	500.00
1995	MAGIC THE DRAGON (OLD TAG, BRIGHT PINK STITCHING)	RT	5.00	60.00
1995	MANNY THE MANATEE (OLD TAG)	RT	5.00	175.00
1995	MYSTIC THE UNICORN (OLD TAG, FINE YARN MANE)	RT	5.00	125.00
1995	NANA THE BROWN MONKEY	RT	5.00	1000.00
1995	NIP THE CAT (OLD TAG, WHITE FACE, BELLY)	RT	5.00	150.00
1995	PATTI THE PLATYPUS (NEW TAG, FUCHSIA)	RT	5.00	8.00
1995	PATTI THE PLATYPUS (OLD TAG, FUCHSIA)	RT	5.00	400.00
1995	PATTI THE PLATYPUS (OLD TAG, MAGENTA)	RT	5.00	450.00
1995	PEANUT THE ELEPHANT (NEW TAG, LIGHT BLUE)	RT	5.00	8.00
1995	PEANUT THE ELEPHANT (OLD TAG, DARK BLUE)	RT	5.00	4000.00
1995	PEANUT THE ELEPHANT (OLD TAG, LIGHT BLUE)	RT	5.00	100.00
1995	PINKY THE FLAMINGO (OLD TAG)	RT	5.00	10.00
1995	QUACKERS THE DUCK (NEW TAG, WITH WINGS)	RT	5.00	10.00
1995	QUACKERS THE DUCK (OLD TAG, WITH WINGS)	RT	5.00	45.00
1995	RADAR THE BAT (NEW TAG)	RT	5.00	120.00
1995	RADAR THE BAT (OLD TAG)	RT	5.00	175.00
1995	REX THE TYRANNASAURUS	RT	5.00	680.00
1995	RINGO THE RACCOON (OLD TAG)	RT	5.00	32.00
1995	SPOOKY THE GHOST (NEW TAG)	RT	5.00	25.00
1995	SPOOKY THE GHOST (OLD TAG)	RT	5.00	50.00
1995	STEG THE STEGOSAURUS	RT	5.00	800.00
1995	STING THE MANTA RAY	RT	5.00	175.00
1995	STINKY THE SKUNK (NEW TAG)	RT	5.00	8.00
1995	STINKY THE SKUNK (OLD TAG)	RT	5.00	27.00
1995	STRIPES THE TIGER (LIGHT GOLD, FEWER STRIPES)	RT	5.00	225.00
1995	TABASCO THE BULL	RT	5.00	150.00
1995	TANK THE ARMADILLO (NEW TAG, 9 RIDGES, NO SHELL)	RT	5.00	350.00
1995	TANK THE ARMADILLO (OLD TAG, 7 RIDGES)	RT	5.00	250.00
1995	TEDDY THE BEAR (BROWN, NEW FACE)	RT	5.00	70.00
1995	TEDDY THE CRANBERRY BEAR (NEW FACE)	RT	5.00	1400.00
1995	TEDDY THE JADE BEAR (NEW FACE)	RT	5.00	1400.00
1995	TEDDY THE MAGENTA BEAR (NEW FACE)	RT	5.00	1400.00
1995	TEDDY THE TEAL BEAR (NEW FACE)	RT	5.00	1400.00
1995	TEDDY THE VIOLET BEAR (NEW FACE)	RT	5.00	1400.00
1995	TUSK THE WALRUS (NEW TAG)	RT	*	110.00
1995	TUSK THE WALRUS (OLD TAG)	RT	5.00	130.00
1995	TWIGS THE GIRAFFE (NEW TAG)	RT	5.00	10.00
1995	TWIGS THE GIRAFFE (OLD TAG)	RT	5.00	50.00
1995	VALENTINO THE BEAR (NEW TAG)	RT	5.00	25.00
1995	VALENTINO THE BEAR (OLD TAG)	RT	5.00	30.00
1995	VELVET THE PANTHER (NEW TAG)	RT	5.00	25.00
1995	VELVET THE PANTHER (OLD TAG)	RT	5.00	40.00
1995	WADDLE THE PENGUIN (NEW TAG)	RT	5.00	8.00
1995	WADDLE THE PENGUIN (OLD TAG)	RT	5.00	30.00
1995	ZIGGY THE ZEBRA (NEW TAG)	RT	5.00	8.00
1995	ZIGGY THE ZEBRA (OLD TAG)	RT	5.00	25.00
1995	ZIP THE CAT (OLD TAG, WHITE FACE & BELLY)	RT	5.00	200.00
1995	ZIP THE CAT (OLD TAG, WHITE PAWS)	RT	5.00	15.00
1996	ALLY THE ALLIGATOR (NEW TAG)	RT	5.00	35.00
1996	BONGO THE MONKEY (OLD TAG, FACE COLORED TAIL)	RT	5.00	65.00
1996	BRONTY THE BRONTOSAURUS	RT	5.00	900.00
1996	BUCKY THE BEAVER (NEW TAG)	RT	5.00	25.00
1996	CHOPS THE LAMB (NEW TAG)	RT	5.00	110.00
1996	CHOPS THE LAMB (OLD TAG)	RT	5.00	165.00
1996	CONGO THE GORILLA	RT	5.00	5.00
1996	CURLY THE BEAR	RT	5.00	10.00
1996	EARS THE BUNNY (NEW TAG)	RT	5.00	8.00
1996	EARS THE BUNNY (OLD TAG)	RT	5.00	18.00
1996	FLIP THE CAT (NEW TAG)	RT	5.00	40.00
1996	FLIP THE CAT (OLD TAG)	RT	5.00	75.00
1996	FRECKLES THE LEOPARD	RT	5.00	8.00
1996	GARCIA THE BEAR (NEW TAG)	RT	5.00	160.00
1996	GOBBLES THE TURKEY	RT	*	12.00
1996	GRUNT THE RAZORBACK (NEW TAG)	RT	5.00	185.00
1996	HOOT THE OWL (NEW TAG)	RT	5.00	38.00
1996	INCH THE WORM (NEW TAG, FELT ANTENNAS)	RT	5.00	100.00
1996	INCH THE WORM (NEW TAG, YARN ANTENNAS)	RT	5.00	15.00
1996	LEFTY THE DONKEY	RT	5.00	270.00
1996	LIBEARTY THE BEAR (WITH FLAG)	RT	5.00	325.00
1996	LIBEARTY THE BEAR (WITHOUT FLAG)	RT	5.00	440.00
1996	LIZZY THE LIZARD (NEW TAG, BLUE & YELLOW)	RT	5.00	18.00
1996	LIZZY THE LIZARD (OLD TAG, BLUE & YELLOW)	RT	5.00	40.00

YR	NAME	LIMIT	ISSUE	TREND
1996	LUCKY THE LADYBUG (21 SPOTS IN FABRIC)	RT	5.00	250.00
1996	LUCKY THE LADYBUG (NEW TAG, 11 SPOTS IN FABRIC)	RT	5.00	25.00
1996	MAGIC THE DRAGON (NEW TAG, LIGHT PINK STITCHING)	RT	5.00	35.00
1996	MAGIC THE DRAGON (NEW TAG, REG. PINK STITCHING)	RT	5.00	40.00
1996	MANNY THE MANATEE (NEW TAG)	RT	5.00	145.00
1996	NIP THE CAT (NEW TAG, WHITE PAWS)	RT	5.00	18.00
1996	NIP THE CAT (OLD TAG, ALL GOLD, NO WHITE)	RT	5.00	500.00
1996	NIP THE CAT (OLD TAG, WHITE PAWS)	RT	5.00	35.00
1996	PATTI THE PLATYPUS (DEEP FUCHSIA)	RT	*	900.00
1996	PRIDE THE BEAR	RT	5.00	270.00
1996	RIGHTY THE ELEPHANT (WITH FLAG)	RT	5.00	100.00
1996	RIGHTY THE ELEPHANT (WITHOUT FLAG)	RT	5.00	275.00
1996	RINGO THE RACCOON (NEW TAG)	RT	5.00	10.00
1996	ROVER THE DOG	RT	5.00	15.00
1996	SCOOP THE PELICAN	RT	5.00	7.00
1996	SCOTTIE THE TERRIER	RT	5.00	10.00
1996	SEAWEED THE OTTER (NEW TAG)	RT	5.00	15.00
1996	SEAWEED THE OTTER (OLD TAG)	RT	5.00	30.00
1996	SLY THE FOX (NEW TAG, BROWN BELLY)	RT	5.00	75.00
1996	SLY THE FOX (NEW TAG, WHITE BELLY)	RT	5.00	8.00
1996	SLY THE FOX (OLD TAG, BROWN BELLY)	RT	5.00	190.00
1996	SPARKY THE DALMATIAN	RT	5.00	100.00
1996	SPIKE THE RHINO	RT	5.00	5.00
1996	SPOOK THE GHOST (OLD TAG, NOT "SPOOKY")	RT	5.00	300.00
1996	STRIPES THE TIGER (DARK GOLD)	RT	5.00	150.00
1996	STRIPES THE TIGER (FUZZY BELLY, NARROW STRIPES)	RT	5.00	500.00
1996	TANK THE ARMADILLO (NEW TAG, 9 RIDGES)	RT	5.00	100.00
1996	WEENIE THE DACHSHUND (NEW TAG)	RT	5.00	12.00
1996	WEENIE THE DACHSHUND (OLD TAG)	RT	5.00	50.00
1996	WRINKLES THE BULLDOG	RT	5.00	7.00
1996	ZIP THE CAT (OLD TAG, ALL BLACK, NO WHITE)	RT	5.00	1000.00
1997	BALDY THE EAGLE	RT	5.00	50.00
1997	BATTY THE BAT	RT	*	12.00
1997	BERNIE THE ST. BERNARD	RT	5.00	7.00
1997	BLIZZARD THE SNOW TIGER	RT	5.00	25.00
1997	BRITANNIA THE BEAR (EUROPEAN VERSION)	RT	*	165.00
1997	BRUNO THE TERRIER	RT	*	8.00
1997	CHIP THE CALICO CAT	RT	5.00	7.00
1997	CHOCOLATE THE MOOSE (NEW TAG)	RT	5.00	8.00
1997	CLAUDE THE TIE-DYE CRAB	RT	5.00	8.00
1997	CRUNCH THE SHARK	RT	5.00	10.00
1997	DOBY THE DOBERMAN	RT	5.00	5.00
1997	DOODLE THE ROOSTER	RT	5.00	35.00
1997	DOTTY THE DALMATIAN	RT	5.00	7.00
1997	ECHO THE DOLPHIN	RT	5.00	7.00
1997	FETCH THE GOLDEN RETRIEVER	RT	*	12.00
1997	FLEECE THE LAMB	RT	5.00	7.00
1997	FLOPPITY THE BUNNY	RT	5.00	15.00
1997	FORTUNE THE PANDA	RT	*	20.00
1997	GIGI THE BLACK POODLE	RT	*	10.00
1997	GRACIE THE SWAN	RT	5.00	8.00
1997	HIPPITY THE BUNNY	RT	5.00	15.00
1997	HISSY THE SNAKE	RT	*	5.00
1997	HOLIDAY TEDDY	RT	*	N/A
1997	HOPPITY THE BUNNY	RT	5.00	15.00
1997	IGGY THE IGUANA	RT	*	7.00
1997	JABBER THE PARROT (NEW TAG)	RT	*	10.00
1997	JAKE THE MALLARD DUCK	RT	*	10.00
1997	JOLLY THE WALRUS	RT	*	7.00
1997	KUKU THE COCKATOO	RT	*	10.00
1997	MAPLE THE BEAR (CANADIAN DISTRIBUTION ONLY)	RT	5.00	150.00
1997	MAPLE THE BEAR (OLYMPIC VERSION)	RT	*	400.00
1997	MEL THE KOALA	RT	5.00	5.00
1997	MYSTIC THE UNICORN (NEW TAG, COARSE MANE)	RT	5.00	25.00
1997	NANOOK THE HUSKY	RT	5.00	10.00
1997	NUTS THE SQUIRREL	RT	5.00	7.00
1997	PEACE THE TIE-DYE BEAR	RT	5.00	35.00
1997	POUCH THE KANGAROO	RT	5.00	5.00
1997	POUNCE THE CAT	RT	*	5.00
1997	PRANCE THE CAT	RT	*	7.00
1997	PRINCESS THE BEAR (PRINCESS DIANA COMMEMORATIVE)	RT	*	300.00
1997	PRINCESS THE BEAR (PVC PELLETS)	RT	*	125.00
1997	PUFFER THE PUFFIN	RT	*	10.00
1997	PUGSLY THE PUG DOG	RT	5.00	7.00
1997	RAINBOW THE CHAMELEON	RT	*	10.00
1997	ROARY THE LION	RT	5.00	50.00
1997	SMOOCHY THE FROG	RT	*	7.00
1997	SNIP THE CAT	RT	5.00	8.00
1997	SNORT THE BULL	RT	5.00	7.00
1997	SNOWBALL THE SNOWMAN	RT	*	N/A
1997	SPINNER THE SPIDER	RT	*	10.00
1997	SPUNKY THE COCKER SPANIEL	RT	*	7.00
1997	STRETCH THE OSTRICH	RT	*	7.00
1997	STRUT THE ROOSTER	RT	*	5.00
1997	TUFFY THE TERRIER	RT	5.00	10.00
1997	WAVES THE WHALE	RT	5.00	12.00
1998	ANTS THE ANTEATER	RT	*	10.00
1998	BEAK THE KIWI	RT	*	10.00
1998	BUTCH THE BULL TERRIOR	RT	*	15.00

YR	NAME	LIMIT	ISSUE	TREND
1998	CANYON THE MOUNTAIN LION	RT	*	15.00
1998	CLUBBY THE BEAR	RT	*	60.00
1998	EARLY THE ROBIN	RT	*	10.00
1998	EGBERT THE BABY CHICK	RT	*	15.00
1998	ERIN THE BEAR	RT	*	150.00
1998	EWEY THE LAMB	RT	*	10.00
1998	FUZZ THE BEAR	RT	*	15.00
1998	GLORY THE BEAR	RT	*	30.00
1998	GOATEE THE MOUNTAIN GOAT	RT	*	15.00
1998	GOOCHY THE JELLYFISH	RT	*	15.00
1998	HALO THE ANGEL BEAR	RT	*	40.00
1998	HIPPIE THE TIE-DYED BUNNY	RT	*	15.00
1998	HOPE THE PRAYER BEAR	RT	*	25.00
1998	KICKS THE SOCCER BEAR	RT	*	30.00
1998	LOOSY THE GOOSE	RT	*	15.00
1998	LUKE THE LABRADOR	RT	*	15.00
1998	MAC THE CARDINAL	RT	*	20.00
1998	MILLENNIUM THE BEAR	RT	*	60.00
1998	MOOCH THE SPIDER MONKEY	RT	*	15.00
1998	NIBBLER THE RABBIT (WHITE)	RT	*	15.00
1998	NIBBLY THE RABBIT (BROWN/GRAY)	RT	*	15.00
1998	PINKY THE FLAMINGO (NEW TAG)	RT	*	15.00
1998	PRICKLES THE HEDGEHOG	RT	*	15.00
1998	PUMKIN THE PUMPKIN	RT	*	30.00
1998	ROCKET THE BLUE JAY	RT	*	25.00
1998	SAMMY THE TIE-DYED BEAR	RT	*	20.00
1998	SCAT THE CAT	RT	*	50.00
1998	SCORCH THE DRAGON	RT	*	25.00
1998	TEDDY THE HOLIDAY BEAR	RT	*	50.00
1998	TINY THE CHIHUAHUA	RT	*	20.00
1998	ZERO THE CHRISTMAS PENGUIN	RT	*	30.00
1999	ALMOND THE BEIGE BEAR	RT	5.00	5.00
1999	CHEEKS THE BABOON	RT	5.00	5.00
1999	CHIPPER THE CHIPMUNK	RT	5.00	5.00
1999	EUCALYPTUS THE KOALA	RT	5.00	5.00
1999	FLITTER THE BUTTERFLY	RT	5.00	5.00
1999	GROOVY THE BEAR	RT	5.00	5.00
1999	HONKS THE GOOSE	RT	5.00	5.00
1999	KNUCKLES THE PIG	RT	5.00	5.00
1999	LIPS THE FISH	RT	5.00	5.00
1999	NEON THE TIE-DYE SEAHORSE	RT	5.00	5.00
1999	OSITO THE MEXICAN BEAR	RT	5.00	5.00
1999	PAUL THE WALRUS	RT	5.00	5.00
1999	PECAN THE GOLD BEAR	RT	5.00	5.00
1999	SHEETS THE GHOST	RT	5.00	5.00
1999	SIGNATURE BEAR	RT	*	60.00
1999	SIGNATURE BEAR	RT	5.00	5.00
1999	SILVER THE GREY TABBY	RT	5.00	5.00
1999	SLOWPOKE THE SLOTH	RT	5.00	5.00
1999	SPANGLE THE AMERICAN BEAR	RT	5.00	5.00
1999	SWIRLY THE SNAIL	RT	5.00	5.00
1999	TEDDY HOLIDAY 1999	RT	5.00	5.00
1999	THE END THE BLACK BEAR	RT	5.00	5.00
1999	TIPTOE THE MOUSE	RT	5.00	5.00
1999	TY 2K THE BEAR	RT	5.00	5.00
1999	WISER THE OWL	RT	5.00	5.00

VICTORIAN TRADITION

K. GLEASON — CLASSICS COLLECTION

1993	OLIVER TWIST	50	795.00	795.00

K. GLEASON — LAND OF FAERYE TALES & NURSERY RHYMES

1993	RED RIDING HOOD	50	795.00	795.00
1995	MISS MUFFET	50	795.00	795.00

K. GLEASON — LIFE IS FUN!

1994	2ND CHILDHOOD	20	995.00	995.00
1995	MISS AMERICA	50	795.00	795.00

K. GLEASON — NORTHERN REALM OF FAERYE

1994	BUTTONWILLOW	20	795.00	795.00
1994	PTARMINI	20	795.00	795.00
1994	SPRUCE	20	795.00	795.00

K. GLEASON — PEOPLE OF THE COVENANT

1994	NOAH'S WIFE	50	795.00	795.00

K. GLEASON — THE ALASKANS

1994	LADY DIVINE	75	795.00	795.00

W.S. GEORGE

P. RYAN BROOKS — MY FAIR LADY

1991	ELIZA AT ASCOT	CL	125.00	150.00

M. RODERICK — ROMANTIC FLOWER MAIDENS

1988	ROSE, WHO IS LOVE	CL	87.00	135.00
1989	DAISY	CL	87.00	87.00
1990	LILY	TL	92.00	160.00
1990	VIOLET	TL	92.00	92.00

R. AKERS/ S. GIRARDI — STEPPING OUT

1991	MILLIE	TL	99.00	99.00

P. RYAN BROOKS — THE KING & I

1991	SHALL WE DANCE?	CL	175.00	175.00

R. AKERS/ S. GIRARDI — YEAR BOOK MEMORIES

1991	PEGGY SUE	TL	87.00	87.00

Figurines

Dean A. Genth

"Secondary market" is often a confusing term for novice collectors. Secondary market is not an outlet for "seconds" or "rejects." It is, however, the market for collectibles after they have left the original, primary point of retail sales.

The primary market for collectibles is represented by the many authorized dealers who retail the various lines of collectibles. Secondary market transactions are represented by sales between individual collectors as well as dealers who may or may not be involved with primary retail selling.

Collectors often wonder how the prices are determined for figurines on the secondary market. In our free market society, the answer is quite simple–supply and demand. It is the buyer/collector who really determines the secondary market price.

Price guides and books that list secondary market prices generally track selling prices from a geographical cross-section of dealers, swap and sell event results, as well as auction results. Oftentimes these collectibles price guides list current market prices as well as other pertinent information regarding each figurine or item.

Selling items on the secondary market can be easily accomplished if the price requested is fair and the choice of dispersal is to the owner's liking. Once the selling price is determined, the seller must decide upon which method of selling will be employed. The seller can choose to sell directly to other collectors by advertising in the local classifieds or in one of the many collectibles publications such as *Collector's Mart* magazine.

Other collectors often choose to dispose of an entire collection quickly by selling to a reputable or well-known secondary market dealer. Many secondary market dealers are experts in certain areas of collectibles and are prepared to buy large collections for their inventories.

Sometimes collectors opt to have their large collections auctioned to the highest bidders. This method assures that dispersal will be quick and almost effortless on the part of the seller. Auction prices can vary widely from time to time and locale to locale. The prices, when averaged from several auctions, usually represent what is considered to be "fair market value."

A replacement value quotation on the secondary market represents the price a buyer can expect to pay for a figurine or other collectible if that purchase must be made fairly soon. Sometimes certain items are not readily available on the secondary market, thus driving up the price of the item.

Collectors must also determine whether they will sell to a dealer at wholesale price levels or attempt to advertise with the possibility of achieving closer to retail prices. Time availability and financial resources are considerations when undertaking the task of selling to other collectors at near-retail prices on the secondary market.

Always remember that secondary markets exist because a buyer is searching for an item no longer available through regular retail distribution channels. Many reputable secondary market dealers are in business to assist you with both selling and buying figurines.

Collectibles authority and appraiser DEAN A. GENTH is a secondary market expert on Precious Moments, Swarovski Silver Crystal and M.I. Hummel. He serves as special consultant for The No. 1 Price Guide to M.I. Hummel *and owns six Miller's Hallmark Gold Crown stores in Eaton, Fairborn, Xenia and Cincinnati, Ohio.*

The Maud Humphrey Bogart Collection features turn-of-the-century children such as the ones in Sharing Secrets. *The line was produced by Hamilton.*

With Santa soaring high above, of course Christmas Is In the Air. *This fabric mâché figure is from Kurt S. Adler Inc.*

This 1991 addition to Maruri USA's Graceful Reflections collection is a pair of Mute Swans, *which retailed for $145.*

FIGURINES

YR	NAME	LIMIT	ISSUE	TREND

ADOLF SEHRING STUDIO
A. SEHRING

YR	NAME	LIMIT	ISSUE	TREND
1982	IDLE HOURS	SO	3500.00	3500.00
1982	LITTLE GIRL WITH BASKET	49	2200.00	2200.00
1983	DAYDREAMS	49	2900.00	2900.00
1983	LILY POND	SO	3000.00	3000.00
1983	VANITY	49	3000.00	3000.00
1985	BOY WITH FROG	54	3500.00	3500.00
1993	BOY FISHING	54	5000.00	5000.00
1993	LILY PADS	20	20000.00	20000.00
1993	TENDERNESS	49	7000.00	7000.00
1995	NUDE	58	10000.00	10000.00
1995	POCAHONTAS	12	20000.00	20000.00

A. SEHRING — EQUINE

YR	NAME	LIMIT	ISSUE	TREND
1982	BORN TO RUN	39	3500.00	3500.00
1982	SCRATCHING FOAL	40	3500.00	3500.00
1982	WALKING PROUD	45	3500.00	3500.00

ADRIAN TARON & SONS
S. ROSAS — HOLIDAY

YR	NAME	LIMIT	ISSUE	TREND
1996	HERR SCHNEEMANN	20000	40.00	40.00
1996	KRISS KRINGLE	20000	40.00	40.00

S. ROSAS — NUTCRACKER SUITE MINIS

YR	NAME	LIMIT	ISSUE	TREND
1997	NUTCRACKER PRINCE	25000	45.00	45.00

TARON/STEINBACH — STEINBACH NUTCRACKERS/ALICE IN WONDERLAND

YR	NAME	LIMIT	ISSUE	TREND
1997	MAD HATTER	10000	230.00	230.00
1998	WHITE RABBIT	10000	21.00	21.00
1998	WHITE RABBIT	10000	230.00	230.00

S. ROSAS — STEINBACH NUTCRACKERS/ALICE IN WONDERLAND

YR	NAME	LIMIT	ISSUE	TREND
1997	MAD HATTER	7500	230.00	230.00
1998	TWEEDLE DUM & TWEEDLE DEE	10000	22.00	22.00

TARON/STEINBACH — STEINBACH NUTCRACKERS/NURSERY RHYMES

YR	NAME	LIMIT	ISSUE	TREND
1997	HUMPTY DUMPTY	10000	180.00	180.00
1998	HUMPTY DUMPTY	20000	55.00	55.00
1998	OLD KING COLE	10000	210.00	210.00
1998	OLD KING COLE	10000	230.00	230.00

S. ROSAS — STEINBACH NUTCRACKERS/NURSERY RHYMES

YR	NAME	LIMIT	ISSUE	TREND
1997	HUMPTY DUMPTY	10000	210.00	210.00
1998	OLD KING COLE	10000	22.00	22.00
1998	THREE MEN IN A TUB	10000	22.00	22.00

TARON/STEINBACH — STEINBACH NUTCRACKERS/NUTCRACKER SUITE

YR	NAME	LIMIT	ISSUE	TREND
1992	HERR DROSSELMEYER	CL	170.00	1500.00
1993	MOUSE KING	CL	190.00	950.00
1994	NUTCRACKER PRINCE	10000	210.00	210.00
1995	CLARA	10000	220.00	220.00
1996	SUGAR PLUM	10000	220.00	220.00
1998	CLARA	20000	55.00	55.00
1998	TOY SOLDIER	10000	230.00	230.00

S. ROSAS — STEINBACH NUTCRACKERS/NUTCRACKER SUITE

YR	NAME	LIMIT	ISSUE	TREND
1995	TCHAIKOVSKY'S CLARA	10000	220.00	220.00
1996	SUGAR PLUM FAIRY	10000	230.00	230.00

TARON/STEINBACH — STEINBACH NUTCRACKERS/WISEMEN SERIES

YR	NAME	LIMIT	ISSUE	TREND
1995	CASPAR	10000	220.00	220.00
1996	MELCHIOR	10000	220.00	220.00
1997	BALTHASAR	10000	230.00	230.00

S. ROSAS — STEINBACH NUTCRACKERS/WISEMEN SERIES

YR	NAME	LIMIT	ISSUE	TREND
1995	MELCHIOR "WISEMAN"	10000	220.00	220.00
1996	BALTHASAR	10000	230.00	230.00

S. ROSAS — TARON COLLECTION

YR	NAME	LIMIT	ISSUE	TREND
1997	HERR DROSSELMEYER	6000	215.00	215.00
1997	THREE WISEMEN	10000	135.00	135.00
1998	JOURNEY TO BETHLEHEM	2000	100.00	100.00

AMERICAN ARTISTS
F. STONE

YR	NAME	LIMIT	ISSUE	TREND
*	TRIPLE CROWN BOWL	*	395.00	395.00
*	TRIPLE CROWN VASE/SIGNED	*	250.00	250.00
*	TRIPLE CROWN VASE/UNSIGNED	*	195.00	195.00

F. STONE — FRED STONE FIGURINES

YR	NAME	LIMIT	ISSUE	TREND
1985	BLACK STALLION, THE (PORCELAIN)	*	125.00	200.00
1985	BLACK STALLION, THE (BRONZE)	*	150.00	160.00
1986	ARABIAN MARE & FOAL	*	150.00	185.00
1986	TRANQUILITY	*	175.00	225.00
1987	REARING BLACK STALLION (BRONZE)	*	175.00	185.00
1987	REARING BLACK STALLION (PORCELAIN)	*	150.00	160.00

AMERICAST INC.
K. WINDRIX — THE COMMANDERS

YR	NAME	LIMIT	ISSUE	TREND
1994	GEORGE A. CUSTER	500	195.00	200.00
1994	JAMES LONGSTREET	500	195.00	200.00
1994	JOSHUA L. CHAMBERLAIN	500	195.00	200.00
1994	ROBERT E. LEE	5000	195.00	200.00
1994	ULYSSES S. GRANT	5000	195.00	200.00

YR	NAME	LIMIT	ISSUE	TREND
1995	J.E.B. STUART	500	195.00	200.00
1995	STONEWALL JACKSON	500	195.00	200.00
1995	WILLIAM T. SHERMAN	500	195.00	200.00

ANHEUSER-BUSCH INC.
*

1994	BUDDIES N4575	7500	65.00	65.00
1995	HORSEPLAY F1	7500	65.00	65.00
1996	BUDWEISER FROGS	OP	30.00	30.00

M. URDAHL

1996	SOMETHING'S BREWING	7500	65.00	65.00

ANNA-PERENNA
P. BUCKLEY MOSS

1995	PARTRIDGE IN A PEAR TREE	OP	28.00	28.00

ANRI
U. BERNARDI — BERNARDI REFLECTIONS

1994	MASTER CARVER 4 IN.	500	350.00	350.00
1994	MASTER CARVER 6 IN.	250	600.00	600.00

W. & C. HALLETT — CELESTIAL MESSENGERS

1995	ANGEL OF CHARITY	250	375.00	375.00
1996	ANGEL OF FAITH	250	375.00	375.00
1996	ANGEL OF HOPE	250	375.00	375.00

J. FERRANDIZ — CHILDREN OF THE WORLD

1998	KAREEM	OP	285.00	285.00
1998	KEISHA	OP	285.00	285.00

L. GAITHER — CHRISTMAS EVE SERIES

1995	GETTING READY	500	500.00	500.00
1995	HITCHING PRANCER	500	500.00	500.00
1998	MR. FIRST GIFT OF CHRISTMAS	500	325.00	325.00
1998	MRS. FIRST GIFT OF CHRISTMAS	500	325.00	325.00

* — CLUB ANRI

1988	MAESTRO MICKEY, 4 1/2 IN.	CL	170.00	180.00
1989	DIVA MINNIE, 4 1/2 IN.	CL	190.00	195.00
1990	DAPPER DONALD, 4 IN.	CL	199.00	200.00
1991	DAISY DUCK, 4 1/2 IN.	TL	250.00	255.00

J. FERRANDIZ — CLUB ANRI

1983	WELCOME, 4 IN.	CL	110.00	400.00
1984	MY FRIEND, 4 IN.	CL	110.00	405.00
1985	HARVEST TIME, 4 IN.	CL	125.00	280.00
1986	CELEBRATION MARCH, 5 IN.	CL	165.00	260.00
1986	HARVEST'S HELPER, 4 IN.	CL	135.00	255.00
1987	WILL YOU BE MINE, 4 IN.	CL	135.00	240.00
1988	FOREVER YOURS, 4 IN.	CL	170.00	255.00
1989	TWENTY YEARS OF LOVE, 4 IN.	CL	190.00	195.00
1989	YOU ARE MY SUNSHINE, 4 IN.	YR	220.00	220.00
1991	WITH ALL MY HEART, 4 IN.	YR	250.00	255.00
1992	YOU ARE MY ALL, 4 IN.	YR	260.00	260.00
1993	TRULY YOURS	YR	290.00	290.00
1994	DAPPER 'N DEAR	YR	250.00	250.00
1994	SWEET 'N SHY 4 IN.	YR	250.00	250.00

S. KAY — CLUB ANRI

1984	APPLE OF MY EYE, 4 1/2 IN.	CL	135.00	400.00
1985	DAD'S HELPER, 4 1/2 IN.	CL	135.00	385.00
1986	MAKE A WISH, 4 IN.	CL	165.00	385.00
1986	ROMANTIC NOTIONS, 4 IN.	CL	135.00	240.00
1987	A YOUNG MAN'S FANCY, 4 IN.	CL	135.00	215.00
1988	I'VE GOT A SECRET, 4 IN.	CL	170.00	210.00
1989	I'LL NEVER TELL, 4 IN.	CL	190.00	195.00
1990	A LITTLE BASHFUL, 4 IN.	YR	220.00	225.00
1991	KISS ME, 4 IN.	YR	250.00	255.00
1992	GIFT OF LOVE	YR	*	N/A
1992	MY PRESENT FOR YOU, 4 IN.	YR	270.00	270.00
1993	JUST FOR YOU	YR	*	N/A
1993	SWEET THOUGHTS	YR	300.00	300.00
1994	SNUGGLE UP 4 IN.	YR	300.00	300.00

* — COLLECTORS SOCIETY

1995	ANRI ARTIST TREE HOUSE	YR	695.00	695.00

J. FERRANDIZ — COLLECTORS SOCIETY

1995	SEALED WITH A KISS	YR	275.00	275.00
1996	ON CLOUD NINE	YR	275.00	275.00

S. HALLETT — COLLECTORS SOCIETY

1995	ON MY OWN 4 IN.	YR	175.00	175.00

S. KAY — COLLECTORS SOCIETY

1996	HELPING MOTHER	150	595.00	595.00
1996	SWEET TOOTH 4 IN.	YR	200.00	199.50
1997	READ ME A STORY	TL	395.00	395.00
1998	LITTLE LEAGUER	YR	295.00	295.00

J. FERRANDIZ — COLLECTORS SOCIETY GOLD LEAF

1996	LITTLE GARDENER	150	595.00	595.00
1997	TALKING TO THE ANIMALS	150	595.00	595.00

FLAVIO — COLLECTORS SOCIETY GOLD LEAF

1997	LA MODERNA	150	815.00	815.00

S. KAY — COLLECTORS SOCIETY GOLD LEAF

1997	BALLERINA	150	595.00	595.00

YR	NAME	LIMIT	ISSUE	TREND
GRANGET			**DECORATIVE**	
1998	DOLPHIN WITH YOUNG	OP	450.00	450.00
1998	LIONESS	OP	595.00	595.00
*			**DISNEY WOODCARVINGS**	
1987	DONALD DUCK, 4 IN.	CL	150.00	200.00
1987	GOOFY, 4 IN. 656005	CL	150.00	250.00
1987	MICKEY AND MINNIE, 6 IN. (MATCHING NUM.)	CL	625.00	1000.00
1987	MICKEY MOUSE, 4 IN.	CL	150.00	290.00
1987	MINNIE MOUSE, 4 IN.	CL	150.00	275.00
1987	PINOCCHIO, 4 IN.	CL	150.00	425.00
1988	DONALD DUCK, 1 3/4 IN.	CL	80.00	140.00
1988	DONALD DUCK, 4 IN.	CL	180.00	265.00
1988	DONALD DUCK, 6 IN.	CL	350.00	500.00
1988	GOOFY, 1 3/4 IN.	CL	80.00	150.00
1988	GOOFY, 4 IN. 656015	CL	180.00	250.00
1988	GOOFY, 6 IN. 656103	CL	350.00	575.00
1988	MICKEY MOUSE, 1 3/4 IN.	CL	80.00	250.00
1988	MICKEY MOUSE, 4 IN.	CL	180.00	275.00
1988	MICKEY SORCERER'S APPRENTICE, 2 IN.	CL	80.00	350.00
1988	MICKEY SORCERER'S APPRENTICE, 4 IN.	CL	180.00	240.00
1988	MICKEY SORCERER'S APPRENTICE, 6 IN.	CL	350.00	650.00
1988	PINOCCHIO, 1 3/4 IN.	CL	80.00	250.00
1988	PINOCCHIO, 4 IN.	CL	180.00	200.00
1988	PLUTO, 1 3/4 IN.	CL	80.00	130.00
1988	PLUTO, 4 IN.	CL	180.00	275.00
1989	DAISY, 4 IN.	CL	190.00	275.00
1989	DONALD, 4 IN.	CL	190.00	275.00
1989	GOOFY, 4 IN. 656022	CL	190.00	250.00
1989	MICKEY & MINNIE, 6 IN. (SET)	CL	700.00	850.00
1989	MICKEY AND MINNIE, 20 IN. (MATCHED SET)	CL	7000.00	7100.00
1989	MICKEY, 10 IN.	CL	700.00	900.00
1989	MICKEY, 20 IN.	CL	3500.00	3505.00
1989	MICKEY, 4 IN.	CL	190.00	350.00
1989	MINI DAISY, 2 IN.	CL	85.00	125.00
1989	MINI DONALD, 2 IN.	CL	85.00	175.00
1989	MINI GOOFY, 2 IN.	CL	85.00	190.00
1989	MINI MICKEY, 2 IN.	CL	85.00	190.00
1989	MINI MINNIE, 2 IN.	CL	85.00	190.00
1989	MINI PLUTO, 2 IN.	CL	85.00	125.00
1989	MINNIE, 10 IN.	CL	700.00	875.00
1989	MINNIE, 20 IN.	CL	3500.00	3505.00
1989	MINNIE, 4 IN.	CL	190.00	325.00
1989	PINOCCHIO, 10 IN.	CL	700.00	950.00
1989	PINOCCHIO, 2 IN.	CL	85.00	90.00
1989	PINOCCHIO, 20 IN.	CL	3500.00	3505.00
1989	PINOCCHIO, 4 IN.	CL	190.00	200.00
1989	PINOCCHIO, 6 IN.	CL	350.00	450.00
1989	PLUTO, 4 IN.	CL	190.00	275.00
1989	PLUTO, 6 IN.	CL	350.00	460.00
1990	CHEF GOOFY, 2 1/2 IN.	CL	125.00	175.00
1990	CHEF GOOFY, 5 IN.	CL	265.00	290.00
1990	DONALD AND DAISY, 6 IN. (MATCHED SET)	CL	700.00	755.00
1990	MICKEY MOUSE, 2 IN.	CL	100.00	165.00
1990	MICKEY MOUSE, 4 IN.	CL	199.00	290.00
1990	MINNIE MOUSE, 2 IN.	CL	100.00	150.00
1990	MINNIE MOUSE, 4 IN.	CL	199.00	250.00
1990	SORCERER'S APPRENTICE 16 IN.	100	3500.00	3500.00
1990	SORCERER'S APPRENTICE 2 IN.	CL	125.00	625.00
1990	SORCERER'S APPRENTICE 4 IN.	CL	265.00	450.00
1990	SORCERER'S APPRENTICE 6 IN.	1000	475.00	750.00
1990	SORCERER'S APPRENTICE 8 IN.	350	790.00	850.00
1991	BELL BOY DONALD, 4 IN.	CL	250.00	255.00
1991	BELL BOY DONALD, 6 IN.	CL	400.00	525.00
1991	MICKEY SKATING, 2 IN.	CL	120.00	275.00
1991	MICKEY SKATING, 4 IN.	CL	250.00	275.00
1991	MINNIE SKATING, 2 IN.	CL	120.00	145.00
1991	MINNIE SKATING, 4 IN.	CL	250.00	355.00
J. FERRANDIZ			**FERRANDIZ BOY & GIRL**	
1976	COWBOY, 6 IN.	CL	75.00	555.00
1976	HARVEST GIRL, 6 IN.	CL	75.00	605.00
1977	LEADING THE WAY, 6 IN.	CL	100.00	340.00
1977	TRACKER, 6 IN.	CL	100.00	375.00
1978	BASKET OF JOY, 6 IN.	CL	140.00	405.00
1978	PEACE PIPE, 6 IN.	CL	140.00	390.00
1979	FIRST BLOSSOM, 6 IN.	CL	135.00	365.00
1979	HAPPY STRUMMER, 6 IN.	CL	160.00	400.00
1980	FRIENDS, 6 IN.	CL	200.00	330.00
1980	MELODY FOR TWO, 6 IN.	CL	200.00	340.00
1981	MERRY MELODY, 6 IN.	CL	210.00	330.00
1981	TINY SOUNDS, 6 IN.	CL	210.00	330.00
1982	GUIDING LIGHT, 6 IN.	CL	225.00	305.00
1982	TO MARKET, 6 IN.	CL	220.00	300.00
1983	ADMIRATION, 6 IN.	CL	220.00	300.00
1983	BEWILDERED, 6 IN.	CL	196.00	300.00
1984	FRIENDLY FACES, 3 IN.	CL	93.00	100.00
1984	FRIENDLY FACES, 6 IN.	CL	210.00	265.00
1984	WANDERER'S RETURN, 3 IN.	CL	93.00	120.00
1984	WANDERER'S RETURN, 6 IN.	CL	196.00	235.00
1985	PEACEFUL FRIENDS, 3 IN.	CL	120.00	125.00

YR	NAME	LIMIT	ISSUE	TREND
1985	PEACEFUL FRIENDS, 6 IN.	CL	250.00	300.00
1985	TENDER LOVE, 3 IN.	CL	100.00	115.00
1985	TENDER LOVE, 6 IN.	CL	225.00	240.00
1986	GOLDEN SHEAVES, 3 IN.	CL	125.00	130.00
1986	GOLDEN SHEAVES, 6 IN.	CL	245.00	250.00
1986	SEASON'S BOUNTY, 3 IN.	CL	125.00	130.00
1986	SEASON'S BOUNTY, 6 IN.	CL	245.00	250.00
1987	DEAR SWEETHEART, 6 IN.	CL	250.00	140.00
1987	FOR MY SWEETHEART, 3 IN.	CL	130.00	135.00
1987	FOR MY SWEETHEART, 6 IN.	CL	250.00	255.00
1988	EXTRA, EXTRA!, 6 IN.	CL	320.00	325.00
1988	SUNNY SKIES, 3 IN.	CL	145.00	150.00
1988	SUNNY SKIES, 6 IN.	CL	320.00	325.00
1989	BAKER BOY, 3 IN.	CL	170.00	175.00
1989	BAKER BOY, 6 IN.	CL	340.00	345.00
1989	PASTRY GIRL, 3 IN.	CL	170.00	175.00
1989	PASTRY GIRL, 6 IN.	CL	340.00	345.00
1990	ALPINE FRIEND, 3 IN.	CL	225.00	350.00
1990	ALPINE FRIEND, 6 IN.	1500	450.00	600.00
1990	ALPINE MUSIC, 3 IN.	CL	225.00	230.00
1990	ALPINE MUSIC, 6 IN.	1500	450.00	600.00
1991	CATALONIAN BOY, 3 IN.	CL	228.00	230.00
1991	CATALONIAN BOY, 6 IN.	CL	500.00	505.00
1991	CATALONIAN GIRL, 3 IN.	CL	228.00	230.00
1991	CATALONIAN GIRL, 6 IN.	CL	500.00	505.00
1992	MAY I, TOO?, 3 INCHES	1000	230.00	235.00
1992	MAY I, TOO?, 6 INCHES	1000	440.00	445.00
1992	WASTE NOT, WANT NOT, 3 INCHES	1000	190.00	195.00
1992	WASTE NOT, WANT NOT, 6 INCHES	1000	430.00	435.00

J. FERRANDIZ — FERRANDIZ MATCHING NUMBER WOODCARVINGS

YR	NAME	LIMIT	ISSUE	TREND
1987	DEAR SWEETHEART, 3 IN.	CL	130.00	130.00
1988	BON APPETIT, 3 IN. (SET)	500	175.00	N/A
1988	BON APPETIT, 6 IN. (SET)	500	395.00	N/A
1988	EXTRA, EXTRA!, 3 IN.	CL	315.00	320.00
1988	EXTRA, EXTRA!, 6 IN.	CL	665.00	670.00
1988	PICNIC FOR TWO, 3 IN.	CL	390.00	395.00
1988	PICNIC FOR TWO, 6 IN.	CL	845.00	850.00
1988	SUNNY SKIES, 3 IN. (SET)	*	*	N/A
1988	SUNNY SKIES, 6 IN. (SET)	*	*	N/A
1989	BAKER/PASTRY, 3 IN.	CL	340.00	345.00
1989	BAKER/PASTRY, 6 IN.	CL	680.00	685.00
1989	DEAR SWEETHEART, 6 IN. (SET)	*	*	N/A
1990	ALPINE MUSIC/FRIEND, 3 IN.	CL	450.00	455.00
1990	ALPINE MUSIC/FRIEND, 6 IN.	CL	900.00	905.00
1991	CATALONIAN BOY/GIRL, 3 IN.	CL	455.00	460.00
1991	CATALONIAN BOY/GIRL, 6 IN.	CL	1000.00	950.00

J. FERRANDIZ — FERRANDIZ MESSAGE COLLECTION

YR	NAME	LIMIT	ISSUE	TREND
1989	GOD'S MIRACLE, 4 1/2 IN.	CL	300.00	305.00
1989	GOD'S PRECIOUS GIFT, 4 1/2 IN.	CL	300.00	305.00
1989	HE GUIDES US, 4 1/2 IN.	CL	300.00	305.00
1989	HE IS THE LIGHT, 4 1/2 IN.	CL	300.00	305.00
1989	HE IS THE LIGHT, 9 IN.	CL	600.00	575.00
1989	HEAVEN SENT, 4 1/2 IN.	CL	300.00	305.00
1989	LIGHT FROM WITHIN, 4 1/2 IN.	CL	300.00	305.00
1989	LOVE KNOWS NO BOUNDS, 4 1/2 IN.	CL	300.00	305.00
1989	LOVE SO POWERFUL, 4 1/2 IN.	CL	300.00	305.00
1990	CHRISTMAS CARILLON, 4 1/2 IN.	CL	299.00	300.00
1990	COUNT YOUR BLESSINGS, 4 1/2 IN.	CL	300.00	305.00
1990	GOD'S CREATION, 4 1/2 IN.	CL	300.00	315.00

J. FERRANDIZ — FERRANDIZ MINI NATIVITY SET

YR	NAME	LIMIT	ISSUE	TREND
1984	INFANT, 1 1/2 IN. (SET)	CL	*	N/A
1984	JOSEPH, 1 1/2 IN. (SET)	CL	*	N/A
1984	LEADING THE WAY, 1 1/2 IN. (SET)	CL	*	N/A
1984	MARY, 1 1/2 IN.	CL	300.00	545.00
1984	OX DONKEY, 1 1/2 IN. (SET)	CL	*	N/A
1984	SHEEP KNEELING, 1 1/2 IN. (SET)	CL	*	N/A
1984	SHEEP STANDING, 1 1/2 IN. (SET)	CL	*	N/A
1985	BABY CAMEL, 1 1/2 IN.	CL	45.00	55.00
1985	CAMEL GUIDE, 1 1/2 IN.	CL	45.00	55.00
1985	CAMEL, 1 1/2 IN.	CL	45.00	55.00
1985	HARMONY, 1 1/2 IN.	CL	45.00	55.00
1985	REST, 1 1/2 IN.	CL	45.00	55.00
1985	REVERENCE, 1 1/2 IN.	CL	45.00	55.00
1985	SMALL TALK, 1 1/2 IN.	CL	45.00	55.00
1985	THANKSGIVING, 1 1/2 IN.	CL	45.00	55.00
1986	ANGEL, 1 1/2 IN.	CL	45.00	55.00
1986	BALTHAZAR, 1 1/2 IN.	CL	45.00	55.00
1986	CASPAR, 1 1/2 IN.	CL	45.00	55.00
1986	FREE RIDE & MINI LAMB, 1 1/2 IN.	CL	45.00	55.00
1986	HIKER, THE-1 1/2 IN.	CL	45.00	55.00
1986	MELCHIOR, 1 1/2 IN.	CL	45.00	55.00
1986	STAR STRUCK, 1 1/2 IN.	CL	45.00	55.00
1986	STRAY, THE-1 1/2 IN.	CL	45.00	55.00
1986	WEARY TRAVELLER, 1 1/2 IN.	CL	45.00	55.00
1988	DEVOTION, 1 1/2 IN.	CL	53.00	55.00
1988	JOLLY GIFT, 1 1/2 IN.	CL	53.00	55.00
1988	LONG JOURNEY, 1 1/2 IN.	CL	53.00	55.00
1988	SWEET DREAMS, 1 1/2 IN.	CL	53.00	55.00
1988	SWEET INSPIRATION, 1 1/2 IN.	CL	53.00	55.00

YR	NAME	LIMIT	ISSUE	TREND
J. FERRANDIZ		**FERRANDIZ SHEPHERDS OF THE YEAR**		
1977	FRIENDSHIPS, 3 IN.	YR	54.00	335.00
1977	FRIENDSHIPS, 6 IN.	YR	110.00	650.00
1978	SPREADING THE WORD, 3 IN.	YR	115.00	265.00
1978	SPREADING THE WORD, 6 IN.	CL	271.00	575.00
1979	DRUMMER BOY, 3 IN.	YR	80.00	240.00
1979	DRUMMER BOY, 6 IN.	YR	220.00	430.00
1980	FREEDOM BOUND, 3 IN.	YR	90.00	200.00
1980	FREEDOM BOUND, 6 IN.	YR	225.00	395.00
1981	JOLLY PIPER, 6 IN.	2250	225.00	405.00
1982	COMPANIONS, 6 IN.	2250	220.00	285.00
1983	GOOD SAMARITAN, 6 IN.	2250	220.00	315.00
1984	DEVOTION, 3 IN.	CL	83.00	120.00
1984	DEVOTION, 6 IN.	CL	180.00	230.00
J. FERRANDIZ		**FERRANDIZ WOODCARVINGS**		
1969	ANGEL SUGAR HEART, 6 IN.	CL	25.00	2525.00
1969	GOOD SHEPHERD, THE-3 IN.	CL	12.00	120.00
1969	GOOD SHEPHERD, THE-6 IN.	CL	25.00	245.00
1969	HEAVENLY GARDENER, 6 IN.	CL	25.00	2025.00
1969	HEAVENLY QUINTET, 6 IN.	CL	25.00	2025.00
1969	LOVE LETTER, 3 IN.	CL	12.00	155.00
1969	LOVE LETTER, 6 IN.	CL	25.00	255.00
1969	LOVE'S MESSENGER, 6 IN.	CL	25.00	2025.00
1969	QUINTET, THE 3 IN.	CL	12.00	165.00
1969	QUINTET, THE 6 IN.	CL	25.00	400.00
1969	SUGAR HEART, 3 IN.	CL	12.00	455.00
1969	SUGAR HEART, 6 IN.	CL	25.00	530.00
1969	TALKING TO THE ANIMALS, 3 IN.	CL	12.00	135.00
1969	TALKING TO THE ANIMALS, 6 IN.	CL	45.00	260.00
1970	ARTIST, 3 IN.	CL	30.00	200.00
1970	ARTIST, 6 IN.	CL	25.00	355.00
1970	DUET, 3 IN.	CL	36.00	175.00
1970	DUET, 6 IN.	CL	*	365.00
1971	GOOD SHEPHERD, THE-10 IN.	CL	90.00	95.00
1971	QUINTET,THE- 10 IN.	CL	100.00	725.00
1971	TALKING TO THE ANIMALS, 10 IN.	CL	90.00	550.00
1973	GIRL IN THE EGG, 3 IN.	CL	30.00	135.00
1973	GIRL IN THE EGG, 6 IN.	CL	60.00	275.00
1973	GIRL WITH DOVE, 3 IN.	CL	30.00	115.00
1973	GIRL WITH DOVE, 6 IN.	CL	50.00	200.00
1973	HAPPY WANDERER, 10 IN.	CL	120.00	500.00
1973	NATURE GIRL, 3 IN.	CL	30.00	35.00
1973	NATURE GIRL, 6 IN.	CL	60.00	275.00
1973	SPRING ARRIVALS, 3 IN.	OP	30.00	160.00
1973	SPRING ARRIVALS, 6 IN.	OP	50.00	350.00
1973	SWEEPER, 3 IN.	CL	35.00	135.00
1973	SWEEPER, 6 IN.	CL	75.00	430.00
1973	TRUMPETER, 3 IN.	CL	69.00	115.00
1973	TRUMPETER, 6 IN.	CL	120.00	250.00
1974	BOUQUET, THE 3 IN.	CL	35.00	180.00
1974	BOUQUET, THE 6 IN.	CL	75.00	330.00
1974	FLIGHT INTO EGYPT, 3 IN.	CL	35.00	135.00
1974	FLIGHT INTO EGYPT, 6 IN.	CL	70.00	500.00
1974	GREETINGS, 3 IN.	CL	30.00	305.00
1974	GREETINGS, 6 IN.	CL	55.00	480.00
1974	HAPPY WANDERER, 3 IN.	CL	40.00	105.00
1974	HAPPY WANDERER, 6 IN.	CL	70.00	200.00
1974	HELPING HANDS, 3 IN.	CL	30.00	355.00
1974	HELPING HANDS, 6 IN.	CL	55.00	710.00
1974	LITTLE MOTHER 3 IN.	CL	136.00	300.00
1974	LITTLE MOTHER, 6 IN.	CL	85.00	290.00
1974	NEW FRIENDS, 3 IN.	CL	30.00	280.00
1974	NEW FRIENDS, 6 IN.	CL	55.00	500.00
1974	ROMEO, 3 IN.	CL	50.00	230.00
1974	ROMEO, 6 IN.	CL	85.00	380.00
1974	SPRING OUTING, 3 IN.	CL	30.00	630.00
1974	SPRING OUTING, 6 IN.	CL	55.00	910.00
1974	TENDER MOMENTS, 3 IN.	CL	30.00	380.00
1974	TENDER MOMENTS, 6 IN.	CL	55.00	580.00
1975	CHERUB, 2 IN.	CL	32.00	95.00
1975	CHERUB, 4 IN.	CL	32.00	280.00
1975	COURTING, 3 IN.	CL	70.00	240.00
1975	COURTING, 6 IN.	CL	150.00	455.00
1975	GIFT, THE 3 IN.	CL	40.00	200.00
1975	GIFT, THE 6 IN.	CL	70.00	300.00
1975	GOING HOME, 3 IN.	CL	40.00	160.00
1975	GOING HOME, 6 IN.	CL	70.00	300.00
1975	HOLY FAMILY, 3 IN.	CL	75.00	250.00
1975	HOLY FAMILY, 6 IN.	CL	200.00	670.00
1975	INSPECTOR, 3 IN.	CL	40.00	230.00
1975	INSPECTOR, 6 IN.	CL	80.00	380.00
1975	LOVE GIFT, 3 IN.	CL	40.00	165.00
1975	LOVE GIFT, 6 IN.	CL	70.00	300.00
1975	MOTHER & CHILD, 3 IN.	CL	45.00	150.00
1975	MOTHER & CHILD, 6 IN.	CL	90.00	300.00
1975	SUMMERTIME, 3 IN.	CL	35.00	45.00
1975	SUMMERTIME, 6 IN.	CL	70.00	265.00
1975	WANDERLUST, 6 IN.	CL	70.00	455.00
1976	CATCH A FALLING STAR, 3 IN.	CL	35.00	155.00

YR	NAME	LIMIT	ISSUE	TREND
1976	CATCH A FALLING STAR, 6 IN.	CL	75.00	255.00
1976	COWBOY, 3 IN.	CL	35.00	155.00
1976	FLOWER GIRL, 3 IN.	CL	40.00	45.00
1976	FLOWER GIRL, 6 IN.	CL	90.00	310.00
1976	GARDENER, 3 IN.	CL	32.00	200.00
1976	GARDENER, 6 IN.	CL	65.00	325.00
1976	GIRL W/ROOSTER, 3 IN.	CL	33.00	180.00
1976	GIRL W/ROOSTER, 6 IN.	CL	60.00	280.00
1976	LETTER, THE 3 IN.	CL	40.00	45.00
1976	LETTER, THE 6 IN.	CL	90.00	600.00
1976	SHARING, 3 IN.	CL	33.00	135.00
1976	SHARING, 6 IN.	CL	75.00	250.00
1976	WANDERLUST, 3 IN.	CL	33.00	130.00
1977	BLESSING, THE 3 IN.	CL	45.00	155.00
1977	BLESSING, THE 6 IN.	CL	125.00	255.00
1977	HURDY GURDY, 3 IN.	CL	53.00	155.00
1977	HURDY GURDY, 6 IN.	CL	112.00	395.00
1977	JOURNEY, 3 IN.	CL	68.00	180.00
1977	JOURNEY, 6 IN.	CL	120.00	405.00
1977	LEADING THE WAY, 3 IN.	CL	63.00	125.00
1977	NIGHT NIGHT, 3 IN.	CL	45.00	125.00
1977	NIGHT NIGHT, 6 IN.	CL	68.00	280.00
1977	POOR BOY, 3 IN.	CL	50.00	100.00
1977	POOR BOY, 6 IN.	CL	125.00	200.00
1977	PROUD MOTHER, 3 IN.	CL	53.00	155.00
1977	PROUD MOTHER, 6 IN.	CL	130.00	355.00
1977	RIDING THRU THE RAIN, 10 IN.	OP	400.00	1200.00
1977	RIDING THRU THE RAIN, 5 IN.	OP	145.00	475.00
1977	TRACKER, 3 IN.	CL	70.00	165.00
1978	BASKET OF JOY, 3 IN.	CL	65.00	125.00
1978	HARVEST GIRL, 3 IN.	CL	75.00	130.00
1978	SPREADING THE WORD, 3 IN.	CL	115.00	195.00
1978	SPREADING THE WORD, 6 IN.	CL	270.00	500.00
1978	SPRING DANCE, 12 IN.	CL	950.00	1775.00
1978	SPRING DANCE, 24 IN.	CL	48.00	6250.00
1979	FIRST BLOSSOM, 3 IN.	CL	70.00	100.00
1979	HAPPY STRUMMER, 3 IN.	CL	75.00	110.00
1979	HE'S MY BROTHER, 3 IN.	CL	70.00	135.00
1979	HE'S MY BROTHER, 6 IN.	CL	155.00	245.00
1979	HIGH RIDING, 3 IN.	CL	145.00	205.00
1979	HIGH RIDING, 6 IN.	CL	340.00	480.00
1979	PEACE PIPE, 3 IN.	CL	85.00	120.00
1979	STITCH IN TIME, 3 IN.	CL	75.00	130.00
1979	STITCH IN TIME, 6 IN.	CL	150.00	240.00
1980	DRUMMER BOY, 3 IN.	CL	130.00	205.00
1980	DRUMMER BOY, 6 IN.	CL	300.00	405.00
1980	SPRING ARRIVALS, 10 IN.	OP	435.00	775.00
1980	SPRING ARRIVALS, 20 IN.	250	2000.00	3375.00
1980	TRUMPETER, 10 IN.	CL	500.00	510.00
1980	UMPAPA, 4 IN.	CL	125.00	145.00
1981	JOLLY PIPER, 3 IN.	CL	100.00	125.00
1981	MERRY MELODY, 3 IN.	CL	90.00	120.00
1981	MUSICAL BASKET, 3 IN.	CL	90.00	120.00
1981	MUSICAL BASKET, 6 IN.	CL	200.00	230.00
1981	STEPPING OUT, 3 IN.	CL	95.00	135.00
1981	STEPPING OUT, 6 IN.	CL	220.00	280.00
1981	SWEET ARRIVAL (BLUE), 3 IN.	CL	105.00	120.00
1981	SWEET ARRIVAL (BLUE), 6 IN.	CL	225.00	265.00
1981	SWEET ARRIVAL (PINK), 3 IN.	CL	105.00	110.00
1981	SWEET ARRIVAL (PINK), 6 IN.	CL	225.00	230.00
1981	SWEET DREAMS, 3 IN.	CL	100.00	145.00
1981	TINY SOUNDS, 3 IN.	CL	90.00	110.00
1982	BAGPIPE, 3 IN.	CL	80.00	100.00
1982	BAGPIPE, 6 IN.	CL	175.00	195.00
1982	BUNDLE OF JOY, 3 IN.	CL	100.00	305.00
1982	BUNDLE OF JOY, 6 IN.	CL	225.00	325.00
1982	CHAMPION, THE 3 IN.	CL	98.00	120.00
1982	CHAMPION, THE 6 IN.	CL	220.00	260.00
1982	CIRCUS SERENADE, 3 IN.	CL	100.00	165.00
1982	CIRCUS SERENADE, 6 IN.	CL	220.00	225.00
1982	CLARINET, 3 IN.	CL	80.00	105.00
1982	CLARINET, 6 IN.	CL	175.00	205.00
1982	COMPANIONS, 3 IN.	CL	95.00	120.00
1982	ENCORE, 3 IN.	CL	100.00	115.00
1982	ENCORE, 6 IN.	CL	225.00	240.00
1982	FLUTE, 3 IN.	CL	80.00	100.00
1982	FLUTE, 6 IN.	CL	175.00	195.00
1982	GOOD LIFE, THE 3 IN.	CL	100.00	205.00
1982	GOOD LIFE, THE 6 IN.	CL	225.00	300.00
1982	GUIDING LIGHT, 3 IN.	CL	100.00	125.00
1982	GUITAR, 3 IN.	CL	80.00	100.00
1982	GUITAR, 6 IN.	CL	175.00	195.00
1982	HARMONICA, 3 IN.	CL	80.00	100.00
1982	HARMONICA, 6 IN.	CL	175.00	195.00
1982	HITCHHIKER, 3 IN.	CL	98.00	100.00
1982	HITCHHIKER, 6 IN.	CL	125.00	230.00
1982	LIGHTING THE WAY, 3 IN.	CL	105.00	145.00
1982	LIGHTING THE WAY, 6 IN.	CL	225.00	300.00
1982	PLAY IT AGAIN, 3 IN.	CL	100.00	120.00

YR	NAME	LIMIT	ISSUE	TREND
1982	PLAY IT AGAIN, 6 IN.	CL	250.00	260.00
1982	STAR BRIGHT, 3 IN.	CL	110.00	130.00
1982	STAR BRIGHT, 6 IN.	CL	250.00	300.00
1982	SURPRISE, 3 IN.	CL	100.00	155.00
1982	SURPRISE, 6 IN.	CL	225.00	330.00
1982	SWEET DREAMS, 6 IN.	CL	225.00	335.00
1982	SWEET MELODY, 3 IN.	CL	80.00	100.00
1982	SWEET MELODY, 6 IN.	CL	198.00	210.00
1982	TO MARKET, 3 IN.	CL	95.00	120.00
1982	VIOLIN, 3 IN.	CL	80.00	100.00
1982	VIOLIN, 6 IN.	CL	175.00	200.00
1983	COWBOY, 20 IN.	CL	2100.00	2125.00
1983	EDELWEISS, 3 IN.	OP	95.00	200.00
1983	EDELWEISS, 6 IN.	OP	220.00	485.00
1983	GOLDEN BLOSSOM, 10 IN	OP	500.00	975.00
1983	GOLDEN BLOSSOM, 20 IN	OP	3300.00	5400.00
1983	GOLDEN BLOSSOM, 3 IN.	OP	95.00	200.00
1983	GOLDEN BLOSSOM, 6 IN.	OP	220.00	475.00
1983	LOVE MESSAGE, 3 IN.	CL	105.00	155.00
1983	LOVE MESSAGE, 6 IN.	CL	240.00	370.00
1983	PEACE PIPE, 10 IN.	CL	460.00	505.00
1984	BIRD'S EYE VIEW, 3 IN.	CL	88.00	130.00
1984	BIRD'S EYE VIEW, 6 IN.	CL	216.00	705.00
1984	COWBOY, 10 IN.	CL	370.00	505.00
1984	HIGH HOPES, 3 IN.	CL	81.00	95.00
1984	HIGH HOPES, 6 IN.	CL	170.00	265.00
1984	PEACE PIPE, 20 IN.	CL	2200.00	3475.00
1984	SHIPMATES, 3 IN.	CL	81.00	120.00
1984	SHIPMATES, 6 IN.	CL	170.00	250.00
1984	TRUMPETER, 20 IN.	CL	2350.00	3000.00
1985	BUTTERFLY BOY, 3 IN.	CL	95.00	145.00
1985	BUTTERFLY BOY, 6 IN.	CL	220.00	325.00
1986	A MUSICAL RIDE, 4 IN.	RT	165.00	240.00
1986	A MUSICAL RIDE, 8 IN.	RT	395.00	560.00
1986	EDELWEISS, 10 IN.	OP	500.00	975.00
1986	EDELWEISS, 20 IN.	250	3300.00	5400.00
1986	GOD'S LITTLE HELPER, 2 IN.	CL	170.00	260.00
1986	GOD'S LITTLE HELPER, 4 IN.	CL	425.00	555.00
1986	GOLDEN BLOSSOM, 40 IN.	CL	8300.00	13000.00
1986	SWISS BOY, 3 IN.	CL	122.00	175.00
1986	SWISS BOY, 6 IN.	CL	245.00	400.00
1986	SWISS GIRL, 3 IN.	CL	122.00	190.00
1986	SWISS GIRL, 6 IN.	CL	245.00	305.00
1987	AMONG FRIENDS, 3 IN.	CL	125.00	150.00
1987	AMONG FRIENDS, 6 IN.	CL	245.00	295.00
1987	BLACK FOREST BOY, 3 IN.	CL	125.00	150.00
1987	BLACK FOREST BOY, 6 IN.	CL	250.00	300.00
1987	BLACK FOREST GIRL, 3 IN.	CL	125.00	150.00
1987	BLACK FOREST GIRL, 6 IN.	CL	250.00	325.00
1987	HEAVENLY CONCERT, 2 IN.	CL	200.00	205.00
1987	HEAVENLY CONCERT, 4 IN.	CL	450.00	555.00
1987	NATURE'S WONDER, 3 IN.	CL	125.00	150.00
1987	NATURE'S WONDER, 6 IN.	CL	245.00	290.00
1987	SERENITY, 3 IN.	CL	125.00	150.00
1987	SERENITY, 6 IN.	CL	245.00	295.00
1988	ABRACADABRA, 3 IN.	CL	145.00	175.00
1988	ABRACADABRA, 6 IN.	CL	315.00	355.00
1988	BON APPETIT, 3 IN.	500	175.00	200.00
1988	BON APPETIT, 6 IN.	500	395.00	440.00
1988	PEACE MAKER, 3 IN.	CL	180.00	200.00
1988	PEACE MAKER, 6 IN.	CL	360.00	405.00
1988	PICNIC FOR TWO, 3 IN.	CL	190.00	210.00
1988	PICNIC FOR TWO, 6 IN.	CL	425.00	475.00
1988	WINTER MEMORIES, 3 IN.	CL	180.00	200.00
1988	WINTER MEMORIES, 6 IN.	CL	398.00	445.00
1989	MEXICAN BOY, 3 IN.	CL	170.00	180.00
1989	MEXICAN BOY, 6 IN.	CL	340.00	355.00
1989	MEXICAN GIRL, 3 IN.	CL	170.00	180.00
1989	MEXICAN GIRL, 6 IN.	CL	340.00	355.00
1989	SWISS BOY, 3 IN.	CL	180.00	185.00
1989	SWISS BOY, 6 IN.	CL	380.00	385.00
1989	SWISS GIRL, 3 IN.	CL	200.00	205.00
1989	SWISS GIRL, 6 IN.	CL	470.00	475.00
1992	MADONNA WITH CHILD, 3 INCHES	1000	190.00	195.00
1992	MADONNA WITH CHILD, 6 INCHES	1000	370.00	375.00
1992	PASCAL LAMB, 3 INCHES	1000	210.00	215.00
1992	PASCAL LAMB, 6 INCHES	1000	460.00	465.00
1993	CHRISTMAS TIME, 5 IN.	750	360.00	400.00
1993	HOLIDAY GREETINGS, 3 IN.	1000	200.00	205.00
1993	HOLIDAY GREETINGS, 6 IN.	1000	450.00	455.00
1993	LOTS OF GIFTS, 3 IN.	1000	200.00	205.00
1993	LOTS OF GIFTS, 6 IN.	1000	450.00	455.00
1993	SANTA AND TEDDY, 5 IN.	750	360.00	375.00
1994	DONKEY DRIVER, 3 IN.	OP	160.00	165.00
1994	DONKEY DRIVER, 6 IN.	OP	360.00	365.00
1994	DONKEY, 3 IN.	OP	200.00	205.00
1994	DONKEY, 6 IN.	OP	450.00	455.00
1994	SANTA RESTING ON BAG, 5 IN.	OP	400.00	405.00
1995	HOMEWARD BOUND 3 IN.	OP	155.00	155.00

YR	NAME	LIMIT	ISSUE	TREND
1995	HOMEWARD BOUND 6 IN.	OP	410.00	410.00
1995	TENDER CARE 3 IN.	OP	125.00	125.00
1995	TENDER CARE 6 IN.	OP	275.00	300.00
W. & C. HALLETT			**HEAVENLY ANGELS**	
1995	ANGEL OF KINDNESS - NATURAL	250	225.00	225.00
1995	ANGEL OF KINDNESS - PAINTED	250	350.00	350.00
1995	ANGEL OF LOVE - PAINTED	250	350.00	350.00
1995	ANGEL OF MERCY - NATURAL	250	225.00	225.00
1995	ANGEL OF MERCY - PAINTED	250	350.00	350.00
1995	ANGEL OF PEACE - NATURAL	250	225.00	225.00
1995	ANGEL OF PEACE - PAINTED	250	350.00	350.00
1996	ANGEL OF LOVE - NATURAL	250	225.00	225.00
J. FERRANDIZ			**LIMITED EDITION COUPLES**	
1985	FIRST KISS, 8 IN.	CL	590.00	955.00
1985	SPRINGTIME STROLL, 8 IN.	CL	590.00	955.00
1986	A TENDER TOUCH, 8 IN.	CL	590.00	855.00
1986	MY HEART IS YOURS, 8 IN.	CL	590.00	855.00
1987	HEART TO HEART, 8 IN.	CL	590.00	855.00
1988	A LOVING HAND, 8 IN.	CL	795.00	855.00
J. FERRANDIZ			**MEMORIAL**	
1998	PEACEFUL LOVE, 10 IN.	OP	950.00	950.00
1998	PEACEFUL LOVE, 20 IN.	250	4500.00	4500.00
1998	PEACEFUL LOVE, 3 IN.	OP	225.00	225.00
1998	PEACEFUL LOVE, 40 IN.	12	11500.00	11500.00
1998	PEACEFUL LOVE, 6 IN.	OP	450.00	450.00
*			**MICKEY MOUSE THROUGH THE AGES**	
1990	STEAMBOAT WILLIE, 4 IN.	CL	295.00	525.00
1991	MAD DOG, THE-4 IN.	CL	500.00	550.00
U. BERNARDI			**REFLECTIONS**	
1995	LEARNING THE SKILLS 4 IN.	500	275.00	275.00
1995	LEARNING THE SKILLS 6 IN.	250	550.00	550.00
1995	PLANNING THE TOUR 4 IN.	500	250.00	440.00
1995	PLANNING THE TOUR 6 IN.	250	450.00	300.00
*			**RELIGIOUS**	
1998	ANGEL WITH FLUTE, GOLD	OP	610.00	610.00
1998	ANGEL WITH FLUTE, PAINTED	OP	610.00	610.00
L. GAITHER			**RELIGIOUS**	
1998	MOSES	OP	995.00	995.00
S. KAY			**SANTA SERIES**	
1998	UP ON THE ROOFTOP	500	395.00	395.00
1998	UP ON THE ROOFTOP	250	695.00	695.00
S. KAY			**SARAH KAY 10TH ANNIVERSARY**	
1993	CHRISTMAS BASKET, 4 IN.	1000	310.00	295.00
1993	CHRISTMAS BASKET, 6 IN.	1000	600.00	585.00
1993	INNOCENCE, 4 IN.	1000	345.00	320.00
1993	INNOCENCE, 6 IN.	1000	630.00	635.00
1993	JOY TO THE WORLD, 4 IN.	1000	310.00	295.00
1993	JOY TO THE WORLD, 6 IN.	1000	600.00	585.00
1993	MR. SANTA, 4 IN.	750	375.00	395.00
1993	MR. SANTA, 6 IN.	750	695.00	735.00
1993	MRS. SANTA, 4 IN.	750	375.00	395.00
1993	MRS. SANTA, 6 IN.	750	695.00	735.00
1993	MY FAVORITE DOLL, 4 IN.	1000	315.00	320.00
1993	MY FAVORITE DOLL, 6 IN.	1000	630.00	635.00
S. KAY			**SARAH KAY FIGURINES**	
1983	BEDTIME, 1 1/2 IN.	CL	45.00	115.00
1983	BEDTIME, 4 IN.	CL	95.00	235.00
1983	BEDTIME, 6 IN.	CL	195.00	440.00
1983	FEEDING THE CHICKENS, 1 1/2 IN.	CL	45.00	115.00
1983	FEEDING THE CHICKENS, 4 IN.	CL	95.00	250.00
1983	FEEDING THE CHICKENS, 6 IN.	CL	195.00	475.00
1983	FROM THE GARDEN, 1 1/2 IN.	CL	45.00	115.00
1983	FROM THE GARDEN, 4 IN.	CL	95.00	240.00
1983	FROM THE GARDEN, 6 IN.	CL	195.00	455.00
1983	HELPING MOTHER, 1 1/2 IN.	CL	45.00	115.00
1983	HELPING MOTHER, 4 IN.	CL	95.00	305.00
1983	HELPING MOTHER, 6 IN.	CL	210.00	500.00
1983	MORNING CHORES, 1 1/2 IN.	CL	45.00	115.00
1983	MORNING CHORES, 4 IN.	CL	95.00	305.00
1983	MORNING CHORES, 6 IN.	CL	210.00	505.00
1983	PLAYTIME, 1 1/2 IN.	CL	45.00	115.00
1983	PLAYTIME, 4 IN.	CL	95.00	250.00
1983	PLAYTIME, 6 IN.	CL	195.00	500.00
1983	SWEEPING, 1 1/2 IN.	CL	45.00	115.00
1983	SWEEPING, 4 IN.	CL	95.00	235.00
1983	SWEEPING, 6 IN.	CL	195.00	450.00
1983	WAITING FOR MOTHER, 1 1/2 IN.	CL	45.00	115.00
1983	WAITING FOR MOTHER, 11 IN.	CL	495.00	800.00
1983	WAITING FOR MOTHER, 4 IN.	CL	95.00	235.00
1983	WAITING FOR MOTHER, 6 IN.	CL	195.00	450.00
1983	WAKE UP KISS, 6 IN.	CL	210.00	555.00
1984	DAYDREAMING, 1 1/2 IN.	CL	45.00	130.00
1984	DAYDREAMING, 4 IN.	CL	95.00	240.00
1984	DAYDREAMING, 6 IN.	CL	195.00	450.00
1984	FINDING R WAY, 1 1/2 IN.	CL	45.00	140.00
1984	FINDING R WAY, 4 IN.	CL	95.00	250.00
1984	FINDING R WAY, 6 IN.	CL	210.00	500.00
1984	FLOWERS FOR YOU, 1 1/2 IN.	CL	45.00	130.00

YR	NAME	LIMIT	ISSUE	TREND
1984	FLOWERS FOR YOU, 4 IN.	CL	95.00	250.00
1984	FLOWERS FOR YOU, 6 IN.	CL	195.00	450.00
1984	OFF TO SCHOOL, 1 1/2 IN.	CL	45.00	130.00
1984	OFF TO SCHOOL, 11 IN.	750	*	880.00
1984	OFF TO SCHOOL, 20 IN.	100	*	4150.00
1984	OFF TO SCHOOL, 4 IN.	4000	95.00	240.00
1984	OFF TO SCHOOL, 6 IN.	4000	195.00	450.00
1984	SPECIAL DELIVERY, 1 1/2 IN.	CL	45.00	130.00
1984	SPECIAL DELIVERY, 4 IN.	CL	95.00	195.00
1984	SPECIAL DELIVERY, 6 IN.	CL	195.00	335.00
1984	TAG ALONG, 1 1/2 IN.	CL	45.00	135.00
1984	TAG ALONG, 4 IN.	CL	95.00	230.00
1984	TAG ALONG, 6 IN.	CL	195.00	295.00
1984	WAKE UP KISS, 1 1/2 IN.	CL	45.00	555.00
1984	WAKE UP KISS, 4 IN.	CL	95.00	190.00
1984	WATCHFUL EYE, 1 1/2 IN.	CL	45.00	130.00
1984	WATCHFUL EYE, 4 IN.	CL	95.00	240.00
1984	WATCHFUL EYE, 6 IN.	CL	195.00	450.00
1985	A SPECIAL DAY, 4 IN.	CL	95.00	195.00
1985	A SPECIAL DAY, 6 IN.	CL	195.00	330.00
1985	AFTERNOON TEA, 11 IN.	CL	650.00	775.00
1985	AFTERNOON TEA, 20 IN.	CL	3100.00	3525.00
1985	AFTERNOON TEA, 4 IN.	CL	95.00	190.00
1985	AFTERNOON TEA, 6 IN.	CL	195.00	350.00
1985	EVERY GOOD BOY DESERVES FAVOR	4000	95.00	185.00
1985	GIDDYAP!, 4 IN.	CL	95.00	250.00
1985	GIDDYAP!, 6 IN.	CL	195.00	330.00
1985	NIGHTIE NIGHT, 4 IN.	CL	95.00	190.00
1985	NIGHTIE NIGHT, 6 IN.	CL	195.00	330.00
1985	TIS THE SEASON, 4 IN.	CL	95.00	255.00
1985	TIS THE SEASON, 6 IN.	CL	210.00	430.00
1985	YULETIDE CHEER, 4 IN.	CL	95.00	250.00
1985	YULETIDE CHEER, 6 IN.	CL	210.00	440.00
1986	ALWAYS BY MY SIDE, 1 1/2 IN.	CL	45.00	100.00
1986	ALWAYS BY MY SIDE, 4 IN.	CL	95.00	200.00
1986	ALWAYS BY MY SIDE, 6 IN.	CL	195.00	380.00
1986	BUNNY HUG, 1 1/2 IN.	CL	45.00	90.00
1986	BUNNY HUG, 4 IN.	CL	95.00	175.00
1986	BUNNY HUG, 6 IN.	CL	210.00	400.00
1986	FINISHING TOUCH, 1 1/2 IN.	CL	45.00	90.00
1986	FINISHING TOUCH, 4 IN.	CL	95.00	175.00
1986	FINISHING TOUCH, 6 IN.	CL	195.00	315.00
1986	GOOD AS NEW, 1 1/2 IN.	CL	45.00	95.00
1986	GOOD AS NEW, 4 IN.	4000	95.00	290.00
1986	GOOD AS NEW, 6 IN.	4000	195.00	500.00
1986	OUR PUPPY, 1 1/2 IN.	CL	45.00	95.00
1986	OUR PUPPY, 4 IN.	CL	95.00	190.00
1986	OUR PUPPY, 6 IN.	CL	210.00	360.00
1986	SWEET TREAT, 1 1/2 IN.	CL	45.00	90.00
1986	SWEET TREAT, 4 IN.	CL	95.00	175.00
1986	SWEET TREAT, 6 IN.	CL	195.00	315.00
1986	TO LOVE AND CHERISH, 1 1/2 IN.	CL	45.00	90.00
1986	TO LOVE AND CHERISH, 11 IN.	CL	*	670.00
1986	TO LOVE AND CHERISH, 20 IN.	CL	*	3625.00
1986	TO LOVE AND CHERISH, 4 IN.	CL	95.00	175.00
1986	TO LOVE AND CHERISH, 6 IN.	CL	195.00	315.00
1986	WITH THIS RING, 1 1/2 IN.	CL	45.00	90.00
1986	WITH THIS RING, 11 IN.	CL	*	670.00
1986	WITH THIS RING, 20 IN.	CL	*	3625.00
1986	WITH THIS RING, 4 IN.	CL	95.00	175.00
1986	WITH THIS RING, 6 IN.	CL	195.00	315.00
1987	A LOVING SPOONFUL, 1 1/2 IN.	CL	50.00	95.00
1987	A LOVING SPOONFUL, 4 IN.	4000	150.00	295.00
1987	A LOVING SPOONFUL, 6 IN.	4000	295.00	545.00
1987	ALL ABOARD, 1 1/2 IN.	CL	50.00	95.00
1987	ALL ABOARD, 4 IN.	CL	130.00	190.00
1987	ALL ABOARD, 6 IN.	CL	265.00	360.00
1987	ALL MINE, 1 1/2 IN.	CL	50.00	100.00
1987	ALL MINE, 4 IN.	CL	130.00	230.00
1987	ALL MINE, 6 IN.	CL	245.00	470.00
1987	CUDDLES, 1 1/2 IN.	CL	50.00	100.00
1987	CUDDLES, 4 IN.	CL	130.00	230.00
1987	CUDDLES, 6 IN.	CL	245.00	470.00
1987	LET'S PLAY, 1 1/2 IN.	CL	50.00	95.00
1987	LET'S PLAY, 4 IN.	CL	130.00	190.00
1987	LET'S PLAY, 6 IN.	CL	265.00	360.00
1987	LITTLE NANNY, 1 1/2 IN.	CL	50.00	95.00
1987	LITTLE NANNY, 4 IN.	CL	150.00	205.00
1987	LITTLE NANNY, 6 IN.	CL	295.00	405.00
1987	MY LITTLE BROTHER, 1 1/2 IN.	CL	70.00	95.00
1987	MY LITTLE BROTHER, 4 IN.	CL	195.00	230.00
1987	MY LITTLE BROTHER, 6 IN.	CL	375.00	455.00
1988	GINGER SNAP, 1 1/2 IN.	CL	70.00	95.00
1988	GINGER SNAP, 4 IN.	CL	150.00	190.00
1988	GINGER SNAP, 6 IN.	CL	300.00	360.00
1988	HIDDEN TREASURES, 1 1/2 IN.	CL	70.00	95.00
1988	HIDDEN TREASURES, 4 IN.	CL	150.00	190.00
1988	HIDDEN TREASURES, 6 IN.	CL	300.00	360.00
1988	NEW HOME, 1 1/2 IN.	CL	70.00	95.00

YR	NAME	LIMIT	ISSUE	TREND
1988	NEW HOME, 4 IN.	CL	185.00	245.00
1988	NEW HOME, 6 IN.	CL	365.00	515.00
1988	PENNY FOR YOUR THOUGHTS, 1 1/2 IN.	CL	70.00	95.00
1988	PENNY FOR YOUR THOUGHTS, 4 IN.	2000	185.00	265.00
1988	PENNY FOR YOUR THOUGHTS, 6 IN.	CL	365.00	550.00
1988	PURRFECT DAY, 1 1/2 IN.	CL	70.00	95.00
1988	PURRFECT DAY, 4 IN.	CL	184.00	220.00
1988	PURRFECT DAY, 6 IN.	CL	265.00	460.00
1988	SCHOOL MARM 6 IN.	500	398.00	398.00
1989	CHERISH, 1 1/2 IN.	CL	80.00	100.00
1989	CHERISH, 4 IN.	2000	199.00	295.00
1989	CHERISH, 6 IN.	2000	398.00	565.00
1989	FIRST SCHOOL DAY, 1 1/2 IN.	CL	85.00	100.00
1989	FIRST SCHOOL DAY, 4 IN.	2000	290.00	355.00
1989	FIRST SCHOOL DAY, 6 IN.	2000	550.00	640.00
1989	FISHERBOY, 1 1/2 IN.	CL	85.00	100.00
1989	FISHERBOY, 4 IN.	2000	220.00	245.00
1989	FISHERBOY, 6 IN.	CL	440.00	480.00
1989	GARDEN PARTY, 1 1/2 IN.	CL	85.00	100.00
1989	GARDEN PARTY, 4 IN.	2000	220.00	245.00
1989	GARDEN PARTY, 6 IN.	CL	440.00	480.00
1989	HOUSE CALL, 1 1/2 IN.	CL	85.00	100.00
1989	HOUSE CALL, 4 IN.	CL	190.00	200.00
1989	HOUSE CALL, 6 IN.	CL	390.00	395.00
1989	TAKE ME ALONG, 1 1/2 IN.	CL	85.00	100.00
1989	TAKE ME ALONG, 4 IN.	2000	220.00	290.00
1989	TAKE ME ALONG, 6 IN.	1000	440.00	550.00
1989	YEARLY CHECK-UP, 1 1/2 IN.	CL	85.00	100.00
1989	YEARLY CHECK-UP, 4 IN.	CL	190.00	200.00
1989	YEARLY CHECK-UP, 6 IN.	CL	390.00	395.00
1990	BATTER UP, 1 1/2 IN.	CL	90.00	100.00
1990	BATTER UP, 4 IN.	2000	220.00	270.00
1990	BATTER UP, 6 IN.	2000	440.00	510.00
1990	HOLIDAY CHEER, 1 1/2 IN.	CL	90.00	100.00
1990	HOLIDAY CHEER, 4 IN.	2000	225.00	310.00
1990	HOLIDAY CHEER, 6 IN.	1000	450.00	615.00
1990	SEASONS GREETINGS, 1 1/2 IN.	CL	90.00	100.00
1990	SEASONS GREETINGS, 4 IN.	2000	225.00	310.00
1990	SEASONS GREETINGS, 6 IN.	1000	450.00	615.00
1990	SHOOTIN' HOOPS, 1 1/2 IN.	CL	90.00	100.00
1990	SHOOTIN' HOOPS, 4 IN.	2000	220.00	230.00
1990	SHOOTIN' HOOPS, 6 IN.	2000	440.00	455.00
1990	SPRING FEVER, 1 1/2 IN.	CL	90.00	100.00
1990	SPRING FEVER, 4 IN.	2000	225.00	310.00
1990	SPRING FEVER, 6 IN.	2000	450.00	615.00
1990	TENDER LOVING CARE, 1 1/2 IN.	CL	90.00	100.00
1990	TENDER LOVING CARE, 4 IN.	CL	220.00	245.00
1990	TENDER LOVING CARE, 6 IN.	CL	440.00	480.00
1991	DRESS UP, 1 1/2 IN.	3750	110.00	115.00
1991	DRESS UP, 4 IN.	2000	270.00	275.00
1991	DRESS UP, 6 IN.	2000	550.00	540.00
1991	FIGURE EIGHT, 1 1/2 IN.	3750	110.00	115.00
1991	FIGURE EIGHT, 4 IN.	2000	270.00	370.00
1991	FIGURE EIGHT, 6 IN.	2000	550.00	665.00
1991	FORE!!, 1 1/2 IN.	3750	110.00	120.00
1991	FORE!!, 4 IN.	2000	270.00	330.00
1991	FORE!!, 6 IN.	2000	550.00	585.00
1991	SEASON'S JOY, 1 1/2 IN.	3750	110.00	120.00
1991	SEASON'S JOY, 4 IN.	2000	270.00	345.00
1991	SEASON'S JOY, 6 IN.	1000	550.00	700.00
1991	TOUCH DOWN, 1 1/2 IN.	3750	110.00	115.00
1991	TOUCH DOWN, 4 IN.	2000	270.00	300.00
1991	TOUCH DOWN, 6 IN.	2000	550.00	555.00
1991	WINTER SURPRISE, 1 1/2 IN.	3750	110.00	575.00
1991	WINTER SURPRISE, 4 IN.	2000	270.00	275.00
1991	WINTER SURPRISE, 6 IN.	1000	550.00	540.00
1992	FREE SKATING, 1 1/2 IN.	3750	110.00	115.00
1992	FREE SKATING, 4 IN.	1000	310.00	315.00
1992	FREE SKATING, 6 IN.	1000	590.00	625.00
1992	MERRY CHRISTMAS, 1 1/2 IN.	3750	110.00	115.00
1992	MERRY CHRISTMAS, 4 IN.	1000	350.00	355.00
1992	MERRY CHRISTMAS, 6 IN.	1000	580.00	585.00
1992	RAINDROPS, 1 1/2 IN.	3750	110.00	115.00
1992	RAINDROPS, 4 IN.	1000	350.00	355.00
1992	RAINDROPS, 6 IN.	1000	640.00	645.00
1992	TAKE ME ALONG 11 IN.	400	950.00	950.00
1992	TAKE ME ALONG 20 IN.	100	4550.00	4550.00
1992	TULIPS FOR MOTHER, 1 1/2 IN.	3750	110.00	115.00
1992	TULIPS FOR MOTHER, 4 IN.	1000	310.00	315.00
1992	TULIPS FOR MOTHER, 6 IN.	1000	590.00	625.00
1992	WINTER CHEER, 4 IN.	2000	300.00	305.00
1992	WINTER CHEER, 6 IN.	1000	580.00	585.00
1993	INNOCENCE 4 IN.	1000	345.00	300.00
1993	INNOCENCE 6 IN.	1000	630.00	630.00
1993	JOY TO THE WORLD 4 IN.	1000	310.00	300.00
1993	JOY TO THE WORLD 6 IN.	1000	600.00	600.00
1993	MR. SANTA 4 IN.	750	375.00	400.00
1993	MR. SANTA 6 IN.	750	695.00	725.00
1993	MRS. SANTA 4 IN.	750	375.00	400.00

YR	NAME	LIMIT	ISSUE	TREND
1993	MRS. SANTA 6 IN.	750	695.00	725.00
1993	MY FAVORITE DOLL 4 IN.	1000	315.00	315.00
1993	MY FAVORITE DOLL 6 IN.	1000	600.00	600.00
1993	TEN ROSES FOR YOU 4 IN.	1000	290.00	290.00
1993	TEN ROSES FOR YOU 6 IN.	1000	525.00	525.00
1994	BUBBLES & BOWS, 4 IN.	1000	300.00	305.00
1994	BUBBLES & BOWS, 6 IN.	1000	600.00	605.00
1994	CHRISTMAS WONDER, 4 IN.	1000	370.00	375.00
1994	CHRISTMAS WONDER, 6 IN.	1000	700.00	705.00
1994	CLOWNING AROUND, 4 IN.	1000	300.00	305.00
1994	CLOWNING AROUND, 6 IN.	1000	550.00	555.00
1994	JOLLY PAIR, 4 IN.	1000	350.00	355.00
1994	JOLLY PAIR, 6 IN.	1000	650.00	655.00
1994	LITTLE CHIMNEY SWEEP, 4 IN.	1000	300.00	305.00
1994	LITTLE CHIMNEY SWEEP, 6 IN.	1000	600.00	605.00
1998	COFFEE BREAK, 4 IN.	2000	295.00	295.00
1998	COFFEE BREAK, 6 IN.	1000	575.00	575.00
1998	HAVING FUN, 4 IN.	2000	295.00	295.00
1998	HAVING FUN, 6 IN.	1000	575.00	575.00
S. KAY			**SARAH KAY MINI SANTAS**	
1991	JOLLY SANTA, 1 1/2 IN.	CL	110.00	115.00
1991	JOLLY ST. NICK, 1 1/2 IN.	CL	110.00	115.00
1991	KRIS KRINGLE, 1 1/2 IN.	CL	110.00	115.00
1991	SARAH KAY SANTA, 1 1/2 IN.	CL	110.00	115.00
1992	A FRIEND TO ALL 1 1/2 IN.	2500	110.00	110.00
1992	FATHER CHRISTMAS 1 1/2 IN.	2500	110.00	110.00
S. KAY			**SARAH KAY SANTAS**	
1988	JOLLY SANTA, 12 IN.	CL	1300.00	1305.00
1988	JOLLY SANTA, 4 IN.	CL	235.00	325.00
1988	JOLLY SANTA, 6 IN.	CL	480.00	605.00
1988	JOLLY ST. NICK, 4 IN.	CL	199.00	425.00
1988	JOLLY ST. NICK, 6 IN.	CL	398.00	855.00
1989	SANTA, 4 IN.	CL	235.00	355.00
1989	SANTA, 6 IN.	CL	480.00	485.00
1989	SARAH KAY SANTA, 4 IN.	750	275.00	275.00
1989	SARAH KAY SANTA, 6 IN.	750	550.00	550.00
1990	KRIS KRINGLE SANTA, 4 IN.	CL	275.00	355.00
1990	KRIS KRINGLE SANTA, 6 IN.	CL	550.00	555.00
1991	A FRIEND TO ALL, 4 IN.	750	300.00	305.00
1991	A FRIEND TO ALL, 6 IN.	750	590.00	595.00
1992	FATHER CHRISTMAS, 4 IN.	750	350.00	355.00
1992	FATHER CHRISTMAS, 6 IN.	750	590.00	595.00
1995	CHECKING IT TWICE 4 IN.	500	250.00	25.00
1995	CHECKING IT TWICE 6 IN.	250	395.00	395.00
1996	WORKSHOP SANTA 4 IN.	500	295.00	295.00
1996	WORKSHOP SANTA 6 IN.	250	495.00	500.00
S. KAY			**SARAH KAY'S FIRST CHRISTMAS**	
1994	SARAH KAY'S FIRST CHRISTMAS, 4 IN.	500	350.00	355.00
1994	SARAH KAY'S FIRST CHRISTMAS, 6 IN.	250	600.00	605.00
1995	FIRST XMAS STOCKING 4 IN.	500	250.00	250.00
1995	FIRST XMAS STOCKING 6 IN.	250	395.00	395.00
1996	ALL I WANT FOR CHRISTMAS 4 IN.	500	325.00	325.00
1996	ALL I WANT FOR CHRISTMAS 6 IN.	250	550.00	550.00
1997	CHRISTMAS PUPPY 4 IN.	500	375.00	375.00
1997	CHRISTMAS PUPPY 6 IN.	250	625.00	625.00
S. KAY			**SCHOOL DAYS**	
1995	I KNOW, I KNOW 4 IN.	500	250.00	250.00
1995	I KNOW, I KNOW 6 IN.	250	395.00	445.00
1996	HEAD OF THE CLASS 4 IN.	500	295.00	295.00
1996	HEAD OF THE CLASS 6 IN.	250	495.00	495.00
1997	HOMEWORK 4 IN.	500	315.00	315.00
1997	HOMEWORK 6 IN.	250	520.00	520.00
1998	STRAIGHT A'S, 4 IN.	500	375.00	375.00
1998	STRAIGHT A'S, 6 IN.	250	650.00	650.00
S. KAY			**TRIBUTE TO MOTHER**	
1995	MOM'S JOY 5"	RT	298.00	297.50
1996	SWEETS FOR MY SWEET 4 IN.	250	399.00	399.00
1997	STORYTIME 5 1/2 IN.	250	650.00	650.00
1998	DON'T FORGET	250	650.00	650.00

ARDLEIGH-ELLIOTT

L. LIU			**BASKET BOUQUETS**	
1996	MAGNOLIAS MUSIC BOX	*	30.00	30.00
1996	PANSIES MUSIC BOX	*	30.00	30.00
1996	ROSES "MY FAVORITE THINGS" MUSIC BOX	OP	30.00	30.00
D. BROOKS			**HEAVEN'S LITTLE SWEETHEARTS**	
1997	AN ANGEL'S KINDNESS BOX	*	35.00	35.00
1998	AN ANGEL'S CARING	*	35.00	35.00
1998	AN ANGEL'S LOVE	*	35.00	35.00
*		**LEGENDARY LOVE OF SCARLETT AND RHETT**		
1997	I'M GOING TO DANCE AND DANCE MUSICAL FIGURINE	*	40.00	40.00
1997	SAY YOU'RE GOING TO MARRY ME MUSICAL FIGURINE	*	40.00	40.00
1997	WHAT I WANT FOR BONNIE MUSICAL FIGURINE	*	40.00	40.00
L. LIU			**LENA LIU'S FLORAL CAMEOS**	
1997	REMEMBRANCE	*	40.00	40.00
L. LIU			**LENA LIU'S FLORAL GREETINGS**	
1997	CIRCLE OF LOVE MUSIC BOX	*	*	N/A

YR	NAME	LIMIT	ISSUE	TREND
B.P. GUTMANN		**LOVE'S HEAVENLY MESSENGER**		
1997	SWEET SLUMBER	*	35.00	35.00
*		**MAGICAL MOMENTS OF OZ**		
1998	OVER THE RAINBOW	*	50.00	50.00
L. BOGLE		**NATIVE BEAUTY**		
1997	PROMISE, THE, BOX	*	*	N/A
1998	AFTERGLOW	*	35.00	35.00
1998	WHITE FEATHER	*	35.00	35.00
*		**PRINCESS DIANA MUSIC BOX COLLECTION**		
1998	DIANA, A TRUE PRINCESS	*	35.00	35.00
*		**SYMPHONY OF ANGELS MUSIC BOX COLLECTION**		
1998	SERENITY'S SONG	*	30.00	30.00
*		**THE WONDERFUL WIZARD OF OZ**		
1996	WE'RE OFF TO SEE THE WIZARD MUSIC BOX	OP	40.00	40.00

ARMANI

YR	NAME	LIMIT	ISSUE	TREND
G. ARMANI		**ANNUAL MOTHER'S DAY**		
1998	MOTHER'S BOUQUET 799C	YR	175.00	175.00
G. ARMANI		**CAPODIMONTE**		
*	BOY READING/DOG 685C	SU	110.00	300.00
*	GIRL READING/CAT 686C	SU	100.00	300.00
*	SWING 471C (MIC#7471)	RT	275.00	2000.00
1976	COUNTRY GIRL (LITTLE SHEPHERDESS) 3153	RT	48.00	275.00
1977	NAPOLEON 464C	RT	250.00	500.00
1978	ORGAN GRINDER 3323	RT	140.00	350.00
1980	OLD DRUNK (RICHARD'S NIGHT OUT) 3243	RT	130.00	1100.00
1995	YOUNG HEARTS 679C	1500	900.00	900.00
1997	GALLANT APPROACH 146C	750	1250.00	1250.00
1997	VENETIAN NIGHT 125C	975	2000.00	2000.00
1998	SANTA CLAUS 346C	*	400.00	400.00
G. ARMANI		**CLOWNS**		
1984	CLOWN WITH DOG 653E	RT	135.00	170.00
1991	BUST OF CLOWN (FIDDLER CLOWN) 725E	5000	500.00	500.00
G. ARMANI		**COMMEMORATIVE**		
1992	DISCOVERY OF AMERICA-COLUMBUS 867C	RT	400.00	525.00
1993	1993 MOTHER'S DAY PLAQUE 899C	RT	100.00	225.00
1994	1994 MOTHER'S DAY PLAQUE 254C	RT	100.00	225.00
1995	1995 MOTHER'S DAY PLAQUE 538C	RT	125.00	240.00
1996	1996 MOTHER'S DAY PLAQUE 341C	RT	150.00	150.00
1997	1997 MOTHER'S DAY FIGURINE MOTHER'S ANGEL 155C	CL	175.00	175.00
1998	MOTHER'S DAY 799C	CL	175.00	175.00
G. ARMANI		**DISNEYANA**		
1992	CINDERELLA 783C	RT	500.00	4000.00
1993	SNOW WHITE 199C	RT	750.00	1900.00
1994	ARIEL 505C	RT	750.00	2675.00
1995	BEAUTY AND THE BEAST 543C	RT	975.00	1475.00
1996	JASMINE & RAJAH	RT	800.00	1225.00
1997	CINDERELLA & THE PRINCE 107C	RT	825.00	825.00
G. ARMANI		**FIGURINE OF THE YEAR**		
1993	LADY WITH BAG 2149E	RT	350.00	350.00
1996	LADY JANE 390C	RT	200.00	200.00
1997	APRIL 121C	YR	250.00	250.00
1998	VIOLET 756C	YR	250.00	250.00
G. ARMANI		**FLORENCE/DISNEY**		
1995	JIMINY CRICKET SPECIAL BACKSTAMP 379C	RT	300.00	300.00
1996	JIMINY CRICKET 379C	OP	300.00	300.00
1996	PINOCCHIO & FIGARO 464C	OP	500.00	550.00
1996	SLEEPING BEAUTY (BRIAR ROSE) 106C	OP	650.00	650.00
1997	TINKERBELL 108C	OP	425.00	425.00
G. ARMANI		**FLORENTINE GARDENS**		
1992	ABUNDANCE 870C	RT	600.00	900.00
1992	DAWN 874C	RT	500.00	795.00
1992	TWILIGHT 872C	RT	560.00	795.00
1992	VANITY 871C	RT	585.00	1138.00
1993	AURORA-LADY WITH DOVES 884C	7500	370.00	370.00
1993	FREEDOM 906C	RT	850.00	1295.00
1993	LIBERTE 903C	RT	750.00	1050.00
1993	LILACS & ROSES 882C	7500	410.00	410.00
1993	LOVERS 191C	RT	450.00	800.00
1993	WIND SONG 904C	5000	520.00	520.00
1994	AMBROSIA 482C	5000	435.00	435.00
1994	ANGELICA 484C	5000	575.00	575.00
1994	EMBRACE 480C	RT	1450.00	3350.00
1994	SUMMERTIME 485C	5000	650.00	650.00
1995	AQUARIUS 426C	5000	600.00	600.00
1995	GEMINI 427C	5000	600.00	600.00
1995	VIRGO 425C	5000	600.00	600.00
1996	EBONY 372C	5000	550.00	550.00
1997	ARTEMIS 126C	5000	1750.00	1750.00
1997	BACCHUS & ARIANNA 419C	5000	1500.00	1500.00
1997	LEO 149C	5000	650.00	650.00
1997	PISCES 171C	5000	650.00	650.00
1997	TAURUS 170C	5000	650.00	650.00
1998	APHRODITE 230C	3000	1350.00	1350.00
1998	CAPRICORN 699C	5000	*	N/A
1998	FLORA 173C	5000	600.00	600.00
1998	FLORA 173F	*	450.00	450.00
1998	GOLDEN NECTAR 212C	1500	2000.00	2000.00

YR	NAME	LIMIT	ISSUE	TREND
1998	GOLDEN NECTAR 212F	*	1350.00	1350.00
1998	POMONA 174C	5000	550.00	550.00
1998	POMONA 174F	*	400.00	400.00
1998	SAGITTARIUS 698C	5000	*	N/A
G. ARMANI				**FOUR SEASONS**
1990	LADY ON SEASHORE (SUMMER) 540C	OP	440.00	440.00
1990	LADY WITH BICYCLE (SPRING) 539C	OP	550.00	550.00
1990	LADY WITH ICE SKATES (WINTER) 542C	OP	400.00	400.00
1990	LADY WITH UMBRELLA (FALL) 541C	OP	475.00	475.00
1990	SKATING-WINTER 542P	SU	355.00	440.00
1998	AUTUMN WIND 763C	*	400.00	400.00
1998	AUTUMN WIND 763F	*	275.00	275.00
1998	MAY TIME 761C	*	400.00	400.00
1998	MAY TIME 761F	*	275.00	275.00
1998	SUMMER BREEZE 762C	*	400.00	400.00
1998	SUMMER BREEZE 762F	*	265.00	265.00
1998	WINTER CHILL 764C	*	400.00	400.00
1998	WINTER CHILL 764F	*	205.00	205.00
G. ARMANI		**G. ARMANI SOCIETY EVENT**		
1990	PALS (BOY WITH DOG) 409S	RT	200.00	600.00
1992	SPRINGTIME 961C	RT	250.00	500.00
1993	LOVING ARMS 880E	RT	250.00	510.00
1994	DAISY 202E	RT	250.00	450.00
1995	IRIS 628E	RT	250.00	413.00
1996	ROSE 678C	RT	250.00	375.00
1997	MARIANNE 135C	YR	275.00	275.00
1998	VICTORIA 525C	YR	275.00	275.00
G. ARMANI		**G. ARMANI SOCIETY MEMBERS ONLY FIGURINES**		
1990	AWAKENING 591C	RT	138.00	1500.00
1990	MY FINE FEATHERED FRIENDS 122S	RT	175.00	550.00
1991	PEACE & HARMONY 824C	RT	300.00	425.00
1991	RUFFLES 745E	RT	139.00	725.00
1992	ASCENT 866C	RT	195.00	688.00
1992	JULIE 293P	RT	90.00	225.00
1992	JULIETTE 294P	RT	90.00	280.00
1993	LADY ROSE 197C	RT	125.00	350.00
1993	VENUS 881E	RT	225.00	550.00
1994	AQUARIUS 248C	RT	125.00	350.00
1994	FLORA 212C	RT	225.00	425.00
1994	HARLEQUIN 490C	RT	300.00	500.00
1995	MELODY 656C	RT	250.00	375.00
1995	SCARLETTE 698C	RT	200.00	360.00
1996	ALLEGRA 345C	RT	250.00	338.00
1996	ARIANNA 400C	RT	125.00	175.00
1997	IT'S MINE 136C	YR	200.00	200.00
1997	SABRINA 110C	YR	275.00	275.00
1998	BETH-BONUS 519C	YR	115.00	115.00
1998	LUCIA-REDEMPTION 755C	YR	325.00	325.00
G. ARMANI		**G. ARMANI SOCIETY MEMBERSHIP GIFTS**		
1993	PETITE MATERNITY 939F	CL	*	100.00
1994	LADY WITH DOGS 245F	CL	*	85.00
1995	LADY WITH DOVES 546F	CL	*	85.00
1996	PERFECT MATCH 358F	CL	*	60.00
1997	QUIET PLEASE 446F	CL	*	50.00
1998	PUPPY LOVE 114F	CL	*	50.00
G. ARMANI			**GALLERIA COLLECTION**	
1993	LEDA AND THE SWAN 1012T	RT	550.00	595.00
1993	LEDA AND THE SWAN 1012T (USA)	RT	550.00	550.00
1993	SEA WAVE 1006T	RT	500.00	500.00
1993	SEA WAVE 1006T (SIGNED)	RT	500.00	750.00
1993	SPRING HERALD 1009T	RT	500.00	595.00
1993	SPRING HERALD 1009T (SIGNED)	RT	500.00	750.00
1993	SPRING WATER 1007T	RT	500.00	595.00
1993	SPRING WATER 1007T (SIGNED)	RT	500.00	750.00
1993	ZEPHYR 1010T	RT	500.00	595.00
1993	ZEPHYR 1010T (SIGNED)	RT	500.00	750.00
1995	GRACE 1029T	1000	465.00	465.00
1995	JOY 1028T	1000	465.00	465.00
1995	PEARL 1019T	1000	550.00	550.00
1996	EROS 406T	1500	750.00	750.00
G. ARMANI				**GOLDEN AGE**
1996	FRAGRANCE 340C	3000	500.00	500.00
1996	PROMENADE 339C	3000	600.00	600.00
1996	SOIREE 338C	3000	600.00	600.00
1996	SPRING MORNING 337C	RT	600.00	650.00
1997	MORNING RIDE 147C	5000	770.00	770.00
1998	LACEY 645C	3000	700.00	700.00
1998	REVERIE 646C	3000	600.00	600.00
G. ARMANI			**GULLIVER'S WORLD**	
1981	BOY WITH PISTOL 191T	RT	45.00	550.00
1994	BARREL 659T	1000	225.00	300.00
1994	COWBOY 657T	RT	125.00	225.00
1994	GETTING CLEAN 661T	RT	175.00	175.00
1994	RAY OF MOON 658T	RT	100.00	100.00
1994	SERENADE 660T	RT	200.00	235.00
G. ARMANI				**IMPRESSIONS**
1990	BITTERSWEET 528C	RT	400.00	430.00
1990	BITTERSWEET 528P	RT	275.00	600.00

YR	NAME	LIMIT	ISSUE	TREND
1990	MASQUERADE 527C	RT	400.00	430.00
1990	MASQUERADE 527P	RT	300.00	600.00
1990	MYSTERY 523C	RT	370.00	490.00
1990	TEMPTATION 522C	RT	400.00	490.00
G. ARMANI				**LAMP**
*	MORNING ROSE 193EL	SU	600.00	895.00
G. ARMANI				**MASTERWORKS**
1995	AURORA 680C	RT	3500.00	5000.00
1998	CIRCLE OF JOY 760C	1500	2750.00	2750.00
G. ARMANI			**MOONLIGHT MASQUERADE**	
1990	QUEEN OF HEARTS 744C	RT	450.00	450.00
1991	LADY CLOWN WITH CANE 742C	RT	390.00	390.00
1991	LADY CLOWN WITH PUPPET 743C	RT	410.00	410.00
1991	LADY HARLEQUIN 740C	RT	450.00	450.00
1991	LADY PIERROT 741C	RT	390.00	390.00
G. ARMANI				**MY FAIR LADIES**
*	NELLIE 196C	5000	335.00	335.00
1987	LADY WITH PEACOCK 385C	RT	380.00	3200.00
1987	LADY WITH PEACOCK 385F	RT	230.00	1500.00
1987	LADY WITH PEACOCK 385P	RT	300.00	1000.00
1988	FLAMENCO DANCER 389C	RT	400.00	600.00
1988	LADY WITH BOOK 384C	RT	300.00	500.00
1988	LADY WITH FAN 387C	RT	300.00	450.00
1988	LADY WITH GREAT DANE 429C	RT	385.00	1125.00
1988	LADY WITH MIRROR 386C	RT	300.00	1900.00
1988	LADY WITH MUFF 388C	5000	250.00	350.00
1989	LADY WITH PARROT 616C	RT	460.00	1275.00
1989	TWO CAN-CAN DANCERS 516C	RT	880.00	2100.00
1990	CAN CAN DANCER 589P	RT	460.00	500.00
1993	ELEGANCE 195C	5000	525.00	650.00
1993	FASCINATION 192C	5000	500.00	600.00
1993	LADY WITH UMBRELLA 196C	5000	370.00	450.00
1993	MAHOGANY 194C	RT	500.00	1675.00
1993	MORNING ROSE 193C	5000	450.00	500.00
1995	AT EASE 634C	5000	650.00	690.00
1995	ISADORA 633C	5000	920.00	1000.00
1996	GEORGIA 414C	5000	550.00	600.00
1996	GRACE 383C	5000	475.00	500.00
1996	IN LOVE 382C	5000	450.00	500.00
1996	LARA 415C	5000	450.00	500.00
1997	GARDEN DELIGHT 157C	3000	1000.00	1000.00
1997	SWANS LAKE 158C	3000	900.00	900.00
1998	BRIEF ENCOUNTER 167C	5000	400.00	400.00
1998	BRIEF ENCOUNTER 167F	5000	230.00	230.00
1998	CARMEN 520C	*	225.00	225.00
1998	CARMEN 520F	*	155.00	155.00
1998	CHARM 197C	3000	850.00	850.00
1998	CHARM 197F	3000	500.00	500.00
1998	HOLLY 191C	*	300.00	300.00
1998	HOLLY 191F	*	170.00	170.00
1998	IN THE MOOD 164C	5000	400.00	400.00
1998	IN THE MOOD 164F	5000	265.00	265.00
1998	MOONLIGHT 151C	1500	*	N/A
1998	MYSTICAL FOUNTAIN 159C	3000	900.00	900.00
1998	MYSTICAL FOUNTAIN 159F	3000	630.00	630.00
1998	OPAL 758C	5000	450.00	450.00
1998	OPAL 758F	5000	315.00	315.00
1998	STARLIGHT 150C	1500	1250.00	1250.00
G. ARMANI			**PEARLS OF THE ORIENT**	
1990	ORIENTAL LADY WITH FAN 610C	RT	500.00	750.00
1990	ORIENTAL LADY WITH IRIS 613C	RT	475.00	475.00
1990	ORIENTAL LADY WITH PARROT 611C	RT	500.00	500.00
1990	ORIENTAL LADY WITH SUNSHADE 612C	RT	550.00	750.00
G. ARMANI			**PREMIERE BALLERINAS**	
1989	BALLERINA 508C	RT	470.00	530.00
1989	BALLERINA WITH DRAPE 504C	RT	500.00	1200.00
1989	FLYING BALLERINA 503C	RT	440.00	1400.00
1989	FLYING BALLERINAS 518C	RT	780.00	880.00
1989	KNEELING BALLERINA 517C	RT	340.00	415.00
1989	TWO DANCERS 515C	RT	670.00	775.00
1991	DANCER WITH PEACOCK 727C	RT	460.00	460.00
G. ARMANI				**RELIGIOUS**
1983	CHOIR BOYS 900	RT	400.00	550.00
1987	CRUCIFIX 1158C	RT	155.00	160.00
1987	CRUCIFIX 790C	15000	160.00	250.00
1991	CRUCIFIX PLAQUE 711C	RT	265.00	285.00
1993	CRUCIFIX 786C	7500	285.00	285.00
1994	ASSUMPTION, THE 697C	5000	650.00	700.00
1994	CHRIST CHILD (NATIVITY) 1020C	1000	175.00	200.00
1994	DONKEY (NATIVITY) 1027C	1000	185.00	200.00
1994	LA PIETA 802C	5000	950.00	1050.00
1994	MADONNA (NATIVITY) 1022C	1000	365.00	400.00
1994	MAGI KING-GOLD (NATIVITY) 1023C	1000	600.00	600.00
1994	MAGI KING-INCENSE (NATIVITY) 1024C	1000	600.00	600.00
1994	MAGI KING-MYRRH (NATIVITY)	1000	450.00	450.00
1994	OX (NATIVITY) 1026C	1000	300.00	300.00
1994	RENAISSANCE CRUCIFIX 1017T	5000	265.00	265.00
1994	ST. JOSEPH (NATIVITY) 1021C	1000	500.00	500.00

YR	NAME	LIMIT	ISSUE	TREND
1995	CRUCIFIXION, THE 780C	5000	500.00	500.00
1995	HOLY FAMILY 788C	5000	1000.00	1000.00
1995	MOSES 606C	RT	365.00	400.00
G. ARMANI				**SEASONS**
1998	AUTUMN'S BREEZE 319C	*	300.00	300.00
1998	AUTUMN'S BREEZE 319F	*	175.00	175.00
1998	FALLING LEAVES 234C	*	400.00	400.00
1998	FALLING LEAVES 234F	*	300.00	300.00
1998	LOVE IN BLOOM 232C	*	400.00	400.00
1998	LOVE IN BLOOM 232F	*	325.00	325.00
1998	SNOWFLAKES 235C	*	400.00	400.00
1998	SNOWFLAKES 235F	*	300.00	300.00
1998	SPRING TIME 317C	*	300.00	300.00
1998	SPRING TIME 317F	*	200.00	200.00
1998	SUMMER MELODY 318C	*	300.00	300.00
1998	SUMMER MELODY 318F	*	195.00	195.00
1998	SUNSHINE 233C	*	400.00	400.00
1998	SUNSHINE 233F	*	400.00	300.00
1998	WINTER FUN 320C	*	300.00	300.00
1998	WINTER FUN 320F	*	185.00	185.00
G. ARMANI				**SIENA COLLECTION**
1993	BACK FROM THE FIELDS 1002T	RT	400.00	500.00
1993	ENCOUNTERING 1003T	RT	350.00	650.00
1993	FRESH FRUITS 1001T	RT	155.00	400.00
1993	HAPPY FIDDLER 1005T	RT	225.00	295.00
1993	MOTHER'S HAND 1008T	2500	250.00	285.00
1993	SOFT KISS 1000T	RT	155.00	350.00
1993	SOUND THE TRUMPET 1004T	RT	225.00	275.00
1994	COUNTRY BOY WITH MUSHROOMS 1014T	2500	135.00	135.00
G. ARMANI				**SPECIAL EVENTS**
1984	BRIDE AND GROOM 641C	RT	125.00	600.00
1988	MATERNITY (MOTHER & CHILD) 405C	RT	415.00	425.00
1991	KISS, THE 815C	7500	500.00	500.00
1991	OVER THE THRESHOLD 813C	7500	400.00	400.00
1991	WEDDING CYCLE 814C	7500	600.00	650.00
1991	WEDDING ON WHEELS 827C	RT	1000.00	2000.00
1993	WEDDING COACH 902C	2500	1000.00	1000.00
1994	BLACK MATERNITY 502C	3000	500.00	600.00
1994	PERFECT LOVE 652C	3000	1200.00	1200.00
1994	WEDDING WALTZ (BLACK) 501C	3000	750.00	850.00
1994	WEDDING WALTZ (WHITE) 493C	3000	750.00	850.00
1995	TENDERNESS 418C	5000	950.00	950.00
1995	TOMORROW'S DREAMS 336C	5000	700.00	700.00
G. ARMANI				**SPECIAL RELEASES**
1989	EVE 590T	RT	250.00	725.00
1992	GIRL IN CAR 861C	RT	900.00	1250.00
1992	LADY WITH DOVE (DOVE DANCER) 858E	RT	320.00	320.00
1992	OLD COUPLE IN CAR 862C	RT	1000.00	1000.00
1993	DOCTOR IN CAR 848C	RT	800.00	825.00
G. ARMANI				**SPECIAL TIMES**
1982	CARD PLAYERS-CHEATERS 3280	OP	400.00	850.00
1982	GIRL WITH CHICKS 5122	RT	95.00	495.00
1982	GIRL WITH SHEEP DOG 5117	OP	100.00	180.00
1982	KISSING KIDS 5138	OP	125.00	225.00
1982	SLEDDING 5111	OP	115.00	200.00
1982	SOCCER BOY 5199	OP	75.00	150.00
G. ARMANI				**VALENTINE**
1983	HOOPLA 107E	RT	190.00	200.00
1983	SOCCER BOY 109C	RT	80.00	325.00
G. ARMANI				**VANITY FAIR**
*	BEAUTY AT THE BATH 852C	RT	330.00	400.00
1992	BEAUTY AT THE MIRROR 850P	RT	300.00	300.00
1992	BEAUTY WITH PERFUME 853P	RT	330.00	370.00
G. ARMANI				**VIA VENETO**
1994	ALESSANDRA 648C	5000	355.00	400.00
1994	MARINA 649C	5000	450.00	500.00
1994	NICOLE 651C	5000	500.00	600.00
1994	VALENTINA 647C	5000	400.00	400.00
1997	BLACK ORCHID 444C	5000	1100.00	1100.00
1997	SUMMER STROLL 431C	5000	650.00	650.00
1997	TIGER LILY 244C	5000	1200.00	1200.00
1997	WHITNEY 432C	5000	750.00	750.00
1998	CUDDLE UP 322C	3000	475.00	475.00
1998	FREE SPIRIT 321C	3000	825.00	825.00
1998	POETRY 231C	5000	600.00	600.00
1998	POETRY 231F	*	400.00	400.00
1998	ROMAN HOLIDAY 271C	3000	1500.00	1500.00
1998	ROMAN HOLIDAY 271F	*	900.00	900.00
G. ARMANI				**WEDDING**
1984	WEDDING 5132	OP	175.00	225.00
1989	BRIDE AND GROOM 475P	OP	280.00	295.00
1989	WEDDING 407C	OP	535.00	575.00
G. ARMANI				**WILDLIFE**
1982	SNOW BIRD 5548	OP	100.00	100.00
1983	EAGLE BIRD OF PREY 3213	OP	210.00	210.00
1983	ROYAL EAGLE WITH BABIES 3553	OP	215.00	215.00
1989	BIRD OF PARADISE 454S	5000	475.00	530.00
1989	PEACOCK 455S	5000	600.00	700.00

YR	NAME	LIMIT	ISSUE	TREND
1989	PEACOCK 458S	5000	630.00	700.00
1990	FLYING EAGLE 970S	RT	620.00	950.00
1990	THREE DOVES 996S	5000	690.00	740.00
1991	BIRD OF PARADISE 718S	RT	500.00	500.00
1991	FLAMINGO 713S	5000	430.00	430.00
1991	FLYING DUCK 839S	3000	470.00	500.00
1991	GREAT ARGUS PHEASANT 717S	RT	625.00	625.00
1991	HUMMINGBIRD 719C	RT	300.00	400.00
1991	LARGE OWL 842S	5000	520.00	550.00
1991	SWAN 714S	5000	550.00	600.00
1993	GALLOPING HORSE 905S	7500	465.00	500.00
1993	RAMPANT HORSE 907S	7500	550.00	600.00
1993	RUNNING HORSE 909S	7500	515.00	540.00
1993	VASE WITH DOVES 204S	RT	375.00	500.00
1993	VASE WITH PARROT 736S	RT	460.00	560.00
1993	VASE WITH PEACOCK 735S	3000	450.00	500.00
1994	ELEGANCE IN NATURE (HERONS) 226S	3000	1000.00	1100.00
1994	FALCONER 224S	3000	1000.00	1100.00
1994	RUNNING FREE 972S	3000	850.00	900.00
1995	COMPANIONS 302S	3000	900.00	925.00
1995	FEED US! 305S	1500	950.00	950.00
1995	HUNT (FALCON) 290S	3000	850.00	900.00
1995	LONE WOLF 285S	3000	550.00	550.00
1995	MIDNIGHT 284S	3000	600.00	625.00
1995	NIGHT VIGIL 306S	3000	650.00	800.00
1995	NOCTURNE 976C	1500	1000.00	1000.00
1995	PROUD WATCH 278S	1500	700.00	725.00
1995	SILENT WATCH 291S	1500	700.00	725.00
1995	VANTAGE POINT 270S	3000	600.00	625.00
1995	WILD HEARTS 282S	3000	2000.00	2000.00
1995	WISDOM 281S	3000	1250.00	1250.00
1997	ALERT (IRISH SETTERS) 550S	975	900.00	900.00
1997	COLLIE 304S	975	500.00	500.00
1997	DALMATIAN 552S	975	600.00	600.00
1997	EARLY DAYS (DEER) 557S	975	1200.00	1200.00
1997	FIRST DAYS (MARE & FOAL) 564S	1500	800.00	800.00
1997	MONARCH (STAG) 555S	1500	1200.00	1200.00
1997	MOTHER'S TOUCH (ELEPHANTS) 579S	3000	700.00	700.00
1997	NATURE'S COLORS (PHEASANT) 582S	1500	1350.00	1350.00
1997	NATURE'S DANCE (HERONS) 576S	750	1750.00	1750.00
1997	PLEASE PLAY (COCKER SPANIELS) 312S	975	600.00	600.00
1997	POINTER 554S	975	700.00	700.00
1997	ROYAL COUPLE (AFGHAN HOUNDS) 310S	975	850.00	850.00
1997	SHEPHERD 307S	975	450.00	450.00
1997	SKY WATCH (FLYING EAGLE) 559S	3000	1200.00	1200.00
1997	STANDING TALL (HERON) 577S	1500	800.00	800.00
1997	TRUMPETING (ELEPHANT) 578S	3000	850.00	850.00
1998	BACK TO THE BARN 591S	3000	*	N/A
1998	BASKET OF FUN 729S	*	265.00	265.00
1998	BONDING 744S	3000	450.00	450.00
1998	BRILLIANCE 586S	1500	850.00	850.00
1998	CRYSTAL MORNING 597S	1500	900.00	900.00
1998	DANGEROUS GAME 740S	*	185.00	185.00
1998	DESCENT 604S	3000	500.00	500.00
1998	EARLY ARRIVALS 593S	1500	*	N/A
1998	EASY LIFE 730S	*	160.00	160.00
1998	EVER WATCHFUL 602S	3000	*	N/A
1998	GARDEN DELIGHT 734S	1500	500.00	500.00
1998	MOON FLIGHT 603S	3000	*	N/A
1998	MORNING CALL 742S	3000	465.00	465.00
1998	MORNING MIST 737S	3000	335.00	335.00
1998	MOTHER'S CARE 587S	*	400.00	400.00
1998	ODD FELLOWS 728S	*	200.00	200.00
1998	ON GUARD 605S	3000	475.00	475.00
1998	ON WATCH 589S	3000	*	N/A
1998	PEACOCK'S PRIDE 733S	1500	*	N/A
1998	PLAY MATES 741S	*	265.00	265.00
1998	SILENT FLIGHT 592S	3000	*	N/A
1998	SOUND OF AFRICA 743S	*	250.00	250.00
1998	SPRING ORCHESTRA 584S	975	*	N/A
1998	STALLIONS 572S	1500	1100.00	1100.00
1998	SUMMER SONG 585S	1500	*	N/A
1998	TROPICAL GOSSIP 726S	3000	*	N/A
1998	TROPICAL SPLENDOR 288S	1500	1750.00	1750.00
1998	WILD COLOURS 727S	3000	450.00	450.00
1998	WINTER'S END 583S	1500	900.00	900.00
1998	YORKIES 731S	*	170.00	170.00

ARMSTRONG'S

L. DE WINNE		CERAMIC PLAQUE	
1988	KATRINA	500	195.00	195.00

A. D'ESTREHAN		CERAMIC PLAQUE	
1985	FLAMBOROUGH HEAD	500	195.00	195.00
1985	FLAMBOROUGH HEAD (ARTIST'S PROOF)	50	295.00	295.00

M. PAREDES		CERAMIC PLAQUE	
1985	MOTHER'S PRIDE	400	195.00	195.00
1985	MOTHER'S PRIDE (ARTIST'S PROOF)	50	295.00	295.00
1985	STAMP COLLECTOR, THE	400	195.00	195.00
1985	STAMP COLLECTOR, THE- (ARTIST'S PROOF)	50	295.00	295.00

YR	NAME	LIMIT	ISSUE	TREND
W. LANTZ				**HAPPY ART**
1982	WOODY'S TRIPLE SELF-PORTRAIT	5000	95.00	300.00
*		**PRO AUTOGRAPHED CERAMIC BASEBALL CARD PLAQUE**		
1985	BRETT, GARVEY, JACKSON, ROSE, SEAVER,	1000	150.00	150.00
*		**PRO CLASSIC CERAMIC BASEBALL CARD PLAQUES**		
1985	GEORGE BRETT, 2 1/2 X 3 1/2 IN.	OP	10.00	10.00
1985	PETE ROSE, 2 1/2 X 3 1/2 IN.	OP	10.00	10.00
1985	REGGIE JACKSON, 2 1/2 X 3 1/2 IN.	OP	10.00	10.00
1985	STEVE GARVEY, 2 1/2 X 3 1/2 IN.	OP	10.00	10.00
1985	TOM SEAVER, 2 1/2 X 3 1/2 IN.	OP	10.00	10.00
R. LEE/ R. SKELTON				**RED SKELTON COLLECTION**
1984	CAPTAIN FREDDIE	7500	85.00	400.00
1984	FREDDIE THE TORCHBEARER	7500	110.00	400.00
R. SKELTON				**RED SKELTON COLLECTION**
1981	CLEM KADIDDLEHOPPER	RT	75.00	150.00
1981	FREDDIE IN THE BATHTUB	7500	80.00	80.00
1981	FREDDIE IN THE GREEN	7500	80.00	100.00
1981	FREDDIE THE FREELOADER	RT	70.00	175.00
1981	JR. THE MEAN WIDDLE KID	RT	75.00	150.00
1981	SAN FERNANDO RED	RT	75.00	150.00
1981	SHERIFF DEADEYE	RT	75.00	150.00

ARTAFFECTS

YR	NAME	LIMIT	ISSUE	TREND
G. PERILLO				**CHIEFTAINS**
1983	CRAZY HORSE	5000	65.00	200.00
1983	GERONIMO	5000	65.00	140.00
1983	JOSEPH	5000	65.00	250.00
1983	RED CLOUD	5000	65.00	275.00
1983	SITTING BULL	5000	65.00	500.00
G. PERILLO				**CHILD LIFE**
1983	SIESTA	2500	65.00	75.00
1983	SWEET DREAMS	1500	65.00	N/A
A. TOBEY				**CHRISTIAN COLLECTION**
1987	BRING TO ME THE CHILDREN	OP	65.00	100.00
1988	HEALER, THE	OP	65.00	65.00
G. PERILLO				**GREAT CHIEFTAINS**
1991	CHIEF JOSEPH	5000	195.00	195.00
1991	COCHISE	5000	195.00	195.00
1991	CRAZY HORSE (CLUB PIECE)	CL	195.00	240.00
1991	GERONIMO	5000	195.00	195.00
1991	RED CLOUD	5000	195.00	195.00
1991	SITTING BULL	5000	195.00	195.00
*				**HEAVENLY BLESSINGS**
1985	BEDDY BYE	OP	15.00	19.00
1985	BUBBLES	OP	15.00	19.00
1985	DAY DREAMS	OP	15.00	19.00
1985	FIRST STEP	OP	15.00	19.00
1985	HAPPY BIRTHDAY	OP	15.00	19.00
1985	HEAVEN SCENT	OP	15.00	19.00
1985	JUST UP	OP	15.00	19.00
1985	LISTEN!	OP	15.00	19.00
1985	RACE YOU!	OP	15.00	19.00
1985	SEE!	OP	15.00	19.00
1985	SO SOFT	OP	15.00	19.00
1985	YUM, YUM!	OP	15.00	19.00
G. PERILLO				**LITTLE INDIANS**
1982	BLUE SPRUCE	10000	50.00	75.00
1982	TENDER LOVE	10000	65.00	39.00
1982	WHITE RABBIT	10000	50.00	39.00
G. PERILLO				**MUSICAL FIGURINES**
1989	A BOY'S PRAYER	*	45.00	65.00
1989	A GIRL'S PRAYER	*	45.00	65.00
R. SAUBER				**MUSICAL FIGURINES**
1984	WEDDING, THE	OP	65.00	70.00
1986	ANNIVERSARY, THE	OP	65.00	70.00
1987	FATHERHOOD	OP	65.00	70.00
1987	HOME SWEET HOME	OP	65.00	70.00
1987	MOTHERHOOD	OP	65.00	70.00
1987	NEWBORN	OP	65.00	70.00
1987	SWEET SIXTEEN	OP	65.00	70.00
G. PERILLO				**PERILLO COLLECTOR CLUB PIECE**
1983	APACHE BRAVE	CL	50.00	145.00
G. PERILLO				**PRIDE OF AMERICA'S INDIANS**
1988	BRAVE AND FREE	10-DAY	50.00	145.00
1989	DARK EYED FRIENDS	10-DAY	45.00	75.00
1989	KINDRED SPIRITS	10-DAY	45.00	50.00
1989	LOYAL ALLIANCE	10-DAY	45.00	75.00
1989	NOBLE COMPANIONS	10-DAY	45.00	50.00
1989	PEACEFUL COMRADES	10-DAY	45.00	50.00
1989	SMALL & WISE	10-DAY	45.00	50.00
1989	WINTER SCOUTS	10-DAY	45.00	50.00
G. PERILLO				**PROFESSIONALS**
1980	BALLERINA'S DILEMMA	10000	65.00	75.00
1980	BIG LEAGUER, THE	10000	65.00	150.00
1981	QUARTERBACK, THE	10000	65.00	91.00
1982	MAJOR LEAGUER	10000	65.00	98.00
1982	RODEO JOE	10000	65.00	39.00
1983	HOCKEY PLAYER	10000	65.00	125.00

YR	NAME	LIMIT	ISSUE	TREND
MAGO			**REFLECTIONS OF YOUTH**	
1988	JULIA	*	30.00	70.00
1989	JESSICA	14-DAY	30.00	60.00
1989	SEBASTIAN	14-DAY	30.00	40.00
G. PERILLO			**SAGEBRUSH KIDS**	
1985	BLUE BIRD	OP	20.00	25.00
1985	BOOTS	OP	20.00	25.00
1985	DRESSING UP	OP	20.00	25.00
1985	FAVORITE KACHINA	OP	20.00	25.00
1985	HAIL TO THE CHIEF	OP	20.00	25.00
1985	MESSAGE OF JOY	OP	20.00	25.00
1985	OUCH!	CL	20.00	25.00
1985	ROOM FOR TWO?	OP	20.00	25.00
1985	STAY AWHILE	OP	20.00	25.00
1985	TAKE ONE	CL	20.00	25.00
1986	COUNTRY MUSIC	OP	20.00	25.00
1986	DEPUTIES	OP	20.00	25.00
1986	FINISHING TOUCHES	OP	20.00	25.00
1986	HIDING PLACE, THE	OP	20.00	25.00
1986	LONG WAIT, THE	OP	20.00	25.00
1986	PRACTICE MAKES PERFECT	OP	20.00	25.00
1986	PRAIRIE PLAYERS	OP	20.00	25.00
1986	WESTWARD HO!	OP	20.00	25.00
1987	JUST PICKED	OP	20.00	25.00
1987	MY PAPOOSE	OP	20.00	25.00
1987	PLAYING HOUSE	OP	20.00	25.00
1987	ROW, ROW	OP	20.00	25.00
1987	SMALL TALK	OP	20.00	25.00
1987	WAGON TRAIN	OP	20.00	25.00
1989	HARMONY	OP	38.00	38.00
1989	MELODY	OP	38.00	38.00
1989	SANTA'S LULLABY	OP	45.00	45.00
1990	EASTER OFFERING	OP	28.00	28.00
1990	HOW DO I LOVE THEE?	OP	38.00	38.00
1990	JUST MARRIED	OP	45.00	45.00
1991	BABY BRONC	OP	28.00	28.00
1991	HEAVENLY PROTECTOR	OP	75.00	75.00
1991	JUST BAKED	OP	28.00	28.00
1991	LITTLE WARRIORS	OP	28.00	28.00
1991	LOVIN' SPOONFUL	OP	28.00	28.00
1991	OUT OF THE RAIN (UMBRELLA GIRL)	OP	95.00	95.00
1991	SAFE AND DRY (UMBRELLA BOY)	OP	95.00	95.00
1991	TEDDY TOO?	OP	28.00	28.00
1991	TOY TOTEM	OP	28.00	28.00
G. PERILLO			**SAGEBRUSH KIDS BANKS**	
1990	BUCKAROO BANK	OP	40.00	40.00
1990	PERILLO'S PIGGY BANK	OP	40.00	40.00
1990	WAMPUM WIG-WAM BANK	OP	40.00	40.00
G. PERILLO		**SAGEBRUSH KIDS CHRISTMAS CARAVAN**		
1987	COMPLETE SET	OP	165.00	255.00
1987	GOLD, FRANKINCENSE & PRESENTS	OP	35.00	35.00
1987	LEADING THE WAY	OP	90.00	120.00
1987	SINGING PRAISES	OP	45.00	50.00
1987	SLEEPY SENTINELS	OP	45.00	50.00
G. PERILLO			**SAGEBRUSH KIDS NATIVITY**	
1986	4 PIECE SET	OP	50.00	65.00
1986	BACKDROP DOVE	OP	18.00	22.00
1986	BACKDROP POTTERY	OP	18.00	22.00
1986	CHRIST CHILD	OP	12.00	14.00
1986	COW	OP	12.00	14.00
1986	DONKEY	OP	8.00	10.00
1986	GOAT	OP	18.00	19.50
1986	JOSEPH	OP	18.00	23.00
1986	KING WITH CORN	OP	18.00	23.00
1986	KING WITH JEWELRY	OP	18.00	23.00
1986	KING WITH POTTERY	OP	6.00	8.00
1986	LAMB	OP	18.00	19.50
1986	MARY	OP	18.00	23.00
1986	SHEPHERD KNEELING	OP	18.00	23.00
1986	SHEPHERD WITH LAMB	OP	18.00	23.00
1986	TEE PEE	OP	18.00	18.00
1989	BUFFALO	OP	25.00	25.00
1989	CACTUS	OP	15.00	16.00
1989	PIG	OP	12.00	13.00
1989	RACCOON	OP		
G. PERILLO			**SAGEBRUSH KIDS WEDDING PARTY**	
1990	BRIDE	OP	25.00	25.00
1990	CHIEF	OP	25.00	25.00
1990	DONKEY	OP	23.00	23.00
1990	FLOWER GIRL	OP	23.00	23.00
1990	GROOM	OP	25.00	25.00
1990	RING BEARER	OP	23.00	23.00
1990	WEDDING BACKDROP	OP	28.00	28.00
1990	WEDDING PARTY OF 7	OP	165.00	165.00
G. PERILLO		**SAGEBRUSH KIDS-FLIGHT INTO EGYPT**		
1990	MARY W/BABY, JOSEPH & DONKEY (3 PC SET)	OP	65.00	65.00
G. PERILLO		**SAGEBRUSH KIDS-SPECIAL ISSUE**		
1991	ONE NATION UNDER GOD	5000	195.00	195.00

YR	NAME	LIMIT	ISSUE	TREND
C. ROEDA			**SIMPLE WONDERS**	
1991	BABY JESUS	*	35.00	35.00
1991	BABY JESUS (BLACK)	*	35.00	35.00
1991	BRIDE	*	55.00	55.00
1991	FOREVER FRIENDS	*	40.00	40.00
1991	GROOM	*	45.00	45.00
1991	I LOVE EWE	*	38.00	38.00
1991	JOSEPH	*	45.00	45.00
1991	JOSEPH (BLACK)	*	45.00	45.00
1991	LIGHTING THE WAY	*	40.00	40.00
1991	LITTLEST ANGEL, THE	*	30.00	30.00
1991	LITTLEST ANGEL, THE (BLACK)	*	30.00	30.00
1991	MADE WITH LOVE	*	50.00	50.00
1991	MARY	*	40.00	40.00
1991	MARY (BLACK)	*	40.00	40.00
1991	MOMMY'S BEST	*	50.00	50.00
1991	OFF TO SCHOOL	*	50.00	50.00
1991	PLAYING HOOKEY	*	50.00	50.00
1991	SHEEP DOG	*	15.00	16.00
1991	SONG OF JOY	*	40.00	40.00
1991	STAR LIGHT STAR BRIGHT	*	35.00	35.00
1992	A PERFECT FIT	*	45.00	45.00
1992	CATCH THE SPIRIT (WISECHILD)	*	35.00	35.00
1992	FALLEN ANGEL	*	35.00	35.00
1992	FOLLOWING THE STAR (WISECHILD)	*	45.00	45.00
1992	LIL' DUMPLIN	*	25.00	25.00
1992	LIL' DUMPLIN (BLACK)	*	25.00	25.00
1992	LITTLE BIG SHOT	*	35.00	35.00
1992	POCKETFUL OF LOVE	*	35.00	35.00
1992	POCKETFUL OF LOVE (BLACK)	*	35.00	35.00
1992	RAINBOW PATROL	*	40.00	40.00
1992	TEN PENNY SERENADE	*	45.00	45.00
1992	TEN PENNY SERENADE (BLACK)	*	45.00	45.00
1992	THIS TOO SHALL PASS	*	35.00	35.00
1992	THREE BEARS, THE	*	45.00	45.00
1992	TRICK OR TREAT	*	40.00	40.00
1992	WITH OPEN ARMS (WISECHILD)	*	40.00	40.00
G. PERILLO			**SINGLE ISSUE**	
1984	BABYSITTER MUSICAL FIGURE	2500	65.00	90.00
G. PERILLO			**SPECIAL ISSUE**	
1982	PEACEABLE KINGDOM, THE	950	750.00	800.00
1984	APACHE BOY BUST	CL	40.00	75.00
1984	APACHE GIRL BUST	CL	40.00	75.00
1984	PAPOOSE	325	500.00	525.00
1985	LOVERS	CL	70.00	125.00
G. PERILLO			**STORYBOOK COLLECTION**	
1980	LITTLE RED RIDINGHOOD	10000	65.00	90.00
1981	CINDERELLA	10000	65.00	90.00
1982	GOLDILOCKS & THE THREE BEARS	10000	80.00	110.00
1982	HANSEL & GRETEL	10000	80.00	100.00
G. PERILLO			**THE PRINCESSES**	
1984	LILY OF THE MOHAWKS	1500	65.00	155.00
1984	MINNEHAHA	1500	65.00	42.00
1984	POCAHONTAS	1500	65.00	60.00
1984	SACAJAWEA	1500	65.00	125.00
G. PERILLO			**TRIBAL PONIES**	
1984	ARAPAHO	1500	65.00	200.00
1984	COMANCHE	1500	65.00	200.00
1984	CROW	1500	65.00	200.00
G. PERILLO			**WAR PONY**	
1983	APACHE WAR PONY	495	150.00	200.00
1983	NEZ PERCE PONY	495	150.00	200.00
1983	SIOUX WAR PONY	495	150.00	200.00
G. PERILLO			**WILDLIFE FIGURINES**	
1991	BALD EAGLE	OP	65.00	65.00
1991	BIGHORN SHEEP	OP	75.00	75.00
1991	BUFFALO	OP	75.00	75.00
1991	MOUNTAIN LION	OP	75.00	75.00
1991	MUSTANG	OP	85.00	85.00
1991	POLAR BEAR	OP	65.00	65.00
1991	TIMBER WOLF	OP	85.00	85.00
1991	WHITE-TAILED DEER	OP	95.00	95.00

ARTISTS OF THE WORLD

YR	NAME	LIMIT	ISSUE	TREND
T. DEGRAZIA			**ANNUAL CHRISTMAS**	
1993	FIESTA ANGELS	YR	295.00	315.00
1994	LITTLEST ANGEL	YR	165.00	175.00
1998	CHRISTMAS ANGEL OF LIGHT	1998	145.00	145.00
T. DEGRAZIA			**DEGRAZIA FIGURINES**	
1984	DISPLAY PLAQUE	CL	45.00	95.00
1984	FLOWER BOY	CL	65.00	225.00
1984	FLOWER GIRL	CL	65.00	165.00
1984	MY FIRST HORSE	CL	65.00	200.00
1984	SUNFLOWER BOY	CL	65.00	300.00
1984	WHITE DOVE	CL	45.00	100.00
1984	WONDERING	CL	85.00	200.00
1985	LITTLE MADONNA	CL	80.00	200.00
1985	PIMA DRUMMER BOY	CL	65.00	150.00

YR	NAME	LIMIT	ISSUE	TREND
1986	BLUE BOY, THE	SU	79.00	150.00
1986	FESTIVAL LIGHTS	SU	75.00	150.00
1986	MERRY LITTLE INDIAN	12500	175.00	275.00
1987	LOVE ME	CL	95.00	250.00
1987	WEE THREE	CL	180.00	300.00
1988	BEAUTIFUL BURDEN	CL	175.00	250.00
1988	CHRISTMAS PRAYER ANGEL	CL	70.00	80.00
1988	FLOWER BOY PLAQUE	CL	80.00	200.00
1988	LOS NINOS	SO	595.00	1000.00
1988	MERRILY, MERRILY, MERRILY	CL	95.00	200.00
1989	LOS NINOS (ARTIST'S EDITION)	SO	695.00	2500.00
1989	MY BEAUTIFUL ROCKING HORSE	SU	225.00	300.00
1989	MY FIRST ARROW	CL	95.00	200.00
1989	TWO LITTLE LAMBS	OP	70.00	80.00
1990	ALONE	SO	395.00	700.00
1990	BIGGEST DRUM	YR	110.00	200.00
1990	CRUCIFIXION	YR	295.00	325.00
1990	DESERT HARVEST	SO	135.00	200.00
1990	EL BURRITO	CL	60.00	75.00
1990	NAVAJO BOY	YR	110.00	250.00
1990	SUNFLOWER GIRL	CL	95.00	300.00
1993	FLOWERS FOR MOTHER	*	145.00	150.00
1993	LITTLE MEDICINE MAN	CL	175.00	185.00
1993	MOTHER SILENTLY PRAYS	3500	345.00	380.00
1993	SADDLE UP	5000	195.00	215.00
1994	BEARING GIFT	*	145.00	150.00
1994	FESTIVE FLOWERS	CL	145.00	150.00
1994	FIESTA FLOWERS	3500	198.00	210.00
1994	LOVING MOTHER	3500	165.00	175.00
1994	PEDRO	*	145.00	150.00
1994	RIO GRANDE DANCER	*	98.00	100.00
1994	SAGUARO DANCE	2500	495.00	510.00
1994	SPRING BLOSSOMS	5000	170.00	180.00
1995	APACHE MOTHER	3500	195.00	195.00
1995	BETHLEHEM BOUND	1995	195.00	195.00
1995	FLORAL HARVEST	*	185.00	185.00
1995	LITTLE FARM BOY	*	165.00	165.00
1995	LITTLE HELPER	3500	185.00	185.00
1995	LITTLE HOPI GIRL	*	110.00	110.00
1995	LITTLE NAVAJO MUSIC MAN	950	175.00	175.00
1995	MY BLUE BALLOON	*	115.00	115.00
1995	PIMA INDIAN DRUMMER BOY/NATIVITY	*	135.00	135.00
1995	WEDDING PARTY	*	175.00	175.00
1995	WEDDING PARTY CHILDREN	*	75.00	75.00
1998	ADORING MOTHER	2500	185.00	185.00
1998	DESERT INDIAN BOY	OP	165.00	165.00
1998	LITTLE MUSIC MAKER-PLATINUM	950	165.00	165.00
1998	PUEBLO SANDPAINTER	950	295.00	295.00
1998	YOUNG NAVAJO PEACEMAKER	OP	145.00	145.00

R. OLSZEWSKI

DEGRAZIA: GOEBEL MINIATURES

YR	NAME	LIMIT	ISSUE	TREND
1985	FLOWER BOY 502-P	CL	85.00	165.00
1985	FLOWER GIRL 501-P	CL	85.00	165.00
1985	MY FIRST HORSE 503-P	CL	85.00	155.00
1985	SUNFLOWER BOY 551-P	CL	93.00	145.00
1985	WHITE DOVE 504-P	CL	80.00	135.00
1985	WONDERING 505-P	CL	93.00	150.00
1986	FESTIVAL OF LIGHTS 507-P	CL	85.00	225.00
1986	LITTLE MADONNA 552-P	CL	93.00	200.00
1986	PIMA DRUMMER BOY 506-P	CL	85.00	250.00
1987	MERRY LITTLE INDIAN 508-P	CL	95.00	295.00
1988	ADOBE DISPLAY 948-D	CL	45.00	85.00
1989	BEAUTIFUL BURDEN 554-P	CL	110.00	175.00
1990	ADOBE HACIENDA DISPLAY (LARGE) 958-D	CL	85.00	150.00
1990	CHAPEL DISPLAY 971-D	CL	95.00	115.00
1991	MY BEAUTIFUL ROCKING HORSE 555-P	CL	110.00	185.00

T. DEGRAZIA

NATIVITY

YR	NAME	LIMIT	ISSUE	TREND
1985	JESUS	CL	25.00	55.00
1985	JOSEPH	CL	55.00	90.00
1985	MARY	CL	55.00	80.00
1985	NATIVITY SET (3 PIECES)	CL	135.00	195.00
1993	BALTHAZAR	CL	135.00	145.00
1993	EL TORO	CL	95.00	99.00
1993	GASPAR	CL	135.00	145.00
1993	MELCHIOR	CL	135.00	145.00
1998	MY GUARDIAN ANGEL	OP	145.00	145.00

T. DEGRAZIA

SIGNATURE EDITION

YR	NAME	LIMIT	ISSUE	TREND
1998	FLOWER BOY	950	100.00	100.00
1998	TINY TREASURE	950	100.00	100.00

T. DEGRAZIA

VILLAGE COLLECTION

YR	NAME	LIMIT	ISSUE	TREND
1993	LET'S COMPROMISE	CL	65.00	75.00
1993	PEACE PIPE	CL	65.00	75.00
1993	THREE FEATHERS	CL	65.00	75.00
1993	WATER WAGON	CL	295.00	325.00
1998	DEVOTED LOVE	OP	75.00	75.00

BANBERRY DESIGNS INC.

L. GRUSS

GENTLE GIRAFFES

YR	NAME	LIMIT	ISSUE	TREND
1998	BIRD'S EYE VIEW	RT	15.00	15.00
1998	FROM THE HEART	RT	17.00	17.00

YR	NAME	LIMIT	ISSUE	TREND
1998	NATURE'S BEAUTY	RT	15.00	15.00
1999	SUMMER LOVE	2500	28.00	28.00

L. GRUSS
LUCKYPHANTS

YR	NAME	LIMIT	ISSUE	TREND
1994	LAIRD	RT	10.00	10.00
1994	LANGLY	RT	9.00	9.00
1994	LENNY	RT	10.00	10.00
1994	LEON	RT	8.00	9.00
1994	LLOYD & LYNELLE	RT	10.00	10.00
1995	LINUS	RT	14.00	14.00
1997	GARDEN PARTY	5000	28.00	28.00

BAND CREATIONS
*
ANGELS OF THE MONTH

YR	NAME	LIMIT	ISSUE	TREND
1995	APRIL ANGEL	RT	10.00	10.00
1995	AUGUST ANGEL	RT	10.00	10.00
1995	DECEMBER ANGEL	RT	10.00	10.00
1995	FEBRUARY ANGEL	RT	10.00	10.00
1995	JANUARY ANGEL	RT	10.00	10.00
1995	JULY ANGEL	RT	10.00	10.00
1995	JUNE ANGEL	RT	10.00	10.00
1995	MARCH ANGEL	RT	10.00	10.00
1995	MAY ANGEL	RT	10.00	10.00
1995	NOVEMBER ANGEL	RT	10.00	10.00
1995	OCTOBER ANGEL	RT	10.00	10.00
1995	SEPTEMBER ANGEL	RT	10.00	10.00

PENFIELD/RICHARDS
BEST FRIENDS

YR	NAME	LIMIT	ISSUE	TREND
1998	DREAM MAKER ANGEL	*	20.00	20.00

PENFIELD/RICHARDS
BEST FRIENDS COFFEE, TEA, MY FRIENDS & ME

YR	NAME	LIMIT	ISSUE	TREND
1998	AFTERNOON SPICE STRAWBERRY SHORTCAKE	*	30.00	30.00
1998	BLACKBERRY BETTY	*	20.00	20.00
1998	CHAMOMILE CONFETTI	*	20.00	20.00
1998	GRANNY GREEN TEA	*	20.00	20.00
1998	HOT SUMMER NIGHT	*	20.00	20.00
1998	JASMINE	*	20.00	20.00
1998	LONG ISLAND TEA	*	20.00	20.00
1998	LUSCIOUS LATTE MOCHA CREAM DELIGHT	*	30.00	30.00
1998	MADAME SASSAFRAS	RT	20.00	20.00
1998	PASSION FLOWER HINGED BOX	RT	20.00	20.00
1998	SATURDAY SUNRISE	*	20.00	20.00
1998	TROPICAL TWISTER	*	20.00	20.00
1998	WILD BLUEBERRY	RT	20.00	20.00

RICHARDS/PENFIELD
BEST FRIENDS-A STAR IS BORN

YR	NAME	LIMIT	ISSUE	TREND
1995	BASEBALL BOY	OP	6.00	6.00
1995	BASEBALL GIRL	OP	6.00	6.00
1995	BASKETBALL BOY	OP	6.00	6.00
1995	BASKETBALL GIRL	OP	6.00	6.00
1995	CHEERLEADER GIRL	OP	6.00	6.00
1995	FOOTBALL BOY	OP	6.00	6.00
1995	GOLFER BOY	OP	6.00	6.00
1995	GOLFER GIRL	OP	6.00	6.00
1995	HOCKEY BOY	OP	6.00	6.00
1995	SOCCER BOY	OP	6.00	6.00
1995	SOCCER GIRL	OP	6.00	6.00
1995	SWIMMER BOY	OP	6.00	6.00
1995	SWIMMER GIRL	OP	6.00	6.00
1996	BIKER BOY	OP	6.00	6.00
1996	BIKER GIRL	OP	6.00	6.00
1996	FISHER BOY	OP	6.00	6.00
1996	FISHER GIRL	OP	6.00	6.00
1996	SKIER BOY	OP	6.00	6.00
1996	SKIER GIRL	OP	6.00	6.00
1996	TENNIS BOY	OP	6.00	6.00
1996	TENNIS GIRL	OP	6.00	6.00

RICHARDS/PENFIELD
BEST FRIENDS-ANGEL WISHES

YR	NAME	LIMIT	ISSUE	TREND
1994	ANNIVERSARY	OP	12.00	12.00
1994	BEST WISHES	OP	12.00	12.00
1994	BRIDE AND GROOM	OP	12.00	12.00
1994	CONGRATULATIONS	OP	12.00	12.00
1994	CREATE A WISH	OP	12.00	12.00
1994	GET WELL	OP	12.00	12.00
1994	GOOD LUCK	OP	12.00	12.00
1994	HAPPY BIRTHDAY	OP	12.00	12.00
1994	INSPIRATIONAL	OP	12.00	12.00
1994	NEW BABY	OP	12.00	12.00

RICHARDS/PENFIELD
BEST FRIENDS-CELEBRATE AROUND THE WORLD

YR	NAME	LIMIT	ISSUE	TREND
1996	AROUND THE WORLD TREE	OP	20.00	20.00
1996	BRITISH TREE	OP	20.00	20.00
1996	ENGLAND SANTA	OP	12.00	20.00
1996	GERMANY TREE	OP	20.00	20.00
1996	MEXICO SANTA	OP	12.00	12.00
1996	NORWAY SANTA	OP	12.00	12.00
1996	RUSSIA SANTA	OP	12.00	12.00
1996	SCANDINAVIAN TREE	OP	20.00	20.00
1996	UNITED STATES TREE	OP	20.00	20.00
1996	UNITED STATES/BLACK SANTA	OP	12.00	12.00
1996	UNITED STATES/WHITE SANTA	OP	12.00	12.00

YR	NAME	LIMIT	ISSUE	TREND
RICHARDS/PENFIELD		**BEST FRIENDS-CHRISTMAS PAGEANT**		
1996	ANGEL-PEACE/JOY	OP	6.00	6.00
1996	BENCH	OP	4.00	4.00
1996	BOY W/STAR	OP	6.00	6.00
1996	CHRISTMAS PAGEANT/10 PC SET	OP	60.00	60.00
1996	DONKEY	OP	4.00	4.00
1996	GIRL W/TREE	OP	6.00	6.00
1996	JOSEPH	OP	6.00	6.00
1996	MARY AND BABY JESUS	OP	6.00	6.00
1996	SHEEP	OP	4.00	4.00
1996	SIGN	OP	4.00	4.00
1996	STAGE	OP	14.00	14.00
RICHARDS/PENFIELD		**BEST FRIENDS-FIRST FRIENDS BEGIN AT CHILDHOOD**		
1993	A WAGON FULL OF FUN/2 PC SET	OP	15.00	15.00
1993	CASTLES IN THE SAND/4 PC SET	OP	16.00	16.00
1993	CHECKING IT TWICE/2 PC SET	OP	15.00	15.00
1993	DAD'S BEST PAL	OP	15.00	15.00
1993	FEATHERED FRIENDS	OP	13.00	13.00
1993	FISHING FRIENDS	OP	18.00	18.00
1993	GRANDMA'S FAVORITE	OP	15.00	15.00
1993	MY "BEARY" BEST FRIEND	OP	12.00	12.00
1993	MY BEST FRIEND/2 PC SET	OP	24.00	24.00
1993	OH SO PRETTY	OP	14.00	15.00
1993	PURR-FIT FRIENDS	OP	12.00	12.00
1993	QUIET TIME	OP	15.00	15.00
1993	RAINBOW OF FRIENDS	RT	24.00	24.00
1993	SANTA'S FIRST VISIT	OP	15.00	15.00
1993	SANTA'S SURPRISE	OP	14.00	15.00
1993	SHARING IS CARING	OP	12.00	12.00
RICHARDS/PENFIELD		**BEST FRIENDS-HAPPY HEARTS**		
1996	A GUIDING STAR	OP	35.00	35.00
1996	ANGELS IN THE SNOW	OP	35.00	35.00
1996	BEST FRIENDS	OP	35.00	35.00
1996	JUST MARRIED	OP	35.00	35.00
1996	MAKING NEW FRIENDS	OP	35.00	35.00
1996	THANKSGIVING FRIENDS	OP	35.00	35.00
RICHARDS/PENFIELD		**BEST FRIENDS-HEAVENLY HELPERS**		
1996	CHILDCARE	OP	12.00	12.00
1996	EMERGENCY MEDICAL TEAM	OP	12.00	12.00
1996	FIREMAN	OP	12.00	12.00
1996	NURSE	OP	12.00	12.00
1996	POLICEMAN	OP	12.00	12.00
1996	TEACHER	OP	12.00	12.00
1996	VOLUNTEER	OP	12.00	12.00
RICHARDS/PENFIELD		**BEST FRIENDS-NOAH'S ARK**		
1995	ANIMALS/SET OF 10	OP	20.00	20.00
1995	NOAH'S ARK & RAFT	OP	42.00	42.00
RICHARDS/PENFIELD		**BEST FRIENDS-O JOYFUL NIGHT NATIVITY**		
1994	ANGEL ON STABLE/WALL	OP	16.00	16.00
1994	CAMEL AND DONKEY/SET OF 2	OP	8.00	8.00
1994	HOLY FAMILY (JOSEPH, MARY & JESUS)	OP	16.00	16.00
1994	SHEPHERD BOY	OP	8.00	8.00
1994	THREE KINGS/SET OF THREE	OP	24.00	22.00
1995	CAMEL STANDING	OP	6.00	6.00
1995	SHEPHERD W/SHEEP/SET OF 7	OP	8.00	8.00
RICHARDS/PENFIELD		**BEST FRIENDS-RAINBOW OF FRIENDS**		
1996	RAINBOW OF FRIENDS	OP	24.00	24.00
1996	RAINBOW OF FRIENDS MUSIC BOX	OP	18.00	18.00
RICHARDS/PENFIELD		**BEST FRIENDS-RIVER SONG**		
1993	CAROLERS/SET OF 5	OP	30.00	30.00
1994	THREE CAROLERS/ASSORTED	OP	22.00	22.00
1995	DOUBLE ANGELS	OP	8.00	8.00
1995	SKATERS SITTING/SET OF 2	OP	12.00	12.00
1995	SKATERS STANDING/SET OF 2	OP	12.00	12.00
1995	SNOWBALL FIGHT/SET OF 3	OP	15.00	15.00
1995	SNOWMEN/SET OF 3	OP	13.00	13.00
RICHARDS/PENFIELD		**BEST FRIENDS-WINTER WONDERLAND**		
1994	3 ASSORTED WHITE TREES & 3 PRESENTS	OP	18.00	18.00
1994	ACCESSORIES: RABBITS, TEDDIES, PRESENTS/SET OF 3	OP	4.00	4.00
1994	MR. SANTA	OP	9.00	9.00
1994	MRS. SANTA	OP	9.00	9.00
1994	REINDEER/SET OF 2/STANDING & SITTING	OP	10.00	10.00
T. MADSEW		**DEER ONES**		
1998	DEER GANG	*	30.00	30.00
1998	DEER TREATS	*	15.00	15.00
1998	DEER-O-LEERS	*	45.00	45.00
1998	HEARTH & HOME	*	40.00	40.00
1998	LICKETY-SPLIT	*	6.00	6.00
1998	RUB-A-DUB DEER	*	16.00	17.00
1998	SWING ON A STAR	*	8.00	9.00
1998	TINY BUBBLES	*	20.00	20.00
*		**TUXEDOS IN THE SNOW**		
1998	BLIND DATE	*	25.00	25.00
1998	DECK THE TOWN	*	25.00	25.00
1998	ICY TONES	*	25.00	25.00
1998	PEPPERMINT DELIGHT	*	25.00	25.00
1998	TASTE TEST	*	25.00	25.00
1998	TUBING SURPRISE	*	25.00	25.00

Michael Boyett's Flat Out for Red River Station *pewter sculpture displays extensive detailing and was produced by the Lance Corp. It was limited.*

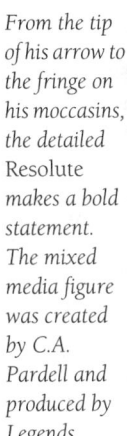

From the tip of his arrow to the fringe on his moccasins, the detailed Resolute *makes a bold statement. The mixed media figure was created by C.A. Pardell and produced by Legends.*

Equine artist Fred Stone, typically known for his limited edition prints, aptly captures the care a young mother takes of her young foal. Arabian Mare & Foal *is produced by American Artists.*

This beautiful Anri wood-carved Pinocchio *figure has no strings attached. The piece was available in five sizes.*

What more could she want? Sitting Pretty *is from "Rockwell's Beautiful Dreamers" series produced by Rhodes Studio.*

niny Cricket *was the first gift sculpture to embers of the Walt Disney Collector's Society.*

YR	NAME	LIMIT	ISSUE	TREND

BING & GRONDAHL

S. BECKETT

1998	TEDDY BEAR VICTOR	5000	30.00	30.00
1998	TEDDY BEAR VICTORIA	5000	30.00	30.00

P. LANGELUND

1998	MOTHER'S DAY	5000	98.00	98.00

J. NIELSEN

1998	ANNUAL EGG	5000	30.00	30.00

AL. THERKELSEN

1998	BROWN BEAR	5000	98.00	98.00

BOEHM STUDIOS

*

ANIMAL SCULPTURES

1952	HUNTER	250	600.00	1400.00
1957	POLO PLAYER	100	850.00	4600.00
1969	ADIOS	130	1500.00	1900.00
1971	BOBCATS	200	1600.00	1990.00
1971	FOXES	200	1800.00	2350.00
1971	RACCOONS	200	1600.00	2100.00
1972	RED SQUIRRELS	100	2600.00	2770.00
1973	NYALA ANTELOPE	100	4700.00	6560.00
1975	GIANT PANDA	100	3800.00	6890.00
1975	PUMA	50	5700.00	6560.00
1976	AMERICAN MUSTANGS	75	3700.00	5660.00
1976	OTTER	75	1100.00	1500.00
1977	AFRICAN ELEPHANT	50	9500.00	14630.00
1978	BLACK RHINOCEROS	50	9500.00	9920.00
1978	CAMEL & CALF	50	3500.00	3700.00
1978	GORILLA	50	3800.00	4550.00
1978	SNOW LEOPARD	75	3500.00	4670.00
1978	THOROUGHBRED W/JOCKEY	25	2600.00	2785.00
1979	BENGEL TIGER 500-13	12	25000.00	26525.00
1979	FALLOW DEER	30	7500.00	7500.00
1979	HUNTER CHASE	20	4000.00	4085.00
1979	YOUNG & FREE FAWNS	160	1875.00	2050.00
1980	ARABIAN ORYX, PAIR 50015	60	3800.00	4130.00
1980	ASIAN LION	100	1500.00	1645.00
1980	CHEETAH	100	2700.00	3000.00
1981	APPALOOSA HORSE 40193	75	975.00	1070.00
1981	JAGUAR 50020	100	2900.00	3300.00
1981	POLAR BEAR W/CUBS 40188	65	1800.00	1875.00
1982	BUFFALO 50022	100	1625.00	1625.00
1982	GREATER KUDU 50023	75	7500.00	7500.00
1982	POLO PLAYS ON PINTO 55005	50	3500.00	3500.00
1983	ARABIAN STALLION/PRANCING 55007	200	1500.00	1560.00
1983	ARABIAN STALLION/REARING 55006	200	1500.00	1560.00
1984	WHITE-TAILED BUCK 50026	200	1375.00	1650.00
1985	ELEPHANT/WHITE BISQUE 200-44B	200	495.00	570.00
*				**BIRD SCULPTURES**
1951	WOOD THRUSH	2	375.00	N/A
1952	MALLARDS, PAIR	500	650.00	1745.00
1953	BOBWHITE QUAIL, PAIR	750	400.00	2500.00
1954	GOLDEN PHEASANT, BISQUE	7	200.00	11375.00
1954	GOLDEN PHEASANT, DECORATED	7	350.00	19235.00
1954	RINGED-NECKED PHEASANTS, PAIR	500	650.00	1800.00
1954	WOODCOCK	500	300.00	2050.00
1955	CARDINALS, PAIR	500	550.00	3650.00
1956	BLACK-TAILED BANTAMS, PAIR	57	350.00	4800.00
1956	CEDAR WAXWINGS, PAIR	100	600.00	7835.00
1956	GOLDEN-CROWNED KINGLETS	500	400.00	2320.00
1956	SONG SPARROWS, PAIR	50	2000.00	38450.00
1957	AMERICAN EAGLE, LARGE	31	225.00	11150.00
1957	AMERICAN EAGLE, SMALL	76	225.00	9220.00
1957	CALIFORNIA QUAIL, PAIR	500	400.00	2730.00
1957	CAROLINA WRENS	100	750.00	5400.00
1957	CERULEAN WARBLERS	100	800.00	4935.00
1957	DOWNY WOODPECKERS	500	450.00	1750.00
1957	INDIGO BUNTING WITH CHEROKEE ROSE	CL	250.00	675.00
1957	MEADOWLARK	750	350.00	3175.00
1957	RED-WINGED BLACKBIRDS, PAIR	100	700.00	5590.00
1958	AMERICAN REDSTARTS	500	350.00	2000.00
1958	BLACK-THROATED BLUE WARBLER	500	400.00	1775.00
1958	MOURNING DOVES	500	550.00	1475.00
1958	NONPAREIL BUNTINGS	750	250.00	1165.00
1959	EASTERN BLUEBIRDS, PAIR	100	1800.00	12200.00
1960	RUFFLED GROUSE, PAIR	250	950.00	5075.00
1961	GOLDFINCHES	500	400.00	1830.00
1961	MOCKINGBIRDS, PAIR	500	650.00	3970.00
1961	SUGARBIRDS	100	2500.00	14900.00
1962	BLUE JAYS, PAIR	250	2000.00	12300.00
1962	LESSER PRAIRIE CHICKENS, PAIR	300	1200.00	2390.00
1962	PTARMIGAN, PAIR	350	800.00	3450.00
1963	MEARN'S QUAIL, PAIR	350	950.00	3635.00
1963	MOUNTAIN BLUEBIRDS	300	1900.00	5475.00
1963	TOWHEE	500	350.00	2430.00
1964	BOBOLINK	500	550.00	1520.00
1964	KILLDEER, PAIR	300	1750.00	5160.00
1964	ROBIN (DAFFODILS)	500	600.00	5650.00

YR	NAME	LIMIT	ISSUE	TREND
1965	CATBIRD	500	900.00	2075.00
1965	FLEDGLING GREAT HORNED OWL	750	350.00	1590.00
1965	PARULA WARBLERS	400	1500.00	3370.00
1965	TUFTED TITMICE	500	600.00	2040.00
1965	VARIED BUNTINGS	300	2200.00	4935.00
1966	GREEN JAYS, PAIR	400	1850.00	4120.00
1966	RUFOUS HUMMINGBIRDS	500	850.00	2350.00
1966	WOOD THRUSHES, PAIR	400	4200.00	8285.00
1967	BLUE GROSBEAK	750	1050.00	1530.00
1967	CRESTED FLYCATCHER	500	1650.00	3000.00
1967	FLEDGLING CANADA WARBLER	750	550.00	2200.00
1967	IVORY-BILLED WOODPECKERS 474	4	*	N/A
1967	NORTHERN WATER THRUSH	500	800.00	1420.00
1968	COMMON TERN	500	1400.00	6040.00
1968	KESTRALS, PAIR	460	2300.00	3150.00
1968	MERGANSERS, PAIR	440	2200.00	2975.00
1968	ROADRUNNER	500	2600.00	3680.00
1969	BLACK-HEADED GROSBEAK	675	1250.00	1535.00
1969	VERDINS	575	1150.00	1565.00
1969	WESTERN BLUEBIRDS	300	5500.00	7020.00
1969	YOUNG AMERICAN EAGLE	850	700.00	1520.00
1970	ORCHARD ORIOLES	550	1750.00	2300.00
1970	OVEN-BIRD	450	1400.00	1790.00
1970	SLATE-COLORED JUNCO	500	1600.00	2240.00
1971	FLICKER	250	2400.00	2770.00
1971	LITTLE OWL	350	700.00	1375.00
1971	MUTE SWANS, LIFE-SIZE, PAIR	3	*	N/A
1971	MUTE SWANS, PAIR	400	4000.00	7820.00
1971	NUTHATCH	350	650.00	1130.00
1971	WESTERN MEADOWLARK	350	1425.00	1725.00
1971	WINTER ROBIN	225	1150.00	1420.00
1972	BARN OWL	350	3600.00	5400.00
1972	BLACK GROUSE	175	2800.00	3100.00
1972	BROWN PELICAN	100	10500.00	14400.00
1972	CACTUS WREN	225	3000.00	3400.00
1972	EUROPEAN GOLDFINCH	250	1150.00	1400.00
1972	GOLDCREST	500	650.00	1200.00
1972	SNOW BUNTINGS	350	2400.00	2700.00
1972	TREE CREEPERS	200	3200.00	3200.00
1972	YELLOW-BELLIED SAPSUCKER	250	2700.00	3200.00
1973	BLACKBIRDS, PAIR	75	5400.00	6470.00
1973	BLUE TITS	300	3000.00	3255.00
1973	BROWN THRASHER	260	1850.00	1925.00
1973	EVERGLADES KITES	50	5800.00	7340.00
1973	GREEN WOODPECKERS	50	4200.00	4890.00
1973	HORNED LARKS	200	3800.00	4435.00
1973	LAPWING	100	2600.00	3000.00
1973	LAZULI BUNTINGS	250	1800.00	2450.00
1973	LONG TAIL TITS	200	2600.00	2900.00
1973	PEREGRINE FALCON	350	4400.00	5470.00
1973	SCREECH OWL	500	850.00	1495.00
1973	YELLOWHAMMERS	350	3300.00	4175.00
1973	YOUNG AMERICAN EAGLE, INAUGURAL	100	1500.00	2125.00
1974	CHAFFINCH	125	2000.00	2525.00
1974	CRESTED TIT	400	1150.00	1300.00
1974	HOODED WARBLER	100	2400.00	3020.00
1974	LARK SPARROW	150	2100.00	2325.00
1974	MYRTLE WARBLERS	210	1850.00	2105.00
1974	PURPLE MARTINS	50	6700.00	9150.00
1974	RUBY-THROATED HUMMINGBIRD	200	1900.00	2825.00
1974	SONG THRUSHES	100	2800.00	3590.00
1974	STONECHATS	150	2200.00	2550.00
1974	SWALLOWS	125	3400.00	4320.00
1974	VARIED THRUSH	300	2500.00	3100.00
1974	YELLOW-BILLIED CUCKOO	150	2800.00	3055.00
1974	YELLOW-HEADED BLACKBIRD	75	3200.00	3600.00
1975	EASTERN KINGBIRD	100	3500.00	4275.00
1975	PEKIN ROBINS	100	7000.00	9675.00
1975	RED-BILLED BLUE MAGPIE	100	4600.00	6225.00
1975	YOUNG AND SPIRITED, 1976	1121	950.00	1600.00
1976	BLACK-THROATED BLUE WARBLER	200	900.00	1165.00
1976	CHICKADEES 400-61	400	1450.00	1550.00
1976	EAGLE OF FREEDOM I	15	35000.00	51375.00
1976	EAGLE OF FREEDOM II 400-70	200	7200.00	7360.00
1976	KINGFISHERS	200	1900.00	2200.00
1976	RIVOLI'S HUMMINGBIRD	350	950.00	1530.00
1977	CAPE MAY WARBLER	400	825.00	990.00
1977	CARDINALS	200	3500.00	4095.00
1977	EASTERN BLUEBIRD 400-51	300	2300.00	2620.00
1977	FLEDGLING BROWN THRASHERS	400	500.00	680.00
1977	ROBIN (NEST)	350	1650.00	2080.00
1977	RUFFED GROUSE/PAIR 400-65	100	4400.00	4480.00
1977	SCARLET TANAGER	4	1800.00	4275.00
1977	SCISSOR-TAILED FLYCATCHER	100	3200.00	3650.00
1978	CANADA GEESE, PAIR	100	4200.00	4200.00
1978	MOCKINGBIRDS	*	2200.00	3045.00
1978	SISKENS 100-25	250	2100.00	2400.00
1979	AVOCET	175	1200.00	1345.00
1979	CALLIOPE HUMMINGBIRD 40104	200	900.00	1115.00

YR	NAME	LIMIT	ISSUE	TREND
1979	COSTA'S HUMMINGBIRD 40103	200	1050.00	1200.00
1979	DOWNY WOODPECKER 40116	300	950.00	1000.00
1979	GREY WAGTAIL	150	1050.00	1375.00
1979	LEAST TURN	350	1275.00	3045.00
1979	PRINCE RUDOLPH'S BLUE BIRD OF PARADISE 40101	10	35000.00	37200.00
1979	RACQUET-TAIL HUMMINGBIRD 40105	310	1500.00	1960.00
1979	RED-BREASTED NUTHATCH 40118	200	800.00	920.00
1979	SCOPS OWL	300	975.00	1400.00
1980	AMERICAN AVOCET 40134	300	1400.00	1650.00
1980	AMERICAN REDSTART 40138	225	850.00	1090.00
1980	AMERICAN WILD TURKEY 40154	75	1800.00	2010.00
1980	AMERICAN WILD TURKEY/LIFE SIZE 40115	25	15000.00	16940.00
1980	ARCTIC TERN 40135	350	1400.00	2050.00
1980	BROWN PELICAN 40161	90	2800.00	2860.00
1980	CEDAR WAXWING 40117	325	950.00	1030.00
1980	CRIMSON TOPAZ HUMMINGBIRD 40113	310	1400.00	1640.00
1980	KIRTLAND'S WARBLE 40169	130	750.00	885.00
1980	PHEASANT 40133	100	2100.00	2170.00
1980	SCREECH OWL	350	2100.00	3125.00
1980	YELLOW WARBLER 40137	200	950.00	1060.00
1981	AMERICAN BALD EAGLE 40185	655	1200.00	1325.00
1981	BLUE JAY W/WILD RASPBERRIES 40190	350	1950.00	2400.00
1981	BOREAL OWL 40172	200	1750.00	1870.00
1981	LEAST SANDPIPERS 40136	350	2100.00	2540.00
1981	MOCKINGBIRD'S NEST W/BLUEBONNET 10033	55	1300.00	1360.00
1981	MOURNING DOVE 40189	300	2200.00	2320.00
1981	NORTHERN ORIOLE 40194	100	1750.00	1900.00
1981	OSPREY 10031	25	17000.00	21060.00
1981	OSPREY 10037	100	4350.00	4700.00
1981	PEREGRINE FALCON W/YOUNG 40171	105	1850.00	2010.00
1981	ROBIN'S NEST W/WILD ROSE 10030	90	1300.00	1375.00
1981	ROSE-BREASTED GROSBEAK 10032	165	1850.00	1875.00
1981	WOOD DUCKS 40192	90	3400.00	3550.00
1982	AMERICAN EAGLE/COMMEMORATIVE 40215	250	950.00	1150.00
1982	AMERICAN EAGLE/SYMBOL OF FREEDOM 40200	35	16500.00	18550.00
1982	BLACK-EARED BUSHFIT/FEMALE 10038	100	975.00	1040.00
1982	BLACK-EARED BUSHFIT/MALE 10039	100	975.00	1040.00
1982	BLUE JAY W/MORNING GLORIES 40216	300	975.00	1190.00
1982	BLUE THROATED HUMMINGBIRD 10040	300	1100.00	1430.00
1982	GREAT WHITE EGRET 40214	50	11500.00	15050.00
1982	GREEN JAYS/PAIR 40198	65	3900.00	3900.00
1982	KILLDEER 40213	125	1075.00	1085.00
1982	MUTE SWANS/PAIR 40219	115	5800.00	6345.00
1982	ROADRUNNER 40199	150	2100.00	2315.00
1982	WREN 1036	50	1700.00	1940.00
1982	YELLOW-SHAFTED FLICKER 40220	175	1450.00	1490.00
1983	ANNA'S HUMMINGBIRD 10048	300	1100.00	1935.00
1983	CATBIRD 40246	111	1250.00	1250.00
1983	DOVE OF PEACE 40236	709	750.00	1475.00
1983	DOVES W/CHERRY BLOSSOMS/PR 10049	150	7500.00	10600.00
1983	EGRET/NATIONAL AUDUBON SOCIETY 40221	1029	1200.00	1575.00
1983	FORSTER'S TERN/CRESTING 40224	300	1850.00	2070.00
1983	FORSTER'S TERN/ON THE WIND 40223	300	1850.00	2070.00
1983	GOLDEN EAGLE 10046	25	32000.00	36075.00
1983	GOLDFINCH 40245	136	1200.00	1200.00
1983	GREAT EGRET	YR	1200.00	2400.00
1983	ROYAL TERNS 10047	75	4300.00	4845.00
1983	TOWHEE 40244	75	975.00	1040.00
1984	BLACKBURNIAN WARBLER	125	925.00	965.00
1984	LONG-EARED OWL 10052	12	6000.00	6250.00
1984	MAGNOLIA WARBLER 40258	246	1100.00	1100.00
1984	PELICAN 40259	93	1200.00	1230.00
1984	PILEATED WOODPECKERS 40250	50	2900.00	2915.00
1984	WHOOPING CRANE	647	1800.00	2025.00
1985	CONDOR 10057	2	75000.00	87710.00
1985	PARULA WARBLERS 40270	100	2450.00	2460.00
1985	RACQUET-TAILED HUMMINGBIRD 10053	350	2100.00	2500.00
1985	SCARLET TANGER 40267	125	2100.00	2120.00
1985	SOARING EAGLE/BISQUE 40276B	304	950.00	955.00
1985	SOARING EAGLE/GILDED 40276G	35	5000.00	5280.00
1985	TRUMPETER SWAN	500	1500.00	1625.00
1986	GANNET 40287	30	4300.00	4300.00
1986	SANDHILL CRANE 40286	205	1650.00	1660.00
1987	CALLIOPE HUMMINGBIRD 40319	500	575.00	595.00
1987	FLAMINGO W/YOUNG 40316	225	1500.00	1520.00

FIGURINES

YR	NAME	LIMIT	ISSUE	TREND
1977	BEVERLY SILLS	100	950.00	1000.00
1977	JEROME HINES	12	825.00	1000.00
1986	AMANDA W/PARASOL 10269	27	750.00	750.00
1986	ARIA 67003	100	875.00	875.00
1986	AURORA 67001	100	875.00	875.00
1986	CELESTE 6702	100	875.00	875.00
1986	DEVINA 67000	100	875.00	875.00
1986	JO/SKATING 10267	26	750.00	750.00
1986	MATTINA 67004	100	875.00	875.00
1986	MEG W/BASKET 10268	26	625.00	625.00

FISH SCULPTURES

YR	NAME	LIMIT	ISSUE	TREND
1983	TROPICAL FISH	150	2700.00	2700.00

YR	NAME	LIMIT	ISSUE	TREND
*			**FLORAL SCULPTURES**	
1971	DAISIES	350	600.00	1045.00
1971	SWAN CENTERPIECE	135	1950.00	2925.00
1971	SWEET VIBURNUM	35	650.00	1395.00
1972	CHRYSANTHEMUMS	350	1100.00	2030.00
1973	DOGWOOD	250	625.00	1025.00
1973	STEPTOCALYX POEPPIGII	50	3400.00	4485.00
1974	DEBUTANTE CAMELIA	500	625.00	850.00
1974	DOUBLE PEONY	275	575.00	995.00
1974	GENTIANS	350	425.00	725.00
1974	WATERLILY	350	400.00	725.00
1975	EMMETT BARNES CAMELLIA	425	550.00	760.00
1975	MAGNOLIA GRANDIFLORA 300-12	750	650.00	1525.00
1976	ORCHID CACTUS	100	650.00	1025.00
1976	QUEEN OF THE NIGHT CACTUS	125	650.00	975.00
1976	ROSE, SUPREME PEACE	250	850.00	1745.00
1976	ROSE, SUPREME YELLOW	250	850.00	1725.00
1976	SWAN LAKE CAMELLIA	750	825.00	1790.00
1978	DOUBLE CLEMATIS CENTERPIECE	150	1500.00	1775.00
1978	EDWARD BOEHM CAMELLIA 300-23	500	850.00	950.00
1978	HELEN BOEHM CAMELLIA	500	600.00	1100.00
1978	HELEN BOEHM DAYLILY	175	975.00	1140.00
1978	HELEN BOEHM IRIS	175	975.00	1175.00
1978	PINK LOTUS 300-21	175	975.00	1050.00
1978	RHODODENDRON CENTERPIECE	350	1150.00	1900.00
1978	ROSE, BLUE MOON	500	650.00	900.00
1978	ROSE, PASCALI 300-24	500	950.00	1520.00
1978	ROSE, TROPICANA	500	475.00	1075.00
1978	SPANISH IRIS	500	600.00	750.00
1978	WATSONII MAGNOLIA	250	575.00	675.00
1979	CACTUS DAHLIA	300	800.00	960.00
1979	GRAND FLORAL CENTERPIECE	15	7500.00	8755.00
1979	HONEYSUCKLE	200	900.00	1050.00
1980	BEGONIA/PINK 30041	500	1250.00	1465.00
1980	BLUEBONNETS 30050	160	650.00	765.00
1980	CAPRICE IRIS/PINK 30049	235	650.00	720.00
1980	MAGNOLIA GRANDIFLORA 300-47	350	1650.00	1930.00
1980	MISS INDIANA IRIS/BLUE 30049	235	650.00	705.00
1980	ORCHID/PINK 30036	175	725.00	775.00
1980	ORCHID/YELLOW 30037	130	725.00	775.00
1980	PARROT TULIPS 30042	300	850.00	1000.00
1980	ROSE, ALEC'S RED	500	1050.00	1390.00
1980	ROSE/ELIZABETH OF GLAMIS 30046	500	1650.00	1965.00
1980	ROSE/PEACH 30038	350	1800.00	2060.00
1980	TREE PEONY 30043	325	1400.00	1480.00
1981	DAISY, WHITE	75	975.00	995.00
1981	DOGWOOD 30045	510	875.00	950.00
1981	JULIA HAMITER CAMELLIA 30061	300	675.00	740.00
1981	NANCY REAGAN CAMELLIA 30076	600	650.00	825.00
1981	POINSETTIA 30055	200	1100.00	1225.00
1981	POPPIES 30058	325	1150.00	1260.00
1981	RHODODENDRON 30064	275	825.00	895.00
1981	ROSE GRACE DE MONACO 30071	350	1650.00	1935.00
1981	ROSE/ANNENBERG 30051	200	1450.00	1490.00
1981	ROSE/GRANDPA DICKSON 30069	225	1200.00	1425.00
1981	ROSE/JUST JOEY 30052	240	1050.00	1050.00
1981	ROSE/LADY HELEN 30070	325	1350.00	1515.00
1981	ROSE/NANCY REAGAN 35027	1200	800.00	920.00
1981	ROSE/PRINCE CHARLES & LADY DIANA CENTERPIECE 30065	100	4800.00	6325.00
1981	ROSE/PRINCE CHARLES & LADY DIANA FLORAL 30068	600	750.00	845.00
1981	ROSE/TROPICANA IN CONCH SHELL 30060	150	1100.00	1100.00
1981	ROSE/YELLOW IN SHELL 30059	300	1100.00	1150.00
1982	DOUBLE PEONY 30078	110	1525.00	1630.00
1982	MAGNOLIA CENTERPIECE 30101	15	6800.00	6975.00
1982	MARIGOLDS 30072	150	1275.00	1275.00
1982	PONTIFF IRIS 30097	200	3000.00	3825.00
1982	ROSE/JEHAN SADAT 30080	200	875.00	1025.00
1982	ROSE/MOUNTBATTEN 30094	50	1525.00	1660.00
1982	ROSE/PASCALI 30093	250	1500.00	1700.00
1982	ROSE/PRINCESS MARGARET 30095	350	950.00	1165.00
1982	ROSE/QUEEN ELIZABETH 30091	350	1450.00	1780.00
1982	ROSE/ROYAL BLESSING 30099	500	1350.00	1710.00
1982	ROYAL BOUQUET 30092	125	1500.00	1680.00
1982	SCABIOUS W/JAPONICA 30090	50	1550.00	1570.00
1982	TIGER LILIES/ORANGE 30077	350	1225.00	1265.00
1982	TULIPS 30089	180	1050.00	1085.00
1983	CHRYSANTHEMUM 30105	75	1250.00	1460.00
1983	EMPRESS CAMELLIA/WHITE 30109	350	1025.00	1045.00
1983	ROSE/YANKEE DOODLE 30108	450	650.00	695.00
1983	SPRING CENTERPIECE 30110	100	1125.00	1190.00
1984	LADY'S SLIPPER ORCHID 30112	76	575.00	575.00
1984	MARY HEATLEY BEGONIA 30111	200	1100.00	1120.00
1984	ORCHID CENTERPIECE/ASSORTED 30016	150	2600.00	2645.00
1984	ORCHID CENTERPIECE/PINK 30115	350	2100.00	2485.00
1984	ORCHID, CYMBIDIUM 30114	160	575.00	620.00
1984	ORCHID, ODONTOGLOSSUM 30113	100	575.00	605.00
1985	CHRYSANTHEMUM PETAL CAMELLIA 30125	500	575.00	595.00
1985	EMMETT BARNES CAMELLIA 30120	275	625.00	630.00
1985	KAMA PUA HIBISCUS/ORANGE 30128	122	1600.00	1610.00

YR	NAME	LIMIT	ISSUE	TREND
1985	PEONIES/WHITE 30118	100	1650.00	1650.00
1985	RHODODENDRON/PINK, YELLOW 30122	125	1850.00	1885.00
1985	ROSE/DUET 30130	200	1525.00	1540.00
1985	ROSE/HELEN BOEHM 30121	360	1475.00	1480.00
1985	SEMINOLE HIBISCUS/PINK 30129	100	1800.00	1810.00
1986	CHERRIES JUBILEE CAMELLIA 10388	250	625.00	625.00
1986	GLOBE OF LIGHT PEONY 10372	125	475.00	500.00
1986	ICARIAN PEONY CENTERPIECE 30119	33	2800.00	2860.00
1986	ROSE CENTERPIECE/YELLOW 10370	25	5500.00	5620.00

BOYDS COLLECTION LTD.

G. LOWENTHAL — BEARSTONE COLLECTION HOLIDAY PAGEANT

YR	NAME	LIMIT	ISSUE	TREND
1995	BALDWIN AS THE CHILD 2403	OP	15.00	45.00
1995	NEVILLE AS JOSEPH 2401	OP	15.00	45.00
1995	STAGE, THE	*	*	100.00
1995	THERESA AS MARY 2402	OP	15.00	45.00
1996	HEATH AS CASPER 2405	OP	15.00	40.00
1996	RALEIGH AS BALTHAZAR 2406	OP	15.00	40.00
1996	THATCHER & EDEN 2407	OP	18.00	40.00
1996	WILSON AS MELCHOIR 2404	OP	15.00	40.00

G. LOWENTHAL — BEARSTONE COLLECTION SHOE BOX BEARS

YR	NAME	LIMIT	ISSUE	TREND
1996	AUGUSTUS GUS GRIZBERG 3200	*	19.00	45.00
1996	GLADYS GRIZBERG 3201-01	*	15.00	60.00
1996	THADDEUS BUD GRIZBERG 25700	*	10.00	45.00
1997	MAISEY "THE GOIL" GRIZBERT	*	*	60.00

G. LOWENTHAL — BEARSTONE COLLECTION/FIRST EDITIONS

YR	NAME	LIMIT	ISSUE	TREND
1993	ARTHUR WITH RED SCARF 2003	RT	14.00	175.00
1993	BAILEY BEAR WITH SUITCASE 2000 (ROUGH)	RT	14.00	550.00
1993	BAILEY BEAR WITH SUITCASE 2000 (SMOOTH)	OP	14.00	155.00
1993	BAILEY IN THE ORCHARD 2006	RT	14.00	325.00
1993	BYRON & CHEDDA WITH CATMINT 2010	RT	14.00	160.00
1993	CHRISTIAN BY THE SEA	RT	14.00	155.00
1993	DAPHNE HARE & MAISY EWE 2011	RT	14.00	140.00
1993	FATHER CHRISBEAR AND SON 2008	RT	15.00	495.00
1993	GRENVILLE & NEVILLE THE SIGN 2099 BR/BOTTOM	RT	16.00	145.00
1993	GRENVILLE WITH GREEN SCARF 2003-04	RT	10.00	650.00
1993	GRENVILLE WITH RED SCARF 2003-08	RT	10.00	165.00
1993	MORIARTY 2005	RT	14.00	220.00
1993	NEVILLE THE BEDTIME BEAR 2002	RT	14.00	140.00
1993	SIMONE DE BEARVOIRE AND HER MOM 2001	RT	14.00	395.00
1993	VICTORIA THE LADY 2004	CL	18.00	285.00
1993	WILSON WITH LOVE SONNET 2007	RT	13.00	600.00
1994	AGATHA AND SHELLY SCAREDY CAT 2245	CL	16.00	100.00
1994	BAILEY & EMILY FOREVER FRIENDS 2018	RT	34.00	165.00
1994	BAILEY & WIXIE TO HAVE AND TO HOLD 2017	RT	16.00	375.00
1994	BAILEY AT THE BEACH 2020-09	RT	16.00	175.00
1994	BAILEY'S BIRTHDAY 2014	OP	16.00	250.00
1994	BESSIE THE SANTA COW 2239	RT	16.00	100.00
1994	CELESTE THE ANGEL RABBIT 2230	RT	16.00	375.00
1994	CHARLOTTE & BEBE 2229	RT	16.00	125.00
1994	CHRISTMAS BIG/LITTLE PIG 2256	RT	32.00	250.00
1994	CLARA THE NURSE 2231	CL	16.00	500.00
1994	CLARENCE ANGEL BEAR 2029-11	RT	13.00	125.00
1994	COOKIE THE SANTA CAT 2237	RT	15.00	100.00
1994	DAPHNE THE READER HARE 2226	RT	14.00	175.00
1994	EDMUND & BAILEY GATHERING HOLLY 2240	CL	25.00	195.00
1994	ELGIN THE ELF BEAR 2236	RT	14.00	110.00
1994	ELLIOT & SNOWBEARY 2242	CL	15.00	125.00
1994	ELLIOT & THE TREE 2241	CL	16.00	250.00
1994	GRENVILLE & BEATRICE, BEST FRIENDS 2016	RT	26.00	475.00
1994	GRENVILLE THE GRADUATE 2233	RT	16.00	140.00
1994	GRENVILLE THE SANTA BEAR 2030	RT	14.00	575.00
1994	HOMER ON THE PLATE 2218 AMERICA	OP	16.00	125.00
1994	HOPE...ANGEL BEAR W/WREATH 2501	RT	*	38.00
1994	JULIETTE ANGEL BEAR 2029-10	RT	13.00	145.00
1994	JUSTINA & M. HARRISON 2015	CL	26.00	140.00
1994	KNUTE & THE GRIDIRON 2245	RT	16.00	100.00
1994	KRINGLE & BAILEY WITH LIST 2235	CL	14.00	120.00
1994	MANHEIM THE ECO-MOOSE 2243	OP	16.00	100.00
1994	MAYNARD THE SANTA MOOSE 2238	RT	16.00	120.00
1994	SEBASTIAN'S PRAYER 2227	RT	16.00	130.00
1994	SHERLOCK & WATSON IN DISGUISE 2019	RT	16.00	165.00
1994	TED AND TEDDY 2223	RT	16.00	155.00
1994	WILSON AT THE BEACH 2020-06	RT	16.00	155.00
1994	WILSON THE PERFESSER 2222	RT	16.00	130.00
1995	AMELIA'S ENTERPRISE 2258	RT	16.00	100.00
1995	ANGELICA THE GUARDIAN 2266	CL	19.00	85.00
1995	BAILEY THE BAKER WITH SWEETIE PIE 2254	CL	13.00	100.00
1995	BAILEY THE CHEERLEADER 2268	CL	16.00	65.00
1995	BAILEY THE HONEYBEAR 2260	CL	16.00	90.00
1995	COOKIE CATBERG KNITTIN' KITTEN 2250	RT	19.00	85.00
1995	DAPHNE & ELOISE WOMEN'S WORK 2251	CL	18.00	100.00
1995	ELF BEAR WITH LIST (CANADIAN)	*	32.00	1500.00
1995	EMMA THE WITCHY BEAR 2269	CL	18.00	85.00
1995	GRENVILLE & KNUTE FOOTBALL BUDDIES 2255	CL	20.00	85.00
1995	GRENVILLE THE STORYTELLER 2265 JAN.	RT	49.00	165.00
1995	HOPALONG THE DEPUTY 2247	CL	14.00	75.00
1995	LEFTY ON THE MOUND 2056 (BC)	OP	15.00	105.00
1995	MISS BRUIN & BAILEY THE LESSON 2259	CL	16.00	150.00

YR	NAME	LIMIT	ISSUE	TREND
1995	OTIS TAXTIME 2262	RT	16.00	100.00
1995	OTIS THE FISHERMAN 2249-06	CL	16.00	95.00
1995	SIMONE & BAILEY HELPING HANDS 2267	CL	26.00	80.00
1995	STAGE, THE 2425	OP	35.00	100.00
1995	TEDDY BEAR REUNION IN THE HEARTLANDS 2245	CL	*	450.00
1995	UNION JACK LOVE LETTERS 2263	CL	19.00	95.00
1995	WILSON THE WONDERFUL WIZARD OF WUZ 2261	CL	15.00	85.00
1996	BAILEY HEART'S DESIRE 2272	OP	15.00	75.00
1996	ELLIOT THE HERO 2280	OP	17.00	95.00
1996	EMMA & BAILEY AFTERNOON TEA 2277	CL	18.00	90.00
1996	EWELL & WALTON MANITOBA MOOSELMEN 2228 (CN)	12000	18.00	85.00
1996	GRENVILLE & BEATRICE TRUE LOVE 2274	OP	36.00	125.00
1996	GRENVILLE WITH MATTHEW & BAILEY 2281	OP	35.00	90.00
1996	JUSTINA MESSAGE BEARER 2273	OP	16.00	60.00
1996	KRINGLE & COMPANY 2283	OP	18.00	80.00
1996	KRINGLE & COMPANY 2283-01	*	18.00	100.00
1996	M. HARRISON'S BIRTHDAY 2275	OP	17.00	60.00
1996	MOMMA MCBEAR 2282	OP	15.00	80.00
1996	MS. GRIZ (BLUE) MONDAY MORNING 2276	OP	34.00	100.00
1996	MS. GRIZ (PINK) MONDAY MORNING 2276	CL	34.00	125.00
1996	MS. GRIZ...SATURDAY NIGHT 2284	OP	15.00	60.00
1996	NOAH & CO. ARK BUILDERS 2278 JAN.	RT	61.00	190.00
1996	SIR EDMUND PERSISTENCE 2279	CL	21.00	95.00
1997	BAILEY..THE GRADUATE 227701-10	OP	17.00	17.00
1997	BAILEYÖPOOR OLD BEAR 227704	RT	14.00	50.00
1997	EDMUND THE GRADUATE 227701-07	OP	17.00	17.00
1997	FLYING LESSON 227801	YR	62.00	65.00
1997	FLYING LESSON WATERGLOBE 270601	RT	62.00	90.00
1997	NEVILLE COMPUBEAR 227702	OP	16.00	40.00
1997	ZOE, ANGEL OF LIFE 2286	RT	15.00	40.00
1998	BEATRICE, WE ARE ALWAYS THE SAME AGE INSIDE 227802	YR	62.00	75.00
1998	COLLECTOR, THE 227707	OP	21.00	21.00
1998	ELVIRA & CHAUNCEY FITZBRUIN, SHIPMATES 227708	OP	19.00	40.00
1998	FELDMAN D. FINKLEBEARG & DOOLEY 227710	OP	20.00	35.00
1998	MARGOT THE BALLERINA 227709	OP	18.00	30.00
1999	ALEXANDRA AND BELLE...TELEPHONE TIED 227720	OP	19.00	35.00
1999	ARNOLD P. BOMBER...THE DUFFER 227714	OP	21.00	21.00
1999	BAILEY, THE BRIDE 227712	OP	18.00	30.00
1999	BERNICE AS MRS. NOAH, THE CHIEF COOK 2427	OP	11.00	11.00
1999	BUMBLE B. BEE, SWEETER THAN HONEY 227718	OP	16.00	30.00
1999	CHRISSIE, GAME, SET, MATCH 227717	OP	17.00	17.00
1999	DAPHNE & ELOISE MUSICAL 270553	OP	35.00	35.00
1999	ELVIRA & CHAUNCEY FITZBRUIN, SHIPMATES WATERGLOBE	OP	37.00	37.00
1999	FLASH MCBEAR AND THE SITTING 227721	OP	33.00	33.00
1999	GARY, TINA, MATT & BAILEY 227804	OP	46.00	46.00
1999	GRANT AND CLARI 227724	CL	*	55.00
1999	JEREMY AS NOAH, THE ARK BUILDING 2426	OP	11.00	11.00
1999	MS. BRUIN & BAILEY, THE LESSON MUSICAL 270554	OP	38.00	45.00
1999	NOAH, AND THE GOLDEN RULE 27754	OP	26.00	26.00
1999	SS NOAH, THE ARK 2450	OP	35.00	35.00
1999	STRETCH AND SKYE LONGNECKER, THE LOOKOUTS 2428	OP	11.00	11.00
1999	WANDA AND GERT, A LITTLE OFF THE TOP 227719	OP	18.00	18.00

G. LOWENTHAL   **DOLLSTONE COLLECTION/FIRST EDITIONS**

YR	NAME	LIMIT	ISSUE	TREND
1995	KATHERINE WITH AMANDA & EDMUND KIND HEARTS 3505	RT	20.00	80.00
1995	MEGAN WITH ELLIOT & ANNIE CHRISTMAS CAROL 3504	RT	20.00	80.00
1995	VICTORIA WITH SAMANTHA VICTORIAN LADIES 3502	RT	20.00	85.00
1996	ANNE THE MASTERPIECE	OP	24.00	70.00
1996	ASHLEY WITH CHRISTIE DRESS UP 3506	RT	21.00	80.00
1996	BETSY WITH EDMUND WITH UNION JACK BC3503-1	OP	25.00	70.00
1996	BETSY WITH EDMUND, THE PATRIOTS 3503	OP	20.00	85.00
1996	CANDICE WITH MATTHEW GATHERING APPLES 3514	RT	19.00	65.00
1996	COURTNEY WITH PHOEBE GCC EXCLUSIVE 3512-01	RT	28.00	85.00
1996	COURTNEY WITH PHOEBE, OVER THE RIVER 3512	CL	25.00	80.00
1996	EMILY WITH KATHLEEN AND OTIS, THE FUTURE 3508	OP	30.00	85.00
1996	JEAN WITH ELLIOT & DEBBIE THE BAKERS 3510	OP	20.00	50.00
1996	JENNIFER WITH PRISCILLA THE DOLL IN THE ATTIC 3500	RT	21.00	90.00
1996	MALLORY WITH PATSY & JB HALLOWEEN 3517	RT	27.00	75.00
1996	MEGAN WITH ELLIOT CHRISTMAS CAROL 2720	RT	39.00	90.00
1996	MICHELLE WITH DAISY...READING IS FUN 3511	OP	18.00	60.00
1996	PATRICIA WITH MOLLY ATTIC TREASURES 3501	RT	14.00	85.00
1996	REBECCA WITH ELLIOT...BIRTHDAY! 3509	OP	21.00	65.00
1996	SARAH & HEATHER WITH ELLIOT, DOLLY & AMELIA 3507	RT	46.00	125.00
1997	AMAZING BAILEY MAGIC SHOW 3518	YR	60.00	60.00
1997	BENJAMIN WITH MATTHEW, THE SPEED TRAP 3524	OP	30.00	35.00
1997	CAITLIN WITH EMMA & EDMUND, DIAMPERING BABY 3525	RT	20.00	45.00
1997	JULIA WITH EMMY LOU, GARDEN FRIENDS 3520	OP	19.00	35.00
1997	KAREN WITH WILSON AND ELOISE, MOTHER'S PRESENT	RT	20.00	35.00
1997	KRISTI WITH NICOLE, SKATER'S WATLZ 3516	OP	22.00	22.00
1997	LAURA WITH JANE, FIRST DAY OF SCHOOL 3522	OP	23.00	45.00
1997	NATALIE & JOY 3519	CL	22.00	35.00
1998	AMY AND EDMUND, MOMMA'S CLOTHES 3529	OP	30.00	40.00
1998	JAMIE AND THOMASINA, THE LAST ONE 3530	OP	20.00	40.00
1998	JESSICA & TIMMY, ANIMAL HOSPITAL 3532	72,000	40.00	40.00
1998	MARY AND PAUL, THE PRAYER 3531-01	RT	16.00	40.00
1998	SHELBY, ASLEEP IN TEDDY'S ARMS 3527	OP	15.00	15.00
1998	TERESA AND JOHN, THE PRAYER 3531	OP	14.00	30.00
1999	GRACE AND FAITH, I HAVE A DREAM MUSICAL 272054	OP	36.00	36.00
1999	HEATHER WITH LAUREN, BUNNY HELPERS 3538	OP	20.00	20.00
1999	KELLY AND CO., THE BEAR COLLECTOR 3542	OP	35.00	55.00

YR	NAME	LIMIT	ISSUE	TREND
1999	LUCINDA AND DAWN, BY THE SEA 27951	OP	26.00	26.00
1999	LUCINDA AND DAWN, BY THE SEA 3536	OP	18.00	18.00
1999	MELISSA WITH KATIE, THE BALLET 3537	OP	18.00	18.00
1999	MEREDITH WITH JACQUELINE, DAISY CHAIN 3541	OP	18.00	18.00
1999	RYAN AND DIANE, LOVE IS FOREVER WATERGLOBE 272053	OP	37.00	37.00
1999	STEPHANIE WITH JIM, SCHOOL DAYS 3540	OP	25.00	25.00
G. LOWENTHAL			**FAERIE COLLECTION**	
1996	FIXIT SANTA'S FAERIE	RT	18.00	50.00
G. LOWENTHAL		**FOLKSTONE COLLECTION GCC EXCLUSIVE**		
1996	ST. NICK 2808 (THE QUEST)	*	20.00	60.00
G. LOWENTHAL	**FOLKSTONE COLLECTION/FIRST EDITIONS ORIGINAL VERSION**			
*		OP	*	5.00
1994	ANGEL OF FREEDOM 2820	RT	16.00	90.00
1994	ANGEL OF LOVE 2821	RT	17.00	90.00
1994	ANGEL OF PEACE 2822	RT	17.00	90.00
1994	BEATRICE/BIRTHDAY ANGEL 2825	RT	20.00	65.00
1994	CHILLY & SON 2811	RT	17.00	88.00
1994	ELMER BEEN FARMIN' LONG? 2851	RT	18.00	60.00
1994	FLORENCE KITCHEN ANGEL 2824	RT	20.00	80.00
1994	IDA & BESSIE THE GARDENERS 2852	RT	18.00	60.00
1994	JILL LANGUAGE OF LOVE 2842	RT	18.00	100.00
1994	JINGLE MOOSE 2830	RT	17.00	115.00
1994	JINGLES & SON WITH WREATH 2812	RT	18.00	105.00
1994	LIZZIE THE SHOPPING ANGEL 2827	RT	20.00	65.00
1994	MINERVA THE BASEBALL ANGEL 2826	RT	20.00	58.00
1994	MYRTLE BELIEVE 2840	RT	18.00	60.00
1994	NICHOLAI 2800	RT	17.00	110.00
1994	NICHOLAS WITH BOOK 2802	RT	18.00	100.00
1994	NICK ON ICE 3001	RT	50.00	125.00
1994	NIKKI WITH CANDLE 2801	RT	17.00	80.00
1994	OCEANA OCEAN ANGEL 2823	RT	17.00	105.00
1994	PETER THE WHOPPER 2841	RT	18.00	60.00
1994	RUFUS HOE DOWN 2850	YR	18.00	55.00
1994	SANTA'S CHALLENGE 3002	RT	32.00	125.00
1994	SANTA'S FLIGHT PLAN 3000	RT	32.00	125.00
1994	WINDY WITH BOOK 2810	RT	17.00	100.00
1995	ABIGAIL PEACEABLE KINGDOM 2829	RT	19.00	65.00
1995	BEATRICE THE GIFTGIVER 2836	RT	18.00	50.00
1995	BOOWINKLE VONHINDEN MOOSE 2831	OP	18.00	60.00
1995	ERNEST HEMMINGMOOSE THE HUNTER 2835	RT	18.00	65.00
1995	ESMERALDA THE WONDERFUL WITCH 2860	OP	18.00	65.00
1995	ICABOD MOOSELMAN THE PILGRIM 2833	RT	18.00	60.00
1995	JEAN CLAUDE & JACQUES 2815	OP	17.00	50.00
1995	JEAN CLAUDE & JACQUES THE SKIERS 2710 WATERGLOBE	OP	17.00	65.00
1995	NANICK OF THE NORTH 2804	OP	18.00	68.00
1995	NORTHBOUND WILLIE 2814	RT	17.00	70.00
1995	PRUDENCE MOOSELMAID THE PILGRIM 2834	RT	18.00	60.00
1995	SANTA...DECEMBER 26	RT	32.00	125.00
1995	SANTA'S FLIGHT PLAN WATERBALL 2703	RT	37.00	60.00
1995	SERAPHINA WITH JACOB & RACHEL 2828	RT	20.00	70.00
1995	SIEGFRIED AND EGON THE SIGN 2899	RT	19.00	50.00
1995	SLIK NICK 2803	RT	18.00	55.00
1996	ALVIN T. MACBARKER DOG FACE 2872	RT	19.00	50.00
1996	ATHENA THE WEDDING ANGEL 28202	OP	19.00	60.00
1996	BERNIE 2873	OP	18.00	45.00
1996	BETTY COCKER 2870	OP	19.00	85.00
1996	BUSTER GOES A COURTIN' 2844	RT	19.00	50.00
1996	COSMOS THE GARDENING ANGEL	OP	19.00	55.00
1996	EGON THE SKIER 2837	CL	18.00	50.00
1996	ELMO TEX BEEFCAKE 2853	RT	19.00	60.00
1996	FLORA & AMELIA THE GARDENERS 2843	CL	19.00	60.00
1996	FLORA, AMELIA & ELOISE TEA PARTY 2846	RT	19.00	55.00
1996	G.M.'S CHOICE ETHEREAL 28203-06	7200	19.00	175.00
1996	ILLUMINA ANGEL OF LIGHT 28203	CL	19.00	80.00
1996	LORETTA MOOSTEIN 2854	RT	19.00	55.00
1996	NANICK & SIGFRIEND 2807	10,000	33.00	150.00
1996	NANNY 2817	OP	18.00	45.00
1996	NICKNOAH 2806	OP	18.00	55.00
1996	NO-NO NICK 2805	RT	18.00	60.00
1996	ROBIN 2816	OP	18.00	45.00
1996	SERENITY THE MOTHER'S ANGEL 28204	OP	19.00	60.00
1996	SPARKY MCPLUG 2871	OP	19.00	60.00
1996	TOO LOOSE LAPIN 2845	RT	19.00	45.00
1997	ASTRID ISINGLASS, SNOW ANGEL 28206-06	YR	24.00	50.00
1997	BEARLY NICK & BUDDIES 28001	OP	20.00	20.00
1997	GABRIELLE GABBY FAERIEJABBER 36003	RT	19.00	30.00
1997	HELGA WITH INGRID & ANNA, BE WARM 2818	OP	19.00	30.00
1997	INFINITI FAERIELOVE, THE WEDDING FAERIE 36101	RT	16.00	16.00
1997	KRYSTAL ISINGLASS, SNOW ANGEL 28206	OP	19.00	45.00
1997	MADGE, THE MAGICIAN/BEAUTICIAN 28243	OP	19.00	19.00
1997	MERCY, ANGEL OF NURSES 28240	OP	19.00	35.00
1997	MONTAGE VON HINDENMOOSE, SURPRISE 2839	OP	19.00	25.00
1997	MS. PATIENCE, ANGEL OF TEACHERS 28241	RT	19.00	30.00
1997	OLAF, MOGUL MEISTER 2819	OP	17.00	17.00
1997	POLARIS & NORTH STAR ON ICE 2880	OP	19.00	19.00
1997	PRUDENCE & DAFFODILS 2847	OP	18.00	45.00
1997	SGT. REX & MATT, THE RUNAWAY 2874	OP	20.00	20.00
1997	ST. NICK, THE QUEST 2808	OP	19.00	25.00
1997	YUKON, KODIAK & NANUK WATERGLOBE 271001	OP	39.00	39.00

YR	NAME	LIMIT	ISSUE	TREND
1997	ZIGGY, THE DUFFER 2838	CL	40.00	40.00
1998	AUNTIE COCOA M. MAXIMUS, CHOCOLATE ANGEL 28242	OP	20.00	65.00
1998	BIRDIE HOLEINONE 28245	OP	20.00	25.00
1998	FRANCOISE & SUZANNE, THE SPREE 2875	OP	20.00	20.00
1998	LIDDY PEARL, HOW DOES YOUR GARDEN GROW 2881	12,000	40.00	85.00
1998	MISS PRUDENCE P. CARROTJUICE, MULTIPLICATION 2848	OP	19.00	19.00
1998	NANA MCHARE AND THE LOVE GARDENERS 2849	OP	20.00	20.00
1998	PURRSCILLA G. PUSSENBOOTS, MITTEN KNITTERS 2865	OP	21.00	21.00
1999	AUDUBON P. PUSSYWILLOW, THE BIRDWATCHER 27803	OP	26.00	26.00
1999	HARRIET AND PUNCH WITH HERMINE, CHALLENGE 28402	OP	19.00	19.00
1999	LAVERNE B. BOWLER, STRIKES AND SPARES 28248	OP	18.00	18.00
1999	MS. FRIES, GUARDIAN ANGEL OF WAITRESSES 28246	OP	19.00	19.00
1999	MS. MCFRAZZLE, DAYCARE EXTRAORDINAIRE 2883	OP	20.00	20.00
1999	MYRON R. FISHMEISTER AND BILLY BOB 28247	OP	21.00	21.00
1999	WENDY WILLOWHARE, A TISKET A TASKET 28401	OP	20.00	20.00

G. LOWENTHAL   LOYAL ORDER OF FRIENDS OF BOYDS CLUB

1996	UNCLE ELLIOT...THE HEAD BEAN WANTS YOU!	RT	30.00	85.00

G. LOWENTHAL   MUSICAL WATERGLOBES

1994	GRENVILLE THE SANTA BEAR 2700	RT	38.00	50.00
1995	ANGELICIA THE GUARDIAN ANGEL 2702	RT	37.00	75.00
1995	ELLIOT & THE TREE 2704	RT	35.00	50.00
1996	NOAH & CO. 2706	6144	51.00	325.00
1996	SIMONE & BAILEY 2705	RT	35.00	75.00

BRADFORD EDITIONS

*

FAIRYTALE PRINCESS BELL JAR COLLECTION

1997	CINDERELLA BELL JAR	120-DAYS	30.00	30.00

T. JOHNSON   SOMEONE TO WATCH OVER ME BELL JAR COLLECTION

1997	FAITHFUL CARE	*	30.00	30.00

BRADFORD EXCHANGE

L. LIU   LENA LIU'S SCULPTURAL HUMMINGBIRD TREASURY BELL JAR

1998	RUBY-THROATED HUMMINGBIRD	*	*	N/A

BRIERCROFT

C.R. FARLOW   GIFTGIVERS 8" SERIES

1999	CROATIAN GIFT GIVER	5000	50.00	50.00
1999	GREEK GIFTGIVER	5000	50.00	50.00
1999	LITHUANIAN GIFTGIVER	5000	50.00	50.00

C.R. FARLOW   INTERNATIONAL GIFTGIVERS

1995	CZECHOSLOVAKIAN	5000	*	60.00
1995	IRISH FATHER CHRISTMAS	5000	*	60.00
1995	NORWEGIAN NISSE	5000	*	60.00
1996	CHRISTKINDEL-AUSTRIA	5000	*	60.00
1996	DANISH JULEMAND	5000	*	60.00
1996	SAMICHLOUS-SWITZERLAND	5000	*	60.00

C.R. FARLOW   INTERNATIONAL SANTAS

1993	AMERICAN '40S BABY BOOMER	5000	27.00	45.00
1993	ITALIAN BABBO NATALIE	5000	27.00	45.00
1993	SANTA'S PUP	5000	5.00	9.00
1993	SWEDISH TOMTEN & YULEBOCK	5000	27.00	45.00
1994	AMERICAN '40S BABY BOOMER-BLACK	5000	27.00	45.00
1994	BANJO SANTA (W/ORNAMENT)	5000	16.00	30.00
1994	BELGIAN ST. NICHOLAS (W/ORNAMENT)	5000	6.00	10.00
1994	DUTCH SINTER KLAAS	5000	27.00	45.00
1994	DUTCH SINTER KLAAS (W/ORNAMENT)	5000	6.00	10.00
1994	FRENCH PERE NOEL (W/ORNAMENT)	5000	6.00	10.00
1994	MARIACHI SANTA	5000	27.00	45.00
1994	POLISH GIFT GIVER	5000	27.00	45.00
1994	POLISH GIFT GIVER (W/ORNAMENT)	5000	6.00	10.00
1994	RUSSIAN RATHER CHRISTMAS (W/ORNAMENT)	5000	6.00	10.00
1994	SPANISH GIFT GIVER	5000	27.00	45.00
1994	SPANISH GIFT GIVER (W/ORNAMENT)	5000	6.00	10.00
1994	SPOTTED PUP (W/ORNAMENT)	5000	6.00	10.00
1994	U.S. '40S BABY BOOMER (W/ORNAMENT)	5000	6.00	10.00
1994	U.S. '40S BABY BOOMER-BLACK (W/ORNAMENT)	5000	6.00	10.00

J. MCKENNA   LIMITED EDITION

1999	FEATHERED FRIENDS	4000	270.00	270.00

C.R. FARLOW   MALE ANGELS

1994	ANGEL AT THE TOMB	5000	25.00	39.00
1994	COMMANDER ANGEL	5000	25.00	39.00
1994	GABRIEL ANGEL	5000	25.00	39.00

C.R. FARLOW   NATIVITY

1993	INNKEEPER	5000	24.00	37.00
1993	INNKEEPER'S WIFE	5000	24.00	37.00
1994	EWE & NURSING LAMB	5000	12.00	24.00
1994	EWE & SLEEPING LAMB	5000	12.00	24.00
1994	GROUP OF SHEEP	5000	24.00	36.00
1994	NATIVITY ANGEL	5000	27.00	45.00
1994	SHEPHERD BOY WITH LAMB	5000	15.00	28.00
1994	THRESHING FLOOR ANGEL	5000	25.00	39.00

C.R. FARLOW   SMALL NISSE

1995	BALD SANTA	5000	*	47.00
1996	CAKE LADY	5000	*	20.00
1996	COFFEEBREAK LADY	5000	*	20.00
1996	COFFEEBREAK MAN	5000	*	20.00
1996	DANCING LADY	5000	*	20.00

YR	NAME	LIMIT	ISSUE	TREND
1996	LUKE'S GOSPEL NATIVITY/SMALL 5 PCS	5000	*	150.00
1996	READING MAN	5000	*	20.00
1996	VICTORIAN SANTA	5000	*	47.00

BYERS' CHOICE LTD.

J. BYERS   **ACCESSORIES**

YR	NAME	LIMIT	ISSUE	TREND
1998	DOOR	OP	52.00	52.00

J. BYERS   **CAROLERS**

YR	NAME	LIMIT	ISSUE	TREND
1982	VICTORIAN ADULT CAROLER (1ST VERSION)	RT	32.00	375.00
1982	VICTORIAN CHILD CAROLER (1ST VERSION)	CL	32.00	375.00
1983	VICTORIAN ADULT CAROLER (2ND VERSION)	RT	35.00	350.00
1983	VICTORIAN CHILD CAROLER (2ND VERSION)	RT	33.00	45.00
1986	SINGING DOGS	OP	13.00	13.00
1986	TRADITIONAL GRANDPARENTS	OP	35.00	100.00
1988	CHILDREN WITH SKATES	*	40.00	100.00
1988	SINGING CATS	OP	14.00	15.00
1988	VICTORIAN GRANDPARENT CAROLERS	OP	40.00	48.00
1991	ADULT SKATERS	CL	50.00	150.00
1991	TODDLER ON SLED W/DOG	CL	30.00	140.00
1992	CHILDREN SKATERS	OP	50.00	50.00

J. BYERS   **CHILDREN OF THE WORLD**

YR	NAME	LIMIT	ISSUE	TREND
1992	DUTCH BOY	RT	50.00	280.00
1992	DUTCH GIRL	RT	50.00	280.00
1993	BAVARIAN BOY	RT	50.00	225.00
1994	IRISH GIRL	RT	50.00	175.00

J. BYERS   **CHRISTMAS FIGURINES**

YR	NAME	LIMIT	ISSUE	TREND
1998	BELSNICKLE	*	64.00	64.00
1998	SEATED SANTA WITH TODDLER	*	90.00	90.00

J. BYERS   **CRIES OF LONDON**

YR	NAME	LIMIT	ISSUE	TREND
1991	LADY WITH APPLES	RT	80.00	1000.00
1992	CRY OF LONDON-BAKER	RT	62.00	175.00
1993	CHESTNUT ROASTER	RT	64.00	250.00
1994	FLOWER VENDOR	RT	64.00	125.00
1995	DOLLMAKER	RT	64.00	150.00
1995	GIRL HOLDING DOLL	CL	48.00	48.00
1998	CANDLESTICK MAKER	YR	72.00	72.00
1998	CHILDREN HOLDING CANDLES	OP	48.00	48.00

J. BYERS   **DICKENS SERIES**

YR	NAME	LIMIT	ISSUE	TREND
1983	SCROOGE (1ST EDITION)	RT	36.00	1500.00
1984	MRS. CRATCHET (1ST EDITION)	RT	38.00	1100.00
1984	SCROOGE (2ND EDITION)	OP	38.00	100.00
1985	MR. FEZZIWIG (1ST EDITION)	RT	43.00	700.00
1985	MRS. CRATCHIT (2ND EDITION)	OP	39.00	100.00
1985	MRS. FEZZIWIG (1ST EDITION)	RT	43.00	750.00
1986	MARLEY'S GHOST (1ST EDITION)	RT	40.00	325.00
1986	MR. FEZZIWIG (2ND EDITION)	RT	43.00	600.00
1986	MRS. FEZZIWIG (2ND EDITION)	RT	43.00	600.00
1987	MARLEY'S GHOST (2ND EDITION)	RT	42.00	275.00
1987	SPIRIT OF CHRISTMAS PAST (1ST EDITION)	RT	42.00	350.00
1988	SPIRIT OF CHRISTMAS PAST (2ND EDITION)	RT	46.00	350.00
1988	SPIRIT OF CHRISTMAS PRESENT (1ST ED.)	RT	44.00	350.00
1989	SPIRIT OF CHRISTMAS FUTURE (1ST EDITION)	RT	46.00	325.00
1989	SPIRIT OF CHRISTMAS PRESENT (2ND ED.)	RT	48.00	300.00
1990	BOB CRATCHET & TINY TIM	RT	84.00	150.00
1990	SPIRIT OF CHRISTMAS FUTURE (2ND EDITION)	CL	48.00	275.00
1991	BOB CRATCHIT & TINY TIM (2ND EDITION)	OP	86.00	175.00
1991	HAPPY SCROOGE (1ST EDITION)	CL	50.00	225.00
1992	HAPPY SCROOGE (2ND EDITION)	CL	50.00	200.00

J. BYERS   **DISPLAY FIGURES**

YR	NAME	LIMIT	ISSUE	TREND
1981	DISPLAY LADY	RT	*	2000.00
1981	DISPLAY MAN	RT	*	2000.00
1982	DISPLAY DRUMMER BOY (1ST VERSION)	RT	96.00	1000.00
1982	DISPLAY SANTA	RT	96.00	600.00
1983	DISPLAY CAROLERS	RT	200.00	500.00
1984	DISPLAY WORKING SANTA	RT	260.00	500.00
1985	DISPLAY CHILDREN	RT	140.00	1300.00
1985	DISPLAY DRUMMER BOY (2ND VERSION)	RT	160.00	500.00
1985	DISPLAY OLD WORLD SANTA	RT	260.00	500.00
1986	DISPLAY ADULTS	RT	170.00	250.00
1987	DISPLAY MECHANICAL BOY W/DRUM	RT	*	900.00
1987	DISPLAY MECHANICAL GIRL W/BELL	RT	*	700.00
1990	DISPLAY SANTA-BAYBERRY	RT	250.00	475.00
1990	DISPLAY SANTA-RED	RT	250.00	440.00

J. BYERS   **LIL' DICKENS**

YR	NAME	LIMIT	ISSUE	TREND
1992	LIL' DICKENS-SHOVEL	CL	17.00	35.00
1992	LIL' DICKENS-SLED	OP	17.00	17.00
1992	LIL' DICKENS-SNOWBALL (LG)	CL	17.00	35.00
1998	ASSORTED TODDLERS	OP	20.00	20.00
1998	TODDLER WITH CAT	OP	36.00	36.00
1998	TODDLER WITH DOG	OP	36.00	36.00

J. BYERS   **MUSICIANS**

YR	NAME	LIMIT	ISSUE	TREND
1983	VIOLIN PLAYER MAN	RT	38.00	1500.00
1984	VIOLIN PLAYER MAN (1ST & 2ND VERSION)	RT	38.00	1500.00
1985	HORN PLAYER	RT	38.00	650.00
1985	HORN PLAYER, CHUBBY FACE	RT	37.00	700.00
1986	VICTORIAN GIRL WITH VIOLIN	RT	39.00	400.00
1989	MUSICIAN WITH CLARINET	RT	44.00	550.00
1990	MUSICIAN WITH MANDOLIN	RT	46.00	250.00

YR	NAME	LIMIT	ISSUE	TREND
1991	BOY WITH MANDOLIN	RT	48.00	250.00
1991	MUSICIAN WITH ACCORDIAN	RT	48.00	275.00
1992	MUSICIAN WITH FRENCH HORN	RT	52.00	200.00

J. BYERS **NATIVITY**

YR	NAME	LIMIT	ISSUE	TREND
1987	ANGEL-GREAT STAR (BLONDE)	RT	40.00	290.00
1987	ANGEL-GREAT STAR (BRUNETTE)	RT	40.00	225.00
1987	ANGEL-GREAT STAR (RED HEAD)	RT	40.00	225.00
1987	BLACK ANGEL	RT	36.00	300.00
1988	SHEPHERDS	RT	37.00	100.00
1989	KING BALTHAZAR	RT	40.00	125.00
1989	KING GASPAR	RT	40.00	100.00
1989	KING MELCHIOR	RT	40.00	90.00
1990	HOLY FAMILY	RT	90.00	250.00

J. BYERS **NUTCRACKER**

YR	NAME	LIMIT	ISSUE	TREND
1993	MARIE 1ST ED.	RT	52.00	100.00
1994	FRITZ 1ST ED.	RT	56.00	150.00
1994	MARIE 2ND ED.	OP	53.00	53.00
1995	FRITZ 2ND ED.	CL	57.00	57.00
1995	LOUISE PLAYING PIANO 1ST ED.	RT	82.00	115.00
1998	PRINCE	OP	68.00	68.00

J. BYERS **SALVATION ARMY**

YR	NAME	LIMIT	ISSUE	TREND
1992	WOMAN W/KETTLE 1ST ED.	RT	64.00	175.00
1993	WOMAN W/TAMBOURINE	RT	58.00	90.00
1994	MAN W/CORONET	CL	54.00	150.00
1995	GIRL W/WAR CRY	OP	55.00	55.00
1998	MAN WITH TUBA	OP	58.00	58.00

J. BYERS **SANTAS**

YR	NAME	LIMIT	ISSUE	TREND
1978	OLD WORLD SANTA	RT	33.00	700.00
1978	VELVET SANTA	RT	*	300.00
1982	SANTA IN SLEIGH (1ST VERSION)	RT	46.00	800.00
1983	WORKING SANTA	RT	38.00	200.00
1984	MRS. CLAUS	RT	38.00	145.00
1984	SANTA IN SLEIGH (2ND VERSION)	RT	70.00	750.00
1986	MRS. CLAUS ON ROCKER	RT	73.00	625.00
1986	VICTORIAN SANTA	RT	39.00	275.00
1987	VELVET MRS. CLAUS	OP	44.00	44.00
1988	KNECHT RUPRECHT	RT	38.00	175.00
1988	SAINT NICHOLAS	RT	44.00	250.00
1989	RUSSIAN SANTA	RT	85.00	400.00
1990	WEIHNACHTSMANN	RT	56.00	200.00
1991	FATHER CHRISTMAS	RT	48.00	200.00
1992	MRS. CLAUS (2ND EDITION)	RT	50.00	115.00
1992	WORKING SANTA (2ND EDITION)	RT	52.00	125.00
1993	SKATING SANTA	RT	60.00	115.00
1994	VELVET SANTA W/STOCKING	OP	47.00	50.00

J. BYERS **SPECIAL CHARACTERS**

YR	NAME	LIMIT	ISSUE	TREND
1981	THANKSGIVING LADY (CLAY HANDS)	CL	*	2000.00
1981	THANKSGIVING MAN (CLAY HANDS)	CL	*	2000.00
1982	CHOIR CHILDREN, BOY AND GIRL	RT	32.00	800.00
1982	CONDUCTOR	RT	32.00	120.00
1982	DRUMMER BOY	RT	34.00	300.00
1982	EASTER BOY	RT	32.00	500.00
1982	EASTER GIRL	RT	32.00	500.00
1982	ICABOD	RT	33.00	1200.00
1982	LEPRECHAUNS	RT	34.00	1750.00
1982	VALENTINE BOY	RT	32.00	450.00
1982	VALENTINE GIRL	RT	32.00	450.00
1983	BOY ON ROCKING HORSE	RT	85.00	2500.00
1983	VICTORIAN CHILD	RT	33.00	100.00
1984	CHIMNEY SWEEP	RT	36.00	1350.00
1985	PAJAMA CHILDREN	RT	35.00	290.00
1987	BOY ON SLED	RT	50.00	400.00
1987	CAROLER WITH LAMP	RT	40.00	250.00
1987	MOTHER'S DAY	RT	94.00	500.00
1988	ANGEL TREE TOP	RT	*	350.00
1988	MOTHER HOLDING BABY	RT	40.00	175.00
1988	MOTHER'S DAY (DAUGHTER)	RT	125.00	450.00
1988	MOTHER'S DAY (SON)	RT	125.00	500.00
1989	GIRL WITH HOOP	RT	44.00	170.00
1989	MOTHER'S DAY (WITH CARRIAGE)	RT	75.00	450.00
1989	NEWSBOY WITH BIKE	RT	78.00	215.00
1990	GIRL ON ROCKING HORSE	RT	70.00	145.00
1990	PARSON	RT	44.00	175.00
1990	POSTMAN	RT	45.00	150.00
1991	BOY WITH TREE	RT	49.00	160.00
1991	CHIMNEY SWEEP (CHILD)	RT	50.00	120.00
1992	SALVATION ARMY-WOMAN WITH KETTLE 1ST	RT	64.00	125.00
1992	TEACHER	RT	48.00	120.00
1992	VICTORIAN MOTHER WITH TODDLER	RT	60.00	125.00
1993	LAMPLIGHTER	RT	48.00	250.00
1993	SCHOOL KIDS	RT	48.00	150.00
1994	BOY W/GOOSE	RT	50.00	75.00
1994	SANDWICH BOARD MAN W/RED BOARD	RT	52.00	100.00
1994	SANDWICH BOARD MAN W/WHITE BOARD	RT	52.00	52.00
1995	COUPLE IN SLEIGH	RT	110.00	190.00
1995	SHOPPER/MAN	RT	56.00	75.00
1995	SHOPPER/WOMAN	RT	56.00	75.00

YR	NAME	LIMIT	ISSUE	TREND
J. BYERS			**SPECIALTY FIGURINES**	
1998	CHILDREN WITH TOYS	OP	57.00	57.00
1998	CHILDREN WITH TREATS	CL	58.00	58.00
1998	INDIAN CHILDREN	OP	54.00	54.00
1998	MAN WITH BICYCLE	CL	82.00	82.00
1998	NURSE	CL	60.00	60.00
1998	PHOTOGRAPHER	OP	70.00	70.00
1998	SEATED VICTORIAN WOMAN	CL	70.00	70.00
1998	WOMAN SELLING CANDLES	CL	66.00	66.00
J. BYERS			**STORE EXCLUSIVE**	
1986	COLONIAL LAMPLIGHTER	RT	46.00	850.00
1987	COLONIAL WATCHMAN	RT	49.00	750.00
1987	SANTA IN ROCKING CHAIR WITH BOY	RT	130.00	1000.00
1987	SANTA IN ROCKING CHAIR WITH GIRL	RT	130.00	1000.00
1987	SKIER BOY	RT	40.00	300.00
1987	SKIER GIRL	RT	40.00	300.00
1988	COLONIAL LADY	RT	49.00	550.00
1988	MAN WITH GOOSE	RT	60.00	350.00
1988	SUGARIN KIDS	RT	41.00	300.00
1988	TOYMAKER	600	59.00	1300.00
1988	WOODSTOCK LADY	RT	41.00	355.00
1988	WOODSTOCK MAN	RT	41.00	355.00

CAIRN STUDIO LTD.

YR	NAME	LIMIT	ISSUE	TREND
T. CLARK			**ACORN COLLECTION**	
1981	EL & EM 151	RT	5.00	30.00
1981	EL KIM 152	RT	6.00	30.00
1981	ELF 162	RT	7.00	30.00
1981	ELK 154	RT	7.00	30.00
1981	ELLA 153	RT	7.00	35.00
1981	ELMER 155	RT	6.00	35.00
1981	ELVA 157	RT	8.00	30.00
1981	ELWOOD 156	RT	8.00	35.00
T. CLARK		**COLLECTOR SOCIETY ARTWORK SERIES**		
1983	RORIE 48	RT	35.00	500.00
1984	ERNEST 1030	RT	35.00	260.00
1985	KILMER 1126	RT	55.00	300.00
1987	HITCH 2018	RT	48.00	275.00
T. CLARK			**ESKIMOS**	
1981	KANUK 165	RT	29.00	165.00
1981	KEEGLOO 158	RT	33.00	375.00
1981	KLONDIKE 166	RT	31.00	180.00
T. CLARK			**GNOMES & WOODSPIRITS**	
1978	AMANDA 108	RT	35.00	4000.00
1978	BESSIE 107	RT	35.00	4000.00
1978	CALLIE 51	RT	28.00	5000.00
1978	ETHAN 106	RT	35.00	2100.00
1978	HAMP 105	RT	35.00	2100.00
1978	HAP 101	RT	35.00	1000.00
1978	IVY 114	RT	35.00	3000.00
1978	OBIE 104	RT	40.00	1600.00
1978	PHINEAS 103	RT	35.00	1350.00
1978	REUBEN 102	RT	43.00	850.00
1978	SILAS 109	RT	35.00	4000.00
1978	VANYA 42	RT	35.00	5000.00
1979	ABNER 10	RT	35.00	750.00
1979	DAISY & ERIC 116	RT	38.00	800.00
1979	HUGH ROBERT 7	RT	45.00	1200.00
1979	IRVIN 9	RT	35.00	1100.00
1979	LUM 18	RT	35.00	1400.00
1979	MODE 8	RT	35.00	1025.00
1979	MOM 4	RT	35.00	140.00
1979	NAOMI 19	RT	35.00	2100.00
1979	OAKIE 3	RT	40.00	400.00
1979	ROSCOE 6	RT	35.00	3000.00
1979	SIMEON 2	RT	35.00	1385.00
1979	STUMPY 5	RT	35.00	24.00
1979	WIZARD 110	RT	38.00	960.00
1979	XEROX 50	RT	15.00	8000.00
1980	AHAB 120	RT	33.00	550.00
1980	ARNOLD 124	RT	19.00	550.00
1980	CALEB 129	RT	22.00	225.00
1980	CHALMERS 15	RT	28.00	265.00
1980	CHASE I 14	RT	28.00	400.00
1980	CHASE II 128	RT	35.00	600.00
1980	DEWEY 13	RT	25.00	650.00
1980	DUSTY 122	RT	35.00	3600.00
1980	FETZER 112	RT	25.00	750.00
1980	GERBER 127	RT	30.00	525.00
1980	IGOR 23	RT	31.00	375.00
1980	JASON 113	RT	20.00	610.00
1980	JEREMIAH 119	RT	30.00	550.00
1980	KATIE 125	RT	43.00	1200.00
1980	LUCKY 115	RT	18.00	450.00
1980	MARTIN 111	RT	28.00	425.00
1980	MCMAN 21	RT	28.00	775.00
1980	MCNEIL 11	RT	25.00	210.00
1980	MEG 12	RT	25.00	165.00

YR	NAME	LIMIT	ISSUE	TREND
1980	NORTON 16	RT	33.00	400.00
1980	O.J. 130	RT	28.00	200.00
1980	OLIN 17	RT	25.00	1300.00
1980	PATRICK 117	RT	19.00	800.00
1980	POPS 22	RT	29.00	210.00
1980	ROCKY 132	RT	33.00	260.00
1980	SEAN 131	RT	28.00	275.00
1980	SHAW 126	RT	23.00	450.00
1980	SHELLY 123	RT	19.00	725.00
1980	STARR 133	RT	33.00	550.00
1980	WINK 24	RT	25.00	325.00
1981	BABY JESUS 37	RT	10.00	125.00
1981	BART 134	RT	28.00	285.00
1981	BICK 188	RT	35.00	1150.00
1981	CAL 142	RT	45.00	1425.00
1981	CARDINAL 26	RT	19.00	N/A
1981	DAFFY 140	RT	35.00	250.00
1981	GNOME CROSSING SIGN 984	RT	39.00	150.00
1981	HANS 139	RT	35.00	250.00
1981	HOWDY 138	RT	35.00	235.00
1981	JACKSON 149	RT	25.00	300.00
1981	LENNON 135	RT	35.00	2000.00
1981	LIEF 159	RT	31.00	225.00
1981	PALMER 25	RT	35.00	300.00
1981	PATCH 146	RT	33.00	200.00
1981	RUMPKIN 160	RT	28.00	180.00
1981	SANDY 93	RT	31.00	130.00
1981	SECRET 190	RT	30.00	325.00
1981	SOL 163	RT	35.00	200.00
1981	SUNNY 150	RT	35.00	600.00
1981	SWIFTY 96	RT	16.00	150.00
1981	TEX 41	RT	28.00	1950.00
1982	BANBURY 30	RT	25.00	215.00
1982	BOOTS 31	RT	35.00	150.00
1982	EGGBERT 194	RT	31.00	150.00
1982	LUCKY II 198	RT	25.00	475.00
1982	MICHAEL 195	RT	28.00	245.00
1982	MRS. WINK 32	RT	28.00	80.00
1982	NEMO 193	RT	29.00	160.00
1982	TOM CLARK CREATIONS SIGN 994	RT	*	50.00
1983	ABEDNEGO 1014	RT	35.00	120.00
1983	BLARNEY 1004	RT	33.00	90.00
1983	BUZZY 68	RT	15.00	60.00
1983	CHEESE 189	RT	25.00	230.00
1983	CHEF 98	RT	13.00	50.00
1983	CINDY 92	RT	35.00	225.00
1983	CURTIS 94	RT	45.00	90.00
1983	FRANKLIN 28	RT	65.00	200.00
1983	GARLENA 97	RT	13.00	60.00
1983	GUS 89	RT	27.00	140.00
1983	HAZEL WITCH 1003	RT	45.00	175.00
1983	HEATHER & JAN 77	RT	48.00	200.00
1983	HYKE 27	RT	90.00	250.00
1983	JUAN 70	RT	36.00	150.00
1983	JULIE 85	RT	27.00	100.00
1983	KERNEL 75	RT	50.00	140.00
1983	MARTHA & JAY 73	RT	65.00	150.00
1983	MESHACH 1013	RT	35.00	75.00
1983	NICK O' TIME 1010	RT	31.00	325.00
1983	PAPA & PRINCESS 69	RT	45.00	125.00
1983	PARSLEY, SAGE, THYME 1001	RT	110.00	200.00
1983	PLENTY 33	RT	33.00	115.00
1983	SATURDAY 90	RT	25.00	70.00
1983	SHADRACH 1012	RT	35.00	75.00
1983	SKIPPER 1005	RT	38.00	110.00
1983	SMOKEY 95	RT	40.00	90.00
1983	SOUTH BEND 43	RT	19.00	110.00
1983	SPUD 34	RT	28.00	75.00
1983	STU 71	RT	40.00	65.00
1983	TEDDY 81	RT	25.00	N/A
1983	WILBUR 1006	RT	34.00	90.00
1983	WINK TOO 88	RT	28.00	75.00
1983	WIZ, THE- 87	RT	35.00	85.00
1983	WOODY & CHANE 1015	RT	65.00	150.00
1984	7-UP 1070	RT	500.00	1800.00
1984	ACE OF SPADES 1035	RT	25.00	87.00
1984	ANAHEIM 1025	RT	22.00	81.00
1984	BEN 1069	RT	48.00	N/A
1984	BONNIE 1051	RT	25.00	N/A
1984	BUBBLES 1062	RT	15.00	40.00
1984	BUTCH, WICK & BISCUIT 1056	RT	70.00	175.00
1984	C.D. 1050	RT	33.00	N/A
1984	CLAMENTINE 1064	RT	30.00	75.00
1984	COLETTE 1028	RT	22.00	45.00
1984	D.G. 1031	RT	33.00	210.00
1984	DOUG 1045	RT	25.00	N/A
1984	EENIE 1021	RT	28.00	65.00
1984	ELIZABETH 1017	RT	25.00	45.00
1984	FATHER TIME 1008	RT	34.00	80.00

YR	NAME	LIMIT	ISSUE	TREND
1984	GATOR 1032	RT	25.00	185.00
1984	GEORGIA 1044	RT	31.00	95.00
1984	GNOME OF ZURICH 1007	RT	34.00	125.00
1984	GOODFOOT 1063	RT	30.00	125.00
1984	HAL 1072	RT	40.00	N/A
1984	HAPPY 1061	RT	35.00	N/A
1984	HENSON 1059	RT	33.00	65.00
1984	HOGAN 1033	RT	35.00	60.00
1984	HOMER 1058	RT	33.00	N/A
1984	JACK B. NIMBLE 1055	RT	30.00	75.00
1984	JACK OF DIAMONDS 1038	RT	25.00	65.00
1984	JACKIE B. QUICK 1065	RT	33.00	75.00
1984	JOHNNY 1052	RT	25.00	N/A
1984	KEN 1026	RT	45.00	110.00
1984	KING OF CLUBS 1036	RT	25.00	65.00
1984	LANCE 1042	RT	28.00	75.00
1984	MABEL 1016	RT	68.00	175.00
1984	MADRE 1068	RT	20.00	N/A
1984	MCEVER 1067	RT	29.00	60.00
1984	MEENIE 1022	RT	28.00	65.00
1984	MELCHIOR 1060	RT	40.00	N/A
1984	MINIE 1023	RT	25.00	50.00
1984	MOE 1024	RT	25.00	60.00
1984	MOM TOO 1020	RT	40.00	60.00
1984	MUGMON 1011	RT	25.00	N/A
1984	N.O. EVELS, THE 1053	RT	70.00	N/A
1984	NEWT 1043	RT	28.00	60.00
1984	NOEL 1066	RT	55.00	125.00
1984	O'NEAL 1019	RT	25.00	45.00
1984	PADRE 80	RT	19.00	N/A
1984	PAWLEY 1047	RT	31.00	N/A
1984	PEANUT 1041	RT	28.00	60.00
1984	QUEEN OF HEARTS 1037	RT	25.00	65.00
1984	SANTA III 1054	RT	75.00	210.00
1984	SHAKESPEARE 1039	RT	73.00	200.00
1984	SHEN 1040	RT	60.00	130.00
1984	SHORTY 1046	RT	33.00	N/A
1984	SORGHUM OF GLADE VALLEY 1057	RT	35.00	85.00
1984	THISTLE 1029	RT	80.00	100.00
1984	TIM & RANDY 1009	RT	40.00	100.00
1984	TOPSIE-TURVIE 1034	RT	38.00	140.00
1984	VALENTINE (VAL) 1018	RT	30.00	N/A
1984	WINKIN, BLINKIN & NOD 1071	RT	65.00	150.00
1984	YULE 1048	RT	55.00	140.00
1985	JINGLE "E" 1124	RT	15.00	27.00
1985	JINGLE "G" 1122	RT	15.00	27.00
1985	JINGLE "I" 1120	RT	15.00	22.00
1985	JINGLE "J" 1119	RT	15.00	27.00
1985	JINGLE "L" 1123	RT	15.00	27.00
1985	JINGLE "N" 1121	RT	15.00	27.00
1985	LILIBET 1079	RT	18.00	80.00
1985	MERRILL & LYNCH 1117	RT	60.00	140.00
1986	ALPHA 2014	RT	79.00	N/A
1986	BUTTON 1092	RT	30.00	N/A
1986	CHIP 1094	RT	38.00	N/A
1986	HOLDER 1105	RT	38.00	N/A
1986	JULIUS 1097	RT	40.00	N/A
1986	MOORE OR LES 1093	RT	65.00	140.00
1986	PAR 1096	RT	45.00	N/A
1986	RACHEL 1088	RT	65.00	N/A
1986	SAMMY 1098	RT	35.00	N/A
1986	UNCLE WHIT 1083	RT	65.00	N/A
1987	CASPAR 1150	RT	45.00	N/A
1987	ED 2022	RT	*	140.00
1987	TELLY 1189	RT	*	300.00
1987	'TWAS THE NIGHT 1130	RT	700.00	N/A
1988	BALTHAZAR 5012	RT	35.00	N/A
1988	BROTHER, SIS & DAD 1181	RT	100.00	N/A
1988	EUREKA 1115	RT	70.00	N/A
1988	PEDRO 1158	RT	35.00	N/A
1989	ROSEMARY 1002	RT	65.00	165.00

T. CLARK   **MINIATURES**

YR	NAME	LIMIT	ISSUE	TREND
1983	BIRDIE 78	RT	*	100.00
1983	EDDIE 83	RT	15.00	45.00
1983	FREDDY 79	RT	18.00	100.00
1983	JEFF 74	RT	17.00	50.00
1983	JENNIE 84	RT	17.00	125.00
1983	JOSHUA 82	RT	25.00	100.00
1983	POKEY 86	RT	19.00	65.00

T. CLARK   **MOUNTAINEERS**

YR	NAME	LIMIT	ISSUE	TREND
1981	APPLE ANNIE 169	RT	48.00	310.00
1981	JEREMIAH SALLIE 168	RT	65.00	420.00
1981	NELLIE 164	RT	55.00	700.00
1982	ENOCH 186	RT	80.00	175.00
1982	MATTIE 184	RT	68.00	300.00
1982	NATH 185	RT	65.00	400.00

T. CLARK   **NATIVITY**

YR	NAME	LIMIT	ISSUE	TREND
1981	INNKEEPER 171	RT	38.00	150.00
1981	JOSEPH I 36	RT	35.00	200.00

YR	NAME	LIMIT	ISSUE	TREND
1981	MARY I 35	RT	35.00	175.00
1982	ANGEL 196	RT	35.00	120.00
1982	SHEPHERD 197	RT	38.00	85.00
1983	HERDSMAN 72	RT	33.00	120.00
T. CLARK			**SEA CAPTAINS & SAILORS**	
1981	ABRAHAM 173	RT	65.00	225.00
1981	ABRAHAM LAMP 174	RT	80.00	280.00
1981	JOCK 172	RT	40.00	175.00
1982	PYRATE 181	RT	75.00	780.00
1982	SVEN 180	RT	55.00	280.00
T. CLARK			**SPECIAL CHARACTERS**	
1980	SANTA I 121	RT	55.00	330.00
1981	HATTIE 137	RT	55.00	250.00
1981	LAWRENCE 136	RT	55.00	140.00
1981	SLEUTH 179	RT	65.00	500.00
1981	ST. FRANCIS 167	RT	50.00	150.00
1981	ST. NICK 141	RT	40.00	600.00
1982	BELLE KRINGLE 199	RT	55.00	250.00
1982	DANIEL BOONE 182	RT	75.00	700.00
1982	DANIEL BOONE LAMP 192	RT	85.00	1000.00
1983	SANTA II 76	RT	55.00	200.00
T. CLARK			**SPECIAL COMMISSION**	
1978	RUBENSTEIN 39	RT	*	5000.00
1980	HARRIS 118	RT	45.00	1200.00
1981	ADAM 300	RT	*	210.00
1981	FROSTY 304	RT	*	150.00
1981	NEY 143	RT	35.00	125.00
1981	OLLIE 303	RT	*	140.00
1981	SMILEY 301	RT	*	120.00
1981	STUCK 302	RT	*	125.00
1982	GORDY 40	RT	*	750.00
1983	BO SCHEMBECHLER 45	RT	58.00	220.00
1983	COTTON 46	RT	*	220.00
1983	D.C. 99	RT	*	100.00
1983	HAMLET 47	RT	58.00	135.00
1983	PA PAW 49	RT	*	600.00
1983	WEST VIRGINIA MOUNTAINEER 91	RT	59.00	330.00
T. CLARK			**SPECIAL PROMOTIONAL**	
1982	UNCLE SAM 83	RT	80.00	250.00
T. CLARK			**THE WIND IN THE WILLOWS**	
1982	BADGER 177	RT	40.00	140.00
1982	MOLE 176	RT	33.00	90.00
1982	RATTY 175	RT	31.00	100.00
1982	TOAD I 147	RT	50.00	550.00
1982	TOAD II 148	RT	35.00	130.00
T. CLARK			**TRUE BUILDERS OF AMERICA**	
1983	DR. GREY 321	RT	120.00	3800.00
1983	MISS MARY 320	RT	*	900.00
1983	NEWSPAPER BOY 325	RT	120.00	625.00
1984	AVIATOR 326	RT	150.00	450.00
1984	PARSON PATTERSON 324	RT	150.00	340.00
1984	RAILROAD CONDUCTOR 322	RT	120.00	285.00
1987	BLACKSMITH 332	RT	150.00	320.00
T. CLARK			**WESTERN**	
1983	COWBOY 306	RT	60.00	140.00
1983	INDIAN 307	RT	60.00	150.00

CAST ART

K. HAYNES			**DREAMSICLES**	
1993	SPLASH	RT	*	65.00
K. HAYNES		**DREAMSICLES AMERICAN CANCER SOCIETY SYMBOL OF SUPPORT**		
1996	DAFFODIL DAYS	RT	15.00	33.00
1998	WE ARE WINNING	OP	17.00	17.00
K. HAYNES			**DREAMSICLES ANIMALS**	
1991	BUDDY BEAR	RT	*	20.00
1991	BUNNY HOP	RT	20.00	40.00
1991	CARNATION	RT	16.00	30.00
1991	DAIRY DELIGHT	RT	28.00	40.00
1991	DIMPLES	RT	6.00	12.00
1991	GATHERING FLOWERS	RT	18.00	50.00
1991	HAMBONE	RT	10.00	25.00
1991	HAMLET	RT	10.00	25.00
1991	HAPPY SAILING	RT	*	36.00
1991	HEY DIDDLE DIDDLE	RT	16.00	30.00
1991	HONEY BUN	RT	6.00	20.00
1991	KING RABBIT	RT	73.00	130.00
1991	LAMBIE PIE	RT	*	20.00
1991	MAMA BEAR	RT	7.00	20.00
1991	MOTHER MOUSE	RT	*	32.00
1991	MR. BUNNY	RT	28.00	50.00
1991	MRS. BUNNY	RT	*	50.00
1991	MUTTON CHOPS	RT	*	20.00
1991	P.J. MOUSE	RT	*	32.00
1991	PIGLET	RT	10.00	30.00
1991	PIGMALION	RT	6.00	20.00
1991	PIGTAILS	RT	6.00	20.00
1991	PUMPKIN HARVEST	RT	*	30.00
1991	SANTA BUNNY	RT	32.00	80.00

YR	NAME	LIMIT	ISSUE	TREND
1991	SOAP BOX BUNNY	RT	15.00	40.00
1991	SWEET CREAM	RT	29.00	45.00
1991	TINY BUNNY	RT	7.00	25.00
1991	TRICK OR TREAT	RT	11.00	38.00
1991	WOOLEY BULLY	RT	8.00	27.00
1992	DINO	RT	*	50.00
1992	DODO	RT	*	51.00
1992	FAT CAT	RT	27.00	45.00
1992	HELGA	RT	8.00	30.00
1992	HOUND DOG	RT	*	30.00
1992	MAN'S BEST FRIEND	RT	*	20.00
1992	PAPA PELICAN	RT	23.00	52.00
1992	PUPPY LOVE	RT	*	20.00
1992	RED ROVER	RT	*	25.00
1992	RHINO	RT	*	48.00
1992	SARGE	RT	8.00	20.00
1992	SCOOTER	RT	*	30.00
1992	SIR HAREOLD	RT	42.00	80.00
1992	ST. PETER RABBIT	RT	*	75.00
1993	PAL JOEY	RT	14.00	40.00
1994	HENNIETTA	RT	28.00	40.00
1994	HIPPITY HOP	RT	*	52.00
K. HAYNES			**DREAMSICLES CALENDAR**	
1994	AMONG FRIENDS	RT	24.00	55.00
1994	AUTUMN LEAVES	RT	24.00	55.00
1994	HOLIDAY MAGIC	RT	24.00	55.00
1994	LOVE IN BLOOM	RT	24.00	55.00
1994	NATURE'S BOUNTY	RT	24.00	55.00
1994	NOW GIVE THANKS	RT	24.00	55.00
1994	POOL PALS	RT	24.00	55.00
1994	RIDE LIKE THE WIND	RT	24.00	55.00
1994	SCHOOL DAYS	RT	24.00	55.00
1994	SPECIAL DELIVERY	RT	24.00	55.00
1994	SPRINGTIME FROLIC	RT	24.00	55.00
1994	WINTER WONDERLAND	RT	24.00	55.00
K. HAYNES			**DREAMSICLES CHERUBS**	
*	DAYDREAMIN'	RT	*	N/A
*	DREAM WEAVER	RT	*	N/A
*	DREAMIN' OF YOU	RT	*	N/A
*	GOODNESS ME	RT	*	N/A
*	HERE'S MY HAND	RT	*	N/A
*	ICE DANCING	RT	*	N/A
*	LOVE YOU SO	RT	*	N/A
*	PEACEFUL DREAMS	RT	*	N/A
*	PLEASE BE MINE	RT	*	N/A
*	WISH YOU WERE HERE	RT	*	N/A
1991	BEST PALS	RT	15.00	45.00
1991	SMALL CHERUB WITH RIBBON	SU	*	100.00
1992	BLUE LOGO STRUCTURE	RT	*	50.00
1992	CHERUB DC111	RT	50.00	125.00
1992	CHERUB DC112	RT	50.00	330.00
1992	CHERUB FOR ALL SEASONS	RT	23.00	85.00
1992	CUPID'S BOW	SU	*	110.00
1992	MY FUNNY VALENTINE	SU	17.00	75.00
1992	PINK LOGO SCULPTURE	RT	*	50.00
1992	SLEIGH RIDE	SU	*	53.00
1993	CATCH A FALLING STAR	RT	12.00	20.00
1993	LOVE MY KITTY	RT	15.00	32.00
1993	LOVE MY PUPPY	RT	13.00	32.00
1993	LOVE MY TEDDY	RT	15.00	30.00
1993	P.S. I LOVE YOU	RT	8.00	20.00
1993	TEACHER'S PET	RT	11.00	35.00
1993	THINKING OF YOU	RT	42.00	75.00
1993	TINY DANCER	RT	14.00	28.00
1993	WISHIN' ON A STAR	RT	10.00	20.00
1994	BABY AND ME	SU	*	20.00
1994	BIRDIE AND ME	SU	*	18.00
1994	BIRTHDAY PARTY	SU	*	30.00
1994	BORN THIS DAY	RT	16.00	30.00
1994	BOXFUL OF STARS	SU	*	30.00
1994	BUNNY AND ME	SU	*	15.00
1994	CAROUSEL	SU	35.00	55.00
1994	CUDDLE BLANKET	RT	6.00	20.00
1994	CUPID'S ARROW	SU	*	25.00
1994	EAGER TO PLEASE	RT	6.00	20.00
1994	GOOD SHEPHERD	SU	*	40.00
1994	HAPPY BIRTHDAY CHERUB	SU	*	28.00
1994	HAVE A HEART	SU	*	20.00
1994	I CAN READ	RT	6.00	20.00
1994	I.C.E. EVENT FIGURINE	RT	35.00	175.00
1994	KITTY AND ME	SU	*	17.00
1994	LULLABY	SU	*	100.00
1994	MOON DANCE	RT	29.00	40.00
1994	NEWBORN CHERUB	SU	*	30.00
1994	OPEN ME FIRST	SU	*	40.00
1994	PUPPY AND ME	SU	*	15.00
1994	SHARE THE FUN	SU	*	28.00
1994	SNOWFLAKE	SU	10.00	20.00
1994	SOCK HOP	SU	*	32.00

YR	NAME	LIMIT	ISSUE	TREND
1994	SUCKING MY THUMB	RT	6.00	19.00
1994	SUGARFOOT	RT	25.00	38.00
1994	SURPRISE GIFT	RT	6.00	15.00
1994	SWEET GINGERBREAD	SU	*	32.00
1994	SWEETHEARTS	SU	*	39.00
1994	SWING ON A STAR	SU	*	35.00
1994	TEDDY AND ME	SU	*	20.00
1994	THREE AMIGOS	SU	*	20.00
1994	UP ALL NIGHT	RT	6.00	20.00
1994	YOU'VE GOT A FRIEND	SU	*	50.00
1995	ALL BETTER NOW	SU	*	20.00
1995	BABY KISSES	OP	*	N/A
1995	BEST BUDDIES	RT	14.00	20.00
1995	BROTHERHOOD	RT	20.00	25.00
1995	BURNING LOVE	SU	*	20.00
1995	CHRISTENING	SU	*	30.00
1995	DEDICATION, THE	RT	*	200.00
1995	DON'T ROCK THE BOAT	SU	*	28.00
1995	DREIDEL, DREIDEL	SU	*	20.00
1995	FIRST COMMUNION	SU	*	30.00
1995	FORTY WINKS	SU	*	20.00
1995	FREE BIRD	SU	*	20.00
1995	GET BETTER SOON	SU	*	20.00
1995	GET WELL SOON	RT	11.00	20.00
1995	GOD BLESS AMERICA	SU	*	20.00
1995	GRAND OLD FLAG	SU	*	20.00
1995	HELLO DOLLY	SU	*	20.00
1995	HUSHABY BABY	RT	*	20.00
1995	KISS IN TIME	SU	*	30.00
1995	LET'S PLAY FETCH	SU	*	20.00
1995	LOVE ME DO	RT	15.00	20.00
1995	MOONGLOW	SU	*	20.00
1995	NITE NITE	SU	*	20.00
1995	NURSERY RHYME	SU	42.00	75.00
1995	ONE WORLD	RT	24.00	30.00
1995	PIANO LESSIONS	SU	*	50.00
1995	PICTURE PERFECT	RT	100.00	160.00
1995	PURR-FECT PALS	SU	*	20.00
1995	RAINBOW RIDER	SU	*	20.00
1995	RANGE RIDER	RT	15.00	20.00
1995	SKATER'S WALTZ	SU	*	30.00
1995	STAR GAZERS	SU	*	30.00
1995	STARLIGHT, STARBRIGHT	SU	*	17.00
1995	SUPER STAR	SU	*	27.00
1995	SWEET CHARITY	SU	*	30.00
1995	TENDER LOVING CARE	SU	*	20.00
1995	THREE WHEELIN'	SU	*	N/A
1995	TOPPING THE TREE	SU	*	30.00
1995	WING AND A PRAYER, A	SU	*	N/A
1995	WISTFUL THINKING	RT	7.00	19.00
1996	ALL MY LOVIN'	OP	*	N/A
1996	BABY STEPS	SU	*	20.00
1996	BACK PACKIN'	OP	*	N/A
1996	BROWN BAGGIN'	SU	*	20.00
1996	BUBBLE BATH	RT	22.00	30.00
1996	CORONA CENTENNIAL PIECE	RT	*	230.00
1996	CROSSING GUARDIAN	RT	40.00	42.00
1996	EASTER MORNING	SU	*	20.00
1996	EASY RIDER	SU	*	20.00
1996	FEET FIRST	SU	*	20.00
1996	GO FOR THE GOLD	SU	*	20.00
1996	HALEY	SU	*	25.00
1996	HANG LOOSE	SU	*	24.00
1996	HAWAIIAN LOVE SONG	SU	*	30.00
1996	INTERVENTION	SU	*	20.00
1996	JOYFUL NOISE	SU	*	28.00
1996	MERMAID'S GIFT	SU	*	40.00
1996	NORTHERN EXPOSURE	SU	*	50.00
1996	ROSE GARDEN	SU	*	40.00
1996	SHIPMATES	SU	*	32.00
1996	SNUGGLE BUDDIES	RT	*	55.00
1996	STAIRWAY TO THE STARS	SU	*	30.00
1996	STAR IN ONE	SU	*	26.00
1996	STAR MAKERS	SU	*	40.00
1996	STARKEEPING	SU	*	40.00
1996	STRAIGHT FROM THE HEART	SU	*	20.00
1996	SWIMMING FOR HOPE	RT	75.00	125.00
1996	TEA PARTY	RT	19.00	60.00
1996	THANKS TO YOU	SU	*	20.00
1996	TWOSOME	SU	*	30.00
1996	UNDER THE BIG TOP	SU	*	32.00
1996	WE'RE BEST FRIENDS	SU	*	32.00
1996	WINGER	SU	*	20.00
1996	WISHING WELL	RT	35.00	43.00
1997	ALL STAR	OP	*	N/A
1997	BABY BOOM	OP	*	N/A
1997	COSTUME PARTY	SU	*	20.00
1997	FOLLOW ME	RT	28.00	30.00
1997	IT'S YOUR DAY	RT	30.00	30.00

YR	NAME	LIMIT	ISSUE	TREND
1997	LYRICAL LUTE	RT	29.00	29.00
1997	MELLOW CELLO	RT	39.00	42.00
1997	SEARCHING FOR HOPE	RT	*	150.00
1997	SPECIAL OCCASION	RT	45.00	45.00
1997	STAR POWER	SU	*	22.00
1997	STRING SERENADE	RT	30.00	30.00
1997	TAKING AIM	RT	33.00	33.00
1997	TOGETHER AGAIN	SU	*	18.00
1997	WINTER RIDE	SU	*	20.00
1998	1001 BABY NAMES	OP	*	N/A
1998	ANCHORS AWEIGH	OP	*	N/A
1998	BAKED WITH LOVE	OP	*	N/A
1999	AN ANGEL'S WATCHING OVER YOU (LOVE NOTES)	OP	*	N/A
1999	BABIES ARE PRECIOUS	OP	*	N/A
1999	EASTER EGGSPRESS	OP	*	N/A
1999	PASSAGE OF TIME-MILLENNIUM ED.	OP	*	N/A
1999	STAIRWAY TO HEAVEN	RT	78.00	78.00
1999	STAIRWAY TO HEAVEN	OP	*	N/A
2000	LIVE, LOVE, LAUGH	10000	*	N/A

K. HAYNES

			DREAMSICLES CHRISTMAS	
1991	BRIGHT EYES	SU	*	20.00
1991	CHERUB & CHILD	RT	14.00	60.00
1991	FOREVER FRIENDS	RT	15.00	45.00
1991	FOREVER YOURS	RT	44.00	80.00
1991	HEAVENLY DREAMER	RT	10.00	30.00
1991	MISCHIEF MAKER	RT	10.00	38.00
1991	SANTA'S ELF	RT	19.00	42.00
1991	SANTA'S LITTLE HELPER	RT	*	17.00
1991	SITTING PRETTY	RT	10.00	26.00
1991	WILDFLOWER	RT	10.00	26.00
1992	A CHILD'S PRAYER	RT	7.00	15.00
1992	BABY LOVE	RT	*	20.00
1992	BABY LOVE	RT	7.00	25.00
1992	BLUEBIRD ON MY SHOULDER	RT	*	50.00
1992	BLUEBIRD ON MY SHOULDER	RT	19.00	50.00
1992	BUNDLE OF JOY	RT	*	20.00
1992	BUNDLE OF JOY	RT	7.00	20.00
1992	CAROLER-CENTER SCROLL	RT	19.00	50.00
1992	CAROLER-LEFT SCROLL	RT	19.00	50.00
1992	CAROLER-RIGHT SCROLL	RT	19.00	50.00
1992	CHILD'S PRAYER, A	RT	*	16.00
1992	DREAM A LITTLE DREAM	RT	*	20.00
1992	DREAM A LITTLE DREAM	RT	7.00	15.00
1992	HERE COMES TROUBLE	SU	*	N/A
1992	LIFE IS GOOD	RT	10.00	30.00
1992	LITTLE DARLIN'	RT	*	20.00
1992	LITTLE DARLIN'	RT	7.00	20.00
1992	LITTLEST ANGEL	RT	*	25.00
1992	LITTLEST ANGEL	RT	7.00	20.00
1992	MAKE A WISH	SU	*	20.00
1992	MY PRAYER	SU	*	N/A
1992	SANTA IN DREAMSICLE LAND	RT	*	300.00
1993	LITTLE DICKENS	RT	24.00	45.00
1993	LONG FELLOW	RT	24.00	45.00
1993	ME AND MY SHADOW	RT	19.00	36.00
1993	MISS MORNINGSTAR	RT	25.00	55.00
1993	SWEET DREAMS	RT	29.00	70.00
1994	BABY AND ME	SU	*	20.00
1994	BABY'S FIRST CHRISTMAS	SU	*	20.00
1994	BIRDIE AND ME	SU	*	16.00
1994	HERE'S LOOKING AT YOU	RT	25.00	48.00
1994	JOYFUL GATHERING	SU	*	N/A
1994	SIDE BY SIDE	RT	32.00	55.00
1994	STOLEN KISS	SU	*	20.00
1995	BEDTIME PRAYER	SU	*	16.00
1995	CHRISTMAS MORNING	SU	*	N/A
1995	COME LET US ADORE HIM	SU	*	100.00
1995	GRANDMA'S OR BUST	SU	*	20.00
1995	GRANNY'S COOKIES	SU	*	20.00
1995	HAPPY FEET	SU	*	20.00
1995	HOLIDAY PALS	SU	*	N/A
1995	HUGABYE BABY	RT	13.00	20.00
1995	I LOVE MOMMY	SU	*	20.00
1995	I LOVE YOU	SU	*	N/A
1995	OVER THE RAINBOW	SU	*	N/A
1995	POETRY IN MOTION	RT	*	125.00
1995	READ ME A STORY	SU	*	20.00
1995	SANTA'S KINGDOM	RT	80.00	120.00
1995	SWAN LAKE	SU	*	20.00
1995	TWINKLE, TWINKLE	RT	15.00	20.00
1996	CHRISTMAS TRIM	SU	*	16.00
1996	FOLLOW YOUR STAR	SU	*	30.00
1996	HOMEWARD BOUND	RT	78.00	110.00
1996	MALL SANTA	RT	35.00	43.00
1996	NOEL	SU	*	15.00
1996	OH LITTLE STAR	SU	*	15.00
1996	UNDER THE MISTLETOE	SU	*	25.00
1996	VISIONS OF SUGARPLUMS	SU	*	50.00
1997	SANTA'S SHOP	SU	*	N/A

YR	NAME	LIMIT	ISSUE	TREND
1997	TIME TO DASH	RT	78.00	100.00
1998	ALL ABOARD!	RT	78.00	100.00
1998	CHRISTMAS EVE	RT	78.00	100.00
1998	TIS BETTER TO GIVE	RT	38.00	75.00
1999	DASH AWAY	OP	*	N/A
K. HAYNES		**DREAMSICLES COLLECTORS CLUB**		
1993	A STAR IS BORN	RT	30.00	120.00
1993	DAYDREAM BELIEVER	RT	30.00	95.00
1994	JOIN THE FUN	RT	*	70.00
1994	MAKIN' A LIST	RT	48.00	85.00
1995	SNOWBOUND	RT	25.00	40.00
1995	THREE CHEERS	RT	*	55.00
1995	TOWN CRIER	RT	25.00	50.00
1996	BEE-FRIENDED	YR	25.00	25.00
1996	HEAVENLY FLOWERS	RT	25.00	50.00
1996	STAR SHOWER	RT	*	40.00
1997	EDITOR'S CHOICE NEWSLETTER PARTICIPATION GIFT	*	*	N/A
1997	FIRST BLUSH	12500	50.00	50.00
1997	FREE SPIRIT	RT	*	50.00
1997	GOLDEN HALO "GOOD SAMARITAN" AWARD	OP	*	N/A
1997	PEACEABLE KINGDOM	OP	15.00	15.00
1997	SWEET TOOTH	OP	20.00	20.00
1998	LET'S GET TOGETHER	RT	*	40.00
1999	SHARE THE MAGIC	RT	*	N/A
1999	SHIP OF DREAMS	*	40.00	40.00
2000	GET ON BOARD!	YR	*	N/A
K. HAYNES		**DREAMSICLES DAY EVENT FIGURINES**		
1995	DREAMSICLES DAY EVENT FIGURINE	RT	20.00	50.00
1996	GLAD TIDINGS	RT	15.00	50.00
1996	TIME TO RETIRE	RT	15.00	36.00
1997	GOLDEN RULE, THE	RT	19.00	50.00
1998	DAY OF FUN, A	RT	18.00	30.00
1999	YOURS TRULY	RT	20.00	20.00
2000	WITH ALL MY HEART	7500	19.00	19.00
K. HAYNES		**DREAMSICLES GHOST & GOBLINS**		
1991	BOO WHO?	RT	*	35.00
K. HAYNES		**DREAMSICLES HEAVENLY CLASSICS**		
1995	ALL GOD'S CREATURES	SU	*	75.00
1995	GOD BLESS THE CHILD	SU	*	90.00
1995	HIGHER LEARNING	SU	*	100.00
1995	MUSIC APPRECIATION	SU	*	105.00
1995	ON WINGS OF LOVE	SU	*	100.00
1995	OUR FATHER	SU	*	50.00
1995	REVERENCE	SU	*	130.00
1995	STARRY STARRY NIGHT	SU	*	85.00
1996	BUNDLES OF LOVE	RT	78.00	700.00
1996	CROWNING GLORY	SU	*	65.00
1996	DEVOTED COMPANIONS	SU	*	32.00
1996	FIRST FLIGHT	SU	*	100.00
1996	FOOTSTEPS	SU	*	32.00
1996	GIFT OF LOVE	SU	*	30.00
1996	HEARTWARMING	SU	*	90.00
1996	HUSH LITTLE BABY	SU	*	50.00
1996	MAKING MEMORIES	SU	*	125.00
1996	NATURE'S BLESSING	SU	*	55.00
1996	ODE TO JOY	SU	*	65.00
1996	POWER OF LOVE	SU	*	50.00
1996	REACH FOR THE STARS	SU	*	90.00
1996	SLEEP LITTLE ANGEL	SU	*	75.00
1996	WINTER'S KISS	SU	*	50.00
1997	NEW BEGINNINGS	SU	*	50.00
1997	SOUNDS OF HEAVEN	SU	*	50.00
HAYNES/HACKETT		**DREAMSICLES HEAVENLY CLASSICS**		
1996	HEAVEN'S GATE	RT	118.00	160.00
1997	DREAMBOAT	RT	90.00	125.00
1997	MAKING MEMORIES	SU	97.00	97.00
K. HAYNES		**DREAMSICLES KIDS**		
1997	ANTICIPATION	OP	30.00	30.00
K. HAYNES		**DREAMSICLES LIMITED EDITIONS**		
1993	FINISHING TOUCHES, THE	RT	85.00	165.00
1993	FLYING LESSON, THE	RT	80.00	1000.00
1993	TEETER TOTS	RT	100.00	200.00
1994	BY THE SILVERY MOON	RT	100.00	150.00
1994	HOLIDAY ON ICE	RT	85.00	150.00
1994	RECITAL, THE	RT	135.00	240.00
1996	CHILD IS BORN, A	RT	95.00	130.00
1997	CUTIE PIE	12,500	42.00	42.00
1997	HAPPY LANDINGS	RT	88.00	325.00
1997	SLEIGH BELLS RING	RT	48.00	100.00
1998	HANDMADE WITH LOVE	10000	78.00	100.00
K. HAYNES		**DREAMSICLES MUSICALS & WATERGLOBES**		
1992	DANCE BALLERINA DANCE	RT	37.00	50.00
1996	CAROUSEL RIDE MUSICAL	RT	150.00	150.00
K. HAYNES		**GOLDEN HALO**		
1999	FLYING LESSON, THE GOLDEN HALO EDITION	10000	78.00	78.00
K. HAYNES		**NORTHERN LIGHTS**		
1999	NORTHERN CROSSING	10000	38.00	38.00

YR	NAME	LIMIT	ISSUE	TREND

CAVANAGH GROUP

* **COCA-COLA BRAND HERITAGE COLLECTION**

YR	NAME	LIMIT	ISSUE	TREND
1994	SANTA AT THE LAMPPOST	CL	50.00	50.00
1994	SINGLE POLAR BEAR ON ICE	CL	40.00	40.00
1994	SINGLE POLAR BEAR ON ICE SNOWGLOBE	CL	40.00	40.00
1995	ALWAYS	CL	30.00	30.00
1995	ELAINE	CL	100.00	100.00
1995	GIRL ON SWING	CL	100.00	100.00
1995	PLAYING WITH DAD	CL	40.00	40.00
1996	COCA-COLA STAND	CL	45.00	45.00
1996	COOL BREAK	CL	40.00	40.00
1996	DECORATING THE TREE	CL	45.00	45.00
1996	GONE FISHING	CL	60.00	60.00
1996	HOLLYWOOD SNOWGLOBE	CL	50.00	50.00
1996	REFRESHING TREAT	CL	45.00	45.00
1996	SANTA WITH POLAR BEAR SNOWGLOBE	CL	50.00	50.00
1996	SAY UNCLE SNOWBLOBE	CL	50.00	50.00

N. ROCKWELL **COCA-COLA BRAND HERITAGE COLLECTION**

YR	NAME	LIMIT	ISSUE	TREND
1995	BOY AT WELL	CL	60.00	60.00
1995	BOY FISHING	CL	60.00	60.00
1996	REFRESHING BREAK	CL	60.00	60.00

S. STEARMAN **COCA-COLA BRAND HERITAGE COLLECTION**

YR	NAME	LIMIT	ISSUE	TREND
1995	HOMECOMING,THE	CL	125.00	125.00

H. SUNDBLOM **COCA-COLA BRAND HERITAGE COLLECTION**

YR	NAME	LIMIT	ISSUE	TREND
1994	DEAR SANTA, PLEASE PAUSE HERE	CL	80.00	85.00
1994	EIGHT POLAR BEARS ON WOOD	15000	100.00	100.00
1994	EXTRA BRIGHT REFRESHMENT SNOWGLOBE	CL	50.00	60.00
1994	GOOD BOYS AND GIRLS	CL	80.00	80.00
1994	GOOD BOYS AND GIRLS SNOWGLOBE	CL	45.00	45.00
1994	SANTA AT HIS DESK	CL	80.00	80.00
1994	SANTA AT HIS DESK SNOWGLOBE	CL	45.00	45.00
1994	SANTA AT THE FIREPLACE	CL	80.00	80.00
1994	SANTA AT THE LAMPPOST SNOWGLOBE	CL	50.00	50.00
1994	TWO POLAR BEARS ON ICE	CL	30.00	30.00
1995	HOSPITALITY	5000	35.00	35.00
1996	BUSY MAN'S PAUSE	CL	80.00	80.00
1996	FOR ME	CL	40.00	40.00

* **COCA-COLA BRAND HERITAGE COLLECTION MUSICALS**

YR	NAME	LIMIT	ISSUE	TREND
1994	CALENDAR GIRL 1916	CL	60.00	60.00
1994	EIGHT BEARS ON WOOD	10000	150.00	150.00
1994	HILDA CLARK 1901	CL	60.00	60.00
1994	HILDA CLARK 1903	CL	60.00	60.00
1994	SANTA'S SODA SHOP	OP	50.00	50.00
1995	ALWAYS	CL	50.00	50.00

H. SUNDBLOM **COCA-COLA BRAND HERITAGE COLLECTION MUSICALS**

YR	NAME	LIMIT	ISSUE	TREND
1993	DEAR SANTA, PLEASE PAUSE HERE	CL	50.00	100.00
1994	GOOD BOYS AND GIRLS	CL	100.00	100.00
1994	SANTA AT HIS DESK	CL	100.00	100.00
1994	SANTA AT THE FIREPLACE	CL	100.00	100.00
1994	TWO POLAR BEARS ON ICE	CL	45.00	45.00
1995	SSSHHH!	CL	55.00	55.00
1995	THEY REMEMBERED ME	5000	50.00	50.00
1997	TIME TO SHARE	5000	100.00	100.00

* **COCA-COLA BRAND NORTH POLE BOTTLING WORKS**

YR	NAME	LIMIT	ISSUE	TREND
1995	ALL IN A DAYS WORK	CL	50.00	50.00
1995	AN ELF'S FAVORITE CHORE	CL	30.00	30.00
1995	CHECKING HIS LIST	CL	30.00	30.00
1995	FILLING OPERATIONS	CL	45.00	45.00
1995	FRONT OFFICE	CL	50.00	50.00
1995	KITCHEN CORNER	CL	55.00	55.00
1995	MAINTENANCE MISCHIEF	CL	25.00	25.00
1995	MAKING THE SECRET SYRUP	CL	30.00	30.00
1995	PIPE MAINTENANCE	OP	20.00	20.00
1995	QUALITY CONTROL	CL	30.00	30.00
1995	RESTOCKING THE VENDING MACHINE	OP	30.00	30.00
1995	SANTA AT HIS DESK	OP	30.00	30.00
1995	SANTA'S OFFICE	OP	50.00	50.00
1995	TAKING A BREAK	OP	20.00	20.00
1995	TOP SECRET	CL	30.00	30.00
1995	VAULT, THE	OP	25.00	25.00
1996	AN ARTIST'S TOUCH	CL	25.00	25.00
1996	ART DEPARTMENT	CL	50.00	50.00
1996	BIG AMBITIONS	CL	25.00	25.00
1996	DELIVERY FOR MRS. CLAUS	CL	25.00	25.00
1996	ELF IN TRAINING	CL	25.00	25.00
1996	OOPS!	CL	25.00	25.00
1996	ORDER DEPARTMENT	CL	55.00	55.00
1996	PRECIOUS CARGO	CL	25.00	25.00
1996	SHIPPING DEPARTMENT	CL	55.00	55.00
1996	SPECIAL DELIVERY	CL	25.00	25.00
1996	STROKE OF GENIUS	CL	25.00	25.00

* **COCA-COLA BRAND POLAR BEAR COLLECTION**

YR	NAME	LIMIT	ISSUE	TREND
1995	ALWAYS	OP	30.00	30.00
1996	COCA-COLA STAND	OP	45.00	45.00
1996	COOL BREAK	OP	40.00	40.00
1996	DECORATING THE TREE	OP	45.00	45.00
1996	PLAYING WITH DAD	OP	40.00	40.00
1996	REFRESHING TREAT	OP	45.00	45.00

YR	NAME	LIMIT	ISSUE	TREND
*	COCA-COLA BRAND POLAR BEAR COLLECTION MUSICALS			
1995	ALWAYS	OP	50.00	50.00
H. SUNDBLOM	COCA-COLA BRAND SANTA ANIMATION			
1991	SSSHHH!	CL	100.00	325.00
1992	SANTA'S PAUSE FOR REFRESHMENT	CL	100.00	225.00
1993	TRIMMING THE TREE	CL	100.00	195.00
1995	SANTA AT THE LAMPPOST	CL	110.00	110.00
*	COCA-COLA BRAND TOWN SQUARE COLLECTION			
1992	AFTER SAKTING	CL	8.00	10.00
1992	BRINGING IT HOME	CL	8.00	17.00
1992	COCA-COLA AD CAR	CL	9.00	25.00
1992	COCA-COLA DELIVERY TRUCK	CL	15.00	27.00
1992	DELIVERY MAN	CL	8.00	15.00
1992	GIL THE GROCER	CL	8.00	13.00
1992	HORSE-DRAWN WAGON	CL	12.00	40.00
1992	THIRSTY THE SNOWMAN	CL	9.00	20.00
*	COCA-COLA POLAR BEAR CUBS			
1996	BALANCING ACT	OP	16.00	16.00
1996	BEAR CUB CLUB, THE	OP	20.00	20.00
1996	BEARING GIFTS OF LOVE AND FRIENDSHIP	10000	30.00	30.00
1996	BIG CATCH, THE	OP	15.00	15.00
1996	CHRISTMAS WISH	OP	10.00	10.00
1996	ENJOY	OP	12.00	12.00
1996	FRIENDS ARE FOREVER	OP	16.00	16.00
1996	GIVING IS BETTER THAN RECEIVING	OP	12.00	12.00
1996	GOOD FRIENDS ALWAYS STICK TOGETHER	OP	16.00	16.00
1996	HELPING HAND	OP	20.00	20.00
1996	I'M NOT SLEEPY...REALLY	OP	10.00	10.00
1996	IT'S MY TURN TO HIDE	OP	12.00	12.00
1996	LOOK WHAT I CAN DO	OP	12.00	12.00
1996	PATIENCE IS A VIRTUE	OP	16.00	16.00
1996	RIDE'EM COWBOY	OP	20.00	20.00
1996	SKATING RINK ROMANCE	OP	16.00	16.00
1996	SNOWDAY ADVENTURES	OP	12.00	12.00
1996	SWEET DREAMS	OP	12.00	12.00
1996	THANKS FOR THE LIFT	OP	20.00	20.00
1996	THERE'S NOTHING LIKE A FRIEND	OP	16.00	16.00
1996	TO GRANDMOTHER'S HOUSE WE GO	OP	12.00	12.00
1996	WHO SAYS GIRLS CAN'T THROW	OP	16.00	16.00
1997	CARING IS A SPECIAL GIFT	OP	16.00	16.00
1997	EVERYBODY NEEDS A FRIEND	OP	12.00	12.00
1997	FIRE CHIEF	OP	16.00	16.00
1997	FRIENDS DOUBLE THE JOY	OP	30.00	30.00
1997	FRIENDSHIP IS A HIDDEN TREASURE	OP	20.00	20.00
1997	FRIENDSHIP IS THE BEST GIFT	OP	16.00	16.00
1997	FRIENDSHIP IS THE PERFECT MEDICINE	OP	20.00	20.00
1997	FRIENDSHIP MAKES LIFE BEARABLE	OP	16.00	16.00
1997	GRADUATION DAY	CL	12.00	12.00
1997	HAPPY BIRTHDAY	OP	12.00	12.00
1997	I CAN'T BEAR TO SEE YOU SICK	OP	20.00	20.00
1997	I GET A KICK OUT OF YOU	OP	16.00	16.00
1997	ICE SKATING SNOWGLOBE	OP	45.00	45.00
1997	JUST FOR YOU	OP	16.00	16.00
1997	JUST LIKE MY DAD	OP	16.00	16.00
1997	LITTLE BOYS ARE BEST	OP	16.00	16.00
1997	LITTLE GIRLS ARE SPECIAL	OP	16.00	16.00
1997	LOVE BEARS ALL THINGS	OP	12.00	12.00
1997	LUCKY O'BEAR AND MCPUFFIN	OP	16.00	16.00
1997	POLAR BEAR CUB SIGN	OP	16.00	16.00
1997	SEEDS OF FRIENDSHIP GROW WITH CARING	OP	16.00	16.00
1997	SLED RACING SNOWGLOBE	OP	35.00	35.00
1997	THANKS FOR ALL YOU TAUGHT ME	OP	16.00	16.00
1997	VISITS WITH YOU ARE SPECIAL	OP	20.00	20.00
1997	WE DID IT	CL	20.00	20.00
1997	WITH ALL MY HEART	OP	16.00	16.00
1997	YOU'RE THE GREATEST	OP	20.00	20.00
*	COCA-COLA POLAR BEAR CUBS MUSICALS			
1997	DAD SHOWED ME HOW	OPO	35.00	35.00

CHARMING TAILS

D. GRIFF				
1994	MOUSE IN APPLE BOX	RT	15.00	65.00
D. GRIFF	ARTIST EVENT			
1999	THIS ONE IS YOURS	*	18.00	18.00
D. GRIFF	AUTUMN HARVEST			
1993	ACORN BUILT FOR TWO	RT	12.00	40.00
1993	MOUSE WITH APPLE CANDLEHOLDER-PEEKING	RT	13.00	80.00
1993	MOUSE WITH APPLE CANDLEHOLDER-SLEEPING	RT	13.00	80.00
1994	CAPS OFF TO YOU	RT	10.00	30.00
1994	CORNFIELD FEAST	RT	15.00	90.00
1994	FALL FROLICKING/UNDER LEAF OR MUSHROOM	RT	13.00	50.00
1994	FROSTING PUMPKINS	RT	16.00	40.00
1994	GOURD SLIDE	RT	16.00	35.00
1994	HARVEST FRUIT	RT	16.00	35.00
1994	JUMPIN' JACK O' LANTERNS	RT	16.00	30.00
1994	MOUSE CANDLEHOLDER/FACING OR FACING AWAY	RT	13.00	115.00
1994	MOUSE ON LEAF CANDLEHOLDER	RT	17.00	85.00
1994	OPEN PUMPKIN	RT	15.00	68.00

YR	NAME	LIMIT	ISSUE	TREND
1994	PAINTING LEAVES	RT	16.00	35.00
1994	PEAR CANDLEHOLDER	RT	14.00	75.00
1994	PUMPKIN SLIDE	RT	15.00	55.00
1994	PUMPKIN VOTIVE	RT	14.00	25.00
1994	STUMP CANDLEHOLDERS	RT	20.00	100.00
1995	CANDY APPLES	RT	17.00	25.00
1995	CANDY CORN VAMPIRE	RT	19.00	35.00
1995	GARDEN NAPTIME	RT	19.00	35.00
1995	HORN OF PLENTY	RT	20.00	35.00
1995	LET'S GET CRACKIN'	RT	21.00	35.00
1995	MAXINE'S PUMPKIN COSTUME	OP	13.00	13.00
1995	PUMPKIN PIE	RT	16.00	35.00
1995	REGINALD'S HIDEAWAY	RT	14.00	35.00
1996	BAG OF TRICKS OR TREATS	OP	17.00	17.00
1996	BINKEY'S ACORN COSTUME	OP	13.00	13.00
1996	CHAUNCEY'S PEAR COSTUME	RT	13.00	13.00
1996	GIVING THANKS	RT	17.00	35.00
1996	INDIAN IMPOSTER	OP	15.00	15.00
1996	LOOK! NO HANDS	OP	17.00	17.00
1996	OOPS! I MISSED	RT	17.00	17.00
1996	PICKIN' TIME	RT	17.00	20.00
1996	PILGRIM'S PROGRESS	OP	15.00	15.00
1996	YOU'RE NOT SCARY	RT	15.00	15.00
1996	YOU'RE NUTTY	RT	13.00	13.00
1997	GHOST STORIES	OP	19.00	19.00
1997	GOOD WITCH, THE	OP	19.00	19.00
1997	REGINALD'S GOURD COSTUME	OP	13.00	13.00
1997	STEWART'S APPLE COSTUME	OP	13.00	13.00
1997	TURKEY TRAVELLER	OP	19.00	19.00
1998	BOOOO!	OP	18.00	18.00
1998	JACK O'LANTERN JALOPY	OP	18.00	18.00
1998	PUMPKIN'S FIRST PUMPKIN	OP	17.00	17.00
1998	STACK O'LANTERNS	OP	18.00	18.00
1998	TURKEY WITH DRESSING	OP	18.00	18.00
1999	HARVEST TIME HONEYS	OP	19.00	19.00

D. GRIFF   **CHRISTMAS PARADE**

YR	NAME	LIMIT	ISSUE	TREND
1996	CHAUNCEY'S NOISEMAKERS	*	13.00	13.00
1996	CHRISTMAS SCROLL	*	17.00	17.00
1996	DRUM MAJOR, THE	*	13.00	13.00
1996	FLOAT DRIVER, THE	*	13.00	13.00
1996	FOLLOW IN MY FOOTSTEPS	*	13.00	13.00
1996	HOLIDAY TRUMPETER	*	13.00	13.00
1996	LITTLE DRUMMER BOY	*	13.00	13.00
1996	PARADE BANNER	*	17.00	17.00
1996	TOWN CRIER	*	15.00	15.00
1997	CHRISTMAS TRIO	*	16.00	16.00
1997	SANTA BALLOON, THE	*	25.00	25.00

D. GRIFF   **DECK THE HALLS**

YR	NAME	LIMIT	ISSUE	TREND
1998	AIR MAIL TO SANTA	*	13.00	13.00
1998	BUNDLE OF JOY-BABY'S FIRST CHRISTMAS	*	13.00	13.00
1998	HEADING FOR THE SLOPES	*	13.00	13.00
1998	OUR FIRST CHRISTMAS TOGETHER	*	13.00	13.00
1998	PINE CONE PREDICAMENT-ANNUAL	*	13.00	13.00
1998	SKI JUMPER	*	13.00	13.00
1998	TRICYCLE BUILT FROM TREATS	*	13.00	13.00
1999	A CUP OF CHRISTMAS CHEER	*	12.00	12.00
1999	BABY'S FIRST CHRISTMAS	*	12.00	12.00
1999	BINKEY'S CANDY CANE FLYER	*	12.00	12.00
1999	OUR FIRST CHRISTMAS TOGETHER	*	12.00	12.00

D. GRIFF   **EASTER BASKET**

YR	NAME	LIMIT	ISSUE	TREND
1994	DUCKLING IN EGG WITH MOUSE	RT	15.00	300.00
1995	ANIMALS IN EGGS/CHICK, BUNNY, DUCK OR MOUSE	RT	11.00	40.00
1995	JELLY BEAN FEAST	RT	14.00	35.00
1995	PEEK-A-BOO	RT	12.00	35.00
1995	WANNA PLAY?	SO	15.00	165.00
1996	AFTER THE HUNT	OP	19.00	40.00
1996	BINKEY'S BOUNCING BUNDLE	RT	18.00	35.00
1996	BUNNY IMPOSTER	RT	13.00	20.00
1996	BUNNY LOVE	OP	19.00	25.00
1996	CHASE IS ON, THE	RT	17.00	25.00
1996	GATHERING TREATS	RT	13.00	35.00
1996	LOOK OUT BELOW	RT	20.00	35.00
1996	WANT A BITE?	RT	18.00	35.00
1997	NO THANKS, I'M STUFFED	OP	16.00	16.00
1997	WHAT'S HATCHIN'?	OP	17.00	17.00
1998	CHICKIE BACK RIDE	OP	16.00	20.00
1998	PAINT BY PAWS	OP	16.00	19.00
1999	MOTORING ALONG	OP	17.00	17.00
1999	SHHH, DON'T MAKE A PEEP	OP	17.00	17.00

D. GRIFF   **EVENT PIECES**

YR	NAME	LIMIT	ISSUE	TREND
1996	TAKE ME HOME	CL	17.00	35.00
1997	I PICKED THIS JUST FOR YOU	4800	18.00	50.00
1998	LIFE IS A BED OF ROSES	5000	19.00	19.00

D. GRIFF   **EVERYDAY SERIES**

YR	NAME	LIMIT	ISSUE	TREND
1993	BINKEY IN A LILY	RT	16.00	50.00
1993	HIDE AND SEEK	RT	14.00	140.00
1993	RABBIT DAFFODIL CANDLEHOLDER	RT	14.00	185.00
1993	TWO PEAS IN A POD	RT	14.00	35.00
1994	AFTER LUNCH SNOOZE	RT	15.00	35.00

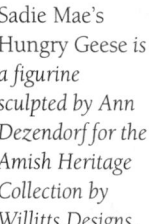

Sadie Mae's Hungry Geese is a figurine sculpted by Ann Dezendorf for the Amish Heritage Collection by Willitts Designs.

Simple Simon *from the "Once Upon a Fairytale" series was inspired by the artwork of Mabel Lucie Attwell. The Memories of Yesterday Collection was produced by Enesco Group Inc.*

The Swarovski Silver Crystal Harp *is music to the ears of collectors.*

I'll Never Stop Loving You *proclaims this little porcelain bisque figure by Sam Butcher, creator of the Precious Moments line produced by Enesco Group Inc.*

Perhaps the beauty and grace of a ballerina can only be equaled by a porcelain figurine depicting the craft. Ballet Shoes *is from Royal Doulton.*

This delightful pair of Bavarian children are Going Home. *The figure is produced by Goebel from the artwork of M.I. Hummel.*

YR	NAME	LIMIT	ISSUE	TREND
1994	BUTTERFLY SMELLING ZINNIA	RT	15.00	70.00
1994	CAN I KEEP HIM?	SO	13.00	300.00
1994	DUCKLING VOTIVE	RT	13.00	250.00
1994	GET WELL SOON	RT	15.00	35.00
1994	IT'S NOT THE SAME WITHOUT YOU	RT	15.00	25.00
1994	LOVE MICE	RT	15.00	80.00
1994	MOUSE ON A GRASSHOPPER	RT	15.00	130.00
1994	SLUMBER PARTY	RT	16.00	50.00
1994	SPRING FLOWERS/YELLOW OR BLUE	RT	16.00	55.00
1995	BINKEY GROWING CARROTS	RT	15.00	50.00
1995	BINKEY'S FIRST CAKE	RT	16.00	35.00
1995	BINKEY'S NEW PAL	RT	14.00	25.00
1995	BUNNY WITH CARROT CANDLEHOLDER	RT	12.00	90.00
1995	CHAUNCEY GROWING TOMATOES	RT	15.00	50.00
1995	HELLO, SWEET PEA	CL	12.00	12.00
1995	I'M BERRY HAPPY	RT	15.00	28.00
1995	KING OF THE MUSHROOM	RT	16.00	40.00
1995	MACKENZIE GROWING BEANS	RT	15.00	55.00
1995	MAXINE'S BUTTERFLY RIDE	RT	17.00	35.00
1995	MOUSE IN STRAWBERRY	RT	12.00	50.00
1995	ONE FOR ME	RT	16.00	40.00
1995	ONE FOR YOU	RT	16.00	25.00
1995	PICKING PEPPERS	RT	12.00	25.00
1995	SURROUNDED BY FRIENDS	RT	16.00	25.00
1995	TUGGIN' TWOSOME	RT	18.00	35.00
1995	WHY HELLO THERE	RT	14.00	20.00
1996	BERRY BEST, THE	RT	17.00	25.00
1996	CATCHIN' BUTTERFLIES	RT	17.00	25.00
1996	CATTAIL CATAPULT	RT	17.00	20.00
1996	FEEDING TIME	RT	16.00	50.00
1996	GOOD LUCK	OP	16.00	20.00
1996	HAPPY BIRTHDAY	OP	16.00	25.00
1996	HOPE YOU'RE FEELING BETTER	RT	15.00	30.00
1996	HOPPITY HOP	RT	15.00	20.00
1996	HOW DO YOU MEASURE LOVE	RT	15.00	38.00
1996	I LOVE YOU	OP	16.00	16.00
1996	I'M SO SORRY	RT	17.00	17.00
1996	MENDER OF BROKEN HEARTS	RT	15.00	40.00
1996	NEW ARRIVAL	OP	17.00	20.00
1996	REACH FOR THE STARS	OP	17.00	35.00
1996	TAGGIN' ALONG	RT	15.00	25.00
1996	TAKE TIME TO REFLECT	RT	16.00	17.00
1996	THANKS FOR BEING THERE	CL	15.00	45.00
1996	TRAINING WINGS	RT	16.00	17.00
1996	WATERSLIDE, THE	OP	21.00	30.00
1996	WE'LL WEATHER THE STORM	OP	17.00	17.00
1996	YOU LOVE ME, YOU LOVE ME NOT	OP	17.00	17.00
1997	AHH-CHOO!	OP	13.00	13.00
1997	BUNNY BUDDIES	OP	21.00	21.00
1997	FLOWER FRIENDS	RT	16.00	16.00
1997	FRAGILE, HANDLE WITH CARE	15000	19.00	35.00
1997	HANGIN' AROUND	OP	16.00	16.00
1997	I HAVE A QUESTION FOR YOU	OP	17.00	17.00
1997	I SEE THINGS CLEARLY NOW	OP	15.00	15.00
1997	LOVE DOESN'T COME WITH INSTRUCTIONS	15000	19.00	65.00
1997	MIDDAY SNOOZE	OP	19.00	19.00
1997	PLANE FRIENDS	OP	19.00	19.00
1997	YOU COULDN'T BE SWEETER	OP	17.00	17.00
1998	A LITTLE BIRD TOLD ME SO	OP	17.00	17.00
1998	EVEN THE UPS AND DOWNS ARE FUN	OP	16.00	17.00
1998	HEAR, SPEAK AND SEE NO EVIL	OP	18.00	18.00
1998	HOW MANY CANDLES?	OP	17.00	17.00
1998	I'M A WINNER	OP	16.00	18.00
1998	I'M HERE FOR YOU	OP	18.00	18.00
1998	IT'S YOUR MOVE	OP	17.00	17.00
1998	PICTURE PERFECT	OP	18.00	19.00
1998	STEADY WINS THE RACE 1998 LIMITED EDITION	YR	20.00	20.00
1998	THERE'S NO US WITHOUT U	OP	20.00	20.00
1999	HI COOKIE	OP	18.00	18.00
1999	HONEYMOON'S OVER, THE	OP	20.00	20.00
1999	I MISS YOU ALREADY	OP	18.00	18.00
1999	IN EVERY LIFE A LITTLE RAIN MUST FALL	OP	20.00	20.00
1999	NOW I LAY ME DOWN TO SLEEP	LE	18.00	18.00
1999	TAKE TIME TO SMELL THE FLOWERS	OP	18.00	18.00
1999	YOU ARE MY CUP OF TEA	OP	19.00	19.00

D. GRIFF   **EVERYDAY SERIES/AIDS**

1995	YOU ARE NOT ALONE	RT	20.00	35.00

D. GRIFF   **GCC EXCLUSIVE**

1996	LOVE BLOOMS	RT	16.00	45.00
1996	SENDING A LITTLE SNOW YOUR WAY	RT	15.00	20.00
1997	HANG ON	*	20.00	25.00
1997	ONE MOUSE OPEN SLEIGH	1 DAY	18.00	25.00
1998	PEEK-A-BOO IN THE POSIES	1 DAY	20.00	30.00

D. GRIFF   **HALLOWEEN**

1999	HAUNTED HAYRIDE	*	19.00	19.00
1999	HOCUS POCUS	*	18.00	18.00
1999	MACKENZIE'S PUTT-PUTT TRACTOR	*	18.00	18.00

D. GRIFF   **INTERNATIONAL COLLECTIBLE EXPOSITION EXCLUSIVE**

1998	COLLECTION OF FRIENDS, A	7500	22.00	60.00

YR	NAME	LIMIT	ISSUE	TREND
D. GRIFF			**LAZY DAYS OF SUMMER**	
1997	BLOSSOM BOUNCE, THE	CL	20.00	20.00
1997	BUILDING CASTLES	CL	17.00	17.00
1997	GONE FISHIN'	CL	16.00	16.00
1997	LIFE'S A PICNIC WITH YOU	CL	18.00	18.00
1997	ROW BOAT ROMANCE	OP	14.00	14.00
1998	CAMPING OUT	OP	18.00	19.00
1998	COME ON IN-THE WATER'S FINE!	OP	18.00	18.00
1998	DAY AT THE LAKE, A	OP	18.00	19.00
1998	STEWART'S DAY IN THE SUN	OP	17.00	17.00
1998	TOASTING MARSHMALLOWS	OP	20.00	20.00
1999	BURIED TREASURES	OP	19.00	19.00
1999	FRIENDSHIP IS ALWAYS A GREAT BARGAIN	OP	20.00	20.00
1999	MOW, MOW, MOW THE LAWN	OP	17.00	17.00
1999	TRIPLE DELIGHT	OP	18.00	18.00
D. GRIFF			**LEAF & ACORN CLUB**	
1997	THANK YOU	RT	25.00	25.00
1998	GROWING FRIENDSHIP, A	CL	17.00	25.00
1998	MAXINE'S LEAF COLLECTION	CL	15.00	25.00
1999	RING AROUND THE ROSIE	TL	23.00	23.00
1999	SNOWY TRIO, A	TL	23.00	23.00
1999	YOU ARE MY SHINING STAR	TL	*	N/A
D. GRIFF			**LOVE IS IN THE AIR**	
1999	I'D DO IT ALL OVER AGAIN	OP	18.00	18.00
1999	I'M YOUR LOVE BUNNY	OP	17.00	17.00
1999	LOVE IS IN THE AIR	OP	20.00	20.00
1999	OUR LOVE HAS BLOSSOMED	OP	18.00	18.00
1999	YOU CAN'T RUN FROM LOVE	OP	18.00	18.00
D. GRIFF			**MUSICALS & WATERGLOBES**	
1993	ROCKING MICE MUSICAL	RT	65.00	200.00
1993	SAILING AWAY WATERGLOBE	RT	50.00	95.00
1994	JAWBREAKERS MUSICAL WATERGLOBE	RT	40.00	80.00
1994	LETTER TO SANTA WATERGLOBE	RT	45.00	65.00
1994	MINI SURPRISE WATERGLOBE	RT	22.00	70.00
1994	MOUSE ON CHEESE WATERGLOBE	RT	44.00	150.00
1994	MOUSE ON RUBBER DUCK WATERGLOBE	RT	44.00	125.00
1994	MY HERO!	RT	45.00	100.00
1994	SHARING THE WARMTH	RT	40.00	80.00
1994	SKATING MOUSE MUSICAL	RT	25.00	150.00
1994	SWEET DREAMS WATERGLOBE	RT	40.00	80.00
1994	TOGETHER AT CHRISTMAS WATERGLOBE	RT	30.00	65.00
1994	TRIMMING THE TREE WATERGLOBE	RT	45.00	90.00
1994	UP, UP AND AWAY MUSICAL	RT	70.00	160.00
1995	ME NEXT!	RT	45.00	100.00
1995	PUMPKIN PLAYTIME MUSICAL	RT	35.00	75.00
1995	UNDERWATER EXPLORER WATERGLOBE	RT	45.00	100.00
1996	ALL SNUG IN THEIR BEDS WATERGLOBE	RT	30.00	50.00
1996	BABY'S FIRST CHRISTMAS WATERGLOBE	RT	28.00	50.00
D. GRIFF			**NATIVITY**	
1995	HOLY FAMILY PRAYERS	*	21.00	21.00
1995	THREE WISE MICE	*	21.00	21.00
1996	ANGEL OF LIGHT	*	13.00	13.00
1996	CHRISTMAS PAGEANT STAGE	*	13.00	35.00
1996	LIL DRUMMER MOUSE	*	13.00	13.00
1996	MANGER ANIMALS	*	21.00	21.00
1997	SHEPHERD'S SET	*	13.00	13.00
D. GRIFF			**PARKWEST EXCLUSIVE**	
1998	MACKENZIE'S HOLIDAY HAT	*	18.00	18.00
D. GRIFF			**PARKWEST/NALED EXCLUSIVE**	
1997	MACKENZIE THE SNOWMAN	*	17.00	35.00
D. GRIFF			**SPECIAL**	
1999	WISHING YOU WELL	*	20.00	20.00
D. GRIFF			**SPRING CATALOG EXCLUSIVE**	
1998	MY SPRING BONNET	*	19.00	24.00
D. GRIFF			**SQUASHVILLE**	
1993	MOUSE ON STAR TREETOP	RT	14.00	50.00
1993	MOUSE STAR TREETOP	RT	14.00	55.00
1994	HOT DOGGIN'	RT	20.00	45.00
1994	LADY BUG EXPRESS	RT	18.00	170.00
1994	MACKENZIE AND MAXINE CAROLING	RT	18.00	35.00
1994	MAXINE MAKING SNOW ANGELS	RT	21.00	40.00
1994	MICE ON VINE BASKET	RT	55.00	55.00
1994	MOUSE CANDLE CLIMBER	RT	8.00	40.00
1994	MOUSE CARD HOLDER	RT	13.00	25.00
1994	MOUSE IN TREE HOLE CANDLEHOLDER	RT	17.00	80.00
1994	MOUSE ON BASKET	RT	50.00	80.00
1994	MOUSE ON VINE CANDLEHOLDER	RT	55.00	55.00
1994	MOUSE ON VINE WREATH	RT	55.00	55.00
1994	PYRAMID WITH MICE CANDLEHOLDER	RT	40.00	40.00
1995	BINKEY IN A BED OF FLOWERS	RT	15.00	25.00
1995	BINKEY'S 1995 ICE SCULPTURE	RT	20.00	30.00
1995	BINKEY'S SNOW SHOEING	RT	15.00	25.00
1995	FLYING LEAF SAUCER	RT	17.00	30.00
1995	MAIL MOUSE	RT	12.00	30.00
1995	PEAR TAXI	RT	16.00	35.00
1995	SLEIGH RIDE	SO	16.00	70.00
1995	SNACK FOR THE REINDEER	RT	13.00	25.00
1995	SNOW PLOW	RT	17.00	30.00

YR	NAME	LIMIT	ISSUE	TREND
1995	SNOWBALL FIGHT, THE	RT	17.00	35.00
1995	TEAMWORK HELPS	RT	17.00	40.00
1995	YOU MELTED MY HEART	RT	21.00	30.00
1996	AIRMAIL	RT	16.00	16.00
1996	ALL I CAN GIVE YOU IS ME	RT	15.00	35.00
1996	BEARING GIFTS	OP	16.00	35.00
1996	BUILDING A SNOWBUNNY	OP	17.00	17.00
1996	EXTRA! EXTRA!	RT	15.00	25.00
1996	FARMER MACKENZIE	OP	17.00	17.00
1996	JINGLE BELLS	RT	15.00	35.00
1996	MACKENZIE BUILDING A SNOWMOUSE	SO	18.00	130.00
1996	MAXINE'S SNOWMOBILE RIDE	LE	17.00	25.00
1996	MY NEW TOY	RT	15.00	35.00
1996	OOPS! DID I DO THAT?	RT	15.00	35.00
1996	PEEKING AT PRESENTS	RT	14.00	25.00
1996	REGINALD'S NEWSSTAND	RT	20.00	35.00
1996	TESTING THE LIGHTS	RT	14.00	25.00
1996	WAITING FOR CHRISTMAS	RT	16.00	35.00
1997	ALL THE TRIMMINGS	RT	15.00	20.00
1997	BABY'S FIRST CHRISTMAS	RT	19.00	19.00
1997	DECORATING BINKEY	OP	16.00	16.00
1997	GUESS WHAT!	*	17.00	17.00
1997	I LOVE YOU A WHOLE BUNCH	*	17.00	17.00
1997	I'M THINKING OF YOU	*	15.00	15.00
1997	KEEPING OUR LOVE ALIVE	*	20.00	20.00
1997	MAXINE GOES ON LINE	*	17.00	17.00
1997	NOT A CREATURE WAS STIRRING	OP	18.00	18.00
1997	TEACHER'S PETS	*	20.00	20.00
1997	TRIMMING THE TREE	OP	28.00	28.00
1998	DASHING THROUGH THE SNOW	OP	16.00	17.00
1998	MERRY CHRISTMAS FROM OUR HOUSE TO YOUR HOUSE	OP	23.00	23.00
1998	PLEASE, JUST ONE MORE	OP	16.00	17.00
1998	REGINALD'S CHOO-CHOO RIDE	OP	19.00	19.00
1998	TEAM IGLOO 1998 LIMITED EDITION	OP	23.00	23.00
1998	WHO PUT THAT TREE THERE?	OP	16.00	17.00
1999	BABY'S FIRST CHRISTMAS	OP	17.00	17.00
1999	EVERYBODY SING	OP	26.00	26.00
1999	NESTLED IN FOR THE HOLIDAYS	OP	20.00	20.00
1999	SKATING PARTY	OP	21.00	21.00
1999	SLEIGH RIDE SWEETIES 1999 LIMITED EDITION	YR	23.00	23.00
1999	STOCKINGS WERE HUNG BY THE CHIMNEY, THE	OP	19.00	19.00
1999	SUGAR TIME BAND FLOAT	OP	25.00	25.00
1999	TEA PARTY TRAIN RIDE	OP	26.00	26.00
D. GRIFF				**WEDDING**
1998	ALTAR OF LOVE, THE	OP	25.00	25.00
1998	BEST BUNNY, THE	OP	16.00	16.00
1998	GET-AWAY CAR, THE	OP	22.00	22.00
1998	HERE COMES THE BRIDE	OP	17.00	17.00
1998	MAID OF HONOR	OP	16.00	16.00
1998	MY HEART'S ALL AFLUTTER (GROOM)	OP	17.00	17.00
1998	RING BEARER, THE	OP	16.00	16.00
1998	TOGETHER FOREVER	OP	25.00	25.00
1998	WEDDING DAY BLOSSOMS	OP	16.00	16.00

CHRISTIAN ULBRICHT USA

C. ULBRICHT				
1997	EAGLE DANCER	3000	240.00	240.00
1998	ANGEL	2500	230.00	230.00
1998	LAWYER	2500	222.00	222.00
1998	MR. SNOWMAN	2500	154.00	154.00
1998	MRS. SNOWMAN	2500	154.00	154.00
1998	SANTA IN CANOE	2500	230.00	230.00
1998	SANTA W/SHORT ROBE	2500	222.00	222.00
1998	SANTA WITH LONG ROBE	2500	222.00	222.00
1998	SUMMER WONDERLAND	3000	230.00	230.00
1998	WHITE BUFFALO	3000	240.00	240.00
1999	CAROL SINGER, LADY	3000	230.00	230.00
1999	CAROL SINGER, MAN	3000	230.00	230.00
1999	KING HENRY VIII	2500	230.00	230.00
1999	SANTA IN THE ALPS	2500	222.00	222.00
1999	SANTA'S COFFEETIME	2500	230.00	230.00
1999	SUN FACE	3000	240.00	240.00
2000	ARTIST	2500	230.00	230.00
2000	COUNTRY SANTA	2500	230.00	230.00
2000	FATHER CHRISTMAS	2500	230.00	230.00
2000	FATHER TIME	3000	236.00	236.00
2000	HANS THE CLOCKMAKER	2500	236.00	236.00
2000	JAMES THE GOLFER	2500	222.00	222.00
2000	MILLENNIUM	3000	236.00	236.00
C. ULBRICHT			**DICKENS CHRISTMAS CAROL**	
1996	SCROOGE	5000	228.00	228.00
1997	BOB CRATCHIT & TINY TIM	5000	236.00	236.00
1998	MRS. CRATCHIT	5000	230.00	230.00
1999	MARLEY'S GHOST	5000	236.00	236.00
2000	GHOST OF CHRISTMAS YET TO COME	5000	236.00	236.00
C. ULBRICHT				**DON QUIJOTE**
2000	DON QUIJOTE	5000	236.00	236.00
2000	SONCHO PANSA	5000	236.00	236.00

YR	NAME	LIMIT	ISSUE	TREND
C. ULBRICHT		**GREAT AMERICAN INVENTORS**		
1996	THOMAS EDISON	1500	270.00	270.00
1997	HENRY FORD	1500	260.00	260.00
1998	ALEXANDER GRAHAM BELL	1500	250.00	250.00
C. ULBRICHT		**NUTCRACKER BALLET**		
1996	CLARA	5000	219.00	219.00
1996	HERR DROSSELMEYER	5000	228.00	228.00
1996	MOUSE KING	5000	228.00	228.00
1996	PRINCE	5000	219.00	219.00
1998	TOY SOLDIER	5000	238.00	238.00
2000	SUGAR PLUM FAIRY AND MUSE	5000	270.00	270.00
C. ULBRICHT		**PLAYS OF SHAKESPEARE**		
1997	JULIET	5000	230.00	230.00
1997	SHAKESPEARE	5000	236.00	236.00
1998	ROMEO	5000	236.00	236.00
1999	PRINCE HAMLET	5000	236.00	236.00
C. ULBRICHT		**THREE MUSKETEERS**		
1996	PORTOS	5000	200.00	200.00
C. ULBRICHT		**THREE WISEMEN**		
1996	CASPAR	5000	209.00	209.00
1999	MELCHIOR	5000	209.00	209.00
C. ULBRICHT		**WIZARD OF OZ**		
1997	TIN WOODMAN	5000	230.00	230.00
1998	COWARDLY LION	5000	240.00	240.00
1998	DOROTHY	5000	230.00	230.00
1999	SCARECROW	5000	230.00	230.00
1999	WICKED WITCH	5000	236.00	236.00
2000	WIZARD OF OZ	5000	236.00	236.00

CHUST COUNTRY

YR	NAME	LIMIT	ISSUE	TREND
T. NEIFFER		**PIGEON CREEK COLLECTIBLES**		
1996	GRAMPY & ME	OP	160.00	160.00
1996	OLD FAITHFUL AND OLD GLORY	OP	140.00	140.00

CONSTANCE COLLECTION

YR	NAME	LIMIT	ISSUE	TREND
C. GUERRA		**ANNUAL SANTA CLAUS BY CONSTANCE**		
1991	TEDDY CLAUS	YR	90.00	90.00
1992	REACH FOR THE STARS SANTA	YR	90.00	90.00
C. GUERRA		**FRIENDS & FAMILY COLLECTION**		
1992	A MOMENT W/MARGO	2500	55.00	55.00
1992	ANNETTE & CHRISTIAN	2500	48.00	48.00
1992	BUTTERCUPS	2500	35.00	35.00
1992	CHELSEA'S EASTER	2500	37.00	37.00
1992	CHRISTOPHER	2500	37.00	37.00
1992	COVERED WITH LOVE	2500	60.00	60.00
1992	ELIZABETH AND PHILLIP	2500	55.00	55.00
1992	FIRST LOVE	2500	57.00	57.00
1992	FOREVER FRIENDS	2500	51.00	51.00
1992	GRANDPOPS ANGEL	2500	51.00	51.00
1992	LITTLE SIS	2500	48.00	48.00
1992	LOVES TENDER TOUCH	2500	33.00	33.00
1992	MICHELLI BELLE	2500	31.00	31.00
1992	MISSY	2500	31.00	31.00
1992	MOTHER'S DAY BOUQUET	2500	42.00	42.00
1992	ONE ON ONE FATHER/SON	2500	55.00	55.00
1992	PARTY PAMMY	2500	31.00	31.00
1992	PILLOW TALK	2500	42.00	42.00
1992	PITZ AND SARA	2500	48.00	48.00
1992	RACHEL'S BLUE BIRD	2500	42.00	42.00
1992	SPECIAL SISTERS	2500	51.00	51.00
1992	TIMEOUT TO LOVE	2500	37.00	37.00
1992	TOGETHERNESS	2500	49.00	49.00
C. GUERRA		**HEAVEN SENT**		
1992	ALLELUIA	2500	45.00	45.00
1992	CHRISTENING DAY	2500	55.00	55.00
1992	ENDURING FAITH	2500	55.00	55.00
1992	LOVE IS PATIENT	2500	49.00	49.00
C. GUERRA		**KITTY KAT KLUB**		
1990	KASSANDRA KITTY	1500	30.00	30.00
1990	KATRINA	1500	30.00	30.00
1990	KLARA KITTY	1500	30.00	30.00
1990	KLARENCE KITTY	1500	30.00	30.00
1990	KLAUDIUS KITTY	1500	30.00	30.00
1990	KOCKEY KITTY	1500	30.00	30.00
1990	KONRAD KITTY	1500	30.00	30.00
1990	KOQUETTE KITTY	1500	30.00	30.00
C. GUERRA		**SANTA CLAUS BY CONSTANCE**		
1986	JOLLY ST. NICK	4000	72.00	72.00
1986	VICTORIAN SANTA	4000	90.00	90.00
1986	VICTORIAN SANTA WITH BEAR	4000	80.00	80.00
1987	ANIMAL SANTA	4000	78.00	78.00
1988	AMERICAN TRADITIONAL SANTA	4000	90.00	90.00
1988	MIDNIGHT VISIT	4000	112.00	112.00
1988	SAINT NICHOLAS OF MYRA	4000	90.00	90.00
1988	SANTAS DELIVERY	4000	90.00	90.00
1989	COBBLESTONE SANTA	4000	112.00	112.00
1989	KITTY CHRISTMAS	4000	112.00	112.00
1989	SANTA WITH BOY	1000	90.00	90.00

YR	NAME	LIMIT	ISSUE	TREND
1989	SANTA WITH DEER	4000	112.00	112.00
1989	SANTA WITH GIRL	1000	90.00	90.00
1989	SANTA WITH LAMB	4000	112.00	112.00
1989	SANTA'S SLEIGH	1000	190.00	190.00
1989	SIBERIAN SANTA	1000	190.00	190.00
1989	THOMAS NAST SANTA	4000	112.00	112.00
1990	CANDY CANE SANTA	1000	124.00	124.00
1990	ELF SANTA	1000	298.00	298.00
1990	HUNT SANTA	1000	158.00	158.00
1990	KITTY CLAUS	1000	78.00	78.00
1990	ROCKINGHORSE SANTA	1000	124.00	124.00
1991	FIRST CHRISTMAS	1000	79.00	79.00
1991	FIRST FROST	1000	250.00	250.00
1991	HEAVENLY BLESSING	1000	79.00	79.00
1991	LITTLE BOY'S SANTA	1000	95.00	95.00
1991	SANTA'S DANCE	1000	95.00	95.00
1991	SANTA'S DAY OFF	1000	90.00	90.00
1991	SANTA'S GIRL	1000	95.00	95.00
1992	HUSH! HUSH! SANTA	2500	60.00	60.00
1992	PEACE ON EARTH	2500	64.00	64.00
1992	TEST RUN SANTA	2500	79.00	79.00
1992	TOUCH UP SANTA	2500	64.00	64.00

C. GUERRA   **SEASONAL SANTA**

YR	NAME	LIMIT	ISSUE	TREND
1992	BASES LOADED	2500	90.00	90.00
1992	FISHING DAY FUN	2500	90.00	90.00
1992	FRESH POWDER FUN	2500	72.00	72.00
1992	LOST BALL SANTA	2500	90.00	90.00
1992	SPRING SERENITY	2500	112.00	112.00

C. GUERRA   **TENDER TOTS**

YR	NAME	LIMIT	ISSUE	TREND
1992	BABY BUNS	2500	31.00	31.00
1992	BABY'S BLOCKS	2500	37.00	37.00
1992	BABY'S FIRST ABC'S	2500	37.00	37.00
1992	FIRST CRAWL	2500	37.00	37.00
1992	FIRST DAY HOME (BOY)	2500	35.00	35.00
1992	FIRST DAY HOME (GIRL)	2500	35.00	35.00
1992	FIRST WORDS	2500	37.00	37.00
1992	NIGHT-NIGHT	2500	31.00	31.00
1992	PLAYMATES	2500	33.00	33.00
1992	SUGARPLUM DARLINGS	2500	37.00	37.00
1992	TOYLAND	2500	37.00	37.00

C. GUERRA   **THE BRIAR PATCH**

YR	NAME	LIMIT	ISSUE	TREND
1990	BARBARA BUNNY	1500	30.00	30.00
1990	BARTHOLEMUE BUNNY	1500	30.00	30.00
1990	BENEDICT BUNNY	1500	30.00	30.00
1990	BERNARD BUNNY	1500	30.00	30.00
1990	BERNICE BUNNY	1500	30.00	30.00
1990	BERTRUM BUNNY	1500	30.00	30.00
1990	BETSEY BUNNY	1500	30.00	30.00
1990	BIRTHA BUNNY	1500	30.00	30.00
1990	BLOSSUM BUNNY	1500	30.00	30.00
1990	BONNIE BUNNY	1500	30.00	30.00
1990	BRAIDA BUNNY	1500	30.00	30.00
1990	BROTHERLY BUNNY	1500	30.00	30.00
1990	BROWNIE BUNNY	1500	30.00	30.00
1990	BUSTER BUNNY	1500	30.00	30.00
1992	BUNNY'S BASKET	2500	22.00	22.00
1992	GRANDFATHER BUN	2500	22.00	22.00
1992	GRANDMOTHER BUNNY	2500	22.00	22.00
1992	LOVE BUN	2500	22.00	22.00
1992	MOTHER WITH TWINS	2500	22.00	22.00
1992	NEW MAMMA BUNNY	2500	22.00	22.00
1992	NUMBER ONE BUN	2500	22.00	22.00
1992	PAPPA BUNNY	2500	22.00	22.00
1992	PONDERING BUN	2500	22.00	22.00
1992	PROUD PAPPA BUNNY	2500	22.00	22.00
1992	WOODLAND BUNNY	2500	32.00	32.00

C. GUERRA   **THE GOLDEN AMERICANS**

YR	NAME	LIMIT	ISSUE	TREND
1991	ANDRES AND SAM	1500	37.00	37.00
1991	BELINDA	1500	31.00	31.00
1991	BLESSED WITH LOVE	1500	55.00	55.00
1991	DADDY'S DARLING	1500	48.00	48.00
1991	EFFIE AND COMPANY	1500	31.00	31.00
1991	EMMA AND NICKIE	1500	37.00	37.00
1991	ENDLESS LOVE	1500	48.00	48.00
1991	FELICIA & FLUFF	1500	37.00	37.00
1991	FROZEN FRIENDS	1500	42.00	42.00
1991	GILBERT	1500	31.00	31.00
1991	GLORYA	1500	75.00	75.00
1991	GRANDMAS LOVE	1500	65.00	65.00
1991	HANNAH AND KITTY	1500	42.00	42.00
1991	INTO THE LIGHT	1500	31.00	31.00
1991	LEARNING TO BRAID	1500	42.00	42.00
1991	LETTIE THE DOLLMAKER	1500	48.00	48.00
1991	MISSING YOU	1500	37.00	37.00
1991	NEW PUPS	1500	31.00	31.00
1991	PARTY TIME PALS	1500	55.00	55.00
1991	PENNY PINCHER	1500	48.00	48.00
1991	PLAY TIME	1500	31.00	31.00
1991	PRAYING PALS	1500	31.00	31.00

YR	NAME	LIMIT	ISSUE	TREND
1991	PREACHER MAN	1500	31.00	31.00
1991	PUDDLES	1500	37.00	37.00
1991	PUPPY LOVE	1500	37.00	37.00
1991	RUBY RAE AND TOM-TOM	1500	37.00	37.00
1991	SCHOOL DAZE	1500	31.00	31.00
1991	SUNDAY MORNING	1500	75.00	75.00
1991	SWEET ASSURANCE	1500	48.00	48.00
1991	SWEET DREAMS	1500	37.00	37.00
1992	ANNELLE	2500	37.00	37.00
1992	BALLA RENA	2500	31.00	31.00
1992	BESTEST FRIENDS	2500	31.00	31.00
1992	BUNNY LOVE	2500	31.00	31.00
1992	CHRIS MISS	2500	31.00	31.00
1992	CHURCH LADY ELLIE	2500	37.00	37.00
1992	CHURCH LADY ETHEL	2500	37.00	37.00
1992	CHURCH LADY PEARLE	2500	37.00	37.00
1992	DUTCHIE	2500	31.00	31.00
1992	FIRST POSITION	2500	31.00	31.00
1992	FREE KICK DICK	2500	31.00	31.00
1992	JOY BOY	2500	31.00	31.00
1992	LITTLE CHASE	2500	31.00	31.00
1992	LITTLE MAGIC	2500	31.00	31.00
1992	LOVING EWE	2500	31.00	31.00
1992	LOVING EWE TOO!	2500	33.00	33.00
1992	MANDAS NABBIT	2500	31.00	31.00
1992	P.S. I LOVE YOU	2500	42.00	42.00
1992	PREPPIE GREGORY	2500	37.00	37.00
1992	PREPPIE WINTHROP	2500	31.00	31.00
1992	PRIMA DONA	2500	31.00	31.00
1992	PUPPY LOVING	2500	37.00	37.00
1992	QUARTERBACK JACK	2500	31.00	31.00
1992	SCHOOL GIRL SAL	2500	31.00	31.00
1992	SCHOOL GIRL SUE	2500	31.00	31.00
1992	THERE YOU ARE!	2500	48.00	48.00
1992	TOO MUCH HOMEWORK	2500	48.00	48.00
1992	VALENTINE OF MINE	2500	31.00	31.00
1992	VICTORY	2500	31.00	31.00
C. GUERRA			**VICTORIANA COLLECTION**	
1991	FRITZ	1500	37.00	37.00
1991	JULIA	1500	37.00	37.00
1991	PENELOPE	1500	37.00	37.00
1991	ROSIE	1500	37.00	37.00
1991	VICTORIA	1500	37.00	37.00

COUNTRY ARTISTS
*

1993	FREEDOM OF THE SEAS	RT	325.00	325.00
D. IVEY				
1994	LORD OF THE SKIES	RT	795.00	795.00
1994	SPIRIT OF FREEDOM	1500	750.00	750.00
1995	GRACEFUL FLIGHT	950	695.00	695.00
1995	VISIONS OF DAWN	250	2700.00	2700.00
B. PRICE				
1994	GUARDIAN OF THE HERD	RT	695.00	695.00
1994	SUMMER DREAMS	RT	395.00	395.00
1996	BROKEN DREAMS	850	375.00	375.00
1996	CHALLENGE, THE	850	325.00	325.00
1996	EVER PATIENT	850	375.00	375.00
1996	FAMILY ADVENTURE	850	375.00	375.00
1996	RESTFUL DAYS	850	750.00	750.00
R. SEFTON				
1994	COMING HOME	RT	395.00	395.00
1996	A TRIAL OF STRENGTH	850	750.00	750.00
1996	SPIRIT OF THE PLAINS	850	850.00	850.00
K. SHERWIN				
1994	LAST FURROW, THE	RT	395.00	395.00
1995	WINTER HOLT	1500	750.00	750.00
1996	AFTER THE STORM	850	450.00	450.00
1996	FIRST LIGHT	850	450.00	450.00
1996	SPRING OF LIFE	850	295.00	295.00
S. LANGFORD			**BALD EAGLE COLLECTION**	
1995	BALD EAGLE LANDING	OP	128.00	135.00
1995	BALD EAGLE SOARING	OP	63.00	74.00
1995	HIDDEN SANCTUARY	2500	289.00	289.00
1995	SPIRIT OF FREEDOM	1500	750.00	765.00
D. IVEY			**BIG CAT COLLECTION**	
1995	CHEETAH	OP	198.00	205.00
1995	COUGAR	OP	182.00	195.00
1995	LEOPARD	OP	198.00	205.00
1995	SNOW LEOPARD	OP	189.00	200.00
1995	TIGER	OP	215.00	220.00
D. IVEY			**BIRDS**	
1998	VIEWS OF THE RIVER	RT	850.00	850.00
1999	ARTISTS OF THE SKY	400	750.00	750.00
R. SEFTON			**BRONZE WILDLIFE**	
1999	GOLIATH-THE GENTLE GIANT	RT	550.00	550.00
M. WEST			**DOLPHINS**	
1998	HIDDEN DEPTHS	RT	295.00	295.00

YR	NAME	LIMIT	ISSUE	TREND
K. SHERWIN			**GRAYWOLF COLLECTION**	
1992	DAWN CHORUS	OP	375.00	400.00
1992	FIRST ICE OF WINTER	RT	450.00	475.00
1992	HIGH GROUND	OP	225.00	250.00
1992	LARGE HOWLING WOLF	OP	150.00	165.00
1992	MEDIUM HOWLING WOLF	OP	95.00	105.00
1992	MOTHER & CUB	OP	175.00	195.00
1992	RUNNING FREE	OP	175.00	195.00
1992	SMALL HOWLING WOLF	OP	49.00	55.00
1992	WOLF CUBS	OP	135.00	145.00
1992	WOLF KISS	OP	250.00	275.00
1992	WOLF PAIR	OP	225.00	250.00
1995	UNTAMED WILDERNESS	3500	450.00	450.00
R. SEFTON			**HORSES-BRONZE**	
1999	STALLIONS OF THE CAMARQUE	RT	550.00	550.00
*			**KINGDOM OF EAGLE-BIRDS**	
1998	AWAKE AT DAWN	RT	295.00	295.00
D. IVEY			**KINGDOM OF EAGLE-BIRDS**	
1998	MAJESTIC GRACE	RT	425.00	425.00
B. PRICE			**KINGDOM OF EAGLE-BIRDS**	
1998	WOODLAND GLADE	RT	650.00	650.00
K. SHERWIN			**KINGDOM OF EAGLE-BIRDS**	
1999	RULING THE ROOST	RT	475.00	475.00
D. IVEY			**KINGDOM OF EAGLE-OWLS**	
1998	HERALD OF SPRING	RT	325.00	325.00
D. IVEY			**KINGDOM OF THE EAGLE**	
1999	AGAINST THE FLOW	550	550.00	550.00
S. LANGFORD			**KINGDOM OF THE EAGLE**	
1998	COMMAND OF THE WATER	YR	135.00	135.00
K. SHERWIN			**KINGDOM OF THE EAGLE-WOLVES**	
1998	DIFFICULT CROSSING, A	RT	425.00	425.00
R. SEFTON			**NATIVE AMERICAN**	
1996	HAND OF FRIENDSHIP	RT	169.00	169.00
1998	STRENGTH OF THE SPIRIT	500	1300.00	1300.00
K. SHERWIN			**NATIVE AMERICAN**	
1998	LITTLE SPIRIT	RT	350.00	340.00
R. DANIELS			**NATURE TRAIL**	
1998	HELPING HAND, A	RT	650.00	650.00
D. IVEY			**NATURE TRAIL TIGERS**	
1999	AFTER THE RAIN	950	750.00	750.00
R. SEFTON			**PANDAS**	
1998	SHELTERED SECLUSION	RT	325.00	325.00
B. PRICE			**PAWPRINTS/TUSKERS**	
1998	FUN & GAMES	3500	75.00	75.00
B. PRICE			**PENGUIN COLLECTION**	
1995	MINIATURE PENGUIN	OP	25.00	28.00
1995	MOTHER & CHICKS	OP	110.00	120.00
1995	PENGUIN CHICK SLIDING	OP	53.00	55.00
1995	PENGUIN CHICKS GROUP	OP	75.00	80.00
1995	PENGUIN CHICKS KISSING	OP	58.00	62.00
1995	PENGUIN FAMILY	OP	169.00	180.00
G. MILLER			**TOTS**	
1999	FRIENDSHIP IS SHARING	RT	*	N/A
D. IVEY			**WILDLIFE COLLECTION**	
1997	NEW ARRIVALS	850	385.00	385.00
1997	REMOTE HEIGHTS	850	385.00	385.00
K. SHERWIN			**WILDLIFE COLLECTION**	
1997	AN EARLY THAW	950	375.00	375.00
1997	WARRIOR'S GIFT, THE	950	325.00	325.00

CREART

YR	NAME	LIMIT	ISSUE	TREND
F. CONTRERAS			**AFRICAN WILDLIFE**	
1993	CAPE BUFFALO	1500	418.00	418.00
1994	NUMA LION'S HEAD	2500	418.00	418.00
E. MARTINEZ			**AFRICAN WILDLIFE**	
1994	GRUMBLER CAPE BUFFALO	1500	498.00	498.00
V. PEREZ			**AFRICAN WILDLIFE**	
1993	TRAVIESO	1500	198.00	198.00
F. CONTRERAS			**AMERICAN WILDLIFE**	
1993	AMERICAN SYMBOL EAGLE	1500	246.00	246.00
1993	RED FOX, THE	1500	199.00	199.00
1993	WILD AMERICAN BISON	1500	338.00	338.00
C. ESTEVEZ			**AMERICAN WILDLIFE**	
1994	CATAMOUNTAIN	2500	118.00	118.00
1994	OUT OF THE DEN PUMA	1500	130.00	130.00
1994	PUFFINS	1500	258.00	258.00
E. MARTINEZ			**AMERICAN WILDLIFE**	
1993	BUENOS DIAS JACK RABBIT	1500	218.00	218.00
1993	HOWLING COYOTE	1500	199.00	199.00
1994	FREEDOM EAGLE	1500	500.00	500.00
B. NELSON			**AMERICAN WILDLIFE**	
1994	AMBUSHING PUMA	1950	150.00	150.00
1994	BRIEFLY REST PUMAS	1950	250.00	250.00
1994	RED-TAILED HAWK	1950	130.00	130.00
V. PEREZ			**AMERICAN WILDLIFE**	
1993	SCENT OF HONEY BEAR	1500	398.00	398.00
1993	WHITE BLIZZARD WOLF	1500	275.00	275.00

YR	NAME	LIMIT	ISSUE	TREND
1994	OVER THE TOP PUMA	1500	398.00	398.00
1994	SINGING TO THE MOON I WOLF	1500	398.00	398.00
1994	SINGING TO THE MOON II WOLF	1500	358.00	358.00
J. ROBISON				**BIRDS OF PREY**
1994	GYRFALCON	450	1300.00	1300.00
1994	VIGILANT EAGLE	650	780.00	780.00
F. CONTRERAS				**NATURE'S CARE**
1993	DOE & FAWNS	2500	99.00	99.00
1993	EAGLE & EAGLET	2500	99.00	99.00
1993	GORILLA & BABY	2500	99.00	99.00
1993	LIONESS & CUBS	2500	99.00	99.00
1993	WOLF & PUPS	2500	99.00	99.00
C. ESTEVEZ				**NATURE'S CARE**
1993	OTTERS	2500	99.00	99.00
E. MARTINEZ				**NATURE'S CARE**
1993	JACK RABBIT & YOUNG	2500	99.00	99.00
V. PEREZ				**NATURE'S CARE**
1993	GRIZZLY & CUBS	2500	99.00	99.00
1993	PENGUIN AND CHICKS	2500	99.00	99.00

CRYSTAL WORLD
*

YR	NAME	LIMIT	ISSUE	TREND
				ALL GOD'S CREATURES
1997	BUFFALO	OP	350.00	350.00
1997	GIANT SEA TURTLE	*	250.00	250.00
1997	JUNIOR	OP	110.00	110.00
1997	MAMA ELEPHANT	OP	250.00	250.00
N. MULARGIA				**ALL GOD'S CREATURES**
1986	LOVE SWANS	OP	83.00	83.00
1986	MINI BUTTERFLY	CL	15.00	18.00
1986	MINI DACHSHUND	CL	15.00	18.00
1986	MINI FROG MUSHROOM	CL	15.00	18.00
1986	MINI KOALA	CL	15.00	18.00
1986	MINI MOUSE	CL	15.00	18.00
1986	MINI RABBIT	CL	15.00	18.00
1986	MINI SWAN	OP	15.00	15.00
1993	PIG	CL	50.00	50.00
1994	OWLS	OP	53.00	53.00
1995	WILBUR IN LOVE	CL	90.00	90.00
1996	LARGE LOVE SWANS	OP	252.00	252.00
1997	MAJESTIC BALD EAGLE	*	1100.00	1100.00
R. NAKAI				**ALL GOD'S CREATURES**
1983	ALLIGATOR	CL	46.00	55.00
1983	LARGE FROG	CL	30.00	36.00
1983	LARGE MOUSE	CL	36.00	42.00
1983	LARGE PIG	CL	50.00	60.00
1983	LARGE RABBIT	CL	50.00	60.00
1983	LARGE TURTLE	CL	56.00	65.00
1983	MEDIUM MOUSE	CL	28.00	33.00
1983	MEDIUM PIG	CL	32.00	38.00
1983	MEDIUM TURTLE	CL	38.00	45.00
1983	MINI FROG	CL	14.00	17.00
1983	MOUSE STANDING	CL	34.00	41.00
1983	SMALL ELEPHANT	CL	40.00	48.00
1983	SMALL FROG	CL	26.00	32.00
1983	SMALL MOUSE	CL	20.00	24.00
1983	SMALL PIG	CL	22.00	26.00
1983	SMALL RABBIT	CL	28.00	35.00
1983	SMALL SWAN	CL	28.00	34.00
1983	SMALL TURTLE	CL	28.00	35.00
1984	BEAVER	CL	30.00	36.00
1984	BUTTERFLY	CL	50.00	60.00
1984	DACHSHUND	CL	28.00	33.00
1984	DOG	CL	28.00	33.00
1984	DUCK	CL	30.00	36.00
1984	EXTRA LARGE PEACOCK	CL	420.00	500.00
1984	FROG & MUSHROOM	CL	46.00	55.00
1984	LARGE HIPPO	CL	50.00	60.00
1984	LARGE KANGAROO	CL	50.00	60.00
1984	LARGE KOALA BEAR	CL	69.00	85.00
1984	LARGE PEACOCK	CL	147.00	177.00
1984	MINI TURTLE	CL	18.00	22.00
1984	PEACOCK	CL	50.00	60.00
1984	PENGUIN	CL	34.00	41.00
1984	POODLE	CL	30.00	36.00
1984	PORCUPINE	CL	42.00	50.00
1984	SMALL HIPPO	CL	30.00	35.00
1984	SMALL KANGAROO	CL	34.00	40.00
1984	SMALL KOALA	CL	28.00	32.00
1984	SMALL PEACOCK	CL	37.00	44.00
1985	BUTTERFLY CATERPILLAR	CL	40.00	48.00
1985	BUTTERFLY ON DAISY	CL	30.00	36.00
1985	LARGE ELEPHANT	CL	54.00	65.00
1985	LARGE LION	CL	60.00	72.00
1985	RACOON	CL	50.00	60.00
1985	SMALL LION	CL	36.00	43.00
1985	SMALL SWAN	CL	45.00	45.00
1985	SQUIRREL	CL	30.00	36.00
1986	UNICORN	CL	110.00	132.00

YR	NAME	LIMIT	ISSUE	TREND
1987	KING SWAN	CL	110.00	132.00
1987	LARGE CIRCUS PUPPY	CL	50.00	60.00
1987	LARGE PANDA	CL	45.00	54.00
1987	LARGE PLAYFUL PUP	CL	85.00	102.00
1987	LARGE POODLE	CL	64.00	76.00
1987	LARGE RABBIT W/CARROT	CL	55.00	66.00
1987	LARGE SNOWBUNNY	CL	45.00	54.00
1987	LARGE SWAN	CL	100.00	100.00
1987	MEDIUM SWAN	OP	63.00	63.00
1987	MINI SWAN	OP	28.00	28.00
1987	MOTHER KOALA AND CUB	CL	55.00	64.00
1987	PENGUIN ON CUBE	CL	30.00	36.00
1987	POSING PENGUIN	CL	85.00	102.00
1987	RHINOCEROS	CL	55.00	66.00
1987	SMALL CIRCUS PUPPY	CL	28.00	33.00
1987	SMALL PANDA	CL	58.00	58.00
1987	SMALL PLAYFUL PUP	CL	32.00	32.00
1987	SMALL POODLE	CL	35.00	42.00
1987	SMALL RABBIT W/CARROT	CL	32.00	36.00
1987	SMALL RACOON	CL	30.00	36.00
1987	SMALL SNOWBUNNY	CL	25.00	30.00
1987	SMALL SWAN	OP	32.00	32.00
1987	WALRUS	CL	70.00	84.00
1989	MINI RAINBOW DOG	CL	25.00	30.00
1989	MINI RAINBOW OWL	CL	25.00	30.00
1989	MINI RAINBOW PENGUIN	CL	25.00	30.00
1989	MINI RAINBOW SQUIRREL	CL	25.00	30.00
1990	DUCK FAMILY	CL	70.00	84.00
1991	POLAR BEAR PAPERWEIGHT	OP	98.00	98.00
1991	SPIKE	CL	50.00	60.00
1991	SPOT	CL	50.00	60.00
1993	TURTLE	CL	65.00	65.00
1994	SEAL	CL	46.00	46.00
1995	TEA TIME	OP	50.00	50.00
1996	FREDDY FROG	OP	30.00	30.00
1996	FRIEDA FROG	OP	37.00	37.00
1996	PENGUIN ON CUBE	CL	48.00	48.00
1997	PROUD PEACOCK	OP	150.00	150.00
T. SUZUKI			**ALL GOD'S CREATURES**	
1990	BABY DINOSAUR	CL	50.00	60.00
1990	BARNEY DOG	CL	32.00	38.00
1990	BETSY BUNNY	CL	32.00	38.00
1990	CLARA COW	CL	32.00	38.00
1990	GEORGIE GIRAFFE	CL	32.00	38.00
1990	HENRY HIPPO	CL	32.00	38.00
1990	JUMBO ELEPHANT	OP	32.00	32.00
1990	MIKEY MONKEY	CL	32.00	38.00
1990	PUPPY LOVE	CL	45.00	54.00
1990	SWAN FAMILY	CL	70.00	84.00
1992	TRUMPETING ELEPHANT	CL	50.00	50.00
1993	PLAYFUL SEAL	OP	42.00	42.00
1994	WILBUR THE PIG	OP	48.00	48.00
1995	LING LING	CL	53.00	53.00
1995	PERCY PIGLET	CL	19.00	19.00
1997	ALLIE-GATOR	OP	100.00	100.00
N. MULARGIA			**BIRD COLLECTION**	
1986	BIRD BATH	CL	54.00	65.00
R. NAKAI			**BIRD COLLECTION**	
1983	LARGE OWL	CL	44.00	54.00
1983	MEDIUM OWL	CL	50.00	60.00
1983	MINI OWL	CL	20.00	25.00
1983	SMALL OWL	CL	22.00	26.00
1984	BIRD FAMILY	CL	22.00	26.00
1984	LOVE BIRDS	CL	44.00	54.00
1985	EXTRA LARGE PARROT	CL	300.00	360.00
1985	SMALL PARROT	CL	100.00	120.00
1987	LARGE PARROT	CL	130.00	160.00
1991	PARROT COUPLE	CL	90.00	108.00
T. SUZUKI			**BIRD COLLECTION**	
1990	OLLIE OWL	CL	32.00	37.00
1990	SMALL WISE OWL	CL	40.00	48.00
1990	TREE TOP OWLS	CL	96.00	105.00
1990	WISE OWLS	CL	55.00	65.00
N. MULARGIA			**BON VOYAGE COLLECTION**	
1991	RAINBOW EXPRESS, THE	CL	125.00	150.00
1991	SCHOONER	CL	95.00	95.00
1992	SAILING SHIP	CL	38.00	38.00
1993	EXPRESS TRAIN	CL	95.00	114.00
1995	MINI CRUISE SHIP	OP	105.00	105.00
R. NAKAI			**BON VOYAGE COLLECTION**	
1984	CLASSIC CAR	CL	160.00	192.00
1984	LIMOUSINE	CL	46.00	55.00
1984	PICKUP TRUCK	CL	38.00	48.00
1984	TRACTOR TRAILER	CL	40.00	48.00
1990	SQUARE RIGGER	OP	250.00	250.00
1993	LARGE SAN FRANCISCO CABLE CAR	OP	59.00	59.00
1993	SAILBOAT	OP	100.00	100.00
1993	SMALL SAN FRANCISCO CABLE CAR	OP	40.00	40.00

YR	NAME	LIMIT	ISSUE	TREND
1994	BERMUDA RIG SAILBOAT	OP	105.00	105.00
1994	MAINSAIL SAILBOAT	OP	230.00	230.00
1994	SMALL RIVERBOAT	OP	210.00	210.00
1994	SPINMAKER SAILBOAT	OP	265.00	265.00
1995	AMISH BUGGY	CL	160.00	160.00
1995	AMISH BUGGY W/WOOD BASE	CL	190.00	190.00
1995	TALL SHIP	OP	395.00	395.00
1997	MEDIUM CRUISE SHIP	OP	550.00	550.00
1997	SCHOONER	CL	60.00	60.00
T. SUZUKI			**BON VOYAGE COLLECTION**	
1984	SPORTS CAR	CL	140.00	170.00
1984	TOURING CAR	CL	140.00	170.00
1990	LARGE TRAIN SET	CL	480.00	575.00
1990	ORBITING SPACE SHUTTLE	OP	300.00	300.00
1990	SMALL AIRPLANE	CL	200.00	240.00
1990	SMALL SPACE SHUTTLE LAUNCH	CL	265.00	265.00
1990	SMALL TRAIN SET	OP	100.00	100.00
1991	LARGE CABLE CAR	OP	130.00	130.00
1991	SMALL CABLE CAR	OP	70.00	70.00
1991	SMALL ORBITING SPACE SHUTTLE	OP	90.00	90.00
1992	FIRE ENGINE	OP	100.00	100.00
1992	MINI BI-PLANE	OP	65.00	65.00
1992	MINI CABLE CAR	CL	40.00	40.00
1994	SMALL CRUISE SHIP	OP	575.00	575.00
1996	SMALL CLASSIC MOTORCYCLE	OP	210.00	210.00
1997	GRAND CABLE CAR	*	50.00	50.00
1997	TRUCKIN'	OP	260.00	260.00
A. KATO			**CASTLES AND LEGENDS**	
1991	MAJESTIC CASTLE	OP	390.00	390.00
N. MULARGIA			**CASTLES AND LEGENDS**	
1990	I LOVE YOU UNICORN	CL	58.00	70.00
1990	PEGASUS	CL	50.00	60.00
1990	RAINBOW UNICORN	OP	50.00	50.00
1990	UNICORN	CL	38.00	45.00
1992	MINI FANTASY CASTLE	OP	40.00	40.00
1995	LARGE FANTASY COACH	OP	368.00	368.00
1995	MEDIUM FANTASY COACH	OP	158.00	158.00
1995	MINI MOUSE CASTLE	OP	52.00	52.00
1995	SMALL FANTASY COACH	OP	100.00	100.00
1995	SMALL MOUSE COACH	OP	95.00	95.00
R. NAKAI			**CASTLES AND LEGENDS**	
1987	ICE CASTLE	CL	150.00	180.00
1987	RAINBOW CASTLE	OP	150.00	150.00
1988	IMPERIAL CASTLE	OP	320.00	320.00
1988	MYSTIC CASTLE	OP	90.00	90.00
1988	SMALL ICE CASTLE	CL	90.00	108.00
1989	DRAGON BABY	CL	80.00	96.00
1989	MAGIC FAIRY	CL	40.00	48.00
1989	MINI RAINBOW CASTLE	OP	60.00	60.00
1989	STAR FAIRY	CL	65.00	78.00
1989	STARLIGHT CASTLE	CL	155.00	185.00
1989	UNICORN & FRIEND	CL	100.00	120.00
1991	CASTLE IN THE SKY	CL	150.00	180.00
1992	SMALL FANTASY CASTLE	OP	85.00	85.00
1993	LARGE FANTASY CASTLE	OP	230.00	230.00
1993	MEDIUM FANTASY CASTLE	OP	130.00	130.00
1994	CASTLE RAINBOW RAINBOW MT. BS.	OP	1575.00	1575.00
1994	CASTLE ROYALE/CLEAR MOUNTAIN BS.	OP	130.00	130.00
1995	TREASURE CASTLE	OP	63.00	63.00
1996	EMERALD CASTLE	CL	105.00	105.00
T. SUZUKI			**CASTLES AND LEGENDS**	
1999	LEGENDARY UNICORN	*	125.00	125.00
N. MULARGIA			**CELEBRATIONS OF LIFE**	
1989	WEDDING COUPLE	OP	75.00	75.00
1992	MINI WEDDING COUPLE	CL	30.00	30.00
1995	MEDIUM WEDDING COUPLE	OP	63.00	63.00
R. NAKAI			**CELEBRATIONS OF LIFE**	
1985	WEDDING COUPLE	CL	38.00	38.00
T. SUZUKI			**CELEBRATIONS OF LIFE**	
1997	BABY BOY CARRIAGE	CL	50.00	50.00
1997	BABY GIRL CARRIAGE	CL	50.00	50.00
R. NAKAI			**CELESTIAL ANGELS**	
1999	ANGEL OF JOY	OP	60.00	60.00
1999	ANGEL OF LOVE	OP	60.00	60.00
1999	ANGEL OF PEACE	OP	60.00	60.00
N. MULARGIA			**CLOWN COLLECTION**	
1992	BABY CLOWN	CL	30.00	36.00
1992	FLOWER CLOWN	CL	70.00	84.00
1996	BO-BO THE CLOWN	CL	53.00	53.00
R. NAKAI			**CLOWN COLLECTION**	
1985	ACROBATIC CLOWN	CL	50.00	60.00
1985	BASEBALL CLOWN	CL	54.00	64.00
1985	CLOWN ON UNICYCLE	CL	54.00	64.00
1985	GOLF CLOWN	CL	54.00	65.00
1985	JUGGLER	CL	54.00	65.00
1985	LARGE CLOWN	CL	42.00	50.00
1985	LARGE JACK IN THE BOX	CL	64.00	77.00

YR	NAME	LIMIT	ISSUE	TREND
1985	SMALL CLOWN	CL	30.00	36.00
1985	SMALL JACK IN THE BOX	CL	24.00	29.00
1985	TENNIS CLOWN	CL	54.00	65.00
J. MAKOTO		**CRYSTAL CONCERTO COLLECTION**		
1997	CLARINET	OP	225.00	225.00
N. MULARGIA			**CRYSTAL VILLAGE**	
1992	WATERFRONT VILLAGE	OP	190.00	190.00
R. NAKAI		**DECORATIVE ITEM COLLECTION**		
1992	NIAGARA FALLS PAPERWEIGHT	OP	85.00	85.00
*				**DESK**
1999	IT'S A SMALL WORLD	OP	65.00	65.00
N. MULARGIA				**DESK**
1994	SAN FRANCISCO DOME PAPERWEIGHT	CL	75.00	75.00
R. NAKAI				**DESK**
1992	HEART CLOCK PAPERWEIGHT	CL	100.00	100.00
1993	DIAMOND 100MM	OP	525.00	525.00
1993	DIAMOND 50MM	OP	70.00	70.00
1993	DIAMOND 75MM	OP	285.00	285.00
1994	NY SKYLINE CLOCK PAPERWEIGHT	CL	158.00	158.00
1994	WASHINGTON DC CITYSCAPE PAPERWEIGHT	OP	105.00	105.00
1994	WASHINGTON DC SKYLINE CLOCK PAPERWEIGHT	CL	158.00	158.00
1994	WASHINGTON VIETNAM MEMORIAL PAPERWEIGHT	CL	105.00	105.00
1995	BOSTON "CITYSCAPE" PAPERWEIGHT	OP	105.00	105.00
1995	MED. BOSTON SKYLINE PAPERWEIGHT	OP	80.00	80.00
1995	MED. CHICAGO SKYLINE CLOCK PAPERWEIGHT	CL	158.00	158.00
1995	MED. PHILADELPHIA SKYLINE PAPERWEIGHT	OP	80.00	80.00
1995	PHILADELPHIA CITYSCAPE PAPERWEIGHT	OP	105.00	105.00
1995	SAN FRANCISCO SKYLINE CLOCK PAPERWEIGHT	CL	158.00	158.00
1996	CRYSTAL EGG AND STAND	OP	83.00	83.00
1996	DIAMOND 40MM	OP	48.00	48.00
I. NAKAMURA				**DESK**
1989	CHICAGO SKYLINE PAPERWEIGHT	OP	150.00	150.00
1989	SAN FRANCISCO SKYLINE PAPERWEIGHT	OP	150.00	150.00
1989	WASHINGTON SKYLINE PAPERWEIGHT	OP	150.00	150.00
1990	BASEBALL PAPERWEIGHT	CL	170.00	195.00
1990	FISHING PAPERWEIGHT	CL	170.00	195.00
1990	GOLFING PAPERWEIGHT	CL	170.00	195.00
1990	TENNIS PAPERWEIGHT	CL	170.00	190.00
1991	DALLAS SKYLINE PAPERWEIGHT	OP	180.00	180.00
1993	SMALL SAN FRANCISCO SKYLINE PAPERWEIGHT	OP	45.00	45.00
G. VEITH				**DESK**
1988	NY SKYLINE PAPERWEIGHT	CL	100.00	100.00
1992	SMALL NY PAPERWEIGHT	CL	45.00	45.00
1994	MED. NY SKYLINE PAPERWEIGHT	OP	80.00	80.00
1994	MED. SAN FRANCISCO SKYLINE PAPERWEIGHT	OP	80.00	80.00
1994	MED. WASH. DC SKYLINE PAPERWEIGHT	OP	80.00	80.00
1994	NY "CITYSCAPE" PAPERWEIGHT	OP	105.00	105.00
1994	NY DOME PAPERWEIGHT	CL	75.00	75.00
1994	SAN FRANCISCO CITYSCAPE PAPERWEIGHT	OP	105.00	105.00
1994	WASHINGTON DC DOME PAPERWEIGHT	CL	75.00	75.00
R. NAKAI		**FRUIT COLLECTION**		
1985	LARGE APPLE	OP	44.00	44.00
1985	MEDIUM APPLE	OP	30.00	30.00
1985	PEAR	CL	30.00	36.00
1985	SMALL APPLE	OP	15.00	15.00
1985	STRAWBERRIES	CL	28.00	33.00
1987	MINI APPLE	OP	15.00	15.00
1991	LARGE PINEAPPLE	CL	42.00	50.00
1991	MEDIUM PINEAPPLE	CL	27.00	33.00
1991	SMALL PINEAPPLE	CL	16.00	19.00
1996	PINEAPPLE	OP	53.00	53.00
R. NAKAI		**GAMBLER COLLECTION**		
1991	LUCKY 7	CL	50.00	60.00
1991	MINI SLOT MACHINE	OP	30.00	30.00
1991	SMALL DICE	CL	27.00	27.00
1992	MINI ROLLING DICE	CL	32.00	32.00
1993	LARGE ROLLING DICE	OP	60.00	60.00
1993	MEDIUM ROLLING DICE	OP	48.00	48.00
1993	SMALL ROLLING DICE	CL	40.00	40.00
1994	LUCKY ROLL	OP	95.00	95.00
1994	SUPER SLOT	OP	295.00	295.00
1997	LUCKY DIE	CL	69.00	69.00
T. SUZUKI		**GAMBLER COLLECTION**		
1991	LARGE SLOT MACHINE	OP	83.00	83.00
1991	SMALL SLOT MACHINE	OP	70.00	70.00
N. MULARGIA		**HOLIDAY TREASURE COLLECTION**		
1986	NATIVITY	OP	150.00	150.00
R. NAKAI		**HOLIDAY TREASURE COLLECTION**		
1985	LARGE ANGEL	CL	30.00	30.00
1985	LARGE CHRISTMAS TREE	OP	126.00	126.00
1985	MINI ANGEL	CL	16.00	19.00
1985	MINI CHRISTMAS TREE	CL	10.00	12.00
1985	SMALL CHRISTMAS TREE	OP	50.00	50.00
1987	LARGE RAINBOW CHRISTMAS TREE	CL	40.00	40.00
1987	SMALL RAINBOW CHRISTMAS TREE	CL	25.00	25.00
1990	TRUMPETING ANGEL	CL	60.00	72.00
1994	CATHEDRAL W/RAINBOW BASE	OP	104.00	104.00
1994	COUNTRY CHURCH	OP	53.00	53.00

YR	NAME	LIMIT	ISSUE	TREND
1994	COUNTRY CHURCH W/RAINBOW BASE	OP	63.00	63.00
1994	EXTRA LARGE CHRISTMAS TREE	OP	315.00	315.00
1994	MINI ANGEL	CL	25.00	25.00
1994	SNOWMAN	CL	38.00	45.00
1995	HAPPY BIRTHDAY CAKE	OP	63.00	63.00
1995	LARGE ANGEL	CL	53.00	53.00
1996	FROSTY	OP	41.00	41.00

T. SUZUKI HOLIDAY TREASURE COLLECTION

YR	NAME	LIMIT	ISSUE	TREND
1991	HOLY ANGEL BLOWING A TRUMPET	CL	38.00	38.00
1991	HOLY ANGEL HOLDING A CANDLE	CL	38.00	38.00
1991	HOLY ANGEL PLAYING A HARP	CL	38.00	38.00
1991	MERRY CHRISTMAS TEDDY	OP	55.00	55.00
1991	SANTA BEAR CHRISTMAS	OP	70.00	70.00
1991	SANTA BEAR SLEIGHRIDE	OP	70.00	70.00
1991	SMALL NATIVITY	CL	85.00	85.00
1995	BABY BEAR'S CHRISTMAS	OP	48.00	48.00
1997	ANGEL WITH HEART	CL	30.00	30.00

R. NAKAI IMAGINATION COLLECTION

YR	NAME	LIMIT	ISSUE	TREND
1997	FROG PRINCE	OP	55.00	55.00

T. SUZUKI IMAGINATION COLLECTION

YR	NAME	LIMIT	ISSUE	TREND
1998	WISHIN' AND A HOPPIN'	OP	95.00	95.00
1999	ROCKING HORSE	OP	150.00	150.00

N. MULARGIA LIMITED EDITION COLLECTION

YR	NAME	LIMIT	ISSUE	TREND
1986	CRUCIFIX	CL	300.00	360.00
1992	SANTA MARIA	CL	1000.00	1200.00
1993	RIVERBOAT	RT	570.00	600.00
1993	VICTORIAN HOUSE	CL	190.00	190.00
1996	MERRY-GO-AROUND	RT	280.00	280.00

R. NAKAI LIMITED EDITION COLLECTION

YR	NAME	LIMIT	ISSUE	TREND
1985	EXTRA LG. EMPIRE STATE BLDG.	CL	1000.00	1200.00
1987	LG. EMPIRE STATE BLDG.	2000	650.00	650.00
1989	DREAM CASTLE	500	9000.00	9000.00
1989	GRAND CASTLE	CL	2500.00	2500.00
1991	ELLIS ISLAND	CL	450.00	540.00
1992	WHITE HOUSE, THE	CL	3000.00	3600.00
1993	ENCHANTED CASTLE	750	800.00	850.00
1994	INDEPENDENCE HALL	750	370.00	370.00
1996	EMPIRE STATE BLDG., THE	475	1315.00	1315.00

T. SUZUKI LIMITED EDITION COLLECTION

YR	NAME	LIMIT	ISSUE	TREND
1986	AIRPLANE	CL	400.00	480.00
1986	EIFFEL TOWER, THE	2000	1000.00	1000.00
1987	LG. US CAPITOL BLDG.	CL	1000.00	1200.00
1987	TAJ MAHAL	2000	2000.00	2000.00
1988	SMALL EIFFEL TOWER	2000	500.00	500.00
1989	SPACE SHUTTLE LAUNCH	CL	900.00	1080.00
1990	TOWER BRIDGE	CL	600.00	720.00
1991	CRUISE SHIP	1000	2000.00	2000.00
1993	COUNTRY GRISTMILL	1250	340.00	340.00
1995	CLASSIC MOTORCYCLE	RT	420.00	520.00

G. VEITH LIMITED EDITION COLLECTION

YR	NAME	LIMIT	ISSUE	TREND
1987	MANHATTANSCAPE	CL	1000.00	1200.00

A. KATO NEW YORK

YR	NAME	LIMIT	ISSUE	TREND
1992	LARGE CONTEMP. EMPIRE STATE BLDG.	CL	475.00	475.00

N. MULARGIA NEW YORK

YR	NAME	LIMIT	ISSUE	TREND
1987	SMALL STATUE OF LIBERTY	OP	50.00	50.00
1989	LIBERTY ISLAND	OP	75.00	75.00
1993	HOLIDAY EMPIRE STATE BLDG.	OP	205.00	205.00
1993	SMALL MANHATTAN ISLAND	OP	105.00	105.00

R. NAKAI NEW YORK

YR	NAME	LIMIT	ISSUE	TREND
1985	STATUE OF LIBERTY, THE	OP	250.00	250.00
1987	MED. EMPIRE STATE BLDG.	OP	250.00	250.00
1987	MED. STATUE OF LIBERTY	OP	120.00	120.00
1987	SMALL EMPIRE STATE BLDG.	OP	120.00	120.00
1987	STATUE OF LIBERTY	OP	65.00	65.00
1987	STATUE OF LIBERTY, THE	OP	365.00	365.00
1988	EMPIRE STATE BLDG.	CL	120.00	120.00
1988	NATIVITY PAPERWEIGHT	CL	100.00	120.00
1990	LIBERTY ISLAND	OP	95.00	95.00
1990	MANHATTAN ISLAND	OP	240.00	240.00
1990	MANHATTAN ISLAND	OP	275.00	275.00
1991	MINI EMPIRE STATE BLDG.	OP	60.00	60.00
1991	WORLD TRADE CENTER	CL	168.00	168.00
1991	WORLD TRADE CENTER BLDG.	OP	170.00	170.00
1992	MANHATTAN REFLECTIONS	OP	95.00	95.00
1992	MED. CONTEMP. EMPIRE STATE BLDG.	OP	170.00	170.00
1992	MINI EMPIRE STATE BLDG. W/WINDOWS	OP	74.00	74.00
1992	MINI STATUE OF LIBERTY	OP	50.00	50.00
1992	SMALL CONTEMP. EMPIRE ST. BLDG. MV	CL	95.00	95.00
1992	SMALL CONTEMP. EMPIRE STATE BLDG.	CL	95.00	95.00
1992	SMALL TWIN TOWERS	OP	130.00	130.00
1992	TWIN TOWERS	OP	137.00	137.00
1993	MANHATTAN ISLAND	OP	105.00	105.00
1993	MEDIUM APPLE W/RED HEART	OP	37.00	37.00
1993	SMALL APPLE W/RED HEART	CL	21.00	21.00
1993	SMALL RAINBOW CONTEMP. EMPIRE	OP	95.00	95.00
1995	CHRYSLER BLDG.	OP	275.00	275.00

G. VEITH NEW YORK

YR	NAME	LIMIT	ISSUE	TREND
1988	EMPIRE STATE BLDG.	CL	120.00	120.00

YR	NAME	LIMIT	ISSUE	TREND
N. MULARGIA				**NOSTALGIA**
1996	FABULOUS FIFTIES JUKEBOX	OP	79.00	79.00
T. SUZUKI				**NOSTALGIA**
1999	ENGINE NO. 9	OP	85.00	85.00
*				**RAINING CATS & DOGS**
1997	SPARKIE	*	50.00	50.00
A. KATO				**RAINING CATS & DOGS**
1992	SEE SAW PALS	OP	40.00	40.00
C. KIDO				**RAINING CATS & DOGS**
1992	KITTEN IN BASKET	OP	35.00	35.00
R. NAKAI				**RAINING CATS & DOGS**
1984	CAT	CL	36.00	42.00
1987	LARGE CAT W/BALL	CL	70.00	84.00
1987	SMALL CAT W/BALL	CL	32.00	38.00
1989	RAINBOW MINI CAT	CL	25.00	30.00
1990	MOONLIGHT CATS	CL	100.00	120.00
1991	ROCKABYE KITTY	OP	80.00	80.00
1994	CHEESE MOUSE	OP	53.00	53.00
T. SUZUKI				**RAINING CATS & DOGS**
1990	CAT N MOUSE	CL	45.00	45.00
1990	CURIOUS CAT, THE	OP	45.00	45.00
1991	CALAMITY KITTY	OP	60.00	60.00
1991	HELLO BIRDIE	OP	65.00	65.00
1991	KITTY W/BUTTERFLY	OP	60.00	60.00
1991	KITTY W/HEART	OP	27.00	27.00
1991	LARGE CURIOUS CAT	OP	90.00	90.00
1991	PEEKABOO KITTIES	OP	65.00	65.00
1991	STROLLING KITTIES	CL	65.00	72.00
1992	COUNTRY CAT	OP	60.00	60.00
1992	PLAYFUL KITTY	OP	32.00	32.00
1993	KITTY KARE	OP	70.00	70.00
1993	LARGE PLAYFUL KITTY	CL	50.00	50.00
1993	PINKY	CL	50.00	50.00
1993	PUPPY-GRAM	OP	70.00	70.00
1994	MOZART	OP	48.00	48.00
1994	PLAYFUL PUP	CL	53.00	53.00
1994	SWEETIE	OP	28.00	28.00
1995	FIDO THE DOG	OP	27.00	27.00
1995	FRISKY FIDO	CL	27.00	27.00
1995	MOONLIGHT KITTIES	OP	83.00	83.00
1998	COFFEE BREAK	OP	50.00	50.00
1998	GLAMOUR PUSS	OP	70.00	70.00
N. MULARGIA			**RELIGIOUS MOMENT COLLECTION**	
1987	CROSS ON MOUNTAIN	CL	30.00	36.00
1987	CRUCIFIX	CL	50.00	60.00
1987	CRUCIFIX ON MOUNTAIN	CL	40.00	48.00
1987	SMALL CROSS	CL	40.00	48.00
1988	LARGE CROSS ON MOUNTAIN	CL	85.00	100.00
1992	CROSS W/ROSE	CL	30.00	30.00
1995	CROSS	CL	32.00	32.00
R. NAKAI			**RELIGIOUS MOMENT COLLECTION**	
1987	FACE OF CHRIST	CL	35.00	42.00
1987	STAR OF DAVID	CL	40.00	48.00
I. NAKAMURA			**RELIGIOUS MOMENT COLLECTION**	
1992	PEACE ON EARTH	CL	95.00	95.00
T. SUZUKI			**RELIGIOUS MOMENT COLLECTION**	
1987	CHURCH	CL	40.00	40.00
N. MULARGIA			**SEASIDE MEMORIES COLLECTION**	
1987	PALM TREE	CL	160.00	190.00
1993	HARBOR LIGHTHOUSE	OP	75.00	75.00
R. NAKAI			**SEASIDE MEMORIES COLLECTION**	
1983	LARGE CRAB	CL	20.00	24.00
1983	LARGE OYSTER	CL	30.00	36.00
1983	MINI OYSTER	CL	12.00	15.00
1983	SMALL CRAB	CL	28.00	33.00
1983	SMALL OYSTER	CL	18.00	22.00
1984	FISH	CL	36.00	43.00
1988	DANCING DOLPHIN	CL	130.00	156.00
1988	ISLAND PARADISE	CL	90.00	108.00
1988	LARGE LIGHTHOUSE	CL	150.00	180.00
1988	SMALL DOLPHIN	CL	55.00	65.00
1988	SMALL ISLAND PARADISE	CL	50.00	60.00
1988	SMALL LIGHTHOUSE	OP	80.00	80.00
1991	BEAVER	CL	47.00	47.00
1991	PENGUIN ON CUBE	CL	40.00	40.00
1992	TROPICAL FISH	CL	95.00	95.00
1992	TUXEDO PENGUIN	CL	75.00	75.00
1993	EXTRA LARGE OYSTER W/PEARL	CL	75.00	75.00
1993	MANATEE PAPERWEIGHT	OP	125.00	125.00
1994	SEAL	CL	47.00	47.00
1996	PELICAN	OP	65.00	65.00
1997	COASTAL LIGHTHOUSE	OP	80.00	80.00
1999	NUBBLE LIGHTHOUSE, MAINE	OP	130.00	130.00
T. SUZUKI			**SEASIDE MEMORIES COLLECTION**	
1988	HATCHING SEA TURTLE	OP	45.00	45.00
1992	BABY SEAL	OP	21.00	21.00
1992	CUTE CRAB	CL	27.00	27.00
1992	PLAYFUL DOLPHINS	CL	60.00	60.00

YR	NAME	LIMIT	ISSUE	TREND
1992	SEASIDE PELICAN	CL	55.00	55.00
1992	WHALES, THE	CL	60.00	72.00
1993	PLAYFUL SEAL	CL	45.00	45.00
1994	OSCAR OTTER	CL	105.00	105.00
1998	LOBSTER	OP	125.00	125.00
N. MULARGIA		**SPRING PARADE COLLECTION**		
1992	CANDLEHOLDER	CL	125.00	125.00
1992	HALF DZ. FLOWER ARRANGEMENT	CL	20.00	20.00
1992	HAPPY HEART	CL	25.00	25.00
1992	LONG STEM ROSE	OP	35.00	35.00
1992	LOVING HEARTS	OP	35.00	35.00
1994	RAINBOW ROSE	OP	82.00	82.00
1995	DESERT CACTUS	CL	48.00	48.00
1996	AMERICAN BEAUTY ROSE	CL	53.00	53.00
R. NAKAI		**SPRING PARADE COLLECTION**		
1985	FLOWER BASKET	CL	50.00	60.00
1987	RED ROSE	OP	35.00	35.00
1987	WHITE ROSE	CL	35.00	42.00
1989	LARGE WINDMILL	CL	160.00	190.00
1989	SMALL WINDMILL	CL	90.00	108.00
1989	SPRING CHICK	OP	50.00	50.00
1990	CROCUS	CL	45.00	54.00
1991	MINI WINDMILL	CL	63.00	75.00
1991	RAINBOW MINI BUTTERFLY	CL	27.00	27.00
1994	ENCHANTED ROSE, THE	OP	126.00	126.00
1994	LONG STEM ROSE IN VASE	OP	82.00	82.00
1995	PINK ROSE	CL	53.00	53.00
1995	PINK ROSE IN VASE	OP	41.00	41.00
1995	SPRING BUTTERFLY	OP	62.00	62.00
1996	SMALL ROSE BOUQUET	OP	45.00	45.00
1996	WATER LILY, MEDIUM, AB	OP	210.00	210.00
I. NAKAMURA		**SPRING PARADE COLLECTION**		
1990	AFRICAN VIOLET	OP	32.00	32.00
1990	HYACINTH	CL	50.00	50.00
1990	ROSE BASKET	CL	52.00	61.00
1992	BARREL CACTUS	CL	45.00	45.00
1992	FLOWERING CACTUS	CL	58.00	58.00
1993	SONGBIRDS	OP	90.00	90.00
T. SUZUKI		**SPRING PARADE COLLECTION**		
1991	BLOSSOM BUNNY	OP	42.00	42.00
1991	BUNNIES ON ICE	CL	58.00	58.00
1991	BUNNY BUDDY W/CARROT	OP	32.00	32.00
1991	CHEEP CHEEP	CL	35.00	35.00
1992	CUTE BUNNY	CL	38.00	38.00
1992	HUMMINGBIRD	OP	58.00	58.00
1992	MINI HUMMINGBIRD	OP	29.00	29.00
1992	SPRING FLOWERS	CL	40.00	40.00
1997	WATER LILY, SMALL, AB	OP	105.00	105.00
S. YAMADA		**SPRING PARADE COLLECTION**		
1997	SPRING BLOSSOMS	OP	90.00	90.00
R. KIDO		**TEDDYLAND COLLECTION**		
1991	PLAYGROUND TEDDY	CL	90.00	108.00
N. MULARGIA		**TEDDYLAND COLLECTION**		
1986	MINI TEDDY	CL	15.00	18.00
1987	BEACH TEDDIES	OP	60.00	60.00
1987	LOVING TEDDIES	OP	75.00	75.00
1987	SAILING TEDDIES	OP	100.00	100.00
1987	TEETER TOTTER TEDDIES	CL	65.00	77.00
1988	I LOVE YOU TEDDY	OP	50.00	50.00
1988	LARGE BOUQUET TEDDY	CL	50.00	60.00
1988	SMALL BOUQUET TEDDY	OP	35.00	35.00
1988	TEDDIES AT EIGHT	OP	100.00	100.00
1988	TEDDY FAMILY	CL	50.00	60.00
1988	TOURING TEDDIES	OP	90.00	90.00
1988	WINTER TEDDIES	CL	90.00	108.00
1989	SHIPWRECK TEDDIES	CL	100.00	120.00
1990	MOUNTAINEER TEDDY	CL	80.00	96.00
1990	RAINBOW TEDDIES	CL	95.00	112.00
1990	ROCKING HORSE TEDDY	CL	80.00	96.00
1990	SMALL LOVING TEDDIES	OP	60.00	60.00
1991	SWINGING TEDDY	OP	100.00	100.00
1992	ICE CREAM TEDDIES	OP	55.00	55.00
1992	PATRIOTIC TEDDY	OP	30.00	30.00
1992	SMALL BEACH TEDDIES	OP	55.00	55.00
1993	BLACK JACK TEDDIES	OP	97.00	97.00
1994	I LOVE YOU TEDDY COUPLE	OP	95.00	95.00
1995	COMPUBEAR	OP	63.00	63.00
1997	UP AND AWAY	*	79.00	79.00
R. NAKAI		**TEDDYLAND COLLECTION**		
1983	LARGE TEDDY BEAR	CL	68.00	75.00
1983	MEDIUM TEDDY BEAR	CL	44.00	53.00
1983	SMALL TEDDY BEAR	CL	28.00	35.00
1985	MOTHER AND CUB	CL	64.00	77.00
1987	SKATEBOARD TEDDY	CL	30.00	36.00
1987	SKIING TEDDY	CL	50.00	50.00
1987	SURFING TEDDY	CL	45.00	54.00
1987	TEDDY BEAR CHRISTMAS	OP	100.00	100.00
1988	LARGE SURFING TEDDY	CL	80.00	96.00

YR	NAME	LIMIT	ISSUE	TREND
1988	TEDDIES W/HEART	OP	45.00	45.00
1989	GOLFING TEDDIES	OP	100.00	100.00
1989	HAPPY BIRTHDAY TEDDY	OP	50.00	50.00
1989	RAINBOW MINI BEAR	CL	25.00	30.00
1989	SPEEDBOAT TEDDIES	OP	90.00	90.00
1989	TEDDY W/BALLOON	CL	70.00	84.00
1989	VANITY TEDDY	CL	100.00	120.00
1989	WINDSURFING TEDDY	CL	85.00	102.00
1991	LUCK OF THE IRISH	CL	60.00	72.00
1991	SMALL TEDDY W/RED HEART	OP	42.00	42.00
1991	TRIM A TREE TEDDY	CL	50.00	50.00
1994	TEDDY BEAR	OP	63.00	63.00
1994	TEDDY BEAR W/RAINBOW BASE	OP	75.00	75.00
1995	GET WELL TEDDY	CL	48.00	48.00
1995	I LOVE YOU TEDDY W/LG. HEART	OP	48.00	48.00
1996	CUDDLY BEAR	OP	48.00	48.00
H. SERINO			**TEDDYLAND COLLECTION**	
1991	SCHOOL BEARS	CL	75.00	90.00
T. SUZUKI			**TEDDYLAND COLLECTION**	
1990	BARON VON TEDDY	CL	60.00	72.00
1990	CHOO CHOO TEDDY	CL	100.00	120.00
1990	STORYTIME TEDDIES	OP	70.00	70.00
1990	TRICYCLE TEDDY	CL	40.00	48.00
1991	CHRISTMAS WREATH TEDDY	CL	70.00	84.00
1991	GUMBALL TEDDY	CL	63.00	63.00
1991	HEART BEAR	OP	27.00	27.00
1991	HIGH CHAIR TEDDY	CL	75.00	90.00
1991	MY FAVORITE PICTURE	OP	45.00	45.00
1991	PLAY IT AGAIN TED	OP	65.00	65.00
1991	SCUBA BEAR	CL	65.00	78.00
1992	BILLIARD BUDDIES	OP	70.00	70.00
1992	SINGING BABY BEAR	OP	55.00	55.00
1993	FLOWER TEDDY	CL	50.00	50.00
1995	FLY A KITE TEDDY	CL	41.00	41.00
1995	TEDDY'S SELF PORTRAIT	CL	53.00	53.00
1997	BATTER'S UP	OP	60.00	60.00
1997	JACKPOT TEDDY	OP	63.00	63.00
1997	TEE-SHOT TEDDY	OP	45.00	45.00
1998	BROADWAY TED	OP	45.00	45.00
1998	MYSTIC TEDDY	OP	70.00	70.00
1999	SOPHIE	OP	55.00	55.00
1999	THEODORE	OP	55.00	55.00
N. MULARGIA			**WONDERS OF THE WORLD COLLECTION**	
1986	SMALL SPACE NEEDLE	CL	50.00	50.00
1993	SMALL CAPITOL BLDG.	OP	100.00	100.00
1994	SMALL WHITE HOUSE W/OCT. MIRROR	OP	185.00	185.00
R. NAKAI			**WONDERS OF THE WORLD COLLECTION**	
1986	LARGE SPACE NEEDLE	CL	160.00	160.00
1986	TAJ MAHAL	OP	1050.00	1050.00
1987	US CAPITOL BLDG.	OP	250.00	250.00
1993	SEARS TOWER	CL	150.00	150.00
1995	LIBERTY BELL, THE	OP	160.00	160.00
1995	MEDIUM TAJ MAHAL	OP	790.00	790.00
1995	SMALL TAJ MAHAL	OP	215.00	215.00
T. SUZUKI			**WONDERS OF THE WORLD COLLECTION**	
1990	LE PETIT EIFFEL	OP	240.00	240.00
1991	CHICAGO WATER TOWER W/BASE	CL	300.00	300.00
1991	CHICAGO WATER TOWER W/O BASE	CL	280.00	280.00
1997	CAPITOL HILL	350	1350.00	1350.00

CYBIS

			ANIMAL KINGDOM	
*	BULL	100	150.00	4500.00
1961	HORSE	100	150.00	2000.00
1965	RACCOON, RAFFLES	CL	110.00	365.00
1965	SQUIRREL, MR. FLUFFY TAIL	CL	90.00	345.00
1966	THOROUGHBRED	350	425.00	1450.00
1967	KITTEN, BLUE RIBBON	CL	95.00	500.00
1968	BEAR	CL	85.00	400.00
1968	BUFFALO	CL	115.00	180.00
1968	ELEPHANT	100	600.00	5000.00
1968	SNAIL, SIR ESCARGOT	CL	50.00	290.00
1968	STALLION	350	475.00	845.00
1969	COLTS, DARBY & JOAN	CL	295.00	475.00
1970	DEER MOUSE IN CLOVER	CL	65.00	160.00
1971	AMERICAN BULLFROG	CL	250.00	600.00
1971	APPALOOSA COLT	CL	150.00	300.00
1971	NASHUA	100	2000.00	3000.00
1972	PINTO COLT	CL	175.00	250.00
1975	AMERICAN WHITE BUFFALO	250	1250.00	4000.00
1975	KITTEN, TABITHA	CL	90.00	150.00
1975	KITTEN, TOPAZ	CL	90.00	150.00
1976	BUNNY, MUFFET	CL	85.00	140.00
1976	CHIPMUNK WITH BLOODROOT	225	625.00	675.00
1976	PRAIRIE DOG	CL	245.00	345.00
1977	BUNNY PAT-A-CAKE	CL	90.00	145.00
1978	DORMOUSE MAXIMILLIAN	CL	250.00	275.00
1978	DORMOUSE MAXINE	CL	195.00	225.00

YR	NAME	LIMIT	ISSUE	TREND
1978	PINKY BUNNY/CARROT	200	200.00	265.00
1980	ARCTIC WHITE FOX	100	4500.00	4700.00
1980	SQUIRREL, HIGHRISE	400	475.00	525.00
1981	BEAVERS, EGBERT & BREWSTER	400	285.00	335.00
1982	DALL SHEEP	50	*	4250.00
1984	AUSTRALIAN SULPHER CRESTED COCKATOO	25	9850.00	9850.00
1984	CHANTILLY, KITTEN	OP	175.00	210.00
1985	BAXTER & DOYLE	400	450.00	450.00
1985	BEAGLES, BRANIGAN & CLANCY	OP	375.00	600.00
1985	BUNNY, SNOWFLAKE	OP	65.00	75.00
1985	ELEPHANT, WILLOUGHBY	OP	195.00	245.00
1985	MONDAY, RHINOCEROS	OP	85.00	145.00
1986	DAPPLE GREY FOAL	OP	195.00	225.00
1986	HUEY, THE HARMONIOUS HARE	OP	175.00	275.00
1986	MICK, THE MELODIOUS MUTT	OP	175.00	275.00
1986	WHITE-TAILED DEER	50	9500.00	11500.00
*				**BIBLICAL**
*	HOLYWATER FONT, HOLY GHOST	CL	15.00	150.00
1956	HOLY CHILD OF PRAGUE	10	1500.00	75000.00
1957	MADONNA, HOUSE OF GOLD	8	125.00	4025.00
1960	EXODUS	50	350.00	2600.00
1960	FLIGHT INTO EGYPT	50	175.00	2525.00
1960	MADONNA LACE AND ROSE	OP	15.00	300.00
1960	PROPHET, THE	50	250.00	3550.00
1963	MOSES THE GREAT LAWGIVER	750	250.00	5550.00
1964	NATIVITY, MARY	OP	*	350.00
1964	ST. PETER	500	*	1275.00
1976	NOAH	500	975.00	3025.00
1984	CHRIST CHILD WITH LAMB	OP	*	290.00
1984	NATIVITY, ANGEL, COLOR	OP	395.00	600.00
1984	NATIVITY, CAMEL, COLOR	OP	625.00	850.00
1984	NATIVITY, JOSEPH	OP	*	350.00
1984	NATIVITY, SHEPHERD, COLOR	OP	395.00	500.00
1985	NATIVITY, COW, COLOR	OP	175.00	200.00
1985	NATIVITY, COW, WHITE	OP	125.00	250.00
1985	NATIVITY, DONKEY, COLOR	OP	195.00	250.00
1985	NATIVITY, DONKEY, WHITE	OP	130.00	175.00
1985	NATIVITY, LAMB, COLOR	OP	150.00	200.00
1985	NATIVITY, LAMB, WHITE	OP	115.00	150.00
*				**BIRDS & FLOWERS**
*	BIRDS & FLOWERS	250	500.00	4550.00
*	BUTTERFLY W/DOGWOOD	200	*	375.00
*	SANDPIPERS	400	700.00	1450.00
*	SKYLARKS	350	330.00	1750.00
1957	TURTLEDOVES	500	350.00	4950.00
1959	HUMMINGBIRD	CL	95.00	1000.00
1960	BLUE-HEADED VIRIO (BUILDING NEST)	CL	60.00	1150.00
1960	BLUE-HEADED VIRIO W/LILAC	275	1200.00	2250.00
1960	PHEASANT	150	750.00	5050.00
1961	BLUE-GREY GNATCATCHERS (PAIR)	200	400.00	2550.00
1961	GOLDEN CLARION LILY	100	250.00	4550.00
1962	DUCKLING (BABY BROTHER)	CL	35.00	140.00
1962	SPARROW ON LOG	CL	35.00	475.00
1963	IRIS	250	500.00	4550.00
1963	MAGNOLIA	CL	350.00	1000.00
1964	DAHLIA YELLOW	350	450.00	1850.00
1964	GREAT WHITE HERON	350	850.00	3700.00
1965	CHRISTMAS ROSE	500	250.00	750.00
1968	CALLA LILY	500	750.00	1750.00
1968	NARCISSUS	500	350.00	550.00
1968	WOOD DUCK	500	325.00	800.00
1969	CLEMATIS W/HOUSE WREN	350	1300.00	1450.00
1970	DUTCH CROCUS	350	550.00	775.00
1970	MUSHROOM W/BUTTERFLY	CL	225.00	475.00
1971	LITTLE BLUE HERON	500	425.00	1500.00
1972	AMERICAN CRESTED IRIS	400	975.00	1200.00
1972	AUTUMN DOGWOOD W/CHICKADEES	350	1100.00	1250.00
1972	PANSIES W/CHINA MAID	1000	275.00	360.00
1974	GOLDEN WINGED WARBLER	200	1075.00	1200.00
1975	GREAT HORNED OWL (COLOR)	50	3250.00	7550.00
1975	GREAT HORNED OWL (WHITE)	150	1950.00	4450.00
1975	PANSIES W/CHINOLINA LADY	750	295.00	425.00
1976	AMERICAN WHITE TURKEY	75	1450.00	1650.00
1976	AMERICAN WILD TURKEY	75	1950.00	2250.00
1976	COLONIAL BASKET	100	2750.00	5550.00
1976	CONSTANCY FLOWER BASKET	CL	345.00	425.00
1976	DEVOTION FLOWER BASKET	CL	345.00	450.00
1976	FELICITY FLOWER BASKET	CL	325.00	350.00
1976	MAJESTY FLOWER BASKET	CL	345.00	425.00
1977	APPLE BLOSSOMS	400	350.00	600.00
1977	CLEMATIS	CL	210.00	350.00
1977	DUCKLING (BUTTERCUP & DAFFODIL)	CL	165.00	300.00
1977	HERMIT THRUSH	150	1450.00	1500.00
1977	KRESTREL	175	1875.00	2000.00
1978	KINGLETS ON PYRACANTHA	175	900.00	1150.00
1978	NESTLING BLUEBIRDS	CL	235.00	260.00
1980	YELLOW CONDESA ROSE	CL	*	255.00
1980	YELLOW ROSE	CL	80.00	440.00

YR	NAME	LIMIT	ISSUE	TREND
1982	SPRING BOUQUET	200	750.00	1000.00
1985	AMERICAN BALD EAGLE	300	2900.00	3600.00
1985	SCREECH OWL & SIBLINGS	100	3250.00	4000.00

CAROUSEL-CIRCUS

YR	NAME	LIMIT	ISSUE	TREND
1973	CAROUSEL GOAT	325	875.00	1700.00
1973	CAROUSEL HORSE	325	925.00	7550.00
1974	LION	325	1025.00	1325.00
1974	TIGER	325	925.00	1475.00
1975	BARNABY, BEAR	CL	165.00	315.00
1975	BICENTENNIAL HORSE TICONDEROGA	350	925.00	4050.00
1975	BOSUN, MONKEY	CL	195.00	400.00
1976	FUNNY FACE, CHILD HEAD/HOLLY	CL	325.00	750.00
1976	PERFORMING PONY, POPPY	1000	325.00	1250.00
1976	SEBASTIAN, SEAL	CL	195.00	225.00
1977	DANDY, DANCING DOG	CL	145.00	300.00
1981	BEAR, BERNHARD	325	1125.00	1175.00
1981	BULL, PLUTUS	325	1125.00	2100.00
1981	FROLLO	1000	750.00	850.00
1981	PONY	750	975.00	1000.00
1982	GIRAFFE	750	*	1800.00
1984	PHINEAS, CIRCUS ELEPHANT	OP	325.00	450.00
1985	CAROUSEL UNICORN	325	1275.00	2700.00
1985	CIRCUS RIDER EQUESTRIENNE EXTRAORDINAIRE	150	2275.00	3550.00
1985	JUMBLES AND FRIEND	750	675.00	750.00
1985	VALENTINE	OP	335.00	400.00
1986	PIERRE, THE PERFORMING POODLE	OP	225.00	300.00

CHILDREN OF THE WORLD

YR	NAME	LIMIT	ISSUE	TREND
1972	ESKIMO CHILD HEAD	CL	165.00	425.00
1975	INDIAN BOY HEAD	CL	425.00	925.00
1975	INDIAN GIRL HEAD	CL	325.00	925.00
1977	JEREMY	CL	315.00	500.00
1978	JASON	CL	285.00	370.00
1978	JENNIFER	CL	325.00	400.00
1979	JESSICA	CL	325.00	500.00

CHILDREN TO CHERISH

YR	NAME	LIMIT	ISSUE	TREND
*	FIRST BOUQUET	250	150.00	325.00
1957	THUMBELINA	CL	45.00	525.00
1958	PETER PAN	CL	80.00	1000.00
1959	TINKERBELL	CL	95.00	1500.00
1960	BALLERINA, RED SHOES	CL	75.00	1250.00
1962	HEIDI, COLOR	CL	165.00	575.00
1962	HEIDI, WHITE	CL	165.00	575.00
1963	BALLERINA ON CUE	CL	150.00	675.00
1963	SPRINGTIME	CL	45.00	775.00
1964	ALICE IN WONDERLAND	CL	50.00	850.00
1964	REBECCA	CL	110.00	350.00
1966	FIRST FLIGHT	CL	50.00	500.00
1968	BABY BUST	239	375.00	1050.00
1968	BALLERINA, LITTLE PRINCESS	CL	125.00	725.00
1971	POLLYANNA	CL	195.00	575.00
1972	RAPUNZEL, PINK	1000	425.00	1100.00
1973	GOLDILOCKS	CL	145.00	500.00
1973	LITTLE RED RIDING HOOD	CL	110.00	465.00
1974	GRETEL	CL	260.00	420.00
1974	HANSEL	CL	270.00	525.00
1974	MARY, MARY	500	475.00	750.00
1975	RAPUNZEL, APRICOT	1500	475.00	1200.00
1975	RAPUNZEL, LILAC	1000	675.00	1000.00
1975	WENDY WITH FLOWERS	*	250.00	425.00
1975	YANKEE DOODLE DANDY	CL	275.00	350.00
1976	ELIZABETH ANN	CL	195.00	275.00
1976	MELISSA	OP	285.00	425.00
1977	BOYS PLAYING MARBLES	CL	285.00	400.00
1978	ALICE (SEATED)	CL	350.00	540.00
1978	ALLEGRA	CL	310.00	375.00
1978	EDITH	CL	310.00	350.00
1978	LISA AND LYNETTE	CL	395.00	470.00
1978	LITTLE BOY BLUE	CL	425.00	525.00
1980	LITTLE MISS MUFFET	CL	335.00	400.00
1981	FLEURETTE	1000	725.00	1100.00
1982	ROBIN	1000	475.00	900.00
1982	SLEEPING BEAUTY	750	695.00	1500.00
1984	CHOIRBOY, THE	OP	325.00	350.00
1984	JACK IN THE BEANSTALK	750	575.00	600.00
1984	LITTLE CHAMP	OP	325.00	400.00
1984	MICHAEL	OP	235.00	375.00
1985	BALLERINA, RECITAL	OP	275.00	300.00
1985	BALLERINA, SWANILDA	OP	450.00	700.00
1985	BETH	OP	235.00	300.00
1985	CLARA	OP	395.00	400.00
1985	FELECIA	OP	425.00	550.00
1985	FIGURE EIGHT	750	625.00	800.00
1985	JODY	OP	235.00	300.00
1985	MARGUERITE	OP	425.00	550.00
1985	RECITAL	OP	275.00	300.00
1985	VANESSA	OP	425.00	550.00
1986	CLARISSA	OP	165.00	200.00
1986	ENCORE, FIGURE SKATER	750	625.00	670.00
1986	KITRI	OP	450.00	575.00

YR	NAME	LIMIT	ISSUE	TREND
1986	LULLABY, BLUE	OP	125.00	175.00
1986	LULLABY, IVORY	OP	125.00	175.00
1986	LULLABY, PINK	OP	125.00	175.00
1987	PANDORA BLUE	CL	265.00	350.00
*				**COMMEMORATIVE**
1967	COLUMBIA	200	1000.00	2500.00
1967	CONDUCTOR'S HANDS	250	250.00	1500.00
1969	APOLLO II MOON MISSION	111	1500.00	2500.00
1971	CREE INDIAN	100	2500.00	5500.00
1972	CHESS SET	10	30000.00	60000.00
1975	GEORGE WASHINGTON BUST	CL	275.00	350.00
1977	OCEANIA	200	1250.00	1500.00
1980	BRIDE, THE	100	6500.00	10500.00
1981	ARION, DOLPHIN RIDER	1000	575.00	1200.00
1981	KATERI TAKAKWITHA	100	2875.00	3000.00
1981	PHOENIX	100	950.00	1000.00
1984	1984 CYBIS HOLIDAY	OP	145.00	150.00
1984	CREE INDIAN, MAGIC BOY	200	4250.00	5000.00
1985	HOLIDAY ORNAMENT	OP	75.00	100.00
1985	LIBERTY	100	1875.00	4000.00
1986	1986 COMMEMORATIVE EGG	OP	365.00	375.00
1986	LITTLE MISS LIBERTY	OP	295.00	350.00
*			**EVERYONE'S FUN TIME (LIMNETTES)**	
1972	COUNTRY FAIR	500	125.00	200.00
1972	POND, THE	500	125.00	200.00
1972	SEASHORE, THE	500	125.00	200.00
1972	WINDY DAY	500	125.00	200.00
*				**FANTASIA**
1969	UNICORN	500	1250.00	3800.00
1974	CYBELE	500	675.00	675.00
1974	FANTASIA	500	675.00	800.00
1977	SEA KING'S STEED, OCEANIA	200	1250.00	1500.00
1977	UNICORNS, GAMBOL AND FROLIC	1000	425.00	2300.00
1978	SATIN HORSE HEAD	500	1100.00	2850.00
1978	SHARMAINE, SEA NYMPH	250	1450.00	1650.00
1980	PEGASUS	500	1450.00	3800.00
1980	PEGASUS, FREE SPIRIT	1000	675.00	775.00
1981	DESIREE, WHITE DEER	400	575.00	600.00
1981	PRINCE BROCADE UNICORN	500	2200.00	2650.00
1982	THERON	350	675.00	850.00
1984	FLIGHT AND FANCY	1000	975.00	1175.00
1985	DORE'	1000	575.00	1100.00
*				**LAND OF CHEMERIC**
1977	MARIGOLD	CL	185.00	525.00
1977	QUEEN TITANIA	750	725.00	2500.00
1977	TIFFIN	CL	175.00	525.00
1979	PIP, ELFIN PLAYER	1000	450.00	675.00
1981	MELODY	1000	725.00	800.00
1985	OBERON	750	825.00	850.00
*			**NORTH AMERICAN INDIAN**	
1969	BLACKFEET, BEAVERHEAD MEDICINE MAN	500	2000.00	2800.00
1969	DAKOTA, MINNEHAHA LAUGHING WATER	500	1500.00	2500.00
1969	ONONDAGA, HIAWATHA	500	1500.00	2450.00
1971	SHOSHONE, SACAJAWEA	500	2250.00	2800.00
1973	ESKIMO MOTHER	200	1875.00	2700.00
1973	IRIQUOIS, AT THE COUNCIL FIRE	500	4250.00	5000.00
1974	APACHE, CHATO	350	1950.00	3300.00
1977	CROW DANCER	200	3875.00	8500.00
1979	GREAT SPIRIT, WANKAN TANKA	200	3500.00	4200.00
1982	CHOCTAW, TASCULUSA	200	2475.00	4100.00
1985	YAQUI, DEER DANCER	200	2095.00	2800.00
*			**PORTRAITS IN PORCELAIN**	
1965	BEATRICE	700	225.00	1800.00
1965	JULIET	800	175.00	4000.00
1967	FOLK SINGER	283	300.00	900.00
1967	GUINEVERE	800	250.00	2350.00
1968	HAMLET	500	350.00	2000.00
1968	SCARLETT	500	450.00	4000.00
1969	OPHELIA	800	750.00	4400.00
1971	ELEANOR OF AQUITAINE	750	875.00	4250.00
1972	KWAN YIN	350	1250.00	2000.00
1973	BALLET-PRINCE FLORIMOND	200	975.00	1100.00
1973	BALLET-PRINCESS AURORA	200	1125.00	1500.00
1973	PORTIA	750	825.00	3800.00
1974	QUEEN ESTHER	750	925.00	1800.00
1975	LADY MACBETH	750	850.00	1300.00
1976	ABIGAIL ADAMS	600	875.00	1300.00
1976	PRISCILLA	500	825.00	1500.00
1978	GOOD QUEEN ANNE	350	975.00	1500.00
1979	BERENGARIA	500	1450.00	3500.00
1979	NEFERTITI	500	2100.00	3000.00
1981	JANE EYRE	500	975.00	1500.00
1982	DESDEMONA	500	1850.00	4000.00
1982	LADY GODIVA	200	1875.00	3200.00
1982	PERSEPHONE	200	3250.00	5200.00
1984	BATHSHEBA	500	1975.00	3300.00
1985	KING ARTHUR	350	2350.00	3400.00
1985	KING DAVID	350	1475.00	2200.00

YR	NAME	LIMIT	ISSUE	TREND
1985	PAGLIACCI	OP	325.00	350.00
1985	ROMEO AND JULIET	300	2200.00	3400.00
1985	TRISTAN AND ISOLDE	200	2200.00	2200.00
1986	CARMEN	500	1675.00	2000.00
*				**SPORT SCENES**
1980	JOGGER, FEMALE	CL	345.00	450.00
1980	JOGGER, MALE	CL	395.00	500.00
*			**THEATRE OF PORCELAIN**	
1978	COURT JESTER	250	1450.00	1800.00
1980	HARLEQUIN	250	1575.00	1900.00
1981	COLUMBINE	250	2250.00	2300.00
1981	PUCK	250	2300.00	2500.00
*		**WHEN BELLS ARE RINGING (LIMNETTES)**		
1972	EASTER EGG HUNT	500	125.00	200.00
1972	INDEPENDENCE CELEBRATION	500	125.00	200.00
1972	MERRY CHRISTMAS	500	125.00	200.00
1972	SABBATH MORNING	500	125.00	200.00
*		**WONDERFUL SEASONS (LIMNETTES)**		
1972	AUTUMN	500	125.00	200.00
1972	SPRING	500	125.00	200.00
1972	SUMMER	500	125.00	200.00
1972	WINTER	500	125.00	200.00

DADDY'S LONG LEGS

K. GERMANY				ANGEL
1999	ANGELA	*	25.00	25.00
1999	ARIEL	*	25.00	25.00
K. GERMANY				**ANIMAL**
1999	BEAU BULL	*	30.00	30.00
1999	FRANCES FROG	*	30.00	30.00
1999	PANSY PIG	*	30.00	30.00
K. GERMANY				**COUNTY FAIR**
1997	COUNTY FAIR SET	3000	175.00	175.00
1997	KELLY	3000	35.00	35.00
1997	NELL	3000	35.00	35.00
1997	NICK	3000	35.00	35.00
1997	PENNY	3000	35.00	35.00
1997	PETE	3000	35.00	35.00
1999	BUSTER & BUTCH	*	35.00	35.00
1999	KISSING BOOTH	*	35.00	35.00
1999	TIFFANY	*	30.00	30.00
1999	WHITNEY	*	30.00	30.00
K. GERMANY			**HOMETOWN HEROES**	
1999	COACH	*	30.00	30.00
1999	TONYA	*	30.00	30.00
K. GERMANY		**NURSERY RHYME CHARACTERS**		
1996	CURLY-LOCKS	3000	19.00	19.00
1996	LITTLE BO PEEP	3000	19.00	19.00
1996	LITTLE BOY BLUE	3000	17.00	17.00
1996	MARY, MARY	3000	19.00	19.00
1996	OLD KING COLE	3000	25.00	25.00
1996	OLD MOTHER HUBBARD	3000	25.00	25.00
1996	TO MARKET	3000	19.00	19.00

DANBURY MINT

N. ROCKWELL			**ROCKWELL FIGURINES**	
1980	BOY ON STILTS	CL	55.00	60.00
1980	CAUGHT IN THE ACT	CL	55.00	75.00
1980	GRAMPS AT THE REINS	CL	55.00	75.00
1980	GRANDPA SNOWMAN	CL	55.00	60.00
1980	TRICK OR TREAT	CL	55.00	60.00
1980	YOUNG LOVE	CL	55.00	125.00

DAVE GROSSMAN CREATIONS

ROCKWELL INSPIRED			**AMERICAN ROCKWELL SERIES**	
1981	BREAKING HOME TIES NRV-300	RT	2000.00	2300.00
1982	LINCOLN NRV-301	RT	300.00	375.00
1982	THANKSGIVING NRV-302	RT	2500.00	2650.00
ROCKWELL INSPIRED			**BOY SCOUT SERIES**	
1981	CAN'T WAIT BSA-01	RT	30.00	125.00
1981	GOOD FRIENDS BSA-04	RT	58.00	100.00
1981	GOOD TURN BSA-05	RT	65.00	120.00
1981	PHYSICALLY STRONG BSA-03	RT	56.00	140.00
1981	SCOUT IS HELPFUL BSA-02	RT	38.00	140.00
1981	SCOUT MEMORIES BSA-06	RT	65.00	95.00
1982	GUIDING HAND BSA-07	RT	58.00	140.00
1983	TOMORROW'S LEADER BSA-08	RT	45.00	55.00
H. PAYNE			**BUTTON BOX KIDS**	
1999	ARTHUR	2400	25.00	25.00
1999	CHARITY	2400	25.00	25.00
1999	FAITH	2400	25.00	25.00
1999	FIRST LOVE	2400	50.00	50.00
1999	FIRST STAR I SEE TONIGHT	2400	60.00	60.00
1999	GARLAND MAKERS	2400	90.00	90.00
1999	JACOB	2400	25.00	25.00
1999	JODI	2400	25.00	25.00
1999	OL' FISHIN' HOLE	2400	40.00	40.00
1999	PEEK-A-BOO	2400	35.00	35.00

YR	NAME	LIMIT	ISSUE	TREND
1999	QUILTING BEE	2400	70.00	70.00
1999	TRIM-A-TREE	2400	65.00	65.00

EMMETT KELLY

YR	NAME	LIMIT	ISSUE	TREND
1999	BOX OF LOVE, A	15000	40.00	40.00

EMMETT KELLY GALLERY COLLECTION

YR	NAME	LIMIT	ISSUE	TREND
1996	A DOG'S LIFE	RT	100.00	100.00
1996	SPOTLIGHT	RT	80.00	80.00
1996	WALL STREET	RT	90.00	90.00

B. LEIGHTON-JONES / EMMETT KELLY ORIGINAL CIRCUS COLLECTION

YR	NAME	LIMIT	ISSUE	TREND
1987	BIG GAME HUNTER	RT	38.00	38.00
1989	CHOOSING SIDES	RT	55.00	55.00
1991	ARTFUL DODGER	RT	35.00	35.00
1991	EMMETT AT BAT	RT	35.00	35.00
1991	I LOVE YOU	RT	80.00	80.00
1992	CHRISTMAS TUNES	10000	40.00	40.00
1992	EMMETT AT THE ORGAN	10000	50.00	50.00
1992	EMMETT AT WORK	10000	45.00	45.00
1992	EMMETT THE CADDY	10000	45.00	45.00
1992	LOOK AT THE BIRDIE	10000	40.00	40.00
1992	SPOTLIGHT	RT	80.00	80.00
1992	WALL STREET	RT	125.00	125.00
1993	DEAR EMMETT	10000	45.00	140.00
1993	HARD TIMES	10000	45.00	50.00
1993	LION TAMER, THE	10000	55.00	65.00
1993	SUNDAY DRIVER	10000	55.00	65.00
1994	HOLIDAY SKATER	10000	55.00	55.00
1994	I'VE GOT IT	10000	45.00	45.00
1994	PARENTHOOD	10000	55.00	55.00
1994	STUCK ON BOWLING	10000	45.00	45.00
1996	FIRE FIGHTER	RT	100.00	100.00
1996	SELF-PORTRAIT	RT	100.00	100.00
1997	MISSED	10000	50.00	50.00
1997	MYSTERY SPOTLIGHT	10000	40.00	40.00
1997	OFF TO THE RACES	10000	85.00	85.00
1998	100TH BIRTHDAY	RT	50.00	50.00

GONE WITH THE WIND

YR	NAME	LIMIT	ISSUE	TREND
1992	MAMMY MINI BRONZE	RT	50.00	50.00
1992	MR. O'HARA MINI BRONZE	RT	50.00	50.00
1992	MRS. O'HARA MINI BRONZE	RT	50.00	50.00
1992	PORK MINI BRONZE	RT	50.00	50.00
1992	SCARLETT GREEN DRESS	TL	70.00	70.00
1992	SCARLETT WHITE DRESS MINI BRONZE	RT	50.00	50.00
1993	ASHLEY MINI BRONZE	RT	50.00	50.00
1993	CHARLES HAMILTON MINI BRONZE	RT	50.00	50.00
1993	RHETT GWW-12	RT	70.00	80.00
1993	RHETT MINI BRONZE	RT	50.00	50.00
1993	SCARLETT BBQ DRESS MINI BRONZE	RT	50.00	50.00
1993	SUELLEN MINI BRONZE	RT	50.00	50.00
1993	TARA DISPLAY	RT	90.00	90.00
1993	TWELVE OAKS DISPLAY	RT	90.00	90.00
1994	ASHLEY	OP	40.00	50.00
1994	ATLANTA PITTYPAT HOUSE DISPLAY	RT	90.00	90.00
1994	AUNT PITTYPAT HAMILTON MINI BRONZE	RT	50.00	50.00
1994	BELLE WATLING MINI BRONZE	RT	50.00	50.00
1994	GERALD O'HARA	RT	70.00	80.00
1994	PRISSY MINI BRONZE	RT	50.00	50.00
1994	RHETT	OP	40.00	45.00
1994	RHETT WHITE SUIT MINI BRONZE	RT	50.00	50.00
1994	SCARLETT	OP	40.00	45.00
1994	SCARLETT BBQ DRESS	RT	70.00	80.00
1994	SCARLETT IVORY DRESS MINI BRONZE	RT	50.00	50.00
1996	ATLANTA SCENE 3	*	75.00	75.00
1996	RHETT BLACK TUXEDO	OP	70.00	70.00
1996	SCARLETT & RHETT STROLLING MUSICAL WATERGLOBE	RE	55.00	55.00
1996	SCARLETT BLUE DRESS	*	70.00	70.00
1996	TARA SCENE 1	OP	75.00	75.00
1996	TWELVE OAKS SCENE 2	*	75.00	75.00
1997	ATLANTA BURNING WATERGLOBE		50.00	50.00
1997	BONNIE	OP	50.00	50.00
1997	SCARLETT ATLANTA DRESS	OP	70.00	70.00
1997	SCARLETT BBQ DRESS	RT	80.00	80.00
1997	SCARLETT RED DRESS WATERGLOBE	*	30.00	30.00
1998	SCARLETT & RHETT	OP	90.00	90.00

GONE WITH THE WIND/SCARLETT AND HER BEAUS

YR	NAME	LIMIT	ISSUE	TREND
1995	KISS, THE	RT	150.00	150.00
1995	KISS, THE (ARTIST PROOF)	RT	180.00	180.00
1996	WEDDING	750	150.00	150.00
1996	WEDDING (ARTIST PROOF)	RT	180.00	180.00
1997	SCARLETT & ASHLEY	750	150.00	150.00
1997	SCARLETT & ASHLEY (ARTIST PROOF)	75	180.00	180.00

ROCKWELL INSPIRED / HUCK FINN SERIES

YR	NAME	LIMIT	ISSUE	TREND
1979	SECRET, THE- HF-01	RT	110.00	130.00
1980	LISTENING HF-02	RT	110.00	150.00
1980	NO KINGS HF-03	RT	110.00	150.00
1980	SNAKE ESCAPES HF-04	RT	110.00	160.00

ROCKWELL INSPIRED / LARGE LIMITED EDITIONS

YR	NAME	LIMIT	ISSUE	TREND
1974	DOCTOR AND DOLL NR-100	RT	300.00	1600.00
1974	SEE AMERICA FIRST NR-103	RT	100.00	500.00

YR	NAME	LIMIT	ISSUE	TREND
1975	BASEBALL NR-102	RT	125.00	450.00
1975	NO SWIMMING NR-101	RT	150.00	500.00
1979	LEAPFROG NR-104	RT	440.00	700.00
1981	DREAMS OF LONG AGO NR-105	RT	500.00	750.00
1982	CIRCUS NR-106	RT	500.00	550.00
1984	MARBLE PLAYERS NR-107	RT	500.00	700.00
*			**LAUREL & HARDY**	
1999	HARDY	5000	20.00	20.00
1999	LAUREL	5000	20.00	20.00
T. SNYDER			**LIGHTHOUSE KEEPERS**	
1998	ABBIE BURGESS	2500	50.00	50.00
1998	AUGUSTIN JEAN FRESNAL	2500	50.00	50.00
1998	BOB GERLOFF	2500	50.00	50.00
1998	DUNBAR DAVIS	2500	50.00	50.00
1998	EMILY FISH	2500	50.00	50.00
1998	GEORGE C. MEADE	2500	50.00	50.00
1998	IDA LEWIS	2500	50.00	50.00
1998	JOSEPH STRAUT	2500	50.00	50.00
1998	MARCUS HANNA	2400	50.00	50.00
1998	ORRIN "PETE" YOUNG	2500	50.00	50.00
*			**LUCY**	
1999	CHOCOLATE FACTORY	5000	35.00	35.00
1999	LUCY	5000	25.00	25.00
1999	VITAMEATAVEGAMIN	5000	35.00	35.00
*			**LUCY MUSICAL FIGURINE**	
1999	CHOCOLATE FACTORY	5000	40.00	40.00
1999	VITAMEATAVEGAMIN	5000	40.00	40.00
*			**LUCY WATERGLOBE**	
1999	CHOCOLATE FACTORY	5000	35.00	35.00
1999	VITAMEATAVEGAMIN	5000	35.00	35.00
*			**MINIATURE BRONZE SERIES**	
1993	SCENE II-TWELVE OAKS	5000	340.00	375.00
1993	WIZARD OF OZ	5000	290.00	325.00
B. LEIGHTON-JONES			**MINIATURE BRONZE SERIES**	
1994	ATLANTA	*	340.00	365.00
*			**MOUSEHOLE COLLECTION**	
1994	ANNIE HALFWAY	RT	15.00	15.00
1994	CHRISTMAS TRIO	RT	35.00	35.00
1994	DIGGER OUTBACK DIGGER	RT	15.00	15.00
1994	DOC HOLIDAY DR. GOLFER	RT	16.00	16.00
1994	HARRY & SALLY HARMONY BRIDE & GROOM	RT	20.00	20.00
1994	HICKORY DICKORY BOOKKEEPER	RT	16.00	16.00
1994	HONEY BUNCH & DAPPER VALENTINE	RT	30.00	30.00
1994	HORATIO HOLIMOUSE MINISTER	RT	15.00	15.00
1994	JULIA SMILES COOK	RT	16.00	16.00
1994	LORD FREDERICK MOUSE LEIGHTON R.A. R.A.	RT	18.00	18.00
1994	MIC MOUSEPIECE LAWYER	RT	16.00	16.00
1994	MILLIE MINIMAL & TINY TIM	RT	24.00	24.00
1994	MINNIE LITTLE MAID	RT	16.00	16.00
1994	MORRIS MINOR CAR	RT	30.00	30.00
1994	PERCIVAL PLOD POLICEMAN	RT	16.00	16.00
1994	SCOTTY MCMOUSTER	RT	16.00	16.00
1994	SHORT JOHN SILVER	RT	16.00	16.00
1994	SMUDGE BRIGHTLY LIGHTHOUSE	RT	30.00	30.00
1994	STITTON CHEESE BUTLER	RT	16.00	16.00
1994	THOMAS T. CADDIE	RT	15.00	15.00
1994	WEE WILLIE CHURCH MOUSE	RT	16.00	16.00
1994	WILEY R. TREADMILL JUDGE	RT	16.00	16.00
1994	WILL MOUSEPEARE	RT	15.00	15.00
E. ROBERTS			**NATIVE AMERICAN SERIES**	
1991	LONE WOLF	7500	55.00	55.00
1992	TORTOISE LADY	7500	60.00	60.00
ROCKWELL INSPIRED			**NORMAN ROCKWELL COLLECTION**	
1973	BACK TO SCHOOL NR-02	RT	20.00	80.00
1973	CAROLLER NR-03	RT	23.00	80.00
1973	DAYDREAMER NR-04	RT	23.00	65.00
1973	DOCTOR & DOLL NR-12	RT	65.00	200.00
1973	LAZYBONES NR-08	RT	30.00	300.00
1973	LEAPFROG NR-09	RT	50.00	800.00
1973	LOVE LETTER NR-06	RT	25.00	60.00
1973	LOVERS NR-07	RT	45.00	100.00
1973	MARBLE PLAYERS NR-11	RT	60.00	400.00
1973	NO SWIMMING NR-05	RT	25.00	100.00
1973	REDHEAD NR-01	RT	20.00	200.00
1973	SCHOOLMASTER NR-10	RT	55.00	225.00
1974	BASEBALL NR-16	RT	45.00	170.00
1974	FRIENDS IN NEED NR-13	RT	45.00	100.00
1974	SEE AMERICA FIRST NR-17	RT	50.00	145.00
1974	SPRINGTIME '33 NR-14	RT	30.00	65.00
1974	TAKE YOUR MEDICINE NR-18	RT	50.00	150.00
1975	BARBERSHOP QUARTET NR-23	RT	100.00	1100.00
1975	BIG MOMENT NR-21	RT	60.00	140.00
1975	CIRCUS NR-22	RT	55.00	150.00
1975	DISCOVERY NR-20	RT	55.00	160.00
1976	DRUM FOR TOMMY NRC-24	RT	40.00	100.00
1977	PALS NR-25	RT	60.00	135.00
1977	SPRINGTIME '35 NR-19	RT	50.00	55.00
1978	AT THE DOCTOR NR-29	RT	108.00	200.00

With a handle touting the Gettysburg Address, this Abraham Lincoln Character Jug is from a Royal Doulton collection honoring Presidents of the United State.

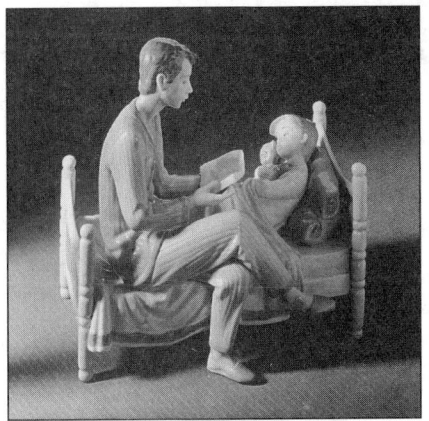

Just One More begs this little fellow of his storytelling father. The piece is produced by Lladró.

Cool Break, a resin figurine from the Coca-Cola Heritage Collection, relaxes with an icy Coca-Cola. Cavanagh Group International released this as an open edition in 1996.

These lovely Lladró ladies chat over a cup of espresso in Cafe De Paris.

YR	NAME	LIMIT	ISSUE	TREND
1978	FIRST DAY OF SCHOOL NR-27	RT	100.00	145.00
1978	MAGIC POTION NR-28	RT	84.00	200.00
1978	YOUNG DOCTOR NRD-26	RT	100.00	150.00
1979	BACK FROM CAMP NR-33	RT	96.00	150.00
1979	DREAMS OF LONG AGO NR-31	RT	100.00	140.00
1979	GRANDPA'S BALLERINA NR-32	RT	100.00	125.00
1979	TEACHER'S PET NRA-30	RT	35.00	80.00
1980	EXASPERATED NANNY NR-35	RT	96.00	130.00
1980	HANDKERCHIEF NR-36	RT	110.00	110.00
1980	SANTA'S GOOD BOYS NR-37	RT	90.00	90.00
1980	TOSS, THE- NR-34	RT	110.00	240.00
1981	SPIRIT OF EDUCATION NR-38	RT	96.00	130.00
1982	A VISIT WITH ROCKWELL NR-40	RT	120.00	120.00
1982	AMERICAN MOTHER NRG-42	RT	100.00	130.00
1982	CROQUET NR-41	RT	100.00	150.00
1983	COUNTRY CRITIC NR-43	RT	75.00	130.00
1983	GRADUATE NR-44	RT	30.00	80.00
1983	SCOTTY'S SURPRISE NRS-20	RT	25.00	100.00
1984	SCOTTY'S HOME PLATE NR-46	RT	30.00	75.00
1986	RED CROSS NR-47	RT	67.00	95.00
1987	YOUNG LOVE NR-48	RT	70.00	125.00
1988	WEDDING MARCH NR-49	RT	110.00	180.00
1999	DOCTOR AND THE DOLL	7500	30.00	30.00
1999	FISHING	7500	25.00	25.00
1999	GRAMPS AT THE PLATE	7500	25.00	25.00
1999	GRAMPS AT THE REINS	7500	30.00	30.00
1999	MARRIAGE LICENSE, THE	7500	30.00	30.00
1999	PHARMACIST, THE	7500	30.00	30.00
1999	PUPPY LOVE	7500	30.00	30.00
1999	RUNAWAY, THE	7500	30.00	30.00
1999	SERENADE	7500	20.00	20.00
1999	SKATERS	7500	20.00	20.00
1999	STILT WALKER	7500	25.00	25.00
1999	TRIPLE SELF-PORTRAIT	7500	30.00	30.00
ROCKWELL INSPIRED		**NORMAN ROCKWELL COLLECTION MINIATURES**		
1979	BACK TO SCHOOL NR-202	RT	18.00	45.00
1979	CAROLLER NR-203	RT	20.00	45.00
1979	DAYDREAMER NR-04	RT	20.00	40.00
1979	DOCTOR AND DOLL NR-212	RT	40.00	80.00
1979	LAZYBONES NR-208	RT	22.00	45.00
1979	LEAPFROG NR-209	RT	32.00	75.00
1979	LOVE LETTER NR-206	RT	26.00	55.00
1979	LOVERS NR-207	RT	28.00	45.00
1979	MARBLE PLAYERS NR-211	RT	36.00	80.00
1979	NO SWIMMING NR-205	RT	22.00	45.00
1979	REDHEAD NR-201	RT	18.00	48.00
1979	SCHOOLMASTER NR-210	RT	34.00	40.00
1980	BASEBALL NR-216	RT	40.00	50.00
1980	FRIENDS IN NEED NR-213	RT	30.00	40.00
1980	SEE AMERICA FIRST NR-217	RT	28.00	45.00
1980	SPRINGTIME '33 NR-214	RT	24.00	80.00
1980	SUMMERTIME '33 NR-215	RT	22.00	25.00
1980	TAKE YOUR MEDICINE NR-218	RT	36.00	40.00
1982	BARBERSHOP QUARTET NR-223	RT	40.00	50.00
1982	BIG MOMENT NR-221	RT	36.00	40.00
1982	CIRCUS NR-222	RT	35.00	40.00
1982	DISCOVERY NR-220	RT	35.00	45.00
1982	DRUM FOR TOMMY NRC-224	RT	25.00	30.00
1982	SPRINGTIME '35 NR-219	RT	24.00	30.00
1983	SANTA ON THE TRAIN NR-245	RT	35.00	55.00
1984	AT THE DOCTOR'S NR-229	RT	35.00	35.00
1984	DREAMS OF LONG AGO NR-231	RT	30.00	30.00
1984	FIRST DAY OF SCHOOL NR-227	RT	35.00	35.00
1984	MAGIC POTION NR-228	RT	30.00	40.00
1984	PALS NR-225	RT	25.00	25.00
1984	YOUNG DOCTOR NRD-226	RT	30.00	50.00
*		**NORMAN ROCKWELL MUSICAL FIGURINES**		
1999	GRAMPS AT THE PUMP	7500	40.00	40.00
1999	MARRIAGE LICENSE, THE	7500	40.00	40.00
1999	SERENADE	7500	30.00	30.00
ROCKWELL INSPIRED		**ROCKWELL CLUB SERIES**		
1981	YOUNG ARTISTS RCC-01	RT	96.00	180.00
1982	DIARY RCC-02	RT	35.00	80.00
1983	RUNAWAY PANTS RCC-03	RT	65.00	75.00
1984	GONE FISHING RCC-04	RT	30.00	55.00
*		**SATURDAY EVENING POST**		
1992	CHOOSIN UP	RT	110.00	140.00
1993	AFTER THE PROM	7500	75.00	85.00
1993	GONE FISHING	1500	65.00	75.00
1993	MISSED	7500	110.00	120.00
1994	ALMOST GROWN UP	7500	75.00	85.00
1994	BABY'S FIRST STEP	7500	100.00	110.00
1994	BED TIME	7500	100.00	110.00
1994	BRIDE & GROOM	7500	100.00	110.00
1994	FOR A GOOD BOY	7500	100.00	110.00
1994	LITTLE MOTHER	7500	75.00	85.00
R. BROWN		**SPIRIT OF REMINGTON**		
1998	CAPTIVE, THE	2500	35.00	35.00
1998	CONJURING BACK THE BUFFALO	2500	35.00	35.00

YR	NAME	LIMIT	ISSUE	TREND
1998	LT. POWHATAN CLARK	2500	35.00	35.00
1998	PUNCHER, THE	2500	70.00	70.00
1998	SMOKE SIGNAL, THE	2500	70.00	70.00

ROCKWELL INSPIRED   **TOM SAWYER MINIATURES**

YR	NAME	LIMIT	ISSUE	TREND
1983	FIRST SMOKE TSM-02	RT	40.00	80.00
1983	LOST IN CAVE TSM-05	RT	40.00	80.00
1983	TAKE YOUR MEDICINE TSM-04	RT	40.00	80.00
1983	WHITEWASHING THE FENCE TSM-01	RT	40.00	80.00

ROCKWELL INSPIRED   **TOM SAWYER SERIES**

YR	NAME	LIMIT	ISSUE	TREND
1975	WHITEWASHING THE FENCE TS-01	RT	60.00	200.00
1976	FIRST SMOKE TS-02	RT	60.00	200.00
1977	TAKE YOUR MEDICINE TS-03	RT	63.00	225.00
1978	LOST IN CAVE TS-04	RT	70.00	180.00

*   **WIZARD OF OZ**

YR	NAME	LIMIT	ISSUE	TREND
1993	DOROTHY MINI BRONZE	RT	50.00	50.00
1993	LION MINI BRONZE	RT	50.00	50.00
1993	SCARECROW MINI BRONZE	RT	50.00	50.00
1993	TIN MAN MINI BRONZE	RT	50.00	50.00
1993	YELLOW BRICK ROAD	RT	90.00	90.00
1995	EMERALD CITY MUSICAL	RT	85.00	85.00
1995	WITCH'S CASTLE MUSICAL	*	85.00	85.00
1996	COWARDLY LION	5000	20.00	20.00
1996	COWARDLY LION MUSICAL	5000	35.00	35.00
1996	DOROTHY	5000	20.00	20.00
1996	DOROTHY MUSICAL	5000	35.00	35.00
1996	DOROTHY/MUNCHKIN WATERGLOBE	OP	55.00	55.00
1996	GOOD WITCH	5000	32.00	32.00
1996	GOOD WITCH MUSICAL	5000	35.00	35.00
1996	MAYOR	5000	20.00	20.00
1996	MORTICIAN	5000	20.00	20.00
1996	OZ FIGURINE SET	RT	177.00	177.00
1996	SCARECROW	5000	20.00	20.00
1996	SCARECROW MUSICAL	5000	35.00	35.00
1996	TIN MAN	5000	20.00	20.00
1996	TIN MAN MUSICAL	5000	35.00	35.00
1996	WICKED WITCH	5000	25.00	25.00
1996	WICKED WITCH MUSICAL	*	35.00	35.00
1996	WICKED WITCH MUSICAL	5000	75.00	75.00
1997	APPLE TREE WATERGLOBE	OP	40.00	40.00
1997	DOROTHY & MUNCHKIN MUSICAL	OP	75.00	75.00
1997	EMERALD CITY LIGHTED WATERGLOBE	OP	60.00	60.00
1997	FLYING MONKEY	5000	16.00	16.00
1997	OZ FIGURINE SET (3 PC)	RT	48.00	48.00
1997	RUBY SLIPPERS WATERGLOBE	OP	40.00	40.00
1997	WINKIE CASTLE GUARD	5000	16.00	16.00
1997	WITCH'S CASTLE WATERGLOBE	OP	40.00	40.00
1997	WITCH'S CRYSTAL BALL LIGHTED WATERGLOBE	OP	50.00	50.00
1997	WIZARD	5000	16.00	16.00

DAVID WINTER COTTAGES/ENESCO CORP.

D. WINTER   **MEDIEVAL DISPLAY ACCESSORIES**

YR	NAME	LIMIT	ISSUE	TREND
2000	COURT JESTER	OP	4.00	4.00
2000	DRAGON	OP	4.00	4.00
2000	KNIGHT ON HORSEBACK	OP	4.00	4.00
2000	KNIGHT WITH FLAG	OP	4.00	4.00
2000	LADY IN WAITING	OP	4.00	4.00
2000	WIZARD	OP	4.00	4.00

DEPARTMENT 56

*   **ALPINE VILLAGE**

YR	NAME	LIMIT	ISSUE	TREND
1986	ALPINE VILLAGERS 6542-0, (SET OF 3)	RT	13.00	26.00
1987	ALPINE VILLAGE SIGN 6571-4	RT	6.00	11.00
1989	FARM ANIMALS 5945-5, (SET OF 4)	RT	15.00	45.00
1990	TOY PEDDLER 5616-2, (SET OF 4)	OP	22.00	22.00
1992	BUYING BAKERS BREAD 5619-7, (SET OF 2)	RT	20.00	22.00

*   **CHRISTMAS IN THE CITY**

YR	NAME	LIMIT	ISSUE	TREND
1987	CITY PEOPLE 5965-0, (SET OF 5)	RT	28.00	50.00
1989	POPCORN VENDOR 5958-7, (SET OF 3)	RT	22.00	22.00
1989	RIVER STREET ICE HOUSE CART 5959-5	RT	20.00	45.00
1991	ALL AROUND THE TOWN 5545-0, (SET OF 2)	RT	18.00	17.00
1991	CAROLING THRU THE CITY 5548-4, (SET OF 3)	OP	28.00	28.00
1991	CITY FIRE DEPT.- FIRE TRUCK	RT	18.00	20.00
1991	FIRE BRIGADE, THE 5546-8, (SET OF 2)	RT	20.00	22.00
1991	MARKET DAY 5641-3, (SET OF 3)	RT	35.00	30.00
1991	SKATING PARTY 5523-9, (SET OF 3)	OP	28.00	28.00
1992	DON'T DROP THE PRESENTS 5532-8, (SET OF 2)	RT	25.00	25.00
1992	VILLAGE EXPRESS VAN 5865-3, GREEN	OP	25.00	25.00
1992	VILLAGE EXPRESS VAN 9951-1, BLACK	RT	25.00	105.00
1992	WELCOME HOME, 5533-6, (SET OF 2)	RT	28.00	28.00
1993	CHRISTMAS AT THE PARK 5866-1, (SET OF 3)	OP	28.00	28.00
1993	PLAYING IN THE SNOW 5556-5, (SET OF 3)	OP	25.00	25.00
1993	STREET MUSICIANS 5564-6, (SET OF 3)	OP	45.00	45.00
1993	TOWN TREE 5565-4, (SET OF 5)	OP	45.00	45.00
1993	TOWN TREE TRIMMERS 5566-2, (SET OF 4)	OP	33.00	33.00
1994	HOT DOG VENDOR 5886-6, (SET OF 3)	RT	*	N/A
1994	VILLAGE EXPRESS VAN-BACHMAN'S 729-3	RT	23.00	70.00
1994	VILLAGE EXPRESS VAN-BRONNER'S 737-4	RT	23.00	45.00
1994	VILLAGE EXPRESS VAN-CHRISTMAS DOVE 730-7	RT	25.00	50.00
1994	VILLAGE EXPRESS VAN-CHRISTMAS PLACE 732-3	RT	25.00	75.00

YR	NAME	LIMIT	ISSUE	TREND
1994	VILLAGE EXPRESS VAN-EUROPEAN IMPORTS 739-0	RT	23.00	40.00
1994	VILLAGE EXPRESS VAN-FORTUNOFF'S 735-8	RT	23.00	125.00
1994	VILLAGE EXPRESS VAN-LOCK,STOCK.. 731-5	RT	23.00	120.00
1994	VILLAGE EXPRESS VAN-LTD. ED. 733-1	RT	25.00	115.00
1994	VILLAGE EXPRESS VAN-N. POLE CITY 736-6	RT	25.00	50.00
1994	VILLAGE EXPRESS VAN-ROBERTS CHRISTMAS WNDLD 734-0	RT	23.00	50.00
1994	VILLAGE EXPRESS VAN-STAT'S 741-2	RT	23.00	40.00
1994	VILLAGE EXPRESS VAN-THE LEMON TREE 721-8	RT	30.00	45.00
1994	VILLAGE EXPRESS VAN-WILLIAM GLEN 738-2	RT	23.00	50.00
1994	VILLAGE EXPRESS VAN-WINDSOR SHOPPE 740-4	RT	25.00	45.00
1994	VILLAGE STREET CAR 5240-0 MOTORIZED	OP	65.00	65.00

CHRISTMAS IN THE CITY - PROMOTIONAL

YR	NAME	LIMIT	ISSUE	TREND
1992	VILLAGE EXPRESS VAN 9977-5, GOLD	RT	*	960.00

DICKENS' HINGED BOXES

YR	NAME	LIMIT	ISSUE	TREND
1998	BAH, HUMBUG!	*	15.00	15.00
1998	GOD BLESS US, EVERYONE!	*	15.00	15.00
1998	SPIRIT OF CHRISTMAS	*	15.00	15.00

DICKENS' VILLAGE

YR	NAME	LIMIT	ISSUE	TREND
1984	ORIGINAL CAROLERS, SET OF THREE WHITE POST	RT	10.00	95.00
1986	CHRISTMAS CAROL CHARS 6501-3, SET OF THREE	RT	12.00	100.00
1988	POULTERER 5926-9	RT	33.00	50.00
1989	CHRISTMAS SPIRITS FIGURES 5589-1 (SET OF 4)	OP	28.00	28.00
1989	DAVID COPPERFIELD CHARS 5551-4, (SET OF 5)	RT	33.00	30.00
1989	LAMPLIGHTER 5577-8, (SET OF 2)	OP	9.00	9.00
1990	C.H. WATT PHYSICIAN 5568-9	OP	40.00	40.00
1990	HOLIDAY TRAVELERS 5571-9, (SET OF 3")	RT	25.00	25.00
1991	OLIVER TWIST CHARACTERS 554-9, (SET OF 3)	RT	35.00	30.00
1992	BIRD SELLER, THE 5803-3 (SET OF 3)	RT	25.00	30.00
1992	OLD PUPPETEER, THE 5802-5 (SET OF 3)	RT	32.00	33.00
1992	VILLAGE STREET PEDDLERS 5804-1, (SET OF 2)	RT	16.00	13.00
1993	CHELSEA LANE SHOPPERS 5816-5, (SET OF 4)	RT	30.00	30.00
1993	CHELSEA MARKET FISH MONGERS 5814-9, (SET OF 2)	OP	25.00	25.00
1993	CHELSEA MARKET FLOWER MONGERS 5815-7, (SET OF 2)	OP	28.00	28.00
1993	CHELSEA MARKET FRUIT MONGERS 5813-0, (SET OF 2)	OP	25.00	25.00
1994	THATCHER 5829-7, (SET OF 3)	OP	35.00	35.00
1995	COBBLER AND CLOCK PEDDLER 5839-4, (SET OF 2)	OP	25.00	25.00
1995	FIVE GOLDEN RINGS 5838-1, (SET OF 2)	OP	28.00	28.00
1995	FOUR CALLING BIRDS 5837-9, (SET OF 2)	OP	*	N/A
1995	SIX GEESE A LAYING 5838-2, (SET OF 2)	OP	*	N/A
1995	THREE FRENCH HENS 5837-8, (SET OF 3)	OP	33.00	33.00
1995	YE OLDE LAMP LIGHTER, DICKENS' VILLAGE SIGN 5839-3	OP	20.00	20.00
1996	NETTIE QUINN PUPPETS & MARIONETTES	OP	50.00	50.00

DICKENS' VILLAGE SIGNATURE SERIES

YR	NAME	LIMIT	ISSUE	TREND
1997	GAD'S HILL PLACE	YR	98.00	98.00

HERITAGE VILLAGE

YR	NAME	LIMIT	ISSUE	TREND
1986	PORCELAIN TREES 6537-4, (SET OF 2)	RT	14.00	30.00
1987	CITY WORKERS 5967-6 (SET OF 4)	RT	15.00	30.00
1988	SNOW CHILDREN 5938-2, (SET OF 3)	RT	17.00	20.00
1989	VIOLET VENDOR/CAROLERS/CHESTNUT,5580-8 SET OF 3	RT	23.00	30.00
1996	12 DAYS OF DICKENS' VILLAGE, 7 SWANS A SWIMMING	OP	28.00	27.00
1996	12 DAYS OF DICKENS' VILLAGE, 8 MAIDS A MILKING	OP	25.00	25.00
1996	CAROLING WITH THE CRATCHIT FAMILY- SET OF 3	OP	38.00	38.00
1996	CHRISTMAS BAZAAR...HANDMADE QUILTS -SET OF 2	RT	25.00	25.00
1996	CHRISTMAS BAZAAR...WOOLENS & PRESERVES -SET OF 2	RT	25.00	25.00
1996	CHRISTMAS CAROL, A- READING/ C.DICKENS- 5 PC	OP	45.00	45.00
1996	CHRISTMAS CAROL, A- READING/ C.DICKENS- 8 PC	OP	75.00	75.00
1996	CITY TAXI	OP	12.00	12.00
1996	ELVES ON ICE- SET OF 4	OP	8.00	8.00
1996	END OF THE LINE -SET OF 2	RT	28.00	28.00
1996	FAMILY TREE, THE	OP	18.00	18.00
1996	FEZZIWIG DELIVERY WAGON, THE	OP	33.00	32.00
1996	GINGERBREAD VENDOR -SET OF 2	OP	23.00	22.00
1996	GOING HOME FOR THE HOLIDAYS -SET OF 3	OP	28.00	28.00
1996	HOLIDAY DELIVERIES	OP	47.00	16.00
1996	NEW POTBELLIED STOVE FOR CHRISTMAS, A -SET OF 2	OP	35.00	35.00
1996	NORTH POLE EXPRESS	RT	38.00	38.00
1996	NUTCRACKER VENDOR & CART	OP	25.00	25.00
1996	RED CHRISTMAS SULKY	OP	30.00	30.00
1996	TENDING THE NEW CALVES- SET OF 3	RT	30.00	30.00
1996	VILLAGE ANIMATED ACCESSORY TRACK	OP	65.00	65.00
1996	VILLAGE ANIMATED SKI MOUNTAIN	OP	75.00	75.00
1996	YEOMEN OF THE GUARD- SET OF 5	OP	30.00	30.00

NEW ENGLAND VILLAGE

YR	NAME	LIMIT	ISSUE	TREND
1990	AMISH BUGGY 5949-8	RT	22.00	50.00
1990	REST YE MERRY GENTLEMEN 5540-9	RT	12.00	13.00
1990	SLEEPY HOLLOW CHARACTERS 5956-0 (SET OF 3)	RT	28.00	45.00
1990	'TIS THE SEASON 5539-5	RT	12.00	13.00
1991	MARKET DAY, 5641-3, (SET OF 3)	OP	35.00	30.00
1991	SKATING PARTY 5523-9, (SET OF 3)	OP	28.00	28.00
1992	HARVEST SEED CART 5645-6, (SET OF 3)	RT	28.00	28.00
1992	TOWN TINKER 5646-4, (SET OF 2)	RT	24.00	30.00
1992	VILLAGE PINE TREE, LG. 5218-3	OP	12.00	13.00
1992	VILLAGE PINE TREE, SM. 5219-1	OP	10.00	10.00
1993	BLUE STAR ICE HARVESTERS 5650-2, (SET OF 2)	OP	28.00	28.00
1993	KNIFE GRINDER 5649-9, (SET OF 2)	OP	23.00	23.00
1995	HARVEST PUMPKIN WAGON 5659-1	RT	45.00	45.00
1995	J. BREWSTER 5657-0 (BREWSTER BAY COTTAGES)	OP	45.00	45.00

YR	NAME	LIMIT	ISSUE	TREND
1995	T.T. JULIAN 5657-0 (BREWSTER BAY COTAGES)	OP	45.00	45.00
1996	NAVIGATIONAL CHARTS & MAPS	OP	48.00	48.00
*			**NORTH POLE COLLECTION**	
*	CHRISTMAS CAROL REVISITED HOLIDAY TRIMMING SET	RT	*	N/A
1990	SANTA & MRS. CLAUS 5609-0, (SET OF 2)	OP	15.00	15.00
1990	SANTA'S LITTLE HELPERS 5610-3, (SET OF 3)	RT	28.00	50.00
1990	SLEIGH & EIGHT TINY REINDEER 5611-1, (SET OF 5)	OP	42.00	42.00
1991	BAKER'S ELVES 5603-0, (SET OF 3)	RT	28.00	28.00
1991	TOYMAKER ELVES 5602-2, (SET OF 3)	RT	28.00	25.00
1992	CHURCHYARD FENCE EXTENSIONS 5807-6	RT	*	N/A
1992	CHURCHYARD GATE & FENCE 5806-8	RT	*	N/A
1992	LETTERS FOR SANTA 5604-9, (SET OF 3)	RT	30.00	50.00
1992	LIONHEAD BRIDGE 5864-5	RT	*	N/A
1992	TESTING THE TOYS 5605-7, (SET OF 2)	RT	16.00	17.00
1992	VILLAGE PORCELAIN PINE LARGE 5218-3	RT	*	N/A
1992	VILLAGE PORCELAIN PINE SMALL 5219-1	RT	*	N/A
1993	BLUE STAR ICE HARVESTERS 5650-2	RT	*	N/A
1993	CHELSEA MARKET FISH MONGER & CART 5814-9	RT	*	N/A
1993	CHELSEA MARKET FRUIT MONGER & CART 5813-0	RT	*	N/A
1993	STREET MUSICIANS 5564-6	RT	*	N/A
1994	HOT DOG VENDOR 5886-6	RT	*	N/A
1994	SNOW CONE ELVES 5637-5	RT	*	N/A
1994	THATCHERS 5829-7	RT	*	N/A
1994	TWO RIVERS BRIDGE 5656-1	RT	*	N/A
1994	VILLAGE PORCELAIN PINE TREES 5251-5	RT	*	N/A
1995	CHARTING SANTA'S COURSE 56364	RT	*	N/A
1995	COBBLER & CLOCK PEDDLER 58394	RT	*	N/A
1996	A CHRISTMAS CAROL READING BY DICKENS 58404	RT	*	N/A
1996	CHRISTMAS BREAD BAKERS	OP	55.00	55.00
1996	YEOMEN OF THE GUARD 58397	RT	*	N/A
1997	HOLLY & IVY, THE "HOMES FOR THE HOLIDAYS"	RT	*	N/A
*			**ORIGINAL SNOW VILLAGE**	
1992	VILLAGE USED CAR LOT 5428-3	RT	*	N/A
1993	A HERD OF HOLIDAY HEIFERS 5455-0	RT	*	N/A
1993	SAFETY PATROL 5449-6	RT	*	N/A
1993	TOUR THE VILLAGE 5452-6	RT	*	N/A
1994	COCA-COLA BRAND BILLBOARD 5481-0	RT	*	N/A
1994	FEEDING THE BIRDS 5473-9	RT	*	N/A
1994	MUSH! 5474-7	RT	*	N/A
1994	SANTA COMES TO TOWN	RT	30.00	33.00
1995	FROSTY PLAYTIME 54860	RT	*	N/A
1995	GRAND OLE OPRY CAROLERS 54867	RT	*	N/A
1996	A RIDE ON THE REINDEER LINES 54875	RT	*	N/A
1996	CAROL THROUGH THE SNOW	OP	15.00	15.00
1996	HARLEY-DAVIDSON FAT BOY & SOFTAIL	OP	16.00	16.00
1996	HARLEY-DAVIDSON HOLIDAY, A -SET OF 2	RT	23.00	22.00
1996	HARLEY-DAVIDSON SIGN	OP	18.00	18.00
1996	HEADING FOR THE HILLS -2 ASSORTED	OP	8.00	9.00
1996	HOLIDAY HOOPS -SET OF 3	RT	20.00	20.00
1996	MEN AT WORK -SET OF 5	OP	28.00	28.00
1996	MOVING DAY -SET OF 3	OP	33.00	32.00
1996	NICK'S TREE FARM- SET OF 10	OP	40.00	40.00
1996	ON THE ROAD AGAIN -SET OF 2	OP	20.00	20.00
1996	RIDE ON THE REINDEER LINES, A- SET OF 3	OP	35.00	35.00
1996	SANTA COMES TO TOWN, 1996, 1997	RT	35.00	35.00
1996	SMOKEY MOUNTAIN RETREAT	OP	65.00	65.00
1996	TERRY'S TOWING -SET OF 2	RT	20.00	20.00
1996	VILLAGE ANIMATED ACCESSORY TRACK	OP	65.00	65.00
1996	VILLAGE ANIMATED SKI MOUNTIAN	OP	75.00	75.00
1996	VILLAGE WATERFALL	OP	65.00	65.00
PIERRO/KIRCHNER			**SNOWBABIES**	
1986	BEST FRIENDS 7958-8	RT	12.00	115.00
1986	CATCH A FALLING STAR WATERGLOBE 7950-2	CL	18.00	700.00
1986	CLIMBING ON SNOWBALL 7965-0	RT	15.00	100.00
1986	FROSTY FOREST 79634	OP	15.00	20.00
1986	GIVE ME A PUSH 7955-3	RT	12.00	75.00
1986	HANGING PAIR 7966-9	RT	15.00	150.00
1986	HOLD ON TIGHT 7956-1	RT	12.00	14.00
1986	I'M MAKING SNOWBALLS 7962-6	RT	12.00	35.00
1986	SNOWBABY NITE LITE 7959-6	CL	15.00	325.00
1986	SNOWBABY PICTURE FRAME 7970-7 (SET OF 2)	RT	15.00	550.00
1986	SNOWBABY STANDING WATERGLOBE	CL	8.00	350.00
1987	CLIMBING ON TREE 7971-5 (SET OF 2)	RT	25.00	800.00
1987	DON'T FALL OFF 7968-5	RT	12.00	100.00
1987	DOWN THE HILL WE GO 7960-0	OP	20.00	22.00
1987	SNOWBABIES RIDING SLEDS WATERGLOBE	CL	40.00	675.00
1987	SNOWBABY WITH WINGS WATERGLOBE	CL	20.00	450.00
1987	TUMBLING IN THE SNOW 7957-0 (SET OF 5)	RT	35.00	90.00
1987	WHEN YOU WISH UPON A STAR MUSIC BOX	CL	30.00	70.00
1987	WINTER SURPRISE 7974-0	RT	15.00	45.00
1988	ARE THESE MINE? 7977-4	CL	10.00	13.00
1988	FROSTY FROLIC 7981-2	4800	35.00	900.00
1988	POLAR EXPRESS 7978-2	RT	22.00	85.00
1988	TINY TRIO 7979-0 (SET OF 3)	RT	20.00	180.00
1989	ALL FALL DOWN 7984-7 (SET OF 4)	RT	36.00	55.00
1989	FINDING FALLEN STARS 7985-5	6000	33.00	200.00
1989	FROSTY FUN 7983-9	RT	28.00	55.00
1989	HELPFUL FRIENDS 7982-0	RT	30.00	55.00
1989	ICY IGLOO 7987-1	OP	38.00	38.00

YR	NAME	LIMIT	ISSUE	TREND
1989	LET IT SNOW WATERGLOBE 7992-8	CL	25.00	50.00
1989	PENGUIN PARADE 7986-3	RT	25.00	55.00
1990	A SPECIAL DELIVERY 7948-0	CL	14.00	25.00
1990	ALL TIRED OUT WATERGLOBE	CL	55.00	90.00
1990	I WILL PUT UP THE TREE 6800-4	RT	22.00	35.00
1990	PLAYING GAMES IS FUN 7947-2	RT	30.00	50.00
1990	READ ME A STORY 7945-6	OP	25.00	25.00
1990	TWINKLE LITTLE STARS 7942-1 (SET OF 2)	RT	38.00	65.00
1990	WE WILL MAKE IT SHINE 7946-4	RT	45.00	50.00
1990	WHO ARE YOU? 7949-9	RT	33.00	110.00
1990	WISHING ON A STAR 7943-0	RT	20.00	45.00
1991	CAN I HELP TOO? 6806-3	18500	48.00	100.00
1991	DANCING TO A TUNE 6808-0 (SET OF 3)	RT	30.00	40.00
1991	FISHING FOR DREAMS 6809-8	CL	28.00	40.00
1991	I MADE THIS JUST FOR YOU 6802-0	CL	14.00	15.00
1991	IS THAT FOR ME? 6803-9 (SET OF 2)	RT	30.00	30.00
1991	PEEK-A-BOO WATERGLOBE 7938-3	CL	50.00	75.00
1991	PLAY ME A TUNE WATERGLOBE 7936-7	CL	50.00	100.00
1991	POLAR SIGN 6804-7	RT	20.00	20.00
1991	THIS IS WHERE WE LIVE 6805-5	CL	55.00	80.00
1991	WAITING FOR CHRISTMAS 6807-1	RT	28.00	45.00
1991	WHY DON'T YOU TALK TO ME 6801-2	OP	22.00	24.00
1992	FISHING FOR DREAMS WATERGLOBE	CL	33.00	55.00
1992	HELP ME, I'M STUCK 6817-9	CL	33.00	50.00
1992	I NEED A HUG 6813-6	OP	20.00	20.00
1992	JOIN THE PARADE 6824-1	CL	38.00	60.00
1992	JUST ONE LITTLE CANDLE 6823-3	RT	15.00	15.00
1992	LET'S GO SKIING 6815-2	RT	15.00	16.00
1992	LOOK WHAT I CAN DO! #6819-5	RT	17.00	20.00
1992	OVER THE MILKY WAY	RT	32.00	40.00
1992	READ ME A STORY WATERGLOBE 6831-4	RT	33.00	33.00
1992	SHALL I PLAY FOR YOU? 6820-9	CL	17.00	17.00
1992	STARRY PINES 6829-2	CL	18.00	18.00
1992	STARS IN A ROW, TIC-TAC-TOE	RT	33.00	40.00
1992	THIS WILL CHEER YOU UP 6816-0	RT	30.00	50.00
1992	WAIT FOR ME 6812-8	CL	48.00	60.00
1992	WINKEN, BLINKEN, AND NOD 6814-4	CL	60.00	65.00
1992	YOU CAN'T FIND ME! #6818-7	RT	*	45.00
1992	YOU DIDN'T FORGET ME 6821-7	RT	33.00	33.00
1993	BABY'S FIRST SMILE 6846-2	OP	30.00	30.00
1993	CAN I OPEN IT NOW? 6838-1	CL	15.00	35.00
1993	CROSSING STARRY SKIES 6834-9	RT	35.00	35.00
1993	I FOUND YOUR MITTENS! 6836-5	RT	30.00	30.00
1993	I'LL TEACH YOU A TRICK 6835-7	RT	24.00	24.00
1993	I'M MAKING AN ICE SCULPTURE! 6842-0	RT	30.00	38.00
1993	LET'S ALL CHIME IN! 6845-4 SET OF 2	RT	38.00	45.00
1993	LOOK WHAT I FOUND 6833-0	RT	45.00	45.00
1993	NOW I LAY ME DOWN TO SLEEP 6839-0	OP	14.00	14.00
1993	SO MUCH WORK TO DO! 6837-3	OP	18.00	22.00
1993	SOMEWHERE IN DREAMLAND 6840-3	RT	85.00	115.00
1993	SOMEWHERE IN DREAMLAND, 1 SNOWFLAKE	CL	85.00	125.00
1993	WE MAKE A GREAT PAIR 6843-8	RT	30.00	33.00
1993	WHERE DID HE GO? 6841-1	OP	35.00	35.00
1993	WHISTLE WHILE YOU WORK MUSIC BOX	CL	33.00	42.00
1993	WILL IT SNOW TODAY? 6844-6	RT	45.00	60.00
1994	BRINGING STARRY PINES 6862-4	RT	35.00	35.00
1994	I'M RIGHT BEHIND YOU! 6852-7	CL	60.00	60.00
1994	JACK FROST, A TOUCH OF WINTER'S MAGIC 6854-3	RT	90.00	90.00
1994	LET'S GO SKATING 68608	CL	17.00	17.00
1994	LIFT ME HIGHER, I CAN'T REACH 6863-2	CL	75.00	75.00
1994	LOOK WHAT I FOUND WATERGLOBE 68721	RT	33.00	33.00
1994	MICKEY'S NEW FRIEND 714-5	RT	60.00	600.00
1994	PENNIES FROM HEAVEN 6864-0	CL	18.00	18.00
1994	PLANTING STARRY PINES #6870-5	RT	33.00	33.00
1994	STRINGING FALLEN STARS 6861-6	CL	25.00	25.00
1994	THERE'S ANOTHER ONE! 6853-5	CL	24.00	24.00
1994	WE'LL PLANT THE STARRY PINES 6865-9	RT	38.00	38.00
1994	WHERE DID YOU COME FROM? 6856-0	RT	40.00	40.00
1995	A STAR IN THE BOX 68803	CL	18.00	25.00
1995	ARE YOU ON MY LIST? 6875-6	CL	25.00	25.00
1995	FROSTY PINES 76687	CL	13.00	13.00
1995	I CAN'T FIND HIM 68800	CL	38.00	38.00
1995	I FOUND THE BIGGEST STAR OF ALL! 6874-8	CL	16.00	16.00
1995	I SEE YOU! 6878-0	RT	28.00	28.00
1995	I'LL HUG YOU GOODNIGHT WATERGLOBE	OP	33.00	33.00
1995	I'LL PLAY A CHRISTMAS TUNE 68801	RT	16.00	16.00
1995	MUSH 68805	RT	48.00	48.00
1995	PARADE OF PENGUINS 68804	OP	15.00	15.00
1995	PLAY ME A TUNE MUSIC BOX 68809	OP	38.00	38.00
1995	RING THE BELLS, IT'S CHRISTMAS 6876-4	OP	40.00	40.00
1995	SKATE WITH ME WATERGLOBE	OP	33.00	33.00
1995	SNOWBABIES ANIMATED SKATING POND 7668-6	OP	60.00	60.00
1995	WE'RE BUILDING AN ICY IGLOO 68802	CL	70.00	70.00
1995	WHAT SHALL WE DO TODAY? 6877-2	RT	33.00	33.00
1996	A LITTLE NIGHT LIGHT	RT	33.00	32.00
1996	CLIMB EVERY MOUNTAIN	RT	75.00	100.00
1996	DISPLAY YOUR FAVORITE SNOWBABY LAMP	OP	45.00	45.00
1996	FIVE-PART HARMONY	RT	33.00	33.00
1996	I'M SO SLEEPY	RT	16.00	16.00

YR	NAME	LIMIT	ISSUE	TREND
1996	IT'S A GRAND OLD FLAG	CL	25.00	25.00
1996	IT'S SNOWING!	OP	16.00	16.00
1996	JACK FROST SLEIGHRIDE THROUGH THE STARS- SET OF 3	OP	110.00	110.00
1996	MOONBEAMS- NIGHT LIGHT	RT	20.00	20.00
1996	NOW I LAY ME DOWN TO SLEEP- WATERGLOBE,MUSIC BOX	OP	33.00	32.00
1996	ONCE UPON A TIME- SET OF 2	RT	25.00	25.00
1996	ONCE UPON A TIME...- MUSIC BOX	OP	30.00	30.00
1996	PRACTICE MAKES PERFECT- WATERGLOBE,MUSIC BOX	OP	33.00	32.00
1996	SLIDING THROUGH THE MILKY WAY- MUSIC BOX	RT	38.00	37.00
1996	SNOWBABY DISPLAY SLED	OP	45.00	45.00
1996	STARGAZING- SET OF 9	OP	40.00	40.00
1996	THERE'S NO PLACE LIKE HOME 68820	OP	16.00	16.00
1996	WHEN THE BOUGH BREAKS	OP	30.00	30.00
1996	WHICH WAY IS UP? 68812	RT	30.00	30.00
1996	WITH HUGS & KISSES-SET OF 2	CL	33.00	33.00
1996	YOU ARE MY LUCKY STAR- SET OF 2	RT	35.00	35.00
1996	YOU NEED WINGS TOO!	OP	25.00	25.00
1996	YOU'RE MY SNOWBABY- PICTURE FRAME	RT	15.00	15.00
1997	BEST LITTLE STAR	RT	*	N/A
1997	CANDLELIGHT TREES (SET OF 3)	RT	25.00	25.00
1997	CELEBRATE HINGED BOX	RT	*	N/A
1997	LET'S GO SEE JACK FROST 68850	RT	*	N/A
1997	ROCK-A-BYE BABY HINGED BOX 68848	RT	*	N/A
1997	WHISTLE WHILE YOU WORK	RT	33.00	33.00
1997	WISH UPON A FALLING STAR	RT	*	N/A
1998	ALL WE NEED IS LOVE (MOTHER'S DAY 1998 EVENT PIECE	CL	33.00	33.00
1998	CANDLE LIGHT...SEASON BRIGHT TREE TOPPER	RT	20.00	20.00
1998	COME FLY WITH ME LIMITED EDITION	RT	*	N/A
1998	DID HE SEE YOU? MOVING MUSICAL	*	38.00	38.00
1998	FRIENDSHIP CLUB KIT	RT	*	N/A
1998	HEIGH-HO WATERGLOBE/MUSIC BOX	RT	33.00	33.00
1998	HEIGH-HO, HEIGH-HO, TO FROLIC LAND WE GO	OP	48.00	48.00
1998	HOW MANY DAYS TIL CHRISTMAS?	RT	*	N/A
1998	I LOVE YOU FROM THE BOTTOM OF MY HEART MUSIC BOX	RT	*	N/A
1998	I LOVE YOU HINGED BOX (MOTHER'S DAY EVENT PIECE)	OP	15.00	15.00
1998	I'M THE STAR ATOP YOUR TREE! TREE TOPPER	RT	20.00	20.00
1998	JINGLE BELL	OP	16.00	16.00
1998	JINGLE BELL WATERGLOBE/MUSIC BOX	*	33.00	33.00
1998	MOON BEAMS WATERGLOBE/MUSIC BOX	RT	33.00	33.00
1998	NICE TO MEET YOU, LITTLE ONE, SET OF 2	RT	*	N/A
1998	ONE FOR YOU, ONE FOR ME	OP	28.00	28.00
1998	POLAR EXPRESS HINGED BOX	OP	15.00	15.00
1998	SHIP O' DREAMS (SET OF 2)	OP	135.00	135.00
1998	STARLIGHT SERENADE	OP	25.00	25.00
1998	SWEET DREAMS HINGED BOX	OP	15.00	15.00
1998	THANK YOU	OP	33.00	33.00
1998	WHAT THE WORLD NEEDS NOW	RT	*	N/A
1998	WINTER PLAY ON A SNOWY DAY, SET OF 4	RT	*	N/A
1999	CELEBRATE	RT	*	N/A

PIERRO/KIRCHNER   SNOWBABIES PEWTER MINIATURES

YR	NAME	LIMIT	ISSUE	TREND
	A STAR-IN-THE-BOX #76698	*	8.00	8.00
*	CLIMB EVERY MOUNTAIN SET OF 5 #76702	*	28.00	28.00
*	DOWN THE HILL WE GO! SET OF 2 #76066	*	14.00	14.00
*	FROSTY FOREST SET OF 2 #76120	*	12.00	12.00
*	IT'S SNOWING #76706	*	7.00	7.00
*	MUSH! SET OF 2 #76699	*	25.00	25.00
*	NOW I LAY ME DOWN TO SLEEP #76570	*	7.00	7.00
*	RING THE BELLS...IT'S CHRISTMAS! #76692	*	20.00	20.00
*	WE'RE BUILDING AN ICY IGLOO SET OF 3 #76697	*	28.00	28.00
*	WHEN THE BOUGH BREAKS #76707	*	18.00	18.00
*	WHERE DID HE GO? SET OF 4 #76546	*	20.00	20.00
*	WHICH WAY'S UP? SET OF 2 #76701	*	14.00	14.00
*	WHY DON'T YOU TALK TO ME? SET OF 2 #76252	*	12.00	12.00
*	YOU NEED WINGS TOO SET OF 2 #76709	*	11.00	11.00
*	YOU'RE MY LUCKY STAR SET OF 2 #76703	*	20.00	20.00
1989	ALL FALL DOWN #7617-1	CL	25.00	45.00
1989	ARE ALL THESE MINE? #7605-8	CL	7.00	20.00
1989	BEST FRIENDS #7604-0	CL	10.00	20.00
1989	COLLECTOR'S SIGN #76201	RT	7.00	7.00
1989	DON'T FALL OFF #7603-1	CL	7.00	20.00
1989	FINDING FALLEN STARS #7618-0	CL	13.00	35.00
1989	FROSTY FROLIC #7613-9	CL	24.00	35.00
1989	FROSTY FUN SET OF 2 #76112	RT	14.00	14.00
1989	GIVE ME A PUSH! #7601-5	CL	7.00	15.00
1989	HELPFUL FRIENDS #7608-2	CL	14.00	30.00
1989	HOLD ON TIGHT! #76007	CL	7.00	7.00
1989	ICY IGLOO WITH TREE #7610-4	CL	8.00	25.00
1989	I'M MAKING SNOWBALLS! #76023	RT	7.00	7.00
1989	PENGUIN PARADE #7616-3	CL	13.00	35.00
1989	POLAR EXPRESS #7609-0	CL	14.00	45.00
1989	TINY TRIO #7615-5	CL	18.00	35.00
1989	TUMBLING IN THE SNOW #7614-7	CL	30.00	60.00
1989	WINTER SURPRISE #7607-4	CL	14.00	25.00
1990	A SPECIAL DELIVERY #7624-4	CL	7.00	20.00
1990	PLAYING GAMES IS FUN! #7623-6	CL	14.00	30.00
1990	READ ME A STORY #76228	RT	11.00	11.00
1990	TWINKLE LITTLE STARS #7621-0	CL	15.00	30.00
1991	DANCING TO A TUNE #7630-9	CL	18.00	30.00
1991	FROSTY FROLIC MUSIC BOX #7634-1	CL	110.00	200.00

YR	NAME	LIMIT	ISSUE	TREND
1991	I MADE THIS JUST FOR YOU #7628-7	CL	7.00	15.00
1991	I'LL PUT UP THE TREE #7627-9	RT	9.00	9.00
1991	IS THAT FOR ME? #7631-7	CL	13.00	25.00
1991	WAITING FOR CHRISTMAS #7629-5	CL	13.00	20.00
1991	WISHING ON A STAR #7626-0	CL	10.00	20.00
1992	HELP ME, I'M STUCK SET OF 2 #76384	RT	15.00	15.00
1992	I NEED A HUG #76406	RT	10.00	10.00
1992	JOIN THE PARADE	RT	23.00	30.00
1992	JUST ONE LITTLE CANDLE #76449	CL	7.00	7.00
1992	LET'S GO SKIING! #76368	RT	7.00	7.00
1992	SHALL I PLAY FOR YOU? #76422	CL	7.00	7.00
1992	THIS WILL CHEER YOU UP #7639-2	CL	14.00	20.00
1992	WAIT FOR ME! #7641-4	RT	23.00	30.00
1992	YOU CAN'T FIND ME! 3#7637-6	RT	23.00	23.00
1992	YOU DIDN'T FORGET ME #7643-0	CL	18.00	22.00
1993	CAN I OPEN IT NOW? MUSIC BOX 7648-1	CL	20.00	45.00
1993	FROSTY FUN MUSIC BOX 7650-3	CL	20.00	45.00
1993	LET'S ALL CHIME IN! SET OF 2 #76554	CL	20.00	20.00
1993	PENGUIN PARADE MINI MUSIC BOX #7645-5	CL	20.00	46.00
1993	PLAY ME A TUNE MINI MUSIC BOX #7651-1	CL	20.00	28.00
1993	READING A STORY MINI MUSIC BOX #7649-0	CL	20.00	50.00
1993	SOMEWHERE IN DREAMLAND SET OF 5 #76562	RT	30.00	30.00
1993	WE MAKE A GREAT PAIR #76520	RT	14.00	14.00
1993	WILL IT SNOW TODAY? SET OF 5 #76538	CL	23.00	23.00
1993	WINKEN, BLINKEN & NOD SET OF 3 #76589	CL	28.00	28.00
1994	BRINGING STARRY PINES SET OF 2 #76660	RT	18.00	18.00
1994	I'M RIGHT BEHIND YOU SET OF 5 #76627	RT	28.00	28.00
1994	LET'S GO SKATING #76643	RT	7.00	7.00
1994	LIFT ME HIGHER, I CAN'T REACH! SET OF 5 #76678	RT	25.00	25.00
1994	STRINGING FALLEN STARS#76651	CL	8.00	8.00
1994	THERE'S ANOTHER ONE #76619	RT	10.00	10.00
1994	WE'LL PLANT THE STARRY PINES SET OF 4 #76635	RT	22.00	22.00
1995	ARE YOU ON MY LIST? SET OF 2 #76691	RT	9.00	9.00
1995	I FOUND THE BIGGEST STAR OF ALL #76690	CL	7.00	7.00
1995	I SEE YOU! SET OF 2 #76694	RT	18.00	18.00
1995	I'LL PLAY A CHRISTMAS TUNE #76696	CL	8.00	8.00
1995	WHAT SHALL WE DO TODAY? SET OF 2 #76693	RT	17.00	17.00
1996	FIVE-PART HARMONY SET OF 2 #76710	RT	22.00	22.00
1996	I'M SO SLEEPY #76700	RT	7.00	7.00
1996	IT'S A GRAND OLD FLAG #76705	CL	11.00	11.00
1996	THERE'S NO PLACE LIKE HOME #76708	RT	8.00	8.00
1996	WITH HUGS & KISSES SET OF 2 #76704	CL	15.00	15.00
1997	BEST LITTLE STAR	RT	6.00	7.00
1998	HEIGH-HO, HEIGH-HO, TO FROLIC LAND WE GO!	OP	23.00	23.00
1998	JACK FROST...A TOUCH OF WINTER'S MAGIC (SET OF 3)	OP	28.00	28.00
1998	JINGLE BELL	RT	7.00	7.00
1998	STARLIGHT SERENADE	OP	12.00	12.00
1998	THANK YOU (SET OF 3)	OP	20.00	20.00
1998	WHISTLE WHILE YOU WORK	OP	18.00	18.00
1998	WISH UPON A FALLING STAR (SET OF 4)	OP	25.00	25.00

*
WINTER SILHOUETTE

YR	NAME	LIMIT	ISSUE	TREND
1988	SKATING CHILDREN 7773-9	RT	*	N/A
1989	PUTTING UP THE TREE 7789-5	RT	*	N/A
1991	ANGEL CANDLE HOLDER 7794-1	RT	*	N/A
1991	BEDTIME STORIES 7792-5	RT	*	N/A
1991	CAROLING BELLS 7798-4	RT	*	N/A
1991	HANGING THE ORNAMENTS 7793-3	RT	*	N/A
1991	SANTA'S REINDEER 7796-8	RT	*	N/A
1992	CHRISTMAS PRESENTS 7805-0	RT	*	N/A
1992	MARIONETTE PERFORMANCE 7807-7	RT	*	N/A
1993	A BRIGHT STAR ON CHRISTMAS EVE 7843-3	RT	*	N/A
1993	A CHRISTMAS KISS 7845-0	RT	*	N/A
1993	SANTA LUCIA 7844-1	RT	*	N/A
1994	CAT NAP SANTA 7855-7	RT	*	N/A
1994	MANTELPIECE SANTA 7854-9	RT	*	N/A
1995	FINISHING TOUCHES SANTA 78559	RT	*	N/A
1995	KNEELING ANGEL WITH MANDOLIN 78585	RT	*	N/A
1995	NAUGHTY OR NICE? SANTA WATERGLOBE MUSIC BOX 7859-0	RT	*	N/A
1995	STANDING ANGEL WITH HORN 78584	RT	*	N/A
1998	CHRISTMAS PAGEANT ANGELS (SET OF 4)	*	45.00	45.00
1998	CLARA & THE NUTCRACKER	*	20.00	20.00
1998	LETTER TO SANTA	*	38.00	38.00
1998	LITTLE DRUMMER BOY (SET OF 3)	*	45.00	45.00
1998	NATIVITY WATERGLOBE/MUSIC BOX	*	33.00	33.00
1998	OVER THE RIVER & THROUGH THE WOODS (SET OF 2)	*	65.00	65.00
1998	TELL US ABOUT THE OLDEN DAYS, GRANDPA	*	55.00	55.00

DUNCAN ROYALE
*

			1990 & 1991 SPECIAL EVENT PIECE	
1991	NAST & MUSIC	RT	80.00	100.00

D. APHESSETCHE

			CALENDAR SECRETS	
1990	APRIL	5000	350.00	370.00
1990	AUGUST	5000	300.00	300.00
1990	DECEMBER	5000	410.00	410.00
1990	FEBRUARY	5000	370.00	370.00
1990	JANUARY	5000	260.00	260.00
1990	JULY	5000	280.00	280.00
1990	JUNE	5000	410.00	410.00
1990	MARCH	5000	280.00	350.00

YR	NAME	LIMIT	ISSUE	TREND
1990	MAY	5000	370.00	390.00
1990	NOVEMBER	5000	410.00	410.00
1990	OCTOBER	5000	350.00	350.00
1990	SEPTEMBER	5000	300.00	300.00
*				**CHRISTMAS IMAGES**
1991	CAROLERS, THE	10000	120.00	120.00
1991	CHRISTMAS PAGEANT, THE	10000	175.00	175.00
1992	ARE YOU REALLY SANTA?	10000	*	N/A
1992	CHRISTMAS ANGEL, THE	10000	*	N/A
1992	MIDNIGHT WATCH, THE	10000	*	N/A
1992	SNEAKING A PEEK	10000	*	N/A
*				**COLLECTORS CLUB**
1991	MUSICAL NAST	CL	80.00	95.00
1991	TODAY'S NAST	RT	80.00	125.00
1994	WINTER SANTA	RT	125.00	125.00
1995	SANTA'S GIFT	YR	100.00	100.00
*				**EARLY AMERICAN**
1991	ACCOUNTANT	10000	170.00	170.00
1991	BANKER	10000	150.00	150.00
1991	CHIROPRACTOR	10000	150.00	150.00
1991	DENTIST	10000	150.00	150.00
1991	DOCTOR	10000	150.00	150.00
1991	FIREMAN	10000	150.00	150.00
1991	HOMEMAKER	10000	150.00	150.00
1991	LAWYER	10000	170.00	170.00
1991	NURSE	10000	150.00	150.00
1991	PHARMACIST	10000	150.00	150.00
1991	POLICEMAN	10000	150.00	150.00
1991	SALESMAN	10000	150.00	150.00
1991	SECRETARY	10000	150.00	150.00
1991	SET OF 15	10000	2290.00	2290.00
1991	STOREKEEPER	10000	150.00	150.00
1991	TEACHER	10000	150.00	150.00
*				**EBONY COLLECTION**
1990	BANJO MAN	5000	80.00	80.00
1990	FIDDLER, THE	5000	90.00	90.00
1990	HARMONICA MAN	5000	80.00	80.00
1991	FEMALE GOSPEL SINGER	5000	90.00	90.00
1991	JUG MAN	5000	90.00	90.00
1991	MALE GOSPEL SINGER	5000	90.00	90.00
1991	PREACHER	5000	90.00	90.00
1991	SPOONS	5000	90.00	90.00
1992	A LITTLE MAGIC	5000	80.00	80.00
1992	JUG TOTTER	5000	90.00	90.00
1993	EBONY ANGEL	5000	170.00	170.00
*				**EBONY COLLECTION/BUCKWHEAT**
1992	BASS	5000	90.00	90.00
1992	BONGO	5000	90.00	90.00
1992	JAZZMAN SET	5000	500.00	500.00
1992	O'TAY	5000	70.00	90.00
1992	PAINTER	5000	80.00	90.00
1992	PETEE & FRIEND	5000	90.00	90.00
1992	PIANO	5000	130.00	130.00
1992	SAX	5000	90.00	90.00
1992	SMILE FOR THE CAMERA	5000	80.00	90.00
1992	TRUMPET	5000	90.00	90.00
	S. BUONAIUTO			**EBONY COLLECTION/FRIENDS & FAMILY**
1994	AGNES	5000	100.00	100.00
1994	DADDY	5000	120.00	120.00
1994	LUNCHTIME	5000	100.00	100.00
1994	MILLIE	5000	100.00	100.00
1994	MOMMY & ME	5000	125.00	125.00
	S. BUONAIUTO			**EBONY COLLECTION/JUBILEE DANCERS**
1993	BLISS	5000	200.00	200.00
1993	FALLANA	5000	100.00	100.00
1993	KESHIA	5000	100.00	100.00
1993	LAMAR	5000	100.00	100.00
1993	LOTTIE	5000	125.00	125.00
1993	WILFRED	5000	100.00	100.00
	P. APSIT			**GREATEST GIFT...LOVE**
1988	ANNUNCIATION, MARBLE	5000	270.00	270.00
1988	ANNUNCIATION, PAINTED PORCELAIN	5000	270.00	270.00
1988	CRUCIFIXION MARBLE	5000	300.00	300.00
1988	CRUCIFIXION, PAINTED PORCELAIN	5000	300.00	300.00
1988	NATIVITY, MARBLE	5000	500.00	500.00
1988	NATIVITY, PAINTED PORCELAIN	5000	500.00	500.00
	P. APSIT			**HISTORY OF CLASSIC ENTERTAINERS**
1987	AMERICAN	RT	160.00	350.00
1987	AUGUSTE	RT	220.00	350.00
1987	GRECO-ROMAN	RT	180.00	350.00
1987	GROTESQUE	RT	230.00	350.00
1987	HARLEQUIN	RT	250.00	350.00
1987	JESTER	RT	410.00	725.00
1987	PANTALONE	RT	270.00	350.00
1987	PIERROT	RT	180.00	270.00
1987	PULCINELLA	RT	220.00	350.00
1987	RUSSIAN	RT	190.00	350.00

YR	NAME	LIMIT	ISSUE	TREND
1987	SLAPSTICK	RT	250.00	350.00
1987	UNCLE SAM	RT	160.00	300.00
P. APSIT			**HISTORY OF CLASSIC ENTERTAINERS II**	
1988	BOB HOPE	RT	250.00	275.00
1988	FESTE	RT	250.00	275.00
1988	GOLIARD	RT	200.00	275.00
1988	MIME	RT	200.00	275.00
1988	MOUNTEBANK	RT	270.00	275.00
1988	PEDROLINO	RT	200.00	275.00
1988	SIGNATURE PIECE	RT	50.00	275.00
1988	TARTAGLIA	RT	200.00	275.00
1988	THOMASSI	RT	200.00	275.00
1988	TOUCHSTONE	RT	200.00	275.00
1988	TRAMP	RT	200.00	275.00
1988	WHITE FACE	RT	250.00	275.00
1988	ZANNI	RT	200.00	275.00
P. APSIT			**HISTORY OF CLASSIC ENTERTAINERS-SPECIAL RELEASES**	
1988	SIGNATURE PIECE	RT	50.00	50.00
1990	BOB HOPE, 18 IN. (SET)	RT	1500.00	1750.00
1990	BOB HOPE, 6 IN. PORCELAIN	RT	130.00	130.00
1990	MIME, 18 IN.	RT	1500.00	1500.00
P. APSIT			**HISTORY OF SANTA CLAUS**	
1989	KRIS KRINGLE, 18 IN.	RT	1500.00	1500.00
1989	MEDIEVAL, 18 IN.	RT	1500.00	1400.00
1989	NAST, 18 IN.	RT	1500.00	1500.00
1989	RUSSIAN, 18 IN.	RT	1500.00	1500.00
1989	SODA POP, 18 IN.	RT	1500.00	1500.00
1989	ST. NICHOLAS, 18 IN.	RT	1500.00	1500.00
P. APSIT			**HISTORY OF SANTA CLAUS I**	
1983	BLACK PETER	RT	145.00	380.00
1983	CIVIL WAR	RT	145.00	300.00
1983	DEDT MOROZ	RT	145.00	450.00
1983	KRIS KRINGLE	RT	165.00	1100.00
1983	MEDIEVAL	RT	220.00	1200.00
1983	NAST	RT	90.00	2200.00
1983	PIONEER	RT	145.00	350.00
1983	RUSSIAN	RT	145.00	600.00
1983	SODA POP	RT	145.00	1100.00
1983	ST. NICHOLAS	RT	175.00	500.00
1983	VICTORIAN	RT	120.00	350.00
1983	WASSAIL	RT	90.00	350.00
1987	BLACK PETER, 8 IN. WOOD	RT	450.00	450.00
1987	CIVIL WAR, 8 IN. WOOD	500	450.00	450.00
1987	DEDT MOROZ, 8 IN. WOOD	RT	450.00	450.00
1987	KRIS KRINGLE, 8 IN. WOOD	500	450.00	450.00
1987	MEDIEVAL, 8 IN. WOOD	500	450.00	450.00
1987	NAST, 8 IN. WOOD	RT	450.00	450.00
1987	PIONEER, 8 IN. WOOD	RT	450.00	450.00
1987	RUSSIAN, 8 IN. WOOD	RT	450.00	450.00
1987	SODA POP, 8 IN. WOOD	RT	450.00	450.00
1987	ST. NICHOLAS, 8 IN. WOOD	500	450.00	450.00
1987	VICTORIAN, 8 IN. WOOD	RT	450.00	450.00
1987	WASSAIL, 8 IN. WOOD	RT	450.00	450.00
1988	BLACK PETE, 6 IN. PORCELAIN	RT	40.00	80.00
1988	CIVIL WAR, 6 IN. PORCELAIN	RT	40.00	80.00
1988	DEDT MOROZ, 6 IN. PORCELAIN	RT	40.00	80.00
1988	KRIS KRINGLE, 6 IN. PORCELAIN	RT	40.00	80.00
1988	MEDIEVAL, 6 IN. PORCELAIN	RT	40.00	80.00
1988	NAST, 6 IN. PORCELAIN	RT	40.00	80.00
1988	PIONEER, 6 IN. PORCELAIN	RT	40.00	80.00
1988	RUSSIAN, 6 IN. PORCELAIN	RT	40.00	80.00
1988	SODA POP, 6 IN. PORCELAIN	RT	40.00	80.00
1988	ST. NICHOLAS, 6 IN. PORCELAIN	RT	40.00	80.00
1988	VICTORIAN, 6 IN. PORCELAIN	RT	40.00	80.00
1988	WASSAIL, 6 IN. PORCELAIN	RT	40.00	80.00
P. APSIT			**HISTORY OF SANTA CLAUS II**	
1986	ALSACE ANGEL	RT	250.00	300.00
1986	BABOUSKA	RT	170.00	200.00
1986	BAVARIAN	RT	250.00	300.00
1986	BEFANA	RT	200.00	250.00
1986	FRAU HOLDA	RT	160.00	180.00
1986	LORD OF MISRULE	RT	160.00	200.00
1986	MAGI, THE	RT	350.00	400.00
1986	MONGOLIAN/ASIAN	RT	240.00	300.00
1986	ODIN	RT	200.00	250.00
1986	PIXIE, THE	RT	140.00	175.00
1986	SIR CHRISTMAS	RT	150.00	175.00
1986	ST. LUCIA	RT	180.00	250.00
1988	ALSACE ANGEL, 6 IN. PORCELAIN	6000	80.00	90.00
1988	BABOUSKA, 6 IN. PORCELAIN	6000	70.00	80.00
1988	BAVARIAN, 6 IN. PORCELAIN	6000	90.00	100.00
1988	BEFANA, 6 IN. PORCELAIN	6000	70.00	80.00
1988	FRAU HOLDA, 6 IN. PORCELAIN	6000	50.00	80.00
1988	LORD OF MISRULE, 6 IN. PORCELAIN	6000	60.00	80.00
1988	MAGI, 6 IN. PORCELAIN	6000	130.00	150.00
1988	MONGOLIAN/ASIAN, 6 IN. PORCELAIN	6000	80.00	90.00
1988	ODIN, 6 IN. PORCELAIN	6000	80.00	90.00

YR	NAME	LIMIT	ISSUE	TREND
1988	PIXIE, 6 IN. PORCELAIN	6000	50.00	80.00
1988	SIR CHRISTMAS, 6 IN. PORCELAIN	6000	60.00	80.00
1988	ST. LUCIA, 6 IN. PORCELAIN	6000	70.00	80.00
*			HISTORY OF SANTA CLAUS III	
1990	DRUID	RT	250.00	250.00
1990	JULENISSE	RT	200.00	200.00
1990	ST. BASIL	RT	300.00	300.00
1990	STAR MAN	RT	300.00	300.00
1990	UKKO	RT	250.00	250.00
1991	GRANDFATHER FROST & SNOW MAIDEN	RT	400.00	400.00
1991	HOTEISHO	RT	200.00	200.00
1991	JUDAH MACCACBEE	RT	250.00	250.00
1991	KNICKERBOCKER	RT	300.00	300.00
1991	SAMICHLAUS	RT	350.00	350.00
*		HISTORY OF SANTA CLAUS-SPECIAL RELEASES		
1991	SIGNATURE PIECE	RT	50.00	50.00
1992	NAST & SLEIGH	5000	500.00	500.00
*		SANTA 1ST SERIES-PAINTED PEWTER		
1986	BLACK PETER	500	30.00	30.00
1986	CIVIL WAR	500	30.00	30.00
1986	DEDT MOROZ	500	30.00	30.00
1986	KRIS KRINGLE	500	30.00	30.00
1986	MEDIEVAL	500	30.00	30.00
1986	NAST	500	30.00	30.00
1986	PIONEER	500	30.00	30.00
1986	RUSSIAN	500	30.00	30.00
1986	SET OF 12	500	360.00	425.00
1986	SODA POP	500	30.00	30.00
1986	ST. NICHOLAS	500	30.00	30.00
1986	VICTORIAN	500	30.00	30.00
1986	WASSAIL	500	30.00	30.00
*		SANTA 2ND SERIES-PAINTED PEWTER		
1988	ALSACE ANGEL	500	30.00	30.00
1988	BABOUSKA	500	30.00	30.00
1988	BAVARIAN	500	30.00	30.00
1988	BEFANA	500	30.00	30.00
1988	FRAU HOLDA	500	30.00	30.00
1988	LORD OF MISRULE	500	30.00	30.00
1988	MAGI	500	30.00	30.00
1988	MONGOLIAN	500	30.00	30.00
1988	ODIN	500	30.00	30.00
1988	PIXIE	500	30.00	30.00
1988	SET OF 12	500	360.00	425.00
1988	SIR CHRISTMAS	500	30.00	30.00
1988	ST. LUCIA	500	30.00	30.00
*			WOODLAND FAIRIES	
1988	ALMOND BLOSSOM	RT	70.00	70.00
1988	APPLE	RT	70.00	70.00
1988	CALLA LILY	RT	70.00	70.00
1988	CHERRY	10000	70.00	70.00
1988	CHESTNUT	10000	70.00	70.00
1988	CHRISTMAS TREE	RT	70.00	70.00
1988	ELM	10000	70.00	70.00
1988	LIME TREE	RT	70.00	70.00
1988	MULBERRY	10000	70.00	70.00
1988	PEAR BLOSSOM	RT	70.00	70.00
1988	PINE TREE	10000	70.00	70.00
1988	POPLAR	10000	70.00	70.00
1988	SYCAMORE	RT	70.00	70.00

EGGSPRESSIONS

YR	NAME	LIMIT	ISSUE	TREND
*				EGGSHELL
1993	AMERICA'S PRIDE	CL	140.00	140.00
1993	ANGELICA	CL	50.00	50.00
1993	APPLE BLOSSOM BOUQUET	CL	62.00	62.00
1993	BELLS	CL	55.00	55.00
1993	BILL & COO	CL	55.00	55.00
1993	BIRTH DAY! - APR	CL	40.00	40.00
1993	BIRTH DAY! - AUG	CL	40.00	40.00
1993	BIRTH DAY! DEC	CL	40.00	40.00
1993	BIRTH DAY! - FEB	CL	40.00	40.00
1993	BIRTH DAY! - JAN	CL	40.00	40.00
1993	BIRTH DAY! - JUL	CL	40.00	40.00
1993	BIRTH DAY! - JUN	CL	40.00	40.00
1993	BIRTH DAY! - MAR	CL	40.00	40.00
1993	BIRTH DAY! - MAY	CL	40.00	40.00
1993	BIRTH DAY! - NOV	CL	40.00	40.00
1993	BIRTH DAY! - OCT	CL	40.00	40.00
1993	BIRTH DAY! - SEP	CL	40.00	40.00
1993	BLUE BIRDS HAPPINESS	CL	79.00	79.00
1993	BLUSH	CL	105.00	105.00
1993	BRR RABBIT	CL	140.00	140.00
1993	BUTTERCUP	CL	85.00	85.00
1993	BUTTERFLY WINGS	CL	50.00	50.00
1993	CANDYLAND	CL	100.00	100.00
1993	CARDINALS	CL	70.00	70.00
1993	CHOO-CHOO CHRISTMAS	CL	130.00	130.00
1993	CHRISTMAS CURIOSITY	CL	110.00	110.00

YR	NAME	LIMIT	ISSUE	TREND
1993	COLOURS	CL	55.00	55.00
1993	DAYTIME DEN	CL	125.00	125.00
1993	DEAR ONE	CL	100.00	100.00
1993	DOGWOOD	CL	50.00	50.00
1993	DRUMMER BOY	CL	100.00	100.00
1993	EBONY	CL	105.00	105.00
1993	ELEGANT CHOICE	CL	167.00	167.00
1993	FAMILY OUTING	CL	100.00	100.00
1993	FANTAZIA	CL	50.00	50.00
1993	GABRIELA	CL	45.00	45.00
1993	GOLDEN CRYSTAL	CL	125.00	125.00
1993	IN TUNE	CL	130.00	130.00
1993	ISADORA	CL	130.00	130.00
1993	KACHINA	CL	130.00	130.00
1993	KEWPIE DOLL	CL	110.00	110.00
1993	KRIS KRINGLE	CL	45.00	45.00
1993	LARA	CL	115.00	115.00
1993	LOBO	CL	85.00	85.00
1993	LOVE DUET	CL	140.00	140.00
1993	LOVE IN FLIGHT	CL	100.00	100.00
1993	MARCELLA	CL	45.00	45.00
1993	MARIA	CL	115.00	115.00
1993	MCGREGOR'S GARDEN	CL	105.00	105.00
1993	MIDAS	CL	105.00	105.00
1993	MINT JULEP	CL	100.00	100.00
1993	MISS ELLIE	CL	45.00	45.00
1993	MISTY ROSE	CL	45.00	45.00
1993	OH, NUTS	CL	100.00	100.00
1993	PEARL	CL	100.00	100.00
1993	PETER	CL	45.00	45.00
1993	PETUNIA	CL	45.00	45.00
1993	POINSETTIA	CL	60.00	60.00
1993	ROMANTIQUE	CL	75.00	75.00
1993	SANTA'S WORKSHOP	CL	130.00	130.00
1993	SECRET GARDEN	CL	158.00	158.00
1993	SERENA	CL	140.00	140.00
1993	SILVER JEWELS	CL	105.00	105.00
1993	SKYE	CL	100.00	100.00
1993	SLUMBERING STEGGY	CL	85.00	85.00
1993	SNOWFLAKE	CL	50.00	50.00
1993	STAR PRANCER	CL	140.00	140.00
1993	STORYTELLER	CL	130.00	130.00
1993	SUMMER ROSE	CL	45.00	45.00
1993	TABITHA	CL	40.00	40.00
1993	TANNENBAUM	CL	55.00	55.00
1993	TINY TREASURES	CL	110.00	110.00
1993	TOGETHERNESS	CL	100.00	100.00
1993	TRYKE	CL	90.00	90.00
1993	VELVET PRINCESS	CL	170.00	170.00
1993	WAITING	CL	100.00	100.00
1993	WARRIOR'S PRIDE	CL	85.00	85.00
1993	WELCOME CANDLE	CL	63.00	63.00
1993	WINTER COLT	CL	105.00	105.00
1993	WINTER COLT (STAND)	CL	105.00	105.00
1993	WINTER HAVEN	OP	105.00	105.00
1993	WINTER SONG	OP	115.00	115.00
1993	WINTER WONDERLAND	OP	105.00	105.00
1993	YELLOW ROSE	OP	105.00	105.00
1994	ABSOLUTELY AMETHYST	OP	100.00	100.00
1994	ANGEL BUNNY	250	220.00	220.00
1994	ANGEL OF HOPE	250	130.00	130.00
1994	ANGEL OF LOVE	250	110.00	110.00
1994	BEARY BLUE CHRISTMAS	250	100.00	100.00
1994	BEARY PINK CHRISTMAS	250	100.00	100.00
1994	CAROLING MICE	250	120.00	120.00
1994	CHICKS & BUNNIES	OP	88.00	88.00
1994	CHRISTMAS JOY	250	105.00	105.00
1994	ETERNITY	250	170.00	170.00
1994	FROSTY'S CHEER	500	64.00	64.00
1994	GOLDEN HARMONY	250	160.00	160.00
1994	GRANDMA'S GOODIES	OP	99.00	99.00
1994	HARVEST FAIRY	OP	95.00	95.00
1994	HOIDAY MEMORIES	250	190.00	190.00
1994	JESSICA	125	240.00	240.00
1994	LAVENDER LOVE	250	130.00	130.00
1994	LOVE BIRDS	250	120.00	120.00
1994	MAKING SPIRITS BRIGHT	25	300.00	300.00
1994	MOTHER'S PRIDE	250	120.00	120.00
1994	OH, HOLY NIGHT	250	160.00	160.00
1994	OLD ST. NICKOLAS	500	64.00	64.00
1994	PASSION	25	500.00	500.00
1994	PASTEL & PEARLS	OP	112.00	112.00
1994	PRE-SCHOOL PLAY	OP	108.00	108.00
1994	PRISTINE PEARLS	OP	90.00	90.00
1994	PURR-FECT HUG	RT	150.00	150.00
1994	ROSE MARIE	OP	49.00	49.00
1994	SANTA'S LITTLE ELVES	250	130.00	130.00
1994	SANTA'S LITTLE SWEETHEART	100	100.00	100.00
1994	SERENADE	250	120.00	120.00

YR	NAME	LIMIT	ISSUE	TREND
1994	SERENITY	250	115.00	115.00
1994	SKIP A LONG	250	120.00	120.00
1994	SPRING MELODY	250	130.00	130.00
1994	SWEET DREAMS	OP	100.00	100.00
1994	TEDDY BEAR SING ALONG	250	115.00	115.00
1994	WEDDING IN WHITE	250	160.00	160.00
1995	ANDREA	250	80.00	80.00
1995	ANGEL DIVINE	250	120.00	120.00
1995	CABBAGE PATCH	250	105.00	105.00
1995	COO	250	115.00	115.00
1995	JAMIE	250	80.00	80.00
1995	TARA	250	80.00	80.00

EMI

P. APSIT — EMMETT KELLY JR.

1994	THINKING OF YOU	2500	640.00	670.00

R. HARRIS — MASTERWORKS

1994	CATTLE DRIFTING BEFORE THE STORM	500	1300.00	1400.00
1994	UNKNOWN EXPLORERS	500	1100.00	1125.00

T. KNAPP — MASTERWORKS

1994	COW-BOY	500	930.00	950.00
1994	LUMBER CAMP AT NIGHT	500	590.00	620.00

ENDURANCE

P. SZEILER — ART OF SPORT, THE- BASEBALL

1996	CAL RIPKEN, JR.	4500	190.00	190.00
1996	CAL RIPKEN, JR. (HAND SIGNED)	500	400.00	400.00

J. BAILEY — ART OF SPORT, THE- BOXING

1991	JOHN L. SULLIVAN VS. JIM CORBITT	RT	500.00	1400.00

K. FALLON — ART OF SPORT, THE- BOXING

1990	MUHAMMAD ALI VS. SONNY LISTON	7500	380.00	380.00

D. LOVATT — ART OF SPORT, THE- BOXING

1989	BOB FITZSIMMONS	RT	180.00	300.00
1989	JAMES J. CORDETT	RT	180.00	300.00
1989	JOHN L. SULLIVAN	RT	180.00	300.00
1990	JACK DEMPSEY	RT	180.00	300.00
1990	JACK JOHNSON	RT	180.00	300.00
1990	JESS WILLARD	RT	180.00	300.00
1990	TOMMY BURNS	RT	180.00	300.00
1991	GENE TUNNEY	RT	180.00	300.00
1991	JACK SHARKEY	RT	180.00	300.00
1991	MAX BAER	RT	180.00	300.00
1991	MAX SCHMELING	RT	180.00	300.00
1991	PRIMO CAMERA	RT	180.00	300.00
1992	JAMES J. BRADDOCK	RT	180.00	300.00
1992	JOE LOUIS	RT	180.00	300.00

T. POTTS — ART OF SPORT, THE- BOXING

1994	FRANK BRUNO	5000	180.00	180.00
1995	NIGEL BENN	5000	180.00	180.00
1996	THOMAS HEARNS	5000	180.00	180.00
1997	JAKE LA MOTTA (HAND SIGNED)	1950	280.00	280.00

P. SZEILER — ART OF SPORT, THE- BOXING

1989	MUHAMMAD ALI BRONZE	RT	190.00	300.00
1992	FANTASY FIGHT JACK DEMPSEY	OP	180.00	180.00
1992	FANTASY FIGHT JACK JOHNSON	OP	180.00	180.00
1992	FANTASY FIGHT JOE LOUIS	OP	180.00	180.00
1992	FANTASY FIGHT MIKE TYSON	OP	180.00	180.00
1992	FANTASY FIGHT MUHAMMAD ALI	RT	180.00	250.00
1992	FANTASY FIGHT ROCKY MARCIANO	OP	180.00	180.00
1992	JOE LOUIS VS. SCHMELING	RT	500.00	1400.00
1992	ROCKY MARCIANO VS. JERSEY JOE WALCOTT	RT	500.00	1400.00
1993	HENRY COOPER	5000	180.00	180.00
1993	HENRY COOPER VS. CASSIUS CLAY	RT	500.00	1900.00
1993	MIKE TYSON 1 POSE	5000	190.00	190.00
1993	MUHAMMAD ALI	5000	190.00	190.00
1993	ROCKY MARCIANO	5000	180.00	180.00
1993	SUGAR RAY ROBINSON	5000	180.00	180.00
1993	THE LONG COUNT J. DEMPSEY G. TUNNEY REF D. BARRY	1000	480.00	480.00
1994	LENOX LEWIS	500	180.00	180.00
1994	MARVIN HAGLER	5000	180.00	180.00
1995	EVANDER HOLYFIELD	5000	180.00	180.00
1995	JOE FRAZIER	5000	190.00	190.00
1995	MIKE TYSON 2 STANCE	2000	190.00	190.00
1995	NASEEM HAMMED	5000	180.00	180.00
1995	ROBERTO DURAN	5000	180.00	180.00
1996	BUTTER BEAN (HAND SIGNED)	500	230.00	230.00
1996	BUTTER BEAN (UNSIGNED)	4500	180.00	180.00
1996	EVANDER HOLYFIELD BRONZE	OP	180.00	180.00
1996	FANTASY FIGHT JOHN L. SULLIVAN	OP	180.00	180.00
1996	MIKE TYSON 1 BRONZE	OP	190.00	190.00
1996	SUGAR RAY LEONARD	5000	180.00	180.00

T. POTTS — ART OF SPORT, THE- CELEBRITY

1996	THREE TENORS, THE PAVAROTTI, CARRERAS & DOMINGO	10000	250.00	250.00

P. SZEILER — ART OF SPORT, THE- CELEBRITY

1993	ELVIS PRESLEY	7500	190.00	190.00
1995	GEORGE ADAMSON	5000	180.00	180.00
1995	JOHN F. KENNEDY	5000	180.00	180.00
1995	POPE JOHN PAUL II	10000	180.00	180.00

YR	NAME	LIMIT	ISSUE	TREND
T. POTTS		**ART OF SPORT, THE- GOLFING**		
1996	JACK NICKLAUS	CL	190.00	190.00
P. SZEILER		**ART OF SPORT, THE- GOLFING**		
1992	BEN HOGAN	2500	180.00	180.00
1992	WALTER HAGEN	2500	180.00	180.00
1993	BOBBY JONES	2500	180.00	180.00
1994	GENE SARAZEN	2500	180.00	180.00
1994	HARRY VARDON	2500	180.00	180.00
1994	OLD TOM MORRIS	2500	180.00	180.00
1995	SEVE BALLESTEROS	2500	180.00	180.00
1996	GARY PLAYER	2500	180.00	180.00
1996	GREG NORMAN	2500	190.00	190.00
1996	LAURA DAVIES	2500	180.00	180.00
1996	NICK FALDO	2500	180.00	180.00
1996	TOM WATSON	2500	180.00	180.00
P. WARD		**ART OF SPORT, THE- GOLFING**		
1993	ARNOLD PALMER	CL	190.00	190.00
1993	SIR HENRY COTTON	2500	180.00	180.00
T. POTTS		**ART OF SPORT, THE- JOCKEYS**		
1996	FRANKIE DETTORI	5000	180.00	180.00
P. SZEILER		**ART OF SPORT, THE- JOCKEYS**		
1995	LESTER PIGGOTT	5000	180.00	180.00
T. POTTS		**ART OF SPORT, THE- MOTOR RACING**		
1996	AYRTON SENNA	7500	180.00	180.00
1996	COLIN CHAPMAN	2500	180.00	180.00
1996	JACKIE STEWART	2500	180.00	180.00
1996	JAMES HUNT	2500	180.00	180.00
1996	STIRLING MOSS	2500	180.00	180.00
P. SZEILER		**ART OF SPORT, THE- MOTOR RACING**		
1993	SIR JACK BRABHAM	2500	180.00	180.00
1994	ALAIN PROST	2500	180.00	180.00
1994	MICHAEL SCHUMACHER	2500	180.00	180.00
1995	ALFRED NEUBAUR	2500	180.00	180.00
1995	DAMON HILL	2500	180.00	180.00
1995	ENZO FERRARI	2500	180.00	180.00
1995	GERHARD BERGER	2500	180.00	180.00
1995	GILLES VILLENVUE	2500	180.00	180.00
1995	JEAN ALESI	2500	180.00	180.00
1995	NIKI LAUDA	2500	180.00	180.00
1996	CARL FOGARTY	5000	180.00	180.00
1996	JIM CLARK	2500	180.00	180.00
1996	NIGEL MANSELL	2500	180.00	180.00
P. WARD		**ART OF SPORT, THE- MOTOR RACING**		
1992	JUAN FANGIO	2500	180.00	180.00
T. POTTS		**ART OF SPORT, THE- SOCCER**		
1996	ALAN SHEARER	5000	180.00	180.00
1996	BOBBY MOORE	2500	180.00	180.00
1996	DUNCAN EDWARDS	5000	180.00	180.00
1996	ERIC CANTONA	5000	180.00	180.00
1996	GEORGE BEST	5000	180.00	180.00
P. SZEILER		**ART OF SPORT, THE- TRACK AND FIELD**		
1994	SIR ROGER BANNISTER	1500	180.00	180.00

ENESCO CORP.

YR	NAME	LIMIT	ISSUE	TREND
L. RIGG				
1995	BIRD SCULPTURES	2000	60.00	60.00
1995	NATHAN & SHAWNIE - BOY/GIRL INDIANS	2000	60.00	60.00
1995	THOMAS & BETH - BOY/GIRL W/SONGBOOK	2000	60.00	60.00
*		**BALLERINA SERIES**		
1991	LIFE IS ONE JOYOUS STEP 121207	YR	20.00	20.00
1991	LIFE IS ONE JOYOUS STEP 121274	OP	25.00	25.00
1991	YOU ARE VERY SPECIAL TO ME 121215	OP	40.00	40.00
*		**BARBIE GLAMOUR COLLECTION**		
1994	SOLO IN THE SPOTLIGHT 1960	7500	100.00	100.00
1994	SOME ENCHANTED EVENING 1960	7500	100.00	100.00
1994	WEDDING ON THE CHURCH STEPS 1959	7500	100.00	100.00
P. HILLMAN		**CALICO KITTENS**		
1994	EXTRA SPECIAL	RT	15.00	15.00
1994	HAND KNITTED WITH LOVE	RT	14.00	25.00
1994	HOME SWEET HOME	RT	15.00	15.00
1994	LOVE	RT	15.00	15.00
1994	NOTHING IS SWEETER THAN MOM	RT	14.00	14.00
1994	PURR-FECT FRIENDS	RT	15.00	15.00
1994	SEW HAPPY IT'S YOUR BIRTHDAY	RT	14.00	14.00
1994	TEA AND YOU HIT THE SPOT	RT	14.00	14.00
1994	THINKING OF YOU	RT	15.00	15.00
1994	TRUE LOVE- MUSICAL	RT	60.00	60.00
1994	YOU ALWAYS TOP OFF MY DAYS	RT	14.00	14.00
1994	YOU AND ME	RT	15.00	15.00
1994	YOUR FRIENDSHIP IS MY SILVER LINING	RT	14.00	14.00
1995	ALL ABOUT ANGELS	5000	25.00	25.00
1995	BUTTONED UP WITH LOVE	RT	14.00	14.00
1995	GRANDMA'S ARE SEW FULL OF LOVE	RT	14.00	14.00
1995	HARK - A HERALD ANGEL	*	18.00	18.00
1995	HATS OFF TO A PERFECT FRIENDSHIP	RT	20.00	20.00
1995	OUR FRIENDSHIP IS A QUILT OF LOVE	RT	14.00	14.00
1995	STITCH IN TIME SAVES NINE, A	3000	35.00	35.00
1995	YOUR PATCHWORK CHARM SHOWS THROUGH	RT	18.00	18.00

YR	NAME	LIMIT	ISSUE	TREND
1996	HEY DIDDLE, DIDDLE THE CAT & THE FIDDLE	7500	20.00	20.00
1996	I'VE BEEN A GOOD KITTY	*	18.00	18.00
1996	WE WISH YOU A MERRY CHRISTMAS	RT	18.00	18.00
1996	YOU'VE EARNED YOUR WINGS	5000	35.00	35.00
1997	PUSSY CAT AND THE QUEEN	5000	25.00	25.00

P. HILLMAN   **CALICO KITTENS 1993 CHRISTMAS INTRODUCTION**

YR	NAME	LIMIT	ISSUE	TREND
1993	TUNE: WE WISH YOU A MERRY CHRISTMAS	RT	50.00	50.00

P. HILLMAN   **CALICO KITTENS 1994 CHRISTMAS INTRODUCTION**

YR	NAME	LIMIT	ISSUE	TREND
1994	JOY TO THE WORLD	RT	23.00	23.00
1994	LOVING GIFT, A	RT	23.00	23.00
1994	PEACE ON EARTH	RT	23.00	23.00
1994	YOU'RE A SPECIAL AUNT- 6 PC	RT	12.00	12.00
1994	YOU'RE A SPECIAL FRIEND- 6 PC	RT	12.00	12.00
1994	YOU'RE A SPECIAL GRANDMA- 6 PC	RT	12.00	12.00
1994	YOU'RE A SPECIAL MOM- 6 PC	RT	12.00	12.00
1994	YOU'RE A SPECIAL NIECE- 6 PC	RT	12.00	12.00
1994	YOU'RE A SPECIAL SISTER- 6 PC	RT	12.00	12.00

P. HILLMAN   **CALICO KITTENS 1997 CHRISTMAS INTRODUCTION**

YR	NAME	LIMIT	ISSUE	TREND
1997	DASH OF LOVE MAKES YOU SWEETER, A- DATED	YR	18.00	18.00
1997	FRIENDSHIP IS HEAVENLY	5000	20.00	20.00
1997	TUNE: O' TANNENBAUM- MUSICAL	OP	35.00	35.00

P. HILLMAN   **CALICO KITTENS A LITTLE BIRD TOLD ME**

YR	NAME	LIMIT	ISSUE	TREND
1997	LITTLE BIRD TOLD ME YOU'RE TWEET, A	OP	20.00	20.00
1997	YOU'RE MY FEATHERED FRIEND FOREVER	OP	20.00	20.00
1997	YOU'RE THE CAT'S MEOW	OP	25.00	25.00

P. HILLMAN   **CALICO KITTENS APRIL SHOWERS**

YR	NAME	LIMIT	ISSUE	TREND
1996	APRIL SHOWERS 155500	RT	18.00	18.00
1996	FRIENDSHIP GROWS WHEN SHARED	RT	15.00	15.00
1996	I'M HOOKED ON YOU	*	18.00	18.00
1996	KITE TAILS 155497	RT	18.00	18.00

P. HILLMAN   **CALICO KITTENS COZY KITTEN**

YR	NAME	LIMIT	ISSUE	TREND
1997	ALL WRAPPED UP IN WARMTH	OP	16.00	17.00
1997	FRIENDSHIP COVERS THE HOLIDAYS	OP	16.00	17.00
1997	HATS OFF TO FRIENDSHIP	OP	16.00	17.00
1997	PURR-FECT FIT, A	OP	16.00	17.00
1997	YOU HOLD THE STRINGS TO MY HEART	OP	16.00	17.00

P. HILLMAN   **CALICO KITTENS HALLOWEEN**

YR	NAME	LIMIT	ISSUE	TREND
1995	GOBBLIN' UP THE FUN	*	15.00	15.00
1995	I'M BEWITCHED WITH FRIENDSHIP	*	15.00	15.00
1996	WE'VE CARVED A PERFECT FRIENDSHIP	*	14.00	14.00
1996	YOU'RE THE BEST IN THE FIELD	*	14.00	14.00

P. HILLMAN   **CALICO KITTENS HOLIDAY HARMONY**

YR	NAME	LIMIT	ISSUE	TREND
1995	FIRST NOEL, THE	*	18.00	18.00
1995	I'LL BE HOME FOR CHRISTMAS	RT	18.00	18.00
1995	JOLLY OLD ST. NICHOLAS	RT	18.00	18.00
1995	OH, TANNENBAUM	RT	18.00	18.00
1995	SILENT NIGHT	RT	18.00	18.00
1995	SILVER BELLS	*	23.00	23.00
1995	WINTER WONDERLAND	*	18.00	18.00

P. HILLMAN   **CALICO KITTENS ITTY BITTY KITTIES**

YR	NAME	LIMIT	ISSUE	TREND
*	APRIL SHOWERS	*	7.00	7.00
*	I LOVE MY KITTY	*	7.00	7.00
*	I LOVE SPRING	*	7.00	7.00
*	TO MY KITTY	*	7.00	7.00
1996	CONGRATULATIONS	*	8.00	8.00
1996	GET WELL	*	8.00	8.00
1996	GRADUATION	*	8.00	8.00
1996	HAPPY BIRTHDAY	*	8.00	8.00
1996	I LOVE YOU	*	8.00	8.00
1996	MY LITTLE SWEET TART	*	7.00	7.00
1996	NEW BABY	*	8.00	8.00
1996	YOU ARE MY SUNSHINE	*	7.00	7.00

P. HILLMAN   **CALICO KITTENS ITTY BITTY KITTIES CAT'S GOT YOUR TONGUE**

YR	NAME	LIMIT	ISSUE	TREND
1997	ALLEY CAT- MINI	OP	8.00	8.00
1997	CAT TAILS- MINI	OP	8.00	8.00
1997	COOL CAT- MINI	OP	8.00	8.00
1997	FAT CAT- MINI	OP	8.00	8.00
1997	HOUSE CAT- MINI	OP	8.00	8.00
1997	TOP CAT- MINI	OP	8.00	8.00

P. HILLMAN   **CALICO KITTENS ITTY BITTY KITTIES PURR-FECT PAIRS**

YR	NAME	LIMIT	ISSUE	TREND
1997	BEST FRIENDS- MINI	OP	14.00	14.00
1997	MOM AND ME- MINI	OP	14.00	14.00
1997	TRUE LOVE	OP	14.00	14.00

P. HILLMAN   **CALICO KITTENS KITTY CAPERS**

YR	NAME	LIMIT	ISSUE	TREND
1996	HATS OFF TO THE HOLIDAYS	*	12.00	13.00
1996	I'M ALL YOURS	*	12.00	13.00
1996	NOT PURR-FECT, JUST PURR-FECTLY HAPPY	*	12.00	13.00
1996	WRAPPED UP IN YOU	*	15.00	15.00
1996	YOU BRIGHTEN MY HOLIDAYS	*	15.00	15.00

P. HILLMAN   **CALICO KITTENS MY HEART BELONGS TO KITTY**

YR	NAME	LIMIT	ISSUE	TREND
1996	FOR THE ONE I LOVE	*	18.00	18.00
1996	HOPE ALL YOUR DREAMS COME TRUE	*	20.00	20.00
1996	MY FUNNY VALENTINE	*	18.00	20.00
1996	SWEETS FOR THE SWEET	*	20.00	20.00

P. HILLMAN   **CALICO KITTENS NATIVITY**

YR	NAME	LIMIT	ISSUE	TREND
1993	I'LL BRING A SPECIAL GIFT FOR YOU- 3 PC	RT	55.00	55.00
1993	PURR-FECT ANGEL FROM ABOVE, A	RT	15.00	15.00

YR	NAME	LIMIT	ISSUE	TREND
1993	SHARING A SPECIAL GIFT OF LOVE- 2 PC	RT	35.00	35.00
1994	FRIENDS COME FROM AFAR	RT	18.00	18.00
P. HILLMAN		**CALICO KITTENS PICKS OF THE LITTER**		
1996	HELLO, LITTLE ONE	*	18.00	18.00
1996	LITTLE LITTER OF BLESSINGS, A	*	15.00	15.00
1996	NEW KIT ON THE BLOCK	*	12.00	15.00
1996	OUR FRIENDSHIP IS SQUEEKY CLEAN	*	15.00	15.00
1996	TUMMY FULL OF LOVE FOR YOU	*	12.00	13.00
1996	WAGON OUR TAILS FOR YOU	*	18.00	18.00
P. HILLMAN		**CALICO KITTENS PURR-FECT PERSONALITIES**		
1995	ALWAYS THINKING OF YOU	RT	14.00	15.00
1995	AN EXPECTED TREAT	*	14.00	15.00
1995	BLUE WITHOUT YOU	RT	18.00	18.00
1995	FISHING FOR A FRIEND	RT	14.00	15.00
1995	FRIENDSHIP HAS MANY RICHES	RT	18.00	18.00
1995	GOOD AS NEW	RT	14.00	15.00
1995	GREAT SCOT WE'RE THE BEST OF FRIENDS	RT	18.00	18.00
1995	I'M LOST WITHOUT YOU 112488	RT	14.00	15.00
1995	IT'S NO MYSTERY WE'RE FRIENDS	RT	18.00	18.00
1995	MY FAVORITE COMPANION 112410	RT	14.00	15.00
1995	PLAYFUL AFTERNOON, A	RT	14.00	15.00
1995	PURR-FECT PAIR, A 112445	RT	14.00	15.00
1995	SWEET DREAMS 112461	RT	14.00	15.00
1995	WE'RE INSEP-PURR-ABLE FRIENDS	RT	18.00	18.00
1995	YOU'RE MY ALL AMERICAN FRIEND	RT	18.00	18.00
1996	I'D NEVER DESERT YOU	RT	18.00	18.00
1996	TRIED AND TRUE FOR THE RED, WHITE & BLUE	RT	18.00	18.00
P. HILLMAN		**CALICO KITTENS SCAREDY CAT**		
1997	CARVING A SEASON OF SMILES	OP	14.00	14.00
1997	MUMMY MISCHIEF	OP	14.00	14.00
1997	OUR FRIENDSHIP IS A MAGICAL SPELL	OP	14.00	14.00
1997	YOU CAN ALWAYS SPOT A FRIEND	OP	14.00	14.00
P. HILLMAN		**CALICO KITTENS SPRING & EASTER**		
*	HAPPY SPRING	*	11.00	11.00
*	PURR-FECT FRIEND	*	11.00	11.00
1995	EGGSTRA SPECIAL	*	11.00	11.00
1995	FRIENDSHIP IS THE BEST BLESSING	*	20.00	20.00
1995	FURRY AND FEATHERED FRIENDS	*	20.00	20.00
1995	LOVE BLOOMS FUR-EVER	*	18.00	18.00
1995	YOU MAKE LIFE COLORFUL	*	25.00	25.00
P. HILLMAN		**CALICO KITTENS ST. PATRICK'S DAY ADDITION**		
1997	FISHIN' FOR GOOD LUCK	OP	15.00	15.00
P. HILLMAN		**CALICO KITTENS THE CAT'S OUT OF THE BAG**		
1997	FRIENDSHIP LETS THE CAT OUT OF THE BAG	OP	18.00	18.00
1997	I'M SENDING YOU A BAG FULL OF LOVE	OP	18.00	18.00
1997	OUR FRIENDSHIP IS OUT OF THE BAG	OP	18.00	18.00
P. HILLMAN		**CALICO KITTENS VALENTINES**		
*	SEW IN LOVE	RT	11.00	11.00
*	SEW SWEET	*	11.00	11.00
1995	BE MINE	*	11.00	11.00
1995	LOVE POURS FROM MY HEART 102210	RT	23.00	23.00
1995	MY LOVE BLOSSOMS FOR YOU	*	15.00	15.00
1995	PAWS-ITIVELY IN LOVE	*	25.00	25.00
1995	YOU MAKE IT ALL BETTER	*	15.00	15.00
P. HILLMAN		**CALICO KITTENS WELCOME HOME A LITTER OF LOVE**		
1997	ALWAYS PAWS FOR PLAYTIME	OP	18.00	18.00
1997	CAT NAP DREAMS	OP	14.00	14.00
1997	I'M ALL WRAPPED UP OVER YOU	OP	15.00	15.00
1997	SCRATCHIN' TO FIND A FRIEND LIKE YOU	OP	18.00	18.00
1997	YOU'RE A LUCKY CATCH	OP	15.00	15.00
1997	YOU'RE THE CHEF'S MEOW	OP	15.00	15.00
L. RIGG		**CHAPEAU NOELLE**		
1994	BEAR W/HAND MIRROR - JOAN	2000	30.00	30.00
1994	BEAR W/TEA SET - LINDA	2000	30.00	30.00
1994	BRIDE BEAR - DIANE	2000	30.00	30.00
1994	HISTORY OF HATS- 6 PC	30000	15.00	15.00
1994	MRS. SANTA - BEAR W/COOKIES	2000	30.00	30.00
1994	SANTA - BEAR W/LIST/PEN	2000	30.00	30.00
1995	ALLISON- BEAR PAINTING	2000	30.00	30.00
1995	BEAR WITH FLOWERS- MINI 4 PC	20000	15.00	15.00
1995	JULIET - BEAR HOLDING DOVE	2000	30.00	30.00
1995	MARY LOUISE/FRANCES - ANGEL H/O	5000	12.00	13.00
1995	ROMEO - BEAR HOLDING ROSE	2000	30.00	30.00
1995	SANTA/MRS. SANTA H/O	5000	12.00	13.00
1995	SUSIE- BEAR W/BASKET	2000	30.00	30.00
1995	THOMAS & BETH - CAROLERS H/O	5000	12.00	13.00
1997	BEAR WITH PANSY	2000	30.00	30.00
1997	BEAR WITH SUNFLOWER	2000	30.00	30.00
P. HILLMAN		**CHERISHED TEDDIES**		
1992	ANNA	RT	23.00	40.00
1992	BEAR IN STOCKING HAT MUSICAL WATERBALL	RT	60.00	80.00
1992	BENJI	RT	14.00	40.00
1992	BETH	RT	18.00	40.00
1992	BETH AND BLOSSOM W/ BUTTERFLY- MUSICAL	RT	50.00	100.00
1992	CAMILLE	RT	20.00	40.00
1992	CHRISTOPHER	OP	50.00	100.00
1992	COUPLE IN BASKET WITH UMBRELLA MUSICAL	RT	60.00	60.00
1992	FRIEND ALWAYS KNOWS WHEN YOU NEED A HUG, A	RT	20.00	20.00

YR	NAME	LIMIT	ISSUE	TREND
1992	FRIENDS ARE NEVER FAR APART	RT	50.00	50.00
1992	FRIENDSHIP WEATHERS ALL STORMS	RT	20.00	20.00
1992	JACKI	*	10.00	15.00
1992	JASMINE	SU	23.00	40.00
1992	JEREMY	RT	15.00	50.00
1992	JOSHUA	RT	20.00	40.00
1992	KAREN	*	10.00	50.00
1992	KATIE	RT	20.00	40.00
1992	MANDY	RT	15.00	50.00
1992	NATHANIEL AND NELLIE	RT	30.00	40.00
1992	RICHARD	OP	55.00	55.00
1992	SARA	OP	10.00	30.00
1992	THEADORE, SAMANTHA, TYLER (9 IN.)	SU	130.00	170.00
1992	TUNE: LET ME BE YOUR TEDDY BEAR	RT	60.00	60.00
1992	YESTERDAY'S MEMORIES ARE TODAY'S TREASURES	RT	30.00	30.00
1992	ZACHARY	RT	30.00	45.00
1993	BABY IN CRADLE MUSICAL	OP	60.00	60.00
1993	BOOK OF TEDDIES 1903-1993, THE	YR	20.00	175.00
1993	BOY PRAYING MUSICAL	RT	38.00	38.00
1993	CHUGGIN' ALONG, SAIL WITH ME, WE'RE GOING PLACES	RT	18.00	18.00
1993	FREDA AND TINA	OP	35.00	65.00
1993	FRIENDS LIKE YOU ARE PRECIOUS AND TRUE	RT	30.00	30.00
1993	GIRL PRAYING MUSICAL	RT	38.00	38.00
1993	HARRISON	RT	15.00	40.00
1993	JONATHAN	RT	15.00	40.00
1993	LOVE SURROUNDS OUR FRIENDSHIP	RT	15.00	15.00
1993	PATRICE	RT	19.00	32.00
1993	PATRICK	RT	19.00	32.00
1993	PRISCILLA	RT	15.00	180.00
1993	PRISCILLA ANN	YR	24.00	200.00
1993	ROBBIE AND RACHEL	OP	28.00	35.00
1993	TEDDY ROOSEVELT	*	20.00	175.00
1993	THOMAS	RT	15.00	40.00
1993	TRACIE AND NICOLE	RT	35.00	55.00
1994	BABY BOY JOINTED MUSICAL	SU	60.00	60.00
1994	BABY GIRL JOINTED MUSICAL	SU	60.00	60.00
1994	BEAR AS BUNNY MUSICAL	RT	60.00	60.00
1994	BEAR HOLDING HARP MUSICAL	RT	45.00	45.00
1994	BEAR WITH GOOSE- MUSICAL	RT	45.00	45.00
1994	BEAR WITH HORSE MUSICAL	RT	150.00	150.00
1994	BEAR WITH TOY CHEST MUSICAL	OP	45.00	45.00
1994	BEARS OF A FEATHER STAY TOGETHER	RT	15.00	15.00
1994	BETH AND BLOSSOM ON ROCKING HORSE- MUSICAL	RT	*	75.00
1994	BETSEY	OP	12.00	13.00
1994	BETTY	OP	19.00	19.00
1994	BILLY	OP	12.00	35.00
1994	BOBBIE	OP	12.00	13.00
1994	BOY AND GIRL IN LAUNDRY BASKET MUSICAL	RT	60.00	60.00
1994	BRIDE AND GROOM MUSICAL	OP	50.00	50.00
1994	GIVING THANKS FOR FRIENDS	RT	18.00	18.00
1994	HAPPINESS IS HOMEMADE	RT	18.00	18.00
1994	INGRID	YR	20.00	45.00
1994	LITTLE FAIR FEATHER FRIEND	RT	15.00	15.00
1994	NEAR & DEAR FOR CHRISTMAS	RT	22.00	45.00
1994	PRISCILLA, GRETA	19750	50.00	100.00
1994	THAT'S WHAT FRIENDS ARE FOR	RT	23.00	23.00
1994	TUNE: LOVE MAKES THE WORLD GO ROUND	RT	40.00	40.00
1994	TUNE: WIND BENEATH MY WINGS	RT	45.00	45.00
1995	ABC & 123, YOU'RE A FRIEND TO ME!	*	15.00	15.00
1995	ALLISON AND ALEXANDRIA	RT	25.00	40.00
1995	BEST IS YET TO COME, THE/BOY	OP	12.00	13.00
1995	BEST IS YET TO COME, THE/GIRL	OP	12.00	13.00
1995	CAN I BE YOUR FOOTBALL HERO?	*	15.00	15.00
1995	CUP FULL OF CHEER, A	OP	20.00	20.00
1995	CUP FULL OF FRIENDSHIP, A	OP	20.00	20.00
1995	DOROTHY, MILLIE AND CHRISTY	RT	*	N/A
1995	FRIENDSHIP KEEPS ME ON MY TOES	*	15.00	15.00
1995	FRIENDSHIP MAKES IT ALL BETTER/LAURA	OP	15.00	15.00
1995	GIRL BEAR ON OTTOMAN- MUSICAL	OP	55.00	55.00
1995	HERE'S SOME CHEER TO LAST THE YEAR	YR	18.00	18.00
1995	KISS THE HURT AND MAKE IT WELL	OP	15.00	15.00
1995	LET'S HEAR IT FOR FRIENDSHIP!	*	15.00	15.00
1995	LOVE ME TENDER	OP	12.00	13.00
1995	LOVE ME TRUE	OP	12.00	13.00
1995	MY PRAYER IS FOR YOU, CHRISTIAN	OP	19.00	19.00
1995	MY PRAYER IS FOR YOU, CHRISTINE	OP	19.00	19.00
1995	NICKOLAS	YR	20.00	55.00
1995	OUR HEARTS BELONG TO YOU/PRISCILLA & GRETA	19950	50.00	50.00
1995	PRISCILLA AND GRETA- INTERNATIONAL	*	50.00	120.00
1995	TAKE ME TO YOUR HEART	OP	12.00	13.00
1995	TRUNK FULL OF BEAR HUGS	*	23.00	23.00
1995	TWO FRIENDS MEAN TWICE THE LOVE	*	25.00	25.00
1995	WE'RE BEARY GOOD PALS	OP	25.00	25.00
1995	WE'RE IN THIS TOGETHER	OP	25.00	25.00
1996	RESIN EGG	OP	8.00	10.00
1996	TWO BOYS W/LANTERN	OP	50.00	50.00
1996	WISHING YOU A COZY CHRISTMAS	*	25.00	25.00
1997	AN AUTUMN BREEZE BLOWS BLESSINGS TO PLEASE	OP	25.00	25.00
1997	CAN'T BEAR TO SEE YOU UNDER THE WEATHER	OP	15.00	15.00

YR	NAME	LIMIT	ISSUE	TREND
1997	CUP FULL OF JOY	OP	25.00	25.00
1997	CUP FULL OF LOVE	OP	25.00	25.00
1997	CUP FULL OF PEACE	OP	25.00	25.00
1997	EASTER EGG- DATED	YR	10.00	10.00
1997	I'M BATTY OVER YOU	OP	18.00	18.00
1997	LILIES BLOOM WITH PETALS OF HOPE	YR	15.00	15.00
1997	MOTHER'S HEART IS FULL OF LOVE, A	OP	25.00	25.00
1997	OUR FRIENDSHIP WILL NEVER BE EXTINCT	OP	18.00	18.00
1997	RINGING IN THE NEW YEAR WITH CHEER	OP	15.00	15.00
1997	STRIKE UP THE BAND & GIVE 5 CHERISHED YEARS A HAND	YR	75.00	75.00
1997	THERE'S NO ROSE SWEETER...& WHEREFORE ART THOU...	YR	60.00	60.00
1997	THIS CALLS FOR A CELEBRATION	OP	15.00	15.00
1997	YOU GROW MORE DEAR WITH EACH PASSING YEAR	OP	25.00	25.00
1997	YOU'RE A BEAR'S BEST FRIEND	OP	20.00	20.00
1997	YOU'RE MY SHOOTING STAR	OP	18.00	18.00
1998	RICH-ALWAYS PAWS FOR HOLIDAY TREATS	YR	22.00	23.00
1998	SEGRID, JUSTAF & INGMAR-SPIRIT OF CHRISTMAS GROWS	YR	45.00	45.00
1998	VERONICA-YOU MAKE HAPPINESS BLOOM	OP	15.00	15.00

P. HILLMAN   CHERISHED TEDDIES ACROSS THE SEAS

YR	NAME	LIMIT	ISSUE	TREND
1996	FROM RUSSIA WITH LOVE	RT	18.00	18.00
1996	I FOUND AN AMIGO IN YOU	RT	18.00	18.00
1996	LOVE FANS A BEAUTIFUL FRIENDSHIP	RT	18.00	18.00
1996	OUR FRIENDSHIP IS BON APPETIT	RT	18.00	18.00
1996	OUR FRIENDSHIP IS FROM SEA TO SHINING SEA	RT	18.00	18.00
1996	OUR FRIENDSHIP KNOWS NO BOUNDARIES	RT	18.00	18.00
1996	OUR FRIENDSHIP SPANS MANY MILES	RT	18.00	18.00
1996	OUR LOVE IS IN THE HIGHLANDS	RT	18.00	18.00
1996	RIDING ACROSS THE GREAT WHITE NORTH	RT	18.00	18.00
1996	TULIPS BLOSSOM W/FRIENDSHIP	RT	18.00	18.00
1996	YOU MAKE EVERYDAY A FIESTA	RT	18.00	18.00
1996	YOU'RE A JOLLY OL' CHAP!	RT	18.00	18.00
1996	YOU'RE THE JEWEL OF MY HEART	RT	18.00	18.00
1996	YOU'RE THE SWEDISH OF THEM ALL	RT	18.00	18.00
1997	I'M LOST DOWN UNDER WITHOUT YOU	RT	18.00	18.00
1997	LIKE GRAPES ON A VINE OUR FRIENDSHIP IS DIVINE	RT	18.00	18.00

P. HILLMAN   CHERISHED TEDDIES ADOPTION CENTER

YR	NAME	LIMIT	ISSUE	TREND
1996	IN GRANDMOTHER'S ATTIC	19960	55.00	55.00
1996	YOU MAKE WISHES COME TRUE	YR	18.00	18.00
1997	WE'RE THREE OF A KIND	YR	35.00	35.00
1998	MIKE-I'M SWEET ON YOU	*	15.00	15.00
1998	PENNY, CHANDLER, BOOTS-WE'RE INSEPARABLE	25000	25.00	25.00

P. HILLMAN   CHERISHED TEDDIES ANGELS

YR	NAME	LIMIT	ISSUE	TREND
1996	HARK THE HERALD ANGELS SING	RT	20.00	20.00
1997	GLORY TO THE NEWBORN KING	YR	20.00	20.00
1998	ANGELA-PEACE ON EARTH AND MERCY MILD	YR	20.00	20.00

P. HILLMAN   CHERISHED TEDDIES AVON EXCLUSIVE

YR	NAME	LIMIT	ISSUE	TREND
1998	JANET-YOU'RE SWEET AS A ROSE	*	9.00	9.00

P. HILLMAN   CHERISHED TEDDIES BLOSSOMS OF FRIENDSHIP

YR	NAME	LIMIT	ISSUE	TREND
1997	EVERYTHING'S COMING UP ROSES	OP	15.00	15.00
1997	LOVE STEMS FROM OUR FRIENDSHIP	OP	15.00	15.00
1997	YOU'RE THE BEST PICK OF THE BUNCH	OP	15.00	15.00

P. HILLMAN   CHERISHED TEDDIES BY THE SEA, BY THE SEA

YR	NAME	LIMIT	ISSUE	TREND
1997	EVERYTHING PAILS IN COMPARISON TO FRIENDS	OP	20.00	20.00
1997	I'M YOUR BATHING BEAUTY	OP	35.00	35.00
1997	READY TO MAKE A SPLASH	OP	18.00	18.00
1997	THERE'S ROOM IN MY SAND CASTLE FOR YOU	OP	20.00	20.00
1997	UNDERNEATH IT ALL WE'RE FOREVER FRIENDS	OP	25.00	25.00

P. HILLMAN   CHERISHED TEDDIES CHERISHED SEASONS

YR	NAME	LIMIT	ISSUE	TREND
1997	AUTUMN BRINGS A SEASON OF THANKSGIVING	OP	20.00	20.00
1997	SPRING BRINGS A SEASON OF BEAUTY	OP	20.00	20.00
1997	SUMMER BRINGS A SEASON OF WARMTH	OP	23.00	23.00
1997	WINTER BRINGS A SEASON OF JOY	OP	25.00	25.00

P. HILLMAN   CHERISHED TEDDIES CHRISTMAS

YR	NAME	LIMIT	ISSUE	TREND
1992	BEAR ON ROCKING REINDEER/MUSICAL	SU	60.00	85.00
1992	BEAR ON ROCKING REINDEER/MUSICAL WATERBALL	*	60.00	70.00
1992	BETH AND BLOSSOM ON REINDEER	RT	23.00	100.00
1992	CHARLIE, SPIRIT OF FRIENDS	RT	45.00	45.00
1992	DOUGLAS	OP	20.00	40.00
1992	JACOB	OP	23.00	30.00
1992	STEVEN	RT	20.00	40.00
1992	THEODORE, SAMANTHA, TYLER	RT	20.00	20.00
1993	ALICE	YR	18.00	160.00
1993	ALICE (9 IN.)	SU	100.00	160.00
1993	BEAR PLAYING WITH TRAIN MUSICAL	OP	40.00	40.00
1993	CAROLYN	RT	23.00	35.00
1993	FAMILY ON TOBOGGAN	*	170.00	195.00
1993	GIRL WITH MUFF MUSICAL WATERBALL	*	50.00	75.00
1993	HANS	SU	20.00	60.00
1993	JOINTED BEAR CHRISTMAS MUSICAL	SU	60.00	75.00
1993	MARY	OP	25.00	40.00
1993	THEODORE, SAMANTHA, TYLER	SU	160.00	200.00
1994	BEAR ON ROCKING HORSE MUSICAL	OP	165.00	165.00
1994	BOY AND GIRL IN SLEIGH MUSICAL	OP	100.00	100.00
1994	ERIC	RT	23.00	45.00
1994	NILS	OP	23.00	30.00
1994	SONJA	RT	20.00	50.00
1995	HUGS OF LOVE & FRIENDSHIP	OP	20.00	20.00

YR	NAME	LIMIT	ISSUE	TREND
P. HILLMAN			CHERISHED TEDDIES CLUB	
1995	CUB E. BEAR	YR	18.00	70.00
1995	HILARY HUGABEAR	YR	18.00	100.00
1995	MAYOR WILSON T. BEARY	YR	20.00	60.00
1996	EMILY E. CLAIRE	YR	18.00	18.00
1996	KURTIS D. CLAW CT961	YR	18.00	65.00
1996	R. HARRISON HARTFORD- YELLOW PENCIL	YR	*	N/A
1997	CONDUCTOR WITH GREEN SUITCASE	YR	20.00	20.00
1997	CONDUCTOR WITH RED SUITCASE	YR	20.00	20.00
1997	GIRL & BOY DOUBLE FIGURINE	YR	18.00	18.00
1997	GIRL WITH HAT/ PURSE/ PACKAGE	YR	18.00	18.00
1998	DR. DARLENE MAKEBETTER (ORANGE BAG)	YR	*	N/A
1998	LELA NIGHTINGALE	YR	15.00	15.00
1998	MAILBOX, LAMPS, WATER FOUNTAIN	*	18.00	18.00
1998	WADE WEATHERSBEE	YR	14.00	14.00
P. HILLMAN			CHERISHED TEDDIES CUSTOMER APPRECIATION	
1993	CUSTOMER APPRECIATION	YR	23.00	275.00
P. HILLMAN			CHERISHED TEDDIES DICKENS VILLAGE	
1994	BEAR CRATCHIT	SU	18.00	18.00
1994	EBEARNEZER SCROOGE	SU	18.00	25.00
1994	GABRIEL, GARLAND, GLORIA	SU	55.00	55.00
1994	JACOB BEARLY	SU	18.00	18.00
1994	MRS. CRATCHIT	SU	19.00	19.00
1994	TINY TED-BEAR	SU	10.00	10.00
P. HILLMAN			CHERISHED TEDDIES DOWN STRAWBERRY LANE	
1996	BUNNY MINI	SU	4.00	4.00
1996	COZY TEA FOR TWO/THELMA	OP	23.00	23.00
1996	DASH OF LOVE SWEETENS ANY DAY!, A	OP	15.00	15.00
1996	LOVE GROWS IN MY HEART	OP	15.00	15.00
1996	YOU'RE BERRY SPECIAL TO ME	OP	15.00	15.00
1996	YOU'RE MY BERRY BEST FRIEND!	OP	15.00	15.00
1997	I PICKED THE BEARY BEST FOR YOU	YR	25.00	25.00
P. HILLMAN			CHERISHED TEDDIES EASTER	
1993	ABIGAIL	SU	16.00	45.00
1993	CHARITY	RT	20.00	150.00
1993	CHELSEA	RT	15.00	300.00
1993	DAISY	RT	15.00	1000.00
1993	HEIDI AND DAVID	SU	25.00	50.00
1993	HENRIETTA	SU	23.00	125.00
1993	MOLLY	RT	30.00	45.00
1994	BECKY	SU	20.00	40.00
1994	BESSIE	SU	15.00	150.00
1994	COURTNEY	RT	15.00	75.00
1994	FAITH	SU	20.00	50.00
1994	GIRL WITH BLUE BONNET AND CHICK MINI	*	7.00	7.00
1994	GIRL WITH DAISY HEADBAND MINI	*	7.00	7.00
1994	GIRL WITH WHITE HAT MINI	*	7.00	7.00
1994	HENRY	SU	20.00	50.00
P. HILLMAN			CHERISHED TEDDIES EASTER/SPRING	
1996	BLESSINGS BLOOM WHEN YOU ARE NEAR	*	15.00	20.00
1996	LOVE KEEPS ME AFLOAT	*	14.00	20.00
P. HILLMAN			CHERISHED TEDDIES EASTER/SPRING RAINBOW LANE	
1995	BUNNY 103802	RT	14.00	35.00
1995	DONALD 103799	RT	20.00	40.00
1995	GAIL 103772	RT	20.00	40.00
1995	HOPE 103764	RT	20.00	50.00
1995	JENNIFER 103810	RT	23.00	60.00
1995	LISA 103780	RT	20.00	50.00
1995	MELISSA 103829	RT	20.00	50.00
1995	PETER 104973	RT	18.00	40.00
P. HILLMAN			CHERISHED TEDDIES ENGAGEMENT PARTY 1996	
1995	PARK BENCH W/2 BEARS	*	12.00	50.00
P. HILLMAN			CHERISHED TEDDIES EVENT	
1997	BEARY HAPPY WISHES	YR	18.00	18.00
1997	PICTURE PERFECT FRIENDSHIP, A	YR	15.00	15.00
1997	YOU'RE A HONEY OF A FRIEND	YR	15.00	15.00
1998	HUMPHREY-JUST THE BEAR FACTS, MA'AM	*	15.00	15.00
1998	LANCE-COME FLY WITH ME	*	20.00	20.00
P. HILLMAN			CHERISHED TEDDIES FALL HARVEST	
1995	FALLING FOR YOU/PAT	OP	23.00	23.00
1996	YOU'RE MY LITTLE PUMPKIN	*	23.00	23.00
P. HILLMAN			CHERISHED TEDDIES FOUNDERS DAY EVENT 1995	
1995	TOWN TATTLER SIGNAGE	*	6.00	20.00
P. HILLMAN			CHERISHED TEDDIES FREQUENT BUYER PROGRAM	
1997	AMELIA-YOU MAKE ME SMILE	*	35.00	35.00
1997	BENNY-LET'S RIDE THROUGH LIFE TOGETHER	*	18.00	18.00
1997	MARY JANE-MY FAVORITE THINGS	*	50.00	50.00
P. HILLMAN			CHERISHED TEDDIES GCC EARLY INTRO	
1996	MOTHER'S HEART IS FULL OF LOVE, A	RT	25.00	25.00
P. HILLMAN			CHERISHED TEDDIES GRADUATION	
1995	BOY GRADUATE	OP	12.00	13.00
1995	GIRL GRADUATE	OP	12.00	13.00
P. HILLMAN			CHERISHED TEDDIES HALLOWEEN	
1993	BRENDA	SU	15.00	45.00
1993	BUCKEY	SU	15.00	40.00
1993	CONNIE	RT	15.00	20.00
1993	GARY	OP	19.00	25.00
1993	GRETEL	OP	19.00	20.00

YR	NAME	LIMIT	ISSUE	TREND
1993	MILES	OP	17.00	30.00
1993	PRUDENCE	OP	17.00	40.00
1994	BREANNA	OP	15.00	30.00
1994	STACIE	OP	19.00	19.00
1994	TAYLOR	OP	15.00	25.00
1995	"BEE" MY FRIEND	OP	15.00	15.00
1995	BEARY SCARY HALLOWEEN HOUSE	OP	20.00	20.00
1995	FUTURE "BEARETH" ALL THINGS, THE	OP	19.00	19.00
1996	YOU HAVE A SPECIAL PLACE IN MY HEART	*	19.00	19.00
1996	YOU'RE THE CAT'S MEOW	*	15.00	15.00

P. HILLMAN   CHERISHED TEDDIES HOLIDAY DANGLING

YR	NAME	LIMIT	ISSUE	TREND
1995	STRING OF GOOD TIDINGS, A	SU	20.00	20.00
1996	AN OLD FASHIONED NOEL TO YOU/NOEL	SU	15.00	15.00
1996	CATCHIN THE HOLIDAY SPIRIT	SU	15.00	15.00
1996	DROPPING YOU A HOLIDAY GREETING	SU	20.00	20.00
1996	STRIKING UP ANOTHER YEAR	YR	18.00	18.00
1996	TOY SOLDIER- DATED	YR	12.00	13.00
1996	YOU ALWAYS BRING JOY	SU	15.00	15.00

P. HILLMAN   CHERISHED TEDDIES LAPLANDERS

YR	NAME	LIMIT	ISSUE	TREND
1995	WARM HEARTED FRIENDS		18.00	18.00
1996	FEEL THE PEACE/HOLD THE JOY/SHARE...	YR	50.00	50.00
1996	FRIENDS ARE ALWAYS PULLING FOR YOU	*	23.00	23.00
1997	ALL PATHS LEAD TO KINDNESS & FRIENDSHIP	YR	55.00	55.00

P. HILLMAN   CHERISHED TEDDIES LITTLE SPARKLES

YR	NAME	LIMIT	ISSUE	TREND
1997	APRIL	OP	8.00	8.00
1997	AUGUST	OP	8.00	8.00
1997	DECEMBER	OP	8.00	8.00
1997	FEBRUARY	OP	8.00	8.00
1997	JANUARY	OP	8.00	8.00
1997	JULY	OP	8.00	8.00
1997	JUNE	OP	8.00	8.00
1997	MARCH	OP	8.00	8.00
1997	MAY	OP	8.00	8.00
1997	NOVEMBER	OP	8.00	8.00
1997	OCTOBER	OP	8.00	8.00
1997	SEPTEMBER	OP	8.00	8.00

P. HILLMAN   CHERISHED TEDDIES LOVE LETTERS FROM TEDDIE

YR	NAME	LIMIT	ISSUE	TREND
1997	BEAR WITH HEART DANGLING BLOCKS- MINI	OP	8.00	8.00
1997	BEAR WITH I LOVE BEARS BLOCKS- MINI	OP	8.00	8.00
1997	BEAR WITH I LOVE HUGS BLOCKS- MINI	OP	8.00	8.00
1997	BEAR WITH I LOVE YOU BLOCKS- MINI	OP	8.00	8.00

P. HILLMAN   CHERISHED TEDDIES MESSENGERS OF THE HEART

YR	NAME	LIMIT	ISSUE	TREND
1995	BOY AND GIRL CUPID	*	25.00	40.00
1995	BOY AND GIRL CUPID (1 OF 2)	*	19.00	27.00
1995	BOY AND GIRL CUPID (2 OF 2)	*	19.00	27.00
1995	BOY BEAR CUPID	SU	18.00	22.00
1995	CUPID BABY BOY ON PILLOW	SU	14.00	30.00
1995	CUPID BABY GIRL ON PILLOW	SU	14.00	30.00
1995	CUPID BOY SITTING (1 OF 2)	*	14.00	27.00
1995	CUPID BOY SITTING (2 OF 2)	*	14.00	27.00
1995	GIRL BEAR CUPID	SU	15.00	30.00
1995	GIRL CUPID (1 OF 2)- BE MINE	*	15.00	27.00
1995	GIRL CUPID (2 OF 2)- LOVE	*	15.00	30.00

P. HILLMAN   CHERISHED TEDDIES MONTHLY FRIENDS TO CHERISH

YR	NAME	LIMIT	ISSUE	TREND
1995	BE MINE/PHOEBE-FEBRUARY	OP	15.00	20.00
1995	DAY AT THE PARK, A-JULY	OP	15.00	15.00
1995	FRIENDSHIP IS IN BLOOM- MAY	OP	15.00	15.00
1995	FRIENDSHIP IS IN THE AIR- MARCH 914770	OP	15.00	15.00
1995	HAPPY HOLIDAYS, FRIEND/DENISE- DECEMBER	OP	15.00	15.00
1995	NEW YEAR W/OLD FRIENDS, A	OP	15.00	15.00
1995	PLANTING THE SEED OF FRIENDSHIP- JUNE	OP	15.00	15.00
1995	SCHOOL DAYS/SETH- SEPTEMBER	OP	15.00	15.00
1995	SHOWERS OF FRIENDSHIP- APRIL	OP	15.00	30.00
1995	SMOOTH SMILING/ARTHUR- AUGUST	OP	15.00	55.00
1995	SWEET TREATS- OCTOBER	OP	15.00	15.00
1995	THANKS FOR FRIENDS- NOVEMBER	OP	15.00	15.00

P. HILLMAN   CHERISHED TEDDIES NATIVITY

YR	NAME	LIMIT	ISSUE	TREND
1992	ANGIE	OP	15.00	20.00
1992	CRECHE WITH COVERLET- 2 PC	OP	50.00	60.00
1992	MARIA WITH BABY JOSH	OP	35.00	50.00
1992	SAMMY 302619	RT	18.00	30.00
1992	THREE KINGS- 3 PC	OP	55.00	75.00
1993	MINI NATIVITY IN CRECHE	*	33.00	100.00
1993	NATIVITY COLLECTOR SET	OP	100.00	190.00
1993	NATIVITY MUSICAL	SU	60.00	80.00
1993	NATIVITY WITH CRECHE- MUSICAL	SU	85.00	100.00
1994	RONNIE	OP	14.00	20.00
1995	AN ANGEL TO WATCH OVER YOU/CELESTE	OP	20.00	20.00

P. HILLMAN   CHERISHED TEDDIES NUTCRACKER SUITE

YR	NAME	LIMIT	ISSUE	TREND
1997	FUNCTIONAL NUTCRACKER- WOOD	OP	90.00	90.00
1997	MOUSE KING,HERR DROSSELMEYER,CLARA, PRINCE-COL SETYR		70.00	70.00
1997	TUNE: DANCE OF THE SUGARPLUM FAIRY	OP	45.00	45.00

P. HILLMAN   CHERISHED TEDDIES ONCE UPON A TEDDY

YR	NAME	LIMIT	ISSUE	TREND
1994	FATHER	OP	14.00	14.00
1994	JACK AND JILL 624772	RT	30.00	30.00
1994	LITTLE BO PEEP 624802	RT	23.00	23.00
1994	LITTLE JACK HORNER 624780	RT	20.00	20.00
1994	LITTLE MISS MUFFET 624799	RT	20.00	20.00

YR	NAME	LIMIT	ISSUE	TREND
1994	MARY, MARY QUITE CONTRARY 626074	RT	23.00	23.00
1994	TOM THE PIPER 624810	RT	20.00	20.00
P. HILLMAN	**CHERISHED TEDDIES OUR CHERISHED FAMILY**			
1994	MOTHER	OP	20.00	40.00
1994	OLDER DAUGHTER	OP	10.00	10.00
1994	OLDER SON	OP	10.00	10.00
1994	OUR CHERISHED FAMILY- GIFT SET	*	85.00	140.00
1994	YOUNG DAUGHTER	OP	9.00	9.00
1994	YOUNG SON	OP	9.00	9.00
P. HILLMAN	**CHERISHED TEDDIES SANTA CLAUS**			
1997	UP ON THE ROOFTOP	YR	23.00	23.00
1998	LITTLE HOLIDAY R&R, A	YR	22.00	23.00
P. HILLMAN	**CHERISHED TEDDIES SANTA EXPRESS**			
1996	ALL ABOARD THE SANTA EXPRESS	RT	23.00	23.00
1996	FIRST CLASS DELIVERY FOR YOU, A	RT	18.00	18.00
1996	FRIENDSHIP IS ..PERFECT END..HOLIDAYS	RT	23.00	23.00
1996	HE KNOWS IF YOU'VE BEEN BAD OR GOOD	RT	18.00	18.00
1996	ROLLING ALONG W/FRIENDS & SMILES	RT	18.00	18.00
1997	HEADING INTO THE HOLIDAYS WITH DEER FRIENDS	RT	18.00	18.00
1997	HO, HO, HO... TO THE HOLIDAYS WE GO	RT	18.00	18.00
1997	THIS TRAIN IS BOUND FOR HOLIDAY SURPRISES	RT	18.00	18.00
P. HILLMAN	**CHERISHED TEDDIES SANTA'S WORKSHOP**			
1995	BUILDING A STURDY FRIENDSHIP, YULE	RT	23.00	23.00
1995	CUP OF HOMEMADE LOVE, A	RT	19.00	19.00
1995	HANDSEWN HOLIDAYS	RT	20.00	20.00
1995	PAINTING YOUR HOLIDAYS W/LOVE	RT	23.00	23.00
1995	YOU'RE AT THE TOP OF MY LIST	YR	20.00	20.00
1996	BEARER OF GOOD TIDINGS, KLAUS	YR	20.00	20.00
P. HILLMAN	**CHERISHED TEDDIES ST. PATRICK'S DAY**			
1994	KATHLEEN	OP	12.00	35.00
1994	SEAN	OP	12.00	35.00
1995	KEVIN	RT	12.00	35.00
1995	MAUREEN	RT	12.00	35.00
1997	RYAN-I'M GREEN WITH ENVY FOR YOU	OP	20.00	20.00
P. HILLMAN	**CHERISHED TEDDIES SWEETHEART BALL**			
1995	JACK AND JILL	OP	35.00	35.00
1996	LOVE UNVEILS A HAPPY HEART	OP	18.00	18.00
1996	MY HEART WISHES FOR YOU	OP	20.00	20.00
1996	SWEETHEARTS FOREVER/CRAIG & CHERI	OP	25.00	25.00
1996	WON'T YOU BE MY SWEETHEART?	OP	18.00	18.00
1996	YOU STEAL MY HEART AWAY	OP	18.00	18.00
1996	YOU'RE THE HERO OF MY HEART	OP	20.00	20.00
1998	YOU'RE THE QUEEN/KING OF MY HEART	YR	65.00	65.00
P. HILLMAN	**CHERISHED TEDDIES T IS FOR TEDDIES**			
1995	BEAR W/ "A" BLOCK	OP	5.00	5.00
1995	BEAR W/ "B" BLOCK	OP	5.00	5.00
1995	BEAR W/ "C" BLOCK	OP	5.00	5.00
1995	BEAR W/ "D" BLOCK	OP	5.00	5.00
1995	BEAR W/ "E" BLOCK	OP	5.00	5.00
1995	BEAR W/ "F" BLOCK	OP	5.00	5.00
1995	BEAR W/ "G" BLOCK	OP	5.00	5.00
1995	BEAR W/ "H" BLOCK	OP	5.00	5.00
1995	BEAR W/ "I" BLOCK	OP	5.00	5.00
1995	BEAR W/ "J" BLOCK	OP	5.00	5.00
1995	BEAR W/ "K" BLOCK	OP	5.00	5.00
1995	BEAR W/ "L" BLOCK	OP	5.00	5.00
1995	BEAR W/ "M" BLOCK	OP	5.00	5.00
1995	BEAR W/ "N" BLOCK	OP	5.00	5.00
1995	BEAR W/ "O" BLOCK	OP	5.00	5.00
1995	BEAR W/ "P" BLOCK	OP	5.00	5.00
1995	BEAR W/ "Q" BLOCK	OP	5.00	5.00
1995	BEAR W/ "R" BLOCK	OP	5.00	5.00
1995	BEAR W/ "S" BLOCK	OP	5.00	5.00
1995	BEAR W/ "T" BLOCK	OP	5.00	5.00
1995	BEAR W/ "U" BLOCK	OP	5.00	5.00
1995	BEAR W/ "V" BLOCK	OP	5.00	5.00
1995	BEAR W/ "W" BLOCK	OP	5.00	5.00
1995	BEAR W/ "X" BLOCK	OP	5.00	5.00
1995	BEAR W/ "Y" BLOCK	OP	5.00	5.00
1995	BEAR W/ "Z" BLOCK	OP	5.00	5.00
P. HILLMAN	**CHERISHED TEDDIES THANKSGIVING**			
1994	JEDEDIAH	RT	18.00	18.00
1994	PATIENCE	RT	18.00	18.00
1994	PHOEBE	OP	14.00	35.00
1994	THANKSGIVING QUILT	OP	12.00	12.00
1994	WILLIE	RT	15.00	35.00
1994	WINONA	RT	15.00	25.00
1994	WYATT	OP	15.00	15.00
1994	WYLIE	OP	15.00	26.00
P. HILLMAN	**CHERISHED TEDDIES THROUGH THE YEARS**			
1993	AGE 1	OP	14.00	20.00
1993	AGE 2	OP	14.00	20.00
1993	AGE 3	OP	15.00	20.00
1993	AGE 4	OP	15.00	20.00
1993	AGE 5	OP	15.00	20.00
1993	AGE 6	OP	16.00	20.00
1993	BABY	OP	16.00	17.00

YR	NAME	LIMIT	ISSUE	TREND
P. HILLMAN		CHERISHED TEDDIES UNDER THE BIG TOP		
1996	BRUNO	OP	18.00	20.00
1996	CIRCUS ELEPHANT WITH BEAR	OP	23.00	23.00
1996	CLOWN ON BALL MUSICAL	OP	40.00	40.00
1996	SEAL OF FRIENDSHIP	OP	10.00	10.00
1996	YOU TAKE CENTER RING W/ME	OP	18.00	24.00
1996	YOU'RE THE TOPS W/ME	OP	18.00	18.00
1997	FRIENDS ARE BEAR ESSENTIALS	OP	20.00	20.00
1997	FRIENDSHIP KEEPS YOU POPPING	OP	18.00	18.00
1997	JUST CLOWNING AROUND	OP	18.00	18.00
1997	LOVE IS A BEAR NECESSITY	OP	18.00	18.00
1997	YOU'RE MY MANE ATTRACTION	OP	12.00	13.00
P. HILLMAN		CHERISHED TEDDIES UP IN THE ATTIC		
1998	KAITLYN-OLD TREASURES, NEW MEMORIES	YR	50.00	50.00
P. HILLMAN		CHERISHED TEDDIES VALENTINE		
1993	AMY W/LAVENDER BOW	OP	14.00	60.00
1993	MARIE	OP	20.00	30.00
1993	MICHAEL AND MICHELLE	SU	30.00	70.00
1993	TIMOTHY	RT	15.00	30.00
1994	ELIZABETH AND ASHLEY	RT	25.00	70.00
1994	KELLY	SU	15.00	40.00
1994	NANCY	RT	15.00	100.00
1994	OLIVER AND OLIVIA	SU	25.00	60.00
1994	VICTORIA	SU	16.00	90.00
P. HILLMAN		CHERISHED TEDDIES VALENTINE MINI		
1994	HUGS AND KISSES	*	7.00	7.00
1994	LOVE YA	*	7.00	7.00
1994	YOU'RE PURR-FECT	*	7.00	7.00
P. HILLMAN		CHERISHED TEDDIES WE BEAR THANKS		
1996	BEAR IN MIND, YOU'RE SPECIAL, DINA	RT	15.00	15.00
1996	BEAR IN MIND, YOU'RE SPECIAL, JOHN	RT	15.00	15.00
1996	GIVING THANKS FOR OUR FAMILY/BARBARA	RT	12.00	13.00
1996	SUITED UP FOR THE HOLIDAYS	RT	12.00	13.00
1996	TABLE WITH FOOD/DOG	RT	30.00	30.00
P. HILLMAN		CHERISHED TEDDIES WINTER BEAR FESTIVAL		
1997	FRIENDSHIP NEVER MELTS AWAY	OP	30.00	30.00
1997	GOING MY WAY FOR THE HOLIDAYS	OP	25.00	25.00
1997	I'M HEAD OVER SKIS FOR YOU	OP	20.00	20.00
1997	IT'S A HOLIDAY ON ICE	OP	20.00	20.00
1997	SKATING ON HOLIDAY JOY	OP	20.00	20.00
1997	SNOW FUN WHEN YOU'RE NOT AROUND	OP	19.00	19.00
1997	TUNE: LET IT SNOW	CL	45.00	45.00
1997	TUNE: WHITE CHRISTMAS	OP	45.00	45.00
1997	WALKING IN A WINTER WONDERLAND	OP	30.00	30.00
L. RIGG			FOUR SEASONS	
1995	CAROL - WINTER ICE SKATER	2000	30.00	30.00
1995	DENISE - SPRING IN APRON	2000	30.00	30.00
1995	EMILY - SUMMER SAILOR SUIT	2000	30.00	30.00
1995	MELISSA- FALL W/CORNUCOPIA	2000	30.00	30.00
*			FROM BARBIE WITH LOVE	
1995	BALLERINA, 1961 PVC 113875	*	5.00	5.00
1995	BARBIE BUST PORTRAIT PORCELAIN 125601	*	15.00	15.00
1995	BRIDE 1963 MUSICAL 113905	7500	100.00	100.00
1995	ENCHANTED EVENING, 1960 PVC 133396	*	5.00	5.00
1995	GRADUATION, 1963 PVC 113867	*	5.00	5.00
1995	HAPPY HOLIDAYS 1988 BARBIE 154199	YR	30.00	100.00
1995	MAGNIFICENCE 1965 143111	7500	100.00	100.00
1995	MIDNIGHT BLUE 1965 MUSICAL 113891	7500	100.00	100.00
1995	ORIGINAL SWIMSUIT, 1959 RESIN 113700	*	30.00	30.00
1995	PICNIC, 1959 RESIN 113727	*	30.00	30.00
1995	POODLE PARADE, 1965 RESIN 113719	*	30.00	30.00
1995	SENIOR PROM 1963 MUSICAL 125776	RT	100.00	100.00
1995	SENIOR PROM, 1963 PORCELAIN 124370	*	100.00	100.00
1995	SOPHISTICATED LADY '63 MUSICAL 113883	7500	100.00	100.00
1995	SUBURBAN SHOPPER, 1959 RESIN 113751	*	30.00	30.00
1995	WEDDING DAY, 1959 PVC 113859	*	5.00	5.00
1996	ARABIAN NIGHTS, 1964 RESIN 171026	*	35.00	35.00
1996	BARBIE/SCARLETT O'HARA-GRN VELVET/MUSICAL 171107	7500	50.00	50.00
1996	CINDERELLA, 1964 RESIN 170992	*	35.00	35.00
1996	ENCHANTED EVENING, 1960 MUSICAL 185787	2500	100.00	100.00
1996	GUINEVERE, 1964 RESIN 171018	*	35.00	35.00
1996	HAPPY HOLIDAY BARBIE, 1989 MUSICAL 188832	YR	100.00	100.00
1996	HERE COMES THE BRIDE MUSICAL/PORCELAIN 170976	7500	100.00	100.00
1996	HOLIDAY DANCE 1965 , MUSCIAL 188786	7500	100.00	100.00
1996	QUEEN OF HEARTS BARBIE PORCELAIN 157651	5000	125.00	125.00
1996	RED RIDING HOOD, 1964 RESIN 171034	*	35.00	35.00
K. WICKL			GNOMES	
1993	SIGFRIED & SOPHIA	1000	70.00	70.00
1994	HUBERT & HENRIETTA	2000	80.00	80.00
1994	LOTHAR	1994	100.00	100.00
1995	ALBERT, RESIN 127434	*	8.00	8.00
1995	ALBERT, RESIN 146129	*	8.00	8.00
1995	ANDREAS AND AVA , RESIN 146099	*	50.00	50.00
1995	BRINA & BORG, RESIN 127191	*	25.00	25.00
1995	CATRINA AND CHARLES, RESIN 146358	*	25.00	25.00
1995	ETHAN, RESIN 127450	*	6.00	6.00
1995	ETHAN, RESIN 146145	*	8.00	8.00
1995	FERDINAND 146072	15	300.00	300.00

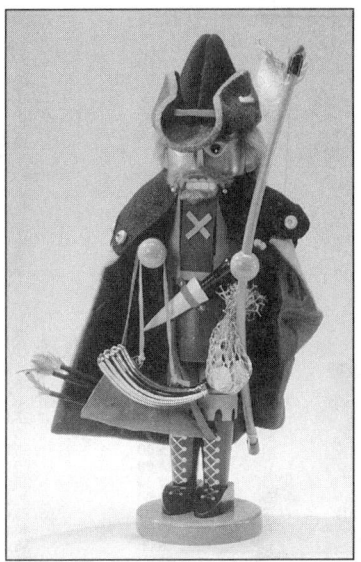

In his quest to give to the poor, Robin Hood nutcracker joined the "Tales of Sherwood Forest" series by Hans Christian Steinbach of Kurt S. Adler Inc. Limited to 7,500, it originally sold for $225.

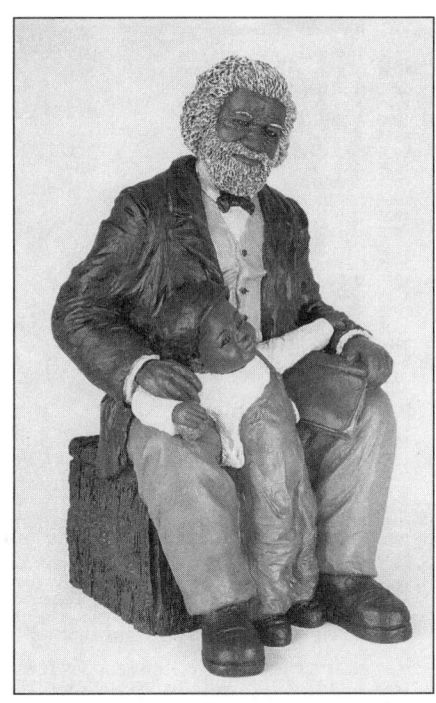

Frederick Douglas is from the "Historical" series produced by Miss Martha Originals in 1991.

Kurt S. Adler Inc.'s Steinbach Nutcrackers appear in every garb. This one is the Sheriff of Nottingham, the third nutcracker in the "Tales of Sherwood Forest" series.

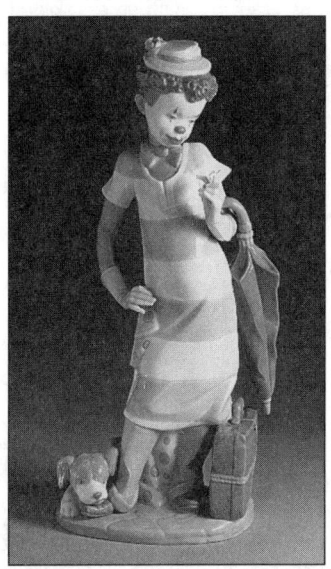

On the Move, which retailed for $340 when it was released by Lladró in 1991, has increased in value.

YR	NAME	LIMIT	ISSUE	TREND
1995	FERDINAND, RESIN 153257	*	8.00	9.00
1995	GOBBY & LOU, RESIN 127183	*	25.00	25.00
1995	GUSTAV, RESIN 146064	*	20.00	20.00
1995	JOHANN'S DANCE SCHOOL 127493	2000	55.00	55.00
1995	JOSHUA, RESIN 127485	*	6.00	6.00
1995	JULIA , RESIN 146110	*	8.00	8.00
1995	JULIA, RESIN 127442	*	8.00	8.00
1995	KATY, RESIN 127477	*	6.00	6.00
1995	LOREN AND LINDA, RESIN 146056	*	40.00	40.00
1995	LOREN, RESIN 127213	*	25.00	25.00
1995	LOUIS, RESIN 146102	*	30.00	30.00
1995	MAGGIE, RESIN 127469	*	6.00	6.00
1995	MAGGIE, RESIN 146137	*	8.00	8.00
1995	NEWBORNS, RESIN 146153	*	8.00	8.00
1995	OMA, RESIN 127426	*	8.00	8.00
1995	OPA, RESIN 127221	*	8.00	8.00
1995	PETER, RESIN 153265	*	8.00	8.00
1995	PURDY AND PIPPEN, RESIN 153281	*	8.00	8.00
1995	SIDNEY, RESIN 127167	*	25.00	25.00

S. BUTCHER   **GROWING IN GOD'S GARDEN OF LOVE**

YR	NAME	LIMIT	ISSUE	TREND
1996	SOME PLANT, SOME WATER, BUT GOD..INCREASE 176958	OP	38.00	38.00
1996	SOWING SEEDS OF KINDNESS 163856	OP	38.00	38.00

S. BUTCHER   **GROWING IN GRACE**

YR	NAME	LIMIT	ISSUE	TREND
1995	AGE 1-BABY WITH CAKE 136190	OP	25.00	25.00
1995	AGE 2-GIRL WITH BLOCKS 136212	OP	25.00	25.00
1995	AGE 3-GIRL WITH FLOWERS 136220	OP	25.00	25.00
1995	AGE 4-GIRL WITH DOLL 136239	OP	28.00	28.00
1995	AGE 5-GIRL WITH LUNCH BOX 136247	OP	28.00	28.00
1995	AGE 6-GIRL ON BICYCLE 136255	OP	30.00	30.00
1995	IT'S A GIRL-ANGEL W/INFANT ANNOUNCEMENT 136204	OP	23.00	23.00
1995	SWEET SIXTEEN-GIRL HOLDING 16 ROSES 136263	OP	40.00	40.00
1996	AGE 10-GIRL BOWLING 183873	OP	38.00	38.00
1996	AGE 7-GIRL DRESSED AS NURSE 163740	OP	33.00	33.00
1996	AGE 8-GIRL SHOOTING MARBLES 163759	OP	33.00	33.00
1996	AGE 9-GIRL WITH CHARM BRACELET 183865	OP	30.00	30.00

L. RIGG   **HISTORY OF HATS**

YR	NAME	LIMIT	ISSUE	TREND
1995	PETITE COLLECTION - 6 ASST. PREPACK	30000	15.00	15.00

KINKA   **KINKA**

YR	NAME	LIMIT	ISSUE	TREND
1988	BABIES ARE DREAMS YOU CAN CUDDLE 117552	OP	38.00	40.00
1988	BABIES ARE DREAMS YOU CAN CUDDLE 117560	OP	45.00	50.00
1988	FOR YOU...JUST BECAUSE 117781	OP	38.00	40.00
1988	JUST FOR YOU ON THIS SPECIAL DAY 117501	OP	23.00	25.00
1988	KEEP THE WARM GLOW OF THE SEASON 117455	OP	38.00	38.00
1988	LOVE TO YOU 117757	OP	38.00	40.00
1988	MAY YOUR LIFE BE FILLED WITH 117498	OP	38.00	40.00
1988	THINKING OF YOU 117749	OP	38.00	38.00
1988	THINKING OF YOU...NOW & ALWAYS 117528	OP	23.00	25.00
1988	WISHING YOU CLOUDLESS SKIES 117471	OP	38.00	40.00
1988	WISHING YOU JOY, HAPPINESS 117536	OP	40.00	45.00
1988	WISHING YOU JOY, HAPPINESS 117544	OP	50.00	55.00
1988	YOU ARE SPECIAL TO ME 117773	OP	38.00	40.00
1988	YOUR FRIENDSHIP & THOUGHTFULNESS 117463	OP	38.00	40.00
1988	YOUR FRIENDSHIP WILL BE 117765	OP	38.00	40.00
1989	A BOUQUET OF FLOWERS FOR YOU 119024	OP	30.00	30.00
1989	BABIES ARE CHRISTMAS DREAMS 117722	YR	15.00	16.00
1989	BABIES ARE CHRISTMAS DREAMS 118540	YR	15.00	16.00
1989	CHRISTMAS IS A TIME TO GATHER 117676	OP	55.00	55.00
1989	EASTER IS A TIME FILLED WITH 116629	OP	50.00	50.00
1989	GATHER YOUR CHRISTMAS DREAMS 117862	OP	55.00	55.00
1989	GATHER YOUR DREAMS AND WISHES 119032	OP	30.00	30.00
1989	HAPPY 25TH ANNIVERSARY 119121	OP	75.00	75.00
1989	HAPPY 40TH ANNIVERSARY 119148	OP	75.00	75.00
1989	HAPPY 50TH ANNIVERSARY 119156	OP	75.00	75.00
1989	IT'S THE TIME FOR CHRISTMAS 117889	OP	50.00	50.00
1989	IT'S TIME FOR CHRISTMAS 117846	OP	38.00	38.00
1989	JUST FOR YOU 119083	OP	30.00	30.00
1989	KEEP ME IN YOUR DREAMS 119695	OP	50.00	50.00
1989	KEEP THE SPIRIT 119113	OP	30.00	30.00
1989	KEEP THE TRUE LIGHT OF CHRISTMAS 117684	OP	25.00	25.00
1989	LOVE TO YOU 120391	OP	120.00	120.00
1989	LOVE TO YOU AT THIS SPECIAL TIME 118877	OP	45.00	45.00
1989	LOVE TO YOU AT THIS SPECIAL TIME 118885	OP	50.00	50.00
1989	MAY APRIL SHOWERS BRING 118958	OP	30.00	30.00
1989	MAY GOD'S LOVE BLESS YOUR BABY 118842	OP	45.00	45.00
1989	MAY THE GLOW OF GOD'S LOVE 116661	OP	50.00	50.00
1989	MAY THE GLOW OF GOD'S LOVE 116688	OP	20.00	20.00
1989	MAY THE LOVE IN YOUR HEARTS 116572	OP	15.00	16.00
1989	MAY THIS DAY TOUCH YOUR HEART 119105	OP	30.00	30.00
1989	MAY THIS SPECIAL SEASON 118559	YR	25.00	25.00
1989	MAY YOUR DAYS BE FILLED WITH LOVE 118915	OP	30.00	30.00
1989	NATIVITY SCENE (3 WISE MEN) 118192	OP	45.00	45.00
1989	NATIVITY SCENE (SET OF 9) 118214	OP	115.00	115.00
1989	NATIVITY SCENE (SHEPHERD) 118206	OP	30.00	30.00
1989	NATIVITY SCENE 118184	OP	40.00	40.00
1989	REJOICE IN GOD'S PROMISE OF LOVE 116637	OP	38.00	38.00
1989	REMEMBER THE DREAMS 118966	OP	75.00	75.00
1989	THINKING OF YOU & WISHING 119016	OP	24.00	30.00
1989	WILL YOU STOP AND COUNT THE STARS 117838	OP	38.00	38.00
1989	WILL YOU STOP AND COUNT THE STARS 117870	OP	50.00	50.00

YR	NAME	LIMIT	ISSUE	TREND
1989	WISH ON THE CHRISTMAS STAR 117854	OP	38.00	38.00
1989	WISH ON THE CHRISTMAS STAR 117897	OP	50.00	50.00
1989	WISHING YOU CLOUDLESS SKIES 408565	2500	170.00	170.00
1989	WISHING YOU EVERY HAPPINESS 117730	OP	25.00	25.00
1989	WISHING YOU LOVE AND HAPPINESS 116556	OP	50.00	50.00
1989	WISHING YOU LOVE AND HAPPINESS 116564	OP	38.00	38.00
1989	WISHING YOU PINK ROSES 119075	OP	30.00	30.00
1989	WISHING YOU SPECIAL BLESSINGS 116653	OP	18.00	18.00
1989	WISHING YOU SPECIAL MOMENTS 119091	OP	30.00	30.00
1989	WISHING YOUR BABY 118834	OP	18.00	18.00
1989	YOU BRING JOY INTO MY LIFE 119296	OP	15.00	16.00
1989	YOU'RE A DOLL 118931	OP	30.00	30.00
1990	CHRISTMAS FILLS YOUR HEART 119725	OP	15.00	16.00
1990	CHRISTMAS IS A GIFT FROM GOD 119849	OP	12.00	13.00
1990	CHRISTMAS IS A TIME OF LOVE 119822	OP	30.00	30.00
1990	CHRISTMAS IS A TIME TO SHARE 119830	OP	19.00	19.00
1990	CHRISTMAS IS A TIME TO SHARE 119938	OP	10.00	10.00
1990	MAY THIS CHRISTMAS DAY 119865	OP	40.00	40.00
1990	MAY YOUR HEART BE FILLED 119911	OP	65.00	65.00
1990	MAY YOUR STOCKING BE FILLED 119857	OP	23.00	23.00
1990	SOUND OF LOVE IS FELT, THE- 119881	OP	25.00	25.00
1990	SWEET MUSIC & BEAUTIFUL MEMORIES 119873	OP	25.00	25.00
1990	WISHING YOU GENTLE MOMENTS 119946	OP	18.00	118.00
1991	BABIES ARE THE GREATEST GIFT/GOD 121266	OP	25.00	25.00
1991	BABIES TOUCH YOUR HEART 118788	OP	55.00	55.00
1991	KEEP THE SPECIAL MEMORIES 122777	OP	75.00	75.00
1991	MAY GOD'S LOVE FILL YOUR HEART 120553	OP	50.00	50.00
1991	MAY GOD'S LOVE FILL YOUR LIFE 120561	OP	45.00	45.00
1991	MAY THE BLESSINGS OF EASTER BRING 120529	OP	25.00	25.00
1991	MAY THIS SPECIAL SEASON REAWAKEN 122688	OP	60.00	60.00
1991	MAY YOUR LIFE BE FILLED WITH 121312	OP	120.00	120.00
1991	MAY YOUR LIFE TOGETHER BE FILLED 121398	OP	23.00	23.00
1991	MEMORIES ARE MADE OF SIMPLE JOYS 122653	OP	60.00	60.00
1991	MUSIC AND MEMORIES FILL THIS 119873	OP	27.00	27.00
1991	PLEASE FEEL BETTER SOON 121258	OP	23.00	23.00
1991	REJOICE IN GOD'S LOVE 120537	OP	23.00	23.00
1991	SPRING IS A TIME OF LOVE 120588	OP	19.00	19.00
1991	WARM WISHES TO SOMEONE SPECIAL 122726	OP	60.00	60.00
1991	WISHING YOU GENTLE HUGS 120510	OP	25.00	25.00
1991	WISHING YOU GOD'S BLESSINGS 120545	OP	23.00	23.00
1991	WITH LOVE TO MY SPECIAL ONE 120502	OP	45.00	45.00
1992	CHRISTMAS IS A SPECIAL GIFT 117692	OP	17.00	17.00
1992	CHRISTMAS IS A TIME OF LOVE 119962	OP	14.00	14.00
1992	CHRISTMAS IS A TIME TO BELIEVE 122718	OP	14.00	14.00
1992	CHRISTMAS IS A TIME TO SHARE 117676	OP	28.00	28.00
1992	CHRISTMAS IS PEACE, LOVE 118184	OP	23.00	23.00
1992	CHRISTMAS IS PEACE, LOVE 118214	OP	60.00	60.00
1992	I'M WRAPPING UP ALL MY DREAMS 119717	OP	30.00	30.00
1992	IT'S THE SEASON OF SHARING 125342	OP	16.00	17.00
1992	IT'S TIME FOR CHRISTMAS 117889	OP	25.00	25.00
1992	JOIN IN THE CHORUS 125318	OP	10.00	10.00
1992	MAY CHRISTMAS BLESS YOU W/GIFTS 118192	OP	23.00	23.00
1992	MAY CHRISTMAS BRING YOU ALL/JOY 120413	OP	20.00	20.00
1992	MAY GOD'S SPECIAL BLESSINGS 123145	OP	33.00	33.00
1992	MAY THIS SPECIAL SEASON 118559	OP	15.00	16.00
1992	MAY THIS SPECIAL SEASON 122688	OP	30.00	30.00
1992	MAY YOU SHARE A NEW YEAR 119733	OP	11.00	12.00
1992	MAY YOUR DAYS BE FILLED WITH LOVE 123188	OP	60.00	60.00
1992	MEMORIES ARE MADE OF SIMPLE JOYS 122653	OP	30.00	30.00
1992	MY FAVORITE THINGS 125334	OP	15.00	16.00
1992	REJOICE IN GOD'S LOVE 121789	OP	38.00	38.00
1992	SANTA'S LITTLE HELPER 125326	OP	16.00	17.00
1992	THREE PIECE CHRISTMAS COLLECTION 118176	OP	57.00	57.00
1992	WARM WISHES TO SOMEONE SPECIAL 122726	OP	30.00	30.00
1992	WISH ON THE CHRISTMAS STAR 117897	OP	25.00	25.00
1992	WISHING YOU MANY MOMENTS OF LOVE 123137	OP	30.00	30.00
1992	WISHING YOU SPECIAL BLESSINGS 117609	OP	12.00	13.00
1992	WONDER OF THIS SPECIAL SEASON, THE- 118206	OP	15.00	16.00
L. RIGG				**LUCY & ME**
1986	BRIDE/GROOM WITH TOP HAT	*	14.00	14.00
1994	DIANE	2000	30.00	33.00
1994	DRESSED AS FLOWER BOX- 4 PC	*	10.00	10.00
1994	JOAN	2000	30.00	33.00
1994	LINDA	2000	30.00	33.00
1994	MIZPAH FRIENDS- 2 PC	*	20.00	20.00
1995	15TH ANNIVERSARY	1993	10.00	10.00
1995	ALISON	2000	30.00	30.00
1995	BABY/CRADLE- MINI ACTION MUSICAL	*	35.00	35.00
1995	BEAR W/COLLECTION OF LUCY & ME FIGS	2000	30.00	30.00
1995	BEAR WITH POUNDING BLOCK TOY	*	10.00	10.00
1995	BRIDE/GROOM- DOUBLE	*	20.00	20.00
1995	DRESSED AS AUTO MECHANIC	*	10.00	10.00
1995	DRESSED AS BABY POWDER	*	10.00	10.00
1995	DRESSED AS CARTON OF POPCORN	*	10.00	10.00
1995	DRESSED AS DIAPER BOX	*	10.00	10.00
1995	DRESSED AS HIKING SCOUT	*	10.00	10.00
1995	DRESSED AS HOT DOG	*	10.00	10.00
1995	DRESSED AS PEANUT BUTTER SANDWICH	*	10.00	10.00
1995	DRESSED AS REAL ESTATE AGENT	*	10.00	10.00

YR	NAME	LIMIT	ISSUE	TREND
1995	DRESSED AS RECYCLE BEAR	*	10.00	10.00
1995	DRESSED AS SCOUT SLEEPING	*	10.00	10.00
1995	DRESSED AS SCOUT WITH COOKIES	*	10.00	10.00
1995	DRESSED AS SCOUT WITH SMORES	*	10.00	10.00
1995	FOUR SEASONS	2000	30.00	30.00
1995	MRS. SANTA CLAUS	2000	30.00	30.00
1995	ROMEO & JULIET	2000	30.00	30.00
1995	SANTA CLAUS	2000	30.00	30.00
1995	SUSIE	2000	30.00	30.00
1995	WEARING WOW/MOM SHIRT-DOUBLE	*	20.00	20.00
1996	BEAR CROSS STITCHING	*	10.00	10.00
1996	BEAR HOLDING PHOTO FRAME	*	10.00	10.00
1996	BEAR PAINTING	*	10.00	10.00
1996	BEAR QUILTING	*	10.00	10.00
1996	BEAR SEWING	*	10.00	10.00
1996	BEAR WITH TRAVEL BROCHURES	*	10.00	10.00
1996	BEARS STANDING IN LINE	2000	30.00	30.00
1996	COUPLE ON COUCH- MUSICAL	*	40.00	40.00
1996	DRESSED AS ANNIVERSARY INVITATION	*	10.00	10.00
1996	DRESSED AS BABY SHOWER INVITATION	*	10.00	10.00
1996	DRESSED AS BATH SALTS	*	10.00	10.00
1996	DRESSED AS BATHROBE	*	10.00	10.00
1996	DRESSED AS BIRTHDAY INVITATION	*	10.00	10.00
1996	DRESSED AS BRIDAL INVITATION	*	10.00	10.00
1996	DRESSED AS CAMERA	*	10.00	10.00
1996	DRESSED AS CELEBRATION INVITATION	*	10.00	10.00
1996	DRESSED AS CHOCOLATE STRAWBERRY	*	10.00	10.00
1996	DRESSED AS COSMETIC BAG	*	10.00	10.00
1996	DRESSED AS CREDIT CARD	*	10.00	10.00
1996	DRESSED AS DUSTING POWDER	*	10.00	10.00
1996	DRESSED AS GRADUATION	*	10.00	10.00
1996	DRESSED AS HANDMIRROR	*	10.00	10.00
1996	DRESSED AS MAPLE SYRUP TIN	*	10.00	10.00
1996	DRESSED AS NAILPOLISH BOTTLE	*	10.00	10.00
1996	DRESSED AS POSTCARD	*	10.00	10.00
1996	DRESSED AS PRETZEL	*	10.00	10.00
1996	DRESSED AS SUGAR WAFER- 3 PC	*	10.00	10.00
1996	DRESSED AS SUITCASE	*	10.00	10.00
1996	DRESSED AS VEGETABLE CRATE- 4 PC	*	10.00	10.00
1996	HOLDING LOCKET/KEY- 2 PC	*	20.00	20.00
1996	PARTY BACKER CARD	*	10.00	10.00
1996	SPA BACKER CARD	*	10.00	10.00
1996	SUMMER VACATION BACKER CARD	*	10.00	10.00
1997	ANGEL WITH BANNER- DATED	YR	10.00	10.00
1997	ANGEL WITH WAND	*	10.00	10.00
1997	BEAR AS SHEPHERD/DRUMMER- 2 PC	*	10.00	10.00
1997	BEAR DRESSED AS KING- 3 PC	*	30.00	30.00
1997	BEARS SLEDDING- 3 PC	*	12.00	13.00
1997	CHRISTMAS PAGEANT MUG	*	8.00	8.00
1997	DRESSED AS DEVIL BOBBING APPLES	*	10.00	10.00
1997	DRESSED AS SNOWMAN	*	10.00	10.00
1997	HALLOWEEN- 2 PC	*	10.00	10.00
1997	NATIVITY PAGEANT- 2 PC	*	20.00	20.00
M. RHYNER-NADIG			**MARY'S MOO MOOS**	
1994	AN UN-EGGSPECTED PLEASURE 628840	RT	*	N/A
1994	BUTTER CREAM WISHES 627747	RT	*	N/A
1994	COOKIES ARE FOR SHARING 627739	RT	*	N/A
1994	CREAM OF THE CROP 628859	RT	*	N/A
1994	I'M LUCKY TO KNOW YOU 627755	RT	*	N/A
1994	MERRY CHRISTMOOS 651702	RT	*	N/A
1994	ONCE UPON A MIDNIGHT STEER 651680	RT	*	N/A
1994	OUTSTANDING IN YOUR OWN FIELD 627720	RT	*	N/A
1994	PASTURE BEDTIME 627763	RT	*	N/A
1994	SHUCKS, YOU'RE SWEET 627712	RT	*	N/A
1994	YOU ARE THE APPLE OF MY EYE 628867	RT	*	N/A
M. RHYNER-NADIG			**MARY'S MOO MOOS 97 HALLOWEEN**	
1997	ALL WRAPPED UP IN MOO	OP	15.00	15.00
1997	COVERED MUSIC BOX- 3 PC	OP	20.00	20.00
1997	I VANT TO DRINK MY MILK	OP	15.00	15.00
1997	LAPEL PINS- 3 PC	OP	5.00	5.00
1997	MOO STEER ME IN THE RIGHT DIRECTION	OP	15.00	15.00
M. RHYNER-NADIG		**MARY'S MOO MOOS AMER. DIABETES DED.**		
1997	WATCHING OVER MOO NOW AND HEIFER	7200	65.00	65.00
M. RHYNER-NADIG			**MARY'S MOO MOOS BARN UNTO US**	
1996	AW, STUCK! THIS IS ALL I HAVE FOR HIM	OP	16.00	17.00
1996	BARN UNTO US	OP	6.00	6.00
1996	HAY! WE HAVE PLENTY OF ROOM	OP	14.00	13.00
1996	HERD IT FROM AN ANGEL	OP	16.00	17.00
1996	I WOOD BUILD SOMETHING FOR HIM	OP	16.00	16.00
1996	IS HE REALLY A KING MOO-MY?	OP	16.00	17.00
1996	STACKED IN OUR FAVOR	OP	16.00	17.00
1996	WEE, WEE, WEE, FOLLOWED THE STAR	OP	14.00	14.00
1996	YOU BRING SUNSHINE TO OUR LIVES	OP	14.00	14.00
M. RHYNER-NADIG		**MARY'S MOO MOOS BE MOO TO YOUR SCHOOL**		
1997	BLACK/YELLOW	OP	8.00	8.00
1997	BLUE/WHITE	OP	8.00	8.00
1997	BLUE/YELLOW	OP	8.00	8.00
1997	GREEN/WHITE	OP	8.00	8.00
1997	GREEN/YELLOW	OP	8.00	8.00

YR	NAME	LIMIT	ISSUE	TREND
1997	ORANGE/YELLOW	OP	8.00	8.00
1997	PURPLE/WHITE	OP	8.00	8.00
1997	PURPLE/YELLOW	OP	8.00	8.00
1997	RED/WHITE	OP	8.00	8.00
1997	RED/YELLOW	OP	8.00	8.00
M. RHYNER-NADIG		**MARY'S MOO MOOS BOO MOOS**		
1996	I CAST MY SPELL ON MOO!	OP	14.00	14.00
1996	LIFE IS A MOOSQUERADE	RT	14.00	14.00
1996	MUSICAL STUMP	OP	12.00	15.00
1996	PEEK-A-MOO!	OP	14.00	14.00
1996	WHO-O-O ARE MOOO-O-O?	OP	14.00	14.00
M. RHYNER-NADIG		**MARY'S MOO MOOS BRANDED WITH LOVE**		
1997	CLOCK	OP	40.00	40.00
1997	COVERED BOX	OP	20.00	20.00
1997	LAPEL PINS- 2 PC	OP	4.00	4.00
1997	MOO CARVED A PLACE IN MY HEART	RT	14.00	14.00
1997	PENCIL CUP	OP	25.00	25.00
1997	PHOTOFRAME	OP	25.00	25.00
1997	WHITTLE LOVE GOES A LONG WAY, A	OP	15.00	15.00
M. RHYNER-NADIG		**MARY'S MOO MOOS COUNTRY WEDDING**		
1996	BEST BULL	OP	14.00	14.00
1996	FLOUR GIRL	OP	10.00	10.00
1996	GROOMS BULL	OP	14.00	14.00
1996	I'LL NEVER LOVE AN UDDER	OP	15.00	15.00
1996	MILK MAID	OP	14.00	14.00
1996	MILK MAID OF HONOR	OP	14.00	14.00
1996	RING BEARER	OP	10.00	10.00
M. RHYNER-NADIG		**MARY'S MOO MOOS COUNTRY WEDDING MUSICAL**		
1996	WEDDING MARCH	OP	100.00	100.00
M. RHYNER-NADIG		**MARY'S MOO MOOS DATED 1997**		
1997	IT'S BUTTER TO GIVE THAN TO RECEIVE	YR	16.00	17.00
M. RHYNER-NADIG		**MARY'S MOO MOOS MOO IN THE BOX**		
1996	HOOFY HOLIDAYS	OP	12.00	12.00
1996	I LOVE MOO!	OP	12.00	12.00
1996	MOOEY CHRISTMAS	OP	12.00	13.00
M. RHYNER-NADIG		**MARY'S MOO MOOS MOOEY CHRISTMAS**		
1996	WHEEE ARE MOOVIN!	OP	170.00	170.00
1996	WHEEE ARE MOOVIN!/DATED	YR	12.00	13.00
M. RHYNER-NADIG		**MARY'S MOO MOOS MOOS OF THE MONTH**		
1997	AMERICOW THE BEAUTIFUL	OP	18.00	18.00
1997	CORN BEEF & CABBAGE	OP	18.00	18.00
1997	I'M JUST A COW WHO CAN'T SAY NO	OP	18.00	18.00
1997	I'M SO LUCKY YOU'RE MY DUCKY	OP	18.00	18.00
1997	I'M TEMPTING MOO	OP	18.00	18.00
1997	KISS MOO	OP	18.00	18.00
1997	MAKING THE GRADE	OP	18.00	18.00
1997	MAY THE SUN ALWAYS SHINE ON MOO	OP	18.00	18.00
1997	MOO & ME BY THE SEA	OP	18.00	18.00
1997	MOO AUTUMN BE IN PICTURES	OP	18.00	18.00
1997	MOOING THE LAWN	OP	18.00	18.00
1997	SKI MOO LATER	OP	18.00	18.00
M. RHYNER-NADIG		**MARY'S MOO MOOS MOOSENGERS OF LOVE**		
1996	HAY! I LOVE YOU	OP	7.00	7.00
1996	HOLSTEIN YOU CLOSE	OP	6.00	7.00
1996	I LOVE YOU DAIRY MUCH	OP	6.00	7.00
M. RHYNER-NADIG		**MARY'S MOO MOOS SLEIGHBULLS RING...**		
1997	I'M DREAMING OF A WHITE CHRISTMOOS-MUSICAL	OP	20.00	20.00
1997	JINGLE BULLS	OP	30.00	30.00
1997	SILENT NIGHT, HOLY COW- MUSICAL	OP	20.00	20.00
1997	WE WISH YOU A MERRY CHRISTMAS- MUSICAL	OP	25.00	25.00
M. RHYNER-NADIG		**MARY'S MOO MOOS SOWING THE SEEDS**		
1997	HOE DO YOU DO	OP	18.00	18.00
1997	I DIG MOO	OP	18.00	18.00
1997	MOO MOOS IN POTS- 4 PC	OP	8.00	8.00
1997	OUR LOVE IS GROWING	OP	20.00	20.00
1997	SEED WALL HANGING	OP	25.00	25.00
1997	SOWING THE SEEDS OF FRIENDSHIP	OP	14.00	14.00
1997	TROWEL PLANT STICKS- 2 PC	OP	8.00	8.00
1997	TROWEL PLAQUE- 2 PC	OP	20.00	20.00
1997	WIND CHIME	OP	30.00	30.00
M. RHYNER-NADIG		**MARY'S MOO MOOS SPRING IS IN THE AIR**		
1996	ALL A-BUZZ OVER YOU	OP	7.00	7.00
1996	I'M MOOVIN INTO SPRING	OP	10.00	10.00
1996	SPRING IS IN THE AIR	OP	8.00	8.00
1996	TAKE ME OUT TO THE BULL GAME	OP	7.00	7.00
M. ATTWELL		**MEMORIES OF YESTERDAY**		
1988	ANYWAY, FIDO LOVES ME 114588	SU	30.00	33.00
1988	CAN I KEEP HER MOMMY? 114545	RT	25.00	28.00
1988	DEAR SANTA 115002	SU	50.00	75.00
1988	GOOD MORNING, MR. SNOWMAN 115401	RT	75.00	85.00
1988	HANG ON TO YOUR LUCK! 114510	SU	25.00	28.00
1988	HE KNOWS IF YOU'VE BEEN BAD/GOOD 115355	SU	40.00	45.00
1988	HOW 'BOUT A LITTLE KISS? 114987	RT	25.00	28.00
1988	HOW DO YOU SPELL S-O-R-R-Y? 114529	RT	25.00	40.00
1988	HUSH! 114553	RT	45.00	70.00
1988	I HOPE SANTA IS HOME 115010	OP	30.00	50.00
1988	I PRAY THE LORD MY SOUL TO KEEP 523259	OP	25.00	47.00
1988	IF YOU CAN'T BE GOOD, BE CAREFUL 114596	RT	50.00	55.00

YR	NAME	LIMIT	ISSUE	TREND
1988	IS IT REALLY SANTA? 115347	RT	50.00	65.00
1988	IT HURTS WHEN FIDO HURTS 114561	RT	30.00	33.00
1988	IT'S THE THOUGHT THAT COUNTS 115029	SU	25.00	28.00
1988	MOMMY, I TEARED IT 114480	OP	25.00	28.00
1988	MOMMY, I TEARED IT 523488	10000	25.00	310.00
1988	MOMMY, I TEARED IT, 9 IN. 115924	YR	85.00	145.00
1988	NOW HE CAN BE YOUR FRIEND, TOO! 115363	SU	45.00	50.00
1988	NOW I LAY ME DOWN TO SLEEP 114499	RT	20.00	45.00
1988	SPECIAL DELIVERY 114979	RT	30.00	45.00
1988	WAITING FOR SANTA 114995	OP	40.00	55.00
1988	WE WISH YOU A MERRY CHRISTMAS 115371	SU	70.00	75.00
1988	WELCOME SANTA 114960	SU	45.00	60.00
1988	WE'S HAPPY! HOW'S YOURSELF? 114502	RT	40.00	45.00
1988	WHAT WILL I GROW UP TO BE? 114537	SU	40.00	45.00
1989	AS GOOD AS HIS MOTHER EVER MADE 522392	RT	33.00	150.00
1989	BLOW WIND, BLOW 520012	RT	40.00	40.00
1989	DADDY, I COULD NEVER FILL/SHOES 520187	RT	30.00	30.00
1989	FOR FIDO AND ME 522457	OP	70.00	70.00
1989	HERE COMES THE BRIDE AND GROOM 520896	SU	50.00	50.00
1989	HERE COMES THE BRIDE, 9 IN. 520527	CL	95.00	95.00
1989	I'SE SPOKEN FOR 520071	RT	30.00	30.00
1989	JOY TO YOU AT CHRISTMAS 522449	RT	45.00	45.00
1989	KNITTING YOU A WARM & COZY WINTER 522414	SUSU	38.00	38.00
1989	LET'S BE NICE LIKE WE WAS BEFORE 520047	SU	50.00	50.00
1989	LONG AND SHORT OF IT, THE- 522384	RT	33.00	33.00
1989	MUST FEED THEM OVER CHRISTMAS 522406	RT	39.00	39.00
1989	SHOULD I...? 520209	SU	50.00	50.00
1989	THIS ONE'S FOR YOU DEAR 520195	SU	50.00	50.00
1989	WE'S HAPPY! HOW'S YOURSELF? 520616	RT	70.00	70.00
1990	A DASH OF SOMETHING W/SOMETHING 524727	RT	55.00	55.00
1990	A LAPFUL OF LUCK 524689	OP	15.00	30.00
1990	A LAPFUL OF LUCK 525014	5000	30.00	30.00
1990	COLLECTION SIGN 513156	CL	7.00	7.00
1990	GOT TO GET HOME FOR THE HOLIDAYS 524751	RT	100.00	100.00
1990	GREATEST TREASURE THE WORLD, THE- 524808	RT	50.00	50.00
1990	HE HASN'T FORGOTTEN ME 523267	SU	30.00	32.00
1990	HERE COMES THE BRIDE AND GROOM 520136	SU	80.00	80.00
1990	HOLD IT! YOU'RE JUST SWELL 520020	SU	50.00	50.00
1990	HOPING TO SEE YOU SOON 524824	SU	30.00	30.00
1990	HUSH-A-BYE BABY 524778	RT	80.00	80.00
1990	I'M NOT AS BACKWARD AS I LOOKS 523240	RT	33.00	33.00
1990	I'SE BEEN PAINTING 524700	SU	38.00	38.00
1990	KISS THE PLACE AND MAKE IT WELL 520039	SU	50.00	50.00
1990	LET ME BE YOUR GUARDIAN ANGEL 524670	OP	33.00	33.00
1990	LUCK AT LAST! HE LOVES ME 520217	RT	35.00	35.00
1990	NOT A CREATURE WAS STIRRIN' 524697	SU	45.00	45.00
1990	TIME FOR BED, 9 IN. 523275	TL	95.00	95.00
1990	WHERE'S MUVVER? 520101	RT	30.00	30.00
1991	COULD YOU LOVE ME FOR MYSELF? 525618	RT	30.00	30.00
1991	FRIENDSHIP HAS NO BOUNDARIES 525545	YR	30.00	30.00
1991	GIVE IT YOUR BEST SHOT 525561	OP	35.00	35.00
1991	GOOD MORNING, LITTLE BOO-BOO 525766	RT	40.00	40.00
1991	HE LOVES ME, 9 IN. 525022	TL	100.00	100.00
1991	I MUST BE SOMEBODY'S DARLING 522635	RT	30.00	30.00
1991	I'M AS COMFY AS CAN BE 525480	SU	50.00	50.00
1991	JUST THINKING 'BOUT YOU 523461	SU	70.00	70.00
1991	OPENING PRESENTS IS MUCH FUN! 524735	SU	38.00	38.00
1991	PULL YOURSELVES TOGETHER GIRLS 522783	RT	30.00	30.00
1991	SITTING PRETTY 522708	RT	40.00	40.00
1991	S'NO USE LOOKIN' BACK NOW! 527203	YR	75.00	75.00
1991	THEM DISHES NEARLY DONE 524611	SU	50.00	50.00
1991	TYING THE KNOT 522678	RT	60.00	60.00
1991	WE ALL LOVES A CUDDLE 524832	RT	30.00	30.00
1991	WHEREVER I AM/I'M DREAMING OF YOU 522686	SU	40.00	40.00
1991	WHO EVER TOLD MOTHER/TWINS? 520063	OP	34.00	34.00
1991	WHY DON'T YOU SING ALONG? 522600	RT	55.00	55.00
1991	WISHFUL THINKING 522597	OP	45.00	45.00
1992	A KISS FROM FIDO 523119	SU	35.00	35.00
1992	A WHOLE BUNCH OF LOVE FOR YOU 522732	RT	40.00	40.00
1992	HURRY UP FOR THE LAST TRAIN 525863	SU	40.00	40.00
1992	I PRAY THE LORD MY SOUL TO KEEP 525596	SU	65.00	65.00
1992	I'M HOPIN' YOU'RE MISSING ME TOO 525499	SU	55.00	55.00
1992	I'SE SO HAPPY YOU CALLED 526401	TL	100.00	100.00
1992	I'SE SUCH A GOOD LITTLE GIRL 522759	SU	30.00	30.00
1992	NOW BE A GOOD DOG FIDO 524581	RT	45.00	45.00
1992	SEND ALL LIFE'S LITTLE WORRIES 527505	RT	30.00	30.00
1992	TIME FOR BED 527076	OP	30.00	30.00
1992	YOU'LL ALWAYS BE MY HERO 524743	RT	50.00	50.00
1993	HULLO! DID YOU COME BY UNDERGROUND?	500	40.00	40.00
1993	I'M ALWAYS LOOKING OUT FOR YOU	OP	55.00	55.00
1993	LITTLE MISS MUFFET	18000	50.00	50.00
1993	MARY HAD A LITTLE LAMB	18000	45.00	45.00
1993	MARY, MARY QUITE CONTRARY	18000	45.00	45.00
1993	MOTHER GOOSE	18000	50.00	50.00
1993	NOW I'M THE FAIREST OF THEM ALL	OP	35.00	35.00
1993	SIMPLE SIMON	18000	35.00	35.00
1994	A LITTLE LOVE SONG-FOR YOU!	OP	35.00	35.00
1994	DAYS OF THE WEEK SET	1994	250.00	250.00
1994	THANK GOD FOR FIDO	OP	30.00	30.00

YR	NAME	LIMIT	ISSUE	TREND
1994	TWEEDLE DUM & TWEEDLE DEE	10000	25.00	25.00
1994	WOT'S ALL THIS TALK ABOUT LOVE?	OP	28.00	28.00
1995	A LITTLE HELP FROM FAIRYLAND	1995	55.00	55.00
1995	BOO-BOO'S BAND SET OF FIVE	OP	12.00	13.00
1995	DEAR OLD DEAR, WISH YOU WERE HERE	5000	38.00	38.00
1995	I COMFORT FIDO & HE COMFORTS ME	5000	50.00	50.00
1995	JOIN ME FOR A LITTLE SONG	5000	50.00	50.00
1995	SHARING THE COMMON THREAD OF LOVE	OP	100.00	100.00
1995	WON'T YOU SKATE WITH ME	5000	35.00	35.00
1995	WRAPPED IN LOVE & HAPPINESS	OP	35.00	35.00
1996	A MOO ADDITION TO OUR FAMILY	7300	60.00	60.00
1996	BASKET FULL OF LOVE, A	OP	50.00	50.00
1996	GOD BLESS OUR FUTURE	5000	45.00	45.00
1996	HOW GOOD OF GOD TO MAKE US ALL	5000	50.00	50.00
1996	JUST LIKE DADDY	7500	28.00	28.00
1996	JUST LONGING TO SEE YOU	7500	28.00	28.00
1996	LOVING YOU ONE STITCH AT A TIME	5000	50.00	50.00
1996	PUT YOUR BEST FOOT FORWARD	5000	50.00	50.00
1996	WE ARE ALL HIS CHILDREN	OP	28.00	28.00
1996	WE'D DO ANYTHING FOR YOU, DEAR	5000	38.00	38.00
1996	WE'RE IN TROUBLE NOW!	7500	38.00	38.00
1996	WHENEVER I GET A MOMENT-I THINK OF YOU	7500	38.00	38.00
1996	YOU WARM MY HEART	7500	35.00	35.00
1997	ALICE IN WONDERLAND	3000	150.00	150.00
1997	BRINGING GIFTS OF FRIENDSHIP TO SHARE!	5000	38.00	38.00
1997	DREAMS ARE SWEETER WITH FRIENDS	5000	38.00	38.00
1997	HOPING TO SEE YOU SOON (COVERED BOX)	OP	25.00	25.00
1997	HOW 'BOUT A LITTLE KISS (COVERED BOX)	OP	25.00	25.00
1997	I KNOW YOU CAN DO IT!	5000	35.00	35.00
1997	I PRAY THE LORD MY SOUL TO KEEP (COVERED BOX)	OP	25.00	25.00
1997	IN THE HANDS OF A GUARDIAN ANGEL	5000	50.00	50.00
1997	LET ME BE YOUR GUARDIAN ANGEL (COVERED BOX)	OP	25.00	25.00
1997	LET YOUR LIGHT SHINE	5000	30.00	30.00
1997	MAY I HAVE THIS DANCE?	5000	50.00	50.00
1997	NOW DO YOU LOVE ME OR DO YOU DON'T	OP	20.00	20.00
1997	NOW I LAY ME DOWN TO SLEEP	RT	25.00	25.00
1997	ROSES ARE RED- VIOLETS ARE BLUE	OP	20.00	20.00
1997	THERE'S ALWAYS A RAINBOW	5000	38.00	38.00
1997	TIME FOR BED	OP	25.00	25.00
1997	YOU'RE MY BOUQUET OF BLESSINGS	5000	30.00	30.00
1997	YOU'RE NICE	OP	20.00	20.00
M. ATTWELL	**MEMORIES OF YESTERDAY 10TH ANNIVERSARY COMMISSION**			
1997	MEETING SPECIAL FRIENDS ALONG THE WAY	YR	85.00	85.00
1997	MEETING SPECIAL FRIENDS ALONG THE WAY- BOX	YR	14.00	14.00
M. ATTWELL	**MEMORIES OF YESTERDAY A LOVING WISH**			
1996	YOU ARE MY SHINING STAR	OP	25.00	25.00
1996	YOU BRIGHTEN MY DAYS	OP	25.00	25.00
M. ATTWELL	**MEMORIES OF YESTERDAY COMFORTING THOUGHTS**			
1995	YOU'RE MY SUNSHINE ON A RAINY DAY	OP	38.00	38.00
1997	YOU MAKE MY HEART FEEL GLAD	5000	30.00	30.00
M. ATTWELL	**MEMORIES OF YESTERDAY EVENT ONLY**			
1996	A SWEET TREAT FOR YOU	YR	30.00	30.00
1997	MOMMY, I TEARED IT	YR	28.00	28.00
M. ATTWELL	**MEMORIES OF YESTERDAY FRIENDSHIP**			
1996	I LOVE YOU THIS MUCH!	OP	25.00	25.00
1996	I MISS YOU	OP	25.00	25.00
1996	THINKING OF YOU	OP	25.00	25.00
1996	YOU AND ME	OP	23.00	23.00
M. ATTWELL	**MEMORIES OF YESTERDAY HERITAGE**			
1996	I DO LIKE MY HOLIDAY CREWS	1996	100.00	100.00
1996	PETER PAN COLLECTOR'S SET	1000	150.00	150.00
1996	TUCKING MY DEARS ALL SAFE AWAY	YR	50.00	50.00
1997	EVERY STITCH IS SEWN WITH KINDNESS	YR	50.00	50.00
1997	WE'RE GOING TO BE GREAT FRIENDS	YR	50.00	50.00
M. ATTWELL	**MEMORIES OF YESTERDAY NATIVITY PAGEANT**			
1995	INNKEEPER	OP	28.00	28.00
1996	SHEPHERD	OP	28.00	28.00
M. ATTWELL	**MEMORIES OF YESTERDAY PETER PAN**			
1996	JOHN	OP	30.00	30.00
1996	MICHAEL	OP	30.00	30.00
1996	PETER PAN	OP	25.00	25.00
1996	TINKERBELL	OP	20.00	20.00
1996	WENDY	OP	25.00	25.00
M. ATTWELL	**MEMORIES OF YESTERDAY SOCIETY**			
1991	WELCOME TO YOUR NEW HOME M4911	YR	30.00	50.00
1996	PEACE HEAVENLY PEACE	YR	30.00	30.00
1996	YOU'VE GOT MY VOTE	YR	40.00	40.00
1997	WE TAKE CARE OF ONE ANOTHER	YR	45.00	45.00
1997	YOU MEAN THE WORLD TO ME	YR	40.00	40.00
M. ATTWELL	**MEMORIES OF YESTERDAY SYMBOL OF MEMBERSHIP**			
1991	WE BELONG TOGETHER S-0001	YR	30.00	40.00
1993	I'M THE GIRL FOR YOU	YR	*	40.00
1994	BLOWING A KISS TO A DEAR I MISS	YR	*	N/A
1995	TIME TO CELEBRATE	YR	*	N/A
1996	FORGET-ME-NOT	YR	*	N/A
1997	HOLDING ONTO CHILDHOOD MEMORIES	YR	*	N/A

YR	NAME	LIMIT	ISSUE	TREND
M. ATTWELL		**MEMORIES OF YESTERDAY WHEN I GROW UP**		
1996	BUSINESSMAN	OP	25.00	25.00
1996	BUSINESSWOMAN	OP	25.00	25.00
S. BUTCHER				**NOAH'S ARK**
1995	CONGRATULATIONS, YOU EARNED YOUR STRIPES 127609	OP	15.00	15.00
1996	I'D GOAT ANYWHERE WITH YOU 163694	OP	10.00	13.00
P. FAGAN				**PENNYWHISTLE LANE**
1994	TRUNK OF TEDDIES	1000	60.00	60.00
S. BUTCHER				**PRECIOUS MOMENTS**
*	DOME W/KIDS ON CLOUD FIGURINE E7350	*	*	825.00
1976	HE CARETH FOR YOU E1377B	SU	9.00	120.00
1976	PRAISE THE LORD ANYHOW E1374B	RT	8.00	96.00
1976	PRAYER CHANGES THINGS E1375B	SU	11.00	220.00
1977	HE LEADETH ME E1377A	SU	9.00	88.00
1977	JESUS IS THE ANSWER E1381R	RT	55.00	60.00
1977	LOVE IS KIND E1379A	SU	8.00	130.00
1977	LOVE LIFTED ME E1375A	RT	11.00	145.00
1977	O HOW I LOVE JESUS E1380B	RT	8.00	117.00
1978	JESUS IS BORN E2012	SU	12.00	122.00
1978	UNTO US A CHILD IS BORN E2013	SU	12.00	113.00
1978	WISHING YOU A SEASON FILLED W/JOY E-2805	RT	20.00	110.00
1979	BE NOT WEARY IN WELL DOING E-3111	RT	14.00	105.00
1979	BLESSED ARE THE PEACEMAKERS E-3107	RT	13.00	120.00
1979	BUT LOVE GOES ON FOREVER E-3115	OP	16.00	95.00
1979	CHRISTMAS IS A TIME TO SHARE E-2802	SU	20.00	90.00
1979	COME LET US ADORE HIM E-2011	RT	10.00	285.00
1979	CROWN HIM LORD OF ALL E-2803	SU	20.00	110.00
1979	EGGS OVER EASY E3118	RT	12.00	100.00
1979	GOD LOVETH A CHEERFUL GIVER E-1378	RT	10.00	950.00
1979	GOD UNDERSTANDS E-1379B	SU	8.00	130.00
1979	GOD'S SPEED E-3112	RT	14.00	90.00
1979	HAND THAT ROCKS THE FUTURE, THE- E-3108	SU	13.00	95.00
1979	HE CARETH FOR YOU E-1377B	SU	9.00	124.00
1979	HE LEADETH ME E-1377A	SU	9.00	130.00
1979	HE WATCHES OVER US ALL E-3105	SU	11.00	71.00
1979	HIS BURDEN IS LIGHT E-1380G	RT	17.00	150.00
1979	IT'S WHAT'S INSIDE THAT COUNTS E-3119	SU	13.00	120.00
1979	JESUS IS BORN E-2012	SU	12.00	140.00
1979	JESUS IS BORN E-2801	SU	37.00	350.00
1979	JESUS IS THE ANSWER E-1381	SU	12.00	145.00
1979	JESUS IS THE LIGHT E-1373G	RT	15.00	95.00
1979	JESUS LOVES ME E-1372B	RT	7.00	100.00
1979	JESUS LOVES ME E-1372G	OP	7.00	100.00
1979	LORD BLESS YOU AND KEEP YOU, THE- E-3114	OP	16.00	68.00
1979	LOVE IS KIND E-1379A	SU	8.00	110.00
1979	LOVE LIFTED ME E-1375A	RT	11.00	118.00
1979	LOVE ONE ANOTHER E-1376	OP	10.00	120.00
1979	LOVING IS SHARING E-3110B	RT	13.00	105.00
1979	LOVING IS SHARING E-3110G	OP	13.00	69.00
1979	MAKE A JOYFUL NOISE E-1374G	OP	8.00	95.00
1979	MOTHER SEW DEAR E-3106	OP	13.00	57.00
1979	NATIVITY SET OF 9 PCS. E2800	OP	70.00	200.00
1979	O, HOW I LOVE JESUS E-1380B	RT	17.00	140.00
1979	PEACE ON EARTH E-2804	SU	20.00	137.00
1979	PRAISE THE LORD ANYHOW E-1374B	RT	17.00	96.00
1979	PRAYER CHANGES THINGS E-1375B	SU	11.00	225.00
1979	PURR-FECT GRANDMA , THE-E-3109	OP	13.00	100.00
1979	SMILE, GOD LOVES YOU E-1373B	RT	7.00	80.00
1979	THEE I LOVE E-3116	RT	16.00	109.00
1979	THOU ART MINE E-3113	OP	16.00	65.00
1979	TO THEE W/LOVE E3120	SU	13.00	90.00
1979	UNTO US A CHILD IS BORN E-2013	SU	12.00	125.00
1979	WALKING BY FAITH E-3117	OP	35.00	103.00
1979	WE HAVE SEEN HIS STAR E-2010	SU	8.00	110.00
1980	BEAR YE ONE ANOTHER'S BURDENS E-5200	SU	20.00	94.00
1980	BLESSED ARE THE PURE IN HEART E-3104	SU	9.00	55.00
1980	COME LET US ADORE HIM E-5619	SU	10.00	40.00
1980	COW WITH BELL FIGURINE E-5638	OP	16.00	45.00
1980	DONKEY FIGURINE E-5621	OP	6.00	25.00
1980	GOD IS LOVE E-5213	SU	17.00	125.00
1980	HEAVENLY LIGHT, THE- E-5637	OP	15.00	55.00
1980	ISN'T HE WONDERFUL E-5639	SU	12.00	64.00
1980	ISN'T HE WONDERFUL E-5640	SU	12.00	66.00
1980	LET NOT THE SUN GO DOWN...WRATH E-5203	SU	23.00	190.00
1980	LORD BLESS YOU AND KEEP YOU, THE- E-4720	SU	14.00	50.00
1980	LORD BLESS YOU AND KEEP YOU, THE- E-4721	OP	14.00	53.00
1980	LOVE CANNOT BREAK/TRUE FRIENDSHIP E-4722	SU	23.00	140.00
1980	LOVE LIFTED ME E-5201	SU	25.00	90.00
1980	MY GUARDIAN ANGEL E-5207	SU	35.00	235.00
1980	NATIVITY WALL E-5644 (SET OF 2)	*	60.00	160.00
1980	PEACE AMID THE STORM E-4723	SU	23.00	90.00
1980	PRAYER CHANGES THINGS E-5214	SU	35.00	100.00
1980	REJOICE O EARTH E-5636	RT	15.00	56.00
1980	REJOICING WITH YOU E-4724	OP	25.00	90.00
1980	SILENT KNIGHT E5642	SU	55.00	433.00
1980	THANK YOU FOR COMING TO MY AIDE E-5202	SU	23.00	129.00
1980	THEY FOLLOWED THE STAR E-5624	OP	130.00	300.00
1980	THEY FOLLOWED THE STAR E-5641	SU	75.00	225.00
1980	TO A SPECIAL DAD E-5212	SU	20.00	55.00

YR	NAME	LIMIT	ISSUE	TREND
1980	WEE THREE KINGS E-5635	OP	40.00	110.00
1981	BLESS THIS HOUSE E-7164	SU	45.00	225.00
1981	BUT LOVE GOES ON FOREVER E-0001	YR	*	170.00
1981	BUT LOVES GOES ON FOREVER E6118	SU	16.00	110.00
1981	FORGIVING IS FORGETTING E-9252	SU	38.00	82.00
1981	GOD IS LOVE, DEAR VALENTINE E-7153	SU	16.00	41.00
1981	GOD IS LOVE, DEAR VALENTINE E-7154	SU	16.00	41.00
1981	GOD IS WATCHING OVER YOU E-7163	SU	28.00	100.00
1981	HIS SHEEP AM I E-7161	SU	25.00	95.00
1981	I BELIEVE IN MIRACLES E-7156	SU	17.00	90.00
1981	LET THE WHOLE WORLD KNOW E-7165	SU	35.00	132.00
1981	LORD GIVE ME PATIENCE E-7159	SU	25.00	62.00
1981	LOVE BEARETH ALL THINGS E-7158	OP	25.00	59.00
1981	LOVE IS SHARING E-7162	SU	25.00	159.00
1981	PEACE ON EARTH E-4725	SU	25.00	90.00
1981	PERFECT GRANDPA , THE-E-7160	SU	25.00	74.00
1981	THANKING HIM FOR YOU E-7155	SU	16.00	57.00
1981	THERE IS JOY IN SERVING JESUS E-7157	RT	17.00	65.00
1982	3 MINI NATIVITY HOUSES/PALM TREE E-2387	OP	45.00	125.00
1982	ANIMAL COLLECTION, BUNNY E-9267C	SU	6.00	20.00
1982	ANIMAL COLLECTION, DOG E-9267B	SU	6.00	19.00
1982	ANIMAL COLLECTION, KITTY W/BOW E-9267D	SU	6.00	20.00
1982	ANIMAL COLLECTION, LAMB W/BIRD E-9267E	SU	6.00	20.00
1982	ANIMAL COLLECTION, PIG W/PATCHES E-9267F	SU	6.00	20.00
1982	ANIMAL COLLECTION, TEDDY BEAR E-9267A	SU	6.00	20.00
1982	BLESS YOU TWO E-9255	OP	21.00	50.00
1982	BUNDLES OF JOY E-2374	RT	28.00	100.00
1982	BUT LOVE GOES ON FOREVER PLAQUE E-0102	YR	*	75.00
1982	CAMEL E2363	OP	20.00	50.00
1982	CHRISTMAS JOY FROM HEAD TO TOE E2361	SU	25.00	73.00
1982	COME LET US ADORE HIM E-2395 (SET OF 11)	OP	80.00	150.00
1982	DROPPING IN FOR CHRISTMAS E-2350	SU	30.00	85.00
1982	DROPPING OVER FOR CHRISTMAS E-2375	RT	30.00	102.00
1982	END IS IN SIGHT, THE E-9253	SU	25.00	75.00
1982	ESPECIALLY FOR EWE E-9282C	SU	8.00	35.00
1982	FIRST NOEL, THE- E-2365	SU	16.00	70.00
1982	FIRST NOEL, THE-E-2366	SU	16.00	70.00
1982	GOAT FIGURINE E-2364	SU	10.00	65.00
1982	HOW CAN 2 WALK TOGETHER...AGREE E-9263	SU	35.00	155.00
1982	IF GOD BE FOR US...AGAINST US E-9285	SU	28.00	100.00
1982	I'LL PLAY MY DRUM FOR HIM E2355	SU	45.00	198.00
1982	I'LL PLAY MY DRUM FOR HIM E-2356	SU	30.00	93.00
1982	I'LL PLAY MY DRUM FOR HIM E-2360	OP	16.00	38.00
1982	JESUS LOVES ME E-9278	RT	9.00	24.00
1982	JESUS LOVES ME E-9279	OP	9.00	35.00
1982	JOY TO THE WORLD E2343	SU	9.00	49.00
1982	JOY TO THE WORLD E2344	SU	20.00	120.00
1982	LET HEAVEN AND NATURE SING E2346	SU	50.00	140.00
1982	LET HEAVEN AND NATURE SING E2347	15000	40.00	43.00
1982	LOVE IS PATIENT E-9251	SU	35.00	84.00
1982	MAY YOUR CHRISTMAS BE COZY E2345	SU	23.00	85.00
1982	MAY YOUR CHRISTMAS BE WARM E-2348	SU	30.00	120.00
1982	NOBODY'S PERFECT E-9268	RT	21.00	85.00
1982	O COME ALL YE FAITHFUL E2352	SU	45.00	170.00
1982	O COME ALL YE FAITHFUL E2353	RT	28.00	92.00
1982	OUR FIRST CHRISTMAS TOGETHER E-2377	SU	35.00	95.00
1982	PEACE ON EARTH E-9287	SU	38.00	168.00
1982	PRAISE THE LORD ANYHOW E9254	RT	35.00	93.00
1982	SEEK YE THE LORD E-9261	SU	21.00	49.00
1982	SEEK YE THE LORD E-9262	SU	21.00	63.00
1982	SENDING YOU A RAINBOW E-9288	SU	23.00	95.00
1982	SHARING OUR JOY TOGETHER E-2834	SU	25.00	55.00
1982	TASTE & SEE THAT THE LORD IS GOOD E-9274	RT	23.00	74.00
1982	TELL ME THE STORY OF JESUS E-2349	SU	30.00	105.00
1982	TO SOME BUNNY SPECIAL E-9282A	SU	8.00	32.00
1982	TRUST IN THE LORD E-9289	SU	20.00	80.00
1982	WE ARE GOD'S WORKMANSHIP E-9258	OP	19.00	47.00
1982	WE'RE IN IT TOGETHER E-9259	SU	24.00	79.00
1982	YOU HAVE TOUCHED SO MANY HEARTS 527661	SU	35.00	38.00
1982	YOU HAVE TOUCHED SO MANY HEARTS E-2821	SU	25.00	58.00
1982	YOU'RE WORTH YOUR WEIGHT IN GOLD E-9282B	SU	8.00	33.00
1983	BABY FIGURINES E-2852	SU	12.00	204.00
1983	BLESSINGS FROM MY HOUSE TO YOURS E-0503	SU	27.00	85.00
1983	BRINGING GOD'S BLESSING TO YOU E-0509	SU	35.00	85.00
1983	CHRISTMASTIME IS FOR SHARING E-0504	RT	37.00	110.00
1983	GOD BLESS THIS BRIDE E-2832	OP	35.00	55.00
1983	GOD HAS SENT HIS SON E-0507	SU	33.00	105.00
1983	GOD'S PROMISES ARE SURE E-9260	SU	30.00	75.00
1983	HE UPHOLDETH THOSE WHO FALL E-0526	SU	29.00	90.00
1983	I GET A KICK OUT OF YOU E-2827	SU	50.00	190.00
1983	IT'S A PERFECT BOY E-0512	SU	19.00	75.00
1983	JESUS IS THE LIGHT THAT SHINES E-0502	SU	23.00	75.00
1983	LOVE IS KIND E2847	15000	40.00	45.00
1983	MAY YOUR BIRTHDAY BE A BLESSING E-2826	SU	38.00	97.00
1983	ONWARD CHRISTIAN SOLDIERS E-0523	OP	24.00	65.00
1983	PRAISE THE LORD ANYHOW E-9254	RT	35.00	100.00
1983	PRECIOUS MEMORIES E-2828	RT	45.00	90.00
1983	PREPARE YE THE WAY OF THE LORD E-0508	SU	75.00	175.00
1983	PRESS ON E-9265	RT	40.00	90.00

YR	NAME	LIMIT	ISSUE	TREND
1983	SHARING OUR SEASON TOGETHER E-0501	SU	50.00	170.00
1983	SURROUNDED WITH JOY E-0506	RT	35.00	95.00
1983	THIS IS YOUR DAY TO SHINE E-2822	RT	38.00	122.00
1983	TO A VERY SPECIAL MOM E-2824	OP	28.00	51.00
1983	TO A VERY SPECIAL SISTER E-2825	OP	38.00	63.00
1983	TO GOD BE THE GLORY E-2823	SU	40.00	100.00
1983	TUBBY'S FIRST CHRISTMAS E-0511	SU	12.00	45.00
1983	YOU CAN'T RUN AWAY FROM GOD E-0525	RT	29.00	100.00
1984	A MONARCH IS BORN E-5380	SU	33.00	84.00
1984	AUTUMN'S PRAISE MUSICAL 408751	LE	200.00	165.00
1984	CLOWN BALANCING BALL 12238A	SU	14.00	32.00
1984	CLOWN BENDING OVER BALL 12238C	SU	14.00	32.00
1984	CLOWN HOLDING BALLOON 12238B	SU	14.00	34.00
1984	CLOWN HOLDING FLOWER POT 12238D	SU	14.00	34.00
1984	FOR GOD SO LOVED THE WORLD E-5382	SU	70.00	128.00
1984	GET INTO THE HABIT OF PRAYER 12203	SU	19.00	40.00
1984	GOD BLESS OUR HOME 12319	RT	40.00	72.00
1984	GOD BLESS OUR YEARS TOGETHER 12440	CL	175.00	300.00
1984	GOD SENDS THE GIFT OF HIS LOVE E-6613	SU	23.00	66.00
1984	HIS NAME IS JESUS E-5381	SU	45.00	110.00
1984	I'LL PLAY MY DRUM FOR HIM E-5384	OP	10.00	24.00
1984	I'M SENDING YOU A WHITE CHRISTMAS E-2829	OP	38.00	65.00
1984	ISN'T HE PRECIOUS? E-5379	OP	20.00	40.00
1984	IT IS BETTER TO GIVE...TO RECEIVE 12297	SU	19.00	169.00
1984	JOY TO THE WORLD E-5378	SU	18.00	57.00
1984	LORD, KEEP MY LIFE IN TUNE 12165	SU	38.00	142.00
1984	LOVE IS KIND E5377	RT	28.00	82.00
1984	LOVE NEVER FAILS 12300	OP	25.00	51.00
1984	MAY YOUR CHRISTMAS BE BLESSED E-5376	SU	38.00	69.00
1984	OH WORSHIP THE LORD E-5385	SU	10.00	49.00
1984	OH WORSHIP THE LORD E-5386	SU	10.00	55.00
1984	PART OF ME WANTS TO BE GOOD 12149	SU	19.00	84.00
1984	SEEK AND YE SHALL FIND E-0105	YR	*	55.00
1984	SUMMER'S JOY MUSICAL 408743	LE	200.00	200.00
1984	VOICE OF SPRING MUSICAL, THE- 408735	LE	200.00	200.00
1984	WINTER'S SONG MUSICAL 408778	LE	200.00	200.00
1984	WISHING YOU A MERRY CHRISTMAS E-5383	YR	17.00	35.00
1985	ANGEL OF MERCY 102482	OP	20.00	35.00
1985	BABY'S FIRST CHRISTMAS 15539	YR	13.00	38.00
1985	BABY'S FIRST CHRISTMAS 15547	YR	13.00	38.00
1985	BABY'S FIRST TRIP 16012	SU	33.00	285.00
1985	BIRDS OF A FEATHER COLLECT E-0106	YR	*	50.00
1985	BROTHERLY LOVE 100544	SU	37.00	97.00
1985	BUNNY, TURTLE & LAMB- 3 PC 102296	SU	6.00	36.00
1985	FRIENDS NEVER DRIFT APART 100250	OP	35.00	71.00
1985	GOD BLESS AMERICA 102938	LE	30.00	80.00
1985	GOD BLESS THE DAY WE FOUND YOU 100145	SU	40.00	108.00
1985	GOD BLESS THE DAY WE FOUND YOU 100153	SU	40.00	104.00
1985	GOD SENT HIS LOVE 15881	YR	17.00	40.00
1985	GOD SENT YOU JUST IN TIME 15504	RT	45.00	110.00
1985	HALO, AND MERRY CHRISTMAS 12351	SU	40.00	194.00
1985	HE CLEANSED MY SOUL 100277	OP	24.00	45.00
1985	HELP, LORD, I'M IN A SPOT 100269	RT	19.00	73.00
1985	HONK IF YOU LOVE JESUS 15490	OP	13.00	27.00
1985	I BELIEVE IN THE OLD RUGGED CROSS 103632	OP	25.00	45.00
1985	I'M A POSSIBILITY 100188	RT	22.00	77.00
1985	IT'S THE BIRTHDAY OF A KING 102962	SU	19.00	54.00
1985	JESUS IS COMING SOON 12343	SU	23.00	50.00
1985	JOY OF THE LORD...MY STRENGTH, THE-100137	OP	35.00	90.00
1985	LET'S KEEP IN TOUCH 102520	OP	65.00	103.00
1985	LORD I'M COMING HOME 100110	OP	23.00	45.00
1985	LORD KEEP ME ON MY TOES 100129	RT	23.00	95.00
1985	LOVE COVERS ALL 12009	SU	28.00	69.00
1985	LOVE RESCUED ME 102393	RT	23.00	45.00
1985	MAY YOUR BIRTHDAY BE GIGANTIC 15970	OP	12.00	35.00
1985	MAY YOUR CHRISTMAS BE DELIGHTFUL 15482	SU	25.00	45.00
1985	O WORSHIP THE LORD 100064	OP	24.00	47.00
1985	O WORSHIP THE LORD 102229	OP	24.00	40.00
1985	SENDING MY LOVE 100056	SU	23.00	67.00
1985	SERVING THE LORD 100161	SU	19.00	71.00
1985	SERVING THE LORD 100293	SU	19.00	51.00
1985	SHEPHERD OF LOVE 102261	OP	10.00	23.00
1985	SILENT NIGHT 15814	SU	38.00	95.00
1985	TO MY FAVORITE PAW 100021	SU	23.00	78.00
1985	TO MY FOREVER FRIEND 100072	OP	33.00	90.00
1985	WISHING YOU A COZY CHRISTMAS 102342	YR	18.00	35.00
1985	WISHING YOU GRR-EATNESS 109479	OP	19.00	27.00
1985	YOU CAN FLY 12335	SU	25.00	65.00
1986	A TUB FULL OF LOVE 104817	SU	23.00	35.00
1986	BEAR THE GOOD NEWS OF CHRISTMAS 104515	YR	12.00	19.00
1986	CHEERS TO THE LEADER 104035	RT	23.00	74.00
1986	COME LET US ADORE HIM 104000 (SET OF 9)	OP	95.00	135.00
1986	COME LET US ADORE HIME 104523	*	400.00	550.00
1986	CONGRATULATIONS, PRINCESS 106208	OP	20.00	50.00
1986	GOD BLESS YOU GRADUATE 106194	OP	20.00	45.00
1986	GREATEST GIFT IS A FRIEND, THE- 109231	RT	30.00	47.00
1986	HALLELUJAH COUNTRY 105821	OP	35.00	150.00
1986	HAPPY DAYS ARE HERE AGAIN 104396	SU	25.00	78.00
1986	HAVE I GOT NEWS FOR YOU 105635	SU	23.00	55.00

YR	NAME	LIMIT	ISSUE	TREND
1986	HE WALKS WITH ME 107999	LE	25.00	33.00
1986	HEAVEN BLESS YOUR TOGETHERNESS 106755	RT	65.00	95.00
1986	HE'S THE HEALER OF BROKEN HEARTS 100080	RT	33.00	55.00
1986	I PICKED A VERY SPECIAL MOM 100536	LE	38.00	70.00
1986	I WOULD BE SUNK WITHOUT YOU 102970	OP	15.00	24.00
1986	LORD GIVETH...TAKETH AWAY, THE- 100226	RT	34.00	79.00
1986	LORD, HELP US KEEP...ACT TOGETHER 101850	RT	35.00	127.00
1986	LOVE IS THE BEST GIFT OF ALL 110930	YR	23.00	40.00
1986	LOVE IS THE GLUE THAT MENDS 104027	SU	34.00	67.00
1986	MAKE ME A BLESSING 100102	RT	35.00	107.00
1986	MY LOVE WILL NEVER LET YOU GO 103497	OP	25.00	45.00
1986	NO TEARS PAST THE GATE 101826	OP	40.00	80.00
1986	PRECIOUS MEMORIES 106763	OP	38.00	63.00
1986	SHARING OUR CHRISTMAS TOGETHER 102490	SU	40.00	85.00
1986	SITTING PRETTY 104825	SU	23.00	59.00
1986	SMILE ALONG THE WAY 101842	RT	30.00	175.00
1986	SPIRIT IS WILLING...IS WEAK , THE-100196	RT	19.00	77.00
1986	THEY FOLLOWED THE STAR 108243	OP	75.00	128.00
1986	THIS IS THE DAY THE LORD HATH MADE 12157	SU	23.00	91.00
1986	TO MY DEER FRIEND 100048	OP	33.00	75.00
1986	TO TELL THE TOOTH YOU'RE SPECIAL 105813	SU	39.00	215.00
1986	WE ARE ALL PRECIOUS IN HIS SIGHT 102903	YR	30.00	80.00
1986	WE BELONG TO THE LORD 103004	SP	50.00	180.00
1986	WE GATHER TO ASK/LORD'S BLESSING 109762	RT	130.00	315.00
1986	WE'RE PULLING FOR YOU 106151	SU	40.00	71.00
1986	WISHING YOU A MERRY CHRISTMAS 109754	SU	35.00	55.00
1986	WITH THIS RING... 104019	OP	40.00	73.00
1987	A GROWING LOVE E-0108	YR	*	46.00
1987	A TUB FULL OF LOVE 112313	OP	23.00	35.00
1987	BLESSED ARE THEY THAT OVERCOME 115479	YR	28.00	35.00
1987	FAITH TAKES THE PLUNGE 111155	OP	28.00	45.00
1987	GOOD LORD HAS BLESSED US TENFOLD, THE	LE	90.00	150.00
1987	HAPPINESS DIVINE 109584	RT	25.00	74.00
1987	HAPPY BIRTHDAY POPPY 106836	SU	28.00	67.00
1987	HIS EYE IS ON THE SPARROW E-0530	RT	29.00	130.00
1987	HOLY SMOKES E-2351	RT	30.00	130.00
1987	I BELIEVE IN MIRACLES E-7156R	RT	23.00	75.00
1987	LET LOVE REIGN E-9273	RT	28.00	160.00
1987	LORD HELP ME MAKE THE GRADE 106216	SU	25.00	52.00
1987	LORD/KEEP OUR ACT TOGETHER 101850	RT	35.00	127.00
1987	LOVE IS KIND E-5377	RT	28.00	82.00
1987	MOMMY, I LOVE YOU 109975	OP	23.00	35.00
1987	MOMMY, I LOVE YOU 112143	OP	23.00	35.00
1987	O COME LET US ADORE HIM 111333	SU	200.00	237.00
1987	OH WHAT FUN IT IS TO RIDE 109819	RT	85.00	140.00
1987	PUPPY LOVE IS FROM ABOVE 106798	RT	45.00	88.00
1987	SCENT FROM ABOVE 100528	RT	19.00	69.00
1987	SENDING YOU MY LOVE 109967	OP	35.00	55.00
1987	SEW IN LOVE 106844	RT	45.00	65.00
1987	SHARING IS UNIVERSAL E-0107	YR	*	45.00
1987	SPIRIT IS WILLING, THE- 100196	RT	19.00	77.00
1987	THIS IS THE DAY...LORD HATH MADE E2838	SU	20.00	225.00
1987	THIS TOO SHALL PASS 114014	OP	23.00	35.00
1987	WISHING YOU A BASKET/BLESSINGS 109924	OP	23.00	40.00
1988	A FRIEND IS SOMEONE WHO CARES 520632	RT	30.00	80.00
1988	BELIEVE THE IMPOSSIBLE 109487	SU	35.00	80.00
1988	BON VOYAGE! 522201	SU	75.00	128.00
1988	DON'T LET THE HOLIDAYS...DOWN 522112	RT	43.00	93.00
1988	EGGSPECIALLY FOR YOU 520667	RT	45.00	59.00
1988	FRIENDSHIP HITS THE SPOT 520748	OP	55.00	80.00
1988	GREATEST OF THESE IS LOVE, THE- 521868	SU	28.00	54.00
1988	HAVE A BERRY MERRY CHRISTMAS 522856	SU	15.00	40.00
1988	HE IS THE STAR OF THE MORNING 522252	SU	55.00	82.00
1988	HIS LOVE WILL SHINE ON YOU 522376	YR	30.00	55.00
1988	I BELONG TO THE LORD 520853	SU	25.00	39.00
1988	ISN'T HE PRECIOUS 522988	SU	15.00	31.00
1988	JESUS IS THE ONLY WAY 520756	SU	40.00	72.00
1988	JESUS LOVES ME 104531	1000	500.00	1550.00
1988	JESUS THE SAVIOR IS BORN 520357	SU	25.00	55.00
1988	JUST A LINE TO WISH...A HAPPY DAY 520721	SU	65.00	104.00
1988	LIGHT OF THE WORLD IS JESUS, THE- 521507	OP	60.00	80.00
1988	LORD HAS BLESSED US TENFOLD, THE- 114022	YR	90.00	175.00
1988	LORD IS YOUR LIGHT..HAPPINESS, THE- 520837	OP	50.00	69.00
1988	LORD, TURN MY LIFE AROUND 520551	SU	35.00	60.00
1988	MAKE A JOYFUL NOISE 520322	1500	500.00	900.00
1988	MANY MOONS...CANOE, BLESSUM YOU 520772	RT	50.00	332.00
1988	MAY YOUR LIFE BE...W/TOUCHDOWNS 522023	RT	45.00	60.00
1988	MEOWIE CHRISTMAS 109800	OP	30.00	45.00
1988	MERRY CHRISTMAS DEER 522317	RT	50.00	83.00
1988	MY DAYS ARE BLUE WITHOUT YOU 520802	SU	65.00	108.00
1988	MY HEART IS EXPOSED WITH LOVE 520624	RT	45.00	69.00
1988	OH HOLY NIGHT 522546	YR	25.00	45.00
1988	OUR FIRST CHRISTMAS TOGETHER 115290	SU	50.00	76.00
1988	PEACE ON EARTH 109746	SU	100.00	135.00
1988	PUPPY LOVE 520764	RT	12.00	20.00
1988	REJOICE O EARTH 520268	OP	13.00	25.00
1988	SENDING YOU SHOWERS OF BLESSINGS 520683	RT	33.00	78.00
1988	SOME BUNNY'S SLEEPING 115274	SU	14.00	34.00
1988	SOMEDAY MY LOVE 520799	RT	40.00	79.00

YR	NAME	LIMIT	ISSUE	TREND
1988	SOMETHING'S MISSING...NOT AROUND 105643	SU	33.00	82.00
1988	TELL IT TO JESUS 521477	OP	35.00	49.00
1988	THANK YOU LORD FOR EVERYTHING 522031	SU	55.00	88.00
1988	TIME TO WISH YOU/MERRY CHRISTMAS 115339	YR	24.00	32.00
1988	TIS THE SEASON 111163	SU	28.00	55.00
1988	TO BE WITH YOU IS UPLIFTING 522260	RT	20.00	35.00
1988	WE NEED A GOOD FRIEND..RUFF TIMES 520810	SU	35.00	60.00
1988	WISHING YOU A COZY CHRISTMAS 521949	SU	43.00	64.00
1988	WISHING YOU A HAPPY EASTER 109886	OP	23.00	35.00
1988	WISHING YOU A PERFECT CHOICE 520845	OP	55.00	70.00
1988	WISHING YOU A...SUCCESSFUL SEASON 522120	RT	60.00	75.00
1988	WISHING YOU ROADS OF HAPPINESS 520780	OP	60.00	80.00
1988	YOU ARE MY NUMBER ONE 520829	SU	25.00	35.00
1988	YOUR LOVE IS SO UPLIFTING 520675	RT	60.00	93.00
1989	ALWAYS IN HIS CARE 225290	YR	8.00	15.00
1989	ALWAYS IN HIS CARE 524522	YR	30.00	45.00
1989	ALWAYS ROOM FOR ONE MORE C-0109	YR	*	45.00
1989	BLESSINGS FROM ABOVE 523747	RT	45.00	90.00
1989	EASTER'S ON ITS WAY 521892	RT	60.00	73.00
1989	FAITH IS A VICTORY 521396	RT	25.00	145.00
1989	GOD IS LOVE DEAR VALENTINE 523518	OP	28.00	35.00
1989	GOOD FRIENDS ARE FOREVER 521817	OP	50.00	63.00
1989	GOOD FRIENDS ARE FOREVER 525049	*	*	N/A
1989	GOOD LORD ALWAYS DELIVERS, THE- 523453	OP	28.00	35.00
1989	HAPPY BIRTHDAY DEAR JESUS 524875	SU	14.00	32.00
1989	HAPPY TRIP 521280	SU	35.00	68.00
1989	HEAVEN BLESS YOU 520934	OP	35.00	45.00
1989	HIGH HOPES 521957	SU	30.00	48.00
1989	HOPE YOU'RE UP...THE TRAIL AGAIN 521205	SU	35.00	59.00
1989	I'LL NEVER STOP LOVING YOU 521418	RT	38.00	80.00
1989	I'M SO GLAD YOU FLUTTERED...LIFE 520640	RT	40.00	275.00
1989	JESUS IS THE SWEETEST NAME I KNOW 523097	SU	23.00	35.00
1989	LORD, HELP ME STICK TO MY JOB 521450	RT	30.00	61.00
1989	LOVE IS FROM ABOVE 521841	SU	45.00	70.00
1989	MY HAPPINESS C-0110	YR	*	43.00
1989	ONCE UPON A HOLY NIGHT 523836	YR	25.00	40.00
1989	REJOICE O EARTH 617334	OP	125.00	125.00
1989	SOME BUNNIES SLEEPING 522996	SU	12.00	35.00
1989	SWEEP ALL YOUR WORRIES AWAY 521779	RT	40.00	102.00
1989	THAT'S WHAT FRIENDS ARE FOR 521183	OP	45.00	55.00
1989	THERE SHALL BE SHOWERS..BLESSINGS 522090	RT	60.00	80.00
1989	THINKING OF YOU IS...LIKE TO DO 522287	SU	30.00	56.00
1989	THIS DAY HAS BEEN MADE IN HEAVEN 523496	OP	30.00	35.00
1989	TIME HEALS 523739	OP	38.00	42.00
1989	WE'RE GOING TO MISS YOU 524913	OP	50.00	55.00
1989	YIELD NOT TO TEMPTATION 521310	SU	28.00	49.00
1990	A REFLECTION OF HIS LOVE 522279	RT	50.00	55.00
1990	A SPECIAL DELIVERY 521493	OP	30.00	36.00
1990	ANGELS WE HAVE HEARD ON HIGH 524921	RT	60.00	85.00
1990	BEING 9 IS JUST DIVINE 521833	OP	25.00	28.00
1990	BLESS THOSE WHO SERVE... (A.F.) 526584	SU	33.00	60.00
1990	BLESS THOSE WHO SERVE... (ARMY) 526576	SU	33.00	40.00
1990	BLESS THOSE WHO SERVE... (BLACK) 527297	SU	33.00	45.00
1990	BLESS THOSE WHO SERVE... (GIRL) 527289	SU	33.00	48.00
1990	BLESS THOSE WHO SERVE... (MARINE) 527521	SU	33.00	70.00
1990	BLESS THOSE WHO SERVE... (NAVY) 526568	SU	33.00	145.00
1990	BRING THE LITTLE ONES TO JESUS 527556	OP	90.00	100.00
1990	FRIENDSHIP GROWS WHEN YOU PLANT 524271	RT	40.00	100.00
1990	GOD BLESS THE U.S.A. 527564	LE	33.00	40.00
1990	GOOD FRIENDS ARE FOR ALWAYS 524123	RT	28.00	38.00
1990	GOOD NEWS IS SO UPLIFTING 523615	RT	60.00	70.00
1990	HE IS MY INSPIRATION 523038	OP	60.00	73.00
1990	HOPPY EASTER, FRIEND 521906	OP	40.00	45.00
1990	HUG ONE ANOTHER 521299	RT	45.00	82.00
1990	I CAN'T SPELL SUCCESS W/O YOU 523763	SU	40.00	110.00
1990	I WILL CHERISH ..OLD RUGGED CROSS 523534	YR	28.00	40.00
1990	I WOULD BE LOST W/O YOU 526142	RT	28.00	32.00
1990	IN THE SPOTLIGHT OF HIS GRACE 520543	SU	35.00	57.00
1990	IT'S A PERFECT BOY 525286	OP	16.00	20.00
1990	IT'S NO YOLK/I SAY I LOVE YOU 522104	SU	60.00	70.00
1990	JOY ON ARRIVAL 523178	OP	50.00	63.00
1990	MAY ONLY GOOD THINGS...YOUR WAY 524425	RT	30.00	40.00
1990	MAY YOU HAVE AN OLD.....CHRISTMAS 417777	LE	200.00	165.00
1990	MAY YOUR BIRTHDAY BE A BLESSING 524301	OP	30.00	35.00
1990	MAY YOUR CHRISTMAS BE MERRY 524166	YR	28.00	35.00
1990	MAY YOUR WORLD BE TRIMMED W/JOY 522082	SU	55.00	77.00
1990	MY WARMEST THOUGHTS ARE YOU 524085	RT	55.00	103.00
1990	SHARING A GIFT OF LOVE 527114	YR	30.00	50.00
1990	SHARING THE GOOD NEWS TOGETHER-C0111	YR	*	40.00
1990	TAKE HEED WHEN YOU STAND 521272	SU	55.00	60.00
1990	THERE'S A LIGHT....TUNNEL 521485	SU	55.00	79.00
1990	THUMB-BODY LOVES YOU 521698	SU	55.00	79.00
1990	TO A SPECIAL MUM 521965	OP	30.00	40.00
1990	TO A VERY SPECIAL MOM & DAD 521434	SU	35.00	46.00
1990	WE ARE GOD'S WORKMANSHIP 525960	YR	28.00	40.00
1990	WE HAVE COME FROM AFAR 526959	SU	18.00	25.00
1990	WHAT THE WORLD NEEDS NOW 524352	RT	50.00	70.00
1990	YOU ARE MY HAPPINESS 526185	YR	38.00	47.00
1990	YOU ARE SUCH A PURR-FECT FRIEND 526010	2000	500.00	625.00

YR	NAME	LIMIT	ISSUE	TREND
1990	YOU ARE THE TYPE I LOVE 523542	OP	40.00	48.00
1990	YOU DESERVE AN OVATION 520578	OP	35.00	40.00
1990	YOU HAVE TOUCHED SO MANY HEARTS 523283	2000	600.00	620.00
1990	YOU HAVE TOUCHED.....HEARTS 422282	LE	175.00	175.00
1991	BLESSED ARE THE MEEK.. .EARTH 523313	LE	55.00	60.00
1991	BLESSED ARE THE PEACEMAKERS..523348	LE	55.00	100.00
1991	BLESSED ARE THE POOR IN SPIRIT...523437	LE	55.00	70.00
1991	BLESSED ARE THE PURE IN HEART...523399	LE	55.00	120.00
1991	BLESSED ARE THEY THAT MOURN..523380	LE	55.00	55.00
1991	BLESSED ARE THEY...BE FILLED 523321	LE	55.00	60.00
1991	BLESSED ARE....SHALL OBTAIN MERCY 523291	LE	55.00	55.00
1991	GOING HOME 525979	OP	60.00	65.00
1991	HE LOVES ME 524263	YR	35.00	45.00
1992	A SPECIAL CHIME FOR JESUS 524468	RT	33.00	40.00
1992	A UNIVERSAL LOVE 527173	YR	33.00	103.00
1992	AMERICA, YOU'RE BEAUTIFUL 528862	YR	35.00	50.00
1992	AN EVENT FOR ALL SEASONS 530158	OP	30.00	45.00
1992	BABY'S FIRST BIRTHDAY 524069	OP	25.00	30.00
1992	BLESS-UM YOU 527335	RT	35.00	38.00
1992	BRINGING YOU A MERRY CHRISTMAS 527599	RT	45.00	80.00
1992	BUT THE GREATEST OF THESE IS LOVE 527688	YR	28.00	32.00
1992	FRUIT..SPIRIT IS LOVE, THE- 521213	RT	30.00	34.00
1992	GATHER YOUR DREAMS 529680	2000	550.00	550.00
1992	HAPPINESS IS AT OUR FINGERTIPS 529931	LE	35.00	80.00
1992	HAPPY BIRTHDAY JESUS 530492	OP	20.00	22.00
1992	HOPE YOU'RE OVER THE HUMP 521671	SU	18.00	26.00
1992	I ONLY HAVE ARMS FOR YOU 527769	RT	15.00	21.00
1992	I'M LOST WITHOUT YOU 526142	YR	28.00	32.00
1992	I'M SO GLAD GOD...FRIEND LIKE YOU 523623	RT	50.00	98.00
1992	IT'S SO UPLIFTING/FRIEND LIKE YOU 524905	RT	40.00	45.00
1992	JESUS IS THE ANSWER E-1381R	RT	55.00	68.00
1992	LORD TURNED MY LIFE AROUND, THE- 520535	SU	35.00	55.00
1992	MAGIC STARTS W/YOU, THE- 529648	LE	16.00	25.00
1992	MAKE A JOYFUL NOISE 528617	YR	28.00	30.00
1992	MAY YOUR EVERY WISH COME TRUE 524298	OP	50.00	55.00
1992	MAY YOUR FUTURE BE BLESSED	OP	35.00	35.00
1992	OUR FRIENDSHIP IS SODA-LICIOUS 524336	OP	65.00	70.00
1992	RING OUT THE GOOD NEWS 529966	RT	18.00	65.00
1992	RING THOSE CHRISTMAS BELLS 525898	RT	95.00	165.00
1992	SAFE IN THE ARMS OF JESUS 521922	OP	30.00	35.00
1992	SEALED W/A KISS 524441	RT	50.00	94.00
1992	THERE IS NO GREATER...A FRIEND...521000	RT	30.00	32.00
1992	THIS LAND IS OUR LAND 527777	YR	35.00	40.00
1992	TIED UP FOR THE HOLIDAYS 527580	SU	40.00	55.00
1992	TO THE APPLE OF GOD'S EYE 522015	RT	33.00	35.00
1992	TUBBY'S FIRST CHRISTMAS 525278	RT	10.00	15.00
1992	WISHING YOU A COMFY CHRISTMAS 527750	RT	28.00	33.00
1992	WISHING YOU A HO HO HO 527629	OP	40.00	48.00
1992	WISHING YOU WERE HERE 526916	OP	100.00	115.00
1992	WISHING YOU/SWEETEST CHRISTMAS 530166	YR	28.00	40.00
1992	YOU ARE MY FAVORITE STAR 527378	RT	60.00	83.00
1992	YOU'RE MY NUMBER ONE FRIEND 530026	LE	30.00	30.00
1993	A REFLECTION OF HIS LOVE 529095	YR	28.00	30.00
1993	BRING THE LITTLE ONES TO JESUS 531359	LE	50.00	50.00
1993	FRIENDS TO THE VERY END 526150	RT	40.00	65.00
1993	HE IS NOT HERE FOR HE IS RISEN..527106	OP	60.00	60.00
1993	I WILL ALWAYS BE THINKING OF YOU 523631	RT	45.00	73.00
1993	I'M SO GLAD I PICKED YOU...FRIEND 524379	OP	40.00	48.00
1993	IT IS NO SECRET WHAT GOD CAN DO 531111	LE	30.00	30.00
1993	LORD BLESS...KEEP YOU, THE- 532134	OP	30.00	30.00
1993	LORD BLESS..KEEP YOU, THE- 532118	OP	40.00	40.00
1993	LORD BLESS..KEEP YOU, THE- 532126	OP	30.00	30.00
1993	LORD IS COUNTING ON YOU, THE- 531707	OP	33.00	33.00
1993	LORD TEACH US TO PRAY 524158	OP	35.00	40.00
1993	LORD WILL PROVIDE, THE- 523593	LE	40.00	62.00
1993	NOTHING CAN DAMPEN..CARING 603864	OP	35.00	35.00
1993	SERENITY PRAYER GIRL 530697	OP	35.00	35.00
1993	SHARING SWEET MEMORIES TOGETHER 526487	OP	45.00	48.00
1993	SURROUNDED W/JOY 531677	OP	30.00	40.00
1993	SURROUNDED W/JOY 531685	OP	18.00	25.00
1993	TO A VERY SPECIAL SISTER 528633	OP	60.00	63.00
1993	YOU ARE/ROSE OF HIS CREATION 531243	2000	*	500.00
1993	YOU SUIT ME TO A TEE 526193	OP	35.00	35.00
1994	CARING	OP	35.00	35.00
1994	PRECIOUS MOMENTS LAST FOREVER E6901	SU	10.00	50.00
1994	SERENITY PRAYER BOY 530700	OP	35.00	39.00
1994	SHARING	OP	35.00	35.00
1994	SO GLAD I PICKED YOU AS A FRIEND	OP	40.00	40.00
1994	YOU'RE AS PRETTY AS A CHRISTMAS TREE	YR	28.00	28.00
1995	A POPPY FOR YOU 604208	SU	35.00	40.00
1995	ALWAYS TAKE TIME TO PRAY	OP	35.00	35.00
1995	ANOTHER YEAR AND MORE GREY HARES 128686	OP	18.00	18.00
1995	BLESS YOUR SOLE 531162	OP	25.00	35.00
1995	COME LET US ADORE HIM/MINI NAT. STARTER SET 142743	OP	35.00	35.00
1995	COME LET US ADORE HIM/NATIVITY STARTER SET 142735	OP	50.00	50.00
1995	DREAMS REALLY DO COME TRUE 128309	OP	38.00	38.00
1995	GOD BLESS THE DAY WE FOUND YOU 100145R	OP	60.00	60.00
1995	GOD BLESS THE DAY WE FOUND YOU 100153R	OP	60.00	60.00
1995	GOD CARED ENOUGH TO SEND HIS BEST 524476	RT	50.00	86.00

YR	NAME	LIMIT	ISSUE	TREND
1995	HALLELUJAH FOR THE CROSS 532002	OP	35.00	36.00
1995	HAPPY HULA DAYS 128694	OP	30.00	30.00
1995	HE COVERS THE EARTH WITH..BEAUTY 142654	YR	30.00	30.00
1995	HE'S GOT THE WHOLE WORLD IN HIS HANDS	2000	*	N/A
1995	I CAN'T BEAR TO LET YOU GO 532037	OP	50.00	54.00
1995	I GIVE YOU MY LOVE FOREVER TRUE 129100	OP	70.00	70.00
1995	I ONLY HAVE ICE FOR YOU 530956	RT	55.00	55.00
1995	I'LL GIVE HIM MY HEART 150088	RT	40.00	40.00
1995	JUST A LINE TO SAY YOU'RE SPECIAL 522864	RT	50.00	55.00
1995	LORD HELP ME TO STAY ON COURSE 532096	OP	35.00	47.00
1995	LOVE BLOOMS ETERNAL 127019	OP	35.00	35.00
1995	MAKING A TRAIL TO BETHLEHEM 142751	RT	30.00	30.00
1995	MAKING SPIRITS BRIGHT 150118	RT	38.00	38.00
1995	MONEY'S NOT THE ONLY GREEN THING..SAVING 531073	RT	50.00	82.00
1995	SENDING MY LOVE YOUR WAY 528609	OP	40.00	61.00
1995	SENDING YOU OCEANS OF LOVE 532010	RT	35.00	63.00
1995	TAKE TIME TO SMELL THE FLOWERS 524387	OP	30.00	40.00
1995	VAYA CON DIOS (GO WITH GOD) 531146	OP	33.00	38.00
1995	WALK IN THE SUNSHINE 524212	OP	35.00	36.00
1995	WHAT THE WORLD NEEDS IS LOVE 531065	OP	45.00	50.00
1995	YOU FILL THE PAGES OF MY LIFE	OP	68.00	68.00
1995	YOU WILL ALWAYS BE OUR HERO 136271	YR	40.00	40.00
1995	YOU'RE ONE IN A MILLION TO ME	OP	35.00	35.00
1996	A PRINCE OF A GUY 526037	OP	35.00	35.00
1996	ALL SING HIS PRAISES 184012	OP	33.00	33.00
1996	ANGELS ON EARTH 183776	OP	40.00	40.00
1996	COLOR YOUR WORLD WITH THANKSGIVING 183857	RT	50.00	50.00
1996	ENTER HIS COURT WITH THANKSGIVING 521221	OP	35.00	38.00
1996	IT MAY BE GREENER, BUT....HARD TO CUT 163899	OP	38.00	38.00
1996	LORD IS WITH YOU, THE 526835	RT	28.00	28.00
1996	LOVE NEVER LEAVES A MOTHER'S ARMS 523941	OP	40.00	42.00
1996	MAKING A TRAIL TO BETHLEHEM 184004	OP	19.00	19.00
1996	MATCHING TO THE BEAT OF FREEDOM'S DRUM 521981	OP	35.00	35.00
1996	MINI SET ADDITION/WEE THREE KINGS 213624 3 PC	OP	55.00	55.00
1996	MY LOVE BLOOMS FOR YOU 521728	OP	50.00	53.00
1996	MY TRUE LOVE GAVE TO ME 529273	OP	40.00	40.00
1996	NATIVITY SET ADDITION/SHEPHERD W/LAMBS 183954 3 PC	OP	40.00	40.00
1996	PEACH ON EARTH...ANYWAY 183342	YR	33.00	33.00
1996	PRETTY AS A PRINCESS 526053	OP	35.00	38.00
1996	SING IN EXCELSIS DEO 183830	OP	125.00	125.00
1996	SNOWBUNNY LOVES YOU LIKE I DO 183792	OP	19.00	20.00
1996	STANDING IN THE PRESENCE OF THE LORD 163732	YR	38.00	40.00
1996	SUN IS ALWAYS SHINING SOMEWHERE, THE 163775	RT	38.00	38.00
1996	SWEETER AS THE YEARS GO BY 522333	RT	60.00	65.00
1996	TAKE IT TO THE LORD IN PRAYER 163767	OP	30.00	30.00
1996	WHAT A DIFFERENCE...MADE IN MY LIFE 531138	OP	50.00	53.00
1996	YOU DESERVE A HALO-THANK YOU 531693	RT	55.00	58.00
1997	AND A CHILD SHALL LEAD THEM	OP	50.00	50.00
1997	CANE YOU JOIN US FOR A MERRY CHRISTMAS 272698	YR	30.00	30.00
1997	FRIENDS FROM THE VERY BEGINNING	OP	50.00	50.00
1997	HAPPY BIRTHDAY JESUS	OP	35.00	35.00
1997	HAVE YOU ANY ROOM FOR JESUS	OP	35.00	35.00
1997	I THINK YOU'RE JUST DIVINE	OP	40.00	40.00
1997	I'M DREAMING OF A WHITE CHRISTMAS	OP	25.00	25.00
1997	LEAD ME TO CALVARY 260916	YR	38.00	40.00
1997	LET US PRAY	OP	18.00	18.00
1997	LORD IS THE HOPE OF OUR FUTURE, THE	OP	40.00	40.00
1997	LORD, SPARE ME	OP	38.00	38.00
1997	LOVE LETTERS IN THE SAND	OP	35.00	35.00
1997	MAY YOUR CHRISTMAS BE DELIGHTFUL	OP	40.00	40.00
1997	MOST PRECIOUS GIFT OF ALL	OP	38.00	38.00
1997	MY LOVE WILL KEEP YOU WARM	OP	38.00	38.00
1997	ON MY WAY TO A PERFECT DAY	OP	45.00	45.00
1997	PIZZA ON EARTH	OP	55.00	55.00
1997	POTTY TIME	OP	25.00	25.00
1997	SAY I DO	OP	55.00	55.00
1997	SHARING OUR CHRISTMAS TOGETHER	OP	35.00	35.00
1997	SHARING THE LIGHT OF LOVE	OP	35.00	35.00
1997	SOMETHING PRECIOUS FROM ABOVE	OP	50.00	50.00
1997	SOMETIMES YOU'RE NEXT TO IMPOSSIBLE	OP	50.00	50.00
1997	WE ALL HAVE OUR BAD HAIR DAYS	OP	35.00	35.00
1997	WHO'S GONNA FILL YOUR SHOES- 531634	OP	38.00	38.00
1997	YOU ARE ALWAYS THERE FOR ME- I	OP	50.00	50.00
1997	YOU ARE ALWAYS THERE FOR ME- II	OP	50.00	50.00
1997	YOU HAVE TOUCHED SO MANY HEARTS- I	OP	38.00	38.00
1997	YOU'RE A LIFE SAVER TO ME	OP	35.00	35.00
1997	YOU'RE JUST TO SWEET TO BE SCARY	OP	55.00	55.00
S. BUTCHER	**PRECIOUS MOMENTS ANNIVERSARY FIGURINES**			
1983	GOD BLESSED OUR YEARS TOGETHER E-2853	OP	35.00	56.00
1984	GOD BLESSED/LOVE & HAPPINESS E-2854	OP	35.00	58.00
1984	GOD BLESSED/LOVE & HAPPINESS E-2855	OP	35.00	68.00
1984	GOD BLESSED/LOVE & HAPPINESS E-2856	OP	35.00	73.00
1984	GOD BLESSED/LOVE & HAPPINESS E-2857	OP	35.00	58.00
1984	GOD BLESSED/LOVE & HAPPINESS E-2859	OP	35.00	74.00
1984	GOD BLESSED/LOVE & HAPPINESS E-2860	OP	35.00	64.00
1993	I STILL DO 530999	OP	30.00	40.00
1993	I STILL DO 531006	OP	30.00	40.00

YR	NAME	LIMIT	ISSUE	TREND
S. BUTCHER	**PRECIOUS MOMENTS BABY CLASSICS**			
1997	GOD LOVETH A CHEERFUL GIVER	RT	25.00	25.00
1997	GOOD FRIENDS ARE FOREVER	OP	30.00	30.00
1997	I BELIEVE IN MIRACLES	OP	25.00	25.00
1997	LOVE IS SHARING	OP	25.00	25.00
1997	LOVE ONE ANOTHER	OP	30.00	30.00
1997	MAKE A JOYFUL NOISE	OP	30.00	30.00
1997	WE ARE GOD'S WORKMANSHIP	OP	25.00	25.00
1997	YOU HAVE TOUCHED SO MANY HEARTS- II	OP	25.00	25.00
S. BUTCHER	**PRECIOUS MOMENTS BABY'S FIRST**			
1984	BABY'S FIRST HAIRCUT 12211	SU	33.00	170.00
1984	BABY'S FIRST PICTURE E-2841	RT	45.00	165.00
1984	BABY'S FIRST STEP E-2840	SU	35.00	95.00
1988	BABY'S FIRST PET 520705	SU	45.00	78.00
1990	BABY'S FIRST MEAL 524077	RT	35.00	42.00
1992	BABY'S FIRST WORD 527238	RT	25.00	30.00
S. BUTCHER	**PRECIOUS MOMENTS BIRTHDAY CLUB**			
1982	LET US CALL THE CLUB TO ORDER E-0103	YR	25.00	65.00
1986	FISHING FOR FRIENDS BC-861	YR	10.00	125.00
1986	OUR CLUB CAN'T BE BEAT B-0001	YR	*	85.00
1987	A SMILE'S THE CYMBAL OF JOY B-0002	YR	*	67.00
1987	A SMILE'S THE CYMBAL OF JOY B-0102	YR	*	75.00
1987	HI SUGAR BC-871	YR	11.00	93.00
1988	SOMEBUNNY CARES BC-881	YR	14.00	53.00
1988	SWEETEST CLUB AROUND, THE- B-0003	YR	*	44.00
1988	SWEETEST CLUB AROUND, THE- B-0103	YR	*	48.00
1989	CAN'T BEEHIVE MYSELF WITHOUT YOU BC-891	YR	14.00	49.00
1989	HAVE A BEARY SPECIAL BIRTHDAY B 0104	YR	*	35.00
1989	HAVE A BEARY SPECIAL BIRTHDAY B0004	YR	*	33.00
1990	COLLECTING MAKES GOOD SCENTS BC-901	YR	15.00	34.00
1990	I'M NUTS OVER MY COLLECTION BC-902	YR	15.00	30.00
1990	OUR CLUB IS A TOUGH ACT TO FOLLOW B-0005	YR	*	34.00
1990	OUR CLUB IS A TOUGH ACT TO FOLLOW B-0105	YR	*	37.00
1990	TRUE BLUE FRIENDS BC912	YR	15.00	39.00
1991	EVERY MAN'S HOUSE IS HIS CASTLE BC921	YR	16.00	40.00
1991	JEST TO LET YOU KNOW YOU'RE TOPS B0006	YR	*	45.00
1991	JEST TO LET YOU KNOW YOU'RE TOPS B-0106	YR	*	22.00
1991	LOVE PACIFIES BC911	YR	15.00	35.00
1992	ALL ABOARD FOR BIRTHDAY CLUB FUN B0007	YR	16.00	35.00
1992	ALL ABOARD FOR BIRTHDAY CLUB FUN B0107	YR	16.00	28.00
1993	I'VE GOT YOU UNDER MY SKIN BC911	YR	16.00	33.00
1994	CAN'T GET ENOUGH OF OUR CLUB B 0109	YR	*	25.00
1994	CAN'T GET ENOUGH OF OUR CLUB B0009	YR	*	27.00
1994	GOD BLESS OUR HOME BC941	YR	16.00	30.00
1994	HAPPINESS IS BELONGING B0008	YR	*	25.00
1994	HAPPINESS IS BELONGING B0108	YR	16.00	27.00
1994	OWL ALWAYS BE YOUR FRIEND B932	YR	16.00	16.00
1994	PUT A LITTLE PUNCH INTO YOUR BIRTHDAY BC931	YR	15.00	15.00
1995	HOPPY BIRTHDAY B0010	YR	*	25.00
1995	HOPPY BIRTHDAY B0110	YR	*	22.00
1995	YER A PEL I CAN COUNT ON	YR	16.00	20.00
1996	SCOOTIN' BY JUST TO SAY HI! B0011	YR	*	25.00
1996	SCOOTIN' BY JUST TO SAY HI! B0111	YR	*	22.00
1996	THERE'S A SPOT IN MY HEART FOR YOU BC961	YR	15.00	15.00
S. BUTCHER	**PRECIOUS MOMENTS BIRTHDAY SERIES**			
1986	BRIGHTEN SOMEONE'S DAY 105953	SU	12.00	39.00
1986	SHOWERS OF BLESSINGS 105945	RT	16.00	47.00
1988	FRIENDS TO THE END 104418	SU	15.00	46.00
1988	HELLO WORLD! 521175	RT	14.00	24.00
1989	NOT A CREATURE WAS STIRRING 524484	SU	17.00	36.00
1989	TO MY FAVORITE FAN 521043	SU	16.00	45.00
1990	CAN'T BE WITHOUT YOU 524492	OP	16.00	20.00
1990	HOW CAN I EVER FORGET YOU 526924	OP	15.00	18.00
1990	LET'S BE FRIENDS 527270	RT	15.00	33.00
1992	HAPPY BIRDIE 527343	SU	16.00	25.00
1993	HAPPY BIRTHDAY JESUS 530492	OP	20.00	23.00
1993	HOPE YOU'RE OVER THE HUMP 521671	SU	16.00	26.00
1994	OINKY BIRTHDAY 524506	RT	14.00	14.00
1995	WISHING YOU A HAPPY BEAR HUG 520659	SU	28.00	43.00
1996	I HAVEN'T SEEN MUCH OF YOU LATELY 531057	OP	14.00	14.00
1997	FROM THE FIRST TIME I SPOTTED YOU I KNEW ...	OP	20.00	20.00
S. BUTCHER	**PRECIOUS MOMENTS BIRTHDAY TRAIN**			
1985	BLESS THE DAYS OF OUR YOUTH 16004	OP	15.00	32.00
1985	GOD BLESS YOU ON YOUR BIRTHDAY 15962	OP	11.00	32.00
1985	HAPPY BIRTHDAY LITTLE LAMB 15946	OP	10.00	29.00
1985	HEAVEN BLESS YOUR SPECIAL DAY 15954	OP	11.00	28.00
1985	KEEP LOOKING UP 15997	OP	14.00	32.00
1985	MAY YOUR BIRTHDAY BE WARM 15938	OP	10.00	30.00
1985	THIS DAY IS SOMETHING...ROAR ABOUT 15989	OP	14.00	30.00
1988	ISN'T EIGHT JUST GREAT 109460	OP	19.00	27.00
1988	WISHING YOU GRR-EATNESS 109479	OP	19.00	27.00
1990	MAY YOUR BIRTHDAY BE MAMMOTH 521825	OP	25.00	30.00
1992	BEING NINE IS JUST DIVINE 521833	OP	25.00	30.00
S. BUTCHER	**PRECIOUS MOMENTS BOYS & GIRLS CLUBS OF AMERICA**			
1997	HE IS OUR SHELTER FROM THE STORM	OP	75.00	75.00
1997	SHOOT FOR THE STARS..STRIKE OUT 521701	LE	60.00	63.00

YR	NAME	LIMIT	ISSUE	TREND
S. BUTCHER		**PRECIOUS MOMENTS BRIDAL PARTY**		
1983	BRIDE E-2846	OP	18.00	28.00
1983	GROOMSMAN WITH FROG E-2836	OP	13.00	30.00
1983	JUNIOR BRIDESMAID E-2845	OP	12.00	25.00
1983	NO FLOWER IS AS SWEET AS YOU E-2831	OP	13.00	30.00
1984	FLOWER GIRL E-2835	OP	11.00	25.00
1984	RINGBEARER E-2833	OP	11.00	22.00
1986	GOD BLESS..FAMILY (PARENTS/BRIDE) 100501	RT	35.00	60.00
1986	GOD BLESS..FAMILY (PARENTS/GROOM) 100498	RT	35.00	55.00
1986	GROOM E-2837	OP	14.00	32.00
1987	WEDDING ARCH 102369	SU	23.00	53.00
S. BUTCHER		**PRECIOUS MOMENTS CALENDAR GIRL**		
1987	APRIL 110027	OP	28.00	75.00
1987	FEBRUARY 109991	OP	28.00	45.00
1987	JANUARY 109983	OP	38.00	55.00
1987	JUNE 110043	OP	40.00	80.00
1987	MARCH 110019	OP	28.00	45.00
1987	MAY 110035	OP	28.00	95.00
1988	AUGUST 110078	OP	40.00	55.00
1988	DECEMBER 110116	OP	28.00	40.00
1988	JULY 110051	OP	35.00	50.00
1988	NOVEMBER 110108	OP	33.00	45.00
1988	OCTOBER 110094	OP	35.00	49.00
1988	SEPTEMBER 110086	OP	28.00	45.00
S. BUTCHER		**PRECIOUS MOMENTS CENTURY CIRCLE EVENT**		
1997	PEARL OF GREAT PRICE, THE	YR	50.00	50.00
S. BUTCHER		**PRECIOUS MOMENTS CENTURY CIRCLE EXCLUSIVE**		
1997	IN GOD'S BEAUTIFUL GARDEN OF LOVE	15000	150.00	150.00
S. BUTCHER		**PRECIOUS MOMENTS CLOWN**		
1985	I GET A BANG OUT OF YOU 12262	RT	35.00	72.00
1985	LORD KEEP ME ON THE BALL 12270	SU	35.00	60.00
1985	LORD WILL CARRY ME THROUGH, THE- 12467	RT	30.00	86.00
1985	WADDLE I DO WITHOUT YOU 12459	RT	30.00	95.00
S. BUTCHER		**PRECIOUS MOMENTS COLLECTORS CLUB**		
1981	HELLO, LORD, IT'S ME AGAIN PM-811	CL	25.00	413.00
1981	PUT ON A HAPPY FACE PM-822	CL	25.00	205.00
1982	BUT LOVE GOES ON FOREVER-PLAQUE E-0202	YR	*	65.00
1982	LET US CALL THE CLUB TO ORDER E-0303	YR	*	60.00
1982	SMILE, GOD LOVES YOU PM-821	CL	25.00	189.00
1983	DAWN'S EARLY LIGHT PM-831	CL	28.00	68.00
1983	GOD'S RAY OF MERCY PM-841	CL	25.00	75.00
1984	I LOVE TO TELL THE STORY PM-852	CL	28.00	65.00
1984	JOIN IN ON THE BLESSINGS E-0404	YR	*	40.00
1984	LORD IS MY SHEPHERD, THE- PM-851	SU	25.00	70.00
1984	SEEK AND YE SHALL FIND E-0005	YR	*	50.00
1984	TRUST IN THE LORD TO THE FINISH PM-842	CL	25.00	60.00
1986	BIRDS OF A FEATHER...TOGETHER E-0006	YR	*	50.00
1986	FEED MY SHEEP PM-871	CL	25.00	76.00
1986	GRANDMA'S PRAYER PM-861	CL	25.00	83.00
1986	I'M FOLLOWING JESUS PM-862	CL	25.00	80.00
1986	LOVING YOU DEAR VALENTINE PM873	YR	25.00	42.00
1986	LOVING YOU DEAR VALENTINE PM874	YR	25.00	45.00
1987	A GROWING LOVE E-0008	YR	*	35.00
1987	IN HIS TIME PM-872	CL	25.00	57.00
1987	SHARING IS UNIVERSAL E-0007	YR	*	45.00
1988	ALWAYS ROOM FOR ONE MORE C-0009	YR	*	35.00
1988	GOD BLESS YOU/TOUCHING MY LIFE PM-881	CL	28.00	56.00
1988	YOU JUST CAN'T CHUCK...FRIENDSHIP PM-882	CL	28.00	51.00
1989	MOW POWER TO YOU PM-892	CL	28.00	53.00
1989	MY HAPPINESS C-0010	YR	*	40.00
1989	YOU WILL ALWAYS BE MY CHOICE PM-891	CL	28.00	44.00
1990	LORD, KEEP ME/TEEPEE TOP SHAPE PM-912	YR	28.00	53.00
1990	ONE STEP AT A TIME PM-911	YR	33.00	40.00
1990	SHARING THE GOOD NEWS TOGETHER C0011	YR	*	35.00
1990	TEN YEARS AND STILL GOING STRONG PM-901	CL	30.00	50.00
1990	YOU ARE A BLESSING TO ME PM-902	CL	28.00	58.00
1991	THIS LAND IS OUR LAND 527386	LE	350.00	375.00
1992	CLUB IS OUT OF THIS WORLD, THE C0112	YR	*	45.00
1992	HIS LITTLE TREASURE PM931	OP	30.00	35.00
1992	LOVING PM932	OP	30.00	32.00
1992	ONLY LOVE CAN MAKE A HOME PM-921	YR	30.00	58.00
1992	SOWING THE SEEDS OF LOVE PM922	YR	30.00	35.00
1992	YOU'RE THE END OF MY RAINBOW C0114	OP	25.00	38.00
1993	LOVING, CARING..ALONG THE WAY C0113	YR	25.00	30.00
1993	MEMORIES ARE MADE OF THIS 529982	LE	30.00	44.00
1997	BLESSED ARE THE MERCIFUL	YR	40.00	40.00
1997	YOU WILL ALWAYS BE A TREASURE TO ME	YR	50.00	50.00
S. BUTCHER		**PRECIOUS MOMENTS EASTER SEALS**		
1991	WE ARE GOD'S WORKMANSHIP 523879	2000	*	700.00
1996	YOU CAN ALWAYS COUNT ON ME 526827	OP	30.00	34.00
1997	GIVE ABILITY A CHANCE	LE	30.00	30.00
1997	LOVE GROWS HERE	2000	*	N/A
S. BUTCHER		**PRECIOUS MOMENTS EVENTS**		
1987	YOU ARE MY MAIN EVENT 115231	YR	30.00	58.00
1988	SHARING BEGINS IN THE HEART 520861	YR	25.00	63.00
1990	I'M A PRECIOUS MOMENTS FAN 523526	YR	25.00	47.00
1990	YOU CAN ALWAYS BRING A FRIEND 527122	YR	28.00	48.00
1992	AN EVENT WORTH WADING FOR 527319	YR	33.00	60.00

YR	NAME	LIMIT	ISSUE	TREND
S. BUTCHER		**PRECIOUS MOMENTS FAMILY CHRISTMAS SCENE**		
1985	GOD GAVE HIS BEST 15806	SU	13.00	41.00
1985	MAY YOU HAVE...SWEETEST CHRISTMAS 15776	SU	17.00	53.00
1985	STORY OF GOD'S LOVE, THE- 15784	SU	23.00	56.00
1985	TELL ME A STORY 15792	SU	10.00	32.00
1986	SHARING OUR CHRISTMAS TOGETHER 102490	SU	37.00	85.00
1989	HAVE A BEARY MERRY CHRISTMAS 522856	SU	15.00	40.00
1990	CHRISTMAS FIREPLACE 524883	SU	38.00	59.00
S. BUTCHER		**PRECIOUS MOMENTS GROWING IN GOD'S GARDEN OF LOVE**		
1997	BOUQUET FROM GOD'S GARDEN OF LOVE, A	OP	38.00	38.00
S. BUTCHER		**PRECIOUS MOMENTS GROWING IN GRACE**		
1997	AGE 11	OP	38.00	38.00
1997	AGE 12	OP	38.00	38.00
1997	AGE 13	OP	40.00	40.00
1997	AGE 14	OP	35.00	35.00
1997	AGE 15	OP	40.00	40.00
S. BUTCHER		**PRECIOUS MOMENTS HOLIDAY PREVIEW**		
1997	PACK YOUR TRUNK FOR THE HOLIDAYS	YR	20.00	20.00
S. BUTCHER		**PRECIOUS MOMENTS LITTLE MOMENTS**		
1997	APRIL	OP	20.00	20.00
1997	AUGUST	OP	20.00	20.00
1997	BLESS YOUR LITTLE TUTU	OP	20.00	20.00
1997	DECEMBER	OP	20.00	20.00
1997	FEBRUARY	OP	20.00	20.00
1997	IT'S RUFF TO ALWAYS BE CHEERY	OP	20.00	20.00
1997	JANUARY	OP	20.00	20.00
1997	JULY	OP	20.00	20.00
1997	JUNE	OP	20.00	20.00
1997	MARCH	OP	20.00	20.00
1997	MAY	OP	20.00	20.00
1997	NOVEMBER	OP	20.00	20.00
1997	OCTOBER	OP	20.00	20.00
1997	SEPTEMBER	OP	20.00	20.00
1997	YOU'LL ALWAYS BE A WINNER TO ME- 272612	OP	20.00	20.00
1997	YOU'LL ALWAYS BE A WINNER TO ME- 283460	OP	20.00	20.00
S. BUTCHER		**PRECIOUS MOMENTS MINI NATIVITY**		
1997	CAMEL, COW, DONKEY	OP	30.00	30.00
1997	FOR AN ANGEL YOU'RE SO DOWN TO EARTH	OP	18.00	18.00
1997	NATIVITY WALL	OP	40.00	40.00
1997	SHEPHERD W/ LAMBS- SET OF 2	OP	23.00	23.00
S. BUTCHER		**PRECIOUS MOMENTS MUSICAL**		
1979	COME LET US ADORE HIM E-2810	SU	60.00	130.00
1979	LORD BLESS YOU AND KEEP YOU, THE- E-7180	OP	55.00	95.00
1979	MOTHER SEW DEAR E-7182	OP	35.00	83.00
1979	PURR-FECT GRANDMA, THE- E-7184	SU	35.00	78.00
1980	CHRISTMAS IS A TIME TO SHARE E-2806	RT	45.00	168.00
1980	CROWN HIM LORD OF ALL E-2807	SU	45.00	111.00
1980	JESUS IS BORN E-2809	SU	45.00	150.00
1980	MY GUARDIAN ANGEL E-5205	SU	28.00	103.00
1980	MY GUARDIAN ANGEL E-5206	SU	28.00	95.00
1980	PEACE ON EARTH E-4726	SU	29.00	131.00
1980	REJOICE O EARTH E-5645	RT	40.00	113.00
1980	SILENT NIGHT E-5642	SU	55.00	433.00
1980	UNTO US A CHILD IS BORN E-2808	SU	45.00	118.00
1981	HAND THAT ROCKS THE FUTURE, THE-E-5204	OP	38.00	80.00
1981	LET THE WHOLE WORLD KNOW E-7165	SU	60.00	133.00
1981	LET THE WHOLE WORLD KNOW E-7186	SU	60.00	135.00
1981	LOVE IS SHARING E-7185	RT	40.00	165.00
1982	I'LL PLAY MY DRUM FOR HIM E-2355	SU	45.00	198.00
1983	LET HEAVEN AND NATURE SING E2346	SU	30.00	150.00
1983	SHARING OUR SEASON TOGETHER E-0519	RT	70.00	149.00
1983	WEE THREE KINGS E-0520	SU	60.00	135.00
1984	HEAVEN BLESS YOU 100285	SU	45.00	103.00
1984	WE SAW A STAR 12408	SU	50.00	123.00
1984	WISHING YOU A MERRY CHRISTMAS E-5394	SU	55.00	113.00
1985	OUR 1ST CHRISTMAS TOGETHER 101702	RT	50.00	105.00
1987	I'M SENDING YOU A WHITE CHRISTMAS 112402	RT	55.00	123.00
1988	YOU HAVE TOUCHED SO MANY HEARTS 112577	SU	40.00	95.00
1990	LORD HELP KEEP ME IN BALANCE 520691	SU	60.00	88.00
1991	SLEEPING BABY BOY 429570	OP	65.00	70.00
1991	SLEEPING BABY GIRL 429589	OP	65.00	70.00
1992	DO NOT OPEN TILL CHRISTMAS 522244	SU	75.00	90.00
S. BUTCHER		**PRECIOUS MOMENTS NATIVITY**		
1997	AND YOU SHALL SEE A STAR	OP	33.00	33.00
1997	LIGHTED INN	OP	100.00	100.00
1997	NATIVITY WELL	OP	30.00	30.00
1997	PALM TREES, HAY BAIL, BABY FOOD	OP	60.00	60.00
1997	SHEPHERD W/ LAMBS- SET OF 3	OP	40.00	40.00
S. BUTCHER		**PRECIOUS MOMENTS NOAH'S ARK**		
1992	BUNNIES 530123	OP	9.00	12.00
1992	ELEPHANTS 530131	OP	18.00	22.00
1992	GIRAFFES 530115	OP	16.00	19.00
1992	NOAH'S ARK 8/PC COLL. SET 530948	OP	190.00	190.00
1992	PIGS 530085	OP	12.00	15.00
1992	SHEEP 530077	OP	10.00	13.00
1993	LLAMAS 531375	OP	15.00	18.00
S. BUTCHER		**PRECIOUS MOMENTS REGIONAL CONFERENCE**		
1997	FESTIVAL OF PRECIOUS MOMENTS, A	YR	*	N/A

YR	NAME	LIMIT	ISSUE	TREND
S. BUTCHER		**PRECIOUS MOMENTS REJOICE IN THE LORD**		
1984	HAPPINESS IS THE LORD 12378	SU	15.00	48.00
1984	HE IS MY SONG 12394	SU	18.00	43.00
1984	LORD GIVE ME A SONG 12386	SU	15.00	49.00
1984	THERE'S A SONG IN MY HEART 12173	SU	11.00	53.00
1986	LORD KEEP MY LIFE IN TUNE 12580	SU	38.00	258.00
S. BUTCHER		**PRECIOUS MOMENTS SPRING CATALOG**		
1997	HAPPINESS TO THE CORE	YR	38.00	38.00
S. BUTCHER		**PRECIOUS MOMENTS SPRING CELEBRATION**		
1997	WE'RE SO HOPPY YOU'RE HERE	YR	33.00	33.00
S. BUTCHER		**PRECIOUS MOMENTS SUGAR TOWN**		
1992	AUNT RUTH AND AUNT DOROTHY 529486	RT	20.00	39.00
1992	CAR 529443	RT	23.00	24.00
1992	CHAPEL 529621	RT	85.00	150.00
1992	DUSTY 529435	RT	15.00	24.00
1992	EVERGREEN TREE 528684	RT	15.00	31.00
1992	FENCE 529796	RT	10.00	13.00
1992	GRANDFATHER 529516	RT	15.00	34.00
1992	KATYLYNNE 529524	RT	20.00	23.00
1992	NATIVITY 529508	RT	20.00	50.00
1992	PHILIP 529494	RT	17.00	28.00
1992	SAM BUTCHER 529567	YR	23.00	32.00
1992	SAMMY 528668	RT	17.00	18.00
1993	SAM BUTCHER 529842	YR	23.00	24.00
1995	BIRD BATH 150223	RT	8.00	15.00
1995	BUS STOP 150207	RT	8.00	15.00
1995	CONDUCTOR 150169	YR	20.00	20.00
1995	DOG AND KITTEN ON PARK BENCH 529540	RT	13.00	13.00
1995	FIRE HYDRANT 150215	RT	5.00	10.00
1995	FUEL BOY 531871	RT	23.00	24.00
1995	GIRLS WITH GIFTS 531812	RT	23.00	24.00
1995	LUGGAGE CART WITH KITTEN 150185	RT	13.00	20.00
1995	RAILROAD CROSSING SIGN 150177	RT	12.00	19.00
1995	STREET SIGN 532185	RT	10.00	11.00
1995	SUGAR TOWN ENHANCEMENT SET 152269	RT	45.00	45.00
1995	SUGAR TOWN TRAIN STATION/COLLECTORS SET 150193	RT	190.00	190.00
1995	TRAIN STATION NIGHT LIGHT 150150	RT	100.00	118.00
1995	WE HAVE COME FROM AFAR 530913	RT	12.00	14.00
1996	BONFIRE WITH BUNNIES 184152	RT	10.00	16.00
1996	COCOA 184063	RT	8.00	14.00
1996	FLAG POLE WITH KITTEN 184136	RT	15.00	19.00
1996	HANK AND SHARON 184098	RT	25.00	32.00
1996	LEROY 184071	RT	19.00	24.00
1996	LIGHTED TREE 184039	RT	45.00	69.00
1996	LIGHTED WARMING HUT 192341	RT	60.00	60.00
1996	MAZIE 184055	RT	19.00	31.00
1996	SKATING POND 184047	RT	40.00	53.00
1996	SKATING SIGN 184020	LE	15.00	35.00
1996	SUGAR TOWN ENCHANCEMENT SET 184160	RT	40.00	40.00
1996	SUGAR TOWN SKATING POND SET 184128 7 PC	RT	185.00	185.00
1996	WOODEN BARREL HOT COCOA STAND 184144	RT	15.00	15.00
1997	AUNT BULAH & UNCLE SAM 272825	RT	23.00	24.00
1997	AUNT CLEO 272817	RT	19.00	21.00
1997	BIKE RACK 272906	RT	15.00	15.00
1997	BUNNIES 530123	RT	10.00	12.00
1997	CHUCK 272809	YR	23.00	30.00
1997	ENHANCEMENTS- SET	RT	25.00	25.00
1997	GARBAGE CAN 272914	RT	20.00	20.00
1997	HEATHER 272833	RT	20.00	22.00
1997	LIGHTED SCHOOL HOUSE	RT	80.00	80.00
1997	MERRY GO ROUND 272841	RT	20.00	20.00
1997	SCHOOL HOUSE- COLL SET	RT	184.00	184.00
1997	SKATING POND COLL SET	RT	170.00	170.00
S. BUTCHER		**PRECIOUS MOMENTS THE FOUR SEASONS**		
1985	SUMMER'S JOY 12076	YR	30.00	100.00
1985	VOICE OF SPRING, THE- 12068	YR	30.00	300.00
1986	AUTUMN'S PRAISE 12084	YR	30.00	70.00
1986	WINTER'S SONG 12092	YR	30.00	135.00
S. BUTCHER				**SAMMY'S CIRCUS**
1993	COLLIN 529214	SU	20.00	23.00
1993	DUSTY 529176	SU	23.00	23.00
1993	KATIE 529184	SU	18.00	20.00
1993	MARKIE 528099	SU	19.00	19.00
1993	SAMMY 529222	YR	20.00	33.00
1993	TIPPY 529192	SU	12.00	14.00
1995	JORDAN 529168	SU	20.00	23.00
1996	JENNIFER 163708	SU	20.00	38.00
*				**SMALL WORLD OF MUSIC**
1994	1963 CHEVROLET CORVETTE STING RAY	7500	300.00	300.00
1995	'53 CORVETTE- MUSICAL	*	30.00	30.00
1995	'55 FORD THUNDERBIRD- MUSICAL	*	30.00	30.00
1995	'57 CHEVROLET BEL AIR- MUSICAL	*	30.00	30.00
1995	'64 1/2 FORD MUSTANG- MUSICAL	*	30.00	30.00
1995	'65 CORVETTE STING RAY- MUSICAL	*	30.00	30.00
1995	A CHEESE RING CIRCUS/MUSICAL 869023	*	30.00	30.00
1995	A REFRESHING PAUSE/MUSICAL 153168	*	30.00	30.00
1995	A THRIST FOR FUN/MUSCIAL 128775	*	250.00	250.00
1995	A-B-C- SAW/MUSICAL 868965	*	50.00	50.00

YR	NAME	LIMIT	ISSUE	TREND
1995	CALLING TO COLLECT/MUSICAL	*	250.00	250.00
1995	CLARA'S DREAM/MUSICAL	*	30.00	30.00
1995	FLEET SWEETS/MUSICAL	*	30.00	30.00
1995	IT'S THE REAL THING/MUSICAL 128910	*	50.00	50.00
1995	LITTLE LOVE BOAT/MUSICAL 551104	*	30.00	30.00
1995	MAESTRO OF MISCHIEF/MUSICAL 138126	*	70.00	70.00
1995	MINI MOUSEICIANS/MUSICAL 868981	*	30.00	30.00
1995	MONTMARTRE/MUSICAL 869007	*	30.00	30.00
1995	POP HOP SOAD SHOPPE/MUSICAL 138282	*	30.00	30.00
1995	PRACTICE MAKES PERFECT/MUSICAL	*	50.00	50.00
1995	PRESENTING..PINOCCHIO/MUSICAL 596302	*	350.00	350.00
1995	ROCK-A-BEAR BABY/MUSICAL 868973	*	50.00	50.00
1995	ROCKIN' & ROLLIN'/MUSICAL 598003	*	150.00	150.00
1995	SANTA'S SECRET HELPER/MUSICAL	*	30.00	30.00
1995	SIR MICKEY TO THE RESCUE/MUSICAL 123633	*	400.00	400.00
1995	SPINING TAILS/MUSICAL 114944	*	200.00	200.00
1995	SPINNING A YARN/MUSICAL 137006	*	30.00	30.00
1995	THAT'S ALL FOLKS/MUSICAL	*	100.00	100.00
1995	TO BOLDLY GO.../MUSICAL 323608	*	300.00	300.00
1995	TO THE RESCUE/MUSICAL 551163	*	30.00	30.00
1995	WISHES A-WEIGH/MUSICAL	*	70.00	70.00
1996	'56 CORVETTE- MUSICAL	*	30.00	30.00
1996	'59 CADILLAC- MUSICAL	*	30.00	30.00
1996	BAKING SWEET MEMORIES/MUSICAL 184861	*	30.00	30.00
1996	CHEVY BLAZER/MUSICAL 175021	*	30.00	30.00
1996	COLOSSAL, THE/MUSICAL	*	600.00	600.00
1996	COWARDLY LION, THE/MUSICAL 175110	*	30.00	30.00
1996	DODGE RAM TRUCK/MUSICAL 174106	*	30.00	30.00
1996	DOROTHY/MUSICAL 175099	*	30.00	30.00
1996	F100 FORD PICK-UP/MUSICAL	*	30.00	30.00
1996	FORD EXPLORER/MUSICAL 174092	*	30.00	30.00
1996	HOLIDAY HORSEPLAY/MUSICAL	*	30.00	30.00
1996	I'D LIKE TO BUY THE WORLD A COKE/MUSICAL	*	250.00	250.00
1996	IT SEAMS LIKE CHRISTMAS/MUSICAL	*	30.00	30.00
1996	JEEP GRAND CHEROKEE/MUSICAL 175013	*	30.00	30.00
1996	LAST MINUTE SHOP WORK/MUSICAL	*	30.00	30.00
1996	LULLABY LAND/MUSICAL	*	30.00	30.00
1996	MERRY-GO-ROUND MAGIC/MUSICAL 167150	*	30.00	30.00
1996	MICEST DECORATIONS, THE/MUSICAL	*	30.00	30.00
1996	PERFECT HARMONY/MUSICAL 920339	*	30.00	30.00
1996	SCARECROW. THE/MUSICAL 175129	*	30.00	30.00
1996	SERVING UP FUN/MUSICAL 168025	*	30.00	30.00
1996	SEW PETTY/MUSICAL 165360	*	30.00	30.00
1996	SPOTTIN' ADVENTURE/MUSICAL 165387	*	30.00	30.00
1996	TASTEFULLY TRIMMED/MUSICAL 184888	*	30.00	30.00
1996	TEA FOR TWO/MUSICAL 902675	*	30.00	30.00
1996	TIN MAN, THE/MUSICAL 175099	*	30.00	30.00
1996	TINY TOONLAND/MUSICAL	*	30.00	30.00
1996	TOGETHER W/COCA-COLA/MUSICAL 165409	*	150.00	150.00
1996	WHAT CHILD IS THIS?/MUSICAL 184365	*	30.00	30.00

K. HAHN — SMALL WORLD OF MUSIC

YR	NAME	LIMIT	ISSUE	TREND
1995	BAKING YOU HAPPY/MUSICAL 136999	*	30.00	30.00
1995	SUPPLIES IN DEMAND/MUSICAL 136980	*	30.00	30.00

S. BUTCHER — TO HAVE AND TO HOLD

YR	NAME	LIMIT	ISSUE	TREND
1996	A SILVER CELEBRATION TO SHARE 163813	OP	70.00	73.00
1996	A YEAR OF BLESSINGS 163783	OP	70.00	73.00
1996	EACH HOUR IS PRECIOUS WITH YOU 163791	OP	70.00	73.00
1996	FIFTY YEARS AS PRECIOUS AS GOLD 163848	OP	70.00	73.00
1996	FORTY YEARS OF PRECIOUS MEMORIES 163821	OP	70.00	73.00
1996	LOVE VOWS TO ALWAYS BLOOM 129097	OP	70.00	73.00
1996	TEN YEARS HEART TO HEART 163805	OP	70.00	73.00

S. BUTCHER — YOU ARE ALWAYS THERE FOR ME

YR	NAME	LIMIT	ISSUE	TREND
1996	FATHER HELPING SON BAT 163627	OP	50.00	51.00
1996	MOTHER KISSING DAUGHTER'S OWIE 163600	OP	50.00	52.00
1996	SISTER CONSOLING SISTER 163635	OP	50.00	50.00

ERTL COLLECTIBLES

EPSTEIN/GAGE — CAT HALL OF FAME

YR	NAME	LIMIT	ISSUE	TREND
1998	ALBERT FELINESTEIN	RT	20.00	20.00
1998	BETTY CROCKAT	OP	20.00	20.00
1998	CATS DOMINO	5000	60.00	60.00
1998	CATS FIFTH AVENUE	RT	20.00	20.00
1998	CATSABLANCA	5000	57.00	57.00
1998	GEORGE S. CATTON	RT	20.00	20.00
1998	LIZA MEWNELLI	RT	20.00	20.00
1998	LUCY & RICKY RICATTO	5000	57.00	57.00
1998	MARIE CATOINETTE	RT	20.00	20.00
1998	MISS AMERICAT	RT	20.00	20.00
1998	SITTING CAT	RT	20.00	20.00
1998	WILLIAM SHAKESPURR	RT	20.00	20.00

L. DAVIS — LOWELL DAVIS AMERICA

YR	NAME	LIMIT	ISSUE	TREND
1997	A FRIEND IN NEED	4500	70.00	70.00
1997	CAN'T WAIT	3500	150.00	150.00
1997	COUNTRY DOCTOR	3500	290.00	290.00
1997	DOG DAYS	3500	60.00	60.00
1997	GET ONE FOR ME	4500	75.00	75.00
1997	LAST OF THE LITTER	5500	60.00	60.00
1997	NEXT!	4500	70.00	70.00
1997	NINE LIVES	3500	120.00	120.00

YR	NAME	LIMIT	ISSUE	TREND
1997	OH! SHE'LL BE...	3500	180.00	180.00
1997	RED OAK II 1923 CHEVY PANEL TRUCK	RT	25.00	25.00
1997	SOOIE	3500	160.00	160.00
1997	WASH DAY BLUES	3500	75.00	75.00

FENTON ART GLASS

YR	NAME	LIMIT	ISSUE	TREND
*				
*	LAMP 7503P5 MARIETTA BICENT 23-1/2"	*	*	500.00
*	LAMP 7507N6 PARKERSBURG 25-1/2"	*	*	600.00
*	MINIATURE AMETHYST LEMONADE SET	*	*	250.00
*	MINIATURE BURMESE LEMONADE SET	*	*	400.00
*	MINIATURE CUSTARD LEMONADE SET HP	*	*	250.00
*	MINIATURE CUSTARD TUMBLE UP HP VIOLETS	*	*	150.00
*	MINIATURE CUSTARD TUMBLE UP PLAIN	*	*	70.00
*	MINIATURE RUBY TUMBLE UP SET	75	*	250.00
*	MINIATURE XMAS LEMONADE SET	75	*	250.00
*	VASE R9451MI RIBBED FABERGE BUD 7"	*	*	10.00
*	WATER SET HOBNAIL 5 PC.	*	*	375.00
1979	COMPORT 8431BO 5" WATER LILY	*	*	32.00
1979	VASA MURRHINA COBALT FOR FAGCA	*	*	75.00
1980	BASKET 7237CD 7"	*	*	55.00
1980	BASKET 7536VR 8-1/2"	*	*	75.00
1980	BASKET 7537JA 7"	*	*	45.00
1980	BASKET 9334BD BASKETWEAVE 7"	*	*	45.00
1980	BASKET 9435IO RIBBON EDGE 8-1/2"	*	*	125.00
1980	BASKET 9436IO ROSE BOWL 8-1/2"	*	*	120.00
1980	BIRD 5011 OFFHAND VASA MURRHINA	*	*	75.00
1980	BIRD 5163BD	*	*	30.00
1980	BIRD 5163JA SMALL	*	*	50.00
1980	BIRD 5197CD HAPPINESS	*	*	35.00
1980	BOTTLE 7363BD HANDLED	*	*	70.00
1980	BOWL 7523JA ROLLED RIM	*	*	25.00
1980	BOWL 7526VR 6-1/2"	*	*	50.00
1980	BOWL 8454IO ROSE 5"	*	*	65.00
1980	BOWL 9425IO RIBBON EDGE 8"	*	*	85.00
1980	BOY & GIRL 5100JA PAIR	*	*	75.00
1980	BUNNY 5162BD	*	*	35.00
1980	BUNNY 5162JA	*	*	48.00
1980	BUTTERFLY 5171VR ON STAND	*	*	50.00
1980	CANDLEHOLDERS 7572JA	*	*	40.00
1980	CANDLEHOLDERS 7572VR	*	*	40.00
1980	CAT 5165JA	*	*	60.00
1980	COMPORT 7527VR FOOTED	*	*	30.00
1980	COMPORT 7528JA	*	*	25.00
1980	COMPORT 9422VR PERSIAN	*	*	35.00
1980	ELEPHANT 5012 OFFHAND VASA MURRHINA	*	*	75.00
1980	FAIRY LIGHT 7500JA 2 PC.	*	*	40.00
1980	FAIRY LIGHT 8408VR PERSIAN	*	*	85.00
1980	FROG 5166CD	*	*	55.00
1980	HATPIN HOLDER (HEART OF AMERICA CARNIVAL GLASS)	*	*	85.00
1980	LAMP 27412LC 21" STUDENT	*	*	275.00
1980	LAMP 2805IO STUDENT 20"	*	*	325.00
1980	LAMP 7215CD HAMMERED 20-1/2"	*	*	180.00
1980	MINIATURE CUSTARD LEMONADE SET PLAIN 7345CT	*	*	125.00
1980	NUT DISH 7229BD	*	*	20.00
1980	NUT DISH 7529JA	*	*	25.00
1980	NUT DISH 7529VR FOOTED	*	*	35.00
1980	OWL 5168JA	*	*	32.00
1980	SALVER 7516VR 9"	*	*	45.00
1980	TEMPLE JAR 7488BD SMALL	*	*	40.00
1980	TEMPLE JAR 7488CD SMALL	*	*	40.00
1980	TEMPLE JAR 7488JA SMALL	*	*	40.00
1980	TEMPLE JAR 7588JA LARGE	*	*	65.00
1980	TOWN PUMP MINIATURE (INT'L CARNIVAL GLASS ASSOC.)	*	*	50.00
1980	VASE 7252BD 7"	*	*	40.00
1980	VASE 7252CD 7"	*	*	38.00
1980	VASE 7550JA 7"	*	*	45.00
1980	VASE 7551VR FAN DOLPHIN	*	*	60.00
1980	VASE 7557JA 10"	*	*	45.00
1980	VASE 8251JA MANDARIN	*	*	95.00
1980	VASE 8252JA EMPRESS	*	*	85.00
1980	VASE 9054JA BUD TALL	*	*	15.00
1980	VASE 9056BD BUD 8"	*	*	15.00
1980	VASE 9056CD BUD	*	*	15.00
1980	VASE 9056VR BUD FOOTED	*	*	25.00
1980	VASE 9456IO SWUNG 12" (LEVAY)	*	*	80.00
1980	VASE MELON OVERLAY FAGCA	*	*	60.00
1980	WATER SET 3407IO 7 PC.	*	*	375.00
1981	BASKET 7235PC 5"	*	*	65.00
1981	BASKET 7437SS 7-1/4"	*	*	95.00
1981	BASKET 7535PD 7-1/2"	*	*	125.00
1981	BASKET 8435VY 9"	*	*	95.00
1981	BASKET 8437BO LILY OF VALLEY	*	*	48.00
1981	BASKET 9334SF 7"	*	*	55.00
1981	BASKET 9431VE MINIATURE	*	*	35.00
1981	BASKET 9432VR 11"	*	*	95.00
1981	BASKET 9536BQ	*	*	45.00
1981	BIRD 5163SF SMALL	*	*	35.00
1981	BON BON 9128VB 7-1/2"	*	*	28.00

YR	NAME	LIMIT	ISSUE	TREND
1981	BOOT 9590PY	*	*	20.00
1981	BOWL 5150PI HI ATLANTIS (MLT GLASS)	*	*	240.00
1981	BOWL 8250VR ROSE MINIATURE	*	*	30.00
1981	BOX 9589BQ JEWEL OVAL	*	*	25.00
1981	CANDY JAR 9488VB	*	*	75.00
1981	CAT 5165SF	*	*	48.00
1981	COMPORT 7429SF	*	*	35.00
1981	COMPORT 7429SF 6"	*	*	35.00
1981	COMPORT 8431VR WATER LILY	*	*	40.00
1981	COMPOTE 9422VB	*	*	40.00
1981	CUP 7581VY LOVING DOLPHIN HANDLE	*	*	65.00
1981	DUCKLING 5169SF	*	*	35.00
1981	EPERGNE 7505VY 5 PC. (LEVAY)	*	*	325.00
1981	FAIRY LIGHT 7300AC XMAS 2 PC.	*	*	50.00
1981	FAIRY LIGHT 7501PD 3 PC.	*	*	125.00
1981	FAIRY LIGHT 8405VR BEADED	*	*	75.00
1981	FAIRY LIGHT 9102CY FINE CUT & BLOCK	*	*	35.00
1981	FAIRY LIGHT 9304DR BASKETWEAVE	*	*	50.00
1981	FAIRY LIGHT 9304SF 2 PC.	*	*	55.00
1981	FAIRY LIGHT 9401FL NATIVITY	*	*	60.00
1981	FAIRY LIGHT 9401FT NATIVITY	*	*	60.00
1981	FAIRY LIGHT 9401TB NATIVITY	*	*	50.00
1981	FAIRY LIGHT 9401TG NATIVITY	*	*	45.00
1981	FAIRY LIGHT 9401VE NATIVITY	*	*	40.00
1981	FENTON LOGO	*	*	30.00
1981	IVY BALL 7522PE	*	*	50.00
1981	LAMP 7204OW HAM. COLONIAL 16"	*	*	325.00
1981	LAMP 7508OW FRENCH PROV. 22"	*	*	575.00
1981	LAMP 7510OW 20"	*	*	425.00
1981	LAMP 9305SF STUDENT 20"	*	*	295.00
1981	MUG MINIATURE TOPAZ OPAL CARNIVAL (HEART OF AMER.)	*	*	55.00
1981	NUT DISH 7229SF	*	*	25.00
1981	NUT DISH 9229SF	*	*	24.00
1981	PITCHER MINIATURE GOD & HOME	*	*	55.00
1981	SPITTOON 5150PI C. ATLANTIS	*	*	240.00
1981	TOOTHPICK 7590VY	*	*	18.00
1981	TOOTHPICK HOLDER 9592BQ	*	*	20.00
1981	TRAY 1976CY LEAF DAISY & BUTTON	*	*	15.00
1981	TUMBLER MINIATURE GOD & HOME	*	*	20.00
1981	VASE 5150PI B. ATLANTIS	*	*	165.00
1981	VASE 5153VY MINIATURE HAND	*	*	30.00
1981	VASE 6056SF 6"	*	*	30.00
1981	VASE 7255PD TULIP 10-1/2"	*	*	110.00
1981	VASE 7255SS TULIP 10-3/4"	*	*	110.00
1981	VASE 7442PD 5"	*	*	60.00
1981	VASE 7546PD 4-1/2"	*	*	65.00
1981	VASE 7547PD 5-1/2"	*	*	68.00
1981	VASE 7551VY DOLPHIN HANDLED	*	*	65.00
1981	VASE 7552PD TULIP 6-3/4"	*	*	90.00
1981	VASE 7554BQ 5"	*	*	25.00
1981	VASE 7558PD BUD 6"	*	*	65.00
1981	VASE 7559PD 7-1/2"	*	*	75.00
1981	VASE 7560PD 6-1/2"	*	*	75.00
1981	VASE 7561PE 10-3/4"	*	*	95.00
1981	VASE 8455VY DIAMOND & THREAD	*	*	60.00
1981	VASE 8458BO BUD 11"	*	*	25.00
1981	VASE 9054RD BUD	*	*	28.00
1981	VASE 9056SF BUD	*	*	24.00
1981	VASE 9320SF BASKETWEAVE 4-1/2"	*	*	24.00
1981	VASE 9356DR BUD BASKETWEAVE	*	*	28.00
1981	VASE 9356SF BUD	*	*	28.00
1981	VASE 9423VR 6"	*	*	30.00
1981	VASE 9451VE BUD 7"	*	*	20.00
1981	VASE 9455VR HANDKERCHIEF 9"	*	*	25.00
1981	VASE 9556PY BUD 8-1/2"	*	*	26.00
1981	VASE HANGING HEART FAGCA	*	*	125.00
1981	WATER SET 7509VY 7 PC.	*	*	350.00
1981	WATER SET MINIATURE	*	*	80.00
1982	BASKET 2534CC DAISY 7"	*	*	70.00
1982	BASKET 3431RN CRACKER 10" (LEVAY)	*	*	135.00
1982	BASKET 3432RN BANANA (LEVAY)	*	*	120.00
1982	BASKET 3433RN DOUBLE CRIMPED 10" (LEVAY)	*	*	125.00
1982	BASKET 3436RN LOOPED HANDLE 7-1/2" (LEVAY)	*	*	85.00
1982	BASKET 7235WQ 5"	*	*	65.00
1982	BASKET 7434VI 7"	*	*	40.00
1982	BASKET 7435CC 11"	*	*	110.00
1982	BASKET 7435KB 11"	*	*	75.00
1982	BASKET 7437MV	*	*	100.00
1982	BASKET 7533KB 7"	*	*	45.00
1982	BASKET 7539IN IRIS 7-1/2"	*	*	50.00
1982	BOOT 3992MI HOBNAIL 4"	*	*	18.00
1982	BOWL 6320KL FLOWER BAND 9"	*	*	30.00
1982	BOWL 7521IN IRIS 6"	*	*	40.00
1982	BOWL 7521PE 6"	*	*	42.00
1982	BOWL 8520BB 12"	*	*	50.00
1982	BOWL 9558WQ ROSE BURMESE MINIATURE	*	*	75.00
1982	BOWL R8430GS FOOTED WATER LILY	*	*	24.00
1982	BOWL R9426GS RIBBED FABERGE 4-1/2"	*	*	20.00
1982	BOWL R9426MI RIBBED 4-1/2"	*	*	15.00

YR	NAME	LIMIT	ISSUE	TREND
1982	BOWL R9426RU RIBBED FABERGE 4-1/2"	*	*	18.00
1982	BOWL R9430GS WATER LILY 6"	*	*	24.00
1982	BOWL R9430RU RIBBED FABERGE 6"	*	*	24.00
1982	BUNNY 5162DR	*	*	35.00
1982	BUTTER 9580CK BUTTON & ARCH (LEVAY)	*	*	125.00
1982	CANDLEHOLDERS 6370KL FLOWER BAND	*	*	24.00
1982	CANDY BOX 7484DR	*	*	40.00
1982	COMPORT 3429RN FOOTED	*	*	50.00
1982	COMPORT 6380KL LARGE	*	*	30.00
1982	COMPORT 7431BA FOOTED	*	*	35.00
1982	COMPORT 7431VI FOOTED	*	*	38.00
1982	COMPORT 7582AY DOLPHIN	*	*	50.00
1982	COMPORT 8487CK OVAL PINWHEEL (LEVAY)	*	*	40.00
1982	CRACKER 3480RN COVERED JAR (LEVAY)	*	*	110.00
1982	CREAMER & COVERED SUGAR 3408RN (LEVAY)	*	*	60.00
1982	CRUET 3463RN (LEVAY)	*	*	120.00
1982	CUSPIDOR 3426RN LADIES (LEVAY)	*	*	75.00
1982	CUSPIDOR 3427RN MANS (LEVAY)	*	*	70.00
1982	EGG 5140DR ON STAND	*	*	38.00
1982	FAIRY LAMP 7501PD 3 PC.	*	*	145.00
1982	FENTON LOGO CHOCOLATE FAGCA	*	*	65.00
1982	HAT WHIMSY FAGCA	*	*	65.00
1982	JAR 3480CK CRACKER CACTUS (LEVAY)	*	*	85.00
1982	JAR 7580AY DOLPHIN	*	*	65.00
1982	LAMP 7503CQ STUDENT 23-1/2"	*	*	495.00
1982	LAMP 7504CQ PRINCESS 19"	*	*	325.00
1982	LAMP 7504YB PRINCESS 19"	*	*	325.00
1982	LAMP 7506MV SWAG	*	*	475.00
1982	LAMP 7506PD HANGING	*	*	450.00
1982	LAMP 7507YB FRENCH PROV. 25-1/2"	*	*	525.00
1982	LAMP 9301PD COLUMN 20"	*	*	325.00
1982	MAYO SET 3803MI HOBNAIL 3 PC.	*	*	32.00
1982	MUG 9640CK CRAFTSMAN	*	*	50.00
1982	NAPPY GRAPE 8225BO	*	*	25.00
1982	PITCHER 1432CC COIN DOT 32 OZ.	*	*	65.00
1982	PITCHER 1432KB COIN DOT 32 OZ.	*	*	65.00
1982	PITCHER 1866CC FERN 16 OZ.	*	*	65.00
1982	PITCHER 2060CC FEATHER 70 OZ.	*	*	125.00
1982	PITCHER 8560AY 70 OZ.	*	*	65.00
1982	PITCHER, 70 OZ. 8560AY	*	30.00	65.00
1982	SLIPPER 3985CK KITTEN (LEVAY)	*	*	55.00
1982	SUGAR & CREAMER 8402CK CHERRY (LEVAY)	*	*	65.00
1982	TEMPLE JAR 7488BA	*	*	35.00
1982	TEMPLE JAR 7488KY SMALL	*	*	45.00
1982	TEMPLE JAR 7488PE SMALL	*	*	45.00
1982	TEMPLE JAR 7488VI SMALL	*	*	45.00
1982	TEMPLE JAR 7588PE LARGE	*	*	75.00
1982	TOOTHPICK 3495RN (LEVAY)	*	*	28.00
1982	TOOTHPICK 8295CK STRAWBERRY (LEVAY)	*	*	28.00
1982	VASE 1433CC COIN 9-1/2"	*	*	75.00
1982	VASE 1824CC FERN 4-1/2"	*	*	40.00
1982	VASE 2050CC FEATHER 6-1/2"	*	*	55.00
1982	VASE 3434RN BASKET 10"	*	*	85.00
1982	VASE 3441RN JACK IN THE PULPIT	*	*	75.00
1982	VASE 3483RN SWUNG 9"	*	*	40.00
1982	VASE 5858CC WHEAT 8"	*	*	60.00
1982	VASE 5858KB WHEAT 8"	*	*	55.00
1982	VASE 6056CR WAVE CREST	*	*	45.00
1982	VASE 7241BA 4-1/2"	*	*	20.00
1982	VASE 7241VI 4-1/2"	*	*	22.00
1982	VASE 7255PD LARGE TULIP	*	*	95.00
1982	VASE 7257MV MTN. REFLECT 10"	*	*	100.00
1982	VASE 7530BA 6-1/2"	*	*	40.00
1982	VASE 7530VI 6-1/2"	*	*	35.00
1982	VASE 7550IN IRIS 6-1/2"	*	*	50.00
1982	VASE 7550KP 6-1/2"	*	*	45.00
1982	VASE 7550PE 6-1/2"	*	*	45.00
1982	VASE 7552PD SMALL TULIP	*	*	60.00
1982	VASE 7557IN IRIS 9"	*	*	55.00
1982	VASE 7557PE 9-1/2"	*	*	65.00
1982	VASE 7558PE BUD	*	*	28.00
1982	VASE 7559IN IRIS 7-1/2"	*	*	65.00
1982	VASE 7559IY SAND CARVED 7-1/2"	*	*	80.00
1982	VASE 7559PD 7-1/2"	*	*	75.00
1982	VASE 7560PD 6-1/2"	*	*	75.00
1982	VASE 7561KY SAND CARVED 10-3/4"	*	*	100.00
1982	VASE 7561PE 10-3/4"	*	*	85.00
1982	VASE 7582RT DOLPHIN HANDLE	*	*	35.00
1982	VASE 7651SX SAND CARVED	*	*	110.00
1982	VASE 7655SX SPHERE 10"	*	*	195.00
1982	VASE 8251HU MANDARIN 9"	*	*	135.00
1982	VASE 8252HU EMPRESS 7-1/2"	*	*	105.00
1982	VASE 8528CC SPHERE 8"	*	*	65.00
1982	VASE 8550AY 10"	*	*	45.00
1982	VASE 8551AY CYLINDER 10-1/2"	*	25.00	48.00
1982	VASE 8551BB CYLINDER 10-1/2"	*	*	42.00
1982	VASE 8551CC CYLINDER 10-1/2"	*	*	60.00
1982	VASE 8552AY 9-1/2"	*	*	45.00
1982	VASE 8553AY 6-1/2"	*	18.00	35.00

Something's Brewing *by artist Marlowe Urdahl was released in 1996 by Anheuser-Busch Inc.*

Proceeds from Dean Griff's charity piece You Are Not Alone *were given to benefit* The Gift for Life. *A part of the Charming Tails Collection, the figurine has more than doubled in value since its 1995 release.*

Here Comes the Bride, 1966 *is a porcelain musical that is inspired by the Mattel Barbie® doll. The piece plays the tune, "Here Comes the Bride" and is from the Eneseco From Barbie® with Love collection.*

YR	NAME	LIMIT	ISSUE	TREND
1982	VASE 9454RT BUD 10"	*	*	15.00
1982	VASE CORN/GOOD LUCK (HEART OF AMERICA CARNIVAL)	*	*	75.00
1982	VASE R9451GS BUD RIBBED FABERGE 6"	*	*	35.00
1982	VASE R9457GS RIBBED FABERGE 7"	*	*	25.00
1982	WATER SET 3407RN 7 PC. (LEVAY)	*	*	320.00
1982	WATER SET 9003CK LINCOLN INN (LEVAY)	*	*	325.00
1983	BASKET 8636CN SUNBURST	*	*	45.00
1983	BASKET 9134HG BUTTERFLY & BERRY 7"	*	*	48.00
1983	BASKET G1636AY	*	*	30.00
1983	BOWL G1625AY OVAL 11"	*	*	45.00
1983	BOWL G1625FB OVAL 11"	*	*	42.00
1983	BOWL K7722KN MEDIUM	*	*	65.00
1983	BOWL K7724KO 9-3/4"	*	*	75.00
1983	CAKE PLATE 8613CY REGENCY	*	*	30.00
1983	CANDLEHOLDERS G9071YL	*	*	30.00
1983	CLOCK 8600LC	*	*	80.00
1983	CREAM & SUGAR 6300CY FLOWER BANK	*	*	25.00
1983	CREAMER & SUGAR 8602CY REGENCY	*	*	28.00
1983	CRUET G1674AY AMERICAN LEGACY	*	*	65.00
1983	CRUET G1674YL	*	*	45.00
1983	DECANTER G1678AY	*	*	65.00
1983	FAIRY LIGHT FAGCA 1 PC. CRANBERRY OPALESCENT (CO)	*	*	200.00
1983	GOBLET G1645AY 10 OZ.	*	*	24.00
1983	GOBLET G1645HG	*	*	18.00
1983	GOBLET G1645YL	*	*	20.00
1983	LAMP 3106OF PANCAKE	*	*	165.00
1983	LAMP 3107OY OVERLAY 19"	*	*	150.00
1983	LAMP 7514B8 KNIGHTS OF THE SEA	*	*	475.00
1983	LAMP MARIETTA COLLEGE	*	*	450.00
1983	PAPERWEIGHT TOWN PUMP MARIGOLD IR.	*	*	45.00
1983	PITCHER 8664CY REGENCY 64 OZ.	*	*	45.00
1983	PITCHER G1660AY 70 OZ.	*	*	85.00
1983	PITCHER G1660HG 70 OZ.	*	*	45.00
1983	PITCHER G1660YL	*	*	75.00
1983	RELISH G1618AY OVAL 8"	*	*	75.00
1983	SALT & PEPPER 8606CY REGENCY	*	*	16.00
1983	SALT & PEPPER SHAKERS G1606AY	*	*	45.00
1983	SUGAR & CREAMER G1603YL	*	*	55.00
1983	SUGAR SHAKER G1692AY	*	*	50.00
1983	SUGAR SHAKER G1692YL	*	*	50.00
1983	TEMPLE JAR 7488TT SMALL	*	*	49.00
1983	TUMBLER 8644CY REGENCY	*	*	20.00
1983	VASE 1850OH OVERLAY 7-1/2"	*	*	38.00
1983	VASE 7530DN 6-1/2"	*	*	30.00
1983	VASE 7530TT 6-1/2"	*	*	50.00
1983	VASE 9056DN BUD 7-1/2"	*	*	20.00
1983	VASE G1652FB 10"	*	*	40.00
1983	VASE G1652YL 10"	*	*	45.00
1983	VASE G1659AY AMERICAN LEGACY 7"	*	*	45.00
1983	VASE G1659YL 7"	*	*	35.00
1983	WATER SET VICTORIAN	*	*	475.00
1983	WINE G1644AY 5 OZ.	*	*	20.00
1983	WINE G1644YL	*	*	18.00
1984	APPLE 5019OD	*	*	55.00
1984	APPLE 5019OF	*	*	50.00
1984	BANANA STAND 3720PO HIGH FOOTED PIE CRUST CRIMP	*	*	225.00
1984	BASKET 3734PO 12"	*	*	350.00
1984	BASKET 3735PO 5-1/2"	*	*	135.00
1984	BASKET 3838PO 8-1/2"	*	*	200.00
1984	BASKET 7534DN	*	*	42.00
1984	BASKET 7635RK	*	*	42.00
1984	BASKET 9635DK 7"	*	*	26.00
1984	BEAR 5151FA	*	*	65.00
1984	BEAR CUB 5151RK	*	*	55.00
1984	BOOT 3992MI	*	*	15.00
1984	BOWL 3938PO 12"	*	*	200.00
1984	BOWL 3-TOED LIONS/FENTON FLOWERS	*	*	45.00
1984	BOWL 7549PF MELON 9"	*	*	40.00
1984	BOWL 7622RK 9"	*	*	45.00
1984	BOWL 9425IP RIBBON EDGE 8" (LEVAY)	*	*	65.00
1984	BOWL BUTTERFLY & BERRY/GOOD LUCK	*	*	65.00
1984	BUTTERFLY BON BON FAGCA	*	*	50.00
1984	CANDLEHOLDERS 7475RK	*	*	45.00
1984	CANDLEHOLDERS 7573PF MELON	*	*	35.00
1984	CANDLELIGHT 9504FA BASKETWEAVE	*	*	80.00
1984	CANDY BOX 3786MI OVAL	*	*	24.00
1984	CANDY BOX 3886MI 6 3/4"	*	*	24.00
1984	CANDY/BUTTER 3802MI COVERED	*	*	25.00
1984	CAT 5165RK	*	*	60.00
1984	COMPORT1628RK	*	*	32.00
1984	ELEPHANT 5158FA	*	*	65.00
1984	ELEPHANT 5158RK	*	*	50.00
1984	EPERGNE 3701PO 4 PART	*	*	450.00
1984	FAIRY LIGHT 3804PO 3 PC. (LEVAY)	*	*	250.00
1984	FAWN 5160FA	*	*	65.00
1984	JAM 3600MI COVERED	*	*	30.00
1984	LAMP 7514TL SMOKE & CINDERS 23" VERY RARE	250	*	525.00
1984	LIGHT 9605VP GIRL	*	*	48.00
1984	MUG 9648VK BOY	*	*	20.00

YR	NAME	LIMIT	ISSUE	TREND
1984	MUG 9649VE PRAYER CHILDREN	*	*	20.00
1984	PENGUIN 5014 (OFF-HAND BY DELMER STOWASSER)	*	*	85.00
1984	PENGUIN 5014 OFFHAND BY DELMER STOWASSER	*	*	65.00
1984	PICTURE FRAME 7596PY	*	*	25.00
1984	PITCHER & BOWL SET 3303PO	*	*	325.00
1984	PITCHER 3664PO ICE LIP 70 OZ.	*	*	200.00
1984	PITCHER FISHERMAN'S	*	*	35.00
1984	RELISH 3733PO HEART	*	*	325.00
1984	SLIPPER 3700MI	*	*	15.00
1984	SLIPPER 3995MI CAT	*	*	12.00
1984	TEMPLE JAR 7488DN SMALL	*	*	40.00
1984	VASE 3323PO CRIMPED 4-1/2"	*	*	65.00
1984	VASE 7544PF PETITE FLEUR 5"	*	*	35.00
1984	VASE 8654NK 7-1/2"	*	*	35.00
1984	VASE 9659DK 7-1/2"	*	*	20.00
1984	VASE AZURE BLUE SATIN AVON	*	*	125.00
1984	VASE MELON BLUE BURMESE FAGCA PELOTON	*	*	95.00
1984	VOTIVE 7275RK FOOTED	*	*	24.00
1984	VOTIVE 9671DK	*	*	15.00
1984	WATER SET 3306PO 7 PC.	*	*	600.00
1984	WHALE 5152FA	*	*	65.00
1984	WHALE 5152RK	*	*	50.00
1985	ANGEL 5114AB PRAYING	*	*	28.00
1985	BASKET 2632BI LARGE 9-1/2"	*	*	125.00
1985	BASKET 3132OP 7 1/2"	*	*	85.00
1985	BASKET 7437F7 8-1/4"	*	*	85.00
1985	BASKET 8637XT OVAL	*	*	45.00
1985	BASKET 9637NK LEAF W/BUTTERFLY	*	*	45.00
1985	BOWL 2624BI LARGE 9"	*	*	80.00
1985	BOWL 8810EP SHALLOW ARTISAN 9"	*	*	110.00
1985	BOWL 8810ER SHALLOW ARTISAN 9"	*	*	110.00
1985	BOWL 8811EP "V" ARTISAN 8"	*	*	120.00
1985	BOWL 8811ER "V" ARTISAN 8"	*	*	120.00
1985	CANDLE 8809EP ARTISAN 6-1/4"	*	*	125.00
1985	CANDLEHOLDERS 3674	*	*	55.00
1985	CAT 5165NG GRAY	*	*	75.00
1985	CLOCK 8600F8 THE FARM	*	*	95.00
1985	CLOWN 5111NE	*	*	35.00
1985	CLOWN 5111NL	*	*	35.00
1985	COASTER AUSTRALIAN (AUSTRALIAN CARNIVAL GLASS ASC)	*	*	20.00
1985	COMPORT 9626PH BASKETWEAVE 5-1/4"	*	*	28.00
1985	CUSPIDOR BASKETWEAVE (CANADA CARNIVAL GLASS ASSOC)	*	*	40.00
1985	DOLL 5228 ALMOST HEAVEN 80TH ANNIV.	*	*	75.00
1985	DRAKE MALLARD 5147NM	*	*	35.00
1985	EPERGNE 4809GO DIAMOND 4PC.	*	*	375.00
1985	FAIRY LIGHT 2604BI 3 PC.	*	*	135.00
1985	FAIRY LIGHT 7300WP XMAS 2 PC.	*	*	50.00
1985	FAWN 5160LB AUTUMN LEAVES	*	*	45.00
1985	FAWN 5160NF	*	*	55.00
1985	FAWN 5160PZ PEACH MEADOW	*	*	40.00
1985	FAWN 5160VE	*	*	30.00
1985	HOBBY HORSE 5135 SPOTTED (SAMPLE)	*	*	35.00
1985	HOBBY HORSE 5135HY	*	*	35.00
1985	JAR 9188 TOBACCO GRAPE & CABLE (ALMOST HEAVEN)	*	*	125.00
1985	KISSING KIDS 5101VE	*	*	32.00
1985	KITTEN 5119NX	*	*	50.00
1985	LAMP 2603BI STUDENT 20"	*	*	225.00
1985	LAMP 7204DW 16"	250	*	325.00
1985	LAMP 7204F5 HAMMERED COLONIAL 16"	*	*	275.00
1985	LAMP 7602EB BUTTERFLY & BRANCH 22"	*	*	525.00
1985	LUV BUG 5149CY	*	*	18.00
1985	MALLARD 5147ND CANVASBACK	*	*	40.00
1985	MALLARD 5147NQ BLUE WING TEAL	*	*	40.00
1985	MELON VASE OVERLAY FAGCA COBALT BLUE W.MICA	*	*	65.00
1985	MOUSE 5148NG GRAY	*	*	45.00
1985	MOUSE 5148NJ BROWN	*	*	50.00
1985	MUG BURMESE FAGCA	*	*	75.00
1985	OIL LAMP 7609XT	*	*	30.00
1985	PANDA BEAR 5151PJ	*	*	80.00
1985	PIG 5220QP	*	*	45.00
1985	PITCHER 2664BI 60 OZ. 9"	*	*	145.00
1985	PITCHER 8667NK SUNBURST	*	*	75.00
1985	SNAIL 5134NK	*	*	50.00
1985	SPANIEL 5159SP	*	*	65.00
1985	SPANIEL 5159VE	*	*	40.00
1985	TEMPLE JAR 7488EF BOB EVANS	*	*	60.00
1985	TUMBLER 2640FO	*	*	20.00
1985	VASE 3140OP SPIRAL OPTIC 7-1/2"	*	*	65.00
1985	VASE 3161OP 11"	*	*	65.00
1985	VASE 5858OP WHEAT 8"	*	*	50.00
1985	VASE 7530F7 6-1/2" FARM	*	*	55.00
1985	VASE 8801ER OVAL ARTISAN 12"	*	*	175.00
1985	VASE 8801NV OVAL 12"	*	*	225.00
1985	VASE 8802EG OVAL ARTISAN 12"	*	*	135.00
1985	VASE 8802ER OVAL ARTISAN 12"	*	*	150.00
1985	VASE 8803KM TRIANGLE 15"	*	*	235.00
1985	VASE 8803UV TRIANGLE 15"	*	*	235.00
1985	VASE 8804KM SPHERE	*	*	225.00
1985	VASE 8805ER ARTISAN 6"	*	*	85.00

YR	NAME	LIMIT	ISSUE	TREND
1985	VASE 8806ER ARTISAN 7-1/2"	*	*	120.00
1985	VASE 8807EP ARTISAN 9"	*	*	110.00
1985	VASE 9650OP DOGWOOD 11"	*	*	60.00
1985	VASE 9658OP DOGWOOD 8"	*	*	50.00
1985	VASE MELON OVERLAY FAGCA	*	*	95.00
1985	VOTIVE 9673XN SANTA	*	*	45.00
1986	BASE 9451DK BUD FABERGE	*	*	18.00
1986	BASKET 6634UO 7"	*	*	36.00
1986	BASKET 7635EW 7"	*	*	48.00
1986	BASKET 8333PW BARRED OVAL 6"	*	*	30.00
1986	BASKET 9230WQ 5"	*	*	45.00
1986	BASKET 9234NK BUTTERFLY & BERRY	*	*	45.00
1986	BASKET 9433DK STRAWBERRY	*	*	35.00
1986	BASKET 9535FO MINIATURE	*	*	28.00
1986	BASKET 9537DK STRAWBERRY	*	*	30.00
1986	BASKET 9639JU 7-1/2"	*	*	40.00
1986	BASKET V8637FX OVAL 7-1/2"	*	*	39.00
1986	BEAR 5151IK	*	*	60.00
1986	BEAR CUB 5151EW	*	*	40.00
1986	BEAR CUB 5151FO	*	*	30.00
1986	BEAR CUB V5151CY	*	*	18.00
1986	BIRD 5163IK	*	*	50.00
1986	BOOT 9590WQ	*	*	35.00
1986	BOWL 6624UO REFLECTIONS 11"	*	*	40.00
1986	BOWL 6626UO 5-1/2"	*	*	20.00
1986	BOWL 8289BR ORANGE TR & CHERRY	*	*	65.00
1986	BOWL 8289NK ORANGE TR & CHERRY	*	*	50.00
1986	BOWL 8321PW BARRED OVAL 6-1/2"	*	*	20.00
1986	BOWL 9588WQ ROSE 3-1/4"	*	*	45.00
1986	BOWL 9627PW BEAUTY	*	*	25.00
1986	BOWL 9653NK ROSE FABERGE 4-1/2"	*	*	30.00
1986	BOX V9589FX JEWEL 4-1/2"	*	*	24.00
1986	BUTTERFLY 5171DK ON STAND	*	*	35.00
1986	BUTTERFLY 5171PW ON STAND	*	*	45.00
1986	CANDLEHOLDERS 6672UO	*	*	30.00
1986	CANDY 6688UO COVERED	*	*	38.00
1986	CANDY 9185 BR DAISY 8-3/4"	*	*	85.00
1986	CANDY 9280DK COVERED BUTTERFLY	*	*	36.00
1986	CANDY BOX 9551EO COVERED	*	*	35.00
1986	CANDY BOX 9551UO COVERED	*	*	35.00
1986	CAT 5165IK	*	*	60.00
1986	CAT V5165CY	*	*	25.00
1986	COMPORT 1628EW FOOTED	*	*	38.00
1986	COMPORT 8234BR PERSIAN	*	*	65.00
1986	COMPORT 9120KD FINE CUT & BLOCK	*	*	20.00
1986	COMPORT 9276NK INNOVATION 4-1/2"	*	*	35.00
1986	COMPORT 9279NK MARQUETTE 7"	*	*	35.00
1986	COMPORT 9626DK BASKETWEAVE 5-1/4"	*	*	18.00
1986	COMPORT 9626PW BASKETWEAVE 5-1/4"	*	*	20.00
1986	DESK PLAQUE 7698TP JUPITER	*	*	85.00
1986	DISH 9125BR OVAL	*	*	75.00
1986	ELEPHANT 5158CY	*	*	25.00
1986	FAIRY LIGHT 8408BR 3 PC.	*	*	125.00
1986	FAWN 5160BR W/WOOD BASE	*	*	65.00
1986	FAWN 5160EW	*	*	50.00
1986	FAWN 5160IK TRUE BLUE FRIENDS	*	*	65.00
1986	FAWN V5160CY	*	*	20.00
1986	FENTON LOGO 9799FO	*	*	25.00
1986	HEN ON NEST 5186DK	*	*	25.00
1986	KITTEN 5119IK	*	*	55.00
1986	KITTEN 5119NK	*	*	40.00
1986	KITTEN V5119CY	*	*	20.00
1986	LAMP 7514TP JUPITER 23" RARE	*	*	450.00
1986	MALLARD 5147IK	*	*	45.00
1986	MOUSE 5148FO	*	*	32.00
1986	MOUSE 5148IK	*	*	55.00
1986	MOUSE 5148NK	*	*	45.00
1986	MUG BUTTERFLY FAGCA	*	*	45.00
1986	NUT DISH 9531DK STRAWBERRY	*	*	16.00
1986	NUT DISH 9571FO FOOTED	*	*	20.00
1986	PIG 5220IK	*	*	55.00
1986	RINGHOLDER 9144KD FINE CUT & BLOCK	*	*	10.00
1986	RINGHOLDER 9144PW FINE CUT & BLOCK	*	*	10.00
1986	SCOTTIE 5214CY	*	*	35.00
1986	SLIPPER 1995BR DAISY & BUTTON	*	*	45.00
1986	SLIPPER 1995DK DAISY & BUTTON	*	*	18.00
1986	SLIPPER 1995PW DAISY & BUTTON	*	*	18.00
1986	SLIPPER 9591WQ	*	*	30.00
1986	SNAIL V5134CY	*	*	32.00
1986	SPANIEL 5159SP	*	*	45.00
1986	SQUIRREL 5215JU	*	*	35.00
1986	SQUIRREL 5215VE	*	*	25.00
1986	TOOTHPICK 9592WQ	*	*	29.00
1986	TOOTHPICK/VOTIVE 8294BR	*	*	34.00
1986	TOOTHPICK/VOTIVE 9292NK	*	*	18.00
1986	TOOTHPICK/VOTIVE 9592WQ	*	*	40.00
1986	URN 3194ZS HANDLED CC 13"	1000	185.00	425.00
1986	VASE 1752WQ FOOTED 5-1/2"	*	*	60.00
1986	VASE 3190KF HANDLED CC 7"	*	*	225.00

YR	NAME	LIMIT	ISSUE	TREND
1986	VASE 6650UO BUD 6"	*	*	20.00
1986	VASE 6654EO REFLECTIONS 11"	*	*	30.00
1986	VASE 6654UO 11"	*	*	30.00
1986	VASE 8257BR PEACOCK 8"	*	*	125.00
1986	VASE 8351PW BUD BARRED OVAL 8-1/2"	*	*	22.00
1986	VASE 8812EK SILHOUETTES 10-1/2"	*	*	150.00
1986	VASE 9056EW FOOTED BUD 7-1/2"	*	*	28.00
1986	VASE 9157DK FINE CUT & BLOCK	*	*	18.00
1986	VASE 9454DK BUD STRAWBERRY 11-1/2"	*	*	15.00
1986	VASE 9652PW BEAUTY	*	*	24.00
1986	VASE 9658NK DOGWOOD 8"	*	*	55.00
1986	VASE 9659DK	*	*	18.00
1986	VASE RUBY IRRIDIZED FAGCA	*	*	80.00
1986	VASE V1759FX FOOTED 6-1/2"	*	*	24.00
1987	BASKET 3032MI WAVE HOBNAIL	*	*	29.00
1987	BASKET 3634MI OVAL HOBNAIL	*	*	20.00
1987	BASKET 7635FS SQUARE	*	*	42.00
1987	BASKET 7638CA AURORA	*	*	20.00
1987	BASKET 8335OO OPEN EDGED	*	*	34.00
1987	BASKET 9639BQ PANELED	*	*	40.00
1987	BASKET 9639VJ PANELED	*	*	40.00
1987	BEAR CUB 5151FS	*	*	45.00
1987	BIRD 5197CA HAPPINESS	*	*	28.00
1987	BON BON 3937MI 2 HANDLE HOBNAIL	*	*	12.00
1987	BOWL 3022MI ROSE, HOBNAIL	*	*	18.00
1987	BOWL 8323OO OPEN EDGED	*	*	18.00
1987	BOWL 9728NK ACANTHUS	*	*	35.00
1987	CANDLE 8376OO HURRICANE VALENCIA	*	*	35.00
1987	CANDY 3033MI HEART HOBNAIL	*	*	25.00
1987	CANDY 9284OO COVERED ROSE	*	*	35.00
1987	CANDY 9519OO HEART	*	*	18.00
1987	CANDY BOX 9280CA BUTTERFLY	*	*	35.00
1987	COMPORT 1628FS	*	*	37.00
1987	COMPORT 9223OO ROSE FOOTED	*	*	22.00
1987	COMPORT 9782VE DAISY	*	*	22.00
1987	COMPOTE 3920MI FOOTED HOBNAIL	*	*	18.00
1987	COOKIE JAR 3680MI HOBNAIL	*	*	95.00
1987	FAWN 5160BQ	*	*	45.00
1987	FAWN 5160FS PROVINCIAL BOUQUET	*	*	50.00
1987	FOX 5226NK	*	*	50.00
1987	HAT 3991MI HOBNAIL	*	*	12.00
1987	KITTEN 5119FS	*	*	35.00
1987	KITTEN 5119VC	*	*	35.00
1987	LAMP 1400CC COIN DOT 20"	*	*	275.00
1987	LAMP 2001CC FEATHER 17"	*	*	275.00
1987	LAMP 3108CC SPIRAL PILLAR 30"	*	*	425.00
1987	LAMP WILD TURKEY FEDERATION OF AMERICA	*	*	325.00
1987	MOUSE 5148VC	*	*	35.00
1987	PITCHER 3664MI HOBNAIL	*	*	55.00
1987	PITCHER 9461NK PLYTEC 32 OZ.	*	*	45.00
1987	PITCHER HOLIDAY GREEN CARNIVAL	*	*	55.00
1987	PUPPY 5225VC	*	*	35.00
1987	ROCKING HORSE 5135VJ (COLOR CODE)	*	*	30.00
1987	SLIPPER 1995CA DAISY & BUTTON	*	*	12.00
1987	SWAN 5127OO OPEN	*	*	18.00
1987	TRINKET BOX 8304OO VALENCIA	*	*	20.00
1987	VASE 2057OO CURTAIN 7"	*	*	28.00
1987	VASE 3161 OVERLAY 11"	*	*	75.00
1987	VASE 8252VE EMPRESS	*	*	85.00
1987	VASE 9056BQ BUD FOOTED	*	*	28.00
1987	VASE 9259VE SPRING 8-3/4"	*	*	75.00
1987	VASE TULIP OVERLY FAGCA DUSTY ROSE/COBALT CREST	*	*	80.00
1988	BASKET 7635VC SQUARE 7"	*	*	45.00
1988	BASKET 9237OC ROSE 8-1/2"	*	*	36.00
1988	BASKET 9238HL PANELED 7"	*	*	45.00
1988	BASKET 9537OC 6-1/2"	*	*	24.00
1988	BASKET C3538TC SPANISH LACE	*	*	45.00
1988	BASKET C9134OM BUTTERFLY & BERRY	*	*	50.00
1988	BEAR 5233HL RECLINING	*	*	45.00
1988	BEAR CUB 5151VC	*	*	24.00
1988	BIRD 5115HL	*	*	28.00
1988	BOWL C3524TX SPANISH LACE CRESTED (QVC)	*	*	65.00
1988	BOX 5780PT HEART PEARLY SENT.	*	*	30.00
1988	BOX COVERED FAGCA	*	*	95.00
1988	CANDLE 8376HL HURRICANE	*	*	38.00
1988	CANDLE 8376OC HURRICANE	*	*	24.00
1988	CANDLEHOLDER 9596OC 2-WAY	*	*	28.00
1988	CANDLEHOLDER C3570TX SPANISH LACE (QVC)	*	*	45.00
1988	CAT 5165HL	*	*	50.00
1988	CAT C5165EQ	*	*	40.00
1988	CLOCK 8691VE DESK	*	*	75.00
1988	CLOCK C8691EQ	*	*	75.00
1988	COMPORT 1628VC 6"	*	*	35.00
1988	COMPORT 9229HL EMPRESS	*	*	33.00
1988	COMPORT C3522TC SPANISH LACE	*	*	35.00
1988	ELEPHANT HEISEY COLLECTORS (LARGE)	*	*	55.00
1988	ELEPHANT HEISEY COLLECTORS FO-SMALL	*	*	45.00
1988	FAIRY LIGHT 5106HL SANTA	*	*	55.00
1988	FISHERMAN'S MUG PACIFIC NORTHWEST CARNIVAL	*	*	42.00

YR	NAME	LIMIT	ISSUE	TREND
1988	GOBLET 9245OC EMPRESS	*	*	18.00
1988	HOBBY HORSE 5135BQ	*	*	30.00
1988	LAMP 8376CA HURRICANE	*	*	26.00
1988	LAMP 8376DK HURRICANE	*	*	30.00
1988	LAMP 8376OO HURRICANE	*	*	30.00
1988	LAMP 9308VC STUDENT 23"	*	*	225.00
1988	NUT DISH 9531OC STRAWBERRY	*	*	18.00
1988	SANTA 5235DS	*	*	59.00
1988	SWAN 5127OC OPEN	*	*	18.00
1988	VASE 1552CC URN 10-1/2"	*	*	95.00
1988	VASE 3195FS PROVINCIAL BOUQUET 7"	*	*	95.00
1988	VASE 3196FS PROVINCIAL BOUQUET 13"	*	*	150.00
1988	VASE 7254HL 4-1/2"	*	*	32.00
1988	VASE 7254VC 4-1/2"	*	*	28.00
1988	VASE 7660VC RIBBED 7-1/2"	*	*	48.00
1988	VASE 9056VC BUD 9-1/4"	*	*	28.00
1989	BASKET 7630AF ANTIQUE ROSE 7"	*	*	45.00
1989	BASKET 9127OI FINE CUT & BLOCK	*	*	35.00
1989	BASKET 9139MG JACQUELINE 10-1/2"	*	*	150.00
1989	BASKET 9239MP PANELED	*	*	45.00
1989	BASKET 9434CC JACQUELINE 8-1/4"	*	*	85.00
1989	BASKET 9539PT PEARLY	*	*	28.00
1989	BASKET C5838LU CORNSHOCK	*	*	60.00
1989	BASKET C9234DN BUTTERFLY & BERRY	*	*	45.00
1989	BASKET Q9238	*	*	48.00
1989	BEAR CUB Q5151RP	*	*	40.00
1989	BOOT 1990OI DAISY & BUTTON	*	*	22.00
1989	BOWL 8283OI ORANGE TR & CHERRY 10"	*	*	48.00
1989	BOWL 9442MG JACQUELINE 9-1/2"	*	*	95.00
1989	BOWL C3938DO	*	*	50.00
1989	BOWL C8428XB BUTTERFLY & BERRY	*	*	60.00
1989	BOX 9384MP TRINKET FLORAL	*	*	30.00
1989	BUTTERFLY FAGCA RUBY CARVINAL LARGE	*	*	75.00
1989	CANDLE 8376MP HURRICANE	*	*	30.00
1989	CANDY 9185PE COVERED	*	*	32.00
1989	CAT 5165OI	*	*	45.00
1989	CLOCK 8600PG DEER SCENE	*	*	75.00
1989	COMPORT 7980RU HEART	*	*	24.00
1989	COMPORT 8227OI PINWHEEL	*	*	28.00
1989	COMPORT 8324MP OPEN EDGED	*	*	25.00
1989	COMPORT Q8625CY	*	*	32.00
1989	EPERGNE 4801OI 4 PC.	*	*	150.00
1989	FAIRY LIGHT 8406OI HEART	*	*	75.00
1989	PITCHER 8464OI 36 OZ.	*	*	55.00
1989	PITCHER C3360DO HOBNAIL	*	*	75.00
1989	SWAN 5127OI OPEN	*	*	20.00
1989	VASE 7691MP AURORA 7"	*	*	35.00
1989	VASE 9056MP BUD 9-1/4"	*	*	24.00
1989	VASE 9357MP BASKETWEAVE 4-1/2"	*	*	28.00
1989	VASE C1353BX TULIP FINE DOT 10"	*	*	75.00
1989	VASE Q4453KK FOOTED	*	*	38.00
1990	AIREDALE TERRIER RE FOR HCA	*	*	120.00
1990	ATOMIZER 7948KP COPPER ROSE	*	*	75.00
1990	ATOMIZER V7947E1 40TH	*	*	30.00
1990	ATOMIZER V7947F1 50TH	*	*	30.00
1990	ATOMIZER V7947H1 HAPPY	*	*	30.00
1990	BASKET 1739CR DIAMOND OPTIC 7"	*	*	85.00
1990	BASKET 3133CR SPIRAL OPTIC 6"	*	*	65.00
1990	BASKET 7237LT COUNTRY SCENE	*	*	85.00
1990	BASKET 7630AF AURORA 7"	*	*	48.00
1990	BASKET 7630KP AURORA 7"	*	*	45.00
1990	BASKET 7630TL AURORA	*	*	42.00
1990	BASKET 8342SR VALENCIA	*	*	28.00
1990	BASKET 9036DK PRISCILLA 12"	*	*	60.00
1990	BASKET 9036SR PRISCILLA 12"	*	*	55.00
1990	BASKET 9074RN GRAPE & CABLE	*	*	85.00
1990	BASKET 9237LX ROSE 7-1/4"	*	*	40.00
1990	BASKET 9240RN ROSE	*	*	40.00
1990	BASKET 9335FH BASKETWEAVE	*	*	45.00
1990	BASKET 9537DK FOOTED STRAWBERRY	*	*	25.00
1990	BASKET 9544SR VULCAN	*	*	32.00
1990	BASKET C1868XN MELON	*	*	55.00
1990	BASKET C8355XB BASKETWEAVE	*	*	55.00
1990	BASKET MELON GREEN CREST FAGCA JADE OPALESCENT	*	*	85.00
1990	BEAR 5151NS SITTING HAPPY SANTA	*	*	55.00
1990	BEAR 5233NS RECLINING HAPPY SANTA	*	*	55.00
1990	BEAR C5151XT	*	*	40.00
1990	BEAR CUB 5151ES	*	*	40.00
1990	BEAR CUB 5151FH	*	*	45.00
1990	BEAR CUB 5151KP	*	*	40.00
1990	BEAR CUB 5151SR	*	*	40.00
1990	BEAR CUB 5233FH RECLINING	*	*	50.00
1990	BEAR DAYDREAMING 5239NS HAPPY SANTA	*	*	55.00
1990	BIRD 5163TL	*	*	40.00
1990	BIRD 5197DK HAPPINESS	*	*	30.00
1990	BIRD 5197FH HAPPINESS	*	*	45.00
1990	BIRD 5197LX HAPPINESS	*	*	60.00
1990	BIRD 5197SR HAPPINESS	*	*	38.00
1990	BOWL 1726CR DIAMOND OPTIC 10"	*	*	85.00

YR	NAME	LIMIT	ISSUE	TREND
1990	BOWL 7523KP ROLLED RIM 9-1/2"	*	*	45.00
1990	BOWL 7727AG 14"	*	*	80.00
1990	BOWL 7727KH 14"	*	*	89.00
1990	BOWL 9059RN GRAPE & CABLE 10-1/2"	*	*	55.00
1990	BOX 5780AF HEART ROSE	*	*	22.00
1990	BOX 5780TL HEART	*	*	32.00
1990	BOX 9384RN TRINKET FLORAL	*	*	35.00
1990	BOX 9589FH OVAL TRINKET	*	*	30.00
1990	BUNNY 5162TL	*	*	28.00
1990	CANDLEHOLDER 9372KP 4-1/2"	*	*	45.00
1990	CANDLEHOLDERS 9071EM 8-1/2"	*	*	60.00
1990	CANDY 6780EM COVERED	*	*	60.00
1990	CANDY BOX 6780ES COVERED PAISLEY	*	*	40.00
1990	CANDY BOX 6780LX COVERED PAISLEY	*	*	36.00
1990	CANDY BOX 6780SR COVERED PAISLEY	*	*	36.00
1990	CANDY BOX 9480PE CHESSIE	*	*	75.00
1990	CANDY DISH C7580EQ DOLPHIN HANDLES	*	*	65.00
1990	CANDY DISH COVERED VALENCIA	*	*	45.00
1990	CAT 5165AF	*	*	55.00
1990	CAT 5165ES	*	*	50.00
1990	CAT 5165FH	*	*	60.00
1990	CAT 5165KP	*	*	50.00
1990	CAT 5165TL	*	*	50.00
1990	CAT 5243LX	*	*	55.00
1990	CAT 5243SR	*	*	40.00
1990	CAT C5165XT	*	*	40.00
1990	CLOCK 8600BL DOWNY WOODPECKER	1500	*	95.00
1990	CLOCK 8600LT ALARM COUNTRY SCENE	*	*	75.00
1990	CLOCK 8600NB BLUEBIRD/SNOWFALL	1500	*	95.00
1990	CLOCK 8691LX ALARM	*	*	75.00
1990	CLOCK 8691RN ALARM	*	*	80.00
1990	CLOCK 8691SR ALARM	*	*	50.00
1990	CLOCK 8691TL ALARM	*	*	68.00
1990	COLT BALKING RE FOR HCA	*	*	65.00
1990	COLT KICKING RE FOR HCA	*	*	65.00
1990	COLT STANDING RE FOR HCA	*	*	60.00
1990	COMPORT 6322FH FLOWER BAND 5-1/2"	*	*	35.00
1990	COMPORT 6322KP FLOWER BAND	*	*	32.00
1990	COMPORT 6322TL FLOWER BAND	*	*	32.00
1990	COMPORT 8625SR PURITAN 6-1/2"	*	*	26.00
1990	COMPORT 9223DK FOOTED ROSE	*	*	22.00
1990	COMPORT 9229ES EMPRESS	*	*	38.00
1990	COMPORT C8625XB PURITAN 6-1/2"	*	*	40.00
1990	CRUET 2095CR DRAPERY OPTIC	*	*	125.00
1990	CYGNET RE FOR HCA	*	*	45.00
1990	DIAMOND H SIGN RE FOR HCA	*	*	55.00
1990	DUCKLING 5169TL	*	*	35.00
1990	DUCKLING RE FOR HCA	*	*	45.00
1990	EGG 5140TL	*	*	35.00
1990	FAIRY LIGHT 7300BL 2 PC.	4500	*	55.00
1990	FAIRY LIGHT 7300NB 2 PC.	4500	*	45.00
1990	FILLY HEAD FORWARD RE FOR HCA	*	*	150.00
1990	FISH BOOKEND RE FOR HCA	*	*	95.00
1990	GAZELLE RE FOR HCA	*	*	95.00
1990	GIRAFFE RE FOR HCA	*	*	100.00
1990	HEN RE FOR HCA	*	*	55.00
1990	JAR 9188DK TOBACCO COVERED	*	*	100.00
1990	JAR 9188RE TOBACCO COVERED	*	*	225.00
1990	LAMP 7204BL HAMMERED COLONIAL 16"	500	*	275.00
1990	LAMP 7204LT COUNTRY SCENE 16"	*	*	275.00
1990	LAMP 7209BN STUDENT 21"	500	*	375.00
1990	LAMP 7209LT STUDENT 21"	*	*	375.00
1990	LION 5241KK	*	*	50.00
1990	LION 5241RN	*	*	50.00
1990	MOUSE 5148FH	*	*	35.00
1990	MOUSE 5148NS HAPPY SANTA	*	*	49.00
1990	NUT DISH 9531DK STRAWBERRY	*	*	18.00
1990	PIG 5220NS HAPPY SANTA	*	*	65.00
1990	PITCHER 3163CR SPIRAL OPTIC	*	*	60.00
1990	PITCHER 7692ES BEADED MELON	*	*	50.00
1990	PITCHER 9666LX SANDWICH	*	*	45.00
1990	PITCHER 9666RN SANDWICH	*	*	50.00
1990	PITCHER C1866XN FERN	*	*	50.00
1990	PLUG HOSE HEISEY COLLECTORS	*	*	55.00
1990	RABBIT PAPERWEIGHT RE FOR HCA	*	*	50.00
1990	SLIPPER 9295DK ROSE	*	*	15.00
1990	SLIPPER 9295ES ROSE	*	*	25.00
1990	SLIPPER 9295KP	*	*	25.00
1990	SLIPPER 9295LX ROSE	*	*	25.00
1990	SLIPPER 9295RN ROSE	*	*	25.00
1990	SOW RE FOR HCA	*	*	135.00
1990	SWAN 5127DK OPEN	*	*	18.00
1990	TIGER PAPERWEIGHT RE FOR HCA	*	*	235.00
1990	TUMBLER 3008XB HOBNAIL SET	*	*	20.00
1990	TUMBLER 7700QH 85TH ANNIVERSARY	*	*	40.00
1990	VASE 1353CR TULIP FINE DOT 10"	*	*	89.00
1990	VASE 1354CR DOT OPTIC 7"	*	*	65.00
1990	VASE 1799CR DIAMOND OPTIC 6"	*	*	59.00
1990	VASE 2557DK BEADED MELON	*	*	28.00

YR	NAME	LIMIT	ISSUE	TREND
1990	VASE 3161CR SPIRAL OPTIC 11"	*	*	99.00
1990	VASE 5750DK ROSE 9"	*	*	28.00
1990	VASE 7254LT COUNTRY SCENE 4-1/2"	*	*	48.00
1990	VASE 7348KP	*	*	38.00
1990	VASE 7371AG 7"	*	*	65.00
1990	VASE 7371KH 7"	*	*	85.00
1990	VASE 7372AG 13"	*	*	135.00
1990	VASE 7372KH 13"	*	*	125.00
1990	VASE 7373AG BUD TULIP 6"	*	*	30.00
1990	VASE 7373KH BUD TULIP	*	*	30.00
1990	VASE 7620AF AURORA 5"	*	*	35.00
1990	VASE 7620SR AURORA 4"	*	*	20.00
1990	VASE 7693ES BEADED MELON 6"	*	*	45.00
1990	VASE 7694 AURORA 7"	*	*	45.00
1990	VASE 7696KP 7-1/2"	*	*	55.00
1990	VASE 8354AG BASKETWEAVE 9"	*	*	45.00
1990	VASE 8354KH BASKETWEAVE 9"	*	*	55.00
1990	VASE 8817KP 8-1/2"	*	*	80.00
1990	VASE 9252AF ROSE 6-1/2"	*	*	48.00
1990	VASE 9252ES ROSE 6-1/2"	*	*	45.00
1990	VASE 9252FH ROSE 6-1/2"	*	*	38.00
1990	VASE 9357ES BASKETWEAVE 4-1/2"	*	*	30.00
1990	VASE 9357FH BASKETWEAVE 4-1/2"	*	*	30.00
1990	VASE 9357TL BASKETWEAVE 4-1/2"	*	*	30.00
1990	VASE 9752RN DAFFODIL	*	*	55.00
1990	VASE 9754LX W/BOW 6-1/4"	*	*	38.00
1990	VASE 9758PN STYLIZED 8"	*	*	40.00
1990	VASE C1844CR FERN OPTIC SIGNED	*	*	100.00
1990	VASE C5858NZ WHEAT 8"	*	*	55.00
1990	VASE C8654GZ PINWHEEL 7-1/2"	*	*	35.00
1990	VASE C9452MG JACQUELINE	*	*	75.00
1990	VOTIVE 9578AF LEAF 2-WAY	*	*	18.00
1990	WOOD DUCKLING STANDING RE FOR HCA		*	55.00
1991	BASKET C7244QX 8-1/2"	*	*	85.00
1991	BEAR 5151 NC, SCHWARZ	*	*	65.00
1991	CANDY BOX C9388RN COVERED	*	*	55.00
1991	CAT C5165KP	*	*	47.00
1991	PITCHER C4661RB 5-1/2"	*	*	65.00
1991	VASE 5150 ATLANTIS	*	*	80.00
1992	GINGER JAR CB007CR COIN DOT	*	*	125.00
1992	VASE CV0218T SPIRAL SIGNED 11"	*	*	95.00
1995	WATER SET 9001KA		135.00	160.00
*			**80TH ANNIVERSARY**	
1985	BASKET 2635BI SQUARE 8"	*	*	85.00
1985	PITCHER 8964BI BLUE RIDGE		*	145.00
*			**90TH ANNIVERSARY**	
1995	BASKET 1135JE CORALENE FLORAL	OP	75.00	85.00
1995	CANDLESTICKS 2911KA 3"	OP	50.00	50.00
1995	CANDY BOX 9488KA W/COVER 10-1/2"	OP	50.00	50.00
1995	CENTERPIECE 2990KA 4 PC.	OP	95.00	135.00
1995	COMPORT 1134KA 5-1/4"	OP	33.00	33.00
1995	EPERGNE 7601KA 5 PC. 13"	OP	185.00	250.00
1995	LOGO 9499KA, OVAL 5"	OP	25.00	35.00
D. JOHNSON			**BIRDS OF WINTER ED. I**	
1987	CLOCK 8600BC 6"	1500	50.00	85.00
1987	FAIRY LIGHT 7300BC 4-1/2"	4500	30.00	65.00
1987	LAMP 9702BC 18-1/2"	500	250.00	325.00
D. JOHNSON			**BIRDS OF WINTER ED. II**	
1988	CLOCK 8600BD 6"	1500	55.00	85.00
1988	FAIRY LIGHT 7300BD 4-1/2"	4500	30.00	65.00
1988	LAMP 7209BD STUDENT 21"	500	274.00	245.00
D. JOHNSON			**BIRDS OF WINTER ED. III**	
1990	CLOCK 8600BL 6"	1500	60.00	85.00
1990	FAIRY LIGHT 7300BL 4-1/2"	4500	30.00	65.00
1990	LAMP 7204BL 16"	500	250.00	275.00
D. JOHNSON			**BIRDS OF WINTER ED. IV**	
1990	CLOCK 8600NB 6"	1500	60.00	85.00
1990	FAIRY LIGHT 7300NB 4-1/2"	4500	30.00	75.00
1990	LAMP 7209NB STUDENT 21"	500	275.00	375.00
F. BURTON			**CHRISTMAS AT HOME ED. I**	
1990	CLOCK 8600HD 6" SLEIGH RIDE	1500	75.00	85.00
1990	FAIRY LIGHT 7300HD 4-1/2" SLEIGH RIDE	3500	39.00	60.00
1990	LAMP 7204HD 16" SLEIGH RIDE	1000	250.00	295.00
F. BURTON			**CHRISTMAS AT HOME ED. II**	
1990	CLOCK 8600HJ 6" CHRISTMAS EVE	1500	75.00	85.00
1990	FAIRY LIGHT 7300HJ 4-1/2" CHRISTMAS EVE	3500	39.00	55.00
1990	LAMP 7204HJ 16"	1000	250.00	250.00
F. BURTON			**CHRISTMAS AT HOME ED. III**	
1992	CLOCK 8600HQ 6" FAMILY TRADITIONS	1500	75.00	75.00
1992	FAIRY LIGHT 7300HQ 4-1/2" FAMILY TRADITIONS	3500	39.00	55.00
1992	LAMP 9830HQ 20"	1000	250.00	275.00
F. BURTON			**CHRISTMAS AT HOME ED. IV**	
1993	CLOCK 8600HT	1500	79.00	85.00
1993	FAIRY LIGHT 7300HT	3500	39.00	50.00
1993	LAMP 7204HT 16"	1000	265.00	265.00
M. DICKINSON			**CHRISTMAS CLASSICS ED. I**	
1978	FAIRY LIGHT 7300CV CHRISTMAS MORNING	*	25.00	65.00
1978	LAMP 7204CV COLONIAL 16" CHRISTMAS MORN.	YR	125.00	225.00

YR	NAME	LIMIT	ISSUE	TREND
K. CUNNINGHAM			**CHRISTMAS CLASSICS ED. II**	
1979	FAIRY LIGHT 7300NC NATURE'S CHRISTMAS	*	30.00	60.00
1979	LAMP 7204NC COLONIAL 16" NATURE'S CHRISTMAS	YR	150.00	225.00
D. JOHNSON			**CHRISTMAS CLASSICS ED. III**	
1980	FAIRY LIGHT 7300GH GOING HOME	*	33.00	65.00
1980	LAMP 7204GH COLONIAL 16" GOING HOME	YR	165.00	295.00
D. JOHNSON			**CHRISTMAS CLASSICS ED. IV**	
1981	FAIRY LIGHT 7300AC ALL IS CALM	*	35.00	60.00
1981	LAMP 7204AC COLONIAL 16" ALL IS CALM	YR	175.00	275.00
1981	LAMP 7510AC STUDENT 20" ALL IS CALM	*	225.00	295.00
R. SPINDLER			**CHRISTMAS CLASSICS ED. V**	
1982	FAIRY LIGHT 7300OC COUNTRY CHRISTMAS	*	35.00	60.00
1982	LAMP 7204OC COLONIAL 16" COUNTRY CHRISTMAS	YR	175.00	295.00
1982	LAMP 7510OC STUDENT 21" COUNTRY CHRISTMAS	*	225.00	225.00
D. JOHNSON			**CHRISTMAS FANTASY ED. I**	
1983	FAIRY LIGHT 7300AI	7500	35.00	60.00
D. JOHNSON			**CHRISTMAS FANTASY ED. II**	
1984	FAIRY LIGHT 7300GE	7500	38.00	60.00
1984	LAMP 7512GE HURRICANE 10-1/2"	7500	75.00	135.00
D. JOHNSON			**CHRISTMAS FANTASY ED. III**	
1985	FAIRY LIGHT 7300WP	7500	38.00	60.00
L. EVERSON			**CHRISTMAS FANTASY ED. IV**	
1987	FAIRY LIGHT 7300CV	CL	38.00	60.00
*			**CHRISTMAS LIMITED EDITIONS**	
1995	ANGEL 5144TW HEAVENLY BELL 5-3/4"	1900	35.00	38.00
M. DICKINSON			**CHRISTMAS LIMITED EDITIONS**	
1986	BASKET 7439JW 9"	5000	100.00	125.00
1986	LAMP 9702JW	2500	250.00	295.00
1986	VASE 7661JW 9"	5000	95.00	125.00
L. PIPER			**CHRISTMAS LIMITED EDITIONS**	
1986	CLOCK 8600XS 6"	5000	59.00	95.00
1986	FAIRY LIGHT 7300XS 2 PC.	5000	35.00	80.00
1986	LAMP 7204XS 16"	2500	195.00	250.00
M. REYNOLDS			**CHRISTMAS LIMITED EDITIONS**	
1992	EGG 5140SD MANGER SCENE ON RUBY 3-1/2"	2500	30.00	45.00
1992	EGG 5140SU POINSETTIA ON CRYSTAL IRID. 3-1/2"	2500	30.00	35.00
1993	EGG 5140SV WOODS ON WHITE 3-1/2"	2500	35.00	37.00
1993	EGG 5140SW ANGEL ON GREEN 3-1/2"	2500	35.00	37.00
1994	EGG 5145VG MAGNOLIA ON GOLD 3-1/2"	1500	35.00	40.00
1994	EGG 5145VK PARTRIDGE ON RUBY 3-1/2"	1500	35.00	55.00
1995	ANGEL 5542TA RADIANT-MUSICAL BASE	900	85.00	95.00
1995	EGG 5145TH BOW & HOLLY ON IVORY 3-1/2"	900	35.00	35.00
1995	EGG 5145TP CHICKADEE ON GOLD3-1/2"	900	35.00	38.00
1995	PITCHER 2996V2 GOLDEN HOLIDAY PINE CONES	900	79.00	85.00
1996	ANGEL 5542QB 7-1/2"	1000	60.00	60.00
1996	EGG 5145AC 3-1/2"	1500	38.00	40.00
1996	EGG 5145CH HOLLY BERRIES ON GOLD IND. 3-1/2"	1500	38.00	38.00
1996	EGG 5145QP PARTRIDGE ON SPRUCE 3-1/2"	1500	35.00	45.00
1996	FAIRY LIGHT 7300AC 4-1/2"	2000	40.00	55.00
R. SPINDLER			**CHRISTMAS LIMITED EDITIONS**	
1996	EGG 5145QV MOONLIT MEADOW ON RUBY 3-1/2"	1500	40.00	40.00
1996	FAIRY LIGHT 9401N7 NATIVITY SCENE	1500	49.00	50.00
F. BURTON			**CHRISTMAS STAR "OUR HOME IS BLESSED"**	
1995	EGG 5145VT 3-1/2"	1500	45.00	55.00
1995	FAIRY LIGHT 7300VT 4-1/2"	1500	45.00	65.00
1995	LAMP 2940VT 21" STUDENT	500	275.00	325.00
F. BURTON			**CHRISTMAS STAR "SILENT NIGHT"**	
1994	EGG 5145VS ON STAND	1500	45.00	50.00
1994	FAIRY LIGHT 7300VS 4-1/2"	1500	45.00	55.00
1994	LAMP 7204VS 16"	500	275.00	275.00
F. BURTON			**CHRISTMAS STAR ED. III**	
1996	EGG 5145SN 3-1/2"	1750	45.00	45.00
1996	FAIRY LIGHT 7300SN 4-1/2"	1750	48.00	48.00
1996	LAMP 7204SN 16"	750	275.00	275.00
*			**CLYDESDALE**	
1983	BASKET 7237XA 7"	*	14.00	150.00
1983	FAIRY LIGHT 7300XA	*	10.00	145.00
1983	GINGER JAR 7488XA	*	12.00	95.00
1983	LAMP HAMMERED BRASS7204XA 16"	*	70.00	295.00
1983	LAMP HURRICANE ELECTRIFIED 7311XA 11"	*	43.00	225.00
1983	VASE 7254XA 4 1/2"	*	10.00	55.00
1983	VASE 7254XA 7"	*	14.00	65.00
*			**COLLECTIBLE EGGS EDITIONS**	
1998	COLLECTIBLE EGGS	3000	50.00	50.00
1998	EGG, 5146D2 FLORAL CHAMPAGNE	3000	45.00	45.00
1998	EGG, 5146D3 BERRIES ON ROSALENE	3000	55.00	55.00
1998	EGG, 5146D4 CLIPPER SHIP ON COBALT	3000	45.00	50.00
1998	EGG, 5146D5 FRUIT ON SEA MIST	3000	45.00	45.00
1998	EGG, 5146D6 DRAGONFLY ON FRENCH OPAL	3000	49.00	49.00
1998	EGG, 5146DI FLORAL MISTY BLUE	3000	45.00	45.00
1998	EGG, 5147D7 FLORAL ON RUBY	3000	49.00	49.00
F. BURTON			**COLLECTIBLE EGGS EDITIONS**	
1994	EGG 5140A7 ENAMELED FLOWERS/BLUE	2500	38.00	65.00
S. JACKSON			**COLLECTIBLE EGGS EDITIONS**	
1994	EGG 5140A2 TULIPS/SEA MIST	2500	33.00	40.00
1994	EGG 5140A3 VIOLETS/MILK PEARL	2500	33.00	55.00
1994	EGG 5140A5 SPRING LANDSCAPE/OPAL	2500	33.00	75.00

YR	NAME	LIMIT	ISSUE	TREND
K. PLAUCHE		**COLLECTIBLE EGGS EDITIONS**		
1993	EGG 5140D2 SCROLLING FLORAL/GRN	2500	30.00	40.00
1993	EGG 5140D8 W/GOLD ON PLUM	2500	35.00	42.00
1994	EGG 5140A6 METALLIC FLORAL/PLUM	2500	33.00	48.00
1997	EGG DOLPHIN/FAVRENE HANDPAINTED/SANDCARVED 51457Y	2500	65.00	75.00
1997	EGG LIGHTHOUSE/FRENCH OPALESCENT IRIDIZED 51457W	2500	45.00	55.00
1997	EGG VIOLAS/DUSTY ROSE	2500	39.00	39.00
M. REYNOLDS		**COLLECTIBLE EGGS EDITIONS**		
1991	EGG 5140C9 PARTRIDGE	1500	30.00	35.00
1991	EGG 5140E7 SKATER	1500	30.00	35.00
1991	EGG 5140H7 WHITE SCENE	1500	30.00	35.00
1991	EGG 5140N9 POINSETTIAS	1500	30.00	35.00
1991	EGG 5140Q9 GOLD DESIGN	1500	30.00	35.00
1991	EGG 5140X9 SHELL	1500	35.00	69.00
1991	EGG 5140Z7 SNOW SCENE	1500	30.00	30.00
1992	EGG 51407U CROQUET	2500	30.00	55.00
1992	EGG 51407V FLORAL & BRONZE	2500	30.00	32.00
1992	EGG 51407W BUTTERFLIES	2500	30.00	34.00
1992	EGG 51407Y IRIS	2500	30.00	40.00
1992	EGG 51407Y PINK FLORAL	2500	30.00	32.00
1992	EGG 51407Z UNICORN	2500	30.00	45.00
1993	EGG 5140D1 FUCHSIA FLORAL/WHITE	2500	30.00	32.00
1993	EGG 5140D3 W/GOLD ON RUBY	2500	30.00	37.00
1993	EGG 5140D4 SEA GULLS/OCEAN BLUE	2500	30.00	40.00
1993	EGG 5140D5 COTTAGE/WHITE OPAL	2500	30.00	35.00
1993	EGG 5140D6 PAISLEY/DUSTY ROSE	2500	30.00	35.00
1993	EGG 5140ZN SANDCARVED/BL	1500	35.00	53.00
1994	EGG 5140A1 GOLD	2500	33.00	37.00
1995	EGG 5145S2 SCROLLS/BLACK	2500	33.00	38.00
1995	EGG 5145S3 SCENE/WHITE	2500	33.00	45.00
1995	EGG 5145S4 FLORAL/WHITE	2500	33.00	35.00
1995	EGG 5145S5 FLORAL/GREEN	2500	33.00	38.00
1995	EGG 5145S6 FLORAL/BLUE	2500	33.00	40.00
1995	EGG 5145S7 FLORAL/GOLD	2500	33.00	38.00
1995	EGG 5145S8 HUMMINGBIRD/DUSTY ROSE	2500	35.00	45.00
1996	EGG 5145F2 HUMMINGBIRD/FRENCH OPAL	2500	38.00	45.00
1996	EGG 5145F5 LAKE SCENE	2500	38.00	37.00
1996	EGG 5145F6 JEWELED	2500	38.00	40.00
1997	EGG DAISY/MISTY BLUE 51457U	2500	45.00	45.00
1997	EGG ROSES/IVORY SANDBLASTED 51457X	2500	39.00	39.00
1997	EGG, IRIS/SEAMIST GREEN 5145 7T	2500	45.00	50.00
K. SPINDLER		**COLLECTIBLE EGGS EDITIONS**		
1997	EGG ROOSTER/SPRUCE 51457Y	2500	39.00	39.00
R. SPINDLER		**COLLECTIBLE EGGS EDITIONS**		
1996	EGG 5145F1 HONEYSUCKLE/DUSTY ROSE	2500	38.00	38.00
1996	EGG 5145F3 BUTTERFLIES	2500	38.00	45.00
1996	EGG 5145F4 MORNING GLORIES	2500	38.00	40.00
1996	EGG 5145F7 FISH/SPRUCE	2500	38.00	45.00
*		**CONNOISSEUR COLLECTION**		
1983	BASKET 6432IM 9"	1000	75.00	175.00
1983	CRUET/STOPPER 6462IM	1000	75.00	195.00
1983	EPERGNE 7605BR 5 PC. SET BURMESE	500	200.00	650.00
1983	VASE 7659GJ 7"	1500	50.00	135.00
1984	BASKET 3134PV 10"	1250	85.00	175.00
1984	CANDY BOX 9394UE 3 PC. W/COVER	1250	75.00	125.00
1984	CANE 5090PV 18"	YR	35.00	125.00
1984	HAT 3193PV SPIRAL CC 8"	1500	*	175.00
1984	VASE 9458AV SWAN 8"	1500	65.00	150.00
1985	EPERGNE 809GO 4 PC. SET 4809GO	1000	95.00	225.00
1985	PUNCH SET 3712GO 14 PC.	500	250.00	475.00
1986	BOUDOIR LAMP 7802CZ	750	145.00	225.00
1986	CRUET/STOPPER 7863CZ	1000	75.00	150.00
1986	HANDLED URN 3194ZS 13"	1000	185.00	375.00
1986	HANDLED VASE 3190KF 7"	1000	100.00	225.00
1986	TOP HAT BASKET, 7438JD, TEAL/MILK OVERLAY 9	1500	49.00	175.00
1986	VANITY SET 3104BI 4 PC.	1000	125.00	400.00
1986	VASE, 10 1/2" DANIELLE 8812JY	1000	95.00	200.00
1988	BASKET 3132OT 8-3/4"	2500	65.00	125.00
1988	PITCHER 2065ZC	3500	60.00	95.00
1988	VASE 2556ZI TULIP 6"	3500	50.00	95.00
1989	EPERGNE 7605RE 5 PC. SET	2000	250.00	475.00
1989	PITCHER 7060RE	2500	55.00	75.00
1989	VASE 6453RG VASA MURRHINA 8"	2000	65.00	125.00
1989	VASE 8354RE	2500	45.00	90.00
1991	CANDY BOX 9394FN 3 PC.	1000	90.00	150.00
1991	FISH PAPERWEIGHT 5193RE	2000	30.00	55.00
1993	OWL 5258FN 6"	1500	95.00	115.00
PIPER/BARBOUR		**CONNOISSEUR COLLECTION**		
1990	BASKET 7732QD 5-1/2"	YR	58.00	135.00
1990	LAMP 9308RB 20"	YR	250.00	375.00
1990	VASE 7790RB 6"	YR	50.00	95.00
1990	VASE 7791RB 6-1/2"	YR	45.00	100.00
1990	VASE 7792QD 9"	YR	75.00	135.00
1991	LAMP 6701RB 20"	500	275.00	450.00
YATES/RICHARDS		**CONNOISSEUR COLLECTION**		
1985	VASE 8802LY 12" GABRIELLE	800	150.00	295.00

YR	NAME	LIMIT	ISSUE	TREND
D. BARBOUR		**CONNOISSEUR COLLECTION**		
1985	VASE 8808SB 7-1/2" BURMESE SHELLS	950	135.00	295.00
1986	LAMP 7400SB 20" BURMESE SHELLS	500	350.00	675.00
1987	VASE 1796BY 7-1/4" BLOSSOM/BOWS	950	95.00	125.00
F. BURTON		**CONNOISSEUR COLLECTION**		
1991	VASE 8812G1	850	125.00	170.00
1992	COVERED BOX 6080RH	1250	95.00	130.00
1992	VASE 8817QZ 8"	750	150.00	250.00
1993	LAMP 2780CX SPRING WOODS REVERSE	500	590.00	650.00
1993	PERFUME/STOPPER 1710R5	1250	95.00	125.00
1994	CLOCK 8691JV 4-1/2"	850	150.00	125.00
1994	LAMP 5582JB HUMMINGBIRD REVERSE	300	590.00	750.00
1994	PITCHER 2729JI LATTICE 10"	750	165.00	200.00
1995	LAMP 5486VU BUTTERFLY 21"	300	595.00	650.00
1996	LAMP 6805EA	400	750.00	800.00
1996	PITCHER 2960WQ DRAGON FLY 8"	1250	165.00	165.00
R. DELANEY		**CONNOISSEUR COLLECTION**		
1983	VASE 7542FJ OVAL 4-1/2"	2000	33.00	125.00
1986	VASE 8812JY DANIELLE 10-1/2"	1000	95.00	200.00
L. EVERSON		**CONNOISSEUR COLLECTION**		
1984	VASE 9651HD 9"	750	75.00	150.00
1985	BASKET 7634EB 8-1/2"	1250	95.00	175.00
1985	LAMP 7602EB 22"	350	300.00	525.00
1985	VASE 8806GC 7-1/2"	1000	125.00	125.00
1986	VASE 8812ET MISTY MORNING 10-1/2"	1000	95.00	185.00
1987	PITCHER 9468QY 8"	950	85.00	155.00
1988	CANDY 6080ZX	2000	95.00	120.00
1989	BASKET 1330TE 7" BUBBLE OPTIC	2500	85.00	110.00
1989	CANDY BOX 2085TM W/COVER	2500	85.00	100.00
1989	LAMP 9308TT 21"	1000	250.00	350.00
1990	BASKET 7731QH 7"	YR	75.00	165.00
1990	CRUET/STOPPER 7701QJ	YR	85.00	185.00
1990	EPERGNE 7202QJ 2 PC. SET	YR	125.00	265.00
1990	LAMP 7412QH 21"	YR	295.00	450.00
1990	WATER SET 7700QH 7 PC.	YR	275.00	450.00
1991	VASE 7252QH 7-1/2"	1500	65.00	165.00
1992	VASE 5541QH 6-1/2"	1500	45.00	85.00
K. PLAUCHE		**CONNOISSEUR COLLECTION**		
1996	BOX 6584CD W/LID-MELON MANDARIN	1250	150.00	150.00
M. REYNOLDS		**CONNOISSEUR COLLECTION**		
1991	BASKET 4647MD	1500	64.00	75.00
1991	VASE 8812FQ	850	125.00	160.00
1992	PITCHER 1211RW 9"	950	110.00	125.00
1992	PITCHER 5531QP 4-1/2"	1500	65.00	75.00
1992	VASE 1684RP	950	110.00	155.00
1993	AMPHORA VASE W/STAND 2748FW	850	285.00	350.00
1993	BOWL 2747RX RUBY STRETCH W/GOLD SCROLLS	1250	95.00	175.00
1993	VASE 7661P4 GOLD LEAVES 9"	950	175.00	210.00
1993	VASE 8805X3 VICTORIAN ROSES	950	125.00	125.00
1994	VASE 2743JP 7"	850	185.00	210.00
1994	VASE 2744JK PLUM OPAL. 8"	750	165.00	200.00
1994	VASE 3161JQ GOLD 11"	750	175.00	125.00
1995	AMPHORA W/STAND 2947US 10-1/4"	890	195.00	265.00
1995	GINGER JAR 2950VN 3 PC. 8-1/2"	790	275.00	350.00
1995	PITCHER 2796ZM 9-1/2"	490	250.00	250.00
1995	VASE 7691WF 7" AURORA WILD ROSE	890	125.00	150.00
1996	VASE 2782DD 11"	1250	195.00	195.00
1996	VASE 3254QJ QUEEN'S BIRD 11"	1150	250.00	285.00
1996	VASE 9855EV	1150	195.00	195.00
REYNOLDS/DELANEY		**CONNOISSEUR COLLECTION**		
1994	BOWL 7727JC 14" CRANBERRY CAMEO	500	390.00	400.00
R. SPINDLER		**CONNOISSEUR COLLECTION**		
1996	VASE 9866TR TROUT 8"	1350	135.00	175.00
M. YATES		**CONNOISSEUR COLLECTION**		
1983	VASE 7661LJ 9"	850	75.00	200.00
1984	VASE 7661MD 9"	750	125.00	200.00
*		**CRANBERRY OPALESCENT**		
1998	HEART OPTIC BOX, 4 1/2" 4990CR	TL	125.00	125.00
1998	HEART OPTIC FAIRY LIGHT, 5" 4905CR	TL	65.00	75.00
1998	HEART OPTIC VASE, 5" 4955CR	TL	40.00	50.00
FINN		**DOWN HOME**		
1983	LAMP 7209FV	300	*	475.00
M. REYNOLDS		**EASTER LIMITED EDITIONS**		
1995	FAIRY LIGHT 8405YZ	CL	49.00	60.00
R. SPINDLER		**EASTER LIMITED EDITIONS**		
1997	COVERED HEN & EGG PLATE 12" 5188TJ	950	115.00	165.00
*		**FAMILY SIGNATURE SERIES**		
1993	VASE 2752RN ALPINE THISTLE/RUBY CARNIVAL 9"-FRANK	CL	105.00	195.00
1994	BASKET 1217AO AUTUMN GOLD OPALESCENT 11"-FRANK	CL	70.00	85.00
1994	BASKET 2779RN RUBY CARNIVAL 8-1/2"-TOM	CL	65.00	70.00
1994	VASE 1216EH FUCHSIA 10"-GEORGE	CL	95.00	100.00
1995	CANDY 2970RN RED CARNIVAL W/COVER 9"-MIKE	CL	65.00	85.00
1995	SHOWCASE DEALER ITEM 3558CR VASE 8-1/2"-GEORGE	CL	75.00	95.00
1996	SHOWCASE DEALER ITEM 9550DC FAN VASE 8"	CL	75.00	80.00
1996	VASE 5357TE 8-1/2"-GEORGE	*	75.00	75.00
F. BURTON		**FAMILY SIGNATURE SERIES**		
1993	VASE 1786PV VINTAGE ON PLUM 10"-DON	CL	80.00	100.00
1994	PITCHER 1568CW CRANBERRY 6-1/2"-FRANK	CL	85.00	95.00

YR	NAME	LIMIT	ISSUE	TREND
1994	VASE 1559CW PANSIES ON CRANBERRY 9-1/2"-BILL	CL	95.00	100.00
1995	PITCHER 1566FS THISTLE 9-1/2"-DON	CL	125.00	125.00
1995	VASE 1567CW 7"-GEORGE	CL	75.00	85.00
1995	VASE 1649KG GOLDEN FLAX ON COBALT 9-1/2"-SHELLEY	CL	95.00	145.00
1996	BASKET 3076KT 8"-BILL & FRANK	CL	85.00	100.00
1997	BASKET 9" SWEETBRIAR ON PLUM ONERLAY 4648P9-LYNN	YR	85.00	85.00

K. PLAUCHE — **FAMILY SIGNATURE SERIES**

YR	NAME	LIMIT	ISSUE	TREND
1996	VASE 4759SE MAGNOLIA & BERRY ON SPRUCE 10"	OP	80.00	80.00
2000	WILLOW GREEN ANGEL'S BLUSH PERFUME 6" L. F. ERB	TL	89.00	89.00

M. REYNOLDS — **FAMILY SIGNATURE SERIES**

YR	NAME	LIMIT	ISSUE	TREND
1993	BASKET 6730PJ LILACS 8-1/2"-BILL	YR	65.00	85.00
1993	VASE 1640C1 CRANBERRY 11"-GEORGE	CL	110.00	115.00
1993	VASE 7661Z8 COTTAGE SCENE 9"-SHELLEY	CL	90.00	125.00
1994	BASKET 2738PJ LILACS 7-1/2"-SHELLEY	CL	65.00	95.00
1994	BASKET 2787ST STIEGEL GREEN 8"-BILL	CL	60.00	95.00
1994	CANDY 7380AW W/COVER AUTUMN LEAVES 9-1/2"-DON	CL	60.00	60.00
1995	BASKET 1131DX TRELLIS 8-1/2"	CL	85.00	85.00
1995	BASKET 1135JE CORALENE FLORAL 9-1/2", 90TH	CL	75.00	85.00
1996	PITCHER 3065DP 6-1/2"-LYNN	CL	70.00	70.00
1997	FAIRY LIGHT 7 1/2" HYDRANGEAS/TOPAZ 2040TP-FRANK	YR	125.00	145.00
1997	PITCHER 7 1/2" IRISES ON MISTY BLUE 5440LS-DON	YR	85.00	85.00
1997	VASE 6" FIELD FLOWERS/CHAMP. SATIN 4751P1-SHELLEY	*	55.00	55.00
1998	FLORAL INTERLUDE VASE 7255GG-NANCY & GEORGE	TL	99.00	99.00
1998	IRISES ON MISTY BLUE CLOCK, 4 1/2" 8691LS-LYNN	TL	95.00	95.00
1998	TRELLIS BASKET, 9 1/2" 4830DX-TOM	TL	95.00	95.00
2000	CRANBERRY PROVINCIAL FLORAL BAKSE 7" BILL FENTON	TL	85.00	85.00
2000	LAVENDER LADY BASKET 11" TOM & SCOTT FENTON	TL	109.00	109.00

R. SPINDLER — **FAMILY SIGNATURE SERIES**

YR	NAME	LIMIT	ISSUE	TREND
1995	VASE 1554S9 SUMMER GARDEN ON SPRUCE 9"	CL	85.00	85.00
1996	BASKET 3127NG 7"-MIKE	OP	75.00	85.00
1996	VASE 1563PD FEATHER 11"	CL	95.00	95.00
1997	PITCHER 7" MEADOW BEAUTY FLORAL 1212PD	*	95.00	95.00
1997	VASE 8" MEDALLION COLLECT. FLORAL ON BLACK 7565X5	*	75.00	75.00
1998	TOPAZ BASKET, 10 1/2" 2039SF-SHELLEY	TL	125.00	125.00
2000	COBALT BUTTERFLY GARDEN PITCHER 5 1/2" DON FENTON	TL	75.00	75.00
2000	GOLD BUTTERFLY GARDEN VASE 8 1/2" NANCY FENTON	TL	95.00	95.00

M. REYNOLDS — **GLASS MESSENGER**

YR	NAME	LIMIT	ISSUE	TREND
2000	BASKET DANCING WINDFLOWERS ON LOTUS MIST	TL	95.00	95.00

* — **GLASS MESSENGER EXCLUSIVES**

YR	NAME	LIMIT	ISSUE	TREND
1996	BASKET, 11" ROSELLE ON CRANBERRY 1533JN	TL	89.00	250.00
1997	VASE, 8" FRENCH ROSE ON ROSALENE 9475RG	TL	95.00	110.00
1998	VASE, TULIP 10-3/4" MORNING GLORY ON BURNESE	TL	95.00	125.00

F. BURTON — **GLASS MESSENGER EXCLUSIVES**

YR	NAME	LIMIT	ISSUE	TREND
1998	VASE, TULIP 11" 7255UZ-FRANK	TL	95.00	95.00

* — **HEART OPTIC COLLECTION**

YR	NAME	LIMIT	ISSUE	TREND
1997	HAT BASKET 7" 4965CR	*	79.00	79.00
1997	PITCHER 6 1/2" CRANBERRY OPALESCENT 2167CR	*	89.00	89.00
1997	PUFF BOX 4" 4950CR	*	79.00	79.00

* — **HISTORIC COLLECTION**

YR	NAME	LIMIT	ISSUE	TREND
1988	BANANA STAND A3720UO 12"	*	33.00	70.00
1988	BASKET 9435TO	*	30.00	65.00
1988	BASKET 9436TO	*	33.00	70.00
1988	BASKET A3335UO W/LOOPED HANDLE	*	23.00	75.00
1988	BASKET A3830UO 10"	*	30.00	75.00
1988	BASKET A3834UO 6-1/2"	*	16.00	45.00
1988	BASKET BUTTERFLY & BERRY 9234TO	*	25.00	65.00
1988	BONBON A3937UO W/HANDLES	*	*	25.00
1988	BOWL 8428TO FANTAIL FOOTED (LEVAY)	*	28.00	45.00
1988	BOWL 9425TO (LEVAY)	*	23.00	40.00
1988	BUTTERFLY 5171TO ON STAND	*	15.00	45.00
1988	CRUET W/STOPPER A3863UO 6-1/2"	*	35.00	100.00
1988	EPERGNE 4801TO 4 PC. DIAMOND LACE (LEVAY)	*	75.00	150.00
1988	EPERGNE A3701U0 4 PC. 10"	*	55.00	195.00
1988	EPERGNE A3801UO 4 PC. MINI	*	48.00	75.00
1988	HAT BUTTERFLY & BERRY 9495TO	*	12.00	45.00
1988	KITCHEN SET 8603TO 4 PC. (LEVAY)	*	90.00	110.00
1988	LAMP 9101TO 24"	*	200.00	350.00
1988	LAMP A3808UO GONE W/THE WIND 25"	*	200.00	250.00
1988	NUT DISH 8442TO 3 TOED	*	18.00	30.00
1988	PITCHER 52 OZ. & 12" BOWL A3000UO	*	78.00	110.00
1988	PUNCH SET A3712UO 14 PC.	*	275.00	495.00
1988	ROSE BOWL 8454TO DRAPERY FOOTED (LEVAY)	*	24.00	45.00
1988	ROSE BOWL A3854UO 4-1/2"	*	12.00	30.00
1988	ROSE BOWL A3861UP 4-1/4"	*	12.00	32.00
1988	TOOTHPICK HOLDER A3795UO 2-3/4"	*	6.00	18.00
1988	VASE A3362UO JACK IN THE PULPIT 6-1/2"	*	23.00	40.00
1988	WATER SET 3407TO 7 PC. CACTUS	*	140.00	250.00
1988	WATER SET A3908UO 7 PC.	*	99.00	250.00
1989	BASKET 1435XC 5"	*	37.00	75.00
1989	BASKET 1830XC 5-1/2"	*	37.00	69.00
1989	BASKET 3138XC 7"	*	40.00	70.00
1989	BASKET 3334XC 7"	*	25.00	50.00
1989	BASKET 3834XC 4-1/2"	*	18.00	30.00
1989	BASKET 8330XC 7"	*	25.00	45.00
1989	BASKET 9638XC 3"	*	23.00	45.00
1989	BOWL 2323XC 10"	*	50.00	50.00
1989	BOWL 9027XC	*	30.00	30.00
1989	BUTTER 9580XC W/COVER	*	29.00	55.00

YR	NAME	LIMIT	ISSUE	TREND
1989	COMPORT 8234XC	*	20.00	40.00
1989	CREAMER 1461XC	*	30.00	40.00
1989	CRUET W/STOPPER 1865XC	*	49.00	95.00
1989	CRUET W/STOPPER 3863XC 6-1/2"	*	35.00	75.00
1989	EPERGNE 4801XC 4 PC.	*	75.00	125.00
1989	FAIRY LIGHT 1803XC 3 PC.	*	85.00	150.00
1989	FAIRY LIGHT 3608XC 2PCS.	*	16.00	55.00
1989	LAMP 1413XC 22" W/PRISMS	*	250.00	325.00
1989	LAMP 3313XC STUDENT 21" W/PRISMS	*	200.00	240.00
1989	PUNCH SET 3712XC 14 PC	*	275.00	325.00
1989	TOP HAT 1492XC	*	25.00	35.00
1989	VASE 1353XC 10"	*	38.00	95.00
1989	WATER SET 1404XC 7 PC.	*	200.00	290.00
1989	WATER SET 3908XC 7 PC.	*	100.00	150.00
1990	BASKET 1830BX 5-1/2"	*	37.00	60.00
1990	BASKET 1832BX 7"	*	40.00	65.00
1990	BASKET 8437BX 6" LILY OF VALLEY	*	27.00	45.00
1990	BOWL 1825BX W/BRIDE'S BASKET 10"	*	125.00	170.00
1990	BOWL 1826BX 10"	*	55.00	50.00
1990	BOWL 8229BX 10"	*	33.00	37.00
1990	CANDY 8489BX W/COVER 7"	*	29.00	45.00
1990	CRUET W/STOPPER 1860BX 7-1/2"	*	49.00	95.00
1990	EPERGNE 4801BX 4 PC. DIAMOND LACE	*	75.00	125.00
1990	FENTON LOGO 9799BX 3" X 5"	*	15.00	35.00
1990	LAMP 1800BX 22" GONE WITH THE WIND	*	250.00	300.00
1990	LAMP 1801BX 22" FERN	*	250.00	325.00
1990	ROSE BOWL 8453BX LILY OF THE VALLEY	*	16.00	35.00
1990	TABLE SET 9700BX 4 PC. MINI	*	53.00	85.00
1990	VASE 1853BX 10" TULIP FERN	*	40.00	70.00
1990	VASE 8458BX 10"	*	17.00	20.00
1990	VASE 8651BX 3-1/2"	*	14.00	20.00
1990	WATER SET 1802BX 7 PC.	*	200.00	275.00
1991	BASKET 4617DT 7"	*	30.00	40.00
1991	BASKET 4618DT 10"	*	33.00	45.00
1991	BASKET 4632BO 7" WILDFLOWER	*	29.00	40.00
1991	BASKET 4633BO 6"	*	25.00	30.00
1991	BASKET 4646DT	*	29.00	40.00
1991	BOWL 4619DT 10"	*	34.00	40.00
1991	BOWL 4627BO 10-1/4" GOOD LUCK	*	35.00	50.00
1991	BOX 4679DT COVERED EAGLE	*	34.00	65.00
1991	BUTTER 8680DT W/COVER	*	35.00	50.00
1991	CANDLESTICKS 4672BO 3-1/2"	*	33.00	40.00
1991	COMPORT 4693DT 6-1/2"	*	23.00	35.00
1991	CUSPIDOR 4643DT 3-TOED	*	23.00	45.00
1991	FENTON LOGO 9799DT 2-3/4" X 5"	*	20.00	35.00
1991	LAMP 4603BO 15" W/PRISMS	*	195.00	225.00
1991	LAMP 4603DT 15" W/PRISMS	*	195.00	200.00
1991	LAMP 4605BO/JU 20"	*	215.00	225.00
1991	OWL 5254DT	*	30.00	35.00
1991	PUNCH BOWL SET 4601BO 14 PC.	*	285.00	325.00
1991	PUNCH SET 4601DT 14 PC.	*	300.00	325.00
1991	TOOTHPICK HOLDER 4644DT	*	10.00	15.00
1991	URN W/COVER 4602BO/JU	*	65.00	90.00
1991	VASE 4651BO 10"	*	25.00	25.00
1991	VASE, TULIP 4653BO 9"	*	25.00	30.00
1991	WATER SET 4609DT 5 PC.	*	88.00	95.00
1992	BASKET 2725XV 7"	*	28.00	35.00
1992	BASKET 2728XV 4"	*	20.00	25.00
1992	BASKET 3077XV 11"	*	50.00	70.00
1992	BASKET 3335GP LOOPED HANDLE	*	35.00	50.00
1992	BASKET 5481GF 9"	*	49.00	65.00
1992	BASKET 5483GF 10-1/2"	*	89.00	89.00
1992	BOWL 3983XV 12"	*	35.00	38.00
1992	BOWL 5482GF 9-1/2"	*	65.00	65.00
1992	BOX 4600GP W/COVER	*	85.00	125.00
1992	CANDLESTICK 5526GF 4"	*	59.00	59.00
1992	CANDLESTICKS 3674XV 6"	*	33.00	33.00
1992	CANDY BOX 3784XV	*	38.00	40.00
1992	CREAMER 2726XV 4"	*	23.00	25.00
1992	CRUET W/STOPPER 3863GP	*	45.00	85.00
1992	EPERGNE 3701XV 4 PC.	*	99.00	125.00
1992	EPERGNE 4801GP 4PC.	*	99.00	125.00
1992	FENTON LOGO 9799XV	*	20.00	35.00
1992	LAMP 1801XV 21" W/PRISMS	*	295.00	325.00
1992	LAMP 3313GP 21" W/PRISMS	*	235.00	285.00
1992	OWL 5252GP 7"	*	45.00	45.00
1992	PITCHER 1875XV 8-1/2"	*	75.00	90.00
1992	PUNCH CUP 4642XV	*	13.00	13.00
1992	PUNCH SET 4601XV 14 PC.	*	315.00	320.00
1992	TUMBLER 1876XV	*	25.00	25.00
1992	TUMBLER 2727XV MINI 2"	*	10.00	10.00
1992	TUMBLER 3949GP	*	12.00	15.00
1992	VASE 2056XV 5"	*	40.00	40.00
1992	VASE 3183XV 6-1/2"	*	25.00	50.00
1992	VASE 3355GP 6"	*	27.00	45.00
1992	VASE 5479GF 6"	*	35.00	38.00
1992	VASE 5480GF 12"	*	45.00	35.00
1992	WATER SET 1870XV 5 PC.	*	175.00	190.00
1992	WATER SET 2730XV 5 PC.	*	60.00	75.00

YR	NAME	LIMIT	ISSUE	TREND
1992	WATER SET 3908GP 5 PC.	*	99.00	130.00
1993	BASKET 3337RV 7"	OP	30.00	39.00
1993	BASKET 3834RV 4-1/2"	OP	25.00	35.00
1993	BASKET 9435XV DRAPERY	OP	45.00	47.00
1993	BOWL 2754XV SWAN	OP	45.00	50.00
1993	CANDLESTICKS 5172XV SWAN	OP	45.00	45.00
1993	CANDY 3784RV W/COVER FOOTED	OP	38.00	40.00
1993	CRUET W/STOPPER 3863RV 6-1/2"	OP	48.00	75.00
1993	EPERGNE 3701RV 10" 4 PC.	CL	99.00	125.00
1993	EPERGNE 3801XV MINI HOBNAIL	CL	50.00	65.00
1993	FENTON LOGO 9799RV 2-3/4" X 5"	OP	20.00	35.00
1993	LAMP 3313RV STUDENT W/PRISMS 21"	OP	250.00	325.00
1993	LAMP 9101XV POPPY GONE W/THE WIND	OP	225.00	325.00
1993	PITCHER 3764RV 54 OZ.	OP	59.00	65.00
1993	PUNCH SET 3712RV 14 PC.	OP	275.00	325.00
1993	ROSE BOWL 8454XV DRAPERY	OP	25.00	35.00
1993	SWAN 5127XV	OP	15.00	18.00
1993	TUMBLER 3949RV 9 OZ.	OP	12.00	15.00
1993	VASE 3356RV JACK IN THE PULPIT 7-1/2"	OP	28.00	48.00
1993	VASE 3854RV 4-1/2"	OP	18.00	22.00
1993	WATER SET 3908RV 5 PC.	OP	109.00	130.00
1994	BASKET 5551SS FOOTED 9"	OP	40.00	40.00
1994	BASKET 5555SS FOOTED 7"	OP	30.00	35.00
1994	BOWL 2773SS 8"	OP	38.00	38.00
1994	BOWL 2799SS W/COVER-LION	OP	35.00	50.00
1994	CANDLESTICKS 5526SS 4"	OP	45.00	45.00
1994	CANDY COVER 4381ST 5-1/2"	OP	55.00	55.00
1994	COMPORT 5554SS 5-1/4"	OP	30.00	30.00
1994	EPERGNE 4802SS 2 PC.	OP	65.00	95.00
1994	EPERGNE 7601SS 5 PC. SET	OP	175.00	275.00
1994	FENTON LOGO 9799SS 5"	OP	25.00	35.00
1994	GOBLET 5561SS 6-1/2"	OP	23.00	23.00
1994	JUG 5562SS 8"	OP	60.00	60.00
1994	ROSE BOWL 2759SS 3-1/2"	OP	25.00	25.00
1994	ROSE BOWL 2759ST 3-1/2"	OP	30.00	35.00
1994	SPARROW 5259ST 5"	OP	30.00	35.00
1994	URN W/COVER 4602SS	OP	65.00	75.00
1994	VASE 5553SS JACK IN THE PULPIT 7"	OP	30.00	40.00
1994	VASE 5559SS HANDKERCHIEF 8"	OP	30.00	30.00
1994	VASE 5559ST HANKERCHIEF 8"	OP	40.00	40.00
1994	WATER SET 5560SS 5 PC.	OP	150.00	150.00
1995	BASKET 1142JE FOOTED 7" 90TH ANNIV.	OP	38.00	40.00
1995	FENTON LOGO 9499KA OVAL 5" 90TH ANNIV.	OP	25.00	40.00
1995	LAMP 7502UQ 33" DAYBREAK PILLAR BURMESE	*	495.00	795.00
1995	PITCHER 2968UN 10" BURMESE	*	175.00	185.00
1995	TOP HAT 1137JE 4-1/2"	OP	50.00	50.00
1995	TUMBLER 9049KA 4-1/2"	OP	20.00	20.00
1995	VASE 1136JE FAN 6"	OP	50.00	50.00
1995	VASE 1140JE W/COBALT BASE	OP	60.00	75.00
1995	VASE 2767JE 4-1/2"	OP	33.00	33.00
1995	VASE 2955UU 9"	*	150.00	180.00
1995	WATER SET 9001KA 5 PC.	OP	135.00	200.00
1996	BASKET 4833TG 6"	*	25.00	28.00
1996	BASKET 4835TG 9-1/2"	*	50.00	65.00
1996	COMPORT 4854TG 6-1/2"	*	35.00	35.00
1996	COMPORT 8231XC	*	20.00	20.00
1996	CRUET W/STOPPER 7701TE 7"	*	85.00	110.00
1996	EPERGNE 4806TG MINI 4-1/2"	*	35.00	40.00
1996	EPERGNE 4808TG 10"	*	115.00	135.00
1996	LAMP 1705TE 24"	*	395.00	395.00
1996	LOGO 9499TG 2 1/2"	*	25.00	25.00
1996	PITCHER 5367TE 6-1/2"	*	75.00	75.00
1996	VASE 1146TE 7"	*	50.00	50.00
1996	VASE 1795TE 11"	*	85.00	85.00
1997	BASKET 8 1/2" HOBNAIL 1158TS	*	45.00	45.00
1997	EPERGNE 11 1/2" 5 PC. 7601TS	*	250.00	250.00
1997	LOGO 3 1/2" OVAL 9499TS	*	28.00	30.00
1997	NUT DISH 5" SCROLL 8248TS	*	29.00	29.00
1997	PUNCH SET W/8 CUPS HEART/HOBSTAR 9750TS METAL STD.	*	350.00	350.00
1997	SLIPPER 6" ROSE 9295TS	*	15.00	15.00
1997	VASE 6 1/2" ATLANTIS 5150TS	*	50.00	50.00
1998	ROYAL PURPLE VASE, 6-1/2" 6470UF	2950	145.00	145.00

F. BURTON   **HISTORIC COLLECTION**

YR	NAME	LIMIT	ISSUE	TREND
1997	VASE 8 1/2" WILDROSE	*	45.00	45.00
1998	ROYAL PURPLE BASKET, 8" 1617N4	2950	115.00	115.00
1998	ROYAL PURPLE FAIRY LIGHT, 7 1/2" 1610N4	2950	175.00	175.00
1998	ROYAL PURPLE LAMP, 20" 1509N4	1450	350.00	350.00
1998	ROYAL PURPLE PERFUME, 6 1/2" 3290N4	2950	125.00	125.00
1998	ROYAL PURPLE VASE, 9 1/2" 1689N4	2950	125.00	125.00

M. REYNOLDS   **HISTORIC COLLECTION**

YR	NAME	LIMIT	ISSUE	TREND
1995	BASKET 2932UL 8"	750	135.00	165.00
1995	BOWL 2909UK 10-1/4"	790	150.00	150.00
1996	BASKET 1531MS 8"	1250	95.00	95.00
1996	VASE 1689MS HUMMINGBIRD 9-1/2"	1250	95.00	150.00
1996	VASE 2750MS 8"	1250	85.00	85.00
1997	BASKET 8" 2033TP	*	80.00	80.00
1997	FAIRY LIGHT 3 PC. 2040TP-FRANK	*	125.00	145.00
1997	LAMP W/ PRISMS 2000TP	*	275.00	275.00
1997	PITCHER 6 1/2" 2072TP	*	55.00	55.00

YR	NAME	LIMIT	ISSUE	TREND
1997	VASE 9 1/2" 2048TP	*	85.00	85.00
2000	LOTUS MIST BASKET 8 12/"	2950	95.00	95.00
2000	LOTUS MIST EPERGNE 9 1/2"	2950	150.00	150.00
2000	LOTUS MIST LAMP 23"	1250	450.00	450.00
2000	LOTUS MIST PITCHER 7"	2950	99.00	99.00
2000	LOTUS MIST VASE 5"	2950	65.00	65.00
2000	LOTUS MIST VASE 9 1/2"	2950	95.00	95.00
R. SPINDLER			**HISTORIC COLLECTION**	
1996	LAMP 5581MD 21"	500	495.00	495.00
1996	PITCHER 1671MD 7-1/2"	1250	95.00	95.00
1996	SHOWCASE DEALER 7603MD COVERED BOX EVENING BLOSSOMCL		125.00	150.00
M. REYNOLDS	**HISTORIC COLLECTION-FLORAL INTERLUDE ON SEA GREEN SATIN**			
1998	BASKET, 8" 5430GG	TL	85.00	85.00
1998	CAT, 3-3/4" 5165GG	TL	30.00	35.00
1998	VASE, AURORA 7" 6854GG	TL	65.00	65.00
1998	VASE, TULIP 11" 7255GG-HANCY & GEORGE	TL	99.00	115.00
*		**HISTORIC COLLECTION-SEA GREEN SATIN**		
1998	LOGO, OVAL 3-1/2" 9499GE	TL	28.00	28.00
1998	VASE, 6" 2731GE	TL	35.00	35.00
1998	VASE, 6-8" HANDKERCHIEF 8450GE	TL	30.00	30.00
1998	VASE, 9-1/2" MANDARIN 8251GE	TL	90.00	90.00
*				**KATJA**
1983	BOTTLE K7751KN SMALL	*	*	45.00
1983	BOTTLE K7753KN LARGE	*	*	85.00
1983	BOTTLE K7754KE SMALL BLOWN	*	*	45.00
1983	BOTTLE K7761KN SMALL BLOWN	*	*	45.00
1983	BOTTLE K7761KO SMALL BLOWN	*	*	45.00
1983	BOTTLE K7762KN MEDIUM	*	*	65.00
1983	BOTTLE K7762KO MEDIUM BLOWN	*	*	65.00
1983	BOTTLE K7763KN LARGE	*	*	85.00
1983	BOTTLE K7763KO LARGE BLOWN	*	*	85.00
1983	BOTTLE K7765KN MEDIUM	*	*	65.00
1983	CUP LOVING GOOD LUCK	*	*	50.00
1983	CYLINDER K7743KN BLOWN	*	*	50.00
1983	CYLINDER K7743KN SMALL	*	*	50.00
1983	CYLINDER K7744KN MEDIUM	*	*	55.00
M. DICKINSON			**LIGHTHOUSE POINT**	
1983	LAMP 7503LT STUDENT 23 1/2"	300	350.00	650.00
1983	LAMP 7507LT LIGHTHOUSE POINT 25 1/2"	300	450.00	750.00
*		**LOVES ME, LOVES ME NOT**		
1994	BASKET, OVAL, 7 1/2" 8637RY	TL	59.00	70.00
M. REYNOLDS			**MARY GREGORY SERIES**	
1994	BASKET 8637RY OVAL 7-1/2"	CL	59.00	85.00
1995	BASKET 8637RG OVAL 7-1/2"	CL	65.00	85.00
1995	EGG 5145RG 4" RUBY ON STAND	CL	38.00	70.00
1996	HAT BASKET 1532RK CRANBERRY 6-1/2" 1532RK	2000	95.00	70.00
1996	VASE 1554VP 9" MARY GREGORY 1554RP	1500	135.00	145.00
1997	BASKET 8" MARY GREGORY 1539DQ	1500	115.00	130.00
1997	FAIRY LIGHT 5" 1505DW	1500	79.00	95.00
1997	GUEST SET 7" CRANBERRY 1500DI	1500	115.00	135.00
1998	MARY GREGORY BASKET, 11 1/2" 1533DI	1950	150.00	165.00
1998	MARY GREGORY PERFUME, 5 1/2" 2906RK	1950	115.00	125.00
1998	MARY GREGORY PITCHER, 6 1/2" 3275DM	1950	125.00	135.00
2000	MARY GREGORY FIRST RAIN BASKET 9 1/2"	2350	139.00	139.00
2000	MARY GREGORY LAMP 18"	1250	359.00	359.00
2000	MARY GREGORY PILLAR VASE 9"	2350	139.00	139.00
*				**MINIATURES**
1996	EPERGNE 4806TG 4-1/2"	CL	35.00	45.00
1996	PUNCH BOWL & CUPS 6800DZ 3-3/4" MINI	CL	59.00	65.00
1997	PUNCH BOWL & CUPS 3 3/4" SEAMIST GREEN 6800EZ	TL	59.00	65.00
1998	MINIATURE EPERGNE, 4 1/2" 4807PT	TL	65.00	70.00
1998	MINIATURE PUNCH SET, 5 PC. 6801PT	TL	75.00	75.00
1998	MINIATURE WATER SET, 5 PC.1960PT	TL	85.00	90.00
2000	MINIATURE 5 PC. WATER SET 2 3/4"	TL	69.00	69.00
*			**MOUTHBLOWN EGGS**	
1994	EGG 5031FU	YR	75.00	90.00
1994	EGG 5031FV	YR	75.00	90.00
F. BURTON			**MOUTHBLOWN EGGS**	
1992	EGG 5031Q2 PETAL PINK IRID. 5"	CL	65.00	90.00
1992	EGG 5031Q3 SEAMIST GREEN IRID. 5"	CL	65.00	90.00
1994	EGG 5031FV BLUE 5"	CL	75.00	90.00
1996	EGG 1642JM CRANBERRY-BLUE BIRD 5"	CL	95.00	100.00
M. REYNOLDS			**MOUTHBLOWN EGGS**	
1991	EGG 5030QB MOTHER OF PEARL 3-1/2"	CL	49.00	55.00
1991	EGG 5031WD MOTHER OF PEARL 4-1/2"	CL	59.00	65.00
1993	EGG 5031WE PLUM 5"	CL	69.00	85.00
1993	EGG 5031WJ OCEAN BLUE 5"	CL	69.00	85.00
1994	EGG 5031FU ROSE 5"	CL	75.00	85.00
1995	EGG 5031YW SPRUCE 5"	CL	75.00	90.00
1995	EGG 5031YX GOLD 5"	CL	75.00	90.00
1996	EGG 1642JO FRENCH OPAL-BUTTERFLY 5"	CL	75.00	85.00
*			**NATURAL ANIMALS**	
1985	BIRD 5163NO	*	*	45.00
1985	BIRD 5163NY SMALL	*	*	45.00
R. SPINDLER			**ROSEBUDS ON ROSALENE**	
1998	NATALIE BALLERINA 6 1/2" 5280WA	TL	85.00	85.00
1998	ROSALENE PERFUME 6 1/2" 7000WA	TL	85.00	85.00

YR	NAME	LIMIT	ISSUE	TREND
1998	ROSALENE PUFF BOX, 4 1/4" 7009WA	TL	100.00	100.00
1998	ROSALENE VASE, 6" 7059WA	TL	70.00	70.00
M. DICKINSON			**SMOKE 'N CINDERS**	
1984	LAMP 7204TL HAMMERED COLONIAL 16"	250	*	550.00
1984	LAMP, 23" STUDENT, 7514TL	250	*	550.00
*			**VALENTINE'S DAY**	
1992	BASKET 6567CR CRANBERRY 6"	CL	50.00	65.00
1992	PERFUME 6580CR W/OVAL STOPPER	CL	60.00	70.00
1992	VASE 6568CR 4"	CL	35.00	40.00
1993	BASKET 2732CR CAPRICE 7"	CL	59.00	65.00
1993	SOUTHERN GIRL 5141NX ROSE PEARL IRID. 8"	CL	45.00	75.00
1993	TRINKET BOX 2740CR 5"	CL	79.00	90.00
1993	VASE 2749CR MELON 5-1/2"	CL	45.00	75.00
1994	BASKET 2736CR CRANBERRY OPALESCENT 7"	CL	65.00	75.00
1994	PERFUME 2760CR W/STOPPER 5"	CL	75.00	95.00
1994	VASE 2755CR RIBBED 5-1/2"	CL	48.00	50.00
1995	BASKET 2745CR MELON, CRANBERRY OPAL. 8"	CL	69.00	70.00
1995	PITCHER 2774CR MELON 5-1/2"	CL	69.00	70.00
1996	BASKET 7122CR MELON 8" 7122CR	CL	75.00	75.00
1996	FAIRY LIGHT 2903CR CRANBERRY 3 PC. 2903CR	CL	135.00	165.00
1996	PERFUME 7100CR MELON 5" 7100CR	CL	95.00	95.00
M. REYNOLDS			**VALENTINE'S DAY**	
1993	SOUTHERN GIRL 5141NI 8"	CL	49.00	85.00
1995	PERFUME 2785YB W/HEART STOPPER	2500	49.00	80.00
*			**VALENTINE'S DAY LIMITED EDITIONS**	
1997	PENDANT & TRINKET BOX CHAMPAGNE SATIN 9486PQ	2500	65.00	95.00
R. SPINDLER			**VALENTINE'S DAY LIMITED EDITIONS**	
1997	GIRL FIGURINE 8" FLORAL HANDPAINTED BURMESE 5141BG	2000	775.00	95.00
1997	VANITY SET FLORAL/BUTTERFLY HNDPTD. BURMESE 2905BG	2000	225.00	250.00

FIGI COLLECTIONS INC.

		LIMIT	ISSUE	TREND
*			**SANTA'S CRYSTAL VALLEY**	
*	BEHOLD THE MAGIC HAMMER CV-204	OP	40.00	40.00
*	HEAVENLY CREATION CV-603	5000	190.00	190.00
*	MINING FOR MAGIC CV-202	OP	40.00	40.00
*	SHARING THE LEGEND CV-203	OP	40.00	40.00
*	THANKS SANTA!	OP	40.00	40.00
S. KEHRLI			**SANTA'S CRYSTAL VALLEY**	
1995	A GIFT FOR SANTA CV-701	1500	400.00	460.00
1995	CAPTURE THE SPIRIT CV-106	RT	80.00	70.00
1995	FINISHING TOUCH, THE CV-501	3500	225.00	225.00
1995	POLAR BEAR ANGEL CV-101	OP	70.00	80.00
1995	ROCKING HORSE DREAMS CV-104	OP	70.00	70.00
1995	SANTA EXPRESS, THE CV-502	3500	225.00	225.00
1995	SANTA'S DILEMMA CV-303	OP	100.00	115.00
1995	SANTA'S REFLECTION CV-102	OP	70.00	70.00
1995	SLEDDING WITH SANTA CV-302	OP	100.00	115.00
1995	SMILE MR. SNOWMAN CV-301	OP	100.00	115.00
1995	STAR BRIGHT CV-103	RT	80.00	100.00
1996	A VERY SPECIAL REQUEST CV-601	5000	190.00	190.00
1996	AUDITION, THE CV-602	5000	190.00	218.00
1996	DREAMS CAN COME TRUE CV-401	15000	100.00	100.00
1996	FROLICKING FRIENDS CV-110	OP	70.00	115.00
1996	JOURNEY TO CRYSTAL VALLEY CV-1001	SO	500.00	800.00
1996	MAGIC IN THE MAKING CV-801	2500	500.00	575.00
1996	ROOM FOR ONE MORE? CV-402	15000	100.00	115.00
1996	SECRET RECIPE CV-109	OP	70.00	70.00
1997	A CUDDLY MASTERPIECE CV-56	OP	25.00	25.00
1997	ALL ABOARD! CV-53	OP	25.00	25.00
1997	BEARLY FISNISHED CV-21	OP	10.00	10.00
1997	BEARY BEST FRIEND CV-25	OP	10.00	10.00
1997	BOOK OF LEGENDS, THE CV-802	3000	450.00	450.00
1997	CHRISTMAS BLESSING CV-23	OP	10.00	10.00
1997	DASHING THROUGH THE SNOW CV-107	OP	70.00	70.00
1997	HOLIDAY ANTICIPATION CV-52	OP	25.00	25.00
1997	IN THE SPIRIT CV-26	OP	10.00	10.00
1997	MAGIC TOUCH CV-54	OP	25.00	25.00
1997	PALACE PLAYGROUND CV-403	15000	100.00	100.00
1997	SANTA'S CRYSTAL VALLEY CV-24	OP	10.00	10.00
1997	SANTA'S DARING RESCUE CV-604	5000	190.00	190.00
1997	SANTA'S JUNIOR EXPRESS CV-55	OP	25.00	25.00
1997	WELCOME HOME CV-57	OP	25.00	25.00
1997	WINGS OF LOVE CV-22	OP	10.00	10.00

FJ DESIGNS/CAT'S MEOW

		LIMIT	ISSUE	TREND
F. JONES			**19TH CENTURY MASTER BUILDERS**	
1993	ALEXANDER JACKSON DAVIS	RT	10.00	11.00
1993	ANDREW JACKSON DOWNING	RT	10.00	11.00
1993	HENRY HOBSON RICHARDSON	RT	10.00	11.00
1993	SAMUEL SLOAN	RT	10.00	11.00
1993	SET	RT	41.00	100.00
F. JONES			**ACCESSORIES**	
1983	FALL TREE	RT	4.00	7.00
1983	PINE TREE	RT	4.00	7.00
1983	SUMMER TREE	RT	4.00	7.00
1983	XMAS PINE TREE	RT	4.00	7.00
1983	XMAS PINE TREE W/RED BOWS	RT	3.00	100.00
1984	5 IN. HEDGE	RT	3.00	25.00

YR	NAME	LIMIT	ISSUE	TREND
1984	5 IN. PICKET FENCE	RT	3.00	3.00
1984	8 IN. HEDGE	RT	3.00	25.00
1984	8 IN. PICKET FENCE	RT	3.00	25.00
1984	BANDSTAND	RT	6.00	7.00
1984	DAIRY WAGON	RT	4.00	10.00
1984	GAS LIGHT	RT	3.00	4.00
1984	HORSE & CARRIAGE	RT	4.00	10.00
1984	HORSE & SLEIGH	RT	4.00	4.00
1984	LILAC BUSHES	RT	3.00	25.00
1985	CHICKENS	RT	3.00	6.00
1985	COWS	RT	4.00	10.00
1985	DUCKS	RT	3.00	6.00
1985	F.J. REAL ESTATE SIGN	RT	3.00	6.00
1985	FLOWER POTS	RT	3.00	3.00
1985	MAIN ST. SIGN	RT	3.00	4.00
1985	TELEPHONE BOOTH	RT	3.00	3.00
1985	U.S. FLAG	RT	3.00	4.00
1986	5 IN. IRON FENCE	RT	3.00	45.00
1986	8 IN. IRON FENCE	RT	3.00	25.00
1986	CAROLERS	RT	4.00	10.00
1986	CHERRY TREE	RT	4.00	5.00
1986	ICE WAGON	RT	4.00	10.00
1986	IRON GATE	RT	3.00	35.00
1986	MAIL WAGON	RT	4.00	4.00
1986	POPLAR TREE	RT	4.00	5.00
1986	SKIPJACKS	RT	6.00	7.00
1986	STREET CLOCK	OP	3.00	4.00
1986	WISHING WELL	RT	3.00	6.00
1986	WOODEN GATE	RT	3.00	3.00
1987	CABLE CAR	RT	4.00	10.00
1987	F.J. EXPRESS	RT	4.00	4.00
1987	LIBERTY ST. SIGN	RT	3.00	6.00
1987	RAILROAD SIGN	RT	3.00	3.00
1987	WINDMILL	RT	3.00	4.00
1988	ADA BELLE	RT	4.00	4.00
1988	BUTCH & T.J.	RT	4.00	4.00
1988	CHARLIE & CO	RT	4.00	4.00
1988	COLONIAL BREAD WAGON	RT	4.00	4.00
1989	CLOTHESLINE	RT	4.00	4.00
1989	HARRY'S HOTDOGS	RT	4.00	4.00
1989	MARKET ST. SIGN	RT	3.00	5.00
1989	NANNY	RT	4.00	4.00
1989	PASSENGER TRAIN CAR	RT	4.00	4.00
1989	PONY EXPRESS RIDER	RT	4.00	4.00
1989	PUMPKIN WAGON	RT	3.00	4.00
1989	QUAKER OATS TRAIN CAR	RT	4.00	4.00
1989	ROSE TRELLIS	RT	3.00	4.00
1989	RUDY & ALDINE	RT	4.00	4.00
1989	SNOWMEN	RT	4.00	4.00
1989	TAD & TONY	RT	4.00	4.00
1989	TOURING CAR	RT	4.00	5.00
1989	WELLS FARGO WAGON	RT	4.00	10.00
1990	1909 FRANKLIN LIMOUSINE	RT	4.00	4.00
1990	1913 PEERLESS TOURING CAR	RT	4.00	4.00
1990	1914 FIRE PUMPER	RT	4.00	4.00
1990	5 IN. WROUGHT IRON FENCE	RT	3.00	3.00
1990	AMISH BUGGY	RT	4.00	4.00
1990	BLUE SPRUCE	RT	4.00	4.00
1990	BUS STOP	RT	4.00	4.00
1990	CHRISTMAS TREE LOT	RT	4.00	4.00
1990	EUGENE	RT	4.00	4.00
1990	GERSTENSLAGER BUGGY	RT	4.00	4.00
1990	LITTLE RED CABOOSE	RT	4.00	4.00
1990	RED MAPLE TREE	RT	4.00	4.00
1990	SANTA & REINDEER	RT	4.00	4.00
1990	SCHOOL BUS	CL	4.00	4.00
1990	TULIP TREE	RT	4.00	4.00
1990	VETERINARY WAGON	RT	4.00	4.00
1990	VICTORIAN OUTHOUSE	RT	4.00	4.00
1990	WATKINS WAGON	RT	4.00	4.00
1990	XMAS SPRUCE	RT	4.00	4.00
1991	AMISH GARDEN	RT	4.00	4.00
1991	BARNYARD	RT	4.00	4.00
1991	CHESSIE HOPPER CAR	RT	4.00	4.00
1991	CONCERT IN THE PARK	RT	4.00	4.00
1991	JACK THE POSTMAN	RT	3.00	4.00
1991	MARBLE GAME	RT	4.00	4.00
1991	MARTIN HOUSE	RT	3.00	4.00
1991	ON VACATION	RT	4.00	4.00
1991	POPCORN WAGON	TL	4.00	4.00
1991	SCAREY HARRY (SCARECROW)	OP	4.00	4.00
1991	SKI PARTY	OP	4.00	4.00
1991	USMC WAR MEMORIAL	OP	6.00	7.00
1991	VILLAGE ENTRANCE SIGN	OP	6.00	7.00
1992	DELIVERY TRUCK	OP	4.00	4.00
1992	FORSYTHIA BUSH	OP	4.00	4.00
1992	GASOLINE TRUCK	OP	4.00	4.00
1992	MR. SOFTEE TRUCK	OP	4.00	4.00
1992	NUTCRACKER BILLBOARD	OP	4.00	4.00

YR	NAME	LIMIT	ISSUE	TREND
1992	POLICE CAR	OP	4.00	4.00
1992	SCHOOL CROSSING	OP	4.00	4.00
1992	SILO	OP	4.00	4.00
1992	SPRINGHOUSE	OP	3.00	4.00
1993	CANNONBALL EXPRESS	OP	8.00	8.00
1993	CHIPPEWA LAKE BILLBOARD	OP	8.00	8.00
1993	GARDEN HOUSE	OP	6.00	7.00
1993	GETTING DIRECTIONS	OP	8.00	8.00
1993	GRAPE ARBOR	OP	8.00	8.00
1993	JENNIE & GEORGE'S WEDDING	OP	8.00	8.00
1993	JOHNNY APPLESEED STATUE	OP	8.00	8.00
1993	LITTLE MARINE	OP	8.00	8.00
1993	MARKET WAGON	OP	8.00	8.00
1993	RUSTIC FENCE	OP	8.00	8.00

FLAMBRO
*

		ANNUAL EMMETT KELLY JR. NUTCRACKER		
1990	1990 NUTCRACKER	YR	50.00	50.00

*

		CIRCUS WORLD MUSEUM CLOWNS		
1985	FELIX ADLER (GROTESQUE)	9500	80.00	95.00
1985	PAUL JEROME (HOBO)	9500	80.00	125.00
1985	PAUL JUNG (NEAT)	9500	80.00	120.00
1987	ABE GOLDSTEIN, KEYSTONE KOP	7500	90.00	90.00
1987	FELIX ADLER WITH BALLOON	7500	90.00	90.00
1987	PAUL JEROME WITH DOG	7500	90.00	90.00
1987	PAUL JUNG, SITTING	7500	90.00	90.00

C. PRACHT

		DADDY LOVES YOU		
1991	C'MON DADDY!	2500	100.00	100.00
1991	MAKE YOU...GIGGLE!	2500	100.00	100.00
1991	SOO...YOU LIKE IT?	2500	100.00	100.00
1991	YOU'RE SOOO...SWEET	2500	100.00	100.00

*

		EMMETT KELLY JR. A DAY AT THE FAIR		
1990	75 CENTS PLEASE	RT	65.00	150.00
1990	LOOK AT YOU	RT	65.00	150.00
1990	RIDE THE WILD MOUSE	RT	65.00	150.00
1990	STEP RIGHT UP	RT	65.00	150.00
1990	STILT MAN, THE	RT	65.00	150.00
1990	THANKS EMMETT	RT	65.00	150.00
1990	THREE FOR A DIME	RT	65.00	150.00
1990	YOU CAN DO IT, EMMETT	RT	65.00	150.00
1990	YOU GO FIRST, EMMETT	RT	65.00	150.00
1991	COIN TOSS	RT	65.00	150.00
1991	POPCORN!	RT	65.00	150.00
1991	TROUBLE WITH HOT DOGS, THE	RT	65.00	150.00

*

		EMMETT KELLY JR. DIAMOND JUBILEE BIRTHDAY		
1999	BIG CAKE	1999	100.00	100.00
1999	BIRTHDAY CLEANUP	1999	125.00	125.00
1999	BLOCK SET (JAZZ)	1500	275.00	275.00
1999	BLOCK SET (OOPS! ANOTHER BIRTHDAY)	1500	275.00	275.00
1999	SURPRISE	1999	125.00	125.00

*

		EMMETT KELLY JR. FIGURINES		
1981	LOOKING OUT TO SEE	12000	75.00	1000.00
1981	SWEEPING UP	12000	75.00	2000.00
1982	THINKER, THE	15000	60.00	1200.00
1982	WET PAINT	15000	80.00	500.00
1982	WHY ME?	15000	65.00	400.00
1983	BALANCING ACT, THE	10000	75.00	400.00
1983	BALLOONS FOR SALE	10000	75.00	450.00
1983	HOLE IN THE SOLE	10000	75.00	325.00
1983	SPIRIT OF CHRISTMAS I	3500	125.00	2000.00
1983	WISHFUL THNKING	10000	65.00	400.00
1984	BIG BUSINESS	9500	110.00	550.00
1984	EATING CABBAGE	12000	75.00	225.00
1984	PIANO PLAYER	9500	160.00	400.00
1984	SPIRIT OF CHRISTMAS II	3500	270.00	450.00
1985	EMMETT'S FAN	12000	80.00	250.00
1985	IN THE SPOTLIGHT	12000	103.00	150.00
1985	MAN'S BEST FRIEND?	9500	98.00	350.00
1985	NO STRINGS ATTACHED	9500	98.00	150.00
1985	SPIRIT OF CHRISTMAS III	3500	220.00	450.00
1986	BEDTIME	12000	98.00	350.00
1986	COTTON CANDY	12000	98.00	150.00
1986	ENTERTAINERS, THE	12000	120.00	200.00
1986	FAIR GAME	2500	450.00	1000.00
1986	MAKING NEW FRIENDS	9500	140.00	175.00
1986	SPIRIT OF CHRISTMAS IV	3500	150.00	300.00
1987	MY FAVORITE THINGS	9500	109.00	500.00
1987	ON THE ROAD AGAIN	9500	109.00	150.00
1987	OVER A BARREL	9500	130.00	100.00
1987	SATURDAY NIGHT	7500	153.00	500.00
1987	SPIRIT OF CHRISTMAS V	2400	170.00	800.00
1987	TOOTHACHE	12000	98.00	100.00
1988	AMEN	12000	120.00	350.00
1988	DINING OUT	CL	120.00	110.00
1988	SPIRIT OF CHRISTMAS VI	2400	194.00	300.00
1988	WHEELER DEALER	7500	160.00	200.00
1989	65TH BIRTHDAY COMMEMORATIVE	1989	275.00	1000.00
1989	HURDY-GURDY MAN	9500	150.00	150.00

YR	NAME	LIMIT	ISSUE	TREND
1989	MAKING UP	7500	200.00	175.00
1989	NO LOITERING	7500	200.00	225.00
1990	BALLOONS FOR SALE II	RT	250.00	250.00
1990	CONVENTION BOUND	RT	225.00	230.00
1990	MISFORTUNE?	RT	350.00	350.00
1990	SPIRIT OF CHRISTMAS VII	3500	275.00	300.00
1990	WATCH THE BIRDIE	RT	200.00	225.00
1991	ARTIST AT WORK	7500	295.00	295.00
1991	FINISHING TOUCH	RT	230.00	190.00
1991	FOLLOW THE LEADER	RT	200.00	200.00
1991	SPIRIT OF CHRISTMAS VIII	3500	250.00	350.00
1992	NO USE CRYING	RT	200.00	200.00
1992	PEANUT BUTTER?	RT	200.00	200.00
1992	READY-SET-GO	RT	200.00	200.00
1993	SPIRIT OF CHRISTMAS IX	RT	200.00	250.00
1993	SPIRIT OF CHRISTMAS X	RT	200.00	200.00
1994	SPIRIT OF CHRISTMAS XI	3500	200.00	200.00
1995	35 YEARS OF CLOWNING	5000	240.00	240.00
1995	ALL-STAR CIRCUS 20TH ANNIVERSARY	5000	240.00	300.00
1995	BEDTIME	OP	35.00	60.00
1995	SPIRIT OF CHRISTMAS XII	3500	200.00	250.00
1996	AM. CIRCUS EXTRAVAGANZAS 125TH ANNIVERSARY	5000	240.00	240.00
1996	AMEN	OP	35.00	35.00
1996	DAREDEVIL MOTOR SHOW 35TH ANNIVERSARY	5000	240.00	240.00
1996	MISFORTUNE?	OP	60.00	60.00
1996	SPIRIT OF CHRISTMAS XIII	RT	200.00	200.00
1997	25TH ANNIVERSARY OF WHITE HOUSE APP.	5000	240.00	240.00
1997	CATCH OF THE DAY	5000	240.00	240.00
1997	SPIRIT OF CHRISTMAS XIV	RT	200.00	200.00
1999	OUR NATIONAL TREASURE	YR	60.00	60.00
*				

EMMETT KELLY JR. JAPANESE FIGURINE

1993	VIGILANTE, THE	OP	75.00	75.00

M. WU / **EMMETT KELLY JR. LITTLE EMMETTS**

1994	AGE 1	OP	9.00	9.00
1994	AGE 10	OP	25.00	25.00
1994	AGE 2	OP	10.00	10.00
1994	AGE 3	OP	12.00	12.00
1994	AGE 4	OP	12.00	12.00
1994	AGE 5	OP	15.00	16.00
1994	AGE 6	OP	15.00	16.00
1994	AGE 7	OP	17.00	15.00
1994	AGE 8	OP	21.00	21.00
1994	AGE 9	OP	22.00	22.00
1994	LITTLE ARTIST PICTURE FRAME	RT	22.00	22.00
1994	LITTLE EMMETT COUNTING LESSON-MUSICAL	OP	30.00	30.00
1994	LITTLE EMMETT COUNTRY ROAD	OP	35.00	35.00
1994	LITTLE EMMETT FISHING	RT	35.00	35.00
1994	LITTLE EMMETT RAINDROPS	OP	35.00	35.00
1994	LITTLE EMMETT SHADOW SHOW	RT	40.00	40.00
1994	LITTLE EMMETT SOMEDAY	OP	50.00	50.00
1994	LITTLE EMMETT WITH BLACKBOARD	RT	30.00	30.00
1994	LITTLE EMMETT YOU'VE GOT A FRIEND	OP	33.00	33.00
1994	PLAYFUL BOOKENDS	OP	40.00	40.00
1995	BIRTHDAY HAUL	OP	30.00	30.00
1995	DANCE LESSONS-MUSICAL	OP	50.00	50.00
1995	LITTLE EMMETT NOEL, NOEL	OP	40.00	40.00
*				

EMMETT KELLY JR. MEMBERS ONLY FIGURINES

1990	MERRY-GO-ROUND	CL	125.00	475.00
1991	10 YEARS OF COLLECTING	CL	100.00	225.00
1992	ALL ABOARD	CL	75.00	280.00
1993	RINGMASTER	CL	125.00	150.00
1994	BIRTHDAY MAIL	CL	100.00	250.00
1995	SALUTE TO OUR VETS	CL	75.00	160.00
1996	I LOVE YOU	CL	95.00	225.00
1997	FILET OF SOLE	YR	130.00	130.00
1999	BIRTHDAY BATH	YR	125.00	125.00
*				

EMMETT KELLY JR. METAL SCULPTURES

1991	BALANCING ACT, TOO	5000	125.00	125.00
1991	CAROUSEL RIDER	5000	125.00	125.00
1991	EMMETT'S POOCHES	5000	125.00	125.00
1991	MAGICIAN, THE	5000	125.00	125.00
*				

EMMETT KELLY JR. MINIATURES

1986	BALANCING ACT	RT	25.00	80.00
1986	BALLOONS FOR SALE	RT	25.00	70.00
1986	HOLE IN THE SOLE	RT	25.00	70.00
1986	LOOKING OUT TO SEE	RT	25.00	110.00
1986	SWEEPING UP	RT	25.00	100.00
1986	THINKER, THE	RT	25.00	150.00
1986	WET PAINT	RT	25.00	50.00
1986	WHY ME?	RT	25.00	70.00
1986	WISHFUL THINKING	RT	25.00	60.00
1987	EATING CABBAGE	RT	30.00	42.00
1987	EMMETT'S FAN	RT	30.00	70.00
1987	SPIRIT OF CHRISTMAS I	RT	40.00	100.00
1988	BIG BUSINESS	RT	35.00	70.00
1989	COTTON CANDY	RT	30.00	30.00
1989	MAN'S BEST FRIEND?	RT	35.00	70.00
1990	MY FAVORITE THINGS	RT	45.00	45.00
1990	SATURDAY NIGHT	RT	50.00	50.00

YR	NAME	LIMIT	ISSUE	TREND
1990	SPIRIT OF CHRISTMAS III	RT	50.00	50.00
1991	IN THE SPOTLIGHT	RT	35.00	35.00
1991	NO STRINGS ATTACHED	RT	35.00	35.00
1994	OVER A BARREL	RT	30.00	30.00
1994	SPIRIT OF CHRISTMAS V	RT	50.00	50.00
1995	BEDTIME	RT	35.00	35.00
1995	DINING OUT	RT	35.00	35.00
1995	ENTERTAINERS, THE	RT	45.00	45.00
1995	HURDY GURDY MAN	OP	40.00	40.00
1995	NO LOITERING	OP	50.00	50.00
1996	MAKING UP	OP	55.00	55.00
1996	SPIRIT OF CHRISTMAS VI	RT	55.00	55.00
1996	TOOTHACHE	OP	35.00	35.00
1996	WHEELER DEALER	OP	65.00	65.00
1997	BALLOONS FOR SALE II	OP	55.00	55.00
1997	BIG BOSS	OP	55.00	55.00
1997	CONVENTION BOUND	OP	55.00	55.00
1997	MERRY GO ROUND	OP	65.00	65.00
1997	SPIRIT OF CHRISTMAS VII	RT	50.00	50.00
1997	WATCH THE BIRDIE	OP	55.00	55.00
1999	CABBAGE	OP	60.00	60.00
1999	CAKE FOR TWO	OP	65.00	65.00
1999	FOREST FRIENDS	OP	55.00	55.00
1999	LET HIM EAT CAKE	OP	65.00	65.00
1999	LION TAMER	OP	60.00	60.00
1999	RINGMASTER	OP	60.00	60.00
1999	ULTIMATE GIFT	OP	60.00	60.00
*	**EMMETT KELLY JR. PROFESSIONALS**			
1988	POLICEMAN	RT	50.00	85.00
1993	AFTER THE PARADE	RT	190.00	200.00
1993	KITTENS FOR SALE	RT	190.00	190.00
1993	ON MANEUVERS	OP	50.00	50.00
1993	PILOT	RT	50.00	50.00
1993	REALTOR	RT	50.00	50.00
1993	VETERINARIAN	RT	50.00	50.00
1993	WORLD TRAVELER	75000	190.00	190.00
1994	FOREST FRIENDS	75000	190.00	190.00
1994	LET HIM EAT CAKE	RT	300.00	400.00
1994	LION TAMER	75000	190.00	190.00
1995	COACH	OP	55.00	55.00
1995	DOCTOR	RT	55.00	55.00
1995	FIREMAN	OP	55.00	55.00
1995	GOLFER	OP	55.00	55.00
1995	LAWYER	RT	55.00	55.00
1995	POLICEMAN	OP	55.00	55.00
1996	BOWLER	OP	55.00	55.00
1996	DENTIST	OP	55.00	55.00
1996	FARMER	OP	55.00	55.00
1996	MAILMAN	OP	55.00	55.00
1996	SKIER	OP	55.00	55.00
1996	TEACHER	OP	55.00	55.00
1997	COMPUTER WIZ (WITH GARBAGE CAN)	OP	55.00	55.00
1997	EXECUTIVE (TALKING ON PHONE)	OP	55.00	55.00
1997	FISHERMAN (WITH FISH & DOG)	OP	55.00	55.00
1997	FITNESS (RUNAWAY WEIGHTLESS)	OP	55.00	55.00
1997	GARDENER (WITH RAKE)	OP	55.00	55.00
1997	HUNTER (WITH ORANGE CAMOUFLAGE)	OP	55.00	55.00
1999	DOCTOR	OP	55.00	55.00
1999	FIREMAN	OP	55.00	55.00
1999	GOLFER	OP	55.00	55.00
1999	LAWYER	OP	55.00	55.00
1999	POLICEMAN	OP	55.00	55.00
1999	TEACHER	OP	55.00	55.00
*	**EMMETT KELLY JR. REAL RAGS COLLECTION**			
1993	BIG BUSINESS II	RT	140.00	200.00
1993	CHECKING HIS LIST	CL	100.00	250.00
1993	LOOKING OUT TO SEE II	3000	100.00	100.00
1993	SWEEPING UP II	3000	100.00	100.00
1993	THINKER II	3000	120.00	150.00
1994	A GOOD LIKENESS	3000	120.00	120.00
1994	EATING CABBAGE II	3000	100.00	100.00
1994	ON IN TWO	3000	100.00	150.00
1994	RUDOLPH HAS A RED NOSE	3000	135.00	175.00
1995	BALLOONS FOR SALE II	3000	120.00	240.00
1995	I'VE GOT RHYTHM	3000	140.00	140.00
1995	NO STRINGS ATTACHED 2	3000	120.00	120.00
1995	WATCH OUT BELOW	3000	120.00	120.00
*	**EMMETT KELLY JR. SPECIAL EVENT**			
1997	SEND IN THE CLOWNS	YR	70.00	70.00
M. WU	**LITTLE EMMETT WATERGLOBE**			
1995	LOOKING BACKWARD	OP	75.00	75.00
1995	LOOKING FORWARD	OP	75.00	75.00
J. BERG VICTOR	**PLEASANTVILLE 1893**			
1990	1ST CHURCH OF PLEASANTVILLE	OP	35.00	35.00
1990	BAND STAND, THE	OP	12.00	12.00
1990	DEPARTMENT STORE	OP	25.00	25.00
1990	GERBER HOUSE, THE	OP	30.00	30.00
1990	MASON'S HOTEL AND SALOON	OP	35.00	35.00
1990	PLEASANTVILLE LIBRARY	OP	32.00	32.00

YR	NAME	LIMIT	ISSUE	TREND
1990	REVEREND LITTLEFIELD'S HOUSE	OP	34.00	34.00
1990	SWEET SHOPPE & BAKERY	OP	40.00	40.00
1990	TOY STORE	OP	30.00	30.00
1991	COURT HOUSE	OP	36.00	36.00
1991	FIRE HOUSE	OP	40.00	40.00
1991	METHODIST CHURCH	OP	40.00	40.00
1991	SCHOOL HOUSE	OP	36.00	36.00
1992	APOTHECARY/ICE CREAM SHOP	OP	36.00	36.00
1992	BANK/REAL ESTATE OFFICE	RT	36.00	36.00
1992	BLACKSMITH/LIVERY	OP	40.00	40.00
1992	COVERED BRIDGE	RT	36.00	36.00
1992	MISS FOUNTAINS	OP	48.00	48.00
1992	RAILROAD STATION	OP	40.00	40.00
1992	TUBBS, JR. HOUSE	OP	40.00	40.00
1993	BALCOMB'S FARM	OP	40.00	40.00
1993	LIVERY STABLE AND RESIDENCE	OP	40.00	40.00
1994	GAZEBO/BANDSTAND	OP	25.00	25.00
1994	SACRED HEART CATHOLIC CHURCH	OP	40.00	40.00
1994	SACRED HEART RECTORY	OP	40.00	40.00
R. MUSGRAVE				**POCKET DRAGONS**
*	DENNIS THE DRAGON	*	*	117.00
1989	WALKIES	RT	65.00	200.00
1989	WHAT COOKIE?	RT	39.00	50.00
1989	WIZARDRY FOR FUN AND PROFIT	RT	375.00	700.00
1989	YOUR PAINT IS STIRRED	RT	43.00	250.00
1990	ONE SIZE FITS ALL	RT	17.00	60.00
1991	DRAGONS IN THE ATTIC	RT	120.00	150.00
1991	I DIDN'T MEAN TO	OP	33.00	33.00
1991	PUTT PUTT	RT	38.00	80.00
1991	SCALES OF INJUSTICE	RT	45.00	60.00
1991	THIMBLE FOOT	RT	39.00	80.00
1992	A DIFFERENT DRUMMER	RT	33.00	40.00
1992	BUBBLES	RT	55.00	70.00
1992	JUGGLER, THE	RT	33.00	30.00
1992	LIBRARY CAT, THE	RT	39.00	75.00
1992	MITTEN TOES	RT	17.00	20.00
1992	NAP TIME	OP	15.00	15.00
1992	OOPS!	RT	17.00	30.00
1992	PERCY	RT	70.00	100.00
1992	POCKET POSEY	RT	17.00	35.00
1992	UNDER THE BED	2500	450.00	525.00
1992	ZOOM ZOOM	OP	38.00	38.00
1993	BATH TIME	RT	90.00	135.00
1993	BOOK END, THE	RT	90.00	135.00
1993	FUZZY EARS	CL	16.00	30.00
1993	I ATE THE WHOLE THING	RT	33.00	40.00
1993	LET'S MAKE COOKIES	RT	90.00	110.00
1993	LITTLE BIT	RT	16.00	20.00
1993	LITTLE JEWEL-BROOCH	RT	20.00	30.00
1993	OH GOODY!	CL	16.00	30.00
1993	POCKET RIDER-BROOCH	RT	20.00	28.00
1993	READING THE GOOD PARTS	CL	70.00	80.00
1993	TREASURE	CL	90.00	90.00
1993	WE'RE VERY BRAVE	RT	38.00	60.00
1993	YOU CAN'T MAKE ME	OP	15.00	15.00
1994	A BOOK MY SIZE	RT	30.00	30.00
1994	A CHOICE OF TIES	RT	38.00	38.00
1994	A LITTLE SECURITY	OP	20.00	20.00
1994	BUTTERFLY KISSES	OP	30.00	30.00
1994	CANDY CANE	RT	23.00	25.00
1994	COFFEE PLEASE	RT	24.00	24.00
1994	DANCE PARTNER	RT	23.00	25.00
1994	GARGOYLES JUST WANT TO HAVE FUN	CL	30.00	30.00
1994	IN TROUBLE AGAIN	OP	35.00	35.00
1994	IT'S MAGIC	RT	31.00	35.00
1994	MY BIG COOKIE	RT	35.00	35.00
1994	PLAYING DRESS UP	CL	30.00	30.00
1994	RAIDING THE COOKIE JAR	3500	200.00	275.00
1994	SNUGGLES	RT	35.00	35.00
1995	BUT I'M TOO LITTLE	OP	15.00	15.00
1995	BYE...	OP	15.00	15.00
1995	CLASSICAL DRAGONS	RT	80.00	80.00
1995	ELEMENTARY MY DEAR	RT	35.00	35.00
1995	HEDGEHOG'S JOKE, THE	OP	27.00	27.00
1995	HI!	OP	15.00	15.00
1995	I'LL BE THE BRIDE	OP	37.00	37.00
1995	I'LL BE THE GROOM	OP	37.00	37.00
1995	IT'S A PRESENT	OP	21.00	21.00
1995	IT'S DARK OUT THERE	RT	45.00	45.00
1995	JINGLES	RT	23.00	25.00
1995	PURPLE	OP	27.00	27.00
1995	SEES ALL, KNOWS ALL	OP	35.00	35.00
1995	TELLING SECRETS	RT	48.00	55.00
1995	TUMBLY	OP	21.00	21.00
1995	WATSON	OP	23.00	23.00
1996	D-PRESSING	RT	28.00	28.00
1996	HE AIN'T HEAVY, HE'S MY PUFFIN	OP	34.00	34.00
1996	HOPALONG GARGOYLE	RT	42.00	42.00
1996	I'M SO PRETTY	OP	23.00	23.00

YR	NAME	LIMIT	ISSUE	TREND
1996	OH HAPPY DAY	OP	22.00	22.00
1996	PILLOW FIGHT	3500	157.00	250.00
1996	POCKET PIPER	OP	37.00	37.00
1996	QUARTET	OP	80.00	80.00
1996	RED RIBBON	OP	17.00	17.00
1996	SWEETIE PIE	OP	28.00	28.00
1996	TINY BIT TIRED	OP	16.00	16.00
1996	VOLUNTEER, THE	2500	350.00	350.00
1996	WHATCHA DOING?	OP	23.00	23.00
1997	BATHING THE GARBOYLE	3500	250.00	250.00
1997	BIG HEART	OP	22.00	22.00
1997	DAISY	OP	17.00	17.00
1997	DOODLES	OP	27.00	27.00
1997	DRIVER,THE	OP	28.00	28.00
1997	IT'S ME!	OP	22.00	22.00
1997	I'VE HAD A HARD DAY	OP	24.00	24.00
1997	JAUNTY, ANNIVERSARY SPECIAL	YR	31.00	31.00
1997	NAVIGATOR,THE	OP	30.00	30.00
1997	POCKET CRUISE	OP	38.00	38.00
1997	PRETTY PLEASE	OP	17.00	17.00
1997	RUB MY TUMMY?	OP	17.00	17.00
1997	SPILT MILK	OP	32.00	32.00
1997	STARS!	OP	85.00	85.00
1997	TEACHER, THE	OP	39.00	39.00
1997	VAROOM!	OP	38.00	38.00
1998	AND I WON'T BE ANY TROUBLE	OP	20.00	20.00
1998	FREQUENT FLYER	*	*	N/A
1998	GRRR, I'M A MONSTER	OP	30.00	30.00
1998	HAPPY BIRTHDAY!	OP	30.00	30.00
1998	HAPPY CAMPER	*	*	N/A
1998	IT'S OKAY TO CRY	*	*	N/A
1998	PERFECT FIT!	OP	18.00	18.00
1998	PLAYTIME	OP	15.00	15.00
1998	SCHOLAR, THE	OP	50.00	50.00
1998	SUPERSTAR	*	*	N/A
1998	TAKE YOUR MEDICINE	OP	15.00	15.00
1998	TOY BOX	3999	*	N/A
1998	WASH BEHIND YOUR EARS	*	*	N/A
1998	WHY?	*	*	N/A
D. RUST			**POCKET DRAGONS**	
1993	SANTA'S STOWAWAY	10000	30.00	30.00
1994	70 TH BIRTHDAY COMMEMORATIVE	5000	30.00	30.00
R. MUSGRAVE			**POCKET DRAGONS ANNIVERSARY**	
1998	RISE AND SHINE	YR	20.00	20.00
1999	COMPUTER WIZARD	4000	375.00	375.00
R. MUSGRAVE			**POCKET DRAGONS CHRISTMAS EDITIONS**	
1989	PUTTING ME ON THE TREE	RT	53.00	150.00
1991	I'VE BEEN VERY GOOD	RT	38.00	350.00
1992	A POCKET-SIZED TREE	RT	19.00	120.00
1993	CHRISTMAS ANGEL	RT	45.00	65.00
1994	DEAR SANTA	RT	50.00	75.00
1995	CHASING SNOWFLAKES	RT	35.00	75.00
1996	CHRISTMAS SKATES	RT	36.00	40.00
1997	DECK THE HALLS	YR	39.00	39.00
1998	LITTLEST REINDEER, THE	YR	40.00	40.00
1999	ALL WRAPPED UP	YR	33.00	33.00
R. MUSGRAVE			**POCKET DRAGONS COLLECTORS CLUB**	
1991	COLLECTING BUTTERFLIES	RT	*	200.00
1991	WON'T YOU JOIN US/SPOT OF TEA	RT	75.00	350.00
1992	BOOK NOOK	RT	140.00	300.00
1992	KEY TO MY HEART	RT	*	150.00
1993	BITSY	RT	*	15.00
1993	PEN PALS	RT	90.00	150.00
1993	WANT A BITE?	RT	*	85.00
1994	BEST SEAT IN THE HOUSE, THE	RT	75.00	150.00
1994	BLUE RIBBON DRAGON	RT	*	75.00
1994	FRIENDSHIP PIN	RT	*	85.00
1995	MAKING TIME FOR YOU	RT	*	50.00
1995	PARTY TIME	RT	75.00	150.00
1996	GOOD NEWS	RT	*	50.00
1996	LOOKING FOR THE RIGHT WORDS	RT	80.00	100.00
1997	LOLLIPOP	RT	*	55.00
1997	STICKING TOGETHER	RT	75.00	75.00
1998	MERRY BAND, THE	RT	75.00	75.00
1998	OUR HERO	RT	*	N/A
R. MUSGRAVE			**POCKET DRAGONS EVENT PIECES**	
1993	A BIG HUG	RT	35.00	82.00
1994	PACKED AND READY	RT	47.00	71.00
1995	ATTENTION TO DETAIL	RT	24.00	35.00
1996	ON THE ROAD AGAIN	RT	30.00	35.00
1998	IN THE BAG	RT	15.00	15.00
1999	PARTY HAT	RT	17.00	17.00
R. MUSGRAVE			**POCKET DRAGONS LAND OF LEGEND**	
1989	A GOOD EGG	RT	37.00	225.00
1989	ATTACK	RT	45.00	175.00
1989	BABY BROTHER	RT	20.00	135.00
1989	DO I HAVE TO?	RT	53.00	63.00
1989	DROWSY DRAGON	RT	35.00	55.00

Joining Goebel's M.I. Hummel Century Collection in 1994, Rock-A-Bye *was produced for one year only and retailed for $1,150.*

Saying Grace, *a porcelain figurine by Norman Rockwell, was issued by Gorham in 1982 for $110.*

Limited to 1995 production, You're at the Top of My List *is part of Enesco Group Inc.'s Cherished Teddies "Santa's Workshop" series.*

G. Armani Society members had the chance to purchase Ruffles, the G. Armani Society members-only figurine in 1991 for $139.

YR	NAME	LIMIT	ISSUE	TREND
1989	FLOWERS FOR YOU	RT	43.00	150.00
1989	GALLANT DEFENDER, THE	RT	37.00	200.00
1989	GARGOYLE HOPING FOR RASPBERRY TEACAKE	RT	140.00	2000.00
1989	LOOK AT ME	RT	43.00	450.00
1989	NEW BUNNY SHOES	RT	29.00	90.00
1989	NO UGLY MONSTERS ALLOWED	RT	48.00	125.00
1989	OPERA GARGOYLE	RT	85.00	400.00
1989	PINK 'N PRETTY	RT	24.00	75.00
1989	POCKET DRAGON COUNTERSIGN	RT	50.00	400.00
1989	POCKET MINSTREL, THE	RT	37.00	200.00
1989	SCRIBBLES	RT	33.00	50.00
1989	SEA DRAGON	RT	45.00	250.00
1989	SIR NIGEL SMYTHEBE-SMOKE	RT	148.00	300.00
1989	STALKING THE COOKIE JAR	RT	28.00	39.00
1989	STORYTIME AT WIZARD'S HOUSE	RT	375.00	700.00
1989	TEDDY MAGIC	RT	85.00	175.00
1989	TOADY GOLDTRAYLER	RT	53.00	150.00
1990	APPRENTICE, THE	RT	25.00	75.00
1990	TAG-A-LONG	RT	20.00	60.00
1991	A JOYFUL NOISE	RT	17.00	28.00
1991	FRIENDS	RT	85.00	85.00
1991	I'M A KITTY	RT	38.00	100.00
1991	PICK ME UP	RT	17.00	30.00
1991	PLAYING FOOTSIE	RT	17.00	35.00
1991	PRACTICE MAKES PERFECT	RT	33.00	75.00
1991	SLEEPY HEAD	RT	38.00	53.00
1991	TICKLE	RT	28.00	35.00
1991	TWINKLE TOES	RT	17.00	28.00

C. BEYLON — **RAGGEDY ANN & ANDY**

YR	NAME	LIMIT	ISSUE	TREND
1988	70 YEARS YOUNG	2500	95.00	120.00
1988	GIDDY UP	3500	95.00	120.00
1988	OOPS!	3500	80.00	103.00
1988	WET PAINT	3500	70.00	92.00

FRANKLIN MINT
N. ROCKWELL — **JOYS OF CHILDHOOD**

YR	NAME	LIMIT	ISSUE	TREND
1976	COASTING ALONG	3700	120.00	175.00
1976	DRESSING UP	3700	120.00	175.00
1976	FISHING HOLE, THE	3700	120.00	175.00
1976	HOPSCOTCH	3700	120.00	175.00
1976	MARBLE CHAMP, THE	3700	120.00	175.00
1976	NURSE, THE	3700	120.00	175.00
1976	RIDE 'EM COWBOY	3700	120.00	175.00
1976	STILT WALKER, THE	3700	120.00	175.00
1976	TIME OUT	3700	120.00	175.00
1976	TRICK OR TREAT	3700	120.00	175.00

GANZ
C. THAMMAVONGSA — **CHEESERVILLE PICNIC COLLECTION MINI**

YR	NAME	LIMIT	ISSUE	TREND
1991	BASKET OF APPLES	OP	2.00	3.00
1991	BASKET OF PEACHES	OP	2.00	2.00
1991	BLUEBERRY CAKE	RT	2.00	3.00
1991	BREAD BASKET	OP	2.00	3.00
1991	CANDY	OP	2.00	2.00
1991	CHERRY PIE	RT	2.00	2.00
1991	CHOCOLATE CAKE	OP	2.00	3.00
1991	CHOCOLATE CHEESECAKE	OP	2.00	2.00
1991	DOUGHNUT BASKET	OP	2.00	3.00
1991	EGG TART	OP	1.00	1.00
1991	FOOD BKT. W/BLUE CLOTH	RT	6.00	7.00
1991	FOOD BKT. W/GREEN CLOTH	OP	8.00	8.00
1991	FOOD BKT. W/PINK CLOTH	RT	6.00	6.00
1991	FOOD BKT. W/PURPLE CLOTH	OP	6.00	6.00
1991	FOOD TROLLEY	RT	12.00	12.00
1991	HAZELNUT ROLL	RT	2.00	2.00
1991	HONEY JAR	RT	2.00	2.00
1991	HOT DOG	OP	2.00	3.00
1991	ICE CREAM GROUP	OP	2.00	2.00
1991	LEMON CAKE	RT	2.00	2.00
1991	NAPKIN IN CAN	RT	2.00	2.00
1991	SET OF FOUR BOTTLES	RT	10.00	10.00
1991	STRAWBERRY CAKE	OP	2.00	2.00
1991	SUNDAE	OP	2.00	2.00
1991	WINE GLASS	OP	1.00	2.00
1994	MAYFLOWER MEADOW BASE	OP	50.00	50.00

C. THAMMAVONGSA — **CHEESERVILLE PICNIC COLLECTION MUSICALS**

YR	NAME	LIMIT	ISSUE	TREND
1991	BLOSSOM & HICKORY JEWELRY BX	RT	65.00	65.00
1991	FLORAL TRINKET BOX	OP	32.00	32.00
1991	MAMA & SWEET CICELY WATERGLOBE	RT	55.00	55.00
1991	MEDLEY MEADOWMOUSE COOKIE JAR	RT	75.00	75.00
1991	MEDLEY MEADOWMOUSE WATERGLOBE	OP	47.00	47.00
1991	PICNIC BASE	OP	60.00	60.00
1991	SUNFLOWER BASE	RT	65.00	65.00
1991	SWEET CICELY DOLL BASKET	OP	85.00	85.00
1991	TRINKET BOX	OP	30.00	30.00
1991	VIOLET WOODSWORTH COOKIE JAR	RT	75.00	75.00
1992	APRIL SHOWERS BRING MAY FLOWERS	OP	8.00	8.00
1992	DECORATED W/LOVE	OP	8.00	8.00
1992	FOR SOMEBUNNY SPECIAL	OP	8.00	8.00

YR	NAME	LIMIT	ISSUE	TREND
1993	SECRET TREASURES- TRINKET BX	OP	35.00	35.00
1993	WISHING WELL	OP	50.00	50.00
1994	BANDSTAND BASE, THE	OP	49.00	49.00
C. THAMMAVONGSA			**CHRISTMAS COLLECTION**	
1994	CHRISTMAS TRIMMINGS	10000	24.00	24.00
1994	JOY TO THE WORLD	OP	10.00	10.00
1994	LET IT SNOW	OP	12.00	12.00
1994	MISTLETOE MAGIC	OP	14.00	15.00
1994	SANTA PIG	OP	11.00	11.00
1994	YULETIDE CAROLS	OP	19.00	19.00
C. THAMMAVONGSA			**COWTOWN COLLECTION**	
1993	BUFFALO BULL CODY	OP	15.00	16.00
1993	BULL MASTERSON	OP	15.00	16.00
1993	BULL ROGERS	OP	17.00	17.00
1993	BULL RUTH	RT	13.00	13.00
1993	BUTTERMILK & BUTTERCUP	OP	16.00	16.00
1993	COWLAMITY JANE	OP	15.00	16.00
1993	DAISY MOO	OP	11.00	11.00
1993	GLORIA BOVINE & RUDOLPH BULLENTINO	OP	20.00	20.00
1993	JETHRO BOVINE	RT	15.00	15.00
1993	LI'L ORPHAN ANGUS	OP	11.00	11.00
1993	MOO WEST	OP	15.00	16.00
1993	OLD MOODONALD	OP	14.00	14.00
1994	AMOOLIA STEERHEART	OP	25.00	25.00
1994	COWSEY JONES & THE CANNONBULL EXPRESS	OP	27.00	27.00
1994	GERONIMOO	OP	17.00	17.00
1994	HEIFERELLA	OP	16.00	17.00
1994	KING COWMOOAMOOA	OP	16.00	17.00
1994	MA & PA CATTLE	OP	24.00	24.00
1994	POCOWHANTIS	OP	16.00	17.00
1994	SET OF THREE CACTI	OP	17.00	17.00
1994	TCHAICOWSKY	OP	19.00	19.00
1994	TEXAS LONESTEER	10000	50.00	50.00
C. THAMMAVONGSA		**LITTLE CHEESERS/CHRISTMAS COLLECTION**		
1991	ABNER APPLETON RINGING BELL	RT	14.00	15.00
1991	AUNTIE BLOSSOM W/ORNAMENTS	OP	14.00	15.00
1991	CHEESER SNOWMAN	OP	8.00	8.00
1991	CHRISTMAS TREE	OP	9.00	9.00
1991	COUSIN WOODY PLAYING FLUTE	OP	14.00	15.00
1991	FROWZY ROQUEFORT III SKATING	RT	14.00	15.00
1991	GRANDMAMA & LITTLE TRUFFLE	RT	19.00	19.00
1991	GRANDPAPA & SWEET CICELY	OP	19.00	19.00
1991	GRANDPAPA BLOWING HORN	OP	14.00	15.00
1991	GREAT AUNT ROSE W/TRAY	OP	14.00	15.00
1991	HARLEY & HARRIET DANCING	RT	19.00	19.00
1991	HICKORY PLAYING CELLO	OP	14.00	15.00
1991	JENNY ON SLEIGH	OP	16.00	16.00
1991	JEREMY W/TEDDY BEAR	OP	12.00	12.00
1991	LAMP POST	OP	8.00	9.00
1991	LITTLE TRUFFLE W/STOCKING	OP	8.00	8.00
1991	MAMA POURING TEA	RT	14.00	15.00
1991	MARIGOLD & OSCAR STEALING A CHRISTMAS KISS	OP	19.00	19.00
1991	MEDLEY PLAYING DRUM	OP	8.00	8.00
1991	MYRTLE MEADOWMOUSE W/BK	RT	14.00	15.00
1991	OUTDOOR SCENE BASE	RT	35.00	35.00
1991	PARLOR SCENE BASE	OP	38.00	38.00
1991	SANTA CHEESER	OP	13.00	13.00
1991	VIOLET W/SNOWBALL	OP	8.00	8.00
1993	ALL I WANT FOR CHRISTMAS	OP	18.00	18.00
1993	CANDLEHOLDER-SANTA CHEESER	OP	19.00	19.00
1993	CANDY CANE	OP	2.00	2.00
1993	CHRISTMAS GIFT	OP	3.00	3.00
1993	CHRISTMAS GREETINGS	OP	16.00	17.00
1993	CHRISTMAS STOCKING	OP	3.00	3.00
1993	GINGERBREAD HOUSE	OP	3.00	3.00
1993	ICE POND BASE	OP	6.00	5.50
1993	SLEIGH RIDE	OP	11.00	11.00
1993	TOY SOLDIER	OP	3.00	3.00
1993	TOY TRAIN	OP	3.00	3.00
1994	CHRISTMAS COLLECTION BASE	OP	50.00	50.00
1994	SANTA'S SLEIGH	10000	22.00	22.00
C. THAMMAVONGSA			**LITTLE CHEESERS/MUSICALS**	
1992	J. BUTTERFIELD CHRISTMAS WATERGLOBE	RT	55.00	55.00
1992	LITTLE TRUFFLE CHRISTMAS WATERGLOBE	OP	45.00	45.00
1992	SANTA CHEESER ROLY-POLY	RT	55.00	55.00
1993	I'LL BE HOME FOR X'MAS	OP	30.00	30.00
1993	WE WISH YOU A MERRY CHRISTMAS	OP	25.00	25.00
C. THAMMAVONGSA			**LITTLE HOPPERS COLLECTION**	
1994	BUBBLE BATH	OP	8.00	8.00
1994	LET'S PLAY BALL	OP	7.00	7.00
1994	SOMEBUNNY LOVES YOU	OP	8.00	8.00
1994	SWEET NOTHINGS	OP	15.00	15.00
1994	TENDER LOVING CARE	OP	10.00	10.00
1994	TRICYCLE BUILT FOR TWO	OP	16.00	16.00
C. THAMMAVONGSA			**PIGSVILLE COLLECTION**	
1993	BAKIN' AT THE BEACH	OP	11.00	11.00
1993	ICE CREAM ANYONE?	RT	9.00	9.00
1993	ME & MY ICE CREAM	RT	17.00	17.00

YR	NAME	LIMIT	ISSUE	TREND
1993	MOTHER LOVE	OP	13.00	13.00
1993	NAP TIME	OP	11.00	11.00
1993	P.O.P DISPLAY SIGN	OP	8.00	8.00
1993	PIG AT THE BEACH	OP	9.00	9.00
1993	PRIMA BALLERINA	RT	11.00	11.00
1993	SOAP SUDS	OP	12.00	12.00
1993	SQUEAKY CLEAN	OP	11.00	11.00
1993	TIPSY	OP	9.00	9.00
1993	TRUE LOVE	OP	12.00	12.00
1993	WEE LITTLE PIGGY	OP	8.00	8.00
1994	BEDTIME	OP	10.00	10.00
1994	BIRTHDAY SURPRISE	OP	10.00	10.00
1994	OLE FISHING HOLD	OP	16.00	16.00
1994	PLAY BALL	OP	12.00	12.00
1994	PRETTY PIGLET	OP	8.00	8.00
1994	SANDCASTLE	OP	12.00	12.00
1994	SNACKTIME	OP	12.00	12.00
1994	SPECIAL TEST	OP	12.00	12.00
1994	STORYTIME	OP	13.00	13.00
1994	WEDDED BLISS	OP	16.00	16.00
C. THAMMAVONGSA		**PIGSVILLE COLLECTION ACCESSORIES**		
1994	BARN	OP	35.00	35.00
1994	SILO	OP	15.00	16.00
C. THAMMAVONGSA		**SPRINGTIME/CHEESERVILLE COLLECTION**		
1992	A BASKET FULL OF JOY	OP	16.00	16.00
1992	A WHEELBARROW OF SUNSHINE	OP	17.00	17.00
1992	HIPPITY-HOP, IT'S EASTERTIME!	OP	16.00	16.00
1992	SPRINGTIME DELIGHTS	OP	12.00	12.00
1992	TULIPS & RIBBONS TRINKET BX MUSICAL	RT	28.00	28.00
1993	BALLERINA SWEETHEART	OP	10.00	10.00
1993	BLOSSOM HAS A LITTLE LAMB	OP	16.00	17.00
1993	FIRST KISS	OP	24.00	24.00
1993	FOR MY SWEETHEART	OP	22.00	22.00
1993	FRIENDS FOREVER	OP	22.00	22.00
1993	GENTLY DOWN THE STREAM	10000	27.00	27.00
1993	GIFT FROM HEAVEN	OP	10.00	10.00
1993	HIGS & KISSES	OP	11.00	11.00
1993	I LOVE YOU	OP	22.00	22.00
1993	PLAYING CUPID	OP	10.00	10.00
1993	SUGAR & SPICE	OP	24.00	24.00
1993	SUNDAY STROLL	OP	22.00	22.00
1994	BIRTHDAY PARTY	OP	22.00	22.00
1994	GET WELL	OP	22.00	22.00
1994	HIP HIP HOORAY	OP	22.00	22.00
C. THAMMAVONGSA		**VALENTINE COLLECTION**		
1994	CHAMPAGNE & ROSES	OP	14.00	15.00
1994	I LOVE YOU	OP	10.00	10.00
1994	I'M ALL YOURS	OP	12.00	12.00
1994	LOVESTRUCK	OP	10.00	10.00
1994	SWEETHEART PIG	OP	8.00	8.00
1994	TOGETHER FOREVER	OP	15.00	16.00
C. THAMMAVONGSA		**WEDDING COLLECTION**		
1992	BLOSSOM THISTLEDOWN BRIDE	OP	16.00	16.00
1992	COUSIN WOODY & LI'L TRUFFLE	OP	20.00	20.00
1992	FROWZY ROQUEFORT III W/GRAMOPHONE	OP	20.00	20.00
1992	GRANDMAMA & GRANDPAPA THISTLEDOWN	RT	20.00	20.00
1992	GREAT AUNT ROSE BESIDE TABLE	OP	20.00	20.00
1992	HARLEY & HARRIET HARVESTMOUSE	OP	20.00	20.00
1992	HICKORY HARVESTMOUSE GROOM	OP	16.00	16.00
1992	J. BUTTERFIELD/SWEET CICELY BRIDESMAID	OP	20.00	20.00
1992	LITTLE TRUFFLE RINGBEARER	OP	10.00	10.00
1992	MAMA & PAPA WOODSWORTH DANCING	OP	20.00	20.00
1992	MARIGOLD THISTLEDOWN & OSCAR ROBBINS	OP	20.00	20.00
1992	MYRTLE MEADOWMOUSE W/MEDLEY	RT	20.00	20.00
1992	PASTOR SMALLWOOD	OP	16.00	16.00
1992	WEDDING PROCESSION	OP	40.00	40.00
1993	BIG DAY, THE	OP	20.00	20.00
C. THAMMAVONGSA		**WEDDING COLLECTION ACCESSORIES**		
1993	BANQUET TABLE	OP	14.00	15.00
1993	GAZEBO BASE	OP	42.00	42.00
C. THAMMAVONGSA		**WEDDING COLLECTION MINI**		
1992	BIBLE TRINKET BOX	OP	16.00	17.00
1992	BIG CHOCOLATE CAKE	RT	4.00	5.00
1992	BRIDE CANDLEHOLDER	OP	20.00	20.00
1992	CAKE TRINKET BOX	OP	14.00	15.00
1992	CANDLES	OP	3.00	3.00
1992	CHERRY JELLO	OP	3.00	3.00
1992	CHOCOLATE PASTRY	RT	2.00	2.00
1992	CHOCOLATE PUDDING	OP	2.00	3.00
1992	FLOUR BAG	RT	2.00	2.00
1992	FLOWER VASE	RT	3.00	3.00
1992	FRUIT SALAD	OP	3.00	3.00
1992	GRASS BASE	RT	4.00	4.00
1992	GROOM CANDLEHOLDER	OP	20.00	20.00
1992	HONEY POT	OP	2.00	2.00
1992	RING CAKE	OP	3.00	3.00
1992	SALT CAN	RT	2.00	2.00
1992	SOUFFLE	RT	2.00	3.00

YR	NAME	LIMIT	ISSUE	TREND
1992	SOUP POT	OP	3.00	3.00
1992	TEA POT SET	RT	3.00	3.00
1992	TEDDY MOUSE	RT	2.00	2.00
1993	GOOSEBERRY CHAMPAGNE	OP	3.00	3.50
1993	WEDDING CAKE	OP	4.00	5.00

C. THAMMAVONGSA — WEDDING COLLECTION MUSICALS

YR	NAME	LIMIT	ISSUE	TREND
1992	BLOSSOM & HICKORY WEDDING WATERGLOBE	OP	55.00	55.00
1992	WEDDING BASE	OP	32.00	32.00
1992	WOODEN BASE FOR WEDDING PROCESSIONAL	OP	25.00	25.00
1993	BLOSSOM & HICKORY MUSICAL	RT	50.00	50.00
1993	WHITE MUSICAL WD. BASE/GAZEBO EVERGREEN	OP	25.00	25.00

GARTLAN USA

F. BARNUM — ALL-STAR GEMS MINIATURE FIGURINES

YR	NAME	LIMIT	ISSUE	TREND
1990	GEORGE BRETT	10000	75.00	75.00
1990	PETE ROSE	10000	75.00	75.00
1990	WHITEY FORD	10000	75.00	75.00
1990	YOGI BERRA	10000	75.00	75.00
1991	JOE MONTANA	10000	79.00	79.00
1992	HANK AARON	10000	79.00	79.00

V. BOVA — ALL-STAR GEMS MINIATURE FIGURINES

YR	NAME	LIMIT	ISSUE	TREND
1991	MONTE IRVIN	10000	79.00	79.00

L. HEYDA — ALL-STAR GEMS MINIATURE FIGURINES

YR	NAME	LIMIT	ISSUE	TREND
1989	CARL YASTRZEMSKI	10000	75.00	75.00
1989	JOHNNY BENCH	10000	75.00	75.00
1989	STEVE CARLTON	10000	75.00	75.00
1989	TED WILLIAMS	10000	75.00	75.00
1990	DARRYL STRAWBERRY	10000	75.00	75.00
1990	JOHN WOODEN	10000	75.00	75.00
1990	WAYNE GRETZKY	10000	75.00	75.00
1991	BOBBY HULL	10000	75.00	75.00
1991	BRETT HULL	10000	75.00	75.00

J. SLOCKBOWER — ALL-STAR GEMS MINIATURE FIGURINES

YR	NAME	LIMIT	ISSUE	TREND
1990	LUIS APARICIO	10000	75.00	75.00
1991	KEN GRIFFEY, JR.	10000	75.00	75.00
1991	ROD CAREW	10000	75.00	75.00
1991	WARREN SPAHN	10000	75.00	75.00
1992	CARLTON FISK	10000	79.00	79.00
1992	ISIAH THOMAS	10000	79.00	79.00

R. SUN — ALL-STAR GEMS MINIATURE FIGURINES

YR	NAME	LIMIT	ISSUE	TREND
1990	MIKE SCHMIDT	10000	75.00	75.00

J. MARTIN — BASEBALL/FOOTBALL/HOCKEY SERIES

YR	NAME	LIMIT	ISSUE	TREND
1986	GEORGE BRETT BASEBALL ROUNDER	OP	10.00	16.00
1986	GEORGE BRETT BASEBALL ROUNDER, SIGNED	2000	30.00	30.00
1986	GEORGE BRETT CERAMIC BASEBALL	OP	20.00	20.00
1986	GEORGE BRETT CERAMIC BASEBALL, SIGNED	2000	50.00	50.00

T. SIZEMORE — BASEBALL/FOOTBALL/HOCKEY SERIES

YR	NAME	LIMIT	ISSUE	TREND
1985	PETE ROSE CERAMIC BASEBALL	OP	10.00	16.00
1985	PETE ROSE CERAMIC BASEBALL, SIGNED	4192	39.00	75.00

C. SOILEAU — BASEBALL/FOOTBALL/HOCKEY SERIES

YR	NAME	LIMIT	ISSUE	TREND
1987	ROGER STAUBACH CERAMIC FOOTBALL	OP	10.00	16.00
1987	ROGER STAUBACH CERAMIC FOOTBALL, SIGNED	1979	39.00	39.00

M. TAYLOR — BASEBALL/FOOTBALL/HOCKEY SERIES

YR	NAME	LIMIT	ISSUE	TREND
1990	WAYNE GRETZKY CERAMIC HOCKEY	OP	18.00	18.00
1991	JOE MONTANA CERAMIC FOOTBALL	OP	18.00	18.00
1992	CARLTON FISH CERAMIC BASEBALL	OP	18.00	18.00

L. HEYDA — BOB COUSY COLLECTION

YR	NAME	LIMIT	ISSUE	TREND
1994	BOB COUSY	RT	225.00	300.00
1994	BOB COUSY MINI	5000	40.00	40.00

R. SUN — EDDIE MATHEWS COLLECTION

YR	NAME	LIMIT	ISSUE	TREND
1994	EDDIE MATHEWS	50	150.00	300.00
1994	EDDIE MATHEWS MINI	RT	40.00	100.00

J. SLOCKBOWER — FRANK THOMAS

YR	NAME	LIMIT	ISSUE	TREND
1995	FRANK THOMAS (AUTOGRAPHED)	SO	200.00	650.00
1995	FRANK THOMAS MINI	RT	40.00	75.00

L. HEYDA — KAREEM ABDUL-JABBAR SKY HOOK COLLECTION

YR	NAME	LIMIT	ISSUE	TREND
1989	KAREEM ABDUL-JABBAR A/P	100	200.00	450.00
1989	KAREEM ABDUL-JABBAR H/S	1989	175.00	495.00
1989	KAREEM ABDUL-JABBAR PURPLE UNIFORM H/S	33	275.00	5500.00

NOBLE STUDIO — LEAVE IT TO BEAVER/JERRY MATHERS

YR	NAME	LIMIT	ISSUE	TREND
1995	LEAVE IT TO BEAVER 7 1/2" AP	234	250.00	250.00
1995	LEAVE IT TO BEAVER AUTOGRAPHED	1963	195.00	195.00
1995	LEAVE IT TO BEAVER MINI AUTOGRAPHED	5000	50.00	50.00

R. SUN — MAGIC JOHNSON GOLD RIM COLLECTION

YR	NAME	LIMIT	ISSUE	TREND
1988	MAGIC JOHNSON COMMEMORATIVE	32	275.00	2800.00
1988	MAGIC JOHNSON-MAGIC IN MOTION	1737	125.00	650.00
1988	MAGIC JOHNSON-MAGIC IN MOTION, PROOF	250	175.00	3700.00

F. BARNUM — MASTER'S MUSEUM COLLECTION

YR	NAME	LIMIT	ISSUE	TREND
1991	JOE MONTANA (SET)	500	*	N/A

L. HEYDA — MASTER'S MUSEUM COLLECTION

YR	NAME	LIMIT	ISSUE	TREND
1991	KAREEM ABDUL-JABBAR	500	3000.00	3000.00
1991	TED WILLIAMS (SET)	500	*	N/A
1991	WAYNE GRETZKY (SET)	500	*	N/A

F. BARNUM — MEMBERS ONLY FIGURINE

YR	NAME	LIMIT	ISSUE	TREND
1991	JOE MONTANA-ROAD UNIFORM	CL	75.00	125.00

L. CELLA — MEMBERS ONLY FIGURINE

YR	NAME	LIMIT	ISSUE	TREND
1994	SHAQUILLE O'NEAL	CL	40.00	80.00

YR	NAME	LIMIT	ISSUE	TREND
L. HEYDA			**MEMBERS ONLY FIGURINE**	
1990	WAYNE GRETZKY-HOME UNIFORM	CL	75.00	200.00
1991	KAREEM ABDUL-JABBAR (MINI)	CL	75.00	79.00
R. SUN		**MIKE SCHMIDT 500TH HOME RUN COLLECTION**		
1987	MIKE SCHMIDT H/S	1987	150.00	975.00
1987	MIKE SCHMIDT H/S A/P	20	275.00	1500.00
V. BOVA			**NEGRO LEAGUE SERIES**	
1991	BUCK LEONARD	1972	195.00	195.00
1991	JAMES (COOL PAPA) BELL	1499	195.00	195.00
1991	MATCHED-NUMBER SET #1-950	950	500.00	500.00
1991	RAY DANDRIDGE	1987	195.00	195.00
B. FORBES		**PETE ROSE DIAMOND COLLECTION**		
1988	FAREWELL CERAMIC BASEBALL CARD	OP	10.00	16.00
1988	FAREWELL CERAMIC BASEBALL CARD, SIGNED	4258	39.00	65.00
H. REED		**PETE ROSE PLATINUM EDITION**		
1985	PETE ROSE-FOR THE RECORD, SIGNED	4192	125.00	1375.00
PALUSO				**PLAQUES**
1987	PLAQUE-ONLY PERFECT, SIGNED	500	150.00	340.00
J. MARTIN				**PLAQUES**
1986	GEORGE BRETT-ROYALTY IN MOTION, SIGNED	2000	85.00	195.00
1986	REGGIE JACKSON-THE ROUNDTRIPPER, PROOF	SO	200.00	300.00
1986	REGGIE JACKSON-THE ROUNDTRIPPER, SIGNED	500	150.00	240.00
1987	ROGER STAUBACH, SIGNED	1979	85.00	195.00
T. SIZEMORE				**PLAQUES**
1985	PETE ROSE-DESIRE TO WIN, SIGNED	4192	75.00	75.00
J. MARTIN		**REGGIE JACKSON 500TH HOME RUN EDITION**		
1986	CERAMIC BASEBALL CARD	OP	10.00	16.00
1986	CERAMIC BASEBALL CARD, SIGNED	500	39.00	65.00
J. HOFFMAN				**RINGO STARR**
1996	BEATLES, RINGO STARR 9 1/2"	1000	350.00	350.00
1996	BEATLES, RINGO STARR MINI	10000	50.00	50.00
1996	RINGO STARR 9 1/2" AP	250	600.00	600.00
1996	RINGO STARR/DRUMMING	5000	150.00	150.00
L. CELLA			**SAM SNEAD COLLECTION**	
1994	SAM SNEAD	RT	150.00	150.00
1994	SAM SNEAD MINI	RT	40.00	40.00
R. SUH			**SHAQUILLE O'NEAL**	
1995	SHAQUILLE O'NEAL (AUTOGRAPHED)	SO	225.00	800.00
1995	SHAQUILLE O'NEAL MINI	RT	40.00	50.00
F. BARNUM			**SIGNED FIGURINES**	
1989	YOGI BERRA	2000	225.00	250.00
1989	YOGI BERRA H/S A/P	250	350.00	375.00
1990	GEORGE BRETT	2500	225.00	225.00
1991	JOE MONTANA A/P H/S	250	500.00	750.00
1991	JOE MONTANA H/S	2250	325.00	425.00
1992	HANK AARON	1982	225.00	225.00
S. BARNUM			**SIGNED FIGURINES**	
1990	WHITEY FORD	2360	225.00	225.00
V. BOVA			**SIGNED FIGURINES**	
1991	AL BARLICK	1989	175.00	175.00
1991	MONTE IRVIN	1973	225.00	225.00
L. HEYDA			**SIGNED FIGURINES**	
1989	CARL YASTRZEMSKI H/S A/P	250	150.00	495.00
1989	CARL YASTRZEMSKI-YAZ	1989	150.00	350.00
1989	JOE DIMAGGIO H/S	2214	275.00	1375.00
1989	JOHN WOODEN-COACHING CLASSICS	1975	175.00	175.00
1989	JOHNNY BENCH H/S	1989	150.00	375.00
1989	JOHNNY BENCH H/S A/P	250	150.00	550.00
1989	STEVE CARLTON H/S	3290	175.00	235.00
1989	TED WILLIAMS H/S	2654	295.00	575.00
1989	WAYNE GRETZKY H/S	1851	225.00	1000.00
1989	WAYNE GRETZKY, ARTIST PROOF H/S	300	695.00	1800.00
1990	DARRYL STRAWBERRY	2500	225.00	225.00
1990	JOE DIMAGGIO AP H/S	325	695.00	2400.00
1991	BOBBY HULL-THE GOLDEN JET	1983	225.00	225.00
1991	BRETT HULL-THE GOLDEN BRETT	1986	225.00	225.00
1991	HULL MATCHED FIGURINES	950	500.00	500.00
J. SLOCKBOWER			**SIGNED FIGURINES**	
1990	LUIS APARICIO	1974	225.00	225.00
1991	KEN GRIFFEY, JR.	1989	225.00	225.00
1991	ROD CAREW-HITTING SPLENDOR	1991	225.00	225.00
1991	WARREN SPAHN	1973	225.00	225.00
1992	CARLTON FISK	1972	225.00	225.00
1992	ISIAH THOMAS	1990	225.00	225.00
K.L. SUN			**SIGNED FIGURINES**	
1993	KRISTI YAMAGUCHI	RT	195.00	300.00
1993	KRISTI YAMAGUCHI MINI	RT	79.00	79.00
V. DAVIS				**TROY AIKMAN**
1995	TROY AIKMAN (AUTOGRAPHED)	SO	200.00	800.00
1995	TROY AIKMAN MINI	RT	40.00	90.00

GENESIS DESIGNS

M. MORRIS				**BIBLICAL**
1998	MOSES: RECEIVING THE LAW	1998	145.00	145.00
1999	MARY: RECEIVING THE WORD	1999	145.00	145.00
2001	THOMAS: RECEIVING THE KING	1999	*	N/A

YR	NAME	LIMIT	ISSUE	TREND

M. MORRIS WILDLIFE

YR	NAME	LIMIT	ISSUE	TREND
1995	REX NANOOK	2500	160.00	160.00
1995	REX NANOOK ARTIST PROOF	250	210.00	210.00

GEO. ZOLTAN LEFTON CO.

T. FRALEY — AMERICAN CAROUSEL COLLECTION

YR	NAME	LIMIT	ISSUE	TREND
1987	CHARLES CARMEL 5968	CL	70.00	130.00
1987	CHARLES CARMEL 5986	CL	35.00	75.00
1987	CHARLES LOOFF	CL	70.00	180.00
1987	CHARLES LOOFF	CL	70.00	100.00
1987	CHARLES LOOFF 5967	CL	70.00	100.00
1987	CHARLES LOOFF 5978	CL	100.00	195.00
1987	CHARLES LOOFF 5979	CL	100.00	650.00
1987	CHARLES LOOFF 5980	CL	100.00	750.00
1987	CHARLES LOOFF 5984	CL	35.00	75.00
1987	CHARLES LOOFF 5985	CL	35.00	75.00
1987	CHARLES LOOFF 7125	CL	500.00	680.00
1987	CHARLES LOOFF 7126	CL	500.00	800.00
1987	CHARLES LOOFF 7127	CL	500.00	900.00
1987	CHARLES LOOFF 7130	CL	125.00	260.00
1987	CHARLES LOOFF 7131	CL	125.00	700.00
1987	CHARLES LOOFF 7132	CL	125.00	125.00
1987	DANIEL MULLER ROCKER 5982	CL	70.00	140.00
1987	LOOFF 5972	CL	400.00	800.00
1987	M.C. ILLIONS 5970	CL	70.00	100.00
1987	M.C. ILLIONS 5971	CL	70.00	130.00
1987	M.C. ILLIONS 5973	CL	500.00	900.00
1987	M.C. ILLIONS 5988	CL	35.00	75.00
1987	M.C. ILLIONS 5989	CL	35.00	75.00
1987	M.C. ILLIONS 6390	CL	500.00	500.00
1987	M.C. ILLIONS 7128	CL	100.00	225.00
1987	M.C. ILLIONS 7129	CL	125.00	225.00
1987	PTC 5969	CL	70.00	120.00
1987	PTC 5987	CL	35.00	105.00
1987	PTC. ROCKER 5981	CL	70.00	150.00

T. FRALEY — AMERICAN CAROUSEL COLLECTION II

YR	NAME	LIMIT	ISSUE	TREND
1988	C.W. PARKER 8322	CL	250.00	250.00
1988	C.W. PARKER 8323	CL	135.00	300.00
1988	C.W. PARKER 8468	CL	165.00	290.00
1988	CHARLES LOOFF 8213	CL	65.00	190.00
1988	CHARLES LOOFF 8214	CL	95.00	190.00
1988	CHARLES LOOFF 8320	CL	250.00	250.00
1988	CHARLES LOOFF 8321	CL	135.00	190.00
1988	CHARLES LOOFF 8467	CL	165.00	240.00
1988	CHARLES LOOFF SNOWGLOBE 8216	CL	80.00	80.00
1988	DANIEL MULLER 8317	CL	55.00	100.00
1988	DANIEL MULLER 8318	CL	85.00	130.00
1988	DENTZEL 8329	CL	150.00	625.00
1988	DENTZEL 8474	CL	235.00	235.00
1988	DENTZEL 8475	CL	135.00	475.00
1988	HERSHELL-SPILLMAN CO. 8330	CL	150.00	450.00
1988	HERSHELL-SPILLMAN CO. 8331	CL	150.00	475.00
1988	HERSHELL-SPILLMAN CO. 8470	CL	235.00	235.00
1988	HERSHELL-SPILLMAN CO. 8471	CL	135.00	475.00
1988	HERSHELL-SPILLMAN CO. 8472	CL	235.00	235.00
1988	HERSHELL-SPILLMAN CO. 8473	CL	135.00	475.00
1988	M.C. ILLIONS 8319	CL	500.00	675.00
1988	M.C. ILLIONS 8324	CL	235.00	235.00
1988	M.C. ILLIONS 8325	CL	235.00	350.00
1988	M.C. ILLIONS 8340	CL	550.00	650.00
1988	M.C. ILLIONS 8469	CL	150.00	280.00
1988	PTC 8218	CL	65.00	150.00
1988	PTC 8219	CL	95.00	150.00
1988	PTC 8221 SNOWGLOBE	CL	80.00	80.00
1988	PTC 8222	CL	65.00	100.00
1988	PTC 8223	CL	95.00	125.00
1988	PTC 8224	CL	65.00	125.00
1988	PTC 8225	CL	95.00	125.00
1988	PTC 8315	CL	55.00	110.00
1988	PTC 8316	CL	85.00	105.00

T. FRALEY — TOBIN FRALEY COLLECTION

YR	NAME	LIMIT	ISSUE	TREND
1986	C.W. PARKER	CL	70.00	225.00
1986	CHARLES CARMEL 5039	CL	75.00	165.00
1986	CHARLES CARMEL 5043	CL	35.00	75.00
1986	CHARLES LOOFF 5038	CL	75.00	165.00
1986	CHARLES LOOFF 5040	CL	75.00	165.00
1986	CHARLES LOOFF 5044	CL	35.00	75.00
1986	CHARLES LOOFF/RAM	CL	35.00	75.00
1986	D.C. MULLER & BROTHER 5049	CL	35.00	75.00
1986	D.C. MULLER & BROTHER 5233	CL	25.00	55.00
1986	FOUR HORSE MUSICAL CAROUSEL	CL	400.00	900.00
1986	GUSTAV DENTZEL CO. 5036	CL	75.00	240.00
1986	GUSTAV DENZEL CO. 5235	CL	35.00	140.00
1986	HERSHELL-SPILLMAN 5230	CL	25.00	55.00
1986	HERSHELL-SPILLMAN CO. 5046	CL	35.00	75.00
1986	PTC 5047	CL	35.00	75.00
1986	PTC. 5231	CL	25.00	55.00
1986	SPILLMAN ENGINEERING 5041	CL	75.00	225.00
1986	SPILLMAN ENGINEERING 5042	CL	35.00	75.00

YR	NAME	LIMIT	ISSUE	TREND
1986	STEIN & GOLDSTEIN 5037	CL	75.00	165.00
1986	STEIN & GOLDSTEIN 5045	CL	35.00	75.00
1986	WILLIAM DENTZEL CO. 5048	CL	35.00	75.00
1986	WILLIAM DENTZEL CO. 5051	CL	70.00	300.00
1986	WILLIAM DENTZEL CO. 5232	CL	25.00	45.00
T. FRALEY		**TOBIN FRALEY COLLECTORS SOCIETY**		
1992	TOBIN FRALEY COLLECTOR SOCIETY	CL	35.00	90.00

GLASS EYE
*

1993	AQUARIUM	1000	18.00	20.00
1993	CHERRY BLOSSOM	1000	18.00	20.00
1994	CORAL REEF	1500	23.00	25.00
1994	HEART AND VINES	1500	23.00	25.00
1995	AURORA BOREALIS	150	165.00	175.00
1995	GENESIS	500	50.00	55.00
*				
1999	TRIPICAL SEA EGG	500	70.00	70.00
1999	TROPICAL SEA	200	190.00	190.00

GOEBEL INC.
M.I. HUMMEL

1995	ANGLER, THE HUM 566	*	320.00	370.00
1995	COME BACK SOON HUM 545	*	135.00	170.00
1995	JUST DOZING HUM 451	*	220.00	250.00
1995	PIXIE HUM 768	*	105.00	130.00
1995	RING AROUND THE ROSIE MUSICAL HUM348	10000	675.00	3000.00
1995	TO KEEP YOU WARM HUM 759	*	195.00	240.00
1996	GOOSE GIRL HUM47	*	200.00	265.00
1999	BE MINE HUM 2050/B	*	*	85.00
1999	CHEEKY FELLOW HUM 299	*	*	130.00
1999	CUDDLES HUM 2049/A	*	*	85.00
1999	DEARLY BELOVED HUM 2003	*	*	460.00
1999	FOR MOTHER GIFT SET HUM 257/2/0	*	*	140.00
1999	HEAVENLY PRAYER HUM 815	*	*	180.00
1999	JOYFUL NOISE HUM 643/0	*	*	190.00
1999	JOYFUL NOISE MINI FIGURINE HUM 643/4/0	*	*	130.00
1999	LET'S PLAY HUM 2051/B	*	*	85.00
1999	LITTLE TROUBADOR HUM 558	*	*	135.00
1999	MESSAGE OF LOVE HUM 2050/A	*	*	85.00
1999	MY BEST FRIEND HUM 2049/B	*	*	85.00
1999	ONCE UPON A TIME HUM 2051/A	*	*	85.00
1999	PAY ATTENTION HUM 426/3/0	*	*	180.00
1999	PEACEFUL BLESSING HUM 814	*	*	180.00
1999	STRUM ALONG HUM 557	*	*	145.00
1999	SWEET AS CAN BE BIRTHDAY SAMPLER HUM 541	*	*	135.00
1999	WHERE ARE YOU? HUM427/3/0	*	*	180.00
1999	WONDER OF CHRISTMAS HUM 2015 W/STEIFF BEAR		*	575.00
M.I. HUMMEL		**BAVARIAN VILLAGE COLLECTION**		
1996	HAPPY PASTIME HUM 69	RT	175.00	175.00
*			**BERTA HUMMEL**	
2000	BIRTHDAY TREAT	*	55.00	55.00
2000	CROWNING TOUCH	*	95.00	95.00
2000	DECORATING THE TREE	*	95.00	95.00
2000	FOREVER A FRIEND	*	55.00	55.00
2000	FRESH CHRISTMAS TREE	*	35.00	35.00
2000	GOOD SCRUBBING, A	*	45.00	45.00
2000	KISS FOR LUCK	*	*	N/A
2000	NATURE'S PRAYER	*	45.00	45.00
2000	REACH FOR THE STARS	*	30.00	30.00
2000	SKY'S THE LIMIT, THE	*	30.00	30.00
2000	STROLL IN THE PARK	*	*	N/A
2000	TIME TO PLAY	*	90.00	90.00
G. BOCHMANN			**BETSEY CLARK**	
1972	BLESS YOU	CL	18.00	275.00
1972	FRIENDS	CL	21.00	400.00
1972	LITTLE MIRACLE	CL	25.00	350.00
1972	SO MUCH BEAUTY	CL	25.00	350.00
LORE			**BLUMENKINDER**	
1966	A BUTTERFLY'S KISS	CL	28.00	N/A
1966	APRONFUL OF FLOWERS	CL	25.00	N/A
1966	BAREFOOT LAD	CL	28.00	N/A
1966	BEARER OF GIFTS	CL	28.00	N/A
1966	DISPLAY PLAQUE	CL	4.00	N/A
1966	FLOWER FARMER, THE	CL	30.00	N/A
1966	FLUTE RECITAL	CL	25.00	N/A
1966	GARDEN ROMANCE	CL	50.00	N/A
1966	HER FIRST BOUQUET	CL	30.00	N/A
1966	HER KITTEN	CL	28.00	N/A
1966	NATURE'S TREASURES	CL	25.00	N/A
1966	ST. VALENTINE'S MESSENGER	CL	30.00	N/A
1966	TENDER LOVING CARE	CL	30.00	N/A
1969	FIRST JOURNEY	CL	25.00	N/A
1969	FIRST LOVE	CL	25.00	N/A
1969	GARDEN PRINCES	CL	50.00	N/A
1969	SUMMER MAGIC	CL	50.00	N/A
1971	BIRD SONG	CL	65.00	N/A
1971	BOYFRIEND, THE	CL	65.00	N/A

YR	NAME	LIMIT	ISSUE	TREND
1971	CELLO RECITAL	CL	80.00	N/A
1971	COUNTRY LAD	CL	35.00	N/A
1971	COUNTRY MAIDEN	CL	35.00	N/A
1971	COURTING COUNTRY STYLE	CL	80.00	N/A
1972	FIRST DATE	CL	95.00	N/A
1972	PARTY GUEST	CL	95.00	N/A
1973	ACCOMPANIST, THE	CL	95.00	115.00
1973	BY A GARDEN POND	CL	75.00	N/A
1973	EASTER TIME	CL	80.00	275.00
1973	HITCHHIKER, THE	CL	80.00	N/A
1973	KITTENS	CL	75.00	N/A
1973	PATIENT, THE	CL	95.00	N/A
1975	BOTH IN HARMONY	CL	95.00	N/A
1975	COMPANIONS	CL	85.00	N/A
1975	FOR YOU-WITH LOVE	CL	95.00	N/A
1975	HAPPY MINSTREL	CL	95.00	N/A
1975	LOYAL FRIEND	CL	85.00	N/A
1975	LUCKY ONE, THE	CL	150.00	N/A
1975	SPRINGTIME	CL	95.00	N/A
1975	WITH LOVE	CL	150.00	N/A
1979	BIRTHDAY MORNING	CL	201.00	N/A
1979	FARMHOUSE COMPANIONS	CL	175.00	N/A
1979	GARDEN FRIENDS	CL	175.00	N/A
1979	HARVEST TREAT	CL	175.00	N/A
1979	LOVING TOUCH	CL	201.00	N/A
1979	SWEET TREAT	CL	149.00	N/A
1980	DANCING SONG	CL	175.00	N/A
1980	DRUMMER BOY	CL	180.00	N/A
1980	FLUTIST	CL	175.00	N/A
1980	ROMANCE	CL	175.00	N/A
1980	SPRING SONG	CL	180.00	N/A
1980	VIOLINIST	CL	180.00	N/A
1982	AUTUMN DELIGHT	CL	165.00	N/A
1982	HAPPY SAILING	CL	150.00	N/A
1982	LITTLE MOMMY	CL	165.00	N/A
1982	MAIL CALL	CL	165.00	N/A
1982	PLAY BELL	CL	165.00	N/A
1982	SPINNING TOP, THE	CL	150.00	N/A
B. TIMBERLAKE		**BOB TIMBERLAKE SIGNATURE**		
1996	AUTUMN AFTERNOONS	500	490.00	490.00
1996	FEBRUARY AT RIVERWOOD	OP	135.00	135.00
1996	GATE LATCH	OP	60.00	60.00
1996	LATE SNOW AT RIVERWOOD	500	500.00	500.00
1996	RITUAL, THE	OP	135.00	135.00
M.I. HUMMEL		**CENTURY COLLECTION**		
1987	PLEASANT JOURNEY HUM-406	CL	500.00	3000.00
1995	STRIKE UP THE BAND HUM 668	CL	1200.00	1500.00
1996	LOVE'S BOUNTY HUM 751	*	1200.00	1600.00
1999	FANFARE HUM 1999	YR	*	*
M.I. HUMMEL		**CLUB EXCLUSIVE**		
1995	COUNTRY SUITOR HUM 760	*	195.00	225.00
1995	STRUM ALONG HUM 557	*	135.00	145.00
1996	AT GRANDPA'S HUM 621	CL	1300.00	1600.00
G. SKROBEK		**CO-BOY**		
*	BERT THE SOCCER STAR	CL	*	100.00
*	CANDY THE BAKER'S DELIGHT	CL	*	100.00
*	CONNY THE NIGHT WATCHMAN	CL	*	100.00
*	ED THE WINE CELLAR STEWARD	CL	*	100.00
*	JACK THE PHARMACIST	CL	*	100.00
*	JIM THE BOWLER	CL	*	75.00
*	JOHN THE HAWKEYE HUNTER	CL	*	100.00
*	MARK-SAFETY FIRST	CL	*	100.00
*	MAX THE BOXING CHAMP	CL	*	50.00
*	PETRL THE VILLAGE ANGLER	CL	*	100.00
*	TONI THE SKIER	CL	*	100.00
1971	BIT THE BACHELOR	CL	16.00	45.00
1971	FIPS THE FOXY FISHERMAN	CL	16.00	100.00
1971	FRITZ THE HAPPY BOOZER	CL	16.00	100.00
1971	MIKE THE JAM MAKER	CL	16.00	60.00
1971	PLUM THE PASTRY CHEF	CL	16.00	60.00
1971	ROBBY THE VEGETARIAN	CL	16.00	90.00
1971	SAM THE GOURMET	CL	16.00	90.00
1971	TOM THE HONEY LOVER	CL	16.00	75.00
1971	WIM THE COURT SUPPLIER	CL	16.00	90.00
1972	BOB THE BOOKWORM	CL	20.00	75.00
1972	BRUM THE LAWYER	CL	20.00	100.00
1972	CO-BOY PLAQUE	CL	20.00	100.00
1972	KUNI THE BIG DIPPER	CL	20.00	100.00
1972	PORZ THE MUSHROOM MUNCHER	CL	20.00	100.00
1972	SEPP THE BEER BUDDY	CL	20.00	85.00
1972	UTZ THE BANKER	CL	20.00	100.00
1978	GIL THE GOALIE	CL	34.00	90.00
1978	PAT THE PITCHER	CL	34.00	90.00
1978	TOMMY TOUCHDOWN	CL	34.00	50.00
1980	CARL THE CHEF	CL	49.00	100.00
1980	DOC THE DOCTOR	CL	49.00	100.00
1980	GERD THE DIVER	CL	49.00	100.00
1980	HERB THE HORSEMAN	CL	49.00	90.00
1980	MONTY THE MOUNTAIN CLIMBER	CL	49.00	90.00

YR	NAME	LIMIT	ISSUE	TREND
1980	TED THE TENNIS PLAYER	CL	49.00	75.00
1981	AL THE TRUMPET PLAYER	CL	45.00	100.00
1981	BEN THE BLACKSMITH	CL	45.00	100.00
1981	GEORGE THE GOURMAND	CL	45.00	100.00
1981	GREG THE GOURMET	CL	45.00	100.00
1981	GRETA THE HAPPY HOUSEWIFE	CL	45.00	100.00
1981	NICK THE NIGHTCLUB SINGER	CL	45.00	100.00
1981	NIELS THE STRUMMER	CL	45.00	100.00
1981	PETER THE ACCORDIONIST	CL	45.00	100.00
1981	WALTER THE JOGGER	CL	45.00	100.00
1984	BRAD THE CLOCKMASTER	CL	75.00	300.00
1984	CHRIS THE SHOEMAKER	CL	45.00	100.00
1984	CHUCK THE CHIMNEY SWEEP	CL	45.00	100.00
1984	FELIX THE BAKER	CL	45.00	100.00
1984	HERMAN THE BUTCHER	CL	45.00	100.00
1984	HOMER THE DRIVER	CL	45.00	100.00
1984	MARTHE THE NURSE	CL	45.00	100.00
1984	PAUL THE DENTIST	CL	45.00	100.00
1984	RICK THE FIREMAN	CL	45.00	100.00
1984	RUDY THE WORLD TRAVELER	CL	45.00	100.00
1984	SID THE VINTNER	CL	45.00	100.00
1987	BANK-PETE THE PIRATE	CL	80.00	200.00
1987	BANK-UTZ THE MONEY BAGS	CL	80.00	150.00
1987	CHUCK ON HIS PIG	CL	75.00	275.00
1987	CLOCK-CONY THE WATCHMAN	CL	125.00	600.00
1987	CLOCK-SEPP AND THE BEER KEG	CL	125.00	400.00

T. DEGRAZIA   **DEGRAZIA**

YR	NAME	LIMIT	ISSUE	TREND
1984	DISPLAY PLAQUE	CL	45.00	95.00
1984	FLOWER BOY	CL	65.00	110.00
1984	FLOWER GIRL	CL	65.00	110.00
1984	MY FIRST HORSE	CL	65.00	110.00
1984	SUNFLOWER BOY	CL	65.00	300.00
1984	WHITE DOVE	CL	45.00	80.00
1984	WONDERING	CL	85.00	135.00
1985	CHILD	CL	25.00	40.00
1985	JOSEPH	CL	55.00	70.00
1985	LITTLE MADONNA	CL	80.00	125.00
1985	MARY	CL	55.00	65.00
1985	NATIVITY SET (3 PIECES)	CL	135.00	195.00
1985	PIMA DRUMMER BOY	CL	65.00	110.00
1986	BLUE BOY, THE	CL	70.00	95.00
1986	FESTIVAL LIGHTS	CL	75.00	95.00
1986	MERRY LITTLE INDIAN	12500	175.00	245.00
1987	LOVE ME	OP	95.00	110.00
1987	WEE THREE	OP	180.00	195.00
1988	ANGEL CHRISTMAS PRAYER	OP	70.00	80.00
1988	BEAUTIFUL BURDEN	OP	175.00	185.00
1988	FLOWER BOY PLAQUE	OP	80.00	80.00
1988	LOS NINOS	5000	595.00	645.00
1988	MERRILY, MERRILY, MERRILY	OP	95.00	110.00
1989	MY BEAUTIFUL ROCKING HORSE	OP	225.00	245.00
1989	MY FIRST ARROW	OP	95.00	110.00
1989	TWO LITTLE LAMBS	OP	70.00	80.00
1990	ALONE	OP	395.00	395.00
1990	BIGGEST DRUM	YR	135.00	135.00
1990	CRUCIFIXION	YR	295.00	295.00
1990	DESERT HARVEST	5000	155.00	155.00
1990	EL BURRITO	OP	60.00	60.00
1990	LITTLE PRAYER	YR	85.00	85.00
1990	NAVAJO BOY	YR	135.00	135.00
1990	SUNFLOWER GIRL	OP	95.00	95.00
1991	NAVAJO MOTHER	YR	*	N/A
1991	SHEPHERD BOY	OP	95.00	95.00
1991	WANDERER	YR	75.00	75.00
1992	NAVAJO MADONNA	OP	135.00	135.00
1992	SUN SHOWERS	5000	195.00	195.00

G. BOCHMANN   **FASHIONS ON PARADE**

YR	NAME	LIMIT	ISSUE	TREND
1982	AT THE TEA DANCE	CL	30.00	50.00
1982	COSMOPOLITAN, THE	CL	30.00	50.00
1982	EDWARDIAN GRACE	CL	30.00	50.00
1982	GARDEN FANCIER, THE	CL	30.00	50.00
1982	STROLLING ON THE AVENUE	CL	30.00	50.00
1982	VISITOR, THE	CL	30.00	50.00
1983	BRIDE AND GROOM	CL	65.00	100.00
1983	DEMURE ELEGANCE	CL	33.00	50.00
1983	GENTLE THOUGHTS	CL	33.00	50.00
1983	HER TREASURED DAY (BRIDE)	CL	33.00	50.00
1983	IMPATIENCE	CL	33.00	50.00
1983	REFLECTIONS	CL	33.00	50.00
1983	WAITING FOR HIS LOVE (GROOM)	CL	33.00	50.00
1984	CENTER COURT	CL	33.00	45.00
1984	ON THE FAIRWAY	CL	33.00	45.00
1984	SKIMMING GENTLY	CL	33.00	45.00
1985	A GENTLE MOMENT	CL	23.00	35.00
1985	A LAZY DAY	CL	23.00	35.00
1985	AFTERNOON TEA	CL	33.00	50.00
1985	GENTLE BREEZES	CL	33.00	50.00
1985	RIVER OUTING	CL	33.00	50.00
1985	TO THE HUNT	CL	33.00	50.00

YR	NAME	LIMIT	ISSUE	TREND
1986	EQUESTRIAN	CL	36.00	50.00
1986	FASHIONS ON PARADE PLAQUE	CL	10.00	13.00
1986	SOUTHERN BELLE	CL	36.00	50.00
1987	PARIS IN FALL	CL	55.00	55.00
1987	PROMENADE IN NICE	CL	55.00	55.00
1987	SAY PLEASE	CL	55.00	55.00
1987	SHEPHERDESS, THE	CL	55.00	55.00
1987	SILVER LACE AND RHINESTONES	CL	55.00	55.00
1987	VISCOUNTESS DIANA, THE	CL	55.00	55.00
1988	BRIDE AND GROOM (2ND SET)	CL	110.00	110.00
1988	FOREVER AND ALWAYS (BRIDE)	CL	55.00	55.00
1988	PROMISE, THE- (GROOM)	CL	55.00	55.00

N. ROCKWELL — **GOEBEL**

YR	NAME	LIMIT	ISSUE	TREND
1963	ADVERTISING PLAQUE	CL	*	800.00
1963	BOYHOOD DREAMS	CL	12.00	400.00
1963	BUTTERCUP TEST (BEGUILING BUTTERCUP)	CL	10.00	400.00
1963	FIRST LOVE (A SCHOLARLY PACE)	CL	30.00	400.00
1963	HOME CURE	CL	16.00	400.00
1963	LITTLE VETERINARIAN (MYSTERIOUS MALADY)	CL	15.00	400.00
1963	MOTHER'S HELPER (PRIDE OF PARENTHOOD)	CL	15.00	400.00
1963	MY FIRST SMOKE	CL	9.00	400.00
1963	MY NEW PAL (A BOY MEETS HIS DOG)	CL	12.00	400.00
1963	PATIENT ANGLERS (FISHERMAN'S PARADISE)	CL	18.00	400.00
1963	SHE LOVES ME (DAY DREAMER)	CL	8.00	400.00
1963	TIMELY ASSISTANCE (LOVE AID)	CL	16.00	400.00

* LOONEY TUNES SPOTLIGHT COLLECTION

YR	NAME	LIMIT	ISSUE	TREND
1997	AND TO ALL A GOOD BITE	15098	75.00	75.00
1997	BAD OL' PUDDY TAT	5098	400.00	800.00
1997	BARBER SHOP BAD HARE DAY	10098	110.00	110.00
1997	BARBER SHOP HARE-DO	10098	80.00	80.00
1997	BARBER SHOP SCAPE	10098	85.00	85.00
1997	CHRISTMAS MORNING KISS THE LITTLE BIRDIE	10098	100.00	100.00
1997	CHRISTMAS MORNING SCAPE	10098	80.00	80.00
1997	CHRISTMAS MORNING WHAT A PRESENT!	10098	70.00	70.00
1997	CHRISTMAS TREE DISPLAY	15098	25.00	25.00
1997	ISN'T SHE WOVEWE?	10098	185.00	185.00
1997	MINE, MINE, MINE	7598	245.00	245.00
1997	PLANET X IN THE NAME OF EARTH	10098	110.00	110.00
1997	PLANET X IN THE NAME OF MARS	10098	110.00	110.00
1997	PLANET X SCAPE	10098	80.00	80.00
1997	ZIE BROKEN HEART OF LOVE	10098	150.00	150.00

M.I. HUMMEL — **M.I. HUMMEL**

YR	NAME	LIMIT	ISSUE	TREND
*	ADORATION HUM-23	CL	*	2100.00
*	ADORATION HUM-23/I	OP	300.00	400.00
*	ADORATION HUM-23/III	OP	470.00	600.00
*	ANGEL DUET, CANDLEHOLDER HUM-193	OP	180.00	255.00
*	ANGEL LIGHTS, CANDLEHOLDER HUM-241	SU	*	400.00
*	ANGEL SERENADE HUM-83	OP	180.00	255.00
*	ANGEL/ACCORDION, CANDLEHLDER HUM111/39/0	SU	*	68.00-200.00
*	ANGEL/ACCORDION, CANDLEHLDER HUM111/39/1	CL	*	200.00-350.00
*	ANGEL/ACCORDION, CANDLEHOLDER HUM 1/39/0	OP	*	68.00
*	ANGEL/LUTE, CANDLEHOLDER HUM 1/38/0	OP	*	68.00
*	ANGEL/LUTE, CANDLEHOLDER HUM 111/38/0	SU	*	60.00-200.00
*	ANGEL/LUTE, CANDLEHOLDER HUM 111/38/1	CL	*	200.00-350.00
*	ANGEL/TRUMPET, CANDLEHOLDER HUM 1/40/0	SU	*	68.00
*	ANGEL/TRUMPET, CANDLEHOLDER HUM 111/40/0	SU	*	60.00-200.00
*	ANGEL/TRUMPET, CANDLEHOLDER HUM 111/40/1	CL	*	200.00-350.00
*	ANGEL/TWO CHILDREN AT FEET HUM-108	CL	*	2500.00-15,000.00
*	ANGELIC SLEEP, CANDLEHOLDER HUM-25	SU	*	200.00-2000.00
*	ANGELIC SONG HUM-144	OP	125.00	175.00
*	APPLE TREE BOY HUM-142	CL	*	600.00-900.00
*	APPLE TREE BOY HUM-142/3/O	OP	120.00	170.00
*	APPLE TREE BOY HUM-142/I	OP	225.00	330.00
*	APPLE TREE BOY HUM-142/V	OP	1000.00	1400.00
*	APPLE TREE BOY HUM-142/X	CL	*	15,000.00-30,000.00
*	APPLE TREE BOY, CANDLEHOLDER HUM-677	OP	143.00	250.00
*	APPLE TREE BOY, TABLE LAMP HUM-230	TW	*	375.00-1000.00
*	APPLE TREE BOY/GIRL-BOOKENDS HUM-252 A&B	TW	*	300.00-425.00
*	APPLE TREE GIRL HUM-141	CL	*	600.00-900.00
*	APPLE TREE GIRL HUM-141/3/O	OP	120.00	170.00
*	APPLE TREE GIRL HUM-141/I	OP	225.00	330.00
*	APPLE TREE GIRL HUM-141/V	OP	1000.00	1400.00
*	APPLE TREE GIRL HUM-141/X	SU	*	15,000.00-30,000.00
*	APPLE TREE GIRL, CANDLEHOLDER HUM-676	OP	143.00	250.00
*	APPLE TREE GIRL, TABLE LAMP HUM-229	TW	*	375.00-1000.00
*	ARTIST HUM-304	OP	200.00	285.00
*	AUF WIEDERSEHEN HUM-153	CL	*	650.00-1200.00
*	AUF WIEDERSEHEN HUM-153/I	OP	250.00	340.00
*	AUF WIEDERSEHEN HUM-153/O	OP	200.00	285.00
*	AUTHORIZED RETAILER PLAQUE HUM-460	CL	*	200.00-1500.00
*	AUTUMN HARVEST HUM-355	OP	180.00	235.00
*	BA-BEE-RING 30/0 A&B RED	CL	*	6000.00-7000.00
*	BA-BEE-RING 30/I A&B RED	CL	*	8000.00-9000.00
*	BA-BEE-RING HUM-30/0 A&B	OP	160.00	235.00-700.00
*	BAKER HUM-128	OP	160.00	235.00
*	BAND LEADER HUM-129	OP	170.00	235.00
*	BAND LEADER HUM-129/4/O	OP	80.00	125.00
*	BARNYARD HERO HUM-195	CL	*	650.00-1200.00
*	BARNYARD HERO HUM-195/2/O	OP	140.00	190.00

YR	NAME	LIMIT	ISSUE	TREND
*	BARNYARD HERO HUM-195/I	OP	265.00	360.00
*	BASHFUL HUM-377	OP	170.00	235.00
*	BE PATIENT HUM-197	CL	*	550.00-1000.00
*	BE PATIENT HUM-197/2/O	OP	160.00	230.00
*	BE PATIENT HUM-197/I	OP	230.00	340.00
*	BEGGING HIS SHARE HUM-9	OP	200.00	285.00
*	BIG HOUSECLEANING HUM-363	OP	230.00	325.00
*	BIRD DUET HUM-169	OP	120.00	175.00
*	BIRTHDAY SERENADE HUM-218	CL	*	1000.00
*	BIRTHDAY SERENADE HUM-218/1	CL	*	1000.00-1500.00
*	BIRTHDAY SERENADE HUM-218/2/O	OP	150.00	200.00
*	BIRTHDAY SERENADE HUM-218/O	OP	250.00	340.00
*	BIRTHDAY SERENADE, TABLE LAMP HUM-231	TW	*	500.00-3000.00
*	BIRTHDAY SERENADE, TABLE LAMP HUM-234	TW	*	425.00-2100.00
*	BLESSED CHILD (KRUMBAD) HUM-78/I	TW	*	30.00-50.00
*	BLESSED CHILD (KRUMBAD) HUM-78/II	TW	*	35.00-60.00
*	BLESSED CHILD (KRUMBAD) HUM-78/II 1/2	OP	35.00	75.00-150.00
*	BLESSED CHILD (KRUMBAD) HUM-78/III	TW	*	45.00-400.00
*	BLESSED CHILD (KRUMBAD) HUM-78/O	CL	*	150.00-300.00
*	BLESSED CHILD (KRUMBAD) HUM-78/V	TW	*	80.00-150.00
*	BLESSED CHILD (KRUMBAD) HUM-78/VI	TW	*	150.00-850.00
*	BLESSED CHILD (KRUMBAD) HUM-78/VIII	TW	*	300.00-1000.00
*	BLESSED EVENT HUM-333	OP	280.00	380.00
*	BOOK WORM BOOKENDS, BOY & GIRL HUM-14	CL	*	400.00
*	BOOK WORM HUM-3/I	OP	250.00	355.00
*	BOOK WORM HUM-3/II	TW	*	1100.00-3500.00
*	BOOK WORM HUM-3/III	TW	*	1250.00-4000.00
*	BOOK WORM HUM-8	OP	180.00	255.00
*	BOOK WORM, BOOKENDS, HUM-14 A&B	SU	*	400.00-1600.00
*	BOOTS HUM-143	CL	*	650.00-1050.00
*	BOOTS HUM-143/I	RT	270.00	370.00
*	BOOTS HUM-143/O	RT	160.00	225.00
*	BOY W/HORSE, CANDLESTICK HUM-117	OP	50.00	68.00
*	BOY WITH ACCORDION HUM-390	OP	70.00	100.00
*	BOY WITH BIRD, ASHTRAY HUM-166	TW	*	140.00-650.00
*	BOY WITH HORSE HUM-239 C	OP	45.00	68.00
*	BOY WITH TOOTHACHE HUM-217	OP	185.00	240.00
*	BROTHER HUM-95	OP	165.00	240.00
*	BUILDER HUM-305	OP	200.00	285.00
*	BUSY STUDENT HUM-367	OP	140.00	190.00
*	CANDLELIGHT, CANDLEHOLDER HUM-192	OP	190.00	275.00
*	CARNIVAL HUM-328	OP	190.00	245.00
*	CELESTIAL MUSICIAN (MINI) HUM-188/4/0	OP	*	124.00
*	CELESTIAL MUSICIAN HUM-188	CL	*	310.00-2000.00
*	CELESTIAL MUSICIAN HUM-188/I	TW	230.00	300.00
*	CELESTIAL MUSICIAN HUM-188/O	OP	180.00	255.00
*	CHICK GIRL HUM-57	CL	*	500.00-1050.00
*	CHICK GIRL HUM-57/2/O	OP	125.00	175.00
*	CHICK GIRL HUM-57/I	OP	220.00	320.00
*	CHICK GIRL HUM-57/O	OP	145.00	195.00
*	CHICK GIRL, BOX (NEW STYLE) HUM III-57	TW	*	300.00-350.00
*	CHICK GIRL, BOX (OLD STYLE) HUM-III-57	CL	*	475.00-550.00
*	CHICKEN-LICKEN HUM-385	OP	240.00	330.00
*	CHICKEN-LICKEN HUM-385/4/O	OP	29.00	120.00
*	CHILD IN BED, LOOKING LEFT HUM-137 A	CL	*	5000.00-7000.00
*	CHILD IN BED, LOOKING RIGHT HUM-137 B	CL	*	80.00-550.00
*	CHILD IN BED, PLAQUE HUM-137	OP	55.00	70.00
*	CHIMNEY SWEEP HUM-12	CL	*	450.00-900.00
*	CHIMNEY SWEEP HUM-12/2/O	OP	110.00	140.00
*	CHIMNEY SWEEP HUM-12/I	OP	180.00	255.00
*	CHRIST CHILD HUM-18	TW	*	170.00
*	CHRISTMAS SONG HUM-343	OP	180.00	255.00
*	CINDERELLA HUM-337	OP	240.00	335.00
*	CLOSE HARMONY HUM-336	OP	240.00	350.00
*	CONFIDENTIALLY HUM-314	OP	230.00	335.00
*	CONGRATULATIONS HUM-17/2	CL	*	4500.00-8000.00
*	CONGRATULATIONS HUM-17/O	OP	160.00	230.00-750.00
*	CROSSROADS HUM-331	CL	350.00	475.00
*	CULPRITS HUM-56	CL	*	850.00-1100.00
*	CULPRITS HUM-56 A	OP	245.00	345.00
*	CULPRITS, TABLE LAMP HUM-44	CL	*	650.00-750.00
*	CULPRITS, TABLE LAMP HUM-44 A	TW	*	325.00-650.00
*	DOCTOR HUM-127	OP	135.00	180.00
*	DOLL BATH HUM-319	OP	230.00	335.00
*	DOLL MOTHER HUM-67	OP	190.00	240.00
*	DOLL MOTHER/PRAYER..BKENDS HUM-76 A&B	CL	*	10,000.00-15,000.00
*	DUET (WITH "LIPS" BASE) HUM-130	CL	*	1500.00
*	DUET (WITHOUT TIES), HUM-130	CL	*	3500.00
*	DUET HUM-130	OP	225.00	300.00-1000.00
*	EASTER GREETINGS! HUM-378	OP	185.00	235.00
*	EVENTIDE (RARE) HUM-99	CL	*	3500.00
*	EVENTIDE HUM-99	OP	290.00	370.00
*	EVENTIDE, TABLE LAMP HUM-104	CL	*	10,000.00
*	FAREWELL HUM-65	CL	220.00	275.00-350.00
*	FAREWELL HUM-65/I	CL	*	325.00-350.00
*	FAREWELL HUM-65/O	CL	*	5000.00-8000.00
*	FAREWELL, TABLE LAMP HUM-103	CL	*	10,000.00
*	FARM BOY HUM-66	OP	190.00	270.00
*	FARM BOY/GOOSE GIRL BOOKENDS HUM-60 A&B	SU	*	400.00-1250.00

YR	NAME	LIMIT	ISSUE	TREND
*	FAVORITE PET HUM-361	OP	230.00	335.00
*	FEATHERED FRIENDS HUM-344	OP	220.00	330.00
*	FEEDING TIME HUM-199	CL	*	525.00-1000.00
*	FEEDING TIME HUM-199/I	OP	220.00	325.00
*	FEEDING TIME HUM-199/O	OP	160.00	235.00-475.00
*	FESTIVAL HARMONY (FLUTE) HUM-173	CL	95.00	1000.OO-3500.00
*	FESTIVAL HARMONY (FLUTE) HUM-173/4/O	OP	95.00	125.00
*	FESTIVAL HARMONY (FLUTE) HUM-173/II	TW	*	450.00-800.00
*	FESTIVAL HARMONY (FLUTE) HUM-173/O	OP	260.00	360.00
*	FESTIVAL HARMONY (MANDOLIN) HUM-172	CL	*	1000.00-3500.00
*	FESTIVAL HARMONY (MANDOLIN) HUM-172/4/O	OP	95.00	125.00
*	FESTIVAL HARMONY (MANDOLIN) HUM-172/II	CL	95.00	450.00-800.00
*	FESTIVAL HARMONY (MANDOLIN) HUM-172/O	OP	260.00	360.00
*	FLITTING BUTTERFLY, PLAQUE HUM-139	OP	55.00	75.00
*	FLOWER VENDOR HUM-381	OP	200.00	285.00
*	FLYING ANGEL HUM-366	CL	105.00	150.00-275.00
*	FOLLOW THE LEADER HUM-369	OP	1000.00	1350.00
*	FOR FATHER HUM-87	OP	180.00	255.00
*	FOR MOTHER HUM-257	CL	*	245.00
*	FOR MOTHER HUM-257/2/O	OP	105.00	145.00
*	FOR MOTHER HUM-257/O	OP	170.00	235.00
*	FOREST SHRINE HUM-183	OP	460.00	600.00
*	FRIENDS HUM-136	CL	*	2000.00-4000.00
*	FRIENDS HUM-136/I	OP	180.00	240.00
*	FRIENDS HUM-136/V	OP	1000.00	1380.00
*	GAY ADVENTURE HUM-356	OP	160.00	230.00
*	GIRL PLAYING A MANDOLIN HUM-254	CL	*	N/A
*	GIRL W/BASKET HUM-253	CL	*	N/A
*	GIRL W/FIR TREE, CANDLESTICK HUM-116	OP	50.00	68.00
*	GIRL W/NOSEGAY, CANDLESTICK HUM-115	OP	50.00	68.00
*	GIRL WITH DOLL HUM-239 B	OP	45.00	68.00
*	GIRL WITH NOSEGAY HUM-239 A	OP	45.00	68.00
*	GIRL WITH SHEET OF MUSIC HUM-389	OP	70.00	100.00
*	GIRL WITH TRUMPET HUM-391	OP	70.00	100.00
*	GLOBE TROTTER HUM-79	CL	170.00	200.00-750.00
*	GOING TO GRANDMA'S HUM-52	CL	*	850.00-1600.00
*	GOING TO GRANDMA'S HUM-52/I	TW	*	400.00-1500.00
*	GOING TO GRANDMA'S HUM-52/O	OP	230.00	285.00
*	GOOD FRIENDS HUM-182	OP	160.00	235.00
*	GOOD FRIENDS, BOOKENDS HUM-251 A&B	TW	*	300.00-750.00
*	GOOD FRIENDS, TABLE LAMP HUM-228	TW	*	375.00-850.00
*	GOOD HUNTING HUM-307	OP	200.00	280.00
*	GOOD SHEPHERD HUM-42/I	CL	*	5000.00-8000.00
*	GOOD SHEPHERD HUM-42/O	OP	200.00	280.00-900.00
*	GOOSE GIRL HUM-47	CL	*	900.00
*	GOOSE GIRL HUM-47/3/O	OP	145.00	195.00
*	GOOSE GIRL HUM-47/II	OP	380.00	400.00-1300.00
*	GOOSE GIRL HUM-47/O	OP	185.00	270.00
*	GUIDING ANGEL HUM-357	OP	70.00	100.00
*	HAPPINESS HUM-86	OP	110.00	160.00
*	HAPPY BIRTHDAY HUM-176	CL	*	600.00-1150.00
*	HAPPY BIRTHDAY HUM-176/I	OP	250.00	340.00
*	HAPPY BIRTHDAY HUM-176/O	OP	180.00	260.00
*	HAPPY DAYS HUM-150	CL	*	900.00-1600.00
*	HAPPY DAYS HUM-150/2/O	OP	150.00	200.00
*	HAPPY DAYS HUM-150/I	OP	400.00	510.00
*	HAPPY DAYS HUM-150/O	OP	250.00	340.00
*	HAPPY DAYS, TABLE LAMP HUM-232	TW	*	500.00-1700.00
*	HAPPY DAYS, TABLE LAMP HUM-235	TW	*	450.00-1100.00
*	HAPPY PASTIME HUM-69	OP	135.00	190.00-650.00
*	HAPPY PASTIME, ASHTRAY HUM-62	TW	*	150.00-650.00
*	HAPPY PASTIME, BOX (NEW STYLE) HUM III/69	TW	*	200.00-350.00
*	HAPPY PASTIME, BOX (OLD STYLE) HUM III/69	CL	*	475.00-850.00
*	HAPPY TRAVELLER HUM-109	CL	*	1500.00
*	HAPPY TRAVELLER HUM-109	CL	*	180.00-250.00
*	HAPPY TRAVELLER HUM-109/II	CL	*	375.00-900.00
*	HAPPY TRAVELLER HUM-109/O	OP	120.00	175.00
*	HEAR YE, HEAR YE HUM-15	CL	*	1400.00-1700.00
*	HEAR YE, HEAR YE HUM-15/2/O	OP	125.00	180.00
*	HEAR YE, HEAR YE HUM-15/I	OP	200.00	280.00-900.00
*	HEAR YE, HEAR YE HUM-15/II	TW	400.00	450.00-1500.00
*	HEAR YE, HEAR YE HUM-15/O	OP	*	235.00-750.00
*	HEAVENLY ANGEL HUM-21/I	OP	210.00	300.00
*	HEAVENLY ANGEL HUM-21/II	TW	390.00	425.00-1600.00
*	HEAVENLY ANGEL HUM-21/O	OP	100.00	150.00
*	HEAVENLY ANGEL HUM-21/O 1/2	OP	170.00	255.00
*	HEAVENLY LULLABY HUM-262	OP	155.00	215.00
*	HEAVENLY PROTECTION HUM-88	CL	*	1100.00-2400.00
*	HEAVENLY PROTECTION HUM-88/I	OP	370.00	510.00
*	HEAVENLY PROTECTION HUM-88/II	TW	590.00	825.00
*	HEAVENLY SONG, CANDLEHOLDER, HUM-113	CL	*	3000.00-10000.00
*	HELLO HUM-124	CL	*	450.00-1000.00
*	HELLO HUM-124/I	TW	*	275.00-1000.00
*	HELLO HUM-124/O	OP	180.00	255.00
*	HERALD ANGELS, CANDLEHOLDER HUM-37	TW	*	180.00-800.00
*	HOLY CHILD HUM-70	TW	*	285.00
*	HOLY WATER FONT, ANGEL CLOUD HUM-206	OP	45.00	62.00
*	HOLY WATER FONT, ANGEL DUET HUM-146	OP	45.00	62.00
*	HOLY WATER FONT, ANGEL SHRINE HUM-147	OP	45.00	62.00

YR	NAME	LIMIT	ISSUE	TREND
*	HOLY WATER FONT, ANGEL SITTING HUM-167	OP	45.00	62.00
*	HOLY WATER FONT, ANGEL W/BIRD HUM-22	CL	*	300.00-325.00
*	HOLY WATER FONT, ANGEL W/BIRD HUM-22/I	CL	*	300.00-600.00
*	HOLY WATER FONT, ANGEL W/BIRD HUM-22/O	OP	35.00	52.00
*	HOLY WATER FONT, ANGEL W/BIRD HUM-354C	CL	*	55.00
*	HOLY WATER FONT, ANGEL W/LANTERN HUM-354A	CL	*	N/A
*	HOLY WATER FONT, ANGEL W/TRUMPET	CL	*	N/A
*	HOLY WATER FONT, ANGEL/PRAYER HUM-91 A&B	OP	70.00	104.00-500.00
*	HOLY WATER FONT, CHILD JESUS HUM-26	CL	*	350.00-550.00
*	HOLY WATER FONT, CHILD JESUS HUM-26/I	CL	200.00	200.00-500.00
*	HOLY WATER FONT, CHILD JESUS HUM-26/O	OP	35.00	52.00
*	HOLY WATER FONT, CHILD W/FLOWERS HUM-36	CL	*	400.00-450.00
*	HOLY WATER FONT, CHILD/FLOWERS HUM-36/I	CL	*	175.00-425.00
*	HOLY WATER FONT, CHILD/FLOWERS HUM-36/O	OP	35.00	52.00
*	HOLY WATER FONT, CROSS WITH DOVES HUM-77	CL	*	5000.00-10000.00
*	HOLY WATER FONT, GOOD SHEPHERD HUM-35	CL	*	400.00-450.00
*	HOLY WATER FONT, GOOD SHEPHERD HUM-35/I	CL	*	175.00-425.00
*	HOLY WATER FONT, GOOD SHEPHERD HUM-35/O	OP	35.00	52.00
*	HOLY WATER FONT, GUARD. ANGEL HUM-248/I	CL	*	1000.00-1500.00
*	HOLY WATER FONT, GUARD. ANGEL HUM-248/O	OP	45.00	62.00
*	HOLY WATER FONT, GUARDIAN ANGEL HUM 29/0	CL	*	950.00-1500.00
*	HOLY WATER FONT, GUARDIAN ANGEL HUM 29/I	CL	*	1500.00-2000.00
*	HOLY WATER FONT, GUARDIAN ANGEL HUM-29	CL	*	1300.00-1500.00
*	HOLY WATER FONT, HEAVENLY ANGEL HUM-207	OP	45.00	75.00
*	HOLY WATER FONT, HOLY FAMILY HUM-246	OP	45.00	62.00
*	HOLY WATER FONT, MADONNA W/CHILD HUM-243	OP	45.00	62.00
*	HOLY WATER FONT, WHITE ANGEL HUM-75	OP	35.00	50.00
*	HOLY WATER FONT, WORSHIP HUM-164	OP	45.00	62.00
*	HOME FROM MARKET HUM-198	CL	*	325.00-750.00
*	HOME FROM MARKET HUM-198/2/O	OP	120.00	180.00
*	HOME FROM MARKET HUM-198/I	OP	180.00	245.00
*	HOMEWARD BOUND HUM-334	OP	295.00	370.00
*	JOYFUL & LET'S SING WD BOOKENDS, HUM-120	CL	*	10,000.00-20,000.00
*	JOYFUL HUM-53	OP	100.00	145.00
*	JOYFUL, BOX (NEW STYLE)HUM III/53	CL	*	300.00-350.00
*	JOYFUL, BOX (OLD STYLE) HUM III/53	CL	*	475.00-550.00
*	JOYOUS NEWS HUM-27/3	CL	*	260.00-2000.00
*	JOYOUS NEWS HUM-27/I	CL	*	250.00-500.00
*	JOYOUS NEWS HUM-27/III	OP	180.00	250.00
*	JUST RESTING HUM-112	CL	*	700.00-850.00
*	JUST RESTING HUM-112/3/O	OP	125.00	175.00
*	JUST RESTING HUM-112/I	OP	225.00	320.00
*	JUST RESTING, TABLE LAMP HUM II/112	CL	*	375.00-800.00
*	JUST RESTING, TABLE LAMP HUM-225	CL	*	500.00-800.00
*	JUST RESTING, TABLE LAMP HUM-225/I	TW	*	350.00-600.00
*	JUST RESTING, TABLE LAMP HUM-225/II	TW	*	400.00-800.00
*	KISS ME HUM-311	OP	230.00	335.00
*	KNITTING LESSON HUM-256	OP	440.00	535.00
*	LATEST NEWS HUM-184	OP	240.00	340.00
*	LET'S SING HUM-110	CL	*	325.00-600.00
*	LET'S SING HUM-110/I	OP	140.00	195.00
*	LET'S SING HUM-110/O	OP	105.00	150.00
*	LET'S SING, ASHTRAY HUM-114	TW	*	150.00-1000.00
*	LET'S SING, BOX (NEW STYLE) III/110	TW	*	300.00-350.00
*	LET'S SING, BOX (OLD STYLE) III/110	CL	*	475.00-550.00
*	LETTER TO SANTA HUM-340	OP	285.00	380.00
*	LITTLE BAND (ON BASE) HUM-392	TW	*	275.00-450.00
*	LITTLE BAND ON MUSIC BOX	TW	*	400.00-500.00
*	LITTLE BAND, CANDLEHOLDER/BOX HUM-388	TW	*	275.00-500.00
*	LITTLE BOOKKEEPER HUM-306	OP	240.00	335.00
*	LITTLE CELLIST HUM-89	CL	*	1250.00-1600.00
*	LITTLE CELLIST HUM-89/I	OP	180.00	255.00
*	LITTLE CELLIST HUM-89/II	TW	380.00	450.00-1500.00
*	LITTLE DRUMMER HUM-240	OP	125.00	175.00
*	LITTLE FIDDLER HUM-2/4/O	OP	80.00	115.00-140.00
*	LITTLE FIDDLER HUM-2/I	TW	370.00	400.00-1500.00
*	LITTLE FIDDLER HUM-2/II	TW	*	1200.00-3500.00
*	LITTLE FIDDLER HUM-2/III	TW	*	1200.00-4000.00
*	LITTLE FIDDLER HUM-2/O	OP	190.00	255.00
*	LITTLE FIDDLER HUM-4	OP	170.00	235.00
*	LITTLE FIDDLER, PLAQUE (RARE) HUM-93	CL	*	3000.00-4000.00
*	LITTLE FIDDLER, PLAQUE HUM-93	TW	*	150.00-575.00
*	LITTLE FIDDLER, PLAQUE WD FRAME, HUM-107	CL	*	3000.00-4000.00
*	LITTLE GABRIEL HUM-32/I	CL	*	1200.00-2500.00
*	LITTLE GABRIEL HUM-32/O	CL	*	180.00-550.00
*	LITTLE GABRIEL, 5 IN. HUM-32	OP	115.00	170.00
*	LITTLE GABRIEL, HUM-32	CL	*	2000.00-2500.00
*	LITTLE GARDENER HUM-74	OP	100.00	140.00
*	LITTLE GOAT HERDER HUM-200	CL	*	500.00-850.00
*	LITTLE GOAT HERDER HUM-200/I	OP	200.00	270.00
*	LITTLE GOAT HERDER HUM-200/O	OP	160.00	235.00
*	LITTLE GOAT HERDER, BOOKENDS HUM-250 A&B	TW	*	300.00-750.00
*	LITTLE GUARDIAN HUM-145	OP	125.00	175.00
*	LITTLE HELPER HUM-73	OP	100.00	140.00
*	LITTLE HIKER HUM-16	CL	*	450.00-750.00
*	LITTLE HIKER HUM-16/2/O	OP	100.00	140.00
*	LITTLE HIKER HUM-16/I	OP	180.00	250.00
*	LITTLE PHARMACIST HUM-322	CL	*	2000.00-3000.00
*	LITTLE PHARMACIST HUM-322/E	OP	200.00	280.00

YR	NAME	LIMIT	ISSUE	TREND
*	LITTLE SCHOLAR HUM-80	OP	180.00	250.00
*	LITTLE SHOPPER HUM-96	OP	120.00	170.00
*	LITTLE SWEEPER HUM-171	CL	*	185.00-500.00
*	LITTLE SWEEPER HUM-171/4/O	OP	80.00	120.00
*	LITTLE SWEEPER HUM-171/O	OP	110.00	175.00
*	LITTLE TAILOR HUM-308	OP	200.00	285.00
*	LITTLE THRIFTY, BANK HUM-118	OP	130.00	185.00
*	LOST SHEEP HUM-68	CL	*	350.00-750.00
*	LOST SHEEP HUM-68/2/O	CL	125.00	160.00-350.00
*	LOST SHEEP HUM-68/O	CL	180.00	200.00-450.00
*	LOST STOCKING HUM-374	OP	120.00	175.00
*	LULLABY, CANDLEHOLDER HUM-24/I	TW	*	215.00
*	LULLABY, CANDLEHOLDER HUM-24/III	TW	*	475.00-1900.00
*	M.I. HUMMEL (ENGLISH), PLAQUE HUM-187 A	OP	75.00	110.00-225.00
*	MAIL IS HERE, THE-PLAQUE HUM-140	TW	*	250.00-900.00
*	MAIL IS HERE, THE-HUM-226	OP	470.00	615.00
*	MAIL IS HERE, THE-PLAQ. OVERGLAZE HUM140	CL	*	1000.00-1500.00
*	MARCH WINDS HUM-43	OP	135.00	180.00
*	MAX AND MORITZ HUM-123	OP	190.00	255.00
*	MEDITATION HUM-13/2/O	OP	120.00	165.00
*	MEDITATION HUM-13/II	TW	*	350.00-5000.00
*	MEDITATION HUM-13/O	OP	190.00	250.00
*	MEDITATION HUM-13/V	TW	*	1350.00-5000.00
*	MEDITATION, HUM-13	CL	*	4000.00-5000.00
*	MERRY WANDERER HUM-11	CL	*	600.00-750.00
*	MERRY WANDERER HUM-11/2/O	OP	115.00	170.00
*	MERRY WANDERER HUM-11/O	OP	160.00	230.00
*	MERRY WANDERER HUM-7/I	TW	360.00	425.00-1750.00
*	MERRY WANDERER HUM-7/II	TW	1100.00	1200.00-3500.00
*	MERRY WANDERER HUM-7/III	TW	*	1250.00-4000.00
*	MERRY WANDERER HUM-7/O	OP	220.00	330.00
*	MERRY WANDERER HUM-7/X	TW	*	25000.00
*	MERRY WANDERER, PLAQUE HUM-92	TW	*	150.00-575.00
*	MERRY WANDERER/PLAQ. WD FRAME, HUM-106	CL	*	3000.00-4000.00
*	MISCHIEF MAKER HUM-342	OP	220.00	320.00
*	MOTHER'S DARLING HUM-175	OP	180.00	250.00
*	MOTHER'S HELPER HUM-133	OP	160.00	240.00
*	MOUNTAINEER HUM-315	OP	180.00	250.00
*	NOT FOR YOU! HUM-317	OP	200.00	280.00
*	ON SECRET PATH HUM-386	OP	210.00	285.00
*	OUT OF DANGER HUM-56 B	OP	245.00	345.00
*	OUT OF DANGER, TABLE LAMP, HUM-44 B	TW	*	325.00-650.00
*	PHOTOGRAPHER HUM-178	OP	230.00	335.00
*	PLAYMATES HUM-58	CL	*	500.00-1050.00
*	PLAYMATES HUM-58/2/O	OP	125.00	175.00-185.00
*	PLAYMATES HUM-58/I	OP	220.00	320.00
*	PLAYMATES HUM-58/O	OP	145.00	195.00
*	PLAYMATES, BOX (NEW STYLE) HUM III/58	TW	*	300.00-350.00
*	PLAYMATES, BOX (OLD STYLE) HUM III/58	CL	*	425.00-550.00
*	PLAYMATES/CHICK GIRL BOOKENDS HUM-61 A&B	SU	*	400.00-1250.00
*	POSTMAN HUM-119/2/O	OP	115.00	170.00
*	POSTMAN HUM-119/O	OP	170.00	235.00
*	PRAYER BEFORE BATTLE HUM-20	OP	145.00	190.00
*	PRAYER BEFORE BATTLE, ASHTRAY HUM-19	CL	*	5000.00-10000.00
*	PUPPY LOVE & SERENADE/DOG BKENDS HUM-122	CL	*	10,000.00-20,000.00
*	PUPPY LOVE HUM-1	RT	125.00	300.00-1000.00
*	QUARTET, PLAQUE HUM-134	TW	*	250.00-1000.00
*	RETREAT TO SAFETY HUM-201	CL	*	650.00-1200.00
*	RETREAT TO SAFETY HUM-201/2/O	OP	140.00	190.00
*	RETREAT TO SAFETY HUM-201/I	OP	250.00	360.00
*	RETREAT TO SAFETY, PLAQUE HUM-126	TW	*	185.00-700.00
*	RIDE INTO CHRISTMAS HUM-396	CL	*	525.00-2500.00
*	RIDE INTO CHRISTMAS HUM-396/2/O	OP	200.00	275.00
*	RIDE INTO CHRISTMAS HUM-396/I	OP	360.00	495.00
*	RING AROUND THE ROSIE HUM-348	OP	2300.00	3000.00
*	RUN-A-WAY HUM-327	OP	210.00	290.00
*	SAINT GEORGE HUM-55	OP	280.00	360.00
*	SCHOOL BOY HUM-82	CL	*	625.00-775.00
*	SCHOOL BOY HUM-82/2/O	OP	120.00	170.00
*	SCHOOL BOY HUM-82/II	OP	380.00	500.00-1600.00
*	SCHOOL BOY HUM-82/O	OP	160.00	235.00
*	SCHOOL BOYS HUM-170	CL	*	2200.00-5000.00
*	SCHOOL BOYS HUM-170/I	OP	1000.00	1400.00
*	SCHOOL BOYS HUM-170/III	CL	*	1900.00-2300.00
*	SCHOOL GIRL HUM-81	CL	*	350.00-750.00
*	SCHOOL GIRL HUM-81/2/O	OP	120.00	170.00
*	SCHOOL GIRL HUM-81/O	OP	160.00	230.00
*	SCHOOL GIRLS HUM-177	CL	*	2200.00-5000.00
*	SCHOOL GIRLS HUM-177/I	OP	1000.00	1400.00
*	SCHOOL GIRLS HUM-177/III	CL	*	1900.00-2300.00
*	SENSITIVE HUNTER HUM-6	CL	*	850.00-1000.00
*	SENSITIVE HUNTER HUM-6/2/O	OP	125.00	175.00
*	SENSITIVE HUNTER HUM-6/I	OP	210.00	285.00
*	SENSITIVE HUNTER HUM-6/II	TW	*	350.00-2000.00
*	SENSITIVE HUNTER HUM-6/O	OP	160.00	235.00
*	SERENADE HUM-85	CL	*	775.00-1550.00
*	SERENADE HUM-85/4/O	OP	80.00	120.00
*	SERENADE HUM-85/II	OP	380.00	510.00
*	SERENADE HUM-85/O	OP	110.00	160.00

YR	NAME	LIMIT	ISSUE	TREND
*	SHE LOVES ME, SHE LOVES ME NOT! HUM-174	OP	150.00	240.00
*	SHE LOVES ME..NOT, TABLE LAMP HUM-227	TW	*	375.00-850.00
*	SHEPHERD'S BOY HUM-64	OP	185.00	275.00
*	SHINING LIGHT HUM-358	OP	70.00	100.00
*	SHRINE, TABLE LAMP HUM-100	CL	*	8000.00-10000.00
*	SIGNS OF SPRING HUM-203	CL	*	550.00-1000.00
*	SIGNS OF SPRING HUM-203/2/O	CL	*	225.00-1500.00
*	SIGNS OF SPRING HUM-203/I	CL	*	275.00-600.00
*	SIGNS OF SPRING W/TWO SHOES HUM 203/2/O	CL	120.00	1500.00
*	SILENT NIGHT CANDLEHLDR/BLK CHILD HUM-54	CL	*	7500.00-12000.00
*	SILENT NIGHT CANDLEHOLDER HUM-54	TW	*	370.00
*	SILENT NIGHT/BLK CHILD/ADVENT GRP HUM-31	CL	*	20,000.00-25,000.00
*	SILENT NIGHT/WHT CHILD/ADVENT GRP HUM-31	CL	*	10,000.00-15,000.00
*	SINGING LESSON (WITHOUT BASE) HUM-41	CL	*	5000.00-10000.00
*	SINGING LESSON HUM-63	OP	100.00	145.00
*	SINGING LESSON, ASHTRAY HUM-34	TW	*	175.00-650.00
*	SINGING LESSON, BOX (NEW STYLE) HUM III/63	TW	*	300.00-350.00
*	SINGING LESSON, BOX (OLD STYLE) HUM III/63	CL	*	475.00-550.00
*	SISTER HUM-98	CL	*	325.00-700.00
*	SISTER HUM-98/2/O	OP	120.00	170.00
*	SISTER HUM-98/O	OP	165.00	235.00
*	SKIER HUM-59	OP	185.00	235.00-850.00
*	SMART LITTLE SISTER HUM-346	OP	210.00	285.00
*	SOLDIER BOY HUM-332	OP	180.00	245.00
*	SOLOIST HUM-135	CL	*	170.00-500.00
*	SOLOIST HUM-135/4/O	OP	80.00	120.00
*	SOLOIST HUM-135/O	OP	110.00	160.00
*	SPRING CHEER HUM-72	TW	*	200.00-650.00
*	SPRING DANCE HUM-353/I	TW	*	550.00-2000.00
*	SPRING DANCE HUM-353/O	OP	*	370.00
*	STANDING BOY, PLAQUE HUM-168	TW	*	200.00-1100.00
*	STAR GAZER HUM-132	OP	180.00	245.00-800.00
*	STITCH IN TIME HUM-255	CL	*	325.00-800.00
*	STITCH IN TIME HUM-255/4/O	OP	80.00	115.00-140.00
*	STORMY WEATHER HUM-71	CL	*	525.00-1350.00
*	STORMY WEATHER HUM-71/2/O	OP	250.00	345.00-360.00
*	STORMY WEATHER HUM-71/I	OP	380.00	510.00
*	STREET SINGER HUM-131	OP	155.00	230.00
*	STROLLING ALONG HUM-5	CL	120.00	275.00-950.00
*	SUPREME PROTECTION HUM-364	CL	*	3000.00-4000.00
*	SUPREME PROTECTION HUM-364 (ALTERED J)	CL	*	600.00-850.00
*	SURPRISE HUM-94	CL	*	550.00-1000.00
*	SURPRISE HUM-94/3/O	OP	130.00	180.00-550.00
*	SURPRISE HUM-94/I	OP	235.00	325.00-950.00
*	SWAYING LULLABY, PLAQUE HUM-165	TW	*	325.00-1100.00
*	SWEET MUSIC HUM-186	OP	160.00	125.00
*	SWEET MUSIC W/STRIPPED SLIPPERS HUM-186	CL	*	1000.00-1600.00
*	TELLING HER SECRET HUM-196	CL	*	800.00-1500.00
*	TELLING HER SECRET HUM-196/I	TW	*	400.00-950.00
*	TELLING HER SECRET HUM-196/O	OP	250.00	350.00
*	TINY BABY IN CRIB, WALL PLAQ., HUM-138	CL	*	4000.00-5000.00
*	TO MARKET HUM-49	CL	*	600.00-1700.00
*	TO MARKET HUM-49/3/O	OP	140.00	185.00
*	TO MARKET HUM-49/I	TW	*	425.00-1700.00
*	TO MARKET HUM-49/O	OP	225.00	335.00
*	TO MARKET, TABLE LAMP HUM-101	CL	*	500.00-1000.00
*	TO MARKET, TABLE LAMP HUM-223	TW	*	495.00-850.00
*	TO MARKET,TABLE LAMP(PL. POST) HUM-101	CL	*	6000.00-10000.00
*	TO MARKET,TBL LAMP TREE TRK POST HUM-101	CL	*	1500.00-2000.00
*	TRUMPET BOY HUM-97	OP	110.00	160.00
*	TUNEFUL ANGEL HUM-359	OP	70.00	100.00
*	TUNEFUL GOOD NIGHT, PLAQUE HUM-180	TW	*	200.00-800.00
*	UMBRELLA BOY HUM-152	CL	*	2400.00-7000.00
*	UMBRELLA BOY HUM-152 A	CL	*	1725.00-2700.00
*	UMBRELLA BOY HUM-152/II A	OP	1200.00	1650.00
*	UMBRELLA BOY HUM-152/O A	OP	490.00	675.00
*	UMBRELLA GIRL HUM-152 B	CL	*	2400.00-7000.00
*	UMBRELLA GIRL HUM-152/II B	OP	1200.00	1650.00
*	UMBRELLA GIRL HUM-152/O B	OP	490.00	675.00
*	VACATION TIME, PLAQUE HUM-125	TW	*	225.00-750.00
*	VILLAGE BOY HUM-51	CL	*	900.00-1150.00
*	VILLAGE BOY HUM-51/2/O	OP	115.00	175.00
*	VILLAGE BOY HUM-51/3/O	OP	100.00	140.00
*	VILLAGE BOY HUM-51/I	TW	*	300.00-1100.00
*	VILLAGE BOY HUM-51/O	OP	195.00	285.00
*	VISITING AN INVALID HUM-382	OP	185.00	230.00
*	VOLUNTEER TABLE LAMP, HUM-102	CL	*	8000.00-10000.00
*	VOLUNTEERS HUM-50	CL	*	1250.00-1500.00
*	VOLUNTEERS HUM-50/2/O	OP	190.00	255.00
*	VOLUNTEERS HUM-50/I	TW	*	450.00-1500.00
*	VOLUNTEERS HUM-50/O	OP	250.00	350.00
*	WAITER HUM-154	CL	*	550.00-1150.00
*	WAITER HUM-154/I	OP	240.00	335.00
*	WAITER HUM-154/O	OP	180.00	250.00
*	WAITER W/WHISKY HUM 154/O	CL	*	1600.00-2100.00
*	WASH DAY HUM-321	OP	230.00	355.00-5000.00
*	WASH DAY HUM-321/4/O	OP	80.00	120.00-140.00
*	WATCHFUL ANGEL HUM-194	OP	270.00	360.00
*	WAYSIDE DEVOTION HUM-28	CL	*	1700.00-1900.00

YR	NAME	LIMIT	ISSUE	TREND
*	WAYSIDE DEVOTION HUM-28/II	OP	370.00	475.00
*	WAYSIDE DEVOTION HUM-28/III	OP	480.00	615.00
*	WAYSIDE HARMONY HUM-111	CL	*	700.00-850.00
*	WAYSIDE HARMONY HUM-111/3/O	OP	125.00	175.00
*	WAYSIDE HARMONY HUM-111/I	OP	220.00	320.00
*	WAYSIDE HARMONY, TABLE LAMP HUM II/111	CL	*	375.00-800.00
*	WAYSIDE HARMONY, TABLE LAMP HUM-224	CL	*	500.00-800.00
*	WAYSIDE HARMONY, TABLE LAMP HUM-224/I	TW	*	350.00-600.00
*	WAYSIDE HARMONY, TABLE LAMP HUM-224/II	TW	*	400.00-800.00
*	WEARY WANDERER HUM-204	OP	200.00	290.00
*	WHICH HAND? HUM-258	OP	165.00	235.00
*	WHITSUNTIDE HUM-163	OP	270.00	340.00
*	WORSHIP HUM-84	CL	*	475.00-1500.00
*	WORSHIP HUM-84/O	OP	135.00	190.00
*	WORSHIP HUM-84/V	TW	*	1125.00-3000.00
1938	ADORATION WITH BIRD, HUM-105	CL	*	7000.00-8000.00
1941	HUM 148	CL	*	N/A
1941	HUM 149	CL	*	N/A
1943	HUM-155	CL	*	N/A
1943	HUM-156	CL	*	N/A
1943	HUM-158 GIRL STANDING WITH DOG IN ARMS	CL	*	N/A
1943	HUM-159 GIRL STANDING W/FLOWERS IN ARMS	CL	*	N/A
1943	HUM-160 GIRL STANDING TIERED DRESS/FLWRS	CL	*	N/A
1943	HUM-161 GIRL STANDING HANDS IN POCKETS	CL	*	N/A
1946	HUM-162 GIRL STANDING WITH HANDBAG	CL	*	N/A
1947	ACCORDION BOY HUM-185	RT	160.00	200.00-750.00
1948	COQUETTES HUM-179	OP	230.00	335.00
1948	OLD MAN READING NEWSPAPER HUM-181	CL	*	15000.00-20000.00
1948	OLD MAN READING NEWSPAPER/TBL LAMPHUM202	CL	*	15000.00-20000.00
1948	OLD MAN WALKING TO MARKET HUM-191	CL	*	15000.00-20000.00
1948	OLD WOMAN KNITTING HUM-189	CL	*	15000.00-20000.00
1948	OLD WOMAN WALKING TO MARKET HUM-190	CL	*	15000.00-20000.00
1951	HUM-215 JESUS STANDING W/LAMB IN ARMS	CL	*	N/A
1951	ORCHESTRA HUM-212	CL	*	N/A
1952	HAPPY PASTIME/CANDY JAR HUM-221	CL	*	5000.00-10000.00
1952	LITTLE VELMA HUM-219	CL	*	4000.00-6000.00
1952	WE CONGRATULATE (WITH BASE) HUM-220	OP	135.00	190.00
1952	WE CONGRATULATE W/BASE HUM-220/2/O	CL	*	475.00-575.00
1954	HUM 236A & B	CL	*	10000.00-15000.00
1954	HUM-233 BOY FEEDING BIRDS	CL	*	N/A
1955	HOLY WATER FONT, ANGEL JOYOUS NEWS H-241	CL	*	1500.00-2000.00
1955	HOLY WATER FONT, ANGEL JOYOUS NEWS H-242	CL	*	1250.00
1955	HONEY LOVER HUM-312	RT	190.00	4000.00-5000.00
1955	MADONNA HOLDING CHILD HUM-151	CL	44.00	9000.00-12000.00
1955	PROFESSOR, THE HUM-320	CL	180.00	4000.00-5000.00
1955	STANDING MADONNA W/CHILD HUM-247	CL	*	10000.00-15000.00
1956	BIRTHDAY PRESENT HUM-341	CL	140.00	4000.00-5000.00
1956	LETTER TO SANTA CLAUS PROTOTYPE HUM-340	CL	30.00	15000.00-20000.00
1957	RING AROUND THE ROSIE HUM-348	CL	70.00	3000.00
1962	GIRL W/ACCORDION HUM-259	CL	*	5000.00-10000.00
1964	MORNING STROLL HUM-375	CL	170.00	3000.00-4000.00
1967	ANGEL WITH ACCORDION HUM-238 B	OP	45.00	68.00-125.00
1967	ANGEL WITH LUTE HUM-238 A	OP	*	68.00-125.00
1967	ANGEL WITH TRUMPET HUM-238 C	OP	45.00	68.00-125.00
1968	ANGEL DUET HUM-261	OP	180.00	255.00
1971	ADVENTURE BOUND HUM-347	OP	3300.00	4000.00
1972	A FAIR MEASURE HUM-345	OP	230.00	335.00
1972	EASTER TIME HUM-384	OP	28.00	285.00
1974	POET, THE HUM-397	CL	220.00	3000.00-4000.00
1978	LITTLE ARCHITECT, THE HUM-410	CL	290.00	3000.00-4000.00
1979	BIRD WATCHER HUM-300	OP	80.00	250.00
1979	BOY AND GIRL, WALL VASE HUM-360 A	TW	*	160.00-675.00
1979	BOY, WALL VASE HUM-360 B	TW	*	140.00-650.00
1979	GIRL, WALL VASE HUM-360 C	TW	*	140.00-650.00
1979	MERRY CHRISTMAS, PLAQUE HUM-323	OP	55.00	140.00
1979	SEARCHING ANGEL, PLAQUE HUM-310	OP	55.00	135.00
1981	IN TUNE HUM-414	OP	115.00	320.00
1981	ON HOLIDAY "HOLIDAY SHOPPER" HUM-350	CL	85.00	4000.00-5000.00
1981	ON HOLIDAY HUM-350	OP	85.00	180.00
1981	SWEET GREETINGS HUM-352	OP	85.00	205.00
1981	THOUGHTFUL HUM-415	OP	105.00	255.00
1981	TIMID LITTLE SISTER HUM-394	OP	190.00	495.00
1982	BOTANIST HUM-351	OP	84.00	205.00
1982	LITTLE NURSE HUM-376	OP	95.00	280.00
1983	KNIT ONE, PURL ONE HUM-432	OP	52.00	145.00
1983	WITH LOVING GREETINGS HUM-309	OP	80.00	225.00
1984	FLYING HIGH HUM-452	CL	75.00	175.00-300.00
1984	JUST DOZING HUM-451	OP	220.00	250.00
1985	BAKING DAY HUM-330	OP	95.00	320.00
1985	GOING HOME HUM-383	OP	125.00	370.00
1985	JUBILEE HUM-416	CL	200.00	500.00-600.00
1985	JUST FISHING HUM-373	OP	85.00	255.00
1985	SING WITH ME HUM-405	OP	125.00	360.00
1987	GENTLE GLOW, CANDLEHOLDER HUM-439	OP	110.00	235.00
1987	IN THE MEADOW HUM-459	OP	110.00	235.00
1987	KINDERGARTNER HUM-467	OP	100.00	235.00
1987	SING ALONG HUM-433	OP	145.00	320.00
1988	A BUDDING MAESTRO HUM-477	OP	45.00	125.00
1988	ACCOMPANIST, THE HUM-453	OP	39.00	124.00

YR	NAME	LIMIT	ISSUE	TREND
1988	SONG OF PRAISE HUM-454	OP	39.00	124.00
1988	SOUND THE TRUMPET HUM-457	OP	45.00	128.00
1988	SOUNDS OF THE MANDOLIN HUM-438	OP	65.00	150.00
1988	WINTER SONG HUM-476	OP	45.00	135.00
1989	AN APPLE A DAY HUM-403	OP	195.00	330.00
1989	BIRTHDAY CAKE, CANDLEHOLDER HUM-338	OP	95.00	160.00-5000.00
1989	BIRTHDAY PRESENT HUM-341/3/O	OP	140.00	170.00
1989	CHRISTMAS ANGEL HUM-301	OP	160.00	290.00
1989	DADDY'S GIRLS HUM-371	OP	130.00	260.00
1989	HOSANNA HUM-480	OP	68.00	128.00
1989	I'LL PROTECT HIM HUM-483	OP	55.00	100.00
1989	I'M HERE HUM-478	OP	50.00	130.00
1989	IN D MAJOR HUM-430	OP	135.00	235.00
1989	IS IT RAINING? HUM-420	OP	175.00	320.00
1989	LOVE FROM ABOVE HUM-481	CL	75.00	125.00-150.00
1989	MAKE A WISH HUM-475	OP	135.00	230.00
1989	ONE FOR YOU, ONE FOR ME HUM-482	OP	50.00	128.00
1989	POSTMAN HUM-119	CL	*	245.00
1989	TUBA PLAYER HUM-437	OP	160.00	320.00
1989	WASH DAY HUM-321	CL	*	360.00
1990	BATH TIME HUM-412	OP	300.00	500.00
1990	GOOD FRIENDS, CANDLEHOLDER HUM-679	OP	143.00	200.00-250.00
1990	GRANDMA'S GIRL HUM-561	OP	100.00	170.00
1990	GRANDPA'S BOY HUM-562	OP	100.00	170.00
1990	HORSE TRAINER HUM-423	OP	155.00	255.00
1990	SHE LOVES ME, CANDLEHOLDER HUM-678	OP	143.00	200.00-250.00
1990	SLEEP TIGHT HUM-424	OP	155.00	255.00
1990	WHAT'S NEW? HUM-418	OP	200.00	330.00
1991	A NAP HUM-534	OP	95.00	140.00
1991	ART CRITIC HUM-318	OP	230.00	325.00
1991	EVENING PRAYER HUM-495	OP	95.00	128.00
1991	FRIEND OR FOE HUM-434	OP	190.00	255.00
1991	GUARDIAN, THE- HUM-455	OP	140.00	190.00
1991	LAND IN SIGHT HUM-530	CL	1600.00	1800.00-2250.00
1991	SCAMP HUM-553	OP	95.00	128.00
1991	STORYBOOK TIME HUM-458	OP	330.00	460.00
1991	WE WISH YOU THE BEST HUM-600	CL	1300.00	1600.00-2000.00
1991	WHISTLER'S DUET HUM-413	OP	235.00	330.00
1992	A SWEET OFFERING HUM-549	OP	75.00	100.00
1992	LUCKY FELLOW HUM-560	CL	75.00	75.00-100.00
1992	MY WISH IS SMALL HUM-463/O	CL	170.00	250.00-300.00
1993	A FREE FLIGHT HUM-569	OP	185.00	205.00
1993	LITTLE ARCHITECT HUM-410/I	OP	*	345.00
1993	ONE PLUS ONE HUM-556	CL	115.00	155.00
1993	PARADE OF LIGHTS HUM-616	OP	235.00	285.00
1994	CALL TO GLORY HUM-739	OP	250.00	285.00
1994	HEAVENLY ANGEL TREE TOPPER HUM-755	OP	450.00	500.00
1994	I'M CAREFREE HUM-633	OP	365.00	420.00-900.00
1994	LITTLE VISITOR HUM-563	RT	180.00	200.00-225.00
1994	MORNING STROLL HUM-375/3/O	OP	170.00	205.00
1994	POET, THE HUM-397/I	OP	220.00	260.00
1995	ANGLER, THE HUM-566	OP	320.00	370.00
1995	COME BACK SOON HUM-545	OP	135.00	170.00
1995	GOOSE GIRL ANN. CLOCK HUM-750	OP	200.00	225.00
1995	LUCKY BOY HUM 335	15000	190.00	200.00
1995	OOH, MY TOOTH HUM-533	OP	110.00	135.00
1995	PIXIE HUM-768	OP	105.00	130.00
1995	TO KEEP YOU WARM HUM-759	OP	195.00	240.00
1996	A TUNEFUL TRIO HUM 757	20000	450.00	485.00
1996	BLOSSOM TIME HUM 608	OP	155.00	165.00
1996	CHRISTMAS SONG HUM 343 4/0	OP	115.00	120.00
1996	DELICIOUS HUM 435	OP	155.00	165.00
1996	NIMBLE FINGERS HUM 758	OP	225.00	240.00
1996	PEN PALS	OP	55.00	55.00
1996	SHEPHERD BOY HUM 395	OP	295.00	310.00
1999	CHRISTMAS GIFT	*	90.00	90.00
1999	FROSTY FRIENDS COLLECTOR'S SET	20000	598.00	598.00
2000	FIRST BLOOM	*	85.00	85.00
2000	FLOWER FOR YOU, A	*	85.00	85.00
2000	LIGHT THE WAY	*	180.00	180.00
2000	LIGHT THE WAY MINI	*	120.00	120.00
2000	MAKING NEW FRIENDS	*	595.00	595.00
2000	PRETZEL BOY COLLECTOR'S SET	*	185.00	185.00
2000	SWAYING LULLABY COLLECTOR'S SET	*	325.00	325.00

M.I. HUMMEL   **M.I. HUMMEL CENTURY COLLECTION**

YR	NAME	LIMIT	ISSUE	TREND
1986	CHAPEL TIME, CLOCK HUM-442	CL	500.00	1500.00-3000.00
1988	CALL TO WORSHIP, CLOCK HUM-441	CL	600.00	1250.00-1500.00
1989	HARMONY IN FOUR PARTS HUM-471	CL	850.00	2000.00-2500.00
1990	LET'S TELL THE WORLD HUM-487	CL	875.00	1500.00-1800.00
1992	ON OUR WAY HUM-472	CL	950.00	1200.00-3000.00
1993	WELCOME SPRING HUM-635	CL	1085.00	1500.00-1800.00
1994	ROCK-A-BYE HUM 574	CL	1150.00	1500.00
1995	STRIKE UP THE BAND HUM-668	OP	1200.00	1400.00-1500.00
1998	ECHOES OF JOY HUM 642/0	*	*	185.00
1998	ECHOES OF JOY MINIATURE HUM 642/4/0	*	*	130.00
1998	HEART'S DELIGHT HUM 698	*	*	230.00
1998	HERE'S MY HEART HUM 766	*	*	1600.00
1998	LOVE IN BLOOM HUM 699	*	*	230.00

YR	NAME	LIMIT	ISSUE	TREND
1998	ROSES ARE RED HUM 762	*	*	128.00
1998	SUMMERTIME ENTERPRISE HUM 428/3/0	*	*	150.00
M.I. HUMMEL		**M.I. HUMMEL COLLECTORS CLUB ANNIVERSARY**		
1990	·FLOWER GIRL HUM-548	RT	105.00	145.00
1990	LITTLE PAIR, THE- HUM-449	RT	170.00	225.00
1991	HONEY LOVER HUM-312/I	CL	190.00	235.00
M.I. HUMMEL		**M.I. HUMMEL COLLECTORS CLUB EXCLUSIVES**		
1977	VALENTINE GIFT HUM-387	CL	45.00	450.00-3000.00
1978	SMILING THROUGH, PLAQUE HUM-690	CL	50.00	75.00-100.00
1980	VALENTINE JOY HUM-399	CL	95.00	250.00-300.00
1981	DAISIES DON'T TELL HUM-380	CL	80.00	275.00-4000.00
1982	IT'S COLD HUM-421	CL	80.00	350.00-400.00
1983	WHAT NOW? HUM-422	CL	80.00	350.00-400.00
1984	COFFEE BREAK HUM-409	CL	90.00	300.00-4000.00
1985	SMILING THROUGH HUM-408	CL	125.00	350.00-375.00
1986	BIRTHDAY CANDLE, CANDLEHOLDER HUM-440	CL	95.00	350.00-400.00
1987	MORNING CONCERT HUM-447	CL	98.00	250.00-300.00
1988	SURPRISE, THE- HUM-431	CL	125.00	300.00-350.00
1989	HELLO WORLD HUM-429	CL	130.00	300.00-400.00
1989	I BROUGHT YOU A GIFT HUM-479	RT	*	175.00
1990	I WONDER HUM-486	CL	140.00	250.00-350.00
1991	GIFT FROM A FRIEND HUM-485	CL	160.00	250.00-350.00
1991	TWO HANDS, ONE TREAT HUM-493	CL	*	150.00
1992	CHEEKY FELLOW HUM-554	CL	120.00	150.00
1992	MY WISH IS SMALL HUM-463	CL	170.00	250.00-2500.00
1993	I DIDN'T DO IT HUM-626	CL	175.00	200.00-225.00
1993	SWEET AS CAN BE HUM-541	OP	125.00	135.00
1994	AT GRANDPA'S HUM-621	10000	1300.00	1500.00-1600.00
1994	FOR KEEPS HUM-630	OP	*	100.00-125.00
1994	LITTLE TROUBADOUR HUM-558	RT	130.00	135.00-150.00
1995	A STORY FROM GRANDMA HUM 620	10000	1300.00	1600.00
G. SKROBEK		**M.I. HUMMEL COLLECTORS CLUB EXCLUSIVES**		
1979	BUST OF SISTER M.I. HUMMEL HU-3	CL	75.00	300.00-7500.00
M.I. HUMMEL		**M.I. HUMMEL JUST FOR YOU**		
2000	PROUD MOMENTS	*	300.00	300.00
M.I. HUMMEL		**M.I. HUMMEL MADONNA**		
*	FLOWER MADONNA, COLOR HUM-10/I	CL	350.00	470.00-675.00
*	FLOWER MADONNA, COLOR HUM-10/III	CL	*	500.00-900.00
*	FLOWER MADONNA, WHITE HUM-10/I	OP	165.00	175.00-300.00
*	FLOWER MADONNA, WHITE HUM-10/III	TW	*	300.00-750.00
*	MADONNA PLAQUE HUM-48	CL	*	650.00-850.00
*	MADONNA PLAQUE HUM-48/II	TW	*	130.00-800.00
*	MADONNA PLAQUE HUM-48/O	TW	*	85.00-375.00
*	MADONNA PLAQUE HUM-48/V	CL	*	1000.00-2000.00
*	MADONNA W/HALO WHITE HUM-45/III	TW	150.00	105.00-350.00
*	MADONNA W/HALO, COLOR HUM-45/I	OP	105.00	150.00-400.00
*	MADONNA W/HALO, COLOR HUM-45/III	SU	*	150.00-600.00
*	MADONNA W/HALO, COLOR HUM-45/O	SU	*	60.00-275.00
*	MADONNA W/HALO, WHITE HUM-45/I	OP	70.00	75.00-200.00
*	MADONNA W/HALO, WHITE HUM-45/O	OP	*	40.00-175.00
*	MADONNA W/O HALO, COLOR HUM-46/I	TW	*	140.00-400.00
*	MADONNA W/O HALO, COLOR HUM-46/III	TW	*	150.00-600.00
*	MADONNA W/O HALO, COLOR HUM-46/O	TW	*	60.00-275.00
*	MADONNA W/O HALO, WHITE HUM-46/I	SU	*	140.00-400.00
*	MADONNA W/O HALO, WHITE HUM-46/III	SU	*	105.00-350.00
*	MADONNA W/O HALO, WHITE HUM-46/O	SU	*	40.00-175.00
1977	MADONNA HOLDING CHILD, BLUE HUM-151	TW	*	900.00-3000.00
1977	MADONNA HOLDING CHILD, WHITE HUM-151	TW	*	400.00-2500.00
M.I. HUMMEL		**M.I. HUMMEL NATIVITY**		
*	ANGEL KNEELING/SERENADE HUM-214D (COLOR)	OP	70.00	105.00-200.00
*	ANGEL KNEELING/SERENADE HUM-214D (WHITE)	CL	*	165.00-290.00
*	ANGEL SERENADE (LARGE) HUM-260E	SU	*	155.00-170.00
*	ANGEL, GOOD NIGHT HUM-214C (WHITE)	CL	*	265.00-415.00
*	ANGEL/GOOD NIGHT HUM-214C (COLOR)	OP	70.00	105.00-200.00
*	COW, LYING (LARGE) HUM-260M	SU	*	170.00-190.00
*	DONKEY HUM-214J (COLOR)	OP	60.00	85.00-160.00
*	DONKEY HUM-214J (WHITE)	CL	*	130.00-255.00
*	DONKEY, STANDING (LARGE) HUM-260L	SU	*	155.00-170.00
*	GOOD NIGHT (LARGE) HUM-260D	SU	*	160.00-180.00
*	INFANT JESUS (LARGE) HUM-260C	SU	*	130.00-150.00
*	INFANT JESUS HUM-214A/K (COLOR)	OP	50.00	85.00
*	INFANT JESUS HUM-214A/K (WHITE)	CL	*	60.00-70.00
*	INFANT JESUS HUM-214A/K/I	OP	*	80.00
*	JOSEPH HUM-214B (COLOR)	OP	150.00	205.00-400.00
*	JOSEPH HUM-214B (WHITE)	CL	*	145.00-420.00
*	KING ON ONE KNEE HUM-214 M/O	OP	*	165.00-175.00
*	KING ON ONE KNEE HUM-214M (COLOR)	OP	150.00	205.00-415.00
*	KING ON ONE KNEE HUM-214M (WHITE)	CL	*	225.00-475.00
*	KING ON TWO KNEES HUM-214 N/O	OP	*	170.00
*	KING, KNEE W/CASH BOX HUM-214N (COLOR)	OP	140.00	190.00-385.00
*	KING, KNEE W/CASH BOX HUM-214N (WHITE)	CL	*	225.00-475.00
*	KING, KNEELING (LARGE) HUM-260P	SU	*	540.00-570.00
*	KING, STANDING (LARGE) HUM-260O	SU	*	565.00-615.00
*	LAMB HUM-214O	OP	*	55.00-130.00
*	LAMB HUM-214O (COLOR)	OP	18.00	28.00-52.00
*	LITTLE TOOTER (LARGE) HUM-260K	SU	*	195.00-220.00
*	MADONNA (LARGE) HUM-260A	SU	*	575.00-650.00
*	MOORISH KING, STANDING (LARGE) HUM-260N	SU	*	565.00-615.00

YR	NAME	LIMIT	ISSUE	TREND
*	MOORISH KING, STANDING HUM-214L (COLOR)	OP	155.00	210.00-415.00
*	MOORISH KING, STANDING HUM-214L (WHITE)	CL	*	225.00-475.00
*	NATIVITY SET (LARGE) 16 PIECES HUM-260	TW	*	5745.00-6305.00
*	ONE SHEEP, LYING (LARGE) HUM-260R	SU	*	65.00-80.00
*	OX (COW) HUM-214K (COLOR)	OP	60.00	85.00-160.00
*	OX (COW) HUM-214K (WHITE)	CL	*	130.00-255.00
*	SAINT JOSEPH (LARGE) HUM-260B	SU	*	575.00-650.00
*	SHEEP, STANDING W/LAMB (LARGE) HUM-260H	SU	*	110.00-125.00
*	SHEPHERD BOY W/FLUTE HUM-214H (COLOR)	OP	100.00	150.00-280.00
*	SHEPHERD BOY W/FLUTE HUM-214H (WHITE)	CL	*	170.00-320.00
*	SHEPHERD BOY, KNEELING (LARGE) HUM-260J	SU	*	340.00-370.00
*	SHEPHERD KNEELING HUM-214G (COLOR)	OP	110.00	160.00-310.00
*	SHEPHERD KNEELING HUM-214G (WHITE)	CL	*	170.00-320.00
*	SHEPHERD W/SHEEP HUM-214F (COLOR)	OP	155.00	205.00-415.00
*	SHEPHERD W/SHEEP HUM-214F (WHITE)	CL	*	220.00-470.00
*	SHEPHERD, STANDING (LARGE) HUM-260G	SU	*	590.00-650.00
*	STABLE HUM-260S	OP	400.00	450.00
*	VIRGIN MARY HUM-214A (COLOR)	OP	150.00	205.00-2500.00
*	VIRGIN MARY HUM-214A (WHITE)	CL	*	195.00-3000.00
*	WE CONGRATULATE (LARGE) HUM-260F	SU	*	415.00-460.00
*	WE CONGRATULATE HUM-214E (COLOR)	OP	140.00	190.00-390.00
*	WE CONGRATULATE HUM-214E (WHITE)	CL	*	270.00-470.00
1988	INFANT JESUS HUM-214A/K/O	OP	*	52.00
1988	JOSEPH HUM-214B/O	OP	*	155.00
1988	MARY HUM-214/A/M/O	OP	*	155.00
1989	DONKEY HUM-214J/O	OP	*	58.00
1989	LAMB HUM-214O/O	OP	*	25.00
1989	OX HUM-214K/O	OP	*	58.00
1990	KING STANDING HUM-214L/O	OP	*	175.00
1991	LITTLE TOOTER HUM-214H/O	OP	*	118.00
1991	SHEPHERD KNEELING HUM-214G/O	OP	*	140.00
1991	SHEPHERD STANDING HUM-214F/O	OP	*	175.00

M.I. HUMMEL | | | **M.I. HUMMEL OFF TO WORK** |

YR	NAME	LIMIT	ISSUE	TREND
2000	FIRE FIGHTER COLLECTOR'S SET	*	250.00	250.00
2000	IN THE KITCHEN COLLECTOR'S SET	*	250.00	250.00
2000	ONE COAT OR TWO? COLLECTOR'S SET	*	250.00	250.00

M.I. HUMMEL | | | **PEN PAL SERIES** |

YR	NAME	LIMIT	ISSUE	TREND
1996	FOR MOTHER HUM 257 5/O	*	55.00	55.00
1996	MARCH WINDS HUM 43 5/O	*	55.00	55.00
1996	ONE OF YOU, ONE OF ME HUM 482 5/O	*	55.00	55.00
1996	SISTER HUM 98 5/O	*	55.00	55.00
1996	SOLOIST HUM 135 5/O	*	55.00	55.00
1996	VILLAGE BOY HUM 51 5/O	*	55.00	55.00

* | | | **PRECIOUS MOMENTS MINIATURES** |

YR	NAME	LIMIT	ISSUE	TREND
1995	LOVE IS KIND	OP	70.00	70.00
1996	FRIENDS OF FRIENDSHIP	OP	135.00	135.00
1996	GOD LOVETH A CHEERFUL GIVER	SO	70.00	70.00
1996	HIS BURDEN IS LIGHT	SO	70.00	70.00
1996	I'M SENDING YOU A WHITE CHRISTMAS	SO	100.00	100.00
1996	LOVE ONE ANOTHER	OP	70.00	70.00
1996	MAKE A JOYFUL NOISE	SO	70.00	70.00
1996	PRAISE THE LORD ANYHOW	OP	70.00	70.00
1996	PRAYER CHANGES THINGS	OP	70.00	70.00

P. LARSEN | | | **PRECIOUS PLACES** |

YR	NAME	LIMIT	ISSUE	TREND
1995	FIELDS OF FRIENDSHIP	OP	625.00	625.00

M.I. HUMMEL | | | **TRIO COLLECTION** |

YR	NAME	LIMIT	ISSUE	TREND
1998	TRAVELING TRIO HUM 787	20000	490.00	500.00

M.I. HUMMEL | | | **UNICEF COMMEMORATIVE SERIES** |

YR	NAME	LIMIT	ISSUE	TREND
1994	FRIENDS TOGETHER 662/O	OP	260.00	300.00
1995	GENTLE FELLOWSHIP HUM 628	25000	550.00	550.00
1996	WE CAME IN PEACE HUM 754	*	350.00	385.00

GOEBEL MINIATURES

R. OLSZEWSKI | | | **AMERICANA SERIES** |

YR	NAME	LIMIT	ISSUE	TREND
1981	PLAINSMAN, THE- 660-B	RT	45.00	245.00
1982	AMERICAN BALD EAGLE 661-B	RT	45.00	305.00
1983	SHE SOUNDS THE DEEP 662-B	RT	45.00	70.00
1984	EYES ON THE HORIZON 663-B	RT	45.00	250.00
1985	CENTRAL PARK SUNDAY 664-B	RT	45.00	70.00
1986	AMERICANA DISPLAY 951-D	SU	80.00	105.00
1986	CAROUSEL RIDE 665-B	RT	45.00	125.00
1987	TO THE BANDSTAND 666-B	RT	45.00	70.00
1989	BLACKSMITH 667-P	RT	55.00	165.00

R. OLSZEWSKI | | | **CHILDREN'S SERIES** |

YR	NAME	LIMIT	ISSUE	TREND
1980	BLUMENKINDER-COURTING 630-P	RT	55.00	275.00
1981	SUMMER DAYS 631-P	RT	65.00	345.00
1982	OUT AND ABOUT 632-P	RT	85.00	415.00
1983	BACKYARD FROLIC 633-P	RT	65.00	100.00
1984	GRANDPA 634-P	CL	75.00	110.00
1985	SNOW HOLIDAY 635-P	CL	75.00	100.00
1986	CLOWNING AROUND (OLD STYLE) 636-P	CL	85.00	210.00
1987	CAROUSEL DAYS (PLAIN BASE) 637-P	CL	85.00	775.00
1987	CAROUSEL DAYS 637-P	CL	85.00	200.00
1988	CHILDREN'S DISPLAY (SMALL)	CL	45.00	60.00
1988	LITTLE BALLERINA 638-P	CL	85.00	110.00
1989	CLOWNING AROUND (NEW STYLE) 636-P	CL	85.00	100.00
1990	BUILDING BLOCKS CASTLE (LARGE) 968-D	CL	75.00	100.00

YR	NAME	LIMIT	ISSUE	TREND
LARSEN			**CLASSIC CLOCKS**	
1995	ALEXIS	2500	200.00	200.00
1995	BLINKING ADMIRAL	2500	200.00	200.00
1995	PLAY	2500	250.00	250.00
R. OLSZEWSKI			**DEGRAZIA: GOEBEL MINIATURES**	
1989	MERRY LITTLE INDIAN (NEW STYLE) 508-P	SU	110.00	175.00
R. OLSZEWSKI			**DISNEYANA CONVENTION**	
1994	MICKEY'S SELF-PORTRAIT	500	295.00	850.00
R. OLSZEWSKI			**DISNEY-CINDERELLA**	
1991	ANASTASIA 172-P	SU	85.00	100.00
1991	CINDERELLA 176-P	SU	85.00	125.00
1991	CINDERELLA'S COACH DISPLAY 978-D	SU	95.00	120.00
1991	CINDERELLA'S DREAM CASTLE 976-D	SU	95.00	115.00
1991	DRIZELLA 174-P	SU	85.00	100.00
1991	FAIRY GODMOTHER 180-P	SU	85.00	105.00
1991	FOOTMAN 181-P	SU	85.00	100.00
1991	GUS 177-P	SU	75.00	80.00
1991	JAQ 173-P	SU	75.00	80.00
1991	LUCIFER 175-P	SU	75.00	95.00
1991	PRINCE CHARMING 179-P	SU	85.00	135.00
1991	STEPMOTHER 178-P	SU	85.00	100.00
R. OLSZEWSKI			**DISNEY-PETER PAN**	
1992	JOHN 186-P	SU	90.00	130.00
1992	MICHAEL 187-P	SU	90.00	110.00
1992	NANA 189-P	SU	95.00	110.00
1992	PETER PAN 184-P	SU	90.00	160.00
1992	PETER PAN'S LONDON 986-D	SU	125.00	135.00
1992	WENDY 185-P	SU	90.00	130.00
1994	CAPTAIN HOOK 188-P	SU	160.00	175.00
1994	LOST BOY-FOX 191-P	SU	130.00	130.00
1994	LOST BOY-RABBIT 192-P	SU	130.00	130.00
1994	NEVERLAND DISPLAY 997-D	SU	150.00	160.00
1994	SMEE 190-P	SU	140.00	150.00
R. OLSZEWSKI			**DISNEY-PINOCCHIO**	
1990	GEPPETTO/FIGARO 682-P	SU	90.00	110.00
1990	GEPPETTO'S TOY SHOP DISPLAY 965-D	SU	95.00	130.00
1990	GIDEON 683-P	SU	75.00	100.00
1990	J. WORTHINGTON FOULFELLOW 684-P	SU	95.00	115.00
1990	JIMINY CRICKET 685-P	SU	75.00	115.00
1990	PINOCCHIO 686-P	SU	75.00	140.00
1991	BLUE FAIRY 693-P	SU	95.00	120.00
1991	LITTLE STREET LAMP DISPLAY 964-D	SU	65.00	100.00
1991	STROMBOLI 694-P	SU	95.00	120.00
1991	STROMBOLI'S STREET WAGON 979-D	SU	105.00	135.00
1992	MONSTRO THE WHALE 985-D	SU	120.00	200.00
R. OLSZEWSKI			**DISNEY-SNOW WHITE**	
1987	BASHFUL 165-P	SU	60.00	100.00
1987	COZY COTTAGE DISPLAY 941-D	SU	35.00	260.00
1987	DOC 162-P	SU	60.00	100.00
1987	DOPEY 167-P	SU	60.00	160.00
1987	GRUMPY 166-P	SU	60.00	100.00
1987	HAPPY 164-P	SU	60.00	100.00
1987	SLEEPY 163-P	SU	60.00	100.00
1987	SNEEZY 161-P	SU	60.00	100.00
1987	SNOW WHITE 168-P	SU	60.00	160.00
1988	HOUSE IN THE WOODS DISPLAY 944-D	SU	60.00	120.00
1990	SNOW WHITE'S PRINCE 170-P	SU	80.00	125.00
1990	WISHING WELL DISPLAY, THE- 969-D	SU	65.00	115.00
1991	CASTLE COURTYARD DISPLAY 981-D	SU	105.00	120.00
1992	PATH IN THE WOODS 996-D	SU	140.00	170.00
1992	SNOW WHITE'S QUEEN 182-P	SU	100.00	140.00
1992	SNOW WHITE'S WITCH 183-P	SU	100.00	140.00
R. OLSZEWSKI			**FIRST EDITION M.I. HUMMEL**	
1988	DOLL BATH HUM-252P	10000	95.00	105.00
1988	LITTLE FIDDLER HUM-250P	10000	90.00	115.00
1988	LITTLE SWEEPER HUM-253P	10000	90.00	105.00
1988	MERRY WANDERER HUM-254P	10000	95.00	170.00
1988	STORMY WEATHER HUM-251P	10000	115.00	130.00
1989	APPLE TREE BOY HUM-257P	10000	115.00	130.00
1989	POSTMAN HUM-255P	10000	95.00	105.00
1989	VISITING AN INVALID HUM-256P	10000	105.00	115.00
1990	BAKER HUM-262P	10000	100.00	105.00
1990	CINDERELLA HUM-264P	10000	115.00	115.00
1990	WAITER HUM-263P	10000	100.00	115.00
1991	ACCORDION BOY HUM-266P	10000	105.00	115.00
1991	BUSY STUDENT HUM-268P	10000	105.00	115.00
1991	MERRY WANDERER DEALER PLAQUE HUM-280P	10000	130.00	435.00
1991	MORNING CONCERT HUM-269P	TL	175.00	175.00
1991	RIDE INTO CHRISTMAS HUM-279P	OP	195.00	195.00
1991	SERENADE HUM-265P	10000	105.00	115.00
1991	WE CONGRATULATE HUM-267P	10000	130.00	130.00-140.00
1992	GOOSE GIRL HUM-283P	OP	130.00	130.00
1992	SCHOOL BOY HUM-281P	OP	120.00	120.00
1992	WAYSIDE HARMONY HUM-282P	OP	140.00	180.00
R. OLSZEWSKI			**HISTORICAL SERIES**	
1980	CAPODIMONTE (OLD STYLE) 600-P	CL	90.00	495.00
1981	MASQUERADE-ST. PETERSBURG 601-P	CL	65.00	220.00
1983	CHERRY PICKERS, THE 602-P	SU	85.00	270.00

YR	NAME	LIMIT	ISSUE	TREND
1984	MOOR WITH SPANISH HORSE 603-P	OP	85.00	110.00
1985	CAPODIMONTE (NEW STYLE) 600-P	SU	90.00	170.00
1985	FLORAL BOUQUET POMPADOUR 604-P	OP	85.00	115.00
1987	MEISSEN PARROT 605-P	OP	85.00	110.00
1988	HISTORICAL DISPLAY 943-D	SU	45.00	60.00
1988	MINTON ROOSTER 606-P	7500	85.00	110.00
1989	FARMER W/DOVES 607-P	OP	85.00	110.00
1990	ENGLISH COUNTRY GARDEN 970-D	OP	85.00	105.00
1990	GENTLEMAN FOX HUNT 616-P	SU	145.00	180.00
1992	POULTRY SELLER 608-G	1500	200.00	230.00
R. OLSZEWSKI	**JACK AND THE BEANSTALK**			
1994	BEANSELLER 742-P	5000	210.00	210.00
1994	JACK AND THE BEANSTALK DISPLAY 999-D	5000	225.00	250.00
1994	JACK AND THE COW 743-P	5000	180.00	185.00
1994	JACK'S MOM 741-P	5000	145.00	160.00
R. OLSZEWSKI	**MICKEY MOUSE**			
1990	FANTASIA LIVING BROOMS 972-D	SU	85.00	215.00
1990	MICKEY MOUSE SELLER	SU	165.00	430.00
1990	SORCERER'S APPRENTICE , THE-171-P	SU	80.00	180.00
R. OLSZEWSKI	**NATIVITY COLLECTION**			
1991	HOLY FAMILY DISPLAY 982-D	OP	85.00	90.00
1991	JOSEPH 401-P	SU	95.00	125.00
1991	JOYFUL CHERUBS 403-P	SU	130.00	175.00
1991	MOTHER/CHILD 400-P	SU	120.00	150.00
1991	STABLE DONKEY, THE- 402-P	SU	95.00	125.00
1992	3 KINGS DISPLAY 987-D	OP	85.00	100.00
1992	BALTHAZAR 405-P	SU	135.00	195.00
1992	CASPAR 406-P	SU	135.00	195.00
1992	MELCHIOR 404-P	SU	135.00	195.00
1994	CAMEL & TENDER 819292	OP	380.00	390.00
1994	FINAL NATIVITY DISPLAY 991-D	OP	260.00	270.00
1994	GUARDIAN ANGEL 407-P	OP	200.00	220.00
1994	SHEEP & SHEPHERD 819290	OP	230.00	235.00
YENAWINE	**NATURE'S MOMENTS**			
1995	BATHING BEAUTIES	OP	95.00	95.00
1995	FISH PARADISE	OP	110.00	110.00
1995	GATHERING GOODIES	OP	95.00	95.00
1995	HIDE AND SEEK	OP	110.00	110.00
1995	PENGUINS PLUNGE	OP	95.00	95.00
1995	POLAR PLAYGROUND	OP	110.00	110.00
1995	PREPARING FOR FLIGHT	OP	80.00	80.00
1995	ROBYN REFRESHER	OP	95.00	95.00
1995	SUMMER SURPRISE	OP	95.00	95.00
1995	TOUCH AND GO	OP	95.00	95.00
R. OLSZEWSKI	**NIGHT BEFORE CHRISTMAS (1ST EDITION)**			
1990	EIGHT TINY REINDEER 691-P	SU	110.00	120.00
1990	MAMA & PAPA 692-P	SU	110.00	125.00
1990	ST. NICHOLAS 690-P	SU	95.00	115.00
1990	SUGAR PLUM BOY 687-P	SU	70.00	90.00
1990	SUGAR PLUM GIRL 689-P	SU	70.00	90.00
1990	YULE TREE 688-P	SU	90.00	100.00
1991	UP TO THE HOUSETOP 966-D	5000	95.00	105.00
R. OLSZEWSKI	**ORIENTAL SERIES**			
1980	KUAN YIN (OLD STYLE) 640-W	CL	40.00	255.00
1982	GEISHA, THE- 641-P	SU	65.00	195.00
1984	KUAN YIN (NEW STYLE) 640-W	SU	45.00	165.00
1985	TANG HORSE 642-P	OP	65.00	95.00
1986	BLIND MAN AND THE ELEPHANT, THE 643-P	SU	70.00	160.00
1987	CHINESE WATER DRAGON 644-P	SU	70.00	155.00
1987	ORIENTAL DISPLAY (SMALL) 945-D	SU	45.00	65.00
1989	TIGER HUNT 645-P	OP	85.00	100.00
1990	CHINESE TEMPLE LION 646-P	OP	90.00	110.00
1990	EMPRESS GARDEN 967-D	OP	95.00	125.00
R. OLSZEWSKI	**PENDANTS**			
1985	FLOWER GIRL PENDANT 561-P	OP	125.00	150.00
1986	CAMPER BIALOSKY 151-P	CL	95.00	275.00
1987	FESTIVAL OF LIGHTS 562-P	OP	90.00	195.00
1988	MICKEY MOUSE 169-P	5000	92.00	255.00
1990	HUMMINGBIRD 697-P	OP	125.00	145.00
1991	CHRYSANTHEMUM PENDANT 222-P	OP	135.00	145.00
1991	DAFFODIL PENDANT 221-P	OP	135.00	145.00
1991	POINSETTIA PENDANT	OP	135.00	145.00
1991	ROSE PENDANT	OP	135.00	145.00
N. ROCKWELL	**PORTRAIT OF AMERICA**			
1988	BOTTOM OF THE SIXTH 365-P	SU	85.00	115.00
1988	CHECK UP 363-P	SU	85.00	95.00
1988	DOCTOR AND THE DOLL, THE 361-P	SU	85.00	135.00
1988	MARBLES CHAMPION 362-P	CL	85.00	85.00
1988	NO SWIMMING 360-P	CL	85.00	85.00
1988	ROCKWELL DISPLAY 952-D	CL	80.00	93.00
1988	TRIPLE SELF-PORTRAIT 364-P	SU	85.00	175.00
1989	BOTTOM DRAWER 366-P	7500	85.00	85.00
HUGHES	**SATURDAY EVENING POST**			
1992	BOY WITH WAGON	OP	*	N/A
1992	MARKET VIGNETTE	OP	*	N/A
1992	STORE OWNER	OP	*	N/A

A 1995 addition to Possible
Dreams' Clothique line, Sir Red
was originally sold for $72.

Part of the Disney Woodcarvings collection
from ANRI, Mickey Sorcerer's Apprentice is
enhanced by a genuine Swarovski crystal.

The Boyds Collection brought us
Buster Goes a Courtin' in 1996. The
open edition piece is from the
Folkstone Collection by G.M.
Lowenthal.

An M.I. Hummel collector's club piece, Honey
Lover is now a closed edition. Produced by
Goebel, it has increased in value since its 1991
release.

YR	NAME	LIMIT	ISSUE	TREND
LEYENDECKER			**SATURDAY EVENING POST**	
1992	CHILDREN CROSSING	OP	*	N/A
1992	CROSSING GUARD	OP	*	N/A
R. OLSZEWSKI			**SATURDAY EVENING POST**	
1992	CROSSING GUARD VIGNETTE	OP	*	N/A
N. ROCKWELL			**SATURDAY EVENING POST**	
1991	CITY CLERK	OP	*	N/A
1991	HOME COMING VIGNETTE 990-D	2000	190.00	250.00
1991	MARRIAGE LICENSE VIGNETTE	OP	*	N/A
1991	MOTHER 369-P	OP	*	N/A
1991	SOLDIER 368-P	OP	*	N/A
1991	WEDDING COUPLE	OP	*	N/A
1992	TRIPLE SELF PORTRAIT	OP	*	N/A
1992	TRIPLE SELF PORTRAIT VIGNETTE	OP	*	N/A
R. OLSZEWSKI		**SPECIAL RELEASE-ALICE IN WONDERLAND**		
1982	ALICE IN THE GARDEN 670-P	CL	60.00	675.00
1983	DOWN THE RABBIT HOLE 671-P	CL	75.00	425.00
1984	CHESHIRE CAT, THE 672-P	CL	75.00	480.00
R. OLSZEWSKI			**SPECIAL RELEASES**	
1991	PORTRAIT OF THE ARTIST (CONVENTION) 658-P	CL	195.00	450.00
1991	PORTRAIT OF THE ARTIST (PROMO) 658-P	OP	195.00	205.00
1992	SUMMER DAYS COLLECTOR PLAQUE 659-P	OP	130.00	145.00
1994	DRESDEN TIME PIECE 450-P	750	1250.00	1300.00
R. OLSZEWSKI			**SPECIAL RELEASE-WIZARD OF OZ**	
1984	SCARECROW 673-P	CL	75.00	400.00
1985	TINMAN 674-P	CL	80.00	240.00
1986	COWARDLY LION, THE 675-P	CL	85.00	260.00
1987	OZ DISPLAY 942-D	CL	45.00	565.00
1987	WICKED WITCH, THE- 676-P	CL	85.00	105.00
1988	MUNCHKINS, THE- 677-P	CL	85.00	100.00
1992	DOROTHY/GLINDA 695-P	CL	120.00	142.00
1992	GOOD-BYE TO OZ DISPLAY 980-D	OP	110.00	160.00
BONHEUR			**THE AMERICAN FRONTIER COLLECTION**	
1987	INDIAN SCOUT AND BUFFALO 300-B	SU	95.00	135.00
FRAZIER			**THE AMERICAN FRONTIER COLLECTION**	
1987	END OF THE TRAIL, THE340-B	SU	80.00	125.00
JONAS			**THE AMERICAN FRONTIER COLLECTION**	
1987	GRIZZLY'S LAST STAND 320-B	SU	65.00	80.00
POUNDER			**THE AMERICAN FRONTIER COLLECTION**	
1987	EIGHT COUNT 310-B	SU	75.00	90.00
REMINGTON			**THE AMERICAN FRONTIER COLLECTION**	
1987	BRONCO BUSTER, THE 350-B	SU	80.00	175.00
ROGERS			**THE AMERICAN FRONTIER COLLECTION**	
1987	FIRST RIDE , THE-330-B	SU	85.00	100.00
R. OLSZEWSKI			**THE AMERICAN FRONTIER COLLECTION**	
1987	AMERICAN FRONTIER DISPLAY 947-D	SU	80.00	110.00
R. OLSZEWSKI			**THREE LITTLE PIGS**	
1989	LITTLE STICKS PIG 678-P	7500	75.00	105.00
1989	THREE LITTLE PIGS HOUSE 956-D	7500	50.00	115.00
1990	LITTLE STRAW PIG 679-P	7500	75.00	105.00
1991	HUNGRY WOLF, THE- 681-P	7500	80.00	105.00
1991	LITTLE BRICKS PIG 680-P	7500	75.00	105.00
*			**TRIO COLLECTION**	
*	A TUNEFUL TRIO	SO	*	N/A
1996	TRIO OF WISHES	20,000	475.00	475.00
R. OLSZEWSKI			**WILDLIFE SERIES**	
1980	CHIPPING SPARROW 620-P	OP	55.00	85.00
1981	OWL-DAYLIGHT ENCOUNTER 621-P	CL	65.00	390.00
1982	WESTERN BLUEBIRD 622-P	CL	65.00	150.00
1983	RED-WINGED BLACKBIRD 623-P	CL	65.00	190.00
1984	WINTER CARDINAL 624-P	CL	65.00	250.00
1985	AMERICAN GOLDFINCH 625-P	OP	65.00	90.00
1986	AUTUMN BLUE JAY 626-P	SU	65.00	175.00
1987	COUNTRY DISPLAY (SMALL) 940-D	OP	45.00	65.00
1987	MALLARD DUCK 627-P	OP	75.00	105.00
1988	SPRING ROBIN 628-P	CL	75.00	165.00
1989	HOODED ORIOLE 629-P	OP	80.00	100.00
1990	COUNTRY LANDSCAPE (LG.) 957-D	OP	85.00	110.00
1990	HUMMINGBIRD 696-P	CL	85.00	175.00
1990	WILDLIFE DISPLAY (LARGE) 957-D	OP	85.00	95.00
1992	AUTUMN BLUE JAY (ARCHIVE RELEASE) 626-P	OP	125.00	135.00
NORRGARD			**WINTER LIGHTS**	
1995	ONCE UPON A WINTER DAY	OP	275.00	275.00
R. OLSZEWSKI			**WOMEN'S SERIES**	
1980	DRESDEN DANCER 610-P	CL	55.00	350.00
1981	HUNT WITH HOUNDS, THE (OLD STYLE) 611-P	CL	75.00	400.00
1982	PRECIOUS YEARS 612-P	CL	65.00	230.00
1983	ON THE AVENUE 613-P	CL	65.00	115.00
1984	ROSES 614-P	CL	65.00	115.00
1985	HUNT WITH HOUNDS, THE (NEW STYLE) 611-P	CL	75.00	110.00
1986	I DO 615-P	CL	85.00	235.00
1989	WOMEN'S DISPLAY (SMALL) 950-D	CL	40.00	65.00

GORHAM

YR	NAME	LIMIT	ISSUE	TREND
N. ROCKWELL		**A BOY AND HIS DOG (FOUR SEASONS)**		
1972	A BOY MEETS HIS DOG	RT	200.00	1450.00
1972	ADVENTURERS BETWEEN ADVENTURES (SET)	RT	*	N/A

YR	NAME	LIMIT	ISSUE	TREND
1972	MYSTERIOUS MALADY, THE- (SET)	RT	*	N/A
1972	PRIDE OF PARENTHOOD (SET)	RT	*	N/A
N. ROCKWELL		**A HELPING HAND (FOUR SEASONS)**		
1980	CLOSED FOR BUSINESS (SET)	RT	*	N/A
1980	COAL SEASONS COMING (SET)	RT	*	N/A
1980	SWATTER'S RIGHT (SET)	RT	*	N/A
1980	YEAR END COURT	RT	650.00	675.00
N. ROCKWELL		**DAD'S BOY (FOUR SEASONS)**		
1981	CAREFUL AIM (SET)	RT	*	N/A
1981	IN HIS SPIRITS (SET)	RT	*	N/A
1981	SKI SKILLS	RT	750.00	775.00
1981	TROUT DINNER (SET)	RT	*	N/A
N. ROCKWELL		**FOUR AGES OF LOVE (FOUR SEASONS)**		
1974	FLOWERS IN TENDER BLOOM (SET)	RT	*	N/A
1974	FONDLY DO WE REMEMBER (SET)	RT	*	N/A
1974	GAILY SHARING VINTAGE TIMES	RT	300.00	950.00
1974	SWEET SONG SO YOUNG (SET)	RT	*	N/A
N. ROCKWELL		**GOING ON SIXTEEN (FOUR SEASONS)**		
1978	CHILLING CHORE	RT	400.00	660.00
1978	PILGRIMAGE (SET)	RT	*	N/A
1978	SHEAR AGONY (SET)	RT	*	N/A
1978	SWEET SERENADE (SET)	RT	*	N/A
N. ROCKWELL		**GRAND PALS (FOUR SEASONS)**		
1977	FISH FINDERS (SET)	RT	*	N/A
1977	GHOSTLY GOURDS (SET)	RT	*	N/A
1977	SNOW SCULPTURING	RT	350.00	660.00
1977	SOARING SPIRITS (SET)	RT	*	N/A
N. ROCKWELL		**GRANDPA AND ME**		
1975	DAY DREAMERS (SET)	RT	*	N/A
1975	GAY BLADES	2500	300.00	900.00
1975	GOIN' FISHING (SET)	RT	*	N/A
1975	PENSIVE PALS (SET)	RT	*	N/A
J.C. LEYENDECKER		**LEYENDECKER ANNUAL CHRISTMAS FIGURINES**		
1988	CHRISTMAS HUG	7500	95.00	95.00
N. ROCKWELL		**LIFE WITH FATHER (FOUR SEASONS)**		
1983	A TOUGH ONE (SET)	RT	*	N/A
1983	BIG DECISION	RT	250.00	250.00
1983	BLASTING OUT (SET)	RT	*	N/A
1983	CHEERING THE CHAMPS (SET)	RT	*	N/A
N. ROCKWELL		**ME AND MY PAL (FOUR SEASONS)**		
1976	A LICKING GOOD BATH	RT	300.00	1050.00
1976	DISASTROUS DARING (SET)	RT	*	N/A
1976	FISHERMAN'S PARADISE (SET)	RT	*	N/A
1976	YOUNG MAN'S FANCY (SET)	RT	*	N/A
T. NAST		**MINIATURE CHRISTMAS FIGURINES**		
1985	CHRISTMAS SANTA	RT	20.00	20.00
1986	CHRISTMAS SANTA	RT	25.00	25.00
1987	ANNUAL THOMAS NAST SANTA	RT	25.00	25.00
N. ROCKWELL		**MINIATURE CHRISTMAS FIGURINES**		
1979	TINY TIM	RT	15.00	20.00
1980	SANTA PLANS HIS TRIP	RT	15.00	16.00
1981	YULETIDE RECKONING	RT	20.00	20.00
1982	CHECKING GOOD DEEDS	RT	20.00	20.00
1983	SANTA'S FRIEND	RT	20.00	20.00
1984	DOWNHILL DARING	RT	20.00	20.00
N. ROCKWELL		**MINIATURES**		
1981	AT THE VETS	CL	28.00	35.00
1981	BEGUILING BUTTERCUP	CL	45.00	45.00
1981	BOY MEETS HIS DOG	CL	38.00	38.00
1981	DOWNHILL DARING	CL	45.00	70.00
1981	FLOWERS IN TENDER BLOOM	CL	60.00	60.00
1981	GAY BLADES	CL	45.00	70.00
1981	SNOW SCULPTURE	CL	45.00	60.00
1981	SWEET SERENADE	CL	45.00	45.00
1981	SWEET SONG SO YOUNG	CL	55.00	55.00
1981	YOUNG MAN'S FANCY	CL	55.00	55.00
1982	ANNUAL VISIT, THE	CL	50.00	70.00
1982	MARRIAGE LICENSE	CL	60.00	70.00
1982	RUNAWAY, THE	CL	50.00	50.00
1982	TRIPLE SELF PORTRAIT	CL	60.00	135.00
1982	VINTAGE TIMES	CL	50.00	50.00
1983	TROUT DINNER	RT	60.00	60.00
1984	CAREFUL AIMS	CL	55.00	55.00
1984	GHOSTLY GOURDS	CL	60.00	60.00
1984	GOIN' FISHING	CL	60.00	60.00
1984	IN HIS SPIRITS	CL	60.00	60.00
1984	PRIDE OF PARENTHOOD	CL	50.00	50.00
1984	SHEAR AGONY	CL	60.00	60.00
1984	YEARS END COURT	CL	60.00	60.00
1985	BEST FRIENDS	CL	28.00	28.00
1985	ENGINEER	CL	55.00	55.00
1985	LITTLE RED TRUCK	CL	25.00	25.00
1985	MUSCLE BOUND	CL	30.00	30.00
1985	NEW ARRIVAL	CL	33.00	35.00
1985	SPRING CHECKUP	CL	60.00	60.00
1985	TO LOVE AND CHERISH	CL	33.00	35.00
1986	FOOTBALL SEASON	CL	60.00	60.00
1986	GRADUATE, THE	CL	30.00	40.00

YR	NAME	LIMIT	ISSUE	TREND
1986	LEMONADE STAND	CL	60.00	60.00
1986	LITTLE ANGEL	CL	50.00	60.00
1986	MORNING WALK	CL	60.00	60.00
1986	OLD SIGN PAINTER, THE	CL	70.00	75.00
1986	SHOULDER RIDE	CL	50.00	60.00
1986	WELCOME MAT	CL	70.00	70.00
1987	BABYSITTER	RT	75.00	75.00
1987	BETWEEN THE ACTS	RT	60.00	60.00
1987	CINDERELLA	RT	70.00	75.00
1987	MILKMAID, THE	RT	80.00	80.00
1987	PROM DRESS, THE	RT	75.00	75.00
1987	SPRINGTIME	RT	65.00	70.00
1987	STARSTRUCK	RT	75.00	75.00
N. ROCKWELL		**OLD BUDDIES (FOUR SEASONS)**		
1984	ENDLESS DEBATES (SET)	RT	*	N/A
1984	FINAL SPEECH (SET)	RT	*	N/A
1984	HASTY RETREAT (SET)	RT	*	N/A
1984	SHARED SUCCESS	RT	250.00	250.00
N. ROCKWELL		**OLD TIMERS (FOUR SEASONS MINIATURES)**		
1982	CANINE SOLO	RT	250.00	250.00
1982	FANCY FOOTWORK (SET)	RT	*	N/A
1982	LAZY DAYS (SET)	RT	*	N/A
1982	SWEET SURPRISE (SET)	RT	*	N/A
*			**PARASOL LADY**	
1991	ON THE BOARDWALK	CL	95.00	95.00
1994	AT THE FAIR	CL	95.00	95.00
1994	SUNDAY PROMENADE	CL	95.00	95.00
N. ROCKWELL			**ROCKWELL**	
1974	AT THE VETS	CL	25.00	65.00
1974	BATTER UP	CL	40.00	160.00
1974	CAPTAIN	CL	45.00	95.00
1974	FISHING	CL	50.00	100.00
1974	MISSING TOOTH	CL	30.00	85.00
1974	SKATING	CL	38.00	85.00
1974	TINY TIM	CL	30.00	95.00
1974	WEIGHING IN	RT	40.00	120.00
1975	BOY AND HIS DOG	CL	38.00	90.00
1975	NO SWIMMING	CL	35.00	150.00
1975	OLD MILL POND	CL	45.00	95.00
1976	GOD REST YE MERRY GENTLEMEN	CL	50.00	1200.00
1976	INDEPENDENCE	CL	40.00	150.00
1976	MARRIAGE LICENSE	CL	50.00	165.00
1976	OCCULTIST, THE	CL	50.00	175.00
1976	SAYING GRACE RW42	CL	75.00	120.00
1976	TACKLED (AD STAND)	CL	35.00	95.00
1980	JOLLY COACHMAN	7500	75.00	140.00
1981	A DAY IN THE LIFE BOY II	CL	75.00	85.00
1981	CHRISTMAS DANCERS	RT	130.00	180.00
1981	WET SPORT	CL	85.00	100.00
1982	A DAY IN THE LIFE BOY III	CL	85.00	90.00
1982	A DAY IN THE LIFE GIRL III	CL	85.00	115.00
1982	APRIL FOOL'S (AT THE CURIOSITY SHOP)	CL	55.00	110.00
1982	MARRIAGE LICENSE	RT	110.00	500.00
1982	MERRIE CHRISTMAS	RT	75.00	150.00
1982	SAYING GRACE RW12	RT	110.00	550.00
1982	TACKLED (ROCKWELL NAME SIGNED)	CL	45.00	100.00
1982	TRIPLE SELF PORTRAIT	5000	300.00	500.00
1983	ANTIQUE DEALER	RT	130.00	175.00
1983	CHRISTMAS GOOSE	7500	75.00	75.00
1983	FACTS OF LIFE	RT	110.00	110.00
1984	CARD TRICKS	RT	110.00	175.00
1984	SANTA'S FRIEND	RT	75.00	150.00
1984	SERENADE	RT	95.00	160.00
1985	OLD SIGN PAINTER, THE	RT	130.00	200.00
1985	PUPPET MAKER	RT	130.00	170.00
1986	DRUM FOR TOMMY	RT	90.00	90.00
1987	SANTA PLANNING HIS ANNUAL VISIT	RT	95.00	95.00
1988	CONFRONTATION	RT	75.00	75.00
1988	CRAMMING	RT	80.00	80.00
1988	DELORES & EDDIE	RT	75.00	75.00
1988	DIARY, THE	RT	75.00	80.00
1988	GARY COOPER IN HOLLYWOOD	RT	90.00	90.00
1988	HOME FOR THE HOLIDAYS	RT	100.00	100.00
N. ROCKWELL		**TENDER YEARS (FOUR SEASONS)**		
1979	CHILLY RECEPTION (SET)	RT	*	N/A
1979	COOL AID (SET)	RT	*	N/A
1979	NEW YEAR LOOK	RT	500.00	1100.00
1979	SPRING TONIC (SET)	RT	*	N/A
N. ROCKWELL		**TRAVELING SALESMAN (FOUR SEASONS)**		
1985	COUNTRY PEDDLER (SET)	RT	*	N/A
1985	EXPERT SALESMAN (SET)	RT	*	N/A
1985	HORSE TRADER	RT	275.00	275.00
1985	TRAVELING SALESMAN (SET)	RT	*	N/A
VASARI			**VASARI FIGURINES**	
1971	MERCENARY WARRIOR	250	250.00	500.00
1971	MING WARRIOR	250	200.00	400.00
1971	SWISS WARRIOR	250	250.00	1000.00
1973	AUSTRIAN HUSSAR	250	400.00	800.00

YR	NAME	LIMIT	ISSUE	TREND
1973	CELLINI	250	400.00	800.00
1973	CHRIST	250	250.00	500.00
1973	COSSACK, THE	250	250.00	500.00
1973	CRECHE	250	500.00	1000.00
1973	D'ARTAGNAN	250	250.00	800.00
1973	ENGLISH CRUSADER	250	250.00	500.00
1973	FRENCH CRUSADER	250	250.00	500.00
1973	GERMAN HUSSAR	250	250.00	500.00
1973	GERMAN MERCENARY	250	250.00	500.00
1973	ITALIAN CRUSADER	250	250.00	500.00
1973	LEONARDO DA VINCI	200	250.00	500.00
1973	MICHELANGELO	200	250.00	500.00
1973	PIRATE	250	250.00	400.00
1973	PORTHOS	250	250.00	500.00
1973	ROMAN CENTURION	250	250.00	400.00
1973	SPANISH GRANDEE	250	250.00	400.00
1973	THREE KINGS (SET OF 3)	200	750.00	1500.00
1973	THREE MUSKETEERS (SET OF 3)	200	750.00	1500.00
1973	VENETIAN NOBLEMAN	250	200.00	400.00
1973	VIKING	250	200.00	400.00

N. ROCKWELL — YOUNG LOVE (FOUR SEASONS)

YR	NAME	LIMIT	ISSUE	TREND
1973	A SCHOLARLY PACE (SET)	2500	*	N/A
1973	BEGUILING BUTTERCUP (SET)	2500	*	N/A
1973	DOWNHILL DARING (SET)	2500	250.00	1100.00
1973	FLYING HIGH (SET)	2500	*	N/A

GRANGET

G. GRANGET — GRANGET PORCELAINS

YR	NAME	LIMIT	ISSUE	TREND
*	BOBWHITE QUAIL, OFF SEASON	350	*	3000.00
*	CALIFORNIA SEA LIONS, SEA FROLIC	500	1375.00	4200.00
*	CANADIAN GEESE, HEADING SOUTH	150	4650.00	14200.00
*	CEDAR WAXWINGS, ANXIOUS MOMENTS	175	2675.00	2675.00
*	CROWNED CRANES, THE DANCE	25	20000.00	20000.00
*	DOLPHIN GROUP	350	*	5000.00
*	DOLPHINS, PLAY TIME, DECORATED	100	9000.00	N/A
*	DOLPHINS, PLAY TIME, UNDECORATED	500	3500.00	3500.00
*	GREAT BLUE HERONS, THE CHALLENGE	150	5000.00	14200.00
*	HALLA	350	*	4100.00
*	MEADOWLARK, SPRING IS HERE	175	2450.00	2450.00
*	MOURNING DOVES, ENGAGES	250	*	1475.00
*	OPEN JUMPER, THE CHAMPION	500	1350.00	1350.00
*	PEREGRINE FALCON, WOOD, 10 IN.	2500	500.00	500.00
*	PEREGRINE FALCON, WOOD, 12.5 IN.	1500	700.00	700.00
*	PEREGRINE FALCON, WOOD, 20 IN.	250	2000.00	2000.00
*	PINTAIL DUCKS, SAFE AT HOME	350	*	9700.00
*	RED DEER STAG, THE ROYAL STAG	150	4850.00	4850.00
*	RING-NECKED PHEASANTS, TAKE COVER	125	*	5000.00
*	RUFFED GROUSE	150	2000.00	2000.00
*	SCREECH OWL WITH CHICKADEES, DISTAIN	175	2250.00	5650.00
*	SPRINGBOK, THE SENTINEL	150	2000.00	2000.00
*	STAG	350	*	4400.00
*	WOODCOCKS, A FAMILY AFFAIR	200	*	1500.00
1974	BLUE TITMOUSE, LIVELY FELLOW	750	1295.00	1295.00
1974	CATFINCH, SPRING MELODY	750	1675.00	1675.00
1974	GOLDEN-CRESTED WRENS, TINY ACROBATS	700	2060.00	2060.00
1974	GOLDFINCH, MORNING HOUR	750	1250.00	1250.00
1974	GREAT TITMOUSE ADULTS, BUSY ACTIVITY	750	2175.00	2175.00
1974	KINGFISHER, DEFECTED PREY	600	1975.00	1975.00
1974	ROBIN, A DAY BEGINS	750	1795.00	1795.00
1976	AMERICAN BALD EAGLE, FREEDOM IN FLIGHT	200	3400.00	9500.00
1976	AMERICAN ROBIN, IT'S SPRING AGAIN	150	1950.00	1950.00
1976	BLUEBIRDS, RELUCTANT FLEDGLING	350	1750.00	4600.00
1976	DOUBLE EAGLE, 24 KT GOLD VERMEIL/PEWTER	1200	250.00	250.00
1976	SECRETARY BIRD, THE CONTEST	100	6000.00	11000.00
1977	RELUCTANT FLEDGLING	350	1750.00	1750.00

GREENWICH WORKSHOP

W. BULLAS

YR	NAME	LIMIT	ISSUE	TREND
1998	ARTIST, THE	622	95.00	95.00
1998	BACK QUACKERS	1200	125.00	125.00
1998	CALIFORNIA STYLIN'	OP	125.00	125.00
1998	FOOL MOON	1750	125.00	125.00
1998	FOWL BALL	828	95.00	95.00
1998	NURSE, THE	2500	95.00	95.00
1998	SAND TRAP PRO	828	95.00	95.00
1998	SNOW BUDDIES	1250	125.00	125.00
1998	SOCK HOP	OP	95.00	95.00
1998	SPACE CADET	2500	95.00	95.00
1998	SUPERMOM	1228	95.00	95.00

J. CHRISTENSEN

YR	NAME	LIMIT	ISSUE	TREND
1998	...HIS WIFE COULD EAT NO LEAN	1500	185.00	185.00
1998	ANCIENT ANGEL, THE	1750	195.00	195.00
1998	JACK SPRAT COULD EAT NO FAT	1500	175.00	175.00
1998	LUTE PLAYER, THE	1500	450.00	450.00
1998	MINIATURE ARTIST, THE	1500	95.00	95.00
1998	MRS. CLAUS	2500	295.00	295.00
1998	RESPONSIBLE MAN, THE	1950	495.00	495.00
1998	WETLAND BIRD HUNTER	1950	250.00	250.00

YR	NAME	LIMIT	ISSUE	TREND
S. GUSTAFSON				
1998	BABY BEAR	1950	60.00	60.00
1998	BROTHER AVERY	2500	95.00	95.00
1998	FROGGY GOES A-WOOING	2500	125.00	125.00
1998	GOLDILOCKS	1950	150.00	150.00
1998	HARE, THE	1950	95.00	95.00
1998	MAMA BEAR	1950	165.00	165.00
1998	OTTIST	1500	95.00	95.00
1998	OWL AND THE PUSSYCAT, THE	2500	250.00	250.00
1998	PAPA BEAR	1950	175.00	175.00
1998	PUSS IN BOOTS	2500	165.00	165.00
1998	TORTOISE, THE	1950	125.00	125.00
J. CHRISTENSEN				**BRONZE**
1990	CANDLEMAN, THE	100	2250.00	3100.00
1994	SIX BIRD HUNTERS	50	4500.00	4500.00
F. MCCARTHY				**WESTERN**
*	THUNDER OF HOOVES	*	*	10500.00

GUND INC.

YR	NAME	LIMIT	ISSUE	TREND
R. SWEDLIN-RAIFFE			**CENTENNIAL COLLECTION**	
1999	ADOLPH GUND	5000	60.00	60.00
R. SWEDLIN-RAIFFE			**SIGNATURE COLLECTION**	
1996	BEARMANI	575	150.00	150.00

HALLMARK

YR	NAME	LIMIT	ISSUE	TREND
*				**BARBIE**
1997	HOLIDAY TRADITIONS BARBIE QHB6001	YR	*	N/A
*				**KIDDIE CAR CLASSICS**
1999	1950 MURRAY GENERAL QHG9051	YR	50.00	50.00
1999	CALL BOX & FIRE HYDRANT QHG3618	YR	25.00	25.00
1999	CINDER & ELLA DALMATIANS QHG3619	YR	15.00	15.00
1999	CINDER SAYSÖ QHG3261	YR	30.00	30.00
1999	FLAGPOLE QHG3620	YR	20.00	20.00
D. PALMITER				**KIDDIE CAR CLASSICS**
1995	1937 STEELCRAFT AUBURN LUX. ED. QHG9021	RT	65.00	170.00
1996	1935 STEELCRAFT AIRPLANE-MURRAY 9032	RT	50.00	120.00
1996	1961 MURRAY SUPER DELUXE TRACTOR WITH TRAILER 9027	RT	55.00	55.00
1997	1937 GARTON FORD 9035	RT	65.00	120.00
1997	1938 GARTON LINCOLN ZEPHYR 9038	RT	65.00	150.00
1997	1939 GARTON FORD STATION WAGON 9034	RT	55.00	55.00
1997	1940 GEDRON RED HOT ROADSTER 9037	RT	55.00	55.00
1997	1941 STEELCRAFT OLDSMOBILE 9036	RT	55.00	55.00
1997	1956 MURRAY GOLDEN EAGLE 9033	RT	50.00	75.00
1998	1929 STEELCRAFT ROADSTER 9040	RT	70.00	70.00
1998	1941 STEELCRAFT BY MURRAY FIRE TRUCK QHG9042	YR	60.00	60.00
1998	1941 STEELCRAFT FIRETRUCK 9042	YR	60.00	60.00
1998	1958 MURRAY CHAMPION 9041	YR	55.00	55.00
1998	1960 EIGHT BALL RACER 9039	YR	55.00	55.00
C. WEBB				**KIDDIE CAR CLASSICS**
1999	1941 GARTON FIELD AMBULANCE QHG9049	YR	65.00	65.00
E. WEIRICK				**KIDDIE CAR CLASSICS**
1992	1941 MURRAY AIRPLANE 9003	RT	50.00	400.00
1992	1953 MURRAY DUMP TRUCK 9012	RT	48.00	300.00
1992	1955 FIRE TRUCK- MURRAY 9001	RT	50.00	375.00
1992	1955 CHAMPION BLUE- MURRAY 9008	RT	45.00	350.00
1992	1955 TRACTOR & TRAILER- MURRAY 9004	RT	55.00	375.00
1993	1955 FIRE CHIEF- MURRAY 9006	RT	50.00	120.00
1993	1968 MURRAY BOAT JOLLY ROGER 9005	RT	50.00	100.00
1994	1939 STEELCRAFT LINCOLN ZEPHYR- MURRAY 9015	RT	50.00	150.00
1994	1941 STEELCRAFT SPITFIRE AIRPLANE-MURRAY 9009	RT	50.00	200.00
1994	1955 RED CHAMPION- MURRAY 9002	RT	45.00	125.00
1994	1955 DUMP TRUCK- MURRAY 9011	RT	48.00	125.00
1994	1955 FIRE TRUCK- MURRAY 9010	RT	50.00	300.00
1994	1955 RANCH WAGON- MURRAY 9007	RT	48.00	125.00
1994	1956 GARTON DRAGNET POLICE CAR 9016	RT	50.00	75.00
1994	1956 GARTON KIDILLAC 9094	RT	50.00	75.00
1994	1956 GARTON MARK V 9022	RT	45.00	65.00
1994	1958 MURRAY ATOMIC MISSILE 9018	RT	55.00	90.00
1994	1961 MURRAY CIRCUS CAR 9014	RT	48.00	75.00
1994	1961 MURRAY SPEEDWAY PACE CAR 9013	RT	45.00	75.00
1995	1937 STEELCRAFT AIRFLOW- MURRAY LX. ED. 9024	RT	65.00	125.00
1995	1948 PONTIAC-MURRAY 9026	RT	50.00	60.00
1995	1950 TORPEDO- MURRAY 9020	RT	50.00	150.00
1995	1955 ROYAL DELUXE- MURRAY LM. ED. 9025	RT	55.00	60.00
1995	1959 GARTON DELUXE KIDILLAC 9017	RT	55.00	115.00
1995	1961 GARTON CASEY JONES LOCOMOTIVE 9019	RT	55.00	100.00
1995	1962 MURRAY SUPER DELUXE FIRE TRUCK 9095	RT	55.00	70.00
1995	1964 GARTON TIN LIZZIE 9023	RT	50.00	70.00
1996	1935 STEELCRAFT- MURRAY LX. ED. 9029	RT	65.00	150.00
1996	1956 GARTON HOT ROD RACER 9028	RT	55.00	75.00
1996	1964-1/2 FORD MUSTANG 9030	RT	55.00	60.00
D. PALMITER				**KIDDIE CAR CORNER**
1997	1941 JUNIOR SERVICE TRUCK 9031	RT	55.00	70.00
1997	KC'S GARAGE 3601	RT	70.00	100.00
1997	PEDAL PETROLEUM GAS PUMP 3602	RT	25.00	30.00
1997	PEDAL POWER PREMIUM GAS PUMP 3603	RT	30.00	30.00
1997	SIDEWALK SALES SIGNS 3605	RT	15.00	15.00
1997	SIDEWALK SERVICE SIGNS 3604	RT	15.00	15.00

YR	NAME	LIMIT	ISSUE	TREND
1997	WELCOME SIGN 3606	RT	30.00	30.00
1998	KC'S OIL CART 3609	YR	15.00	15.00
1998	MECHANIC'S LIFT 3608	YR	25.00	25.00

SIDEWALK CRUISER

YR	NAME	LIMIT	ISSUE	TREND
1995	1937 STEELCRAFT STREAMLINE SCOOTER/MURRAY QHG6301	RT	35.00	50.00
1995	1939 MOBO HORSE QHG6304	RT	45.00	45.00
1995	1940 GARTON AERO FLITE WAGON LTD. ED. QHG6305	RT	48.00	48.00
1995	1958 MURRAY POLICE CYCLE LTD. ED. QHG6307	RT	55.00	55.00
1995	1963 GARTON SPEEDSTER QHG6303	RT	38.00	38.00
1995	1966 GARTON SUPER-SONDA QHG6302	RT	45.00	50.00
1996	1935 AMERICAN AIRFLOW COASTER LTD. ED. QHG6310	RT	48.00	48.00
1996	1935 SKY KING VELOCIPED QHG6311	RT	45.00	45.00
1996	1941 KEYSTONE LOCOMOTIVE QHG6312	RT	38.00	50.00
1996	1950 GARTON DELIVERY CYCLE QHG6309	RT	38.00	38.00
1996	LATE 1940S MOBO SULKY QHG6308	RT	48.00	48.00
1999	1951 HOPALONG CASSICY VELOCIPEDE QHG6325	YR	48.00	48.00

D. PALMITER **SIDEWALK CRUISER**

YR	NAME	LIMIT	ISSUE	TREND
1995	1935 STEELCRAFT STREAMLINE VELOPCIPEDE-MURRAY 6306	RT	45.00	45.00
1997	1937 SCAMP WAGON 6318	29,500	48.00	48.00
1997	1939 AMERICAN-NATIONAL PEDAL BIKE 6314	YR	38.00	38.00
1997	1939 GARTON BATWING SCOOTER 6317	RT	38.00	38.00
1997	1960 MURRAY BLAZE-O-JET 6313	YR	45.00	45.00
1998	1937 DE LUXE VELOCIPEDE 6319	YR	45.00	45.00
1998	1960S SEALTEST MILK TRUCK 6315	YR	40.00	40.00

HAMILTON COLLECTION

A CELEBRATION OF ROSES

YR	NAME	LIMIT	ISSUE	TREND
1989	BRANDY	OP	55.00	55.00
1989	COLOR MAGIC	OP	55.00	55.00
1989	HONOR	OP	55.00	55.00
1989	MISS ALL-AMERICAN BEAUTY	OP	55.00	55.00
1989	TIFFANY	OP	55.00	55.00
1990	OREGOLD	OP	55.00	55.00
1991	OLE'	OP	55.00	55.00
1991	PARADISE	OP	55.00	55.00

D. FRYER **AMERICAN GARDEN FLOWERS**

YR	NAME	LIMIT	ISSUE	TREND
1987	AZALEA	15000	75.00	75.00
1987	CAMELIA	9800	55.00	75.00
1987	GARDENIA	15000	75.00	75.00
1987	ROSE	15000	75.00	75.00
1988	CALLA LILY	15000	75.00	75.00
1988	DAY LILY	15000	75.00	75.00
1988	PETUNIA	15000	75.00	75.00
1989	PANSY	15000	75.00	75.00

H. DEATON **AMERICAN WILDLIFE BRONZE COLLECTION**

YR	NAME	LIMIT	ISSUE	TREND
1979	BOBCAT	7500	60.00	75.00
1979	COUGAR	7500	60.00	125.00
1979	WHITE-TAILED DEER	7500	60.00	105.00
1980	BEAVER	7500	60.00	65.00
1980	POLAR BEAR	7500	60.00	65.00
1980	SEA OTTER	7500	60.00	65.00

L. YENCHO **BIRDHOUSES IN BLOOM**

YR	NAME	LIMIT	ISSUE	TREND
1998	BLACKBIRD'S BOWER	OP	15.00	15.00
1998	BLUE JAY'S MINARET	OP	15.00	15.00
1998	CARDINAL COTTAGE	OP	15.00	15.00
1998	ROSEBUD COTTAGE	OP	15.00	15.00
1998	SPRINGTIME VICTORIAN	OP	15.00	15.00
1998	VINEYARD VILLA	OP	15.00	15.00

J. VILLENA **CELEBRATION OF OPERA**

YR	NAME	LIMIT	ISSUE	TREND
1986	CARMEN	7500	95.00	95.00
1986	CIO-CIO-SAN	7500	95.00	95.00
1987	FIGARO	7500	95.00	95.00
1988	AIDA	7500	95.00	95.00
1988	CANIO	7500	95.00	95.00
1988	MIMI	7500	95.00	95.00

CORAL KINGDOM

YR	NAME	LIMIT	ISSUE	TREND
1995	ATHENA	OP	35.00	35.00

M. ADAMS **EARLY DISCOVERIES**

YR	NAME	LIMIT	ISSUE	TREND
1998	CURIOUS ENCOUNTERS	OP	20.00	20.00
1998	FIRST RECITAL	OP	20.00	20.00
1998	NEW EXPLORERS	OP	20.00	20.00
1998	NEW FRIENDS	OP	20.00	20.00
1998	STROLLING ALONG	OP	20.00	20.00
1998	SWEET NATURE	OP	20.00	20.00

FRANCESCO **EXOTIC BIRDS OF THE WORLD**

YR	NAME	LIMIT	ISSUE	TREND
1984	BUDGERIGAR	7500	75.00	105.00
1984	COCKATOO, THE	7500	75.00	115.00
1984	DIAMOND DOVE, THE	7500	75.00	95.00
1984	FISHER'S WHYDAH, THE	7500	75.00	95.00
1984	PEACH-FACED LOVEBIRD, THE	7500	75.00	95.00
1984	QUETZAL, THE	7500	75.00	95.00
1984	RED LOG, THE	7500	75.00	95.00
1984	RUBENIO PARAKEET, THE	7500	75.00	95.00

S. HARDOCK **FOUR SEASONS OF THE EAGLE**

YR	NAME	LIMIT	ISSUE	TREND
1998	AUTUMN BOUNTY	*	40.00	40.00

M. WALD **FRESHWATER CHALLENGE**

YR	NAME	LIMIT	ISSUE	TREND
1991	RAINBOW LURE	OP	75.00	75.00
1991	STRIKE, THE	OP	75.00	75.00

YR	NAME	LIMIT	ISSUE	TREND
1991	SUN CATCHER	OP	75.00	75.00
1992	PRIZED CATCH	OP	75.00	75.00
B. CLEAVER		**GARDEN ROMANCES ARE FOREVER**		
1998	ENDLESS LOVE SONGS	OP	15.00	15.00
1998	FLOWERED WITH LOVE	OP	15.00	15.00
1998	FRUITS OF LOVE	OP	15.00	15.00
1998	LOVE HAS ITS UPS AND DOWNS	OP	15.00	15.00
1998	LOVE IS IN THE AIR	OP	15.00	15.00
1998	LOVE PECKS	OP	15.00	15.00
*			**GIBSON GIRLS**	
1986	ACTRESS, THE	OP	75.00	75.00
1987	BRIDE, THE	OP	75.00	75.00
1987	CAREER GIRL, THE	OP	75.00	75.00
1987	COLLEGE GIRL, THE	OP	75.00	75.00
1987	SPORTSWOMAN, THE	OP	75.00	75.00
1988	ARTIST, THE	OP	75.00	75.00
1988	DEBUTANTE, THE	OP	75.00	75.00
1988	SOCIETY GIRL, THE	OP	75.00	75.00
H. DEATON		**GREAT ANIMALS OF THE AMERICAN WILDERNESS**		
1983	BIGHORN	7500	75.00	75.00
1983	ELK	7500	75.00	75.00
1983	GRIZZLY BEAR	7500	75.00	75.00
1983	MOUNTAIN LION	7500	75.00	75.00
1983	MUSTANG	7500	75.00	75.00
1983	PLAINS BISON	7500	75.00	75.00
1983	PRONGHORN ANTELOPE	7500	75.00	75.00
1983	TIMBER WOLF	7500	75.00	75.00
*		**HEROES OF BASEBALL-PORCELAIN BASEBALL CARDS**		
1990	BROOKS ROBINSON	OP	20.00	20.00
1990	DUKE SNIDER	OP	20.00	20.00
1990	GIL HODGES	OP	20.00	20.00
1990	ROBERTO CLEMENTE	OP	20.00	20.00
1990	WHITEY FORD	OP	20.00	20.00
1990	WILLIE MAYS	OP	20.00	20.00
1991	CASEY STENGEL	OP	20.00	20.00
1991	ERNIE BANKS	OP	20.00	20.00
1991	JACKIE ROBINSON	OP	20.00	20.00
1991	MICKEY MANTLE	OP	20.00	20.00
1991	SATCHEL PAGE	OP	20.00	20.00
1991	YOGI BERRA	OP	20.00	20.00
*			**INTERNATIONAL SANTA**	
1992	FATHER CHRISTMAS	OP	55.00	55.00
1992	GRANDFATHER FROST	OP	55.00	55.00
1992	SANTA CLAUS	OP	55.00	55.00
1993	BELSNICKEL	OP	55.00	55.00
1993	JOLLY OLD ST. NICK	OP	55.00	55.00
1993	KRIS KRINGLE	OP	55.00	55.00
1994	PERE NOEL	OP	55.00	55.00
1994	YULETIDE SANTA	OP	55.00	55.00
1995	ALPINE SANTA	OP	55.00	55.00
1995	DEDUSHKA MOROZ	OP	55.00	55.00
ITO		**LEGENDARY FLOWERS OF THE ORIENT**		
1985	CHERRY BLOSSOM	15000	55.00	55.00
1985	CHINESE PEONY	15000	55.00	55.00
1985	CHRYSANTHEMUM	15000	55.00	55.00
1985	GOLD BAND LILY	15000	55.00	55.00
1985	IRIS	15000	55.00	55.00
1985	JAPANESE ORCHID	15000	55.00	55.00
1985	LOTUS	15000	55.00	55.00
1985	WISTERIA	15000	55.00	55.00
M. ADAMS		**LITTLE FRIENDS OF THE ARCTIC**		
1995	YOUNG PRINCE, THE	CL	38.00	38.00
P. PARKINS			**LITTLE MESSENGERS**	
1998	CLEANLINESS IS NEXT TO GODLINESS	CL	30.00	30.00
1998	LOVE IS HAPPINESS	CL	30.00	30.00
1998	LOVE IS KIND	CL	30.00	30.00
1998	LOVE IS PATIENT	CL	30.00	30.00
1998	PRACTICE MAKES PERFECT	CL	30.00	30.00
1998	PRETTY IS AS PRETTY DOES	CL	30.00	30.00
P. PARKINS		**LITTLE MESSENGERS HEAVENLY GARDENERS**		
1998	HE SHOWERS US WITH BLESSINGS	CL	20.00	20.00
D.T. LYTTLETON			**LITTLE NIGHT OWLS**	
1990	BARN OWL	OP	45.00	45.00
1990	SNOWY OWL	OP	45.00	45.00
1990	TAWNY OWL	OP	45.00	45.00
1991	BARRED OWL	OP	45.00	45.00
1991	GREAT GREY OWL	OP	45.00	45.00
1991	GREAT HORNED OWL	OP	45.00	45.00
1991	SHORT-EARED OWL	OP	45.00	45.00
1991	WHITE-FACED OWL	OP	45.00	45.00
S. KUCK			**LITTLE TOUCH OF HEAVEN**	
1998	ALEXANDRA	*	18.00	18.00
1998	AMANDA	*	18.00	18.00
1998	BRIANNA	*	18.00	18.00
1998	KATHERINE	*	18.00	18.00
1998	MIRANDA	*	18.00	18.00
1998	VICTORIA	*	18.00	18.00

YR	NAME	LIMIT	ISSUE	TREND
FRANCESCO		**MAGNIFICENT BIRDS OF PARADISE**		
1985	BLACK SICKLE-BILLED BIRD OF PARADISE	12500	75.00	95.00
1985	BLUE BIRD OF PARADISE	12500	75.00	95.00
1985	EMPEROR OF GERMANY	12500	75.00	95.00
1985	GOLDIE'S BIRD OF PARADISE	12500	75.00	95.00
1985	GREATER BIRD OF PARADISE	12500	75.00	95.00
1985	MAGNIFICENT BIRD OF PARADISE	12500	75.00	95.00
1985	PRINCESS STEPHANIE BIRD OF PARADISE	12500	75.00	95.00
1985	RAGGIANA BIRD OF PARADISE	12500	75.00	95.00
H. DEATON		**MAJESTIC WILDLIFE OF NORTH AMERICA**		
1985	ALASKAN MOOSE	7500	75.00	75.00
1985	BARREN GROUND CARIBOU	7500	75.00	75.00
1985	BLACK BEAR	7500	75.00	75.00
1985	COYOTE	7500	75.00	75.00
1985	HARBOUR SEAL	7500	75.00	75.00
1985	MOUNTAIN GOAT	7500	75.00	75.00
1985	OCELOT	7500	75.00	75.00
1985	WHITE-TAILED DEER	7500	75.00	75.00
B. CLEAVER		**MAKIN' A SPLASH**		
1998	CHILLIN' GOOD TIME	*	20.00	20.00
1998	SPLASHIN' AROUND	*	20.00	20.00
*		**MASTERS OF THE EVENING WILDERNESS**		
1994	GREAT SNOWY OWL, THE	OP	38.00	38.00
1995	AUTUMN BARN OWLS	OP	38.00	38.00
1995	GREAT GREY OWL	OP	38.00	38.00
1995	GREAT HORNED OWL	OP	38.00	38.00
S. DOUGLAS		**MYSTIC SPIRITS**		
1995	SPIRIT OF THE WOLF	CL	55.00	55.00
C. REN		**MYSTIC WARRIORS SHIELD COLLECTION**		
1998	BLUE THUNDER	*	40.00	40.00
1998	DELIVERANCE	*	40.00	40.00
1998	MYSTIC WARRIOR	*	40.00	40.00
1998	WINDRIDER	*	40.00	40.00
D. GEENTZ		**NATURE'S MAJESTIC CATS**		
1995	TIGRESS AND CUBS	OP	55.00	55.00
S. KEHRLI		**NATURE'S SPIRITUAL REALM**		
1998	SPIRIT OF THE FIRE	OP	69.00	69.00
1998	SPIRIT OF THE WIND	OP	69.00	69.00
*		**NOBLE AMERICAN INDIAN WOMEN**		
1993	SACAJAWEA	OP	55.00	55.00
1993	WHITE ROSE	OP	55.00	55.00
1994	FALLING STAR	OP	55.00	55.00
1994	MINNEHAHA	OP	55.00	55.00
1994	PINE LEAF	OP	55.00	55.00
1995	LILY OF THE MOHAWKS	OP	55.00	55.00
1995	LOZEN	OP	55.00	55.00
1995	POCAHONTAS	OP	55.00	55.00
G. GRANGET		**NOBLE SWAN**		
1985	NOBLE SWAN, THE	5000	295.00	295.00
*		**NOBLE WARRIORS**		
1993	DELIVERANCE	OP	135.00	135.00
1994	SPIRIT OF THE PLAINS	OP	135.00	135.00
1995	TOP GUN	OP	135.00	135.00
1995	WINDRIDER	OP	135.00	135.00
*		**NOLAN RYAN COLLECTORS ED./PORCELAIN BASEBALL**		
1993	ANGELS 1972-C #595	OP	20.00	20.00
1993	ASTROS 1985-C #7	OP	20.00	20.00
1993	METS 1968-C #177	OP	20.00	20.00
1993	METS 1969-C #533	OP	20.00	20.00
1993	RANGERS 1990-C #1	OP	20.00	20.00
1993	RANGERS 1992-C #1	OP	20.00	20.00
W. YOUNGSTROM		**OCEAN ODYSSEY**		
1995	BREACHING THE WATERS	CL	55.00	55.00
1995	RIDING THE WAVES	CL	55.00	55.00
M. ADAMS		**PALS OF THE MONTH**		
1998	BACK TO SCHOOL/SINGING IN THE RAIN SET OF 2	OP	30.00	30.00
1998	BATTER UP/ON PARADE SET OF 2	OP	30.00	30.00
1998	BRINGING IN THE NEW YEAR/MAKING THE GRADE SET OF 2	OP	30.00	30.00
1998	LET'S GIVE THANKS/HAVE YOURSELF A MERRY XMAS SET	OP	30.00	30.00
1998	TRICK OR TREAT/SPRING IS SPRUNG SET OF 2	OP	30.00	30.00
1998	YOU'RE MY LUCKY CHARM/BE MINE, SWEET VALENTINE SET	OP	30.00	30.00
T. NEWSOM		**PEANUT PALS**		
1998	ALL ABOARD!	OP	20.00	20.00
1998	HAVING A BALL!	OP	20.00	20.00
1998	SHALL I POUR?	OP	20.00	20.00
1998	SIDEWALK SPEEDSTER	OP	20.00	20.00
1998	SLICE OF FUN, A	OP	20.00	20.00
1998	TEETER-TOTTER FUN	OP	20.00	20.00
*		**PEANUT PALS-WATERFALL WAYS & ELEPHANT DAYS**		
1998	BACK SPLASH	*	15.00	15.00
1998	CLEAN FUN!	*	15.00	15.00
1998	JUST SPLASHIN' DUCKY	*	15.00	15.00
1998	MERRILY, MERRILY	*	15.00	15.00
1998	SURFER DUDE	*	15.00	15.00
1998	WATER BATHING BEAUTY	*	15.00	15.00
M. ADAMS		**POLAR PLAYMATES**		
1998	BELLY FLOPPIN'	OP	15.00	15.00
1998	DREAMIN' AWAY	OP	15.00	15.00

YR	NAME	LIMIT	ISSUE	TREND
1998	GOIN' FISHIN'	OP	15.00	15.00
1998	KICKIN' BACK	OP	15.00	15.00
1998	LOOK WHO'S NAPPIN'	OP	15.00	15.00
1998	SLIP'N & SLIDE'N	OP	15.00	15.00
*			**PRINCESS OF THE PLAINS**	
1994	NOBLE GUARDIAN	OP	55.00	55.00
1994	SNOW PRINCESS	OP	55.00	55.00
1994	WILD FLOWER	OP	55.00	55.00
1995	NATURE'S GUARDIAN	OP	55.00	55.00
1995	WINTER'S ROSE	OP	55.00	55.00
R. MANNING			**PROTECT NATURE'S INNOCENTS**	
1995	AFRICAN ELEPHANT	OP	15.00	15.00
J. LAMB		**PUPPY PLAYTIME SCULPTURE COLLECTION**		
1990	DOUBLE TAKE	CL	30.00	30.00
1991	A NEW LEASH ON LIFE	CL	30.00	30.00
1991	CABIN FEVER	CL	30.00	30.00
1991	CATCH OF THE DAY	CL	30.00	30.00
1991	FUN AND GAMES	CL	30.00	30.00
1991	GETTING ACQUAINTED	CL	30.00	30.00
1991	HANGING OUT	CL	30.00	30.00
1991	WEEKEND GARDENER	CL	30.00	30.00
P. COOPER			**PUSS IN BOOTS**	
1992	CAUGHT NAPPING	OP	35.00	35.00
1992	SWEET DREAMS	OP	35.00	35.00
1993	ALL DRESSED UP	OP	35.00	35.00
1993	HIDE'N GO SEEK	OP	35.00	35.00
1993	SITTING PRETTY	OP	35.00	35.00
1993	TENNIS ANYONE?	OP	35.00	35.00
1994	DAYDREAMER	OP	35.00	35.00
1994	TEE TIME	OP	35.00	35.00
P. COZZOLINO		**RINGLING BROS. CIRCUS ANIMALS**		
1983	ACROBATIC SEAL	9800	50.00	50.00
1983	BABY ELEPHANT	9800	50.00	55.00
1983	MINIATURE SHOW HORSE	9800	50.00	70.00
1983	MR. CHIMPANZEE	9800	50.00	50.00
1983	PERFORMING POODLES	9800	50.00	50.00
1983	SKATING BEAR	9800	50.00	50.00
1984	PARADE CAMEL	9800	50.00	50.00
1984	ROARING LION	9800	50.00	50.00
N. ROCKWELL		**ROCKWELL HOME OF THE BRAVE**		
1982	BACK TO HIS OLD JOB	7500	75.00	75.00
1982	HERO'S WELCOME	7500	75.00	75.00
1982	REMINISCING	7500	75.00	85.00
1982	TAKING MOTHER OVER THE TOP	7500	75.00	75.00
1982	UNCLE SAM TAKES WINGS	7500	75.00	75.00
1982	WILLIE GILLIS IN CHURCH	7500	75.00	75.00
*			**ROMANCE OF FLOWERS**	
1987	SPRINGTIME BOUQUET	15000	95.00	95.00
1987	SUMMER BOUQUET	15000	95.00	95.00
1988	AUTUMN BOUQUET	15000	95.00	95.00
1988	WINTER BOUQUET	15000	95.00	95.00
S. KEHRLI			**SACRED CULTURES**	
1998	COURAGE	OP	40.00	40.00
1998	WISDOM	OP	40.00	40.00
S. KEHRLI		**SHIELD OF THE MIGHTY WARRIOR**		
1998	PROTECTION OF THE BOBCAT	OP	45.00	45.00
1998	PROTECTION OF THE BUFFALO	OP	45.00	45.00
1998	PROTECTION OF THE EAGLE	OP	45.00	45.00
1998	PROTECTOR OF THE COUGAR	OP	45.00	45.00
1998	SPIRIT OF THE BEAR	OP	45.00	45.00
1998	SPIRIT OF THE GRAY WOLF	OP	45.00	45.00
JACQUELINE B.			**SNUGGLE BABIES**	
1988	BABY BEARS	OP	35.00	35.00
1988	BABY BUNNIES	OP	35.00	35.00
1988	BABY FOXES	OP	35.00	35.00
1988	BABY SKUNKS	OP	35.00	35.00
1989	BABY CHIPMUNKS	OP	35.00	35.00
1989	BABY FAWNS	OP	35.00	35.00
1989	BABY RACCOONS	OP	35.00	35.00
1989	BABY SQUIRRELS	OP	35.00	35.00
T. SULLIVAN			**SPIRIT OF THE EAGLE**	
1994	SPIRIT OF INDEPENDENCE	OP	55.00	55.00
1995	BLAZING MAJESTIC SKIES	OP	55.00	55.00
1995	NOBLE AND FREE	OP	55.00	55.00
1995	PROUD SYMBOL OF FREEDOM	OP	55.00	55.00
E. DAUB			**SPLENDOR OF BALLET**	
1987	GISELLE	15000	95.00	95.00
1987	JULIET	15000	95.00	95.00
1987	KITRI	15000	95.00	95.00
1987	ODETTE	15000	95.00	95.00
1988	AURORA	15000	95.00	95.00
1989	CLARA	15000	95.00	95.00
1989	FIREBIRD	15000	95.00	95.00
1989	SWANILDA	15000	95.00	95.00
M. WALD			**TROPICAL TREASURES**	
1989	FLAG-TAIL SURGEONFISH	OP	38.00	38.00
1989	PENNANT BUTTERFLY FISH	OP	38.00	38.00
1989	SAIL-FINNED SURGEONFISH	OP	38.00	38.00

YR	NAME	LIMIT	ISSUE	TREND
1989	SEA HORSE	OP	38.00	38.00
1990	BEAKED CORAL BUTTERFLY FISH	OP	38.00	38.00
1990	BLUE GIRDLED ANGEL FISH	OP	38.00	38.00
1990	SPOTTED ANGEL FISH	OP	38.00	38.00
1990	ZEBRA TURKEY FISH	OP	38.00	38.00
C. DEHAAN			**UNBRIDLED SPIRITS**	
1994	WILD FURY	OP	135.00	135.00
M. GRIFFIN			**VISIONS OF CHRISTMAS**	
1993	SANTA'S DELIVERY	OP	135.00	135.00
1993	TOYS IN PROGRESS	OP	135.00	135.00
1994	MRS. CLAUS' KITCHEN	OP	135.00	135.00
1995	GIFTS FROM ST. NICK	OP	135.00	135.00
C. BURGESS			**WILD DUCKS OF NORTH AMERICA**	
1987	COMMON MALLARD	15000	95.00	95.00
1987	GREEN WINGED TAIL	15000	95.00	95.00
1987	HOODED MERGANSER	15000	95.00	95.00
1987	WOOD DUCK	15000	95.00	95.00
1988	AMERICAN WIDGEON	15000	95.00	95.00
1988	BUFFLEHEAD	15000	95.00	95.00
1988	NORTHERN PINFALL	15000	95.00	95.00
1988	RUDDY DUCK DRAKE	15000	95.00	95.00
*			**WILDLIFE NURSERY**	
1998	MOMMY, BABY GO BOOM!	OP	15.00	15.00
1998	MOMMY'S LITTLE SHAKER	OP	15.00	15.00
1998	MORE MILK, MOMMY	OP	15.00	15.00
1998	MY DUCK, MOMMY!	OP	15.00	15.00
1998	NAPTIME MOMMY?	OP	15.00	15.00
1998	PACIFY ME, MOMMY!	OP	15.00	15.00
D. GEENTY			**WOLVES OF THE WILDERNESS**	
1995	A WOLF'S PRIDE	OP	55.00	55.00
1995	MOTHER'S WATCH	OP	55.00	55.00

HAMILTON GIFTS

	M. HUMPHREY BOGART	**MAUD HUMPHREY BOGART COLLECTOR'S CLUB FIGURINES**		
1990	A FLOWER FOR YOU H5596	OP	65.00	65.00
1991	FRIENDS FOR LIFE MH911	OP	60.00	140.00
	M. HUMPHREY BOGART	**MAUD HUMPHREY BOGART FIGURINES**		
1988	A PLEASURE TO MEET YOU H1310	RT	65.00	80.00
1988	BRIDE, THE H1313	19500	90.00	90.00
1988	CLEANING HOUSE H1303	RT	60.00	70.00
1988	LITTLE CHICKADEES H1306	RT	65.00	70.00
1988	MAGIC KITTEN, THE- H1308	RT	66.00	85.00
1988	MY FIRST DANCE H1311	RT	60.00	200.00
1988	SARAH H1312	RT	60.00	275.00
1988	SEAMSTRESS H1309	RT	66.00	250.00
1988	SUSANNA H1305	RT	60.00	250.00
1988	TEA AND GOSSIP H1301	RT	65.00	110.00
1989	A SUNDAY OUTING H1386	15000	135.00	140.00
1989	BRIDE, THE-PORCELAIN H1388	15000	125.00	128.00
1989	GIFT OF LOVE H1319	RT	65.00	65.00
1989	IN THE ORCHARD H1373	24500	33.00	36.00
1989	KITTY'S LUNCH H1355	19500	60.00	66.00
1989	LITTLE BO PEEP H1382	24000	45.00	49.00
1989	LITTLE CAPTIVE, THE- H1374	19500	55.00	58.00
1989	LITTLE CHICKADEES-PORCELAIN H1389	15000	*	110.00
1989	LITTLE RED RIDING HOOD H1381	24500	43.00	46.00
1989	MAGIC KITTEN, THE-PORCELAIN H5543	19500	125.00	125.00
1989	MY FIRST BIRTHDAY H1320	RT	47.00	50.00
1989	NO MORE TEARS H1351	24500	44.00	49.00
1989	PLAYING BRIDESMAID H5500	19000	125.00	100.00
1989	SCHOOL DAYS H1318	RT	43.00	60.00
1989	SCHOOL LESSON H1356	19500	77.00	100.00
1989	SEALED WITH A KISS H1316	RT	45.00	70.00
1989	SPECIAL FRIENDS H1317	RT	66.00	115.00
1989	SPECIAL FRIENDS-PORCELAIN H1390	15000	125.00	120.00
1989	SPRING BEAUTIES H1387	15000	135.00	131.00
1989	SPRINGTIME GATHERING H1385	7500	295.00	200.00
1989	WINTER FUN H1354	15000	46.00	60.00
1990	A CHANCE ACQUAINTANCE H5589	19500	70.00	135.00
1990	A LITTLE ROBIN H1347	19500	55.00	58.00
1990	A SPECIAL GIFT H5550	19500	70.00	99.00
1990	AUTUMN DAYS H1348	24500	45.00	49.00
1990	HOLIDAY SURPRISE H5551	24500	50.00	55.00
1990	KITTY'S BATH H1384	19500	103.00	109.00
1990	LITTLE PLAYMATES H1349	24500	48.00	53.00
1990	MY WINTER HAT H5554	24500	40.00	46.00
1990	PLAYTIME H1383	19500	60.00	66.00
1990	SARAH (WATERBALL) H5594	19500	75.00	79.00
1990	SUSANNA (WATERBALL) H5595	19500	75.00	79.00
1990	WINTER DAYS H5553	24500	50.00	55.00
1990	WINTER FRIENDS H5552	19500	64.00	69.00
1991	ALL BUNDLED UP 910015	19500	85.00	85.00
1991	CLEANING HOUSE (WATERBALL) H5654	19500	75.00	75.00
1991	DOUBLES 910023	19500	70.00	70.00
1991	GRADUATE, THE- H5559	19500	75.00	75.00
1991	HUSH A BYE BABY H5695	19500	62.00	62.00
1991	LITTLE BOY BLUE H5612	19500	55.00	55.00
1991	LITTLE MISS MUFFET H5621	24500	75.00	75.00

YR	NAME	LIMIT	ISSUE	TREND
1991	MELISSA (WATERBALL) 910074	19500	40.00	40.00
1991	MELISSA 910031	24500	55.00	55.00
1991	MY FIRST DANCE (WATERBALL) H5655	19000	75.00	75.00
1991	MY FIRST DANCE-PORCELAIN H5650	15000	110.00	110.00
1991	MY SNOW SHOVEL 910058	19500	70.00	70.00
1991	MY WINTER HAT 921017	15000	80.00	80.00
1991	PINWHEEL, THE- H5600	24500	45.00	45.00
1991	SARAH-PORCELAIN H5651	15000	110.00	110.00
1991	SPRING BOUQUET H5598	24500	44.00	44.00
1991	SPRING FROLIC H5590	15000	170.00	170.00
1991	SUSANNA-PORCELAIN H5652	15000	110.00	110.00
1991	TEA AND GOSSIP-PORCELAIN H5653	15000	132.00	132.00
1991	WINTER DAYS (WATERBALL) 915130	19500	75.00	75.00
1991	WINTER FRIENDS (WATERBALL) 915149	19500	75.00	75.00
1991	WINTER FUN 921025	15000	90.00	90.00
1991	WINTER RIDE 910066	19500	60.00	60.00

M. HUMPHREY BOGART — MAUD HUMPHREY BOGART GALLERY FIGURINES

YR	NAME	LIMIT	ISSUE	TREND
1991	MOTHERS TREASURES H5619	15000	118.00	118.00
1991	SHARING SECRETS 910007	15000	120.00	120.00

M. HUMPHREY BOGART — MAUD HUMPHREY BOGART PETITE FIGURINES

YR	NAME	LIMIT	ISSUE	TREND
1991	CLEANING HOUSE H5611	OP	24.00	24.00
1991	GIFT OF LOVE H5620	OP	24.00	24.00
1991	MAGIC KITTEN, THE- H5623	OP	24.00	24.00
1991	MY FIRST DANCE H-5623	OP	24.00	24.00
1991	SARAH H5613	OP	24.00	24.00
1991	SEAMSTRESS, THE- H5627	OP	24.00	24.00
1991	SPECIAL FRIENDS H5625	OP	24.00	24.00
1991	SUSANNA H5626	OP	24.00	24.00

HAMILTON/BOEHM
*

FAVORITE GARDEN FLOWERS

YR	NAME	LIMIT	ISSUE	TREND
1985	CALIFORNIA POPPY	9800	195.00	225.00
1985	CARNATION	9800	195.00	225.00
1985	DAFFODIL	9800	195.00	225.00
1985	HIBISCUS	9800	195.00	225.00
1985	MORNING GLORY	9800	195.00	225.00
1985	ROSE	9800	195.00	225.00
1985	SWEET PEA	9800	195.00	225.00
1985	TULIP	9800	195.00	225.00

*

ROSES OF DISTINCTION

YR	NAME	LIMIT	ISSUE	TREND
1983	ANGEL FACE ROSE	9800	135.00	175.00
1983	ELEGANCE ROSE	9800	135.00	175.00
1983	MR. LINCOLN ROSE	9800	135.00	175.00
1983	PEACE ROSE	9800	135.00	195.00
1983	QUEEN ELIZABETH ROSE	9800	135.00	175.00
1983	ROYAL HIGHNESS ROSE	9800	135.00	175.00
1983	TROPICANA ROSE	9800	135.00	175.00
1983	WHITE MASTERPIECE ROSE	9800	135.00	195.00

HANFORD'S

M. CRUNKLETON — LINCOLN COUNTY GARDEN CLUB II

YR	NAME	LIMIT	ISSUE	TREND
1989	AUNT LENA	RT	40.00	75.00
1989	BIG BEULAH	RT	40.00	75.00
1989	CHARLOTTE DEAR	RT	40.00	75.00
1989	GERTRUDE	RT	40.00	75.00
1989	GRANDMA MATTIE	RT	40.00	75.00
1989	JACKUELINE ADEL	RT	40.00	75.00
1989	LADY MARGARET II	RT	40.00	75.00
1989	LARRY LAVINSKI	RT	40.00	75.00
1989	MISTER BOB	RT	40.00	75.00
1989	MOLLY BLUME	RT	40.00	75.00
1989	MOZELL	RT	40.00	75.00
1989	SISTER ALMA	RT	40.00	75.00
1989	TRUMAN WILLARD	RT	40.00	75.00

M. CRUNKLETON — LINCOLN COUNTY GARDEN CLUB III

YR	NAME	LIMIT	ISSUE	TREND
1990	AGNES	RT	40.00	138.00
1990	ANNIE LEA	RT	40.00	138.00
1990	BIG GUY	RT	40.00	138.00
1990	DINAH JANE	RT	40.00	138.00
1990	DONNA JEAN	RT	40.00	138.00
1990	FLORABEL'S MOM	RT	40.00	138.00
1990	LADY MARGARET III	RT	40.00	138.00
1990	LEONA MILLER	RT	40.00	138.00
1990	MAUDE	RT	40.00	138.00
1990	MISS TILLY	RT	40.00	138.00
1990	MS LILA	RT	40.00	138.00
1990	REBECCA MARIE	RT	40.00	138.00

HARMONY KINGDOM
*

YR	NAME	LIMIT	ISSUE	TREND
	ANGEL BAROQUE	*	*	2150.00
1996	NIC NAC PADDY WHACK (RED DOG)	CL	*	400.00
1998	JINGLE BELL ROCK	*	*	50.00

D. LAWRENCE — ANGELIQUE

YR	NAME	LIMIT	ISSUE	TREND
1996	FLEUR-DE-LIS (VERSION 1)	OP	*	140.00
1996	FLEUR-DE-LIS (VERSION 2)	OP	*	40.00
1996	GENTIL HOMME	OP	*	40.00

YR	NAME	LIMIT	ISSUE	TREND
1996	INGENUE	OP	*	25.00
1996	JOIE DE VIVRE	RT	*	40.00
P. CALVESBERT			**BLACK BOX SERIES**	
1999	ROAD KILL	5000	55.00	55.00
P. CALVESBERT			**CAKE TOPPERS SERIES**	
1999	LEATHER ANNIVERSARY	*	20.00	20.00
P. CALVESBERT			**EVENT PIECES**	
1997	OKTOBEARFEST	RT	*	70.00
P. CALVESBERT			**GARDEN PARTY**	
1996	ROYAL FLOTILLA	CL	*	N/A
P. CALVESBERT			**GCC EXCLUSIVE**	
1998	QUEEN'S COUNSEL	CL	*	50.00
M. PERRY STUDIOS			**GCC EXCLUSIVE**	
1999	THIN ICE	6000	45.00	45.00
M. BALDWIN			**HARMONY GARDEN**	
2000	CHERRY BLOSSOM	OP	45.00	45.00
2000	EGYPTIAN ROSE	OP	45.00	45.00
2000	GRAPES	OP	45.00	45.00
2000	LEMON	OP	45.00	45.00
2000	LOTUS	OP	45.00	45.00
2000	POPPY	OP	45.00	45.00
M. PERRY STUDIOS			**HARMONY GARDEN**	
*	ORANGE ROSE		*	135.00
1997	BASKET OF ROSES	3600	*	165.00
1997	CHRYSANTHEMUM	RT	39.00	85.00
1997	CRANBERRY	RT	39.00	85.00
1997	DAISY	RT	39.00	85.00
1997	HYACINTH	RT	39.00	85.00
1997	HYDRANGEA	RT	39.00	85.00
1997	MARSH MARIGOLD	RT	39.00	85.00
1997	MORNING GLORY	RT	39.00	85.00
1997	PEACE LILY	RT	39.00	85.00
1997	PEACH ROSE	3600	39.00	90.00
1997	PINK ROSE	3600	39.00	145.00
1997	RED ROSE	3600	39.00	225.00
1997	RHODODENDRON	RT	39.00	85.00
1997	ROSE BASKET	3600	65.00	200.00
1997	SNOW DROP	RT	39.00	85.00
1997	SUN FLOWER	OP	45.00	125.00
1997	VIOLET ROSE	3600	39.00	110.00
1997	WHITE ROSE	3600	39.00	120.00
1997	YELLOW ROSE	3600	39.00	125.00
1998	BEGONIA	OP	45.00	45.00
1998	CACTUS	OP	45.00	45.00
1998	DOUBLE PINK ROSE	5000	55.00	100.00
1998	DOUBLE RED ROSE	5000	55.00	125.00
1998	DOUBLE VIOLET ROSE	5000	55.00	70.00
1998	DOUBLE YELLOW ROSE	5000	55.00	100.00
1998	FORGET-ME-NOT	OP	45.00	45.00
1998	GARDENIA	OP	45.00	45.00
1998	IRIS	OP	45.00	45.00
1998	PEONY	OP	45.00	45.00
1998	RAINBOW ROSE PARTY	5000	100.00	125.00
1998	ROSE BUD	OP	45.00	45.00
1998	ROSE PARTY	5000	*	150.00.
1998	SILVER ROSE	1000	400.00	450.00
1998	SNAP DRAGON	OP	45.00	45.00
1999	ALPINE FLOWER	OP	45.00	45.00
1999	DOUBLE STERLING ROSE	1500	500.00	500.00
1999	EASTER BOUQUET	5000	75.00	75.00
1999	GILL	OP	45.00	45.00
1999	HOPS	OP	45.00	45.00
1999	HOT PEPPER	OP	45.00	45.00
1999	MARIGOLD	OP	45.00	45.00
1999	MOTHER'S DAY BOUQUET	5000	75.00	75.00
1999	ORANGE	OP	45.00	45.00
1999	PARADE OF GIFTS	5000	75.00	75.00
1999	POMEGRANATE	OP	45.00	45.00
1999	SUNFLOWER II	OP	45.00	45.00
1999	TULIP	OP	45.00	45.00
P. CALVESBERT			**HI JINX**	
1994	ANTARCTIC ANTICS	OP	100.00	100.00
1994	HOLD THAT LINE	OP	100.00	100.00
1994	MAD DOGS & ENGLISHMEN	CL	100.00	100.00
1995	OPEN MIKE	CL	*	90.00
P. CALVESBERT			**HOLIDAY EDITIONS**	
1996	NICK OF TIME	RT	35.00	175.00
1997	SOMETHING'S GOTTA GIVE	RT	35.00	50.00
1999	HOLY ROLLER	TL	45.00	45.00
D. LAWRENCE			**HOLIDAY EDITIONS**	
1995	CHATELAINE	RT	35.00	350.00
1996	BON ENFANT (GOLD WINGS)	RT	*	125.00
1996	BON ENFANT (MULTICOLORED)	RT	35.00	350.00
1997	CELESTE	TL	45.00	50.00
1999	JOYEAUX	TL	45.00	45.00
1999	NOEL	TL	45.00	45.00

YR	NAME	LIMIT	ISSUE	TREND
P. CALVESBERT			**I.C.E. EXCLUSIVE**	
1998	SNEAK PREVIEW	5000	*	130.00
1999	SWAP 'N SELL	5000	75.00	100.00
M. PERRY STUDIOS			**I.C.E. EXCLUSIVE**	
1999	SWAP 'N SELL (GROUCHO MARX)	*	76.00	650.00
P. CALVESBERT			**LARGE TREASURE JESTS**	
1990	KEEPING CURRENT	OP	55.00	40.00
1990	PONDERING (CRACKED EGG)	RT	55.00	175.00
1991	HORN O' PLENTY	RT	55.00	100.00
1991	TEA FOR TWO	CL	55.00	40.00
1993	PRIDE AND JOY	CL	55.00	50.00
1993	STANDING GUARD	RT	55.00	100.00
P. CALVESBERT			**LIMITED EDITIONS**	
1995	NOAH'S LARK	5000	400.00	425.00
1995	UNBEARABLES	2500	400.00	300.00
1997	ORIGINAL KIN	2500	250.00	300.00
1998	HAVE A HEART	3600	*	200.00
D. LAWRENCE			**LIMITED EDITIONS**	
1997	KILLING TIME	3600	100.00	125.00
1998	PIECES OF EIGHT	CL	*	225.00
1998	PIECES OF EIGHT (RED)	5000	*	200.00
M. PERRY STUDIOS			**MILLENNIUM SERIES**	
1999	Y2HK	TL	175.00	175.00
P. CALVESBERT			**NETSUKE**	
2000	FRANCIS (ELEPHANT)	OP	20.00	20.00
2000	HARRY (RABBIT)	OP	20.00	20.00
2000	NELL (DOG)	OP	20.00	20.00
2000	OLLIE (OWLS)	OP	20.00	20.00
2000	SQUEE (DOLPHIN)	OP	20.00	20.00
2000	TARKA (OTTER)	OP	20.00	20.00
2000	WADDAVID LAWRENCEES (DUCK)	OP	20.00	20.00
P. CALVESBERT			**PARADOXICAL SERIES**	
1995	PARADISE FOUND	RT	35.00	75.00
1995	PARADISE LOST	OP	35.00	40.00
M. PERRY STUDIOS		**PICTURESQUE-NOAH'S PARK TILE FIGURINE**		
1999	BEAKY'S BEACH	OP	25.00	25.00
1999	BUNGEES IN THE MIST	OP	25.00	25.00
1999	CLIFF HANGERS	OP	25.00	25.00
1999	DOLPHIN DOWNS	OP	25.00	25.00
1999	FLAMINGO EAST	OP	25.00	25.00
1999	FLUME LAGOON	OP	25.00	25.00
1999	GLACIER FALLS	OP	25.00	25.00
1999	HEART OF DARKNESS	OP	25.00	25.00
1999	KRAKATOA LOUNGE	OP	25.00	25.00
1999	LOST ARK, THE	OP	25.00	25.00
1999	MARK OF THE BEAST	OP	25.00	25.00
1999	NESSIE'S NOOK	OP	25.00	25.00
1999	NOAH'S HIDEAWAY	OP	55.00	55.00
1999	PELICAN BAY	OP	25.00	25.00
1999	POINT SIREN SONG	OP	25.00	25.00
1999	SKY MASTER	OP	25.00	25.00
1999	SUN CATCHER	OP	25.00	25.00
1999	THUNDER DOME	OP	25.00	25.00
1999	TILT-A-WHIRL	OP	25.00	25.00
1999	WHALE WATCH	OP	25.00	25.00
1999	WHIRLIGIG RAINBOW	OP	25.00	25.00
P. CALVESBERT			**PRIMORIAL CROOZE EVENT GIFT**	
1999	PRIMORDIAL SLOOP	725	*	N/A
P. CALVESBERT			**RATHER LARGE**	
1996	RATHER LARGE FRIENDS	CL	*	70.00
1996	RATHER LARGE HOP	CL	*	50.00
1996	RATHER LARGE HUDDLE	CL	*	60.00
1996	RATHER LARGE SAFARI	CL	*	60.00
D. LAWRENCE			**ROMANCE**	
1997	PILLOW TALK	RT	*	105.00
P. CALVESBERT		**ROYAL WATCH COLLECTOR'S CLUB**		
1996	BIG BLUE	RT	75.00	200.00
1996	BIG DAY, THE	RT	*	105.00
1997	PAPER ANNIVERSARY	RT	*	70.00
D. LAWRENCE		**ROYAL WATCH COLLECTOR'S CLUB**		
1996	PURRFECT FIT	RT	*	275.00
1997	SWEET AS A SUMMER'S KISS	RT	*	115.00
1998	BEHOLD THE KING	OP	*	90.00
1999	BENEATH THE EVER CHANGING SEAS	*	*	N/A
1999	PELL MELL	*	120.00	120.00
1999	SOLE MATE	*	35.00	35.00
M. PERRY STUDIOS		**ROYAL WATCH COLLECTOR'S CLUB**		
1998	MUSHROOM, THE	CL	*	90.00
1998	MUTTON CHOPS	CL	*	25.00
1999	BYRON'S LONELY HEARTS CLUB	*	65.00	65.00
P. CALVESBERT			**SMALL TREASURE JESTS**	
1992	40 WINKS	RT	35.00	200.00
1992	PRINCELY THOUGHTS	RT	35.00	200.00
1993	ALL EARS	RT	35.00	200.00
1993	ALL TIED UP	RT	35.00	170.00
1993	AT ARM'S LENGTH	RT	35.00	450.00
1993	BABY ON BOARD	RT	35.00	75.00
1993	BACK SCRATCH	RT	35.00	3750.00

YR	NAME	LIMIT	ISSUE	TREND
1993	DAY DREAMER	RT	35.00	600.00
1993	HAMMING IT UP	RT	35.00	125.00
1993	IT'S A FINE DAY	RT	35.00	300.00
1993	JONAH'S HIDEAWAY	RT	35.00	275.00
1993	REMINISCE	RT	35.00	200.00
1993	SIDE STEPPING	RT	35.00	100.00
1993	SWAMP SONG	RT	35.00	90.00
1993	TOP BANANA	RT	35.00	200.00
1993	TRUNK SHOW	RT	35.00	250.00
1993	WHO'D A THOUGHT?	RT	35.00	3000.00
1994	GROUP THERAPY	RT	35.00	250.00
1994	LET'S DO LUNCH	RT	35.00	650.00
1994	LOVE SEAT	RT	35.00	75.00
1994	NEIGHBORHOOD WATCH	RT	35.00	115.00
1994	PLAY SCHOOL	OP	*	40.00
1994	TEACHER'S PET	RT	35.00	90.00
1994	UNEXPECTED ARRIVAL (NO MOUSE)	CL	*	N/A
1994	UNTOUCHABLE	RT	35.00	350.00
1995	BEAK TO BEAK	RT	35.00	50.00
1995	DEN MOTHERS	RT	35.00	135.00
1995	HORSE PLAY	RT	35.00	350.00
1995	LIFE'S A PICNIC	CL	*	40.00
1995	MAJOR'S MOUSERS	RT	45.00	125.00
1995	MUD BATH	RT	35.00	90.00
1995	RAM	100	*	1150.00
1995	SHARK	100	*	2900.00
1995	UNBRIDLED & GROOMED	CL	*	40.00
1996	BEAK TO BEAK (VERSION 2)	RT	*	45.00
1996	CLOSE SHAVE	OP	*	40.00
1996	PANDA	100	*	2300.00
1996	TIN CAT	CL	*	50.00
1996	TIN CAT (CRUISE VERSION)	990	*	350.00
1997	FRIENDS IN HIGH PLACES	OP	45.00	45.00
1997	IN FINE FEATHER	OP	45.00	45.00
1997	MURPHY'S LAST STAND	CL	*	90.00
1997	PHOTO FINISH	OP	45.00	45.00
1997	ROOSTER	300	*	550.00
1997	SHAGGY DOG	300	*	650.00
1997	SHOE BILL	300	*	650.00
1997	SLEEPY HOLLOW	OP	35.00	35.00
1997	WHALE OF A TIME	OP	35.00	50.00
1998	ALGERNON	3000	45.00	80.00
1998	ANTIPASTO	OP	45.00	45.00
1998	ARIA AMOROSA	OP	45.00	45.00
1998	BABY BOOMERS	3000	45.00	75.00
1998	CROC POT	3000	45.00	70.00
1998	ROCKY'S RAIDERS	OP	45.00	45.00
1998	WISHFUL THINKING	RT	45.00	90.00
1999	DEAD RINGER	OP	45.00	45.00
1999	FOUL PLAY	OP	45.00	45.00
1999	PACKAGE TOUR	OP	45.00	45.00
1999	PEACE SUMMIT	OP	45.00	45.00
1999	PERISHED TEDDIES/PETTY TEDDIES	OP	45.00	45.00
1999	WHEN NATURE CALLS	OP	45.00	45.00

D. LAWRENCE — SPECIAL EDITIONS

YR	NAME	LIMIT	ISSUE	TREND
1997	CAT'S CRADLE	1000	*	250.00
1997	CAT'S CRADLE TOO	1000	*	250.00
1998	KITTY'S KIPPERS	5600	*	70.00
1998	PEACE OFFERING	4200	*	65.00

CALVESBERT/CARDEW — TEAPOT

| 1999 | CRACKING BREW TEAPOT | 3850 | 225.00 | 225.00 |

P. CALVESBERT — TREASURE JESTS

2000	CATCH AS CATCH CAN (CAT IN CAN)	OP	45.00	45.00
2000	GOOD RACE, THE (TORTOISE)	OP	45.00	45.00
2000	MOGGY BAG (CAT AND BAG)	OP	45.00	45.00
2000	POT STICKER (HEDGEHOG)	OP	45.00	45.00
2000	TRUNK CALL (ELEPHANT)	OP	45.00	45.00

HAWTHORNE

*

CLASSIC BALLPARKS

| 1995 | WRIGLEY FIELD-ERNIE BANKS 78461 | * | 100.00 | 100.00 |
| 1997 | COMISKEY PARK 078470 | * | 50.00 | 50.00 |

*

KINKADE ACCESSORIES

1997	GARDEN OF PROMISE	*	20.00	20.00
1997	GLORY OF MORNING	*	20.00	20.00
1997	LAMPLIGHT BRIDGE	*	20.00	20.00

*

MAYBERRY VILLAGE ACCESSORIES

| 1997 | SCHOOL BUS AND FLAG SET | * | 24.00 | 24.00 |
| 1997 | VILLAGE STREETLIGHTS (SET OF 6) | * | 24.00 | 24.00 |

S. SMITH — THE FAIRY TALE FOREST

1994	GOLDILOCKS & THE THREE BEARS 78651	*	25.00	25.00
1994	GOLDILOCKS & THE THREE BEARS 78653	*	25.00	25.00
1994	LITTLE RED RIDING HOOD 78654	CL	50.00	50.00

C. WYSOCKI — WYSOCKI ACCESSORIES

| 1997 | SPECIAL DELIVERY | * | 25.00 | 25.00 |

YR	NAME	LIMIT	ISSUE	TREND

HELEN SABATTE DESIGNS INC.

H. SABATTE — AMERICAN CHRISTMAS CAROLLERS

YR	NAME	LIMIT	ISSUE	TREND
1993	FATHER	5000	48.00	48.00
1993	GRADE SCHOOL BOY	5000	48.00	48.00
1993	GRADE SCHOOL GIRL	5000	48.00	48.00
1993	MOTHER	5000	48.00	48.00
1993	PRE SCHOOL BOY	5000	48.00	48.00
1993	PRE SCHOOL GIRL	5000	48.00	48.00
1993	TEENAGE BOY	5000	48.00	48.00
1993	TEENAGE GIRL	5000	48.00	48.00
1993	TRADITIONAL GRANDFATHER	5000	48.00	48.00
1993	TRADITIONAL GRANDMOTHER	5000	48.00	48.00
1994	TEENAGE BOY HOLDING WATER SNOWGLOBE	200	45.00	50.00
1994	TEENAGER GIRL HOLDING WATER SNOWGLOBE	200	45.00	50.00

H. SABATTE — CHILDHOOD MEMORIES

YR	NAME	LIMIT	ISSUE	TREND
1995	MAN WITH SNOWMAN	*	48.00	48.00
1995	PRE-SCHOOL BOY WITH SNOWFLAKES	CL	45.00	45.00
1995	PRE-SCHOOL BOY WITH SNOWMAN	*	45.00	45.00
1995	PRE-SCHOOL GIRL WITH SNOWFLAKES	CL	45.00	45.00
1995	PRE-SCHOOL GIRL WITH SNOWMAN	*	45.00	45.00
1995	WOMAN WITH SNOWMAN	*	48.00	48.00
1996	MOTHER WITH GINGERBREAD BOARD	*	65.00	65.00
1996	PRE-SCHOOL BOY W/GINGERBREAD COOKIES	*	45.00	45.00
1996	PRE-SCHOOL GIRL W/GINGERBREAD COOKIES	*	45.00	45.00

H. SABATTE — COLLECTOR

YR	NAME	LIMIT	ISSUE	TREND
1994	BEAR COLLECTOR-MAN	5000	60.00	65.00
1994	BEAR COLLECTOR-WOMAN	5000	65.00	70.00
1995	GRADE SCHOOL BOY WITH TEAPOT	CL	50.00	50.00
1995	PRE-SCHOOL GIRL WITH 3 BEARS & BOOKS	*	50.00	50.00
1995	TEENAGE BOY WITH BEARS & BOOKS	*	50.00	50.00
1995	WOMAN WITH TEAPOTS	CL	65.00	65.00
1996	GRADE SCHOOL BOY W/RAGGEDY ANDY	*	48.00	48.00
1996	MOTHER WITH DOLLS & BOOKS	*	68.00	68.00
1996	PRE-SCHOOL GIRL W/DOLL CASE, ETC.	*	50.00	50.00

H. SABATTE — COLLEGE

YR	NAME	LIMIT	ISSUE	TREND
1995	TEEN BOY WITH PENNANT	*	48.00	48.00
1995	TEEN GIRL WITH PENNANT	*	48.00	48.00

H. SABATTE — COLONIAL

YR	NAME	LIMIT	ISSUE	TREND
1995	PILGRIM MAN	*	48.00	48.00
1995	PILGRIM WOMAN	*	48.00	48.00
1996	PILGRIM BOY	*	48.00	48.00
1996	PILGRIM GIRL	*	48.00	48.00

H. SABATTE — FATHER CHRISTMAS SERIES

YR	NAME	LIMIT	ISSUE	TREND
1994	FATHER CHRISTMAS W/CHRISTMAS GREENERY	500	75.00	75.00
1994	FATHER CHRISTMAS W/TRADITIONAL TREE	500	80.00	80.00

H. SABATTE — GARDEN

YR	NAME	LIMIT	ISSUE	TREND
1996	MAN W/GARDEN SUPPLIES	*	60.00	60.00
1996	WOMAN W/GARDEN SUPPLIES	*	65.00	65.00

H. SABATTE — NEW ENGLANDER

YR	NAME	LIMIT	ISSUE	TREND
1995	FISHERMAN-CHILD	*	48.00	48.00
1995	FISHERMAN-OLD	*	48.00	48.00
1995	FISHERMAN-YOUNG	*	48.00	48.00
1995	LOBSTER BOY	*	48.00	48.00
1995	LOBSTERMAN	*	49.00	49.00
1995	MAN W/STARFISH SNOWMAN	*	47.00	47.00
1995	MAN WITH BLUEBERRY SCOPE	*	48.00	48.00
1995	MAN WITH CRANBERRY SCOPE	*	48.00	48.00
1995	PRE-SCHOOL BOY W/STARFISH SNOWMAN	*	45.00	45.00
1995	PRE-SCHOOL GIRL W/STARFISH SNOWMAN	*	45.00	45.00
1995	SAILOR BOY WITH SAILBOAT	*	45.00	45.00
1995	SAILOR BOY WITH XMAS SAILBOAT	*	46.00	46.00
1995	SAILOR GIRL WITH SAILBOAT	*	45.00	45.00
1995	SAILOR GIRL WITH XMAS SAILBOAT	*	46.00	46.00
1995	WOMAN W/STARFISH SNOWMAN	*	47.00	47.00
1995	WOMAN WITH BLUEBERRIES	*	48.00	48.00
1995	WOMAN WITH CRANBERRIES	*	48.00	48.00

H. SABATTE — NIGHT BEFORE CHRISTMAS

YR	NAME	LIMIT	ISSUE	TREND
1994	GRADE SCHOOL GIRL W/DEAR SANTA LETTER	CL	52.00	52.00
1995	PRE-SCHOOL BOY WITH BEAR & BOOKS	*	50.00	50.00
1996	MOTHER WITH CHRISTMAS WRAP	*	50.00	50.00

H. SABATTE — OLDE ENGLISH

YR	NAME	LIMIT	ISSUE	TREND
1996	MAN/BROWN	*	80.00	80.00
1996	MAN/GREEN	*	80.00	80.00
1996	WOMAN/RED	*	80.00	80.00

H. SABATTE — PUPPETEER

YR	NAME	LIMIT	ISSUE	TREND
1995	MAN WITH SANTA PUPPET	*	54.00	54.00

H. SABATTE — SPECIAL ACCESSORIES

YR	NAME	LIMIT	ISSUE	TREND
1995	FATHER WITH SKATES	*	45.00	45.00
1995	FATHER WITH SKIS	*	48.00	48.00
1995	MOTHER WITH SKATES	*	45.00	45.00
1995	MOTHER WITH SKIS	*	48.00	48.00
1995	PRE-SCHOOL BOY WITH CAT	*	45.00	45.00
1995	PRE-SCHOOL BOY WITH DOG	*	45.00	45.00
1995	PRE-SCHOOL BOY WITH PHOTO ALBUM	CL	48.00	48.00
1995	PRE-SCHOOL GIRL WITH CAT	*	45.00	45.00
1995	PRE-SCHOOL GIRL WITH DOG	*	45.00	45.00
1995	PRE-SCHOOL GIRL WITH PHOTO ALBUM	CL	48.00	48.00
1995	TEENAGE BOY WITH AIRPLANES	*	45.00	45.00

YR	NAME	LIMIT	ISSUE	TREND
1995	TEENAGE BOY WITH SKATES	*	45.00	45.00
1995	TEENAGE BOY WITH SKIS	*	48.00	48.00
1995	TEENAGE GIRL WITH SKATES	*	45.00	45.00
1995	TEENAGE GIRL WITH SKIS	*	48.00	48.00
1995	WOMAN WITH APPLES	*	48.00	48.00
1996	GRADE SCHOOL GIRL W/RAGGEDY ANN	*	48.00	48.00
1996	PRE-SCHOOL BOY WITH ADVENT CALENDAR	*	48.00	48.00
1996	PRE-SCHOOL GIRL WITH ADVENT CALENDAR	*	48.00	48.00

H. SABATTE
WEDDING

YR	NAME	LIMIT	ISSUE	TREND
1995	BRIDE	*	65.00	65.00
1995	GROOM	*	60.00	60.00

HUTSCHENREUTHER

ACHTZIGER
AMERICAN LIMITED EDITION COLLECTION

	NAME	LIMIT	ISSUE	TREND
*	ARABIAN STALLION	300		8525.00

GRANGET
AMERICAN LIMITED EDITION COLLECTION

	NAME	LIMIT	ISSUE	TREND
*	A FAMILY AFFAIR	200	*	3700.00
*	ANXIOUS MOMENT	175	*	5225.00
*	BLUE DOLPHINS	100	*	10000.00
*	CHALLENGE, THE	150	*	14000.00
*	CONTEST, THE	100	*	14000.00
*	DANCE-CROWNCRESTED CRANE, THE	25	*	30000.00
*	DECORATED SEA LIONS	100	*	6000.00
*	DISDAIN-OWL	175	*	5200.00
*	DOLPHIN GROUP	500	*	4000.00
*	ENGAGED	250	*	1750.00
*	FIRST LESSON	175	*	3550.00
*	FISH HAWK, THE	500	*	12000.00
*	FREEDOM IN FLIGHT	200	*	9000.00
*	FRIENDLY ENEMIES-WOODPECKER	175	*	5200.00
*	HEADING SOUTH	150	*	14000.00
*	IT'S SPRING AGAIN	250	*	3475.00
*	JOE-STAG	150	*	12000.00
*	OFF SEASON	125	*	4125.00
*	OLYMPIC CHAMPION	500	*	3650.00
*	PROUD PARENT	250	*	13750.00
*	PYGMY OWLS	650	*	6225.00
*	RELUCTANT FLEDGLING	350	*	3475.00
*	SAFE AT HOME	350	*	9000.00
*	SAW WHET OWL	750	*	3575.00
*	SEA FROLIC-SEA LION	500	*	3500.00
*	SENTINEL-SPRINGBOOK, THE	150	*	5200.00
*	SPARROWHAWK W/KINGBIRD	500	*	8250.00
*	SPRING IS HERE	175	*	4500.00
*	TAKE COVER	125	*	14000.00
*	TO RIDE THE WIND	500	*	8650.00

NETZSCH
AMERICAN LIMITED EDITION COLLECTION

	NAME	LIMIT	ISSUE	TREND
*	LINNET ON EAR OF RYE	250	*	1175.00
*	QUINCE	375	*	2850.00
*	REDSTART ON QUINCE BRANCH	250	*	1300.00
*	SILVER HERON	500	*	5000.00
*	WHOOPING CRANES	300	*	8000.00
*	WREN ON WILD ROSE	250	*	1675.00

O'HARA
AMERICAN LIMITED EDITION COLLECTION

	NAME	LIMIT	ISSUE	TREND
*	CHRISTMAS ROSE	375	*	3050.00
*	WATER LILY	375	*	4150.00

D. VALENZA
PORTRAIT FIGURINES

YR	NAME	LIMIT	ISSUE	TREND
1977	CATHERINE THE GREAT	500	500.00	1100.00
1977	HELEN OF TROY	500	500.00	1050.00
1977	ISOLDE	500	500.00	2650.00
1977	JENNIE CHURCHHILL	500	500.00	925.00
1977	JUDITH	500	500.00	1575.00
1977	LILLIAN RUSSELL	500	500.00	1825.00
1977	QUEEN ISABELLE	500	500.00	925.00

IRIS ARC

M. GENOA
CRYSTAL KINGDOM

YR	NAME	LIMIT	ISSUE	TREND
1993	BASKET OF VIOLETS	RT	190.00	225.00
1993	BIRDBATH	RT	190.00	225.00
1993	COUNTRY CHURCH	OP	590.00	590.00
1994	BLUEBIRD BASKET	OP	190.00	190.00
1994	HUMMINGBIRDS	OP	290.00	290.00
1994	MYSTIC STAR CASTLE	OP	390.00	390.00

C. HUGHES
CRYSTAL KINGDOM

YR	NAME	LIMIT	ISSUE	TREND
1993	NOB HILL VICTORIAN	OP	1000.00	1000.00
1994	GARDEN COTTAGE	OP	390.00	390.00

ISPANKY

L. ISPANKY
ISPANKY PORCELAINS

YR	NAME	LIMIT	ISSUE	TREND
*	EXODUS, BRONZE	100	1500.00	1500.00
*	OWL	300	750.00	825.00
*	PRINCESS OF THE NILE	500	275.00	450.00
*	ROSH HASHANA, GRAY BEARD	2	275.00	10000.00
*	ROSH HASHANA, WHITE BEARD	400	275.00	1300.00
1966	ORCHIDS	250	1000.00	1500.00
1967	ARTIST GIRL	500	200.00	1800.00
1967	BALLERINA	500	350.00	1000.00
1967	BALLET DANCERS	500	350.00	1000.00

YR	NAME	LIMIT	ISSUE	TREND
1967	BIRD OF PARADISE	250	1500.00	1500.00
1967	CAVALRY SCOUT, DECORATED	200	1000.00	1200.00
1967	CAVALRY SCOUT, WHITE	150	675.00	900.00
1967	DRUMMER BOY, DECORATED	200	250.00	285.00
1967	DRUMMER BOY, WHITE	600	150.00	185.00
1967	DUTCH IRIS	250	1400.00	1500.00
1967	FORTY-NINER, DECORATED	200	450.00	650.00
1967	FORTY-NINER, WHITE	350	250.00	250.00
1967	GREAT SPIRIT, WHITE	150	750.00	750.00
1967	HORSE	300	300.00	600.00
1967	HUNT, DECORATED	200	2000.00	3850.00
1967	HUNT, WHITE	150	1200.00	1485.00
1967	KING ARTHUR	500	300.00	750.00
1967	LOVE	300	375.00	950.00
1967	MEDITATION	300	350.00	1000.00
1967	MORNING	500	300.00	1500.00
1967	MOSES	400	400.00	1800.00
1967	ON THE TRAIL, WHITE	150	750.00	1125.00
1967	PACK HORSE, DECORATED	200	700.00	1250.00
1967	PACK HORSE, WHITE	150	500.00	350.00
1967	PILGRIM FAMILY, DECORATED	200	500.00	750.00
1967	PILGRIM FAMILY, WHITE	350	350.00	350.00
1967	PIONEER SCOUT, DECORATED	200	1000.00	1000.00
1967	PIONEER SCOUT, WHITE	200	675.00	405.00
1967	PIONEER WOMAN, DECORATED	200	350.00	550.00
1967	PIONEER WOMEN, WHITE	150	225.00	350.00
1967	PROMISES	100	225.00	2500.00
1967	TULIPS, RED	50	1800.00	4500.00
1967	TULIPS, YELLOW	50	1800.00	4500.00
1968	PEGASUS, DECORATED	300	375.00	800.00
1968	PEGASUS, WHITE	300	300.00	800.00
1968	QUEEN OF SPRING	200	750.00	1200.00
1969	AUTUMN WIND	500	300.00	1500.00
1969	DAFFODILS	250	950.00	950.00
1969	GREAT SPIRIT, DECORATED	200	1500.00	1850.00
1969	ISAIAH	300	475.00	1100.00
1969	MARIA	350	750.00	1000.00
1969	MERMAID GROUP, DECORATED	200	1000.00	1800.00
1969	MERMAID GROUP, WHITE	200	950.00	950.00
1969	STORM	500	400.00	950.00
1970	CELESTE	200	475.00	500.00
1970	DAWN	300	500.00	1000.00
1970	EVENING	300	375.00	650.00
1970	HORSEPOWER	100	1650.00	3250.00
1970	ICARUS	350	350.00	650.00
1970	KING AND QUEEN, PAIR	250	750.00	1200.00
1970	ON THE TRAIL, DECORATED	200	1700.00	1700.00
1970	PEACE, DECORATED	100	375.00	750.00
1970	PEACE, WHITE	100	300.00	450.00
1970	REVERIE	200	200.00	850.00
1970	THRASHER	300	1000.00	1000.00
1971	BEAUTY AND THE BEAST	15	4500.00	4500.00
1971	BETSY ROSS	350	750.00	1325.00
1971	CHRISTINE	300	350.00	800.00
1971	DAVID	400	450.00	600.00
1971	DEBUTANTE	500	350.00	625.00
1971	ETERNAL LOVE	300	400.00	650.00
1971	EXCALIBUR	15	3500.00	3500.00
1971	FELICIA	15	2500.00	2500.00
1971	FREEDOM	250	300.00	500.00
1971	JESSAMY 1	400	450.00	600.00
1971	MR. AND MRS. OTTER	500	250.00	600.00
1971	PEACE RIDERS	1	35000.00	35000.00
1971	QUEST	15	1500.00	1500.00
1971	ROMEO AND JULIET, DECORATED	500	375.00	950.00
1971	SWAN LAKE	300	1000.00	2500.00
1971	TEKIEH	15	1800.00	1800.00
1972	ANNABEL LEE	500	750.00	750.00
1972	CINDERELLA	400	375.00	375.00
1972	MADAME BUTTERFLY	300	1500.00	1500.00
1972	PRINCESS AND THE FROG	500	675.00	675.00
1972	SPIRIT OF THE SEA	450	500.00	500.00
1972	SPRING BALLET	400	450.00	600.00
1972	SPRING BOUQUET	50	3000.00	15000.00
1973	AARON	350	1200.00	2400.00
1973	ABRAHAM	500	600.00	1400.00
1973	EMERALD DRAGON	100	2500.00	3250.00
1973	LORELEI	500	550.00	650.00
1973	LOVE LETTERS	450	750.00	850.00
1973	MAID OF THE MIST	350	450.00	850.00
1973	MESSIAH	750	450.00	500.00
1973	REBEKAH	300	400.00	775.00
1973	TEXAS RANGERS	400	1650.00	1650.00
1974	BANBURY CROSS	350	550.00	1025.00
1974	BELLE OF THE BALL	500	550.00	950.00
1974	DIANNE	500	500.00	900.00
1974	HAMLET AND OPHELIA	350	1250.00	1350.00
1974	HOLY FAMILY, DECORATED	450	900.00	1595.00
1974	HOLY FAMILY, WHITE	450	750.00	700.00

YR	NAME	LIMIT	ISSUE	TREND
1974	KING LEAR AND CORDELIA	250	1250.00	1250.00
1974	SECOND BASE	500	650.00	1100.00
1975	APOTHEOSIS OF THE SCULPTOR	250	495.00	1000.00
1975	HEALING HAND, DECORATED	600	750.00	1250.00
1975	HEALING HAND, WHITE	600	650.00	800.00
1975	JOSHUA	350	750.00	1200.00
1975	MADONNA WITH HALO, DECORATED	500	350.00	495.00
1975	MADONNA WITH HALO, WHITE	500	250.00	250.00
1975	MADONNA, THE BLESSED SAINT, DECORATED	500	295.00	350.00
1975	MADONNA, THE BLESSED SAINT, WHITE	500	195.00	250.00
1975	MEMORIES	500	600.00	900.00
1975	SPRING FEVER	600	650.00	1050.00
1976	LYDIA	400	450.00	835.00
1976	PIANO GIRL	800	300.00	725.00
1976	SOPHISTICATION	800	350.00	575.00
1976	SWANILDA	1000	285.00	800.00
1977	DAISY	1000	325.00	575.00
1977	DAY DREAMS	1000	300.00	600.00
1977	MORNING GLORY	1000	325.00	620.00
1977	POPPY	1000	325.00	575.00
1977	SERENE HIGHNESS	100	2500.00	4250.00
1977	SNOW DROP	1000	325.00	430.00
1977	THUNDER	500	500.00	795.00
1978	LITTLE MERMAID	800	350.00	520.00
1978	MY NAME IS IRIS	700	500.00	900.00
1978	NARCISSUS	700	500.00	620.00
1978	ROMANCE	500	800.00	1200.00
1978	TEN COMMANDMENTS, DECORATED	500	950.00	1525.00
1978	TEN COMMANDMENTS, WHITE	700	600.00	850.00
1978	WATER LILY	1000	325.00	620.00

J.H. BOONE

N.J. ROSE			BEAR CUB SOCIETY	
1995	HUCKLEBERRY BINGE	3000	80.00	80.00
1996	SURPRISE	3000	80.00	80.00
N.J. ROSE			**CLASSIC**	
1996	BUFFALO BILL	OP	125.00	125.00
1996	FIRE WOLF	OP	100.00	100.00
1996	FLY WITH EAGLES	OP	85.00	85.00
1996	MEDICINE ROCK	OP	110.00	110.00
T. SNYDER			**EARTH MATES COLLECTION**	
1995	WISDOM KEEPER	2500	155.00	155.00
T. SNYDER			**EARTH SONG COLLECTION**	
1995	AMAZON	2500	135.00	135.00
1995	CONGO	2500	140.00	140.00
1995	EARTH MATES	2500	275.00	275.00
1995	EARTH SONG	1950	275.00	275.00
1995	IMPALA/MASAI	2500	160.00	160.00
1995	KINGS IN THE CRADLE	2500	155.00	155.00
1995	LAST FRONTIER	2500	140.00	140.00
1995	MOUNTAIN FORTRESS	2500	155.00	155.00
1995	NORTHERN WILDERNESS	2500	135.00	135.00
1995	OUTBACK	2500	135.00	135.00
1995	PRIDE OF AFRICA	1500	250.00	250.00
1995	RHYTHM OF LIFE	2500	135.00	135.00
1995	SACRED PATHS	2500	135.00	135.00
1995	SAVAGE KINSHIP	2500	140.00	140.00
1995	SAVANNA TITANS	2500	155.00	155.00
1995	SPRINGBOK	2500	95.00	95.00
1995	THIN ICE	2500	95.00	95.00
1996	EMBRACE	2500	85.00	85.00
1996	SAMBURU ELDER	1500	85.00	85.00
1996	SEBRINA	1500	85.00	85.00
1996	ZULU WARRIOR	2500	85.00	85.00
G. ROSE			**KINDRED SPIRIT COLLECTION**	
1995	BUFFALO SPIRIT	1500	250.00	250.00
1996	WOLF PAWS	3000	95.00	95.00
N.J. ROSE			**NEIL J. ROSE COLLECTION**	
1995	ARCTIC PHANTOMS	2500	92.00	92.00
1995	BUFFALO HEART	2500	85.00	85.00
1995	COUGAR ROCK	1950	275.00	275.00
1995	DENIZEN OF THE NORTH	2500	92.00	92.00
1995	FLAME, THE	2500	105.00	105.00
1995	FREE SPIRIT	2500	180.00	180.00
1995	GIFT OF THE WOLF	2500	60.00	60.00
1995	LEGEND OF SPIRIT LAKE	2500	95.00	95.00
1995	MISTRAL	2500	75.00	75.00
1995	PIPE HOLDER	1950	260.00	260.00
1995	RISING SUN	3500	135.00	135.00
1995	SILENT STALKER	2500	105.00	105.00
1995	TOWERING ANTLERS	2500	115.00	115.00
1995	WILDERNESS MARAUDER	1500	180.00	180.00
1996	BETRAYAL	2500	275.00	275.00
1996	ROCK MOUNTAIN RECLUSE	2500	100.00	100.00
1996	SNOW FLOWER	2500	95.00	95.00
P. CARRICO			**TRACES**	
1995	MATERNAL INSTINCT	2500	240.00	240.00
1995	MONARCH MOUNTAIN	1950	280.00	280.00

YR	NAME	LIMIT	ISSUE	TREND
1995	REFUGE	1950	100.00	100.00
1995	SILENT LANDING	2500	105.00	105.00
1996	SACRED SPIRITS	1950	250.00	250.00

JAN HAGARA COLLECTABLES
J. HAGARA

1995	DANA	7500	60.00	60.00
1995	JENNIFER & BASKET	7500	73.00	72.50
1995	TAMMY	7500	60.00	60.00

J. HAGARA — COUNTRY MUSIC GREATS

1998	BUCK OWENS 5"	5000	39.00	39.00
1998	BUCK OWENS 8"	10000	59.00	59.00
1998	EDDY ARNOLD	5000	39.00	39.00
1998	EDDY ARNOLD 8 "	10000	59.00	59.00
1998	MARTY ROBBINS	5000	39.00	39.00
1998	MARTY ROBBINS 8"	10000	59.00	59.00
1998	PATSY CLINE 8"	10000	59.00	59.00
1998	PORTER WAGONER	10000	59.00	59.00
1998	TAMMY WYNETTE 5"	5000	39.00	39.00
1998	TAMMY WYNETTE 8"	10000	59.00	59.00

J. HAGARA — GEORGETOWN

1998	ENYA & RYAN	3600	65.00	65.00
1998	JUDIANNA	6000	55.00	55.00
1998	LITTLE MEGAN	6000	69.00	69.00

J. HAGARA — MAKE BELIEVE

1998	BRIANNA ROSE	3000	45.00	45.00
1998	BUTCHIE & OREO	3000	45.00	45.00
1998	EMILY	3000	49.00	49.00
1998	JASMINE	3000	49.00	49.00
1998	JIMMY CHUCK	3000	49.00	49.00
1998	KAYLA	3000	49.00	49.00
1998	MARY LOU	3000	49.00	49.00
1998	PEPPERMINT & CARMEL	3000	49.00	49.00

J. HAGARA — MINIATURES

1989	HEATHER	RT	18.00	18.00
1989	MANDY	RT	18.00	25.00
1989	RACHAEL	RT	18.00	18.00
1989	TIPPI	RT	18.00	18.00

J. HAGARA — SHELFSITTER

1995	ADRIANNE	7500	47.00	47.00
1995	MATTHEW HAS TURNED THE PAGE	7500	39.00	39.00
1996	LITTLE SHARICE & ROCKER	7500	72.00	71.50

J. HAGARA — SIGNATURE

1985	ALICE AND ANDREA	RT	75.00	250.00
1985	BECKY	RT	55.00	375.00
1985	JESSICA	RT	55.00	100.00
1985	MEMORIES	RT	75.00	250.00
1985	STORYTIME	RT	135.00	300.00
1985	THERESA	RT	55.00	260.00
1987	NIKKI & SANTA	RT	135.00	260.00

J. HAGARA — VICTORIAN CHILDREN

*	JAN AT AGE FOUR	*	*	75.00
*	MISSY	*	*	50.00
1983	ANNE	RT	25.00	90.00
1983	JENNY	RT	25.00	175.00
1983	JODY	RT	25.00	60.00
1983	LISA	RT	25.00	60.00
1983	LYDIA	RT	25.00	100.00
1983	VICTORIA	RT	25.00	65.00
1984	AMANDA	RT	30.00	100.00
1984	BRIAN	RT	30.00	40.00
1984	CAROL	RT	30.00	200.00
1984	CRISTINA	RT	30.00	75.00
1985	ANGIE	RT	30.00	125.00
1985	BRIAN & CINNAMON BEAR	RT	30.00	200.00
1985	DAPHNE & UNICORN	RT	45.00	85.00
1985	STACY	RT	30.00	125.00
1985	STEPHEN	RT	30.00	125.00
1986	ASHLEY	RT	25.00	60.00
1986	CHRIS	RT	30.00	100.00
1986	DAISIES FROM JIMMY	RT	45.00	125.00
1986	LARRY	RT	30.00	75.00
1986	MEG	RT	30.00	75.00
1986	MELANIE	RT	30.00	100.00

JEFFREY SCOTT CO.
M. GORETTI — THE BIRD SANCTUARY

1993	HERITAGE EAGLE	5000	50.00	60.00
1994	HARMONY IN THE WILD	2500	65.00	75.00

JOHN HINE STUDIOS LTD.
*

BUGABOOS

1989	ARNOLD	CL	45.00	45.00
1989	BERYL	CL	45.00	45.00
1989	EDNA	CL	45.00	45.00
1989	ENID	CL	45.00	45.00
1989	GERALD	CL	45.00	45.00
1989	LIZZIE	CL	45.00	45.00

YR	NAME	LIMIT	ISSUE	TREND
1989	OSCAR	CL	45.00	45.00
1989	WESLEY	CL	45.00	45.00
1989	WILBUR	CL	45.00	45.00
D. WINTER			**DAVID WINTER SCENES**	
1992	AT ROSE COTTAGE/VIGNETTE	5000	39.00	30.00
1992	AT THE BAKEHOUSE/VIGNETTE	5000	35.00	40.00
1992	AT THE BOTHY/VIGNETTE BASE	5000	39.00	32.00
1992	DAUGHTER	5000	30.00	23.00
1992	FARM HAND AND SPADE	5000	40.00	30.00
1992	FARMER AND PLOUGH	5000	60.00	45.00
1992	FARMER'S WIFE	5000	45.00	34.00
1992	FATHER	5000	45.00	35.00
1992	GIRL SELLING EGGS	5000	30.00	30.00
1992	GOOSE GIRL	5000	45.00	34.00
1992	HOT CROSS BUN SELLER	5000	60.00	60.00
1992	LADY CUSTOMER	5000	45.00	45.00
1992	MOTHER	5000	50.00	50.00
1992	SMALL BOY & DOG	5000	45.00	45.00
1992	SON	5000	30.00	23.00
1992	WOMAN AT PUMP	5000	45.00	45.00
1993	BOB CRATCHIT & TINY TIM	5000	50.00	10.00
1993	CHRISTMAS SNOW/VIGNETTE	5000	50.00	65.00
1993	EBENEZER SCROOGE	5000	45.00	10.00
1993	FRED	5000	35.00	10.00
1993	MISS BELLE	5000	35.00	10.00
1993	MRS. FEZZIWIG	5000	35.00	10.00
1993	TOM THE STREET SHOVELER	5000	60.00	10.00
J. KING			**FATHER CHRISTMAS**	
1988	FALLING	OP	70.00	70.00
1988	FEET	OP	70.00	70.00
1988	STANDING	OP	70.00	70.00
S. KUCK			**HEART STRINGS**	
1992	DAY DREAMING	15000	93.00	93.00
1992	HUSH, IT'S SLEEPYTIME	15000	98.00	98.00
1992	TAKING TEA	15000	93.00	93.00
1992	WATCH ME WALTZ	15000	98.00	98.00

JUNE MCKENNA COLLECTIBLES INC.

YR	NAME	LIMIT	ISSUE	TREND
J. MCKENNA			**12" LIMITED EDITION**	
1995	PEACEFUL JOURNEY	4000	250.00	250.00
1996	MAGIC OF CHRISTMAS	4000	250.00	250.00
J. MCKENNA			**3-D BLACK FOLK ART**	
1996	ALL I WANT FOR CHRISTMAS	YR	70.00	70.00
1996	I'VE GOT THE TREE	YR	70.00	70.00
1996	JASMINE	YR	70.00	70.00
1996	JEREMIAH	YR	70.00	70.00
1996	SPLISH SPLASH	YR	70.00	70.00
1996	UNCLE TOM'S CHRISTMAS	YR	160.00	160.00
J. MCKENNA			**3-D FIGURINES**	
1996	BRIDE & GROOM	YR	70.00	70.00
1996	HELPFUL FRIENDS	YR	90.00	90.00
1996	MR. SANTA W/ RAG DOLL	YR	70.00	70.00
1996	MRS. SANTA W/ RAG DOLL	YR	70.00	70.00
1996	SET OF THREE TREES	YR	60.00	60.00
1997	A GIFT FOR CLARA		70.00	70.00
1997	SNOWMAN AND ANGEL		70.00	70.00
1998	BEARLY CHRISTMAS	TL	90.00	90.00
1998	DRESSED FOR THE OCCASION	TL	80.00	80.00
1998	YULETIDE CHRISTMAS	TL	80.00	80.00
J. MCKENNA			**6" CHRISTMAS FIGURINE**	
1995	FINISHING TOUCH	YR	70.00	70.00
1995	JOEY'S CHRISTMAS	YR	70.00	70.00
J. MCKENNA			**7" LIMITED EDITION**	
1995	CHRISTMAS LULLABY/RED	RT	120.00	120.00
1996	CHRISTMAS LULLABY/BLUE	7500	120.00	120.00
1996	POLAR BEAR EXPRESS	2500	120.00	120.00
J. MCKENNA			**AMISH FLATBACK**	
1996	AMISH BROTHER	YR	30.00	30.00
1996	AMISH FATHER	YR	30.00	30.00
1996	AMISH GRANDPA	YR	32.00	32.00
1996	AMISH MOTHER	YR	30.00	30.00
1996	AMISH SISTER	YR	30.00	30.00
1996	SUNDAY OUTING	YR	50.00	50.00
J. MCKENNA			**ANNIVERSARY SERIES**	
1997	APRIL EASTER	YR	30.00	30.00
1997	AUGUST BEACH	YR	30.00	30.00
1997	DECEMBER CHRISTMAS	YR	30.00	30.00
1997	FEBRUARY VALENTINES DAY	YR	30.00	30.00
1997	JANUARY PARTY	YR	30.00	30.00
1997	JULY HAPPY FOURTH	YR	30.00	30.00
1997	JUNE GRADUATION	YR	30.00	30.00
1997	MARCH ST. PATRICKS DAY	YR	30.00	30.00
1997	MAY FLOWERS	YR	30.00	30.00
1997	NOVEMBER THANKSGIVING	YR	30.00	30.00
1997	OCTOBER HALLOWEEN	YR	30.00	30.00
1997	SEPTEMBER BACK TO SCHOOL	YR	30.00	30.00

YR	NAME	LIMIT	ISSUE	TREND
J. MCKENNA			**BLACK FOLK ART**	
1983	BLACK BOY WITH WATERMELON	CL	12.00	40.00
1983	BLACK GIRL WITH WATERMELON	CL	12.00	40.00
1984	BLACK MAN WITH PIG	CL	13.00	40.00
1984	BLACK WOMAN WITH BROOM	CL	13.00	40.00
1985	KIDS IN A TUB 3D	CL	30.00	60.00
1985	KISSING COUSINS-SILL SITTER	CL	36.00	60.00
1985	WATERMELON PATCH KIDS	CL	24.00	63.00
1986	BLACK BUTLER	CL	13.00	40.00
1987	AUNT BERTHA 3D	CL	36.00	72.00
1987	LIL' WILLIE 3D	CL	36.00	72.00
1987	SWEET PRISSY 3D	CL	36.00	72.00
1987	UNCLE JACOB 3D	CL	36.00	72.00
1988	NETTY	CL	16.00	50.00
1988	RENTY	CL	16.00	40.00
1989	DELIA	CL	16.00	40.00
1989	JAKE	CL	16.00	40.00
1990	TASHA	CL	17.00	40.00
1990	TYREE	CL	17.00	40.00
J. MCKENNA			**CAROLERS**	
1985	BOY CAROLER	CL	36.00	75.00
1985	GIRL CAROLER	CL	36.00	75.00
1985	MAN CAROLER	CL	36.00	75.00
1985	WOMAN CAROLER	CL	36.00	75.00
J. MCKENNA			**FLATBACK FIGURINES**	
1995	SANTA CAROLING	YR	60.00	60.00
1995	TRAVEL PLANS	YR	70.00	70.00
1996	GREETINGS/DOORWAY	YR	50.00	50.00
1996	SANTA/TREE TOPPER	YR	70.00	70.00
1997	CHILDREN CAROLERS		70.00	70.00
1997	CHRISTMAS WINDOW		70.00	70.00
1997	MAN & WOMAN CAROLERS		70.00	70.00
J. MCKENNA			**ICICLE**	
1996	SANTA W/PIPE	YR	17.00	17.00
J. MCKENNA			**INTERNATIONAL**	
1997	SAMICHLAUS	YR	100.00	100.00
1998	AUSTRALIAN SANTA	YR	110.00	110.00
J. MCKENNA			**JUNE MCKENNA FIGURINES**	
1984	TREE TROPPER	CL	70.00	225.00
1985	SOLDIER	CL	40.00	175.00
1986	LITTLE ST. NICK	CL	50.00	100.00
1986	MALE ANGEL	CL	44.00	1450.00
1987	PATRIOTIC SANTA	CL	50.00	125.00
1988	MRS. SANTA	CL	50.00	125.00
1992	TAKING A BREAK	RT	60.00	70.00
1993	A GOOD NIGHT'S SLEEP	RT	70.00	70.00
1993	ANGEL NAME PLAQUE	CL	70.00	70.00
1993	BAKING COOKIES	RT	450.00	450.00
1993	BELLS OF CHRISTMAS	RT	40.00	40.00
1993	CHILDREN ICE SKATERS	CL	70.00	70.00
1993	CHRISTMAS CHEER	RT	120.00	120.00
1993	CHRISTMAS EVE	4 YR	35.00	35.00
1993	MR. SNOWMAN	CL	40.00	40.00
1993	NATIVITY COW	OP	30.00	30.00
1993	NATIVITY DONKEY	OP	30.00	30.00
1993	NATIVITY RAM WITH EWE	OP	30.00	30.00
1993	PATRIOT, THE	4000	250.00	250.00
1993	SANTA AND FRIENDS	CL	70.00	70.00
1993	SANTA NAME PLAQUE	RT	70.00	70.00
1993	SANTA'S LOVE	RT	40.00	40.00
1993	SNOW FAMILY, THE	CL	40.00	40.00
1993	TOMORROW'S CHRISTMAS	RT	250.00	250.00
1994	ALL ABOARD NORTH POLE EXPRESS	*	500.00	500.00
1994	BRINGING HOME CHRISTMAS	4 YR	35.00	35.00
1994	CHILDREN CAROLERS	OP	90.00	90.00
1994	CONDUCTOR	OP	70.00	70.00
1994	DECORATING FOR CHRISTMAS	CL	70.00	70.00
1994	MRS. CLAUS, DANCING	7500	120.00	120.00
1994	NOT ONCE BUT TWICE	10000	40.00	40.00
1994	POSTMARKED NORTH POLE	10000	40.00	40.00
1994	SANTA'S ONE MAN BAND	7500	120.00	120.00
1994	SAY CHEESE, PLEASE	CL	250.00	250.00
1994	SNOWMAN AND CHILD	CL	70.00	70.00
1994	ST. NICHOLAS	4000	250.00	250.00
1994	STAR OF BETHLEHEM	CL	40.00	40.00
1994	WELCOME TO THE WORLD	RT	400.00	400.00
1998	CHRISTMAS TOYS	2500	130.00	130.00
1998	LENDING A HAND	OP	280.00	280.00
1998	MEMORIES OF CHRISTMAS	4000	270.00	270.00
J. MCKENNA			**LIMITED EDITION**	
1983	FATHER CHRISTMAS	RT	90.00	3500.00
1984	OLD SAINT NICK	CL	100.00	1500.00
1985	WOODLAND	CL	140.00	1900.00
1986	VICTORIAN	CL	150.00	600.00
1987	CHRISTMAS EVE	CL	170.00	575.00
1987	KRIS KRINGLE	CL	350.00	500.00
1988	BRINGING HOME CHRISTMAS	CL	170.00	325.00
1988	REMEMBRANCE OF CHRISTMAS PAST	4000	400.00	550.00

From the Best Friends—First Friends Begin at Childhood collection, Fishing Friends—produced by Band Creations—is the work of artists Jeanette Richards and Sandra Penfield.

The elegantly attired Henley is from the "British Sporting Heritage" series produced by Royal Doulton.

Little John, a porcelain musical, plays "Riding Through the Glen." The figurine was produced in 1990 and is a part of the Melody in Motion line produced by WACO Products Corp.

Alyssa—Nature's Angel was the first in a series of annual limited Seraphim Classics angels. This figure was limited in production to the year 1995.

YR	NAME	LIMIT	ISSUE	TREND
1989	SANTA'S WARDROBE	1500	750.00	750.00
1989	SEASONS GREETINGS	CL	200.00	325.00
1990	NIGHT BEFORE CHRISTMAS	1000	750.00	750.00
1990	WILDERNESS	4000	200.00	200.00
1991	COMING TO TOWN	RT	220.00	310.00
1992	BEDTIME STORIES	2000	500.00	500.00
1992	CHRISTMAS GATHERING	4000	220.00	220.00
1992	HOT AIR BALLOON	1500	800.00	800.00
1997	ALL I WANT FOR CHRISTMAS	2500	120.00	120.00
1997	CHRISTMAS JOY	3000	40.00	40.00
1997	LIGHTING THE WAY	4000	260.00	260.00
1997	MERRY CHRISTMAS	3000	40.00	40.00
J. MCKENNA			**LIMITED FLATBACK**	
1995	CHRISTMAS DELIVERY	10000	40.00	40.00
1995	LIGHT OF CHRISTMAS	10000	40.00	40.00
1996	HAPPY HOLIDAYS	3000	40.00	40.00
1996	YULETIDE JOY	3000	40.00	40.00
J. MCKENNA			**NATIVITY SET**	
1996	NATIVITY SET	CL	150.00	150.00
J. MCKENNA			**REGISTERED EDITION**	
1986	COLONIAL	CL	150.00	425.00
1987	WHITE CHRISTMAS	CL	170.00	1500.00
1988	JOLLY OLE ST. NICK	CL	170.00	250.00
1989	TRADITIONAL	CL	180.00	250.00
1990	TOY MAKER	CL	200.00	350.00
1991	CHECKING HIS LIST	CL	230.00	300.00
1992	FORTY WINKS	CL	250.00	275.00
1995	A CHRISTMAS TREAT FOR ALL	YR	260.00	260.00
1995	CHRISTMAS DOWN ON THE FARM	YR	260.00	260.00
1996	CHRISTMAS OVER LOAD	YR	260.00	260.00
1997	FOREST FRIENDS		260.00	260.00
J. MCKENNA			**SPECIAL LIMITED EDITION**	
1989	LAST GENTLE NUDGE	RT	280.00	280.00
1989	SANTA & HIS MAGIC SLEIGH	RT	280.00	280.00
1990	CHRISTMAS DREAMS	4000	280.00	450.00
1990	SANTA'S REINDEER	1500	400.00	400.00
1990	UP ON THE ROOFTOP	RT	280.00	280.00
1995	ALL ABOARD - TOY CAR	RT	250.00	250.00
1996	INTERNATIONAL SANTA	YR	160.00	160.00
1996	LOGGING CAR	YR	250.00	250.00
1996	SHOW ME THE WAY	YR	500.00	500.00
J. MCKENNA			**TRAIN SERIES**	
1997	NPE REINDEER CAR	YR	300.00	300.00
1998	NORTH POLE EXPRESS CABOOSE	YR	310.00	310.00
J. MCKENNA			**VICTORIAN LIMITED EDITION**	
1990	EDWARD 3D	CL	180.00	450.00
1990	ELIZABETH 3D	CL	180.00	450.00

KAISER

YR	NAME	LIMIT	ISSUE	TREND
W. GAWANTKA			**ANIMALS**	
1969	PORPOISE GROUP (3), WHITE BISQUE	CL	85.00	400.00
1975	DOLPHIN GROUP (5), 520/5, WHITE BISQUE	800	850.00	3000.00
1975	GERMAN SHEPHERD 528, COLOR BISQUE	CL	250.00	675.00
1975	GERMAN SHEPHERD 528, WHITE BISQUE	CL	185.00	450.00
1976	IRISH SETTER 535, COLOR BISQUE	1000	290.00	675.00
1976	IRISH SETTER 535, WHITE/BASE	1500	*	450.00
1978	DOLPHIN GROUP (4), 596/4, WHITE BISQUE	4500	75.00	1000.00
1978	KILLER WHALE 579, COLOR/BISQUE	2000	420.00	800.00
1978	KILLER WHALE 579, WHITE/BISQUE	2000	85.00	425.00
1978	KILLER WHALES (2), 594, COLOR	2000	925.00	2025.00
1978	KILLER WHALES (2), 594, WHITE	2000	425.00	1050.00
1979	BEAR & CUB 521, COLOR BISQUE	900	400.00	1100.00
1979	BEAR & CUB 521, WHITE BISQUE	CL	125.00	400.00
1985	BROOK TROUT 739, COLOR BISQUE	OP	250.00	500.00
1985	PIKE 737, COLOR BISQUE	OP	350.00	700.00
1985	RAINBOW TROUT 739, COLOR BISQUE	OP	250.00	500.00
1985	TROUT 739, COLOR BISQUE	OP	95.00	500.00
1991	LION 701201, WHITE BISQUE	1500	650.00	650.00
1991	LION 701203, COLOR BISQUE	1500	1300.00	1300.00
H. LIEDERLY			**ANIMALS**	
1982	TWO WILD BOARS 664, COLOR BISQUE	1000	650.00	890.00
G. TAGLIARIOL			**ANIMALS**	
1980	BISON 630, COLOR BISQUE	2000	620.00	1100.00
1980	BISON 690, WHITE BISQUE	2000	350.00	500.00
*			**BIRDS OF AMERICA COLLECTION**	
*	BALD EAGLE II 497, COLORED	CL	*	1300.00
*	ROADRUNNER 492, COLOR/BASE	CL	350.00	900.00
*	ROBIN & WORM, COLOR/BASE	CL	60.00	90.00
*	ROBIN II 537, COLOR/BASE	1000	260.00	900.00
*	SCREECH OWL 532, WHITE/BASE	CL	175.00	200.00
*	SNOWY OWL 776, COLOR/BASE	1500	*	1200.00
*	SNOWY OWL 776, WHITE/BASE	1500	*	700.00
*	SPARROW HAWK 749, COLOR/BASE	3000	575.00	950.00
1970	SCARLET TANAGER, COLOR/BASE	CL	60.00	90.00
1985	PINTAILS 747, COLOR/BASE	1500	*	850.00
1985	PINTAILS 747, WHITE/BASE	1500	*	375.00

YR	NAME	LIMIT	ISSUE	TREND
W. GAWANTKA		**BIRDS OF AMERICA COLLECTION**		
*	BABY TITMICE 501, COLOR/BASE	CL	400.00	525.00
*	BABY TITMICE 501, WHITE/BASE	1200	200.00	800.00
1972	BLUE BIRD 496, COLOR, BASE	2500	120.00	500.00
1972	GOSHAWK 491, COLOR/BASE	1500	2400.00	4400.00
1972	GOSHAWK 491, WHITE/BASE	1500	850.00	2000.00
1972	SEAGULL 498, COLOR/BASE	CL	850.00	1150.00
1972	SEAGULL 498, WHITE/BASE	700	550.00	1600.00
1973	BLUEJAY 503, COLOR/BASE	1500	475.00	1200.00
1973	CARDINAL 504, COLOR/BASE	1500	60.00	600.00
1973	ROBIN 502, COLOR/BASE	1500	340.00	725.00
1974	FALCON 507, COLOR/BASE	1500	820.00	2000.00
1976	BALD EAGLE IV 552, COLOR/BASE	1500	450.00	1000.00
1976	BALD EAGLE IV 552, WHITE/BASE	1500	210.00	575.00
1980	BALD EAGLE VI 634, WHITE/BASE	3000	*	700.00
1984	BALD EAGLE IX 714, COLOR/BASE	3500	500.00	850.00
1984	BALD EAGLE IX 714, WHITE/BASE	4000	190.00	400.00
1985	BALD EAGLE X 746, COLOR/BASE	1500	*	1200.00
1985	BALD EAGLE X 746, WHITE/BASE	1500	375.00	700.00
1985	BALD EAGLE XI 751, COLOR/BASE	1000	880.00	1500.00
1985	BALD EAGLE XI 751, WHITE/BASE	1000	*	925.00
U. NETZSCH		**BIRDS OF AMERICA COLLECTION**		
1968	PAIR OF MALLARDS 456, COLOR/BASE	CL	150.00	500.00
1968	PAIR OF MALLARDS 456, WHITE/BASE	2000	75.00	525.00
1968	PIGEON GROUP 475, COLOR/BASE	1500	150.00	825.00
1968	PIGEON GROUP 475, WHITE/BASE	2000	60.00	425.00
G. TAGLIARIOL		**BIRDS OF AMERICA COLLECTION**		
*	BALD EAGLE VII 637, COLOR/BASE	200	*	20800.00
*	HORNED OWL II 524, COLOR/BASE	1000	650.00	2200.00
*	HORNED OWL II 524, WHITE/BASE	1000	*	1000.00
1975	SPARROW 516, COLOR/BASE	1500	300.00	600.00
1975	WOOD DUCKS 514, COLOR/BASE	800	*	2850.00
1975	WOODPECKERS 515, COLOR/BASE	800	900.00	1800.00
1976	BALTIMORE ORIOLE 536, COLOR/BASE	1000	280.00	750.00
1976	CANADIAN GEESE 550, WHITE/BASE	1500	1500.00	3500.00
1976	PELICAN 534, COLOR/BASE	1200	925.00	1800.00
1976	PELICAN 534, WHITE/BASE	CL	*	625.00
1976	PHEASANT 556, COLOR/BASE	1500	3200.00	6100.00
1977	OWL IV 559, COLOR/BASE	1000	*	1300.00
1978	BABY TITMICE 601, COLOR/BASE	2000	*	1000.00
1978	BABY TITMICE 601, WHITE/BASE	2000	*	600.00
1978	BALD EAGLE V 600, COLOR/BASE	1500	*	3900.00
1978	PAIR OF MALLARDS II 572, COLOR/BASE	1500	*	1200.00
1978	PAIR OF MALLARDS II 572, WHITE/BASE	1500	*	2400.00
1979	SWAN 602, COLOR/BASE	2000	*	1400.00
1981	KINGFISHER 639, COLOR/BASE	CL	45.00	60.00
1981	QUAILS 640, COLOR/BASE	1500	*	2400.00
1981	ROOSTER 642, COLOR/BASE	1500	860.00	1350.00
1981	ROOSTER 642, WHITE/BASE	1500	380.00	700.00
1982	BALD EAGLE VIII 656, COLOR/BASE	CL	800.00	900.00
1982	BALD EAGLE VIII 656, WHITE/BASE	1000	400.00	925.00
1982	HUMMINGBIRD GROUP 660, COLOR/BASE	3000	650.00	1300.00
1984	PHEASANT 715, COLOR/BASE	1500	1000.00	2000.00
M. TANDY		**BIRDS OF AMERICA COLLECTION**		
1984	PEREGRINE FALCON 723, COLOR/BASE	1500	850.00	5000.00
1986	SPARROW HAWK 777, COLORED BISQUE	10000	950.00	1400.00
1986	SPARROW HAWK 777, WHITE BISQUE	1000	440.00	725.00
W. GAWANTKA		**HORSE SCULPTURE**		
1971	PONY GROUP 488, COLOR/BASE	CL	150.00	350.00
1971	PONY GROUP 488, WHITE/BASE	2500	50.00	425.00
1974	MARE & FOAL II 510, COLOR/BASE	CL	650.00	800.00
1975	LIPIZZANER/MAESTOSO 517, COLOR/BASE	CL	*	1150.00
1975	LIPIZZANER/MAESTOSO 517, WHITE/BASE	CL	*	750.00
1976	HASSAN/ARABIAN 553, COLOR/BASE	1500	600.00	1250.00
1976	HASSAN/ARABIAN 553, WHITE/BASE	CL	250.00	600.00
1978	CAPITANO/LIPIZZANER 597, COLOR	1500	625.00	1500.00
1978	CAPITANO/LIPIZZANER 597, WHITE	CL	275.00	600.00
1980	MARE & FOAL III 636, COLOR/BASE	1500	950.00	1650.00
1980	MARE & FOAL III 636, WHITE/BASE	1500	300.00	675.00
1980	ORION/ARABIAN 629, COLOR/BASE	2000	600.00	1050.00
1980	ORION/ARABIAN 629, WHITE/BASE	2000	250.00	450.00
1987	PACER 792, COLOR/BASE	1500	1217.00	1350.00
1987	PACER 792, WHITE/BASE	1500	574.00	675.00
1987	TROTTER 780, COLOR/BASE	1500	1217.00	1350.00
1987	TROTTER 780, WHITE/BASE	1500	574.00	675.00
1990	ARGOS 633101, WHITE BISQUE/BASE	1000	578.00	700.00
1990	ARGOS 633103, LIGHT COLOR/BASE	1000	1194.00	1400.00
1990	ARGOS 633143, COLOR/BASE	1000	1194.00	1400.00
*			**HUMAN FIGURES**	
*	FATHER & DAUGHTER 752, COLOR	2500	390.00	725.00
*	FATHER & DAUGHTER 752, WHITE	2500	175.00	375.00
*	MOTHER & CHILD 757, COLOR	3500	600.00	900.00
*	MOTHER & CHILD 757, WHITE	4000	300.00	425.00
*	MOTHER & CHILD 775, COLOR	3500	600.00	900.00
*	MOTHER & CHILD 775, WHITE	4000	300.00	425.00
G. BOCHMANN			**HUMAN FIGURES**	
1960	MOTHER & CHILD 398, WHITE BISQUE	OP	*	325.00

YR	NAME	LIMIT	ISSUE	TREND
W. GAWANTKA			**HUMAN FIGURES**	
1982	FATHER & SON 659, COLOR/BASE	2500	400.00	725.00
1982	FATHER & SON 659, WHITE/BASE	2500	100.00	400.00
1982	ICE PRINCESS 667, COLOR	5000	375.00	750.00
1982	ICE PRINCESS 667, WHITE	5000	200.00	425.00
1982	SWAN LAKE BALLET 641, COLOR	2500	650.00	1300.00
1982	SWAN LAKE BALLET 641, WHITE	2500	200.00	1000.00
1983	MOTHER & CHILD/BUST 696, COLOR	3500	500.00	1075.00
1983	MOTHER & CHILD/BUST 696, WHITE	4000	225.00	450.00

KURT S. ADLER INC.

YR	NAME	LIMIT	ISSUE	TREND
ANTONOV				
1997	FOR THE MRS.	OP	42.00	42.00
GIORDANO				
1997	UP ON THE ROOF	OP	67.00	67.00
KSA DESIGN				
1997	CHRISTMAS WISH LIST	OP	40.00	40.00
1997	FROSTY FRIENDS	OP	40.00	40.00
1997	GIFTS A PLENTY	OP	45.00	45.00
1997	HOUSE CALLS	OP	40.00	40.00
1997	LABOR OF LOVE	OP	45.00	45.00
1997	MAKING WAVES	OP	55.00	55.00
1997	ONE MORE STORY	OP	55.00	55.00
1997	PAPERWORK	OP	56.00	56.00
1997	PUPPY LOVE	OP	50.00	50.00
1997	SANTA ON LINE	OP	50.00	50.00
1997	TEST DRIVE	OP	45.00	45.00
1997	WHAT A CATCH	OP	45.00	45.00
KSA/STEINBACH				
1997	MINI KING ARTHUR	15000	50.00	50.00
1997	MINI NOAH	10000	50.00	50.00
1997	MINI ST. NICHOLAS	15000	50.00	50.00
M. ROTHENBERG				
1997	FAN MAIL	OP	50.00	50.00
1997	HOLIDAY ON ICE	OP	135.00	135.00
1997	MY HAVE YOU GROWN	OP	75.00	75.00
KSA/STEINBACH		**AMERICAN PRESIDENTS STEINBACH NUTCRACKER**		
1993	BEN FRANKLIN ES922	RT	225.00	225.00
1993	TEDDY ROOSEVELT ES644	10000	225.00	225.00
1996	THOMAS JEFFERSON ES866	7500	260.00	260.00
C. STEINBACH		**AMERICAN PRESIDENTS STEINBACH NUTCRACKER**		
1992	ABRAHAM LINCOLN ES622	RT	195.00	210.00
1992	GEORGE WASHINGTON ES623	12000	195.00	210.00
N. BAILEY			**ANGEL DARLINGS**	
1996	BOTTOMS UP	RT	15.00	15.00
1996	BUDDIES H4765/3	RT	15.00	15.00
1996	CUDDLES H4765/4	RT	15.00	15.00
1996	DREAM BUILDERS H4765/4	RT	15.00	15.00
1996	PEEK-A-BOO H4765/2	RT	15.00	15.00
1997	FOR YOU	OP	20.00	20.00
1997	SECRET, THE	OP	20.00	20.00
1997	SHARING	RT	20.00	20.00
KSA/STEINBACH			**BIBLICAL**	
1996	NOAH ES893	1000	260.00	260.00
1997	MOSES	10000	250.00	250.00
*			**CURRIER & IVES WATERGLOBE COLLECTION**	
1992	OUR FIRST CHRISTMAS J1037	OP	40.00	40.00
1992	WE WISH YOU A MERRY CHRISTMAS J1048	OP	40.00	40.00
K. ADLER			**FABRICHE ANGEL SERIES**	
1992	HEAVENLY MESSENGER W1584	RT	41.00	41.00
K. ADLER			**FABRICHE BEAR & FRIENDS**	
1992	LAUGHING ALL THE WAY J1567	RT	83.00	83.00
1992	NOT A CREATURE WAS STIRRING W1534	RT	67.00	67.00
1993	TEDDY BEAR PARADE W1601	RT	73.00	73.00
P. MAUK			**FABRICHE CAMELOT FIGURE**	
1993	MERLIN THE MAGICIAN J7966	RT	120.00	120.00
1993	YOUNG ARTHUR J7967	RT	120.00	120.00
1994	KING ARTHUR J3372	RT	110.00	110.00
*			**FABRICHE COLLECTION**	
1992	JOLLY OLD NICK W1557	OP	56.00	56.00
1992	MASTER TOYMAKER W1566	OP	61.00	61.00
1992	OLD FATHER FROST W1559	OP	56.00	56.00
1992	SPECIAL DELIVERY W1558	OP	56.00	56.00
T. RUBEL			**FABRICHE COLLECTION**	
1992	HE DID IT AGAIN J7944	OP	160.00	160.00
K. ADLER			**FABRICHE HOLIDAY FIGURINES**	
1992	BUNDLES OF JOY W1578	RT	78.00	78.00
1992	CHRISTMAS IS IN THE AIR W1590	RT	110.00	110.00
1992	HOMEWARD BOUND W1566	RT	61.00	61.00
1992	HUGS AND KISSES W1531	RT	67.00	67.00
1992	ST. NICHOLAS THE BISHOP W1532	RT	78.00	78.00
1993	ALL THAT JAZZ W1620	RT	67.00	67.00
1993	BRINGING THE GIFTS W1605	RT	60.00	60.00
1993	CHECKING IT TWICE W1604	RT	56.00	56.00
1993	FOREVER GREEN W1607	RT	56.00	56.00
1993	PAR FOR THE CLAUS W1603	OP	60.00	60.00
1993	PLAYTIME FOR SANTA W1619	RT	67.00	67.00
1993	STOCKING STUFFER W1622	RT	56.00	56.00

YR	NAME	LIMIT	ISSUE	TREND
1993	TOP BRASS W1630	RT	67.00	67.00
1993	WITH ALL THE TRIMMINGS W1616	OP	76.00	76.00
1994	ALL STAR SANTA W1652	OP	56.00	56.00
1994	BASKET OF GOODIES W1650	RT	60.00	60.00
1994	CHECKING HIS LIST W1643	RT	60.00	60.00
1994	FIREFIGHTING FRIENDS W1654	RT	72.00	72.00
1994	FRIENDSHIP W1642	RT	65.00	65.00
1994	HO, HO, HO SANTA W1632	RT	56.00	56.00
1994	HOLIDAY EXPRESS W1636	RT	100.00	100.00
1994	OFFICER CLAUS W1677	OP	56.00	56.00
1994	PEACE SANTA W1631	RT	60.00	60.00
1994	SANTA'S FISHTALES W1640	OP	60.00	60.00
1994	SCHUSSING CLAUS W1651	RT	78.00	78.00
1995	ALL ABOARD FOR CHRISTMAS W1679	RT	56.00	56.00
1995	ARMCHAIR QUARTERBACK W1693	RT	90.00	90.00
1995	CAPTAIN CLAUS W1680	OP	56.00	56.00
1995	DIET STARTS TOMORROW W1691	RT	60.00	60.00
1995	FATHER CHRISTMAS W1687	RT	56.00	56.00
1995	GIFT FROM HEAVEN W1694	RT	60.00	60.00
1995	KRIS KINGLE W1685	RT	55.00	55.00
1995	MERRY MEMORIES W1735	RT	56.00	56.00
1995	PERE NOEL W1686	RT	55.00	55.00
1995	STRIKE UP THE BAND W1681	RT	55.00	55.00
1995	TEE TIME W1734	RT	60.00	60.00
GIORDANO		**FABRICHE HOLIDAY FIGURINES**		
1994	MERRY ST. NICK W1641	OP	100.00	100.00
W. JOYCE		**FABRICHE HOLIDAY FIGURINES**		
1994	SANTA CALLS W1678	RT	55.00	55.00
KSA/WRG		**FABRICHE HOLIDAY FIGURINES**		
1994	MAIL MUST GO THROUGH W1667	RT	110.00	110.00
M. ROTHENBERG		**FABRICHE HOLIDAY FIGURINES**		
1991	SANTA FIDDLER W1549	RT	100.00	100.00
1992	AN APRON FULL OF LOVE W1582	RT	75.00	75.00
1992	BRINGING IN THE YULE LOG W1589	RT	200.00	200.00
1992	MERRY KISSMAS W1548	RT	140.00	140.00
1992	SANTA STEALS A KISS & A COOKIE W1581	RT	150.00	150.00
1992	SANTA'S CAT NAP W1504	RT	98.00	98.00
1992	SANTA'S ICE CAPADES W1588	RT	110.00	110.00
1993	HERE KITTY W1616	RT	90.00	90.00
1994	STAR GAZING SANTA W1656	OP	120.00	120.00
1995	MRS. SANTA CAROLLER W1690	OP	70.00	70.00
1995	SANTA CAROLER W1689	OP	70.00	70.00
T. RUBEL		**FABRICHE HOLIDAY FIGURINES**		
1992	I'M LATE, I'M LATE J7947	RT	100.00	100.00
1992	IT'S TIME TO GO J7943	RT	150.00	150.00
R. VOLPI		**FABRICHE HOLIDAY FIGURINES**		
1995	WOODLAND SANTA W1731	RT	67.00	67.00
WD. RIVER GALL.		**FABRICHE HOLIDAY FIGURINES**		
1995	NIGHT BEFORE CHRISTMAS W1692	RT	60.00	60.00
M. ROTHENBERG		**FABRICHE SANTA AT HOME**		
1993	GRANDPA SANTA'S PIGGYBACK RIDE W1621	7500	84.00	84.00
1994	CHRISTMAS WALTZ, THE W1635	RT	135.00	135.00
1994	SANTA'S NEW FRIEND W1655	RT	110.00	110.00
1995	BABY BURPING SANTA W1732	RT	80.00	80.00
1995	FAMILY PORTRAIT W1727	RT	140.00	140.00
1995	SANTA'S HORSEY RIDE W1728	RT	80.00	80.00
M. ROTHENBERG		**FABRICHE SANTA'S HELPERS**		
1992	A STITCH IN TIME W1591	5000	135.00	135.00
1993	LITTLE OLDE CLOCKMAKER W1629	RT	134.00	134.00
KSA/SMITHSONIAN		**FABRICHE SMITHSONIAN MUSEUM**		
1991	SANTA ON A BICYCLE W1527	RT	150.00	150.00
1992	HOLIDAY DRIVE W1556	RT	156.00	156.00
1992	PEACE ON EARTH ANGEL TREETOP W1585	RT	52.00	52.00
1992	PEACE ON EARTH FLYING ANGEL W1585	RT	49.00	49.00
1993	HOLIDAY FLIGHT W1617	RT	144.00	144.00
1995	TOYS FOR GOOD BOYS AND GIRLS W1696	RT	75.00	75.00
K. ADLER		**FABRICHE THOMAS NAST FIGURINES**		
1991	HELLO! LITTLE ONE! W1552	12000	90.00	90.00
1992	CAUGHT IN THE ACT W1577	RT	133.00	133.00
1992	CHRISTMAS SING-A-LONG W1576	12000	110.00	110.00
1993	DEAR SANTA W1602	RT	110.00	110.00
K. ADLER		**GALLERY OF ANGELS**		
1994	GUARDIAN ANGEL M1099	2000	150.00	150.00
1994	UNSPOKEN WORD M1100	2000	150.00	150.00
P.F. BOLINGER		**HALLOWEEN**		
1996	DR PUMPKIN HW535	OP	50.00	50.00
1996	EAT AT DRAC'S HW493	OP	22.00	22.00
1996	PUMPKIN GRUMPKIN HW494	OP	18.00	18.00
1996	PUMPKIN PLUMPKIN HW494	OP	18.00	18.00
1996	PUMPKINS ARE US HW534	RT	17.00	17.00
P.F. BOLINGER		**HELPING HAND SANTAS**		
1994	ALDWYN OF THE GREENWOOD J8196	OP	145.00	145.00
1994	BERWYN THE GRAND J8198	OP	175.00	190.00
1994	CARADOC THE KIND J8199	OP	70.00	80.00
1994	FLORIAN OF THE BERRY BUSH J8199	OP	70.00	80.00
1994	GUSTAVE THE GUTSY J8199	OP	70.00	80.00
1994	SILVANUS THE CHEERFUL J8197	OP	165.00	165.00
1995	BOUNTIFUL J8234	OP	164.00	164.00

YR	NAME	LIMIT	ISSUE	TREND
1995	LUMINATUS J8241	OP	136.00	136.00
1996	HARMONIOUS 56509	RT	115.00	115.00
1996	NOAH J6487	RT	56.00	56.00
1996	UNCLE SAM J6488	RT	56.00	56.00

P.F. BOLINGER · HO HO HO GANG

YR	NAME	LIMIT	ISSUE	TREND
1994	CHRISTMAS GOOSE J8201	RT	25.00	25.00
1994	HOLY MACKEREL J8202	RT	25.00	25.00
1994	SANTA COB J8203	RT	28.00	28.00
1994	SURPRISE J8201	RT	25.00	25.00
1994	WILL HE MAKE IT? J8203	RT	28.00	28.00
1995	COOKIE CLAUS J8286	RT	40.00	40.00
1995	DO NOT DISTURB J8233	OP	56.00	56.00
1995	LARGE NORTH POLE J8237	RT	56.00	56.00
1995	NO HAIR DAY J8287	RT	50.00	50.00
1995	SMALL NORTH POLE J8238	RT	45.00	45.00
1995	WILL WORK FOR COOKIES J8235	OP	40.00	40.00
1995	WISHFUL THINKING J8239	RT	39.00	39.00
1996	BOX OF CHOCOLATE J6510	RT	33.00	33.00
1996	CHRISTMAS SHOPPING SANTA J6497	RT	22.00	22.00
1996	CLAUS A LOUNGER J6478	RT	33.00	33.00
1996	FIRE DEPARTMENT NORTH POLE J6508	RT	50.00	50.00
1996	FIREMAN SANTA J6476	RT	28.00	28.00
1996	JOY OF COOKING J6496	OP	28.00	28.00
1996	LOVE SANTA J6493	RT	18.00	18.00
1996	NOAH	OP	56.00	56.00
1996	NOEL ROLY POLY J6489	RT	20.00	20.00
1996	NORTH POLE PRO-AM J6479	OP	28.00	28.00
1996	ON STRIKE FOR MORE COOKIES J6506	RT	33.00	33.00
1996	POLICE DEPARTMENT NORTH POLE J6507	RT	50.00	50.00
1996	POLICEMAN SANTA J6475	OP	28.00	28.00
1996	SAVE THE REINDEER J6498	RT	28.00	28.00
1996	SOME ASSEMBLY REQUIRED J6477	RT	53.00	53.00
1997	ANGEL WITH HEART	OP	20.00	20.00
1997	BEHAVOMETER	RT	25.00	25.00
1997	BOXERS OR BRIEFS	OP	25.00	25.00
1997	CAPTAIN NOAH	RT	18.00	18.00
1997	GOLF HEAVEN	RT	25.00	25.00
1997	JAVA JUMPSTART	RT	15.00	15.00
1997	NEVER SAY DIET	RT	15.00	15.00
1997	NORTH POLE COUNTRY CLUB	OP	45.00	45.00
1997	PEACE SANTA	2500	80.00	80.00
1997	SAINT FRANCIS	OP	56.00	56.00
1997	SANTA WITH BEAR	RT	8.00	8.00
1997	SANTA'S DAY OFF	OP	25.00	25.00
1997	SNOWMEN ARE COOL	RT	20.00	20.00
1997	SPRING SALE SNOWMAN	RT	20.00	20.00
1997	WINTER FUN	RT	25.00	25.00

H. ADLER · HOLLY BEARIES

YR	NAME	LIMIT	ISSUE	TREND
1996	ANGEL BEAR J7342	RT	14.00	14.00
1996	TEDDY TOWER J7221	RT	23.00	23.00
1997	ANGEL STARCATCHER II	RT	20.00	20.00
1997	BEARIES MAILING PACKAGES	RT	28.00	28.00
1997	CHARLIE THE FISHERMAN	YR	34.00	34.00
1997	SLEDDING BEARIES	RT	25.00	25.00

H. ADLER · HOLLY BEARIES CALENDAR BEARS

YR	NAME	LIMIT	ISSUE	TREND
1996	CLAIRMONT, DEMPSEY & PETE J7215/JUL	OP	16.00	16.00
1996	CLARA & CARNATION THE KITTY J7215/OCT	OP	16.00	16.00
1996	FERGUS & FRITZI'S FROSTY FROLIC J7215/JAN	OP	16.00	16.00
1996	GRANDMA GLADYS J7215/DEC	OP	16.00	16.00
1996	MOTHERS DAY DEAR J7318	OP	15.00	15.00
1996	NICOLE & NICOLAS SUN BATHING J7215/AUG	OP	16.00	16.00
1996	PETUNIA & NATHAN PLANT ROSES J7215/MAY	OP	16.00	16.00
1996	PHILO'S POT OF GOLD J7215/MAR	OP	16.00	16.00
1996	PINKY & VICTORIA ARE SWEETIES J7215/FEB	OP	16.00	16.00
1996	SKEETER & SIGOURNEY START SCHOOL J7215/SEP	OP	16.00	16.00
1996	SUNSHINE CATCHING RAINDROPS J7215/APR	OP	16.00	16.00
1996	THORNDIKE & FILBERT CATCH FISH J7215/JUN	OP	16.00	16.00
1996	THORNDIKE ALL DRESSED UP J7215/NOV	OP	16.00	16.00

KSA/JHP · JIM HENSON'S MUPPET NUTCRACKERS

YR	NAME	LIMIT	ISSUE	TREND
1993	KERMIT THE FROG H1223	RT	90.00	90.00

KSA/STEINBACH · MEMBERS ONLY

YR	NAME	LIMIT	ISSUE	TREND
1997	MAREK, THE ROYAL GUARDSMAN	YR	225.00	225.00

KSA/DISNEY · MICKEY UNLIMITED

YR	NAME	LIMIT	ISSUE	TREND
1992	GOOFY H1216	OP	78.00	78.00
1992	MICKEY MOUSE SOLDIER H1194	OP	72.00	72.00
1992	MICKEY MOUSE SORCERER H1221	OP	100.00	100.00
1993	DONALD DUCK H1235	OP	90.00	90.00
1993	MICKEY MOUSE W/GIFT BOXES W1608	RT	78.00	78.00
1993	PINOCCHIO H1222	OP	110.00	110.00
1994	DONALD DUCK DRUMMER W1681	RT	45.00	45.00
1994	MICKEY BANDLEADER W1669	RT	45.00	45.00
1994	MICKEY SANTA NUTCRACKER H1237	OP	90.00	90.00
1994	MINNIE MOUSE SOLDIER NUTCRACKER H1236	OP	90.00	90.00
1994	MINNIE W/CYMBALS W1670	RT	45.00	45.00

KSA/STEINBACH · MINI SERIES

YR	NAME	LIMIT	ISSUE	TREND
1996	MERLIN MINI NUTCRACKER ES335	15000	50.00	50.00
1996	ROBIN HOOD MINI NUTCRACKER ES338	10000	50.00	50.00

YR	NAME	LIMIT	ISSUE	TREND

J. MOSTROM — OLD WORLD SANTA SERIES

YR	NAME	LIMIT	ISSUE	TREND
1992	CHELSEA GARDEN SANTA W2721	RT	34.00	34.00
1992	LARGE BLACK FOREST SANTA W2717	RT	110.00	110.00
1992	LARGE FATHER CHRISTMAS W2719	RT	106.00	106.00
1992	MRS. CLAUS W2714	5000	37.00	37.00
1992	PATRIOTIC SANTA W2720	3000	128.00	128.00
1992	PERE NOEL W2723	RT	34.00	34.00
1992	SMALL BLACK FOREST SANTA W2712	RT	40.00	40.00
1992	SMALL FATHER CHRISTMAS W2712	RT	34.00	34.00
1992	SMALL FATHER FROST W2716	RT	43.00	43.00
1992	SMALL GRANDFATHER FROST W2716	RT	106.00	106.00
1992	ST. NICHOLAS W2713	RT	30.00	30.00
1992	WORKSHOP SANTA W2715	5000	43.00	43.00
1993	GOOD KING WENCESLAS W2928	3000	134.00	134.00
1993	MEDIEVAL KING OF CHRISTMAS W2881	3000	390.00	390.00

* — OSCAR & BERTIE WATERGLOBE COLLECTION

YR	NAME	LIMIT	ISSUE	TREND
1992	BEARS ON ROCKING HORSE J1034	OP	56.00	56.00
1992	SANTA BEAR WITH PACKAGES J1033	OP	41.00	41.00

* — SATURDAY EVENING POST WATERGLOBE COLLECTION

YR	NAME	LIMIT	ISSUE	TREND
1992	CHRISTMAS TRIO NORMAN ROCKWELL J1035	OP	40.00	40.00
1992	SANTA'S SURPRISE J.C. LEYENDECKER J1036	OP	40.00	40.00

KSA/JHP — SESAME STREET SERIES

YR	NAME	LIMIT	ISSUE	TREND
1993	BIG BIRD FABRICHE J7928	RT	60.00	60.00
1993	BIG BIRD NUTCRACKER H1199	RT	60.00	60.00

P.F. BOLINGER — SNOW PEOPLE

YR	NAME	LIMIT	ISSUE	TREND
1996	COOLA HULA J6430	RT	20.00	20.00
1996	SNOWPOKE J6431	RT	28.00	28.00
1996	SNOWY J6429	RT	28.00	28.00

KSA/STEINBACH — STEINBACH CAMELOT NUTCRACKER

YR	NAME	LIMIT	ISSUE	TREND
1993	SIR LANCELOT ES638	12000	225.00	225.00
1994	SIR GALAHAD ES862	12000	225.00	225.00
1994	SIR LANCELOT SMOKER ES833	7500	150.00	150.00
1995	QUEEN GUENEVERE ES869	10000	245.00	245.00

C. STEINBACH — STEINBACH CAMELOT NUTCRACKER

YR	NAME	LIMIT	ISSUE	TREND
1991	MERLIN THE MAGICIAN ES610	RT	185.00	1650.00
1992	KING ARTHUR ES621	RT	195.00	285.00

KSA/STEINBACH — STEINBACH CAMELOT SMOKING FIGURINE

YR	NAME	LIMIT	ISSUE	TREND
1993	KING ARTHUR ES832	7500	175.00	175.00

C. STEINBACH — STEINBACH CAMELOT SMOKING FIGURINE

YR	NAME	LIMIT	ISSUE	TREND
1992	MERLIN THE MAGICIAN ES830	7500	150.00	150.00

C. STEINBACH — STEINBACH MUSICAL COLLECTION

YR	NAME	LIMIT	ISSUE	TREND
1992	SKI LIFT MUSICAL ES27	2000	150.00	150.00

KSA/STEINBACH — STEINBACH NUTCRACKER CHRISTMAS CAROL

YR	NAME	LIMIT	ISSUE	TREND
1997	EBENEZER SCROOGE	7500	250.00	250.00

KSA/STEINBACH — STEINBACH NUTCRACKER CHRISTMAS LEGENDS

YR	NAME	LIMIT	ISSUE	TREND
1993	FATHER CHRISTMAS ES645	SO	225.00	225.00
1994	ST. NICHOLAS, THE BISHOP ES865	7500	225.00	225.00
1995	1930S SANTA CLAUS ES891	7500	245.00	245.00
1997	GRANDFATHER FROST	7500	250.00	250.00

KSA/STEINBACH — STEINBACH NUTCRACKER CLUB GIFT

YR	NAME	LIMIT	ISSUE	TREND
1997	CHIMNEY SWEEP	YR	*	N/A

KSA/STEINBACH — STEINBACH NUTCRACKER COLLECTION

YR	NAME	LIMIT	ISSUE	TREND
1984	OIL SHEIK	RT	100.00	300.00
1991	COLUMBUS ES697	RT	194.00	210.00
1992	HAPPY SANTA ES601	RT	190.00	205.00

KSA/STEINBACH — STEINBACH NUTCRACKER FAMOUS CHIEFTAINS

YR	NAME	LIMIT	ISSUE	TREND
1993	CHIEF SITTING BULL ES637	8500	225.00	225.00
1994	CHIEF SITTING BULL SMOKER ES834	RT	150.00	150.00
1994	RED CLOUD ES864	8500	225.00	225.00
1995	BLACK HAWK ES889	7500	245.00	245.00

KSA/STEINBACH — STEINBACH NUTCRACKER TALES OF SHERWOOD FOREST

YR	NAME	LIMIT	ISSUE	TREND
1992	ROBIN HOOD ES863	SO	225.00	225.00
1995	FRIAR TUCK ES890	7500	245.00	245.00
1996	SHERIFF OF NOTTINGHAM ES892	7500	260.00	260.00
1997	KING RICHARD THE LION HEARTED	7500	250.00	250.00

KSA/STEINBACH — STEINBACH NUTCRACKER THREE MUSKETEERS

YR	NAME	LIMIT	ISSUE	TREND
1996	ARAMIS ES722	7500	130.00	130.00

H. ADLER — VATICAN LIBRARY COLLECTION

YR	NAME	LIMIT	ISSUE	TREND
1997	HOLY FAMILY SET	OP	*	N/A
1997	THREE WISE MEN	OP	*	N/A

K. ADLER — VISIONS OF SANTA SERIES

YR	NAME	LIMIT	ISSUE	TREND
1992	SANTA COMING OUT OF FIREPLACE J1023	RT	29.00	29.00
1992	SANTA HOLDING CHILD J826	RT	25.00	25.00
1992	SANTA SPILLING BAG OF TOYS J1022	RT	26.00	26.00
1992	SANTA W/LITTLE GIRLS ON LAP J1024	7500	25.00	25.00
1992	SANTA W/SACK HOLDING TOY J827	RT	25.00	25.00
1992	WORKSHOP SANTA J825	RT	27.00	27.00

* — WATERGLOBE COLLECTION

YR	NAME	LIMIT	ISSUE	TREND
1992	SANTA WITH TWO GIRLS J1038	OP	40.00	40.00

KSA/ZUBER — ZUBER NUTCRACKER SERIES

YR	NAME	LIMIT	ISSUE	TREND
1992	ANNAPOLIS MIDSHIPMAN, THE EK7	RT	125.00	125.00
1992	BAVARIAN, THE EK16	RT	130.00	130.00
1992	BRONCO BILLY THE COWBOY EK1	RT	125.00	125.00
1992	CHIMNEY SWEEP, THE EK6	RT	125.00	125.00
1992	COUNTRY SINGER, THE EK19	RT	125.00	125.00
1992	FISHERMAN, THE EK17	5000	125.00	125.00
1992	GEPETTO, THE TOYMAKER EK9	RT	125.00	125.00

YR	NAME	LIMIT	ISSUE	TREND
1992	GOLD PROSPECTOR, THE EK18	RT	125.00	125.00
1992	GOLFER, THE EK5	RT	125.00	125.00
1992	INDIAN, THE EK15	RT	135.00	135.00
1992	NOR'EASTER SEA CAPTAIN, THE EK3	5000	125.00	125.00
1992	PAUL BUNYAN THE LUMBERJACK EK2	RT	125.00	125.00
1992	PILGRIM, THE EK14	RT	125.00	125.00
1992	TYROLEAN, THE EK4	RT	125.00	125.00
1992	WEST POINT CADET W/CANON, THE EK6	RT	130.00	130.00
1993	HERR DROSSELMEIR NUTCRACKER EK21	RT	150.00	150.00
1993	ICE CREAM VENDOR, THE EK24	RT	150.00	150.00
1993	NAPOLEON BONAPARTE EK23	RT	150.00	150.00
1993	PIZZAMAKER, THE EK22	5000	150.00	150.00
1994	GARDENER, THE EK26	RT	150.00	150.00
1994	JAZZ PLAYER EK25	2500	145.00	145.00
1994	KURT THE TRAVELING SALESMAN EK28	RT	155.00	155.00
1994	MOUSE KING EK31	2500	150.00	150.00
1994	PETER PAN EK28	2500	145.00	145.00
1994	SCUBA DIVER EK27	2500	150.00	150.00
1994	SOCCER PLAYER EK30	2500	145.00	145.00

LADIE & FRIENDS
B. & P. WISBER

LIZZIE HIGH

YR	NAME	LIMIT	ISSUE	TREND
1996	AMANDA HIGH	2 YR	28.00	28.00
1996	CASSIE YOCUM	2 YR	30.00	30.00
1996	EDWARD BOWMAN	2 YR	28.00	28.00
1996	GRACE VALENTINE	2 YR	25.00	25.00
1996	KATIE BOWMAN	2 YR	28.00	28.00
1996	LIZZIE HIGH	2 YR	27.00	27.00
1996	MARISA VALENTINE	2 YR	25.00	25.00
1996	MEGAN VALENTINE	2 YR	35.00	35.00
1996	MINNIE VALENTINE	2 YR	30.00	30.00
1996	NANCY BOWMAN	2 YR	24.00	24.00
1996	NATALIE VALENTINE	2 YR	28.00	28.00
1996	REBECCA BOWMAN	2 YR	37.00	37.00
1996	SIGN	2 YR	37.00	37.00
1998	ADDIE HIGH	2 YR	22.00	22.00
1998	AMELIA HIGH	2 YR	20.00	20.00
1998	BETSY VALENTINE	2 YR	24.00	24.00
1998	DAPHNE BOWMAN	2 YR	22.00	22.00
1998	MATILDA HIGH	2 YR	22.00	22.00
1998	SHANNON FITZPATRICK	2 YR	22.00	22.00

LANCE CORP.
F. BARNUM

CHILMARK

YR	NAME	LIMIT	ISSUE	TREND
1987	SURPRISE ENCOUNTER	RT	250.00	730.00
1988	JOHNNY SHILOH	RT	100.00	225.00
1992	KENNESAW MOUNTAIN	*	650.00	1000.00

M. BOYETT

CHILMARK

1981	PLIGHT OF THE HUNTSMAN	RT	495.00	825.00
1982	BLOOD BROTHERS	RT	250.00	610.00
1982	WINGS OF LIBERTY	SO	625.00	1250.00
1984	FLAT OUT FOR RED RIVER STATION	RT	3000.00	6000.00
1986	EAGLE CATCHER	RT	300.00	1100.00
1995	RAINMAKER, THE	YR	350.00	360.00

G. DELODZIA

CHILMARK

1981	FREEDOM EAGLE	SO	195.00	950.00

P. JACKSON

CHILMARK

1986	CAMELOT CHESS SET	RT	2250.00	2250.00

KEIM/HAZEN

CHILMARK

1981	BUDWEISER WAGON	RT	2000.00	3025.00

D. LAROCCA

CHILMARK

1979	CAVALRY OFFICER	RT	125.00	525.00
1979	COWBOY	RT	125.00	650.00
1988	DRAGON SLAYER	RT	385.00	500.00

A. MCGRORY

CHILMARK

1988	END OF THE TRAIL (MINI)	RT	225.00	300.00

D. POLLAND

CHILMARK

1974	CHEYENNE	RT	200.00	2850.00
1976	RESCUE	RT	275.00	1200.00
1977	FALL-MUSTANGS	3500	120.00	120.00
1977	SPRING-MUSTANGS	3500	120.00	120.00
1977	WINTER-MUSTANGS	3500	120.00	120.00
1978	BUFFALO HUNT	RT	360.00	2220.00
1978	COLD SADDLES, MEAN HORSES	RT	200.00	875.00
1978	COUNTING COUP	RT	225.00	1800.00
1978	CROW SCOUT	RT	250.00	1500.00
1978	MAVERICK CALF	RT	250.00	1500.00
1978	MONDAY MORNING WASH	RT	200.00	1100.00
1978	OUTLAWS, THE	RT	450.00	1000.00
1978	PAINTING THE TOWN	RT	300.00	1550.00
1979	GETTING ACQUAINTED	RT	215.00	950.00
1980	AFRICAN ELEPHANT	RT	275.00	400.00
1980	BORDER RUSTLERS	RT	1295.00	1500.00
1980	MANDAN HUNTER	RT	65.00	825.00
1981	AMBUSHED	RT	2375.00	2725.00
1981	BUFFALO ROBE	RT	200.00	315.00
1981	DOG SOLDIER	2500	200.00	300.00
1981	ENEMY TRACKS	RT	225.00	720.00

YR	NAME	LIMIT	ISSUE	TREND
1981	U.S. MARSHAL	RT	95.00	485.00
1981	WAR PARTY	RT	550.00	1025.00
1981	WHEN WAR CHIEFS MEET	RT	300.00	865.00
1982	APACHE GAN DANCER	2500	95.00	110.00
1982	APACHE HOSTILE	2500	95.00	110.00
1982	ARAPAHO DRUMMER	2500	95.00	110.00
1982	BUFFALO PRAYER	RT	95.00	300.00
1982	COMANCHE PLAINES DRUMMER	2500	95.00	110.00
1982	CROW MEDICINE DANCER	2500	95.00	110.00
1982	FLATHEAD WAR DANCER	2500	95.00	110.00
1982	HOPI KACHINA DANCER	2500	95.00	110.00
1982	JEMEZ EAGLE DANCER	RT	95.00	350.00
1982	LAST ARROW	RT	95.00	350.00
1982	NAVAJO KACHINA DANCER	2500	95.00	110.00
1982	SIOUX WAR CHIEF	RT	95.00	350.00
1982	YAKIMA SALMON FISHERMAN	RT	200.00	750.00
1983	BOUNTY HUNTER	RT	250.00	450.00
1983	CHIEF, THE	RT	275.00	1700.00
1983	LINE RIDER	RT	195.00	1000.00
1983	MUSTANGER	2500	425.00	550.00
1983	TOO MANY ACES	RT	400.00	500.00
1983	WILD BUNCH, THE	RT	200.00	325.00
1984	EYE TO EYE	2500	375.00	475.00
1984	GUIDON, THE	*	*	N/A
1984	NOW OR NEVER	RT	265.00	800.00
1984	UNIT COLORS	RT	250.00	1450.00
1985	BAREBACK RIDER	2500	225.00	300.00
1985	BARREL RACER	2500	275.00	325.00
1985	BULL RIDER	2500	265.00	335.00
1985	CALF ROPER	2500	300.00	375.00
1985	OH GREAT SPIRIT	RT	300.00	1270.00
1985	SADDLE BRONC RIDER	2500	250.00	300.00
1985	STEER WRESTLING	2500	500.00	600.00
1985	TEAM ROPING	2500	500.00	625.00
1986	FIGHTING STALLIONS	2500	250.00	300.00
1988	I WILL FIGHT NO MORE FOREVER	RT	350.00	825.00
1989	GERONIMO	RT	375.00	700.00
1990	BUFFALO SPIRIT	RT	110.00	195.00
1990	COCHISE	RT	400.00	550.00
1990	PEQUOT WARS	RT	395.00	675.00
1990	RED RIVER WARS	RT	425.00	750.00
1990	TECUMSEH'S REBELLION	RT	350.00	675.00
1991	CRAZY HORSE	750	295.00	650.00
1991	KIOWA PRINCESS	RT	300.00	300.00
1992	STRONG HEARTS TO THE FRONT	RT	425.00	615.00
1993	SACRED GROUND RECLAIMED	RT	495.00	600.00
1994	HORSE BREAKING	RT	395.00	400.00
B. RODDEN				CHILMARK
1979	MOSES	RT	100.00	250.00
1980	CHARGE OF THE 7TH CALVARY	RT	600.00	975.00
C. ROUSELL				CHILMARK
1984	CHEYENNE (REMINGTON)	RT	400.00	600.00
1985	BRONCO BUSTER (LARGE)	RT	400.00	400.00
J. ROYCE				CHILMARK
1984	GARDEN UNICORN	RT	160.00	200.00
J. SLOCKBOWER				CHILMARK
1992	CHIEF JOSEPH METART	RT	975.00	1700.00
1992	GERONIMO	RT	975.00	1000.00
1993	CRAZY HORSE	750	975.00	1000.00
1993	SITTING BULL	750	1075.00	1100.00
R. SYLVAN				CHILMARK
1979	CAROUSEL	RT	115.00	115.00
1979	PEGASUS	RT	95.00	200.00
1979	UNICORN	RT	115.00	600.00
D. POLLAND		CHILMARK AMERICAN WEST CHRISTMAS		
1991	MERRY CHRISTMAS NEIGHBOR	RT	395.00	625.00
1992	MERRY CHRISTMAS MY LOVE	RT	350.00	400.00
1993	ALMOST HOME	RT	375.00	385.00
1994	COWBOY CHRISTMAS	RT	250.00	260.00
M. BOYETT		CHILMARK LEGACY OF COURAGE		
1981	APACHE SIGNALS	RT	175.00	550.00
1981	BLACKFOOT SNOW HUNTER	RT	175.00	650.00
1981	BUFFALO STALKER	RT	175.00	550.00
1981	COMANCHE	RT	175.00	600.00
1981	IROQUOIS WARFARE	RT	175.00	575.00
1981	UNCONQUERED SEMINOLE	RT	175.00	550.00
1981	VICTOR CHEYENNE	RT	175.00	500.00
1982	ARAPAHO SENTINEL	RT	195.00	480.00
1982	DANCE OF THE EAGLES	RT	150.00	225.00
1982	KIOWA SCOUT	RT	195.00	525.00
1982	LISTENING FOR HOOVES	RT	150.00	460.00
1982	MANDAN BUFFALO DANCER	RT	195.00	575.00
1982	PLAINS TALK, PAWNEE	RT	195.00	600.00
1982	SHOSHONE EAGLE CATCHER	RT	225.00	1800.00
1982	TRACKER NEZ PERCE, THE	RT	150.00	575.00
1983	A WARRIOR'S TRIBUTE	RT	335.00	640.00
1983	ALONG THE CHEROKEE TRACE	RT	295.00	700.00
1983	CIRCLING THE ENEMY	RT	295.00	400.00

YR	NAME	LIMIT	ISSUE	TREND
1983	FOREST WATCHER	RT	215.00	550.00
1983	MOMENT OF TRUTH	RT	295.00	575.00
1983	RITE OF THE WHITETAIL	RT	295.00	400.00
1983	WINTER HUNT	RT	295.00	375.00
J. SLOCKBOWER		**CHILMARK MICKEY & CO.**		
1992	CRUISING	RT	275.00	2000.00
1993	SUNDAY DRIVE	RT	325.00	1200.00
1994	BEACH BOUND	RT	350.00	875.00
A.T. MCGRORY		**CHILMARK OFF CANVAS**		
1990	SMOKE SIGNAL	RT	345.00	675.00
1990	VIGIL	RT	345.00	600.00
1990	WARRIOR	RT	300.00	450.00
*		**CHILMARK PEWTER CIVIL WAR**		
1987	SAVING THE COLORS	RT	350.00	650.00
1992	KENNESAW MTN.	RT	650.00	1550.00
1992	PARSON'S BATTERY	RT	495.00	525.00
F. BARNUM		**CHILMARK PEWTER CIVIL WAR**		
1988	A FATHER'S FAREWELL	RT	150.00	300.00
1989	LEE TO THE REAR	RT	300.00	850.00
1990	LEE AND JACKSON	RT	375.00	500.00
1993	ABE LINCOLN BUST	RT	2000.00	2275.00
D. POLLAND		**CHILMARK PEWTER CIVIL WAR**		
1977	SUMMER-MUSTANGS	3500	120.00	525.00
F. BARNUM		**CHILMARK PEWTER CIVIL WAR CHRISTMAS SPECIALS**		
1992	MERRY CHRISTMAS YANK	RT	350.00	525.00
1993	SILENT NIGHT	RT	350.00	500.00
1994	CHRISTMAS TRUCE	RT	295.00	300.00
1995	PEACE ON EARTH	YR	350.00	360.00
F. BARNUM		**CHILMARK PEWTER CIVIL WAR EVENT SPECIALS**		
1993	JOHNNY REB	RT	95.00	135.00
1994	BILLY YANK	RT	95.00	100.00
1995	SEAMAN, CSS ALABAMA	RT	95.00	100.00
F. BARNUM		**CHILMARK PEWTER CIVIL WAR REDEMPTION SPECIALS**		
1992	ZOUAVES 1ST MANASSAS	RT	375.00	525.00
1993	LETTER TO SARAH	RT	3959.00	400.00
1994	ANGEL OF FREDERICKSBURG	RT	275.00	300.00
1995	REBEL YELL	YR	*	N/A
M. JOVINE		**CHILMARK PEWTER HORSES**		
1980	AFFIRMED	RT	850.00	1300.00
C. KEIM		**CHILMARK PEWTER HORSES**		
1981	CLYDESDALE WHEEL HORSE	RT	120.00	450.00
A. PETITTO		**CHILMARK PEWTER HORSES**		
1978	PADDOCK WALK	RT	85.00	225.00
D. POLLAND		**CHILMARK PEWTER HORSES**		
1986	WILD STALLION	RT	145.00	360.00
B. RODDEN		**CHILMARK PEWTER HORSES**		
1976	RUNNING FREE	RT	75.00	320.00
1976	STALLION	RT	75.00	275.00
1977	CHALLENGE, THE	RT	175.00	275.00
1977	RISE AND SHINE	RT	135.00	200.00
1980	BORN FREE	RT	250.00	700.00
*		**CHILMARK PEWTER MICKEY & CO.**		
1986	LIGHTS, CAMERA, ACTION/BRONZE	50	3300.00	3300.00
1989	GOLD EDITION HOLLYWOOD MICKEY	RT	200.00	780.00
1989	HOLLYWOOD MICKEY	SU	165.00	250.00
1991	MICKEY'S CAROUSEL RIDE	2500	150.00	150.00
1994	LIGHTS, CAMERA, ACTION/PEWTER	500	1525.00	1525.00
1994	MICKEY ON PARADE/BRONZE	RT	975.00	975.00
1994	MICKEY ON PARADE/METALART	RT	525.00	525.00
1994	MICKEY ON PARADE/PEWTER	750	400.00	400.00
1994	MOUSE IN A MILLION/BRONZE	RT	1275.00	1275.00
1994	MOUSE IN A MILLION/METALART	RT	675.00	675.00
1994	MOUSE IN A MILLION/PEWTER	RT	525.00	525.00
1994	PUTTIN' ON THE RITZ/BRONZE	RT	2025.00	2025.00
1994	PUTTIN' ON THE RITZ/METALART	250	1025.00	1025.00
1994	PUTTIN' ON THE RITZ/PEWTER	350	775.00	775.00
*		**CHILMARK PEWTER MICKEY & CO. /THE SORCERER'S APPRENTICE**		
1990	DREAM, THE	TL	225.00	235.00
1990	INCANTATION, THE	TL	150.00	180.00
1990	REPENTANT APPRENTICE, THE	RT	19598.00	225.00
1990	SORCERER'S APPRENTICE, THE	TL	225.00	235.00
1990	WHIRLPOOL, THE	TL	225.00	250.00
P.W. BASTON		**CHILMARK PEWTER MICKEY & CO. TWO WHEELING**		
1994	GET YOUR MOTOR RUNNIN'/BRONZE	RT	1200.00	1650.00
1994	GET YOUR MOTOR RUNNIN'/METALART	RT	475.00	625.00
1994	HEAD OUT ON THE HIGHWAY/METALART	950	475.00	500.00
1995	LOOKING FOR ADVENTURE/BRONZE	50	1200.00	1225.00
1995	LOOKING FOR ADVENTURE/METALART	950	475.00	500.00
BASTON/ SLOCKBOWER		**CHILMARK PEWTER MICKEY & CO. TWO WHEELING**		
1994	HEAD OUT ON THE HIGHWAY/BRONZE	50	1200.00	1225.00
A.T. MCGRORY		**CHILMARK PEWTER OFF CANVAS**		
1991	BLANKET SIGNAL	RT	750.00	875.00
F. BARNUM		**CHILMARK PEWTER THE CAVALRY GENERALS**		
1992	J.E.B. STUART	RT	375.00	525.00
1993	GEORGE ARMSTRONG CUSTER	950	375.00	400.00
1993	NATHAN BEDFORD FORREST	950	375.00	400.00
1994	PHILIP SHERIDAN	950	375.00	400.00

YR	NAME	LIMIT	ISSUE	TREND
M. BOYETT		**CHILMARK PEWTER WILDLIFE**		
1980	DUEL OF THE BIGHORNS	RT	725.00	1225.00
1980	LEAD CAN'T CATCH HIM	RT	645.00	850.00
1980	PRAIRIE SOVEREIGN	RT	645.00	800.00
1980	VOICE OF EXPERIENCE	RT	645.00	875.00
V. HAYTON		**CHILMARK PEWTER WILDLIFE**		
1980	RUBY-THROATED HUMMINGBIRD	RT	275.00	385.00
D. POLLAND		**CHILMARK PEWTER WILDLIFE**		
1979	ELEPHANT	RT	315.00	500.00
1979	RHINO	RT	135.00	400.00
1980	GIRAFFE	RT	125.00	145.00
1980	KUDU	RT	140.00	160.00
B. RODDEN		**CHILMARK PEWTER WILDLIFE**		
1978	BUFFALO	RT	170.00	400.00
F. BARNUM		**CHILMARK THE ADVERSARIES**		
1991	ROBERT E. LEE	RT	350.00	1750.00
1992	STONEWALL JACKSON	RT	375.00	525.00
1992	ULYSSES S. GRANT	RT	350.00	650.00
1993	WM. TECUMSEH SHERMAN	RT	375.00	600.00
D. POLLAND		**CHILMARK THE MEDICINE MEN**		
1992	FALSE FACE/METALART	1000	550.00	550.00
1992	FALSE FACE/PEWTER	RT	375.00	375.00
A. MCGRORY		**CHILMARK THE SEEKERS**		
1992	BUFFALO VISION	RT	1075.00	1075.00
1993	BEAR VISION	500	1375.00	1375.00
1993	EAGLE VISION	500	1250.00	1250.00
D. POLLAND		**CHILMARK THE WARRIORS**		
1992	SPIRIT OF THE WOLF/METALART	1000	500.00	510.00
1992	SPIRIT OF THE WOLF/PEWTER	RT	350.00	875.00
1993	SON OF THE MORNING STAR/METALART	1000	495.00	500.00
1993	SON OF THE MORNING STAR/PEWTER	RT	375.00	475.00
T. SULLIVAN		**CHILMARK TO THE GREAT SPIRIT**		
1992	SHOOTING STAR	RT	775.00	775.00
1993	GRAY ELK	950	775.00	775.00
1993	TWO EAGLES	950	775.00	775.00
1994	THUNDER CLOUD	950	775.00	775.00
D. LIBERTY		**CRYSTALS OF ZORN**		
1989	BATTLE ON THE PLAINS OF XENON	950	265.00	265.00
1989	CHARGING THE STONE	950	395.00	395.00
1989	GUARDING THE CRYSTAL	950	460.00	460.00
1989	RESPONSE OF ORNIC FORCE	950	285.00	285.00
1989	RESTORATION	950	435.00	435.00
1989	U.S.S. STRIKES BACK	500	675.00	675.00
1990	ASMUND'S WORKSHOP	950	275.00	275.00
1990	STRUGGLING FOR SUPREMACY	950	400.00	400.00
1990	VESTING THE GRAIL	950	200.00	200.00
*		**GENERATIONS OF MICKEY**		
1987	ANTIQUE MICKEY	RT	95.00	600.00
1989	MICKEY'S GALA PREMIERE	2500	150.00	150.00
1989	SORCERER'S APPRENTICE	RT	150.00	400.00
1989	STEAM BOAT WILLIE	RT	165.00	450.00
1990	BAND CONCERT, THE	2000	185.00	200.00
1990	BAND CONCERT, THE (PAINTED)	RT	215.00	390.00
1990	DISNEYLAND MICKEY	2500	150.00	150.00
1991	MOUSE, THE-1935	1200	185.00	185.00
1991	PLANE CRAZY-1928	2500	175.00	175.00
P.W. BASTON		**HUDSON PEWTER FIGURES**		
1969	BETSY ROSS	CL	30.00	110.00
1969	COLONIAL BLACKSMITH	CL	30.00	110.00
1969	GEORGE WASHINGTON (CANNON)	CL	35.00	90.00
1969	JOHN HANCOCK	CL	15.00	110.00
1972	BENJAMIN FRANKLIN	CL	15.00	90.00
1972	GEORGE WASHINGTON	CL	15.00	90.00
1972	JAMES MADISON	CL	15.00	65.00
1972	JOHN ADAMS	CL	15.00	90.00
1972	THOMAS JEFFERSON	CL	15.00	90.00
1975	DECLARATION WALL PLAQUE	RT	*	400.00
1975	FAVORED SCHOLAR, THE	RT	*	800.00
1975	LEE'S NINTH GENERAL ORDER	CL	*	350.00
1975	LINCOLN'S GETTYSBURG ADDRESS	CL	*	350.00
1975	NEIGHBORING PEWS	RT	*	800.00
1975	SPIRIT OF '76	RT	*	1100.00
1975	WASHINGTON'S LETTER OF ACCEPTANCE	CL	*	350.00
1975	WEIGHING THE BABY	RT	*	800.00
H. WILSON		**HUDSON PEWTER FIGURES**		
1976	BALD EAGLE	CL	100.00	113.00
1976	GREAT HORNED OWL	CL	*	42.00
D. LAROCCA		**MILITARY COMMEMORATIVES**		
1991	DESERT LIBERATOR (PAINTED PORCELAIN)	5000	125.00	125.00
1991	DESERT LIBERATOR (PEWTER)	950	295.00	295.00
D. POLLAND		**MINIATURE SCULPTURE SOCIETY**		
1992	BLACK HAWK	*	25.00	250.00
P.W. BASTON		**SEBASTIAN EXCHANGE**		
1983	NEWSPAPER BOY	RT	29.00	80.00
1984	FIRST THINGS FIRST	RT	30.00	40.00

YR	NAME	LIMIT	ISSUE	TREND
P.W. BASTON, JR.			**SEBASTIAN EXCHANGE**	
1985	NEWSSTAND	RT	30.00	40.00
1986	NEWS WAGON	RT	35.00	50.00
1987	IT'S ABOUT TIME	RT	25.00	40.00
P.W. BASTON			**SEBASTIAN MINIATURES**	
1992	FIREFIGHTER	RT	28.00	55.00
1992	I KNOW I LEFT IT HERE SOMEWHERE	1000	29.00	30.00
1993	LAMPLIGHTER, THE	1000	28.00	30.00
1993	PUMPKIN ISLAND LIGHT	3500	55.00	60.00
1993	SOAP BOX DERBY	500	45.00	50.00
1994	A JOB WELL DONE	1000	28.00	30.00
1994	BOSTON LIGHT	3500	45.00	50.00
1994	EGG ROCK LIGHT	3500	55.00	60.00
1994	NUBBLE LIGHT	3500	45.00	50.00
P.W. BASTON, JR.			**SEBASTIAN MINIATURES**	
1983	HARRY HOOD	RT	*	225.00
1985	IT'S HOODS (WAGON)	RT	*	90.00
1991	AMERICA SALUTES DESERT STORM-BRONZE	RT	27.00	100.00
1991	AMERICA SALUTES DESERT STORM-PAINTED	RT	50.00	225.00
1991	HAPPY HOOD HOLIDAYS	RT	33.00	75.00
P.W. BASTON		**SEBASTIAN MINIATURES AMERICA REMEMBERS**		
1979	FAMILY SING	RT	30.00	90.00
1980	FAMILY PICNIC	RT	30.00	80.00
1981	FAMILY READS ALOUD	RT	35.00	60.00
1982	FAMILY FISHING	RT	35.00	75.00
1983	FAMILY FEAST	RT	38.00	75.00
P.W. BASTON		**SEBASTIAN MINIATURES CHILDREN AT PLAY**		
1978	SIDEWALK DAYS BOY	RT	20.00	50.00
1978	SIDEWALK DAYS GIRL	RT	20.00	50.00
1979	BUILDING DAYS BOY	RT	20.00	40.00
1979	BUILDING DAYS GIRL	RT	20.00	40.00
1980	SNOW DAYS BOY	RT	20.00	50.00
1980	SNOW DAYS GIRL	RT	20.00	50.00
1981	SAILING DAYS BOY	RT	20.00	40.00
1981	SAILING DAYS GIRL	RT	20.00	40.00
1982	SCHOOL DAYS BOY	RT	20.00	50.00
1982	SCHOOL DAYS GIRL	RT	20.00	50.00
P.W. BASTON		**SEBASTIAN MINIATURES COLLECTORS SOCIETY**		
1980	S.M.C SOCIETY PLAQUE ('80 CHARTER)	RT	*	25.00
P.W. BASTON, JR.		**SEBASTIAN MINIATURES COLLECTORS SOCIETY**		
1986	STATUE OF LIBERTY (AT&T)	RT	*	190.00
1987	WHITE HOUSE (GOLD, OVAL BASE)	RT	17.00	50.00
P.W. BASTON, JR.		**SEBASTIAN MINIATURES HOLIDAY MEMORIES-MEMBER ONLY**		
1990	LEPRECHAUN	YR	28.00	28.00
1990	THANKSGIVING HELPER	YR	40.00	40.00
1991	TRICK OR TREAT	YR	26.00	65.00
P.W. BASTON			**SEBASTIAN MINIATURES JIMMY FUND**	
1983	SCHOOLBOY	RT	25.00	30.00
1984	CATCHER	RT	25.00	60.00
P.W. BASTON, JR.			**SEBASTIAN MINIATURES JIMMY FUND**	
1985	HOCKEY PLAYER	RT	25.00	40.00
1986	SOCCER PLAYER	RT	25.00	25.00
1987	FOOTBALL PLAYER	RT	27.00	27.00
1988	SANTA	RT	33.00	33.00
P.W. BASTON, JR.			**SEBASTIAN MINIATURES MEMBER ONLY**	
1989	COLLECTORS, THE	YR	40.00	40.00
P.W. BASTON		**SEBASTIAN MINIATURES SHAKESPEAREAN-MEMBER ONLY**		
1984	ANNE BOYELIN	RT	18.00	30.00
1984	HENRY VIII	RT	20.00	30.00
1985	FALSTAFF	RT	20.00	30.00
1985	MISTRESS FORD	RT	18.00	30.00
1986	JULIET	RT	18.00	30.00
1986	ROMEO	RT	20.00	30.00
1987	COUNTESS OLIVIA	RT	20.00	30.00
1987	MALVOLIO	RT	22.00	30.00
1988	AUDREY	RT	23.00	30.00
1988	TOUCHSTONE	RT	23.00	30.00
1989	CLEOPATRA	RT	27.00	30.00
1989	MARK ANTHONY	RT	27.00	30.00
P.W. BASTON, JR.		**SEBASTIAN MINIATURES SHAKESPEAREAN-MEMBER ONLY**		
1988	SHAKESPEARE	RT	24.00	30.00
P.W. BASTON		**WASHINGTON IRVING-MEMBER ONLY**		
1980	RIP VAN WINKLE	CL	20.00	20.00
1981	DAME VAN WINKLE	CL	20.00	20.00
1981	ICHABOD CRANE	CL	20.00	20.00
1982	BROM BONES (HEADLESS HORSEMAN)	CL	23.00	23.00
1982	KATRINA VAN TASSEL	CL	20.00	20.00
1983	DIEDRICH KNICKERBOCKER	CL	23.00	23.00

LAND OF LEGEND

T. RAINE			**CASTLE COLLECTION**	
1978	DENNIS THE DRAGON/COUNTERSIGN	CL	55.00	225.00
1986	CASTLE OF THE EXILED PRINCE	CL	225.00	200.00
1986	CASTLE OF THE GOLDEN CHALICE	CL	60.00	60.00
1986	CASTLE OF THE RANSOMED KING	CL	250.00	200.00
1986	CASTLE OF THE RED KNIGHT	CL	65.00	65.00
1986	CASTLE OF THE SLEEPING PRINCESS	CL	235.00	235.00

YR	NAME	LIMIT	ISSUE	TREND
1986	SORCERER'S RETREAT	CL	50.00	55.00
1987	WIZARD'S TOWER	CL	215.00	208.00
H. HENRIKSEN				**DRAGONS**
1989	COUNTERSIGN FOR SERIES	*	75.00	90.00
1990	DRAGON OF THE GOLDEN HOARD	*	270.00	350.00
1990	GUARDIAN OF THE KEEP	*	295.00	375.00
1990	HATCHED	*	295.00	395.00
1990	LET SLEEPING DRAGONS LIE	3000	450.00	595.00
1990	LEVIATHAN	*	325.00	424.00
1990	WYVERN	*	295.00	375.00
T. RAINE				**DREAM CASTLES**
1988	CAMELOT	CL	33.00	33.00
1988	FAIRYTALE	CL	33.00	33.00
1988	GRAND VIZIERS	CL	33.00	33.00
1988	VALKYRIES TOWER	CL	33.00	33.00
T. RAINE				**DREAM DRAGONS**
1988	BATHTIME	RT	32.00	32.00
1988	BREAKOUT	RT	32.00	32.00
1988	DOUBLE TROUBLE	RT	35.00	35.00
1988	DREAM BABY	RT	32.00	32.00
1988	HAZY DAZE	RT	32.00	32.00
1988	HELP	RT	32.00	32.00
1988	HI THERE	RT	32.00	32.00
1988	LITTLE SISTER	RT	32.00	32.00
1988	STRIKE ONE	RT	35.00	35.00
1988	WILD WHEELS	RT	35.00	35.00
1989	ESPECIALLY FOR YOU	RT	35.00	35.00
1989	KISS, THE	RT	45.00	45.00
1989	LIPSTICK AND LASHES	RT	35.00	35.00
1989	LOVE LETTER	RT	35.00	35.00
1989	OFF TO SCHOOL	RT	35.00	35.00
1989	PARTY TIME	RT	45.00	45.00
1989	SHE LOVES ME	RT	35.00	35.00
1989	STAY COOL	RT	35.00	35.00
T. RAINE				**ETHELRED FLAMETAIL**
1989	BLACK KNIGHT, THE	CL	80.00	80.00
1989	EARLY DAYS	CL	38.00	38.00
1989	EUREKA	CL	50.00	50.00
1989	FLYING LESSON, THE	CL	65.00	65.00
1989	HELLO WORLD	CL	38.00	38.00
1989	JEREMY THE DANDY	CL	90.00	90.00
1989	LIFT OFF	CL	105.00	105.00
1989	MAGIC WATER. THE	CL	65.00	65.00
1989	MERCHANT, THE	CL	68.00	68.00
1989	MR. BONZER	CL	63.00	63.00
1989	ON THE RUNWAY	CL	50.00	50.00
1989	PRINCESS NYNEVE	CL	60.00	60.00
1989	RANOL	CL	30.00	30.00
1989	SCHOOL DAYS	CL	90.00	90.00
1989	SWAMP BIRD	CL	40.00	40.00
1989	TENDER LOVING CARE	CL	115.00	115.00
1989	THREE CHEERS	CL	115.00	115.00
1989	TREE POPPER	CL	45.00	45.00
1989	TROLL, THE	CL	68.00	68.00
1989	WILY WIZARD, THE	CL	80.00	80.00
1989	YOUNG INVENTOR, THE	CL	45.00	45.00
T. RAINE				**FANTASY FIGURINES**
1988	BEHEMOTH ON WOODEN BASE	2500	220.00	220.00
1988	ELFIN KING ON WOODEN BASE	2500	275.00	275.00
1988	ETERNAL HERO ON WOODEN BASE	CL	220.00	220.00
1988	UNION OF OPPOSITES ON WOODEN BASE	CL	300.00	300.00
T. RAINE				**GENIES BY TOM RAINE**
1989	FLIGHT TO BAGDAD	OP	170.00	170.00
1989	FREE AT LAST	OP	150.00	150.00
1989	KEY OF KNOWLEDGE	OP	170.00	170.00
1989	YES MASTER	OP	150.00	150.00
H. HENRIKSEN				**JESTERS**
1989	COUNTERSIGN FOR SERIES	OP	75.00	90.00
1989	HIS MAJESTRY BALDWICK/INCREDIBLY SIMPLE	3000	295.00	375.00
1989	JOCKOMO, THE DOG	RT	59.00	59.00
1989	JOLLIES PITCHBELLY	OP	175.00	200.00
1989	LA DI DA TOOGOODE	RT	185.00	185.00
1989	MERRY ANDREW	RT	130.00	130.00
1989	PUCK, BABY BEAR	RT	59.00	59.00
1989	SMACK THICKWIT	OP	185.00	230.00
1989	TWIT COXCOMBE	RT	140.00	140.00
1989	URSULA, MOTHER BEAR	RT	95.00	95.00
H. HENRIKSEN				**LAND OF LEGEND FELLOWSHIP**
1990	SELF TAUGHT	TL	100.00	100.00
R. MUSGRAVE				**LAND OF LEGEND FELLOWSHIP**
1990	TAKE A CHANCE	TL	*	N/A
T. RAINE				**LAND OF LEGEND FELLOWSHIP**
1989	HUBBLE BUBBLE	RT	95.00	130.00
1989	SWORD IN THE STONE, THE	RT	*	75.00
T. RAINE				**LIMITED EDITION CASTLES**
1988	SCHLOSS NEUSCHWANSTEIN	CL	750.00	910.00
D. TATE				**LIMITED EDITION CASTLES**
1986	SCHLOSS RHEINIUNGFRAU	1500	335.00	335.00

YR	NAME	LIMIT	ISSUE	TREND
R. MUSGRAVE			**POCKET DRAGONS**	
1989	WALKIES	RT	65.00	200.00
1989	WHAT COOKIE?	RT	43.00	50.00
1989	WIZARDRY FOR FUN AND PROFIT	RT	375.00	600.00
1989	YOUR PAINT IS STIRRED	RT	43.00	150.00
T. RAINE			**SECRET OF THE SWAN PRINCESS**	
1989	ALARCH SILVERBEARD	CL	80.00	80.00
1989	ASPARD	CL	65.00	65.00
1989	CASTLE OF THE SWAN PRINCESS	CL	100.00	100.00
1989	DRAGON'S LAIR	CL	75.00	75.00
1989	JUDGE'S RETREAT	CL	85.00	85.00
1989	KIBOLD WALTER	CL	65.00	65.00
1989	MASTERS OF THE FOREST	CL	75.00	75.00
1989	PALACE OF THE EMPEROR CHILD	CL	75.00	75.00
1989	RONTUNDO THE TUSCAN	CL	65.00	65.00
1989	SALIX THE BOLD	CL	65.00	65.00
MUSGRAVE/ HENRIKSEN			**UNDER THE HEDGE**	
1989	A WINTER'S FRIEND	RT	25.00	25.00
1989	BASKETS OF LOVE	OP	40.00	48.00
1989	CAREFULLY WRAPPED	RT	30.00	30.00
1989	COUNTERSIGN	OP	40.00	48.00
1989	COUSIN BERTHA'S REVENGE	OP	43.00	50.00
1989	DECK THE HALLS	3000	100.00	120.00
1989	FASHION PLATE, THE	RT	48.00	48.00
1989	FATHER CHRISTMAS	OP	45.00	55.00
1989	FAVORITE UNCLE	OP	43.00	58.00
1989	KEEP YOUR TAIL WARM	OP	60.00	70.00
1989	OUT OF TOWN GUEST	OP	43.00	58.00
1989	SNOWBALLS AND TOP HATS	RT	40.00	40.00
1989	TRAPPED ON THE SUMMIT	RT	38.00	38.00
1990	ARTFUL BOWLER, THE	OP	48.00	60.00
1990	ARTIST, THE	OP	63.00	75.00
1990	AUNT VIOLET & PUDGY	OP	50.00	60.00
1990	COUSIN REGGIE	OP	60.00	70.00
1990	JELLY SANWICHES	OP	82.00	98.00
1990	JUNIUS BUG	OP	43.00	50.00
1990	JUST GUARDING THE HAMPER	OP	48.00	58.00
1990	MIGHTY PERCY AT THE BAT	OP	50.00	60.00
1990	MISS AMELIA'S TURN	OP	45.00	55.00
1990	SLOW AND STEADY	OP	60.00	70.00
1990	SPARKLING CLEAN	OP	96.00	115.00
1990	SPOTTING STRAYS	OP	50.00	60.00
1990	STEMS AND BOWLES LTD.	OP	159.00	190.00
1990	SUNDAE AFTERNOON	OP	199.00	235.00
1990	TEA TABLE, THE	OP	40.00	48.00
1990	WAITING FOR A LIGHT	OP	82.00	98.00
1990	WATCHING THE HERD	OP	45.00	55.00
1990	WICKET KEEPER, THE	OP	55.00	70.00
H. HENRIKSEN			**WIZARDS**	
1989	COUNTERSIGN FOR WIZARDS' SERIES	OP	75.00	90.00
1989	FORESHADOW THE SEER	OP	135.00	160.00
1989	LACKEY	RT	95.00	95.00
1989	MERLYN THE WIZARD WATCHER	RT	50.00	50.00
1989	MERRYWEATHER SUNLIGHTER	3000	295.00	350.00
1989	MORIAH	OP	159.00	190.00
1989	MYDWYNTER	RT	135.00	135.00
1989	REPOSITORY OF MAGIC	RT	130.00	130.00
1989	RIMBAUGH	OP	159.00	190.00
1989	THORBAULD	RT	175.00	175.00
1991	BALANCE OF TRUTH	2500	270.00	270.00
1991	DRAGON MASTER, THE	1500	675.00	675.00
1991	FORESHADOW THE SEER (WITH CRYSTALS)	OP	190.00	190.00
1991	HOWLAND THE WISE	2500	300.00	300.00
1991	MORIAH (WITH CRYSTALS)	OP	225.00	225.00
1991	PONDERING THE QUEST	2500	270.00	270.00
1991	RIMBAUGH (WITH CRYSTALS)	OP	225.00	225.00

LEGENDS

YR	NAME	LIMIT	ISSUE	TREND
C. PARDELL			**AMERICAN WEST PREMIER EDITION**	
1991	FIRST COUP	SO	1150.00	1200.00
1991	UNEXPECTED RESCUER	SO	990.00	2000.00
1992	AMERICAN HORSE TAKES HIS NAME	950	1300.00	1300.00
C. PARDELL			**ANNUAL COLLECTORS EDITION**	
1990	NIGHT BEFORE, THE	SO	990.00	1900.00
1991	MEDICINE GIFT OF MANHOOD	SO	990.00	1900.00
1991	MEDICINE GIFT OF MANHOOD	500	990.00	1900.00
1992	SPIRIT OF THE WOLF	500	950.00	1225.00
1993	TOMORROW'S WARRIOR	500	590.00	1400.00
K. CANTRELL			**ENDANGERED WILDLIFE COLLECTION**	
1990	FOREST SPIRIT	SO	290.00	1195.00
1992	SPIRIT SONG	950	350.00	695.00
K. CANTRELL			**ENDANGERED WILDLIFE COLLECTION-EAGLE SERIES**	
1989	SENTINEL	2500	280.00	585.00
C. PARDELL			**GALLERY EDITIONS**	
1992	RESOLUTE	250	7950.00	13,000.00

YR	NAME	LIMIT	ISSUE	TREND
C. PARDELL		**INDIAN ARTS COLLECTION**		
1989	CHIEF'S BLANKET	SO	350.00	600.00
1990	KACHINA CARVER	1500	270.00	450.00
1990	STORY TELLER	1500	290.00	325.00
C. PARDELL		**LEGACIES OF THE WEST PREMIER EDITION**		
1990	MYSTIC VISION	SO	990.00	2895.00
1990	VICTORIOUS	SO	1275.00	3875.00
1991	DEFIANT COMANCHE	SO	1300.00	2550.00
1991	NO MORE, FOREVER	SO	1500.00	2900.00
1992	ESTEEMED WARRIOR	SO	1750.00	2250.00
C. PARDELL		**LEGENDARY WEST COLLECTION**		
1987	JOHNSON'S LAST FLIGHT	SO	590.00	1200.00
1987	PONY EXPRESS	RT	320.00	450.00
1987	WHITE FEATHER'S VISION	SO	390.00	2000.00
1989	CRAZY HORSE	2500	390.00	900.00
C. PARDELL		**LEGENDARY WEST PREMIER EDITION**		
1988	RED CLOUD'S COUP	SO	480.00	6000.00
1989	PURSUED	SO	750.00	6000.00
1989	SONGS OF GLORY	SO	850.00	4300.00
1990	CROW WARRIOR	SO	1225.00	4500.00
1991	TRIUMPHANT	SO	1150.00	2000.00
1992	FINAL CHARGE, THE	750	1250.00	1600.00
C. PARDELL		**SPECIAL COMMISSIONS**		
1990	LAKOTA LOVE SONG	RT	380.00	965.00

LENOX CHINA/CRYSTAL COLLECTION

YR	NAME	LIMIT	ISSUE	TREND
*			**AMERICAN FASHION**	
1983	SPRINGTIME PROMENADE	OP	95.00	95.00
1984	FIRST WALTZ	OP	95.00	95.00
1984	TEA AT THE RITZ	OP	95.00	95.00
1985	GOVERNOR'S GARDEN PARTY	OP	95.00	95.00
1986	BELLE OF THE BALL	OP	95.00	95.00
1986	GRAND TOUR	OP	95.00	95.00
1987	CENTENNIAL BRIDE	OP	95.00	95.00
1987	GALA AT THE WHITE HOUSE	OP	95.00	95.00
*			**BABY BEARS**	
1991	POLAR BEAR	OP	45.00	45.00
*			**BABY BIRD PAIRS**	
1991	ROBINS	OP	64.00	64.00
*			**BIBLICAL CHARACTERS**	
1992	MOSES, THE LAWGIVER	OP	95.00	95.00
*			**CAROUSEL ANIMALS**	
1987	CAROUSEL HORSE	9500	136.00	152.00
1988	CAROUSEL UNICORN	9500	136.00	152.00
1989	CAROUSEL CIRCUS HORSE	9500	136.00	152.00
1989	CAROUSEL REINDEER	9500	136.00	152.00
1990	CAROUSEL CHARGER	9500	136.00	152.00
1990	CAROUSEL ELEPHANT	9500	136.00	152.00
1990	CAROUSEL LION	9500	136.00	152.00
1991	CAROUSEL POLAR BEAR	9500	152.00	152.00
1991	PRIDE OF AMERICA	TL	152.00	152.00
1991	WESTERN HORSE	OP	152.00	152.00
1992	CAMELOT HORSE	OP	152.00	152.00
*			**COUNTRY KIDS**	
1991	GOOSE GIRL	OP	75.00	75.00
*			**DOVES & ROSES**	
1991	DOVES OF PEACE	OP	95.00	95.00
1991	LOVE'S PROMISE	OP	95.00	95.00
1992	DOVES OF HONOR	OP	119.00	119.00
*			**ENDANGERED BABY ANIMALS**	
1990	PANDA	OP	39.00	39.00
1991	BABY FLORIDA PANTHER	OP	57.00	57.00
1991	BABY GREY WOLF	OP	57.00	57.00
1991	ELEPHANT	OP	57.00	57.00
*			**EXOTIC BIRDS**	
1991	COCKATOO	OP	50.00	50.00
*			**FLORAL SCULPTURES**	
1986	RUBRUM LILY	OP	119.00	136.00
1987	IRIS	OP	119.00	136.00
1988	MAGNOLIA	OP	119.00	136.00
1988	PEACE ROSE	OP	119.00	136.00
*			**GARDEN BIRDS**	
1985	CHICKADEE	OP	39.00	45.00
1986	BLUE JAY	OP	39.00	45.00
1986	EASTERN BLUEBIRD	OP	39.00	45.00
1986	TUFTED TITMOUSE	OP	39.00	45.00
1987	AMERICAN GOLDFINCH	OP	39.00	45.00
1987	CARDINAL	OP	39.00	45.00
1987	RED-BREASTED NUTHATCH	OP	39.00	45.00
1987	TURTLEDOVE	OP	39.00	45.00
1988	CEDAR WAXWING	OP	39.00	45.00
1988	HUMMINGBIRD	OP	39.00	45.00
1989	DOWNY WOODPECKER	OP	39.00	45.00
1989	ROBIN	OP	39.00	45.00
1989	SAW WHET OWL	OP	45.00	45.00
1990	BALTIMORE ORIOLE	OP	45.00	45.00
1990	CHIPPING SPARROW	OP	45.00	45.00
1990	WOOD DUCK	OP	45.00	45.00

YR	NAME	LIMIT	ISSUE	TREND
1990	WREN	OP	45.00	45.00
1991	BROADBILLED HUMMINGBIRD	OP	45.00	45.00
1991	DARK-EYED JUNCO	OP	45.00	45.00
1991	GOLDEN CROWNED KINGLET	OP	45.00	45.00
1991	PURPLE FINCH	OP	45.00	45.00
1991	ROSE GROSBEAK	OP	45.00	45.00
1992	SCARLET TANGER	OP	45.00	45.00
*				**GARDEN FLOWERS**
1988	CATTLEYA ORCHID	OP	39.00	45.00
1988	PARROT TULIP	OP	39.00	39.00
1988	TEA ROSE	OP	39.00	45.00
1989	IRIS	OP	45.00	45.00
1990	CARNATION	OP	45.00	45.00
1990	DAFFODIL	OP	45.00	45.00
1990	DAY LILY	OP	45.00	45.00
1991	CALLA LILY	OP	45.00	45.00
1991	CAMELIA	OP	45.00	45.00
1991	MAGNOLIA	OP	45.00	45.00
1991	MORNING GLORY	OP	45.00	45.00
1991	POINSETTIA	OP	39.00	39.00
*				**GENTLE MAJESTY**
1990	BEAR HUG POLAR BEAR	OP	76.00	76.00
1990	PENGUINS	OP	76.00	76.00
1991	KEEPING WARM (FOXES)	OP	76.00	76.00
*				**INTERNATIONAL BRIDES**
1990	RUSSIAN BRIDE	OP	136.00	136.00
*			**INTERNATIONAL HORSE SCULPTURES**	
1988	ARABIAN KNIGHT	OP	136.00	136.00
1989	THOROUGHBRED	OP	136.00	136.00
1990	APPALOOSA	OP	136.00	136.00
1990	LIPPIZAN	OP	136.00	136.00
J.W. SMITH			**JESSIE WILCOX SMITH**	
1991	FEEDING KITTY	OP	60.00	60.00
1991	ROSEBUDS	OP	60.00	60.00
*				**KINGS OF THE SKY**
1989	AMERICAN BALD EAGLE	OP	195.00	195.00
1991	DEFENDER OF FREEDOM	TL	234.00	234.00
1991	GOLDEN EAGLE	OP	234.00	234.00
*				**LEGENDARY PRINCESSES**
1985	RAPUNZEL	OP	119.00	136.00
1986	SLEEPING BEAUTY	OP	119.00	136.00
1987	SNOW QUEEN	OP	119.00	136.00
1988	CINDERELLA	OP	136.00	136.00
1989	SNOW WHITE	OP	136.00	136.00
1989	SWAN PRINCESS	OP	136.00	136.00
1990	CLEOPATRA	OP	136.00	136.00
1990	GUINEVERE	OP	136.00	136.00
1990	JULIET	OP	136.00	136.00
1991	PEACOCK MAIDEN	OP	136.00	136.00
1991	POCAHONTAS	9500	136.00	136.00
1992	FIREBIRD	OP	156.00	156.00
*				**LENOX BABY BOOK**
1990	BABY'S FIRST SHOES	OP	57.00	57.00
1991	BABY'S FIRST CHRISTMAS	OP	57.00	57.00
1991	BABY'S FIRST STEPS	OP	57.00	57.00
1992	BABY'S FIRST PORTRAIT	OP	57.00	57.00
*				**LENOX CLASSICS**
2000	CHARMING TEDDY	2500	65.00	65.00
2000	CRYSTAL GIRAFFE	2500	154.00	154.00
2000	CRYSTAL ZEBRA	2500	136.00	136.00
2000	IVORY CENTENNIAL BALL	OP	138.00	138.00
2000	IVORY DEBUTANTE BALL	OP	138.00	138.00
2000	LOVE & DEVOTION	2500	95.00	95.00
2000	MINNIE MOUSE'S ELEGANT EVENING	OP	136.00	136.00
2000	SLEEPY	*	79.00	79.00
2000	SNEEZY	*	70.00	70.00
2000	SORCERER'S APPRENTICE	2000	225.00	225.00
2000	WATERDANCE	2500	136.00	136.00
*			**LENOX PUPPY COLLECTION**	
1990	BEAGLE	OP	76.00	76.00
1991	COCKER SPANIEL	OP	76.00	76.00
1992	POODLE	OP	76.00	76.00
*				**LENOX SEA ANIMALS**
1991	DANCE OF THE DOLPHINS	OP	119.00	119.00
*				**LIFE OF CHRIST**
1990	CHILDREN'S BLESSING, THE	OP	95.00	95.00
1990	GOOD SHEPHERD, THE	OP	95.00	95.00
1990	MADONNA AND CHILD	OP	95.00	95.00
1991	JESUS, THE TEACHER	9500	95.00	95.00
1991	SAVIOR, THE	OP	95.00	95.00
1992	A CHILD'S PRAYER	OP	95.00	95.00
1992	CHILDREN'S DEVOTION PAINTED	OP	195.00	195.00
*				**MOTHER & CHILD**
1986	CHERISHED MOMENT	OP	119.00	119.00
1986	SUNDAY IN THE PARK	OP	119.00	119.00
1987	STORYTIME	OP	119.00	119.00
1988	PRESENT, THE	OP	119.00	119.00
1989	CHRISTENING	OP	119.00	119.00

YR	NAME	LIMIT	ISSUE	TREND
1990	BEDTIME PRAYERS	OP	119.00	119.00
1991	AFTERNOON STROLL	7500	136.00	136.00
1991	EVENING LULLABY	7500	136.00	136.00
1992	MORNING PLAYTIME	OP	136.00	136.00
*				**NATIVITY**
1986	HOLY FAMILY	OP	119.00	136.00
1987	THREE ANGELS	OP	119.00	152.00
1988	ANIMALS OF THE NATIVITY	OP	119.00	152.00
1988	SHEPHERDS	OP	119.00	152.00
1989	ANGELS OF ADORATION	OP	136.00	152.00
1990	CHILDREN OF BETHLEHEM	OP	136.00	152.00
1991	STANDING CAMEL & DRIVER	9500	152.00	152.00
1991	TOWNSPEOPLE OF BETHLEHEM	OP	136.00	152.00
*		**NATURE'S BEAUTIFUL BUTTERFLIES**		
1989	BLUE TEMORA	OP	39.00	45.00
1990	MONARCH	OP	39.00	45.00
1990	PURPLE EMPEROR	OP	45.00	45.00
1990	YELLOW SWALLOWTAIL	OP	39.00	45.00
1991	ADONIS	OP	45.00	45.00
1991	MALACHITE	OP	45.00	45.00
*		**NORTH AMERICAN BIRD PAIRS**		
1990	HUMMINGBIRDS	OP	119.00	119.00
1991	BLUE JAY PAIRS	9500	119.00	119.00
1991	CHICKADEES	9500	119.00	119.00
1992	CARDINAL	OP	119.00	119.00
*		**NORTH AMERICAN WILDLIFE**		
1991	WHITE-TAILED DEER	OP	195.00	195.00
*		**OWLS OF AMERICA**		
1988	SNOWY OWL	OP	136.00	136.00
1989	BARN OWL	OP	136.00	136.00
1990	SCREECH OWL	OP	136.00	136.00
1991	GREAT HORNED OWL	9500	136.00	136.00
*		**PARENT & CHILD BIRD PAIRS**		
1992	BLUE JAY PAIRS	OP	119.00	119.00
*		**PORCELAIN DUCK COLLECTION**		
1991	MALLARD DUCK	OP	45.00	45.00
1991	WOOD DUCK	OP	45.00	45.00
1992	BLUE WINGED TEAL DUCK	OP	45.00	45.00
*		**SANTA CLAUS COLLECTIONS**		
1990	FATHER CHRISTMAS	OP	136.00	136.00
1991	AMERICANA SANTA	OP	136.00	136.00
1991	KRIS KRINGLE	OP	136.00	136.00
*		**STREET CRIER COLLECTION**		
1990	FRENCH FLOWER MAIDEN	OP	136.00	136.00
1991	BELGIAN LACE MAKER	OP	136.00	136.00
*		**WILDLIFE OF THE SEVEN CONTINENTS**		
1984	NORTH AMERICAN BIGHORN SHEEP	OP	120.00	120.00
1985	ASIAN ELEPHANT	OP	120.00	120.00
1985	AUSTRALIAN KOALA	OP	120.00	120.00
1986	SOUTH AMERICAN PUMA	OP	120.00	120.00
1987	ANTARCTIC SEALS	OP	136.00	136.00
1987	EUROPEAN RED DEER	OP	136.00	136.00
1988	AFRICAN LION	OP	136.00	136.00
*		**WOODLAND ANIMALS**		
1990	RACCOON	OP	39.00	39.00
1990	RED SQUIRREL	OP	39.00	39.00
1991	CHIPMUNK	OP	39.00	39.00

LLADRO

				ANGELS
*				
1969	ANGEL WITH BABY L4635G/M	OP	15.00	125.00
1969	ANGEL WITH HORN L4540G/M	OP	13.00	95.00
1969	ANGEL, BLACK L4537G/M	OP	13.00	95.00
1969	ANGEL, CHINESE L4536G/M	OP	13.00	95.00
1969	ANGEL, PRAYING L4538G/M	OP	13.00	95.00
1969	ANGEL, RECLINING L4541G/M	OP	13.00	95.00
1969	ANGEL, THINKING L4539G/M	OP	13.00	95.00
1969	ANGEL'S GROUP L4542G/M	OP	31.00	200.00
1972	ANGEL WITH CLARINET L1232G	RT	60.00	450.00
1972	ANGEL WITH FLUTE L1233G	RT	60.00	450.00
1972	ANGEL WITH LUTE L1231G	RT	60.00	450.00
1977	ANGEL DREAMING L4961M	RT	40.00	150.00
1977	ANGEL WONDERING L4962M	RT	40.00	150.00
1977	ANGEL, DREAMING L4961G	OP	40.00	130.00
1977	ANGEL, WONDERING L4962G	OP	40.00	130.00
1977	CURIOUS ANGEL L4960G	OP	40.00	130.00
1977	CURIOUS ANGEL L4960M	RT	40.00	150.00
1977	MIME ANGEL L4959G	OP	40.00	125.00
1977	MIME ANGEL L4959M	RT	40.00	150.00
1985	CAREFREE ANGEL WITH FLUTE L1463G	RT	220.00	650.00
1985	CAREFREE ANGEL WITH LYRE L1464G	RT	220.00	650.00
1988	HEAVENLY CELLIST L5492	RT	240.00	350.00
1988	HEAVENLY STRINGS L5491	RT	140.00	250.00
1990	ANGEL CARE L5727G	OP	190.00	210.00
1990	ANGELIC VOICE L5724G	OP	125.00	145.00
1990	HEAVENLY CHIMES L5723G	OP	100.00	120.00
1990	HEAVENLY DREAMER L5728G	OP	100.00	120.00
1990	MAKING A WISH L5725G	OP	125.00	145.00

YR	NAME	LIMIT	ISSUE	TREND
1990	SWEEP AWAY THE CLOUDS L5726G	OP	125.00	145.00
1991	HEAVENLY SWING L1739G	1000	1900.00	2050.00
1994	ANGEL WITH GARLAND L6133G	RT	345.00	400.00
1994	ANGELIC HARMONY L6085G	RT	495.00	625.00
1994	FALL ANGEL L6147G	RT	250.00	325.00
1994	WINTER ANGEL L6129G	RT	250.00	325.00
1998	FILLED WITH JOY L6493G	RT	92.00	95.00
1998	LITTLE ANGEL WITH LYRE L6528G	OP	120.00	120.00
1998	LITTLE ANGEL WITH TAMBOURINE L5530G	OP	120.00	120.00
1998	LITTLE ANGEL WITH VIOLIN L6529G	OP	120.00	120.00
1998	YOUR SPECIAL ANGEL L6492G	OP	92.00	95.00
1999	ADAGIO L6628G	OP	160.00	160.00
1999	ALLEGRO L6629G	OP	160.00	160.00
*			**ANIMAL MINIATURES**	
1974	DALMATIAN (BEGGING) L1262G	RT	25.00	350.00
1974	DALMATIAN (SITTING) L1260G	RT	25.00	350.00
1974	DALMATIAN (TAIL IN AIR) L1261G	RT	25.00	350.00
1985	MINIATURE BISON ATTACKING L5313G	RT	58.00	190.00
1985	MINIATURE BISON RESTING L5312G	RT	58.00	150.00
1985	MINIATURE CAT L5308G	RT	35.00	140.00
1985	MINIATURE COCKER SPANIEL L5309G	RT	35.00	125.00
1985	MINIATURE COCKER SPANIEL L5310G	RT	35.00	125.00
1985	MINIATURE DEER L5314G	RT	40.00	170.00
1985	MINIATURE DROMEDARY L5315G	RT	45.00	150.00
1985	MINIATURE GIRAFFE L5316G	RT	50.00	225.00
1985	MINIATURE KITTEN L5307G	RT	35.00	120.00
1985	MINIATURE LAMB L5317G	RT	30.00	175.00
1985	MINIATURE PUPPIES (3) L5311G	RT	65.00	200.00
1985	MINIATURE SEAL FAMILY L5318G	RT	78.00	225.00
1986	BALANCING ACT (SEAL) L5392G	RT	35.00	200.00
1986	CURIOSITY (DOG) L5393G	RT	25.00	175.00
1986	ON GUARD (DOG) L5350G	RT	50.00	300.00
1986	POOR PUPPY L5394G	RT	25.00	200.00
1986	WOE IS ME (DOG) L5351G	RT	45.00	200.00
1987	COUGAR L5435G	RT	65.00	275.00
1987	ELEPHANT L5438G	RT	50.00	250.00
1987	LION L5436G	RT	50.00	250.00
1987	MINIATURE POLAR BEAR L5434G	OP	65.00	115.00
1987	MONKEY L5432G	RT	60.00	200.00
1987	RHINO L5437G	RT	50.00	175.00
*			**ANIMALS**	
1969	AFGHAN L1069G	RT	36.00	625.00
1969	BEAGLE PUPPY (LYING) L1072G/M	RT	17.00	300.00
1969	BEAGLE PUPPY (POUNCING) L1070G/M	RT	17.00	350.00
1969	BEAGLE PUPPY (SITTING) L1071G/M	RT	17.00	300.00
1969	COW WITH PIG L4640G	RT	43.00	750.00
1969	DEER L1064G	RT	28.00	395.00
1969	DOG/LLASA APSO L4642G	RT	23.00	500.00
1969	DONKEY IN LOVE/DONKEY W/DAISY L4524G/M	RT	15.00	400.00
1969	FOX AND CUB L1065G	RT	18.00	425.00
1969	GREAT DANE L1068G	RT	55.00	575.00
1969	HORSE GROUP (2) L4655G	OP	110.00	760.00
1969	HORSE'S GROUP (3) L1021G	OP	950.00	2465.00
1969	HORSE'S GROUP, WHITE (3) L1022M	OP	465.00	2150.00
1969	OLD DOG L1067G	RT	40.00	625.00
1969	PEKINESE SITTING L4641G	RT	20.00	450.00
1969	RAM L1046G	RT	11.00	600.00
1969	TWO HORSES L4597M	RT	240.00	1400.00
1970	GERMAN SHEPHERD W/PUP L4731G	RT	40.00	950.00
1971	DOG IN THE BASKET L1128G	RT	18.00	450.00
1971	DOG PLAYING BASS FIDDLE L1154G	RT	37.00	500.00
1971	DOG PLAYING BONGOS L1156G	RT	33.00	550.00
1971	DOG PLAYING GUITAR L1152G	RT	33.00	550.00
1971	DOG SINGER L1155G	RT	33.00	450.00
1971	DORMOUSE L4774G	RT	30.00	450.00
1971	ELEPHANT FAMILY L4764G	RT	90.00	1000.00
1971	ELEPHANTS WALKING L1150G	OP	100.00	795.00
1971	MATERNAL ELEPHANT L4765G	RT	50.00	800.00
1971	ORIENTAL HORSE L2030M	350	1100.00	4500.00
1971	RABBIT EATING (BROWN & WHITE) L4772G	RT	16.00	165.00
1971	RABBIT EATING (GRAY & WHITE) L4773G	RT	16.00	165.00
1971	TWO ELEPHANTS L1151G	RT	45.00	475.00
1972	ATTENTIVE POLAR BEAR L1207G	OP	16.00	75.00
1972	POLAR BEAR L1208G	OP	16.00	75.00
1972	SEATED POLAR BEAR L1209G	OP	16.00	75.00
1973	HUNTING SCENE L1238G	800	800.00	2850.00
1974	DOG (COLLIE) L1316G	RT	45.00	500.00
1974	HORSE L4861G	RT	55.00	500.00
1974	HORSE L4863G	RT	55.00	500.00
1974	MOTHER WITH PUPS L1257G	RT	50.00	700.00
1974	POODLE L1259G	RT	28.00	475.00
1978	FLIGHT OF THE GAZELLES L1352G	1500	1450.00	3100.00
1978	HORSE HEADS L3511M	RT	260.00	650.00
1978	PAINFUL BEAR L5021G	RT	75.00	825.00
1978	PAINFUL ELEPHANT L5020G	RT	85.00	850.00
1978	PAINFUL GIRAFFE L5019G	RT	115.00	850.00
1978	PAINFUL KANGAROO L5023G	RT	150.00	900.00
1978	PAINFUL LION L5022G	RT	95.00	850.00
1978	PAINFUL MONKEY L5018G	RT	135.00	850.00

YR	NAME	LIMIT	ISSUE	TREND
1978	PLAYFUL DOGS L1367G	RT	160.00	725.00
1982	BORN FREE L1420G	OP	1520.00	3285.00
1982	ELK L3501M	500	950.00	1400.00
1983	BEARLY LOVE L1443G	RT	55.00	175.00
1983	KITTY CONFRONTATION L1442G	OP	155.00	285.00
1983	LITTER OF LOVE L1441G	OP	385.00	645.00
1983	PURR-FECT L1444G	OP	350.00	615.00
1984	PLAYFUL PIGLETS L5228G	RT	80.00	200.00
1985	ANTELOPE DRINKING L5302G	RT	215.00	640.00
1985	GAZELLE L5271G	RT	205.00	525.00
1985	PACK OF HUNTING DOGS L5342G	3000	925.00	1800.00
1985	THOROUGHBRED HORSE L5340M	1000	625.00	1200.00
1986	WOLF HOUND L5356G	RT	45.00	225.00
1987	KANGAROO L5433G	RT	65.00	300.00
1988	KOALA LOVE L5461G	RT	115.00	300.00
1990	BEAUTIFUL BURRO L5683G	RT	280.00	375.00
1990	FAWN AND A FRIEND, A L5674G	RT	450.00	575.00
1990	HI THERE! L5672G	RT	450.00	575.00
1990	QUIET MOMENT, A L5673G	RT	450.00	575.00
1992	ATTENTIVE BUNNY L5905G	RT	75.00	100.00
1992	EASTER BUNNIES L5902G	RT	240.00	285.00
1992	HIPPITY HOP L5886G	RT	95.00	125.00
1992	PREENING BUNNY L5906G	RT	75.00	110.00
1992	SITTING BUNNY L5907G	RT	75.00	110.00
1992	SLEEPING BUNNY L5904G	RT	75.00	90.00
1992	SNACK TIME L5889G	RT	95.00	130.00
1992	THAT TICKLES! L5888G	RT	95.00	130.00
1992	WASHING UP L5887G	RT	95.00	120.00
1994	BRUTUS DINOSAUR L7544G	RT	125.00	160.00
1994	REX DINOSAUR L7547G	RT	125.00	160.00
1994	ROCKY DINOSAUR L7545G	RT	110.00	150.00
1994	SPIKE DINOSAUR L7543G	RT	95.00	125.00
1994	STRETCH DINOSAUR L7546G	RT	125.00	160.00
1997	COLLIE L6455G	OP	295.00	295.00
1997	DANCE OF THE DOLPHINS L6456G	OP	315.00	315.00
1997	DOLPHINS, THE L6436G	OP	965.00	1000.00
1997	GERMAN SHEPHERD W/PUPPIES L6454G	OP	475.00	495.00
1997	POODLE L6337G	OP	150.00	150.00
1997	SURPRISE VISIT, A L6409G	OP	190.00	190.00
1997	SWIMMING LESSON L6470G	OP	260.00	1260.00
1997	UNLIKELY FRIENDS L6417G	OP	125.00	125.00
1997	WOULD YOU BE MINE? L6410G	OP	190.00	190.00
1998	BABY BOY LAMB L6546G	OP	105.00	120.00
1998	BABY GIRL LAMB L6547G	OP	105.00	120.00
1998	GREAT DANE L6558G	OP	890.00	935.00
1998	NEW LIFE, A L6531G	OP	490.00	515.00
1998	PARADING DONKEY L6573G	OP	220.00	275.00
1998	PLAYFUL POODLE L6557G	OP	530.00	530.00
1998	SECRET SPOT L6566G	OP	210.00	235.00
1999	BOSOM BUDDIE L6599G	OP	235.00	235.00
1999	DREAMY KITTEN L6567G	OP	250.00	250.00
1999	KITTEN PATROL L6568G	OP	180.00	180.00
1999	PLEASE COME HOME! L6502G	OP	695.00	695.00
*			**ASSORTED FIGURINES**	
1969	DON JUAN L4609G	RT	135.00	715.00
1969	GIRL WITH CALLA LILIES L4650G	RT	18.00	170.00
1972	PEACE/ALLEGORY TO PEACE L1202G	150	550.00	7000.00
1974	SEA BREEZE/WINDBLOWN GIRL L4922G	OP	150.00	375.00
1974	SPRING BREEZE L4936G	OP	145.00	410.00
1977	GIRL WITH LILIES, SITTING L4972G	RT	65.00	180.00
1979	DANCER L5050G	OP	85.00	205.00
1980	PLANNING THE DAY L5026G	RT	90.00	275.00
1982	CAT GIRL/KITTY L5164G	RT	125.00	475.00
1982	WINTER WONDERLAND L1429G	OP	1025.00	2230.00
1984	BOY GRADUATE L5198G	OP	160.00	295.00
1984	CHARLIE THE TRAMP L5233G	RT	150.00	900.00
1984	GIRL GRADUATE L5199G	OP	160.00	295.00
1984	ON THE LAKE L5216G	RT	660.00	1000.00
1984	PREDICTING THE FUTURE L5191G	RT	135.00	450.00
1985	CLASSIC FALL L1466G	1500	620.00	1200.00
1985	CLASSIC SPRING L1465G	1500	620.00	1200.00
1985	LA GIACONDA (BUST) L5337G	RT	110.00	550.00
1985	LOVE BOAT L5343	3000	825.00	1400.00
1985	NATURE GIRL L5346G	RT	450.00	1000.00
1986	AT THE BALL L5398G	RT	375.00	700.00
1986	CONSIDERATION (BUST) L5355M	RT	100.00	250.00
1987	COURTING TIME L5409G/M	RT	425.00	525.00
1987	POETRY OF LOVE L5442G	RT	500.00	900.00
1990	BREEZY AFTERNOON L5682G/M	OP	180.00	195.00
1990	KING'S GUARD, THE L5642G	RT	950.00	1100.00
1990	MAY DANCE L5662G	OP	170.00	210.00
1990	SPRING DANCE L5663G	OP	170.00	210.00
1990	STREET HARMONIES L5692G	RT	3200.00	4000.00
1990	SUNNING IN IPANEMA L5660G	RT	370.00	600.00
1990	TRINO AT THE BEACH L5666G	RT	390.00	550.00
1990	TWILIGHT YEARS L5677G	RT	370.00	500.00
1991	ALLEGORY OF LIBERTY L5819G	OP	1950.00	2100.00
1991	CHARM (BUST) L5801G	500	650.00	750.00
1991	DANCE OF LOVE (BUST) L5820G	RT	575.00	650.00

YR	NAME	LIMIT	ISSUE	TREND
1991	ELEGANT PROMENADE L5802G	OP	775.00	825.00
1991	LOVER'S PARADISE L5779G	RT	2250.00	2525.00
1991	ONWARD! L1742G	1000	2500.00	3000.00
1991	SHALL WE DANCE? L5799G	RT	600.00	700.00
1992	AFTERNOON JAUNT L5855G	RT	420.00	550.00
1992	AT THE BALL L5859G	OP	295.00	330.00
1992	FEATHERED FANTASY L5851G	RT	1200.00	1350.00
1992	GRAND ENTRANCE L5857G	RT	265.00	310.00
1992	LOVING FAMILY, THE L5848G	RT	950.00	1100.00
1992	QUIET AFTERNOON, A L5843G	RT	1050.00	1200.00
1992	READER, THE (BUST) L3560G	200	2650.00	2815.00
1992	SPRING SPLENDOR L5898G	OP	440.00	450.00
1992	WAITING TO DANCE L5858G	RT	295.00	350.00
1994	AT PEACE L3565M	1000	1750.00	1750.00
*				
	BALLET AND HARLEQUIN FIGURINES			
1969	BALLERINA/WAITING BACKSTAGE L4559G	RT	110.00	500.00
1969	IDYLL L1017G/M	RT	115.00	700.00
1969	SAD HARLEQUIN L4558G	RT	110.00	625.00
1969	SEATED BALLERINA L4504G/M	RT	110.00	350.00
1969	SEATED HARLEQUIN L4503G/M	RT	110.00	400.00
1972	YOUNG HARLEQUIN L1229G	OP	70.00	520.00
1973	DEATH OF THE SWAN L4855G	OP	45.00	330.00
1974	CLOSING SCENE L4935G	RT	180.00	550.00
1974	LADY WITH YOUNG HARLEQUIN L4883G	RT	100.00	2000.00
1977	INFANTILE CANDOR L4963G	RT	285.00	1200.00
1978	BETH L1358G	RT	75.00	225.00
1978	HEATHER L1359G	RT	75.00	225.00
1978	JULIA L1361G	RT	75.00	225.00
1978	LAURA L1360G	RT	75.00	225.00
1978	PHYLLIS L1356G	RT	75.00	225.00
1978	SHELLEY L1357G	RT	75.00	225.00
1979	ACT II L5035G	OP	700.00	1425.00
1980	AFTER THE DANCE L5092G	RT	165.00	350.00
1980	BALLET FIRST STEP L5094G	RT	165.00	425.00
1980	DANCING PARTNER, A L5093G	RT	165.00	380.00
1980	HARLEQUIN "A" L5075G	RT	218.00	475.00
1980	HARLEQUIN "B" L5076G	RT	185.00	400.00
1980	HARLEQUIN "C" L5077G	RT	185.00	450.00
1980	TAKING A BOW L5095G	RT	165.00	400.00
1982	LOST LOVE L5128G	RT	400.00	665.00
1983	CLOSING SCENE, WHITE L4935.30M	RT	213.00	400.00
1983	DEATH OF THE SWAN, WHITE L4855.30M	RT	110.00	250.00
1984	BALLET TRIO L5235G	RT	785.00	1775.00
1985	WEARY BALLERINA L5275G/M	RT	175.00	325.00
1990	FIRST BALLET L5714G	OP	370.00	420.00
1991	BACKSTAGE PREPARATION L5817G/M	RT	490.00	575.00
1991	CURTAIN CALL L5814G/M	RT	490.00	550.00
1991	IN FULL RELEVE L5815G/M	RT	490.00	570.00
1991	ON HER TOES L5818G/M	RT	490.00	575.00
1991	PRECOCIOUS BALLERINA L5793G	RT	575.00	655.00
1991	PRIMA BALLERINA L5816G/M	RT	490.00	550.00
1992	DRESSING FOR THE BALLET L5865G	RT	395.00	500.00
1992	FINAL TOUCHES L5866G	RT	395.00	500.00
1992	SWAN BALLET L5920G	OP	210.00	215.00
1993	BEFORE THE DANCE L5972G/M	RT	3550.00	3700.00
1993	GRACEFUL MOMENT L6033G	3000	1475.00	1475.00
1993	NUTCRACKER SUITE L5935G	RT	620.00	675.00
1995	GRACEFUL BALLET L6240G	RT	795.00	925.00
1996	CURTAINS UP L6325	RT	255.00	350.00
*				
	BIRDS			
1969	BIRD L1054G	RT	14.00	150.00
1969	DOVE L1015G	RT	21.00	150.00
1969	DOVE L1016G	RT	36.00	225.00
1969	DUCK L1056G	RT	19.00	275.00
1969	GEESE GROUP L4549G/M	RT	29.00	250.00
1969	HEN L1041G/M	RT	13.00	300.00
1971	KISSING DOVES L1169G	OP	32.00	155.00
1971	KISSING DOVES L1169M	RT	32.00	200.00
1972	EAGLES L1189G	750	900.00	3000.00
1972	GROUP OF EAGLE OWLS L1223M	750	225.00	1000.00
1972	NIGHTINGALE PAIR L1228G	RT	80.00	650.00
1972	SEA BIRDS WITH NEST L1194	500	600.00	2500.00
1972	TURKEY GROUP L1196M	350	650.00	2500.00
1973	FOREST, THE L1243G	500	625.00	6000.00
1973	TURTLEDOVES L1240M	750	500.00	2300.00
1974	BIRD ON CACTUS L1303G	RT	150.00	750.00
1974	BLUE CREEPER L1302G	RT	110.00	650.00
1974	DUCK JUMPING L1265G	RT	20.00	110.00
1974	DUCK RUNNING L1263G	RT	20.00	110.00
1974	DUCKLINGS L1307G	OP	48.00	150.00
1974	DUCKLINGS L4895G	OP	28.00	95.00
1974	DUCKS AT THE POND L1317G	1200	4250.00	6300.00
1974	FLYING DUCK L1264G	RT	20.00	110.00
1976	HERONS L1319G	OP	1550.00	2625.00
1977	DOVE GROUP L1335G	RT	950.00	1500.00
1977	FLYING PARTRIDGES (GRES) L2064	1500	3500.00	4500.00
1978	SPRING BIRDS L1368G	RT	1600.00	2700.00
1980	TURTLEDOVE NEST L3519	1200	3600.00	6100.00
1983	CRANES L1456G	OP	1000.00	1950.00

YR	NAME	LIMIT	ISSUE	TREND
1983	HOW DO YOU DO? L1439G	OP	185.00	295.00
1984	GRACEFUL SWAN L5230G	OP	35.00	110.00
1984	PENGUIN L5247G	RT	70.00	225.00
1984	PENGUIN L5248G	RT	70.00	225.00
1984	PENGUIN L5249G	RT	70.00	225.00
1984	SWAN WITH WINGS SPREAD L5231G	OP	50.00	145.00
1985	FLOCK OF BIRDS L1462G	1500	1125.00	1750.00
1987	BARN OWL L5421G	RT	120.00	200.00
1987	GREAT GRAY OWL L5419G	RT	190.00	200.00
1987	HAWK OWL L5422G	RT	120.00	200.00
1987	HORNED OWL L5420G	RT	150.00	225.00
1987	SHORT EARED OWL L5418G	RT	200.00	225.00
1989	BOWING CRANE L1613G	RT	385.00	500.00
1989	COURTING CRANES L1611G	OP	565.00	695.00
1989	DANCING CRANE L1614G	OP	385.00	485.00
1989	FLUTTERING CRANE L1598G	RT	115.00	185.00
1989	FREEDOM L5602G	1500	875.00	1050.00
1989	LANDING CRANE L1600G	RT	115.00	200.00
1989	NESTING CRANE L1599G	RT	95.00	150.00
1989	PREENING CRANES L1612G	RT	385.00	525.00
1990	FOLLOW ME L5722G	OP	140.00	160.00
1990	MARSHLAND MATES L5691G	OP	950.00	1200.00
1991	LIBERTY EAGLE L1738G	1500	1000.00	1100.00
1992	JUSTICE EAGLE L5863G	1500	1700.00	1840.00
1992	SWANS TAKE FLIGHT L5912G	OP	2850.00	2950.00
1998	HOW SKILLFUL! L6517G	OP	390.00	390.00
1998	PELICANS, THE L6478G	1000	990.00	990.00
1999	ELEGANT TRIO W/BASE (SWANS) L6591G	OP	675.00	675.00
1999	FLAMINGOS, THE L6641G	OP	495.00	495.00

BRIDAL FIGURINES

YR	NAME	LIMIT	ISSUE	TREND
1972	WEDDING L4808G/M	OP	50.00	190.00
1982	WEDDING/MATRIMONY L1404G	RT	320.00	585.00
1983	HERE COMES THE BRIDE L1446G	RT	518.00	1000.00
1985	OVER THE THRESHOLD L5282G	OP	150.00	290.00
1985	WEDDING DAY L5274G	RT	240.00	435.00
1986	MY WEDDING DAY L1494G/M	RT	800.00	1550.00
1987	BRIDE, THE L5439G	RT	250.00	500.00
1987	I LOVE YOU TRULY L1528G	OP	375.00	595.00
1989	BRIDESMAID L5598G	OP	150.00	180.00
1989	WEDDING CAKE L5587G	RT	595.00	775.00
1991	BRIDAL PORTRAIT L5742G	RT	480.00	625.00
1991	I DO L5835G	OP	165.00	190.00
1991	VENICE VOWS L1732G	1500	3755.00	4100.00
1992	DOWN THE AISLE L5903G	RT	295.00	325.00
1992	FROM THIS DAY FORWARD L5885G	OP	265.00	285.00
1993	HONEYMOON RIDE WITH BASE L5968G	RT	2750.00	3000.00
1995	LOVE AND MARRIAGE L1802G	1500	2650.00	2650.00
1999	KISS TO REMEMBER, A L662G	OP	250.00	250.00

CAPRICHO SERIES

YR	NAME	LIMIT	ISSUE	TREND
1969	BASKET OF ROSES L1073M	RT	65.00	400.00
1987	SM. BROWN FLOWER BASKET L1554.1M	RT	130.00	300.00
1987	SM. BROWN FLOWER BASKET-BLUE LACE L1554M	RT	110.00	275.00
1987	SM. BROWN FLOWER BASKET-PINK LACE L1553M	RT	115.00	300.00
1987	SM. GREEN FLOWER BASKET L1554.3M	RT	110.00	275.00
1987	SMALL VASE WITH IRIS L1551M	RT	110.00	500.00
1987	VIOLET FAN W/BASE L1546M	YR	650.00	900.00
1987	WHITE FAN W/BASE L1546.03M	YR	650.00	900.00
1988	BASKET OF DAHLIAS L1545M	RT	375.00	700.00
1988	BASKET OF MARGARITAS L1543M	RT	450.00	900.00
1988	BASKET OF ROSES L1544M	RT	400.00	650.00
1988	IRIS ARRANGEMENT L1542M	RT	500.00	1200.00
1988	ORCHID ARRANGEMENT L1541M	RT	500.00	1700.00
1988	PINK BALLET SLIPPERS L1540M	RT	275.00	450.00
1988	WHITE BALLET SLIPPERS L1540.3M	RT	275.00	450.00

CHILDREN WITH ANIMALS OR BIRDS

YR	NAME	LIMIT	ISSUE	TREND
1969	GIRL WITH FLOWERS L1088G/M	RT	45.00	725.00
1969	GIRL WITH LAMB L1010G/M	RT	26.00	250.00
1969	GIRL WITH LAMB L4505G/M	OP	20.00	130.00
1969	GIRL WITH LAMB L4584G/M	RT	27.00	250.00
1969	GIRL WITH PIG L1011G	RT	13.00	95.00
1969	GIRL WITH PIG L1011M	RT	13.00	175.00
1969	GIRL WITH UMBRELLA AND GEESE L4510G/M	RT	38.00	300.00
1970	BOY WITH DOG L4522G/M	RT	25.00	225.00
1971	BOYS PLAYING WITH GOAT L1129G	RT	100.00	2500.00
1971	PLATERO AND MARCELINO L1181G	RT	40.00	400.00
1972	CARESS AND REST L1246G/M	RT	50.00	325.00
1972	FRIENDSHIP L1230G/M	RT	68.00	450.00
1972	RABBIT'S FOOD L4826G/M	RT	40.00	300.00
1973	FEEDING THE DUCKS L4849G/M	RT	60.00	325.00
1974	AGGRESSIVE DUCK L1288G/M	RT	170.00	525.00
1974	DEVOTION L1278G	RT	140.00	450.00
1974	FEEDING TIME L1277G/M	RT	120.00	400.00
1974	FOLLOWING HER CATS L1309G	OP	120.00	310.00
1974	GIRL WITH PUPPIES L1311G	RT	120.00	375.00
1974	SEESAW L4867G	RT	80.00	425.00
1974	SWEETY/HONEY LICKERS L1248G	RT	100.00	550.00
1978	NAUGHTY DOG L4982G	RT	130.00	325.00
1979	AVOIDING THE GOOSE L5033G	RT	160.00	400.00
1979	DOG AND CAT/LITTLE FRISKIES L5032G	RT	108.00	285.00

YR	NAME	LIMIT	ISSUE	TREND
1980	MY HUNGRY BROOD L5074G	RT	295.00	470.00
1980	SLEIGH RIDE L5037G	RT	585.00	1400.00
1982	STUBBORN DONKEY L5178G	RT	250.00	500.00
1984	ARACELY WITH HER PET DUCK L5202G	RT	125.00	350.00
1984	JOSEFA FEEDING HER DUCK L5201G	RT	125.00	350.00
1984	PLAYFUL KITTENS L5232G	OP	130.00	300.00
1985	PLAYING WITH DUCKS AT THE POND L5303G	RT	310.00	725.00
1986	LITTER OF FUN L5364G	OP	275.00	465.00
1986	THIS ONE'S MINE L5376G	RT	300.00	600.00
1987	BEDTIME/SLEEPY TRIO L5443G	RT	190.00	340.00
1987	I HOPE SHE DOES L5450G	RT	190.00	375.00
1988	SWEET DREAMS L1535G	OP	150.00	240.00
1989	JOY IN A BASKET L5595G	RT	215.00	325.00
1989	MY NEW PET L5549G	RT	150.00	225.00
1989	PLAYFUL ROMP L5594G	RT	215.00	300.00
1990	BEHAVE! L5703G	RT	230.00	325.00
1990	CAN I HELP? L5689G	RT	250.00	400.00
1990	CAT NAP L5640G	OP	125.00	145.00
1990	CRADLE OF KITTENS, A L5784G	RT	360.00	425.00
1990	DOG'S BEST FRIEND L5688G	OP	250.00	310.00
1990	SLEEPY KITTEN L5712G	OP	110.00	130.00
1990	WE CAN'T PLAY L5706G	RT	200.00	275.00
1991	BEST FOOT FORWARD L5738G	RT	280.00	350.00
1991	BIG SISTER L5735G	OP	650.00	685.00
1991	COME OUT AND PLAY L5797G	RT	275.00	375.00
1991	DON'T FORGET ME! L5743G	OP	150.00	160.00
1991	HOLD HER STILL L5753G	RT	650.00	750.00
1991	INTERRUPTED NAP L5760G	RT	325.00	425.00
1991	LAP FULL OF LOVE L5739G	RT	275.00	325.00
1991	MY PUPPIES L5807G	RT	325.00	400.00
1991	NOT TOO CLOSE! L5781G	RT	365.00	450.00
1991	OUT FOR A ROMP L5761G	RT	375.00	500.00
1991	PRECIOUS CARGO L5794G	RT	460.00	575.00
1991	PRESTO! L5759G	RT	275.00	325.00
1991	PUPPET SHOW L5736G	RT	280.00	375.00
1991	SHARING SWEETS L5836G	RT	220.00	270.00
1991	SING WITH ME L5837G	RT	240.00	265.00
1992	JUST A LITTLE MORE L5908G	RT	370.00	425.00
1992	LOVING MOUSE L5883G	RT	285.00	340.00
1992	MAKING A WISH L5910G	RT	790.00	875.00
1992	MISCHIEVOUS MOUSE L5881G	RT	285.00	340.00
1992	RESTFUL MOUSE L5882G	RT	285.00	340.00
1992	TAKE YOUR MEDICINE L5921G	RT	360.00	410.00
1994	KITTY CART L6141G	OP	750.00	795.00
1994	LITTLE FRIENDS L6129G	RT	225.00	270.00
1994	LITTLE RIDERS L7623G	RT	250.00	350.00
1994	MEAL TIME L6109G	OP	495.00	525.00
1995	CUDDLY KITTEN L6201G	RT	270.00	290.00
1995	PRETTY CARGO L6165G	RT	500.00	525.00
1995	SNUGGLE UP L6226G	OP	170.00	170.00
1997	DAYDREAMS L6400G	OP	325.00	325.00
1997	PONY RIDE L6430G	OP	825.00	825.00
1999	MY PRETTY PUPPY L6635G	OP	295.00	295.00
*				**CHILDREN'S THEMES**
1969	GIRL MANICURING L1082G/M	RT	15.00	300.00
1969	GIRL WITH BRUSH L1081G/M	RT	15.00	300.00
1969	GIRL WITH DOLL L1083G/M	RT	15.00	300.00
1969	GIRL WITH MOTHER'S SHOE L1084G/M	RT	15.00	300.00
1971	GIRL SHAMPOOING L1148G/M	RT	20.00	300.00
1971	GIRL WITH BONNET L1147G/M	RT	20.00	300.00
1971	PUPPY LOVE L1127G	RT	50.00	365.00
1972	BOY MEETS GIRL L1188G	RT	60.00	425.00
1972	GIRL WITH DOLL L1211G/M	RT	72.00	450.00
1973	CLEAN UP TIME L4838G/M	RT	36.00	300.00
1974	BOY FROM MADRID L4898G/M	RT	45.00	175.00
1974	EXQUISITE SCENT/SCHOOLGIRL L1313G	RT	200.00	650.00
1974	SEESAW L1255G/M	RT	110.00	625.00
1977	GIRL WITH WATERING CAN/BLOOMING ROSES L1339G	RT	163.00	500.00
1977	LITTLE RED RIDING HOOD L4965G	RT	210.00	550.00
1978	GIRL WATERING/GROWING ROSES L1354G	RT	485.00	625.00
1980	FLOWERS IN POT L5028G	RT	325.00	600.00
1980	LITTLE FLOWER SELLER L5082G	RT	750.00	2800.00
1980	NOSTALGIA L5071G	RT	240.00	360.00
1980	PRECOCIOUS COURTSHIP L5072G	RT	410.00	700.00
1980	ROSES FOR MY MOM/CUTTING THE FLOWERS L5088G	RT	645.00	1200.00
1982	"A" IS FOR AMY L-5145G	RT	110.00	1500.00
1982	"E" IS FOR ELLEN L5146G	RT	110.00	1200.00
1982	"I" IS FOR IVY L5147G	RT	100.00	600.00
1982	"O" IS FOR OLIVIA L5148G	RT	100.00	450.00
1982	"U" IS FOR URSULA L5149G	RT	100.00	450.00
1982	BABY ON FLOOR/LEARNING TO CRAWL L5101G	RT	58.00	275.00
1982	BABY WITH PACIFIER (TEETHING) L5102G	RT	58.00	275.00
1982	BALLOON SELLER/BALLOONS FOR SALE L5141G	RT	145.00	310.00
1982	BARROW OF BLOSSOMS, A L1419G	OP	390.00	675.00
1982	BUDDING BLOSSOMS/FROM MY GARDEN L1416G	RT	140.00	350.00
1982	FLOWER HARMONY L1418G	RT	130.00	335.00
1982	GAYLE/LITTLE BALLET GIRL L5109G	RT	85.00	350.00
1982	GELSIE/LITTLE BALLET GIRL L5108G	RT	85.00	350.00
1982	GISELLE/LITTLE BALLET GIRL L5105	RT	85.00	350.00

From the Disneyana collection by Armani, Snow White originally retailed for $750 and is now retired.

A member of Kristin Haynes' Dreamsicles line, produced by Cast Art Industries, Forever Friends has tripled in value since its 1993 release.

Pluto Helps Decorate, *from the "Holiday Series" by Walt Disney Classics Collection, features Mickey's best friend in a most compromising position.*

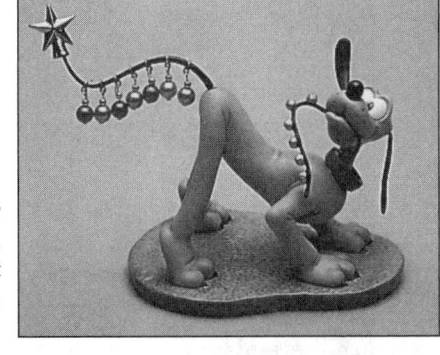

There's a Light At the End of the Tunnel *is from Enesco Group Inc.'s Precious Moments collection by Sam Butcher.*

A favorite of young and old alike, Winnie the Pooh was the 1996 gift sculpture for members of Walt Disney Classics Collection's Collectors Society.

YR	NAME	LIMIT	ISSUE	TREND
1982	KARENA/LITTLE BALLET GIRL L5107G	RT	85.00	350.00
1982	NATURE'S BOUNTY L1417G	RT	160.00	400.00
1982	PONDERING L5173G	RT	300.00	600.00
1982	REVERENT MATADOR/LITTLE BOY BULLFIGHTER L5115G	RT	123.00	425.00
1982	SALLIE/LITTLE BALLET GIRL L5104G	RT	85.00	300.00
1984	AUTUMN L5218G/M	RT	90.00	220.00
1984	DANCING THE POLKA L5252G	RT	205.00	525.00
1984	FISHING WITH GRAMPS L5215G	OP	410.00	905.00
1984	FOLK DANCING L5256G	RT	205.00	500.00
1984	PRETTY PICKINGS L5222G/M	OP	80.00	170.00
1984	SPRING IS HERE L5223G/M	OP	80.00	170.00
1984	SPRING L5217G/M	OP	90.00	210.00
1984	STORYTIME L5229G	RT	245.00	950.00
1984	SUMMER L5219G/M	OP	90.00	195.00
1984	SWEET SCENT L5221G/M	OP	80.00	170.00
1984	WINTER L5220G/M	OP	90.00	195.00
1985	BOY ON CAROUSEL HORSE L1470G	OP	470.00	945.00
1985	CHILDREN AT PLAY L5304	RT	220.00	500.00
1985	FALL CLEAN-UP L5286G	OP	295.00	565.00
1985	GIRL ON CAROUSEL HORSE L1469G	OP	470.00	945.00
1985	GLORIOUS SPRING L5284G	OP	355.00	735.00
1985	ICE CREAM VENDOR L5325G	RT	380.00	725.00
1985	LOVE IN BLOOM L5292G	RT	225.00	465.00
1985	SUMMER ON THE FARM L5285G	OP	235.00	455.00
1985	VISIT WITH GRANNY, A L5305G	RT	275.00	600.00
1985	WINTER FROST L5287G	OP	270.00	520.00
1986	BEDTIME L5347G	RT	300.00	575.00
1986	BOY & HIS BUNNY L1507G/M	RT	90.00	275.00
1986	CHILDREN'S GAMES L5379G	RT	325.00	675.00
1986	FORGOTTEN L1502G/M	RT	125.00	300.00
1986	IN THE MEADOW L1508G/M	RT	100.00	300.00
1986	LITTLE SCULPTOR L5358G	RT	160.00	350.00
1986	NATURE BOY L1505G/M	RT	100.00	285.00
1986	NEGLECTED L1503G/M	RT	125.00	350.00
1986	NEW FRIEND, A L1506G/M	RT	110.00	310.00
1986	PUPPET PAINTER, THE L5396G	OP	500.00	850.00
1986	RAG DOLL L1501G/M	RT	125.00	350.00
1986	RAGAMUFFIN L1500G/M	RT	125.00	350.00
1986	SPRING FLOWERS L1509G/M	RT	100.00	300.00
1986	STILL LIFE L5363G	RT	180.00	500.00
1986	STITCH IN TIME, A L5344G	RT	425.00	850.00
1986	SWEET HARVEST L5380G	RT	450.00	900.00
1986	TRY THIS ONE L5361G	RT	225.00	425.00
1987	AT ATTENTION L5407G	RT	175.00	350.00
1987	BUGLER, THE L5406G	RT	175.00	370.00
1987	CADET CAPTAIN L5404G	RT	175.00	370.00
1987	CIRCUS TRAIN L1517G	RT	2900.00	4500.00
1987	DRUMMER BOY, THE L5403G	RT	225.00	400.00
1987	FLAG BEARER, THE L5405G	RT	200.00	400.00
1987	HAPPY BIRTHDAY L5429G	OP	100.00	155.00
1987	MUSIC TIME L5430G	RT	500.00	700.00
1987	MY BEST FRIEND L5401G	RT	150.00	265.00
1987	NAPTIME L5448G/M	OP	135.00	260.00
1987	ONE, TWO, THREE L5426G	RT	240.00	450.00
1987	TIME TO REST L5399G/M	RT	175.00	350.00
1987	WANDERER, THE L5400G	RT	150.00	270.00
1989	BABY DOLL L5608G	RT	150.00	220.00
1989	HELLO FLOWERS L5543G	RT	385.00	550.00
1989	LET'S MAKE UP L5555G	OP	215.00	265.00
1989	PRETTY POSIES L5548G	RT	425.00	600.00
1989	PUPPY DOG TAILS L5539G	OP	1200.00	1700.00
1990	ACADEMY DAYS L5768G	RT	280.00	350.00
1990	AFTER SCHOOL L5707G	RT	280.00	350.00
1990	BACK TO SCHOOL L5702G	RT	350.00	450.00
1990	BETWEEN CLASSES L5709G	RT	280.00	350.00
1990	CATHY L5643G	OP	200.00	265.00
1990	CINDY L5646G	RT	190.00	250.00
1990	COURTNEY L5648G	OP	200.00	230.00
1990	DON'T LOOK DOWN L5698G	OP	330.00	410.00
1990	ELIZABETH L5645G	OP	190.00	250.00
1990	FANTASY FRIEND L5710G	RT	420.00	575.00
1990	GIDDY UP L5664G	RT	190.00	275.00
1990	HANG ON! L5665G	RT	225.00	325.00
1990	I FEEL PRETTY L5678G	RT	190.00	265.00
1990	IN NO HURRY L5679G	RT	550.00	700.00
1990	JUST A LITTLE KISS L5701G	RT	320.00	425.00
1990	LAND OF THE GIANTS L5716G	RT	275.00	450.00
1990	MY FIRST CLASS L5708G	RT	280.00	350.00
1990	NOTHING TO DO L5649G	RT	190.00	250.00
1990	OVER THE CLOUDS L5697G	OP	275.00	310.00
1990	ROCK A BYE BABY L5717G	OP	300.00	375.00
1990	SARA L5647G	RT	200.00	265.00
1990	SHARING SECRETS L5720G	RT	290.00	375.00
1990	SITTING PRETTY L5699G	RT	300.00	360.00
1990	SNOW MAN, THE L5713G	OP	300.00	350.00
1990	SUSAN L5644G	OP	190.00	215.00
1990	TRAVELING IN STYLE L5680G	RT	425.00	535.00
1991	CAREFREE L5790G	OP	300.00	325.00
1991	CAROUSEL CANTER L5732G	RT	1700.00	2000.00

YR	NAME	LIMIT	ISSUE	TREND
1991	CAROUSEL CHARM L5731G	RT	1700.00	2000.00
1991	DANCE CLASS L5741G	RT	340.00	400.00
1991	FAITHFUL STEED L5769G	RT	370.00	400.00
1991	LITTLE DREAMERS L5772G/M	OP	230.00	240.00
1991	LITTLE PRINCE L5737G	RT	295.00	350.00
1991	LITTLE VIRGIN L5752G	RT	295.00	375.00
1991	MY CHORES L5782G	RT	325.00	400.00
1991	OUT FOR A SPIN L5770G	RT	390.00	500.00
1991	PLAYING TAG L5804G	RT	170.00	300.00
1991	TICKLING L5806G/M	RT	130.00	175.00
1991	TUMBLING L5805G/M	RT	130.00	175.00
1991	WALK WITH FATHER L5751G	RT	375.00	495.00
1991	YOUTH L5800	500	650.00	725.00
1992	ALL DRESSED UP L5909G	RT	440.00	485.00
1992	ALL TUCKERED OUT L5846G/M	OP	220.00	255.00
1992	BOUQUET OF BLOSSOMS L5895G	RT	295.00	335.00
1992	EASTER BONNETS L5852G	RT	265.00	400.00
1992	FLIRTATIOUS JESTER L5844G	RT	890.00	975.00
1992	FRAGRANT BOUQUET L5862G	OP	350.00	370.00
1992	FRIENDSHIP IN BLOOM L5893G	RT	650.00	725.00
1992	GUEST OF HONOR L5877G	RT	195.00	235.00
1992	JUST ONE MORE L5899G	RT	450.00	550.00
1992	SISTER'S PRIDE L5878G	RT	595.00	700.00
1992	TRIMMING THE TREE L5897G	OP	900.00	925.00
1992	VOYAGE OF COLUMBUS, THE L5847G	7500	1450.00	1650.00
1992	WORLD OF FANTASY L5943G	RT	295.00	360.00
1993	THOUGHTFUL CARESS L5990G	RT	225.00	295.00
1995	CHEF'S APPRENTICE L6233G	RT	260.00	295.00
1996	DAISY L6274G	OP	150.00	150.00
1996	IRIS L6276G	OP	150.00	150.00
1996	LITTLE BEAR L6299G	RT	285.00	300.00
1996	LITTLE SAILOR BOY L6314G	RT	225.00	245.00
1996	PUMPKIN RIDE L6244G	RT	695.00	735.00
1996	ROSE L6275G	OP	150.00	150.00
1996	RUBBER DUCKY L6300G	OP	285.00	285.00
1997	BATH TIME L6411G	OP	195.00	195.00
1997	IT'S MORNING ALREADY? L6483G	OP	105.00	105.00
1997	LITTLE SLEEPWALKER L6482G	OP	110.00	110.00
1997	MY CUDDLY PUPPY L6463G	OP	110.00	110.00
1997	MY FAVORITE SLIPPERS L6420G	RT	145.00	175.00
1997	MY FIRST STEP L6428G	OP	165.00	165.00
1997	READY TO ROLL L6429G	OP	165.00	165.00
1997	TIME FOR BED L6440G	RT	160.00	175.00
1997	WHO'S THERE? L6464G	OP	115.00	115.00
1997	WORLD OF LOVE, A L6353G	OP	450.00	450.00
1999	LITTLE ROMANCE, A L6630G	OP	695.00	695.00
*				

CHRISTMAS AND NATIVITY FIGURINES

YR	NAME	LIMIT	ISSUE	TREND
1969	BABY JESUS L4670G	OP	18.00	55.00
1969	BABY JESUS L4670M	RT	18.00	75.00
1969	COW L4680G	OP	12.00	90.00
1969	COW L4680M	RT	12.00	125.00
1969	KING BALTHASAR L4675G	OP	11.00	95.00
1969	KING BALTHASAR L4675M	RT	11.00	130.00
1969	KING GASPAR L4674G	OP	11.00	95.00
1969	KING GASPAR L4674M	RT	11.00	130.00
1969	KING MELCHIOR L4673G	OP	11.00	95.00
1969	KING MELCHIOR L4673M	RT	11.00	130.00
1969	MARY L4671G	OP	10.00	75.00
1969	MARY L4671M	RT	10.00	110.00
1969	SHEPHERD WITH LAMB L4676G	OP	14.00	110.00
1969	SHEPHERD WITH LAMB L4676M	RT	14.00	175.00
1969	SHEPHERDESS WITH BASKET L4678G	OP	13.00	90.00
1969	SHEPHERDESS WITH BASKET L4678M	RT	13.00	125.00
1969	SHEPHERDESS WITH ROOSTER L4677G	OP	14.00	90.00
1969	SHEPHERDESS WITH ROOSTER L4677M	RT	14.00	150.00
1969	ST. JOSEPH L4672G	OP	11.00	90.00
1969	ST. JOSEPH L4672M	RT	11.00	125.00
1973	CHRISTMAS CAROLS L1239G	RT	125.00	750.00
1974	SANTA CLAUS L4904G	RT	100.00	1000.00
1974	SANTA CLAUS WITH TOYS L4905G	RT	125.00	1200.00
1981	BABY JESUS L1388G	OP	85.00	140.00
1981	COW L1390G	OP	95.00	215.00
1981	DONKEY L1389G	OP	95.00	215.00
1981	ST. JOSEPH L1386G	OP	250.00	385.00
1981	VIRGIN MARY L1387G	OP	240.00	385.00
1982	KING BALTHASAR L1425G	OP	315.00	585.00
1982	KING GASPAR L1424G	OP	265.00	475.00
1982	KING MELCHIOR L1423G	OP	225.00	440.00
1985	NATIVITY SCENE, HAUTE RELIEF L5281M	RT	210.00	420.00
1986	BLESSED FAMILY L1499G	RT	200.00	400.00
1987	BALTHASAR'S PAGE L1516G	RT	275.00	850.00
1987	GASPAR'S PAGE L1514G	RT	275.00	550.00
1987	MELCHIOR'S PAGE L1515G	RT	290.00	550.00
1987	ST. NICHOLAS L5427G	RT	425.00	775.00
1988	BABY JESUS L5478G	OP	55.00	75.00
1988	DONKEY L5483G	OP	125.00	175.00
1988	KING BALTHASAR L5481G	OP	210.00	265.00
1988	KING GASPAR L5480G	OP	210.00	265.00
1988	KING MELCHIOR L5479G	OP	210.00	265.00

YR	NAME	LIMIT	ISSUE	TREND
1988	LOST LAMB L5484G	OP	100.00	140.00
1988	MARY L5477G	OP	130.00	165.00
1988	OX L5482G	OP	125.00	175.00
1988	SHEPHERD BOY L5485G	OP	140.00	205.00
1988	ST. JOSEPH L5476	OP	210.00	270.00
1990	CHRISTMAS WISH, A L5711G	RT	350.00	450.00
1991	BABY JESUS L5745G	RT	170.00	200.00
1991	BULL & DONKEY L5744G	RT	250.00	300.00
1991	HOLY NIGHT L5796G	RT	330.00	375.00
1991	LITTLE LAMB L5750G	RT	40.00	55.00
1991	MARY L5747G	RT	275.00	325.00
1991	SHEPHERD BOY L5749G	RT	225.00	275.00
1991	SHEPHERD GIRL L5748G	RT	150.00	225.00
1991	ST. JOSEPH L5746G	RT	350.00	375.00
1993	HUMBLE GRACE L2255M	2000	2150.00	2150.00
1993	UP AND AWAY L5975G	RT	2850.00	3000.00
1994	BABY JESUS (GRES) L2277	OP	85.00	85.00
1994	CHRISTMAS MELODIES L6128G	RT	375.00	400.00
1994	DONKEY (GRES) L2282	OP	185.00	185.00
1994	KING BALTHASAR (GRES) L2280	OP	290.00	290.00
1994	KING GASPAR (GRES) L2279	OP	290.00	290.00
1994	KING MELCHIOR (GRES) L2278	OP	290.00	290.00
1994	LOST LAMB (GRES) L2283	OP	140.00	140.00
1994	MARY (GRES) L2276	OP	175.00	175.00
1994	OX (GRES) L2281	OP	185.00	185.00
1994	SHEPHERD BOY (GRES) L2284	OP	285.00	285.00
1994	ST. JOSEPH (GRES) L2275	OP	270.00	270.00
1996	SPECIAL TOY, A L5971	RT	815.00	860.00
1998	CHRISTMAS CAROLER, THE L6533G	OP	175.00	175.00
1998	CHRISTMAS SONG, A L6532	OP	198.00	200.00
1998	JOLLY SANTA L6500G	OP	180.00	180.00
1998	SPIRIT OF CHRISTMAS, THE L6534G	OP	198.00	200.00
1999	COOKIES FOR SANTA L6675G	OP	325.00	325.00
1999	GIFT FROM SANTA, A L6575G	OP	200.00	200.00
1999	STOCKING FOR KITTY, A L6669G	OP	235.00	235.00
1999	UP THE CHIMNEY HE ROSE L6668G	OP	370.00	370.00
1999	VISIONS OF SUGARPLUMS L6667G	OP	260.00	260.00

CLOWNS

YR	NAME	LIMIT	ISSUE	TREND
1969	CLOWN WITH CONCERTINA L1027G	RT	95.00	800.00
1971	CLOWN L4618G	OP	70.00	415.00
1971	CLOWN WITH VIOLIN L1126G	RT	71.00	2000.00
1971	PELUSA CLOWN L1125G	RT	70.00	1500.00
1976	LANGUID CLOWN L4924G	RT	200.00	1200.00
1980	CLOWN WITH CLOCK L5056G	RT	220.00	800.00
1980	CLOWN WITH CONCERTINA L5058G	RT	228.00	600.00
1980	CLOWN WITH SAXOPHONE L5059G	RT	245.00	800.00
1980	CLOWN WITH VIOLIN L5057G	RT	200.00	750.00
1980	GIRL CLOWN WITH TRUMPET L5060G	RT	220.00	550.00
1982	CLOWN'S HEAD (BUST) L5129G	OP	220.00	475.00
1982	PENSIVE CLOWN (BUST) L5130G	OP	250.00	475.00
1985	PIERROT WITH CONCERTINA L5279G	OP	95.00	160.00
1985	PIERROT WITH PUPPY & BALL L5278G	OP	95.00	160.00
1985	PIERROT WITH PUPPY L5277G	OP	95.00	160.00
1988	CIRCUS SAM L5472G	OP	175.00	205.00
1988	SAD SAX L5471G	OP	175.00	205.00
1989	BLUES, THE (BUST) L5600G	RT	265.00	400.00
1989	FINE MELODY (BUST) L5585G	RT	225.00	325.00
1989	MELANCHOLY (BUST) L5542G	OP	375.00	460.00
1989	REFLECTING (BUST) L5612G	RT	335.00	450.00
1989	SAD CLOWN (BUST) L5611G	RT	335.00	450.00
1989	SAD NOTE (BUST) L5586G	RT	185.00	350.00
1989	STAR STRUCK (BUST) L5610G	RT	335.00	450.00
1991	CHECKING THE TIME L5762G	RT	560.00	650.00
1991	HATS OFF TO FUN L5765G	RT	475.00	595.00
1991	HAVING A BALL L5813G	OP	225.00	240.00
1991	LITTLEST CLOWN L5811G	OP	225.00	240.00
1991	MAGIC OF LAUGHTER, THE L5771G	RT	950.00	1175.00
1991	ON THE MOVE L5838G	RT	340.00	435.00
1991	SEEDS OF LAUGHTER L5764G	RT	525.00	650.00
1991	TIRED FRIEND L5812G	OP	225.00	245.00
1992	CIRCUS MAGIC L5892G	RT	470.00	525.00
1992	SURPRISE L5901G	OP	325.00	335.00
1994	MOMENT'S PAUSE, A (BUST) L3569M	3500	1635.00	1635.00
1996	PIERROT IN LOVE L6258G	RT	195.00	225.00
1998	MILE OF STYLE, A L6507G	RT	275.00	350.00

DAYS OF THE WEEK SERIES

YR	NAME	LIMIT	ISSUE	TREND
1993	FRIDAY'S CHILD (BOY) L6019G	RT	250.00	285.00
1993	FRIDAY'S CHILD (GIRL)	RT	250.00	300.00
1993	MONDAY'S CHILD (BOY) L6011G	RT	280.00	320.00
1993	MONDAY'S CHILD (GIRL) L6012G	RT	290.00	335.00
1993	SATURDAY'S CHILD (BOY) L6021G	RT	245.00	310.00
1993	SATURDAY'S CHILD (GIRL) L6022G	RT	280.00	310.00
1993	SUNDAY'S CHILD (BOY) L6023G	RT	250.00	285.00
1993	SUNDAY'S CHILD (GIRL) L6024G	RT	250.00	325.00
1993	THURSDAY'S CHILD (BOY) L6017G	RT	250.00	285.00
1993	THURSDAY'S CHILD (GIRL) L6018G	RT	280.00	310.00
1993	TUESDAY'S CHILD (BOY) L6013G	RT	250.00	300.00
1993	TUESDAY'S CHILD (GIRL) L6014G	RT	280.00	335.00

YR	NAME	LIMIT	ISSUE	TREND
1993	WEDNESDAY'S CHILD (BOY) L6015G	RT	280.00	310.00
1993	WEDNESDAY'S CHILD (GIRL) L6016G	RT	280.00	335.00
*			**DISNEY SERIES**	
1992	PETER PAN L7529G	2000	400.00	1200.00
1992	TINKERBELL L7518G	1500	350.00	2200.00
1994	BASHFUL L7536G	RT	175.00	325.00
1994	CINDERELLA AND HER FAIRY GODMOTHER L7553G	2500	875.00	1200.00
1994	DOC L7533G	RT	195.00	325.00
1994	DOPEY L7534G	RT	175.00	325.00
1994	GRUMPY L7538G	RT	175.00	325.00
1994	HAPPY L7537G	RT	195.00	325.00
1994	SLEEPING BEAUTY'S DANCE L7560G	LE	1280.00	2000.00
1994	SLEEPY L7539G	RT	175.00	325.00
1994	SNEEZY L7535G	RT	175.00	325.00
1994	SNOW WHITE L7555G	RT	295.00	625.00
*			**DON QUIXOTE FIGURINES**	
1969	DON QUIXOTE L1030G	OP	225.00	1450.00
1969	DON QUIXOTE L1030M	RT	225.00	1450.00
1969	SANCHO PANZA L1031G/M	RT	65.00	600.00
1973	QUIXOTE STANDING UP L4854G	OP	40.00	205.00
1974	MAN OF LA MANCHA L1269G	1500	700.00	3800.00
1976	DON QUIXOTE & SANCHO PANZA/IMPOSSIBLE DREAM L1318G	1000	1200.00	4500.00
1977	WRATH OF DON QUIXOTE L1343G	RT	250.00	1000.00
1978	DON QUIXOTE & SANCHO PANZA L4998G	RT	875.00	2700.00
1978	LETTERS TO DULCINEA (NUMBERED SERIES,GRES) L3509	RT	1000.00	2200.00
1978	QUIXOTE ON GUARD/BRAVE KNIGHT L1385G	RT	175.00	800.00
1982	TOAST BY SANCHO, A L5165G	RT	100.00	475.00
1984	QUEST, THE L5224G	RT	125.00	330.00
1985	I HAVE FOUND THEE, DULCINEA L5341G	750	1460.00	3000.00
1986	ORATION L5357G	OP	170.00	300.00
1986	QUIXOTE & THE WINDMILL L1497G	RT	1100.00	2200.00
1987	I AM DON QUIXOTE! L1522G	OP	2600.00	3950.00
1987	LISTEN TO DON QUIXOTE (BUST) L1520G	RT	1800.00	3000.00
1999	SANCHO L6633G/M	OP	255.00	255.00
*			**EGGS**	
1993	LIMITED EDITION EGG L6083M	YR	145.00	250.00
1994	LIMITED EDITION EGG L7532M	YR	150.00	200.00
1995	LIMITED EDITION EGG L7548M	YR	150.00	175.00
1996	LIMITED EDITION EGG L7550M	YR	155.00	175.00
1996	SPRING EGG L6292G	OP	365.00	365.00
1997	LIMITED EDITION EGG L7552M	YR	155.00	175.00
1997	SUMMER EGG L6293G	OP	365.00	365.00
1998	AUTUMN EGG L6294G	OP	365.00	365.00
1998	GARDEN STROLL/1998 LIMITED ED. EGG 6590M	YR	150.00	165.00
1999	FAWN SURPRISE L6618G	OP	280.00	280.00
1999	KITTY SURPRISE L6616G	OP	280.00	280.00
1999	PUPPY SURPRISE L6617G	OP	280.00	280.00
1999	WINTER EGG L6295G	OP	365.00	365.00
*			**ELITE FIGURINES**	
1972	HANSOM CARRIAGE L1225G	RT	1450.00	9000.00
1974	HUNT, THE L1308G	750	3750.00	7500.00
1976	PLAYING CARDS L1327M, NUMBERED SERIES L1327M	OP	3800.00	6600.00
1978	FEARFUL FLIGHT L1377G	750	7000.00	18000.00
1980	SUCCESSFUL HUNT, A/BIG GAME L5098G	1000	5200.00	8000.00
1980	TURTLEDOVES GROUP L3520M	750	6800.00	11900.00
1981	EAGLES NEST L3523	300	6900.00	12000.00
1985	18TH CENTURY COACH L1485G	500	14000.00	28000.00
1986	AT THE STROKE OF TWELVE L1493G	1500	4250.00	8000.00
1986	FLORAL OFFERING L1490G	3000	2500.00	4450.00
1986	FOX HUNT L5362G	1000	5200.00	8750.00
1987	CARNIVAL TIME (MEXICAN FIGURES W/DOG IN BOAT)L5423	1000	2400.00	3500.00
1987	SUNDAY DRIVE, A L1510G	1000	3400.00	5250.00
1988	GARDEN PARTY L1578G	500	5500.00	7250.00
1988	RETURN TO LA MANCHA L1580G	500	6400.00	8350.00
1989	CIRCUS PARADE L1609G	750	5200.00	6550.00
1989	KITAKAMI CRUISE W/BASE L1605G	500	6350.00	7500.00
1989	MOUNTED WARRIORS L1608G	500	2850.00	3450.00
1991	OUTING IN SEVILLE L1756G	500	23000.00	24500.00
1992	CIRCUS TIME L1758G	2500	9200.00	9650.00
1992	HAWAIIAN CEREMONY L1757G	1000	9800.00	10250.00
1992	PRESENTING CREDENTIALS L5911G	1500	19500.00	20500.00
1992	TEA IN THE GARDEN L1759G	2000	9500.00	9750.00
1993	ORIENTAL GARDEN L1775G	750	22500.00	22500.00
1993	PAELLA VALENCIANO L1762G	1000	10000.00	10000.00
1993	WHERE TO SIR? L5952G	1500	5250.00	5250.00
1994	CINDERELLA'S ARRIVAL L1785G	1500	25950.00	25950.00
1994	CIRCUS FANFARE L1783G	1500	14240.00	14500.00
*			**FANTASY FIGURINES**	
1969	CENTAUR BOY L1013G/M	RT	45.00	450.00
1969	CENTAUR GIRL L1012G/M	RT	45.00	450.00
1969	FAIRY L4595G/M	RT	28.00	200.00
1969	PAN WITH CYMBALS L1006G	RT	45.00	550.00
1969	PAN WITH PIPES L1007G	RT	45.00	550.00
1969	SATYR GROUP L1008G	RT	95.00	975.00
1972	CINDERELLA L4828G	RT	47.00	275.00
1978	MERMAID ON WAVE L1347G	RT	260.00	1500.00
1978	MERMAIDS PLAYING L1349G	RT	425.00	2500.00
1982	BUTTERFLY GIRL/DAYDREAMING NYMPH L1402G/M	RT	210.00	575.00
1982	BUTTERFLY GIRL/PONDERING NYMPH L1403G/M	RT	210.00	575.00

YR	NAME	LIMIT	ISSUE	TREND
1982	BUTTERFLY GIRL/SLEEPING NYMPH L1401G/M	RT	210.00	575.00
1982	FANTASY L1414G	OP	115.00	260.00
1982	ILLUSION L1413G	OP	115.00	260.00
1982	MIRAGE L1415G	OP	115.00	260.00
1985	DEMURE CENTAUR GIRL L5320G	RT	158.00	400.00
1985	STAR GAZING L1477G	RT	130.00	375.00
1985	STAR LIGHT, STAR BRIGHT L1476G	RT	130.00	400.00
1985	WISHING ON A STAR L1475G	RT	130.00	400.00
1985	WISTFUL CENTAUR GIRL L5319G	RT	158.00	400.00
1986	FANTASIA L1487G	5000	1500.00	2700.00
1986	REY DE BASTOS L5369G	2000	325.00	650.00
1986	REY DE COPAS L5366G	2000	325.00	650.00
1986	REY DE ESPADAS L5368G	2000	325.00	650.00
1986	REY DE OROS L5367G	2000	325.00	650.00
1990	LEPRECHAUN L1721G	OP	1200.00	1400.00
1990	SPRITE L1720G	OP	1200.00	1400.00
1990	SWAN AND THE PRINCESS, THE L5705G	RT	350.00	475.00
1990	SWAN SONG L5704G	RT	350.00	475.00
1991	ALICE IN WONDERLAND L5740G	RT	440.00	550.00
1991	FAIRY GODMOTHER L5791G	RT	375.00	450.00
1991	LITTLE UNICORN L5826G/M	RT	275.00	350.00
1991	OCEAN BEAUTY L5785G	OP	625.00	665.00
1991	PRINCESS AND THE UNICORN, THE L1755G	1500	1750.00	2000.00
1992	FAIRY FLOWERS L5861G	RT	630.00	750.00
1992	FAIRY GARLAND L5860G	RT	630.00	750.00
1992	FLORAL ADMIRATION L5853G	RT	690.00	825.00
1992	FLORAL FANTASY L5854G	RT	690.00	825.00
1992	PLAYFUL UNICORN L5880G/M	RT	295.00	350.00
1993	UNICORN AND FRIEND L5993G	RT	355.00	375.00
1996	WINGED COMPANIONS L6242G/M	RT	270.00	320.00
1997	IN NEPTUNE'S WAVES L6397G	RT	1030.00	1150.00
1999	BUMBLEBEE FANTASY L1845G	2000	725.00	725.00
1999	BUTTERFLY FANTASY L1846G	2000	725.00	725.00
1999	CELESTIAL JOURNEY L1848G	1500	3900.00	3900.00
1999	FAIRY OF THE BUTTERFLIES L1850G	1500	2150.00	2150.00
1999	FATHER TIME L6696G	RT	420.00	450.00
1999	LAKESIDE DAYDREAM L6644G	OP	495.00	495.00
1999	LILLYPAD LOVE L6645G	OP	495.00	495.00
*				**FLOWERS**
1971	ANEMONES BUNCH L1184M	200	400.00	2225.00
1971	FLORAL L1185M	200	475.00	1625.00
1971	ROSES BUNCH L1186M	200	575.00	2000.00
1984	CALIFORNIA POPPY W/BASE L5190M	RT	100.00	200.00
1984	CHRYSANTHEMUM W/BASE L5189M	RT	100.00	200.00
1984	DAHLIA W/BASE L5180M	RT	65.00	150.00
1984	JAPANESE CAMELLIA W/BASE L5181M	RT	70.00	150.00
1984	LACTIFLORA PEONY W/BASE L5185M	RT	68.00	175.00
1984	MINIATURE BEGONIA W/BASE L5188M	RT	85.00	175.00
1984	RHODODENDRON W/BASE L5187M	RT	68.00	200.00
1984	THREE PINK ROSES W/BASE L5179M	RT	70.00	200.00
1984	TWO YELLOW ROSES W/BASE L5183M	RT	58.00	150.00
1984	WHITE CARNATION W/BASE L5184M	RT	68.00	150.00
1984	WHITE PEONY W/BASE L5182M	RT	85.00	200.00
1984	YELLOW BEGONIA W/BASE L5186M	RT	68.00	150.00
1987	FLOWERS CHEST L1572G	OP	550.00	1100.00
1989	MAY FLOWER BASKET L1628	RT	485.00	600.00
1998	BASKET OF BLOSSOMS, A (EVENT FIGURINE) L7580G	RT	98.00	150.00
*				**FOUR SEASONS LADIES**
1999	AUTUMN ROMANCE	*	345.00	345.00
*				**GARDEN BUNNIES COLLECTION**
1999	BOX	*	130.00	130.00
1999	LANDSCAPE FRAME	*	275.00	275.00
1999	PORTRAIT FRAME	*	260.00	260.00
1999	SMALL BOWL	*	95.00	95.00
*				**GRES SERIES**
1970	GIRL WITH GUITAR L2016M	750	325.00	2300.00
1970	SHEPHERDESS SLEEPING/SHEPHERDESS W/LAMB-BUST L2005M	RT	100.00	700.00
1971	LYRIC MUSE L2031	400	750.00	2500.00
1971	ORIENTAL WOMAN L2026	RT	45.00	450.00
1971	YOUNG ORIENTAL MAN L2021M	500	500.00	1800.00
1973	COUNTRY WOMAN L2049	750	200.00	1500.00
1973	PASSIONATE DANCE L2051M	500	375.00	4300.00
1974	SHORT ORIENTAL L2057	OP	35.00	105.00
1974	TALL CHINESE L2056	OP	35.00	105.00
1974	THAI COUPLE/THAILANDIA L2058	OP	650.00	1885.00
1974	WIND, THE L1279	OP	250.00	830.00
1976	COUNTRY LADY L1330	RT	900.00	1600.00
1977	CHINESE FARMER L2068M	RT	340.00	1000.00
1977	GRACEFUL DUO L2073	RT	775.00	1700.00
1977	MONK L2060	RT	60.00	175.00
1977	NEW HAIRDO, A L2070	RT	530.00	1525.00
1977	NUNS L2075	OP	90.00	250.00
1977	THAI DANCER L2069	OP	300.00	800.00
1978	NUDE WITH ROSE L3517	OP	225.00	780.00
1978	PENSIVE L3514	OP	500.00	1050.00
1978	RAIN IN SPAIN, THE/UNDER THE RAIN L2077	RT	195.00	525.00
1978	WINTRY DAY, A L3513	RT	525.00	800.00
1980	MOTHER LOVE/YOUNG MOTHER (BUST) L3521	RT	1000.00	1200.00
1981	CLASSIC WATER CARRIER L3525	OP	360.00	750.00

YR	NAME	LIMIT	ISSUE	TREND
1981	LOST IN THOUGHT L2125	RT	105.00	350.00
1982	CHINESE BOY L2153M	RT	90.00	300.00
1982	CHINESE GIRL L2152M	RT	90.00	300.00
1982	WATCHING THE DOVE/CONTEMPLATION L3526	OP	265.00	650.00
1983	INDIAN CHIEF (BUST) L2127	RT	525.00	700.00
1983	MOTHER & SON (BUST, NUMBERED SERIES) L2131	RT	850.00	1700.00
1983	VENUS (BUST) L2128	OP	650.00	1330.00
1984	FAIRY BALLERINA L2137	RT	500.00	1200.00
1984	KING, THE L2136	RT	570.00	850.00
1984	MYSTICAL JOSEPH L2135	RT	428.00	700.00
1984	SEA HARVEST L2142	RT	535.00	700.00
1985	HAWAIIAN FLOWER VENDOR L2154	OP	245.00	510.00
1985	PEACE OFFERING L3559	OP	398.00	775.00
1985	TRIBUTE TO PEACE, A (BUST) L2150	OP	470.00	1000.00
1985	YOUNG MADONNA (BUST) L2149	OP	400.00	950.00
1987	REPOSE L2169	OP	135.00	210.00
1988	HARVEST HELPERS L2178	OP	190.00	285.00
1989	WAKE UP KITTY L2183	RT	225.00	335.00
1990	INVINCIBLE L2188	300	1100.00	1250.00
1990	WHAT A DAY L2207	OP	550.00	640.00
1991	FRIENDS IN FLIGHT L2215	OP	165.00	180.00
1991	LAUNDRY DAY L2216	OP	350.00	400.00
1991	LAZY DAY L2210	OP	240.00	260.00
1992	AFTERNOON VERSE L2231	OP	580.00	595.00
1992	ARCTIC ALLIES L2227	OP	585.00	615.00
1992	BOY'S BEST FRIEND L2226	OP	390.00	410.00
1992	CHERISH (BUST) L2224	OP	1750.00	1850.00
1992	FRIENDLY SPARROW L2225	OP	295.00	325.00
1992	GUESS WHAT I HAVE? L2233	OP	340.00	375.00
1992	MARY'S CHILD L2230	RT	525.00	625.00
1992	NEW LAMB L2223	OP	385.00	420.00
1992	PLAYFUL PUSH L2234	OP	850.00	875.00
1992	POOR LITTLE BEAR L2232	OP	250.00	265.00
1992	SEASONAL GIFTS L2229	OP	450.00	475.00
1992	SNOWY SUNDAY L2228	OP	550.00	625.00
1992	TENDER MOMENT L2222	OP	400.00	475.00
1992	UNDERFOOT L2219	OP	360.00	425.00
1993	AUTUMN GLOW (BUST) L2250	1500	750.00	825.00
1993	DAYS OF YORE L2248	1000	2050.00	2050.00
1993	HOLIDAY GLOW (BUST) L2249	1500	750.00	825.00
1993	NOISY FRIEND L2253	RT	280.00	325.00
1994	DRESSING THE BABY L2289	RT	325.00	350.00
1994	LITTLE SISTER L2261	OP	265.00	285.00
1994	MAY FLOWERS L2274	RT	195.00	225.00
1995	BASKET OF FUN, A L2324	OP	320.00	320.00
1995	DAILY CHORES L2329	RT	345.00	375.00
1995	FRAGRANT BOUQUET L2305	OP	330.00	330.00
1995	PEACEFUL REST L2295	RT	390.00	425.00
1995	POETIC MOMENT L2299	OP	465.00	465.00
1996	UNDER MY SPELL L2352	RT	225.00	250.00
1996	YOUNG FISHERMAN L2335	OP	225.00	225.00
1996	YOUNG WATER GIRL L2336	OP	315.00	315.00
1997	COLD WEATHER COMPANIONS L2361	OP	380.00	380.00
1997	GABRIELA (BUST) L2355	OP	740.00	740.00
1997	HUNTING BUTTERFLIES L2360	OP	465.00	465.00
1997	I'M SLEEPY L2358	OP	360.00	360.00
1997	WAIT FOR SPRING L2354	OP	385.00	385.00
1998	COMFORTING FRIEND, A L2380	OP	330.00	335.00
1998	EARLY AWAKENING L2369	OP	595.00	625.00
1998	GIRL IN LOVE, A L2393	OP	465.00	490.00
1998	ISLAND BEAUTY L2382	OP	180.00	180.00
1998	LOW TIDE L2386	OP	560.00	590.00
1998	PACIFIC JEWEL L2383	OP	170.00	170.00
1998	SOFT REFRAIN, A L3578G	1000	1300.00	1300.00
1998	SPRING INSPIRATION L2374	OP	635.00	665.00
1998	TROPICAL FLOWER L2385	OP	190.00	190.00
1999	DAWN L2406	OP	550.00	550.00
1999	LITTLE SHEPHERD L2401	OP	275.00	275.00
1999	MIDDAY L2405	OP	535.00	535.00
1999	SUNSET L2404	OP	440.00	440.00
*	**HISTORICAL FIGURINES**			
1974	QUEEN ELIZABETH II L1275G	250	3650.00	5000.00
1978	HENRY VIII L1384G	1200	650.00	1050.00
1982	COLUMBUS L1432G	1200	535.00	1350.00
1985	NAPOLEON BONAPARTE L5338G	5000	265.00	600.00
1985	NAPOLEON PLANNING THE BATTLE L1459G	1500	825.00	1450.00
1986	EL GRECO L5359G	RT	300.00	650.00
1986	NEW WORLD, THE L1486G	4000	700.00	1400.00
1987	CHRISTOPHER COLUMBUS (BUST) L2176G	1000	950.00	1350.00
1991	COLUMBUS REFLECTING L1741G	1000	1850.00	2000.00
1991	COLUMBUS, TWO ROUTES L1740G	1000	1500.00	1700.00
1993	GREAT ADVENTURER, THE L5944G	RT	315.00	375.00
1994	APOLLO LANDING, THE L6168G	RT	450.00	525.00
1994	DR. MARTIN LUTHER KING L7528G	OP	345.00	375.00
1995	ABRAHAM LINCOLN L7554G	2500	2190.00	2190.00
*	**IN THE GARDEN FIGURINES**			
1971	GIRL GATHERING FLOWERS L1172G/M	RT	33.00	365.00
1974	FLOWER HARVEST L1286G	RT	200.00	535.00
1974	LITTLE GARDENER L1283G	OP	250.00	785.00

YR	NAME	LIMIT	ISSUE	TREND
1974	MY FLOWERS L1284G	OP	200.00	550.00
1974	MY GOODNESS L1285G	RT	190.00	450.00
1974	PICKING FLOWERS L1287G	RT	170.00	475.00
1978	DAUGHTERS/SISTERS L5013G/M	RT	250.00	850.00
1978	WATERING FLOWERS L1376G	RT	400.00	950.00
1979	FLOWER CURTSY L5027G	OP	230.00	470.00
1979	WILDFLOWER L5030G	RT	360.00	750.00
1985	GIRL SITTING UNDER TRELLIS L5298G	RT	340.00	775.00
1985	GIRL STANDING UNDER TRELLIS L5297G	RT	340.00	800.00
1986	SCARECROW & THE LADY L5385G	RT	350.00	725.00
1986	SUNDAY IN THE PARK L5365G	RT	375.00	650.00
1986	TIME FOR REFLECTION L5378G	OP	425.00	745.00
1987	FEEDING THE PIGEONS L5428G/M	RT	490.00	675.00
1987	IN THE GARDEN L5416G/M	RT	200.00	425.00
1987	INSPIRATION L5413G	500	1200.00	2100.00
1987	STUDYING IN THE PARK L5425G/M	RT	675.00	900.00
1987	WILL YOU MARRY ME? L5447G	RT	750.00	1300.00
1991	GARDEN CLASSIC L7617G	YR	295.00	500.00
1992	GARDEN SONG L7618G	YR	295.00	400.00
1999	WISH FOR LOVE, A L6562G	OP	1875.00	1875.00

* **INTERNATIONAL & ETHNIC FIGURINES**

YR	NAME	LIMIT	ISSUE	TREND
1969	ANDALUSIANS GROUP L4647G	RT	250.00	1100.00
1969	BOLIVIAN MOTHER L4658	RT	70.00	450.00
1969	FLAMENCO DANCERS L4519G	RT	150.00	1300.00
1969	PERUVIAN GROUP L4610G	RT	180.00	1700.00
1972	ESKIMO PLAYING WITH BEAR L1195G	OP	30.00	135.00
1974	DUTCH GIRL L4860G/M	RT	45.00	335.00
1980	GRETEL/DUTCH GIRL, HANDS AKIMBO L5064G	RT	255.00	400.00
1980	ILSA L5066G	RT	275.00	400.00
1980	INGRID L5065G	RT	370.00	650.00
1980	KRISTINA L5062G	RT	255.00	400.00
1980	MARGARETTA/DUTCH GIRL WITH BRAIDS L5063G	RT	265.00	400.00
1981	PHILIPPINE FOLKLORE L3522M	1500	1450.00	2400.00
1981	WATUSI QUEEN L3524M	1500	1875.00	3000.00
1982	BLUE GOD L3552	1500	900.00	1600.00
1982	DESERT PEOPLE L3555	750	1680.00	3000.00
1982	DUTCH GIRL L1399G/M	RT	750.00	750.00
1982	FIRE BIRD L3553M	1500	800.00	1400.00
1982	GOYA LADY/AMPARO L5125G	RT	130.00	350.00
1982	ROAD TO MANDALAY L3556M	750	1390.00	3000.00
1983	VENETIAN SERENADE L1433	750	2600.00	3800.00
1984	AZTEC DANCER L2143M	RT	463.00	600.00
1984	AZTEC INDIAN L2139M	RT	553.00	1100.00
1984	HEAD OF CONGOLESE WOMAN (GRES, BUST) L2148	RT	55.00	600.00
1984	LADY FROM MAJORCA L5240G	RT	120.00	435.00
1985	AROMA OF THE ISLANDS L1480G	OP	260.00	480.00
1985	HAWAIIAN DANCER/ALOHA L1478G	OP	230.00	440.00
1985	IN A TROPICAL GARDEN L1479G	RT	230.00	500.00
1985	LADY FROM ELCHE (BUST) L5269M	RT	433.00	700.00
1986	DEEP IN THOUGHT L5389G	RT	170.00	350.00
1986	ESKIMO RIDERS L5353G/M	OP	150.00	270.00
1986	HAWAIIAN FESTIVAL L1496G	4000	1850.00	3500.00
1986	HINDU CHILDREN L5352G	OP	250.00	445.00
1986	RIDE IN THE COUNTRY L5354G	RT	225.00	500.00
1986	SPANISH DANCER L5390G	RT	170.00	430.00
1986	TAHITIAN DANCING GIRLS L1498G	RT	750.00	1500.00
1986	TIME TO REST, A L5391G	RT	170.00	375.00
1987	DESERT TOUR L5402G	RT	950.00	1300.00
1987	HAWAIIAN BEAUTY L1512G	RT	575.00	1100.00
1987	LEHUA L1532G	RT	275.00	550.00
1987	LEILANI L1530G	RT	275.00	550.00
1987	MALIA L1531G	RT	275.00	550.00
1987	MEXICAN DANCERS L5415G	OP	800.00	1195.00
1987	MOMI L1529G	RT	275.00	550.00
1990	LITTLE DUTCH GARDENER L5671G	RT	400.00	500.00
1990	VENETIAN CARNIVAL L5658G	RT	500.00	650.00
1992	FALLAS QUEEN L5869G	RT	420.00	465.00
1994	INDIAN BRAVE L3562M	1500	2250.00	2400.00
1995	AMERICAN INDIAN BOY L6192G	RT	225.00	240.00
1997	CEREMONIAL PRINCESS L6424G	OP	240.00	240.00
1997	INDIAN MAIDEN L6369G	RT	600.00	630.00
1997	PRECIOUS PAPOOSE 6423G	RT	240.00	260.00
1998	ON THE BALCONY L1826G	1000	3000.00	3000.00
1999	AFRICA (GRES) L2402	OP	700.00	700.00
1999	PACIFIC BEAUTY (GRES) 2403	OP	850.00	850.00

* **LITERARY FIGURINES**

YR	NAME	LIMIT	ISSUE	TREND
1971	HAMLET L1144G	750	125.00	2800.00
1971	OTHELLO AND DESDEMONA L1145G	750	275.00	3000.00
1971	ROMEO AND JULIET L4750G	OP	150.00	1250.00
1974	HAMLET AND YORICK L1254G	RT	325.00	1300.00
1974	LOVERS FROM VERONA L1250G	RT	330.00	1200.00
1977	SHAKESPEARE L1338G	1200	550.00	1450.00
1978	OTHELLO L3510M	RT	450.00	1050.00
1982	DANTE L5177G	RT	263.00	700.00
1982	MIGUEL DE CERVANTES L5132G	RT	925.00	1400.00
1983	REFLECTIONS OF HAMLET L1455G	RT	1000.00	1400.00
1985	CAMELOT L1458G	3000	950.00	1650.00
1986	POET, THE L5397G	RT	425.00	800.00

YR	NAME	LIMIT	ISSUE	TREND
1992	INSPIRING MUSE L5850G	RT	1200.00	1300.00
1996	DREAMS OF ALADDIN L6285G	RT	1440.00	1600.00
*		**LLADRO COLLECTORS SOCIETY**		
1985	LITTLE PALS S7600G	RT	95.00	2400.00
1986	LITTLE TRAVELER S7602G	RT	95.00	1400.00
1987	SPRING BOUQUET S7603G	RT	125.00	750.00
1988	FLOWER SONG S7607G	RT	175.00	550.00
1988	SCHOOL DAYS S7604G	RT	125.00	550.00
1989	MY BUDDY S7609G	RT	145.00	450.00
1990	CAN I PLAY? S7610G	RT	150.00	450.00
1991	PICTURE PERFECT/5TH ANNIVERSARY SPECIAL S7612G	YR	350.00	600.00
1991	SUMMER STROLL S7611G	RT	195.00	450.00
1992	ALL ABOARD S7619G	RT	165.00	400.00
1993	BEST FRIEND S7620G	RT	195.00	300.00
1994	BASKET OF LOVE S7622G	RT	225.00	350.00
1995	AFTERNOON PROMENADE S7636G	RT	240.00	350.00
1995	NOW AND FOREVER (10TH ANNIV. SPL.) S7642G	YR	395.00	425.00
1996	INNOCENCE IN BLOOM S7644G	RT	250.00	300.00
1997	POCKET FULL OF WISHES S7650G	RT	360.00	400.00
1998	IT WASN'T ME! S7672G	RT	295.00	350.00
1999	WISH COME TRUE, A S776G	RT	340.00	365.00
*		**LLADRO SCULPTURES**		
1981	ADORATION L3545	150	1050.00	1600.00
1981	AFRICAN WOMAN L3546	50	1300.00	2400.00
1982	TOGETHERNESS L3527	75	375.00	1000.00
1983	ANXIETY L3530	125	1075.00	2000.00
1983	BOXER L3550	300	850.00	1300.00
1983	COMPANIONSHIP L3529	65	1000.00	1850.00
1983	DAWN L3000	300	325.00	990.00
1983	DREAMING L3537	250	475.00	1200.00
1983	MONKS L3001	300	1675.00	2500.00
1983	OBSERVER L3533	115	900.00	1700.00
1983	PLENTITUDE L3532	50	1000.00	2500.00
1983	RELAXATION L3536	100	525.00	1000.00
1983	REPOSING L3549	300	425.00	810.00
1983	SERENITY L3548	300	925.00	1600.00
1983	SLAVE L3535	50	950.00	1400.00
1983	TRANQUILITY L3541	75	1000.00	2000.00
1983	VICTORY L3531	90	1500.00	2200.00
1983	WRESTLING L3528	50	950.00	1700.00
1987	CLASSIC BEAUTY L3012	500	1300.00	1900.00
1987	DIGNITY L3015	150	1400.00	1900.00
1987	YOUTHFUL INNOCENCE L3013	500	1300.00	2300.00
1988	CELLIST L3018	300	650.00	900.00
1988	MUSE L3017	300	650.00	900.00
1988	PASSION L3016	750	865.00	1250.00
1990	AFTER THE BATH L3023	300	350.00	1400.00
1990	DAYDREAMING L3022	500	600.00	775.00
1990	DISCOVERIES L3024	100	1500.00	1800.00
1993	AWAKENING, THE L2244	300	1200.00	1200.00
1993	FLIGHT OF FANCY L2243	300	1400.00	1550.00
1994	DANAE L3029	300	2880.00	3100.00
1994	EBONY (BUST) L3027	300	1295.00	1325.00
1994	MODESTY (BUST) L3028	300	1295.00	1295.00
*		**MOTHER & CHILD**		
1969	MOTHER AND CHILD L4575G	RT	48.00	300.00
1970	MOTHER AND CHILD L4701G	RT	45.00	325.00
1976	BABY'S OUTING L4938G	OP	250.00	775.00
1976	COMFORTING BABY/MOTHER KISSING CHILD(BUST) L1329M	RT	350.00	1200.00
1976	MY BABY L1331M	1000	275.00	1300.00
1985	MOTHER AND CHILD WITH LAMB L5299G/M	RT	180.00	500.00
1986	FAMILY ROOTS L5371G	OP	575.00	935.00
1987	GOOD NIGHT L5449G	OP	225.00	375.00
1987	TENDERNESS L1527G	OP	260.00	430.00
1989	LATEST ADDITION L1606G	OP	385.00	480.00
1989	MOTHER'S DAY/A GIFT OF LOVE L5596G	OP	400.00	525.00
1990	ANTICIPATION L5650G	RT	300.00	450.00
1990	MOMMY, IT'S COLD L5715G	RT	360.00	500.00
1990	ONCE UPON A TIME L5721G	RT	550.00	725.00
1991	BEAUTIFUL TRESSES L5757G	RT	725.00	850.00
1991	FIRST SAMPLER L5767G	RT	625.00	750.00
1991	STORY HOUR L5786G	RT	550.00	675.00
1991	SUNDAY BEST L5758G	RT	725.00	825.00
1992	DRESSING THE BABY L5845G	OP	295.00	295.00
1992	MATERNAL JOY L5864G	1500	1600.00	1750.00
1992	MODERN MOTHER L5873G	RT	325.00	375.00
1992	OFF WE GO L5874G	RT	365.00	425.00
1992	SLEEP TIGHT L5900G	RT	450.00	575.00
1993	MOTHER'S TOUCH, A L5989G	RT	495.00	535.00
1995	PEACEFUL MOMENT L6179G	OP	385.00	385.00
1996	CARE AND TENDERNESS L6301M	OP	850.00	850.00
1998	MY LITTLE TREASURE 6503G	OP	295.00	320.00
1998	ON OUR WAY L6544G	OP	340.00	350.00
1999	MOTHER'S LOVE, A L6634G	OP	335.00	335.00
*		**MUSICIANS**		
1969	BOY WITH CYMBALS L4613G/M	RT	14.00	350.00
1969	BOY WITH DOUBLE BASS L4615G/M	RT	55.00	400.00
1969	BOY WITH DRUM L4616G/M	RT	55.00	350.00
1969	BOY WITH GUITAR L4614G/M	RT	20.00	400.00

YR	NAME	LIMIT	ISSUE	TREND
1969	GIRL WITH MANDOLIN L1026G	RT	53.00	625.00
1969	GROUP OF MUSICIANS L4617G/M	RT	33.00	550.00
1969	VIOLINIST AND GIRL L1039G/M	RT	120.00	1000.00
1971	BOY WITH CORNET (BUST) L1105G	RT	30.00	400.00
1973	STUDENT FLUTE PLAYER L4837G	RT	66.00	425.00
1977	VIOLIN PLAYER/CONCERTO (BUST) L2063	1200	500.00	1300.00
1985	BEETHOVEN L5339G	3000	760.00	1300.00
1985	CONCERT VIOLINIST L5330G	RT	220.00	475.00
1985	YOUNG STREET MUSICIANS L5306G	RT	300.00	1100.00
1986	LOVER'S SERENADE L5382G	RT	350.00	725.00
1986	SERENADE L5381G	RT	450.00	625.00
1986	SIDEWALK SERENADE L5388G	RT	750.00	1400.00
1990	CIRCUS SERENADE L5694G	RT	300.00	400.00
1990	CONCERTINA L5695G	RT	300.00	375.00
1990	MANDOLIN SERENADE L5696G	RT	300.00	400.00
1990	MUSICAL MUSE L5651G	RT	375.00	525.00
1990	MUSICALLY INCLINED L5810G	RT	235.00	300.00
1990	WANDERING MINSTREL L5676G	RT	270.00	360.00
1991	JAZZ BASS L5834G	OP	395.00	425.00
1991	JAZZ HORN L5832G	OP	295.00	310.00
1991	JAZZ SAX L5833G	OP	295.00	315.00
1991	MINSTREL'S LOVE L5821G	RT	525.00	625.00
1991	MUSICAL PARTNERS L5763G	RT	625.00	675.00
1992	JAZZ CLARINET L5928G	OP	295.00	295.00
1992	JAZZ DRUMS L5929G	OP	595.00	610.00
1992	JAZZ DUO L5930G	OP	795.00	900.00
1992	YOUNG MOZART L5915G	2500	500.00	1500.00
1995	YOUNG BACH L1801G	2500	850.00	850.00
1996	BEAUTIFUL RHAPSODY L6319G	OP	450.00	450.00
1996	CONCERTO L6332G	OP	490.00	490.00
1996	COUNTRY SOUNDS L6339G	RT	750.00	775.00
1996	HARPIST, THE L6312G	RT	820.00	850.00
1996	SWEET COUNTRY L6340G	RT	750.00	775.00
1997	SWEET SONG L6408G	OP	480.00	480.00
1998	MELODY L6513G	2000	870.00	870.00
1998	SPRING RECITAL L6452G	OP	685.00	710.00
*				**NAO BY LLADRO**
1969	ANGEL RECLINING N0014G	RT	*	75.00
1969	ANGEL WITH LYRE N0013G	RT	*	75.00
1969	CAT, HEAD DOWN N0008G	RT	7.00	70.00
1969	CAT, HEAD UP N0010G	RT	7.00	70.00
1969	GIRL WITH DUCKS N0026G	RT	*	125.00
1969	GIRL WITH GOOSE N0025G	RT	*	85.00
1969	GIRL WITH RABBIT N0003G	RT	*	65.00
1969	GOOSE N0052G	OP	*	60.00
1969	GOOSE N0052M	RT	*	100.00
1969	GOOSE N0053G	OP	*	60.00
1969	GOOSE N0053M	RT	*	100.00
1969	MAN'S BEST FRIEND N0032G	RT	*	175.00
1970	DOVE N0063G	RT	*	50.00
1970	GIRL FROM THE FOUNTAIN N0115G	RT	*	255.00
1970	GIRL WITH FLAX N0089G	RT	*	235.00
1970	GIRL WITH SLATE N0117G	RT	*	90.00
1970	IN THE FOREST N0092G	RT	*	200.00
1970	LAMB IN ARMS N0120G	RT	*	135.00
1970	LITTER OF KITTENS N0104M	RT	*	150.00
1971	GIRL AT THE FOUNTAIN N0136G	RT	*	160.00
1975	BOY, BIG HAT N0182G	OP	*	125.00
1975	BOY, BIG HAT N0182M	RT	*	175.00
1975	GATHERING BUTTERFLIES N0181G	RT	*	140.00
1978	LITTLE BOY BLUE N0521G	RT	*	150.00
1980	LITTLE DUCK N0242	OP	*	30.00
1982	TEACHING THE GEESE (GRES) N0286	RT	*	265.00
1982	TEACHING THE GEESE N0286G	RT	*	210.00
1984	LITTLE DUCK/DUCKLING N0369G	OP	*	30.00
1984	LITTLE DUCK/DUCKLING N0370G	OP	*	30.00
1984	LITTLE DUCK/DUCKLING NO369G	OP	*	30.00
1984	LITTLE GIRL FEEDING DOVES (GRES) N0382	RT	*	550.00
1984	LITTLE GIRL FEEDING DOVES N0382G	RT	*	405.00
1984	TWERP AND MIKIE/TIRELESS PUPPIES N0386G	OP	*	110.00
1984	WOMAN WITH WHEAT (GRES) N0376	RT	*	260.00
1984	WOMAN WITH WHEAT N0376G	RT	*	200.00
1985	TAHITIAN GIRLS (GRES) N0473	OP	*	1975.00
1988	BEAR N0718G	OP	*	90.00
1990	CENTER RING (GRES) N1098	RT	*	270.00
1990	CENTER RING N1098G	RT	*	155.00
1990	CHOIR BOYS N1072G	OP	*	85.00
1991	WHEN I GROW UP N1166G	RT	*	110.00
1994	CUDDLES N1210G	RT	95.00	105.00
1994	HICKORY DICKORY DOCK N1217G	RT	230.00	245.00
1994	PLAYING WITH MY DOG N1190G	RT	*	200.00
1994	SHOWER TIME! N1186G	RT	*	245.00
1994	TRADITIONAL DANCE N1174G	RT	*	535.00
1994	YOUNG SKATEBOARDER N1191G	RT	*	125.00
1995	COZY MOMENT N1242G	RT	170.00	180.00
1995	POOR TEDDY N1239G	RT	140.00	150.00
1995	SOCIETY COUPLE N1221G	RT	170.00	180.00
1995	TROPICAL VENDOR N1230G	RT	125.00	135.00
1997	BASKETBALL PLAYER N1226G	OP	80.00	80.00

YR	NAME	LIMIT	ISSUE	TREND
1997	DREAMING ON THE ICE (GRES) N1252	OP	120.00	120.00
1997	MEDIEVAL LADY N1254G	OP	130.00	130.00
1997	ON THE WAY TO SCHOOL N1249G	OP	105.00	105.00
1997	THEY'RE GIANTS N1258G	OP	420.00	420.00
1997	WATER FROM THE WELL (GRES) N1253	OP	200.00	200.00
1999	BREAKFAST IN BED N1320G	OP	70.00	70.00
1999	CHARIOT RACE, THE (PRINCE OF EGYPT) N7010G	LE	275.00	275.00
1999	FIRST STEPS N1318G	OP	180.00	180.00
1999	GIFT OF LOVE, THE (PRINCE OF EGYPT) N7008G	LE	295.00	295.00
1999	HIPPO IN LOVE N1321G	OP	50.00	50.00
1999	LAKESIDE BUDDIES N1322G	OP	50.00	50.00
1999	LIGHTING THE HEAVENS N1335G	OP	135.00	135.00
1999	MOON, THE (GRES) N1334	OP	275.00	275.00
1999	MOSES (PRINCE OF EGYPT) N7011G	LE	250.00	250.00
1999	MY BLANKY! N1337G	OP	80.00	80.00
1999	NEW BEGINNING, A (PRINCE OF EGYPT) N7009G	LE	240.00	240.00
1999	ONE FOR ME, ONE FOR YOU N1315	OP	120.00	120.00
1999	SUN, THE (GRES) N1333	OP	385.00	385.00
1999	WAITING N1332G	OP	225.00	225.00
*			**NAUTICAL FIGURINES**	
1969	SEA CAPTAIN L4621G/M	RT	43.00	325.00
1972	BOY WITH YACHT/YOUNG SAILOR L4810G	RT	30.00	215.00
1976	SEAMAN/HELMSMAN, THE L1325M	RT	600.00	1250.00
1978	RESCUE, THE (GRES) L3504	1500	2900.00	4500.00
1980	HARPOONER/WHALER, THE (GRES) L2121	RT	820.00	1100.00
1982	SEA FEVER L5166G/M	RT	130.00	350.00
1982	STORMY SEA (GRES) L3554	OP	675.00	1600.00
1984	NAUTICAL WATCH (BUST, GRES) L2134	RT	450.00	725.00
1984	TALL YARN, A L5207G	OP	260.00	555.00
1984	YACHTSMAN L5206G	RT	110.00	265.00
1985	SAILOR'S SERENADE, A L5276G	RT	315.00	700.00
1993	INSPIRED VOYAGE L2245M	1000	4800.00	4800.00
1997	RIDING THE WAVES L5941G	RT	405.00	450.00
1997	SEA OF LOVE L6432G	OP	1190.00	1250.00
*			**NORMAN ROCKWELL**	
1982	COURT JESTER L1405/RL405G/#328	5000	600.00	1250.00
1982	DAY DREAMER L1411/RL404G	5000	450.00	1475.00
1982	LOVE LETTERS L1408/RL400G/#902	5000	725.00	1000.00
1982	PRACTICE MAKES PERFECT L1408/RL402G/#1234	5000	725.00	1000.00
1982	SPRINGTIME '27 L1410/RL406G/#860	5000	450.00	1500.00
1982	SUMMER STOCK L1407/RL401G/#861	5000	750.00	1000.00
1982	YOUNG LOVE L1409/RL403G/#522	5000	450.00	1200.00
*			**NUDES**	
1971	THREE GRACES, THE L2028M	500	950.00	6000.00
1978	NATIVE (GRES) L3502M	OP	700.00	2450.00
1978	NUDE WITH DOVE L3503M	1500	500.00	1100.00
1981	VENUS AND CUPID L1392M	750	1100.00	2000.00
1983	BATHER (BUST) L3551M	300	975.00	1350.00
1983	DAINTINESS L3539M	100	1000.00	1400.00
1983	DEMURE L3543M	100	1250.00	1500.00
1983	IN THE DISTANCE L3534M	75	525.00	1300.00
1983	INDOLENCE L3003M	150	1465.00	1700.00
1983	POSE L3540M	100	1250.00	1500.00
1983	RECLINING NUDE L3547M	75	650.00	900.00
1983	REFLECTIONS L3544M	75	650.00	1000.00
1983	VENUS IN THE BATH L3005M	200	750.00	1200.00
1983	WAITING L3002M	125	1550.00	1900.00
1983	YOGA L3542M	125	650.00	900.00
1983	YOUTH L3538M	250	525.00	1100.00
1984	INNOCENCE W/BASE, GREEN L3558M	RT	960.00	2000.00
1984	INNOCENCE WBASE,RED L3558.30M	RT	960.00	2000.00
1985	YOUTHFUL BEAUTY L1461M	5000	750.00	1200.00
1987	ARTIST'S MODEL L5417G/M	RT	425.00	525.00
1987	NYMPH, THE L3014M	250	1000.00	1450.00
1988	DAYDREAMER (GRES) L2182	OP	560.00	795.00
1989	DEMURENESS L3020M	300	525.00	650.00
1991	RESTING NUDE L3025M	200	650.00	1000.00
1991	UNADORNED BEAUTY L3026M	200	1700.00	1850.00
1993	AWAKENING, THE L2244M	OP	1200.00	1200.00
1994	DANAE L3029M	300	3100.00	3100.00
1994	EBONY L3027M	300	1295.00	1295.00
1994	MODESTY L3028M	OP	1295.00	1295.00
1995	NUDE KNEELING L3030M	300	975.00	975.00
1996	DELPHICA W/BASE L6249M	OP	1200.00	1200.00
1998	EARLY AWAKENING L2369M	OP	595.00	625.00
1998	MY MEMORIES (GRES) L2392	OP	345.00	360.00
1999	JOELIA (GRES) L2390	OP	1300.00	1300.00
*			**ORIENTAL FIGURINES**	
1972	GEISHA L4807G	RT	190.00	550.00
1973	ORIENTAL GIRL/ORIENTAL FLOWER ARRANGER L4840G/M	RT	90.00	550.00
1974	CHINESE NOBLEMAN L4921G	RT	325.00	2000.00
1974	CHINESE NOBLEWOMAN L4916G	RT	300.00	2000.00
1978	CHRYSANTHEMUM L4990G	RT	125.00	350.00
1978	MADAME BUTTERFLY L4991G	RT	125.00	350.00
1978	ORIENTAL SPRING L4988G	RT	125.00	350.00
1978	RICKSHAW RIDE, A L1383G	OP	1500.00	2150.00
1978	SAYONARA L4989G	RT	125.00	325.00
1982	AUGUST MOON L5122G	RT	185.00	365.00
1982	FISH A'PLENTY L5172G	RT	190.00	435.00

YR	NAME	LIMIT	ISSUE	TREND
1982	MARIKO W/BASE L1421G	RT	860.00	1800.00
1982	MY PRECIOUS BUNDLE L5123G	RT	150.00	275.00
1983	KIYOKO L1450G	RT	235.00	600.00
1983	MAYUMI L1449G	RT	235.00	575.00
1983	MICHIKO L1447G	OP	235.00	495.00
1983	SPRINGTIME IN JAPAN L1445G	OP	965.00	1800.00
1983	TERUKO L1451G	OP	235.00	550.00
1983	YUKI L1448G	RT	285.00	595.00
1985	NIPPON LADY L5327G	OP	325.00	595.00
1986	LADY OF THE EAST L1488G	RT	625.00	1200.00
1986	ORIENTAL MUSIC L1491G	5000	1350.00	2445.00
1989	SIAMESE DANCER L5593G	RT	345.00	525.00
1991	GIFT OF BEAUTY L5775G	RT	850.00	1100.00
1991	GRACEFUL OFFERING L5773G	RT	850.00	1000.00
1991	NATURE'S GIFTS L5774G	RT	900.00	1100.00
1991	SINGAPORE DANCERS L5754G	RT	950.00	1100.00
1994	BEARING FLOWERS L6151G	RT	175.00	225.00
1994	FLOWER GAZER L6152G	RT	190.00	210.00
1995	ASIAN BOY L6188G	RT	225.00	250.00
1995	ORIENTAL BEAUTY L6232G	OP	198.00	210.00
1995	ORIENTAL DANCE L6230G	OP	198.00	210.00
1995	ORIENTAL LANTERN L6231	OP	198.00	210.00
1997	ORIENTAL FOREST L6396G	OP	565.00	565.00
1999	IN TOUCH WITH NATURE L6572G	OP	625.00	625.00

*
PASTORAL FIGURINES

YR	NAME	LIMIT	ISSUE	TREND
1969	BOY WITH GOAT/BOY WITH KID L4506G/M	RT	23.00	375.00
1969	BOY WITH LAMBS L4509G	RT	38.00	375.00
1969	GIRL W/ COCKEREL/SHEPHERDESS W/BASKET L4591G/M	RT	20.00	300.00
1969	GIRL WITH BASKET/SHEPHERDESS WITH DOG L1034G	RT	30.00	235.00
1969	GIRL WITH DUCK L1052G/M	OP	30.00	235.00
1969	GIRL WITH GEESE L1035G/M	RT	38.00	235.00
1969	HARVESTER, THE L4581G	RT	60.00	650.00
1969	HARVESTER, WOMAN L4582G	RT	60.00	650.00
1969	SHEPHERD L4659G	RT	26.00	325.00
1969	SHEPHERD RESTING L4571G	RT	60.00	450.00
1969	SHEPHERDESS W/DUCKS/GIRL W/GEESE L4568G/M	RT	45.00	300.00
1969	SHEPHERDESS WITH DOVE L4660G/M	RT	21.00	300.00
1969	SHEPHERDESS WITH GOATS L1001G/M	RT	68.00	750.00
1970	GIRL WITH MILKPAIL L4682G/M	RT	27.00	325.00
1971	SHEPHERD SLEEPING L1104G	RT	225.00	2000.00
1972	GIRL WITH GOOSE L4815G/M	RT	65.00	335.00
1972	GIRL WITH LAMB/SHEPHERDESS L4835G/M	RT	42.00	295.00
1972	LITTLE GIRL W/GOAT/GETTING HER GOAT L4812G	RT	50.00	450.00
1972	LITTLE SHEPHERD WITH GOAT L4817G/M	RT	50.00	475.00
1974	GIRL WITH GOOSE AND DOG L4866G/M	RT	33.00	325.00
1974	GIRL WITH PIGEONS L4915G	RT	110.00	400.00
1974	ON THE FARM L1306G	RT	130.00	335.00
1974	SHEPHERD'S REST L1252G	RT	100.00	675.00
1974	WATCHING THE PIGS L4892G	RT	160.00	1200.00
1978	GIRL WITH CALF 4513G/M	RT	73.00	550.00
1985	NEW SHEPHERDESS L4576G	RT	135.00	325.00
1986	PASTORAL SCENE W/BASE L5386G	750	1100.00	2000.00
1990	BARNYARD REFLECTIONS L5684G	RT	460.00	650.00
1990	BARNYARD SCENE L5659G	RT	200.00	275.00
1991	MILKMAID L5798G	RT	450.00	525.00
1991	WALKING THE FIELDS L5780G	RT	725.00	875.00
1997	COUNTRY CHORES L6370G	OP	260.00	260.00
1997	QUIET MOMENT, A L6384G	RT	270.00	325.00

*
PERIOD FIGURINES

YR	NAME	LIMIT	ISSUE	TREND
1969	OLD FOLKS L1033G/M	RT	140.00	1400.00
1970	DRESSMAKER L4700G/M	RT	40.00	450.00
1971	WOMAN/LADY WITH DOG L4761G	RT	60.00	365.00
1974	ARANJUEZ LITTLE LADY/LADY WITH PARASOL L4879G	RT	48.00	375.00
1974	EMBROIDERER L4865G	RT	115.00	725.00
1974	LADY WITH SHAWL L4914G	RT	220.00	800.00
1974	LOVERS IN THE PARK L1274G/M	RT	450.00	1400.00
1974	MEDIEVAL LADY L4928G	RT	275.00	1150.00
1974	REMINISCING L1270G	RT	975.00	1400.00
1974	SWINGING/VICTORIAN GIRL ON SWING L1297G	RT	520.00	1850.00
1974	THOUGHTS L1272G	RT	88.00	3600.00
1974	WALK WITH THE DOG/MY DOG L4893G	OP	85.00	240.00
1978	ANNIVERSARY WALTZ L1372G	OP	260.00	570.00
1978	GIRLS IN THE SWING/SWINGING L1366G	RT	825.00	1750.00
1978	MISS TERESA L4999G	RT	150.00	350.00
1978	READING L5000G	OP	150.00	275.00
1978	SUNNY DAY, A L5003G/M	RT	193.00	425.00
1978	UNDER THE WILLOW L1346G	RT	1600.00	2200.00
1978	WAITING IN THE PARK L1374G	RT	235.00	565.00
1978	WALK IN VERSAILLES L5004	RT	375.00	1000.00
1982	AFTERNOON TEA L1428G/M	RT	115.00	320.00
1982	DEBUTANTE, THE L1431G/M	RT	115.00	320.00
1982	FLAPPER/LADY GRAND CASINO L5175G	RT	185.00	450.00
1982	HIGH SOCIETY L1430G/M	RT	305.00	700.00
1982	ROARING TWENTIES L5174G	RT	173.00	400.00
1982	SEWING A TROUSSEAU/MED. LADY EMBROIDERER L5126G	RT	185.00	550.00
1983	ON THE TOWN L1452G	RT	220.00	495.00
1983	PLEASANTRIES L1440G	RT	960.00	1800.00
1983	VOWS L1434G	RT	300.00	850.00
1984	SCHOOL MARM L5209G	RT	205.00	825.00

YR	NAME	LIMIT	ISSUE	TREND
1985	ENGLISH LADY L5324G	RT	225.00	475.00
1985	MEDIEVAL COURTSHIP L5300G	RT	735.00	900.00
1985	MILANESE LADY L5323G	RT	180.00	375.00
1985	PARISIAN LADY L5321G	RT	193.00	350.00
1985	SOCIALITE OF THE TWENTIES L5283G	OP	175.00	350.00
1985	VIENNESE LADY L5322G	RT	160.00	325.00
1986	CAN CAN L5370G	RT	700.00	1200.00
1986	LADY OF TASTE, A L1495G	OP	575.00	1025.00
1986	NEW HAT, A L5345G	RT	200.00	385.00
1986	PETITE MAIDEN L5383G	RT	110.00	300.00
1986	PETITE PAIR L5384G	RT	225.00	400.00
1986	RECEPTION, THE L1504G	RT	625.00	1000.00
1986	THREE SISTERS L1492G	3000	1850.00	3250.00
1986	TOUCH OF CLASS, A L5377G	OP	475.00	795.00
1987	CAFE DE PARIS L1511G	RT	1900.00	3000.00
1987	FLOWER FOR MY LADY, A L1513G	RT	1150.00	1500.00
1987	INTERMEZZO L5424G/M	RT	325.00	550.00
1987	ISABEL L5412G	RT	225.00	400.00
1987	PILAR L5410G	RT	200.00	375.00
1987	STROLL IN THE PARK, A L1519G	RT	1600.00	2700.00
1987	SUNDAY STROLL L5408G	RT	250.00	550.00
1987	TERESA L5411G	RT	225.00	400.00
1989	LADIES OF THE 18TH CEN. COURT/SOUTHERN TEA L1597G	1000	1775.00	2500.00
1990	AFTERNOON STROLL L5687G	RT	275.00	375.00
1990	ON THE AVENUE L5686G	RT	275.00	375.00
1990	PROMENADE L5685G	RT	275.00	375.00
1990	SOUTHERN CHARM L5700G	RT	775.00	1100.00
1991	ASHLEY L5756G	RT	265.00	300.00
1991	CHARMING DUET L5766G	RT	575.00	675.00
1991	CLAUDETTE L5755G	RT	265.00	300.00
1991	FLIRT, THE L5789G	RT	185.00	225.00
1991	PILGRIM COUPLE L5734G	RT	490.00	550.00
1991	SOPHISTICATE L5787G	RT	185.00	225.00
1991	TALK OF THE TOWN L5788G	RT	185.00	225.00
1994	MEDIEVAL LADY L6113G	RT	225.00	275.00
1994	MEDIEVAL MAIDEN L6110G	RT	150.00	200.00
1994	MEDIEVAL PRINCE L6115G	RT	295.00	360.00
1994	MEDIEVAL PRINCESS L6114G	RT	245.00	295.00
1994	MEDIEVAL SOLDIER L6111G	RT	225.00	295.00
1996	COQUETA L6281G	RT	435.00	475.00
1996	MEDIEVAL ROMANCE L6327G	RT	2250.00	2450.00
1998	GONE SHOPPING L6488G	OP	150.00	185.00
1998	LOVELY THOUGHT L6518G	OP	580.00	580.00

PROFESSIONAL FIGURINES

YR	NAME	LIMIT	ISSUE	TREND
*				
1969	DOCTOR L4602G	RT	33.00	400.00
1969	ORCHESTRA CONDUCTOR L4653G	RT	95.00	875.00
1969	PAINTER L4663G	RT	45.00	900.00
1969	WOODCUTTER L4656G	RT	80.00	650.00
1971	DENTIST L4762G	RT	30.00	550.00
1971	LAWYER L1089G	RT	35.00	900.00
1971	LAWYER L1090G	RT	35.00	900.00
1971	NURSE L4603G	RT	35.00	400.00
1971	OBSTETRICIAN L4763G/M	RT	48.00	450.00
1972	TEACHER, THE (MALE) L4801G	RT	45.00	500.00
1972	VETERINARIAN L4825G/M	RT	35.00	475.00
1973	PHARMACIST L4844G/M	RT	70.00	1500.00
1974	BARRISTER, THE L4908G	RT	100.00	450.00
1974	JUDGE L1281G	1200	325.00	1500.00
1977	"SHERIFF" PUPPET L4969G	RT	85.00	650.00
1979	FLOWER PEDDLER L5029G	RT	675.00	1350.00
1980	BOY POTTERY SELLER L5080G	RT	320.00	600.00
1980	GIRL POTTERY SELLER L5081G	RT	300.00	600.00
1980	TEACHER WOMAN L5048G	RT	115.00	625.00
1983	FLOWERS OF THE SEASON L1454G	OP	1460.00	2550.00
1984	ARCHITECT, THE L5214G	RT	140.00	500.00
1984	ARTISTIC ENDEAVOR L5234G	RT	225.00	600.00
1984	FEMALE PHYSICIAN L5197G	OP	120.00	275.00
1984	LAMPLIGHTER L5205G	OP	170.00	435.00
1984	MAESTRO, MUSIC PLEASE! L5196G	RT	135.00	465.00
1984	PROFESSOR L5208G	RT	205.00	600.00
1984	ROVING PHOTOGRAPHER L5194G	RT	145.00	1500.00
1984	SAY CHEESE L5195G	RT	170.00	525.00
1984	SHARPENING THE CUTLERY L5204G	RT	210.00	1000.00
1984	SPANISH SOLDIER L5255G	OP	185.00	500.00
1984	WINE TASTER L5239G	OP	190.00	445.00
1985	TAILOR, THE L5326G	RT	335.00	1000.00
1987	MIDWIFE L5431G/M	RT	175.00	600.00
1990	ON THE ROAD L5681G	RT	320.00	525.00
1990	TRAVELING ARTIST L5661G	RT	250.00	335.00
1991	HORTICULTURIST L5733G	RT	450.00	550.00
1991	SPECIAL DELIVERY L5783G	RT	525.00	600.00
1992	AVIATOR, THE L5891G	RT	375.00	475.00
1993	FIREMAN, THE L5976G	RT	465.00	525.00
1993	HAND OF JUSTICE, THE L6035G	1000	1250.00	1300.00
1993	ON PATROL L5960G	RT	395.00	500.00
1993	PHYSICIAN L5984G	OP	360.00	375.00
1994	AMERICAN COWBOY L3568M	3000	950.00	1000.00
1994	TRAIL BOSS L3561M	1500	2495.00	2700.00
1996	ARCHITECT L6320G	RT	330.00	350.00

YR	NAME	LIMIT	ISSUE	TREND
1996	MAKING ROUNDS L6256G	OP	295.00	295.00
1996	PHARMACIST L6273G	OP	290.00	290.00
1997	DENTIST L6450G	OP	225.00	235.00
1997	FEMALE ATTORNEY L6425G	OP	300.00	300.00
1999	MASTER CHEF, THE L6625G	OP	240.00	240.00
*			**RELIGIOUS FIGURINES**	
1969	KING BALTHASAR L1020M	OP	345.00	1850.00
1969	KING GASPAR L1018M	OP	345.00	1895.00
1969	KING MELCHIOR L1019M	OP	345.00	1850.00
1969	NUNS L4611G/M	OP	37.00	155.00
1970	MADONNA WITH CHILD (GRES) L2018M	300	450.00	2500.00
1971	EVE AT THE TREE L2029M	600	450.00	3700.00
1971	MADONNA SEATED (GRES) L2043M	300	400.00	1700.00
1972	BUDDHA L1235G	RT	130.00	700.00
1972	HINDU GODDESS L1215G	RT	110.00	900.00
1977	SINGING LESSON/CHOIR LESSON L4973G	RT	350.00	1350.00
1977	ST. THERESA (GRES) L2061	1200	388.00	1400.00
1978	ST. FRANCIS (GRES) L2090M	RT	565.00	1600.00
1978	ST. MICHAEL L3515M	1500	2200.00	4900.00
1980	SAMSON AND DELILAH L5051G	RT	350.00	1600.00
1982	ABRAHAM L5169G	RT	155.00	725.00
1982	HOLY MARY, NUMBERED SERIES L1394G	OP	1000.00	1475.00
1982	JESUS L5167G	OP	130.00	265.00
1982	KING SOLOMON L5168G	RT	205.00	900.00
1982	MONKS AT PRAYER L5155M	OP	130.00	300.00
1982	MOSES L5170G	OP	175.00	410.00
1982	OUR LADY WITH FLOWERS L5171G	OP	173.00	310.00
1984	FRIAR JUNIPER (GRES) L2138M	RT	160.00	350.00
1984	JESUS IN TIBERIUS L3557M	1200	2600.00	5250.00
1984	ST. CRISTOBAL/ST. CHRISTOPHER L5246G	RT	265.00	550.00
1986	SEWING CIRCLE L5360G	RT	600.00	1350.00
1986	ST. VINCENT L5387G	RT	190.00	400.00
1988	BLESSED LADY L1579G	1000	1150.00	2500.00
1989	FLIGHT TO EGYPT L1610G	OP	885.00	1150.00
1989	JESUS THE ROCK L1615G	1000	1175.00	2600.00
1989	PIETA L5541G	1000	1075.00	1500.00
1991	REVERENT MOMENT L5792G	RT	295.00	375.00
1992	LOAVES & FISHES, THE L5896G	RT	695.00	900.00
1992	SORROWFUL MOTHER L5849G	1500	1750.00	1950.00
1992	WAY OF THE CROSS, THE L5890G	2000	975.00	1050.00
1993	BAR MITZVAH DAY L6004G	OP	394.00	430.00
1993	BLESSING, THE L5942G	2000	1345.00	1345.00
1993	HANUKKAH LIGHTS L6027G	RT	395.00	425.00
1993	HEBREW SCHOLAR L6029G	RT	245.00	275.00
1993	OUR LADY OF ROCIO L5951G	2000	3500.00	3500.00
1993	SUNDAY SERMON L5986G	OP	425.00	425.00
1993	TEN COMMANDMENTS, THE L5933G	RT	930.00	950.00
1994	COMMUNION PRAYER, BOY L6088G	OP	194.00	200.00
1994	COMMUNION PRAYER, GIRL L6089	OP	*	225.00
1995	PREPARING FOR THE SABBATH L6183G	RT	385.00	425.00
1995	RABBI, THE L6209G	RT	250.00	325.00
1995	READING THE TORAH L6208G	OP	535.00	535.00
1996	OUR LADY OF CARIDAD DEL COBRE	RT	1355.00	1450.00
1997	ASCENSION, THE L6383G	RT	775.00	800.00
1997	SISTER SINGING L6405G/M	RT	165.00	185.00
1997	SISTER WITH GUITAR L6406G/M	RT	200.00	225.00
1997	SISTER WITH SAX L6404G/M	RT	180.00	200.00
1997	SISTER WITH TAMBOURINE L6407G/M	RT	185.00	205.00
1997	ST. JOSEPH THE CARPENTER L6363G	RT	1050.00	1100.00
1998	POPE JOHN PAUL II L1825G	2500	600.00	600.00
1999	CHRISTUS L7584G/M	OP	495.00	495.00
1999	SWEET MARY L6631G	OP	220.00	220.00
*			**SPORTS FIGURINES**	
1969	FEMALE EQUESTRIAN L4516G	OP	170.00	760.00
1969	HUNTERS L1048G/M	RT	115.00	1500.00
1972	FISHER BOY/GOING FISHING L4809G	OP	30.00	160.00
1972	GOLFER L4824G	OP	66.00	295.00
1973	WOMAN GOLFER/LADY GOLFER L4851G	OP	70.00	280.00
1973	WOMAN GOLFER/LADY GOLFER L4851M	RT	70.00	350.00
1974	RACE, THE L1249G	RT	410.00	2200.00
1974	SOCCER PLAYERS L1266G	500	1000.00	7000.00
1977	DERBY L1344G	RT	1125.00	2500.00
1977	JOCKEY L1341G	RT	120.00	500.00
1977	OLYMPIC PUPPET L4968G	RT	65.00	900.00
1977	SKIER PUPPET L4970G	RT	85.00	625.00
1977	TENNIS PLAYER PUPPET L4966G	RT	60.00	550.00
1979	JOCKEY AND LADY L5036G	OP	950.00	2520.00
1980	JOCKEY, THE L5089G	RT	660.00	1200.00
1982	BILLY SOCCER PLAYER L5135G	RT	140.00	600.00
1982	BILLY THE BASEBALL PLAYER L5137G	RT	140.00	700.00
1982	BILLY THE GOLFER L5138G	RT	140.00	950.00
1982	BILLY THE SKIER L5136G	RT	140.00	850.00
1982	FEMALE TENNIS PLAYER L1427M	RT	200.00	350.00
1982	LILY SOCCER PLAYER/GIRL SOCCER PLAYER L5134G	RT	140.00	550.00
1982	MALE TENNIS PLAYER L1426M	RT	200.00	350.00
1983	GOLFING COUPLE L1453G	OP	248.00	545.00
1984	SOCCER PLAYER L5200G	RT	155.00	450.00
1984	SPECIAL MALE SOCCER PLAYER L5200.30G	RT	150.00	600.00
1984	TORCH BEARER L5251G	RT	100.00	400.00

YR	NAME	LIMIT	ISSUE	TREND
1985	AEROBICS FLOOR EXERCISE L5335G	RT	110.00	300.00
1985	AEROBICS PULL-UPS L5334G	RT	110.00	300.00
1985	AEROBICS SCISSOR FIGURE L5336G	RT	110.00	300.00
1985	BIKING IN THE COUNTRY L5272G	RT	295.00	825.00
1985	GENTLEMAN EQUESTRIAN L5329G	RT	160.00	500.00
1985	GYMNAST BALANCING BALL L5332G	RT	95.00	350.00
1985	GYMNAST EXERCISING WITH BALL L5333G	RT	95.00	325.00
1985	GYMNAST WITH RING L5331G	RT	95.00	375.00
1985	HIKER L5280G	RT	195.00	375.00
1985	LADY EQUESTRIAN L5328G	RT	160.00	500.00
1985	LITTLE LEAGUER EXERCISING L5289G	RT	150.00	450.00
1985	LITTLE LEAGUER ON BENCH L5291G	RT	150.00	450.00
1985	LITTLE LEAGUER, CATCHER L5290G	RT	150.00	450.00
1985	RACING MOTORCYCLIST L5270G	RT	360.00	850.00
1985	WAITING TO TEE OFF L5301G	OP	145.00	315.00
1990	TEE TIME L5675G	RT	270.00	365.00
1991	NEXT AT BAT L5828G	RT	170.00	220.00
1992	SHOT ON GOAL L5879G	RT	1100.00	1200.00
1993	COURAGE/SPECIAL OLYMPICS L7522G	RT	195.00	250.00
1993	ON THE GREEN L6032G	OP	645.00	645.00
1994	BASEBALL PLAYER L6090G	RT	295.00	350.00
1994	BASEBALL STAR L6137G	RT	295.00	335.00
1994	BASKETBALL PLAYER L6091G	RT	295.00	335.00
1994	BASKETBALL STAR L6136G	RT	295.00	335.00
1994	FOOTBALL STAR L6135G	RT	295.00	325.00
1994	HOCKEY PLAYER L6108G	RT	295.00	350.00
1994	TEAM PLAYER L6185G	RT	215.00	235.00
1995	I'VE GOT IT! L5827G	RT	170.00	225.00
1995	REGATTA L6248G	RT	695.00	725.00
1995	TO THE RIM L1800G	1500	2475.00	2475.00
1998	FATHER'S PRIDE, A L6467G	OP	475.00	500.00
1998	PRIZE CATCH L6466G	OP	340.00	355.00
1999	LIKE FATHER, LIKE SON L6609G	OP	440.00	440.00
*				**VALENCIAN FIGURINES**
1969	VALENCIANS GRP/VALENCIAN COUPLE-HORSEBACK L4648G	RT	250.00	1200.00
1973	VALENCIAN GIRL L4841G	OP	35.00	240.00
1974	VALENCIAN GIRL WITH FLOWERS L1304G	OP	200.00	625.00
1982	APPRECIATION L1396G	RT	420.00	1000.00
1982	FULL OF MISCHIEF L1395G	RT	420.00	1000.00
1982	MISS VALENCIA L1422G	RT	175.00	435.00
1982	REVERIE L1398G	RT	490.00	1100.00
1982	SECOND THOUGHTS L1397G	RT	420.00	1000.00
1982	VALENCIAN BOY L1400G	RT	298.00	525.00
1984	MAKING PAELLA L5254G	RT	215.00	525.00
1985	FESTIVAL IN VALENCIA L1457G	3000	1400.00	2500.00
1985	VALENCIAN COUPLE L1472G	3000	885.00	1550.00
1986	CARMENCITA L5373G	RT	120.00	250.00
1986	LOLITA L5372G	RT	120.00	250.00
1986	PEPITA L5374G	RT	120.00	250.00
1986	TERESITA L5375G	RT	120.00	250.00
1986	VALENCIAN BOY L5395G	RT	200.00	350.00
1986	VALENCIAN CHILDREN L1489G	OP	700.00	1225.00
1987	VALENCIAN BOUQUET L1524G	RT	250.00	400.00
1987	VALENCIAN DREAMS L1525G	RT	240.00	400.00
1987	VALENCIAN FLOWERS L1526G	RT	376.00	575.00
1987	VALENCIAN GARDEN L1518G	RT	1100.00	1800.00
1990	VALENCIAN BEAUTY (BUST) L5670G	RT	175.00	375.00
1990	VALENCIAN FLOWERS (BUST) L5669G	RT	370.00	425.00
1990	VALENCIAN HARVEST (BUST) L5668G	RT	175.00	375.00
1991	VALENCIAN CRUISE L1731G	1000	2700.00	2950.00
1992	LOVING VALENCIA L5868G	RT	365.00	425.00
1992	SERENE VALENCIA L5867G	RT	365.00	425.00
1993	PAELLA VALENCIANO L1762	500	10000.00	10000.00
*				**VEHICULAR FIGURINES**
1971	ANTIQUE AUTO L1146G	750	1000.00	8000.00
1978	CAR IN TROUBLE L1375G	1500	3000.00	6500.00
1978	IN THE GONDOLA (NUMBERED SERIES) L1350G	OP	1350.00	3250.00
1980	SEDAN CHAIR GROUP/HER LADYSHIP L5097G	RT	2950.00	6200.00
1982	FIRST DATE L1393G	1500	3800.00	5900.00
1982	SCOOTING L5143G	RT	575.00	1350.00
1987	HAPPY ENCOUNTER, A L1523G	1500	2900.00	4900.00
1987	LANDAU CARRIAGE, THE L1521G	RT	2500.00	4000.00
1990	RIDE IN THE PARK, A L5718	1000	3200.00	4350.00
1991	FLORAL GETAWAY L5795G	RT	625.00	800.00
1992	MOTORING IN STYLE L5884G	1500	3700.00	4100.00
1994	HIGH SPEED L1779G	1500	3830.00	4000.00
*				**ZODIAC SERIES**
1995	AQUARIUS L6216G	RT	198.00	270.00
1995	ARIES L6221G	RT	198.00	270.00
1995	CANCER L6224G	RT	197.00	270.00
1995	CAPRICORN L6222G	RT	198.00	270.00
1995	GEMINII L6219G	RT	198.00	270.00
1995	LEO L6214G	RT	198.00	270.00
1995	LIBRA L6215G	RT	198.00	270.00
1995	PISCES L6223G	RT	198.00	270.00
1995	SAGITTARIUS L6217G	RT	198.00	270.00
1995	SCORPIO L6225G	RT	198.00	270.00
1995	TAURUS L6218G	RT	198.00	270.00
1995	VIRGO L6215G	RT	198.00	270.00

YR	NAME	LIMIT	ISSUE	TREND

LONGTON CROWN
*

GREAT MOMENTS IN BASEBALL

YR	NAME	LIMIT	ISSUE	TREND
1997	BABE RUTH/WILLY MAYS	*	40.00	40.00
1997	CY YOUNG/STAN MUSIAL	*	40.00	40.00
1997	DON LARSON/BOBBY THOMPSON	*	40.00	40.00
1997	LOU GEHRIG/JACKIE ROBINSON	*	40.00	40.00
1997	ROBERTO CLEMENTE/LOU BROCK	*	40.00	40.00
1997	TED WILLIAMS/TY COBB	*	40.00	40.00

*

GRIDIRON HEROES OF THE NFL

YR	NAME	LIMIT	ISSUE	TREND
1997	BOB LILLY/KELLEN WINSLOW	*	40.00	40.00
1997	GALE SAYERS/DEACON JONES	*	40.00	40.00
1997	JOE MONTANA/JERRY RICE	*	40.00	40.00
1997	JOHNNY UNITAS/"MEAN" JOE GREENE	*	40.00	40.00
1997	RAY NITCHKE/RONNIE LOTT	*	40.00	40.00
1997	REGGIE WHITE/TBD	*	40.00	40.00

MAFEKING COLLECTION
M. GREEN

MAN'S BEST FRIEND

YR	NAME	LIMIT	ISSUE	TREND
1995	MICKEY'S EYES	75	295.00	300.00

MARGARET FURLONG DESIGNS
M. FURLONG

2" ANGEL SERIES

YR	NAME	LIMIT	ISSUE	TREND
1997	VIOLA ANGEL	OP	12.00	12.00

M. FURLONG

3" ANGEL SERIES

YR	NAME	LIMIT	ISSUE	TREND
1997	DOGWOOD ANGEL	OP	14.00	14.00

M. FURLONG

4" ANGEL SERIES

YR	NAME	LIMIT	ISSUE	TREND
1997	IRIS ANGEL	YR	23.00	23.00

M. FURLONG

MADONNA SERIES

YR	NAME	LIMIT	ISSUE	TREND
1997	MADONNA OF THE CROSS	20,000	80.00	80.00

MARK HOPKINS SCULPTURE
M. HOPKINS

ARTS GALLERY

YR	NAME	LIMIT	ISSUE	TREND
1993	JAZZ BASS	750	550.00	550.00
1993	JAZZ DRUMS	750	850.00	850.00

M. HOPKINS

EAGLES COLLECTION

YR	NAME	LIMIT	ISSUE	TREND
1995	MOUNTAIN MAJESTY	450	975.00	975.00

M. HOPKINS

EARTH COLLECTION

YR	NAME	LIMIT	ISSUE	TREND
1995	BEAR	750	400.00	400.00
1995	COUGAR	750	400.00	400.00
1995	WOLF	750	400.00	400.00

M. HOPKINS

FISHING COLLECTION

YR	NAME	LIMIT	ISSUE	TREND
1995	GOTCHA!	950	375.00	375.00

M. HOPKINS

GOLF COLLECTION

YR	NAME	LIMIT	ISSUE	TREND
1995	WOODS	950	395.00	395.00
1996	DOWN THE MIDDLE	950	300.00	950.00
1996	GREEN, THE	OP	160.00	160.00
1996	LINING IT UP	950	300.00	300.00

M. HOPKINS

GREAT CATS OF AMERICA COLLECTION

YR	NAME	LIMIT	ISSUE	TREND
1995	SACRED GROUND	750	1495.00	1495.00

M. HOPKINS

GREAT MYSTERY COLLECTION

YR	NAME	LIMIT	ISSUE	TREND
1995	WAKAN TONKA	450	1495.00	1495.00

M. HOPKINS

KIDS ON THE MOVE

YR	NAME	LIMIT	ISSUE	TREND
1995	RACE YA! (BOY)	950	435.00	435.00
1995	RACE YA! (GIRL)	950	435.00	435.00

M. HOPKINS

KIDS PLAY GALLERY

YR	NAME	LIMIT	ISSUE	TREND
1993	FASTBREAK	950	315.00	315.00
1993	TIRE SWING, THE	550	650.00	650.00

T. RUSH

LIVING REEF COLLECTION

YR	NAME	LIMIT	ISSUE	TREND
1995	LORD OF THE REEF	950	775.00	775.00

M. HOPKINS

MARK HOPKINS PREMIERE EDITIONS

YR	NAME	LIMIT	ISSUE	TREND
1996	SURVIVAL - LARGE	250	3500.00	3500.00

M. HOPKINS

MARK HOPKINS STUDIO

YR	NAME	LIMIT	ISSUE	TREND
1994	BORN TO FLY	450	925.00	925.00

T. RUSH

MARK HOPKINS STUDIO

YR	NAME	LIMIT	ISSUE	TREND
1993	CHASE, THE	950	695.00	695.00
1993	SPOOKED	950	975.00	975.00
1993	TURNING POINT	950	695.00	695.00
1994	ALPHA WOLF	950	225.00	225.00
1994	FACES IN THE DEEP	950	600.00	600.00
1994	FIRST STRIKE	950	775.00	775.00
1994	HONEY	950	225.00	225.00
1994	LURED AWAY	950	750.00	750.00
1994	OCEAN MONARCHS	950	575.00	575.00
1994	PROTECTING THE INNOCENT	950	550.00	550.00
1994	RACE TO THE FLY	950	675.00	675.00
1994	RETURN TO THE SKIES	950	225.00	225.00
1994	RISE TO THE CHALLENGE	950	225.00	225.00

M. HOPKINS

NATURE'S CHILDREN COLLECTION

YR	NAME	LIMIT	ISSUE	TREND
1995	BEAR HUG	750	825.00	825.00

M. HOPKINS

NAUTICAL & SEA LIFE GALLERY

YR	NAME	LIMIT	ISSUE	TREND
1993	FAIR WIND	RT	550.00	600.00
1993	HEAVY WEATHER AHEAD	SU	500.00	500.00
1993	TAKING A SIGHT	SU	450.00	450.00

M. HOPKINS

NOBLESSENCE GALLERY

YR	NAME	LIMIT	ISSUE	TREND
1993	AMONG THE ASPEN	550	1125.00	1125.00
1993	BREAK OUT	250	1250.00	1250.00
1993	EAGLE DANCE	750	700.00	700.00

YR	NAME	LIMIT	ISSUE	TREND
1993	GOLDEN EAGLE	RT	975.00	1050.00
1993	PHANTOMS OF THE FOREST	SU	685.00	685.00
1993	SONS & BROTHERS	250	1250.00	1250.00
1994	ANCIENT OF DAYS	750	1250.00	1250.00
1994	BATTLE WORN	250	975.00	975.00
1994	CRY OF FREEDOM	450	1100.00	1100.00
1994	EARTH MOTHER	750	1250.00	1250.00
1994	GATHERING WISDOM	450	875.00	875.00
1994	GENERATIONS OF TIME	750	1250.00	1250.00
1994	GUARDIAN OF THE PLAINS	750	975.00	975.00
1994	I HAVE SEEN TOMORROW	450	1000.00	1000.00
1994	LICK AND A PROMISE, A	750	850.00	850.00
1994	MATERNAL PRIDE	750	975.00	975.00
1994	NIGHT HUNTER	750	875.00	875.00
1994	PEACE NO MORE	450	950.00	950.00
1994	POUNCING LYNX	750	650.00	650.00
1994	VISION QUEST	250	1500.00	1500.00
M. HOPKINS				
	NOBLESSENCE GALLERY MHS ANNUAL			
1994	MOTHER'S NATURE	YR	685.00	800.00
1995	SURVIVAL	YR	795.00	1400.00
M. HOPKINS				
	NOBLESSENCE GALLERY NATIVE AMERICAN			
1991	FIRST BUFFALO	250	1498.00	2000.00
1993	BROKEN TREATY	450	1100.00	1800.00
M. HOPKINS				
	NOBLESSENCE GALLERY NATURE			
1992	CRY OF THE WOLVES	950	850.00	1950.00
1992	FISHING GRIZZLY	450	875.00	1890.00
1992	STALKING COUGAR	450	750.00	1725.00
1993	SOARING	450	975.00	1250.00
1997	SHADOW IN THE GRASS	250	1625.00	1625.00
M. HOPKINS				
	NOBLESSENCE GALLERY WILD DOMAIN			
1993	MOUNTAIN OVERLOOK	550	975.00	1400.00
1994	CATCH OF THE DAY	550	1150.00	4000.00
1997	EAGLE'S LEDGE	250	875.00	875.00
1997	GRIZZLY CANYON	250	925.00	925.00
M. HOPKINS				
	ON THE RIDGE COLLECTION			
1995	FISHING ROCK	550	750.00	750.00
1995	SPIRIT OF THE MOUNTAIN	550	750.00	750.00
M. HOPKINS				
	PORTRAITS OF THE WILD COLLECTION			
1995	LONE SCOUT	650	600.00	600.00
1995	NO LIMIT	650	600.00	600.00
1995	SILENT APPROACH	650	600.00	600.00
M. HOPKINS				
	SKY COLLECTION			
1996	RED-TAILED HAWK	450	450.00	450.00
M. HOPKINS				
	SPORTS & WILDLIFE GALLERY			
1993	DOWNRIVER RUN	450	950.00	1450.00
1993	FISHING HOLE	450	650.00	650.00
1993	I CAN'T LOOK	950	325.00	325.00
1993	NOT AGAIN	950	325.00	325.00
1993	TEACHING THE WAY	450	750.00	750.00
1994	FOREVER FREE	950	625.00	625.00
1997	BALD EAGLE	950	225.00	225.00
1997	PATRIOT'S DREAM	950	325.00	325.00
M. HOPKINS				
	VOICE OF JAZZ COLLECTION			
1995	BODY AND SOUL	750	625.00	625.00
1995	TRIO	750	675.00	675.00
M. HOPKINS				
	WAY OF THE PEOPLE COLLECTION I			
1995	LEGEND KEEPER	450	925.00	925.00
M. HOPKINS				
	WAY OF THE PEOPLE COLLECTION II			
1995	SEASON OF INNOCENCE	450	925.00	925.00
M. HOPKINS				
	WAY OF THE WARRIOR COLLECTION			
1996	HOKA HAY	450	1350.00	1350.00
M. HOPKINS				
	WILD WATERS COLLECTION			
1995	RELEASE, THE	450	1095.00	1095.00
T. RUSH				
	WILDLIFE STUDIES COLLECTION II			
1995	CLAP OF THUNDER	950	250.00	250.00
1995	CURIOSITY	950	250.00	250.00
1995	SCENT OF DANGER	950	285.00	285.00
1995	TERRITORIAL RIGHT	950	250.00	250.00
T. RUSH				
	WILDLIFE STUDIES COLLECTION III			
1995	ELK COUNTRY	950	335.00	335.00
1995	GREAT PLAINS BUFFALO	950	310.00	310.00
1995	HAWK EYE	950	275.00	275.00

MARTY SCULPTURE

YR	NAME	LIMIT	ISSUE	TREND
M. CAREY				
	THE HERD			
1995	PRIDE & JOY PORTRAIT HEAD	5000	130.00	130.00
1995	RUMBLE BASE	*	45.00	45.00
1995	RUMBLE SIGHS	*	29.00	29.00
1995	RUMBLE TRIES	*	29.00	29.00
1995	THUNDER PORTRAIT HEAD	5000	150.00	150.00

MARURI USA

YR	NAME	LIMIT	ISSUE	TREND
W. GAITHER				
	AFRICAN SAFARI ANIMALS			
1981	MYALA	300	1450.00	1450.00
1983	AFRICAN ELEPHANT	CL	3500.00	3500.00
1983	BLACK MANED LION	CL	1450.00	1450.00
1983	CAPE BUFFALO	CL	2200.00	2200.00
1983	GRANT'S ZEBRAS, PAIR	500	1200.00	1200.00

YR	NAME	LIMIT	ISSUE	TREND
1983	SABLE	CL	1200.00	1200.00
1983	SOUTHERN GREATER KUDU	CL	1800.00	1800.00
1983	SOUTHERN IMPALA	CL	1200.00	1200.00
1983	SOUTHERN LEOPARD	CL	1450.00	1450.00
1983	SOUTHERN WHITE RHINO	150	3200.00	3200.00
*			**AMERICAN EAGLE GALLERY**	
1985	E-8501	CL	45.00	70.00
1985	E-8502	OP	55.00	65.00
1985	E-8503	OP	60.00	67.00
1985	E-8504	OP	65.00	75.00
1985	E-8505	CL	65.00	140.00
1985	E-8506	OP	75.00	90.00
1985	E-8507	CL	75.00	90.00
1985	E-8508	CL	75.00	80.00
1985	E-8509	CL	85.00	130.00
1985	E-8510	OP	85.00	85.00
1985	E-8511	CL	85.00	130.00
1985	E-8512	CL	295.00	300.00
1987	E-8521	CL	40.00	50.00
1987	E-8522	OP	45.00	50.00
1987	E-8523	CL	55.00	55.00
1987	E-8524	OP	175.00	195.00
1989	E-8931	OP	55.00	60.00
1989	E-8932	OP	75.00	80.00
1989	E-8933	OP	95.00	95.00
1989	E-8934	OP	135.00	135.00
1989	E-8935	OP	175.00	185.00
1989	E-8936	OP	185.00	195.00
1991	E-9141 EAGLE LANDING	OP	60.00	60.00
1991	E-9142 EAGLE W/TOTEM POLE	CL	75.00	75.00
1991	E-9143 PAIR IN FLIGHT	OP	95.00	95.00
1991	E-9144 EAGLE W/SALMON	OP	110.00	110.00
1991	E-9145 EAGLE W/SNOW	CL	135.00	135.00
1991	E-9146 EAGLE W/BABIES	OP	145.00	145.00
1995	EAGLE E-9551	OP	60.00	60.00
1995	EAGLE E-9552	OP	65.00	65.00
1995	EAGLE E-9553	OP	75.00	75.00
1995	EAGLE E-9554	OP	80.00	80.00
1995	EAGLE E-9555	OP	90.00	90.00
1995	EAGLE E-9556	OP	110.00	110.00
W. GAITHER			**AMERICANA**	
1981	GRIZZLY BEAR AND INDIAN	CL	650.00	650.00
1982	SIOUX BRAVE AND BISON	CL	985.00	985.00
W. GAITHER			**BABY ANIMALS**	
1981	AFRICAN LION CUBS	RT	195.00	195.00
1981	BLACK BEAR CUBS	CL	195.00	195.00
1981	WOLF CUBS	CL	195.00	195.00
W. GAITHER			**BIRDS OF PREY**	
1981	AMERICAN BALD EAGLE I	CL	165.00	1700.00
1981	SCREECH OWL	300	960.00	960.00
1982	AMERICAN BALD EAGLE II	CL	245.00	2700.00
1983	AMERICAN BALD EAGLE III	CL	445.00	1700.00
1984	AMERICAN BALD EAGLE IV	CL	360.00	1700.00
1986	AMERICAN BALD EAGLE V	CL	325.00	1200.00
*			**EYES OF THE NIGHT**	
1990	DOUBLE BARN OWL O-8807	CL	125.00	125.00
1990	DOUBLE SNOWY OWL O-8809	CL	245.00	245.00
1990	SINGLE GREAT HORNED OWL O-8803	CL	60.00	60.00
1990	SINGLE GREAT HORNED OWL O-8808	CL	145.00	145.00
1990	SINGLE SCREECH OWL O-8801	CL	50.00	50.00
1990	SINGLE SCREECH OWL O-8806	CL	90.00	90.00
1990	SINGLE SNOWY OWL O-8802	CL	50.00	50.00
1990	SINGLE SNOWY OWL O-8805	CL	80.00	80.00
1990	SINGLE TAWNY OWL O-8804	CL	60.00	60.00
*			**GRACEFUL REFLECTIONS**	
1991	MUTE SWAN WITH BABY SW-9152	CL	95.00	95.00
1991	PAIR-MUTE SWAN SW-9153	CL	145.00	145.00
1991	PAIR-MUTE SWAN SW-9154	CL	195.00	195.00
1991	SINGLE MUTE SWAN SW-9151	CL	85.00	85.00
*			**HUMMINGBIRDS**	
1991	ALLEW'S WITH HIBISCUS H-8906	OP	195.00	195.00
1991	ANNA'S W/LILY H-8905	OP	160.00	160.00
1991	RUBY-THROATED W/AZALEA H-8911	OP	75.00	75.00
1991	RUBY-THROATED W/ORCHID H-8901	OP	150.00	150.00
1991	RUFOUS WITH TRUMPET CREEPER H-8901	OP	70.00	70.00
1991	VIOLET-CROWNED W/GENTIAN H-8913	OP	75.00	75.00
1991	WHITE-EARED W/MORNING GLORY H-8912	OP	75.00	75.00
1995	ALLEN'S & BABIES W/ROSE	OP	120.00	120.00
1995	ALLEN'S W/EASTER LILY	OP	95.00	95.00
1995	ANNA'S W/TRUMPET CREEPER	OP	130.00	130.00
1995	BROAD-BILLED W/AMARYLLIS	OP	150.00	150.00
1995	VIOLET-CROWNED W/IRIS	OP	95.00	95.00
1995	WHITE-EARED W/TULIP	OP	145.00	145.00
*			**KINGDOM OF CATS**	
1997	BABY COUGAR WITH ICICLES	RT	*	N/A
1997	BOBCAT WITH CACTUS	RT	*	N/A
1997	FEMALE LIONS WITH CUB	RT	*	N/A
1997	FEMALE MOUNTAIN LION WITH CUBS	RT	*	N/A

YR	NAME	LIMIT	ISSUE	TREND
1997	MALE LION ON ROCKS	RT	*	N/A
1997	MALE TIGER JUMPING	RT	*	N/A
1997	MOUNTAIN LION ON ROCKS	RT	*	N/A
1997	MOUNTAIN LION ON TREE	RT	*	N/A
1997	TIGER CUBS PLAYING	RT	*	N/A
ITO		**LEGENDARY FLOWERS OF THE ORIENT**		
1985	CHERRY BLOSSOM	15000	45.00	55.00
1985	CHINESE PEONY	15000	45.00	55.00
1985	CHRYSANTHEMUM	15000	45.00	55.00
1985	IRIS	15000	45.00	55.00
1985	LILY	15000	45.00	55.00
1985	LOTUS	15000	45.00	45.00
1985	ORCHID	15000	45.00	55.00
1985	WISTERIA	15000	45.00	55.00
D. LITTLETON		**MAJESTIC OWLS OF THE NIGHT**		
1987	BURROWING OWL	15000	55.00	55.00
1988	BARRED OWL	15000	55.00	55.00
1988	ELF OWL	15000	55.00	55.00
W. GAITHER		**NORTH AMERICAN GAME ANIMALS**		
1984	WHITE TAIL DEER	950	285.00	285.00
W. GAITHER		**NORTH AMERICAN GAME BIRDS**		
1981	CANADIAN GEESE, PAIR	CL	2000.00	2000.00
1981	EASTERN WILD TURKEY	CL	300.00	300.00
1982	RUFFED GROUSE	CL	1745.00	1745.00
1983	BOBTAIL QUAIL, FEMALE	CL	375.00	375.00
1983	BOBTAIL QUAIL, MALE	CL	375.00	375.00
1983	WILD TURKEY HEN WITH CHICKS	CL	300.00	300.00
W. GAITHER		**NORTH AMERICAN SONGBIRDS**		
1982	BLUEBIRD	CL	95.00	95.00
1982	CARDINAL, MALE	CL	95.00	95.00
1982	CAROLINA WREN	CL	95.00	95.00
1982	CHICKADEE	CL	95.00	95.00
1982	MOCKINGBIRD	CL	95.00	95.00
1983	CARDINAL, FEMALE	CL	95.00	95.00
1983	ROBIN	CL	95.00	95.00
W. GAITHER		**NORTH AMERICAN WATERFOWL I**		
1981	BLUE WINGED TEAL	200	980.00	980.00
1981	CANVASBACK DUCKS	CL	780.00	780.00
1981	FLYING WOOD DUCKS	CL	880.00	880.00
1981	MALLARD DUCKS	CL	2380.00	2380.00
1981	WOOD DUCK, DECOY	950	480.00	480.00
W. GAITHER		**NORTH AMERICAN WATERFOWL II**		
1981	MALLARD DUCKS, PAIR	1500	225.00	225.00
1982	BUFFLEHEAD DUCKS, PAIR	1500	225.00	225.00
1982	GOLDENEYE DUCKS, PAIR	CL	225.00	225.00
1982	PINTAIL DUCKS, PAIR	CL	225.00	225.00
1982	WIDGEON, FEMALE	CL	225.00	225.00
1982	WIDGEON, MALE	CL	225.00	225.00
1983	LOON	CL	245.00	245.00
*		**POLAR EXPEDITION**		
1990	BABY ARCTIC FOX P-9002	OP	50.00	50.00
1990	BABY EMPEROR PENGUIN P-9001	OP	45.00	45.00
1990	BABY HARP SEALS P-9005	OP	65.00	65.00
1990	MOTHER & BABY EMPEROR PENGUINS P-9006	OP	80.00	80.00
1990	MOTHER & BABY HARP SEALS P-9007	OP	90.00	90.00
1990	MOTHER & BABY POLAR SEALS P-9008	OP	125.00	125.00
1990	POLAR BEAR CUB P-9003	OP	50.00	50.00
1990	POLAR BEAR CUBS P-9004	OP	60.00	60.00
1990	POLAR EXPEDITION SIGN P-9009	OP	18.00	18.00
1992	ARCTIC FOX CUBS PLAYING P-9223	OP	65.00	65.00
1992	BABY HARP SEAL P-221	OP	55.00	55.00
1992	EMPEROR PENGUINS P-9222	OP	60.00	60.00
1992	POLAR BEAR FAMILY P-9224	OP	90.00	90.00
*		**PRECIOUS PANDA**		
1992	LAZY LUNCH PP-9202	OP	60.00	60.00
1992	MOTHER'S CUDDLE PP-9204	OP	120.00	120.00
1992	SNACK TIME PP-9201	OP	60.00	60.00
1992	TUG OF WAR PP-9203	OP	70.00	70.00
*		**PREMIER BIRD COLLECTION**		
1999	AMERICAN GOLDFINCH	OP	25.00	25.00
1999	BARN SWALLOW	OP	25.00	25.00
1999	BLACK-CAPPED CHICKADEE	OP	25.00	25.00
1999	GOLDEN-CROWNED KINGLET	OP	25.00	25.00
1999	HOUSE WREN	OP	25.00	25.00
1999	NORTHERN PARULA	OP	25.00	25.00
1999	PINE WARBLER	OP	25.00	25.00
1999	RED-BREASTED NUTHATCH	OP	25.00	25.00
1999	SAVANNAH SPARROW	OP	25.00	25.00
1999	TUFTED TITMOUSE	OP	25.00	25.00
1999	YELLOW WARBLER	OP	25.00	25.00
1999	YELLOW-THROATED WARBLER	OP	25.00	25.00
*		**SANTA'S WORLD TRAVELS**		
1996	SANTA'S SAFARI	5000	225.00	225.00
W. GAITHER		**SIGNATURE COLLECTION**		
1985	AMERICAN BALD EAGLE	CL	60.00	60.00
1985	CANADA GOOSE	CL	60.00	60.00
1985	HAWK	CL	60.00	60.00
1985	PINTAIL DUCK	CL	60.00	60.00

YR	NAME	LIMIT	ISSUE	TREND
1985	SNOW GOOSE	CL	60.00	60.00
1985	SWALLOW	CL	60.00	60.00

SONGBIRD SERENADE

YR	NAME	LIMIT	ISSUE	TREND
1997	BLUEBIRD FAMILY W/APPLE BLOSSOM	OP	95.00	95.00
1997	BLUEJAY W/OAK	OP	70.00	70.00
1997	CARDINAL FAMILY W/ROSE	OP	90.00	90.00
1997	CEDAR WAXWING PAIR W/BERRIES	OP	80.00	80.00
1997	CHICKADEE PAIR W/HOLLY & BERRY	OP	85.00	85.00
1997	GOLDFINCH W/VIOLETS	OP	65.00	65.00
1997	ROBIN W/BLACKBERRY	OP	70.00	70.00
1997	ROBIN W/LILY	OP	70.00	70.00
1997	WREN PAIR W/CACTUS	OP	80.00	80.00

SONGBIRDS OF BEAUTY

YR	NAME	LIMIT	ISSUE	TREND
1991	BLUEBIRD WITH APPLE BLOSSOM SB-9105	CL	85.00	85.00
1991	CARDINAL WITH CHERRY BLOSSOM SB-9103	CL	85.00	85.00
1991	CHICKADEE WITH ROSES SB-9101	CL	85.00	85.00
1991	DOUBLE BLUEBIRD W/PEACH BLOSSOM SB-9107	CL	145.00	145.00
1991	DOUBLE CARDINAL WITH DOGWOOD SB-9108	CL	145.00	145.00
1991	GOLDFINCH WITH HAWTHORNE SB-9102	CL	85.00	85.00
1991	ROBIN & BABY WITH AZALEA SB-9106	CL	115.00	115.00
1991	ROBIN WITH LILIES SB-9104	CL	85.00	85.00

W. GAITHER

SPECIAL COMMISSIONS

YR	NAME	LIMIT	ISSUE	TREND
1981	WHITE BENGAL TIGER	240	340.00	340.00
1982	CHEETAH	CL	995.00	995.00
1983	ORANGE BENGAL TIGER	240	340.00	340.00

STUDIO COLLECTION

YR	NAME	LIMIT	ISSUE	TREND
1990	MAJESTIC EAGLES MS-100	SO	350.00	780.00
1991	DELICATE MOTION MS-200	SO	325.00	325.00
1992	IMPERIAL PANDA MS-300	SO	350.00	350.00
1993	WILD WINGS	SO	395.00	450.00
1994	WALTZ OF THE DOLPHINS	3500	300.00	300.00
1998	FANTASY IN FLIGHT	3500	295.00	295.00

W. GAITHER

STUMP ANIMALS

YR	NAME	LIMIT	ISSUE	TREND
1982	RED FOX	CL	175.00	175.00
1983	OWL	CL	175.00	175.00
1983	RACCOON	CL	175.00	175.00
1984	BOBCAT	CL	175.00	175.00
1984	CHIPMUNK	CL	175.00	175.00
1984	GRAY SQUIRREL	1200	175.00	175.00
1984	PELICAN	CL	260.00	260.00
1984	SAND PIPER	CL	260.00	260.00

W. GAITHER

UPLAND BIRDS

YR	NAME	LIMIT	ISSUE	TREND
1981	MOURNING DOVES	CL	780.00	780.00

WINGS OF LOVE DOVES

YR	NAME	LIMIT	ISSUE	TREND
1987	D-8701 SINGLE DOVE	CL	45.00	58.00
1987	D-8702 DOUBLE DOVE	OP	55.00	65.00
1987	D-8703 SINGLE DOVE	CL	65.00	65.00
1987	D-8704 DOUBLE DOVE	OP	75.00	85.00
1987	D-8705 SINGLE DOVE	CL	95.00	95.00
1987	D-8706 DOUBLE DOVE	OP	175.00	175.00
1990	D-9021 DOUBLE DOVE	OP	50.00	55.00
1990	D-9022 DOUBLE DOVE	OP	75.00	75.00
1990	D-9023 DOUBLE DOVE	OP	115.00	115.00
1990	D-9024 DOUBLE DOVE	CL	150.00	150.00

MAZE CREEK STUDIO
A. THOMAS

YR	NAME	LIMIT	ISSUE	TREND
1993	STRIDE THE TENTS- BRONZE	50	2300.00	2300.00
1996	CAVALRY DUEL	250	329.00	329.00
1997	PURITY	25	229.00	229.00

MCMEMORIES

YR	NAME	LIMIT	ISSUE	TREND
1997	MCDUTIES	*	22.00	22.00
1997	THUMBS UP	*	25.00	25.00
1998	RONALD AND ME	*	40.00	40.00

EVERYBUDDY NEEDS SOMEBUDDY FIGURINE COLLECTION

YR	NAME	LIMIT	ISSUE	TREND
1998	FRY ME TO THE MOON	*	15.00	15.00

MCDONALD'S GOLDEN CLASSIC

YR	NAME	LIMIT	ISSUE	TREND
1998	DOMED SCULPTURE	*	*	NA

MICHAEL GARMAN PRODUCTIONS
M. GARMAN

CITYSCAPES

YR	NAME	LIMIT	ISSUE	TREND
1995	MINI POLL HALL BLUES	OP	250.00	275.00
1995	MINI WEST SIDE NEWS	OP	250.00	275.00

M. GARMAN

FIREFIGHTER

YR	NAME	LIMIT	ISSUE	TREND
1995	ADVANCING THE LINE	OP	72.00	72.00

M. GARMAN

PROFESSIONAL

YR	NAME	LIMIT	ISSUE	TREND
1995	HEALING TOUCH	OP	70.00	70.00

M. GARMAN

SPORT

YR	NAME	LIMIT	ISSUE	TREND
1996	LONG BALL	OP	60.00	60.00
1996	TEE TIME	OP	60.00	60.00

MIDWEST OF CANNON FALLS
C. ULBRICHT

A CHRISTMAS CAROL

YR	NAME	LIMIT	ISSUE	TREND
1993	BOB CRATCHIT AND TINY TIM NUTCRACKER 09577-5	CL	240.00	240.00
1993	EBENEZER SCROOGE NUTCRACKER	6000	210.00	210.00

YR	NAME	LIMIT	ISSUE	TREND
1994	GHOST OF CHRISTMAS PRESENT NUTCRACKER 12041-5	CL	190.00	190.00
1995	SCROOGE NUTCRACKER 09584-3	CL	210.00	210.00
C. ULBRICHT			**AMERICAN FOLK HERO**	
1994	DAVY CROCKETT NUTCRACKER 12960-9	CL	190.00	190.00
1994	JOHNNY APPLESEED NUTCRACKER 12959-3	CL	196.00	196.00
1995	PAUL BUNYAN NUTCRACKER 12800-8	CL	220.00	220.00
J.P. LLOBERA			**BELENES PUIG NATIVITY COLLECTION**	
1985	NATIVITY, SET OF 6 00205-6	OP	250.00	250.00
1985	SHEPHERD, SET OF 2 00458-6	OP	110.00	110.00
1985	WISE MEN, SET OF 3 00459-3	OP	185.00	185.00
1986	SHEEP, SET OF 3 00475-3	OP	28.00	28.00
1987	SHEPHERD & ANGEL SCENE, SET OF 7 06084-1	OP	305.00	305.00
1988	STANDING CAMEL 08792-3	OP	115.00	115.00
1989	ANGEL 02087-6	OP	50.00	50.00
1989	BABY JESUS 02085-2	OP	62.00	62.00
1989	DONKEY 02082-1	OP	26.00	26.00
1989	JOSEPH 02086-9	OP	62.00	62.00
1989	MOTHER MARY 02084-5	OP	62.00	62.00
1989	OX 02083-8	OP	26.00	26.00
1989	SHEPHERD CARRYING LAMB 02092-0	OP	56.00	56.00
1989	SHEPHERD W/STAFF 02091-3	OP	56.00	56.00
1989	WISE MAN W/FRANKINCENSE 02088-3	OP	66.00	66.00
1989	WISE MAN W/FRANKINCENSE ON CAMEL 02077-7	OP	155.00	155.00
1989	WISE MAN W/GOLD 02089-0	OP	66.00	66.00
1989	WISE MAN W/GOLD ON CAMEL 02075-3	OP	155.00	155.00
1989	WISE MAN W/MYRRH 02090-6	OP	66.00	66.00
1989	WISE MAN W/MYRRH ON CAMEL 02076-0	OP	155.00	155.00
1990	RESTING CAMEL 04025-6	OP	115.00	115.00
*			**CANNON VALLEY COLLECTION**	
1994	APPLE TREE, 2 ASSTD. 11484-1	OP	10.00	10.00
1994	CANNON VALLEY SIGN 11297-7	OP	6.00	5.50
1994	CHICKEN, 3 ASSTD. 11299-1	OP	2.00	2.00
1994	CHILDREN, 2 ASSTD. 11461-2	OP	6.00	5.50
1994	COW, 3 ASSTD. 11309-7	OP	6.00	5.50
1994	FAMILY FARMHOUSE/LIGHTED 11292-2	OP	43.00	43.00
1994	FARM COUPLE, 2 ASSTD. 11458-2	OP	8.00	8.00
1994	FARM TOWN WINDMILL 11306-6	OP	10.00	10.00
1994	FARM TRACTOR 11305-9	OP	10.00	10.00
1994	FLAGPOLE 11300-4	OP	5.00	5.30
1994	GENERAL STORE/LIGHTED 11295-3	OP	43.00	43.00
1994	HAY WAGON & HORSE SET 11303-5	OP	19.00	19.00
1994	HEN HOUSE/LIGHTED 11294-6	RT	33.00	33.00
1994	HORSE, 2 ASSTD. 11485-8	OP	10.00	10.00
1994	LITTLE RED SCHOOLHOUSE/LIGHTED 11293-9	OP	43.00	43.00
1994	MAILBOX & WATER PUMP, 2 ASSTD. 11301-1	RT	4.00	4.00
1994	PICK UP TRUCK 11304-2	OP	12.00	12.00
1994	RED BARN/LIGHTED 11296-0	OP	43.00	43.00
1994	SPLIT RAIL FENCE 12676-9	OP	2.00	2.00
1994	SUNDAY BEST COUPLE W/CHILDREN, 2 ASSTD. 12670-7	OP	8.00	8.00
1995	ACE'S GARAGE/LIGHTED 12665-3	OP	45.00	45.00
1995	APPLE TREE, SET OF 3 12677-6	OP	7.00	7.00
1995	CHICKEN, 2 ASSTD. 12657-8	OP	3.00	3.00
1995	CHURCH/LIGHTED 12664-6	OP	45.00	45.00
1995	COW W/CALF, 2 ASSTD. 12673-8	OP	6.00	6.50
1995	DAIRY BARN/LIGHTED 12666-0	CL	49.00	49.00
1995	DOG BU BOGHOUSE 12658-5	OP	5.00	5.00
1995	FARM CAT 12808-4	OP	5.00	5.00
1995	FARM CHILDREN, 4 ASSTD. 12671-4	OP	8.00	8.00
1995	FARMER W/FEED BAG 12672-1	OP	8.00	8.00
1995	FARMYARD LIGHT 12683-7	OP	5.00	5.00
1995	FIRE HYDRANT 12685-1	OP	3.00	3.00
1995	FOUR SQUARE FARMHOUSE/LIGHTED 12662-2	OP	49.00	49.00
1995	GRAIN ELEVATOR/LIGHTED 12663-9	OP	45.00	45.00
1995	GRANDPARENTS, 2 ASSTD. 12661-5	OP	6.00	6.00
1995	GRAVEL ROAD 12682-0	OP	9.00	9.00
1995	MECHANIC 12660-8	OP	6.00	6.00
1995	MINISTER 12674-5	OP	6.00	6.00
1995	OUTHOUSE 12668-4	OP	11.00	11.00
1995	PARKING METER 12686-8	OP	3.00	3.00
1995	PICKET FENCE 13260-9	OP	6.00	6.00
1995	PIG & PIGLETS 11302-8	OP	5.00	5.30
1995	PINE TREE, SET OF 2 12680-6	OP	8.00	8.00
1995	SILO 12667-7	OP	16.00	16.00
1995	STOREKEEPER 11459-9	OP	6.00	5.50
1995	TEACHER & CHILDREN, 3 ASSTD. 11460-5	OP	6.00	5.50
1995	TELEPHONE POLE 12684-4	OP	5.00	5.00
1995	TURKEY, 2 ASSTD. 12659-2	OP	5.00	5.00
1995	WATER TOWER 13116-9	OP	13.00	13.00
1995	WOODU CAR 12669-1	OP	12.00	12.00
1996	BATTERY OPERATED MINI LIGHT, SET OF 10 16937-7	OP	9.00	9.00
1996	BORDER COLLIE & SHEEP, SET OF 3 16677-2	OP	10.00	10.00
1996	CHRISTMAS DECORATION, SET OF 12 16964-3	OP	10.00	10.00
1996	CORNSTALK 16679-6	OP	6.00	5.50
1996	FIRE FIGHTERS, 2 ASSTD. 16674-1	OP	8.00	8.00
1996	FIRE TRUCK 16676-5	OP	13.00	13.00
1996	GARDENERS, SET OF 2 16675-8	OP	13.00	13.00
1996	HAY RAKE 16759-5	OP	8.00	8.00
1996	HOMETOWN CAFE/LIGHTED 16669-7	3600	45.00	45.00
1996	HORSE, 2 ASSTD. 16930-8	OP	6.00	6.00

YR	NAME	LIMIT	ISSUE	TREND
1996	OLD OAK TREE 16681-9	OP	11.00	11.00
1996	PLAYING CHECKERS 16680-2	OP	13.00	13.00
1996	PLOW 16761-8	OP	6.00	6.50
1996	PRAIRIE STYLE BARN/LIGHTED 16667-3	OP	49.00	49.00
1996	SPREADER 16760-1	OP	9.00	9.00
1996	TRACTOR 16678-9	OP	10.00	10.00
1996	VICTORIAN FARM HOUSE/LIGHTED 16666-6	OP	45.00	45.00
1996	VOLUNTEER FIRE DEPT./LIGHTED 16668-0	OP	49.00	49.00
*		**COTTONTAIL LANE COLLECTION**		
1993	ARBOR W/FENCE SET 02188-0	OP	14.00	15.00
1993	BIRDBATH, BENCH & MAILBOX 02184-2	RT	4.00	4.00
1993	BRIDGE & GAZEBO, 2 ASSTD. 02182-9	OP	12.00	12.00
1993	BUNNY COUPLE ON BICYCLE 02978-7	RT	5.00	6.00
1993	LAMPPOST, BIRDHOUSE & MAILBOX, 3 ASSTD. 02187-3	RT	4.00	5.00
1993	STROLLING BUNNY, 2 ASSTD. 02976-3	RT	4.00	5.00
1993	TREES, 3 ASSTD. 02194-1	RT	6.00	7.00
1994	BIRDHOUSE, SUNDIAL & FOUNTAIN, 3 ASSTD. 00371-8	OP	4.00	5.00
1994	BUNNY MARCHING BAND, 6 ASSTD. 00355-8	OP	4.00	5.00
1994	BUNNY PREPARING FOR EASTER, 3 ASSTD. 02971-8	OP	4.00	5.00
1994	BUNNY SHOPPING COUPLE, 2 ASSTD. 10362-3	OP	4.00	5.00
1994	COBBLESTONE ROAD 10072-1	OP	9.00	9.00
1994	CONE-SHAPED TREE SET 10369-2	OP	8.00	8.00
1994	COTTONTAIL LANE SIGN 10063-9	OP	5.00	5.00
1994	EASTER BUNNY, 2 ASSTD. 00356-5	OP	4.00	5.00
1994	EGG STAND & FLOWER CART, 2 ASSTD. 10354-8	OP	6.00	6.00
1994	POLICEMAN, CONDUCTOR BUNNY, 2 ASSTD. 00367-1	OP	4.00	5.00
1994	SWEEPER & FLOWER PEDDLER BUNNY COUPLE 00359-6	OP	4.00	5.00
1994	TOPIARY TREES, 3 ASSTD. 00346-6	RT	2.00	3.00
1994	TRAIN STATION COUPLE, 2 ASSTD. 00357-2	OP	4.00	5.00
1994	TREE & SHRUB, 2 ASSTD. 00382-4	OP	5.00	5.00
1994	WEDDING BUNNY COUPLE, 2 ASSTD. 00347-3	OP	4.00	5.00
1995	BUNNY CHEF, 2 ASSTD. 12433-8	OP	5.00	5.00
1995	BUNNY CHILD COLLECTING EGG, 2 ASSTD. 02880-3	RT	4.00	5.00
1995	BUNNY COUPLE AT CAFE 12444-4	OP	7.00	7.00
1995	BUNNY KIDS AT CARROT JUICE STAND 12437-6	OP	5.00	5.30
1995	BUNNY MINISTER, SOLOIST, 2 ASSTD. 12434-8	OP	5.00	5.00
1995	BUNNY PLAYING PIANO 12439-0	OP	5.00	5.30
1995	BUNNY PLAYING, 2 ASSTD. 12442-0	OP	6.00	6.50
1995	BUNNY POPCORN, BALLOON VENDOR, 2 ASSTD. 12443-7	OP	7.00	7.00
1995	ELECTRIC STREET LAMPPOST, SET OF 4 12461-1	OP	25.00	25.00
1995	MAYOR BUNNY & BUNNY W/FLAG POLE, 2 ASSTD. 12441-3	OP	6.00	5.50
1995	OUTDOOR BUNNY, 3 ASSTD. 12435-2	OP	5.00	5.00
1995	PROFESSIONAL BUNNY, 3 ASSTD. 12438-3	OP	5.00	5.00
1995	STREET SIGN, 3 ASSTD. 12433-8	OP	4.00	5.00
1995	STROLLING BUNNY, 2 ASSTD. 12440-6	OP	6.00	5.50
1996	BUNNIES SITTING IN GAZEBO 15801-2	OP	10.00	10.00
1996	BUNNY BAND QUARTET, SET OF 4 15799-2	OP	16.00	16.00
1996	BUNNY CHILDREN WORKING IN GARDEN 15796-1	OP	4.00	4.00
1996	BUNNY PICNICKING, SET OF 4 15798-5	OP	15.00	15.00
1996	GARDEN SHOPKEEPER, SET OF 2 15800-5	OP	10.00	10.00
1996	GARDEN TABLE W/POTTED PLANTS & FLOWERS 15802-9	OP	9.00	9.00
1996	GARDEN W/WATERFALL & POND 15797-8	OP	15.00	15.00
1996	TREE W/PAINTED FLOWERS, SET OF 3 15924-8	OP	20.00	20.00
*		**CREEPY HOLLOW COLLECTION**		
1992	HALLOWEEN SIGN, 2 ASSTD. 06709-3	RT	6.00	6.00
1992	WITCH 06706-2	OP	6.00	6.00
1993	HAUNTED TREE, 2 ASSTD. 05892-3	OP	7.00	7.00
1993	HINGED DRACULA'S COFFIN 08545-5	RT	11.00	11.00
1993	PUMPKIN HEAD GHOST 06661-4	RT	6.00	5.50
1993	PUMPKIN PATCH SIGN, 2 ASSTD. 05898-5	RT	6.00	6.50
1993	SKELETON 06651-5	RT	6.00	5.50
1993	TRICK OR TREATER, 3 ASSTD. 08591-2	RT	6.00	5.50
1994	BLACK PICKET FENCE 10685-3	OP	14.00	14.00
1994	CREEPY HOLLOW SIGN 10647-1	OP	6.00	5.50
1994	GHOST, 3 ASSTD. 10652-5	OP	6.00	6.00
1994	MAD SCIENTIST 10646-4	OP	6.00	6.00
1994	OUTHOUSE 10648-8	OP	7.00	7.00
1994	PHANTOM OF THE OPERA 10645-7	OP	6.00	6.00
1994	STREET SIGN, 2 ASSTD. 10644-0	OP	6.00	6.00
1994	TOMBSTONE SIGN, 3 ASSTD. 10642-6	OP	4.00	4.00
1994	WEREWOLF 10643-4	OP	6.00	6.00
1995	CEMETERY GATE 13366-8	OP	16.00	16.00
1995	FLYING WITCH, GHOST, 2 ASSTD. 13362-0	OP	11.00	11.00
1995	GHOUL USHER 13515-0	OP	6.00	6.50
1995	GHOULISH ORGANIST PLAYING ORGAN 13363-7	OP	13.00	13.00
1995	GRAVE DIGGER, 2 ASSTD. 13360-6	OP	10.00	10.00
1995	HEARSE W/MONSTERS 13364-4	OP	15.00	15.00
1995	HINGED TOMB 13516-7	RT	15.00	15.00
1995	HUNCHBACK 13359-0	OP	9.00	9.00
1995	PUMPKIN STREET LAMP, SET OF 4 13365-1	OP	25.00	25.00
1995	ROAD OF BONES 13371-2	OP	9.00	9.00
1995	STREET SIGN, 3 ASSTD. 13357-6	OP	6.00	5.50
1995	THEATER GOER, SET OF 2 13358-3	OP	9.00	9.00
1995	TICKET SELLER 13361-3	OP	10.00	10.00
1996	BONE FENCE 16961-2	OP	10.00	10.00
1996	COVERED BRIDGE 16664-2	OP	22.00	22.00
1996	DRAGON 16936-0	OP	8.00	9.00
1996	GHOSTLY KING 16659-8	OP	8.00	8.00
1996	GYPSY 16656-7	OP	8.00	8.00

The first release in Lance Corp.'s "The Adversaries" series as part of the Chilmark collection, Robert E. Lee *is worth approximately five times its 1991 issue price of $350.*

A member of "The Adversaries" series from Lance Corp.'s Chilmark collection, Ulysses S. Grant *has nearly doubled in value since its 1992 release.*

A musical that plays "Summertime" and has moving parts, Willie the Fisherman *is a member of the Melody in Motion line by WACO Products.*

YR	NAME	LIMIT	ISSUE	TREND
1996	GYPSY WITCH 16655-0	OP	8.00	8.00
1996	HEADLESS HORSEMAN 16658-1	OP	11.00	11.00
1996	INN KEEPER 16660-4	OP	7.00	7.00
1996	SCHOOL TEACHER 16657-4	OP	8.00	8.00
1996	SKELETON BUTLER 16661-1	OP	7.00	7.00
E. WALKER			**EDDIE WALKER CHRISTMAS**	
1998	1998 SANTA IN HOLIDAY PLANE	YR	55.00	55.00
1998	SANTA AT NORTH POLE TREE FARM (SET OF 5)	7500	200.00	200.00
E. WALKER			**EDDIE WALKER COLLECTION**	
1999	HALLOWEEN WITCH FORTUNE TELLER	YR	40.00	40.00
1999	RENT FOR A SONG EVENT PIECE	*	30.00	30.00
1999	SPEEDY DELIVERY	YR	45.00	45.00
1999	TWAS THE NIGHT BEFORE CHRISTMAS	5000	125.00	125.00
E. WALKER		**EDDIE WALKER GREAT PUMPKIN PATCH**		
1998	1998 SIGNATURE WITCH ON PUMPKIN	YR	40.00	40.00
L.R. SMITH III			**LEO R. SMITH III COLLECTION**	
1991	COSSACK SANTA 01092-1	RT	103.00	103.00
1991	FISHERMAN SANTA 03311-1	RT	270.00	270.00
1991	MILKMAKER 03541-2	RT	170.00	170.00
1991	PILGRIM MAN 03313-5	RT	84.00	84.00
1991	PILGRIM RIDING TURKEY 03312-8	RT	230.00	230.00
1991	PILGRIM WOMAN 03315-9	RT	84.00	84.00
1991	STARS & STRIPES SANTA 01743-2	RT	190.00	190.00
1991	TIS A WITCHING TIME 03544-3	RT	140.00	140.00
1991	TOYMAKER 03540-5	RT	120.00	120.00
1991	WOODSMAN SANTA 03310-4	RT	230.00	230.00
1992	DREAMS OF NIGHT BUFFALO 07999-7	CL	250.00	250.00
1992	GREAT PLAINS SANTA 08049-8	RT	270.00	270.00
1992	MS. LIBERTY 07866-2	RT	190.00	190.00
1992	SANTA OF PEACE 07328-5	RT	250.00	250.00
1992	WOODLAND BRAVE 07867-9	RT	87.00	87.00
1993	DANCING SANTA 09042-8	RT	170.00	170.00
1993	FOLK ANGEL 05444-4	RT	145.00	145.00
1993	GNOME SANTA ON DEER 05206-8	CL	270.00	270.00
1993	SANTA FISHERMAN 08979-8	CL	250.00	250.00
1993	VOYAGEUR 09043-5	CL	170.00	170.00
1994	GIFT GIVER SANTA 12056-9	CL	180.00	180.00
1994	OLD WORLD SANTA 12053-8	RT	75.00	75.00
1994	SANTA SKIER 12054-5	RT	190.00	190.00
1994	STAR OF THE ROUNDUP COWBOY 11966-1	CL	100.00	100.00
1994	WEATHERWISE ANGEL 12055-2	CL	150.00	150.00
1995	ANGEL W/LION & LAMB 13990-5	RT	125.00	125.00
1995	CIRCLE OF NATURE WREATH 16120-3	CL	200.00	200.00
1995	GARDENING ANGEL 16118-0	CL	130.00	130.00
1995	HARE LEAPING OVER THE GARDEN 16121-0	CL	100.00	100.00
1995	MAIZE MAIDEN ANGEL 13992-9	CL	45.00	45.00
1995	ORCHARD SANTA 13989-9	CL	125.00	125.00
1995	OTTER WALL HANGING 16122-7	CL	150.00	150.00
1995	OWL LADY 13988-2	RT	100.00	100.00
1995	SANTA IN SLEIGH 13987-5	CL	125.00	125.00
1995	SUNBRINGER SANTA 13991-2	CL	125.00	125.00
1995	WEE WILLIE SANTA 13993-6	RT	50.00	50.00
1998	NORTHWOODS SANTA IN CANOE	1000	140.00	140.00
1998	SANTA FISHERMAN	1000	90.00	90.00
1998	SANTA ON MOOSE	750	150.00	150.00
1998	SNOWSHOE SANTA	750	120.00	120.00
C. ULBRICHT			**NUTCRACKER COLLECTION**	
1986	PILGRIM 00393-0	CL	145.00	145.00
1993	MR. CLAUS 09588-1	CL	180.00	180.00
1993	MRS. CLAUS 09587-4	CL	180.00	180.00
1994	PRINCE ON ROCKING HORSE 12964-7	CL	160.00	160.00
1995	FATHER TIME 12794-0	OP	220.00	220.00
1995	FEMALE HEALTH CARE PROFESSIONAL 13189-3	OP	200.00	200.00
1995	FEMALE VOLLEYBALL PLAYER 13986-8	OP	200.00	200.00
1995	HUCK FINN 12788-9	CL	220.00	220.00
1995	KING NUTCRACKER 13190-9	OP	200.00	200.00
1995	LEPRECHAUN 09110-4	CL	170.00	170.00
1995	MOSES 13186-2	CL	220.00	220.00
1995	MOTHER GOOSE 13182-4	OP	220.00	220.00
1995	NATURE SANTA W/BIRDHOUSE 12790-2	CL	220.00	220.00
1995	PINOCCHIO 13184-8	CL	200.00	200.00
1995	SANTA COOKIE BAKER 13191-6	CL	220.00	220.00
1995	SANTA RIDING ROCKING REINDEER 12786-5	RT	200.00	200.00
1995	SANTA W/TREE 12791-9	CL	200.00	200.00
1995	WITCH 13183-1	OP	220.00	220.00
1996	CANDYLAND SANTA 17016-8	OP	200.00	200.00
1996	CINDERELLA 17014-4	OP	200.00	200.00
1996	FIREFIGHTER 17017-5	OP	200.00	200.00
1996	FLY FISHERMAN 17022-9	OP	190.00	190.00
1996	GARDENING SANTA 17025-0	OP	190.00	190.00
1996	GHOST OF CHRISTMAS PAST 18299-4	CL	200.00	200.00
1996	GHOST OF CHRISTMAS YET TO COME 17021-2	CL	190.00	190.00
1996	PIED PIPER 17026-7	OP	190.00	190.00
1996	ROCK & ROLL SINGER 17020-5	OP	200.00	200.00
1996	SACAJAWEA 17018-2	CL	200.00	200.00
1996	SCARECROW 17023-6	OP	190.00	190.00
1996	WYATT EARP 17019-9	1000	200.00	200.00

YR	NAME	LIMIT	ISSUE	TREND
C. ULBRICHT			**NUTCRACKER FANTASY**	
1991	CLARA 03657-0	OP	125.00	125.00
1991	HERR DROSSELMEYER 03656-3	OP	170.00	170.00
1991	MOUSE KING NUTCRACKER 04510-7	OP	170.00	170.00
1991	PRINCE 03665-5	OP	160.00	160.00
1991	TOY SOLDIER 03666-2	OP	160.00	160.00
1995	BIKER NUTCRACKER 13187-9	OP	220.00	220.00
1995	CLOWN NUTCRACKER 13188-6	OP	200.00	200.00
1995	DRUMMER NUTCRACKER 12792-6	CL	220.00	220.00
1995	KING OF CHRISTMAS NUTCRACKER 13665-2	OP	250.00	250.00
*			**ORE MOUNTAIN A CHRISTMAS CAROL**	
1993	BOB CRATCHIT 09421-1	RT	120.00	120.00
1993	GHOST OF CHRISTMAS PRESENT 12041-5	CL	116.00	116.00
1993	SCROOGE 05522-9	RT	104.00	104.00
1994	GHOST OF CHRISTMAS FUTURE 10449-1	RT	116.00	116.00
1994	GHOST OF CHRISTMAS PAST 10447-7	RT	116.00	116.00
1994	MARLEY'S GHOST NUTCRACKER	4000	116.00	116.00
*			**ORE MOUNTAIN EASTER NUTCRACKER COLLECTION**	
1984	MARCH HARE 00312-1	RT	77.00	77.00
*			**ORE MOUNTAIN NUTCRACKER COLLECTION**	
1984	PINOCCHIO 00160-8	OP	60.00	60.00
1988	NORDIC SANTA 08872-2	RT	84.00	84.00
1988	SANTA W/TREE & TOYS 07666-8	RT	117.00	117.00
1989	COUNTRY SANTA 09326-9	OP	95.00	95.00
1989	FISHERMAN 09327-6	RT	90.00	90.00
1989	GOLFER 09325-2	RT	85.00	85.00
1990	ELF 04154-3	RT	70.00	70.00
1990	MERLIN THE MAGICIAN 04207-6	RT	67.00	67.00
1990	SEA CAPTAIN 04157-4	RT	108.00	108.00
1990	SORCERER 10471-2	RT	100.00	100.00
1990	UNCLE SAM 04206-9	RT	50.00	50.00
1990	WINDSOR CLUB 04160-4	RT	85.00	85.00
1990	WITCH 04159-8	RT	75.00	75.00
1990	WOODLAND SANTA 04191-8	RT	105.00	105.00
1991	CLOWN 03561-0	RT	115.00	115.00
1991	NUTCRACKER-MAKER 03601-3	RT	62.00	62.00
1992	CHRISTOPHER COLUMBUS 00152-3	RT	80.00	80.00
1992	COWBOY 00298-8	RT	97.00	97.00
1992	FARMER 01109-6	RT	65.00	65.00
1992	INDIAN 00195-0	RT	96.00	96.00
1992	PILGRIM 00188-2	RT	96.00	96.00
1992	RINGMASTER 00196-7	RT	135.00	135.00
1992	SANTA W/SKIS 01305-2	RT	86.00	86.00
1992	VICTORIAN SANTA 00187-5	RT	130.00	130.00
1993	CAT WITCH 09426-6	OP	93.00	93.00
1993	FIREMAN W/DOG 06592-1	OP	134.00	134.00
1993	GEPETTO SANTA 09417-4	RT	115.00	115.00
1993	SANTA W/ANIMALS 09424-2	RT	80.00	80.00
1993	WHITE SANTA 09533-1	RT	100.00	100.00
1994	ANNIE OAKLEY 10464-4	RT	128.00	128.00
1994	BASEBALL PLAYER 10459-0	RT	111.00	111.00
1994	BLACK SANTA 10460-6	OP	74.00	74.00
1994	CAVALIER 12952-4	OP	80.00	80.00
1994	CAVALIER 12953-1	OP	65.00	65.00
1994	CAVALIER 12958-6	OP	57.00	57.00
1994	CONFEDERATE SOLDIER 12837-4	OP	93.00	93.00
1994	ENGINEER 10454-5	RT	108.00	108.00
1994	GARDENING LADY 10450-7	OP	104.00	104.00
1994	MINER 10493-4	RT	110.00	110.00
1994	NATURE LOVER 10446-0	RT	112.00	112.00
1994	PINECONE SANTA 10461-3	RT	92.00	92.00
1994	PRINCE CHARMING 10457-6	RT	125.00	125.00
1994	PUMPKIN HEAD SCARECROW 10451-1	OP	127.00	127.00
1994	REGAL PRINCE 10452-1	OP	140.00	140.00
1994	SANTA IN NIGHTSHIRT 10462-0	RT	76.00	76.00
1994	SANTA W/BASKET 10472-9	OP	100.00	100.00
1994	SNOW KING 10470-5	RT	97.00	97.00
1994	SOCCER PLAYER 10494-1	OP	100.00	100.00
1994	SULTAN KING 104552-2	RT	130.00	130.00
1994	TOY VENDOR 11987-7	OP	124.00	124.00
1994	UNION SOLDIER 12836-7	OP	93.00	93.00
1995	AMERICAN COUNTRY SANTA 13195-4	OP	165.00	165.00
1995	AUGUST THE STRONG 13185-5	OP	190.00	190.00
1995	BARBEQUE DAD 13193-0	OP	176.00	176.00
1995	BASKETBALL PLAYER 12784-1	OP	135.00	135.00
1995	BEEFEATER 12797-1	OP	175.00	175.00
1995	CHIMNEY SWEEP 00326-8	OP	70.00	70.00
1995	DOWNHILL SANTA SKIER 13197-8	OP	145.00	145.00
1995	HANDYMAN 12806-0	OP	135.00	136.00
1995	HOCKEY PLAYER 12783-4	OP	155.00	155.00
1995	HUNTER 12785-8	OP	136.00	136.00
1995	JACK FROST 12803-9	OP	150.00	150.00
1995	JOLLY ST. NICK W/TOYS 13709-3	OP	135.00	135.00
1995	KING RICHARD THE LIONHEARTED 12798-8	OP	165.00	165.00
1995	LAW SCHOLAR 12789-6	OP	127.00	127.00
1995	PEDDLER 12805-3	OP	140.00	140.00
1995	PIERRE LE CHEF 12802-2	OP	147.00	147.00
1995	PIZZA BAKER 13194-7	OP	170.00	170.00
1995	RIVERBOAT GAMBLER 12787-2	OP	137.00	137.00

YR	NAME	LIMIT	ISSUE	TREND
1995	ROYAL LION 13985-1	OP	130.00	130.00
1995	SANTA AT WORKBENCH 13335-4	OP	108.00	108.00
1995	TEACHER 13196-1	OP	165.00	165.00
1996	ANGEL WCANDLE 17010-6	OP	220.00	220.00
1996	ATTORNEY 17012-0	OP	120.00	120.00
1996	CHIMNEY SWEEP 17043-4	OP	120.00	120.00
1996	COUNT DRACULA 17050-2	OP	150.00	150.00
1996	COW FARMER 17054-0	OP	120.00	120.00
1996	DRUMMER 17044-1	OP	120.00	120.00
1996	EAST COAST SANTA 17047-2	OP	200.00	200.00
1996	EMERGENCY MEDICAL TECHNICIAN 17013-7	OP	140.00	140.00
1996	FEMALE FARMER 17011-3	OP	145.00	145.00
1996	FRANKENSTEIN 17009-0	OP	170.00	170.00
1996	GUARD 17046-5	OP	120.00	120.00
1996	HARLEQUIN SANTA 17174-5	OP	180.00	180.00
1996	KING W/SCEPTER 17045-8	OP	120.00	120.00
1996	MALE FARMER 17015-1	OP	145.00	145.00
1996	NORTHWOODS SANTA 17048-9	OP	200.00	200.00
1996	PRINCE 17038-0	OP	120.00	120.00
1996	SANTA ONE-MAN BAND MUSICAL 17051-9	OP	170.00	170.00
1996	SPORTS FAN 17173-8	OP	120.00	120.00
1996	VICTORIAN SANTA 17172-1	OP	180.00	180.00
1996	WESTERN 17049-6	OP	250.00	250.00

*
ORE MOUNTAIN NUTCRACKER FANTASY COLLECTION

YR	NAME	LIMIT	ISSUE	TREND
1988	HERR DROSSELMEYER 14 1/2" 07506-7	OP	75.00	75.00
1988	MOUSE KING, THE 10" 07509-8	OP	60.00	60.00
1988	PRINCE, THE 12 3/4", 2 ASSTD. 07507-4	OP	75.00	75.00
1988	TOY SOLDIER, THE 11" 07508-1	OP	70.00	70.00
1991	BUNNY W/EGG 00145--5	RT	77.00	77.00
1991	CLARA 8" 01254-3	RT	77.00	77.00
1992	BUNNY PAINTER 06480-1	RT	77.00	77.00
1993	MOUSE KING, THE 05350-8	CL	100.00	100.00
1994	HERR DROSSELMEYER 10456-9	CL	110.00	110.00
1994	MARLEY'S GHOST 10448-4	RT	116.00	116.00
1994	NUTCRACKER PRINCE 11001-0	CL	104.00	104.00
1995	CLARA 12801-5	CL	125.00	125.00
1995	TOY SOLDIER 12804-6	CL	125.00	125.00

S. GORE EVANS
SANDI GORE EVANS COLLECTION

YR	NAME	LIMIT	ISSUE	TREND
1999	COCOA LADY	*	30.00	30.00
1999	STEPPIN' OUT	YR	32.00	32.00
1999	WEE MIRACLES	YR	40.00	40.00

C. ULBRICHT
SANTA SERIES

YR	NAME	LIMIT	ISSUE	TREND
1993	MR. SANTA CLAUS NUTCRACKER	5000	180.00	180.00
1993	MRS. CLAUS NUTCRACKER	5000	180.00	180.00

C. ULBRICHT
TRADITIONAL SANTA SERIES

YR	NAME	LIMIT	ISSUE	TREND
1992	FATHER CHRISTMAS NUTCRACKER 07094-9	RT	190.00	190.00
1993	TOYMAKER NUTCRACKER 09531-7	CL	220.00	220.00
1994	VICTORIAN SANTA NUTCRACKER 12961-1	CL	220.00	220.00

WENDT & KUHN
WENDT & KUHN

YR	NAME	LIMIT	ISSUE	TREND
1976	ANGEL W/SLED 02940-4	RT	37.00	37.00
1976	SANTA W/ANGEL 00473-9	OP	50.00	50.00
1978	MADONNA W/CHILD 01207-9	OP	120.00	120.00
1979	ANGEL PLAYING VIOLIN 00403-6	RT	34.00	34.00
1979	ANGEL TRIO 00471-5	OP	140.00	140.00
1979	BAVARIAN MOVING VAN 02854-4	OP	134.00	134.00
1979	GIRL W/CRADLE, SET OF 2 01203-1	RT	38.00	38.00
1979	GIRL W/PORRIDGE BOWL 01198-0	OP	29.00	29.00
1979	GIRL W/SCISSORS 01197-3	OP	29.00	29.00
1979	MARGARITA ANGELS, SET OF 6 02938-1	OP	94.00	94.00
1979	PIED PIPER & CHILDREN, SET OF 7 02843-8	RT	120.00	120.00
1980	ANGEL PULLING WAGON 00553-8	RT	43.00	43.00
1980	LITTLE PEOPLE NAPKIN RINGS, 6 ASSTD. 03504-7	OP	22.00	22.00
1981	ANGEL W/TREE & BASKET 01190-8	RT	24.00	24.00
1981	ANGELS AT CRADLE 01193-5	OP	73.00	73.00
1981	SANT W/ANGEL IN SLEIGH 01192-8	RT	52.00	52.00
1983	ANGEL BRASS MUSICIANS, SET OF 6 00470-8	OP	92.00	92.00
1983	ANGEL CONDUCTOR ON STAND 00469-2	OP	21.00	21.00
1983	ANGEL PERCUSSION MUSICIANS, SET OF 6 00443-2	OP	110.00	110.00
1983	ANGEL STRING & WOODLAND MUSICIANS SET OF 6-00465-4	OP	108.00	108.00
1983	ANGEL STRING MUSICIANS, SET OF 6 00455-5	RT	105.00	105.00
1983	GIRL W/WAGON 01196-6	RT	27.00	27.00
1983	MARGARITA BIRTHDAY ANGELS, SET OF 3 00480-7	RT	44.00	44.00
1984	ANGELS BEARING TOYS, SET OF 6 00451-7	RT	97.00	97.00
1987	CHILD ON SKIS, 2 ASSTD. 06083-4	RT	28.00	28.00
1987	CHILD ON SLED 06085-8	RT	26.00	26.00
1988	CHILDREN CARRYING LANTERNS PROCESSION, 6 01213-0	OP	117.00	117.00
1988	LUCIA PARADE, SET OF 3 07667-5	RT	75.00	75.00
1989	ANGEL AT PIANO 09403-7	OP	31.00	31.00
1990	ANGEL DUET IN CELESTIAL STARS 04158-1	RT	60.00	60.00
1991	BIRDHOUSE 01209-3	RT	23.00	23.00
1991	BOY ON ROCKING HORSE, 2 ASSTD/ 01202-4	RT	35.00	35.00
1991	DISPLAY BASE FOR WENDT & KUHN FIGURINES 01214-7	OP	32.00	32.00
1991	FLOWER CHILDREN, SET OF 6 01213-0	OP	130.00	130.00
1991	GIRL W/DOLL 01200-0	OP	32.00	32.00
1991	WHITE ANGELS W/VIOLIN 01205-5	RT	26.00	26.00
1992	WENDT & KUHN DISPLAY SIGN W/SITTING ANGEL 07535-7	OP	20.00	20.00
1994	BUSY ELF, 3 ASSTD. 12856-5	OP	22.00	22.00
1994	CHILD W/FLOWERS SET 12947-0	OP	45.00	45.00
1994	SANTA W/TREE 12942-5	OP	29.00	29.00

YR	NAME	LIMIT	ISSUE	TREND
1994	SUN, MOON, STAR SET 12943-2	OP	69.00	69.00
1996	ANGELS BEARING GIFTS 17039-7	OP	120.00	120.00
1996	BLUEBERRY CHILDREN 17040-3	OP	110.00	110.00

MILL POND PRESS
R. BATEMAN

BATEMAN SCULPTURES

1982	RED-TAILED HAWK STUDY	250	950.00	1750.00
1983	MERGANSER DUCKLING	250	695.00	695.00
1984	PEREGRINE IN FLIGHT	90	850.00	1500.00

MISS MARTHA ORIGINALS
M. ROOT

*	ANIKA 2600	5000	*	470.00
*	ERIC & LIGHTNING 1570	RT	*	115.00
*	ERICA 1578	RT	*	100.00
*	IDA B. WELLS 1906	RT	*	250.00
*	NAKIA 3500 (MAT)	RT	*	130.00
*	NAKIA 3500 (MATT)	RT	*	130.00
*	SANTA & SCOOTY 1571	RT	*	122.00
*	SHANI (BLACK EYES/WHITE DOTS) 1583	*	*	80.00
*	WILLIE W/BASE 1406W	RT	*	110.00
*	ZAMIKA 1581	RT	*	140.00
*	ZIZI	RT	*	80.00

M. ROOT

ALL GOD'S CHILDREN

*	ALAYSHA 2800	*	*	166.00
*	ANIKA (SKATING) 2601	*	*	325.00
*	DAYTON 1589	RT	*	90.00
*	DINKY	RT	*	60.00
*	DONNIE 1585	RT	*	110.00
*	HAPL 1601	RT	*	49.00
*	HONEY 4005	RT	*	80.00
*	HOPE 1519	RT	*	90.00
*	JOSIE 4003	RT	*	93.00
*	KAT	RT	*	40.00
*	REBEKKA 1600	RT	*	76.00
*	SNUFFLES	RT	*	60.00
*	SWEETIE 4002	RT	*	94.00
*	THOMAS (BROWN EYES) 1549	RT	*	95.00
*	TIA 1587	RT	*	70.00
*	TORI 1592	RT	*	65.00
1985	ABE 1357	RT	25.00	1600.00
1985	BOOKER T 1320	RT	19.00	1550.00
1985	CALLIE, 2 1/4 IN. 1362	RT	12.00	332.00
1985	CALLIE, 4 1/2 IN. 1361	RT	19.00	565.00
1985	EMMA 1322	RT	27.00	2160.00
1985	TOM 1353	RT	16.00	500.00
1986	AMY 1405W	RT	22.00	112.00
1986	ANGEL 1401W	RT	20.00	116.00
1986	ANNIE MAE, 6 IN. 1311	RT	19.00	208.00
1986	ANNIE MAE, 8 1/2 IN. 1310	RT	27.00	323.00
1986	BECKY 1402W	RT	22.00	110.00
1986	GRANDMA 1323	RT	30.00	3775.00
1986	JACOB 1407W	RT	26.00	115.00
1986	LI'L EMMIE, 3 1/2 IN. 1345	RT	13.00	210.00
1986	LI'L EMMIE, 4 1/4 IN. 1344	RT	16.00	238.00
1986	PRISSY (BEAR) 1348	RT	18.00	90.00
1986	PRISSY (MOON PIE) 1557	OP	20.00	32.00
1986	RACHEL 1404W	RT	20.00	90.00
1986	SELINA JANE (6 STRANDS) 1338	RT	22.00	360.00
1986	SELINA JANE (9 STRANDS) 1338	RT	22.00	650.00
1986	ST. NICHOLAS BLACK 1316	RT	30.00	180.00
1986	ST. NICHOLAS WHITE 1315	RT	30.00	180.00
1986	TOBY, 3 1/2 IN. 1332	RT	13.00	200.00
1986	TOBY, 4 1/2 IN. 1331	RT	16.00	240.00
1986	UNCLE BUD, 6 IN. 1304	RT	19.00	240.00
1986	UNCLE BUD, 8 1/2 IN. 1303	RT	27.00	505.00
1987	AUNT SARAH IN BLUE 1440	RT	45.00	336.00
1987	AUNT SARAH IN RED 1440	RT	45.00	433.00
1987	BECKY WITH PATCH 1402	RT	19.00	268.00
1987	BEN 1504	RT	22.00	490.00
1987	BLOSSOM IN BLUE 1500	RT	60.00	500.00
1987	BLOSSOM IN RED 1500	RT	750.00	950.00
1987	BONNIE & BUTTONS 1502	RT	24.00	216.00
1987	CASSIE 1503	RT	22.00	165.00
1987	CHARITY 1408	RT	28.00	160.00
1987	GINNIE 1508	RT	22.00	475.00
1987	JESSIE-NO BASE 1501	RT	19.00	480.00
1987	MOSES 1506	RT	30.00	230.00
1987	PADDY PAW & LUCY 1553	SU	24.00	127.00
1987	PADDY PAW & LUKE 1551	SU	24.00	127.00
1987	PRIMAS JONES 1377	RT	40.00	910.00
1987	PRIMAS JONES W/BASE 1377	RT	40.00	900.00
1987	PRISSY W/BASKET 1346	RT	16.00	210.00
1987	PRISSY W/YARN HAIR (6 STRANDS) 1343	RT	19.00	355.00
1987	PRISSY W/YARN HAIR (9 STRANDS) 1343	RT	19.00	575.00
1987	PUD 1550	RT	10.00	1450.00
1987	TAT 1801	RT	30.00	100.00
1987	TIFFANY1511	OP	32.00	32.00
1987	WILLIE-NO BASE 1406W	RT	22.00	480.00

YR	NAME	LIMIT	ISSUE	TREND
1988	BEAN (CLEAR WATER) 1521	RT	36.00	360.00
1988	BETSY (CLEAR WATER) 1513	RT	36.00	370.00
1988	BOONE 1510	RT	125.00	215.00
1988	CALVIN 777	RT	200.00	2300.00
1988	HANNAH 1515	RT	36.00	87.00
1988	JOHN 1514	RT	30.00	300.00
1988	KEZIA 1518	RT	36.00	112.00
1988	LISA 1512	RT	30.00	310.00
1988	MAYA 1520	RT	36.00	195.00
1988	MEG (LONG HAIR) 1505	RT	21.00	535.00
1988	MEG (SHORT HAIR) 1505	RT	21.00	1000.00
1988	MEG IN BEIGE DRESS 1505	RT	21.00	1250.00
1988	MICHAEL & KIM 1517	OP	36.00	38.00
1988	MOE & POKEY 1552	RT	16.00	135.00
1988	PEANUT 1509	RT	16.00	220.00
1988	SALLY 1507	RT	19.00	255.00
1988	TANSY & TEDI 1516	OP	30.00	90.00
1988	TANSY & TEDI W/GREEN SOCKS 1516	RT	30.00	366.00
1989	ADAM 1525	RT	25.00	1300.00
1989	BEVERLY 1525	RT	50.00	760.00
1989	BO 1530	RT	22.00	110.00
1989	BOOTSIE 1529	RT	60.00	110.00
1989	DAVID 1528	OP	28.00	30.00
1989	JESSICA & JEREMY 1522-23	RT	195.00	2220.00
1989	JESSIE 1501	OP	30.00	32.00
1989	SASHA 1531	OP	30.00	32.00
1989	TARA 1527	OP	36.00	37.00
1990	JEROME 1532	OP	30.00	32.00
1990	JOSEPH 1537	OP	30.00	30.00
1990	KACIE 1533	SU	38.00	90.00
1990	MARY 1536	OP	30.00	30.00
1990	PRESHUS 1538	OP	24.00	24.00
1990	SUNSHINE 1535	RT	38.00	112.00
1990	TESS 1534	RT	30.00	85.00
1990	THALIYAH 778	RT	150.00	2000.00
1991	BESSIE & CORKIE 1547	OP	70.00	70.00
1991	BILLY 1545	RT	36.00	185.00
1991	DORI IN GREEN DRESS 1544	RT	30.00	435.00
1991	DORI/PEACH DRESS 1544	OP	28.00	30.00
1991	FATHER CHRISTMAS BLACK 1772	RT	195.00	750.00
1991	NELLIE 1546	RT	36.00	190.00
1991	SAMANTHA 1542	RT	38.00	175.00
1991	SAMUEL 1541	RT	30.00	150.00
1992	BARNEY 1557	RT	32.00	126.00
1992	BEAN (PAINTED WATER) 1521	RT	36.00	165.00
1992	BETH 1558	RT	32.00	122.00
1992	BETSY (PAINTED WATER) 1513	RT	36.00	165.00
1992	CAITLIN 1554	RT	36.00	145.00
1992	FAITH 1555	RT	32.00	150.00
1992	JOY 1548	SU	30.00	80.00
1992	MELISSA 1556	RT	32.00	130.00
1992	MERCI 1559	RT	36.00	85.00
1992	RAKIYA 1561	OP	36.00	36.00
1992	STEPHEN (NATIVITY SHEPHERD) 1563	OP	36.00	36.00
1992	THOMAS 1549	RT	30.00	80.00
1992	VALERIE 1560	OP	36.00	37.00
1993	NATHANIEL	OP	36.00	36.00
1993	SIMON & ANDREW 1565	OP	45.00	45.00
1993	SYLVIA 1564	OP	36.00	37.00
1993	ZACK 1566	OP	34.00	34.00
1994	CHANTEL 1573	SU	39.00	110.00
1994	CHERI 1574	OP	38.00	38.00
1994	JUSTIN 1576	OP	37.00	37.00
1994	NIAMBI 1577	OP	34.00	34.00
1994	TISH 1572	OP	38.00	38.00
1998	DENISE	OP	39.00	39.00
1998	KRISHNA	RT	40.00	87.00
1998	LEROY	OP	40.00	40.00
1998	SISSY	OP	38.00	38.00
1999	ALBERT	*	44.00	44.00
2000	BARBARA	*	*	N/A
2000	HOSANNA	*	*	N/A
2000	LUCINDA	*	*	N/A
M. ROOT	**ALL GOD'S CHILDREN INSPIRATIONAL SERIES**			
1999	ADDY	*	*	N/A
1999	CHARLOTTE	*	35.00	35.00
1999	HALLIE	*	35.00	35.00
1999	JANA	*	35.00	35.00
1999	NATE	*	35.00	35.00
1999	TINA	*	35.00	35.00
1999	VANESSA	*	35.00	35.00
M. ROOT	**ANGELIC MESSENGERS**			
1994	CIEARA 2500	OP	38.00	38.00
1994	MARIAH 2501	*	38.00	120.00
M. ROOT	**CHRISTMAS**			
1986	SAINT NICHOLAS BLACK 1316	RT	30.00	110.00
1986	SAINT NICHOLAS WHITE 1315	RT	30.00	85.00
1987	FATHER CHRISTMAS BLACK 1751	RT	145.00	800.00
1987	FATHER CHRISTMAS WHITE 1750	RT	145.00	800.00

YR	NAME	LIMIT	ISSUE	TREND
1988	FATHER CHRISTMAS BLACK 1758	RT	195.00	675.00
1988	FATHER CHRISTMAS WHITE 1757	RT	195.00	675.00
1988	SANTA CLAUS BLACK 1768	RT	185.00	675.00
1988	SANTA CLAUS WHITE 1767	RT	185.00	675.00
1989	FATHER CHRISTMAS BLACK 1770	RT	195.00	750.00
1989	FATHER CHRISTMAS WHITE 1769	RT	195.00	750.00
1991	FATHER CHRISTMAS WHITE 1771	RT	195.00	750.00
1992	FATHER CHRISTMAS BLACK 1774	RT	195.00	540.00
1992	FATHER CHRISTMAS BLACK BUST 1776	RT	145.00	410.00
1992	FATHER CHRISTMAS WHITE 1773	RT	195.00	540.00
1992	FATHER CHRISTMAS WHITE BUST 1775	RT	145.00	410.00
M. ROOT				**COLLECTOR'S CLUB**
1989	MOLLY 1524	RT	38.00	720.00
1990	JOEY 1539	RT	32.00	575.00
1991	MANDY 1540	RT	36.00	400.00
1992	OLIVIA 1562	RT	36.00	330.00
1993	GARRETT 1567	RT	36.00	340.00
1993	PEEK-A-BOO	RT	*	120.00
1994	ALEXANDRIA 1575	RT	36.00	200.00
1994	LINDY	RT	*	110.00
1999	EVAN	TL	*	N/A
M. ROOT				**ENDEARING MEMORIES**
*	KALIA 8010	SO	*	170.00
*	SAVANNAH 8017	RT	*	180.00
*	WIL 8012	SO	*	160.00
1999	MARCUS & NICOLE 8014	SO	*	195.00
M. ROOT				**FAMILY REUNION**
1994	BEAR	*	*	125.00
1995	TILLIE	*	*	120.00
1996	DILLIE	*	*	80.00
M. ROOT				**HISTORICAL**
1989	HARRIET TUBMAN 1900	RT	65.00	400.00
1990	SOJOURNER TRUTH 1901	RT	65.00	240.00
1991	FREDERICK DOUGLASS 1902	OP	70.00	70.00
1992	DR. DANIEL WILLIAMS 1903	RT	70.00	260.00
1992	FRANCES HARPER 1905	RT	70.00	165.00
1992	GEORGE WASHINGTON CARVER 1907	OP	70.00	70.00
1992	MARY BETHUNE 1904 (MISSPELLED)	CL	70.00	362.00
1994	AUGUSTUS WALLEY (BUFFALO SOLDIER) 1908	RT	95.00	350.00
1994	BESSIE SMITH 1909	OP	70.00	70.00
1998	BESSIE COLEMAN	OP	72.00	72.00
1999	FANNIE LOU HAMER	*	74.00	74.00
M. ROOT				**INTERNATIONAL**
1987	KAMEOK 1802	OP	26.00	28.00
1987	KARL 1808	RT	26.00	95.00
1987	KELLI 1805	OP	30.00	30.00
1987	LITTLE CHIEF 1804	OP	32.00	32.00
1987	PIKE 1806	RT	30.00	95.00
1988	KATRINA 1803	RT	26.00	190.00
1993	MINNIE 1568	OP	36.00	36.00
M. ROOT				**SPECIAL EVENT**
*	JANE 2001	RT	*	180.00
*	PATTI (DARK BLUE) 2002B	RT	*	110.00
*	PATTI (ROSE) 2002	RT	*	110.00
*	SHALISA 2003	RT	*	110.00
1994	URIEL 2000	RT	45.00	220.00
M. ROOT				**SUGAR AND SPICE**
1987	BLESSED ARE THE PEACEMAKERS (ELI) 1403	RT	22.00	560.00
1987	FRIENDS SHOW LOVE (BECKY) 1402	RT	22.00	560.00
1987	FRIENDSHIP WARMS...HEART (JACOB) 1407	RT	22.00	560.00
1987	GOD IS LOVE (ANGEL) 1401	RT	22.00	560.00
1987	JESUS LOVES ME (AMY) 1405	RT	22.00	560.00
1987	OLD FRIENDS ARE BEST (RACHEL) 1404	RT	22.00	560.00
1987	SHARING WITH FRIENDS (WILLIE) 1406	RT	22.00	560.00
1988	JUAN 1807	RT	22.00	560.00

MUSEUM COLLECTIONS INC.

YR	NAME	LIMIT	ISSUE	TREND
N. ROCKWELL				**AMERICAN FAMILY I**
1979	BABY'S FIRST STEP	22500	90.00	220.00
1980	BIRTHDAY PARTY	22500	110.00	150.00
1980	FIRST HAIRCUT	22500	90.00	140.00
1980	HAPPY BIRTHDAY, DEAR MOTHER	22500	90.00	150.00
1980	LITTLE MOTHER	22500	110.00	110.00
1980	SWEET SIXTEEN	22500	90.00	90.00
1980	WASHING OUR DOG	22500	110.00	110.00
1981	BRIDE AND GROOM	22500	110.00	180.00
1981	MOTHER'S LITTLE HELPERS	22500	110.00	110.00
N. ROCKWELL				**CHRISTMAS**
1980	CHECKING HIS LIST	YR	65.00	85.00
1981	RINGING IN GOOD CHEER	YR	95.00	95.00
1982	WAITING FOR SANTA	YR	95.00	95.00
1983	HIGH HOPES	YR	95.00	95.00
1984	SPACE-AGE SANTA	YR	65.00	65.00
N. ROCKWELL				**CLASSIC**
1980	BEDTIME	CL	65.00	95.00
1980	COBBLER, THE	CL	65.00	85.00
1980	FOR A GOOD BOY	CL	65.00	75.00
1980	LIGHTHOUSE KEEPER'S DAUGHTER	CL	65.00	65.00

YR	NAME	LIMIT	ISSUE	TREND
1980	MEMORIES	CL	65.00	65.00
1980	TOYMAKER, THE	CL	65.00	85.00
1981	A DOLLHOUSE FOR SIS	CL	65.00	65.00
1981	MUSIC LESSON, THE	CL	65.00	65.00
1981	MUSIC MASTER	CL	65.00	65.00
1981	OFF TO SCHOOL	CL	65.00	65.00
1981	PUPPY LOVE	CL	65.00	65.00
1981	WHILE THE AUDIENCE WAITS	CL	65.00	65.00
1982	COUNTRY DOCTOR, THE	CL	65.00	65.00
1982	DREAMS IN THE ANTIQUE SHOP	CL	65.00	65.00
1982	KITE MAKER, THE	CL	65.00	65.00
1982	SPRING FEVER	CL	65.00	65.00
1982	WORDS OF WISDOM	CL	65.00	65.00
1983	A FINAL TOUCH	CL	65.00	65.00
1983	A SPECIAL TREAT	CL	65.00	65.00
1983	BORED OF EDUCATION	CL	65.00	65.00
1983	BRAVING THE STORM	CL	65.00	65.00
1983	HIGH STEPPING	CL	65.00	65.00
1983	WINTER FUN	CL	65.00	65.00
1984	ALL WRAPPED UP	CL	65.00	65.00
1984	BIG RACE, THE	CL	65.00	65.00
1984	GOIN' FISHIN'	CL	65.00	65.00
1984	SATURDAY'S HERO	CL	65.00	65.00

N. ROCKWELL

COMMEMORATIVE

YR	NAME	LIMIT	ISSUE	TREND
1981	NORMAN ROCKWELL DISPLAY	5000	125.00	150.00
1982	SPIRIT OF AMERICA	5000	125.00	125.00
1983	NORMAN ROCKWELL, AMERICA'S ARTIST	5000	125.00	125.00
1984	OUTWARD BOUND	5000	125.00	125.00
1985	ANOTHER MASTERPIECE BY NORMAN ROCKWELL	5000	125.00	150.00
1986	PAINTER AND THE PUPS, THE	5000	125.00	150.00

N. ROCKWELL GALLERY

N. ROCKWELL

YR	NAME	LIMIT	ISSUE	TREND
1997	IS HE COMING? STOCKING HOLDER	*	40.00	40.00
1997	ROCKWELL'S STUDIO MUSIC BOX	*	35.00	35.00
1997	SANTA'S WORKSHOP MUSIC BOX	*	35.00	35.00

N. ROCKWELL

HOME FOR CHRISTMAS

YR	NAME	LIMIT	ISSUE	TREND
1997	THE LIBRARY (BOX)	*	35.00	35.00

OLD WORLD CHRISTMAS

E.M. MERCK

NUTCRACKERS

YR	NAME	LIMIT	ISSUE	TREND
1987	AUSTRIAN MUSKETEER NUTCRACKER 72048	RT	32.00	75.00
1987	BRITISH GUARD NUTCRACKER 72041	RT	35.00	65.00
1987	PRUSSIAN SERGEANT NUTCRACKER 72045	RT	36.00	75.00
1992	LG. BAVARIAN DUKE NUTCRACKER 72242	RT	99.00	150.00

OLSZEWSKI STUDIOS

R. OLSZEWSKI

ART BRONZES/LANDSCAPES/RIDE AMERICA

YR	NAME	LIMIT	ISSUE	TREND
1999	CRUISING SHARKS	450	750.00	750.00
1999	SUNRISE COUGAR CANYON	450	750.00	750.00

R. OLSZEWSKI

BOXES/LANDSCAPES/RIDE AMERICA

YR	NAME	LIMIT	ISSUE	TREND
1999	CRUISING SHARKS	2450	95.00	95.00
1999	CRUISING SHARKS	OP	85.00	85.00
1999	GREAT HELMIST!	2450	95.00	95.00
1999	GREAT HELMIST!	OP	85.00	85.00
1999	SUNRISE COUGAR CANYON	2450	95.00	95.00
1999	SUNRISE COUGAR CANYON	OP	85.00	85.00

R. OLSZEWSKI

CORE 1ST QUARTER

YR	NAME	LIMIT	ISSUE	TREND
1997	AMERICAN BEAUTY	750	225.00	225.00

R. OLSZEWSKI

CORE 2ND QUARTER

YR	NAME	LIMIT	ISSUE	TREND
1997	SUMMER	750	240.00	240.00

R. OLSZEWSKI

CORE 3RD QUARTER

YR	NAME	LIMIT	ISSUE	TREND
1997	WINTER	750	230.00	230.00

R. OLSZEWSKI

CORE 4TH QUARTER

YR	NAME	LIMIT	ISSUE	TREND
1997	DOLLHOUSE DREAMS	750	235.00	235.00

R. OLSZEWSKI

DISNEY COLLECTIBLES BOX/SNOW WHITE'S WISH COME TRUE

YR	NAME	LIMIT	ISSUE	TREND
1999	EVER AFTER	1450	825.00	825.00
1999	SAFE HAVEN	1450	250.00	250.00
1999	SEVEN HUNGRY DWARFS	1450	675.00	675.00

R. OLSZEWSKI

LANDSCAPE

YR	NAME	LIMIT	ISSUE	TREND
1997	FOX HUNT, THE	500	480.00	480.00

R. OLSZEWSKI

MINIATURES

YR	NAME	LIMIT	ISSUE	TREND
1994	GRAND ENTRANCE, THE	1500	225.00	300.00
1994	LITTLE TINKER, THE	750	235.00	400.00
1994	TINKER'S TREASURE CHEST & TO BE..., THE	CL	235.00	350.00
1997	NOT TO BE TOWER	OP	165.00	165.00

R. OLSZEWSKI

PRECIOUS METALS

YR	NAME	LIMIT	ISSUE	TREND
1997	DASHING THROUGH THE SNOW GIFT BOX	OP	850.00	850.00
1997	GARDEN BRACELET	OP	225.00	225.00

R. OLSZEWSKI

SONGBIRDS MINIATURES

YR	NAME	LIMIT	ISSUE	TREND
1999	SCRUB JAYS & MAGNOLIAS	750	240.00	240.00

R. OLSZEWSKI

SPECIAL RELEASES MINIATURES

YR	NAME	LIMIT	ISSUE	TREND
1999	FREE AS A BIRD	750	200.00	200.00

PACIFIC RIM

*

BUNNY TOES

YR	NAME	LIMIT	ISSUE	TREND
1994	HANNAH WITH MAXIMILIAN	RT	13.00	13.00
1994	MAZIE AT PLAY	OP	13.00	13.00

YR	NAME	LIMIT	ISSUE	TREND
1994	SWEETHEARTS	OP	50.00	50.00
1994	TILLIE MAKING A WREATH	OP	13.00	13.00
1994	TIMOTHY WITH FLOWER CART	OP	17.00	17.00
1994	TIMOTHY WITH TULIPS	OP	13.00	13.00
1994	WENDELL AT THE MAILBOX	OP	17.00	17.00
1994	WENDELL WITH EGGS IN HAT	OP	13.00	13.00
1994	WENDELL WITH FLOWERS	RT	13.00	13.00
1994	WILLIS & SKEETER	OP	17.00	17.00
1994	WINIFRED WITH BLOOMS	OP	13.00	13.00
1995	BUNNY GAZEBO	OP	50.00	50.00
1995	GARDEN TRELLIS	OP	30.00	30.00
1995	TILLIE WITH HER BIKE	OP	15.00	15.00
1995	TIMOTHY WITH EGGS	OP	13.00	13.00
1995	WILLIS & SKEETER GARDENING	OP	15.00	15.00
1995	WINIFRED PAINTS EGGS	OP	15.00	15.00
1996	BETSY & JUSTIN	1440	15.00	15.00
1997	ANNIE ON THE SWING	OP	30.00	30.00
1997	BIRTHDAY PARTY	1200	60.00	60.00
1997	HANNAH'S PRIDE & JOY	OP	20.00	20.00
1997	MAZIE FROLICS	OP	15.00	15.00
1997	MISS AMANDA'S CLASS	OP	20.00	20.00
1997	OH CHRISTMAS TREE	OP	20.00	20.00
1997	SOPHIE TRIMS THE TREE	OP	20.00	20.00
1997	TIMOTHY & TILLIE GIVE THANKS	OP	20.00	20.00
1997	WINIFRED & WENDELL CAROLING	OP	20.00	20.00
	P. SEBERN			**BUNNY TOES**
1995	BUNNY TOES LOGO SIGN	OP	20.00	20.00
1996	BETSY-CELEBRATE	1440	8.00	8.00
1996	JUSTINE-STARS & STRIPES	1440	8.00	8.00
	P. SEBERN		**BUNNY TOES BIRTHDAY BUNNIES**	
1995	ANABELL GLIDING ALONG	OP	20.00	20.00
1995	BETH BACK TO SCHOOL	OP	20.00	20.00
1995	CALLIE BUNDLE UP	OP	20.00	20.00
1995	CARLY STRIKING A POSE	OP	20.00	20.00
1995	CHARLOTTE BEST OF THE BUNCH	OP	20.00	20.00
1995	CHESTER SHARING WITH FRIENDS	OP	20.00	20.00
1995	CHRISTOPHER & CORY THE BEST SHOT	OP	20.00	20.00
1995	DINAH IRRESISTIBLE	OP	20.00	20.00
1995	DOUGLAS FROSTY FRIENDS	OP	20.00	20.00
1995	GOLDIE TAKING TURNS	OP	20.00	20.00
1995	HARVEY GIDDY-UP AND GO	OP	20.00	20.00
1995	JEREMY CLEAR SAILING	OP	20.00	20.00
1995	JOEY AUTUMN CHORES	OP	20.00	20.00
1995	MAGGIE JOY OF LIVING	OP	20.00	20.00
1995	MOLLY SWEET WISHES	OP	20.00	20.00
1995	NICHOLAS BETWEEN TIDES	OP	20.00	20.00
1995	PENELOPE WISHFUL THINKING	OP	20.00	20.00
1995	PHOEBE FIRST OUTING	OP	20.00	20.00
1995	PIETER HIGHER EDUCATION	OP	20.00	20.00
1995	RUSSEL & ROBBY SHARING THE HARVEST	OP	20.00	20.00
1995	VIOLET THANK YOU NOTES	OP	20.00	20.00
1995	WILBUR LAZY DAZE	OP	20.00	20.00
1995	WILEY WINTER GAMES	OP	20.00	20.00
1995	ZACHARY WAITIN' ON THE WIND	OP	20.00	20.00
*				**PATRIOTIC SERIES**
1997	BETSY SEWS THE FLAG	1200	15.00	15.00
1997	JUSTIN ON PARADE	1200	15.00	15.00

PAPEL GIFTWARE

	C. JOHNSON			**LIFE'S ENDEARMENTS**
1994	COACHING	OP	30.00	32.00
1994	LEARNING TO SHARE	OP	25.00	27.00
1994	MY FIRST FRIEND	OP	23.00	25.00
1994	MY TEDDY TALKS	OP	25.00	27.00
1994	PUPPY LOVE	OP	23.00	25.00
1994	SISTERS	OP	30.00	32.00
*		**WINDSOR BEARS OF CRANBURY COMMONS**		
1998	AMBER-THINKING OF YOU	OP	16.00	17.00
1998	CONNOR-FOLLOW YOUR DREAMS	OP	22.00	23.00
1998	REBECCA-THANK YOU	OP	16.00	17.00
1999	BRETT-THINKING OF YOU AT CHRISTMAS	OP	23.00	23.00
1999	CATHERINE & CRAIG - OUR FIRST CHRISTMAS	OP	30.00	30.00
1999	DENNIS & DOUG-A FRIEND/TIME OF NEED	OP	30.00	30.00
1999	GEORGE-WE ARE GRATEFUL	OP	18.00	18.00
1999	GRACE-WE ARE GRATEFUL	OP	18.00	18.00
1999	JASON-IT'S NOT THE SAME WITHOUT YOU	OP	20.00	20.00
1999	JENNA & DEBBIE-FRIENDSHIP/BARGAIN	OP	30.00	30.00
1999	JUDY-PRACTICE MAKES PERFECT	OP	17.00	17.00
1999	KERI-YOU CAN DO IT!	OP	17.00	17.00
1999	LISA-GET WELL SOON	OP	18.00	18.00
1999	LYNN-YOU'RE AS SWEET AS PIE	OP	25.00	25.00
1999	MICHELLE & TODD-TOGETHER WE CAN GO ANYWHERE	OP	30.00	30.00
1999	MICHELLE-HAVE I TOLD YOU LATELY	OP	18.00	18.00
1999	RANDY-ALL BUNDLED UP	OP	18.00	18.00
1999	SAMMY-TAKE ME OUT TO THE BALL GAME	OP	50.00	50.00
1999	TARA-I TREASURE YOUR GRACEFUL WAYS	OP	17.00	17.00
1999	TIFFANY-I'M CHEERING FOR YOU	OP	17.00	17.00
1999	WINDSOR FAMILY-SWEET DREAMS	2750	75.00	75.00
2000	AMANDA-BUILDING YOUR DREAMS	OP	23.00	23.00

YR	NAME	LIMIT	ISSUE	TREND
2000	ANDREA-THE MAID OF HONOR	OP	17.00	17.00
2000	BETH AND BEN-AMERICA ON PARADE	OP	30.00	30.00
2000	BRIANNA-MY FAVORITE TIME OF YEAR	OP	23.00	23.00
2000	BRUCE-JUST PUT YOUR MIND TO IT	OP	17.00	17.00
2000	CHARLES-THE BEST MAN	OP	17.00	17.00
2000	DADDY & ME-DON'T WORRY, I GOT YOU	OP	28.00	28.00
2000	ERICA-PLANING SEEDS OF HAPPINESS	OP	23.00	23.00
2000	ERIN-THE SWEETEST SOUNDS OF HARMONY	OP	18.00	18.00
2000	HEATHER-A BRUSH OF HAPPINESS	OP	25.00	25.00
2000	JAMES-MY FAVORITE PRESENT	OP	23.00	23.00
2000	JESSICA-NOW I LAY ME DOWN TO SLEEP	OP	30.00	30.00
2000	JOE-LEADING THE TEAM TO EXCELLENCE	OP	17.00	17.00
2000	KRISTEN-EVERYTHING IS UNDER CONTROL	OP	25.00	25.00
2000	LAURA-A CARING HEART	OP	18.00	18.00
2000	MARIA AND NICK-BON VOYAGE	OP	30.00	30.00
2000	MRS. WINDSOR & DAD-THE FIRST DANCE	OP	25.00	25.00
2000	WINDSOR FAMILY-CHRISTMAS MORMING	2750	75.00	75.00

	WINDSOR HARES OF CRANBURY COMMONS			
*				
1998	A TIME TO REMEMBER	*	*	N/A
1998	AMBER & BRANDON-DASHING THROUGH THE SNOW	OP	30.00	30.00
1998	COURTNEY & RYAN-BOO!	OP	20.00	20.00
1998	DANIEL-SHOW DAY!	OP	15.00	15.00
1998	DOROTHY & SCOTT-PERFECT PAIR	OP	18.00	18.00
1998	EMILY-BUILDING A FRIENDSHIP	OP	20.00	20.00
1998	FRED-TE-RIFIC GOLFER	OP	10.00	10.00
1998	LAURA-PAR-FECT PUTT	OP	10.00	10.00
1998	LAUREN-SWEET & DELICIOUS	OP	25.00	25.00
1998	MOMMY & BECKY-HOMEMADE WITH LOVE	OP	20.00	20.00
1998	MORGAN & TAYLOR-FRIENDSHIP WARMS THE HEART	OP	20.00	20.00
1998	SANTA & COREY-ALL I WANT FOR CHRISTMAS	OP	18.00	18.00

PAVILION OF T'SANG YING-HSUAN
S. FU

	THE FORBIDDEN CITY MUSIC BOX COLLECTION			
1991	EMPEROR'S WEDDING, THE	84-DAY	40.00	45.00

PEMBERTON & OAKES
D. ZOLAN

			MUSIC BOXES	
1989	DOZENS OF DAISIES	*	48.00	110.00
1991	BROTHERLY LOVE	*	54.00	140.00
1991	FOR YOU	*	35.00	46.00
1991	TINY TREASURES	*	27.00	48.00

D. ZOLAN

			ZOLAN'S CHILDREN	
1981	ERIK AND THE DANDELION	17000	48.00	71.00
1982	SABINA IN THE GRASS	6800	48.00	97.00
1984	WINTER WONDER	8000	28.00	59.00
1985	TENDER MOMENT	10000	29.00	48.00

PENDELFIN
J. HEAP

			40TH ANNIVERSARY	
1994	AUNT RUBY	10000	275.00	275.00

J. HEAP

			FAMILY CIRCLE	
1993	BOSUN	RT	50.00	90.00
1994	PUFFER	RT	85.00	85.00
1995	GEORGIE & THE DRAGON	RT	125.00	125.00
1996	DELIA	RT	125.00	125.00
1997	WOODY	YR	125.00	125.00

J. HEAP

			FAMILY CIRCLE EVENT	
1994	WALMSLEY	RT	75.00	75.00
1995	RUNAWAY	RT	90.00	90.00

J. HEAP

			GALLERY SERIES	
1971	WAKEY, PIEFACE, POPPET, ROBERT, DODGER	RT	300.00	300.00

J. HEAP

			RETIRED FIGURINES/COTTAGES	
1953	PENDLE WITCH	RT	4.00	1000.00
1955	MARGO	RT	2.00	450.00
1955	OLD FATHER (REMODELED)	RT	50.00	850.00
1955	ORIGINAL FATHER	RT	50.00	1250.00
1956	MIDGE	RT	2.00	450.00
1956	ORIGINAL ROBERT	RT	2.00	300.00
1956	TIMBER STAND	RT	35.00	175.00
1957	OLD MOTHER	RT	6.00	675.00
1958	RABBIT BOOK ENDS	RT	10.00	1750.00
1959	CHA CHA	RT	*	1000.00
1959	ROCKY	RT	32.00	40.00
1959	UNCLE SOAMES	RT	105.00	350.00
1960	GUSSIE	RT	*	375.00
1960	LUCY POCKET	RT	4.00	350.00
1960	MODEL STAND	RT	4.00	575.00
1960	SHINER WITH BLACK EYE	RT	2.00	400.00
1960	SQUEEZY	RT	2.00	425.00
1961	FATHER MOUSE (GRAY)	RT	*	625.00
1961	GRAND STAND MOLD 1	RT	35.00	590.00
1961	LOLLIPOP (GRAY MOUSE)	RT	*	600.00
1961	MEGAN	RT	3.00	450.00
1961	MOTHER GOOSE (GRAY)	RT	*	625.00
1962	CORNISH PRAYER (CORNY)	RT	*	700.00
1963	AUNT AGATHA	RT	*	1750.00
1963	CYRIL SQUIRREL	RT	*	1025.00
1964	BANDSTAND	RT	70.00	80.00

YR	NAME	LIMIT	ISSUE	TREND
1964	DODGER	RT	24.00	24.00
1965	MOTHER GOOSE (BRONZE)	RT	*	350.00
1965	MOTHER HOUSE (STONEWARE)	RT	*	600.00
1965	PICNIC STAND	RT	63.00	160.00
1966	CAKESTAND	RT	2.00	350.00
1966	MILK JUG STAND	RT	2.00	375.00
1966	PICNIC BASKET	RT	2.00	475.00
1967	BATH TUB	RT	4.00	85.00
1967	MAUD	RT	*	425.00
1967	PHUMF	RT	24.00	80.00
1967	PICNIC TABLE	RT	*	425.00
1971	TOTTY	RT	21.00	200.00
1985	APPLE BARREL	RT	*	20.00
1988	HUMPHREY GO KART	RT	70.00	110.00
1992	GRAND STAND MOLD 2	RT	150.00	150.00

D. ROBERTS — RETIRED FIGURINES/COTTAGES

YR	NAME	LIMIT	ISSUE	TREND
1957	TAMMY	RT	25.00	70.00
1962	POOCH	RT	25.00	65.00
1964	BONGO	RT	31.00	115.00
1965	MUNCHER	RT	26.00	80.00
1966	PIEFACE	RT	31.00	68.00
1967	ROBERT WITH LOLLIPOP	RT	12.00	175.00
1980	CROCKER	RT	20.00	70.00
1981	NIPPER	RT	21.00	80.00
1981	SHRIMP STAND	RT	70.00	75.00
1984	BLOSSOM	RT	35.00	65.00
1984	OLIVER	RT	25.00	33.00
1985	CHRISTMAS SET	RT	*	500.00
1985	JINGLE	RT	11.00	35.00
1985	SOLO	RT	40.00	65.00
1986	JIM LAD	RT	23.00	60.00
1986	LITTLE MO	RT	35.00	45.00
1987	TENNYSON	RT	35.00	40.00
1989	CHIRPY	RT	32.00	80.00
1989	HONEY	RT	40.00	65.00
1990	CHARLOTTE	RT	25.00	80.00
1991	WORDSWORTH	RT	60.00	70.00
1993	FORTY WINKS	RT	57.00	57.00

PHILIP L. MARCACCI STUDIO
P. MARCACCI

YR	NAME	LIMIT	ISSUE	TREND
1993	HOTEL ARIZONA	33	2800.00	3000.00
1993	KEEPER OF THE WIND	33	2800.00	3000.00
1993	NOSEY NEIGHBOR	33	865.00	925.00
1993	ONE LOST MITTEN	33	1200.00	1400.00
1993	SEBASTIAN	33	1050.00	1200.00
1993	WOULD YA LOOK AT THAT	33	925.00	1000.00
1994	ALMOST	33	900.00	1000.00
1994	CROWN PRINCESS	33	575.00	650.00
1994	HEIRS TO THE THRONE	33	885.00	950.00
1994	NOWHERE TO HIDE	33	750.00	800.00
1994	SAVANNAH SOVEREIGN	33	4800.00	5000.00

PIPPSYWOGGINS
M. CARLSON — FRIAR FOLK

YR	NAME	LIMIT	ISSUE	TREND
1998	KNEELING PRAYING	*	10.00	10.00
1998	STANDING BASEBALL PLAYER	*	10.00	10.00
1998	STANDING EATING COOKIE	*	10.00	10.00
1998	STANDING HOLDING BOOKS	*	10.00	10.00
1998	STANDING HOLDING CUT FLOWERS	*	10.00	10.00
1998	STANDING HOLDING FISH	*	10.00	10.00

M. CARLSON — PIPPSYWOGGINS

YR	NAME	LIMIT	ISSUE	TREND
1994	DESSIE ROSALIA	RT	38.00	38.00
1994	PETERJON THOMAS	RT	38.00	38.00
1997	FRANNIE JANE	OP	42.00	42.00
1997	MILLIE ROSEANNA	OP	42.00	42.00
1997	OPAL VERONICA	OP	42.00	42.00

M. CARLSON — WISHING YOU...

YR	NAME	LIMIT	ISSUE	TREND
1998	COMFORT	*	20.00	20.00
1998	HAPPINESS	*	20.00	20.00
1998	HOPE	*	20.00	20.00
1998	JOY	*	20.00	20.00
1998	LOVE	*	20.00	20.00
1998	PEACE	*	20.00	20.00

POLLAND STUDIOS
D. POLLAND — AMERICAN SPIRIT COLLECTION

YR	NAME	LIMIT	ISSUE	TREND
1998	DAMNED KNOTHEAD	900	195.00	195.00
1998	FIGHTING MUSTANGS	1200	188.00	188.00
1998	ON THE PROD	900	195.00	195.00
1998	SACKING OUT	900	195.00	195.00
1998	SEARS CATALOG	900	195.00	195.00
1998	STOLEN PONY	1200	195.00	195.00
1998	TEXAS SAGE	1200	195.00	195.00
1998	WARRING TRIBES #1	600	250.00	250.00
1998	WARRING TRIBES #2	600	250.00	250.00
1998	WARRING TRIBES #3	600	250.00	250.00

YR	NAME	LIMIT	ISSUE	TREND
D. POLLAND			**COLLECTIBLE BRONZES**	
1967	BULL SESSION	11	200.00	1200.00
1969	BLOWIN' COLD	30	375.00	1250.00
1969	BREED, THE	30	350.00	975.00
1969	BUFFALO HUNT	30	450.00	1250.00
1969	COMANCHERO	30	350.00	750.00
1969	DANCING INDIAN WITH LANCE	50	250.00	775.00
1969	DANCING INDIAN WITH TOMAHAWK	50	250.00	775.00
1969	DANCING MEDICINE MAN	50	250.00	775.00
1969	DRAWN SABERS	50	2000.00	5650.00
1969	LOOKOUTS	30	375.00	1300.00
1969	TOP MONEY	30	275.00	800.00
1969	TRAIL HAZZARD	30	700.00	1750.00
1969	WAR CRY	30	350.00	975.00
1969	WHEN ENEMIES MEET	30	700.00	2350.00
1970	COFFEE TIME	50	1200.00	2900.00
1970	LOST DISPATCH, THE	50	1200.00	2950.00
1970	WANTED	50	500.00	1150.00
1971	AMBUSH AT ROCK CANYON	5	20000.00	45000.00
1971	OH SUGAR!	40	700.00	1525.00
1971	SHAKIN' OUT A LOOP	40	500.00	1075.00
1972	BUFFALO ROBE	50	1000.00	2350.00
1973	BUNCH QUITTER	60	750.00	1975.00
1973	CHALLENGE	60	750.00	1800.00
1973	TRACKING	60	500.00	1500.00
1973	WAR PARTY	60	1500.00	5500.00
1975	CHEYENNE	6	1300.00	1800.00
1975	COUNTING COUP	6	1450.00	1950.00
1975	CROW SCOUT	6	1300.00	1800.00
1976	BUFFALO HUNT	6	2200.00	3500.00
1976	MANDAN HUNTER	12	775.00	775.00
1976	MONDAY MORNING WASH	6	2800.00	2800.00
1976	PAINTING THE TOWN	6	3000.00	4200.00
1976	RESCUE	6	2400.00	3000.00
1980	BUFFALO PRAYER	25	375.00	675.00
D. POLLAND			**COLLECTOR SOCIETY**	
1987	I COME IN PEACE	CL	35.00	230.00
1987	I COME IN PEACE, SILENT TRAIL (SET)	CL	335.00	1000.00
1987	SILENT TRAIL	CL	300.00	750.00
1988	DISPUTED TRAIL	CL	300.00	500.00
1988	HUNTER, THE	CL	35.00	250.00
1988	HUNTER, THE- DISPUTED TRAIL (SET)	CL	335.00	825.00
1989	APACHE BIRDMAN	CL	300.00	450.00
1989	CRAZY HORSE	CL	35.00	150.00
1989	CRAZY HORSE, APACHE BIRDMAN (SET)	CL	335.00	700.00
1990	BUFFALO PONY	CL	300.00	350.00
1990	CHIEF PONTIAC	CL	35.00	125.00
1990	CHIEF PONTIAC, BUFFALO PONY (SET)	CL	335.00	625.00
1991	SIGNAL, THE	YR	350.00	350.00
1991	WAR DANCER	YR	35.00	35.00
1991	WAR DANCER & THE SIGNAL (SET)	YR	385.00	385.00
D. POLLAND			**PEWTER COLLECTION**	
1984	FEDERAL STALLION	1500	145.00	185.00
1985	HUNTING COUGAR	1500	145.00	180.00
1985	RUNNING FREE	1500	250.00	300.00

POSITIVE IMAGE

YR	NAME	LIMIT	ISSUE	TREND
N. HUGHES			**BLACK LEGENDS**	
1994	BILL PICKETT	4000	164.00	164.00
1994	GEORGE W. CARVER	4000	164.00	164.00
1994	I.B. WELLS	4000	190.00	190.00
1994	MAHALIA JACKSON	4000	164.00	164.00
1994	SATCHEL PAGE	4000	164.00	164.00
N. HUGHES			**POSITIVE IMAGE**	
1991	BALLERINA	RT	56.00	56.00
1991	BANJO PLAYER	RT	90.00	90.00
1991	BOY IN CHOIR	RT	54.00	54.00
1991	BOY WITH DOG	RT	42.00	42.00
1991	EASTER EGG HUNT	RT	42.00	42.00
1991	FATHER AND SON	RT	62.00	62.00
1991	GIRL IN CHAIR	RT	54.00	54.00
1991	GIRL WITH BIRD	RT	56.00	56.00
1991	GIRL WITH CAT	RT	42.00	42.00
1991	GIRLS ON CAROUSEL	RT	210.00	210.00
1991	MOTHER AND CHILD	RT	62.00	62.00
1991	SURPRISE	RT	62.00	62.00
1992	BUFFALO SOLDIER	*	102.00	102.00
1992	CIVIL WAR SOLDIER	*	102.00	102.00
1992	DISPLAY PIECE	*	22.00	22.00
1992	GIRL WITH GOOSE	*	62.00	62.00
1992	LIL WILLIE	RT	82.00	82.00
1992	NEWSPAPER BOY	*	42.00	42.00
1992	SERENA	RT	78.00	78.00
1992	TUSKEGEE AIRMAN	*	102.00	102.00
1993	GIRL AND DOG DISPLAY	*	38.00	38.00
1993	PRAYING ANGEL LEROY	*	42.00	42.00
1993	REACH FOR A STAR ANGEL	*	42.00	42.00
1993	SAILOR	*	102.00	102.00
1994	BOY ON A CAROUSEL RABBIT	*	104.00	104.00

YR	NAME	LIMIT	ISSUE	TREND
1994	PRAYING SLAVE	RT	120.00	120.00
1994	WHY ME LORD ANGEL	*	42.00	42.00
1995	DRESS-UP ANGEL	*	46.00	46.00
1995	FEMALE GRADUATE	*	48.00	48.00
1995	HIP HOP ANGEL	*	46.00	46.00
1995	MALE GRADUATE	*	48.00	48.00
1995	TKO ANGEL	*	46.00	46.00
1995	VIETNAM FIELD NURSE	*	102.00	102.00
1995	VIETNAM SOLDIER	*	102.00	102.00
1996	CUPID	2500	116.00	116.00
1996	DANCER	2500	116.00	116.00
1996	HIGH YELLOW (HERMINE)	2500	144.00	144.00
1996	MILLION MAN MARCH	2500	148.00	148.00
1996	PRAYING SLAVE	2500	92.00	92.00
1996	ROLLIN ROUND HEAVEN DISPLAY PIECE	*	24.00	24.00

POSSIBLE DREAMS

	NAME	LIMIT	ISSUE	TREND
*				
*	CRINKLE BASEBALL PLAYER 4 1/2"	*	20.00	20.00
*	CRINKLE DOCTOR 3 1/2"	*	20.00	20.00
*	CRINKLE FIREMAN 4 1/2"	*	20.00	20.00
*	CRINKLE FISHERMAN 4 1/2"	*	20.00	20.00
*	CRINKLE FOOTBALL PLAYER 4 1/4"	*	20.00	20.00
*	CRINKLE GOLFER 4 1/4"	*	20.00	20.00
*	CRINKLE HOCKEY PLAYER 4 1/4"	*	20.00	20.00
*	CRINKLE POLICEMAN 4 1/2"	*	20.00	20.00
*	CRINKLE POSTMAN 4 1/2"	*	20.00	20.00
*	CRINKLE SOCCER PLAYER 4"	*	20.00	20.00
*	SANTA W/CANDY CANE 6 1/2"	*	18.00	18.00

J.C. LEYENDECKER

1991	HUGGING SANTA 8"	OP	53.00	53.00
1991	TRADITIONAL SANTA 10"	RT	100.00	130.00
1992	SANTA ON LADDER 8 1/2"	RT	59.00	59.00
1992	TRADITIONAL SANTA 7 1/2"	OP	66.00	125.00

W. STILL — **AFRICAN SPIRIT**

1998	BUSHMAN AND SON	*	140.00	140.00
1998	RENDILLE WOMAN & CHILD	*	136.00	136.00

CLOTHTIQUE AMERICAN ARTIST COLLECTION

*				
*	AND FEATHERED FRIEND 10"	OP	80.00	80.00
*	CHRISTMAS LIGHT 10"	OP	54.00	80.00
*	CHRISTMAS STORIES 8"	OP	64.00	64.00
*	DRESSED FOR THE HOLIDAY 10 1/4"	OP	47.00	47.00
*	FRESH FROM THE OVEN 11"	OP	49.00	49.00
*	MUSICAL READY FOR CHRISTMAS 10"	OP	99.00	99.00
*	NEW SUIT FOR SANTA 9 1/2" SET OF TWO	OP	90.00	90.00
*	NOT A CREATURE STIRRING 8 3/4"	OP	44.00	44.00
*	REFUGE FROM THE STORM 10 1/2"	OP	49.00	49.00
*	TWELVE DAYS OF CHRISTMAS 10 3/4"	OP	48.00	48.00
*	VISIONS OF SUGARPLUMS 10"	OP	50.00	50.00
1991	ALPINE CHRISTMAS 11 1/4"	RT	129.00	133.00
1991	FATHER CHRISTMAS 10 1/4"	RT	60.00	61.00
1991	FRIENDLY VISIT 11 1/2"	RT	100.00	103.00
1991	MAGIC OF CHRISTMAS 11 1/4"	RT	132.00	140.00
1991	PEACEFUL EVE 10"	RT	100.00	103.00
1991	SANTA'S CUISINE 10 1/2"	RT	138.00	150.00
1991	TRADITIONS 10 "	RT	50.00	60.00
1992	AN ANGEL'S KISS 10 1/2"	RT	85.00	90.00
1992	CHRISTMAS COMPANY 9"	RT	73.00	120.00
1992	HERALDING THE WAY 10 1//4"	RT	72.00	76.00
1992	LIGHTING THE WAY 11"	RT	85.00	85.00
1992	MUSIC MAKERS 9"	RT	135.00	170.00
1992	OUT OF THE FOREST 10 1/4"	RT	60.00	70.00
1992	PEACE ON EARTH 10 1/4"	RT	88.00	95.00
1992	SANTA IN R. CHAIR 9 1/4"	RT	85.00	103.00
1993	BEACON OF LIGHT 11"	OP	60.00	64.00
1993	BRIGHTER DAY 9 1/2"	OP	68.00	68.00
1993	EASY PUTT 9"	OP	110.00	110.00
1993	FATHER EARTH 10"	OP	77.00	77.00
1993	ICE CAPERS 7 3/4"	OP	100.00	100.00
1993	JUST SCOOTING ALONG 10"	OP	80.00	80.00
1993	NATURE'S LOVE 10"	OP	75.00	80.00
1993	STRUMMING THE LUTE 9"	OP	79.00	79.00
1993	TREE PLANTER, THE 10"	OP	80.00	80.00
1993	WORKSHOP, THE 9 3/4" MUSIC	RT	140.00	160.00
1994	CAPTAIN CLAUS 10"	OP	74.00	74.00
1994	CHRISTMAS SURPRISE 10"	OP	84.00	84.00
1994	GENTLE CRAFTSMAN, THE 8 1/2"	OP	77.00	77.00
1994	GIFTS FROM GARDEN 10"	RT	74.00	74.00
1994	SPIRIT OF SANTA 11"	OP	65.00	65.00
1994	SPIRIT/CHRISTMAS PAST 10"	OP	76.00	76.00
1994	TEA TIME 10"	OP	86.00	86.00
1994	TEDDY LOVE 10"	OP	85.00	85.00
1994	TOUCH OF MAGIC 10"	OP	90.00	90.00
1995	CHRISTMAS CALLER 10 1/2"	OP	58.00	58.00
1995	COUNTRY SOUNDS 8 1/2"	OP	74.00	74.00
1995	GIVING THANKS 7 1/4"	OP	46.00	46.00
1995	GOOD ROUND 11"	OP	73.00	73.00
1995	PATCHWORK SANTA 10"	OP	68.00	68.00
1995	RIDING HIGH 10 1/2"	OP	115.00	115.00

YR	NAME	LIMIT	ISSUE	TREND
1995	SANTA AND THE ARK 10 1/2"	OP	72.00	72.00
1995	SOUTHWEST SANTA 10"	OP	65.00	65.00
1995	STORY TELLER, THE 8 1/4"	OP	76.00	76.00
1995	SUN FLOWER SANTA 10"	OP	75.00	75.00
G. BENVENUTI			**CLOTHTIQUE AMERICAN ARTIST COLLECTION**	
1998	BONE APPETIT!	*	54.00	54.00
1998	FELICE NATALE!	*	46.00	46.00
T. BROWNING			**CLOTHTIQUE AMERICAN ARTIST COLLECTION**	
1998	DREAMS COME TRUE	*	69.00	69.00
1998	PLAYING THROUGH	*	50.00	50.00
L. FLETCHER			**CLOTHTIQUE AMERICAN ARTIST COLLECTION**	
1998	DRESS REHEARSAL	*	50.00	50.00
1998	TRAILSIDE PRAYER	*	60.00	60.00
1998	WOMAN BEHIND CHRISTMAS, THE	*	58.00	58.00
M. HUMPHRIES			**CLOTHTIQUE AMERICAN ARTIST COLLECTION**	
1998	CLEAN SWEEP	*	47.00	47.00
S. RUSINKO			**CLOTHTIQUE AMERICAN ARTIST COLLECTION**	
1998	NEW ARRIVAL	*	48.00	48.00
J. SORENSON			**CLOTHTIQUE AMERICAN ARTIST COLLECTION**	
1998	YULETIDE ROUNDUP	*	43.00	43.00
W. STILL			**CLOTHTIQUE AMERICAN ARTIST COLLECTION**	
1998	SANTA'S ON A ROLL	*	42.00	42.00
J. VAILLANCOURT			**CLOTHTIQUE AMERICAN ARTIST COLLECTION**	
1998	SCANDINAVIAN FATHER CHRISTMAS	*	40.00	40.00
*			**CLOTHTIQUE COCA-COLA COLLECTION**	
1998	BUSY MAN'S PAUSE	*	49.00	49.00
1998	SANTA'S GREETINGS	*	*	N/A
1998	STEP UP TO REFRESHMENT	*	47.00	47.00
1998	THANKS FOR THE PAUSE THAT REFRESHES	*	47.00	47.00
*			**CLOTHTIQUE ELVES**	
*	WORKING ELVES 6" SET OF THREE	OP	66.00	66.00
*			**CLOTHTIQUE GIRL**	
*	GIRL AT MANGER 7" SET OF THREE	OP	74.00	74.00
*			**CLOTHTIQUE LI'L DRUMMER BOY**	
*	LI'L DRUMMER BOY 7" SET OF TWO	OP	60.00	60.00
*			**CLOTHTIQUE LONDONSHIRE**	
*	ALBERT 10"	RT	65.00	70.00
*	EARL OF HAMLETT 12"	RT	65.00	70.00
*	MAGGIE 10 1/2"	RT	57.00	57.00
*	WALTER 8"	RT	33.00	33.00
*	WENDY 8"	RT	33.00	33.00
1993	NIGEL AS SANTA 10"	OP	54.00	54.00
1995	ADMIRAL WALDO 11"	OP	65.00	65.00
1995	BETH 7 1/4"	OP	35.00	35.00
1995	CHRISTOPHER 7 1/2"	OP	35.00	35.00
1995	COUNTESS OF HAMLETT 10 3/4"	OP	65.00	65.00
1995	DAVID 7 1/2"	OP	38.00	38.00
1995	DEBBIE 7 1/2"	OP	38.00	38.00
1995	DIANNE 8"	OP	33.00	33.00
1995	DR. ISAAC 11"	RT	65.00	70.00
1995	EARL'S FREE TIME 11"	OP	57.00	57.00
1995	JEAN CLAUDE 7 1/2"	OP	35.00	35.00
1995	LORD WINSTON 12"	RT	65.00	70.00
1995	MARGARET OF FOXCROFT 11"	OP	65.00	65.00
1995	NICOLE 7 1/2"	OP	35.00	35.00
1995	OFFICER KEVIN 11"	RT	65.00	70.00
1995	PHILLIP 8"	OP	33.00	33.00
1995	REBECCA 7 1/2"	OP	35.00	35.00
1995	RICHARD 7 1/2"	OP	35.00	35.00
1995	RODNEY 10 1/2"	OP	65.00	65.00
1995	SIR RED 11"	RT	72.00	72.00
1995	TIFFANY SORBET 8"	OP	65.00	65.00
1996	SIR ROBERT 12"	OP	65.00	65.00
*			**CLOTHTIQUE NATIVITIES**	
*	HOLY FAMILY 9" - 11 3/4" SET OF TWO	OP	150.00	150.00
*	HOLY FAMILY SET 10 1/2" 3 PC	OP	90.00	90.00
*	HOLY FAMILY SET 12" 2 PC	OP	166.00	166.00
*	WISE MEN 7 1/2-11 3/4" SET OF THREE	OP	174.00	174.00
*			**CLOTHTIQUE PEPSI SANTA COLLECTION**	
*	PEPSI SANTA W/LIST 6"	OP	10.00	10.00
1990	PEPSI COLA SANTA 10"	OP	68.00	68.00
1992	PEPSI COLA SANTA SITTING 8"	*	84.00	84.00
1994	HOLIDAY HOST 10"	OP	59.00	59.00
1995	JOLLY TRAVELER 7 1/2"	OP	90.00	90.00
*			**CLOTHTIQUE PROFESSIONALS**	
*	DOCTOR 9 1/2"	OP	38.00	38.00
*	FIREMAN 9 1/2"	OP	38.00	38.00
*	GOLFER 9 1/2"	OP	38.00	38.00
*	LIFESTYLES-FISHERMAN 10"	OP	38.00	38.00
*	LIFESTYLES-WOMAN GOLFER 9 3/4"	OP	30.00	30.00
*	NURSE 9 1/2"	OP	38.00	38.00
*	POLICEMAN 9 1/2"	OP	38.00	38.00
*	POSTMAN 9 1/2"	OP	38.00	38.00
*			**CLOTHTIQUE ROCKWELLS**	
1989	DEAR SANTA 7 3/4"	RT	71.00	71.00
1989	SANTA W/GLOBE 8"	RT	73.00	175.00
1990	HOBO 11 1/2"	OP	159.00	167.00
1990	LOVE LETTERS 11"	OP	172.00	180.00

YR	NAME	LIMIT	ISSUE	TREND
1991	GIFT, THE 12 1/2"	OP	160.00	160.00
1991	GRAMPS W/REINS 12 1/2"	OP	290.00	305.00
1991	MAN W/GEESE 12 1/4"	OP	120.00	120.00
1991	SANTA PLOTTING 12"	OP	160.00	160.00
1991	SPRINGTIME 11 1/2"	OP	130.00	130.00
1992	BALANCING BUDGET 11"	OP	120.00	120.00
1992	MARRIAGE LICENSE 11 3/4"	OP	195.00	195.00

CLOTHTIQUE SANTAS COLLECTION

YR	NAME	LIMIT	ISSUE	TREND
*	FIRST NOEL MUSICAL, THE 8 1/4"	OP	62.00	62.00
*	FOR SOMEONE SPECIAL 9 1/2"	OP	39.00	39.00
*	GINGERBREAD BAKER, THE 10"	OP	35.00	35.00
*	HEAVEN SENT	OP	50.00	50.00
*	HO HO HOLE IN ONE	OP	43.00	43.00
*	JUMPIN' JACK SANTA 9 1/2"	OP	46.00	46.00
*	MASTER TOYMAKER 9 1/2"	OP	45.00	45.00
*	MODERN SKIER SANTA 10"	OP	67.00	67.00
*	SANTA W/DOLL 10 1/2"	OP	40.00	40.00
*	SANTA'S PET PROJECT 7"	OP	37.00	37.00
*	SHAMROCK SANTA 9 1/2"	OP	42.00	42.00
*	THREE ALARM SANTA 11 1/2"	OP	43.00	43.00
*	WISHES COME TRUE 9"	OP	59.00	59.00
1986	CHRISTMAS MAN 10"	RT	60.00	60.00
1986	SANTA W/PACK 10"	RT	60.00	60.00
1986	TRADITIONAL SANTA 10"	RT	60.00	60.00
1987	COLONIAL SANTA 10"	RT	32.00	32.00
1987	TRADITIONAL DELUXE SANTA 10"	RT	32.00	32.00
1987	UKKO 10"	RT	32.00	32.00
1988	CARPENTER, SANTA 10"	RT	40.00	40.00
1988	FRONTIER SANTA 10"	RT	38.00	40.00
1988	RUSSIAN ST. NICHOLAS 10"	OP	38.00	38.00
1988	ST. NICHOLAS 10"	RT	38.00	40.00
1988	WEIHNACHTSMAN 10"	RT	38.00	40.00
1989	BABY'S FIRST CHRISTMAS 10"	CL	42.00	42.00
1989	EXHAUSTED SANTA 7 3/4"	RT	60.00	60.00
1989	MRS. CLAUS W/DOLL 10"	RT	42.00	42.00
1989	PELZE NICHOL 10"	RT	40.00	45.00
1989	SANTA W/EMBLEM ROBE 10"	*	40.00	40.00
1989	TRADITIONAL SANTA 10"	RT	40.00	40.00
1990	HARLEM SANTA 10"	RT	46.00	50.00
1990	SANTA PLEASE STOP HERE 10"	RT	63.00	63.00
1990	SANTA W/BLUE ROBE 10"	RT	46.00	51.00
1990	SKIING SANTA 10"	RT	62.00	162.00
1990	WORKBENCH SANTA 8"	RT	72.00	75.00
1991	FATHER CHRISTMAS 10"	RT	43.00	49.00
1991	KRIS KRINGLE 10"	RT	43.00	43.00
1991	MRS. CLAUS IN COAT 10"	RT	47.00	60.00
1991	SANTA DECORATING TREE 7 1/4"	RT	60.00	60.00
1991	SANTA SHELF SITTER 7 1/4"	RT	56.00	60.00
1991	SIBERIAN SANTA 10"	RT	49.00	50.00
1991	TRUE SPIRIT OF XMAS 8"	RT	97.00	97.00
1992	1940 TRADITIONAL SANTA 10 1/2"	RT	44.00	68.00
1992	AFRICAN/AMERICAN SANTA 8"	RT	65.00	65.00
1992	ENGINEER SANTA MUSIC 9 3/4"	RT	130.00	130.00
1992	FIREMAN SANTA 11 1/4"	OP	60.00	60.00
1992	NICHOLAS 10"	RT	58.00	76.00
1992	SANTA ON BED 6 3/4" H X 8 1/2" L	RT	76.00	76.00
1992	SANTA ON SLED 8"	RT	75.00	75.00
1992	SANTA/MOTORBIKE 11 1/4"	RT	115.00	125.00
1992	SANTA/REINDEER 12 1/2"	RT	79.00	81.00
1992	SANTA-SLEIGH MUSIC 9 1/4"	RT	79.00	80.00
1993	EUROPEAN SANTA 10"	OP	53.00	53.00
1993	FIREMAN & CHILD 10"	OP	55.00	55.00
1993	HIS FAVORITE COLOR 10"	OP	48.00	48.00
1993	MODERN SHOPPER, THE 10"	OP	40.00	40.00
1993	SANTA W/GROCERIES 10 1/2"	OP	48.00	48.00
1993	VICTORIAN SANTA 9 1/2"	OP	56.00	60.00
1994	CHRISTMAS CHEER 10"	OP	55.00	55.00
1994	CHRISTMAS IS FOR CHILDREN 10"	OP	59.00	59.00
1994	GOOD TIDINGS 10"	OP	49.00	49.00
1994	HOLIDAY FRIEND 8"	OP	99.00	99.00
1994	MRS. CLAUS 10"	OP	55.00	55.00
1994	MRS. CLAWS 10"	OP	69.00	69.00
1994	MUSICAL CHRISTMAS GUEST 10"	OP	75.00	75.00
1994	OUR HERO 11"	OP	60.00	60.00
1994	PLAYMATES 6 1/2"	OP	99.00	99.00
1994	PUPPY LOVE 9"	OP	59.00	59.00
1994	WELCOME VISIT 10"	OP	60.00	60.00
1994	YULETIDE JOURNEY 10"	OP	50.00	56.00
1995	FINISHING TOUCH 9 3/4"	OP	55.00	55.00
1995	FRISKY FRIEND 10"	OP	46.00	46.00
1995	HOME SPUN HOLIDAY 8 3/4"	OP	50.00	49.50
1995	HOOK, LINE & SANTA 9 1/2"	OP	50.00	50.00
1995	LONG TRIP 10 1/2"	OP	95.00	95.00
1995	SOUNDS OF CHRISTMAS 9 1/2"	OP	58.00	58.00
1995	SPECIAL TREAT 9 3/4"	OP	51.00	50.50
1995	STOCKINGS WERE HUNG 8 1/2"	OP	65.00	65.00
1995	VICTORIAN EVERGREEN SANTA 10 1/2"	OP	49.00	49.00
1995	VICTORIAN PUPPETEER 10"	OP	51.00	52.00
1996	AUTOGRAPH FOR A FAN 10"	OP	39.00	39.00

YR	NAME	LIMIT	ISSUE	TREND
1998	CHRISTMAS IN THE ALPS	*	48.00	48.00
1998	FOR A SPECIAL LITTLE GIRL	*	44.00	44.00
1998	HIGHLAND SANTA	*	42.00	43.00
1998	LANDING BEACON	*	43.00	44.00
1998	MEXICAN MARIACHI SANTA	*	49.00	49.00
1998	NORTH POLE PARTY LINE	*	45.00	45.00
1998	OFFICER CLAUS	*	38.00	38.00
1998	PURRY FRIEND, A	*	42.00	43.00
1998	SANTA WITH TREE	*	38.00	39.00
1998	SANTA'S CHECKUP	*	37.00	37.00
1998	SANTA'S FLYING MACHINES	*	40.00	40.00
1998	SANTA'S NEW LIST	*	45.00	45.00
1998	SANTA'S TREE	*	36.00	37.00
1998	SNACK FOR SANTA, A	*	37.00	37.00
1998	TOP O' THE MORNING	*	42.00	42.00
1998	VISITOR FROM THE NORTH	*	40.00	40.00
*			**CLOTHTIQUE SIGNATURE SERIES**	
*	2 PC SET- 721001 & 721002	OP	198.00	198.00
*	2 PC SET- 721004 & 721005	OP	198.00	198.00
*	KRIS KRINGLE USA 12"	OP	99.00	99.00
*	ST. NICHOLAS 12" CIRCA 1300	OP	99.00	99.00
1995	DEPT STORE SANTA USA 1940	OP	108.00	108.00
1995	FATHER XMAS ENGLAND 12"	OP	90.00	90.00
*			**CRINKLE ANGEL**	
*	CRINKLE ANGEL W/CANDLE 4 3/4"	*	20.00	20.00
*	CRINKLE ANGEL W/DOVE 4 1/2"	*	20.00	20.00
*	CRINKLE ANGEL W/HARP 4 1/2"	*	20.00	20.00
*	CRINKLE ANGEL W/LAMB 4 3/4"	*	20.00	20.00
*	CRINKLE ANGEL W/LANTERN 4 1/2"	*	20.00	20.00
*	CRINKLE ANGEL W/MANDOLIN 4 3/4"	*	20.00	20.00
*			**CRINKLE CAROUSEL**	
1998	CHECKMATE CRINKLE	*	9.00	9.00
1998	CRINKLE ANTLERS	*	16.00	16.00
1998	CRINKLE DOODLE-DOO	*	15.00	15.00
1998	CRINKLE FILLY	*	16.00	16.00
1998	CRINKLE PONY WITH DOME	*	40.00	40.00
1998	CRINKLE STALLION WITH DOME	*	40.00	40.00
1998	FRISKY CRINKLE	*	12.00	12.00
1998	GALLOPING CRINKLE	*	16.00	16.00
1998	HAPPY HOG CRINKLE	*	15.00	15.00
1998	HIPPITY HOP CRINKLE	*	15.00	15.00
1998	HONEY BEAR CRINKLE	*	15.00	15.00
1998	LAUGHING LION CRINKLE	*	15.00	16.00
1998	MERRY-GO-CRINKLE	*	34.00	34.00
1998	PACHYDERM CRINKLE	*	16.00	16.00
1998	PARASOL CRINKLE	*	13.00	14.00
1998	PRANCING CRINKLE MUSIC BOX	*	30.00	30.00
1998	SURF RIDER CRINKLE	*	16.00	16.00
*			**CRINKLE CLAUS**	
*	AMERICAN SANTA 4"	*	16.00	16.00
*	ARCTIC SANTA 3 1/2"	*	16.00	16.00
*	AUSTRIAN SANTA 3 3/4"	*	16.00	16.00
*	AUTUMN PEPPERGRASS 4 1/2"	OP	31.00	31.00
*	BELL SHAPE SANTA 5/12"	*	24.00	24.00
*	BISHOP OF MAYA 4 3/4"	*	20.00	20.00
*	BLACK FOREST GIFT GIVER 4 3/4"	*	20.00	20.00
*	BLACK FOREST SANTA 3 1/4"	*	8.00	8.00
*	BUCKETS OF FRUIT FOR....5"	*	45.00	45.00
*	C/C ROLY POLY SANTA 3 1/2"	RT	12.00	13.00
*	CANDLE STICK SANTA 5"	*	16.00	16.00
*	CELTIC SANTA 4 1/2"	*	20.00	20.00
*	CHOO-CHOOS FOR CHILDREN 5"	*	25.00	25.00
*	CHRISTMAS TREE SANTA 5 3/4"	*	20.00	20.00
*	CRESCENT MOON SANTA 4 3/4"	*	19.00	19.00
*	CRINKLE CLAUS W/DOME GERMAN SANTA 120MM	*	45.00	45.00
*	CRINKLE CLAUS W/DOME SANTA/CHIMNEY 6"	*	45.00	45.00
*	CRINKLE CLAUS W/DOME ST. NICHOLAS 120MM	*	45.00	45.00
*	DAINTY WHISKERS 4 1/2"	OP	30.00	30.00
*	DASHING THROUGH THE SNOW 5 3/4"	*	45.00	45.00
*	DISPLAY FIGURINE 4"	*	11.00	11.00
*	ENGLISH SANTA 3 3/4"	*	16.00	16.00
*	FEEDIN' FOREST FRIENDS 5"	*	28.00	28.00
*	FOREST SANTA 4 1/4"	*	16.00	16.00
*	FRENCH SANTA 3 1/2"	*	16.00	16.00
*	GERMAN SANTA 3 3/4"	*	16.00	16.00
*	GOODY PRINGLE 4 3/4"	OP	31.00	31.00
*	HARD BOILED SANTA 3 1/4"	*	14.00	14.00
*	HIGH HAT SANTA 6 1/4"	*	13.00	14.00
*	HOUR GLASS SANTA 5 1/2"	*	15.00	15.00
*	ICELAND VISITOR 4 1/2"	*	20.00	20.00
*	ITALIAN SANTA 3 1/2"	*	16.00	16.00
*	JOLLY ST. NICK 3 1/2"	*	15.00	15.00
*	MERRY HEART 4 1/2"	OP	30.00	30.00
*	MERRY OL'ENGLAND 4 1/4"	*	20.00	20.00
*	NETHERLANDS SANTA 4"	*	16.00	16.00
*	NORTHLAND SANTA 4 1/2"	*	20.00	20.00
*	PATIENCE FINNEY 4 1/4"	OP	31.00	31.00
*	PINE CONE SANTA 4"	*	16.00	16.00
*	RAG DOLL DELIVERY 6"	*	35.00	35.00

YR	NAME	LIMIT	ISSUE	TREND
*	ROLY POLY SANTA 5 1/2"	*	23.00	23.00
*	RUNNING DOWN THE LIST 5 3/4"	*	33.00	33.00
*	RUSSIAN SANTA 3 1/2"	*	16.00	16.00
*	RUSSIAN SANTA 4"	RT	16.00	16.00
*	SANTA IN SLED 4 1/2"	RT	17.00	17.00
*	SANTA ON BAG 4"	RT	15.00	15.00
*	SANTA ON ROOF 5"	*	29.00	29.00
*	SANTA SITTING PRETTY 3 1/4"	*	14.00	14.00
*	SANTA W/ANIMALS 4"	RT	15.00	15.00
*	SANTA W/BOOK 4"	*	14.00	14.00
*	SANTA W/CANDY CANE 4 1/2"	RT	13.00	13.00
*	SANTA W/CANDY CANE 5"	*	27.00	27.00
*	SANTA W/CANE & BAG 3 1/4"	RT	12.00	12.00
*	SANTA W/GIFTS 5"	RT	27.00	27.00
*	SANTA W/LANTERN & BAG 4 1/2"	RT	16.00	16.00
*	SANTA W/LANTERN 5"	RT	27.00	27.00
*	SANTA W/LIST 4 1/2"	RT	15.00	15.00
*	SANTA W/NOAH'S ARK 4 1/2"	*	16.00	16.00
*	SANTA W/PATCHWORK BAG 6 1/2"	*	19.00	19.00
*	SANTA W/STAR 4 3/4"	*	14.00	15.00
*	SANTA W/TEDDY BEAR 4 1/4"	*	16.00	16.00
*	SANTA W/TREE 3 3/4"	*	14.00	15.00
*	SANTA W/WREATH 4"	RT	16.00	17.00
*	SCANDINAVIAN SANTA 3 3/4"	*	16.00	16.00
*	SLIM LINE SANTA 6 1/4"	RT	12.00	12.00
*	TICK TOCK SANTA 4 3/4"	*	15.00	15.00
*	TIP TOP SANTA 5 1/2"	*	24.00	24.00
*	VELVET WINTERBERRY 5"	OP	30.00	30.00
1998	BAVARIAN OM-PAH CRINKLE MUSICAL	*	39.00	39.00
1998	BOTTLE CRINKLE	*	16.00	16.00
1998	CHRISTMAS EXPEDITION	*	27.00	27.00
1998	CLICKETY-CLACK CRINKLE	*	17.00	18.00
1998	CRINKLE CELLO	*	15.00	15.00
1998	CRINKLE CHRISTMAS EVE	*	28.00	29.00
1998	CRINKLE CLAUS CRUISE	*	17.00	18.00
1998	CRINKLE CROSS	*	15.00	15.00
1998	CRINKLE ELF CARPENTER	*	8.00	9.00
1998	CRINKLE ELF CHEF	*	8.00	9.00
1998	CRINKLE ELF FIREMAN	*	8.00	9.00
1998	CRINKLE ELF POSTMAN	*	8.00	9.00
1998	CRINKLE ELF TOYMAKER	*	8.00	9.00
1998	CRINKLE ELF WITH JESTER	*	8.00	9.00
1998	CRINKLE ELF WITH SNOWMAN	*	8.00	9.00
1998	CRINKLE ELF WITH TEDDY	*	8.00	9.00
1998	CRINKLE FLAG BEARER	*	12.00	13.00
1998	CRINKLE LYRE	*	17.00	17.00
1998	CRINKLE MAIL CAR	*	19.00	19.00
1998	CRINKLE SPIRIT OF GIVING	*	24.00	24.00
1998	CRINKLE UNCLE SAM	*	14.00	14.00
1998	DEPARTMENT STORE CRINKLE	*	24.00	24.00
1998	DING-DONG CRINKLE	*	17.00	17.00
1998	DUTCH TREAT CRINKLE MUSICAL	*	39.00	39.00
1998	EMERALD ISLE CRINKLE	*	13.00	14.00
1998	ENGLISH CRINKLE AT WESTMINSTER ABBEY	*	28.00	29.00
1998	FINE FEATHERED FRIENDS	*	25.00	26.00
1998	FIRECRACKER CRINKLE	*	15.00	15.00
1998	GERMAN CRINKLE AT ROTHENBURG	*	28.00	29.00
1998	GRIZZLY BEAR HELPER	*	26.00	26.00
1998	HIGH FLYING CRINKLE	*	32.00	33.00
1998	IRISH CRINKLE AT ST. PATRICK'S CATHEDRAL	*	28.00	29.00
1998	KREMLIN CRINKLE MUSICAL	*	39.00	39.00
1998	LIBERTY CRINKLE	*	12.00	13.00
1998	NUTTY NOEL, A	*	26.00	26.00
1998	OLD GLORY CRINKLE	*	12.00	13.00
1998	ROYAL CRINKLE MUSICAL	*	39.00	39.00
1998	RUSSIAN CRINKLE AT ST. BASIL'S	*	28.00	29.00
1998	SCOTTISH CRINKLE AT GLAMIS CASTLE	*	28.00	29.00
1998	SHAMROCK CRINKLE	*	13.00	14.00
1998	TEDDY BEEFEATER CRINKLE	*	20.00	20.00
1998	TEDDY CRINKLE ITALIANO	*	20.00	20.00
1998	TEDDY DUTCH CRINKLE	*	20.00	20.00
1998	TEDDY MCCRINKLE	*	25.00	25.00
1998	TEDDY O'CRINKLE	*	25.00	25.00
1998	TEDDY RUSSIAN CRINKLE	*	20.00	20.00
1998	TEDDY VON CRINKLE	*	20.00	20.00
1998	US CRINKLE AT THE CAPITOL	*	28.00	29.00

CRINKLE COUSIN

YR	NAME	LIMIT	ISSUE	TREND
*				16.00
*	CRINKLE COUSIN W/CLOCK 3"	*	16.00	16.00
*	CRINKLE COUSIN W/CLOWN 2 3/4"	*	16.00	16.00
*	CRINKLE COUSIN W/DOLLS 2 1/2"	*	16.00	16.00
*	CRINKLE COUSIN W/LANTERN 3 1/2"	*	16.00	16.00
*	CRINKLE COUSIN W/TEDDY 3"	*	16.00	16.00

CRINKLE CRACKERS

YR	NAME	LIMIT	ISSUE	TREND
*				19.00
1995	CRINKLE CRACKER ADMIRAL 5 3/4"	*	19.00	19.00
1995	CRINKLE CRACKER CAPTAIN 6"	*	13.00	13.00
1995	CRINKLE CRACKER CORPORAL 5 3/4"	*	15.00	15.00
1995	CRINKLE CRACKER FRENCH 4"	*	14.00	14.00
1995	CRINKLE CRACKER FRENCH ROLY POLY 3 3/4"	*	14.00	14.00
1995	CRINKLE CRACKER GENERAL 4 3/4"	*	16.00	16.00

YR	NAME	LIMIT	ISSUE	TREND
1995	CRINKLE CRACKER LIEUTENANT 8"	*	27.00	27.00
1995	CRINKLE CRACKER MAJOR 5"	*	14.00	15.00
1995	CRINKLE CRACKER PRIVATE 6"	*	15.00	15.00
1995	CRINKLE CRACKER ROLY POLY SERGEANT 4"	*	14.00	14.00
1995	CRINKLE CRACKER RUSSIAN 4"	*	14.00	14.00
1995	CRINKLE CRACKER RUSSIAN ROLY POLY 3 3/4"	*	14.00	14.00
1995	CRINKLE CRACKER U.S. 3 3/4"	*	14.00	14.00
1995	CRINKLE CRACKER U.S. ROLY POLY 3 3/4"	*	14.00	14.00
1995	FRENCH CRINKLE CRACKER 5 1/2"	*	22.00	22.00
1995	RUSSIAN CRINKLE CRACKER 7 3/4"	*	30.00	30.00
1995	U.S. CRINKLE CRACKER 7 1/2"	*	29.00	29.00
*			**LIMITED EDITION SANTAS**	
1988	FATHER CHRISTMAS 17"	RT	240.00	240.00
1988	KRIS KRINGLE 17"	RT	240.00	240.00
1988	PATRIOTIC SANTA 17"	RT	240.00	240.00
1989	TRADITIONAL SANTA 17"	RT	240.00	240.00
*			**SANTA CLAUS NETWORK COLLECTORS CLUB**	
*	FROSTY FRIENDS 10"	OP	47.00	47.00
1992	GIFT GIVER, THE	OP	30.00	30.00
1993	SANTA'S SPECIAL FRIENDS 7 1/2"	RT	59.00	59.00
1993	SPECIAL DELIVERY	RT	30.00	30.00
1994	JOLLY ST. NICK PREMIUM	OP	30.00	30.00
1994	ON A WINTER'S EVE 10"	RT	65.00	65.00
1995	CHECKING HIS LIST	OP	30.00	30.00
1995	MARIONETTE SANTA 8"	YR	50.00	50.00
1996	COOKIE FROM SANTA PREMIUM	OP	30.00	30.00
*			**SANTA GO ROUNDS**	
*	ROLY POLY CHRISTMAS TREE 4 1/4"	RT	16.00	16.00
*	SANTA ON SLED 4 1/4"	RT	16.00	16.00
J.C. LEYENDECKER			**SATURDAY EVENING POST**	
1991	HUGGING SANTA 10 3/4"	RT	129.00	145.00
1992	SANTA ON LADDER 11"	RT	135.00	145.00
N. ROCKWELL			**SATURDAY EVENING POST**	
*	DEAR SANTA 11 1/2"	RT	180.00	180.00
1989	SANTA W/GLOBE 11 1/2"	RT	175.00	175.00
1991	DOCTOR & DOLL 12 1/2"	RT	196.00	210.00
1991	GONE FISHING 11 3/4"	RT	250.00	275.00
1992	SANTA'S HELPERS 11"	RT	170.00	180.00
1992	SELF PORTRAIT 14"	RT	230.00	255.00
R. SPANGLER			**SPANGLER'S REALM**	
1998	CHRISTMAS COOKIE EXPRESS	*	28.00	28.00
1998	DRAGLING ON THE SCALE	*	36.00	36.00
1998	NO SMOKING SIGN	*	*	N/A
1998	SLEEPY TIME	*	18.00	19.00
*			**THICKETS AT SWEETBRIAR**	
1993	CLOVIS BUTTONS 3 1/2"	OP	23.00	23.00
1993	JEWEL BLOSSOM 4 3/4"	OP	35.00	35.00
1993	LILY BLOSSOM 4 3/4"	RT	35.00	35.00
1993	MAUDE TWEEDY 3 1/2"	RT	25.00	26.00
1993	MORNING GLORY 4"	OP	29.00	29.00
1993	MR. CLAWS 5"	RT	32.00	32.00
1993	MRS. CLAWS 4 3/4"	OP	32.00	32.00
1993	MUSICAL - LILY BLOSSOM 6 3/4"	OP	60.00	60.00
1993	OLIVER DOONE, THE GROOM 4 1/2"	RT	30.00	30.00
1993	ORCHID BEASLEY 3 3/4"	RT	25.00	25.00
1993	PEABLOSSOM THORNDIKE 3 1/2"	RT	25.00	25.00
1993	RAINDROP 5 3/4"	OP	45.00	45.00
1993	ROSE BLOSSOM 4 3/4"	OP	35.00	35.00
1994	LADY SLIPPER 3 1/2"	OP	20.00	20.00
1994	MORNING DEW 5"	OP	29.00	29.00
1994	PRECIOUS PETALS 5"	OP	32.00	32.00
1994	SUNSHINE 4 3/4"	OP	32.00	32.00
1994	SWEETIE FLOWERS 4"	OP	32.00	32.00
1995	ANGEL DEAR 4"	OP	32.00	32.00
1995	BUTTERCUP 4 3/4"	OP	32.00	32.00
1995	CECILY PICKWICK 4 1/2"	OP	32.00	32.00
1995	CLEM JINGLES 5 1/4"	OP	37.00	37.00
1995	EMILY FEATHERS THE BRIDE 4 1/2"	OP	30.00	30.00
1995	KATY HOLLYBERRY 5"	OP	35.00	35.00
1995	MERRY TAILS 2 1/2"	OP	12.00	12.00
1995	P. BLOSSOM THORNDIKE 5" MUSICAL	OP	46.00	46.00
1995	PARSLEY DIVINE 5 1/4"	OP	37.00	37.00
1995	PENNY PRINGLE 4 1/2"	OP	32.00	32.00
1995	PITTYPAT 4 3/4"	OP	32.00	32.00
1995	RAINDROP 8" MUSICAL	OP	56.00	56.00
1995	RILEY PICKENS 4 1/2"	OP	32.00	32.00
1995	TILLIE LILY 4 3/4"	OP	32.00	32.00
1995	TIMMY EVERGREEN 4 1/4"	OP	29.00	29.00
1995	VIOLET WIGGLES 4 1/2"	OP	32.00	32.00
B. ROSS			**THICKETS AT SWEETBRIAR**	
1998	CELESTE	*	27.00	27.00
1998	CHIP WEEZLEY	*	10.00	11.00
1998	DOTTIE CRISPIN	*	27.00	27.00
1998	ERIN PENNY	*	26.00	26.00
1998	MARIE PERIWINKLE	*	26.00	26.00
1998	MAYBELLE PUDDING	*	26.00	26.00
1998	SAMUEL GOOLEY	*	21.00	21.00

YR	NAME	LIMIT	ISSUE	TREND

PRECIOUS ART/PANTON/KRYSTONIA

FAIR MAIDENS

YR	NAME	LIMIT	ISSUE	TREND
1994	FAITHFUL COMPANION	1000	325.00	400.00
1995	SAFE PASSAGE	1000	350.00	350.00
1996	SERENITY	1000	350.00	350.00
1998	FOREVER FRIENDS	1000	300.00	300.00

KRYSTONIA

YR	NAME	LIMIT	ISSUE	TREND
1987	GRUMBLYPEG GRUNCH-1081	RT	52.00	100.00
1987	LARGE GRAFFYN ON GRUMBLYPEG GRUNCH-1011	RT	52.00	100.00
1987	LARGE HAAPF-1901	RT	38.00	225.00
1987	LARGE KRAK N'BORG-3001	RT	240.00	650.00
1987	LARGE MOPLOS-1021	RT	90.00	200.00
1987	LARGE MYZER-1201	RT	50.00	150.00
1987	LARGE RUEGGAN-1701	RT	55.00	200.00
1987	LARGE TURFEN-1601	RT	50.00	125.00
1987	LARGE WODEMA-1301	RT	50.00	225.00
1987	MEDIUM STOOPE-1101	RT	52.00	200.00
1987	OWHEY-1071	RT	32.00	200.00
1987	SMALL GRAFFYN/GRUNCH-1012	RT	45.00	200.00
1987	SMALL GROC-1042B	RT	34.00	3000.00
1987	SMALL N'BORG-1091	RT	50.00	225.00
1987	SMALL SHEPF-1152	RT	40.00	200.00
1988	LARGE N'GRALL-2201	RT	108.00	220.00
1988	MEDIUM TARNHOLD -3202	RT	120.00	225.00
1988	SMALL TARNHOLD - 3203	RT	60.00	100.00
1988	SMALL TULAN CAPTAIN-2502	RT	44.00	80.00
1988	TOKKEL	RT	42.00	50.00
1989	CAUGHT AT LAST!-1107	RT	150.00	215.00
1991	N'BORG 6" 609	RT	29.00	30.00
1991	PULTZR - 501	RT	55.00	325.00
1993	ALL MINE	OP	40.00	45.00
1993	ESCUBLAR	7500	170.00	200.00
1993	GILBRAN OF WENLOCK	15000	65.00	75.00
1993	HAGGA-BEAST	7500	125.00	150.00
1993	HIS SECRET	15000	60.00	70.00
1993	HULBERT	OP	38.00	45.00
1993	MUFFLER	OP	24.00	28.00
1993	OOPS	OP	38.00	43.00
1993	POMPON	OP	24.00	28.00
1993	SHEPF	15000	23.00	100.00
1993	STOOPE	RT	23.00	28.00
1993	TAG THE TROLL	250	48.00	400.00
1994	BOLL	RT	52.00	225.00
1994	CHECKIN IT OUT	15000	36.00	40.00
1994	ELDER PHYL	OP	20.00	22.00
1994	IKSHAR	OP	46.00	50.00
1994	LEARNING IS GWEAT	OP	48.00	52.00
1994	OH SWEET DREAMS	OP	35.00	40.00
1994	OKINAWATHE	7500	99.00	120.00
1994	ONE UNHAAPFY RIDE	4500	125.00	140.00
1994	PHYLONEOUS POOK	OP	20.00	22.00
1994	POOKBALL	OP	20.00	22.00
1994	SCHNOOGLES	OP	48.00	53.00
1994	SPYKE	RT	20.00	75.00
1994	WELCOME TO KRYSTONIA	15000	60.00	65.00
1994	WODEMA	OP	23.00	28.00
1995	A DEFINITE MAYBE	15000	60.00	70.00
1995	AH HAH!	OP	48.00	53.00
1995	DELTA	OP	70.00	75.00
1995	ENOUGH IS ENOUGH	1500	250.00	250.00
1995	POPOTOMPOTAN	OP	32.00	35.00
1995	ROOT	250	85.00	200.00
1995	STOOPE THE STUPENDOUS	15000	65.00	70.00
1995	TINCHACHUIK	7500	104.00	120.00
1995	WHEY	OP	20.00	73.00
1997	FLAW GRINTAWD	3500	125.00	125.00
1997	GRUNCHIE	OP	35.00	35.00
1997	PLOOT	250	67.00	80.00
1997	PULTZ	OP	35.00	35.00
1997	SPYKESTER	OP	35.00	35.00
1997	STORYTELLER	3500	145.00	145.00
1998	DOWSER	3000	50.00	50.00
1998	GRUNCHESTA	3000	50.00	50.00
1998	GULBAR-GUL	3000	50.00	50.00
1998	READY OR NOT	OP	27.00	27.00
1998	SEER, THE	250	70.00	70.00
1998	SHOOF	3000	50.00	50.00
1999	BUBBY WATERGLOBE	OP	20.00	20.00
1999	CHALLON	15000	50.00	50.00
1999	FLAYLA'S MAGIC WATERGLOBE	OP	50.00	50.00
1999	MAYBE, MAYBE NOT WATERGLOBE	OP	40.00	40.00
1999	MISUUS	OP	29.00	29.00
1999	N'CHAAK'S REVENGE WATERGLOBE	OP	32.00	32.00
1999	N'GRODEN/GRACKO	15000	55.00	55.00
1999	SMARTY	OP	29.00	29.00
1999	SWINGTIME	OP	29.00	29.00
1999	TRULY AMAZING	OP	30.00	30.00

YR	NAME	LIMIT	ISSUE	TREND

*

KRYSTONIA COLLECTOR'S CLUB

YR	NAME	LIMIT	ISSUE	TREND
1989	KEY	RT	*	115.00
1989	PULTZR	RT	55.00	450.00
1991	DRAGONS PLAY	RT	65.00	200.00
1991	KEPHRENS CHEST	RT	*	150.00
1992	LANTERN	RT	*	75.00
1992	VAASTON	RT	65.00	200.00
1993	SNEAKING A PEEK	RT	*	60.00
1993	SPREADING HIS WINGS	RT	60.00	100.00
1994	ALL TUCKERED OUT	RT	65.00	100.00
1994	FILLER UP	RT	*	50.00
1995	KAPPAH KRYSTAL	RT	*	80.00
1995	TWINGNUT	RT	55.00	125.00
1996	FROBBIT	YR	*	75.00
1996	GLOWING MASHAL	YR	30.00	40.00
1996	HOLY DRAGONS	YR	65.00	75.00
1996	QUINZET	YR	38.00	38.00
1997	ALMOST THERE	YR	75.00	75.00
1998	BAHL, THE	TL	55.00	55.00
1998	CAULDRON	TL	*	N/A

PRINCETON GALLERY

*

PEGASUS

YR	NAME	LIMIT	ISSUE	TREND
1992	WINGS OF MAGIC	OP	95.00	95.00

PRIZM

PIPKA

5TH YEAR ANNIVERSARY

YR	NAME	LIMIT	ISSUE	TREND
1999	IRISH SANTA	YR	100.00	100.00

PIPKA

ARTIST CHOICE SANTA

YR	NAME	LIMIT	ISSUE	TREND
1999	LAPLANDER SANTA	YR	130.00	130.00

PIPKA

PIPKA MEMORIES OF CHRISTMAS

YR	NAME	LIMIT	ISSUE	TREND
1995	CZECH SANTA	SO	85.00	500.00
1995	GINGERBREAD SANTA	SO	85.00	400.00
1995	MIDNIGHT VISITOR	SO	85.00	800.00
1995	SANTA'S ARK	SO	85.00	200.00
1995	STAR CATCHER SANTA	SO	85.00	300.00
1995	STAR COAT SANTA	SO	85.00	375.00
1996	AUSSIE SANTA W/BOOMER	SO	85.00	300.00
1996	GOOD NEWS SANTA	3600	85.00	300.00
1996	STORYTIME SANTA	3600	85.00	165.00
1996	UKRAINIAN SANTA	3600	85.00	200.00
1997	NORWEGIAN SANTA	3600	90.00	200.00
1997	POLISH SANTA	3600	90.00	125.00
1997	RUSSIAN SANTA	3600	90.00	200.00
1997	SANTA'S SPOTTED GREY	3600	90.00	125.00
1997	ST. NICHOLAS	3600	90.00	200.00
1997	WHERE'S RUDOLPH?	3600	90.00	140.00

PIPKA

PIPKA REFLECTIONS OF CHRISTMAS

YR	NAME	LIMIT	ISSUE	TREND
1997	AMISH COUNTRY SANTA	9700	40.00	40.00
1997	BETTER WATCH OUT SANTA	9700	40.00	40.00
1997	CZECH SANTA	9700	40.00	40.00
1997	MIDNIGHT VISITOR	9700	40.00	40.00
1997	STAR CATCHER SANTA	9700	40.00	40.00
1997	STAR COAT SANTA	9700	40.00	40.00

PIPKA

PIPKA'S EARTH ANGELS

YR	NAME	LIMIT	ISSUE	TREND
1996	ANGEL OF HEARTS	5400	85.00	100.00
1996	COTTAGE ANGEL	5400	85.00	100.00
1996	GARDENING ANGEL	5400	85.00	100.00
1996	MESSENGER ANGEL	5400	85.00	100.00
1997	ANGEL OF ROSES	5400	85.00	100.00
1997	GUARDIAN ANGEL	5400	85.00	100.00
1998	CELESTE-ANGEL OF STARS	5400	90.00	90.00
1998	CHRISTINE-THE CHRISTMAS ANGEL	5400	90.00	90.00
1998	ELIZABETH-FORGET-ME-NOT ANGEL	5400	90.00	90.00
1998	MIKAELA-ANGEL OF INNOCENCE	5400	40.00	40.00
1998	SAMANTHA-PLAYFUL ANGEL	5400	40.00	40.00
1998	SARAH-LITTLEST ANGEL	5400	40.00	40.00
1999	KIM & LEE BABY ANGELS	5400	40.00	40.00
1999	MICHELE-THE SNOW ANGEL	5400	95.00	95.00
1999	SANG-THE TEDDY BEAR ANGEL	5400	90.00	90.00
1999	SISSY-LITTLE HELPER ANGEL	5400	40.00	40.00
1999	SYLVIA SONG ANGEL	5400	95.00	95.00

PIPKA

PIPKA'S MEMORIES OF CHRISTMAS

YR	NAME	LIMIT	ISSUE	TREND
1998	FATHER CHRISTMAS	3600	95.00	95.00
1998	PEACE MAKER	3600	95.00	95.00
1998	SAN NICOLAS	3600	95.00	95.00
1998	TEDDY BEAR SANTA	3600	95.00	200.00
1999	CHRISTMAS TRAVELER	4500	95.00	95.00
1999	DOOR COUNTY SANTA	4500	110.00	110.00
1999	GERMAN ST. NICK	4500	100.00	100.00
1999	SANTA AND HIS SNOW FRIEND	4500	95.00	95.00
1999	WINTERMAN, THE	4500	95.00	95.00
1999	YES VIRGINIA	4500	105.00	105.00

PIPKA

PIPKA'S REFLECTIONS OF CHRISTMAS

YR	NAME	LIMIT	ISSUE	TREND
1998	AUSSIE SANTA	9700	40.00	40.00
1998	DEAR SANTA	9700	40.00	40.00
1998	GINGERBREAD SANTA	9700	40.00	40.00
1998	GOOD NEWS SANTA	9700	40.00	40.00

YR	NAME	LIMIT	ISSUE	TREND
1998	NORWEGIAN JULENISSE	9700	40.00	40.00
1998	POLISH FATHER CHRISTMAS	9700	40.00	40.00
1998	STORYTIME SANTA	9700	40.00	40.00
1998	TEDDY BEAR SANTA	9700	40.00	40.00
1998	UKRAINIAN SANTA	9700	40.00	40.00
1998	WHERE'S RUDOLPH?	9700	40.00	40.00
1999	FATHER CHRISTMAS	9700	40.00	40.00
1999	GERMAN ST. NICK	9700	40.00	40.00
1999	IRISH SANTA	9700	40.00	40.00
1999	PEACE MAKER	9700	40.00	40.00
1999	RUSSIAN SANTA	9700	40.00	40.00
1999	SANTA'S SPOTTED GREY	9700	40.00	40.00
1999	ST. NICHOLAS	9700	40.00	40.00
1999	YES VIRGINIA	4500	40.00	40.00

R.J. ERNST ENTERPRISES

A. MURRAY — LITTLE MISSES YOUNG AND FAIR

YR	NAME	LIMIT	ISSUE	TREND
1982	HEART OF A CHILD	5000	65.00	65.00
1983	WHERE WILD FLOWERS GROW	2000	65.00	65.00
1985	FINAL TOUCH	2000	75.00	75.00
1985	WHISPERED MOMENTS	2000	75.00	75.00

R. MONEY — MY FAIR LADIES

YR	NAME	LIMIT	ISSUE	TREND
1982	LADY SABRINA	5000	85.00	85.00

R. MONEY — SEEMS LIKE YESTERDAY

YR	NAME	LIMIT	ISSUE	TREND
1981	STOP AND SMELL THE ROSES	5000	25.00	25.00
1982	HOME BY LUNCH	5000	25.00	25.00
1982	IT'S GOT MY NAME ON IT	5000	25.00	25.00
1982	LISA'S CREEK	5000	25.00	25.00
1982	MY MAGIC HAT	5000	25.00	25.00

GLENICE — YESTERDAYS

YR	NAME	LIMIT	ISSUE	TREND
1982	AMBER	5000	25.00	25.00
1984	ELMER	5000	25.00	25.00
1985	KATIE	600	25.00	25.00

RAWCLIFFE CORP.

J. DESTEFANO — ANGEL FAIRIES OF THE SEASONS

YR	NAME	LIMIT	ISSUE	TREND
1994	ANGEL FAIRY OF FALL	4500	95.00	95.00
1994	ANGEL FAIRY OF SPRING	4500	95.00	95.00
1994	ANGEL FAIRY OF SUMMER	4500	95.00	95.00
1994	ANGEL FAIRY OF WINTER	4500	95.00	95.00

J. DESTEFANO — BABY BUBBLE FAIRIES

YR	NAME	LIMIT	ISSUE	TREND
1993	AMBER, OCTOBER FAIRY	6700	70.00	70.00
1993	AZURE, AUGUST FAIRY	6700	70.00	70.00
1993	BABY BUBBLE FAIRIES	OP	*	20.00
1993	BLUSH, MARCH FAIRY	6700	70.00	70.00
1993	CHARTREUSE, APRIL FAIRY	6700	70.00	70.00
1993	CORAL, JUNE FAIRY	6700	70.00	70.00
1993	EMERALD, DECEMBER FAIRY	6700	70.00	70.00
1993	LAVENDER, SEPTEMBER, FAIRY	6700	70.00	70.00
1993	MAGENTA, FEBRUARY FAIRY	6700	70.00	70.00
1993	SAFFRON, JULY FAIRY	6700	70.00	70.00
1993	TURQUOISE, JANUARY FAIRY	6700	70.00	70.00
1993	VERMILLION, NOVEMBER FAIRY	6700	70.00	70.00
1993	VIOLET, MAY FAIRY	6700	70.00	70.00

J. DESTEFANO — FOUR SEASONS FAIRIES

YR	NAME	LIMIT	ISSUE	TREND
1993	ARIA, SUMMER FAIRY	9500	95.00	95.00
1993	HARVEST, FALL FAIRY	9500	95.00	95.00
1993	PETAL, SPRING FAIRY	9500	95.00	95.00
1993	SNOW, WINTER FAIRY	9500	95.00	95.00

J. DESTEFANO — GARDEN FAIRIES

YR	NAME	LIMIT	ISSUE	TREND
1993	DEW FAIRY, THE	4500	115.00	115.00
1993	DREAM FAIRY, THE	4500	115.00	115.00
1993	FAIRY SLIPPER, THE	4500	115.00	115.00
1993	ILLUSIVE FAIRY, THE	4500	115.00	115.00

J. DESTEFANO — STAR TREK

YR	NAME	LIMIT	ISSUE	TREND
1993	LUKE SKYWALKER X-WING FIGHTER	15000	95.00	95.00
1993	USS ENTERPRISE NCC-1701-D	4500	100.00	100.00
1994	DARTH VADER TIE FIGHTER	15000	135.00	135.00
1994	DEEP SPACE NINE SPACE STATION	4500	300.00	300.00
1994	HAN SOLO MILLENNIUM FALCON	15000	115.00	115.00

RECO INTERNATIONAL

J. MCCLELLAND — CLOWN FIGURINES BY JOHN MCCLELLAND

YR	NAME	LIMIT	ISSUE	TREND
1987	MR. CURE-ALL	9500	35.00	35.00
1987	MR. LOVABLE	9500	35.00	35.00
1987	MR. ONE-NOTE	9500	35.00	35.00
1987	MR. TIP	9500	35.00	35.00
1988	MR. COOL	9500	35.00	35.00
1988	MR. HEART-THROB	9500	35.00	35.00
1988	MR. MAGIC	9500	35.00	35.00

J. MCCLELLAND — FACES OF LOVE

YR	NAME	LIMIT	ISSUE	TREND
1988	CUDDLES	OP	30.00	33.00
1988	SUNSHINE	OP	30.00	33.00

J. EVERETT — FANCY FOOTWORK

YR	NAME	LIMIT	ISSUE	TREND
1999	EVERYTHING IS COMING UP ROSY	*	20.00	20.00
1999	FAMILY TIES	*	20.00	20.00
1999	HEAD OVER HEELS	*	20.00	20.00
1999	HOOK SHOT	*	20.00	20.00

YR	NAME	LIMIT	ISSUE	TREND
1999	JUST DESSERTS	*	20.00	20.00
1999	LIFE'S A BEACH	*	20.00	20.00
1999	SKI BUNNIES	*	20.00	20.00
1999	SPLISH, SPLASH	*	20.00	20.00
1999	THIS BOOT WAS MADE FOR WORKING	*	20.00	20.00
G. GRANGET			**GRANGET CRYSTAL SCULPTURE**	
*	RUFFED GROUSE	350	1000.00	1000.00
1973	LONG EARED OWL, ASIO OTUS	350	2250.00	2250.00
J. BERGSMA				**LAUGHABLES**
1995	ANNIE, GEORGE & HARRY	OP	18.00	18.00
1995	CODY & SPOT	OP	15.00	16.00
1995	DAFFODIL & PRINCE	OP	14.00	14.00
1995	DAISY & JEREMIAH	OP	15.00	16.00
1995	JOEY & JUMPER	OP	15.00	16.00
1995	MERLIN & GEMINI	OP	15.00	16.00
1995	MILLIE & MITTENS	OP	15.00	16.00
1995	PATCHES AND POKEY	OP	15.00	16.00
1995	PATTY & PETUNIA	OP	16.00	17.00
1995	SUNNY	OP	14.00	14.00
1995	WHISKERS & WILLIE	OP	14.00	14.00
1996	NICHOLAS & CHELSEA 43511	SO	*	N/A
A. BRINDLEY				**MASQUERADE**
1998	FISH MERCHANT	OP	30.00	30.00
1998	JOSEPHINE	OP	30.00	30.00
1998	NAPOLEON	OP	30.00	30.00
1998	NURSE	OP	30.00	30.00
1998	SAILOR	OP	30.00	30.00
1998	SEAMAN	OP	30.00	30.00
1998	SHERLOCK HOLMES	OP	30.00	30.00
1998	SKIPPER	OP	30.00	30.00
1998	TRAWLERMAN	OP	30.00	30.00
1998	YACHTSMAN	OP	30.00	30.00
LAKELAND STUDIOS				**MASQUERADE**
1998	AVIATOR	OP	30.00	30.00
1998	CHEF	OP	30.00	30.00
1998	CONDUCTOR	OP	30.00	30.00
1998	DROVER	OP	30.00	30.00
1998	ENGINEER	OP	30.00	30.00
1998	FIREMAN	OP	30.00	30.00
1998	FISHERMAN	OP	30.00	30.00
1998	LIFEBOATMAN	OP	30.00	30.00
1998	LONG SHOREMAN	OP	30.00	30.00
1998	MINER	OP	30.00	30.00
1998	PHARMACIST	OP	30.00	30.00
1998	POLICEMAN	OP	30.00	30.00
1998	SEA CAPTAIN	OP	30.00	30.00
1998	TRAINER	OP	30.00	30.00
J. CLAYBROOKS			**PURE POTENTIAL**	
1999	CHOCOLATE DROP	OP	18.00	30.00
1999	GOSPEL TRUTH	OP	19.00	19.00
1999	MORE BUBBLES	OP	23.00	23.00
1999	PURE POTENTIAL	OP	19.00	19.00
J. MCCLELLAND			**RECO ANGEL COLLECTION**	
1986	ADORATION	OP	22.00	24.00
1986	DEVOTION	OP	14.00	15.00
1986	FAITH	OP	22.00	24.00
1986	GLORIA	OP	12.00	12.00
1986	HARMONY	OP	12.00	12.00
1986	HOPE	OP	22.00	24.00
1986	INNOCENCE	OP	12.00	12.00
1986	JOY	OP	14.00	15.00
1986	LOVE	OP	12.00	12.00
1986	PEACE	OP	18.00	24.00
1986	PRAISE	OP	18.00	20.00
1986	SERENITY	OP	22.00	24.00
1988	MINSTRAL	OP	12.00	12.00
1988	REVERENCE	OP	12.00	12.00
J. MCCLELLAND			**RECO CLOWN COLLECTION**	
1985	ARABESQUE	OP	12.00	13.00
1985	BOW JANGLES	OP	12.00	12.00
1985	CURLY	OP	12.00	13.00
1985	HOBO	OP	12.00	13.00
1985	PROFESSOR, THE	OP	12.00	13.00
1985	RUFFLES	OP	12.00	13.00
1985	SAD EYES	OP	12.00	13.00
1985	SCAMP	OP	12.00	13.00
1985	SPARKLES	OP	12.00	13.00
1985	TOP HAT	OP	12.00	13.00
1985	WHOOPIE	OP	12.00	13.00
1985	WINKIE	OP	12.00	13.00
1987	DISCO DAN	OP	12.00	13.00
1987	DOMINO	OP	12.00	13.00
1987	HAPPY GEORGE	OP	12.00	13.00
1987	JOKER, THE	OP	12.00	13.00
1987	JOLLY JOE	OP	12.00	13.00
1987	LOVE	OP	12.00	13.00
1987	MR. BIG	OP	12.00	13.00
1987	SMILEY	OP	12.00	13.00

A members-only figurine for members of the Enesco Group Inc. Precious Moments Birthday Club in 1994, God Bless Our Home *has nearly doubled in value since its release.*

One of Kristin Hayne's early creations for Cast Art Industries, Best Pals *has doubled in value since its 1992 release.*

Three children play a game of Ring Around the Rosie *in this figurine from the* A Child's World 6th Edition *collection by Frances Hook. Produced by Roman Inc.*

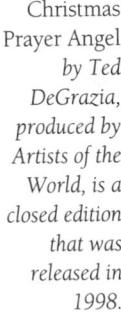

Christmas Prayer Angel *by Ted DeGrazia, produced by Artists of the World, is a closed edition that was released in 1998.*

The 1985 members-only figurine and the first issue for the Lladró Collectors Society, Little Pals—*originally released in 1985 at $95—sold at a 1997 auction for $3,750.*

YR	NAME	LIMIT	ISSUE	TREND
1987	TRAMP	OP	12.00	13.00
1987	TWINKLE	OP	12.00	13.00
1987	WISTFUL	OP	12.00	13.00
1987	ZANY JACK	OP	12.00	13.00
J. MCCLELLAND		**RECO COLLECTION CLOWN BUSTS**		
1988	DOMINO	5000	40.00	40.00
1988	HOBO	5000	40.00	40.00
1988	LOVE	5000	40.00	40.00
1988	SPARKLES	5000	40.00	40.00
S. KUCK		**SANDRA KUCK'S TREASURES**		
1999	BUNDLE OF JOY	*	*	N/A
1999	GRANDMA'S TRUNK	*	*	N/A
1999	KITTY DID IT	*	*	N/A
1999	LITTLE MISS SUNSHINE	*	*	N/A
1999	MORNING PRAYERS	*	*	N/A
1999	TO GRANDMA'S HOUSE	*	*	N/A
A. FAZIO		**SOPHISTICATED LADIES FIGURINES**		
1987	BIANKA	9500	30.00	33.00
1987	CERISSA	9500	30.00	33.00
1987	CHELSEA	9500	30.00	33.00
1987	CLEO	9500	30.00	33.00
1987	FELICIA	9500	30.00	33.00
1987	NATASHA	9500	30.00	33.00
1987	PHOEBE	9500	30.00	33.00
1987	SAMANTHA	9500	30.00	33.00

RED MILL MFG.

C. BUCHER

YR	NAME	LIMIT	ISSUE	TREND
1996	HARMONY ANGEL	2500	35.00	35.00
T. FITZGERALD				
1995	NICOLE ANGEL	2500	35.00	35.00
R. WETHERBEE				
1996	SANTA	2500	35.00	35.00
L. JOHNSON		**ANGEL II COLLECTION**		
1994	CHRISTINA	2500	35.00	35.00
R. BENJAMIN		**FLIGHTS OF FANCY**		
1993	LIBERTY	5000	38.00	38.00
R.C. SOMMERS		**FLIGHTS OF FANCY**		
1993	INTEGRITY	3000	78.00	78.00
1993	VALOR	2500	49.00	49.00
J. TEASDALE		**FLIGHTS OF FANCY**		
1993	SENTINEL	2500	55.00	55.00
R. WETHERBEE		**FLIGHTS OF FANCY**		
1993	COURAGEOUS	2500	66.00	66.00
1993	MAJESTIC	3000	75.00	75.00

RHODES STUDIO

ROCKWELL INSPIRED

YR	NAME	LIMIT	ISSUE	TREND
		ROCKWELL'S AGE OF WONDER		
1991	HUSH-A-BYE	TL	35.00	35.00
1991	SPLISH SPLASH	TL	35.00	35.00
1991	STAND BY ME	TL	37.00	37.00
ROCKWELL INSPIRED		**ROCKWELL'S BEAUTIFUL DREAMERS**		
1991	DEAR DIARY	TL	38.00	38.00
1991	SECRET SONNETS	TL	40.00	40.00
1991	SITTING PRETTY	TL	38.00	38.00
ROCKWELL INSPIRED		**ROCKWELL'S GEMS OF WISDOM**		
1991	LOVE CURES ALL	TL	40.00	40.00
1991	PRACTICE MAKES PERFECT	TL	40.00	40.00
ROCKWELL INSPIRED		**ROCKWELL'S HEIRLOOM SANTA COLLECTION**		
1990	SANTA'S WORKSHOP	150-DAY	50.00	50.00
1991	CHRISTMAS DREAM	150-DAY	50.00	50.00
ROCKWELL INSPIRED		**ROCKWELL'S HOMETOWN**		
1991	BELL TOWER	TL	37.00	37.00
1991	FIREHOUSE	TL	37.00	37.00
1991	GREYSTONE CHURCH	TL	35.00	35.00
1991	ROCKWELL'S RESIDENCE	TL	35.00	35.00
ROCKWELL INSPIRED		**ROCKWELL'S MAIN STREET**		
1990	ANTIQUE SHOP, THE	150-DAY	28.00	28.00
1990	COUNTRY STORE, THE	150-DAY	32.00	32.00
1990	ROCKWELL'S STUDIO	150-DAY	28.00	28.00
1990	TOWN OFFICES, THE	150-DAY	32.00	32.00
1991	BANK, THE	150-DAY	36.00	36.00
1991	LIBRARY, THE	150-DAY	36.00	36.00
1991	RED LION INN	150-DAY	39.00	39.00

RIVER SHORE

R. BROWN

YR	NAME	LIMIT	ISSUE	TREND
		BABIES OF ENDANGERED SPECIES		
1984	BAXTER (BEAR)	15000	45.00	45.00
1984	CAROLINE (ANTELOPE)	15000	45.00	45.00
1984	CHESTER (PRAIRIE DOG)	15000	45.00	45.00
1984	DAISY (WOOD BISON)	15000	45.00	45.00
1984	SIDNEY (COUGAR)	15000	45.00	45.00
1984	TREVOR (FOX)	15000	45.00	45.00
1984	VIOLET (OTTER)	15000	45.00	45.00
1984	WEBSTER (TIMBERWOLF)	15000	45.00	45.00

YR	NAME	LIMIT	ISSUE	TREND
R. BROWN			**LOVABLE BABY ANIMALS**	
1978	AKIKU-SEAL	15000	38.00	150.00
1978	ALFRED-RACCOON	15000	43.00	45.00
1979	MATILDA-KOALA	15000	45.00	45.00
1979	SCOOTER-CHIPMUNK	15000	45.00	55.00
M. HAGUE		**LOVABLE TEDDY MUSICAL FIGURINE COLLECTION**		
1987	APRIL	OP	30.00	30.00
1987	AUSTIN	OP	30.00	30.00
1987	GILBERT	OP	30.00	30.00
1987	WILLIAM	OP	30.00	30.00
1988	ADAM	OP	30.00	30.00
1988	HARVEY	OP	30.00	30.00
1988	HENRY	OP	30.00	30.00
1988	KATIE	OP	30.00	30.00
N. ROCKWELL			**ROCKWELL SINGLE ISSUES**	
1982	GRANDPA'S GUARDIAN	9500	125.00	125.00
R. BROWN			**WILDERNESS BABIES**	
1985	ABERCROMBIE (POLAR BEAR)	15000	45.00	45.00
1985	ANNABEL (MOUNTAIN GOAT)	15000	45.00	45.00
1985	ARIANNE (RABBIT)	15000	45.00	45.00
1985	CARMEN (BURRO)	15000	45.00	45.00
1985	ELROD (FOX)	15000	45.00	45.00
1985	PENELOPE (DEER)	15000	45.00	45.00
1985	REGGIE (RACCOON)	15000	45.00	45.00
1985	ROCKY (BOBCAT)	15000	45.00	45.00
R. BROWN			**WILDLIFE BABY ANIMALS**	
1978	FANNY-FAWN	15000	45.00	90.00
1979	ROOSEVELT-BEAR	15000	50.00	65.00
1979	ROSCOE-RED FOX	15000	50.00	50.00
1980	PRISCILLA-SKUNK	15000	50.00	50.00

RJB DESIGNS

		LIMIT	ISSUE	TREND
R. BRENNAN			**CINDER CLAUS**	
1993	SANTA (3 FT.)	75	950.00	1000.00
1993	SANTA (4 FT.)	40	1300.00	1500.00
1993	SANTA-SPECIAL EDITION	850	200.00	225.00
1994	AMBERT	250	200.00	225.00
1994	CUTHBERT	250	200.00	225.00
1994	DRUSILLA	100	20.00	23.00
1994	GARRICK	250	200.00	225.00
1994	MONTGOMERY	250	200.00	225.00
1994	SANTA (3 FT.)	60	950.00	975.00
1994	SANTA (4 FT.)	20	1300.00	1400.00
1994	SANTA (5 FT.)	3	3500.00	3750.00
1995	CORNELIUS	250	200.00	200.00
1995	CULVER	250	200.00	200.00
1995	ROSCOE	250	200.00	200.00
1995	STODDARD	250	200.00	200.00
1995	WILHELMINA	100	200.00	200.00
R. BRENNAN		**OH FOR HEAVEN'S SAKE SERIES I**		
1995	BETTY	5600	30.00	30.00
1995	BUD	5600	30.00	30.00
1995	CHARLIE	5600	30.00	30.00
1995	CLAUDE	5600	30.00	30.00
1995	EDNA	5600	30.00	30.00
1995	EVELYN	5600	30.00	30.00
1995	LESTER	5600	30.00	30.00
1995	VERA	5600	30.00	30.00
R. BRENNAN		**OH FOR HEAVEN'S SAKE SERIES II**		
1996	BOB	5600	30.00	30.00
1996	ELIZABETH	5600	30.00	30.00
1996	IVA	5600	30.00	30.00
1996	LOIS	5600	30.00	30.00
1996	LOUISE	5600	30.00	30.00
1996	O'BRIAN	5600	30.00	30.00
1996	REX	5600	30.00	30.00
1996	ROY	5600	30.00	30.00

ROHN

		LIMIT	ISSUE	TREND
E. ROHN			**AROUND THE WORLD**	
1971	COOLIE	100	700.00	1300.00
1972	GYPSY	125	1450.00	1850.00
1973	MATADOR	90	2400.00	3100.00
1973	SHERIFF	100	1500.00	2250.00
1974	AUSSIE-HUNTER	90	1000.00	1300.00
E. ROHN			**CLOWNS-BIG TOP SERIES**	
1979	WHITE FACE	100	1000.00	3500.00
1980	TRAMP	100	1200.00	2500.00
1981	AUGUSTE	100	1400.00	1700.00
1983	SWEETHEART	200	925.00	1500.00
E. ROHN			**CLOWNS-HEY RUBE**	
1979	AUGUSTE	300	190.00	350.00
1979	TRAMP	300	190.00	350.00
1979	WHITEFACE	300	190.00	350.00
E. ROHN			**FAMOUS PEOPLE**	
1975	HARRY S. TRUMAN	75	2400.00	4000.00
1979	NORMAN ROCKWELL	200	1950.00	2300.00
1981	RONALD REAGAN	200	3000.00	3000.00

YR	NAME	LIMIT	ISSUE	TREND
1985	SHERLOCK HOLMES	2210	155.00	190.00
1986	DR. JOHN WATSON	2210	155.00	155.00
1993	SHERLOCK HOLMES & DR. WATSON	OP	185.00	200.00
E. ROHN		**FAMOUS PEOPLE-BISQUE**		
1979	LINCOLN	500	100.00	500.00
1979	NORMAN ROCKWELL	YR	100.00	200.00
1981	REAGAN	2500	140.00	200.00
1983	J.F. KENNEDY	500	140.00	400.00
E. ROHN		**KINARA SERIES**		
1992	KENTE WOMAN	OP	40.00	45.00
E. ROHN		**PORTRAIT SERIES**		
1992	MARTIN LUTHER KING	OP	60.00	75.00
E. ROHN		**RELIGIOUS & BIBLICAL**		
1977	ZAIDE	70	1950.00	5000.00
1978	SABBATH	70	1825.00	5000.00
1985	MENTOR, THE	15	9500.00	9500.00
E. ROHN		**REMEMBER WHEN**		
1971	AMERICAN GI	100	600.00	1750.00
1971	RIVERBOAT CAPTAIN	100	1000.00	2400.00
1973	APPRENTICE	175	500.00	850.00
1973	JAZZ MAN	150	750.00	3500.00
1974	MISSY	250	250.00	500.00
1974	RECRUIT (SET W/FN-5)	250	250.00	500.00
1977	CASEY	300	275.00	500.00
1977	FLAPPER	500	325.00	500.00
1977	SOU' WESTER	450	300.00	500.00
1977	WALLY	250	250.00	500.00
1980	SHOWMAN (W.C. FIELDS)	300	220.00	500.00
1981	CLOWN PRINCE	25	2000.00	2400.00
E. ROHN		**ROHN'S CLOWNS**		
1984	AUGUSTE	7500	95.00	100.00
1984	HOBO	7500	95.00	100.00
1984	WHITE FACE	7500	95.00	100.00
E. ROHN		**SMALL WORLD SERIES**		
*	JOHNNIE'S	1500	90.00	90.00
1974	BIG BROTHER	250	90.00	90.00
1974	BURGLERS	250	120.00	120.00
1974	KNEE DEEP	500	60.00	60.00
1974	QUACKERS	250	75.00	75.00
1975	FIELD MUSHROOMS	250	90.00	90.00
1975	OYSTER MUSHROOM	250	140.00	140.00
E. ROHN		**WESTERN**		
1971	APACHE INDIAN	125	800.00	2000.00
1971	CHOSEN ONE (INDIAN MAID)	125	850.00	2000.00
1971	CROW INDIAN	100	800.00	1500.00
1971	TRAIL-HAND	100	1200.00	1600.00
E. ROHN		**WILD WEST**		
1982	RODEO CLOWN	100	2600.00	3500.00

ROMAN INC.

F. HOOK		**A CHILD'S WORLD 1ST EDITION**		
1980	BEACH BUDDIES, SIGNED	15000	29.00	600.00
1980	BEACH BUDDIES, UNSIGNED	15000	29.00	500.00
1980	HELPING HANDS	15000	45.00	75.00
1980	KISS ME GOOD NIGHT	15000	29.00	50.00
1980	MY BIG BROTHER	15000	39.00	200.00
1980	NIGHTTIME THOUGHTS	15000	25.00	75.00
1980	SOUNDS OF THE SEA	15000	45.00	150.00
F. HOOK		**A CHILD'S WORLD 2ND EDITION**		
1981	ALL DRESSED UP	15000	36.00	75.00
1981	CAT NAP	15000	42.00	100.00
1981	I'LL BE GOOD	15000	36.00	75.00
1981	MAKING FRIENDS	15000	42.00	46.00
1981	SEA AND ME, THE	15000	39.00	50.00
1981	SUNDAY SHCOOL	15000	39.00	75.00
F. HOOK		**A CHILD'S WORLD 3RD EDITION**		
1981	BEAR HUG	15000	42.00	55.00
1981	PATHWAY TO DREAMS	15000	47.00	80.00
1981	ROAD TO ADVENTURE	15000	47.00	50.00
1981	SISTERS	15000	64.00	110.00
1981	SPRING BREEZE	15000	38.00	50.00
1981	YOUTH	15000	38.00	50.00
F. HOOK		**A CHILD'S WORLD 4TH EDITION**		
1982	ALL BUNDLED UP	15000	38.00	50.00
1982	BEDTIME	15000	35.00	38.00
1982	BIRDIE	15000	38.00	50.00
1982	FLOWER GIRL	15000	42.00	50.00
1982	MY DOLLY!	15000	39.00	50.00
1982	RING BEARER	15000	39.00	50.00
F. HOOK		**A CHILD'S WORLD 5TH EDITION**		
1983	BROTHERS	15000	64.00	75.00
1983	FINISH LINE	15000	39.00	42.00
1983	HANDFUL OF HAPPINESS	15000	36.00	50.00
1983	HE LOVES ME...	15000	49.00	60.00
1983	PUPPY'S PAL	15000	39.00	42.00
1983	RING AROUND THE ROSIE	15000	99.00	105.00

YR	NAME	LIMIT	ISSUE	TREND
F. HOOK		**A CHILD'S WORLD 6TH EDITION**		
1984	CAN I HELP?	15000	38.00	50.00
1984	FUTURE ARTIST	15000	42.00	50.00
1984	GOOD DOGGIE	15000	47.00	50.00
1984	LET'S PLAY CATCH	15000	33.00	40.00
1984	NATURE'S WONDERS	15000	29.00	40.00
1984	SAND CASTLES	15000	38.00	50.00
F. HOOK		**A CHILD'S WORLD 7TH EDITION**		
1985	ART CLASS	15000	99.00	105.00
1985	DON'T TELL ANYONE	15000	49.00	50.00
1985	LOOK AT ME!	15000	42.00	50.00
1985	MOTHER'S HELPER	15000	45.00	50.00
1985	PLEASE HEAR ME	15000	29.00	30.00
1985	YUMMM!	15000	36.00	40.00
F. HOOK		**A CHILD'S WORLD 8TH EDITION**		
1985	CHANCE OF SHOWERS	15000	33.00	40.00
1985	DRESS REHEARSAL	15000	33.00	40.00
1985	ENGINE	15000	36.00	50.00
1985	JUST STOPPED BY	15000	36.00	50.00
1985	PRIVATE OCEAN	15000	29.00	40.00
1985	PUZZLING	15000	36.00	50.00
F. HOOK		**A CHILD'S WORLD 9TH EDITION**		
1987	HOPSCOTCH	15000	68.00	75.00
1987	LI'L BROTHER	15000	60.00	75.00
G. TALBOTT-BOASSY		**CAT-TASTROPHES**		
1999	BEING AT THE TOP ISN'T ALWAYS A GOOD THING	OP	18.00	18.00
1999	EVERY SOLUTION BREEDS NEW PROBLEMS	OP	18.00	18.00
1999	IF IT SEEMS TO GOOD TO BE TRUEO	OP	18.00	18.00
1999	NOTHING IS AS EASY AS IT LOOKS	OP	18.00	18.00
E. WILLIAMS		**CLASSIC BRIDES OF THE CENTURY**		
1989	1900, FLORA	5000	175.00	175.00
1989	1910, ELIZABETH GRACE	5000	175.00	175.00
1989	1920, MARY CLAIRE	5000	175.00	175.00
1989	1930, KATHLEEN	5000	175.00	175.00
1989	1940, MARGARET	5000	175.00	175.00
1989	1950, BARBARA ANN	5000	175.00	175.00
1989	1960, DIANNE	5000	175.00	175.00
1989	1970, HEATHER	5000	175.00	175.00
1989	1980, JENNIFER	5000	175.00	175.00
1992	1990, STEPHANIE HELEN	5000	175.00	175.00
E. SIMONETTI		**FONTANINI CLUB MEMBERS-ONLY NATIVITY PREVIEW**		
1996	MARA	CL	13.00	13.00
1997	BENJAMIN	CL	15.00	15.00
1998	HANNAH	CL	15.00	15.00
1999	OBEDIAH, THE TEACHER	YR	15.00	15.00
2000	JACOB	YR	20.00	20.00
E. SIMONETTI		**FONTANINI CLUB SYMBOL OF MEMBERSHIP**		
1990	I FOUND HIM	CL	*	N/A
1996	ROSANNAH, ANGEL OF THE ROSES	YR	*	N/A
1997	LEAH, ANGEL OF LIGHT	YR	*	N/A
1998	CANDACE, THE CAREGIVER	YR	*	N/A
1999	LEMUEL, THE LORD'S HERALD	YR	*	N/A
2000	TEMIRA	YR	*	N/A
E. SIMONETTI		**FONTANINI HEIRLOOM NATIVITIES 5-IN. RETIRED FIGURINES**		
1966	BABY JESUS	RT	6.00	12.00
1966	BALTHAZAR	RT	6.00	12.00
1966	GASPAR	RT	6.00	12.00
1966	GLORIA ANGEL	RT	3.00	6.00
1966	JOSEPH	RT	6.00	12.00
1966	MARY	RT	6.00	12.00
1966	MELCHIOR	RT	6.00	6.00
1967	AARON	RT	6.00	13.00
1967	GABRIEL	RT	6.00	12.00
1967	JOSHUA	RT	14.00	14.00
1967	JOSIAH	RT	6.00	12.00
1967	KNEELING ANGEL	RT	6.00	13.00
1967	LEVI	RT	6.00	12.00
1967	MIRIAM	RT	6.00	12.00
1967	MORDECAI	RT	6.00	12.00
1967	RUEBEN	RT	7.00	7.00
1967	STANDING ANGEL	RT	6.00	13.00
1968	JOEL	RT	7.00	7.00
1968	JUDITH	RT	7.00	7.00
1968	MICHAEL	RT	7.00	7.00
1978	3 KINGS ON CAMELS	RT	7.00	7.00
1983	MICAH	RT	6.00	12.00
1996	AZZAN	RT	15.00	15.00
1996	ISSAK	RT	14.00	14.00
1996	NAOMI	RT	15.00	15.00
E. SIMONETTI		**FONTANINI HEIRLOOM NATIVITIES 7.5-IN. RETIRED FIGURINES**		
1968	BABY JESUS	RT	6.00	25.00
1968	BALTHAZAR	RT	6.00	6.00
1968	GASPAR	RT	6.00	6.00
1968	JOSEPH	RT	6.00	25.00
1968	KNEELING ANGEL	RT	6.00	25.00
1968	MARY	RT	6.00	25.00
1968	MELCHIOR	RT	6.00	6.00
1968	STANDING ANGEL	RT	6.00	25.00

YR	NAME	LIMIT	ISSUE	TREND
1979	DANIEL	RT	13.00	13.00
1979	GABRIEL	RT	13.00	25.00
1979	JOSIAH	RT	13.00	13.00
1985	ISAAC	RT	15.00	15.00
1985	JUDITH	RT	15.00	15.00
E. SIMONETTI	**FONTANINI HEIRLOOM NATIVITIES CLUB MEMBERS ONLY**			
1990	PILGRIMAGE, THE	TL	24.00	24.00
1992	SHE RESCUED ME	YR	24.00	24.00
1993	CHRISTMAS SYMPHONY	YR	14.00	14.00
1994	SWEET HARMONY	YR	14.00	14.00
1995	FAITH, THE FIFTH ANGEL	YR	22.00	23.00
E. SIMONETTI	**FONTANINI HEIRLOOM NATIVITIES CLUB RENEWAL GIFT**			
1993	HE COMFORTS ME	YR	*	13.00
1994	I'M HEAVEN BOUND	YR	*	13.00
1995	GIFT OF JOY	YR	*	13.00
E. SIMONETTI	**FONTANINI HEIRLOOM NATIVITIES LIMITED EDITIONS**			
1992	ARIEL	YR	30.00	30.00
1993	JESHUA & ADIN	YR	30.00	30.00
1994	14-PC. GOLDEN EDITION NATIVITY SET	2500	375.00	375.00
1994	ABIGAIL & PETER	YR	30.00	30.00
1995	GABRIELA	YR	18.00	18.00
1996	RAPHAEL	YR	18.00	18.00
1997	JUDAH	YR	20.00	20.00
1998	90TH ANNIVERSARY NATIVITY SET	YR	300.00	300.00
1998	CELESTE, ANGEL WITH DOVE	YR	20.00	20.00
1998	CHARIS, 90TH ANNIVERSARY ANGEL	YR	30.00	30.00
1999	TIRAS & LENA	YR	28.00	28.00
2000	ERELA	YR	20.00	20.00
E. SIMONETTI	**FONTANINI HEIRLOOM NATIVITIES SPECIAL EVENT**			
1994	SUSANNA	YR	15.00	15.00
1995	DOMINICA	YR	15.00	15.00
1996	SARAH	YR	15.00	15.00
1997	MARTHA	YR	15.00	15.00
2000	LEORA	YR	20.00	20.00
E. SIMONETTI	**FONTANINI HEIRLOOM NATIVITIES TOUR EXCLUSIVE**			
1990	GIDEON	TL	8.00	15.00
1995	LUKE	TL	15.00	15.00
1998	EMANUELE, THE FOUNDER	TL	15.00	15.00
F. HOOK	**FRANCES HOOK'S FOUR SEASONS**			
1984	WINTER	12500	95.00	100.00
1985	FALL	12500	95.00	100.00
1985	SPRING	12500	95.00	100.00
1985	SUMMER	12500	95.00	100.00
*		**HOLIDAY TRADITIONS COLLECTION**		
1997	ANGEL OF PEACE	RT	12.00	12.00
1997	BLESSED BY AN ANGEL WATERGLOBE	RT	20.00	20.00
1997	CHRISTMAS ROSE	OP	12.00	12.00
1998	TRADITION OF THE EASTER LILY	OP	25.00	25.00
1998	TRADITION OF THE EGG	OP	10.00	10.00
1998	TRADITION OF THE SHAMROCK	OP	15.00	15.00
1998	TRADITION OF THE VALENTINE	OP	15.00	15.00
1999	CHRISTMAS POINTSETTIA	OP	23.00	23.00
2000	BLUEBIRD OF HAPPINESS	OP	25.00	25.00
*		**HOLIDAY TRADITIONS COLLECTION**		
1997	CHRISTMAS GARGOYLE	RT	8.00	8.00
1997	CHRISTMAS LIGHTHOUSE	RT	26.00	26.00
F. HOOK		**HOOK**		
1982	SAILOR MATES	2000	290.00	325.00
1982	SUN SHY	2000	290.00	325.00
1986	CARPENTER BUST	YR	95.00	100.00
1986	CARPENTER BUST, HEIRLOOM EDITION	YR	95.00	100.00
1987	LITTLE CHILDREN, COME TO ME	15000	45.00	50.00
1987	MADONNA AND CHILD	15000	40.00	50.00
D. MORGAN		**MAGIC OF CHRISTMAS**		
1999	MAGIC OF CHRISTMAS	OP	65.00	65.00
1999	MAGIC OF GIVING	OP	65.00	65.00
1999	SANTA'S MAGIC	OP	65.00	65.00
2000	CHRISTMAS PAST	OP	65.00	65.00
2000	CHRISTMAS PRESENT	OP	65.00	65.00
2000	MAGIC OF CHRISTMAS MUSICAL GLITTERDOME	OP	48.00	48.00
M.J. DORCY		**MILLENIUM COLLECTION**		
1996	PRINCE OF PEACE	RT	30.00	30.00
1999	JOY	OP	35.00	35.00
A. TRIPI	**MUSEUM COLLECTION BY ANGELA TRIPI**			
1990	CADDIE, THE	1000	135.00	150.00
1990	CHRISTOPHER COLUMBUS	1000	250.00	250.00
1990	FIDDLER, THE	1000	175.00	175.00
1990	MENTOR, THE	1000	290.00	300.00
1990	ST. FRANCIS OF ASSISI	1000	175.00	175.00
1990	TEE TIME AT ST. ANDREW'S	1000	175.00	175.00
1991	A GENTLEMAN'S GAME	1000	175.00	175.00
1992	CHECKING IT TWICE	2500	95.00	95.00
1992	FLYING ACE	1000	95.00	95.00
1992	FORE!	1000	175.00	175.00
1992	FUR TRAPPER, THE	1000	175.00	175.00
1992	GIFT GIVER, THE	2500	95.00	95.00
1992	JUSTICE FOR ALL	1000	95.00	95.00
1992	LADIE'S DAY	1000	175.00	175.00

The familiar strains of a popular holiday melody echo in City Sidewalks, Busy Sidewalks *by Dave Barnhouse for Hadley House.*

White River, MI *lighthouse is from the "Great Lakes Region" series from Harbour Lights.*

Kensington Palace, a replica of the home of Britain's Princess Diana, was available at only 2,000 participating Department 56 retailers during the fourth annual "Homes for the Holidays" event in November 1998.

Robin Cottage *ornament was issued by Lilliput Lane in 1993. Eamont Lodge is part of the Christmas Lodges collection from Lilliput Lane.*

Cotman Cottage, *the 1993 anniversary piece from Lilliput Lane, was inspired by the works of John Sell Cotman, an English watercolor artist.*

A Cool Yule *was the first edition in the "Frosty Friends" series that Hallmark premiered in 1980.*

The Finishing Touches, *part of the Dreamsicles Christmas collection by Kristin Haynes, was produced in 1993 and has since been retired.*

Gone With the Wind *ranks as one of America's favorite movies. This Scarlett blown-glass ornament is part of the Polonaise Collection from Kurt S. Adler Inc.*

The 1995 dated Christmas plate, Tis the Season of Joy—from the Cherished Teddies collection of plates by Priscilla Hillman, Enesco Group Inc.—features a bundled-up bear in an outdoor winter scene.

A young Victorian girl pens her wishes to the jolly old elf in Dear Santa by Sandra Kuck, VF Fine Arts.

Santa at His Desk hand-painted resin musical was based on the 1951 "Good Boys and Girls" illustration by Haddon Sundblom and was produced by Cavanagh Group International.

Gene radiates Holiday Magic in a gown designed by Tim Kennedy for Ashton-Drake Galleries. The costume was produced in a limited edition of 2,000.

Beautiful women are often the main subject of artist G. Armani. Liberty is from the Florentine Gardens collection.

Having fun in a sandbox, Little Emmett Age 6 is from the "Emmett Kelly Jr. Little Emmetts" series of figurines by Flambro Imports.

R. Cruwys' Stand Off was issued in the "First Encounter" series of plates by CUI.

Harmony Kingdom's Swap 'N Sell box figurine was one of three special event pieces offered for sale during the 1999 International Collectible Exposition.

Mama Pawtucket is a member of the Pawtuckets of Sweet Briar Lane collection of dolls by Barbara and Peter Wisber, Ladie & Friends.

The stars of Henry Wadsworth Longfellow's beloved poem, "The Children's Hour," have been reproduced in doll form as Grave Alice, Laughing Allegra and Edith With Golden Hair from the "Children's Hour" series by Wendy Lawton, Lawton Doll Co.

Cherie from the "Les Belles Bebes" series by Gorham won the "Best in Show" blue ribbon at the 1991 International Collectible Exposition in Long Beach, Calif. The doll was created by award-winning artist Susan Stone Aiken.

Based on art by Gregory Perillo, Brave and Free was produced by Artaffects in 1992.

The Bradford Exchange is synonymous with collector plates, and Joe Montana is synonymous with great football. Joe Montana: King of the Comebacks was issued in the "Great Superbowl Quarterbacks" series from Bradford.

Considered one of the greatest British military heroes, Vice-Admiral Lord Nelson is depicted in full naval regalia as the 1993 character jug of the year from Royal Doulton.

YR	NAME	LIMIT	ISSUE	TREND
1992	LADIE'S TEE	1000	250.00	250.00
1992	NATIVITY SET, 8 PCS.	2500	425.00	425.00
1992	OUR FAMILY DOCTOR	1000	95.00	95.00
1992	PRINCE OF THE PLAINS	1000	175.00	175.00
1992	TANNENBAUM SANTA	2500	95.00	95.00
1992	TAP IN, THE	1000	175.00	175.00
1992	THIS WAY, SANTA	2500	95.00	95.00
1992	TO SERVE AND PROTECT	1000	150.00	150.00
1993	BE A CLOWN	1000	95.00	95.00
1993	FOR MY NEXT TRICK	1000	95.00	95.00
1993	JESUS, THE GOOD SHEPHERD	1000	95.00	95.00
1993	NATIVE AMERICAN WOMAN, CHEROKEE MAIDEN	1000	110.00	110.00
1993	ONE MAN BAND CLOWN	1000	95.00	95.00
1993	PREACHER OF PEACE	1000	175.00	175.00
1993	PUBLIC PROTECTOR	1000	95.00	95.00
1993	RHAPSODY	1000	95.00	95.00
1993	RIGHT ON SCHEDULE	1000	95.00	95.00
1993	ROAD SHOW	1000	95.00	95.00
1993	SERENADE	1000	95.00	95.00
1993	SONATA	1000	95.00	95.00
1993	TRIPI CRUCIFIX, LG	OP	59.00	59.00
1993	TRIPI CRUCIFIX, MED.	OP	35.00	35.00
1993	TRIPI CRUCIFIX, SM.	OP	28.00	28.00
1994	BATTER, THE	1000	95.00	95.00
1994	BLACKFOOT WOMAN WITH BABY	1000	95.00	95.00
1994	CROW WARRIOR	1000	175.00	175.00
1994	IROQUOIS WARRIOR	1000	95.00	95.00
1994	JESUS IN GETHSEMANE	1000	75.00	75.00
1994	NURSE	1000	95.00	95.00
1994	PITCHER, THE	1000	95.00	95.00
1994	TEACHER	1000	95.00	95.00
1995	RUNNER, THE	1000	95.00	95.00
1995	SIOUX CHIEF	1000	95.00	95.00
G.G. SANTIAGO			**ON ANGEL'S WINGS**	
1999	ANGEL OF DANCE	OP	65.00	65.00
1999	ANGEL OF DREAMS	OP	65.00	65.00
1999	ANGEL OF JOY	OP	65.00	65.00
1999	ANGEL OF KNOWLEDGE	OP	65.00	65.00
1999	ANGEL OF LOVE	OP	65.00	65.00
1999	ANGEL OF MUSIC	OP	65.00	65.00
1999	ANGEL OF PEACE	OP	65.00	65.00
1999	ANGEL OF SONG	OP	65.00	65.00
F. HOOK			**REMEMBER WHEN**	
1999	BEACH BUDDIES	OP	30.00	30.00
1999	BEAR HUG	OP	30.00	30.00
1999	CAN I HELP?	OP	30.00	30.00
1999	FINISH LINE	OP	30.00	30.00
1999	HANDFUL OF HAPPINESS	OP	30.00	30.00
1999	SAND CASTLES	OP	30.00	30.00
1999	SEA AND ME, THE	OP	30.00	30.00
1999	SOUNDS OF THE SEA, THE	OP	30.00	30.00
G. HO		**SERAPHIM CLASSICS 12-IN. LIMITED EDITIONS**		
1998	HOPE, LIGHT IN THE DISTANCE	TL	175.00	175.00
1999	ANNALISA JOYFUL SPIRIT	TL	175.00	175.00
1999	NINA, HEAVENLY HARVEST	TL	175.00	175.00
2000	JILLIAN, CHERISH THE DAY	YR	195.00	195.00
SERAPHIM STUDIOS		**SERAPHIM CLASSICS 12-IN. LIMITED EDITIONS**		
1995	ALYSSA, NATURE'S ANGEL	YR	145.00	145.00
1996	VANESSA, HEAVENLY MAIDEN	YR	150.00	150.00
1997	ARIEL, HEAVEN'S SHINING STAR	YR	159.00	159.00
1997	CHLOE, NATURE'S GIFT	YR	159.00	159.00
1998	AVALON, FREE SPIRIT	YR	175.00	175.00
1998	HOPE, LIGHT IN THE DISTANCE	TL	175.00	175.00
G. HO			**SERAPHIM CLASSICS 27-IN.**	
2000	ALYSSA, NATURE'S ANGEL	OP	750.00	750.00
G. HO			**SERAPHIM CLASSICS 4 IN.**	
1999	CELINE, MORNING STAR	OP	20.00	20.00
1999	GABRIEL, CELESTIAL MESSENGER	OP	20.00	20.00
1999	SERENA, ANGEL OF PEACE	OP	20.00	20.00
2000	FAITH, THE EASTER ANGEL	OP	20.00	20.00
2000	HARMONY, LOVE'S GUARDIAN	OP	20.00	20.00
2000	MARIAH, HEAVENLY JOY	OP	20.00	20.00
2000	MELODY, HEAVEN'S SONG	OP	20.00	20.00
2000	RACHEL, CHILDREN'S JOY	OP	20.00	20.00
SERAPHIM STUDIOS			**SERAPHIM CLASSICS 4 IN.**	
1995	CYMBELINE, PEACEMAKER	RT	20.00	20.00
1995	EVANGELINE, ANGEL OF MERCY	RT	20.00	20.00
1995	FELICIA, ADORING MAIDEN	RT	20.00	20.00
1995	IRIS, RAINBOW'S END	RT	20.00	20.00
1995	ISABEL, GENTLE SPIRIT	RT	20.00	20.00
1995	LAURICE, WISDOM'S CHILD	RT	20.00	20.00
1995	LYDIA, WINGED POET	RT	20.00	20.00
1995	OPHELIA, HEART SEEKER	RT	20.00	20.00
1995	PRISCILLA, BENEVOLENT GUIDE	RT	20.00	20.00
1995	SERAPHINA, HEAVEN'S HELPER	RT	20.00	20.00
G. HO			**SERAPHIM CLASSICS 7 IN.**	
1996	ROSALIE, NATURE'S DELIGHT	RT	60.00	60.00
1999	ANGEL'S TOUCH, THE DEDICATION ANGEL MUSICAL	OP	75.00	75.00

YR	NAME	LIMIT	ISSUE	TREND
1999	APRIL, SPRING'S BLOSSOM	OP	60.00	60.00
1999	ARIANNA, WINTER'S WARMTH	OP	60.00	60.00
1999	AUDRA, EMBRACED BY LOVE	OP	60.00	60.00
1999	CAROLINE, GARDEN SONG	OP	75.00	75.00
1999	CASSANDRA, HEAVENLY BEAUTY (5TH ANNIVERSARY)	YR	100.00	100.00
1999	CHARISSE, BLOOM FROM HEAVEN	OP	65.00	65.00
1999	CLARISSA, CELESTIAL SOUNDS	TL	65.00	65.00
1999	CONSTANCE, GENTLE KEEPER	TL	65.00	65.00
1999	DANIELLE, MESSENGER OF LOVE	OP	75.00	75.00
1999	EDEN, BEAUTIFUL HAVEN FOUNTAIN	OP	175.00	175.00
1999	ELIZABETH, HEAVEN'S VICTORY	OP	60.00	60.00
1999	ERIN, IRISH BLESSING	OP	60.00	60.00
1999	HARMONY, LOVE'S GUARDIAN MUSICAL	OP	75.00	75.00
1999	HEAVENLY GUARDIAN WITH BOY MUSICAL	OP	50.00	50.00
1999	HEAVENLY GUARDIAN WITH GIRL MUSICAL	OP	50.00	50.00
1999	JOELLE, NATURE'S SPIRIT	YR	60.00	60.00
1999	JOY, GIFT OF HEAVEN	OP	65.00	65.00
1999	JULIETTE, MUSIC'S GIFT	TL	65.00	65.00
1999	KATHERINE, ANGEL OF KNOWLEDGE	OP	60.00	60.00
1999	KRISTINA, SONG OF JOY	TL	85.00	85.00
1999	LAUREL, NATURE'S HARMONY	OP	65.00	65.00
1999	MARIAH, HEAVENLY JOY MUSICAL	OP	80.00	80.00
1999	MICHAEL, VICTORIOUS	OP	60.00	60.00
1999	NAOMI, NURTURING SPIRIT	OP	60.00	60.00
1999	OLIVIA, LOVING HEART	OP	65.00	65.00
1999	PATRICE, DELIGHT IN THE DAY	YR	60.00	60.00
1999	SERENA, ANGEL OF PEACE GLITTERDOME MUSICAL	OP	50.00	50.00
1999	SERENITY, TRUSTING SOUL	OP	65.00	65.00
1999	SISTERS, HEART AND SOUL	OP	115.00	115.00
2000	BETHANY, LIGHTING THE WAY	OP	60.00	60.00
2000	CARING TOUCH, ANGEL WITH MEDICAL PROFESSIONAL	OP	88.00	88.00
2000	CELEBRATION, REJOICE IN LIFE	OP	100.00	100.00
2000	CELESTE, LIGHT OF THE WORLD	OP	65.00	65.00
2000	HANNAH, ALWAYS NEAR MUSICAL	OP	50.00	50.00
2000	LEAH, BLESS OUR HOME	YR	60.00	60.00
2000	VICTORIA, EMBRACE LIFE	OP	65.00	65.00

SERAPHIM STUDIOS   SERAPHIM CLASSICS 7 IN.

YR	NAME	LIMIT	ISSUE	TREND
1994	CYMBELINE, PEACEMAKER	RT	50.00	50.00
1994	EVANGELINE, ANGEL OF MERCY	RT	50.00	50.00
1994	FRANCESCA, LOVING GUARDIAN MUSICAL	RT	75.00	75.00
1994	IRIS, RAINBOW'S END	OP	50.00	50.00
1994	ISABEL, GENTLE SPIRIT	RT	50.00	50.00
1994	LYDIA, WINGED POET	RT	50.00	50.00
1994	OPHELIA, HEART SEEKER	RT	50.00	50.00
1995	FELICIA, ADORING MAIDEN	RT	50.00	50.00
1995	FRANCESCA, LOVING GUARDIAN GLITTERDOME MUSICAL	RT	50.00	50.00
1995	LAURICE, WISDOM'S CHILD	RT	50.00	50.00
1995	PRISCILLA, BENEVOLENT GUIDE	RT	50.00	50.00
1995	SERAPHINA, HEAVEN'S HELPER	RT	50.00	50.00
1996	CELINE, THE MORNING STAR	OP	55.00	55.00
1996	FAITH, THE EASTER ANGEL	OP	55.00	55.00
1996	FRANCESCA, LOVING GUARDIAN	RT	65.00	65.00
1996	GABRIEL, CELESTIAL MESSENGER	OP	60.00	60.00
1996	IRIS, RAINBOW'S END MUSICAL	OP	65.00	65.00
1996	MARIAH, HEAVENLY JOY	RT	60.00	60.00
1996	SERENA, ANGEL OF PEACE	RT	65.00	65.00
1997	CHELSEA, SUMMER'S DELIGHT	OP	55.00	55.00
1997	GRACE, BORN ANEW	OP	55.00	55.00
1997	HANNAH, ALWAYS NEAR	OP	55.00	55.00
1997	HARMONY, LOVE'S GUARDIAN	OP	55.00	55.00
1997	HEATHER, AUTUMN BEAUTY	OP	55.00	55.00
1997	IRIS, RAINBOW'S END GLITTERDOME MUSICAL	OP	50.00	50.00
1997	MELODY, HEAVEN'S SONG	OP	55.00	55.00
1997	RACHEL, CHILDREN'S JOY	OP	55.00	55.00
1997	SABRINA, ETERNAL GUIDE	YR	55.00	55.00
1997	TAMARA, BLESSED GUARDIAN	OP	65.00	65.00
1998	AMELIA, ETERNAL BLOOM	YR	65.00	65.00
1998	ANGEL'S TOUCH, DEDICATION ANGEL	OP	60.00	60.00
1998	ANNABELLA, ANNOUNCEMENT F JOY	YR	60.00	60.00
1998	DIANA, HEAVEN'S ROSE	OP	60.00	60.00
1998	EVANGELINE, ANGEL OF MERCY MUSICAL	OP	75.00	75.00
1998	NOELLE, GIVING SPIRIT	OP	60.00	60.00
1998	SAMANTHA, BLESSED AT BIRTH	OP	60.00	60.00
1998	SIMONE, NATURE'S OWN	OP	100.00	100.00

G. HO   SERAPHIM CLASSICS ANGELS TO WATCH OVER ME

YR	NAME	LIMIT	ISSUE	TREND
1999	10TH YEAR GIRL	OP	45.00	45.00
1999	16TH YEAR GIRL	OP	50.00	50.00
1999	7TH YEAR BOY	OP	50.00	50.00
1999	9TH YEAR GIRL	OP	45.00	45.00
2000	8TH YEAR GIRL	OP	45.00	45.00

SERAPHIM STUDIOS   SERAPHIM CLASSICS ANGELS TO WATCH OVER ME

YR	NAME	LIMIT	ISSUE	TREND
1996	1ST YEAR GIRL	OP	40.00	40.00
1996	2ND YEAR GIRL	OP	40.00	40.00
1996	3RD YEAR GIRL	OP	40.00	40.00
1996	4TH YEAR GIRL	OP	40.00	40.00
1996	5TH YEAR GIRL	OP	40.00	40.00
1996	NEWBORN BLONDE	OP	40.00	40.00
1997	1ST YEAR BOY	OP	40.00	40.00
1997	2ND YEAR BOY	OP	40.00	40.00

YR	NAME	LIMIT	ISSUE	TREND
1997	3RD YEAR BOY	OP	40.00	40.00
1997	4TH YEAR BOY	OP	40.00	40.00
1997	5TH YEAR BOY	OP	40.00	40.00
1997	6TH YEAR BOY	OP	40.00	40.00
1997	6TH YEAR GIRL	OP	40.00	40.00
1997	7TH YEAR GIRL	OP	40.00	40.00
1997	NEWBORN BRUNETTE	OP	40.00	40.00
G. HO		**SERAPHIM CLASSICS CLUB MEMBERS-ONLY**		
1999	HEAVENLY REFLECTIONS BLOCK SET	YR	500.00	500.00
1999	JOSEPHINE, CELEBRATION OF PEACE	YR	65.00	65.00
2000	SIERRA, NATURE'S HAVEN	YR	75.00	75.00
SERAPHIM STUDIOS		**SERAPHIM CLASSICS CLUB MEMBERS-ONLY**		
1998	LILLIAN, NUTURING LIFE	YR	65.00	65.00
G. HO		**SERAPHIM CLASSICS CLUB SYMBOL OF MEMBERSHIP**		
1999	EVE, TENDER HEART	YR	60.00	60.00
2000	CASSIDY, BLESSINGS FROM ABOVE	YR	60.00	60.00
SERAPHIM STUDIOS		**SERAPHIM CLASSICS CLUB SYMBOL OF MEMBERSHIP**		
1997	TESS, TENDER ONE	YR	55.00	55.00
SERAPHIM STUDIOS		**SERAPHIM CLASSICS HEAVEN SENT COLLECTION**		
1997	HOPE ETERNAL MUSICAL	RT	38.00	38.00
1997	LOVING SPIRIT MUSICAL	OP	38.00	38.00
1997	PURE AT HEART MUSICAL	RT	38.00	38.00
1998	PEACEFUL EMBRACE MUSICAL	OP	85.00	85.00
G. HO		**SERAPHIM CLASSICS NATIVITY**		
1999	OX AND DONKEY, 2 PC. SET	OP	40.00	40.00
2000	CAMEL	OP	25.00	25.00
2000	HOLY FAMILY MUSICAL GLITTERDOME	OP	55.00	55.00
2000	STABLE	OP	50.00	50.00
SERAPHIM STUDIOS		**SERAPHIM CLASSICS NATIVITY**		
1996	HOLY FAMILY & LAMBS 5-PC. SET	OP	125.00	125.00
1997	THREE KINGS	OP	125.00	125.00
1998	GLORIA ANGEL	OP	60.00	60.00
1998	SHEPHERDS 2-PC. SET	OP	65.00	65.00
G. HO		**SERAPHIM CLASSICS SPECIAL EVENT**		
1998	ALEXANDRA, ENDLESS DREAMS	CL	65.00	65.00
1999	REBECCA, BEAUTIFUL DREAMER	YR	125.00	125.00
2000	AMANDA, SHARING THE SPIRIT	OP	65.00	65.00
SERAPHIM STUDIOS		**SERAPHIM CLASSICS SPECIAL EVENT**		
1996	DAWN, SUNSHINE'S GUARDIAN ANGEL	TL	55.00	55.00
1997	MONICA, UNDER LOVE'S WING	TL	55.00	55.00
G. HO		**VALENCIA COLLECTION**		
1997	GUARDIAN ANGEL WITH BOY	OP	50.00	50.00
1997	GUARDIAN ANGEL WITH GIRL	OP	50.00	50.00
1997	HOLY FAMILY	OP	50.00	50.00
1997	JESUS	OP	40.00	40.00
1997	LAST SUPPER	OP	125.00	125.00
1997	MADONNA AND CHILD	OP	40.00	40.00
1997	MADONNA WITH FLOWERS	OP	40.00	40.00
1997	SEATED ANGEL	OP	50.00	50.00
1997	ST. FRANCIS	OP	40.00	40.00
1997	ST. JOSEPH	OP	40.00	40.00
1998	ANNUNCIATION	OP	60.00	60.00
1998	CHRIST IN THE GARDEN OF GETHSEMANE	OP	45.00	45.00
1998	CRUCIFIX	OP	40.00	40.00
1998	FLIGHT INTO EGYPT	OP	90.00	90.00
1998	GOOD SHEPHERD	OP	45.00	45.00
1998	JESUS WITH CHILDREN	OP	45.00	45.00
1999	VALENCIA NATIVITY 11 PCS.	OP	285.00	285.00
1999	WAY OF THE CROSS	OP	60.00	60.00

RON LEE'S WORLD OF CLOWNS

R. LEE		ORIGINAL RON LEE COLLECTION		
1976	ALLIGATOR BOWLING 504	CL	15.00	50.00
1976	BEAR FISHING 512	CL	15.00	50.00
1976	CLOWN AND DOG ACT 101	CL	48.00	125.00
1976	CLOWN AND ELEPHANT ACT 107	CL	56.00	110.00
1976	CLOWN TIGHTROPE WALKER 104	CL	50.00	125.00
1976	DOG FISHING 512	CL	15.00	50.00
1976	FROG SURFING 502	CL	15.00	50.00
1976	HIPPO ON SCOOTER 505	CL	15.00	50.00
1976	HOBO JOE HITCHHIKING 116	CL	55.00	65.00
1976	HOBO JOE WITH BALLOONS 120	CL	66.00	90.00
1976	HOBO JOE WITH PAL 115	CL	66.00	150.00
1976	HOBO JOE WITH UMBRELLA 117	CL	58.00	110.00
1976	KANGAROOS BOXING 508	CL	15.00	50.00
1976	OWL WITH GUITAR 500	CL	15.00	50.00
1976	PENGUIN ON SNOWSKIS 503	CL	15.00	50.00
1976	PIG PLAYING VIOLIN 510	CL	15.00	50.00
1976	PINKY LYING DOWN 112	CL	25.00	40.00
1976	PINKY SITTING 119	CL	25.00	40.00
1976	PINKY STANDING 118	CL	25.00	75.00
1976	PINKY UPSIDE DOWN 111	CL	25.00	40.00
1976	RABBIT PLAYING TENNIS 507	CL	15.00	50.00
1976	TURTLE ON SKATEBOARD 501	CL	15.00	50.00
1977	BEAR ON ROCK 523	CL	18.00	55.00
1977	KOALA BEAR IN TREE 514	CL	15.00	50.00
1977	KOALA BEAR ON LOG 516	CL	15.00	50.00
1977	KOALA BEAR WITH BABY 515	CL	15.00	50.00

YR	NAME	LIMIT	ISSUE	TREND
1977	MONKEY WITH BANANA 521	CL	18.00	55.00
1977	MOUSE AND CHEESE 520	CL	18.00	55.00
1977	MR. PENGUIN 518	CL	18.00	60.00
1977	OWL GRADUATE 519	CL	22.00	60.00
1977	PELICAN AND PYTHON 522	CL	18.00	55.00
1978	BOBBI ON UNICYCLE 204	CL	45.00	80.00
1978	BOW TIE 222	CL	68.00	150.00
1978	BUTTERFLY AND FLOWER 529	CL	22.00	60.00
1978	CLANCY, THE COP 210	CL	55.00	100.00
1978	CLARA-BOW 205	CL	52.00	90.00
1978	COCO-HANDS ON HIPS 218	CL	70.00	125.00
1978	CORKY THE DRUMMER BOY 202	CL	53.00	110.00
1978	CUDDLES 208	CL	37.00	75.00
1978	DOLPHINS 525	CL	22.00	60.00
1978	DRIVER THE GOLFER 211	CL	55.00	75.00
1978	ELEPHANT ON BALL 214	CL	26.00	60.00
1978	ELEPHANT ON STAND 213	CL	26.00	60.00
1978	ELEPHANT SITTING 215	CL	26.00	60.00
1978	FANCY PANTS 224	CL	55.00	110.00
1978	FIREMAN WITH HOSE 216	CL	62.00	110.00
1978	HEY RUBE 220	CL	35.00	75.00
1978	HUMMINGBIRD 528	CL	22.00	60.00
1978	JERI IN A BARREL 219	CL	75.00	145.00
1978	JOCKO WITH LOLLIPOP 221	CL	68.00	150.00
1978	OSCAR ON STILTS 223	CL	55.00	110.00
1978	PIERROT PAINTING 207	CL	50.00	130.00
1978	POLLY THE PARROT & CRACKERS 201	CL	63.00	135.00
1978	POPPY WITH PUPPET 209	CL	60.00	100.00
1978	PRINCE FROG 526	CL	22.00	60.00
1978	SAD SACK 212	CL	48.00	150.00
1978	SAILFISH 524	CL	18.00	75.00
1978	SEA OTTER ON BACK 531	CL	22.00	60.00
1978	SEA OTTER ON ROCK 532	CL	22.00	60.00
1978	SEAGULL 527	CL	22.00	60.00
1978	SKIPPY SWINGING 239	CL	52.00	75.00
1978	SPARKY SKATING 206	CL	55.00	175.00
1978	TINKER BOWING 203	CL	37.00	75.00
1978	TOBI-HANDS OUTSTRETCHED 217	CL	70.00	225.00
1978	TURTLE ON ROCK 530	CL	22.00	60.00
1979	BUTTONS BICYCLING 229	CL	75.00	150.00
1979	CAROUSEL HORSE 232	CL	119.00	165.00
1979	DARBY TIPPING HAT 238	CL	35.00	100.00
1979	DARBY WITH FLOWER 235	CL	35.00	100.00
1979	DARBY WITH UMBRELLA 236	CL	35.00	100.00
1979	DARBY WITH VIOLIN 237	CL	35.00	100.00
1979	DOCTOR SAWBONES 228	CL	75.00	150.00
1979	FEARLESS FRED IN CANNON 234	CL	80.00	200.00
1979	HARRY AND THE HARE 233	CL	69.00	175.00
1979	KELLY AT THE PIANO 241	CL	185.00	400.00
1979	KELLY IN KAR 230	CL	164.00	300.00
1979	KELLY'S KAR 231	CL	75.00	150.00
1979	LILI 227	CL	75.00	145.00
1979	TIMMY TOOTING 225	CL	35.00	65.00
1979	TUBBY TUBA 226	CL	35.00	60.00
1980	BANJO WILLIE 258	CL	68.00	150.00
1980	CAROUSEL HORSE 248	CL	88.00	200.00
1980	CAROUSEL HORSE 249	CL	88.00	200.00
1980	CHUCKLES JUGGLING 244	CL	98.00	150.00
1980	CUBBY HOLDING BALLOON 240	CL	50.00	70.00
1980	DENNIS PLAYING TENNIS 252	CL	74.00	140.00
1980	DOCTOR JAWBONES 260	CL	85.00	200.00
1980	DONKEY WHAT? 243	CL	60.00	175.00
1980	EMILE 257	CL	43.00	140.00
1980	HAPPY WAVING 255	CL	43.00	140.00
1980	HOBO JOE IN TUB 259	CL	96.00	125.00
1980	JAQUE DOWNHILL RACER 253	CL	74.00	150.00
1980	JINGLES TELLING TIME 242	CL	75.00	140.00
1980	JO-JO AT MAKE-UP MIRROR 250	CL	86.00	150.00
1980	MONKEY 251	CL	60.00	150.00
1980	P.T. DINGHY 245	CL	65.00	135.00
1980	PEANUTS PLAYING CONCERTINA 247	CL	65.00	225.00
1980	RONI RIDING HORSE 246	CL	115.00	230.00
1980	RUFORD 254	CL	43.00	140.00
1980	ZACH 256	CL	43.00	140.00
1981	AL AT THE BASS 284	CL	48.00	75.00
1981	BOSOM BUDDIES 299	CL	135.00	150.00
1981	BOZO ON UNICYCLE 279	CL	28.00	110.00
1981	BOZO PLAYING CYMBALS 277	CL	28.00	110.00
1981	BOZO RIDING CAR 278	CL	28.00	110.00
1981	CARNEY AND SEAL ACT 300	CL	63.00	100.00
1981	CAROUSEL HORSE 280	CL	88.00	180.00
1981	CAROUSEL HORSE 281	CL	88.00	175.00
1981	EXECUTIVE HITCHHIKING 267	CL	23.00	80.00
1981	EXECUTIVE READING 264	CL	23.00	80.00
1981	EXECUTIVE RESTING 266	CL	23.00	80.00
1981	EXECUTIVE WITH UMBRELLA 265	CL	23.00	80.00
1981	HARPO 296	CL	120.00	270.00
1981	HOBO JOE PRAYING 298	CL	57.00	75.00
1981	KEVIN AT THE DRUMS 283	CL	50.00	125.00

YR	NAME	LIMIT	ISSUE	TREND
1981	LARRY AND HIS HOTDOGS 274	CL	76.00	150.00
1981	LOUIE HITCHING A RIDE 269	CL	47.00	90.00
1981	LOUIE ON PARK BENCH 268	CL	56.00	75.00
1981	LOUIE ON RAILROAD CAR 270	CL	77.00	140.00
1981	MICKEY TIGHTROPE WALKER 292	CL	50.00	100.00
1981	MICKEY UPSIDE DOWN 293	CL	50.00	100.00
1981	MICKEY WITH UMBRELLA 291	CL	50.00	100.00
1981	MY SON DARREN 295	CL	57.00	100.00
1981	NICKY SITTING ON BALL 289	CL	39.00	65.00
1981	NICKY STANDING ON BALL 290	CL	39.00	65.00
1981	PERRY SITTING WITH BALLOON 287	CL	37.00	70.00
1981	PERRY STANDING WITH BALLOON 288	CL	37.00	70.00
1981	PICKLES AND POOCH 297	CL	90.00	190.00
1981	PISTOL PETE 272	CL	76.00	150.00
1981	ROCKETMAN 294	CL	77.00	140.00
1981	RON AT THE PIANO 285	CL	46.00	75.00
1981	RON LEE TRIO 282	CL	144.00	375.00
1981	TIMOTHY IN BIG SHOE 286	CL	37.00	70.00
1982	ALI ON HIS MAGIC CARPET 335	CL	105.00	180.00
1982	BARNUM FEEDING BACON 315	CL	120.00	210.00
1982	BEAVER PLAYING ACCORDIAN 807	CL	23.00	60.00
1982	BENNY PULLING CAR 310	CL	190.00	300.00
1982	BURRITO BANDITO 334	CL	150.00	225.00
1982	BUSTER IN BARREL 308	CL	85.00	110.00
1982	CAMEL 818	CL	57.00	125.00
1982	CAPTAIN CRANBERRY 320	CL	115.00	165.00
1982	CAPTAIN MIS-ADVENTURE 703	CL	250.00	400.00
1982	CARNEY AND DOG ACT 301	CL	63.00	125.00
1982	CHARLIE CHAPLAIN 701	CL	230.00	450.00
1982	CHARLIE IN THE RAIN 321	CL	80.00	140.00
1982	CHICO PLAYING GUITAR 336	CL	70.00	140.00
1982	CLANCY, THE COP AND DOG 333	CL	115.00	190.00
1982	CLARENCE, THE LAWYER 331	CL	100.00	170.00
1982	DENNY EATING ICE CREAM 305	CL	39.00	110.00
1982	DENNY HOLDING GIFT BOX 306	CL	39.00	110.00
1982	DENNY JUGGLING BALL 307	CL	39.00	110.00
1982	DOG PLAYING GUITAR 805	CL	23.00	60.00
1982	DR. PAINLESS AND PATIENT 311	CL	195.00	310.00
1982	FIREMAN WATERING HOUSE 303	CL	99.00	140.00
1982	FISH WITH SHOE 803	CL	23.00	60.00
1982	FOX IN AN AIRPLANE 806	CL	23.00	60.00
1982	GEORGIE GOING ANYWHERE 302	CL	95.00	125.00
1982	GIRAFFE 816	CL	57.00	125.00
1982	HERBIE BALANCING HAT 327	CL	26.00	75.00
1982	HERBIE DANCING 325	CL	26.00	75.00
1982	HERBIE HANDS OUTSTRETCHED 326	CL	26.00	75.00
1982	HERBIE LEGS IN AIR 329	CL	26.00	75.00
1982	HERBIE LYING DOWN 328	CL	26.00	75.00
1982	HERBIE TOUCHING GROUND 330	CL	26.00	75.00
1982	HOBO JOE ON CYCLE 322	CL	125.00	225.00
1982	HORSE 819	CL	57.00	125.00
1982	KUKLA AND FRIEND 316	CL	100.00	175.00
1982	LAUREL & HARDY 700	CL	225.00	400.00
1982	LIMOUSINE SERVICE 705	CL	330.00	575.00
1982	LION 817	CL	57.00	125.00
1982	LITTLE HORSE-HEAD UP 341	CL	29.00	72.00
1982	MARION WITH MARRIONETTE 317	CL	105.00	180.00
1982	MURPHY ON UNICYCLE 337	CL	115.00	225.00
1982	NAPPY SNOOZING 346	CL	110.00	170.00
1982	NORMAN PAINTING DUMBO 314	CL	126.00	180.00
1982	OSTRICH 813	CL	57.00	125.00
1982	PARROT ROLLERSKATING 809	CL	23.00	60.00
1982	PIG BRICK LAYER 800	CL	23.00	60.00
1982	PINBALL PAL 332	CL	150.00	250.00
1982	QUINCY LYING DOWN 304	CL	80.00	150.00
1982	RABBIT WITH EGG 801	CL	23.00	60.00
1982	REINDEER 812	CL	57.00	125.00
1982	ROBIN RESTING 338	CL	110.00	170.00
1982	RON LEE CAROUSEL	CL	10000.00	12500.00
1982	ROOSTER 815	CL	57.00	125.00
1982	ROOSTER WITH BARBELL 808	CL	23.00	60.00
1982	SAMMY RIDING ELEPHANT 309	CL	90.00	140.00
1982	SEAL BLOWING HIS HORNS 804	CL	23.00	60.00
1982	SELF PORTRAIT 702	CL	1000.00	2450.00
1982	SLIM CHARGING BULL 313	CL	195.00	350.00
1982	SMOKEY, THE BEAR 802	CL	23.00	60.00
1982	STEPPIN' OUT 704	CL	325.00	550.00
1982	THREE MAN VALENTINOS 319	CL	55.00	90.00
1982	TIGER 814	CL	57.00	125.00
1982	TOO LOOSE-L'ARTISTE 312	CL	150.00	230.00
1982	TOU TOU 323	CL	70.00	140.00
1982	TOY SOLDIER 324	CL	95.00	200.00
1982	TURTLE WITH GUN 811	CL	57.00	125.00
1982	TWO MAN VALENTINOS 318	CL	45.00	90.00
1982	WALRUS WITH UMBRELLA 810	CL	23.00	60.00
1983	BANDWAGON, THE 707	CL	900.00	1800.00
1983	BEETHOVEN'S FOURTH PAWS 358	CL	59.00	80.00
1983	BLACK CAROUSEL HORSE 1001	CL	450.00	640.00
1983	BUMBLES SELLING BALLOONS 353	CL	80.00	140.00

YR	NAME	LIMIT	ISSUE	TREND
1983	BUSTER AND HIS BALLOONS 363	CL	47.00	60.00
1983	CAPTAIN FREDDY 375	CL	85.00	310.00
1983	CASEY CRUISING 351	CL	57.00	80.00
1983	CATCH THE BRASS RING 708	CL	510.00	1250.00
1983	CECIL AND SAUSAGE 354	CL	90.00	150.00
1983	CHEF'S CUISINE 361	CL	57.00	80.00
1983	CHESTNUT CAROUSEL HORSE 1002	CL	450.00	640.00
1983	CIMBA THE ELEPHANT 706	CL	225.00	375.00
1983	CLYDE JUGGLING 339	CL	39.00	45.00
1983	CLYDE UPSIDE DOWN 340	CL	39.00	45.00
1983	COCO AND HIS COMPACT 369	CL	55.00	100.00
1983	COTTON CANDY 377	CL	150.00	245.00
1983	DARING DUDLEY 367	CL	65.00	125.00
1983	DOOR TO DOOR DABNEY 373	CL	100.00	175.00
1983	ENGINEER BILLIE 356	CL	190.00	350.00
1983	FLIPPER DIVING 345	CL	115.00	175.00
1983	GAZEBO 1004	CL	450.00	640.00
1983	GILBERT TEE'D OFF 376	CL	60.00	95.00
1983	HOBI IN HIS HAMMOCK 344	CL	85.00	140.00
1983	I LOVE YOU FROM MY HEART 360	CL	35.00	50.00
1983	JOGGER, THE- 372	CL	75.00	95.00
1983	JOSEPHINE 370	CL	55.00	100.00
1983	KNICKERS BALANCING FEATHER 366	CL	47.00	75.00
1983	LAST SCOOP, THE- 379	CL	175.00	275.00
1983	LAST SCOOP, THE 900	CL	325.00	325.00
1983	LITTLE HORSE-HEAD DOWN 342	CL	29.00	72.00
1983	LITTLE SATURDAY NIGHT 348	CL	53.00	80.00
1983	LOU PROPOSING 365	CL	57.00	70.00
1983	MATINEE JITTERS 378	CL	175.00	200.00
1983	MATINEE JITTERS 901	CL	325.00	400.00
1983	MY DAUGHTER DEBORAH 357	CL	63.00	90.00
1983	NO CAMPING OR FISHING 902	CL	325.00	375.00
1983	ON THE ROAD AGAIN 355	CL	220.00	400.00
1983	RICHES TO RAGS 374	CL	55.00	175.00
1983	RIDE 'EM RONI 347	CL	125.00	175.00
1983	RUFUS AND HIS REFUSE 343	CL	65.00	160.00
1983	SAY IT WITH FLOWERS 359	CL	35.00	70.00
1983	SINGIN' IN THE RAIN 362	CL	105.00	180.00
1983	TATTERS AND BALLOONS 352	CL	65.00	75.00
1983	TEETER TOTTIE SCOTTIE 350	CL	55.00	85.00
1983	TOTTIE SCOTTIE 349	CL	39.00	60.00
1983	UP, UP AND AWAY 364	CL	50.00	80.00
1983	WHITE CAROUSEL HORSE 1003	CL	450.00	640.00
1983	WILT THE STILT 368	CL	49.00	75.00
1984	A BOZO LUNCH 390	CL	148.00	225.00
1984	BAGGY PANTS 387	CL	98.00	180.00
1984	BLACK CIRCUS HORSE 711A	CL	305.00	440.00
1984	CHESTNUT CIRCUS HORSE 710A	CL	305.00	440.00
1984	GIVE A DOG A BONE 383	CL	95.00	140.00
1984	JUST FOR YOU 386	CL	110.00	225.00
1984	LOOK AT THE BIRDY 388	CL	138.00	200.00
1984	MY FELLOW AMERICAN 391	CL	138.00	275.00
1984	NO CAMPING OR FISHING 380	CL	175.00	318.00
1984	NO LOITERING 392	CL	113.00	160.00
1984	PEPPERMINTS, THE- 384	CL	150.00	210.00
1984	RUDY HOLDING BALLOONS 713	CL	230.00	350.00
1984	SATURDAY NIGHT 714	CL	250.00	500.00
1984	T.K. AND OH!! 385	CL	85.00	150.00
1984	TISKET AND TASKET 393	CL	93.00	190.00
1984	WHEELER SHEILA 381	CL	75.00	140.00
1984	WHITE CIRCUS HORSE 709	CL	305.00	440.00
1985	CLOWNS OF THE CARIBBEAN PS101	CL	1250.00	2000.00
1985	GIRAFFE GETTING A BATH 428	CL	160.00	340.00
1985	WHISKERS BATHING 749	CL	305.00	305.00
1985	WHISKERS HITCHHIKING 745	CL	240.00	750.00
1985	WHISKERS HOLDING BALLOON 746	CL	265.00	600.00
1985	WHISKERS HOLDING UMBRELLA 747	CL	265.00	600.00
1985	WHISKERS ON THE BEACH 750	CL	230.00	650.00
1985	WHISKERS SWEEPING 744	CL	240.00	875.00
1986	BATHING BUDDIES 450	CL	145.00	200.00
1986	CAPTAIN CRANBERRY 469	CL	140.00	165.00
1986	GETTING EVEN 485	CL	85.00	110.00
1986	HARI AND HARE 454	CL	57.00	75.00
1986	RIDE 'EM PEANUTS 463	CL	55.00	68.00
1986	WET PAINT 436	CL	80.00	125.00
1987	FIRST & MAIN L110	CL	368.00	525.00
1987	HEARTBROKEN HARRY L101	CL	63.00	125.00
1987	LOVABLE LUKE L102	8500	70.00	70.00
1987	PUPPY LOVE L103	8500	71.00	145.00
1987	SUGARLAND EXPRESS L109	CL	342.00	375.00
1987	WOULD YOU LIKE TO RIDE? L104	CL	246.00	325.00
1988	FIFTH WHEEL, THE L117	CL	250.00	295.00
1988	NEW RON LEE CAROUSEL	CL	7000.00	9500.00
1988	TO THE RESCUE L127	CL	130.00	350.00
1988	TUNNEL OF LOVE L123	CL	490.00	550.00
1988	WHEN YOU'RE HOT, YOU'RE HOT! L128	CL	221.00	525.00
1989	BE IT EVER SO HUMBLE L111	CL	900.00	1100.00
1989	CATCH A FALLING STAR L148	CL	57.00	57.00
1989	CIRCUS LITTLE L143	CL	990.00	1265.00

YR	NAME	LIMIT	ISSUE	TREND
1989	FIREMAN, THE L169	CL	68.00	85.00
1989	FISHERMAN, THE - L194	7500	72.00	72.00
1989	GOLFER, THE- L188	CL	72.00	90.00
1989	GREATEST LITTLE SHOE ON EARTH, THE- L210	CL	165.00	210.00
1989	HUGHIE MUNGUS L144	CL	250.00	325.00
1989	I PLEDGE ALLEGIANCE L134	3750	131.00	131.00
1989	IF I WERE A RICH MAN L133	CL	315.00	425.00
1989	IN OVER MY HEAD L135	CL	95.00	125.00
1989	LAWYER, THE- L171	CL	68.00	75.00
1989	O' SOLO MIA L139	CL	85.00	150.00
1989	POLICEMAN, THE- L165	CL	68.00	80.00
1989	SH-H-H-H! L146	CL	210.00	700.00
1989	SNOWDRIFTER L163	CL	230.00	350.00
1989	TEE FOR TWO L141	CL	125.00	150.00
1989	TODAY'S CATCH L147	CL	230.00	300.00
1989	WISHFUL THINKING L114	CL	230.00	375.00
1990	BIG WHEEL, THE L236	2750	240.00	240.00
1990	CANDY MAN L217	2750	350.00	350.00
1990	FILL'ER UP L248	2250	280.00	280.00
1990	HEARTBROKEN HOBO L233	CL	116.00	145.00
1990	HENRY 8-3/4 L260	2750	37.00	37.00
1990	HORSIN' AROUND L262	2750	37.00	37.00
1990	KISS! KISS! L251	2750	37.00	37.00
1990	ME TOO! L231	3500	70.00	70.00
1990	NA! NA! L252	2750	33.00	33.00
1990	NEW SELF PORTRAIT, THE- L218	CL	800.00	950.00
1990	PUSH AND PULL L249	2250	260.00	260.00
1990	SCOOTER L234	2750	240.00	240.00
1990	SNOWDRIFTER II L250	1250	340.00	340.00
1990	TANDEM MANIA L235	2750	360.00	360.00
1990	UNI-CYCLE L237	2750	240.00	240.00
1991	ANYWHERE? L269	1500	125.00	125.00
1991	BUSINESS IS BUSINESS L266	1500	110.00	110.00
1991	CRUISING L265	1500	170.00	170.00
1991	FALL L282	1500	120.00	120.00
1991	GILBERT'S DILEMMA L270	1750	90.00	90.00
1991	GIVE ME LIBERTY L313	1776	155.00	155.00
1991	HAPPY BIRTHDAY PUPPY LOVE L278	1750	73.00	73.00
1991	I'M SINGIN' IN THE RAIN L268	1500	135.00	135.00
1991	LIT'L SNOWDRIFTER L298	1750	70.00	70.00
1991	OUR NATION'S PRIDE L312	1776	150.00	150.00
1991	PUPPY LOVE SCOOTIN' L275	1750	73.00	73.00
1991	PUPPY LOVE'S FREE RIDE L276	1750	73.00	73.00
1991	PUPPY LOVE'S TREAT L277	1750	73.00	73.00
1991	SPRING L280	1500	95.00	95.00
1991	SUMMER L281	1500	95.00	95.00
1991	TA DA! L294	1500	120.00	120.00
1991	UNITED WE STAND L314	1776	150.00	150.00
1991	WINTER L279	1500	115.00	115.00
R. LEE	**RON LEE COLLECTOR'S CLUB RENEWAL SCULPTURES**			
1987	DOGGIN' ALONG CC1	YR	75.00	120.00
1988	MIDSUMMER'S DREAM CC2	YR	97.00	145.00
1989	PEEK-A-BOO CHARLIE CC3	YR	65.00	95.00
R. LEE	**RON LEE LOONEY TUNE COLLECTION**			
1991	1940 BUGS BUNNY LT165	2750	85.00	85.00
1991	BUGS BUNNY LT150	2750	123.00	123.00
1991	DAFFY DUCK LT140	2750	80.00	85.00
1991	ELMER FUDD LT125	2750	87.00	90.00
1991	FOGHORN LEGHORN & HENRY HAWK LT160	2750	115.00	115.00
1991	MARVIN THE MARTIAN LT170	2750	75.00	75.00
1991	MICHIGAN J. FROG LT110	2750	115.00	115.00
1991	MT. YOSEMITE LT180	850	160.00	225.00
1991	PEPE LEPEW & PENELOPE LT145	2750	115.00	115.00
1991	PORKY PIG LT115	2750	97.00	100.00
1991	SYLVESTER & TWEETY LT135	2750	110.00	115.00
1991	TASMANIAN DEVIL LT120	2750	105.00	105.00
1991	TWEETY LT155	2750	110.00	115.00
1991	WESTERN DAFFY DUCK LT105	2750	87.00	90.00
1991	WILE E. COYOTE & ROADRUNNER LT175	2750	165.00	175.00
1991	YOSEMITE SAM LT130	2750	110.00	110.00

ROYAL DOULTON

N. PEDLEY				**AGE OF INNOCENCE**
1991	FEEDING TIME	9500	245.00	245.00
1991	MAKING FRIENDS	9500	270.00	270.00
1991	PUPPY LOVE	9500	270.00	270.00
M. ABBERLEY			**ANTAGONISTS CHARACTER JUGS**	
1986	GEORGE III & GEORGE WASHINGTON	9500	195.00	195.00
M. ALCOCK				**BEATRIX POTTER**
1993	BENJAMIN BUNNY	OP	65.00	65.00
1993	JEMIMA PUDDLEDUCK	OP	65.00	65.00
1993	JEREMY FISHER	OP	65.00	65.00
1993	MRS. RABBIT	OP	65.00	65.00
1993	PETER RABBIT	OP	65.00	65.00
1993	TOM KITTEN	OP	65.00	65.00
1995	PETER IN BED	OP	40.00	40.00
1999	JEREMY FISHER	OP	36.00	36.00

YR	NAME	LIMIT	ISSUE	TREND
	A. HUGHES		**BEATRIX POTTER**	
1995	FOXY WHISKERED GENTLEMAN	OP	65.00	65.00
	A. HUGHES-LUBECK		**BEATRIX POTTER**	
1999	BEATRIX POTTER, MITTENS, TOM KITTEN & MOPPET	YR	205.00	205.00
	W. PLATT		**BEATRIX POTTER**	
1995	TAILOR OF GLOUCESTER	OP	65.00	65.00
1999	PETER RABBIT IN WATERING CAN	OP	36.00	36.00
	W. PLATT		**BRAMBLY HEDGE FIGURES**	
1993	MR. SALTAPPLE	OP	40.00	40.00
1993	MRS. SALTAPPLE	OP	40.00	40.00
	V. ANNAND		**BRITISH SPORTING HERITAGE**	
1993	HENLEY	5000	475.00	475.00
1994	ASCOT	5000	450.00	450.00
1995	WIMBLEDON	5000	475.00	475.00
	M. ALCOCK		**BUNNYKINS**	
1999	TOURIST BUNNYKINS	TL	55.00	55.00
	M. ALCOCK		**BUNNYKINS CHRISTMAS**	
1999	ANGEL BUNNYKINS	OP	43.00	43.00
	M. ALCOCK		**BUNNYKINS MAGICAL THEME**	
1999	MYSTIC BUNNYKINS	TL	59.00	59.00
	S. RIDGE		**BUNNYKINS PROFESSIONS**	
1999	JUDGE BUNNYKINS	*	*	N/A
	M. ALCOCK		**BUNNYKINS SEASIDE SERIES**	
1999	MOTHER BUNNYKINS/BUNNYKINS OF THE YEAR	YR	43.00	43.00
	M. ALCOCK		**CHARACTER JUG OF THE YEAR**	
1994	CAPTAIN HOOK	OP	235.00	235.00
	R. TABBENOR		**CHARACTER JUG OF THE YEAR**	
1999	SHAKESPEARE JUG OF THE YEAR 1999	YR	205.00	205.00
	S. TAYLOR		**CHARACTER JUG OF THE YEAR**	
1993	VICE-ADMIRAL LORD NELSON	OP	225.00	225.00
1995	CAPTAIN BLIGH	OP	200.00	200.00
*			**CHARACTER JUGS**	
1991	FORTUNE TELLER	YR	130.00	130.00
1991	SANTA CLAUS MINIATURE	5000	50.00	50.00
1992	WINSTON CHURCHILL	YR	195.00	195.00
	W. HARPER		**CHARACTER JUGS**	
1991	HENRY VIII	1991	395.00	395.00
	R. TABBENOR		**CHARACTER JUGS**	
1999	KING JOHN	YR	310.00	310.00
1999	MERLIN	1500	310.00	310.00
	S. TAYLOR		**CHARACTER JUGS GREAT COMPOSERS**	
1999	ELGAR	OP	205.00	40.00
	D. BIGGS		**CHARACTER SCULPTURES**	
1995	GULLIVER	OP	285.00	285.00
	A. MASLANKOWSKI		**CHARACTER SCULPTURES**	
1993	LONG JOHN SILVER	OP	250.00	250.00
1993	ROBIN HOOD	OP	250.00	250.00
1994	PIED PIPER	OP	260.00	260.00
1994	WIZARD	OP	340.00	340.00
	R. TABBENOR		**CHARACTER SCULPTURES**	
1993	CAPTAIN HOOK	OP	250.00	250.00
1993	DICK TURPIN	OP	250.00	250.00
1994	D'ARTAGNAN	OP	260.00	260.00
	P. GEE		**CHARACTER STUDIES**	
1994	PIPER, THE	OP	295.00	295.00
	P. PARSONS		**CHARACTER STUDIES**	
1994	GRANDPA'S STORY	OP	275.00	275.00
1994	WHEN I WAS YOUNG	OP	275.00	275.00
1995	RICHARD THE LIONHEART	OP	500.00	500.00
	R. TABBENOR		**CHARACTER STUDIES**	
1993	FATHER CHRISTMAS	OP	195.00	195.00
	N. PEDLEY		**CHARITY FIGURE**	
1999	FAITH	TL	245.00	245.00
	A. MASLANKOWSKI		**CHILD FIGURES**	
1993	BALLET SHOES	OP	74.00	74.00
1993	DADDY'S GIRL	OP	75.00	75.00
	P. PARSONS		**CHILD FIGURES**	
1994	FLOWERS FOR MOTHER	OP	98.00	98.00
	N. PEDLEY		**CHILD FIGURES**	
1993	ALMOST GROWN	OP	65.00	65.00
1993	BEST WISHES	OP	165.00	165.00
1993	BIRTHDAY GIRL	OP	130.00	130.00
1993	FLOWERGIRL	OP	99.00	99.00
1993	MY FIRST FIGURINE	OP	110.00	110.00
1994	A POSY FOR YOU	OP	98.00	98.00
1994	FIRST RECITAL	OP	98.00	98.00
1994	HELLO DADDY	OP	125.00	125.00
1994	MOTHER'S HELPER	OP	98.00	98.00
1994	SPECIAL FRIEND	OP	98.00	98.00
1994	YOUNG MELODY	OP	98.00	98.00
1995	HOMETIME	OP	135.00	135.00
1995	SPECIAL TREAT	OP	135.00	135.00
1995	WHAT'S THAT MATTER	OP	135.00	135.00
	M. ALCOCK		**CHRISTMAS MINI JUGS**	
1994	SNOWMAN MINI	2500	62.00	62.00
	W. HARPER		**CHRISTMAS MINI JUGS**	
1993	ELE MINI	2500	55.00	55.00

YR	NAME	LIMIT	ISSUE	TREND
T. POTTS			**CLASSIQUE**	
1999	SIMONE	OP	175.00	175.00
M. DAVIES			**DANCERS OF THE WORLD**	
1977	DANCERS, FLAMENCO	750	400.00	1300.00
1977	DANCERS, INDIAN TEMPLE	750	400.00	1300.00
1978	DANCERS, PHILIPPINE	750	450.00	675.00
1978	DANCERS, SCOTTISH	750	450.00	1050.00
1979	DANCERS, KURDISH	750	550.00	550.00
1979	DANCERS, MEXICAN	750	550.00	550.00
1980	DANCERS, CHINESE	750	750.00	625.00
1980	DANCERS, NORTH AMERICAN INDIAN	750	950.00	575.00
1980	DANCERS, POLISH	750	750.00	675.00
1981	DANCERS, BRETON	750	850.00	575.00
1981	DANCERS, WEST INDIAN	750	850.00	625.00
1982	DANCERS, BALINESE	750	950.00	575.00
M. DAVIES			**FEMMES FATALES**	
1979	CLEOPATRA	750	750.00	1300.00
1981	HELEN OF TROY	750	1250.00	1100.00
1982	QUEEN OF SHEBA	750	1250.00	1100.00
1983	TZ'U-HSI	750	1250.00	1100.00
1984	EVE	750	1250.00	1100.00
1985	LUCREZIA BORGIA	750	1250.00	1300.00
V. ANNAND			**FIGURE OF THE YEAR**	
1993	PATRICIA	RT	250.00	275.00
P. GEE			**FIGURE OF THE YEAR**	
1991	AMY	YR	245.00	245.00
1992	MARY	YR	225.00	225.00
1994	JENNIFER	OP	250.00	260.00
N. PEDLEY			**FIGURE OF THE YEAR**	
1995	DEBORAH	OP	225.00	225.00
V. ANNAND			**FLOWERS OF LOVE**	
1995	CAMELLIAS	OP	325.00	325.00
1995	FORGET ME NOTS	OP	325.00	325.00
V. ANNAND			**FOUR SEASONS**	
1993	SPRINGTIME	OP	325.00	325.00
1994	AUTUMNTIME	OP	325.00	325.00
1994	SUMMERTIME	OP	325.00	325.00
1995	WINTERTIME	OP	325.00	325.00
P. GEE			**GAINSBOROUGH LADIES**	
*	MARY, COUNTESS HOWE	5000	650.00	650.00
1991	COUNTESS OF SEFTON	5000	650.00	650.00
1991	HON FRANCES DUNCOMBE	5000	650.00	650.00
1991	LADY SHEFFIELD	5000	650.00	650.00
*			**GENTLE ARTS**	
*	ADORNMENT	750	1350.00	1350.00
*	FLOWER ARRANGING	750	1350.00	1350.00
M. DAVIES			**GENTLE ARTS**	
1984	SPINNING	750	1250.00	1400.00
P. PARSONS			**GENTLE ARTS**	
1985	TAPESTRY WEAVING	750	1250.00	1250.00
1986	WRITING	750	1350.00	1350.00
1987	PAINTING	750	1350.00	1350.00
R. JEFFERSON			**GREAT LOVERS**	
1993	ROMEO & JULIET	150	5250.00	5250.00
1994	ROBIN HOOD & MAID MARIAN	150	5250.00	5250.00
V. ANNAND			**HN FIGURES**	
1994	ANNIVERSARY	OP	575.00	575.00
P. GEE			**IMAGES**	
1993	GIFT OF FREEDOM	OP	85.00	85.00
A. HUGHES			**IMAGES**	
1993	BROTHER & SISTER	OP	50.00	50.00
P. PARSONS			**IMAGES**	
1993	OUR FIRST CHRISTMAS	OP	475.00	175.00
D. TOOTLE			**IMAGES**	
1999	LEAP FROG	OP	150.00	150.00
1999	PROMISE, THE/ IMAGES FIGURE OF THE YEAR	YR	150.00	150.00
A. HUGHES			**IMAGES OF NATURE**	
1993	ALWAYS AND FOREVER	OP	55.00	55.00
A. MASLANKOWSKI			**IMAGES OF NATURE**	
1994	NEW ARRIVAL	OP	50.00	50.00
R. TABBENOR			**IMAGES OF NATURE**	
1999	RUNNING FREE	OP	99.00	99.00
M. DAVIES			**LADY MUSICIANS**	
1970	CELLO	750	250.00	1100.00
1971	VIRGINALS	750	250.00	1250.00
1972	LUTE	750	250.00	800.00
1972	VIOLIN	750	250.00	1000.00
1973	FLUTE	750	250.00	900.00
1973	HARP	750	275.00	1300.00
1974	CHITARRONE	750	250.00	625.00
1974	CYMBALS	750	325.00	600.00
1975	DULCIMER	750	375.00	575.00
1975	HURDY GURDY	750	375.00	550.00
1976	FRENCH HORN	750	400.00	500.00
1976	VIOLA D'AMORE	750	400.00	500.00
D. BIGGS			**LARGE SIZE JUGS**	
1995	ALFRED HITCHCOCK	OP	200.00	200.00

YR	NAME	LIMIT	ISSUE	TREND
W. HARPER			**LARGE SIZE JUGS**	
1994	GLENN MILLER	OP	270.00	270.00
R. JEFFERSON			**LES SAISONS**	
*	L'ETE	300	850.00	895.00
*	L'HIVER	300	850.00	795.00
1986	AUTOMNE	300	850.00	940.00
1987	PRINTEMPS	300	825.00	825.00
A. MASLANKOWSKI			**LIMITED EDITION FIGURES**	
1993	WINSTON S. CHURCHILL	5000	595.00	595.00
R. TABBENOR			**LIMITED EDITION FIGURES**	
1993	ROBERT E. LEE	5000	1175.00	1175.00
1993	ULYSSES S. GRANT	5000	1175.00	1175.00
1994	FIELD MARSHAL MONTGOMERY	1994	1100.00	1100.00
D. BIGGS			**LIMITED EDITION TOBY JUGS**	
1994	ALADDIN'S GENIE	1500	335.00	335.00
W. HARPER			**LIMITED EDITION TOBY JUGS**	
1993	FATHER CHRISTMAS TOBY	3500	125.00	125.00
1993	WILLIAM SHAKESPEARE	2500	625.00	625.00
1994	OLIVER CROMWELL	2500	475.00	475.00
1995	CHARLES DICKENS	2500	500.00	500.00
NOKE/FENTON			**LIMITED EDITION TOBY JUGS**	
1994	DIAMOND ANNIVERSARY TINIES	2500	325.00	325.00
S. TAYLOR			**LIMITED EDITION TOBY JUGS**	
1993	CLOWN TOBY	3000	175.00	175.00
1993	NAPOLEON	2000	225.00	225.00
1994	KING & QUEEN OF DIAMONDS TOBY	2500	260.00	260.00
1994	LEPRECHAUN TOBY	2500	150.00	150.00
1995	JUDGE AND THIEF TOBY	OP	185.00	185.00
P. PARSONS			**LITERARY HEROINES**	
1999	MOLL FLANDERS	3500	395.00	395.00
A. MASLANKOWSKI			**LITERARY LOVES**	
1999	HEATHCLIFF AND CATHY	750	1275.00	1275.00
L. ADAMS			**MINIATURES**	
1999	TEDDY BEAR ALICE	OP	*	N/A
1999	TEDDY BEAR WILLIAM	OP	*	N/A
P. GEE			**MINIATURES**	
1993	TOP O' THE HILL	OP	120.00	120.00
N. PEDLEY			**MINIATURES**	
1994	HANNAH	OP	142.00	142.00
R. JEFFERSON			**MYTHS & MAIDENS**	
1982	LADY & UNICORN	300	2500.00	3000.00
1983	LEDA & SWAN	300	2500.00	2950.00
1984	JUNO & PEACOCK	300	2500.00	2950.00
1985	EUROPA & BULL	300	2500.00	2950.00
1986	DIANA THE HUNTRESS	300	2500.00	2950.00
A MASLANKOWSKI			**NATIVITY**	
1993	HOLY FAMILY (JESUS, MARY & JOSEPH)	RT	250.00	275.00
J. ABLITT			**PAPERWEIGHTS**	
1999	DRUMMER BEAR	OP	*	N/A
1999	NUTHATCH	OP	*	N/A
1999	PELICAN	OP	155.00	155.00
1999	SITTING DUCKLING	OP	105.00	105.00
1999	SITTING PIGLET	OP	*	N/A
1999	SLEEPING PIGLET	OP	*	N/A
1999	SWIMMING DUCKLING	OP	105.00	105.00
R. JEFFERSON			**PAPERWEIGHTS**	
1999	RED SQUIRREL	OP	135.00	135.00
1999	WOODLAND PHEASANT	YR	150.00	150.00
T. MANH DINH			**PAPERWEIGHTS**	
1999	MEADOW RABBIT	YR	*	N/A
S. ROWE			**PAPERWEIGHTS**	
1999	ROCKY MOUNTAIN BEAR	OP	*	N/A
1999	TOY DRUM	OP	*	N/A
S. TAYLOR			**PRESIDENTIAL SERIES**	
1993	ABRAHAM LINCOLN	25000	190.00	190.00
1994	THOMAS JEFFERSON	2500	200.00	200.00
1995	GEORGE WASHINGTON	2500	200.00	200.00
D. TOOTLE			**PRESTIGE FIGURES**	
1999	ROMEO AND JULIET	500	2950.00	2950.00
*			**PRESTIGE FIGURES**	
1991	COLUMBINE	*	1250.00	1250.00
1991	FIGHTER ELEPHANT	*	2500.00	2500.00
1991	FOX	*	1550.00	1550.00
1991	HARLEQUIN	*	1250.00	1250.00
1991	JACK POINT	*	2900.00	2900.00
1991	KING CHARLES	*	2500.00	2500.00
1991	LEOPARD ON ROCK	*	3000.00	3000.00
1991	LION ON ROCK	*	3000.00	3000.00
1991	MATADOR AND BULL	*	21500.00	21500.00
1991	MOOR, THE	*	2500.00	2500.00
1991	PRINCESS BADOURA	*	28000.00	28000.00
1991	ST. GEORGE AND DRAGON	*	13600.00	13600.00
1991	TIGER	*	1950.00	1950.00
1991	TIGER ON ROCK	*	3000.00	3000.00

YR	NAME	LIMIT	ISSUE	TREND
A. MASLANKOWSKI			**PRESTIGE FIGURES**	
1993	DUKE OF WELLINGTON	1500	1750.00	1750.00
1993	VICE-ADMIRAL LORD NELSON	950	1750.00	1750.00
1995	CHARGE OF THE LIGHT BRIGADE	SP	16000.00	16000.00
V. ANNAND			**PRETTY LADIES**	
1999	HANNAH	OP	245.00	245.00
1999	ISABELLA	OP	215.00	215.00
P. GEE			**PRETTY LADIES**	
1993	AMY'S SITER	OP	225.00	225.00
D. HUGHES			**PRETTY LADIES**	
1999	LAUREN 1999 FIGURINE OF THE YEAR	YR	215.00	215.00
N. PEDLEY			**PRETTY LADIES**	
1993	HELEN	OP	225.00	225.00
1993	JOANNE	OP	185.00	185.00
1993	NICOLE	OP	155.00	155.00
1994	HOLLY	OP	195.00	195.00
1995	GEMMA	OP	195.00	195.00
1995	HANNAH	OP	250.00	250.00
1995	HAPPY BIRTHDAY	OP	250.00	250.00
1999	BETH	OP	215.00	215.00
1999	KELLY	OP	215.00	215.00
1999	LYNNE	OP	225.00	225.00
1999	MARIANNE	OP	245.00	245.00
1999	MARY	OP	230.00	230.00
1999	MICHELLE	OP	195.00	195.00
1999	NATASHA	OP	235.00	235.00
1999	NICOLE	YR	295.00	295.00
1999	SWEET POETRY	OP	205.00	205.00
T. POTTS			**PRETTY LADIES**	
1999	OPEN ROAD, THE	OP	245.00	245.00
D. TOTTLE			**PRETTY LADIES**	
1994	ALEXANDRA	OP	250.00	250.00
*			**QUEENS OF REALM**	
*	MARY, QUEEN OF SCOTS	SO	550.00	750.00
*	QUEEN ANNE	5000	525.00	550.00
P. PARSONS			**QUEENS OF REALM**	
*	QUEEN ELIZABETH I	SO	495.00	550.00
*	QUEEN VICTORIA	SO	495.00	950.00
P. GEE			**REYNOLDS COLLECTION**	
1991	LADY WORSLEY HN3318	5000	550.00	575.00
P. GEE			**REYNOLDS LADIES**	
1993	COUNTESS SPENCER	5000	595.00	595.00
*		**ROYAL DOULTON COLLECTORS' CLUB**		
1980	JOHN DOULTON JUG (8 O'CLOCK)	YR	70.00	125.00
1981	SLEEPY DARLING FIGURE	YR	100.00	195.00
1982	DOG OF FO	YR	50.00	150.00
1982	PRIZED POSSESSIONS FIGURE	YR	125.00	475.00
1983	LOVING CUP	YR	75.00	275.00
1983	SPRINGTIME	YR	125.00	350.00
1984	PRIDE & JOY FIGURE	YR	125.00	225.00
1984	SIR HENRY DOULTON JUG	YR	50.00	125.00
1985	TOP OF THE HILL PLATE	YR	35.00	75.00
1985	WINTERTIME FIGURE	YR	125.00	195.00
1986	ALBERT SAGGER TOBY JUG	YR	35.00	70.00
1986	AUCTIONEER FIGURE	YR	150.00	195.00
1987	COLLECTOR BUNNYKINS	YR	40.00	295.00
1987	SUMMERTIME FIGURE	YR	140.00	150.00
1988	BEEFEATER TINY JUG	YR	25.00	125.00
1988	OLD SALT TEA POT	YR	135.00	250.00
1988	TOP OF THE HILL MINIATURE FIGURINE	YR	95.00	125.00
M. DAVIES			**ROYAL DOULTON FIGURINES**	
1967	INDIAN BRAVE	500	2500.00	7000.00
1971	PALIO, THE	500	2500.00	6550.00
R. GARBE			**ROYAL DOULTON FIGURINES**	
1933	BEETHOVEN	25	*	6250.00
M. DAVIES			**ROYALTY**	
1973	QUEEN ELIZABETH II	750	200.00	1900.00
1980	QUEEN MOTHER	1500	650.00	1300.00
1981	DUKE OF EDINBURGH	750	395.00	400.00
E. GRIFFITHS			**ROYALTY**	
1982	LADY DIANA SPENCER HN2885	1500	395.00	800.00
1982	PRINCE OF WALES HN2883	1500	395.00	525.00
1982	PRINCE OF WALES HN2884	1500	750.00	800.00
1982	PRINCESS OF WALES HN2887	1500	750.00	1000.00
1986	DUCHESS OF YORK	1500	495.00	500.00
*			**SEASONAL FIGURES**	
1994	CHRISTMAS SURPRISE BUNNYKINS	OP	50.00	50.00
M. ALCOCK			**SEASONAL FIGURES**	
1993	HALLOWEEN BUNNYKINS	OP	50.00	50.00
W. PLATT			**SEASONAL FIGURES**	
1995	EASTER GREETINGS BUNNYKINS	OP	50.00	50.00
A. MASLANKOWSKI			**SENTIMENTS**	
1993	CHRISTMAS DAY	OP	65.00	65.00
1994	CHRISTMAS PARCELS	OP	60.00	60.00
1999	GOOD LUCK	OP	83.00	83.00

YR	NAME	LIMIT	ISSUE	TREND
S. KEENAN			**SHIP FIGUREHEADS**	
*	AJAX	950	*	550.00
*	BENMORE	950	*	550.00
*	CHIEFTAIN	950	*	650.00
*	HIBERNIA	950	*	850.00
*	LALLA ROOKH	950	*	750.00
*	LORD NELSON	950	*	750.00
*	MARY, QUEEN OF SCOTS	950	*	1200.00
*	POCAHONTAS	950	*	950.00
N. PEDLEY			**SMALL FIGURE**	
1999	MELODY	YR	*	N/A
W. HARPER			**SMALL SIZE JUGS**	
1993	SHAKESPEARE	OP	95.00	95.00
S. TAYLOR			**SMALL SIZE JUGS**	
1993	WINSTON CHURCHILL	OP	99.00	99.00
E. GRIFFITHS			**SOLDIERS OF THE REVOLUTION**	
1975	SOLDIERS, CONNECTICUT	350	750.00	800.00
1975	SOLDIERS, DELAWARE	350	750.00	800.00
1975	SOLDIERS, GEORGIA	350	750.00	875.00
1975	SOLDIERS, MARYLAND	350	750.00	800.00
1975	SOLDIERS, MASSACHUSETTS	350	750.00	800.00
1975	SOLDIERS, NEW HAMPSHIRE	350	750.00	825.00
1975	SOLDIERS, NEW JERSEY	350	750.00	1500.00
1975	SOLDIERS, NEW YORK	350	750.00	800.00
1975	SOLDIERS, NORTH CAROLINA	350	750.00	800.00
1975	SOLDIERS, PENNSYLVANIA	350	750.00	800.00
1975	SOLDIERS, RHODE ISLAND	350	750.00	800.00
1975	SOLDIERS, SOUTH CAROLINA	350	750.00	800.00
1975	SOLDIERS, VIRGINIA	350	1500.00	2800.00
L. ISPANKY			**SOLDIERS OF THE REVOLUTION**	
1977	SOLDIERS, WASHINGTON	750	*	2250.00
M. ABBERLEY		**STAR CROSSED LOVERS CHARACTER JUGS**		
*	ANTHONY & CLEOPATRA	SO	195.00	195.00
1986	NAPOLEON & JOSEPHINE	9500	195.00	195.00
S. TAYLOR		**STAR CROSSED LOVERS CHARACTER JUGS**		
1988	SAMSON & DELILAH	9500	195.00	195.00
1989	KING ARTHUR & GUINEVERE	9500	195.00	195.00
N. PEDLEY			**VANITY FAIR**	
1993	DAWN	OP	125.00	125.00
1993	GIFT OF LOVE	OP	125.00	125.00
1994	GOOD COMPANION	OP	185.00	185.00
1994	LINDSAY	OP	142.00	142.00
1995	TAKE ME HOME	OP	195.00	195.00
T. POTTS			**VANITY FAIR**	
1993	MARIA	OP	125.00	125.00

ROYAL WORCESTER

*			**200TH ANNIVERSARY COLLECTION**	
1989	AUGUSTA VASE	200	4500.00	4500.00
1989	CHAMBERLAIN CROCUS POT	200	4000.00	4000.00
1989	CLARENCE VASE	200	1500.00	1500.00
1989	ELIZABETH VASE	200	1500.00	1500.00
1989	FLIGHT BOWL	200	1200.00	1200.00
1989	GLOUCESTER ICE PAIL	200	4000.00	4000.00
1989	HANCOCK VASE	200	2500.00	2500.00
1989	KING GEORGE III VASE	200	4000.00	4000.00
1989	QUEEN CHARLOTTE VASE	200	4000.00	4000.00
1989	REGENT POT POURRI	200	3500.00	3500.00
P.W. BASTON		**BICENTENNIAL LIMITED EDITION COMMEMORATIVES**		
1974	BLACKSMITH	500	200.00	400.00
1974	CABINETMAKER	500	200.00	400.00
1974	CLOCKMAKER	500	200.00	500.00
1974	POTTER	500	200.00	400.00
D. FRIAR		**BIRDS AND FLOWERS OF AMERICA SCULPTURES**		
1984	BLUEBIRD AND FIR, THE	9800	135.00	135.00
1984	CARDINAL AND DOWNY HAWTHORNE, THE	9800	135.00	135.00
1984	CHICKADEE AND DAISY, THE	9800	135.00	135.00
1984	GOLDFINCH AND DOGWOOD, THE	9800	135.00	135.00
1984	KINGFISHER AND WATER LILY, THE	9800	135.00	135.00
1984	ROBIN AND NARCISSUS, THE	9800	135.00	135.00
1984	SWALLOW AND WILD ROSE, THE	9800	135.00	135.00
1984	WREN AND BLACKBERRY, THE	9800	135.00	135.00
D. LINDER			**DORIS LINDER PORCELAINS**	
1947	QUEEN ELIZABETH ON TOMMY	100	275.00	13200.00
1959	HEREFORD BULL	1000	350.00	710.00
1960	FOX HUNTER	500	500.00	N/A
1961	ANGUS BULL	500	350.00	N/A
1961	JERSEY COW	500	300.00	575.00
1961	OFFICER OF ROYAL HORSE GUARDS	150	500.00	N/A
1961	OFFICER OF THE LIFE GUARDS	150	500.00	N/A
1961	SANTA GERTRUDIS BULL	500	350.00	700.00
1962	QUARTER HORSE	500	400.00	N/A
1963	ARAB STALLION	500	450.00	N/A
1963	MERANO	500	500.00	1375.00
1964	BRITISH FRIESIAN BULL	500	400.00	850.00
1964	JERSEY BULL	500	400.00	940.00
1964	SHIRE STALLION	500	700.00	1350.00
1965	HYPERION	500	525.00	850.00

YR	NAME	LIMIT	ISSUE	TREND
1966	DAIRY SHORTHORN BULL	500	475.00	890.00
1966	PERCHERON STALLION	500	725.00	N/A
1966	ROYAL CANADIAN MOUNTY	500	875.00	1500.00
1966	WELSH MOUNTAIN PONY	500	3000.00	2750.00
1967	ARKLE	500	525.00	825.00
1968	BRAHMA BULL	500	400.00	N/A
1968	BULLDOG	500	*	N/A
1968	CHAROLAIS BULL	500	400.00	840.00
1968	DUKE OF EDINBURGH	750	100.00	N/A
1969	APPALOOSA	750	550.00	1350.00
1969	SULFOLK PUNCH	500	650.00	975.00
1970	MARION COAKES-MOULD	750	750.00	1500.00
1971	PALOMINO	750	975.00	N/A
1971	PRINCESS GRACE & FOAL, COLOR	750	1500.00	1600.00
1971	PRINCESS GRACE & FOAL, WHITE	250	1400.00	1500.00
1972	NIJINSKY	500	2000.00	2000.00
1973	AMERICAN SADDLE HORSE	750	1450.00	N/A
1973	PRINCESS ANNE ON DOUBLET	750	4250.00	4250.00
1975	GALLOPING PONIES, COLORED	500	3300.00	N/A
1975	GALLOPING, CLASSIC	250	2500.00	N/A
1976	DUKE OF MARLBOROUGH	350	5200.00	5200.00
1976	GALLOPING IN WINTER	250	3500.00	N/A
1976	HACKNEY	500	1500.00	1500.00
1976	MILL REEF	500	2000.00	2000.00
1976	NEW BORN, COLOR	500	1800.00	1800.00
1976	NEW BORN, WHITE	150	1250.00	1250.00
1976	RED RUM	250	2000.00	2000.00
1976	RICHARD MEADE	500	2450.00	2450.00
1977	CLYDESDALE	500	1250.00	1250.00
1977	GRUNDY	500	1800.00	1800.00
1977	HIGHLAND BULL	500	900.00	900.00

D. DOUGHTY — DOROTHY DOUGHTY PORCELAINS

YR	NAME	LIMIT	ISSUE	TREND
1935	AMERICAN REDSTARTS AND HEMLOCK	66	*	5500.00
1936	BLUEBIRDS	350	500.00	8550.00
1936	GOLDFINCHES & THISTLE	250	350.00	4500.00
1937	CARDINALS	500	500.00	6000.00
1938	BALTIMORE ORIOLES	250	350.00	N/A
1938	CHICKADEES & LARCH	300	350.00	8700.00
1940	BOBWHITE QUAIL	22	275.00	11000.00
1940	CRABAPPLES	250	400.00	4000.00
1940	MOCKINGBIRDS	500	450.00	7500.00
1941	APPLE BLOSSOMS	250	400.00	2500.00
1942	CRABAPPLE BLOSSOM SPRAYS AND A BUTTERFLY	250	*	800.00
1942	INDIGO BUNTING AND PLUM TWIG	5000	*	N/A
1942	INDIGO BUNTINGS, BLACKBERRY SPRAYS	500	375.00	2700.00
1942	MOCKINGBIRDS AND PEACH BLOSSOM	500	*	N/A
1947	ORANGE BLOSSOMS & BUTTERFLY	250	500.00	4400.00
1950	HUMMINGBIRDS AND FUCHSIA	500	*	2800.00
1950	MAGNOLIA WARBLER	150	1100.00	2700.00
1950	MEXICAN FEIJOA	250	600.00	3500.00
1952	KINGLETS & NOBLE PINE	500	450.00	2500.00
1952	RED-EYED VIREOS	500	450.00	2000.00
1952	YELLOW-HEADED BLACKBIRDS	350	650.00	2200.00
1955	GNATCATCHERS	500	600.00	3750.00
1955	MYRTLE WARBLERS	500	550.00	2500.00
1956	BEWICK'S WRENS & YELLOW JASMINE	500	600.00	3000.00
1956	SCARLET TANAGERS	500	675.00	3600.00
1957	OVENBIRDS	250	650.00	4500.00
1957	PARULA WARBLERS	500	600.00	2700.00
1958	PHOEBES ON FLAME VINE	500	750.00	4000.00
1958	YELLOWTHROATS ON WATER HYACINTH	350	750.00	3000.00
1959	CACTUS WRENS	500	1250.00	3500.00
1959	ELF OWL	500	875.00	N/A
1960	CANYON WRENS	500	750.00	3000.00
1961	HOODED WARBLERS	500	950.00	4300.00
1962	LAZULI BUNTING & CHOKECHERRIES, COLOR	500	1350.00	3700.00
1962	LAZULI BUNTING & CHOKECHERRIES, WHITE	100	1350.00	2800.00
1962	SCISSOR-TAILED FLYCATCHER, COLOR	250	950.00	N/A
1962	SCISSOR-TAILED FLYCATCHER, WHITE	75	950.00	1450.00
1963	AUDUBON WARBLERS	500	1350.00	3100.00
1963	VERMILLION FLYCATCHERS	500	250.00	1700.00
1964	BLUE TITS & PUSSY WILLOW	500	250.00	3000.00
1964	LESSER WHITETHROATS	500	350.00	2600.00
1964	MOORHEN CHICK	500	1000.00	N/A
1964	MOUNTAIN BLUEBIRDS	500	950.00	2000.00
1964	ROBIN	500	750.00	N/A
1964	WRENS & BURNET ROSE	500	650.00	1000.00
1965	CERULEAN WARBLERS & RED MAPLE	500	1350.00	2400.00
1965	CHUFFCHAFF	500	1500.00	2400.00
1965	KINGFISHER COCK & AUTUMN BEECH	500	1250.00	2100.00
1966	LARK SPARROW	500	750.00	N/A
1967	DOWNY WOODPECKER & PECAN, COLOR	400	1500.00	1700.00
1967	DOWNY WOODPECKER & PECAN, WHITE	75	1000.00	1900.00
1968	CAROLINA PAROQUET, COLOR	350	1200.00	2000.00
1968	CAROLINA PAROQUET, WHITE	75	600.00	N/A
1968	GRAY WAGTAIL	500	600.00	N/A
1968	REDSTARTS & GORSE	500	1900.00	2300.00
1971	NIGHTINGALE & HONEYSUCKLE	500	2500.00	2000.00

YR	NAME	LIMIT	ISSUE	TREND
1972	GOLDCRESTS, PAIR	500	4200.00	N/A
1977	MEADOW PIPIT	500	1800.00	1800.00
N. ROESSLER		**NORBERT E.J. ROESSLER BRONZES**		
1976	HUMMER, WITH FUCHSIA	500	225.00	225.00
1976	MARLIN	500	250.00	250.00
R. VAN RUYCKEVELT		**RONALD VAN RUYCKEVELT PORCELAINS**		
*	ALICE	500	1875.00	1875.00
*	CECILIA	500	1875.00	1875.00
1956	HOGFISH & SERGEANT MAJOR	500	375.00	650.00
1958	RED HIND	500	375.00	900.00
1961	PASSIONFLOWER	500	300.00	400.00
1961	SQUIRRELFISH	500	400.00	9000.00
1962	FLYING FISH	300	400.00	450.00
1962	HIBISCUS	500	300.00	350.00
1962	SAILFISH	500	400.00	550.00
1964	ROCK BEAUTY	500	425.00	850.00
1964	TARPON	500	500.00	975.00
1965	BLUE MARLIN	500	500.00	1000.00
1966	SWORDFISH	500	575.00	650.00
1967	BLUEFIN TUNA	500	500.00	N/A
1967	BUTTERFLY FISH	500	375.00	1600.00
1968	BLUE ANGEL FISH	500	375.00	900.00
1968	DOLPHIN	500	500.00	900.00
1968	HONFLEUR A-105	290	*	600.00
1968	HONFLEUR A-106	290	*	600.00
1968	MALLARDS	500	*	2000.00
1968	MENNECY A-101	338	*	725.00
1968	MENNECY A-102	334	*	725.00
1968	RAINBOW PARROT FISH	500	1500.00	1500.00
1968	RING-NECKED PHEASANTS	500	*	3300.00
1969	ARGENTEUIL A-108	338	*	N/A
1969	BOBWHITE QUAIL, PAIR	500	*	2000.00
1969	CASTELNEAU PINK	429	*	850.00
1969	CASTELNEAU YELLOW	163	*	850.00
1969	SAINT DENIS A-109	500	*	950.00
1970	AMERICAN PINTAIL, PAIR	500	*	3000.00
1971	ELAINE	750	600.00	625.00
1971	GREEN-WINGED TEAL	500	1450.00	1450.00
1971	LANGUEDOC	216	*	1150.00
1972	WHITE DOVES	25	3600.00	28000.00
1976	PICNIC	250	2850.00	2850.00
1976	QUEEN ELIZABETH I	250	3850.00	3850.00
1976	QUEEN MARY I	250	4850.00	4850.00
1977	QUEEN ELIZABETH II	250	*	*
D. FRIAR		**ROYAL WORCESTER GREAT AMERICAN BIRDS OF PREY**		
1985	AMERICAN KESTREL	9800	195.00	195.00
1985	BALD EAGLE	9800	195.00	195.00
1985	COOPERS HAWK	9800	195.00	195.00
1985	GREAT HORNED OWL	9800	195.00	195.00
1985	GYRFALCON	9800	195.00	195.00
1985	PEREGRINE FALCON	9800	195.00	195.00
1985	RED TAIL HAWK	9800	195.00	195.00
1985	SCREECH OWL	9800	195.00	195.00
R. VAN RUYCKEVELT		**RUTH VAN RUYCKEVELT PORCELAINS**		
1959	LISETTE	500	100.00	N/A
1959	PENELOPE	500	100.00	N/A
1960	BEATRICE	500	125.00	N/A
1960	CAROLINE	500	125.00	N/A
1962	LOUISA	500	400.00	975.00
1963	SISTER OF LONDON HOSPITAL	500	*	500.00
1963	SISTER OF ST. THOMAS HOSPITAL	500	*	500.00
1964	MELANIE	500	150.00	N/A
1964	ROSALIND	500	150.00	N/A
1964	TEA PARTY	250	400.00	7000.00
1966	SISTER OF UNIVERSITY COLLEGE HOSPITAL	500	*	500.00
1967	ELIZABETH	750	300.00	800.00
1968	CHARLOTTE AND JANE	500	1000.00	1600.00
1968	MADELINE	500	300.00	800.00
1968	MARION	500	275.00	600.00
1969	BRIDGET	500	300.00	650.00
1969	EMILY	500	300.00	600.00
1970	SISTER OF THE RED CROSS	750	*	500.00
1971	FELICITY	750	600.00	600.00
1978	ESTHER	500	*	N/A
K. POTTS		**SPECIAL ISSUE**		
1988	QUEEN ELIZABETH I	100	15000.00	15000.00

SAMSONS STUDIOS

S. BUTCHER		**MCCOONS COUNTY**		
*	BOX SOCIAL	RT	80.00	100.00
*	CHECKERBOARD SQUARE	RT	85.00	125.00
*	GOOD-BYE MARY LOU - ARMY	RT	60.00	70.00
*	GOOD-BYE MARY LOU - NAVY	RT	60.00	80.00
*	MAMA SANG TENOR	RT	70.00	90.00
*	MCCOON COUNTY FAIR	RT	80.00	100.00
*	WISHING YOU A TWO TON CHRISTMAS	RT	70.00	100.00
S. BUTCHER		**MCCOONS STUDIOS**		
*	SATURDAY NIGHT HO-DOWN	RT	150.00	175.00

YR	NAME	LIMIT	ISSUE	TREND
S. BUTCHER			**SNUGGLE BUGS**	
*	BON VOYAGE	RT	15.00	75.00
*	HAPPY BIRTHDAY TO YOU	RT	15.00	45.00
*	I'M SENDING YOU MY BERRY VEST	RT	15.00	80.00
*	LET LOVE BLOOM	RT	15.00	70.00
*	LET'S POOL OUR RESOURCES	RT	15.00	75.00
*	YOU ARE MY FAVORITE PAIL	RT	15.00	80.00
*	YOU ARE MY NO. 1	RT	15.00	45.00
*	YOU ARE OUT OF THIS WORLD	RT	15.00	45.00
*	YOU ARE THE END OF MY RAINBOW	RT	15.00	300.00
*	YOU TAKE THE CAKE	RT	15.00	45.00
T. CLARK			**TOM CLARK CREATIONS**	
*	DAISY AND ERIC	*	*	750.00

SANDICAST

YR	NAME	LIMIT	ISSUE	TREND
S. BRUE			**BARKITECTURE**	
1993	BEACON HILL TOWNHOUSE & BOSTON TERRIER	RT	25.00	25.00
1993	EIFFEL TOWER & POODLE	RT	25.00	25.00
1993	ENGLISH THATCHED COTTAGE & LABRADOR	RT	25.00	25.00
1993	GERMAN CASTLE & ROTTWEILER	RT	25.00	25.00
1993	IGLOO & HUSKY	RT	25.00	25.00
1993	IRISH COTTAGE & SETTER	RT	25.00	25.00
1993	JAPANESE PAGODA & AKITA	RT	25.00	25.00
1993	LOG CABIN & BLOODHOUND	RT	25.00	25.00
1993	MAYAN TEMPLE & CHIHUAHUA	RT	25.00	25.00
1993	SCOTTISH CASTLE & WESTIE	RT	25.00	25.00
1993	SWISS CHALET & ST. BERNARD	RT	25.00	25.00
1993	TIBETAN TEMPLE & LHASA	RT	25.00	25.00
S. BRUE			**COLLECTOR'S GUILD**	
1994	COLLECTOR'S GUILD MEMBERSHIP KIT	YR	40.00	40.00
S. BRUE			**FOREVER FRIENDS**	
1993	BASSET & PUP	*	70.00	70.00
1993	BEAGEL & PUP	*	70.00	70.00
1993	BOXER PUP, BRINDLE	RT	70.00	70.00
1993	BOXER PUP, FAWN	*	70.00	70.00
1993	CAT & KITTEN, BLACK	*	70.00	70.00
1993	CAT & KITTEN, BLACK AND WHITE	*	70.00	70.00
1993	CAT & KITTEN, CALICO	*	70.00	70.00
1993	CAT & KITTEN, ORANGE AND WHITE	*	70.00	70.00
1993	CAT, GRAY AND WHITE	*	70.00	70.00
1993	CAT, WHITE	*	70.00	70.00
1993	COCKER & PUP, BLACK	RT	70.00	70.00
1993	COCKER & PUP, BUFF	RT	70.00	70.00
1993	COCKER & PUP, PARTI BLACK	RT	70.00	70.00
1993	COCKER & PUP, PARTI BUFF	RT	70.00	70.00
1993	GOLDEN RETRIEVER & PUP	*	70.00	70.00
1993	HARP SEAL & PUP	*	70.00	70.00
1993	LION & CUB	*	70.00	70.00
1993	PENGUIN & CHICK	*	70.00	70.00
1993	SCHNAUZER & PUP	*	70.00	70.00
1994	LAB & PUP, BLACK	*	70.00	11.00
1994	LAB & PUP, CHOCOLATE	*	70.00	70.00
1994	LAB & PUP, YELLOW	*	70.00	70.00
1994	POLAR BEAR & CUB	*	62.00	62.00
S. BRUE			**LIFE SIZE**	
1993	CAT, BLACK AND WHITE	*	108.00	108.00
1993	CAVALIER KING CHARLES SPANIEL	*	108.00	108.00
1993	PANDA CUB	*	69.00	80.00
1994	COLLIE PUP, SABLE	*	108.00	108.00
1994	JACK RUSSELL TERRIER	*	108.00	108.00
1994	JACK RUSSELL TERRIER, BLACK AND WHITE	*	108.00	108.00
1994	ST. BERNARD PUP	*	108.00	108.00
S. BRUE			**LIL' SNOOZERS**	
1994	KITTEN, MIDNIGHT	*	9.00	9.00
1994	NODDER, MIDNIGHT	*	9.00	9.00
1994	YAWNER, BLACK	*	9.00	9.00
S. BRUE			**LION KING**	
1994	ADULT SIMBA	RT	68.00	68.00
1994	MUFASA & SIMBA	RT	68.00	68.00
1994	PRIDE ROCK DISPLAY	RT	60.00	60.00
1994	SIMBA & NALA	RT	68.00	68.00
1994	YOUNG NALA	RT	18.00	18.00
1994	YOUNG SIMBA	RT	18.00	18.00
S. BRUE			**NATURE'S HABITAT**	
1994	BISON	5000	80.00	80.00
1994	GRIZZLY BEAR	5000	80.00	80.00
1994	HABITAT	5000	100.00	100.00
1994	MOOSE	5000	80.00	80.00
1994	TIMBER WOLF	RT	40.00	40.00
S. BRUE			**ORIGINALS**	
1993	DOBIE, RED (II), UNCROPPED	*	40.00	40.00
1994	AUSTRALIAN SHEPHERD	*	40.00	40.00
1994	GREYHOUND	*	40.00	40.00
1994	GREYHOUND, FAWN	*	40.00	40.00
1994	GREYHOUND, WHITE & BRINDLE	*	40.00	40.00
S. BRUE			**PESKY PEEPERS**	
1994	CHOW, BLACK	*	11.00	11.00
1994	CHOW, RED	*	11.00	11.00

YR	NAME	LIMIT	ISSUE	TREND
1994	COCKER, BLACK	*	11.00	11.00
1994	JACK RUSSELL TERRIER	*	11.00	11.00
1994	KITTY, BLACK	*	11.00	11.00
1994	ROTTWEILER	*	11.00	11.00
1994	SHIH TZU, BLACK/WHITE	*	11.00	11.00
1994	SHIH TZU, GOLD/WHITE	*	11.00	11.00
1994	ST. BERNARD	*	11.00	11.00
S. BRUE			**WILD CREATURES**	
1994	FERRET	*	48.00	48.00
1994	WOLF	*	48.00	48.00

SANDY DOLLS INC.
G. DY-SY

			ANGELS OF THE MILLENNIUM	
1999	ADELA	500	100.00	100.00
1999	ELISA	500	100.00	100.00
R. TEJADA			**SANTA COLLECTION**	
1999	ANDREW	OP	45.00	45.00
1999	FREDERICK	OP	45.00	45.00
A. LEE			**SASS 'N CLASS BY ANNIE LEE**	
1997	GIMME DAT GUM	SO	70.00	70.00
1997	MOTHER BOARD	SO	85.00	85.00
1998	5TH GRADE SUBSTITUTE	OP	40.00	40.00
1998	BLUE MONDAY	OP	40.00	40.00
1998	BURN YOU BABY?	OP	55.00	55.00
1998	HOLY GHOST	5000	40.00	40.00
1998	LOVING ARMS	OP	35.00	35.00
1998	METAMORPHOSIS	RT	60.00	60.00
1998	SPRINKLIN' & PRESSIN'	RT	55.00	55.00
1999	CULTURED PEARLS	OP	35.00	35.00
1999	HEAT OF THE BEAT	OP	55.00	55.00
1999	LOVE SONG	OP	60.00	60.00
1999	MISSISSIPPI SAMSONITE	OP	40.00	40.00
1999	PRIMPIN'	OP	60.00	60.00
1999	SIX-NO-UPTOWN	OP	75.00	75.00
1999	SIXTY POUNDS	SO	75.00	75.00
1999	SPIN CYCLE	OP	75.00	75.00
2000	DISAPPOINTED AGAIN	OP	60.00	60.00
2000	MISDEAL	OP	75.00	75.00
2000	SADIE'S RELIEF	OP	45.00	45.00
2000	SASSY SOLO	OP	38.00	38.00
2000	SUNDAY EVENING RADIO	10000	85.00	85.00
2000	WHITE TIE ONLY-SCENE 1	OP	55.00	55.00
2000	WHITE TIE ONLY-SCENE 2	OP	65.00	65.00
2000	WHITE TIE ONLY-SCENE 3	OP	75.00	75.00
2000	WHITE TIE ONLY-SCENE 4	OP	45.00	45.00
2000	WHITE TIE ONLY-SHELVE	OP	20.00	20.00
2000	WHITE TIE ONLY-WINDOW	OP	15.00	15.00
G. DY		**SEASONAL ACCENTS ANGELIC COLLECTION**		
1998	DIANNA MUSICAL	OP	80.00	80.00
1998	JOELLE MUSICAL	OP	80.00	80.00
1998	ZAHRA MUSICAL	OP	80.00	80.00
S. BEDARD			**SOUL MATES OCCASIONS**	
1998	FOR A SPECIAL FRIEND	OP	15.00	15.00
1998	GET WELL (CLOWN)	OP	15.00	15.00
1998	GET WELL (SOAP)	OP	15.00	15.00
1998	HAPPY BIRTHDAY (CAT)	OP	15.00	15.00
1998	HAPPY BIRTHDAY (DOG)	OP	15.00	15.00
1998	MISSING YOU	OP	15.00	15.00

SARAH'S ATTIC
S. SCHULTZ

*	BEVERLY JANE SUNDAY BEST	500	160.00	300.00
1988	SUNSHINE DOLL	RT	118.00	700.00
1989	BEVERLY JANE AMERICAN (RED DRESS)	500	160.00	300.00
1989	LONG JOURNEY	RT	19.00	35.00
1990	SLEEPY RABBIT	RT	16.00	25.00
1990	THELMA RABBIT	RT	33.00	40.00
1991	SILENT NIGHT	RT	33.00	44.00
1997	APRIL WH. ANGEL	2000	36.00	36.00
1997	BASKET OF MEMORIES	RT	35.00	35.00
1997	BASKET OF TREASURES		35.00	35.00
1997	BENJAMIN BANNEKER	2000	65.00	65.00
1997	BLACK SEMINOLE SCOUT	2000	48.00	48.00
1997	BLANCHE KELSO BRUCE	2000	55.00	55.00
1997	BLESSED IS HE IV	2000	65.00	65.00
1997	BONDING BUDDIES RABBITS	RT	25.00	25.00
1997	BUN-NARD RABBIT- BLUE	RT	80.00	80.00
1997	BUN-NARD RABBIT- RUST	RT	80.00	80.00
1997	BUN-NETTE RABBIT- BLUE	RT	80.00	80.00
1997	BUN-NETTE RABBIT- RUST	RT	80.00	80.00
1997	BURLEY BEAR- ABC'S	5000	24.00	24.00
1997	BURLEY BEAR- BLUE	RT	20.00	20.00
1997	BURLEY BEAR- GREEN	RT	20.00	20.00
1997	BURLEY BEAR- PASTEL	RT	20.00	20.00
1997	BURLEY BEAR- RED	RT	20.00	20.00
1997	CORETTA- NOBEL PRIZE	10000	65.00	65.00
1997	CUPCAKE- HOUSEWORK	5000	40.00	40.00
1997	DO LORD!- PURPLE	3000	45.00	45.00

American Bald Eagle I *is from the "Birds of Prey" series by W.D. Gaither. The porcelain sculpture is produced by Maruri.*

Artist W.D. Gaither captures the movements and majesty of the American Bald Eagle III *in his third sculpture for Maruri's "Birds of Prey" series.*

American Bald Eagle II *is crafted in porcelain by W.D. Gaither and produced by Maruri as part of the "Bird of Prey" series.*

American Bald Eagle IV *by W.D. Gaither portrays the creature searching for food. The figure is from the "Birds of Prey" series produced by Maruri.*

YR	NAME	LIMIT	ISSUE	TREND
1997	DO LORD!- RED	3000	45.00	45.00
1997	FAITH BL. ANGEL- PASTEL	RT	70.00	70.00
1997	FAITH WH. ANGEL- PASTEL	RT	70.00	70.00
1997	FLOPPER W/ VEG. RABBIT	RT	25.00	25.00
1997	FOREVER PEACE	1000	110.00	110.00
1997	GENERATIONS OF QUILTING	2000	300.00	300.00
1997	GIGGLES BL. ANGEL	2500	14.00	15.00
1997	HEATHER RABBIT	RT	30.00	30.00
1997	HEAVENLY REFLECTIONS	1000	30.00	30.00
1997	HERBIE RABBIT	RT	30.00	30.00
1997	JALEESA- PRAYING	2500	28.00	28.00
1997	JEB- PRAYING	2500	28.00	28.00
1997	JESSICA- PRAYING	2500	28.00	28.00
1997	JESSIE	RT	25.00	25.00
1997	JODI	RT	25.00	25.00
1997	JUSTIN- PRAYING	2500	28.00	28.00
1997	KATIE- SHOPPING	5000	38.00	38.00
1997	KWANZAA	2000	200.00	200.00
1997	LET THE SUNSHINE	4040	30.00	30.00
1997	LEWIS H. DOUGLASS	2500	50.00	50.00
1997	MAGGIE- LGE	RT	75.00	75.00
1997	MAGGIE SCHOOL- GREEN	RT	35.00	35.00
1997	MAGGIE SCHOOL- PASTEL	RT	35.00	35.00
1997	MATT- LGE	RT	754.00	75.00
1997	MATT SCHOOL- GREEN	RT	27.00	27.00
1997	MATT SCHOOL- PASTEL	RT	27.00	27.00
1997	MAY BL. ANGEL	2000	36.00	36.00
1997	MIKEY II BEAR- BLUE	RT	60.00	60.00
1997	MIKEY II BEAR- GREEN	RT	60.00	60.00
1997	MIKEY II BEAR- PASTEL	RT	60.00	60.00
1997	MISSY II BEAR- BLUE	RT	60.00	60.00
1997	MISSY II BEAR- GREEN	RT	60.00	60.00
1997	MISSY II BEAR- PASTEL	RT	60.00	60.00
1997	MLK- NOBEL PRIZE	10000	65.00	65.00
1997	NAT- LGE	RT	75.00	75.00
1997	NAT SCHOOL- BLUE	RT	27.00	27.00
1997	NAT SCHOOL- YELLOW	RT	27.00	27.00
1997	NETTIE- LGE	RT	75.00	75.00
1997	NETTIE SCHOOL- BLUE	RT	35.00	35.00
1997	NETTIE SCHOOL- YELLOW	RT	35.00	35.00
1997	OSCEOLA INDIAN CHIEF	RT	55.00	55.00
1997	PATTER GIRL ANGEL	5000	24.00	24.00
1997	PEEK-A-BOO RABBIT	RT	19.00	19.00
1997	PITTER BOY ANGEL	5000	24.00	24.00
1997	RACHEL- PRINCESS	5000	34.00	34.00
1997	SERENITY CROSS	500	44.00	44.00
1997	SHARING MEMORIES	RT	85.00	85.00
1997	SIMON HOUSE PIN	OP	8.00	8.00
1997	SMILES, WH. ANGEL	2500	14.00	15.00
1997	SPIRITUAL GUIDANCE	500	65.00	65.00
1997	SUNDAY TILLIE- BLUE	RT	75.00	75.00
1997	SUNDAY TILLIE- PASTEL	500	75.00	75.00
1997	SUNDAY WILLIE- BLUE	RT	75.00	75.00
1997	SUNDAY WILLIE- PASTEL	500	75.00	75.00
1997	TABBY BEAR- BLUE	RT	25.00	25.00
1997	TABBY BEAR- GREEN	RT	25.00	25.00
1997	TABBY BEAR- PASTEL	RT	25.00	25.00
1997	TILLIE- PREACHER'S WIFE	5000	30.00	30.00
1997	TOMMY BEAR- BLUE	RT	27.00	27.00
1997	TOMMY BEAR- GREEN	RT	27.00	27.00
1997	TOMMY BEAR- PASTEL	RT	27.00	27.00
1997	TOOTSIE BEAR- BLUE	RT	20.00	20.00
1997	TOOTSIE BEAR- PASTEL	RT	20.00	20.00
1997	TOOTSIE BEAR- RED	RT	20.00	20.00
1997	TRANQUILITY W/ LION	1000	130.00	130.00
1997	TREASURED MOMENTS		85.00	85.00
1997	TUSKEGEE AIRMAN II	4000	60.00	60.00
1997	TWINKIE- REMOTE	5000	34.00	34.00
1997	WHIMPY- EXECUTIVE	5000	36.00	36.00
1997	WILLIE- PREACHER	5000	30.00	30.00
S. SCHULTZ			**AMERICANA COLLECTION**	
1988	AMERICANA BEAR	CL	70.00	70.00
1988	AMERICANA BEAR	CL	18.00	18.00
1988	AMERICANA BUNNY	CL	70.00	70.00
1988	AMERICANA CLOWN	OP	80.00	80.00
1988	BETSY BEAR W/FLAG	CL	23.00	23.00
1988	BETSY ROSS	OP	34.00	40.00
1988	COLONIAL BEAR W/HAT	CL	23.00	23.00
1988	INDIAN BRAVE	OP	10.00	10.00
1988	INDIAN GIRL	OP	10.00	10.00
1988	PILGRIM BOY	OP	12.00	13.00
1988	PILGRIM GIRL	OP	12.00	13.00
1988	TURKEY	OP	10.00	12.00
1990	BRIGHT SKY	TL	70.00	70.00
1990	IRON HAWK	TL	70.00	70.00
1990	LITTLE DOVE	TL	40.00	40.00
1990	SPOTTED EAGLE	TL	30.00	30.00

YR	NAME	LIMIT	ISSUE	TREND
S. SCHULTZ			**ANGELS IN THE ATTIC**	
1989	ANGEL ABBEE	CL	10.00	18.00
1989	ANGEL ALEX	CL	10.00	15.00
1989	ANGEL AMELIA	CL	10.00	15.00
1989	ANGEL ASHBEE	CL	10.00	18.00
1989	ANGEL ASHLEE	CL	14.00	25.00
1989	ANGEL BEVIE	CL	10.00	10.00
1989	ANGEL BONNIE	CL	17.00	21.00
1989	ANGEL CLYDE	CL	17.00	20.00
1989	ANGEL DAISY	CL	14.00	15.00
1989	ANGEL DUSTY	CL	12.00	85.00
1989	ANGEL EDDIE	CL	10.00	10.00
1989	ANGEL EMMY LOU	CL	12.00	12.00
1989	ANGEL FLOPPY	CL	10.00	10.00
1989	ANGEL GRAMPS	CL	17.00	90.00
1989	ANGEL GRAMS	CL	17.00	90.00
1989	ANGEL JEFFREY	CL	14.00	15.00
1989	ANGEL JESSICA	CL	14.00	15.00
1989	ANGEL PATSY	CL	13.00	15.00
1989	ANGEL RAYBURN	CL	12.00	20.00
1989	ANGEL REBA	CL	12.00	15.00
1989	ANGEL REGGIE	CL	12.00	14.00
1989	ANGEL RUTHIE	CL	12.00	13.00
1989	ANGEL SHOOTER	CL	12.00	18.00
1989	ANGEL WENDALL	CL	10.00	15.00
1989	ANGEL WENDY	CL	10.00	15.00
1989	ANGEL WILBUR	CL	10.00	14.00
1989	ANGEL WINNIE	CL	10.00	14.00
1989	SAINT WILLIE BILL	CL	30.00	40.00
1989	ST. ANNE	CL	29.00	32.00
1989	ST. GABBE	CL	30.00	33.00
1989	ST. GEORGE	CL	60.00	65.00
1990	ANGEL BEAR IN BASKET	CL	23.00	23.00
1990	ANGEL BILLI	CL	18.00	21.00
1990	ANGEL BUSTER	CL	15.00	16.00
1990	ANGEL CINDI	CL	18.00	20.00
1990	ANGEL FLOSSY	CL	15.00	25.00
1990	ANGEL LENA	CL	36.00	38.00
1990	ANGEL LOUISE	CL	17.00	21.00
1990	ANGEL RABBIT IN BASKET	CL	25.00	25.00
1990	ANGEL TRAPPER	CL	17.00	21.00
1990	ANGEL TRUDY	CL	36.00	36.00
1991	ANGEL BERT GOLFING	1000	60.00	60.00
1991	ANGEL DONALD WITH DOG	1000	50.00	50.00
1991	CONTENTMENT	RT	100.00	180.00
1992	LOVE	RT	80.00	180.00
1995	DIGNITY ANGEL/4330	OP	55.00	55.00
1995	LOUISE ANGEL/4472	2500	34.00	34.00
1995	LOVE ANGEL/4328	OP	40.00	40.00
1995	PRAYER OF LOVE/4437	SO	85.00	170.00
1995	RESPECT ANGEL/4329	OP	32.00	32.00
1995	WILLIE BILL ANGEL/4471	2500	34.00	34.00
1996	APRIL ANGEL/4514	4000	40.00	40.00
1996	MAY ANGEL/4515	4000	40.00	40.00
S. SCHULTZ			**BEARY ADORABLES COLLECTION**	
1987	ABBEE BEAR	CL	10.00	10.00
1987	ALEX BEAR	CL	12.00	12.00
1987	AMELIA BEAR	CL	12.00	12.00
1987	ASHBEE BEAR	CL	10.00	10.00
1987	BEAR ON TRUNK	CL	20.00	20.00
1987	COLLECTIBLE BEAR	CL	16.00	16.00
1988	ARCTIC PICNIC BEAR	CL	7.00	7.00
1988	BEAR IN BASKET	CL	48.00	48.00
1988	BENNI BEAR	CL	7.00	7.00
1988	EINSTEIN BEAR	CL	8.00	9.00
1988	GHOST BEAR	CL	12.00	12.00
1988	HONEY PICNIC BEAR	CL	16.00	17.00
1988	JESTER CLOWN BEAR	CL	12.00	13.00
1988	LEFTY BEAR	CL	80.00	80.00
1988	MARTI PICNIC BEAR	CL	12.00	13.00
1988	RUFUS PICNIC BEAR	CL	15.00	16.00
1989	ANGEL BEAR	CL	25.00	25.00
1989	DAISY BEAR	CL	48.00	55.00
1989	GRISWALD BEAR	CL	48.00	55.00
1989	MIKEY BEAR	CL	26.00	26.00
1989	MINI TEDDY BEAR	CL	5.00	5.00
1989	MISSY BEAR	CL	26.00	26.00
1989	SAMMY BEAR	CL	12.00	15.00
1989	SID BEAR	CL	18.00	25.00
1989	SOPHIE BEAR	CL	18.00	25.00
1989	SPICE BEAR	RT	12.00	15.00
1989	SUGAR BEAR	CL	12.00	12.00
1990	BAILEY 50'S BEAR	RT	30.00	30.00
1990	BELINDA 50'S BEAR	RT	25.00	25.00
1990	BEULAH 50'S BEAR	RT	30.00	30.00
1990	BIRKEY 50'S BEAR	RT	25.00	25.00
1990	DUDLEY BROWN BEAR	RT	32.00	32.00
1990	FRANNY BROWN BEAR	RT	32.00	32.00
1990	JOEY BROWN BEAR	RT	32.00	32.00

YR	NAME	LIMIT	ISSUE	TREND
1990	MARGIE BROWN BEAR	RT	32.00	32.00
1990	MISS LOVE BROWN BEAR	RT	42.00	42.00
1990	OLIVER BLACK BEAR	RT	32.00	32.00
1991	DUDLEY BEAR	CL	32.00	32.00
1991	FRANNY BEAR	RT	32.00	32.00
1991	JOEY BEAR	RT	32.00	32.00
1991	MISS LOVE BEAR	RT	42.00	42.00
1991	NARGI BEAR	RT	32.00	32.00
1991	OLIVER BEAR	RT	32.00	32.00
1992	ANDY-FATHER BEAR	RT	20.00	21.00
1992	AUNT EUNICE BEAR	OP	24.00	24.00
1992	BELLHOP & SECOND HAND ROSE	OP	40.00	40.00
1992	BELLHOP BEAR	OP	24.00	24.00
1992	BRANDY BABY BEAR	CL	14.00	15.00
1992	DOWAGER TWINS BEAR	OP	24.00	24.00
1992	EDDIE BEAR WITH TRUNK	OP	40.00	40.00
1992	IRISH BEAR	OP	24.00	24.00
1992	IRISH BEAR AT PUB	OP	40.00	40.00
1992	JUST TED BEAR	OP	24.00	24.00
1992	JUST TED WITH MIRROR	OP	40.00	40.00
1992	LIBRARIAN WITH DESK	OP	40.00	40.00
1992	MANDY MOTHER BEAR	RT	20.00	20.00
1992	ME AND MY SHADOW	OP	26.00	26.00
1992	MICHAUD BEAR	OP	35.00	35.00
1992	PROFESSOR WITH BOARD	OP	40.00	40.00
1992	SECOND HAND ROSE BEAR	OP	24.00	24.00
1992	TOMMY WITH DOG	OP	40.00	40.00
1992	TOMMY'S BEAR	OP	24.00	24.00
1993	ANGEL FAITH BLACK	1994	40.00	40.00
1993	ANGEL GRACE WHITE	1994	40.00	40.00
1993	BEARY HAPPY HALLOWEEN	CL	18.00	18.00
1993	BEARY HUGGABLE BEAR	CL	18.00	18.00
1993	BEARY MERRY CHRISTMAS	CL	20.00	20.00
1993	BEARY SPECIAL BROTHER BEAR	CL	18.00	18.00
1993	BEARY SPECIAL FATHER BEAR	CL	22.00	22.00
1993	BEARY SPECIAL MOTHER BEAR	CL	18.00	18.00
1993	BEARY SPECIAL SISTER BEAR	CL	18.00	18.00
1993	BLESSED IS HE	CL	48.00	150.00
1993	DOWAGER TWINS ON COUCH	CL	60.00	60.00
1993	EDDIE BEAR	CL	24.00	24.00
1993	HEAVENLY PEACE	RT	47.00	47.00
1993	HEAVENLY UNITING	RT	45.00	45.00
1993	I LOVE YOU BEARS	CL	22.00	22.00
1993	I'M BEARY SORRY BEAR	CL	18.00	18.00
1993	LIBRARIAN BEAR	CL	24.00	24.00
1993	ME AND MY SHADOW WITH CHAIR	CL	45.00	45.00
1993	MISS YOU BEARY MUCH BEAR	CL	18.00	18.00
1993	MR. WARD	RT	40.00	40.00
1993	PROFESSOR BEAR	OP	24.00	24.00
1993	RISEN CHRIST	1994	48.00	48.00
1993	WITCHIE BEAR	CL	24.00	24.00
1993	WITCHIE WITH POT	CL	40.00	40.00
1993	YOU'RE BEARY SPECIAL BEAR	CL	18.00	18.00
1994	ADORA WITH HARP	SO	26.00	26.00
1994	ANGEL BEAR WITH HORSE	2050	26.00	26.00
1994	ANGEL BUNNY WITH CAGE	2050	20.00	20.00
1994	ANGEL CASEY	2050	32.00	32.00
1994	ANGEL JONATHON	2050	32.00	32.00
1994	ANGEL LACY	2050	32.00	32.00
1994	ANGEL PUP WITH VICTROLA	2050	20.00	20.00
1994	BEARY SPECIAL BIRTHDAY BEAR	CL	20.00	20.00
1994	BEARY SPECIAL FRIEND BEAR	CL	20.00	20.00
1994	BLESSED IS HE II	2500	66.00	66.00
1994	ENOS WITH HORN	4000	26.00	26.00
1994	GET WELL SOON BEAR	CL	20.00	20.00
1994	WINGS OF LOVE BLACK BOY	RT	36.00	36.00
1994	WINGS OF LOVE BLACK GIRL	RT	36.00	36.00
1995	BAY CITY BEAUTY	CL	26.00	27.00
1995	BAY CITY BEAUTY W/TRUNK	OP	40.00	40.00

S. SCHULTZ   BLACK HERITAGE COLLECTION

YR	NAME	LIMIT	ISSUE	TREND
1987	GRAMPS	RT	16.00	16.00
1987	GRAMS	CL	16.00	16.00
1989	PAPPY JAKE	CL	40.00	95.00
1989	QUILTING LADIES	CL	90.00	285.00
1990	BROTHERLY LOVE	RT	80.00	160.00
1990	CALEB	CL	23.00	30.00
1990	HARPSTER W/BANJO	RT	60.00	250.00
1990	HATTIE	RT	40.00	85.00
1990	LIBBY W/BIBS	RT	36.00	145.00
1990	LUCAS W/BIBS	CL	36.00	145.00
1990	PEARL, TAP DANCER	RT	45.00	65.00
1990	PERCY, TAP DANCER	RT	45.00	65.00
1990	PORTIA	CL	30.00	30.00
1990	PREACHER I	RT	55.00	150.00
1990	SUSIE MAE	CL	22.00	22.00
1990	WHOOPIE & WOOSTER	RT	50.00	250.00
1991	BLACK BABY TANSY	CL	40.00	45.00
1991	BRAIDED RUG	*	35.00	35.00
1991	CALEB W/VEGETABLES	RT	50.00	50.00

YR	NAME	LIMIT	ISSUE	TREND
1991	CALEB WITH FOOTBALL	6000	40.00	40.00
1991	CHIPS, BLACK BOY GRADUATE	6000	46.00	46.00
1991	CORPORAL PERVIS	RT	60.00	110.00
1991	CRICKET, BLACK GIRL GRADUATE	6000	46.00	46.00
1991	GENERAL OF LOVE, COOKSTOVE	*	100.00	100.00
1991	HARPSTER W/HARMONICA	RT	60.00	110.00
1991	HATTIE QUILTING	RT	60.00	115.00
1991	KETTLES	*	13.00	13.00
1991	LIBBY W/PUPPY	RT	50.00	75.00
1991	LUCAS W/DOG	RT	50.00	75.00
1991	NIGHTTIME PEARL	CL	50.00	60.00
1991	NIGHTTIME PERCY	CL	50.00	60.00
1991	PAPPY JAKE & SUSIE MAE	RT	60.00	60.00
1991	PIE	*	7.00	7.00
1991	PORTIA QUILTING	RT	40.00	40.00
1991	PRAISE THE LORD II	RT	100.00	100.00
1991	SADIE & OSIE MAE	RT	70.00	70.00
1991	UNCLE REUBEN	RT	70.00	120.00
1991	VICTORIAN PORTIA	RT	35.00	35.00
1991	VICTORIAN WEBSTER	RT	35.00	35.00
1991	WHOOPIE & WOOSTER II	RT	70.00	70.00
1992	BLACK TEACHER MISS LETTIE	RT	50.00	50.00
1992	BUFFALO SOLDIER	RT	80.00	115.00
1992	CLARENCE, PORTER	RT	80.00	120.00
1992	ESTHER WITH BUTTER CHURN	CL	70.00	70.00
1992	GRANNY WYNNE & OLIVIA	RT	85.00	85.00
1992	MUSIC MASTERS	CL	300.00	350.00
1995	AHMAD/4453	7500	23.00	23.00
1995	ALICIA/YVETTE/4410	5000	50.00	50.00
1995	ANGELIKA/4456	7500	25.00	25.00
1995	BESSIE COLEMAN/4313	2500	50.00	50.00
1995	BILL PICKET/4281	2500	56.00	56.00
1995	BLESSED FAMILY NATIVITY/4364	5000	70.00	70.00
1995	BLESSED IS HE III/4387	YR	60.00	60.00
1995	BLESSED IS SHE/4312	RT	50.00	50.00
1995	BOOK OF WISDOM/4315	4000	52.00	52.00
1995	BUFFALO BILL/4311	RT	60.00	60.00
1995	BUFFALO SOLDIER/4285	5000	165.00	165.00
1995	CALF & CHICKS/4459	OP	25.00	25.00
1995	CALVIN/4319	RT	28.00	28.00
1995	CHARITY/4318	4000	28.00	28.00
1995	CHIEF JOSEPH/4282	RT	56.00	56.00
1995	ELROY/4411	5000	25.00	25.00
1995	F. DOUGLASS/4402	2500	55.00	55.00
1995	H.O. FLIPPER/4403	2500	55.00	55.00
1995	HUGS/4185	OP	36.00	36.00
1995	IDA B. WELLS/4400	2500	65.00	65.00
1995	ISHAMAEL/4454	7500	23.00	23.00
1995	JABARI/4455	7500	23.00	23.00
1995	JARRELL/4452	7500	23.00	23.00
1995	JOAH/4451	7500	*	23.00
1995	KISSES/4186	RT	30.00	30.00
1995	LAKEISHA/4450	7500	25.00	25.00
1995	LAMB & DUCKS/4458	OP	25.00	25.00
1995	LEAN ON ME/4369	5000	55.00	55.00
1995	LIBBY W/CANDLE/4396	RT	26.00	26.00
1995	LIFT YOUR HEARTS/4413	5000	50.00	50.00
1995	LOVE/4187	OP	50.00	50.00
1995	LOVING TOUCH/4314	4000	66.00	66.00
1995	LUCAS W/BEAR/4397	RT	26.00	26.00
1995	O.A.D. WASH./4404	2500	51.00	51.00
1995	OLD TIME TUNE/4317	4000	54.00	54.00
1995	PIGLET/4457	OP	11.00	11.00
1995	ROSA PARKS/4401	RT	65.00	65.00
1995	STITCH OR LOVE/4316	4000	60.00	60.00
1995	TUSKEGEE AIRMAN WWII /4405	SO	60.00	60.00
1995	WAGS/4412	RT	9.00	9.00
1996	BELIEVE IN YOUR/4522	3000	70.00	70.00
1996	BLESSED IS HE IV/4520	2000	70.00	70.00
1996	BREEZE/4537	RT	24.00	24.00
1996	CARTER/4536	2500	30.00	30.00
1996	CAYLA/4535	2500	36.00	36.00
1996	CLOWN HICKORY/4485	10000	29.00	29.00
1996	CLOWN SASSAFRAS/4484	10000	29.00	29.00
1996	JAZZ MAN/4499	2000	150.00	150.00
1996	LOVE OF MY LIFE II/4534	2500	75.00	75.00
1996	MA RAINEY/4500	2000	50.00	50.00
1996	MARY ELIZA MAHONEY/4501	SO	50.00	50.00
1996	MISTY/4539	RT	50.00	24.00
1996	NOAH'S ARK/4529	SO	130.00	130.00
1996	SPECIAL BEAR/4476	5000	23.00	23.00
1996	SPECIAL BLACK GIRL/4477	5000	29.00	29.00
1996	SPECIAL WHITE GIRL/4478	5000	29.00	29.00
1996	SUMMER-4538	RT	24.00	24.00
1996	SUNDAY TILLIE/BW/4530	2500	75.00	75.00
1996	SUNDAY TILLIE/YG/4532	RT	75.00	75.00
1996	SUNDAY WILLIE/BW/4531	2500	75.00	75.00
1996	SUNDAY WILLIE/YG/4533	RT	75.00	75.00
1996	TRUST IN EACH OTHER/4523	RT	70.00	70.00

YR	NAME	LIMIT	ISSUE	TREND
1998	PRAISE THE LORD V	4000	65.00	65.00
1998	SPREAD WORD	4000	65.00	65.00
S. SCHULTZ			**CHERISHED MEMORIES**	
1991	BLACK BABY BOY (1-2 YRS.)	*	50.00	50.00
1991	BLACK BABY BOY (BIRTH-1 YR.)	*	50.00	50.00
1991	BLACK BABY GIRL (1-2 YRS.)	*	50.00	50.00
1991	BLACK BABY GIRL (BIRTH-1 YR.)	*	50.00	50.00
1991	WHITE BABY BOY (1-2 YRS.)	*	60.00	60.00
1991	WHITE BABY BOY (BIRTH-1 YR.)	*	60.00	60.00
1991	WHITE BABY GIRL (1-2 YRS.)	*	60.00	60.00
1991	WHITE BABY GIRL (BIRTH-1 YR.)	*	60.00	60.00
S. SCHULTZ			**CHILDREN OF LOVE**	
1991	BENJAMIN WITH DRUMS	10000	46.00	46.00
1991	CHARITY SEWING FLAGS	10000	46.00	46.00
1991	SKIP BUILDING HOUSE	10000	50.00	50.00
1991	SUSIE PAINTING TRAIN	10000	46.00	46.00
S. SCHULTZ			**CLASSROOM MEMORIES**	
1988	MISS PRITCHETT	CL	28.00	38.00
1991	ACHIEVING OUR GOALS	RT	80.00	83.00
1991	CLASSROOM MEMORIES	6000	80.00	80.00
S. SCHULTZ			**COLLECTOR'S CLUB**	
1995	FRIENDS FOREVER/4444	YR	65.00	65.00
1995	HORSIN' AROUND/4445	YR	65.00	65.00
1995	PLAYTIME PALS/4446	YR	65.00	65.00
N. HUGHES			**COLORS OF LIFE**	
1997	ANCESTORS	5797	195.00	195.00
1997	EMBRACE	5797	115.00	115.00
1997	FRIENDS	5797	125.00	125.00
1997	PEACE	5797	95.00	95.00
1997	RITES	5797	99.00	99.00
1997	SHELTER	5797	99.00	99.00
S. SCHULTZ			**COOKIE KIDS & FRIENDS**	
1995	CHIP/C004	OP	30.00	30.00
1995	COOKIE KIDS SIGN/C001	OP	39.00	39.00
1995	HONEY/C007	OP	30.00	30.00
1995	OATIE/C002	OP	30.00	30.00
1995	PEANUT/C005	OP	30.00	30.00
1995	SPRINKLES/C006	OP	30.00	30.00
1995	SUGAR/C003	RT	30.00	30.00
S. SCHULTZ			**COTTON TALE COLLECTION**	
1986	WINNIE MOM RABBIT	CL	14.00	17.00
1987	BONNIE	CL	30.00	100.00
1987	CLYDE	CL	30.00	100.00
1987	FLOPPY	CL	19.00	21.00
1987	WENDALL BOY RABBIT	CL	14.00	27.00
1987	WENDALL PA RABBIT	CL	17.00	25.00
1987	WENDY GIRL RABBIT	CL	15.00	27.00
1988	AMOS HARE	CL	11.00	12.00
1988	BILLI RABBIT	CL	27.00	36.00
1988	BOY RABBIT RES. CANDLE	CL	9.00	10.00
1988	CINDI RABBIT	CL	27.00	36.00
1988	GIRL RABBIT RES. CANDLE	CL	9.00	10.00
1988	IZZY HARE	CL	8.00	10.00
1988	LIZZY HARE	CL	8.00	10.00
1988	MADDY HARE	CL	11.00	11.00
1988	RABBIT IN BASKET	CL	48.00	48.00
1988	WENDALL MINI BOY RABBIT	CL	8.00	10.00
1988	WENDY MINI GIRL RABBIT	CL	8.00	10.00
1988	WILBUR MINI PAPA RABBIT	CL	8.00	10.00
1988	WINNIE MINI MAMA RABBIT	CL	8.00	10.00
1989	COOKIE RABBIT	CL	29.00	110.00
1989	CRUMB RABBIT	CL	29.00	40.00
1989	NANA RABBIT	RT	50.00	65.00
1989	PAPA RABBIT	RT	50.00	65.00
1989	SLEEPING BABY BUNNY	CL	16.00	16.00
1989	THELMA RABBIT	CL	33.00	41.00
1989	TOBY RABBIT	CL	17.00	21.00
1990	CHUCKLES FARM RABBIT	TL	53.00	54.00
1990	COOKIE FARM RABBIT	TL	47.00	48.00
1990	CRUMB FARM RABBIT	TL	53.00	54.00
1990	HANNAH RABBIT QUILTING	CL	32.00	32.00
1990	HEATHER RABBIT W/DOLL	OP	20.00	22.00
1990	HENRY RABBIT W/PIPE	CL	32.00	32.00
1990	HERBIE RABBIT W/BOOK	CL	22.00	22.00
1990	MOLLY RABBIT W/VEST	CL	75.00	75.00
1990	NANA FARM RABBIT	CL	100.00	100.00
1990	OLLY RABBIT W/VEST	CL	65.00	100.00
1990	PAPA FARM RABBIT	CL	80.00	80.00
1990	SLEEPY FARM RABBIT	CL	35.00	35.00
1990	THOMAS RABBIT	RT	33.00	40.00
1990	ZEB SAILOR DAD	CL	26.00	28.00
1990	ZEB W/CARROTS	RT	18.00	35.00
1990	ZEKE SAILOR BOY	CL	26.00	26.00
1990	ZEKE W/CARROTS	CL	17.00	35.00
1990	ZELDA SAILOR MOM	CL	28.00	28.00
1990	ZELDA W/CARROTS	RT	18.00	35.00
1990	ZOE SAILOR GIRL	CL	26.00	26.00
1990	ZOE W/CARROTS	RT	17.00	35.00

YR	NAME	LIMIT	ISSUE	TREND
1991	TESSY RABBIT	RT	20.00	37.00
1991	VICTORIAN TABITHA	CL	30.00	48.00
1991	VICTORIAN TESSY	CL	20.00	38.00
1991	VICTORIAN THELMA	CL	60.00	60.00
1991	VICTORIAN THOMAS	CL	60.00	60.00
1991	VICTORIAN TOBY	TL	40.00	60.00
1991	VICTORIAN TUCKER	CL	37.00	37.00
1993	X-MAS TOBY	RT	20.00	20.00
1995	GLIMMER/4362	RT	50.00	50.00
1995	GLITZ/4363	RT	50.00	50.00
1998	CLARA NIBBLES	1998	50.00	50.00
1998	CLEM NIBBLES	1998	50.00	50.00
S. SCHULTZ		**CUDDLY CRITTERS COLLECTION**		
1987	SPARKY	OP	9.00	10.00
1988	BUSTER BOY CAT	CL	14.00	15.00
1988	CAROUSEL HORSE	CL	31.00	31.00
1988	COW W/BELL	CL	35.00	35.00
1988	FLOSSY GIRL CAT	CL	10.00	10.00
1988	KITTY CAT W/BONNET	CL	12.00	12.00
1988	LAZY-CAT ON BACK	CL	13.00	13.00
1988	LILA MRS. MOUSE	CL	18.00	18.00
1988	LOUISE MAMA CAT	CL	20.00	20.00
1988	LUCKY BOY MOUSE	CL	13.00	13.00
1988	LUCKY GIRL MOUSE	CL	12.00	12.00
1988	MYRTLE THE PIG	CL	38.00	45.00
1988	PAPA MOUSE	CL	18.00	18.00
1988	ROCKING HORSE	CL	56.00	56.00
1988	SLEEPING CAT	CL	6.00	6.00
1988	TRAPPER PAPA CAT	CL	20.00	20.00
1989	MADAM DONNA	CL	36.00	45.00
1989	MESSIEUR PIERRE	CL	36.00	45.00
1989	OTIS PAPA CAT	CL	13.00	13.00
1989	PUDDIN GIRL CAT	CL	10.00	10.00
1989	WHISKERS BOY CAT	CL	10.00	10.00
1989	WIGGLY PIG	CL	17.00	25.00
1990	BOY SQUIRREL SONNY	CL	18.00	18.00
1990	GIRL SQUIRREL SIS	CL	18.00	18.00
1990	HORACE & SISSY DOGS	OP	50.00	50.00
1990	JASPER DAD CAT	OP	36.00	36.00
1990	LULU GIRL CAT	OP	26.00	26.00
1990	MA SQUIRREL SASHA	CL	19.00	19.00
1990	PA SQUIRREL SHERMAN	CL	19.00	19.00
1990	PENNY GIRL DOG	OP	35.00	35.00
1990	REBECCA MOM DOG	OP	40.00	40.00
1990	SCOOTER BOY DOG	OP	30.00	30.00
1990	SCUFFY BOY CAT	OP	26.00	26.00
1990	WINNIE MOM CAT	OP	36.00	36.00
1991	JIGGS, SLEEPING CAT	*	10.00	10.00
1995	GIDDY-UP/4180	RT	38.00	38.00
S. SCHULTZ		**DAISY COLLECTION**		
1989	SALLY BOOBA	CL	40.00	65.00
1990	BOMBER	CL	52.00	60.00
1990	JACK BOY BALL & GLOVE	CL	40.00	45.00
1990	JEWEL	CL	62.00	70.00
1990	SPARKY	CL	55.00	60.00
1990	SPIKE	RT	46.00	50.00
1990	STRETCH	CL	52.00	60.00
S. SCHULTZ		**DREAMS OF TOMORROW**		
1996	NURSE TILLIE II/4502	5000	29.00	29.00
S. SCHULTZ		**FACES OF COURAGE**		
1998	BUFFALO SOLDIER BUST	9898	48.00	48.00
1998	HARRIET TUBMAN BUST	9898	48.00	48.00
1998	ROSA PARKS BUST	9898	48.00	48.00
1998	TUSKEGEE AIRMAN BUST	9898	48.00	48.00
S. SCHULTZ		**FOREVER ICE SCULPTURES**		
1998	CLARA NIBBLES	1998	45.00	45.00
1998	CLEM NIBBLES	1998	45.00	45.00
S. SCHULTZ		**GINGER BABIES COLLECTION**		
1989	GINGER	RT	17.00	17.00
1989	MOLASSES	RT	17.00	17.00
1990	GINGER BOY NUTMEG	RT	16.00	20.00
1990	GINGER GIRL CINNAMON	RT	16.00	20.00
S. SCHULTZ		**HAPPY COLLECTION**		
1987	HAPPY W/BALLOONS	CL	22.00	22.00
1987	LARGE HAPPY CLOWN	CL	22.00	22.00
1987	SITTING HAPPY	CL	26.00	26.00
1988	LADY CLOWN	CL	20.00	20.00
1990	ENCORE CLOWN W/DOG	2000	100.00	100.00
S. SCHULTZ		**HEAVENLY PEEPERS**		
1999	CHRISTMAS MORNING	2400	17.00	17.00
1999	GRADUATION DAY	2400	15.00	15.00
1999	HARVEST TIME	2400	17.00	17.00
1999	INDEPENDENCE DAY	2400	17.00	17.00
1999	LOVE IN BLOOM	2400	17.00	17.00
1999	SAILING AWAY	2400	17.00	17.00
1999	SPRING TIME	2400	15.00	15.00
1999	STORY HOUR	2400	17.00	17.00
1999	SWEET DREAMS	2400	15.00	15.00

YR	NAME	LIMIT	ISSUE	TREND
1999	TEA TIME	2400	15.00	15.00
1999	TRICK OR TREAT	2400	17.00	17.00
1999	WINTER FUN	2400	15.00	15.00
S. SCHULTZ				**HEAVENLY WINGS**
1989	ANGELICA ANGEL	6000	21.00	25.00
1989	HEAVENLY GUARDIAN	CL	40.00	40.00
1989	REGINA	CL	24.00	30.00
1990	ADORA W/BUNNY	10000	50.00	50.00
1990	ADORA W/PINK GOWN	CL	35.00	75.00
1990	BOY ANGEL INST. ADAIR	CL	29.00	29.00
1990	ENOS W/BLUE GOWN	CL	33.00	75.00
1990	ENOS W/FROG	10000	50.00	50.00
1999	HEAVENLY FALL	1999	55.00	55.00
1999	HEAVENLY SPRING	1999	55.00	55.00
1999	HEAVENLY SUMMER	1999	55.00	55.00
1999	HEAVENLY WINTER	1999	55.00	55.00
S. SCHULTZ				**HISTORICALS**
1998	BASEBALL LEGEND	2500	60.00	60.00
1998	SCOTT JOPLIN	2500	60.00	60.00
S. SCHULTZ				**LABOR OF LOVE**
1995	BABY/4288	OP	25.00	25.00
1995	BEACH/4302	RT	29.00	29.00
1995	BIRTHDAY/4290	OP	29.00	29.00
1995	BIRTHDAY/4299	OP	29.00	29.00
1995	BIRTHDAY/4301	OP	29.00	29.00
1995	BIRTHDAY/4303	OP	29.00	29.00
1995	BOTTLE/4306	RT	29.00	29.00
1995	BOY STOCKING/4436	OP	18.00	18.00
1995	BOY TRUMPET/4432	OP	18.00	18.00
1995	BOY WREATH/4434	OP	18.00	18.00
1995	CAMPFIRE/4293	RT	29.00	29.00
1995	CANNING/4297	RT	29.00	29.00
1995	COMPUTER/4304	OP	29.00	29.00
1995	FISHING/4300	OP	29.00	29.00
1995	GIRL PRAYING/4431	OP	18.00	18.00
1995	GIRL WREATH/4435	OP	18.00	18.00
1995	GOLFING/4308	OP	29.00	29.00
1995	GROWING/4305	OP	29.00	29.00
1995	HAPPINESS/4291	OP	29.00	29.00
1995	HEALING/4292	OP	29.00	29.00
1995	IRONING/4289	OP	29.00	29.00
1995	MECHANIC/4298	RT	29.00	29.00
1995	MOWING/4296	RT	29.00	29.00
1995	PLANTING/4287	OP	29.00	29.00
1995	PROTECT. BLUE/4383	OP	12.00	12.00
1995	PROTECT. BLUE/4385	OP	12.00	12.00
1995	PROTECT. GOLD/4378	OP	12.00	12.00
1995	PROTECT. GOLD/4380	OP	12.00	12.00
1995	PROTECT. GOLD/4382	OP	12.00	12.00
1995	PROTECT. GOLD/4384	OP	12.00	12.00
1995	PROTECT. PINK/4379	OP	12.00	12.00
1995	PROTECT. PINK/4381	OP	12.00	12.00
1995	ROLLER BLADING/4309	OP	29.00	29.00
1995	SENDING SMILES/4307	OP	29.00	29.00
1995	SEWING/4296	RT	29.00	29.00
1995	STUDYING/4294	OP	25.00	25.00
1995	TOOLS/4310	RT	29.00	29.00
1996	COMPTR. BOY/4487	RT	29.00	29.00
1996	COMPTR. GIRL/4486	RT	29.00	29.00
1996	COMPTR. GIRL/4488	RT	29.00	29.00
1996	COMPTR. SEWING/4489	OP	29.00	29.00
1996	GOLFER/4490	RT	29.00	29.00
S. SCHULTZ			**LITTLE CHARMERS COLLECTION**	
1987	AMBER-SMALL GIRL STANDING	CL	15.00	18.00
1987	ARCHIE-SMALL BOY STANDING	CL	15.00	16.00
1987	ASHLEE	CL	60.00	65.00
1987	BARE BOTTOM BABY	CL	10.00	15.00
1987	BASEBALL PLAYER	CL	24.00	30.00
1987	BEAU-CUPIE BOY	CL	20.00	22.00
1987	BEVIE	CL	18.00	20.00
1987	BLONDIE-GIRL DOLL SITTING	CL	16.00	18.00
1987	BUTCH-BOY BOOK SITTING	CL	16.00	18.00
1987	BUTTONS-CUPIE GIRL	CL	20.00	22.00
1987	CHEERLEADER	CL	16.00	18.00
1987	CLEMENTINE-GIRL SAILOR SUIT	CL	14.00	17.00
1987	CORKY-BOY SAILOR SUIT	CL	14.00	17.00
1987	CUPCAKE W/ROPE	CL	19.00	21.00
1987	DAISY	CL	36.00	40.00
1987	DUSTY	CL	19.00	21.00
1987	EDDIE	CL	18.00	20.00
1987	EMMY LOU	CL	14.00	16.00
1987	FOOTBALL PLAYER	CL	24.00	26.00
1987	MAN GOLFER	CL	24.00	26.00
1987	SHOOTER	CL	19.00	21.00
1987	TWINKLE W/POLE	CL	19.00	21.00
1987	WILLIE BILL	CL	20.00	22.00
1987	WOMAN GOLFER	CL	24.00	26.00
1988	BASKETBALL PLAYER	CL	24.00	26.00
1988	BOWLER	CL	24.00	26.00

YR	NAME	LIMIT	ISSUE	TREND
1988	BOY W/CLOWN DOLL	CL	40.00	45.00
1988	GIRL W/DOG	CL	43.00	47.00
1988	GIRL W/TEACUP	CL	37.00	40.00
1988	JESSICA	CL	44.00	45.00
1989	JENNIFER & DOG	CL	57.00	60.00
1989	MOOSE BOY SITTING	OP	18.00	20.00
1990	WHITE BABY TANSY	10000	40.00	40.00
S. SCHULTZ			**MARTIN LUTHER KING, JR.**	
1995	BIRMINGHAM JAIL/4407	YR	65.00	65.00
1995	WEDDING DAY/4406	YR	85.00	85.00
1996	I HAVE A DREAM/4540	10000	50.00	65.00
1996	RACIAL HARMONY/4541	5000	114.00	114.00
S. SCHULTZ			**MATT & MAGGIE**	
1986	MAGGIE	RT	14.00	25.00
1986	MAGGIE CANDLEHOLDER	CL	12.00	12.00
1986	MATT	CL	14.00	25.00
1986	MATT CANDLEHOLDER	CL	12.00	12.00
1987	MAGGIE ON HEART	CL	9.00	13.00
1987	MATT & MAGGIE W/BEAR	RT	100.00	155.00
1987	MATT ON HEART	CL	9.00	13.00
1987	STANDING MAGGIE	CL	11.00	13.00
1987	STANDING MATT	CL	11.00	13.00
1988	LARGE MAGGIE	RT	48.00	60.00
1988	LARGE MATT	RT	48.00	60.00
1988	SMALL SITTING MAGGIE	CL	12.00	37.00
1988	SMALL SITTING MATT	CL	12.00	37.00
1989	MAGGIE BENCH SITTER	CL	32.00	40.00
1989	MATT BENCH SITTER	CL	32.00	40.00
1989	MINI MAGGIE	CL	6.00	10.00
1989	MINI MATT	CL	6.00	10.00
S. SCHULTZ			**MEMORY LANE COLLECTION**	
1987	BARBER SHOP	CL	13.00	15.00
1987	BARN	CL	16.00	18.00
1987	CHURCH	CL	19.00	20.00
1987	COTTAGE	CL	13.00	15.00
1987	DRUG STORE	CL	13.00	15.00
1987	GENERAL STORE	CL	13.00	15.00
1987	GRANDMA'S HOUSE	CL	13.00	15.00
1987	HOUSE W/DORMERS	CL	15.00	16.00
1987	MILL	CL	16.00	18.00
1987	SCHOOL	CL	14.00	15.00
1988	BANK	CL	13.00	15.00
1988	MINI BARBER SHOP	CL	6.00	10.00
1988	MINI BARN	CL	6.00	8.00
1988	MINI CHURCH	CL	6.00	10.00
1988	MINI DRUG STORE	CL	6.00	8.00
1988	MINI GENERAL STORE	CL	6.00	8.00
1988	MINI GRANDMA'S HOUSE	CL	7.00	8.00
1988	MINI MILL	CL	6.00	7.00
1988	MINI SALT BOX	CL	6.00	6.00
1988	MINI SCHOOL	CL	6.00	7.00
1988	TRAIN DEPOT	CL	14.00	14.00
1989	BRITON CHURCH	CL	25.00	25.00
1989	FIRE STATION	CL	20.00	20.00
1989	MINI BANK	CL	6.00	6.00
1989	MINI DEPOT	CL	7.00	7.00
1989	POST OFFICE	CL	25.00	25.00
S. SCHULTZ			**MICHAUD BEARS**	
1995	BAY CITY BEAUTY/4334	RT	26.00	26.00
1995	BEAU W/TRUNK/4335	RT	40.00	40.00
1995	LOVE HEALS ALL/4438	RT	28.00	28.00
1995	PROXY BEAR/4332	RT	20.00	20.00
1995	PROXY W/JEWELRY/4333	RT	33.00	33.00
S. SCHULTZ			**MICHAUD COLLECTION**	
1999	BAY CITY BEAUTY	2400	20.00	20.00
1999	BELLHOP & ROSE	2400	16.00	16.00
1999	DOWAGER TWINS	2400	12.00	12.00
1999	EDDIE	2400	15.00	15.00
1999	IRISH BEAR	2400	18.00	18.00
1999	JUST TED	2400	18.00	18.00
1999	LIBRARIAN	2400	15.00	15.00
1999	ME & MY SHADOW	2400	12.00	12.00
1999	PROFESSOR	2400	18.00	18.00
1999	PROXY W/JEWELRY	2400	15.00	15.00
1999	TOMMY W/DOG	2400	17.00	17.00
S. SCHULTZ		**PREMIER EDITION FOR CLUB CONTEST WINNERS**		
1996	ANGELS ON ASSIGN/4544	YR	65.00	65.00
S. SCHULTZ			**PROMOTION FIGURINES**	
1995	FLAGS IN HEAV./4386	YR	45.00	45.00
1996	ABIGAIL/4543	YR	36.00	36.00
1996	ARETHA/4542	YR	36.00	36.00
S. SCHULTZ			**ROSE COLLECTION**	
1989	SWEET ROSE	CL	50.00	50.00
1990	TIFFANY VICTORIAN GIRL	TL	40.00	40.00
1990	TYLER VICTORIAN BOY	TL	40.00	40.00
1990	VICTORIAN BOY CODY	CL	46.00	46.00

YR	NAME	LIMIT	ISSUE	TREND
S. SCHULTZ			**SANTAS OF THE MONTH**	
1988	APRIL SANTA BLACK	CL	50.00	250.00
1988	APRIL SANTA WHITE	CL	50.00	125.00
1988	AUGUST SANTA WHITE	CL	50.00	125.00
1988	DECEMBER SANTA BLACK	TL	50.00	250.00
1988	DECEMBER SANTA WHITE	CL	50.00	125.00
1988	FEBRUARY SANTA BLACK	TL	50.00	250.00
1988	FEBRUARY SANTA WHITE	CL	50.00	125.00
1988	JANUARY SANTA BLACK	TL	50.00	250.00
1988	JANUARY SANTA WHITE	CL	50.00	125.00
1988	JULY SANTA BLACK	TL	50.00	250.00
1988	JULY SANTA WHITE	CL	50.00	125.00
1988	JUNE SANTA BLACK	TL	50.00	250.00
1988	JUNE SANTA WHITE	CL	50.00	125.00
1988	MARCH SANTA BLACK	TL	50.00	250.00
1988	MARCH SANTA WHITE	CL	50.00	125.00
1988	MAY SANTA BLACK	CL	50.00	250.00
1988	MAY SANTA WHITE	CL	50.00	125.00
1988	MINI APRIL SANTA	CL	14.00	30.00
1988	MINI AUGUST SANTA	CL	14.00	30.00
1988	MINI DECEMBER SANTA	CL	14.00	30.00
1988	MINI FEBRUARY SANTA	CL	14.00	30.00
1988	MINI JANUARY SANTA	CL	14.00	30.00
1988	MINI JULY SANTA	CL	14.00	30.00
1988	MINI JUNE SANTA	CL	14.00	30.00
1988	MINI MARCH SANTA	CL	14.00	30.00
1988	MINI MAY SANTA	CL	14.00	30.00
1988	MINI NOVEMBER SANTA	CL	14.00	30.00
1988	MINI OCTOBER SANTA	CL	14.00	30.00
1988	MINI SEPTEMBER SANTA	CL	14.00	30.00
1988	NOVEMBER SANTA BLACK	TL	50.00	250.00
1988	NOVEMBER SANTA WHITE	CL	50.00	125.00
1988	OCTOBER SANTA BLACK	TL	50.00	250.00
1988	OCTOBER SANTA WHITE	CL	50.00	125.00
1988	SEPTEMBER SANTA BLACK	TL	50.00	250.00
1988	SEPTEMBER SANTA WHITE	CL	50.00	125.00
1990	APR. SANTA SPRING/JOY	CL	150.00	150.00
1990	APR. SPRING TIME	CL	90.00	100.00
1990	APRIL, MRS.	CL	110.00	110.00
1990	AUGUST FUN IN THE SUN	CL	90.00	100.00
1990	AUGUST SANTA BLACK	CL	50.00	250.00
1990	AUGUST SANTA SUMMERS TRN.	CL	110.00	125.00
1990	AUGUST, MRS.	CL	90.00	100.00
1990	DECEMBER A GIFT OF PEACE	CL	90.00	90.00
1990	DECEMBER SANTA PEACE	CL	120.00	125.00
1990	DECEMBER, MRS.	CL	110.00	130.00
1990	FEBRUARY FROM THE HEART	CL	90.00	90.00
1990	FEBRUARY SANTA CUPIDS HELP	CL	120.00	120.00
1990	FEBRUARY, MRS.	CL	110.00	110.00
1990	JANUARY FRUITS OF LOVE	CL	90.00	90.00
1990	JANUARY SANTA WINTER FUN	CL	80.00	85.00
1990	JANUARY, MRS.	CL	80.00	105.00
1990	JULY CELEBRATE AMERICA	CL	90.00	95.00
1990	JULY SANTA GOD BLESS	CL	100.00	110.00
1990	JULY, MRS.	CL	100.00	120.00
1990	JUNE HOMERUN	CL	90.00	95.00
1990	JUNE SANTA GRADUATION	CL	70.00	70.00
1990	JUNE, MRS.	CL	70.00	95.00
1990	MARCH IRISH LOVE	CL	100.00	100.00
1990	MARCH SANTA IRISH DELIGHT	CL	120.00	145.00
1990	MARCH, MRS.	CL	80.00	95.00
1990	MASQUERADE TILLIE	TL	45.00	45.00
1990	MAY CADDY CHATTER	CL	100.00	100.00
1990	MAY SANTA PAR FOR COURSE	CL	100.00	100.00
1990	MAY, MRS.	CL	80.00	110.00
1990	NOVEMBER HARVEST OF LOVE	TL	120.00	120.00
1990	NOVEMBER SANTA GIVE THANKS	CL	100.00	120.00
1990	NOVEMBER, MRS.	CL	90.00	110.00
1990	OCTOBER MASQUERADE	CL	120.00	120.00
1990	OCTOBER SANTA SEASONS PLENTY	CL	120.00	120.00
1990	OCTOBER, MRS.	CL	90.00	110.00
1990	SEPTEMBER LESSONS IN LOVE	TL	90.00	90.00
1990	SEPTEMBER SANTA TOUCHDOWN	CL	90.00	90.00
1990	SEPTEMBER, MRS.	CL	90.00	95.00
1999	SERIES F AMERICANA SANTA	2400	45.00	45.00
1999	SERIES F FARMER SANTA	2400	45.00	45.00
1999	SERIES F HALLOWEEN SANTA	2400	45.00	45.00
1999	SERIES F HARVEST SANTA	2400	45.00	45.00
1999	SERIES G EASTER SANTA	2400	45.00	45.00
1999	SERIES G FARMER SANTA	2400	45.00	45.00
1999	SERIES G HALLOWEEN SANTA	2400	45.00	45.00
1999	SERIES G HARVEST SANTA	2400	45.00	45.00
S. SCHULTZ			**SARAH'S GANG**	
1986	ORIGINAL KATIE	CL	14.00	20.00
1986	ORIGINAL TILLIE	CL	14.00	25.00
1986	ORIGINAL TWINKIE	CL	14.00	20.00
1986	ORIGINAL WHIMPY	CL	14.00	20.00
1986	ORIGINAL WILLIE	CL	14.00	28.00
1986	TILLIE CANDLE HOLDER	CL	12.00	13.00

YR	NAME	LIMIT	ISSUE	TREND
1987	CUPCAKE ON HEART	CL	12.00	21.00
1987	KATIE ON HEART	CL	12.00	21.00
1987	ORIGINAL CUPCAKE	CL	16.00	20.00
1987	SITTING KATIE	CL	14.00	21.00
1987	SITTING WHIMPY	CL	14.00	21.00
1987	TILLIE ON HEART	CL	9.00	21.00
1987	TWINKIE ON HEART	CL	9.00	21.00
1987	WHIMPY ON HEART	CL	9.00	19.00
1987	WILLIE CANDLE HOLDER	CL	12.00	13.00
1987	WILLIE ON HEART	CL	9.00	21.00
1988	CUPCAKE	CL	20.00	21.00
1988	KATIE	CL	20.00	21.00
1988	TILLIE	CL	20.00	21.00
1988	TWINKIE	CL	20.00	21.00
1988	WHIMPY	CL	20.00	21.00
1988	WILLIE	CL	20.00	21.00
1989	AMERICANA CUPCAKE	CL	21.00	24.00
1989	AMERICANA KATIE	CL	21.00	24.00
1989	AMERICANA TILLIE	CL	21.00	24.00
1989	AMERICANA TWINKIE	CL	21.00	24.00
1989	AMERICANA WHIMPY	CL	21.00	24.00
1989	AMERICANA WILLIE	CL	21.00	24.00
1989	BABY RACHEL	CL	20.00	20.00
1989	SMALL COUNTRY TILLIE	CL	16.00	25.00
1989	SMALL COUNTRY WILLIE	CL	18.00	25.00
1989	SMALL SAILOR KATIE	CL	14.00	18.00
1989	SMALL SAILOR WHIMPY	CL	14.00	18.00
1989	SMALL SCHOOL CUPCAKE	CL	11.00	18.00
1989	SMALL SCHOOL TWINKIE	CL	11.00	18.00
1990	AMERICANA RACHEL	CL	30.00	30.00
1990	BEACHTIME BABY RACHEL	CL	35.00	50.00
1990	BEACHTIME CUPCAKE	CL	35.00	50.00
1990	BEACHTIME KATIE & WHIMPY	CL	60.00	70.00
1990	BEACHTIME TILLIE	CL	35.00	50.00
1990	BEACHTIME TWINKIE	CL	35.00	50.00
1990	BEACHTIME WILLIE	CL	35.00	50.00
1990	CLOWN TILLIE	CL	40.00	45.00
1990	CLOWN WILLIE	CL	40.00	45.00
1990	DEVIL CUPCAKE	CL	40.00	40.00
1990	DEVIL TWINKIE	CL	40.00	45.00
1990	PUMPKIN RACHEL	CL	40.00	45.00
1990	SCARECROW WHIMPY	CL	40.00	40.00
1990	WITCH KATIE	CL	40.00	45.00
1991	CRACKER, COCKER SPANIEL	TL	9.00	9.00
1991	DOCTOR TWINKIE	6000	50.00	50.00
1991	EXECUTIVE WHIMP	6000	46.00	46.00
1991	KATIE, WHITE BRIDE	TL	47.00	47.00
1991	NURSE CUPCAKE	6000	46.00	46.00
1991	PEACHES, BLACK FLOWER GIRL	CL	40.00	40.00
1991	PERCY, BLACK MINISTER	CL	50.00	50.00
1991	PUG, BLACK RING BEARER	CL	40.00	40.00
1991	RACHEL, WHITE FLOWER GIRL	CL	40.00	40.00
1991	TEACHER TILLIE	6000	50.00	50.00
1991	THANKSGIVING KATIE	RT	32.00	32.00
1991	THANKSGIVING RACHEL	RT	32.00	32.00
1991	THANKSGIVING TILLIE	RT	32.00	32.00
1991	THANKSGIVING WHIMPY	RT	32.00	32.00
1991	THANKSGIVING WILLIE	10000	32.00	32.00
1991	TILLIE, BLACK BRIDE	CL	47.00	50.00
1991	TWINKIE, WHITE MINISTER	CL	50.00	52.00
1991	TYLER, WHITE RING BEARER	CL	40.00	40.00
1991	WHIMPY, WHITE GROOM	CL	47.00	50.00
1991	WILLIE, BLACK GROOM	CL	47.00	47.00
1995	CUPCAKE/4346	OP	28.00	28.00
1995	KATIE/4344	OP	28.00	28.00
1995	LARGE FLOWER POT84355	OP	6.00	6.00
1995	PORCE SET 5 PC./4353	OP	250.00	250.00
1995	RACHEL/4348	OP	28.00	28.00
1995	ROLLER BLADES/4356	OP	8.00	8.00
1995	SMALL FLOWER POT/4354	OP	5.00	5.00
1995	SPARKY/4357	OP	10.00	10.00
1995	TILLIE/4342	OP	28.00	28.00
1995	TRAP/4360	OP	6.00	7.00
1995	TWINKIE/4347	OP	28.00	28.00
1995	WAGON OF FUN/4361	OP	25.00	25.00
1995	WHIMPY/4345	OP	28.00	28.00
1995	WICKER CHAIR/4358	OP	20.00	20.00
1995	WICKER SETTEE/4359	OP	25.00	25.00
1995	WILLIE/4343	OP	28.00	28.00

S. SCHULTZ
SARAH'S NEIGHBORHOOD FRIENDS

YR	NAME	LIMIT	ISSUE	TREND
1990	ANNIE W/FLOWER BASKET	CL	56.00	56.00
1990	ANNIE W/VIOLIN	CL	40.00	40.00
1990	BUBBA W/LANTERN	CL	40.00	40.00
1990	BUBBA W/LEMONADE	CL	54.00	100.00
1990	BUD W/BOOK	CL	40.00	40.00
1990	BUD W/NEWSPAPER	CL	40.00	40.00
1990	HEWETT W/APPLES	CL	40.00	40.00
1990	HEWETT W/DRUM	CL	40.00	40.00
1990	PANSY W/BUGGY	CL	50.00	50.00

YR	NAME	LIMIT	ISSUE	TREND
1990	PANSY W/SLED	CL	35.00	35.00
1990	WALDO DOG	CL	10.00	10.00
1990	WALDO W/FLOWERS	CL	14.00	15.00
1990	WEASEL W/CAP	CL	40.00	40.00
1990	WEASEL W/PAPER	CL	40.00	40.00
1991	ANNIE, WHITE MARY	CL	30.00	30.00
1991	BABES, BLACK BABY JESUS	CL	20.00	20.00
1991	BUBBA, BLACK KING	CL	40.00	40.00
1991	BUD, WHITE JOSEPH	CL	34.00	34.00
1991	CRATE OF LOVE, BLACK	CL	40.00	40.00
1991	CRATE OF LOVE, WHITE	CL	40.00	40.00
1991	DOLLY, WHITE BABY JESUS	CL	20.00	20.00
1991	EXECUTIVE NOAH	CL	46.00	46.00
1991	HEWITT, WHITE KING W/DRUM	CL	40.00	40.00
1991	KITTEN IN BASKET	TL	15.00	16.00
1991	NOAH, BLACK JOSEPH	TL	36.00	36.00
1991	NURSE PANSY	6000	46.00	46.00
1991	PANSY, BLACK ANGEL	TL	30.00	30.00
1991	SHELBY, BLACK MARY	CL	30.00	30.00
1991	TEACHER ANNIE	6000	55.00	55.00
1991	WALDO, DOG W/SHOE	TL	15.00	16.00
1991	WEASEL, WHITE KING W/KITTEN	CL	40.00	40.00

S. SCHULTZ — SNOWFLAKE COLLECTION

YR	NAME	LIMIT	ISSUE	TREND
1989	BOO MINI SNOWMAN	CL	6.00	10.00
1989	FLURRY	CL	12.00	18.00
1989	WINTER FROLIC	CL	60.00	72.00
1990	AMERICAN SNOW OLD GLORY	RT	24.00	25.00
1995	CHILLY/4418	1000	44.00	44.00
1995	CHILLY/JINGLES/4417	SO	80.00	80.00
1995	FLURRY & BOO/4414	1000	30.00	30.00
1995	SNOWY/4416	1000	30.00	30.00
1996	CHILLY/SNOWFLAKE/4482	5000	32.00	32.00
1996	FILLY/SNOWCRYSTAL/4483	5000	36.00	36.00
1996	TOPPER/TABBY/4481	5000	32.00	32.00

S. SCHULTZ — SPARKLING WONDERLAND

YR	NAME	LIMIT	ISSUE	TREND
1998	BURLEY B & W	1998	50.00	50.00
1998	BURLEY PASTEL	1998	50.00	50.00
1998	CLARA NIBBLES	1998	45.00	45.00
1998	CLEM NIBBLES	1998	45.00	45.00

S. SCHULTZ — SPIRIT OF AMERICA

YR	NAME	LIMIT	ISSUE	TREND
1996	BETSY/4491	2500	40.00	40.00
1996	GOD BLESS AMERICA/4497	RT	30.00	30.00
1996	GOD BLESS AMERICA/4498	RT	30.00	30.00
1996	I'M PROUD BEAR/4495	2500	10.00	10.00
1996	PEACHES/4493	RT	26.00	26.00
1996	PUG/4494	2500	26.00	26.00
1996	ROSS/4492	RT	36.00	36.00
1996	USA SANTA/4496	RT	100.00	100.00

S. SCHULTZ — SPIRIT OF CHRISTMAS

YR	NAME	LIMIT	ISSUE	TREND
1987	COLONEL SANTA	CL	30.00	30.00
1987	FATHER SNOW	CL	42.00	46.00
1987	JINGLE BELLS	CL	20.00	28.00
1987	KRIS KRINGLE	CL	100.00	120.00
1987	LARGE SANTA W/CANE	CL	27.00	33.00
1987	LONG JOURNEY	CL	19.00	36.00
1987	MINI SANTA W/CANE	CL	8.00	10.00
1987	MRS. CLAUS	CL	26.00	28.00
1987	NAUGHTY OR NICE SANTA AT D	CL	100.00	100.00
1987	SANTA SITTING	CL	18.00	20.00
1987	SANTA W/POCKETS	CL	34.00	34.00
1987	SANTA'S WORKSHOP	CL	50.00	90.00
1987	SMALL SANTA W/TREE	CL	14.00	17.00
1988	BLESSED CHRISTMAS	RT	100.00	100.00
1988	CHRISTMAS CLOWN	CL	88.00	88.00
1988	CHRISTMAS W/CHILDREN	4000	80.00	80.00
1988	COW/OX	CL	16.00	17.00
1988	ELF GRABBING HAT	CL	8.00	10.00
1988	ELF W/GIFT	CL	8.00	9.00
1988	JESUS-NATURAL	CL	11.00	11.00
1988	JOSEPH-NATURAL	CL	11.00	11.00
1988	LARGE MRS. CLAUS RES. CANDLE	CL	11.00	12.00
1988	LARGE SANTA RES. CANDLE	CL	11.00	12.00
1988	MARY-NATURAL	CL	12.00	12.00
1988	MINI JESUS	CL	4.00	5.00
1988	MINI JESUS-NATURAL	CL	4.00	5.00
1988	MINI JOSEPH	CL	6.00	6.00
1988	MINI JOSEPH-NATURAL	CL	5.00	5.00
1988	MINI LONG JOURNEY	CL	11.00	11.00
1988	MINI MARY	CL	8.00	8.00
1988	MINI MARY-NATURAL	CL	5.00	5.00
1988	MINI SANTA RES. CANDLE	CL	7.00	7.00
1988	SANTA IN CHIMNEY	CL	110.00	140.00
1988	SANTA KNEELING	CL	22.00	22.00
1988	SANTA W/ELF	CL	90.00	90.00
1988	SHEEP	CL	8.00	8.00
1988	SITTING ELF	CL	7.00	15.00
1988	SMALL ANGEL RES. CANDLE	CL	10.00	10.00
1988	SMALL MRS. CLAUS	CL	8.00	9.00
1988	SMALL MRS. CLAUS RES. CANDLE	CL	10.00	10.00

YR	NAME	LIMIT	ISSUE	TREND
1988	SMALL SANTA RES. CANDLE	CL	10.00	10.00
1988	SMALL SITTING SANTA	CL	11.00	11.00
1989	BLINKEY ELF BALL	CL	16.00	20.00
1989	CHRISTMAS JOY	RT	32.00	33.00
1989	COLONEL SANTA 2	CL	35.00	36.00
1989	FATHER SNOW 2	RT	32.00	40.00
1989	JINGLE BELLS 2	RT	25.00	25.00
1989	JOLLY 2	RT	17.00	18.00
1989	LONG JOURNEY 2	RT	35.00	45.00
1989	MAMA SANTA SITTING	CL	30.00	42.00
1989	MAMA SANTA STOCKING	CL	50.00	51.00
1989	MINI COLONEL SANTA	CL	14.00	20.00
1989	MINI FATHER SNOW	CL	16.00	17.00
1989	MINI JINGLE BELLS	CL	16.00	17.00
1989	MINI JOLLY	CL	10.00	11.00
1989	MINI NAUGHTY OR NICE	CL	20.00	21.00
1989	MINI ST. NICK	CL	14.00	15.00
1989	PAPA SANTA SITTING	CL	30.00	41.00
1989	PAPA SANTA STOCKING	CL	50.00	62.00
1989	SILENT NIGHT	RT	33.00	45.00
1989	ST. NICK 2	CL	43.00	45.00
1989	STINKY ELF SITTING	CL	16.00	18.00
1989	WINKY ELF LETTER	CL	16.00	21.00
1989	WOODLAND SANTA	RT	100.00	140.00
1989	YULE TIDINGS 2	RT	23.00	31.00
1990	BELLS OF CHRISTMAS	RT	35.00	38.00
1990	CHRISTMAS MUSIC	RT	60.00	65.00
1990	CHRISTMAS WISHES	RT	50.00	51.00
1990	CHRISTMAS WONDER SANTA	RT	50.00	55.00
1990	LOVE THE CHILDREN	RT	75.00	78.00
1990	SANTA CLAUS EXPRESS	RT	150.00	155.00
1991	SHARING LOVE SANTA	RT	120.00	130.00
1991	TREASURES OF LOVE SANTA	RT	140.00	145.00
1995	AMERICAN SANTA/4467	RT	100.00	100.00
1995	CARE BASKET/4424	5000	26.00	26.00
1995	CARING/4423	5000	29.00	29.00
1995	CHERISH THE CHILDREN/4466	7500	70.00	70.00
1995	CHRISTINE/4420	5000	26.00	26.00
1995	CHRISTMAS DREAMS/4463	RT	64.00	64.00
1995	CHRISTMAS JOY/4331	2000	60.00	60.00
1995	CHRISTMAS WARM./4421	OP	90.00	90.00
1995	COFFEE POT/4422	OP	5.00	5.00
1995	COUNTRY TREE/4419	OP	33.00	33.00
1995	HAPPINESS/4426	5000	34.00	34.00
1995	HELPFULNESS/4425	5000	37.00	37.00
1995	JOY TO THE WORLD/4462	1000	64.00	64.00
1995	JOYFULNESS/4428	5000	28.00	28.00
1995	KINDNESS/4427	5000	30.00	30.00
1995	MRS. SANTA/4430	5000	42.00	42.00
1995	PEACE ON EARTH/4464	7500	80.00	80.00
1995	SANTA/4429	5000	45.00	45.00
1995	SANTA'S LOVE/4465	7500	98.00	98.00
1995	TILLIE CAROLING/4461	5000	26.00	26.00
1995	WILLIE CAROLING/4460	5000	26.00	26.00
1999	GUIDING LIGHT	1999	45.00	45.00
1999	NATURE'S SPIRIT	1999	45.00	45.00
1999	SPECIAL DELIVERY	1999	45.00	45.00
1999	WOODLAND WONDER	1999	45.00	45.00

S. SCHULTZ SPRINGTIME TREASURES

YR	NAME	LIMIT	ISSUE	TREND
1996	AMEN BIBLE/4524	RT	20.00	20.00
1996	BUNNY BUN/4510	RT	18.00	18.00
1996	BUNNY LOVE/4513	1500	18.00	18.00
1996	HERBIE RABBIT/4509	1500	33.00	33.00
1996	HETHER RABBIT/4508	1500	33.00	33.00
1996	JANGLES RABBIT/4511	RT	24.00	24.00
1996	JINGLES RABBIT/4512	RT	24.00	24.00
1996	SANTA & FRIENDS/4517	1000	100.00	100.00
1996	SPIRITUAL GUIDE-B 4518	RT	65.00	65.00
1996	SPIRITUAL GUIDE-G 4519	RT	65.00	65.00
1996	SPRING TREASURES/4516	1000	100.00	100.00

S. SCHULTZ TATTERED N' TORN COLLECTION

YR	NAME	LIMIT	ISSUE	TREND
1990	BLACK MUFFIN & PUFFIN	10000	55.00	55.00
1990	BLACK PRISSY & PEANUT	2000	120.00	120.00
1990	BOY RAG DOLL OPIE	4000	50.00	50.00
1990	GIRL RAG DOLL POLLY	4000	50.00	50.00
1990	MUFFIN BLACK RAG DOLL	500	90.00	200.00
1990	PUFFIN BLACK RAG DOLL	OP	90.00	200.00
1990	WHITE MUFFIN & PUFFIN	10000	55.00	55.00
1990	WHITE PRISSY & PEANUT	2000	120.00	120.00

S. SCHULTZ TENDER MOMENTS

YR	NAME	LIMIT	ISSUE	TREND
1995	ALL DONE/4395	RT	29.00	29.00
1995	BUNDLE OF JOY/4392	3000	20.00	20.00
1995	BUNDLE OF LOVE/4393	3000	29.00	29.00
1995	FAMILY IS LOVE/4320	RT	60.00	60.00
1995	HAVING FUN/4322	RT	44.00	44.00
1995	LITTLE ENGINEER/4389	RT	25.00	25.00
1995	LULLABY/4390	RT	29.00	29.00
1995	ME BIG GIRL/4394	RT	29.00	29.00
1995	PRECIOUS DREAMS/4391	RT	28.00	28.00

YR	NAME	LIMIT	ISSUE	TREND
1995	REFRESHMENTS/4326	RT	16.00	16.00
1995	REMEMBRANCE/4470	RT	100.00	100.00
1995	SQUEAKS/4327	RT	5.00	5.00
1995	STUDY TIME/4325	RT	32.00	32.00
1995	SWEET DREAMS/4388	3000	29.00	29.00
1995	TIME. KNOWL./4323	RT	47.00	47.00
1995	TREASURE MOMENTS/4321	RT	70.00	70.00
1995	WOW/4324	RT	36.00	36.00
1996	BUBBLES/4503	3000	35.00	35.00
1996	DINNER TIME/4507	RT	32.00	32.00
1996	MIKEY BEAR II/BW/4528	2500	60.00	60.00
1996	MIKEY BEARII-VG/4526	2500	60.00	60.00
1996	MISSY BEAR II/BW/4527	2500	60.00	60.00
1996	MISSY BEAR II-VG-4525	2500	60.00	60.00
1996	TA DA/4506	3000	32.00	32.00
1996	YACKY JACKIE/4504	RT	32.00	32.00
1998	CHERISHED DREAMS	9898	85.00	85.00
1998	CHERISHED MOMENTS	9898	85.00	85.00

S. SCHULTZ   **UNITED HEARTS COLLECTION**

YR	NAME	LIMIT	ISSUE	TREND
1991	BARNEY THE GREAT BEAR	CL	40.00	50.00
1991	BEACH ANNIE & WALDO	CL	40.00	41.00
1991	BEACH BUBBA W/INNERTUBE	CL	34.00	40.00
1991	BEACH PANSY WITH KITTEN	CL	34.00	40.00
1991	BIBI-MISS LIBERTY BEAR	CL	30.00	35.00
1991	CHILLY SNOWMAN	CL	33.00	41.00
1991	CHRISTMAS ADORA	CL	36.00	42.00
1991	CHRISTMAS ENOS	CL	36.00	37.00
1991	CHRISTMAS TREE WITH HEARTS	CL	40.00	40.00
1991	CLOWN BIBI & BIFF BEARS	CL	35.00	40.00
1991	EMILY W/BUGGY	CL	53.00	58.00
1991	GIDEON WITH BEAR & ROSE	CL	40.00	42.00
1991	HEWITT W/LEPRECHAUN	CL	56.00	65.00
1991	JACK BOY GRADUATION	CL	40.00	41.00
1991	LIBERTY PAPA BARNEY & BIFF	CL	64.00	75.00
1991	NOAH W/POT OF GOLD	CL	36.00	45.00
1991	SALLY BOOBA GRADUATION	RT	45.00	48.00
1991	SCHOOL CHUCKLES RABBIT	CL	26.00	27.00
1991	SCHOOL COOKIE RABBIT W/KIT	CL	28.00	29.00
1991	SCHOOL CRUMB RABBIT-DUNCE	CL	32.00	40.00
1991	SCHOOL DESK WITH BOOK	TL	15.00	16.00
1991	SHELBY W/SHAMROCK	CL	36.00	40.00
1991	THANKSGIVING CORNSTALK	TL	30.00	30.00
1991	THANKSGIVING CUPCAKE	CL	36.00	37.00
1991	THANKSGIVING TWINKIE	CL	32.00	33.00
1991	TILLIE WITH SKATES	CL	32.00	38.00
1991	TOBY & TESSIE W/WHEELBARROW	CL	44.00	45.00
1991	VALENTINE PEANUT W/CANDY	CL	32.00	33.00
1991	VALENTINE PRISSY WITH DOG	CL	36.00	37.00
1991	WILLIE ON SLED	CL	32.00	41.00
1991	WOOLY LAMB	CL	16.00	16.00
1992	SPARKY DOG GRADUATION	TL	16.00	16.00
1992	TABITHA RABBIT W/BUNNY	TL	32.00	33.00

S. SCHULTZ   **VOICES OF PRAISE**

YR	NAME	LIMIT	ISSUE	TREND
1999	BRANDI	2400	13.00	13.00
1999	ISIAH	2400	16.00	16.00
1999	KOBE	2400	13.00	13.00
1999	LATIFAH	2400	16.00	16.00
1999	REGGIE	2400	16.00	16.00
1999	WHITNEY	2400	16.00	16.00

SCHMID

L. DAVIS   **CAT TALES**

YR	NAME	LIMIT	ISSUE	TREND
1982	COMPANY'S COMING	RT	60.00	250.00
1982	FLEW THE COOP	RT	60.00	350.00
1982	ON THE MOVE	RT	70.00	600.00
1982	RIGHT CHURCH, WRONG PEW	RT	70.00	350.00

L. DAVIS   **CHRISTMAS FIGURINES**

YR	NAME	LIMIT	ISSUE	TREND
1983	HOOKER AT MAILBOX W/PRESENTS	CL	80.00	750.00
1984	COUNTRY CHRISTMAS	CL	80.00	450.00
1984	KITTENS WITH PRESENTS	2500	80.00	465.00
1985	CHRISTMAS AT FOXFIRE FARM	CL	80.00	260.00
1986	CHRISTMAS AT RED OAK	CL	80.00	200.00
1987	BLOSSOM'S GIFT	CL	150.00	300.00
1988	CUTTING THE FAMILY CHRISTMAS TREE	CL	80.00	325.00
1989	PETER AND THE WREN	2250	165.00	375.00
1990	WINTERING DEER	CL	165.00	275.00
1991	CHRISTMAS AT RED OAK II	CL	250.00	250.00
1992	BORN ON A STARRY NIGHT	2500	225.00	225.00
1994	VISIONS OF SUGAR PLUMS	2500	250.00	250.00
1995	BAH HUMBUG	2500	200.00	200.00

L. DAVIS   **COUNTRY PRIDE**

YR	NAME	LIMIT	ISSUE	TREND
1981	BUSTIN' WITH PRIDE	RT	100.00	240.00
1981	DUKE'S MIXTURE	RT	100.00	225.00
1981	PLUM TUCKERED OUT	RT	100.00	950.00
1981	SURPRISE IN THE CELLAR	RT	100.00	965.00

L. DAVIS   **DEALER COUNTER SIGNS**

YR	NAME	LIMIT	ISSUE	TREND
1980	RFD AMERICA	CL	40.00	225.00
1981	UNCLE REMUS	CL	30.00	300.00

YR	NAME	LIMIT	ISSUE	TREND
1985	FOX FIRE FARM	CL	30.00	250.00
1990	MR. LOWELL'S FARM	OP	50.00	60.00
1992	LITTLE CRITTERS	OP	50.00	50.00
D. POLLAND			**DON POLLAND FIGURINES I**	
1983	A SECOND CHANCE	RT	350.00	650.00
1983	CHALLENGE	RT	275.00	600.00
1983	DANGEROUS MOMENT	RT	250.00	350.00
1983	DOWNED	RT	250.00	600.00
1983	ESCAPE	RT	175.00	650.00
1983	FIGHTING BULLS	RT	200.00	600.00
1983	GREAT HUNT, THE	RT	3750.00	3775.00
1983	HOT PURSUIT	RT	225.00	550.00
1983	HUNTER, THE	RT	225.00	500.00
1983	YOUNG BULL	RT	125.00	250.00
1986	DOWN FROM THE HIGH COUNTRY	RT	225.00	300.00
1986	EAGLE DANCER	RT	170.00	300.00
1986	PLAINS WARRIOR	RT	350.00	550.00
1986	RUNNING WOLF-WAR CHIEF	RT	170.00	300.00
1986	SECOND CHANCE	RT	125.00	650.00
1986	SHOOTING THE RAPIDS	RT	195.00	500.00
1986	WAR TROPHY	RT	225.00	500.00
L. DAVIS			**FARM CLUB**	
1985	BRIDE, THE	RT	45.00	450.00
1986	THIRSTY?	YR	*	85.00
1987	CACKLE BERRIES	RT	*	N/A
1987	PARTY'S OVER, THE	RT	50.00	145.00
1988	CHOW TIME	RT	55.00	95.00
1988	ICE CREAM CHURN	RT	*	50.00
1989	CAN'T WAIT	RT	75.00	125.00
1990	NOT A SHARING SOUL	RT	*	40.00
1990	PIT STOP	RT	75.00	140.00
1991	ARRIVAL OF STANLEY	RT	100.00	90.00
1991	DON'T PICK THE FLOWERS	RT	100.00	145.00
1991	NEW ARRIVAL	RT	*	40.00
1992	CHECK'S IN THE MAIL	RT	100.00	100.00
1992	GARDEN TOAD	RT	*	N/A
1992	HOG WILD	RT	100.00	100.00
1993	LUKE 12:6	RT	*	N/A
1993	SUMMER DAYS	YR	100.00	100.00
1993	SURVIVOR, THE	RT	70.00	75.00
1994	DUTCH TREAT	YR	100.00	100.00
1995	FREE KITTENS	YR	40.00	40.00
L. DAVIS			**FARM SET**	
1985	BARN	RT	48.00	400.00
1985	CHICKEN HOUSE	RT	19.00	50.00
1985	CORN CRIB AND SHEEP PEN	RT	25.00	75.00
1985	GARDEN AND WOOD SHED	RT	25.00	60.00
1985	GOAT YARD AND STUDIO	RT	33.00	80.00
1985	HEN HOUSE	RT	33.00	80.00
1985	HOG HOUSE	RT	28.00	80.00
1985	MAIN HOUSE	RT	43.00	105.00
1985	PRIVY	OP	12.00	40.00
1985	REMUS' CABIN	RT	43.00	100.00
1985	SMOKE HOUSE	RT	12.00	70.00
1985	WINDMILL	RT	25.00	45.00
L. DAVIS			**FRIENDS OF MINE**	
1989	SUN WORSHIPPERS	RT	120.00	140.00
1989	SUN WORSHIPPERS MINI	RT	33.00	40.00
1990	SUNDAY AFTERNOON TREAT MINI	CL	33.00	40.00
1991	WARM MILK	RT	120.00	200.00
1991	WARM MILK MINI	RT	33.00	40.00
1992	CAT AND JENNY WREN	5000	170.00	200.00
1992	CAT AND JENNY WREN MINI	CL	35.00	35.00
1992	SUNDAY AFTERNOON TREAT	5000	120.00	185.00
L. DAVIS			**LITTLE CRITTERS**	
1989	GITTIN' A NIBBLE	CL	50.00	60.00
1990	GREAT AMERICAN CHICKEN RACE	2500	225.00	270.00
1990	HOME SQUEEZINS	CL	90.00	90.00
1990	OUTING WITH GRANDPA	RT	200.00	250.00
1990	PRIVATE TIME	CL	18.00	45.00
1990	PUNKIN' PIG	RT	250.00	325.00
1991	HITTIN THE SACK	CL	70.00	70.00
1991	ITISKIT, ITASKET	CL	45.00	45.00
1991	MILK MOUSE	2500	175.00	230.00
1991	PUNKIN' WINE	CL	100.00	145.00
1991	TOAD STRANGLER	CL	57.00	60.00
1991	WHEN COFFEE NEVER TASTED SO GOOD	1250	800.00	800.00
1992	CHARIVARI	950	250.00	250.00
1992	CHRISTOPHER CRITTER	RT	150.00	150.00
1992	DOUBLE YOLKER	YR	70.00	70.00
1992	MISS PRIVATE TIME	YR	35.00	35.00
1992	WOLF IN SHEEP'S CLOTHING, A	YR	110.00	110.00
L. DAVIS			**PROMOTIONAL FIGURINE**	
1991	LEAVING THE RAT RACE	RT	80.00	225.00
1992	HEN SCRATCH	RT	90.00	100.00
1993	LEAPIN' LIZARD	RT	80.00	80.00
1994	DON'T FORGET ME	RT	70.00	70.00
1995	NASTY STUFF	OP	40.00	40.00

YR	NAME	LIMIT	ISSUE	TREND
L. DAVIS				**QUILTIN' BEE**
1992	BIG LIKE DADDY	OP	80.00	80.00
1992	BIRDS OF A FEATHER	OP	80.00	80.00
1992	CORN FLABIN	OP	80.00	80.00
1992	LUNCH BREAK	OP	80.00	80.00
1992	WHAT'S FOR DESSERT	OP	80.00	80.00
L. DAVIS				**RFD AMERICA**
1979	BLOSSOM	RT	180.00	1700.00
1979	BROKEN DREAMS	RT	165.00	1200.00
1979	COUNTRY ROAD	RT	100.00	875.00
1979	FOWL PLAY	RT	100.00	300.00
1979	IGNORANCE IS BLISS	RT	165.00	1250.00
1979	SLIM PICKINS	RT	165.00	650.00
1980	CREEK BANK BANDIT	RT	38.00	385.00
1980	FORBIDDEN FRUIT	RT	25.00	160.00
1980	GOOD, CLEAN FUN	RT	40.00	105.00
1980	ITCHING POST	RT	30.00	100.00
1980	MILKING TIME	RT	20.00	250.00
1980	NEW DAY	RT	20.00	175.00
1980	STRAWBERRY PATCH	RT	25.00	100.00
1980	SUNDAY AFTERNOON	RT	23.00	235.00
1980	WILBUR	RT	110.00	600.00
1981	COUNTRY BOY	RT	38.00	325.00
1981	DOUBLE TROUBLE	RT	35.00	500.00
1981	DRY AS A BONE	RT	45.00	300.00
1981	HIGHTAILING IT	RT	50.00	425.00
1981	PUNKIN' SEEDS	RT	225.00	1600.00
1981	ROOTED OUT	RT	45.00	100.00
1981	SCALLAWAGS	RT	65.00	165.00
1981	SPLIT DECISION	RT	45.00	255.00
1981	STUDIO MOUSE	RT	60.00	325.00
1981	UNDER THE WEATHER	RT	25.00	90.00
1981	UP TO NO GOOD	RT	200.00	890.00
1982	BABY BLOSSOM	RT	40.00	300.00
1982	BABY BOBS	RT	48.00	225.00
1982	BLOSSOM & CALF	RT	250.00	900.00
1982	BRAND NEW DAY	RT	24.00	160.00
1982	COUNTRY CROOK	RT	38.00	375.00
1982	IDLE HOURS	RT	38.00	275.00
1982	MOON RAIDERS	RT	190.00	300.00
1982	MOVING DAY	RT	44.00	300.00
1982	SHOE TO FILL, A	RT	38.00	175.00
1982	STRAY DOG	RT	35.00	70.00
1982	THINKING BIG	RT	35.00	90.00
1982	TREED	RT	155.00	300.00
1982	TWO'S COMPANY	RT	44.00	225.00
1982	WAITING FOR HIS MASTER	RT	50.00	225.00
1982	WHEN MAMA GETS MAD	RT	38.00	340.00
1983	CITY SLICKER	RT	150.00	275.00
1983	COUNTING THE DAYS	RT	40.00	65.00
1983	FAIR WEATHER FRIEND	RT	25.00	80.00
1983	FALSE ALARM	RT	65.00	170.00
1983	HAPPY HUNTING GROUND	RT	160.00	240.00
1983	HI GIRLS, THE NAME'S BIG JACK	RT	200.00	380.00
1983	HIS EYES ARE BIGGER THAN HIS STOMACH	RT	235.00	350.00
1983	LICKIN' GOOD	RT	35.00	250.00
1983	MAKIN' TRACKS	RT	70.00	115.00
1983	MAMA'S PRIZE LEGHORN	RT	55.00	120.00
1983	STIRRING UP TROUBLE	RT	160.00	245.00
1983	WOMEN'S WORK	RT	35.00	85.00
1984	ANYBODY HOME	RT	35.00	125.00
1984	CATNAPPING TOO	RT	70.00	140.00
1984	COUNTRY KITTY	RT	52.00	120.00
1984	COURTIN'	RT	45.00	125.00
1984	GONNA PAY FOR HIS SINS	RT	28.00	50.00
1984	GOSSIPS	RT	110.00	225.00
1984	HEADED HOME	RT	25.00	53.00
1984	HIS MASTER'S DOG	RT	45.00	150.00
1984	HUH?	RT	40.00	125.00
1984	MAD AS A WET HEN	RT	185.00	750.00
1984	ONE FOR THE ROAD	RT	38.00	65.00
1984	PASTURE PALS	RT	52.00	125.00
1984	PRAIRIE CHORUS	RT	135.00	1200.00
1985	BARN CATS	RT	40.00	75.00
1985	COUNTRY COUSINS	RT	43.00	75.00
1985	COUNTRY CROONER	OP	25.00	50.00
1985	DON'T PLAY WITH YOUR FOOD	RT	29.00	105.00
1985	FURS GONNA FLY	1500	145.00	250.00
1985	HOG HEAVEN	RT	165.00	350.00
1985	LOVE AT FIRST SIGHT	RT	70.00	120.00
1985	OUT-OF-STEP	RT	45.00	95.00
1985	OZARK BELLE	RT	35.00	75.00
1985	RENOIR	RT	45.00	75.00
1985	TOO GOOD TO WASTE ON KIDS	RT	70.00	125.00
1985	WILL YOU STILL RESPECT ME IN THE MORNING	RT	35.00	80.00
1986	BIT OFF MORE THAN HE COULD CHEW	RT	40.00	60.00
1986	COMFY?	OP	40.00	75.00
1986	FEELIN' HIS OATS	1500	150.00	250.00
1986	MAMA?	RT	15.00	48.00

YR	NAME	LIMIT	ISSUE	TREND
1987	BOTTOMS UP	RT	80.00	100.00
1987	CHICKEN THIEF	RT	200.00	360.00
1987	EASY PICKINS	RT	45.00	85.00
1987	GLUTTON FOR PUNISHMENT	RT	95.00	155.00
1987	MAIL ORDER BRIDE	RT	150.00	225.00
1987	ORPHANS, THE	RT	50.00	90.00
1987	TWO IN THE BUSH	RT	150.00	325.00
1987	WHEN THE CAT'S AWAY	RT	40.00	60.00
1988	BROTHERS	RT	55.00	85.00
1988	FLEAS	OP	20.00	25.00
1988	GOLDIE AND HER PEEPS	RT	25.00	35.00
1988	HAPPY HOUR	RT	58.00	90.00
1988	IN A PICKLE	RT	40.00	50.00
1988	MAKING A BEE LINE	RT	75.00	130.00
1988	MISSOURI SPRING	RT	115.00	185.00
1988	NO PRIVATE TIME	RT	200.00	350.00
1988	PERFECT TEN	RT	95.00	175.00
1988	SAWIN' LOGS	RT	85.00	100.00
1988	WHEN THREE FOOT'S A MILE	RT	230.00	270.00
1988	WINTER LAMB	RT	200.00	260.00
1988	WISHFUL THINKING	RT	55.00	75.00
1989	BOY'S NIGHT OUT, THE	1500	190.00	225.00
1989	COON CAPERS	RT	68.00	85.00
1989	FAMILY OUTING	RT	45.00	65.00
1989	LEFTOVERS	RT	90.00	95.00
1989	MEETING OF SHELDON	RT	120.00	150.00
1989	MOTHER HEN	RT	38.00	55.00
1989	NEW FRIEND	RT	45.00	65.00
1989	SUN WORSHIPPERS MINI FIGURINE	OP	33.00	43.00
1989	TRIBUTE TO HOOKER, A	RT	180.00	250.00
1989	WOODSCOLT	RT	300.00	375.00
1990	CORN CRIB MOUSE	RT	35.00	40.00
1990	DEALER COUNTER SIGN	OP	50.00	70.00
1990	FINDERS KEEPERS	OP	40.00	50.00
1990	FOREPLAY	RT	60.00	75.00
1990	HANKY PANKY	RT	65.00	100.00
1990	LAST STRAW, THE	RT	125.00	175.00
1990	LITTLE BLACK LAMB (BABA)	RT	30.00	40.00
1990	LONG DAYS, COLD NIGHTS	RT	175.00	200.00
1990	PIGGIN' OUT	RT	190.00	245.00
1990	PRIVATE TIME	OP	18.00	18.00
1990	SEEIN' RED	RT	35.00	50.00
1990	TRICKS OF THE TRADE	RT	300.00	330.00
1991	COCK OF THE WALK	2500	300.00	300.00
1991	FIRST OFFENSE	RT	70.00	75.00
1991	GUN SHY	RT	70.00	70.00
1991	HEADING FOR THE PERSIMMON GROVE	RT	80.00	80.00
1991	KISSIN COUSINS	RT	80.00	80.00
1991	LONG HOT SUMMER	1950	250.00	250.00
1991	SOOIEEE	1500	350.00	350.00
1991	WASHED ASHORE	RT	70.00	70.00
1992	DON'T PLAY WITH FIRE	RT	120.00	120.00
1992	FREE LUNCH	RT	85.00	85.00
1992	GRASS IS ALWAYS GREENER, THE	RT	195.00	195.00
1992	HEADED SOUTH	RT	45.00	45.00
1992	HONEYMOON'S OVER, THE	1950	300.00	300.00
1992	LOWELL DAVIS PROFILE	OP	65.00	65.00
1992	MY FAVORITE CHORES	1500	750.00	750.00
1992	OH SHEEEIT...	RT	120.00	120.00
1992	OZARK'S VITTLES	RT	60.00	60.00
1992	SAFE HAVEN	RT	95.00	95.00
1992	SCHOOL YARD DOGS	RT	100.00	100.00
1992	SHE LAY LOW	RT	120.00	120.00
1992	SNAKE DOCTOR	RT	70.00	70.00
1993	BE MY VALENTINE	RT	35.00	35.00
1993	DON'T OPEN TILL CHRISTMAS	RT	35.00	35.00
1993	DRY HOLE	RT	30.00	30.00
1993	FREELOADERS, THE	1250	230.00	230.00
1993	HAPPY BIRTHDAY MY SWEET	RT	35.00	35.00
1993	IF YOU CAN'T BEAT 'EM JOIN 'EM	1750	250.00	250.00
1993	I'M THANKFUL FOR YOU	RT	35.00	35.00
1993	KING OF THE MOUNTAIN	750	500.00	500.00
1993	NO HUNTING	1000	95.00	95.00
1993	OH WHERE IS HE NOW?	1250	250.00	250.00
1993	PEEP SHOW	RT	35.00	35.00
1993	POLLYWOGS	750	650.00	650.00
1993	SHEEP SHEARIN' TIME	1200	500.00	500.00
1993	SWEET TOOTH	RT	60.00	60.00
1993	TRICK OR TREAT	RT	35.00	35.00
1993	WAITING FOR MR. LOWELL	2500	250.00	250.00
1993	YOU'RE A BASKET OF FUN	OP	35.00	165.00
1994	AND DOWN THE HATCH- COMP PC	6 MO	135.00	135.00
1994	ATTIC ANTICS	RT	100.00	100.00
1994	FIRST OUTING	OP	65.00	65.00
1994	HELPIN' HIMSELF	RT	65.00	65.00
1994	HITTIN' THE TRAIL	1250	250.00	250.00
1994	MAMA CAN WILLIE STAY FOR SUPPER?	1250	200.00	200.00
1994	NOT A HAPPY CAMPER	RT	75.00	75.00
1994	OH MOTHER WHAT IS IT?	1000	250.00	250.00

YR	NAME	LIMIT	ISSUE	TREND
1994	OPEN THE LID	6 MO	135.00	135.00
1994	PECKING ORDER	RT	200.00	200.00
1994	QU'EST-CEQUE C'EST?	RT	200.00	200.00
1994	TWO TIMER	RT	95.00	95.00
1994	WARMIN' THEIR BUNS	1250	270.00	270.00
1995	BLOSSOM'S BEST	750	300.00	300.00
1995	CUSSIN' UP A STORM	RT	45.00	45.00
1995	STICKS & STONES	RT	30.00	30.00
1995	UNINVITED CALLER	RT	35.00	35.00

L. DAVIS — ROUTE 66

YR	NAME	LIMIT	ISSUE	TREND
1991	JUST CHECK THE AIR	RT	700.00	1450.00
1991	JUST CHECK THE AIR	2500	550.00	550.00
1991	LITTLE BIT OF SHADE	RT	100.00	100.00
1991	NEL'S DINER	RT	700.00	1550.00
1991	NEL'S DINER	2500	550.00	550.00
1992	FRESH SQUEEZED	2500	450.00	425.00
1992	FRESH SQUEEZED- W/ WOOD BASE	350	600.00	700.00
1992	GOING TO GRANDMA	RT	80.00	80.00
1992	QUIET DAY AT MAPLE GROVE	RT	130.00	130.00
1992	RELIEF	RT	80.00	80.00
1992	WELCOME MAT- W/ WOOD BASE	1500	400.00	400.00
1992	WHAT ARE PALS FOR?	RT	100.00	100.00
1993	HOME FOR CHRISTMAS	RT	80.00	150.00
1993	KICKIN' HIMSELF	RT	80.00	125.00
1993	SUMMER DAYS	YR	100.00	100.00

L. DAVIS — SPECIAL EDITION FIGURINES

YR	NAME	LIMIT	ISSUE	TREND
1983	CRITICS, THE	RT	400.00	1100.00
1985	HOME FROM MARKET	RT	400.00	1400.00
1989	FROM A FRIEND TO A FRIEND	1200	750.00	1650.00
1990	WHAT RAT RACE?	1200	800.00	1000.00
1992	LAST LAFF	1200	900.00	975.00

L. DAVIS — UNCLE REMUS

YR	NAME	LIMIT	ISSUE	TREND
1981	BRER BEAR	RT	80.00	1050.00
1981	BRER COYOTE	RT	80.00	500.00
1981	BRER FOX	RT	70.00	900.00
1981	BRER RABBIT	RT	85.00	1900.00
1981	BRER WEASEL	RT	80.00	675.00
1981	BRER WOLF	RT	85.00	595.00

SCULPTURE BY SHALAH

S. PERKINS — BRONZE

YR	NAME	LIMIT	ISSUE	TREND
1993	FARMER, THE	20	*	1800.00
1993	MISS DOLLIE	20	*	1500.00
1994	CALL OF THE LAND	20	*	1800.00
1994	CELEBRATION OF A COWGIRL	10	*	9000.00
1994	NEIGHBOR	20	*	1050.00
1994	REMEMBERING	20	*	950.00

S. PERKINS — BRONZE FOUNTAIN

YR	NAME	LIMIT	ISSUE	TREND
1994	JOY IN THE MORNING	13	*	5500.00
1995	WISHFUL THINKING	20	*	7500.00

SEBASTIAN STUDIOS

P.W. BASTON — LARGE CERAMASTONE FIGURES

YR	NAME	LIMIT	ISSUE	TREND
*	SANTA FE...ALL THE WAY	CL	*	800.00
*	ST. FRANCIS PLAQUE	CL	*	800.00
1939	PAUL REVERE PLAQUE	CL	*	425.00
1940	BASKET	CL	*	350.00
1940	BRETON MAN	CL	*	800.00
1940	BRETON WOMAN	CL	*	800.00
1940	CANDLE HOLDER	CL	*	350.00
1940	CAROLER	CL	*	350.00
1940	HORN OF PLENTY	CL	*	350.00
1940	JESUS	CL	*	350.00
1940	LAMB	CL	*	350.00
1940	MARY	CL	*	350.00
1947	LARGE VICTORIAN COUPLE	CL	*	800.00
1948	WOODY AT THREE	CL	*	800.00
1956	JELL-O COW MILK PITCHER	CL	*	800.00
1958	SWIFT INSTRUMENT GIRL	CL	*	200.00
1959	WASP PLAQUE	CL	*	600.00
1963	ABRAHAM LINCOLN TOBY JUG	CL	*	600.00
1963	ANNE BOLEYN	CL	*	800.00
1963	DAVID COPPERFIELD	CL	*	800.00
1963	DORA	CL	*	800.00
1963	GEORGE WASHINGTON TOBY JUG	CL	*	800.00
1963	HENRY VIII	CL	*	800.00
1963	JOHN F. KENNEDY TOBY JUG	CL	*	800.00
1963	MENDING TIME	CL	*	800.00
1963	TOM SAWYER	CL	*	800.00
1964	COLONIAL BOY	CL	*	800.00
1964	COLONIAL GIRL	CL	*	800.00
1964	COLONIAL MAN	CL	*	800.00
1964	COLONIAL WOMAN	CL	*	800.00
1964	IBM FATHER	CL	*	800.00
1964	IBM MOTHER	CL	*	800.00
1964	IBM PHOTOGRAPHER	CL	*	800.00
1964	IBM SON	CL	*	800.00
1964	IBM WOMAN	CL	*	800.00
1965	DENTIST, THE	CL	*	800.00

YR	NAME	LIMIT	ISSUE	TREND
1965	N.E. HOME FOR LITTLE WANDERERS	CL	*	800.00
1965	STANLEY MUSIC BOX	CL	*	400.00
1966	GUITARIST	CL	*	800.00
1967	INFANT OF PRAGUE	CL	*	800.00
1973	BLACKSMITH	CL	*	350.00
1973	CABINETMAKER	CL	*	350.00
1973	CLOCKMAKER	CL	*	800.00
1973	POTTER	CL	*	350.00
1975	MINUTEMAN	CL	*	800.00
1978	MT. RUSHMORE	CL	*	425.00
P.W. BASTON			**SEBASTIAN MINIATURES**	
*	BABE RUTH	CL	*	800.00
*	BOB HOPE	CL	*	800.00
*	CORONATION CROWN	CL	*	800.00
*	EAGLE PLAQUE	CL	*	1500.00
*	KING, THE	CL	*	800.00
*	ORTHO GYNECIC	CL	*	800.00
*	SYLVANIA ELECTRIC-BULB DISPLAY	CL	*	800.00
1938	SHAKER LADY	CL	*	100.00
1938	SHAKER MAN	CL	*	100.00
1939	BENJAMIN FRANKLIN	CL	*	100.00
1939	CORONADO	CL	*	100.00
1939	CORONADO'S SENORA	CL	*	100.00
1939	DEBORAH FRANKLIN	CL	*	100.00
1939	EVANGELINE	CL	*	125.00
1939	GABRIEL	CL	*	125.00
1939	GEORGE WASHINGTON	CL	*	55.00
1939	INDIAN MAIDEN	CL	*	125.00
1939	INDIAN WARRIOR	CL	*	125.00
1939	JOHN ALDEN	CL	*	45.00
1939	MARGARET HOUSTON	CL	*	100.00
1939	MARTHA WASHINGTON	CL	*	55.00
1939	PRISCILLA	CL	*	45.00
1939	SAM HOUSTON	CL	*	100.00
1939	WILLIAMSBURG GOVERNOR	CL	*	100.00
1939	WILLIAMSBURG LADY	CL	*	100.00
1940	ANN STVYVESANT	CL	*	100.00
1940	ANNIE OAKLEY	CL	*	100.00
1940	BUFFALO BILL	CL	*	100.00
1940	CATHERINE LAFITTE	CL	*	100.00
1940	DAN'L BOONE	CL	*	100.00
1940	ELIZABETH MONROE	CL	*	165.00
1940	HANNAH PENN	CL	*	125.00
1940	JAMES MONROE	CL	*	165.00
1940	JEAN LAFITTE	CL	*	100.00
1940	JOHN HARVARD	CL	*	135.00
1940	JOHN SMITH	CL	*	135.00
1940	MRS. DAN'L BOONE	CL	*	100.00
1940	MRS. HARVARD	CL	*	135.00
1940	PETER STVYVESANT	CL	*	100.00
1940	POCAHONTAS	CL	*	135.00
1940	WILLIAM PENN	CL	*	125.00
1941	DOVES	CL	*	800.00
1941	DUCKLINGS	CL	*	800.00
1941	KITTEN (SITTING)	CL	*	800.00
1941	KITTEN (SLEEPING)	CL	*	800.00
1941	PEACOCK	CL	*	800.00
1941	PHEASANT	CL	*	800.00
1941	ROOSTER	CL	*	800.00
1941	SECRETS	CL	*	800.00
1941	SWAN	CL	*	800.00
1942	ACCORDION	CL	*	350.00
1942	CYMBALS	CL	*	350.00
1942	DRUM	CL	*	350.00
1942	HORN	CL	*	350.00
1942	MAJORETTE	CL	*	350.00
1942	TUBA	CL	*	350.00
1946	PURITAN SPINNER	CL	*	800.00
1946	SATCHEL-EYE DYER	CL	*	135.00
1947	DAHL'S FISHERMAN	CL	*	165.00
1947	DILEMMA	CL	*	300.00
1947	DOWN EAST	CL	*	135.00
1947	FIRST COOKBOOK AUTHOR	CL	*	135.00
1947	FISHER PAIR PS	CL	*	800.00
1947	HOWARD JOHNSON PIEMAN	CL	*	425.00
1947	MR. BEACON HILL	CL	*	125.00
1947	MRS. BEACON HILL	CL	*	125.00
1947	PRINCE PHILIP	CL	*	250.00
1947	PRINCESS ELIZABETH	CL	*	250.00
1947	TOLLHOUSE TOWN CRIER	CL	*	150.00
1948	A HARVEY GIRL	CL	*	275.00
1948	DEMOCRATIC VICTORY	CL	*	425.00
1948	JORDAN MARSH OBSERVER	CL	*	165.00
1948	MARY LYON	CL	*	275.00
1948	MR. RITTENHOUSE SQUARE	CL	*	165.00
1948	MR. SHERATON	CL	*	375.00
1948	MRS. RITTENHOUSE SQUARE	CL	*	165.00
1948	NATHANIEL HAWTHORNE	CL	*	185.00
1948	REPUBLICAN VICTORY	CL	*	800.00

YR	NAME	LIMIT	ISSUE	TREND
1948	SITZMARK	CL	*	185.00
1948	SLALOM	CL	*	185.00
1948	SWEDISH BOY	CL	*	400.00
1948	SWEDISH GIRL	CL	*	400.00
1949	BOY SCOUT PLAQUE	CL	*	325.00
1949	DUTCHMAN'S PIPE	CL	*	200.00
1949	EMMETT KELLY	CL	*	275.00
1949	EUSTACE TILLY	CL	*	1250.00
1949	GATHERING TULIPS	CL	*	250.00
1949	GIANT ROYAL BENGAL TIGER	CL	*	1500.00
1949	MARK TWAIN HOME IN HANNIBAL, MO, THE	CL	*	800.00
1949	MENOTOMY INDIAN	CL	*	220.00
1949	PATRICK HENRY	CL	*	125.00
1949	PAUL BUNYAN	CL	*	250.00
1949	SARAH HENRY	CL	*	125.00
1949	THINKER, THE	CL	*	220.00
1949	UNCLE MISTLETOE	CL	*	250.00
1950	MR. OBOCELL	CL	*	100.00
1950	NATIONAL DIAPER SERVICE	CL	*	275.00
1950	PHOEBE, HOUSE OF 7 GABLES	CL	*	165.00
1951	CARL MOORE (WEEI)	CL	*	250.00
1951	CAROLINE CABOT (WEEI)	CL	*	275.00
1951	CHARLES ASHLEY (WEEI)	CL	*	275.00
1951	CHIEF PONTIAC	CL	*	550.00
1951	CHIQUITA BANANA	CL	*	375.00
1951	CHRISTOPHER COLUMBUS	CL	*	275.00
1951	E.B. RIDEOUT (WEEI)	CL	*	275.00
1951	GREAT STONE FACE	CL	*	800.00
1951	IRON MASTER'S HOUSE, THE	CL	*	425.00
1951	JESSE BUFFMAN (WEEI)	CL	*	275.00
1951	JORDON MARSH/RIDES THE A.W. HORSE	CL	*	325.00
1951	JUDGE PYNCHEON	CL	*	200.00
1951	MIT SEAL	CL	*	400.00
1951	MOTHER PARKER (WEEI)	CL	*	275.00
1951	OBSERVER & DAME NEW ENGLAND, THE	CL	*	350.00
1951	PRISCILLA FORTESUE (WEEI)	CL	*	275.00
1951	SEB. DEALER PLAQUE (MARBLEHEAD)	CL	*	325.00
1951	SIR FRANCES DRAKE	CL	*	275.00
1952	AERIAL TRAMWAY	CL	*	450.00
1952	BABY (JELL-O)	CL	*	575.00
1952	FAT MAN, THE (JELL-O)	CL	*	575.00
1952	FAVORED SCHOLAR	CL	*	250.00
1952	FIRST HOUSE, THE - PLYMOUTH PLANTATION	CL	*	175.00
1952	LOST IN THE KITCHEN (JELL-O)	CL	*	475.00
1952	MARBLEHEAD HIGH SCHOOL PLAQUE	CL	*	250.00
1952	NEIGHBORING PEWS	CL	*	250.00
1952	OLD POWDER HOUSE	CL	*	275.00
1952	OUR LADY OF GOOD VOYAGE	CL	*	225.00
1952	SCOTTISH GIRL (JELL-O)	CL	*	375.00
1952	ST. JOAN D'ARC	CL	*	325.00
1952	ST. SEBASTIAN	CL	*	325.00
1952	STORK (JELL-O)	CL	*	475.00
1952	TABASCO SAUCE	CL	*	425.00
1952	WEIGHING THE BABY	CL	*	250.00
1953	BLESSED JULIE BILLART	CL	*	425.00
1953	BOY JESUS IN THE TEMPLE	CL	*	375.00
1953	DARNED WELL HE CAN	CL	*	325.00
1953	HOLGRAVE THE DAGUERROTYPIST	CL	*	225.00
1953	LION (JELL-O)	CL	*	375.00
1953	OLD PUT ENJOYS A LICKING	CL	*	325.00
1953	R.H. STEARNS CHESTNUT HILL MALL	CL	*	250.00
1953	SCHOOLBOY OF 1850, THE	CL	*	375.00
1953	ST. TERESA OF LISIEUX	CL	*	250.00
1954	BLUEBIRD GIRL	CL	*	425.00
1954	CAMPFIRE GIRL	CL	*	425.00
1954	DACHSHUND (AUDIOVOX)	CL	*	325.00
1954	HORIZON GIRL	CL	*	425.00
1954	KERNEL-FRESH ASHTRAY	CL	*	425.00
1954	MOOSE (JELL-O)	CL	*	375.00
1954	OUR LADY OF LALECHE	CL	*	325.00
1954	RABBIT (JELL-O)	CL	*	375.00
1954	RESOLUTE INS. CO. CLIPPER PS	CL	*	325.00
1954	SCUBA DIVER	CL	*	425.00
1954	ST. PIUS X	CL	*	440.00
1954	STIMALOSE (MEN)	CL	*	800.00
1954	STIMALOSE (WOMAN)	CL	*	185.00
1954	SWAN BOAT BROOCH-EMPTY SEATS	CL	*	800.00
1954	SWAN BOAT BROOCH-FULL SEATS	CL	*	800.00
1954	WHALE (JELL-O)	CL	*	375.00
1954	WILLIAM PENN	CL	*	200.00
1955	CAPTAIN DOLIBER	CL	*	325.00
1955	DAVY CROCKETT	CL	*	250.00
1955	GIRAFFE (JELL-O)	CL	*	375.00
1955	HORSE HEAD PS	CL	*	375.00
1955	OLD WOMAN IN THE SHOE (JELL-O)	CL	*	550.00
1955	SANTA (JELL-O)	CL	*	550.00
1955	SECOND BANK-STATE ST. TRUST PS	CL	*	325.00
1956	77TH BENGAL LANCER (JELL-O)	CL	*	800.00
1956	ALIKE, BUT OH SO DIFFERENT	CL	*	325.00

YR	NAME	LIMIT	ISSUE	TREND
1956	ARTHRITIC HANDS (J&J)	CL	*	800.00
1956	EASTERN PAPER PLAQUE	CL	*	375.00
1956	ELSIE THE COW BILLBOARD	CL	*	800.00
1956	GIRL ON DIVING BOARD	CL	*	425.00
1956	GREEN GIANT, THE	CL	*	425.00
1956	MICHIGAN MILLERS PS	CL	*	240.00
1956	MRS. OBOCELL	CL	*	425.00
1956	NYU GRAD SCHOOL OF BUS. ADMIN. BLDG.	CL	*	325.00
1956	PERMACEL TOWER OF TAPE ASHTRAY	CL	*	800.00
1956	PRAYING HANDS	CL	*	275.00
1956	RARICAL BLACKSMITH	CL	*	400.00
1956	ROBIN HOOD & FRIAR TUCK	CL	*	425.00
1956	ROBIN HOOD & LITTLE JOHN	CL	*	425.00
1956	TEXCEL TAPE BOY	CL	*	400.00
1956	THREE LITTLE KITTENS (JELL-O)	CL	*	400.00
1957	ALONG THE ALBANY ROAD PS	CL	*	800.00
1957	BORDEN'S CENTENNIAL (ELSIE THE COW)	CL	*	800.00
1957	COLONIAL FUND DOORWAY PS	CL	*	800.00
1957	IBM 305 RAMAC	CL	*	425.00
1957	JAMESTOWN CHURCH	CL	*	425.00
1957	JAMESTOWN SHIPS	CL	*	400.00
1957	MAYFLOWER PS	CL	*	325.00
1957	NABISCO BUFFALO BEE	CL	*	800.00
1957	NABISCO SPOONMAN	CL	*	800.00
1957	OLDE JAMES FORT	CL	*	275.00
1957	SPEEDY ALKA SELTZER	CL	*	800.00
1958	CBS MISS COLUMBIA PS	CL	*	800.00
1958	CLIQUOT CLUB ESKIMO PS	CL	*	1600.00
1958	COMMODORE STEPHEN DECATUR	CL	*	150.00
1958	CONNECTICUT BANK & TRUST	CL	*	250.00
1958	HANNAH DUSTON PS	CL	*	285.00
1958	HARVARD TRUST COLONIAL MAN	CL	*	300.00
1958	JACKIE GLEASON	CL	*	800.00
1958	JORDAN MARSH OBSERVER	CL	*	225.00
1958	MT. VERNON	CL	*	425.00
1958	ROMEO & JULIET	CL	*	425.00
1958	SALEM SAVINGS BANK	CL	*	275.00
1959	ALCOA WRAP PS	CL	*	375.00
1959	ALEXANDER SMITH WEAVER	CL	*	400.00
1959	FIORELLO LAGUARDIA	CL	*	150.00
1959	FLEISCHMAN'S MARGARINE PS	CL	*	275.00
1959	GIOVANNI VERRAZZANO	CL	*	150.00
1959	H.P. HOOD CO. CIGAR STORE INDIAN	CL	*	800.00
1959	HARVARD TRUST CO. TOWN CRIER	CL	*	375.00
1959	HENRY HUDSON	CL	*	150.00
1959	MRS. S.O.S.	CL	*	325.00
1959	SIESTA COFFEE PS	CL	*	800.00
1960	INFANTRYMAN, THE	CL	*	800.00
1960	MARINE MEMORIAL	CL	*	350.00
1960	MASONIC BIBLE	CL	*	350.00
1960	METROPOLITAN LIFE TOWER PS	CL	*	375.00
1960	PETER STVYVESANT	CL	*	150.00
1960	SON OF THE DESERT	CL	*	240.00
1960	SUPP-HOSE LADY	CL	*	325.00
1960	TONY PIET	CL	*	800.00
1961	BUNKY KNUDSEN	CL	*	800.00
1961	MERCHANT'S WARREN SEA CAPTAIN	CL	*	225.00
1961	POPE JOHN 23RD	CL	*	425.00
1961	ST. JUDE THADDEUS	CL	*	425.00
1962	BIG BROTHER BOB EMERY	CL	*	800.00
1962	BLUE BELLE HIGHLANDER	CL	*	225.00
1962	SEAMAN'S BANK FOR SAVINGS	CL	*	350.00
1962	YANKEE CLIPPER SULFIDE	CL	*	800.00
1963	DIA-MEL FAT MAN	CL	*	400.00
1963	JACKIE KENNEDY TOBY JUG	CL	*	800.00
1963	JOHN F. KENNEDY TOBY JUG	CL	*	800.00
1963	NAUMKEAG INDIAN	CL	*	250.00
1965	HENRY WADSWORTH LONGFELLOW	CL	*	300.00
1965	PANTI-LEGS GIRL PS	CL	*	275.00
1965	POPE PAUL VI	CL	*	425.00
1965	STATE STREET BANK GLOBE	CL	*	275.00
1966	GARDENER MAN	CL	*	275.00
1966	GARDENER WOMEN	CL	*	275.00
1966	GARDENERS (THERMOMETER)	CL	*	350.00
1966	LITTLE GEORGE	CL	*	400.00
1966	MASSACHUSETTS SPCA	CL	*	300.00
1966	PAUL REVERE PLAQUE (W.T. GRANT)	CL	*	325.00
1966	TOWN LYNE INDIAN	CL	*	800.00
1967	DOC BERRY OF BERWICK (YELLOW SHIRT)	CL	*	325.00
1967	ORTHO-NOVUM	CL	*	800.00
1968	CAPTAIN JOHN PARKER	CL	*	325.00
1968	WATERMILL CANDY PLAQUE	CL	*	800.00
1970	UNCLE SAM IN ORBIT	CL	*	375.00
1971	BOSTON GAS TANK	CL	*	400.00
1971	TOWN MEETING PLAQUE	CL	*	375.00
1972	GEORGE & HATCHET	CL	*	425.00
1972	MARTHA & THE CHERRY PIE	CL	*	375.00

YR	NAME	LIMIT	ISSUE	TREND

SEYMOUR MANN

KENJI

			BUNNY MUSICAL	
1991	BUNNY IN TEACUP MH-781	OP	25.00	25.00
1991	BUNNY IN TEAPOT MH-780	OP	25.00	25.00

KENJI

			CAT MUSICAL FIGURINES	
1985	CATS BALL SHAPE	CL	25.00	25.00
1986	CATS W/RIBBON MH-481 A/C	RT	30.00	30.00
1987	BROWN CAT IN BAG	CL	30.00	30.00
1987	BROWN CAT IN TEACUP	RT	30.00	30.00
1987	CAT IN BAG MH-614	RT	30.00	30.00
1987	CAT IN BAG MH-617	RT	30.00	30.00
1987	CAT IN GARBAGE CAN MH-190	RT	35.00	35.00
1987	CAT IN ROSE TEACUP MH-600VG	RT	30.00	30.00
1987	CAT IN TEACUP MH-600VGG	RT	30.00	30.00
1987	CAT ON TIPPED GARBAGE CAN MH-498	RT	35.00	35.00
1987	KITTENS W/BALLS OF YARN MH-612	RT	30.00	30.00
1987	MUSICAL BEAR MH-602	RT	28.00	28.00
1987	TEAPOT CAT MH-631	RT	30.00	30.00
1987	VALENTINE CAT IN BAG MUSICAL MH-600	RT	34.00	34.00
1987	VALENTINE CAT IN TEACUP MH-600VLT	RT	34.00	34.00
1988	BROWN CAT IN HAT MH-634B/6	RT	35.00	35.00
1988	CAT IN HAT BOX MH-634	RT	35.00	35.00
1988	CAT IN HAT MH-634B	RT	35.00	35.00
1989	CAT IN BASINET MH-714	RT	35.00	35.00
1989	CAT IN BASKET MH-713B	RT	35.00	35.00
1989	CAT IN FLOWER MH-709	RT	35.00	35.00
1989	CAT IN GIFT BOX MUSICAL MH-732	RT	40.00	40.00
1989	CAT IN SHOE MH-718	RT	30.00	30.00
1989	CAT IN WATER CAN MUSICAL MH-712	RT	35.00	35.00
1989	CAT ON BASKET MH-713	RT	35.00	35.00
1989	CAT W/COFFEE CUP MUSICAL MH-706	RT	35.00	35.00
1989	CAT W/SWING MUSICAL MH-710	RT	35.00	35.00
1990	BRIDE/GROOM CAT MH-738	RT	38.00	38.00
1990	CAT ASLEEP MH-735	RT	18.00	18.00
1990	CAT CALICO IN EASY CHAIR MH-743VG	RT	28.00	28.00
1990	CAT IN BOOTIE MH-728	RT	35.00	35.00
1990	CAT IN DRESS MH-751VG	RT	38.00	38.00
1990	CAT ON GIFT BOX MUSIC MH-740	RT	40.00	40.00
1990	CAT ON PILLOW MH-731	RT	18.00	18.00
1990	CAT SAILOR IN ROCKING BOAT MH-734	RT	45.00	45.00
1990	CAT W/BOW ON PINK PILLOW MH-741P	RT	34.00	36.00
1990	CAT W/PARROT MH-730	RT	38.00	38.00
1990	CATS GRADUATION MH-745	RT	28.00	28.00
1990	GREY CAT IN BOOTIE MH-728G/6	CL	35.00	35.00
1990	KITTEN TRIO IN CARRIAGE MH-742	CL	38.00	38.00
1991	BROWN CAT IN BAG	RT	30.00	30.00
1991	BROWN CAT IN HAT	RT	35.00	35.00
1991	BROWN CAT IN TEACUP	CL	30.00	30.00
1991	CAT IN BAG	CL	30.00	30.00
1991	CAT IN BASKET MH-768	RT	35.00	35.00
1991	CAT IN BOOTIE	CL	35.00	35.00
1991	CAT IN GARBAGE CAN	RT	35.00	35.00
1991	CAT IN HAT	CL	35.00	35.00
1991	CAT IN HAT BOX	CL	35.00	35.00
1991	CAT IN ROSE TEACUP	RT	30.00	30.00
1991	CAT IN TEACUP	CL	30.00	30.00
1991	CAT MOMMA MH-758	RT	35.00	35.00
1991	CAT ON TIPPED GARBAGE CAN	CL	35.00	35.00
1991	CAT WATCHING BUTTERFLY MH-784	RT	18.00	18.00
1991	CAT WATCHING CANARY MH-783	RT	25.00	25.00
1991	CATS BALL SHAPE	CL	25.00	25.00
1991	CATS W/RIBBON	CL	30.00	30.00
1991	FAMILY CAT MH-770	RT	35.00	35.00
1991	GREY CAT IN BOOTIE	CL	35.00	35.00
1991	KITTEN PICKING TULIPS MH-756	RT	40.00	40.00
1991	KITTENS W/BALLS OF YARN	CL	30.00	30.00
1991	MUSICAL BEAR	CL	28.00	28.00
1991	REVOLVING CAT W/BUTTERFLY MH-759	RT	40.00	40.00
1991	TEAPOT CAT	CL	30.00	30.00

JAIMY

			CHRISTMAS COLLECTION	
1989	SANTA IN SLED W/REINDEER CJ-3	RT	25.00	25.00
1989	SANTA MUSICALS CJ-1/4	RT	28.00	28.00
1989	SANTA ON HORSE CJ-33A	RT	34.00	34.00
1989	SANTA W/LIST CJ-23	RT	28.00	28.00
1990	MR. & MRS. SANTA MUSICAL	CL	38.00	38.00
1990	ROLY POLY SANTA 3 ASST. CJ-263/4/7	RT	18.00	18.00
1990	SANTA ON CHIMNEY MUSICAL	CL	34.00	34.00
1990	SANTA PACKING BAG CJ-210	CL	34.00	34.00
1990	SANTA W/LIST CJ-23	RT	28.00	28.00
1991	APOTHECARY LITE UP CJ-128	RT	34.00	34.00
1991	BEIGE CHURCH LITE UP HOUSE MER-360A	RT	35.00	35.00
1991	BOY & GIRL ON BELL CJ-132	RT	14.00	14.00
1991	BOY ON HORSE CJ-457	RT	6.00	6.00
1991	CAROLERS UNDER LAMPPOST CJ-114A	RT	8.00	8.00
1991	CHURCH LITE UP MER-410	RT	18.00	18.00
1991	COVERED BRIDGE CJ-101	RT	28.00	28.00
1991	EMILY'S TOYS CJ-127	RT	35.00	35.00
1991	FATHER & MOTHER W/DAUGHTER CJ-133	RT	14.00	14.00

To A Special Mum, *with an issue price of $30 in 1990, is a part of Sam Butcher's Precious Moments collection produced by Enesco Group Inc.*

Produced by Creart, Jim Robison's Vigilant Eagle *is part of the Birds of Prey collection.*

Cub E. Bear, *the club piece for Enesco's Cherished Teddies Club's charter year, has nearly doubled in value since its 1995 release.*

Produced by ANRI, Sarah Kay's woodcarving I Know, I Know *is from the School Days collection.*

YR	NAME	LIMIT	ISSUE	TREND
1991	FATHER CHRISTMAS CJ-233	RT	34.00	34.00
1991	FATHER CHRISTMAS W/HOLLY CJ-239	RT	35.00	35.00
1991	FIRE STATION CJ-129	RT	50.00	50.00
1991	FOUR MEN TALKING CJ-138	RT	28.00	28.00
1991	GIFT SHOP LITE UP CJ-125	RT	34.00	34.00
1991	GIRLS W/INSTRUMENTS CJ-131	RT	14.00	14.00
1991	HORSE & COACH CJ-207	RT	25.00	25.00
1991	KIDS BUILDING IGLOO CJ-137	RT	14.00	14.00
1991	LADY W/DOGS CJ-208	RT	14.00	14.00
1991	MAN W/WHEELBARROW CJ-134	RT	14.00	14.00
1991	NEWSBOY UNDER LAMPPOST CJ-144B	RT	15.00	15.00
1991	OLD CURIOSITY LITE UP CJ-201	RT	38.00	38.00
1991	PLAYHOUSE LITE UP CJ-122	RT	50.00	50.00
1991	REINDEER BARN LITE UP HOUSE	CL	55.00	55.00
1991	SANTA CAT ROLY POLY CJ-252	RT	18.00	18.00
1991	SANTA FIXING SLED CJ-237	RT	35.00	35.00
1991	SANTA IN BARREL WATERBALL CJ-243	RT	34.00	34.00
1991	SANTA IN TOY SHOP CJ-441	RT	34.00	34.00
1991	SANTA ON TRAIN CJ-458	RT	6.00	6.00
1991	SANTA PACKING BAG CJ-210	RT	34.00	34.00
1991	SANTA PACKING BAG CJ-236	RT	35.00	35.00
1991	SANTA SLEEPING MUSICAL CJ-214	RT	30.00	30.00
1991	SANTA W/BAG & LIST CJ-431	RT	34.00	34.00
1991	SANTA W/DEER MUSCIAL	RT	34.00	34.00
1991	SANTA W/GIRL WATERBALL	RT	34.00	34.00
1991	SANTA W/LANTERN MUSICAL CJ-211	RT	34.00	34.00
1991	SANTA W/LIST CJ-23R	RT	28.00	28.00
1991	SKATER, THE CJ-205	RT	25.00	25.00
1991	SNOWBALL FIGHT CJ-124B	RT	25.00	25.00
1991	SOUP SELLER WATERBALL CJ-209	RT	25.00	25.00
1991	STONE COTTAGE LITE UP CJ-100	RT	38.00	38.00
1991	STONE HOUSE LITE UP CJ-102	RT	45.00	45.00
1991	THREE LADDIES W/FOOD CJ-136	RT	14.00	14.00
1991	TOY SELLER, THE CJ-206	RT	14.00	14.00
1991	TRADER SANTA MUSICAL CJ-442	RT	30.00	30.00
1991	TWO OLD MEN TALKING CJ-107	RT	14.00	14.00
1991	VILLAGE MILL LITE UP CJ-104	RT	30.00	30.00
1991	VILLAGE PEOPLE CJ-116A	RT	60.00	60.00
1991	WOMAN W/COW CJ-135	RT	15.00	15.00
1991	YE OLDE TOWN TAVERN CJ-130	RT	45.00	45.00

E. MANN CHRISTMAS COLLECTION

YR	NAME	LIMIT	ISSUE	TREND
1989	CATS IN BASKET XMAS-664	RT	8.00	8.00
1990	FIRE STATION LITE UP HOUSE	CL	25.00	25.00
1990	SANTA ON SEE SAW TR-14	RT	30.00	30.00
1991	ELF W/DOLL HOUSE CB-14	RT	30.00	30.00
1991	ELF W/HAMMER CB-11	RT	30.00	30.00
1991	ELF W/ROCKING HORSE CB-10	RT	30.00	30.00
1991	ELF W/TEDDY BEAR CB-12	RT	30.00	30.00
1991	SANTA ON WHITE HORSE CJ-338	RT	34.00	34.00
1991	TEDDY BEAR ON WHEELS CB-42	RT	25.00	25.00

J. WHITE CHRISTMAS COLLECTION

YR	NAME	LIMIT	ISSUE	TREND
1985	TRUMPETING ANGEL W/JESUS XMAS-627	RT	40.00	40.00
1985	VIRGIN W/CHRIST MUSICAL XMAS-528	RT	34.00	34.00
1986	ANTIQUE SANTA MUSICAL XMAS-364	RT	20.00	20.00
1986	JUMBO SANTA/TOYS XMAS-38	RT	45.00	45.00
1989	CAT IN TEACUP MUSICAL XMAS-600	RT	30.00	30.00
1990	ANTIQUE SHOP LITE UP HOUSE MER-373	RT	28.00	28.00
1990	BAKERY LITE UP HOUSE MER-376	RT	28.00	28.00
1990	BETHLEHEM LITE UP SET 3 CP-59893	RT	120.00	120.00
1990	BRICK CHURCH LITE UP HOUSE MER-360C	RT	35.00	35.00
1990	CATHEDRAL LITE UP HOUSE MER-362	RT	38.00	38.00
1990	CHURCH LITE UP HOUSE MER-310	RT	28.00	28.00
1990	DEEP GOLD CHURCH LITE UP HOUSE MER-360D	RT	35.00	35.00
1990	DOUBLE STORE LITE UP HOUSE MER-311	RT	28.00	28.00
1990	GRIST MILL LITE UP HOUSE MER-372	CL	28.00	28.00
1990	INN LITE UP HOUSE MER-316	CL	28.00	28.00
1990	LEATHERWORKS LITE UP HOUSE	CL	28.00	28.00
1990	LIBRARY LITE UP HOUSES	CL	28.00	28.00
1990	LIGHT HOUSE LITE UP HOUSE	CL	28.00	28.00
1990	MANSION LITE UP HOUSE	CL	28.00	28.00
1990	N. ENG. CHURCH LITE UP HOUSE MER-375	CL	28.00	28.00
1990	N. ENG. GEN. STORE LITE UP HSE MER-377	CL	28.00	28.00
1990	RAILROAD STATION LITE UP HOUSE	CL	28.00	28.00
1990	SCHOOL LITE UP HOUSE	CL	28.00	28.00
1990	TOWN HALL LITE UP HOUSE	CL	28.00	28.00
1991	CHURCH W/BLU ROOF LITE UP HSE MER-360E	RT	35.00	35.00
1991	FLORAL PLAQUE XMAS-911	OP	10.00	10.00
1991	FLOWER BASKET XMAS-912	OP	10.00	10.00
1991	RESTAURANT LITE UP HOUSE	CL	28.00	28.00
1991	TOY STORE LITE UP HOUSE	CL	28.00	28.00
1991	TRAIN SET MER-378	RT	25.00	25.00
1991	TWO-TONE STONE CHURCH MER-360B	RT	35.00	35.00

E. MANN CHRISTMAS IN AMERICA

YR	NAME	LIMIT	ISSUE	TREND
1988	CAPITOL, WHITE HOUSE, MT. VERNON	RT	75.00	150.00
1989	SANTA IN SLEIGH	CL	25.00	45.00
1990	CART WITH PEOPLE	RT	25.00	35.00

R. MANN CHRISTMAS IN AMERICA

YR	NAME	LIMIT	ISSUE	TREND
1988	DOCTOR'S OFFICE LITE UP	RT	28.00	28.00

YR	NAME	LIMIT	ISSUE	TREND

J. WHITE | | | **CHRISTMAS IN AMERICA** |

YR	NAME	LIMIT	ISSUE	TREND
1991	NEW ENGLAND CHURCH LITE UP MER-375	RT	28.00	28.00
1991	NEW ENGLAND GEN'L STORE LITE UP MER-377	RT	28.00	28.00

L. SCIOLA — **CHRISTMAS VILLAGE**

1991	AWAY, AWAY	CL	30.00	30.00
1991	COUNSEL HOUSE	CL	60.00	60.00
1991	CURIOSITY SHOP	CL	45.00	45.00
1991	EMILY'S TOYS	CL	45.00	45.00
1991	FIRE STATION, THE	CL	60.00	60.00
1991	ON THIN ICE	CL	30.00	30.00
1991	PLAYHOUSE, THE	CL	60.00	60.00
1991	PUBLIC LIBRARY	CL	50.00	50.00
1991	SCROOGE/MARLEY'S COUNTING HOUSE	CL	45.00	45.00
1991	STORY TELLER, THE CJ-204	CL	20.00	20.00
1991	YE OLD GIFT SHOPPE	CL	50.00	50.00

JAIMY — **DICKENS COLLECTION**

1991	CRATCHIT/TINY TIM MUSICAL CJ-117	RT	34.00	34.00
1991	CRATCHIT'S LITE UP HOUSE CJ-200	RT	38.00	38.00
1991	SCROOGE MUSICAL	RT	30.00	30.00
1991	SCROOGE/MARLEY COUNTING HOUSE CJ-202	RT	38.00	38.00

J. WHITE — **DICKENS COLLECTION**

1989	CRATCHIT'S LITE UP XMS-7000A	RT	30.00	30.00
1989	FEZZIWIG'S LITE UP XMS-7000C	RT	30.00	30.00
1989	GIFT SHOPPE LITE UP XMS-7000H	RT	30.00	30.00
1989	SCROOGE/MARLEY LITE UP XMS-7000B	RT	30.00	30.00
1990	BLACK SWAN INN LITE UP XMS-7000E	RT	30.00	30.00
1990	CRATCHIT FAMILY MER-121	RT	38.00	38.00
1990	CRATCHIT/TINY TIM MUSICAL MER-105	RT	34.00	34.00
1990	HEN POULTRY LITE UP	CL	30.00	30.00
1990	TEA AND SPICE LITE UP	CL	30.00	30.00
1990	WAITE FISH STORE LITE UP	CL	30.00	30.00

J. SAUERBREY — **GINGERBREAD CHRISTMAS COLLECTION**

1991	GINGERBREAD CHURCH LITE UP HSE CJ-403	CL	65.00	65.00
1991	GINGERBREAD HOUSE LITE UP CJ-404	CL	65.00	65.00
1991	GINGERBREAD MANSION LITE UP	CL	70.00	70.00
1991	GINGERBREAD ROCKING HORSE MUSIC	CL	34.00	34.00
1991	GINGERBREAD SWAN MUSICAL	CL	34.00	34.00
1991	GINGERBREAD SWEET SHOP LITE UP HOUSE	CL	60.00	60.00
1991	GINGERBREAD TEDDY BEAR MUSIC	CL	34.00	34.00
1991	GINGERBREAD TOY SHOP LITE UP HOUSE	CL	60.00	60.00
1991	GINGERBREAD VILLAGE LITE UP HOUSE	CL	60.00	60.00

JAIMY — **VICTORIAN CHRISTMAS COLLECTION**

1990	TWO BOYS WITH SNOWMAN	CL	12.00	12.00
1991	LITTLE MATCH GIRL	CL	9.00	9.00

J. WHITE — **VICTORIAN CHRISTMAS COLLECTION**

1990	TOY/DOLL HOUSE LITE UP	CL	28.00	28.00
1990	VICTORIAN HOUSE LITE UP HOUSE	CL	28.00	28.00
1990	YARN SHOP LITE UP HOUSE	CL	28.00	28.00
1991	ANTIQUE SHOP LITE UP HOUSE	CL	28.00	28.00
1991	BEIGE CHURCH LITE UP HOUSE MER351	CL	35.00	35.00
1991	BOOK STORE LITE UP HOUSE	CL	28.00	28.00
1991	CHURCH LITE UP HOUSE	CL	38.00	38.00
1991	COUNTRY STORE LITE UP HOUSE	CL	28.00	28.00
1991	INN LITE UP HOUSE MER-352	CL	28.00	28.00

E. MANN — **WIZARD OF OZ-40TH ANNIVERSARY**

1979	DOROTHY, SCARECROW, LION, TINMAN	RT	8.00	45.00
1979	DOROTHY, SCARECROW, LION, TINMAN-MUSICAL	RT	12.00	75.00

SHADE TREE CREATIONS INC.

B. VERNON — **COWBOYS**

YR	NAME	LIMIT	ISSUE	TREND
1980	BEER DRINKER	RT	20.00	240.00
1980	CARD SHARK	RT	20.00	165.00
1980	EARLY RISER	RT	20.00	190.00
1981	GUNFIGHTER (1ST RELEASE)	RT	20.00	165.00
1981	REDNECK (1ST RELEASE)	RT	20.00	150.00
1981	URBAN COWBOY (PAINTED)	RT	20.00	1275.00
1983	URBAN COWBOY (BROWN)	RT	15.00	550.00
1986	BATHER	OP	*	N/A
1986	SNOOZER	RT	*	45.00
1987	FISHERMAN	OP	*	N/A
1987	GOLFER	RT	30.00	125.00
1987	GOODBYE CRUEL WORLD	RT	*	N/A
1988	COMPUTER WIZARD	RT	25.00	125.00
1988	HUNTER	RT	*	60.00
1989	BIKER	OP	*	N/A
1989	BOSS, THE	OP	*	N/A
1989	EXECUTIVE	RT	30.00	115.00
1989	HAPPY HOUR	RT	30.00	65.00
1989	HENPECKED & HOGTIED	RT	30.00	110.00
1989	PROMISE, THE	OP	*	N/A
1989	YEE HAW	RT	25.00	125.00
1990	CAMERA CRAZY	RT	30.00	60.00
1990	HELLO FROM... CUSTOM EDITION	RT	*	N/A
1990	MAN'S BEST FRIEND	RT	*	55.00
1990	SMOKIN'-STURGIS RALLY	RT	35.00	550.00
1990	THIS JOB	RT	30.00	65.00
1990	TOURIST	RT	30.00	40.00
1990	TRUCKER	RT	*	80.00

YR	NAME	LIMIT	ISSUE	TREND
1991	BOWLER	RT	30.00	45.00
1991	COUCH POTATO	RT	*	60.00
1991	GUNFIGHTER (2ND RELEASE)	RT	30.00	65.00
1991	MECHANIC	RT	30.00	150.00
1991	POOL SHARK	RT	*	50.00
1991	REDNECK (2ND RELEASE)	RT	30.00	165.00
1991	SKIER	RT	30.00	45.00
1992	FIRST CUP, THE	OP	*	N/A
1992	GOLF MY WAY	OP	*	N/A
1992	RODEO CLOWN	RT	*	75.00
1992	SADDLE SORES	OP	*	N/A
1992	SMOKIN' BIKER	OP	*	N/A
1993	BUT...I DIDN'T INHALE!	*	*	N/A
1993	COOKIES FOR SANTA	5000	*	N/A
1993	EXECUTIVE LIBRARY	OP	*	N/A
1993	PARTY ANIMAL	OP	*	N/A
1993	YARD WARRIOR	OP	*	N/A
1994	DEFENDERS OF THE FLAG	*	*	N/A
1994	DR. FEELGOOD	OP	*	N/A
1994	FIRE FIGHTIN'	OP	*	N/A
1994	HOUSEWORK STINKS!	*	*	N/A
1994	TESTIN' THE TOYS	5000	*	N/A
1995	DRAGGIN BUTT	OP	35.00	35.00
1995	KEEPER OF THE PEACE	OP	*	N/A
1995	LOUNGIN' WITH THE LADIES	OP	*	N/A
1995	MEAN AND ORNERY!	*	*	N/A
1995	PLUMB'IN TROUBLE	OP	*	N/A
1995	SEX MACHINE	OP	40.00	40.00
1995	WOAH DERNIT	RT	40.00	40.00
1997	DANCIN' FOOL!	*	*	N/A
1997	GOIN' POSTAL	OP	*	N/A
1997	REDNECK & FED UP!	*	*	N/A
1998	BAR-B-Q-IN'	*	*	N/A
1998	REAL MEN DON'T NEED...	*	*	N/A
1998	ROAD RAGE	*	*	N/A

SHENANDOAH DESIGNS

N. LINDBLADE — ARCADIAN PEWTER

YR	NAME	LIMIT	ISSUE	TREND
1995	AEROPLANE MONOCOUPE	10000	46.00	46.00
1995	BUS-SAFETY COACH	10000	46.00	46.00
1995	COFFEE MILL	10000	46.00	46.00
1995	COUPE A RUMBLE SEAT	10000	46.00	46.00
1995	COUPE MODEL T	10000	46.00	46.00
1995	EXPRESS FLYER WAGON	10000	46.00	46.00
1995	FIRE ENGINE AUTO	10000	56.00	56.00
1995	FIREWAGON (HORSE-DRAWN)	10000	70.00	70.00
1995	MAIL BOX SPECIAL EDITION	10000	40.00	40.00
1995	SEDAN A TUDOR	10000	46.00	46.00
1995	STATE BANK	10000	*	NA
1995	STEAMBOAT	10000	46.00	46.00
1995	TRACTOR	10000	46.00	46.00
1995	TRUCK A-STAKES SIDES	10000	46.00	46.00
1995	TRUCK T STAKE SIDES	10000	56.00	56.00
1996	A-EXPRESS TRUCK	10000	46.00	46.00
1996	AMBULANCE	10000	46.00	46.00
1996	COTTAGE BANK	10000	30.00	30.00
1996	FARM MOWER	10000	40.00	40.00
1996	FIRE LADDER TRUCK	10000	46.00	46.00
1996	MOTORCYCLE COP	10000	46.00	46.00
1996	NO. 1501 SEDAN	10000	30.00	30.00
1996	NO. 1810 FIRE ENGINE	10000	46.00	46.00
1996	PLYMOUTH SEDAN	10000	40.00	40.00
1996	PRACING HORSE BANK	10000	40.00	40.00
1996	ROCKING CHAIR	10000	30.00	30.00
1996	TOW CROP TRACTOR	10000	46.00	46.00
1996	TOY POLICE BANK	10000	40.00	40.00
1996	TWO-MAN RACER	10000	46.00	46.00
1996	WHEELBARROW WITH TOOLS	10000	46.00	46.00

SHENANDOAH DESIGN TEAM — D. MORGAN

YR	NAME	LIMIT	ISSUE	TREND
1996	ACCESSORY GROUP	2000	70.00	70.00
1996	FATHER CHRISTMAS	6000	100.00	100.00
1996	MAGIC NEVER ENDS	6000	100.00	100.00
1996	ST. NICHOLAS	6000	100.00	100.00

C.M. BARKER — FLOWER FAIRIES SERIES I

YR	NAME	LIMIT	ISSUE	TREND
1995	GREATER CELANDINE FAIRY	OP	20.00	20.00
1995	LAVENDER FAIRY	OP	20.00	20.00
1995	MOUNTAIN ASH FAIRY	OP	20.00	20.00
1995	ROSEHIP FAIRY	OP	20.00	20.00
1995	WAYFARING TREE FAIRY	OP	20.00	20.00
1995	WILD CHERRY BLOSSOM FAIRY	OP	20.00	20.00

C.M. BARKER — FLOWER FAIRIES SERIES II

YR	NAME	LIMIT	ISSUE	TREND
1996	BLACKTHORN FAIRY	OP	20.00	20.00
1996	CANTERBURY FAIRY	OP	20.00	20.00
1996	FUMITORY FAIRY	OP	20.00	20.00
1996	NASTURTIUM FAIRY	OP	20.00	20.00
1996	POPPY FAIRY	OP	20.00	20.00
1996	STRAWBERRY FAIRY	OP	20.00	20.00

YR	NAME	LIMIT	ISSUE	TREND
C.M. BARKER		FLOWER FAIRIES SERIES III		

YR	NAME	LIMIT	ISSUE	TREND
C.M. BARKER			**FLOWER FAIRIES SERIES III**	
1996	CANDYTUFT FAIRY	OP	20.00	20.00
1996	CHRISTMAS TREE FAIRY	OP	20.00	20.00
1996	COLUMBINE FAIRY	OP	20.00	20.00
1996	DANDELION FAIRY	OP	20.00	20.00
1996	MAY FAIRY	OP	20.00	20.00
1996	WHITE BINDWEED FAIRY	OP	20.00	20.00
C.M. BARKER			**FLOWER FAIRIES SERIES IV**	
1997	BLACK MEDICH BOY FAIRY	OP	20.00	20.00
1997	BLACK MEDICH GIRL FAIRY	OP	20.00	20.00
1997	BOX TREE FAIRY	OP	20.00	20.00
1997	ELM TREE FAIRY	OP	20.00	20.00
1997	HAZELNUT FAIRY	OP	20.00	20.00
1997	PEAR BLOSSOM FAIRY	OP	20.00	20.00
SHENANDOAH DESIGN TEAM			**KEEPER KLUB**	
1996	KEEPER OF COLLECTORS	YR	35.00	35.00
1996	KEEPER SHELF	YR	*	N/A
SHENANDOAH DESIGN TEAM			**KEEPER OF CHRISTMAS SCENES**	
1995	CHRISTMAS 1995	RT	40.00	225.00
1996	CHRISTMAS 1996	RT	40.00	125.00
1997	CHRISTMAS 1997	6000	40.00	40.00
SHENANDOAH DESIGN TEAM			**KEEPER SERIES I**	
1993	BATH	OP	35.00	35.00
1993	BEDCHAMBER	OP	35.00	35.00
1993	ENTRY	OP	35.00	35.00
1993	HEARTH	OP	35.00	35.00
1993	KITCHEN	RT	35.00	75.00
1993	LAUNDRY	OP	35.00	35.00
1993	LIBRARY	RT	35.00	100.00
1993	NURSERY	OP	35.00	35.00
SHENANDOAH DESIGN TEAM			**KEEPER SERIES II**	
1994	COWBOY SPIRIT	OP	35.00	35.00
1994	HOME OFFICE	OP	35.00	35.00
1994	HOME WORKSHOP	OP	35.00	35.00
1994	LOVE	OP	35.00	35.00
1994	MOTHERS	OP	35.00	35.00
1994	NATIVE AMERICAN	RT	35.00	100.00
1994	SUNROOM	OP	35.00	35.00
1994	TIME	OP	35.00	35.00
SHENANDOAH DESIGN TEAM			**KEEPER SERIES III**	
1995	BEARS	OP	35.00	35.00
1995	FATHERS	OP	35.00	35.00
1995	FLIGHT	OP	35.00	35.00
1995	RAILS	OP	35.00	35.00
1995	THANKSGIVING	OP	35.00	35.00
1995	THE CATCH	OP	35.00	35.00
SHENANDOAH DESIGN TEAM			**KEEPER SERIES IV**	
1995	BIRTHDAYS	OP	35.00	35.00
1995	FAITH	OP	35.00	35.00
1995	FIREFIGHTERS	OP	35.00	35.00
1995	GARDEN	OP	35.00	35.00
1995	GOLFING	OP	35.00	35.00
1995	MUSIC	OP	35.00	35.00
1995	SEA	OP	35.00	35.00
1995	TRAILS	OP	35.00	35.00
1995	WOODLAND ANIMALS	OP	35.00	35.00
SHENANDOAH DESIGN TEAM			**KEEPER SERIES V**	
1996	CHECKERED FLAG	OP	35.00	35.00
1996	FRIENDSHIP	OP	35.00	35.00
1996	PEACE	OP	35.00	35.00
1996	PHOTOGRAPHY	OP	35.00	35.00
1996	SECRETS	OP	35.00	35.00
SHENANDOAH DESIGN TEAM			**KEEPER SERIES VI**	
1997	CATS	OP	35.00	35.00
1997	CROWN JEWELS	6000	40.00	40.00
1997	GALAXY	OP	35.00	35.00
1997	HALLOWEEN	3500	45.00	45.00
1997	PUBS	OP	35.00	35.00
SHENANDOAH DESIGN TEAM			**LEAPERS**	
1997	KISS A LEAPER	6000	50.00	50.00
1997	LEAP OF FAITH	6000	50.00	50.00
1997	LEAPER WENT A COURTIN'	6000	50.00	50.00
1997	LEARN & LEAP	6000	50.00	50.00
1997	TO LEAP OR NOT TO LEAP	6000	50.00	50.00
1997	TO LEAP...TO DREAM	6000	50.00	50.00
SHENANDOAH DESIGN TEAM			**LIMBIES**	
1997	BRUNO	6000	40.00	40.00
1997	FIRST BEAR	6000	40.00	40.00
1997	GRACE	6000	40.00	40.00
1997	GUITARIST	6000	40.00	40.00
1997	QUEEN	6000	40.00	40.00
1997	ZEUS	6000	50.00	50.00

SILVER DEER LTD.

G. TRUEX

*	CRYSTAL STARSHIP	*	*	410.00

YR	NAME	LIMIT	ISSUE	TREND
G. TRUEX			**CRYSTAL COLLECTIBLES**	
1984	PINOCCHIO, 120MM	CL	195.00	250.00
1990	JOE COOL CRUISIN	CL	165.00	165.00

SO! STUDIO ORIGINALS

K. GRAVES			**ANIMAL LOVE**	
1995	BROWN BEAR LOVE	1000	85.00	85.00
1995	FERRET LOVE	1000	85.00	85.00
1995	HAMADRYAD BABOON	1000	85.00	85.00
1995	LEOPARD LOVE	1000	85.00	85.00
1995	MANDRILL BABOON LOVE	1000	85.00	85.00
1995	PANDA LOVE	1000	85.00	85.00
K. GRAVES			**CHESS SET**	
1993	KATALIN'S ADV. IN ALICE'S WONDERLAND	500	1100.00	1100.00
1993	TOURNAMENT OF THE TREE FROGS	500	750.00	750.00
1994	A WEE MAC CHESS TOURNAMENT	500	850.00	850.00
1994	IMAGES OF THE SOUTHWEST	500	2500.00	2500.00
K. GRAVES			**IMAGINALS**	
1993	BILLY THE KITTY (KITTEN)	5000	50.00	50.00
1993	BLACK BARK (STAFFORDSHIRE TERRIER)	5000	50.00	50.00
1993	CHIEF SITTING BULLDOG	5000	50.00	50.00
1993	CHOW MEIN	5000	50.00	50.00
1993	DACHS HOLIDAY (DACHSHUND)	5000	50.00	50.00
1993	DOLLY POODLE	5000	50.00	50.00
1993	FLUIGATOR, THE (SKUNK)	5000	50.00	50.00
1993	KAT FLOOSIE (CAT)	5000	50.00	50.00
1993	MA BARKER (BEAGLE)	5000	50.00	50.00
1993	MISS KITTY (CAT)	5000	50.00	50.00
1993	ONE NOTE E. COYOTE	5000	50.00	50.00
1993	PANCHO GATO (CAT)	5000	50.00	50.00
1993	WILD NANOOK/NORTH (ALASKAN MALAMUTE)	5000	50.00	50.00
1993	WYATT MOUSETRAP (CAT)	5000	50.00	50.00
1994	BIG NOST KAT (WILD CAT)	5000	50.00	50.00
1994	BLACK FOOTED FERRET, THE	5000	50.00	50.00
1994	BOSTON BEENE (BOSTON TERRIER)	5000	50.00	50.00
1994	CALAMITY CAIRN (CAIRN TERRIER)	5000	50.00	50.00
1994	DANIEL SPANIEL (ENG. SPRINGER SPANIEL)	5000	50.00	50.00
1994	DAVY COCKER (COCKER SPANIEL PUPPY)	5000	50.00	50.00
1994	GERONIMEOW (CAT)	5000	50.00	50.00
1994	GOLD N. TREEVER	5000	50.00	50.00
1994	HERR MAX VON SCHAFERHUND (GERMAN SHPRD.)	5000	50.00	50.00
1994	JUDGE ROY MEAN (BULL TERRIER)	5000	50.00	50.00
1994	MALTESE FALCONIER, THE	5000	50.00	50.00
1994	MELANIE COLLIE ROSE	5000	50.00	50.00
1994	PUGLIACCI (PUG)	5000	50.00	50.00
1994	RED EYED AL (ALBINO FERRET)	5000	50.00	50.00
1994	REV. LUTHER ST. BERNARD	5000	50.00	50.00
1994	RITA RAT	5000	50.00	50.00
1994	ROUGH RIDER ROTTIE (ROTTWEILER)	5000	50.00	50.00
1994	RUDOLPHO RAT	5000	50.00	50.00
1994	SIAM SAM (SIAMESE CAT)	5000	50.00	50.00
1994	SIAM SUE (SIAMESE CAT)	5000	50.00	50.00
1994	TY-PHOON SHAR-PEI	5000	50.00	50.00
1994	WILD SPOTS DOOLIN (DALMATIAN)	5000	50.00	50.00
1994	WILD, WILD WESTIE (W. HIGHLAND TERRIER)	5000	50.00	50.00
1994	YORKIE YORKIER PUDDIN' (YORKSHIRE TERR.)	5000	50.00	50.00
1995	CATS DOMINO	5000	50.00	50.00
1995	CHEF BRIARD DEE	5000	50.00	50.00
1995	COUNT BORZOI	5000	45.00	45.00
1995	LABRACADABRA	5000	50.00	50.00
1995	MADAMA PAPILLION	5000	45.00	45.00
1995	PUGLIACCI	5000	45.00	45.00
1996	DOGGIE SCHNAUZER MD	5000	50.00	50.00
1996	SHAGGY BOB TALE	5000	55.00	55.00
1996	ZANE GREYHOUND	5000	50.00	50.00

SPENCER COLLIN LIGHTHOUSES

C. SPENCER COLLIN			**SPENCER COLLIN LIGHTHOUSES**	
1997	SAN FRANCISCO LIGHTHOUSE WATERGLOBE	*	40.00	40.00
1998	SAN FRANCISCO LIGHTSHIP	*	120.00	120.00
C. SPENCER-COLLIN			**SPENCER COLLIN LIGHTHOUSES**	
1999	HURON LIGHTSHIP	*	120.00	120.00
1999	MINI LIGHTSHIP	*	72.00	72.00

SPORTS IMPRESSIONS

*				
	DON MATTINGLY ERROR	500	125.00	850.00
*			**500 HOME RUN CLUB**	
1990	EDDIE MATTHEWS	5512	100.00	125.00
1990	FRANK ROBINSON	5586	150.00	150.00
1990	HARMON KILLEBREW	5573	150.00	150.00
1990	JIMMY FOX	5534	150.00	150.00
1990	MEL OTT	5511	150.00	150.00
1990	TED WILLIAMS	5251	150.00	150.00
1990	WILLIE MCCOVEY	5521	150.00	150.00
*			**BASEBALL SUPERSTAR FIGURINE SERIES**	
1987	DON MATTINGLY	CL	125.00	400.00
1987	KEITH HERNANDEZ	2500	125.00	185.00

YR	NAME	LIMIT	ISSUE	TREND
1987	MICKEY MANTLE	CL	125.00	300.00
1987	TED WILLIAMS F/S	CL	125.00	150.00
1987	WADE BOGGS F/S	CL	125.00	150.00
1988	ABBOTT & COSTELLO	5000	145.00	145.00
1988	AL KALINE G/E	2500	125.00	150.00
1988	ANDRE DAWSON G/E	2500	125.00	150.00
1988	BABE RUTH	5000	125.00	125.00
1988	BOB FELLER	2500	125.00	185.00
1988	JOSE CANSECO	CL	125.00	250.00
1988	LOU GEHRIG	5000	125.00	125.00
1988	PAUL MOLITOR	2500	125.00	125.00
1988	REGGIE JACKSON (YANKEES)	CL	125.00	275.00
1988	ROBERTO CLEMENTE	5000	125.00	125.00
1988	TY COBB	5000	125.00	125.00
1989	ALAN TRAMMELL	2500	125.00	125.00
1989	CY YOUNG	5000	125.00	125.00
1989	DUKE SNIDER	2500	125.00	125.00
1989	FRANK VIOLA	2500	125.00	125.00
1989	HONUS WAGNER	5000	125.00	125.00
1989	KIRK GIBSON	CL	125.00	185.00
1989	REGGIE JACKSON (ANGELS)	CL	125.00	165.00
1989	THURMAN MUNSON	5000	125.00	125.00
1989	WILL CLARK F/S	CL	125.00	225.00

BASEBALL'S 3000 HIT CLUB

YR	NAME	LIMIT	ISSUE	TREND
1989	ROD CAREW	3053	150.00	150.00

BASEBALL'S 3000 HIT WINNERS PITCHERS SERIES

YR	NAME	LIMIT	ISSUE	TREND
1989	TOM SEAVER	CL	150.00	150.00

BASEBALL'S 500 HOME RUN HITTERS

YR	NAME	LIMIT	ISSUE	TREND
1989	ERNIE BANKS	5512	150.00	150.00
1989	HANK AARON	5755	150.00	150.00
1989	WILLIE MAYS	5660	150.00	150.00

BASEBALL'S CY YOUNG AWARD WINNERS

YR	NAME	LIMIT	ISSUE	TREND
1989	OREL HERSHISER	5055	125.00	165.00

COLLECTORS' CLUB FIGURINE

YR	NAME	LIMIT	ISSUE	TREND
1989	MICK-MICKEY MANTLE, THE- H/S	TL	125.00	375.00

KINGS OF K

YR	NAME	LIMIT	ISSUE	TREND
1990	NOLAN RYAN	500	195.00	195.00
1990	STEVE CARLTON	500	195.00	195.00
1990	TOM SEAVER	500	195.00	195.00

NEW YORK METS SUPERSTAR FIGURINES

YR	NAME	LIMIT	ISSUE	TREND
1989	DARRYL STRAWBERRY	5018	125.00	125.00
1989	DWIGHT GOODEN	5016	125.00	125.00
1989	GARY CARTER	5008	125.00	125.00
1989	GREGG JEFFERIES	5009	125.00	125.00
1989	HOWARD JOHNSON	5020	125.00	125.00
1989	KEVIN MCREYNOLDS	5022	125.00	125.00

NFL LIMITED EDITION FIGURINES

YR	NAME	LIMIT	ISSUE	TREND
1990	BOOMER ESIASON-AWAY	995	195.00	195.00
1990	BOOMER ESIASON-HOME	995	195.00	195.00
1990	DAN MARINO-AWAY	995	195.00	195.00
1990	DAN MARINO-HOME	995	195.00	195.00
1990	JOE MONTANA-AWAY	995	195.00	195.00
1990	JOE MONTANA-HOME	995	195.00	195.00
1990	JOHN ELWAY-AWAY	995	195.00	195.00
1990	JOHN ELWAY-HOME	995	195.00	195.00
1990	LAWRENCE TAYLOR-AWAY	995	195.00	195.00
1990	LAWRENCE TAYLOR-HOME	995	195.00	195.00
1990	RANDALL CUNNINGHAM-AWAY	995	195.00	195.00
1990	RANDALL CUNNINGHAM-HOME	995	195.00	195.00

RENAISSANCE 13 IN. SCULPTURES

YR	NAME	LIMIT	ISSUE	TREND
1990	DON MATTINGLY	2950	395.00	395.00

SPECIAL INDIVIDUAL RELEASES

YR	NAME	LIMIT	ISSUE	TREND
1989	MANTLE-SWITCH HITTER	CL	295.00	345.00
1990	JOE MORGAN-NEWEST HALL OF FAMER	1990	195.00	195.00
1991	RICKEY HENDERSON	939	150.00	150.00
1991	ROCKWELL-YER OUT	2500	195.00	195.00

SUPER SIZE FIGURINES

YR	NAME	LIMIT	ISSUE	TREND
1989	JOSE CANSECO	CL	250.00	275.00
1989	TED WILLIAMS	CL	250.00	275.00
1990	MICKEY MANTLE	CL	250.00	275.00
1990	REGGIE JACKSON	CL	250.00	250.00
1990	THURMAN MUNSON	995	250.00	250.00
1990	TOM SEAVER	CL	250.00	250.00

TEAM OF DREAMS

YR	NAME	LIMIT	ISSUE	TREND
1990	CAL RIPKEN, JR.	1990	150.00	150.00
1990	DON MATTINGLY	1990	150.00	150.00
1990	ERIC DAVIS	1990	150.00	150.00
1990	KEN GRIFFEY, JR.	1990	150.00	150.00
1990	KEVIN MITCHELL	1990	150.00	150.00
1990	KIRBEY PUCKETT	1990	150.00	150.00
1990	LENNY DYKSTRA	1990	150.00	150.00
1990	MARK LANGSTON	1990	150.00	150.00

TODAY'S STAR SERIES

YR	NAME	LIMIT	ISSUE	TREND
1990	DON MATTINGLY	2950	65.00	65.00
1990	DWIGHT GOODEN	2950	65.00	65.00
1990	KEN GRIFFEY, JR.	2950	65.00	65.00
1990	LENNY DYKSTRA	2950	65.00	65.00
1990	NOLAN RYAN	2950	65.00	65.00

YR	NAME	LIMIT	ISSUE	TREND

STUDIO COLLECTION
T. RUBEL — HAPPY HABITS

YR	NAME	LIMIT	ISSUE	TREND
1996	BROTHER BON JOVIAL	RT	35.00	35.00
1996	BROTHER PAUL PETITION	RT	35.00	35.00

D. WOOD — HAPPY HABITS

1998	SISTER MARY ELLIOTT	*	35.00	35.00
1998	SISTER MARY GLEE	*	35.00	35.00
1998	SISTER MARY GUIDANCE	*	35.00	35.00
1998	SISTER MARY PRAISES	*	35.00	35.00

T. RUBEL — HEAVENLY ANGELS

1995	FOR WHOM THE BELL TOLLS	RT	26.00	26.00
1998	AND IF I COULD I'D HEAL ALL	*	20.00	20.00
1998	FOOTPRINTS IN THE SAND	*	18.00	18.00
1998	HUG ME!	*	18.00	18.00
1998	IF I CAN TEACH THE WORLD ONE THING--KINDNESS	*	22.00	23.00
1998	MY MOM'S #1	*	22.00	23.00
1998	THERE'S ENOUGH TO GO AROUND	*	25.00	25.00
1998	WHAT WOULD JESUS DO?	*	18.00	18.00
1999	AND YOUR SEASONS ALWAYS SHINE	*	36.00	36.00
1999	BAPTISM	*	23.00	23.00
1999	BIRTHDAY WISH JUST FOR YOU, A	*	20.00	20.00
1999	COME TELL ME WHERE I MIGHT FIND HIM	*	30.00	30.00
1999	GREATEST GIFT OF ALL, THE	*	23.00	23.00
1999	HEAVENLY APRIL SHOWERS	*	25.00	25.00
1999	HOPE, FAITH, CHARITY	*	33.00	33.00
1999	I SHALL FOLLOW THE STAR	*	20.00	20.00
1999	IT'S BETTER TO GIVE	*	29.00	29.00
1999	KITCHEN ANGEL	OP	20.00	20.00
1999	LAMB OF GOD	*	20.00	20.00
1999	LETTER TO GRANDMA, A	*	23.00	23.00
1999	LOVE IS A MANY SPLENDORED THING	*	23.00	23.00
1999	WE SHALL ALWAYS FOLLOW YOU	*	35.00	35.00
1999	YOU'RE FOREVER IN MY HEART	*	23.00	23.00
1999	YOU'RE THE APPLE OF MY EYE	*	23.00	23.00

T. RUBEL — RETIRED ANGELS

1996	MR. TE TUDDLE	RT	35.00	35.00
1996	MS. BOSSY	RT	32.00	32.00
1999	KITCHEN ANGEL	*	35.00	35.00
1999	MR. D.D. DONUT	*	36.00	36.00
1999	MR. FIX IT	*	35.00	35.00
1999	MS. ALICE BINGO	OP	37.00	37.00
1999	MS. BY THE BOOK	*	35.00	35.00
1999	MS. GARDEN PATCH	*	35.00	35.00
1999	MS. KNITTING	*	36.00	36.00

T. RUBEL — RETIRED PEARL ANGELS

1998	MR. SO LATE & MS. TRULY	*	80.00	80.00
1998	MS. DEARING	*	35.00	35.00
1998	MS. FLORA SWEET	*	35.00	35.00
1998	MS. NELLIE, MS. STELLA & MS. SOPHIE	*	100.00	100.00
1998	MS. PENNY SAVER	*	35.00	35.00
1998	MS. WANDERER	*	36.00	36.00
1998	MS. WEATHERBEE	*	35.00	35.00

T. RUBEL — SANTA'S ANIMAL KINGDOM

| 1994 | SANTA'S ANIMAL KINGDOM-STIFFENED | 2500 | 125.00 | 135.00 |

STUDIOS OF HARRY SMITH
H. SMITH

| 1991 | CAT ON PILLOW | 150 | 145.00 | 300.00 |
| 1991 | MYSTICAL DRAGON | SO | 175.00 | 350.00 |

SUMMERHILL CRYSTAL
* — SUMMERHILL CRYSTAL

1992	BICYCLE	500	64.00	64.00
1992	L'ARC DU TRIOMPHE	5000	220.00	220.00
1992	LARGE DRAGON	1500	320.00	320.00
1992	PRINCESS COACH	1500	700.00	700.00
1992	SACRE COEUR	5000	190.00	190.00
1992	VENUS	500	96.00	96.00

SWAROVSKI AMERICA
*

| 1999 | PIERROT 7400099 | * | * | 375.00 |

E. MAIR — A PET'S CORNER

| 1996 | ST. BERNARD | OP | 95.00 | 95.00 |

M. STAMEY — A PET'S CORNER

| 1991 | KITTEN 7634NR028000 | RT | 48.00 | 74.00 |
| 1991 | SITTING CAT | OP | 75.00 | 85.00 |

A. STOCKER — A PET'S CORNER

1990	BEAGLE, PUPPY	OP	40.00	50.00
1990	TERRIER 7619NR000002	RT	60.00	95.00
1992	POODLE 7619NR000003	RT	125.00	175.00

A. STOCKER — AFRICAN WILDLIFE

| 1989 | ELEPHANT, SMALL 7640NR04000 | OP | 50.00 | 55.00 |

M. ZENDRON — AFRICAN WILDLIFE

| 1995 | BABY ELEPHANT | OP | 155.00 | 155.00 |

YR	NAME	LIMIT	ISSUE	TREND
C. SCHNEIDERBAUER		**AMONG FLOWERS AND FOLIAGE**		
1992	HUMMINGBIRD	RT	195.00	2875.00
1994	BUTTERFLY ON LEAF	OP	75.00	75.00
1995	DRAGONFLY	OP	85.00	85.00
M. SCHRECK		**BARNYARD FRIENDS**		
1982	PIG, MINI (CRYSTAL TAIL) 7657NR27	OP	16.00	85.00
1984	PIG, MEDIUM	OP	35.00	47.50
1984	PIG, MEDIUM (CRYSTAL TAIL) 7638NR50 STYLE CHANGE	RT	42.00	485.00
G. STAMEY		**BARNYARD FRIENDS**		
1987	HEN, MINI	OP	35.00	45.00
1987	ROOSTER, MINI	OP	35.00	55.00
1988	CHICKS (SET OF 3) MINI	RT	35.00	45.00
A. STOCKER		**BARNYARD FRIENDS**		
1993	GOSLING, DICK 7613RN000004	OP	38.00	38.00
1993	GOSLING, HARRY 7613NR000003	OP	38.00	38.00
1993	GOSLING, TOM 7613NR000002	*	38.00	38.00
1993	MOTHER GOOSE 7613NR000001		75.00	60.00
A. HIRZINGER		**BEAUTIES OF THE LAKE**		
1995	SWAN, MAXI	OP	4500.00	4500.00
M. SCHRECK		**BEAUTIES OF THE LAKE**		
1977	SWAN, LARGE	OP	55.00	95.00
1977	SWAN, MEDIUM	OP	44.00	85.00
1983	DRAKE, MINI	OP	20.00	45.00
1986	MALLARD 7647NR80	RT	80.00	210.00
1989	SWAN, SMALL	OP	35.00	50.00
G. STAMEY		**BEAUTIES OF THE LAKE**		
1994	FROG 7642NR000001	OP	50.00	50.00
M. STAMEY		**BEAUTIES OF THE LAKE**		
1989	MALLARD, GIANT	OP	2000.00	4500.00
1996	GOLDFISH, MINI	OP	45.00	45.00
A. STOCKER		**BEAUTIES OF THE LAKE**		
1986	DUCK - STANDING, MINI	OP	22.00	38.00
1986	DUCK - SWIMMING, MINI	OP	16.00	28.00
A. HIRZINGER		**CENTENARY EDITION**		
1995	CENTENARY SWAN 7633NR1	YR	150.00	108.00
DESIGN TEAM		**COLLECTORS SOCIETY**		
1991	DOLPHINS BROOCH 003-8901707	RT	*	125.00
1993	ELEPHANT BROOCH 003-8902448	RT	85.00	150.00
1995	CENTENARY SWAN BROOCH	YR	125.00	105.00
A. HIRZINGER		**COLLECTORS SOCIETY**		
1997	10TH ANNIVERSARY SQUIRREL 7400NR097	YR	140.00	102.00
G. STAMEY		**COLLECTORS SOCIETY**		
1992	BIRTHDAY CAKE, THE 003-0169678	RT	85.00	275.00
1997	DRAGON DO1X971	YR	325.00	450.00
A. STOCKER		**COLLECTORS SOCIETY**		
1989	TURTLE DOVES/AMOUR DO1X891	YR	195.00	965.00
1998	PEGASUS 7400098	YR	350.00	386.00
M. SCHRECK		**COLLECTORS SOCIETY/CARING AND SHARING**		
1987	LOVE BIRDS, THE DO1X861/TOGETHERNESS	RT	150.00	4100.00
A. STOCKER		**COLLECTORS SOCIETY/CARING AND SHARING**		
1988	WOODPECKERS, THE DO1X881/SHARING	RT	165.00	1550.00
1989	TURTLE DOVES, THE DO1X891/AMOUR	RT	195.00	1200.00
M. ZENDRON		**COLLECTORS SOCIETY/FABULOUS CREATURES**		
1996	UNICORN, THE DO1X961	OP	325.00	565.00
M. STAMEY		**COLLECTORS SOCIETY/INSPIRATION AFRICA**		
1994	KUDU, THE DO1X941/INSPIRATION AFRICA	RT	295.00	3125.00
A. STOCKER		**COLLECTORS SOCIETY/INSPIRATION AFRICA**		
1995	LION, THE DO1X951/INSPIRATION AFRICA	RT	945.00	460.00
M. ZENDRON		**COLLECTORS SOCIETY/INSPIRATION AFRICA**		
1993	ELEPHANT, THE DO1X931/INSPIRATION AFRICA	RT	325.00	1350.00
M. STAMEY		**COLLECTORS SOCIETY/MOTHER AND CHILD**		
1990	DOLPHINS, THE DO1X901/LEAD ME	RT	225.00	1100.00
1991	SEALS, THE DO1X911/SAVE ME	RT	225.00	650.00
1992	WHALES, THE DO1X921/CARE FOR ME	RT	265.00	530.00
DESIGN TEAM		**COMMEMORATIVE SINGLE ISSUE**		
1990	ELEPHANT-COMMEMORATIVE ITEM/WALT DISNEY	CL	125.00	1250.00
1993	ELEPHANT	OP	150.00	150.00
M. STAMEY		**CRYSTAL MELODIES**		
1996	VIOLIN W/BOW & STAND 7477NR000002	OP	*	120.00
M. ZENDRON		**CRYSTAL MELODIES**		
1992	HARP 7477NR000003	*	175.00	210.00
1992	LUTE 7477NR000004	RT	125.00	145.00
1993	GRAND PIANO WITH STOOL 7477NR000006	OP	250.00	208.00
*				**DISNEY**
*	MICKEY MOUSE SDW001	*	*	475.00
1988	DUMBO NO TUSKS 7640NR35-3	RT	*	4500.00
1988	DUMBO W/SM. TUSKS 7640NR35-2	RT	*	5500.00
1988	ORLANDO DUMBO W/LG. TUSKS 7640NB35-1	RT	*	5500.00
1989	DUMBO W/LG. EARS & TUSKS 7640NR35-4	RT	*	5000.00
1989	DUMBO W/LG. EARS, NO TUSKS	RT	*	4500.00
1990	DUMBO W/FLYING EARS	RT	*	1500.00
1993	DUMBO '93 7640NR100001	RT	*	750.00
M. SCHRECK		**ENDANGERED SPECIES**		
1981	TURTLE, GIANT	OP	2500.00	4500.00
1981	TURTLE, LARGE 7632NR45	TL	48.00	90.00
G. STAMEY		**ENDANGERED SPECIES**		
1993	MOTHER KANGAROO WITH BABY 7609NR000001	OP	95.00	81.00

YR	NAME	LIMIT	ISSUE	TREND
M. STAMEY			**ENDANGERED SPECIES**	
1998	TIGER 7610NR000003	OP	275.00	220.00
A. STOCKER			**ENDANGERED SPECIES**	
1987	KOALA 7673NR40	OP	50.00	115.00
1989	KOALA, MINI	OP	35.00	45.00
1992	BEAVER, SITTING BABY	OP	48.00	50.00
1993	PANDA, BABY	OP	25.00	25.00
1993	PANDA, MOTHER	OP	120.00	120.00
M. SCHRECK			**EXQUISITE ACCENTS**	
1981	BIRDBATH	OP	150.00	210.00
1987	DINNER BELL, SMALL	OP	60.00	65.00
M. STAMEY			**EXQUISITE ACCENTS**	
1992	ROSE, THE	OP	150.00	150.00
1995	ORCHID, THE/PINK	OP	140.00	140.00
1995	ORCHID, THE/YELLOW	OP	140.00	140.00
A. STOCKER			**EXQUISITE ACCENTS**	
1995	ANGEL	OP	210.00	210.00
A. HIRZINGER			**FEATHERED FRIENDS**	
1993	PELICAN	OP	38.00	38.00
E. MAIR			**FEATHERED FRIENDS**	
1995	DOVE	OP	55.00	55.00
A. STOCKER			**FEATHERED FRIENDS**	
1996	LOVEBIRDS, BABY 7612NR000001	OP	155.00	130.00
M. SCHRECK			**GAME OF KINGS**	
1984	CHESS SET	OP	950.00	3000.00
M. ZENDRON			**HORSES ON PARADE**	
1993	STALLION, WHITE 7612NR000001	OP	250.00	175.00
1998	ARABIAN STALLION 7612NR000002	OP	260.00	220.00
*			**IN A SUMMER MEADOW**	
1982	BUTTERFLY	OP	44.00	85.00
E. MAIR			**IN A SUMMER MEADOW**	
1995	LADYBUG	OP	30.00	30.00
A. STOCKER			**IN A SUMMER MEADOW**	
1988	MOTHER RABBIT	OP	60.00	75.00
1988	RABBIT - SITTING, MINI	OP	35.00	45.00
1991	FIELD MOUSE	OP	48.00	50.00
1994	FIELD MICE	OP	43.00	43.00
*			**JULIA'S WORLD**	
1990	JULIA W/MANDOLIN	OP	30.00	30.00
1990	LENA & PEPI/BENCH	OP	55.00	55.00
1990	LENA W/LUTE	OP	30.00	30.00
1990	MARIAN	OP	30.00	30.00
1990	PEPI & MOPSY	OP	55.00	55.00
1990	PEPI W/DRUM	OP	30.00	30.00
1990	SALI	OP	30.00	30.00
1990	SALI W/ACCORDION	OP	30.00	30.00
M. SCHRECK			**KINGDOM OF ICE AND SNOW**	
1984	PENGUIN, LARGE 7643NR85	RT	44.00	150.00
1984	PENGUIN, MINI	OP	16.00	38.00
A. STOCKER			**KINGDOM OF ICE AND SNOW**	
1986	BABY SEAL, MINI	OP	30.00	45.00
1986	POLAR BEAR, LARGE	RT	140.00	250.00
*			**NATIVITY**	
1991	HOLY FAMILY WITH ARCH 7475NR001	RT	250.00	375.00
1992	ANGEL 7475NR000009	RT	65.00	130.00
1992	SHEPHERD 7475NR000007	RT	65.00	100.00
1992	WISE MEN (SET OF 3) 7475NR2	RT	175.00	260.00
*			**OUR CANDLEHOLDERS**	
1987	STAR, LARGE 7600NR143000	RT	250.00	450.00
1989	STAR, MEDIUM	OP	200.00	260.00
M. SCHRECK			**OUR CANDLEHOLDERS**	
1983	WATER LILY, MEDIUM	OP	150.00	260.00
1985	WATER LILY, LARGE	OP	200.00	375.00
1985	WATER LILY, SMALL	OP	100.00	175.00
A. STOCKER			**OUR CANDLEHOLDERS**	
1990	NEO-CLASSIC, LARGE	RT	220.00	400.00
1990	NEO-CLASSIC, MEDIUM	RT	190.00	300.00
1990	NEO-CLASSIC, SMALL	RT	170.00	250.00
A. HIRZINGER			**OUR WOODLAND FRIENDS**	
1995	OWLET	OP	45.00	45.00
E. MAIR			**OUR WOODLAND FRIENDS**	
1994	ROE DEER FAWN 7608NR000001	RT	75.00	130.00
M. SCHRECK			**OUR WOODLAND FRIENDS**	
1979	OWL, LARGE	OP	90.00	125.00
1979	OWL, MINI	OP	16.00	30.00
1981	BEAR, LARGE	OP	75.00	95.00
1983	OWL, GIANT	OP	1200.00	2000.00
1985	BEAR, MINI	OP	16.00	55.00
1985	SQUIRREL 7662NR42	*	35.00	116.00
A. STOCKER			**OUR WOODLAND FRIENDS**	
1987	FOX, LARGE	RT	50.00	150.00
1988	FOX - SITTING, MINI	OP	35.00	75.00
1989	MUSHROOMS 7472NR030	RT	35.00	45.00
M. SCHRECK			**PAPERWEIGHTS**	
1982	CONE	RT	80.00	225.00
1987	CHATON, LARGE	RT	190.00	300.00
1987	CHATON, SMALL	RT	50.00	90.00

YR	NAME	LIMIT	ISSUE	TREND
1987	PYRAMID, LARGE	OP	90.00	250.00
1987	PYRAMID, SMALL	RT	100.00	150.00
1990	CHATON, GIANT	OP	3900.00	4500.00
*				**RETIRED**
1983	GRAPES, LARGE 7550NR30015	RT	250.00	3000.00
1984	BLOWFISH, LARGE 7644NR41	RT	40.00	190.00
1985	BEE-GOLD 7553NR100	RT	200.00	2250.00
1985	BEE-RHODUIM 7553NR200	RT	200.00	2750.00
1985	BUTTERFLY	RT	200.00	1100.00
1985	BUTTERFLY-GOLD 7551NR100	RT	200.00	2250.00
1985	BUTTERFLY-RHODIUM 7551NR200	RT	200.00	2750.00
1985	HUMMINGBIRD RHODIUM 7552NR200	RT	200.00	4000.00
1985	HUMMINGBIRD-GOLD 7552NR100	RT	200.00	2250.00
1986	BUTTERFLY, MINI 7671NR30	RT	16.00	200.00
1987	BIRD'S NEST 7470NR050000	RT	90.00	175.00
DESIGN TEAM				**RETIRED**
1985	GRAPES, MEDIUM 7550NR20029	RT	300.00	445.00
1985	GRAPES, SMALL 7550NR20015	RT	200.00	450.00
C. SCHNEIDERBAUER				**RETIRED**
1992	BUMBLEBEE 7615NR000002	RT	85.00	115.00
1992	SPARROW 7650NR000001	RT	30.00	75.00
M. SCHRECK				**RETIRED**
1977	TURTLE, SMALL 7632NR030000	RT	35.00	66.00
1979	OWL, SMALL 7636NR46	RT	59.00	140.00
1979	SPARROW, MINI 7650NR20	RT	16.00	60.00
1981	APPLE PHOTO STAND, KING SIZE/RHODIUM	RT	120.00	750.00
1981	APPLE PHOTO STAND, LARGE/RHODIUM	RT	80.00	350.00
1981	APPLE PHOTO STAND, SMALL/RHODIUM	RT	40.00	225.00
1981	CHICKEN, MINI 7651NR20	RT	16.00	75.00
1981	DINNER BELL, LARGE	RT	80.00	150.00
1981	DOG 7635NR70	RT	44.00	175.00
1981	DUCK, MINI 7653NR45	RT	16.00	52.00
1981	EGG	RT	60.00	150.00
1981	HEDGEHOG, LARGE 7630NR50	RT	65.00	277.00
1981	HEDGEHOG, MEDIUM 7630NR40	RT	44.00	200.00
1981	MOUSE, MEDIUM 7631NR40	RT	48.00	160.00
1981	MOUSE, MINI 7655NR23	RT	16.00	55.00
1981	MOUSE, SMALL 7631NR30	RT	35.00	100.00
1981	PINEAPPLE, LARGE, RHODIUM 7507NR105002	RT	150.00	500.00
1981	RABBIT, MINI 7652NR20	RT	16.00	65.00
1982	BEAR, SMALL 7637NR54	RT	44.00	85.00
1982	CAT, MINI 7659NR31	RT	16.00	45.00
1982	HEDGEHOG, KING SIZE 7630NR60	RT	98.00	850.00
1982	MOUSE, KING SIZE 7631NR60	RT	95.00	900.00
1982	MOUSE, LARGE 7631NR50	RT	69.00	900.00
1982	PIG, LARGE 7638NR65	RT	50.00	500.00
1982	PINEAPPLE, LARGE/RHODIUM 7507NR105002	RT	150.00	600.00
1983	APPLE PHOTO STAND, LARGE/GOLD	RT	80.00	300.00
1983	APPLE PHOTO STAND, SMALL/GOLD	RT	60.00	225.00
1983	BEAR, GIANT 7637NR112	RT	125.00	1500.00
1983	BEAR, KING SIZE 7637NR92	RT	95.00	2750.00
1983	CAT, MEDIUM 7634NR52	RT	38.00	500.00
1983	DUCK, LARGE 7653NR75	RT	44.00	350.00
1983	DUCK, MEDIUM 7653NR55	RT	38.00	190.00
1983	ELEPHANT, LARGE 7640NR55	RT	90.00	325.00
1983	PINEAPPLE, GIANT, RHODIUM 7507NR260002	RT	1750.00	3750.00
1983	RABBIT, LARGE 7652NR45	RT	38.00	425.00
1983	SPARROW, LARGE 7650NR32	RT	38.00	175.00
1983	TURTLE, KING SIZE 7632NR75	RT	58.00	500.00
1984	APPLE PHOTO STAND, KING SIZE/GOLD	RT	150.00	600.00
1984	BEAR, MINI 7670NR32	RT	16.00	265.00
1984	CAT, LARGE 7634NR70	RT	44.00	145.00
1984	DACHSHUND, LARGE 7641NR75	RT	48.00	130.00
1984	FALCON HEAD, LARGE 7645NR100	RT	600.00	2200.00
1984	FROG PRINCE 7642NR48	RT	30.00	200.00
1984	FROG W/CLEAR EYES 7642NR48	RT	30.00	400.00
1985	DACHSHUND, MINI 7672NR42	RT	35.00	166.00
1985	SEAL, LARGE 7645NR85	RT	44.00	300.00
1985	SEAL, SILVER WHISKERS 7646NR85	RT	85.00	250.00
1986	FALCON HEAD, SMALL 7645NR45	RT	60.00	200.00
1987	DINNER BELL, MEDIUM	RT	80.00	95.00
1987	HEDGEHOG, SMALL 7630NR30	RT	38.00	475.00
1987	PINEAPPLE, SMALL/RHODIUM 7507NR060002	RT	55.00	180.00
1988	HEDGEHOG, LARGE 7630NR70	RT	120.00	100.00
1988	SWAN, MINI 7658NR27	RT	16.00	162.00
G. STAMEY				**RETIRED**
1989	OLD TIMER AUTOMOBILE 7473NR000001	RT	130.00	220.00
M. STAMEY				**RETIRED**
1986	SNAIL 7648NR30	RT	35.00	85.00
1988	WHALE 7628NR80	RT	70.00	275.00
1989	OWL 7621NR000003	RT	85.00	275.00
1989	TOUCAN 7621NR000002	RT	70.00	165.00
1989	WALRUS 7620NR100000	RT	120.00	170.00
1991	KIWI 7617NR043000	RT	38.00	100.00
1991	SOUTH SEA SHELL 7624NR072000	RT	110.00	125.00
A. STOCKER				**RETIRED**
1987	DACHSHUND, MINI 7672NR042	RT	20.00	83.00
1987	PARTRIDGE 7625NR50	RT	85.00	105.00

YR	NAME	LIMIT	ISSUE	TREND
1987	POLAR BEAR, LARGE 7649NR85	RT	140.00	195.00
1988	ELEPHANT, LARGE 7640NR60	RT	70.00	115.00
1988	FOX - RUNNING, MINI 7677NR055	RT	35.00	95.00
1988	HIPPOPOTAMUS, LARGE 7626NR65	RT	70.00	133.00
1988	RABBIT, LYING MINI 7678NR030	RT	35.00	85.00
1988	RHINOCEROS, LARGE 7622NR70	RT	70.00	141.00
1989	HIPPOPOTAMUS, SMALL 7626NR055000	RT	70.00	108.00
1990	RHINOCEROS, SMALL 7622NR60	RT	70.00	105.00
1992	BEAVER, LYING BABY 7616NR000003	RT	48.00	78.00
1992	BEAVER, MOTHER 7616NR000001	RT	110.00	145.00
G. STAMEY			**SILVER CRYSTAL CITY**	
1990	CATHEDRAL 7474NR000021	RT	95.00	185.00
1990	HOUSES I & II	RT	75.00	150.00
1990	HOUSES III & IV	RT	75.00	150.00
1990	POPLARS 7474NR020003	RT	40.00	125.00
1991	CITY GATES 7474NR000023	RT	95.00	175.00
1991	CITY TOWER 7474NR000022	RT	38.00	125.00
1993	TOWN HALL 7474NR000027	RT	135.00	250.00
A. STOCKER		**SILVER CRYSTAL WORLDWIDE LIMITED EDITION**		
1995	EAGLE 7607NR0000001	RT	1750.00	7180.00
1998	PEACOCK 7607NR000002	10000	1800.00	5290.00
*			**SOUTH SEA**	
1986	BLOWFISH, SMALL	OP	35.00	55.00
1987	BLOWFISH, MINI	OP	22.00	30.00
M. STAMEY			**SOUTH SEA**	
1988	OPEN SHELL WITH PEARL 7624NR55	OP	120.00	200.00
1991	BUTTERFLY FISH 7644NR077	RT	150.00	195.00
1993	SEA HORSE	OP	85.00	85.00
1993	THREE SOUTH SEA FISH 7644NR057	TL	135.00	135.00
1995	CONCH	OP	30.00	30.00
1995	DOLPHIN	OP	210.00	210.00
1995	MARITIME TRIO 7624NR1	OP	104.00	104.00
1995	SHELL	OP	30.00	30.00
1995	STARFISH	OP	30.00	30.00
*			**SPARKLING FRUIT**	
1995	GRAPES, MED., GOLD LEAVES, RHODIUM STEM 7509NR150	OP	375.00	250.00
M. STAMEY			**SPARKLING FRUIT**	
1991	APPLE 7476NR000001	RT	175.00	265.00
1991	PEAR 7476NR000002	RT	175.00	160.00
M. STAMEY			**UP IN THE TREES**	
1989	PARROT 7621NR000004	RT	70.00	200.00
1990	KINGFISHER 7621NR000001	RT	75.00	140.00
*			**WHEN WE WERE YOUNG**	
1994	REPLICA HEDGEHOG	OP	38.00	38.00
1994	REPLICA CAT	OP	38.00	38.00
1994	REPLICA MOUSE	OP	38.00	38.00
1994	STARTER SET	OP	113.00	113.00
G. STAMEY			**WHEN WE WERE YOUNG**	
1988	LOCOMOTIVE	OP	150.00	155.00
1988	TENDER	OP	55.00	55.00
1988	WAGON	OP	85.00	95.00
1990	PETROL WAGON	OP	75.00	95.00
1991	SANTA MARIA 7473NR000003	OP	375.00	300.00
1993	TIPPING WAGON	OP	95.00	95.00
1994	ROCKING HORSE 7479NR000001	OP	125.00	170.00
1994	SAILBOAT 7473NR000004	OP	195.00	170.00
1995	TRAIN, MINI	OP	125.00	125.00
1996	BABY CARRIAGE 7473NR000005	OP	140.00	110.00
A. STOCKER			**WHEN WE WERE YOUNG**	
1990	AIRPLANE 7473NR000002	OP	135.00	130.00
M. ZENDRON			**WHEN WE WERE YOUNG**	
1993	KRIS BEAR	OP	75.00	75.00
1995	KRIS BEAR ON SKATES	OP	75.00	75.00

THOMAS F. CLARK CO.

T. CLARK			TOM CLARK CREATIONS	
*	ABEDNEGO	*	*	75.00
*	ABRAHAM	*	*	180.00
*	ADAM	*	*	125.00
*	AHAB	*	*	350.00
*	ALPHA	*	*	150.00
*	BELLE KRINGLE	*	*	200.00
*	BLACKSMITH	*	*	280.00
*	CALEB	*	*	200.00
*	COWBOY	*	*	150.00
*	DAFFY	*	*	225.00
*	ERNEST	*	*	270.00
*	GERBER	*	*	400.00

TUDOR MINT

J. WATSON				
1991	POWER OF THE CRYSTAL, THE	3500	478.00	525.00
S. RILEY			**EXHIBITION ONLY STUDIES**	
1993	DACTRIUS	*	64.00	70.00
J. WATSON			**EXHIBITION ONLY STUDIES**	
1994	VEXIUS	*	67.00	70.00

YR	NAME	LIMIT	ISSUE	TREND
S. RILEY			**EXTRAVAGANZA STUDIES**	
1992	SAURIA	403	32.00	40.00
1994	LITHIA	*	32.00	33.00
J. WATSON			**EXTRAVAGANZA STUDIES**	
1993	DEINOS	463	32.00	35.00
S. RILEY			**MYTH & MAGIC CLUB**	
1990	QUEST FOR THE TRUTH, THE	1282	80.00	83.00
1992	FRIENDS	*	30.00	32.00
1992	PLAYMATES	3778	27.00	30.00
1993	MYSTICAL ENCOUNTER, THE	*	32.00	35.00
1994	CRYSTAL SHIELD, THE	OP	44.00	48.00
1994	KEEPER OF THE DRAGONS, THE	*	80.00	85.00
1995	BATTLE FOR THE CRYSTAL, THE	OP	108.00	108.00
J. WATSON			**MYTH & MAGIC CLUB**	
1991	GAME OF STRAX, THE	2533	24.00	25.00
1991	WELL OF ASPIRATIONS, THE	2973	80.00	85.00
1992	ENCHANTED POOL, THE	*	80.00	85.00
S. RILEY			**MYTH & MAGIC-LARGE STUDIES**	
1990	DANCE OF THE DOLPHINS, THE	1537	280.00	300.00
1990	DRAGON MASTER, THE	1500	280.00	300.00
1990	VII SEEKERS OF KNOWLEDGE, THE	7500	280.00	300.00
J. WATSON			**MYTH & MAGIC-LARGE STUDIES**	
1992	GATHERING OF THE UNICORNS, THE	5000	296.00	325.00
S. RILEY			**ONE YEAR ONLY STUDIES**	
1994	DRAGON OF THE UNDERWORLD, THE	YR	67.00	70.00
1995	GUARDIAN OF THE CRYSTAL, THE	YR	108.00	108.00
J. WATSON			**ONE YEAR ONLY STUDIES**	
1993	FLYING DRAGON, THE	YR	64.00	70.00

UNITED DESIGN CORP.

YR	NAME	LIMIT	ISSUE	TREND
S. BRADFORD			**ANGELS COLLECTION**	
1991	CHRISTMAS ANGEL AA-003	10000	125.00	125.00
1991	CLASSICAL ANGEL AA-005	10000	79.00	79.00
1991	GIFT, THE- AA-009	3500	140.00	500.00
1991	HEAVENLY SHEPHERDESS AA-008	10000	99.00	99.00
1991	MESSENGER OF PEACE AA-006	RT	75.00	75.00
1991	TRUMPETER ANGEL AA-004	RT	99.00	99.00
1991	WINTER ROSE ANGEL AA-007	10000	65.00	65.00
1993	GIFT, THE- '93	RT	120.00	140.00
1994	EARTH ANGEL	RT	84.00	84.00
1994	HARVEST ANGEL	RT	84.00	84.00
P. JONAS			**ANGELS COLLECTION**	
1991	ANGEL WAIF AA-012	OP	15.00	16.00
1991	PEACE DESCENDING ANGEL AA-013	OP	20.00	20.00
1991	ROSETTI ANGEL AA-011	OP	20.00	20.00
1991	VICTORIAN CUPID ANGEL AA-010	OP	15.00	16.00
K. MEMOLI			**ANGELS COLLECTION**	
1993	ANGEL OF FLIGHT	10000	100.00	100.00
1993	MADONNA	10000	100.00	100.00
1994	ANGEL WITH CHRIST CHILD	10000	84.00	84.00
1994	DREAMING OF ANGELS	10000	120.00	120.00
D. NEWBURN			**ANGELS COLLECTION**	
1993	ANGEL WITH BIRDS	10000	75.00	75.00
1993	ANGEL WITH LEAVES	10000	70.00	70.00
1993	ANGEL WITH LEAVES, EMERALD	RT	70.00	90.00
1993	ANGEL WITH LILIES	10000	80.00	80.00
1993	ANGELS WITH LILIES, CRIMSON	RT	80.00	100.00
1994	ANGEL WITH BOOK	10000	84.00	84.00
1994	ANGEL, ROSES & BLUEBIRDS	10000	65.00	65.00
1994	GIFT, THE- '94	RT	140.00	150.00
S. BRADFORD			**BACKYARD BIRDS**	
1988	BABY ROBIN, SMALL BB-006	OP	10.00	10.00
1988	BABY ROBINS BB-008	OP	15.00	18.00
1988	BLUEBIRD BB-009	OP	15.00	20.00
1988	BLUEBIRD, SMALL BB-001	OP	10.00	10.00
1988	CARDINAL, SMALL BB-002	OP	10.00	10.00
1988	CHICKADEE BB-010	OP	15.00	17.00
1988	CHICKADEE, SMALL BB-003	OP	10.00	10.00
1988	FEMALE CARDINAL BB-011	OP	15.00	17.00
1988	FEMALE HUMMINGBIRD, SMALL BB-005	RT	10.00	10.00
1988	FLYING HUMMINGBIRD, SMALL BB-004	OP	10.00	10.00
1988	HANGING BLUEBIRD BB-017	RT	11.00	17.00
1988	HANGING CARDINAL BB-018	RT	11.00	11.00
1988	HANGING CHICKADEE BB-019	RT	11.00	11.00
1988	HANGING HUMMINGBIRD, LARGE BB-023	RT	15.00	16.00
1988	HANGING HUMMINGBIRD, SMALL BB-022	RT	11.00	11.00
1988	HANGING ROBIN BB-020	RT	11.00	11.00
1988	HANGING SPARROW BB-021	RT	11.00	11.00
1988	HUMMINGBIRD BB-012	OP	15.00	17.00
1988	MALE CARDIDNAL BB-013	OP	15.00	17.00
1988	RED-WINGED BLACKBIRD BB-014	RT	15.00	17.00
1988	ROBIN BB-015	OP	15.00	20.00
1988	SPARROW BB-016	OP	15.00	17.00
1988	SPARROW, SMALL BB-007	OP	10.00	10.00
1989	BABY BLUE JAY BB-027	OP	15.00	16.00
1989	BALTIMORE ORIOLE BB-024	OP	20.00	22.00
1989	BLUE JAY BB-026	OP	20.00	22.00
1989	GOLDFINCH BB-028	OP	16.00	20.00

YR	NAME	LIMIT	ISSUE	TREND
1989	HOOT OWL BB-025	OP	15.00	20.00
1989	SAW-WHET OWL BB-029	OP	15.00	18.00
1989	WOODPECKER BB-030	OP	16.00	20.00
1990	BABY CEDAR WAXWINGS BB-033	OP	22.00	22.00
1990	BLUEBIRD (UPRIGHT) BB-031	OP	20.00	20.00
1990	CEDAR WAXWING BB-032	OP	20.00	20.00
1990	EVENING GROSBEAK BB-034	OP	22.00	22.00
1990	FEMALE INDIGO BUNTING BB-039	OP	20.00	20.00
1990	INDIGO BUNTING BB-036	OP	20.00	20.00
1990	NUTHATCH, WHITE-THROATED BB-037	OP	20.00	20.00
1990	PAINTED BUNTING BB-040	OP	20.00	20.00
1990	PAINTED BUNTING, FEMALE BB-041	OP	20.00	20.00
1990	PURPLE FINCH BB-038	OP	20.00	20.00
1990	ROSE BREASTED GROSBEAK BB-042	OP	20.00	20.00

D. KENNICUTT — **EASTER BUNNY FAMILY**

YR	NAME	LIMIT	ISSUE	TREND
1988	BUNNIES, BASKET OF SEC-001	RT	13.00	18.00
1988	BUNNY BOY W/DUCK SEC-002	RT	13.00	18.00
1988	BUNNY GIRL W/HEN SEC-004	RT	13.00	18.00
1988	BUNNY, EASTER SEC-003	RT	13.00	18.00
1988	RABBIT, GRANDMA SEC-005	RT	15.00	18.00
1988	RABBIT, GRANDPA SEC-006	RT	15.00	18.00
1988	RABBIT, MOMMA W/BONNET SEC-007	RT	15.00	18.00
1989	AUNTIE BUNNY SEC-008	RT	20.00	23.00
1989	BUNNY W/PRIZE EGG SEC-010	OP	20.00	20.00
1989	DUCKY W/BONNET, BLUE SEC-015	OP	10.00	12.00
1989	DUCKY W/BONNET, PINK SEC-014	OP	10.00	12.00
1989	EASTER EGG HUNT SEC-012	OP	16.00	20.00
1989	LITTLE SIS W/LOLLY SEC-009	OP	14.00	18.00
1989	ROCK-A-BYE BUNNY SEC-013	OP	20.00	23.00
1989	SIS & BUBBA SHARING SEC-011	OP	23.00	23.00
1990	BUBBA W/WAGON SEC-016	OP	16.00	18.00
1990	EASTER BUNNY W/CRYSTAL SEC-017	OP	23.00	23.00
1990	HEN W/CHICK SEC-018	OP	23.00	23.00
1990	MOMMA MAKING BASKET SEC-019	OP	23.00	23.00
1990	MOTHER GOOSE SEC-020	OP	16.00	20.00
1991	BABY IN BUGGY, BOY SEC-027	RT	20.00	20.00
1991	BABY IN BUGGY, GIRL SEC-029	RT	20.00	20.00
1991	BUBBA IN WHEELBARROW SEC-021	OP	20.00	20.00
1991	BUNNY BOY W/ BASKET SEC-025	OP	20.00	20.00
1991	FANCY FIND SEC-028	OP	20.00	20.00
1991	LOP-EAR W/CRYSTAL SEC-022	OP	23.00	23.00
1991	NEST OF BUNNY EGGS SEC-023	OP	18.00	18.00
1991	VICTORIAN AUNTIE BUNNY SEC-026	OP	20.00	20.00
1991	VICTORIAN MOMMA SEC-024	OP	20.00	20.00

K. MEMOLI — **FAERIE TALES**

YR	NAME	LIMIT	ISSUE	TREND
1990	FAERIE FLIGHT	7500	39.00	39.00
1990	SLEEPING FAERIE	7500	39.00	39.00
1990	WATER SPRITE	7500	39.00	39.00
1990	WIND SPRITE	7500	39.00	39.00
1990	WINTER FAERIE	7500	39.00	39.00
1990	WOOD SPRITE	7500	39.00	39.00

MEMOLI/JONAS — **LEGEND OF SANTA CLAUS**

YR	NAME	LIMIT	ISSUE	TREND
1990	SAFE ARRIVAL CF-027	7500	150.00	150.00

S. BRADFORD — **LEGEND OF SANTA CLAUS**

YR	NAME	LIMIT	ISSUE	TREND
1986	ROOFTOP SANTA CF-004	RT	65.00	79.00
1986	SANTA WITH PUPS CF-003	RT	65.00	250.00
1987	DREAMING OF SANTA CF-008	RT	65.00	250.00
1987	MRS. SANTA CF-006	RT	60.00	75.00
1987	ON SANTA'S KNEE CF-007	15000	65.00	79.00
1987	SANTA ON HORSEBACK CF-011	RT	75.00	250.00
1988	FATHER CHRISTMAS CF-018	7500	75.00	85.00
1988	LOAD 'EM UP CF-016	RT	79.00	250.00
1989	A PURRR-FECT CHRISTMAS CF-019	7500	95.00	95.00
1989	CHRISTMAS HARMONY CF-020	7500	85.00	85.00
1990	VICTORIAN SANTA CF-028	7500	125.00	125.00
1990	WAITING FOR SANTA CF-026	7500	100.00	100.00
1991	VICTORIAN SANTA W/TEDDY CF-033	7500	150.00	150.00
1993	NORTHWOODS SANTA	7500	100.00	110.00
1993	VICT., LION AND LAMB SANTA	7500	100.00	110.00
1994	STAR SANTA WITH POLAR BEAR	7500	130.00	130.00

K. MEMOLI — **LEGEND OF SANTA CLAUS**

YR	NAME	LIMIT	ISSUE	TREND
1991	BLESSED FLIGHT CF-032	7500	159.00	159.00
1991	REINDEER WALK CF-031	7500	150.00	150.00
1993	DEAR SANTA	7500	170.00	185.00
1993	JOLLY ST. NICK	7500	130.00	140.00
1993	JOLLY ST. NICK, VICT.	7500	120.00	130.00
1994	LONGSTOCKING DILEMMA	7500	170.00	170.00
1994	LONGSTOCKING DILEMMA, VICT.	7500	170.00	170.00
1994	STORY OF CHRISTMAS, THE	10000	180.00	180.00

L. MILLER — **LEGEND OF SANTA CLAUS**

YR	NAME	LIMIT	ISSUE	TREND
1986	ELF PAIR CF-005	10000	60.00	75.00
1986	KRIS KRINGLE CF-002	RT	60.00	75.00
1986	SANTA AT REST CF-001	RT	70.00	250.00
1987	CHECKING HIS LIST CF-009	15000	75.00	85.00
1987	LOADING SANTA'S SLEIGH CF-010	15000	100.00	100.00
1988	ASSEMBLY REQUIRED CF-017	7500	79.00	95.00
1988	ST. NICHOLAS CF-015	7500	75.00	85.00
1989	HITCHING UP CF-021	7500	90.00	90.00

YR	NAME	LIMIT	ISSUE	TREND
1990	FOREST FRIENDS CF-025	7500	90.00	90.00
1990	PUPPY LOVE CF-024	7500	100.00	100.00
1991	FOR SANTA CF-029	7500	99.00	99.00
1991	SANTA AT WORK CF-030	7500	99.00	99.00
1993	NIGHT BEFORE CHRISTMAS	7500	100.00	110.00
1993	SANTA'S FRIENDS	7500	100.00	110.00
1994	SANTA RIDING DOVE	7500	120.00	120.00
L. MILLER		**LEGEND OF THE LITTLE PEOPLE**		
1989	A FRIENDLY TOAST LL-003	RT	35.00	45.00
1989	ADVENTURE BOUND LL-002	RT	35.00	45.00
1989	CADDY'S HELPER LL-007	RT	35.00	45.00
1989	MAGICAL DISCOVERY LL-005	RT	45.00	45.00
1989	SPRING WATER SCRUB LL-006	RT	35.00	45.00
1989	TREASURE HUNT LL-004	RT	45.00	45.00
1989	WOODLAND CACHE LL-001	RT	35.00	45.00
1990	A LITTLE JIG LL-018	RT	45.00	45.00
1990	A LOOK THROUGH THE SPYGLASS LL-015	RT	40.00	45.00
1990	A PROCLAMATION LL-013	RT	45.00	50.00
1990	FISHIN' HOLE LL-012	RT	35.00	45.00
1990	GATHERING ACORNS LL-014	RT	100.00	100.00
1990	HEDGEHOG IN HARNESS LL-010	RT	45.00	45.00
1990	HUSKING ACORNS LL-008	RT	60.00	60.00
1990	MINSTRAL MAGIC LL-017	RT	45.00	45.00
1990	TRAVELING FAST LL-009	RT	45.00	45.00
1990	WOODLAND SCOUT LL-011	RT	40.00	45.00
1990	WRITING THE LEGEND LL-016	RT	65.00	65.00
1991	EASTER BUNNY'S CART, THE LL-020	RT	45.00	45.00
1991	FIRE IT UP LL-023	RT	50.00	50.00
1991	GOT IT LL-021	RT	45.00	45.00
1991	IT'S ABOUT TIME LL-022	RT	55.00	55.00
1991	VIKING LL-019	RT	45.00	45.00
N. JONAS				**LIL' DOLLS**
1991	BETTY BUTTON'S SURPRISE LD-008	10000	35.00	35.00
P. JONAS				**LIL' DOLLS**
1991	ANGELA BEAR LD-010	10000	35.00	35.00
1991	ARCHIBALD BEAR LD-009	10000	35.00	35.00
1991	GEORGIE BEAR LD-001	10000	35.00	35.00
1991	JENNY BEAR LD-002	10000	35.00	35.00
1991	NUTCRACKER LD-006	RT	35.00	35.00
D. NEWBURN				**LIL' DOLLS**
1991	ADDIE LD-013	10000	35.00	35.00
1991	AMY LD-003	10000	35.00	35.00
1991	BECKY BUNNY LD-005	10000	35.00	35.00
1991	KRISTA LD-014	10000	35.00	35.00
1991	MARCHING IN TIME LD-007	10000	35.00	35.00
1991	SAM LD-004	10000	35.00	35.00
1991	SARA LD-011	10000	35.00	35.00
1991	TESS LD-015	10000	35.00	35.00
1991	TOM LD-012	10000	35.00	35.00
S. BRADFORD				**MUSICMAKERS**
1989	HERALD ANGEL MM-011	12000	79.00	79.00
1989	TEDDY BEAR BAND MM-012	12000	99.00	99.00
D. KENNICUTT				**MUSICMAKERS**
1989	CHRISTMAS TREE MM-008	OP	69.00	69.00
1989	EVENING CAROLERS MM-005	OP	69.00	69.00
1989	SNOWSHOE SLED RIDE MM-007	OP	69.00	69.00
1989	TEDDIES AND FROSTY MM-010	OP	69.00	69.00
1989	TEDDY DRUMMERS MM-009	OP	69.00	69.00
1989	WINTER FUN MM-006	OP	69.00	69.00
1991	A CHRISTMAS GIFT MM-015	OP	59.00	59.00
1991	CRYSTAL ANGEL MM-017	OP	59.00	59.00
1991	DASHING THROUGH THE SNOW MM-013	OP	59.00	59.00
1991	TEDDY SOLDIERS MM-018	OP	69.00	69.00
1991	TWO FAERIES MM-014	OP	59.00	59.00
L. MILLER				**MUSICMAKERS**
1989	COMING TO TOWN MM-001	OP	69.00	69.00
1989	MERRY LITTLE CHRISTMAS MM-002	OP	69.00	69.00
1989	MERRY MAKING MM-003	RT	69.00	90.00
1989	SANTA'S SLEIGH MM-004	OP	69.00	69.00
D. KENNICUTT				**PARTY ANIMALS**
1984	DEMOCRATIC DONKEY ('84)	RT	14.00	16.00
1990	DEMOCRATIC DONKEY ('90)	RT	16.00	16.00
1990	GOP ELEPHANT ('90)	RT	16.00	16.00
L. MILLER				**PARTY ANIMALS**
1984	GOP ELEPHANT ('84)	RT	14.00	16.00
1986	DEMOCRATIC DONKEY ('86)	RT	14.00	15.00
1986	GOP ELEPHANT ('86)	RT	14.00	15.00
1988	DEMOCRATIC DONKEY ('88)	RT	14.00	16.00
1988	GOP ELEPHANT ('88)	RT	14.00	16.00
P. JONAS				**PENNIBEARS**
1990	ATTIC FUN PB-019	RT	20.00	22.00
1990	BABY HUGS PB-007	RT	20.00	22.00
1990	BATHTIME BUDDIES PB-023	RT	20.00	22.00
1990	BEAUTIFUL BRIDE PB-004	RT	20.00	24.00
1990	BIRTHDAY BEAR PB-018	RT	20.00	24.00
1990	BOOOO BEAR PB-025	RT	20.00	22.00
1990	BOUQUET BOY PB-003	RT	20.00	20.00
1990	BOUQUET GIRL PB-001	RT	20.00	22.00

YR	NAME	LIMIT	ISSUE	TREND
1990	BUTTERFLY BEAR PB-005	RT	20.00	22.00
1990	BUTTONS & BOWS PB-012	RT	20.00	22.00
1990	COOKIE BANDIT PB-006	RT	20.00	22.00
1990	COUNT BEARACULA PB-027	RT	22.00	24.00
1990	COUNTRY QUILTER PB-030	RT	22.00	26.00
1990	COUNTRY SPRING PB-013	RT	20.00	22.00
1990	DOCTOR BEAR PB-008	RT	20.00	22.00
1990	DRESS UP FUN PB-028	RT	22.00	24.00
1990	GARDEN PATH PB-014	RT	20.00	22.00
1990	GIDDIAP TEDDY PB-011	RT	20.00	24.00
1990	HANDSOME GROOM PB-015	RT	20.00	22.00
1990	HONEY BEAR PB-002	RT	20.00	20.00
1990	LAZY DAYS PB-009	RT	20.00	22.00
1990	NAP TIME PB-016	RT	20.00	22.00
1990	NURSE BEAR PB-017	RT	20.00	22.00
1990	PETITE MADEMOISELLE PB-010	RT	20.00	22.00
1990	PUPPY BATH PB-020	RT	20.00	22.00
1990	PUPPY LOVE PB-021	RT	20.00	22.00
1990	SANTA BEAR-ING GIFTS PB-031	RT	24.00	26.00
1990	SCARECROW TEDDY PB-029	RT	24.00	24.00
1990	SNEAKY SNOWBALL PB-026	RT	20.00	22.00
1990	SOUTHERN BELLE PB-024	RT	20.00	22.00
1990	STOCKING SURPRISE PB-032	RT	22.00	26.00
1990	TUBBY TEDDY PB-022	RT	20.00	22.00
1991	A WILD RIDE PB-052	RT	26.00	26.00
1991	BAKING GOODIES PB-043	RT	26.00	26.00
1991	BEAR FOOTIN' IT PB-037	RT	24.00	24.00
1991	BEARLY AWAKE PB-033	RT	22.00	22.00
1991	BOO HOO BEAR PB-050	RT	22.00	22.00
1991	BOUNTIFUL HARVEST PB-045	RT	24.00	24.00
1991	BUMP-BEAR CROP PB-035	RT	26.00	26.00
1991	BUNNY BUDDIES PB-042	RT	22.00	22.00
1991	CHRISTMAS REINBEAR PB-046	RT	28.00	28.00
1991	COUNTRY LULLABYE PB-036	RT	24.00	24.00
1991	CURTAIN CALL PB-049	RT	24.00	24.00
1991	GOODNIGHT LITTLE PRINCE PB-041	RT	26.00	26.00
1991	GOODNIGHT SWEET PRINCESS PB-040	RT	26.00	26.00
1991	HAPPY HOBO PB-051	RT	26.00	26.00
1991	LIL' MER-TEDDY PB-034	RT	24.00	24.00
1991	PILGRIM PROVIDER PB-047	RT	32.00	32.00
1991	SUMMER SAILING PB-039	RT	26.00	26.00
1991	SWEET LIL 'SIS PB-048	RT	22.00	22.00
1991	SWEETHEART BEARS PB-044	RT	28.00	28.00
1991	WINDY DAY PB-038	RT	24.00	24.00

P. JONAS   PENNIBEARS COLLECTOR'S CLUB MEMBERS ONLY EDITIONS

YR	NAME	LIMIT	ISSUE	TREND
1990	FIRST COLLECTION PB-C90	RT	26.00	26.00
1991	COLLECTING MAKES CENTS PB-C91	RT	26.00	26.00

H. HENRIKSEN   STORYTIME RHYMES & TALES

YR	NAME	LIMIT	ISSUE	TREND
1991	HUMPTY DUMPTY 008	RT	64.00	64.00
1991	LITTLE JACK HORNER 007	RT	50.00	50.00
1991	LITTLE MISS MUFFET 006	RT	64.00	64.00
1991	MISTRESS MARY 002	RT	64.00	64.00
1991	MOTHER GOOSE 001	RT	64.00	64.00
1991	OWL & PUSSY CAT 004	RT	100.00	100.00
1991	SIMPLE SIMON 003	RT	90.00	90.00
1991	THREE LITTLE PIGS 005	RT	100.00	100.00

S. BRADFORD   SUZY'S ZOO

YR	NAME	LIMIT	ISSUE	TREND
1990	BABY QUACKER	OP	20.00	20.00
1990	BUNNY BABY	OP	20.00	20.00
1990	BUNNY BRIDE & GROOM	OP	25.00	25.00
1990	CORKY PILGRIM	OP	25.00	25.00
1990	CORKY TURTLE & HAT	OP	23.00	23.00
1990	CORKY, HEART FELT	OP	23.00	23.00
1990	JACK & FLOWERS	OP	23.00	23.00
1990	MARMOT BABY, RAINY DAY	OP	20.00	20.00
1990	MARMOT CAROLERS	OP	25.00	25.00
1990	MARMOT SISTERS/PALS	OP	25.00	25.00
1990	MARMOTS DANCING	OP	25.00	25.00
1990	MARTHA MARMOT	OP	23.00	23.00
1990	OLLIE MARMOT	OP	23.00	23.00
1990	POLLY QUACKER	OP	23.00	23.00
1990	RITZ, SIGNING-I LOVE YOU	OP	23.00	23.00
1990	RITZ-HAY THERE	OP	20.00	20.00
1990	SUZY & FAVORITE PILLOW	OP	23.00	23.00
1990	SUZY & TEDDY	OP	23.00	23.00
1990	SUZY, ARTIST	OP	23.00	23.00
1990	SUZY, BEAUTY QUEEN	OP	25.00	25.00
1990	TEDDY	OP	20.00	20.00
1990	TILLIAMOOK & FLOWERS	OP	23.00	23.00
1990	TILLIAMOOK, BALLERINA	OP	23.00	23.00

VAILLANCOURT FOLK ART

N. BAILEY   ANGEL DARLINGS

YR	NAME	LIMIT	ISSUE	TREND
1996	ALMOST FITS H4765/1	OP	15.00	15.00

J. VAILLANCOURT   COLLECTIBLE RABBIT

YR	NAME	LIMIT	ISSUE	TREND
1995	CHALKWARE PEDDLAR, 9513	OP	130.00	130.00
1995	LTD. LADY RABBIT, 9502	250	190.00	190.00
1995	RABBIT AND CHICKS, 9505	OP	90.00	90.00
1995	RABBIT AND LAMB, 9504	OP	150.00	150.00

YR	NAME	LIMIT	ISSUE	TREND
1995	RABBIT LEANING ON EGG, 9508	OP	130.00	130.00
1995	RABBIT ON DUCK, 9506	OP	60.00	60.00
1995	RABBIT ON MALLARD, 9507	OP	80.00	80.00
1995	RABBIT W/APRON, 9511	OP	65.00	65.00
1995	RABBIT/BARREL, 9512	OP	110.00	110.00
1995	RABBIT/UMBRELLA, 9514	OP	140.00	140.00
1995	ROCKER RABBIT, 9503	OP	130.00	130.00
1995	SMALL BUNNY, 9509	OP	50.00	50.00
1995	SMALL RABBIT, 9510	OP	40.00	40.00
1995	TWO RABBITS, 9501	OP	190.00	190.00
1996	CAT, 9602	OP	150.00	150.00
1996	LARGE RABBIT, 9601	OP	180.00	180.00
1996	LTD BOY/CHICK, 9603	OP	190.00	190.00
1996	RABBIT, 9604	OP	100.00	100.00
1996	RABBIT, 9605	OP	90.00	90.00
1996	RUNNING RABBIT, 9606	OP	150.00	150.00
1996	TINY RABBIT, 9607	OP	40.00	40.00

J. VAILLANCOURT — **COLLECTIBLE SANTA**

YR	NAME	LIMIT	ISSUE	TREND
1995	ANGEL, 9539	OP	40.00	40.00
1995	BELSNICKLE, 9529	OP	70.00	70.00
1995	BELSNICKLE, 9533	OP	90.00	90.00
1995	BELSNICKLE, 9534	OP	80.00	80.00
1995	BELSNICKLE, 9538	OP	50.00	50.00
1995	BLUE FATHER CHRISTMAS, 9537	OP	110.00	110.00
1995	F.C. ON DONKEY, 9541	250	300.00	300.00
1995	F.C. PULLING SLED, 9543	250	300.00	300.00
1995	LARGE F.C. ON DONKEY, 9542	OP	250.00	250.00
1995	LARGE WALKING, 9531	OP	1900.00	1900.00
1995	SANTA HOLDING LARGE BAG, 9532	OP	250.00	250.00
1995	SANTA, 9535	OP	130.00	130.00
1995	SNOW ANGEL, 9540	OP	70.00	70.00
1995	STOCKING, 9536	OP	190.00	190.00
1996	ANGEL	OP	90.00	90.00
1996	BELSNICKLE, 9637	OP	70.00	70.00
1996	BELSNICKLE, 9643	OP	140.00	140.00
1996	CHILDREN ON SLED, 9636	OP	350.00	350.00
1996	F.C. ON MOTORCYCLE	OP	130.00	130.00
1996	F.C., 9644	OP	130.00	130.00
1996	FATHER CHRISTMAS, 9633	OP	90.00	90.00
1996	FATHER CHRISTMAS, 9635	OP	350.00	350.00
1996	GERMAN TREE, 9638	OP	30.00	30.00
1996	LTD. F.C., 9641	250	300.00	300.00
1996	SANTA, 9631	OP	150.00	150.00
1996	SANTA, 9632	OP	90.00	90.00
1996	SNOWMAN ARTIST, 9640	OP	120.00	120.00
1996	SNOWMAN, 9639	OP	50.00	50.00
1996	STARLIGHT SANTA, 9630	RT	100.00	100.00

VICKILANE

V. ANDERSON

YR	NAME	LIMIT	ISSUE	TREND
1994	BUNNY ANGEL #1610	OP	13.00	13.00
1994	BUNNY ANGEL #1611	OP	13.00	13.00
1994	BUNNY ANGEL #1612	OP	13.00	13.00
1994	BUNNY ANGEL #1613	OP	13.00	13.00
1994	BUNNY ANGEL #1614	OP	13.00	13.00
1994	BUNNY ANGEL #1615	OP	13.00	13.00
1994	CHILD ANGEL #6011	OP	20.00	20.00

V. ANDERSON — **ACCESSORIES**

YR	NAME	LIMIT	ISSUE	TREND
1993	FIREPLACE	OP	20.00	20.00

V. ANDERSON — **AMISH/COUNTRY KIDS**

YR	NAME	LIMIT	ISSUE	TREND
1994	BROTHERLY LOVE	OP	*	N/A
1994	PATIENCE	OP	20.00	20.00

V. ANDERSON — **BLESSINGS FROM ABOVE**

YR	NAME	LIMIT	ISSUE	TREND
1994	CHILD ANGEL #6009	OP	18.00	18.00
1994	CHILD ANGEL #6010	OP	25.00	25.00

V. ANDERSON — **CHARACTER CAPERS**

YR	NAME	LIMIT	ISSUE	TREND
1994	DILIGENCE	OP	20.00	20.00
1994	FAITH	OP	*	N/A

V. ANDERSON — **CHRISTMAS**

YR	NAME	LIMIT	ISSUE	TREND
1993	FUZZY	OP	23.00	23.00
1993	GRANDMA & GRANDPA	OP	25.00	25.00
1993	ROSEBERRY	OP	22.00	22.00
1993	SPARKY	OP	18.00	18.00
1993	SUGAR PLUM	OP	22.00	22.00

V. ANDERSON — **CLUB PIECE**

YR	NAME	LIMIT	ISSUE	TREND
1994	MISS APRIL	OP	28.00	28.00
1994	SWEET SECRETS	RT	*	N/A

V. ANDERSON — **COW-LLECTOR**

YR	NAME	LIMIT	ISSUE	TREND
1994	COW WITH BAG OF OATS	OP	*	N/A
1994	COW WITH SUNGLASSES	OP	*	N/A

V. ANDERSON — **LIL BLESSINGS**

YR	NAME	LIMIT	ISSUE	TREND
1994	BUNNY ANGEL CLOUD	OP	12.00	12.00

V. ANDERSON — **NITE BEAR-FORE**

YR	NAME	LIMIT	ISSUE	TREND
1993	PAPA BEARS	OP	22.00	22.00

V. ANDERSON — **PURRFECTLY PRECIOUS KITTY**

YR	NAME	LIMIT	ISSUE	TREND
1994	KITTIES BEHIND FENCE	OP	*	N/A

YR	NAME	LIMIT	ISSUE	TREND
V. ANDERSON			**SCHOOL HOUSE BUNNIES**	
1994	BOY WITH BASKETBALL	OP	18.00	18.00
1994	BOYS WITH BOOKS	OP	20.00	20.00
1994	GIRL READING	OP	20.00	20.00
1994	SCHOOL TEACHER	OP	20.00	20.00
V. ANDERSON			**SKIN TONE**	
1994	CHILD ANGEL #6013	OP	20.00	20.00
1994	CHILD ANGEL #6014	OP	22.00	22.00
V. ANDERSON			**SWEET THUMPINS**	
1994	BUNNY THROWING SNOW	RT	31.00	31.00
1994	HAPPY EARS	OP	31.00	31.00
1994	INJURED BUNNY	OP	31.00	31.00
1994	NEW BORN EXCITEMENT	OP	31.00	31.00
1994	NURSE BUNNY	OP	31.00	31.00
1994	SWEETHEART BUNNIES	OP	31.00	31.00
V. ANDERSON			**THE LORD IS MY SHEPHERD**	
1994	LAMB ANGEL	OP	*	N/A
1994	LAMB AT DOOR	OP	*	N/A
1994	LAMB BUILD ALTAR	OP	*	N/A
1994	LAMB READING	OP	*	N/A
1994	LAMB WORSHIPPING	OP	*	N/A
V. ANDERSON			**THIS LITTLE PIGGY**	
1994	PIG EATING APPLES	OP	22.00	22.00
V. ANDERSON			**TIME FOR TEDDY**	
1993	NEWLYWED BEAR	OP	20.00	20.00
1993	SNOWMEN BEARS	OP	*	N/A
1993	TEDDY BEAR	OP	10.00	10.00
V. ANDERSON			**WHITE OR BLACK**	
1994	CHILD ANGEL #6012	OP	20.00	20.00

WACO PRODUCTS CORP.

YR	NAME	LIMIT	ISSUE	TREND
J. UNGER			**HERMAN COLLECTION**	
1990	BIRTHDAY/CAKE	OP	36.00	36.00
1990	BOWLING/WIFE	OP	32.00	32.00
1990	DOCTOR/FAT MAN	OP	36.00	36.00
1990	DOCTOR/HIGH COST	OP	32.00	32.00
1990	FRY PAN	OP	40.00	40.00
1990	GOLF/CAMEL	OP	44.00	44.00
1990	HUSBAND/CHECK	OP	36.00	36.00
1990	HUSBAND/NEWSPAPER	OP	41.00	41.00
1990	LAWYER/CABINET	OP	44.00	44.00
1990	STOP SMOKING	OP	40.00	40.00
1990	TENNIS/WIFE	OP	32.00	32.00
1990	WEDDING RING	OP	41.00	41.00
*			**MELODY IN MOTION**	
1989	SANTA CLAUS-1989	RT	130.00	600.00
1990	LULL'A BYE WILLIE II (EUROPEAN)	RT	*	400.00
1992	SANTA CLAUS-1992	RT	160.00	180.00
1993	MADAME CELLO, GLAZE	RT	170.00	310.00
1993	MADAME FLUTE, GLAZE	RT	170.00	310.00
1993	MADAME HARP, GLAZE	RT	190.00	320.00
1993	SANTA CLAUSE-1993 (EUROPEAN)	RT	*	413.00
1993	WALL STREET (JAPANESE)	RT	*	N/A
1996	SANTA CLAUS-1996	RT	220.00	220.00
1996	WILLIE THE ARTIST/SIGNING PIECE	RT	240.00	240.00
1997	GLAZED TRUMPETER/SIGNING PIECE	RT	220.00	220.00
1997	SANTA CLAUS-1997	RT	220.00	220.00
C. JOHNSON			**MELODY IN MOTION**	
1990	LITTLE JOHN	RT	180.00	300.00
1990	ROBIN HOOD	RT	180.00	325.00
K. MAEDA			**MELODY IN MOTION**	
1998	CAROLER BOY II	*	190.00	190.00
1998	COCA-COLA SANTA CLAUS CLOCK	3000	250.00	250.00
1998	NEW FIDDLER	*	200.00	200.00
1998	SANTA CLAUS	4000	220.00	220.00
1998	WEDDING COUPLE	*	196.00	196.00
1998	WILLIE THE WANDERER	*	170.00	170.00
S. NAKANE			**MELODY IN MOTION**	
1985	SALTY N' PEPPER	RT	90.00	550.00
1985	WILLIE THE HOBO	RT	90.00	225.00
1985	WILLIE THE TRUMPETER	OP	96.00	130.00
1985	WILLIE THE WHISTLER	RT	90.00	185.00
1986	CELLIST, THE	RT	100.00	240.00
1986	FIDDLER, THE	RT	100.00	250.00
1986	GUITARIST, THE	RT	100.00	300.00
1986	SANTA CLAUS-1986	RT	100.00	2750.00
1987	ACCORDION CLOWN	RT	85.00	300.00
1987	BALLOON CLOWN	OP	110.00	110.00
1987	CAROUSEL, THE	RT	190.00	300.00
1987	CLARINET CLOWN	RT	85.00	325.00
1987	LAMPPOST WILLIE	OP	84.00	110.00
1987	MADAME CELLO PLAYER	RT	130.00	240.00
1987	MADAME FLUTE PLAYER	RT	130.00	265.00
1987	MADAME HARPSICHORD PLAYER	RT	130.00	265.00
1987	MADAME LYRE PLAYER	RT	130.00	210.00
1987	MADAME MANDOLIN PLAYER	RT	130.00	240.00
1987	MADAME VIOLIN PLAYER	RT	130.00	240.00
1987	ORGAN GRINDER	RT	100.00	275.00

YR	NAME	LIMIT	ISSUE	TREND
1987	SANTA CLAUS-1987	RT	110.00	1500.00
1987	SAXOPHONE CLOWN	RT	85.00	275.00
1987	VIOLIN CLOWN	RT	85.00	275.00
1988	ICE CREAM VENDOR	RT	140.00	250.00
1988	MADAME HARP PLAYER	OP	130.00	130.00
1988	PEANUT VENDOR	RT	140.00	325.00
1988	SANTA CLAUS-1988	RT	130.00	1000.00
1988	SPOTLIGHT CLOWN BANJO	RT	85.00	275.00
1988	SPOTLIGHT CLOWN CORNET	RT	85.00	250.00
1988	SPOTLIGHT CLOWN TROMBONE	RT	85.00	275.00
1988	SPOTLIGHT CLOWN TUBA	RT	85.00	250.00
1988	SPOTLIGHT CLOWN WITH BINGO THE DOG	RT	85.00	180.00
1989	GRAND CAROUSEL, THE	RT	3000.00	4500.00
1989	GRANDFATHER'S CLOCK	RT	200.00	300.00
1989	LULL'ABY WILLIE	RT	170.00	285.00
1989	SPOTLIGHT CLOWN WITH UPRIGHT BASS	RT	130.00	130.00
1989	WILLIE THE SANTA	RT	130.00	150.00
1990	ACCORDION BOY	RT	120.00	200.00
1990	BLACKSMITH	RT	110.00	200.00
1990	CLOCKPOST WILLIE	RT	150.00	400.00
1990	HUNTER	RT	110.00	225.00
1990	ROBIN HOOD TIMEPIECE	RT	180.00	350.00
1990	SANTA CLAUS-1990	RT	150.00	300.00
1990	SHOEMAKER	RT	110.00	175.00
1990	WOODCHOPPER	RT	110.00	175.00
1991	CAROUSEL, THE, 2ND ED.	RT	240.00	350.00
1991	HUNTER TIMEPIECE	RT	250.00	300.00
1991	SANTA CLAUS-1991	RT	150.00	325.00
1991	VICTORIA PARK CAROUSEL	OP	300.00	300.00
1991	WILLIE THE FISHERMAN	OP	150.00	150.00
1992	AMAZING WILLIE/ONE MAN BAND	RT	130.00	250.00
1992	KING OF CLOWNS CAROUSEL	RT	740.00	850.00
1993	1993 COCA-COLA SANTA	RT	180.00	240.00
1993	ARTIST, THE	RT	240.00	240.00
1993	HEARTBREAK WILLIE	OP	180.00	190.00
1993	LAMPLIGHT WILLIE	RT	220.00	220.00
1993	MADAME HARPSICHORD, GLAZE	RT	170.00	310.00
1993	SOUTH OF THE BORDER	RT	180.00	203.00
1993	WHEN I GROW UP	RT	200.00	250.00
1993	WILLIE THE GOLFER	RT	240.00	240.00
1994	1994 COCA-COLA SANTA	RT	190.00	250.00
1994	CAROLER BOY, THE	10000	172.00	180.00
1994	CAROLER GIRL, THE	10000	172.00	180.00
1994	CHATTANOOGA CHOO-CHOO	OP	180.00	190.00
1994	CHRISTMAS CAROLER BOY	10000	172.00	180.00
1994	CHRISTMAS CAROLER GIRL	10000	172.00	180.00
1994	DAY'S END	RT	240.00	240.00
1994	JACKPOT WILLIE	OP	180.00	190.00
1994	LONGEST DRIVE	OP	150.00	160.00
1994	LOW PRESSURE JOB	RT	240.00	240.00
1994	SMOOTH SAILING	RT	200.00	200.00
1994	WILLIE THE GOLFER CLOCK	RT	240.00	240.00
1995	BLUE DANUBE CAROUSEL	OP	280.00	280.00
1995	CAMPFIRE COWBOY	RT	180.00	275.00
1995	COCA-COLA NORMAN ROCKWELL GONE FISHIN'	YR	194.00	200.00
1995	COCA-COLA POLAR BEAR	6000	180.00	180.00
1995	LOW PRESSURE JOB CLOCK	RT	240.00	240.00
1995	SANTA CLAUS-1995	RT	190.00	190.00
1995	WILLIE THE CONDUCTOR	10000	220.00	220.00
1995	WILLIE THE FIREMAN	RT	200.00	200.00
1996	WILLIE THE ORGAN GRINDER	3000	200.00	200.00
K. MAEDA		**MELODY IN MOTION MEMBERS-ONLY FIGURINE**		
1998	WILLIE & JUMBO	YR	180.00	180.00

WALT DISNEY CLASSICS COLLECTION

				BAMBI
*				
1992	BAMBI & FLOWER-WHEEL 41010	10000	298.00	310.00
1992	BAMBI OPENING TITLE-WHEEL 41015	RT	29.00	20.00
1992	BAMBI-WHEEL 41033	RT	195.00	160.00
1992	FIELD MOUSE-HANDS NOT TOUCHING 41012	RT	195.00	990.00
1992	FIELD MOUSE-HANDS TOUCHING 41012	RT	195.00	935.00
1992	FLOWER-WHEEL 41034	RT	78.00	145.00
1992	FRIEND OWL-WHEEL 41011	RT	195.00	105.00
1992	THUMPER'S SISTERS-WHEEL 41014	RT	69.00	40.00
1992	THUMPER-WHEEL 41013	RT	55.00	55.00
*				**BEAUTY AND THE BEAST**
1997	BELLE & BEAST 41156	OP	295.00	295.00
1997	COGSWORTH 41182	OP	120.00	120.00
1997	LUMIERO 41181	OP	115.00	115.00
1997	MRS. POTTS/CHIP 41183	OP	125.00	125.00
1997	OPENING TITLE 41189	OP	29.00	29.00
*				**CINDERELLA**
1992	BIRDS WITH SASH-WHEEL 41005	RT	149.00	90.00
1992	BRUNO	RT	69.00	90.00
1992	CHALK MOUSE-WHEEL 41006	RT	65.00	75.00
1992	CINDERELLA OPENING TITLE TECHNICOLOR 41009	RT	29.00	25.00
1992	CINDERELLA-CLEF 41000	RT	195.00	420.00
1992	CINDERELLA'S DRESS 41030	RT	800.00	2120.00
1992	CINDERELLA-WHEEL 41000	RT	195.00	435.00

YR	NAME	LIMIT	ISSUE	TREND
1992	GUS-WHEEL 41007	RT	65.00	185.00
1992	JAQ-WHEEL 41008	RT	65.00	105.00
1992	LUCIFER-WHEEL 41001	RT	69.00	105.00
1992	NEEDLE MOUSE-WHEEL 41004	RT	69.00	135.00
1992	SEWING BOOK (NO MARK) 41003	RT	69.00	50.00
1995	CINDERELLA AND THE PRINCE 41079	OP	275.00	205.00
*			**COLLECTORS SOCIETY**	
1992	JIMINY CRICKET-KIT C	RT	*	220.00
1992	JIMINY CRICKET-KIT W	RT	*	240.00
1993	BRAVE LITTLE TAILOR-CLEF	RT	160.00	220.00
1993	BRAVE LITTLE TAILOR-TROWEL	RT	160.00	290.00
1994	ADMIRAL DUCK	RT	165.00	195.00
1994	CHESHIRE CAT "TWAS BRILLIG"-CLEF	RT	*	120.00
1994	CHESHIRE CAT KIT-FLOWER	RT	*	85.00
1994	PECOS BILL & WIDOWMAKER	RT	650.00	650.00
1995	CRUELLA DE VIL "101 DALMATIANS"	RT	250.00	350.00
1995	DUMBO	RT	*	90.00
1995	SLUE FOOT SUE 41075	RT	695.00	695.00
1996	CASEY AT THE BAT 41107	YR	395.00	395.00
1996	PRINCESS MINNIE	RT	165.00	165.00
1996	WINNIE THE POOH	RT	*	80.00
1997	GOOFY-MOVING DAY 41138	RT	185.00	185.00
1997	MAGICIAN MICKEY 41134	RT	25.00	25.00
1997	MALEFICENT	RT	450.00	450.00
1997	STEAMBOAT WILLIE-CHARTER	RT	175.00	300.00
1998	TIMON	RT	*	55.00
*			**DELIVERY BOY**	
1992	DELIVERY BOY MICKEY-WHEEL 41020	RT	125.00	165.00
1992	DELIVERY BOY MINNIE-WHEEL 41021	RT	125.00	135.00
1992	PLUTO (FLAT) 41022	RT	125.00	135.00
1992	PLUTO (INCISED)-WHEEL	CL	125.00	360.00
1992	THE DELIVERY BOY OPENING TITLE-NO MARK	RT	29.00	25.00
*			**EVENT PIECES**	
1993	FLIGHT OF FANCY	RT	35.00	45.00
1994	MR. SMEE-TEAL	RT	90.00	120.00
1994	MR. SMEE-WHITE	RT	90.00	110.00
1995	LUCKY 41080	RT	40.00	45.00
1995	WICKED WITCH	RT	130.00	350.00
1996	CINDERELLA'S SLIPPER	RT	*	70.00
1996	FAIRY GODMOTHER	RT	125.00	125.00
1997	BLUE FAIRY	RT	150.00	150.00
1997	EVIL QUEEN	RT	150.00	180.00
*			**FANTASIA**	
1992	BROOM NO SPOTS	RT	75.00	120.00
1992	BROOM-WHEEL (WITH WATER SPOTS)	RT	75.00	190.00
1992	SORCERER MICKEY	RT	195.00	245.00
1993	BLUE CENTAURETTE-CLEF	RT	195.00	195.00
1993	FANTASIA OPENING TITLE-RECALL	RT	29.00	50.00
1993	FANTASIA OPENING TITLE-TECHNICOLOR-WHEEL	RT	29.00	35.00
1993	PINK CENTAURETTE-CLEF	RT	175.00	175.00
1994	CUPIDS ON PILLAR	RT	290.00	290.00
1994	LG. MUSHROOM-TEAL LOGO	CL	60.00	35.00
1994	MED. MUSHROOM-TEAL LOGO	CL	50.00	35.00
1994	SM. MUSHROOM HOP LOW	OP	35.00	25.00
*			**GOLD CIRCLE**	
1997	DONALD'S DEBUT	*	125.00	150.00
1998	CARP W/HARP	*	125.00	110.00
*			**HOLIDAY SERIES**	
1995	PRESENTS FOR MY PALS	RT	150.00	70.00
1996	PLUTO HELPS DECORATE	RT	150.00	70.00
1997	CHIP 'N DALE	RT	150.00	85.00
*			**JUNGLE BOOK**	
1997	BAGHEERE	OP	135.00	135.00
1997	BALOO	OP	185.00	185.00
1997	FLUNKY MONKEY	OP	135.00	95.00
1997	KING LOUIE	OP	175.00	175.00
1997	MOWGLI	OP	115.00	115.00
1997	OPENING TITLE	OP	29.00	30.00
*			**LADY AND THE TRAMP**	
1996	LADY & THE TRAMP OPENING TITLE	OP	29.00	29.00
1996	LADY-TROWEL	RT	120.00	140.00
1996	TRAMP-TROWEL	RT	100.00	110.00
*			**LITTLE MERMAID**	
1997	ARIEL	OP	275.00	300.00
1997	BLACKFISH	OP	95.00	80.00
1997	FLOUNDER	OP	150.00	150.00
1997	OPENING TITLE	OP	29.00	29.00
1997	TURTLE	OP	85.00	85.00
*			**MISCELLANEOUS**	
*	AP	LE	25.00	1500.00
*	CHERNABOG	LE	1500.00	1500.00
*	DEALER PLAQUE	RT	30.00	40.00
*			**MR. DUCK STEPS OUT**	
1993	DEWEY	RT	65.00	65.00
1993	DONALD & DAISY "OH BOY,WHAT A JITTERBUG"-WHEEL	RT	298.00	530.00
1993	DONALD AND DAISY-CLEF	RT	298.00	420.00
1993	HUEY-CLEF	RT	65.00	40.00
1993	LOUIE-CLEF	RT	65.00	40.00

YR	NAME	LIMIT	ISSUE	TREND
1993	MR. DUCK STEPS OUT OPENING TITLE	RT	29.00	20.00
1994	DONALD "WITH LOVE FROM DAISY"-TEAL LOGO	RT	180.00	105.00
*	ONE HUNDRED AND ONE DALMATIANS			
1996	LUCKY WITH TV 41131	CL	150.00	160.00
1996	OPENING TITLE 41169	CL	29.00	30.00
1996	PERDITA 41133	CL	175.00	145.00
1996	PONGO (DISNEYANA BACKSTAMP)	CL	175.00	205.00
1996	PROUD PONGO 41132	CL	175.00	110.00
1996	ROLLY THE PUPPY 41130	CL	65.00	75.00
1996	TWO PUPS ON NEWSPAPER 41129	CL	120.00	80.00
*	PETER PAN			
1993	CAPT. HOOK-CLEF	CL	275.00	730.00
1993	CROCODILE-FLOWER	CL	315.00	185.00
1993	PETER PAN OPENING TITLE-CLEF	CL	29.00	25.00
1993	PETER PAN-CLEF	CL	165.00	140.00
1993	TINKERBELL-CLEF	12500	215.00	435.00
1993	TINKERBELL-FLOWER	12500	*	305.00
*	PINOCCHIO			
1996	FIGARO	RT	55.00	55.00
1996	GEPPETTO	RT	145.00	130.00
1996	JIMINY CRICKET	RT	85.00	90.00
1996	PINOCCHIO	RT	125.00	140.00
1996	PINOCCHIO OPENING TITLE	RT	29.00	20.00
*	RELUCTANT DRAGON			
1996	RELUCTANT DRAGON-HAT	7500	695.00	695.00
1996	RELUCTANT DRAGON-TROWEL	7500	695.00	695.00
*	SLEEPING BEAUTY			
*	AURORA-PINK DRESS	5000	*	770.00
*	BRIAR ROSE	12500	275.00	250.00
*	SNOW WHITE			
1994	SNOW WHITE-FLOWER	CL	165.00	180.00
1995	BASHFUL	OP	95.00	75.00
1995	DOC	OP	95.00	80.00
1995	DOPEY	OP	95.00	75.00
1995	GRUMPY	OP	180.00	125.00
1995	HAPPY	OP	125.00	100.00
1995	SLEEPY	OP	95.00	95.00
1995	SNEEZY	OP	90.00	55.00
1995	SNOW WHITE OPENING TITLE-FLOWER	OP	29.00	25.00
*	SONG OF THE SOUTH			
1996	BRER BEAR	RT	175.00	150.00
1996	BRER FOX	RT	120.00	145.00
1996	BRER RABBIT	RT	150.00	215.00
1996	SONG OF THE SOUTH OPENING TITLE	OP	29.00	75.00
*	SYMPHONY HOUR			
1993	CLARABELLE-WHEEL	RT	198.00	190.00
1993	GOOFY-CLEF	RT	198.00	150.00
1993	GOOFY-WHEEL	RT	198.00	2800.00
1993	HORACE-WHEEL	RT	198.00	230.00
1993	MAESTRO MICKEY	RT	185.00	230.00
1993	SYMPHONY HOUR OPENING TITLE	RT	29.00	35.00
1994	CLARA CLUCK	RT	185.00	185.00
1996	SYLVESTER MACARONI	12500	395.00	395.00
*	THREE CABALLEROS			
1995	AMIGO DONALD	RT	180.00	180.00
1995	AMIGO JOSE	RT	180.00	180.00
1995	AMIGO PANCHITO	RT	180.00	180.00
*	THREE LITTLE PIGS			
1993	BIG BAD WOLF (1ST, SHORT STRAIGHT TEETH)	7500	295.00	900.00
1993	BIG BAD WOLF (2ND, SHORT STRAIGHT TEETH)	7500	295.00	800.00
1993	BIG BAD WOLF (3RD, LONG CURVED TEETH)	7500	295.00	675.00
1993	FIDDLER PIG-CLEF	RT	75.00	75.00
1993	FIFER PIG-CLEF	RT	75.00	75.00
1993	PRACTICAL PIG-CLEF	RT	75.00	75.00
1993	THREE LITTLE PIGS OPENING TITLE-CLEF	RT	29.00	30.00
1996	WOLF IN SHEEP'S CLOTHING	OP	225.00	225.00
*	TRIBUTE SERIES			
1995	PALS FOREVER	RT	175.00	175.00
1996	POCAHONTAS	RT	225.00	240.00
1996	POCAHONTAS DEALER PROTOTYPE	RT	225.00	300.00

WEE FOREST FOLK

A. PETERSEN

1972	MISS MOUSEY W/BOW HAT M-2B	CL	4.00	300.00
1972	MISS MOUSEY W/STRAW HAT M-2A	CL	4.00	300.00
1976	MRS. MOUSEY W/HAT M-15A	CL	4.00	300.00
1982	OFFICE MOUSEY M-68	CL	23.00	550.00
1983	RUNNING DOE/LITTLE DEER B-107B	OP	35.00	42.00
1992	GRETA M-169A	CL	35.00	90.00
1992	HANS M-169A	CL	35.00	90.00
1992	TUCKERED OUT! M-136A	CL	46.00	160.00
1993	CHRISTMAS EVE M-191	OP	145.00	155.00
1993	FIRST KISS! M-192	OP	65.00	65.00
1993	LORD & LADY MOUSEBATTEN M-195	OP	85.00	140.00
1993	MUMMY, THE M-194	OP	34.00	37.00
1993	ONE-MOUSE BAND M-196	OP	95.00	100.00
1993	PETER PUMPKIN EATER M-190	CL	98.00	140.00
1993	WELCOME CHICK! M-193	OP	64.00	68.00

YR	NAME	LIMIT	ISSUE	TREND
1994	CHIEF MOUSE-ASOIT M-197	OP	90.00	90.00
1994	MIDNIGHT SNACK M-201	OP	230.00	230.00
1994	PILGRIM'S WELCOME M-198	OP	55.00	55.00
1994	WE GATHER TOGETHER M-199	OP	90.00	90.00
1994	WEDDING PAIR, THE M-200	OP	98.00	98.00
1994	YARD SALE, THE M-202	OP	325.00	325.00
1995	CHRISTMAS WISH M-203	OP	156.00	156.00
1995	HEAVENLY SLUMBER M-210	OP	49.00	45.00
1995	JACK IN THE SANDBOX M-206	OP	108.00	100.00
1995	WANDERLUST M-211	OP	68.00	68.00
D. PETERSEN				
1993	LITTLE MICE WHO LIVED IN A SHOE M-189	OP	395.00	420.00
1995	BROOM SERVICE M-205	OP	62.00	60.00
1995	CLEMENTINE M-204	OP	86.00	86.00
W. PETERSEN				
1995	CAUGHT IN THE ACT M-209	OP	49.00	49.00
1995	HIGH FLYER M-207	OP	88.00	85.00
1995	STRUGGLING ARTIST M-208	OP	49.00	49.00
A. PETERSEN				**ANIMALS**
1973	MISS DUCKY	CL	6.00	N/A
1974	BABY HIPPO	CL	7.00	N/A
1974	MISS AND BABY HIPPO	CL	15.00	900.00
1974	MISS HIPPO	CL	8.00	N/A
1975	SPEEDY RAT	CL	12.00	250.00
1978	MOLE SCOUT	CL	9.00	175.00
1979	TURTLE JOGGER	CL	4.00	350.00
W. PETERSEN				**ANIMALS**
1975	"DOC" RAT	CL	12.00	250.00
1977	NUTSY SQUIRREL	CL	3.00	450.00
1978	BEAVER WOOD CUTTER	CL	8.00	350.00
A. PETERSEN				**BEARS**
1977	BLUEBERRY BEARS	CL	9.00	525.00
1977	BOY BLUEBERRY BEAR	CL	4.00	475.00
1977	GIRL BLUEBERRY BEAR	CL	4.00	450.00
1978	BIG LADY BEAR	CL	8.00	N/A
1978	TRAVELING BEAR	CL	8.00	320.00
1995	DON'T BE SHY BB-1	OP	76.00	75.00
1995	FATHER'S NIGHT BB-5	OP	159.00	155.00
1995	GOOD PICKIN'S BB-4	OP	64.00	60.00
1995	JUST A PEEK BB-6	OP	159.00	155.00
1995	LUNCH ON A LOG BB-3	OP	89.00	85.00
1995	WELCOME HOME BB-2	OP	108.00	100.00
W. PETERSEN				**BOOK/FIGURINE**
1988	TOM & EON BK-1	SU	45.00	22.00
A. PETERSEN				**BUNNIES**
1972	DOUBLE BUNNIES	CL	4.00	350.00
1972	HOUSEKEEPING BUNNY	CL	4.00	350.00
1973	BROOM BUNNY	CL	10.00	N/A
1973	MARKET BUNNY	CL	9.00	N/A
1973	MUFF BUNNY	CL	9.00	N/A
1973	PROFESSOR, THE	CL	5.00	360.00
1973	SUNDAY BUNNY	CL	5.00	N/A
1977	BATTER BUNNY	CL	4.00	480.00
1977	TENNIS BUNNY	CL	4.00	300.00
D. PETERSEN				**BUNNIES**
1985	TINY EASTER BUNNY	CL	25.00	85.00
1992	WINDY DAY! B-13	OP	37.00	40.00
W. PETERSEN				**BUNNIES**
1973	SIR RABBIT	CL	4.00	350.00
1978	WEDDING BUNNIES	CL	12.00	450.00
1980	PROFESSOR RABBIT	CL	14.00	450.00
A. PETERSEN				**CHRISTMAS CAROL**
1987	BOB CRATCHIT AND TINY TIM CC-2	OP	36.00	43.00
1987	GHOST OF CHRISTMAS PAST CC-4	OP	24.00	30.00
1987	GHOST OF CHRISTMAS PRESENT CC-5	OP	54.00	57.00
1987	GHOST OF CHRISTMAS YET TO COME CC-6	OP	24.00	28.00
1987	MARLEY'S GHOST CC-3	OP	24.00	28.00
1987	SCROOGE CC-1	OP	23.00	28.00
1988	FEZZIWIGS, THE CC-7	OP	65.00	80.00
A. PETERSEN				**CINDERELLA**
1988	CINDERELLA'S SLIPPER W/PRINCE C-1	CL	62.00	170.00
1988	CINDERELLA'S WEDDING C-5	CL	62.00	150.00
1988	FLOWER GIRL C-6	CL	22.00	80.00
1988	FLOWER GIRLS, THE C-4	CL	42.00	105.00
1988	MEAN STEPMOTHER, THE C-3	CL	32.00	125.00
1988	UGLY STEPSISTERS, THE C-2	CL	62.00	145.00
1989	CINDERELLA'S SLIPPER C-1A	CL	32.00	110.00
1989	FAIRY GODMOTHER, THE C-7	CL	69.00	200.00
A. PETERSEN				**FAIRY TALE SERIES**
1980	RED RIDING HOOD	CL	13.00	500.00
1980	RED RIDING HOOD & WOLF	CL	29.00	1150.00
A. PETERSEN				**FOREST SCENE**
1993	PICNIC ON THE RIVERBANK FS-6	OP	150.00	175.00
1994	WAYSIDE CHAT FS-7	OP	170.00	165.00
W. PETERSEN				**FOREST SCENE**
1988	WOODLAND SERENADE	RT	125.00	285.00
1989	HEARTS AND FLOWERS	OP	110.00	112.00
1990	MOUSIE COMES A-CALLING	OP	128.00	145.00

YR	NAME	LIMIT	ISSUE	TREND
1991	MOUNTAIN STREAM	OP	128.00	140.00
1992	LOVE LETTER	OP	98.00	108.00
A. PETERSEN				**FOXES**
1977	DANDY FOX	CL	6.00	475.00
1977	FANCY FOX	CL	5.00	475.00
1978	BARRISTER FOX	CL	8.00	675.00
A. PETERSEN				**FROGS**
1974	FROG ON ROCK	CL	6.00	N/A
1977	SPRING PEEPERS	CL	4.00	N/A
1978	SINGING FROG	CL	6.00	275.00
W. PETERSEN				**FROGS**
1974	PRINCE CHARMING	CL	8.00	450.00
1977	FROG FRIENDS	CL	6.00	400.00
1977	GRAMPA FROG	CL	6.00	450.00
A. PETERSEN				**LIMITED EDITION**
1985	HELPING HAND	RT	62.00	700.00
1988	UNCLE SAMMY	CL	85.00	275.00
W. PETERSEN				**LIMITED EDITION**
1981	BEAUTY AND THE BEAST	CL	89.00	1750.00
1984	POSTMOUSTER	CL	46.00	725.00
1987	STATUE IN THE PARK	CL	93.00	915.00
A. PETERSEN				**MICE**
1972	MARKET MOUSE	CL	4.00	250.00
1972	MISS MOUSE	CL	4.00	325.00
1972	MISS MOUSEY	CL	4.00	300.00
1973	MISS NURSEY MOUSE	CL	4.00	550.00
1974	FARMER MOUSE	CL	4.00	400.00
1974	WOOD SPRITE	CL	4.00	425.00
1975	BRIDE MOUSE	CL	4.00	500.00
1975	TWO MICE WITH CANDLE	CL	4.00	400.00
1975	TWO TINY MICE	CL	4.00	425.00
1976	FAN MOUSE	CL	6.00	470.00
1976	JUNE BELLE	CL	4.00	375.00
1976	MAMA MOUSE WITH BABY	CL	6.00	400.00
1976	MAY BELLE	CL	4.00	300.00
1976	MOUSE WITH MUFF	CL	9.00	N/A
1976	MRS. MOUSEY	CL	4.00	N/A
1976	NIGHTIE MOUSE	CL	5.00	425.00
1976	SHAWL MOUSE	CL	9.00	N/A
1976	TEA MOUSE	CL	6.00	475.00
1977	BABY SITTER	CL	6.00	375.00
1977	KING "TUT" MOUSE	CL	4.00	N/A
1977	QUEEN "TUT" MOUSE	CL	4.00	N/A
1978	BRIDGE CLUB MOUSE	CL	6.00	275.00
1978	BRIDGE CLUB MOUSE PARTNER	CL	6.00	275.00
1978	CHIEF NIP-A-WAY MOUSE	CL	7.00	450.00
1978	COWBOY MOUSE	CL	6.00	450.00
1978	PIRATE MOUSE	CL	6.00	375.00
1978	SECRETARY, MISS SPELL/MISS PELL	CL	4.00	425.00
1978	TOWN CRIER MOUSE	CL	10.00	475.00
1979	CHRIS-MISS	CL	9.00	375.00
1979	CHRIS-MOUSE	CL	9.00	175.00
1979	GARDENER MOUSE	CL	12.00	400.00
1979	MOUSE ARTISTE	CL	12.00	500.00
1979	MOUSE BABY, HEART BOOK	CL	10.00	350.00
1979	MOUSE BALLERINA	CL	12.00	425.00
1979	MOUSE DUET	CL	25.00	625.00
1979	MOUSE PIANIST	CL	17.00	550.00
1979	MOUSE VIOLINIST	CL	9.00	305.00
1979	RAGGEDY AND MOUSE	CL	12.00	375.00
1979	ROCK-A-BYE BABY MOUSE	CL	17.00	400.00
1980	CARPENTER MOUSE	CL	15.00	375.00
1980	FISHERMOUSE	CL	16.00	600.00
1980	MISS BOBBIN	OP	22.00	60.00
1980	MISS POLLY MOUSE	CL	23.00	420.00
1980	MISS TEACH	CL	18.00	450.00
1980	MRS. TIDY AND HELPER	CL	24.00	525.00
1980	SANTA MOUSE	CL	12.00	315.00
1980	WITCH MOUSE	CL	12.00	225.00
1981	BARRISTER MOUSE	CL	16.00	475.00
1981	BLUE DEVIL	CL	12.00	100.00
1981	CAROLERS, THE	CL	29.00	500.00
1981	FLOWER GIRL	CL	15.00	300.00
1981	GRADUATE MOUSE	CL	15.00	110.00
1981	LITTLE DEVIL	CL	12.00	30.00
1981	LITTLE GHOST	CL	8.00	20.00
1981	LONE CAROLER	CL	16.00	475.00
1981	MOM AND SQUEAKY CLEAN	CL	27.00	55.00
1981	MOTHER'S HELPER	CL	11.00	490.00
1981	MOUSEY EXPRESS	CL	22.00	125.00
1981	NURSE MOUSEY	CL	14.00	400.00
1981	PEARL KNIT MOUSE	CL	20.00	235.00
1981	SCHOOL MARM MOUSE	CL	20.00	475.00
1982	ARTY MOUSE	CL	19.00	110.00
1982	BABY SITTER	CL	24.00	85.00
1982	BEACH MOUSEY	CL	19.00	100.00
1982	BEDDY-BYE MOUSEY	CL	29.00	50.00
1982	BOY SWEETHEART	CL	14.00	450.00

YR	NAME	LIMIT	ISSUE	TREND
1982	EASTER BUNNY MOUSE	CL	18.00	35.00
1982	GIRL SWEETHEART	CL	14.00	25.00
1982	HAPPY BIRTHDAY!	CL	18.00	30.00
1982	HOLLY MOUSE	CL	14.00	30.00
1982	LAMPLIGHT CAROLERS	CL	35.00	350.00
1982	LITTLE SLEDDERS	CL	24.00	325.00
1982	LITTLEST ANGEL	CL	15.00	80.00
1982	ME AND RAGGEDY ANN	CL	19.00	35.00
1982	MISS TEACH & PUPIL	CL	30.00	425.00
1982	MOON MOUSE	CL	16.00	625.00
1982	MOUSEY'S TEDDY	CL	29.00	465.00
1982	POOREST ANGEL	CL	15.00	125.00
1982	SNOWMOUSE & FRIEND	CL	24.00	425.00
1982	SWEETHEARTS	CL	26.00	425.00
1982	TEA FOR TWO	CL	26.00	350.00
1983	BIRTHDAY GIRL	CL	19.00	30.00
1983	CHIEF GERONIMOUSE	CL	21.00	90.00
1983	CHRISTMAS MORNING	CL	35.00	300.00
1983	CLOWN MOUSE	CL	22.00	400.00
1983	FIRST CHRISTMAS	CL	16.00	325.00
1983	GET WELL SOON!	CL	15.00	375.00
1983	MERRY CHRIS-MISS	CL	17.00	370.00
1983	MERRY CHRIS-MOUSE	CL	16.00	370.00
1983	MOUSEY NURSE	CL	15.00	30.00
1983	MOUSEY'S CONE	*	22.00	70.00
1983	MOUSEY'S DOLLHOUSE	CL	30.00	450.00
1983	MOUSEY'S TRICYCLE	OP	24.00	45.00
1983	ROCKING TOT	CL	19.00	75.00
1983	ROPE 'EM MOUSEY	CL	19.00	375.00
1983	WASH DAY	CL	23.00	500.00
1984	CHRIS-MOUSE PAGEANT	OP	38.00	55.00
1984	FIRST DAY OF SCHOOL	CL	27.00	175.00
1984	PEN PAL MOUSEY	CL	26.00	350.00
1984	PETER'S PUMPKIN	CL	19.00	105.00
1984	PRUDENCE PIE MAKER	CL	19.00	115.00
1984	SPRING GARDENER	CL	26.00	40.00
1984	TIDY MOUSE	CL	38.00	500.00
1984	TRAVELING MOUSE	CL	28.00	275.00
1984	WITCHY BOO!	RT	21.00	35.00
1985	ATTIC TREASURE	RT	42.00	140.00
1985	CHRIS-MOUSE TREE	OP	28.00	45.00
1985	COME PLAY!	CL	18.00	85.00
1985	FAMILY PORTRAIT	CL	54.00	280.00
1985	MOUSE TALK	CL	44.00	165.00
1985	PAGEANT SHEPHERDS	CL	35.00	215.00
1985	PAGEANT WISEMAN	CL	58.00	250.00
1985	SHEPHERD KNEELING	OP	20.00	25.00
1985	SHEPHERD STANDING	OP	20.00	25.00
1985	STROLLING WITH BABY	OP	42.00	60.00
1985	UNDER THE CHRIS-MOUSE TREE	OP	48.00	80.00
1985	WISEMAN IN ROBE	OP	26.00	35.00
1985	WISEMAN KNEELING	OP	29.00	35.00
1985	WISEMAN WITH TURBAN	OP	28.00	35.00
1986	CHRIST-MOUSE STOCKING	OP	34.00	40.00
1986	COME & GET IT!	CL	34.00	120.00
1986	DOWN THE CHIMNEY	CL	48.00	300.00
1986	JUST CHECKING	OP	34.00	40.00
1986	SWEET DREAMS	CL	58.00	175.00
1987	BAT MOUSE	CL	25.00	75.00
1987	DON'T CRY!	CL	33.00	110.00
1987	LITTLEST WITCH	CL	24.00	85.00
1987	LITTLEST WITCH AND SKELETON	OP	49.00	60.00
1987	MISS NOEL	OP	32.00	40.00
1987	PAGEANT ANGEL	OP	19.00	25.00
1987	PAGEANT STABLE	OP	56.00	70.00
1987	SKELETON MOUSEY	CL	27.00	90.00
1987	TOOTH FAIRY	OP	32.00	40.00
1988	ALOHA!	CL	32.00	80.00
1988	MOUSEY'S EASTER BASKET	CL	32.00	120.00
1989	ELF TALES	RT	48.00	85.00
1989	FATHER CHRIS-MOUSE	OP	34.00	40.00
1989	PRIMA BALLERINA	OP	35.00	40.00
1990	CHRIS-MOUSE SLIPPER	OP	35.00	40.00
1990	COLLEEN O'GREEN	OP	40.00	45.00
1990	HANS & GRETA	CL	64.00	175.00
1990	POLLY'S PARASOL	CL	39.00	115.00
1990	STARS & STRIPES	OP	34.00	40.00
1990	ZELDA	OP	37.00	45.00
1991	APRIL SHOWERS	OP	27.00	35.00
1991	GRAMMY-PHONE	OP	75.00	85.00
1991	MOUSIE'S EGG FACTORY	OP	73.00	90.00
1991	NIGHT PRAYER	OP	52.00	60.00
1991	NUTCRACKER, THE	OP	49.00	60.00
1991	SEA SOUNDS	OP	34.00	40.00
1991	SILENT NIGHT	OP	64.00	75.00
1992	ADAM'S APPLES	OP	148.00	148.00
1992	HIGH ON THE HOG	CL	52.00	130.00

YR	NAME	LIMIT	ISSUE	TREND
1992	MISS DAISY	OP	42.00	48.00
1992	OLD BLACK STOVE, THE	OP	130.00	140.00
1992	PEEKABOO!	OP	52.00	55.00
D. PETERSEN				**MICE**
1989	HAUNTED MOUSE HOUSE	OP	125.00	180.00
1991	RED RIDING HOOD/GRANDMOTHER'S HOUSE	OP	295.00	295.00
1991	TEA FOR THREE	OP	135.00	160.00
1992	SNOW BUDDIES	OP	58.00	65.00
W. PETERSEN				**MICE**
1974	GOOD KNIGHT MOUSE	CL	8.00	425.00
1978	PICNIC MICE	CL	14.00	425.00
1978	WEDDING MICE	CL	8.00	550.00
1980	COMMO-DOORMOUSE	CL	14.00	700.00
1980	PHOTOGRAPHER MOUSE	CL	23.00	550.00
1980	PIRATE MOUSE	CL	16.00	600.00
1981	DOC MOUSE & PATIENT	CL	14.00	425.00
1982	LITTLE FIRE CHIEF	CL	29.00	550.00
1982	SAY "CHEESE"	CL	16.00	525.00
1982	WEDDING MICE	CL	30.00	135.00
1983	CUPID MOUSE	CL	22.00	40.00
1983	HARVEST MOUSE	CL	23.00	425.00
1983	MOUSE CALL	CL	24.00	750.00
1983	PACK MOUSE	CL	19.00	325.00
1984	CAMPFIRE MOUSE	CL	26.00	375.00
1984	MOM & GINGER BAKER	*	38.00	65.00
1984	SANTA'S TRAINEE	CL	37.00	500.00
1985	FIELD MOUSE	OP	46.00	90.00
1985	PIGGY-BACK MOUSEY	CL	28.00	425.00
1985	QUILTING BEE	OP	30.00	40.00
1985	SUNDAY DRIVERS	CL	58.00	275.00
1986	FIRST DATE	OP	60.00	65.00
1986	FIRST HAIRCUT	CL	58.00	185.00
1986	FUN FLOAT	OP	34.00	40.00
1986	MOUSE ON CAMPUS	CL	25.00	115.00
1986	WALTZING MATILDA	CL	48.00	160.00
1987	CHOIR MOUSE	CL	23.00	110.00
1987	DRUMMER MOUSE	CL	29.00	60.00
1987	MARKET MOUSE	CL	49.00	135.00
1987	RED WAGON, THE	CL	54.00	200.00
1987	SCOOTER MOUSE	OP	34.00	40.00
1987	TRUMPETER	CL	29.00	65.00
1987	TUBA PLAYER	CL	29.00	65.00
1988	FORTY WINKS	OP	36.00	45.00
1989	COMMENCEMENT DAY	OP	28.00	35.00
1991	LITTLE SQUIRT	OP	49.00	55.00
1992	MRS. MOUSEY'S STUDIO	OP	150.00	160.00
A. PETERSEN				**MINUTEMICE**
1974	CONCORDIAN ON DRUM W/GLASSES MM-4	CL	9.00	N/A
1974	CONCORDIAN WOOD BASE W/HAT MM-4B	CL	8.00	N/A
1974	CONCORDIAN WOOD BASE W/TAN COAT MM-4A	CL	8.00	N/A
1974	LITTLE FIFER ON DRUM MM-5B	CL	8.00	N/A
1974	LITTLE FIFER ON DRUM W/FOFE MM-5	CL	8.00	N/A
1974	LITTLE FIFER ON WOOD BASE MM-5A	CL	8.00	N/A
1974	MOUSE CARRYING LARGE DRUM BB-3	CL	8.00	N/A
1974	MOUSE ON DRUM W/BLACK HAT MM-2	CL	9.00	N/A
1974	MOUSE ON DRUM W/FIFE MM-1	CL	9.00	N/A
1974	MOUSE ON DRUM W/FIFE WOOD BASE MM-1A	CL	9.00	N/A
W. PETERSEN				**MINUTEMICE**
1979	CONCORD MINUTE MOUSE MM-10	OP	14.00	15.00
1979	MINUTE MOUSE AND RED COAT MM-9	OP	28.00	28.00
1979	RED COAT MOUSE MM-11	OP	14.00	15.00
A. PETERSEN				**MOLES**
1978	MOLE SCOUT MO-1	CL	4.00	325.00
1994	BELL FINGER MOLE MO-2	OP	44.00	44.00
1995	MOLE'S BED SLED MO-3	OP	59.00	59.00
A. PETERSEN				**MOUSE SPORTS**
1975	BOBSLED THREE	CL	12.00	450.00
1975	SKATER MOUSE	CL	4.00	350.00
1976	MOUSE SKIER	CL	4.00	350.00
1976	TENNIS STAR	CL	4.00	225.00
1977	GOLFER MOUSE	CL	5.00	275.00
1977	SKATING STAR MOUSE	CL	4.00	325.00
1980	SKATER MOUSE	CL	16.00	375.00
1980	SKIER MOUSE MS-9	CL	13.00	325.00
1981	GOLFER MOUSE	CL	16.00	510.00
1984	LAND HO!	CL	37.00	240.00
1984	TENNIS ANYONE?	CL	18.00	130.00
1989	JOE DI'MOUSIO	OP	39.00	45.00
1994	CAMPING OUT MS-16	OP	75.00	75.00
W. PETERSEN				**MOUSE SPORTS**
1982	TWO IN A CANOE	OP	29.00	60.00
1985	FISHIN' CHIP	CL	46.00	310.00
A. PETERSEN				**OWLS**
1974	MR. AND MRS. OWL	CL	6.00	475.00
1974	MR. OWL	CL	3.00	225.00
1974	MRS. OWL	CL	3.00	225.00
1975	COLONIAL OWLS	CL	12.00	425.00

YR	NAME	LIMIT	ISSUE	TREND
W. PETERSEN				**OWLS**
1979	"GRAD" OWL	CL	4.00	450.00
1980	GRADUATE OWL	CL	12.00	425.00
A. PETERSEN				**PIGGIES**
1978	BOY PIGLET/PICNIC PIGGY	CL	4.00	675.00
1978	GIRL PIGLET/PICNIC PIGGY	CL	4.00	675.00
1978	JOLLY TAR PIGGY	CL	4.00	225.00
1978	MISS PIGGY SCHOOL MARM	CL	4.00	275.00
1978	PICNIC PIGGIES	CL	8.00	250.00
1978	PIGGY BAKER	CL	4.00	325.00
1978	PIGGY JOGGER	CL	4.00	160.00
1980	NURSE PIGGY	CL	16.00	21.00
1980	PIG O' MY HEART	CL	12.00	235.00
1980	PIGGY BALLERINA	CL	16.00	235.00
1980	PIGGY POLICEMAN	CL	18.00	275.00
1981	HOLLY HOG	CL	25.00	390.00
A. PETERSEN				**RACCOONS**
1977	HIKER RACCOON	CL	4.00	650.00
1977	MOTHER RACCOON	CL	4.00	335.00
1978	BIRD WATCHER RACCOON	CL	6.00	550.00
1978	RACCOON SKATER	CL	5.00	325.00
1978	RACCOON SKIER	CL	6.00	400.00
A. PETERSEN				**ROBIN HOOD SERIES**
1990	FRIAR TUCK	CL	32.00	85.00
1990	MAID MARION	CL	32.00	85.00
1990	ROBIN HOOD	CL	37.00	85.00
D. PETERSEN				**TINY TEDDIES**
1983	TINY TEDDY	CL	16.00	165.00
1984	BOO BEAR	SU	20.00	75.00
1984	DRUMMER BEAR	SU	22.00	70.00
1984	HUGGY BEAR	SU	26.00	80.00
1984	LITTLE TEDDY	CL	20.00	120.00
1984	RIDE 'EM TEDDY!	SU	32.00	90.00
1984	SAILOR TEDDY	SU	20.00	75.00
1984	SANTA BEAR	SU	27.00	110.00
1984	SEASIDE TEDDY	SU	28.00	90.00
1987	CHRISTMAS TEDDY	SU	26.00	75.00
1987	WEDDING BEARS	SU	54.00	130.00
1988	HANSEL & GRETEL/WITCH'S HOUSE	SU	175.00	240.00
1989	MOMMA BEAR	SU	27.00	135.00
A. PETERSEN				**WIND IN THE WILLOWS**
1982	BADGER	CL	18.00	480.00
1982	MOLE	CL	18.00	575.00
1982	RATTY	CL	18.00	475.00
W. PETERSEN				**WIND IN THE WILLOWS**
1982	TOAD	CL	18.00	575.00

WHITLEY BAY

L. HEYDA				**SANTA SERIES**
1987	GLOBE	10000	225.00	225.00
1987	SANTA	10000	150.00	150.00
1989	ELF	10000	225.00	225.00
1989	ENTRY	10000	275.00	275.00
1989	HUG	10000	225.00	225.00
1989	LETTERS	10000	375.00	375.00
1989	LISTS	10000	275.00	275.00
1989	SLEIGH	10000	375.00	375.00

WILLITTS DESIGNS

A. DEZENDORF			**AMISH HERITAGE COLLECTION**	
*	CAROLINE	RT	*	N/A
*	SARAH AND MAGGIE	RT	*	N/A
*	TAKING DOWN THE CLOTHES	RT	*	N/A
*	WINTER FUN	RT	*	N/A
1995	AUTUMN LEAVE	RT	120.00	120.00
1995	CAROLINE'S BEDTIME PRAYER	RT	75.00	75.00
1995	KATIE AND BETH	RT	95.00	95.00
1995	MIRACLE OF SPRING, THE	RT	120.00	120.00
1995	PREMIER COMMUNION SERVICE	1500	300.00	300.00
1995	SADIE MAE'S HUNGRY GEESE	RT	85.00	85.00
1995	SUMMERTIME FUN	RT	120.00	120.00
1995	WINTER HOLIDAY, A	RT	120.00	120.00
1996	BATH TIME	RT	110.00	110.00
1996	CAROLING	3500	300.00	300.00
1996	CHANCE TO DREAM, A	RT	135.00	135.00
1996	DOLL QUILT, THE	RT	60.00	60.00
1996	FIRST KISS	RT	110.00	110.00
1996	SPECIAL PLAYMATES	RT	95.00	95.00
1996	TUCKERED OUT	RT	60.00	60.00
A. DEZENDORF			**CAROUSEL CLASSICS**	
1998	LION WITH CHERUB	9500	75.00	75.00
1998	MIDDLE ROW JUMPER WITH DOG	9500	70.00	70.00
1998	OUTSIDE ROW STANDER WITH SCALLOPED MANE	9500	70.00	70.00
1998	OUTSIDE ROW ZEBRA STANDER	9500	75.00	75.00
1998	STANDER WITH ROACHED MANE	9500	70.00	70.00
T. BLACKSHEAR			**EBONY VISIONS CIRCLE**	
1999	CHILD SHALL LEAD THEM, A	RT	225.00	225.00

YR	NAME	LIMIT	ISSUE	TREND
T. BLACKSHEAR			**EBONY VISIONS COLLECTION**	
1995	MADONNA, THE	RT	160.00	315.00
1995	NURTURER, THE	RT	160.00	240.00
1995	PROTECTOR, THE	RT	195.00	750.00
1995	SIBLINGS, THE	RT	120.00	350.00
1995	STORY TELLER PREMIER, THE	SO	410.00	2850.00
1995	TENDER TOUCH, THE	RT	185.00	250.00
1996	DREAMER, THE	RT	135.00	175.00
1996	GUARDIAN, THE	RT	300.00	300.00
1996	MUSIC MAKER, THE	RT	195.00	195.00
1996	TIME TO DREAM, A	RT	120.00	160.00
1997	EBONY VISIONS/BAS RELIEF	RT	150.00	150.00
1997	HOPES & DREAMS	RT	225.00	325.00
1998	CATCHING THE EYE	RT	235.00	235.00
1998	COMFORTER, THE	RT	250.00	250.00
1998	FRUITS OF FRIENDSHIP	RT	115.00	115.00
2000	COMMITMENT	*	190.00	190.00
2000	INTIMACY	*	*	N/A
2000	SUMMER	*	140.00	140.00
T. BLACKSHEAR			**EBONY VISIONS COLLECTION JAMBOREE PARADE**	
2000	GYPSY	*	60.00	60.00
2000	JAYJAY AND CLUCK	*	60.00	60.00
2000	RUDY TOOT	*	50.00	50.00
2000	TOOTIE	*	60.00	60.00
T. BLACKSHEAR			**EBONY VISIONS LEGENDS**	
1996	STORYTELLER, THE	650	1900.00	2000.00
C. PYLE			**HISTORY OF ANGELS COLLECTION BY BILL DALE**	
1995	ANGEL GABRIEL, THE	9500	120.00	120.00
1995	MUSICAL ANGELS	9500	160.00	160.00
1996	ANGELIC DOUBLE/STRUGGLE OF THE SOUL, THE	9500	200.00	200.00
RAINE			**JUST THE RIGHT SHOE CORE COLLECTION**	
2000	ARISTOCAT 1630	*	16.00	16.00
2000	BARONESS 1760	*	16.00	16.00
2000	CALLY LILY 1997	*	17.00	17.00
2000	CARVED HEEL 1921	*	13.00	13.00
2000	CORK WEDGE 1970	*	14.00	14.00
2000	GOLDEN LEAF 1942	*	15.00	15.00
2000	HOME ON THE RANGE 1995	*	15.00	15.00
2000	LAVISH TAPESTRY 1760	*	15.00	15.00
2000	SUNRAY 1925	*	14.00	14.00
2000	TASSLES 1863	*	18.00	18.00
2000	TREADS 1999	*	13.00	13.00
2000	TRUFFLES 1795	*	13.00	13.00
2000	VICTORIAN ANKLE BOOT 1862	*	18.00	18.00
2000	VICTORIAN WEDDING BOOT 1875	*	16.00	16.00
RAINE			**JUST THE RIGHT SHOE RAINE ORIGINALS**	
2000	AUTUMN	*	13.00	13.00
2000	CROCUS	*	15.00	15.00
2000	RED DEVIL	*	19.00	19.00
2000	RIO	*	15.00	15.00
2000	SEA OF PEARLS	*	*	N/A
2000	SNAKE SKIN WRAP	*	16.00	16.00
2000	SPRING RAINE	*	16.00	16.00
2000	TUX SHOE SILVER	*	17.00	17.00
2000	VENUS OF PEARLS	*	15.00	15.00
2000	ZAP	*	15.00	15.00
T. BLACKSHEAR			**MASTER PEACE COLLECTION**	
1998	FORGIVEN	RT	200.00	200.00
C. M. DUDASH			**MASTER PEACE COLLECTION**	
1998	VICTORIOUS LION OF JUDAH	RT	175.00	175.00
M. WEISTLING			**MASTER PEACE COLLECTION**	
1998	INVITATION, THE	RT	250.00	250.00
M. WEISTLING			**MASTERPEACE COLLECTION**	
1998	INVITATION, THE	3500	250.00	250.00
B. JOYSMITH			**OUR SONG**	
2000	DELTA'S GIRLS	*	90.00	90.00
2000	DEVELOPING A WINNER	7500	150.00	150.00
2000	JOYFUL NOISE	*	60.00	60.00
2000	ROSES AND SUNSHINE	*	45.00	45.00
2000	SUMMER'S SONG	*	35.00	35.00
A. BLACKSHEAR			**RAINBOW BABIES**	
1998	BELOVED	*	*	N/A
1998	LIL' BLOSSOM	*	33.00	33.00
1998	PEEK-A-BOO PALS	*	*	N/A
1998	PEEK-A-BOO PALS	*	*	N/A
RAINE			**TAKE A SEAT**	
2000	ADIRONDACK	*	11.00	11.00
2000	ART NOUVEAU	*	12.00	12.00
2000	GILTWOOD ROCOCO	*	12.00	12.00
2000	LEATHER RECLINER WITH OTTOMAN	*	13.00	13.00
2000	LONGHORN	*	13.00	13.00
2000	LOUIS XVI	*	14.00	14.00
2000	MISSION STYLE	*	*	N/A
2000	RED HEART	*	12.00	12.00
2000	REGENCY LEOPARD	*	14.00	14.00
2000	RIBBON	*	12.00	12.00
2000	SLIPPER	*	15.00	15.00
2000	WICKER WITH OTTOMAN	*	13.00	13.0

Ornaments

Clara Johnson Scroggins

Who would have guessed that one day ornament manufacturers would sponsor collector's clubs, offer special "members-only issues" and host gatherings at which "event-only" ornaments could be purchased on a limited basis?

Who could have predicted that one day collectors would be insuring their collections, carefully ascertaining reliable secondary market values for the appraisal of their ornaments? Or cataloging their collections with the aid of sourcebooks and storing their collections, carefully logged and labeled, in climate controlled quarters?

Who could have known that "first in a series" would be a phrase that sent shivers down the spines of ornament collectors and drove them into a buying frenzy or that one day ornaments would sell on the secondary market for up to 10 times their original retail value?

That's the point to which ornament collecting has evolved today. And did you notice that these once holiday-only items are rarely referred to as Christmas ornaments in today's marketplace? Ornament makers have broadened their scope to include more than just Yuletide treasures, thus making ornaments a year-round collectible. Easter, Independence Day and Thanksgiving are just some of the holidays that are often commemorated in the form of ornaments. Producers are also personalizing ornaments, making them wonderful gifts for friends and loved ones.

But more importantly, and perhaps more than any other collectible, ornaments reflect the changes in our lives and times. From the early beginnings of elegant European blown glass, to the lively and often humorous artplas ornaments of today, this is a collectible that represents all passions and interests. Ornaments offer something for everyone. The themes are so varied and the media so diverse that this is a collectible with an affinity for the unique. Children thrill in owning an ornament depicting their favorite sports figure and delight in the ornaments featuring licensed characters from their favorite movies or products. Hallmark, Enesco and Carlton Cards are just a few of the makers leading the way in this ever-changing industry rapidly aligning itself with the era of pop culture.

Timeless themes also abound in this diverse class of collecting. Generations-old themes, mediums and traditions are even more prevalent, and perhaps just as popular, as the "here today, gone tomorrow" themes of the '90s. Nostalgic collectors entranced by the magical look of blown glass can revel in the designs brought back by today's importers and makers such as Old World Christmas, Christopher Radko and Kurt S. Adler. Crystal, sterling silver and porcelain offered by Reed and Barton, Anna-Perenna, Swarovski, Sarabella Creations and many, many more offer a variety of appealing themes in mediums just as alluring.

Ornaments have helped us to commemorate various special events and occasions in our lives—baby's first, first Christmas together, a new millennium and an exciting future that will continue to document our daily lives. We will read our family history on our trees.

What drives the secondary market of this arena? Perhaps diversity is its greatest thrust. In an industry producing for the masses, it's only logical that the laws of supply and demand would dictate the growth of the secondary market. Sports collectors, car enthusiasts, train aficionados, bear lovers, angel adorers and animation zealots frequently "cross over" to the realm of ornament collecting when the subject matter lends itself to their particular area of interest–which it often does. The competition to attain an ornament aligned with that area of interest often makes buying it at the retail level somewhat difficult. That's where the secondary market begins. And so too does our chapter on the prices and trends of perhaps the world's most popular collectible.

Finally, Christmas ornaments are the only functional collectible, with an entire season dedicated to their use as well as other holidays throughout the year. Most of all, the reason for the season, Christ's birth, is here to stay—it is not a passing fad, evidenced by the fact that it has entered its 2,000th year.

CLARA JOHNSON SCROGGINS, who has authored six books on Hallmark ornaments, is a consultant and speaker who appears at collectibles events around the country. Her ornament collection is recognized as the largest in the country.

May Your Christmas Be Merry
was the 1991 Precious Moments porcelain Christmas ball ornament produced by Enesco Group Inc.

YR	NAME	LIMIT	ISSUE	TREND

ORNAMENTS

ADRIAN TARON & SONS
S. ROSAS

YR	NAME	LIMIT	ISSUE	TREND
1997	BUSTER & BELLE	3000	32.00	32.00

S. ROSAS — **NURSERY RHYME**

YR	NAME	LIMIT	ISSUE	TREND
1997	HUMPTY DUMPTY	5000	17.00	17.00

AMERICAN GREETINGS
* — **AMERICAN GREETINGS CHRISTMAS ORNAMENTS**

YR	NAME	LIMIT	ISSUE	TREND
1980	ACRYLIC DISC-HOLLY HOBBIE C-23	YR	2.00	5.00
1980	ACRYLIC DISC-MOTHER C-22	YR	2.00	4.00
1980	STRAWBERRY SHORTCAKE/XMAS SUGARPLUM C-27	CL	4.00	4.00
1981	ACRYLIC DISC-FIRST XMAS TOGETHER WXX-240	YR	4.00	4.00
1981	ACRYLIC DISC-HOLLY HOBBIE WXX-239	YR	4.00	5.00
1981	ACRYLIC DISC-MOTHER WXX-237	YR	4.00	5.00
1981	ACRYLIC DISC-ZIGGY & FRIENDS WXX-236	YR	4.00	5.00
1981	PORCELAIN HOLLY HOBBIE WXX-56	CL	3.00	4.00
1982	ACRYLIC DISC-FRIENDSHIP/DESIGN WXO-32	YR	5.00	6.00
1982	HOLLY HOB. PLUM PUDD PORCLN BELL WXO-45	CL	5.00	6.00
1982	HOLLY HOBBIE FIG. PORCLN BELL WXO-48	YR	12.00	14.00
1983	ACRYLIC DISC-FIRST XMAS TOGETHER CO-1901	YR	6.00	7.00
1983	ACRYLIC DISC-FRIENDSHIP CO-1902	YR	6.00	7.00
1983	ACRYLIC DISC-LOVE CO-1903	YR	6.00	7.00
1983	HIMSELF THE ELF/PORC. BELL CO-1403	CL	12.00	12.00
1983	RELIGIOUS ACRYLIC DISC CO-1904	YR	6.00	7.00
1983	STRAWBERRY SHORTCAKE/PORC. BELL CO-1401	CL	12.00	12.00
1983	STRWBRRY SHORTCAKE..SPECIAL GIFT CO-1225	CL	9.00	12.00
1983	ZIGGY PORCELAIN FIGURINE BELL CO-1402	CL	12.00	12.00
1984	CAREBEARS DECORATING THE TREE AO-1102	CL	15.00	20.00
1984	HIMSELF THE ELF SCULPTED ORN. AO-407	CL	8.00	8.00
1984	HOLLY HOBBIE CERAMIC FIGURE BELL AO-701	CL	10.00	10.00
1984	HOLLY HOBBIE SCULPTED ORNAMENT AO-403	CL	8.00	15.00
1984	MUSICAL-BABY'S FIRST CHRISTMAS AO-1001	YR	18.00	22.00
1984	STRAWBERRY SHORTCAKE & FRIENDS AO-1101	CL	15.00	30.00
1984	STRWBRRY SHORTCAKE SCULPTED ORN. AO-402	CL	9.00	12.00
1984	TENDERHEART BEAR SCULPTED ORN. AO-406	CL	6.00	10.00
1985	BABY'S FIRST CHRISTMAS BX-302	YR	7.00	10.00
1985	HOLLY HOBBIE PORCELAIN/BELL BX-901	YR	10.00	10.00
1985	MOUSE ON WATCH BX-303	CL	7.00	7.00
1985	ZIGGY & FRIENDS ADMIRING TREE BX-1102	CL	13.00	13.00
1986	ACRYLIC DISC A WREATH OF LOVE DX-503	CL	4.00	5.00
1986	ACRYLIC DISC BABY'S FIRST XMAS DX-504	YR	4.00	5.00
1986	ACRYLIC DISC FIRST XMAS TOGETHER DX-502	YR	4.00	5.00
1986	ACRYLIC DISC SPECIAL FRIEND DX-501	YR	4.00	5.00
1986	BABY'S FIRST CHRISTMAS DX-1609	CL	8.00	10.00
1986	CERAMIC BELL BABY'S FIRST XMAS DX-1002	YR	6.00	8.00
1986	CERAMIC BELL CHRISTMAS IS LOVE DX-1003	CL	6.00	7.00
1986	CERAMIC BELL FIRST XMAS TOGETHER DX-1001	YR	6.00	13.00
1986	GONE FISHIN' DX-1605	CL	8.00	8.00
1986	OUT W/OLD IN W/NEW - ZIGGY DX-1501	YR	6.00	7.00
1987	BRASS SAILBOAT CX-702	YR	6.00	7.00
1987	CERAMIC OLD-FASHIONED TEDDY CX-402	CL	5.00	5.00
1987	IRIDESCENT UNICORN CX-203	CL	4.00	4.00
1987	PORCELAIN BELLS 1ST XMAS TOGETHER CX-302	YR	6.00	7.00
1987	PORCELAIN BELLS BABY'S FIRST XMAS CX-301	YR	6.00	7.00
1987	SCULPTED DIMEN. 1ST XMAS TOGETHER CX-104	YR	7.00	9.00
1987	SCULPTED DIMEN./BOY FIRST XMAS CX-403	YR	8.00	9.00
1987	SCULPTED DIMEN./CAROUSEL HORSE CX-801	CL	8.00	9.00
1987	SCULPTED DIMEN./GIRL FIRST XMAS CX-404	YR	8.00	9.00
1987	SCULPTED DIMEN./SANTA REF CX-112	YR	7.00	7.00
1987	WOODEN ORNAMENT ROCKING HORSE CX-1104	YR	3.00	5.00
1987	WOODEN ORNAMENT ZIGGY & FUZZ CX-1003	CL	4.00	5.00
1988	ACRYLIC DISC FIRST XMAS TOGETHER AX-1007	YR	4.00	5.00
1988	ACRYLIC DISC MADONNA & CHILD AX-1039	UD	4.00	5.00
1988	BABY BOY'S FIRST XMAS AX-1004	YR	8.00	8.00
1988	BABY GIRL'S FIRST XMAS AX-1005	YR	8.00	8.00
1988	BABY'S FIRST XMAS PHOTO FRAME AX-1001	YR	5.00	5.00
1988	BOWLING MOUSE AX-1017	UD	7.00	7.00
1988	BRASS OUR HOME TO YOUR HOME AX-1010	YR	6.00	6.00
1988	CAROUSEL HORSE AX-1040	UD	8.00	9.00
1988	CERAMIC COW BELL AX-1034	UD	6.00	7.00
1988	COPPER REINDEER WEATHERVANE	YR	4.00	5.00
1988	LOVEBIRDS FIRST XMAS TOGETHER AX-1006	YR	7.00	7.00
1988	MUSICAL ZIGGY & FUZZ FRIENDSHIP AX-1013	YR	7.00	7.00
1988	NEW YEAR ZIGGY AX-1049	YR	6.00	7.00
1988	ROCKING HORSE BABY'S FIRST XMAS AX-1003	YR	4.00	4.00
1989	ACRYLIC DISC REWORK DX-1012	YR	4.00	5.00
1989	BEAR ON ROCKING HORSE DX-1001	YR	8.00	8.00
1989	BEAR ON ROCKING HORSE DX-1002	YR	8.00	8.00
1989	BEAR ON ROCKING HORSE DX-1030	YR	8.00	8.00
1989	BRASS SAILBOAT DX-1022	YR	6.00	7.00
1989	BUNNIES IN SWING DX-1005	YR	8.00	9.00
1989	CAMEO-LOOK DOVE DISK DX-1016	YR	6.00	6.00
1989	COOKING BEAR DX-1029	YR	8.00	8.00
1989	DEER LEAPING OVER LANDSCAPE DX-1004	YR	5.00	5.00
1989	DINOSAUR DRIVING TRAIN DX-1010	YR	8.00	8.00

YR	NAME	LIMIT	ISSUE	TREND
1989	HEART PHOTO FRAME-CANDY CANE DX-1023	YR	6.00	6.00
1989	HEART SHAPE W/HOLLY DX-1007	YR	6.00	6.00
1989	KITTEN IN STOCKING DX-1011	YR	4.00	5.00
1989	LACE-LOOK BEAR EMBROID HOOP DX-1003	YR	6.00	6.00
1989	NAUTICAL-LIFE RING W/HOLLY DX-1028	YR	6.00	6.00
1989	PAPER DOLL CHAIN ON CERAMIC BELL DX-1009	YR	7.00	7.00
1989	POLAR BEARS HOLDING HANDS DX-1035	YR	7.00	7.00
1989	VICTORIAN EMBROIDERY HOOP DX-1008	YR	6.00	7.00
1989	VICTORIAN HOUSE DX-1013	YR	4.00	5.00
1989	WOOD DISC W/TREE DX-1033	YR	4.00	5.00
1989	WOOD HEART W/SILK MISTLETOE DX-1015	YR	4.00	5.00
1989	ZIGGY ELF W/JINGLE BELLS DX-1014	YR	7.00	7.00
1990	2 BEARS W/GIFT ON SLED DX-1010	YR	4.00	5.00
1990	ANGEL HOLDING HEART DX-1012	YR	4.00	5.00
1990	BEAR ON BLOCK DX-1001	YR	8.00	8.00
1990	BEAR ON BLOCK DX-1002	YR	8.00	8.00
1990	BEAR ON ROCKING HORSE DX-1003	YR	4.00	5.00
1990	BEARS PUTTING STAR ON XMAS TREE DX-1007	YR	6.00	6.00
1990	BI-PLANE WITH SANTA DX-1015	YR	8.00	8.00
1990	BIRDS IN MAILBOX DX-1008	YR	7.00	7.00
1990	CAROUSEL REINDEER DX-1033	YR	8.00	8.00
1990	CONV. HEART SHAPED DISC W/LTG. DX-1006	YR	6.00	6.00
1990	FATHER CHRISTMAS DX-1035	YR	8.00	8.00
1990	NATIVITY...CHRIST CHILD DX-1019	YR	6.00	6.00
1990	SLEIGH & HOUSE DX-1009	YR	6.00	6.00
1990	TOY SOLDIER W/DRUM DX-1034	YR	6.00	6.00
1990	VICKY BELL DX-1014	YR	8.00	8.00

ANHEUSER-BUSCH INC.
*
A & EAGLE COLLECTOR ORNAMENT SERIES

YR	NAME	LIMIT	ISSUE	TREND
1991	BUDWEISER GIRL N3178	RT	15.00	15.00
1992	1893 COLUMBIAN EXPOSITION N3649	RT	15.00	15.00
1993	GREATEST TRIUMPH N4089	RT	15.00	15.00

S. SAMPSON — CHRISTMAS ORNAMENT SERIES

1992	CLYDESDALES MINI PLATE ORNAMENTS N3650	RT	23.00	23.00

M. URDAHL — CHRISTMAS ORNAMENT SERIES

1993	BUDWEISER 6-PK MINI PLATE ORN. N4220	RT	10.00	10.00

ANNALEE MOBILITEE
A. THORNDIKE

YR	NAME	LIMIT	ISSUE	TREND
1985	3 IN. STAR	SU	7.00	50.00
1986	3 IN. CLOWN ORNAMENT	3369	12.00	85.00
1986	3 IN. MRS. SANTA	SU	13.00	55.00
1986	5 IN. GINGERBREAD BOY (FIRST ONE, BROWN JACKET)	SU	12.00	30.00
1986	ANGEL HEAD	SU	8.00	30.00
1986	CLOWN HEAD	SU	7.00	45.00
1986	ELF HEAD (GREEN)	SU	7.00	30.00
1987	3 IN. CUPID	899	13.00	35.00
1987	3 IN. MR VICTORIAN SANTA	SU	14.00	40.00
1987	3 IN. MRS VICTORIAN SANTA	SU	14.00	40.00
1987	5 IN. DEER (ROCKING)	SU	14.00	35.00
1987	5 IN. STICK HORSE	SU	8.00	35.00
1988	3 IN. BABY IN STOCKING	SU	13.00	45.00
1988	3 IN. CAROLLER, BOY	SU	28.00	35.00
1988	3 IN. CAROLLER, GIRL	SU	14.00	35.00
1988	5 IN. ELF W/STICK HORSE	SU	19.00	45.00
1989	3 IN. ELF (FULL BODY)	SU	14.00	35.00
1989	3 IN. KID ON SLED (SITTING)	SU	17.00	40.00
1989	3 IN. KID W/SNOWBALL	SU	15.00	35.00
1990	3 IN. BEARS- LOVEY (HUGGING, WHITE & GREEN BOW)	SU	26.00	55.00
1992	3 IN. SKIER	SU	15.00	30.00
1993	3 IN. FISHING SANTA IN BOAT	*	25.00	50.00
1994	3 IN. FISHING SANTA IN BOAT	3048	25.00	50.00
1994	CRYSTAL ORNAMENT W/ANNALEE ELF HEAD, SPECIAL ED.	SU	30.00	55.00
1994	SNOWMAN HEAD (LARGE, SOLD IN GIFT SHOP ONLY)	SU	18.00	65.00
1995	3 IN. BABY IN BLUE PJ'S	SU	12.00	40.00
1995	3 IN. BABY IN PINK PJ'S	SU	12.00	35.00
1995	3 IN. SUN W/SANTA HAT	SU	9.00	30.00
1995	5 IN. GINGERBREAD BOY W/STAND (GR. JACKET)	SU	18.00	35.00
1996	3 IN. ANGEL HOLLYBERRY (HOLDS HOLLY ON STAND)	SU	17.00	40.00
1996	3 IN. ELF (STARBRIGHT, RED HOLDING YELLOW STAR)	SU	13.00	35.00
1996	3 IN. GINGERBREAD BOY	SU	15.00	50.00
1996	3 IN. JUST A JESTER (1 YR)	SU	21.00	40.00
1996	SNOWMAN HEAD (GREEN EARMUFFS)	SU	13.00	25.00
1997	18 IN. SANTA	SU	65.00	90.00
1997	3 IN. ELF (FROSTY, WHITE W/TINSEL)	SU	15.00	35.00
1997	3 IN. SKI BUNNY	SU	21.00	35.00
1997	4 IN. PIGS FLY, WHEN	SU	17.00	35.00
1997	4 IN. TRIM-A-TREE PUPPY (GREEN ORNAMENT)	SU	21.00	65.00
1997	ELF HEAD (RED)	SU	10.00	25.00
1998	3 IN. DRUMMER BOY ORNAMENT	SU	18.00	35.00
1998	3 IN. SNOWMAN (RED HAT, BLUE SCARF)	SU	20.00	30.00
1998	3 IN. SQUEAK-A-BOO STOCKING (98 PLAID CUFF)	SU	20.00	30.00
1998	3 IN. WAITING FOR SANTA MOUSE	SU	20.00	40.00
1999	CRYSTAL ORNAMENT W/ANNALEE (RED) ELF HEAD	SU	14.00	40.00

ANNA-PERENNA
P. BUCKLEY MOSS

YR	NAME	LIMIT	ISSUE	TREND
1993	SECOND ANGEL	YR	28.00	50.00
1994	CHRISTMAS SKATERS	YR	28.00	28.00

YR	NAME	LIMIT	ISSUE	TREND
1994	THIRD ANGEL	YR	28.00	50.00
1995	CHRISTMAS NIGHT	OP	28.00	28.00
P. BUCKLEY MOSS		**ANNUAL CHRISTMAS ORNAMENTS**		
1991	NOEL	*	25.00	120.00
1992	SLEIGHRIDE	*	28.00	60.00
P. BUCKLEY MOSS				**HOLLY SERIES**
1993	SNOWMAN, THE	YR	28.00	70.00
P. BUCKLEY MOSS		**TWELVE DAYS OF CHRISTMAS**		
*	FIVE GOLDEN RINGS	*	*	N/A
*	FOUR CALLING BIRDS	*	*	N/A
*	PARTRIDGE IN A PEAR TREE	*	*	N/A
*	THREE FRENCH HENS	*	*	N/A
*	TWO TURTLEDOVES	*	*	N/A
1998	SEVEN SWANS A SWIMMING	*	28.00	28.00
1998	SIX GEESE A LAYING	*	28.00	28.00

ANRI

L. GAITHER			**CHRISTMAS EVE SERIES**	
1995	HITCHING PRANCER	500	140.00	140.00
1998	FIRST GIFT OF CHRISTMAS	500	165.00	165.00
W. & C. GAITHER			**CHRISTMAS EVE SERIES**	
1996	GETTING READY	500	140.00	140.00
DISNEY		**DISNEY FOUR STAR COLLECTION**		
1989	MAESTRO MICKEY	YR	25.00	80.00
1990	MINNIE MOUSE	YR	25.00	45.00
J. FERRANDIZ		**FERRANDIZ MESSAGE COLLECTION**		
1989	LET THE HEAVENS RING	1000	215.00	215.00
1990	HEAR THE ANGELS SING	1000	225.00	225.00
J. FERRANDIZ		**FERRANDIZ WOODCARVINGS**		
1988	HEAVENLY DRUMMER	1000	175.00	225.00
1989	HEAVENLY STRINGS	1000	190.00	190.00
S. KAY		**SARAH KAY'S FIRST CHRISTMAS**		
1995	FIRST XMAS STOCKING	500	99.00	99.00
1996	ALL I WANT FOR CHRISTMAS	500	198.00	195.00
1997	CHRISTMAS PUPPY	500	295.00	295.00

ARMANI

G. ARMANI				**ANNUAL**
1998	CHRISTMAS EVE 123F	YR	35.00	35.00
G. ARMANI			**COMMEMORATIVE**	
1991	1991 CHRISTMAS ORNAMENT 799A	RT	12.00	175.00
1992	1992 CHRISTMAS ORNAMENT 788F	RT	24.00	150.00
1993	1993 CHRISTMAS ORNAMENT 892P	RT	25.00	60.00
1994	1994 CHRISTMAS ORNAMENT 801P	RT	25.00	55.00
1995	1995 CHRISTMAS ORNAMENT 640P	RT	30.00	55.00
1996	1996 CHRISTMAS ORNAMENT 355P	RT	30.00	30.00
1997	1997 CHRISTMAS ORNAMENT 137F	YR	38.00	38.00
1998	CHRISTMAS ORNAMENT 123F	OP	35.00	35.00

ARTAFFECTS

G. PERILLO		**ANNUAL BELL ORNAMENT**		
1985	HOME SWEET WIGWAM	OP	14.00	14.00
1986	PEEK-A-BOO	OP	15.00	33.00
1987	ANNUAL BELL ORNAMENT	YR	15.00	33.00
1988	ANNUAL BELL ORNAMENT	YR	18.00	18.00
1989	ANNUAL BELL ORNAMENT	YR	18.00	18.00
1990	ANNUAL BELL ORNAMENT	YR	18.00	18.00
1991	ANNUAL BELL ORNAMENT	YR	20.00	20.00
G. PERILLO		**ANNUAL CHRISTMAS ORNAMENTS**		
1985	PAPOOSE ORNAMENT	YR	14.00	40.00
1986	CHRISTMAS CACTUS	YR	15.00	50.00
1987	ANNUAL ORNAMENT	YR	15.00	35.00
1988	ANNUAL ORNAMENT	YR	18.00	25.00
1989	ANNUAL ORNAMENT	YR	18.00	25.00
1990	ANNUAL ORNAMENT	YR	18.00	18.00
1991	ANNUAL ORNAMENT	YR	20.00	19.50
G. PERILLO			**KACHINA ORNAMENTS**	
1991	DAWN KACHINA	OP	18.00	18.00
1991	KACHINA MOTHER	OP	18.00	18.00
1991	OLD KACHINA	OP	18.00	18.00
1991	SNOW KACHINA	OP	18.00	18.00
1991	SUN KACHINA	OP	18.00	18.00
1991	TOTEM KACHINA	OP	18.00	18.00
G. PERILLO		**SAGEBRUSH KIDS BELL ORNAMENTS**		
1987	CAROLERS, THE	OP	9.00	9.00
1987	CHRISTMAS CANDLE	OP	9.00	9.00
1987	CHRISTMAS HORN	OP	9.00	9.00
1987	FIDDLER, THE	OP	9.00	9.00
1987	GIFT, THE	OP	9.00	9.00
1987	HARPIST, THE	OP	9.00	9.00
G. PERILLO		**SAGEBRUSH KIDS COLLECTION**		
1991	MOCCASIN ORNAMENT	OP	15.00	16.00
1991	SHIELD ORNAMENT	OP	15.00	16.00
1991	TEE-PEE ORNAMENT	OP	15.00	16.00
C. ROEDA			**SIMPLE WONDERS**	
1991	ASHLEY	OP	23.00	23.00
1991	BRITTANY	OP	23.00	23.00
1991	KIM	OP	23.00	23.00
1991	LITTLE FEATHER	OP	23.00	23.00

YR	NAME	LIMIT	ISSUE	TREND
1991	MEGAN	OP	23.00	23.00
1991	NICOLE	OP	23.00	23.00
1992	SWEET SURPRISE	YR	15.00	16.00

ARTHUR COURT DESIGNS
A. COURT   **CHRISTMAS ORNAMENT SERIES**

YR	NAME	LIMIT	ISSUE	TREND
1994	BUNNIES ON A SLEIGH	8200	22.00	24.00

ARTISTS OF THE WORLD
T. DEGRAZIA   **DEGRAZIA ANNUAL ORNAMENTS**

YR	NAME	LIMIT	ISSUE	TREND
1986	PIMA, INDIAN DRUMMER BOY	YR	28.00	375.00
1987	WHITE DOVE	YR	30.00	75.00
1988	FLOWER GIRL	YR	33.00	50.00
1989	FLOWER BOY	YR	35.00	50.00
1990	MERRY LITTLE INDIAN	10000	88.00	100.00
1990	PINK PAPOOSE	YR	35.00	50.00
1991	CHRISTMAS PRAYER	YR	50.00	50.00
1992	BEARING GIFT	YR	55.00	55.00
1993	LIGHTING THE WAY	YR	58.00	58.00
1993	WARM WISHES	YR	65.00	75.00
1994	LITTLE PRAYER	YR	50.00	52.00
1994	WARM WISHES	YR	65.00	85.00
1995	HEAVENLY FLOWERS	YR	65.00	65.00
1995	LITTLE PRAYER	YR	50.00	70.00
1995	MY BEAUTIFUL ROCKING HORSE	YR	125.00	125.00
1996	OH HOLY NIGHT	YR	68.00	68.00
1997	CHRISTMAS SPIRIT	YR	65.00	65.00
1998	LITTLE COLOPAH INDIAN GIRL	OP	68.00	68.00

ASHTON-DRAKE GALLERIES
J. MEYERAAN   **AND HIS NAME SHALL BE CALLED**

YR	NAME	LIMIT	ISSUE	TREND
1997	LIGHT OF THE WORLD	*	*	NA
1997	PRINCE OF PEACE	*	*	NA

B.P. GUTMANN   **BESSIE P. GUTMANN ORNAMENTS COLLECTION**

YR	NAME	LIMIT	ISSUE	TREND
1997	FRIENDLY ENEMIES/HELPING HANDS	*	35.00	35.00
1997	JUST A TASTE/MINE	*	35.00	35.00
1997	LOVE IS BLIND/SLEEPYHEADS	*	35.00	35.00
1997	ON HIS WAY/THE LULLABY	*	35.00	35.00
1997	REWARD, THE/DRESSING MYSELF	*	35.00	35.00
1997	TAPS/BEST OF FRIENDS	*	35.00	35.00

BAND CREATIONS
RICHARDS/PENFIELD   **AMERICA'S FARMLAND COLLECTION - AMERICA'S COUNTRY BARN**

YR	NAME	LIMIT	ISSUE	TREND
1996	DOUBLE-CRIB BARN	OP	30.00	30.00
1996	DUTCH BARN	OP	30.00	30.00
1996	ENGLISH BARN	OP	30.00	30.00
1996	GAMBREL ROOF BARN	OP	30.00	30.00
1996	LOG BARN	OP	30.00	30.00
1996	POLYGONAL BARN	OP	30.00	30.00
1996	ROUND BARN	OP	30.00	30.00

RICHARDS/PENFIELD   **BEST FRIENDS**

YR	NAME	LIMIT	ISSUE	TREND
1994	ANGEL ORNAMENTS-4 ASSORTED	OP	5.00	5.00
1995	DOUBLE ANGELS	OP	8.00	8.00

RICHARDS/PENFIELD   **BEST FRIENDS - ANGELS OF THE MONTH**

YR	NAME	LIMIT	ISSUE	TREND
1993	APRIL ANGEL	OP	10.00	10.00
1993	AUGUST ANGEL	OP	10.00	10.00
1993	DECEMBER ANGEL	OP	10.00	10.00
1993	FEBRUARY ANGEL	OP	10.00	10.00
1993	JANUARY ANGEL	OP	10.00	10.00
1993	JULY ANGEL	OP	10.00	10.00
1993	JUNE ANGEL	OP	10.00	10.00
1993	MARCH ANGEL	OP	10.00	10.00
1993	MAY ANGEL	OP	10.00	10.00
1993	NOVEMBER ANGEL	OP	10.00	10.00
1993	OCTOBER ANGEL	OP	10.00	10.00
1993	SEPTEMBER ANGEL	OP	10.00	10.00
1996	APRIL ANGEL	OP	10.00	10.00
1996	AUGUST ANGEL	OP	10.00	10.00
1996	DECEMBER ANGEL	OP	10.00	10.00
1996	FEBRUARY ANGEL	OP	10.00	10.00
1996	JANUARY ANGEL	OP	10.00	10.00
1996	JULY ANGEL	OP	10.00	10.00
1996	JUNE ANGEL	OP	10.00	10.00
1996	MARCH ANGEL	OP	10.00	10.00
1996	MAY ANGEL	OP	10.00	10.00
1996	NOVEMBER ANGEL	OP	10.00	10.00
1996	OCTOBER ANGEL	OP	10.00	10.00
1996	SEPTEMBER ANGEL	OP	10.00	10.00

RICHARDS/PENFIELD   **BEST FRIENDS - KRINGLE TOPPERS**

YR	NAME	LIMIT	ISSUE	TREND
1996	AMERICA, SANTA CLAUS	OP	10.00	10.00
1996	AUSTRIA, CHRISTKIND	OP	10.00	10.00
1996	ENGLAND, FATHER CHRISTMAS	OP	10.00	10.00
1996	GERMANY, PELSNICKEL	OP	10.00	10.00
1996	NETHERLANDS, ST. NICKOLAS	OP	10.00	10.00
1996	PERE NOEL, FRANCE	OP	10.00	10.00
1996	RUSSIAN, FATHER FROST	OP	10.00	10.00
1996	SCANDINAVIA, JULNISSE	OP	10.00	10.00

YR	NAME	LIMIT	ISSUE	TREND

BIEDERMANN & SONS
*
1993	BABY'S FIRST CHRISTMAS	400	12.00	14.00
1993	FOUR CALLING BIRDS (BRASS)	RT	12.00	19.00
1993	FOUR CALLING BIRDS (SILVER)	500	18.00	55.00
1994	BABY'S FIRST CHRISTMAS	400	12.00	13.00
1994	DRUMMER BOY (BRASS)	14500	12.00	18.00
1994	DRUMMER BOY (SILVER)	500	18.00	140.00

*
COMMEMORATIVE ORNAMENTS
1971	THREE KINGS	10000	7.00	580.00
1972	SLEIGH RIDE	10000	8.00	910.00
1976	ANGEL PLAYING LUTE	10000	10.00	126.00
1987	PARTRIDGE IN A PEAR TREE	10000	12.00	264.00
1990	HERALD ANGEL	10000	14.00	236.00
1994	DRUMMER BOY (BRASS)	10000	15.00	130.00

G. NEUMEIER   **COMMEMORATIVE ORNAMENTS**
| 1998 | TOY ROCKING HORSE RIDE | 10000 | 16.00 | 16.00 |

*
SILVER COMMEMORATIVES
1988	SANTA'S SLEIGH RIDE	288	15.00	135.00
1989	TWO TURTLEDOVES	288	16.00	142.00
1992	CHRISTMAS MORNING	288	17.00	102.00

R. RIECHERT   **SILVER COMMEMORATIVES**
| 1995 | FIVE GOLDEN RINGS (SILVER) | 288 | 20.00 | 170.00 |

K. VON KLUGE   **SILVER COMMEMORATIVES**
| 1994 | DRUMMER BOY (SILVER) | 288 | 18.00 | 400.00 |

BING & GRONDAHL
H. HANSEN
| 1998 | CHRISTMAS AROUND THE WORLD | YR | 25.00 | 25.00 |

S. VESTERGAARD
| 1998 | CHRISTMAS | YR | 38.00 | 38.00 |

C. MAGADINE   **CHRISTMAS**
| 1996 | CHRISTMAS EVE AT THE STATUE OF LIBERTY | YR | 25.00 | 25.00 |

J. WOODSON   **CHRISTMAS IN AMERICA**
1986	CHRISTMAS EVE IN WILLIAMSBURG	CL	12.00	50.00
1987	CHRISTMAS EVE AT THE WHITE HOUSE	CL	15.00	25.00
1988	CHRISTMAS EVE AT ROCKEFELLER CENTER	CL	19.00	19.00
1989	CHRISTMAS IN NEW ENGLAND	CL	20.00	20.00
1990	CHRISTMAS EVE AT THE CAPITOL	CL	20.00	30.00
1991	INDEPENDENCE HALL	CL	24.00	24.00
1992	CHRISTMAS IN SAN FRANCISCO	CL	25.00	35.00
1993	COMING HOME FOR CHRISTMAS	CL	25.00	25.00

H. HANSEN   **SANTA CLAUS**
| 1989 | SANTA'S WORKSHOP | YR | 20.00 | 55.00 |
| 1990 | SANTA'S SLEIGH | YR | 20.00 | 50.00 |

h. HANSEN   **SANTA CLAUS**
| 1991 | JOURNEY, THE | YR | 24.00 | 50.00 |

H. HANSEN   **SANTA CLAUS**
| 1992 | SANTA'S ARRIVAL | YR | 25.00 | 40.00 |
| 1993 | SANTA'S GIFTS | YR | 25.00 | 30.00 |

BOYDS COLLECTION LTD.
G. LOWENTHAL   **BEARSTONE COLLECTION**
1994	CHARITY 2502	RT	10.00	35.00
1994	FAITH 2500	RT	10.00	35.00
1994	HOPE 2501	RT	10.00	35.00
1995	EDMUND	CL	10.00	25.00
1995	ELLIOT WITH TREE 2507	CL	10.00	25.00
1995	MANHEIM THE MOOSE	CL	10.00	25.00
1996	BAILEY & MATTHEW	*	70.00	70.00
1996	CLAIR WITH GINGERBREAD MAN 25701	*	11.00	25.00
1996	EDMUND 25700	*	11.00	25.00
1996	WILSON WITH SHOOTING STAR 25702	*	11.00	30.00

BRADFORD EDITIONS
*
ALMOST ANGELS
| 1997 | COOKIE/FRECKLES | * | 20.00 | 20.00 |

L. LIU   **BEAUTIFUL HUMMINGBIRDS**
| 1997 | GARDEN WHISPERS/WINGS OF GRACE | * | 30.00 | 30.00 |
| 1997 | RUBY THROATED HUMMINGBIRD/ANNA'S HUMMINGBIRD | * | 30.00 | 30.00 |

*
CAT'S MEOW
| 1997 | CAT NAP/HOUSE SITTING | * | 25.00 | 25.00 |
| 1997 | OUT ON A LIMB/HAPPY AS A LARK | * | 25.00 | 25.00 |

T. CATHEY   **HEAVENLY HEARTS PORCELAIN ORNAMENTS COLLECTION**
1997	HUMILITY/INNOCENCE SET	95 DAYS	20.00	20.00
1997	JOY/PRUDENCE SET	95 DAYS	20.00	20.00
1997	LIBERTY/FAITH SET	95 DAYS	20.00	20.00
1997	PATIENCE/INSPIRATION SET	95 DAYS	20.00	20.00
1997	PURITY/LOVING SET	95 DAYS	20.00	20.00
1997	SERENITY/HONESTY SET	95 DAYS	20.00	20.00
1997	SWEETNESS/GRACE SET	95 DAYS	20.00	20.00
1997	TRUTH/MODESTY SET	95 DAYS	20.00	20.00

D. BROOKS   **HEAVEN'S LITTLE SWEETHEARTS**
| 1997 | AN ANGEL'S CARING/AN ANGEL'S SHARING | * | 20.00 | 20.00 |
| 1997 | AN ANGEL'S KINDNESS/AN ANGEL'S LOVE | * | 20.00 | 20.00 |

*
KINDRED MOMENTS
| 1997 | FOREVER FRIENDS/LIFE'S GREATEST TREASURE | 95 DAYS | 20.00 | 20.00 |
| 1997 | SISTERS ARE BLOSSOMS/CLOSE AT HEART | 95 DAYS | 20.00 | 20.00 |

YR	NAME	LIMIT	ISSUE	TREND
J. SCHOLZ			**KITTEN EXPEDITION**	
1997	BY THE LILY POND/AT THE GARDEN FENCE	*	30.00	30.00
1997	IN THE MEADOW/IN THE ROCK GARDEN	*	30.00	30.00
LEPAGE/DANIEL			**SPIRIT OF THE WILDERNESS**	
1997	GRAY GUARDIAN/GOLDEN GENERATIONS	*	20.00	20.00
1997	SILVER SCOUT/BLACK KNIGHT (SET OF 2)	*	20.00	20.00

BRADFORD EXCHANGE

YR	NAME	LIMIT	ISSUE	TREND
D. GELSINGER			**HEAVEN'S LITTLE ANGELS**	
1998	GENTLE GUARDIAN/LOVING KINDNESS/GARDEN MIRACLE SET	*	30.00	30.00
L. LIU	**LENA LIU'S TREASURY OF JEWELED HUMMINGBIRDS**			
1998	RUBY-THROATED HUMMINGBIRD/ANNA'S HUMMINGBIRD SET	*	*	N/A
N. STRELKINA			**SYMPHONY OF ANGELS**	
1998	SERENITY'S SONG/TRANQUILITY'S SERENADE SET OF 2	*	20.00	20.00

BRANDYWINE WOODCRAFTS

YR	NAME	LIMIT	ISSUE	TREND
M. WHITING			**WILLIAMSBURG ORNAMENTS**	
1994	GUNSMITH	350	10.00	10.00

BRIERCROFT

YR	NAME	LIMIT	ISSUE	TREND
C.R. FARLOW				
1994	BELL ANGEL	5000	6.00	10.00
C.R. FARLOW				**3" SERIES**
1999	AUSTRIAN	*	13.00	13.00
1999	CROATIAN	*	13.00	13.00
1999	FINLAND	*	13.00	13.00
1999	HUNGARIAN	*	13.00	13.00
1999	LITHUANIAN	*	13.00	13.00
1999	SWITZERLAND	*	13.00	13.00
1999	UKRAIN	*	13.00	13.00

BUCCELLATI

YR	NAME	LIMIT	ISSUE	TREND
G. BUCCELLATI			**CHRISTMAS ORNAMENTS**	
1986	SNOWY VILLAGE SCENE-2464	500	195.00	400.00
1987	SHOOTING STAR-2469	500	240.00	350.00
1988	SANTA CLAUS-2470	500	225.00	300.00
1989	CHRISTMAS TREE-2471	750	230.00	230.00
1990	ZENITH-2479	750	250.00	250.00
1991	WREATH-3561	750	300.00	300.00
1992	CHERUBS 3562	500	300.00	300.00
1993	CHRISTMAS CANDLE	500	300.00	320.00
1994	CHRISTMAS FIREPLACE	500	300.00	320.00

CARRIAGE HOUSE STUDIO INC.

YR	NAME	LIMIT	ISSUE	TREND
M. FURLONG			**GIFTS FROM GOD**	
1985	CHARIS ANGEL, THE	3000	45.00	100.00
1986	ANGEL OF LIGHT, THE	3000	45.00	100.00
1986	HALLELUJAH ANGEL, THE	3000	45.00	125.00
1988	CELESTIAL ANGEL, THE	3000	45.00	100.00
1989	CORONATION ANGEL	3000	45.00	60.00
M. FURLONG			**JOYEUX NOEL**	
1990	CELEBRATION ANGEL	10000	45.00	45.00
1991	THANKSGIVING ANGEL	10000	45.00	45.00
1992	JOYEUX NOEL ANGEL	10000	45.00	45.00
M. FURLONG			**MUSICAL SERIES**	
1980	CAROLER, THE	3000	50.00	100.00
1981	LYRIST, THE	3000	45.00	60.00
1982	LUTIST, THE	3000	45.00	75.00
1983	CONCERTINIST, THE	3000	45.00	75.00
1984	HERALD ANGEL, THE	3000	45.00	75.00

CAST ART

YR	NAME	LIMIT	ISSUE	TREND
K. HAYNES				**DREAMSICLES**
1991	BEAR	SU	*	30.00
1991	BUNNY	SU	*	30.00
1991	CHERUB ON CLOUD	SU	*	30.00
1991	CHERUB WITH MOON	SU	*	30.00
1991	CHERUB WITH STAR	SU	*	30.00
1991	LAMB	SU	*	30.00
1991	PIGGY	SU	*	30.00
1991	PRAYING CHERUB	SU	*	30.00
1991	RACCOON	SU	*	30.00
1991	SQUIRREL	SU	*	30.00
1995	FINISHING TOUCHES	RT	*	20.00
1996	SANTA IN DREAMSICLE LAND	RT	*	15.00
1997	STAR OF WONDER	RT	*	17.00

CAVANAGH GROUP

YR	NAME	LIMIT	ISSUE	TREND
H. SUNDBLOM		**COCA-COLA BRAND HERITAGE COLLECTION**		
1995	CHRISTMAS IS LOVE	OP	10.00	10.00
1995	SANTA AT THE MANTLE	OP	10.00	10.00
1995	SSSHHH!	OP	10.00	10.00
1996	HOSPITALITY IN YOUR REFRIGERATOR	10000	25.00	25.00
1996	IT WILL REFRESH YOU TOO (PORCELAIN)	10000	25.00	25.00
1996	PLEASE PAUSE HERE	10000	25.00	25.00
1997	IT WILL REFRESH YOU TOO	OP	10.00	10.00
1997	SSSHHH!	OP	10.00	10.00
1997	THAT EXTRA SOMETHING	OP	10.00	10.00

YR	NAME	LIMIT	ISSUE	TREND
*	**COCA-COLA BRAND HERITAGE COLLECTION POLAR BEARS**			
1996	BABY'S FIRST CHRISTMAS	OP	12.00	12.00
1996	OUR FIRST CHRISTMAS	OP	12.00	12.00
1996	STOCKING STUFFERS	OP	12.00	12.00
1997	ALWAYS FAMILY	OP	10.00	10.00
1997	TRIMMING THE TREE	OP	10.00	10.00
H. SUNDBLOM	**COCA-COLA BRAND HERITAGE COLLECTION POLAR BEARS**			
1997	REFRESHING BREAK	OP	10.00	10.00
*	**COCA-COLA BRAND HISTORICAL BUILDING**			
1991	1930S SERVICE STATION	CL	10.00	20.00
1991	EARLY COCA-COLA BOTTLING COMPANY	CL	10.00	20.00
1991	JACOB'S PHARMACY	CL	10.00	20.00
1991	PEMBERTON HOUSE, THE	CL	10.00	20.00
*	**COCA-COLA BRAND NORTH POLE BOTTLING WORKS**			
1993	BLAST OFF	CL	9.00	9.00
1993	DELIVERY FOR SANTA	CL	9.00	9.00
1993	FILL'ER UP	CL	9.00	20.00
1993	ICE SCULPTING	CL	9.00	9.00
1993	LONG WINTER'S NAP	CL	9.00	13.00
1993	NORTH POLE EXPRESS	CL	9.00	20.00
1993	THIRSTING FOR ADVENTURE	CL	9.00	15.00
1993	TOPS ON REFRESHMENT	CL	9.00	13.00
1994	POWER DRIVE	CL	9.00	9.00
1994	SANTA'S REFRESHMENT	CL	9.00	13.00
1994	SELTZER SURPRISE	CL	9.00	13.00
1994	TOPS OFF REFRESHMENT	CL	9.00	9.00
1995	BARREL OF BEARS	CL	9.00	9.00
1995	FOUNTAIN GLASS FOLLIES	OP	9.00	9.00
1995	NORTH POLE FLYING SCHOOL	CL	9.00	9.00
1996	REFRESHING SURPRISE	OP	9.00	9.00
1996	RUSH DELIVERY	OP	9.00	9.00
1996	TO: MRS. CLAUS	OP	9.00	9.00
*	**COCA-COLA BRAND POLAR BEAR COLLECTION**			
1994	DOWNHILL SLEDDER	CL	9.00	9.00
1994	NORTH POLE DELIVERY	CL	9.00	13.00
1994	SKATING COCA-COLA POLAR BEAR	CL	9.00	12.00
1994	VENDING MACHINE MISCHIEF	CL	9.00	9.00
1995	POLAR BEAR ON BOTTLE OPENER	OP	9.00	9.00
1995	SNOWBOARDIN' BEAR	OP	9.00	9.00
1996	CHRISTMAS STAR, THE	OP	9.00	9.00
1996	HOLLYWOOD	OP	9.00	9.00
1997	DOUBLE THE FUN	OP	9.00	9.00
1997	DOWNHILL RACERS	OP	9.00	9.00
H. SUNDBLOM	**COCA-COLA BRAND TRIM A TREE COLLECTION**			
1990	AWAY WITH A TIRED & THIRSTY FACE	CL	10.00	25.00
1990	HOSPITALITY	CL	10.00	13.00
1990	MERRY CHRISTMAS AND A HAPPY NEW YEAR	CL	10.00	40.00
1990	SEASON'S GREETINGS	CL	10.00	13.00
1991	CHRISTMAS IS LOVE	CL	10.00	25.00
1991	TIME TO SHARE	CL	10.00	25.00
1992	HAPPY HOLIDAYS	CL	10.00	25.00
1992	SSSHHH!	CL	10.00	27.00
1993	DECORATING THE TREE	CL	10.00	20.00
1993	EXTRA BRIGHT REFRESHMENT	CL	10.00	17.00
1993	TRAVEL REFRESHED	CL	10.00	13.00
1994	BUSY MAN'S PAUSE	CL	10.00	10.00
1994	FOR SPARKLING HOLIDAYS	CL	10.00	10.00
1994	THINGS GO BETTER WITH COKE	CL	10.00	10.00
1995	IT WILL REFRESH YOU TOO	CL	10.00	10.00
1995	PLEASE PAUSE HERE	OP	10.00	10.00
1996	PAUSE THAT REFRESHES	OP	10.00	10.00
1996	THEY REMEMBERED ME	OP	10.00	10.00
1997	GOOD BOYS AND GIRLS	OP	9.00	9.00
*	**COCA-COLA CHRISTMAS COLLECTORS SOCIETY**			
1993	HO HO HO - SANTA	CL	*	30.00
1994	FISHING BEAR	CL	*	28.00
1995	HOSPITALITY - SANTA	CL	*	25.00
1996	SPRITE	CL	*	N/A
1997	CAROUSEL CAPERS	CL	*	N/A
*	**COCA-COLA POLAR BEAR CUBS**			
1997	BABY'S FIRST CHRISTMAS	OP	8.00	8.00
1997	COOKIES FOR SANTA	OP	8.00	8.00
1997	DREAMING OF A MAGICAL CHRISTMAS	YR	8.00	8.00
1997	REFRESHING ICE COLD TREAT	OP	8.00	8.00
1997	STOCKING STUFFER SURPRISE	YR	8.00	8.00
1997	TWAS THE NIGHT BEFORE CHRISTMAS	OP	8.00	8.00

CAZENOVIA ABROAD

YR	NAME	LIMIT	ISSUE	TREND
*	**CHRISTMAS ORNAMENTS**			
1968	BUNNY P104B	*	9.00	40.00
1968	CAT P105C	*	9.00	40.00
1968	DUCK P103D	*	9.00	40.00
1968	ELEPHANT P102E	*	9.00	40.00
1968	ROOSTER P106R	*	10.00	40.00
1968	STANDING ANGEL P107SA	*	9.00	45.00
1968	TEDDY BEAR P101TB	*	9.00	40.00
1968	TIPTOE ANGEL P108TTA	*	10.00	40.00
1969	FAWN P109F	*	12.00	45.00
1970	PEACE P111P	*	12.00	45.00

YR	NAME	LIMIT	ISSUE	TREND
1970	PORKY P112PK	*	15.00	45.00
1970	SNOW MAN P110SM	*	12.00	45.00
1971	KNEELING ANGEL P113KA	*	15.00	55.00
1972	ROCKING HORSE P114RH	*	15.00	55.00
1973	TREETOP ANGEL P115TOP	*	10.00	42.00
1974	OWL P116O	*	15.00	45.00
1975	STAR P117ST	*	15.00	45.00
1976	HATCHING CHICK P118CH	*	15.00	45.00
1977	RAGGEDY ANN P119RA	*	18.00	45.00
1978	SHELL P120SH	*	20.00	40.00
1979	TOY SOLDIER P121TS	*	20.00	40.00
1980	BURRO P122BU	*	20.00	40.00
1981	CLOWN P123CL	*	25.00	40.00
1982	REBECCA P124RE	*	25.00	40.00
1983	MOUSE P126MO	*	28.00	45.00
1983	RAGGEDY ANDY P125AND	*	28.00	45.00
1984	CHERUB P127CB	*	30.00	45.00
1984	REINDEER & SLEIGH H100	*	1250.00	1500.00
1985	SHAGGY DOG P132SD	*	45.00	50.00
1986	BIG SISTER P134BS	*	60.00	60.00
1986	LITTLE BROTHER P135LB	*	55.00	55.00
1986	PETER RABBIT P133PR	*	50.00	50.00
1987	LAMB P136LA	*	60.00	60.00
1987	SEA HORSE P137SE	*	35.00	30.00
1988	PARTRIDGE P138PA	*	70.00	70.00
1988	SQUIRREL P139SQ		70.00	70.00
1989	SWAN P140SW	OP	45.00	45.00
1990	MORAVIAN STAR P141PS	OP	65.00	65.00
1991	ANGEL P144A	OP	63.00	63.00
1991	BUNNY RABBIT P143BR	OP	65.00	65.00
1991	HEDGEHOG P142HH	OP	65.00	65.00
1992	HUMPTY DUMPTY P145HD	OP	70.00	70.00

CHARMING TAILS

D. GRIFF

YR	NAME	LIMIT	ISSUE	TREND
1994	BINKEY & REGINALD ON ICE-RABBIT	RT	10.00	25.00
1994	BINKEY & REGINALD ON ICE-RACCOON	RT	10.00	25.00
1995	BINKEY & REGINALD IN STOCKING	SO	16.00	30.00
1995	HELLO, SWEET PEA	RT	12.00	25.00
1996	I'M BERRY HAPPY!	RT	15.00	32.00
1996	PICKING PEPPERS	RT	12.00	25.00

D. GRIFF — DECK THE HALLS

YR	NAME	LIMIT	ISSUE	TREND
*	FREQUENT FLYER	RT	13.00	18.00
1991	CATCHIN' ZZZS	RT	12.00	25.00
1991	CHICKS WITH BEAD GARLAND	RT	18.00	75.00
1991	DRIFTERS-MOUSE HOLDS STEM	RT	12.00	38.00
1991	FRESH FRUIT-BIRD AND APPLE	RT	12.00	34.00
1992	CHICKADEES ON BALL	RT	14.00	60.00
1992	FRESH FRUIT-MOUSE AND PEAR	RT	12.00	34.00
1992	FRESH FRUIT-RABBIT AND APPLE	RT	12.00	36.00
1992	MICE IN LEAF SLEIGH	RT	26.00	220.00
1992	MOUSE BALL	RT	12.00	70.00
1992	RABBIT BALL	RT	12.00	75.00
1993	DRIFTERS-MOUSE WITH LEAF PARACHUTE	RT	12.00	38.00
1993	MOUSE ON SNOWFLAKE	RT	11.00	38.00
1993	PORCELAIN MOUSE BELL	RT	5.00	5.00
1994	APPLE HOUSE	RT	13.00	50.00
1994	BABY'S FIRST CHRISTMAS	RT	12.00	30.00
1994	BUNNY/MOUSE BELL-BUNNY	RT	11.00	11.00
1994	BUNNY/MOUSE BELL-MOUSE	RT	11.00	11.00
1994	GRAPE ESCAPE-GREEN	RT	18.00	50.00
1994	GRAPE ESCAPE-PURPLE	RT	18.00	50.00
1994	HIGH FLYING MACKENZIE	RT	21.00	36.00
1994	HORSING AROUND	RT	18.00	35.00
1994	MAXINE AND MACKENZIE	RT	13.00	37.00
1994	MAXINE AND MACKENZIE-MACKENZIE ON LEAF	RT	13.00	37.00
1994	PEAR HOUSE	RT	13.00	50.00
1995	BINKEY'S POINTSETTIA	RT	13.00	25.00
1995	CHRISTMAS COOKIES/BINKEY	*	11.00	20.00
1995	CHRISTMAS COOKIES/MACKENZIE	*	11.00	20.00
1995	CHRISTMAS COOKIES/REGINALD	*	11.00	20.00
1995	CHRISTMAS FLOWERS		13.00	15.00
1995	HOLIDAY BALLOON RIDE	RT	16.00	34.00
1995	MACKENZIE'S WHIRLYGIG	RT	20.00	25.00
1995	MOUSE ON YELLOW BULB	RT	10.00	40.00
1995	PEPPERMINT PARTY	RT	11.00	25.00
1995	REGINALD IN LEAVES/RACCOON PARACHUTING	RT	11.00	25.00
1995	REGINALD IN LEAVES-RIDING LEAF	RT	11.00	25.00
1995	STEWART AT PLAY	RT	12.00	25.00
1995	STEWART'S WINTER FUN/ICICLE	RT	10.00	10.00
1995	STEWART'S WINTER FUN/SNOWFLAKE	RT	10.00	10.00
1996	BABY'S FIRST CHRISTMAS	SO	13.00	25.00
1996	CHRISTMAS STAMPS	RT	13.00	25.00
1996	FALLEN ANGEL	RT	13.00	25.00
1996	FLIGHTS OF FANCY	RT	13.00	25.00
1996	LETTER TO SANTA	RT	13.00	25.00
1996	OUR FIRST CHRISTMAS	RT	18.00	37.00
1996	WEEEE!	RT	13.00	25.00
1997	ALL LIT UP	*	11.00	11.00

YR	NAME	LIMIT	ISSUE	TREND
1997	CHAUNCEY'S FIRST CHRISTMAS	RT	9.00	25.00
1997	MACKENZIE IN A MITTEN	RT	9.00	17.00
1997	MACKENZIE'S JACK IN THE BOX	RT	10.00	25.00
1997	MAXINE'S ANGEL	*	9.00	9.00
1997	OUR FIRST CHRISTMAS	RT	13.00	25.00
1997	SPECIAL DELIVERY, A	*	9.00	9.00
1999	SNOWBIRD 1998 ANNUAL ORNAMENT	*	12.00	12.00

D. GRIFF — EASTER BASKET

YR	NAME	LIMIT	ISSUE	TREND
1994	PEEK-A-BOO	RT	12.00	25.00
1995	BINKEY IN THE BERRY PATCH	RT	12.00	25.00
1995	EASTER PARADE	RT	10.00	28.00

D. GRIFF — EVERYDAY SERIES

YR	NAME	LIMIT	ISSUE	TREND
1993	MOUSE ON DRAGONFLY	RT	17.00	300.00
1994	BINKEY IN A BERRY PATCH	RT	12.00	25.00
1994	MOUSE ON A BEE	RT	17.00	240.00
1995	I'M FULL	RT	15.00	25.00
1995	SPRINGTIME SHOWERS	RT	10.00	35.00
1995	THIS IS HOT	RT	15.00	30.00

D. GRIFF — SQUASHVILLE

YR	NAME	LIMIT	ISSUE	TREND
1994	MACKENZIE BLOWING BUBBLES	RT	12.00	60.00
1994	REGINALD'S BUBBLE RIDE	RT	12.00	50.00
1995	MACKENZIE'S BUBBLE RIDE	RT	13.00	40.00

D. GRIFF — TRIM A TREE

YR	NAME	LIMIT	ISSUE	TREND
1993	HANG IN THERE-CURLED TAIL	RT	10.00	25.00
1993	HANG IN THERE-MOUSE WITH BERRIES	RT	10.00	25.00
1993	HANG IN THERE-TAIL WRAPPED ON LEG	RT	10.00	25.00
1993	HOLIDAY WREATH-MOUSE	RT	12.00	25.00
1993	HOLIDAY WREATH-RABBIT	RT	12.00	47.00
1993	MACKENZIE NAPPING	RT	12.00	38.00
1993	MAXINE LIGHTS A CANDLE	RT	11.00	37.00
1994	BINKEY ON ICE	RT	10.00	200.00
1994	FRIENDS IN FLIGHT	RT	18.00	100.00
1994	HOLIDAY LIGHTS	RT	10.00	47.00
1994	MACKENZIE ON ICE	RT	10.00	45.00
1994	MACKENZIE SNOWBALL	LE	16.00	65.00
1994	REGINALD ON ICE	RT	10.00	175.00
1994	STICKY SITUATIONS-CANDY CANE	RT	16.00	25.00
1994	STICKY SITUATIONS-RIBBON CANDY	RT	16.00	25.00
1996	ALL WRAPPED UP	YR	12.00	35.00
1996	STAMP DISPENSER	*	12.00	15.00

CHRISTINA'S WORLD
*

YR	NAME	LIMIT	ISSUE	TREND
1997	AH SO PORCELAIN CHINAMAN 3.5"- ART125	OP	3.00	3.00
1997	ANGEL IN THE SNOW W/ BLUE WINGS 100MM- ART137	OP	9.00	9.00
1997	ANGEL IN THE SNOW W/ PINK WINGS 100MM- ART136	OP	9.00	9.00
1997	ANGEL OF PEACE 100MM- ART138	OP	15.00	15.00
1997	CHAMPAGNE GARDEN OF EDEN W/ COCKATOO	300	30.00	30.00
1997	CHINESE FARMER PORCELAIN 100MM- ART126	OP	6.00	7.00
1997	DELICATE IRIS PORCELAIN100MM- ART129	OP	6.00	7.00
1997	DOVE & CHERUB CLEAR AMETHYST100MM- ART130-C	OP	4.00	4.00
1997	GARDEN OF EDEN FROSTED 100MM- ART132	OP	15.00	15.00
1997	GARDEN OF EDEN GOLD ANTIQUE 100MM- ART133	OP	15.00	15.00
1997	LITTLE SNOW BOY 100MM- ART135	OP	9.00	9.00
1997	LITTLE SNOW GIRL 100MM- ART134	OP	9.00	9.00
1997	PAGODA PORCELAIN 100MM- ART128	OP	6.00	7.00
1997	SAMURAI PORCELAIN 100MM- ART127	OP	6.00	7.00
1997	THREE GRACES 100MM- ART131	OP	6.00	7.00

IWANA

YR	NAME	LIMIT	ISSUE	TREND
1997	WILD PONIES ON A BURGUNDY SKY	500	40.00	40.00

C. MALLOUK

YR	NAME	LIMIT	ISSUE	TREND
1997	BUTTON SANTA	500	30.00	30.00
1997	HANS W/ TREE	300	30.00	30.00
1997	MIDNIGHT MASQUERADE	500	30.00	30.00

O. NOVITOVA

YR	NAME	LIMIT	ISSUE	TREND
1997	EDO COURTESANS	300	80.00	80.00

SEGUSO

YR	NAME	LIMIT	ISSUE	TREND
1997	MURANO VARIATION- 11 PC	50	85.00	85.00

C. MALLOUK — ABSTRACTS

YR	NAME	LIMIT	ISSUE	TREND
1994	OP ART 80 MM - ART970	48	9.00	9.00

* — BIRDS

YR	NAME	LIMIT	ISSUE	TREND
1997	MARCASITE HUMMINGBIRD BALL BLACK 100MM- BIR163-B	OP	5.00	5.00
1997	MARCASITE HUMMINGBIRD BALL FROSTE 100MM- BIR163-F	OP	5.00	5.00
1997	PHOENIX RISING WHITE ON BLUE 112MM- BIR604	OP	15.00	15.00
1997	SNOW SWAN W/ CROWN CLIP ON BIRD IRIDESCENT- BIR164	OP	5.00	5.00

* — BY THE SEA

YR	NAME	LIMIT	ISSUE	TREND
1997	BARREL BEAD GARLAND COPPER 6'- SUN125	OP	20.00	20.00
1997	GOLDEN CONCH- SEA342	OP	2.00	2.00

* — CIRQUE DE NOEL

YR	NAME	LIMIT	ISSUE	TREND
1997	HARLEQUIN MASQUE BALL 112MM- CIR456	OP	15.00	15.00
1997	JESTER, THE, PETITE TETE- CIR453	OP	15.00	15.00
1997	JESTER, THE, PETITE TETE W/ RUFFLE COLLAR- CIR452	OP	15.00	15.00
1997	NIGHT & DAY, PETITE TETE- CIR455	OP	15.00	15.00
1997	NIGHT & DAY, PETITE TETE W/ RUFFLE COLLAR- CIR454	OP	15.00	15.00
1997	PIERRETTE, PETITE TETE- CIR451	OP	15.00	15.00
1997	PIERROT, PETITE TETE W/ RUFFLE COLLAR- CIR450	OP	15.00	15.00

YR	NAME	LIMIT	ISSUE	TREND
*			**FINIALS & TREE TOPS**	
1997	TREE TOP BURGUNDY GOLD 10"- CAS702	OP	10.00	10.00
1997	TREE TOP GREEN GOLD 10"- CAS703	OP	10.00	10.00
1997	TREE TOP MARDI GRAS MULTI COLOR 20"- FIN916	OP	18.00	18.00
1997	TREE TOP OLD WORLD FLORAL 20"- FIN917	OP	18.00	18.00
1997	TREE TOP OLD WORLD GOLD RED 24"- FIN915	OP	25.00	25.00
1997	TREE TOP OLD WORLD SILVER RED 24"- FIN914	OP	25.00	25.00
*			**GARDEN FLOWERS**	
1997	PEONY GIANT CLEAR GOLD 5"- FLO562	OP	6.00	7.00
1997	PEONY GIANT PINK 5"- FLO561	OP	6.00	7.00
1997	SPIDER MUM BALL 100MM- FLO560	OP	6.00	7.00
1997	SUNFLOWER GIANT 5"- FLO563	OP	6.00	7.00
*			**GARDEN OF EDEN 1997**	
1997	AFRICAN DAISY PINK 100MM- GAR950	YR	12.00	12.00
1997	ANTHURIUM ORCHID BOUQUET 112MM- GAR958	YR	15.00	15.00
1997	CALADIUM LAVENDER GREEN 112MM- GAR955	YR	13.00	13.00
1997	CLEARLY IRIS 112MM- GAR957	YR	12.00	12.00
1997	CLEMATIS VINE LIME GREEN 112MM- GAR953	YR	13.00	13.00
1997	CLEMATIS VINE PINK 112MM- GAR952	YR	13.00	13.00
1997	CLEMATIS VINE TURQUOISE 112MM- GAR954	YR	13.00	13.00
1997	DELICATE PUSSY WILLOW CLEAR 112MM- GAR956	YR	12.00	12.00
1997	DRAGONFLY BALL 112MM- GAR951	YR	12.00	12.00
1997	FLORAL EMBROIDERY ON CLEAR 112MM- GAR961	YR	12.00	12.00
1997	GLITTERED PEONY ON FROSTED 112MM- GAR965	YR	12.00	12.00
1997	GLITTERFLEURS 90MM 6 PC- GAR964	YR	42.00	42.00
1997	HIBISCUS RUBY 112MM- GAR962	YR	12.00	12.00
1997	RED POPPY IN THE SNOW 112MM- GAR963	YR	15.00	15.00
1997	ROSES ARE PINK 112MM- GAR959	YR	12.00	12.00
1997	TULIPS ON A CLEAR DAY 112MM- GAR960	YR	12.00	12.00
*			**GIFT WRAP/RED GOLD PLAID**	
1997	BUTTON SANTA COPPER LTD 112MM- GIF339	OP	15.00	15.00
1997	CAROUSEL HORSE ON SHINY BLACK 100MM- GIF342	OP	7.00	7.00
1997	CAROUSEL ROYAL BLUE 6"- GIF340	OP	8.00	8.00
1997	CHRISTINA'S WORLD LOGO GLOBE 80MM- GIF346	OP	5.00	5.00
1997	DUTCH WINDMILL 6"- GIF345	OP	7.00	7.00
1997	JOLLY ST. NICK 5"- GIF347	OP	6.00	6.00
1997	SKATING BOY 5"- GIF348	OP	4.00	5.00
1997	SNOWMAN W/GLITTER BOWTIE 7"- GIF343	OP	7.00	7.00
1997	STOCKING SANTA W/TEDDY 6.5"- GIF341	OP	7.00	7.00
*			**HERBAL GARDEN**	
1997	CATMINT BALL MINT/WHITE 112MM- HRB653	OP	9.00	9.00
1997	CORIANDER BALL MINT/WHITE 112MM- HRB651	OP	9.00	9.00
1997	DILL BALL MINT/WHITE 112MM- HRB652	OP	9.00	9.00
1997	HERBAL GARDEN AST. BALLS 80MM- HRB700	OP	7.00	7.00
1997	MYRRH BALL MINT/WHITE 112MM- HRB654	OP	9.00	9.00
1997	TANSY BALL MINT/WHITE 112MM- HRB650	OP	9.00	9.00
1997	TREESCAPE TURQUOISE 100MM- HRB700	OP	6.00	6.00
C. MALLOUK			**HUNDERTWASSER**	
1994	BLUE SEA & GOLDEN SHIPS- HUN853	48	13.00	13.00
1994	GOLDEN ONION DOMES- HUN852	48	13.00	13.00
1994	RED ONION DOMES- HUN854	48	13.00	13.00
*			**IMPERIAL GARDEN BUTTERFLIES**	
1997	BEVY OF BUTTERFLIES BLUE BLACK 5"- BUT623B	OP	8.00	8.00
1997	BEVY OF BUTTERFLIES RED MULTI 5"- BUT623R	OP	8.00	8.00
1997	BUTTERFLY BALL BRONZE 100MM- BUT621	OP	6.00	7.00
1997	MARCASITE BUMBLEBEE FROSTED BALL 80MM- BUT621	OP	5.00	5.00
1997	MARCASITE BUTTERFLY FROSTED 80MM- BUT622	OP	5.00	5.00
C. MALLOUK			**KIMONO PRINTS**	
1994	MANDARIN GLITTER FANS- ART995	48	13.00	13.00
1994	SILVER GREY GLITTER MOUNTAINS- ART95	48	13.00	13.00
*			**KING ARTHUR'S COURT**	
1997	BEAD GARLAND BURGUNDY GLITTER LARGE 6'- CAS704-B	OP	15.00	15.00
1997	BEAD GARLAND GREEN GLITTER LARGE 6'- CAS704-G	OP	15.00	15.00
1997	BEAD GARLAND REGAL BURGUNDY 6'- CAS700	OP	18.00	18.00
1997	BEAD GARLAND REGAL GREEN 6'- CAS701	OP	18.00	18.00
1997	BURGUNDY BALL W/ GOLD TASSLE 80MM- CAS705	OP	4.00	4.00
1997	GOLD CATHEDRAL BURGUNDY SKY 100MM- CAS708	OP	9.00	9.00
1997	GOLD STARS ON BURGUNDY 100MM- CAS711	OP	5.00	5.00
1997	SNOW CHURCH FUCHSIA SKY 100MM- CAS709	OP	9.00	9.00
1997	SNOW CHURCH RED SKY 100MM- CAS710	OP	9.00	9.00
1997	TREE TOP BURGUNDY GOLD 10"- CAS702	OP	10.00	10.00
1997	TREE TOP GREEN GOLD 10"- CAS703	OP	10.00	10.00
*			**LACE LEGACY**	
1997	FLOCKED SNOWFLAKE BALL 100MM- LAC386	OP	4.00	5.00
*			**LIMITED EDITION 1997**	
1997	GARDEN OF EDEN CHAMPAGNE 100MM- LTD851	YR	15.00	15.00
1997	HANS W/TREE 100MM- LTD850	YR	15.00	15.00
	LIMITED EDITION CONNOISSEURS' CIRCLE SELECTION			
1997	EDO COURTESANS RUSSIAN 100MM- LTD853	YR	40.00	40.00
1997	WILD PONIES ON A BURGUNDY SKY 112MM- LTD852	YR	20.00	20.00
*			**MARDI GRAS**	
1997	AND HER SISTER! W/BLACK HAT & PEARLS- MAR672	OP	15.00	15.00
1997	FLAPPER PRINCESS W/SEQUINED CLOCH 112MM- MAR671	OP	15.00	15.00
1997	MIDNIGHT MASQUERADE LTD 112MM- MAR671	YR	15.00	15.00
C. MALLOUK			**MARDI GRAS**	
1994	RED GLACIER 115MM- MAR662	48	18.00	18.00
C. MALLOUK			**MATISSE REMEMBERED**	
1994	MATISSE UMBRELLA	200	18.00	18.00

YR	NAME	LIMIT	ISSUE	TREND
*		**MILLE FIORI OF MURANO/EXCLUSIVE**		
1997	MILLE FIORE W/OUT GOLD LEAF 80MM- MUR904	OP	40.00	40.00
1997	MILLE FIORI W/GOLD LEAF 70MM- MUR901	OP	42.00	42.00
1997	MILLE FIORI W/GOLD LEAF 80MM- MUR900	OP	45.00	45.00
1997	MURANO VAR 5C: GOLD TURQ YELLOW CINNABAR RED WHITE	OP	32.00	32.00
1997	PEACOCK FEATHERS BLUE 80MM- MUR903	OP	40.00	40.00
1997	PEACOCK FEATHERS WHITE 80MM- MUR902	OP	40.00	40.00
*				**OH BABY!**
1997	OH BABY W/ POODLE & BUNTINGS 2 PC- BAB901	OP	3.00	3.00
*		**OJIBWA VARIATIONS**		
1997	GLASS BEAD GARLAND GOLD & COPPER 6'- OJB835-C	OP	15.00	15.00
*		**PEACE ON EARTH 1997**		
1997	CHERUBS & ROSES PINK/TEAL 100MM- PEC818	YR	6.00	7.00
1997	NATIVITY IN THE ROUND 6" GIANT- PEC815	YR	12.00	12.00
1997	OUR LADY OF CZESTOCHOWA 100MM- PEC817	YR	7.00	7.00
1997	THREE WISEMEN ICICLE DROP TRICOLOR- PEC812	YR	7.00	7.00
C. MALLOUK			**SECRET GARDEN**	
1995	90 MM ETCHED FEATHER- GAR916	96	9.00	9.00
*			**SIBERIAN WINTER**	
1997	CAROUSEL ICE CRYSTALS 6"- ICE650	OP	9.00	9.00
1997	CASTLE OF THE OWL PRINCE- ICE106	OP	7.00	7.00
1997	CATHEDRAL FROSTED ICE CRYSTALS 6"- ICE651	OP	4.00	4.00
1997	CLEARING IN THE WOODS, A 100MM- ICE104	OP	5.00	5.00
1997	GARLAND ICE CRYSTALS PEARL DROP 6'- ICE660	OP	18.00	18.00
1997	GARLAND WHITE SILVER ICE CRYSTALS 6'- ICE656	OP	15.00	15.00
1997	GREY SNOW OWL FROSTED BLUE 5"- ICE658	OP	2.00	3.00
1997	MEDALLION TASSEL FROSTED ICE CRYSTALS- ICE659	OP	5.00	5.00
1997	METEORITE ICE CRYSTALS 70MM- ICE663	OP	4.00	4.00
1997	MOONSPOTS SILVER ICE CRYSTALS 80MM- ICE655	OP	3.00	3.00
1997	OWL FROSTED WHITE ICE CRYSTALS 5"- ICE657	OP	2.00	3.00
1997	OWL PRINCE 5"- ICE105	OP	6.00	6.00
1997	PINE TREE FROSTED ICE CRYSTALS 5"- ICE109	OP	5.00	5.00
1997	SANTA W/MAGIC BLUE COAT 5.5"- ICE107	OP	6.00	6.00
1997	SIBERIAN EXPRESS TRAIN GARLAND 18"- ICE102	OP	13.00	13.00
1997	SIBERIAN ICE CRYSTALS SANTA 10" LTD- ICE100	*	15.00	15.00
1997	SIBERIAN WEDDING BALL 80MM- ICE103	OP	6.00	6.00
1997	SNOBALLS FROSTED ICE CRYSTALS AST. 100MM- ICE654	OP	4.00	4.00
1997	SNOBALLS FROSTED ICE CRYSTALS AST. 80MM- ICE653	OP	3.00	3.00
1997	SNOWBIRDS BALL FROSTED 70MM- INE664	OP	2.00	2.00
1997	THREE WISEMEN IN BETHLEHEM 100MM- ICE108	OP	6.00	7.00
1997	TINY BLUE SANTA 2"- ICE666	OP	2.00	3.00
1997	TINY RED SANTA 2"- ICE667	OP	2.00	3.00
1997	TREE TOP FROSTED SILVER ICE CRYSTALS 18"- ICE662	OP	18.00	18.00
1997	TRIPLE ICICLE FROSTED CRYSTALS 6"- ICE652	OP	3.00	3.00
*			**TUTTI FRUTTI**	
1997	GOLDEN FRUIT BOWL 100MM- TUT150-G	OP	3.00	3.00
*		**WINTER WONDERLAND**		
1997	BEAD GARLAND CANDY STRIPE 6' TINY-WIN541	OP	18.00	18.00
1997	BLACK BELT SANTA 6"- WIN536	OP	5.00	5.00
1997	ENCHANTED FOREST BALL 112MM- WIN591	OP	15.00	15.00
1997	GLASS BEAD GARLAND FLOWER 6' MINI- WIN540	OP	18.00	18.00
1997	GOLD STARRY NIGHT VILLAGE ON BURGUNDY 70MM- WIN545	OP	2.00	3.00
1997	MOON BALLS GOLD BURGUNDY 100MM- WIN538	OP	4.00	4.00
1997	MOON BALLS GOLD RED 80MM- WIN539	OP	4.00	4.00
1997	NORTHWIND SANTA PETITE TETE 6"- WIN590	OP	12.00	12.00
1997	QUIZICAL SANTA BURGUNDY CAP 6"- WIN535	OP	4.00	4.00
1997	SANTA BALL FROSTY 70MM- WIN542	OP	2.00	2.00
1997	SANTA W/TOYS 5"- WIN537	OP	4.00	4.00
1997	SNOWBALL MAN 9"- WIN566	OP	9.00	9.00
1997	TREE BALL GREEN GLITTER 100MM- WIN544	OP	4.00	4.00
1997	TREES FOR ALL SEASONS 100MM- WIN534	OP	6.00	7.00
1997	WHITE COUNTRY CHURCH 3"- WIN543	OP	3.00	3.00

CHRISTOPHER RADKO

C. RADKO				
*	RUSSIAN SANTA JOLLY HOLIDAYS	*	34.00	50.00
1986	ALPINE FLOWERS	RT	12.00	130.00
1986	BIG TOP	RT	15.00	175.00
1986	DEEP SEA	RT	*	65.00
1986	EMERALD CITY	RT	5.00	100.00
1986	GOLDEN ALPINE	RT	*	50.00
1986	LONG ICICLES	RT	7.00	150.00
1986	MIDAS TOUCH	RT	15.00	150.00
1986	ROSES	RT	16.00	135.00
1986	SANTA'S CANE-PINK	RT	*	100.00
1986	SIBERIAN SLEIGHRIDE	RT	15.00	100.00
1986	SILENT BELLS	RT	5.00	300.00
1986	THREE RIBBON OVAL	RT	12.00	150.00
1987	AMERICAN SOUTHWEST	RT	15.00	250.00
1987	BABY BALLOONS	RT	6.00	100.00
1987	DECO FLORAL	RT	14.00	120.00
1987	FABERGE BALL	RT	*	75.00
1987	GRECIAN COLUMN	RT	*	120.00
1987	KAT KONCERT	RT	16.00	125.00
1987	MEMPHIS	RT	15.00	115.00
1987	NEOPOLITAN ANGELS 87-014-0	RT	13.00	125.00
1987	SAMOVAR	RT	6.00	300.00
1987	SANTA'S CANE	*	7.00	90.00
1987	TWIN FINIAL	RT	20.00	125.00

YR	NAME	LIMIT	ISSUE	TREND
1987	VICTORIAN LAMP	RT	7.00	120.00
1988	ALPINE FLOWERS	RT	16.00	100.00
1988	BABY BALLOON	RT	8.00	115.00
1988	BIRDHOUSE	RT	10.00	100.00
1988	BLUE RAINBOW	RT	16.00	145.00
1988	BUDS IN BLOOM	RT	16.00	115.00
1988	CELESTIAL	RT	15.00	65.00
1988	CELESTIAL-BLUE	RT	16.00	60.00
1988	CHRISTMAS FANFARE	RT	15.00	100.00
1988	CIRCLE OF SANTAS	RT	15.00	125.00
1988	CORNUCOPIA	RT	15.00	350.00
1988	CRESCENT MOON SANTA	RT	15.00	150.00
1988	CROWN JEWELS	RT	15.00	50.00
1988	DOUBLE ROYAL STAR	RT	23.00	150.00
1988	EXCLAMATION FLASK	RT	8.00	130.00
1988	FABERGE OVAL	RT	15.00	100.00
1988	GILDED LEAVES	RT	16.00	130.00
1988	GRECIAN COLUMN	RT	10.00	100.00
1988	HOT AIR BALLOON	RT	15.00	130.00
1988	LILAC SPARKLE	RT	15.00	150.00
1988	MUSHROOM IN WINTER	RT	12.00	100.00
1988	NEOPOLITAN ANGEL	RT	16.00	140.00
1988	OZ BALLOON	RT	18.00	150.00
1988	PEAR	*	15.00	300.00
1988	RIPPLES ON OVAL	RT	6.00	80.00
1988	ROYAL DIADEM	RT	25.00	125.00
1988	ROYAL PORCELAIN	RT	16.00	150.00
1988	RUSSIAN ST. NICK	RT	15.00	120.00
1988	SATIN SCEPTER	RT	9.00	100.00
1988	SHINY BRITE	RT	5.00	30.00
1988	SIMPLY CARTIERE	RT	17.00	125.00
1988	SPIN TOP	RT	8.00	60.00
1988	SQUIGGLIES	RT	15.00	125.00
1988	STAINED GLASS	RT	16.00	150.00
1988	STRIPED BALLOON	RT	15.00	95.00
1988	TIGER	RT	15.00	425.00
1988	TREE ON BALL	RT	9.00	125.00
1988	TWIN FINIAL	RT	24.00	125.00
1988	ZEBRA	RT	15.00	150.00
1989	ALPINE FLOWERS	RT	17.00	35.00
1989	BAROUQUE ANGEL	RT	17.00	165.00
1989	CHARLIE CHAPLIN	RT	9.00	75.00
1989	CIRCLE OF SANTAS	RT	17.00	100.00
1989	DOUBLE TOP	RT	7.00	45.00
1989	DROP REFLECTOR	RT	23.00	90.00
1989	ELF ON BALL	RT	10.00	80.00
1989	FISHER FROG	RT	7.00	70.00
1989	FLUERS DE PROVENCE	RT	17.00	100.00
1989	GILDED BIRDS	RT	18.00	150.00
1989	GRECIAN URN	RT	9.00	30.00
1989	H.M. SCEPTER	RT	25.00	144.00
1989	HIS BOY ELROY	RT	8.00	120.00
1989	HURRICANE LAMP	RT	7.00	50.00
1989	IVY, THE	RT	17.00	125.00
1989	JESTER	RT	17.00	120.00
1989	JOEY CLOWN 89-058-0	RT	9.00	85.00
1989	KIM ONO	RT	7.00	50.00
1989	KING ARTHUR 89-103-0	RT	12.00	85.00
1989	KITE FACE	RT	9.00	50.00
1989	LILAC SPARKLE	RT	17.00	100.00
1989	LUCKY FISH	RT	8.00	50.00
1989	PARACHUTE	RT	7.00	85.00
1989	PATCHWORK	RT	17.00	125.00
1989	PEPPERMINT STRIPES	RT	29.00	325.00
1989	ROYAL ROOSTER	RT	17.00	100.00
1989	ROYAL STAR TREE FINIAL	RT	42.00	100.00
1989	SEAHORSE	RT	10.00	85.00
1989	SERPENT	RT	7.00	35.00
1989	SHY KITTEN	RT	7.00	60.00
1989	SILENT MOVIE 89-055-0	*	9.00	65.00
1989	SMALL REFLECTOR	RT	8.00	30.00
1989	SMILING SUN	RT	7.00	60.00
1989	SONG BIRDS	RT	18.00	250.00
1989	TIFFANY	RT	17.00	675.00
1989	VINEYARD	RT	17.00	125.00
1989	WALRUS	RT	8.00	125.00
1989	WINTER LANDSCAPE	RT	17.00	220.00
1989	ZEBRA	RT	18.00	100.00
1990	ANGEL ON HARP	RT	9.00	75.00
1990	BALLOONING SANTA	RT	20.00	225.00
1990	BATHING BABY	RT	11.00	60.00
1990	BOY CLOWN ON REFLECTOR	RT	18.00	130.00
1990	CALLA LILY	RT	7.00	30.00
1990	CANDY TRUMPET MAN	RT	28.00	100.00
1990	CANDY TRUMPET MAN-BLUE	RT	28.00	40.00
1990	CARMEN MIRANDA	RT	19.00	135.00
1990	CHEERFUL SUN	*	9.00	50.00
1990	CHIMNEY SWEEP BELL	RT	27.00	100.00
1990	CHRISTMAS CARDINALS	RT	18.00	130.00

YR	NAME	LIMIT	ISSUE	TREND
1990	CONCH SHELL	RT	9.00	90.00
1990	CROWNED PRINCE	RT	14.00	115.00
1990	DECO FLORAL	RT	19.00	125.00
1990	DUBLIN PIPE	RT	14.00	45.00
1990	EAGLE MEDALLION	RT	9.00	60.00
1990	EARLY WINTER	RT	10.00	45.00
1990	ELEPHANT ON BALL 90-086-0	*	20.00	150.00
1990	EMERALD CITY	RT	8.00	80.00
1990	FAT LADY	RT	7.00	40.00
1990	FATHER CHRISTMAS	RT	8.00	50.00
1990	FROG UNDER BALLOON	RT	14.00	100.00
1990	FROSTY	RT	14.00	50.00
1990	GOGGLE EYES	RT	9.00	100.00
1990	GOLDEN PUPPY	RT	8.00	90.00
1990	GYPSY QUEEN	RT	12.00	50.00
1990	HAPPY GNOME	RT	8.00	80.00
1990	HEARTS & FLOWERS	*	19.00	95.00
1990	HOLLY BALL	RT	19.00	135.00
1990	JESTER	RT	17.00	125.00
1990	JOEY CLOWN 89-058-1	RT	15.00	100.00
1990	KIM ONO	RT	6.00	50.00
1990	KING ARTHUR-RED	RT	16.00	100.00
1990	LULLABYE	RT	9.00	48.00
1990	MARACCA	RT	9.00	130.00
1990	MEDITERRANEAN SUNSHINE	RT	27.00	30.00
1990	MISSION BALL	RT	18.00	50.00
1990	MOTHER GOOSE 90-052-0	RT	10.00	60.00
1990	MUNCHKIN 90-035-0	RT	7.00	40.00
1990	NATIVITY	RT	6.00	45.00
1990	PEACOCK	RT	18.00	80.00
1990	PIERRE LE BERRY	RT	10.00	70.00
1990	POINSETTIA	RT	18.00	110.00
1990	POLISH FOLK DANCE	RT	18.00	135.00
1990	PRAYING ANGEL	RT	5.00	80.00
1990	PROUD PEACOCK	RT	18.00	130.00
1990	PUDGY CLOWN	RT	7.00	60.00
1990	RAINBOW UMBRELLA	RT	14.00	60.00
1990	ROLY POLY SANTA	RT	13.00	72.00
1990	ROSE LAMP	RT	14.00	120.00
1990	SANTA ON BALL	RT	16.00	200.00
1990	SILENT MOVIE 89-055-1	RT	9.00	65.00
1990	SMALL NAUTILUS SHELL	RT	7.00	25.00
1990	SMILING KITE	RT	14.00	90.00
1990	SNOW BALL TREE	RT	17.00	125.00
1990	SNOWMAN ON BALL	RT	14.00	80.00
1990	SOUTHWEST INDIAN BALL	RT	19.00	250.00
1990	SPIN TOP	RT	11.00	45.00
1990	SUNBURST FISH	RT	13.00	45.00
1990	TROPICAL FISH	RT	24.00	70.00
1990	TRUMPET PLAYER	RT	18.00	100.00
1990	TUXEDO PENGUIN	RT	8.00	225.00
1990	WALRUS	RT	9.00	125.00
1990	YARN FIGHT	RT	17.00	130.00
1991	ALADDIN	RT	14.00	50.00
1991	ALL WEATHER SANTA	RT	32.00	200.00
1991	ALTAR BOY	RT	16.00	40.00
1991	ANCHOR OF AMERICA	RT	22.00	60.00
1991	APACHE	RT	9.00	40.00
1991	ASPEN	RT	21.00	75.00
1991	AZTEC	RT	22.00	90.00
1991	AZTEC BIRD	RT	20.00	150.00
1991	BALLOONING SANTA	RT	23.00	175.00
1991	BARNUM CLOWN	RT	15.00	85.00
1991	BISHOP	RT	15.00	45.00
1991	BLACK FOREST CONE	RT	8.00	36.00
1991	BLUE RAINBOW	RT	22.00	100.00
1991	BOWERY KID	RT	15.00	50.00
1991	BY THE NILE	RT	22.00	55.00
1991	CARDINAL RICHELIEU	RT	16.00	96.00
1991	CHANCE ENCOUNTER	RT	14.00	60.00
1991	CHIEF SITTING BULL	RT	16.00	100.00
1991	CHIMNEY SANTA	RT	15.00	40.00
1991	CLOWN DRUM	RT	14.00	95.00
1991	COMET	RT	9.00	75.00
1991	COSETTE	RT	16.00	70.00
1991	COWBOY SANTA	*	16.00	75.00
1991	CROWN JEWELS	RT	22.00	100.00
1991	DAPPER SHOE	RT	10.00	45.00
1991	DAWN & DUSK	RT	14.00	75.00
1991	DECO FLORAL	RT	22.00	100.00
1991	DECO SPARKLE	RT	21.00	95.00
1991	DUTCH BOY	RT	11.00	45.00
1991	DUTCH GIRL	RT	11.00	65.00
1991	EDWARDIAN LACE	RT	22.00	130.00
1991	EINSTEIN KITE 91-098-0	RT	20.00	100.00
1991	ELEPHANT ON BALL 90-086-1	RT	23.00	500.00
1991	ELF REFLECTOR	RT	23.00	45.00
1991	EVENING SANTA	RT	15.00	75.00
1991	FANFARE	RT	22.00	100.00

YR	NAME	LIMIT	ISSUE	TREND
1991	FISHER FROG	RT	11.00	80.00
1991	FLORENTINE	RT	22.00	75.00
1991	FLOWER CHILD	RT	13.00	60.00
1991	FROG UNDER BALLOON	RT	16.00	50.00
1991	FROGGY CHILD	RT	9.00	50.00
1991	FRUIT IN BALLOON	RT	22.00	160.00
1991	FU MANCHU	RT	15.00	75.00
1991	GALAXY	RT	22.00	75.00
1991	GRAPEFRUIT TREE	RT	23.00	175.00
1991	HAPPY ELF	*	10.00	90.00
1991	HARVEST	RT	14.00	50.00
1991	HATCHING DUCK	RT	14.00	55.00
1991	HEARTS & FLOWERS	RT	53.00	150.00
1991	HER MAJESTY	RT	21.00	75.00
1991	HER PURSE	RT	10.00	60.00
1991	HOLLY BALL	RT	22.00	70.00
1991	IRISH LADDIE	RT	12.00	80.00
1991	JEMIMA'S CHILD	RT	16.00	80.00
1991	KING ARTHUR 89-103-1	RT	19.00	75.00
1991	LION'S HEAD	RT	16.00	50.00
1991	MADELEINE'S PUPPY 91-025-0	RT	11.00	50.00
1991	MADONNA AND CHILD	RT	15.00	130.00
1991	MELON SLICE	RT	18.00	35.00
1991	MOTHER GOOSE 90-052-1	RT	11.00	35.00
1991	MS. MAUS	RT	14.00	100.00
1991	MUNCHKIN 90-035-1	RT	8.00	35.00
1991	OLYMPIAD	RT	22.00	140.00
1991	PATRICK'S BUNNY 91-024-0	RT	11.00	45.00
1991	PEAR FACE	RT	15.00	75.00
1991	PERUVIAN	RT	22.00	80.00
1991	PIERRE LE BERRY	RT	14.00	150.00
1991	PINK CLOWN ON BALL	RT	14.00	60.00
1991	PINK ELEPHANTS	RT	22.00	100.00
1991	PIPE MAN	RT	20.00	70.00
1991	PIPE SMOKING MONEY	RT	11.00	80.00
1991	PRINCE ON BALL	RT	15.00	90.00
1991	PRINCE UMBRELLA	RT	15.00	85.00
1991	PROUD PEACOCK	RT	23.00	125.00
1991	PUSS IN BOOTS 91-023-0	RT	11.00	45.00
1991	RAINBOW BIRD	RT	16.00	100.00
1991	RAINBOW CONE	RT	10.00	44.00
1991	RASPBERRY & LIME	RT	12.00	60.00
1991	RED STAR	RT	22.00	70.00
1991	ROLY POLY CLOWN 91-032-0	*	14.00	45.00
1991	RUSSIAN SANTA	RT	22.00	70.00
1991	SALLY ANN	RT	8.00	48.00
1991	SANTA BOOTIE 91-055-0	RT	10.00	70.00
1991	SHIRLEY	RT	16.00	80.00
1991	SHY ELF	RT	10.00	45.00
1991	SLEEPYTIME SANTA 91-052-2	RT	15.00	80.00
1991	SMITTY	RT	15.00	100.00
1991	STAR QUILT	RT	22.00	70.00
1991	SUNBURST FISH	RT	15.00	125.00
1991	SUNSHINE	RT	22.00	50.00
1991	TABBY	RT	8.00	40.00
1991	TIFFANY	RT	22.00	55.00
1991	TIGER	RT	15.00	80.00
1991	TRIGGER	RT	15.00	80.00
1991	TRUMPET MAN	RT	21.00	100.00
1991	TULIP FAIRY 91-063-0	RT	16.00	75.00
1991	VIENNA	RT	22.00	195.00
1991	VILLANDRY	RT	21.00	175.00
1991	WINKING ST. NICK	RT	16.00	80.00
1991	WOODLAND SANTA	RT	14.00	75.00
1991	ZEBRA	RT	22.00	450.00
1992	ALADDIN 91-029-1	*	20.00	36.00
1992	ALPINE FLOWERS	RT	28.00	60.00
1992	ALPINE VILLAGE	RT	24.00	100.00
1992	ASPEN	RT	26.00	60.00
1992	BARBIE'S MOM	RT	18.00	60.00
1992	BENJAMIN'S NUTCRACKERS	RT	58.00	350.00
1992	BINKIE THE CLOWN	RT	12.00	50.00
1992	BLUE SANTA	RT	18.00	60.00
1992	BUTTERFLY BOUQUET	RT	27.00	140.00
1992	BY THE NILE	RT	27.00	80.00
1992	CABARET	RT	28.00	70.00
1992	CANDY TRUMPET MAN	RT	27.00	75.00
1992	CELESTIAL	RT	26.00	110.00
1992	CHEERFUL SUN	RT	18.00	45.00
1992	CHEVRON	RT	28.00	50.00
1992	CHEVRON TIFFANY	RT	28.00	100.00
1992	CHIMNEY SWEEP BELL	RT	27.00	140.00
1992	CHOIR BOY	RT	24.00	45.00
1992	CHRISTMAS CARDINALS	RT	26.00	50.00
1992	CHRISTMAS ROSE	RT	26.00	45.00
1992	CHRISTMAS TRIM	RT	16.00	50.00
1992	CIRCLE OF SANTAS 89-032-1	*	27.00	50.00
1992	CIRCUS GARLAND	RT	30.00	65.00
1992	CIRCUS LADY	RT	12.00	30.00

YR	NAME	LIMIT	ISSUE	TREND
1992	CLOWN SNAKE	RT	22.00	40.00
1992	COUNTRY SCENE	RT	12.00	85.00
1992	COUNTRY STAR QUILT	RT	12.00	100.00
1992	COWBOY SANTA	RT	24.00	75.00
1992	DELFT DESIGN	RT	27.00	175.00
1992	DIAMOND BALLOON 92-157-0	*	27.00	50.00
1992	DIVA	RT	17.00	50.00
1992	DOLLY MADISON	RT	17.00	90.00
1992	DOWNHILL RACER	RT	34.00	125.00
1992	ELEPHANT ON PARADE	RT	26.00	90.00
1992	ELEPHANT REFLECTOR	RT	17.00	85.00
1992	ELF REFLECTORS	RT	28.00	75.00
1992	EVENINGSTAR SANTA	RT	60.00	175.00
1992	FABERGE 87-034-1	RT	27.00	65.00
1992	FAITH, HOPE & LOVE	RT	12.00	40.00
1992	FANTASY CONE	RT	18.00	30.00
1992	FESTIVE SMITTY	RT	29.00	55.00
1992	FLORAL CASCADE FINIAL	RT	68.00	100.00
1992	FLORAL CASCADE TIER DROP	RT	32.00	300.00
1992	FLORENTINE	RT	27.00	60.00
1992	FLUTTER BYS	RT	11.00	60.00
1992	FOLK ART SET	RT	10.00	10.00
1992	FOREST FRIENDS	RT	14.00	20.00
1992	FRENCH COUNTRY	RT	26.00	55.00
1992	FRUIT IN BALLOON	RT	28.00	100.00
1992	GABRIEL'S TRUMPETS	RT	20.00	20.00
1992	GLASS SLEIGH	RT	14.00	15.00
1992	GOLD LINK CHAIN	RT	16.00	50.00
1992	HARLEQUIN TIER DROP	RT	36.00	85.00
1992	HAROLD LLOYD REFLECTOR	RT	70.00	350.00
1992	HER SLIPPER	RT	17.00	20.00
1992	HOLLY FINIAL	RT	70.00	75.00
1992	HONEY BEAR	RT	14.00	45.00
1992	ICE BERRIES	RT	36.00	75.00
1992	ICE PEAR	RT	20.00	60.00
1992	ICE POPPIES	RT	26.00	65.00
1992	JUMBO	RT	31.00	50.00
1992	KEWPIE	RT	18.00	60.00
1992	KING OF PRUSSIA	RT	27.00	110.00
1992	KITTY RATTLE	RT	18.00	50.00
1992	LITTLE ESKIMO 92-038-0	RT	14.00	30.00
1992	LITTLE LEAGUER	RT	20.00	50.00
1992	LITTLEST SNOWMAN	RT	14.00	50.00
1992	LOCOMOTIVE GARLAND	RT	60.00	120.00
1992	MADELEINE'S PUPPY 91-025-1	*	18.00	35.00
1992	MEDITERRANEAN SUNSHINE	RT	27.00	35.00
1992	MERLIN SANTA	RT	32.00	75.00
1992	MERRY CHRISTMAS MAIDEN	RT	26.00	50.00
1992	MOTHER GOOSE	RT	15.00	40.00
1992	MR. & MRS. CLAUS	RT	18.00	225.00
1992	MUSHROOM ELF 92-087-0	RT	18.00	55.00
1992	NEOPOLITAN ANGEL 87-014-2	RT	27.00	250.00
1992	NORTHSTARS	RT	12.00	15.00
1992	NORWEGIAN PRINCESS	RT	15.00	45.00
1992	OLD SALEM QUILT SERIES 92-194-A	RT	28.00	60.00
1992	OLD SALEM QUILT SERIES 92-194-B	RT	28.00	60.00
1992	OLYMPIAD	RT	26.00	90.00
1992	PIERRE WINTERBURY	RT	17.00	75.00
1992	PINE CONE	RT	50.00	60.00
1992	PINK LACE TIFFANY	RT	28.00	80.00
1992	PINK PASSION	RT	18.00	45.00
1992	POLAR BEAR	RT	16.00	45.00
1992	PRIMARY COLORS	RT	30.00	150.00
1992	RAINBOW PARASOL	RT	30.00	100.00
1992	ROLY POLY CLOWN 91-032-1	*	18.00	45.00
1992	ROYAL SEPTER	RT	36.00	100.00
1992	RUBY BEADS	RT	15.00	40.00
1992	RUSSIAN IMPERIAL	RT	25.00	85.00
1992	RUSSIAN JEWEL HEARTS	RT	27.00	100.00
1992	RUSSIAN STAR	RT	26.00	45.00
1992	SAIL AWAY	RT	22.00	50.00
1992	SANKE PRINCE	RT	19.00	40.00
1992	SANTA BOOTIE 91-055-1	RT	16.00	65.00
1992	SANTA BOOTIE 91-055-2	RT	10.00	75.00
1992	SANTA CLAUS GARLAND	RT	66.00	100.00
1992	SANTA IN WINTER WHITE 91-112-1	RT	28.00	75.00
1992	SANTA'S HELPER	RT	17.00	35.00
1992	SEAHORSE-PINK	RT	20.00	85.00
1992	SERPENTS OF PARADISE	RT	13.00	40.00
1992	SIBERIAN SLEIGHRIDE	RT	27.00	125.00
1992	SITTING BULL	RT	26.00	70.00
1992	SLEEPYTIME SANTA 91-052-1	RT	18.00	85.00
1992	SLOOPY SNOWMAN	RT	20.00	80.00
1992	SNOW FLAKES	RT	10.00	50.00
1992	SORBET	RT	22.00	50.00
1992	SPUTNIKS	RT	26.00	100.00
1992	ST. NICKCICLE	RT	26.00	75.00
1992	STAR OF WONDER	RT	27.00	40.00
1992	STARBURST TREE TOPPER	RT	20.00	25.00

YR	NAME	LIMIT	ISSUE	TREND
1992	STARBURSTS	RT	12.00	80.00
1992	STARDUST JOEY	RT	16.00	125.00
1992	STARLIGHT SANTA	RT	18.00	60.00
1992	STERLING SILVER	RT	12.00	50.00
1992	TALKING PIPE 91-093-1	RT	26.00	100.00
1992	THUNDERBOLT	RT	60.00	200.00
1992	TIFFANY ALPINE FLOWERS	RT	28.00	35.00
1992	TIFFANY BRIGHT HARLEQUIN	RT	28.00	100.00
1992	TIFFANY CHEVRON	RT	28.00	180.00
1992	TIFFANY PASTEL HARLEQUIN	RT	28.00	100.00
1992	TO GRANDMOTHER'S HOUSE WE GO	RT	20.00	75.00
1992	TOPIARY	RT	30.00	200.00
1992	TROPICAL FISH	RT	17.00	70.00
1992	TRUMPET ANGEL GARLAND	RT	66.00	100.00
1992	TULIP FAIRY	RT	18.00	50.00
1992	TUXEDO SANTA	RT	22.00	150.00
1992	TWO SIDED SANTA REFLECTOR	RT	28.00	80.00
1992	UMBRELLA SANTA	RT	60.00	130.00
1992	VICTORIAN SANTA & ANGEL BALLOON	RT	68.00	550.00
1992	VIENNA	RT	27.00	160.00
1992	VILLAGE CAROLERS	RT	17.00	50.00
1992	VIRGIN MARY	RT	10.00	50.00
1992	WACKO'S BROTHER DOOFUS	RT	20.00	75.00
1992	WATER LILIES	RT	26.00	100.00
1992	WEDDING BELLS	RT	40.00	200.00
1992	WINTER KISS	RT	18.00	50.00
1992	WINTER WONDERLAND	RT	26.00	100.00
1992	WOODLAND SANTA	RT	20.00	80.00
1992	ZIEGFELD FOLLIES	RT	27.00	125.00
1993	1939 WORLD'S FAIR	RT	27.00	95.00
1993	ACCORDION ELF 93-189-0	RT	21.00	45.00
1993	ALADDIN'S LAMP	RT	20.00	75.00
1993	ALLEGRO	RT	27.00	100.00
1993	ALPINE VILLAGE	RT	24.00	140.00
1993	ALPINE WINGS	RT	58.00	110.00
1993	ANASSAZI	RT	27.00	70.00
1993	ANCHOR SANTA	RT	32.00	100.00
1993	ANGEL OF PEACE	RT	17.00	100.00
1993	ANGELS WE HAVE HEARD ON HIGH	RT	50.00	500.00
1993	APACHE	RT	14.00	80.00
1993	AULD LANG SYNE	RT	15.00	60.00
1993	BAVARIAN SANTA	RT	23.00	60.00
1993	BEDTIME BUDDY	RT	29.00	125.00
1993	BELL HOUSE BOY	RT	21.00	45.00
1993	BELLS ARE RINGING	RT	18.00	60.00
1993	BEYOND THE STARS	RT	19.00	80.00
1993	BISHOP OF MYRA	RT	20.00	60.00
1993	BISHOP'S CROSS	RT	49.00	60.00
1993	BLUE TOP	RT	16.00	80.00
1993	BOWZER	RT	23.00	100.00
1993	BY JIMINY	RT	17.00	50.00
1993	CALLA LILY	RT	13.00	30.00
1993	CANDIED CITRUS 93-278-0	RT	9.00	40.00
1993	CANDIED CITRUS 93-278-0A	RT	9.00	13.00
1993	CARNIVAL RIDES	RT	18.00	70.00
1993	CELESTE	RT	26.00	75.00
1993	CELESTIAL PEACOCK FINIAL	RT	69.00	250.00
1993	CENTER RING	RT	31.00	100.00
1993	CENTURIAN	RT	26.00	140.00
1993	CHIMNEY SWEEP BELL	RT	26.00	200.00
1993	CHRISTMAS EXPRESS 93-394-0	RT	58.00	100.00
1993	CHRISTMAS STARS	RT	14.00	40.00
1993	CHURCH BELL	RT	24.00	50.00
1993	CINDERELLA'S BLUEBIRDS	RT	26.00	100.00
1993	CIRCLE OF SANTAS FINIAL	RT	69.00	100.00
1993	CIRCUS SEAL	RT	28.00	100.00
1993	CIRCUS STAR BALLOON	RT	28.00	100.00
1993	CLASS CLOWN	RT	21.00	75.00
1993	CLOWNING AROUND	RT	43.00	70.00
1993	CONFUCIUS	RT	19.00	30.00
1993	COOL CAT	RT	21.00	125.00
1993	COPENHAGEN	RT	27.00	80.00
1993	COUNTRY FLOWERS	RT	16.00	50.00
1993	CROWNED PASSION	RT	23.00	50.00
1993	CRYSTAL FOUNTAIN	RT	34.00	100.00
1993	CRYSTAL RAINBOW	RT	30.00	200.00
1993	DANCING HARLEQUIN 93-232-0	RT	36.00	60.00
1993	DECO SNOW FALL	RT	27.00	48.00
1993	DEER DROP	RT	34.00	125.00
1993	DON'T HOLD YOUR BREATH	RT	11.00	55.00
1993	DOWNHILL RACER	RT	30.00	80.00
1993	EGGMAN	RT	23.00	60.00
1993	EMERALD WIZARD	RT	18.00	50.00
1993	EMPEROR'S PET	RT	22.00	150.00
1993	ENCHANTED GARDENS	RT	6.00	15.00
1993	ENGLISH KITCHEN	RT	26.00	60.00
1993	EPIPHANY	RT	29.00	100.00
1993	ESKIMO KITTY	RT	15.00	40.00
1993	EVENING STAR SANTA	RT	59.00	100.00

YR	NAME	LIMIT	ISSUE	TREND
1993	FABERGE EGG	RT	18.00	35.00
1993	FANTASIA	RT	24.00	100.00
1993	FAR OUT SANTA	RT	39.00	64.00
1993	FIESTA BALL	RT	27.00	80.00
1993	FIRST SNOW 93-365-0	*	10.00	17.00
1993	FLORA DORA	RT	25.00	100.00
1993	FLY BOY 93-235-0	RT	33.00	75.00
1993	FOREST FRIENDS	RT	28.00	75.00
1993	FRENCH ROSE	RT	27.00	55.00
1993	FRUIT IN BALLOON	RT	28.00	85.00
1993	GEISHA GIRLS	RT	12.00	65.00
1993	GEORGIAN SANTA 93-292-0	RT	30.00	75.00
1993	GERARD	RT	26.00	80.00
1993	GILDED CAGE	*	44.00	75.00
1993	GLORY ON HIGH	RT	17.00	135.00
1993	GOLD FISH	RT	26.00	80.00
1993	GOLDEN ALPINE	*	27.00	48.00
1993	GOOFY FRUITS	RT	14.00	75.00
1993	GOOFY GARDEN	RT	15.00	200.00
1993	GRANDPA BEAR	RT	13.00	25.00
1993	GRECIAN URN	RT	23.00	55.00
1993	GUARDIAN ANGEL	RT	36.00	125.00
1993	GYPSY GIRL	RT	16.00	40.00
1993	HEAVENLY CHORDS	RT	64.00	100.00
1993	HOLIDAY SPICE	RT	24.00	75.00
1993	ICE BEAR	RT	18.00	50.00
1993	ICE STAR SANTA	RT	38.00	350.00
1993	INJUN JOE	RT	25.00	70.00
1993	JACK FROST	RT	23.00	85.00
1993	JACK N JILL	RT	41.00	150.00
1993	JACQUES LE BERRY	RT	17.00	150.00
1993	JOEY B. CLOWN	RT	26.00	80.00
1993	JUMBO SPINTOPS	RT	27.00	125.00
1993	JUST LIKE GRANDMA'S	RT	8.00	45.00
1993	KISSING COUSINS	RT	30.00	150.00
1993	KITTY RATTLE	RT	18.00	100.00
1993	LETTER TO SANTA	RT	22.00	60.00
1993	LIGHT IN THE WINDOWS	RT	25.00	25.00
1993	LITTLE BOY BLUE	RT	26.00	65.00
1993	LITTLE DOGGIE	RT	7.00	50.00
1993	LITTLE ESKIMO 92-038-1	RT	14.00	30.00
1993	LITTLE SLUGGER	RT	22.00	30.00
1993	MAJESTIC REFLECTOR	RT	70.00	125.00
1993	MAXINE	RT	20.00	72.00
1993	MEDITERRANEAN SUNSHINE	RT	27.00	80.00
1993	MIDAS TOUCH	RT	28.00	75.00
1993	MONKEY MAN	RT	16.00	80.00
1993	MONTEREY	RT	15.00	100.00
1993	MOON DUST	RT	15.00	80.00
1993	MOON JUMP	RT	29.00	50.00
1993	MOONING OVER YOU	RT	17.00	60.00
1993	MR. & MRS. CLAUS	RT	18.00	100.00
1993	MUSHROOM ELF 92-087-1	RT	18.00	50.00
1993	MUSHROOM SANTA	RT	28.00	100.00
1993	NELLIE	RT	28.00	150.00
1993	NORTH WOODS	RT	27.00	80.00
1993	NORTHWIND	*	17.00	60.00
1993	PARTRIDGE IN A PEAR TREE	RT	33.00	700.00
1993	PENNSYLVANIA DUTCH	RT	27.00	60.00
1993	PIGGLY WIGGLY	RT	11.00	70.00
1993	PINEAPPLE QUILT	RT	27.00	60.00
1993	PINOCCHIO	RT	30.00	90.00
1993	PIXIE SANTA	RT	16.00	70.00
1993	POINSETTIA SANTA	RT	20.00	70.00
1993	POLAR BEARS	RT	16.00	16.00
1993	POMPADOUR	RT	9.00	30.00
1993	PRINCE ALBERT	RT	23.00	75.00
1993	PURSE	RT	16.00	16.00
1993	QUARTET	RT	4.00	15.00
1993	RAINBOW REFLECTOR	RT	27.00	50.00
1993	RAINBOW SHARK	RT	18.00	60.00
1993	RAINBOW SNOW 93-366-0	*	10.00	16.00
1993	RAINY DAY FRIEND	RT	22.00	60.00
1993	RAMBLING ROSE	RT	27.00	50.00
1993	REGAL ROOSTER	RT	26.00	80.00
1993	REMEMBRANCE	RT	27.00	60.00
1993	RISING STARS	*	10.00	13.00
1993	ROLY POLY CLOWN 91-032-2	RT	18.00	70.00
1993	ROSE POINTE FINIAL	RT	34.00	45.00
1993	RUSSIAN JEWEL HEARTS FINIAL	RT	27.00	90.00
1993	SAIL BY STARLIGHT	RT	12.00	17.00
1993	SAILOR MAN	RT	22.00	80.00
1993	SANTA BABY	RT	18.00	50.00
1993	SANTA IN SPACE	RT	39.00	100.00
1993	SANTA IN WINTER WHITE 91-112-2	RT	28.00	60.00
1993	SANTA STAR	*	58.00	68.00
1993	SANTA TREE	RT	66.00	250.00
1993	SANTA'S HELPER	RT	17.00	45.00
1993	SARABAND	RT	28.00	100.00

YR	NAME	LIMIT	ISSUE	TREND
1993	SCOTCH PINE	RT	27.00	75.00
1993	SERENADE PINK	RT	27.00	60.00
1993	SHY RABBIT	RT	14.00	80.00
1993	SHY RABBIT'S HEART, A	RT	15.00	85.00
1993	SIEGFRED 93-227-0	RT	25.00	80.00
1993	SILENT NIGHT	RT	18.00	80.00
1993	SKATING BETTINAS, THE	RT	29.00	140.00
1993	SKI BABY	RT	21.00	100.00
1993	SLOOPY SNOWMAN	RT	20.00	60.00
1993	SMITTY	RT	18.00	85.00
1993	SNOW DANCE	RT	29.00	100.00
1993	SNOWDAY SANTA	RT	20.00	75.00
1993	SNOWMAN BY CANDLELIGHT	RT	27.00	50.00
1993	SOUTH SEA SPARKLE	RT	48.00	60.00
1993	SOUTHERN COLONIAL	RT	27.00	105.00
1993	SPIDER & THE FLY	RT	7.00	35.00
1993	SPORTY	RT	20.00	60.00
1993	ST. NICKCICLE	RT	26.00	40.00
1993	ST. NICK'S PIPE	RT	5.00	80.00
1993	STAR CHILDREN	RT	18.00	65.00
1993	STAR FIRE	RT	27.00	80.00
1993	STARLIGHT SANTA	RT	12.00	20.00
1993	STOCKING STUFFERS	RT	16.00	25.00
1993	SUGAR SHACK	RT	22.00	40.00
1993	SUNNY SIDE UP	RT	22.00	50.00
1993	SWEETHEART	RT	16.00	60.00
1993	TALKING PIPE	RT	26.00	60.00
1993	TANNENBAUM	RT	24.00	34.00
1993	TEA & SYMPATHY	RT	20.00	75.00
1993	TEXAS STAR	RT	8.00	8.00
1993	THOMAS NAST SANTA	RT	23.00	50.00
1993	TUXEDO SANTA	RT	22.00	160.00
1993	TWEETER	RT	4.00	20.00
1993	TWINKLE TOES 93-233-0	RT	28.00	75.00
1993	TWINKLE TREE	RT	16.00	40.00
1993	TWISTER	RT	17.00	60.00
1993	U-BOAT	RT	16.00	52.00
1993	V.I.P.	RT	23.00	150.00
1993	VICTORIAN SANTA REFLECTOR	RT	28.00	75.00
1993	WADDLES	RT	4.00	70.00
1993	WALLY	RT	26.00	100.00
1993	WINTER BIRDS 93-164-0	RT	27.00	50.00
1993	WINTER BIRDS 93-164-0A	RT	27.00	90.00
1994	ACCORDION ELF	RT	23.00	70.00
1994	AIRPLANE	RT	56.00	125.00
1994	ALL WRAPPED UP	RT	26.00	70.00
1994	ANDY GUMP	RT	18.00	40.00
1994	ANGEL SONG	RT	46.00	75.00
1994	BABY BOOTIES	RT	17.00	30.00
1994	BAG OF GOODIES	RT	26.00	50.00
1994	BATTER UP	RT	13.00	30.00
1994	BERRY STRIPE	RT	48.00	100.00
1994	BIRD BRAIN	RT	33.00	80.00
1994	BLUE SATIN	RT	29.00	32.00
1994	BRAZILIA	RT	38.00	80.00
1994	BRIGHT HEAVENS ABOVE	RT	56.00	110.00
1994	BUBBLES	RT	42.00	54.00
1994	BUBBLY	RT	43.00	80.00
1994	CAMILLE	*	29.00	32.00
1994	CANDELABRA	RT	33.00	90.00
1994	CAPTAIN	RT	48.00	200.00
1994	CASTANETTA	RT	37.00	100.00
1994	CHIC OF ARABY	*	17.00	60.00
1994	CHIQUITA	*	15.00	16.00
1994	CHRISTMAS EXPRESS 93-394-1	RT	72.00	80.00
1994	CHRISTMAS HARLEQUIN	RT	29.00	45.00
1994	CHRISTMAS IN CAMELOT	RT	27.00	50.00
1994	CHUBBS & SLIM	RT	29.00	100.00
1994	CIRCUS BAND	RT	34.00	100.00
1994	CONCHITA	RT	37.00	55.00
1994	CONCORD	*	16.00	20.00
1994	COOL CAT	RT	26.00	75.00
1994	CORN HUSK	RT	13.00	25.00
1994	COW POKE	RT	42.00	70.00
1994	CRESCENT MOONS	RT	29.00	55.00
1994	CROCK O' DILE	RT	33.00	80.00
1994	CROWN OF THORNS	RT	26.00	50.00
1994	CROWNED PEACOCK	RT	15.00	18.00
1994	DANCING HARLEQUIN 93-232-1	*	44.00	60.00
1994	DEEP SEA	RT	29.00	48.00
1994	DEERCICLE 94-291-0	RT	29.00	60.00
1994	DOLLY	RT	42.00	60.00
1994	EGG HEAD	RT	19.00	40.00
1994	EINSTEIN'S KITE	RT	30.00	50.00
1994	ELEPHANT PRINCE	RT	15.00	40.00
1994	EPIPHANY BALL 94-211-0	RT	29.00	50.00
1994	FIRST SNOW 93-365-1	RT	15.00	17.00
1994	FLEET'S IN	RT	38.00	50.00
1994	FLORENTINE	RT	29.00	50.00

YR	NAME	LIMIT	ISSUE	TREND
1994	FOREST HOLIDAY	RT	64.00	125.00
1994	FORGET YOUR TROUBLES	RT	17.00	35.00
1994	FRENCH COUNTRY	RT	29.00	80.00
1994	FRENCH REGENCY BALLOON	RT	33.00	50.00
1994	FRENCH REGENCY FINIAL	RT	78.00	150.00
1994	FROSTY CARES	RT	25.00	72.00
1994	GEORGIAN SANTA 93-292-1	*	46.00	34.00
1994	GIFTED SANTA	RT	25.00	50.00
1994	GLOW WORM	RT	32.00	90.00
1994	GOLDEN CRESCENDO FINIAL	RT	42.00	130.00
1994	HANSEL & GRETEL	RT	70.00	175.00
1994	HARVEST HOME	RT	29.00	75.00
1994	HIEROGLYPH	RT	29.00	50.00
1994	HOLIDAY SPARKLE FINIAL	RT	84.00	45.00
1994	HOLLY HEART	RT	24.00	35.00
1994	HOLLY RIBBONS FINIAL	RT	78.00	100.00
1994	HONEY BELLE	RT	74.00	130.00
1994	HORSE OF A DIFFERENT COLOR	RT	28.00	85.00
1994	HOUSE SITTING SANTA	RT	26.00	35.00
1994	ICE MAN COMETH	RT	22.00	75.00
1994	JACK CLOWN	RT	22.00	55.00
1994	JOCKEY PIPE	RT	36.00	80.00
1994	JOLLY STRIPES	RT	28.00	40.00
1994	JUMBO HARLEQUIN	RT	48.00	200.00
1994	JUST LIKE US	RT	30.00	130.00
1994	KAYO	RT	14.00	35.00
1994	KEWPIE	RT	22.00	45.00
1994	KING OF KINGS	RT	22.00	80.00
1994	KING'S GUARD	*	44.00	60.00
1994	KISSING COUSINS	RT	28.00	210.00
1994	KITTY TAMER	RT	65.00	200.00
1994	LEADER OF THE BAND-SIGNED	RT	22.00	250.00
1994	LEMON TWIST	RT	15.00	35.00
1994	LETTER TO SANTA	RT	31.00	60.00
1994	LIBERTY BALL 94-172-0	RT	26.00	70.00
1994	LITTLE ORPHAN	RT	18.00	70.00
1994	LOS ANGELES, THE	RT	26.00	50.00
1994	MAMA'S LITTLE ANGEL	*	23.00	24.00
1994	MARTIAN HOLIDAY	RT	42.00	100.00
1994	MASQUERADE	RT	16.00	45.00
1994	MEDIUM NAUTILUS	RT	16.00	45.00
1994	MESSIAH	RT	22.00	50.00
1994	METAMORPHOSIS	RT	16.00	40.00
1994	MISSION BALL FINIAL	RT	78.00	100.00
1994	MITTENS FOR KITTENS	RT	22.00	35.00
1994	MOON MARTIAN	RT	26.00	150.00
1994	MOON MULLINS	RT	18.00	50.00
1994	MOON RIDE	RT	28.00	70.00
1994	MOTHER AND CHILD	RT	29.00	70.00
1994	MR. MOTO	RT	36.00	100.00
1994	MR. SMEDLEY DRYSDALE	RT	44.00	225.00
1994	MY DARLING	RT	22.00	50.00
1994	MY WHAT BIG TEETH 94-248-0	RT	29.00	150.00
1994	MY WHAT BIG TEETH 94-248-0A	RT	29.00	150.00
1994	NEW YEAR'S BABE	RT	21.00	50.00
1994	NIGHTY NIGHT	RT	36.00	110.00
1994	OLD SOUR PUSS	RT	34.00	85.00
1994	OLLIE	RT	50.00	200.00
1994	ON THE RUN	RT	45.00	100.00
1994	ONE SMALL STEP	RT	58.00	150.00
1994	OVER THE WAVES	RT	38.00	100.00
1994	OWL REFLECTOR	RT	54.00	80.00
1994	PAPA'S JAMBOREE	RT	29.00	50.00
1994	PARTY HOPPER	RT	37.00	100.00
1994	PEAS ON EARTH	RT	16.00	22.00
1994	PEKING SANTA	RT	18.00	50.00
1994	PICKLED	RT	26.00	65.00
1994	PIGLET	RT	13.00	50.00
1994	PINECONE SANTA 93-142-1	RT	30.00	85.00
1994	PINOCCHIO GETS HITCHED 94-250-0	RT	30.00	150.00
1994	PINOCCHIO GETS HITCHED 94-250-0A	RT	30.00	150.00
1994	PIXIE SANTA	RT	20.00	45.00
1994	POLAR BEAR	*	18.00	19.00
1994	PRESIDENT TAFT	RT	18.00	45.00
1994	PRINCE PHILIP	RT	20.00	160.00
1994	PRIVATE EYE	RT	18.00	40.00
1994	QUICK DRAW	RT	65.00	310.00
1994	RAIN DANCE	RT	34.00	80.00
1994	RAINBOW SNOW 93-366-1	RT	15.00	25.00
1994	RAINY DAY SMILE	RT	22.00	36.00
1994	RAZZLE DAZZLE	RT	38.00	75.00
1994	RED CAP	RT	22.00	45.00
1994	RING MASTER	RT	22.00	55.00
1994	RINGING RED BOOTS	RT	46.00	90.00
1994	ROLY POLY CLOWN	RT	20.00	80.00
1994	ROLY POLY PINOCCHIO	RT	54.00	66.00
1994	ROYALE FINIAL	RT	64.00	100.00
1994	RUBY REFLECTOR	RT	26.00	75.00
1994	SANTA BY STARLIGHT	*	60.00	68.00

YR	NAME	LIMIT	ISSUE	TREND
1994	SANTA COPTER	RT	47.00	200.00
1994	SANTA REFLECTOR FINIAL	RT	92.00	125.00
1994	SANTA'S HELPER	RT	20.00	30.00
1994	SCOTCH PINE FINIAL	RT	78.00	120.00
1994	SEX APPEAL	RT	22.00	80.00
1994	SHIP'S AHOY	RT	38.00	65.00
1994	SHIVERS	RT	25.00	225.00
1994	SIBERIAN TIGER	*	24.00	26.00
1994	SIEGRED 93-227-1	*	26.00	34.00
1994	SILENT NIGHT	RT	27.00	60.00
1994	SMILEY	RT	16.00	60.00
1994	SNOW BELL	RT	13.00	55.00
1994	SNOWY	RT	32.00	44.00
1994	SOLDIER BOY	RT	19.00	110.00
1994	SPECIAL DELIVERY	*	18.00	32.00
1994	SQUASH MAN	RT	28.00	50.00
1994	SQUIGGLES	RT	30.00	50.00
1994	STAFFORD FLORAL	RT	29.00	75.00
1994	STAR FIRE FINIAL	*	84.00	90.00
1994	STARBUCK SANTA	RT	75.00	340.00
1994	STOCKING FULL	RT	24.00	32.00
1994	STOCKING SAM	RT	23.00	72.00
1994	STRAWBERRY	RT	12.00	30.00
1994	SUGAR CONE	RT	47.00	100.00
1994	SUGAR PEAR	RT	13.00	50.00
1994	SURF'S UP	RT	36.00	100.00
1994	SWAMI	RT	18.00	30.00
1994	SWAN FOUNTAIN	RT	44.00	150.00
1994	SWEET GHERKIN	*	12.00	14.00
1994	SWEET PEAR	RT	24.00	70.00
1994	TANGERINE	*	12.00	13.00
1994	TEDDY ROOSEVELT	RT	22.00	70.00
1994	TEE TIME	RT	16.00	40.00
1994	TEENAGE MERMAID	RT	28.00	60.00
1994	TERRANCE	RT	16.00	50.00
1994	TINY NAUTILUS	RT	12.00	55.00
1994	TOMBA	RT	34.00	100.00
1994	TOPO	RT	33.00	65.00
1994	TUXEDO CAROUSEL	RT	52.00	80.00
1994	TWINKLE TOES 93-233-1	RT	38.00	52.00
1994	TWO TURTLEDOVES	RT	28.00	175.00
1994	UNCLE MAX	RT	26.00	65.00
1994	VALCOURT	RT	29.00	95.00
1994	VAUDEVILLE SAM	RT	18.00	50.00
1994	WALNUT	*	11.00	12.00
1994	WEDDED BLISS	RT	88.00	200.00
1994	WEDNESDAY	RT	42.00	80.00
1994	WHAT A DONKEY	RT	34.00	70.00
1994	WHITE NIGHTS	RT	26.00	50.00
1994	WILBUR	*	33.00	48.00
1994	WINDSWEPT	RT	29.00	70.00
1994	WINGS AND A SNAIL	RT	32.00	130.00
1994	WINTER FROLIC	RT	18.00	60.00
1994	XENON	RT	38.00	100.00
1995	ALOISIUS BEER	RT	75.00	130.00
1995	ALPINE	RT	24.00	35.00
1995	ANDREW JACKSONS, THE (PAIR)	RT	68.00	210.00
1995	ANGEL FLIGHT	*	44.00	46.00
1995	AUTUMN PINE 95-067-0	*	16.00	17.00
1995	BAILEY	RT	46.00	95.00
1995	BEAR MAIL	RT	28.00	40.00
1995	BISHOP, THE	RT	74.00	125.00
1995	BRINGING HOME THE BACON	RT	26.00	60.00
1995	BUFORD T	RT	14.00	35.00
1995	CARIBBEAN CONSTABLE	RT	24.00	48.00
1995	CATCH O' DAY	RT	14.00	25.00
1995	CHEEKY ST. NICK	RT	32.00	80.00
1995	CHUBBY DECKER	RT	36.00	45.00
1995	CLAUDETTE	RT	22.00	90.00
1995	CLIMBING HIGHER	RT	26.00	35.00
1995	CLOWN RAFFLE	RT	16.00	50.00
1995	COWBOY SANTA	RT	32.00	60.00
1995	DASH AWAY ALL	RT	34.00	100.00
1995	DAVID	RT	28.00	35.00
1995	DEERCICLE 94-291-1	*	46.00	48.00
1995	DIAMOND BALLOON 92-157-1	RT	32.00	55.00
1995	DUTCH DOLLS	RT	22.00	35.00
1995	EAGLE EYE	RT	26.00	40.00
1995	EPIPHANY BALL 94-211-1	RT	32.00	34.00
1995	EVENING OWL	RT	36.00	50.00
1995	FARMER BOY	RT	28.00	50.00
1995	FLYING HIGH	RT	22.00	55.00
1995	FOREST CABIN	RT	15.00	30.00
1995	FOREVER LUCY	RT	32.00	75.00
1995	FRENCH LACE	RT	24.00	50.00
1995	FROG LADY	RT	24.00	50.00
1995	FROSTED SANTA	RT	25.00	50.00
1995	FRUIT KAN CHU	RT	50.00	65.00
1995	FRUIT NUTS	RT	14.00	25.00

YR	NAME	LIMIT	ISSUE	TREND
1995	GARDEN GIRLS	RT	18.00	72.00
1995	GAY BLADES	RT	46.00	60.00
1995	GLORIANNA	RT	56.00	70.00
1995	GOBBLES	RT	52.00	90.00
1995	GRANDPA JONES	RT	22.00	50.00
1995	GUARDIAN ANGEL	RT	84.00	120.00
1995	GUNTHER	RT	32.00	75.00
1995	HELMUT'S BELLS	RT	18.00	40.00
1995	HERE BOY	RT	12.00	48.00
1995	HIGH FLYING	RT	22.00	60.00
1995	HOOTY HOOT	RT	26.00	35.00
1995	HUBBARD'S THE NAME	RT	26.00	45.00
1995	IMPERIAL HELMUT	RT	22.00	40.00
1995	JAZZ SANTA	RT	28.00	50.00
1995	JOY TO THE WORLD 95-042-0	RT	68.00	90.00
1995	JUMBO WALNUT	RT	18.00	48.00
1995	KALEIDOSCOPE CONE	RT	44.00	70.00
1995	KITTY VITTLES	RT	18.00	55.00
1995	LAUGH TILL YOU CRY	RT	24.00	50.00
1995	LAVENDER LIGHT	RT	28.00	80.00
1995	LITTLE DRUMMER BEAR	RT	22.00	50.00
1995	LITTLE PRINCE	RT	39.00	130.00
1995	LITTLE RED	RT	22.00	40.00
1995	LITTLE TOY MAKER	RT	26.00	50.00
1995	MICKEY'S TREE	RT	45.00	300.00
1995	MISS MAMIE	RT	34.00	50.00
1995	MUGSY	RT	22.00	60.00
1995	MY BONNIE LASS	RT	24.00	40.00
1995	MY FAVORITE CHIMP	*	26.00	28.00
1995	OFF TO MARKET	RT	24.00	45.00
1995	OFFICER JOE	RT	22.00	70.00
1995	ON TOP OF THE WORLD	YR	32.00	80.00
1995	ON WINGS OF HOPE	RT	30.00	50.00
1995	PAPA BEAR REFLECTOR	RT	52.00	90.00
1995	PENELOPE	RT	26.00	60.00
1995	PERCUSSION	RT	50.00	130.00
1995	PERSONAL DELIVERY	RT	36.00	96.00
1995	POLAR EXPRESS-SOUTH BEND	RT	27.00	60.00
1995	POOH'S FAVORITE GIFT	RT	45.00	360.00
1995	PRINCE OF THIEVES	RT	28.00	45.00
1995	PURRFECT PRESENT	RT	*	65.00
1995	QUAKERS	RT	24.00	36.00
1995	RAKISH CHARM	RT	22.00	50.00
1995	REFLECTO	RT	46.00	60.00
1995	ROCKETEER	RT	44.00	70.00
1995	ROUND ABOUT SANTA	RT	42.00	50.00
1995	SANTA BUGS	RT	45.00	96.00
1995	SANTA FANTASY	RT	44.00	100.00
1995	SANTA MARIA	RT	64.00	150.00
1995	SHY ELEPHANT	RT	32.00	90.00
1995	SIAMESE SLIPPERS	RT	16.00	60.00
1995	SISTER ACT	RT	18.00	55.00
1995	SKATER'S WALTZ	RT	28.00	50.00
1995	SPRING ARRIVAL	RT	44.00	70.00
1995	SPRINGTIME SPARROW	RT	14.00	30.00
1995	ST. PETER'S KEYS	RT	8.00	20.00
1995	STORK LANTERN	RT	18.00	25.00
1995	SWAN LAKE	RT	36.00	70.00
1995	SWEET MADAME	RT	48.00	110.00
1995	SWINGING ON A STAR	RT	44.00	55.00
1995	TAZ ANGEL	RT	40.00	70.00
1995	TEDDY'S TREE	RT	22.00	50.00
1995	THREE FRENCH HENS	RT	34.00	100.00
1995	TIME FLIES	RT	28.00	40.00
1995	TOPOLIMA	RT	42.00	65.00
1995	TRICK OR TREAT	RT	23.00	35.00
1995	TURTLE BIRD	RT	22.00	48.00
1995	TWEETY SPRITE	RT	45.00	70.00
1995	TWINKLE TOES 93-233-2	RT	48.00	52.00
1995	WESTMINSTER SANTA	RT	24.00	50.00
1995	WINTER SUN	RT	31.00	50.00
1996	ASTRO PUP	RT	32.00	50.00
1996	BABY ANGEL 3	RT	22.00	25.00
1996	BABY ELEPHANTS	RT	18.00	35.00
1996	BELLA D. SNOWBALL	RT	26.00	30.00
1996	BOTTOMS UP	RT	26.00	30.00
1996	CANDY SWIRL	RT	24.00	40.00
1996	CAROLINE	RT	24.00	30.00
1996	CHARLIE HORSE	RT	20.00	30.00
1996	CHRISTMAS KING	RT	46.00	46.00
1996	CHRISTMAS PAST	RT	18.00	30.00
1996	CLAUSES, THE	RT	26.00	30.00
1996	CRESCENT KRINGLE	RT	36.00	70.00
1996	DREAMY	RT	17.00	35.00
1996	ELFCYCLE	RT	28.00	40.00
1996	ESKIMO CHEER	RT	22.00	35.00
1996	ESQUIRE SANTA	RT	150.00	600.00
1996	FOR CLARA	RT	32.00	45.00
1996	FOUR CALLING BIRDS	RT	44.00	175.00

YR	NAME	LIMIT	ISSUE	TREND
1996	FROSTY CARDINAL	RT	32.00	45.00
1996	FROSTY WEATHER	RT	*	50.00
1996	HIS GOIL	RT	40.00	50.00
1996	HIS WIZARDRY	RT	22.00	22.00
1996	LANCER	RT	29.00	29.00
1996	LEMON GUARD	RT	22.00	30.00
1996	LILAC WINTER	RT	44.00	50.00
1996	MERRY MATADOR	RT	24.00	24.00
1996	MIDNIGHT RIDE	RT	51.00	65.00
1996	MINUET	RT	54.00	70.00
1996	MONTE CARLO	RT	52.00	70.00
1996	MS. PEANUT	RT	30.00	95.00
1996	NIGHT MAGIC	RT	26.00	30.00
1996	OH CHRISTMAS TREE	RT	42.00	42.00
1996	POOKIE	RT	16.00	25.00
1996	RACE CAR GARLAND	RT	66.00	85.00
1996	RAGAMUFFINS	RT	39.00	160.00
1996	RAINBOW TIFFANY	RT	26.00	40.00
1996	REACH FOR A STAR	RT	32.00	32.00
1996	RETURN ENGAGEMENT	RT	38.00	38.00
1996	ROCKET SANTA	RT	48.00	60.00
1996	ROSY CHEEK SANTA	RT	20.00	30.00
1996	ROUND MIDNIGHT	RT	30.00	45.00
1996	SHIMMY DOWN	RT	42.00	42.00
1996	SHINING ARMOUR	RT	22.00	22.00
1996	SLEIGHFUL	RT	34.00	40.00
1996	SNOW CASTLE	RT	12.00	20.00
1996	STARSCOPE SANTA	RT	44.00	50.00
1996	STRONG TO THE FINISH	RT	48.00	48.00
1996	TIME FLIES	RT	28.00	40.00
1996	TOPOLINA	RT	42.00	60.00
1996	TOYS FOR ALL	RT	44.00	44.00
1996	VILLAGE SANTA	RT	30.00	30.00
1996	VINTAGE CLASSICS	RT	24.00	30.00
1996	WINTER BLOSSOM	RT	46.00	59.00
1996	WINTER DREAM	RT	42.00	60.00
1996	WINTER WIND	RT	24.00	65.00
1996	YANKEE DOODLE SANTA	RT	34.00	34.00
1996	YO HO HO	RT	48.00	48.00

CYBIS

			CHRISTMAS COLLECTION	
*				
1983	1983 HOLIDAY BELL	YR	145.00	1000.00
1984	1984 HOLIDAY BELL	YR	145.00	695.00
1985	1985 HOLIDAY ANGEL	YR	75.00	490.00
1986	1986 HOLIDAY CHERUB ORNAMENT	YR	75.00	490.00
1987	1987 HEAVENLY ANGELS	YR	95.00	400.00
1988	1988 HOLIDAY ORNAMENT	YR	95.00	400.00

DADDY'S LONG LEGS

K. GERMANY

1999	FULL FLYING ANGEL	*	13.00	13.00
1999	FULL STANDING SANTA	*	13.00	13.00

K. GERMANY

			BELL ANGELS	
1999	BELL ANGELS (3)	*	14.00	14.00

K. GERMANY

			FLYING ANGELS	
1999	ANGEL WITH HORN	*	11.00	11.00
1999	ANGEL WITH STAR	*	11.00	11.00
1999	STANDING ANGEL	*	11.00	11.00

K. GERMANY

			SANTA FACES	
1999	SANTA W/HOLLY STEM	*	8.00	8.00
1999	SANTA W/POINTED BEARD	*	8.00	8.00
1999	WINKING SANTA	*	8.00	8.00

DAVE GROSSMAN CREATIONS

N. ROCKWELL

		ANNUAL ROCKWELL BALL ORNAMENTS		
1975	SANTA WITH FEATHER QUILL	RT	4.00	30.00
1976	SANTA AT GLOBE	RT	4.00	30.00
1977	GRANDPA ON ROCKING HORSE	RT	4.00	15.00
1978	SANTA WITH MAP	RT	4.00	15.00
1979	SANTA AT DESK WITH MAIL BAG	RT	5.00	15.00
1980	SANTA ASLEEP WITH TOYS	RT	5.00	12.00
1981	SANTA WITH BOY ON FINGER	RT	5.00	10.00
1982	SANTA FACE ON WINTER SCENE	RT	5.00	10.00
1983	COACHMAN WITH WHIP	RT	5.00	10.00
1984	CHRISTMAS BOUNTY MAN	RT	5.00	10.00
1985	OLD ENGLISH TRIO	RT	5.00	10.00
1986	TINY TIM ON SHOULDER	RT	5.00	10.00
1987	SKATING LESSON	RT	5.00	10.00
1988	BIG MOMENT	RT	6.00	10.00
1989	DISCOVERY	RT	6.00	13.00
1990	BRINGING HOME THE TREE	RT	6.00	13.00
1991	DOWNHILL DARING	RT	6.00	13.00
1992	ON THE ICE	YR	6.00	13.00
1993	GRAMPS	YR	6.00	13.00
1994	COMMEMORATIVE	YR	6.00	8.00
1994	TRIPLE SELF PORTRAIT	RT	6.00	10.00

YR	NAME	LIMIT	ISSUE	TREND
N. ROCKWELL		**ANNUAL ROCKWELL FIGURINE ORNAMENTS**		
1978	CAROLER	RT	15.00	75.00
1979	DRUM FOR TOMMY	RT	20.00	50.00
1980	SANTA'S GOOD BOYS	RT	20.00	40.00
1981	LETTERS TO SANTA	RT	20.00	40.00
1982	CORNETTIST	RT	20.00	30.00
1983	FIDDLER	RT	20.00	40.00
1984	CHRISTMAS BOUNTY	RT	20.00	30.00
1985	JOLLY COACHMAN	RT	20.00	30.00
1986	GRANDPA AND ROCKING HORSE	RT	20.00	40.00
1987	SKATING LESSON	RT	20.00	30.00
1988	BIG MOMENT	RT	20.00	30.00
1989	DISCOVERY	RT	20.00	35.00
1990	BRINGING HOME THE TREE	RT	20.00	40.00
1991	DOWNHILL DARING	RT	20.00	40.00
1992	ON THE ICE	RT	20.00	35.00
1993	GRAMPS	RT	24.00	30.00
1994	MERRY CHRISTMAS	RT	24.00	28.00
ROCKWELL INSPIRED		**CHARACTER DOLL ORNAMENTS**		
1983	DOCTOR AND DOLL	RT	20.00	30.00
1983	LOVERS	RT	20.00	30.00
1983	SAMPLERS	RT	20.00	30.00
*			**EMMETT KELLY**	
1992	CHRISTMAS TUNES	YR	15.00	16.00
1995	MERRY CHRISTMAS MR. SCROOGE	RT	20.00	20.00
1996	CHRISTMAS TREE	RT	20.00	20.00
1997	EMMETT THE SANTA	*	20.00	20.00
1998	100TH BIRTHDAY	*	20.00	20.00
B. LEIGHTON-JONES			**EMMETT KELLY**	
1986	A CHRISTMAS CAROL	CL	12.00	12.00
1987	CHRISTMAS WREATH	CL	14.00	14.00
1988	CHRISTMAS DINNER	CL	15.00	16.00
1989	CHRISTMAS FEAST	YR	15.00	16.00
1990	JUST WHAT I NEEDED	YR	15.00	16.00
1991	EMMETT THE SNOWMAN	YR	15.00	16.00
1993	DOWNHILL ORNAMENT	YR	20.00	24.00
*			**EMMETT KELLY JR.**	
1999	DOG'S LIFE, A	YR	20.00	20.00
B. LEIGHTON-JONES		**EMMETT KELLY ORIGINAL CIRCUS COLLECTION**		
1994	HOLIDAY SKATER	RT	20.00	24.00
*			**GONE WITH THE WIND**	
1992	SCARLETT-GREEN DRESS	CL	20.00	35.00
1993	RHETT WHITE SUIT	CL	20.00	35.00
1994	GOLD PLATED DISC ORNAMENT	OP	13.00	13.00
1994	LIMITED EDITION ORNAMENT	*	25.00	28.00
1994	SCARLETT BBQ DRESS	RT	20.00	20.00
1996	SCARLETT & RHETT SET OF 5	*	100.00	100.00
1996	SCARLETT BLUE DRESS	CL	24.00	24.00
1996	SCARLETT WITH SUITORS	CL	24.00	24.00
1997	BONNIE	OP	24.00	24.00
R. BROWN			**GONE WITH THE WIND**	
1991	PRISSY	CL	20.00	25.00
D. GEENTY			**GONE WITH THE WIND**	
1987	ASHLEY	CL	15.00	45.00
1987	RHETT	CL	15.00	45.00
1987	SCARLETT	CL	15.00	60.00
1987	TARA	CL	15.00	45.00
1988	RHETT AND SCARLETT	CL	20.00	50.00
1989	MAMMY	CL	20.00	20.00
1990	SCARLETT-RED DRESS	CL	20.00	20.00
*		**MOUSEHOLE COLLECTION**		
1993	MOUSEHOLE	RT	15.00	15.00
1994	MOUSEHOLE	RT	15.00	15.00
*			**NORMAN ROCKWELL**	
1999	BEDSIDE MANNER	YR	24.00	24.00
1999	BEDSIDE MANNER	YR	6.00	6.00

DAVID WINTER COTTAGES/ENESCO CORP.

YR	NAME	LIMIT	ISSUE	TREND
D. WINTER			**ORNAMENTS**	
1999	HOLLY BERRY COTTAGE	YR	30.00	30.00
2000	MEAD COTTAGE	YR	*	N/A

DEPARTMENT 56

YR	NAME	LIMIT	ISSUE	TREND
*				
1997	GAD'S HILL PLACE 98732	RT	*	NA
*			**CCP ORNAMENTS**	
1986	APOTHECARY SHOP	CL	4.00	20.00
1986	CHRISTMAS CAROL VILLAGE (SET OF 3)	CL	13.00	35.00
1986	GENERAL STORE	CL	4.00	20.00
1986	LIVERY STABLE & BOOT SHOP	CL	4.00	20.00
1986	NATHANIEL BINGHAM FABRICS	CL	4.00	20.00
1986	NEW ENGLAND VILLAGE (SET OF 7)	CL	25.00	290.00
1986	RED SCHOOLHOUSE	CL	4.00	20.00
1986	SCROOGE	CL	4.00	16.00
1986	STEEPLE CHURCH	CL	4.00	20.00

Beary Christmas, *a 1994 dated ornament from Enesco's Cherished Teddies Collection, has more than doubled in value.*

I'll just have the soup. Have a Soup-er Christmas *is an artplas ornaments from Enesco's Treasury of Christmas collection.*

Hand & Hammer's Precious Planet *reminds us that we all have a responsibility to treat our earth as an invaluable resourse.*

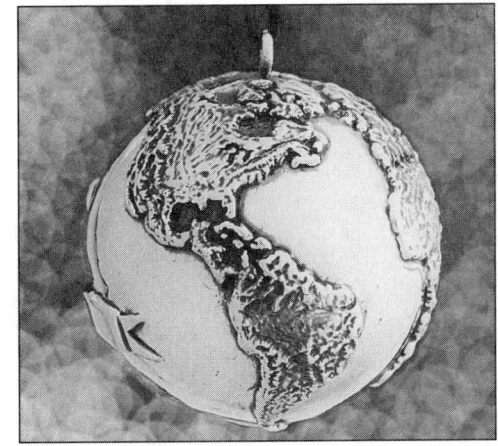

YR	NAME	LIMIT	ISSUE	TREND
*				
		CHRISTMAS CAROL CHARACTER ORNAMENTS		
1986	BOB CRATCHIT & TINY TIM	CL	4.00	16.00
1986	CHRISTMAS CAROL CHARACTERS (SET OF 3)	CL	13.00	35.00
1986	POULTERER	CL	4.00	16.00
*				
		CLASSIC ORNAMENT SERIES		
*	FIRST HOUSE THAT LOVE BUILT, THE	RT	*	N/A
*	TIMES TOWER, THE	RT	*	N/A
1998	CITY HALL	*	15.00	15.00
1998	CRAGGY COVE LIGHTHOUSE	*	15.00	15.00
1998	DICKENS' VILLAGE CHURCH	*	15.00	15.00
1998	DOROTHY'S DRESS SHOP	RT	15.00	15.00
1998	J. YOUNG'S GRANARY	*	15.00	15.00
1998	NANTUCKET	*	15.00	15.00
1998	OLD CURIOSITY SHOP, THE	*	15.00	15.00
1998	SANTA'S LOOKOUT TOWER	*	15.00	15.00
1998	STEEPLED CHURCH	*	15.00	15.00
*				
		DICKENS' VILLAGE		
1994	DEDLOCK ARMS INN 9872-8	RT	12.00	10.00
1995	SIR JOHN FALSTAFF INN 9870-1	RT	15.00	10.00
*				
		HERITAGE VILLAGE		
1996	CROWN & CRICKET INN #98730	RT	15.00	15.00
1996	GRAPES INN, THE #98729	RT	15.00	15.00
1996	PIED BULL INN, THE #98731	RT	15.00	15.00
*				
		MISCELLANEOUS ORNAMENTS		
1984	DICKENS TIN ORNAMENTS (SET OF 6)	CL	12.00	165.00
1988	BALSAM BELL BRASS DICKENS' CANDLESTICK	CL	3.00	10.00
1988	BOB & MRS. CRATCHIT	CL	18.00	35.00
1988	SCROOGE'S HEAD	CL	13.00	24.00
1988	TINY TIM'S HEAD	CL	10.00	24.00
	PIERRO/KIRCHNER			
		SNOWBABIES		
1986	CRAWLING, LITE-UP, CLIP-ON 7953-7	CL	7.00	20.00
1986	ORNAMENT ON BRASS RIBBON 7961-8	RT	8.00	175.00
1986	SITTING, LITE-UP, CLIP-ON 7952-9	RT	7.00	32.00
1986	WINGED, LITE-UP, CLIP-ON 7954-5	RT	7.00	50.00
1987	ADRIFT, LITE-UP, CLIP-ON	RT	8.00	100.00
1987	MINI, LITE-UP, CLIP-ON 7976-6	RT	9.00	12.00
1987	MOON BEAMS 7951-0	RT	8.00	9.00
1988	TWINKLE LITTLE STAR 7980-4	RT	7.00	100.00
1989	NOEL 7988-0	OP	8.00	8.00
1989	STAR BRIGHT 7990-1	RT	8.00	8.00
1989	SURPRISE 7989-8	CL	12.00	30.00
1990	PENGUIN, LITE-UP, CLIP ON 7940-5	CL	5.00	25.00
1990	POLAR BEAR, LITE-UP, CLIP-ON 7941-3	CL	5.00	25.00
1990	ROCK-A-BYE BABY 7939-1	RT	7.00	7.00
1991	MY FIRST STAR 6811-0	OP	7.00	7.00
1991	SWINGING ON A STAR 6810-1	OP	10.00	10.00
1993	SPRINKLING STARS IN THE SKY 6848-9	RT	14.00	14.00
1993	WEE... THIS IS FUN! 6847-9	RT	14.00	14.00
1993	YOU DIDN'T FORGET ME! 68500	RT	*	NA
1994	CATCH A FALLING STAR 68713	RT	*	NA
1994	FIRST STAR JINGLEBABY 68586	RT	10.00	10.00
1994	GATHERING STARS IN THE SKY 68551	RT	12.00	13.00
1994	LITTLE DRUMMER JINGLEBABY 68594	RT	10.00	10.00
1995	ARE YOU ON MY LIST? 68797	RT	*	NA
1995	JOY, SET OF 3	RT	*	N/A
1996	BABY'S 1ST RATTLE	OP	15.00	15.00
1996	JINGLEBELL JINGLEBABY	OP	11.00	11.00
1996	JOY TO THE WORLD- SET OF 2	OP	18.00	17.00
1996	NIGHT BEFORE CHRISTMAS, THE - WREATH	OP	18.00	18.00
1996	NIGHT BEFORE CHRISTMAS, THE- BELL	OP	18.00	18.00
1996	NIGHT BEFORE CHRISTMAS, THE- DRUMMER	OP	18.00	18.00
1996	NIGHT BEFORE CHRISTMAS, THE- MOON	OP	18.00	18.00
1996	NIGHT BEFORE CHRISTMAS, THE- PACKAGE	OP	18.00	18.00
1996	NIGHT BEFORE CHRISTMAS, THE- SISAL TREE	OP	18.00	18.00
1996	NIGHT BEFORE CHRISTMAS, THE- SNOWBALL	OP	18.00	18.00
1996	NIGHT BEFORE CHRISTMAS, THE- SOLDIER	OP	18.00	18.00
1996	NIGHT BEFORE CHRISTMAS, THE- STAR	OP	18.00	18.00
1996	SNOWBABY IN MY STOCKING	OP	10.00	10.00
1996	STARRY PINE JINGLEBABY	OP	11.00	11.00
1998	CANDLE LIGHT...SEASON BRIGHT	*	14.00	14.00
1998	FIVE, SIX, A DRUM WITH STICKS	*	14.00	14.00
1999	FROSTY FROLIC FRIENDS	RT	*	N/A
*				
		VILLAGE LIGHT-UP ORNAMENTS		
1985	ABEL BEASLEY BUTCHER	CL	6.00	20.00
1985	BEAN AND SON SMITHY SHOP	CL	6.00	20.00
1985	CANDLE SHOP	CL	6.00	25.00
1985	CROWNTREE INN	CL	6.00	40.00
1985	DICKENS' VILLAGE (SET OF 8)	CL	48.00	210.00
1985	DICKENS' VILLAGE CHURCH	CL	6.00	50.00
1985	GOLDEN SWAN BAKER	CL	6.00	20.00
1985	GREEN GROCER	CL	6.00	30.00
1985	JONES & CO. BRUSH & BASKET SHOP	CL	6.00	35.00
1986	APOTHECARY SHOP	CL	6.00	16.00
1986	BRICK TOWN HALL	CL	6.00	35.00
1986	GENERAL STORE	CL	6.00	35.00
1986	LIVERY STABLE & BOOT SHOP	CL	6.00	25.00
1986	NATHANIEL BINGHAM FABRICS	CL	6.00	25.00
1986	NEW ENGLAND VILLAGE (SET OF 7)	CL	42.00	300.00

YR	NAME	LIMIT	ISSUE	TREND
1986	RED SCHOOLHOUSE	CL	6.00	78.00
1986	STEEPLE CHURCH	CL	6.00	150.00
1987	BARLEY BREE FARMHOUSE	CL	6.00	20.00
1987	BLYTHE POND MILL HOUSE	CL	6.00	35.00
1987	BRICK ABBEY	CL	6.00	80.00
1987	CHESTERTON MANOR HOUSE	CL	6.00	40.00
1987	CHRISTMAS CAROL COTTAGES (SET OF 3)	CL	17.00	70.00
1987	COTTAGE OF BOB CRATCHIT & TINY TIM, THE	CL	6.00	35.00
1987	CRAGGY COVE LIGHTHOUSE	CL	6.00	175.00
1987	DICKENS' VILLAGE (SET OF 6)	CL	36.00	130.00
1987	FEZZIWIG'S WAREHOUSE	CL	6.00	25.00
1987	JACOB ADAMS BARN	CL	6.00	55.00
1987	JACOB ADAMS FARMHOUSE	CL	6.00	40.00
1987	KENILWORTH CASTLE	CL	6.00	50.00
1987	NEW ENGLAND VILLAGE (SET OF 6)	CL	36.00	250.00
1987	OLD CURIOSITY SHOP, THE	CL	6.00	50.00
1987	SCROOGE & MARLEY COUNTINGHOUSE	CL	6.00	30.00
1987	SMYTHE WOOLEN MILL	CL	6.00	100.00
1987	TIMBER KNOLL LOG CABIN	CL	6.00	125.00
1987	WESTON TRAIN STATION	CL	6.00	40.00

ENESCO CORP.

*			**ANGEL SERIES-DATED**	
1989	WARM WISHES AND HAPPINESS-117706	YR	12.00	12.00
1990	CHRISTMAS IS A TIME OF LOVE-119970	YR	17.00	17.00
1990	XMAS BRING JOY OF BEAUT. SEASON-120413	YR	35.00	35.00
*			**BABY'S FIRST CHRISTMAS-DATED SERIES**	
1989	SOMEWHERE IN THE EVENING SKY-117587	YR	12.00	15.00
1990	MAY BABY'S FIRST XMAS BE FILLED-119741	YR	17.00	17.00
P. HILLMAN			**CALICO KITTENS FOR YOU WITH MESSAGES**	
1996	TITLE N/A 178497	*	12.00	13.00
P. HILLMAN			**CALICO KITTENS I LOVE MY KITTY**	
1995	BIRD SEED FROM KITTY 144355	*	14.00	14.00
1995	I LOVE MY CAT 144320	*	11.00	11.00
1995	MERRY CHRISTMAS KITTY 144266	*	11.00	11.00
1995	TITLE N/A	*	11.00	11.00
1995	TO MY CAT 144398	*	11.00	11.00
1995	TO MY KITTY 144274	*	11.00	11.00
P. HILLMAN			**CALICO KITTENS ITTY BITTY KITTY CHRISTMAS KITTY**	
1996	TITLE N/A 178462	*	7.00	7.00
1996	TITLE N/A 178489	*	12.00	13.00
1996	TITLE N/A 178500	*	12.00	13.00
1996	TITLE N/A 178519	*	12.00	13.00
1996	TITLE N/A 178551	*	10.00	10.00
P. HILLMAN			**CALICO KITTENS/ 1993 CHRISTMAS INTRODUCTION**	
1993	BABY'S FIRST ORNAMENT- BOY	RT	16.00	30.00
1993	BABY'S FIRST ORNAMENT- GIRL	RT	16.00	30.00
1993	CAT WITH BLUE HAT- 3 PC	RT	11.00	11.00
1993	CAT WITH GREEN HAT- 3 PC	RT	11.00	11.00
1993	CAT WITH RED HAT- 3 PC	RT	11.00	11.00
P. HILLMAN			**CALICO KITTENS/ 1994 CHRISTMAS INTRODUCTION**	
1994	JOY TO THE WORLD- 2 PC	RT	14.00	14.00
1994	OUR FIRST CHRISTMAS TOGETHER	RT	15.00	30.00
1994	PEACE ON EARTH- 2 PC	RT	14.00	14.00
P. HILLMAN			**CHERISHED TEDDIES**	
1995	BABY ANGEL ON CLOUD 141240	OP	14.00	14.00
1995	BOY AND GIRL WITH BANNER 141259	OP	14.00	20.00
1995	YOU'RE SKATED INTO MY HEART 141232	YR	12.00	13.00
1996	BEAR W/DANGLING MITTENS 177768	OP	12.00	13.00
1997	1997 DATED	YR	12.00	13.00
1998	GINGERBREAD	YR	12.00	13.00
P. HILLMAN			**CHERISHED TEDDIES CHRISTMAS**	
1992	ANGEL BEAR	SU	12.00	45.00
1992	BEAR IN STOCKING	YR	16.00	50.00
1992	BEAR ON ROCKING REINDEER	SU	20.00	45.00
1992	SISTER WITH BLUE HAT	SU	12.00	21.00
1992	SISTER WITH RED HAT	SU	12.00	21.00
1992	SISTER WITH SANTA'S CAP	SU	12.00	21.00
1993	ANGEL WITH BELLS	SU	12.00	25.00
1993	ANGEL WITH HARP	SU	12.00	25.00
1993	ANGEL WITH HORN	SU	12.00	25.00
1993	BABY BOY'S FIRST CHRISTMAS	YR	12.00	32.00
1993	BABY GIRL'S FIRST CHRISTMAS	YR	12.00	36.00
1993	BEAR IN SANTA CAP	SU	12.00	35.00
1993	GIRL WITH MUFF	YR	14.00	50.00
1994	BEARS IN SLED	*	15.00	37.00
1994	BEARY CHRISTMAS-BABY IN BASKET	YR	15.00	25.00
1994	DRUMMER BOY	YR	10.00	25.00
1995	BEAR WITH ICE SKATES	YR	12.00	20.00
P. HILLMAN			**CHERISHED TEDDIES HOLIDAY DANGLING**	
1996	JOY AND HO HO	*	12.00	12.00
P. HILLMAN			**CHERISHED TEDDIES MESSENGERS OF THE HEART**	
1995	BOY BEAR FLYING CUPID	SU	13.00	25.00
1995	GIRL BEAR FLYING CUPID	SU	13.00	25.00
P. HILLMAN			**CHERISHED TEDDIES SANTA'S WORKSHOP**	
1995	ELF BEAR WITH CANDY CANE 651389	SU	12.00	20.00
1995	ELF BEAR WITH DOLL 625434	SU	12.00	20.00
1995	ELF BEAR WITH REINDEER TOY 625442	SU	12.00	20.00

YR	NAME	LIMIT	ISSUE	TREND
1995	MRS. CLAUS HOLDING TRAY OF COOKIES 625426	SU	12.00	30.00
1995	SANTA BEAR 651370	OP	12.00	13.00
D. WINTER			**CHRISTMAS ORNAMENTS**	
1999	HOLLY BERRY COTTAGE	OP	30.00	30.00
*				
			FROM BARBIE WITH LOVE	
1996	BARBIE AS S. O'HARA IN GRN VELVET 182028	YR	12.00	13.00
1996	DECOUPAGE HEART 189103	*	9.00	9.00
1996	DECOUPAGE ROUND 189030	*	8.00	8.00
1996	HAPPY HOLIDAY BARBIE, 1989 188867	YR	12.00	13.00
1996	HAPPY HOLIDAY BARBIE, 1996 188824	YR	12.00	13.00
1996	HOLIDAY DANCE 1965 188808	*	12.00	13.00
1996	QUEEN OF HEARTS BARBIE 157724	*	9.00	9.00
KINKA			**KINKA**	
1989	BABIES ARE CHRISTMAS DREAMS-117722	OP	15.00	16.00
1989	MAY THE CHRISTMAS STAR TOUCH-117595	OP	14.00	14.00
1989	MAY THIS SEASON BE FILLED WITH-117714	OP	14.00	14.00
1989	MAY YOU SHARE A NEW YEAR FILLED-119733	OP	23.00	23.00
1989	SOMEWHERE IN THE EVENING SKY-117587	YR	12.00	15.00
1989	WARM WISHES AND EVERY HAPPINESS-117706	YR	12.00	12.00
1990	LOVE TO YOU-119954	YR	14.00	14.00
1990	MAY CHRISTMAS BRING YOU-120413	YR	35.00	35.00
1991	CHRISTMAS IS A TIME WHEN GOD-122742	YR	23.00	23.00
1991	MAY THE TRUE SPIRIT-122750 (DATED)	YR	40.00	40.00
1991	MAY THIS SPECIAL SEASON-122696	OP	23.00	23.00
1991	MEMORIES ARE MADE OF-122661	OP	23.00	23.00
1991	WISHING YOU SPECIAL BLESSINGS-122785	YR	18.00	18.00
1992	CHRISTMAS IS LOVE-125369	OP	10.00	10.00
1992	HEAVEN'S BUNDLE OF JOY-122734	OP	10.00	10.00
1992	LIFE IS ONE JOYOUS STEP-125350	OP	10.00	10.00
1992	LOVE TO YOU/THIS WONDROUS TIME-119954	OP	8.00	8.00
1992	MAY THE CHRISTMAS STAR TOUCH-117595	OP	8.00	8.00
1992	MAY THIS SEASON BE FILLED W/JOY-117714	OP	8.00	8.00
1992	MAY THIS SPECIAL SEASON-122688	OP	11.00	12.00
1992	MEMORIES ARE MADE OF SIMPLE JOYS-122661	OP	11.00	12.00
1992	SOUND OF LOVE IS FELT, THE-120693	OP	10.00	10.00
1992	SWEET MUSIC & BEAUTIFUL MEMORIES-120707	OP	10.00	10.00
M. RHYNER-NADIG			**MARY'S MOO MOOS COWABUNGAS**	
1996	I LOVE MOO	OP	8.00	8.00
1996	SHUCK'S YOU'RE SWEET	OP	8.00	8.00
1996	UDDERLY WONDERFUL	OP	8.00	8.00
M. RHYNER-NADIG			**MARY'S MOO MOOS MOOEY CHRISTMAS**	
1996	BABY'S 1ST CHRISTMAS	OP	12.00	13.00
1996	BOY/GIRL ON SLED	OP	12.00	13.00
1996	COWBOY	OP	12.00	13.00
1996	GIRL SKATER	OP	12.00	13.00
1996	SANTA/DATED	OP	6.00	7.00
1996	WHEEE ARE MOOVIN!	YR	25.00	25.00
M. RHYNER-NADIG			**MARY'S MOO MOOS MOO-SENGERS OF LOVE**	
1996	CUPID H/O W/STAND	OP	7.00	7.00
1996	GIRL/HEART H/O	OP	7.00	7.00
M. RHYNER-NADIG			**MARY'S MOO MOOS-DATED 1997**	
1997	IT'S BUTTER TO GIVE THAN TO RECIEVE	YR	12.00	13.00
M. ATTWELL			**MEMORIES OF YESTERDAY**	
1988	BABY'S FIRST CHRISTMAS-520373	YR	14.00	50.00
1988	SPECIAL DELIVERY!-520381	YR	14.00	40.00
1989	A SURPRISE FOR SANTA-522473	YR	14.00	22.00
1989	BABY'S FIRST CHRISTMAS-522465	OP	15.00	20.00
1989	CHRISTMAS TOGETHER-522562	CL	15.00	34.00
1990	MOONSTRUCK-524794	RT	15.00	20.00
1990	NEW MOON-524646	SU	15.00	25.00
1990	TIME FOR BED-524638	YR	15.00	22.00
1991	JUST WATCHIN' OVER YOU-525421	RT	18.00	25.00
1991	LUCKY ME-525448	RT	16.00	20.00
1991	LUCKY YOU-525847	RT	16.00	16.00
1991	S'NO USE LOOKIN' BACK NOW!-527181	YR	18.00	25.00
1991	STAR FISHIN'-525820	OP	16.00	16.00
1992	I'LL FLY ALONG TO SEE YOU SOON-525804	YR	16.00	16.00
1992	MERRY CHRISTMAS, LITTLE BOO-BOO-528803	OP	38.00	38.00
1992	MOMMY, I TEARED IT-527041	YR	15.00	16.00
1992	SAILIN' WITH MY FRIENDS-587575	OP	25.00	25.00
1992	STAR LIGHT, STAR BRIGHT-528838	OP	16.00	16.00
1992	SWINGING TOGETHER-580481	YR	18.00	20.00
1993	WISH I COULD FLY TO YOU?	YR	16.00	16.00
1994	GIVE YOURSELF A HUG FROM ME	YR	18.00	18.00
1995	HAPPY LANDINGS	YR	16.00	16.00
1995	I PRAY THE LORD MY SOUL TO KEEP	OP	15.00	15.00
1995	NOW I LAY ME DOWN TO SLEEP	OP	15.00	15.00
1996	CAN I KEEP HER, MOMMY?	OP	14.00	14.00
1997	SHARING GINGERBREAD BLESSINGS	YR	18.00	18.00
M. ATTWELL			**MEMORIES OF YESTERDAY 97 NATIVITY PAGEANT**	
1997	ANGEL WITH HOLDER	OP	18.00	18.00
M. ATTWELL			**MEMORIES OF YESTERDAY EVENT ONLY**	
1993	HOW 'BOUT A LITTLE KISS?	CL	16.00	45.00
1997	YOU WARM MY HEART WITH FRIENDSHIP	YR	15.00	15.00
M. ATTWELL			**MEMORIES OF YESTERDAY FRIENDSHIP**	
1996	I LOVE YOU THIS MUCH!	OP	14.00	14.00

YR	NAME	LIMIT	ISSUE	TREND
M. ATTWELL	**MEMORIES OF YESTERDAY SOCIETY MEMBERS ONLY**			
1992	WITH LUCK/I'S IN HEAVEN-MY922	YR	16.00	20.00
1993	I'M BRINGING GOOD LUCK-WHEREVER YOU ARE	YR	16.00	20.00
M. ATTWELL	**MEMORIES OF YESTERDAY-WINTER MEMORIES SERIES**			
1989	I'SE SWINGIN'-564923 (DATED)	YR	15.00	30.00
1990	MAY EVERYTHING GO WITH A SWING-569550	YR	16.00	16.00
1991	SWING WITH ME-580473 (DATED)	YR	16.00	16.00
S. BUTCHER	**PRECIOUS MOMENTS**			
1980	BABY'S FIRST CHRISTMAS E-5631	SU	6.00	58.00
1980	BABY'S FIRST CHRISTMAS E-5632	SU	6.00	57.00
1980	WE HAVE SEEN HIS STAR E-6120	RT	9.00	60.00
1980	WEE THREE KINGS (3PC SET) E-5634	SU	25.00	135.00
1981	BUT LOVE GOES ON FOREVER E-5627	SU	6.00	77.00
1981	BUT LOVE GOES ON FOREVER E-5628	SU	6.00	103.00
1981	COME LET US ADORE HIM (4PC SET) E-5633	SU	20.00	130.00
1981	LET THE HEAVENS REJOICE E-5629	YR	6.00	240.00
1981	UNTO US A CHILD IS BORN E-5630	SU	6.00	61.00
1982	BABY'S FIRST CHRISTMAS E-2362	SU	9.00	43.00
1982	BABY'S FIRST CHRISTMAS E-2372	SU	9.00	39.00
1982	CAMEL, DONKEY & COW (3 PC SET) E-2386	SU	25.00	87.00
1982	DROPPING IN FOR CHRISTMAS E-2369	RT	9.00	51.00
1982	DROPPING OVER FOR CHRISTMAS E-2376	RT	9.00	47.00
1982	FIRST NOEL, THE- E-2368	RT	9.00	50.00
1982	FIRST NOEL, THE-E-2367	SU	9.00	66.00
1982	I'LL PLAY MY DRUM FOR HIM E-2359	YR	9.00	86.00
1982	JOY TO THE WORLD E-2343	SU	9.00	49.00
1982	MOUSE WITH CHEESE E-2381	SU	9.00	115.00
1982	OUR FIRST CHRISTMAS TOGETHER E-2385	SU	9.00	39.00
1982	SET OF 3-CAMEL, DONKEY & COW E2386	SU	25.00	100.00
1982	UNICORN E-2371	RT	9.00	60.00
1983	BLESSED ARE THE PURE IN HEART E-0518	YR	9.00	35.00
1983	JESUS IS THE LIGHT THAT SHINES E-0537	SU	9.00	65.00
1983	LET HEAVEN AND NATURE SING E-0532	RT	9.00	45.00
1983	LOVE IS PATIENT E-0535	SU	9.00	55.00
1983	LOVE IS PATIENT E-0536	SU	9.00	60.00
1983	MOTHER SEW DEAR E-0514	OP	9.00	24.00
1983	O COME ALL YE FAITHFUL E-0531	SU	10.00	30.00
1983	PERFECT GRANDPA, THE- E-0517	SU	9.00	40.00
1983	PURR-FECT GRANDMA, THE- E-0516	OP	9.00	27.00
1983	SURROUND US WITH JOY E-0513	YR	9.00	55.00
1983	TELL ME THE STORY OF JESUS E-0533	SU	9.00	50.00
1983	TO A SPECIAL DAD E-0515	SU	9.00	45.00
1983	TO THEE WITH LOVE E-0534	RT	9.00	45.00
1984	BLESSED ARE THE PURE IN HEART E-5392	YR	10.00	32.00
1984	HAVE A HEAVENLY CHRISTMAS 12416	OP	12.00	30.00
1984	JOY TO THE WORLD E-5388	RT	10.00	45.00
1984	LOVE IS KIND E-5391	SU	10.00	35.00
1984	MAY GOD BLESS YOU/PERFECT SEASON E-5390	SU	10.00	35.00
1984	PEACE ON EARTH E-5389	SU	10.00	35.00
1984	WISHING YOU A MERRY CHRISTMAS E-5387	YR	10.00	30.00
1985	ANGEL OF MERCY 102407	OP	10.00	20.00
1985	BABY'S FIRST CHRISTMAS 102504	YR	10.00	32.00
1985	BABY'S FIRST CHRISTMAS 102512	YR	10.00	30.00
1985	BABY'S FIRST CHRISTMAS 15903	YR	10.00	45.00
1985	BABY'S FIRST CHRISTMAS 15911	YR	10.00	35.00
1985	GOD SENT HIS LOVE 15768	YR	10.00	30.00
1985	HAPPINESS IS THE LORD 15830	SU	10.00	32.00
1985	HONK IF YOU LOVE JESUS 15857	SU	10.00	25.00
1985	IT'S A PERFECT BOY 102415	SU	10.00	25.00
1985	LORD KEEP ME ON MY TOES 102423	RT	10.00	45.00
1985	LOVE RESCUE ME 102385	OP	10.00	22.00
1985	MAY YOUR CHRISTMAS BE DELIGHTFUL 15849	SU	10.00	25.00
1985	MAY YOUR CHRISTMAS BE HAPPY 15822	SU	10.00	35.00
1985	OUR FIRST CHRISTMAS TOGETHER 102350	YR	10.00	30.00
1985	ROCKING HORSE 102474	SU	10.00	33.00
1985	SERVE WITH A SMILE 102431	SU	10.00	24.00
1985	SERVE WITH A SMILE 102458	SU	10.00	33.00
1985	SHEPHERD OF LOVE 102288	SU	10.00	30.00
1985	TRUST AND OBEY 102377	OP	10.00	20.00
1985	WISHING YOU A COZY CHRISTMAS 102326	YR	10.00	40.00
1986	BABY'S FIRST CHRISTMAS 109401	YR	12.00	40.00
1986	BABY'S FIRST CHRISTMAS 109428	YR	12.00	40.00
1986	HE CLEANSED MY SOUL 112380	OP	12.00	24.00
1986	I'M A POSSIBILITY 111120	SU	10.00	34.00
1986	I'M SENDING YOU A WHITE CHRISTMAS 112372	SU	11.00	32.00
1986	LOVE IS THE BEST GIFT OF ALL 109770	YR	11.00	30.00
1986	OUR FIRST CHRISTMAS TOGETHER 112399	YR	11.00	35.00
1986	REINDEER 102466	YR	11.00	175.00
1986	WADDLE I DO WITHOUT YOU 112364	OP	10.00	23.00
1986	YOU HAVE TOUCHED SO MANY HEARTS 112356	RT	10.00	35.00
1987	BABY'S FIRST CHRISTMAS 109401	YR	12.00	45.00
1987	BABY'S FIRST CHRISTMAS 109428	YR	12.00	45.00
1987	BEAR THE GOOD NEWS IF CHRISTMAS 104515	YR	11.00	30.00
1987	DASHING THROUGH THE SNOW 521574	OP	15.00	20.00
1987	I'M A POSSIBILITY 111120	*	10.00	34.00
1988	A GROWING LOVE 520349	*	*	85.00
1988	ALWAYS ROOM FOR ONE MORE 522961	OP	*	100.00
1988	BABY'S FIRST CHRISTMAS 115282	YR	15.00	20.00
1988	BABY'S FIRST CHRISTMAS 520241	YR	13.00	30.00

YR	NAME	LIMIT	ISSUE	TREND
1988	BABY'S FIRST CHRISTMAS 523194	YR	15.00	25.00
1988	BABY'S FIRST CHRISTMAS 523208	YR	15.00	25.00
1988	CHEERS TO THE LEADER 113999	SU	14.00	35.00
1988	CHRISTMAS IS RUFF WITHOUT YOU 520462	YR	13.00	32.00
1988	DON'T LET THE HOLIDAYS..DOWN 521590	OP	15.00	20.00
1988	GLIDE THROUGH THE HOLIDAYS 521566	RT	14.00	35.00
1988	GOD SENT YOU JUST IN TIME 113972	SU	14.00	35.00
1988	HANG ON FOR THE HOLLY DAYS 520292	YR	13.00	25.00
1988	I BELIEVE IN THE OLD RUGGED CROSS 522953	OP	15.00	20.00
1988	MAKE A JOYFUL NOISE 522910	SU	15.00	19.00
1988	MAY ALL YOUR CHRISTMASES..521302	OP	14.00	20.00
1988	MY LOVE WILL NEVER LET YOU GO 114006	SU	14.00	33.00
1988	OH HOLY NIGHT 522848	YR	14.00	32.00
1988	OUR FIRST CHRISTMAS TOGETHER 520233	YR	13.00	21.00
1988	OUR FIRST CHRISTMAS TOGETHER 521558	YR	18.00	35.00
1988	PEACE ON EARTH 523062	YR	25.00	75.00
1988	REJOICE O EARTH 113980	RT	14.00	40.00
1988	SMILE ALONG THE WAY 113964	SU	15.00	26.00
1988	TIME TO WISH YOU/MERRY CHRISTMAS 115320	YR	13.00	40.00
1988	TO MY FOREVER FRIEND 113956	OP	16.00	25.00
1988	YOU ARE MY GIFT COME TRUE 520276	YR	12.00	19.00
1989	BABY'S FIRST CHRISTMAS 523771	YR	15.00	22.00
1989	BABY'S FIRST CHRISTMAS 523798	YR	15.00	22.00
1989	BUNDLES OF JOY 525057	LE	18.00	32.00
1989	CELEBRATING...SHARING & CARING 227986	YR	7.00	10.00
1989	FRIENDS NEVER DRIFT APART 522937	RT	18.00	30.00
1989	HAPPY TRAILS IS TRUSTING JESUS 523224	OP	15.00	20.00
1989	LOVE ONE ANOTHER 522929	OP	18.00	20.00
1989	MAY YOUR CHRISTMAS BE/HAPPY HOME 523704	YR	28.00	50.00
1989	OH HOLY NIGHT 522848	YR	14.00	40.00
1989	ONCE UPON A HOLY NIGHT 523852	YR	15.00	30.00
1989	OUR FIRST CHRISTMAS TOGETHER 522945	YR	18.00	25.00
1989	OUR FIRST CHRISTMAS TOGETHER 525324	YR	18.00	28.00
1989	WISHING YOU A PURR-FECT HOLIDAY 520497	YR	15.00	30.00
1990	A UNIVERSAL LOVE 238899	YR	8.00	12.00
1990	BABY'S FIRST CHIRSTMAS (GIRL) 527092	YR	15.00	30.00
1990	BABY'S FIRST CHRISTMAS (BOY) 527084	YR	15.00	30.00
1990	GOOD LORD ALWAYS DELIVERS, THE- 527165	SU	15.00	30.00
1990	MAY YOUR CHRISTMAS BE MERRY 524174	YR	15.00	35.00
1990	MAY YOUR CHRISTMAS BE MERRY 526940	YR	30.00	35.00
1990	SHARING A GIFT OF LOVE 233196	YR	8.00	8.00
1990	SNO-BUNNY FALLS FOR YOU LIKE I DO 520438	YR	15.00	30.00
1991	MAY YOUR CHRISTMAS BE MERRY 526940	YR	30.00	35.00
1992	15 YEARS-TWEET MUSIC TOGETHER 530840	LE	15.00	23.00
1992	BABY'S FIRST CHRISTMAS 527475	YR	15.00	30.00
1992	BABY'S FIRST CHRISTMAS 527483	YR	15.00	29.00
1992	BABY'S FIRST CHRISTMAS 530859	YR	15.00	25.00
1992	BABY'S FIRST CHRISTMAS 530867	YR	15.00	30.00
1992	BUT THE GREATEST OF THESE IS LOVE 527696	YR	15.00	45.00
1992	BUT THE GREATEST OF THESE IS LOVE 527734	YR	30.00	40.00
1992	GOOD FRIENDS ARE FOR ALWAYS 524131	RT	15.00	30.00
1992	I'M NUTS ABOUT YOU 520411	YR	16.00	27.00
1992	IT'S SO UPLIFTING...FRIEND...YOU 528846	OP	16.00	20.00
1992	LORD KEEP ME ON MY TOES 525332	OP	15.00	17.00
1992	OUR FIRST CHRISTMAS TOGETHER 528870	YR	18.00	30.00
1992	OUR FIRST CHRISTMAS TOGETHER 530506	OP	18.00	19.00
1992	SHARE IN THE WARMTH OF CHRISTMAS	OP	15.00	18.00
1992	SLOW DOWN & ENJOY THE HOLIDAYS 520489	YR	16.00	19.00
1992	THERE'S A CHRISTIAN WELCOME HERE 528021	YR	23.00	30.00
1992	WISHING YOU/SWEETEST CHRISTMAS 530190	YR	30.00	35.00
1992	WISHING YOU/SWEETEST CHRISTMAS 530212	OP	15.00	30.00
1993	AN EVENT FOR ALL SEASONS 529974	LE	15.00	15.00
1993	AN EVENT FOR ALL SEASONS 530158	OP	30.00	30.00
1993	WISHING YOU/SWEETEST CHRISTMAS 530182	OP	8.00	8.00
1994	BABY'S FIRST CHRISTMAS 530255	YR	16.00	16.00
1994	BABY'S FIRST CHRISTMAS 530263	YR	16.00	16.00
1994	MEMORIES ARE MADE OF THIS 529982	OP	30.00	30.00
1994	OUR FIRST CHRISTMAS TOGETHER 529206	OP	19.00	19.00
1994	TAKE A BOW CUZ YOU'RE MY CHRISTMAS STAR	OP	16.00	16.00
1994	YER A PEL-I-CAN COUNT ON	OP	16.00	16.00
1994	YOU ARE ALWAYS IN MY HEART 530972	OP	16.00	16.00
1994	YOU'RE AS PRETTY AS A CHRISTMAS TREE 530387	YR	28.00	28.00
1994	YOU'RE AS PRETTY AS A CHRISTMAS TREE 530395	YR	30.00	30.00
1995	BABY'S FIRST CHRISTMAS 142719	OP	18.00	18.00
1995	BABY'S FIRST CHRISTMAS 142727	OP	18.00	18.00
1995	FOLLOW YOUR HEART 528080	OP	30.00	30.00
1995	HE COVERS THE EARTH W/HIS BEAUTY 142662	OP	17.00	17.00
1995	HE COVERS THE EARTH W/HIS BEAUTY 142689	OP	30.00	30.00
1995	HIPPO HOLIDAYS	OP	17.00	17.00
1995	JOY FROM HEAD TO MISTLETOE 150126	OP	17.00	17.00
1995	MERRY CHRISMOOSE 150134	OP	17.00	17.00
1995	OUR FIRST CHRISTMAS TOGETHER 142700	OP	19.00	19.00
1995	YOU'RE "A" NUMBER ONE IN MY BOOK, TEACHER 150142	OP	17.00	17.00
1996	BABY'S FIRST CHRISTMAS-BOY 183946	YR	18.00	18.00
1996	BABY'S FIRST CHRISTMAS-GIRL 183938	YR	18.00	18.00
1996	GOD'S PRECIOUS GIFT 183881	OP	20.00	20.00
1996	OUR FIRST CHRISTMAS TOGETHER 183911	YR	23.00	23.00
1996	PEACH ON EARTH...ANYWAY 183350	YR	30.00	38.00
1996	PEACH ON EARTH...ANYWAY 183369	YR	19.00	30.00

YR	NAME	LIMIT	ISSUE	TREND
1996	WHEN THE SKATING'S RUFF, TRY PRAYER 183903	OP	19.00	19.00
1997	PUPPY PUSHING SLED	OP	19.00	19.00
S. BUTCHER		**PRECIOUS MOMENTS BIRTHDAY**		
1995	HIPPO HOLIDAYS 520403	OP	17.00	25.00
1996	OWL BE HOME FOR CHRISTMAS 128708	YR	19.00	25.00
1997	SLOW DOWN FOR THE HOLIDAYS	YR	19.00	19.00
S. BUTCHER		**PRECIOUS MOMENTS COLLECTORS' CLUB PIECES**		
1984	CELEBRATING A DECADE..SHARING 227986	YR	7.00	10.00
1990	7 CHAPEL WINDOWS ORNAMENT SET PM890	OP	105.00	95.00
1990	BLESSED ARE THE MEEK...PM390	OP	15.00	22.00
1990	BLESSED ARE THE MERCIFUL..PM590	OP	15.00	22.00
1990	BLESSED ARE THE PEACEMAKERS...PM790	OP	15.00	22.00
1990	BLESSED ARE THE POOR...PM190	OP	15.00	22.00
1990	BLESSED ARE THE PURE... PM690	OP	15.00	22.00
1990	BLESSED ARE THEY THAT HUNGER...PM490	OP	15.00	22.00
1990	BLESSED ARE THEY THAT MOURN..PM290	OP	15.00	22.00
1992	LOVING...SHARING ALONG THE WAY PM040	OP	12.00	37.00
S. BUTCHER		**PRECIOUS MOMENTS COMMEMORATIVE EASTER SEALS ORNAMENTS**		
1993	YOU'RE MY NUMBER ONE FRIEND 250112	OP	8.00	12.00
1994	IT IS NO SECRET WHAT GOD CAN DO	YR	6.00	7.00
1995	TAKE TIME TO SMELL THE FLOWERS	YR	8.00	8.00
1996	YOU CAN ALWAYS COUNT ON ME	YR	6.00	7.00
1997	SOMEBODY CARES	YR	6.00	7.00
S. BUTCHER		**PRECIOUS MOMENTS DATED**		
1997	BABY'S FIRST CHRISTMAS	YR	19.00	19.00
1997	BABY'S FIRST ORNAMENT	YR	19.00	19.00
1997	CANE YOU JOIN US FOR A MERRY CHRISTMAS	YR	19.00	19.00
1997	CANE YOU JOIN US FOR A MERRY CHRISTMAS- BALL	YR	30.00	30.00
1997	OUR FIRST CHRISTMAS TOGETHER	YR	20.00	20.00
S. BUTCHER		**PRECIOUS MOMENTS JOY TO THE WORLD**		
1995	JOY TO THE WORLD 1ST ISSUE 150320	OP	20.00	23.00
1996	JOY TO THE WORLD 2ND ISSUE 153338	OP	20.00	22.00
1997	JOY TO THE WORLD 3RD ISSUE	OP	20.00	20.00
S. BUTCHER		**PRECIOUS MOMENTS SPECIAL EDITION MEMBERS ONLY**		
1993	LOVING,CARING & SHARING ALONG THE WAY	OP	15.00	15.00
1994	YOU ARE THE END OF MY RAINBOW	OP	15.00	15.00
S. BUTCHER		**PRECIOUS MOMENTS SUGAR TOWN**		
1992	BOY STANDING BY CHAPEL 530484	LE	18.00	20.00
1995	SUGAR TOWN DOCTOR'S OFFICE 530441	RT	18.00	30.00
1996	TRAIN STATION 184101	RT	19.00	25.00
*		**SHARING SEASON GIFTS**		
1986	BIRDS OF A FEATHER COLLECT... PM864	OP	*	175.00
1987	BRASS FILIGREE BELL SHAPED PM009	OP	*	45.00
1988	A GROWING LOVE 520349	OP	*	70.00
1989	ALWAYS ROOM FOR ONE MORE 522961	OP	*	98.00
1990	MY HAPPINESS PM904	OP	*	88.00
1991	SHARING THE GOOD NEWS TOGETHER PM037	OP	*	83.00
S. BUTCHER		**SHARING SEASON GIFTS**		
1992	CLUB'S THAT'S OUT...THIS WORLD, THE PM038	OP	*	70.00
*		**TREASURY MASTERPIECE EDITIONS**		
1997	100 YEARS OF SOUP-ERB GOOD TASTE	YR	20.00	20.00
1997	50 YEARS OF MIRACLES	YR	20.00	20.00
1997	ALWAYS COOL WITH COKE	YR	23.00	23.00
1997	BEEP ME UP!	YR	20.00	20.00
1997	BEST BET'S A 'VETTE	YR	23.00	23.00
1997	COCA-COLA CABOOSE	YR	25.00	25.00
1997	CRACKER JACK...THE HOME RUN SNACK	YR	25.00	25.00
1997	DEERE SANTA	YR	25.00	25.00
1997	EVERYONE KNOWS IT'S SLINKY	YR	23.00	23.00
1997	FOR ALL YOU DO, MERRY CHRISTMAS TO YOU	YR	25.00	25.00
1997	FORECAST ALWAYS CALLS FOR COKE, THE	YR	20.00	20.00
1997	G.I. JOE LOVES CHRISTMAS	YR	20.00	20.00
1997	HAVE YOUR CAKE AND BAKE IT, TOO	YR	20.00	20.00
1997	HEADING 4-WHEEL MERRY CHRISTMAS	YR	23.00	23.00
1997	HO HO HO, A GRILLING WE WILL GO!	YR	20.00	20.00
1997	HOME SWEET HOME	YR	25.00	25.00
1997	HULA HOOP HOLIDAYS	YR	20.00	20.00
1997	ICE CREAM OF THE CROP	YR	20.00	20.00
1997	MOVIN' AND GROOVIN'	YR	23.00	23.00
1997	ON TRACK WITH SANTA	YR	20.00	20.00
1997	ORDERING UP A MERRY CHRISTMAS	YR	25.00	25.00
1997	PLAY IT AGAIN, SANTA	YR	20.00	20.00
1997	PREPARE FOR BATTLE	YR	25.00	25.00
1997	STOCKIN' UP FOR THE HOLIDAYS	YR	23.00	23.00
1997	TWIST & SHOUT "HAVE A COKE"	YR	25.00	25.00
1997	WORKIN' ROUND THE CLOCK	YR	23.00	23.00
1997	WWW. HAPPY HOLIDAYS!.COM	YR	25.00	25.00
T. FRALEY		**TREASURY MASTERPIECE EDITIONS**		
1997	TOBIN'S GRACEFUL STEED	YR	20.00	20.00
K. HAHN		**TREASURY MASTERPIECE EDITIONS**		
1997	ADVENT-URES IN ORNAMENT COLLECTING- CHARTER MEMBER	YR	20.00	20.00
1997	ADVENT-URES IN ORNAMENT COLLECTING- SILVER STAR	YR	20.00	20.00
1997	BUBBLING WITH CHEER	YR	20.00	20.00
1997	FIRED UP FOR CHRISTMAS	YR	23.00	23.00
1997	HOWL-A-DAY PET SHOPPE	YR	25.00	25.00
1997	I'M SO GLAD I FONDUE AS A FRIEND	YR	20.00	20.00
1997	ON COURSE WITH SANTA	YR	20.00	20.00
1997	PRIMPING IRON	YR	20.00	20.00

YR	NAME	LIMIT	ISSUE	TREND
1997	SPARE TIME FOR CHRISTMAS FUN	YR	25.00	25.00
1997	SWEETEST NATIVITY, THE	YR	20.00	20.00

P. HILLMAN

TREASURY MASTERPIECE EDITIONS

YR	NAME	LIMIT	ISSUE	TREND
1997	CHERISH THE JOY	YR	25.00	25.00

*

TREASURY OF CHRISTMAS

YR	NAME	LIMIT	ISSUE	TREND
1981	BABY'S FIRST CHRISTMAS 1981-E-6145	YR	6.00	22.00
1981	FLYIN' SANTA CHRISTMAS SPECIAL-E6136	YR	9.00	110.00
1981	LOOK OUT BELOW-E-6135	TL	6.00	60.00
1981	NOT A CREATURE WAS STIRRING-E-6149	TL	4.00	45.00
1981	OUR HERO-E-6146	TL	4.00	55.00
1981	SAWIN' ELF HELPER-E-6138	TL	6.00	45.00
1981	SNOW SHOE-IN SANTA-E-6139	TL	6.00	50.00
1981	WHOOPS, IT'S 1981-E-6148	YR	8.00	75.00
1981	WHOOPS-E-6147	TL	4.00	95.00
1982	A SAVIOR IS BORN THIS DAY-E-6949	TL	4.00	18.00
1982	BABY'S FIRST CHRISTMAS 1982-E-6952	YR	4.00	10.00
1982	BABY'S FIRST CHRISTMAS 1982-E-6979	YR	10.00	35.00
1982	BUNNY WINTER PLAYGROUND 1982-E-6978	YR	10.00	55.00
1982	CAROUSEL HORSES-E-6958	TL	8.00	65.00
1982	FLYIN' SANTA CHRISTMAS SPECIAL-E6136	YR	9.00	105.00
1982	GRANDCHILD'S FIRST CHRISTMAS 1982-E-6983	YR	5.00	15.00
1982	MERRY CHRISTMAS GRANDMA-E-6975	TL	5.00	5.00
1982	MERRY CHRISTMAS TEACHER-E-6984	TL	7.00	7.00
1982	PENGUIN POWER-E-6977	TL	6.00	18.00
1982	POLAR BEAR FUN WHOOPS IT'S 1982-E-6953	YR	10.00	85.00
1982	TOY SOLDIER 1982-E-6957	YR	6.00	65.00
1982	VICTORIAN SLEIGH-E-6946	TL	9.00	9.00
1983	ARCTIC CHARMER-E-6945	TL	7.00	35.00
1983	BABY'S FIRST CHRISTMAS-E-0271	YR	6.00	6.00
1983	BABY'S FIRST CHRISTMAS-E-0273	TL	9.00	9.00
1983	CAROUSEL HORSE-E-0278	TL	9.00	50.00
1983	CAROUSEL HORSES-E-6980	TL	8.00	65.00
1983	GRANDCHILD'S FIRST CHRISTMAS-E0272	YR	5.00	5.00
1983	TO A SPECIAL TEACHER-E-0276	TL	5.00	15.00
1983	TOY DRUM TEDDY-E-0274	TL	9.00	9.00
1983	TOY SHOP-E-0277	TL	8.00	32.00
1983	WATCHING AT THE WINDOW-E-0275	TL	13.00	40.00
1983	WIDE OPEN THROTTLE-E-0242	TL	12.00	35.00
1983	WING-A-DING ANGEL-E-6948	TL	7.00	40.00
1984	BABY'S FIRST CHRISTMAS 1984-E-6215	YR	6.00	6.00
1984	BUNNY'S CHRISTMAS STOCKING-E-6251	YR	2.00	28.00
1984	CAROUSEL HORSE-E-6913	TL	2.00	20.00
1984	CHRISTMAS NEST-E-6249	TL	3.00	3.00
1984	CUCKOO CLOCK-E-6217	TL	8.00	40.00
1984	FERRIS WHEEL MICE-E-6216	TL	9.00	9.00
1984	GODCHILD'S FIRST CHRISTMAS-E-6287	TL	7.00	7.00
1984	GRANDCHILD'S FIRST CHRISTMAS 1984-E-6286	YR	5.00	5.00
1984	HAPPY HOLIDAYS-E-6248	TL	2.00	2.00
1984	HOLIDAY PENGUIN-E-6240	TL	2.00	20.00
1984	JOY TO THE WORLD-E-6209	TL	9.00	48.00
1984	LETTER TO SANTA-E-6210	TL	5.00	35.00
1984	LITTLE DRUMMER-E-6241	TL	2.00	2.00
1984	MERRY CHRISTMAS MOTHER-E-6213	TL	10.00	35.00
1984	OWL BE HOME FOR CHRISTMAS-E-6230	TL	10.00	10.00
1984	PEEK-A-BEAR BABY'S/CHRISTMAS-E-6228	TL	10.00	10.00
1984	PEEK-A-BEAR BABY'S/CHRISTMAS-E-6229	TL	9.00	9.00
1984	PENGUINS ON ICE-E-6280	TL	8.00	30.00
1984	SANTA IN THE BOX-E-6292	TL	6.00	35.00
1984	SANTA ON ICE-E-6252	TL	2.00	25.00
1984	SANTA'S TROLLEY-E-6231	TL	11.00	55.00
1984	TREASURED MEMORIES THE NEW SLED-E-6256	TL	7.00	70.00
1984	UP ON THE HOUSE TOP-E-6280	TL	9.00	30.00
1985	A STOCKING FULL FOR 1985-56464	YR	6.00	6.00
1985	ANGEL IN FLIGHT-55816	TL	8.00	25.00
1985	BABY BLOCKS-55883	TL	12.00	12.00
1985	BABY RATTLE PHOTO FRAME-56006	TL	5.00	5.00
1985	BABY'S FIRST CHRISTMAS-55840	TL	15.00	16.00
1985	CAROUSEL REINDEER-55808	TL	12.00	50.00
1985	CHILD'S SECOND CHRISTMAS-55867	TL	11.00	20.00
1985	CHRISTMAS LIGHTS-56200	TL	8.00	40.00
1985	CHRISTMAS PENGUIN-55824	TL	8.00	40.00
1985	CHRISTMAS TOY CHEST-55891	TL	10.00	25.00
1985	CHRISTMAS TREE PHOTOFRAME-56871	TL	10.00	10.00
1985	FISHING FOR STARS-55875	TL	9.00	15.00
1985	FLYING SANTA CHRISTMAS SPECIAL-56383	TL	8.00	45.00
1985	GRANDCHILD'S FIRST ORNAMENT-55921	TL	7.00	12.00
1985	LOOK OUT BELOW-56375	TL	6.00	50.00
1985	MERRY CHRISTMAS GRANDMA-56197	YR	7.00	7.00
1985	MERRY CHRISTMAS TEACHER-56448	YR	9.00	9.00
1985	NIGHT BEFORE CHRISTMAS, THE-55972	TL	5.00	5.00
1985	NORTH POLE EXPRESS-56073	TL	9.00	50.00
1985	NOT A CREATURE WAS STIRRING-56421	YR	6.00	45.00
1985	OLD FASHIONED ROCKING HORSE-55859	TL	10.00	10.00
1985	OUR HERO-56413	YR	6.00	55.00
1985	SANTA CLAUS BALLOON-55794	YR	8.00	40.00
1985	SAWIN ELF HELPER-56391	YR	8.00	45.00
1985	SCOTTIE CELEBRATING CHRISTMAS-56065	TL	10.00	15.00
1985	SKATING WALRUS-56081	TL	9.00	45.00
1985	SNOW SHOE-IN SANTA-56405	YR	8.00	50.00

YR	NAME	LIMIT	ISSUE	TREND
1985	ST. NICHOLAS CIRCA 1910-56359	TL	6.00	15.00
1985	TOBOGGAN RIDE-56286	TL	6.00	12.00
1985	VICTORIAN DOLL HOUSE-56251	YR	13.00	30.00
1985	WE THREE KINGS-55964	YR	4.00	15.00
1986	1ST CHRISTMAS TOGETHER 1986-551171	YR	9.00	22.00
1986	ANTIQUE TOY-551317	TL	9.00	25.00
1986	BABY BEAR SLEIGH, THE-551651	TL	9.00	25.00
1986	BABY'S FIRST CHRISTMAS 1986-551724	YR	6.00	7.00
1986	BABY'S FIRST CHRISTMAS-551716	TL	6.00	10.00
1986	BAH, HUMBUG!-553387	TL	9.00	20.00
1986	CHRISTMAS ANGEL, THE-551244	10000	23.00	55.00
1986	CHRISTMAS CALENDAR-551333	TL	7.00	20.00
1986	CHRISTMAS RATTLE-553379	TL	8.00	25.00
1986	CHRISTMAS SCOTTIE-551201	TL	7.00	15.00
1986	CHRISTMAS WISHES FROM PANDA-552623	TL	6.00	10.00
1986	COUNTRY COUSINS MERRY XMAS, DAD-552704	TL	7.00	10.00
1986	COUNTRY COUSINS MERRY XMAS, DAD-552712	TL	7.00	15.00
1986	COUNTRY COUSINS MERRY XMAS, MOM-552704	TL	7.00	10.00
1986	COUNTRY COUSINS MERRY XMAS, MOM-552712	TL	7.00	15.00
1986	ELF STRINGING POPCORN-551198	TL	10.00	18.00
1986	FIRST CHRISTMAS TOGETHER-551708	TL	6.00	23.00
1986	FROM OUR HOUSE TO YOUR HOUSE-553360	TL	15.00	20.00
1986	GOD BLESS US EVERYONE-553395	TL	10.00	22.00
1986	GRANDMOTHER'S LITTLE ANGEL-552747	TL	8.00	15.00
1986	HAVE A HEAVENLY HOLIDAY-551260	TL	9.00	1.00
1986	HOLIDAY FISHERMAN-551309	TL	8.00	35.00
1986	HOLIDAY TRAIN-553417	TL	10.00	24.00
1986	I LOVE MY GRANDPARENTS-553263	YR	6.00	6.00
1986	M.V.B. (MOST VALUABLE BEAR)-554219	TL	3.00	3.00
1986	MERRY CHRISTMAS MOM & DAD-553271	YR	6.00	6.00
1986	MERRY CHRISTMAS TEACHER-552666	TL	6.00	12.00
1986	MERRY CHRISTMAS-553646	TL	8.00	14.00
1986	MY SPECIAL FRIEND-552615	TL	2.00	18.00
1986	OLD FASHIONED DOLL HOUSE-551287	TL	15.00	25.00
1986	PEEK-A-BEAR GRANDCHILD'S/XMAS-552070	YR	6.00	6.00
1986	PEEK-A-BEAR PRESENT-552089	TL	2.00	3.00
1986	S. CLAUS HOLLYCOPTER-553344	TL	14.00	30.00
1986	SANTA AND CHILD-551236	TL	14.00	25.00
1986	SANTA'S HELPERS-552607	TL	2.00	3.00
1986	SIAMESE KITTEN-551279	TL	9.00	20.00
1987	1ST CHRISTMAS TOGETHER 1987-556335	YR	9.00	25.00
1987	BABY'S FIRST CHRISTMAS 1987-556254	YR	7.00	25.00
1987	BABY'S FIRST CHRISTMAS 1987-556297	YR	2.00	5.00
1987	BABY'S FIRST CHRISTMAS-555061	TL	12.00	15.00
1987	BABY'S FIRST CHRISTMAS-555088	TL	8.00	12.00
1987	BABY'S FIRST CHRISTMAS-555118	TL	6.00	10.00
1987	BABY'S FIRST CHRISTMAS-556041	TL	10.00	10.00
1987	BEARY CHRISTMAS FAMILY-556300	TL	2.00	5.00
1987	BOY ON A ROCKING HORSE-555983	TL	12.00	20.00
1987	BUCKET O'LOVE-556491	TL	2.00	3.00
1987	CAROUSEL GOOSE-556076	TL	17.00	40.00
1987	CAROUSEL MOBILE-553409	TL	15.00	60.00
1987	CHRISTMAS TRAIN-557196	TL	10.00	18.00
1987	COUNTRY COUSINS KATIE/ICE SKATING-556378	TL	8.00	30.00
1987	COUNTRY COUSINS SCOOTER SNOWMAN-556386	TL	8.00	35.00
1987	GRANDCHILD'S FIRST CHRISTMAS-556416	TL	10.00	25.00
1987	I'M DREAMING OF/BRIGHT CHRISTMAS-556602	TL	2.00	3.00
1987	KITTY'S 1ST CHRISTMAS-552917	TL	4.00	5.00
1987	KITTY'S BED-556408	TL	12.00	50.00
1987	KITTY'S JACK-IN-THE-BOX-555959	TL	11.00	15.00
1987	LITTLE SAILOR ELF-556068	TL	10.00	20.00
1987	MERRY CHRISTMAS KITTY-552933	TL	4.00	5.00
1987	MERRY CHRISTMAS PUPPY-552925	TL	4.00	5.00
1987	MERRY CHRISTMAS TEACHER-555967	TL	8.00	10.00
1987	MERRY CHRISTMAS TEACHER-556319	TL	2.00	5.00
1987	MOUSE IN A MITTEN-555975	TL	8.00	30.00
1987	NIGHT CAPS-556084	TL	6.00	8.00
1987	OUR FIRST CHRISTMAS TOGETHER-556548	TL	13.00	18.00
1987	PEEK-A-BEAR MY SPECIAL FRIEND-556513	TL	6.00	28.00
1987	PEEK-A-BEAR LETTER TO SANTA-555991	TL	8.00	15.00
1987	PUPPY LOVE-556505	TL	6.00	15.00
1987	PUPPY'S 1ST CHRISTMAS-552909	TL	4.00	5.00
1987	ROCKING HORSE PAST JOYS-556157	TL	10.00	10.00
1987	SANTA'S LIST-556394	TL	7.00	25.00
1987	SKATING SANTA 1987-556211	YR	14.00	80.00
1987	SLEIGH AWAY-555401	TL	12.00	20.00
1987	SUGAR PLUM BEARIES-555193	TL	4.00	5.00
1987	TEDDY TAKES A SPIN-556467	TL	13.00	18.00
1987	TEDDY'S SUSPENDERS-556262	TL	8.00	16.00
1987	THREE LITTLE BEARS-556556	TL	8.00	12.00
1987	TINY TOY THIMBLE MOBILE-556475	TL	12.00	15.00
1988	1ST CHRISTMAS TOGETHER 1988-554596	YR	18.00	18.00
1988	BABY'S FIRST CHRISTMAS 1988-554928	YR	8.00	10.00
1988	CHRISTMAS IS COMING-554901	TL	12.00	18.00
1988	CHRISTMAS PIN-UP 489409	TL	11.00	25.00
1988	CHRISTMAS THIM-BELL-558389	YR	4.00	6.00
1988	CHRISTMAS TRAIN, THE-554944	TL	15.00	20.00
1988	GRAMOPHONE KEEPSAKE-558818	TL	13.00	22.00
1988	HAPPY HOWLADAYS-558605	YR	7.00	12.00

YR	NAME	LIMIT	ISSUE	TREND
1988	MERRY CHRISTMAS ENGINE-554561	TL	23.00	35.00
1988	MERRY CHRISTMAS GRANDPA-560065	TL	8.00	10.00
1988	NORTH POLE DEADLINE-489387	TL	14.00	18.00
1988	SANTA TURTLE-558559	TL	10.00	20.00
1988	SANTA'S SURVEY-554642	TL	35.00	90.00
1988	TEDDY BEAR BALL, THE-558567	TL	10.00	12.00
1988	TURTLE GREETINGS-558583	TL	8.00	22.00
1989	BABY'S FIRST CHRISTMAS 1989-562807	YR	8.00	12.00
1989	BOTTOM'S UP 1989-830003	TL	11.00	20.00
1989	CAUGHT IN THE ACT-830046	TL	12.00	13.00
1989	CLARA-568406	YR	12.00	22.00
1989	COWARDLY LION, THE-567787	YR	12.00	22.00
1989	DOROTHY-567760	YR	12.00	30.00
1989	FIRST CHRISTMAS TOGETHER 1989-562823	TL	11.00	12.00
1989	GONE WITH THE WIND-567698	YR	14.00	25.00
1989	HOE! HOE! HOE!-564761	YR	20.00	31.00
1989	PAUSE THAT REFRESHES, THE-563226	TL	15.00	65.00
1989	PURR-FECT FIT!, THE-566462	TL	15.00	30.00
1989	SANTA'S LITTLE REINDEAR-568430	TL	15.00	23.00
1989	SCARECROW, THE-567795	YR	12.00	20.00
1989	STATIC IN THE ATTIC-562947	TL	13.00	15.00
1989	TIN MAN, THE-567779	YR	12.00	20.00
1989	VICTORIAN SLEIGH RIDE-562890	TL	23.00	23.00
1989	YE OLDE PUPPET SHOW-562939	TL	18.00	20.00
1990	A CALLING HOME AT CHRISTMAS-568457	TL	15.00	16.00
1990	BREWING WARM WISHES-564974	TL	10.00	12.00
1990	CLARA'S PRINCE-568422	YR	12.00	18.00
1990	FESTIVE FLIGHT-566101	TL	11.00	14.00
1990	HANG IN THERE-566055	TL	14.00	14.00
1990	HAPPY HOLIDAY READINGS-568104	TL	8.00	10.00
1990	HAVE A COKE AND A SMILE-571512	TL	15.00	50.00
1990	HEADING FOR HAPPY HOLIDAYS-577537	TL	18.00	18.00
1990	MCHAPPY HOLIDAYS-577529	TL	18.00	18.00
1990	MERRY CHRISTMAS TEACHER-566098	TL	11.00	11.00
1990	MOUSE HOUSE-575186	TL	16.00	16.00
1990	NUTCRACKER, THE-568422	YR	12.00	30.00
1990	OVER ONE MILLION HOLIDAY WISHES!-577553	YR	18.00	20.00
1990	PURR-FECT PALS-563218	TL	8.00	12.00
1990	SANTA'S SUITCASE-566462	TL	25.00	25.00
1990	SEAMAN'S GREETINGS-566047	TL	11.00	11.00
1990	TEN LORDS A-LEAPING-573949	TL	15.00	16.00
1990	TONS OF TOYS-577510	TL	13.00	18.00
1990	TWAS THE NIGHT BEFORE CHRISTMAS-577545	TL	18.00	18.00
1990	YOU MALT MY HEART-577596	TL	25.00	25.00
1991	A REAL CLASSIC-831603	YR	10.00	10.00
1991	ALL CAUGHT UP IN CHRISTMAS-583537	TL	10.00	10.00
1991	ALL I WANT FOR CHRISTMAS-577596	TL	25.00	25.00
1991	BABY'S FIRST CHRISTMAS 1991-586935	YR	12.00	13.00
1991	CHECKING IT TWICE-583936	TL	25.00	25.00
1991	CHRISTMAS CHEER-585769	TL	14.00	14.00
1991	CHRISTMAS COUNTDOWN-568376	TL	20.00	20.00
1991	CHRISTMAS CUTIE-576182	TL	14.00	14.00
1991	CHRISTMAS IS IN THE AIR-581453	YR	15.00	16.00
1991	CHRISTMAS IS MY GOAL-581550	TL	18.00	18.00
1991	CHRISTMAS KAYAK-583723	TL	14.00	15.00
1991	DREAM A LITTLE DREAM-575593	TL	18.00	18.00
1991	FROSTY THE SNOWMAN-576425	TL	15.00	16.00
1991	GLOW OF CHRISTMAS, THE-581801	TL	20.00	20.00
1991	HAPPY MEAL ON WHEELS-583715	TL	23.00	23.00
1991	HERE'S THE SCOOP-583693	TL	14.00	14.00
1991	HOLIDAY AHOY-568368	TL	12.00	13.00
1991	HOLIDAY TREATS-581542	YR	18.00	18.00
1991	HOLIDAY WING DING-574333	TL	23.00	23.00
1991	IT'S TEA-LIGHTFUL-694789	TL	14.00	15.00
1991	JUGGLIN' THE HOLIDAYS-587028	TL	13.00	13.00
1991	LIGHTING THE WAY-588776	TL	20.00	20.00
1991	MARILYN MONROE-583774	YR	20.00	20.00
1991	MEOW MATES-576220	TL	12.00	12.00
1991	NORTH POLE HERE I COME-574333	TL	23.00	23.00
1991	OUR MOST PRECIOUS GIFT-585726	YR	18.00	18.00
1991	PEDAL PUSHIN' SANTA-566098	TL	20.00	28.00
1991	RUDOLPH-588784	TL	18.00	18.00
1991	SANTA'S STEED-587044	YR	15.00	18.00
1991	STARRY EYED SANTA-587176	TL	15.00	16.00
1991	THINGS GO BETTER WITH COKE-580597	TL	17.00	18.00
1991	TUBA TOTIN' TEDDY-568449	TL	15.00	16.00
1991	WARMEST WISHES-573825	YR	18.00	25.00
1992	A CHILD'S CHRISTMAS-586358	TL	25.00	25.00
1992	A CHRISTMAS TOAST-588261	TL	20.00	20.00
1992	A POUND OF GOOD CHEERS-582034	TL	18.00	18.00
1992	A SURE SIGN OF CHRISTMAS-588857	TL	23.00	23.00
1992	A WATCHFUL EYE-595713	YR	15.00	16.00
1992	A-B-C-SON'S GREETINGS-588806	TL	16.00	17.00
1992	BABY'S FIRST CHRISTMAS-586943	YR	12.00	13.00
1992	BEGINNING TO LOOK/CHRISTMAS-588253	TL	15.00	16.00
1992	BLESS OUR HOME-595772	YR	12.00	12.00
1992	CARTIN' HOME HOLIDAY TREATS-832790	TL	14.00	14.00
1992	CHECKIN' HIS LIST-595756	YR	12.00	13.00
1992	CHRISTMAS BIZ-593168	TL	23.00	23.00

YR	NAME	LIMIT	ISSUE	TREND
1992	CHRISTMAS CAT NAPPIN'-595764	YR	12.00	12.00
1992	CHRISTMAS CURE-ALLS-588938	TL	20.00	20.00
1992	CHRISTMAS EVE-MERGENCY-588849	TL	27.00	27.00
1992	CHRISTMAS IS IN THE AIR-831174	TL	25.00	25.00
1992	CHRISTMAS LIFTS THE SPIRITS-582018	TL	25.00	25.00
1992	CHRISTMAS TRIMMIN'-590932	TL	17.00	17.00
1992	COLD, CRISP TASTE OF COKE, THE-583766	TL	17.00	17.00
1992	DIAL 'S' FOR SANTA-589373	TL	25.00	25.00
1992	FESTIVE FIDDLERS-586501	YR	20.00	20.00
1992	FESTIVE NEWSFLASH-588792	TL	18.00	18.00
1992	FIRED UP FOR CHRISTMAS-595799	YR	12.00	12.00
1992	FIRESIDE FRIENDS-588830	TL	20.00	20.00
1992	GOOD CATCH-595721	YR	12.00	13.00
1992	GUTEN CHEERS-587192	YR	23.00	23.00
1992	HAVE A SOUP-ER CHRISTMAS-588911	TL	18.00	18.00
1992	HOLIDAY TAKE-OUT-593508	YR	18.00	18.00
1992	HOLIDAYS ARE A HIT, THE-581577	TL	18.00	18.00
1992	HOLIDAYS GIVE ME A LIFT-588865	TL	30.00	30.00
1992	HOPPY HOLIDAYS-588814	YR	14.00	14.00
1992	LIGHTS...CAMERA...CHRISTMAS!-594369	TL	20.00	20.00
1992	MC HO HO HO-585181	TL	23.00	23.00
1992	MERRY KISSES-831166	TL	18.00	18.00
1992	MERRY MISTLE TOAD-588288	TL	15.00	16.00
1992	MOON WATCH-587184	TL	20.00	20.00
1992	MUSIC MICE-TRO!-575143	TL	12.00	12.00
1992	ON TARGET TWO-GETHER-575623	YR	17.00	17.00
1992	PUT ON A HAPPY FACE-588237	TL	15.00	16.00
1992	SMALL FRY'S FIRST CHRISTMAS-586749	TL	17.00	17.00
1992	SPECIAL DELIVERY-832812	TL	12.00	12.00
1992	SPECIAL DELIVERY-840440	YR	23.00	23.00
1992	SPIRITED STALLION-594407	YR	15.00	16.00
1992	SPREADING SWEET JOY-580465	YR	14.00	14.00
1992	SUNDAE RIDE-583707	TL	20.00	20.00
1992	SWINGIN' CHRISTMAS-584096	TL	15.00	16.00
1992	TAKE A CHANCE ON THE HOLIDAYS-594075	TL	20.00	20.00
1992	TEE-RIFIC HOLIDAYS-590827	TL	25.00	25.00
1992	TIC-TAC-MISTLE-TOE-588296	YR	23.00	23.00
1992	TIP TOP TIDINGS-581828	TL	13.00	13.00
1992	TO A DEAR BABY-587168	YR	19.00	19.00
1992	TOYFUL' RUDOLPH-593982	TL	23.00	23.00
1992	TRUNK OF TREASURES-588636	YR	20.00	20.00
1992	WARMTH OF THE SEASON, THE-586994	TL	20.00	20.00
1992	WATCHING FOR SANTA-840432	TL	25.00	25.00
1992	WEAR THE SEASON WITH A SMILE-595829	YR	10.00	10.00
1992	WRAPPIN' UP WARM WISHES-593141	YR	18.00	18.00
1992	YULE TIDE TOGETHER-588903	TL	20.00	20.00
1993	25 POINTS FOR CHRISTMAS	TL	25.00	25.00
1993	A KICK OUT OF CHRISTMAS	TL	10.00	10.00
1993	A PAUSE FOR CLAUS	YR	23.00	23.00
1993	ALL YOU ADD IS LOVE	YR	19.00	19.00
1993	ARIEL'S UNDER-THE-SEA TREE	YR	23.00	23.00
1993	BABY'S FIRST CHRISTMAS DINNER	YR	12.00	12.00
1993	BEARLY BALANCED	YR	15.00	15.00
1993	BORN TO SHOP	TL	27.00	35.00
1993	CELEBRATING W/A SPLASH	YR	17.00	17.00
1993	CHRISTMAS DANCER	YR	15.00	15.00
1993	CHRISTMAS IN THE MAKING	YR	20.00	20.00
1993	CHRISTMAS IS IN THE AIR	YR	25.00	25.00
1993	CHRISTMAS KICKS	YR	18.00	18.00
1993	CHRISTMAS MAIL CALL	TL	20.00	20.00
1993	CHRISTMAS-TO-GO	YR	26.00	26.00
1993	CLOWNIN' AROUND	TL	10.00	10.00
1993	COOL YULE	YR	12.00	12.00
1993	COUNTIN' ON A MERRY CHRISTMAS	YR	23.00	23.00
1993	DESIGNED W/YOU IN MIND	TL	16.00	16.00
1993	DREAM WHEELS	YR	30.00	60.00
1993	DUCKING THE SEASON'S RUSH	YR	18.00	18.00
1993	DUNK THE HALLS	TL	19.00	19.00
1993	FAIREST ONE OF ALL, THE	YR	20.00	20.00
1993	FOCUSING ON CHRISTMAS	YR	28.00	28.00
1993	FOR A SHARP UNCLE	YR	10.00	10.00
1993	FRIENDS THROUGH THICK & THIN	YR	10.00	10.00
1993	GOOFY ABOUT SKIING	YR	23.00	23.00
1993	HANGING OUT FOR THE HOLIDAYS	YR	15.00	15.00
1993	HAPPILY EVER AFTER	YR	25.00	25.00
1993	HAPPY HAUL-IDAYS	TL	30.00	30.00
1993	HAVE A CHERRY CHRISTMAS, SISTER	YR	14.00	14.00
1993	HAVE A HOLLY JELL-O CHRISTMAS	YR	20.00	20.00
1993	HEART FILLED DREAMS	TL	10.00	10.00
1993	HEARTS AGLOW	YR	19.00	19.00
1993	HERE COMES RUDOLPH	TL	18.00	18.00
1993	HERE COMES SANTA CLAWS	YR	23.00	23.00
1993	HOLIDAY MEW-SIC	YR	20.00	20.00
1993	HOLIDAY ORDERS	YR	20.00	20.00
1993	HOLIDAY TREASURES	YR	19.00	19.00
1993	HOLIDAY WISHES	YR	18.00	18.00
1993	HOME TWEET HOME	TL	10.00	10.00
1993	HOT OFF THE PRESS	TL	28.00	28.00
1993	I'M DREAMING OF A WHITE-OUT CHRISTMAS	YR	23.00	23.00

YR	NAME	LIMIT	ISSUE	TREND
1993	IT'S BEGINNING TO LOOK A LOT LIKE...	YR	23.00	23.00
1993	JOYEUX NOEL	YR	25.00	25.00
1993	LIGHT UP YOUR HOLIDAYS W/COKE	YR	28.00	28.00
1993	LIGHTS..CAMERA..CHRISTMAS	YR	20.00	20.00
1993	LOVE'S SWEET DANCE	YR	30.00	30.00
1993	MAGIC CARPET RIDE	YR	25.00	25.00
1993	MERRY CHRISTMAS, BABY	TL	10.00	10.00
1993	MERRY CHRISTMAS, DAUGHTER	YR	20.00	20.00
1993	MERRY MC-CHOO-CHOO	YR	30.00	30.00
1993	MICKEY'S HOLIDAY TREASURE	YR	12.00	12.00
1993	ON YOUR MARK, GET SET, IS THAT TO GO?	YR	14.00	14.00
1993	PITTER-PATTER POST OFFICE	TL	20.00	20.00
1993	PLANE O' HOLIDAY FUN	YR	28.00	28.00
1993	POOL HALL-IDAYS	YR	19.00	19.00
1993	ROCKIN' W/SANTA	TL	14.00	14.00
1993	ROUNDIN' UP CHRISTMAS TOGETHER	YR	25.00	25.00
1993	SANTA'S MAGIC RIDE	YR	24.00	24.00
1993	SEE-SAW SWEETHEARTS	TL	10.00	10.00
1993	SLEDDIN' MR. SNOWMAN	TL	13.00	13.00
1993	SLIMMIN' SANTA	YR	19.00	19.00
1993	SMOOTH MOVE, MOM	YR	20.00	20.00
1993	SPECIAL DELIVERY FOR SANTA	TL	10.00	10.00
1993	SPOT OF LOVE	YR	20.00	20.00
1993	SPREADING JOY	TL	28.00	28.00
1993	SWEET SEASONS EATINGS	YR	23.00	23.00
1993	SWEET WHISKERED WISHES	YR	17.00	17.00
1993	TANGLED UP FOR CHRISTMAS	TL	14.00	15.00
1993	TERRIFIC TOYS	YR	20.00	20.00
1993	TO MY GEM	YR	28.00	28.00
1993	TOASTY TIDINGS	TL	20.00	20.00
1993	TOOL TIME, YULE TIME	YR	19.00	19.00
1993	TOP MARKS FOR TEACHER	TL	10.00	10.00
1993	TOY TO THE WORLD	YR	25.00	25.00
1993	TREASURE THE HOLIDAYS, MAN	YR	25.00	25.00
1993	TWAS THE NIGHT BEFORE CHRISTMAS	YR	23.00	23.00
1993	WARM & HEARTY WISHES	YR	18.00	18.00
1994	A BOUGH FOR BELLE!	YR	19.00	19.00
1994	A CHRISTMAS TAIL	YR	20.00	20.00
1994	'A' FOR SANTA	YR	18.00	18.00
1994	A HOLIDAY OPPORTUNITY	YR	20.00	20.00
1994	A REAL BOY FOR CHRISTMAS	YR	15.00	15.00
1994	A SIGN OF PEACE	YR	19.00	19.00
1994	AHOY JOY!	YR	20.00	20.00
1994	ANSWERING CHRISTMAS WISHES	YR	18.00	18.00
1994	ARIEL'S CHRISTMAS SURPRISE!	YR	20.00	20.00
1994	BUBBLIN' W/JOY	YR	12.00	13.00
1994	BUILDING A SEW-MAN	YR	19.00	19.00
1994	BUNDLE OF JOY	YR	10.00	10.00
1994	CHRISTMAS CROSSROADS	YR	20.00	20.00
1994	CHRISTMAS CRUISIN'	YR	23.00	23.00
1994	CHRISTMAS FISHES FROM SANTA PAWS	YR	19.00	19.00
1994	CHRISTMAS FLY-BY	YR	15.00	15.00
1994	CHRISTMAS SWISHES	YR	18.00	18.00
1994	CHRISTMAS TEE TIME	YR	25.00	25.00
1994	CHRISTMAS TWO-GETHER	YR	12.00	13.00
1994	COCOA 'N' KISSES FOR SANTA	YR	23.00	23.00
1994	COOL CRUISE	19640	20.00	20.00
1994	EXERCISING GOOD TASTE	YR	18.00	18.00
1994	FEATURED PRESENTATION	YR	20.00	20.00
1994	GALIANT GREETING	YR	20.00	20.00
1994	GOOD FORTUNE TO YOU	YR	25.00	25.00
1994	GOOD THINGS CROP UP AT CHRISTMAS	YR	25.00	25.00
1994	GOOD TIDINGS, TIDINGS, TIDINGS...	YR	20.00	20.00
1994	GOOFY DELIVERY	YR	23.00	23.00
1994	GRANDMAS ARE SEW SPECIAL	YR	12.00	13.00
1994	HANDLE W/CARE	YR	20.00	20.00
1994	HAND-TOSSED TIDINGS	YR	18.00	18.00
1994	HAPPY HOWL-IDAYS	YR	23.00	23.00
1994	HAVE A BALL AT CHRISTMAS	YR	15.00	15.00
1994	HAVE A MERRY DAIRY CHRISTMAS	YR	23.00	23.00
1994	HAVE A TOTEM-LY TERRIFIC CHRISTMAS	YR	30.00	30.00
1994	HOLIDAY HONEYS	YR	20.00	20.00
1994	HOLIDAY SHOW-STOPPER	YR	15.00	15.00
1994	HOLIDAY STARS	YR	20.00	20.00
1994	I CAN BEAR-LY WAIT FOR A COKE	YR	19.00	19.00
1994	LATEST MEWS FROM HOME, THE	YR	16.00	16.00
1994	L'IL STOCKING STUFFER	YR	18.00	18.00
1994	MERRY CHRISTMAS TOOL YOU, DAD	YR	23.00	23.00
1994	MERRY LITTLE TWO-STEP	YR	12.00	13.00
1994	MERRY MEMO-RIES	YR	23.00	23.00
1994	MERRY MENAGE	YR	20.00	20.00
1994	MERRY MISCHIEF	YR	15.00	15.00
1994	MERRY REINDEER RIDE	YR	20.00	20.00
1994	MINNIE'S HOLIDAY TREASURE	YR	12.00	12.00
1994	NUTCRACKER SWEETHEART	YR	15.00	15.00
1994	ON THE ROAD W/COKE	YR	25.00	25.00
1994	ONCE UPON A TIME	YR	15.00	15.00
1994	PEACE ON EARTH 132942	YR	12.00	13.00
1994	PEACE ON EARTHWORM	YR	20.00	20.00

YR	NAME	LIMIT	ISSUE	TREND
1994	PICTURE PERFECT CHRISTMAS	YR	15.00	15.00
1994	PURDY PACKAGES, PARDNER!	YR	20.00	20.00
1994	PURE CHRISTMAS PLEASURE	YR	20.00	20.00
1994	ROCKIN' RANGER	YR	25.00	25.00
1994	SANTA CLAUS IS COMIN'	YR	20.00	20.00
1994	SANTA DELIVERS	YR	12.00	12.00
1994	SANTA...PHONE HOME	YR	25.00	25.00
1994	SANTA..YOU'RE THE POPS!	YR	23.00	23.00
1994	SANTA'S L'IL HELPER	YR	12.00	13.00
1994	SEASONED W/LOVE	YR	23.00	23.00
1994	SKI-SON'S GREETINGS	YR	20.00	20.00
1994	SPECIAL DELIVERY	YR	20.00	20.00
1994	SWEET DREAMS	YR	12.00	13.00
1994	SWEET GREETINGS	YR	12.00	13.00
1994	SWEETS FOR MY SWEETIE	YR	15.00	15.00
1994	TEED-OFF DONALD	YR	15.00	15.00
1994	TO COIN A PHRASE, MERRY CHRISTMAS	YR	20.00	20.00
1994	TO MY FAVORITE V.I.P.	YR	20.00	20.00
1994	WATCHING FOR SANTA	TL	25.00	25.00
1994	WAY TO A MOUSE'S HEART, THE	YR	15.00	15.00
1994	WHAT'S SHAKIN' FOR CHRISTMAS	YR	19.00	19.00
1994	WISHING UPON A STAR	YR	19.00	19.00
1994	WISHING YOU WELL AT CHRISTMAS	YR	25.00	25.00
1994	YULE FUEL	YR	20.00	20.00
1994	YULETIDE YUMMIES	YR	20.00	20.00
1995	1955 BLACK FORD THUNDERBIRD 146838	YR	20.00	20.00
1995	1955 RED FORD THUNDERBIRD 128821	19550	20.00	20.00
1995	1956 FORD F-100 TRUCK 128813	YR	25.00	25.00
1995	1957 CHEVY BEL AIR 128848	YR	20.00	20.00
1995	1959 CADILLAC ELDORADO 132705	YR	20.00	20.00
1995	1965 CHEVROLET CORVETTE STINGRAY 128856	YR	20.00	20.00
1995	A CAROUSEL FOR ARIEL 142212	YR	18.00	18.00
1995	A LITTLE SOMETHING EXTRA..EXTRA 137251	10000	25.00	25.00
1995	A SIP OF GOOD MEASURE 139610	YR	18.00	18.00
1995	A WELL BALANCED MEAL FOR SANTA 4TH & FINAL 592633	OP	18.00	18.00
1995	ABOVE THE CROWD-R.MCDONALD HOUSE 129089	YR	20.00	20.00
1995	ALL TUCKED IN 139734	YR	15.00	15.00
1995	BUBBLIN' W/JOY 136581	YR	15.00	15.00
1995	CHOC FULL OF WISHES 128945	YR	20.00	20.00
1995	CHRISTMAS BELLE 142182	YR	20.00	20.00
1995	CHRISTMAS EVE MISCHIEF 139726	YR	18.00	18.00
1995	CHRISTMAS IN THE BAG 139645	YR	18.00	18.00
1995	CHRISTMAS VACATION 142158	YR	20.00	20.00
1995	CRACKIN' A SMILE 129046	YR	18.00	18.00
1995	DASHING THROUGH THE SNOW 128996	YR	20.00	20.00
1995	DREAMIN OF THE ONE I LOVE 139696	YR	25.00	25.00
1995	FRIENDS FUR-EVER	OP	20.00	20.00
1995	FUN IN HAND 139661	YR	18.00	18.00
1995	GOOFED-UP! 136697	YR	20.00	20.00
1995	GOTTA HAVE A CLUE 139653	YR	20.00	20.00
1995	HAPPY YULEGLIDE 129003	YR	18.00	18.00
1995	HAVE A COKE & A SMILE 128953	YR	23.00	23.00
1995	HO, HO, HOLE IN ONE! 111953	YR	20.00	20.00
1995	HOLIDAY BIKE HIKE 111937	YR	20.00	20.00
1995	HOLIDAY BOUND 136689	YR	20.00	20.00
1995	HOLIDAY RIDE 14224	YR	18.00	18.00
1995	HOME FOR THE HOWL-I-DAYS 111732	YR	20.00	20.00
1995	HOW DO I LOVE THEE 7TH ISSUE 104949	YR	23.00	23.00
1995	HUSTLING UP SOME CHEER 112038	YR	20.00	20.00
1995	JUST FORE CHRISTMAS 142174	YR	15.00	15.00
1995	LOOKING OUR HOLIDAY BEST 139750	YR	25.00	25.00
1995	MAKE MINE A COKE 7TH ISSUE 128988	YR	25.00	25.00
1995	MAKIN' TRACKS W/MICKEY 136662	YR	20.00	20.00
1995	MAZE OF OUR LIVES, THE 139599	YR	18.00	18.00
1995	MERRY CHRISTMAS TO ME 139742	YR	20.00	20.00
1995	MERRY MCMEAL 6TH & FINAL 129070	YR	18.00	18.00
1995	MERRY MONOPOLY 132969	YR	23.00	23.00
1995	MICKEY AT THE HELM 132063	YR	18.00	18.00
1995	MICKEY'S AIRMAIL 136670	YR	20.00	20.00
1995	MINNIE'S MERRY CHRISTMAS 136611	YR	20.00	20.00
1995	MOM'S TAXI/DODGE CARAVAN 128872	YR	25.00	25.00
1995	NO TIME TO SPARE AT CHRISTMAS 111961	YR	20.00	20.00
1995	NUTTY ABOUT CHRISTMAS 137030	YR	23.00	23.00
1995	ON THE BALL AT CHRISTMAS	YR	15.00	15.00
1995	ON THE BALL AT CHRISTMAS 136700	YR	15.00	15.00
1995	PLANELY DELICIOUS 109665	YR	20.00	20.00
1995	PUPPY LOVE	YR	18.00	18.00
1995	RX:MAS GREETINGS 129054	YR	18.00	18.00
1995	SALUTE' 3RD & FINAL 593133	YR	23.00	23.00
1995	SANTA'S SPEEDWAY 129011	YR	20.00	20.00
1995	SCORING BIG AT CHRISTMAS 112046	YR	20.00	20.00
1995	SERVING UP THE BEST 3RD & FINAL 112054	YR	18.00	18.00
1995	SNACK THAT HITS THE SPOT	YR	15.00	15.00
1995	SNEAKING A PEEK 139718	YR	23.00	23.00
1995	STARRING ROLL AT CHRISTMAS 137057	YR	18.00	18.00
1995	SWEET ON YOU 136719	YR	23.00	23.00
1995	SWISHING YOU SWEET GREETINGS 105201	YR	20.00	20.00
1995	TAIL WAGGIN' WISHES 142190	YR	18.00	18.00
1995	TIME FOR REFRESHMENTS 111872	YR	20.00	20.00

YR	NAME	LIMIT	ISSUE	TREND
1995	TINKERTOY JOY 137049	YR	20.00	20.00
1995	TOYS TO TREASURE 6TH ISSUE 112119	YR	20.00	20.00
1995	TRUCKIN'	YR	25.00	25.00
1995	TRUNK FULL OF TREASURES 128961	20000	25.00	25.00
1995	WISHING YOU A PERFECT HOLIDAY	OP	5.00	5.00
1995	YOU'RE MY CUP OF TEA 129038	YR	20.00	20.00
1995	YULE LOG ON FOR CHRISTMAS CHEER 122513	YR	20.00	20.00
1995	YULE TIDE PRANCER 6TH & FINAL 588660	YR	15.00	15.00
1996	#1 COACH 168440	YR	9.00	9.00
1996	100 YEARS..AND STILL ON A ROLL 173770	19960	18.00	18.00
1996	1956 CHEVROLET CORVETTE 175269	19560	23.00	23.00
1996	1965 FORD MUSTANG 173800	YR	23.00	23.00
1996	A BOOT FULL OF CHEER 166952	YR	20.00	20.00
1996	A CENTURY OF GOOD TASTE 8TH & FINAL 166774	YR	20.00	20.00
1996	A MAGIC MOMENT 172197	YR	18.00	18.00
1996	A PICTURE PERFECT PAIR 8TH ISSUE 167002	YR	25.00	25.00
1996	A SPLASH OF COOL YULE 213713	YR	20.00	20.00
1996	A WORLD OF GOOD TASTE 175420	20000	20.00	20.00
1996	A-JOY MATIE, THROW ME A LIFESAVERS 166677	YR	20.00	20.00
1996	ALL FIRED UP FOR CHRISTMAS 168475	YR	25.00	25.00
1996	AN APPOINTMENT WITH SANTA 166979	YR	20.00	20.00
1996	BABY'S FIRST CHRISTMAS 166944	YR	9.00	9.00
1996	CAMPAIGN FOR CHRISTMAS 176818	19960	18.00	18.00
1996	CHEVY BLAZER 167223	YR	23.00	23.00
1996	DELIVERING HOLIDAY CHEERS 177318	YR	25.00	25.00
1996	DODGE RAM TRUCK 167258	YR	23.00	23.00
1996	DOWNHILL DELIVERY 167053	YR	25.00	25.00
1996	FORD EXPLORER 167231	YR	23.00	23.00
1996	GIFTS FROM MICKEY 168467	YR	20.00	20.00
1996	GOIN' FISHIN' 168459	YR	23.00	23.00
1996	HAPPY'S HOLIDAY 172200	YR	18.00	18.00
1996	HAVE A CRACKER JACK CHRISTMAS 172979	YR	25.00	25.00
1996	HOLD ON, SANTA! 1ST ISSUE 167088	YR	25.00	25.00
1996	HOLIDAY IN BLOOM 172669	YR	25.00	25.00
1996	HOLIDAY TINKERTOY TREE 166995	YR	18.00	18.00
1996	I LOVE DAD 166901	YR	9.00	9.00
1996	I LOVE GRANDMA 166898	YR	9.00	9.00
1996	I LOVE MOM 166928	YR	9.00	9.00
1996	I LOVE MY DAUGHTER 166863	YR	9.00	9.00
1996	I LOVE MY GODCHILD 166944	YR	9.00	9.00
1996	I LOVE MY SON 168432	YR	9.00	9.00
1996	IN STORE FOR MORE 167134	YR	25.00	25.00
1996	IN-LINE TO HELP SANTA 166855	YR	20.00	20.00
1996	IT'S PLANE TO SEE..COKE IS IT 166723	YR	25.00	25.00
1996	IT'S TIME FOR CHRISTMAS 1ST ISSUE 175455	YR	25.00	25.00
1996	JEEP GRAND CHEROKEE 167215	YR	23.00	23.00
1996	LIFE'S SWEET CHOICES 172634	YR	25.00	25.00
1996	MINNIE'S MALL HAUL 168491	YR	25.00	25.00
1996	MOTORCYCLE MICKEY 136654	YR	25.00	25.00
1996	ON A ROLL WITH DIET COKE 167061	YR	20.00	20.00
1996	PLANE CRAZY 168386	YR	23.00	23.00
1996	PLAY IT AGAIN, NICK 166987	YR	18.00	18.00
1996	SANTA'S ON THE LINE 167037	YR	25.00	25.00
1996	SERVIN' UP JOY 166847	YR	20.00	20.00
1996	SITTING PRETTY 172219	YR	18.00	18.00
1996	SPECIAL BEAR-LIVERY 129062	YR	15.00	15.00
1996	SPICE UP THE SEASON 1ST ISSUE 111724	YR	20.00	20.00
1996	STEPPIN' WITH MINNIE 136603	YR	14.00	14.00
1996	SUMMONS FOR A MERRY CHRISTMAS 166960	YR	23.00	23.00
1996	SWINGING ON A STAR 166642	YR	20.00	20.00
1996	TAILS A'WAGON 167126	YR	20.00	20.00
1996	THOU ART MY LAMP, O LORD 173894	YR	25.00	25.00
1996	'TIS THE SEASON TO BE NUTTY 175234	YR	18.00	18.00
1996	TOYLAND, TOYLAND 7TH ISSUE 173878	YR	20.00	20.00
1996	TREES TO PLEASE 168386	YR	25.00	25.00

GILMORE STUDIOS

TREASURY OF CHRISTMAS

YR	NAME	LIMIT	ISSUE	TREND
1982	CRESCENT SANTA-E-6950	TL	10.00	65.00
1982	DEAR SANTA-E-6959	TL	10.00	15.00
1984	BABY'S FIRST CHRISTMAS 1984-E-6212	YR	10.00	10.00
1985	BABY'S FIRST CHRISTMAS 1985-56014	YR	6.00	6.00
1985	MERRY CHRISTMAS GODCHILD-55832	TL	8.00	30.00
1986	BABY BEAR SLEIGH-551651	TL	9.00	30.00
1986	BABY'S FIRST CHRISTMAS 1986-551678	YR	10.00	15.00
1986	CAROUSEL UNICORN-551252	TL	12.00	75.00
1986	MERRY CHRISTMAS-551341	TL	8.00	75.00
1986	TIME FOR CHRISTMAS-551325	TL	13.00	25.00
1987	BABY'S FIRST CHRISTMAS 1987-556238	YR	10.00	25.00
1987	CAROUSEL LION-556025	TL	12.00	25.00
1987	HOME SWEET HOME-556033	TL	15.00	55.00
1987	PARTRIDGE IN A PEAR TREE-556173	TL	9.00	33.00
1987	TEDDY'S STOCKING-555940	TL	10.00	20.00
1987	THREE FRENCH HENS-556440	TL	9.00	25.00
1987	TWINKLE BEAR-556572	TL	8.00	15.00
1987	TWO TURTLEDOVES-556432	TL	9.00	33.00
1988	1ST CHRISTMAS TOGETHER-554537	TL	15.00	16.00
1988	A CHIPMUNK HOLIDAY-554898	TL	11.00	18.00
1988	A MOUSE CHECK-554553	TL	14.00	18.00
1988	AIRMAIL FOR TEACHER-489425	TL	14.00	25.00
1988	AN EYE ON CHRISTMAS-554545	TL	23.00	35.00

YR	NAME	LIMIT	ISSUE	TREND
1988	BABY'S FIRST CHRISTMAS 1988-554936	YR	10.00	16.00
1988	CHRISTMAS TRADITION-558400	TL	10.00	18.00
1988	FIVE GOLDEN RINGS-559121	TL	11.00	30.00
1988	FOREVER FRIENDS-554626	TL	12.00	27.00
1988	FOUR CALLING BIRDS-556459	TL	11.00	30.00
1988	LI'L DRUMMER BEAR-554952	TL	12.00	20.00
1988	NORTH POLE LINEMAN-558834	TL	10.00	20.00
1988	SIX GEESE A-LAYING-559148	TL	11.00	30.00
1988	TWO FOR TEA-559776	TL	20.00	30.00
1989	ALL SET FOR SANTA-563080	TL	18.00	18.00
1989	BABY'S FIRST CHRISTMAS 1989-562815	YR	10.00	13.00
1989	BY THE LIGHT OF THE MOON-563005	TL	12.00	15.00
1989	CAUGHT IN THE ACT-830046	TL	12.00	13.00
1989	CHESTNUTS ROASTIN'-562912	TL	13.00	28.00
1989	CHRISTMAS COOKIN'-563048	TL	23.00	25.00
1989	EIGHT MAIDS A-MILKING-562750	TL	12.00	18.00
1989	MERRY CHRISTMAS POPS-562971	TL	12.00	24.00
1989	MISTLE-TOAST-1989-562963	YR	15.00	21.00
1989	NINE DANCERS DANCING-562769	TL	15.00	18.00
1989	OLD TOWN'S CHURCH-554871	TL	18.00	18.00
1989	READIN' & RIDIN'-830054	TL	14.00	14.00
1989	SARDINE EXPRESS-554588	TL	18.00	20.00
1989	SEVEN SWANS A-SWIMMING-562742	TL	12.00	12.00
1989	STICKIN' TO IT-563013	TL	10.00	16.00
1989	TRAVELIN' TRIKE-562882	TL	15.00	16.00
1990	A CAROLING WEE GO-573671	TL	12.00	12.00
1990	ALL ABOARD-567671	TL	18.00	18.00
1990	ALL EYE WANT FOR CHRISTMAS-573647	TL	28.00	28.00
1990	BABY'S FIRST CHRISTMAS 1990-573973	YR	10.00	10.00
1990	BABY'S FIRST CHRISTMAS 1990-573981	YR	12.00	14.00
1990	DECK THE HALLS-573701	TL	23.00	23.00
1990	ELEVEN DRUMMERS DRUMMING-573957	TL	15.00	16.00
1990	FIRST CLASS CHRISTMAS-830038	TL	10.00	10.00
1990	HAVE A COOL YULE-830496	TL	12.00	12.00
1990	HERE'S LOOKING AT YOU-830259	TL	18.00	18.00
1990	LITTLE JACK HORNER-574058	TL	18.00	18.00
1990	MERRY MAILMAN-573698	TL	15.00	16.00
1990	NORTH POLE OR BUST-562998	TL	25.00	25.00
1990	OLD KING COLE-575682	TL	20.00	20.00
1990	OLD MOTHER MOUSE-573922	TL	18.00	18.00
1990	PROF. MICHAEL BEAR/ONE BEAR BAND-573663	TL	23.00	23.00
1990	RAILROAD REPAIRS-573930	TL	12.00	13.00
1990	SANTA'S SWEETS-563196	TL	20.00	20.00
1990	STUCK ON YOU-573655	TL	12.00	13.00
1990	SWEETEST GREETINGS 1990-830011	YR	10.00	15.00
1990	TH-INK-IN' OF YOU-562920	TL	20.00	20.00
1990	TWELVE PIPERS PIPING-573965	TL	15.00	16.00
1990	WARMEST WISHES-573825	YR	18.00	25.00
1990	YOU'RE WHEEL SPECIAL-573728	TL	15.00	16.00
1990	YULETIDE RIDE 1990-577502	YR	14.00	22.00
1991	A CHRISTMAS CAROL-583928	TL	23.00	23.00
1991	A DECADE OF TREASURES-587052	YR	38.00	38.00
1991	A QUARTER POUNDER WITH CHEER-581569	TL	20.00	20.00
1991	A SONG FOR SANTA-573779	TL	25.00	25.00
1991	AIMING FOR THE HOLIDAYS-830941	TL	12.00	12.00
1991	CHRISTMAS CABOOSE-574856	TL	25.00	25.00
1991	CHRISTMAS FILLS THE AIR-831921	TL	12.00	12.00
1991	CHRISTMAS TRIMMINGS-575631	TL	17.00	17.00
1991	COME LET US ADORE HIM-573736	TL	9.00	9.00
1991	CRYSTAL BALL CHRISTMAS-575666	TL	23.00	23.00
1991	DREAMIN' OF A WHITE CHRISTMAS-583669	TL	15.00	16.00
1991	FINISHING TOUCH, THE-831530	YR	10.00	12.00
1991	FIRED UP FOR CHRISTMAS-586587	TL	33.00	33.00
1991	FITTIN' MITTENS-830976	TL	12.00	12.00
1991	FOR A DOG-GONE GREAT UNCLE-586706	YR	12.00	12.00
1991	FOR A PURR-FECT AUNT-586692	YR	12.00	12.00
1991	FOR A PURR-FECT MOM-586641	YR	12.00	12.00
1991	FOR A SPECIAL DAD-586668	YR	18.00	18.00
1991	FROM THE SAME MOLD-581798	TL	17.00	17.00
1991	GUMBALL WIZARD-575658	TL	13.00	13.00
1991	KURIOUS KITTY-573868	TL	18.00	19.00
1991	LETTERS TO SANTA-830925	TL	15.00	16.00
1991	LIGHTS..CAMERA..KISSMAS!-583626	YR	15.00	18.00
1991	MARY, MARY QUITE CONTRARY-574066	TL	23.00	23.00
1991	MERRY MILLIMETERS-583677	TL	17.00	17.00
1991	MOON BEAM DREAMS-573760	TL	12.00	12.00
1991	MR. MAILMOUSE-587109	TL	17.00	17.00
1991	ODE TO JOY-830968	TL	10.00	10.00
1991	ONE FOGGY CHRISTMAS EVE-586625	TL	30.00	30.00
1991	PEDDLING FUN-586714	YR	16.00	16.00
1991	PETER, PETER PUMPKIN EATER-574015	TL	20.00	20.00
1991	SANTA DELIVERS LOVE-562904	TL	18.00	18.00
1991	SANTA'S KEY MAN-830461	TL	11.00	11.00
1991	SNEAKING SANTA'S SNACK-830933	TL	13.00	13.00
1991	SPECIAL KEEPSAKES-586722	YR	14.00	14.00
1991	SWEET STEED-583634	TL	15.00	16.00
1991	THROUGH THE YEARS-574252	YR	18.00	18.00
1991	TIE-DINGS OF JOY-830488	YR	12.00	12.00
1991	TOM, TOM THE PIPER'S SON-575690	TL	15.00	16.00

YR	NAME	LIMIT	ISSUE	TREND
1991	WITH LOVE-586676	YR	13.00	13.00
1992	A BOOT-IFUL CHRISTMAS-840165	YR	20.00	20.00
1992	A CHRISTMAS YARN-593516	YR	20.00	20.00
1992	A GOLD STAR FOR TEACHER-831948	TL	15.00	16.00
1992	A MUG FULL OF LOVE-832928	YR	14.00	14.00
1992	A TALL ORDER-832758	TL	12.00	12.00
1992	BEARLY SLEEPY-578029	YR	18.00	18.00
1992	BUBBLE BUDDY-586978	TL	14.00	14.00
1992	CANDLELIGHT SERENADE-832766	TL	12.00	12.00
1992	CATCH A FALLING STAR-583944	TL	15.00	16.00
1992	CHRISTMAS NITE CAP-834424	TL	14.00	14.00
1992	CHRISTOPHER COLUMOUSE-832782	YR	12.00	12.00
1992	COZY CHRISTMAS CARRIAGE-586730	TL	23.00	23.00
1992	FIREHOUSE FRIENDS-586951	YR	23.00	23.00
1992	FUR-EVER FRIENDS-590797	TL	14.00	14.00
1992	GINGER-BRED GREETING-831581	YR	12.00	12.00
1992	HAVE A COOL CHRISTMAS-832944	YR	14.00	14.00
1992	HOLIDAY GLOW PUPPET SHOW-832774	TL	15.00	16.00
1992	HOLIDAY HAPPENINGS-588555	TL	30.00	30.00
1992	HOLIDAY HONORS-833029	YR	15.00	16.00
1992	HUMPTY DUMPTY-574244	TL	25.00	25.00
1992	IT'S A GO FOR CHRISTMAS-587095	TL	15.00	16.00
1992	KNITTEN' KITTENS-832952	YR	18.00	18.00
1992	MAKING TRACKS TO SANTA-832804	TL	15.00	16.00
1992	NORTH POLE PEPPERMINT PATROL-840157	TL	25.00	25.00
1992	NUTCRACKER, THE-574023	TL	25.00	25.00
1992	POPPIN' HOPPIN' HOLIDAYS-831263	YR	25.00	25.00
1992	POST-MOUSTER GENERAL-587117	TL	20.00	20.00
1992	QUEEN OF HEARTS-575712	TL	18.00	18.00
1992	ROCK-A-BYE BABY-575704	TL	14.00	14.00
1992	SANTA'S MIDNIGHT SNACK-588598	TL	20.00	20.00
1992	SEED-SON'S GREETINGS-588571	TL	27.00	27.00
1992	SEW CHRISTMASY-583820	TL	25.00	25.00
1992	SWEET AS CANEBE-583642	TL	15.00	16.00
1992	TANKFUL TIDINGS-831271	TL	30.00	30.00
1992	THROUGH THE YEARS-586862	YR	18.00	18.00
1992	TO THE POINT-831182	TL	14.00	14.00
1992	WINDOW WISH LIST-586854	TL	30.00	30.00
1993	A BRIGHT IDEA	YR	23.00	23.00
1993	A MISTLE-TOW	TL	15.00	15.00
1993	BABY'S FIRST CHRISTMAS	YR	18.00	18.00
1993	CARVING CHRISTMAS WISHES	TL	25.00	25.00
1993	DELIVERED TO THE NICK IN TIME	TL	14.00	14.00
1993	FESTIVE FIREMAN	YR	17.00	17.00
1993	FOR A STAR AUNT	YR	12.00	12.00
1993	GRANDMA'S LIDDLE GRIDDLE	YR	10.00	10.00
1993	HAVE A COOL CHRISTMAS	TL	10.00	10.00
1993	HAVE A DARN GOOD CHRISTMAS	YR	21.00	21.00
1993	MY SPECIAL CHRISTMAS	YR	18.00	18.00
1993	NOT A CREATURE WAS STIRRING...	YR	28.00	28.00
1993	SAY CHEESE	TL	14.00	14.00
1993	SEEING IS BELIEVING	YR	20.00	20.00
1993	SNEAKING A PEEK	TL	10.00	10.00
1993	SUGAR CHEF SHOPPE	TL	24.00	24.00
1993	SWEETEST RIDE, THE	TL	19.00	19.00
1993	TIME FOR SANTA	YR	18.00	18.00
1993	TO A GRADE A TEACHER	TL	10.00	10.00
1993	TREE FOR TWO	YR	18.00	18.00
1994	ALMOST TIME FOR SANTA	YR	25.00	25.00
1994	BUTTONS 'N' BOW BOUTIQUE	YR	23.00	23.00
1994	CHIMINY CHEER	YR	23.00	23.00
1994	CHRISTMAS CUSTOMS	YR	18.00	18.00
1994	COZY CANDLELIGHT DINNER	YR	25.00	25.00
1994	ESPECIALLY FOR YOU	YR	28.00	28.00
1994	FINE FEATHERED FESTIVITIES	YR	23.00	23.00
1994	FINISHING FIRST	YR	20.00	20.00
1994	FROM OUR HOUSE TO YOURS	YR	25.00	25.00
1994	GOOD FRIENDS ARE FOREVER	YR	14.00	14.00
1994	HOLIDAY CHEW-CHEW	YR	23.00	23.00
1994	HOLIDAY FREEZER TEASER	YR	25.00	25.00
1994	JOY FROM HEAR TO HOSE	YR	15.00	15.00
1994	LATEST SCOOP FROM SANTA, THE	YR	19.00	19.00
1994	MELTED MY HEART	YR	15.00	15.00
1994	SANTA' S SING-A-LONG	YR	20.00	20.00
1994	SANTA' SECRET TEST DRIVE	YR	20.00	20.00
1994	SANTA'S GINGER-BRED DOE	YR	15.00	1500.00
1994	SUGAR 'N SPICE FOR SOMEONE NICE	YR	30.00	30.00
1994	TO THE SWEETEST BABY	YR	19.00	19.00
1994	TOY TINKER TOPPER	YR	20.00	20.00
1994	TWAS THE NITE BEFORE CHRISTMAS	YR	19.00	19.00
1994	YOU'RE A WHEEL COOL BROTHER	YR	23.00	23.00
1994	YOU'RE A WINNER SON!	YR	19.00	19.00
1995	4-ALARM CHRISTMAS 6TH & FINAL ISSUE 128767	OP	18.00	18.00
1995	A THIMBLE OF THE SEASON 2ND ISSUE 137243	OP	23.00	23.00
1995	BABY'S SWEET FEAST 3RD & FINAL 588733	OP	18.00	18.00
1995	FILLED TO THE BRIM 3RD & FINAL 595039	OP	25.00	25.00
1995	FIRST CLASS CHRISTMAS TR954	YR	22.00	23.00
1995	SEA-SON'S GREETINGS, TEACHER 112070	OP	18.00	18.00
1995	SIESTA SANTA 5TH & FINAL 112089	OP	25.00	25.00

YR	NAME	LIMIT	ISSUE	TREND
1995	SWEET HARMONY 3RD & FINAL 586773	OP	18.00	18.00
1995	TO SANTA, POST HASTE 112151	OP	15.00	15.00
1995	WE'VE SHARED SEW MUCH 9TH ISSUE 112097	OP	25.00	25.00
1996	A CUP OF CHEER 10TH & FINAL 135070	YR	25.00	25.00
G. ARMGARDT			**TREASURY OF CHRISTMAS**	
1990	JINGLE BELL ROCK 1990-563390	YR	14.00	18.00
C. BAKER			**TREASURY OF CHRISTMAS**	
1989	HOLLY-FAIRY-565199	YR	15.00	45.00
1990	CHRISTMAS TREE FAIRY, THE-565202	YR	15.00	38.00
S. BUTCHER			**TREASURY OF CHRISTMAS**	
1994	A CHILD IS BORN	OP	25.00	25.00
1994	BABY'S FIRST CHRISTMAS	OP	20.00	20.00
1994	DROPPING IN FOR THE HOLIDAYS	OP	20.00	20.00
1994	DRUMMING UP A SEASON OF JOY	OP	19.00	19.00
1994	FRIENDSHIPS WARM THE HOLIDAYS	OP	20.00	20.00
1994	MAY ALL YOUR WISHES COME TRUE	OP	20.00	20.00
1994	MAY YOUR HOLIDAY BE BRIGHTENED W/LOVE	OP	15.00	15.00
1994	OUR FIRST CHRISTMAS TOGETHER	OP	25.00	25.00
1994	RINGING UP HOLIDAY WISHES	OP	19.00	19.00
1994	SENDING YOU A SEASON'S GREETING	OP	25.00	25.00
1994	SWEET HOLIDAYS	OP	11.00	11.00
1994	TIS THE SEASON TO GO SHOPPING	OP	23.00	23.00
1995	BABY'S FIRST CHRISTMAS 125946	OP	15.00	15.00
1995	BABY'S FIRST CHRISTMAS125954	OP	15.00	15.00
1995	BRINGING HOLIDAY WISHES TO YOU 125911	OP	23.00	23.00
1995	FRIENDS ARE THE GREATEST TREASURE 125962	20000	25.00	25.00
1995	HAPPY BIRTHDAY JESUS 125857	OP	15.00	15.00
1995	I'M IN A SPIN OVER YOU 125873	OP	15.00	15.00
1995	LET'S SNUGGLE TOGETHER FOR CHRISTMAS 125865	OP	15.00	15.00
1995	OUR FIRST CHRISTMAS TOGETHER 125881	OP	23.00	23.00
1995	PRETTY UP FOR THE HOLIDAYS 125830	OP	20.00	20.00
1995	TWINKLE, TWINKLE CHRISTMAS STAR 125903	OP	18.00	18.00
1995	YOU BRING THE LOVE TO CHRISTMAS 125849	OP	15.00	15.00
1995	YOU PULL THE STRINGS TO MY HEART 125938	OP	20.00	20.00
M. COOK			**TREASURY OF CHRISTMAS**	
1988	DAIRY CHRISTMAS-557501	TL	10.00	25.00
1989	CHRISTMAS COOK-OUT-561045	TL	9.00	12.00
1989	DECK THE HOGS-565490	TL	12.00	16.00
1989	FELIZ NAVIDAD! 1989-564842	YR	11.00	35.00
1989	PINATA RIDIN'-565504	TL	11.00	18.00
1989	SCRUB-A-DUB CHIPMUNK-561037	TL	8.00	10.00
1989	SPREADING CHRISTMAS JOY-564850	TL	10.00	10.00
1989	TOP OF THE CLASS-565237	TL	11.00	11.00
1990	CHRISTMAS IS MAGIC-564826	TL	10.00	10.00
1990	FLEECE NAVIDAD-571903	TL	14.00	14.00
1990	HAVE A NAVAHO-HO-HO 1990-571970	YR	15.00	18.00
1990	LIGHTING UP CHRISTMAS-564834	TL	10.00	14.00
1990	MERRY MOUSTRONAUTS-573558	TL	20.00	38.00
1990	REELING IN THE HOLIDAYS-560405	TL	8.00	10.00
1991	CHRISTMAS TO GO-580600	YR	23.00	23.00
1991	DOUBLE SCOOP SNOWMOUSE-564796	TL	14.00	14.00
1991	HAVE A MARIACHI CHRISTMAS-580619	TL	14.00	14.00
1991	WALKIN' WITH MY BABY-561029	TL	10.00	10.00
1992	LA LUMINARIA-586579	TL	14.00	14.00
J. DAVIS			**TREASURY OF CHRISTMAS**	
1982	HOLIDAY SKIER-E-6954	TL	7.00	30.00
1983	GARFIELD CUTS THE ICE-E-8771	TL	6.00	45.00
1983	STOCKING FULL FOR 1983-E-8773	YR	8.00	45.00
1984	DEER! ODIE-E6226	TL	6.00	40.00
1984	FUN IN SANTA'S SLEIGH-E-6225	TL	12.00	35.00
1984	GARFIELD HARK! THE HERALD ANGEL-E-6224	TL	8.00	45.00
1984	GARFIELD THE SNOW CAT-E-6227	TL	12.00	12.00
1984	STOCKING FULL FOR 1984-E-8773	YR	6.00	35.00
1985	GARFIELD-IN-THE-BOX-56189	YR	6.00	7.00
1985	HOPPY CHRISTMAS-56154	YR	8.00	30.00
1985	MERRY CHRISTMAS MOTHER-56146	YR	8.00	9.00
1985	MERRY CHRISTMAS TEACHER-56170	YR	6.00	6.00
1985	NORTH POLE EXPRESS-56138	YR	12.00	35.00
1985	SKI TIME-56111	YR	13.00	40.00
1986	GIFT WRAP OLDIE-553611	YR	7.00	7.00
1986	LIGHTEN UP!-553603	TL	10.00	22.00
1987	GARFIELD MERRY KISSMAS-555215	TL	8.00	20.00
1987	GARFIELD SUGAR PLUM FAIRY-556009	TL	8.00	25.00
1987	GARFIELD THE NUTCRACKER-556017	TL	8.00	15.00
1988	DEER GARFIELD-558702	TL	12.00	18.00
1988	GARFIELD BAGS O'FUN-558761	YR	3.00	5.00
1988	NIGHT-WATCH CAT-558362	TL	13.00	30.00
1988	SPECIAL DELIVERY-558699	TL	9.00	16.00
1989	A CHAINS OF PACE FOR ODIE-563269	TL	12.00	12.00
1989	GOD BLESS US EVERYONE-563242	TL	14.00	14.00
1989	HO-HO HOLIDAY SCROOGE-563234	TL	14.00	14.00
1989	JOY RIDIN'-563463	TL	15.00	18.00
1989	MINE, ALL MINE!-564079	YR	15.00	25.00
1989	SCROOGE WITH THE SPIRIT-563250	TL	14.00	15.00
1990	AN APPLE A DAY-572594	TL	12.00	15.00
1990	DEAR SANTA-572608	TL	17.00	17.00
1990	FROSTY GARFIELD 1990-572551	YR	14.00	20.00
1990	GARFIELD NFL ATLANTA FALCONS-573159	TL	12.00	13.00
1990	GARFIELD NFL BUFFALO BILLS-573108	TL	12.00	13.00

YR	NAME	LIMIT	ISSUE	TREND
1990	GARFIELD NFL CHICAGO BEARS-573248	TL	12.00	13.00
1990	GARFIELD NFL CINCINNATI BENGALS-573000	TL	16.00	13.00
1990	GARFIELD NFL CLEVELAND BROWNS-573019	TL	12.00	13.00
1990	GARFIELD NFL DALLAS COWBOYS-573183	TL	12.00	13.00
1990	GARFIELD NFL DENVER BRONCOS-573043	TL	12.00	13.00
1990	GARFIELD NFL DETROIT LIONS-573256	TL	12.00	13.00
1990	GARFIELD NFL GREEN BAY PACKERS-573264	TL	12.00	13.00
1990	GARFIELD NFL HOUSTON OILERS-573027	TL	12.00	13.00
1990	GARFIELD NFL INDIANAPOLIS COLTS-573116	TL	12.00	13.00
1990	GARFIELD NFL KANSAS CITY CHIEFS-573051	TL	12.00	13.00
1990	GARFIELD NFL LOS ANGELES RAIDERS-573078	TL	12.00	13.00
1990	GARFIELD NFL LOS ANGELES RAMS-572764	TL	12.00	13.00
1990	GARFIELD NFL MIAMI DOLPHINS-573124	TL	12.00	13.00
1990	GARFIELD NFL MINNESOTA VIKINGS-573272	TL	12.00	13.00
1990	GARFIELD NFL NEW ENGLAND PATRIOTS-573132	TL	12.00	13.00
1990	GARFIELD NFL NEW ORLEANS SAINTS-573167	TL	12.00	13.00
1990	GARFIELD NFL NEW YORK GIANTS-573191	TL	12.00	13.00
1990	GARFIELD NFL NEW YORK JETS-573140	TL	12.00	13.00
1990	GARFIELD NFL PHILADELPHIA EAGLES-573205	TL	12.00	13.00
1990	GARFIELD NFL PHOENIX CARDINALS-573213	TL	12.00	13.00
1990	GARFIELD NFL PITTSBURGH STEELERS-573035	TL	12.00	13.00
1990	GARFIELD NFL SAN DIEGO CHARGERS-573086	TL	12.00	13.00
1990	GARFIELD NFL SAN FRANCISCO 49ERS-573175	TL	12.00	13.00
1990	GARFIELD NFL SEATTLE SEAHAWKS-573094	TL	12.00	13.00
1990	GARFIELD NFL TAMPA BAY BUCCANEERS-573280	TL	12.00	13.00
1990	GARFIELD NFL WASHINGTON REDSKINS-573221	TL	12.00	13.00
1990	LITTLE RED RIDING CAT-572632	YR	14.00	18.00
1990	OH SHOOSH!-572624	TL	17.00	17.00
1990	OVER THE ROOFTOPS-572721	TL	18.00	30.00
1990	POP GOES THE ODIE-572578	TL	15.00	16.00
1990	TROUBLE ON WHEELS-564052	TL	20.00	20.00
1991	ALL DECKED OUT-572659	TL	14.00	14.00
1991	HAVE A BALL THIS CHRISTMAS-572616	YR	15.00	20.00
1991	HERE COMES SANTA PAWS-572535	TL	20.00	20.00
1991	HOLIDAY HIDEOUT-585270	TL	15.00	16.00
1991	HOT STUFF SANTA-573523	TL	25.00	30.00
1991	MERRY CHRISTMAS GO-ROUND-585203	TL	20.00	20.00
1991	PINOCCHIO-577391	TL	15.00	16.00
1991	STRAIGHT TO SANTA-830534	TL	14.00	14.00
1991	SWEET BEAMS-572586	TL	14.00	14.00
1992	4 X 4 HOLIDAY FUN-580783	TL	20.00	20.00
1992	A ROCKIN' GARFIELD CHRISTMAS-572527	TL	18.00	18.00
1992	FAST TRACK CAT-585289	TL	18.00	18.00
1992	HOLIDAY CAT NAPPING-585319	TL	20.00	20.00
1992	HOLIDAY ON ICE-585254	TL	18.00	17.00
1992	RING MY BELL-580740	YR	14.00	14.00
1993	BAH HUMBUG	OP	15.00	15.00
1993	GRADE A WISHES FROM GARFIELD	OP	20.00	20.00
1994	MINE, MINE, MINE	OP	20.00	20.00
T. FRALEY		**TREASURY OF CHRISTMAS**		
1996	TOBIN'S DEBUT DANCER 1ST ISSUE 173886	20000	20.00	20.00
J. GROSSMAN		**TREASURY OF CHRISTMAS**		
1986	SANTA CLAUS SHOPPE, THE- CIRCA 1905-551562	TL	8.00	18.00
K. HAHN		**TREASURY OF CHRISTMAS**		
1989	FULL HOUSE MOUSE-565016	TL	14.00	65.00
1989	I FEEL PRETTY-565024	TL	20.00	25.00
1990	BABY'S CHRISTMAS FEAST-565040	TL	14.00	22.00
1990	BUBBLE TROUBLE-575038	TL	20.00	20.00
1990	CATCH OF THE DAY-575070	TL	25.00	25.00
1990	COFFEE BREAK-564990	TL	15.00	16.00
1990	DON'T OPEN 'TIL CHRISTMAS-575089	TL	16.00	17.00
1990	I CAN'T WEIGHT TIL CHRISTMAS-575119	TL	18.00	18.00
1990	SLOTS O LUCK-830518	TL	14.00	22.00
1990	WARMEST WISHES-565032	TL	15.00	16.00
1990	YIPPIE-I-YULETIDE-564982	TL	15.00	24.00
1990	YOU'RE SEW SPECIAL-565008	YR	20.00	30.00
1991	A HOLIDAY SCENT STATION-575054	TL	15.00	16.00
1991	BATHING BEAUTY-860581	TL	14.00	14.00
1991	DECK THE HALLS-575127	TL	15.00	15.00
1991	HATS OFF TO CHRISTMAS-586757	YR	23.00	23.00
1991	MERRY MOTHER-TO-BE-575046	TL	14.00	14.00
1991	TEA FOR TWO-573299	TL	30.00	45.00
1992	CAMPIN' COMPANIONS-590282	TL	20.00	20.00
1992	FRIENDSHIPS PRESERVED-586749	YR	23.00	23.00
1992	JESUS LOVES ME-595837	YR	10.00	10.00
1992	JOY TO THE WHIRLED-589551	TL	20.00	20.00
1992	MERRY CHRISTMAS MOTHER EARTH-595810	YR	11.00	11.00
1992	MERRY MAKE-OVER-589586	TL	20.00	20.00
1992	SALUTE THE SEASON-595780	YR	12.00	12.00
1992	SPINNING CHRISTMAS DREAMS-590908	TL	23.00	23.00
1992	SQUIRRELIN' IT WAY-595748	YR	12.00	12.00
1992	TREASURE THE EARTH-593826	TL	25.00	25.00
1993	A TOAST LADLED W/LOVE	OP	15.00	15.00
1993	DECEMBER 25..DEAR DIARY	TL	10.00	10.00
1993	DO NOT OPEN 'TIL CHRISTMAS	TL	15.00	15.00
1993	GOOD GROUNDS FOR FRIENDSHIP	YR	25.00	25.00
1993	GREETINGS IN STEREO	YR	20.00	20.00
1993	JEWEL BOX BALLET	TL	20.00	20.00
1993	MICE CAPADES	YR	27.00	27.00

YR	NAME	LIMIT	ISSUE	TREND
1993	PAINT YOUR HOLIDAYS BRIGHT	TL	10.00	10.00
1993	WHEEL MERRY WISHES	TL	15.00	15.00
1993	YOU'RE A HIT W/ME, BROTHER	YR	10.00	10.00
1994	BUILDING MEMORIES	YR	25.00	25.00
1994	EXPECTING JOY	YR	12.00	13.00
1994	FRIENDS ARE THE SPICE OF LIFE	YR	20.00	20.00
1994	HAPPY HOLI-DATE	YR	23.00	23.00
1994	HAVE A DINO-MITE CHRISTMAS	YR	19.00	19.00
1994	HOLIDAY CATCH	YR	12.00	13.00
1994	MERRY MISS MERRY	YR	12.00	12.00
1994	O' COME ALL YE FAITHFUL	YR	15.00	15.00
1994	ONE SMALL STEP...	19690	30.00	30.00
1994	OPEN FOR BUSINESS	YR	18.00	18.00
1994	RING IN THE HOLIDAYS	YR	12.00	13.00
1995	CHRISTMAS FISHES, DAD 139629	YR	18.00	18.00
1995	FRIENDSHIPS BLOOM THROUGH ALL SEASONS 6TH 132950	YR	23.00	23.00
1995	GET IN THE SPIRIT...RECYCLE 7TH & FINAL 132918	YR	18.00	18.00
1995	GOOD WILL TOWARD MEN 132942	19450	25.00	25.00
1995	JACKPOT JOY! 7TH ISSUE 132896	YR	18.00	18.00
1995	MISS MERRY'S SECRET 7TH ISSUE 132934	YR	20.00	20.00
1995	NIGHT B 4 CHRISTMAS, THE 134848	YR	20.00	20.00
1995	ON THE MOVE AT CHRISTMAS 142220	YR	18.00	18.00
1996	15 YEARS OF HITS 175463	10000	25.00	25.00
1996	CATCH OF THE HOLIDAY 132888	YR	20.00	20.00
1996	DECKED OUT FOR CHRISTMAS 176796	YR	25.00	25.00
1996	HAIR'S THE PLACE 173029	YR	25.00	25.00
1996	HOLIDAY DREAMS OF GREEN 173797	YR	15.00	15.00
1996	MERRY MANICURE 8TH ISSUE 173339	YR	25.00	25.00
1996	SANTA'S SACKS 111945	YR	15.00	15.00
1996	SEW DARN CUTE 3RD ISSUE 176761	YR	25.00	25.00
1996	THERE'S A FRIENDSHIP BREWING 7TH ISSUE 167096	YR	25.00	25.00
1996	TRACKING REINDEER PAUSE 173789	YR	25.00	25.00
J. HENSON			**TREASURY OF CHRISTMAS**	
1984	MUPPET BABIES BABY'S/CHRISTMAS-E-6222	YR	10.00	60.00
1984	MUPPET BABIES BABY'S/CHRISTMAS-E-6223	YR	10.00	60.00
J. JONIK			**TREASURY OF CHRISTMAS**	
1989	STAR OF STARS-564389	TL	9.00	10.00
1989	YULETIDE TREE HOUSE-564915	TL	20.00	22.00
1990	HANG ONTO YOUR HAT-564397	TL	8.00	9.00
1991	SANTA WINGS IT-573612	TL	13.00	13.00
1992	JOLLY OL' GENT-585645	TL	14.00	14.00
R. MOREHEAD			**TREASURY OF CHRISTMAS**	
1988	OLD FASHIONED ANGEL-559164	TL	12.00	15.00
1988	PRETTY BABY-559156	TL	12.00	13.00
D. OLSEN			**TREASURY OF CHRISTMAS**	
1994	FORMULA FOR LOVE	OP	10.00	10.00
D. PARKER			**TREASURY OF CHRISTMAS**	
1988	BABY'S FIRST CHRISTMAS-558397	TL	16.00	25.00
J. PENCHOFF			**TREASURY OF CHRISTMAS**	
1992	HEAVEN SENT-588423	TL	12.00	13.00
M. PETERS			**TREASURY OF CHRISTMAS**	
1989	JUST WHAT I WANTED-563668	TL	14.00	14.00
1990	FLEAS NAVIDAD-563978	TL	14.00	14.00
1990	PUCKER UP!-563676	TL	11.00	11.00
1990	TWEET GREETINGS-564044	TL	15.00	16.00
1990	WHAT'S THE BRIGHT IDEA-563684	TL	14.00	14.00
1991	DECK THE HALLS-860573	TL	12.00	12.00
M. RHYNER			**TREASURY OF CHRISTMAS**	
1992	SPEEDIN' MR. SNOWMAN-595802	YR	12.00	12.00
L. RIGG			**TREASURY OF CHRISTMAS**	
1985	CHRISTMAS PLANE RIDE-56049	TL	10.00	20.00
1986	LUCY & ME CHRISTMAS TREE-552542	TL	7.00	25.00
1986	LUCY & ME SKI TIME-552658	TL	6.00	7.00
1986	MERRY CHRISTMAS 1986-552186	YR	8.00	8.00
1986	MERRY CHRISTMAS 1986-552534	YR	8.00	20.00
1987	LUCY & ME ANGEL ON A CLOUD-555452	TL	12.00	20.00
1987	LUCY & ME MAILBOX BEAR-556564	TL	3.00	5.00
1987	LUCY & ME STORYBOOK BEAR-555444	TL	6.00	14.00
1987	MERRY CHRISTMAS 1987-555428	TL	8.00	8.00
1987	MERRY CHRISTMAS 1987-555436	YR	8.00	8.00
1987	TIME FOR CHRISTMAS-555452	TL	12.00	20.00
1988	JESTER BEAR-558222	TL	8.00	20.00
1988	MERRY CHRISTMAS 1988-557595	YR	10.00	12.00
1988	MERRY CHRISTMAS 1988-557609	YR	10.00	12.00
1988	TEDDY BEAR GREETINGS-558214	TL	8.00	12.00
1988	TOY CHEST KEEPSAKE-558206	TL	12.00	15.00
1989	CHRISTMAS 1989-565210	YR	12.00	40.00
1989	CHRISTMAS 1989-568325	YR	12.00	12.00
1990	A SPOONFUL OF LOVE-568570	TL	10.00	10.00
1990	BABY BEAR CHRISTMAS 1990-575860	YR	12.00	13.00
1990	BEARING HOLIDAY WISHES-568619	TL	23.00	23.00
1990	BEARY CHRISTMAS 576158	YR	12.00	15.00
1990	CHRISTMAS SWINGTIME 1990-568597	TL	13.00	13.00
1990	CHRISTMAS SWINGTIME 1990-568600	YR	13.00	13.00
1991	BEARY MERRY MAILMAN-830151	TL	14.00	14.00
1991	CHRISTMAS SWINGTIME 1991-576166	YR	13.00	15.00
1991	CHRISTMAS SWINGTIME 1991-5761714	YR	13.00	15.00
1991	CHRISTMAS TWO-GETHER-575615	TL	23.00	23.00

YR	NAME	LIMIT	ISSUE	TREND
1991	CRANK UP THE CAROLS-575887	TL	18.00	18.00
1991	LOVE IS THE SECRET INGREDIENT-568562	TL	15.00	16.00
1991	TIRE-D LITTLE BEAR-575852	YR	12.00	13.00
1992	MOONLIGHT SWING-568627	TL	15.00	16.00
1992	TASTY TIDINGS-575836	YR	14.00	14.00
G.G. SANTIAGO			**TREASURY OF CHRISTMAS**	
1988	CHRISTMAS VACATION-558451	TL	8.00	15.00
1988	CHRISTMAS WATCH-558443	TL	11.00	15.00
1988	ICE FAIRY, THE-558516	TL	23.00	50.00
1988	MOUSE UPON A PIPE-489220	TL	10.00	24.00
1988	PARTY MOUSE-558435	TL	12.00	15.00
1988	SANTA CLAUS BALLOON-489212	TL	10.00	16.00
1988	STOCKING STORY-558419	TL	10.00	16.00
1988	SWEET CHERUB-558478	TL	7.00	9.00
1988	TIME OUT-558486	TL	11.00	27.00
1988	WINTER TALE-558427	TL	6.00	19.00
1989	HO! HO! YO-YO!-565105	YR	12.00	12.00
1989	SPECIAL DELIVERY-565091	YR	12.00	20.00
1989	WEIGHTIN' FOR SANTA-565148	TL	8.00	8.00
1990	BUMPER CAR SANTA-565083	YR	20.00	38.00
N. TEIBER			**TREASURY OF CHRISTMAS**	
1989	TEA FOR TWO-693758	TL	12.00	14.00
1989	TEA TIME-694797	TL	12.00	14.00
1990	FIREPLACE FROLIC-564435	TL	25.00	25.00
1990	HOLIDAY TEA TOAST-694770	TL	14.00	14.00
T. WILSON			**TREASURY OF CHRISTMAS**	
1990	A NIGHT BEFORE CHRISTMAS-572438	TL	18.00	18.00
1990	CHEERS 1990-572411	YR	14.00	15.00
1990	MERRY KISSMAS-572446	TL	10.00	10.00
1991	RIS-SKI BUSINESS-576719	TL	10.00	10.00
1992	FINISHING TOUCHES, THE-585610	TL	18.00	18.00
K. WISE			**TREASURY OF CHRISTMAS**	
1989	HANGIN' IN THERE 1989-565598	YR	10.00	20.00
1990	MEOW-Y CHRISTMAS 1990-565601	YR	10.00	23.00
S. ZIMNICKI			**TREASURY OF CHRISTMAS**	
1989	BUNKIE-561835	TL	23.00	25.00
1989	POPPER-561878	TL	12.00	15.00
1989	SPARKLES-561843	TL	18.00	20.00
1990	BLINKIE-570214	TL	15.00	16.00
1990	SMITCH-570184	TL	23.00	23.00
1990	TUMBLES 1990-566519	YR	16.00	22.00
1990	TWIDDLES-566551	TL	15.00	30.00
1990	TWINKLE & SPRINKLE-570206	TL	23.00	23.00
1991	SNUFFY-566578	TL	18.00	19.00
1991	STAMPER-830267	YR	14.00	15.00
1992	CARVER-570192	YR	18.00	18.00
1992	SPARKY & BUFFER-561851	TL	25.00	25.00
1993	CHIMIER	OP	25.00	25.00
1993	SPEEDY	OP	25.00	25.00
1994	TOODLES	OP	25.00	25.00
*			**TREASURY OF CHRISTMAS COLLECTORS CLUB**	
1993	CAN'T WEIGHT FOR THE HOLIDAYS-MOO	OP	19.00	19.00
1994	SPRY FRY - MOO	OP	15.00	15.00
1995	THINGS GO BETTER WITH COKE TR951	YR	15.00	15.00
1996	COCA-COLA CHOO CHOO 1ST ISSUE TR961	YR	35.00	35.00
1996	FRIENDS ARE TEA-RIFFIC TR962	YR	25.00	25.00
1996	ON TRACK WITH COKE 2ND ISSUE TR963	YR	*	25.00
1996	YO HO HOLIDAYS T0003	YR	*	20.00
1996	YO HO HOLIDAYS TO103	YR	*	20.00
GILMORE STUDIOS			**TREASURY OF CHRISTMAS COLLECTORS CLUB**	
1993	TREASURE CARD, THE - SOM	OP	20.00	20.00
1995	BUTTONING UP OUR HOLIDAY BEST-MOO	YR	23.00	23.00
1995	FIRST CLASS CHRISTMAS - MOO	YR	23.00	23.00
1995	HOLIDAY HIGH-LIGHT- MOO	YR	15.00	15.00
*			**TREASURY OF CHRISTMAS COLLECTORS CLUB**	
1996	COCA-COLA CHOO CHOO 1ST ISSUE TR961	YR	35.00	35.00
K. HAHN			**TREASURY OF CHRISTMAS COLLECTORS CLUB**	
1993	TOGETHER WE CAN SHOOT FOR THE STARS-MOO	OP	18.00	19.00
1994	SEEDLINGS GREETINGS-MOO	OP	23.00	23.00
1995	YOU'RE THE PERFECT FIT T0002	YR	*	20.00
1995	YOU'RE THE PERFECT FIT-SOM (CHARTER MEM)	OP	18.00	18.00
1996	RIDING HIGH 1ST ISSUE TR964	YR	20.00	20.00

ERTL COLLECTIBLES

EPSTEIN/GAGE			**CAT HALL OF FAME**	
1998	NUTCATTER BALLET-HERR DROSSELMEOWER	OP	15.00	15.00
1998	NUTCATTER BALLET-MEWRIA	OP	15.00	15.00
1998	NUTCATTER BALLET-MOTHER GINGER	OP	15.00	15.00
1998	NUTCATTER BALLET-NUTCATTER PURRINCE	OP	15.00	15.00
1998	NUTCATTER BALLET-RAT KING	OP	15.00	15.00
1998	NUTCATTER BALLET-SUGAR PLUM FURRY	OP	15.00	15.00
L. DAVIS			**SPARROWSVILLE**	
1997	BACHELOR PAD	OP	17.00	17.00
1997	COZY CABIN	OP	17.00	17.00
1997	HAYLOFT, THE	OP	17.00	17.00
1997	HEARTHSIDE MANOR	OP	17.00	17.00
1997	HOME SWEET HOME	OP	17.00	17.00
1997	LEATHER NEST	OP	17.00	17.00

YR	NAME	LIMIT	ISSUE	TREND
1997	LOVE NEST	OP	17.00	17.00
1997	SMITH'S, THE	OP	17.00	17.00
1997	SNOWBIRDS	OP	17.00	17.00
1997	STONE HAVEN	OP	17.00	17.00
1997	WINTER RETREAT	OP	17.00	17.00
1997	WINTER SQUASH	OP	17.00	17.00

FENTON ART GLASS
*

1982	ORNAMENT 1714CY	*	*	14.00
1982	ORNAMENT 1714DH	*	*	20.00
1982	ORNAMENT 1714KG	*	*	20.00
1982	ORNAMENT 1714RU	*	*	20.00
1982	ORNAMENT 9414FL NATIVITY	*	*	30.00
1982	ORNAMENT 9414TD NATIVITY	*	*	25.00

M. REYNOLDS   CHRISTMAS LIMITED EDITIONS

1996	ORNAMENT 1714AC	2000	28.00	30.00

FIGI COLLECTIONS INC.
*

                                           SANTA'S CRYSTAL VALLEY

*	BEARY CHRISTMAS ORNAMENT	OP	13.00	13.00
*	PEACE ON EARTH ORNAMENT	OP	13.00	13.00
1997	1997 SANTA ORNAMENT CVO-101	OP	13.00	13.00

FJ DESIGNS/CAT'S MEOW
F. JONES

1998	CHRIST'S BIRTH	OP	9.00	9.00
1998	SANTA CASPER ORNAMENT	OP	9.00	9.00
1998	SNOW GLOBE ORNAMENT	OP	9.00	9.00
1998	WRAPPED HOUSE ORNAMENT	OP	9.00	9.00

F. JONES   CHRISTMAS ORNAMENTS

1985	1986, 1987 CHRISTMAS ORNAMENT SET	RT	*	750.00
1985	BANCROFT HOUSE	RT	4.00	40.00
1985	CHAPEL	RT	4.00	40.00
1985	GRAYLING HOUSE	RT	4.00	40.00
1985	MORTON HOUSE	RT	4.00	40.00
1985	RUTLEDGE HOUSE	RT	4.00	75.00
1985	SCHOOL	RT	4.00	40.00
1987	1988 CHRISTMAS ORNAMENT SET	RT	20.00	185.00
1987	BLACKSMITH SHOP	RT	5.00	60.00
1987	DISTRICT #17 SCHOOL	RT	5.00	60.00
1987	GLOBE CORNER BOOKSTORE	RT	5.00	60.00
1987	KENNEDY BIRTHPLACE	RT	5.00	50.00
1995	CARNEGIE LIBRARY	RT	9.00	9.00
1995	HOLLY HILL FARMOUSE	RT	9.00	9.00
1995	NORTH CENTRAL SCHOOL	RT	9.00	9.00
1995	ST. JAMES GENERAL STORE	RT	9.00	9.00
1995	UNITARIAN CHURCH	RT	9.00	9.00
1995	YAQUINA BAY LIGHT	RT	9.00	9.00
1996	CHRIST CHURCH	YR	9.00	9.00
1996	DEERFIELD POST OFFICE	YR	9.00	9.00
1996	GIMBEL & SONS COUNTRY STORE	YR	9.00	9.00
1996	HOOK WINDMILL	YR	9.00	9.00
1996	MAPLE MANOR	YR	9.00	9.00
1996	PARSONAGE	YR	9.00	9.00

F. JONES   NANTUCKET CHRISTMAS ORNAMENTS

1998	CHRISTMAS CHOP ORNAMENT	OP	9.00	9.00
1998	POWELL HOUSE ORNAMENT	OP	9.00	9.00
1998	SHAW HOUSE ORNAMENT	OP	9.00	9.00
1998	WINTHROP HOUSE ORNAMENT	OP	9.00	9.00

FLAMBRO
*

                                           EMMETT KELLY JR.

1989	65TH BIRTHDAY CHRISTMAS ORNAMENT	CL	24.00	43.00
1990	30 YEARS OF CLOWNING	YR	30.00	53.00
1991	EKJ WITH STOCKING AND TOYS	YR	30.00	40.00
1992	HOME FOR CHRISTMAS	YR	24.00	24.00
1993	CHRISTMAS MAIL	YR	25.00	50.00
1994	70TH BIRTHDAY COMMEMORATIVE	YR	24.00	24.00
1995	ALL-STAR CIRCUS 20TH ANNIVERSARY	YR	25.00	25.00
1997	1997 DATED ORNAMENT	YR	30.00	30.00

M. WU   LITTLE EMMETT

1995	CHRISTMAS WRAP	OP	12.00	12.00
1995	DECK THE NECK	OP	12.00	12.00

R. MUSGRAVE   POCKET DRAGONS

1990	ONE SIZE FITS ALL	OP	20.00	20.00
1990	PUTTING ME ON THE TREE	5000	48.00	48.00

*   RAGGEDY ANN & ANDY

1989	RAGGEDY ANDY W/CANDY CANE	YR	14.00	18.00
1989	RAGGEDY ANN W/GIFT STOCKING	YR	14.00	18.00

GANZ
C. THAMMAVONGSA   CHEESERVILLE PICNIC COLLECTION

1991	AUNTIE MARIGOLD EATING COOKIE	OP	13.00	13.00
1991	BABY CICELY	OP	8.00	8.00
1991	BABY TRUFFLE	OP	8.00	8.00
1991	BLOSSOM & HICKORY IN LOVE	OP	19.00	19.00
1991	COUSIN WOODY WITH BEAD & FRUIT	OP	14.00	15.00
1991	FELLOW W/PICNIC HAMPER	RT	13.00	13.00
1991	FELLOW W/PLATE OF COOKIES	RT	13.00	13.00

YR	NAME	LIMIT	ISSUE	TREND
1991	GRANDMAMA THISTLEDOWN HOLDING BREAD	OP	14.00	15.00
1991	GRANDPAPA THISTLEDOWN CARRYING BKT	OP	13.00	13.00
1991	HARLEY HARVESTMOUSE WAVING	OP	13.00	13.00
1991	HARRIET HARVESTMOUSE	RT	13.00	13.00
1991	JENNY BUTTERFIELD KNEELING	OP	13.00	13.00
1991	JEREMY BUTTERFIELD	OP	13.00	13.00
1991	LADY W/GRAPES	RT	14.00	15.00
1991	LI'L TRUFFLE EATING GRAPES	OP	8.00	8.00
1991	LI'L TRUFFLE SMELLING FLOWERS	OP	16.00	17.00
1991	MAMA FIXING SWEET CICELY'S HAIR	RT	16.00	17.00
1991	MAMA WITH ROLLING PIN	OP	13.00	13.00
1991	MAMA WOODSWORTH W/CAFE	RT	14.00	15.00
1991	MARIGOLD THISTLEDOWN PICKING UP JAR	OP	14.00	15.00
1991	MEDLEY MEADOWMOUSE/BOUQUET	OP	13.00	13.00
1991	PAPA WOODSWORTH	OP	13.00	13.00
1991	PICNIC BUDDIES	OP	19.00	19.00
1991	VIOLET WITH PEACHES	OP	13.00	13.00
1992	SWEET CICELY MUSICAL DOLL IN BKT	OP	85.00	85.00
1993	CHUCKLES THE CLOWN	OP	16.00	16.00
1993	CLOWNIN' AROUND	OP	10.00	11.00
1993	FOR SOMEONE SPECIAL	OP	14.00	14.00
1993	LI'L CHEESERS DISPLAY PLAQUE	OP	25.00	25.00
1993	STORYTELLER, THE	10000	25.00	25.00
1993	STRUMMIN' AWAY	OP	13.00	13.00
1993	SUNDAY DRIVE	OP	40.00	40.00
1993	SWEET DREAMS	OP	28.00	28.00
1993	WILLY'S TOE-TAPPIN' TUNES	OP	15.00	15.00
1993	WORDS OF WISDOM	OP	14.00	15.00
1994	FIDDLE-DEE-DEE	OP	13.00	13.00
1994	MELODY MAKER	OP	17.00	17.00
1994	OOM-PAH-PAH	OP	13.00	13.00
1994	SWINGIN' SAX	OP	13.00	13.00
1994	WASHBOARD BLUES	OP	13.00	13.00
1994	WHAT A HOOT!	OP	13.00	13.00
C. THAMMAVONGSA		**COWTOWN/CHRISTMAS COLLECTION**		
1994	BILLY THE CALF	OP	14.00	15.00
1994	BRONCO BULLY	OP	13.00	13.00
1994	CALF-IN-THE-BOX	OP	12.00	13.00
1994	CHRISTMAS CACTUS	OP	14.00	14.00
1994	CHRISTMOOS EVE	OP	12.00	12.00
1994	DOWNHILL DAR DEBULL	OP	12.00	12.00
1994	HALLEMOOAH	OP	12.00	12.00
1994	JINGLE BELL	OP	16.00	16.00
1994	LI'L RED GLIDING HOOF	OP	12.00	12.00
1994	LITTLE DRUMMER CALF	OP	12.00	12.00
1994	SAINT NICOWLAS	OP	16.00	16.00
1994	SANTA COWS	OP	18.00	18.00
1994	SANTA'S LITTLE HEIFER	OP	12.00	13.00
C. THAMMAVONGSA		**COWTOWN/VALENTINE COLLECTION**		
1994	I LOVE MOO	OP	15.00	16.00
1994	ROBIN HOOF & MAID MOOIAN	OP	23.00	23.00
1994	ROMECOW & MOOLIET	OP	22.00	22.00
1994	WANTED: A SWEETHEART	OP	16.00	16.00
C. THAMMAVONGSA		**LITTLE CHEESERS/CHRISTMAS COLLECTION**		
1992	ABNER APPLETON	OP	15.00	15.00
1992	JENNY BUTTERFIELD	OP	17.00	17.00
1992	JEREMY/ TEDDY BEAR	OP	13.00	13.00
1992	LITTLE TRUFFLE	OP	10.00	10.00
1992	MYRTLE MEADOWMOUSE	OP	15.00	15.00
1992	SANTA CHEESER	OP	14.00	15.00
1993	BABY'S FIRST XMAS	OP	12.00	13.00
1993	DASHING THROUGH THE SNOW	OP	11.00	11.00
1993	LITTLE STOCKING STUFFER	OP	10.00	11.00
1993	MEADLEY MEADOWMOUSE XMAS BELL	OP	17.00	17.00
1993	OUR 1ST CHRISTMAS TOGETHER	OP	19.00	19.00
1993	SANTA'S LITTLE HELPER	OP	11.00	11.00
1993	SKATING INTO YOUR HEART	OP	10.00	10.00
1994	ALL I WANT FOR CHRISTMAS	RT	14.00	14.00
1994	ANGEL	OP	8.00	8.00
1994	CANDY CANE CAPER	OP	9.00	9.00
1994	CHEESER SHOWMAN	RT	5.00	5.00
1994	CHELSEA'S STOCKING BELL	OP	16.00	16.00
1994	COUSIN WOODY PLAYING FLUTE	RT	10.00	10.00
1994	GRANDPA BLOWING HORN	RT	10.00	10.00
1994	HICKORY PLAYING CELLO	RT	10.00	10.00
1994	MEDLEY PLAYING DRUM	RT	6.00	6.00
1994	MRS. CLAUS	OP	9.00	9.00
1994	PEACE ON EARTH	OP	8.00	8.00
1994	SANTA SILVERWOOD	OP	9.00	9.00
1994	SANTA'S WORKSHOP	OP	10.00	10.00
1994	SLEIGH RIDE	RT	9.00	9.00
1994	SWINGING INTO THE SEASON	OP	11.00	11.00
1994	VIOLET WITH SNOWBALL	RT	6.00	6.00
C. THAMMAVONGSA		**LITTLE CHEESERS/THE SILVERWOODS**		
1994	CHRISTMAS SURPRISE	OP	8.00	9.00
1994	COMFORT AND JOY	OP	6.00	6.00
1994	DECK THE HALLS	OP	10.00	10.00
1994	GIDDY UP!	OP	8.00	9.00

YR	NAME	LIMIT	ISSUE	TREND
1994	HICKORY DICKORY DOCK	OP	10.00	10.00
1994	XMAS EXPRESS	OP	8.00	9.00

C. THAMMAVONGSA   PIGSVILLE/CHRISTMAS COLLECTION

YR	NAME	LIMIT	ISSUE	TREND
1994	CAROLER	OP	10.00	10.00
1994	CHRISTMAS TREATS	OP	9.00	9.00
1994	DRUMMER PIG	OP	10.00	10.00
1994	JOY TO THE WORLD	OP	10.00	10.00
1994	SANTA PIG	OP	11.00	11.00
1994	WHEEEEEE! PIGGY	OP	9.00	9.00

C. THAMMAVONGSA   PIGSVILLE/THE VALENTINE COLLECTION

YR	NAME	LIMIT	ISSUE	TREND
1994	LOVESTRUCK	OP	10.00	11.00

GLASS EYE
*

YR	NAME	LIMIT	ISSUE	TREND
1993	COBALT WAVE	2000	19.00	22.00
1994	CRANBERRY OPALESCENT LACE	2000	19.00	22.00

*

YR	NAME	LIMIT	ISSUE	TREND
1999	SILVER MOON	500	36.00	36.00
1999	SILVER SANTA	500	36.00	36.00

GOEBEL INC.
M.I. HUMMEL

YR	NAME	LIMIT	ISSUE	TREND
1999	JOYFUL NOISE HUM 598	*	*	125.00

ANGEL BELLS ANNUAL ORNAMENT

YR	NAME	LIMIT	ISSUE	TREND
1976	ANGEL WITH FLUTE-BLUE	YR	9.00	100.00
1976	ANGEL WITH FLUTE-PINK	YR	9.00	100.00
1976	ANGEL WITH FLUTE-RED	YR	9.00	100.00
1976	ANGEL WITH FLUTE-WHITE	YR	7.00	70.00
1977	ANGEL WITH BANJO-GREEN	YR	9.00	35.00
1977	ANGEL WITH BANJO-PURPLE	YR	9.00	35.00
1977	ANGEL WITH BANJO-WHITE	YR	7.00	30.00
1977	ANGEL WITH BANJO-YELLOW	YR	9.00	35.00
1978	ANGEL WITH HARP-BLUE	YR	11.00	35.00
1978	ANGEL WITH HARP-PINK	YR	11.00	35.00
1978	ANGEL WITH HARP-RUST	YR	11.00	35.00
1978	ANGEL WITH HARP-WHITE	YR	9.00	30.00
1979	ANGEL WITH ACCORDION-GREEN	YR	11.00	35.00
1979	ANGEL WITH ACCORDION-PURPLE	YR	11.00	35.00
1979	ANGEL WITH ACCORDION-WHITE	YR	9.00	30.00
1979	ANGEL WITH ACCORDION-YELLOW	YR	11.00	35.00
1980	ANGEL WITH SAXAPHONE-BLUE	YR	14.00	35.00
1980	ANGEL WITH SAXAPHONE-PINK	YR	14.00	35.00
1980	ANGEL WITH SAXAPHONE-RUST	YR	14.00	35.00
1980	ANGEL WITH SAXAPHONE-WHITE	YR	12.00	30.00
1981	ANGEL WITH SONG SHEET-GREEN	YR	14.00	35.00
1981	ANGEL WITH SONG SHEET-PURPLE	YR	14.00	35.00
1981	ANGEL WITH SONG SHEET-WHITE	YR	12.00	30.00
1981	ANGEL WITH SONG SHEET-YELLOW	YR	14.00	35.00
1982	ANGEL WITH FRENCH HORN-GREEN	YR	14.00	35.00
1982	ANGEL WITH FRENCH HORN-RED	YR	14.00	35.00
1982	ANGEL WITH FRENCH HORN-RUST	YR	14.00	35.00
1982	ANGEL WITH FRENCH HORN-WHITE	YR	12.00	30.00
1983	ANGEL WITH REED PIPE-BROWN	YR	14.00	35.00
1983	ANGEL WITH REED PIPE-ORANGE	YR	14.00	35.00
1983	ANGEL WITH REED PIPE-PURPLE	YR	14.00	35.00
1983	ANGEL WITH REED PIPE-WHITE	YR	12.00	30.00
1984	ANGEL WITH DRUM-GREEN	YR	14.00	35.00
1984	ANGEL WITH DRUM-RED	YR	14.00	35.00
1984	ANGEL WITH DRUM-WHITE	YR	12.00	30.00
1985	ANGEL WITH TRUMPET-BLUE	YR	14.00	35.00
1985	ANGEL WITH TRUMPET-GREEN	YR	14.00	35.00
1985	ANGEL WITH TRUMPET-RED	YR	14.00	35.00
1985	ANGEL WITH TRUMPET-WHITE	YR	12.00	30.00
1986	ANGEL WITH BELLS-GREEN	YR	15.00	35.00
1986	ANGEL WITH BELLS-RED	YR	15.00	35.00
1986	ANGEL WITH BELLS-WHITE	YR	12.00	30.00
1986	ANGEL WITH BELLS-YELLOW	YR	15.00	35.00
1987	ANGEL CONDUCTOR-BLUE	YR	17.00	35.00
1987	ANGEL CONDUCTOR-GREEN	YR	17.00	35.00
1987	ANGEL CONDUCTOR-RED	YR	17.00	35.00
1987	ANGEL CONDUCTOR-WHITE	YR	15.00	30.00
1988	ANGEL WITH STAR-GREEN	YR	20.00	20.00
1988	ANGEL WITH STAR-RED	YR	20.00	20.00
1988	ANGEL WITH STAR-WHITE	YR	17.00	17.00
1988	ANGEL WITH STAR-YELLOW	YR	20.00	20.00

ANNUAL CHRISTMAS BELL ORNAMENT

YR	NAME	LIMIT	ISSUE	TREND
1984	CHRISTMAS TREE	YR	14.00	25.00
1985	SANTA	YR	14.00	15.00
1986	WREATH	YR	15.00	16.00
1987	TEDDY BEAR	YR	17.00	18.00
1988	CRYSTAL BELL	YR	8.00	15.00

ANNUAL ORNAMENT

YR	NAME	LIMIT	ISSUE	TREND
1978	SANTA-COLOR	YR	15.00	17.00
1978	SANTA-WHITE	YR	8.00	12.00
1979	ANGEL/TREE-COLOR	YR	16.00	18.00
1979	ANGEL/TREE-WHITE	YR	8.00	13.00
1980	MRS. SANTA-COLOR	YR	17.00	17.00
1980	MRS. SANTA-WHITE	YR	9.00	14.00
1981	NUTCRACKER, THE-COLOR	YR	18.00	18.00

YR	NAME	LIMIT	ISSUE	TREND
1981	NUTCRACKER, THE-WHITE	YR	10.00	10.00
1982	SANTA IN CHIMNEY-COLOR	YR	18.00	18.00
1982	SANTA IN CHIMNEY-WHITE	YR	10.00	10.00
1983	CLOWN-COLOR	YR	18.00	18.00
1983	CLOWN-WHITE	YR	10.00	10.00
1984	SNOWMAN-COLOR	YR	18.00	18.00
1984	SNOWMAN-WHITE	YR	10.00	10.00
1985	ANGEL-COLOR	YR	18.00	18.00
1985	ANGEL-WHITE	YR	9.00	9.00
1986	DRUMMER BOY-COLOR	YR	18.00	18.00
1986	DRUMMER BOY-WHITE	YR	9.00	9.00
1987	ROCKING HORSE-COLOR	YR	20.00	20.00
1987	ROCKING HORSE-WHITE	YR	10.00	10.00
1988	DOLL-COLOR	YR	23.00	23.00
1988	DOLL-WHITE	YR	12.00	13.00
1989	DOVE-COLOR	YR	20.00	20.00
1989	DOVE-WHITE	YR	12.00	13.00
1990	GIRL IN SLEIGH	YR	30.00	30.00
1991	BABY ON MOON	YR	35.00	35.00
*			**ANNUAL ORNAMENT-GLASS**	
1979	SANTA	15000	12.00	12.00
1980	ANGEL WITH TREE	15000	12.00	12.00
1981	MRS. SANTA	15000	12.00	12.00
1982	NUTCRACKER, THE	15000	4.00	4.00
*			**BERTA HUMMEL**	
2000	BALTHAZAR WISEMAN	*	13.00	13.00
2000	CHRISTMAS TEDDY BEAR	*	13.00	13.00
2000	CHRISTMAS TREAT FOR PUPPY	*	13.00	13.00
2000	CHRISTMAS TREATS	*	13.00	13.00
2000	CHRISTMAS WHISPERS	*	13.00	13.00
2000	CUDDLE FOR TEDDY	*	13.00	13.00
2000	FINISHING TOUCH, THE	*	13.00	13.00
2000	GASPAR WISEMAN	*	13.00	13.00
2000	JESUS	*	13.00	13.00
2000	JOLLY SURPRISE	*	13.00	13.00
2000	JOSEPH	*	13.00	13.00
2000	LITTLE BELL RINGER	*	13.00	13.00
2000	LITTLE DRUMMER BOY	*	13.00	13.00
2000	MARY	*	13.00	13.00
2000	MELCHIOR WISEMAN	*	13.00	13.00
2000	PUPPY FOR CHRISTMAS, A	*	13.00	13.00
2000	SKATING AWAY	*	13.00	13.00
2000	SNUG & WARM	*	13.00	13.00
B. TIMBERLAKE			**BOB TIMBERLAKE SIGNATURE**	
1996	CHRISTMAS CARDINAL	YR	35.00	35.00
C. BYJ			**CHARLOT BYJ ANNUAL ORNAMENT**	
1986	SANTA LUCIA ANGEL	CL	18.00	25.00
1987	CHRISTMAS PAGEANT	CL	20.00	20.00
1988	ANGEL WITH SHEET MUSIC	CL	22.00	22.00
C. BYJ			**CHARLOT BYJ BABY ORNAMENT**	
1986	BABY ORNAMENT	CL	18.00	18.00
1987	BABY SNOW	CL	20.00	20.00
1988	BABY'S 1ST STOCKING	CL	28.00	28.00
*			**CHRISTMAS ORNAMENTS**	
1986	ANGEL WITH HORN-COLOR	OP	8.00	8.00
1986	ANGEL WITH HORN-WHITE	OP	6.00	6.00
1986	ANGEL WITH LANTERN-COLOR	OP	8.00	8.00
1986	ANGEL WITH LANTERN-WHITE	OP	6.00	6.00
1986	ANGEL WITH LUTE-COLOR	OP	8.00	8.00
1986	ANGEL WITH LUTE-WHITE	OP	6.00	6.00
1986	ANGEL-RED WITH BELL	OP	6.00	6.00
1986	ANGEL-RED WITH BOOK	OP	6.00	6.00
1986	ANGEL-RED WITH SONG	OP	6.00	6.00
1986	TEDDY BEAR-RED BOOTS	OP	5.00	5.00
1986	TEDDY BEAR-RED HAT	OP	5.00	5.00
1986	TEDDY BEAR-RED SCARF	OP	5.00	5.00
1987	THREE ANGELS WITH INSTRUMENTS (SET)	OP	30.00	30.00
1987	THREE ANGELS WITH TOYS (SET)	OP	30.00	30.00
1988	ANGEL WITH ACCORDION	OP	10.00	10.00
1988	ANGEL WITH BANJO	OP	10.00	10.00
1988	ANGEL WITH MUSIC (SET)	OP	30.00	30.00
1988	ANGEL WITH TOY ROCKING HORSE	OP	10.00	10.00
1988	ANGEL WITH TOY TEDDY BEAR	OP	10.00	10.00
1988	ANGEL WITH TOY TRAIN	OP	10.00	10.00
1988	ANGEL WITH TOYS (SET OF 3)	OP	30.00	30.00
1988	ANGEL WITH VIOLIN	OP	10.00	10.00
1988	NUTCRACKER	OP	15.00	16.00
1988	SAINT NICK	OP	15.00	16.00
1988	SANTA'S BOOT	OP	8.00	8.00
1988	SNOWMAN	OP	10.00	10.00
G. SKROBEK			**CO-BOY ANNUAL ORNAMENT**	
1986	COBOY WITH WREATH	CL	18.00	25.00
1987	COBOY WITH CANDY CANE	CL	25.00	25.00
1988	COBOY WITH TREE	CL	30.00	30.00
M.I. HUMMEL			**M.I. HUMMEL**	
2000	LIGHT THE WAY	*	120.00	120.00

Inspired by Walt Disney's animation classic, "Fantasia," Flight of Fancy was only available at 1994 Disney Classics Collection dealer events.

"Sharing is caring" the members of the Salvation Army Band seem to proclaim. The musical ornament, which plays "Joy to the World," is produced by Hallmark.

Ladies and gentlement, start your engines. This Hallmark Keepsake Ornament titled 1957 Corvette is one fine dream machine.

The 1991 Christmas Ball is the first in a series by Lladró. The 3 1/2-inch bas relief porcelain ornament features pink and blue trim in a matte finish.

This sterling ornament speaks for itself. I Love Santa is produced by Hand & Hammer.

YR	NAME	LIMIT	ISSUE	TREND
M.I. HUMMEL		**M.I. HUMMEL ANNUAL FIGURINE ORNAMENTS**		
1988	FLYING HIGH HUM-452	CL	75.00	175.00-300.00
1989	LOVE FROM ABOVE HUM-481	CL	75.00	150.00
1990	PEACE ON EARTH HUM-484	CL	80.00	150.00
1991	ANGELIC GUIDE HUM-571	CL	95.00	200.00
1992	LIGHT UP THE NIGHT HUM-622	CL	95.00	125.00-150.00
1993	HERALD ON HIGH HUM-623	CL	155.00	175.00-200.00
M.I. HUMMEL		**M.I. HUMMEL CENTURY COLLECTION**		
1998	ECHOES OF JOY HUM 597	*	*	125.00
M.I. HUMMEL		**M.I. HUMMEL CHRISTMAS BELL ORNAMENTS**		
1989	RIDE INTO CHRISTMAS HUM-775	CL	35.00	35.00
1990	LETTER TO SANTA CLAUS HUM-776	CL	38.00	35.00
1991	HEAR YE, HEAR YE HUM-777	CL	40.00	35.00
1992	HARMONY IN FOUR PARTS HUM-778	CL	45.00	35.00
1993	CELESTIAL MUSICIAN HUM-779	CL	50.00	30.00
1995	FESTIVAL HARMONY W/FLUTE HUM 781	CL	55.00	30.00
1996	CHRISTMAS SONG HUM 782	CL	55.00	30.00
M.I. HUMMEL		**M.I. HUMMEL MINIATURE ORNAMENTS**		
1993	CELESTIAL MUSICIAN HUM-646	CL	90.00	110.00
1994	FESTIVAL HARMONY W/MANDOLIN HUM-647	CL	95.00	110.00
1995	FESTIVAL HARMONY W/FLUTE HUM-648	CL	100.00	100.00
M.I. HUMMEL		**UNICEF**		
1993	FRIENDS FOREVER HUM-662	25000	260.00	300.00-550.00

GORHAM

YR	NAME	LIMIT	ISSUE	TREND
*		**ANNUAL CRYSTAL ORNAMENTS**		
1985	CRYSTAL ORNAMENT	CL	22.00	22.00
1986	CRYSTAL ORNAMENT	CL	25.00	25.00
1987	CRYSTAL ORNAMENT	CL	25.00	25.00
1988	CRYSTAL ORNAMENT	CL	28.00	28.00
1989	CRYSTAL ORNAMENT	CL	28.00	28.00
1990	CRYSTAL ORNAMENT	CL	30.00	30.00
1991	CRYSTAL ORNAMENT	CL	35.00	35.00
1992	CRYSTAL ORNAMENT	CL	33.00	33.00
*		**ANNUAL SNOWFLAKE ORNAMENTS**		
1970	STERLING SNOWFLAKE	CL	10.00	290.00
1971	STERLING SNOWFLAKE	CL	10.00	110.00
1972	STERLING SNOWFLAKE	CL	10.00	100.00
1973	STERLING SNOWFLAKE	CL	11.00	90.00
1974	STERLING SNOWFLAKE	CL	18.00	60.00
1975	STERLING SNOWFLAKE	CL	18.00	60.00
1976	STERLING SNOWFLAKE	CL	20.00	60.00
1977	STERLING SNOWFLAKE	CL	23.00	60.00
1978	STERLING SNOWFLAKE	CL	23.00	60.00
1979	STERLING SNOWFLAKE	CL	33.00	70.00
1980	SILVERPLATED SNOWFLAKE	CL	15.00	75.00
1981	STERLING SNOWFLAKE	CL	50.00	65.00
1982	STERLING SNOWFLAKE	CL	38.00	75.00
1983	STERLING SNOWFLAKE	CL	45.00	60.00
1984	STERLING SNOWFLAKE	CL	45.00	60.00
1985	STERLING SNOWFLAKE	CL	45.00	60.00
1986	STERLING SNOWFLAKE	CL	45.00	55.00
1987	STERLING SNOWFLAKE	CL	50.00	60.00
1988	STERLING SNOWFLAKE	CL	50.00	50.00
1989	STERLING SNOWFLAKE	CL	50.00	50.00
1990	STERLING SNOWFLAKE	CL	50.00	50.00
1991	STERLING SNOWFLAKE	CL	55.00	50.00
1992	STERLING SNOWFLAKE	CL	50.00	50.00
*		**ARCHIVE COLLECTIBLE**		
1988	VICTORIAN HEART	CL	50.00	50.00
1989	VICTORIAN WREATH	CL	50.00	50.00
1990	ELIZABETHAN CUPID	CL	60.00	60.00
1991	STERLING BAROQUE ANGELS	CL	55.00	55.00
1992	MADONNA AND CHILD	YR	50.00	50.00
*		**BABY'S FIRST CHRISTMAS CRYSTAL**		
1991	BABY'S FIRST ROCKING HORSE	CL	35.00	35.00

HADLEY COMPANIES

YR	NAME	LIMIT	ISSUE	TREND
A. AGNEW		**HADLEY COLLECTION**		
1995	ARCTIC WOLVES	45 DAYS	20.00	30.00
D. BARNHOUSE		**HADLEY COLLECTION**		
1995	REPAIRS	45 DAYS	20.00	30.00
D. BRESH		**HADLEY COLLECTION**		
1995	WARMTH OF WINTER II	45 DAYS	20.00	30.00
T. REDLIN		**HADLEY COLLECTION**		
1995	SHARING THE EVENING	45 DAYS	20.00	30.00

HALLMARK

YR	NAME	LIMIT	ISSUE	TREND
HAAS/ANDREWS		**25TH ANNIVERSARY EDITION**		
1998	ANGELIC FLIGHT QXI 414-6	25000	85.00	85.00
J. LYLE		**25TH ANNIVERSARY EDITION**		
1998	JOYFUL MESSENGER QX1673-3	YR	19.00	19.00
D. PALMITER		**25TH ANNIVERSARY EDITION**		
1998	HALLS STATION QX683-3	YR	25.00	25.00
L. SICKMAN		**25TH ANNIVERSARY EDITION**		
1998	TIN LOCOMOTIVE QX 6826	YR	25.00	25.00
D. UNRUH		**A CHRISTMAS CAROL COLLECTION**		
1991	BOB CRATCHIT 1375QX499-7	YR	14.00	30.00
1991	EBENEZER SCROOGE 1375QX498-9	YR	14.00	35.00

YR	NAME	LIMIT	ISSUE	TREND
1991	MERRY CAROLERS 2975QX479-9	YR	30.00	75.00
1991	MRS. CRATCHIT 1375QX499-9	YR	14.00	30.00
1991	TINY TIM 1075QX503-7	YR	11.00	35.00
A. ROGERS		**ALADDIN & THE KING OF THIEVES**		
1997	JASMINE & ALADDIN, QXD4062	YR	15.00	20.00
P. ANDREWS		**ALICE IN WONDERLAND**		
1995	ALICE IN WONDERLAND QXM4777	YR	*	20.00
1996	MAD HATTER 2ND ED. QXM407-4	YR	7.00	15.00
1997	WHITE RABBIT QXM4142	YR	*	14.00
1998	CHESHIRE CAT QXM4186	YR	10.00	10.00
M. ROOT		**ALL GOD'S CHILDREN**		
1996	CHRISTY 1ST ED. QX556-4	YR	13.00	22.00
1997	NIKKI QX6142	YR	13.00	20.00
1998	RICKY QX 6363	YR	13.00	13.00
P. ANDREWS		**ALL IS BRIGHT**		
1995	ANGEL OF LIGHT QK115-9	YR	12.00	23.00
1995	GENTLE LULLABY QK115-7	YR	12.00	23.00
D. PALMITER		**ALL-AMERICAN TRUCKS**		
1995	1956 FORD TRUCK FIRST SERIES QX 552-7	YR	14.00	35.00
1996	1955 CHEVROLET CAMEO 2ND ED. QX524-1	YR	14.00	22.00
1997	1953 GMC QX610-5	YR	14.00	14.00
1998	1937 FORD V-8 QX 6263	YR	14.00	14.00
1999	1957 DODGE SWEPTSIDE D100 QX6269	YR	14.00	14.00
*		**AMERICAN COUNTRY COLLECTION**		
1986	MARY EMMERLING 795QX275-2	YR	8.00	25.00
*		**ANGEL BELLS**		
1995	CAROLE QX114-7	YR	13.00	25.00
L. VOTRUBA		**ANGEL BELLS**		
1995	JOY QK113-7	YR	13.00	28.00
1995	NOELLE QK113-9	YR	13.00	25.00
*		**ANNIVERSARY ORNAMENTS**		
1992	25 YEARS TOGETHER 1000AGA711-3	YR	10.00	22.00
1992	25 YEARS TOGETHER ANN. BELL 800AGA713-4	YR	10.00	16.00
1992	40 YEARS TOGETHER 1000AGA731-6	YR	10.00	20.00
1992	50 YEARS TOGETHER 1000AGA721-4	YR	10.00	20.00
1992	50 YEARS TOGETHER ANN. BELL 800AGA723-5	YR	10.00	17.00
1992	OUR FIFTH ANNIVERSARY 1000AGA731-9	YR	10.00	20.00
1992	OUR FIRST ANNIVERSARY 1000AGA731-8	YR	10.00	22.00
1992	OUR TENTH ANNIVERSARY 1000AGA731-7	YR	10.00	20.00
1993	25 YEARS TOGETHER 1000AGA768-6	YR	10.00	24.00
1993	25 YEARS TOGETHER ANN. BELL 800AGA768-7	YR	10.00	24.00
1993	40 YEARS TOGETHER 1000AGA786-8	YR	10.00	24.00
1993	50 YEARS TOGETHER 1000AGA778-7	YR	10.00	22.00
1993	50 YEARS TOGETHER ANN. BELL 800AGA778-8	YR	10.00	22.00
1993	OUR FIFTH ANNIVERSARY 1000AGA786-6	YR	10.00	20.00
1993	OUR FIRST ANNIVERSARY 1000AGA786-5	YR	10.00	20.00
1993	OUR TENTH ANNIVERSARY 1000AGA786-7	YR	10.00	20.00
L. SICKMAN		**ANNIVERSARY ORNAMENTS**		
1995	PEWTER ROCKING HORSE QX616-7	YR	20.00	50.00
B. SIEDLER		**ANNIVERSARY ORNAMENTS**		
1995	WHEEL OF FORTUNE QX588-9	YR	13.00	21.00
L. SICKMAN		**ANTIQUE TRACTORS**		
1997	ANTIQUE TRACTORS QXM4185	YR	*	16.00
1998	ANTIQUE TRACTORS QXM4166	YR	*	12.00
1999	ANTIQUE TRACTORS QXM4567	YR	7.00	7.00
D. MCGEHEE		**ART MASTERPIECE**		
1986	MADONNA & CHILD 3RD & FINAL QX 350-6	YR	7.00	25.00
R. CHAD		**ARTISTS' FAVORITES**		
1988	BABY REDBIRD 500QX410-1	YR	5.00	20.00
1992	ELFIN MARIONETTE 1175QX593-1	YR	12.00	21.00
K. CROW		**ARTISTS' FAVORITES**		
1990	WELCOME, SANTA 1175QX477-3	YR	12.00	24.00
1991	NOAH'S ARK 1375QX486-7	YR	14.00	45.00
1992	MOTHER GOOSE 1375QX498-4	YR	14.00	35.00
P. DUTKIN		**ARTISTS' FAVORITES**		
1988	VERY STRAWBEARY 475QX409-1	YR	5.00	20.00
J. FRANCIS		**ARTISTS' FAVORITES**		
1989	BABY PARTRIDGE 675QX452-5	YR	7.00	13.00
1990	GENTLE DREAMERS 875QX475-6	YR	9.00	25.00
1991	TRAMP AND LADDIE 775QX439-7	YR	8.00	35.00
D. LEE		**ARTISTS' FAVORITES**		
1987	DECEMBER SHOWERS 550QX448-7	YR	6.00	35.00
1987	THREE MEN IN A TUB 800QX454-7	YR	8.00	25.00
1988	CYMBALS OF CHRISTMAS 550QX411-1	YR	6.00	30.00
1989	PLAYFUL ANGEL 675QX453-5	YR	7.00	21.00
1990	DONDER'S DINER 1375QX482-3	YR	14.00	25.00
J. LEE		**ARTISTS' FAVORITES**		
1990	HAPPY WOODCUTTER 975QX476-3	YR	10.00	20.00
1991	HOOKED ON SANTA 775QX410-9	YR	8.00	25.00
1992	TURTLE DREAMS 875QX499-1	YR	9.00	25.00
M. PYDA-SEVCIK		**ARTISTS' FAVORITES**		
1990	ANGEL KITTY 875QX474-6	YR	9.00	25.00
A. ROGERS		**ARTISTS' FAVORITES**		
1988	MERRY MINT UNICORN 850QX423-4	YR	8.00	20.00
1989	MERRY-GO-ROUND UNICORN 1075QX447-2	YR	11.00	20.00

YR	NAME	LIMIT	ISSUE	TREND
E. SEALE			**ARTISTS' FAVORITES**	
1987	WEE CHIMNEY SWEEP 625QX451-9	YR	6.00	25.00
1989	MAIL CALL 875QX452-2	YR	9.00	20.00
1990	MOUSEBOAT 775QX475-3	YR	8.00	18.00
1991	SANTA SAILOR 975QX438-9	YR	10.00	25.00
1992	POLAR POST 875QX491-4	YR	9.00	18.00
L. SICKMAN			**ARTISTS' FAVORITES**	
1989	CAROUSEL ZEBRA 925QX451-5	YR	9.00	20.00
1989	CHERRY JUBILEE 500QX453-2	YR	5.00	25.00
1991	POLAR CIRCUS WAGON 1375QX439-9	YR	14.00	27.00
1992	STOCKED WITH JOY 775QX593-4	YR	8.00	20.00
B. SIEDLER			**ARTISTS' FAVORITES**	
1987	BEARY SPECIAL 475QX455-7	YR	5.00	25.00
1988	LITTLE JACK HORNER 800QX408-1	YR	8.00	25.00
1988	MIDNIGHT SNACK 600QX410-4	YR	6.00	20.00
1989	BEAR-I-TONE 475QX454-2	YR	5.00	20.00
1992	UNCLE ART'S ICE CREAM 875QX500-1	YR	9.00	25.00
L. VOTRUBA			**ARTISTS' FAVORITES**	
1991	FIDDLIN' AROUND 775QX438-7	YR	8.00	16.00
*			**ARTISTS ON TOUR**	
1997	TRIMMING SANTA'S TREE SET OF 2	YR	*	75.00
ESCHRICH/KLINE			**ARTISTS ON TOUR**	
1997	MRS. CLAUS'S STORY	YR	*	20.00
A. ROGERS			**ARTISTS ON TOUR**	
1997	FIRST CLASS THANK YOU	YR	*	N/A
D. UNRUH			**ARTISTS ON TOUR**	
1997	SANTA'S MAGICAL SLEIGH	YR	*	N/A
R. CHAD			**ARTIST'S STUDIO COLLECTION**	
1998	SANTA'S DEER FRIEND QX 6583	YR	24.00	24.00
D. RHODUS			**AT THE BALLPARK**	
1996	NOLAN RYAN 1ST ED. QXI571-1	YR	15.00	30.00
1997	HANK AARON 2ND. ED. QX16152	YR	15.00	25.00
1998	CAL RIPKEN JR. QXI 4033	YR	15.00	15.00
1999	KEN GRIFFEY JR. QXI4037	YR	15.00	15.00
*			**BABY CELEBRATIONS**	
1989	BABY'S CHRISTENING KEEPSAKE 700BBY132-5	YR	7.00	30.00
1989	BABY'S FIRST BIRTHDAY 5500BBY172-9	YR	6.00	31.00
1989	BABY'S FIRST CHRISTMAS-BOY 475BB145-3	YR	5.00	13.00
1989	BABY'S FIRST CHRISTMAS-GIRL 475BBY155-3	YR	5.00	15.00
1990	BABY'S CHRISTENING 1000BBY132-6	YR	10.00	30.00
1990	BABY'S FIRST CHRISTMAS-BOY PONY BBY145-4	YR	10.00	25.00
1990	BABY'S FIRST CHRISTMAS-GIRL BUNNY BBY155	YR	10.00	35.00
1991	BABY'S CHRISTENING LAMB 1000BBY131-7	YR	10.00	14.00
1991	BABY'S FIRST CHRISTMAS-BOY PONY BBY141-6	YR	10.00	14.00
1991	BABY'S FIRST CHRISTMAS-GIRL BUNNY BBY151	YR	10.00	25.00
1992	BABY'S CHRISTENING-WHITE HEART BBY133-1	YR	8.00	11.00
1992	BABY'S FIRST CHRISTMAS-BLUE PONY BBY145-6	YR	8.00	11.00
1992	BABY'S FIRST CHRISTMAS-BUNNY 850BBY155-7	YR	8.00	10.00
1993	BABY'S 1ST CHRISTMAS PHOTOHOLDER BBY147-0	YR	10.00	29.00
1993	BABY'S CHRISTENING 1200BBY291-7	YR	12.00	15.00
1993	BABY'S CHRISTENING PHOTOHOLDER BBY 133-5	YR	10.00	13.00
1993	BABY'S FIRST CHRISTMAS MOON 1400BBY291-9	YR	14.00	17.00
1993	BABY'S FIRST CHRISTMAS RABBIT BBY291-8	YR	12.00	29.00
1993	GRANDDAUGHTER FIRST CHRISTMAS BBY 280-2	YR	14.00	20.00
1993	GRANDSON'S FIRST CHRISTMAS BBY 280-1	YR	14.00	20.00
*			**BABY'S FIRST CHRISTMAS**	
1994	BABY'S FIRST CHRISTMAS-BOY 500QX243-6	YR	5.00	16.00
1994	BABY'S FIRST CHRISTMAS-GIRL 500QX243-3	YR	5.00	17.00
K. CROW			**BABY'S FIRST CHRISTMAS**	
1994	BABY'S FIRST CHRISTMAS 795QX571-3	YR	8.00	28.00
1995	BABY'S FIRST CHRISTMAS MUSICAL QLX 731-7	YR	22.00	34.00
*			**BARBIE**	
1997	HOLIDAY TRADITIONS BARBIE QHB6002	YR	*	20.00
1997	VICTORIAN ELEGANCE BARBIE QHB6004	YR	*	20.00
1999	BARBIE DOLL DREAMHOUSE PLAYHOUSE QXI8047	YR	15.00	15.00
P. ANDREWS			**BARBIE**	
1994	BARBIE 1ST IN ED. QX 500-6	YR	15.00	40.00
1995	BARBIE: SOLO IN SPOTLIGHT 2ND IN ED. QX1504-9	YR	15.00	26.00
1996	BARBIE: ENCHANTED EVENING 3RD IN ED. QXI654-1	YR	15.00	25.00
1997	WEDDING DAY 4TH ED. 1959-1962 QXI6812	YR	16.00	16.00
1998	SILKEN FLAME QXI 4043	YR	16.00	16.00
1999	40TH ANNIVERSARY BARBIE QXI8049	YR	16.00	16.00
1999	GAY PARISIENNE BARBIE QXI5301	YR	16.00	16.00
1999	TRAVEL CASE AND BARBIE ORNAMENT QXI6129	YR	13.00	13.00
A. ROGERS			**BARBIE**	
1999	AFRICAN-AMERICAN MILLENNIUM PRINCESS BARBIEQXI6449	YR	16.00	16.00
1999	MILLENNIUM PRINCESS BARBIE QXI4019	YR	16.00	16.00
D. RHODUS			**BASEBALL HEROES**	
1994	BABE RUTH 1ST ED. 1295QX532-3	YR	13.00	50.00
1995	LOU GEHRIG QX502-9	YR	13.00	21.00
1996	SATCHEL PAIGE 3RD ED. QX530-4	YR	13.00	24.00
1997	JACKIE ROBINSON QX620-2	YR	13.00	16.00
R. CHAD			**BATMAN**	
1994	BATMAN 1295QX585-3	YR	13.00	28.00
D. PALMITER			**BATMAN**	
1995	BATMOBILE QX573-9	YR	15.00	25.00

YR	NAME	LIMIT	ISSUE	TREND
*		**BEARINGERS OF VICTORIA CIRCLE**		
1993	ABEARNATHY/SON 495XPR974-7	YR	5.00	12.00
1993	BEARNADETTE/DAUGHTER 495XPR974-8	YR	5.00	10.00
1993	FIREPLACE HEARTH XPR974-9	YR	5.00	10.00
1993	MAMA BEARINGER 495XPR974-5	YR	5.00	10.00
1993	PAPA BEARINGER 495XPR974-6	YR	5.00	11.00
*		**BEATRIX POTTER**		
1994	TALE OF PETER RABBIT 500QX244-3	YR	5.00	21.00
L. VOTRUBA		**BEATRIX POTTER**		
1996	PETER RABBIT QEO807-1	YR	9.00	75.00
1997	JEMIMA PUDDLE-DUCK QEO8645	YR	9.00	18.00
1998	BENJAMIN BUNNY 895QE8383	YR	9.00	9.00
*		**BEAUTY OF AMERICA COLLECTION**		
1977	DESERT 250QX159-5	YR	2.00	40.00
1977	MOUNTAINS 250QX158-2	YR	2.00	38.00
1977	SEASHORE 250QX160-2	YR	2.00	50.00
1977	WHARF 250QX161-5	YR	2.00	36.00
*		**BELLRINGER SERIES**		
1979	BELLRINGER-1ST EDITION 10QX147-9	YR	10.00	350.00
1980	BELLRINGER-2ND EDITION 1500QX157-4	YR	15.00	80.00
1981	SWINGIN' BELLRINGER QX 441-5	YR	15.00	92.00
1983	TEDDY BELLRINGER, THE-5TH EDITION 1500QX403-9	YR	15.00	125.00
1984	ELFIN ARTIST QX 438-4	YR	15.00	50.00
D. LEE		**BELLRINGER SERIES**		
1982	ANGEL QX 455-6	YR	15.00	90.00
*		**BETSEY CLARK**		
1974	BETSEY CLARK-SECOND EDITION 250QX108-1	YR	2.00	78.00
1975	BETSEY CLARK-THIRD EDITION 300QX133-1	YR	3.00	65.00
1976	BETSEY CLARK-FOURTH ED 300QX195-1	YR	3.00	95.00
1977	BETSEY CLARK-FIFTH ED 350QX264-2	YR	4.00	440.00
1978	BETSEY CLARK-SIXTH ED 350QX201-6	YR	4.00	50.00
1979	BETSEY CLARK-SEVENTH EDITION 350QX201-9	YR	4.00	35.00
1980	BETSEY CLARK-EIGHTH ED 400QX215-4	YR	4.00	28.00
1981	BETSEY CLARK-NINTH ED 450QX802-2	YR	4.00	35.00
1982	BETSEY CLARK-TENTH ED QX 215-6	YR	4.00	30.00
1983	BETSEY CLARK-ELEVENTH EDITION 450QX211-9	YR	4.00	26.00
1984	BETSEY CLARK-TWELFTH EDITION 500QX249-4	YR	5.00	25.00
S. PIKE		**BETSEY CLARK**		
1985	BETSEY CLARK THIRTEENTH & FINAL 500QX263-2	YR	5.00	25.00
*		**BETSY'S COUNTRY CHRISTMAS**		
1994	BETSEY'S COUNTRY CHRISTMAS 3RD ED. 500QX240-3	YR	5.00	25.00
T. LARSEN		**BIBLE STORIES**		
1999	DAVID AND GOLIATH QX6447	YR	14.00	14.00
*		**BICENTENNIAL COMMEMORATIVES**		
1976	BICENTENNIAL '76 COMMEMORATIVE QX 203-1	YR	2.00	60.00
1976	BICENTENNIAL CHARMERS 300QX198-1	YR	3.00	70.00
1976	COLONIAL CHILDREN (2) 400QX208-1	YR	4.00	85.00
J. LYLE		**BLESSED NATIVITY COLLECTION**		
1998	HOLY FAMILY QX 6523	YR	25.00	25.00
1999	BALTHASAR-THE MAGI QX8037	YR	13.00	13.00
1999	CASPAR-THE MAGI QX8039	YR	13.00	13.00
1999	HOLY FAMILY QX6523	YR	25.00	25.00
1999	MELCHIOR-THE MAGI QX6819	YR	13.00	13.00
D. LEE		**BRASS ORNAMENTS**		
1982	BRASS BELL 1200QX460-6	YR	12.00	25.00
E. SEALE		**BRASS ORNAMENTS**		
1982	SANTA'S SLEIGH 900QX478-6	YR	9.00	26.00
L. SICKMAN		**BRASS ORNAMENTS**		
1982	SANTA AND REINDEER 900QX467-6	YR	9.00	80.00
E. SEALE		**CANDLELIGHT SERIES**		
1999	COLONIAL CHURCH QXL7387	YR	19.00	19.00
E. SEALE		**CANDLELIGHT SERVICES**		
1998	STONE CHURCH QLX 7636	YR	19.00	19.00
*		**CAROUSEL SERIES**		
1978	CAROUSEL SERIES-1ST EDITION 600QX146-3	YR	6.00	250.00
1979	CAROUSEL-2ND EDITION 650QX146-7	YR	6.00	165.00
1980	MERRY CAROUSEL 750QX141-4	YR	8.00	150.00
1981	CAROUSEL-4TH EDITION 900QX427-5	YR	9.00	85.00
E. SEALE		**CAROUSEL SERIES**		
1982	SNOWMAN CAROUSEL-5TH EDITION 1000QX478-3	YR	10.00	95.00
L. SICKMAN		**CAROUSEL SERIES**		
1983	SANTA CAROUSEL 1100QX401-9	YR	11.00	45.00
K. BRICKER		**CAT NAPS**		
1997	CAT NAPS 4TH ED. QX620-5	YR	9.00	18.00
1998	CAT NAPS QX6373	YR	9.00	9.00
D. RHODUS		**CAT NAPS**		
1994	CAT NAPS 1ST ED. 795QX531-3	YR	8.00	40.00
1995	CAT NAPS 2ND SERIES QX509-7	YR	8.00	35.00
1996	CAT NAPS 3RD ED. QX564-1	YR	8.00	18.00
P. ANDREWS		**CELEBRATION OF ANGELS**		
1995	CELEBRATION OF ANGELS FIRST SERIES QX507-7	YR	13.00	25.00
1996	CELEBRATION OF ANGELS, A 2ND ED. QX563-4	YR	13.00	26.00
1997	CELEBRATION OF ANGELS, A 3RD ED.	YR	14.00	20.00
1998	CELEBRATION OF ANGELS, A QX 6366	YR	14.00	14.00
L. SICKMAN		**CENTURIES OF SANTA**		
1994	CENTURIES OF SANTA 600QXM515-3	YR	6.00	23.00
1995	CENTURIES OF SANTA QXM4789	YR	*	20.00

YR	NAME	LIMIT	ISSUE	TREND
1996	CENTURIES OF SANTA 3RD ED. QXM409-1	YR	6.00	11.00
1997	CENTURIES OF SANTA QXM4295	YR	*	12.00
1998	CENTURIES OF SANTA QXM4206	YR	*	11.00
1999	CENTURIES OF SANTA QXM4589	YR	6.00	6.00
*			**CHARLIE BROWN CHRISTMAS**	
1995	CHARLIE BROWN 420-7	YR	4.00	25.00
1995	LINUS 421-7	YR	4.00	17.00
1995	LUCY 420-9	YR	4.00	17.00
1995	SNOOPY 421-9	YR	4.00	25.00
A.M. ROGERS			**CHILDREN'S COLLECTOR BARBIE**	
1998	BARBIE AS LITTLE BO PEEP 1495QEO8373	YR	15.00	15.00
K. CROW			**CHILD'S AGE COLLECTION**	
1998	BABY'S SECOND CHRISTMAS QX 6606	YR	8.00	8.00
1998	CHILD'S FIFTH CHRISTMAS QX 6623	YR	8.00	8.00
1998	CHILD'S FOURTH CHRISTMAS QX 6616	YR	8.00	8.00
1998	CHILD'S THIRD CHRISTMAS QX 6613	YR	8.00	8.00
J. FRANCIS			**CHILD'S AGE COLLECTION**	
1998	BABY'S FIRST CHRISTMAS QX 6603	YR	8.00	8.00
*			**CHRIS MOUSE**	
1997	CHRIS MOUSE LUMINARIA 13TH EDITION QLX752-5	YR	15.00	22.00
P. DUTKIN			**CHRIS MOUSE**	
1986	CHRIS MOUSE DREAMS 2ND EDITION 1300QLX705-6	YR	13.00	80.00
A. ROGERS			**CHRIS MOUSE**	
1989	CHRIS MOUSE COOKOUT 5TH EDITION 950QLX722-5	YR	10.00	60.00
1990	CHRIS MOUSE WREATH 6TH EDITION 1000QLX729-6	YR	10.00	45.00
1992	CHRIS MOUSE SHOE 8TH EDITION 1200QLX707-4	YR	12.00	27.00
1993	CHRIS MOUSE FLIGHT 9TH EDITION 1200QLX715-2	YR	12.00	32.00
1994	CHRIS MOUSE JELLY 10TH EDITION 1200QLX739-3	YR	12.00	28.00
1995	CHRIS MOUSE TREE 11TH EDITION QLX730-7	YR	12.00	28.00
B. SIEDLER			**CHRIS MOUSE**	
1985	CHRIS MOUSE 1ST EDITION 1250QLX703-2	YR	12.00	80.00
1987	CHRIS MOUSE 3RD EDITION 100QLX705-7	YR	11.00	60.00
1988	CHRIS MOUSE STAR 4TH EDITION QLX 715-4	YR	9.00	60.00
1991	CHRIS MOUSE MAIL 7TH EDITION 1000QLX720-7	YR	10.00	35.00
1996	CHRIS MOUSE INN 12TH EDITION QLX737-1	YR	14.00	25.00
E. SEALE			**CHRISTMAS BELLS**	
1995	CHRISTMAS BELLS QXM4007	YR	*	19.00
1996	CHRISTMAS BELLS 2ND ED. QXM407-1	YR	5.00	15.00
1997	CHRISTMAS BELLS QXM4162	YR	*	12.00
1998	CHRISTMAS BELLS QXM4196	YR	*	10.00
1999	CHRISTMAS BELLS QXM4489	YR	5.00	5.00
*		**CHRISTMAS CAROUSEL HORSE COLLECTION**		
1989	CAROUSEL DISPLAY STAND 629XPR972-3	YR	1.00	11.00
J. LEE		**CHRISTMAS CAROUSEL HORSE COLLECTION**		
1989	GINGER 629XPR972-1	YR	4.00	18.00
1989	HOLLY 629XPR972-2	YR	4.00	18.00
1989	SNOW 929XPR971-9	YR	4.00	34.00
1989	STAR 629XPR972-0	YR	4.00	18.00
*			**CHRISTMAS CLASSICS**	
1986	NUTCRACKER BALLET 1750QLX704-3	YR	18.00	80.00
1987	A CHRISTMAS CAROL 1600QLX702-9	YR	16.00	65.00
J. FRANCIS			**CHRISTMAS CLASSICS**	
1990	LITTLEST ANGEL, THE-1400QLX730-3	YR	14.00	45.00
D. LEE			**CHRISTMAS CLASSICS**	
1988	NIGHT BEFORE CHRISTMAS-3RD ED. 1500QLX716-1	YR	15.00	40.00
1989	LITTLE DRUMMER BOY 1350QLX724-2	YR	14.00	35.00
*		**CHRISTMAS EXPRESSIONS COLLECTION**		
1977	BELL 350QX154-2	YR	4.00	40.00
1977	MANDOLIN 350QX157-5	YR	4.00	40.00
1977	ORNAMENTS 350QX155-5	YR	4.00	40.00
1977	WREATH 350QX156-2	YR	4.00	37.00
L. SICKMAN			**CHRISTMAS MEDLEY COLLECTION**	
1986	FAVORITE TIN DRUM 850QX514-3	YR	8.00	30.00
1986	JOYFUL CAROLERS 975QX513-6	YR	10.00	40.00
B. SIEDLER			**CHRISTMAS MEDLEY COLLECTION**	
1986	FESTIVE TREBLE CLEF 875QX513-3	YR	9.00	25.00
D. UNRUH			**CHRISTMAS MEDLEY COLLECTION**	
1986	CHRISTMAS GUITAR 700QX512-6	YR	7.00	20.00
1986	HOLIDAY HORN 800QX514-6	YR	8.00	35.00
K. CROW			**CHRISTMAS PIZZAZZ COLLECTION**	
1987	JOLLY FOLLIES 850QX466-9	YR	8.00	30.00
1987	MISTLETOAD 700QX468-7	YR	8.00	30.00
P. DUTKIN			**CHRISTMAS PIZZAZZ COLLECTION**	
1987	ST. LOUIE NICK 775QX453-9	YR	8.00	30.00
D. LEE			**CHRISTMAS PIZZAZZ COLLECTION**	
1987	CHRISTMAS FUN PUZZLE 800QX467-9	YR	8.00	30.00
E. SEALE			**CHRISTMAS PIZZAZZ COLLECTION**	
1987	DOC HOLIDAY 800QX467-7	YR	8.00	40.00
B. SIEDLER			**CHRISTMAS PIZZAZZ COLLECTION**	
1987	HAPPY HOLIDATA 650QX471-7	YR	6.00	30.00
D. UNRUH			**CHRISTMAS PIZZAZZ COLLECTION**	
1987	HOLIDAY HOURGLASS 800QX470-7	YR	8.00	30.00
L. SICKMAN			**CHRISTMAS SKY LINE COLLECTION**	
1992	CABOOSE 975QX532-1	YR	10.00	23.00
1992	COAL CAR 975QX540-1	YR	10.00	18.00
1992	LOCOMOTIVE 975QX531-1	YR	10.00	40.00
1992	STOCK CAR 975QX531-4	YR	10.00	18.00

YR	NAME	LIMIT	ISSUE	TREND
	* — CHRISTMAS VISITORS			
1997	KOLYADA QX617-2	YR	15.00	20.00
	A. ROGERS — CHRISTMAS VISITORS			
1995	ST. NICHOLAS 1ST ED. QX508-7	YR	15.00	28.00
	L. VOTRUBA — CHRISTMAS VISITORS			
1996	CHRISTKINDL 2ND ED. QX563-1	YR	15.00	25.00
	D. PALMITER — CLASSIC AMERICAN CARS			
1991	1957 CORVETTE-1ST EDITION 1275QX431-9	YR	13.00	185.00
1992	1966 MUSTANG 1275QX428-4	YR	13.00	45.00
1993	1956 FORD THUNDERBIRD 1275QX527-5	YR	13.00	35.00
1994	1957 CHEVROLET BEL AIR 4TH ED. 1275QX542-2	YR	13.00	25.00
1995	1958 FORD EDSEL CITATION CONVERTIBLE QXC 416-7	YR	13.00	65.00
1995	1969 CHEVROLET CAMARO QX523-9	YR	13.00	22.00
1996	1959 CADILLAC DE VILLE 6TH ED. QX538-4	YR	13.00	25.00
1997	1969 HURST OLDSMOBILE 442	YR	14.00	22.00
1998	1970 PLYMOUTH HEMI 'CUDA QX6256	YR	14.00	14.00
1999	1955 CHEVROLET NOMAD WAGON QX6367	YR	14.00	14.00
	D. PALMITER — CLAUS & CO. R.R. ORNAMENTS			
1991	CABOOSE 395XPR973-3	YR	4.00	15.00
1991	GIFT CAR 395XPR973-1	YR	4.00	11.00
1991	PASSENGER CAR 395XPR973-2	YR	4.00	11.00
1991	TRESTLE TRACK FOR TRAIN 295XPR973-4	YR	3.00	10.00
	B. SIEDLER — CLAUSES ON VACATION			
1998	CLAUSES ON VACATION QX 6276	YR	15.00	15.00
1999	CLAUSES ON VACATION QX6399	YR	13.00	15.00
	* — CLOTH DOLL ORNAMENTS			
1977	ANGEL 175QX220-2	YR	2.00	52.00
1977	SANTA 175QX221-5	YR	2.00	60.00
	L. SICKMAN — CLOTHESPIN SOLDIER			
1982	BRITISH SOLDIER 1ST ED. 500QX458-3	YR	5.00	115.00
1983	EARLY AMERICAN SOLDIER-2ND ED. 500QX402-9	YR	5.00	52.00
1984	CANADIAN MOUNTIE QX447-1	YR	5.00	30.00
1985	SCOTTISH-4TH EDITION 550QX471-5	YR	6.00	25.00
1986	FRENCH SOLDIER-5TH ED. 550QX406-3	YR	6.00	25.00
1987	SAILOR 550QX480-7	YR	6.00	25.00
	D. UNRUH — COCA-COLA SANTA			
1996	WELCOME GUEST QX539-4	YR	15.00	25.00
	* — COLLECTIBLE SERIES			
1984	CINNAMON BEAR-2ND EDITION 700QX454-1	YR	7.00	45.00
1984	WOOD CHILDHOOD ORNAMENTS LAMB 650QX439-4	YR	6.00	45.00
1986	CINNAMON BEAR-4TH EDITION 775QX405-6	YR	8.00	44.00
1987	CINNAMON BEAR-5TH EDITION 775QX442-7	YR	8.00	35.00
1989	BETSEY CLARK-HOME FOR XMAS, 4TH ED. 500QX230-2	YR	5.00	35.00
1989	WINTER SURPRISE-1ST EDITION 1075QX427-2	YR	11.00	20.00
1990	BETSEY CLARK: HOME FOR XMAS 5TH ED. 500QX203-3	YR	5.00	22.00
1990	CINNAMON BEAR-8TH EDITION 875QX442-6	YR	9.00	30.00
1991	BETSEY CLARK: HOME FOR XMAS 6TH ED. 500QX210-9	YR	5.00	25.00
1992	BETSEY'S COUNTRY CHRISTMAS 1ST ED. 500QX210-4	YR	5.00	25.00
1993	BETSEY'S COUNTRY CHRISTMAS 2ND ED. 500QX206-2	YR	5.00	15.00
	P. ANDREWS — COLLECTIBLE SERIES			
1995	MERRY OLDE SANTA 6TH SERIES QX513-9	YR	15.00	28.00
	R. CHAD — COLLECTIBLE SERIES			
1994	MERRY OLDE SANTA 5TH ED. 1495QX525-6	YR	15.00	31.00
	K. CROW — COLLECTIBLE SERIES			
1989	HARK! IT'S HERALD-1ST EDITION 675QX455-5	YR	7.00	25.00
1990	HARK! IT'S HERALD-2ND EDITION 675QX446-3	YR	7.00	25.00
1996	MERRY OLDE SANTA 7TH ED. QX565-4	YR	15.00	23.00
	P. DUTKIN — COLLECTIBLE SERIES			
1983	CINNAMON BEAR-1ST EDITION 700QX428-9	YR	7.00	75.00
1985	CINNAMON BEAR-3RD EDITION 750QX479-2	YR	8.00	50.00
	J. FRANCIS — COLLECTIBLE SERIES			
1990	WINTER SURPRISE-2ND EDITION 1075QX444-3	YR	11.00	23.00
1992	WINTER SURPRISE 4TH ED. 1175QX427-1	YR	12.00	25.00
	J. LEE — COLLECTIBLE SERIES			
1991	MERRY OLDE SANTA-2ND EDITION 1475QX435-9	YR	15.00	85.00
1992	HARK! IT'S HERALD 4TH ED. 775QX446-4	YR	8.00	18.00
	J. LYLE — COLLECTIBLE SERIES			
1991	HEAVENLY ANGELS-1ST EDITION 775QX436-7	YR	8.00	30.00
1991	WINTER SURPRISE-3RD EDITION 1075QX427-7	YR	11.00	25.00
1992	HEAVENLY ANGELS 2ND ED. 775QX445-4	YR	8.00	28.00
1993	HEAVENLY ANGELS 3RD ED. 775QX494-5	YR	8.00	20.00
1997	MERRY OLDE SANTA 8TH ED. 1495QX6225	YR	15.00	25.00
1997	SANTA'S FRIEND 8TH ED. QX6685	YR	15.00	20.00
	D. MCGEHEE — COLLECTIBLE SERIES			
1984	ART MASTERPIECE-1ST EDITION 650QX349-4	YR	6.00	15.00
1985	ART MASTERPIECE-2ND EDITION 675QX377-2	YR	7.00	14.00
	J. PATTEE — COLLECTIBLE SERIES			
1987	CONSTITUTION, THE 600QZ377-7	YR	6.00	25.00
	S. PIKE — COLLECTIBLE SERIES			
1986	BETSEY CLARK: HOME FOR CHRISTMAS 500QX277-6	YR	5.00	30.00
1987	BETSEY CLARK-HOME FOR CHRISTMAS 500QX272-7	YR	5.00	20.00
1988	BETSEY CLARK: HOME FOR XMAS 500QX271-4	YR	5.00	22.00
1988	CINNAMON BEAR 800QX404-4	YR	8.00	35.00
1989	CINNAMON TEDDY-7TH EDITION 875QX461-5	YR	9.00	30.00
1993	FABULOUS DECADE 775QX447-5	YR	8.00	20.00
1998	FABULOUS DECADE QX6393	YR	8.00	8.00

YR	NAME	LIMIT	ISSUE	TREND
A. ROGERS			**COLLECTIBLE SERIES**	
1989	CHRISTMAS KITTY-1ST EDITION 1475QX544-5	YR	15.00	30.00
1989	MINIATURE CRECHE-5TH EDITION 925QX459-2	YR	9.00	20.00
1990	CHRISTMAS KITTY-2ND EDITION 1475QX450-6	YR	15.00	30.00
1991	CHRISTMAS KITTY-3RD EDITION 1475QX437-7	YR	15.00	28.00
1991	HARK! IT'S HERALD-3RD ED. 675QX437-9	YR	7.00	25.00
1993	MERRY OLDE SANTA 4TH ED. 1475QX484-2	YR	15.00	35.00
E. SEALE			**COLLECTIBLE SERIES**	
1985	MINIATURE CRECHE-1ST EDITION 875QX482-5	YR	9.00	29.00
1986	MINIATURE CRECHE-2ND EDITION 900QX407-6	YR	9.00	55.00
1987	MINIATURE CRECHE-3RD EDITION 900QX481-9	YR	9.00	35.00
1990	CLAUS CONSTRUCTION 775QX488-5	YR	8.00	32.00
1990	FABULOUS DECADE-1ST EDITION 775QX446-6	YR	8.00	35.00
1990	HEART OF CHRISTMAS-1ST ED. 1375QX472-6	YR	14.00	70.00
1990	MERRY OLDE SANTA-1ST EDITION 1475QX473-6	YR	15.00	80.00
1991	FABULOUS DECADE-2ND EDITION 775QX411-9	YR	8.00	40.00
1991	HEART OF CHRISTMAS-2ND ED. 1375QX435-7	YR	14.00	30.00
1992	FABULOUS DECADE 3RD ED. 775QX424-4	YR	8.00	45.00
1992	HEART OF CHRISTMAS 3RD ED. 1375QX441-1	YR	14.00	30.00
1993	HEART OF CHRISTMAS 4TH ED. 1475QX448-2	YR	15.00	28.00
1994	FABULOUS DECADE 5TH ED. 795QX526-3	YR	8.00	25.00
1994	HEART OF CHRISTMAS 5TH ED. 1495QX526-6	YR	15.00	28.00
1995	FABULOUS DECADE 6TH SERIES QX514-7	YR	8.00	20.00
1996	FABULOUS DECADE 7TH ED. QX566-1	YR	8.00	20.00
1997	FABULOUS DECADE 8TH ED. 623-2	YR	8.00	15.00
D. UNRUH			**COLLECTIBLE SERIES**	
1987	HOLIDAY HEIRLOOM QX 485-7	34600	25.00	29.00
1988	MINIATURE CRECHE-4TH EDITION 850QX403-4	YR	8.00	30.00
1992	MERRY OLDE SANTA 3RD ED. 1475QX441-4	YR	15.00	35.00
1998	MERRY OLDE SANTA QX 6386	YR	16.00	16.00
L. VOTRUBA			**COLLECTIBLE SERIES**	
1990	GREATEST STORY-1ST EDITION 1275QX465-6	YR	13.00	25.00
1991	GREATEST STORY-2ND EDITION 1275QX412-9	YR	13.00	24.00
1992	GREATEST STORY 3RD ED. 1275QX425-1	YR	13.00	20.00
K. CROW			**COLLECTOR'S CHOICE**	
1996	COME ALL YE FAITHFUL QX624-4	YR	13.00	19.00
T. LARSEN			**COLLECTOR'S CHOICE**	
1999	TIME OF PEACE, A QX6807	YR	9.00	9.00
J. LYLE			**COLLECTOR'S CHOICE**	
1996	GLAD TIDINGS QX623-1	YR	15.00	25.00
1996	PRAYER FOR PEACE QX626-1	YR	8.00	20.00
S. TAGUE			**COLLECTOR'S CHOICE**	
1996	WELCOME HIM QX626-4	YR	9.00	15.00
D. UNRUH			**COLLECTOR'S CHOICE**	
1996	CHRISTMAS JOY QX624-1	YR	15.00	22.00
1998	JOURNEY TO BETHLEHEM QX 622-3	YR	17.00	17.00
1999	CHRISTMAS STORY, THE QX6897	YR	22.00	22.00
1999	CROSS OF HOPE QX6557	YR	10.00	10.00
L. VOTRUBA			**COLLECTOR'S CHOICE**	
1996	PRECIOUS CHILD QX624-1	YR	9.00	15.00
P. ANDREWS			**COLLECTOR'S CLASSIC**	
1996	GONE WITH THE WIND 3 PC. SET QXM421-1	YR	20.00	45.00
S. PIKE			**COLLECTOR'S CLASSIC**	
1996	COOL DELIVERY COCA-COLA QXM402-1	YR	6.00	14.00
E. SEALE			**COLLECTOR'S CLASSIC**	
1996	STATUE OF LIBERTY, THE QLX742-1	YR	25.00	40.00
B. SIEDLER			**COLLECTOR'S CLASSIC**	
1996	TREE FOR WOODSTOCK, A QXM476-7	YR	6.00	12.00
1996	WINNIE THE POOH & TIGGER QXM404-4	YR	10.00	22.00
N. AUBE			**COLLEGIATE COLLECTION**	
1999	ARIZONA WILDCATS QSR2429	YR	10.00	10.00
1999	DUKE BLUE DEVILS QSR2437	YR	10.00	10.00
1999	FLORIDA STATE SEMINOLES QSR2439	YR	10.00	10.00
1999	GEORGETOWN HOYAS QSR2447	YR	10.00	10.00
1999	KENTUCKY WILDCATS QSR2449	YR	10.00	10.00
1999	MICHIGAN WOLVERINES QSR2457	YR	10.00	10.00
1999	NEBRASKA CORNHUSKERS QSR2459	YR	10.00	10.00
1999	NORTH CAROLINA TAR HEELS QSR2467	YR	10.00	10.00
1999	NOTRE DAME FIGHTING IRISH QSR2427	YR	10.00	
1999	PENN STATE NITTANY LIONS QSR2469	YR	10.00	10.00
K. CROW			**COLORFUL WORLD**	
1995	CRAYOLA QX551-9	YR	11.00	18.00
*			**COLORS OF CHRISTMAS**	
1977	CANDLE 350QX203-5	YR	4.00	59.00
1977	JOY 350QX201-5	YR	4.00	45.00
1977	WREATH 350QX202-2	YR	4.00	59.00
1978	ANGEL 350QX354-3	YR	4.00	50.00
1978	CANDLE 350QX357-6	YR	4.00	85.00
1978	LOCOMOTIVE 350QX356-3	YR	4.00	60.00
1979	HOLIDAY WREATH 350QX353-9	YR	4.00	40.00
1979	PARTRIDGE IN A PEAR TREE 350QX351-9	YR	4.00	40.00
1979	WORDS OF CHRISTMAS 350QX350-7	YR	4.00	75.00
1980	JOY 400QX350-1	YR	4.00	30.00
1982	NATIVITY 450QX308-3	YR	4.00	45.00
1982	SANTA'S FLIGHT 450QX308-6	YR	4.00	45.00
D. PALMITER			**COLORS OF CHRISTMAS**	
1978	MERRY CHRISTMAS 350QX355-6	YR	4.00	47.00

YR	NAME	LIMIT	ISSUE	TREND
L. SICKMAN			**COLORS OF CHRISTMAS**	
1977	BELL 350QX200-2	YR	4.00	52.00
1979	STAR OVER BETHLEHEM 350QX352-7	YR	4.00	70.00
*			**COMMEMORATIVES**	
1977	BABY'S FIRST CHRISTMAS 350QX131-5	YR	4.00	80.00
1977	FIRST CHRISTMAS TOGETHER 350QX132-2	YR	4.00	64.00
1977	FOR YOUR NEW HOME 350QX263-5	YR	4.00	37.00
1977	GRANDDAUGHTER 350QX208-2	YR	4.00	40.00
1977	GRANDMOTHER 350QX260-2	YR	4.00	50.00
1977	GRANDSON 350QX209-5	YR	4.00	35.00
1977	LOVE 350QX262-2	YR	4.00	27.00
1977	MOTHER 350QX261-5	YR	4.00	35.00
1978	25TH CHRISTMAS TOGETHER 350QX269-3	YR	4.00	30.00
1978	BABY'S FIRST CHRISTMAS 350QX200-3	YR	4.00	100.00
1978	FIRST CHRISTMAS TOGETHER 350QX218-3	YR	4.00	50.00
1978	FOR YOUR NEW HOME 350QX217-6	YR	4.00	27.00
1978	GRANDDAUGHTER 350QX216-3	YR	4.00	40.00
1978	GRANDMOTHER 350QX267-6	YR	4.00	45.00
1978	GRANDSON 350QX215-6	YR	4.00	40.00
1978	LOVE 350QX268-3	YR	4.00	60.00
1978	MOTHER 350QX266-3	YR	4.00	40.00
1979	BABY'S FIRST CHRISTMAS 350QX208-7	YR	4.00	25.00
1979	BABY'S FIRST CHRISTMAS 800QX154-7	YR	8.00	165.00
1979	FRIENDSHIP 350QX203-9	YR	4.00	25.00
1979	GRANDDAUGHTER 350QX211-9	YR	4.00	32.00
1979	GRANDMOTHER 350QX252-7	YR	4.00	24.00
1979	GRANDSON 350QX210-7	YR	4.00	30.00
1979	LOVE 350QX258-7	YR	4.00	80.00
1979	MOTHER 350QX251-9	YR	4.00	20.00
1979	NEW HOME 350QX212-7	YR	4.00	40.00
1979	OUR FIRST CHRISTMAS TOGETHER 350QX209-9	YR	4.00	60.00
1979	OUR TWENTY-FIFTH ANNIVERSARY 350QX250-7	YR	4.00	25.00
1979	TEACHER 350QX213-9	YR	4.00	13.00
1980	25TH CHRISTMAS TOGETHER 400QX206-1	YR	4.00	20.00
1980	BABY'S FIRST CHRISTMAS 400QX200-1	YR	4.00	23.00
1980	BEAUTY OF FRIENDSHIP 400QX303-4	YR	4.00	60.00
1980	BLACK BABY'S FIRST CHRISTMAS 400QX229-4	YR	4.00	25.00
1980	CHRISTMAS AT HOME 400QX210-1	YR	4.00	30.00
1980	CHRISTMAS LOVE 400QX207-4	YR	4.00	45.00
1980	DAD 400QX214-1	YR	4.00	15.00
1980	DAUGHTER 400QX212-1	YR	4.00	40.00
1980	FIRST CHRISTMAS TOGETHER 400QX205-4	YR	4.00	30.00
1980	FIRST CHRISTMAS TOGETHER 400QX305-4	YR	4.00	50.00
1980	FRIENDSHIP 400QX208-1	YR	4.00	15.00
1980	GRANDDAUGHTER 400QX202-1	YR	4.00	35.00
1980	GRANDFATHER 400QX231-4	YR	4.00	17.00
1980	GRANDMOTHER 400QX204-1	YR	4.00	14.00
1980	GRANDPARENTS 400QX213-4	YR	4.00	35.00
1980	GRANDSON 400QX201-4	YR	4.00	30.00
1980	LOVE 400QX302-1	YR	4.00	60.00
1980	MOTHER 400QX203-4	YR	4.00	20.00
1980	MOTHER 400QX304-1	YR	4.00	31.00
1980	MOTHER AND DAD 400QX230-1	YR	4.00	20.00
1980	SON 400QX211-4	YR	4.00	29.00
1980	TEACHER 400QX209-4	YR	4.00	14.00
1981	25TH CHRISTMAS TOGETHER 450QX707-5	YR	4.00	20.00
1981	25TH CHRISTMAS TOGETHER 550QX504-2	YR	6.00	21.00
1981	50TH CHRISTMAS TOGETHER QX 708-2	YR	4.00	20.00
1981	BABY'S FIRST CHRISTMAS 1300QX440-2	YR	13.00	47.00
1981	BABY'S FIRST CHRISTMAS 550QX516-2	YR	6.00	28.00
1981	BABY'S FIRST CHRISTMAS 850QX513-5	YR	8.00	19.00
1981	BABY'S FIRST CHRISTMAS-BLACK 450QX602-2	YR	4.00	25.00
1981	BABY'S FIRST CHRISTMAS-BOY 450QX601-5	YR	4.00	25.00
1981	BABY'S FIRST CHRISTMAS-GIRL 450QX600-2	YR	4.00	25.00
1981	DAUGHTER 450QX607-5	YR	4.00	38.00
1981	FATHER 450QX609-5	YR	4.00	15.00
1981	FIRST CHRISTMAS TOGETHER 450QX706-2	YR	4.00	20.00
1981	FIRST CHRISTMAS TOGETHER 550QX505-5	YR	6.00	20.00
1981	FRIENDSHIP 450QX704-2	YR	4.00	30.00
1981	FRIENDSHIP 550QX503-5	YR	6.00	35.00
1981	GIFT OF LOVE, THE- 450QX705-5	YR	4.00	30.00
1981	GODCHILD 450QX603-5	YR	4.00	20.00
1981	GRANDDAUGHTER 450QX605-5	YR	4.00	25.00
1981	GRANDFATHER 450QX701-5	YR	4.00	18.00
1981	GRANDMOTHER 450QX702-2	YR	4.00	22.00
1981	GRANDPARENTS 450QX703-5	YR	4.00	18.00
1981	GRANDSON 450QX604-2	YR	4.00	24.00
1981	HOME 450QX709-5	YR	4.00	20.00
1981	LOVE 550QX502-2	YR	6.00	45.00
1981	MOTHER 450QX608-2	YR	4.00	18.00
1981	MOTHER AND DAD 450QX700-2	YR	4.00	18.00
1981	SON 450QX606-2	YR	4.00	25.00
1981	TEACHER 450QX800-2	YR	4.00	12.00
1982	25TH CHRISTMAS TOGETHER 450QX211-6	YR	4.00	20.00
1982	50TH CHRISTMAS TOGETHER 450QX212-3	YR	4.00	20.00
1982	BABY'S FIRST CHRISTMAS (BOY) 450QX216-3	YR	4.00	25.00
1982	BABY'S FIRST CHRISTMAS (GIRL) 450QX207-3	YR	4.00	25.00
1982	BABY'S FIRST XMAS-PHOTOHOLDER 650QX312-6	YR	6.00	30.00
1982	DAUGHTER 450QX204-6	YR	4.00	30.00

YR	NAME	LIMIT	ISSUE	TREND
1982	FIRST CHRISTMAS TOGETHER 450QX211-3	YR	4.00	30.00
1982	FIRST CHRISTMAS TOGETHER 550QX302-6	YR	6.00	18.00
1982	FIRST CHRISTMAS TOGETHER 850QX306-6	YR	8.00	50.00
1982	FRIENDSHIP 450QX208-6	YR	4.00	17.00
1982	FRIENDSHIP 550QX304-6	YR	6.00	24.00
1982	GODCHILD 450QX222-6	YR	4.00	20.00
1982	GRANDDAUGHTER 450QX224-3	YR	4.00	25.00
1982	GRANDFATHER 450QX207-6	YR	4.00	20.00
1982	GRANDMOTHER 450QX200-3	YR	4.00	16.00
1982	GRANDPARENTS 450QX214-6	YR	4.00	15.00
1982	GRANDSON 450QX224-6	YR	4.00	25.00
1982	LOVE 450QX209-6	YR	4.00	16.00
1982	LOVE 550QX304-3	YR	6.00	30.00
1982	MOMENTS OF LOVE 450QX209-3	YR	4.00	15.00
1982	MOTHER 450QX205-3	YR	4.00	15.00
1982	MOTHER AND DAD 450QX222-3	YR	4.00	15.00
1982	NEW HOME 450QX212-6	YR	4.00	20.00
1982	SISTER 450QX208-3	YR	4.00	25.00
1982	SON 450QX204-3	YR	4.00	25.00
1982	TEACHER 450QX214-3	YR	4.00	10.00
1983	10TH CHRISTMAS TOGETHER 650QX430-7	YR	6.00	30.00
1983	25TH CHRISTMAS TOGETHER 450QX224-7	YR	4.00	18.00
1983	BABY'S 1ST XMAS PHOTOHOLDER QX 302-9	YR	7.00	20.00
1983	BABY'S FIRST CHRISTMAS 450QX200-7	YR	4.00	25.00
1983	BABY'S FIRST CHRISTMAS 450QX200-9	YR	4.00	21.00
1983	BABY'S SECOND CHRISTMAS 450QX226-7	YR	4.00	35.00
1983	CHILD'S THIRD CHRISTMAS 450QX226-9	YR	4.00	25.00
1983	DAUGHTER 450QX203-7	YR	4.00	35.00
1983	FIRST CHRISTMAS TOGETHER 600QX306-9	YR	6.00	19.00
1983	FIRST CHRISTMAS TOGETHER 600QX310-7	YR	6.00	35.00
1983	FIRST CHRISTMAS TOGETHER 750QX301-7	YR	8.00	20.00
1983	FRIENDSHIP 450QX207-7	YR	4.00	20.00
1983	FRIENDSHIP 600QX305-9	YR	6.00	20.00
1983	GODCHILD 450QX201-7	YR	4.00	13.00
1983	GRANDCHILD'S FIRST CHRISTMAS 400Q430-9	YR	14.00	32.00
1983	GRANDCHILD'S FIRST CHRISTMAS 600QX312-9	YR	6.00	22.00
1983	GRANDDAUGHTER 450QX202-7	YR	4.00	29.00
1983	GRANDMOTHER 450QX205-7	YR	4.00	25.00
1983	GRANDPARENTS 650QX429-9	YR	6.00	19.00
1983	GRANDSON 450QX201-9	YR	4.00	29.00
1983	LOVE 450QX207-9	YR	4.00	45.00
1983	LOVE 600QX305-7	YR	6.00	17.00
1983	LOVE 600QX310-9	YR	6.00	35.00
1983	LOVE IS A SONG 450QX223-9	YR	4.00	30.00
1983	MOTHER 600QX306-7	YR	6.00	20.00
1983	NEW HOME 450QX210-7	YR	4.00	30.00
1983	SISTER 450QX206-9	YR	4.00	20.00
1983	SON 450QX202-9	YR	4.00	35.00
1983	TEACHER 450QX224-9	YR	4.00	16.00
1983	TEACHER 600QX304-9	YR	6.00	15.00
1984	A GIFT OF FRIENDSHIP 450QX260-4	YR	4.00	20.00
1984	BABY'S 1ST XMAS PHOTOHOLDER QX 300-1	YR	7.00	18.00
1984	BABY'S FIRST CHRISTMAS 1400QX438-1	YR	14.00	50.00
1984	BABY'S FIRST CHRISTMAS QX340-1	YR	6.00	35.00
1984	BABY'S FIRST CHRISTMAS-BOY 450QX240-4	YR	4.00	25.00
1984	BABY'S FIRST CHRISTMAS-GIRL QX 240-1	YR	4.00	25.00
1984	BABY'S SECOND CHRISTMAS 450QX241-1	YR	4.00	35.00
1984	BABYSITTER 450QX253-1	YR	4.00	12.00
1984	CHILD'S THIRD CHRISTMAS 450QX261-1	YR	4.00	20.00
1984	DAUGHTER 450QX244-4	YR	4.00	35.00
1984	FATHER 600QX257-1	YR	6.00	16.00
1984	FIRST CHRISTMAS TOGETHER 450QX245-1	YR	4.00	25.00
1984	FIRST CHRISTMAS TOGETHER 600QX342-1	YR	6.00	20.00
1984	FRIENDSHIP 450QX248-1	YR	4.00	20.00
1984	FROM OUR HOME TO YOURS 450QX248-4	YR	4.00	50.00
1984	FUN OF FRIENDSHIP, THE- 600QX343-1	YR	6.00	35.00
1984	GODCHILD 450QX242-1	YR	4.00	16.00
1984	GRANDCHILD'S FIRST CHRISTMAS 110QX460-1	YR	11.00	21.00
1984	GRANDCHILD'S FIRST CHRISTMAS 450QX257-4	YR	4.00	13.00
1984	GRANDDAUGHTER 450QX243-1	YR	4.00	25.00
1984	GRANDMOTHER 450QX244-1	YR	4.00	20.00
1984	GRANDPARENTS 450QX256-1	YR	4.00	18.00
1984	GRANDSON 450QX242-4	YR	4.00	25.00
1984	GRATITUDE 600QX344-4	YR	6.00	10.00
1984	HEARTFUL OF LOVE 1000QX443-4	YR	10.00	45.00
1984	LOVE 450QX255-4	YR	4.00	25.00
1984	LOVE-THE SPIRIT OF CHRISTMAS 450QX247-4	YR	4.00	40.00
1984	MIRACLE OF LOVE, THE- 600QX342-4	YR	6.00	30.00
1984	MOTHER 600QX343-4	YR	6.00	15.00
1984	MOTHER AND DAD 650QX258-1	YR	6.00	30.00
1984	NEW HOME 450QX245-4	YR	4.00	75.00
1984	SISTER 650QX259-4	YR	6.00	25.00
1984	SON 450QX243-4	YR	4.00	30.00
1984	TEACHER 450QX249-1	YR	4.00	11.00
1984	TEN YEARS TOGETHER 650QX258-4	YR	6.00	20.00
1984	TWENTY-FIVE YEARS TOGETHER 650QX259-1	YR	6.00	25.00
1985	BABY'S FIRST CHRISTMAS 1500QX499-2	YR	15.00	50.00
1985	BABY'S FIRST CHRISTMAS 1600QX499-5	YR	16.00	40.00
1985	BABY'S FIRST CHRISTMAS 500QX260-2	YR	5.00	20.00

YR	NAME	LIMIT	ISSUE	TREND
1985	BABY'S SECOND CHRISTMAS 600QX478-5	YR	6.00	40.00
1985	DAUGHTER 550QX503-2	YR	6.00	18.00
1985	FIRST CHRISTMAS TOGETHER 475QX261-2	YR	5.00	20.00
1985	FIRST CHRISTMAS TOGETHER 675QX370-5	YR	7.00	20.00
1985	FIRST CHRISTMAS TOGETHER 800QX507-2	YR	8.00	15.00
1985	GOOD FRIENDS 475QX265-2	YR	5.00	30.00
1985	GRANDCHILD'S FIRST CHRISTMAS 500QX260-5	YR	5.00	11.00
1985	GRANDDAUGHTER 475QX263-5	YR	5.00	25.00
1985	HEART FULL OF LOVE 675QX378-2	YR	7.00	20.00
1985	HOLIDAY HEART 800QX498-2	YR	8.00	25.00
1985	NIECE 575QX520-5	YR	6.00	10.00
1985	TEACHER, OWL 600QX505-2	YR	6.00	15.00
1985	TWENTY-FIVE YEARS TOGETHER 800QX500-5	YR	8.00	15.00
1985	WITH APPRECIATION 675QX375-2	YR	7.00	10.00
1986	BABY'S FIRST CHRISTMAS 550QX271-3	YR	6.00	20.00
1986	BABY-SITTER 475QX275-6	YR	5.00	10.00
1986	FIFTY YEARS TOGETHER 1000QX400-6	YR	10.00	18.00
1986	FIRST CHRISTMAS TOGETHER 1600QX400-3	YR	16.00	25.00
1986	FIRST CHRISTMAS TOGETHER 475QX270-3	YR	5.00	25.00
1986	FIRST CHRISTMAS TOGETHER 7000QX379-3	YR	7.00	18.00
1986	FRIENDSHIP GREETING 800QX427-3	YR	8.00	14.00
1986	FRIENDSHIP'S GIFT 600QX381-6	YR	6.00	15.00
1986	FROM OUR HOME TO YOURS 600QX383-3	YR	6.00	12.00
1986	GODCHILD 475QX271-6	YR	5.00	20.00
1986	GRANDCHILD'S FIRST CHRISTMAS 1000QX411-6	YR	10.00	13.00
1986	GRANDPARENTS 750QX432-3	YR	8.00	20.00
1986	MOTHER 700QX382-6	YR	7.00	20.00
1986	NEPHEW 675QX381-3	YR	6.00	15.00
1986	NIECE 600QX426-6	YR	6.00	10.00
1986	SEASON OF THE HEART 475QX270-6	YR	5.00	20.00
1986	TEACHER 475QX275-3	YR	5.00	11.00
1986	TEN YEARS TOGETHER 750QX401-3	YR	8.00	20.00
1987	BABY LOCKET 1500QX461-7	YR	15.00	25.00
1987	BABY'S 1ST XMAS PHOTOHOLDER 750QX461-9	YR	8.00	25.00
1987	BABY'S FIRST CHRISTMAS 600QX372-9	YR	6.00	15.00
1987	FIRST CHRISTMAS TOGETHER 1500QX446-9	YR	15.00	25.00
1987	FIRST CHRISTMAS TOGETHER 650QX371-9	YR	6.00	25.00
1987	FIRST CHRISTMAS TOGETHER 800QX445-9	YR	8.00	35.00
1987	GRANDMOTHER 475QX277-9	YR	5.00	15.00
1987	HOLIDAY GREETINGS 600QX375-7	YR	6.00	11.00
1987	NIECE 475QX275-9	YR	5.00	10.00
1987	TWENTY-FIVE YEARS TOGETHER 750QX443-9	YR	8.00	25.00
1987	WARMTH OF FRIENDSHIP 600QX375-9	YR	6.00	11.00
1987	WORD OF LOVE 800QX447-7	YR	8.00	25.00
1988	BABY BOY'S FIRST CHRISTMAS 475QX272-1	YR	5.00	20.00
1988	BABY GIRL'S FIRST CHRISTMAS 475QX272-4	YR	5.00	25.00
1988	BABY'S FIRST CHRISTMAS PHOTOHOLDER 750QX470-4	YR	8.00	25.00
1988	FIFTY YEARS TOGETHER 675QX374-1	YR	7.00	20.00
1988	FIRST CHRISTMAS TOGETHER 475QX274-1	YR	5.00	25.00
1988	GODCHILD 475QX278-4	YR	5.00	20.00
1988	GRANDMOTHER 475QX276-4	YR	5.00	20.00
1988	LOVE GROWS 475QX275-4	YR	5.00	35.00
1988	MOTHER 650QX375-1	YR	6.00	20.00
1988	TEN YEARS TOGETHER 475QX275-1	YR	5.00	20.00
1988	YEAR TO REMEMBER 700QX416-4	YR	7.00	20.00
1989	FIRST CHRISTMAS TOGETHER 475QX273-2	YR	5.00	20.00
1989	FIVE YEARS TOGETHER 475QX273-5	YR	5.00	20.00
1989	FROM OUR HOME TO YOURS 625QX384-5	YR	6.00	18.00
1989	GRANDDAUGHTER 475QX278-2	YR	5.00	25.00
1989	GRANDSON 475QX278-5	YR	5.00	20.00
1989	LANGUAGE OF LOVE 625QX383-5	YR	6.00	20.00
1989	MOTHER 975QX440-5	YR	10.00	25.00
1989	SISTER 475QX279-2	YR	5.00	15.00
1989	TEACHER 575QX412-5	YR	6.00	21.00
1989	WORLD OF LOVE 475QX274-5	YR	5.00	30.00
1990	BABY'S FIRST CHRISTMAS: BABY BOY QX 206-3	YR	5.00	22.00
1990	BABY'S FIRST CHRISTMAS: BABY GIRL QX 206-6	YR	5.00	22.00
1990	BABY'S FIRST XMAS PHOTOHOLDER 775QX484-3	YR	8.00	27.00
1990	CHILD CARE GIVER 675QX316-6	YR	7.00	11.00
1990	FROM OUR HOME TO YOURS 475QX216-6	YR	5.00	20.00
1990	GRANDPARENTS 475QX225-3	YR	5.00	15.00
1990	OUR FIRST CHRISTMAS TOGETHER 475QX213-6	YR	5.00	20.00
1990	OUR FIRST CHRISTMAS TOGETHER 675QX314-6	YR	7.00	20.00
1990	OUR FIRST CHRISTMAS TOGETHER 975QX488-3	YR	10.00	25.00
1990	OUR FIRST XMAS/PHOTOHOLDER 775QX488-6	YR	8.00	17.00
1990	PEACEFUL KINGDOM 475QX210-6	YR	5.00	20.00
1990	SISTER 475QX227-3	YR	5.00	20.00
1991	EXTRA-SPECIAL FRIENDS 475QX227--9	YR	5.00	15.00
1991	FIRST CHRISTMAS TOGETHER QX 222-9	YR	5.00	15.00
1991	FIVE YEARS TOGETHER 775QX492-7	YR	8.00	14.00
1991	FORTY YEARS TOGETHER 775QX493-9	YR	8.00	15.00
1991	GRANDMOTHER 475QX230-7	YR	5.00	18.00
1991	MOM AND DAD 975QX546-7	YR	10.00	20.00
1991	MOTHER 975QX545-7	YR	10.00	32.00
1991	SWEETHEART 975QX495-7	YR	10.00	25.00
1991	TEN YEARS TOGETHER 775QX492-9	YR	8.00	20.00
1992	FOR MY GRANDMA PHOTOHOLDER QX 518-4	YR	8.00	15.00
1992	GRANDMOTHER 475QX201-1	YR	5.00	15.00

YR	NAME	LIMIT	ISSUE	TREND
1992	GRANDPARENTS 475QX200-4	YR	5.00	15.00
1992	TEACHER 475QX226-4	YR	5.00	15.00
P. ANDREWS			**COMMEMORATIVES**	
1992	BABY'S FIRST CHRISTMAS 1875QX458-1	YR	19.00	31.00
R. BISHOP			**COMMEMORATIVES**	
1991	GODCHILD 675QX548-9	YR	7.00	20.00
1991	NEW HOME 675QX544-9	YR	7.00	30.00
R. CHAD			**COMMEMORATIVES**	
1988	CHILD'S THIRD CHRISTMAS 600QX471-4	YR	6.00	25.00
1989	BABY'S FIRST CHRISTMAS 725QX449-2	YR	7.00	90.00
1990	MOM AND DAD 875QX459-3	YR	9.00	25.00
1991	GRANDDAUGHTER'S 1ST CHRISTMAS 675QX511-9	YR	7.00	22.00
1991	GRANDSON'S FIRST CHRISTMAS 675QX511-7	YR	7.00	20.00
1992	FRIENDLY GREETINGS 775QX504-1	YR	8.00	15.00
1992	SPECIAL CAT PHOTOHOLDER QX 541-4	YR	8.00	20.00
1992	SPECIAL DOG PHOTOHOLDER QX 542-1	YR	8.00	25.00
K. CROW			**COMMEMORATIVES**	
1986	FRIENDS ARE FUN 475QX272-3	YR	5.00	40.00
1986	NEW HOME 475QX274-6	YR	5.00	50.00
1987	CHILD'S THIRD CHRISTMAS 575QX459-9	YR	6.00	25.00
1988	BABY'S FIRST CHRISTMAS 975QX470-1	YR	10.00	35.00
1991	FRIENDS ARE FUN 975QX528-9	YR	10.00	20.00
1992	BROTHER 675QX468-4	YR	7.00	15.00
1992	SISTER 675QX468-1	YR	7.00	15.00
J. FRANCIS			**COMMEMORATIVES**	
1989	BABY'S FIRST CHRISTMAS 675QX381-5	YR	7.00	20.00
1989	BABY'S SECOND CHRISTMAS 675QX449-5	YR	7.00	30.00
1989	CHILD'S FOURTH CHRISTMAS 675QX543-2	YR	7.00	16.00
1989	CHILD'S THIRD CHRISTMAS 675QX469-5	YR	7.00	19.00
1989	GODCHILD 625QX311-2	YR	6.00	15.00
1989	GRANDDAUGHTER'S FIRST XMAS 675QX382-2	YR	7.00	20.00
1989	GRANDSON'S FIRST CHRISTMAS 675QX382-5	YR	7.00	15.00
1990	BABY'S FIRST CHRISTMAS 775QX485-6	YR	8.00	35.00
1990	BABY'S FIRST CHRISTMAS 975QX485-3	YR	10.00	25.00
1990	BABY'S SECOND CHRISTMAS 675QX486-3	YR	7.00	35.00
1990	CHILD'S FOURTH CHRISTMAS 675QX487-3	YR	7.00	18.00
1990	CHILD'S THIRD CHRISTMAS 675QX486-6	YR	7.00	22.00
1990	GODCHILD 675QX317-6	YR	7.00	18.00
1990	GRANDDAUGHTER'S FIRST XMAS 675QX310-6	YR	7.00	20.00
1990	GRANDSON'S FIRST CHRISTMAS 675QX306-3	YR	7.00	20.00
1991	A CHILD'S CHRISTMAS 975QX488-7	YR	10.00	15.00
1991	BABY'S FIRST CHRISTMAS 1775QX510-7	YR	18.00	45.00
1991	BABY'S FIRST CHRISTMAS 775QX488-9	YR	8.00	27.00
1991	BABY'S SECOND CHRISTMAS 675QX489-7	YR	7.00	35.00
1991	CHILD'S FOURTH CHRISTMAS 675QX490-7	YR	7.00	16.00
1991	CHILD'S THIRD CHRISTMAS 675QX489-9	YR	7.00	25.00
1992	A CHILD'S CHRISTMAS 975QX457-4	YR	10.00	17.00
1992	BABY'S FIRST CHRISTMAS 775QX464-4	YR	8.00	35.00
1992	BABY'S SECOND CHRISTMAS 675QX465-1	YR	7.00	20.00
1992	CHILD'S FOURTH CHRISTMAS 675QX466-1	YR	7.00	20.00
1992	CHILD'S THIRD CHRISTMAS 675QX465-4	YR	7.00	20.00
1992	DAUGHTER 675QX503-1	YR	7.00	25.00
1992	SON 675QX502-4	YR	7.00	25.00
M. HAMILTON			**COMMEMORATIVES**	
1991	BABY'S FIRST CHRISTMAS-BOY 475QX221-7	YR	5.00	17.00
1991	BABY'S FIRST CHRISTMAS-GIRL 475QX222-7	YR	5.00	20.00
D. LEE			**COMMEMORATIVES**	
1983	BABY'S FIRST CHRISTMAS 1400QX402-7	YR	14.00	35.00
1984	BABY'S FIRST CHRISTMAS 1600QX904-1	YR	16.00	50.00
1985	BABY'S FIRST CHRISTMAS 575QX370-2	YR	6.00	20.00
1987	BABY'S FIRST CHRISTMAS 975QX411-3	YR	10.00	27.00
1987	BABY'S SECOND CHRISTMAS 575QX460-7	YR	6.00	30.00
1987	FIRST CHRISTMAS TOGETHER 950QX446-7	YR	10.00	25.00
1991	FLAG OF LIBERTY 675QX524-9	YR	7.00	18.00
J. LEE			**COMMEMORATIVES**	
1989	DAD 725QX441-2	YR	7.00	15.00
1989	FRIENDSHIP TIME 975QX413-2	YR	10.00	30.00
1990	DAD 675QX453-3	YR	7.00	20.00
1991	DAD 775QX512-7	YR	8.00	15.00
1991	DAD-TO-BE 575QX487-9	YR	6.00	15.00
1991	MOM-TO-BE 575QX487-7	YR	6.00	25.00
1992	DAD-TO-BE 675QX461-1	YR	7.00	16.00
1992	MOM-TO-BE 675QX461-4	YR	7.00	16.00
1992	OUR FIRST CHRISTMAS TOGETHER 975QX506-1	YR	10.00	16.00
J. LYLE			**COMMEMORATIVES**	
1986	GRANDDAUGHTER 475QX273-6	YR	5.00	25.00
1987	FIRST CHRISTMAS TOGETHER 475QX272-9	YR	5.00	18.00
1987	LOVE IS EVERYWHERE 475QX278-7	YR	5.00	26.00
1988	MOTHER AND DAD 800QX414-4	YR	8.00	20.00
1988	SPIRIT OF CHRISTMAS 475QX276-1	YR	5.00	25.00
1989	GRANDMOTHER 475QX277-5	YR	5.00	15.00
1989	GRANDPARENTS 475QX277-2	YR	5.00	15.00
1989	TEN YEARS TOGETHER 475QX274-2	YR	5.00	25.00
1990	GRANDDAUGHTER 475QX228-6	YR	5.00	25.00
1990	TEN YEARS TOGETHER 475QX215-3	YR	5.00	18.00
1991	ACROSS THE MILES 675QX315-7	YR	7.00	11.00
1991	SISTER 675QX548-7	YR	7.00	17.00
1992	FOR THE ONE I LOVE 975QX484-4	YR	10.00	20.00

YR	NAME	LIMIT	ISSUE	TREND
D. MCGEHEE				COMMEMORATIVES
1984	FIRST CHRISTMAS TOGETHER 1600QX904-4	YR	16.00	26.00
1984	FIRST CHRISTMAS TOGETHER 750QX340-4	YR	8.00	25.00
1985	BABY LOCKET 1600QX401-2	YR	16.00	19.00
1985	GODCHILD 675QX380-2	YR	7.00	10.00
1985	LOVE AT CHRISTMAS 575QX371-5	YR	6.00	35.00
1986	BABY LOCKET 1600QX412-3	YR	16.00	30.00
1988	FIVE YEARS TOGETHER 475QX274-4	YR	5.00	20.00
1991	GIFT OF JOY 875QX531-9	YR	9.00	20.00
D. PALMITER				COMMEMORATIVES
1985	SPECIAL FRIENDS 575QX372-5	YR	6.00	10.00
1986	BABY'S FIRST CHRISTMAS 600QX380-3	YR	6.00	20.00
J. PATTEE				COMMEMORATIVES
1985	FRIENDSHIP 775QX506-2	YR	8.00	12.00
1985	FROM OUR HOUSE TO YOURS 775QX520-2	YR	8.00	10.00
1985	GRANDMOTHER 475QX262-5	YR	5.00	15.00
1985	SISTER 725QX506-5	YR	7.00	20.00
1986	BABY'S FIRST XMAS PHOTOHOLDER 800QX379-2	YR	8.00	24.00
1986	CHILD'S THIRD CHRISTMAS 650QX413-6	YR	6.00	25.00
1986	GRANDMOTHER 475QX274-3	YR	5.00	12.00
1986	JOY OF FRIENDS 675QX382-3	YR	7.00	14.00
1986	SWEETHEART 1100QX408-6	YR	11.00	70.00
1987	BABY'S FIRST CHRISTMAS-BOY 475QX274-9	YR	5.00	30.00
1987	BABY'S FIRST CHRISTMAS-GIRL 475QX274-7	YR	5.00	25.00
1987	NEW HOME 600QX376-7	YR	6.00	25.00
1988	DAUGHTER 575QX415-1	YR	6.00	55.00
1988	FROM OUR HOME TO YOURS 475QX279-4	YR	5.00	15.00
1988	GRANDPARENTS 475QX277-1	YR	5.00	20.00
1988	GRATITUDE 600QX375-4	YR	6.00	15.00
1988	SON 575QX415-4	YR	6.00	36.00
1988	TWENTY-FIVE YEARS TOGETHER 675QX373-4	YR	7.00	16.00
1990	FIFTY YEARS TOGETHER 975QX490-6	YR	10.00	20.00
1990	FORTY YEARS TOGETHER 975QX490-3	YR	10.00	18.00
1990	JESUS LOVES ME 675QX315-6	YR	7.00	13.00
1990	TWENTY-FIVE YEARS TOGETHER 975QX489-6	YR	10.00	18.00
S. PIKE				COMMEMORATIVES
1983	MOM AND DAD 650QX429-7	YR	6.00	20.00
1985	GRANDPARENTS 700QX380-5	YR	7.00	10.00
1985	MOTHER 675QX372-2	YR	7.00	12.00
1986	GRATITUDE 600QX432-6	YR	6.00	10.00
1986	HUSBAND 800QX383-6	YR	8.00	12.00
1987	BABYSITTER 475QX279-7	YR	5.00	20.00
1987	GRANDPARENTS 475QX277-7	YR	5.00	15.00
1987	MOTHER 650QX373-7	YR	6.00	15.00
1987	MOTHER AND DAD 700QX462-7	YR	7.00	20.00
1988	BABY'S FIRST CHRISTMAS 600QX372-1	YR	6.00	20.00
1988	BABY'S SECOND CHRISTMAS 600QX471-1	YR	6.00	30.00
1988	FIRST CHRISTMAS TOGETHER 900QX489-4	YR	9.00	32.00
1988	TEACHER 625QX417-1	YR	6.00	20.00
1989	MOM AND DAD 975QX442-5	YR	10.00	20.00
1991	FIRST CHRISTMAS TOGETHER QX 313-9	YR	7.00	17.00
1991	UNDER THE MISTLETOE 875QX494-9	YR	9.00	18.00
1992	NEW HOME 875QX519-1	YR	9.00	16.00
M. PYDA-SEVCIK				COMMEMORATIVES
1985	BABY-SITTER 475QX264-2	YR	5.00	13.00
1985	FRIENDSHIP 675QX378-5	YR	7.00	15.00
1985	NEW HOME 475QX269-5	YR	5.00	30.00
1986	MOTHER AND DAD 750QX431-6	YR	8.00	20.00
1987	FROM OUR HOME TO YOURS 475QX279-9	YR	5.00	45.00
1987	GODCHILD 475QX276-7	YR	5.00	20.00
1990	NEW HOME 675QX434-3	YR	7.00	25.00
1991	GRANDDAUGHTER 475QX229-9	YR	5.00	20.00
1991	GRANDPARENTS 475QX230-9	YR	5.00	15.00
1991	GRANDSON 475QX229-7	YR	5.00	20.00
D. RHODUS				COMMEMORATIVES
1989	CHILD'S FIFTH CHRISTMAS 675QX543-5	YR	7.00	16.00
1989	FIRST CHRISTMAS TOGETHER 675QX383-2	YR	7.00	20.00
1990	CHILD'S FIFTH CHRISTMAS 675QX487-6	YR	7.00	18.00
1990	FRIENDSHIP KITTEN 675QX414-3	YR	7.00	25.00
1990	SWEETHEART 1175QX489-3	YR	12.00	25.00
1991	CHILD'S FIFTH CHRISTMAS 675QX490-9	YR	7.00	16.00
1991	JESUS LOVES ME 775QX314-7	YR	8.00	15.00
1992	ACROSS THE MILES 675QX304-4	YR	7.00	11.00
1992	CHILD'S FIFTH CHRISTMAS 675QX466-4	YR	7.00	20.00
A. ROGERS				COMMEMORATIVES
1989	25 YEARS TOGETHER PHOTOHOLDER 875QX485-5	YR	9.00	15.00
1989	40 YEARS TOGETHER PHOTOHOLDER 875QX545-2	YR	9.00	15.00
1989	50 YEARS TOGETHER PHOTOHOLDER 875QX486-2	YR	9.00	15.00
1989	FIRST CHRISTMAS TOGETHER 675QX485-2	YR	10.00	21.00
1990	BABY'S FIRST CHRISTMAS 675QX303-6	YR	7.00	20.00
1991	TEACHER 475QX228-9	YR	5.00	12.00
1992	HOLIDAY MEMO 775QX504-4	YR	8.00	14.00
1992	LOVE TO SKATE 875QX484-1	YR	9.00	20.00
1992	MOM 775QX516-4	YR	8.00	18.00
1992	SECRET PAL 775QX542-4	YR	8.00	12.00
E. SEALE				COMMEMORATIVES
1982	BABY'S FIRST CHRISTMAS 1300QX455-3	YR	13.00	45.00
1982	BABY'S FIRST CHRISTMAS 550QX302-3	YR	6.00	35.00

YR	NAME	LIMIT	ISSUE	TREND
1982	FIRST XMAS TOGETHER-LOCKET 1500QX456-3	YR	15.00	20.00
1982	TEACHER-APPLE 550QX301-6	YR	6.00	11.00
1983	FIRST XMAS TOGETHER-LOCKET 1500QX432-9	YR	15.00	31.00
1984	FIRST CHRISTMAS TOGETHER 1500QX436-4	YR	15.00	35.00
1985	CHILD'S THIRD CHRISTMAS 600QX475-5	YR	6.00	25.00
1985	FIRST CHRISTMAS TOGETHER 1675QX400-5	YR	17.00	25.00
1986	DAUGHTER 575QX430-6	YR	6.00	45.00
1986	LOVING MEMORIES 900QX409-3	YR	9.00	35.00
1986	SON 575QX430-3	YR	6.00	35.00
1987	FIFTY YEARS TOGETHER 800QX443-7	YR	8.00	30.00
1987	GRANDCHILD'S FIRST CHRISTMAS 900QX460-9	YR	9.00	22.00
1990	TEACHER 775QX448-3	YR	8.00	12.00
1992	FIRST CHRISTMAS TOGETHER PHOTO. QX 469-4	YR	9.00	18.00
1992	FRIENDSHIP LINE 975QX503-4	YR	10.00	25.00
1992	GRANDDAUGHTER 675QX560-4	YR	7.00	20.00
1992	GRANDSON 675QX561-1	YR	7.00	20.00
L. SICKMAN			**COMMEMORATIVES**	
1980	BABY'S FIRST CHRISTMAS 1200QX156-1	YR	12.00	45.00
1982	CHRISTMAS MEMORIES 650QX311-6	YR	6.00	25.00
1982	FATHER 450QX205-6	YR	4.00	18.00
1982	TEACHER 650QX312-3	YR	6.00	15.00
1983	BABY'S FIRST CHRISTMAS 750QX301-9	YR	8.00	14.00
1983	FIRST CHRISTMAS TOGETHER 450QX208-9	YR	4.00	25.00
1983	LOVE 1300QX422-7	YR	13.00	35.00
1985	FIRST CHRISTMAS TOGETHER 1300QX493-5	YR	13.00	21.00
1986	BABY'S FIRST CHRISTMAS 900QX412-6	YR	9.00	35.00
1986	FIRST CHRISTMAS TOGETHER 1200QX409-6	YR	12.00	25.00
1987	DAUGHTER 575QX463-7	YR	6.00	25.00
1987	SISTER 600QX474-7	YR	6.00	14.00
1987	SON 575QX463-9	YR	6.00	45.00
1987	SWEETHEART 1100QX447-9	YR	11.00	30.00
1988	BABYSITTER 475QX279-1	YR	5.00	11.00
1989	DAUGHTER 625QX443-2	YR	6.00	20.00
1989	SON 625QX444-5	YR	6.00	20.00
1989	SWEETHEART 975QX486-5	YR	10.00	32.00
1991	FIRST CHRISTMAS TOGETHER QX 491-9	YR	9.00	20.00
1991	TERRIFIC TEACHER 675QX530-9	YR	7.00	18.00
B. SIEDLER			**COMMEMORATIVES**	
1985	SON 550QX502-5	YR	6.00	40.00
1986	BABY'S SECOND CHRISTMAS 650QX413-3	YR	6.00	30.00
1987	DAD 600QX462-9	YR	6.00	35.00
1987	TEACHER 575QX466-7	YR	6.00	20.00
1988	DAD 700QX414-1	YR	7.00	25.00
1990	BROTHER 575QX449-3	YR	6.00	14.00
1990	COPY OF CHEER 775QX448-6	YR	8.00	17.00
1990	DAD-TO-BE 575QX491-3	YR	6.00	20.00
1990	DAUGHTER 575QX449-6	YR	6.00	20.00
1990	MOM-TO-BE 575QX491-6	YR	6.00	30.00
1990	SON 575QX451-6	YR	6.00	25.00
1991	BIG CHEESE, THE 675QX532-7	YR	7.00	15.00
1991	BROTHER 675QX547-9	YR	7.00	20.00
1991	DAUGHTER 575QX547-7	YR	6.00	35.00
1991	SON 575QX546-9	YR	6.00	20.00
1992	DAD 775QX467-4	YR	8.00	20.00
1992	GRANDDAUGHTER'S 1ST CHRISTMAS 675QX463-4	YR	7.00	20.00
1992	GRANDSON'S 1ST CHRISTMAS 675QX462-1	YR	7.00	20.00
1992	MOM AND DAD 975QX467-1	YR	10.00	32.00
1992	V.P. OF IMPORTANT STUFF 675QX505-1	YR	7.00	15.00
1992	WORLD-CLASS TEACHER 775QX505-4	YR	8.00	17.00
D. UNRUH			**COMMEMORATIVES**	
1988	SWEETHEART 975QX490-1	YR	10.00	20.00
1992	ANNIVERSARY YEAR, PHOTOHOLDER 975QX485-1	YR	10.00	30.00
1992	GODCHILD 675QX594-1	YR	7.00	15.00
L. VOTRUBA			**COMMEMORATIVES**	
1985	BABY'S FIRST CHRISTMAS 700QX478-2	YR	7.00	14.00
1985	FATHER 650QX376-2	YR	6.00	10.00
1985	GRANDCHILD'S FIRST CHRISTMAS 1100QX495-5	YR	11.00	20.00
1985	GRANDSON 475QX262-2	YR	5.00	25.00
1985	MOTHER AND DAD 775QX509-2	YR	8.00	20.00
1986	FATHER 650QX431-3	YR	6.00	13.00
1986	GRANDSON 475QX273-3	YR	5.00	30.00
1986	SISTER 675QX380-6	YR	7.00	14.00
1986	TIMELESS LOVE 600QX379-6	YR	6.00	30.00
1986	TWENTY-FIVE YEARS TOGETHER 800QX410-3	YR	8.00	19.00
1987	GRANDDAUGHTER 600QX374-7	YR	6.00	20.00
1987	GRANDSON 475QX276-9	YR	5.00	25.00
1987	HEART IN BLOSSOM 600QX372-7	YR	6.00	20.00
1987	HUSBAND 700QX373-9	YR	7.00	11.00
1987	TEN YEARS TOGETHER 700QX444-7	YR	7.00	20.00
1987	TIME FOR FRIENDS 475QX280-7	YR	5.00	20.00
1988	FIRST CHRISTMAS TOGETHER 675QX373-1	YR	7.00	24.00
1988	GRANDDAUGHTER 475QX277-4	YR	5.00	45.00
1988	GRANDSON 475QX278-1	YR	5.00	35.00
1988	LOVE FILLS THE HEART 600QX374-4	YR	6.00	25.00
1988	NEW HOME 600QX376-1	YR	6.00	20.00
1988	SISTER 800QX499-4	YR	8.00	30.00
1989	BABY'S 1ST XMAS PHOTOHOLDER 625QX468-2	YR	6.00	48.00
1989	BABY'S FIRST CHRISTMAS-BOY 475QX272-5	YR	5.00	20.00
1989	BABY'S FIRST CHRISTMAS-GIRL 475QX272-2	YR	5.00	20.00

YR	NAME	LIMIT	ISSUE	TREND
1989	FESTIVE YEAR 775QX384-2	YR	8.00	20.00
1989	GRATITUDE 675QX385-2	YR	7.00	15.00
1989	NEW HOME 475QX275-5	YR	5.00	20.00
1990	ACROSS THE MILES 675QX317-3	YR	7.00	13.00
1990	FIVE YEARS TOGETHER 475QX210-3	YR	5.00	20.00
1990	GRANDMOTHER 475QX223-6	YR	5.00	20.00
1990	GRANDSON 475QX229-3	YR	5.00	20.00
1990	MOTHER 875QX453-6	YR	9.00	25.00
1991	25 YEARS TOGETHER PHOTOHOLDER QX493-7	YR	9.00	16.00
1991	BABY'S FIRST XMAS-PHOTOHOLDER 775QX486-9	YR	8.00	25.00
1991	FIFTY YEARS TOGETHER-PHOTOHOLDER 875QX494-7	YR	9.00	15.00
1991	FIRST CHRISTMAS TOGETHER PHOTOHOLDER QX 491-7	YR	9.00	25.00
1991	FROM OUR HOME TO YOURS 475QX228-7	YR	5.00	20.00
1992	BABY'S 1ST CHRISTMAS PHOTOHOLDER QX464-1	YR	8.00	25.00
1992	BABY'S FIRST CHRISTMAS-BOY 475QX219-1	YR	5.00	15.00
1992	BABY'S FIRST CHRISTMAS-GIRL 475QX220-4	YR	5.00	15.00
1992	FROM OUR HOME TO YOURS 475QX213-1	YR	5.00	15.00
1992	OUR FIRST CHRISTMAS TOGETHER 675QX301-1	YR	7.00	18.00

N. AUBE   COOKIE JAR FRIENDS

1996	CLYDE QK116-1	YR	16.00	20.00

A. ROGERS   COOKIE JAR FRIENDS

1996	CARMEN QK116-4	YR	16.00	23.00

K. CROW   COTTONTAIL EXPRESS

1996	LOCOMOTIVE QEO807-4	YR	8.00	40.00
1998	PASSENGER CAR 995QEO8376	YR	10.00	10.00

*

        COUNTRY CHRISTMAS COLLECTION

1985	OLD-FASHIONED DOLL 1450QX519-5	YR	14.00	40.00
1985	WHIRLIGIG SANTA 1250QX519-2	YR	12.00	25.00

M. PYDA-SEVCIK   COUNTRY CHRISTMAS COLLECTION

1985	COUNTRY GOOSE 775QX518-5	YR	8.00	15.00

L. SICKMAN   COUNTRY CHRISTMAS COLLECTION

1985	SHEEP AT CHRISTMAS 825QX517-5	YR	8.00	25.00

L. VOTRUBA   COUNTRY CHRISTMAS COLLECTION

1985	ROCKING HORSE MEMORIES 1000QX518-2	YR	10.00	15.00

*

    COUNTRY TREASURES COLLECTION

1986	REMEMBERING CHRISTMAS 865QX510-6	YR	9.00	25.00

K. CROW   COUNTRY TREASURES COLLECTION

1986	LITTLE DRUMMERS 1250QX511-6	YR	12.00	35.00
1986	WELCOME CHRISTMAS 825QX510-3	YR	8.00	30.00

L. SICKMAN   COUNTRY TREASURES COLLECTION

1986	COUNTRY SLEIGH 1000QX511-3	YR	10.00	25.00

D. UNRUH   COUNTRY TREASURES COLLECTION

1986	NUTCRACKER SANTA 1000QX512-3	YR	10.00	45.00

K. CROW   CRAYOLA CRAYON

1990	BRIGHT MOVING COLORS 875QX458-6	YR	9.00	50.00
1991	BRIGHT VIBRANT CAROLS 975QX421-9	YR	10.00	35.00
1992	BRIGHT BLAZING COLORS 975QX426-4	YR	10.00	30.00
1993	BRIGHT SHINING CASTLE 1075QX442-2	YR	11.00	25.00
1994	BRIGHT PLAYFUL COLORS 1095QX527-3	YR	11.00	28.00
1995	BRIGHT N'SUNNY TEPEE QX524-7	YR	11.00	20.00
1996	BRIGHT FLYING COLORS QX539-1	YR	11.00	27.00

L. SICKMAN   CRAYOLA CRAYON

1989	BRIGHT JOURNEY 875QX-435-2	YR	9.00	50.00

S. TAGUE   CRAYOLA CRAYON

1997	BRIGHT ROCKING COLORS	YR	13.00	20.00
1998	BRIGHT SLEDDING COLORS QX 6166	YR	13.00	13.00

*

    CROWN CLASSICS COLLECTION

1981	ANGEL 450QX507-5	YR	4.00	24.00
1981	TREE PHOTOHOLDER 550QX515-5	YR	6.00	25.00
1981	UNICORN 850QX516-5	YR	8.00	25.00
1983	ENAMELED CHRISTMAS WREATH 900QX311-9	YR	9.00	11.00
1983	MEMORIES TO TREASURE 700QX303-7	YR	7.00	25.00
1983	MOTHER AND CHILD 750QX302-7	YR	8.00	40.00

*

        CROWN REFLECTIONS

1998	PINK POINSETTIAS QBG 6926	YR	25.00	25.00
1998	RED POINSETTIAS QBG 690-6	YR	35.00	35.00
1998	WHITE POINSETTIAS QGB 6923	YR	25.00	25.00
1999	HARVEST OF GRAPES QBG6047	YR	25.00	25.00

T. HADDIX   CROWN REFLECTIONS

1999	1955 MURRAY RANCH WAGON QBG6077	YR	35.00	35.00
1999	JOLLY SNOWMAN QBG6059	YR	20.00	20.00

K. KLINE   CROWN REFLECTIONS

1999	CHILDHOOD TREASURES QBG4237	YR	30.00	30.00
1999	YUMMY MEMORIES QBG6049	YR	45.00	45.00

R. LAPIERRE   CROWN REFLECTIONS

1999	U.S.S. ENTERPRISE NCC-1701 QBG6117	YR	25.00	25.00

T. LARSEN   CROWN REFLECTIONS

1999	FRANKINCENSE QBG6896	YR	22.00	22.00
1999	GOLD QBG6836	YR	22.00	22.00
1999	HOLY FAMILY QBG6127	YR	30.00	30.00
1999	MYRRH QBG6893	YR	22.00	22.00

E. SEALE   CROWN REFLECTIONS

1999	FROSTY FRIENDS QBG6067	YR	35.00	35.00
1999	VILLAGE CHURCH QBG6057	YR	30.00	30.00

C. WEBB   CROWN REFLECTIONS

1999	1950 LIONEL SANTA FE F3 DIESEL LOCOMOTIVE QBG6119	YR	35.00	35.00

YR	NAME	LIMIT	ISSUE	TREND
*				**CURRIER & IVES**
1974	CURRIER & IVES (2) 350QX112-1	YR	4.00	60.00
1976	CURRIER & IVES 250QX209-1	YR	2.00	40.00
1976	CURRIER & IVES 300QX197-1	YR	3.00	45.00
1977	CURRIER & IVES 350QX130-2	YR	4.00	50.00
1982	CURRIER & IVES 450QX201-3	YR	4.00	20.00
1983	CURRIER & IVES 450QX215-9	YR	4.00	20.00
1984	CURRIER & IVES 450QX250-1	YR	4.00	20.00
J. LYLE				**CURRIER & IVES**
1987	CURRIER & IVES: AMERICAN FARM 475QX282-9	YR	5.00	25.00
L. SICKMAN				**CURRIER & IVES**
1975	CURRIER & IVES (2) 250QX164-1	YR	2.00	40.00
1975	CURRIER & IVES (2) 400QX137-1	YR	4.00	40.00
*				**DECORATIVE BALL ORNAMENTS**
1976	CARDINALS 225QX205-1	YR	2.00	70.00
1976	CHICKADEES 225QX204-1	YR	2.00	65.00
1977	CHRISTMAS MOUSE 350QX134-2	YR	4.00	60.00
1977	RABBIT 250QX139-5	YR	2.00	99.00
1977	SQUIRREL 250QX138-2	YR	2.00	95.00
1977	STAINED GLASS 350QX152-2	YR	4.00	50.00
1978	DRUMMER BOY 350QX252-3	YR	4.00	40.00
1978	HALLMARK'S ANTIQUE CARD COLL. 350QX220-3	YR	4.00	40.00
1978	JOY 350QX254-3	YR	4.00	45.00
1978	MERRY CHRISTMAS (SANTA) 350QX202-3	YR	4.00	55.00
1978	NATIVITY 350QX253-6	YR	4.00	125.00
1978	QUAIL, THE- 350QX251-6	YR	4.00	40.00
1978	YESTERDAY'S TOYS 350QX250-3	YR	4.00	25.00
1979	BEHOLD THE STAR 350QX255-9	YR	4.00	40.00
1979	BLACK ANGEL 350QX207-9	YR	4.00	22.00
1979	CHRISTMAS CHICKADEES 350QX204-7	YR	4.00	30.00
1979	CHRISTMAS COLLAGE 350QX257-9	YR	4.00	30.00
1979	LIGHT OF CHRISTMAS, THE- 350QX256-7	YR	4.00	30.00
1979	NIGHT BEFORE CHRISTMAS 350QX214-7	YR	4.00	40.00
1980	CHRISTMAS CARDINALS 400QX224-1	YR	4.00	23.00
1980	CHRISTMAS CHOIR 400QX228-1	YR	4.00	80.00
1980	CHRISTMAS TIME 400QX226-1	YR	4.00	25.00
1980	HAPPY CHRISTMAS 400QX222-1	YR	4.00	25.00
1980	JOLLY SANTA 400QX227-4	YR	4.00	25.00
1980	NATIVITY 400QX225-4	YR	4.00	75.00
1980	SANTA'S WORKSHOP 400QX223-4	YR	4.00	25.00
1981	CHRISTMAS 1981-SCHNEEBERG 450QX809-5	YR	4.00	30.00
1981	CHRISTMAS IN THE FOREST 450QX813-5	YR	4.00	145.00
1981	CHRISTMAS MAGIC 450QX810-2	YR	4.00	30.00
1981	LET US ADORE HIM 450QX811-5	YR	4.00	65.00
1981	MERRY CHRISTMAS 450QX814-2	YR	4.00	30.00
1981	SANTA'S COMING 450QX812-2	YR	4.00	22.00
1981	SANTA'S SURPRISE 450QX815-5	YR	4.00	30.00
1981	TRADITIONAL (BLACK SANTA) 450QX801-5	YR	4.00	90.00
1982	CHRISTMAS ANGEL 450QX220-6	YR	4.00	30.00
1982	SEASON FOR CARING 450QX221-3	YR	4.00	25.00
1983	1983 450QX220-9	YR	4.00	25.00
1983	ANGELS 500QX219-7	YR	5.00	25.00
1983	ANNUNCIATION, THE 450QX216-7	YR	4.00	30.00
1983	CHRISTMAS JOY 450QX216-9	YR	4.00	30.00
1983	CHRISTMAS WONDERLAND 450QX221-9	YR	4.00	120.00
1983	HERE COMES SANTA 450QX217-7	YR	4.00	40.00
1983	OLD FASHIONED CHRISTMAS 450QX217-9	YR	4.00	30.00
1983	ORIENTAL BUTTERFLIES 450QX218-7	YR	4.00	30.00
1983	SEASON'S GREETING 450QX219-9	YR	4.00	20.00
1983	WISE MEN, THE- 450QX220-7	YR	4.00	50.00
T. BLACKSHEAR				**DECORATIVE BALL ORNAMENTS**
1982	SANTA 450QX221-6	YR	4.00	20.00
L. SICKMAN				**DECORATIVE BALL ORNAMENTS**
1979	CHRISTMAS TRADITIONS 350QX253-9	YR	4.00	40.00
*				**DESIGNER KEEPSAKES**
1982	MERRY CHRISTMAS 450QX225-6	YR	4.00	20.00
1982	OLD FASHIONED CHRISTMAS 450QX227-6	YR	4.00	40.00
1982	OLD WORLD ANGELS 450QX226-3	YR	4.00	20.00
1982	PATTERNS OF CHRISTMAS 450QX226-6	YR	4.00	20.00
1982	STAINED GLASS 450QX228-3	YR	4.00	20.00
1982	TWELVE DAYS OF CHRISTMAS 450QX203-6	YR	4.00	22.00
*				**DISNEY COLLECTION**
1998	BOUNCY BABY SITTER QXD 4096	YR	13.00	13.00
1998	BUILDING A SNOWMAN QXD 4133	YR	15.00	15.00
A. MARRA ROGERS				**DOLLS OF THE WORLD**
1998	MEXICAN BARBIE QX 6356	YR	15.00	15.00
P. ANDREWS				**DOLLS OF THE WORLD**
1996	NATIVE AMERICAN BARBIE QX556-1	YR	15.00	25.00
A. ROGERS				**DOLLS OF THE WORLD**
1997	CHINESE BARBIE QX6162	YR	15.00	25.00
1999	RUSSIAN BARBIE QX6369	YR	15.00	25.00
R. CHAD				**DR. SEUSS**
1998	GRINCH, THE QXI 6466	YR	14.00	14.00
N. WILLIAMS				**DR. SEUSS**
1999	MERRY GRINCH-MAS! QXI4627	YR	20.00	20.00
N. WILLIAMS				**DR. SEUSS BOOKS**
1999	CAT IN THE HAT QX16457	YR	15.00	15.00

YR	NAME	LIMIT	ISSUE	TREND
*				**DUMBO**
1999	DUMBO'S FIRST FLIGHT QXD4117	YR	14.00	14.00
*				**EASTER ORNAMENTS**
1991	BABY'S FIRST EASTER 875QEO518-9	YR	9.00	27.00
1991	DAUGHTER 575QEO517-9	YR	6.00	29.00
1991	EASTER MEMORIES PHOTOHOLDER QEO 513-7	YR	8.00	19.00
1991	FULL OF LOVE 775QEO514-9	YR	8.00	39.00
1991	GENTLE LAMB 675QEO515-9	YR	7.00	19.00
1991	GRANDCHILD 675QEO517-7	YR	7.00	22.00
1991	LI'L DIPPER 675QEO514-7	YR	7.00	22.00
1991	LILY EGG 975QEO513-9	YR	10.00	24.00
1991	SON 575QEO518-7	YR	6.00	24.00
1991	SPIRIT OF EASTER 775QEO516-9	YR	8.00	34.00
1991	SPRINGTIME STROLL 675QEO516-7	YR	7.00	20.00
1994	SPRINGTIME BONNETS 775QEO809-6	YR	8.00	23.00
1994	SWEET EASTER WISHES 875QEO819-6	YR	9.00	24.00
1995	APRIL SHOWERS QEO 826-3	YR	7.00	12.00
1995	BABY'S FIRST EASTER QEO 823-7	YR	8.00	13.00
1995	BUGS BUNNY QEO 827-9	YR	9.00	17.00
1995	DAUGHTER QEO 823-9	YR	6.00	10.00
1995	EASTER EGG COTTAGES QEO 820-7	YR	9.00	20.00
1995	EASTER EGGSPRESSIONS QEO 826-9	YR	5.00	10.00
1995	FLOWERPOT FRIENDS QEO 822-9	YR	15.00	20.00
1995	GARDEN CLUB QEO 820-9	YR	8.00	15.00
1995	HAM 'N EGGS QEO 827-7	YR	8.00	11.00
1995	HERE COMES EASTER QEO 821-7	YR	8.00	19.00
1995	LILY QEO 826-7	YR	7.00	12.00
1995	PEANUTS QEO 825-7	YR	8.00	20.00
1995	PICTURE PERFECT, CRAYOLA CRAYON QEO 824-9	YR	8.00	19.00
1995	SON QEO 824-7	YR	6.00	15.00
1995	SPRINGTIME BARBIE, FIRST SERIES QEO 806-9	YR	13.00	30.00
1995	SPRINGTIME BONNETS, THIRD SERIES QEO 822-7	YR	8.00	17.00
1997	VICTORIAN CROSS QEO8725	YR	*	13.00
1998	GARDEN OF PIGLET AND POOH 1295QEO8403	YR	13.00	15.00
1998	PRACTICE SWING-DONALD DUCK 1095QEO8396	YR	11.00	11.00
1998	TIGGER IN THE GARDEN 995QEO8436	YR	10.00	13.00
P. ANDREWS				**EASTER ORNAMENTS**
1993	BARROW OF GIGGLES 875QEO840-2	YR	9.00	24.00
1993	DAUGHTER 575QEO834-2	YR	6.00	18.00
1993	SON 575QEO833-5	YR	6.00	13.00
1994	DAUGHTER 575QEO815-6	YR	6.00	15.00
1994	SON 575QEO816-3	YR	6.00	15.00
1998	MIDGE 35TH ANNIVERSARY 1495QEO8413	YR	15.00	15.00
R. CHAD				**EASTER ORNAMENTS**
1993	TIME FOR EASTER 875QEO838-5	YR	9.00	18.00
1996	PORK N' BEANS QEO817-4	YR	8.00	12.00
K. CROW				**EASTER ORNAMENTS**
1992	EASTER PARADE 675QEO930-1	YR	7.00	25.00
1992	GRANDCHILD 675QEO927-4	YR	7.00	18.00
1994	COLORFUL SPRING 775QEO816-6	YR	8.00	25.00
1994	HERE COMES EASTER 775QEO809-3	YR	8.00	35.00
1996	HIPPITY HOP DELIVERY QEO814-4	YR	8.00	14.00
J. FRANCIS				**EASTER ORNAMENTS**
1992	BABY'S FIRST EASTER 675QEO927-1	YR	7.00	22.00
1992	BLESS YOU 675QEO929-1	YR	7.00	20.00
1992	SOMEBUNNY LOVES YOU 675QEO929-4	YR	7.00	27.00
1993	MAYPOLE STROLL 2800QEO839-5 SET OF THREE	YR	28.00	45.00
1994	BABY'S FIRST EASTER 675QEO815-3	YR	7.00	15.00
1996	APPLE BLOSSOM LANE QEO808-4	YR	9.00	14.00
1996	LOOK WHAT I FOUND! QEO818-1	• YR	8.00	13.00
K. KLINE				**EASTER ORNAMENTS**
1998	WHAT'S YOUR NAME? 795QEO8443	YR	8.00	8.00
LARS				**EASTER ORNAMENTS**
1997	GENTLE GUARDIAN QEO8732	YR	*	10.00
D. LEE				**EASTER ORNAMENTS**
1993	SPRINGTIME BONNETS 775QEO832-2	YR	8.00	25.00
J. LEE				**EASTER ORNAMENTS**
1992	SPRINGTIME EGG 875QEO932-1	YR	9.00	23.00
1993	BEST-DRESSED TURTLE 575QEO839-2	YR	6.00	12.00
1993	EASTER PARADE 675QEO832-5	YR	7.00	18.00
1993	LI'L PEEPER 775QEO831-2	YR	8.00	20.00
1993	NUTTY EGGS 675QEO838-2	YR	7.00	15.00
J. LYLE				**EASTER ORNAMENTS**
1992	PROMISE OF EASTER 875QEO931-4	YR	9.00	22.00
1993	CHICKS-ON-A-TWIRL 775QEO837-5	YR	8.00	15.00
1996	JOYFUL ANGELS FIRST SERIES QEO818-4	YR	10.00	35.00
1997	JOYFUL ANGELS 2ND. SERIES QEO865-5	YR	11.00	18.00
1998	JOYFUL ANGELS 1095QEO8386	YR	11.00	11.00
D. PALMITER				**EASTER ORNAMENTS**
1992	JOY BEARER 875QEO933-4	YR	9.00	25.00
1993	BABY'S FIRST EASTER 675QEO834-5	YR	7.00	15.00
1994	RIDING A BREEZE 575QEO821-3	YR	6.00	15.00
1996	GARDEN CLUB QEO809-1	YR	8.00	13.00
1996	HERE COMES EASTER QEO809-4	YR	8.00	14.00
S. PIKE				**EASTER ORNAMENTS**
1992	EVERYTHING'S DUCKY! 675QEO933-1	YR	7.00	22.00
1992	SUNNY WISHER 575QEO934-4	YR	6.00	22.00
1997	PURR-FECT PRINCESS QEO8715	YR	*	12.00

YR	NAME	LIMIT	ISSUE	TREND
1998	GARDEN CLUB 795QEO8426	YR	8.00	10.00
1998	GOING UP? CHARLIE BROWN 995QEO8433	YR	10.00	13.00
D. RHODUS			**EASTER ORNAMENTS**	
1994	EASTER PARADE 675QEO813-6	YR	7.00	19.00
1996	PARADE PALS QEO815-1	YR	8.00	15.00
A. ROGERS			**EASTER ORNAMENTS**	
1992	CRAYOLA BUNNY 775QEO930-4	YR	8.00	34.00
1992	DAUGHTER 575QEO928-4	YR	6.00	22.00
1992	SON 575QEO928-1	YR	6.00	22.00
1994	SWEET AS SUGAR 875QEO808-6	YR	9.00	17.00
1994	YUMMY RECIPE 775QEO814-3	YR	8.00	20.00
1996	DAFFY DUCK QEO815-4	YR	9.00	14.00
E. SEALE			**EASTER ORNAMENTS**	
1994	SUNNY BUNNY GARDEN 1500QEO814-6 SET OF 3	YR	15.00	30.00
1996	EGGSTRA SPECIAL SURPRISE QEO816-1	YR	9.00	15.00
1996	STRAWBERRY PATCH QEO817-1	YR	7.00	13.00
1997	DIGGING IN QEO8712	YR	*	12.00
L. SICKMAN			**EASTER ORNAMENTS**	
1993	BACKYARD BUNNY 675QEO840-5	YR	7.00	20.00
1993	LOP-EARED BUNNY 575QEO831-5	YR	6.00	19.00
1994	TREETOP COTTAGE 975QEO818-6	YR	10.00	16.00
B. SIEDLER			**EASTER ORNAMENTS**	
1992	COSMIC RABBIT 775QEO936-4	YR	8.00	23.00
1992	CULTIVATED GARDENER 575QEO935-1	YR	6.00	19.00
1992	EGGS IN SPORTS 675QEO934-1	YR	7.00	35.00
1992	EGGSPERT PAINTER 675QEO936-1	YR	7.00	24.00
1993	EGGS IN SPORTS 675QEO833-2	YR	7.00	30.00
1993	GRANDCHILD 675QEO835-2	YR	7.00	22.00
1994	EGGS IN SPORTS 675QEO813-3	YR	7.00	19.00
S. TAGUE			**EASTER ORNAMENTS**	
1997	EGGS-PERT ARTIST, CRAYOLA CRAYON QEO8695	YR	*	15.00
1997	SWING-TIME QEO8705	YR	*	12.00
D. UNRUH			**EASTER ORNAMENTS**	
1993	BEAUTIFUL MEMORIES,PHOTOHLDR 675QEO836-2	YR	7.00	18.00
1993	RADIANT WINDOW 775QEO836-5	YR	8.00	14.00
1994	JOYFUL LAMB 575QEO820-6	YR	6.00	15.00
1994	PEANUTS 775QEO817-6	YR	8.00	35.00
1994	PEEPING OUT 675QEO820-3	YR	7.00	15.00
1996	EASTER MORNING QEO816-4	YR	8.00	12.00
1996	STRIKE UP THE BAND! QEO814-1	YR	15.00	25.00
1997	GARDEN BUNNIES, NATURE'S SKETCHBOOK QEO8702	YR	*	20.00
1998	VICTORIAN CROSS 895QEO8453	YR	9.00	9.00
L. VOTRUBA			**EASTER ORNAMENTS**	
1992	BELLE BUNNY 975QEO935-4	YR	10.00	24.00
1992	ROCKING BUNNY 975QEO932-4	YR	10.00	24.00
1992	WARM MEMORIES 775QEO931-1	YR	8.00	19.00
1993	LOVELY LAMB 975QEO837-2	YR	10.00	22.00
1994	DIVINE DUET 675QEO818-3	YR	7.00	17.00
1994	EASTER ART SHOW 775QEO819-3	YR	8.00	17.00
1998	SPECIAL FRIENDS 1295QEO8523	YR	13.00	13.00
*			**ENCHANTED MEMORIES COLLECTION**	
1998	WALT DISNEY'S SNOW WHITE QXD 4056	YR	15.00	15.00
1999	WALT DISNEY'S SLEEPING BEAUTY QXD4097	YR	15.00	15.00
1999	WALT DISNEY'S SLEEPING BEAUTY QXD4097	YR	15.00	15.00
*			**FABRIC ORNAMENTS**	
1981	CALICO KITTY 300QX403-5	YR	3.00	20.00
1981	CARDINAL CUTIE 300QX400-2	YR	3.00	23.00
1981	GINGHAM DOG 300QX402-2	YR	3.00	19.00
1981	PEPPERMINT MOUSE 300QX401-5	YR	3.00	38.00
S. PIKE			**FABULOUS DECADE**	
1999	FABULOUS DECADE QX6357	YR	8.00	8.00
P. ANDREWS			**FAMILY AND FRIENDS**	
1996	BABY'S FIRST CHRISTMAS QX575-4	YR	10.00	20.00
K. BRICKER			**FAMILY AND FRIENDS**	
1996	CLOSE-KNIT FRIENDS QX587-4	YR	10.00	15.00
1996	THANK YOU, SANTA PHOTO HOLDER QX585-4	YR	8.00	12.00
K. CROW			**FAMILY AND FRIENDS**	
1996	BABY'S FIRST CHRISTMAS QX576-4	YR	8.00	20.00
1996	BABY'S SECOND CHRISTMAS QX577-1	YR	8.00	20.00
1996	CHILD'S FOURTH CHRISTMAS QX578-1	YR	8.00	15.00
1996	CHILD'S THIRD CHRISTMAS QX577-4	YR	8.00	15.00
1996	OUR CHRISTMAS TOGETHER PHOTO HOLDER QX580-4	YR	9.00	13.00
J. FRANCIS			**FAMILY AND FRIENDS**	
1996	BABY'S FIRST CHRISTMAS QLX740-4	YR	22.00	35.00
J. LYLE			**FAMILY AND FRIENDS**	
1996	MOM QX582-4	YR	8.00	15.00
1996	SISTER TO SISTER QX583-4	YR	10.00	17.00
D. PALMITER			**FAMILY AND FRIENDS**	
1996	DAUGHTER QX607-7	YR	9.00	20.00
1996	OUR CHRISTMAS TOGETHER QX579-4	YR	19.00	30.00
1996	SON QX607-9	YR	9.00	17.00
D. RHODUS			**FAMILY AND FRIENDS**	
1996	CHILD'S FIFTH CHRISTMAS QX578-4	YR	7.00	15.00
1996	HEARTS FULL OF LOVE QX581-4	YR	10.00	18.00
1996	MOM AND DAD QX582-1	YR	10.00	15.00

YR	NAME	LIMIT	ISSUE	TREND
A. ROGERS			**FAMILY AND FRIENDS**	
1996	GODCHILD QX584-1	YR	9.00	13.00
1996	GRANDDAUGHTER QX569-7	YR	8.00	12.00
1996	GRANDSON QX569-9	YR	8.00	15.00
E. SEALE			**FAMILY AND FRIENDS**	
1996	BABY'S FIRST CHRISTMAS QX576-1 PHOTO HOLDER	YR	8.00	20.00
1996	NEW HOME QX588-1	YR	9.00	18.00
B. SIEDLER			**FAMILY AND FRIENDS**	
1996	DAD QX573-1	YR	8.00	15.00
S. TAGUE			**FAMILY AND FRIENDS**	
1996	ON MY WAY, PHOTO HOLDER QX586-1	YR	8.00	11.00
1996	SPECIAL DOG PHOTO HOLDER QX586-4	YR	8.00	15.00
D. UNRUH			**FAMILY AND FRIENDS**	
1996	MOM-TO-BE QX579-1	YR	8.00	12.00
L. VOTRUBA			**FAMILY AND FRIENDS**	
1996	BABY'S FIRST CHRISTMAS QX574-4	YR	19.00	24.00
1996	GRANDMA QX584-4	YR	9.00	14.00
1996	GRANDPA QX585-1	YR	9.00	15.00
1996	OUR FIRST CHRISTMAS TOGETHER QX305-1	YR	7.00	15.00
D. RHODUS			**FLINTSTONES**	
1994	FRED & BARNEY 1495QX500-3	YR	15.00	30.00
1995	BETTY AND WILMA QX541-7	YR	15.00	21.00
1995	FRED AND DINO QLX728-9	YR	28.00	40.00
*			**FOLK ART AMERICANA**	
1995	FETCHING THE FIREWOOD QKL105-7	YR	17.00	34.00
1995	FISHING PARTY QK103-9	YR	16.00	33.00
1995	GUIDING SANTA QK103-7	YR	19.00	48.00
1995	LEARNING TO SKATE QK104-7	YR	15.00	34.00
L. SICKMAN			**FOLK ART AMERICANA**	
1993	ANGEL IN FLIGHT 1575QK105-2	YR	16.00	50.00
1993	POLAR BEAR ADV. 1500QK105-5	YR	15.00	65.00
1993	RIDING IN THE WOODS 1575QK106-5	YR	16.00	65.00
1993	RIDING THE WIND 1575QK104-5	YR	16.00	58.00
1993	SANTA CLAUS 1675QK107-2	YR	17.00	213.00
1994	CATCHING 40 WINKS 1675QK118-3	YR	17.00	30.00
1994	GOING TO TOWN 1575QK116-6	YR	16.00	30.00
1994	RACING THROUGH THE SNOW 1575QK117-3	YR	16.00	40.00
1994	RARIN' TO GO 1575QK119-3	YR	16.00	35.00
1994	ROUNDUP TIME 1675QK117-6	YR	17.00	28.00
1996	CAROLING ANGEL QK113-4	YR	17.00	35.00
1996	MRS. CLAUS QK120-4	YR	19.00	36.00
1996	SANTA'S GIFTS QK112-4	YR	19.00	35.00
1998	SOARING WITH ANGELS QX 6213	YR	17.00	17.00
*			**FOOTBALL HELMET COLLECTION**	
1995	CAROLINA PANTHERS FOOTBALL HELMET	YR	10.00	28.00
1995	CHICAGO BEARS FOOTBALL HELMET	YR	10.00	30.00
1995	DALLAS COWBOYS FOOTBALL HELMET	YR	10.00	30.00
1995	KANSAS CITY CHIEFS FOOTBALL HELMET	YR	10.00	30.00
1995	MINNESOTA VIKINGS FOOTBALL HELMET	YR	10.00	25.00
1995	NEW ENGLAND PATRIOTS FOOTBALL HELMET	YR	10.00	25.00
1995	OAKLAND RAIDERS FOOTBALL HELMET	YR	10.00	30.00
1995	PHILADELPHIA EAGLES FOOTBALL HELMET	YR	10.00	25.00
1995	SAN FRANCISCO 49ERS FOOTBALL HELMET	YR	10.00	30.00
1995	WASHINGTON REDSKINS FOOTBALL HELMET	YR	10.00	25.00
D. RHODUS			**FOOTBALL LEGENDS**	
1995	JOE MONTANA/KANSAS CITY QXI620-7	YR	15.00	98.00
1995	JOE MONTANA/SAN FRANCISCO QX1575-9	YR	15.00	45.00
1996	TROY AIKMAN QXI502-1	YR	15.00	23.00
1997	JOE NAMATH QX16182	YR	15.00	22.00
1998	EMMITT SMITH QXI 403-6	YR	15.00	20.00
1999	DAN MARINO QXI4029	YR	15.00	15.00
S. PIKE			**FOREST FROLICS**	
1989	FOREST FROLICS-1ST EDITION 2450QLX728-2	YR	25.00	90.00
1990	FOREST FROLICS 2500QLX723-6	YR	25.00	70.00
1991	FOREST FROLICS 2500QLX721-9	YR	25.00	65.00
1992	FOREST FROLICS 2800QLX725-4	YR	28.00	55.00
1993	FOREST FROLICS 2500QLX716-5	YR	25.00	50.00
1994	FOREST FROLICS 2800QLX743-6	YR	28.00	58.00
1995	FOREST FROLICS 7TH & FINAL QLX729-9	YR	28.00	45.00
*			**FROSTED IMAGES**	
1980	DOVE 400QX308-1	YR	4.00	35.00
1980	DRUMMER BOY 400QX309-4	YR	4.00	30.00
1980	SANTA 400QX310-1	YR	4.00	20.00
1981	ANGEL 400QX509-5	YR	4.00	60.00
1981	MOUSE 400QX508-2	YR	4.00	25.00
1981	SNOWMAN 400QX510-2	YR	4.00	30.00
*			**FROSTY FRIENDS**	
1980	A COOL YULE-1ST EDITION 650QX137-4	YR	6.00	630.00
1981	ESKIMO & HUSKY IN IGLOO-2ND EDITION QX 433-5	YR	8.00	500.00
D. LEE			**FROSTY FRIENDS**	
1990	MEMORY WREATH 620XPR972-4	YR	3.00	10.00
J. LEE			**FROSTY FRIENDS**	
1990	LITTLE SEAL 620XPR972-1	YR	3.00	10.00
1992	WHALE-13TH EDITION 975QX429-1	YR	10.00	30.00
1993	IGLOO DOGHOUSE 14TH ED. 975QX414-2	YR	10.00	35.00
S. PIKE			**FROSTY FRIENDS**	
1991	ICE HOCKEY-12TH EDITION 975QX432-7	YR	10.00	35.00

YR	NAME	LIMIT	ISSUE	TREND
E. SEALE			**FROSTY FRIENDS**	
1982	ICICLE-3RD EDITION 800QX452-3	YR	8.00	275.00
1983	ESKIMO & SEAL ON ICE-4TH EDITION 800QX400-7	YR	8.00	300.00
1984	ICE FISHING-5TH EDITION 800QX437-1	YR	8.00	95.00
1985	ARCTIC PALS/KAYAK-6TH EDITION 850QX482-2	YR	8.00	60.00
1987	ESKIMO & SEAL -8TH EDITION 850QX440-9	YR	8.00	55.00
1988	ESKIMO & POLAR BEAR-9TH EDITION 875QX403-1	YR	9.00	55.00
1989	SLED-10TH EDITION 925QX457-2	YR	9.00	60.00
1990	ICE BERG-11TH EDITION 975QX439-6	YR	10.00	40.00
1990	LITTLE HUSKY 620XPR972-2	YR	3.00	15.00
1993	20TH ANNIVERSARY 2000QX568-2	YR	20.00	45.00
1994	BEAR AND WREATH-15TH EDITION 995QX529-3	YR	10.00	30.00
1995	ESKIMO WITH POLAR BEAR-16TH SERIES QX516-9	YR	11.00	28.00
1996	FROSTY FRIENDS 17TH ED. QX568-1	YR	11.00	20.00
1997	WIND SURF SKIING 18TH EDITION QX625-5	YR	11.00	20.00
1998	FROSTY FRIENDS QBG 690-7	YR	48.00	50.00
1998	FROSTY FRIENDS QX 622-6	YR	11.00	11.00
1999	ESKIMO & POLAR BEAR SKATING QX6297	YR	13.00	13.00
B. SIEDLER			**FROSTY FRIENDS**	
1986	ESKIMO & REINDEER-7TH EDITION 850QX405-3	YR	8.00	65.00
1990	LITTLE BEAR 620XPR972-3	YR	3.00	10.00
1990	LITTLE FROSTY 620XPR972-0	YR	3.00	12.00
R. CHAD			**GARDEN ELVES COLLECTION**	
1994	DAISY DAYS 995QX598-6	YR	10.00	23.00
1994	HARVEST JOY 995QX599-3	YR	10.00	23.00
1994	TULIP TIME 995QX598-3	YR	10.00	23.00
1994	YULETIDE CHEER 995QX597-6	YR	10.00	23.00
S. TAGUE			**GIFT BEARERS**	
1999	GIFT BEARERS QX6437	YR	13.00	13.00
L. VOTRUBA			**GIFT BRINGERS**	
1989	ST. NICHOLAS 1ST EDITION 550QX279-5	YR	5.00	23.00
1990	ST. LUCIA 500QX280-3	YR	5.00	24.00
1991	CHRISTKINDL 3RD ED. 500QX211-7	YR	5.00	20.00
1992	KOLYADA 4TH ED. 500QX212-4	YR	5.00	20.00
1993	MAGI, THE 5TH ED. 500QX206-5	YR	5.00	18.00
T. LARSEN			**GIFTS FOR A KING**	
1998	FRANKINCENSE QBG 689-6	YR	22.00	22.00
1998	GOLD QBG 683-6	YR	22.00	22.00
1998	MYRRH QBG 689-3	YR	22.00	22.00
*				
1991	SANTA'S PREMIERE 1075QX523-7	YR	11.00	33.00
1999	SNOWMEN OF MITFORD QXI8587	YR	16.00	16.00
P. DUTKIN			**GOLD CROWN ORNAMENTS**	
1986	ON THE RIGHT TRACK QSP 420-1	YR	15.00	50.00
L. VOTRUBA			**GOLD CROWN ORNAMENTS**	
1992	O CHRISTMAS TREE 1075QX541-1	YR	11.00	25.00
P. ANDREWS			**GONE WITH THE WIND**	
1999	RHETT BUTLER QX6467	YR	13.00	13.00
*			**HALLMARK ARCHIVES**	
1998	READY FOR CHRISTMAS QXD 400-6	YR	13.00	13.00
1999	MINNIE TRIMS THE TREE QXD4059	YR	13.00	13.00
1999	MINNIE TRIMS THE TREE/MICKEY & CO. QXD4059	YR	13.00	13.00
VOTRUBA/ HAAS			**HALLMARK ARCHIVES**	
1998	HEAVENLY MELODY QX 657-6	YR	19.00	19.00
L. VOTRUBA			**HALLMARK ARCHIVES**	
1998	OUR FIRST CHRISTMAS TOGETHER QX 6643	YR	19.00	19.00
*			**HALLMARK EXPO ORNAMENTS**	
1994	GOLD BOWS	SO	10.00	15.00
1994	GOLD POINSETTIA	SO	10.00	16.00
1994	MRS. CLAUS' CUPBOARD QXC484-3	YR	55.00	295.00
*			**HALLMARK KEEPSAKE ORNAMENTS**	
1973	BETSEY CLARK 250XHD100-2	YR	2.00	90.00
1973	CHRISTMAS IS LOVE 250XHD106-2	YR	2.00	75.00
1973	ELVES 250XHD103-5	YR	2.00	80.00
1973	MANGER SCENE 250XHD102-2	YR	2.00	95.00
1973	SANTA WITH ELVES 250XHD101-5	YR	2.00	85.00
1974	ANGEL 250QX110-1	YR	2.00	75.00
1974	BUTTONS & BO (2) 350QX113-1	YR	4.00	55.00
1974	CHARMERS 250QX109-1	YR	2.00	50.00
1974	LITTLE MIRACLES (4) 450QX115-1	YR	4.00	60.00
1974	NORMAN ROCKWELL 250QX106-1	YR	2.00	100.00
1974	NORMAN ROCKWELL 250QX111-1	YR	2.00	90.00
1974	RAGGEDY ANN & RAGGEDY ANDY(4) 450QX114-1	YR	4.00	90.00
1974	SNOWGOOSE 250QX107-1	YR	2.00	75.00
1976	BABY'S FIRST CHRISTMAS 250QX211-1	YR	2.00	145.00
1976	HAPPY HOLIDAYS KISSING BALLS QX225-1	YR	5.00	225.00
1977	MR. & MRS. SNOWMAN KISSING BALL QX 225-2	YR	5.00	100.00
1977	OLD FASHION CUSTOMS KISSING BALL QX225-5	YR	5.00	147.00
1978	HOLIDAY MEMORIES KISSING BALL QHD 900-3	YR	5.00	120.00
1978	LITTLE TRIMMER COLLECTION QX 132-3	YR	9.00	320.00
1979	LITTLE TRIMMER SET QX 159-9	YR	9.00	300.00
1980	CHRISTMAS KITTEN TEST ORNAMENT QX353-4	YR	4.00	260.00
1982	BRASS PROMOTIONAL ORNAMENT NO NUMBER	YR	4.00	42.00
1983	SILVER BELL QX 110-9	YR	12.00	31.00
1984	CHRISTMAS MEMORIES PHOTOHOLDER QX 300-4	YR	6.00	30.00
1985	HEAVENLY TRUMPETER 2750QX405-2	YR	28.00	100.00
1987	ELVES-EMIL PAINTER ELF-FIGURINE QSP930-9	YR	10.00	30.00
1987	ELVES-HANS CARPENTER ELF-FIGURE QSP930-7	YR	10.00	30.00

YR	NAME	LIMIT	ISSUE	TREND
1987	ELVES-KURT BLUE PRINT ELF FIGURE QSP931-7	YR	10.00	30.00
1989	CANDY CANE 450QXM560-2	YR	4.00	19.00
1993	MARY ENGELBREIT 500QX207-5	YR	5.00	15.00
1994	BARNEY 995QX596-6	YR	10.00	24.00
1994	GODPARENT 500QX242-3	YR	5.00	21.00
1994	GRANDPARENTS 500QX242-6	YR	5.00	15.00
1995	BABY'S FIRST CHRISTMAS-BABY BOY QX 231-9	YR	5.00	15.00
1995	BABY'S FIRST CHRISTMAS-BABY GIRL QX231-7	YR	5.00	15.00
1995	MARY ENGELBRIET QX240-9	YR	5.00	13.00
1997	BABY'S FIRST CHRISTMAS QX6482	YR	*	20.00
1997	GIFT OF FRIENDSHIP QXE6835	YR	*	18.00
1997	INCREDIBLE HULK QX547-1	YR	13.00	20.00
1997	LONE RANGER LUNCH BOX 626-5	YR	13.00	35.00
1997	OUR CHRISTMAS TOGETHER QX6475	YR	*	20.00
1997	OUR FIRST CHRISTMAS TOGETHER QX3182	YR	*	15.00
1997	TOMORROW'S LEADER QX6452	YR	10.00	15.00
1998	#1 STUDENT QX6646	YR	8.00	8.00
1998	BUZZ LIGHTYEAR QXD 4066	YR	15.00	15.00
1998	CINDERELLA'S COACH QXD 4083	YR	15.00	15.00
1998	CINDERELLLA AT THE BALL QXD 7576	YR	24.00	24.00
1998	DAYDREAMS QXD 4136	YR	14.00	14.00
1998	GOOFY SOCCER STAR QXD 412-3	YR	11.00	11.00
1998	HOLIDAY MEMORIES BARBIE ORNAMENT QHB 602-0	YR	15.00	15.00
1998	HOLIDAY VOYAGE BARBIE ORNAMENT QHB 601-6	YR	15.00	15.00
1998	IAGO, ABU AND THE GENIE QXD 407-6	YR	13.00	13.00
1998	MAKE-BELIEVE BOAT QXD 411-3	YR	13.00	13.00
1998	MICKEY AND MINNIE HANDCAR QXD 4116	YR	15.00	15.00
1998	MICKEY'S COMET QXD 7586	YR	24.00	24.00
1998	MICKEY'S FAVORITE REINDEER QXD 4013	YR	14.00	14.00
1998	MRS. POTATO HEAD QX 6886	YR	11.00	11.00
1998	MULAN, MUSHU AND CRI-KEE QXD 415-6	YR	15.00	15.00
1998	RUNAWAY TOBOGGAN QXD 4003	YR	17.00	17.00
1998	SANTA'S HIDDEN SURPRISE QX 6913	YR	15.00	15.00
1998	SPECIAL DOG QX 6706	YR	8.00	8.00
1998	SUPERMAN QX 6423	YR	13.00	13.00
1998	WOODY THE SHERIFF QXD 4163	YR	15.00	15.00
1999	HOWDY DOODY LUNCH BOX QX6519	YR	15.00	15.00
1999	NORTH POLE MR. POTATO HEAD QX8027	YR	11.00	11.00
1999	SCOOBY-DOO LUNCH BOX QX6997	YR	15.00	15.00
1999	TENDER, THE, LIONEL 746 NORFOLK QX6497	YR	15.00	15.00
1999	TONKA 1956 SUBURBAN PUMPER NO. 5 QX6459	YR	14.00	14.00
P. ANDREWS		**HALLMARK KEEPSAKE ORNAMENTS**		
1993	BABY'S FIRST CHRISTMAS 1075QX551-5	YR	11.00	20.00
1993	GRANDMOTHER 675QX566-5	YR	7.00	18.00
1993	ON HER TOES 875QX526-5	YR	9.00	20.00
1993	OUR FIRST CHRISTMAS TOGETHER 675QX301-5	YR	7.00	15.00
1993	STAR TEACHER PHOTOHOLDER QX564-5	YR	6.00	12.00
1993	SWAT TEAM, THE 1275QX539-5	YR	13.00	27.00
1994	FELINE OF CHRISTMAS, A 895QX581-6	YR	9.00	28.00
1994	HEARTS IN HARMONY 1095QX440-6	YR	11.00	20.00
1994	OUR FIRST CHRISTMAS TOGETHER 1895QX570-6	YR	19.00	30.00
1994	SON 695QX562-6	YR	7.00	15.00
1997	BABY'S FIRST CHRISTMAS QX6492	YR	*	18.00
1997	KING NOOR-FIRST KING QX6552	YR	13.00	25.00
1998	NICK'S WISH LIST QX 6863	YR	9.00	9.00
1999	BABY'S FIRST CHRISTMAS QX6647	YR	19.00	19.00
N. AUBE		**HALLMARK KEEPSAKE ORNAMENTS**		
1998	DAUGHTER QX 6673	YR	9.00	9.00
1998	SON QX6666	YR	9.00	9.00
1998	WRITING TO SANTA QX 6533	YR	8.00	8.00
1999	ANGEL IN DISGUISE QX6629	YR	9.00	9.00
1999	IN THE WORKSHOP QX6979	YR	10.00	10.00
1999	SPRINKLING STARS QX6599	YR	10.00	10.00
M. BASTIN		**HALLMARK KEEPSAKE ORNAMENTS**		
1995	VERA THE MOUSE QX553-7	YR	9.00	14.00
R. BISHOP		**HALLMARK KEEPSAKE ORNAMENTS**		
1994	ANNIVERSARY YR. PHOTOHOLDER 1095QX568-3	YR	11.00	20.00
1994	OUR FIRST CHRISTMAS TOGETHER 995QX564-3	YR	10.00	23.00
K. BRICKER		**HALLMARK KEEPSAKE ORNAMENTS**		
1997	ARIEL, THE LITTLE MERMAID QXI4072	YR	13.00	20.00
1997	BOOK OF THE YEAR QX6645	YR	*	15.00
1997	DAUGHTER QX6532	YR	*	15.00
1997	GODCHILD QX6662	YR	*	15.00
1997	SON QX6605	YR	*	15.00
1997	SPECIAL DOG QX6632	YR	*	15.00
1997	SWEET DREAMER QX6732	YR	7.00	15.00
1999	DAD QX6719	YR	9.00	9.00
1999	MOM QX6717	YR	9.00	9.00
R. CHAD		**HALLMARK KEEPSAKE ORNAMENTS**		
1993	GODCHILD 875QX587-5	YR	9.00	18.00
1993	GRANDDAUGHTER 675QX563-5	YR	7.00	20.00
1993	GRANDSON 675QX563-2	YR	7.00	18.00
1993	ONE-ELF MARCHING BAND 1275QX534-2	YR	13.00	25.00
1993	POPPING GOOD TIMES 1475QX539-2	YR	15.00	28.00
1993	SUPERMAN 1275QX575-2	YR	13.00	40.00
1996	ZIGGY QX652-4	YR	10.00	19.00
1997	CLEVER CAMPER QX6445	YR	8.00	15.00
1997	GOOFY'S SKI ADVENTURE QXD4042	YR	13.00	20.00

YR	NAME	LIMIT	ISSUE	TREND
1997	MICHIGAN J. FROG QX6332	YR	10.00	20.00
1997	SANTA'S POLAR FRIEND QX6755	YR	17.00	27.00
1997	SANTA'S SKI ADVENTURE QX6422	YR	13.00	20.00
1997	TWO-TONE, 101 DALMATIANS QXD4015	YR	*	15.00
1998	FELIZ NAVIDAD QX 6173	YR	9.00	9.00
1998	GIFTED GARDENER QX 673-6	YR	8.00	8.00
1998	GODCHILD QX 670-3	YR	8.00	8.00
1999	MILK 'N COOKIES EXPRESS QX6839	YR	9.00	9.00
1999	NORTH POLE STAR QX6589	YR	9.00	9.00
K. CROW		**HALLMARK KEEPSAKE ORNAMENTS**		
1993	BABY'S FIRST CHRISTMAS 775QX552-5	YR	8.00	25.00
1993	BEARY GIFTED 775QX576-2	YR	8.00	18.00
1993	CURLY 'N' KINGLY 1075QX528-5	YR	11.00	22.00
1993	PEEK-A-BOO TREE QX524-4	YR	11.00	22.00
1993	QUICK AS A FOX 875QX579-2	YR	9.00	16.00
1993	ROOM FOR ONE MORE 875QX538-2	YR	9.00	46.00
1994	SHARP FLAT, A 1095QX577-3	YR	9.00	23.00
1997	BABY'S FIRST CHRISTMAS QX6495	YR	*	24.00
1997	BABY'S SECOND CHRISTMAS QX6502	YR	*	16.00
1997	CHILD'S FIFTH CHRISTMAS QX6515	YR	*	15.00
1997	CHILD'S FOURTH CHRISTMAS QX6512	YR	*	15.00
1997	CHILD'S THIRD CHRISTMAS QX6505	YR	*	15.00
1997	DOWNHILL RUN QX6702	YR	10.00	20.00
1997	GUS & JAQ, CINDERELLA QXD4052	YR	13.00	25.00
1997	MEGARA AND PEGASUS QXI4012	YR	*	25.00
1997	NIGHT BEFORE CHRISTMAS QX5721	YR	24.00	35.00
1998	CHATTY CHIPMUNK QX 6716	YR	10.00	10.00
1998	CHRISTMAS SLEIGH RIDE QX 6556	YR	13.00	13.00
1998	CRUISING INTO CHRISTMAS QX 6196	YR	17.00	17.00
1998	DOWNHILL DASH QX 6776	YR	14.00	14.00
1998	HOT WHEELS 30TH ANNIVERSARY QX 643-6	YR	14.00	14.00
1998	MERRY CHIME QX 6692	YR	10.00	10.00
1998	PEEKABOO BEARS QX 6563	YR	13.00	13.00
1998	SANTA'S SHOW 'N TELL QXL 7566	YR	19.00	19.00
1999	ADDING THE BEST PART QX6569	YR	8.00	8.00
1999	CHILD'S FIFTH CHRISTMAS QX6679	YR	8.00	8.00
1999	CHILD'S FOURTH CHRISTMAS QX6687	YR	8.00	8.00
1999	CHILD'S THIRD CHRISTMAS QX6677	YR	8.00	8.00
1999	G.I. JOE, ACTION SOLDIER 35TH ANNIVERSARY QX6537	YR	14.00	14.00
1999	JAZZY JALOPY QX6549	YR	24.00	24.00
1999	JOLLY LOCOMOTIVE QX6859	YR	15.00	15.00
1999	KRINGLE'S WHIRLIGIG QX6847	YR	13.00	13.00
1999	MILITARY ON PARADE QX6639	YR	11.00	11.00
1999	SLEDDIN' BUDDIES QX6849	YR	10.00	10.00
P. DUTKIN		**HALLMARK KEEPSAKE ORNAMENTS**		
1987	FAVORITE SANTA 2250QX445-7	YR	23.00	50.00
J. ESCHRICH		**HALLMARK KEEPSAKE ORNAMENTS**		
1997	SNOW WHITE, ANNIVERSARY EDITION QXD4055	YR	*	26.00
1998	BABY'S FIRST CHRISTMAS QX 6586	YR	10.00	10.00
1998	MISTLETOE FAIRY QX 6216	YR	13.00	13.00
1998	POLAR BOWLER QX 6746	YR	8.00	8.00
1999	DANCE FOR THE SEASON QX6587	YR	10.00	10.00
1999	DAUGHTER QX6729	YR	9.00	9.00
1999	SON QX6727	YR	9.00	9.00
J. FRANCIS		**HALLMARK KEEPSAKE ORNAMENTS**		
1993	ACROSS THE MILES 875QX591-2	YR	9.00	18.00
1993	BABY'S SECOND CHRISTMAS 675QX599-2	YR	7.00	19.00
1993	BOWLING FOR ZZZS 775QX556-5	YR	8.00	18.00
1993	CARING NURSE 675QX578-5	YR	7.00	15.00
1993	CHILD'S FOURTH CHRISTMAS 675QX521-5	YR	7.00	18.00
1993	CHILD'S THIRD CHRISTMAS 675QX599-5	YR	7.00	18.00
1993	GRANDCHILD'S FIRST CHRISTMAS QX 555-2	YR	7.00	13.00
1993	SNOWY HIDEWAWAY 975QX531-2	YR	10.00	20.00
1994	RELAXING MOMENT 1495QX535-6	YR	15.00	30.00
1997	ANGEL FRIEND QX6762	YR	15.00	25.00
1997	BIKING BUDDIES QX6682	YR	13.00	20.00
1997	BUCKET BRIGADE QX6382	YR	9.00	15.00
1997	HONORED GUESTS QX6745	YR	*	25.00
1998	CHRISTMAS REQUEST QX 6193	YR	15.00	15.00
1998	GRANDDAUGHTER QX 668-3	YR	8.00	8.00
1998	GRANDSON QX 667-6	YR	8.00	8.00
1998	SURPRISE CATCH QX 6753	YR	8.00	8.00
1998	TREE TOP CHOIR QX 6506	YR	10.00	10.00
1999	BABY'S FIRST CHRISTMAS QX6667	YR	8.00	8.00
1999	BABY'S SECOND CHRISTMAS QX6669	YR	8.00	8.00
T. HADDIX		**HALLMARK KEEPSAKE ORNAMENTS**		
1998	1955 MURRAY FIRE TRUCK QBG 6909	YR	35.00	35.00
1998	GOOD LUCK DICE QX 681-3	YR	10.00	10.00
1998	SUGARPLUM COTTAGE QGB 6917	YR	35.00	35.00
1999	BABY'S FIRST CHRISTMAS QX6649	YR	8.00	8.00
1999	MUSICIAN OF NOTE, A QX6567	YR	8.00	8.00
1999	SWEET FRIENDSHIP QX6779	YR	10.00	10.00
1999	WARM WELCOME QXL7417	YR	17.00	17.00
HAMILTON/TAGUE		**HALLMARK KEEPSAKE ORNAMENTS**		
1999	MARY'S BEARS QX5569	YR	13.00	13.00
B. JOYSMITH		**HALLMARK KEEPSAKE ORNAMENTS**		
1998	OUR SONG QX 6183	YR	10.00	10.00

YR	NAME	LIMIT	ISSUE	TREND
K. KLINE		**HALLMARK KEEPSAKE ORNAMENTS**		
1998	BABY'S FIRST CHRISTMAS QX 6596	YR	9.00	9.00
1998	CROSS OF PEACE QX 6856	YR	10.00	10.00
1998	DAD QX 6663	YR	9.00	9.00
1998	GRANDMA'S MEMORIES QX 668-6	YR	9.00	9.00
1998	MOM AND DAD QX 6653	YR	10.00	10.00
1998	MOM QX 6656	YR	9.00	9.00
1998	SWEET MEMORIES QGB 6933	YR	45.00	45.00
1998	WATCHFUL SHEPHERD QX 6496	YR	9.00	9.00
1999	ALL SOOTED UP QX6837	YR	10.00	10.00
1999	BOWLING'S A BALL QX6577	YR	8.00	8.00
1999	COCOA BREAK, HERSHEY'S QX8009	YR	11.00	11.00
1999	OUR CHRISTMAS TOGETHER QX6689	YR	10.00	10.00
1999	OUTSTANDING TEACHER QX6627	YR	9.00	9.00
1999	SPECIAL DOG QX6767	YR	8.00	8.00
LARS		**HALLMARK KEEPSAKE ORNAMENTS**		
1997	HOWDY DOODY QX6272	YR	13.00	25.00
1997	NEW PAIR OF SKATES QXD4032	YR	*	22.00
1997	SPIRIT OF CHRISTMAS QX6585	YR	10.00	18.00
T. LARSEN		**HALLMARK KEEPSAKE ORNAMENTS**		
1998	LARRY, MOE AND CURLY THE THREE STOOGES QX 650-3	YR	27.00	27.00
1998	MEMORIES OF CHRISTMAS QX 240-6	YR	6.00	6.00
1999	LARRY, MOE AND CURLY, THE THREE STOOGES QX6499	YR	30.00	30.00
1999	WELCOME TO 2000 QX6829	YR	11.00	11.00
D. LEE		**HALLMARK KEEPSAKE ORNAMENTS**		
1983	DIANA DOLL QX 423-7	YR	9.00	30.00
1984	CLASSICAL ANGEL 2750QX459-1	YR	28.00	100.00
1993	FELIZ NAVIDAD 875QX536-5	YR	9.00	20.00
1993	LOOK FOR THE WONDER 1275QX568-5	YR	13.00	25.00
1993	OUR CHRISTMAS TOGETHER 1075QX594-2	YR	11.00	21.00
1993	PEEP INSIDE 1375QX532-2	YR	14.00	23.00
1993	TO MY GRANDMA 775QX555-5	YR	8.00	16.00
J. LEE		**HALLMARK KEEPSAKE ORNAMENTS**		
1993	BIRD WATCHER 975QX525-2	YR	10.00	18.00
1993	DAD 775QX585-5	YR	8.00	17.00
1993	DAD-TO-BE 675QX553-2	YR	7.00	13.00
1993	ICICLE BICYCLE 975QX583-5	YR	10.00	17.00
1993	MOM 775QX585-2	YR	8.00	15.00
1993	MOM-TO-BE 675QX553-5	YR	7.00	15.00
1993	PUTT-PUTT PENGUIN 975QX579-5	YR	10.00	20.00
1993	SNOW BEAR ANGEL 775QX535-5	YR	8.00	15.00
1993	SNOWBIRD 775QX576-5	YR	8.00	18.00
1993	WATER BED SNOOZE 975QX537-5	YR	10.00	23.00
J. LYLE		**HALLMARK KEEPSAKE ORNAMENTS**		
1990	TIME FOR LOVE 475QX213-3	YR	5.00	25.00
1993	ANNIVERSARY YEAR PHOTOHOLDER QX597-2	YR	10.00	18.00
1993	HE IS BORN 975QX536-2	YR	10.00	35.00
1993	OUR FIRST CHRISTMAS TOGETHER 975QX564-2	YR	10.00	20.00
1993	READY FOR FUN 775QX512-4	YR	8.00	15.00
1993	SILVERY NOEL 1275QX530-5	YR	13.00	33.00
1993	STAR OF WONDER 675QX598-2	YR	7.00	35.00
1994	NORMAN ROCKWELL ART 500QX241-3	YR	5.00	18.00
1995	GRANDPARENTS QX241-9	YR	5.00	10.00
1995	OUR FIRST CHRISTMAS TOGETHER QX317-7	YR	7.00	15.00
1997	ELEGANCE ON ICE QX6432	YR	10.00	19.00
1997	GARDEN BOUQUET QX6752	YR	*	25.00
1997	GOD'S GIFT OF LOVE QX6792	YR	17.00	25.00
1998	GUARDIAN FRIEND QX654-3	YR	9.00	9.00
1999	FOR MY GRANDMA QX6747	YR	8.00	8.00
D. PALMITER		**HALLMARK KEEPSAKE ORNAMENTS**		
1993	BABY'S FIRST CHRISTMAS 1875QX551-2	YR	19.00	35.00
1993	COACH 675QX593-5	YR	7.00	12.00
1993	LITTLE DRUMMER BOY 875QX537-2	YR	9.00	22.00
1993	MAKING WAVES 975QX577-5	YR	10.00	25.00
1993	MOM AND DAD 975QX584-5	YR	10.00	18.00
1993	NEW HOME 775QX590-5	YR	8.00	30.00
1993	PINK PANTHER, THE 1275QX575-5	YR	13.00	20.00
1994	OUR FIRST CHRISTMAS..PHOTOHOLDER QX565-3	YR	9.00	19.00
1998	1998 CORVETTE CONVERTIBLE QX6416	YR	14.00	14.00
1998	1998 CORVETTE QXL 7605	YR	24.00	24.00
S. PIKE		**HALLMARK KEEPSAKE ORNAMENTS**		
1997	GRANDMA QX6625	YR	*	15.00
1997	JINGLE BELL JESTER QX6695	YR	10.00	20.00
1997	NEW HOME QX6652	YR	*	16.00
1997	OUR FIRST CHRISTMAS TOGETHER QX6472	YR	*	21.00
1997	SISTER TO SISTER QX6635	YR	*	17.00
1997	WHAT A DEAL! QX6442	YR	9.00	15.00
1998	FOREVER FRIENDS BEAR QX 6303	YR	9.00	9.00
1998	PURR-FECT LITTLE DEER QX 6526	YR	8.00	8.00
1998	ROCKET TO SUCCESS QX 6793	YR	9.00	9.00
1998	SISTER TO SISTER QX 6693	YR	9.00	9.00
1999	COUNTING ON SUCCESS QX6707	YR	8.00	8.00
1999	ON THIN ICE MAXINE QX6489	YR	11.00	11.00
D. RHODUS		**HALLMARK KEEPSAKE ORNAMENTS**		
1993	CHILD'S FIFTH CHRISTMAS 675QX522-2	YR	7.00	15.00
1993	LOU RANKIN POLAR BEAR 975QX574-5	YR	10.00	27.00
1994	ALL PUMPED UP 895QX592-3	YR	9.00	17.00
1994	REINDEER PRO 795QX592-6	YR	8.00	16.00

YR	NAME	LIMIT	ISSUE	TREND
1998	NATIONAL SALUTE QX 6293	YR	9.00	9.00
1998	PERFECT MATCH, A QX6633	YR	11.00	11.00
1998	PUTTIN' AROUND QX 6763	YR	9.00	9.00
1999	HANDLED WITH CARE QX6769	YR	9.00	9.00
N. ROCKWELL		**HALLMARK KEEPSAKE ORNAMENTS**		
1995	SANTA'S VISITOR: NORMAN ROCKWELL QX240-7	YR	5.00	16.00
A. ROGERS		**HALLMARK KEEPSAKE ORNAMENTS**		
1993	BABY'S FIRST CHRISTMAS PHOTOHOLDER QX 552-2	YR	8.00	19.00
1993	BROTHER 675QX554-2	YR	7.00	10.00
1993	GREAT CONNECTIONS 1075QX540-2	YR	11.00	25.00
1993	HOWLING GOOD TIME 975QX525-5	YR	10.00	20.00
1993	NEPHEW 675QX573-5	YR	7.00	13.00
1993	NIECE 675QX573-2	YR	7.00	13.00
1993	OUR FIRST CHRISTMAS TOGETHER 1875QX595-5	YR	19.00	34.00
1993	SISTER 675QX554-5	YR	7.00	22.00
1993	TOP BANANA 775QX592-5	YR	8.00	15.00
1996	WONDER WOMAN QX594-1	YR	13.00	23.00
1997	COMMANDER DATA QXI6345	YR	*	25.00
1998	MADONNA AND CHILD QX 651-6	YR	13.00	13.00
1999	FLASH, THE QX6469	YR	13.00	13.00
B. KELLY/ S. TAGUE		**HALLMARK KEEPSAKE ORNAMENTS**		
1998	CHRISTMAS EVE STORY: BECKY KELLY QX 6873	YR	14.00	14.00
E. SEALE		**HALLMARK KEEPSAKE ORNAMENTS**		
1987	CHRISTMAS IS GENTLE 1750QX444-9	YR	18.00	75.00
1993	APPLE FOR TEACHER 775QX590-2	YR	8.00	15.00
1993	CHRISTMAS BREAK 775QX582-5	YR	8.00	22.00
1993	HIGH TOP-PURR 875QX533-2	YR	9.00	20.00
1993	MAKIN' MUSIC 975QX532-5	YR	10.00	16.00
1993	PEOPLE FRIENDLY 875QX593-2	YR	9.00	17.00
1993	SISTER TO SISTER 975QX588-5	YR	10.00	45.00
1993	SMILE! IT'S CHRISTMAS PHOTOHOLDERQX533-5	YR	10.00	19.00
1994	BABY'S FIRST CHRISTMAS 1295QX574-3	YR	13.00	28.00
1997	BREEZIN' ALONG QX6722	YR	9.00	17.00
1997	FELIZ NAVIDAD QX6665	YR	9.00	25.00
1997	FRIENDSHIP BLEND QX6655	YR	*	20.00
1997	OUR FIRST CHRISTMAS TOGETHER QX6465	YR	*	17.00
1997	PRIZE TOPIARY QX6675	YR	15.00	22.00
1998	CATCH OF THE SEASON QX 6786	YR	15.00	15.00
1998	FRIEND OF MY HEART QX672-3	YR	15.00	18.00
1998	HOLIDAY CAMPER QX 678-3	YR	13.00	13.00
1998	MIRACLE IN BETHLEHEM QX 6513	YR	13.00	13.00
1998	NEW HOME QX 6713	YR	10.00	10.00
1998	NORTH POLE RSERVE QX 6803	YR	11.00	11.00
1998	SANTA'S FLYING MACHINE QX 6573	YR	17.00	17.00
1998	WASHINGTON MONUMENT QXL 7553	YR	24.00	24.00
1999	GRANDDAUGHTER QX6739	YR	9.00	9.00
1999	GRANDSON WX6737	YR	9.00	9.00
1999	HELLO, HELLO QX6777	YR	15.00	15.00
1999	MILLENNIUM SNOWMAN QX8059	YR	9.00	9.00
1999	MOM AND DAD QX6709	YR	10.00	10.00
1999	NEW HOME QX6347	YR	10.00	10.00
1999	SURFIN' THE NET QX6607	YR	10.00	10.00
L. SICKMAN		**HALLMARK KEEPSAKE ORNAMENTS**		
1985	TUFTED TITMOUSE QX 479-5	YR	6.00	26.00
1987	VILLAGE EXPRESS 2450QLX707-2	YR	25.00	110.00
1989	ORNAMENT EXPRESS, THE- 2200QX580-5	YR	22.00	45.00
1993	CLEVER COOKIE 775QX566-2	YR	8.00	28.00
1993	MAXINE 875QX538-5	YR	9.00	30.00
1993	STRANGE AND WONDERFUL LOVE QX596-5	YR	9.00	20.00
1993	WARM AND SPECIAL FRIENDS QX589-5	YR	11.00	25.00
1994	ANGEL HARE 895QX589-6	YR	9.00	25.00
1996	WOODLAND SANTA QX613-1	YR	13.00	21.00
1997	LEADING THE WAY QX6782	YR	*	27.00
1997	MADONNA DEL ROSARIO QX6545	YR	13.00	22.00
1997	MEADOW SNOWMAN QX6715	YR	13.00	25.00
1997	PRAISE HIM QX6542	YR	9.00	17.00
1997	SANTA'S MERRY PATH QX6785	YR	*	27.00
1997	SWEET DISCOVERY QX6325	YR	12.00	20.00
1998	PONY FOR CHRISTMAS, A QX6316	YR	11.00	11.00
1998	WARM AND COZY QX 6866	YR	9.00	9.00
1999	MERRY MOTORCYCLE QX6637	YR	9.00	9.00
1999	PLAYFUL SNOWMAN QX6867	YR	13.00	13.00
B. SIEDLER		**HALLMARK KEEPSAKE ORNAMENTS**		
1993	BIG ROLLER 875QX535-2	YR	9.00	15.00
1993	DUNKIN' ROO 775QX557-5	YR	8.00	14.00
1993	FILLS THE BILL 875QX557-2	YR	9.00	18.00
1993	HOME FOR CHRISTMAS 775QX556-2	YR	8.00	17.00
1993	PERFECT MATCH 875QX577-2	YR	9.00	18.00
1993	THAT'S ENTERTAINMENT 875QX534-5	YR	9.00	20.00
1997	CHRISTMAS CHECKUP QX6385	YR	8.00	15.00
1997	DAD QX6532	YR	*	16.00
1997	MICKEY'S LONG SHOT QXD6412	YR	*	20.00
1997	MICKEY'S SNOW ANGEL QXD4035	YR	*	18.00
1997	MOM AND DAD QX6522	YR	*	17.00
1997	MOM QX6525	YR	*	16.00
1997	MR. POTATO HEAD QX6335	YR	11.00	22.00
1998	NIGHT WATCH QX 6725	YR	10.00	10.00

Oh Holy Night, *produced by Enesco Group Inc. as part of Sam Butcher's Precious Moments collection, had an issue price of $13.50 in 1989. It is now worth almost three times as much.*

Produced by Enesco Group Inc., Bundles of Joy *from the Precious Moments collection was named the 1991 Ornament of the Year by NALED (National Association of Limited edition dealers).*

Enesco Group Inc. offered Give Yourself a Hug From Me *in their Memories of Yesterday line in 1994.*

The Surprised Cherub *Christmas ornament debuted in Lladró's ornament line for $120 in 1995.*

YR	NAME	LIMIT	ISSUE	TREND
S. TAGUE		**HALLMARK KEEPSAKE ORNAMENTS**		
1997	CATCH OF THE DAY QX6712	YR	10.00	15.00
1997	EXPRESSLY FOR TEACHER QX6375	YR	8.00	15.00
1997	GRANDDAUGHTER QX6622	YR	*	15.00
1997	GRANDSON QX6615	YR	*	15.00
1997	JUGGLING STARS QX6595	YR	10.00	18.00
1997	LOVE TO SEW QX6435	YR	8.00	20.00
1997	PLAYFUL SHEPHERD QX6592	YR	10.00	20.00
1997	SNOWGIRL QX6562	YR	8.00	15.00
1997	STEALING A KISS QX6555	YR	15.00	24.00
1997	SWINGING IN THE SNOW QX6775	YR	13.00	20.00
1998	BABY'S FIRST CHRISTMAS QX 6233	YR	10.00	10.00
1998	CHECKING SANTA'S FILES QX 6806	YR	9.00	9.00
1998	COMPACT SKATER QX 6766	YR	10.00	10.00
1998	FESTIVE LOCOMOTIVE QBG 6903	YR	35.00	35.00
1998	FLIK QXD 4153	YR	13.00	13.00
1998	FUTURE BALLERINA QX 675-6	YR	8.00	8.00
1998	OUR FIRST CHRISTMAS TOGETHER QX 6636	YR	9.00	9.00
1998	SANTA'S SPIN TOP QXL 7573	YR	22.00	22.00
1998	SEW GIFTED QX 6743	YR	8.00	8.00
1998	SPOONFUL OF LOVE QX 6796	YR	9.00	9.00
1998	SWEET REMEMBERINGS QX 6876	YR	9.00	9.00
1999	BABY'S FIRST CHRISTMAS QX6659	YR	10.00	10.00
1999	CLOWNIN' AROUND CRAYOLA CRAYON QX6487	YR	11.00	11.00
1999	FELIZ NAVIDAD SANTA QX6999	YR	9.00	9.00
1999	FLAME-FIGHTING FRIENDS QX6619	YR	15.00	15.00
1999	FORECAST FOR FUN QX6869	YR	15.00	15.00
1999	GODCHILD QX6759	YR	8.00	8.00
1999	MY SISTER, MY FRIEND QX6749	YR	10.00	10.00
1999	OUR FIRST CHRISTMAS TOGETHER QX6697	YR	9.00	9.00
1999	REEL FUN QX6609	YR	11.00	11.00
1999	SEW HANDY QX6597	YR	9.00	9.00
1999	SUNDAE GOLFER QX6617	YR	13.00	13.00
1999	SWEET SKATER QX6579	YR	8.00	8.00
D. UNRUH		**HALLMARK KEEPSAKE ORNAMENTS**		
1986	JOLLY ST. NICK 2250QX429-6	YR	23.00	65.00
1986	MAGICAL UNICORN 2750QX429-3	YR	28.00	100.00
1987	CHRISTMAS TIME MIME 2750QX442-9	YR	28.00	58.00
1993	GLOWING PEWTER WREATH 1875QX530-2	YR	19.00	39.00
1993	JULIANNE AND TEDDY 2175QX529-5	YR	22.00	44.00
1993	OUR 1ST CHRISTMAS TOGETHER PHOTO.QX595-2	YR	9.00	20.00
1993	OUR FAMILY PHOTOHOLDER 775QX589-2	YR	8.00	16.00
1993	WAKE-UP CALL 875QX526-2	YR	9.00	16.00
1994	BABY'S FIRST CHRISTMAS 1895QX563-3	YR	19.00	30.00
1997	MARBLES CHAMPION QX6342	YR	11.00	20.00
1997	NATIVITY TREE QX6575	YR	15.00	27.00
1997	SAILOR BEAR QX6765	YR	15.00	20.00
1997	SANTA'S MAGICAL SLEIGH QX6672	YR	24.00	35.00
1997	TAKING A BREAK QX6305	YR	15.00	25.00
1998	JOE MONTANA: NOTRE DAME	YR	15.00	15.00
1999	JET THRAT CAR WITH CASE HOT WHEELS QX6527	YR	13.00	13.00
1999	OUR FIRST CHRISTMAS TOGETHER QX6699	YR	22.00	22.00
L. VOTRUBA		**HALLMARK KEEPSAKE ORNAMENTS**		
1993	BABY'S FIRST CHRISTMAS-BOY QX 210-5	YR	5.00	17.00
1993	BABY'S FIRST CHRISTMAS-GIRL 475QX209-2	YR	5.00	15.00
1993	BIG ON GARDENING 975QX584-2	YR	10.00	17.00
1993	DAUGHTER 675QX587-2	YR	7.00	20.00
1993	FAITHFUL FIRE FIGHTER 775QX578-2	YR	8.00	15.00
1993	GRANDPARENTS 475QX208-5	YR	5.00	15.00
1993	SON 675QX586-5	YR	7.00	19.00
1993	SPECIAL CAT PHOTOHOLDER QX523-5	YR	8.00	12.00
1993	SPECIAL DOG PHOTOHOLDER QX596-2	YR	8.00	15.00
1994	OUR FIRST CHRISTMAS TOGETHER 695QX318-6	YR	7.00	16.00
1995	BABY'S FIRST CHRISTMAS: PHOTOHOLDER QX554-9	YR	8.00	17.00
1995	GODPARENT QX241-7	YR	5.00	12.00
1997	BABY'S FIRST CHRISTMAS QX6485	YR	*	20.00
1997	BABY'S FIRST CHRISTMAS QX6535	YR	*	25.00
1997	CLASSIC CROSS QX6805	YR	14.00	18.00
1997	HEAVENLY SONG QX6795	YR	13.00	20.00
1997	PORCELAIN HINGED BOX QX6772	YR	15.00	30.00
1998	CHILD IS BORN, A QX617-6	YR	13.00	13.00
1998	FANCY FOOTWORK QX 6536	YR	9.00	9.00
1998	MOTHER AND DAUGHTER QX 6696	YR	9.00	9.00
1998	NEW ARRIVAL QX6306	YR	19.00	19.00
1998	OUR FIRST CHRISTMAS TOGETHER QX 3193	YR	8.00	8.00
1999	BABY'S FIRST CHRISTMAS QX6657	YR	9.00	9.00
1999	LUCY GETS IN PICTURES/I LOVE LUCY QX6547	YR	14.00	14.00
1999	MOTHER AND DAUGHTER QX6757	YR	9.00	9.00
1999	OUR FIRST CHRISTMAS TOGETHER QX3207	YR	8.00	8.00
1999	POKY LITTLE PUPPY QX6479	YR	12.00	12.00
J. WAGNER		**HALLMARK KEEPSAKE ORNAMENTS**		
1998	DECORATING MAXINE-STYLE	YR	11.00	11.00
PIKE/ WAGNER		**HALLMARK KEEPSAKE ORNAMENTS**		
1998	MAXINE QX644-6	YR	10.00	10.00
N. WILLIAMS		**HALLMARK KEEPSAKE ORNAMENTS**		
1997	ALL-ROUND SPORTS FAN QX6392	YR	9.00	25.00
1997	ALL-WEATHER WALKER	YR	9.00	15.00
1997	CYCLING SANTA QX6425	YR	15.00	25.00

YR	NAME	LIMIT	ISSUE	TREND
1997	HERCULES	YR	*	20.00
1997	LION AND LAMB QX6602	YR	8.00	18.00
1997	SANTA MAIL QX6702	YR	11.00	20.00
1997	SNOW BOWLING QX6395	YR	7.00	15.00
1998	HOLIDAY DECORATOR QX 656-6	YR	14.00	14.00
1999	1949 CADILLAC COUPE DEVILLE QX6429	YR	15.00	15.00
1999	SPELLIN' SANTA QX6857	YR	10.00	10.00

* HALLMARK KEEPSAKE ORNAMENTS COLLECTOR'S CLUB

YR	NAME	LIMIT	ISSUE	TREND
1991	FIVE YEARS TOGETHER QXC315-9	YR	*	45.00
1994	SWEET BOUQUET QXC480-6	YR	*	25.00

P. ANDREWS HALLMARK KEEPSAKE ORNAMENTS COLLECTOR'S CLUB

YR	NAME	LIMIT	ISSUE	TREND
1990	SUGAR PLUM FAIRY 2775QXC447-3	25400	28.00	55.00
1993	GENTLE TIDINGS 2500QXC544-2	YR	25.00	45.00
1995	BARBIE: BRUNETTE DEBUT 1959 QXC539-7	YR	15.00	65.00
1996	1988 HAPPY HOLIDAY BARBIE DOLL 1ST EDITION QXC4181	YR	24.00	60.00
1998	BARBIE FROM 1990 HAPPY HOLIDAYS DOLL QXC 4493	YR	16.00	16.00

R. CHAD HALLMARK KEEPSAKE ORNAMENTS COLLECTOR'S CLUB

YR	NAME	LIMIT	ISSUE	TREND
1992	CHRISTMAS TREASURES 2200QXC546-4	YR	22.00	145.00
1999	TOYMAKER'S GIFT	YR	*	N/A

K. CROW HALLMARK KEEPSAKE ORNAMENTS COLLECTOR'S CLUB

YR	NAME	LIMIT	ISSUE	TREND
1989	VISIT FROM SANTA QXC580-2	YR	*	50.00
1990	CLUB HOLLOW QXC445-6	YR	*	35.00
1991	HIDDEN TREASURE/LI'L KEEPER 1500QXC476-9	YR	*	40.00

P. DUTKIN HALLMARK KEEPSAKE ORNAMENTS COLLECTOR'S CLUB

YR	NAME	LIMIT	ISSUE	TREND
1989	SITTING PURRTY QXC581-2	YR	*	45.00

J. ESCHRICH HALLMARK KEEPSAKE ORNAMENTS COLLECTOR'S CLUB

YR	NAME	LIMIT	ISSUE	TREND
1998	NEW CHRISTMAS FRIEND	YR	19.00	19.00

J. FRANCIS HALLMARK KEEPSAKE ORNAMENTS COLLECTOR'S CLUB

YR	NAME	LIMIT	ISSUE	TREND
1990	ARMFUL OF JOY 975QXC445-3	YR	10.00	35.00
1993	FORTY WINKS QXC 529-4	YR	*	25.00
1994	HOLIDAY PURSUIT QXC 482-3	YR	*	25.00

T. HADDIX HALLMARK KEEPSAKE ORNAMENTS COLLECTOR'S CLUB

YR	NAME	LIMIT	ISSUE	TREND
1999	ARCTIC ARTIST	YR	*	N/A
1999	SNOWY SURPRISE	YR	*	N/A

D. LEE HALLMARK KEEPSAKE ORNAMENTS COLLECTOR'S CLUB

YR	NAME	LIMIT	ISSUE	TREND
1988	ANGELIC MINSTREL 2950QX408-4	YR	30.00	55.00
1992	RODNEY TAKES FLIGHT QXC508-1	YR	*	25.00
1994	ON CLOUD NINE 1200QXC485-3	YR	12.00	30.00

J. LYLE HALLMARK KEEPSAKE ORNAMENTS COLLECTOR'S CLUB

YR	NAME	LIMIT	ISSUE	TREND
1993	SHARING CHRISTMAS 2000QXC543-5	YR	20.00	45.00
1994	JOLLY HOLLY SANTA QXC 483-3	YR	22.00	48.00

D. PALMITER HALLMARK KEEPSAKE ORNAMENTS COLLECTOR'S CLUB

YR	NAME	LIMIT	ISSUE	TREND
1999	1939 GARTON FORD STATION WAGON	YR	*	N/A

S. PIKE HALLMARK KEEPSAKE ORNAMENTS COLLECTOR'S CLUB

YR	NAME	LIMIT	ISSUE	TREND
1989	COLLECT A DREAM 900QXC428-5	YR	9.00	65.00

D. RHODUS HALLMARK KEEPSAKE ORNAMENTS COLLECTOR'S CLUB

YR	NAME	LIMIT	ISSUE	TREND
1999	SNOW DAY-PEANUTS	YR	*	N/A

A. ROGERS HALLMARK KEEPSAKE ORNAMENTS COLLECTOR'S CLUB

YR	NAME	LIMIT	ISSUE	TREND
1990	CROWN PRINCE QXC560-3	YR	*	40.00
1991	SECRETS FOR SANTA 2375QXC479-7	28700	24.00	58.00
1996	AIRMAIL FOR SANTA	YR	9.00	20.00
1996	WIZARD OF OZ, THE QXC4161	YR	13.00	50.00

E. SEALE HALLMARK KEEPSAKE ORNAMENTS COLLECTOR'S CLUB

YR	NAME	LIMIT	ISSUE	TREND
1988	CHRISTMAS IS SHARING 1750QX407-1	YR	18.00	50.00
1989	CHRISTMAS IS PEACEFUL 1850QXC451-2	YR	19.00	40.00
1992	CHIPMUNK PARCEL SERVICE QXC519-4	YR	7.00	22.00
1992	SANTA'S CLUB LIST 1500QXC729-1	YR	15.00	40.00
1993	IT'S IN THE MAIL QXC527-2	YR	10.00	25.00
1995	FISHING FOR FUN QXC520-7	YR	11.00	20.00
1997	FARMER'S MARKET, TENDER TOUCHES QXC5182	YR	15.00	25.00

L. SICKMAN HALLMARK KEEPSAKE ORNAMENTS COLLECTOR'S CLUB

YR	NAME	LIMIT	ISSUE	TREND
1987	CAROUSEL REINDEER QXC 581-7	YR	8.00	70.00
1988	SLEIGHFUL OF DREAMS 800QXC580-1	YR	8.00	68.00
1990	CHRISTMAS LIMITED 1975QXC476-6	38700	20.00	110.00
1990	DOVE OF PEACE 2475QXC447-6	25400	25.00	70.00
1991	GALLOPING INTO CHRISTMAS 1975QXC477-9	28400	20.00	110.00
1993	TRIMMED W/MEMORIES 1200QXC543-2	YR	12.00	43.00
1995	HOME FROM THE WOODS QXC105-9	YR	16.00	45.00
1998	MAKING HIS WAY QXC 4523A	YR	13.00	13.00

B. SIEDLER HALLMARK KEEPSAKE ORNAMENTS COLLECTOR'S CLUB

YR	NAME	LIMIT	ISSUE	TREND
1988	HOLD ON TIGHT QXC570-4	YR	*	75.00
1988	OUR CLUBHOUSE QXC580-4	YR	*	39.00
1991	BEARY ARTISTIC 1000QXC725-9	YR	10.00	35.00
1995	COLLECTING MEMORIES QXC411-7	YR	20.00	20.00
1996	RUDLOPH THE RED-NOSED REINDEER QXC7341	YR	*	25.00
1996	RUDOLPH'S HELPER QXC4171	YR	*	15.00
1998	FOLLOW THE LEADER QXC 4503	YR	17.00	17.00

D. UNRUH HALLMARK KEEPSAKE ORNAMENTS COLLECTOR'S CLUB

YR	NAME	LIMIT	ISSUE	TREND
1987	WREATH OF MEMORIES QXC580-9	YR	*	50.00
1988	HOLIDAY HEIRLOOM-2ND EDITION 2500QX406-4	34600	25.00	30.00
1989	HOLIDAY HEIRLOOM-3RD ED. 2500QXC460-5	YR	25.00	35.00
1989	NOELLE 1975QXC448-3	YR	20.00	55.00
1992	VICTORIAN SKATER 2500QXC406-7	14700	25.00	120.00
1994	MAJESTIC DEER 2500QXC483-6	YR	25.00	48.00

N. WILLIAMS HALLMARK KEEPSAKE ORNAMENTS COLLECTOR'S CLUB

YR	NAME	LIMIT	ISSUE	TREND
1997	AWAY TO THE WINDOW QXC5135	YR	*	18.00
1997	HAPPY CHRISTMAS TO ALL! QXC5132	YR	*	20.00

YR	NAME	LIMIT	ISSUE	TREND
1997	JOLLY OLD SANTA QXC5145	YR	*	15.00
1997	READY FOR SANTA QXC5142	YR	*	10.00
P. ANDREWS	**HALLMARK KEEPSAKE ORNAMENTS COLLECTOR'S CLUB EXCLUSIVE**			
1999	1991 HAPPY HOLIDAYS BARBIE DOLL	YR	*	N/A
*			**HANDCRAFTED ORNAMENTS**	
1978	ANGELS 800QX150-3	YR	8.00	347.00
1978	CALICO MOUSE 450QX137-6	YR	4.00	174.00
1978	JOY 450QX138-3	YR	4.00	85.00
1978	PANORAMA BALL 600QX145-6	YR	6.00	130.00
1978	RED CARDINAL 450QX144-3	YR	4.00	175.00
1978	SCHNEEBERG BELL 800QX152-3	YR	8.00	182.00
1978	SKATING RACCOON 600QX142-3	YR	6.00	100.00
1979	A CHRISTMAS TREAT 500QX134-7	YR	5.00	80.00
1979	CHRISTMAS EVE SURPRISE 650QX157-9	YR	6.00	70.00
1979	CHRISTMAS HEART 650QX140-7	YR	6.00	90.00
1979	CHRISTMAS IS FOR CHILDREN 500QX135-9	YR	5.00	90.00
1979	DRUMMER BOY, THE 800QX143-9	YR	8.00	112.00
1979	HOLIDAY SCRIMSHAW 400QX152-7	YR	4.00	200.00
1979	SANTA'S HERE 500QX138-7	YR	5.00	70.00
1979	SKATING SNOWMAN, THE- 500QX139-9	YR	5.00	80.00
1980	A CHRISTMAS TREAT 550QX134-7	YR	6.00	85.00
1980	CHRISTMAS IS FOR CHILDREN 550QX135-9	YR	6.00	90.00
1980	ELFIN ANTICS 900QX142-1	YR	9.00	200.00
1980	HEAVENLY SOUNDS 750QX152-1	YR	8.00	100.00
1980	SANTA 1980 550QX146-1	YR	6.00	100.00
1980	SKATING SNOWMAN 550QX139-9	YR	6.00	100.00
1980	SNOWFLAKE SWING, THE- 400QX133-4	YR	4.00	42.00
1981	A HEAVENLY NAP 650QX139-4	YR	6.00	48.00
1981	A WELL-STOCKED STOCKING 900QX154-7	YR	9.00	75.00
1981	CANDYVILLE EXPRESS 750QX418-2	YR	8.00	100.00
1981	CHRISTMAS FANTASY 1300QX155-4	YR	13.00	80.00
1981	DOUGH ANGEL 550QX139-6	YR	6.00	90.00
1981	DRUMMER BOY 250QX148-1	YR	2.00	50.00
1981	LOVE AND JOY 900QX425-2	YR	9.00	90.00
1981	MR. & MRS. CLAUS SET 1200QX448-5	YR	12.00	120.00
1981	SAILING SANTA 1300QX439-5	YR	13.00	300.00
1981	SPACE SANTA 650QX430-2	YR	6.00	110.00
1982	CHRISTMAS FANTASY 1300QX155-4	YR	13.00	80.00
1982	CLOISONNE ANGEL 1200QX145-4	YR	12.00	90.00
1982	COWBOY SNOWMAN 800QX480-6	YR	8.00	50.00
1982	CYCLING SANTA 2000QX435-5	YR	20.00	150.00
1982	EMBROIDERED TREE 650QX494-6	YR	6.00	35.00
1982	JOGGING SANTA 800QX457-6	YR	8.00	45.00
1982	JOLLY CHRISTMAS TREE 650QX465-3	YR	6.00	78.00
1982	PEEKING ELF 650QX419-5	YR	6.00	32.00
1982	SANTA BELL 1500QX148-7	YR	15.00	50.00
1982	TIN SOLDIER 650QX483-6	YR	6.00	45.00
1983	CHRISTMAS KITTEN 400QX454-3	YR	4.00	35.00
1983	CYCLING SANTA 2000QX435-5	YR	20.00	150.00
1983	EMBROIDERED HEART 650QX421-7	YR	6.00	25.00
1983	HOLIDAY PUPPY 350QX412-7	YR	4.00	29.00
1983	JACK FROST 900QX407-9	YR	9.00	55.00
1983	JOLLY SANTA 350QX425-9	YR	4.00	35.00
1983	MADONNA AND CHILD 1200QX428-7	YR	12.00	40.00
1983	MAILBOX KITTEN 650QX415-7	YR	6.00	60.00
1983	MOUSE IN BELL 1000QX419-7	YR	10.00	59.00
1983	PEPPERMINT PENGUIN 650QX408-9	YR	6.00	40.00
1983	SANTA'S MANY FACES 600QX311-1	YR	6.00	30.00
1983	SANTA'S ON HIS WAY 1000QX426-9	YR	10.00	40.00
1983	SKATING RABBIT 800QX409-7	YR	8.00	50.00
1983	SKI LIFT SANTA 800QX418-7	YR	8.00	70.00
1983	UNICORN 1000QX426-7	YR	10.00	60.00
1986	SNOOPY AND WOODSTOCK 434-6	YR	8.00	58.00
1988	JINGLE BELL CLOWN 1500QX477-4	YR	15.00	35.00
1988	KRINGLE PORTRAIT 750QX496-1	YR	8.00	35.00
1988	KRINGLE TREE 650QX495-4	YR	6.00	36.00
1988	PEANUTS 475QX280-1	YR	5.00	45.00
1994	FEELIN' GROOVY 795QX595-3	YR	8.00	25.00
1994	MARY ENGELBREIT 500QX241-6	YR	5.00	20.00
1995	MAGIC SCHOOL BUS, THE QX584-9	YR	11.00	20.00
1995	NUMBER ONE TEACHER QX594-9	YR	8.00	15.00
1996	PEZ SNOWMAN QX653-4	YR	8.00	20.00
P. ANDREWS			**HANDCRAFTED ORNAMENTS**	
1994	CANDY CAPER 895QX577-6	YR	9.00	20.00
1994	DAUGHTER 695QX562-3	YR	7.00	18.00
1994	GRANDMOTHER 795QX567-3	YR	8.00	18.00
1994	ICE SHOW 795QX594-6	YR	8.00	15.00
1994	IN THE PINK 995QX576-3	YR	10.00	22.00
1994	JOYOUS SONG 895QX447-3	YR	9.00	15.00
1994	NEW HOME 895QX566-3	YR	9.00	20.00
1994	TIME OF PEACE 795QX581-3	YR	8.00	15.00
1995	BABY'S FIRST CHRISTMAS QX 554-7	YR	19.00	40.00
1995	BABY'S FIRST CHRISTMAS QX 555-7	YR	10.00	18.00
1995	CHRISTMAS PATROL QX595-9	YR	8.00	20.00
1995	COWS OF BALI QX599-9	YR	9.00	16.00
1995	GRANDMOTHER QX576-7	YR	8.00	22.00
1995	HEAVEN'S GIFT QX605-7	YR	20.00	40.00
1995	IN A HEARTBEAT QX581-7	YR	9.00	18.00
1995	JOY TO THE WORLD QX586-7	YR	9.00	20.00

YR	NAME	LIMIT	ISSUE	TREND
1995	NEW HOME QX583-9	YR	9.00	16.00
1995	THREE WISHES QX597-9	YR	8.00	20.00
N. AUBE			HANDCRAFTED ORNAMENTS	
1995	CHRISTMAS FEVER QX596-7	YR	8.00	15.00
1995	TENNIS, ANYONE? QX590-7	YR	8.00	16.00
1996	HILLSIDE EXPRESS QX613-4	YR	13.00	19.00
1998	BASHFUL GIFT-SET OF TWO 1195QEO8446	YR	12.00	12.00
R. BISHOP			HANDCRAFTED ORNAMENTS	
1994	LOU RANKIN SEAL 995QX545-6	YR	10.00	18.00
T. BLACKSHEAR			HANDCRAFTED ORNAMENTS	
1980	CHECKING IT TWICE 2000QX158-4	YR	20.00	200.00
1981	CHECKING IT TWICE 2250QX158-4	YR	23.00	190.00
1982	THREE KINGS 850QX307-3	YR	8.00	25.00
A. BROWNSWORD			HANDCRAFTED ORNAMENTS	
1995	FOREVER FRIENDS BEAR QX525-8	YR	9.00	20.00
R. CHAD			HANDCRAFTED ORNAMENTS	
1988	SOFT LANDING 700QX475-1	YR	7.00	20.00
1988	WINTER FUN 850QX478-1	YR	8.00	25.00
1994	HELPFUL SHEPHERD 895QX553-6	YR	9.00	19.00
1995	MULETIDE GREETINGS QX600-9	YR	8.00	15.00
1995	OUR FAMILY QX570-9	YR	8.00	15.00
1995	POPEYE QX525-7	YR	11.00	25.00
1995	SPECIAL CAT QX571-7	YR	8.00	15.00
1995	SPECIAL DOG QX571-9	YR	8.00	15.00
1996	HIGH STYLE QX606-4	YR	9.00	18.00
1996	OLIVE OYL AND SWEE' PEA QX548-1	YR	11.00	20.00
1996	SPIDERMAN QX575-7	YR	13.00	20.00
K. CROW			HANDCRAFTED ORNAMENTS	
1987	NORTH POLE POWER & LIGHT 627XPR933-3	YR	3.00	25.00
1988	CHRISTMAS CUCKOO 800QX480-1	YR	8.00	35.00
1988	COOL JUGGLER 650QX487-4	YR	6.00	25.00
1988	MISTLETOAD 700QX468-7	YR	7.00	30.00
1988	NIGHT BEFORE CHRISTMAS QX 451-7	YR	6.00	35.00
1988	PEEK-A-BOO KITTENS 750QX487-1	YR	8.00	25.00
1988	SLIPPER SPANIEL 450QX472-4	YR	4.00	17.00
1994	CHEERS TO YOU! 1095QX579-6	YR	11.00	26.00
1994	CHEERY CYCLISTS 1295QX578-6	YR	13.00	25.00
1994	DEAR SANTA MOUSE 1495QX580-6	YR	15.00	28.00
1994	EXTRA-SPECIAL DELIVERY 795QX583-3	YR	8.00	15.00
1994	FOLLOW THE SUN 895QX584-6	YR	9.00	15.00
1994	JINGLE BELL BAND 1095QX578-3	YR	11.00	28.00
1994	SANTA'S LEGO SLEIGH 1095QX545-3	YR	11.00	30.00
1995	BOBBIN' ALONG QX587-9	YR	9.00	27.00
1995	GRANDPA QX576-9	YR	9.00	14.00
1995	HAPPY WRAPPERS QX603-7	YR	11.00	19.00
1995	HOCKEY PUP QX591-7	YR	10.00	20.00
1995	IN TIME WITH CHRISTMAS QX604-9	YR	13.00	20.00
1995	LEGO FIREPLACE WITH SANTA QX476-9	YR	11.00	20.00
1995	ON THE ICE QX604-7	YR	8.00	20.00
1995	OUR LITTLE BLESSINGS QX520-9	YR	13.00	20.00
1995	POLAR COASTER QX611-7	YR	9.00	22.00
1995	SANTA'S SERENADE QX601-7	YR	9.00	15.00
1995	SPACE SHUTTLE QLX7396	YR	25.00	35.00
1995	SURFIN' SANTA QX601-9	YR	10.00	20.00
1996	JOLLY WOLLY ARK QX622-1	YR	13.00	19.00
1996	LITTLE SONG AND DANCE, A QX621-1	YR	10.00	15.00
1996	PINBALL WONDER QLX745-1	YR	28.00	42.00
P. DUTKIN			HANDCRAFTED ORNAMENTS	
1988	ST. LOUIE NICK QX 453-9	YR	8.00	35.00
J. FRANCIS			HANDCRAFTED ORNAMENTS	
1993	CHILD'S CHRISTMAS, A QX588-2	YR	10.00	17.00
1994	JUMP-ALONG JACKALOPE 895QX575-6	YR	9.00	15.00
1994	NEPHEW 795QX554-6	YR	8.00	15.00
1994	NIECE 795QX554-3	YR	8.00	15.00
1995	ACROSS THE MILES QX 584-7	YR	9.00	17.00
1995	BARREL-BACK RIDER QX518-9	YR	10.00	20.00
1995	CHRISTMAS MORNING QX599-7	YR	11.00	20.00
1995	DREAM ON QX600-7	YR	11.00	20.00
1995	GRANDCHILD'S FIRST CHRISTMAS QX577-7	YR	8.00	15.00
1995	PEZ SANTA QX526-7	YR	8.00	19.00
1995	TAKIN' A HIKE QX602-9	YR	8.00	15.00
1996	REGAL CARDINAL QX620-4	YR	10.00	20.00
D. LEE			HANDCRAFTED ORNAMENTS	
1978	ANGEL 400QX139-6	YR	4.00	80.00
1978	ANIMAL HOME 600QX149-6	YR	6.00	175.00
1979	DOWNHILL RUN, THE 650QX145-9	YR	6.00	160.00
1979	READY FOR CHRISTMAS 650QX133-9	YR	6.00	145.00
1979	SKATING RACCOON 650QX142-3	YR	6.00	100.00
1980	A CHRISTMAS VIGIL 900QX144-1	YR	9.00	100.00
1980	A HEAVENLY NAP 650QX139-4	YR	6.00	50.00
1980	A SPOT OF CHRISTMAS CHEER 800QX153-4	YR	8.00	150.00
1980	ANIMALS' CHRISTMAS, THE 800QX150-1	YR	8.00	55.00
1980	CAROLING BEAR 750QX140-1	YR	8.00	150.00
1980	DRUMMER BOY 550QX147-4	YR	6.00	90.00
1980	HEAVENLY MINSTREL 15QX156-7	YR	15.00	320.00
1981	ANGEL QX 139-6	YR	6.00	90.00
1981	CHRISTMAS DREAMS 1200QX437-5	YR	12.00	210.00
1981	FRIENDLY FIDDLER, THE- 800QX434-2	YR	8.00	80.00

YR	NAME	LIMIT	ISSUE	TREND
1981	ICE FAIRY 650QX431-5	YR	6.00	100.00
1981	ICE SCULPTOR, THE- 800QX432-2	YR	8.00	100.00
1981	TOPSY-TURVY TUNES 750QX429-5	YR	8.00	75.00
1982	BAROQUE ANGEL 1500QX456-6	YR	15.00	160.00
1982	PINECONE HOME 800QX461-3	YR	8.00	160.00
1982	RACCOON SURPRISES 900QX479-3	YR	9.00	155.00
1982	SANTA'S WORKSHOP 1000QX450-3	YR	10.00	80.00
1983	BAROQUE ANGELS 1300QX422-9	YR	13.00	115.00
1983	RAINBOW ANGEL 550QX416-7	YR	6.00	110.00
1983	SANTA'S WORKSHOP 1000QX450-3	YR	10.00	80.00
1983	SKIING FOX 800QX420-7	YR	8.00	37.00
1988	TRAVELS WITH SANTA 1000QX477-1	YR	10.00	35.00
1988	UNCLE SAM NUTCRACKER 700QX488-4	YR	7.00	36.00
1994	FOR MY GRANDMA,PHOTOHOLDER 695QX561-3	YR	7.00	15.00
J. LEE		**HANDCRAFTED ORNAMENTS**		
1990	GOLF'S MY BAG 775QX496-3	YR	8.00	30.00
1995	TWO FOR TEA QX582-9	YR	10.00	25.00
J. LYLE		**HANDCRAFTED ORNAMENTS**		
1989	BROTHER 725QX445-2	YR	7.00	20.00
1994	GENTLE NURSE 695QX597-3	YR	7.00	20.00
1994	HAPPY BIRTHDAY, JESUS 1295QX542-3	YR	13.00	25.00
1995	BROTHER QX567-9	YR	7.00	10.00
1995	OUR CHRISTMAS TOGETHER QX579-9	YR	10.00	25.00
1995	OUR FIRST CHRISTMAS TOGETHER QX579-7	YR	17.00	25.00
1995	REJOICE! QX598-7	YR	11.00	20.00
1995	SISTER QX568-7	YR	7.00	12.00
D. PALMITER		**HANDCRAFTED ORNAMENTS**		
1994	MERRY FISHMAS 895QX591-3	YR	9.00	21.00
1994	PRACTICE MAKES PERFECT 895QX586-3	YR	9.00	18.00
1994	SWEET GREETING 1095QX580-3	YR	11.00	19.00
1995	DAUGHTER QX567-7	YR	7.00	16.00
1995	FOR MY GRANDMA: PHOTOHOLDER QX572-9	YR	9.00	13.00
1995	FRIENDLY BOOST QX582-7	YR	9.00	20.00
1995	GODCHILD QX570-7	YR	8.00	21.00
1995	MERRY RV QX602-7	YR	13.00	25.00
1995	SON QX566-9	YR	7.00	16.00
1995	WAITING UP FOR SANTA QX610-6	YR	9.00	15.00
J. PATTEE		**HANDCRAFTED ORNAMENTS**		
1988	CHRISTMAS MEMORIES PHOTOHOLDER QX 372-4	YR	6.00	20.00
1988	GLOWING WREATH 600QX492-1	YR	6.00	13.00
1988	SHINY SLEIGH 575QX492-4	YR	6.00	16.00
1988	SPARKLING TREE 600QX483-1	YR	6.00	16.00
S. PIKE		**HANDCRAFTED ORNAMENTS**		
1988	OWLIDAY WISH QX455-9	YR	6.00	20.00
1988	PARTY LINE 875QX476-1	YR	9.00	30.00
1988	SQUEAKY CLEAN 675QX475-4	YR	7.00	22.00
1990	SPENCER SPARROW, ESQ. 675QX431-2	YR	7.00	25.00
1990	STOCKING KITTEN 675QX456-5	YR	7.00	20.00
1994	BROTHER 695QX551-6	YR	7.00	15.00
1994	DAD-TO-BE 795QX547-3	YR	8.00	14.00
1994	GRANDDAUGHTER 695QX552-3	YR	7.00	21.00
1994	GRANDSON 695QX552-6	YR	7.00	20.00
1994	MOM-TO-BE 795QX550-6	YR	8.00	16.00
1994	SISTER 695QX551-3	YR	7.00	15.00
1995	DUDLEY THE DRAGON QX620-9	YR	11.00	20.00
1996	PEPPERMINT SURPRISE QX623-4	YR	8.00	17.00
WAGNER/ PIKE		**HANDCRAFTED ORNAMENTS**		
1996	MAXINE 10TH ANN. OF SHOEBOX GREETINGS QX622-4	YR	10.00	25.00
M. PYDA-SEVCIK		**HANDCRAFTED ORNAMENTS**		
1988	SANTA FLAMINGO 475QX483-4	YR	5.00	35.00
D. RHODUS		**HANDCRAFTED ORNAMENTS**		
1994	HOLIDAY PATROL 895QX582-6	YR	9.00	18.00
1994	MAKING IT BRIGHT 895QX540-3	YR	9.00	18.00
1994	SISTER TO SISTER 995QX553-3	YR	10.00	23.00
1994	SPECIAL CAT, PHOTOHOLDER 795QX560-6	YR	8.00	15.00
1994	SPECIAL DOG, PHOTOHOLDER 795QX560-3	YR	8.00	16.00
1995	DAD-TO-BE QX566-7	YR	8.00	12.00
1995	FELIZ NAVIDAD QX586-9	YR	8.00	18.00
1995	MOM-TO-BE QX565-9	YR	8.00	15.00
1995	SKI HOUND QX590-9	YR	9.00	17.00
1995	THOMAS THE TANK ENGINE NO. 1 QX585-7	YR	10.00	25.00
A. ROGERS		**HANDCRAFTED ORNAMENTS**		
1988	CHRISTMAS CARDINAL 475QX494-1	YR	5.00	17.00
1988	JOLLY WALRUS 450QX473-1	YR	4.00	25.00
1988	KRINGLE MOON 550QX495-1	YR	6.00	30.00
1988	LOVING BEAR 475QX493-4	YR	5.00	15.00
1988	PURRFECT SNUGGLE 625QX474-4	YR	6.00	25.00
1988	STARRY ANGEL 475QX494-4	YR	5.00	20.00
1990	NUTSHELL HOLIDAY 575QX465-2	YR	6.00	25.00
1993	PLAYFUL PALS 1475QX574-2	YR	15.00	24.00
1994	BEATLES GIFT SET QX 537-3	YR	48.00	70.00
1994	CARING DOCTOR 895QX582-3	YR	9.00	18.00
1994	DAD 795QX546-3	YR	8.00	16.00
1994	FELIZ NAVIDAD 895QX579-3	YR	9.00	21.00
1994	GODCHILD 895QX445-3	YR	9.00	23.00
1994	MOM 795QX546-6	YR	8.00	16.00
1994	OUR CHRISTMAS TOGETHER 995QX481-6	YR	10.00	20.00
1994	RED HOT HOLIDAY 795QX584-3	YR	8.00	18.00

YR	NAME	LIMIT	ISSUE	TREND
1994	THICK 'N THIN 1095QX569-3	YR	11.00	21.00
1994	TOU CAN LOVE 895QX564-6	YR	9.00	19.00
1995	GRANDDAUGHTER QX577-9	YR	7.00	16.00
1995	GRANDSON QX578-7	YR	7.00	15.00
1995	MOM AND DAD QX565-7	YR	10.00	20.00
1996	YOGI BEAR AND BOO BOO QX552-1	YR	13.00	19.00

E. SEALE — HANDCRAFTED ORNAMENTS

YR	NAME	LIMIT	ISSUE	TREND
1983	ANGEL MESSENGER 650QX408-7	YR	6.00	100.00
1983	BRASS SANTA 900QX423-9	YR	9.00	25.00
1983	CAROLING OWL 450QX411-7	YR	4.00	37.00
1983	CHRISTMAS KOALA 400QX419-9	YR	4.00	30.00
1983	HITCHHIKING SANTA 800QX424-7	YR	8.00	39.00
1983	MOUNTAIN CLIMBING SANTA 650QX407-7	YR	6.00	35.00
1983	SCRIMSHAW REINDEER 800QX424-9	YR	8.00	30.00
1983	SNEAKER MOUSE 450QX400-9	YR	4.00	40.00
1988	FILLED WITH FUDGE 475QX419-1	YR	5.00	30.00
1988	SWEET STAR 500QX418-4	YR	5.00	30.00
1988	TEENY TASTER 475QX418-1	YR	5.00	30.00
1988	TOWN CRIER, THE- 550QX473-4	YR	6.00	20.00
1988	TREETOP DREAMS QX 459-7	YR	7.00	25.00
1988	WONDERFUL SANTACYCLE, THE- 225QX411-4	YR	23.00	45.00
1993	YOU'RE ALWAYS WELCOME QXC569-2	YR	10.00	60.00
1994	COLORS OF JOY 795QX589-3	YR	8.00	20.00
1994	KITTY'S CATAMARAN 1095QX541-6	YR	11.00	20.00
1994	KRINGLE'S KAYAK 795QX588-6	YR	8.00	18.00
1994	MAGIC CARPET RIDE 795QX588-3	YR	8.00	20.00
1994	MISTLETOE SURPRISE 1295QX599-6	YR	13.00	31.00
1995	AIR EXPRESS	YR	8.00	14.00
1995	NORTH POLE 911 QX595-7	YR	11.00	20.00
1995	OUR FIRST CHRISTMAS TOGETHER:PHOTOHOLDER QX580-7	YR	9.00	15.00
1995	PACKED WITH MEMORIES:PHOTOHOLDER QX563-9	YR	8.00	15.00
1995	ROLLER WHIZ QX593-7	YR	8.00	16.00
1995	SANTA IN PARIS QX587-7	YR	9.00	23.00

L. SICKMAN — HANDCRAFTED ORNAMENTS

YR	NAME	LIMIT	ISSUE	TREND
1978	DOVE 450QX190-3	YR	4.00	80.00
1978	HOLLY & POINSETTIA BALL 600QX147-6	YR	6.00	80.00
1979	OUTDOOR FUN 800QX150-7	YR	8.00	125.00
1980	SANTA'S FLIGHT 550QX138-1	YR	6.00	110.00
1981	ST. NICHOLAS 550QX446-2	YR	6.00	50.00
1981	STAR SWING 550QX421-5	YR	6.00	40.00
1982	ELFIN ARTIST 900QX457-3	YR	9.00	47.00
1982	SPIRIT OF CHRISTMAS, THE- 1000QX452-6	YR	10.00	120.00
1983	BELL WREATH 650QX420-9	YR	6.00	30.00
1983	EMBROIDERED STOCKING 650QX479-6	YR	6.00	20.00
1983	MOUSE ON CHEESE 650QX413-7	YR	6.00	45.00
1983	OLD-FASHIONED SANTA 1100QX409-9	YR	11.00	62.00
1983	TIN ROCKING HORSE 650QX414-9	YR	6.00	50.00
1988	AMERICANA DRUM 775QX488-1	YR	8.00	30.00
1988	GOIN' CROSS COUNTRY 850QX476-4	YR	8.00	22.00
1988	NOAH'S ARK 850QX490-4	YR	8.00	35.00
1988	OLD-FASHIONED CHURCH 400QX498-1	YR	4.00	20.00
1988	OLD-FASHIONED SCHOOL HOUSE 400QX497-1	YR	4.00	25.00
1988	SAILING! SAILING! 850QX491-1	YR	8.00	22.00
1994	FRIENDSHIP SUNDAE 1095QX476-6	YR	11.00	25.00
1994	STAMP OF APPROVAL 795QX570-3	YR	8.00	16.00
1995	DELIVERING KISSES QX410-7	YR	11.00	23.00
1995	IMPORTANT MEMO QX584-7	YR	9.00	14.00
1996	HOLIDAY HAUL QX620-1	YR	15.00	28.00

B. SIEDLER — HANDCRAFTED ORNAMENTS

YR	NAME	LIMIT	ISSUE	TREND
1988	ARCTIC TENOR 400QX472-1	YR	4.00	20.00
1988	GO FOR THE GOLD 800QX417-4	YR	8.00	25.00
1988	GONE FISHING 500QX479-4	YR	5.00	20.00
1988	HAPPY HOLIDATA QX 471-4	YR	6.00	30.00
1988	HOE-HOE-HOE 500QX422-1	YR	5.00	18.00
1988	HOLIDAY HERO 500QX423-1	YR	5.00	18.00
1988	LOVE SANTA 500QX486-4	YR	5.00	15.00
1988	NICK THE KICK 500QX422-4	YR	5.00	25.00
1988	PAR FOR SANTA 500QX479-1	YR	5.00	20.00
1988	POLAR BOWLER 500QX478-1	YR	5.00	18.00
1988	REINDOGGY QX 452-7	YR	6.00	40.00
1993	MESSAGES OF CHRISTMAS QLX747-2	YR	35.00	45.00
1994	BIG SHOT 795QX587-3	YR	8.00	17.00
1994	BUSY BATTER 795QX587-6	YR	8.00	18.00
1994	CHAMPION TEACHER 695QX583-6	YR	7.00	15.00
1994	FRIENDLY PUSH 895QX568-6	YR	9.00	18.00
1994	IT'S A STRIKE 895QX585-6	YR	9.00	19.00
1994	KEEP ON MOWIN' 895QX541-3	YR	9.00	18.00
1994	KICKIN' ROO 795QX591-6	YR	8.00	18.00
1994	MOM AND DAD 995QX566-6	YR	10.00	23.00
1994	OPEN-AND-SHUT HOLIDAY 995QX569-6	YR	10.00	20.00
1994	THRILL A MINUTE 895QX586-6	YR	9.00	18.00
1995	ACORN 500 QX 592-9	YR	11.00	20.00
1995	CATCH THE SPIRIT QX589-9	YR	8.00	20.00
1995	DAD QX564-9	YR	8.00	15.00
1995	FAITHFUL FAN QX589-7	YR	9.00	16.00
1995	GOPHER FUN QX588-7	YR	10.00	21.00
1995	LOU RANKIN BEAR QX406-9	YR	10.00	18.00
1995	MOM QX564-7	YR	8.00	17.00
1995	OUR FIRST CHRISTMAS TOGETHER QX579-9	YR	9.00	20.00

YR	NAME	LIMIT	ISSUE	TREND
1995	PERFECT BALANCE QX592-7	YR	8.00	14.00
1995	WATER SPORTS QX603-9	YR	15.00	28.00
1995	WINNIE THE POOH AND TIGGER QX500-9	YR	13.00	30.00
1995	WINNING PLAY, THE QX588-9	YR	8.00	20.00
S. TAGUE		**HANDCRAFTED ORNAMENTS**		
1998	BOUQUET OF MEMORIES 795QEO8456	YR	8.00	11.00
D. UNRUH		**HANDCRAFTED ORNAMENTS**		
1988	A KISS FROM SANTA 450QX482-1	YR	4.00	25.00
1988	FELIZ NAVIDAD 675QX416-1	YR	7.00	30.00
1988	IN A NUTSHELL 550QX469-7	YR	6.00	30.00
1988	KISS THE CLAUS 500QX486-1	YR	5.00	17.00
1988	OREO 400QX481-4	YR	4.00	35.00
1988	SNOOPY & WOODSTOCK 600QX474-1	YR	6.00	45.00
1994	COACH 795QX593-3	YR	8.00	16.00
1994	GRANDCHILD'S FIRST CHRISTMAS 795QX567-6	YR	8.00	10.00
1994	GRANDPA 795QX561-6	YR	8.00	18.00
1994	LUCINDA AND TEDDY 2175QX481-3	SPEC. ED	22.00	31.00
1994	OUT OF THIS WORLD TEACHER 795QX576-6	YR	8.00	19.00
1994	SECRET SANTA 795QX573-6	YR	8.00	21.00
1995	ANNIVERSARY YEAR: PHOTOHOLDER QX 581-9	YR	9.00	14.00
1995	REFRESHING GIFT QX406-7	YR	15.00	26.00
L. VOTRUBA		**HANDCRAFTED ORNAMENTS**		
1994	CHILD CARE GIVER 795QX590-6	YR	8.00	16.00
1994	COCK-A-DOODLE CHRISTMAS QX 539-6	YR	9.00	28.00
1995	BINGO BEAR QX591-9	YR	8.00	16.00
1995	HAPPY HOLIDAYS: PHOTOHOLDER QX630-7	YR	3.00	13.00
1995	SISTER TO SISTER QX568-9	YR	8.00	16.00
D. LEE		**HANDCRAFTED ORNAMENTS: ADORABLE ADORNMENTS**		
1975	BETSEY CLARK 250QX157-1	YR	2.00	230.00
1975	DRUMMER BOY 250QX161-1	YR	2.00	200.00
1975	MRS. SANTA 250QX156-1	YR	2.00	200.00
1975	RAGGEDY ANDY 250QX160-1	YR	2.00	330.00
1975	RAGGEDY ANN 250QX159-1	YR	2.00	315.00
1975	SANTA 250QX155-1	YR	2.00	200.00
*		**HANDCRAFTED ORNAMENTS: NOSTALGIA**		
1977	NATIVITY 500QX181-5	YR	5.00	150.00
D. LEE		**HANDCRAFTED ORNAMENTS: NOSTALGIA**		
1977	ANGEL 500QX182-2	YR	5.00	125.00
L. SICKMAN		**HANDCRAFTED ORNAMENTS: NOSTALGIA**		
1975	DRUMMER BOY 350QX130-1	YR	4.00	160.00
1975	JOY 350QX132-1	YR	4.00	225.00
1975	LOCOMOTIVE (DATED) 350QX127-1	YR	4.00	200.00
1975	PEACE ON EARTH (DATED) 350QX131-1	YR	4.00	145.00
1975	SANTA & SLEIGH 350QX129-1	YR	4.00	245.00
1976	DRUMMER BOY 400QX130-1	YR	4.00	165.00
1976	LOCOMOTIVE 400QX222-1	YR	4.00	200.00
1976	PEACE ON EARTH 400QX223-1	YR	4.00	150.00
1977	ANTIQUE CAR 500QX180-2	YR	5.00	60.00
1977	TOYS 500QX183-5	YR	5.00	150.00
*		**HANDCRAFTED ORNAMENTS: TREE TREATS**		
1976	ANGEL 300QX176-1	YR	3.00	185.00
1976	REINDEER 300QX178-1	YR	3.00	100.00
1976	SANTA 300QX177-1	YR	3.00	197.00
1976	SHEPHERD 300QX175-1	YR	3.00	125.00
*		**HANDCRAFTED ORNAMENTS: TWIRL-ABOUTS**		
1977	BELLRINGER 600QX192-2	YR	6.00	62.00
1977	WEATHER HOUSE 600QX191-5	YR	6.00	101.00
D. LEE		**HANDCRAFTED ORNAMENTS: TWIRL-ABOUTS**		
1977	DELLA ROBIA WREATH 450QX193-5	YR	4.00	117.00
L. SICKMAN		**HANDCRAFTED ORNAMENTS: TWIRL-ABOUTS**		
1976	ANGEL 450QX171-1	YR	4.00	175.00
1976	PARTRIDGE 450QX174-1	YR	4.00	172.00
1976	SANTA 450QX172-1	YR	4.00	110.00
1976	SOLDIER 450QX173-1	YR	4.00	100.00
1977	SNOWMAN 450QX190-2	YR	4.00	75.00
*		**HANDCRAFTED ORNAMENTS: YESTERYEARS**		
1976	DRUMMER BOY 500QX184-1	YR	5.00	145.00
1976	PARTRIDGE 500QX183-1	YR	5.00	100.00
1976	SANTA 500QX182-1	YR	5.00	170.00
1976	TRAIN 500QX181-1	YR	5.00	145.00
D. PALMITER		**HARLEY-DAVIDSON MOTORCYCLE**		
1999	ELECTRA-GLIDE QXI6137	YR	8.00	8.00
1999	HERITAGE SPRINGER QXI8007	YR	15.00	15.00
*		**HEIRLOOM CHRISTMAS COLLECTION**		
1985	LACY HEART 875QX511-2	YR	9.00	25.00
1985	VICTORIAN LADY 950QX513-2	YR	10.00	21.00
J. PATTEE		**HEIRLOOM CHRISTMAS COLLECTION**		
1985	SNOWFLAKE 650QX510-5	YR	6.00	20.00
S. PIKE		**HEIRLOOM CHRISTMAS COLLECTION**		
1985	KEEPSAKE BASKET 1500QX514-5	YR	15.00	20.00
M. PYDA-SEVCIK		**HEIRLOOM CHRISTMAS COLLECTION**		
1985	CHARMING ANGEL 975QX512-5	YR	10.00	25.00
*		**HERE COMES SANTA**		
1979	SANTA'S MOTORCAR 1ST SERIES 900QX155-9	YR	9.00	625.00
1980	SANTA'S EXPRESS 1200QX143-4	YR	12.00	200.00
1981	ROOFTOP DELIVERIES 1300QX438-2	YR	13.00	325.00

YR	NAME	LIMIT	ISSUE	TREND
K. CROW			**HERE COMES SANTA**	
1987	SANTA'S WOODY 1400QX484-7	YR	14.00	75.00
1988	KRINGLE KOACH 1400QX400-1	YR	14.00	45.00
1989	CHRISTMAS CABOOSE 11TH ED. 1475QX458-5	YR	15.00	45.00
D. RHODUS			**HERE COMES SANTA**	
1999	SANTA'S GOLF CART QX6337	YR	15.00	15.00
E. SEALE			**HERE COMES SANTA**	
1996	SANTA'S 4X4 18TH ED. QX568-4	YR	15.00	24.00
L. SICKMAN			**HERE COMES SANTA**	
1982	JOLLY TROLLEY QX 464-3	YR	15.00	140.00
1983	SANTA'S EXPRESS 1300QX403-7	YR	13.00	275.00
1984	SANTA'S DELIVERIES 1300QX432-4	YR	13.00	90.00
1985	SANTA'S FIRE ENGINE 1400QX496-5	YR	14.00	75.00
1990	FESTIVE SURREY 12TH ED. 1475QX492-3	YR	15.00	40.00
1991	SANTA'S ANTIQUE CAR-13TH ED. 1475QX434-9	YR	15.00	50.00
1992	KRINGLE TOURS 14TH ED. 1475QX434-1	YR	15.00	35.00
1993	HAPPY HAUL-IDAYS 15TH ED. 1475QX410-2	YR	15.00	35.00
1993	SHOPPING WITH SANTA QX567-5	YR	24.00	40.00
1994	MAKIN' TRACTOR TRACKS 16TH ED. 1495QX529-6	YR	15.00	50.00
1995	SANTA'S ROADSTER 17TH SERIES QX517-9	YR	15.00	25.00
B. SIEDLER			**HERE COMES SANTA**	
1986	KRINGLE'S KOOL TREATS 1400QX404-3	YR	14.00	70.00
S. TAGUE			**HERE COMES SANTA**	
1997	CLAUS MOBILE QX6262	YR	15.00	25.00
1998	SANTA'S BUMPER CAR QX 628-3	YR	15.00	15.00
K. KLINE			**HERSHEY'S**	
1998	SWEET TREAT QX 643-3	YR	11.00	11.00
L. SICKMAN			**HERSHEY'S**	
1996	TIME FOR A TREAT QX546-4	YR	12.00	21.00
N. AUBE			**HOBBIES**	
1996	SEW SWEET QX592-1	YR	9.00	14.00
1996	STAR OF THE SNOW QX600-4	YR	9.00	19.00
R. CHAD			**HOBBIES**	
1996	ANTLERS AWEIGH! QX590-1	YR	10.00	20.00
1996	FAN-TASTIC SEASON QX592-4	YR	10.00	20.00
K. CROW			**HOBBIES**	
1996	MATCHLESS MEMORIES QX606-1	YR	10.00	17.00
1996	MERRY CARPOOLERS QX558-4	YR	15.00	21.00
D. PALMITER			**HOBBIES**	
1996	PUP-TENTING QX601-1	YR	8.00	12.00
D. RHODUS			**HOBBIES**	
1996	HAPPY HOLI-DOZE QX590-4	YR	10.00	15.00
1996	I DIG GOLF QX589-1	YR	11.00	16.00
N. ROCKWELL			**HOBBIES**	
1996	GROWTH OF A LEADER BOYS SCOUTS OF AMERICA QX554-1	YR	10.00	15.00
E. SEALE			**HOBBIES**	
1996	GOAL LINE GLORY QX600-1	YR	13.00	20.00
1996	THIS BIG! QX591-4	YR	10.00	14.00
B. SIEDLER			**HOBBIES**	
1996	BOUNCE PASS QX603-1	YR	8.00	14.00
1996	BOWL'EM OVER QX601-4	YR	8.00	14.00
1996	JACKPOT JINGLE QX591-1	YR	10.00	16.00
D. UNRUH			**HOBBIES**	
1996	POLAR CYCLE QX603-4	YR	13.00	18.00
L. VOTRUBA			**HOBBIES**	
1996	YULETIDE CHEER QX605-4	YR	8.00	15.00
*			**HOCKEY GREATS**	
1997	WAYNE GRETZKY QXI1627-5	YR	16.00	30.00
J. FRANCIS			**HOCKEY GREATS**	
1998	MARIO LEMIEUX QXI 647-6	YR	16.00	16.00
1999	GORDIE HOWE QXI4047	YR	16.00	16.00
P. ANDREWS			**HOLIDAY BARBIE COLLECTION**	
1993	HOLIDAY BARBIE 1ST IN ED. 1495QX572-5	YR	15.00	145.00
1994	HOLIDAY BARBIE 2ND IN ED. 1495QX521-6	YR	15.00	45.00
1995	HOLIDAY BARBIE 3RD IN ED. QXI505-7	YR	15.00	35.00
1996	HOLIDAY BARBIE 4TH IN ED. QXI537-1	YR	15.00	30.00
1997	HOLIDAY BARBIE 5TH IN ED. QX16212	YR	15.00	20.00
1998	AFRICAN-AMERICAN HOLIDAY BARBIE QX 6936	YR	16.00	16.00
1998	HOLIDAY BARBIE QXI 402-3	YR	16.00	16.00
*			**HOLIDAY CHIMES**	
1980	SANTA MOBILE 550QX136-1	YR	6.00	45.00
1981	SANTA MOBILE 550QX136-1	YR	6.00	45.00
1981	SNOWMAN CHIMES 550QX445-5	YR	6.00	30.00
1982	ANGEL CHIMES 550QX502-6	YR	6.00	40.00
E. SEALE			**HOLIDAY CHIMES**	
1982	TREE CHIMES 550QX484-6	YR	6.00	51.00
L. SICKMAN			**HOLIDAY CHIMES**	
1978	REINDEER CHIMES 450QX320-3	YR	4.00	50.00
1979	REINDEER CHIMES 450QX320-3	YR	4.00	50.00
1979	STAR CHIMES 450QX137-9	YR	4.00	70.00
1980	REINDEER CHIMES 550QX320-3	YR	6.00	50.00
1980	SNOWFLAKE CHIMES 550QX165-4	YR	6.00	30.00
1981	SNOWFLAKE CHIMES 550QX165-4	YR	6.00	30.00
1982	BELL CHIMES 550QX494-3	YR	6.00	25.00
*			**HOLIDAY ENCHANTMENT**	
1993	JOURNEY TO THE FOREST 1375QK101-2	YR	14.00	30.00
1993	MAGI, THE 1375QK102-5	YR	14.00	30.00

YR	NAME	LIMIT	ISSUE	TREND
R. CHAD			**HOLIDAY ENCHANTMENT**	
1993	BRINGING HOME THE TREE 1375QK104-2	YR	14.00	32.00
L. VOTRUBA			**HOLIDAY ENCHANTMENT**	
1993	ANGELIC MESSENGER 1375QK103-2	YR	14.00	35.00
1993	VISION OF SUGARPLUMS 1375QK100-5	YR	14.00	31.00
1995	AWAY IN A MANGER QK109-7	YR	14.00	23.00
1995	FOLLOWING THE STAR QK109-9	YR	14.00	23.00
L. VOTRUBA			**HOLIDAY FAVORITES**	
1994	DAPPER SNOWMAN 1375QK105-3	YR	14.00	18.00
1994	GRACEFUL FAWN 1175QK103-3	YR	12.00	19.00
1994	JOLLY SANTA 1375QK104-6	YR	14.00	28.00
1994	JOYFUL LAMB 1175QK103-6	YR	12.00	20.00
1994	PEACEFUL DOVE 1175QK104-3	YR	12.00	19.00
L. SICKMAN			**HOLIDAY FLIERS**	
1993	TIN AIRPLANE 775QX562-2	YR	8.00	25.00
1993	TIN BLIMP 775QX562-5	YR	8.00	14.00
1993	TIN HOT AIR BALLOON 775QX561-5	YR	8.00	19.00
L. SICKMAN			**HOLIDAY FLURRIES**	
1999	HOLIDAY FLURRIES QXM4547	YR	7.00	7.00
*			**HOLIDAY HIGHLIGHTS**	
1977	DRUMMER BOY 350QX312-2	YR	4.00	60.00
1977	JOY 350QX310-2	YR	4.00	50.00
1977	PEACE ON EARTH 350QX311-5	YR	4.00	50.00
1977	STAR 350QX313-5	YR	4.00	48.00
1978	DOVE 350QX310-3	YR	4.00	115.00
1978	SANTA 350QX307-6	YR	4.00	72.00
1978	SNOWFLAKE 350QX308-3	YR	4.00	65.00
1979	CHRISTMAS ANGEL 350QX300-7	YR	4.00	125.00
1979	CHRISTMAS CHEER 350QX303-9	YR	4.00	80.00
1979	CHRISTMAS TREE 350QX302-7	YR	4.00	70.00
1979	LOVE 350QX304-7	YR	4.00	90.00
1979	SNOWFLAKE 350QX301-9	YR	4.00	40.00
1980	THREE WISE MEN 400QX300-1	YR	4.00	27.00
1980	WREATH 400QX301-4	YR	4.00	80.00
1981	CHRISTMAS STAR 550QX501-5	YR	6.00	30.00
1981	SHEPHERD SCENE 550QX500-2	YR	6.00	25.00
1982	ANGEL 550QX309-6	YR	6.00	35.00
1982	CHRISTMAS MAGIC 550QX311-3	YR	6.00	26.00
1982	CHRISTMAS SLEIGH 550QX309-3	YR	6.00	70.00
1983	CHRISTMAS STOCKING 600QX303-9	YR	6.00	40.00
1983	TIME FOR SHARING 600QX307-7	YR	6.00	32.00
D. PALMITER			**HOLIDAY HIGHLIGHTS**	
1978	NATIVITY 350QX309-6	YR	4.00	95.00
E. SEALE			**HOLIDAY HIGHLIGHTS**	
1983	STAR OF PEACE 600QX304-7	YR	6.00	17.00
*			**HOLIDAY HUMOR**	
1984	A CHRISTMAS PRAYER 450QX246-1	YR	4.00	20.00
1984	FLIGHTS OF FANTASY 450QX256-4	YR	4.00	20.00
1984	FRISBEE PUPPY 500QX444-4	YR	5.00	50.00
1984	NAPPING MOUSE 550QX435-1	YR	6.00	50.00
1984	REINDEER RACETRACK 450QX254-4	YR	4.00	20.00
1984	SANTA STAR 550QX450-4	YR	6.00	35.00
1984	SNOWMOBILE SANTA 650QX431-4	YR	6.00	30.00
1985	DOGGY IN A STOCKING 550QX474-2	YR	6.00	40.00
1985	LAMB IN LEGWARMERS 700QX480-2	YR	7.00	25.00
1985	MOUSE WAGON 575QX476-2	YR	6.00	60.00
1985	NATIVITY SCENE 475QX264-5	YR	5.00	35.00
1986	OPEN ME FIRST 725QX422-6	YR	7.00	30.00
1987	CHRISTMAS CUDDLE 575QX453-7	YR	6.00	35.00
1987	DR. SEUSS: GRINCH'S CHRISTMAS 475QX278-3	YR	5.00	100.00
1987	JAMMIE PIES 475QX283-9	YR	5.00	20.00
1987	JOY RIDE 1150QX440-7	YR	12.00	75.00
1987	LET IT SNOW 650QX458-9	YR	6.00	25.00
1987	PEANUTS 475QX281-9	YR	5.00	35.00
1987	SANTA AT THE BAT 775QX457-9	YR	8.00	25.00
1987	SPOTS 'N STRIPES 550QX452-9	YR	6.00	25.00
K. CROW			**HOLIDAY HUMOR**	
1986	CHATTY PENGUIN 575QX417-6	YR	6.00	25.00
1986	PLAYFUL POSSUM 1100QX425-3	YR	11.00	30.00
1986	RAH RAH RABBIT 700QX421-6	YR	7.00	35.00
1987	HAPPY SANTA 475QX456-9	YR	5.00	25.00
1987	NIGHT BEFORE CHRISTMAS 650QX451-7	YR	6.00	35.00
1987	PRETTY KITTEN 1100QX448-9	YR	11.00	25.00
1987	SLEEPY SANTA 625QX450-7	YR	6.00	40.00
P. DUTKIN			**HOLIDAY HUMOR**	
1985	KITTY MISCHIEF 500QX474-5	YR	5.00	25.00
1985	MERRY MOUSE 450QX403-2	YR	4.00	30.00
1985	SKATEBOARD RACCOON 650QX473-2	YR	6.00	35.00
1985	SOCCER BEAVER 650QX477-5	YR	6.00	25.00
1986	KITTY MISCHIEF 500QX474-5	YR	5.00	22.00
1986	MERRY MOUSE 450QX403-2	YR	4.00	30.00
1986	SKATEBOARD RACCOON 650QX473-2	YR	6.00	38.00
1986	SNOW BUDDIES 800QX423-6	YR	8.00	40.00
1986	SOCCER BEAVER 650QX477-5	YR	6.00	25.00
1986	TIPPING THE SCALES 675QX418-6	YR	7.00	25.00
1986	TOUCHDOWN SANTA 800QX423-3	YR	8.00	40.00
1987	FUDGE FOREVER 500QX449-7	YR	5.00	33.00
1987	JOGGING THROUGH THE SNOW 725QX457-7	YR	7.00	35.00

YR	NAME	LIMIT	ISSUE	TREND
D. LEE			**HOLIDAY HUMOR**	
1984	MUSICAL ANGEL 550QX434-4	YR	6.00	70.00
1984	PEPPERMINT 1984 450QX456-1	YR	4.00	47.00
1984	THREE KITTENS IN A MITTEN 800QX431-1	YR	8.00	50.00
1985	SNOW-PITCHING SNOWMAN 450QX470-2	YR	4.00	19.00
1985	STARDUST ANGEL 575QX475-2	YR	6.00	35.00
1985	THREE KITTENS IN A MITTEN 800QX431-1	YR	8.00	50.00
1986	HEAVENLY DREAMER 575QX 417-3	YR	6.00	30.00
1986	SNOW-PITCHING SNOWMAN 450QX470-2	YR	4.00	19.00
1986	TREETOP TRIO 975QX424-6	YR	11.00	30.00
1986	WYNKEN, BLYNKEN AND NOD 975QX424-6	YR	10.00	40.00
1987	TREETOP TRIO 1100QX425-6	YR	11.00	30.00
D. MCGEHEE			**HOLIDAY HUMOR**	
1986	COOKIES FOR SANTA 450QX414-6	YR	4.00	25.00
S. PIKE			**HOLIDAY HUMOR**	
1987	OWLIDAY WISH 650QX455-9	YR	6.00	20.00
1987	PADDINGTON BEAR 550QX472-7	YR	6.00	30.00
E. SEALE			**HOLIDAY HUMOR**	
1984	BELL RINGER SQUIRREL 1000QX443-1	YR	10.00	35.00
1984	CHRISTMAS OWL 600QX444-1	YR	6.00	30.00
1984	MARATHON SANTA 800QX456-4	YR	8.00	40.00
1984	MOUNTAIN CLIMBING SANTA 650QX407-7	YR	6.00	35.00
1984	POLAR BEAR DRUMMER 450QX430-1	YR	4.00	25.00
1984	RACCOON'S CHRISTMAS 900QX-447-4	YR	9.00	50.00
1984	ROLLER SKATING RABBIT 500QX457-1	YR	5.00	30.00
1984	SNOWY SEAL 400QX450-1	YR	4.00	17.00
1985	BAKER ELF 575QX491-2	YR	6.00	30.00
1985	CHILDREN IN THE SHOE 950QX490-5	YR	10.00	50.00
1985	DAPPER PENGUIN 500QX477-2	YR	5.00	30.00
1985	DO NOT DISTURB BEAR 775QX481-2	YR	8.00	30.00
1985	NIGHT BEFORE CHRISTMAS 1300QX449-4	YR	13.00	40.00
1985	ROLLER SKATING RABBIT 500QX457-1	YR	5.00	30.00
1985	SANTA'S SKI TRIP 1200QX496-2	YR	12.00	56.00
1985	SNOWY SEAL 400QX450-1	YR	4.00	17.00
1985	TRUMPET PANDA 450QX471-2	YR	4.00	25.00
1986	DO NOT DISTURB BEAR 775QX481-2	YR	8.00	30.00
1986	LI'L JINGLER 675QX419-3	YR	7.00	35.00
1986	MOUSE IN THE MOON 550QX416-6	YR	6.00	25.00
1986	SANTA'S HOT TUB 1200QX426-3	YR	12.00	60.00
1986	WALNUT SHELL RIDER 600QX419-6	YR	6.00	20.00
1987	CHOCOLATE CHIPMUNK 600QX456-7	YR	6.00	50.00
1987	JACK FROSTING 700QX449-9	YR	7.00	53.00
1987	LI'L JINGLER 675QX419-3	YR	7.00	45.00
1987	MOUSE IN THE MOON 550QX416-6	YR	6.00	25.00
1987	SEASONED GREETINGS 625QX454-9	YR	6.00	25.00
1987	TREETOP DREAMS 675QX459-7	YR	7.00	30.00
1987	WALNUT SHELL RIDER 600QX419-6	YR	6.00	25.00
L. SICKMAN			**HOLIDAY HUMOR**	
1984	FORTUNE COOKIE ELF 450QX452-4	YR	4.00	40.00
1984	SNOWSHOE PENGUIN 650QX453-1	YR	6.00	42.00
1985	BEARY SMOOTH RIDE 650QX480-5	YR	6.00	17.00
1985	CANDY APPLE MOUSE 750QX470-5	YR	6.00	60.00
1986	BEARY SMOOTH RIDE 650QX480-5	YR	6.00	20.00
1986	MERRY KOALA 500QX415-3	YR	5.00	25.00
1986	POPCORN MOUSE 675QX421-3	YR	7.00	50.00
1987	MERRY KOALA 500QX415-3	YR	5.00	25.00
B. SIEDLER			**HOLIDAY HUMOR**	
1984	SANTA MOUSE 450QX433-4	YR	4.00	50.00
1985	BOTTLECAP FUN BUNNIES 775QX481-5	YR	8.00	29.00
1985	ENGINEERING MOUSE 550QX473-5	YR	6.00	30.00
1985	ICE-SKATING OWL 500QX476-5	YR	5.00	20.00
1985	SUN AND FUN SANTA 775QX492-2	YR	8.00	35.00
1985	SWINGING ANGEL BELL 1100QX492-5	YR	11.00	35.00
1986	JOLLY HIKER 500QX483-2	YR	5.00	25.00
1986	SKI TRIPPER 675QX420-6	YR	7.00	20.00
1986	SPECIAL DELIVERY 500QX415-6	YR	5.00	25.00
1987	BRIGHT CHRISTMAS DREAMS QX 473-7	YR	7.00	90.00
1987	ICY TREAT 450QX450-9	YR	4.00	30.00
1987	JOLLY HIKER 500QX483-2	YR	5.00	30.00
1987	RACCOON BIKER 700QX458-7	YR	7.00	25.00
1987	REINDOGGY 575QX452-7	YR	6.00	35.00
1987	SNOOPY AND WOODSTOCK 725QX472-9	YR	7.00	50.00
D. UNRUH			**HOLIDAY HUMOR**	
1986	ACORN INN 850QX424-3	YR	8.00	26.00
1986	HAPPY CHRISTMAS TO OWL 600QX418-3	YR	6.00	20.00
1986	PUPPY'S BEST FRIEND 650QX420-3	YR	6.00	25.00
1987	HOT DOGGER 650QX471-9	YR	6.00	25.00
L. VOTRUBA			**HOLIDAY HUMOR**	
1987	NATURE'S DECORATIONS 475QX273-9	YR	5.00	30.00
*			**HOLIDAY SCULPTURE**	
1983	SANTA 400QX308-7	YR	4.00	30.00
L. SICKMAN			**HOLIDAY SCULPTURE**	
1983	HEART 400QX307-9	YR	4.00	50.00
*			**HOLIDAY TRADITIONS**	
1989	FIRST CHRISTMAS, THE- 775QX547-5	YR	8.00	20.00
1989	GENTLE FAWN 775QX548-5	YR	8.00	20.00
1989	GEORGE WASHINGTON BICENTEN. 625QX386-2	YR	6.00	17.00
1989	OLD-WORLD GNOME 775QX434-5	YR	8.00	25.00

YR	NAME	LIMIT	ISSUE	TREND
1989	SWEET MEMORIES PHOTOHOLDER 675QX438-5	YR	7.00	20.00
1999	FESTIVAL OF FRUIT QBG6069	YR	35.00	35.00
P. ANDREWS			**HOLIDAY TRADITIONS**	
1996	KINDLY SHEPHERD QX627-4	YR	13.00	20.00
1999	ANGEL OF HOPE QXI6339	YR	15.00	15.00
N. AUBE			**HOLIDAY TRADITIONS**	
1999	BEST PALS QX6879	YR	19.00	19.00
JOHNSON/ BRICKER			**HOLIDAY TRADITIONS**	
1996	TAMIKA QX630-1	YR	8.00	15.00
R. CHAD			**HOLIDAY TRADITIONS**	
1996	LIGHTING THE WAY QX612-4	YR	13.00	19.00
K. CROW			**HOLIDAY TRADITIONS**	
1989	HANG IN THERE 525QX430-5	YR	5.00	30.00
1989	PEEK-A-BOO KITTIES 750QX487-1	YR	8.00	20.00
J. ESCHRICH			**HOLIDAY TRADITIONS**	
1999	NOAH'S ARK QX6809	YR	13.00	13.00
J. FRANCIS			**HOLIDAY TRADITIONS**	
1989	JOYFUL TRIO 975QX437-2	YR	10.00	14.00
1989	PADDINGTON BEAR 575QX429-2	YR	6.00	25.00
1996	MAKING HIS ROUNDS QX627-1	YR	15.00	20.00
HAAS/VOTRUBA			**HOLIDAY TRADITIONS**	
1999	ANGEL SONG QX6939	YR	19.00	19.00
T. HADDIX			**HOLIDAY TRADITIONS**	
1999	LITTLE CLOUD KEEPER QX6877	YR	17.00	17.00
T. LARSEN			**HOLIDAY TRADITIONS**	
1999	JOYOUS CHRISTMAS QX6827	YR	6.00	6.00
1999	LET IT SNOW! QLX7427	YR	19.00	19.00
J. LYLE			**HOLIDAY TRADITIONS**	
1989	NORMAN ROCKWELL 475QX276-2	YR	5.00	20.00
S. PIKE			**HOLIDAY TRADITIONS**	
1989	OWLIDAY GREETINGS 400QX436-5	YR	4.00	20.00
1989	PARTY LINE 875QX476-1	YR	9.00	30.00
1989	SPENCER SPARROW, ESQ. 675QX431-2	YR	7.00	25.00
1989	STOCKING KITTEN 675QX456-5	YR	7.00	20.00
M. PYDA-SEVCIK			**HOLIDAY TRADITIONS**	
1989	FELIZ NAVIDAD 675QX439-2	YR	7.00	25.00
D. RHODUS			**HOLIDAY TRADITIONS**	
1989	SNOOPY & WOODSTOCK 675QX433-2	YR	7.00	35.00
A. ROGERS			**HOLIDAY TRADITIONS**	
1989	CRANBERRY BUNNY 575QX426-2	YR	6.00	14.00
1989	SPECIAL DELIVERY 525QX432-5	YR	6.00	20.00
E. SEALE			**HOLIDAY TRADITIONS**	
1989	TEENY TASTER 475QX418-1	YR	5.00	25.00
L. SICKMAN			**HOLIDAY TRADITIONS**	
1996	FELIZ NAVIDAD QX630-4	YR	10.00	20.00
1999	RED BARN QX6947	YR	16.00	16.00
RIBERA/ SICKMAN			**HOLIDAY TRADITIONS**	
1996	MADONNA AND CHILD QX632-4	YR	13.00	20.00
B. SIEDLER			**HOLIDAY TRADITIONS**	
1989	CAMERA CLAUS 575QX546-5	YR	6.00	20.00
1989	DEER DISGUISE 575QX426-5	YR	6.00	20.00
1989	GONE FISHING 575QX479-4	YR	6.00	25.00
1989	GYM DANDY 575QX418-5	YR	6.00	20.00
1989	HERE'S THE PITCH 575QX545-5	YR	6.00	20.00
1989	HOPPY HOLIDAYS 775QX469-2	YR	8.00	20.00
1989	KRISTY CLAUS 575QX424-5	YR	6.00	12.00
1989	NORTH POLE JOGGER 575QX546-2	YR	6.00	20.00
1989	ON THE LINKS 575QX419-2	YR	6.00	25.00
1989	POLAR BOWLER 575QX478-4	YR	6.00	18.00
1989	SEA SANTA 575QX415-2	YR	6.00	25.00
1989	SNOWPLOW SANTA 575QX420-5	YR	6.00	22.00
S. TAGUE			**HOLIDAY TRADITIONS**	
1999	PRAISE THE DAY QX6799	YR	15.00	15.00
D. UNRUH			**HOLIDAY TRADITIONS**	
1989	A KISS FROM SANTA 450QX482-1	YR	4.00	25.00
1989	OREO COOKIE 400QX481-4	YR	4.00	20.00
1999	CHILD OF WONDER QX6817	YR	15.00	15.00
1999	WINTERTIME TREAT QX6989	YR	13.00	13.00
L. VOTRUBA			**HOLIDAY TRADITIONS**	
1999	JOYOUS ANGEL QX6787	YR	9.00	9.00
*			**HOLIDAY WILDLIFE**	
1982	CARDINALS QX 313-3	YR	7.00	350.00
1983	CHICKADEE 700QX309-9	YR	7.00	70.00
1984	PHEASANTS 725QX347-4	YR	7.00	30.00
1985	PARTRIDGE 750QX376-5	YR	8.00	30.00
1986	CEDAR WAXWING 750QX321-6	YR	8.00	25.00
1988	PURPLE FINCH 775QX371-1	YR	8.00	22.00
L. VOTRUBA			**HOLIDAY WILDLIFE**	
1987	SNOW GOOSE 750QX371-7	YR	8.00	25.00
*			**HOOP STARS**	
1995	SHAQUILLE O'NEAL 1ST ED. QX1551-7	YR	15.00	35.00
1996	LARRY BIRD 2ND ED. QXI501-4	YR	15.00	25.00
1997	MAGIC JOHNSON QXI6832	YR	15.00	22.00
D. UNRUH			**HOOP STARS**	
1998	GRANT HILL QXI 684-6	YR	15.00	15.00
1999	SCOTTIE PIPPEN QXI4177	YR	15.00	15.00

YR	NAME	LIMIT	ISSUE	TREND
K. CROW		**HUNCHBACK OF NOTRE DAME**		
1996	ESMERALDA AND DJALO QXI635-1	YR	15.00	28.00
1996	LAVERNE, VICTOR AND HUGO QXI635-4	YR	13.00	19.00
1996	QUASIMODO QXI634-1	YR	10.00	15.00
1997	PHOEBUS & ESMERALDA QXD6344	YR	15.00	20.00
*		**ICE SCULPTURES**		
1982	ARCTIC PENGUIN 400QX300-3	YR	4.00	20.00
1982	SNOWY SEAL 400QX300-6	YR	4.00	18.00
P. ANDREWS		**INVITATION TO TEA**		
1995	COZY COTTAGE TEAPOT QK112-7	YR	16.00	28.00
1995	EUROPEAN CASTLE QK112-9	YR	16.00	28.00
1995	VICTORIAN HOME TEAPOT QX111-9	YR	16.00	33.00
K. CROW		**IT'S A WONDERFUL LIFE**		
1996	IT'S A WONDERFUL LIFE QXI653-1	YR	15.00	38.00
*		**JOURNEYS INTO SPACE**		
1998	APOLLO LUNAR MODULE QLX 754-3	YR	24.00	24.00
E. SEALE		**JOURNEYS INTO SPACE**		
1996	FREEDOM 7 1ST ED. QLX752-4	YR	24.00	55.00
1997	FRIENDSHIP 7 2ND ED. QLX753-2	YR	24.00	38.00
1999	LUNAR ROVER VEHICLE QXL7377	YR	24.00	24.00
R. CHAD		**JOYFUL SANTA**		
1999	JOYFUL SANTA QX6949	YR	15.00	15.00
*		**KEEPSAKE ORNAMENT SIGNATURE COLLECTION**		
1996	TOY SHOP SANTA QXC420-1	YR	60.00	90.00
D. PALMITER		**KIDDIE CAR CLASSICS**		
1994	MURRAY CHAMPION 1ST ED. 1395QX542-6	RT	14.00	70.00
1995	MURRAY FIRE TRUCK 2ND SERIES QX502-7	YR	14.00	27.00
1998	1935 STEELCRAFT BY MURRAY QXC 4496	YR	16.00	35.00
1998	1955 MURRAY TRACTOR AND TRAILER QX 637-6	YR	17.00	25.00
1999	1968 MURRAY JOLLY ROGER FLAGSHIP QX6279	YR	14.00	14.00
D. RHODUS		**KIDDIE CAR CLASSICS**		
1996	MURRAY AIRPLANE 3RD ED. QX536-4	OP	14.00	30.00
*		**KITTENS IN TOYLAND**		
1989	KITTENS IN TOYLAND-2ND ED. 450QXM561-2	YR	4.00	19.00
K. CROW		**KITTENS IN TOYLAND**		
1988	KITTENS IN TOYLAND/TRAIN 500QXM562-1	YR	5.00	29.00
1989	SCOOTER 450QXM561-2	YR	4.00	19.00
1990	SAILBOAT 450QXM573-6	YR	4.00	22.00
1991	AIRPLANE 450QXM563-9	YR	4.00	19.00
1992	POGO STICK 450QXM5391	YR	4.00	17.00
*		**LADY AND THE TRAMP**		
1999	FAMILY PORTRAIT QXD4149	YR	15.00	15.00
S. TAGUE		**LANGUAGE OF FLOWERS**		
1996	PANSY 1ST ED. QK117-1	YR	16.00	50.00
1997	SNOWDROP ANGEL 2ND ED. QX1095	YR	16.00	25.00
1998	IRIS ANGEL QX 615-6	YR	16.00	16.00
1999	ROSE ANGEL QX6289	YR	16.00	16.00
*		**LASER CREATIONS**		
1999	ANGELIC MESSENGER QLZ4287	YR	8.00	8.00
1999	CHRISTMAS IN BLOOM QLZ4257	YR	9.00	9.00
1999	DON'T OPEN TILL 2000 QLZ4289	YR	9.00	9.00
1999	RINGING IN CHRISTMAS QLZ4277	YR	7.00	7.00
1999	WISH FOR PEACE QLZ4243	YR	7.00	7.00
1999	YULETIDE CHARM QLZ4269	YR	6.00	6.00
T. LARSEN		**LASER CREATIONS**		
1999	INSIDE SANTA'S WORKSHOP QLZ4239	YR	9.00	9.00
1999	VISIT FROM ST. NICHOLAS QLZ4229	YR	6.00	6.00
P. ANDREWS		**LEGEND OF THREE KINGS COLLECTION**		
1998	KING KHAROOF-SECOND KING QX 618-6	YR	13.00	13.00
1999	KING MALH-THIRD KING QX6797	YR	14.00	14.00
N. AUBE		**LIFESTYLES**		
1996	APPLE FOR TEACHER QX612-1	YR	8.00	11.00
J. FRANCIS		**LIFESTYLES**		
1996	HURRYING DOWNSTAIRS QX607-4	YR	9.00	15.00
E. SEALE		**LIFESTYLES**		
1996	TENDER LOVIN' CARE QX611-4	YR	8.00	15.00
B. SIEDLER		**LIFESTYLES**		
1996	CHILD CARE GIVER QX607-1	YR	9.00	15.00
*		**LIGHTED ORNAMENTS COLLECTION**		
1986	MR. & MRS. SANTA 1450QLX705-2	YR	14.00	80.00
1986	SUGARPLUM COTTAGE 1100QLX701-1	YR	11.00	36.00
K. CROW		**LIGHTED ORNAMENTS COLLECTION**		
1986	BABY'S FIRST CHRISTMAS 1950QLX710-3	YR	20.00	50.00
1986	KEEP ON GLOWIN' 1000QLX707-6	YR	10.00	45.00
1986	SANTA'S SNACK 1000QLX706-6	YR	10.00	52.00
D. LEE		**LIGHTED ORNAMENTS COLLECTION**		
1986	GENERAL STORE 1575QLX705-3	YR	16.00	55.00
E. SEALE		**LIGHTED ORNAMENTS COLLECTION**		
1986	CHRISTMAS SLEIGH RIDE 2450QLX701-2	YR	25.00	135.00
1986	FIRST CHRISTMAS TOGETHER 1400QLX707-3	YR	14.00	40.00
L. SICKMAN		**LIGHTED ORNAMENTS COLLECTION**		
1986	GENTLE BLESSINGS 1500QLX708-3	YR	15.00	155.00
1986	VILLAGE EXPRESS 2450QLX707-2	YR	25.00	110.00
D. UNRUH		**LIGHTED ORNAMENTS COLLECTION**		
1986	SANTA'S ON HIS WAY 1500QLX711-5	YR	15.00	70.00

YR	NAME	LIMIT	ISSUE	TREND
L. VOTRUBA		**LIGHTED ORNAMENTS COLLECTION**		
1986	MERRY CHRISTMAS BELL 850QLX709-3	YR	8.00	20.00
1986	SHARING FRIENDSHIP 850QLX706-3	YR	8.00	25.00
J. FRANCIS		**LIGHTHOUSE GREETINGS**		
1998	LIGHTHOUSE GREETINGS QLX 753-6	YR	24.00	24.00
1999	LIGHTHOUS GREETINGS QLX7379	YR	24.00	24.00
*				**LION KING**
1994	MUFASA AND SIMBA 1495QX540-6	YR	15.00	25.00
1994	SIMBA AND NALA 1295QX530-3	YR	13.00	23.00
1994	TIMON & PUMBAA 895QX536-6	YR	9.00	25.00
1997	TIMON, PUMBAA QXD406-5	YR	13.00	20.00
1998	SIMBA & NALA QXD 4073	YR	14.00	14.00
K. CROW				**LION KING**
1994	SIMBA, SARABI AND MUFASA QLX 751-3	YR	32.00	60.00
1995	SIMBA, PUMBAA & TIMON QX615-9	YR	13.00	17.00
E. SEALE		**LIONEL NORFOLK AND WESTERN**		
1999	LOCOMOTIVE AND TENDER QXM4549	YR	11.00	11.00
*				**LIONEL TRAIN**
1996	700E HUDSON STEAM LOCOMOTIVE 1ST ED. QX553-1	YR	19.00	75.00
1997	1950 SANTA FE F3 DIESEL LOCOMOTIVE 2ND ED.	YR	19.00	40.00
1998	PENNSYLVANIA GG-I LOCOMOTIVE QX 634-6	YR	19.00	19.00
1999	746 NORFOLK AND WESTERN STEAM LOCOMOTIVE QX6377	YR	19.00	19.00
*				**LITTLE TRIMMERS**
1978	DRUMMER BOY 250QX136-3	YR	2.00	80.00
1978	SANTA 250QX135-6	YR	2.00	70.00
1979	A MATCHLESS CHRISTMAS 400QX132-7	YR	4.00	90.00
1979	ANGEL DELIGHT 300QX130-7	YR	3.00	100.00
1979	SANTA 300QX135-6	YR	3.00	75.00
1979	THIMBLE SERIES-MOUSE 300QX133-6	YR	3.00	275.00
1980	CHRISTMAS OWL 400QX131-4	YR	4.00	50.00
1980	CHRISTMAS TEDDY 250QX135-4	YR	2.00	120.00
1980	CLOTHESPIN SOLDIER 350QX134-4	YR	4.00	40.00
1980	MERRY REDBIRD 350QX160-1	YR	4.00	60.00
1980	SWINGIN' ON A STAR 400QX130-1	YR	4.00	75.00
1981	CLOTHESPIN DRUMMER BOY 450QX408-2	YR	4.00	50.00
1981	JOLLY SNOWMAN 350QX407-5	YR	4.00	60.00
1981	PERKY PENGUIN 350QX409-5	YR	4.00	60.00
1981	PUPPY LOVE 350QX406-2	YR	4.00	34.00
1981	STOCKING MOUSE, THE- 450QX412-2	YR	4.00	100.00
1982	CHRISTMAS KITTEN 400QX454-3	YR	4.00	35.00
1982	CHRISTMAS OWL 450QX131-4	YR	4.00	50.00
1982	MERRY MOOSE 550QX415-5	YR	6.00	60.00
1982	PERKY PENGUIN 400QX409-5	YR	4.00	60.00
D. LEE				**LITTLE TRIMMERS**
1978	PRAYING ANGEL 250QX134-3	YR	2.00	85.00
1982	MUSICAL ANGEL 550QX459-6	YR	6.00	120.00
E. SEALE				**LITTLE TRIMMERS**
1982	JINGLING TEDDY 400QX477-6	YR	4.00	40.00
L. SICKMAN				**LITTLE TRIMMERS**
1982	COOKIE MOUSE 450QX454-6	YR	4.00	52.00
1982	DOVE LOVE 450QX462-3	YR	4.00	51.00
P. ANDREWS		**LOONEY TUNES COLLECTION**		
1993	PORKY PIG 875QX565-2	YR	9.00	16.00
R. CHAD		**LOONEY TUNES COLLECTION**		
1994	ROAD RUNNER AND WILE E. COYOTE QX 560-2	YR	13.00	25.00
1995	BUGS BUNNY QX501-9	YR	9.00	20.00
1995	SYLVESTER AND TWEETY QX501-7	YR	14.00	19.00
1996	FOGHORN LEGHORN & HENERY HAWK QX544-4	YR	14.00	17.00
1996	MARVIN THE MARTIAN QX545-1	YR	11.00	25.00
1998	BUGS BUNNY QX 644-3	YR	14.00	14.00
1999	MARVIN THE MARTIAN QXM4657	YR	9.00	9.00
1999	PEPE LEPEW AND PENELOPE QX6507	YR	13.00	13.00
1999	TAZ AND THE SHE-DEVIL QXM4619	YR	9.00	9.00
J. LYLE		**LOONEY TUNES COLLECTION**		
1993	ELMER FUDD 875QX549-5	YR	9.00	20.00
D. PALMITER		**LOONEY TUNES COLLECTION**		
1993	SYLVESTER & TWEETY 975QX540-5	YR	10.00	30.00
1994	DAFFY DUCK 895QX541-6	YR	9.00	20.00
1994	SPEEDY GONZALES 895QX534-3	YR	9.00	23.00
1994	TASMANIAN DEVIL 895QX560-5	YR	9.00	45.00
1994	YOSEMITE SAM 895QX534-6	YR	9.00	20.00
L. SICKMAN		**LOONEY TUNES COLLECTION**		
1993	BUGS BUNNY 875QX541-2	YR	10.00	25.00
D. PALMITER		**LOONEY TUNES LOVABLES**		
1996	BABY SYLVESTER QXM415-4	YR	6.00	15.00
1996	BABY TWEETY QXM401-4	YR	6.00	25.00
J. COLLINS		**MADAME ALEXANDER**		
1996	CINDERELLA-1995 1ST ED. QX631-1	YR	15.00	40.00
J. FRANCIS		**MADAME ALEXANDER**		
1997	LITTLE RED RIDING HOOD-1991 2ND ED.	YR	15.00	28.00
1998	MOP TOP WENDY QX 635-3	YR	15.00	15.00
1999	PARK AVENUE WENDY & ALEX THE BELLHOP QFM8499	YR	13.00	13.00
1999	RED QUEEN-ALICE IN WONDERLAND QX6379	YR	15.00	15.00
J. FRANCIS		**MADAME ALEXANDER HOLIDAY ANGELS**		
1998	GLORIOUS ANGEL QX 649-3	YR	15.00	15.00
1999	ANGEL OF THE NATIVITY QX6419	YR	15.00	15.00

YR	NAME	LIMIT	ISSUE	TREND
L. VOTRUBA				**MAGI BELLS**
1996	BALTHAZAR (FRANKINCENSE) QK1174	YR	14.00	20.00
1996	CASPAR (MYRRH) QK118-4	YR	14.00	20.00
1996	MELCHOIR (GOLD) QK118-1	YR	14.00	20.00
*				**MAGIC ORNAMENTS**
1984	ALL ARE PRECIOUS 800QLX704-1	YR	8.00	22.00
1984	BRASS CAROUSEL 900QLX707-1	YR	9.00	85.00
1984	CHRISTMAS IN THE FOREST 800QLX703-4	YR	8.00	17.00
1984	SANTA'S WORKSHOP 1300QLX700-4	YR	13.00	60.00
1984	STAINED GLASS 800QLX703-1	YR	8.00	17.00
1984	SUGARPLUM COTTAGE 1100QLX701-1	YR	11.00	36.00
1985	ALL ARE PRECIOUS 800QLX704-4	YR	8.00	22.00
1985	CHRISTMAS EVE VISIT 1200QLX710-5	YR	12.00	28.00
1985	KATYBETH 1075QLX710-2	YR	11.00	40.00
1985	MR. AND MRS. SANTA 1450QLX705-2	YR	14.00	80.00
1985	SANTA'S WORKSHOP 1300QLX700-4	YR	13.00	60.00
1985	SUGARPLUM COTTAGE 1100QLX701-1	YR	11.00	36.00
1985	SWISS CHEESE LANE 1300QLX706-5	YR	13.00	43.00
1987	BABY'S FIRST CHRISTMAS 1350QLX704-9	YR	14.00	35.00
1987	FIRST CHRISTMAS TOGETHER 1150QLX708-7	YR	12.00	45.00
1987	LACY BRASS SNOWFLAKE 1150QLX709-7	YR	12.00	25.00
1987	SEASON FOR FRIENDSHIP 850QLX706-9	YR	8.00	20.00
1988	FIRST CHRISTMAS TOGETHER 1200QLX702-7	YR	12.00	38.00
1988	SONG OF CHRISTMAS 850QLX711-1	YR	8.00	25.00
1988	TREE OF FRIENDSHIP 850QLX710-4	YR	8.00	25.00
1989	HOLIDAY BELL 1750QLX722-2	YR	18.00	35.00
1990	BLESSINGS OF LOVE 1400QLX736-3	YR	14.00	50.00
1991	ANGEL OF LIGHT 3000QLT723-9	YR	30.00	60.00
1992	ANGEL OF LIGHT 3000QLX723-9	YR	30.00	37.00
1994	BARNEY 2400QLX750-6	YR	24.00	39.00
1995	SPACE SHUTTLE COLUMBIA 739-6	YR	24.00	40.00
P. ANDREWS				**MAGIC ORNAMENTS**
1990	ELF OF THE YEAR 1000QLX735-6	YR	10.00	22.00
1991	KITTY IN A MITTY 450QXM587-9	YR	4.00	12.00
1992	LIGHTING THE WAY 1800QLX723-1	YR	18.00	45.00
1993	SONG OF THE CHIMES 2500QLX740-5	YR	25.00	50.00
R. CHAD				**MAGIC ORNAMENTS**
1988	MOONLIT NAP 875QLX713-4	YR	9.00	25.00
1989	MOONLIT NAP 875QLX713-4	YR	9.00	25.00
1989	RUDOLPH RED-NOSED REINDEER 1950QLX725-2	YR	20.00	65.00
1990	HOLIDAY FLASH 1800QLX733-3	YR	18.00	35.00
1991	ELFIN ENGINEER 1000QLX720-9	YR	10.00	25.00
1991	SPARKLING ANGEL 1800QLX715-7	YR	18.00	35.00
1992	OUR FIRST CHRISTMAS TOGETHER2000QLX722-1	YR	20.00	33.00
1993	OUR FIRST CHRISTMAS TOGETHER QLX735-5	YR	20.00	42.00
1993	ROAD RUNNER AND WILE E. COYOTE QLX741-5	YR	30.00	70.00
1995	SUPERMAN QLX730-9	YR	28.00	45.00
1996	FATHER TIME QLX739-1	YR	25.00	45.00
1997	DECORATOR TAZ QXL7502	YR	30.00	40.00
1997	SANTA'S SECRET GIFT QXL7455	YR	24.00	35.00
K. CROW				**MAGIC ORNAMENTS**
1987	CHRISTMAS MORNING 2450QLX701-3	YR	25.00	45.00
1987	KEEP ON GLOWIN! 1000QLX707-6	YR	10.00	45.00
1987	KEEPING COZY 1175QLX704-7	YR	12.00	32.00
1988	CHRISTMAS IS MAGIC 1200QLX717-1	YR	12.00	55.00
1988	CHRISTMAS MORNING 2450QLX701-3	YR	25.00	45.00
1988	CIRCLING THE GLOBE 1050QLX712-4	YR	10.00	40.00
1989	TINY TINKER 1950QLX717-4	YR	20.00	55.00
1990	ELFIN WHITTLER 2000QLX726-5	YR	20.00	45.00
1990	SANTA'S HO-HO-HOEDOWN 2500QLX725-6	YR	25.00	80.00
1991	ARCTIC DOME 2500QLX711-7	YR	25.00	50.00
1991	SANTA'S HOT LINE 1800QLX715-9	YR	18.00	38.00
1991	TOYLAND TOWER 2000QLX712-9	YR	20.00	40.00
1992	BABY'S FIRST CHRISTMAS 2200QLX728-1	YR	22.00	80.00
1992	ENCHANTED CLOCK 3000QLX727-4	YR	30.00	55.00
1992	NUT SWEET NUT 1000QLX708-1	YR	10.00	20.00
1992	SANTA SUB 1800QLX732-1	YR	18.00	36.00
1993	BELLS ARE RINGING 2800QLX740-2	YR	28.00	60.00
1993	DOLLHOUSE DREAMS 2200QLX737-2	YR	22.00	45.00
1993	SANTA'S SNOW-GETTER 1800QLX735-2	YR	18.00	38.00
1994	KRINGLE TROLLEY 2000QLX741-3	YR	20.00	48.00
1994	SANTA'S SING-ALONG 2400QLX747-3	YR	24.00	45.00
1994	WINNIE THE POOH PARADE 3200QLX749-3	YR	32.00	60.00
1995	MY FIRST HOT WHEELS QLX727-9	YR	28.00	45.00
1995	WEE LITTLE CHRISTMAS QLX732-9	YR	22.00	35.00
1996	CHICKEN COOP CHORUS QLX749-1	YR	25.00	33.00
1996	JETSONS, THE QLX741-1	YR	28.00	48.00
1996	SHARING A SODA QLX742-4	YR	25.00	40.00
1997	SANTA'S SHOWBOAT QXL7465	YR	42.00	65.00
L. CROW				**MAGIC ORNAMENTS**
1994	FELIZ NAVIDAD 2800QLX743-3	YR	28.00	65.00
P. DUTKIN				**MAGIC ORNAMENTS**
1991	FRIENDSHIP TREE 1000QLX716-9	YR	10.00	25.00
J. FRANCIS				**MAGIC ORNAMENTS**
1989	ANIMALS SPEAK , THE1350QLX723-2	YR	14.00	110.00
1992	WATCH OWLS 1200QLX708-4	YR	12.00	25.00
1993	BABY'S FIRST CHRISTMAS 2200QLX736-5	YR	22.00	42.00
1994	BABY'S FIRST CHRISTMAS 2000QLX746-6	YR	20.00	40.00

YR	NAME	LIMIT	ISSUE	TREND
1994	CANDY CANE LOOKOUT 1800QLX737-6	YR	18.00	68.00
1995	JUMPING FOR JOY QLX734-7	YR	28.00	45.00
1997	HOLIDAY SERENADE QXL7485	YR	24.00	35.00
D. LEE			**MAGIC ORNAMENTS**	
1984	SANTA'S ARRIVAL 1300QLX702-4	YR	13.00	60.00
1984	VILLAGE CHURCH 1500QLX702-1	YR	15.00	50.00
1985	LITTLE RED SCHOOLHOUSE 1575QLX711-2	YR	16.00	80.00
1985	VILLAGE CHURCH 1500QLX702-1	YR	15.00	50.00
1987	TRAIN STATION 1275QLX703-9	YR	13.00	50.00
1989	BUSY BEAVER 1750QLX724-5	YR	18.00	47.00
1989	FIRST CHRISTMAS TOGETHER 1750QLX734-2	YR	18.00	45.00
1990	FIRST CHRISTMAS TOGETHER QLX 725-5	YR	18.00	48.00
1991	IT'S A WONDERFUL LIFE 2000QLX723-7	YR	20.00	70.00
1992	LOOK! IT'S SANTA 1400QLX709-4	YR	14.00	40.00
1993	RADIO NEWS FLASH 2200QLX736-2	YR	22.00	48.00
1994	WHITE CHRISTMAS 2800QLX746-3	YR	28.00	60.00
J. LEE			**MAGIC ORNAMENTS**	
1991	JINGLE BEARS 2500QLX732-3	YR	25.00	50.00
1991	MOLE FAMILY HOME 2000QLX714-9	YR	20.00	45.00
1992	SANTA'S ANSWERING MACHINE 2200QLX724-1	YR	22.00	40.00
1993	DOG'S BEST FRIEND 1200QLX717-2	YR	12.00	25.00
1995	HEADIN' HOME QLX732-7	YR	22.00	44.00
J. LYLE			**MAGIC ORNAMENTS**	
1985	SEASON OF BEAUTY 800QLX712-2	YR	8.00	25.00
1988	RADIANT TREE 1175QLX712-1	YR	12.00	25.00
1990	PARTRIDGES IN A PEAR 1400QLX721-2	YR	14.00	35.00
1994	AWAY IN A MANGER 1600QLX738-3	YR	16.00	38.00
1996	LET US ADORE HIM QLX738-1	YR	16.00	30.00
1997	MADONNA AND CHILD QXL7425	YR	20.00	32.00
D. MCGEHEE			**MAGIC ORNAMENTS**	
1991	FESTIVE BRASS CHURCH 1400QLX717-9	YR	14.00	30.00
L. NORTON			**MAGIC ORNAMENTS**	
1993	U.S.S. ENTERPRISE QLX741-2	YR	24.00	50.00
D. PALMITER			**MAGIC ORNAMENTS**	
1990	BABY'S FIRST CHRISTMAS 2800QLX724-6	YR	28.00	55.00
1992	GOOD SLEDDING AHEAD 2800QLX724-4	YR	28.00	50.00
1992	UNDER CONSTRUCTION 1800QLX732-4	YR	18.00	40.00
1993	LAMPLIGHTER, THE 1800QLX719-2	YR	18.00	40.00
1994	GINGERBREAD FANTASY 4400QLX738-2	YR	44.00	87.00
1995	COMING TO SEE SANTA QLX736-9	YR	32.00	60.00
1995	PEANUTS FIFTH AND FINAL QLX727-7	YR	25.00	45.00
1996	JUKEBOX PARTY QLX733-9	YR	25.00	50.00
S. PIKE			**MAGIC ORNAMENTS**	
1987	MEOWY CHRISTMAS 1000QLX708-9	YR	10.00	60.00
1988	KITTY CAPERS 1300QLX716-4	YR	13.00	45.00
1991	HOLIDAY GLOW 1400QLX717-7	YR	14.00	30.00
M. PYDA-SEVCIK			**MAGIC ORNAMENTS**	
1988	HEAVENLY GLOW 1175QLX711-4	YR	12.00	25.00
D. RHODUS			**MAGIC ORNAMENTS**	
1989	UNICORN FANTASY 950QLX723-5	YR	10.00	20.00
1990	MRS. SANTA'S KITCHEN 2500QLX726-3	YR	25.00	85.00
1991	PEANUTS 1800QLX722-9	YR	18.00	70.00
1992	PEANUTS 1800QLX721-4	YR	18.00	50.00
1992	SHUTTLECRAFT "GALILEO" 2400QLX733-1	YR	21.00	50.00
1993	PEANUTS 1800QLX715-5	YR	18.00	45.00
1994	PEANUTS 2000QLX740-6	YR	20.00	48.00
A. ROGERS			**MAGIC ORNAMENTS**	
1990	LETTER TO SANTA 1400QLX722-6	YR	14.00	35.00
1990	SONG AND DANCE 2000QLX725-3	YR	20.00	90.00
1990	STARLIGHT ANGEL 1400QLX730-6	YR	14.00	35.00
1993	RAIDING THE FRIDGE 1600QLX718-5	YR	16.00	35.00
1994	PEEKABOO PUP 2000QLX742-3	YR	20.00	41.00
1995	FRIENDS SHARE FUN QLX734-9	YR	16.00	31.00
1995	HOLIDAY SWIM QLX731-9	YR	19.00	35.00
1997	SNOOPY PLAYS SANTA QXL7475	YR	22.00	33.00
E. SEALE			**MAGIC ORNAMENTS**	
1984	NATIVITY 1200QLX700-1	YR	12.00	27.00
1985	BABY'S FIRST CHRISTMAS 1650QLX700-5	YR	16.00	37.00
1985	NATIVITY 1200QLX700-1	YR	12.00	27.00
1987	LOVING HOLIDAY 2200QLX701-6	YR	22.00	50.00
1987	MEMORIES ARE FOREVER-PHOTO 850QLX706-7	YR	8.00	35.00
1988	BABY'S FIRST CHRISTMAS 2400QLX718-4	YR	24.00	55.00
1988	KRINGLE'S TOY SHOP 2450QLX701-7	YR	25.00	52.00
1989	BABY'S FIRST CHRISTMAS 3000QLX727-2	YR	30.00	57.00
1989	KRINGLE'S TOY SHOP 2450QLX701-7	YR	25.00	52.00
1989	SPIRIT OF ST. NICK 2450QLX728-5	YR	25.00	65.00
1991	BABY'S FIRST CHRISTMAS 3000QLX724-7	YR	30.00	95.00
1991	SANTA SPECIAL 4000QLX716-7	YR	40.00	70.00
1991	SKI TRIP 2800QLX726-6	YR	28.00	56.00
1992	SANTA SPECIAL 4000QLX716-7	YR	40.00	70.00
1992	YULETIDE RIDER 2800QLX731-4	YR	28.00	55.00
1993	NORTH POLE MERRYTHON QLX739-2	YR	25.00	50.00
1994	CONVERSATION W/SANTA 2800QLX742-6	YR	28.00	58.00
1994	EAGLE HAS LANDED, THE 2400QLX768-6	YR	24.00	50.00
1996	OVER THE ROOFTOPS QLX737-4	YR	14.00	25.00
1997	LINCOLN MEMORIAL QXL7522	YR	24.00	40.00
1997	MOTORCYCLE CHUMS QXL7495	YR	24.00	35.00

YR	NAME	LIMIT	ISSUE	TREND
L. SICKMAN			**MAGIC ORNAMENTS**	
1987	GOOD CHEER BLIMP 1600QLX704-6	YR	16.00	50.00
1988	BEARLY REACHING 950QLX715-1	YR	10.00	35.00
1988	COUNTRY EXPRESS 2450QLX721-1	YR	25.00	65.00
1988	FESTIVE FEEDER 1150QLX720-4	YR	12.00	50.00
1988	PARADE OF THE TOYS 2200QLX719-4	YR	25.00	45.00
1989	METRO EXPRESS 2800QLX727-5	YR	28.00	75.00
1990	CHILDREN'S EXPRESS 2800QLX724-3	YR	28.00	75.00
1991	FIRST CHRISTMAS TOGETHER QX 713-7	YR	25.00	47.00
1991	KRINGLES'S BUMPER CARS 2500QLX711-9	YR	25.00	50.00
1992	CHRISTMAS PARADE 3000QLX727-1	YR	30.00	60.00
1992	CONTINENTAL EXPRESS 3200QLX726-4	YR	32.00	70.00
1992	FEATHERED FRIENDS 1400QLX709-1	YR	14.00	27.00
1993	HOME ON THE RANGE 3200QLX739-5	YR	32.00	70.00
1994	COUNTRY SHOWTIME 2200QLX741-6	YR	22.00	43.00
1994	MAXINE 2000QLX750-3	YR	20.00	48.00
1996	TREASURED MEMORIES QLX738-4	YR	19.00	35.00
B. SIEDLER			**MAGIC ORNAMENTS**	
1984	CITY LIGHTS 1000QLX701-4	YR	10.00	42.00
1989	BACKSTAGE BEAR 1350QLX721-5	YR	14.00	35.00
1989	LOVING SPOONFUL 1950QLX726-2	YR	20.00	38.00
1990	BEARY SHORT NAP 1000QLX732-6	YR	10.00	30.00
1990	DEER CROSSING 1800QLX721-3	YR	18.00	45.00
1990	HOP 'N POP POPPER 2000QLX735-3	YR	20.00	90.00
1990	STARSHIP CHRISTMAS 1800QLX733-6	YR	18.00	55.00
1993	SANTA'S WORKSHOP 2800QLX737-5	YR	28.00	55.00
1993	WINNIE THE POOH 2400QLX742-2	YR	24.00	45.00
1994	ROCK CANDY MINER 2000QLX740-3	YR	20.00	38.00
1995	GOODY GUMBALLS! QLX736-7	YR	12.00	30.00
1995	WINNIE THE POOH -TOO MUCH HUNNY QLX729-7	YR	25.00	50.00
1996	VIDEO PARTY QLX743-1	YR	28.00	42.00
S. TAGUE			**MAGIC ORNAMENTS**	
1997	JOY TO THE WORLD QXL7512	YR	15.00	25.00
1997	TEAPOT PARTY QXL7482	YR	19.00	33.00
D. UNRUH			**MAGIC ORNAMENTS**	
1987	ANGELIC MESSENGERS 1875QLX711-3	YR	19.00	55.00
1988	LAST-MINUTE HUG 1950QLX718-1	YR	22.00	45.00
1988	SKATER'S WALTZ 2450QLX720-1	YR	25.00	58.00
1989	JOYOUS CAROLERS 3000QLX729-5	YR	30.00	70.00
1990	CHRISTMAS MEMORIES 2500QLX727-6	YR	25.00	55.00
1991	BRINGING HOME THE TREE 2800QLX724-9	YR	28.00	60.00
1991	FATHER CHRISTMAS 1400QLX714-7	YR	14.00	35.00
1991	SALVATION ARMY BAND 3000QLX727-3	YR	30.00	70.00
L. VOTRUBA			**MAGIC ORNAMENTS**	
1985	LOVE WREATH 850QLX702-5	YR	8.00	26.00
1987	BRIGHT NOEL 700QLX705-9	YR	7.00	27.00
1989	ANGEL MELODY 950QLX720-2	YR	10.00	25.00
1992	DANCING NUTCRACKER, THE 3000QLX726-1	YR	30.00	50.00
1993	LAST MINUTE SHOPPING 2800QLX738-5	YR	28.00	60.00
1994	VERY MERRY MINUTES 2400QLX744-3	YR	24.00	46.00
1995	SANTA'S DINER QLX733-7	YR	25.00	30.00
1997	GLOWING ANGEL QXL7435	YR	19.00	25.00
*			**MAJESTIC WILDERNESS**	
1998	TIMBER WOLVES AT PLAY-MARK NEWMAN QX 627-3	YR	13.00	13.00
1999	CURIOUS RACCOONS MARK NEWMAN QX6287	YR	13.00	13.00
D. UNRUH			**MARCH OF THE TEDDY BEARS**	
1993	MARCH OF THE TEDDY BEARS 450QXM400-5	YR	4.00	17.00
1994	MARCH OF THE TEDDY BEARS 450QXM510-6	YR	4.00	12.00
1995	MARCH OF THE TEDDY BEARS 3RD ED. QXM 4799	YR	*	15.00
1996	MARCH OF THE TEDDY BEARS 4TH & FINAL QXM409-4	YR	5.00	10.00
*			**MARILYN MONROE**	
1997	MARILYN MONROE, PINK GOWN QX570-4	YR	15.00	25.00
P. ANDREWS			**MARILYN MONROE**	
1998	MARILYN MONROE QX 633-3	YR	15.00	15.00
1999	MARILYN MONROE QX6389	YR	15.00	15.00
D. UNRUH			**MARJOLEIN BASTIN**	
1996	CHRISTMAS SNOWMAN QX621-4	YR	10.00	15.00
HAMILTON/ CHAD			**MARY'S ANGELS**	
1996	VIOLET 9TH ED. QX566-4	YR	7.00	17.00
1998	DAPHNE QX 615-3	YR	8.00	8.00
R. CHAD			**MARY'S ANGELS**	
1988	BUTTERCUP 500QX407-4	YR	5.00	45.00
1989	BLUEBELL 2ND ED. 575QX454-5	YR	6.00	90.00
1990	ROSEBUD 575QX442-3	YR	6.00	50.00
1991	IRIS 675QX427-9	YR	7.00	40.00
1992	LILY 5TH ED. 675QX427-4	YR	7.00	55.00
1993	IVY 6TH ED. 675QX428-2	YR	7.00	25.00
1994	JASMINE 7TH ED. 695QX527-6	YR	7.00	20.00
1995	CAMELLIA 8TH ED. QX514-9	YR	7.00	20.00
R. CHARD			**MARY'S ANGELS**	
1999	HEATHER QX6329	YR	8.00	8.00
HAMILTON/CHAD			**MARY'S ANGELS**	
1997	DAISY 10TH ED. QX6242	YR	8.00	15.00
E. SEALE			**MATCHBOX MEMORIES**	
1991	EVERGREEN INN 875QX538-9	YR	9.00	17.00
1991	HOLIDAY CAFE 875QX539-9	YR	9.00	14.00
1991	SANTA'S STUDIO 875QX539-7	YR	9.00	15.00

YR	NAME	LIMIT	ISSUE	TREND
D. RHODUS			**MERRY OLDE SANTA**	
1999	MERRY OLDE SANTA QX6359	YR	16.00	16.00
L. SICKMAN			**METAL ORNAMENTS**	
1977	SNOWFLAKE COLLECTION (4) 500QX210-2	YR	5.00	92.00
*			**MICKEY & CO.**	
1999	BABY MICKEY'S SWEET DREAMS QXD4087	YR	11.00	11.00
1999	GIRL TALK QXD4069	YR	13.00	13.00
1999	GOOFY AS SANTA'S HELPER QXD4079	YR	13.00	13.00
1999	PIANO PLAYER MICKEY QXD7389	YR	24.00	24.00
*			**MICKEY'S HOLIDAY PARADE**	
1998	MINNIE PLAYS THE FLUTE QXD 4106	YR	14.00	14.00
1999	DONALD PLAYS THE CYMBALS QXD4057	YR	14.00	14.00
1999	DONALD PLAYS THE CYMBALS QXD4057	YR	14.00	14.00
L. SICKMAN			**MINIATURE CLOTHESPIN SOLDIER**	
1995	MINIATURE CLOTHESPIN SOLDIER	YR	*	17.00
1996	MINIATURE CLOTHESPIN SOLDIER 2ND ED. QXM414-4	YR	5.00	10.00
1999	MINIATURE CLOTHESPIN SOLDIER QXM4579	YR	5.00	5.00
D. PALMITER			**MINIATURE KIDDIE CAR CLASSICS**	
1995	MURRAY CHAMPION QXM4079	YR	*	20.00
1996	MURRAY FIRE TRUCK 2ND ED. QXM403-1	OP	7.00	13.00
1997	MURRAY INC. PURSUIT AIRPLANE QXM4132	YR	*	14.00
1998	MURRAY DUMP TRUCK/ORANGE QXM4183	YR	*	12.00
1999	1955 MURRAY TRACTOR AND TRAILER QXM4479	YR	7.00	7.00
D. PALMITER			**MINIATURE KIDDIE CAR LUXURY EDITION**	
1998	1937 STEELCRAFT AUBURN QXM4143	YR	*	14.00
1999	1937 STEELCRAFT AIRFLOW BY MURRAY QXM4477	YR	7.00	7.00
*			**MINIATURE ORNAMENTS**	
1988	SNEAKER MOUSE 400QXM571-1	YR	4.00	20.00
1988	SWEET DREAMS 700QXM560-4	YR	7.00	20.00
1989	KRINGLES, THE-1ST EDITION 600QXM562-2	YR	6.00	28.00
1989	MOTHER 600QXM564-5	YR	6.00	12.00
1989	ROLY-POLY RAM 300QXM570-5	YR	3.00	15.00
1989	SPECIAL FRIEND 450QXM565-2	YR	4.00	11.00
1990	AIR SANTA 450QXM565-6	YR	4.00	12.00
1990	BRASS HORN 300QXM579-3	YR	3.00	5.00
1990	BRASS PEACE 300QXM579-6	YR	3.00	5.00
1990	BRASS YEAR 300QXM583-3	YR	3.00	6.00
1990	LOVING HEARTS 300QXM552-3	YR	3.00	10.00
1990	PENGUIN PAL 450QXM574-6	YR	4.00	19.00
1991	BRASS CHURCH 300QXM597-9	YR	3.00	6.00
1991	BRASS SOLDIER 300QXM598-7	YR	3.00	7.00
1992	HOLIDAY HOLLY 975QXM536-4	YR	10.00	18.00
1993	DANCING ANGELS TREE-TOPPER QXM 589-1	YR	10.00	13.00
1993	HOLIDAY EXPRESS QXM 545-2	YR	50.00	65.00
1994	GRACEFUL CAROUSEL HORSE 775QXM405-6	YR	8.00	17.00
1995	NIGHT BEFORE CHRISTMAS 4TH ED. 480-7	YR	5.00	15.00
1997	CORVETTE MINIATURE QXM1433-2	YR	7.00	10.00
1999	SKATING WITH POOH QXD4127	YR	7.00	7.00
P. ANDREWS			**MINIATURE ORNAMENTS**	
1990	FIRST CHRISTMAS TOGETHER 600QXM553-6	YR	6.00	11.00
1991	BRASS BELLS 300QXM597-7	YR	3.00	7.00
1992	GOING PLACES 375QXM587-1	YR	4.00	8.00
1992	MOM 450QXM550-4	YR	4.00	14.00
1992	SKI FOR TWO 450QXM582-1	YR	4.00	12.00
1992	VISIONS OF ACORNS 450QXM585-1	YR	4.00	15.00
1993	EARS TO PALS 375QXM407-5	YR	4.00	9.00
1993	MOM 450QXM515-5	YR	4.00	13.00
1993	SNUGGLE BIRDS 575QXM518-2	YR	6.00	14.00
1996	CHILD'S GIFTS, A QXM423-4	YR	7.00	12.00
1996	JOYOUS ANGEL QXM423-1	YR	5.00	5.00
1996	LONG WINTER'S NAP QXM424-4	YR	6.00	12.00
1997	CASABLANCA SET OF 3 QXM4272	YR	20.00	25.00
N. AUBE			**MINIATURE ORNAMENTS**	
1999	CELESTIAL KITTY QXM4639	YR	7.00	7.00
R. BISHOP			**MINIATURE ORNAMENTS**	
1991	WEE TOYMAKER 850QXM596-7	YR	8.00	15.00
1994	BEARY PERFECT TREE 475QXM407-6	YR	5.00	15.00
1994	HEARTS A-SAIL 575QXM400-6	YR	6.00	12.00
1994	JUST MY SIZE 375QXM408-6	YR	4.00	9.00
R. CHAD			**MINIATURE ORNAMENTS**	
1990	PERFECT FIT 450QXM551-6	YR	4.00	10.00
1990	TYPE OF JOY 450QXM564-6	YR	4.00	9.00
1991	ALL ABOARD 450QXM586-9	YR	4.00	15.00
1991	RING-A-DING ELF 850QXM566-9	YR	8.00	17.00
1991	TREELAND TRIO 850QXM589-9	YR	8.00	16.00
1991	VISION OF SANTA 450QXM593-7	YR	4.00	11.00
1992	HICKORY, DICKORY, DOCK 375QXM586-1	YR	4.00	10.00
1992	SPUNKY MONKEY 300QXM592-1	YR	3.00	14.00
1993	LEARNING TO SKATE 300QXM412-2	YR	3.00	9.00
1993	LIGHTING A PATH 300QXM411-5	YR	3.00	9.00
1993	REFRESHING FLIGHT 575QXM411-2	YR	6.00	14.00
1994	POUR SOME MORE 575QXM515-6	YR	6.00	12.00
1997	ICE COLD COCA-COLA QXM4252	YR	7.00	10.00
1997	OUR LADY OF GUADALUPE QXM4275	YR	9.00	15.00
1999	CLASSIC BATMAN & ROBIN QXM4659	YR	13.00	13.00
K. CROW			**MINIATURE ORNAMENTS**	
1989	SANTA'S ROADSTER 600QXM566-5	YR	6.00	20.00
1990	ACORN WREATH 600QXM568-6	YR	6.00	10.00

YR	NAME	LIMIT	ISSUE	TREND
1990	BUSY CARVER 450QXM567-3	YR	4.00	7.00
1990	STAMP COLLECTOR 450QXM562-3	YR	4.00	10.00
1991	FLY BY 450QXM585-9	YR	4.00	17.00
1991	KEY TO LOVE 450QXM568-9	YR	4.00	16.00
1991	WOODLAND BABIES 600QXM566-7	YR	6.00	24.00
1992	BUCK-A-ROO 450QXM581-4	YR	4.00	15.00
1992	FEEDING TIME 575QXM548-1	YR	6.00	12.00
1992	FRIENDS ARE TOPS 450QXM552-1	YR	4.00	10.00
1992	HOOP IT UP 450QXM583-1	YR	4.00	10.00
1993	ROUND THE MOUNTAIN QXM 402-5	YR	7.00	20.00
1994	CUTE AS A BUTTON 375QXM410-3	YR	4.00	13.00
1994	MERRY FLIGHT, A 575QX407-3	YR	6.00	12.00
1994	SWEET DREAMS 300QXM409-6	YR	3.00	11.00
P. DUTKIN		**MINIATURE ORNAMENTS**		
1989	SHARING A RIDE 850QXM576-5	YR	8.00	15.00
J. FRANCIS		**MINIATURE ORNAMENTS**		
1989	MERRY SEAL 600QXM575-5	YR	6.00	15.00
1990	BABY'S FIRST CHRISTMAS 850QXM570-3	YR	8.00	17.00
1990	HOLIDAY CARDINAL 300QXM552-6	YR	3.00	12.00
1990	PANDA'S SURPRISE 450QXM561-6	YR	4.00	13.00
1991	BABY'S FIRST CHRISTMAS 600QXM579-9	YR	6.00	16.00
1991	UPBEAT BEAR 600QXM590-7	YR	6.00	13.00
1992	BLACK-CAPPED CHICKADEE 300QXM548-4	YR	3.00	15.00
1992	CHRISTMAS COPTER 575QXM584-4	YR	6.00	10.00
1992	GRANDCHILD'S FIRST CHRISTMAS 575QXM550-1	YR	6.00	10.00
1992	HOLIDAY SPLASH 575QXM583-4	YR	6.00	10.00
1993	COUNTRY FIDDLING 375QXM406-2	YR	4.00	10.00
1993	PULL OUT A PLUM 575QXM409-5	YR	6.00	12.00
1993	SPECIAL FRIENDS 450QXM516-5	YR	4.00	10.00
1993	WOODLAND BABIES 575QXM510-2	YR	6.00	15.00
1994	SCOOTING ALONG 675QXM517-3	YR	7.00	15.00
1997	POLAR BUDDIES QXM4332	YR	5.00	10.00
K. KLINE		**MINIATURE ORNAMENTS**		
1999	BETSEY'S PERFECT 10 QXM4609	YR	5.00	5.00
D. LEE		**MINIATURE ORNAMENTS**		
1988	BABY'S FIRST CHRISTMAS 600QXM574-4	YR	5.00	12.00
1990	SANTA'S STREETCAR 850QXM576-6	YR	8.00	17.00
1991	HEAVENLY MINSTREL 975QXM568-7	YR	10.00	22.00
1994	HAVE A COOKIE 575QXM516-6	YR	6.00	14.00
J. LEE		**MINIATURE ORNAMENTS**		
1989	STOCKING PAL 450QXM567-2	YR	4.00	10.00
1990	GOING SLEDDING 450QXM568-3	YR	4.00	15.00
1990	SNOW ANGEL 600QXM577-3	YR	6.00	12.00
1990	STOCKING PAL 450QXM567-2	YR	4.00	12.00
1991	FRIENDLY FAWN 600QXM594-7	YR	6.00	15.00
1991	INN 850QXM562-7	YR	8.00	25.00
1991	SILVERY SANTA 975QXM567-9	YR	10.00	21.00
1991	SPECIAL FRIENDS 850QXM579-7	YR	8.00	20.00
1992	COOL UNCLE SAM 300QXM556-1	YR	3.00	15.00
1992	COZY KAYAK 375QXM555-1	YR	4.00	10.00
J. LYLE		**MINIATURE ORNAMENTS**		
1988	BRASS ANGEL 150QXM567-1	YR	2.00	17.00
1988	BRASS STAR 150QXM566-4	YR	2.00	17.00
1988	BRASS TREE 150QXM567-4	YR	2.00	17.00
1989	BRASS PARTRIDGE 300QXM572-5	YR	3.00	12.00
1989	BRASS SNOWFLAKE 450QXM570-2	YR	4.00	12.00
1989	COZY SKATER 450QXM573-5	YR	4.00	10.00
1989	LITTLE STAR BRINGER 600QXM562-2	YR	6.00	20.00
1990	BRASS BOUQUET 600QMX577-6	YR	6.00	6.00
1990	COZY SKATER 450QXM573-5	YR	4.00	12.00
1990	MOTHER 450QXM571-6	YR	4.00	15.00
1991	CARDINAL CAMEO 600QXM595-7	YR	6.00	12.00
1991	CARING SHEPHERD 600QXM594-9	YR	6.00	15.00
1991	FANCY WREATH 450QXM591-7	YR	4.00	10.00
1992	ANGELIC HARPIST 450QXM552-4	YR	4.00	13.00
1992	BABY'S FIRST CHRISTMAS 450QXM5494	YR	4.00	17.00
1992	THIMBLE BELLS 600QXM546-1	YR	6.00	20.00
1993	PEAR-SHAPED TONES 375QXM405-2	YR	4.00	8.00
1994	BABY'S FIRST CHRISTMAS 575QXM400-3	YR	6.00	15.00
1994	FRIENDS NEED HUGS 450QXM401-6	YR	4.00	12.00
1994	JOURNEY TO BETHLEHEM 575QXM403-6	YR	6.00	17.00
D. MCGEHEE		**MINIATURE ORNAMENTS**		
1988	FIRST CHRISTMAS TOGETHER 400QXM574-1	YR	4.00	12.00
1988	JOYOUS HEART 350QXM569-1	YR	4.00	28.00
D. PALMITER		**MINIATURE ORNAMENTS**		
1990	BEAR HUG 600QXM563-3	YR	6.00	13.00
1990	PUPPY LOVE 600QXM566-6	YR	6.00	10.00
1991	N. POLE BUDDY 450QXM592-7	YR	4.00	15.00
1992	CHRISTMAS BONUS 300QXM581-4	YR	3.00	6.00
1992	WEE THREE KINGS 575QXM553-1	YR	6.00	17.00
1992	WOODLAND BABIES 600QXM544-4	YR	6.00	13.00
1993	CRYSTAL ANGEL 975QXM401-5	YR	10.00	50.00
1993	NORTH POLE FIRE TRUCK 475QXM410-5	YR	5.00	13.00
1993	VISIONS OF SUGARPLUMS 725QXM402-2	YR	7.00	16.00
J. PATTEE		**MINIATURE ORNAMENTS**		
1988	FOLK ART LAMB 250QXM568-1	YR	3.00	20.00
1988	FOLK ART REINDEER 250QXM568-4	YR	3.00	18.00
1988	FRIENDS SHARE JOY 200QXM576-4	YR	2.00	12.00

YR	NAME	LIMIT	ISSUE	TREND
1988	HAPPY SANTA 450QXM561-4	YR	4.00	20.00
1988	LOVE IS FOREVER 200QXM577-4	YR	2.00	15.00
1989	FOLK ART BUNNY 450QXM569-2	YR	4.00	10.00
1989	KITTY CART 300QXM572-2	YR	3.00	7.00
1990	BRASS SANTA 300QXM578-6	YR	3.00	7.00
1990	RUBY REINDEER 600QXM581-6	YR	6.00	10.00

S. PIKE — MINIATURE ORNAMENTS

YR	NAME	LIMIT	ISSUE	TREND
1988	MOTHER 300QXM572-4	YR	3.00	10.00
1988	THREE LITTLE KITTENS 600QXM569-4	YR	6.00	16.00
1989	ACORN SQUIRREL 450QXM568-2	YR	4.00	10.00
1989	BABY'S FIRST CHRISTMAS 600QXM573-2	YR	6.00	13.00
1989	LOVEBIRDS 600QXM563-5	YR	6.00	15.00
1989	ROLY-POLY PIG 300QXM571-2	YR	3.00	20.00
1989	THREE LITTLE KITTENS 600QXM569-4	YR	6.00	14.00
1990	ACORN SQUIRREL 450QXM568-2	YR	4.00	9.00
1990	ROLY-POLY PIG 300QXM571-2	YR	3.00	17.00
1990	SPECIAL FRIENDS 600QXM572-6	YR	6.00	13.00
1990	TEACHER 450QXM565-3	YR	4.00	8.00
1991	COOL 'N' SWEET 450QXM586-7	YR	4.00	20.00
1991	COURIER TURTLE 450QXM585-7	YR	4.00	11.00
1992	SNUG KITTY 375QXM555-4	YR	4.00	12.00
1997	FUTURE STAR QXM4232	YR	6.00	10.00

M. PYDA-SEVCIK — MINIATURE ORNAMENTS

YR	NAME	LIMIT	ISSUE	TREND
1990	THIMBLE BELLS 600QXM554-3	YR	6.00	27.00
1991	THIMBLE BELLS-2ND EDITION 600QXM565-9	YR	6.00	22.00

D. RHODUS — MINIATURE ORNAMENTS

YR	NAME	LIMIT	ISSUE	TREND
1989	LOAD OF CHEER 600QXM574-5	YR	6.00	20.00
1989	PINECONE BASKET 450QXM573-4	YR	4.00	6.00
1989	STARLIT MOUSE 450QXM565-5	YR	4.00	15.00
1991	BRIGHT BOXERS 450QXM587-7	YR	4.00	16.00
1991	BUSY BEAR 450QXM593-9	YR	4.00	12.00
1991	HOLIDAY SNOWFLAKE 300QXM599-7	YR	3.00	12.00
1992	FAST FINISH 375QXM530-1	YR	4.00	9.00
1994	CORNY ELF 450QXM406-3	YR	4.00	10.00
1996	HATTIE CHAPEAU QXM425-1	YR	5.00	7.00

A. ROGERS — MINIATURE ORNAMENTS

YR	NAME	LIMIT	ISSUE	TREND
1988	COUNTRY WREATH 400QXM573-1	YR	4.00	9.00
1989	COUNTRY WREATH 450QXM573-1	YR	4.00	10.00
1989	HAPPY BLUEBIRD 450QXM566-2	YR	4.00	15.00
1989	SANTA'S MAGIC RIDE 850QXM563-2	YR	8.00	20.00
1990	BASKET BUDDY 600QXM569-6	YR	6.00	12.00
1990	COUNTRY HEART 450QXM569-3	YR	4.00	9.00
1990	KRINGLES, THE- 600QXM575-3	YR	6.00	24.00
1990	MADONNA AND CHILD 600QXM564-3	YR	6.00	12.00
1991	FELIZ NAVIDAD 600QXM588-7	YR	6.00	15.00
1991	GRANDCHILD'S 1ST CHRISTMAS 450QXM569-7	YR	4.00	14.00
1991	KRINGLES, THE-3RD EDITION 6000QXM564-7	YR	6.00	24.00
1991	LULU & FAMILY 600QXM567-7	YR	6.00	18.00
1992	BEARYMORES, THE 575QXM554-4	YR	6.00	20.00
1992	KRINGLES, THE- 600QXM538-1	YR	6.00	22.00
1992	PERFECT BALANCE 300QXM557-1	YR	3.00	12.00
1993	BEARYMORES, THE 575QXM512-5	YR	6.00	18.00
1993	SECRET PAL 375QXM517-2	YR	4.00	8.00
1993	WREATH QXM 513-5	YR	6.00	15.00
1994	BEARYMORES, THE 575QXM513-3	YR	6.00	14.00
1994	MELODIC CHERUB 375QXM406-6	YR	4.00	10.00
1994	MOM 450QXM401-3	YR	4.00	12.00
1994	TEA W/TEDDY 725QXM404-6	YR	7.00	17.00

E. SEALE — MINIATURE ORNAMENTS

YR	NAME	LIMIT	ISSUE	TREND
1990	STRINGING ALONG 850QXM560-6	YR	8.00	15.00
1990	WARM MEMORIES 450QXM571-3	YR	4.00	9.00
1991	TINY TEA PARTY 2900QXM582-7	YR	29.00	150.00
1991	TOP HATTER 600QXM588-9	YR	6.00	17.00
1992	BRIGHT STRINGERS 375QXM584-1	YR	4.00	14.00
1992	INSIDE STORY 725QXM588-1	YR	7.00	19.00
1992	POLAR POLKA 450QXM553-4	YR	4.00	14.00
1992	SEW, SEW TINY 2900QXM579-4	YR	29.00	45.00
1993	CHRISTMAS CASTLE 575QXM408-5	YR	6.00	11.00
1993	GRANDMA 450QXM516-2	YR	4.00	12.00
1993	INTO THE WOODS 375QXM404-5	YR	4.00	8.00
1993	TINY GREEN THUMBS QXM 402-3 SET OF SIX	YR	29.00	45.00
1994	BAKING TINY TREATS QXM 403-3 SET OF SIX	YR	29.00	57.00
1996	CHRISTMAS BEAR QXM424-1	YR	5.00	15.00
1996	MESSAGE FOR SANTA QXM425-4	YR	7.00	11.00
1996	TINY CHRISTMAS HELPERS SET OF 6 QXM426-1	YR	29.00	39.00
1997	HOME SWEET HOME QXM4222	YR	6.00	10.00
1997	SEW TALENTED QXM4195	YR	6.00	10.00
1997	TINY HOME IMPROVERS SET OF 6 QXM4282	YR	29.00	40.00

L. SICKMAN — MINIATURE ORNAMENTS

YR	NAME	LIMIT	ISSUE	TREND
1989	LITTLE SOLDIER 450QXM567-5	YR	4.00	10.00
1989	PUPPY CART 300QXM571-5	YR	3.00	6.00
1990	LION AND LAMB 450QXM567-6	YR	4.00	10.00
1990	LITTLE SOLDIER 450QXM567-5	YR	4.00	10.00
1990	SANTA'S JOURNEY 850QXM582-6	YR	8.00	20.00
1991	LI'L POPPER 450QXM589-7	YR	4.00	15.00
1991	NOEL 300QXM598-9	YR	3.00	10.00
1992	FRIENDLY TIN SOLDIER 450QXM587-4	YR	4.00	15.00
1992	LITTLE TOWN OF BETHLEHEM 300QXM586-4	YR	3.00	20.00

YR	NAME	LIMIT	ISSUE	TREND
1993	I DREAM OF SANTA 375QXM405-5	YR	4.00	15.00
1993	MONKEY MELODY 575QXM409-2	YR	6.00	14.00
1994	JOLLY VISITOR 575QXM405-3	YR	6.00	14.00
1994	LOVE WAS BORN 450QXM404-3	YR	4.00	12.00
1994	NOAH'S ARK 2450QXM410-6 SET OF THREE	YR	25.00	52.00
1997	GENTLE GIRAFFES QXM4221	YR	6.00	10.00
1999	LOVE TO SHARE QXM4557	YR	7.00	7.00
1999	ROLL-A-BEAR QXM4629	YR	7.00	7.00
1999	TRUSTY REINDEER QXM4617	YR	6.00	6.00
B. SIEDLER		**MINIATURE ORNAMENTS**		
1988	CANDY CANE ELF 300QXM570-1	YR	3.00	19.00
1988	LITTLE DRUMMER BOY 450QXM578-4	YR	4.00	30.00
1988	PENGUIN PAL-1ST EDITION 375QXM563-1	YR	4.00	25.00
1988	SNUGGLY SKATER 450QXM571-4	YR	4.00	20.00
1989	OLD-WORLD SANTA 300QXM569-5	YR	3.00	8.00
1989	SLOW MOTION 600QXM575-2	YR	6.00	15.00
1989	STROLLIN' SNOWMAN 450QXM574-2	YR	4.00	18.00
1990	CHRISTMAS DOVE 450QXM563-6	YR	4.00	13.00
1990	GRANDCHILD'S FIRST XMAS 600QXM572-3	YR	6.00	13.00
1990	OLD-WORLD SANTA 300QXM569-5	YR	3.00	9.00
1990	SWEET SLUMBER 450QXM566-3	YR	4.00	12.00
1990	WEE NUTCRACKER 850QXM584-3	YR	8.00	17.00
1991	MOM 600QXM569-9	YR	6.00	17.00
1991	PENGUIN PAL-4TH EDITION 450QXM562-9	YR	4.00	17.00
1991	SEASIDE OTTER 450QXM590-9	YR	4.00	12.00
1992	GERBIL INC. 375QXM592-4	YR	4.00	8.00
1992	PUPPET SHOW 300QXM557-4	YR	3.00	12.00
1993	CHEESE PLEASE 375QXM407-2	YR	4.00	8.00
1993	MERRY MASCOT 375QXM404-2	YR	4.00	10.00
S. TAGUE		**MINIATURE ORNAMENTS**		
1997	HEAVENLY MUSIC QXM4292	YR	6.00	10.00
1997	PEPPERMINT PAINTER QXM4312	YR	5.00	10.00
1997	SEEDS OF JOY QXM4242	YR	7.00	10.00
1997	SHUTTERBUG QXM4212	YR	6.00	10.00
1997	SNOWBOARD BUNNY QXM4315	YR	5.00	10.00
D. UNRUH		**MINIATURE ORNAMENTS**		
1988	HOLY FAMILY 850QXM561-1	YR	8.00	14.00
1988	JOLLY ST. NICK 800QXM572-1	YR	8.00	30.00
1988	SKATER'S WALTZ 700QXM560-1	YR	7.00	18.00
1989	HOLY FAMILY 850QXM561-1	YR	8.00	13.00
1990	NATIVITY 450QXM570-6	YR	4.00	20.00
1991	FIRST CHRISTMAS TOGETHER QXM 581-9	YR	6.00	19.00
1992	A+ TEACHER 375QXM551-1	YR	4.00	6.00
1992	COCA-COLA SANTA 575QXM588-4	YR	6.00	25.00
1992	GRANDMA 450QXM551-4	YR	4.00	14.00
1992	MINTED FOR SANTA 375QXM585-4	YR	4.00	12.00
1994	NIGHT BEFORE CHRISTMAS 450QXM512-3	YR	4.00	12.00
1996	NIGHT BEFORE CHRISTMAS QXM410-4	YR	6.00	12.00
1996	PEACEFUL CHRISTMAS QXM421-4	YR	5.00	10.00
1997	VICTORIAN SKATER QXM4305	YR	6.00	10.00
1999	SANTA TIME QXM4647	YR	8.00	8.00
L. VOTRUBA		**MINIATURE ORNAMENTS**		
1988	GENTLE ANGEL 200QXM577-1	YR	2.00	16.00
1989	BUNNY HUG 300QXM577-5	YR	3.00	10.00
1989	FIRST CHRISTMAS TOGETHER 850QXM564-2	YR	8.00	10.00
1989	HOLIDAY DEER 300QXM577-2	YR	3.00	11.00
1989	REJOICE 300QXM578-2	YR	3.00	8.00
1989	SCRIMSHAW REINDEER 450QXM568-5	YR	4.00	9.00
1990	CLOISONNE POINSETTIA 1050QMX553-3	YR	10.00	24.00
1991	COUNTRY SLEIGH 450QXM599-9	YR	4.00	15.00
1991	LOVE IS BORN 600QXM595-9	YR	6.00	15.00
1992	HARMONY TRIO 1175QXM547-1	YR	12.00	18.00
1992	NIGHT BEFORE CHRISTMAS 1375QXM5541	YR	14.00	35.00
1992	SNOWSHOE BUNNY 375QXM556-4	YR	4.00	10.00
1993	BABY'S FIRST CHRISTMAS 575QXM514-5	YR	6.00	12.00
1993	CLOISONNE SNOWFLAKE 975QXM401-2	YR	10.00	18.00
1993	NIGHT BEFORE CHRISTMAS 450QXM511-5	YR	4.00	18.00
1993	THIMBLE BELLS 575QXM514-2	YR	6.00	15.00
1994	DAZZLING REINDEER 975QXM402-6	YR	10.00	20.00
1994	JOLLY WOLLY SNOWMAN 375QXM409-3	YR	4.00	10.00
1997	HE IS BORN QXM4235	YR	8.00	15.00
1999	CRYSTAL CLAUS QXM4637	YR	10.00	10.00
L. SICKMAN		**MINIATURE ORNAMENTS-NOEL RAILROAD**		
1989	LOCOMOTIVE 850QXM576-2	YR	8.00	44.00
1990	COAL CAR 850QXM575-6	YR	8.00	29.00
1991	PASSENGER CAR-3RD EDITION 850QXM564-9	YR	8.00	40.00
1992	BOX CAR 700QXM5441	YR	7.00	22.00
1993	FLATBED CAR 700QXM510-5	YR	7.00	23.00
1994	STOCK CAR 700QXM511-3	YR	7.00	20.00
1995	MILK TANK CAR 481-7	YR	7.00	20.00
1996	COOKIE CAR 8TH ED. QXM411-4	YR	7.00	14.00
1997	CANDY CAR QXM417-5	YR	7.00	13.00
*		**MINIATURE ORNAMENTS-OLD ENGLISH VILLAGE**		
1995	TUDOR HOUSE 481-9	YR	7.00	16.00
1997	VILLAGE DEPOT 418-2	YR	7.00	7.00
P. ANDREWS		**MINIATURE ORNAMENTS-OLD ENGLISH VILLAGE**		
1994	HAT SHOP 700QXM514-3	YR	7.00	18.00

YR	NAME	LIMIT	ISSUE	TREND
D. LEE		MINIATURE ORNAMENTS-OLD ENGLISH VILLAGE		
1988	FAMILY HOME 850QXM563-4	YR	8.00	45.00
J. LEE		MINIATURE ORNAMENTS-OLD ENGLISH VILLAGE		
1989	SWEET SHOP 850QXM561-5	YR	8.00	30.00
1990	SCHOOL 850QXM576-3	YR	8.00	20.00
1992	CHURCH 700QXM5384	YR	7.00	30.00
1992	TOY SHOP 700QXM5132	YR	*	20.00
1993	TOY SHOP 700QXM513-2	YR	7.00	17.00
D. RHODUS		MINIATURE ORNAMENTS-OLD ENGLISH VILLAGE		
1996	VILLAGE MILL QXM412-4	YR	7.00	13.00
L. SICKMAN		MINIATURE ORNAMENTS-ON THE ROAD		
1993	ON THE ROAD 575QXM400-2	YR	6.00	17.00
1994	ON THE ROAD 575QXM510-3	YR	6.00	15.00
1995	ON THE ROAD 479-7	YR	6.00	12.00
1996	ON THE ROAD QXM410-1	YR	6.00	14.00
1997	ON THE ROAD QXM417-2	YR	6.00	9.00
N. AUBE		MISCHIEVOUS KITTENS		
1999	MISCHIEVOUS KITTENS QX6427	YR	10.00	10.00
*		MOTHER GOOSE		
1997	LITTLE BOY BLUE QX621-5	YR	14.00	20.00
E. SEALE		MOTHER GOOSE		
1993	HUMPTY DUMPTY 1ST ED. 1375QX528-2	YR	14.00	40.00
1994	HEY DIDDLE, DIDDLE 2ND ED. 1395QX521-3	YR	14.00	40.00
SEALE/VOTRUBA		MOTHER GOOSE		
1995	JACK AND JILL 3RD SERIES QX509-9	YR	14.00	25.00
1996	MARY HAD A LITTLE LAMB QX564-4	YR	14.00	25.00
J. FRANCIS		MR. AND MRS. CLAUS		
1993	FITTING MOMENT, A 8TH ED. 1475QX420-2	YR	15.00	25.00
D. UNRUH		MR. AND MRS. CLAUS		
1986	MERRY MISTLETOE TIME 1300QX402-6	YR	13.00	90.00
1987	HOME COOKING 1325QX483-7	YR	13.00	70.00
1988	SHALL WE DANCE? 1300QX401-1	YR	13.00	50.00
1989	HOLIDAY DUET 1325QX457-5	YR	13.00	42.00
1990	POPCORN PARTY 5TH ED. 1375QX439-3	YR	14.00	40.00
1991	CHECKING HIS LIST 6TH ED. 1375QX433-9	YR	14.00	40.00
1992	GIFT EXCHANGE 7TH ED. 1475QX429-4	YR	15.00	35.00
1994	HANDWARMING PRESENT, A 9TH ED. 1495QX528-3	YR	15.00	25.00
1995	CHRISTMAS EVE KISS 10TH & FINAL SERIES QX515-7	YR	15.00	30.00
*		MUSICAL		
1982	BABY'S FIRST CHRISTMAS 1600QMB900-7	YR	16.00	80.00
1982	FIRST CHRISTMAS TOGETHER 1600QMB901-9	YR	16.00	75.00
1982	LOVE 1600QMB900-9	YR	16.00	90.00
1983	BABY'S FIRST CHRISTMAS 1600QMB903-9	YR	16.00	90.00
1983	FRIENDSHIP 1600QMB904-7	YR	16.00	102.00
1983	MOTHER'S DAY-A MOTHER'S LOVE MDQ 340-7	YR	14.00	75.00
1983	NATIVITY 1600QMB904-9	YR	16.00	150.00
E. SEALE		MUSICAL		
1983	TWELVE DAYS OF CHRISTMAS 1500QMB415-9	YR	15.00	115.00
D. UNRUH		NATIVITY		
1998	NATIVITY, THE QXM4156	YR	*	15.00
1999	NATIVITY, THE QXM4497	YR	10.00	10.00
P. ANDREWS		NATURE'S ANGELS		
1993	NATURE'S ANGELS 450QXM512-2	YR	4.00	18.00
1995	NATURE'S ANGELS QXM4809	YR	*	15.00
S. PIKE		NATURE'S ANGELS		
1991	PUPPY 450QXM565-7	YR	4.00	22.00
1992	NATURE'S ANGELS 450QXM545-1	YR	4.00	18.00
1996	NATURE'S ANGELS 7TH ED. QXM411-1	YR	5.00	9.00
E. SEALE		NATURE'S ANGELS		
1990	BUNNY 450QXM573-3	YR	4.00	24.00
L. VOTRUBA		NATURE'S ANGELS		
1994	NATURE'S ANGELS 450QXM512-6	YR	4.00	12.00
BASTIN/FRANCIS		NATURE'S SKETCHBOOK		
1995	BACKYARD ORCHARD QK106-9	YR	19.00	28.00
1995	CHRISTMAS CARDINAL QK107-7	YR	19.00	38.00
1996	CHRISTMAS BUNNY QK110-4	YR	19.00	35.00
1998	COUNTRY HOME QX 5172	YR	11.00	11.00
BASTIN/LYLE		NATURE'S SKETCHBOOK		
1995	RAISING A FAMILY QK106-7	YR	19.00	28.00
1995	VIOLETS AND BUTTERFLIES QK107-9	YR	17.00	28.00
1996	HOLLY BASKET, THE QK109-4	YR	19.00	25.00
BASTIN/UNRUH		NATURE'S SKETCHBOOK		
1996	BIRDS' CHRISTMAS TREE, THE QK111-4	YR	19.00	27.00
*		NBA COLLECTION		
1997	CHARLOTTE HORNETS QSR1222	YR	10.00	10.00
1997	CHICAGO BULLS QSR1232	YR	10.00	10.00
1997	DETROIT PISTONS QSR1242	YR	10.00	10.00
1997	HOUSTON ROCKETS QSR1245	YR	10.00	10.00
1997	INDIANA PACERS QSR1252	YR	10.00	10.00
1997	LOS ANGELES LAKERS QSR1262	YR	10.00	10.00
1997	NEW YORK KNICKERBOCKERS QSR1272	YR	10.00	10.00
1997	ORLANDO MAGIC QSR1282	YR	10.00	10.00
1997	PHOENIX SUNS QSR1292	YR	10.00	10.00
1997	SEATTLE SUPERSONICS QSR1295	YR	10.00	10.00
K. KLINE		NBA COLLECTION		
1999	CHARLOTTE HORNETS QSR1057	YR	11.00	11.00
1999	CHICAGO BULLS QSR1019	YR	11.00	11.00

YR	NAME	LIMIT	ISSUE	TREND
1999	DETROIT PISTONS QSR1027	YR	11.00	11.00
1999	HOUSTON ROCKETS QSR1029	YR	11.00	11.00
1999	INDIANA PACERS QSR1037	YR	11.00	11.00
1999	LOS ANGELES LAKERS QSR1039	YR	11.00	11.00
1999	NEW YORK KNICKS QSR1047	YR	11.00	11.00
1999	ORLANDO MAGIC QSR1059	YR	11.00	11.00
1999	SEATTLE SUPERSONICS QSR1067	YR	11.00	11.00
1999	UTAH JAZZ QSR1069	YR	11.00	11.00
*				**NEW ATTRACTIONS**
1989	FESTIVE ANGEL 675QX463-5	YR	7.00	25.00
1989	GRACEFUL SWAN 675QX464-2	YR	7.00	20.00
1989	ROOSTER WEATHERVANE 575QX467-5	YR	6.00	15.00
1990	COUNTRY ANGEL 675QX504-6	YR	7.00	190.00
1990	FELIZ NAVIDAD 675QX517-3	YR	7.00	30.00
1990	GARFIELD 475QX230-3	YR	5.00	25.00
1990	GINGERBREAD ELF 575QX503-3	YR	6.00	18.00
1990	GOOSE CART 775QX523-6	YR	8.00	15.00
1990	HOME FOR THE OWLIDAYS 675QX518-3	YR	7.00	15.00
1990	MOOY CHRISTMAS 675QX493-3	YR	7.00	30.00
1990	NUTSHELL CHAT 675QX519-3	YR	7.00	25.00
1990	PEANUTS 475QX223-3	YR	5.00	30.00
1991	MARY ENGELBREIT 475QX223-7	YR	5.00	30.00
1991	PEANUTS 500QX225-7	YR	5.00	30.00
1992	EGG NOG NEST 775QX512-1	YR	8.00	16.00
1992	PEANUTS 500QX224-4	YR	5.00	25.00
1992	SANTA JOLLY WOLLY 775QX537-4	YR	8.00	7.00
1994	GARFIELD 1295QX575-3	YR	13.00	25.00
1995	GARFIELD QX500-7	YR	11.00	25.00
ANDREWS				**NEW ATTRACTIONS**
1992	TOBOGGAN TAIL 775QX545-9	YR	8.00	18.00
P. ANDREWS				**NEW ATTRACTIONS**
1990	SPOON RIDER 975QX549-6	YR	10.00	20.00
1990	TWO PEAS IN A POD 475QX492-6	YR	5.00	35.00
1992	FELIZ NAVIDAD 675QX518-1	YR	7.00	20.00
1992	JESUS LOVES ME 775QX302-4	YR	8.00	15.00
1992	LOVING SHEPHERD 775QX515-1	YR	8.00	14.00
1992	MEMORIES TO CHERISH 1075QX516-1	YR	11.00	20.00
R. CHAD				**NEW ATTRACTIONS**
1989	BALANCING ELF 675QX489-5	YR	7.00	20.00
1989	NUTSHELL DREAMS 575QX465-5	YR	6.00	20.00
1989	NUTSHELL WORKSHOP 575QX487-2	YR	6.00	25.00
1991	DINOCLAUS 775QX527-7	YR	8.00	20.00
1992	SPIRIT OF CHRISTMAS STRESS 875QX523-1	YR	9.00	19.00
K. CROW				**NEW ATTRACTIONS**
1989	COOL SWING 625QX487-5	YR	6.00	30.00
1989	GOIN' SOUTH 425QX410-5	YR	4.00	20.00
1989	LET'S PLAY 725QX488-2	YR	7.00	30.00
1990	BEARBACK RIDER 975QX548-3	YR	10.00	30.00
1990	HOT DOGGER 775QX497-6	YR	8.00	16.00
1990	JOY IS IN THE AIR 775QX550-3	YR	8.00	28.00
1990	SANTA SCHNOZ 675QX498-3	YR	7.00	35.00
1990	THREE LITTLE PIGGIES 775QX499-6	YR	8.00	30.00
1991	ON A ROLL 675QX534-7	YR	7.00	18.00
1991	UP 'N' DOWN JOURNEY 975QX504-7	YR	10.00	30.00
1992	DOWN-UNDER HOLIDAY 775QX514-4	YR	8.00	20.00
1992	FUN ON A BIG SCALE 1075QX513-4	YR	11.00	20.00
1992	GENIUS AT WORK 1075QX537-1	YR	11.00	18.00
1992	HELLO-HO-HO 975QX514-1	YR	10.00	20.00
1992	SANTA MARIA 1275QX507-4	YR	13.00	25.00
P. DUTKIN				**NEW ATTRACTIONS**
1989	CACTUS COWBOY 675QX411-2	YR	7.00	44.00
1989	PEPPERMINT CLOWN 2475QX450-5	YR	25.00	40.00
1990	S. CLAUS TAXI 1175QX468-6	YR	12.00	27.00
J. FRANCIS				**NEW ATTRACTIONS**
1990	KITTY'S BEST PAL 675QX471-6	YR	7.00	25.00
1992	DECK THE HOGS 875QX520-4	YR	9.00	25.00
D. LEE				**NEW ATTRACTIONS**
1989	TV BREAK 625QX409-2	YR	6.00	20.00
1991	CHILLY CHAP 675QX533-9	YR	7.00	15.00
1992	GONE WISHIN' 875QX517-1	YR	9.00	18.00
1992	PLEASE PAUSE HERE 1475QX529-1	YR	15.00	32.00
J. LEE				**NEW ATTRACTIONS**
1990	BILLBOARD BUNNY 775QX519-6	YR	8.00	22.00
1990	COYOTE CAROLS 875QX499-3	YR	9.00	30.00
1990	POOLSIDE WALRUS 775QX498-6	YR	8.00	25.00
1990	STITCHES OF JOY 775QX518-6	YR	8.00	25.00
1991	FELIZ NAVIDAD 675QX527-9	YR	7.00	25.00
1991	SKI LIFT BUNNY 675QX544-7	YR	7.00	20.00
1992	A SANTA-FULL 975QX599-1	YR	10.00	35.00
1992	COOL FLIERS 1075QX547-4	YR	11.00	25.00
1992	HONEST GEORGE 775QX506-4	YR	8.00	15.00
1992	SANTA'S ROUNDUP 875QX508-4	YR	9.00	25.00
1992	SKIING 'ROUND 875QX521-4	YR	9.00	17.00
1992	TASTY CHRISTMAS 975QX599-4	YR	10.00	25.00
J. LYLE				**NEW ATTRACTIONS**
1989	SPARKLING SNOWFLAKE 775QX547-2	YR	8.00	20.00
1990	HOLIDAY CARDINALS 775QX524-3	YR	8.00	25.00
1990	NORMAN ROCKWELL ART 475QX229-6	YR	5.00	25.00

YR	NAME	LIMIT	ISSUE	TREND
1991	NORMAN ROCKWELL ART 500QX225-9	YR	5.00	25.00
1992	NORMAN ROCKWELL ART 500QX222-4	YR	5.00	20.00
D. PALMITER			**NEW ATTRACTIONS**	
1992	GARFIELD 775QX537-4	YR	8.00	20.00
1992	GREEN THUMB SANTA 775QX510-1	YR	8.00	17.00
1992	RAPID DELIVERY 875QX509-4	YR	9.00	22.00
S. PIKE			**NEW ATTRACTIONS**	
1990	BORN TO DANCE 775QX504-3	YR	8.00	22.00
1990	CHIMING IN 975QX436-6	YR	10.00	20.00
1990	COZY GOOSE 575QX496-6	YR	6.00	12.00
1990	MEOW MART 775QX444-6	YR	8.00	30.00
1991	NUTTY SQUIRREL 575QX483-3	YR	6.00	13.00
1992	HOLIDAY WISHES 775QX513-1	YR	8.00	14.00
M. PYDA-SEVCIK			**NEW ATTRACTIONS**	
1989	COUNTRY CAT 625QX467-2	YR	6.00	18.00
1989	NOSTALGIC LAMB 675QX466-5	YR	7.00	13.00
1990	CHRISTMAS CROC 775QX437-3	YR	8.00	25.00
D. RHODUS			**NEW ATTRACTIONS**	
1989	WIGGLY SNOWMAN 675QX489-2	YR	7.00	25.00
1990	SNOOPY & WOODSTOCK 675QX472-3	YR	7.00	40.00
1991	GARFIELD 775QX517-7	YR	8.00	30.00
1991	SNOOPY AND WOODSTOCK 675QX519-7	YR	7.00	40.00
A. ROGERS			**NEW ATTRACTIONS**	
1989	NUTSHELL HOLIDAY 575QX465-2	YR	6.00	25.00
1990	BABY UNICORN 975QX548-6	YR	10.00	20.00
1990	JOLLY DOLPHIN 675QX468-3	YR	7.00	30.00
1990	LONG WINTER'S NAP 675QX470-3	YR	7.00	25.00
1991	CUDDLY LAMB 675QX519-9	YR	7.00	18.00
1991	NUTSHELL NATIVITY 675QX517-6	YR	7.00	21.00
1992	HOLIDAY TEATIME 1475QX543-1	YR	15.00	28.00
1992	SNOOPY & WOODSTOCK 875QX595-4	YR	9.00	35.00
L. SCHULER			**NEW ATTRACTIONS**	
1992	GOLF'S A BALL 675QX598-4	YR	7.00	25.00
E. SEALE			**NEW ATTRACTIONS**	
1989	CLAUS CONSTRUCTION 775QX488-5	YR	8.00	35.00
1990	HANG IN THERE 675QX471-3	YR	7.00	25.00
1990	KING KLAUS 775QX410-6	YR	8.00	20.00
1990	STOCKING PALS 1075QX549-3	YR	11.00	25.00
1991	BASKET BELL PLAYERS 775QX537-7	YR	8.00	25.00
1991	YULE LOGGER 875QX496-7	YR	9.00	23.00
1992	BEAR BELL CHAMP 775QX507-1	YR	8.00	25.00
1992	MERRY "SWISS" MOUSE 775QX511-4	YR	8.00	13.00
1992	NORTH POLE FIRE FIGHTER 975QX510-4	YR	10.00	20.00
1992	SANTA'S HOOK SHOT 1275QX543-4	YR	13.00	25.00
1992	TREAD BEAR 875QX509-1	YR	9.00	22.00
L. SICKMAN			**NEW ATTRACTIONS**	
1989	HORSE WEATHERVANE 575QX463-2	YR	6.00	14.00
1990	CHRISTMAS PARTRIDGE 775QX524-6	YR	8.00	20.00
1991	CHRISTMAS WELCOME 975QX529-9	YR	10.00	20.00
1991	JOLLY WOLLY SANTA 775QX541-9	YR	8.00	25.00
1991	JOLLY WOLLY SNOWMAN 775QX542-7	YR	8.00	25.00
1991	JOLLY WOLLY SOLDIER 775QX542-9	YR	8.00	20.00
1991	NIGHT BEFORE CHRISTMAS 975QX530-7	YR	10.00	25.00
1991	OLD-FASHIONED SLED 875QX431-7	YR	9.00	21.00
1991	PARTRIDGE IN A PEAR TREE 975QX529-7	YR	10.00	17.00
1991	SNOWY OWL 775QX526-9	YR	8.00	16.00
1992	SILVER STAR 2800QX532-4	YR	28.00	55.00
B. SIEDLER			**NEW ATTRACTIONS**	
1989	RODNEY REINDEER 675QX407-2	YR	7.00	15.00
1990	BEARY GOOD DEAL 675QX473-3	YR	7.00	13.00
1990	PEPPERONI MOUSE 675QX497-3	YR	7.00	20.00
1990	PERFECT CATCH 775QX469-3	YR	8.00	20.00
1990	POLAR JOGGER 575QX466-6	YR	6.00	20.00
1990	POLAR PAIR 575QX462-6	YR	6.00	25.00
1990	POLAR SPORT 775QX515-6	YR	8.00	25.00
1990	POLAR TV 775QX516-6	YR	8.00	18.00
1990	POLAR V.I.P. 575QX466-3	YR	6.00	18.00
1990	POLAR VIDEO 575QX463-3	YR	6.00	20.00
1991	ALL STAR 675QX532-9	YR	7.00	20.00
1991	NOTES OF CHEER 575QX535-7	YR	6.00	13.00
1991	POLAR CLASSIC 675QX528-7	YR	7.00	20.00
1992	PARTRIDGE IN PEAR TREE 875QX523-4	YR	9.00	18.00
D. UNRUH			**NEW ATTRACTIONS**	
1990	LITTLE DRUMMER BOY 775QX523-3	YR	8.00	20.00
1990	LOVABLE DEARS 875QX547-6	YR	9.00	20.00
1991	SWEET TALK 875QX536-7	YR	9.00	35.00
1992	CHEERFUL SANTA 975QX515-4	YR	10.00	30.00
L. VOTRUBA			**NEW ATTRACTIONS**	
1990	HAPPY VOICES 675QX464-5	YR	7.00	13.00
1991	FOLK ART REINDEER 875QX535-9	YR	9.00	18.00
1991	JOYOUS MEMORIES-PHOTOHOLDER 675QX536-9	YR	7.00	25.00
*			**NFL COLLECTION**	
1996	NFL BALL ORNAMENTS	YR	6.00	11.00
1999	CAROLINA PANTHERS QSR5217	YR	11.00	11.00
1999	CHICAGO BEARS QSR5219	YR	11.00	11.00
1999	DALLAS COWBOYS QSR5227	YR	11.00	11.00
1999	MIAMI DOLPHINS QSR5239	YR	11.00	11.00
1999	MINNESOTA VIKINGS QSR5247	YR	11.00	11.00

Captain Jean-Luc Picard, Captain James T. Kirk *and the* Romulan Warbird *were produced by Hallmark in 1995, marking the fifth year Hallmark offered Keepsake Ornaments based on Star Trek images.*

Picture Perfect Christmas *offers a triple dose of Mickey Mouse, introduced as part of Enesco Group Inc.'s 1994 offerings.*

The ornament for charter members of Hallmark's Keepsake Ornament Collectors' Club, Carousel Reindeer *was available originally for $8 in 1987. It is now worth over seven times as much.*

Have a Cracker Jack Christmas, *part of Enesco Group Inc.'s Treasury of Christmas collection, brings America's favorite snack to our Christmas trees.*

YR	NAME	LIMIT	ISSUE	TREND
1999	NEW ENGLAND PATRIOTS QSR5279	YR	11.00	11.00
1999	NEW YORK GIANTS QSR5249	YR	11.00	11.00
1999	OAKLAND RAIDERS QSR5257	YR	11.00	11.00
1999	PHILADELPHIA EAGLES QSR5259	YR	11.00	11.00
1999	PITTSBURGH STEELERS QSR5267	YR	11.00	11.00
1999	SAN FRANCISCO 49ERS QSR5269	YR	11.00	11.00
1999	WASHINGTON REDSKINS QSR5277	YR	11.00	11.00
T. HADDIX			**NFL COLLECTION**	
1999	DENVER BRONCOS QSR5229	YR	11.00	11.00
1999	GREEN BAY PACKERS QSR5237	YR	11.00	11.00
1999	KANSAS CITY CHIEFS QSR5197	YR	11.00	11.00
D. UNRUH			**NFL COLLECTION**	
1996	ARIZONA CARDINALS NFL TEAM QSR648-4	YR	10.00	13.00
1996	ATLANTA FALCONS NFL TEAM QSR636-4	YR	10.00	13.00
1996	BROWNS NFL TEAM QSR639-1	YR	10.00	13.00
1996	BUFFALO BILLS NFL TEAM QSR637-1	YR	10.00	13.00
1996	CAROLINA PANTHERS NFL TEAM QSR637-4	YR	10.00	13.00
1996	CHICAGO BEARS NFL TEAM QSR638-1	YR	10.00	13.00
1996	CINCINNATI BENGALS NFL TEAM QSR638-4	YR	10.00	13.00
1996	DALLAS COWBOYS NFL TEAM QSR639-4	YR	10.00	13.00
1996	DENVER BRONCOS NFL TEAM QSR641-1	YR	10.00	13.00
1996	DETROIT LIONS NFL TEAM QSR641-4	YR	10.00	13.00
1996	GREEN BAY PACKERS NFL TEAM QSR642-1	YR	10.00	13.00
1996	INDIANAPOLIS COLTS NFL TEAM QSR643-1	YR	10.00	13.00
1996	JACKSONVILLE JAGUARS NFL TEAM QSR643-4	YR	10.00	13.00
1996	KANSAS CITY CHIEFS NFL TEAM QSR636-1	YR	10.00	13.00
1996	MIAMI DOLPHINS NFL TEAM QSR645-1	YR	10.00	13.00
1996	MINNESOTA VIKINGS NFL TEAM QSR645-4	YR	10.00	13.00
1996	NEW ENGLAND PATRIOTS NFL TEAM QSR646-1	YR	10.00	13.00
1996	NEW ORLEANS SAINTS NFL TEAM QSR646-4	YR	10.00	13.00
1996	NEW YORK GIANTS NFL TEAM QSR647-1	YR	10.00	13.00
1996	OAKLAND RAIDERS NFL TEAM QSR644-1	YR	10.00	13.00
1996	OILERS NFL TEAM QSR642-4	YR	10.00	13.00
1996	PHILADELPHIA EAGLES NFL TEAM QSR648-1	YR	10.00	13.00
1996	PITTSBURGH STEELERS NFL TEAM QSR649-1	YR	10.00	13.00
1996	SAN DIEGO CHARGERS NFL TEAM QSR649-4	YR	10.00	13.00
1996	SAN FRANCISCO 49ERS NFL TEAM QSR650-1	YR	10.00	13.00
1996	SEATTLE SEAHAWKS NFL TEAM QSR650-4	YR	10.00	13.00
1996	ST. LOUIS RAMS NFL TEAM QSR644-4	YR	10.00	13.00
1996	TAMPA BAY BUCCANEERS NFL TEAM QSR651-1	YR	10.00	13.00
1996	WASHINGTON REDSKINS NFL TEAM QSR651-4	YR	10.00	13.00
*			**NORMAN ROCKWELL**	
1980	SANTA'S VISITORS 650QX306-1	YR	6.00	225.00
1981	THE CAROLERS 2ND EDITION 850QX511-5	YR	8.00	45.00
1982	FILLING THE STOCKINGS 3RD EDITION 850QX305-3	YR	8.00	30.00
1983	DRESS REHEARSAL-4TH EDITION 750QX300-7	YR	8.00	40.00
1988	AND TO ALL A GOOD NIGHT 775QX370-4	YR	8.00	25.00
P. DUTKIN			**NORMAN ROCKWELL**	
1993	FILLING THE STOCKINGS 1575QK115-5	YR	16.00	35.00
1993	JOLLY POSTMAN 1575QK116-2	YR	16.00	35.00
J. LYLE			**NORMAN ROCKWELL**	
1988	CHRISTMAS SCENES 475QX273-1	YR	5.00	20.00
D. MCGEHEE			**NORMAN ROCKWELL**	
1984	CAUGHT NAPPING 750QX341-1	YR	8.00	35.00
1985	JOLLY POSTMAN -6TH EDITION 750QX374-5	YR	8.00	30.00
D. PALMITER			**NORMAN ROCKWELL**	
1987	CHRISTMAS DANCE-8TH EDITION 775QX370-7	YR	8.00	20.00
S. PIKE			**NORMAN ROCKWELL**	
1986	CHECKING UP 775QX321-3	YR	8.00	25.00
D. UNRUH			**NORMAN ROCKWELL**	
1996	LITTLE SPOONERS QX550-4	YR	13.00	20.00
L. SICKMAN			**NORTH POLE NUTCRACKERS**	
1992	ERIC THE BAKER 875QX524-4	YR	9.00	20.00
1992	FRANZ THE ARTIST 875QX526-1	YR	9.00	25.00
1992	FRIEDA THE ANIMALS' FRIEND 875QX526-4	YR	9.00	25.00
1992	LUDWIG THE MUSICIAN 875QX528-1	YR	9.00	20.00
1992	MAX THE TAILOR 875QX525-1	YR	9.00	20.00
1992	OTTO THE CARPENTER 875QX525-4	YR	9.00	20.00
D. LEE			**NOSTALGIC HOUSES & SHOPS**	
1984	VICTORIAN DOLLHOUSE 1300QX448-1	YR	13.00	200.00
1985	TOY SHOP 1375QX497-5	YR	14.00	140.00
1986	CHRISTMAS CANDY SHOPPE 1375QX403-3	YR	14.00	260.00
1987	HOUSE ON MAIN ST. 1400QX483-9	YR	14.00	70.00
1988	HALL BROS CARD SHOP 1450QX401-4	YR	14.00	55.00
1989	U.S. POST OFFICE 1425QX458-2	YR	14.00	65.00
1990	HOLIDAY HOME 7TH ED 1475QX469-6	YR	15.00	75.00
1991	FIRE STATION-8TH ED 1475QX413-9	YR	15.00	60.00
1992	FIVE-AND-TEN-CENT STORE 9TH ED 1475QX425-4	YR	15.00	40.00
1993	COZY HOME 10TH ED 1475QX417-5	YR	15.00	40.00
1993	TANNENBAUM'S DEPT. STORE 2600QX561-2	YR	26.00	50.00
1994	NEIGHBORHOOD DRUGSTORE 11TH ED 1495QX528-6	YR	15.00	38.00
J. LEE			**NOSTALGIC HOUSES & SHOPS**	
1995	ACCESSORIES FOR NOSTALGIC HOUSES & SHOPS QX508-9	YR	9.00	11.00
D. PALMITER			**NOSTALGIC HOUSES & SHOPS**	
1995	TOWN CHURCH 12TH ED QX515-9	YR	15.00	25.00
1996	VICTORIAN PAINTED LADY 13TH ED. QX567-1	YR	15.00	25.00
1997	CAFE 14TH ED. QX6245	YR	17.00	23.00

YR	NAME	LIMIT	ISSUE	TREND
1998	GROCERY STORE QX 6266	YR	17.00	17.00
1999	HOUSE ON HOLLY LANE QX6349	YR	17.00	17.00
L. VOTRUBA		**NUTCRACKER BALLET**		
1996	NUTCRACKER BALLET, THE 1ST ED. QXM406-4	YR	15.00	22.00
1999	MOUSE KING QXM4487	YR	6.00	6.00
L. SICKMAN		**NUTCRACKER GUILD**		
1994	NUTCRACKER GUILD 575QXM514-6	YR	6.00	18.00
1995	NUTCRACKER GUILD QXM4787	YR	*	15.00
1996	NUTCRACKER GUILD 3RD ED QXM408-4	YR	6.00	11.00
1997	NUTCRACKER GUILD QXM4165	YR	*	12.00
1998	NUTCRACKER GUILD QXM4203	YR	11.00	11.00
1999	NUTCRACKER GUILD QXM4587	YR	7.00	7.00
D. UNRUH		**OLD WEST**		
1998	PONY EXPRESS RIDER QX 6323	YR	14.00	14.00
1999	PROSPECTOR QX6317	YR	14.00	14.00
D. PALMITER		**OLD WORLD SILVER**		
1993	SILVER DOVE OF PEACE 2475QK107-5	YR	25.00	34.00
1993	SILVER SLEIGH 2475QK108-2	YR	25.00	34.00
1993	SILVER STAR AND HOLLY 2475QK108-5	YR	25.00	34.00
1994	SILVER BOWS 2475QK102-3	YR	25.00	26.00
D. UNRUH		**OLD WORLD SILVER**		
1993	SILVER SANTA 2475QK109-2	YR	25.00	45.00
1994	SILVER BELLS 2475QK102-6	YR	25.00	26.00
1994	SILVER POINSETTIA 2475QK100-6	YR	25.00	30.00
1994	SILVER SNOWFLAKES 2475QK101-6	YR	25.00	26.00
P. DUTKIN		**OLD-FASHIONED CHRISTMAS COLLECTION**		
1987	LITTLE WHITTLER 600QX469-9	YR	6.00	30.00
M. PYDA-SEVCIK		**OLD-FASHIONED CHRISTMAS COLLECTION**		
1987	COUNTRY WREATH 575QX470-9	YR	6.00	25.00
L. SICKMAN		**OLD-FASHIONED CHRISTMAS COLLECTION**		
1987	FOLK ART SANTA 525QX474-9	YR	5.00	35.00
1987	NOSTALGIC ROCKER 650QX468-9	YR	6.00	30.00
D. UNRUH		**OLD-FASHIONED CHRISTMAS COLLECTION**		
1987	IN A NUTSHELL 550QX469-7	YR	6.00	30.00
*		**OLYMPIC SPIRIT COLLECTION**		
1995	CENTENNIAL GAMES ATLANTA 1996 QX316-9	YR	8.00	16.00
1996	PARADE OF NATIONS QXE574-1	YR	11.00	18.00
D. MCGEHEE		**OLYMPIC SPIRIT COLLECTION**		
1996	CLOISONNE MEDALLION QXE404-1	YR	10.00	19.00
1996	INVITATION TO THE GAMES QXE551-1	YR	15.00	23.00
D. PALMITER		**OLYMPIC SPIRIT COLLECTION**		
1996	IZZY - THE MASCOT QXE572-4	YR	10.00	16.00
E. SEALE		**OLYMPIC SPIRIT COLLECTION**		
1996	OLYMPIC TRIUMPH QXE573-1	YR	11.00	15.00
D. UNRUH		**OLYMPIC SPIRIT COLLECTION**		
1996	LIGHTING THE FLAME QXE744-4	YR	28.00	40.00
*		**OPEN HOUSE ORNAMENTS**		
1986	SANTA & HIS REINDEER 975QX0440-6	YR	10.00	35.00
1986	SANTA'S PANDA PAL 550QX0441-3	YR	5.00	30.00
L. SICKMAN		**OPEN HOUSE ORNAMENTS**		
1986	OPEN HOUSE ORNAMENT QX0440-3	YR	13.00	47.00
B. SIEDLER		**OWLIVER**		
1992	OWLIVER 1ST ED. 775QX454-4	YR	8.00	20.00
1993	OWLIVER 2ND ED. 775QX542-5	YR	8.00	15.00
1994	OWLIVER 795QX522-6	YR	8.00	19.00
L. SICKMAN		**PEACE ON EARTH**		
1991	ITALY FIRST ED 1175QX512-9	YR	12.00	27.00
1992	SPAIN 2ND ED 1175QX517-4	YR	12.00	21.00
1993	POLAND 3RD ED 1175QX524-2	YR	12.00	23.00
*		**PEANUTS COLLECTION**		
1977	PEANUTS (2) 400QX163-5	YR	4.00	90.00
1977	PEANUTS 250QX162-2	YR	2.00	80.00
1977	PEANUTS 350QX135-5	YR	4.00	75.00
1978	PEANUTS 250QX203-6	YR	2.00	60.00
1978	PEANUTS 250QX204-3	YR	2.00	70.00
1978	PEANUTS 350QX205-6	YR	4.00	70.00
1978	PEANUTS 350QX206-3	YR	4.00	60.00
1989	A CHARLIE BROWN CHRISTMAS 475QX276-5	YR	5.00	35.00
R. BISHOP		**PEANUTS COLLECTION**		
1994	PEANUTS GANG 2ND ED. QX 520-3	YR	10.00	23.00
R. CHAD		**PEANUTS COLLECTION**		
1996	SCHROEDER AND LUCY QLX739-4	YR	19.00	34.00
J. FRANCIS		**PEANUTS COLLECTION**		
1996	PEANUTS GANG,THE, 4TH QX538-1	YR	10.00	18.00
D. RHODUS		**PEANUTS COLLECTION**		
1993	PEANUTS GANG 1ST ED. 975QX531-5	YR	10.00	50.00
B. SIEDLER		**PEANUTS COLLECTION**		
1995	PEANUTS GANG 3RD ED. QX505-9	YR	10.00	25.00
1996	TREE FOR SNOOPY, A QX550-7	YR	9.00	18.00
*		**PERSONALIZED ORNAMENTS**		
1993	COOL SNOWMAN 875QP605-2	YR	9.00	9.00
1993	PEANUTS 900QP604-5	YR	9.00	9.00
1993	REINDEER IN THE SKY 875QP605-5	YR	9.00	6.00
P. ANDREWS		**PERSONALIZED ORNAMENTS**		
1995	BABY BEAR QP615-7	YR	13.00	14.00

YR	NAME	LIMIT	ISSUE	TREND
K. CROW		**PERSONALIZED ORNAMENTS**		
1993	MAILBOX DELIVERY 1475QP601-5	YR	15.00	11.00
1993	ON THE BILLBOARD 1275QP602-2	YR	13.00	11.00
1994	ETCH-A-SKETCH 1295QP600-6	YR	13.00	13.00
1994	MAILBOX DELIVERY 1495QP601-5	YR	15.00	15.00
1994	ON THE BILLBOARD 1295QP602-2	YR	13.00	11.00
1994	REINDEER ROOTERS 1295QP605-6	YR	13.00	13.00
1995	ETCH-A-SKETCH QP601-5	YR	13.00	14.00
1995	MAILBOX DELIVERY QP601-5	YR	15.00	15.00
1995	ON THE BILLBOARD QP602-2	YR	13.00	14.00
1995	REINDEER ROOTERS QP605-6	YR	13.00	14.00
J. FRANCIS		**PERSONALIZED ORNAMENTS**		
1993	BABY BLOCK PHOTOHOLDER QP603-5	YR	15.00	16.00
1993	PLAYING BALL 1275QP603-2	YR	13.00	11.00
1994	BABY BLOCK PHOTOHOLDER 1495QP603-5	YR	15.00	16.00
1994	PLAYING BALL 1295QP603-2	YR	13.00	11.00
1995	PLAYING BALL 603-2	YR	13.00	14.00
D. PALMITER		**PERSONALIZED ORNAMENTS**		
1993	GOING GOLFIN' 1275QP601-2	YR	13.00	11.00
1994	GOIN' FISHIN' 1495QP602-3	YR	15.00	15.00
1994	GOIN' GOLFIN' 1295QP601-2	YR	13.00	13.00
D. RHODUS		**PERSONALIZED ORNAMENTS**		
1994	FROM THE HEART 1495QP603-6	YR	25.00	25.00
1995	FROM THE HEART QP603-6	YR	15.00	15.00
A. ROGERS		**PERSONALIZED ORNAMENTS**		
1993	FILLED W/COOKIES 1275QP604-2	YR	13.00	11.00
E. SEALE		**PERSONALIZED ORNAMENTS**		
1993	HERE'S YOUR FORTUNE 1075QP600-2	YR	11.00	9.00
1993	SANTA SAYS 1475QP600-5	YR	13.00	13.00
1994	COMPUTER CAT 'N' MOUSE 1295QP604-6	YR	13.00	13.00
1994	SANTA SAYS 1495QP600-5	YR	15.00	13.00
1995	CHAMP, THE QP604-6	YR	13.00	14.00
1995	KEY NOTE QP614-9	YR	13.00	15.00
B. SIEDLER		**PERSONALIZED ORNAMENTS**		
1994	HOLIDAY HELLO 2495QXR611-6	YR	25.00	25.00
L. VOTRUBA		**PERSONALIZED ORNAMENTS**		
1993	FESTIVE ALBUM PHOTOHOLDER QP602-5	YR	13.00	13.00
1994	COOKIE TIME 1295QP607-3	YR	13.00	13.00
1994	FESTIVE ALBUM PHOTOHOLDER 1295QP602-5	YR	13.00	13.00
1994	NOVEL IDEA 1295QP606-6	YR	13.00	13.00
1995	COOKIE TIME QP607-3	YR	13.00	14.00
1995	NOVEL IDEA QP606-6	YR	13.00	14.00
*				**PINOCCHIO**
1999	PINOCCHIO AND GEPPETTO QXD4107	YR	17.00	17.00
*				**PLUSH ANIMALS**
1981	CHRISTMAS TEDDY 500QX404-2	YR	6.00	20.00
1981	RACCOON TUNES 550QX405-5	YR	6.00	20.00
K. CROW				**POCAHONTAS**
1995	CAPTAIN JOHN SMITH AND MEEKO QX1617-9	YR	13.00	18.00
1995	PERCY, FLIT AND MEEKO QX1617-9	YR	10.00	20.00
1995	POCAHONTAS AND CAPT. JOHN SMITH QX1619-7	YR	15.00	21.00
1995	POCAHONTAS QX1617-7	YR	13.00	20.00
L. SICKMAN			**PONY FOR CHRISTMAS**	
1999	PONY FOR CHRISTMAS QX6299	YR	11.00	11.00
*			**PORTRAITS IN BISQUE**	
1993	JOY OF SHARING 1575QK114-2	YR	16.00	30.00
S. PIKE			**PORTRAITS IN BISQUE**	
1993	CHRISTMAS FEAST 1575QK115-2	YR	16.00	35.00
1993	MISTLETOE KISS 1575QK114-5	YR	16.00	30.00
L. VOTRUBA			**PRECIOUS EDITION**	
1996	SPARKLING CRYSTAL ANGEL QXM426-4		10.00	20.00
N. AUBE			**PREMIERE EXCLUSIVE**	
1996	BASHFUL MISTLETOE MERRY MINIATURES	YR	13.00	25.00
E. SEALE			**PREMIERE EXCLUSIVE**	
1995	WISH LIST QX585-9	YR	15.00	24.00
1996	WELCOME SIGN TENDER TOUCHES	YR	15.00	22.00
1997	PERFECT TREE, TENDER TOUCHES QX6572	YR	15.00	20.00
1998	SANTA'S MERRY WORKSHOP	YR	32.00	32.00
L. SICKMAN			**PREMIERE EXCLUSIVE**	
1999	ZEBRA FANTASY QX6559	YR	15.00	15.00
*			**PROPERTY ORNAMENTS**	
1975	BETSEY CLARK (2) 350QX167-1	YR	4.00	42.00
1975	BETSEY CLARK (4) 450QX168-1	YR	4.00	50.00
1975	BUTTONS & BO (4) 500QX139-1	YR	5.00	50.00
1975	CHARMERS 300QX135-1	YR	3.00	50.00
1975	LITTLE MIRACLES (4) 500QX140-1	YR	5.00	40.00
1975	MARTY LINKS 300QX136-1	YR	3.00	52.00
1975	NORMAN ROCKWELL 250QX166-1	YR	2.00	50.00
1975	NORMAN ROCKWELL 300QX134-1	YR	3.00	70.00
1976	BETSEY CLARK (3) 450QX218-1	YR	4.00	52.00
1976	BETSEY CLARK 250QX210-1	YR	2.00	60.00
1976	CHARMERS (2) 350QX215-1	YR	4.00	75.00
1976	HAPPY THE SNOWMAN (2) QX216-1	YR	4.00	42.00
1976	MARTY LINKS (2) 400QX207-1	YR	4.00	60.00
1976	NORMAN ROCKWELL 300QX196-1	YR	3.00	70.00
1976	RAGGEDY ANN 250QX212-1	YR	2.00	60.00
1976	RUDOLPH AND SANTA 250QX213-1	YR	2.00	90.00

YR	NAME	LIMIT	ISSUE	TREND
1977	CHARMERS 350QX153-5	YR	4.00	55.00
1977	DISNEY (2) 400QX137-5	YR	4.00	42.00
1977	DISNEY 350QX133-5	YR	4.00	60.00
1977	GRANDMA MOSES 350QX150-2	YR	4.00	60.00
1977	NORMAN ROCKWELL 350QX151-5	YR	4.00	70.00
1978	DISNEY 350QX207-6	YR	4.00	100.00
1978	JOAN WALSH ANGLUND 350QX221-6	YR	4.00	70.00
1978	SPENCER SPARROW 350QX219-6	YR	4.00	50.00
1979	JOAN WALSH ANGLUND 350QX205-9	YR	4.00	32.00
1979	MARY HAMILTON 350QX254-7	YR	4.00	25.00
1979	PEANUTS-TIME TO TRIM 350QX202-7	YR	4.00	45.00
1979	SPENCER SPARROW 350QX200-7	YR	4.00	45.00
1979	WINNIE-THE-POOH 350QX206-7	YR	4.00	50.00
1980	BETSEY CLARK 650QX307-4	YR	6.00	51.00
1980	BETSEY CLARK'S CHRISTMAS 750QX149-4	YR	8.00	40.00
1980	DISNEY 400QX218-1	YR	4.00	30.00
1980	JOAN WALSH ANGLUND 400QX217-4	YR	4.00	20.00
1980	MARTY LINKS 400QX221-4	YR	4.00	20.00
1980	MARY HAMILTON 400QX219-4	YR	4.00	20.00
1980	MUPPETS 400QX220-1	YR	4.00	40.00
1980	PEANUTS 400QX216-1	YR	4.00	40.00
1981	BETSEY CLARK 900QX423-5	YR	9.00	75.00
1981	BETSEY CLARK BLUE CAMEO QX 512-2	YR	8.00	25.00
1981	DISNEY 450QX805-5	YR	4.00	28.00
1981	JOAN WALSH ANGLUND 450QX804-2	YR	4.00	25.00
1981	MARTY LINKS 450QX808-2	YR	4.00	20.00
1981	MARY HAMILTON 450QX806-2	YR	4.00	20.00
1981	MUPPETS 450QX807-5	YR	4.00	33.00
1981	PEANUTS 450QX803-5	YR	4.00	35.00
1982	BETSEY CLARK 850QX305-6	YR	8.00	24.00
1982	DISNEY 450QX217-3	YR	4.00	30.00
1982	JOAN WALSH ANGLUND 450QX219-3	YR	4.00	20.00
1982	MARY HAMILTON 450QX217-6	YR	4.00	25.00
1982	MISS PIGGY & KERMIT 450QX218-3	YR	4.00	40.00
1982	MUPPETS PARTY 450QX218-6	YR	4.00	37.00
1982	NORMAN ROCKWELL 450QX202-3	YR	4.00	21.00
1982	PEANUTS 450QX200-6	YR	4.00	35.00
1983	BETSEY CLARK 900QX440-1	YR	9.00	30.00
1983	DISNEY 450QX212-9	YR	4.00	42.00
1983	MARY HAMILTON 450QX213-7	YR	4.00	55.00
1983	MISS PIGGY 1300QX405-7	YR	13.00	200.00
1983	MUPPETS, THE- 450QX214-7	YR	4.00	47.00
1983	NORMAN ROCKWELL 450QX215-7	YR	4.00	50.00
1983	PEANUTS 450QX212-7	YR	4.00	35.00
1983	SHIRT TALES 450QX214-9	YR	4.00	30.00
1984	BETSEY CLARK ANGEL 900QX462-4	YR	9.00	35.00
1984	DISNEY 450QX250-4	YR	4.00	40.00
1984	KATYBETH 900QX463-1	YR	9.00	30.00
1984	KIT 550QX453-4	YR	6.00	25.00
1984	MUPPETS, THE- 450QX251-4	YR	4.00	35.00
1984	PEANUTS 450QX252-1	YR	4.00	35.00
1984	SHIRT TALES 450QX252-4	YR	4.00	20.00
1985	BETSEY CLARK 850QX508-5	YR	8.00	30.00
1985	DISNEY CHRISTMAS 475QX271-2	YR	5.00	30.00
1985	FRAGGLE ROCK HOLIDAY 475QX265-5	YR	5.00	25.00
1985	HUGGA BUNCH 500QX271-5	YR	5.00	30.00
1985	MERRY SHIRT TALES 475QX267-2	YR	5.00	17.00
1985	PEANUTS 475QX266-5	YR	5.00	35.00
1985	RAINBOW BRITE AND FRIENDS 475QX268-2	YR	5.00	18.00
1986	KATYBETH W/STAR 700QX435-3	YR	7.00	25.00
1986	NORMAN ROCKWELL 475QX276-3	YR	5.00	30.00
1986	PEANUTS 475QX276-6	YR	5.00	40.00
1986	SHIRT TALES PARADE 475QX277-3	YR	5.00	15.00

J. FRANCIS   PROPERTY ORNAMENTS

YR	NAME	LIMIT	ISSUE	TREND
1981	KERMIT THE FROG 900QX424-2	YR	9.00	90.00
1982	DIVINE MISS PIGGY, THE 1200QX425-5	YR	12.00	90.00

D. LEE   PROPERTY ORNAMENTS

YR	NAME	LIMIT	ISSUE	TREND
1982	KERMIT THE FROG 1100QX495-6	YR	11.00	100.00
1983	KERMIT THE FROG 1100QX495-6	YR	11.00	100.00
1984	MUFFIN 550QX442-1	YR	6.00	30.00

D. MCGEHEE   PROPERTY ORNAMENTS

YR	NAME	LIMIT	ISSUE	TREND
1984	NORMAN ROCKWELL QX 251-1	YR	4.00	30.00
1985	NORMAN ROCKWELL 475QX266-2	YR	5.00	40.00

M. PYDA-SEVCIK   PROPERTY ORNAMENTS

YR	NAME	LIMIT	ISSUE	TREND
1986	STATUE OF LIBERTY, THE 600QX384-3	YR	6.00	25.00

E. SEALE   PROPERTY ORNAMENTS

YR	NAME	LIMIT	ISSUE	TREND
1983	BETSEY CLARK 650QX404-7	YR	6.00	30.00
1984	SNOOPY & WOODSTOCK 750QX439-1	YR	8.00	100.00
1986	HEATHCLIFF 750QX436-3	YR	8.00	25.00

L. SICKMAN   PROPERTY ORNAMENTS

YR	NAME	LIMIT	ISSUE	TREND
1975	BETSEY CLARK 250QX163-1	YR	2.00	38.00
1975	RAGGEDY ANN & RAGGEDY ANDY 400QX138-1	YR	4.00	65.00
1975	RAGGEDY ANN 250QX165-1	YR	2.00	45.00

B. SIEDLER   PROPERTY ORNAMENTS

YR	NAME	LIMIT	ISSUE	TREND
1985	KIT THE SHEPHERD 575QX484-5	YR	6.00	25.00
1985	MUFFIN THE ANGEL 575QX483-5	YR	6.00	23.00
1985	SNOOPY AND WOODSTOCK 750QX491-5	YR	8.00	75.00

YR	NAME	LIMIT	ISSUE	TREND
1986	PADDINGTON BEAR 600QX435-6	YR	6.00	40.00
1986	SNOOPY AND WOODSTOCK 800QX438-3	YR	8.00	38.00

A. ROGERS — PUPPY LOVE

YR	NAME	LIMIT	ISSUE	TREND
1991	PUPPY LOVE 1ST ED. 775QX537-9	YR	8.00	50.00
1992	PUPPY LOVE 2ND ED. 775QX448-4	YR	8.00	40.00
1993	PUPPY LOVE 3RD ED. 775QX504-5	YR	8.00	28.00
1994	PUPPY LOVE 4TH ED. 795QX525-3	YR	8.00	20.00
1995	PUPPY LOVE 5TH ED. QX513-7	YR	8.00	23.00
1996	PUPPY LOVE 6TH ED. QX565-1	YR	8.00	18.00
1997	PUPPY LOVE 7TH ED. QX622-2	YR	8.00	17.00
1998	PUPPY LOVE QX6163	YR	8.00	8.00
1999	PUPPY LOVE QX6327	YR	8.00	8.00

B. SIEDLER — REINDEER CHAMPS

YR	NAME	LIMIT	ISSUE	TREND
1986	DASHER 1ST ED 750QX422-3	YR	8.00	140.00
1987	DANCER 750QX480-9	YR	8.00	45.00
1988	PRANCER 750QX405-1	YR	8.00	30.00
1989	VIXEN 4TH ED 775QX456-2	YR	8.00	20.00
1990	COMET 5TH ED 775QX443-3	YR	8.00	25.00
1991	CUPID 6TH ED 775QX434-7	YR	8.00	25.00
1992	DONDER 7TH ED 875QX528-4	YR	9.00	28.00
1993	BLITZEN 8TH ED 875QX433-1	YR	9.00	25.00

* — ROCKING HORSE

YR	NAME	LIMIT	ISSUE	TREND
1978	ROCKING HORSE 600QX148-3	YR	6.00	87.00
1980	ROCKING HORSE QX 340-7	YR	2.00	23.00
1984	ROCKING HORSE 1000QX435-4	YR	10.00	90.00

L. SICKMAN — ROCKING HORSE

YR	NAME	LIMIT	ISSUE	TREND
1975	ROCKING HORSE 350QX128-1	YR	4.00	175.00
1976	ROCKING HORSE 400QX128-1	YR	4.00	175.00
1981	ROCKING HORSE 900QX422-2	YR	9.00	580.00
1982	ROCKING HORSE 1000QX502-3	YR	10.00	400.00
1983	ROCKING HORSE 1000QX417-7	YR	10.00	290.00
1985	ROCKING HORSE 1075QX493-2	YR	11.00	75.00
1986	ROCKING HORSE 1075QX401-6	YR	11.00	70.00
1987	ROCKING HORSE 1075QX482-9	YR	11.00	75.00
1988	ROCKING HORSE 1075QX402-4	YR	11.00	65.00
1989	ROCKING HORSE 1075QX462-2	YR	11.00	55.00
1990	ROCKING HORSE 1075QX464-6	YR	11.00	85.00
1991	ROCKING HORSE 1075QX414-7	YR	11.00	50.00
1992	BROWN HORSE 450QXM5454	YR	4.00	20.00
1992	ROCKING HORSE 1075QX426-1	YR	11.00	35.00
1993	ROCKING HORSE 1075QX416-2	YR	11.00	35.00
1994	ROCKING HORSE 1095QX501-6	YR	11.00	30.00
1995	ROCKING HORSE QX516-7	YR	11.00	30.00
1996	ROCKING HORSE QX567-4	YR	11.00	20.00

L. SICKMAN — ROCKING HORSE MINIATURES

YR	NAME	LIMIT	ISSUE	TREND
1988	DAPPLED 450QXM562-4	YR	4.00	42.00
1989	PALOMINO 450QXM560-5	YR	4.00	30.00
1990	PINTO 450QXM574-3	YR	4.00	25.00
1991	GREY ARABIAN 450QXM563-7	YR	4.00	25.00
1993	APPALOOSA 450QXM511-2	YR	4.00	17.00
1994	WHITE 450QXM511-6	YR	4.00	17.00
1996	ROCKING HORSE QXM412-1	YR	5.00	13.00

* — ROMANTIC VACATIONS

YR	NAME	LIMIT	ISSUE	TREND
1998	DONALD AND DAISY IN VENICE QXD 4103	YR	15.00	15.00
1999	MICKEY AND MINNIE IN PARADISE QXD4049	YR	15.00	15.00
1999	MICKEY AND MINNIE IN PARADISE/MICKEY & CO. QXD4049	YR	15.00	15.00

L. SICKMAN — SACRED MASTERWORKS

YR	NAME	LIMIT	ISSUE	TREND
1996	MADONNA AND CHILD QK114-4	YR	16.00	30.00
1996	PRAYING MADONNA QK115-4	YR	16.00	23.00

K. CROW — SANTA & HIS REINDEER COLLECTION

YR	NAME	LIMIT	ISSUE	TREND
1992	COMET & CUPID 495XPR973-7	YR	5.00	20.00
1992	DASHER & DANCER 495XPR973-5	YR	5.00	45.00
1992	DONDER & BLITZEN 495XPR973-8	YR	5.00	35.00
1992	PRANCER & VIXEN 495XPR973-6	YR	5.00	20.00
1992	SANTA & SLEIGH 495XPR973-9	YR	5.00	17.00

* — SANTA & SPARKY

YR	NAME	LIMIT	ISSUE	TREND
1986	LIGHTING THE TREE 1ST ED. 2200QLX703-3	YR	22.00	85.00
1987	PERFECT PORTRAIT 1950QLX701-9	YR	20.00	70.00
1988	ON WITH THE SHOW 1950QLX719-1	YR	20.00	40.00

* — SANTA CLAUS-THE MOVIE

YR	NAME	LIMIT	ISSUE	TREND
1985	SANTA CLAUS 675QX300-5	YR	7.00	10.00
1985	SANTA'S VILLLAGE 675QX300-2	YR	7.00	10.00

K. CROW — SANTA'S LITTLE BIG TOP

YR	NAME	LIMIT	ISSUE	TREND
1995	SANTA'S LITTLE BIG TOP QXM4779	YR	*	18.00
1996	SANTA'S LITTLE BIG TOP 2ND ED QXM408-1	YR	7.00	10.00

* — SARAH, PLAIN AND TALL COLLECTION

YR	NAME	LIMIT	ISSUE	TREND
1994	COUNTRY CHURCH, THE 795XPR945-0	YR	8.00	26.00
1994	HAYS TRAIN STATION, THE-795XPR945-2	YR	8.00	21.00
1994	MRS. PARKLEY'S GENERAL STORE 795XPR945-1	YR	8.00	20.00
1994	SARAH'S MAINE HOME 795XPR945-4	YR	8.00	25.00
1994	SARAH'S PRAIRIE HOME 795XPR945-3	YR	8.00	20.00

P. ANDREWS — SCARLETT O'HARA

YR	NAME	LIMIT	ISSUE	TREND
1997	SCARLETT O'HARA QX6125	YR	*	25.00
1998	SCARLETT O'HARA QX 6336	YR	15.00	15.00
1999	SCARLETT O'HARA QX6397	YR	15.00	15.00

E. SEALE — SEASIDE SCENES

YR	NAME	LIMIT	ISSUE	TREND
1999	SEASIDE SCENES QXM4649	YR	8.00	8.00

YR	NAME	LIMIT	ISSUE	TREND
	*			**SEWN TRIMMERS**
1979	ANGEL MUSIC 200QX343-9	YR	2.00	19.00
1979	MERRY SANTA 200QX342-7	YR	2.00	21.00
1979	ROCKING HORSE, THE 200QX340-7	YR	2.00	23.00
1979	STUFFED FULL STOCKING 200QX341-9	YR	2.00	24.00
	P. ANDREWS			**SHOWCASE ORNAMENTS/CHRISTMAS LIGHTS**
1994	MOONBEAMS 1575QK111-6	YR	16.00	16.00
	R. CHAD			**SHOWCASE ORNAMENTS/CHRISTMAS LIGHTS**
1994	PEACEFUL VILLAGE 1575QK110-6	YR	16.00	16.00
	D. PALMITER			**SHOWCASE ORNAMENTS/CHRISTMAS LIGHTS**
1994	HOME FOR THE HOLIDAYS 1575QK112-3	YR	16.00	16.00
	A. ROGERS			**SHOWCASE ORNAMENTS/CHRISTMAS LIGHTS**
1994	MOTHER AND CHILD 1575QK112-6	YR	16.00	16.00
	*			**SIDEWALK CRUISERS**
1998	1939 MOBO HORSE 1295QEO8393	YR	13.00	16.00
	L. NORTON			**SKY'S THE LIMIT**
1997	FLIGHT AT KITTY HAWK QX 5574	YR	15.00	25.00
1998	1917 CURTISS JN-4D JENNY QX 6286	YR	15.00	15.00
1999	CURTIS R3C-2 SEAPLANE QX6387	YR	15.00	15.00
	*			**SLEEPING BEAUTY**
1998	PRINCESS AURORA QXD 4126	YR	13.00	13.00
	*			**SNOOPY & FRIENDS**
1979	ICE HOCKEY HOLIDAY 800QX141-9	YR	8.00	130.00
	J. FRANCIS			**SNOOPY & FRIENDS**
1980	SKI HOLIDAY 2ND EDITION 900QX154-1	YR	9.00	105.00
1981	SNOOPY & FRIENDS-3RD EDITION 1200QX436-2	YR	12.00	125.00
	E. SEALE			**SNOOPY & FRIENDS**
1982	SNOOPY & FRIENDS-4TH EDITION 1300QX480-3	YR	13.00	105.00
	L. SICKMAN			**SNOOPY & FRIENDS**
1983	SANTA SNOOPY 5TH EDITION 1300QX416-9	YR	13.00	95.00
	T. HADDIX			**SNOW BUDDIES**
1998	SNOW BUDDIES	YR	8.00	8.00
1999	SNOW BUDDIES QX6319	YR	8.00	8.00
	P. ANDREWS			**SNOWFLAKE BALLET**
1997	SNOWFLAKE BALLET QXM4192	YR	*	14.00
1998	SNOWFLAKE BALLET QXM4173	YR	*	11.00
1999	SNOWFLAKE BALLET QXM4569	YR	6.00	6.00
	J. LYLE			**SPECIAL EDITION**
1995	VICTORIAN TOY BOX QLX735-7	YR	42.00	53.00
1996	EVERGREEN SANTA QX571-4	YR	22.00	40.00
	D. RHODUS			**SPECIAL EDITION**
1996	O HOLY NIGHT- 4 PC QXM420-4	YR	25.00	32.00
	E. SEALE			**SPECIAL EDITION**
1996	NORTH POLE VOLUNTEERS QLX747-1	YR	42.00	75.00
	L. SICKMAN			**SPECIAL EDITION**
1996	AFRICAN ELEPHANTS QXM422-4	YR	6.00	15.00
	D. UNRUH			**SPECIAL EDITION**
1995	BEVERLY AND TEDDY QX525-9	YR	22.00	30.00
	*			**SPECIAL ISSUES**
1997	1997 CORVETTE QX16455	YR	14.00	20.00
	D. UNRUH			**SPORTS COLLECTION**
1999	MUHAMMAD ALI QXI4147	YR	15.00	15.00
	B. SIEDLER			**SPOTLIGHT ON SNOOPY**
1998	JOE COOL QX 6453	YR	10.00	10.00
1999	FAMOUS FLYING ACE QX6409	YR	10.00	10.00
	*			**STAR TREK**
1996	COMMANDER WILLIAM T. RIKER 1555-1	YR	15.00	25.00
1997	COMMANDER DATA 1634-5	YR	15.00	18.00
1997	DR. LEONARD H. MCCOY 1635-2	YR	15.00	25.00
1997	U.S.S. DEFIANT	YR	24.00	35.00
	R. LAPIERRE			**STAR TREK**
1999	U.S.S. ENTERPRISE NCC-1701 QBG6117	YR	25.00	25.00
	L. NORTON			**STAR TREK**
1991	STARSHIP ENTERPRISE 2000QLX719-9	YR	20.00	300.00
1994	KLINGON BIRD OF PREY 2400QLX738-6	YR	24.00	45.00
1995	ROMULAN WARBIRD QX1726-7	YR	24.00	40.00
1996	U.S.S. VOYAGER QXI754-4	YR	24.00	45.00
1998	FIRST CONTACT USS ENTERPRISE NCC-1710-E QXI 7633	YR	24.00	24.00
	D. RHODUS			**STAR TREK**
1996	U.S.S. ENTERPRISE, 30 YEARS QXI753-4	YR	45.00	80.00
	A. ROGERS			**STAR TREK**
1995	CAPTAIN JAMES T. KIRK QX1553-9	YR	14.00	25.00
1995	CAPTAIN JEAN-LUC PICARD QX1573-7	YR	14.00	30.00
1996	MR. SPOCK QXI554-4	OP	5.00	30.00
1998	CAPTAIN KATHRYN JANEWAY QXI 4046	YR	15.00	15.00
	L. NORTON			**STAR TREK: DEEP SPACE NINE**
1999	RUNABOUT-U.S.S. RIO GRANDE QXI7593	YR	24.00	24.00
	A. ROGERS			**STAR TREK: DEEP SPACE NINE**
1999	LIEUTENANT COMMANDER WORF QXI4139	YR	15.00	15.00
	*			**STAR WARS**
1997	C-3PO & R2-D2 1426-5	YR	13.00	25.00
1997	DARTH VADER QX1753-1	YR	24.00	35.00
1997	LUKE SKYWALKER QX1548-4	YR	14.00	30.00
1998	STAR WARS LUNCHBOX 1259QEO8406	YR	13.00	40.00
	P. ANDREWS			**STAR WARS**
1999	HAN SOLO QXI4007	YR	14.00	14.00

YR	NAME	LIMIT	ISSUE	TREND
K. BRICKER				**STAR WARS**
1997	YODA QXI6355	YR	10.00	33.00
1999	MAX REBO BAND QXI4597	YR	20.00	20.00
K. CROW				**STAR WARS**
1996	MILLENNIUM FALCON QLX747-4	YR	24.00	51.00
D. RHODUS				**STAR WARS**
1996	VEHICLES OF STAR WARS, THE SET OF 3 QXM402-4	YR	20.00	37.00
1998	BOBA FETT QXI 4053	YR	15.00	15.00
1998	PRINCESS LEIA QXI 4026	YR	14.00	14.00
1998	X-WING STARFIGHTER QXI 7596	YR	24.00	24.00
1999	CHEWBACCA QXI4009	YR	15.00	15.00
1999	DARTH VADER'S TIE FIGHTER QXI7399	YR	24.00	24.00
1999	EPISODE 1: FIGURAL QXI4187	YR	15.00	15.00
C. WEBB				**STAR WARS**
1999	EPISODE 1: SHIP QX17613	YR	19.00	19.00
E. SEALE				**STOCK CAR CHAMPIONS**
1997	JEFF GORDON QX1616-5	YR	16.00	27.00
1998	RICHARD PETTY QXI 4143	YR	16.00	16.00
1999	BILL ELLIOTT QXI4039	YR	16.00	16.00
*				**SYMBOLS OF CHRISTMAS**
1995	JOLLY SANTA QX108-7	YR	16.00	29.00
1995	SWEET SONG QX108-9	YR	16.00	27.00
*				**TABLE DECOR**
1977	HOLLY & POINSETTIA TABLE DECOR. OHD320-2	YR	8.00	132.00
1978	HEAVENLY MINSTREL TABLETOP QHD 921-9	YR	35.00	375.00
K. CROW				**TEDDY BEAR YEARS COLLECTION**
1994	BABY'S SECOND CHRISTMAS 795QX571-6	YR	8.00	24.00
1995	BABY'S FIRST CHRISTMAS QX 555-9	YR	8.00	20.00
1995	BABY'S SECOND CHRISTMAS QX556-7	YR	8.00	20.00
1995	CHILD'S THIRD CHRISTMAS QX562-7	YR	8.00	19.00
J. FRANCIS				**TEDDY BEAR YEARS COLLECTION**
1994	CHILD'S FOURTH CHRISTMAS 695QX572-6	YR	7.00	22.00
1994	CHILD'S THIRD CHRISTMAS 695QX572-3	YR	7.00	22.00
1995	CHILD'S FOURTH CHRISTMAS QX562-9	YR	7.00	18.00
D. RHODUS				**TEDDY BEAR YEARS COLLECTION**
1994	CHILD'S FIFTH CHRISTMAS 695QX573-3	YR	7.00	20.00
1995	CHILD'S FIFTH CHRISTMAS QX563-7	YR	7.00	15.00
D. UNRUH				**TEDDY-BEAR STYLE**
1997	TEDDY-BEAR STYLE QXM4215	YR	12.00	12.00
1998	TEDDY-BEAR STYLE QXM4176	YR	10.00	10.00
1999	TEDDY-BEAR STYLE QXM4499	YR	6.00	6.00
*				**TENDER TOUCHES**
1995	HIGH HOPES, TENDER TOUCHES QEO 825-9	YR	9.00	19.00
E. SEALE				**TENDER TOUCHES**
1991	FANFARE BEAR 875QX533-7	YR	9.00	17.00
1991	GLEE CLUB BEARS 875QX496-9	YR	9.00	20.00
1991	LOOK OUT BELOW 875QX495-9	YR	9.00	18.00
1991	LOVING STITCHES 875QX498-7	YR	9.00	28.00
1991	PLUM DELIGHTFUL 875QX497-7	YR	9.00	16.00
1991	SNOW TWINS 875QX497-9	YR	9.00	18.00
1993	DOWNHILL DASH	YR	23.00	23.00
1993	GARDEN CAPERS	YR	20.00	20.00
1993	LIBERTY MOUSE QSM8475	YR	21.00	16.00
1994	EAGER FOR...TENDER TOUCHES 1500QX533-6	YR	15.00	26.00
1997	BUMPER CROP, TENDER TOUCHES QEO8735	YR	*	20.00
*				**THIMBLE SERIES**
1978	THIMBLE W/MOUSE 300QX133-6	YR	3.00	250.00
1979	THIMBLE CHRISTMAS SALUTE, A 400QX131-9	YR	4.00	150.00
1980	THIMBLE ELF 400QX132-1	YR	4.00	150.00
1981	THIMBLE ANGEL 450QX413-5	YR	4.00	150.00
1982	THIMBLE 500QX451-3	YR	5.00	75.00
1983	THIMBLE ELF 500QX401-7	YR	5.00	35.00
1986	THIMBLE PARTRIDGE 575QX406-6	YR	6.00	25.00
A. ROGERS				**THIMBLE SERIES**
1989	THIMBLE PUPPY 575QX455-2	YR	6.00	30.00
B. SIEDLER				**THIMBLE SERIES**
1984	THIMBLE ANGEL 500QX430-4	YR	5.00	52.00
1985	THIMBLE SANTA QX 472-5	YR	6.00	30.00
1987	THIMBLE DRUMMER 575QX441-9	YR	6.00	24.00
1988	THIMBLE SNOWMAN 575QX405-4	YR	6.00	20.00
T. KINKADE				**THOMAS KINKADE, PAINTER OF LIGHT**
1997	VICTORIAN CHRISTMAS QXM1613-5	YR	11.00	22.00
1997	WARMTH OF HOME QXI1754-5	YR	19.00	30.00
1998	VICTORIAN CHRISTMAS II QX 6343	YR	11.00	11.00
1999	VICTORIAN CHRISTMAS III QX6407	YR	11.00	11.00
D. UNRUH				**THOMAS KINKADE, PAINTER OF LIGHT**
1998	ST. NICHOLAS CIRCLE QXI 7556	YR	19.00	19.00
D. RHODUS				**THOMAS THE TANK ENGINE & FRIENDS**
1996	PERCY THE SMALL ENGINE-NO. 6 QX631-4	YR	10.00	22.00
L. SICKMAN				**TIN LOCOMOTIVE**
1982	TIN LOCOMOTIVE-1ST EDITION 1300QX460-3	YR	13.00	630.00
1983	TIN LOCOMOTIVE-2ND EDITION 1300QX404-9	YR	13.00	270.00
1984	TIN LOCOMOTIVE-3RD EDITION 1400QX440-4	YR	14.00	90.00
1985	TIN LOCOMOTIVE-4TH EDITION 1475QX497-2	YR	15.00	71.00
1986	TIN LOCOMOTIVE-5TH EDITION 1475QX403-6	YR	15.00	75.00
1987	TIN LOCOMOTIVE-6TH EDITION 1475QX484-9	YR	15.00	57.00

YR	NAME	LIMIT	ISSUE	TREND
1988	TIN LOCOMOTIVE-7TH EDITION 1475QX400-4	YR	15.00	50.00
1989	TIN LOCOMOTIVE-8TH EDITION 1475QX460-2	YR	15.00	50.00
D. PALMITER			**TINY TOON ADVENTURE**	
1994	BABS BUNNY 575QXM411-6	YR	6.00	12.00
1994	BUSTER BUNNY 575QXM516-3	YR	6.00	12.00
1994	DIZZY DEVIL 575QXM413-3	YR	6.00	14.00
1994	HAMTON 575QXM412-6	YR	6.00	12.00
1994	PLUCKY DUCK 575QXM412-3	YR	6.00	12.00
T. FRALEY			**TOBIN FRALEY CAROUSEL**	
1992	TOBIN FRALEY CAROUSEL 2800QX489-1	YR	28.00	45.00
1993	TOBIN FRALEY CAROUSEL 2ND ED. 2800QX550-2	YR	28.00	40.00
1994	TOBIN FRALEY CAROUSEL 3RD ED. 2800QX522-3	YR	28.00	40.00
1995	TOBIN FRALEY CAROUSEL 4TH AND FINAL QX506-9	YR	28.00	45.00
T. FRALEY			**TOBIN FRALEY HOLIDAY CAROUSEL**	
1995	TOBIN FRALEY HOLIDAY CAROUSEL 2ND ED. QLX726-9	YR	32.00	50.00
J. FRANCIS			**TOBIN FRALEY HOLIDAY CAROUSEL**	
1996	TOBIN FRALEY HOLIDAY CAROUSEL 3RD/ FINAL QLC746-1	YR	32.00	41.00
D. UNRUH			**TOBIN FRALEY HOLIDAY CAROUSEL**	
1994	TOBIN FRALEY HOLIDAY CAROUSEL 1ST ED. 3200QLX749-6	YR	32.00	40.00
*			**TONKA**	
1996	TONKA MIGHTY DUMP TRUCK QX632-1	YR	14.00	28.00
1997	TONKA MIGHTY FRONT LOADER 636-2	YR	14.00	25.00
1998	TONKA ROAD GRADER QX 6483	YR	14.00	14.00
L. SICKMAN			**TOWN AND COUNTRY**	
1999	FARM HOUSE QX6439	YR	16.00	16.00
*			**TOY STORY 2**	
1999	WOODY'S ROUNDUP QXI4207	YR	14.00	14.00
*			**TRADITIONAL ORNAMENTS**	
1984	AMANDA DOLL 900QX432-1	YR	9.00	30.00
1984	EMBROIDERED HEART 650QX421-7	YR	6.00	25.00
1984	HOLIDAY FRIENDSHIP 1300QX445-1	YR	13.00	30.00
1984	HOLIDAY STARBURST 500QX253-4	YR	5.00	20.00
1984	OLD FASHIONED ROCKING HORSE 750QX346-4	YR	8.00	20.00
1984	PEACE ON EARTH 750QX341-4	YR	8.00	25.00
1984	SANTA 750QX458-4	YR	8.00	20.00
1984	SANTA SULKY DRIVER 900QX436-1	YR	9.00	30.00
1984	SAVIOR IS BORN, A 450QX254-1	YR	4.00	30.00
1984	WHITE CHRISTMAS 1600QX905-1	YR	16.00	90.00
1985	CHRISTMAS TREATS 550QX507-5	YR	6.00	15.00
1985	OLD-FASHIONED WREATH 750QX373-5	YR	8.00	20.00
1986	HOLIDAY JINGLE BELL 1600QX404-6	YR	16.00	50.00
1986	MEMORIES TO CHERISH PHOTO. QX 427-6	YR	8.00	25.00
1987	SPECIAL MEMORIES PHOTOHOLDER 675QX464-7	YR	7.00	20.00
K. CROW			**TRADITIONAL ORNAMENTS**	
1987	HEAVENLY HARMONY 1500QX465-9	YR	15.00	31.00
1987	PROMISE OF PEACE 650QX374-9	YR	11.00	20.00
P. DUTKIN			**TRADITIONAL ORNAMENTS**	
1985	SANTA PIPE 950QX494-2	YR	10.00	25.00
D. LEE			**TRADITIONAL ORNAMENTS**	
1984	CUCKOO CLOCK 1000QX455-1	YR	10.00	50.00
1985	SPIRIT OF SANTA CLAUS, THE- 2250QX498-5	YR	23.00	100.00
J. LYLE			**TRADITIONAL ORNAMENTS**	
1987	I REMEMBER SANTA 475QX278-9	YR	5.00	36.00
1987	NORMAN ROCKWELL: XMAS SCENES 475QX282-7	YR	5.00	25.00
D. PALMITER			**TRADITIONAL ORNAMENTS**	
1984	MADONNA AND CHILD 600QX344-1	YR	6.00	50.00
J. PATTEE			**TRADITIONAL ORNAMENTS**	
1986	CHRISTMAS BEAUTY 600QX322-3	YR	6.00	10.00
1986	GLOWING CHRISTMAS TREE 700QX428-6	YR	7.00	15.00
1986	HEIRLOOM SNOWFLAKE 675QX515-3	YR	7.00	20.00
S. PIKE			**TRADITIONAL ORNAMENTS**	
1984	NEEDLEPOINT WREATH 650QX459-4	YR	6.00	12.00
1985	CANDLE CAMEO 675QX374-2	YR	7.00	14.00
1985	PEACEFUL KINGDOM 575QX373-2	YR	6.00	25.00
1985	SEWN PHOTOHOLDER 700QX379-5	YR	7.00	30.00
1986	MAGI, THE- 475QX272-6	YR	5.00	20.00
E. SEALE			**TRADITIONAL ORNAMENTS**	
1984	ALPINE ELF 600QX452-1	YR	6.00	35.00
1984	GIFT OF MUSIC 1500QX451-1	YR	15.00	90.00
1984	TWELVE DAYS OF CHRISTMAS 1500QX415-9	YR	15.00	110.00
1987	JOYOUS ANGELS 775QX465-7	YR	8.00	25.00
L. SICKMAN			**TRADITIONAL ORNAMENTS**	
1984	CHICKADEE 600QX451-4	YR	6.00	40.00
1984	EMBROIDERED STOCKING 650QX479-6	YR	6.00	20.00
1984	HOLIDAY JESTER 1100QX437-4	YR	11.00	35.00
1984	NOSTALGIC SLED 600QX442-4	YR	6.00	25.00
1984	UNCLE SAM 600QX449-1	YR	6.00	50.00
1985	NOSTALGIC SLED 600QX442-4	YR	6.00	25.00
1986	BLUEBIRD 725QX428-3	YR	7.00	60.00
1987	GOLDFINCH 700QX464-9	YR	7.00	80.00
D. UNRUH			**TRADITIONAL ORNAMENTS**	
1987	CHRISTMAS KEYS 575QX473-9	YR	6.00	30.00
L. VOTRUBA			**TRADITIONAL ORNAMENTS**	
1986	STAR BRIGHTENERS 600QX322-6	YR	6.00	15.00
*			**TREE TOPPER**	
1977	ANGEL TREE TOPPER 900HD230-2	YR	9.00	425.00
1978	CHRISTMAS STAR TREE TOPPERS QX 702-3	YR	8.00	40.00

YR	NAME	LIMIT	ISSUE	TREND
1979	TIFFANY ANGEL TREE TOPPER 1000QX703-7	YR	10.00	31.00
1980	BRASS STAR TREE TOPPERS QX 705-4	YR	25.00	60.00
1984	ANGEL TREE TOPPER 2450QTT710-1	YR	25.00	36.00
1986	SANTA TREE TOPPER 1800QTO700-6	YR	18.00	35.00
1986	SHINING STAR 1750QLT709-6	YR	18.00	20.00
1987	HALLIS STAR-TREE TOPPER EPCA	YR	*	70.00
1989	HEAVENLY GLOW TREE TOPPER QXM 566-1	YR	10.00	14.00
1990	FESTIVE ANGEL TREE TOPPER 975QXM578-3	YR	10.00	45.00
1992	DANCING ANGELS TREE TOPPER QXM 589-1	YR	10.00	12.00
1994	DANCING ANGELS TREE-TOPPER QXM 589-1	YR	10.00	9.00

J. LYLE — TREE TOPPER

YR	NAME	LIMIT	ISSUE	TREND
1999	VICTORIAN ANGEL MINIATURE TREE TOPPER QXM4293	YR	13.00	13.00

K. CROW — TURN OF THE CENTURY PARADE

YR	NAME	LIMIT	ISSUE	TREND
1995	FIREMAN, THE FIRST ED QK102-7	YR	17.00	35.00
1996	UNCLE SAM 2ND ED QK108-4	YR	17.00	28.00

* — TWELVE DAYS OF CHRISTMAS

YR	NAME	LIMIT	ISSUE	TREND
1984	PARTRIDGE IN A PEAR TREE 600QX348-4	YR	6.00	300.00
1989	SIX GEESE A-LAYING 675QX381-2	YR	7.00	25.00
1990	SEVEN SWANS-A-SWIMMING 675QX303-3	YR	7.00	30.00
1991	EIGHT MAIDS-A-MILKING 675QX308-9	YR	7.00	27.00
1993	TEN LORDS A LEAPING 301-2	YR	*	20.00
1994	ELEVEN PIPERS PIPING 695QX318-3	YR	7.00	17.00
1995	TWELVE DRUMMERS DRUMMING QX300-9	YR	7.00	15.00

S. PIKE — TWELVE DAYS OF CHRISTMAS

YR	NAME	LIMIT	ISSUE	TREND
1985	TWO TURTLEDOVES 650QX371-2	YR	6.00	70.00
1987	FOUR COLLY BIRDS 650QX370-9	YR	6.00	34.00
1988	FIVE GOLDEN RINGS-5TH EDITION 650QX371-4	YR	6.00	25.00

M. PYDA-SEVCIK — TWELVE DAYS OF CHRISTMAS

YR	NAME	LIMIT	ISSUE	TREND
1992	NINE LADIES DANCING 675QX303-1	YR	7.00	22.00

L. VOTRUBA — TWELVE DAYS OF CHRISTMAS

YR	NAME	LIMIT	ISSUE	TREND
1986	THREE FRENCH HENS 650QX378-6	YR	6.00	46.00

* — U.S. CHRISTMAS STAMPS

YR	NAME	LIMIT	ISSUE	TREND
1994	U.S. CHRISTMAS STAMPS 1095QX520-6	YR	11.00	25.00
1995	U.S. CHRISTMAS STAMPS QX506-7	YR	11.00	20.00

L. SICKMAN — U.S. CHRISTMAS STAMPS

YR	NAME	LIMIT	ISSUE	TREND
1993	U.S. CHRISTMAS STAMPS 1075QX529-2	YR	11.00	25.00

* — UNFORGETTABLE VILLAINS

YR	NAME	LIMIT	ISSUE	TREND
1998	CRUELLA DE VIL QXD 4063	YR	15.00	15.00
1999	SNOW WHITE'S JEALOUS QUEEN QXD4089	YR	15.00	15.00
1999	SNOW WHITE'S JEALOUS QUEEN QXD4089	YR	15.00	15.00

D. PALMITER — VINTAGE ROADSTER

YR	NAME	LIMIT	ISSUE	TREND
1998	1931 FORD MODEL A ROADSTER 1495QEO8416	YR	15.00	18.00

S. PIKE — WELCOME FRIENDS

YR	NAME	LIMIT	ISSUE	TREND
1997	WELCOME FRIENDS QXM4205	YR	*	12.00
1998	WELCOME FRIENDS QXM4153	YR	*	11.00
1999	WELCOME FRIENDS QXM4577	YR	*	7.00

D. LEE — WINDOWS OF THE WORLD

YR	NAME	LIMIT	ISSUE	TREND
1985	MEXICAN QX 490-2	YR	10.00	90.00
1987	HAWAIIAN 1000QX482-7	YR	10.00	35.00
1988	FRENCH 1000QX402-1	YR	10.00	30.00
1989	GERMAN 5TH ED. 1075QX462-5	YR	11.00	30.00
1990	IRISH 1075QX463-6	YR	11.00	35.00

B. SIEDLER — WINDOWS OF THE WORLD

YR	NAME	LIMIT	ISSUE	TREND
1986	DUTCH 1000QX408-3	YR	10.00	60.00

* — WINNIE THE POOH & CHRISTOPHER ROBIN

YR	NAME	LIMIT	ISSUE	TREND
1999	PLAYING WITH POOH QXD4197	YR	14.00	14.00

* — WINNIE THE POOH COLLECTION

YR	NAME	LIMIT	ISSUE	TREND
1998	VISIT FROM PIGLET QXD 4086	YR	14.00	14.00
1999	HONEY TIME QXD4129	YR	14.00	14.00
1999	HONEY TIME QXD4129	YR	14.00	14.00
1999	PRESENTS FROM POOH QXD4093	YR	15.00	15.00
1999	TIGGER PLAYS SOCCER QXD4119	YR	11.00	11.00

LARS — WINNIE THE POOH COLLECTION

YR	NAME	LIMIT	ISSUE	TREND
1997	HONEY OF A GIFT QXD4255	YR	7.00	14.00

B. SIEDLER — WINNIE THE POOH COLLECTION

YR	NAME	LIMIT	ISSUE	TREND
1991	CHRISTOPHER ROBIN 975QX557-9	YR	10.00	40.00
1991	KANGA AND ROO 975QX561-7	YR	10.00	45.00
1991	PIGLET AND EEYORE 975QX557-7	YR	10.00	50.00
1991	RABBIT 975QX560-7	YR	10.00	30.00
1991	TIGGER 975QX560-9	YR	10.00	97.00
1991	WINNIE-THE POOH 975QX556-9	YR	10.00	52.00
1992	OWL 975QX561-4	YR	10.00	24.00
1993	EEYORE 975-QX571-2	YR	10.00	20.00
1993	KANGA AND ROO 975QX567-2	YR	10.00	20.00
1993	OWL 975QX569-5	YR	10.00	20.00
1993	RABBIT 975QX570-2	YR	10.00	20.00
1993	TIGGER AND PIGLET 975QX570-5	YR	10.00	40.00
1993	WINNIE THE POOH 975QX571-5	YR	10.00	30.00
1994	WINNIE THE POOH AND TIGGER 1295QX574-6	YR	13.00	35.00
1996	SLIPPERY DAY QLX741-4	YR	25.00	45.00
1997	WAITIN' ON SANTA QXD6365	YR	13.00	24.00

T. LARSEN — WINTER FUN WITH SNOOPY

YR	NAME	LIMIT	ISSUE	TREND
1998	WINTER FUN WITH SNOOPY QXM4243	YR	14.00	14.00
1999	WINTER FUN WITH SNOOPY QXM4559	YR	7.00	7.00

P. ANDREWS — WIZARD OF OZ COLLECTION

YR	NAME	LIMIT	ISSUE	TREND
1994	COWARDLY LION, THE 995QX544-6	YR	10.00	40.00

YR	NAME	LIMIT	ISSUE	TREND

K. CROW — WIZARD OF OZ COLLECTION

YR	NAME	LIMIT	ISSUE	TREND
1996	EMERALD CITY QLX745-4	YR	32.00	60.00

J. LYLE — WIZARD OF OZ COLLECTION

YR	NAME	LIMIT	ISSUE	TREND
1994	DOROTHY AND TOTO 1095QX543-3	YR	11.00	75.00
1995	GLINDA, WITCH OF THE NORTH QX574-9	YR	14.00	30.00
1996	WITCH OF THE WEST QX555-4	YR	14.00	25.00
1997	MISS GULCH QX637-2	YR	14.00	25.00
1998	MUNCHKINLAND MAYOR AND CORONER QX6463	YR	14.00	14.00
1999	DOROTHY AND GLINDA, THE GOOD WITCH QX6509	YR	24.00	24.00
1999	LOLLIPOP GUILD QX8029	YR	20.00	20.00

A. ROGERS — WIZARD OF OZ COLLECTION

YR	NAME	LIMIT	ISSUE	TREND
1997	KING OF THE FOREST SET OF 4 QXM4262	YR	24.00	40.00

D. UNRUH — WIZARD OF OZ COLLECTION

YR	NAME	LIMIT	ISSUE	TREND
1994	SCARECROW 995QX543-6	YR	10.00	45.00
1994	TIN MAN 995QX544-3	YR	10.00	45.00

K. KLINE — WONDERS OF OZ

YR	NAME	LIMIT	ISSUE	TREND
1999	DOROTHY'S RUBY SLIPPERS QXM4599	YR	6.00	6.00
1999	DOROTHY'S RUBY SLIPPERS QXM4599	YR	6.00	6.00

* — WOOD CHILDHOOD

YR	NAME	LIMIT	ISSUE	TREND
1989	TRUCK 6TH ED. 775QX459-5	YR	8.00	20.00

K. CROW — WOOD CHILDHOOD

YR	NAME	LIMIT	ISSUE	TREND
1986	REINDEER 750QX407-3	YR	8.00	25.00

P. DUTKIN — WOOD CHILDHOOD

YR	NAME	LIMIT	ISSUE	TREND
1985	TRAIN-2ND IN SERIES 700QX472-2	YR	7.00	50.00
1988	AIRPLANE, 5TH ED. 750QX404-1	YR	8.00	25.00

B. SIEDLER — WOOD CHILDHOOD

YR	NAME	LIMIT	ISSUE	TREND
1987	HORSE 750QX441-7	YR	8.00	20.00

T. HADDIX — WORLD OF WISHES

YR	NAME	LIMIT	ISSUE	TREND
1998	HAPPY DIPLOMA DAY! 795QEO8476	YR	8.00	8.00

K. KLINE — WORLD OF WISHES

YR	NAME	LIMIT	ISSUE	TREND
1998	SWEET BIRTHDAY 795QEO8473	YR	8.00	8.00

S. TAGUE — WORLD OF WISHES

YR	NAME	LIMIT	ISSUE	TREND
1998	PRECIOUS BABY 995QEO8463	YR	10.00	10.00

L. VOTRUBA — WORLD OF WISHES

YR	NAME	LIMIT	ISSUE	TREND
1998	WEDDING MEMORIES 995QEO8466	YR	10.00	10.00

* — YARN ORNAMENTS

YR	NAME	LIMIT	ISSUE	TREND
1973	ANGEL 125XHD78-5	YR	1.00	29.00
1973	BLUE GIRL 125XHD85-2	YR	1.00	25.00
1973	BOY CAROLER 125XHD83-2	YR	1.00	26.00
1973	CHOIR BOY 125XHD80-5	YR	1.00	27.00
1973	ELF 125XHD79-2	YR	1.00	26.00
1973	GREEN GIRL 125XHD84-5	YR	1.00	26.00
1973	LITTLE GIRL 125XHD82-5	YR	1.00	23.00
1973	MR. SANTA 125XHD74-5	YR	1.00	27.00
1973	MR. SNOWMAN 125XHD76-5	YR	1.00	23.00
1973	MRS. SANTA 125XHD75-2	YR	1.00	25.00
1973	MRS. SNOWMAN 125XHD77-2	YR	1.00	23.00
1973	SOLDIER 100XHD81-2	YR	1.00	23.00
1974	ANGEL 150QX103-1	YR	2.00	30.00
1974	ELF 150QX101-1	YR	2.00	26.00
1974	MRS. SANTA 150QX100-1	YR	2.00	27.00
1974	SANTA 150QX105-1	YR	2.00	27.00
1974	SNOWMAN 150QX104-1	YR	2.00	23.00
1974	SOLDIER 150QX102-1	YR	2.00	23.00
1975	DRUMMER BOY 175QX123-1	YR	2.00	26.00
1975	LITTLE GIRL 175QX126-1	YR	2.00	22.00
1975	MRS. SANTA 175QX125-1	YR	2.00	24.00
1975	RAGGEDY ANDY 175QX122-1	YR	2.00	40.00
1975	RAGGEDY ANN 175QX121-1	YR	2.00	40.00
1975	SANTA 175QX124-1	YR	2.00	23.00
1976	CAROLER 175QX126-1	YR	2.00	22.00
1976	DRUMMER BOY 175QX123-1	YR	2.00	27.00
1976	MRS. SANTA 175QX125-1	YR	2.00	24.00
1976	RAGGEDY ANDY 175QX122-1	YR	2.00	40.00
1976	RAGGEDY ANN 175QX121-1	YR	2.00	40.00
1976	SANTA 175QX124-1	YR	2.00	23.00
1978	GREEN BOY 200QX123-1	YR	2.00	27.00
1978	GREEN GIRL 200QX126-1	YR	2.00	19.00
1978	MR. CLAUS 200QX340-3	YR	2.00	23.00
1978	MRS. CLAUS 200QX125-1	YR	2.00	24.00
1980	ANGEL 300QX162-1	YR	3.00	11.00
1980	SANTA 300QX161-4	YR	3.00	11.00
1980	SNOWMAN 300QX163-4	YR	3.00	11.00
1980	SOLDIER 300QX164-1	YR	3.00	11.00
1981	ANGEL QX 162-1	YR	3.00	11.00
1981	SANTA QX 161-4	YR	3.00	11.00
1981	SNOWMAN QX 163-4	YR	3.00	11.00
1981	SOLDIER QX 164-1	YR	3.00	11.00

* — YESTERYEARS COLLECTION

YR	NAME	LIMIT	ISSUE	TREND
1977	ANGEL 600QX172-2	YR	6.00	130.00
1977	HOUSE 600QX170-2	YR	6.00	125.00
1977	JACK-IN-THE-BOX 600QX171-5	YR	6.00	120.00
1977	REINDEER 600QX173-5	YR	6.00	100.00

L. SICKMAN — YULETIDE CENTRAL

YR	NAME	LIMIT	ISSUE	TREND
1994	LOCOMOTIVE 1ST ED. 1895QX531-6	YR	19.00	50.00
1995	RAILROAD COAL CAR 2ND SERIES QX507-9	YR	19.00	35.00
1996	MAIL CAR 3RD ED. QX501-1	YR	19.00	35.00

YR	NAME	LIMIT	ISSUE	TREND
1997	TOY FREIGHT CAR 4TH ED. QX5812	YR	19.00	30.00
1998	YULETIDE CENTRAL QX 6373	YR	19.00	19.00

HAMILTON COLLECTION
L. YENCHO

			BIRDHOUSES IN BLOOM	
1998	BLUE JAY'S MINARET & SPRINGTIME VICTORIAN	*	20.00	20.00
1998	CARDINAL COTTAGE & ROSEBUD COTTAGE	*	20.00	20.00

HAMILTON GIFTS
M. HUMPHREY BOGART

			MAUD HUMPHREY BOGART ORNAMENTS	
1989	SARAH H1367	19500	35.00	38.00
1990	CATHERINE H1366	19500	35.00	38.00
1990	GRETCHEN H1369	19500	35.00	38.00
1990	MICHELLE H1370	19500	35.00	38.00
1990	REBECCA H5513	19500	35.00	38.00
1990	VICTORIA H1365	19500	35.00	38.00
1991	CLEANING HOUSE 915084	OP	24.00	24.00
1991	GIFT OF LOVE 915092	OP	24.00	24.00
1991	MY FIRST DANCE 915106	OP	24.00	24.00
1991	SARAH 915165	OP	24.00	24.00
1991	SPECIAL FRIENDS 915114	OP	24.00	24.00
1991	SUSANNA 915122	OP	24.00	24.00
1992	HOLLIES FOR YOU 915726	YR	24.00	24.00

HAND & HAMMER
C. DEMATTEO

			HAND & HAMMER ANNUAL ORNAMENTS	
1987	SILVER BELLS-737	CL	38.00	50.00
1988	SILVER BELLS-792	CL	40.00	40.00
1989	SILVER BELLS-843	CL	40.00	40.00
1990	SILVER BELLS REV.-964	CL	39.00	39.00
1990	SILVER BELLS-1080	CL	40.00	40.00
1990	SILVER BELLS-865	CL	39.00	39.00
1991	SILVER BELLS-1080	CL	40.00	40.00
1992	SILVER BELLS-1148	CL	40.00	40.00
*			HAND & HAMMER ORNAMENTS	
1987	NAPTIME-732	RT	32.00	50.00
1987	SANTA STAR-739	RT	32.00	50.00

C. DEMATTEO

			HAND & HAMMER ORNAMENTS	
1980	ICICLE-009	490	25.00	30.00
1981	GABRIEL WITH LIBERTY CAP-301	275	25.00	50.00
1981	GABRIEL-320	SU	25.00	32.00
1981	ROUNDEL-109	220	25.00	45.00
1982	CARVED HEART-425	SU	29.00	48.00
1982	FLEUR DE LYS ANGEL-343	320	28.00	75.00
1982	MADONNA & CHILD-388	175	28.00	50.00
1982	STRAW STAR-448	590	25.00	40.00
1983	CALLIGRAPHIC DEER-511	SU	25.00	29.00
1983	CHERUB-528	295	29.00	50.00
1983	DOVE-522	*	13.00	13.00
1983	EGYPTIAN CAT-521	*	13.00	13.00
1983	FIRE ANGEL-473	315	25.00	30.00
1983	INDIAN-494	190	29.00	50.00
1983	JAPANESE SNOWFLAKE-534	350	29.00	35.00
1983	POLLOCK ANGEL-502	SU	35.00	50.00
1983	SARGENT ANGEL-523	690	29.00	34.00
1983	SUNBURST-543	*	13.00	50.00
1983	WISE MAN-549	RT	29.00	55.00
1984	BEARDSLEY ANGEL-398	OP	28.00	48.00
1984	BIRD & CHERUB-588	*	13.00	30.00
1984	BUNNY-582	*	13.00	30.00
1984	CRESCENT ANGEL-559	SU	30.00	32.00
1984	FREER STAR-553	*	13.00	30.00
1984	IBEX-584	400	29.00	70.00
1984	MANGER-601	RT	29.00	50.00
1984	MORAVIAN STAR-595	OP	38.00	50.00
1984	MT. VERNON WEATHERVANE-602	SU	32.00	39.00
1984	NINE HEARTS-572	275	34.00	50.00
1984	PINEAPPLE-558	SU	30.00	38.00
1984	PRAYING ANGEL-576	SU	29.00	30.00
1984	ROCKING HORSE-581	*	13.00	13.00
1984	ROSETTE-571	220	32.00	50.00
1984	USHS 1984 ANGEL-574	SU	35.00	50.00
1984	WILD SWAN-592	SU	35.00	50.00
1984	WREATH-575	*	13.00	30.00
1985	ABIGAIL-613	500	32.00	50.00
1985	ANGEL-607	225	36.00	50.00
1985	ANGEL-612	217	32.00	50.00
1985	ART DECO DEER-620	SU	34.00	38.00
1985	AUDUBON BLUEBIRD-615	SU	48.00	60.00
1985	AUDUBON SWALLOW-614	SU	48.00	60.00
1985	BICYCLE-669	*	13.00	30.00
1985	BUTTERFLY-646	RT	39.00	39.00
1985	CAMEL-655	*	13.00	30.00
1985	CAROUSEL PONY-618	*	13.00	13.00
1985	CHERUB-642	815	37.00	37.00
1985	CRANE-606	150	39.00	50.00
1985	EAGLE-652	375	30.00	120.00
1985	FAMILY-659	915	32.00	40.00
1985	FRENCH QUARTER HEART-647	OP	37.00	37.00
1985	GEORGE WASHINGTON-629	SU	35.00	39.00

YR	NAME	LIMIT	ISSUE	TREND
1985	GRASSHOPPER-634	OP	32.00	39.00
1985	GUARDIAN ANGEL-616	1340	35.00	39.00
1985	HALLEY'S COMET-621	432	35.00	50.00
1985	HERALD ANGEL-641	RT	36.00	40.00
1985	HOSANNA-635	715	32.00	50.00
1985	LAFARGE ANGEL-658	SU	32.00	50.00
1985	LIBERTY BELL-611	SU	32.00	40.00
1985	MADONNA-666	227	35.00	50.00
1985	MERMAID-622	RT	35.00	75.00
1985	MILITIAMAN-608	460	25.00	30.00
1985	MODEL A FORD-604	*	13.00	30.00
1985	NUTCRACKER-609	510	30.00	50.00
1985	OLD NORTH CHURCH-661	OP	35.00	39.00
1985	PEACOCK-603	470	34.00	37.00
1985	PIAZZA-653	SU	32.00	50.00
1985	REINDEER-656	*	13.00	30.00
1985	SAMANTHA-648	SU	35.00	36.00
1985	SHEPHERD-617	1770	35.00	39.00
1985	ST. NICHOLAS-670	*	13.00	30.00
1985	TEDDY-637	SU	37.00	40.00
1985	UNICORN-660	RT	37.00	50.00
1985	USHS BLUEBIRD-631	SU	29.00	50.00
1985	USHS MADONNA-630	SU	35.00	50.00
1985	USHS SWALLOW-632	SU	29.00	50.00
1986	ARCHANGEL-684	RT	29.00	65.00
1986	BEAR CLAUS-692	*	13.00	13.00
1986	CHRISTMAS TREE-708	*	13.00	13.00
1986	HALLELUJAH-686	*	38.00	38.00
1986	KRINGLE BEAR-723	*	13.00	30.00
1986	LAFARGE ANGEL-710	SU	31.00	50.00
1986	MOTHER GOOSE-719	OP	34.00	40.00
1986	NATIVITY-679	RT	36.00	50.00
1986	NIGHTINGALE-716	RT	35.00	70.00
1986	NUTCRACKER-681	1356	37.00	37.00
1986	PHAETON-683	*	13.00	13.00
1986	PRANCER-698	OP	38.00	38.00
1986	SALEM LAMB-712	RT	32.00	70.00
1986	SANTA SKATES-715	SU	36.00	36.00
1986	SNOWFLAKE-713	RT	36.00	50.00
1986	TEDDY BEAR-685	RT	38.00	60.00
1986	TEDDY-707	*	13.00	30.00
1986	USHS ANGEL-703	SU	35.00	50.00
1986	VICTORIAN SANTA-724	250	32.00	35.00
1986	WINGED DOVE-680	RT	35.00	55.00
1986	WREATH-714	SU	36.00	38.00
1987	ANGEL WITH LYRE-750	SU	32.00	40.00
1987	ART DECO ANGEL-765	RT	38.00	40.00
1987	BUFFALO-777	SU	36.00	36.00
1987	CAT-754	SU	37.00	37.00
1987	CLIPPER SHIP-756	SU	35.00	35.00
1987	DOVE-747	*	13.00	13.00
1987	FIRST CHRISTMAS-771	*	13.00	13.00
1987	HUNTING HORN-738	SU	37.00	37.00
1987	MINUTEMAN-776	SU	35.00	105.00
1987	NOEL-731	SU	38.00	38.00
1987	OLD IRONSIDES-767	OP	35.00	39.00
1987	PEGASUS-745	*	13.00	13.00
1987	REINDEER-752	RT	38.00	45.00
1987	RIDE A COCK HORSE-757	RT	34.00	40.00
1987	SANTA AND SLEIGH-751	RT	32.00	95.00
1987	SANTA-741	*	13.00	13.00
1987	SNOW QUEEN-746	RT	35.00	70.00
1987	SNOWMAN-753	825	38.00	38.00
1987	STOCKING-772	*	13.00	13.00
1987	SWEETHEART STAR-740	RT	40.00	60.00
1987	USHS GLORIA ANGEL-748	SU	39.00	50.00
1988	ANGEL-797	*	13.00	13.00
1988	ANGEL-818	SU	32.00	40.00
1988	BANK-812	400	40.00	115.00
1988	BOSTON STATE HOUSE	OP	34.00	40.00
1988	BUGGY-817	*	13.00	13.00
1988	CABLE CAR-848	OP	38.00	38.00
1988	CAROUSEL HORSE-811	2150	34.00	34.00
1988	CHRISTMAS TREE-798	*	13.00	13.00
1988	CONN. STATE HOUSE-833	OP	38.00	38.00
1988	CORONADO-864	SU	38.00	70.00
1988	DOVE-786	112	36.00	50.00
1988	DRUMMER BEAR-773	*	13.00	13.00
1988	EIFFEL TOWER-861	225	38.00	100.00
1988	FIRST CHRISTMAS-842	*	13.00	13.00
1988	JACK IN THE BOX-789	RT	40.00	40.00
1988	LOCKET BEAR-844	*	25.00	25.00
1988	MADONNA-787	600	35.00	35.00
1988	MADONNA-809	15	39.00	50.00
1988	MADONNA-815	SU	39.00	50.00
1988	MAGI-788	SU	40.00	40.00
1988	NATIVITY-821	SU	32.00	39.00
1988	NIGHT BEFORE CHRISTMAS COL.-841	10000	160.00	160.00
1988	OLD KING COLE-824	RT	34.00	40.00

YR	NAME	LIMIT	ISSUE	TREND
1988	RABBIT-816	*	13.00	13.00
1988	SANTA WITH SCROLL-814	250	34.00	37.00
1988	SKATERS-790	RT	40.00	45.00
1988	SLEIGH-834	OP	34.00	38.00
1988	STAR OF THE EAST-785	RT	35.00	50.00
1988	STAR-806	311	13.00	150.00
1988	STAR-854	275	32.00	35.00
1988	STOCKING BEAR-835	*	13.00	13.00
1988	STOCKING-774	*	13.00	13.00
1988	STOCKING-827	*	13.00	13.00
1988	THUMBELINA-803	RT	35.00	70.00
1988	US CAPITOL-820	OP	38.00	40.00
1989	1989 BARNESVILLE BUGGY-950	*	13.00	13.00
1989	1989 NUTCRACKER-872	1790	38.00	38.00
1989	1989 SANTA-856	1715	35.00	35.00
1989	1989 USHS ANGEL-901	SU	38.00	38.00
1989	BUGLE BEAR-935	*	12.00	12.00
1989	GOOSE-857	650	37.00	37.00
1989	INDEPENDENCE HALL-908	OP	38.00	38.00
1989	JACK IN THE BOX BEAR-936	*	12.00	12.00
1989	L&T UGLY DUCKLING-917	RT	38.00	70.00
1989	MFA ANGEL WITH TREE-906	SU	36.00	42.00
1989	MFA DURER SNOWFLAKE-907	2000	36.00	42.00
1989	MFA LAFARGE ANGEL SET-937	SU	98.00	98.00
1989	MFA NOEL-905	SU	36.00	42.00
1989	PRESIDENTIAL SEAL-858	500	39.00	39.00
1989	STOCKING BEAR-95	*	12.00	12.00
1989	STOCKING WITH TOYS-956	*	12.00	12.00
1989	SWAN BOAT-904	OP	38.00	38.00
1989	VICTORIAN HEART-954	*	13.00	13.00
1990	1990 PETER RABBIT-1018	4315	40.00	40.00
1990	1990 SANTA-869	2250	38.00	38.00
1990	1990 SNOWFLAKE-1033	1415	36.00	38.00
1990	1990 USHS ANGEL-1061	SU	39.00	39.00
1990	ANGEL WITH HORN-939	*	*	N/A
1990	ANGEL WITH STAR-871	SU	38.00	38.00
1990	ANGEL WITH VIOLIN-1024	SU	39.00	39.00
1990	ANGELS-1039	RT	36.00	36.00
1990	BEARDSLEY ANGEL-1040	RT	34.00	34.00
1990	BLAKE ANGEL-961	*	36.00	36.00
1990	BOSTON LIGHT, THE-1032	OP	40.00	40.00
1990	CARDINALS-870	RT	39.00	39.00
1990	CAROUSEL HORSE-866	1915	38.00	38.00
1990	CARRIAGE-960	*	13.00	13.00
1990	CAT ON PILLOW-915	*	13.00	13.00
1990	CHRISTMAS SEAL-931	*	25.00	25.00
1990	CHURCH-921	RT	37.00	37.00
1990	CLOWN WITH DOG-958	*	13.00	13.00
1990	COCKATOO-969	*	13.00	13.00
1990	COLONIAL CAPITOL-965	OP	39.00	39.00
1990	CONESTOGA WAGON-1027	OP	38.00	38.00
1990	COVERED BRIDGE-920	RT	37.00	37.00
1990	CURRIER & IVES VICTORIAN VILLAGE-923	2000	140.00	140.00
1990	DUCKLINGS-1114	OP	38.00	38.00
1990	ELK-1023	*	13.00	13.00
1990	FARMHOUSE-919	RT	37.00	37.00
1990	FATHER CHRISTMAS-970	SU	36.00	36.00
1990	FERREL'S ANGEL 1990-1084	*	15.00	16.00
1990	FIRST BAPTIST ANGEL-997	200	35.00	35.00
1990	FIRST CHRISTMAS BEAR-940	SU	35.00	35.00
1990	FLOPSY BUNNIES-995	SU	40.00	40.00
1990	FLORIDA STATE CAPITOL-1044	2000	40.00	40.00
1990	GEORGIA STATE CAPITOL-1042	2000	40.00	40.00
1990	GOOSE & WREATH-868	RT	37.00	37.00
1990	GOVERNOR'S PALACE-966	OP	39.00	39.00
1990	HEART ANGEL-959	SU	39.00	39.00
1990	JEMIMA PUDDLEDUCK-1020	*	30.00	30.00
1990	JEREMY FISHER-992	OP	40.00	40.00
1990	JOY-1047	RT	39.00	39.00
1990	JOY-867	1140	36.00	36.00
1990	KOALA SAN DIEGO ZOO-1095	SU	36.00	36.00
1990	LANDING DUCK-1021	*	13.00	13.00
1990	LIBERTY BELL-1028	OP	38.00	38.00
1990	LOCOMOTIVE-1100	SU	39.00	39.00
1990	MERRY CHRISTMAS LOCKET-948	*	25.00	25.00
1990	MILL-922	RT	37.00	37.00
1990	MOLE & RAT WIND IN WILLOWS-944	SU	36.00	36.00
1990	MONTPELIER-1113	OP	36.00	36.00
1990	MOUSE WITH CANDY CANE-916	*	13.00	13.00
1990	MRS. RABBIT-991	OP	40.00	40.00
1990	NORTH CAROLINA STATE CAPITOL-1043	2000	40.00	40.00
1990	OLD FASHIONED SANTA-971	SU	36.00	36.00
1990	PATRIOTIC SANTA-972	SU	36.00	36.00
1990	PEGASUS-1037	SU	35.00	35.00
1990	PETER RABBIT LOCKET ORNAMENT-1019	*	30.00	30.00
1990	PETER RABBIT-993	OP	40.00	40.00
1990	PETER'S FIRST CHRISTMAS-994	SU	40.00	40.00
1990	PRESIDENTIAL HOMES-990	SU	350.00	390.00
1990	SAN FRANCISCO ROW HOUSE-1071	OP	40.00	40.00

YR	NAME	LIMIT	ISSUE	TREND
1990	SANTA & REINDEER-929	395	39.00	43.00
1990	SANTA IN BALLOON-973	SU	36.00	36.00
1990	SANTA IN THE MOON-941	SU	38.00	38.00
1990	SANTA ON REINDEER-974	SU	36.00	36.00
1990	SANTA UP TO DATE-975	SU	36.00	36.00
1990	SOUTH CAROLINA STATE CAPITOL-1045	2000	40.00	40.00
1990	STEADFAST TIN SOLDIER-1050	RT	36.00	70.00
1990	TEDDY BEAR LOCKET-949	*	25.00	25.00
1990	TEDDY BEAR WITH HEART-957	*	13.00	13.00
1990	TOAD WIND IN WILLOWS-945	SU	38.00	38.00
1990	WHITE TAIL DEER-1022	*	13.00	13.00
1991	1991 SANTA-1056	3750	38.00	38.00
1991	ALICE IN WONDERLAND-1159	OP	140.00	140.00
1991	ALICE-1119	OP	39.00	39.00
1991	ANGEL WITH HORN-1026	OP	32.00	32.00
1991	APPLY DAPPLY-1091	OP	40.00	40.00
1991	CAROUSEL HORSE-1025	RT	38.00	38.00
1991	COLUMBUS-1140	1500	39.00	39.00
1991	COW JUMPED OVER THE MOON-1055	SU	38.00	38.00
1991	FIR TREE-1145	RT	39.00	39.00
1991	I LOVE SANTA-998	OP	36.00	36.00
1991	LARGE JEMIMA PUDDLEDUCK-1083	OP	50.00	50.00
1991	LARGE PETER RABBIT-1116	OP	50.00	50.00
1991	LARGE TAILOR OF GLOUCESTER-1117	OP	50.00	50.00
1991	MAD TEA PARTY-1120	OP	39.00	39.00
1991	MFA SNOWFLAKE 1991-1143	RT	36.00	45.00
1991	MOMMY & BABY KANGAROO-1078	OP	36.00	36.00
1991	MOMMY & BABY KOALA BEAR-1077	OP	36.00	36.00
1991	MOMMY & BABY PANDA BEAR-1079	RT	36.00	40.00
1991	MOMMY & BABY SEAL-1075	OP	36.00	36.00
1991	MOMMY & BABY WOLVES-1076	OP	36.00	36.00
1991	MRS. RABBIT 1991-1086	RT	40.00	40.00
1991	NATIVITY-1118	OP	38.00	38.00
1991	NUTCRACKER-1151	OP	50.00	50.00
1991	OLIVERS ROCKING HORSE-1085	RT	37.00	37.00
1991	PAUL REVERE-1158	OP	39.00	39.00
1991	PETER RABBIT WITH BOOK-1093	OP	40.00	40.00
1991	PIG ROBINSON-1090	OP	40.00	40.00
1991	PRECIOUS PLANET-1142	2000	120.00	120.00
1991	QUEEN OF HEARTS-1122	OP	39.00	39.00
1991	TAILOR OF GLOUCESTER-1087	OP	40.00	40.00
1991	USHS ANGEL 1991-1139	SU	38.00	50.00
1991	VOYAGES OF COLUMBUS, THE-1141	1500	39.00	50.00
1991	WAITING FOR SANTA-1123	OP	38.00	38.00
1991	WHITE RABBIT-1121	OP	39.00	39.00
1992	AMERICA AT PEACE-1245	2000	85.00	85.00
1992	ANDREA-1163	RT	36.00	36.00
1992	ANGEL W/DOUBLE HORN-1212	2000	50.00	50.00
1992	ANGEL-1213	2000	39.00	39.00
1992	BOB & TINY TIM-1242	OP	36.00	36.00
1992	CHOCOLATE POT-1209	RT	50.00	70.00
1992	CHRISTMAS TREE & HEART-1162	RT	36.00	36.00
1992	COWARDLY LION-1287	RT	36.00	50.00
1992	DELLA ROBBIA ORNAMENT-1219	RT	39.00	45.00
1992	DOROTHY-1284	RT	36.00	50.00
1992	FAIRY TALE ANGEL-1222	OP	36.00	36.00
1992	JEMIMA PUDDLEDUCK 1992-1167	RT	40.00	40.00
1992	JOY-1164	OP	40.00	40.00
1992	MARLEY'S GHOST-1243	OP	36.00	36.00
1992	MFA SNOWFLAKE-1246	RT	39.00	45.00
1992	MRS. CRATCHIT-1244	OP	36.00	36.00
1992	MRS. RABBIT-1181	OP	40.00	40.00
1992	NOAH'S ARK-1166	OP	36.00	36.00
1992	PARROT-1233	OP	37.00	37.00
1992	PRINCESS & THE PEA-1247	RT	39.00	50.00
1992	REVERE TEAPOT-1207	RT	50.00	75.00
1992	ROUND TEAPOT-1206	RT	50.00	50.00
1992	SCARECROW-1286	RT	36.00	45.00
1992	SCROOGE-1241	OP	36.00	36.00
1992	ST. JOHN ANGEL-1236	10000	39.00	39.00
1992	ST. JOHN LION-1235	10000	39.00	39.00
1992	TIN MAN-1285	RT	36.00	50.00
1992	UNICORN-1165	RT	36.00	36.00

HARBOUR LIGHTS
*

CHRISTMAS ORNAMENTS

YR	NAME	LIMIT	ISSUE	TREND
1996	30 MILE POINT, NY 7044	CL	15.00	15.00
1996	BIG BAY POINT, MI 7040	CL	15.00	15.00
1996	BURROWS ISLAND, WA 7043	CL	15.00	15.00
1996	CAPE NEDDICK, ME 7047	OP	15.00	15.00
1996	HOLLAND, MI 7041	OP	15.00	15.00
1996	NEW LONDON LEDGE, CT 7046	OP	15.00	15.00
1996	SAND ISLAND, WI 7042	CL	15.00	15.00
1996	SE BLOCK ISLAND, RI 7045	OP	15.00	15.00
1996	SET OF FOUR 702	OP	60.00	60.00
1996	SET OF FOUR 703	OP	60.00	60.00

B. YOUNGER

HARBOUR LIGHTS COLLECTOR'S SOCIETY

YR	NAME	LIMIT	ISSUE	TREND
1999	SEA GIRT, NJ	YR	15.00	15.00

YR	NAME	LIMIT	ISSUE	TREND

HAWTHORNE

*   **GONE WITH THE WIND ORNAMENTS**

YR	NAME	LIMIT	ISSUE	TREND
1995	RED HORSE SALOON/BUTLER MANSION 79043	*	30.00	30.00
1995	TARA/ATLANTA CHURCH 79041	*	30.00	30.00
1995	TWELVE OAKS/KENNEDY STORE 79042	*	30.00	30.00

ROCKWELL- INSPIRED   **ROCKWELL'S MAIN STREET/ILLUMINATED**

YR	NAME	LIMIT	ISSUE	TREND
1994	ANTIQUE SHOP & TOWN OFFICES 79902	*	30.00	30.00
1994	BANK & LIBRARY 79903	*	30.00	30.00
1994	RED LION INN & ROCKWELL RESIDENCE 79904	*	30.00	30.00
1994	STUDIO & COUNTRY STORE 79901	*	30.00	30.00

KINKADE- INSPIRED   **THOMAS KINKADE'S CANDLELIGHT COTTAGES**

YR	NAME	LIMIT	ISSUE	TREND
1995	CEDAR NOOKE/CANDLELIT 79964	*	30.00	30.00
1995	OLD PORTERFIELD TEA ROOM/MERRITT'S 79962	*	30.00	30.00
1995	SEASIDE/SWEETHEART 79963	*	30.00	30.00
1995	SWANBROOKE/CHANDLER'S 79961	CL	30.00	30.00

JAN HAGARA COLLECTABLES

J. HAGARA   **VICTORIAN CHILDREN**

YR	NAME	LIMIT	ISSUE	TREND
1984	ANNE	RT	10.00	125.00
1984	BETSY	RT	10.00	50.00
1984	JENNY	RT	10.00	125.00
1984	JIMMY	RT	10.00	150.00
1984	JODY	RT	10.00	45.00
1984	LISA	RT	10.00	50.00
1984	LYDIA	RT	10.00	45.00
1984	VICTORIA	RT	10.00	125.00
1985	CHRIS	RT	7.00	50.00
1986	JILL	RT	15.00	30.00
1986	NOEL	RT	10.00	50.00
1987	AMANDA	RT	14.00	45.00
1987	BRIAN	RT	14.00	45.00
1987	CRISTINA	RT	14.00	45.00
1987	HOLLY	RT	15.00	18.00
1987	LAURIE	RT	14.00	30.00
1987	MARC	RT	14.00	35.00
1987	NIKKI	RT	10.00	50.00
1987	STACY	RT	14.00	45.00
1987	STEPHEN	RT	14.00	45.00

JOHN HINE STUDIOS LTD.

D. WINTER   **CHRISTMAS ORNAMENTS**

YR	NAME	LIMIT	ISSUE	TREND
1991	A CHRISTMAS CAROL	RT	15.00	18.00
1991	HOGMANAY	RT	15.00	15.00
1991	MR. FEZZIWIG'S EMPORIUM	RT	15.00	15.00
1991	SCROOGE'S COUNTING HOUSE	RT	15.00	20.00
1992	FAIRYTALE CASTLE	RT	15.00	18.00
1992	FRED'S HOME	RT	15.00	14.00
1992	SET	YR	60.00	100.00
1992	SUFFOLK HOUSE	RT	15.00	20.00
1992	TUDOR MANOR HOUSE	RT	15.00	14.00
1993	GRANGE, THE	RT	15.00	15.00
1993	SCROOGE'S SCHOOL	RT	15.00	15.00
1993	TOMFOOL'S COTTAGE	RT	15.00	18.00
1993	WILL-'O-THE-WISP	RT	15.00	20.00
1994	OLD JOE'S BEETLING SHOP	RT	18.00	16.00
1994	SCROOGES' FAMILY HOME	RT	18.00	19.00
1994	WHAT COTTAGE?	RT	18.00	19.00
1995	BUTTERCUP COTTAGE	RT	18.00	16.00
1995	FLOWER SHOP, THE	RT	18.00	21.00
1995	LOOKING FOR SANTA	RT	18.00	19.00
1995	MISS BELLES COTTAGE	RT	18.00	19.00
1995	ROBIN HOOD MOUSE	RT	18.00	19.00
1995	SEASON'S GREETINGS	RT	18.00	16.00
1996	JOLLY ROGER MOUSE	RT	18.00	20.00
1996	PLOUGH FARMSTEAD	RT	18.00	19.00
1996	PUNCH STABLES	RT	18.00	19.00
1996	STABLE MOUSE	RT	18.00	30.00
1996	STOCKING MOUSE	RT	18.00	29.00
1996	TINY TIM	RT	18.00	19.00

JUNE MCKENNA COLLECTIBLES INC.

J. MCKENNA

YR	NAME	LIMIT	ISSUE	TREND
1993	ANGEL OF PEACE-PINK	OP	30.00	30.00
1993	ANGEL OF PEACE-WHITE	OP	30.00	30.00
1993	CHRISTMAS TREAT	OP	30.00	30.00
1993	ELF BERNIE	OP	30.00	30.00
1993	FINAL NOTES	OP	30.00	30.00
1993	OLD LAMPLIGHTER	OP	30.00	30.00
1994	ELF RICKEY	OP	30.00	30.00
1994	ELF TAMMY	OP	30.00	30.00
1994	GUIDING LIGHT ANGEL-GREEN	OP	30.00	30.00
1994	GUIDING LIGHT ANGEL-PINK	OP	30.00	30.00
1994	GUIDING LIGHT ANGEL-WHITE	OP	30.00	30.00
1994	NUTCRACKER	OP	30.00	30.00
1994	PRIMITIVE	OP	16.00	17.00
1994	QUICK AS A WINK	OP	16.00	17.00
1994	RINGING IN CHRISTMAS	OP	30.00	30.00
1994	SANTA WITH PIPE	OP	30.00	30.00
1994	SANTA WITH SKIS	OP	30.00	30.00

YR	NAME	LIMIT	ISSUE	TREND
1994	SNOW SHOWERS	OP	30.00	30.00
1994	WHISPERING	OP	16.00	17.00
J. MCKENNA			**3-D BLACK FOLK ART**	
1996	FUN AT THE BEACH/SANTA	YR	70.00	70.00
J. MCKENNA			**FLATBACK ORNAMENTS**	
1982	ANGEL WITH TOYS	CL	14.00	85.00
1982	BABY BEAR, TEESHIRT	CL	11.00	60.00
1982	CANDY CANE	CL	10.00	45.00
1982	COLONIAL MAN	CL	12.00	150.00
1982	COLONIAL WOMAN	CL	12.00	150.00
1982	KATE GREENAWAY BOY	CL	12.00	275.00
1982	KATE GREENAWAY GIRL	CL	12.00	300.00
1982	MAMA BEAR, BLUE CAPE	CL	12.00	90.00
1982	PAPA BEAR, RED CAPE	CL	12.00	90.00
1982	SANTA WITH TOYS	CL	14.00	80.00
1983	BABY	CL	11.00	60.00
1983	BABY BEAR IN VEST	CL	11.00	50.00
1983	FATHER BEAR IN SUIT	CL	12.00	75.00
1983	GLORIA ANGEL	CL	14.00	475.00
1983	GRANDMA	CL	12.00	65.00
1983	GRANDPA	CL	12.00	65.00
1983	MOTHER BEAR IN DRESS	CL	12.00	75.00
1983	RAGGEDY ANDY	CL	12.00	75.00
1983	RAGGEDY ANN	CL	12.00	75.00
1983	ST. NICK WITH LANTERN	CL	14.00	75.00
1984	ANGEL WITH HORN	CL	14.00	75.00
1984	COUNTRY BOY	CL	12.00	70.00
1984	COUNTRY GIRL	CL	12.00	70.00
1984	MR. CLAUS	CL	14.00	65.00
1984	MRS. CLAUS	CL	14.00	60.00
1984	OLD WORLD SANTA	CL	14.00	65.00
1985	AMISH MAN	CL	13.00	50.00
1985	AMISH WOMAN	CL	13.00	50.00
1985	BABY PIG	CL	11.00	60.00
1985	BRIDE	CL	25.00	125.00
1985	FATHER PIG	CL	12.00	75.00
1985	GROOM	CL	25.00	125.00
1985	MOTHER PIG	CL	12.00	75.00
1985	PRIMITIVE SANTA	CL	17.00	85.00
1986	AMISH BOY	CL	13.00	65.00
1986	SANTA WITH BAG	CL	16.00	65.00
1986	SANTA WITH BEAR	CL	14.00	40.00
1986	SANTA WITH BELLS (BLUE)	CL	14.00	65.00
1986	SANTA WITH BELLS (GREEN)	CL	14.00	375.00
1988	1776 SANTA	CL	17.00	40.00
1988	ELIZABETH, SILL SITTER	CL	20.00	150.00
1988	GUARDIAN ANGEL	CL	16.00	40.00
1988	SANTA WITH BOOK (BLUE & RED)	CL	17.00	75.00
1988	SANTA WITH TOYS	CL	17.00	40.00
1988	SANTA WITH WREATH	CL	17.00	40.00
1989	GLORIOUS ANGEL	OP	17.00	17.00
1989	SANTA WITH TREE	CL	17.00	40.00
1989	WINKING SANTA	CL	17.00	40.00
1990	ELF JEFFREY	CL	17.00	40.00
1990	HARVEST SANTA	CL	17.00	40.00
1990	HO HO HO	CL	20.00	20.00
1991	BOY ANGEL	OP	20.00	20.00
1991	ELF JOEY	OP	20.00	20.00
1991	GIRL ANGEL	OP	20.00	20.00
1991	SANTA WITH BANNER	OP	20.00	20.00
1991	SANTA WITH LIGHTS, BLACK	OP	20.00	20.00
1992	ELF SCOTTY	OP	25.00	25.00
1992	NORTH POLE NEWS	OP	25.00	25.00
1992	PRAYING ANGEL	OP	25.00	25.00
1992	SANTA WITH BASKET	OP	25.00	25.00
1992	SANTA WITH SACK	OP	25.00	25.00
1995	ANGEL W/TEDDY	YR	30.00	30.00
1995	ANGEL W/WREATH	YR	30.00	30.00
1995	COUNTRY SANTA	YR	30.00	30.00
1995	ELF/DANNY	YR	30.00	30.00
1995	SANTA & HELPER/BROWN	YR	30.00	30.00
1995	SANTA NUTCRACKER	YR	30.00	30.00
1995	SANTA TEACHER	YR	30.00	30.00
1995	WHO'S THIS FROSTY	YR	30.00	30.00
1996	ANGEL W/HARPE - ELIZABETH	YR	30.00	30.00
1996	ANGEL W/HORN - MARY	YR	30.00	30.00
1996	ANGEL W/LYRE - KATHLEEN	YR	30.00	30.00
1996	CHRISTMAS TREAT/RED	YR	30.00	30.00
1996	ELF CADDIE	YR	30.00	30.00
1996	FIREMAN SANTA	YR	30.00	30.00
1996	FISHING SANTA	YR	30.00	30.00
1996	GOLFING SANTA	YR	30.00	30.00
1996	MR. GOODBY KISS	YR	30.00	30.00
1996	MRS. GOODBY KISS	YR	30.00	30.00
1996	NUTCRACKER	YR	30.00	30.00
1996	SANTA & HELPER/WHITE	YR	30.00	30.00
1996	SANTA W/TEDDY	YR	30.00	30.00
1996	SNOWMAN	YR	30.00	30.00
1997	NUTCRACKER W/ HORN	*	30.00	30.00

YR	NAME	LIMIT	ISSUE	TREND
1997	OLD WORLD SANTA	*	30.00	30.00
1997	SABRINA'S ANGEL	*	30.00	30.00
1997	SANTA DOCTOR	*	30.00	30.00
1997	TENNIS SANTA	*	30.00	30.00
J. MCKENNA			**HEAD ORNAMENTS**	
1995	CHRISTMAS KISS	RT	17.00	17.00
1995	HELPING HAND	YR	17.00	17.00
1995	I LOVE YOU SANTA	RT	17.00	17.00
1995	MOON SHAPE SANTA	YR	17.00	17.00
1995	PRIMITIVE SANTA	YR	17.00	17.00
1995	QUICK AS A WINK	YR	17.00	17.00
1995	SANTA W/HOLLY	YR	17.00	17.00
1995	SANTA W/PIPE	YR	17.00	17.00
1995	WHISPERING SANTA	YR	17.00	17.00
1996	PATRIOTIC SANTA	YR	17.00	17.00
1996	SANTA W/TASSEL	YR	17.00	17.00
1996	SNOWMAN	YR	17.00	17.00
J. MCKENNA			**ICICLE**	
1996	ANGEL/LONG RED HAIR	YR	17.00	17.00
1996	ANGEL/SHORT BLONDE HAIR	YR	17.00	17.00
1996	ANGEL/SHORT BROWN HAIR	YR	17.00	17.00
1996	BLACK ANGEL	YR	17.00	17.00
1996	SANTA W/HAT	YR	17.00	17.00
1996	SNOWMAN	YR	17.00	17.00

KIRK STIEFF

D. BACORN			**COLONIAL WILLIAMSBURG**	
1983	SILVERPLATE TREETOP STAR	YR	30.00	30.00
1987	SILVERPLATE ROCKING HORSE	CL	20.00	30.00
1987	SILVERPLATE TIN DRUM	CL	20.00	30.00
1988	SILVERPLATE LAMB	CL	20.00	30.00
1988	SILVERPLATE UNICORN	CL	22.00	22.00
1989	SILVERPLATE DOLL ORNAMENT	CL	22.00	30.00
D. BACORN			**KIRK STIEFF ORNAMENTS**	
1983	CHARLESTON LOCOMOTIVE	CL	18.00	20.00
1984	UNICORN	CL	18.00	20.00
1986	STERLING SILVER ICICLE	CL	35.00	50.00
K. STIEFF			**KIRK STIEFF ORNAMENTS**	
1989	SMITHSONIAN CAROUSEL HORSE	CL	50.00	50.00
1989	SMITHSONIAN CAROUSEL SEAHORSE	CL	50.00	50.00
1990	TOY SHIP	CL	23.00	35.00
K. STIEFF			**THE NUTCRACKER STAINED GLASS ORNAMENT**	
1986	BATTLE, THE	CL	18.00	18.00
1986	CLARA'S GIFT	CL	18.00	18.00
1986	NUTCRACKER PRINCE, THE	CL	18.00	18.00
1986	SET OF FOUR	CL	70.00	40.00
1986	SUGAR PLUM FAIRY, THE	CL	18.00	18.00
J. BARATA			**TWELVE DAYS OF CHRISTMAS**	
1985	PARTRIDGE IN A PEAR TREE	YR	10.00	11.00
1985	TWO TURTLEDOVES	YR	10.00	11.00
1986	FOUR CALLING BIRDS	YR	10.00	11.00
1986	THREE FRENCH HENS	YR	10.00	11.00
1987	FIVE GOLDEN RINGS	YR	10.00	11.00
1987	SIX GEESE A-LAYING	YR	10.00	11.00
1988	EIGHT MAIDS A-MILKING	YR	10.00	11.00
1988	SEVEN SWANS A-SWIMMING	YR	10.00	11.00
1989	NINE LADIES DANCING	YR	11.00	11.00
1989	TEN LORDS A-LEAPING	YR	11.00	11.00

KURT S. ADLER INC.

*				
1997	GRACEFUL HORSE	*	20.00	20.00
1997	SEA MONSTER	*	20.00	20.00
J. MOSTROM			**CHILDREN'S HOUR**	
1995	ALICE IN WONDERLAND J5751	RT	23.00	23.00
1995	BOW PEEP J5753	OP	27.00	27.00
1995	CINDERELLA J5762	RT	28.00	28.00
1995	LITTLE BOY BLUE J5755	RT	18.00	18.00
1995	MISS MUFFET J5753	OP	27.00	27.00
1995	MOTHER GOOSE J5754	RT	27.00	27.00
1995	RED RIDING HOOD J5751	RT	23.00	23.00
J. MOSTROM			**CHRISTMAS IN CHELSEA**	
1992	ALLISON SITTING IN CHAIR W2812	RT	26.00	26.00
1992	ALLISON W2729	RT	21.00	21.00
1992	AMANDA W2709	RT	21.00	21.00
1992	AMY W2729	RT	21.00	21.00
1992	CHRISTINA W2812	RT	26.00	26.00
1992	CHRISTOPHER W2709	RT	21.00	21.00
1992	DELPHINIUM W2728	OP	20.00	20.00
1992	HOLLY HOCK W2728	OP	20.00	20.00
1992	HOLLY W2709	RT	21.00	21.00
1992	PEONY W2728	OP	20.00	20.00
1992	ROSE W2728	OP	20.00	20.00
1994	ALICE, MARGUERITE W2973	RT	28.00	28.00
1994	GUARDIAN ANGEL W/BABY W2974	RT	31.00	31.00
1995	JOSE W/VIOLIN W3078	RT	32.00	32.00
M. ROTHENBERG			**CORNHUSK MICE**	
1993	BALLERINA CORNHUSK MICE W2700	RT	14.00	14.00
1993	NUTCRACKER STE. FANTASY CORNHUSK MOUSE	RT	16.00	16.00

YR	NAME	LIMIT	ISSUE	TREND
1994	CLARA, PRINCE W2948	OP	16.00	16.00
1994	COWBOY W2951	RT	18.00	18.00
1994	DROSSELMEIR FAIRY, MOUSE KING W2949	OP	16.00	16.00
1994	FATHER CHRISTMAS W2979	RT	18.00	18.00
1994	FATHER CHRISTMAS W2982	OP	25.00	25.00
1994	LITTLE POCAHONTAS, INDIAN BRAVE W2950	OP	18.00	18.00
1995	ANGEL MICE W3088	OP	10.00	10.00
1995	BABY'S FIRST MOUSE W3087	OP	10.00	10.00
1995	MISS TAMMIE MOUSE W3086	RT	17.00	17.00
1995	MR. JAMIE MOUSE W3086	RT	17.00	17.00
1995	MRS. MOLLY MOUSE W3086	RT	17.00	17.00
*			**FABRICHE COLLECTION**	
1992	HELLO LITTLE ONE! W1561	RT	22.00	22.00
1992	HUGS AND KISSES W1560	RT	22.00	22.00
1992	MERRY CHRISMOUSE W1565	RT	10.00	10.00
1992	NOT A CREATURE WAS STIRRING W1563	RT	22.00	22.00
K. ADLER			**FABRICHE COLLECTION**	
1992	CHRISTMAS IN THE AIR W1593	RT	36.00	36.00
1993	HOMEWARD BOUND W1596	RT	27.00	27.00
1993	MASTER TOYMAKER W1595	RT	27.00	27.00
1993	PAR FOR THE CLAUS W1625	RT	27.00	27.00
1993	SANTA W/LIST W1510	RT	20.00	20.00
1994	ALL STAR SANTA W1665	RT	27.00	27.00
1994	CHECKING HIS LIST W1634	RT	24.00	24.00
1994	COOKIES FOR SANTA W1639	RT	28.00	28.00
1994	FIREFIGHTING FRIENDS W1668	RT	28.00	28.00
1994	SANTA'S FISHTALES W1666	RT	29.00	29.00
1995	CAPTAIN CLAUS W1711	RT	25.00	25.00
1995	STRIKE UP THE BAND W1710	RT	25.00	25.00
M. ROTHENBERG			**FABRICHE COLLECTION**	
1992	AN APRON FULL OF LOVE W1594	RT	27.00	27.00
H. ADLER			**HOLLY BEARIES**	
1996	ANGEL STARCATCHER 57222	OP	20.00	20.00
J. MOSTROM			**INTERNATIONAL CHRISTMAS**	
1994	CATHY, JOHNNY W2945	RT	24.00	24.00
1994	ESKIMO-ATOM UKPIK W2967	RT	28.00	28.00
1994	GERMANY-KATERINA,HANS W2969	RT	27.00	27.00
1994	NATIVE AMERICAN-WHITE DOVE,LITTLE WOLF	RT	28.00	28.00
1994	POLAND-MARISSA, HEDWIG W2965	RT	27.00	27.00
1994	SCOTLAND-BONNIE, DOUGLAS W2966	RT	27.00	27.00
1994	SPAIN-MARIA. MIGUEL W2968	RT	27.00	27.00
J. MOSTROM			**LITTLE DICKENS**	
1994	LITTLE BOB CRACHIT W2961	RT	30.00	30.00
1994	LITTLE MARLEY'S GHOST W2964	RT	34.00	34.00
1994	LITTLE MRS. CRACHIT W2962	RT	27.00	27.00
1994	LITTLE SCROOGE IN BATHROBE W2959	RT	30.00	30.00
1994	LITTLE SCROOGE IN OVERCOAT W2960	RT	30.00	30.00
1994	LITTLE TINY TIM W2963	RT	23.00	23.00
*			**POLONAISE COLLECTION**	
*	ANGEL TREETOP AP1042	RT	*	N/A
*	ANN & ANDY ON MOON AP887	RT	*	N/A
*	CARS 4 ASSORTED AP429	RT	*	N/A
*	FRIENDLY GHOST AP834	RT	*	N/A
*	GLASS PEACE ANGEL AP888	RT	*	N/A
*	GONE WITH THE WIND HEART AP925	RT	*	N/A
*	HOLY FAMILY AP898	RT	*	N/A
*	HONEY BEAR AP900	RT	*	N/A
*	JAZZ MUSICIANS AP851/04	RT	*	N/A
*	LITTLE ELFERS AP935	RT	*	N/A
*	NEW SCARLETT AP928	RT	*	N/A
*	OUR NEW HOME AP933	RT	*	N/A
*	PADDINGTON BEAR AP915	RT	*	N/A
*	PEANUTS BOXED SET AP575	RT	*	N/A
*	PILLSBURY DOUGHBOY AP916	RT	*	N/A
*	RED & WHITE SANTA AP858	RT	*	N/A
*	SANTA CHAIR 2 ASSORTED AP1010/1	RT	*	N/A
*	SANTA MOTORCYCLE AP931	RT	*	N/A
*	SIR HOGMAS CHRISTMAS PIG AP902	RT	*	N/A
*	SPACE CAPSULE AP839	RT	*	N/A
*	STANDING ANGEL 3 ASSORTED AP882	RT	*	N/A
*	VINTAGE FORD 3 ASSORTED AP937/09	RT	*	N/A
*	ZEPPELIN DIRIGIBLE AP913	RT	*	N/A
1996	MEDIEVAL HORSE AP640	OP	35.00	35.00
1997	CAVALRY, GUNNER, DRUMMER AP645	OP	30.00	30.00
1997	NEW COCA COLA- 3PC AP553	OP	130.00	130.00
1997	TROPICAL FISH- 4 PC AP554	RT	110.00	110.00
KING FEATURES			**POLONAISE COLLECTION**	
1996	BETTY BOOP AP624	RT	32.00	32.00
KSA/KOMOZJA			**POLONAISE COLLECTION**	
*	COCA-COLA LOCOMOTIVE AP444	RT	*	N/A
*	MONTGOLFIER BALLOON AP908	RT	*	N/A
1994	ANGEL HEAD AP372	RT	18.00	18.00
1994	ANGEL W/BEAR AP396	RT	20.00	35.00
1994	BEER GLASS AP366	RT	18.00	18.00
1994	CARDINAL AP420	RT	18.00	30.00
1994	CAT W/BALL AP390	RT	18.00	50.00
1994	DINOSAURS AP397	RT	23.00	23.00
1994	EGYPTIANS 12 PC. AP500	RT	200.00	400.00

YR	NAME	LIMIT	ISSUE	TREND
1994	GLASS ACORN AP342	RT	11.00	150.00
1994	GLASS ANGEL AP309	RT	18.00	18.00
1994	GLASS APPLE AP339	RT	11.00	20.00
1994	GLASS CHURCH AP369	RT	18.00	18.00
1994	GLASS CLOWN AP301	RT	14.00	50.00
1994	GLASS CLOWN AP302	RT	23.00	30.00
1994	GLASS CLOWN AP303	RT	23.00	38.00
1994	GLASS DICE AP363	RT	18.00	75.00
1994	GLASS DOLL AP377	RT	14.00	30.00
1994	GLASS GNOME AP347	RT	18.00	30.00
1994	GLASS KNIGHT AP304	RT	18.00	20.00
1994	GLASS OWL AP328	RT	20.00	20.00
1994	GLASS TOP AP359	OP	9.00	9.00
1994	GLASS TURKEY AP326	RT	20.00	20.00
1994	GOLDEN ANGEL HEAD AP372	RT	18.00	150.00
1994	GOLDEN ROCKING HORSE AP355	RT	23.00	125.00
1994	GUARDMAN AP407	OP	16.00	16.00
1994	HOLY FAMILY AP371	RT	28.00	28.00
1994	LOCOMOTIVE AP353	RT	23.00	23.00
1994	MADONNA W/CHILD AP370	RT	23.00	23.00
1994	MERLIN AP373	RT	20.00	28.00
1994	MOUSE KING AP406	RT	20.00	20.00
1994	NEFERTITI AP349	RT	25.00	25.00
1994	NIGHT & DAY AP307	RT	23.00	23.00
1994	NUTCRACKER AP404	RT	20.00	20.00
1994	OLD FASHIONED CAR AP380	RT	14.00	14.00
1994	PARROT AP332	RT	16.00	45.00
1994	PEACOCK AP323	RT	28.00	28.00
1994	PEACOCK AP324	RT	18.00	20.00
1994	PIERROT THE CLOWN AP405	RT	18.00	30.00
1994	PUPPY AP333	RT	16.00	30.00
1994	PYRAMID AP352	OP	23.00	23.00
1994	ROCKING HORSE AP355	OP	23.00	23.00
1994	ROCKING HORSE AP356	RT	23.00	23.00
1994	SAINT NICK AP316	RT	28.00	28.00
1994	SANTA AP317	RT	23.00	23.00
1994	SANTA BOOT AP375	OP	20.00	20.00
1994	SANTA HEAD AP315	RT	14.00	20.00
1994	SANTA HEAD AP374	RT	18.00	18.00
1994	SNOWMAN W/PARCEL AP313	RT	23.00	23.00
1994	SNOWMAN W/SPECS AP312	RT	20.00	30.00
1994	SPARROW AP329	RT	16.00	55.00
1994	SPHINX AP350	RT	23.00	60.00
1994	SWAN AP325	RT	20.00	20.00
1994	TEDDY BEAR AP338	RT	16.00	38.00
1994	TRAIN COACHES AP354	RT	16.00	16.00
1994	TRAIN SET AP501	RT	90.00	90.00
1994	TROPICAL FISH AP409	RT	23.00	23.00
1994	TUTANKHAMEN AP348	RT	25.00	30.00
1994	ZODIAC SUN AP381	RT	23.00	50.00
1995	AFRICAN-AMERICAN SANTA AP389/1	RT	40.00	40.00
1995	ALARM CLOCK AP452	RT	25.00	25.00
1995	BLESSED MOTHER AP413	RT	23.00	23.00
1995	CAESAR AP422	RT	25.00	25.00
1995	CAT W/BOW AP446	RT	23.00	23.00
1995	CHRIST CHILD AP414	RT	20.00	20.00
1995	CHRISTMAS TREE AP461	RT	23.00	23.00
1995	CLARA AP408	OP	20.00	20.00
1995	CLOWN HEAD AP460	RT	25.00	25.00
1995	COWBOY HEAD AP462	RT	30.00	30.00
1995	CROCODILE AP468	RT	28.00	28.00
1995	EAGLE AP453	RT	28.00	28.00
1995	EGYPTIAN SET 4 PC. AP500/4	RT	110.00	110.00
1995	ELEPHANT AP464	RT	28.00	28.00
1995	FISH 4 PC. AP506	RT	110.00	110.00
1995	HOLY FAMILY 3 PC. AP504	RT	84.00	84.00
1995	HOUSES AP455	RT	25.00	30.00
1995	INDIAN AP463	RT	30.00	30.00
1995	LOCOMOTIVE AP447	RT	28.00	28.00
1995	NOAH'S ARK AP469	RT	25.00	25.00
1995	NUTCRACKER SUITE 4 PC. AP507	RT	110.00	110.00
1995	PETER PAN AP419	RT	23.00	23.00
1995	PETER PAN SET 4 PC. AP503	RT	124.00	124.00
1995	ROMAN CENTURIAN AP427	RT	23.00	23.00
1995	ROMAN SET 7 PC. AP502	RT	164.00	200.00
1995	SAILING SHIP AP415	RT	30.00	30.00
1995	SANTA AP389	RT	25.00	25.00
1995	SANTA AP442	OP	25.00	25.00
1995	SANTA ON GOOSE ON SLED AP479	RT	30.00	30.00
1995	SHARK AP417	RT	18.00	24.00
1995	ST. JOSEPH AP412	RT	23.00	23.00
1995	TELEPHONE AP448	RT	25.00	25.00
1995	TREASURE CHEST AP416	RT	20.00	20.00
1995	WIZARD OF OZ 4 PC. BOXED SET AP505	OP	125.00	125.00
1995	WIZARD OF OZ 6 PC. AP508	5000	170.00	200.00
1995	WIZARD OF OZ DOROTHY AP434	OP	25.00	25.00
1995	WIZARD OF OZ LION AP433	OP	23.00	23.00
1995	WIZARD OF OZ SCARECROW AP435	OP	25.00	25.00
1995	WIZARD OF OZ TINMAN AP436	OP	25.00	25.00

YR	NAME	LIMIT	ISSUE	TREND
1996	ANTIQUE CARS BOXED SET AP522	OP	124.00	124.00
1996	CANDLEHOLDER AP450	RT	20.00	20.00
1996	CINDERELLA 4 BOXED SET AP512	RT	134.00	134.00
1996	CINDERELLA AP488	RT	28.00	28.00
1996	CINDERELLA BOXED SET AP511	7500	190.00	190.00
1996	CINDERELLA COACH AP487	RT	33.00	33.00
1996	COCA COLA 4 PC BOXED SET AP517	RT	135.00	135.00
1996	COCA COLA BEAR AP630	RT	37.00	37.00
1996	COCA COLA BOTTLE AP631	RT	33.00	33.00
1996	COCA COLA BOTTLE TOP AP633	RT	27.00	27.00
1996	COCA COLA DISK AP632	RT	26.00	26.00
1996	COCA COLA VENDING MACHINE AP634	RT	37.00	37.00
1996	COSSACK AP604	RT	35.00	35.00
1996	DICE BOXED SET AP509	RT	60.00	60.00
1996	EGYPTIAN CAT AP351	OP	30.00	30.00
1996	EGYPTIAN II BOXED SET AP510	RT	170.00	170.00
1996	EGYPTIAN PRINCESS AP482	RT	33.00	33.00
1996	ELVES AP611/23	RT	30.00	30.00
1996	EMERALD CITY AP623	RT	32.00	32.00
1996	FIRE ENGINE AP605	RT	30.00	30.00
1996	GIFT BOXES AP614	RT	25.00	25.00
1996	GLASS SLIPPER AP490	RT	20.00	20.00
1996	GLINDA THE GOOD WITCH AP621	RT	32.00	32.00
1996	GRAMOPHONE AP446	RT	23.00	23.00
1996	HORUS AP484	RT	33.00	33.00
1996	KING BALTHAZAR AP607	OP	30.00	30.00
1996	KING NEPTUNE AP496	RT	35.00	35.00
1996	LIGHT BULB AP449	RT	20.00	20.00
1996	LITTLE MERMAID AP492	RT	28.00	28.00
1996	MEDIEVAL BOXED SET AP519	RT	160.00	160.00
1996	MEDIEVAL DRAGON AP642	OP	35.00	35.00
1996	MEDIEVAL KNIGHT AP641	OP	35.00	35.00
1996	MEDIEVAL LADY AP643	RT	35.00	35.00
1996	MUMMY AP483	RT	33.00	33.00
1996	NEFERTITI 96 AP485	OP	33.00	33.00
1996	PHARAOH AP481	RT	35.00	35.00
1996	PRINCE CHARMING AP489	RT	28.00	28.00
1996	RAGGEDY ANN AP321	OP	28.00	28.00
1996	RUSSIAN 5 BOXED SET AP514	RT	190.00	190.00
1996	RUSSIAN BISHOP AP603	RT	35.00	35.00
1996	RUSSIAN WOMEN AP602	RT	35.00	35.00
1996	SANTA CAR AP367	OP	*	N/A
1996	SANTA PILOT AP365	RT	33.00	33.00
1996	SEA HORSE AP494	RT	25.00	25.00
1996	SPHINX AP480	RT	33.00	33.00
1996	ST. BASILS CATHEDRAL AP600	RT	35.00	35.00
1996	STING RAY AP495	RT	28.00	28.00
1996	THREE KINGS BOXED SET AP516	OP	144.00	144.00
1996	TSAR IVAN AP601	RT	35.00	35.00
1996	TUTANKHAMEN #2 AP476	OP	35.00	35.00
1996	WICKED WITCH AP606	OP	32.00	32.00
1996	WINTER BOY AP615	RT	23.00	23.00
1996	WINTER GIRL AP615	RT	23.00	23.00
1996	WIZARD IN BALLOON AP622	OP	32.00	32.00
1996	WIZARD OF OZ II BOXED SET AP518	RT	150.00	150.00
1997	ALICE COLLECTION 4 PC AP548	OP	150.00	150.00
1997	ALICE COLLECTION 5 PC LIMITED EDITIONAP547	RT	175.00	175.00
1997	ALICE IN WONDERLAND AP692	OP	30.00	30.00
1997	BIG BIRD AP699	RT	35.00	35.00
1997	CHARLIE BROWN PEANUTS AP824	RT	35.00	35.00
1997	CHRISTMAS IN POLAND- 4 PC AP534	RT	150.00	150.00
1997	CIRCUS COLLECTION 5 PC AP545	OP	180.00	180.00
1997	CIRCUS RINGMASTER AP691	OP	35.00	35.00
1997	CIRCUS SEAL- GLASS AP688	OP	30.00	30.00
1997	CIRCUS STRONGMAN AP690	OP	35.00	35.00
1997	CLOWNS- 3 PC GLASS AP682	OP	35.00	35.00
1997	COCA COLA 6 PACK AP803	RT	35.00	35.00
1997	COCA COLA BOTTLE, GOLDEN AP800	RT	35.00	35.00
1997	COCA COLA TRUCK AP804	OP	38.00	38.00
1997	COCA-COLA BEAR SKIING AP801	OP	35.00	35.00
1997	COCA-COLA BEAR SNOWMOBILE AP802	OP	35.00	35.00
1997	COCA-COLA POLY SANTA AP867	RT	45.00	45.00
1997	DR. WATSON	RT	30.00	30.00
1997	EGYPTIAN COLLECTION 4 PC AP515	RT	150.00	150.00
1997	ELMO AP843	RT	38.00	38.00
1997	ENGLISH BOBBIE AP814	OP	30.00	30.00
1997	FOUR CALLING BIRDS AP828	OP	38.00	38.00
1997	GINGERBREAD HOUSE AP664	RT	30.00	30.00
1997	GONE WITH THE WIND- 3 PC BOX AP557	RT	150.00	150.00
1997	GONE WITH THE WIND RHETT BUTLER AP815	RT	38.00	38.00
1997	GONE WITH THE WIND SCARLETT O'HARA AP805	RT	40.00	40.00
1997	GONE WITH THE WIND TARA AP816	OP	38.00	38.00
1997	GRANDFATHER FROST AP801COL	YR	50.00	50.00
1997	HANSEL & GRETEL AP662	OP	30.00	30.00
1997	HANSEL/GRETEL 4 PC AP538	OP	150.00	150.00
1997	HAT BOXES- GLASS AP620	RT	28.00	30.00
1997	HERALD RABBIT AP693	OP	35.00	35.00
1997	HOLLY BEAR AP827	OP	30.00	30.00
1997	HUNTER AP667	OP	30.00	30.00

YR	NAME	LIMIT	ISSUE	TREND
1997	JEWELRY BOXES 3 PC AP637	RT	16.00	16.00
1997	JUST MARRIED AP829	OP	23.00	23.00
1997	KRAKOW CRECHE AP670	RT	35.00	35.00
1997	KRAKOW MAN AP674	RT	30.00	30.00
1997	LITTLE RED RIDING HOOD 3 PC AP544	RT	110.00	110.00
1997	LITTLE RED RIDING HOOD- 4 PC LIMITED EDITION AP539	RT	110.00	110.00
1997	LITTLE RED RIDING HOOD AP665	OP	30.00	30.00
1997	LUCY PEANUTS AP825	RT	*	N/A
1997	MAD HATTER- GLASS AP696	OP	35.00	35.00
1997	MADONNA VATICAN EGG AP830	OP	38.00	38.00
1997	MAGICIANS HAT AP689	RT	35.00	35.00
1997	MARILYN MONROE AP818	OP	*	N/A
1997	MGM COWARDLY LION AP821	OP	40.00	40.00
1997	MGM DOROTHY AP819	OP	40.00	40.00
1997	MGM SCARECROW AP822	OP	40.00	40.00
1997	MGM TIN MAN AP820	OP	40.00	40.00
1997	MGM WIZ OF OZ 4 PC BOX AP555	OP	180.00	180.00
1997	NAPOLEONIC SOLDIER AP543	OP	150.00	150.00
1997	NY BALL- 5 PC AP677	OP	25.00	25.00
1997	PEANUTS- 3 PC BOX AP556	OP	135.00	135.00
1997	POLISH MOUNTAIN MAN AP675	RT	30.00	30.00
1997	QUEEN OF HEARTS AP695	OP	35.00	35.00
1997	RAG ANN/ANDY AP550	OP	75.00	75.00
1997	RAGGEDY ANDY AP322	OP	25.00	25.00
1997	ROYAL SUITE- 4 PC AP552	RT	140.00	140.00
1997	ROYAL SUITE- 4 PC AP806	OP	30.00	30.00
1997	SANTA HEAD AP811	OP	23.00	23.00
1997	SEVEN DWARFS- 7 PC AP611	OP	30.00	30.00
1997	SHERLOCK HOLMES AP812	RT	30.00	30.00
1997	SHERLOCK HOLMES-3 PC BOX AP551	RT	125.00	125.00
1997	SMITHSONIAN ASTRONAUT AP826	RT	35.00	35.00
1997	SNOOPY PEANUTS AP823	RT	35.00	35.00
1997	SNOW WHITE AP660	OP	30.00	30.00
1997	SNOW WHITE & 7 DWARFS- BOX AP558	OP	290.00	290.00
1997	STAR- 3 PC GLASS AP671	RT	20.00	20.00
1997	STAR BOY AP676	OP	35.00	35.00
1997	TATAR PRINCE- GLASS AP672	OP	35.00	35.00
1997	WITCH AP661	RT	35.00	35.00
1997	WOLF, THE AP666	OP	35.00	35.00
1998	CHERUBS 3 ASSORTED AP845/67	RT	20.00	20.00
1999	ADORING SANTA AP955	RT	40.00	40.00
1999	BEHOLD, LAMB OF GOD AP971	RT	35.00	35.00
1999	CLIMBING SANTA AP1004	RT	35.00	35.00
1999	DOG IN TUB AP981	RT	30.00	30.00
1999	GIRL WITH BEAR AP989	RT	25.00	25.00
1999	HANDYMAN TEDDY AP958	RT	35.00	35.00
1999	SANTA/TREE AP943	RT	35.00	35.00
1999	SUNFACE 4.5 IN. AP967	RT	20.00	20.00
1999	TEDDY WITH BALLOONS AP987	RT	25.00	25.00
1999	THREE KINGS ASSORTED AP609	RT	20.00	20.00
1999	TOUCAN AP1009	RT	20.00	20.00

ROSS/NELRANA   POLONAISE COLLECTION

YR	NAME	LIMIT	ISSUE	TREND
1997	BABAR ELEPHANT AP817	RT	38.00	38.00

ROTHENBERG   POLONAISE COLLECTION

YR	NAME	LIMIT	ISSUE	TREND
1995	CAT IN BOOT AP478	RT	28.00	28.00
1995	HERR DROSSELMEIR AP465	RT	30.00	30.00

STEFAN   POLONAISE COLLECTION

YR	NAME	LIMIT	ISSUE	TREND
1995	CARDINAL AP473	RT	30.00	30.00
1995	CRECHE AP458	RT	28.00	28.00
1995	DOVE ON BALL AP472	RT	32.00	32.00
1995	GOOSE W/WREATH AP475	RT	25.00	25.00
1995	HUMPTY DUMPTY AP477	RT	25.00	25.00
1995	ICICLE SANTA AP474	RT	25.00	40.00
1995	PARTRIDGE AP467	RT	34.00	34.00
1995	SANTA MOON AP454	OP	28.00	28.00
1995	STAR SANTA AP470	RT	25.00	25.00
1995	TURTLEDOVES AP471	OP	25.00	25.00
1996	FRENCH HEN AP626	OP	33.00	33.00
1996	STAR SNOWMAN AP625	RT	32.00	32.00

J. MOSTROM   ROYAL HERITAGE

YR	NAME	LIMIT	ISSUE	TREND
1993	ANASTASIA W2922	RT	28.00	28.00
1993	CAROLINE W2924	RT	26.00	26.00
1993	CHARLES W2924	RT	26.00	26.00
1993	ELIZABETH W2924	RT	26.00	26.00
1993	JOELLA W2979	RT	27.00	27.00
1993	KELLY W2979	RT	27.00	27.00
1993	NICHOLAS W2923	RT	26.00	26.00
1993	PATINA W2923	RT	26.00	26.00
1993	SASHA W2923	RT	26.00	26.00
1995	BENJAMIN J5756	RT	25.00	25.00
1995	BLYTHE J5756	RT	25.00	25.00
1995	EDMOND W/VIOLIN W3078	RT	32.00	32.00
1995	PAULINE W/VIOLIN W3078	RT	32.00	32.00
1996	ANGELIQUE ANGEL BABY W3278	OP	25.00	25.00
1996	BRIANNA IVORY W7663	OP	25.00	25.00
1996	BRIANNA PINK W7663	OP	25.00	25.00
1996	ETOILE ANGEL BABY W3278	RT	25.00	25.00
1996	FRANCIS WINTER BOY W 3279	OP	28.00	28.00
1996	GABRIELLE IN PINK COAT W3276	OP	28.00	28.00

YR	NAME	LIMIT	ISSUE	TREND
1996	GISELLE W/BOW W3277	RT	28.00	28.00
1996	GISELLE WINTER GIRL W/PACKAGE W3279	OP	28.00	28.00
1996	LADY COLETTE IN SLED W3301	OP	32.00	32.00
1996	LAURIELLE LADY SKATER W3281	OP	36.00	36.00
1996	MINIOTTE W/MUFF W3279	OP	28.00	28.00
1996	MONIQUE W/HAT BOX W3217	OP	28.00	28.00
1996	NICOLE W/BALLOON W3277	OP	28.00	28.00
1996	RENE VICTORIAN LADY W3280	OP	36.00	36.00
KSA/SMITHSONIAN				
1987	ANTIQUE CAROUSEL BUNNY, THE S3027/12	RT	14.00	15.00
1987	ANTIQUE CAROUSEL GOAT, THE S3027/1	RT	14.00	15.00
1988	ANTIQUE CAROUSEL GIRAFFE, THE S3027/4	RT	14.00	15.00
1988	ANTIQUE CAROUSEL HORSE, THE S3027/3	RT	14.00	15.00
1989	ANTIQUE CAROUSEL CAT, THE S3027/6	RT	14.00	15.00
1989	ANTIQUE CAROUSEL LION, THE S3027/5	RT	14.00	15.00
1990	ANTIQUE CAROUSEL SEAHORSE, THE S3027/8	RT	14.00	15.00
1990	ANTIQUE CAROUSEL ZEBRA, THE S3027/17	RT	14.00	15.00
1991	ANTIQUE CAROUSEL HORSE, THE S3027/10	RT	14.00	15.00
1991	ANTIQUE CAROUSEL ROOSTER, THE S3027/9	RT	14.00	15.00
1992	ANTIQUE CAROUSEL ELEPHANT, THE S3027/11	RT	14.00	15.00
1993	ANTIQUE CAROUSEL HORSE, THE S3027/14	OP	15.00	15.00
1993	ANTIQUE CAROUSEL TIGER, THE S3027/13	OP	15.00	15.00
1994	ANTIQUE CAROUSEL PIG, THE S3027/16	OP	16.00	16.00
1994	ANTIQUE CAROUSEL REINDEER, THE S3027/15	OP	16.00	16.00
1995	ANTIQUE CAROUSEL CAMEL, THE S3027/14	OP	15.00	15.00
1995	ANTIQUE FROG S32027/18	OP	16.00	16.00
1995	ARMORED HORSE S3027/17	OP	16.00	16.00
SMITHSONIAN				
1994	HOLIDAY FLIGHT W1637	RT	40.00	40.00
KSA/SMITHSONIAN				
1992	HOLIDAY DRIVE W1580	RT	38.00	38.00
1992	SANTA ON A BICYCLE W1547	RT	31.00	31.00
J. MOSTROM				
1994	ICE FAIRY	RT	26.00	26.00
1994	SNOW PRINCESS W2971	RT	28.00	28.00
1994	WINTER FAIRY	RT	25.00	25.00
K. ADLER				
1992	KING'S GUARD, THE ES300	OP	27.00	27.00
*				
1996	CHERUBUM BOXED SET GP521	OP	150.00	150.00
1996	DANCING CHERUBS ON BALL GP652	OP	40.00	40.00
1996	FULL BODY CHERUB GP650	OP	35.00	35.00
1996	GARDEN OF MAY BOXED SET GP520	OP	135.00	145.00
1996	LILY GLASS GP655	OP	35.00	35.00
1996	MADONNA & CHILD GP653	OP	35.00	35.00
1996	ROSE GLASS GP654	OP	35.00	35.00
1996	VATICAN CHERUBIN AP521	RT	150.00	150.00
1996	VATICAN LILY AP655	RT	35.00	35.00
1996	VATICAN MADONNA & CHILD AP653	RT	35.00	35.00
1996	VATICAN RED ROSE AP654/R	RT	35.00	35.00

LANCE CORP.

P.W. BASTON

1943	MADONNA OF THE CHAIR	CL	2.00	175.00
1981	SANTA CLAUS	CL	29.00	30.00
1982	MADONNA OF THE CHAIR (REISSUE)	CL	15.00	35.00

P.W. BASTON, JR.

1985	HOME FOR THE HOLIDAYS	CL	10.00	17.00
1986	HOLIDAY SLEIGH RIDE	CL	10.00	14.00
1987	SANTA	CL	10.00	13.00
1988	DECORATING THE TREE	CL	12.00	14.00
1989	FINAL PREPARATIONS FOR CHRISTMAS	CL	14.00	14.00
1990	STUFFING THE STOCKINGS	CL	14.00	15.00
1991	MERRY CHRISTMAS	OP	14.00	15.00
1992	FINAL CHECK	OP	14.00	0.00

LENOX CHINA/CRYSTAL COLLECTION

*				
1987	PARTRIDGE BELL	YR	45.00	45.00
1988	ANGEL BELL	OP	45.00	45.00
1989	ST. NICHOLAS BELL	OP	45.00	45.00
1990	CHRISTMAS TREE BELL	OP	49.00	49.00
1991	TEDDY BEAR BELL	YR	49.00	49.00
1992	SNOWMAN BELL	YR	49.00	49.00
*				
1982	1982 ORNAMENT	YR	30.00	70.00
1983	1983 ORNAMENT	YR	35.00	75.00
1984	1984 ORNAMENT	YR	38.00	65.00
1985	1985 ORNAMENT	YR	38.00	60.00
1986	1986 ORNAMENT	YR	39.00	50.00
1987	1987 ORNAMENT	YR	39.00	45.00
1988	1988 ORNAMENT	YR	39.00	45.00
1989	1989 ORNAMENT	YR	39.00	39.00
1990	1990 ORNAMENT	YR	42.00	42.00
1991	1991 ORNAMENT	YR	39.00	39.00
1992	1992 ORNAMENT	YR	39.00	39.00
BOTTICELLI				
1991	15TH CENTURY MADONNA & CHILD	OP	29.00	29.00

SMITHSONIAN MUSEUM CAROUSEL

SMITHSONIAN MUSEUM FABRICHE

SMITHSONIAN MUSEUM FABRICHE

SNOW CHILDREN COLLECTION

STEINBACH ORNAMENT SERIES

VATICAN LIBRARY

SEBASTIAN CHRISTMAS ORNAMENTS

SEBASTIAN CHRISTMAS ORNAMENTS

ANNUAL BELL SERIES

ANNUAL ORNAMENT

CATHEDRAL PORTRAITS

YR	NAME	LIMIT	ISSUE	TREND
	RAPHAEL		**CATHEDRAL PORTRAITS**	
1991	16TH CENTURY MADONNA & CHILD	OP	29.00	29.00
*			**CHRISTMAS CAROUSEL**	
1989	BLACK HORSE	OP	20.00	20.00
1989	CAT	OP	20.00	20.00
1989	CHRISTMAS CAROUSEL SET	OP	470.00	470.00
1989	ELEPHANT	OP	20.00	20.00
1989	GOAT	OP	20.00	20.00
1989	HARE	OP	20.00	20.00
1989	LION	OP	20.00	20.00
1989	PALOMINO	OP	20.00	20.00
1989	PINTO	OP	20.00	20.00
1989	POLAR BEAR	OP	20.00	20.00
1989	REINDEER	OP	20.00	20.00
1989	SEA HORSE	OP	20.00	20.00
1989	SWAN	OP	20.00	20.00
1989	TIGER	OP	20.00	20.00
1989	UNICORN	OP	20.00	20.00
1989	WHITE HORSE	OP	20.00	20.00
1989	ZEBRA	OP	20.00	20.00
1990	CAMEL	OP	20.00	20.00
1990	FROG	OP	20.00	20.00
1990	GIRAFFE	OP	20.00	20.00
1990	MEDIEVAL HORSE	OP	20.00	20.00
1990	PANDA	OP	20.00	20.00
1990	PIG	OP	20.00	20.00
1990	ROOSTER	OP	20.00	20.00
1990	SET OF 24	OP	468.00	468.00
1990	ST. BERNARD	OP	20.00	20.00
*			**COMMEMORATIVES**	
1989	BABY'S FIRST CHRISTMAS (DATED)	YR	23.00	25.00
1989	FIRST CHRISTMAS TOGETHER (DATED)	YR	23.00	25.00
*			**CRYSTAL BALL ORNAMENTS**	
1984	DEEP CUT BALL	YR	35.00	50.00
1985	CUT BALL	YR	35.00	50.00
1986	CUT BALL	YR	35.00	45.00
1987	CUT BALL	YR	29.00	29.00
1988	CHRISTMAS LIGHTS BALL	YR	30.00	30.00
1989	CRYSTAL LIGHTS ORNAMENT	OP	30.00	30.00
1989	STARLIGHT ORNAMENT	OP	34.00	34.00
1991	CRYSTAL ABBEY BALL	OP	45.00	45.00
1991	CRYSTAL STARLIGHT BALL-BLUE	OP	45.00	45.00
1991	CRYSTAL STARLIGHT BALL-GREEN	OP	45.00	45.00
1991	CRYSTAL STARLIGHT BALL-RED	OP	45.00	45.00
1992	CRYSTAL OPTIKA	OP	37.00	37.00
*			**DAYS OF CHRISTMAS**	
1987	PARTRIDGE	OP	23.00	23.00
1988	TWO TURTLEDOVES	OP	23.00	23.00
1989	THREE FRENCH HENS	OP	23.00	23.00
1990	FOUR CALLING BIRDS	OP	25.00	25.00
1991	FIVE GOLDEN RINGS	OP	25.00	25.00
1992	SIX GEESE A-LAYING	OP	25.00	25.00
*			**GOLDEN RENAISSANCE ANGELS**	
1991	ANGEL WITH MANDOLIN	OP	25.00	25.00
1991	ANGEL WITH TRUMPET	OP	25.00	25.00
1991	ANGEL WITH VIOLIN	OP	25.00	25.00
*			**HOLIDAY HOMECOMING**	
1988	HEARTH	CL	23.00	23.00
1989	DOOR-DATED	OP	23.00	23.00
1990	HUTCH-DATED	YR	25.00	25.00
1991	WINDOW (DATED)	YR	25.00	25.00
1992	STOVE (DATED)	YR	25.00	25.00
*			**LENOX CARVED ORNAMENTS**	
1987	PORTRAIT WREATH	CL	21.00	21.00
1989	GEORGIAN FRAME	OP	21.00	25.00
*			**LENOX CHRISTMAS KEEPSAKES**	
1990	ROCKING HORSE	OP	42.00	42.00
1990	SWAN	OP	42.00	42.00
1991	SLEIGH	OP	42.00	42.00
1992	FIRE ENGINE	OP	42.00	42.00
*			**LENOX CHRISTMAS VILLAGE**	
1989	VILLAGE CHURCH-DATED	OP	39.00	39.00
1990	VILLAGE INN-DATED	YR	39.00	39.00
1991	VILLAGE TOWN HALL (DATED)	YR	39.00	39.00
1992	SWEET SHOP (DATED)	YR	39.00	39.00
*			**LENOX CRYSTAL ORNAMENTS**	
1989	ANNUAL CHRISTMAS TREE	YR	26.00	26.00
1989	BABY'S FIRST CHRISTMAS	YR	26.00	26.00
1989	CANDLELIGHT BELL	OP	38.00	38.00
1989	CHRISTMAS LIGHTS TREE TOP ORNAMENT	OP	55.00	55.00
1989	CRYSTAL ICICLE	OP	30.00	30.00
1989	NATIVITY	OP	26.00	26.00
1989	OUR FIRST CHRISTMAS	YR	26.00	26.00
1989	SNOWFLAKE	OP	26.00	32.00
1990	1990 CHRISTMAS TREE	YR	30.00	30.00
1990	BABY'S FIRST CHRISTMAS-1990	YR	30.00	30.00
1990	CANDY CANE	OP	30.00	30.00
1990	CHRISTMAS GOOSE	OP	30.00	29.00

White Dove *by Ted DeGrazia, produced by Artists of the World, has more than doubled in value since its 1987 release.*

Hallmark helps newlyweds commemorate Our First Christmas Together *with this Keepsake Ornament from 1995.*

Sculpted by Hallmark artist Don Palmiter for the Olympic Spirit Collection, IZZY—the Mascot *ornament has increased in value since its 1996 release.*

A dated ornament by Linda Sickman for Hallmark as part of its Anniversary Ornaments, Pewter Rocking Horse *has increased in value since its 1995 release.*

YR	NAME	LIMIT	ISSUE	TREND
1990	OUR FIRST CHRISTMAS-1990	YR	32.00	32.00
1991	ABBEY TREETOPPER	OP	54.00	54.00
1991	ANGEL PENDANT	OP	29.00	29.00
1991	BABY'S FIRST CHRISTMAS-1991	YR	29.00	29.00
1991	BIRD-BLUE	OP	29.00	29.00
1991	BIRD-CLEAR	OP	29.00	29.00
1991	BIRD-GREEN	OP	29.00	29.00
1991	BIRD-RED	OP	29.00	29.00
1991	CHRISTMAS STOCKING	OP	29.00	29.00
1991	CHRISTMAS TREE-1991	YR	29.00	29.00
1991	DOVE	OP	32.00	32.00
1991	HERALD ANGEL-BLUE	OP	29.00	29.00
1991	HERALD ANGEL-CLEAR	OP	29.00	29.00
1991	HERALD ANGEL-GREEN	OP	29.00	29.00
1991	HERALD ANGEL-RED	OP	29.00	29.00
1991	OUR FIRST CHRISTMAS-1991	YR	29.00	29.00
1991	SNOWMAN	OP	32.00	32.00
*				**NATIVITY**
1989	JOSEPH	OP	21.00	21.00
1989	MARY & CHILD	OP	21.00	21.00
1990	BALTHAZAR	OP	22.00	22.00
1990	CASPAR	OP	22.00	22.00
1990	MELCHIOR	OP	22.00	22.00
*				**RENAISSANCE ANGELS**
1987	ANGEL WITH MANDOLIN	CL	21.00	21.00
1987	ANGEL WITH TRUMPET	OP	21.00	21.00
1987	ANGEL WITH VIOLIN	CL	21.00	21.00
1989	ANGEL TREETOPPER	OP	100.00	100.00
*				**SANTA'S PORTRAITS**
1989	SANTA'S VISIT	OP	27.00	27.00
1990	SANTA WITH GARLAND	OP	29.00	29.00
1990	SANTA'S RIDE	OP	29.00	29.00
1991	SANTA AND CHILD	OP	29.00	29.00
1992	SANTA IN CHIMNEY	OP	29.00	29.00
*				**VICTORIAN HOMES**
1990	SHEFFIELD MANOR	OP	25.00	25.00
1991	CAMBRIDGE MANOR	OP	25.00	25.00
*				**VICTORIAN LACE**
1991	CHRISTMAS TREE	OP	25.00	25.00
1991	FAN	OP	25.00	25.00
*				**YULETIDE**
1985	CHRISTMAS TREE	OP	18.00	18.00
1985	TEDDY BEAR	CL	18.00	18.00
1989	ANGEL WITH HORN	OP	18.00	18.00
1989	SANTA WITH TREE	OP	18.00	18.00
1990	DOVE	OP	20.00	20.00
1991	SNOWMAN	OP	20.00	20.00
1992	GOOSE	OP	20.00	20.00
*				**YULETIDE EXPRESS**
1988	LOCOMOTIVE	OP	39.00	39.00
1989	CABOOSE-DATED	OP	39.00	90.00
1990	PASSENGER-DATED	OP	39.00	39.00
1991	DINING CAR (DATED)	YR	39.00	39.00
1992	TENDER CAR (DATED)	YR	39.00	39.00

LILLIPUT LANE LTD.

YR	NAME	LIMIT	ISSUE	TREND
*				
1996	FIR TREE COTTAGE	YR	*	20.00
1997	EVERGREENS	YR	*	25.00
*			**CHRISTMAS ORNAMENT SERIES**	
1992	MISTLETOE COTTAGE	RT	28.00	50.00
1993	ROBIN COTTAGE	RT	35.00	50.00
1994	IVY HOUSE	RT	38.00	25.00
1995	PLUM COTTAGE	RT	40.00	40.00
1996	FIR TREE COTTAGE	RT	30.00	30.00
1998	GREAT EXPECTATIONS	YR	35.00	25.00
R. DAY			**COCA COLA COUNTRY**	
1996	SANTA'S CORNER	RT	38.00	38.00

LITTLE ANGEL PUBLISHING

D. GELSINGER

YR	NAME	LIMIT	ISSUE	TREND
			HEAVEN'S LITTLE ANGELS	
1998	GARDEN MIRACLE	95 DAYS	10.00	10.00
1998	GENTLE GUARDIAN	95 DAYS	10.00	10.00

LLADRO

YR	NAME	LIMIT	ISSUE	TREND
*				
		ANNUAL CHRISTMAS BALLS FIRST SERIES		
1988	CHRISTMAS BALL L1603M	YR	60.00	75.00
1989	CHRISTMAS BALL L5656M	YR	65.00	75.00
1990	CHRISTMAS BALL L5730M	YR	70.00	75.00
1991	CHRISTMAS BALL L5829M	YR	52.00	75.00
1992	CHRISTMAS BALL L5914M	YR	52.00	70.00
1993	CHRISTMAS BALL L6009M	RT	54.00	70.00
1994	CHRISTMAS BALL L6105M	RT	55.00	70.00
1995	CHRISTMAS BALL L6207M	YR	55.00	70.00
1996	CHRISTMAS BALL L6298M	YR	55.00	65.00
1997	CHRISTMAS BALL L6442M	YR	55.00	65.00
*				
		ANNUAL CHRISTMAS BALLS SECOND SERIES		
1998	CHRISTMAS BALL L6561M	YR	55.00	60.00
1999	CHRISTMAS BALL L6637M	YR	55.00	60.00

YR	NAME	LIMIT	ISSUE	TREND
*			**MINIATURE ORNAMENTS**	
1988	ANGEL ORNAMENTS L1604G SET OF 3	YR	75.00	175.00
1989	HOLY FAMILY L5657G SET OF 3	YR	80.00	150.00
1990	THREE KINGS L5729G SET OF 3	YR	88.00	150.00
1991	HOLY SHEPHERDS L5809 SET OF 3	YR	98.00	175.00
1992	CHRISTMAS MORNING L5940G SET OF 3	YR	98.00	135.00
1993	NATIVITY TRIO L6095G SET OF 3	YR	115.00	150.00
*			**ORNAMENTS**	
1991	BABY'S FIRST CHRISTMAS L5839G	YR	55.00	65.00
1991	OUR FIRST CHRISTMAS L5840G	YR	50.00	65.00
1991	SANTA L5842G	YR	55.00	75.00
1991	SNOWMAN L5841G	YR	50.00	70.00
1992	BABY'S FIRST CHRISTMAS L5922G	YR	55.00	55.00
1992	ELF L5938G	YR	50.00	65.00
1992	MRS. CLAUS L5939G	YR	57.00	70.00
1992	OUR FIRST CHRISTMAS L5923G	YR	50.00	60.00
1993	BABY'S FIRST CHRISTMAS L6037G	YR	57.00	60.00
1993	NATIVITY LAMB L5969G	YR	85.00	90.00
1993	OUR FIRST CHRISTMAS L6038G	YR	57.00	60.00
1995	DOLL L6263	YR	75.00	80.00
1995	PLAYING CHERUB L6254G	YR	120.00	120.00
1995	ROCKING HORSE L6262G	YR	75.00	85.00
1995	SURPRISED CHERUB L6253G	YR	120.00	120.00
1995	THINKING CHERUB L6265G	YR	120.00	120.00
1995	TRAIN L6264G	YR	75.00	85.00
1996	HEAVENLY TENOR L6372G	YR	98.00	110.00
1996	KING MELCHIOR L6341G	YR	75.00	90.00
1996	LITTLE AVIATOR L6343G	YR	79.00	90.00
1996	SERAPH WITH BELLS L6342G	YR	79.00	90.00
1996	TEDDY BEAR L6344G	YR	79.00	90.00
1996	TOY SODLIER L6345G	YR	90.00	110.00
1996	WELCOME HOME L6335G	YR	85.00	95.00
1997	CIRCUS STAR L6388G	YR	79.00	90.00
1997	HEAVENLY FLUTIST L6393G	YR	98.00	110.00
1997	HOME SWEET HOME L6336G	YR	85.00	95.00
1997	KING GASPAR L6380G	YR	75.00	90.00
1997	LITTLE HARLEQUIN L6386G	YR	79.00	90.00
1997	LITTLE ROADSTER L6381G	YR	79.00	90.00
1997	SERAPH WITH HOLLY L6394G	YR	79.00	90.00
1998	BABY'S FIRST CHRISTMAS L6560G	YR	55.00	60.00
1998	HEAVENLY MUSICIAN L6498G	YR	98.00	110.00
1998	KING BALTHASAR L6509G	YR	75.00	90.00
1998	OUR WINTER HOME L6519G	YR	85.00	95.00
1998	SERAPH WITH BOW L6445G	YR	79.00	90.00
1999	BABY'S FIRST CHRISTMAS (BLACK) L695G	YR	55.00	60.00
1999	BABY'S FIRST CHRISTMAS L6694G	YR	55.00	60.00
*			**TREETOPPERS**	
1990	ANGEL TREE TOPPER L5719G BLUE	YR	115.00	200.00
1991	ANGEL TREE TOPPER L5831G PINK	YR	115.00	175.00
1991	HEAVENLY HARPIST L5830G	YR	135.00	200.00
1992	ANGEL TREE TOPPER L5875G GREEN	YR	120.00	175.00
1992	ANGELIC CYMBALIST L5876G	YR	140.00	175.00
1993	1993 ANGEL TREE TOPPER L5962G LAVENDER	YR	125.00	175.00
1993	ANGELIC MELODY L5963G	YR	145.00	175.00
1994	ANGELIC VIOLINIST L6126G	YR	150.00	225.00
1994	JOYFUL OFFERING 6125G	RT	245.00	275.00
1995	ANGEL OF THE STARS L6132G	YR	195.00	225.00
1996	REJOICE L6321G	YR	220.00	250.00
1998	MESSAGE OF PEACE L6587G	YR	150.00	175.00
1999	MESSAGE OF LOVE L6643G	YR	150.00	165.00

MARGARET FURLONG DESIGNS

M. FURLONG			**2" MINIATURE ANGEL**	
2000	MINIATURE CROSS ANGEL, 2 IN.	*	12.00	12.00
M. FURLONG			**3" ANGELS**	
1980	TRUMPETER ANGEL	RT	12.00	80.00
1982	STAR ANGEL	RT	12.00	80.00
1984	DOVE ANGEL	RT	12.00	75.00
1988	BUTTERFLY ANGEL	RT	12.00	55.00
1999	MILLENNIUM ANGEL, 3 IN.	*	15.00	15.00
M. FURLONG			**4" ANGELS**	
1980	TRUMPETER ANGEL	RT	21.00	110.00
1982	STAR ANGEL	RT	21.00	110.00
1984	DOVE ANGEL	RT	21.00	85.00
1988	BUTTERFLY ANGEL	RT	21.00	70.00
2000	SONG OF NEW LIFE ANGEL, 4 IN.	YR	24.00	24.00
M. FURLONG			**5" ANGELS**	
2000	SPRING ANGEL, 5 IN.	10000	54.00	54.00
M. FURLONG			**ANNUAL ORNAMENTS**	
1996	SUNFLOWER ANGEL	CL	21.00	30.00
1997	FROM THE HEART	OP	8.00	8.00
M. FURLONG			**COLLECTORS CLUB**	
2000	MARY HAD A LITTLE LAMB COLLECTORS CLUB ANGEL	YR	50.00	50.00
M. FURLONG			**CROSS**	
2000	NEW HOPE CROSS	*	10.00	10.00

YR	NAME	LIMIT	ISSUE	TREND
M. FURLONG			**FLORA ANGELICA**	
1995	FAITH ANGEL	RT	45.00	115.00
1996	HOPE ANGEL	CL	45.00	100.00
1997	CHARITY ANGEL	10000	50.00	50.00
M. FURLONG			**GIFTS FROM GOD**	
1985	CHARIS ANGEL	RT	*	700.00
1986	HALLELUIA ANGEL	RT	45.00	850.00
1987	ANGEL OF LIGHT	RT	45.00	500.00
1988	CELESTIAL ANGEL	RT	45.00	500.00
1989	CORONATION ANGEL	RT	45.00	450.00
M. FURLONG			**HEART**	
2000	TOKEN OF MY LOVE HEART	*	8.00	8.00
M. FURLONG			**JOYEUX NOEL**	
1990	CELEBRATION ANGEL	RT	45.00	200.00
1991	THANKSGIVING ANGEL	RT	45.00	210.00
1992	JOYEUX ANGEL	RT	45.00	200.00
1993	STAR OF BETHLEHEM	RT	45.00	225.00
1994	MESSIAH ANGEL	RT	45.00	450.00
M. FURLONG			**MUSICAL SERIES**	
1980	CAROLER	RT	50.00	500.00
1981	LYRIST	RT	45.00	750.00
1982	LUTIST	RT	45.00	700.00
1983	CONCERTINIST	RT	45.00	650.00
1984	HERALD ANGEL	RT	45.00	500.00
M. FURLONG			**NATIONAL EVENT**	
2000	TRIO OF LIFE NATIONAL EVENT ANGEL	TL	16.00	16.00
M. FURLONG			**VICTORIA**	
1994	VICTORIA HEART ANGEL	RT	25.00	75.00
1995	VICTORIA LILY OF THE VALLEY ANGEL	30000	25.00	75.00

MCMEMORIES

*			**CHRISTMAS TREASURES GLASS ORNAMENTS**	
1997	RONALD AND FRENCH FRIEDS	*	40.00	40.00
*			**MERRY MCNUGGETS**	
1997	MERRY MCNUGGETS SET OF 24 ORNAMENTS	*	20.00	20.00

MIDWEST OF CANNON FALLS

I. STEELHAMMER				
1998	1998 DATED SANTA ON REINDEER	YR	10.00	10.00
E. WALKER			**EDDIE WALKER CHRISTMAS**	
1998	1998 DATED SANTA HOLDING ROCKING HORSE	YR	15.00	15.00
E. WALKER			**EDDIE WALKER COLLECTION**	
1999	MINI SANTA ON CLOCK	YR	8.00	8.00
1999	SANTA IN TUXEDO SET	2 YR	20.00	20.00
1999	SANTA WITH PETS	YR	15.00	15.00
L.R. SMITH III			**LEO R. SMITH III COLLECTION**	
1994	FLYING WOODSMAN SANTA 11921-1	RT	35.00	175.00
1995	ANGEL OF LOVE 16123-4	CL	32.00	40.00
1995	ANGEL OF PEACE 16199-9	CL	32.00	40.00
1995	ANGEL OF YOUR DREAMS 16130-2	CL	32.00	32.00
1995	PARTRIDGE ANGEL 13994-3	CL	30.00	30.00
1995	SANTA ON REINDEER 13780-2	CL	35.00	85.00
1996	ANGEL OF HEAVEN & EARTH 18396-0	CL	33.00	33.00
1996	ANGEL OF LIGHT 18076-1	CL	33.00	33.00
1996	ANGEL OF MUSIC 18073-4	CL	33.00	33.00
1996	BELSNICKLE SANTA 18074-7	CL	39.00	39.00
1998	SANTA WITH FITS 1998 DATED ORNAMENT	YR	40.00	40.00
*			**MOUSEKINS**	
1994	HEATHCLIFF GREY "TIME TO CELEBRATE"	YR	10.00	10.00
S. GORE EVANS			**SANDI GORE EVANS COLLECTION**	
1999	OH MY	YR	7.00	7.00
WENDT & KUHN			**WENDT & KUHN ORNAMENTS**	
1978	ANGEL CLIP-ON 00729-7	RT	20.00	20.00
1989	TRUMPETING ANGEL, 2 ASSTD. 09402-0	RT	14.00	15.00
1991	ANGEL IN RING 01208-6	RT	12.00	12.00
1994	ANGEL ON MOON, STAR, 12 AASTED 12945-6	OP	20.00	20.00

MISS MARTHA ORIGINALS

M. ROOT			**ALL GOD'S CHILDREN**	
1987	CAMEO D-1912	ST	24.00	200.00
1987	DOLL D-1924	ST	28.00	170.00

OLD WORLD CHRISTMAS

E.M. MERCK			**ANGELS AND FEMALE FIGURES**	
1985	RED GIRL WITH TREE 1010309	RT	4.00	13.00
1985	SMALL GIRL WITH TREE 101029	RT	3.00	6.00
1992	ANGEL ON FORM 1044	RT	9.00	11.00
1992	GUARDIAN ANGEL 1043	RT	8.00	10.00
1992	HONEY CHILD 1042	RT	8.00	8.00
E.M. MERCK			**ANIMALS**	
1988	JUMBO ELEPHANT 1213	RT	7.00	10.00
1993	PASTEL BUTTERFLY 1268	RT	8.00	10.00
1994	WOODLAND SQUIRREL 1291	RT	20.00	21.00
E.M. MERCK			**BIRDS FOR HANGING**	
1984	COCK ROBIN 161012	RT	4.00	8.00
1988	SWANS ON LAKE 1612	RT	6.00	10.00
1990	DUCK 1613	RT	5.00	7.00
1991	LARGE PARROT ON BALL 1617	RT	10.00	12.00
1993	ROOSTER AT HEN HOUSE 1629	RT	6.00	12.00

YR	NAME	LIMIT	ISSUE	TREND
E.M. MERCK		**BIRDS WITH CLIP**		
1985	BLUE BIRD 181078	RT	3.00	8.00
1985	MED. PEACOCK WITH TINSEL TAIL 187215	RT	5.00	10.00
1985	NUTHATCH 181076	RT	4.00	8.00
1986	BIRD IN NEST 1801	RT	7.00	12.00
1987	FAT BURGUNDY BIRD 1813	RT	5.00	10.00
1987	LILAC BIRD 1811	RT	6.00	10.00
1987	RED-BREASTED SONGBIRD 1812	RT	6.00	7.00
1987	SHINY GOLD BIRD 1807	RT	4.00	6.00
1990	SMALL RED-HEADED SONGBIRD 1823	RT	6.00	7.00
1991	FESTIVE BIRD 1832	RT	6.00	8.00
B. MUELLER-BLECH		**BIRGIT'S CHRISTMAS COLLECTION**		
1996	OLD CHRISTMAS BARN, THE #133	RT	50.00	100.00
1996	O'TANNENBAUM #131	RT	35.00	50.00
E.M. MERCK		**CHURCHES AND HOUSES**		
1985	SQUARE HOUSE 201040	RT	4.00	10.00
1990	CHRISTMAS CHALET 2014	RT	7.00	10.00
1991	THATCHED COTTAGE 2019	RT	6.00	8.00
E.M. MERCK		**CLOWNS AND MALE FIGURES**		
1984	KEYSTONE COP 241003	RT	10.00	19.00
1984	ROLY POLY KEYSTONE COP 241015	RT	10.00	26.00
1984	SCOTSMAN 241017	RT	6.00	20.00
1984	SHORTY CLOWN 241011	RT	6.00	14.00
1984	STOP KEYSTONE COP 241019	RT	6.00	30.00
1985	BABY 2405	RT	7.00	19.00
1985	DUTCH BOY 243321	RT	8.00	16.00
1985	GNOME UNDER MUSHROOM 2417	RT	7.00	12.00
1985	PIXIE WITH ACCORDION 2406	RT	5.00	16.00
1985	WAITER IN TUXEDO 241047	RT	7.00	24.00
1986	CLOWN WITH ACCORDION 2409	RT	6.00	12.00
1986	CLOWN WITH BANJO 2407	RT	4.00	8.00
1986	CLOWN WITH DRUM 2408	RT	6.00	12.00
1986	JESTER 2419	RT	4.00	8.00
1987	HARPO 2432	RT	6.00	25.00
1987	MR. BIG NOSE 2426	RT	8.00	19.00
1987	MUSHROOM GNOME 2430	RT	6.00	113.00
E.M. MERCK		**COLLECTOR'S EDITIONS**		
1992	FLYING PEACOCK WITH WINGS 1550	RT	23.00	24.00
1992	FLYING SONGBIRD WITH WINGS 1551	RT	22.00	24.00
E.M. MERCK		**FRUITS AND VEGETABLES**		
1985	LARGE BASKET OF GRAPES 281053	RT	6.00	12.00
1986	PEAR WITH FACE 2805	RT	4.00	8.00
1987	ONION 2810	RT	8.00	80.00
1989	CUCUMBER 2820	RT	7.00	15.00
1990	STRAWBERRY CLUSTER 2836	RT	4.00	7.00
E.M. MERCK		**HEARTS**		
1987	BURGUNDY HEART W/GLITTER 3004	RT	4.00	8.00
1988	VALENTINE 3005	RT	4.00	7.00
E.M. MERCK		**MISCELLANEOUS FORMS**		
1988	CLIP-ON TULIP 3605	RT	6.00	7.00
1989	MORNING GLORIES 3608	RT	9.00	10.00
1990	ASSORTED CHRISTMAS STARS 3620	RT	6.00	8.00
1990	LARGE SNOWFLAKE 3622	RT	11.00	14.00
1992	ASSORTED NORTHERN STARS 3640	RT	6.00	7.00
1992	ASSORTED SPIRALS 3636	RT	8.00	9.00
1994	VICTORIAN FLORAL DROP 3659	RT	21.00	25.00
E.M. MERCK		**MUSICAL INSTRUMENTS**		
1986	CELLO 3801	RT	4.00	8.00
1988	LARGE BELL WITH ACORNS 3804	RT	7.00	8.00
E.M. MERCK		**REFLECTORS**		
1986	PINK REFLECTOR 4202	RT	6.00	10.00
1990	ASSORTED 6 CM. REFLECTORS 4207	RT	6.00	8.00
1990	ASSORTED REFLECTORS W/DIAMONDS 4206	RT	8.00	11.00
E.M. MERCK		**SANTAS**		
1984	LARGE SANTA IN BASKET 401001	RT	7.00	15.00
1985	BLUE FATHER CHRISTMAS 4010498	RT	4.00	10.00
1985	JOLLY FATHER CHRISTMAS 401043	RT	4.00	8.00
1985	PINK FATHER CHRISTMAS 4010499	RT	4.00	10.00
1985	SANTA WITH TREE ON FORM 401026	RT	5.00	10.00
1985	SMALL SANTA IN BASKET 401105	RT	5.00	10.00
1985	SMALL SANTA WITH PACK 401065	RT	3.00	6.00
1986	SANTA IN CHIMNEY 4005	RT	5.00	65.00
1986	SANTA WITH GLUED ON TREE 4009	RT	5.00	10.00
1986	SMALL BLUE SANTA 4010	RT	3.00	6.00
1986	ST. NICHOLAS HEAD 4008	RT	4.00	8.00
1989	ST. NICHOLAS 4020	RT	10.00	10.00
1990	FESTIVE SANTA HEAD 4039	RT	10.00	12.00
1990	WHITE CLIP-ON SANTA 4026	RT	6.00	11.00
1993	LG. FATHER CHRISTMAS HEAD 4066	RT	23.00	25.00
E.M. MERCK		**STORYBOOK SANTAS**		
1994	POLAR EXPRESS 9701	RT	9.00	12.00
E.M. MERCK		**TRANSPORTATION**		
1990	LARGE ZEPPELIN 4605	RT	7.00	10.00
1992	RACE CAR 4609	RT	6.00	8.00
E.M. MERCK		**TREE TOPS**		
1989	ANGEL IN INDENT TREE TOP 5009	RT	27.00	27.00

YR	NAME	LIMIT	ISSUE	TREND

ORREFORS
O. ALBERIUS
CHRISTMAS ORNAMENTS

YR	NAME	LIMIT	ISSUE	TREND
1984	DOVE	YR	30.00	45.00
1985	ANGEL	YR	30.00	40.00
1986	REINDEER	YR	30.00	35.00
1987	SNOWMAN	YR	30.00	35.00
1988	SLEIGH	YR	30.00	35.00
1989	CHRISTMAS TREE 1989	YR	35.00	35.00
1990	HOLLY LEAVES AND BERRIES	YR	35.00	35.00
1991	STOCKING	YR	40.00	40.00
1992	STAR	YR	35.00	35.00
1993	BELL	OP	35.00	35.00

PACIFIC RIM
P. SEBERN
BRISTOL WATERFRONT

YR	NAME	LIMIT	ISSUE	TREND
1995	PORTSHEAD LIGHTHOUSE LIGHT COVER ORN.	OP	10.00	10.00

PFALTZGRAFF
B.B. RICHARDS

YR	NAME	LIMIT	ISSUE	TREND
1993	LITTLEST ANGEL	5000	12.00	15.00

POSSIBLE DREAMS
B. STEBLETON
BOB STEBLETON'S FOLKART

YR	NAME	LIMIT	ISSUE	TREND
1998	EGG SHAPE SANTA	*	5.00	5.20
1998	SANTA	*	20.00	20.00
1998	SANTA BALL SHAPE BODY W/CONE SHAPE HEAD	*	7.00	7.00
1998	SANTA BALL SHAPE WITH CONE HAT	*	6.00	7.00
1998	SANTA BELL SHAPE	*	6.00	7.00
1998	SANTA CANDLE STICK SHAPE	*	6.00	6.00
1998	SANTA CONE SHAPE	*	7.00	7.00
1998	SANTA LONG CONE HEAD HAT	*	7.00	7.00
1998	SANTA ON HOLDER	*	6.00	6.00
1998	SANTA PEAR BODY WITH HANDLE HEAD	*	6.00	6.00
1998	SANTA PEAR SHAPE WITH HANDLE HEAD	*	6.00	7.00
1998	SANTA SPINNING TOP SHAPE	*	5.00	5.00

CLOTHTIQUE ANGEL TREE TOPPER

YR	NAME	LIMIT	ISSUE	TREND
*	ANGEL 12 IN.	OP	54.00	54.00
*	ANGEL 14 1/2 IN.	OP	59.00	59.00
*	ANGEL 14 1/4 IN.	OP	59.00	59.00
*	ANGEL 7 IN.	OP	25.00	26.00
*	ANGEL 7 IN. SET OF THREE	OP	73.00	73.00
*	ANGEL 8 IN. SET OF THREE	OP	70.00	70.00
*	ANGEL 9 1/2 IN.	OP	35.00	35.00
*	ANGEL 9 1/2 IN. SET OF THREE	OP	96.00	96.00
*	ANGEL 9 IN.	OP	33.00	33.00
*	ANGEL GOLD 10 IN.	OP	33.00	33.00
*	ANGEL GOLD 14 IN.	OP	58.00	58.00
*	ANGEL GOLD/BEIGE 13 IN.	OP	65.00	65.00
*	ANGEL GREEN/WHITE 13 IN.	OP	65.00	65.00
*	ANGEL MAUVE/LILAC 7 IN.	OP	24.00	24.00
*	ANGEL MAUVE/LILAC 9 IN.	OP	32.00	32.00
*	ANGEL PEACH/TEAL 12 IN.	OP	53.00	53.00
*	ANGEL PEACH/TEAL 7 IN.	OP	24.00	24.00
*	ANGEL PEACH/TEAL 9 IN.	OP	32.00	32.00
*	ANGEL PURPLE/TEAL 7 IN.	OP	24.00	24.00
*	ANGEL PURPLE/TEAL 9 IN.	OP	32.00	32.00
*	ANGEL RED/CREAM 7 IN.	OP	24.00	24.00
*	ANGEL RED/CREAM 9 IN.	OP	32.00	32.00
*	ANGEL W/SCROLL 10 IN.	OP	40.00	40.00
*	ANGELS 10 IN. SET OF THREE	OP	78.00	78.00
*	CLOTHTIQUE & LACE ANGEL 10 1/2 IN.	OP	37.00	37.00

CLOTHTIQUE ELVES

YR	NAME	LIMIT	ISSUE	TREND
*	ELVES 7 IN. SET OF THREE	OP	57.00	57.00

CLOTHTIQUE ORNAMENTS

YR	NAME	LIMIT	ISSUE	TREND
*	1040S SANTA 5 1/2 IN.	OP	20.00	20.00
*	1940S SANTA 7 IN.	OP	24.00	24.00
*	ANGEL 10 IN.	OP	44.00	44.00
*	ANGEL 9 1/2 IN.	OP	37.00	37.00
*	ANGEL 9 1/2 IN.	OP	37.00	37.00
*	ANGEL 9 1/2 IN. SET OF THREE	OP	108.00	108.00
*	ANGEL GOLD 7 IN.	OP	26.00	26.00
*	ANGEL GOLD 9 IN.	OP	34.00	34.00
*	ANGEL MAUVE/LILAC 7 IN.	OP	24.00	24.00
*	ANGEL MAUVE/LILAC 9 IN.	OP	32.00	32.00
*	ANGEL PEACH/TEAL 7 IN.	OP	24.00	24.00
*	ANGEL PEACH/TEAL 9 IN.	OP	32.00	32.00
*	ANGEL PURPLE/TEAL 7 IN.	OP	24.00	24.00
*	ANGEL PURPLE/TEAL 9 IN.	OP	32.00	32.00
*	ANGEL RED/CREAM 7 IN.	OP	24.00	24.00
*	ANGEL RED/CREAM 9 IN.	OP	32.00	32.00
*	ANGEL/BLUE 9 IN.	OP	44.00	44.00
*	ANGEL/GOLD 9 IN.	OP	44.00	44.00
*	ANGEL/RED 9 IN.	OP	44.00	44.00
*	ANGELS 6 IN. SET OF THREE	OP	57.00	57.00
*	ANGELS 7 1/4 IN. SET OF THREE	OP	79.00	79.00
*	ANGELS 7 IN. SET OF THREE	OP	79.00	79.00
*	BEIGE SANTA 7 IN.	OP	23.00	23.00
*	CHERUB 5 1/3 IN. SET OF THREE	OP	43.00	43.00
*	CHERUBS 5 1/2 IN. SET OF THREE	OP	45.00	45.00

YR	NAME	LIMIT	ISSUE	TREND
*	CHERUBS 5 IN. SET OF THREE	OP	45.00	45.00
*	CHERUBS GOLD 5 1/2 IN. SET OF THREE	OP	40.00	40.00
*	COLONIAL SANTA 7 IN.	OP	23.00	23.00
*	FATHER CHRISTMAS 7 1/4 IN.	OP	20.00	20.00
*	FIREMAN SANTA 6 IN.	OP	18.00	18.00
*	FIREMAN SANTA 7 3/4 IN.	OP	24.00	24.00
*	FIRST CHRISTMAS 7 IN.	OP	23.00	23.00
*	KRIS KRINGLE 7 IN.	OP	20.00	20.00
*	MRS. CLAUS 5 1/2 IN.	OP	16.00	16.00
*	MRS. CLAUS 6 1/2 IN.	OP	22.00	22.00
*	NICHOLAS 5 1/2 IN.	OP	20.00	20.00
*	NICHOLAS 7 IN.	OP	24.00	24.00
*	PATRIOTIC SANTA 7 1/4 IN.	OP	20.00	20.00
*	SANTA 5 1/2 IN.	OP	16.00	16.00
*	SANTA GREEN COAT 5 1/2 IN.	OP	14.00	14.00
*	SANTA GREEN COAT 7 IN.	OP	15.00	15.00
*	SANTA IN BED 6 3/4 IN.	OP	36.00	36.00
*	SANTA IN RED 7 IN.	OP	23.00	23.00
*	SANTA RED COAT 5 1/2 IN.	OP	14.00	14.00
*	SANTA RED COAT 7 IN.	OP	15.00	15.00
*	SANTA W/BLUE CAPE 7 IN.	OP	22.00	22.00
*	SANTA W/LIST 7 IN.	OP	22.00	22.00
*	SANTA W/STAFF 7 IN.	OP	22.00	22.00
*	SANTA WHITE COAT 5 1/2 IN.	OP	14.00	14.00
*	SANTA WHITE COAT 7 IN.	OP	15.00	15.00
*	SKIING SANTA 7 1/2 IN.	OP	26.00	26.00
*	STOP HERE PLEASE 6 1/4 IN.	OP	30.00	30.00
*	TRADITIONAL SANTA 5 1/2 IN.	OP	16.00	16.00
*	TRADITIONAL SANTA 7 IN.	OP	22.00	22.00
*	WORKING SANTA 7 IN.	OP	22.00	22.00
*			**CLOTHTIQUE SANTAS**	
*	SANTA CLAWS 9 3/4 IN.	OP	69.00	69.00
*			**CRINKLE CLAUS**	
*	BISHOP OF MAYA	*	8.00	8.00
*	FATHER CHRISTMAS 3 IN.	*	8.00	8.00
*	GERMAN SANTA 3 IN.	*	8.00	8.00
*	NIBBLY DO 2 3/4 IN.	OP	10.00	11.00
*	PERE NOEL SANTA 3 1/4 IN.	*	8.00	8.00
*	SNUGGLES 3 1/4 IN.	OP	12.00	12.00
*	ST. NICHOLAS 3 IN.	*	8.00	8.00
*			**PEPSI**	
*	PEPSI BOTTLE CAP 2 1/2 IN.	OP	3.00	3.00
*	PEPSI BOTTLE IN WREATH 4 IN.	OP	8.00	8.00
*	PEPSI SANTA 7 IN.	OP	27.00	27.00
*	PEPSI SANTA IN WREATH 3 1/2 IN.	OP	7.00	8.00
*	PEPSI SANTA ON BOTTLE 3 1/2 IN.	OP	14.00	14.00
*	PEPSI SANTA W/BARREL 4 IN.	OP	12.00	12.20
*	PEPSI SANTA/BALLOON 4 1/2 IN.	OP	14.00	15.00
*	PEPSI SANTA/PEPSI CAN 2 1/2 IN.	OP	13.00	13.00
*	PEPSI SANTA/XMAS BALL 3 1/2 IN.	OP	14.00	14.00
*	PEPSI SIGN/WREATH 3 1/2 IN.	OP	7.00	8.00
*			**THICKETS**	
*	BEAU PEEK 3 IN.	OP	14.00	15.00
*	CANDY TAILS 2 1/4 IN.	RT	12.00	12.00
*	CHRISTMAS WHISKERS 3 IN.	RT	12.00	12.00
*	FICKLE TAILS 2 3/4 IN.	OP	12.00	12.00
*	HARMONY HOLIDAY 2 1/4 IN.	OP	12.00	12.00
*	JINGLE BELLS 3 1/4 IN.	RT	12.00	12.00
*	KRIS KRINKLE 3 IN.	OP	12.00	13.00
*	MELODY TWINKLE PAWS 2 3/4 IN.	OP	13.00	13.00
*	RASCAL DOODLE 3 IN.	OP	20.00	20.00
*	TINSEL TUNE 2 1/2 IN.	OP	12.00	12.00
*	TRICKY TAILS 2 3/4 IN.	OP	12.00	12.00
*	TWINKLE TAILS 2 3/4 IN.	OP	12.00	12.00
1995	HOLLY TAILS 2 1/4 IN.	OP	12.00	12.00

PRECIOUS ART/PANTON/KRYSTONIA

			WORLD OF KRYSTONIA	
*				
1994	GRAFYNSSORPRISE	RT	19.00	23.00
1994	WHAT KRYSTAL	RT	19.00	23.00

PRIZM

PIPKA

			PIPKA'S STORIES OF CHRISTMAS	
1998	FATHER CHRISTMAS	OP	15.00	15.00
1998	NORWEGIAN JULENISSE	OP	15.00	15.00
1998	PEACE MAKER	OP	15.00	15.00
1998	POLISH FATHER CHRISTMAS	OP	15.00	15.00
1998	SAN NICOLAS	OP	15.00	15.00
1998	SANTA'S SPOTTED GREY	OP	15.00	15.00
1998	ST. NICHOLAS	OP	15.00	15.00
1998	STORYTIME SANTA	OP	15.00	15.00
1998	TEDDY BEAR SANTA	OP	15.00	15.00
1998	WHERE'S RUDOLPH?	OP	15.00	15.00
1999	AMISH COUNTRY SANTA	OP	15.00	15.00
1999	BETTER WATCH OUT SANTA	OP	15.00	15.00
1999	GERMAN ST. NICK	OP	15.00	15.00
1999	GINGERBREAD SANTA	OP	15.00	15.00
1999	GOOD NEWS SANTA	OP	15.00	15.00
1999	IRISH SANTA	OP	15.00	15.00

YR	NAME	LIMIT	ISSUE	TREND
1999	RUSSIAN SANTA	OP	15.00	15.00
1999	YES VIRGINIA	OP	15.00	15.00

RAYMON TROUP STUDIO
W.R. TROUP — ANGELS
| 1998 | SNOW BUBBLES | OP | 28.00 | 28.00 |
| 1998 | STAR LIGHT, STAR BRIGHT | OP | 28.00 | 28.00 |

RECO INTERNATIONAL
J. MCCLELLAND — RECO ANGEL COLLECTION HANG-UPS
1987	ADORATION	OP	10.00	10.00
1987	DEVOTION	OP	8.00	8.00
1987	GLORIA	OP	8.00	8.00
1987	HARMONY	OP	8.00	8.00
1987	HOPE	OP	10.00	10.00
1987	INNOCENCE	OP	8.00	8.00
1987	JOY	OP	8.00	8.00
1987	LOVE	OP	8.00	8.00
1987	PEACE	OP	10.00	10.00
1987	SERENITY	OP	10.00	10.00

J. MCCLELLAND — RECO CLOWN COLLECTION HANG-UPS
1987	ARABESQUE	OP	8.00	8.00
1987	BOW JANGLES	OP	8.00	8.00
1987	CURLY	OP	8.00	8.00
1987	HOBO	OP	8.00	8.00
1987	PROFESSOR, THE	OP	8.00	8.00
1987	RUFFLES	OP	8.00	8.00
1987	SAD EYES	OP	8.00	8.00
1987	SCAMP	OP	8.00	8.00
1987	SPARKLES	OP	8.00	8.00
1987	TOP HAT	OP	8.00	8.00
1987	WHOOPIE	OP	8.00	8.00
1987	WINKIE	OP	8.00	8.00

S. KUCK — RECO ORNAMENT COLLECTION
1988	BILLY	YR	15.00	16.00
1988	LISA	YR	15.00	16.00
1989	HEATHER	YR	15.00	16.00
1989	TIMOTHY	YR	15.00	16.00
1990	AMY	YR	15.00	16.00
1990	JOHNNY	YR	15.00	16.00
1990	PEACE ON EARTH	17500	18.00	18.00

REED & BARTON
* — 12 DAYS OF CHRISTMAS
1983	PARTRIDGE IN A PEAR TREE	YR	16.00	20.00
1983	TURTLEDOVES	YR	16.00	35.00
1984	CALLING BIRDS	YR	19.00	35.00
1984	FRENCH HENS	YR	19.00	35.00
1985	GEESE A'LAYING	YR	20.00	35.00
1985	GOLD RINGS	YR	20.00	35.00
1986	MAIDS A'MILKING	YR	20.00	35.00
1986	SWANS A'SWIMMING	YR	20.00	35.00
1987	LADIES DANCING	YR	20.00	35.00
1987	LORDS A'LEAPING	YR	20.00	35.00
1988	DRUMMERS DRUMMING	YR	20.00	35.00
1988	PIPERS PIPING	YR	20.00	35.00

* — 12 DAYS OF CHRISTMAS STERLING & LEAD CRYSTAL
1988	PARTRIDGE IN A PEAR TREE	YR	25.00	28.00
1989	TWO TURTLEDOVES	YR	25.00	28.00
1990	FRENCH HENS	YR	28.00	28.00
1991	CALLING BIRDS	YR	28.00	28.00
1992	FIVE GOLDEN RINGS	YR	28.00	28.00

* — CAROUSEL HORSE
1988	GOLD COVERED-1988	YR	15.00	16.00
1988	SILVERPLATE-1988	YR	14.00	14.00
1989	GOLD COVERED-1989	YR	15.00	16.00
1989	SILVERPLATE-1989	YR	14.00	14.00
1990	GOLD COVERED-1990	YR	14.00	15.00
1990	SILVERPLATE-1990	YR	14.00	14.00
1991	GOLD COVERED-1991	YR	15.00	16.00
1991	SILVERPLATE-1991	YR	14.00	14.00
1992	GOLD COVERED-1992	YR	15.00	16.00
1992	SILVERPLATE-1992	YR	14.00	14.00

* — CATHEDRALS
| 1990 | GOTHIC | YR | 12.00 | 13.00 |
| 1990 | MOORISH | YR | 12.00 | 13.00 |

* — CHRISTMAS CROSS
1971	24KT. GOLD OVER STERLING-V1971	CL	18.00	300.00
1971	STERLING SILVER-1971	CL	10.00	300.00
1972	24KT. GOLD OVER STERLING-V1972	CL	18.00	150.00
1972	STERLING SILVER-1972	CL	10.00	150.00
1973	24KT. GOLD OVER STERLING-V1973	CL	18.00	175.00
1973	STERLING SILVER-1973	CL	10.00	150.00
1974	24KT. GOLD OVER STERLING-V1974	CL	20.00	125.00
1974	STERLING SILVER-1974	CL	13.00	150.00
1975	24KT. GOLD OVER STERLING-V1975	CL	20.00	125.00
1975	STERLING SILVER-1975	CL	13.00	150.00
1976	24KT. GOLD OVER STERLING-V1976	CL	20.00	75.00
1976	STERLING SILVER-1976	CL	14.00	150.00

YR	NAME	LIMIT	ISSUE	TREND
1977	24KT. GOLD OVER STERLING-V1977	CL	19.00	100.00
1977	STERLING SILVER-1977	CL	15.00	150.00
1978	24KT. GOLD OVER STERLING-V1978	CL	20.00	100.00
1978	STERLING SILVER-1978	CL	16.00	150.00
1979	24KT. GOLD OVER STERLING-V1979	CL	24.00	100.00
1979	STERLING SILVER-1979	CL	20.00	150.00
1980	24KT. GOLD OVER STERLING-V1980	CL	40.00	100.00
1980	STERLING SILVER-1980	CL	35.00	200.00
1981	24KT. GOLD OVER STERLING-V1981	CL	40.00	75.00
1981	STERLING SILVER-1981	CL	35.00	150.00
1982	24KT. GOLD OVER STERLING-V1982	CL	40.00	75.00
1982	STERLING SILVER-1982	CL	35.00	200.00
1983	24KT. GOLD OVER STERLING-V1983	CL	40.00	75.00
1983	STERLING SILVER-1983	CL	35.00	90.00
1984	24KT. GOLD OVER STERLING-V1984	CL	45.00	65.00
1984	STERLING SILVER-1984	CL	35.00	90.00
1985	24KT. GOLD OVER STERLING-V1985	CL	40.00	50.00
1985	STERLING SILVER-1985	CL	35.00	90.00
1986	24KT. GOLD OVER STERLING-V1986	CL	40.00	50.00
1986	STERLING SILVER-1986	CL	39.00	90.00
1987	24KT. GOLD OVER STERLING-V1987	CL	40.00	50.00
1987	STERLING SILVER-1987	CL	35.00	90.00
1988	24KT. GOLD OVER STERLING-V1988	CL	40.00	40.00
1988	STERLING SILVER-1988	CL	35.00	120.00
1989	24KT. GOLD OVER STERLING-V1989	CL	40.00	40.00
1989	STERLING SILVER-1989	CL	35.00	90.00
1990	24KT. GOLD OVER STERLING-V1990	CL	45.00	45.00
1990	STERLING SILVER-1990	CL	40.00	90.00
1991	24KT. GOLD OVER STERLING-V1991	CL	45.00	45.00
1991	STERLING SILVER-1991	CL	40.00	90.00
1992	24KT GOLD OVER STERLING-1992	CL	45.00	45.00
1992	STERLING SILVER-1992	CL	40.00	65.00
*				**COLORS OF CHRISTMAS**
1990	VICTORIAN HOUSE	YR	12.00	13.00
1990	WREATH	YR	12.00	13.00
*			**DISNEY CHRISTMAS ORNAMENTS**	
1987	MICKEY	YR	25.00	40.00
1988	MINNIE	YR	25.00	25.00
*			**FLORA OF CHRISTMAS**	
1990	POINSETTIA/SNOWDROP (PAIR)	YR	25.00	25.00
1991	MISTLETOE & CHRISTMAS IVY	YR	25.00	25.00
*				**HOLLY BALL**
1976	1976 SILVER PLATED	CL	14.00	50.00
1977	1977 SILVER PLATED	CL	15.00	65.00
1978	1978 SILVER PLATED	CL	15.00	50.00
1979	1979 SILVER PLATED	CL	15.00	45.00
*				**HOLLY BELL**
1980	1980 BELL	CL	23.00	40.00
1980	GOLD PLATE BELL-V1980	CL	25.00	45.00
1981	1981 BELL	CL	23.00	45.00
1981	GOLD PLATE BELL-V1981	CL	28.00	35.00
1982	1982 BELL	CL	23.00	50.00
1982	GOLD PLATE BELL-V1982	CL	28.00	50.00
1983	1983 BELL	CL	24.00	60.00
1983	GOLD PLATE BELL-V1983	CL	30.00	70.00
1984	1984 BELL	CL	25.00	60.00
1984	GOLD PLATE BELL-V1984	CL	29.00	45.00
1985	1985 BELL	CL	25.00	75.00
1985	GOLD PLATE BELL-V1985	CL	29.00	45.00
1986	1986 BELL	CL	25.00	75.00
1986	GOLD PLATE BELL-V1986	CL	29.00	45.00
1987	1987 BELL	CL	28.00	75.00
1987	GOLD PLATE BELL-V1987	CL	30.00	45.00
1988	1988 BELL	CL	28.00	75.00
1988	GOLD PLATE BELL-V1988	CL	30.00	30.00
1989	1989 BELL	CL	28.00	75.00
1989	GOLD PLATE BELL-V1989	CL	30.00	30.00
1990	1990 BELL	CL	28.00	75.00
1990	GOLD PLATE BELL-V1990	CL	30.00	30.00
1991	1991 BELL	CL	28.00	75.00
1991	GOLD PLATE BELL-V1991	CL	30.00	30.00
1992	GOLD PLATE BELL-V1992	CL	30.00	30.00
1992	SILVER PLATE BELL-1992	CL	28.00	50.00

RJB DESIGNS
R. BRENNAN

				CINDER CLAUS
1993	'93 CINDER CLAUS	1000	42.00	45.00
1994	'94 CINDER CLAUS	1000	42.00	45.00
1996	CINDER CLAUS	1000	38.00	38.00

ROMAN INC.
G. TALBOTT-BOASSY

				CAT-ASTROPHES
2000	BETTER BE GOOD FOR GOODNESS' SAKE	OP	18.00	18.00
2000	DECK THE HALLS	OP	9.00	9.00
2000	PURR-FECT PRESENT	OP	12.00	12.00
2000	UH-OH CHRISTMAS TREE	OP	12.00	12.00
2000	WRAPPED UP IN THE SPIRIT OF THE SEASON	OP	12.00	12.00

YR	NAME	LIMIT	ISSUE	TREND
E. SIMONETTI	**FONTANINI HEIRLOOM NATIVITIES BAS RELIEF ORNAMENTS**			
1995	ANNUNCIATION, THE	20000	20.00	20.00
1996	JOURNEY TO BETHLEHEM	20000	20.00	20.00
1997	GLORIA ANGEL	YR	20.00	20.00
E. SIMONETTE	**FONTANINI HEIRLOOM NATIVITIES TOUR EXCLUSIVE**			
2000	2000 FONTANINI TOUR ORNAMENT	YR	20.00	20.00
G. TALBOTT-BOASSY	**GOIN' PLACES BEARS**			
2000	GOIN' EAST	OP	10.00	10.00
2000	GOIN' NORTH	OP	10.00	10.00
2000	GOIN' SOUTH	OP	10.00	10.00
2000	GOIN' TO A COLLEGE	OP	10.00	10.00
2000	GOIN' TO A PARTY	OP	10.00	10.00
2000	GOIN' TO SCHOOL	OP	10.00	10.00
2000	GOIN' TO THE CHAPEL	OP	10.00	10.00
2000	GOIN' TO VISIT	OP	10.00	10.00
2000	GOIN' TO WORK	OP	10.00	10.00
2000	GOIN' WEST	OP	10.00	10.00
*****	**HOLIDAY TRADITIONS COLLECTION**			
1997	CHRISTMAS CARDINAL	OP	5.00	5.00
1997	CHRISTMAS PICKLE	OP	8.00	8.00
1997	CHRISTMAS WINE BOTTLE	OP	10.00	10.00
1997	GOLDEN NEST	OP	8.00	8.00
1997	HOSPITALITY PINEAPPLE	RT	8.00	8.00
1997	PATRIDGE IN THE PEAR	OP	20.00	20.00
1998	BEE OF PROSPERITY	OP	12.00	12.00
1998	CANDLE IN THE WINDOW	RT	10.00	10.00
1998	CHRISTMAS CHEER (MARTINI GLASS)	RT	12.00	12.00
1998	CHRISTMAS S'MORES	RT	8.00	8.00
1998	CHRISTMAS TREASURE	RT	25.00	25.00
1998	FRIENDSHIP ORNAMENT	OP	12.00	12.00
1998	GINGERBREAD HOUSE	RT	12.00	12.00
1998	JINGLE BELL ACORN	RT	10.00	10.00
1998	MIRACLE OF THE FRUIT TREE	OP	10.00	10.00
1998	NIGHTINGALE'S SONG	RT	10.00	10.00
1998	SILENT NIGHT FEATHER	OP	7.00	7.00
1998	SOCK MONKEY	OP	10.00	10.00
1998	ST. FRANCIS WREATH	OP	14.00	14.00
1998	TRADITION OF THE PINEAPPLE	OP	8.00	8.00
1998	WISHING WELL	RT	12.00	12.00
1999	IVY LEAF	RT	10.00	10.00
1999	LEGEND OF THE AMARYLLIS	OP	12.00	12.00
1999	LEGEND OF THE HOLLY	OP	15.00	15.00
1999	LEGEND OF THE MISTLETOE	OP	8.00	8.00
1999	LEGEND OF THE SAND DOLLAR	OP	10.00	10.00
1999	MORAVIAN STAR	OP	5.00	5.00
1999	NUTCRACKER ORNAMENT	OP	5.00	5.00
2000	GIFT OF THE MAGI	OP	12.00	12.00
2000	LADYBUG LORE	OP	9.00	9.00
2000	LEGEND OF LAS POSADAS	OP	8.00	8.00
2000	LEGEND OF THE CHURCH BELL	OP	10.00	10.00
2000	LEGEND OF THE REINDEER	OP	15.00	15.00
2000	LIGHT OF THE WORLD	OP	8.00	8.00
2000	PEPPERMINT PIG	OP	10.00	10.00
2000	QUAKING ASPEN LEAF WIND CHIME	OP	15.00	15.00
2000	TRADITION OF THE CHRISTMAS TREE	OP	10.00	10.00
D. MORGAN	**MAGIC OF CHRISTMAS**			
2000	MAGIC OF CHRISTMAS	OP	18.00	18.00
2000	MAGIC OF CHRISTMAS GLASS BALL	OP	40.00	40.00
2000	MAGIC OF GIVING	OP	18.00	18.00
2000	MAGIC OF GIVING GLASS BALL	OP	40.00	40.00
2000	SANTA'S MAGIC	OP	18.00	18.00
2000	SANTA'S MAGIC GLASS BALL	OP	40.00	40.00
M.J. DORCY	**MILLENIUM COLLECTION**			
1992	SILENT NIGHT	20000	20.00	20.00
1993	ANNUNCIATION	20000	20.00	20.00
1994	PEACE ON EARTH	20000	20.00	20.00
1995	CAUSE OF OUR JOY	20000	20.00	20.00
1996	PRINCE OF PEACE	30000	20.00	20.00
1997	GENTLE LOVE	YR	20.00	20.00
1998	REJOICE	YR	20.00	20.00
1999	HEAVEN'S BLESSING	YR	20.00	20.00
1999	JOYFUL PROMISE, 2000 ORNAMENT	TL	20.00	20.00
G. HO	**SERAPHIM CLASSICS CLUB EXCLUSIVE DIMENSIONAL ORNAMENTS**			
2000	CASSIDY, BLESSINGS FROM ABOVE	YR	20.00	20.00
G. HO	**SERAPHIM CLASSICS DIMENSIONAL ORNAMENT**			
2000	CELESTE, LIGHT OF THE WORLD	OP	20.00	20.00
SERAPHIM STUDIOS	**SERAPHIM CLASSICS DIMENSIONAL ORNAMENT**			
1998	HOPE, LIGHT IN THE DISTANCE	TL	15.00	15.00
1998	NOELLE, GIVING SPIRIT	OP	20.00	20.00
1999	ANNALISA, JOYFUL SPIRIT	TL	20.00	20.00
FARO STUDIOS	**SERAPHIM CLASSICS FARO ORNAMENTS**			
1994	ROSALYN, RAREST OF HEAVEN	CL	25.00	25.00
1995	HELENA, HEAVEN'S HERALD	20000	25.00	25.00
1996	FLORA, FLOWER OF HEAVEN	20000	25.00	25.00
1997	EMILY, HEAVEN'S TREASURE	YR	25.00	25.00
1998	ELISE, HEAVEN'S GLORY	YR	25.00	25.00
1999	GWYNDOLYN, HEAVEN'S TRIUMPH	YR	25.00	25.00

YR	NAME	LIMIT	ISSUE	TREND
SERAPHIM STUDIOS		**SERAPHIM CLASSICS HEAVEN SENT**		
1997	HOPE ETERNAL	OP	30.00	30.00
1997	LOVING SPIRIT	OP	30.00	30.00
1997	PURE AT HEART	OP	30.00	30.00
G. HO	**SERAPHIM CLASSICS TOUR EXCLUSIVE DIMENSIONAL ORNAMENTS**			
2000	LAUREL, NATURE'S HARMONY	YR	15.00	15.00
G. HO		**SERAPHIM CLASSICS WAFER ORNAMENT**		
2000	AUDRA, EMBRACED BY LOVE	OP	15.00	15.00
2000	NAOMI, NURTURING SPIRIT	OP	15.00	15.00
SERAPHIM STUDIOS		**SERAPHIM CLASSICS WAFER ORNAMENT**		
1995	CYMBELINE, PEACEMAKER	RT	15.00	15.00
1995	EVANGELINE, ANGEL OF MERCY	RT	15.00	15.00
1995	IRIS, RAINBOW'S END	OP	15.00	15.00
1995	ISABEL, GENTLE SPIRIT	RT	15.00	15.00
1995	LYDIA, WINGED POET	RT	15.00	15.00
1995	OPHELIA, HEART SEEKER	RT	15.00	15.00
1996	FELICIA, ADORING MAIDEN	RT	15.00	15.00
1996	LAURICE, WISDOM'S CHILD	RT	15.00	15.00
1996	PRISCILLA, BENEVOLENT GUIDE	RT	15.00	15.00
1996	SERAPHINA, HEAVEN'S HELPER	RT	15.00	15.00
1997	CELINE, THE MORNING STAR	OP	15.00	15.00
1997	FRANCESCA, LOVING GUARDIAN	OP	15.00	15.00
1997	GABRIEL, CELESTIAL MESSENGER	OP	15.00	15.00
1997	MARIAH, HEAVENLY JOY	OP	15.00	15.00
1997	ROSALIE, NATURE'S DELIGHT	OP	15.00	15.00
1997	SERENA, ANGEL OF PEACE	OP	15.00	15.00
1998	CHELSEA, SUMMER'S DELIGHT	OP	15.00	15.00
1998	HARMONY, LOVE'S GUARDIAN	OP	15.00	15.00
1998	MELODY, HEAVEN'S SONG	OP	15.00	15.00
1998	RACHEL, CHILDREN'S JOY	OP	15.00	15.00
1998	TAMARA, BLESSED GUARDIAN	OP	15.00	15.00
*		**TIMELESS TEDDIES COLLECTION**		
2000	1903 TEDDY	OP	12.00	12.00
2000	1905 BUTTONS	OP	12.00	12.00
2000	1908 BRITT	OP	12.00	12.00
2000	1909 BING	OP	12.00	12.00
2000	1910 GENERAL BARNUM	OP	12.00	12.00
2000	1920 JACQUES	OP	12.00	12.00

ROYAL COPENHAGEN

YR	NAME	LIMIT	ISSUE	TREND
F. NAESS-SCHMIDT			**CHRISTMAS**	
1998	CHRISTMAS SHEAF 1998	YR	65.00	65.00
S. VESTERGAARD			**CHRISTMAS**	
1998	CHRISTMAS	YR	38.00	38.00

SAMSONS STUDIOS

YR	NAME	LIMIT	ISSUE	TREND
S. BUTCHER			**MCCOONS COUNTY**	
1987	HERE COMES SANTA CLAUS	CL	15.00	40.00

SANDY DOLLS INC.

YR	NAME	LIMIT	ISSUE	TREND
K. STAFFORD		**KENTE CLAUS COLLECTION**		
2000	KENTE BALL ORNAMENT-GOLD	OP	8.00	8.00
2000	KENTE BALL ORNAMENT-RED	OP	8.00	8.00
2000	KENTE SANTA ORNAMENT-GOLD	OP	10.00	10.00
2000	KENTE SANTA ORNAMENT-RED	OP	10.00	10.00
A. LEE		**SASS 'N CLASS BY ANNIE LEE**		
1999	COLLY	RT	7.00	7.00
1999	JOLLY	RT	7.00	7.00
1999	KERRIE	RT	7.00	7.00
1999	LOLLY	RT	7.00	7.00
1999	MERRIE	RT	7.00	7.00
1999	MOLLY	RT	7.00	7.00
1999	SHERRIE	RT	7.00	7.00
1999	TERRIE	RT	7.00	7.00
A. LEE		**SASS 'N CLASS BY ANNIE LEE-HOLLY DOLLY**		
2000	BERRIE	OP	7.00	7.00
2000	CHERRIE	OP	7.00	7.00
2000	HOLLY	OP	7.00	7.00
2000	NERRIE	OP	7.00	7.00
2000	POLLY	OP	7.00	7.00
2000	ROLLY	OP	7.00	7.00

SARAH'S ATTIC

YR	NAME	LIMIT	ISSUE	TREND
S. SCHULTZ		**GOLD PLATED ORNAMENTS**		
1995	ADORA/X001	1000	20.00	20.00
1995	BLESSED FAMILY/X003	1000	24.00	24.00
1995	BLESSED IS HE III/X002	1000	24.00	24.00
1995	CLAUDIA/BREWSTER/X006	1000	23.00	23.00
1995	OH MY!/X005	RT	23.00	23.00
1995	TILLIE/X004	1000	23.00	23.00
S. SCHULTZ		**SANTAS OF THE MONTH ORNAMENTS**		
1988	APRIL MINI SANTA	CL	14.00	17.00
1988	AUGUST MINI SANTA	CL	14.00	17.00
1988	DECEMBER MINI SANTA	CL	14.00	17.00
1988	FEBRUARY MINI SANTA	CL	14.00	17.00
1988	JANUARY MINI SANTA	CL	14.00	17.00
1988	JULY MINI SANTA	CL	14.00	17.00
1988	JUNE MINI SANTA	CL	14.00	17.00
1988	MARCH MINI SANTA	CL	14.00	17.00

YR	NAME	LIMIT	ISSUE	TREND
1988	MAY MINI SANTA	CL	14.00	17.00
1988	NOVEMBER. MINI SANTA	CL	14.00	17.00
1988	OCTOBER MINI SANTA	CL	14.00	17.00
1988	SEPTEMBER MINI SANTA	CL	14.00	17.00

SCHMID

*

				DISNEY ANNUAL
1985	SNOW BIZ	YR	8.00	20.00
1986	TREE FOR TWO	YR	8.00	15.00
1987	MERRY MOUSE MEDLEY	YR	8.00	10.00
1988	WARM WINTER RIDE	YR	11.00	45.00
1989	MERRY MICKEY CLAUS	YR	11.00	11.00
1990	HOLLY JOLLY CHRISTMAS	YR	14.00	30.00
1991	MICKEY & MINNIE'S ROCKIN' CHRISTMAS	YR	14.00	14.00

L. DAVIS — FRIENDS OF MINE

1989	SUN WORSHIPPERS	YR	33.00	35.00
1990	SUNDAY AFTERNOON TREAT	YR	38.00	35.00
1991	WARM MILK	YR	38.00	38.00
1992	CAT AND JENNY WREN	YR	35.00	35.00

M. LILLEMOE — KITTY CUCUMBER ANNUAL

1989	RING AROUND THE ROSIE	YR	25.00	25.00
1990	SWAN LAKE	YR	12.00	12.00
1991	TEA PARTY	YR	12.00	24.00

L. DAVIS — LOWELL DAVIS COUNTRY CHRISTMAS

1983	MAILBOX & GIFTS	YR	18.00	70.00
1984	CAT IN BOOT	YR	18.00	75.00
1985	WILBUR IN TROUGH	YR	18.00	70.00
1986	CHURCH	YR	18.00	48.00
1987	BLOSSOM IN WREATH	YR	20.00	53.00
1988	WISTERIA IN WREATH	YR	20.00	33.00
1989	WREN	YR	20.00	44.00
1990	BARN	YR	20.00	20.00
1991	CHURCH AT RED OAK II	YR	25.00	27.00
1992	BORN ON A STARRY NIGHT	YR	25.00	25.00

L. DAVIS — LOWELL DAVIS GLASS ORNAMENTS

1986	CHRISTMAS AT RED OAK	YR	5.00	20.00
1987	BLOSSOM'S GIFT	YR	6.00	15.00
1988	HOPE MOM LIKES IT	YR	6.00	18.00
1989	PETER AND THE WREN	YR	6.00	15.00
1990	WINTERING DEER	YR	6.00	15.00
1991	CHURCH AT RED OAK II	YR	8.00	28.00
1992	BORN ON A STARRY NIGHT BALL	YR	8.00	15.00

SCULPTURE WORKSHOP DESIGNS

F. KREITCHET — ANNUAL

1985	RETURN OF THE CHRISTMAS COMET, THE	7500	39.00	100.00
1986	LIBERTY/PEACE	7500	49.00	150.00
1987	CHRISTMAS AT HOME	2500	57.00	90.00
1988	CHRISTMAS DOVES	2500	57.00	80.00
1989	SANTA'S REINDEER	2500	60.00	75.00
1990	JOYFUL ANGELS	2500	75.00	75.00
1991	ANGEL & SHEPHERDS	2500	75.00	75.00

F. KREITCHET — ANNUAL-SPECIAL COMMEMORATIVE

1987	BICENTENNIAL OF/U.S. CONSTITUTION, THE	200	95.00	250.00
1989	PRESIDENTIAL SIGNATURES, THE	200	95.00	125.00
1991	U.S. BILL OF RIGHTS, THE	200	150.00	150.00

F. KREITCHET — SANTA SERIES

1992	FOREVER SANTA	2500	68.00	68.00

SEYMOUR MANN

JAIMY — CHRISTMAS COLLECTION

1989	FLAT RED SANTA ORNAMENT CJ-115R	OP	3.00	3.00
1989	FLAT SANTA ORNAMENT CJ-115	OP	8.00	8.00
1991	ELF WITH REINDEER CJ-422	CL	9.00	9.00

J. WHITE — CHRISTMAS COLLECTION

1985	ANGEL WALL ORNAMENT CHRISTMAS-523	CL	12.00	12.00
1986	CUPID HEAD ORNAMENT CHRISTMAS-53	OP	25.00	25.00
1986	SANTA ORNAMENT CHRISTMAS-384	CL	8.00	8.00
1989	CHRISTMAS CAT IN TEACUP CHRISTMAS-660	OP	14.00	14.00

J. SAUERBREY — GINGERBREAD CHRISTMAS COLLECTION

1991	GINGERBREAD ANGEL CJ-411	CL	8.00	8.00
1991	GINGERBREAD HOUSE CJ-416	CL	8.00	8.00
1991	GINGERBREAD MAN CJ-415	CL	8.00	8.00
1991	GINGERBREAD MOUSE/BOOT CJ-409	CL	8.00	8.00
1991	GINGERBREAD MRS. CLAUS CJ-414	CL	8.00	8.00
1991	GINGERBREAD REINDEER CJ-410	CL	8.00	8.00
1991	GINGERBREAD SANTA CJ-408	CL	8.00	8.00
1991	GINGERBREAD SLEIGH CJ-406	CL	8.00	8.00
1991	GINGERBREAD SNOWMAN CJ-412	CL	8.00	8.00
1991	GINGERBREAD TREE CJ-407	CL	8.00	8.00

JAIMY — VICTORIAN CHRISTMAS COLLECTION

1993	COUPLE AGAINST WIND CJ-420	CL	15.00	16.00

SHELIA'S COLLECTIBLES

S. THOMPSON — MIDAS TOUCH

1995	BLUE COTTAGE (FIRST ED.)	RT	15.00	35.00
1995	CAPE HATTERAS LIGHT (FIRST ED.)	RT	15.00	35.00
1995	CHESTNUTT HOUSE (FIRST ED.)	RT	19.00	30.00
1995	DRAYTON HOUSE (FIRST ED.)	RT	19.00	35.00

YR	NAME	LIMIT	ISSUE	TREND
1995	EAST BROTHER LIGHTHOUSE (FIRST ED.)	RT	15.00	35.00
1995	ECLECTIC BLUE (FIRST ED.)	RT	15.00	35.00
1995	GOELLER HOUSE (FIRST ED.)	RT	19.00	35.00
1995	POINT FERMIN LIGHT (FIRST ED.)	RT	19.00	35.00
1995	STOCKTON PLACE ROW (FIRST ED.)	RT	19.00	35.00
1996	ARTIST HOUSE	OP	19.00	19.00
1996	BLUE COTTAGE (SECOND ED.)	RT	15.00	25.00
1996	CAPE HATTERAS LIGHT (SECOND ED.)	RT	15.00	25.00
1996	CAPITOL	OP	19.00	19.00
1996	CHESTNUTT HOUSE (SECOND ED.)	RT	15.00	25.00
1996	DRAYTON HOUSE (FIRST ED.)	RT	19.00	35.00
1996	DRAYTON HOUSE (SECOND ED.)	RT	15.00	25.00
1996	E.B. HALL	OP	19.00	19.00
1996	EAST BROTHER LIGHTHOUSE (SECOND ED.)	RT	15.00	25.00
1996	ECLECTIC BLUE (SECOND ED.)	RT	15.00	25.00
1996	GOELLER HOUSE (SECOND ED.)	RT	15.00	25.00
1996	MAIL POUCH BARN	RT	19.00	35.00
1996	MARKET	OP	19.00	19.00
1996	PINK HOUSE	OP	19.00	19.00
1996	POINT FERMIN LIGHT (SECOND ED.)	RT	15.00	25.00
1996	RUTLEDGE	OP	19.00	19.00
1996	ST. PHILIPS CHURCH	OP	19.00	19.00
1996	STOCKTON PLACE ROW (SECOND ED.)	RT	15.00	25.00
1996	THOMAS POINT LIGHT	RT	19.00	35.00
1996	TITMAN HOUSE	OP	19.00	19.00
1996	VICTORIA	OP	19.00	19.00
1996	WHITE COTTAGE	OP	19.00	19.00

S. THOMPSON — OUR STARS

YR	NAME	LIMIT	ISSUE	TREND
1996	BANTA HOUSE	RT	23.00	23.00
1996	GREENMAN HOUSE	RT	21.00	23.00
1996	RILEY-CUTLER HOUSE	RT	23.00	23.00
1996	WELLER HOUSE	RT	23.00	23.00

STUDIOS OF HARRY SMITH

H. SMITH — NATIVITY

YR	NAME	LIMIT	ISSUE	TREND
1995	ANGEL	150	350.00	350.00
1995	HUMMINGBIRD	150	250.00	250.00
1996	BABY JESUS	150	*	N/A
1998	MARY	150	*	N/A
1999	JOSEPH	150	325.00	325.00

SWAROVSKI AMERICA

* — CHRISTMAS MEMORIES

YR	NAME	LIMIT	ISSUE	TREND
1996	CHRISTMAS MEMORIES ANGEL	*	*	85.00
1997	CHRISTMAS MEMORIES ANGEL	*	*	100.00

* — HOLIDAY ORNAMENTS

YR	NAME	LIMIT	ISSUE	TREND
1986	ANGEL/JOYEUX NOEL, MEDIUM	YR	23.00	75.00
1986	ANGEL/NOEL, LARGE	YR	35.00	75.00
1986	ANGEL/NOEL, SMALL	YR	18.00	60.00
1986	BELL/MERRY CHRISTMAS, MEDIUM	YR	23.00	75.00
1986	BELL/MERRY CHRISTMAS, SMALL	YR	18.00	60.00
1986	DOVE/PEACE, SMALL	YR	18.00	60.00
1986	HOLLY/MERRY CHRISTMAS, SMALL	YR	18.00	60.00
1986	PARTRIDGE/MERRY CHRISTMAS, LARGE	YR	35.00	75.00
1986	SNOWFLAKE, MEDIUM	YR	23.00	75.00
1986	SNOWFLAKE, SMALL	YR	18.00	70.00
1987	HOLIDAY ETCHING-CANDLE	YR	20.00	250.00
1988	HOLIDAY ETCHING-WREATH	YR	25.00	110.00
1989	HOLIDAY ETCHING-DOVE	YR	35.00	250.00
1990	HOLIDAY ETCHING-MERRY CHRISTMAS	YR	25.00	175.00
1991	HOLIDAY ORNAMENT	YR	35.00	240.00
1992	HOLIDAY ORNAMENT	YR	38.00	100.00
1993	HOLIDAY ORNAMENT	YR	38.00	156.00
1994	HOLIDAY ORNAMENT	YR	38.00	104.00
1997	HOLIDAY ORNAMENT	YR	45.00	45.00
1998	HOLIDAY ORNAMENT	YR	50.00	50.00

M. ZENDRON — HOLIDAY ORNAMENTS

YR	NAME	LIMIT	ISSUE	TREND
1995	HOLIDAY ORNAMENT	YR	40.00	80.00
1996	HOLIDAY ORNAMENT	YR	45.00	50.00

TOWLE SILVERSMITHS

* — CHRISTMAS ANGEL

YR	NAME	LIMIT	ISSUE	TREND
1991	1991 ANGEL	CL	45.00	70.00

* — REMEMBRANCE COLLECTION

YR	NAME	LIMIT	ISSUE	TREND
1990	OLD MASTER SNOWFLAKE-1990	CL	45.00	62.00
1991	OLD MASTER SNOWFLAKE-1991	CL	45.00	62.00
1992	OLD MASTER SNOWFLAKE-1992	CL	45.00	62.00

* — SONGS OF CHRISTMAS MEDALLIONS

YR	NAME	LIMIT	ISSUE	TREND
1978	SILENT NIGHT MEDALLION	CL	35.00	80.00
1979	DECK THE HALLS	CL	35.00	80.00
1980	JINGLE BELLS	CL	53.00	80.00
1981	HARK THE HEARLD ANGELS SING	CL	53.00	150.00
1982	O CHRISTMAS TREE	CL	35.00	80.00
1983	SILVER BELLS	CL	40.00	80.00
1984	LET IT SNOW	CL	30.00	80.00
1985	CHESTNUTS ROASTING ON OPEN FIRE	CL	35.00	80.00
1986	IT CAME UPON A MIDNIGHT CLEAR	CL	35.00	80.00
1987	WHITE CHRISTMAS	CL	35.00	80.00

YR	NAME	LIMIT	ISSUE	TREND
*		**STERLING CHRISTMAS ORNAMENTS**		
1989	FACETED BALL	OP	38.00	80.00
1989	FLUTED BALL	OP	38.00	40.00
1989	PLAIN BALL	OP	38.00	80.00
1989	POMANDER BALL	OP	33.00	33.00
*		**STERLING FLORAL MEDALLIONS**		
1983	CHRISTMAS ROSE	CL	40.00	50.00
1984	HAWTHORNE/GLASTONBURY THORN	CL	40.00	50.00
1985	POINSETTIA	CL	35.00	70.00
1986	LAUREL BAY	CL	35.00	80.00
1987	MISTLETOE	CL	35.00	95.00
1988	HOLLY	CL	40.00	70.00
1989	IVY	CL	35.00	65.00
1990	CHRISTMAS CACTUS	CL	40.00	50.00
1991	CHRYSANTHEMUM	CL	40.00	50.00
1992	STAR OF BETHLEHEM	CL	40.00	50.00
*		**STERLING NATIVITY MEDALLION**		
1988	ANGEL GABRIEL	CL	40.00	150.00
1989	JOURNEY, THE	CL	40.00	75.00
1990	NO ROOM AT THE INN	CL	40.00	75.00
1991	TIDINGS OF JOY	CL	40.00	75.00
1992	STAR OF BETHLEHEM	CL	40.00	75.00
*		**STERLING TWELVE DAYS OF CHRISTMAS MEDALLIONS**		
1971	PARTRIDGE IN PEAR TREE	CL	20.00	750.00
1972	TWO TURTLEDOVES	CL	20.00	375.00
1973	THREE FRENCH HENS	CL	20.00	125.00
1974	FOUR CALLING BIRDS	CL	30.00	200.00
1975	FIVE GOLDEN RINGS	CL	30.00	150.00
1976	SIX GEESE-A-LAYING	CL	30.00	150.00
1977	SEVEN SWANS-A-SWIMMING	CL	35.00	125.00
1978	EIGHT MAIDS-A-MILKING	CL	37.00	125.00
1979	NINE LADIES DANCING	CL	37.00	125.00
1980	TEN LORDS-A-LEAPING	CL	76.00	125.00
1981	ELEVEN PIPERS PIPING	CL	50.00	125.00
1982	TWELVE DRUMMERS DRUMMING	CL	35.00	125.00

UNITED DESIGN CORP.
S. BRADFORD

YR	NAME	LIMIT	ISSUE	TREND
		ANGELS COLLECTION		
1991	FRA ANGELICO DRUMMER, BLUE IBO-414	RT	20.00	20.00
1991	FRA ANGELICO DRUMMER, IVORY IBO-420	RT	20.00	20.00
1991	GIRL CUPID W/ROSE, IVORY IBO-413	RT	15.00	16.00
1991	VICTORIAN CUPID IBO-415	OP	15.00	16.00
1992	ANGEL AND TAMBOURINE IBO-422	RT	20.00	20.00
1992	ANGEL AND TAMBOURINE, IVORY IBO-425	RT	20.00	20.00
1992	MARY AND DOVE IBO-424	RT	20.00	20.00
1992	ST. FRANCIS AND CRITTERS IBO-423	RT	20.00	20.00

P. JONAS

YR	NAME	LIMIT	ISSUE	TREND
		ANGELS COLLECTION		
1990	CRYSTAL ANGEL IBO-401	RT	20.00	20.00
1990	CRYSTAL ANGEL, IVORY IBO-405	RT	20.00	20.00
1990	ROSE OF SHARON IBO-402	RT	20.00	20.00
1990	ROSE OF SHARON, IVORY IBO-406	OP	20.00	20.00
1990	STAR GLORY IBO-403	RT	15.00	16.00
1990	STAR GLORY, IVORY IBO-407	RT	15.00	16.00
1990	VICTORIAN ANGEL IBO-404	RT	15.00	16.00
1990	VICTORIAN ANGEL, IVORY IBO-408	RT	15.00	16.00
1991	ANGEL WAIF, IVORY IBO-411	OP	15.00	16.00
1991	PEACE DESCENDING IBO-418	RT	20.00	20.00
1991	PEACE DESCENDING, IVORY IBO-412	RT	20.00	20.00
1991	ROSETTI ANGEL IBO-416	RT	20.00	20.00
1991	ROSETTI ANGEL, IVORY IBO-410	RT	20.00	20.00
1991	VICTORIAN CUPID, IVORY IBO-409	OP	15.00	16.00

VICKILANE
V. ANDERSON

YR	NAME	LIMIT	ISSUE	TREND
		LIL BLESSINGS		
1994	BUNNY ANGEL #1610	OP	13.00	13.00
1994	BUNNY ANGEL #1611	OP	13.00	13.00
1994	BUNNY ANGEL #1612	OP	13.00	13.00
1994	BUNNY ANGEL #1613	OP	13.00	13.00
1994	BUNNY ANGEL #1614	OP	13.00	13.00
1994	BUNNY ANGEL #1615	OP	13.00	13.00

WALLACE SILVERSMITHS

YR	NAME	LIMIT	ISSUE	TREND
*		**24K GOLDPLATE SCULPTURES**		
1988	ANGEL	CL	16.00	16.00
1988	CANDY CANE	CL	16.00	16.00
1988	CHRISTMAS TREE	CL	16.00	16.00
1988	DOVE	CL	16.00	16.00
1988	NATIVITY SCENE	CL	16.00	16.00
1988	SNOWFLAKE	CL	16.00	16.00
*		**ANNUAL SILVERPLATED BELLS**		
1971	1ST EDITION SLEIGH BELL	CL	13.00	1150.00
1972	2ND EDITION SLEIGH BELL	CL	13.00	600.00
1973	3RD EDITION SLEIGH BELL	CL	13.00	550.00
1974	4TH EDITION SLEIGH BELL	CL	14.00	350.00
1975	5TH EDITION SLEIGH BELL	CL	14.00	250.00
1976	6TH EDITION SLEIGH BELL	CL	14.00	350.00
1977	7TH EDITION SLEIGH BELL	CL	15.00	225.00
1978	8TH EDITION SLEIGH BELL	CL	15.00	100.00
1979	9TH EDITION SLEIGH BELL	CL	16.00	175.00

YR	NAME	LIMIT	ISSUE	TREND
1980	10TH EDITION SLEIGH BELL	CL	19.00	50.00
1981	11TH EDITION SLEIGH BELL	CL	19.00	100.00
1982	12TH EDITION SLEIGH BELL	CL	20.00	130.00
1983	13TH EDITION SLEIGH BELL	CL	20.00	130.00
1984	14TH EDITION SLEIGH BELL	CL	22.00	100.00
1985	15TH EDITION SLEIGH BELL	CL	22.00	110.00
1986	16TH EDITION SLEIGH BELL	CL	22.00	55.00
1987	17TH EDITION SLEIGH BELL	CL	22.00	45.00
1988	18TH EDITION SLEIGH BELL	CL	22.00	45.00
1989	19TH EDITION SLEIGH BELL	CL	25.00	50.00
1990	20TH EDITION SLEIGH BELL	CL	25.00	40.00
1990	SPECIAL EDITION SLEIGH BELL, GOLD	CL	35.00	75.00
1991	21ST EDITION SLEIGH BELL	CL	25.00	25.00
1992	22ND EDITION SLEIGH BELL	CL	25.00	40.00
1993	23RD EDITION SLEIGH BELL	CL	25.00	40.00
1994	24TH EDITION SLEIGH BELL	CL	25.00	25.00
1995	25TH EDITION SLEIGH BELL	CL	30.00	30.00
*	**ANTIQUE PEWTER BELLS**			
1989	REINDEER	CL	16.00	16.00
1989	TEDDY BEAR	CL	16.00	16.00
1989	TOY SOLDIER	CL	16.00	16.00
1990	CAROUSEL HORSE	CL	16.00	16.00
1990	SANTA CLAUS	CL	16.00	16.00
*	**ANTIQUE PEWTER ORNAMENTS**			
*	CANDY CANE	CL	10.00	10.00
*	DOVE	CL	10.00	10.00
*	GINGERBREAD HOUSE	CL	10.00	10.00
*	ROCKING HORSE	CL	10.00	10.00
*	TEDDY BEAR	CL	10.00	10.00
*	TOY SOLDIER	CL	10.00	10.00
1989	ANGEL WITH CANDLES	CL	10.00	10.00
1989	CHERUB WITH HORN	CL	10.00	10.00
1989	SANTA	CL	10.00	10.00
1989	TEDDY BEAR	CL	10.00	10.00
1989	WREATH	CL	10.00	10.00
*	**CAMEO FRAME ORNAMENTS**			
1989	ANGEL	OP	15.00	15.00
1989	CHRISTMAS BALL	OP	15.00	15.00
1989	DINO	OP	15.00	15.00
1989	ELEPHANT	OP	15.00	15.00
1989	KITTEN	OP	15.00	15.00
1989	SANTA	OP	15.00	15.00
1989	SNOWMAN	OP	15.00	15.00
1989	SOLDIER	OP	15.00	15.00
1989	WREATH	OP	15.00	15.00
*	**CANDY CANES**			
1981	PEPPERMINT	CL	9.00	225.00
1982	WINTERGREEN	CL	10.00	60.00
1983	CINNAMON	CL	11.00	50.00
1984	CLOVE	CL	11.00	50.00
1985	DOVE MOTIF	CL	12.00	50.00
1986	BELL MOTIF	CL	12.00	125.00
1987	TEDDY BEAR	CL	13.00	75.00
1988	CHRISTMAS ROSE	CL	14.00	40.00
1989	CHRISTMAS CANDLE	CL	15.00	35.00
1990	REINDEER	CL	16.00	30.00
*	**CATHEDRAL ORNAMENT**			
1988	1988-1ST EDITION	CL	25.00	40.00
1989	1989-2ND EDITION	CL	25.00	35.00
1990	1990-3RD EDITION	CL	25.00	30.00
*	**CHRISTMAS COOKIE ORNAMENT**			
1980	ANGEL	CL	6.00	20.00
1980	SANTA	CL	6.00	10.00
1980	SNOWMAN	CL	6.00	15.00
1980	TREE	CL	6.00	15.00
1981	BELL	CL	6.00	15.00
1981	DRUM	CL	6.00	15.00
1981	REINDEER	CL	6.00	15.00
1982	DOVE	CL	6.00	20.00
1982	MOUSE	CL	6.00	15.00
1982	TRAIN	CL	6.00	15.00
1983	BOY CAROLER	CL	6.00	15.00
1983	GINGERBREAD HOUSE	CL	6.00	10.00
1983	HUSKY	CL	6.00	20.00
1983	JACK-IN-THE-BOX	CL	6.00	10.00
1983	MRS. CLAUS	CL	6.00	10.00
1983	ROCKING HORSE	CL	6.00	10.00
1983	TOY SOLDIER	CL	6.00	10.00
1984	CAROL SINGER	CL	7.00	15.00
1984	HORN	CL	7.00	10.00
1984	MOTHER AND CHILD	CL	7.00	15.00
1984	PUPPY IN BOOT	CL	7.00	10.00
1985	BOY SKATER	CL	11.00	10.00
1985	CLOWN	CL	7.00	10.00
1985	HOT-AIR BALLOON	CL	11.00	10.00
1985	TEDDY BEAR	OP	7.00	10.00
1985	UNICORN	CL	7.00	10.00
1986	CAROUSEL HORSE	CL	7.00	20.00

YR	NAME	LIMIT	ISSUE	TREND
1986	DOG ON SLED	CL	7.00	20.00
1986	DRESSED KITTEN	CL	7.00	15.00
1986	GIRL HONEY BEAR	CL	7.00	10.00
1986	GOOSE	CL	7.00	15.00
1986	NEW DESIGN SNOWMAN	CL	7.00	20.00
1986	PANDA	CL	6.00	10.00
1986	PENGUIN	CL	7.00	10.00
1986	SANTA HEAD	CL	7.00	10.00
1986	TUGBOAT	CL	7.00	10.00
1987	ANGEL WITH HEART	OP	8.00	10.00
1987	GIRAFFE	CL	8.00	10.00
1987	POLAR BEAR	OP	8.00	10.00
1987	SKI CABIN	CL	8.00	10.00
1987	SNOWBIRD	CL	8.00	10.00
1988	ANGEL	OP	9.00	10.00
1988	BABY BEAR	OP	9.00	10.00
1988	CHRISTMAS VILLAGE	OP	9.00	10.00
1988	DRAGON	OP	9.00	10.00
1988	ELEPHANT	OP	9.00	10.00
1988	GOOSE	OP	9.00	10.00
1988	NIGHT BEFORE, THE	OP	9.00	10.00
1988	POLAR BEAR	OP	9.00	10.00
1988	TEDDY BEAR	OP	9.00	10.00
1989	ROCKING HORSE	OP	10.00	10.00
1989	SANTA	OP	10.00	10.00
1989	SNOWBIRD	OP	10.00	10.00

*
	GRANDE BAROQUE 12 DAYS SERIES			
1988	PARTRIDGE	CL	40.00	100.00
1989	TWO TURTLEDOVES	CL	40.00	100.00
1990	THREE FRENCH HENS	CL	40.00	100.00
1991	FOUR COLLY BIRDS	CL	40.00	100.00
1992	FIVE GOLDEN RINGS	CL	40.00	100.00
1993	SIX GEESE A LAYING	CL	40.00	100.00
1994	SEVEN SWANS A SWIMMING	OP	40.00	60.00
1995	EIGHT MAIDS A MILKING	OP	40.00	50.00

*
	STERLING MEMORIES			
1989	BEAR WITH BLOCKS	OP	35.00	40.00
1989	CAROLERS	OP	35.00	40.00
1989	CHURCH	OP	35.00	40.00
1989	DOVE	OP	35.00	40.00
1989	DRUMMER BOY	OP	35.00	40.00
1989	MOTHER & CHILD	OP	35.00	40.00
1989	NATIVITY ANGEL	OP	35.00	40.00
1989	REINDEER	OP	35.00	40.00
1989	ROCKING HORSE	OP	35.00	40.00
1989	SLEIGH	OP	35.00	40.00
1989	SNOWFLAKE	OP	35.00	40.00
1989	SNOWMAN	OP	35.00	40.00

*
	STERLING MEMORIES-HAND ENAMELED WITH COLOR			
1989	CANDY CANE	OP	35.00	35.00
1989	CHURCH	OP	35.00	35.00
1989	ELF WITH GIFT	OP	35.00	35.00
1989	FIREPLACE	OP	35.00	35.00
1989	KNEELING ANGEL	OP	35.00	35.00
1989	SANTA	OP	35.00	35.00
1989	SINGLE CANDLE	OP	35.00	35.00
1989	TOY SOLDIER	OP	35.00	35.00
1989	TRAIN	OP	35.00	35.00

WALT DISNEY CLASSICS COLLECTION

*
	COLLECTORS SOCIETY			
1993	FLIGHT OF FANCY	*	35.00	50.00
1994	DUMBO "SIMPLY ADORABLE"	RT	20.00	35.00
1996	WINNIE THE POOH 41096	RT	25.00	35.00
1997	MAGICIAN MICKEY 41135	RT	*	50.00

*
	EVENT PIECES			
1996	TINKERBELL	RT	50.00	70.00
1997	HERCULES	RT	55.00	55.00
1997	TINKERBELL ORNAMENT STAND	RT	20.00	40.00
1997	WINNIE THE POOH	RT	59.00	59.00

WATERFORD WEDGWOOD USA

*
	WATERFORD CRYSTAL CHRISTMAS ORNAMENTS			
1978	1978 ORNAMENT	YR	25.00	100.00
1979	1979 ORNAMENT	YR	28.00	75.00
1980	1980 ORNAMENT	YR	28.00	65.00
1981	1981 ORNAMENT	YR	28.00	45.00
1982	1982 ORNAMENT	YR	28.00	45.00
1983	1983 ORNAMENT	YR	28.00	50.00
1984	1984 ORNAMENT	YR	28.00	50.00
1985	1985 ORNAMENT	YR	28.00	75.00
1986	1986 ORNAMENT	YR	28.00	50.00
1987	1987 ORNAMENT	YR	29.00	40.00
1988	1988 ORNAMENT	YR	30.00	35.00
1989	1989 ORNAMENT	YR	32.00	35.00

*
	WEDGWOOD CHRISTMAS ORNAMENTS			
1988	JASPER CHRISTMAS TREE ORNAMENT	OP	20.00	28.00
1989	JASPER ANGEL ORNAMENT	OP	25.00	28.00
1990	JASPER SANTA CLAUS ORNAMENT	OP	28.00	28.00

YR	NAME	LIMIT	ISSUE	TREND
1991	JASPER WREATH ORNAMENT	OP	28.00	28.00
1992	JASPER STOCKING ORNAMENT	OP	25.00	25.00

WILLITTS DESIGNS

A. DEZENDORF — AMISH HERITAGE COLLECTION

1996	POCKET QUILT 3RD OF 4	YR	20.00	20.00

C. SCHULZ — CERAMIC PEANUTS ORNAMENTS

1988	CHARLIE BROWN	SO	8.00	8.00
1988	FLYING ACE	SO	8.00	8.00
1988	JOE COOL	SO	8.00	8.00
1988	LUCY	SO	8.00	8.00
1988	SKATING SNOOPY	SO	8.00	8.00
1988	SLEDDING SNOOPY	SO	8.00	8.00
1988	WOODSTOCK (BELL)	SO	8.00	8.00

* — COCA-COLA SANTA

1990	COCA-COLA SIX PACK ORNAMENT	OP	20.00	20.00
1990	HAPPY HOLIDAYS COKE BOTTLE	OP	10.00	10.00

T. BLACKSHEAR — EBONY VISIONS COLLECTION

1995	POCKET QUILT 2ND OF 4	YR	20.00	20.00
1997	LITTLE BLUE WINGS	SO	28.00	75.00
1998	ON WINGS OF PRAISE	RT	30.00	30.00
2000	ANGEL WITH HORN 4TH EDITION	YR	28.00	28.00

C. PYLE — HISTORY OF ANGELS COLLECTION BY BILL DALE

1995	ASCENSION OF THE SOUL	RT	25.00	25.00
1995	CHERUB ORNAMENT W/FLUTE	RT	18.00	17.50
1995	CHERUB ORNAMENT W/HARP	RT	18.00	17.50

C. SCHULZ — PEANUTS

1990	CHARLIE BROWN SHEPHERD ORNAMENT	SO	10.00	10.00
1990	SNOOPY SHEPHERD ORNAMENT	SO	10.00	10.00

C. SCHULZ — PEANUTS BASEBALL ORNAMENTS

1988	CHARLIE BROWN	SO	10.00	10.00
1988	LINUS	SO	10.00	10.00
1988	LUCY	SO	10.00	10.00
1988	PEPPERMINT PATTY	SO	10.00	10.00
1988	SCHROEDER	SO	10.00	10.00
1988	SNOOPY	SO	10.00	10.00

A. BLACKSHEAR — RAINBOW BABIES

1998	FLUTTERBY	*	29.00	29.00
1998	FLUTTERBY	*	28.00	29.00

C. SCHULZ — WOODEN SNOOPY ORNAMENTS

1988	SNOOPY-8438	SO	6.00	5.50
1988	SNOOPY-8439	OP	6.00	5.50
1988	SNOOPY-8440	SO	6.00	5.50

Plates

Susan K. Elliott

If the circle can be considered a form of perfection, then plate collectors enjoy a perfect form of art.

Since the first dated annual Christmas plates appeared in 1895 in Denmark, collectors have been happily anticipating the "next" edition to be released. Bing & Grondahl issued that first blue and white collector's plate, *Behind the Frozen Window*, at approximately 50 cents. Today, as the series enjoys over 100 years of continuous production, that rare first edition sells for about $5,000.

Of course, these days not all plates are round, made of porcelain, or colored blue and white. New shapes include ovals, rounded squares, and even hearts. Today's plates may be sculpted in bas relief, incised, lighted or able to play a tune. They're made of wood, molded resin, pewter, crystal or porcelain. Subjects range from cute to elegant, with every possibility in between, and in a full range of colors and accent borders.

Until the 1960s, collector's plates continued to be made in Europe and produced only for Christmas. Royal Copenhagen introduced a second Danish Christmas series in 1908, and Rosenthal began a dated Christmas series in Germany in 1907.

Other key events in plate collecting history include:

- 1965: Lalique introduces a crystal plate, *Deux Oiseeaux (Two Birds)*.
- 1969: Bing & Grondahl releases the first Mother's Day plate, *Dog and Puppies*, in blue and white.
- 1969: Wedgwood issues *Windsor Castle* as first in a new Christmas series, produced in its famous blue and white jasperware.
- 1970: Franklin Mint introduces original art by Norman Rockwell on a sterling silver plate, *Bringing Home the Tree*.
- 1971: two Christmas series featuring art by Sister Maria Innocentia Hummel begin, with the Goebel Hummel issue, *Heavenly Angel*, later becoming one of the most valuable plates in the market.

The 1970s saw a boom in collecting of all types, spurred by the celebration of the U.S. Bicentennial in 1976. Historical subject plates abounded, and more and more makers, both American and European, focused on plates as a collectible. New artists entered the field, elevating the art and focusing more attention on the artists themselves.

The development of the First International Plate Collectors Convention in 1975 provided a platform for the limited edition hobby to grow, and grow it has, expanding into many related art forms such as figurines, cottages, ornaments, dolls and graphics. The number of platemakers peaked in the 1980s, with production shifting by the 1990s to fewer, major producers such as The Bradford Exchange.

Plate collectors of the '90s are likely to collect other media besides plates, searching for graphics by favorite artists such as Thomas Kinkade, Sandra Kuck, Terry Redlin and Lena Liu to round out their collections.

As plate collecting enters its second hundred years, the art form remains an ever-changing and always growing collectible.

SUSAN K. ELLIOTT began enjoying plates just before attending the first International Plate Collectors Convention in 1975. The author of "Plates Today," which appears in Collector's mart *magazine, Susan has interviewed more than 200 collectible artists and writes, edits and contributes to books on a variety of collectible subjects.*

Guess who's been sleeping in their bed? Goldilocks is the first issue in the "Classic Fairy Tales" series produced by Edwin M. Knowles.

Christmas Homecoming, from the "Holiday Traditions" series, harkens back to a time when the holidays meant visiting Grandma's house for a festive reunion with loved ones. The Bradford Exchange.

Curiosity: Asian Elephants, from the "Tomorrow's Promise" series, is one of many wildlife plates produced by The Bradford Exchange.

YR	NAME	LIMIT	ISSUE	TREND

PLATES

AMERICAN ARTISTS

D. ZOLAN — FAMILY TREASURES

YR	NAME	LIMIT	ISSUE	TREND
1981	CORA'S RECITAL	18500	40.00	72.00
1982	CORA'S TEA PARTY	18500	40.00	72.00
1983	CORA'S GARDEN PARTY	18500	40.00	65.00

F. STONE — FAMOUS FILLIES

YR	NAME	LIMIT	ISSUE	TREND
1987	LADY'S SECRET	9500	65.00	75.00
1988	GENUINE RISK	9500	65.00	75.00
1988	RUFFIAN	9500	65.00	75.00
1992	GO FOR THE WAND	9500	65.00	75.00

F. STONE — FRED STONE CLASSIC SERIES

YR	NAME	LIMIT	ISSUE	TREND
1986	ETERNAL LEGACY, THE	950	75.00	75.00
1986	SHOE-8,000 WINS, THE	9500	75.00	75.00
1988	FOREVER FRIENDS	9500	75.00	75.00
1989	ALYSHEBA	9500	75.00	75.00

F. STONE — GOLD SIGNATURE SERIES

YR	NAME	LIMIT	ISSUE	TREND
1990	SECRETARIAT FINAL TRIBUTE, SIGNED	4500	150.00	350.00
1990	SECRETARIAT FINAL TRIBUTE, UNSIGNED	7500	75.00	150.00
1991	OLD WARRIORS, SIGNED	4500	150.00	375.00
1991	OLD WARRIORS, UNSIGNED	7500	75.00	90.00

F. STONE — GOLD SIGNATURE SERIES II

YR	NAME	LIMIT	ISSUE	TREND
1991	KELSO, DBL. SIGNATURES	1500	175.00	175.00
1991	KELSO, SGL. SIGNATURE	3000	150.00	200.00
1991	KELSO, UNSIGNED	7500	75.00	75.00
1991	NORTHERN DANCER, DBL. SIGNATURES	1500	175.00	225.00
1991	NORTHERN DANCER, SGL. SIGNATURE	3000	150.00	150.00
1991	NORTHERN DANCER, UNSIGNED	7500	75.00	75.00

F. STONE — GOLD SIGNATURE SERIES III

YR	NAME	LIMIT	ISSUE	TREND
1992	DANCE SMARTLY-P. DAY, DBL. SIGNATURES	1500	175.00	175.00
1992	DANCE SMARTLY-P. DAY, SGL. SIGNATURE	3000	150.00	200.00
1992	DANCE SMARTLY-P. DAY, UNSIGNED	7500	75.00	75.00
1993	AMERICAN TRIPLE CROWN, SIGNED 1937-46	2500	195.00	195.00
1993	AMERICAN TRIPLE CROWN, SIGNED 1948-78	2500	195.00	200.00
1993	AMERICAN TRIPLE CROWN, UNSIGNED 1937-46	7500	75.00	75.00
1993	AMERICAN TRIPLE CROWN, UNSIGNED 1948-78	7500	75.00	75.00
1994	AMERICAN TRIPLE CROWN, SIGNED 1919-35	2500	95.00	200.00
1994	AMERICAN TRIPLE CROWN, UNSIGNED 1919-35	7500	75.00	75.00

F. STONE — GOLD SIGNATURE SERIES IV

YR	NAME	LIMIT	ISSUE	TREND
1995	JULIE KRONA/DBL. SIGNATURE	2500	150.00	150.00
1995	JULIE KRONA/UNSIGNED	7500	75.00	75.00

F. STONE — HORSES OF FRED STONE

YR	NAME	LIMIT	ISSUE	TREND
1982	ARABIAN MARE AND FOAL	9500	55.00	130.00
1982	PATIENCE	9500	55.00	150.00
1982	SAFE AND SOUND	9500	55.00	100.00
1983	CONTENTMENT	9500	55.00	95.00

F. STONE — MARES & FOALS 6 1/2 IN. SERIES

YR	NAME	LIMIT	ISSUE	TREND
1986	TRANQUILITY	12500	25.00	25.00
1991	PATIENCE	19500	25.00	25.00
1992	KIDNAPPED MARE	19500	25.00	25.00
1992	PASTURE PEST	19500	25.00	25.00
1992	WATER TROUGH	19500	25.00	25.00
1993	ARABIAN MARE & FOAL	19500	25.00	25.00
1993	CONTENTMENT	19500	25.00	25.00

F. STONE — MARES & FOALS SERIES

YR	NAME	LIMIT	ISSUE	TREND
1986	PASTURE PEST	12500	50.00	100.00
1986	TRANQUILITY	12500	50.00	125.00
1986	WATER TROUGH	12500	50.00	160.00
1987	ARABIANS, THE	12500	50.00	100.00

F. STONE — MARES & FOALS SERIES II

YR	NAME	LIMIT	ISSUE	TREND
1989	DIAMOND IN THE ROUGH	RT	35.00	50.00
1989	FIRST DAY, THE	CL	35.00	50.00

F. STONE — RACING LEGENDS

YR	NAME	LIMIT	ISSUE	TREND
1989	PHAR LAP	9500	75.00	80.00
1989	SUNDAY SILENCE	9500	75.00	80.00
1990	JOHN HENRY-SHOEMAKER	9500	75.00	80.00

F. STONE — SPORT OF KINGS SERIES

YR	NAME	LIMIT	ISSUE	TREND
1984	MAN O'WAR	9500	65.00	150.00
1984	SECRETARIAT	9500	65.00	225.00
1985	JOHN HENRY-MCCARRON	9500	65.00	85.00
1986	SEATTLE SLEW	9500	65.00	110.00

F. STONE — STALLION SERIES

YR	NAME	LIMIT	ISSUE	TREND
1983	ANDALUSIAN	12500	50.00	140.00
1983	BLACK STALLION	12500	50.00	140.00

AMERICAN RAILS & HIGHWAYS

* — CORVETTE

YR	NAME	LIMIT	ISSUE	TREND
1995	VIPER GTS-R	*	40.00	40.00
1996	GRAND SPORT CORVETTE	*	40.00	40.00

P. ADAMS — CORVETTE

YR	NAME	LIMIT	ISSUE	TREND
1994	1964/94 MUSTANG	*	40.00	40.00
1995	1978 CORVETTE	*	40.00	40.00
1995	1982 CORVETTE	*	40.00	40.00
1995	35TH CORVETTE	*	40.00	40.00
1995	40TH ANNIV. THUNDERBIRD	*	40.00	40.00

YR	NAME	LIMIT	ISSUE	TREND
1995	40TH CORVETTE	*	40.00	40.00
1995	VIPER GTS-RT/10	*	40.00	40.00
B. HUBBOCK				**CORVETTE**
1996	VIPER 1996 PACE CAR/INDY	*	40.00	40.00
R. PEDERSEN				**CORVETTE**
1995	1995 75TH INDY PACE CAR	*	40.00	40.00
*				**TRAIN**
1995	B&O CHESSIE	*	33.00	33.00
1995	CHIEF, THE	*	33.00	33.00
1995	SANTA FE SUPER CHIEF	*	33.00	33.00
1995	UNION PAC, E-9	*	33.00	33.00
P. ADAMS				**TRAIN**
1993	G6-1	*	33.00	33.00
1994	HIAWATHA	*	33.00	33.00
1994	N.Y. CENTRAL	*	33.00	33.00
1995	BLACK JACK	*	33.00	33.00
1995	K-4	*	33.00	33.00
1995	MAPLE LEAF	*	33.00	33.00
R. PEDERSEN				**TRAIN**
1996	ERIE F-8	*	33.00	33.00
1996	NEW HAVEN	*	33.00	33.00

AMERICAN ROSE SOCIETY

YR	NAME	LIMIT	ISSUE	TREND
*				**ALL-AMERICAN ROSE**
1975	ARIZONA	9800	39.00	142.00
1975	OREGOLD	9800	39.00	142.00
1975	ROSE PARADE	9800	39.00	137.00
1976	AMERICA	9800	39.00	140.00
1976	CATHEDRAL	9800	39.00	115.00
1976	SEASHELL	9800	39.00	110.00
1976	YANKEE DOODLE	9800	39.00	115.00
1977	DOUBLE DELIGHT	9800	39.00	100.00
1977	FIRST EDITION	9800	39.00	100.00
1977	PROMINENT	9800	39.00	100.00
1978	CHARISMA	9800	39.00	89.00
1978	COLOR MAGIC	9800	39.00	90.00
1979	FRIENDSHIP	9800	39.00	79.00
1979	PARADISE	9800	39.00	75.00
1979	SUNDOWNER	9800	39.00	75.00
1980	CHERISH	9800	49.00	80.00
1980	HONOR	9800	49.00	75.00
1980	LOVE	9800	49.00	80.00
1981	BING CROSBY	9800	49.00	80.00
1981	MARINA	9800	49.00	75.00
1981	WHITE LIGHTNIN'	9800	49.00	80.00
1982	BRANDY	9800	49.00	80.00
1982	FRENCH LACE	9800	49.00	80.00
1982	MON CHERI	9800	49.00	80.00
1982	SHREVEPORT	9800	49.00	80.00
1983	SUN FLARE	9800	49.00	80.00
1983	SWEET SURRENDER	9800	49.00	80.00
1984	IMPATIENT	9800	49.00	80.00
1984	INTRIGUE	9800	49.00	78.00
1984	OLYMPIAD	9800	49.00	78.00
1985	PEACE	9800	50.00	80.00
1985	QUEEN ELIZABETH	9800	50.00	81.00
1985	SHOW BIZ	9800	50.00	78.00

ANHEUSER-BUSCH INC.

YR	NAME	LIMIT	ISSUE	TREND
D. LANGENECKERT			**ARCHIVES PLATE SERIES**	
1992	1893 COLUMBIAN EXPOSITION N3477	CL	28.00	28.00
1992	GANYMEDE N4004	CL	28.00	28.00
D. LANGENECKERT			**CIVIL WAR SERIES**	
1992	GENERAL GRANT N3478	RT	45.00	45.00
1993	GENERAL ROBERT E. LEE N3590	RT	45.00	45.00
1993	PRESIDENT ABRAHAM LINCOLN N3591	RT	45.00	45.00
B. KEMPER			**HOLIDAY PLATE SERIES**	
1989	WINTER'S DAY N2295	RT	30.00	100.00
1994	HOMETOWN HOLIDAY N4572	RT	28.00	45.00
N. KOERBER			**HOLIDAY PLATE SERIES**	
1993	SPECIAL DELIVERY N4002	RT	28.00	28.00
S. SAMPSON			**HOLIDAY PLATE SERIES**	
1990	AN AMERICAN TRADITION N2767	RT	30.00	50.00
1991	SEASON'S BEST, THE- N3034	RT	30.00	30.00
1992	A PERFECT CHRISTMAS N3440	RT	28.00	40.00
M. URDAHL			**MAN'S BEST FRIEND SERIES**	
1990	BUDDIES N2615	RT	30.00	100.00
1990	SIX PACK N3005	RT	30.00	100.00
1992	SOMETHING'S BREWING N3147	RT	30.00	30.00
1993	OUTSTANDING IN THEIR FIELD N4003	RT	28.00	28.00
1995	THIS BUD'S FOR YOU N4945	CL	28.00	28.00
*			**OLYMPIC TEAM SERIES**	
1991	'92 OLYMPIC TEAM- WINTER	RT	35.00	35.00
1992	'92 OLYMPIC TEAM- SUMMER	RT	35.00	35.00

ANNA-PERENNA

YR	NAME	LIMIT	ISSUE	TREND
P. BUCKLEY MOSS				
1989	HELLO GRANDMA	CL	75.00	110.00
1993	STORYTELLER, THE	5000	100.00	100.00

YR	NAME	LIMIT	ISSUE	TREND
1994	SCHOOL DAYS	5000	85.00	85.00
1994	VISITING NURSE	5000	85.00	85.00
1995	FRIENDS FOREVER	5000	85.00	85.00
P. BUCKLEY MOSS		AMERICAN SILHOUETTES FAMILY SERIES		
1981	FAMILY OUTING	5000	75.00	150.00
1982	JOHN AND MARY	5000	75.00	150.00
1983	LEISURE TIME	5000	75.00	90.00
1984	HOMEMAKERS QUILTING	5000	75.00	140.00
P. BUCKLEY MOSS		AMERICAN SILHOUETTES VALLEY SERIES		
1981	FROSTY FROLIC	5000	75.00	225.00
1982	HAY RIDE	5000	75.00	90.00
1983	SUNDAY RIDE	5000	75.00	90.00
1984	MARKET DAY	5000	75.00	120.00
P. BUCKLEY MOSS		AMERICAN SILHOUETTES-CHILDREN'S SERIES		
1981	FIDDLERS TWO	5000	75.00	450.00
1982	MARY WITH THE LAMBS	5000	75.00	150.00
1983	RING-AROUND-THE-ROSIE	5000	75.00	225.00
1984	WAITING FOR TOM	5000	75.00	200.00
P. BUCKLEY MOSS		ANNUAL CHRISTMAS PLATE		
1984	NOEL, NOEL	5000	68.00	400.00
1985	HELPING HANDS	5000	68.00	225.00
1986	NIGHT BEFORE CHRISTMAS	5000	68.00	100.00
1987	CHRISTMAS SLEIGH	5000	75.00	200.00
1988	CHRISTMAS JOY	7500	75.00	100.00
1989	CHRISTMAS CAROL	7500	80.00	130.00
1990	CHRISTMAS EVE	7500	80.00	140.00
1991	SNOWMAN, THE	7500	80.00	140.00
1992	CHRISTMAS WARMTH	7500	85.00	125.00
1993	JOY TO THE WORLD	7500	85.00	125.00
1994	CHRISTMAS NIGHT	7500	85.00	125.00
1995	CHRISTMAS AT HOME	5000	85.00	125.00
1996	UNDER THE MISTLETOE	7500	85.00	85.00
P. BUCKLEY MOSS		CELEBRATION SERIES		
1986	WEDDING JOY	5000	100.00	300.00
1987	CHRISTENING, THE	5000	100.00	175.00
1988	ANNIVERSARY, THE	5000	100.00	150.00
1989	FAMILY REUNION	5000	100.00	175.00
P. BUCKLEY MOSS		FESTIVAL SERIES		
1998	LOVE ETERNAL VALENTINE	*	75.00	75.00
P. BUCKLEY MOSS		HEARTLAND SERIES		
1989	BLACKSMITH, THE	OP	90.00	155.00
1991	SUNDAY OUTING	OP	90.00	155.00
1992	PRAIRIE WINTER	OP	90.00	155.00
1993	SCHOOLHOUSE, THE	5000	90.00	155.00
P. BUCKLEY MOSS		JOYFUL CHILDREN COLLECTION		
1993	DANCE OF THE BUTTERFLIES	5000	70.00	70.00
1993	PURPLE UMBRELLA	5000	70.00	70.00
1994	DOLL'S HOUSE, THE	5000	70.00	70.00
1994	MEDICS, THE	5000	70.00	70.00
P. BUCKLEY MOSS		MOTHER'S LOVE SERIES		
1991	TENDER HANDS	CL	85.00	135.00
1992	MOTHER'S LOVE	OP	85.00	125.00
1993	MOTHER'S WORLD	5000	80.00	125.00
1994	MOTHER'S JOY	5000	80.00	125.00
1995	NEWBORN, THE	5000	80.00	125.00
1996	TREASURED BABE	5000	80.00	80.00
1998	PRECIOUS MOMENT, A	*	80.00	80.00
P. BUCKLEY MOSS		SINGLE ISSUE ART PLATE		
1993	SUMMER WEDDING	5000	100.00	100.00
1995	MUSEUM PLATE, THE	5000	80.00	80.00
1995	SKATING JOY	5000	80.00	80.00
1996	WEDDING DAY	5000	90.00	90.00
P. BUCKLEY MOSS		TREASURED FRIENDS COLLECTION		
1995	LEARNED PAIR	5000	85.00	125.00
1995	LORDS OF THE REALM	5000	85.00	125.00
1996	NOBLE FILLY	5000	85.00	125.00
T. KRUMEICH		UNCLE TAD'S CATS		
1979	OLIVER'S BIRTHDAY	5000	75.00	175.00
1980	PEACHES & CREAM	5000	75.00	130.00
1981	PRINCESS AURORA	5000	80.00	100.00
1981	WALTER'S WINDOW	5000	80.00	115.00

ANRI

*		ANRI FATHER'S DAY		
1972	ALPINE FATHER & CHILDREN	CL	35.00	100.00
1973	ALPINE FATHER & CHILDREN	CL	40.00	100.00
1974	CLIFF GAZING	CL	50.00	100.00
1976	SAILING	CL	60.00	100.00
*		ANRI MOTHER'S DAY		
1972	ALPINE MOTHER & CHILDREN	CL	35.00	75.00
1973	ALPINE MOTHER & CHILDREN	CL	40.00	75.00
1974	ALPINE MOTHER & CHILDREN	CL	50.00	75.00
1975	ALPINE STROLL	CL	60.00	75.00
1976	KNITTING	CL	60.00	75.00
*		CHRISTMAS		
1979	MOSS GATHERERS	RT	135.00	180.00
1980	WINTRY CHURCHGOING	RT	165.00	250.00
1981	SANTA CLAUS IN TYROL	RT	165.00	250.00

YR	NAME	LIMIT	ISSUE	TREND
1982	STAR SINGERS, THE	RT	165.00	225.00
1983	UNTO US A CHILD IS BORN	RT	165.00	285.00
1984	YULETIDE IN THE VALLEY	RT	165.00	350.00

J. MALFERTHEINER — CHRISTMAS

YR	NAME	LIMIT	ISSUE	TREND
1971	ST. JAKOB IN GARDEN	RT	38.00	135.00
1972	PIPERS AT ALBEROBELLO	RT	45.00	160.00
1973	ALPINE HORN	RT	45.00	700.00
1974	YOUNG MAN AND GIRL	RT	50.00	130.00
1975	CHRISTMAS IN IRELAND	RT	60.00	140.00
1976	ALPINE CHRISTMAS	RT	65.00	300.00
1977	LEGEND OF HELIGENBLUT	RT	65.00	240.00
1978	KLOCKLER SINGERS	RT	80.00	175.00
1985	GOOD MORNING, GOOD CHEER	RT	165.00	165.00
1987	DOWN FROM THE ALPS	RT	195.00	250.00
1988	FLIGHT INTO EGYPT	RT	275.00	280.00

TORIART — CHRISTMAS

YR	NAME	LIMIT	ISSUE	TREND
1986	A GRODEN CHRISTMAS	RT	165.00	225.00
1988	CHRISTKINDL MARKET	RT	220.00	225.00
1990	HOLY NIGHT	RT	300.00	325.00

* — DISNEY FOUR STAR COLLECTION

YR	NAME	LIMIT	ISSUE	TREND
1989	MICKEY MINI PLATE	RT	40.00	100.00
1990	MINNIE MINI PLATE	RT	40.00	100.00
1991	DONALD MINI PLATE	RT	50.00	100.00

J. FERRANDIZ — FERRANDIZ CHRISTMAS

YR	NAME	LIMIT	ISSUE	TREND
1972	CHRIST IN THE MANGER	RT	35.00	180.00
1973	CHRISTMAS	RT	40.00	225.00
1974	HOLY NIGHT	RT	50.00	100.00
1975	FLIGHT INTO EGYPT	RT	60.00	100.00
1976	GIRL WITH FLOWERS	RT	65.00	200.00
1976	TREE OF LIFE	RT	60.00	100.00
1978	LEADING THE WAY	RT	78.00	180.00
1979	DRUMMER, THE	RT	120.00	185.00
1980	REJOICE	RT	150.00	140.00
1981	SPREADING THE WORD	RT	150.00	140.00
1982	SHEPHERD FAMILY, THE	RT	150.00	140.00
1983	PEACE ATTEND THEE	RT	150.00	140.00

J. FERRANDIZ — FERRANDIZ MOTHER'S DAY SERIES

YR	NAME	LIMIT	ISSUE	TREND
1972	MOTHER SEWING	RT	35.00	200.00
1973	ALPINE MOTHER & CHILD	RT	40.00	150.00
1974	MOTHER HOLDING CHILD	RT	50.00	175.00
1975	DOVE GIRL	RT	60.00	170.00
1976	MOTHER KNITTING	RT	60.00	200.00
1978	BEGINNING, THE	RT	75.00	100.00
1979	ALL HEARTS	RT	120.00	175.00
1980	SPRING ARRIVALS	RT	150.00	175.00
1981	HARMONY	RT	150.00	140.00
1982	WITH LOVE	RT	150.00	140.00

J. FERRANDIZ — FERRANDIZ WOODEN WEDDING PLATES

YR	NAME	LIMIT	ISSUE	TREND
1972	BOY AND GIRL EMBRACING	CL	40.00	100.00
1973	WEDDING SCENE	CL	40.00	150.00
1974	WEDDING	CL	48.00	125.00
1975	WEDDING	CL	60.00	125.00
1976	WEDDING	CL	60.00	125.00

L. GAITHER — RELIGIOUS

YR	NAME	LIMIT	ISSUE	TREND
1998	HOLY FAMILY	OP	995.00	995.00

ARABIA ANNUAL

R. UOSIKKINEN — KALEVALA

YR	NAME	LIMIT	ISSUE	TREND
1976	VAINAMOINEN'S SOWING	*	30.00	400.00
1977	AINO'S FATE	*	30.00	110.00
1978	LEMMINKAINEN'S CHASE	2500	39.00	100.00
1979	KULLERVO'S REVENGE	YR	40.00	80.00
1980	VAINAMOINEN'S RESCUE	YR	45.00	200.00
1981	VAINAMOINEN'S MAGIC	YR	50.00	80.00
1982	JOUKAHAINEN SHOOTS THE HORSE	YR	56.00	80.00
1983	LEMMINKAINEN'S ESCAPE	YR	60.00	100.00
1984	LEMMINKAINEN'S MAGIC FEATHERS	YR	50.00	110.00
1985	LEMMINKAINEN'S GRIEF	YR	60.00	100.00
1986	OSMATAR CREATING ALE	YR	60.00	80.00
1987	VAINAMOINEN TRICKS ILMARINEN	YR	65.00	85.00
1988	HEAR VAINAMOINEN WEEP	YR	69.00	115.00
1989	FOUR MAIDENS	YR	75.00	95.00
1990	ANNIKKA	YR	85.00	105.00
1991	LEMMINKAIN'S MOTHER SAYS DON'T/WAR	YR	85.00	100.00

ARMSTRONG'S

R. SKELTON — COMMEMORATIVE ISSUES

YR	NAME	LIMIT	ISSUE	TREND
1983	70 YEARS YOUNG	15000	85.00	125.00
1984	FREDDIE THE TORCHBEARER	15000	63.00	90.00

A. D'ESTREHAN — CONSTITUTION SERIES

YR	NAME	LIMIT	ISSUE	TREND
1987	GREAT CHASE, THE	10000	40.00	75.00
1987	U.S. CONSTITUTION VS. GUERRIERE	10000	40.00	75.00
1987	U.S. CONSTITUTION VS. JAVA	10000	40.00	75.00
1987	U.S. CONSTITUTION VS. TRIPOLI	10000	40.00	75.00

L. DEWINNE — FACES OF THE WORLD

YR	NAME	LIMIT	ISSUE	TREND
1988	CLARA (BELGIUM)	14 DAYS	25.00	43.00
1988	COLLETTE (FRANCE)	14 DAYS	25.00	43.00
1988	ERIN (IRELAND)	14 DAYS	25.00	43.00
1988	GRETA (AUSTRIA)	14 DAYS	25.00	43.00

YR	NAME	LIMIT	ISSUE	TREND
1988	HEATHER (ENGLAND)	14 DAYS	25.00	43.00
1988	LUISA (SPAIN)	14 DAYS	25.00	43.00
1988	MARIA (ITALY)	14 DAYS	25.00	43.00
1988	TAMIKO (JAPAN)	14 DAYS	25.00	43.00
R. SKELTON			**FREDDIE'S ADVENTURES**	
1982	CAPTAIN FREDDIE	15000	60.00	100.00
1984	GERTRUDE AND HEATHCLIFFE	15000	63.00	95.00
R. SKELTON			**FREEDOM COLLECTION**	
1990	ALL-AMERICAN, THE	9000	63.00	90.00
1990	ALL-AMERICAN, THE-SIGNED	1000	195.00	500.00
1991	INDEPENDENCE DAY	9000	63.00	90.00
1991	INDEPENDENCE DAY-SIGNED	1000	195.00	300.00
1992	LET FREEDOM RING	9000	63.00	80.00
1992	LET FREEDOM RING-SIGNED	1000	195.00	280.00
1993	FREDDIE'S GIFT OF LIFE	9000	63.00	70.00
1993	FREDDIE'S GIFT OF LIFE-SIGNED	1000	195.00	280.00
W. LANTZ			**HAPPY ART SERIES**	
1981	WOODY'S TRIPLE SELF-PORTRAIT	9000	40.00	40.00
1981	WOODY'S TRIPLE SELF-PORTRAIT-SIGNED	1000	100.00	200.00
1983	GOTHIC WOODY	9000	40.00	40.00
1983	GOTHIC WOODY-SIGNED	1000	100.00	200.00
1984	BLUE BOY WOODY	9000	40.00	40.00
1984	BLUE BOY WOODY-SIGNED	1000	100.00	200.00
S. ETEM			**INFINITE LOVE**	
1987	A PAIR OF DREAMS	CL	25.00	40.00
1987	EYES SAY I LOVE YOU, THE	14 DAYS	25.00	40.00
1987	KISS A LITTLE GIGGLE	14 DAYS	25.00	43.00
1987	ONCE UPON A SMILE	14 DAYS	25.00	43.00
1988	BUNDLE OF JOY	14 DAYS	25.00	40.00
1988	GRINS FOR GRANDMA	14 DAYS	25.00	43.00
1988	LOVE GOES FORTH IN LITTLE FEET	14 DAYS	25.00	43.00
1989	A MOMENT TO CHERISH	CL	25.00	40.00
S. ETEM			**MISCHIEF MAKERS**	
1986	BUCKLES	10000	40.00	60.00
1986	PUDDLES	10000	40.00	75.00
1987	TRIX	10000	40.00	60.00
1988	NAP	10000	40.00	60.00
R. SKELTON			**SIGNATURE COLLECTION**	
1986	ANYONE FOR TENNIS?	9000	63.00	90.00
1986	ANYONE FOR TENNIS?-SIGNED	1000	125.00	500.00
1987	IRONING THE WAVES	9000	63.00	80.00
1987	IRONING THE WAVES-SIGNED	1000	125.00	270.00
1988	CLIFFHANGER, THE	9000	63.00	85.00
1988	CLIFFHANGER, THE-SIGNED	1000	150.00	350.00
1988	HOOKED ON FREDDIE	9000	63.00	85.00
1988	HOOKED ON FREDDIE-SIGNED	1000	175.00	350.00
SCHENKEN			**SPORTS**	
1985	PETE ROSE- UNSIGNED	10000	45.00	60.00
1985	PETE ROSE-HANDSIGNED	1000	100.00	300.00
A. D'ESTREHAN			**STATUE OF LIBERTY**	
1986	DEDICATION	10000	40.00	60.00
1986	IMMIGRANTS, THE	10000	40.00	60.00
1986	INDEPENDENCE	10000	40.00	60.00
1986	RE-DEDICATION	10000	40.00	60.00

ART WORLD OF BOURGEAULT

YR	NAME	LIMIT	ISSUE	TREND
R. BOURGEAULT			**ENGLISH COUNTRYSIDE**	
1980	COUNTRY SQUIRE, THE	1500	70.00	280.00
1981	WILLOWS, THE	1500	85.00	280.00
1982	ROSE COTTAGE	1500	90.00	310.00
1983	THATCHED BEAUTY	1500	95.00	280.00
R. BOURGEAULT		**ENGLISH COUNTRYSIDE SINGLE ISSUES**		
1984	ANNE HATHAWAY COTTAGE, THE	500	150.00	640.00
1985	LILAC COTTAGE	500	125.00	350.00
1987	SUFFOLK PINK	50	220.00	427.00
1988	STUART HOUSE	50	325.00	571.00
1989	LARK RISE	50	450.00	603.00
R. BOURGEAULT			**ROYAL GAINSBOROUGH SERIES**	
1990	LISA-CAROLINE, THE	*	65.00	100.00
1991	A GAINSBOROUGH LADY	*	*	N/A
R. BOURGEAULT			**ROYAL LITERARY SERIES**	
1985	JOHN BUNYAN COTTAGE, THE	4500	60.00	100.00
1987	THOMAS HARTY COTTAGE, THE	4500	65.00	100.00
1988	JOHN MILTON COTTAGE, THE	4500	65.00	100.00
1989	ANNE HATHAWAY COTTAGE, THE	4500	65.00	100.00
R. BOURGEAULT			**WHERE IS ENGLAND**	
1990	FORGET-ME-NOT	50	525.00	500.00
1991	FLEECE INN, THE	50	525.00	705.00
1992	MILLBROOK HOUSE	50	525.00	525.00
1993	COTSWOLD BEAUTY	50	525.00	525.00

ARTAFFECTS

YR	NAME	LIMIT	ISSUE	TREND
T. NEWSOM			**ADVENTURES OF PETER PAN**	
1990	ENCOUNTER, THE	CL	30.00	40.00
1990	FLYING OVER LONDON	CL	30.00	40.00
1990	LOOK AT ME	CL	30.00	40.00
1990	NEVER LAND	CL	30.00	40.00

YR	NAME	LIMIT	ISSUE	TREND
R. SAUBER		AMERICAN BLUES SPECIAL OCCASION		
1992	HAPPILY EVER AFTER - WEDDING	*	35.00	70.00
1992	MY SUNSHINE - MOTHERHOOD	*	35.00	70.00
1992	PERFECT TREE, THE - CHRISTMAS	*	35.00	70.00
K. SOLDWEDEL		AMERICAN MARITIME HERITAGE		
1987	U.S.S. CONSTITUTION	CL	35.00	40.00
G. PERILLO		AMERICA'S INDIAN HERITAGE		
1987	ARAPAHO NATION	CL	25.00	50.00
1987	CHEYENNE NATION	CL	25.00	65.00
1987	KIOWA NATION	CL	25.00	40.00
1988	BLACKFOOT NATION	CL	25.00	50.00
1988	CHIPPEWA NATION	CL	25.00	50.00
1988	CROW NATION	CL	25.00	50.00
1988	NEZ PERCE NATION	CL	25.00	40.00
1988	SIOUX NATION	CL	25.00	50.00
G. SAUBER		AN OLD FASHIONED CHRISTMAS		
1994	TOY SHOPPE, THE	*	30.00	45.00
R. SAUBER		AN OLD FASHIONED CHRISTMAS		
1993	UP ON THE ROOF TOP	*	30.00	45.00
1994	CHRISTMAS DELIGHT	*	30.00	45.00
1994	CHRISTMAS EVE	*	30.00	45.00
J. EGGERT		ANGLER'S DREAM		
1983	BROOK TROUT	9800	55.00	75.00
1983	CHINOOK SALMON	9800	55.00	75.00
1983	LARGEMOUTH BASS	9800	55.00	75.00
1983	STRIPED BASS	9800	55.00	75.00
R. SAUBER		BABY'S FIRSTS		
1989	BABY'S FIRST STEP	CL	22.00	30.00
1989	CHRISTMAS MORN	CL	22.00	30.00
1989	FIRST BIRTHDAY	CL	22.00	30.00
1989	PICTURE PERFECT	CL	22.00	30.00
1989	VISITING THE DOCTOR	CL	22.00	30.00
B. LEIGHTON-JONES		BACKSTAGE		
1990	BUBBLING OVER	CL	30.00	30.00
1990	LETTER, THE	CL	30.00	30.00
1990	RUNAWAY, THE	CL	30.00	30.00
M. HOOKS		BAKER STREET		
1983	SHERLOCK HOLMES	CL	55.00	90.00
1983	WATSON	9800	55.00	90.00
C. BECKER		BECKER BABIES		
1983	SNOW PUFF	CL	30.00	60.00
1984	PALS	CL	30.00	60.00
1984	SMILING THROUGH	CL	30.00	60.00
B.P. GUTMANN		BESSIE'S BEST		
1984	LOOKING FOR TROUBLE	CL	30.00	45.00
1984	MY BABY	CL	30.00	50.00
1984	NEW LOVE, THE	CL	30.00	40.00
1984	OH! OH! A BUNNY	CL	30.00	50.00
1984	TAPS	CL	30.00	40.00
MAGO		BRING UNTO ME THE CHILDREN		
1994	A LITTLE LOVE SONG	CL	30.00	46.00
1994	BAPTISM, THE	CL	30.00	46.00
1994	COMMUNION	CL	30.00	46.00
1994	HEAVENLY EMBRACE	CL	30.00	46.00
1994	LORD'S PRAYER, THE	CL	30.00	46.00
1994	LOVE'S BLESSING	CL	30.00	46.00
1994	SWEET DREAMS	CL	30.00	46.00
1994	SWEET SERENITY	CL	30.00	46.00
T. NEWSOM		CARNIVAL SERIES		
1982	CAROUSEL	19500	35.00	50.00
1982	KNOCK EM' DOWN	19500	35.00	50.00
R. SAUBER		CHILDHOOD DELIGHTS		
1983	AMANDA	7500	45.00	75.00
G. PERILLO		CHILDREN OF THE PRAIRIE		
1993	BEACH COMBER	75 DAYS	30.00	46.00
1993	DAYDREAMERS	75 DAYS	30.00	46.00
1993	PATIENCE	75 DAYS	30.00	46.00
1993	PLAY TIME	75 DAYS	30.00	46.00
1993	SENTINAL, THE	75 DAYS	30.00	46.00
1993	SISTERS	75 DAYS	30.00	46.00
1993	TENDER LOVING CARE	75 DAYS	30.00	46.00
1993	WATCHFUL WAITING	75 DAYS	30.00	46.00
A. TOBEY		CHRISTIAN COLLECTION		
1987	BRING TO ME THE CHILDREN	*	35.00	60.00
1987	HEALER, THE	*	35.00	40.00
1987	WEDDING FEAST AT CANA	*	35.00	40.00
M. LEONE		CHRISTMAS CELEBRATIONS OF YESTERDAY		
1993	CHRISTMAS BLESSINGS	*	27.00	42.00
1993	CHRISTMAS EVE	*	27.00	42.00
1993	CHRISTMAS ON MAIN STREET	*	27.00	42.00
1993	CHRISTMAS ON THE FARM	*	27.00	42.00
1993	CHRISTMAS PARTY	*	27.00	42.00
1993	HOME FOR CHRISTMAS	*	27.00	42.00
1993	TRIMMING THE TREE	*	27.00	42.00
1993	WREATH MAKER	*	27.00	42.00
J. DENEEN		CLASSIC AMERICAN CARS		
1989	CADILLAC	CL	35.00	50.00
1989	CORD	CL	35.00	50.00

YR	NAME	LIMIT	ISSUE	TREND
1989	DUESENBERG	CL	35.00	50.00
1989	RUXTON	CL	35.00	50.00
1990	HUDSON	CL	35.00	50.00
1990	LINCOLN	CL	35.00	50.00
1990	PACKARD	CL	35.00	50.00
1990	PIERCE-ARROW	CL	35.00	50.00
J. DENEEN			**CLASSIC AMERICAN TRAINS**	
1988	COMPETITION	CL	35.00	50.00
1988	HOMEWARD BOUND	CL	35.00	50.00
1988	MIDDAY STOP	CL	35.00	60.00
1988	RACE AGAINST TIME, A	CL	35.00	60.00
1988	ROUND THE BEND	CL	35.00	60.00
1988	SILVER BULLET, THE	CL	35.00	70.00
1988	TAKING THE HIGH ROAD	CL	35.00	50.00
1988	TRAVELING IN STYLE	CL	35.00	60.00
G. PERILLO			**CLUB MEMBER LIMITED EDITION**	
1992	STUDIES IN B/W SET OF FOUR-SMALL	YR	75.00	125.00
1993	WATCHER OF THE WILDERNESS 9-1/4"	YR	60.00	65.00
G. PERILLO			**COUNCIL OF NATIONS**	
1991	BOLDNESS OF THE SENECA	14 DAYS	30.00	40.00
1991	COURAGE OF THE ARAPAHO	14 DAYS	30.00	40.00
1991	DIGNITY OF THE NEZ PERCE	14 DAYS	30.00	40.00
1991	NOBILITY OF THE ALGONQUIN	14 DAYS	30.00	40.00
1991	POWER OF THE BLACKFOOT	14 DAYS	30.00	40.00
1991	PRIDE OF THE CHEYENNE	14 DAYS	30.00	40.00
1991	STRENGTH OF THE SIOUX	14 DAYS	30.00	40.00
1991	WISDOM OF THE CHEROKEE	14 DAYS	30.00	40.00
S. MILLER-MAXWELL			**GOOD SPORTS**	
1989	ALLEY CATS	CL	23.00	35.00
1989	PURRFECT GAME	CL	23.00	35.00
1989	QUARTERBACK SNEAK	CL	23.00	35.00
1989	TEE TIME	CL	23.00	35.00
1989	TWO/LOVE	CL	23.00	35.00
1989	WHAT'S THE CATCH?	CL	23.00	35.00
J. DENEEN			**GREAT AMERICAN TRAINS**	
1992	ALTON LIMITED, THE	CL	27.00	46.00
1992	BLACKHAWK LIMITED, THE	CL	27.00	46.00
1992	BROADWAY LIMITED, THE	CL	27.00	46.00
1992	CAPITOL LIMITED, THE	CL	27.00	46.00
1992	MERCHANTS LIMITED, THE	CL	27.00	46.00
1992	PANAMA SPECIAL LIMITED, THE	CL	27.00	46.00
1992	SOUTHWESTERN LIMITED, THE	CL	27.00	46.00
1992	SUNSHINE SPECIAL LIMITED, THE	CL	27.00	46.00
J. DENEEN			**GREAT TRAINS**	
1985	SANTA FE	7500	35.00	60.00
1985	TWENTIETH CENTURY LTD.	7500	35.00	60.00
1986	EMPIRE BUILDER	7500	35.00	60.00
MAGO			**HEAVENLY ANGELS**	
1992	ANGEL CAKE	CL	27.00	50.00
1992	ANGEL'S KISS, THE	CL	27.00	50.00
1992	CAUGHT IN THE ACT	CL	27.00	50.00
1992	HEAVENLY HELPER	CL	27.00	50.00
1992	HEAVENLY LIGHT	CL	27.00	50.00
1992	HUSH-A-BYE	CL	27.00	70.00
1992	MY ANGEL	CL	27.00	50.00
1992	SLEEPY SENTINEL	CL	27.00	50.00
R. SAUBER			**HOW DO I LOVE THEE?**	
1982	ALAINA	19500	40.00	60.00
1982	TAYLOR	19500	40.00	60.00
1983	EMBRACE	19500	40.00	60.00
1983	RENDEZVOUS	19500	40.00	60.00
G. PERILLO			**INDIAN BRIDAL**	
1990	AUTUMN BLOSSOM	14 DAYS	25.00	30.00
1990	MISTY WATERS	14 DAYS	25.00	30.00
1990	SUNNY SKIES	14 DAYS	25.00	30.00
1990	YELLOW BIRD	14 DAYS	25.00	30.00
A. CHESTERMAN			**LANDS BEFORE TIME**	
1994	IMPERIAL DYNASTY	CL	30.00	43.00
1994	KNIGHTS IN SHINING ARMOUR	CL	30.00	43.00
1994	PHARAOH'S RETURN	CL	30.00	43.00
1994	ROMAN HOLIDAY	CL	30.00	43.00
L. MARCHETTI			**LIFE OF JESUS**	
1992	AGONY IN THE GARDEN, THE	CL	27.00	46.00
1992	BLESSING OF THE CHILDREN, THE	CL	27.00	46.00
1992	DESCENT FROM THE CROSS, THE	CL	27.00	46.00
1992	ENTRY INTO JERUSALEM, THE	CL	27.00	46.00
1992	HEALING OF THE SICK, THE	CL	27.00	46.00
1992	LAST SUPPER, THE	CL	27.00	46.00
1992	RESURRECTION, THE	CL	27.00	46.00
1992	SERMON ON THE MOUNT, THE	CL	27.00	46.00
G. PERILLO			**LIVING IN HARMONY**	
1991	PEACEABLE KINGDOM-SMALL, 8-1/4"	75 DAYS	30.00	45.00
B.P. GUTMANN			**MAGICAL MOMENT**	
1981	HAPPY DREAMS	CL	30.00	65.00
1981	HARMONY	CL	30.00	70.00
1982	HIS MAJESTY	CL	30.00	60.00
1982	THANK YOU GOD	CL	30.00	50.00

YR NAME	LIMIT	ISSUE	TREND
1982 WAITING FOR DADDY	CL	30.00	50.00
1983 LULLABY, THE	CL	30.00	75.00
MAGO		**MAGO'S MOTHERHOOD**	
1990 SERENITY	CL	50.00	80.00
MONET/ CASSAT		**MASTERPIECES OF IMPRESSIONISM**	
1980 WOMAN WITH PARASOL	17500	35.00	75.00
1981 YOUNG MOTHER SEWING	17500	35.00	60.00
1982 SARA IN GREEN BONNET	17500	35.00	60.00
1983 MARGOT IN BLUE	17500	35.00	50.00
N. ROCKWELL		**MASTERPIECES OF ROCKWELL**	
1980 AFTER THE PROM	17500	43.00	90.00
1980 CHALLENGER, THE	17500	50.00	75.00
1982 GIRL AT THE MIRROR	17500	50.00	75.00
1982 MISSING TOOTH	17500	50.00	75.00
H. GARRIDO		**MELODIES OF CHILDHOOD**	
1983 MARY HAD A LITTLE LAMB	19500	35.00	50.00
1983 ROW, ROW, ROW YOUR BOAT	19500	35.00	50.00
1983 TWINKLE, TWINKLE, LITTLE STAR	19500	35.00	50.00
B.P. GUTMANN		**MOTHER'S LOVE**	
1984 DADDY'S HERE	CL	30.00	60.00
G. PERILLO		**MOTHER'S LOVE**	
1988 FEELINGS	YR	35.00	100.00
1989 MOONLIGHT	YR	35.00	100.00
1990 PRIDE & JOY	YR	40.00	100.00
1991 LITTLE SHADOW	YR	40.00	100.00
G. PERILLO		**NATIVE AMERICAN CHRISTMAS**	
1993 LITTLE SHEPHERD, THE	YR	45.00	75.00
G. PERILLO		**NORTH AMERICAN WILDLIFE**	
1989 AMERICAN BALD EAGLE	CL	30.00	50.00
1989 BIGHORN SHEEP	CL	30.00	40.00
1989 BUFFALO	CL	30.00	40.00
1989 MOUNTAIN LION	CL	30.00	50.00
1989 MUSTANG	CL	30.00	50.00
1989 POLAR BEAR	CL	30.00	40.00
1989 TIMBER WOLF	CL	30.00	40.00
1989 WHITE-TAILED DEER	CL	30.00	50.00
C. BECKER		**NURSERY PAIR**	
1983 AWAKENING, THE	CL	25.00	60.00
1983 IN SLUMBERLAND	CL	25.00	50.00
N. ROCKWELL		**ON THE ROAD SERIES**	
1984 CITY PRIDE	CL	35.00	65.00
1984 COUNTRY PRIDE	CL	35.00	65.00
1984 PRIDE OF STOCKBRIDGE	CL	35.00	65.00
G. PERILLO		**OUR CHILDREN, OUR FUTURE/MARCH OF DIMES**	
1990 A TIME TO BE BORN	150 DAYS	29.00	29.00
G. PERILLO		**PERILLO CHRISTMAS**	
1987 SHINING STAR	YR	30.00	75.00
1988 SILENT LIGHT	YR	35.00	75.00
1989 SNOW FLAKE	YR	35.00	75.00
1990 BUNDLE UP	YR	40.00	75.00
1991 CHRISTMAS JOURNEY	YR	40.00	75.00
G. PERILLO		**PERILLO'S FAVORITES**	
1994 BUFFALO AND THE BRAVE	*	*	N/A
1994 HOME OF THE BRAVE AND FREE	*	*	N/A
G. PERILLO		**PERILLO'S FOUR SEASONS (BLUE SET)**	
1991 AUTUMN 6-1/2"	CL	25.00	35.00
1991 SPRING 6-1/2"	CL	25.00	35.00
1991 SUMMER 6-1/2"	CL	25.00	35.00
1991 WINTER 6-1/2"	CL	25.00	35.00
J.H. DOLPH		**PLAYFUL PETS**	
1982 CURIOSITY	7500	45.00	75.00
1982 MASTER'S HAT	7500	45.00	75.00
J. EGGERT		**PORTRAIT SERIES**	
1986 CHANTILLY	CL	25.00	43.00
1986 DYNASTY	CL	25.00	43.00
1986 JAMBALAYA	CL	25.00	43.00
1986 VELVET	CL	25.00	43.00
G. PERILLO		**PORTRAITS BY PERILLO-MINI PLATES**	
1989 BLUE BIRD-SIOUX	9500	20.00	43.00
1989 BRIGHT SKY-NEZ PERCE	9500	20.00	30.00
1989 LITTLE FEATHER-SENECA	9500	20.00	43.00
1989 PROUD EAGLE-CROW	9500	20.00	20.00
1989 RUNNING BEAR-NAVAJO	9500	20.00	20.00
1989 SMILING EYES-ARAPAHO	9500	20.00	30.00
1989 SPRING BREEZE-CHEROKEE	9500	20.00	43.00
1989 WILDFLOWER-CHEYENNE	9500	20.00	43.00
R. SAUBER		**PORTRAITS OF AMERICAN BRIDES**	
1986 CAROLINE	CL	30.00	70.00
1986 JACQUELINE	CL	30.00	50.00
1987 ELIZABETH	CL	30.00	50.00
1987 EMILY	CL	30.00	50.00
1987 LAURA	CL	30.00	50.00
1987 MEREDITH	CL	30.00	50.00
1987 REBECCA	CL	30.00	50.00
1987 SARAH	CL	30.00	60.00

YR	NAME	LIMIT	ISSUE	TREND
G. PERILLO			**PROUD YOUNG SPIRITS**	
1990	BIRDS OF A FEATHER	CL	30.00	40.00
1990	FAST FRIENDS	CL	30.00	40.00
1990	FREEDOM'S WATCH	CL	30.00	40.00
1990	LOYAL GUARDIAN	CL	30.00	40.00
1990	PRAIRIE PALS	CL	30.00	40.00
1990	PROTECTOR OF THE PLAINS	CL	30.00	80.00
1990	WATCHFUL EYES	CL	30.00	60.00
1990	WOODLAND SCOUTS	CL	30.00	40.00
MAGO			**REFLECTIONS OF YOUTH**	
1988	AMY	CL	30.00	45.00
1988	ANDREW	CL	30.00	70.00
1988	BETH	CL	30.00	50.00
1988	JESSICA	CL	30.00	50.00
1988	JULIA	CL	30.00	50.00
1988	LAUREN	CL	30.00	50.00
1988	MICHELLE	CL	30.00	50.00
1988	SEBASTIAN	CL	30.00	50.00
N. ROCKWELL			**ROCKWELL AMERICANA**	
1981	SHUFFLETON'S BARBERSHOP	17500	75.00	125.00
1982	BREAKING HOME TIES	17500	75.00	125.00
1983	WALKING TO CHURCH	17500	75.00	125.00
N. ROCKWELL			**ROCKWELL TRILOGY**	
1981	STOCKBRIDGE IN WINTER 1	CL	35.00	60.00
1982	STOCKBRIDGE IN WINTER 2	CL	35.00	60.00
1982	STOCKBRIDGE IN WINTER 3	CL	35.00	65.00
L. MARCHETTI			**ROMANTIC CITIES OF EUROPE**	
1989	PARIS	CL	35.00	55.00
1989	VENICE	CL	35.00	55.00
1990	LONDON	CL	35.00	55.00
1990	MOSCOW	CL	35.00	50.00
KNOX/ROBERTSON			**ROSE WREATHS**	
1993	GENTLE PERSUASION	*	27.00	46.00
1993	SUMMER'S BOUNTY	*	27.00	46.00
1993	SUNSET SPLENDOR	*	27.00	46.00
1993	VICTORIAN FANTASY	*	27.00	46.00
1994	FLORAL FASCINATION	*	27.00	46.00
1994	LOVE'S EMBRACE	*	27.00	46.00
1994	SWEET SUNSHINE	*	27.00	46.00
1994	SWEETHEART'S DELIGHT	*	27.00	46.00
K. SOLDWEDEL			**SAILING THROUGH HISTORY**	
1986	FLYING CLOUD	CL	30.00	55.00
1986	MAYFLOWER	CL	30.00	55.00
1986	SANTA MARIA	CL	30.00	55.00
N. ROCKWELL			**SIMPLER TIMES SERIES**	
1984	LAZY DAZE	7500	35.00	50.00
1984	ONE FOR THE ROAD	7500	35.00	50.00
R. SAUBER			**SONGS OF STEPHEN FOSTER**	
1984	BEAUTIFUL DREAMER	3500	60.00	100.00
1984	JEANIE WITH THE LIGHT BROWN HAIR	3500	60.00	100.00
1984	OH! SUSANNAH	3500	60.00	100.00
MAGO			**SPECIAL ISSUE**	
1994	DIVINE INTERVENTION	CL	35.00	40.00
H.C. CHRISTY			**SPECIAL ISSUE**	
1987	WE THE PEOPLE	OP	35.00	40.00
F. TIPTON HUNTER			**SPECIAL OCCASIONS**	
1982	BUBBLES	OP	30.00	50.00
1982	BUTTERFLIES	OP	30.00	50.00
G. PERILLO			**SPIRITS OF NATURE**	
1993	DEFENDER OF THE MOUNTAIN 9-1/4"	3500	60.00	82.00
1993	GUARDIAN OF SAFE PASSAGE 9-1/4"	3500	60.00	82.00
1993	KEEPER OF THE FOREST 9-1/4"	3500	60.00	82.00
1993	PROTECTOR OF THE NATIONS 9-1/4"	3500	60.00	82.00
1993	SPIRIT OF THE PLAINS 9-1/4"	3500	60.00	82.00
MAGO			**STUDIES OF EARLY CHILDHOOD**	
1990	ANYBODY HOME?	CL	35.00	45.00
1990	CHRISTOPHER & KATE	CL	35.00	46.00
1990	PEEK-A-BOO	CL	35.00	45.00
1990	THREE-PART HARMONY	OP	35.00	75.00
R. SAUBER			**TIMELESS LOVE**	
1989	PROPOSAL, THE	CL	35.00	65.00
1989	SWEET EMBRACE	CL	35.00	50.00
1990	AFTERNOON LIGHT	CL	35.00	50.00
1990	QUIET MOMENTS	CL	35.00	50.00
R. SAUBER			**TIMES OF OUR LIVES COLLECTION**	
1982	WEDDING, THE 10 1/4 IN.	CL	38.00	40.00
1984	HAPPY BIRTHDAY 10 1/4 IN.	CL	38.00	40.00
1985	ALL ADORE HIM 10 1/4 IN.	CL	38.00	40.00
1985	HOME SWEET HOME 10 1/4 IN.	CL	38.00	40.00
1986	ANNIVERSARY, THE 10 1/4 IN.	CL	38.00	40.00
1986	CHRISTENING, THE 10 1/4 IN.	CL	38.00	40.00
1986	SWEETHEARTS 10 1/4 IN.	CL	38.00	50.00
1987	FATHERHOOD 10 1/4 IN.	CL	38.00	40.00
1987	MOTHERHOOD 10 1/4 IN.	CL	38.00	40.00
1987	SWEET SIXTEEN	CL	38.00	40.00
1988	ALL ADORE HIM 6 1/2 IN.	CL	20.00	23.00
1988	ANNIVERSARY, THE 6 1/2 IN.	CL	20.00	23.00
1988	CHRISTENING, THE 6 1/2 IN.	CL	20.00	23.00

YR	NAME	LIMIT	ISSUE	TREND
1988	FATHERHOOD 6 1/2 IN.	CL	20.00	23.00
1988	HAPPY BIRTHDAY 6 1/2 IN.	CL	20.00	23.00
1988	HOME SWEET HOME 6 1/2 IN.	CL	20.00	23.00
1988	MOTHERHOOD 6 1/2 IN.	CL	20.00	23.00
1988	SWEETHEARTS 6 1/2 IN.	CL	20.00	23.00
1988	WEDDING, THE 6 1/2 IN..	CL	20.00	23.00
1989	GOD BLESS AMERICA 10 1/4 IN.	CL	40.00	40.00
1989	GOD BLESS AMERICA 6 1/4 IN.	CL	22.00	23.00
1989	VISITING THE DOCTOR	CL	40.00	40.00
1990	MOTHER'S JOY 10 1/4 IN.	CL	40.00	40.00
1990	MOTHER'S JOY 6 1/2 IN.	CL	23.00	23.00

G. PERILLO — TRIBAL IMAGES

YR	NAME	LIMIT	ISSUE	TREND
1994	BLACKFOOT CHIEFTAINS	*	*	N/A
1994	CHEYENNE CHIEFTAINS	*	*	N/A
1994	CROW CHIEFTAINS	*	*	N/A
1994	SIOUX CHIEFTAINS	*	*	N/A

H.C. CHRISTY — TRIBUTE SERIES

YR	NAME	LIMIT	ISSUE	TREND
1982	GEE, I WISH	CL	30.00	50.00

J.M. FLAGG — TRIBUTE SERIES

YR	NAME	LIMIT	ISSUE	TREND
1982	I WANT YOU	CL	30.00	50.00

N. ROCKWELL — TRIBUTE SERIES

YR	NAME	LIMIT	ISSUE	TREND
1983	SOLDIER'S FAREWELL	CL	30.00	50.00

J. TERRESON — UNICORN MAGIC

YR	NAME	LIMIT	ISSUE	TREND
1983	AFTERNOON OFFERING	7500	50.00	75.00
1983	MORNING ENCOUNTER	7500	50.00	75.00

G. PERILLO — WAR PONIES OF THE PLAINS

YR	NAME	LIMIT	ISSUE	TREND
1992	FREE SPIRIT	CL	27.00	30.00
1992	GENTLE WARRIOR	CL	27.00	30.00
1992	NIGHTSHADOW	CL	27.00	30.00
1992	PRAIRIE PRANCER	CL	27.00	30.00
1992	PROUD COMPANION	CL	27.00	30.00
1992	SUN DANCER	CL	27.00	30.00
1992	THUNDERFOOT	CL	27.00	30.00
1992	WINDCATCHER	CL	27.00	30.00

R. SAUBER — WINTER MINDSCAPE

YR	NAME	LIMIT	ISSUE	TREND
1989	PEACEFUL VILLAGE	CL	30.00	40.00
1989	SNOWBOUND	CL	30.00	40.00
1990	COUNTRY MORNING	CL	30.00	40.00
1990	FIRST FREEZE	CL	30.00	40.00
1990	JANUARY THAW	CL	30.00	40.00
1990	PAPA'S SURPRISE	CL	30.00	40.00
1990	SLEIGH RIDE	CL	30.00	40.00
1990	WELL TRAVELED ROAD	CL	30.00	40.00

ARTISTS OF THE WORLD

T. DEGRAZIA — CELEBRATION

YR	NAME	LIMIT	ISSUE	TREND
1993	CAROLING	5000	40.00	80.00
1993	HOLIDAY LULLABY	5000	40.00	80.00
1993	LORD'S CANDLE, THE	5000	40.00	80.00
1993	PINATA PARTY	5000	40.00	80.00

T. DEGRAZIA — CHILDREN

YR	NAME	LIMIT	ISSUE	TREND
1976	LOS NINOS	5000	35.00	1000.00
1977	WHITE DOVE	5000	40.00	150.00
1978	FLOWER GIRL	9500	45.00	100.00
1978	FLOWER GIRL-SIGNED	500	100.00	455.00
1978	LOS NINOS-SIGNED	500	100.00	2000.00
1978	WHITE DOVE-SIGNED	500	100.00	455.00
1979	FLOWER BOY	9500	45.00	100.00
1979	FLOWER BOY-SIGNED	500	100.00	455.00
1980	LITTLE COCOPAH GIRL	9500	50.00	70.00
1980	LITTLE COCOPAH GIRL-SIGNED	500	100.00	325.00
1981	BEAUTIFUL BURDEN	9500	50.00	75.00
1981	BEAUTIFUL BURDEN-SIGNED	500	100.00	325.00
1981	MERRY LITTLE INDIAN-SIGNED	500	100.00	300.00
1982	MERRY LITTLE INDIAN	9500	55.00	100.00
1983	WONDERING	10000	60.00	150.00
1984	PINK PAPOOSE	10000	65.00	75.00
1985	SUNFLOWER BOY	10000	65.00	200.00

T. DEGRAZIA — CHILDREN AT PLAY

YR	NAME	LIMIT	ISSUE	TREND
1985	MY FIRST HORSE	15000	65.00	200.00
1986	GIRL WITH SEWING MACHINE	15000	65.00	200.00
1987	LOVES ME	15000	65.00	200.00
1988	MERRILY, MERRILY, MERRILY	15000	65.00	200.00
1989	MY FIRST ARROW	15000	65.00	200.00
1990	AWAY WITH MY KITE	15000	65.00	200.00

T. DEGRAZIA — CHILDREN MINI-PLATES

YR	NAME	LIMIT	ISSUE	TREND
1980	LOS NINOS	5000	15.00	350.00
1981	WHITE DOVE	5000	15.00	100.00
1982	FLOWER BOY	5000	15.00	100.00
1982	FLOWER GIRL	5000	15.00	100.00
1983	BEAUTIFUL BURDEN	5000	20.00	100.00
1983	LITTLE COCOPAH INDIAN GIRL	5000	15.00	100.00
1984	MERRY LITTLE INDIAN	5000	20.00	100.00
1984	WONDERING	5000	20.00	100.00
1985	PINK PAPOOSE	5000	20.00	100.00
1985	SUNFLOWER BOY	5000	20.00	100.00

YR	NAME	LIMIT	ISSUE	TREND
K. FUNG NG			**CHILDREN OF ABERDEEN**	
1979	GIRL WITH LITTLE BROTHER	*	50.00	100.00
1980	SAMPAN GIRL	*	50.00	60.00
1981	GIRL WITH LITTLE SISTER	*	55.00	75.00
1982	GIRL WITH SEASHELLS	*	60.00	110.00
1983	GIRL WITH SEABIRDS	*	60.00	105.00
1984	BROTHER AND SISTER	*	60.00	85.00
T. DEGRAZIA			**CHILDREN OF THE SUN**	
1987	BRIGHT FLOWERS OF THE DESERT	150 DAYS	38.00	100.00
1987	MY LITTLE PINK BIRD	150 DAYS	35.00	100.00
1987	SPRING BLOSSOMS	150 DAYS	35.00	100.00
1988	GENTLE WHITE DOVE, THE	150 DAYS	38.00	100.00
1988	GIFTS FROM THE SUN	150 DAYS	38.00	100.00
1988	GROWING GLORY	150 DAYS	38.00	100.00
1988	SUNFLOWER MAIDEN	150 DAYS	40.00	100.00
1989	SUN SHOWERS	150 DAYS	40.00	100.00
T. DEGRAZIA			**FIESTA OF THE CHILDREN**	
1990	CASTANETS IN BLOOM	150 DAYS	35.00	50.00
1990	WELCOME TO THE FIESTA	150 DAYS	35.00	40.00
1991	FIESTA FLOWERS	150 DAYS	35.00	50.00
1992	FIESTA ANGELS	150 DAYS	35.00	45.00
T. DEGRAZIA			**FLORAL FIESTA**	
1994	FLOWERS FOR MOTHER	5000	40.00	42.00
1994	LITTLE FLOWER VENDOR	5000	40.00	42.00
T. DEGRAZIA			**HOLIDAY**	
1976	FESTIVAL OF LIGHTS	9500	45.00	90.00
1976	FESTIVAL OF LIGHTS-SIGNED	500	100.00	500.00
1977	BELL OF HOPE	9500	45.00	100.00
1977	BELL OF HOPE-SIGNED	500	100.00	400.00
1978	LITTLE MADONNA	9500	45.00	100.00
1978	LITTLE MADONNA-SIGNED	500	100.00	340.00
1979	NATIVITY, THE	9500	50.00	100.00
1979	NATIVITY, THE-SIGNED	500	100.00	250.00
1980	LITTLE PIMA DRUMMER	9500	50.00	60.00
1980	LITTLE PIMA DRUMMER-SIGNED	500	100.00	225.00
1980	PIMA INDIAN DRUMMER	9500	50.00	60.00
1981	A LITTLE PRAYER	9500	55.00	50.00
1981	A LITTLE PRAYER-SIGNED	500	100.00	300.00
1981	LITTLE PRAYER ANGEL	9500	55.00	33.00
1982	BLUE BOY	10000	60.00	50.00
1982	BLUE BOY-SIGNED	96	100.00	400.00
1983	HEAVENLY BLESSINGS	10000	65.00	50.00
1984	NAVAJO MADONNA	10000	65.00	100.00
1985	SAGUARO DANCE	10000	65.00	100.00
T. DEGRAZIA			**HOLIDAY-MINI PLATES**	
1980	FESTIVAL OF LIGHTS	5000	15.00	255.00
1981	BELL OF HOPE	5000	15.00	100.00
1982	LITTLE MADONNA	5000	15.00	100.00
1982	NATIVITY, THE	5000	15.00	100.00
1983	LITTLE PIMA DRUMMER	5000	15.00	30.00
1983	LITTLE PRAYER	5000	20.00	30.00
1984	BLUE BOY	5000	20.00	30.00
1984	HEAVENLY BLESSINGS	5000	20.00	30.00
1985	NAVAJO MADONNA	5000	20.00	75.00
1985	SAGUARO DANCE	5000	20.00	75.00
T. DEGRAZIA			**WESTERN**	
1986	MORNING RIDE	5000	65.00	175.00
1987	BRONCO	5000	65.00	175.00
1988	APACHE SCOUT	5000	65.00	175.00
1989	ALONE	5000	65.00	175.00

BAREUTHER

YR	NAME	LIMIT	ISSUE	TREND
H. MUELLER			**CHRISTMAS**	
1967	STIFTSKIRCHE	10000	12.00	200.00
1968	KAPPLKIRCHE	10000	12.00	75.00
1969	CHRISTKINDLESMARKT	10000	12.00	40.00
1970	CHAPEL IN OBERNDORF	10000	12.00	75.00
1972	CHRISTMAS IN MUNICH	10000	14.00	30.00
1973	SLEIGH RIDE	10000	15.00	40.00
1974	BLACK FOREST CHURCH	10000	19.00	40.00
1975	SNOWMAN	10000	22.00	50.00
1976	CHAPEL IN THE HILLS	10000	24.00	30.00
1977	STORY TIME	10000	25.00	45.00
1978	MITTENWALD	10000	28.00	75.00
1979	WINTER DAY	10000	35.00	63.00
1980	MITTENBERG	10000	38.00	65.00
1981	WALK IN THE FOREST	10000	40.00	60.00
1982	BAD WIMPFEN	10000	40.00	50.00
1983	NIGHT BEFORE CHRISTMAS, THE	10000	40.00	50.00
1984	ZEIL ON THE RIVER MAIN	10000	43.00	70.00
1985	WINTER WONDERLAND	10000	43.00	60.00
1986	CHRISTMAS IN FORCHHEIM	10000	43.00	35.00
1987	DECORATING THE TREE	10000	43.00	90.00
1988	ST. COLOMAN CHURCH	10000	53.00	85.00
1989	SLEIGH RIDE	10000	53.00	30.00
1990	OLD FORGE IN ROTHENBURG, THE	10000	53.00	55.00
1991	CHRISTMAS JOY	10000	56.00	60.00
1992	MARKET PLACE IN HEPPENHEIM	10000	60.00	60.00

YR	NAME	LIMIT	ISSUE	TREND
1993	WINTER FUN	10000	60.00	60.00
1994	COMING HOME FOR CHRISTMAS	10000	60.00	75.00

L. RICHTER

				CHRISTMAS
1971	TOYS FOR SALE	10000	13.00	30.00

BELLEEK
*

				CHRISTMAS
1970	CASTLE CALDWELL	7500	25.00	200.00
1971	CELTIC CROSS	7500	25.00	85.00
1972	FLIGHT OF THE EARLS	7500	30.00	70.00
1973	TRIBUTE TO YEATS	7500	39.00	100.00
1974	DEVENISH ISLAND	7500	45.00	90.00
1975	CELTIC CROSS, THE	7500	48.00	90.00
1976	DOVE OF PEACE	7500	55.00	120.00
1977	WREN	7500	55.00	80.00

BERLIN DESIGN

YR	NAME	LIMIT	ISSUE	TREND
1970	CHRISTMAS IN BERNKASTEL	4000	14.00	130.00
1971	CHRISTMAS IN ROTHENBURG	20000	14.00	50.00
1972	CHRISTMAS IN MICHELSTADT	20000	15.00	60.00
1973	CHRISTMAS IN WENDLESTEIN	20000	20.00	60.00
1974	CHRISTMAS IN BREMEN	20000	25.00	55.00
1975	CHRISTMAS IN DORTLAND	20000	30.00	40.00
1976	CHRISTMAS IN AUGSBURG	20000	32.00	80.00
1977	CHRISTMAS IN HAMBURG	20000	32.00	35.00
1978	CHRISTMAS IN BERLIN	20000	36.00	90.00
1979	CHRISTMAS IN GREETSIEL	20000	48.00	65.00
1980	CHRISTMAS IN MITTENBERG	20000	50.00	60.00
1981	CHRISTMAS EVE IN HAHNENKLEE	20000	55.00	60.00
1982	CHRISTMAS EVE IN WASSERBERG	20000	55.00	55.00
1983	CHRISTMAS IN OBERNDORF	20000	55.00	70.00
1984	CHRISTMAS IN RAMSAU	20000	55.00	60.00
1985	CHRISTMAS IN BAD WIMPFEN	20000	55.00	60.00
1986	CHRISTMAS EVE IN GELNHAUS	20000	65.00	70.00
1987	CHRISTMAS EVE IN GOSLAR	20000	65.00	70.00
1988	CHRISTMAS EVE IN RUHPOLDING	20000	65.00	95.00
1989	CHRISTMAS EVE IN FRIEDECHSDADT	20000	80.00	85.00
1990	CHRISTMAS EVE IN PARTENKIRCHEN	20000	80.00	85.00
1991	CHRISTMAS EE IN ALLENDORF	20000	80.00	85.00
*				HISTORICAL
1975	WASHINGTON CROSSING THE DELAWARE	YR	30.00	40.00
1976	TOM THUMB	YR	32.00	35.00
1977	ZEPPELIN	YR	32.00	35.00
1978	BENZ MOTOR CAR MUNICH	10000	36.00	36.00
1979	JOHANNES GUTENBERG	10000	48.00	48.00
*		HOLIDAY WEEK OF THE FAMILY KAPPELMANN		
1984	MONDAY	*	33.00	33.00
1984	TUESDAY	*	33.00	37.00
1985	FRIDAY	*	35.00	40.00
1985	THURSDAY	*	35.00	38.00
1985	WEDNESDAY	*	33.00	37.00
1986	SATURDAY	*	35.00	40.00
1986	SUNDAY	*	35.00	40.00

BIEDERMANN & SONS
*

1993	FOUR CALLING BIRDS	250	18.00	20.00
1994	DRUMMER BOY	250	20.00	50.00

BING & GRONDAHL

C. MAGADINI

1998	AMERICAN CHRISTMAS HERITAGE COLLECTION	YR	35.00	35.00

J. NIELSEN

1998	PLACES OF ENCHANTMENT 1998	7500	70.00	70.00

A. HALLIN

				CENTENNIAL COLLECTION
1995	BEHIND THE FROZEN WINDOW	YR	60.00	85.00

D. JENSEN

				CENTENNIAL COLLECTION
1992	CROWS ENJOYING CHRISTMAS	YR	60.00	75.00

H. THELANDER

				CENTENNIAL COLLECTION
1993	CHRISTMAS ELF	YR	60.00	80.00
1994	CHRISTMAS IN CHURCH	YR	60.00	80.00

H. VLUGENRING

				CENTENNIAL COLLECTION
1992	COPENHAGEN CHRISTMAS	YR	60.00	60.00

C. ROLLER

				CHILDREN'S DAY PLATE
1985	MAGICAL TEA PARTY, THE	YR	25.00	30.00
1986	A JOYFUL FLIGHT	YR	27.00	35.00
1986	LITTLE GARDENERS, THE	YR	30.00	45.00
1988	WASH DAY	YR	35.00	45.00
1989	BEDTIME	YR	37.00	50.00

S. VESTERGAARD

				CHILDREN'S DAY PLATE
1990	MY FAVORITE DRESS	YR	37.00	45.00
1991	FUN ON THE BEACH	YR	45.00	60.00
1992	A SUMMER DAY IN THE MEADOW	YR	45.00	69.00
1993	CAROUSEL, THE	YR	45.00	80.00
1994	LITTLE FISHERMAN, THE	YR	45.00	60.00
1998	CHILDREN'S DAY 1998	YR	35.00	35.00

AARESTRUP

				CHRISTMAS
1930	YULE TREE	YR	2.00	99.00

YR	NAME	LIMIT	ISSUE	TREND
K. BONFILS				CHRISTMAS
1954	ROYAL BOAT	YR	7.00	100.00
1955	KAULUNDORG CHURCH	YR	8.00	100.00
1956	CHRISTMAS IN COPENHAGEN	YR	8.00	100.00
1957	CHRISTMAS CANDLES	YR	9.00	139.00
1958	SANTA CLAUS	YR	10.00	115.00
1959	CHRISTMAS EVE	YR	10.00	129.00
1960	VILLAGE CHURCH	YR	10.00	170.00
1961	WINTER HARMONY	YR	10.00	80.00
1962	WINTER NIGHT	YR	11.00	79.00
C. ERSGAARD				CHRISTMAS
1910	OLD ORGANIST, THE	YR	2.00	200.00
H. FLUGENRING				CHRISTMAS
1931	TOWN HALL SQUARE	YR	2.00	90.00
1932	LIFE BOAT	YR	2.00	95.00
1933	KORSOR-NYBORG FERRY	YR	3.00	95.00
1934	CHURCH BELL IN TOWER	YR	3.00	100.00
A. FRIIS				CHRISTMAS
1917	CHRISTMAS BOAT	YR	2.00	100.00
1918	FISHING BOAT	YR	2.00	90.00
1919	OUTSIDE LIGHTED WINDOW	YR	2.00	89.00
1920	HARE IN THE SNOW	YR	2.00	95.00
1921	PIGEONS	YR	2.00	82.00
1922	STAR OF BETHLEHEM	YR	2.00	90.00
1923	ERMITAGE, THE	YR	2.00	79.00
1924	LIGHTHOUSE	YR	2.00	79.00
1925	CHILD'S CHRISTMAS	YR	2.00	90.00
1926	CHURCHGOERS	YR	2.00	90.00
1927	SKATING COUPLE	YR	2.00	110.00
1928	ESKIMOS	YR	2.00	75.00
1929	FOX OUTSIDE FARM	YR	2.00	100.00
1931	CHRISTMAS TRAIN	YR	2.00	100.00
F. GARDE				CHRISTMAS
1898	ROSES AND STAR	YR	1.00	900.00
1899	CROWS	YR	1.00	1500.00
1900	CHURCH BELLS	YR	1.00	1150.00
F. HALLIN				CHRISTMAS
1895	BEHIND THE FROZEN WINDOW	YR	*	6000.00
1896	NEW MOON	YR	*	2400.00
1897	SPARROWS	YR	1.00	1400.00
E. HANSEN				CHRISTMAS
1902	GOING TO CHURCH	YR	2.00	500.00
M. HYLDAHL				CHRISTMAS
1903	EXPECTANT CHILDREN	YR	1.00	400.00
1946	COMMEMORATION CROSS	YR	5.00	100.00
1947	DYBBOL MILL	YR	5.00	200.00
1948	WATCHMAN	YR	6.00	100.00
1949	LANDSOLDATEN	YR	6.00	100.00
1950	KRONBORG CASTLE	YR	6.00	150.00
1951	JENS BANG	YR	6.00	140.00
D. JENSEN				CHRISTMAS
1902	GOTHIC CHURCH INTERIOR	YR	1.00	500.00
1905	CHRISTMAS NIGHT	YR	1.00	179.00
1906	SLEIGHING TO CHURCH	YR	1.00	110.00
1915	DOG OUTSIDE WINDOW	YR	2.00	139.00
E. JENSEN				CHRISTMAS
1984	CHRISTMAS LETTER, THE	YR	55.00	75.00
1985	CHRISTMAS EVE AT THE FARMHOUSE	YR	55.00	77.00
1986	SILENT NIGHT, HOLY NIGHT	YR	55.00	75.00
1987	SNOWMAN'S CHRISTMAS EVE, THE	YR	60.00	77.00
1988	IN THE KINGS GARDEN	YR	65.00	77.00
1989	CHRISTMAS ANCHORAGE	YR	60.00	71.00
1990	CHANGING OF THE GUARDS	YR	65.00	71.00
1991	COPENHAGEN STOCK EXCHANGE	YR	70.00	75.00
P. JORGENSEN				CHRISTMAS
1900	ST. PETRI CHURCH	YR	1.00	80.00
T. LARSEN				CHRISTMAS
1913	BRINGING HOME THE TREE	YR	2.00	100.00
1914	AMALIENBORG CASTLE	YR	2.00	80.00
O. LARSON				CHRISTMAS
1935	LILLEBELT BRIDGE	YR	3.00	77.00
1936	ROYAL GUARD	YR	3.00	77.00
1937	ARRIVAL OF CHRISTMAS GUESTS	YR	3.00	100.00
1940	CHRISTMAS LETTERS	YR	4.00	200.00
1941	HORSES ENJOYING MEAL	YR	4.00	350.00
1942	DANISH FARM	YR	4.00	275.00
1943	RIBE CATHEDRAL	YR	5.00	200.00
1944	SORGENFRI CASTLE	YR	5.00	120.00
1945	OLD WATER MILL, THE	YR	5.00	200.00
H. MOLTKE				CHRISTMAS
1900	ANGELS AND SHEPHERDS	YR	2.00	79.00
J. NIELSEN				CHRISTMAS
1998	CHRISTMAS 1998	YR	70.00	70.00
C. OLSEN				CHRISTMAS
1904	FREDERICKSBERG HILL	YR	1.00	179.00
F. PLOCKROSS				CHRISTMAS
1907	LITTLE MATCH GIRL	YR	1.00	133.00

YR	NAME	LIMIT	ISSUE	TREND
B. PRAMVIG				**CHRISTMAS**
1952	THORSVALDSEN MUSEUM	YR	6.00	120.00
1953	SNOWMAN	YR	8.00	140.00
S. SABRA				**CHRISTMAS**
1901	THREE WISE MEN	YR	1.00	500.00
J. STEENSEN				**CHRISTMAS**
1992	CHRISTMAS AT THE RECTORY	YR	70.00	100.00
1993	FATHER CHRISTMAS IN COPENHAGEN	YR	70.00	72.00
H. THELANDER				**CHRISTMAS**
1963	CHRISTMAS ELF	YR	11.00	127.00
1964	FIR TREE AND HARE, THE	YR	12.00	47.00
1965	BRINGING HOME THE TREE	YR	12.00	49.00
1966	HOME FOR CHRISTMAS	YR	12.00	47.00
1967	SHARING THE JOY	YR	13.00	65.00
1968	CHRISTMAS IN CHURCH	YR	14.00	39.00
1969	ARRIVAL OF GUESTS	YR	14.00	30.00
1970	PHEASANTS IN SNOW	YR	14.00	25.00
1971	CHRISTMAS AT HOME	YR	15.00	25.00
1972	CHRISTMAS IN GREENLAND	YR	16.00	25.00
1973	COUNTRY CHRISTMAS	YR	20.00	25.00
1974	CHRISTMAS IN THE VILLAGE	YR	22.00	25.00
1975	OLD WATER MILL	YR	28.00	39.00
1976	CHRISTMAS WELCOME	YR	28.00	39.00
1977	COPENHAGEN CHRISTMAS	YR	30.00	39.00
1978	CHRISTMAS TALE	YR	32.00	49.00
1979	WHITE CHRISTMAS	YR	37.00	35.00
1980	CHRISTMAS IN WOODS	YR	43.00	49.00
1981	CHRISTMAS PEACE	YR	50.00	49.00
1982	CHRISTMAS TREE	YR	55.00	50.00
1983	CHRISTMAS IN OLD TOWN	YR	55.00	50.00
I. TJERNE				**CHRISTMAS**
1938	LIGHTING THE CANDLES	YR	3.00	200.00
1939	OLD LOCK-EYE, THE SANDMAN	YR	3.00	200.00
S. VESTERGAARD				**CHRISTMAS**
1998	CHRISTMAS 1998	YR	70.00	70.00
H.H. HANSEN			**CHRISTMAS AROUND THE WORLD**	
1998	SANTA IN AUSTRALIA	7500	70.00	70.00
J. WOODSON			**CHRISTMAS IN AMERICA**	
1986	CHRISTMAS EVE IN WILLIAMSBURG	YR	30.00	150.00
1987	CHRISTMAS EVE AT THE WHITE HOUSE	YR	35.00	40.00
1988	CHRISTMAS EVE AT ROCKEFELLER CENTER	YR	35.00	50.00
1989	CHRISTMAS IN NEW ENGLAND	YR	37.00	50.00
1990	CHRISTMAS EVE AT THE CAPITOL	YR	40.00	75.00
1991	CHRISTMAS EVE AT INDEPENDENCE HALL	YR	45.00	80.00
1992	CHRISTMAS IN SAN FRANCISCO	YR	48.00	50.00
1993	COMING HOME FOR CHRISTMAS	YR	48.00	65.00
1994	CHRISTMAS EVE IN ALASKA	YR	48.00	65.00
AARESTRUP			**JUBILEE-5 YEAR CYCLE**	
1980	YULE TREE	YR	60.00	75.00
J. BONFILS			**JUBILEE-5 YEAR CYCLE**	
1990	ROYAL YACHT DANNEBROG, THE	YR	95.00	79.00
C. ERSGAARD			**JUBILEE-5 YEAR CYCLE**	
1930	OLD ORGANIST, THE	YR	*	199.00
H. FLUGENRING			**JUBILEE-5 YEAR CYCLE**	
1985	LIFEBOAT AT WORK	YR	65.00	90.00
A. FRIIS			**JUBILEE-5 YEAR CYCLE**	
1950	ESKIMOS	YR	*	200.00
1965	CHURCHGOERS	YR	25.00	50.00
F. GARDE			**JUBILEE-5 YEAR CYCLE**	
1920	CHURCH BELLS	YR	*	75.00
F. HALLIN			**JUBILEE-5 YEAR CYCLE**	
1915	FROZEN WINDOW	YR	*	200.00
M. HYLDAHL			**JUBILEE-5 YEAR CYCLE**	
1955	DYBBOL MILL	YR	*	239.00
1960	KRONBORG CASTLE	YR	25.00	159.00
D. JENSEN			**JUBILEE-5 YEAR CYCLE**	
1925	DOG OUTSIDE WINDOW	YR	*	250.00
T. LARSEN			**JUBILEE-5 YEAR CYCLE**	
1945	AMALIENBORG CASTLE	YR	*	100.00
1970	AMALIENBORG CASTLE	YR	30.00	50.00
O. LARSON			**JUBILEE-5 YEAR CYCLE**	
1975	HORSES ENJOYING MEAL	YR	40.00	59.00
E. PLOCKROSS			**JUBILEE-5 YEAR CYCLE**	
1935	LITTLE MATCH GIRL	YR	*	600.00
S. SABRA			**JUBILEE-5 YEAR CYCLE**	
1940	THREE WISE MEN	YR	*	1900.00
L. JENSEN				**MOTHER'S DAY**
1990	HEN WITH CHICKS	YR	53.00	100.00
1991	NANNY GOAT AND HER TWO FRISKY KIDS, THE	YR	55.00	90.00
1992	PANDA WITH CUBS	YR	60.00	100.00
J. NIELSEN				**MOTHER'S DAY**
1998	MOTHER'S DAY 1998	YR	50.00	50.00
H. THELANDER				**MOTHER'S DAY**
1969	DOGS AND PUPPIES	YR	10.00	400.00
1970	BIRD AND CHICKS	YR	10.00	30.00
1971	CAT AND KITTEN	YR	11.00	14.00
1972	MARE AND FOAL	YR	12.00	13.00

YR	NAME	LIMIT	ISSUE	TREND
1973	DUCK AND DUCKLINGS	YR	13.00	20.00
1974	BEAR AND CUBS	YR	16.00	17.00
1975	DOE AND FAWNS	YR	20.00	20.00
1976	SWAN FAMILY	YR	23.00	20.00
1977	SQUIRREL AND YOUNG	YR	24.00	25.00
1978	HERON	YR	25.00	20.00
1979	FOX AND CUBS	YR	28.00	30.00
1980	WOODPECKER AND YOUNG	YR	30.00	45.00
1981	HARE AND YOUNG	YR	37.00	30.00
1982	LIONESS AND CUBS	YR	40.00	50.00
1983	RACCOON AND YOUNG	YR	40.00	50.00
1984	STORK AND NESTLINGS	YR	40.00	50.00
1985	BEAR AND CUBS	YR	40.00	39.00
1986	ELEPHANT WITH CALF	YR	40.00	50.00
1987	SHEEP WITH LAMBS	YR	43.00	100.00
1988	CRESTED PLOYER & YOUNG	YR	48.00	90.00
1988	LAPWING MOTHER WITH CHICKS	YR	50.00	80.00
1989	COW WITH CALF	YR	50.00	70.00

A. THERKELSEN

				MOTHER'S DAY
1993	ST. BERNARD DOG AND PUPPIES	YR	60.00	75.00

*

				OLYMPIC
1972	MUNICH, GERMANY	CL	20.00	35.00
1976	MONTREAL, CANADA	CL	30.00	45.00
1980	MOSCOW, RUSSIA	CL	43.00	85.00
1984	LOS ANGELES, USA	CL	45.00	300.00
1988	SEOUL, KOREA	CL	60.00	85.00
1992	BARCELONA, SPAIN	CL	75.00	90.00

H. HANSEN

				SANTA CLAUS COLLECTION
1989	SANTA'S WORKSHOP	YR	60.00	100.00
1990	SANTA'S SLEIGH	YR	60.00	150.00
1991	SANTA'S JOURNEY	YR	70.00	95.00
1992	SANTA'S ARRIVAL	YR	75.00	95.00
1993	SANTA'S GIFTS	YR	75.00	95.00
1994	CHRISTMAS STORIES	YR	75.00	100.00

*

				STATUE OF LIBERTY
1985	STATUE OF LIBERTY	10000	60.00	90.00

S. VESTERGAARD

				YOUNG ADVENTURER
1990	LITTLE VIKING, THE	YR	53.00	70.00

BOEHM STUDIOS

*

				EGYPTIAN COMMEMORATIVE
1978	TUTANKHAMUN	5000	125.00	170.00
1978	TUTANKHAMUN, HANDPAINTED	225	975.00	975.00

*

				PANDA
1982	PANDA, HARMONY	5000	65.00	70.00
1982	PANDA, PEACE	5000	65.00	70.00

BRADFORD EXCHANGE

*

				100 ACRE WOOD HOLIDAY
1998	DECORATING THE TREE	*	30.00	30.00

*

				101 DALMATIANS
1997	BED TIME	95 DAYS	35.00	35.00
1997	CRUELLA IS SPOTTED	95 DAYS	40.00	40.00
1997	MANSION AWAITS, THE	95 DAYS	40.00	40.00
1997	OVER THE WALL	95 DAYS	40.00	40.00
1997	PUPPIES ON THE LOOSE	95 DAYS	40.00	40.00
1997	SERGEANT TIBS SAVES THE DAY	95 DAYS	33.00	33.00
1997	TRUE LOVE	95 DAYS	35.00	35.00

A. WHITE

				101 DALMATIANS
1993	WATCH DOGS	CL	30.00	40.00
1994	A HAPPY REUNION	CL	30.00	40.00
1994	HALFWAY HOME	CL	33.00	45.00
1994	HELLO DARLINGS	CL	33.00	45.00
1995	A MESSY GOOD TIME	95 DAYS	30.00	50.00

B. BENGER

				500 HOME RUN CLUB
1997	TED WILLIAMS	*	30.00	30.00
1998	WILLIE MAYS	*	30.00	30.00

L. GARRISON

				A CHRISTMAS CAROL
1993	GHOST OF CHRISTMAS PRESENT	CL	30.00	65.00
1993	GOD BLESS US EVERYONE	CL	30.00	75.00
1994	A MERRY CHRISTMAS TO ALL	CL	30.00	85.00
1994	A SPIRIT'S WARNING	CL	30.00	75.00
1994	A VISIT FROM MARLEY'S GHOST	CL	30.00	75.00
1994	REMEMBERING CHRISTMAS PAST	CL	30.00	65.00
1994	TRUE SPIRIT OF CHRISTMAS, THE	CL	30.00	70.00

L. MARTIN

				A GARDEN OF LITTLE JEWELS
1997	A SPLENDID MOMENT	*	35.00	35.00
1997	A WHISPER OF WINGS	*	35.00	35.00
1997	DELICATE BEAUTY	*	35.00	35.00
1997	GARDEN GRACE	*	35.00	35.00
1997	PERFECT ENCHANTMENT	*	35.00	35.00
1997	PRECIOUS TREASURES	*	35.00	35.00

R. DOCKEN

				A GATHERING OF NATIONS
1997	DEFENDER OF HONOR	*	35.00	35.00
1997	DEFENDER OF TRUTH	*	35.00	35.00
1998	DEFENDER OF PRIDE	*	35.00	35.00
1998	DEFENDER OF SPIRITS	*	35.00	35.00

Animation artist Walter Lantz put a new spin on an old classic. Gothic Woody was produced by Armstrong's.

These newborn cardinals offer a Morning Serenade to their proud parents. This is the first issue in the "Nature's Poetry" series created by Lena Liu for W.S. George.

Marry Me, Scarlett is the first issue in the "Critic's Choice: Gone with the Wind" series produced by W.S. George in 1991.

Released in 1994 for the The Bradford Exchange's Gardens of Innocence collection, Hope is a closed edition.

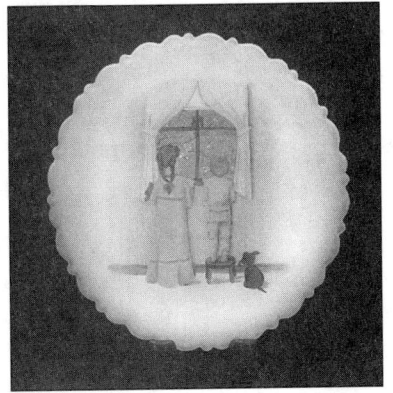

The first of four editions in Fenton Art Glass' "Christmas Fantasy Series" by Diane Johnson, the design was also produced as a bell and a fairy light.

YR	NAME	LIMIT	ISSUE	TREND
J. ANDERSON			**A MOTHER'S LOVE**	
1995	KINDNESS	*	*	40.00
1995	PATIENCE	*	*	40.00
1995	REMEMBRANCE	95 DAYS	30.00	40.00
1995	THOUGHTFULNESS	*	*	40.00
N. ROCKWELL			**A MOTHER'S LOVE**	
1997	A SONG IN YOUR HEART	*	35.00	35.00
1997	CONSTANT COMFORT	*	35.00	35.00
1998	SHARING GENTLE MOMENTS	*	35.00	35.00
N. STRELKINA			**A SYMPHONY OF ANGELS**	
1997	SERENITY'S SONG	*	30.00	30.00
1997	TRANQUILITY'S SERENADE	*	30.00	30.00
1998	ANGELIC INTERLUDE	*	35.00	35.00
1998	CELESTIAL SONG	*	35.00	35.00
1998	DIVINE MELODY	*	33.00	33.00
1998	HARMONY'S HYMN	*	33.00	33.00
1998	HEAVENLY CELEBRATION	*	35.00	35.00
1998	PEACEFUL PRELUDE	*	33.00	33.00
*				**ALADDIN**
1993	A FRIEND LIKE ME	CL	30.00	40.00
1993	MAGIC CARPET RIDE	CL	30.00	40.00
1994	ALADDIN IN LOVE	CL	30.00	40.00
1994	ALADDIN'S WISH	CL	30.00	40.00
1994	MAKE WAY FOR PRINCE ALIABAWA	CL	30.00	40.00
1994	TRAVELING COMPANIONS	CL	30.00	40.00
1995	BEE YOURSELF	CL	30.00	40.00
1995	GROUP HUG	CL	30.00	40.00
D. O'LEARY		**ALAN JACKSON: AS COUNTRY AS COUNTRY GETS**		
1998	EVERYTHING I LOVE	*	30.00	30.00
1998	WORKING CLASS HERO	*	30.00	30.00
S. GUSTAFSON			**ALICE IN WONDERLAND**	
1993	ADVICE FROM A CATERPILLAR	CL	30.00	75.00
1993	CHESHIRE CAT, THE	CL	30.00	70.00
1993	MAD TEA PARTY, THE	CL	30.00	60.00
1994	CROQUET WITH THE QUEEN	CL	30.00	75.00
E. JERINS			**ALWAYS BY MY SIDE**	
1997	GIFTS OF LOVE	*	30.00	30.00
1997	PEACEFUL HARMONY	*	30.00	30.00
1997	SWEET EMBRACE	*	30.00	30.00
1998	DIVINE INSPIRATION	*	30.00	30.00
1998	EVERLASTING GRACE	*	30.00	30.00
C. WYSOCKI			**AMERICAN FRONTIER**	
1993	TIMBERLINE JACK'S TRADING POST	CL	30.00	40.00
1994	BUSTLING BOOMTOWN	CL	30.00	40.00
1994	DR. LIVINGWELL'S MEDICINE SHOW	CL	30.00	40.00
1994	HEARTY HOMESTEADERS	CL	30.00	40.00
1994	KIRBYVILLE	CL	30.00	40.00
1994	OKLAHOMA OR BUST	CL	30.00	40.00
D. EVERHART		**AMERICA'S FAVORITE CLASSIC CARS**		
1993	CORVETTE 1957	*	54.00	65.00
1993	THUNDERBIRD 1956	*	54.00	60.00
1994	BEL AIR 1957	*	54.00	65.00
1994	MUSTANG 1965	*	54.00	60.00
R. SCHAAR			**AMERICA'S TRIUMPH IN SPACE**	
1993	BEYOND THE BOUNDS OF EARTH	CL	33.00	45.00
1993	EAGLE HAS LANDED, THE	CL	30.00	40.00
1993	FLIGHT OF GLORY	CL	33.00	45.00
1993	MARCH TOWARDS DESTINY, THE	CL	30.00	40.00
1994	CONQUERING THE NEW FRONTIER	CL	33.00	45.00
1994	NEW EXPLORERS, THE	CL	35.00	50.00
1994	RENDEZVOUS W/VICTORY	CL	35.00	45.00
1994	TRIUMPHANT FINALE, THE	CL	35.00	50.00
M. SILVERSMITH			**ANCIENT SEASONS**	
1995	EDGE OF NIGHT	CL	30.00	40.00
1995	JOURNEY THROUGH MIDNIGHT	95 DAYS	30.00	40.00
1995	MID-WINTER PASSAGE	95 DAYS	30.00	40.00
1995	WINTER SOJOURN	95 DAYS	30.00	40.00
1995	WINTER STORM	95 DAYS	30.00	40.00
L. LIU		**ANGELIC VISIONS FROM LENA LIU**		
1998	ON LOVING WINGS	*	35.00	35.00
E. TADIELLO			**ANGELS OF GRACE**	
1997	TRANQUILITY'S RELEASE	*	35.00	35.00
1998	LOVE'S REFLECTION	*	35.00	35.00
*				**ANTIQUE LANE**
1998	GRANDMA'S ATTIC ANTIQUES	*	40.00	40.00
1998	SWEET ADELINE'S CLOSET	*	40.00	40.00
P. HEFFERNAN			**BABE RUTH CENTENNIAL**	
1995	60TH HOMER, THE	CL	35.00	50.00
1995	BARNSTORMING DAYS	CL	35.00	65.00
1995	FINAL HOME RUN	CL	30.00	75.00
1995	RUTH'S PITCHING DEBUT	CL	30.00	75.00
A. ISAKOV			**BASKETS OF LOVE**	
1993	ANDREW AND ABBEY	CL	30.00	45.00
1993	CODY AND COURTNEY	CL	30.00	45.00
1993	EMILY AND ELLIOTT	CL	33.00	55.00
1993	HEATHER AND HANNAH	CL	33.00	45.00
1993	JUSTIN AND JESSICA	CL	33.00	45.00
1993	KATIE AND KELLY	CL	35.00	45.00

YR	NAME	LIMIT	ISSUE	TREND
1993	LOUIE & LIBBY	CL	35.00	55.00
1994	SAMMY AND SARAH	CL	35.00	55.00
J. GRIFFIN				
	BATTLES OF THE AMERICAN CIVIL WAR			
1995	CHANCELLORSVILLE	95 DAYS	*	40.00
1995	FREDERICKSBURG	95 DAYS	*	40.00
1995	GETTYSBURG	95 DAYS	30.00	40.00
1995	MONITOR & MERRIMAC	95 DAYS	*	40.00
1995	VICKSBURG	95 DAYS	30.00	40.00
1996	ANTIETAM	95 DAYS	*	40.00
1996	ATLANTA	95 DAYS	*	40.00
1996	SHILOH	95 DAYS	*	40.00
S. SHERWOOD				
	BEARY MERRY CHRISTMAS			
1996	A MOMENT TO TREASURE	CL	30.00	40.00
1996	A ROMANTIC RIDE	CL	30.00	40.00
*				
	BEATITUDES			
1996	BLESSED/THE PURE IN HEART	*	*	40.00
L. LIU				
	BEAUTIFUL GARDENS			
1994	IRIS GARDEN	CL	34.00	70.00
1994	ORCHID GARDEN	CL	44.00	125.00
1994	PEONY GARDEN	CL	34.00	80.00
1994	POPPY GARDEN	CL	44.00	60.00
1994	ROSE GARDEN	CL	39.00	125.00
1994	TULIP GARDEN	CL	39.00	100.00
1995	CLEMATIS GARDEN	CL	47.00	60.00
1995	LILY GARDEN	CL	44.00	125.00
1996	HIBISCUS GARDEN	CL	47.00	60.00
1996	MORNING GLORY GARDEN	CL	44.00	90.00
*				
	BEAUTY AND THE BEAST			
1994	A SPOT OF TEA	CL	35.00	40.00
1997	A BLOSSOMING ROMANCE	150 DAYS	30.00	30.00
1997	A GIFT FOR BELLE	150 DAYS	37.00	37.00
1997	A MISMATCH	150 DAYS	35.00	35.00
1997	BE OUR GUEST	150 DAYS	35.00	35.00
1997	BELLE'S FAVORITE STORY	150 DAYS	35.00	35.00
1997	ENCHANTE' CHERIE	150 DAYS	37.00	37.00
1997	LEARNING TO LOVE	150 DAYS	33.00	33.00
1997	LOVE'S FIRST DANCE	150 DAYS	30.00	30.00
1997	PAPA'S WORKSHOP	150 DAYS	33.00	33.00
1997	SPELL IS BROKEN, THE	150 DAYS	37.00	37.00
1997	WARMING UP	150 DAYS	33.00	33.00
G. OLSEN				
	BEST OF TIMES			
1997	DENIM TO LACE	*	30.00	30.00
1997	MELODIES REMEMBERED	*	30.00	30.00
R. BROWN				
	BRETT FAVRE COLLECTION			
1997	3 DEGREES TO VICTORY	*	30.00	30.00
1997	BACK TO TITLETOWN	*	30.00	30.00
1997	LEADER OF THE PACK	*	30.00	30.00
1998	MUDBOWL, THE	*	30.00	30.00
1998	PACK IS BACK, THE	*	30.00	30.00
1998	PACKER TOUCHDOWN HIGH	*	30.00	30.00
V. CRANDALL				
	BUNNY TALES			
1997	APPLE DUMPLIN'	*	30.00	30.00
1997	FOOTLOOSE	*	30.00	30.00
1997	FUZZBALL	*	30.00	30.00
1997	I'M ALL EARS	*	30.00	30.00
1997	MUNCHKIN	*	30.00	30.00
1998	BASKET CASE	*	30.00	30.00
1998	CARROT TOP	*	30.00	30.00
1998	MS. DAISY	*	30.00	30.00
1998	QUITE AN EARFUL	*	30.00	30.00
1998	SNOW BUNNY	*	30.00	30.00
1998	TAIL FEATHERS	*	30.00	30.00
J. MADAY				
	BUNNY WORKSHOP			
1995	MAKE TODAY EGGSTRA SPECIAL	CL	20.00	30.00
1995	SMILE MAKES THE DAY SO SWEET	*	*	40.00
L. DUBIN				
	BYGONE DAYS			
1994	SODA FOUNTIAN	CL	30.00	40.00
1995	BARBER SHOP,THE	CL	30.00	40.00
1995	CORNER NEWSSTAND,THE	CL	30.00	40.00
1995	MAIN STREET SPLENDOR	CL	30.00	40.00
1995	SAM'S GROCERY STORE	CL	30.00	50.00
1995	SATURDAY MATINEE	CL	30.00	55.00
F. BUCHWITZ				
	CABINS OF COMFORT RIVER			
1995	COMFORT BY CAMPLIGHTS FIRE	CL	30.00	30.00
C. JAGODITS				
	CANINE CAPERS			
1997	FISHING FOR TROUBLE	*	30.00	30.00
TSENG				
	CAROUSEL DAYDREAMS			
1995	ALL ABOARD	CL	45.00	70.00
1995	BIG HOPES, BRIGHT DREAMS	CL	50.00	60.00
1995	FLIGHT OF FANCY	CL	45.00	125.00
1995	HOLD ONTO YOUR DREAMS	CL	45.00	75.00
1995	MY FAVORITE MEMORY	CL	50.00	100.00
1995	SWEPT AWAY	CL	40.00	80.00
1995	VICTORIAN REVERIE	CL	50.00	125.00
1995	WHEN I GROW UP	CL	40.00	150.00
1996	DREAMS OF DESTINY	CL	50.00	125.00
1996	WISHFUL THINKING	CL	50.00	125.00

YR	NAME	LIMIT	ISSUE	TREND
J. KRAMER COLE			**CELESTIAL SPIRITS**	
1997	HOMEWARD JOURNEY	*	35.00	35.00
1997	LIGHTING THE WAY	*	35.00	35.00
C. WYSOCKI			**CHARLES WYSOCKI'S CAT CAPERS**	
1998	SHALL WE?	*	30.00	30.00
C. WYSOCKI		**CHARLES WYSOCKI'S COUNTRY HEARTLAND**		
1997	BUDZEN'S ROADSIDE FOOD STAND	*	*	N/A
1997	PEPPERCRICKET FARMS	*	*	N/A
1997	PUMPKIN HOLLOW	*	*	N/A
1997	VIRGINIA'S NEST	*	*	N/A
M.A. LASHER			**CHERISHED TRADITIONS**	
1995	DRESDEN	CL	30.00	40.00
1995	LOG CABIN	CL	30.00	40.00
1995	OCEAN WAVE	CL	30.00	40.00
1995	STAR, THE	CL	30.00	40.00
1995	WEDDING RING, THE	CL	30.00	40.00
1996	GOOSE IN THE POND	98 DAYS	30.00	40.00
1996	GRANDMOTHER'S FLOWER GARDEN	98 DAYS	30.00	40.00
1996	STARBURST	98 DAYS	30.00	40.00
W. BOUGUEREAU			**CHERUBS OF INNOCENCE**	
1994	FIRST KISS, THE	CL	30.00	40.00
1995	LOVE AT REST	CL	30.00	40.00
1995	THOUGHTS OF LOVE	CL	33.00	40.00
ZATZKA			**CHERUBS OF INNOCENCE**	
1995	LOVING GAZE	CL	33.00	45.00
P.L. TOOLE			**CHOIR OF ANGELS**	
1995	SONG OF JOY	CL	35.00	35.00
1996	SONG OF HARMONY	95 DAYS	35.00	35.00
1996	SONG OF HOPE	CL	35.00	35.00
1996	SONG OF PEACE	CL	35.00	35.00
G. RUNNING WOLF			**CHOSEN MESSENGERS**	
1994	OVERSEERS, THE	CL	30.00	45.00
1994	PATHFINDERS, THE	CL	30.00	45.00
1994	PROVIDERS, THE	CL	33.00	45.00
1994	SURVEYORS, THE	CL	33.00	55.00
R. MCGINNIS			**CHRISTMAS IN THE VILLAGE**	
1995	LITTLE CHURCH IN THE VALE	CL	30.00	40.00
1995	VILLAGE TOY SHOP, THE	CL	30.00	40.00
1996	GOODNIGHT DEAR FRIENDS	CL	30.00	40.00
1996	VILLAGE CONFECTIONARY	CL	30.00	40.00
1996	VILLAGE INN	CL	30.00	40.00
N. ROCKWELL			**CHRISTMAS MEMORIES**	
1997	SANTA'S WORKSHOP	*	40.00	40.00
1998	CHRISTMAS DREAM	*	40.00	40.00
1998	IS HE COMING?	*	40.00	40.00
1998	WISHES COME TRUE	*	40.00	40.00
J. TANTON			**CHRISTMAS MEMORIES**	
1993	A WINTER'S TALE	CL	30.00	40.00
1993	CHRISTMAS CELEBRATION	CL	30.00	55.00
1993	FINISHING TOUCHES	CL	30.00	45.00
1993	WELCOME TO OUR HOME	CL	30.00	50.00
P. FRYER			**CLASSIC ELEGANCE**	
1997	FAIREST OF THEM ALL, THE	*	35.00	35.00
1997	PRETTY AS A PICTURE	*	30.00	30.00
1998	ALL SWEETNESS AND LIGHT	*	30.00	30.00
1998	SUGAR AND SPICE	*	30.00	30.00
M. HAMPSHIRE		**CLASSIC MELODIES FROM "THE SOUND OF MUSIC"**		
1995	ALPINE REFUGE	CL	30.00	43.00
1995	DROP OF GOLDEN SUN	CL	30.00	60.00
1995	SING ALONG WITH MARIA	CL	30.00	50.00
1995	VON TRAPP FAMILY SINGERS	CL	30.00	40.00
L. MOSER			**CLASSIC ROSES**	
1996	BEAUTY IN BLOOM	CL	35.00	40.00
1996	MAGIC IN MAUVE	95 DAYS	38.00	45.00
1996	PRECIOUS IN PURPLE	95 DAYS	38.00	45.00
1996	PRETTY IN PINK	CL	35.00	40.00
K. BURNETT			**CLIFF DWELLERS**	
1997	AN EAGLE RULES THE HEIGHTS	*	40.00	40.00
1997	BIGHORNS LINGER ON THE EDGE	*	40.00	40.00
1997	THE WOLVES ASCEND THE ROCKY SLOPE	*	40.00	40.00
1997	WITHIN THE COUGAR'S SIGHTS	*	40.00	40.00
D. KLAUBA		**COSTUMING OF A LEGEND: GONE WITH THE WIND**		
1993	BLACK & WHITE BENGALINE DRESS	95 DAYS	30.00	45.00
1993	GREEN DRAPERY DRESS	95 DAYS	30.00	45.00
1993	GREEN SPRIGGED DRESS	95 DAYS	30.00	53.00
1993	MOURNING GOWN	95 DAYS	30.00	45.00
1993	ORCHID PERCALE DRESS	95 DAYS	30.00	45.00
1993	RED DRESS, THE	CL	30.00	45.00
1993	WIDOW'S WEEDS	95 DAYS	30.00	45.00
1994	COUNTRY WALKING DRESS	95 DAYS	30.00	45.00
1994	GREEN MUSLIN DRESS	95 DAYS	30.00	45.00
1994	PLAID BUSINESS ATTIRE	95 DAYS	30.00	45.00
W. GOEBEL			**COUNTRY WONDERLAND**	
1995	QUIET HOUR, THE	CL	30.00	40.00
D. CASEY			**COW-HIDE**	
1995	INCOWGNITO	CL	35.00	40.00
1995	INCOWSPICUOUS	CL	35.00	40.00

YR	NAME	LIMIT	ISSUE	TREND
1996	COWMOOFLAGE	CL	35.00	40.00
1996	COWPANSIONS	OP	35.00	40.00

CROWN JEWELS OF DISNEY

YR	NAME	LIMIT	ISSUE	TREND
1997	ARIEL'S DREAM COMES TRUE	95 DAYS	40.00	40.00
1997	BEAUTY AND THE BEAST	95 DAYS	40.00	40.00
1997	SLEEPING BEAUTY	95 DAYS	40.00	40.00
1997	THAT SPECIAL SPARKLE	95 DAYS	40.00	40.00

CRYSTAL HEAVENS

YR	NAME	LIMIT	ISSUE	TREND
1998	SYMPHONY OF LIGHT	*	*	N/A

CURRIER & IVES

CURRIER & IVES CHRISTMAS

YR	NAME	LIMIT	ISSUE	TREND
1995	AMERICAN HOMESTEAD WINTER	CL	35.00	40.00
1995	AMERICAN WINTER SCENES	CL	35.00	40.00
1995	EARLY WINTER	CL	35.00	40.00
1996	WINTER MOON-FEEDING CHICKENS	CL	35.00	40.00

D. SIVAVEC

DAN MARINO: RECORD BREAKER

YR	NAME	LIMIT	ISSUE	TREND
1998	51,636 AND COUNTING	*	35.00	35.00

DANCE OF THE UNICORNS

YR	NAME	LIMIT	ISSUE	TREND
1998	MIDNIGHT DREAMER	*	50.00	50.00
1998	MOONLIGHT CANTER	*	50.00	50.00
1998	TWILIGHT DANCER	*	50.00	50.00

E. KUCERA

DAUGHTERS OF THE WIND

YR	NAME	LIMIT	ISSUE	TREND
1997	UNBRIDLED BEAUTY	*	35.00	35.00
1998	NOURISHING THE SPIRIT	*	35.00	35.00
1998	PATH TO SERENITY	*	35.00	35.00
1998	PEACEFUL REFLECTION	*	35.00	35.00

J. THORNBRUGH

DEER FRIENDS AT CHRISTMAS

YR	NAME	LIMIT	ISSUE	TREND
1994	A GLISTENING SEASON	CL	30.00	40.00
1994	ALL A GLOW	CL	30.00	40.00
1994	RADIANT COUNTRYSIDE	CL	30.00	40.00
1994	STARRY NIGHT	CL	30.00	40.00
1995	WOODLAND SPLENDOR	CL	30.00	40.00

C. BRENDERS

DEN PALS

YR	NAME	LIMIT	ISSUE	TREND
1998	GROUNDED	*	30.00	30.00

J. GRIFFIN

DIANA: A WOMAN OF STYLE

YR	NAME	LIMIT	ISSUE	TREND
1998	FOREVER, DIANA	*	30.00	30.00

B. CHAMBERS

DIANA: QUEEN OF OUR HEARTS

YR	NAME	LIMIT	ISSUE	TREND
1998	AN UNFORGETTABLE PRINCESS	*	30.00	30.00
1998	OUR ROYAL PRINCESS	*	30.00	30.00
1998	PRINCESS OF COMPASSION	*	30.00	30.00
1998	PRINCESS TO THE WORLD	*	30.00	30.00
1998	TRUE PRINCESS, A	*	30.00	30.00
1998	VERY SPECIAL PRINCESS, A	*	30.00	30.00

J. MONTI

DIANA: QUEEN OF OUR HEARTS

YR	NAME	LIMIT	ISSUE	TREND
1997	THE PEOPLE'S PRINCESS	95 DAYS	30.00	30.00

DISNEY TREASURED MOMENTS COLLECTION

YR	NAME	LIMIT	ISSUE	TREND
1997	ALICE IN WONDERLAND	150 DAYS	33.00	33.00
1997	BEAUTY AND THE BEAST	150 DAYS	35.00	35.00
1997	JUNGLE BOOK, THE	150 DAYS	35.00	35.00
1997	PETER PAN	150 DAYS	33.00	33.00
1997	PINOCCHIO	150 DAYS	35.00	35.00
1997	SLEEPING BEAUTY	150 DAYS	33.00	33.00
1997	SNOW WHITE AND THE SEVEN DWARFS	150 DAYS	30.00	30.00

DISNEY WORLD'S 25TH ANNIVERSARY

YR	NAME	LIMIT	ISSUE	TREND
1997	ADVENTURELAND	*	30.00	30.00
1997	FANTASYLAND	95 DAYS	30.00	30.00
1997	FRONTIERLAND	*	30.00	30.00
1997	MAIN STREET, USA	95 DAYS	30.00	30.00
1997	TOMORROWLAND	*	30.00	30.00
1998	BIRTHDAY CELEBRATION, A	*	30.00	30.00
1998	LIBERTY SQUARE	*	30.00	30.00
1998	MICKEY'S TOON TOWN FAIR	*	30.00	30.00
1998	REMEMBER THE MAGIC PARADE	*	30.00	30.00

DISNEYLAND'S 40TH ANNIVERSARY

YR	NAME	LIMIT	ISSUE	TREND
1995	CINDERELLA'S WISH COME TRUE	*	*	40.00
1995	DISNEYLAND RAILROAD	*	30.00	43.00
1995	FAIREST ONE OF ALL	*	*	40.00
1995	SLEEPING BEAUTY'S CASTLE	*	30.00	43.00
1995	TALE AS OLD AS TIME	*	*	45.00
1996	FLIGHT TO NEVERLAND	*	*	45.00
1996	HAUNTED MANSION	*	35.00	53.00
1996	IT'S A SMALL WORLD	OP	33.00	50.00
1996	MATTERHORN	*	35.00	53.00
1996	MICKEY'S TOONTOWN	*	33.00	48.00
1996	PIRATES OF THE CARIBBEAN	*	33.00	48.00
1996	WELCOME TO WONDERLAND	*	*	50.00
1997	BIG THUNDER MOUNTAIN RAILROAD	95 DAYS	35.00	35.00
1997	JUNGLE CRUISE	*	35.00	35.00
1997	MAIN STREET ELECTRICAL PARADE	95 DAYS	35.00	35.00
1997	MARK TWAIN'S RIVERBOAT	95 DAYS	35.00	35.00
1997	SUBMARINE VOYAGE	95 DAYS	35.00	35.00

DISNEY'S MUSICAL MEMORIES

YR	NAME	LIMIT	ISSUE	TREND
1995	FAIREST ONE OF ALL	95 DAYS	30.00	40.00
1996	ALADDIN'S MAGICAL NEW WORLD	95 DAYS	33.00	40.00
1997	A TALE AS OLD AS TIME	95 DAYS	33.00	33.00
1997	CINDERELLA'S WISH COME TRUE	95 DAYS	30.00	30.00
1997	FLIGHT TO NEVERLAND	95 DAYS	33.00	33.00
1997	FUTURE KING OF PRIDE ROCK	95 DAYS	35.00	35.00
1997	ONCE UPON A DREAM	95 DAYS	35.00	35.00

YR	NAME	LIMIT	ISSUE	TREND
1997	THE JUNGLE BOOK	95 DAYS	35.00	35.00
1997	UNDER THE SEA	95 DAYS	35.00	35.00
1997	WELCOME TO WONDERLAND	95 DAYS	35.00	35.00
1998	COLORS OF THE WIND	*	35.00	35.00
1998	MOONLIGHT ROMANCE	*	35.00	35.00
R. MCCAUSLAND				**DIVINE LIGHT**
1995	SAVIOUR IS BORN	*	*	45.00
1996	BIRTH OF A KING	*	*	45.00
1996	BLESSED IS THE CHILD	OP	35.00	45.00
1996	WE SHALL PRAISE HIM	*	*	45.00
J. GADAMUS				**DOG DAYS**
1993	FIRST FLUSH	CL	33.00	45.00
1993	LITTLE RASCALS	CL	33.00	70.00
1993	PIER GROUP	CL	30.00	45.00
1993	SWEET DREAMS	CL	30.00	50.00
1993	WAGON TRAIN	CL	33.00	55.00
1993	WHERE'D HE GO	CL	33.00	70.00
A. CASAY				**DOLPHIN KISSES**
1998	KISSING COUSINS	*	30.00	30.00
1998	ROMANCING THE MOON	*	30.00	30.00
1998	SEAL OF APPROVAL	*	30.00	30.00
1998	SEALED WITH A KISS	*	30.00	30.00
*				**DOLPHIN SPLENDOR**
1998	AT ONE WITH THE SEA	*	40.00	40.00
*				**ELVIS IN THE SPOTLIGHT**
1998	LAS VEGAS	*	60.00	60.00
M. WEISTLING				**ELVIS: ROCK 'N ROLL GIANT**
1998	A LOVING HEART	*	40.00	40.00
1998	OH, THOSE SWIVELING HIPS	*	40.00	40.00
1998	THOSE ELVIS EYES	*	40.00	40.00
1998	THOSE MOVIN' FEET	*	40.00	40.00
J. BOWSER				**EMBRACED BY THE SPIRITS**
1997	MYSTIC PASSAGE	*	30.00	30.00
1998	PHANTOM OF THE FALLS	*	30.00	30.00
1998	SHADOW RAPIDS	*	30.00	30.00
D. DAY			**EMMITT SMITH: RUNNING TO DAYLIGHT**	
1998	SUPER BOWL XXVIII	*	30.00	30.00
1998	SUPERBOWL XXX	*	30.00	30.00
M. DUDASH				**ENCHANTED CHARMS OF OZ**
1996	CAN'T EVEN SCARE A CROW	CL	38.00	40.00
1996	FRESH FROM BRUSH UP SHOP	CL	38.00	40.00
1996	THERE'S NO PLACE LIKE HOME	CL	38.00	40.00
1996	WONDERFUL WIZARD OF OZ	CL	38.00	40.00
S. KUCK				**ENCHANTED GARDENS**
1998	SWEETEST DELIGHTS	*	33.00	33.00
1998	TEA FOR THREE	*	33.00	33.00
J. PATTI				**ENCHANTED JOURNEY**
1997	MOONLIT DREAMS	*	30.00	30.00
1997	MOONLIT TRAIL	*	30.00	30.00
1997	REFLECTIONS OF A DREAM	*	30.00	30.00
1997	WINGS OF BEAUTY	*	30.00	30.00
1998	JOURNEY'S END	*	30.00	30.00
1998	REFLECTIVE INTERLUDE	*	30.00	30.00
O. GAVRILOV				**ENCHANTED WINGS**
1998	EMERALD ELEGANCE	*	*	N/A
T. KINKADE				**END OF A PERFECT DAY**
1997	AUTUMN SERENITY	95 DAYS	40.00	40.00
1997	PEACEFUL REFLECTIONS	95 DAYS	40.00	40.00
1997	TWILIGHT TRANQUILITY	95 DAYS	40.00	40.00
D. HENDERSON				**ESCAPE TO THE COUNTRY**
1996	COUNTRY CORNUCOPIA	*	*	40.00
1996	COUNTRY WELCOME	*	*	40.00
1996	COUNTY LINE FARMER'S MARKET	*	30.00	40.00
G. TURLEY				**ETERNAL BEAUTY**
1997	ETERNAL BEAUTY (SET OF 5)	*	175.00	175.00
S. KUCK				**EVERLASTING FRIENDS**
1997	SHARING BEAUTY	*	30.00	30.00
1997	SHARING DREAMS	*	30.00	30.00
1997	SHARING LOVE	*	30.00	30.00
1998	SHARING HARMONY	*	30.00	30.00
*				**EVERLASTING LOVE**
1997	BASKETS OF LOVE	*	45.00	45.00
1997	HEARTSTRINGS OF LOVE	*	40.00	40.00
1997	RINGS OF LOVE	*	45.00	45.00
1998	BOOK OF LOVE	*	45.00	45.00
1998	HEART OF LOVE	*	45.00	45.00
D. PARKER				**FACES OF THE WILD**
1995	BEAR	CL	45.00	115.00
1995	BOBCAT	CL	45.00	125.00
1995	COUGAR	CL	45.00	95.00
1995	FOX	CL	45.00	125.00
1995	WHITE WOLF	CL	40.00	150.00
1995	WOLF, THE	CL	40.00	125.00
1996	LYNX	CL	45.00	115.00
M. JOBE				**FAIRYLAND**
1994	FOREST ENCHANTMENT	95 DAYS	33.00	46.00
1994	SILVERY SPLASHES	95 DAYS	33.00	46.00

YR	NAME	LIMIT	ISSUE	TREND
1994	TRAILS OF STARLIGHT	95 DAYS	30.00	40.00
1994	TWILIGHT TRIO	95 DAYS	30.00	40.00
1995	FAREWELL TO THE NIGHT	95 DAYS	35.00	45.00
1995	MAGICAL MISCHIEF	95 DAYS	33.00	45.00
1996	DAZZLING BEGINNINGS	95 DAYS	35.00	50.00

C. BRENDERS — FAMILY AFFAIR

YR	NAME	LIMIT	ISSUE	TREND
1994	CLOSE TO MOM	95 DAYS	*	41.00
1995	DEN MOTHER	CL	30.00	40.00
1995	FULL HOUSE	95 DAYS	30.00	41.00
1995	SHADOWS IN THE GRASS	95 DAYS	30.00	41.00
1995	UNDER MOTHER'S WATCHFUL EYE	95 DAYS	30.00	41.00

R. RUST — FAMILY AFFAIR

YR	NAME	LIMIT	ISSUE	TREND
1995	ROCKY CAMP	95 DAYS	30.00	40.00

R. RUST — FAMILY CIRCLES

YR	NAME	LIMIT	ISSUE	TREND
1993	GREAT GRAY OWL FAMILY	CL	30.00	40.00
1994	BARRED OWL FAMILY	CL	30.00	50.00
1994	GREAT HORNED OWL FAMILY	CL	30.00	50.00
1994	SPOTTED OWL FAMILY	CL	30.00	45.00

J. SCHOLZ — FAMILY OUTING

YR	NAME	LIMIT	ISSUE	TREND
1997	A BEAUTIFUL RESTING PLACE	*	40.00	40.00
1997	CLIMBING IS NOT SO EASY	*	40.00	40.00
1997	HOW PRETTY IT SMELLS	*	40.00	40.00
1997	WHAT'S THAT FLUTTERING IN THE AIR?	*	40.00	40.00

S. WHEELER — FAMILY'S LOVE

YR	NAME	LIMIT	ISSUE	TREND
1996	GIVING THANKS	*	30.00	40.00

L. KAATZ — FIELD PUP FOLLIES

YR	NAME	LIMIT	ISSUE	TREND
1994	FOWL PLAY	CL	30.00	45.00
1994	HAT CHECK	CL	30.00	75.00
1994	SLEEPING ON THE JOB	CL	30.00	35.00

G. BEECHAM — FIERCE & FREE: THE BIG CATS

YR	NAME	LIMIT	ISSUE	TREND
1995	BLACK LEOPARD	CL	40.00	55.00
1995	COUGAR	CL	40.00	55.00
1995	JAGUAR	CL	40.00	55.00
1995	SNOW LEOPARD	CL	40.00	50.00
1996	AFRICAN LION	CL	40.00	55.00
1996	TIGER, THE	CL	40.00	55.00

M. BUDDEN — FLEETING ENCOUNTERS

YR	NAME	LIMIT	ISSUE	TREND
1995	AUTUMN RETREAT	95 DAYS	30.00	40.00

J. MEGER — FLIGHT OF THE PHEASANTS

YR	NAME	LIMIT	ISSUE	TREND
1998	ROYAL FLUSH	*	30.00	30.00

G. KURZ — FLORAL FROLICS

YR	NAME	LIMIT	ISSUE	TREND
1994	BEE CAREFUL	CL	30.00	40.00
1994	SPRING SURPRISES	CL	30.00	45.00
1995	FUZZY FUN	CL	33.00	45.00
1995	SUNNY HIDEOUT	CL	33.00	45.00

L. LIU — FLORAL GREETINGS

YR	NAME	LIMIT	ISSUE	TREND
1994	CIRCLE OF ELEGANCE	95 DAYS	30.00	44.00
1994	CIRCLE OF HARMONY	95 DAYS	33.00	44.00
1994	CIRCLE OF JOY	95 DAYS	33.00	45.00
1994	CIRCLE OF LOVE	95 DAYS	30.00	39.00
1994	CIRCLE OF ROMANCE	95 DAYS	35.00	44.00
1995	CIRCLE OF BEAUTY	95 DAYS	*	45.00
1995	CIRCLE OF DELIGHT	95 DAYS	*	50.00
1995	CIRCLE OF INSPIRATION	95 DAYS	35.00	50.00

S. RICKERT — FOOTPRINTS IN THE SAND

YR	NAME	LIMIT	ISSUE	TREND
1997	ALONG THE PATH	*	40.00	40.00
1997	I CARRIED YOU	*	40.00	40.00
1997	WALK WITH ME	*	40.00	40.00
1997	WALKING WITH THE LORD	*	40.00	40.00

H. SCHAARE — FOOTSTEPS OF THE BRAVE

YR	NAME	LIMIT	ISSUE	TREND
1993	AT JOURNEY'S END	CL	30.00	50.00
1993	AT STORM'S PASSAGE	CL	25.00	40.00
1993	HORIZONS OF DESTINY	CL	28.00	45.00
1993	NOBLE QUEST	CL	25.00	40.00
1993	PATH OF HIS FOREFATHERS	CL	28.00	45.00
1993	REVERENT TRAIL, THE	CL	30.00	50.00
1993	SOULFUL REFLECTION	CL	30.00	50.00
1993	WITH BOUNDLESS VISION	CL	28.00	45.00

C. FALBERG — FOREVER GLAMOROUS BARBIE

YR	NAME	LIMIT	ISSUE	TREND
1995	ENCHANTED EVENING	CL	50.00	50.00
1996	MIDNIGHT BLUE	CL	50.00	50.00

M.A. LASHER — FOREVER MY DAUGHTER

YR	NAME	LIMIT	ISSUE	TREND
1997	ALWAYS MY DAUGHTER	*	30.00	30.00
1998	DAUGHTER INHERITS A LEGACY OF LOVE, A	*	30.00	30.00
1998	DAUGHTER KNOWS, A	*	30.00	30.00
1998	DAUGHTER'S LOVE FILLS A MOTHER'S HEART, A	*	30.00	30.00
1998	DAUGHTER'S LOVE IS A MOTHER'S DEAREST TREASURE, A	*	30.00	30.00
1998	FOREVER MY DAUGHTER	*	30.00	30.00

*** — FRAGILE BEAUTY**

YR	NAME	LIMIT	ISSUE	TREND
1998	HEAVENLY HIBISCUS	*	40.00	40.00

J. LARSON — FREE SPIRITS

YR	NAME	LIMIT	ISSUE	TREND
1997	CROW PONIES	*	35.00	35.00

E. TOTTEN — FRESHWATER GAME FISH OF NORTH AMERICA

YR	NAME	LIMIT	ISSUE	TREND
1994	BLUE GILLS	CL	30.00	46.00
1994	LARGEMOUTH BASS	CL	30.00	40.00
1994	RAINBOW TROUT	CL	30.00	40.00
1994	SMALL MOUTH BASS	CL	30.00	50.00
1995	BROOK TROUT	CL	30.00	50.00

YR	NAME	LIMIT	ISSUE	TREND
1995	BROWN TROUT	CL	30.00	45.00
1995	NORTHERN PIKE	CL	30.00	45.00
1995	WALLEYE	CL	30.00	50.00
DISNEY		**FRIENDS THROUGH RAIN OR SHINE**		
1998	PUZZLING SORT OF WEATHER	*	40.00	40.00
1998	UMBRELLAS WORK BEST ON BLUSTERY DAYS	*	40.00	40.00
L. CHANG		**FRIENDSHIP IN BLOOM**		
1994	PAWS IN THE POSIES	CL	35.00	40.00
1995	COZY PETUNIA PATCH	CL	35.00	40.00
1995	PATIENCE & IMPATIENCE	CL	35.00	40.00
1995	PRIMROSE PLAYMATES	CL	35.00	38.00
DISNEY		**FUN IN 100 ACRE WOODS**		
1997	A CELEBRATION FOR EEYORE	*	30.00	30.00
1997	A STICKY SITUATION	95 DAYS	30.00	30.00
1997	AN APPLE FOR YOU WINNIE THE POOH	*	30.00	30.00
1997	GOING FISHING	95 DAYS	30.00	30.00
1997	HARVEST TIME	95 DAYS	30.00	30.00
1997	HELLO POOH!	95 DAYS	30.00	30.00
1997	POOH'S PICNIC	*	30.00	30.00
1997	TREE TOP TRIO	95 DAYS	30.00	30.00
1997	TROUBLES WITH BUBBLES	95 DAYS	30.00	30.00
1998	BLUSTERY DAYS ARE BEST WITH FRIENDS	*	30.00	30.00
1998	PARADE	*	30.00	30.00
1998	TIME FOR A GAME OF POOH-STICKS	*	30.00	30.00
J. STRAIN		**GALLANT MEN OF THE CIVIL WAR**		
1994	STONEWALL JACKSON	95 DAYS	30.00	40.00
1995	BEN HARDIN HELM	95 DAYS	30.00	40.00
1995	JOHN C. BRECKINRIDGE	95 DAYS	30.00	40.00
1995	JOHN HUNT MORGAN	95 DAYS	30.00	40.00
1995	JOSHUA CHANBERLAIN	95 DAYS	30.00	40.00
1995	NATHAN BEDFORD FORREST	95 DAYS	30.00	40.00
1995	ROBERT E. LEE	95 DAYS	30.00	40.00
1995	TURNER ASHBY	95 DAYS	30.00	40.00
R. DEFELICE		**GAME'S GREATEST, THE**		
1997	DETROIT LIONS' BARRY SANDERS	*	30.00	30.00
C. HOPKINS		**GAME'S GREATEST, THE**		
1998	GREEN BAY'S BRETT FAVRE	*	30.00	30.00
1998	MIAMI'S DAN MARINO	*	30.00	30.00
1998	NEW ENGLAND'S DREW BLEDSOE	*	30.00	30.00
D. GELSINGER		**GARDEN BLESSINGS**		
1996	AN ANGEL'S CARE	95 DAYS	30.00	30.00
1996	AN ANGEL'S GIFT	95 DAYS	30.00	30.00
1996	AN ANGEL'S GUIDANCE	95 DAYS	30.00	30.00
1996	AN ANGEL'S TOUCH	95 DAYS	30.00	30.00
1996	AN ANGEL'S WARMTH	95 DAYS	30.00	30.00
1997	AN ANGEL'S GRACE	95 DAYS	30.00	30.00
1997	AN ANGEL'S SPIRIT	95 DAYS	30.00	30.00
1997	AN ANGELS TENDERNESS	95 DAYS	30.00	30.00
1998	AN ANGEL'S GENTLENESS	95 DAYS	30.00	30.00
L. CHANG			**GARDEN GIFTS**	
1998	BASKET OF LOVE	*	30.00	30.00
1998	BUNDLE OF JOY	*	30.00	30.00
1998	EYES OF INNOCENCE	*	30.00	30.00
1998	HEARTS OF GOLD	*	30.00	30.00
Z. KENYON		**GARDEN SONGS OF INNOCENCE**		
1997	AFTERNOON RECITAL	*	40.00	40.00
1997	MY MORNING FRIEND	*	40.00	40.00
1997	WARM WELCOME	*	40.00	40.00
1998	SUNSHINE SERENADE	*	40.00	40.00
D. RICHARDSON		**GARDENS OF INNOCENCE**		
1993	CHARITY	95 DAYS	30.00	40.00
1993	FAITH	95 DAYS	33.00	45.00
1994	GRACE	95 DAYS	33.00	46.00
1994	HOPE	CL	30.00	40.00
1994	JOY	95 DAYS	33.00	45.00
1995	COMPASSION	*	*	55.00
1995	HARMONY	*	*	56.00
1995	KINDNESS	*	*	56.00
1995	PATIENCE	95 DAYS	35.00	50.00
1995	PEACE	95 DAYS	35.00	50.00
1995	SERENITY	95 DAYS	35.00	50.00
1996	LOVE	OP	37.00	55.00
T. KINKADE		**GATHER AT OUR HOME**		
1997	A CHRISTMAS WELCOME	95 DAYS	30.00	30.00
1997	DEER CREEK COTTAGE	95 DAYS	30.00	30.00
1997	SUNDAY EVENING SLEIGHRIDE	*	30.00	30.00
1998	MOONLIT VILLAGE	*	30.00	30.00
D. RUST		**GETTING AWAY FROM IT ALL**		
1995	MOUNTAIN HIDEAWAY	95 DAYS	30.00	30.00
L. TUCCI		**GIFTS FROM THE GARDEN**		
1997	A BUTTERFLY'S RETERAT	*	*	N/A
1998	BEAUTY IN BLOOM	*	30.00	30.00
1998	BLUSHING BEAUTIES	*	30.00	30.00
1998	SUNNY BLOSSOM	*	30.00	30.00
L. BOGLE			**GIFTS OF LOVE**	
1997	BUDDING DESIRE	*	35.00	35.00
1997	PASSION'S FIRST BLOOM	*	35.00	35.00

YR	NAME	LIMIT	ISSUE	TREND
B. BARRETT				*GLORY OF CHRIST*
1995	CHRIST FEEDS THE MULTITUDES	*	*	38.00
1995	CHRIST WALKS ON WATER	*	*	41.00
1996	CHRIST BEFORE THE APOSTLES	*	*	40.00
1996	RAISING OF LAZARUS	*	*	42.00
1996	WEDDING AT CANA	OP	30.00	40.00
M. PHALEN				*GONE WITH THE WIND*
1995	RHETT'S BRIGHT PROMISE	CL	40.00	40.00
1995	SCARLETT RADIANCE	CL	40.00	40.00
A. JENKS			*GONE WITH THE WIND MUSICAL TREASURES*	
1995	CHARITY BAZAAR	95 DAYS	33.00	33.00
1995	PROPOSAL,THE	95 DAYS	33.00	33.00
C. NOTARILE			*GONE WITH THE WIND: CAMEO MEMORIES*	
1997	EMERALD ELEGANCE	*	35.00	35.00
1998	SUNLIGHT RADIANCE	*	35.00	35.00
*			*GONE WITH THE WIND: MOVIE OF THE CENTURY*	
1997	PASSION, THE	*	30.00	30.00
1997	ROMANCE, THE	*	30.00	30.00
1998	COURAGE, THE	*	30.00	30.00
1998	DEVOTION, THE	*	30.00	30.00
S. GARDNER				*GREAT MOMENTS IN BASEBALL*
1993	BILL MAZEROSKI: WINNING HOME RUN	CL	33.00	39.00
1993	BOBBY THOMSON: SHOT HEARD	CL	33.00	40.00
1993	JOE DIMAGGIO: THE STREAK	CL	30.00	35.00
1993	STAN MUSIAL: 5-HOMER DBL. HEAD	CL	30.00	34.00
1994	BILLY MARTIN: RESCUE CATCH	CL	35.00	47.00
1994	DIZZY DEAN	CL	35.00	45.00
1994	DON LARSEN: PERFECT SERIES	CL	35.00	40.00
1994	JACKIE ROBINSON: SAVED PENNANT	CL	35.00	46.00
1994	SATCHEL PAIGE	CL	35.00	40.00
1995	CARL HUBBELL: THE 1934 ALL STATE	CL	37.00	45.00
1995	ENOS SLAUGHTER: THE MAD DASH	CL	*	50.00
1995	RALPH KINER: HOME RUN STREAK	CL	*	50.00
R. JOHNSON				*GREAT MOMENTS IN NFL FOOTBALL*
1997	HISTORY MAKER, THE (JERRY RICE)		35.00	35.00
1998	FIRST SUDDEN DEATH	*	35.00	35.00
R. BROWN			*GREAT SUPERBOWL QUARTERBACKS*	
1995	BART STARR, WINNING THE FIRST SUPERBOWL	*	*	46.00
1995	JOE MONTANA: KING OF THE COMEBACKS	95 DAYS	30.00	40.00
1995	JOE NAMATH, THE GUARANTEE	*	*	41.00
1995	JOHNNY UNITAS, CHAMPION COL.	*	*	45.00
1995	LEN DAWSON, MOST VALUABLE CHI.	*	*	50.00
1996	BOB GRIESE	*	33.00	45.00
1996	KEN STABLER, THE SNAKE STRIKES	*	*	51.00
B. JAXON				*GUIDANCE FROM ABOVE*
1994	PRAYER TO THE STORM	CL	30.00	50.00
1995	APPEAL TO THUNDER	CL	30.00	40.00
1995	BLESSING THE FUTURE	CL	33.00	50.00
J. DALY				*HAPPY HEARTS*
1995	CHILDHOOD FRIENDS	CL	33.00	45.00
1995	CONTENTMENT	CL	30.00	40.00
1995	FAVORITE GIFT	CL	30.00	45.00
1995	GOOD COMPANY	CL	33.00	46.00
1995	HER SECRET PLACE	CL	33.00	51.00
1995	PLAYMATES	CL	30.00	40.00
R. NANINI				*HEART OF CAT COUNTRY*
1996	ALL ABOARD	*	30.00	30.00
J. GIBSON				*HEART STRINGS*
1996	FAMILY TIES	*	30.00	40.00
1996	GIFT OF FRIENDSHIP	*	*	45.00
FIORENTINO INSPIRED				*HEART TO HEART*
1995	TALES OF FANCY	95 DAYS	30.00	45.00
MARATTA INSPIRED				*HEART TO HEART*
1995	ECHOES OF AFFECTION	95 DAYS	30.00	45.00
1995	WHISPERS IN ROMANCE	95 DAYS	30.00	45.00
RAPHAEL INSPIRED				*HEART TO HEART*
1995	SPEAKING OF LOVE	CL	30.00	40.00
1995	THINKING OF YOU	CL	30.00	40.00
E. STEINBRUCK				*HEART TO HEART*
1996	FEELINGS OF ENDEARMENT	95 DAYS	30.00	45.00
T. KINKADE				*HEAVEN ON EARTH*
1994	I AM THE LIGHT OF THE WORLD	CL	30.00	41.00
1995	BUT THE PATH OF THE JUST	95 DAYS	30.00	40.00
1995	FOR THOU ART MY LAMP	95 DAYS	30.00	40.00
1995	FOR WITH THEE	95 DAYS	30.00	41.00
1995	I AM THE WAY	95 DAYS	30.00	40.00
1995	IN HIM WAS LIFE	95 DAYS	30.00	40.00
1995	LET YOUR LIGHT SO SHINE	95 DAYS	30.00	40.00
1995	THY WORD IS A LAMP	95 DAYS	30.00	40.00
L. BOGLE				*HEAVEN SENT*
1994	PUPPY DOG TAILS	CL	30.00	75.00
1994	SWEET DREAMS	CL	30.00	40.00
1994	TIMELESS TREASURE	CL	30.00	45.00
1995	PRECIOUS GIFT	CL	33.00	45.00

YR	NAME	LIMIT	ISSUE	TREND
R. AKERS			**HEAVENLY CHORUS**	
1995	ANGELS WE HAVE HEARD ON HIGH	CL	40.00	51.00
1995	HARK THE HERALD ANGELS SING	CL	40.00	50.00
1996	O COME ALL YE FAITHFUL	CL	40.00	40.00
D. BROOKS			**HEAVEN'S LITTLE ANGELS**	
1997	ANGEL'S HOPE	*	30.00	30.00
1997	ANGEL'S JOY		30.00	30.00
1997	ANGEL'S LOVE		30.00	30.00
1998	ANGEL'S BLESSING		30.00	30.00
1998	ANGEL'S DELIGHT		30.00	30.00
R. AKERS			**HEAVEN'S LITTLE SWEETHEARTS**	
1995	FIRST NOEL	*	*	55.00
D. BROOKS			**HEAVEN'S LITTLE SWEETHEARTS**	
1996	AN ANGEL'S CARING	*	*	41.00
1996	AN ANGEL'S DEVOTION	*	*	39.00
1996	AN ANGEL'S KINDNESS	*	30.00	40.00
1996	AN ANGEL'S LOVE	*	*	40.00
J. MONTI			**HEAVEN'S PRECIOUS BLESSINGS**	
1997	TENDER MOMENT		30.00	30.00
1997	WARM EMBRACE	*	30.00	30.00
1997	WINGS OF LOVE		30.00	30.00
A. PECH			**HEIRLOOM MEMORIES**	
1994	PINK LEMONADE ROSES	CL	30.00	65.00
1994	PORCELAIN TREASURE	CL	30.00	58.00
1994	RHYTHMS IN LACE	CL	30.00	58.00
1994	TEATIME TULIPS	CL	30.00	58.00
1994	VICTORIAN ROMANCE	CL	30.00	58.00
A. PECH			**HEIRLOOMS AND LACE**	
1994	TOUCH OF THE IRISH	*	*	40.00
R. DEFELICE			**HEROES ON ICE**	
1997	LE MAGNIFIQUE (MARIO LEMIEUX)	*	30.00	30.00
1998	HEART AND SOUL	*	30.00	30.00
1998	SWIFT 77	*	30.00	30.00
S. TARABAY			**HEROES ON ICE**	
1998	SUPER 16	*	30.00	30.00
R. RUST			**HIDDEN WORLD**	
1993	HUNTER GROWLS, SPIRITS PROWL	CL	33.00	40.00
1993	IN MOONGLOW ONE DRINKS	CL	33.00	40.00
1993	SINGS AT THE MOON, SPIRITS SING IN TUNE	CL	35.00	45.00
1993	TWO BY NIGHT, TWO BY LIGHT	CL	30.00	45.00
1993	TWO BY STEAM, TWO IN DREAM	CL	33.00	35.00
1993	TWO ON SLY, TWO WATCH NEARBY	CL	33.00	45.00
1994	TWO CUBS PLAY, SPIRITS SHOW THE WAY	CL	35.00	39.00
1994	YOUNG ONES HOLD ON TIGHT	CL	35.00	40.00
R. RUST			**HIDEAWAY LAKE**	
1993	ECHOES OF MORNING	CL	35.00	45.00
1993	FISHING FOR DREAMS	CL	35.00	40.00
1993	RUSTY'S RETREAT	CL	35.00	40.00
1993	SUNSET CABIN	CL	35.00	40.00
J. WALKER			**HIS AIRNESS MICHAEL JORDAN**	
1998	5 TIME NBA MVP	*	35.00	35.00
L. LIU			**HOLIDAY ANGELS**	
1997	CELEBRATION	95 DAYS	33.00	33.00
1997	GLAD TIDINGS	95 DAYS	30.00	30.00
1997	JUBILEE	95 DAYS	33.00	33.00
1997	NOEL	95 DAYS	33.00	33.00
1997	REJOICE	95 DAYS	30.00	30.00
1997	YULETIDE	95 DAYS	33.00	33.00
T. KINKADE			**HOLIDAY MEMORIES: THOMAS KINKADE**	
1997	HOME FOR THE HOLIDAYS	95 DAYS	40.00	40.00
1997	VICTORIAN CHRISTMAS CELEBRATION	95 DAYS	40.00	40.00
1997	VICTORIAN CHRISTMAS MEMORIES	95 DAYS	40.00	40.00
M. LEVNE			**HOME IN THE HEARTLAND**	
1995	BARN RAISING	CL	35.00	44.00
1996	APPLE BLOSSOM FESTIVAL, THE	CL	35.00	45.00
1996	COUNTRY FAIR	CL	35.00	44.00
C. WYSOCKI			**HOMETOWN MEMORIES**	
1995	A FAREWELL KISS	CL	30.00	50.00
1995	CAPTURING THE MOMENT	CL	30.00	50.00
1995	JASON SPARKLING THE LIGHTHOUSE	CL	30.00	40.00
1995	SMALL TALK AT BIRDIE'S PERCH	CL	*	40.00
1995	SUMMER DELIGHTS	CL	30.00	40.00
1995	TRANQUIL DAYS/RAVENSWHIP COVER	CL	30.00	40.00
*			**HUNCHBACK OF NOTRE DAME**	
1997	A FEATHERED FRIEND	*	35.00	35.00
1997	A GOOD DAY TO FLY	95 DAYS	35.00	35.00
1997	DANCE OF ENCHANTMENT	95 DAYS	35.00	35.00
1997	TOPSY TURVY PARADE	95 DAYS	35.00	35.00
1997	TOUCHED BY LOVE	95 DAYS	35.00	35.00
R. DOCKEN			**HUNTERS OF THE SPIRIT**	
1995	DEFENDER	CL	30.00	41.00
1995	GATHERER	CL	30.00	39.00
1995	PROVIDER	CL	30.00	40.00
1995	SEEKER	CL	30.00	40.00
1996	HUNTER, THE	CL	30.00	40.00

YR	NAME	LIMIT	ISSUE	TREND

ILLUSIONS OF NATURE

M. BIERLINSKI

YR	NAME	LIMIT	ISSUE	TREND
1995	A TRIO OF WOLVES	CL	30.00	40.00
1995	RUNNING DEER	*	*	40.00

ILLUSIONS OF NATURE

J. GRENDE

YR	NAME	LIMIT	ISSUE	TREND
1995	AUTUMN ILLUSION	*	*	41.00

ILLUSIVE WINGS

J. GRENDE

YR	NAME	LIMIT	ISSUE	TREND
1995	AUTUMN MIRAGE	*	*	39.00
1996	AMETHYST APPARITION	*	*	42.00
1996	GLIMPSE OF GOLD	*	*	40.00
1996	NUTMEG IMPRESSIONS	*	30.00	40.00

IMMORTALS OF THE DIAMOND

C. JACKSON

YR	NAME	LIMIT	ISSUE	TREND
1994	SULTAN OF SWAT	CL	40.00	50.00
1995	GEORGIA PEACH	CL	40.00	51.00
1995	PRIDE OF THE YANKEES	CL	40.00	50.00
1995	WINNINGEST PITCHER	CL	40.00	65.00

IN A HIDDEN GARDEN

T. CLAUSNITZER

YR	NAME	LIMIT	ISSUE	TREND
1993	CURIOUS KTTENS	CL	30.00	40.00
1994	AMBER GAZE	CL	30.00	40.00
1994	FASCINATING FIND	CL	30.00	40.00
1994	THROUGH EYES OF BLUE	CL	30.00	40.00

IT'S A WONDERFUL LIFE

D. SIVAVEC

YR	NAME	LIMIT	ISSUE	TREND
1995	AN ANGEL GETS HIS WINGS	*	*	40.00
1995	WELCOME HOME	*	*	41.00
1996	BY THE LIGHT OF THE MOON	OP	35.00	40.00
1996	I'M THE ANSWER TO YOUR PRAYER	*	35.00	40.00

JAMES DEAN COLLECTION

S. MICHAELS

YR	NAME	LIMIT	ISSUE	TREND
1997	HOLLYWOOD COOL	*	35.00	35.00
1997	HOLLYWOOD GIANT	*	35.00	35.00

JANE WOOSTER SCOTT'S SEASIDE MEMORIES

J. WOOSTER SCOTT

YR	NAME	LIMIT	ISSUE	TREND
1997	BEACHFRONT FUN	*	35.00	35.00
1997	PEACEFUL HARBOR	*	35.00	35.00
1998	SHIPS AHOY!	*	35.00	35.00
1998	SUMMER AT THE SEASHORE	*	35.00	35.00

JOE MONTANA: TICKET TO GLORY

D. SMITH

YR	NAME	LIMIT	ISSUE	TREND
1997	SUPERBOWL XVI	*	35.00	35.00
1998	SUPER BOWL XIX	*	35.00	35.00
1998	SUPER BOWL XXIII	*	35.00	35.00

JOHN ELWAY: KING OF THE MOUNTAIN

R. BROWN

YR	NAME	LIMIT	ISSUE	TREND
1998	BOUND FOR GLORY	*	30.00	30.00
1998	SUPER BOWL CHAMPIONS	*	30.00	30.00

JOURNEYS OF THE SOUL

L. BOGLE

YR	NAME	LIMIT	ISSUE	TREND
1998	REFLECTIONS	*	30.00	30.00

KEEPERS OF THE SHORE

*

YR	NAME	LIMIT	ISSUE	TREND
1998	SEASIDE RETREAT	*	40.00	40.00
1998	SUMMER BY THE SEA	*	40.00	40.00

KEEPSAKES OF THE HEART

C. LAYTON

YR	NAME	LIMIT	ISSUE	TREND
1993	AFTERNOON TEA	CL	30.00	40.00
1993	FOREVER FRIENDS	CL	30.00	40.00
1993	RIDING COMPANIONS	CL	30.00	40.00
1993	SENTIMENTAL SWEETHEARTS	CL	30.00	45.00

KINDRED MOMENTS

C. POULIN

YR	NAME	LIMIT	ISSUE	TREND
1995	SISTERS ARE BLOSSOMS	95 DAYS	30.00	30.00
1996	FOREVER FRIENDS	95 DAYS	30.00	40.00
1997	SISTERS SHARE TRIUMPHS AND TEARS	*	27.00	27.00
1997	SISTERS WISH ON THE SAME STAR	*	27.00	27.00

KINDRED SPIRITS

D. CASEY

YR	NAME	LIMIT	ISSUE	TREND
1996	SPIRIT OF THE WOLF	CL	30.00	40.00

KINDRED THOUGHTS

C. PUOLIN

YR	NAME	LIMIT	ISSUE	TREND
1995	SISTERS	95 DAYS	30.00	30.00

KINGDOM OF ENCHANTMENT

M. JOBE

YR	NAME	LIMIT	ISSUE	TREND
1996	MOONBEAM TRAILS	*	30.00	40.00
1996	MOONLIGHT WONDER	*	*	40.00

KINGDOM OF GREAT CATS

C. FRACE

YR	NAME	LIMIT	ISSUE	TREND
1994	AMERICAN MONARCH	*	*	43.00
1994	EMPEROR OF SIBERIA	*	*	45.00
1994	HIS DOMAIN	*	*	44.00
1994	MYSTIC REALM	CL	40.00	45.00
1994	RADIANT MOMENT	*	*	43.00
1994	SNOW LEOPARD	*	*	45.00

KINGDOM OF THE UNICORN

M. FERRARO

YR	NAME	LIMIT	ISSUE	TREND
1993	CHASING A DREAM	CL	30.00	50.00
1993	FOUNTAIN OF YOUTH, THE	CL	30.00	45.00
1993	IN CRYSTAL WATERS	CL	30.00	40.00
1993	MAGIC BEGINS, THE	CL	30.00	40.00

KINKADE'S ILLUMINATED COTTAGES

T. KINKADE

YR	NAME	LIMIT	ISSUE	TREND
1994	FLAGSTONE PATH, THE	CL	35.00	50.00
1995	CHERRY BLOSSOM HIDEAWAY	CL	35.00	50.00
1995	GARDEN WALK, THE	CL	35.00	50.00
1995	LIGHTED GATE	CL	38.00	51.00

KITTEN EXPEDITIONS

J. SCHOLZ

YR	NAME	LIMIT	ISSUE	TREND
1997	AT THE LITTLE WATERFALL	*	37.00	37.00
1997	ON THE GARDEN BENCH	*	37.00	37.00
1997	ON THE WOODPILE	*	37.00	37.00
1998	FUN FINALE WITH FRIENDS, A	*	37.00	37.00

KUCK'S VICTORIAN CHRISTMAS

S. KUCK

YR	NAME	LIMIT	ISSUE	TREND
1998	CHRISTMAS DAY JOY	*	35.00	35.00

YR	NAME	LIMIT	ISSUE	TREND
T. KINKADE			**LAMPLIGHT VILLAGE**	
1995	LAMPLIGHT BRIDGE	95 DAYS	30.00	40.00
1995	LAMPLIGHT BROOKE	95 DAYS	30.00	40.00
1995	LAMPLIGHT COUNTY	95 DAYS	30.00	40.00
1995	LAMPLIGHT GLEN	95 DAYS	30.00	40.00
1995	LAMPLIGHT INN	95 DAYS	30.00	40.00
1995	LAMPLIGHT LANE	CL	30.00	40.00
1996	LAMPLIGHT FARM	95 DAYS	30.00	40.00
1996	LAMPLIGHT MILL	95 DAYS	30.00	40.00
D. CHERRY			**LAND OF OZ: NEW DIMENSION**	
1995	STEP INTO THE EMERALD CITY	95 DAYS	35.00	40.00
1995	WIZ LENTICULAR	*	*	40.00
D. STANLEY			**LEGEND OF THE WHITE BUFFALO**	
1995	CALL OF THE CLOUDS	95 DAYS	30.00	40.00
1995	MYSTIC SPIRIT	CL	30.00	40.00
1995	VALLEY OF THE SACRED	95 DAYS	30.00	40.00
1996	BUFFALO SPIRIT OF THE VILLAGE	95 DAYS	30.00	40.00
1996	SPIRIT OF THE BUFFALO SHAMAN	95 DAYS	30.00	40.00
1996	WHITE BUFFALO CALF WOMAN	95 DAYS	30.00	40.00
E. JERINS			**LEGENDARY HOME RUNS**	
1997	FINAL HOME RUN, THE	*	30.00	30.00
J. WALKER			**LEGENDARY HOME RUNS**	
1997	TWELFTH INNING ROCKET	*	35.00	35.00
1998	GIBSON'S WORLD SERIES HOME RUNS	*	35.00	35.00
B. BENGER			**LEGENDARY JACKIE ROBINSON**	
1997	BREAKING BARRIERS	*	50.00	50.00
1998	PLAYER OF THE YEAR	*	50.00	50.00
W. TERRY			**LEGENDS OF THE MOON**	
1996	MOON OF RUNNING WOLVES	*	35.00	35.00
L. LIU			**LENA LIU'S COUNTRY ACCENTS**	
1997	GARDEN DELIGHTS	95 DAYS	30.00	30.00
1997	GARDEN ELEGANCE	95 DAYS	33.00	33.00
1997	GARDEN GRACE	95 DAYS	33.00	33.00
1997	GARDEN PLEASURES	95 DAYS	30.00	30.00
L. LIU			**LENA LIU'S FLIGHTS OF FANCY**	
1997	GARDEN JEWELS	95 DAYS	35.00	35.00
1997	ON GOSSAMER WINGS	*	35.00	35.00
1998	FLEETING BEAUTY	*	35.00	35.00
1998	WHISPERING WINGS	*	35.00	35.00
L. LIU			**LENA LIU'S FLORAL CAMEOS**	
1997	CHERISHED	95 DAYS	33.00	33.00
1997	ENCHANTMENT	95 DAYS	30.00	30.00
1997	EVERLASTING	95 DAYS	33.00	33.00
1997	EXQUISITE	*	35.00	35.00
1997	GLORY	95 DAYS	35.00	35.00
1997	MAGICAL	*	35.00	35.00
1997	PRECIOUS	95 DAYS	33.00	33.00
1997	REMEMBRANCE	95 DAYS	30.00	30.00
1997	TREASURED	95 DAYS	35.00	35.00
1998	HONORED	*	35.00	35.00
1998	JOYFUL	*	35.00	35.00
1998	RADIANCE	*	35.00	35.00
L. LIU			**LENA LIU'S WINGS OF LOVE**	
1997	PRECIOUS IS THE GIFT OF LOVE	CL	30.00	30.00
1997	SACRED IS THE PROMISE OF LOVE	CL	30.00	30.00
1997	SWEET ARE THE DREAMS OF LOVE	CL	30.00	30.00
1997	TENDER ARE THE HEARTS OF LOVE	CL	30.00	30.00
1998	BRIGHT IS LIGHT OF LOVE	CL	30.00	30.00
R. BARRETT			**LIFE OF CHRIST**	
1994	ASCENSION	CL	35.00	45.00
1994	JESUS CALMS THE WATERS	CL	33.00	60.00
1994	JESUS ENTERS JERUSALEM	CL	30.00	40.00
1994	PASSION IN THE GARDEN, THE	CL	30.00	45.00
1994	RESURRECTION	CL	35.00	60.00
1994	SERMON ON THE MOUNT	CL	33.00	50.00
1995	CRUCIFIXION,THE	CL	35.00	50.00
C. NICK			**LIGHT OF THE WORLD**	
1995	BETRAYAL IN THE GARDEN	CL	*	40.00
1995	FACING HIS ACCUSERS	CL	*	40.00
1995	LAST SUPPER	CL	30.00	40.00
1996	JESUS GOES BEFORE PILATE	CL	*	40.00
1996	PRAYER IN THE GARDEN	CL	30.00	40.00
1996	WAY OF THE CROSS	CL	*	40.00
*			**LION KING**	
1995	A CRUNCHY FEAST	95 DAYS	33.00	45.00
1995	CIRCLE OF LIFE, THE	95 DAYS	30.00	40.00
1995	COURTING THE FUTURE KING	95 DAYS	*	50.00
1995	HAKUNA MATATA	95 DAYS	*	50.00
1995	I'M GONNA BE KING	95 DAYS	*	45.00
1995	KING WITHIN	95 DAYS	*	50.00
1995	LIKE FATHER, LIKE SON	95 DAYS	30.00	40.00
1995	WE'LL ALWAYS BE FRIENDS	95 DAYS	*	45.00
1996	BEST FRIENDS	*	*	50.00
1997	CIRCLE CONTINUES, THE	95 DAYS	35.00	35.00
1997	RISE AND SHINE	95 DAYS	35.00	35.00
1997	STARGAZING	95 DAYS	35.00	35.00

YR	NAME	LIMIT	ISSUE	TREND
	* — **LION KING: THE CIRCLE OF LIFE**			
1998	GUIDING THE FUTURE KING	*	30.00	30.00
1998	LIFE LONG FRIENDS	*	30.00	30.00
1998	REMEMBER WHO YOU ARE	*	30.00	30.00
1998	SIMBA AND NALA	*	30.00	30.00
	C. JAGODITS — **LITTER RASCALS**			
1996	SNEAKING SECONDS	*	30.00	30.00
	J. SCHOLZ — **LITTER RASCALS**			
1997	FRISKY BUSINESS	*	30.00	30.00
1998	KITCHEN CAPERS	*	30.00	30.00
1998	MAKING MUSIC	*	30.00	30.00
1998	STUDY BREAK	*	30.00	30.00
	C. JAGODITS — **LITTLE BANDITS**			
1993	ALL TIED UP	CL	30.00	60.00
1993	EVERYTHING'S COMING UP DAISIES	CL	33.00	45.00
1993	HANDLE WITH CARE	CL	30.00	50.00
1993	OUT OF HAND	CL	33.00	50.00
1993	PUPSICLES	CL	33.00	50.00
1993	UNEXPECTED GUESTS	CL	33.00	45.00
	G. BEECHAM — **LORD OF FOREST & CANYON**			
1994	MOUNTAIN MAJESTY	CL	30.00	40.00
1995	FOREST EMPEROR	CL	33.00	45.00
1995	GOLDEN MONARCH	CL	33.00	45.00
1995	GRAND DOMAIN	CL	33.00	46.00
1995	PROUD LEGACY	CL	30.00	40.00
	J. SCHWARZ — **LOVE, MARILYN**			
1998	BLONDE PASSION	*	30.00	30.00
	* — **LOVE'S HEAVENLY MESSENGERS**			
1997	WATCHING OVER ME	*	40.00	
	B.P. GUTMANN — **LOVE'S HEAVENLY MESSENGERS**			
1997	ENCHANTING DREAMS	*	30.00	30.00
1997	GENTLE FRIEND	*	30.00	30.00
1997	SILENT BEAUTY	*	30.00	30.00
1998	BLESSED INNOCENCE	*	30.00	30.00
1998	BUBBLING JOY	*	30.00	30.00
1998	ENCHANTING MELODY	*	30.00	30.00
1998	LITTLE SWEETHEART	*	30.00	30.00
1998	LOVELY THOUGHTS	*	30.00	30.00
1998	SMALL BLESSINGS	*	30.00	30.00
1998	TRANQUIL HIDEAWAY	*	30.00	30.00
	R. MCGINNIS — **LOVING HEARTS**			
1995	UNSELFISH AND GIVING	CL	30.00	40.00
1996	BEAUTY & SPLENDOR	CL	30.00	40.00
1996	PATIENT & KIND	CL	30.00	40.00
	W. BOUGUERAEU — **MADONNA AND CHILD: THE MASTERS SERIES**			
1997	VIRGIN WITH ANGELS, THE	*	35.00	35.00
1998	DIVINE MOTHER	*	35.00	35.00
1998	MADONNA OF GLORY	*	35.00	35.00
	W. RAFFAEL — **MADONNA AND CHILD: THE MASTERS SERIES**			
1997	SISTER MADONNA	*	35.00	35.00
	G. DIECKHONER — **MAJESTIC PATRIOTS**			
1995	MY COUNTRY TIS OF THEE	95 DAYS	30.00	40.00
	C. NOTARILE — **MARILYN: THE GOLD COLLECTION**			
1997	FOREVER RADIANT	95 DAYS	35.00	35.00
1997	RADIANT IN RED	95 DAYS	35.00	35.00
	M. GREENE — **MARILYN: UP CLOSE AND PERSONAL**			
1998	BEWITCHING IN BLACK	*	35.00	35.00
1998	BODY AND SOUL	*	35.00	35.00
1998	GOLDEN GLAMOUR	*	35.00	35.00
1998	LADY IN RED	*	35.00	35.00
1998	RELAXED ELEGANCE	*	35.00	35.00
	* — **MASTERS OF LAND & SKY**			
1996	SUPREME SUMMONS	*	30.00	40.00
	GIANNINI — **MASTERS OF LAND & SKY**			
1995	MAJESTIC HARMONY	*	*	40.00
1995	SOUL MATES	*	*	40.00
1995	UNITED IN SPIRIT	*	*	40.00
	STRONGIN — **MASTERS OF LAND & SKY**			
1995	NOBLE BOND	*	*	40.00
1996	ENDURING PRESENCE	*	*	40.00
1996	SOVEREIGN UNITY	*	*	40.00
	* — **MESSAGES FROM HEAVEN**			
1997	ANGEL OF HARMONY	*	40.00	40.00
1997	ANGEL OF JOY	*	40.00	40.00
1998	ANGEL OF KINDNESS	*	40.00	40.00
1998	ANGEL OF LOVE	*	40.00	40.00
	L. BOGLE — **MESSENGERS OF THE SPIRIT**			
1997	BLESSING, THE	*	30.00	30.00
1997	DREAM, THE	*	30.00	30.00
1997	GIFT, THE	*	30.00	30.00
1997	HOPE, THE	*	30.00	30.00
1997	SHARING, THE	*	30.00	30.00
1997	SIGN, THE	*	30.00	30.00
1997	THE GUIDE	*	30.00	30.00
1997	VISION, THE	*	30.00	30.00
	R. SPANGLER — **MEWSIC FOR THE HOLIDAYS**			
1997	SANTA CLAWS IS COMING TO TOWN	CL	35.00	35.00

YR	NAME	LIMIT	ISSUE	TREND
	C. GILLIES	**MICHAEL JORDAN COLLECTION**		
1997	1991 EASTERN FINALS	95 DAYS	35.00	35.00
1998	CAREER HIGH 69 IN OVERTIME	95 DAYS	35.00	35.00
1998	RECORD 23 IN A ROW	95 DAYS	35.00	35.00
*		**MICHAEL JORDAN: FLYING HIGH**		
1998	BREAKING THE RECORDS	*	60.00	60.00
*		**MICHAEL JORDAN: LEGEND FOR ALL TIME**		
1998	SLAM JAMMER	95 DAYS	80.00	80.00
	S. GREENWELL	**MICHAEL JORDAN: LEGEND FOR ALL TIME**		
1997	RIM ROCKER	95 DAYS	80.00	80.00
	G. GREEN	**MICHAEL JORDAN: TICKET TO GREATNESS**		
1997	HEART OF A CHAMPION	*	35.00	35.00
1997	TAKING IT PERSONALLY	*	38.00	38.00
1998	IN COMMAND	*	40.00	40.00
1998	IN THE ZONE	*	38.00	38.00
1998	LEADER OF THE LEAGUE	*	38.00	38.00
*		**MICKEY & MINNIE THROUGH THE YEARS**		
1994	BRAVE LITTLE TAILOR	95 DAYS	30.00	40.00
1995	MICKEY MOUSE CLUB	95 DAYS	33.00	46.00
1995	MICKEY'S 65TH BIRTHDAY	95 DAYS	35.00	45.00
1995	MICKEY'S GALA PREMIERE	95 DAYS	33.00	46.00
1995	STEAMBOAT WILLIE	95 DAYS	33.00	45.00
1997	MICKEY'S BIRTHDAY PARTY, 1942	95 DAYS	30.00	30.00
	S. GARDNER	**MICKEY MANTLE COLLECTION**		
1996	500TH HOME RUN CLUB	*	*	41.00
1996	BRONX BOMBER	*	40.00	40.00
1996	TRIPLE CROWN SEASON	*	*	40.00
*		**MICKEY MANTLE: ALL AMERICAN LEGEND**		
1997	TRIPLE CROWN KING	CL	80.00	80.00
*		**MICKEY'S CHRISTMAS MAGIC**		
1997	NAUGHTY OR NICE?	95 DAYS	35.00	35.00
1997	SANTA'S FAVORITE HELPERS	95 DAYS	35.00	35.00
1997	SPECIAL DELIVERY	95 DAYS	35.00	35.00
1997	THANKS PLUTO	95 DAYS	35.00	35.00
*		**MICKEY'S HOLIDAY MAGIC**		
1997	SPECIAL DELIVERY	*	35.00	35.00
	DISNEY	**MICKEY'S VILLAGE**		
1998	DAISY'S FLOWER SHOP	*	35.00	35.00
1998	DONALD'S WATCH AND CLOCK SHOP	*	35.00	35.00
1998	GOOFY'S ICE CREAM PARLOR	*	35.00	35.00
1998	MICKEY'S MARKET	*	35.00	35.00
1998	MINNIE'S BAKERY	*	35.00	35.00
1998	PLUTO'S DAILY BARK	*	35.00	35.00
	J. WELTY	**MIRACLE OF CHRISTMAS**		
1996	ONCE UPON A HOLY NIGHT	CL	35.00	45.00
	S. KUCK	**MOMENTS AT HOME**		
1995	MOMENTS OF SHARING	95 DAYS	30.00	40.00
	C. FISHER	**MOMENTS IN THE GARDEN**		
1995	RUBY TREASURES	CL	30.00	41.00
1996	LUMINOUS JEWELS	95 DAYS	33.00	40.00
1996	LUSTROUS SAPPHIRE	95 DAYS	35.00	42.00
1996	RADIANT GEMS	95 DAYS	33.00	40.00
1996	SHIMMERING SPLENDOR	95 DAYS	30.00	40.00
	L. KROMSCHROEDER	**MOONLIT SYMPHONY: A MASTER'S COLLECTION**		
1998	CALL OF THE WILD	*	30.00	30.00
	L. LIU	**MORNING JEWELS**		
1997	AMETHYST GLORY	*	40.00	40.00
1997	CRIMSON BLUSH	*	45.00	45.00
1997	CRYSTAL DAYBREAK	*	45.00	45.00
1997	FUCHSIA MAJESTY	*	45.00	45.00
1997	GARNET GRANDEUR	*	45.00	45.00
1997	LILY SPLENDOUR	*	45.00	45.00
1997	REGAL MORNING	*	45.00	45.00
1997	ROSE-COLORED DAWN	*	40.00	40.00
1997	RUBY REFLECTIONS	*	45.00	45.00
1998	PEARL TREASURE	*	45.00	45.00
	R. AKERS	**MUSICAL CAROUSEL TREASURES**		
1993	SWEET STANDER	CL	49.00	60.00
	B. EMMETT	**MUSICAL TRIBUTE TO ELVIS THE KING**		
1994	HOUND DOG BOP	95 DAYS	30.00	40.00
1994	RED, WHITE, AND G.I. BLUES	95 DAYS	33.00	40.00
1994	ROCKIN' BLUE SUEDE SHOES	CL	30.00	40.00
1995	AMERICAN DREAM	95 DAYS	33.00	45.00
1995	FALLING IN LOVE WITH/KING	*	*	45.00
1995	GOSPEL IN HIS SOUL	*	*	50.00
1995	YOUR FUN LOVIN' TEDDY BEAR	*	*	50.00
1996	LOVE: THE GREATEST GIFT	OP	35.00	50.00
*		**MY GUARDIAN ANGEL**		
1997	GUIDING MY WAY	*	40.00	40.00
	B. BURKE	**MY LITTLE GUARDIAN**		
1997	BLESSING MY DREAMS	*	30.00	30.00
1997	WATCHING OVER ME	*	30.00	30.00
1998	HEARING MY PRAYERS	*	30.00	30.00
	B.H. BOND	**MYSTERIOUS CASE OF FOWL PLAY**		
1994	GLAMOURPUSS	CL	30.00	45.00
1994	INSPECTOR CLAWSEAU	CL	30.00	40.00
1994	KOOL CAT	CL	30.00	45.00

YR	NAME	LIMIT	ISSUE	TREND
1994	SNEAKERS AND HIGH-TOP	CL	30.00	55.00
1994	SOPHISICAT	CL	30.00	60.00
1995	TUXEDO	CL	30.00	100.00
S. HILL			**MYSTIC GUARDIANS**	
1993	COMPANION SPIRITS	CL	33.00	45.00
1993	FAITHFUL FELLOWSHIP	CL	33.00	45.00
1993	MAJESTIC MESSENGER	CL	30.00	40.00
1993	ROYAL UNITY	CL	35.00	45.00
1993	SOUL MATES	CL	30.00	40.00
1993	SPIRITUAL HARMONY	CL	33.00	45.00
V. CRANDALL			**MYSTIC SPIRITS**	
1994	MIDNIGHT SNOW	95 DAYS	30.00	41.00
1995	ARCTIC NIGHTS	95 DAYS	33.00	45.00
1995	ENTRANCING GLANCE	*	*	51.00
1995	KEEPER OF THE NIGHT	*	*	45.00
1995	MOON SHADOWS	95 DAYS	30.00	40.00
1995	SILENT ENCOUNTER	*	*	46.00
1996	SILENT NIGHT	*	*	52.00
C. JACKSON		**NATIVE AMERICAN LEGENDS: CHIEFS OF DESTINY**		
1995	RED CLOUD	CL	45.00	50.00
1995	SITTING BULL	CL	40.00	55.00
1996	TECUMSEH	CL	45.00	45.00
L. BOGLE			**NATIVE BEAUTY**	
1994	AFTERGLOW	95 DAYS	30.00	41.00
1994	PROMISE, THE	CL	30.00	40.00
1994	WHITE FEATHER	95 DAYS	30.00	39.00
1995	FIRST GLANCE	95 DAYS	30.00	40.00
1995	MORNING STAR	95 DAYS	30.00	40.00
1995	QUIET TIME	95 DAYS	30.00	40.00
1995	STIRRING OF THE HEART	95 DAYS	30.00	41.00
1995	WARM THOUGHTS	95 DAYS	30.00	40.00
1997	LOVERS, THE	95 DAYS	30.00	30.00
J. KRAMER COLE			**NATIVE VISIONS**	
1994	BROTHER TO THE MOON	CL	30.00	42.00
1995	BRINGERS OF THE STORM	CL	30.00	40.00
1995	RED SHIELD	CL	30.00	40.00
1995	SON OF SUN	CL	30.00	43.00
1995	WATER VISION	CL	30.00	40.00
1996	LISTENING	CL	30.00	40.00
1996	MAN WHO SEES FAR	CL	30.00	40.00
1996	TOPONAS	95 DAYS	30.00	39.00
G. TURLEY			**NATURE'S ELEGANCE**	
1997	ABUNDANT DELIGHTS	*	30.00	30.00
1997	SWEET SPLENDOR	*	30.00	30.00
1998	FRUITFUL PLEASURES	*	30.00	30.00
1998	RIPENED RICHES	*	30.00	30.00
D. GELSINGER		**NATURE'S HEAVENLY GUARDIANS**		
1997	GENTLE GUIDANCE	95 DAYS	30.00	30.00
1997	MAKING NEW FRIENDS	95 DAYS	30.00	30.00
1997	WONDROUS DISCOVERY, A	95 DAYS	30.00	30.00
1998	GIFT OF LOVE, A	*	30.00	30.00
L. MARTIN		**NATURE'S LITTLE TREASURES**		
1993	GARDEN WHISPERS	CL	30.00	40.00
1994	DELICATE SPLENDOR	CL	33.00	45.00
1994	MINIATURE GLORY	95 DAYS	33.00	45.00
1994	MINUTE ENCHANTMENT	95 DAYS	35.00	50.00
1994	PERFECT JEWELS	95 DAYS	33.00	45.00
1994	PRECIOUS BEAUTIES	95 DAYS	35.00	52.00
1994	RARE PERFECTION	95 DAYS	35.00	50.00
1994	WINGS OF GRACE	CL	33.00	40.00
1995	MISTY MORNING	95 DAYS	37.00	55.00
1995	WHISPER IN THE WIND	95 DAYS	37.00	55.00
D. PARKER			**NATURE'S NOBILITY**	
1996	BUCK, THE	CL	40.00	50.00
1996	DALL SHEEP	95 DAYS	*	52.00
L. CABLE			**NATURE'S TENDERNESS**	
1998	SOUL MATES	*	35.00	35.00
1998	SWEET INTENTIONS	*	35.00	35.00
1998	TENDER ADVANCES	*	35.00	35.00
*			**NESTING NEIGHBORS**	
1997	OUR COZY HAVEN	*	45.00	45.00
1997	OUR PRECIOUS RETREAT	*	45.00	45.00
1997	OUR SWEET HIDEAWAY	*	40.00	40.00
1998	OUR HEARTFELT HOME	*	45.00	45.00
1998	OUR LOVELY LODGING	*	45.00	45.00
1998	OUR RADIANT ROOST	*	45.00	45.00
R. COPPLE			**NEW HORIZONS**	
1993	BUILDING FOR A NEW GENERATION	CL	30.00	40.00
1993	POWER OF GOD, THE	CL	30.00	40.00
1993	WINGS OF SNOWY GRANDEUR	CL	33.00	45.00
1994	MASTER OF THE CHASE	CL	33.00	45.00
1995	COASTAL DOMAIN	CL	33.00	45.00
M. CORNING		**NFL 75TH ANNIV. ALL-TIME TEAM**		
1995	FOREST GREGG/JOE GREEN	*	*	39.00
1995	MIKE WEBSTER/RAY NITSCHKE	*	*	40.00
1996	GALE SAYERS/JACK LAMBERT	*	35.00	40.00
1996	JOHNNY UNITAS/BOB LILY	*	35.00	40.00

YR	NAME	LIMIT	ISSUE	TREND
R. BROWN		**NFL QUARTERBACK CLUB**		
1997	BRETT FAVRE	*	30.00	30.00
1997	JOHN ELWAY	*	30.00	30.00
1997	TROY AIKMAN	*	30.00	30.00
1998	DREW BLEDSOE	*	30.00	30.00
1998	KORDELL STEWART	*	30.00	30.00
1998	MARK BRUNELL	*	30.00	30.00
1998	STEVE YOUNG	*	30.00	30.00
C. GILLIES		**NIGHT BEFORE CHRISTMAS 175TH ANNIVERSARY**		
1997	HAPPY CHRISTMAS TO ALL	*	35.00	35.00
J. HANSEL		**NIGHTSONG: THE LOON**		
1994	EVENING MIST	CL	30.00	55.00
1994	MOONLIGHT ECHOES	CL	30.00	60.00
1994	NIGHT LIGHT	CL	35.00	65.00
1994	NOCTURNAL GLOW	CL	33.00	50.00
1994	TRANQUIL REFLECTIONS	CL	33.00	45.00
1995	LOONS BY THE LILY PAD	CL	35.00	35.00
1995	PEACEFUL HOMESTEAD	CL	35.00	50.00
1995	SERENE SANCTUARY	CL	37.00	55.00
1995	SILENT PASSAGE	CL	35.00	54.00
1995	TRANQUIL REFUGE	CL	37.00	55.00
D. NINGEWANCE		**NIGHTWATCH: THE WOLF**		
1994	MIDNIGHT GUARD	CL	30.00	40.00
1994	MOONLIGHT SERENADE	CL	30.00	40.00
1994	SILENT SENTRIES	CL	30.00	45.00
1994	SNOWY LOOKOUT	CL	30.00	45.00
1994	SONG TO THE NIGHT	CL	30.00	45.00
1994	WINTER PASSAGE	CL	30.00	45.00
G. GREEN		**NOLAN RYAN: THE RYAN EXPRESS**		
1998	KING OF THE HILL	*	30.00	30.00
K. WEISBERG		**NORTHERN COMPANIONS**		
1995	MIDNIGHT HARMONY	95 DAYS	30.00	40.00
D. WENZEL		**NORTHWOODS SPIRIT**		
1994	TIMELESS WATCH	CL	30.00	35.00
1995	EVENING RESPITE	CL	30.00	30.00
1995	FOREST ECHO	CL	30.00	30.00
1995	TIMBERLAND GAZE	CL	30.00	30.00
P. WEIRS		**NOSY NEIGHBORS**		
1994	CAT NAP	CL	30.00	40.00
1994	SPECIAL DELIVERY	95 DAYS	30.00	42.00
1995	HOUSE SITTING	95 DAYS	30.00	40.00
1995	OBSERVATION DECK	95 DAYS	33.00	45.00
1995	SURPRISE VISIT	95 DAYS	33.00	45.00
1996	FULL HOUSE	95 DAYS	35.00	51.00
1996	LIFEGUARD ON DUTY	95 DAYS	35.00	50.00
*		**NOTORIOUS DISNEY VILLAINS**		
1993	EVIL QUEEN, THE	CL	30.00	60.00
1994	CRUELLA DE VIL	CL	30.00	60.00
1994	MALEFICENT	CL	30.00	75.00
1994	URSELLA	CL	30.00	55.00
T. KINKADE		**OLD FASHIONED CHRISTMAS**		
1993	A HOLIDAY GATHERING	CL	33.00	45.00
1993	ALL FRIENDS ARE WELCOME	CL	30.00	40.00
1993	CHRISTMAS TREE COTTAGE	CL	33.00	45.00
1993	WINTER'S MEMORIES	CL	30.00	40.00
1995	BEST TRADITION, THE	CL	33.00	45.00
1995	STONEHEARTH HUTCH	CL	33.00	52.00
L. GORDON		**ON ANGEL'S WINGS**		
1998	AUTUMN SPLENDOR	*	30.00	30.00
1998	SUMMERTIME HARMONY	*	30.00	30.00
1998	WINTER RADIANCE	*	30.00	30.00
S. GUSTAFSON		**ONCE UPON A TIME**		
1998	GOLDILOCKS AND THE THREE BEARS	*	35.00	35.00
1998	LITTLE RED RIDING HOOD	*	35.00	35.00
1998	THREE LITTLE PIGS, THE	*	35.00	35.00
H. GARRIDO		**OUR HEAVENLY MOTHER**		
1995	ADORATION	CL	35.00	45.00
1995	FAITHFULNESS	CL	35.00	45.00
1995	HEAVENLY DEVOTION	CL	35.00	45.00
1996	CONSTANCY	95 DAYS	35.00	45.00
W. NELSON		**PANDA BEAR HUGS**		
1993	ROCK-A-BYE	CL	39.00	50.00
1994	A PLAYFUL INTERLUDE	CL	39.00	62.00
1994	A TASTE OF LIFE	CL	39.00	62.00
1994	LOVING ADVICE	CL	39.00	54.00
J. BARNES		**PATHWAYS OF THE HEART**		
1993	DAYBREAK	CL	30.00	40.00
1993	OCTOBER RADIANCE	CL	30.00	40.00
1994	A NIGHT TO REMEMBER	CL	30.00	40.00
1994	DISTANT LIGHTS	CL	30.00	40.00
1994	HARMONY WITH NATURE	CL	30.00	40.00
1994	PEACEFUL EVENING	CL	30.00	40.00
M. RIEN		**PAWS IN ACTION**		
1995	PLAYFUL DREAMS	CL	35.00	45.00
1995	SWEET SLUMBER	CL	35.00	45.00
1996	NESTLED WRESTLE	CL	35.00	45.00

YR	NAME	LIMIT	ISSUE	TREND
M. RIEN			**PAWS IN PLAY**	
1995	BEDTIME TAILS	CL	35.00	45.00
1995	CUDDLE BUDDIES	CL	35.00	45.00
1996	BREAK TIME	CL	35.00	45.00
1996	WAKE-UP CALL	CL	35.00	45.00
D. GEISNESS			**PEACE ON EARTH**	
1993	WINTER LULLABY	CL	30.00	60.00
1994	HEAVENLY SLUMBER	CL	30.00	40.00
1994	SNOWY SILENCE	CL	33.00	70.00
1994	SWEET EMBRACE	CL	33.00	55.00
M. HARVEY			**PEACEABLE KINGDOM**	
1994	NOAH'S ARK	CL	30.00	35.00
C. WYSOCKI			**PEPPERCRICKET GROVE**	
1993	BLACK CROW ANTIQUE SHOPPE	95 DAYS	25.00	40.00
1993	BUDZEN'S FRUIT & VEGETABLES	CL	25.00	40.00
1993	GINGERNUT VALLEY INN	CL	25.00	40.00
1993	LIBERTY STAR FARMS	CL	25.00	40.00
1993	OVERFLOW ANTIQUE MARKET	CL	25.00	40.00
1993	PEPPERCRICKET FARMS	CL	25.00	40.00
1993	PUMPKIN HOLLOW EMPORIUM	CL	25.00	40.00
1993	VIRGINIA'S MARKET	CL	25.00	40.00
W. VON SCHWARZBEK			**PICKED FROM AN ENGLISH GARDEN**	
1995	LASTING TREASURES	CL	30.00	30.00
1995	NATURE'S WONDERS	CL	30.00	50.00
*			**POCAHONTAS**	
1997	BEST FRIENDS	95 DAYS	35.00	35.00
1997	FATHER'S LOVE	95 DAYS	33.00	33.00
1997	JUST AROUND THE RIVERBEND	95 DAYS	30.00	30.00
1997	LISTEN TO YOUR HEART	95 DAYS	33.00	33.00
1997	LOVE'S EMBRACE	95 DAYS	30.00	30.00
1997	MOMENT THEY TOUCH, THE	95 DAYS	33.00	33.00
A. HARTZELL			**POLAR PALS**	
1998	BEAR HUG	*	35.00	35.00
1998	BUBBLE TROUBLE	*	35.00	35.00
*			**POOH'S HUNNYPOT ADVENTURES**	
1997	A POOH-ISH SORT OF PICNIC	*	45.00	45.00
1997	HIP HIP POOHRAY	*	40.00	40.00
1997	JUST A SMALL PIECE OF WEATHER	*	40.00	40.00
C. JACKSON			**POOH'S HUNNYPOT ADVENTURES**	
1997	FISHIN' FOR FUN	*	45.00	45.00
1997	HAPPY WINDSDAY	*	45.00	45.00
1997	TIGGER'S TANGLE	*	45.00	45.00
1998	A TUB OF FUN	*	45.00	45.00
1998	A WISH FOR FRIENDS	*	45.00	45.00
1998	FALL IS FOR FRIENDS	*	45.00	45.00
1998	FRIENDSHIP MAKES A STAR SHINE BRIGHTER	*	45.00	45.00
1998	SHARING A RIDE	*	45.00	45.00
*			**PORTRAITS OF DIANA**	
1998	ALWAYS, DIANA	*	30.00	30.00
D. BRAUD			**PORTRAITS OF MAJESTY**	
1995	EMPEROR OF HIS REALM	CL	30.00	40.00
1995	REFLECTIONS OF KINGS	CL	30.00	40.00
1995	SOLEMN SOVEREIGN	95 DAYS	30.00	40.00
*			**PORTRAITS OF VALOR**	
1993	EMANCIPATION PROCLAMATION	CL	30.00	30.00
1993	GETTYSBURG ADDRESS, THE	CL	30.00	30.00
1993	LINCOLN-DOUGLAS DEBATE, THE	CL	30.00	30.00
T. KINKADE			**POSTCARDS FROM THOMAS KINKADE**	
1995	NEW YORK CITY	CL	35.00	35.00
1995	PARIS	CL	35.00	35.00
1995	SAN FRANCISCO	CL	35.00	35.00
1997	BOSTON	95 DAYS	35.00	35.00
1997	CARMEL	95 DAYS	35.00	35.00
1997	MARKET STREET--SAN FRANCISCO	95 DAYS	35.00	35.00
L. KAATZ			**PRACTICE MAKES PERFECT**	
1994	ONES THAT GOT AWAY, THE	CL	30.00	40.00
1994	WHAT'S A MOTHER TO DO?	CL	30.00	45.00
1995	MORE THAN A MOUTHFUL	CL	35.00	50.00
1995	ON THE RIGHT TRACK	CL	35.00	35.00
B. BURKE			**PRECIOUS GIFTS DAY BY DAY**	
1997	MONDAY'S CHILD	*	30.00	30.00
1998	THURSDAY'S CHILD	*	30.00	30.00
1998	TUESDAY'S CHILD	*	30.00	30.00
1998	WEDNESDAY'S CHILD	*	30.00	30.00
*			**PRECIOUS ROSES**	
1997	DAWN'S PROMISE	*	40.00	40.00
1998	DAYLIGHT SPLENDOR	*	40.00	40.00
J. GRANDE			**PRECIOUS VISIONS**	
1995	BRIEF INTERLUDE	CL	30.00	30.00
1995	BRILLIANT MOMENT	CL	30.00	30.00
1995	ENDURING ELEGANCE	95 DAYS	33.00	33.00
1995	TIMELESS RADIANCE	95 DAYS	30.00	30.00
J. SPURLOCK			**PRIDE OF AMERICA**	
1995	WINGS OF GLORY	95 DAYS	30.00	30.00
P. KULL			**PROFILES OF NIGHT**	
1997	MIDNIGHT MAGIC	*	35.00	35.00
1998	EVENING TWILIGHT	*	35.00	35.00

YR	NAME	LIMIT	ISSUE	TREND
1998	NIGHT RADIANCE	*	35.00	35.00
1998	WATCHFUL NIGHT	*	35.00	35.00
K. DANIEL			**PROFILES OF THE PACK**	
1998	EYE OF THE NIGHT	*	35.00	35.00
*			**PROMISE OF A SAVIOR**	
1993	A CHILD IS BORN	CL	30.00	30.00
1993	AN ANGEL'S MESSAGE	CL	30.00	40.00
1993	ANGELS WERE WATCHING	CL	30.00	30.00
1993	GIFTS TO JESUS	CL	30.00	40.00
1993	HEAVENLY KING, THE	CL	30.00	40.00
1993	HOLY MOTHER AND CHILD	CL	30.00	40.00
M. AMERMAN			**PROUD HERITAGE**	
1995	PEACEFUL DEFENDER	CL	35.00	35.00
K. KIMBERLIN			**PUPPY LOVE**	
1998	BEST SEAT IN THE HOUSE	*	30.00	30.00
C. WYSOCKI		**PURR-FECT PLACES BY CHARLES WYSOCKI**		
1998	FREDERICK THE LITERATE	*	30.00	30.00
M. RODERICK			**PURRFECTLY AT HOME**	
1996	HOME SWEET HOME	CL	40.00	40.00
1996	KITTY CORNER	CL	40.00	40.00
K. DANIEL			**QUIET MOMENTS**	
1995	A LOVING HAND	95 DAYS	30.00	30.00
1995	KEPT WITH CARE	95 DAYS	30.00	30.00
1995	PUPPY LOVE	95 DAYS	30.00	30.00
L. MARTIN			**RADIANT MESSENGERS**	
1994	BEAUTY	CL	30.00	35.00
1994	PEACE	CL	30.00	30.00
1995	INSPIRATION	CL	30.00	30.00
K. DANIEL			**REALM OF THE WOLF**	
1997	MOONGLOW	95 DAYS	30.00	30.00
1997	MOONLIT PHANTOM	95 DAYS	30.00	30.00
1997	SHADOW SPIRITS	95 DAYS	30.00	30.00
C. NOTARILE			**REFLECTIONS OF MARILYN**	
1994	ALL THAT GLITTERS	CL	30.00	30.00
1994	SHIMMERING HEAT	CL	30.00	35.00
1995	A TWINKLE IN HER EYE	95 DAYS	30.00	30.00
E. CSELKO			**REFLECTIONS OF THE SOUL**	
1997	INSPIRATION	*	35.00	35.00
C. POULIN		**REFLECTIONS ON SISTERHOOD**		
1997	A SISTER IS A SPECIAL GIFT FILLING LIFE	*	33.00	33.00
1997	A SISTER IS A SPECIAL GIFT FULL OF LOVE	*	30.00	30.00
1998	A SISTER IS A SPECIAL GIFT/CLOSE TO YOUR HEART	*	30.00	30.00
N. GIORGIO			**REMEMBERING ELVIS**	
1995	LEGEND,THE	95 DAYS	30.00	30.00
1996	DREAM, THE	*	30.00	30.00
1997	VISION, THE	*	30.00	30.00
C. BOGLE		**REMEMBERING ENGLAND'S ROSE**		
1998	DIANA, A ROSE EVERLASTING	*	*	N/A
1998	DIANA, FOREVER IN OUR HEARTS	*	38.00	38.00
1998	DIANA, RADIANT ROSE	*	38.00	38.00
1998	DIANA, ROSE OF OUR HEARTS	*	35.00	35.00
G. GREEN			**RETURN TO GREATNESS**	
1997	A MIRACLE FINISH	*	40.00	40.00
1997	DOUBLE NICKEL GAME	*	40.00	40.00
1997	NBA SEASON HIGH	*	40.00	40.00
1998	1996 FINALS MVP	*	40.00	40.00
1998	MICHAEL VS. LAKERS	*	40.00	40.00
1998	NBA 101	*	40.00	40.00
A. JENKINS			**ROAD TO OZ**	
1997	GREETINGS DOROTHY	*	35.00	35.00
1997	IT'S PLEASANT DOWN THAT WAY	*	35.00	35.00
1998	I'M A LITTLE RUSTY YET	*	35.00	35.00
1998	NOBODY'S EVER SEEN THE GREAT OZ	*	35.00	35.00
N. ROCKWELL			**ROCKWELL CHRISTMAS ANNUAL**	
1998	SANTA'S HELPER	*	35.00	35.00
N. ROCKWELL		**ROCKWELL COMMEMORATIVE STAMPS**		
1994	FREEDOM FROM FEAR	CL	30.00	35.00
1994	FREEDOM FROM WANT	CL	30.00	35.00
1995	FREEDOM OF SPEECH	95 DAYS	30.00	30.00
1995	FREEDOM OF WORSHIP	95 DAYS	30.00	30.00
N. ROCKWELL			**ROCKWELL HERITAGE**	
1998	SHARING A SMILE	*	33.00	33.00
ROCKWELL INSPIRED		**ROCKWELL SOCIETY CHRISTMAS ANNUAL**		
1997	FOR GOOD BOYS AND GIRLS	*	35.00	35.00
N. ROCKWELL		**ROCKWELL SOCIETY HERITAGE**		
1994	APPRENTICE, THE	*	30.00	35.00
1997	FAMILY GRACE	*	33.00	33.00
J. PENCHOFF			**ROYAL ENCHANTMENTS**	
1995	COURTSHIP, THE	CL	40.00	45.00
1995	GIFT, THE	CL	40.00	55.00
L. BOGLE			**SACRED BOND**	
1997	CHERISHED UNION	*	30.00	30.00
1997	GENTLE EMBRACE	*	30.00	30.00
1997	PRECIOUS LOVE	*	30.00	30.00
1997	SHELTERING HEART	*	30.00	30.00
1997	SOFTEST CARESS	*	30.00	30.00
1997	TENDER MOMENT	*	30.00	30.00

Shuffleton's Barbershop, *the first issue in the "Rockwell Annual" series, recaptures the days when a trip to the barber resulted in more than a haircut. Produced by Artaffects.*

This little guy isn't sleepy. Nap *is the fourth issue in the "Mischief Makers" series by Sue Etem. Armstrong's is the producer.*

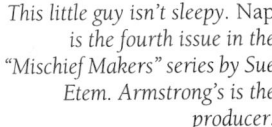

Is the Santa Fe *picking up speed or rolling into the train station? The piece was created by Jim Deneen for Artaffects.*

Valentine Joy was produced as an M.I. Hummel Club exclusive available to members only.

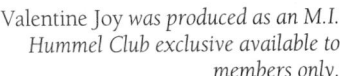

YR	NAME	LIMIT	ISSUE	TREND
K. RANDLE			**SACRED CIRCLE**	
1993	BEFORE THE HUNT	CL	30.00	40.00
1993	GHOST DANCE	CL	33.00	50.00
1993	SPIRITUAL GUARDIAN	CL	30.00	30.00
1994	DEER DANCE	CL	33.00	55.00
1994	PAINTED HORSE, THE	CL	35.00	40.00
1994	WOLF DANCE, THE	CL	33.00	40.00
S. KUCK			**SANDRA KUCK'S GARDENS OF INNOCENCE**	
1997	SWEETLY SWINGING	*	33.00	33.00
1998	GENTLY GIVING	*	33.00	33.00
1998	PRECIOUS PARTY	*	33.00	33.00
S. KUCK			**SANDRA KUCK'S MOTHER'S DAY COLLECTION**	
1995	HOME IS WHERE THE HEART IS	95 DAYS	35.00	35.00
1998	WINGS OF LOVE	*	35.00	35.00
B.H. BOND			**SANTA'S LITTLE HELPERS**	
1994	STOCKING STUFFERS	CL	30.00	35.00
1994	WRAPPING UP THE HOLIDAYS	CL	25.00	30.00
1995	COZY KITTENS	CL	25.00	25.00
1995	HOLIDAY MISCHIEF	CL	25.00	25.00
S. GUSTAFSON			**SANTA'S ON HIS WAY**	
1994	CHECKING IT TWICE	CL	30.00	35.00
1995	GIFTS FOR ONE AND ALL	CL	30.00	40.00
1995	SANTA'S FIRST STOP	CL	30.00	30.00
*			**SAVIOR IS BORN, THE**	
1997	A BLESSING BEYOND MEASURE	*	40.00	40.00
1998	FAITH'S INFINITE SPLENDOR	*	40.00	40.00
1998	PRINCE OF PEACE SO TENDER	*	40.00	40.00
L. GARRISON			**SCENES OF CHRISTMAS PAST**	
1994	A GATHERING OF FAITH	CL	33.00	37.00
M. SARNAT			**SEASON OF LOVE**	
1996	A CHERISHED MOMENT	*	30.00	30.00
E. JERINS			**SEASONS OF JOY**	
1997	SPRING'S BLOSSOM	*	30.00	30.00
1997	SUMMER'S RADIANCE	*	30.00	30.00
1998	AUTUMN'S HARVEST	*	30.00	30.00
1998	SPRING BLESSING, A	*	30.00	30.00
1998	WARM TOUCH, A	*	30.00	30.00
1998	WINTER'S MAJESTY	*	30.00	30.00
C. POULIN			**SEASONS OF SHARING: SISTERS FOR LIFE**	
1997	SISTERS SHARE A BOUQUET OF LOVE	*	30.00	30.00
1997	SISTERS SHARE A SPECIAL WARMTH	*	30.00	30.00
1998	SISTERS SHARE SOFT SUMMER DREAMS	*	30.00	30.00
1998	SISTERS SHARE SPRINGTIME HOPES	*	30.00	30.00
1998	SISTERS SHARE SWEET MEMORIES	*	30.00	30.00
1998	SISTERS SHARE TENDER TIMES	*	30.00	30.00
C. BRENDERS			**SEASONS OF THE TIGER: A MASTER'S COLLECTION**	
1998	ON THE PROWL	*	35.00	35.00
1998	SILENT PURSUIT	*	35.00	35.00
1998	SNOWY QUEST	*	35.00	35.00
T. ISAAC			**SEASONS OF THE TIGER: A MASTER'S COLLECTION**	
1998	WITH GUARDED EYE	*	35.00	35.00
L. ZABEL			**SEASONS ON THE OPEN RANGE**	
1996	SEASON OF GOLD	OP	30.00	30.00
*			**SERAPHIM CLASSICS: ANGELS OF INSPIRATION**	
1996	ISABEL-GENTLE SPIRIT	*	50.00	50.00
T. ISAAC			**SHADES OF THE SEASONS**	
1998	APRIL SONG	*	40.00	40.00
1998	BLOSSOM DANCE	*	40.00	40.00
1998	SIGNS OF AUTUMN	*	40.00	40.00
1998	SPRINGTIME BLUES	*	40.00	40.00
D. PIERCE			**SHADOW GUARDIANS**	
1997	EVENING PATROL	*	30.00	30.00
1997	MYSTIC GUARDIANS	*	30.00	30.00
1997	NIGHT WATCH	*	30.00	30.00
1998	FOREST SENTINELS	*	30.00	30.00
1998	LOOKOUTS, THE	*	30.00	30.00
1998	NIGHT VIGILANCE	*	30.00	30.00
B.P. GUTMANN			**SHARING WITH MY BEST FRIEND**	
1997	TIME OUT	*	35.00	35.00
1998	FRIENDLY ENEMIES	*	35.00	35.00
1998	OFF TO BED	*	35.00	35.00
1998	REWARD, THE	*	35.00	35.00
S. HILL			**SHORES OF INNOCENCE**	
1998	SHARING SECRETS	*	*	N/A
J. THORNBRUGH			**SIGNS OF SPRING**	
1994	A FAMILY FEAST	CL	30.00	30.00
1995	AWAITING NEW ARRIVALS	95 DAYS	30.00	30.00
1995	HOW FAST THEY GROWN	95 DAYS	30.00	30.00
1995	OUR FIRST HOME	95 DAYS	30.00	30.00
D. CASEY			**SILENT JOURNEY**	
1995	JOURNEY OF THE WILD	95 DAYS	30.00	30.00
1995	UNBRIDLED MAJESTY	95 DAYS	30.00	30.00
1995	WHERE PATHS CROSS	95 DAYS	30.00	30.00
1995	WHERE THE BUFFALO ROAM	95 DAYS	30.00	30.00
1995	WISDOM SEEKER	95 DAYS	30.00	30.00

YR	NAME	LIMIT	ISSUE	TREND
	V. GADINO	**SILVER SCREEN MARILYN**		
1997	EVERYTHING ABOUT IT IS APPEALING	*	30.00	30.00
1998	LOOKING LIKE A MILLION	*	30.00	30.00
1998	QUITE A STRUDEL	*	30.00	30.00
	C. BOGLE	**SISTERS FOREVER**		
1998	MY SISTER, MY FRIEND	*	30.00	30.00
	*	**SNOW WHITE**		
1997	FOLLOW ME HERE	95 DAYS	40.00	40.00
1997	HERE'S A LITTLE KISS	95 DAYS	40.00	40.00
1997	HUMPH	95 DAYS	40.00	40.00
	R. IVERSON	**SOFT ELEGANCE**		
1994	PRISCILLA IN PEARLS	CL	30.00	40.00
1995	ALEXANDRA IN AMETHYSTS	95 DAYS	30.00	40.00
1995	EMILY IN EMERALDS	95 DAYS	30.00	40.00
1995	TABITHA ON TAFFETA	95 DAYS	30.00	40.00
	N. GIORGIO	**SOLID GOLD ELVIS**		
1997	HEARTBREAK HOTEL	*	33.00	33.00
1998	HOUND DOG		33.00	33.00
1998	LOVE ME TENDER	*	33.00	33.00
	J. TANTON	**SOME BEARY NICE PLACES**		
1994	WELCOME TO THE LIBEARY	CL	30.00	40.00
1995	BEARENIAL GARDEN	CL	33.00	40.00
1995	WELCOME TO OUR MUSIC	CL	33.00	40.00
	L. LEWIS	**SOMEONE IS WATCHING OVER ME**		
1997	PROTECTED ALONG THE PATH	*	33.00	33.00
	*	**SOMEONE TO WATCH OVER ME**		
1993	GUIDING THE WAY	*	*	41.00
1994	WELCOME TO OUR CONSERBEARTOR	*	*	41.00
1995	GUIDED JOURNEY	*	*	41.00
1995	HELPING HAND ON HIGH	*	*	41.00
1995	NURTURING INNOCENCE	*	*	41.00
1995	PROTECTED SLEEP	*	*	41.00
1995	SAFE AT PLAY	*	30.00	40.00
1996	BY MY SIDE	*	*	41.00
1996	FAITHFUL CARE	**SOMEONE TO WATCH OVER ME**		
	WEISMANN	*	*	41.00
1996	DIVINE COMFORT	*	*	41.00
1996	PERPETUAL LOVE	**SOUL MATES**		
	L. BOGLE	95 DAYS	30.00	40.00
1995	AWAKENING, THE	95 DAYS	30.00	40.00
1995	EMBRACE	*		41.00
1995	HEART'S DESIRE	95 DAYS	30.00	40.00
1995	LOVERS, THE	*		43.00
1995	WAKING DREAM	95 DAYS	30.00	40.00
1996	PERFECT HARMONY	95 DAYS	30.00	40.00
1996	STIRRING, THE	95 DAYS	30.00	40.00
1996	WARM INTERLUDE	**SOUL OF THE WILDERNESS**		
	B. PARRISH	CL	35.00	45.00
1995	CHANCE OF FLURRIES	CL	35.00	45.00
1995	ONE LAST LOOK	CL	35.00	45.00
1995	SILENT WATCH	CL	35.00	45.00
1996	WINTER SOLSTICE	CL	35.00	45.00
1996	WINTER WHITES	**SOULS EMBRACED**		
	L. BOGLE	*	40.00	40.00
1998	PASSION	*	40.00	40.00
1998	RAPTURE	**SOVEREIGNS OF THE SKY**		
	G. DIECKHONER	CL	39.00	55.00
1994	SPIRIT OF FREEDOM	CL	44.00	55.00
1994	SPIRIT OF MAJESTY	CL	39.00	55.00
1994	SPIRIT OF PRIDE	CL	44.00	55.00
1994	SPIRIT OF VALOR	CL	49.00	68.00
1995	SPIRIT OF BRAVERY	CL	49.00	55.00
1995	SPIRIT OF COURAGE	CL	44.00	55.00
1995	SPIRIT OF GLORY	CL	49.00	68.00
1995	SPIRIT OF HONOR	**SOVEREIGNS OF THE WILD**		
	D. GRANT	CL	30.00	41.00
1993	FIRST OUTING	CL	30.00	40.00
1993	SNOW QUEEN, THE	CL	30.00	40.00
1994	AFRICAN EVENING	CL	30.00	50.00
1994	COOL CATS	CL	30.00	40.00
1994	LET US SURVIVE	CL	30.00	45.00
1994	SIBERIAN SNOW TIGERS	**SPIRIT JOURNEYS**		
	J. KRAMER-COLE	*	30.00	30.00
1997	BRINGING THE SHIELD	*	30.00	30.00
1997	JOURNEY OF RENEWAL	*	30.00	30.00
1997	REVERENCE	*	30.00	30.00
1997	SPIRIT BROTHERS	*	30.00	30.00
1998	REVERENCE	**SPIRITS OF THE WILDERNESS**		
	E. LEPAGE	OP	35.00	35.00
1996	EBONY CHIEF	**STAR LIGHT, STAR BRIGHT**		
	D. GELSINGER	*	30.00	30.00
1997	WISH UPON A STAR	**STAR TREK 30TH ANNIVERSARY**		
	*	*	40.00	40.00
1997	CHIEF SCIENCE OFFICER SPOCK	*	40.00	40.00
1998	CHIEF ENGINEER SCOTT	*	40.00	40.00
1998	DOCTOR LEONARD MCCOY			

YR	NAME	LIMIT	ISSUE	TREND
B. LANGTON			STUDY OF A CHAMPION	
1995	DEVOTED PARTNER	*	*	43.00
1995	LOYAL COMPANION	*	*	43.00
1995	TRUSTED FRIEND	*	*	43.00
1996	FAITHFUL BUDDY	OP	30.00	40.00
*			SUGAR N SPICE	
1997	ALLSPICE	*	40.00	40.00
1997	CINNAMON	*	*	N/A
D. HENDERSON			SUMMER'S SWEET PURSUITS	
1997	EVENING'S TRANQUILITY	*	30.00	30.00
1997	GARDEN HIDEAWAY	*	30.00	30.00
1997	GARDEN LOFT	*	30.00	30.00
1997	SUMMER'S REFLECTIONS	*	30.00	30.00
1998	COZY COURTYARD	*	30.00	30.00
1998	FRIENDLY VISITORS	*	30.00	30.00
T. SIZEMORE			SUPERSTARS OF BASEBALL	
1994	WILLIE 'SAY HEY' MAYS	CL	30.00	50.00
1995	BOB GIBSON	CL	30.00	30.00
1995	CARL "YAZ" YASTRZEMSKI	CL	30.00	40.00
1995	DON DRYSDALE	CL	35.00	46.00
1995	FRANK "ROBBY" ROBINSON	CL	30.00	45.00
1995	HARMON KILLEBREW	CL	33.00	46.00
N. GIORGIO			SUPERSTARS OF COUNTRY MUSIC	
1993	BARBARA MANDRELL	CL	33.00	45.00
1993	DOLLY PARTON: I WILL ALWAYS LOVE YOU	CL	30.00	40.00
1993	GLEN CAMPBELL: RHINESTONE COWBOY	CL	33.00	45.00
1993	KENNY ROGERS: SWEET MUSIC MAN	CL	30.00	40.00
R. AKERS			TALE OF PETER RABBIT & BENJAMIN BUNNY	
1994	A POCKET FULL OF ONIONS	CL	39.00	55.00
1994	BESIDE HIS COUSIN	CL	39.00	125.00
1994	ROUND THAT CORNER	CL	39.00	55.00
1995	AMONGST THE FLOWERPOTS	CL	44.00	62.00
1995	MR. MCGREGOR'S GARDEN	CL	44.00	55.00
1995	ROSEMARY TEA AND LAVENDER	CL	44.00	63.00
1995	SAFELY HOME	CL	44.00	60.00
1996	UPON THE SCARECROW	CL	44.00	55.00
J. MONTI			TEA FOR TWO	
1996	SPRING ROSE TEAPOT	*	35.00	35.00
T. DUBOIS			TEDDY BEAR FAIR	
1994	BEAR HUGS AND HONEY PIES	*	*	32.00
E. LEPAGE			TENDER DEVOTION	
1998	TENDER MOMENT	*	30.00	30.00
J. DUTCHER			TENDER MOMENTS	
1998	DEVOTION	*	30.00	30.00
A. ISAKOV			THAT'S WHAT FRIENDS ARE FOR	
1994	FRIENDS ARE COMFORT	CL	30.00	50.00
1994	FRIENDS ARE FOREVER	CL	30.00	45.00
1994	FRIENDS ARE LOVING	CL	30.00	40.00
1995	FRIENDS ARE FUN	CL	30.00	60.00
T. KINKADE			THOMAS KINKADE'S ENCHANTED COTTAGES	
1997	ROSE GARDEN COTTAGE	95 DAYS	30.00	30.00
1997	WEATHERVANE COTTAGE	95 DAYS	30.00	30.00
T. KINKADE			THOMAS KINKADE'S GUIDING LIGHTS	
1997	A LIGHT IN THE STORM	95 DAYS	30.00	30.00
1997	BEACON OF HOPE	95 DAYS	30.00	30.00
1997	THE LIGHT OF PEACE	*	30.00	30.00
1998	CLEARING STORMS	*	30.00	30.00
1998	NEW DAY DAWNING	*	30.00	30.00
T. KINKADE			THOMAS KINKADE'S HOMES OF THE HEART	
1998	HOME IS WHERE OUR HEARTS FEEL WELCOME	*	30.00	30.00
T. KINKADE			THOMAS KINKADE'S HOMETOWN MEMORIES	
1998	COBBLESTONE LANE	*	30.00	30.00
1998	HOMETOWN LAKE	*	30.00	30.00
T. KINKADE			THOMAS KINKADE'S INSPIRATIONS	
1998	BESIDE STILL WATERS	*	30.00	30.00
1998	IRISH BLESSING	*	30.00	30.00
1998	ROAD NOT TAKEN, THE	*	30.00	30.00
T. KINKADE			THOMAS KINKADE'S INSPIRATIONS OF HOPE	
1997	SERENITY PRAYER	95 DAYS	30.00	30.00
T. KINKADE			THOMAS KINKADE'S LAND OF WONDER	
1998	EMERALD ISLE COTTAGE	*	30.00	30.00
T. KINKADE			THOMAS KINKADE'S PEACEFUL RETREATS	
1998	JULIANN'S COTTAGE	*	35.00	35.00
1998	TWILIGHT COTTAGE	*	*	N/A
T. KINKADE			THOMAS KINKADE'S ROMANTIC HIDEAWAYS	
1997	BROOKSIDE HIDEAWAY	95 DAYS	35.00	35.00
1997	LOCHAVEN COTTAGE	95 DAYS	35.00	35.00
1997	MEADOWOOD COTTAGE	95 DAYS	35.00	35.00
1997	STEPPING STONE COTTAGE	95 DAYS	35.00	35.00
T. KINKADE			THOMAS KINKADE'S SCENES OF SERENITY	
1997	ASHLEY'S COTTAGE	95 DAYS	30.00	30.00
1997	COLLECTOR'S COTTAGE	95 DAYS	30.00	30.00
1997	EMERALD ISLE COTTAGE	95 DAYS	30.00	30.00
1997	HEATHER'S HUTCH	95 DAYS	30.00	30.00
1997	HOPE'S COTTAGE	95 DAYS	30.00	30.00
1997	LIGHTHOUSE COTTAGE	95 DAYS	30.00	30.00

YR	NAME	LIMIT	ISSUE	TREND
1997	MORNING GLORY COTTAGE	95 DAYS	30.00	30.00
1997	RAINBOW'S END COTTAGE	95 DAYS	30.00	30.00
	H. GARRIDO	**THOSE WHO GUIDE US**		
1995	ST. FRANCIS OF ASSISI	CL	30.00	43.00
1995	ST. JOSEPH	CL	30.00	43.00
1996	ST. ANTHONY	CL	30.00	40.00
1996	ST. JUDE	CL	30.00	40.00
	K. NOLES	**THROUGH A CHILD'S EYES**		
1994	LITTLE BUTTERFLY	CL	30.00	40.00
1994	TREETOP SCOUT	CL	30.00	42.00
1995	LITTLE RED SQUIRREL	CL	33.00	46.00
1995	PRAIRIE SONG	CL	33.00	50.00
1995	TREETOP WONDER	CL	30.00	60.00
1995	WATER LILY	CL	33.00	45.00
1995	WOODLAND ROSE	CL	30.00	40.00
	R. TAYLOR	**THUNDER IN THE SKY**		
1996	D-DAY, THE AIRBORN ASSAULT	CL	35.00	43.00
1996	MIGHTY 8TH, THE- COMING HOME	CL	35.00	40.00
	F. MILLER	**THUNDERING WATERS**		
1994	BRIDAL VEIL FALLS	CL	35.00	60.00
1994	NIAGARA FALLS	CL	35.00	45.00
1995	HAVASU FALLS	CL	30.00	60.00
1995	LOWER FALLS, YELLOWSTONE	CL	35.00	60.00
	J. TSCHELTER	**TIMBERLAND CHORUS**		
1997	HEAR THE ANCIENT VOICES	*	40.00	40.00
1997	HUNTERS PROUD AND FREE	*	40.00	40.00
1997	JOIN THE HOWLING CHORUS	*	40.00	40.00
1997	MASTERS OF THE MOONLIGHT	*	40.00	40.00
	L. DANIELS	**TIMBERLAND SECRETS**		
1995	GENTLE AWAKENING	CL	30.00	43.00
1995	GOOD DAY TO PLAY	CL	30.00	43.00
1995	SWEET DREAMS	CL	30.00	43.00
1996	A MOMENT'S PAUSE	CL	30.00	40.00
1996	TRANQUIL RETREAT	CL	30.00	43.00
1996	WINTRY WATCH	CL	30.00	40.00
	KOLLER	**TO MOM WITH LOVE**		
1995	CASCADING INSPIRATION	*	*	43.00
	KOLLER	**TO SOAR WITH EAGLES**		
1995	THROUGH THE CRYSTAL MIST	CL	33.00	43.00
	P.C. WEIRS	**TO SOAR WITH EAGLES**		
1996	ABOVE THE TURBULENT TIDE	CL	33.00	40.00
1996	SOARING TO GREATER HEIGHTS	CL	33.00	45.00
	J.K. COLE	**TOUCHING THE SPIRIT**		
1993	RUNNING WITH THE WIND	CL	30.00	35.00
	*	**TOY STORY**		
1996	FRIENDS AT LAST	*	35.00	45.00
1997	FEELIN' SHEEPISH	95 DAYS	35.00	35.00
1997	TO INFINITY AND BEYOND	95 DAYS	35.00	35.00
1997	WOODY BREAKS THE NEWS	95 DAYS	35.00	35.00
	SIEVE	**TRAIL OF THE WHITETAIL**		
1995	HOMEWARD BOUND	*	*	45.00
1996	AFTER THE STORM	*	*	45.00
1996	FAST BREAK	*	*	45.00
1996	MAPLE RUSH	*	*	45.00
1996	SECOND SEASON	*	*	45.00
	K. RANDLE	**TRAINS OF THE GREAT WEST**		
1993	EARLY MORNING ARRIVAL	CL	30.00	45.00
1993	MOONLIT JOURNEY	CL	30.00	40.00
1993	MOUNTAIN HIDEAWAY	CL	30.00	40.00
1993	SNOWY PASS, THE	CL	30.00	40.00
	J. GIBSON	**TRANQUIL RETREATS**		
1996	DAYBREAK	*	*	45.00
1996	DAY'S END	*	*	45.00
1997	DUSK'S SERENITY	*	30.00	30.00
	FERRIS	**TREASURED DUCKS OF CANADA**		
1993	DAWN LIGHT: PINTAIL	*	*	43.00
1993	EARLY SPRING: HOODED MERGANZER	*	*	45.00
1993	GENTLE REFLECTIONS: GREENTEAL	*	*	43.00
1993	QUIET WATERS: MALLARD	*	*	43.00
	*	**TREASURES FROM VATICAN**		
1996	BIRTH OF CHRIST	*	*	41.00
	E. LEPAGE	**TREASURES OF OUR NATION**		
1996	WEST COAST TREASURES	*	*	40.00
	I. MAKAROVA	**TREASURES OF RUSSIAN TRADITION**		
1996	COLBALT MAJESTY	*	*	45.00
1996	GOLDEN PEARLESCENCE	*	*	40.00
1996	LAPIS RADIANCE	*	*	42.00
1996	SAPPHIRE SPLENDOUR	*	*	42.00
	*	**TRIBUTE TO DIANA**		
1998	DIANA, CHARITY'S SOUL	*	45.00	45.00
1998	DIANA, PEOPLE'S PRINCESS	*	40.00	40.00
1998	DIANA-ENGLAND'S ROSE	*	40.00	40.00
	B. EMMETT	**TRIBUTE TO SELENA**		
1996	SELENA FOREVER	CL	30.00	200.00
	DODGE	**TRIBUTE TO THE ARMED FORCES**		
1995	PROUD TO SERVE	CL	35.00	50.00

YR	NAME	LIMIT	ISSUE	TREND
J. WALKER				
	TRIPLE CROWN CHAMPIONS			
1997	LOU GEHRIG: 1934	*	35.00	35.00
J. WALKER				
	TRIPLE CROWN WINNERS			
1997	MICKEY MANTLE: 1956	*	35.00	35.00
H. KREBS				
	TRIUMPH IN THE AIR			
1994	CHECKMATE	CL	35.00	40.00
1994	HUNTING FEVER	CL	35.00	70.00
1994	ONE HECK OF A DEFLECTION SHOT	CL	35.00	40.00
1995	STRUCK BY A THUNDERBOLT	CL	35.00	70.00
J. BARNES				
	TWILIGHT MEMORIES			
1995	HOLIDAY HOMECOMING	*	*	43.00
1995	WINTER'S TWILIGHT	95 DAYS	30.00	40.00
S. EIDE				
	TWO'S COMPANY			
1995	BROTHERLY LOVE	CL	30.00	30.00
1995	GOLDEN HARVEST	CL	30.00	30.00
1995	SEEING DOUBLE	CL	30.00	30.00
1995	SPRING SPANIELS	CL	30.00	30.00
K. MCELROY				
	UNBRIDLED MYSTERY			
1995	MIDNIGHT MAJESTY	*	*	40.00
1995	SHADOW DANCER	*	*	40.00
1996	DARK SPLENDOR	OP	30.00	40.00
1996	WILD SPIRIT	*	*	40.00
J. DALY				
	UNCONDITIONAL LOVE			
1998	FAITHFUL FRIENDS	*	30.00	30.00
C. SAMS				
	UNDER A SNOWY VEIL			
1995	FIRST SNOW	95 DAYS	30.00	40.00
1995	SNOW MATES	95 DAYS	30.00	40.00
1995	WINTER'S DAWN	95 DAYS	30.00	40.00
1995	WINTER'S WARMTH	95 DAYS	30.00	40.00
D. MCCAFFREY				
	UNDER MOTHER'S WING			
1995	ECHOES ALONG THE RIVER	*	*	40.00
1995	MONARCH'S LIGHT	*	*	40.00
1995	RUNNING WITH THE LIGHT	*	*	40.00
D. MCCAFFREY				
	UNDER THE NORTHERN LIGHTS			
1996	CATCHING THE ELUSIVE LIGHT	CL	30.00	40.00
P. WEIRS				
	UNEXPECTED GUESTS			
1998	DO NOT DISTURB	*	40.00	40.00
P. WEIRS				
	UNTAMED SPIRITS			
1993	WILD HEARTS	CL	30.00	50.00
1994	BREAKAWAY	CL	30.00	60.00
1994	DISTANT THUNDER	CL	30.00	55.00
1994	FOREVER FREE	CL	30.00	45.00
P. WEIRS				
	UNTAMED WILDERNESS			
1995	LONESOME BULL	*	*	43.00
1995	PAUSE FROM THE JOURNEY	*	*	43.00
1995	UNEXPECTED ENCOUNTER	95 DAYS	30.00	40.00
1995	WHITETAIL CROSSING	*	*	43.00
1996	FLEETING SPLENDOR	OP	30.00	40.00
1996	SILENT BEAUTY	*	*	43.00
G. DIECKHONER				
	VANISHING PARADISES			
1993	AN AFRICAN SAFARI	CL	30.00	55.00
1993	PANDA'S WORLD, THE	CL	30.00	55.00
1993	RAINFOREST, THE	CL	30.00	45.00
1993	SPLENDORS OF INDIA	CL	30.00	55.00
HUNT				
	VICTORIAN GARDEN JEWELS			
1995	PRIMROSE PATCH/ROSE ARBOUR	*	*	40.00
C. LASSEN				
	VISIONS BENEATH THE SEA			
1996	DIAMOND HEAD DAWN	*	*	42.00
1996	MAUI WHALE SONG	*	*	42.00
1996	MIRACLE IN LIFE	*	*	45.00
1996	MOTHER'S LOVE	*	*	45.00
D. CASEY				
	VISIONS FROM EAGLE RIDGE			
1995	ASSEMBLY OF PRIDE	CL	30.00	40.00
1996	LEGACY OF LIBERTY	CL	30.00	40.00
G. OLSEN				
	VISIONS OF FAITH			
1998	BE NOT AFRAID	*	35.00	35.00
1998	GOOD SHEPHERD, THE	*	35.00	35.00
1998	LIGHT OF THE WORLD	*	35.00	35.00
1998	LOST NO MORE	*	35.00	35.00
D. COOK				
	VISIONS OF GLORY			
1995	FREEING OF PARIS	CL	30.00	42.00
1995	IWO JIMA	CL	30.00	45.00
*				
	VISIONS OF OUR BLESSED MOTHER			
1997	OUR LADY OF CHARITY	*	45.00	45.00
1997	OUR LADY OF DEVOTION	*	45.00	45.00
1997	OUR LADY OF GRACE	*	45.00	45.00
1998	OUR LADY OF MIRACLES	*	45.00	45.00
1998	OUR LADY OF SALVATION	*	45.00	45.00
H. GARRIDO				
	VISIONS OF OUR LADY			
1994	OUR LADY OF FATIMA	95 DAYS	30.00	42.00
1994	OUR LADY OF GRACE	CL	30.00	40.00
1994	OUR LADY OF GUADALUPE	95 DAYS	30.00	42.00
1994	OUR LADY OF LA SALETTE	95 DAYS	30.00	42.00
1994	OUR LADY OF LOURDES	CL	30.00	40.00
1994	OUR LADY OF MEDJUGORJE	CL	30.00	40.00
1994	OUR LADY OF MT. CARMEL	95 DAYS	30.00	42.00
1994	OUR LADY OF SILENCE	95 DAYS	30.00	42.00

YR	NAME	LIMIT	ISSUE	TREND
1995	OUR LADY OF HOPE	95 DAYS	30.00	42.00
1995	OUR LADY OF SNOW	95 DAYS	30.00	42.00
1995	VIRGIN OF THE POOR	95 DAYS	30.00	42.00
1995	VIRGIN WITH THE GOLDEN HEART	95 DAYS	30.00	42.00
C. NICK			**VISIONS OF OUR LORD**	
1998	LIGHT OF LIFE	*	30.00	30.00
L. MEDARIS			**VISIONS OF THE SACRED**	
1994	SNOW RIDER	CL	30.00	40.00
D. STANLEY			**VISIONS OF THE SACRED**	
1994	CHEYENNE PROPHET	95 DAYS	33.00	46.00
1994	SPRING'S MESSENGER	95 DAYS	30.00	42.00
1995	BUFFALO CALLER	95 DAYS	33.00	45.00
1995	CELEBRATION OF SPIRIT	*	*	51.00
1995	COUNCIL OF ANIMALS	*	*	51.00
1995	JOURNEY OF HARMONY	95 DAYS	33.00	45.00
1995	THUNDERBIRD	*	*	51.00
1996	APACHE WAR WOMAN	*	*	55.00
1996	GATHERER, THE	OP	37.00	55.00
D. STANLEY			**VISIONS OF THE WEST**	
1995	HEALER	*	*	55.00
C. JACKSON			**VISIT FROM ST. NICK**	
1995	BUNDLE OF TOYS	CL	54.00	62.00
1995	HAPPY CHRISTMAS TO ALL	CL	59.00	66.00
1995	STOCKINGS WERE FILLED	CL	54.00	62.00
1995	TWAS THE NIGHT BEFORE CHRISTMAS	CL	49.00	55.00
1995	UP TO THE HOUSETOP	CL	49.00	60.00
1995	VISIONS OF SUGARPLUMS	CL	54.00	62.00
1995	WINK IN HIS EYE	CL	59.00	66.00
1996	TO MY WONDERING EYES	CL	59.00	65.00
J. BARKLEM			**VISIT TO BRAMBLEY HEDGE**	
1994	AUTUMN STORY	CL	40.00	75.00
1994	SPRING STORY	CL	40.00	47.00
1994	SUMMER STORY	CL	40.00	45.00
1994	WINTER STORY	CL	40.00	80.00
M.A. LASHER			**WARM COUNTRY MOMENTS**	
1994	ANNEBELL'S SIMPLE PLEASURE	95 DAYS	30.00	40.00
1994	CHARLOTTE'S SUMMER HARVEST	95 DAYS	*	53.00
1994	EMILY AND ALICE IN A JAM	95 DAYS	30.00	46.00
1994	HARRIET'S LOVING TOUCH	95 DAYS	30.00	46.00
1994	MABEL'S SUNNY RETREAT	CL	30.00	40.00
1995	HANNA'S SECRET GARDEN	95 DAYS	30.00	45.00
1995	HENRIETTA'S FLORAL FANTASY	95 DAYS	*	53.00
1995	SOPHIE & PEARL'S GARDEN	95 DAYS	*	53.00
LOQUE			**WARMTH OF HOME AT CRISTMAS**	
1995	WARM WINTER'S EVE	*	*	43.00
G. KURZ			**WELCOME HOME**	
1998	CHERISH YOUR FAMILY	*	30.00	30.00
B. MOCK			**WELCOME TO THE NEIGHBORHOOD**	
1994	DAFFODIL DRIVE	CL	30.00	43.00
1994	IVY LANE	CL	30.00	43.00
1995	LILAC LANE	CL	35.00	40.00
1995	TULIP TERRACE	CL	35.00	40.00
J. BARNES			**WHEN ALL HEARTS COME HOME**	
1993	CHRISTMAS WISH	CL	30.00	45.00
1993	COMFORT AND JOY	CL	30.00	50.00
1993	GRANDPA'S FARM	CL	30.00	45.00
1993	NIGHT BEFORE CHRISTMAS	CL	30.00	55.00
1993	NIGHT DEPARTURE	CL	30.00	40.00
1993	OH CHRISTMAS TREE	CL	30.00	50.00
1993	PEACE ON EARTH	CL	30.00	45.00
1993	SUPPER AND SMALL TALK	CL	30.00	40.00
R. MCGINNIS			**WHEN DREAMS BLOSSOM**	
1994	DREAMS OF POETRY	95 DAYS	33.00	46.00
1994	DREAMS TO GATHER	CL	30.00	42.00
1994	SWEETEST OF DREAMS	95 DAYS	33.00	46.00
1994	WHERE FRIENDS DREAM	CL	33.00	43.00
1995	A PLACE TO DREAM	95 DAYS	33.00	45.00
1995	DREAMING OF YOU	95 DAYS	33.00	45.00
C. NICK			**WHEN I GROW UP**	
1994	ON THE COUNT OF THREE	*	*	45.00
TIRITILLI			**WHEN STORIES COME ALIVE**	
1994	AT THE ROUND-UP	*	*	44.00
F. MITTELSTADT			**WHERE EAGLES SOAR**	
1994	ALLEGIANCE WITH THE WIND	CL	30.00	44.00
1994	ON FREEDOM'S WING	CL	30.00	44.00
1995	LAKESIDE EAGLES	95 DAYS	30.00	30.00
1995	LIGHTHOUSE EAGLES	95 DAYS	30.00	30.00
1995	NOBLE LEGACY	CL	30.00	40.00
1995	PRIDE OF THE SKY	CL	30.00	44.00
1995	PRISTINE DOMAIN	CL	30.00	44.00
1995	ROYAL ASCENT	CL	30.00	44.00
1995	SPLENDOR IN FLIGHT	CL	30.00	44.00
1995	WINDWARD MAJESTY	CL	30.00	44.00
D. CASEY			**WHERE PATHS JOIN**	
1997	SHARED WORLDS	*	30.00	30.00
1998	GUARDED PATH	*	30.00	30.00
1998	MESSENGERS, THE	*	30.00	30.00
1998	PROTECTORS, THE	*	30.00	30.00

YR	NAME	LIMIT	ISSUE	TREND
1998	SPIRIT TRAIL	*	30.00	30.00
1998	WATCHFUL EYES	*	30.00	30.00
1998	WISDOM SEEKERS	*	30.00	30.00
D. CASEY			**WHERE PATHS MEET**	
1996	NATIVE HARMONY	*	*	46.00
1997	AMONGST FRIENDS	*	30.00	46.00
J. GRENDE			**WHISPERING WINGS**	
1996	MORNING GLORY	*	*	46.00
1996	PERFECT HARMONY	*	*	46.00
K. O'MALLEY			**WHISPERS ON THE WIND**	
1995	ANNA'S HUMMINGBIRD	CL	*	53.00
1995	RUBY THROATED HUMMINGBIRD	CL	*	53.00
1996	ALLEN'S HUMMINGBIRD	95 DAYS	45.00	50.00
1996	RUFOUS WITH FOXGLOVES	95 DAYS	*	53.00
L. CABLE			**WILD BUNCH**	
1997	WAKE-UP CALL	*	30.00	30.00
1998	FIRST SNOW	*	30.00	30.00
1998	KING OF THE HILL	*	30.00	30.00
1998	ROUGH HOUSE	*	30.00	30.00
1998	STICKING TOGETHER	*	30.00	30.00
1998	WINDOW SEAT	*	30.00	30.00
K. KAYOMI			**WILD HEARTS**	
1997	EYES FOR YOU	*	35.00	35.00
1997	TENDER PAUSE	*	35.00	35.00
1998	LAP OF LUXURY	*	35.00	35.00
1998	WALKING ON AIR	*	35.00	35.00
F. MITTLESTADT			**WILD PAGEANTRY**	
1995	FLIGHT OF PHEASANT	*	*	53.00
1995	THUNDERING WINGS: RUFF GROUSE	*	*	53.00
R. MCGINNIS			**WILDFLOWER LEGACY**	
1995	NATURE'S SPLENDOUR	*	*	43.00
K. DANIEL			**WINDOWS ON A WORLD OF SONG**	
1993	BEDROOM, THE: BLUEBIRDS	CL	35.00	42.00
1993	DEN, THE: BLACK-CAPPED CHICKADEES	CL	35.00	45.00
1993	LIBRARY, THE: CARDINALS	CL	35.00	55.00
1994	KITCHEN, THE: GOLDFINCHES	CL	35.00	45.00
D. CASEY			**WINDOWS TO THE SOUL**	
1997	EYES OF THE FOREST	*	30.00	30.00
1997	MOONLIT PHANTOM	*	30.00	30.00
1997	TOGETHER IN SPIRIT	*	30.00	30.00
F. MITTLESTADT			**WINGS OF GLORY**	
1995	PORTRAIT OF LIBERTY	CL	33.00	43.00
1996	PARAGON OF COURAGE	CL	33.00	43.00
J. SPURLOCK			**WINGS OF GLORY**	
1994	PRIDE OF AMERICA	CL	33.00	43.00
1995	SPIRIT OF FREEDOM	CL	33.00	43.00
G. BEECHAM			**WINGS OF THE TOTEM**	
1994	EAGLE: SYMBOL OF POWER	*	*	43.00
C. JACKSON			**WINNIE THE POOH & FRIENDS**	
1994	TIME FOR A LITTLE SOMETHING	CL	40.00	475.00
1995	BOUNCING'S WHAT TIGGERS DO BEST	CL	40.00	150.00
1995	YOU'RE A REAL FRIEND	95 DAYS	45.00	60.00
1996	RUMBLY IN MY TUMBLY	95 DAYS	45.00	45.00
1997	A FINE DAY TO BUZZ WITH THE BEES	95 DAYS	50.00	50.00
1997	DO YOU THINK IT'S A WOOZLE?	CL	50.00	50.00
1997	MANY HAPPY RETURNS OF THE DAY	CL	50.00	50.00
1997	NOBODY CAN BE UNCHEERED WITH A BALLOON	CL	50.00	50.00
1997	PLAYING POOHSTICKS	95 DAYS	50.00	50.00
1997	T IS FOR TIGGER	CL	50.00	50.00
1997	THREE CHEERS FOR POOH	95 DAYS	50.00	50.00
*			**WINNIE THE POOH STORYBOOK COLLECTION**	
1998	BOUNCY FUN-FUN-FUN	*	40.00	40.00
1998	HIDE AND GO BOUNCE	*	40.00	40.00
1998	TOO MUCH HONEY	*	40.00	40.00
1998	VERY GREAT RESCUE, A	*	40.00	40.00
C. JACKSON			**WINNIE THE POOH: 3D**	
1995	BOUNCING IS WHAT TIGGERS DO BEST	CL	40.00	40.00
*			**WINNIE THE POOH: A HONEY OF A FRIEND**	
1997	FRIENDSHIP IS AS SWEET AS HONEY	*	*	N/A
1998	LITTLE FIXING IS REQUIRED, A	*	30.00	30.00
1998	WELCOME LITTLE FRIENDS	*	30.00	30.00
S. KOZAR			**WINTER EVENING REFLECTIONS**	
1996	AS TWILIGHT FALLS	CL	40.00	45.00
1996	DAY FADES TO MEMORY	CL	40.00	45.00
1996	DOWN BY THE STREAM	CL	40.00	45.00
1996	SHADOWS GROW LONGER	CL	40.00	45.00
S. TIMM			**WINTER GARLANDS**	
1996	CRISP MORNING CALL	CL	35.00	40.00
1996	FROSTY SEASON	CL	35.00	40.00
1996	JEWELS IN THE SNOW	CL	35.00	40.00
T. ISAAC			**WINTER GUARDIANS: A MASTER COLLECTION**	
1997	TRACKING THE EDGE	*	30.00	30.00
D. SMITH			**WINTER GUARDIANS: A MASTER COLLECTION**	
1997	EVENING QUEST	*	30.00	30.00
P. WEIRS			**WINTER RETREAT**	
1996	WHITETAILS PAUSE	*	*	40.00

YR	NAME	LIMIT	ISSUE	TREND
N. GLAZIER			**WINTER SHADOWS**	
1995	CANYON MOON	CL	30.00	40.00
1995	SHADES OF GRAY	95 DAYS	30.00	40.00
P. WEIRS			**WINTER SHADOWS**	
1995	BROKEN WATCH	95 DAYS	30.00	40.00
1995	DECEMBER WATCH	95 DAYS	30.00	40.00
1995	MOONLIGHT SHADOWS	95 DAYS	30.00	40.00
1995	TRACKERS	95 DAYS	30.00	40.00
1995	VIGILANT COMPANIONS	95 DAYS	30.00	40.00
1996	ICY SHADOWS	OP	30.00	40.00
T. KINKADE			**WISH YOU WERE HERE**	
1993	END OF A PERFECT DAY	CL	30.00	43.00
1994	AFTERNOON ON FOREST LAKE	CL	33.00	45.00
1994	QUIET EVENING/RIVERLODGE	CL	30.00	40.00
1994	SOFT MORNING LIGHT	CL	33.00	45.00
1995	SIMPLER TIMES	CL	33.00	50.00
1997	EVENING IN THE FOREST	CL	33.00	33.00
SOLBERG			**WITH WATCHFUL EYES**	
1994	WINTER WHITE	*	*	40.00
L. DANIELS		**WOLF PUPS: YOUNG FACES OF THE WILDERNESS**		
1995	MORNING INNOCENTS	95 DAYS	30.00	42.00
1995	NEW ADVENTURE	CL	30.00	42.00
1995	TOMORROW'S PRIDE	CL	30.00	42.00
1996	CALL TO THE FUTURE	95 DAYS	30.00	40.00
1996	EARLY ASPIRATIONS	*	30.00	42.00
1996	ONE TO ONE	*	30.00	42.00
1996	ROSY BEGINNINGS		30.00	42.00
G. ALEXANDER			**WOODLAND TRANQUILITY**	
1994	WINTER'S CALM	CL	30.00	40.00
1995	BROKEN SILENCE	*	*	40.00
1995	CROSSING BOUNDARIES	95 DAYS	30.00	40.00
1995	FROSTY MORN	95 DAYS	30.00	40.00
1995	SNOWY VEIL	*	*	46.00
1996	RIVER REFLECTIONS	*	*	52.00
1996	SUNSET AT CORNUCOPIA	OP	35.00	50.00
1996	TWILIGHT APPROACH	*	*	52.00
J. HANSEL			**WOODLAND WINGS**	
1994	GLIDING ON GILDED SKIES	CL	35.00	43.00
1994	SUNSET VOYAGE	CL	35.00	50.00
1994	TWILIGHT FLIGHT	CL	35.00	40.00
1995	PEACEFUL JOURNEY	CL	35.00	50.00
D. TERBUSH			**WORLD BENEATH THE WAVES**	
1994	ALL GOD'S CHILDREN	95 DAYS	30.00	38.00
1994	CIRCLE OF LIGHT	95 DAYS	30.00	38.00
1994	SEA OF LIGHT	CL	30.00	38.00
1995	FOLLOW YOUR HEART	95 DAYS	30.00	38.00
1995	HUMPBACK WHALES	95 DAYS	30.00	30.00
1995	LONG BEFORE MAN	95 DAYS	30.00	38.00
1995	REACH FOR YOUR DREAMS	95 DAYS	30.00	38.00
1995	SHARE THE LOVE	95 DAYS	30.00	38.00
1996	ALL THE MIRACLES TO SEA	95 DAYS	30.00	40.00
J. HANSEL			**WORLD OF THE EAGLE**	
1993	SILENT GUARD	CL	30.00	50.00
1994	NIGHT FLYER	CL	33.00	44.00
1994	SENTINEL OF THE NIGHT	CL	30.00	45.00
1995	MIDNIGHT DUTY	CL	33.00	60.00
T. CLAUSNITZER			**WORLD OF WILDLIFE**	
1995	A DELICATE BALANCE	CL	30.00	30.00
1995	AFRICA: EXQUISITE TRANQUILITY	CL	30.00	40.00
1995	EUROPE: IN NATURAL HARMONY	CL	30.00	40.00
1995	NORTH AMERICA: A DELICATE BALANCE	CL	30.00	40.00
1996	SOUTH AMERICA: EXOTIC KINGDOM	CL	30.00	40.00
KOLLER			**WORLD RECORD HOLDERS**	
1995	JORDAN BUCK	*	*	38.00
*			**WORLD WAR II: 50TH ANNIVERSARY**	
1994	1941: A WORLD AT WAR	*	*	38.00
1994	1941: TAKING A STAND	*	*	38.00
J. GRIFFIN			**WORLD WAR II: A REMEMBRANCE**	
1994	BATTLE OF MIDWAY	CL	30.00	40.00
1994	BATTLE OF THE BULGE	CL	33.00	43.00
1994	D-DAY	CL	30.00	40.00
1995	BATTLE OF THE PHILIPPINES	CL	33.00	45.00
1995	DOOLITTLE'S RAID OVER TOKYO	CL	33.00	45.00
1995	LIBERATION OF FRANCE	CL	*	43.00
C. WYSOCKI			**WYSOCKI CHRISTMAS MEMORIES**	
1998	SMALL TOWN CHRISTMAS	*	45.00	45.00
C. WYSOCKI			**WYSOCKI COUNTRY CORNERS**	
1998	GRAIN, FEED & SEED	*	35.00	35.00
1998	IGGIE'S EXTRACTS	*	35.00	35.00
1998	OLD TIMES ANTIQUE SHOP	*	35.00	35.00
1998	PETER'S GROCERY	*	35.00	35.00
1998	SHAVERS & HAIRCUTS	*	35.00	35.00
1998	TICK-TOCK CLOCK SHOP	*	35.00	35.00
C. WYSOCKI			**WYSOCKI'S FOLKTOWN**	
1996	BIRDIE'S PERCH COFFEE SHOP	*	*	53.00
1996	CHIPS AND FELTS	*	*	53.00
1996	QUILT LADIES SOCIAL CLUB	*	*	53.00
1996	STOOL PIGEON GOSSIP SHOP	*	*	53.00

YR	NAME	LIMIT	ISSUE	TREND
1996	SWEET SHOP	*	*	53.00
1996	TOWN FLORIST	*	*	53.00

BYLINY'S PORCELAIN

ROGATOV
FLIGHTS OF FANCY

YR	NAME	LIMIT	ISSUE	TREND
1991	ENCHANTMENT	*	*	42.00
1991	FANTASIE (ROGATOV)	*	*	45.00
1991	RHAPSODY	*	*	41.00
1991	SPLENDOUR	*	*	45.00
1992	REVERIE	*	*	45.00

U.L. DUBOVIKOV
JEWELS OF THE GOLDEN RING

YR	NAME	LIMIT	ISSUE	TREND
1991	BORIS AND GLEB MONASTERY	*	*	45.00
1991	NIKITSKY MONASTERY	*	*	45.00
1991	ROSTOV THE GREAT	*	*	45.00
1991	ST. BASIL'S, MOSCOW	195 DAYS	30.00	46.00
1991	TRINITY MONASTERY, ZAGORSK	*	*	41.00
1991	YAROSLAVI KREMLIN	*	*	50.00
1992	GOLDEN GATES OF VLADIMIR	*	*	50.00
1992	SUZOAL, PEARL OF GOLDEN RING	*	*	50.00

NAZARUK
LEGEND OF SCARLET FLOWER

YR	NAME	LIMIT	ISSUE	TREND
1991	ENCHANTED GARDEN	*	*	46.00
1992	MAGIC RING	*	*	45.00
1992	MERCHANT'S FARWELL	*	*	49.00
1992	SCARLET FLOWER	*	*	49.00
1992	SPIRIT OF LOVE	*	*	61.00
1992	VOICE OF KINDNESS	*	*	52.00

ZHIRYAKOVA
LEGEND OF THE TSAR SALTAN

YR	NAME	LIMIT	ISSUE	TREND
1991	ARRIVAL OF TSAR SALTAN	*	*	49.00
1991	MAGIC LAND OF PRINCE GUIDON	*	*	49.00
1991	MAGIC SQUIRREL	*	*	48.00
1991	SWAN PRINCESS	*	*	48.00

DEVYATKIN
RUSSIAN FAIRY PRINCESSES

YR	NAME	LIMIT	ISSUE	TREND
1992	LUDMILLA	*	*	50.00
1992	SLEEPING BEAUTY	*	*	50.00
1992	SNOWMAIDEN	*	*	50.00
1992	VASILISA THE BEAUTIFUL	*	*	51.00

DEVYATKIN
RUSSIAN SEASONS

YR	NAME	LIMIT	ISSUE	TREND
1992	AUTUMN FANTASIE	*	*	50.00
1992	SPRINGTIME REJOICE	*	*	50.00
1992	SPRINGTIME SPLENDOR	*	*	46.00
1992	SUMMERTIME SERENADE	*	*	47.00
1992	WINTER IDYLL	*	*	47.00
1992	WINTER MAJESTY	*	*	43.00
1993	AUTUMN MEDLEY	*	*	50.00
1993	SUMMERTIME BOUNTY	*	*	50.00

AN
TALE OF FATHER FROST

YR	NAME	LIMIT	ISSUE	TREND
1992	CIRCLE DANCE	*	*	51.00
1992	FOR ALL BOYS AND GIRLS	*	*	50.00
1992	ON THIS COLD WINTERY NIGHT	*	*	53.00
1992	SNOWY PLAYLAND	*	*	52.00
1992	TREE TRIMMING TIME	*	*	50.00

LEONOVA
VILLAGE LIFE OF RUSSIA

YR	NAME	LIMIT	ISSUE	TREND
1990	BRINGING HOME THE HARVEST	*	*	51.00
1990	CELEBRATION OF FRIENDSHIP	*	*	51.00
1990	WINTER SLEIGH RIDE	*	*	51.00
1991	COUNTRY PEDDLAR	*	*	51.00
1991	MERRY MUSICIANS	*	*	51.00
1991	TO THE SPRING FESTIVAL	*	*	51.00
1991	VILLAGE COBBLER	*	*	51.00
1991	VILLAGE WEDDING	*	*	51.00

C.U.I./CAROLINA COLLECTION

*
CHRISTMAS

YR	NAME	LIMIT	ISSUE	TREND
1991	CHECKIN' IT TWICE FIRST ED.	RT	40.00	40.00

G. GEIVETTE
CLASSIC CAR

YR	NAME	LIMIT	ISSUE	TREND
1992	CHEVY 1957	RT	40.00	45.00

*
COORS FACTORY

YR	NAME	LIMIT	ISSUE	TREND
1992	COORS FACTORY FIRST ED.	CL	30.00	30.00
1993	COORS FACTORY SECOND ED.	CL	30.00	30.00

T. STORTZ
COORS WINTERFEST

YR	NAME	LIMIT	ISSUE	TREND
1992	SKATING PARTY	RT	30.00	30.00

G. GEIVETTE
CORVETTE

YR	NAME	LIMIT	ISSUE	TREND
1992	CORVETTE 1953	CL	40.00	45.00

C.L. BRAGG
ENVIRONMENTAL

YR	NAME	LIMIT	ISSUE	TREND
1991	REINFOREST MAGIC FIRST ED.	RT	40.00	40.00

M. HOFFMAN
ENVIRONMENTAL

YR	NAME	LIMIT	ISSUE	TREND
1992	FIRST BREATH	RT	40.00	45.00

R. CRUWYS
FIRST ENCOUNTER

YR	NAME	LIMIT	ISSUE	TREND
1993	STAND OFF	CL	30.00	30.00
1994	CLASS CLOWN	CL	30.00	30.00

*
GIRL IN THE MOON

YR	NAME	LIMIT	ISSUE	TREND
1991	MILLER GIRL IN THE MOON FIRST ED.	9950	40.00	40.00

J. KILLEN
GREAT AMERICAN SPORTING DOGS

YR	NAME	LIMIT	ISSUE	TREND
1992	BLACK LAB FIRST ED.	20000	40.00	45.00
1993	BRITTANY SPANIEL SIXTH ED.	CL	40.00	45.00
1993	ENGLISH SETTER FIFTH ED.	CL	40.00	45.00
1993	GOLDEN RETRIEVER SECOND ED.	CL	40.00	45.00

YR	NAME	LIMIT	ISSUE	TREND
1993	SPRINGER SPANIEL THIRD ED.	CL	40.00	45.00
1993	YELLOW LABRADOR FOURTH ED.	CL	40.00	45.00

P. KETHLEY

			NATIVE AMERICAN	
1991	HUNT FOR THE BUFFALO FIRST ED.	RT	40.00	40.00

CAST ART

K. HAYNES

			DREAMSICLES	
1995	FINISHING TOUCHES	RT	*	45.00
1996	SANTA IN DREAMSICLE LAND	RT	*	40.00
1997	STAR OF WONDER	RT	*	30.00

CAVANAGH GROUP

*

		COCA-COLA BRAND HERITAGE COLLECTION		
1994	SANTA AT HIS DESK	5000	60.00	65.00
1995	HILDA CLARK WITH ROSES	5000	60.00	65.00

N. ROCKWELL

		COCA-COLA BRAND HERITAGE COLLECTION		
1995	BOY FISHING	5000	60.00	60.00

H. SUNDBLOM

		COCA-COLA BRAND HERITAGE COLLECTION		
1996	TRAVEL REFRESHED	CL	60.00	60.00

H. SUNDBLOM

			COCA-COLA SANTA	
1995	GOOD BOYS AND GIRLS	CL	60.00	60.00

CLARISSA'S CREATIONS

C. JOHNSON

1990	LITTLE BALLERINA	14 DAYS	48.00	55.00
1994	MEMORIES	25000	48.00	50.00

CRESTLEY COLLECTION

S. WOODS

			BACKYARD BUDDIES	
1994	APRIL OUTING	*	*	30.00
1994	DECEMBER CUDDLE	*	*	30.00
1994	JULY JUBILEE	*	*	30.00
1994	JUNE DELIGHT	*	*	30.00
1994	MAY DAY	*	*	30.00
1994	OCTOBER HARVEST	*	20.00	30.00
1995	JANUARY JINGLE	*	*	30.00

S. WHEELER

			CHRISTMAS/PRIMROSE HILL	
1994	BE IT EVER SO HUMBLE	*	20.00	30.00

A. CASAY

			CORAL KINGDOMS	
1994	AFTERNOON FROLIC	*	*	30.00
1994	DAYBREAK DELIGHT	*	*	30.00
1994	MOONLIGHT DISCOVERY	*	*	30.00
1994	MORNING ENCHANTMENT	*	*	30.00
1994	SUNSET SERENADE	*	*	30.00
1994	TWILIGHT WONDER	*	*	30.00

WHITTEN

			FRIENDS FOREVER	
1994	BUDDING FRIENDSHIP	*	*	30.00
1994	CUDDLE UP	*	*	30.00
1994	DRINKIN BUDDIES	*	*	30.00
1994	PUPPY LOVE	*	*	30.00
1994	SHARING THE WONDER	*	*	30.00
1994	TIGHT-KNIT FRIENDS	*	*	30.00

T. CATHEY

			HEAVENLY HEARTS	
1994	FAITH AND CHARITY	*	*	29.00
1994	GOODNESS AND HOPE	*	*	31.00
1994	JOY	*	*	30.00
1994	LIBERTY AND PEACE	*	*	30.00
1994	PATIENCE	*	*	29.00
1994	PRUDENCE	*	20.00	30.00
1994	SWEETNESS AND GRACE	*	*	30.00
1995	INSPIRATION	*	*	31.00

LAKOFKA

			NATIVE BEAUTY	
1994	DANCE IN THE SUN	*	*	32.00

LAKOFKA

			NATIVE SKY	
1994	ONE WITH THE SKY	*	*	31.00
1994	SPIRIT OF THE FULL MOON	*	*	31.00
1994	WHEN LIGHTNING CASTS SHADOWS	*	*	30.00

*

			PICTURE PURRFECT CATS	
1994	EVERYONE NEEDS A TEDDY	*	20.00	30.00
1994	FLUFF AND FLOWERS	*	*	33.00
1994	PEEK-A-BOO KITTY	*	*	33.00
1994	PERFECTLY POISED	*	*	33.00
1994	TEATIME TABBY	*	*	33.00
1995	IN THE PINK	*	*	33.00
1995	KITTEN ON THE KEYS	OP	20.00	20.00

JAXON

			PRAYERS TO THE GREAT SPIRIT	
1994	PRAYER TO THE DAWN	*	20.00	30.00
1994	PRAYER TO THE FOREFATHERS	*	20.00	30.00

S. WHEELER

			PRIMROSE HILL	
1993	LOVE'S A GIFT FROM THE HEART	*	20.00	34.00
1994	GOD BLESS OUR HOME	*	20.00	33.00
1994	HOME IS WHERE THE HEART IS	*	20.00	33.00
1994	LET HEAVEN AND NATURE SING	*	20.00	33.00
1994	SENDING SMILES ACROSS MILES	*	20.00	33.00

S. EVANS

			PROFILES OF BRAVERY	
1993	BOLD AND THE FREE	*	*	32.00
1993	NOBLE AND THE PROUD	*	*	33.00
1994	FIERCE & THE MIGHTY, THE	*	20.00	22.00

YR	NAME	LIMIT	ISSUE	TREND
1994	STRONG AND THE BRAVE	*		33.00
1994	WILD AND THE WISE	*		32.00

T. DUBOIS

TEDDY BEAR FAIR

YR	NAME	LIMIT	ISSUE	TREND
1994	AND AWAY WE GO	*	*	32.00
1994	HERE WE GO 'ROUND	*	*	32.00
1994	JUST THE TWO OF US	*	*	32.00
1994	POWER OF LOVE, THE	*	20.00	30.00
1994	SITTING ON TOP OF THE WORLD	*	*	32.00
1994	SWEETEST OF ALL	*	*	32.00
1994	YOUR HEART'S DESIRE	*	*	32.00

*

TRIBUTE TO ROY ROGERS

YR	NAME	LIMIT	ISSUE	TREND
1994	HAPPY TRAILS TO YOU	*	20.00	30.00

GUISEWITE

TRIBUTE TO ROY ROGERS

YR	NAME	LIMIT	ISSUE	TREND
1994	HOME ON THE RANGE	*	*	30.00

T. DUBOIS

TROLLS

YR	NAME	LIMIT	ISSUE	TREND
1993	MONDAY'S TROLL	*	*	32.00
1993	TUESDAY'S TROLL	*	*	32.00
1993	WEDNESDAY'S TROLL	*	*	32.00
1994	FRIDAY'S TROLL	*	*	32.00
1994	SATURDAY'S TROLL	*	*	32.00
1994	SUNDAY'S TROLL	*	20.00	22.00
1994	THURSDAY'S TROLL	*	*	32.00

L. KENDRICK

VISION QUEST

YR	NAME	LIMIT	ISSUE	TREND
1993	EAGLE DANCE	*	*	32.00
1993	SHARING THE SPIRIT	*	*	32.00
1994	CALLING THE STORM	*	*	32.00
1994	HIGHER POWER, A	*	*	32.00
1994	SEEKING THE DAWN	*	*	32.00
1994	SOARING SPIRIT	*	*	32.00
1994	VALLEY OF THE SPIRIT	*	20.00	30.00

GRAY

YOUNG AND THE RESTLESS

YR	NAME	LIMIT	ISSUE	TREND
1993	NIKKI'S WORLD	*	*	32.00
1994	CRICKET'S TRAILS	*	*	32.00
1994	JILL'S ESCAPADES	*	*	32.00
1994	KATHERINE'S LEGACY	*	*	32.00
1994	VICTOR'S EMPIRE	*	*	32.00

CROWN PARIAN

T. BOYER

AMERICAN FOLK HEROES

YR	NAME	LIMIT	ISSUE	TREND
1983	JOHNNY APPLESEED	*	*	83.00
1984	DAVY CROCKETT	*	*	61.00
1985	BETSY ROSS	*	*	61.00
1986	BUFFALO BILL	*	*	61.00
1987	CASEY JONES	*	*	61.00
1987	SACAJAWEA (BOYER)	*	*	61.00

CALDER

CALDER

YR	NAME	LIMIT	ISSUE	TREND
1978	AFFECTION	*	*	91.00

R. SKELTON

FREDDIE THE FREELOADER

YR	NAME	LIMIT	ISSUE	TREND
1979	FREDDIE IN THE BATHTUB		55.00	350.00
1980	FREDDIE'S SHACK	*	55.00	145.00
1981	FREDDIE ON THE GREEN	10000	60.00	115.00
1982	LOVE THAT FREDDIE	*	60.00	100.00

R. SKELTON

FREDDIE'S ADVENTURES

YR	NAME	LIMIT	ISSUE	TREND
1982	CAPTAIN FREDDIE	*	60.00	100.00
1983	BRONCO FREDDIE	*	60.00	100.00
1983	SIR FREDDIE	*	63.00	85.00

G. ERIKSON

GLORIA ERIKSON

YR	NAME	LIMIT	ISSUE	TREND
1982	APRIL SPRING	*	*	48.00

RUTHVEN

MOMENTS OF NATURE

YR	NAME	LIMIT	ISSUE	TREND
1979	CALIFORNIA QUAIL	*	*	70.00

JONES

OLD WEST

YR	NAME	LIMIT	ISSUE	TREND
1979	TURNING THE LEAD	*	*	48.00

RUTHVEN

OWL FAMILY

YR	NAME	LIMIT	ISSUE	TREND
1983	BARRED OWL	*	*	100.00
1983	SAW-WHET OWL	*	*	100.00
1983	SNOWY OWL FAMILY	*	*	100.00
1984	GREAT HORNED OWL	*	*	100.00

MCGREW

THANKSGIVING DAY

YR	NAME	LIMIT	ISSUE	TREND
1983	DINNER	*	*	112.00

CURATOR COLLECTION LTD.

B. JOHNSON

MASTERPIECES OF THE WEST

YR	NAME	LIMIT	ISSUE	TREND
1980	TEXAS NIGHT HERDER	17500	35.00	75.00

LEIGH

MASTERPIECES OF THE WEST

YR	NAME	LIMIT	ISSUE	TREND
1982	COWBOY STYLE	17500	35.00	75.00

G. PERILLO

MASTERPIECES OF THE WEST

YR	NAME	LIMIT	ISSUE	TREND
1982	INDIAN STYLE	17500	50.00	150.00

REMINGTON

MASTERPIECES OF THE WEST

YR	NAME	LIMIT	ISSUE	TREND
1980	INDIAN TRAPPER	17500	35.00	100.00

DANBURY MINT

*

BICENTENNIAL

YR	NAME	LIMIT	ISSUE	TREND
1973	BOSTON TEA PARTY	*	*	195.00
1974	FIRST CONTINENTAL CONGRESS	*	*	195.00
1975	PAUL REVERE'S RIDE	*	*	195.00
1976	DECLARATION OF INDEPENDENCE	*	*	195.00
1976	WASHINGTON AT VALLEY FORGE	*	*	195.00

YR	NAME	LIMIT	ISSUE	TREND
1978	MOLLY PITCHER	*	*	195.00
1979	BON HOMME RICHARD	*	*	195.00
DALY			**BOYS WILL BE BOYS**	
1993	CLEAN AS A WHISTLE	*	*	46.00
1993	FAVORITE READER	*	*	46.00
1993	HER HERO	*	*	46.00
1993	KEPT IN	*	*	46.00
1993	SHOESHINE BOY	*	*	46.00
1993	SLINGSHOT PAL	*	*	46.00
1993	THIEF, THE	*	*	46.00
1993	TRANQUIL MOMENT	*	*	46.00
CAMBIER			**CAMBIER MOTHER'S DAY**	
1985	MONIQUE ET FRANCOIS	*	*	54.00
*			**CHRISTMAS**	
1975	SILENT NIGHT (DANBURY MINT)	*	*	40.00
1976	JOY TO THE WORLD	*	*	42.00
1977	AWAY IN THE MANGER	*	*	42.00
1978	FIRST NOEL	*	*	51.00
REICHARDT			**COUNTRY MEMORIES**	
1992	BY THE OLD MILL	*	*	38.00
1992	SO GOOD TO BE HOME	*	*	38.00
1995	EARLY SNOWFALL	*	*	38.00
1995	NATURE'S SWEET SYRUP	*	*	38.00
1995	PEACEFUL RETREAT	*	*	38.00
1995	RUSTIC BEAUTY	*	*	38.00
1995	SNUG HARBOUR	*	*	38.00
1995	SUMMERTIME	*	*	38.00
REICHARDT			**EAGLES ACROSS AMERICA**	
1995	CATCH OF THE DAY	*	*	40.00
1995	EVERGLADE SUNRISE	*	*	40.00
1995	GUARDIANS, THE	*	*	40.00
1995	KING OF THE CANYON	*	*	40.00
1995	PERFECT HARMONY	*	*	40.00
1995	PRIDE OF AMERICA	*	*	40.00
1995	SPIRIT OF ALASKA	*	*	40.00
1995	TRYING THEIR WINGS	*	*	40.00
ST. CLAIR			**ENCHANTED GARDEN**	
1995	FLOWER GIRL	*	*	40.00
1995	GOLDEN BUTTERFLY	*	*	40.00
KAYE			**FARMING THE HEARTLAND**	
1992	BEATING THE STORM	*	*	29.00
1992	BOUNTIFUL HARVEST	*	*	64.00
1992	HARVESTING AT LAST	*	*	31.00
1993	BAILING THE HAY	*	*	28.00
1993	TAKING A BREAK	*	*	31.00
1993	WELL DESERVED BREAK	*	*	31.00
REICHARDT			**GOD BLESS AMERICA**	
1993	AFTER THE STORM	*	*	39.00
1993	CASCADING THUNDER	*	*	39.00
1993	FLYING FREE	*	*	39.00
1993	FROSTY MORNING	*	*	39.00
1993	ICE-CAPPED MAJESTY	*	*	39.00
1993	PEACEFUL SOLITUDE	*	*	39.00
1993	PROUD GUARDIAN	*	*	39.00
1993	SUNLIT RETREAT	*	*	39.00
1993	TRANQUIL BEAUTY	*	*	39.00
1993	UNTAMED GLORY	*	*	39.00
1993	VIGILANT BEACON	*	*	39.00
1993	WHERE EAGLES SOAR	*	*	39.00
*			**GREAT ART MASTERPIECES**	
1975	LAST SUPPER	*	*	211.00
1976	SUNFLOWER	*	*	210.00
MANNING			**KITTEN COUSINS**	
1992	PLAYFUL COMPANIONS	*	*	36.00
M.I. HUMMEL			**LITTLE COMPANIONS**	
1991	APPLE TREE BOY AND GIRL	*	*	51.00
1991	BUDDING SCHOLARS	*	*	51.00
1991	COME BACK SOON	*	*	51.00
1991	COUNTRY CROSSROAD	*	*	51.00
1991	HELLO DOWN THERE	*	*	51.00
1991	LITTLE EXPLORERS	*	*	51.00
1991	LITTLE MUSICIANS	*	*	51.00
1991	PRIVATE PARADE	*	*	51.00
1991	SQUEAKY CLEAN	*	*	51.00
1991	STORMY WEATHER	*	*	51.00
1991	SURPRISE	*	*	51.00
1991	TENDER LOVING CARE	*	*	51.00
D. ZOLAN			**LITTLE FARMHANDS**	
1998	PIGLET ROUNDUP	75 DAYS	30.00	30.00
1998	TOO BUSY TO PLAY	75 DAYS	30.00	30.00
*			**MICHAELANGELO**	
1972	CREATION OF ADAM	*	*	118.00
1973	MOSES	*	*	117.00
1973	PEITA	*	*	117.00
1974	HOLY FAMILY	*	*	115.00

YR	NAME	LIMIT	ISSUE	TREND
*				**PORCELAIN PLATES**
1977	OFFICIAL AMERICA'S CUP	*	*	30.00
1977	QUEEN'S SILVER JUBILEE	*	*	140.00
1977	TALL SHIPS	*	*	30.00
TRAVERS			**PRIDE OF THE WILDERNESS**	
1993	FALL RETREAT	*	*	43.00
1993	FULL ALERT	*	*	43.00
1993	SNOWBOUND	*	*	43.00
1993	WINTER STAG	*	*	43.00
NELSON			**UNDERWATER PARADISE**	
1993	DISCOVERY OFF ANAHOLA	*	*	37.00
1994	CALIFORNIA SPIRITS	*	*	37.00
1994	CHEZ PAUL	*	*	37.00
1994	HAWAIIAN MUSES	*	*	37.00
1994	HONOLUA: BAY OF PIILANI	*	*	37.00
1994	LA LE'S SACRED PRINCESS	*	*	37.00
1994	LAHAINA SEA FLIGHT	*	*	37.00
1994	MOONLIT MOMENT	*	*	37.00
1994	NEW MOON OVER WINGWORD OHU	*	*	37.00
1994	SEARCH FOR HARMONY	*	*	37.00
1994	SERENITY OF WAIPIO	*	*	37.00
1994	SUNLIT GOLD	*	*	37.00
D. GELSINGER			**WINTER WONDERLAND**	
1993	DEAR SANTA	75 DAYS	30.00	30.00
1993	MY FIRST SNOWMAN	75 DAYS	30.00	30.00
1993	NOELLE	75 DAYS	30.00	30.00
1994	CHORUS OF CAROLERS	75 DAYS	30.00	30.00
1994	CHRISTMAS PRARYER, A	75 DAYS	30.00	30.00
1994	JUST MY SIZE	75 DAYS	30.00	30.00
1994	SEASON OF SHARING, A	75 DAYS	30.00	30.00
1994	SKATER'S DREAM	75 DAYS	30.00	30.00
LAWRENCE			**YOUNG INNOCENCE**	
1992	BEDTIME PRAYERS	*	*	43.00

D'ARCEAU LIMOGES

YR	NAME	LIMIT	ISSUE	TREND
CAMBIER				
1980	LA JEUNE FILLE DU PRINTEMP	*	*	151.00
CAMBIER			**CAMBIER MOTHER'S DAY**	
1983	MICHELE ET SYLVIE	*	*	61.00
1984	MARIE ET JACQUELINE	*	*	57.00
1986	MARIANNE AND THERESE	*	*	54.00
A. RESTIEAU			**CHRISTMAS**	
1975	LA FRUITE EN EGYPTE	*	24.00	150.00
1976	DANS LA CRECHE	*	24.00	60.00
1977	REFUS D'HEBERGEMENT	*	24.00	45.00
1978	LA PURIFICATION	YR	27.00	50.00
1979	L'ADORATION DES ROIS	YR	27.00	60.00
1980	JOYEUSE NOUVELLE	YR	29.00	45.00
1981	GUIDES PAR L'ETOILE	YR	29.00	45.00
1982	L'ANNUCIATION	YR	31.00	60.00
JULIEN			**FRENCH COUNTRY LANDSCAPES**	
1987	ALONG THE RIVERSIDE	*	*	50.00
1987	HARVEST IN CHAMPAGNE	*	*	55.00
1987	SUNDAY IN A VILLAGE	*	*	50.00
1988	FLOCK OF SHEEP IN AUVERGNE	*	*	55.00
1988	HARBOUR SCENE IN PROVENCE	*	*	55.00
1988	OLD WATER MILL IN ALSACE	*	*	60.00
1988	PICNIC ON THE GRASS	*	*	55.00
1989	PROMENADE IN THE ALOS	*	*	60.00
GUIDOU			**GIGI**	
1985	GIGI	*	*	40.00
1985	NIGHT THEY INVENTED CHAMPAGNE	*	*	40.00
1986	GIGI IN LOVE	*	*	41.00
1986	I REMEMBER IT WELL	*	*	42.00
CAMBIER			**JEUNES FILLES**	
1978	LA JEUNE FILLE D'ETE	*	*	186.00
1979	LA JEUNE FILLE D'HIVER	*	*	153.00
1981	LA JEUNE FILLE D'AUTOMNE	*	*	162.00
BOULME			**JOSEPHINE AND NAPOLEON**	
1984	BONAPARTE TRAVERSANT ALPS	*	*	49.00
1984	LA RECONTRE	*	*	109.00
1984	L'IMPERATRICE JOSEPHINE	*	*	68.00
1985	LE DIVORCE	*	*	51.00
1985	SACRE DE NAPOLEON	*	*	57.00
1986	LE SOUVENIR	*	*	50.00
BRENOT			**LA BELLE EPOQUE**	
1986	LIANE DE POUGY	*	*	38.00
1986	SARAH BERNHARDT	*	*	36.00
1987	ANNA PAVLOVA	*	*	39.00
A. RESTIEAU			**LAFAYETTE**	
1973	NORTH ISLAND LANDING	*	20.00	80.00
1973	SECRET CONTRACT, THE	*	15.00	75.00
1974	BATTLE OF BRANDYWINE	*	20.00	45.00
1974	CITY TAVERN MEETING	*	20.00	75.00
1975	MESSAGES TO FRANKLIN	*	20.00	95.00
1975	SIEGE AT YORKTOWN	*	20.00	80.00

YR	NAME	LIMIT	ISSUE	TREND
DALI			**LES DUOZE SITES**	
1980	L' ARC DE TRIUMPHE	*	*	40.00
1981	LA CATHEDRAL NOTRE DAME	*	*	38.00
1981	LA PLACE DE LA CONCORD	*	*	39.00
1982	LA POINTE DU VERT GALANT	*	*	49.00
1982	LE MARCHE AUX FLEURS	*	*	42.00
1982	L'EGLISE SAINT PIERRE	*	*	42.00
1983	LA TOUR EIFFEL	*	*	50.00
1983	LE JARDIN DES TUILERIES	*	*	47.00
1983	LE MOULIN ROUGE	*	*	49.00
1983	LE PONT ALEXANDRE	*	*	55.00
1983	L'HOTEL DE VILLE	*	*	44.00
1983	L'OPERA	*	*	49.00
GUIDOU			**LES NOELS DE FRANCE**	
1986	MAGICAL WINDOW	*	*	41.00
1987	STARLIT CRECHE	*	*	41.00
1988	CHRISTMAS IN ALSACE	*	*	45.00
DUTHEIL			**LES TRES HEURES**	
1982	JUIN	*	*	180.00
1983	MAI	*	*	130.00
1983	OCTOBRE	*	*	117.00
1987	FEVRIER	*	*	114.00
1987	MARS	*	*	116.00
1987	NOVEMBER	*	*	122.00
DUTHEIL			**LES TRES RICHES**	
1979	JANVIER	*	*	128.00
1980	AVRIL	*	*	120.00
1981	AOUT	*	*	130.00
DUTHEIL			**LES TRES RICHES HEURES**	
1988	DECEMBRE	*	*	121.00
1988	JUILLET	*	*	122.00
1988	SEPTEMBRE	*	*	121.00
GANEAU			**WOMEN OF THE CENTURY**	
1976	COLETTE LA FEMME	*	*	45.00
1976	EDITH	*	*	45.00
1976	FRANCOISE	*	*	45.00
1976	LEA LA FEMME FLEUR	*	*	45.00
1976	MARLENE LA VAMP	*	*	45.00
1976	SARAH EN TOURNURE	*	*	62.00
1976	SCARLET EN CRINOLINE	*	*	45.00
1976	SOPHIE	*	*	45.00
1977	ALBERTINE LA FEMME	*	*	45.00
1977	DAISY	*	*	45.00
1978	HELENE L'INTREPIDE	*	*	45.00
1979	BRIDGETTE	*	*	45.00

DAVE GROSSMAN CREATIONS

YR	NAME	LIMIT	ISSUE	TREND
N. ROCKWELL			**BOY SCOUT**	
1981	CAN'T WAIT	RT	30.00	50.00
1982	GUIDING HAND	RT	30.00	50.00
1983	TOMORROW'S LEADER	RT	30.00	55.00
BARNARD			**CHILDREN OF THE WEEK**	
1978	MONDAY'S CHILD	*	*	46.00
1979	TUESDAY'S CHILD	*	*	46.00
1979	WEDNESDAY'S CHILD	*	*	46.00
1980	FRIDAY'S CHILD	*	*	46.00
1980	THURSDAY'S CHILD	*	*	62.00
1981	SATURDAY'S CHILD	*	*	46.00
1981	SUNDAY'S CHILD	*	*	46.00
BARNARD			**CHRISTMAS**	
1978	PEACE	*	*	63.00
1979	SANTA	*	*	63.00
N. ROCKWELL			**CHRISTMAS**	
1982	FACES OF CHRISTMAS	RT	75.00	75.00
B. LEIGHTON-JONES			**EMMETT KELLY CHRISTMAS**	
1986	CHRISTMAS CAROL	CL	20.00	375.00
1987	CHRISTMAS WREATH	YR	20.00	200.00
1988	CHRISTMAS DINNER	YR	20.00	125.00
1989	CHRISTMAS FEAST	YR	20.00	100.00
1990	JUST WHAT I NEEDED	YR	24.00	100.00
1991	EMMETT AND THE SNOWMAN	YR	25.00	85.00
1992	CHRISTMAS TUNES	YR	25.00	70.00
1993	DOWNHILL PLATE	YR	30.00	60.00
1994	HOLIDAY SKATER	RT	30.00	50.00
B. LEIGHTON-JONES			**EMMETT KELLY ORIGINAL CIRCUS COLLECTION**	
1993	DOWNHILL DARING	RT	30.00	40.00
1994	HOLIDAY SKATER	YR	30.00	35.00
1995	MERRY CHRISTMAS MR. SCROOGE	YR	30.00	40.00
N. ROCKWELL			**HUCK FINN**	
1979	SECRET	RT	40.00	70.00
1980	LISTENING	RT	40.00	70.00
1980	NO KINGS	RT	40.00	70.00
1981	SNAKE ESCAPES	RT	40.00	70.00
LUPETTI			**MAGIC PEOPLE**	
1982	FANTASY FESTIVAL	*	*	114.00
1982	MUSIC FOR A QUEEN	*	*	112.00

YR	NAME	LIMIT	ISSUE	TREND
M. KEANE			**MARGARET KEANE**	
1976	BALLOON GIRL	*	*	55.00
1977	MY KITTY	*	*	48.00
1978	BEDTIME (GROSSMAN)	*	*	40.00
*				
1994	CHRISTMAS TRIO	RT	18.00	18.00
E. ROBERTS			**NATIVE AMERICAN SERIES**	
1991	LONE WOLF	10000	45.00	65.00
1992	TORTOISE LADY	10000	45.00	65.00
1994	BUFFALO CHIEF			68.00
1994	CORN PRINCESS	*	*	72.00
N. ROCKWELL			**NORMAN ROCKWELL COLLECTION**	
1978	YOUNG DOCTOR	RT	50.00	70.00
1979	BUTTERBOY	RT	40.00	45.00
1979	LEAPFROG	RT	50.00	50.00
1980	BACK TO SCHOOL	RT	24.00	30.00
1980	CHRISTMAS TRIO	RT	75.00	80.00
1980	LOVERS	RT	60.00	65.00
1981	DREAMS OF LONG AGO	RT	60.00	70.00
1981	NO SWIMMING	RT	25.00	30.00
1981	SANTA'S GOOD BOYS	RT	75.00	80.00
1982	AMERICAN MOTHER	RT	45.00	50.00
1982	DOCTOR AND DOLL	RT	65.00	90.00
1982	LOVE LETTER	RT	27.00	30.00
1983	CHRISTMAS CHORES	RT	75.00	76.00
1983	CIRCUS	RT	65.00	70.00
1983	DOCTOR AND DOLL	RT	27.00	30.00
1983	DREAMBOATS	RT	24.00	25.00
1984	BIG MOMENT	RT	27.00	30.00
1984	TINY TIM	RT	75.00	80.00
1984	VISIT WITH ROCKWELL	RT	65.00	70.00
N. ROCKWELL			**SATURDAY EVENING POST**	
1991	DOWNHILL DARING	YR	25.00	40.00
1991	MISSED	YR	25.00	30.00
1992	CHOOSIN UP	YR	25.00	35.00
N. ROCKWELL			**TOM SAWYER**	
1975	WHITEWASHING THE FENCE	RT	26.00	65.00
1976	FIRST SMOKE	RT	26.00	65.00
1977	TAKE YOUR MEDICINE	RT	26.00	65.00
1978	LOST IN CAVE	RT	26.00	65.00
DELPHI				
N. GIORGIO			**BEATLES COLLECTION**	
1991	A HARD DAY'S NIGHT	CL	28.00	75.00
1991	BEATLES, LIVE IN CONCERT	CL	25.00	50.00
1991	HELLO AMERICA	CL	25.00	75.00
1992	BEATLES '65	CL	28.00	70.00
1992	BEATLES AT SHEA STADIUM	CL	30.00	58.00
1992	HELP!	CL	28.00	75.00
1992	RUBBER SOUL	CL	30.00	54.00
1992	YESTERDAY AND TODAY	CL	30.00	50.00
D. SIVAVEC			**BEATLES COLLECTION**	
1992	ALL YOU NEED IS LOVE	CL	28.00	45.00
1992	SGT. PEPPER, THE 25TH ANNIVERSARY	CL	28.00	40.00
1993	ABBEY ROAD	CL	31.00	58.00
1993	HEY JUDE	CL	31.00	45.00
1993	LET IT BE	CL	31.00	53.00
1993	MAGICAL MYSTERY TOUR	CL	31.00	45.00
HERRING			**CLASSIC DINERS**	
1993	TWILIGHT AT THE GALAXY	*	*	40.00
M. STUTZMAN			**COMMEMORATING THE KING**	
1993	BLUES AND BLACK LEATHER	CL	30.00	50.00
1993	GOLDEN BOY	CL	30.00	40.00
1993	LAS VEGAS, LIVE	CL	30.00	41.00
1993	OUTSTANDING YOUNG MAN	CL	30.00	35.00
1993	PRIVATE PRESLEY	CL	30.00	35.00
1993	ROCK AND ROLL LEGEND ELVIS	CL	30.00	41.00
1993	SCREEN IDOL	CL	30.00	35.00
1993	TIGER: FAITH, SPIRIT & DISCIPLINE, THE	CL	30.00	30.00
P. PALMA			**DREAM MACHINES**	
1988	'56 T-BIRD	CL	25.00	45.00
1988	'57 'VETTE	CL	25.00	45.00
1989	'56 CONTINENTAL- MURRAY	CL	28.00	40.00
1989	'57 BEL AIR	CL	28.00	40.00
1989	'57 CHRYSLER 300C	CL	28.00	43.00
1989	'58 BIARRITZ	CL	28.00	30.00
B. EMMETT			**ELVIS ON THE BIG SCREEN**	
1992	G.I. BLUES	CL	30.00	75.00
1992	LOVING YOU	CL	30.00	50.00
1992	VIVA LAS VEGAS	CL	33.00	100.00
1993	BLUE HAWAII	CL	33.00	45.00
1993	HARUM SCARUM	CL	35.00	50.00
1993	JAILHOUSE ROCK	CL	33.00	45.00
1993	SPEEDWAY	CL	35.00	50.00
1993	SPINOUT	CL	35.00	50.00
N. GIORGIO			**ELVIS PRESLEY HIT PARADE**	
1992	BLUE CHRISTMAS	CL	33.00	40.00
1992	BLUE SUEDE SHOES	CL	30.00	40.00

YR	NAME	LIMIT	ISSUE	TREND
1992	HEARTBREAK HOTEL	CL	30.00	40.00
1992	HOUND DOG	CL	33.00	40.00
1992	RETURN TO SENDER	CL	33.00	40.00
1993	ALWAYS ON MY MIND	CL	35.00	40.00
1993	BLUE MOON OF KENTUCKY	CL	35.00	40.00
1993	MYSTERY TRAIN	CL	35.00	40.00
1993	PEACE IN THE VALLEY	CL	37.00	40.00
1993	SUSPICIOUS MINDS	CL	37.00	40.00
1993	TEDDY BEAR	CL	35.00	40.00
1993	WEAR MY RING ROUND YOUR NECK	CL	37.00	40.00

B. EMMETT

ELVIS PRESLEY: IN PERFORMANCE

YR	NAME	LIMIT	ISSUE	TREND
1990	'68 COMEBACK SPECIAL	CL	25.00	75.00
1991	ALOHA FROM HAWAII	CL	28.00	75.00
1991	BACK IN TUPELO, 1956	CL	28.00	75.00
1991	BENEFIT FOR THE USS ARIZONA	CL	30.00	75.00
1991	CONCERT IN BATON ROUGE, 1974	CL	30.00	75.00
1991	IF I CAN DREAM	CL	28.00	75.00
1991	KING OF LAS VEGAS	CL	25.00	75.00
1991	MADISON SQUARE GARDEN, 1972	CL	30.00	75.00
1991	TAMPA, 1955	CL	30.00	75.00
1992	IN THE SPOTLIGHT: HAWAII '72	CL	32.00	75.00
1992	ON STAGE IN WICHITA, 1974	CL	32.00	75.00
1992	TOUR FINALE: INDIANAPOLIS '77	CL	32.00	75.00

B. EMMETT

ELVIS PRESLEY: LOOKING AT A LEGEND

YR	NAME	LIMIT	ISSUE	TREND
1988	ELVIS AT THE GATES OF GRACELAND	RT	25.00	70.00
1989	HOMECOMING	CL	28.00	65.00
1989	JAILHOUSE ROCK	CL	25.00	70.00
1989	MEMPHIS FLASH, THE	CL	28.00	70.00
1990	A STUDIO SESSION	CL	28.00	55.00
1990	ELVIS AND GLADYS	CL	28.00	60.00
1990	ELVIS IN HOLLYWOOD	CL	30.00	60.00
1990	ELVIS ON HIS HARLEY	CL	30.00	70.00
1990	STAGE DOOR AUTOGRAPHS	CL	30.00	55.00
1991	CHRISTMAS AT GRACELAND	CL	33.00	65.00
1991	CLOSING THE DEAL	CL	35.00	70.00
1991	ENTERING SUN STUDIO	CL	33.00	50.00
1991	GOING FOR THE BLACK BELT	CL	33.00	62.00
1991	HIS HAND IN MINE	CL	33.00	55.00
1991	LETTERS FROM FANS	CL	33.00	55.00
1992	ELVIS RETURNS TO THE STAGE	CL	35.00	70.00

G. ANGELINI

FABULOUS CARS OF THE FIFTIES

YR	NAME	LIMIT	ISSUE	TREND
1993	'57 BLUE BELAIR	CL	28.00	30.00
1993	'57 RED CORVETTE	CL	25.00	45.00
1993	'57 WHITE T-BIRD	CL	25.00	50.00
1993	'59 PINK CADILLAC	CL	28.00	30.00
1994	'56 LINCOLN PREMIER	CL	28.00	30.00
1994	'59 RED FORD FAIRLANE	CL	28.00	32.00

D. SIVAVEC

IN THE FOOTSTEPS OF THE KING

YR	NAME	LIMIT	ISSUE	TREND
1993	ELVIS' BIRTHPLACE: TUPELO	CL	30.00	41.00
1993	FLYING CIRCLE G RANCH: WALLS, MS	CL	33.00	45.00
1993	GRACELAND: MEMPHIS, TN	CL	28.00	47.00
1994	DAY JOB: MEMPHIS TN	CL	33.00	45.00
1994	LAUDERDALE COURTS: MEMPHIS	CL	33.00	45.00
1994	PATRIOTIC SOLDIER	CL	35.00	35.00

V. GADINO

INDIANA JONES

YR	NAME	LIMIT	ISSUE	TREND
1989	INDIANA JONES	CL	25.00	35.00
1989	INDIANA JONES AND HIS DAD	CL	25.00	50.00
1990	A FAMILY DISCUSSION	CL	28.00	40.00
1990	INDIANA JONES/DR. SCHNEIDER	CL	28.00	45.00
1990	YOUNG INDIANA JONES	CL	28.00	45.00
1991	INDIANA JONES/THE HOLY GRAIL	CL	28.00	45.00

J. BARSON

LEGENDS OF BASEBALL

YR	NAME	LIMIT	ISSUE	TREND
1992	LOU GEHRIG: THE LUCKIEST MAN	CL	25.00	35.00
1993	CHRISTY MATHEWSON	*	*	50.00
1993	CY YOUNG: THE PERFECT GAME	CL	28.00	40.00
1993	HONUS WAGNER: FLYING DUTCHMAN	CL	30.00	45.00
1993	JIMMIE FOX: THE BEAST	CL	30.00	45.00
1993	MEL OTT: MASTER MELVIN	*	*	50.00
1993	ROGER HORNSBY: 424 SEASON	CL	28.00	40.00
1993	TRIS SPEAKER: THE GRAY EAGLE	CL	30.00	50.00
1993	TY COBB: THE GEORGIA PEACH	CL	28.00	40.00
1993	WALTER JOHNSON: THE SHUTOUT	CL	30.00	45.00
1994	LEFTY GROVE: HIS GREATEST	CL	32.00	50.00
1994	MICKEY COCKRANE: BLACK MIKE	*	*	50.00
1994	PIE TRAYNOR: PITTSBURG CHAMPION	*	*	50.00
1994	SHOELESS JOE JACKSON: TRIPLES	*	*	50.00
1995	GROVER ALEXANDER	*	*	50.00

B. BENGER

LEGENDS OF BASEBALL

YR	NAME	LIMIT	ISSUE	TREND
1992	BABE RUTH: THE CALLED SHOT	CL	25.00	35.00

C. NOTARILE

MAGIC OF MARILYN

YR	NAME	LIMIT	ISSUE	TREND
1992	FOR OUR BOYS IN KOREA, 1954	CL	25.00	40.00
1992	OPENING NIGHT	CL	25.00	41.00
1992	RISING STAR	CL	28.00	46.00
1992	STRASBERG'S STUDENT	CL	30.00	50.00
1993	CURTAIN CALL	CL	30.00	46.00
1993	PHOTO OPPORTUNITY	CL	30.00	46.00
1993	SHINING STAR	CL	30.00	46.00
1993	STOPPING TRAFFIC	CL	28.00	60.00

YR	NAME	LIMIT	ISSUE	TREND
C. NOTARILE			**MARILYN MONROE**	
1989	MARILYN MONROE/7 YEAR ITCH	CL	25.00	90.00
1990	DIAMONDS/GIRL'S BEST FRIEND	CL	25.00	68.00
1991	MARILYN MONROE/RIVER OF NO RETURN	CL	28.00	60.00
1992	ALL ABOUT EVE	CL	30.00	49.00
1992	DON'T BOTHER TO KNOCK	CL	32.00	50.00
1992	HOW TO MARRY A MILLIONAIRE	CL	28.00	75.00
1992	MARILYN MONROE AS CHERIE IN BUS STOP	CL	30.00	75.00
1992	MARILYN MONROE IN NIAGARA	CL	30.00	60.00
1992	MONKEY BUSINESS	CL	32.00	55.00
1992	MY HEART BELONGS TO DADDY	CL	30.00	55.00
1992	THERE'S NO BUSINESS/SHOW BUSINESS	CL	28.00	60.00
1992	WE'RE NOT MARRIED	CL	32.00	50.00
N. GIORGIO			**MICHAEL JACKSON**	
1990	BILLIE JEAN	*	*	38.00
D. ZWIERZ			**PORTRAITS OF THE KING**	
1991	ARE YOU LONESOME TONIGHT?	CL	28.00	75.00
1991	I'M YOURS	CL	31.00	75.00
1991	LOVE ME TENDER	CL	28.00	60.00
1991	TREAT ME NICE	CL	31.00	100.00
1992	FOLLOW THAT DREAM	CL	33.00	35.00
1992	JUST BECAUSE	CL	33.00	35.00
1992	WONDER OF YOU, THE	CL	31.00	32.00
1992	YOU'RE A HEARTBREAKER	CL	33.00	35.00
D. HENDERSON			**TAKE ME OUT TO THE BALLGAME**	
1993	BRIGGS STADIUM: HOME OF TIGERS	*	*	53.00
1993	COMISKEY PARK: HOME OF WHITE SOCKS	*	*	53.00
1993	FENWAY PARK: HOME OF THE GREEN MONSTER	CL	33.00	50.00
1993	MEMORIAL STADIUM: HOME OF THE ORIOLES	CL	35.00	50.00
1993	WRIGLEY FIELD: FRIENDLY CONFINES	CL	30.00	53.00
1993	YANKEE STADIUM: HOUSE BABE RUTH	CL	30.00	53.00
1994	CLEVELAND STADIUM: INDIANS	*	*	53.00
1994	COUNTY STADIUM: MILWAUKEE BREWERS	CL	35.00	50.00
1994	EBBETS FIELD: HOME OF THE DODGERS	CL	35.00	53.00
1994	SHIBE PARK: PHILADELPHIA HOME	*	*	53.00
1995	FORBES FIELD: PITTSBURG PIRATES	*	*	53.00
1995	POLO GROUNDS: N.Y. GIANTS	*	*	53.00

DEPARTMENT 56

R. INNOCENTI			**A CHRISTMAS CAROL**	
1991	CRATCHIT'S CHRISTMAS PUDDING, THE	18000	60.00	75.00
1992	MARLEY'S GHOST APPEARS TO SCROOGE	18000	60.00	65.00
1992	SPIRIT OF CHRISTMAS PRESENT, THE	18000	60.00	50.00
1994	VISIONS OF CHRISTMAS PAST	18000	60.00	50.00
*			**DICKENS' VILLAGE**	
1987	DICKENS' VILLAGE 5917-0 (SET OF 4)	CL	140.00	225.00

DIANA ART

D. CALISTI				
1996	DOWN THE CHIMNEY HE GOES	25 DAYS	30.00	30.00
S. WILLIAMS				
1995	KITTY'S QUILT	15 DAYS	30.00	30.00
R. HOLYFIELD			**BACKYARD BIRDS**	
1996	MOUNTIAN LAUREL CARDINAL	5000	30.00	30.00
1997	APPLE BLOSSOM TIME	5000	30.00	30.00
1997	GOLD IN THE DOGWOOD	5000	30.00	30.00
1997	JEWELS IN THE ORCHARD	5000	30.00	30.00
R. ROGERS			**DUCKS FOR ALL SEASONS**	
1997	AUTUMN'S JEWELS	5000	30.00	30.00
1997	SPRING SPLENDOR	5000	30.00	30.00
1997	SUMMER SWIM	5000	30.00	30.00
1997	WINTER VISITORS	5000	30.00	30.00
L. THOMPSON			**ENDANGERED SPECIES**	
1997	FROLICKING DOLPHINS	5000	30.00	30.00
1997	LAST REFUGE MANATEES	5000	30.00	30.00
1997	WHALE OF A TIME	5000	30.00	30.00
1997	WOLF DEN	5000	30.00	30.00
G. HACKING			**EXOTIC ANIMALS**	
1996	ELEPHANT COUNTRY	25 DAYS	30.00	30.00
1996	GIRAFFES	25 DAYS	30.00	30.00
1996	TIGER REFLECTION	25 DAYS	30.00	30.00
1996	YOUNG SILVERBACK	25 DAYS	30.00	30.00
D. CALISTI			**FARM ANIMALS**	
1996	GOOD MOOOOD!	15 DAYS	30.00	30.00

DIGITAL VISTA

R. DISILVIO				
1992	COLUMBUS DISCOVERY OF AMERICA	2000	30.00	30.00
R. DISILVIO			**PANTHEON OF COMPOSERS**	
1992	GIACOMO PUCCINI	YR	30.00	30.00
1992	GIOACCHINO ROSSINI	YR	30.00	30.00
1992	LUDWIG VAN BEETHOVEN	YR	30.00	30.00
1992	WOLFGANG A. MOZART	YR	30.00	30.00
1993	FRANZ LISZT	YR	30.00	30.00
1993	GIUSEPPE VERDI	YR	30.00	30.00
1993	PETER TEHACKOVSKY	YR	30.00	30.00
1993	RICHARD WAGNER	YR	30.00	30.00
R. DISILVIO			**WEDDING COLLECTION**	
1993	KISS OF ETERNAL LOVE	10000	30.00	30.00

The fourth release in The Bradford Exchange's Visions of the Sacred collection, Buffalo Caller has increased in value from its 1995 issue price of $32.90.

As part of the "Kinkade's Illuminated Cottages" series, The Flagstone Path is based on the art of Thomas Kinkade and was released in 1994 by The Bradford Exchange.

The 1982 issue in Incolay Studios' Romantic Poets Collection, My Heart Leaps Up When I Behold has increased in value from its issue price of $70.

Helena—Heaven's Herald, a beautiful oxolyte plate that features a celestial messenger, was originally issued in 1994 by Roman Inc.

Jacqueline and Renée, the third plate in Edna Hibel's "Mother's Day" series, closed on May 8, 1994.

YR	NAME	LIMIT	ISSUE	TREND

DUNCAN ROYALE

S. MORTON | | | **HISTORY OF SANTA CLAUS I** |

YR	NAME	LIMIT	ISSUE	TREND
*	COLLECTION OF 12 PLATES	RT	480.00	450.00
1985	KRIS KRINGLE	RT	40.00	70.00
1985	MEDIEVAL	RT	40.00	65.00
1985	PIONEER	10000	40.00	45.00
1986	CIVIL WAR	10000	40.00	45.00
1986	NAST	RT	40.00	80.00
1986	RUSSIAN	RT	40.00	55.00
1986	SODA POP	RT	40.00	70.00
1987	BLACK PETER	10000	40.00	55.00
1987	DEDT MOROZ	10000	40.00	45.00
1987	ST. NICHOLAS	RT	40.00	80.00
1987	VICTORIAN	RT	40.00	45.00
1987	WASSAIL	RT	40.00	45.00

EDNA HIBEL STUDIOS

E. HIBEL | | | | **ALLEGRO** |

YR	NAME	LIMIT	ISSUE	TREND
1978	PLATE & BOOK	7500	120.00	140.00

E. HIBEL | | | | **ARTE OVALE** |

YR	NAME	LIMIT	ISSUE	TREND
1980	TAKARA, BLANCO	700	450.00	1000.00
1980	TAKARA, COBALT BLUE	1000	595.00	2000.00
1980	TAKARA, GOLD	300	1000.00	4000.00
1984	TARO-KUN, BLANCO	700	450.00	830.00
1984	TARO-KUN, COBALT BLUE	1000	995.00	1100.00
1984	TARO-KUN, GOLD	300	1000.00	2650.00

E. HIBEL | | | **CHRISTMAS ANNUAL** |

YR	NAME	LIMIT	ISSUE	TREND
1985	ANGELS' MESSAGE, THE	YR	45.00	350.00
1986	GIFT OF THE MAGI	YR	45.00	280.00
1988	ADORATION OF THE SHEPHERDS	YR	49.00	150.00
1990	NATIVITY, THE	YR	49.00	155.00

E. HIBEL | | | | **DAVID SERIES** |

YR	NAME	LIMIT	ISSUE	TREND
1979	WEDDING OF DAVID & BATHSHEBA	5000	250.00	600.00
1980	DAVID, BATHSHEBA & SOLOMON	5000	275.00	400.00
1982	DAVID THE KING	5000	275.00	350.00
1982	DAVID THE KING, COBALT A/P	25	275.00	1150.00
1984	BATHSHEBA	5000	275.00	400.00
1984	BATHSHEBA, COBALT A/P	100	275.00	1150.00

E. HIBEL | | | | **EROICA** |

YR	NAME	LIMIT	ISSUE	TREND
1990	COMPASSION	10000	50.00	100.00
1992	DARYA	10000	50.00	100.00

E. HIBEL | | | **FAMOUS WOMEN & CHILDREN** |

YR	NAME	LIMIT	ISSUE	TREND
1980	PHARAOH'S DAUGHTER & MOSES, COBALT BLUE	500	350.00	1400.00
1980	PHARAOH'S DAUGHTER & MOSES, GOLD	2500	350.00	700.00
1982	ANNA & THE CHILDREN OF THE KING OF SIAM - GOLD	2500	350.00	515.00
1982	ANNA & THE CHILDREN OF THE KING OF SIAM-COBALT BLU	500	350.00	1400.00
1982	CORNELIA & HER JEWELS, COBALT BLUE	500	350.00	300.00
1982	CORNELIA & HER JEWELS, GOLD	2500	350.00	515.00
1984	MOZART & THE EMPRESS MARIE THERESA-GOLD	2500	350.00	300.00

E. HIBEL | | | **FLOWER GIRL ANNUAL** |

YR	NAME	LIMIT	ISSUE	TREND
1985	LILY	15000	79.00	250.00
1986	IRIS	15000	79.00	250.00
1987	ROSE	15000	79.00	250.00
1988	CAMELLIA	15000	79.00	250.00
1989	PEONY	15000	79.00	250.00
1992	WISTERIA	15000	79.00	250.00

E. HIBEL | | | | **HIBEL HOLIDAYS** |

YR	NAME	LIMIT	ISSUE	TREND
1991	FIRST HOLIDAY	YR	49.00	73.00
1991	FIRST HOLIDAY, THE - GOLD	1000	99.00	145.00
1992	CHRISTMAS ROSE	YR	49.00	73.00
1992	CHRISTMAS ROSE, THE - GOLD	1000	99.00	100.00
1993	HOLIDAY JOY	*	*	79.00

E. HIBEL | | | **HIBEL MOTHER'S DAY** |

YR	NAME	LIMIT	ISSUE	TREND
1984	ABBY & LISA	YR	30.00	100.00
1985	ERICA AND JAMIE	YR	30.00	100.00
1986	EMILY AND JENNIFER	YR	30.00	350.00
1987	CATHERINE AND HEATHER	YR	35.00	350.00
1988	SARAH AND TESS	YR	35.00	350.00
1989	JESSICA AND KATE	YR	35.00	350.00
1990	ELIZABETH, JORDAN & JANIE	YR	37.00	350.00
1991	MICHELE AND ANNA	YR	37.00	350.00
1992	MOLLY AND ANNIE	YR	39.00	75.00
1993	OLIVIA AND HILDY	YR	40.00	350.00
1994	JACQUELINE AND RENEE	YR	*	66.00
1995	TAMMY AND KAILE JO	YR	*	63.00

E. HIBEL | | | **INTERNATIONAL MOTHER LOVE FRENCH** |

YR	NAME	LIMIT	ISSUE	TREND
1985	YVETTE AVEC SES ENFANTS	5000	125.00	230.00
1991	LIBERTE, EGALITE, FRATERNITE	5000	95.00	100.00

E. HIBEL | | | **INTERNATIONAL MOTHER LOVE GERMAN** |

YR	NAME	LIMIT	ISSUE	TREND
1982	GESA UND KINDER	5000	195.00	200.00
1983	ALEXANDER UND KINDER	5000	195.00	200.00

E. HIBEL | | | | **MOTHER AND CHILD** |

YR	NAME	LIMIT	ISSUE	TREND
1973	COLETTE & CHILD	15000	40.00	700.00
1974	SAYURI & CHILD	15000	40.00	400.00
1975	KRISTINA & CHILD	15000	50.00	175.00
1976	MARILYN & CHILD	15000	55.00	400.00
1977	LUCIA & CHILD	15000	60.00	150.00
1981	KATHLEEN & CHILD	15000	85.00	300.00

YR	NAME	LIMIT	ISSUE	TREND
E. HIBEL			**MUSEUM COMMEMORATIVE**	
1977	FLOWER GIRL OF PROVENCE	12750	175.00	430.00
1980	DIANA	3000	350.00	400.00
E. HIBEL			**NOBILITY OF CHILDREN**	
1977	LE MARQUIS MAURICE PIERRE	12750	120.00	230.00
1979	CHIEF RED FEATHER	12750	140.00	195.00
E. HIBEL			**NORDIC FAMILIES**	
1987	A TENDER MOMENT	7500	79.00	100.00
E. HIBEL			**ORIENTAL THEME**	
1980	ARTE OVALE	*	*	2355.00
1980	TAKARA-BLUE	*	*	110.00
1980	TAKARA-WHITE	*	*	110.00
E. HIBEL			**OUR WONDROUS WORLD**	
1996	WONDER OF PEACE, THE, GOLD EDITION	500	99.00	99.00
E. HIBEL			**SCANDINAVIAN MOTHER & CHILD**	
1987	PEARLS & FLOWERS	7500	55.00	230.00
1989	ANEMONE & VIOLET	7500	75.00	100.00
1990	HOLLY & TALIA	7500	75.00	90.00
E. HIBEL			**TO LIFE ANNUAL**	
1986	GOLDEN'S CHILD	5000	99.00	250.00
1987	TRIUMPH! EVERYONE A WINNER	19500	55.00	65.00
1988	WHOLE EARTH BLOOMED AS A SACRED PLACE	15000	85.00	95.00
1989	LOVERS OF THE SUMMER PALACE	5000	65.00	80.00
1992	PEOPLE OF THE FIELDS	5000	49.00	50.00
E. HIBEL			**TRIBUTE TO ALL CHILDREN**	
1984	GERARD	19500	55.00	150.00
1984	GISELLE	19500	55.00	100.00
1985	WENDY	19500	55.00	130.00
1986	TODD	19500	55.00	180.00
E. HIBEL			**WORLD I LOVE**	
1981	LEAH'S FAMILY	17500	85.00	230.00
1982	KAYLIN	17500	85.00	350.00
1983	EDNA'S MUSIC	17500	85.00	225.00
1983	O'HANA	17500	85.00	215.00

EDWIN M. KNOWLES

YR	NAME	LIMIT	ISSUE	TREND
L. ROBERTS			**A SWAN IS BORN**	
1987	AT THE BARRE	CL	25.00	40.00
1987	HOPES AND DREAMS	CL	25.00	40.00
1987	IN POSITION	CL	25.00	40.00
1988	JUST FOR SIZE	CL	25.00	45.00
M. HAMPSHIRE			**AESOP'S FABLES**	
1988	GOOSE THAT LAID THE GOLDEN EGG, THE	CL	28.00	30.00
1988	HARE & THE TORTOISE, THE	CL	28.00	30.00
1989	FOX & THE GRAPES, THE	CL	31.00	30.00
1989	JAY AND THE PEACOCK, THE	CL	31.00	30.00
1989	LION & THE MOUSE, THE	CL	31.00	30.00
1989	MILK MAID AND HER PAIL, THE	CL	31.00	30.00
MARSTEN/ MANDRAJJI			**AMERICAN INNOCENTS**	
1986	ABIGAIL IN THE ROSE GARDEN	CL	20.00	25.00
1986	ANN BY THE TERRACE	CL	20.00	25.00
1986	ELLEN AND JOHN IN THE PARLOR	CL	20.00	25.00
1986	WILLIAM ON THE ROCKING HORSE	CL	20.00	25.00
M. KUNSTLER			**AMERICAN JOURNEY**	
1987	WESTWARD HO	CL	30.00	30.00
1988	CHRISTMAS AT THE NEW CABIN	CL	30.00	30.00
1988	CROSSING THE RIVER	CL	30.00	30.00
1988	KITCHEN WITH A VIEW	CL	30.00	30.00
D. SPAULDING			**AMERICANA HOLIDAYS**	
1978	FOURTH OF JULY	YR	26.00	30.00
1979	THANKSGIVING	YR	26.00	30.00
1980	EASTER	YR	26.00	30.00
1981	VALENTINE'S DAY	YR	26.00	30.00
1982	FATHER'S DAY	YR	26.00	30.00
1983	CHRISTMAS	YR	26.00	30.00
1984	MOTHER'S DAY	YR	26.00	30.00
A. BRACKENBURY			**AMY BRACKENBURY'S CAT TALES**	
1987	A CHANCE MEETING: WHITE AM. SHORTHAIRS	CL	22.00	30.00
1987	GONE FISHING: MAINE COONS	CL	22.00	30.00
1988	ALL WRAPPED UP: HIMALAYANS	CL	25.00	30.00
1988	FLOWER BED: BRITISH SHORTHAIRS	CL	25.00	30.00
1988	KITTENS AND MITTENS: SILVER TABBIES	CL	25.00	30.00
1988	STRAWBERRIES AND CREAM: CREAM PERSIANS	CL	25.00	30.00
W. CHAMBERS			**ANNIE**	
1983	ANNIE AND GRACE	CL	19.00	20.00
1983	ANNIE AND SANDY	CL	19.00	20.00
1983	DADDY WARBUCKS	CL	19.00	20.00
1984	ANNIE AND THE ORPHANS	CL	21.00	20.00
1985	TOMORROW	CL	21.00	20.00
1986	ANNIE AND MISS HANNIGAN	CL	21.00	20.00
1986	ANNIE, LILY AND ROOSTER	CL	24.00	20.00
1986	GRAND FINALE	CL	24.00	20.00
J. THORNBRUGH			**BABY OWLS OF NORTH AMERICA**	
1991	BEGINNING TO EXPLORE: BOREAL OWLS	CL	33.00	35.00
1991	FORTY WINKS: SAW-WHET OWLS	CL	28.00	35.00
1991	OUT ON A LIMB: GREAT GRAY OWL	CL	31.00	35.00
1991	PEEK-A-WHOO: SCREECH OWLS	CL	28.00	35.00
1991	THREE OF A KIND: GREAT HORNED OWLS	CL	31.00	35.00

YR	NAME	LIMIT	ISSUE	TREND
1991	TREE HOUSE, THE: NORTHERN PYGMY OWLS	CL	31.00	35.00
1992	THREE'S COMPANY: LONG EARED OWLS	CL	33.00	35.00
1992	WHOO'S THERE: BARRED OWLS	CL	33.00	35.00

J. THORNBRUGH · BACKYARD HARMONY

YR	NAME	LIMIT	ISSUE	TREND
1991	ANNOUNCING SPRING	CL	31.00	45.00
1991	SINGING LESSON, THE	CL	28.00	45.00
1991	WELCOMING A NEW DAY	CL	28.00	45.00
1992	AT THE PEEP OF DAY	CL	33.00	45.00
1992	MORNING HARVEST, THE	CL	31.00	45.00
1992	SPRING TIME PRIDE	CL	31.00	45.00
1992	TODAY'S DISCOVERIES	CL	33.00	45.00
1992	TREETOP SERENADE	CL	33.00	45.00

DISNEY · BAMBI

YR	NAME	LIMIT	ISSUE	TREND
1991	BASHFUL BAMBI	CL	35.00	50.00
1992	BAMBI'S MORNING GREETINGS	CL	38.00	50.00
1992	BAMBI'S NEW FRIENDS	CL	35.00	50.00
1992	BAMBI'S SKATING LESSON	CL	38.00	50.00
1992	HELLO LITTLE PRINCE	CL	38.00	50.00
1993	WHAT'S UP POSSUMS?	CL	38.00	55.00

DISNEY · BEAUTY AND THE BEAST

YR	NAME	LIMIT	ISSUE	TREND
1993	A BLOSSOMING ROMANCE	CL	30.00	40.00
1993	A MISMATCH	CL	35.00	45.00
1993	BE OUR GUEST	CL	35.00	50.00
1993	BELLE'S FAVORITE STORY	CL	35.00	50.00
1993	LEARNING TO LOVE	CL	33.00	45.00
1993	LOVE'S FIRST DANCE	CL	30.00	40.00
1993	PAPA'S WORKSHOP	CL	33.00	45.00
1993	WARMING UP	CL	33.00	45.00
1994	A GIFT FOR BELLE	CL	37.00	55.00
1994	A SPOT OF TEA	CL	35.00	55.00
1994	ENCHANTE'S CHERIE	CL	37.00	55.00
1994	SPELL IS BROKEN	*	*	55.00

E. LICEA · BIBLICAL MOTHERS

YR	NAME	LIMIT	ISSUE	TREND
1983	BATHSHEBA AND SOLOMON	YR	40.00	30.00
1984	JUDGMENT OF SOLOMON	YR	40.00	30.00
1984	PHARAOH'S DAUGHTER AND MOSES	YR	40.00	30.00
1985	MARY AND JESUS	YR	40.00	30.00
1985	SARAH AND ISAAC	YR	45.00	30.00
1986	REBEKAH, JACOB AND ESAU	YR	45.00	30.00

S. TIMM · BIRDS OF THE SEASONS

YR	NAME	LIMIT	ISSUE	TREND
1990	BLUEBIRDS IN SPRING	CL	25.00	42.00
1990	CARDINALS IN WINTER	CL	25.00	45.00
1991	BALTIMORE ORIOLES IN SUMMER	CL	28.00	40.00
1991	BLACK-CAPPED CHICKADEES IN WINTER	CL	30.00	54.00
1991	BLUE JAYS IN EARLY FALL	CL	28.00	45.00
1991	CEDAR WAXWINGS IN FALL	CL	30.00	50.00
1991	CHICKADEES IN WINTER	CL	30.00	43.00
1991	NUTHATCHES IN FALL	CL	28.00	40.00
1991	ROBINS IN EARLY SPRING	CL	28.00	45.00

K. DANIEL · BRITANNICA'S BIRDS OF YOUR GARDEN

YR	NAME	LIMIT	ISSUE	TREND
1985	BALTIMORE ORIOLE, THE	CL	23.00	25.00
1985	BLUE JAY, THE	CL	20.00	25.00
1985	CARDINAL, THE	CL	20.00	25.00
1986	BLUEBIRD, THE	CL	23.00	25.00
1986	CHICKADEES, THE	CL	23.00	25.00
1986	HUMMINGBIRD, THE	CL	25.00	25.00
1986	ROBIN, THE	CL	23.00	25.00
1987	CEDAR WAXWING, THE	CL	25.00	25.00
1987	DOWNY WOODPECKER, THE	CL	25.00	25.00
1987	GOLDFINCH, THE	CL	25.00	25.00

K. DANIEL · CALL OF THE WILDERNESS

YR	NAME	LIMIT	ISSUE	TREND
1991	FIRST OUTING	CL	30.00	40.00
1991	HOWLING LESSON	CL	30.00	100.00
1991	SILENT WATCH	CL	33.00	40.00
1991	WINTER TRAVELERS	CL	33.00	40.00
1992	A NEW FUTURE	CL	35.00	40.00
1992	AHEAD OF THE PACK	CL	33.00	40.00
1992	MORNING MIST	CL	37.00	60.00
1992	NORTHERN SPIRITS	CL	35.00	40.00
1992	SILENT ONE, THE	CL	37.00	40.00
1992	TWILIGHT FRIENDS	CL	35.00	40.00

D. BROWN · CAROUSEL

YR	NAME	LIMIT	ISSUE	TREND
1987	IF I LOVED YOU	CL	25.00	20.00
1988	CAROUSEL WALTZ, THE	CL	25.00	20.00
1988	MR. SNOW	CL	25.00	20.00
1988	YOU'LL NEVER WALK ALONE	CL	25.00	20.00

J. GRIFFIN · CASABLANCA

YR	NAME	LIMIT	ISSUE	TREND
1990	HERE'S LOOKING AT YOU, KID	CL	35.00	40.00
1990	WE'LL ALWAYS HAVE PARIS	CL	35.00	40.00
1991	A FRANC FOR YOUR THOUGHTS	CL	38.00	40.00
1991	PLAY IT AGAIN SAM	CL	38.00	40.00
1991	RICK'S CAFE AMERICCAIN	CL	38.00	40.00
1991	WE LOVED EACH OTHER ONCE	CL	38.00	40.00

J.W. SMITH · CHILDHOOD HOLIDAYS

YR	NAME	LIMIT	ISSUE	TREND
1986	CHRISTMAS	CL	20.00	20.00
1986	EASTER	CL	20.00	25.00
1986	THANKSGIVING	CL	20.00	30.00
1986	VALENTINE'S DAY	CL	23.00	35.00

YR	NAME	LIMIT	ISSUE	TREND
1987	FOURTH OF JULY	*	*	36.00
1987	MOTHER'S DAY	CL	23.00	23.00
	T.C. CHIU		**CHINA'S NATURAL TREASURES**	
1991	GIANT PANDA, THE	CL	33.00	50.00
1991	SIBERIAN TIGER, THE	CL	30.00	44.00
1991	SNOW LEOPARD, THE	CL	30.00	45.00
1992	ASIAN ELEPHANT, THE	CL	33.00	60.00
1992	GOLDEN MONKEY, THE	CL	35.00	50.00
1992	TIBETAN BROWN BEAR, THE	CL	33.00	50.00
	A. LEIMANIS		**CHRISTMAS IN THE CITY**	
1992	A CHRISTMAS SNOWFALL	CL	35.00	44.00
1992	YULETIDE CELEBRATION	CL	35.00	45.00
1993	HOLIDAY CHEER	CL	35.00	45.00
1993	MAGIC OF CHRISTMAS, THE	CL	35.00	45.00
	DISNEY		**CINDERELLA**	
1988	A DREAM IS A WISH YOUR HEART MAKES	CL	30.00	70.00
1988	BIBBIDI-BOBBIDI-BOO	CL	30.00	75.00
1989	A DRESS FOR CINDERELLY	CL	33.00	80.00
1989	OH SING SWEET NIGHTINGALE	CL	33.00	60.00
1989	SO THIS IS LOVE	CL	33.00	85.00
1990	AT THE STROKE OF MIDNIGHT	CL	33.00	65.00
1990	HAPPILY EVER AFTER	CL	35.00	80.00
1990	IF THE SHOE FITS	CL	35.00	70.00
	S. GUSTAFSON		**CLASSIC FAIRY TALES**	
1991	FROG PRINCE, THE	CL	33.00	50.00
1991	GOLDILOCKS AND THE 3 BEARS	CL	30.00	50.00
1991	LITTLE RED RIDING HOOD	CL	30.00	50.00
1991	THREE LITTLE PIGS, THE	CL	33.00	50.00
1992	HANSEL AND GRETEL	CL	35.00	50.00
1992	JACK AND THE BEANSTALK	CL	33.00	50.00
1992	PUSS IN BOOTS	CL	35.00	50.00
1992	TOM THUMB	CL	35.00	50.00
	S. GUSTAFSON		**CLASSIC MOTHER GOOSE**	
1992	LITTLE BO PEEP	CL	30.00	40.00
1992	LITTLE MISS MUFFET	CL	30.00	45.00
1992	MARY HAD A LITTLE LAMB	CL	30.00	40.00
1992	MARY, MARY, QUITE CONTRARY	CL	30.00	40.00
	H.H. INGMIRE		**COMFORTS OF HOME**	
1992	CURIOUS PAIR	CL	25.00	40.00
1992	SLEEPYHEADS	CL	25.00	40.00
1993	A COZY FIRESIDE	CL	30.00	40.00
1993	FELINE FROLIC	CL	30.00	40.00
1993	MOTHER'S RETREAT	CL	28.00	40.00
1993	PLAYTIME	CL	28.00	40.00
1993	WASHDAY HELPERS	CL	30.00	40.00
1993	WELCOME FRIENDS	CL	28.00	40.00
	H.H. INGMIRE		**COZY COUNTRY CORNERS**	
1990	LAZY MORNING	CL	25.00	40.00
1990	WARM RETREAT	CL	25.00	40.00
1991	A SUNNY SPOT	CL	28.00	40.00
1991	APPLE ANTICS	CL	30.00	40.00
1991	ATTIC AFTERNOON	CL	28.00	40.00
1991	HIDE AND SEEK	CL	30.00	40.00
1991	MIRROR MISCHIEF	CL	28.00	40.00
1991	TABLE TROUBLE	CL	30.00	40.00
	J. CSATARI		**CSATARI GRANDPARENT**	
1980	BEDTIME STORY	CL	18.00	40.00
1981	SKATING LESSON, THE	CL	20.00	30.00
1982	COOKIE TASTING, THE	CL	20.00	60.00
1983	SWINGER, THE	CL	20.00	32.00
1984	SKATING QUEEN, THE	CL	22.00	32.00
1985	PATRIOT'S PARADE, THE	CL	22.00	35.00
1986	HOME RUN, THE	CL	22.00	35.00
1987	SNEAK PREVIEW, THE	CL	22.00	35.00
	DISNEY		**DISNEY TREASURED MOMENTS COLLECTION**	
1992	CINDERELLA	CL	30.00	35.00
1992	SNOW WHITE & THE SEVEN DWARFS	CL	30.00	35.00
1993	ALICE IN WONDERLAND	CL	33.00	35.00
1993	BEAUTY AND THE BEAST	CL	35.00	35.00
1993	JUNGLE BOOK, THE	CL	35.00	35.00
1993	PETER PAN	CL	33.00	35.00
1993	PINOCCHIO	CL	35.00	35.00
1993	SLEEPING BEAUTY	CL	33.00	35.00
	T. KINKADE		**ENCHANTED COTTAGES**	
1993	FALLBROOKE COTTAGE	CL	30.00	75.00
1993	JULIANNE'S COTTAGE	CL	30.00	50.00
1993	ROSE GARDEN COTTAGE	CL	30.00	50.00
1993	SEASIDE COTTAGE	CL	30.00	50.00
1993	SWEETHEART COTTAGE	CL	30.00	50.00
1993	WEATHERVANE COTTAGE	CL	30.00	50.00
	DISNEY		**FANTASIA: (THE SORCERER'S APPRENTICE) GOLDEN ANNIVERSARY**	
1990	APPRENTICE'S DREAM, THE	CL	30.00	65.00
1990	MISCHIEVOUS APPRENTICE	CL	30.00	40.00
1991	DREAMS OF POWER	CL	33.00	65.00
1991	MICKEY MAKES MAGIC	CL	35.00	50.00
1991	MICKEY'S MAGICAL WHIRLPOOL	CL	33.00	50.00

YR	NAME	LIMIT	ISSUE	TREND
1991	PENITENT APPRENTICE, THE	CL	35.00	50.00
1991	WIZARDRY GONE WILD	CL	33.00	45.00
1992	AN APPRENTICE AGAIN	CL	35.00	50.00
B. BRADLEY				**FATHER'S LOVE**
1984	BATTER UP	CL	20.00	20.00
1984	OPEN WIDE	CL	20.00	20.00
1985	LITTLE SHAVER	CL	20.00	20.00
1985	SWING TIME	CL	23.00	20.00
L. KAATZ				**FIELD PUPPIES**
1987	CAUGHT IN THE ACT-THE GOLDEN RETRIEVER	CL	25.00	30.00
1987	DOG TIRED-THE SPRINGER SPANIEL	CL	25.00	30.00
1988	A PERFECT SET-LABRADOR	CL	28.00	30.00
1988	FRITZ'S FOLLY-GERMAN SHORTHAIRED POINTER	CL	28.00	30.00
1988	MISSING/POINT/IRISH SETTER	CL	28.00	30.00
1988	SHIRT TALES-COCKER SPANIEL	CL	28.00	30.00
1989	COMMAND PERFORMANCE-WIEMARANER	CL	30.00	30.00
1989	FINE FEATHERED FRIENDS-ENGLISH SETTER	CL	30.00	30.00
L. KAATZ				**FIELD TRIPS**
1990	GONE FISHING	CL	25.00	25.00
1991	BOXED IN	CL	28.00	25.00
1991	CHESAPEAKE BAY RETRIEVERS	CL	30.00	25.00
1991	DUCKING DUTY	CL	25.00	25.00
1991	HAT TRICK	CL	30.00	25.00
1991	PAIL PALS	CL	30.00	25.00
1991	PUPPY TALES	CL	28.00	25.00
1991	PUPS 'N BOOTS	CL	28.00	25.00
J. GIORDANO				**FIRST IMPRESSIONS**
1991	ALL EARS	CL	33.00	45.00
1991	FINE FEATHERED FRIEND	CL	33.00	44.00
1991	TAKING A GANDER	CL	30.00	40.00
1991	TWO'S COMPANY	CL	30.00	40.00
1991	WHAT'S UP?	CL	33.00	45.00
1992	BETWEEN FRIENDS	CL	33.00	50.00
G. LAMBERT				**FOUR ANCIENT ELEMENTS**
1984	EARTH	CL	28.00	35.00
1984	WATER	CL	28.00	35.00
1985	AIR	CL	30.00	35.00
1985	FIRE	CL	30.00	35.00
F. HOOK				**FRANCES HOOK LEGACY**
1985	DAY DREAMING	CL	20.00	25.00
1985	FASCINATION	CL	20.00	25.00
1986	DISAPPOINTMENT	CL	23.00	25.00
1986	DISCOVERY	CL	23.00	25.00
1987	EXPECTATION	CL	23.00	25.00
M. BUDDEN				**FREE AS THE WIND**
1992	AIRBORNE	CL	33.00	45.00
1992	ALOFT	CL	30.00	40.00
1992	SKYWARD	CL	30.00	40.00
1993	ASCENT	CL	33.00	45.00
1993	FLIGHT	CL	33.00	45.00
1993	HEAVENWARD	CL	33.00	45.00
J. DOWN				**FRIENDS I REMEMBER**
1983	FISH STORY	CL	18.00	50.00
1984	OFFICE HOURS	CL	18.00	30.00
J. DOWN				**FRIENDS I REMEMBER**
1985	A COAT OF PAINT	CL	18.00	28.00
1985	FRINGE BENEFITS	CL	20.00	30.00
1985	HERE COMES THE BRIDE	CL	20.00	30.00
1986	FLOWER ARRANGEMENT	CL	22.00	30.00
1986	HIGH SOCIETY	CL	20.00	30.00
1986	TASTE TEST	CL	22.00	30.00
K. DANIEL				**FRIENDS OF THE FOREST**
1987	RABBIT, THE	CL	25.00	20.00
1987	RACCOON, THE	CL	25.00	20.00
1987	SQUIRREL, THE	CL	28.00	20.00
1988	CHIPMUNK, THE	CL	28.00	20.00
1988	FOX, THE	CL	28.00	20.00
1988	OTTER, THE	CL	28.00	20.00
T. KINKADE				**GARDEN COTTAGES OF ENGLAND**
1991	CANDLELIT COTTAGE	CL	31.00	50.00
1991	CEDAR NOOK COTTAGE	CL	28.00	50.00
1991	CHANDLER'S COTTAGE	CL	28.00	75.00
1991	MCKENNA'S COTTAGE	CL	31.00	57.00
1991	OPEN GATE COTTAGE	CL	31.00	50.00
1991	WOODSMAN'S THATCH COTTAGE	CL	33.00	58.00
1992	MERRITT'S COTTAGE	CL	33.00	55.00
1992	STONEGATE COTTAGE	CL	33.00	60.00
B. HIGGINS BOND				**GARDEN SECRETS**
1993	BLOOMIN' KITTIES	CL	25.00	45.00
1993	FLORAL PURR-FUME	CL	25.00	45.00
1993	FLOWER FANCIERS	CL	25.00	45.00
1993	FRISKY BUSINESS	CL	25.00	45.00
1993	KITTY CORNER	CL	25.00	45.00
1993	MEADOW MISCHIEF	CL	25.00	45.00
1993	NINE LIVES	CL	25.00	45.00
1993	PUSSYCAT POTPOURRI	CL	25.00	45.00

YR	NAME	LIMIT	ISSUE	TREND
R. KURSAR			**GONE WITH THE WIND**	
1978	SCARLETT	CL	22.00	100.00
1979	ASHLEY	CL	22.00	60.00
1980	MELANIE	CL	22.00	35.00
1981	RHETT	CL	24.00	40.00
1982	MAMMY LACING SCARLETT	CL	24.00	50.00
1983	MELANIE GIVES BIRTH	CL	24.00	55.00
1984	SCARLET'S GREEN DRESS	CL	26.00	40.00
1985	RHETT AND BONNIE	CL	26.00	50.00
1985	SCARLETT AND RHETT: THE FINALE	CL	30.00	50.00
L. CABLE			**GREAT CATS OF THE AMERICAS**	
1989	COUGAR, THE	CL	30.00	45.00
1989	JAGUAR, THE	CL	30.00	60.00
1989	LYNX, THE	CL	33.00	35.00
1990	BOBCAT, THE	CL	33.00	35.00
1990	JAGUARUNDI, THE	CL	33.00	35.00
1990	MARGAY, THE	CL	35.00	40.00
1990	OCELOT, THE	CL	33.00	35.00
1991	PAMPAS CAT, THE	CL	35.00	65.00
C. LAYTON			**HEIRLOOMS AND LACE**	
1989	ANNA	CL	35.00	50.00
1989	VICTORIA	CL	35.00	50.00
1990	OLIVIA	CL	38.00	75.00
1990	TESS	CL	38.00	50.00
1991	BRIDGET	CL	38.00	60.00
1991	REBECCA	CL	38.00	65.00
E. HIBEL			**HIBEL CHRISTMAS**	
1985	ANGEL'S MESSAGE, THE	YR	45.00	60.00
1986	GIFTS OF THE MAGI, THE	YR	45.00	60.00
1987	FLIGHT INTO EGYPT, THE	YR	49.00	60.00
1988	ADORATION OF THE SHEPHERD	YR	49.00	60.00
1989	PEACEFUL KINGDOM	YR	49.00	67.00
1990	NATIVITY	YR	49.00	75.00
T. KINKADE			**HOME FOR THE HOLIDAYS**	
1991	HOME BEFORE CHRISTMAS	CL	33.00	50.00
1991	HOME TO GRANDMA'S	CL	30.00	40.00
1991	SLEIGH RIDE HOME	CL	30.00	49.00
1992	HOME AWAY FROM HOME	CL	35.00	52.00
1992	HOMESPUN HOLIDAY	CL	33.00	45.00
1992	HOMETIME YULETIDE	CL	35.00	50.00
1992	JOURNEY HOME, THE	CL	35.00	50.00
1992	WARMTH OF HOME, THE	CL	33.00	45.00
T. KINKADE			**HOME IS WHERE THE HEART IS**	
1992	A CARRIAGE RIDE HOME	CL	33.00	45.00
1992	A WARM WELCOME HOME	CL	30.00	45.00
1992	HOME SWEET HOME	CL	30.00	65.00
1993	AMBER AFTERNOON	CL	33.00	45.00
1993	COUNTRY MEMORIES	CL	33.00	49.00
1993	HOMETOWN HOSPITALITY	CL	35.00	55.00
1993	OUR SUMMER HOME	CL	35.00	52.00
1993	TWILIGHT CAFE, THE	CL	35.00	52.00
R. MCGINNIS			**HOME SWEET HOME**	
1989	GEORGIAN, THE	CL	40.00	45.00
1989	GREEK REVIVAL, THE	CL	40.00	35.00
1989	VICTORIAN, THE	CL	40.00	45.00
1990	MISSION, THE	CL	40.00	40.00
F. HOOK			**HOOK'S WORDS OF LOVE**	
1986	I LOVE YOU	*	*	38.00
1987	THAT'S MY BOY	*	*	38.00
1991	DON'T BE SCARED	*	*	39.00
1991	HAPPILY EVER AFTER	*	*	37.00
1991	LET'S SEE YOU SMILE	*	*	38.00
1991	YOU'RE DOING FINE	*	*	38.00
L. KAATZ			**IT'S A DOG'S LIFE**	
1992	LITERARY LABS	CL	30.00	40.00
1992	WE'VE BEEN SPOTTED	CL	30.00	40.00
1993	BARRELING ALONG	CL	33.00	40.00
1993	DOGS AND SUDS	CL	35.00	40.00
1993	LODGING A COMPLAINT	CL	33.00	40.00
1993	PAWS FOR A PICNIC	CL	35.00	40.00
1993	PLAY BALL	CL	35.00	40.00
1993	RETRIEVING OUR DIGNITY	CL	33.00	40.00
B. JERNER			**JERNER'S DUCKS**	
1986	MALLARD	*	*	54.00
1986	PINTAIL	*	*	54.00
1987	AMERICAN WIGEON	CL	23.00	42.00
1987	GREEN WINGED TEAL	CL	23.00	44.00
1987	NORTHERN SHOVELER	CL	23.00	39.00
1987	WOOD DUCK	CL	23.00	53.00
1988	BLUE-WINGED TEAL	*	*	42.00
1988	GADWALL	*	*	41.00
T.C. CHIU			**JEWELS OF THE FLOWERS**	
1991	AMETHYST FLIGHT	CL	33.00	45.00
1991	EMERALD PAIR	CL	33.00	40.00
1991	OPAL SPLENDOR	CL	35.00	25.00
1991	RUBY ELEGANCE	CL	33.00	40.00
1991	SAPPHIRE WINGS	CL	30.00	30.00
1991	TOPAZ BEAUTIES	CL	30.00	35.00

YR	NAME	LIMIT	ISSUE	TREND
1992	AQUAMARINE GLIMMER	CL	35.00	35.00
1992	PEARL LUSTER	CL	35.00	55.00
S. GUSTAFSON			**KEEPSAKE RHYMES**	
1992	HUMPTY DUMPTY	CL	30.00	43.00
1993	OLD KING COLE	CL	30.00	90.00
1993	PAT-A-CAKE	CL	30.00	100.00
1993	PETER PUMPKIN EATER	CL	30.00	60.00
W. CHAMBERS			**KING AND I**	
1984	A PUZZLEMENT	CL	20.00	20.00
1985	GETTING TO KNOW YOU	CL	20.00	20.00
1985	SHALL WE DANCE?	CL	20.00	20.00
1985	WE KISS IN A SHADOW	CL	20.00	20.00
DISNEY			**LADY AND THE TRAMP**	
1992	DOG POUND BLUES	CL	38.00	50.00
1992	FIRST DATE	CL	35.00	60.00
1992	MERRY CHRISTMAS TO ALL	CL	38.00	50.00
1992	PUPPY LOVE	CL	35.00	50.00
1993	DOUBLE SIAMESE TROUBLE	CL	38.00	50.00
1993	MOONLIGHT ROMANCE	CL	40.00	100.00
1993	RUFF HOUSE	CL	40.00	50.00
1993	TELLING TAILS	CL	40.00	70.00
B. JERNER			**LESS TRAVELED ROAD**	
1988	COVERED BRIDGE, THE	CL	33.00	40.00
1988	MURMURING STREAM, THE	CL	30.00	40.00
1988	WEATHERED BARN, THE	CL	30.00	40.00
1989	FLOWERING MEADOW, THE	CL	33.00	40.00
1989	HIDDEN WATERFALL, THE	CL	33.00	40.00
1989	WINTER'S PEACE	CL	33.00	40.00
M. KUNSTLER			**LINCOLN, MAN OF AMERICA**	
1986	GETTYSBURG ADDRESS, THE	CL	25.00	25.00
1987	BEGINNINGS IN NEW SALEM	CL	28.00	25.00
1987	INAUGURATION, THE	CL	25.00	25.00
1987	LINCOLN-DOUGLAS DEBATES, THE	CL	28.00	25.00
1988	EMANCIPATION PROCLAMATION	CL	28.00	25.00
1988	FAMILY MAN, THE	CL	28.00	25.00
DISNEY			**LITTLE MERMAID**	
1993	A SONG FROM THE SEA	CL	30.00	40.00
1993	A VISIT TO THE SURFACE	CL	30.00	40.00
1993	ARIEL'S TREASURED COLLECTION	CL	33.00	45.00
1993	DADDY'S GIRL	CL	33.00	40.00
1993	FOREVER LOVE	CL	35.00	51.00
1993	KISS THE GIRL	CL	33.00	150.00
1993	UNDERWATER BUDDIES	CL	33.00	45.00
1994	FIREWORKS AT FIRST SIGHT	CL	35.00	51.00
D. SMITH			**MAJESTIC BIRDS OF NORTH AMERICA**	
1988	BALD EAGLE, THE	CL	30.00	35.00
1988	GREAT HORNED OWL, THE	CL	33.00	35.00
1988	PEREGRINE FALCON, THE	CL	30.00	35.00
1989	AMERICAN KESTRAL, THE	CL	33.00	35.00
1989	RED-TAILED HAWK, THE	CL	33.00	35.00
1989	WHITE GYRFALCON, THE	CL	33.00	35.00
1990	GOLDEN EAGLE, THE	CL	35.00	35.00
1990	OSPREY, THE	CL	35.00	35.00
E. HIBEL			**MARCH OF DIMES: OUR CHILDREN, OUR FUTURE**	
1990	TIME TO EMBRACE	150 DAYS	29.00	49.00
S. KUCK			**MARCH OF DIMES: OUR CHILDREN, OUR FUTURE**	
1989	TIME TO LOVE	*	*	63.00
J. MCCLELLAND			**MARCH OF DIMES: OUR CHILDREN, OUR FUTURE**	
1989	TIME TO PLANT	*	*	45.00
A. WILLIAMS			**MARCH OF DIMES: OUR CHILDREN, OUR FUTURE**	
1990	A TIME TO LAUGH	CL	29.00	35.00
D. ZOLAN			**MARCH OF DIMES: OUR CHILDREN, OUR FUTURE**	
1989	TIME FOR PEACE	*	*	50.00
M. HAMPSHIRE			**MARY POPPINS**	
1989	A SPOONFUL OF SUGAR	CL	30.00	40.00
1989	MARY POPPINS	CL	30.00	43.00
1990	A JOLLY HOLIDAY WITH MARY	CL	33.00	45.00
1990	WE LOVE TO LAUGH	CL	33.00	50.00
1991	CHIM CHIM CHER-EE	CL	33.00	45.00
1991	TUPPENCE A BAG	CL	33.00	44.00
DISNEY			**MICKEY'S CHRISTMAS CAROL**	
1992	BAH HUMBUG!	CL	30.00	40.00
1992	WHAT'S SO MERRY ABOUT CHRISTMAS?	CL	30.00	40.00
1993	A CHRISTMAS FEAST	CL	35.00	40.00
1993	A CHRISTMAS SURPRISE	CL	33.00	40.00
1993	A COZY CHRISTMAS	CL	35.00	40.00
1993	GOD BLESS US EVERY ONE	CL	33.00	40.00
1993	MARLEY'S WARNING	CL	35.00	40.00
1993	YULETIDE GREETINGS	CL	33.00	40.00
K. MILNAZIK			**MUSICAL MOMENTS FROM THE WIZARD OF OZ**	
1993	IF I ONLY HAD A BRAIN	CL	30.00	65.00
1993	IF I WERE KING OF THE FOREST	CL	30.00	55.00
1993	LULLABYE LEAGUE	CL	30.00	50.00
1993	MUNCHKINLAND	CL	30.00	48.00
1993	OVER THE RAINBOW	CL	30.00	100.00
1993	WE'RE OFF TO SEE THE WIZARD	CL	30.00	46.00
1994	DING, DONG, THE WITCH IS DEAD	CL	30.00	75.00
1994	MERRY OLD LAND OF OZ	CL	30.00	50.00

YR	NAME	LIMIT	ISSUE	TREND
W. CHAMBERS			**MY FAIR LADY**	
1989	I COULD HAVE DANCED ALL NIGHT	CL	25.00	30.00
1989	OPENING DAY AT ASCOT	CL	25.00	30.00
1989	RAIN IN SPAIN, THE	CL	28.00	30.00
1989	SHOW ME	CL	28.00	30.00
1990	GET ME TO THE CHURCH ON TIME	CL	28.00	30.00
1990	I'VE GROWN ACCUSTOMED TO YOUR FACE	CL	28.00	30.00
M. JOBE			**NATURE'S CHILD**	
1990	FAITHFUL FRIENDS	CL	33.00	50.00
1990	LOST LAMB, THE	CL	30.00	45.00
1990	SEEMS LIKE YESTERDAY	CL	33.00	50.00
1990	SHARING	CL	30.00	45.00
1990	TRUSTED COMPANION	CL	33.00	50.00
1991	HAND IN HAND	CL	33.00	50.00
C. DECKER			**NATURE'S GARDEN**	
1993	A MORNING SPLASH	CL	30.00	40.00
1993	FLURRY OF ACTIVITY	CL	33.00	45.00
1993	HANGING AROUND	CL	33.00	45.00
1993	SPRINGTIME FRIENDS	CL	30.00	40.00
1993	TINY TWIRLING TREASURES	CL	33.00	45.00
J. THORNBRUGH			**NATURE'S NURSERY**	
1992	TESTING THE WATERS	CL	30.00	40.00
1993	HIDE AND SEEK	CL	30.00	40.00
1993	PIGGYBACK RIDE	CL	30.00	40.00
1993	RACE YA MOM	CL	30.00	40.00
1993	TAKING THE PLUNGE	CL	30.00	40.00
1993	TIME TO WAKE UP	CL	30.00	40.00
WEIR			**NORTH WOODS HERITAGE**	
1992	BRINGING HOME THE TREE	*	*	50.00
1992	CROSSING THE BRIDGE	*	*	52.00
1992	MAPLE SUGAR SEASON	*	*	50.00
1992	WINTER'S WORK	*	*	50.00
1993	END OF DAY	*	*	52.00
1993	NORTHERN HAYRIDE	*	*	82.00
J.W. SMITH			**NOT SO LONG AGO**	
1988	MOTHER'S LITTLE HELPER	CL	25.00	25.00
1988	STORY TIME	CL	25.00	25.00
1988	SUPPERTIME FOR KITTY	CL	25.00	25.00
1988	WASH DAY FOR DOLLY	CL	25.00	25.00
M. KUNSTLER			**OKLAHOMA!**	
1985	OH, WHAT A BEAUTIFUL MORNIN'	CL	20.00	30.00
1986	I CAIN'T SAY NO	CL	20.00	30.00
1986	OKLAHOMA!	CL	20.00	33.00
1986	SURREY W/THE FRINGE ON TOP	CL	20.00	30.00
M. WEBER			**OLD FASHIONED FAVORITES**	
1991	APPLE CRISP	CL	30.00	73.00
1991	BLUEBERRY MUFFINS	CL	30.00	50.00
1991	CHOCOLATE CHIP OATMEAL COOKIES	CL	30.00	150.00
1991	PEACH COBBLER	CL	30.00	75.00
C. TENNANT			**OLD MILL STREAM**	
1990	NEW LONDON GRIST MILL	CL	40.00	45.00
1991	GLADE CREEK GRIST MILL	CL	40.00	45.00
1991	OLD RED MILL	CL	40.00	45.00
1991	WAYSIDE INN GRIST MILL	CL	40.00	45.00
K. PRITCHETT			**ONCE UPON A TIME**	
1988	LITTLE RED RIDING HOOD	CL	25.00	25.00
1988	RAPUNZEL	CL	25.00	25.00
1988	THREE LITTLE PIGS	CL	28.00	25.00
1989	BEAUTY AND THE BEAST	CL	28.00	25.00
1989	GOLDILOCKS AND THE THREE BEARS	CL	28.00	25.00
1989	PRINCESS AND THE PEA, THE	CL	28.00	25.00
*			**PINOCCHIO**	
1989	GEPETTO CREATES PINOCCHIO	CL	30.00	65.00
1990	IT'S AN ACTOR' S LIFE FOR ME	CL	33.00	50.00
1990	I'VE GOT NO STRINGS ON ME	CL	33.00	50.00
1990	PINOCCHIO AND THE BLUE FAIRY	CL	30.00	67.00
1991	A REAL BOY	CL	33.00	70.00
1991	PLEASURE ISLAND	CL	33.00	40.00
W. CHAMBERS			**PORTRAITS OF MOTHERHOOD**	
1987	MOTHER'S HERE	CL	30.00	30.00
1988	FIRST TOUCH	CL	30.00	30.00
M.T. FANGEL			**PRECIOUS LITTLE ONES**	
1988	LITTLE FLEDGLINGS	CL	30.00	35.00
1988	LITTLE RED ROBINS	CL	30.00	35.00
1988	PEEK-A-BOO	CL	30.00	40.00
1988	SATURDAY NIGHT BATH	CL	30.00	35.00
N. GLAZIER			**PROUD SENTINELS OF THE AMERICAN WEST**	
1993	CAT NAP	CL	30.00	75.00
1993	CROWN PRINCE	CL	33.00	55.00
1993	DESERT BIGHORN-MORMON RIDGE	CL	33.00	50.00
1993	YOUNGBLOOD	CL	30.00	50.00
J. GIORDANO			**PURRFECT POINT OF VIEW**	
1991	UNEXPECTED VISITORS	CL	30.00	38.00
1991	WISTFUL MORNING	CL	30.00	40.00
1992	AFTERNOON CATNAP	CL	30.00	45.00
1992	COZY COMPANY	CL	30.00	40.00

YR	NAME	LIMIT	ISSUE	TREND
C. WILSON			**PUSSYFOOTING AROUND**	
1991	FISH TALES	CL	25.00	30.00
1991	TEATIME TABBIES	CL	25.00	30.00
1991	TWO MAESTROS	CL	25.00	30.00
1991	YARN SPINNERS	CL	25.00	30.00
R.B. PIERCE			**ROMANTIC AGE OF STEAM**	
1992	BROADWAY LIMITED, THE	CL	30.00	45.00
1992	CHIEF, THE	CL	33.00	58.00
1992	CRESCENT LIMITED, THE	CL	33.00	85.00
1992	EMPIRE BUILDER, THE	CL	30.00	40.00
1992	TWENTIETH CENTURY LIMITED	CL	33.00	50.00
1993	DAYLIGHT, THE	CL	35.00	60.00
1993	JUPITER, THE	CL	35.00	60.00
1993	OVERLAND LIMITED, THE	CL	35.00	50.00
T. BROWNING			**SANTA'S CHRISTMAS**	
1991	SANTA'S CHEER	CL	30.00	44.00
1991	SANTA'S GIFT	CL	33.00	50.00
1991	SANTA'S LOVE	CL	30.00	40.00
1991	SANTA'S PROMISE	CL	33.00	65.00
1992	SANTA'S MAGIC	CL	33.00	69.00
1992	SANTA'S SURPRISE	CL	33.00	60.00
M. JOBE			**SEASON FOR SONG**	
1991	FROSTY CHORUS	CL	35.00	45.00
1991	SILVER SERENADE	CL	35.00	50.00
1991	SNOWY SYMPHONY	CL	35.00	60.00
1991	WINTER CONCERT	CL	35.00	50.00
K. RANDLE			**SEASON OF SPLENDOR**	
1992	A COUNTRY WEEKEND	CL	33.00	45.00
1992	AUTUMN GRANDEUR	CL	30.00	43.00
1992	HARVEST MEMORIES	CL	33.00	54.00
1992	SCHOOL DAYS	CL	30.00	38.00
1992	WOODLAND MILL STREAM	CL	33.00	64.00
1993	INDIAN SUMMER	CL	33.00	59.00
N. GLAZIER			**SHADOWS & LIGHT: WINTER'S WILDLIFE**	
1992	WINTER'S CHILDREN	CL	30.00	50.00
1993	CUB SCOUTS	CL	30.00	59.00
1993	LITTLE SNOWMAN	CL	30.00	47.00
1993	SNOW CAVE, THE	CL	30.00	40.00
M. SKOLSKY			**SINGIN' IN THE RAIN**	
1990	GOOD MORNING	CL	33.00	30.00
1990	SINGIN' IN THE RAIN	CL	33.00	30.00
1991	BROADWAY MELODY	CL	33.00	30.00
1991	WE'RE HAPPY AGAIN	CL	33.00	30.00
DISNEY			**SLEEPING BEAUTY**	
1991	AWAKENED BY A KISS	CL	40.00	50.00
1991	HAPPY BIRTHDAY BRIAR ROSE	CL	43.00	58.00
1991	ONCE UPON A DREAM	CL	40.00	43.00
1992	TOGETHER AT LAST	CL	43.00	60.00
C. LAYTON			**SMALL BLESSINGS**	
1992	BLESS US O LORD FOR THESE, THY GIFTS	CL	30.00	40.00
1992	BLESSED ARE THE PURE IN HEART	CL	33.00	40.00
1992	JESUS LOVES ME, THIS I KNOW	CL	33.00	40.00
1992	NOW I LAY ME DOWN TO SLEEP	CL	30.00	40.00
1992	THIS LITTLE LIGHT OF MINE	CL	33.00	40.00
1993	BLESS OUR HOME	CL	33.00	40.00
DISNEY			**SNOW WHITE AND THE SEVEN DWARFS**	
1991	A SPECIAL TREAT	CL	33.00	49.00
1991	DANCE OF SNOW WHITE/SEVEN DWARFS, THE	CL	30.00	55.00
1991	WITH A SMILE AND A SONG	CL	30.00	45.00
1992	A KISS FOR DOPEY	CL	33.00	45.00
1992	A WISH COME TRUE	CL	35.00	50.00
1992	FIRESIDE LOVE STORY	CL	35.00	68.00
1992	POISON APPLE, THE	CL	33.00	66.00
1992	STUBBORN GRUMPY	CL	35.00	45.00
1992	TIME TO TIDY UP	CL	35.00	55.00
1993	A SURPRISE IN THE CLEARING	CL	37.00	55.00
1993	HAPPY ENDING	CL	37.00	60.00
1993	MAY I HAVE THIS DANCE?	CL	37.00	55.00
H. BOND			**SONGS OF THE AMERICAN SPIRIT**	
1991	AMERICA THE BEAUTIFUL	CL	30.00	45.00
1991	BATTLE HYMN OF THE REPUBLIC	CL	30.00	49.00
1991	MY COUNTRY TIS OF THEE	CL	30.00	44.00
1991	STAR SPANGLED BANNER, THE	CL	30.00	50.00
T. CRNKOVICH			**SOUND OF MUSIC**	
1986	DO-RE-MI	CL	20.00	35.00
1986	MY FAVORITE THINGS	CL	23.00	40.00
1986	SOUND OF MUSIC	CL	20.00	35.00
1987	CLIMB EV'RY MOUNTAIN	CL	25.00	50.00
1987	EDELWEISS	CL	23.00	35.00
1987	I HAVE CONFIDENCE	CL	23.00	35.00
1987	LAENDLER WALTZ	CL	23.00	35.00
1987	MARIA-WEDDING SCENE	CL	25.00	50.00
E. GIGNILLIAT			**SOUTH PACIFIC**	
1987	DITES MOI	CL	25.00	25.00
1987	HAPPY TALK	CL	25.00	25.00
1987	SOME ENCHANTED EVENING	CL	25.00	25.00
1988	HONEY BUN	CL	25.00	25.00

YR	NAME	LIMIT	ISSUE	TREND
J. BEAUDOIN			**STATELY OWLS**	
1989	GREAT HORNED OWL, THE	CL	30.00	35.00
1989	SNOWY OWL, THE	CL	30.00	35.00
1990	BARN OWL, THE	CL	33.00	35.00
1990	BARRED OWL, THE	CL	33.00	35.00
1990	GREAT GREY OWL, THE	CL	35.00	35.00
1990	SCREECH OWL, THE	CL	33.00	35.00
1990	SHORT-EARED OWL, THE	CL	33.00	35.00
1991	SAW-WHET OWL, THE	CL	35.00	35.00
E. LICEA			**STORY OF CHRISTMAS BY EVE LICEA**	
1987	ANNUNCIATION, THE	YR	45.00	60.00
1988	NATIVITY, THE	YR	45.00	60.00
1989	ADORATION OF THE SHEPHERDS	YR	50.00	60.00
1990	JOURNEY OF THE MAGI	YR	50.00	70.00
1991	GIFTS OF THE MAGI	YR	50.00	70.00
1992	REST ON THE FLIGHT INTO EGYPT	YR	50.00	70.00
LAWSON			**STORYBOOK TREASURY**	
1992	GOLDILOCKS AND THE THREE BEARS	*	*	42.00
1992	LITTLE RED RIDING HOOD	*	*	42.00
H. SUNDBLOM			**SUNDBLOM SANTAS**	
1989	SANTA BY THE FIRE	CL	28.00	50.00
1990	CHRISTMAS VIGIL	CL	28.00	45.00
1991	TO ALL A GOOD NIGHT	CL	33.00	50.00
1992	SANTA'S ON HIS WAY	CL	33.00	65.00
J. WELTY			**SWEETNESS AND GRACE**	
1992	FAVORITE BUDDY	CL	35.00	40.00
1992	GOD BLESS TEDDY	CL	35.00	45.00
1992	SUNSHINE AND SMILES	CL	35.00	40.00
1992	SWEET DREAMS	CL	35.00	40.00
T. KINKADE			**THOMASHIRE**	
1992	OLD THOMASHIRE MILL	CL	30.00	50.00
1992	OLDE PORTERFIELD TEA ROOM	CL	30.00	50.00
1992	PYE CORNER COTTAGE	CL	33.00	50.00
1992	SWANBROOK COTTAGE	CL	33.00	85.00
1993	BLOSSOM HILL CHURCH	CL	33.00	60.00
1993	OLDE GARDEN COTTAGE	CL	33.00	45.00
W. CHAMBERS			**TOM SAWYER**	
1987	TOM AND BECKY	CL	28.00	33.00
1987	TOM SAWYER THE PIRATE	CL	28.00	33.00
1987	WHITEWASHING THE FENCE	CL	28.00	33.00
1988	FIRST PIPES	CL	28.00	33.00
J. BEAUDOIN			**UNDER MOTHER'S WING**	
1992	ARCTIC SPRING: SNOWY OWLS	CL	30.00	44.00
1992	FOREST EDGE: GREAT GRAY OWLS	CL	30.00	40.00
1992	LOFTY-LIMB: GREAT HORNED OWLS	CL	35.00	50.00
1992	TREETOP TRIO: LONG EARED OWLS	CL	33.00	45.00
1992	VAST VIEW: SAW WHET OWLS	CL	33.00	45.00
1992	WOODLAND WATCH: SPOTTED OWLS	CL	33.00	45.00
1993	HAPPY HOME: SHORT EARED OWL	CL	35.00	50.00
1993	PERFECT PERCH: BARRED OWL	CL	35.00	50.00
W. ANDERSON			**UPLAND BIRDS OF NORTH AMERICA**	
1986	GROUSE, THE	CL	25.00	20.00
1986	PHEASANT, THE	CL	25.00	20.00
1987	GRAY PARTRIDGE, THE	CL	28.00	20.00
1987	QUAIL, THE	CL	28.00	20.00
1987	WILD TURKEY, THE	CL	28.00	20.00
1987	WOODCOCK, THE	CL	28.00	20.00
J. WELTY			**WINDOWS OF GLORY**	
1993	EVERLASTING FATHER, THE	CL	33.00	33.00
1993	GOOD SHEPHERD, THE	CL	33.00	33.00
1993	KING OF KINGS	CL	30.00	30.00
1993	LIGHT OF THE WORLD, THE	CL	33.00	33.00
1993	MESSIAH, THE	CL	33.00	33.00
1993	PRINCE OF PEACE	CL	30.00	30.00
J. AUCKLAND			**WIZARD OF OZ**	
1977	OVER THE RAINBOW	CL	19.00	40.00
1978	IF I ONLY HAD A BRAIN	CL	19.00	50.00
1978	IF I ONLY HAD A HEART	CL	19.00	40.00
1978	IF I WERE KING OF THE FOREST	CL	19.00	45.00
1979	FOLLOW THE YELLOW BRICK ROAD	CL	19.00	45.00
1979	WICKED WITCH OF THE WEST	CL	19.00	45.00
1979	WONDERFUL WIZARD OF OZ	CL	19.00	45.00
1980	GRAND FINALE, THE	CL	24.00	50.00
R. LASLO			**WIZARD OF OZ, A NATIONAL TREASURE**	
1991	FOLLOW THE YELLOW BRICK ROAD	CL	30.00	80.00
1992	I EVEN SCARE MYSELF	CL	33.00	80.00
1992	I HAVEN'T GOT A BRAIN	CL	30.00	80.00
1992	I'LL NEVER GET HOME	CL	35.00	80.00
1992	I'M A LITTLE RUSTY YET	CL	33.00	80.00
1992	I'M MELTING	CL	35.00	80.00
1992	THERE'S NO PLACE LIKE HOME	CL	35.00	80.00
1992	WE'RE OFF TO SEE THE WIZARD	CL	33.00	80.00
J. WILCOX SMITH			**YESTERDAY'S INNOCENTS**	
1992	MY FIRST BOOK	CL	30.00	40.00
1992	TIME TO SMELL THE ROSES	CL	30.00	53.00
1993	HUSH, BABY'S SLEEPING	CL	33.00	45.00
1993	READY AND WAITING	CL	33.00	49.00

YR	NAME	LIMIT	ISSUE	TREND
T. KINKADE			**YULETIDE MEMORIES**	
1992	A BEACON OF FAITH	CL	30.00	40.00
1992	MAGIC OF CHRISTMAS, THE	CL	30.00	45.00
1993	A WINTER'S WALK	CL	30.00	40.00
1993	MOONLIT SLEIGHRIDE	CL	30.00	40.00
1993	OLDE PORTERFIELD GIFT SHOPPE	CL	30.00	45.00
1993	SILENT NIGHT	CL	30.00	40.00
1993	SKATER'S DELIGHT	CL	30.00	40.00
1993	WONDER OF THE SEASON, THE	CL	30.00	40.00

ENCHANTICA

YR	NAME	LIMIT	ISSUE	TREND
J. WOODWARD			**DRAGON COLLECTION**	
1992	SPRING DRAGON-GORGOYLE	RT	50.00	100.00
1992	WINTER DRAGON-GRAWLFANG	RT	50.00	100.00
1993	AUTUMN DRAGON-SNARLGARD	RT	50.00	150.00
1993	SUMMER DRAGON-ARANGAST	RT	50.00	80.00

ENESCO CORP.

YR	NAME	LIMIT	ISSUE	TREND
*			**BARBIE**	
1994	35TH ANNIVERSARY	5000	30.00	45.00
1994	HOLIDAY 1994	5000	30.00	45.00
P. HILLMAN		CALICO KITTENS/ 1997	CHRISTMAS INTRODUCTION	
1997	FRIENDSHIP IS HEAVENLY- DATED	5000	35.00	35.00
P. HILLMAN			**CHERISHED TEDDIES**	
1995	SANTA COOKIE 141585	*	25.00	25.00
1995	SEASON OF JOY, THE 141550	YR	35.00	35.00
1996	BEAR IN BUNNY OUTFIT DATED 1996 156590	YR	35.00	35.00
1996	MOTHER'S DAY 156493	YR	35.00	35.00
1996	SEASON OF PEACE, THE DATED 1996 176060	YR	35.00	35.00
1997	OUR LOVE IS EVER-BLOOMING	YR	35.00	35.00
1997	SEASON TO BELIEVE, THE- DATED	YR	35.00	35.00
1997	SPRINGTIME HAPPINESS	YR	35.00	35.00
1997	WE BEAR THANKS	OP	35.00	35.00
1998	SEASON OF MAGIC	YR	35.00	35.00
M. JANNINCK			**CHERISHED TEDDIES**	
1997	EASTER- DATED	YR	35.00	35.00
1997	MOTHER'S DAY- DATED	YR	35.00	35.00
P. HILLMAN		CHERISHED TEDDIES NURSERY	RHYME PLATES	
1995	JACK AND JILL 114901	CL	35.00	35.00
1995	LITTLE BO PEEP 164658	CL	35.00	35.00
1995	MARY HAD A LITTLE LAMB 128902	CL	35.00	35.00
1995	MOTHER GOOSE/FRIENDS 170968	CL	35.00	35.00
1995	OLD KING COLE 135437	CL	35.00	35.00
1995	WEE WILLIE WINKIE 170941	CL	35.00	35.00
1996	LITTLE JACK HORNER 151998	CL	35.00	35.00
1996	LITTLE MISS MUFFET 145033	CL	35.00	35.00
P. HILLMAN		CHERISHED TEDDIES ONCE	UPON A TEDDY	
1995	GIRL IN GREEN DRESS	OP	35.00	35.00
1996	EASTER	OP	35.00	35.00
P. HILLMAN			**CHERISHED TEDDIES VILLAGE**	
1996	A PICNIC FOR TWO	*	45.00	45.00
P. HILLMAN		CHERISHED TEDDIES/CHERISHED	SEASONS	
1997	AUTUMN BRINGS A SEASON OF THANKSGIVING	OP	35.00	35.00
1997	SPRING BRINGS A SEASON OF BEAUTY	OP	35.00	35.00
1997	SUMMER BRINGS A SEASON OF WARMTH	OP	35.00	35.00
1997	WINTER BRINGS A SEASON OF JOY	OP	35.00	35.00
*			**FROM BARBIE WITH LOVE**	
1995	HAPPY HOLIDAYS BARBIE 1988 154180	YR	30.00	30.00
1995	HAPPY HOLIDAYS BARBIE 1995 143154	YR	30.00	30.00
1995	SOLO IN SPOTLIGHT 1960 114383	5000	30.00	30.00
1996	1920'S FLAPPER BARBIE 174777	YR	30.00	30.00
1996	A ROYAL SURPRISE, 1964 MINI 171050	*	12.00	13.00
1996	ARABIAN NIGHTS, 1964 MINI 171069	*	12.00	13.00
1996	BARBIE AS SCARLETT O'HARA IN GREEN VELVET 171085	10000	35.00	35.00
1996	CINDERELLA, 1964 MINI 171042	*	12.00	13.00
1996	ENCHANTED EVENING, 1960 185787	10000	100.00	100.00
1996	GIBSON GIRL BARBIE 174769	10000	30.00	30.00
1996	HAPPY HOLIDAYS BARBIE 1996 188816	YR	30.00	30.00
1996	HAPPY HOLIDAYS BARBIE, 1989 188859	YR	30.00	30.00
1996	HERE COMES THE BRIDE 170984	*	30.00	30.00
1996	HOLIDAY DANCE 1965 188786	10000	100.00	100.00
1996	QUEENS OF HEARTS BARBIE 157678	OP	25.00	25.00
1996	RED RIDING HOOD, 1964 MINI 171077	*	12.00	12.50
KINKA			**KINKA COLLECTOR PLAQUE**	
1989	KINKA 119601	OP	10.00	10.00
L. RIGG			**LUCY & ME**	
1997	CHRISTMAS PAGEANT- DATED W/EASEL	YR	20.00	20.00
M. RHYNER-NADIG			MARY'S MOO MOOS DATED 1997	
1997	IT'S BUTTER TO GIVE THAN TO RECEIVE	YR	35.00	35.00
M. RHYNER-NADIG		MARY'S MOO MOOS MOOEY	CHRISTMAS	
1996	WHEEE ARE MOVIN!	YR	18.00	18.00
M. ATTWELL			**MEMORIES OF YESTERDAY**	
1993	LOOK OUT-SOMETHING GOOD..YOUR WAY!	YR	50.00	50.00
1994	PLEASANT DREAMS & SWEET REPOSE	YR	50.00	50.00
1995	JOIN ME FOR A LITTLE SONG	YR	50.00	50.00
S. BUTCHER		PRECIOUS MOMENTS BEAUTY OF	CHRISTMAS COLLECTION	
1992	WISHING YOU/SWEETEST CHRISTMAS 530204	YR	50.00	60.00
1994	YOU'RE AS PRETTY AS A CHRISTMAS TREE	YR	50.00	50.00

YR	NAME	LIMIT	ISSUE	TREND
1995	HE COVERS THE EARTH W/HIS BEAUTY 142670	YR	50.00	50.00
1996	PEACE ON EARTH...ANYWAY 183377	YR	50.00	50.00
1997	CANE YOU JOIN US FOR A MERRY CHRISTMAS	YR	50.00	50.00
S. BUTCHER	**PRECIOUS MOMENTS CHRISTMAS BLESSINGS**			
1990	WISHING YOU A YUMMY CHRISTMAS 523801	YR	50.00	55.00
1991	BLESSING FROM ME TO THEE 523860	YR	50.00	55.00
1992	BUT THE GREATEST/LOVE 527742	YR	50.00	55.00
S. BUTCHER	**PRECIOUS MOMENTS CHRISTMAS COLLECTION**			
1981	COME LET US ADORE HIM E-5646	15000	40.00	55.00
1982	LET HEAVEN AND NATURE SING E-2347	15000	40.00	45.00
1983	WEE THREE KINGS E-0538	15000	40.00	50.00
1984	UNTO US A CHILD IS BORN E-5395	15000	40.00	45.00
S. BUTCHER	**PRECIOUS MOMENTS CHRISTMAS LOVE**			
1986	I'M SENDING YOU A WHITE CHRISTMAS 101834	YR	45.00	50.00
1987	MY PEACE I GIVE TO THEE 102954	YR	45.00	75.00
1988	MERRY CHRISTMAS DEER 520284	YR	50.00	70.00
1989	MAY YOUR CHRISTMAS BE/HAPPY HOME 523003	YR	50.00	50.00
S. BUTCHER	**PRECIOUS MOMENTS INSPIRED THOUGHTS**			
1982	MAKE A JOYFUL NOISE E-7174	15000	40.00	50.00
1983	I BELIEVE IN MIRACLES E-9257	15000	40.00	50.00
1984	LOVE IS KIND E-2847	15000	40.00	50.00
1985	LOVE ONE ANOTHER E-5215	15000	40.00	50.00
S. BUTCHER	**PRECIOUS MOMENTS JOY OF CHRISTMAS**			
1982	I'LL PLAY MY DRUM FOR HIM E2357	YR	40.00	50.00
1983	CHRISTMASTIME IS FOR SHARING E-0505	YR	40.00	50.00
1984	TELL ME THE STORY OF JESUS 15237	YR	40.00	70.00
1984	WONDER OF CHRISTMAS, THE E-5396	YR	40.00	50.00
S. BUTCHER	**PRECIOUS MOMENTS MOTHER'S DAY**			
1980	MOTHER SEW DEAR E-5217	15000	40.00	55.00
1982	PURR-FECT GRANDMA, THE E-7173	15000	40.00	50.00
1983	HAND THAT ROCKS THE FUTURE, THE E-9256	15000	40.00	50.00
1984	LOVING THY NEIGHBOR E-2848	15000	40.00	50.00
1993	THINKING OF YOU...REALLY..TO DO 531766	YR	50.00	55.00
1995	HE HATH MADE EVERYTHING...TIME 2ND ED. 129151	YR	50.00	50.00
1996	OF ALL THE MOTHERS....AS PRECIOUS AS MY OWN 163716	YR	50.00	50.00
S. BUTCHER	**PRECIOUS MOMENTS OPEN EDITIONS**			
1981	LORD BLESS YOU AND KEEP YOU, THE E-5216	SU	30.00	40.00
1982	JESUS LOVES ME E-9275	SU	30.00	45.00
1982	JESUS LOVES ME E-9276	SU	30.00	45.00
1982	OUR FIRST CHRISTMAS TOGETHER E-2378	SU	30.00	50.00
1982	REJOICING WITH YOU E-7172	SU	30.00	45.00
1994	BRING THE LITTLE ONES TO JESUS 531359	YR	50.00	55.00
S. BUTCHER	**PRECIOUS MOMENTS THE FOUR SEASONS SERIES**			
1985	SUMMER'S JOY 12114	YR	40.00	60.00
1985	VOICE OF SPRING, THE 12106	YR	40.00	75.00
1986	AUTUMN'S PRAISE 12122	YR	40.00	50.00
1986	WINTER'S SONG 12130	YR	40.00	60.00

FAIRMONT

R. SKELTON			**FAMOUS CLOWNS**	
1976	FREDDIE THE FREELOADER	10000	55.00	550.00
1977	W.C. FIELDS	10000	55.00	150.00
1978	HAPPY	10000	55.00	80.00
1979	PLEDGE, THE	10000	55.00	70.00
I. SPENCER			**SPENCER SPECIAL**	
1978	HUG ME	10000	55.00	155.00
1978	SLEEP LITTLE BABY	10000	65.00	130.00

FENTON ART GLASS
*

*	PLATE 8011 9"	*	*	15.00
1981	PLATE 7418FN MOTHER'S DAY 8"	*	*	45.00
1981	PLATE 8281FL XMAS IN AMERICA 8"	*	*	50.00
1981	PLATE 8417TN HARVEST C&I	*	*	35.00
1981	PLATE 8418TB CURRIER & IVES 8"	*	*	25.00
1981	PLATE 9412FL NATIVITY	*	*	25.00
1981	PLATE 9412FT NATIVITY	*	*	25.00
1981	PLATE 9412TB NATIVITY	*	*	25.00
1981	PLATE 9412TG NATIVITY	*	*	25.00
1981	PLATE 9412VE	*	*	30.00
1982	PLATE 7418OC XMAS 8"	*	*	45.00
1982	PLATE 7615TC CUP ARTIST SERIES	*	*	20.00
1982	PLATE 8415TB OLD HOME C&I	*	*	35.00
1983	PLATE 7418AO XMAS FANTASY 8"	*	*	40.00
1983	PLATE 7418CU MINERVA OH SESQ 8"	*	*	50.00
1983	PLATE 7418FV DESIGNER SERIES 8"	*	*	95.00
1983	PLATE 7418LT DESIGNER SERIES 8"	*	*	85.00
1983	PLATE 7418RQ MOTHER'S DAY 8"	*	*	50.00
1983	PLATE 7615WC CUP ARTIST SERIES	*	*	20.00
1983	PLATE CUP 7615WC	*	*	20.00
1984	PLATE 7618EE DESIGNER SERIES 8"	1250	*	50.00
1984	PLATE 8418CN CURRIER & IVES	*	*	35.00
1985	PLATE 7418 GARDEN OF EDEN 8"	*	*	40.00
1985	PLATE 7418WP XMAS FANTASY 8"	*	*	45.00
1985	PLATE 7615CL CUP CLOWN	*	*	20.00
1985	PLATE 7615FG CUP ARTIST SERIES	*	*	20.00
1985	PLATE 7615HQ CUP HOBBY HORSE	*	*	20.00
1985	PLATE 7618 IN SEASON 8"	*	*	120.00
1985	PLATE 8011LE DESIGNER 9"	*	*	50.00

YR	NAME	LIMIT	ISSUE	TREND
1985	PLATE 9614NK 8"	19500	*	35.00
1986	7418SU STUDEBAKER 8"		*	135.00
1986	PLAQUE 7698SU STUDEBAKER	5000	*	85.00
1986	PLATE 7418TP JUPITER 8"	5000	*	100.00
1986	PLATE 7618LE DESIGNER 9"		*	65.00
1987	PLATE 7615PN CUP CHILDHOOD	*	*	18.00
1987	PLATE 7615PN CUP FRISKY PUP	*	*	20.00
1987	PLATE 7615SF CUP ARTIST SERIES	*	*	20.00
1988	PLATE 7418 BOB EVANS 8"	*	*	20.00
1988	PLATE 7418 EVANS XMAS 8"	*	*	50.00
1988	PLATE 7418 LEVEE 8"	*	*	50.00
1988	PLATE 7418 MARIETTA 8"	*	*	95.00
1989	PLATE 7615AC ARTIST SERIES	*	*	20.00
1989	PLATE 7615CX CUP CHILDHOOD	*	*	18.00
1990	PLATE 7418BL 8"	*	*	75.00
1990	PLATE 7418LT COUNTRY SCENE 8"	*	*	75.00
1990	PLATE 7418NB 8"	*	*	75.00
1990	PLATE 7418SN MOTHER'S DAY 8"	*	*	75.00
1994	PLATE 7418PM PRECIOUS PANDA 8"	*	*	50.00

AMERICAN CRAFTSMAN CARNIVAL

YR	NAME	LIMIT	ISSUE	TREND
1970	GLASSMAKER	CL	10.00	45.00
1971	PRINTER	CL	10.00	45.00
1972	BLACKSMITH	CL	10.00	45.00
1973	SHOEMAKER	CL	12.00	45.00
1974	COOPER	CL	12.00	45.00
1975	SILVERSMITH REVERE	CL	12.00	45.00
1976	GUNSMITH	CL	15.00	65.00
1977	POTTER	CL	15.00	45.00
1978	WHEELWRIGHT	CL	15.00	45.00
1979	CABINETMAKER	CL	15.00	45.00
1980	TANNER	CL	16.00	45.00
1981	HOUSEWRIGHT 9681	CL	18.00	45.00

D. JOHNSON

BIRDS OF WINTER ED. I

YR	NAME	LIMIT	ISSUE	TREND
1987	PLATE 7418BC W/STAND 8"	4500	40.00	40.00

D. JOHNSON

BIRDS OF WINTER ED. II

| 1988 | PLATE 7418BD W/STAND 8" | 4500 | 40.00 | 50.00 |

D. JOHNSON

BIRDS OF WINTER ED. III

| 1990 | PLATE 7418BL W/STAND 8" | 4500 | 40.00 | 75.00 |

D. JOHNSON

BIRDS OF WINTER ED. IV

| 1980 | PLATE 7418NB W/STAND 8" | 4500 | 40.00 | 45.00 |

F. BURTON

CHRISTMAS AT HOME ED. I

| 1990 | PLATE 7418HD W/STAND 8" | 3500 | 45.00 | 45.00 |

F. BURTON

CHRISTMAS AT HOME ED. II

| 1990 | PLATE 7418HJ W/ STAND 8" | 3500 | 45.00 | 45.00 |

F. BURTON

CHRISTMAS AT HOME ED. III

| 1992 | PLATE 7418HQ W/STAND 8" | 3500 | 49.00 | 50.00 |

F. BURTON

CHRISTMAS AT HOME ED. IV

| 1993 | PLATE 7418HT W/STAND | 3500 | 49.00 | 50.00 |

K. CUNNINGHAM

CHRISTMAS CLASSICS ED. II

| 1979 | PLATE 7418NC 8" NATURE'S CHRISTMAS | YR | 35.00 | 30.00 |

D. JOHNSON

CHRISTMAS CLASSICS ED. III

| 1980 | PLATE 7418GH 8" GOING HOME | YR | 39.00 | 45.00 |

D. JOHNSON

CHRISTMAS CLASSICS ED. IV

| 1981 | PLATE 7418AC 8" ALL IS CALM | YR | 43.00 | 30.00 |

R. SPINDLER

CHRISTMAS CLASSICS ED. V

| 1982 | PLATE 7418NA 8" COUNTRY CHRISTMAS | YR | 43.00 | 50.00 |

D. JOHNSON

CHRISTMAS FANTASY ED. I

| 1983 | PLATE 7418AO 8" ANTICIPATION | 7500 | 45.00 | 40.00 |

D. JOHNSON

CHRISTMAS FANTASY ED. II

| 1984 | PLATE 7418GE 8" EXPECTATION | 7500 | 50.00 | 50.00 |

D. JOHNSON

CHRISTMAS FANTASY ED. III

| 1985 | PLATE 7418WP 8" HEART'S DESIRE | 7500 | 50.00 | 45.00 |

L. EVERSON

CHRISTMAS FANTASY ED. IV

| 1987 | PLATE 7418CV 8" SHARING THE SPIRIT | YR | 50.00 | 50.00 |

F. BURTON

CHRISTMAS STAR

| 1994 | SILENT NIGHT | 1500 | 65.00 | 65.00 |
| 1995 | OUR HOME IS BLESSED 7418VT W/STAND 8" | 1500 | 65.00 | 65.00 |

F. BURTON

CHRISTMAS STAR ED. III

| 1996 | PLATE 7418SN 8" STAR OF WONDER | 1750 | 65.00 | 65.00 |

CLYDESDALE

| 1983 | PLATE 7418XA 8" W/STAND | * | 12.00 | 85.00 |

M. REYNOLDS

EASTER LIMITED EDITIONS

| 1995 | COVERED HEN & EGG 5188YZ | 950 | 95.00 | 135.00 |

M. REYNOLDS

HANDPAINTED MOTHER'S DAY

1980	NEW BORN	CL	29.00	25.00
1981	GENTLE FAWN	CL	33.00	30.00
1982	NATURE'S AWAKENING	CL	35.00	35.00
1984	PRECIOUS PANDA	CL	35.00	25.00
1985	MOTHER'S LITTLE LAMB	CL	35.00	30.00
1990	WHITE SWAN	CL	45.00	45.00
1991	MOTHER'S WATCHFUL EYE	CL	45.00	45.00
1992	LET'S PLAY WITH MOM 7418X5 8" W/STAND	CL	50.00	35.00
1993	MOTHER DEER	CL	50.00	35.00
1994	LOVING PUPPY	CL	50.00	50.00

HISTORICAL COLLECTION

| 1991 | CAKEPLATE 4671BO 11-1/4" | * | 40.00 | 40.00 |
| 1991 | PLATE 4611DT 12" | * | 35.00 | 35.00 |

YR	NAME	LIMIT	ISSUE	TREND
*			**LOVES ME, LOVES ME NOT**	
1994	PLATE WITH STAND, 9" 8319RY	TL	65.00	65.00
M. REYNOLDS			**MARY GREGORY**	
1994	PLATE 8319RY W/STAND	CL	65.00	70.00
1995	PLATE 8319RG W/STAND 9"	CL	65.00	65.00
M. DICKINSON			**SMOKE 'N CINDERS**	
1984	PLATE WITH STAND, 8" 7618TL	1250	*	110.00
*			**STATUE OF LIBERTY**	
1985	PLATE 7618LO DESIGNER 9"	1250	*	105.00

FITZ & FLOYD

YR	NAME	LIMIT	ISSUE	TREND
R. HAVINS			**ANNUAL CHRISTMAS PLATE**	
1992	MAGIC OF THE NUTCRACKER, THE	CL	65.00	70.00
T. KERR			**ANNUAL CHRISTMAS PLATE**	
1993	A DICKENS CHRISTMAS	5000	75.00	80.00
1994	NIGHT BEFORE CHRISTMAS	7500	75.00	80.00
R. HAVINS			**MYTH OF SANTA CLAUS**	
1993	FATHER FROST	5000	70.00	75.00
1994	CANDYLAND SANTA	5000	75.00	80.00
R. HAVINS			**TWELVE DAYS OF CHRISTMAS**	
1993	TWELVE DAYS OF CHRISTMAS	5000	75.00	80.00
R. HAVINS			**WONDERLAND**	
1993	A MAD TEA PARTY	5000	70.00	75.00

FLAMBRO

YR	NAME	LIMIT	ISSUE	TREND
D. RUST			**EMMETT KELLY JR.**	
1983	WHY ME?-PLATE I	10000	40.00	400.00
1984	BALLOONS FOR SALE-PLATE II	10000	40.00	250.00
1985	BIG BUSINESS-PLATE III	10000	40.00	250.00
1986	AND GOD BLESS AMERICA-PLATE IV	10000	40.00	150.00
1988	TIS THE SEASON	10000	50.00	150.00
1989	LOOKING BACK-65TH BIRTHDAY	6500	50.00	225.00
1991	WINTER	10000	60.00	100.00
1992	AUTUMN	10000	60.00	60.00
1992	SPRING	10000	60.00	60.00
1992	SUMMER	10000	60.00	60.00
1993	SANTA'S STOWAWAY	10000	30.00	60.00
1994	70TH BIRTHDAY COMMEMORATIVE	5000	30.00	100.00
1995	ALL WRAPPED UP IN CHRISTMAS	5000	30.00	60.00
C. BEYLON			**RAGGEDY ANN & ANDY**	
1988	70 YEARS YOUNG	10000	35.00	35.00

FOUNTAINHEAD

YR	NAME	LIMIT	ISSUE	TREND
M. FERNANDEZ			**AS FREE AS THE WIND**	
1989	AS FREE AS THE WIND	*	295.00	700.00
M. FERNANDEZ			**SEASONS**	
1986	FALL CARDINALS	5000	85.00	150.00
1987	SPRING ROBINS	5000	85.00	150.00
1987	SUMMER GOLDFINCHES	5000	85.00	150.00
1987	WINTER CHICKADEES	5000	85.00	150.00
M. FERNANDEZ			**TWELVE DAYS OF CHRISTMAS**	
1988	A PARTRIDGE IN A PEAR TREE	7500	155.00	155.00
1988	TWO TURTLEDOVES	7500	*	155.00
1989	FOUR CALLING BIRDS	7500	*	155.00
1989	THREE FRENCH HENS	7500	155.00	155.00
M. FERNANDEZ			**WINGS OF FREEDOM**	
1985	COURTSHIP FLIGHT	2500	250.00	1450.00
1986	WINGS OF FREEDOM	2500	250.00	1450.00

FRANKLIN MINT

YR	NAME	LIMIT	ISSUE	TREND
N. MATTHEWS				
1995	KITTEN COMPANIONS	45 DAYS	55.00	55.00
T. POLITOWICZ				
1995	IMPERIAL HUMMINGBIRD, THE	45 DAYS	30.00	30.00
BROOKS			**TEDDY BEAR MUSEUM**	
1994	JUST MARRIED	*	*	43.00

GARTLAN USA

YR	NAME	LIMIT	ISSUE	TREND
M./J. TAYLOR			**BOB COUSY COLLECTION**	
1994	BOB COUSY 10 1/4"	RT	175.00	200.00
1994	BOB COUSY 3 1/4"	OP	15.00	15.00
1994	BOB COUSY 8 1/4"	5000	30.00	30.00
M. TAYLOR			**BRETT & BOBBY HULL**	
1991	HOCKEY'S GOLDEN BOYS 3 1/4"	OP	15.00	25.00
1991	HOCKEY'S GOLDEN BOYS 8 1/2"	10000	30.00	40.00
1991	HOCKEY'S GOLDEN BOYS SIGNED 10 1/4"	950	250.00	200.00
1992	PLATE A/P	300	350.00	355.00
M. TAYLOR		**CARL YASTRZEMSKI-THE IMPOSSIBLE DREAM**		
1993	PLATE 3 1/4"	OP	15.00	20.00
1993	PLATE 8 1/2"	10000	30.00	40.00
1993	SIGNED PLATE 10 1/4"	950	150.00	165.00
M. TAYLOR			**CARLTON FISK**	
1992	PLATE 3 1/4"	OP	15.00	20.00
1992	PLATE 8 1/2"	10000	30.00	35.00
1992	SIGNED PLATE 10 1/4"	950	70.00	150.00
1992	SIGNED PLATE, A/P 10 1/4"	300	175.00	230.00
M./J. TAYLOR			**CLUB**	
1991	AL BARLICK PLATE	CL	*	200.00

YR	NAME	LIMIT	ISSUE	TREND
M. TAYLOR	**COACHING CLASSICS-JOHN WOODEN**			
1989	COLLECTOR PLATE 3 1/4"	OP	15.00	20.00
1989	COLLECTOR PLATE 8 1/2"	10000	30.00	35.00
1989	COLLECTOR PLATE, SIGNED 10 1/4"	1975	100.00	140.00
M. TAYLOR	**DALE EARNHARDT**			
1995	PLATE 3 1/4"	OP	15.00	15.00
1995	PLATE 8 1/2"	10000	30.00	30.00
1995	SIGNED PLATE 10 1/4"	1994	150.00	155.00
M. TAYLOR	**DARRYL STRAWBERRY**			
1990	PLATE 3 1/4"	OP	15.00	20.00
1990	PLATE 8 1/2"	10000	30.00	50.00
1990	SIGNED PLATE 10 1/4"	2500	70.00	130.00
M. TAYLOR	**FRANK THOMAS**			
1994	PLATE 3 1/4"	OP	15.00	15.00
1994	PLATE 8 1/2"	10000	30.00	30.00
1994	SIGNED PLATE 10 1/4"	1994	150.00	155.00
J. MARTIN	**GEORGE BRETT GOLD CROWN COLLECTION**			
1986	GEORGE BRETT, BASEBALL ALL STAR 3 1/4"	OP	13.00	25.00
1986	GEORGE BRETT, SIGNED 10 1/4"	2000	100.00	360.00
M. TAYLOR	**GORDIE HOWE**			
1992	SIGNED PLATE 10 1/4"	2358	90.00	130.00
1992	SIGNED PLATE 3 1/4"	OP	15.00	20.00
1992	SIGNED PLATE 8 1/2"	10000	30.00	55.00
1992	SIGNED PLATE, A/P 10 1/4"	250	150.00	175.00
M. TAYLOR	**JOE MONTANA**			
1991	PLATE 3 1/4"	OP	15.00	20.00
1991	PLATE 8 1/2"	10000	30.00	40.00
1991	SIGNED PLATE 10 1/4"	2250	125.00	300.00
1991	SIGNED PLATE, A/P 10 1/4"	250	195.00	400.00
1994	PLATE, K.C. CHIEFS 3 1/4"	OP	15.00	15.00
1994	PLATE, K.C. CHIEFS 8 1/2"	10000	30.00	30.00
M. TAYLOR	**JOHNNY BENCH**			
1989	COLLECTOR PLATE 3 1/4"	OP	15.00	20.00
1989	COLLECTOR PLATE, SIGNED 10 1/4"	1989	100.00	205.00
M. TAYLOR	**KAREEM ABDUL-JABBAR SKY-HOOK COLLECTION**			
1989	COLLECTOR PLATE 3 1/4"	CL	16.00	35.00
1989	KAREEM ABDUL-JABBAR, SIGNED 10 1/4"	1989	100.00	210.00
M. TAYLOR	**KEN GRIFFEY JR.**			
1992	PLATE 3 1/4"	OP	15.00	20.00
1992	PLATE 8 1/2"	10000	30.00	40.00
1992	SIGNED PLATE 10 1/4"	1989	100.00	115.00
1992	SIGNED PLATE, A/P 10 1/2"	300	195.00	200.00
M. TAYLOR	**KRISTI YAMAGUCHI COLLECTION**			
1993	KRISTI YAMAGUCHI 8 1/4"	5000	30.00	30.00
1993	KRISTI YAMAGUCHI 10 1/4"	50	150.00	200.00
1993	KRISTI YAMAGUCHI 3 1/4"	OP	15.00	15.00
1993	PLATE 3 1/4"	OP	15.00	20.00
1993	PLATE 8 1/2"	5000	30.00	40.00
1993	SIGNED PLATE 10 1/4"	950	100.00	400.00
M. TAYLOR	**LEAVE IT TO BEAVER/JERRY MATHERS**			
1995	LEAVE IT TO BEAVER 10 1/4"	1963	125.00	120.00
1995	LEAVE IT TO BEAVER 10 1/4" AP	234	175.00	175.00
1995	LEAVE IT TO BEAVER 3 1/4"	OP	15.00	15.00
1995	LEAVE IT TO BEAVER 8 1/4"	10000	40.00	55.00
M. TAYLOR	**LUIS APARICIO**			
1990	PLATE 3 1/4"	OP	15.00	25.00
1990	PLATE 8 1/2"	10000	30.00	50.00
1990	SIGNED PLATE 10 1/4"	1984	70.00	275.00
R. WINSLOW	**MAGIC JOHNSON GOLD RIM COLLECTION**			
1987	MAGIC JOHNSON-THE MAGIC SHOW	CL	14.00	30.00
1987	MAGIC JOHNSON-THE MAGIC SHOW SIGNED	1987	100.00	450.00
C. PALUSO	**MIKE SCHMIDT 500TH HOME RUN EDITION**			
1987	MIKE SCHMIDT H/S DATED	50	100.00	600.00
1987	MIKE SCHMIDT-POWER AT THE PLATE	OP	14.00	20.00
1987	MIKE SCHMIDT-POWER AT THE PLATE SIGNED	1987	100.00	350.00
M. TAYLOR	**PATRICK EWING**			
1995	PLATE 3 1/4"	OP	15.00	15.00
1995	PLATE 8 1/2"	10000	30.00	30.00
1995	SIGNED PLATE 10 1/4"	950	150.00	155.00
B. FORBES	**PETE ROSE DIAMOND COLLECTION**			
1988	PETE ROSE SIGNED A/P 10 1/4"	50	300.00	400.00
1988	PETE ROSE-THE REIGNING LEGEND 3 1/4"	OP	14.00	20.00
1988	PETE ROSE-THE REIGNING LEGEND SIGNED	950	195.00	275.00
T. SIZEMORE	**PETE ROSE PLATINUM EDITION**			
1985	PETE ROSE "THE BEST OF BASEBALL"	4192	100.00	300.00
1985	PETE ROSE H/S DATED	50	100.00	680.00
1985	PETE ROSE-THE BEST OF BASEBALL 3 1/4"	OP	13.00	25.00
M. TAYLOR	**PHIL ESPOSITO**			
1992	PLATE 3 1/4"	OP	15.00	20.00
1992	PLATE 8 1/2"	10000	30.00	40.00
1992	SIGNED PLATE 10 1/4"	1984	150.00	155.00
1992	SIGNED PLATE, A/P 10 1/2"	300	195.00	200.00
M. TAYLOR	**RINGO STARR**			
1996	RINGO STARR 10 1/4" AP SIGNED	250	400.00	400.00
1996	RINGO STARR 10" SIGNED	1000	225.00	300.00
1996	RINGO STARR 3 3/4" MINI	OP	15.00	15.00
1996	RINGO STARR 8 1/4"	10000	30.00	30.00

YR	NAME	LIMIT	ISSUE	TREND
M. TAYLOR				**ROD CAREW**
1991	HITTING FOR THE HALL 3 1/4"	OP	15.00	25.00
1991	HITTING FOR THE HALL 8 1/2"	10000	30.00	50.00
1991	HITTING FOR THE HALL, 10 1/4" SIGNED	950	70.00	155.00
C. SOILEAU		**ROGER STAUBACH STERLING COLLECTION**		
1987	ROGER STAUBACH 3 1/4"	OP	13.00	25.00
1987	ROGER STAUBACH, SIGNED 10 1/4"	1979	100.00	275.00
J. MARTIN				**ROUND TRIPPER**
1986	REGGIE JACKSON 3 1/4"	OP	13.00	25.00
M. TAYLOR		**SAM SNEAD COLLECTION**		
1994	SAM SNEAD 10 1/4" SIGNED	50	100.00	100.00
1994	SAM SNEAD 3 1/4"	OP	15.00	15.00
1994	SAM SNEAD 8 1/4"	5000	30.00	30.00
M. TAYLOR				**SHAQUILLE O'NEAL**
1994	PLATE 3 1/4"	OP	15.00	15.00
1994	PLATE 8 1/2"	10000	30.00	40.00
1994	SIGNED PLATE 10 1/4"	1993	195.00	200.00
M. TAYLOR		**SHAQUILLE O'NEAL CLUB PLATE**		
1994	SHAQUILLE O'NEAL	*	30.00	50.00
M. TAYLOR				**TOM SEAVER**
1992	SIGNED PLATE 10 1/4"	1992	90.00	400.00
1992	SIGNED PLATE 3 1/4"	OP	15.00	20.00
1992	SIGNED PLATE 8 1/2"	10000	30.00	40.00
M. TAYLOR				**TROY AIKMAN**
1994	PLATE 3 1/2"	OP	15.00	15.00
1994	PLATE 8 1/2"	10000	30.00	40.00
1994	SIGNED PLATE 10 1/4"	1993	150.00	275.00
M. TAYLOR				**WAYNE GRETZKY**
1989	COLLECTOR PLATE 3 1/4"	OP	15.00	25.00
1989	COLLECTOR PLATE 8 1/2"	10000	45.00	55.00
1989	COLLECTOR PLATE, A/P, SIGNED	300	300.00	430.00
1989	COLLECTOR PLATE, H/S BY GRETZKY & HOWE	1851	225.00	290.00
M. TAYLOR				**WHITEY FORD**
1990	PLATE 3 1/4"	OP	15.00	20.00
1990	PLATE 8 1/2"	10000	30.00	40.00
1990	SIGNED PLATE 10 1/4"	2360	70.00	200.00
M. TAYLOR				**YOGI BERRA**
1989	COLLECTOR PLATE 3 1/4"	OP	15.00	25.00
1989	COLLECTOR PLATE 8 1/2"	10000	30.00	40.00
1989	COLLECTOR PLATE, SIGNED 10 1/4"	2150	100.00	300.00
1989	COLLECTOR PLATE, SIGNED A/P 10 1/4"	250	175.00	280.00

GEORGETOWN COLLECTION INC.

YR	NAME	LIMIT	ISSUE	TREND
C. THEROUX		**CHILDREN OF THE GREAT SPIRIT**		
1993	BUFFALO CHILD	CL	30.00	35.00
1993	WINTER BABY	CL	30.00	35.00

GHENT COLLECTION

YR	NAME	LIMIT	ISSUE	TREND
E. BIERLY		**AMERICAN BICENTENNIAL WILDLIFE**		
1976	AMERICAN WHITETAIL DEER	2500	95.00	500.00
C. FRACE		**AMERICAN BICENTENNIAL WILDLIFE**		
1976	AMERICAN BISON	2500	95.00	500.00
A. GILBERT		**AMERICAN BICENTENNIAL WILDLIFE**		
1976	AMERICAN WILD TURKEY	2500	95.00	500.00
H. MOELLER		**AMERICAN BICENTENNIAL WILDLIFE**		
1976	AMERICAN BALD EAGLE	2500	95.00	500.00
N. ROCKWELL		**APRIL FOOL ANNUAL**		
1978	APRIL FOOL	10000	35.00	75.00
1979	APRIL FOOL	10000	35.00	60.00
1980	APRIL FOOL	10000	38.00	60.00

GOEBEL INC.

YR	NAME	LIMIT	ISSUE	TREND
M.I. HUMMEL				
1999	JOYFUL NOISE HUM 696	YR	145.00	150.00
M.I. HUMMEL		**FIGURAL CHRISTMAS PLATES**		
1995	FESTIVAL HARMONY W/FLUTE HUM 693	CL	125.00	50.00-75.00
1996	CHRISTMAS SONG HUM 692	CL	130.00	50.00-75.00
1997	THANKSGIVING PRAYER HUM 694	YR	140.00	50.00-75.00
M.I. HUMMEL				**FOUR SEASONS**
1996	WINTER MELODY HUM 296	YR	195.00	200.00
1998	SUMMERTIME STROLL HUM 298	YR	*	200.00
1999	AUTUMN GLORY HUM 299	YR	195.00	200.00
M.I. HUMMEL				**FRIENDS FOREVER**
1992	MEDITATION HUM-292	CL	180.00	125.00
1993	FOR FATHER HUM-293	CL	195.00	125.00
1994	SWEET GREETINGS PLATE HUM-294	CL	205.00	125.00
1995	SURPRISE PLATE HUM-295	CL	210.00	125.00
M.I. HUMMEL		**KITCHEN MOULD COLLECTION**		
1991	KITCHEN MOULD COLLECTION HUM-669	CL	99.00	163.00
1991	KITCHEN MOULD COLLECTION HUM-670	CL	99.00	163.00
1991	KITCHEN MOULD COLLECTION HUM-671	CL	99.00	163.00
1991	KITCHEN MOULD COLLECTION HUM-672	CL	99.00	163.00
M.I. HUMMEL				**LITTLE HOMEMAKERS**
1988	LITTLE SWEEPER HUM-745	CL	45.00	30.00
1989	WASH DAY HUM-746	CL	50.00	30.00
1990	A STITCH IN TIME HUM-747	CL	50.00	30.00
1991	CHICKEN LICKEN HUM-748	CL	70.00	30.00

YR	NAME	LIMIT	ISSUE	TREND
M.I. HUMMEL			**LITTLE MUSIC MAKER**	
1984	LITTLE FIDDLER HUM-744	CL	30.00	30.00
1985	SERENADE HUM-741	CL	30.00	30.00
1986	SOLOIST HUM-743	CL	35.00	30.00
1987	BAND LEADER HUM-742	CL	40.00	30.00
M.I. HUMMEL			**M.I. HUMMEL**	
2000	LIGHT THE WAY	*	145.00	145.00
M.I. HUMMEL			**M.I. HUMMEL ANNIVERSARY PLATES**	
1975	STORMY WEATHER HUM-280	CL	100.00	125.00
1980	RING AROUND THE ROSIE HUM-281	CL	225.00	125.00
1985	AUF WIEDERSEHEN HUM-282	CL	225.00	175.00
M.I. HUMMEL			**M.I. HUMMEL ANNUAL COLLECTIBLE PLATES**	
1971	HEAVENLY ANGEL HUM-264	CL	25.00	500.00-750.00
1972	HEAR YE, HEAR YE HUM-265	CL	30.00	63.00
1973	GLOBE TROTTER HUM-266	CL	33.00	175.00
1974	GOOSE GIRL HUM-267	CL	40.00	63.00
1975	RIDE INTO CHRISTMAS HUM-268	CL	50.00	63.00
1976	APPLE TREE GIRL HUM-269	CL	50.00	63.00
1977	APPLE TREE BOY HUM-270	CL	53.00	63.00
1978	HAPPY PASTIME HUM-271	CL	65.00	63.00
1979	SINGING LESSON HUM-272	CL	90.00	50.00
1980	SCHOOL GIRL HUM-273	CL	100.00	50.00
1981	UMBRELLA BOY HUM-274	CL	100.00	63.00
1982	UMBRELLA GIRL HUM-275	CL	100.00	125.00-150.00
1983	POSTMAN HUM-276	CL	108.00	200.00-250.00
1984	LITTLE HELPER HUM-277	CL	108.00	63.00
1985	CHICK GIRL HUM-278	CL	110.00	63.00
1986	PLAYMATES HUM-279	CL	125.00	125.00-200.00
1987	FEEDING TIME HUM-283	CL	135.00	250.00-300.00
1988	LITTLE GOAT HERDER HUM-284	CL	145.00	125.00-150.00
1989	FARM BOY HUM-285	CL	160.00	100.00-125.00
1990	SHEPHERD'S BOY HUM-286	CL	170.00	150.00-200.00
1991	JUST RESTING HUM-287	CL	196.00	150.00-200.00
1992	WAYSIDE HARMONY HUM-288	CL	210.00	150.00-200.00
1993	DOLL BATH HUM-289	CL	210.00	150.00-200.00
1994	DOCTOR HUM-290	CL	225.00	150.00-200.00
1995	COME BACK SOON HUM 291	CL	250.00	175.00-250.00
M.I. HUMMEL			**M.I. HUMMEL CHRISTMAS PLATES**	
1987	CELESTIAL MUSICIAN	20000	35.00	69.00
1988	ANGEL DUET	20000	40.00	50.00
1989	GUIDING LIGHT	20000	*	75.00
1990	TENDER WATCH	20000	*	75.00
M.I. HUMMEL			**M.I. HUMMEL CLUB EXCLUSIVE-CELEBRATION**	
1986	VALENTINE GIFT HUM-738	CL	90.00	55.00
1987	VALENTINE JOY HUM-737	CL	98.00	55.00
1988	DAISIES DON'T TELL HUM-736	CL	115.00	55.00
1989	IT'S COLD HUM-735	CL	120.00	55.00
M.I. HUMMEL			**M.I. HUMMEL FIGURAL CHRISTMAS PLATES**	
1998	ECHOES OF JOY HUM 695	YR	145.00	75.00-100.00
M.I. HUMMEL			**M.I. HUMMEL PLAQUES**	
1947	M.I. HUMMEL PLAQUES (IN ENGLISH) HUM-187	CL	*	175.00-1500.00
1949	M.I. HUMMEL DEALER'S PLAQ FRENCH HUM-208	CL	*	3000.00-6000.00
1954	STAR GLAZER, WALL PLAQUE HUM-237	CL	*	10,000.00-15,000.00
1968	MERRY WANDERER WALL PLAQUE HUM-263	CL	*	12500.00
1993	ARTIST PLAQUE HUM-756	CL	260.00	350.00-500.00
1995	PUPPY LOVE, DISPLAY PLAQUE HUM-767	OP	240.00	325.00
M.I. HUMMEL			**M.I. HUMMEL PLAQUES- BRITISH VERSION**	
1986	GOEBEL AUTHORIZED RETAILER PLAQ. HUM-460	OP	*	300.00-750.00
M.I. HUMMEL			**M.I. HUMMEL PLAQUES- DUTCH VERSION**	
1986	GOEBEL AUTHORIZED RETAILER PLAQ. HUM-460	OP	*	300.00-1500.00
M.I. HUMMEL			**M.I. HUMMEL PLAQUES- FRENCH VERSION**	
1986	GOEBEL AUTHORIZED RETAILER PLAQ. HUM-460	OP	*	300.00-1000.00
M.I. HUMMEL			**M.I. HUMMEL PLAQUES- GERMAN VERSION**	
1986	GOEBEL AUTHORIZED RETAILER PLAQ. HUM-460	OP	*	300.00-1000.00
M.I. HUMMEL			**M.I. HUMMEL PLAQUES- ITALIAN VERSION**	
1986	GOEBEL AUTHORIZED RETAILER PLAQ. HUM-460	OP	*	300.00-1500.00
M.I. HUMMEL			**M.I. HUMMEL PLAQUES MADE IN GERMANY**	
1949	M.I. HUMMEL DEALER'S PLAQ GERMAN HUM-205	CL	*	850.00-1700.00
M.I. HUMMEL			**M.I. HUMMEL PLAQUES MADE IN SWEDEN**	
1949	M.I. HUMMEL DEALER'S PLAQ SWED. HUM-209	CL	*	4000.00-6000.00
M.I. HUMMEL			**M.I. HUMMEL PLAQUES SCHMID BROS.**	
1935	M.I. HUMMEL DEALER'S PLAQ/SCHMID HUM-210	CL	*	20000.00-25000.00
M.I. HUMMEL			**M.I. HUMMEL PLAQUES- U.S. VERSION**	
1986	GOEBEL AUTHORIZED RETAILER PLAQ. HUM-460	CL	*	225.00
M.I. HUMMEL			**M.I. HUMMEL PLAQUES-SPANISH VERSION**	
1951	M.I. HUMMEL DEALER'S PLAQ SPAN. HUM-213	CL	*	8000.00-10,000.00
1986	GOEBEL AUTHORIZED RETAILER PLAQ. HUM-460	OP	*	300.00-1500.00
M.I. HUMMEL			**M.I. HUMMEL PLAQUES-SWEDISH VERSION**	
1986	GOEBEL AUTHORIZED RETAILER PLAQ. HUM-460	OP	*	300.00-1000.00

GORHAM

*

			AMERICAN ARTISTS COLLECTION	
1976	BLACK REGIMENT			86.00
R. DONNELLY			**AMERICAN ARTISTS COLLECTION**	
1976	APACHE MOTHER & CHILD	9800	25.00	80.00
N. ROCKWELL			**AMERICAN ARTISTS COLLECTION**	
1980	CHILLY RECEPTION	*	*	98.00

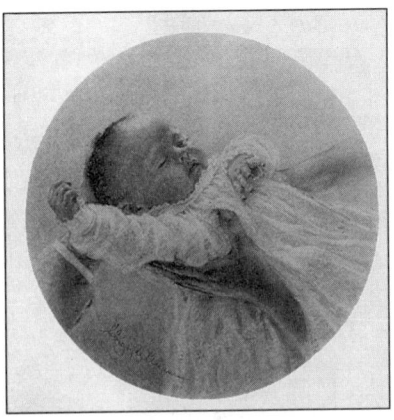

Thy Kingdom Come *by Abbie Williams is the second issue in "The Lord's Prayer" series produced by Roman. The piece was limited to just a 10-day firing period.*

The Christening, *an open edition piece by Abbie Williams, is produced by Roman Inc.*

Summer Wedding, *by P. Buckley Moss, depicts the simplicity and joy of an Amish summer wedding.*

Made of pristine white oxolyte, Silent Night, *the first issue in Roman Inc.'s "Millenium" series, was limited to 2,000.*

That Special Time, *released in 1990 as part of the "That Special Time" series by wildlife artist Terry Redlin, is produced by Hadley Companies.*

YR	NAME	LIMIT	ISSUE	TREND
BARRYMORE				**BARRYMORE**
1971	QUIET WATERS	15000	25.00	30.00
1972	LITTLE BOATYARD, STERLING	1000	100.00	150.00
1972	NANTUCKET, STERLING	1000	100.00	105.00
1972	SAN PEDRO HARBOR	15000	25.00	30.00
N. ROCKWELL				**BAS RELIEF**
1981	BEGUILING BUTTERCUP	UD	63.00	75.00
1981	SWEET SONG SO YOUNG	UD	100.00	105.00
1982	FLOWERS IN TENDER BLOOM	UD	100.00	105.00
1982	FLYING HIGH	UD	63.00	70.00
N. ROCKWELL		**BOY AND HIS DOG FOUR SEASONS PLATES**		
1971	ADVENTURERS BETWEEN ADVENTURES (SET)	YR	*	125.00
1971	BOY MEETS HIS DOG	YR	50.00	145.00
1971	MYSTERIOUS MALADY, THE (SET)	YR	*	125.00
1971	PRIDE OF PARENTHOOD (SET)	YR	*	125.00
N. ROCKWELL				**BOY SCOUT PLATES**
1975	OUR HERITAGE	18500	20.00	90.00
1976	A SCOUT IS LOYAL	18500	20.00	90.00
1977	A GOOD SIGN	18500	20.00	55.00
1977	SCOUTMASTER, THE	18500	20.00	90.00
1978	CAMPFIRE STORY	18500	20.00	45.00
1978	POINTING THE WAY	18500	20.00	45.00
1980	BEYOND THE EASEL	18500	45.00	60.00
C. RUSSELL				**CHARLES RUSSELL**
1980	IN WITHOUT KNOCKING	9800	38.00	80.00
1981	BRONC TO BREAKFAST	9800	38.00	95.00
1982	WHEN IGNORANCE IS BLISS	9800	45.00	95.00
1983	COWBOY LIFE	9800	45.00	105.00
GORHAM				**CHINA BICENTENNIAL**
1972	1776 PLATE	18500	18.00	40.00
1976	1776 BICENTENNIAL	8000	18.00	40.00
N. ROCKWELL				**CHRISTMAS**
1974	TINY TIM	YR	12.00	40.00
1975	GOOD DEEDS	YR	18.00	40.00
1976	CHRISTMAS TRIO	YR	20.00	25.00
1977	YULETIDE RECKONING	YR	20.00	35.00
1978	PLANNING CHRISTMAS VISIT	YR	25.00	30.00
1979	SANTA'S HELPERS	YR	25.00	30.00
1980	LETTER TO SANTA	YR	28.00	35.00
1981	SANTA PLANS HIS VISIT	YR	30.00	55.00
1982	JOLLY COACHMAN	YR	30.00	35.00
1983	CHRISTMAS DANCERS	YR	30.00	40.00
1984	CHRISTMAS MEDLEY	17500	30.00	35.00
1985	HOME FOR THE HOLIDAYS	17500	30.00	35.00
1986	MERRY CHRISTMAS GRANDMA	17500	30.00	70.00
1987	HOMECOMING, THE	17500	35.00	55.00
1988	DISCOVERY	17500	38.00	40.00
*		**CHRISTMAS/CHILDREN'S TELEVISION WORKSHOP**		
1981	SESAME STREET CHRISTMAS	YR	18.00	20.00
1982	SESAME STREET CHRISTMAS	YR	18.00	20.00
1983	SESAME STREET CHRISTMAS	YR	20.00	25.00
N. ROCKWELL		**DAD'S BOYS FOUR SEASONS PLATES**		
1980	CAREFUL AIM (SET)	YR	*	N/A
1980	SKI SKILLS	YR	135.00	105.00
1980	TROUT DINNER (SET)	YR	*	N/A
J. CLYMER		**ENCOUNTERS, SURVIVAL AND CELEBRATIONS**		
1982	A FINE WELCOME	7500	50.00	75.00
1983	ALOUETTE	7500	63.00	75.00
1983	TRADER, THE	7500	63.00	75.00
1983	TRAPPER TAKES A WIFE, THE	7500	63.00	75.00
1983	WINTER CAMP	7500	63.00	75.00
1983	WINTER TRAIL	7500	50.00	75.00
J. RITTER				**FALL IN LOVE**
1977	ENCHANTMENT	5000	100.00	105.00
1977	FROLIC (SET)	5000	*	N/A
1977	GUTSY GAL (SET)	5000	*	N/A
1977	LONELY CHILL (SET)	5000	*	N/A
N. ROCKWELL		**FOUR AGES OF LOVE FOUR SEASONS PLATES**		
1973	FONDLY WE DO REMEMBER (SET)	YR	*	N/A
1973	GAILY SHARING VINTAGE TIME	YR	60.00	170.00
1973	SWEET SONG SO YOUNG (SET)	YR	*	N/A
GAINSBOROUGH INSPIRED				**GALLERY OF MASTERS**
1973	HONORABLE MRS. GRAHAM, THE	7500	50.00	55.00
REMBRANDT INSPIRED				**GALLERY OF MASTERS**
1971	MAN WITH A GILT HELMET	10000	50.00	55.00
1972	SELF PORTRAIT WITH SASKIA	10000	50.00	55.00
N. ROCKWELL		**GOING ON SIXTEEN FOUR SEASONS PLATES**		
1977	CHILLING CHORE	YR	75.00	100.00
1977	PILGRIMAGE (SET)	YR	*	N/A
1977	SHEAR AGONY (SET)	YR	*	N/A
1977	SWEET SERENADE (SET)	YR	*	N/A
GORHAM				**GORHAM MUSEUM DOLL PLATES**
1984	BELTON BEBE	5000	29.00	60.00
1984	CHRISTMAS LADY	7500	33.00	40.00
1984	LYDIA	5000	29.00	130.00
1985	JUMEAU	5000	29.00	40.00
1985	LUCILLE	5000	29.00	40.00

YR	NAME	LIMIT	ISSUE	TREND
N. ROCKWELL		**GRAND PALS FOUR SEASONS PLATES**		
1976	FISH FINDERS	YR	*	N/A
1976	GHOSTLY GOURDS	YR	*	N/A
1976	SNOW SCULPTURING	YR	70.00	100.00
1976	SOARING SPIRITS	YR	*	N/A
N. ROCKWELL		**GRANDPA AND ME FOUR SEASONS PLATES**		
1974	DAY DREAMERS	YR	*	N/A
1974	GAY BLADES	YR	60.00	120.00
1974	GOIN' FISHING	YR	*	N/A
1974	PENSIVE PALS	YR	*	N/A
N. ROCKWELL		**HELPING HAND FOUR SEASONS PLATES**		
1979	CLOSED FOR BUSINESS	YR	*	N/A
1979	COAL SEASON'S COMING	YR	*	N/A
1979	SWATTER'S RIGHTS	YR	*	N/A
1979	YEAR END COURT	YR	100.00	100.00
J. RITTER		**JULIAN RITTER**		
1977	CHRISTMAS VISIT	9800	25.00	35.00
1978	VALENTINE, FLUTTERING HEART	7500	45.00	50.00
N. ROCKWELL		**LANDSCAPES**		
1980	SUMMER RESPITE	YR	45.00	85.00
1981	AUTUMN REFLECTION	YR	45.00	80.00
1982	WINTER DELIGHT	YR	50.00	80.00
1983	SPRING RECESS	YR	60.00	100.00
J.C. LEYENDECKER		**LEYENDECKER ANNUAL CHRISTMAS PLATES**		
1988	CHRISTMAS HUG	10000	38.00	55.00
N. ROCKWELL		**LIFE WITH FATHER FOUR SEASONS PLATES**		
1982	A TOUGH ONE	YR	*	N/A
1982	BIG DECISION	YR	100.00	130.00
1982	BLASTING OUT	YR	*	N/A
1982	CHEERING THE CHAMPS	YR	*	N/A
N. ROCKWELL		**ME AND MY PALS FOUR SEASONS PLATES**		
1975	A LICKIN' GOOD BATH	YR	70.00	125.00
1975	DISASTROUS DARING	YR	*	N/A
1975	FISHERMAN'S PARADISE	YR	*	N/A
1975	YOUNG MAN'S FANCY	YR	*	N/A
*		**MOPPET PLATES-ANNIVERSARY**		
1976	MOPPET PLATE ANNIVERSARY	20000	13.00	20.00
*		**MOPPET PLATES-CHRISTMAS**		
1973	CHRISTMAS MARCH	YR	10.00	50.00
1974	DECORATING THE TREE	YR	12.00	35.00
1975	CARRYING THE TREE	YR	13.00	20.00
1976	ASLEEP UNDER THE TREE	YR	13.00	20.00
1977	STAR FOR THE TOP	YR	13.00	20.00
1978	PRESENTS	YR	10.00	15.00
1979	MOPPET PLATE CHRISTMAS	YR	12.00	15.00
1980	MOPPET PLATE CHRISTMAS	YR	12.00	20.00
1981	HAPPY MERRY CHRISTMAS TREE	YR	12.00	20.00
1982	MOPPET PLATE CHRISTMAS	YR	12.00	15.00
1983	MOPPET PLATE CHRISTMAS	YR	12.00	15.00
*		**MOPPET PLATES-MOTHER'S DAY**		
1973	FLOWERS FOR MOTHER	YR	10.00	60.00
1974	MOTHER'S HAT	YR	12.00	30.00
1975	IN MOTHER'S CLOTHES	YR	13.00	20.00
1976	FLOWERS	YR	13.00	25.00
1977	GIFT FOR MOTHER	YR	13.00	20.00
1978	ICING THE CAKE	YR	10.00	20.00
N. ROCKWELL		**OLD BUDDIES FOUR SEASONS PLATES**		
1983	ENDLESS DEBATE	YR	*	N/A
1983	FINAL SPEECH	YR	*	N/A
1983	HASTY RETREAT	YR	*	N/A
1983	SHARED SUCCESS	YR	115.00	120.00
N. ROCKWELL		**OLD TIMERS FOUR SEASONS PLATES**		
1981	CANINE SOLO	YR	100.00	125.00
1981	FANCY FOOTWORK (SET)	YR	*	N/A
1981	LAZY DAYS (SET)	YR	*	N/A
1981	SWEET SURPRISE (SET)	YR	*	N/A
B. FELDER		**PASTORAL SYMPHONY**		
*	HE LOVES ME	7500	43.00	50.00
1982	GATHER THE CHILDREN	7500	43.00	50.00
1982	WHEN I WAS A CHILD	7500	43.00	50.00
1984	SUGAR AND SPICE	7500	43.00	50.00
R. PAILTHORPE		**PEWTER BICENTENNIAL**		
1971	BURNING OF THE GASPEE	5000	35.00	40.00
1972	BOSTON TEA PARTY	5000	35.00	40.00
N. ROCKWELL		**PRESIDENTIAL**		
1976	DWIGHT D. EISENHOWER	9800	30.00	40.00
1976	JOHN F. KENNEDY	9800	30.00	70.00
F. REMINGTON		**REMINGTON WESTERN**		
1973	A NEW YEAR ON THE CIMARRON	YR	25.00	40.00
1973	AIDING A COMRADE	YR	25.00	80.00
1973	FIGHT FOR THE WATER HOLE, THE	YR	25.00	80.00
1973	FLIGHT, THE	YR	25.00	70.00
1975	A BREED	YR	20.00	50.00
1975	OLD RAMOND	YR	20.00	50.00
1976	A TRAPPER	5000	38.00	70.00
1976	CAVALRY OFFICER	5000	38.00	70.00
GORHAM		**SILVER BICENTENNIAL**		
1972	1776 PLATE	500	500.00	500.00

YR	NAME	LIMIT	ISSUE	TREND
R. PAILTHORPE			**SILVER BICENTENNIAL**	
1972	BURNING OF THE GASPEE	750	500.00	500.00
1973	BOSTON TEA PARTY	750	550.00	580.00
F. QUAGON			**SINGLE RELEASE**	
1976	BLACK REGIMENT, THE 1778	7500	25.00	60.00
N. ROCKWELL			**SINGLE RELEASE**	
1974	GOLDEN RULE, THE	YR	12.00	65.00
1974	WEIGHING IN	YR	12.00	90.00
1975	BEN FRANKLIN	YR	20.00	40.00
1976	MARRIAGE LICENSE	*	38.00	60.00
1978	TRIPLE SELF PORTRAIT MEMORIAL PLATE	YR	38.00	65.00
1980	ANNUAL VISIT, THE	YR	33.00	75.00
1981	DAY IN LIFE OF BOY	YR	50.00	85.00
1981	DAY IN LIFE OF GIRL	YR	50.00	105.00
N. ROCKWELL		**TENDER YEARS FOUR SEASONS PLATES**		
1978	CHILLY RECEPTION	YR	*	N/A
1978	COOL AID	YR	*	N/A
1978	NEW YEAR LOOK	YR	100.00	40.00
1978	SPRING TONIC	YR	*	N/A
B. PORT		**TIME MACHINE TEDDIES PLATES**		
1986	MISS EMILY, BEARING UP	5000	33.00	60.00
1987	BIG BEAR, THE TOY COLLECTOR	5000	33.00	65.00
1988	HUNNY MUNNY	5000	38.00	70.00
J. RITTER			**TO LOVE A CLOWN**	
1978	AWAITED REUNION	5000	120.00	125.00
1978	SHOWTIME BECKONS	5000	120.00	125.00
1978	TOGETHER IN MEMORIES	5000	120.00	125.00
1978	TWOSOME TIME	5000	120.00	125.00
GORHAM			**VERMEIL BICENTENNIAL**	
1972	1776 PLATE	250	750.00	800.00
N. ROCKWELL		**YOUNG LOVE FOUR SEASONS PLATES**		
1972	A SCHOLARLY PACE	YR	*	N/A
1972	BEGUILING BUTTERCUP	YR	*	N/A
1972	DOWNHILL DARING	YR	60.00	155.00
1972	FLYING HIGH	YR	*	N/A

GRANDE COPENHAGEN

*				**CHRISTMAS**
1975	ALONE TOGETHER	UD	25.00	25.00
1976	CHRISTMAS WREATH	UD	25.00	30.00
1977	FISHWIVES AT GAMMELSTRAND	UD	27.00	30.00
1978	HANS CHRISTIAN ANDERSON	UD	33.00	38.00
1979	PHEASANTS	UD	35.00	53.00
1980	SNOW QUEEN IN THE TIVOLI	UD	40.00	40.00
1981	LITTLE MATCH GIRL IN NYHAVN	UD	43.00	43.00
1982	SHEPHERDESS/CHIMNEY SWEEP	UD	45.00	55.00
1983	LITTLE MERMAID NEAR KRONBORG	UD	45.00	115.00
1984	SANDMAN AT AMALIENBORG	UD	45.00	60.00

H & G STUDIOS

B. BURKE		**ANNUAL MOTHER'S DAY PLATE**		
1996	A MOTHER'S JOY	7500	39.00	39.00
B. BURKE			**CHRISTMAS MEMORIES**	
1995	CHRISTMAS PRESENTS	7500	39.00	39.00
D. PATRICK LEWAN			**CITY OF BEARS**	
1995	BEARY PATCH PARK	7500	35.00	35.00
A. MURRAY			**GENTLE HEARTS**	
1995	A PROMISE KEPT	5000	35.00	35.00
D. PATRICK LEWAN			**OVAL PLATE**	
1995	VICTORIAN COUNTRY HOME	5000	39.00	39.00
D. PATRICK LEWAN			**VICTORIAN TREASURES**	
1995	VICTORIAN DREAMS	7500	35.00	35.00
1996	VICTORIAN ROMANCE	7500	35.00	35.00
S. CEPELLO			**WOLVES & WARRIORS**	
1995	SPIRIT TRAIL	7500	35.00	35.00

HACKETT AMERICAN

ALEXANDER				**SPORTS**
*	ARNOLD PALMER H/S	RT	125.00	230.00
*	GARY PLAYER H/S	RT	125.00	400.00
1983	REGGIE JACKSON, PROOF	RT	250.00	1000.00
1986	JOE MONTANA D/S	RT	125.00	800.00
PALUSO				**SPORTS**
1981	REGGIE JACKSON H/S	RT	100.00	900.00
1982	STEVE GARVEY H/S	RT	100.00	160.00
1983	NOLAN RYAN H/S	RT	100.00	800.00
1983	TOM SEAVER H/S	RT	100.00	330.00
1984	STEVE CARLTON H/S	RT	100.00	270.00
1985	E. MATHEWS D/S	RT	125.00	230.00
1985	H. KILLEBREW D/S	RT	125.00	330.00
1985	HANK AARON H/S	RT	125.00	300.00
1985	SANDY KOUFAX H/S	RT	125.00	385.00
1985	WHITEY FORD H/S	RT	125.00	300.00
1985	WILLIE MAYS H/S	RT	125.00	335.00
1986	DON SUTTON D/S	RT	125.00	330.00
1986	REGGIE JACKSON D/S	RT	125.00	400.00
1986	ROGER CLEMENS D/S	RT	125.00	600.00
1986	TOM SEAVER 300 D/S	RT	125.00	255.00
1986	WALLY JOYNER D/S	RT	125.00	300.00

YR	NAME	LIMIT	ISSUE	TREND

SIMON — SPORTS

YR	NAME	LIMIT	ISSUE	TREND
*	DWIGHT GOODEN U/S	RT	55.00	105.00
*	GARY CARTON D/S	RT	125.00	180.00

HADLEY COMPANIES

T. REDLIN — AMERICAN MEMORIES

YR	NAME	LIMIT	ISSUE	TREND
1987	COMING HOME	9500	85.00	100.00
1988	LIGHTS OF HOME	9500	85.00	100.00
1989	HOMEWARD BOUND	9500	85.00	100.00
1991	FAMILY TRADITIONS	9500	85.00	100.00

T. REDLIN — ANNUAL CHRISTMAS

1991	HEADING HOME	9500	65.00	200.00
1992	PLEASURES OF WINTER	19500	65.00	100.00
1993	WINTER WONDERLAND	19500	65.00	90.00
1994	ALMOST HOME	19500	65.00	89.00
1995	SHARING THE EVENING	45 DAYS	30.00	30.00

T. REDLIN — COUNTRY DOCTOR COLLECTION

1995	HOUSE CALLS	45 DAYS	30.00	50.00
1995	MORNING ROUNDS	45 DAYS	30.00	50.00
1995	OFFICE HOURS	45 DAYS	30.00	50.00
1995	WEDNESDAY AFTERNOON	45 DAYS	30.00	50.00

S. HANKS — DAYS OF INNOCENCE

1994	WORLD FOR OUR CHILDREN	*	*	53.00
1995	DUET	45 DAYS	30.00	50.00
1995	STEPPING STONES	*	*	53.00

T. REDLIN — GLOW SERIES

1985	EVENING GLOW	5000	55.00	475.00
1985	MORNING GLOW	5000	55.00	225.00
1985	TWILIGHT GLOW	5000	55.00	200.00
1988	AFTERNOON GLOW	5000	55.00	100.00

D. BARNHOUSE — HEARTLAND COLLECTION

1995	REPAIRS	45 DAYS	30.00	30.00

M. CAPSER — HEARTLAND COLLECTION

1995	PICKETS AND VINES	45 DAYS	30.00	30.00

S. HAMRICK — HEARTLAND COLLECTION

1995	BIRD'S EYE VIEW	45 DAYS	30.00	30.00

T. REDLIN — LOVERS COLLECTION

1992	LOVERS	9500	50.00	55.00

T. REDLIN — NAVAJO VISIONS SUITE

1993	NAVAJO FANTASY	5000	50.00	75.00
1993	YOUNG WARRIOR	5000	50.00	75.00

T. REDLIN — NAVAJO WOMAN

1990	FEATHERED HAIR TIES	5000	50.00	85.00
1991	NAVAJO SUMMER	5000	50.00	75.00
1992	TURQUOISE NECKLACE	5000	50.00	75.00
1993	PINK NAVAJO	5000	50.00	75.00

T. REDLIN — RETREAT

1987	EVENING RETREAT	9500	65.00	200.00
1987	MORNING RETREAT	9500	65.00	130.00
1988	GOLDEN RETREAT	9500	65.00	150.00
1989	MOONLIGHT RETREAT	9500	65.00	90.00

T. REDLIN — SEASONS

1994	AUTUMN EVENING	45 DAYS	30.00	55.00
1995	SPRING FEVER	45 DAYS	30.00	50.00
1995	SUMMERTIME	45 DAYS	30.00	50.00
1995	WINTERTIME	45 DAYS	30.00	50.00

T. REDLIN — THAT SPECIAL TIME

1990	THAT SPECIAL TIME	9500	65.00	112.00
1991	EVENING SOLITUDE	9500	65.00	100.00
1992	AROMA OF FALL	9500	65.00	100.00
1993	WELCOME TO PARADISE	9500	65.00	100.00

O. FRANCA — TRANQUILITY SUITE

1993	BLUE TRANQUILITY	9500	50.00	78.00
1994	BLUE NAVAJO	9500	50.00	78.00
1994	NAVAJO MEDITATING	9500	50.00	78.00

T. REDLIN — WINDOWS TO THE WILD

1990	MASTER'S DOMAIN	9500	65.00	75.00
1991	WINTER WINDBREAK	9500	65.00	75.00
1992	EVENING COMPANY	9500	65.00	75.00
1994	NIGHT MAPLING	9500	65.00	75.00

HALLMARK

L. VOTRUBA

1987	LIGHT SHINES AT CHRISTMAS 800QX481-7	YR	8.00	63.00
1988	WAITING FOR SANTA 800QX406-1	YR	8.00	43.00
1989	MORNING OF WONDER 825QX461-2	YR	8.00	27.00
1990	COOKIES FOR SANTA 875QX443-6	YR	9.00	25.00
1991	LET IT SNOW!-5TH EDITION 875QX436-9	YR	9.00	23.00
1992	SWEET HOLIDAY HARMONY 6TH ED. 875QX446-1	YR	9.00	24.00

* — AUTHENTIC OLYMPIC GAMES COLLECTION

1996	PARADE OF NATIONS QHC819-4	OP	*	N/A

* — BARBIE

1997	HOLIDAY TRADITIONS BARBIE QHB6003	YR	*	N/A
1997	VICTORIAN ELEGANCE BARBIE	YR	*	N/A

* — EASTER COLLECTION

1994	COLLECTOR'S PLATE 775QEO823-3	YR	8.00	25.00
1995	COLLECTOR'S PLATE QEO 821-9	YR	8.00	15.00
1996	KEEPING A SECRET QEO822-1	YR	8.00	8.00

YR	NAME	LIMIT	ISSUE	TREND

*

FAMILY AND FRIENDS

1996	OUR FIRST CHRISTMAS TOGETHER COLL. PLATE QX580-1	OP	11.00	11.00

B.P. GUTMANN — **FAMILY AND FRIENDS**

1996	BABY'S FIRST CHRISTMAS QX575-1	OP	11.00	11.00

HAMILTON COLLECTION

J. LAMB — **ALL IN A DAY'S WORK**

YR	NAME	LIMIT	ISSUE	TREND
1994	BUDDING ARTISTS	28 DAYS	30.00	44.00
1994	DECOY DELIVERY	CL	30.00	40.00
1994	GARDEN GUARDS	28 DAYS	30.00	44.00
1994	LUNCH BREAK	CL	30.00	40.00
1994	PUPPY PATROL	CL	30.00	40.00
1994	WHERE'S THE FIRE?	CL	30.00	40.00
1995	SADDLING UP	28 DAYS	30.00	44.00
1995	TAKING THE LEAD	28 DAYS	30.00	44.00

D. PRECHTEL — **AMERICAN CIVIL WAR**

YR	NAME	LIMIT	ISSUE	TREND
1990	"GENERAL THOMAS ""STONEWALL"" JACKSON"	CL	38.00	55.00
1990	ABRAHAM LINCOLN	CL	38.00	65.00
1990	GENERAL ROBERT E. LEE	CL	38.00	80.00
1990	GENERALS GRANT AND LEE AT APPOMATTOX	CL	38.00	50.00
1991	A LETTER FFOM HOME	CL	38.00	65.00
1991	GENERAL J.E.B. STUART	CL	38.00	50.00
1991	GENERAL PHILIP SHERIDAN	CL	38.00	65.00
1991	GOING HOME	CL	38.00	50.00
1992	ASSEMBLING THE TROOP	CL	38.00	80.00
1992	STANDING WATCH	CL	38.00	80.00

P.J. SWEANY — **AMERICAN ROSE GARDEN**

YR	NAME	LIMIT	ISSUE	TREND
1988	AMERICAN SPIRIT	CL	30.00	50.00
1988	PEACE ROSE	CL	30.00	50.00
1989	AMERICAN HERITAGE	CL	30.00	50.00
1989	BLUE MOON	CL	30.00	50.00
1989	CORAL CLUSTER	CL	30.00	50.00
1989	ECLIPSE	CL	30.00	50.00
1989	PRESIDENT HERBERT HOOVER	CL	30.00	50.00
1989	WHITE KNIGHT	CL	30.00	50.00

T. FREEMAN — **AMERICA'S GREATEST SAILING SHIPS**

YR	NAME	LIMIT	ISSUE	TREND
1988	AMERICA	CL	30.00	60.00
1988	BONHOMME RICHARD	CL	30.00	60.00
1988	CHARLES W. MORGAN	CL	30.00	60.00
1988	EAGLE	CL	30.00	60.00
1988	ENTERPRISE	CL	30.00	60.00
1988	GERTRUDE L. THEBAUD	CL	30.00	60.00
1988	GREAT REPUBLIC	CL	30.00	60.00
1988	U.S.S. CONSTITUTION	CL	30.00	60.00

R. TANENBAUM — **ANDY GRIFFITH**

YR	NAME	LIMIT	ISSUE	TREND
1992	A STARTLING CONCLUSION	CL	30.00	40.00
1992	SHERIFF ANDY TAYLOR	CL	30.00	40.00
1993	AN EXPLOSIVE SITUATION	CL	30.00	40.00
1993	AUNT BEE'S KITCHEN	CL	30.00	40.00
1993	MAYBERRY SING-ALONG	CL	30.00	40.00
1993	MEETING AUNT BEE	CL	30.00	40.00
1993	OPIE'S BIG CATCH	CL	30.00	40.00
1993	SURPRISE! SURPRISE!	CL	30.00	40.00

M. SUSINNO — **ANGLER'S PRIZE**

YR	NAME	LIMIT	ISSUE	TREND
1991	AUTUMN BEAUTY	CL	30.00	40.00
1991	BLUE RIBBON TROUT	CL	30.00	30.00
1991	BRONZEBACK FIGHTER	CL	30.00	30.00
1991	FRESHWATER BARRACUDA	CL	30.00	40.00
1991	SUN DANCERS	CL	30.00	40.00
1991	TROPHY BASS	CL	30.00	40.00
1992	OLD MOONEYES	CL	30.00	40.00
1992	SILVER KING	CL	30.00	30.00

*

BEAUTY OF WINTER

YR	NAME	LIMIT	ISSUE	TREND
1992	SILENT NIGHT	CL	30.00	40.00
1993	MOONLIGHT SLEIGHRIDE	CL	30.00	30.00

R. TANENBAUM — **BEST OF BASEBALL**

YR	NAME	LIMIT	ISSUE	TREND
1993	"EXCEPTIONAL BROOKS ROBINSON, THE"	CL	30.00	30.00
1993	"EXTRAORDINARY LOU GEHRIG, THE"	CL	30.00	30.00
1993	"GREAT WILLIE MAYS, THE"	CL	30.00	30.00
1993	"IMMORTAL BABE RUTH, THE"	CL	30.00	30.00
1993	"INCREDIBLE NOLAN RYAN, THE"	CL	30.00	30.00
1993	"LEGENDARY MICKLE MANTLE, THE"	CL	30.00	30.00
1993	"PHENOMENAL ROBERTO CLEMENTE, THE"	CL	30.00	30.00
1993	"REMARKABLE JOHNNY BENCH, THE"	CL	30.00	30.00
1993	"UNBEATABLE DUKE SNIDER, THE"	CL	30.00	30.00
1993	"UNFORGETTABLE PHIL RIZZUTO, THE"	CL	30.00	30.00
1994	"ULTIMATE COMPETITOR: MIKE SCHMIDT, THE"	CL	30.00	30.00

P./A. BIALOSKY — **BIALOSKY & FRIENDS**

YR	NAME	LIMIT	ISSUE	TREND
1992	FAMILY ADDITION	CL	30.00	40.00
1993	BREAKFAST IN BED	CL	30.00	40.00
1993	HONEY FOR SALE	CL	30.00	40.00
1993	LET'S GO FISHING	CL	30.00	40.00
1993	MY FIRST TWO-WHEELER	CL	30.00	40.00
1993	SLEIGH RIDE	CL	30.00	40.00
1993	SWEETHEART	CL	30.00	40.00
1993	U.S. MAIL	CL	30.00	40.00

YR	NAME	LIMIT	ISSUE	TREND
D. MANNING			**BIG CATS OF THE WORLD**	
1989	AFRICAN SHADE	CL	30.00	35.00
1989	VIEW FROM ABOVE	CL	30.00	35.00
1990	ABOVE THE TREETOPS	CL	30.00	35.00
1990	DEEP IN THE JUNGLE	CL	30.00	35.00
1990	MOUNTAIN DWELLER	CL	30.00	35.00
1990	ON THE PROWL	CL	30.00	35.00
1990	SPIRIT OF THE MOUNTAIN	CL	30.00	35.00
1990	SPOTTED SENTINEL	CL	30.00	35.00
J. CHENG			**BIRDS OF THE TEMPLE GARDENS**	
1989	CRANES OF ETERNAL LIFE	CL	30.00	35.00
1989	DOVES OF FIDELITY	CL	30.00	50.00
1989	GOLDFINCHES OF VIRTUE	CL	30.00	35.00
1989	HONORABLE SWALLOWS	CL	30.00	35.00
1989	IMPERIAL GOLDCREST	CL	30.00	35.00
1989	MAGPIES: BIRDS OF GOOD OMEN	CL	30.00	35.00
1989	ORIENTAL WHITE EYES OF BEAUTY	CL	30.00	35.00
1989	PHEASANTS OF GOOD FORTUNE	CL	30.00	35.00
B.P. GUTMANN			**BUNDLES OF JOY**	
1988	A LITTLE BIT OF HEAVEN	CL	25.00	80.00
1988	AWAKENING	CL	25.00	90.00
1988	BILLY	CL	25.00	45.00
1988	HAPPY DREAMS	CL	25.00	80.00
1988	SUN KISSED	CL	25.00	45.00
1988	SWEET INNOCENCE	CL	25.00	45.00
1988	TASTING	CL	25.00	50.00
1988	TOMMY	CL	25.00	45.00
P.J. SWEANY			**BUTTERFLY GARDEN**	
1987	COMMON BLUE	CL	30.00	40.00
1987	CRIMSON PATCHED LONGWING	CL	30.00	40.00
1987	MONARCH	CL	30.00	40.00
1987	ORANGE SULPHUR	CL	30.00	35.00
1987	SPICEBUSH SWALLOWTAIL	CL	30.00	50.00
1987	TIGER SWALLOWTAIL	CL	30.00	35.00
1988	MORNING CLOAK	CL	30.00	35.00
1988	RED ADMIRAL	CL	30.00	40.00
J. TIFT			**CALL OF THE NORTH**	
1993	WINTER'S DAWN	CL	30.00	40.00
1994	ARCTIC SECLUSION	CL	30.00	40.00
1994	EVENING SILENCE	CL	30.00	40.00
1994	FOREST TWILIGHT	CL	30.00	40.00
1994	MOONLIT WILDERNESS	CL	30.00	40.00
1994	SENTINELS OF THE SUMMIT	CL	30.00	40.00
1994	SILENT SNOWFALL	CL	30.00	40.00
1994	SNOWY WATCH	CL	30.00	40.00
R. CROSS			**CALL TO ADVENTURE**	
1993	"BOUNTY, THE"	CL	30.00	40.00
1993	USS CONSTITUTION	CL	30.00	40.00
1994	BONHOMME RICHARD	CL	30.00	40.00
1994	BOSTON	CL	30.00	40.00
1994	GOLDEN WEST	CL	30.00	40.00
1994	HANNAH	CL	30.00	40.00
1994	IMPROVEMENT	CL	30.00	40.00
1994	OLD NANTUCKET	CL	30.00	40.00
Q. LEMONDS			**CAMEO KITTENS**	
1993	BLOSSOM	CL	30.00	40.00
1993	CAT TAILS	CL	30.00	40.00
1993	GINGER SNAP	CL	30.00	40.00
1993	LADY BLUE	CL	30.00	40.00
1993	TINY HEART STEALER	CL	30.00	40.00
1994	SCOUT	CL	30.00	40.00
1994	TIGER'S TEMPTATION	CL	30.00	40.00
1994	WHISKER ANTICS	CL	30.00	40.00
T. UTZ			**CAREFREE DAYS**	
1982	AUTUMN WANDERER	CL	25.00	50.00
1982	BATHTIME VISITOR	CL	25.00	50.00
1982	BEST FRIENDS	CL	25.00	50.00
1982	FEEDING TIME	CL	25.00	50.00
1982	FIRST CATCH	CL	25.00	50.00
1982	MONKEY BUSINESS	CL	25.00	50.00
1982	NATURE HUNT	CL	25.00	60.00
1982	TOUCHDOWN	CL	25.00	60.00
B.P. GUTMANN			**CHILDHOOD REFLECTIONS**	
1991	"SMILE, SMILE, SMILE"	CL	30.00	40.00
1991	"THANK YOU, GOD"	CL	30.00	40.00
1991	FRIENDLY ENEMIES	CL	30.00	40.00
1991	HARMONY	CL	30.00	80.00
1991	KITTY'S BREAKFAST	CL	30.00	40.00
1991	LITTLE MOTHER	CL	30.00	30.00
1991	LULLABY	CL	30.00	40.00
1991	OH! OH! A BUNNY	CL	30.00	30.00
D. CROOK			**CHILDREN OF THE AMERICAN FRONTIER**	
1986	"DESPERADOES, THE"	CL	25.00	30.00
1986	A LADY NEEDS A LITTLE PRIVACY	CL	25.00	45.00
1986	IN TROUBLE AGAIN	CL	25.00	40.00
1986	RIDERS WANTED	CL	25.00	35.00
1986	TUBS AND SUDS	CL	25.00	30.00
1987	A COWBOY'S DOWNFALL	CL	25.00	30.00

YR	NAME	LIMIT	ISSUE	TREND
1987	A SPECIAL PATIENT	CL	25.00	45.00
1987	RUNAWAY BLUES	CL	25.00	30.00
B.P. GUTMANN		**CHILD'S BEST FRIEND**		
1985	"REWARD, THE"	CL	25.00	65.00
1985	GOING TO TOWN	CL	25.00	80.00
1985	GOOD MORNING	CL	25.00	80.00
1985	IN DISGRACE	CL	25.00	95.00
1985	MINE	CL	25.00	95.00
1985	ON THE UP AND UP	CL	25.00	90.00
1985	SYMPATHY	CL	25.00	60.00
1985	WHO'S SLEEPY	CL	25.00	95.00
M. GNATEK		**CIVIL WAR GENERALS**		
1994	CONFEDERATE HEROES	28 DAYS	30.00	44.00
1994	GEORGE ARMSTRONG CUSTER	CL	30.00	40.00
1994	J.E.B. STEWART	CL	30.00	40.00
1994	JAMES LONGSTREET	CL	30.00	40.00
1994	JOSHUA L. CHAMBERLAIN	CL	30.00	40.00
1994	NATHAN BEDFORD FORREST	CL	30.00	40.00
1994	ROBERT E. LEE	CL	30.00	40.00
1994	STONEWALL JACKSON	28 DAYS	30.00	44.00
G. HINKE		**CLASSIC AMERICAN SANTAS**		
1993	A CHRISTMAS EVE VISITOR	CL	30.00	40.00
1994	"REINDEER'S STABLE, THE"	CL	30.00	40.00
1994	A CHRISTMAS CHORUS	CL	30.00	40.00
1994	AN EXCITING CHRISTMAS EVE	CL	30.00	40.00
1994	PREPARING THE SLEIGH	CL	30.00	40.00
1994	REST YE MERRY GENTLEMEN	CL	30.00	40.00
1994	SANTA'S CANDY KITCHEN	CL	30.00	40.00
1994	UP ON THE ROOFTOP	CL	30.00	40.00
M. LACOURCIERE		**CLASSIC CORVETTES**		
1994	1957 CORVETTE	CL	30.00	30.00
1994	1963 CORVETTE	CL	30.00	30.00
1994	1968 CORVETTE	CL	30.00	30.00
1994	1986 CORVETTE	CL	30.00	30.00
B. CHRISTIE		**CLASSIC SPORTING DOGS**		
1989	BEAGLES	CL	25.00	40.00
1989	GOLDEN RETRIEVERS	CL	25.00	60.00
1989	LABRADOR RETRIEVERS	CL	25.00	65.00
1989	POINTERS	CL	25.00	35.00
1989	SPRINGER SPANIELS	CL	25.00	45.00
1990	BRITTANY SPANIELS	CL	25.00	50.00
1990	GERMAN SHORT-HAIRED POINTERS	CL	25.00	60.00
1990	IRISH SETTERS	CL	25.00	40.00
K. MILNAZIK		**CLASSIC TV WESTERNS**		
1990	"LONE RANGER AND TONTO, THE"	CL	30.00	70.00
1990	BONANZA	CL	30.00	60.00
1990	ROY ROGERS AND DALE EVANS	CL	30.00	65.00
1991	"HAVE GUN, WILL TRAVEL"	CL	30.00	50.00
1991	"VIRGINIAN, THE"	CL	30.00	70.00
1991	HOPALONG CASSIDY	CL	30.00	65.00
1991	RAWHIDE	CL	30.00	50.00
1991	WILD WILD WEST	CL	30.00	65.00
H. BOND		**CORAL PARADISE**		
1989	"LIVING OASIS, THE"	CL	30.00	30.00
1990	CARIBBEAN SPECTACLE	CL	30.00	30.00
1990	FOREST BENEATH THE SEA	CL	30.00	30.00
1990	MYSTERIES OF THE GALAPAGOS	CL	30.00	30.00
1990	RICHES OF THE CORAL SEA	CL	30.00	30.00
1990	SHIMMERING REEF DWELLERS	CL	30.00	40.00
1990	TROPICAL PAGEANTRY	CL	30.00	40.00
1990	UNDERSEA VILLAGE	CL	30.00	40.00
K. GEORGE		**COTTAGE PUPPIES**		
1993	ENDEARING INNOCENCE	CL	30.00	40.00
1993	LITTLE GARDENERS	CL	30.00	40.00
1993	SPRINGTIME FANCY	CL	30.00	40.00
1994	A GARDENING TRIO	CL	30.00	40.00
1994	LAZY AFTERNOON	CL	30.00	40.00
1994	PICNIC PLAYTIME	CL	30.00	40.00
1994	SUMMERTIME PALS	CL	30.00	40.00
1994	TAKING A BREAK	CL	30.00	40.00
E. DERTNER		**COUNTRY GARDEN COTTAGES**		
1992	RIVERBANK COTTAGE	CL	30.00	40.00
1992	SHEPHERD'S COTTAGE	CL	30.00	40.00
1992	SUNDAY OUTING	CL	30.00	40.00
1993	APRIL COTTAGE	CL	30.00	40.00
1993	DAYDREAM COTTAGE	CL	30.00	40.00
1993	GARDEN GLORIOUS	CL	30.00	40.00
1993	SUMMER SYMPHONY	CL	30.00	40.00
1993	THIS SIDE OF HEAVEN	CL	30.00	40.00
G. GERARDI		**COUNTRY KITTIES**		
1989	ALL WASHED UP	CL	25.00	40.00
1989	ATTIC ATTACK	CL	25.00	50.00
1989	CAPTIVE AUDIENCE	CL	25.00	40.00
1989	JUST FOR THE FERN OF IT	CL	25.00	35.00
1989	MISCHIEF MAKERS	CL	25.00	50.00
1989	ROCK AND ROLLERS	CL	25.00	35.00
1989	STROLLER DERBY	CL	25.00	40.00
1989	TABLE MANNERS	CL	25.00	40.00

YR	NAME	LIMIT	ISSUE	TREND
J.M. VASS		**COUNTRY SEASON OF HORSES**		
1990	A WINTER'S WALK	CL	30.00	30.00
1990	AUTUMN GRANDEUR	CL	30.00	35.00
1990	CLIFFSIDE BEAUTY	CL	30.00	30.00
1990	CRISP COUNTRY MORNING	CL	30.00	30.00
1990	FIRST DAY OF SPRING	CL	30.00	45.00
1990	FROSTY MORNING	CL	30.00	30.00
1990	RIVER RETREAT	CL	30.00	30.00
1990	SUMMER SPLENDOR	CL	30.00	30.00
N. NOEL		**COUNTRY SUMMER**		
1985	"GOLDEN PUPPY, THE"	CL	30.00	40.00
1985	BUTTERFLY BEAUTY	CL	30.00	40.00
1986	"ROCKING CHAIR, THE"	CL	30.00	40.00
1986	MY BUNNY	CL	30.00	40.00
1988	"PIGLET, THE"	CL	30.00	40.00
1988	TEAMMATES	CL	30.00	40.00
B. HARRISON		**CURIOUS KITTENS**		
1990	KEEPING IN STEP	CL	30.00	45.00
1990	RAINY DAY FRIENDS	CL	30.00	45.00
1991	A PAW'S IN THE ACTION	CL	30.00	45.00
1991	ALL WOUND UP	CL	30.00	45.00
1991	CHANCE MEETING	CL	30.00	45.00
1991	DELIGHTFUL DISCOVERY	CL	30.00	45.00
1991	MAKING TRACKS	CL	30.00	45.00
1991	PLAYING CAT AND MOUSE	CL	30.00	45.00
1992	CAT BURGLAR	CL	30.00	45.00
1992	LITTLE SCHOLAR	CL	30.00	45.00
K. THAYER		**DAUGHTERS OF THE SUN**		
1993	A SECRET GLANCE	CL	30.00	40.00
1993	CHIPPEWA CHARMER	CL	30.00	40.00
1993	DELIGHTED DANCER	CL	30.00	40.00
1993	EVENING DANCER	CL	30.00	40.00
1993	SHINING FEATHER	CL	30.00	40.00
1993	SUN DANCER	CL	30.00	40.00
1994	PRIDE OF YAKIMA	CL	30.00	40.00
1994	RADIANT BEAUTY	CL	30.00	40.00
J. HAGARA		**DEAR TO MY HEART**		
1990	ADDIE	CL	30.00	50.00
1990	CATHY	CL	30.00	50.00
1990	DACY	CL	30.00	50.00
1990	JIMMY	CL	30.00	50.00
1990	PAUL	CL	30.00	50.00
1991	JENNY	CL	30.00	50.00
1991	JOY	CL	30.00	50.00
1991	SHELLY		30.00	50.00
J. LAMB		**DELIGHTS OF CHILDHOOD**		
1989	CRAYON CREATIONS	CL	30.00	45.00
1989	LITTLE MOTHER	CL	30.00	45.00
1990	"IS THAT YOU, GRANNY?"	CL	30.00	45.00
1990	BATHING BEAUTY	CL	30.00	45.00
1990	NATURE'S LITTLE HELPER	CL	30.00	45.00
1990	SHOWER TIME	CL	30.00	45.00
1990	SO SORRY	CL	30.00	45.00
1990	STORYTIME FRIENDS	CL	30.00	45.00
K. HAYNES		**DREAMSICLES CLASSICS**		
1994	"FLYING LESSON, THE"	CL	20.00	30.00
1995	"RECITAL, THE"	28 DAYS	20.00	32.00
1995	BLOSSOMS & BUTTERFLIES	28 DAYS	20.00	32.00
1995	BY THE LIGHT OF THE MOON	28 DAYS	20.00	32.00
1995	HEAVENLY PIROUETTES	28 DAYS	20.00	32.00
1995	LOVE'S SHY GLANCE	28 DAYS	20.00	32.00
1995	WISHING UPON A STAR	28 DAYS	20.00	32.00
K. HAYNES		**DREAMSICLES HEAVEN SENT**		
1996	QUIET BLESSINGS	28 DAYS	20.00	32.00
K. HAYNES		**DREAMSICLES LIFE'S BLESSING**		
1995	HAPPINESS	28 DAYS	20.00	40.00
K. HAYNES		**DREAMSICLES SCULPTURAL**		
1995	"FLYING LESSON, SCULPTURAL"	OP	38.00	54.00
1996	"BLOSSOMS & BUTTERFLIES, SCULPTURAL"	OP	38.00	54.00
1996	"HEAVENLY PIROUETTES, SCULPTURAL"	OP	38.00	54.00
1996	"RECITAL, SCULPTURAL"	OP	38.00	54.00
1996	"WISHING UPON A STAR, SCULPTURAL"	OP	38.00	54.00
1996	BY THE LIGHT/MOON SCULPTURAL	OP	38.00	54.00
1996	LOVE'S SHY GLANCE	OP	38.00	54.00
K. HAYNES		**DREAMSICLES SPECIAL FRIEND**		
1995	HEAVEN'S LITTLE HELPER	28 DAYS	30.00	32.00
1995	HUG FROM THE HEART	28 DAYS	30.00	32.00
1996	BLESS US ALL	28 DAYS	30.00	32.00
K. HAYNES		**DREAMSICLES SWEETHEARTS**		
1996	STOLEN KISS	28 DAYS	35.00	35.00
R. TANENBAUM		**DRIVERS OF VICTORY LANE**		
1994	BILL ELLIOTT	CL	30.00	30.00
1994	JEFF GORDON	CL	30.00	30.00
J. ENRIGHT		**ENCHANTED SEASCAPES**		
1993	BLUE PARADISE	CL	30.00	42.00
1993	SANCTUARY OF THE DOLPHIN	CL	30.00	42.00
1994	EDGE OF TIME	CL	30.00	42.00
1994	LOST BENEATH THE BLUE	CL	30.00	42.00

YR	NAME	LIMIT	ISSUE	TREND
1994	OASIS OF THE GODS	CL	30.00	42.00
1994	RHAPSODY OF HOPE	CL	30.00	42.00
1994	SEA OF LIGHT	CL	30.00	42.00
1994	SPHERE OF LIFE	CL	30.00	42.00
M. BELL		**ENGLISH COUNTRY COTTAGES**		
1990	PERIWINKLE TEA ROOM	CL	30.00	50.00
1991	"CHAPLAIN'S GARDEN, THE"	CL	30.00	40.00
1991	GAMEKEEPER'S COTTAGE	CL	30.00	80.00
1991	GINGER COTTAGE	CL	30.00	65.00
1991	LARKSPUR COTTAGE	CL	30.00	50.00
1991	LORNA DOONE COTTAGE	CL	30.00	50.00
1991	LULLABYE COTTAGE	CL	30.00	40.00
1991	MURRLE COTTAGE	CL	30.00	40.00
J. LAMB		**FARMYARD FRIENDS**		
1992	LITTLE COWHANDS	CL	30.00	40.00
1992	MISTAKEN IDENTITY	CL	30.00	40.00
1993	AN APPLE A DAY	CL	30.00	40.00
1993	FOLLOW THE LEADER	CL	30.00	40.00
1993	FOWL PLAY	CL	30.00	40.00
1993	PARTNERS IN CRIME	CL	30.00	40.00
1993	PONY TALES	CL	30.00	40.00
1993	SHREADING THE EVIDENCE	CL	30.00	40.00
D. O'DRISCOLL		**FAVORITE AMERICAN SONGBIRDS**		
1989	BLUE JAYS OF SPRING	CL	30.00	40.00
1989	GOLDFINCHES OF SUMMER	CL	30.00	40.00
1989	RED CARDINALS OF WINTER	CL	30.00	40.00
1989	ROBINS & APPLE BLOSSOMS	CL	30.00	40.00
1990	AUTUMN CHICKADEES	CL	30.00	40.00
1990	BLUEBIRDS AND MORNING GLORIES	CL	30.00	40.00
1990	TUFTED TITMOUSE AND HOLLY	CL	30.00	30.00
1991	CAROLINA WRENS OF SPRING	CL	30.00	30.00
F. MCCARTHY		**FIERCE AND THE FREE**		
1992	BIG MEDICINE	CL	30.00	40.00
1993	LAND OF THE WINTER HAWK	CL	30.00	40.00
1993	WARRIOR OF SAVAGE SPLENDOR	CL	30.00	40.00
1994	"CHALLENGE, THE"	CL	30.00	40.00
1994	AMBUSH	28 DAYS	30.00	43.00
1994	DANGEROUS CROSSING	28 DAYS	30.00	42.00
1994	OUT OF RISING MIST	28 DAYS	30.00	44.00
1994	WAR PARTY	CL	30.00	40.00
T. BLACKSHEAR		**FIFTY YEARS OF OZ**		
1989	FIFTY YEARS OF OZ	CL	38.00	70.00
J. DENEEN		**FORGING NEW FRONTIERS**		
1994	"RACE IS ON, THE"	CL	30.00	40.00
1994	BIG BOY	CL	30.00	40.00
1994	CRESTING THE SUMMIT	CL	30.00	40.00
1994	HIGH COUNTRY LOGGING	CL	30.00	40.00
1994	SPRING ROUNDUP	CL	30.00	40.00
1994	WINTER IN THE ROCKIES	CL	30.00	40.00
S. HARDOCK		**FOUR SEASONS OF THE EAGLE**		
1998	SPRING AWAKENING	OP	40.00	40.00
1998	SPRING'S AWAKENING	OP	40.00	40.00
1998	SUMMER GLORY	OP	40.00	40.00
1998	WINTER SOLSTICE	OP	40.00	40.00
1998	WINTER SOLSTICE	OP	40.00	40.00
M. HANSON		**GARDEN SONG**		
1994	AUTUMN'S ELEGANCE	28 DAYS	30.00	45.00
1994	GOLDEN GLORIES	CL	30.00	45.00
1994	IN FULL BLOOM	CL	30.00	45.00
1994	WINTER'S SPLENDOR	CL	30.00	45.00
1995	FALL'S SERENADE	28 DAYS	30.00	46.00
1995	FIRST SNOWFALL	28 DAYS	30.00	44.00
1995	ROBINS IN SPRING	28 DAYS	30.00	46.00
1995	SUMMER'S GLOW	28 DAYS	30.00	44.00
C. MICARELLI		**GLORY OF CHRIST**		
1992	"ASCENSION, THE"	CL	30.00	40.00
T. FOGARTY		**GLORY OF THE GAME**		
1994	B. THOMPSON'S SHOT HEARD ROUND THE WORLD	CL	30.00	30.00
1994	HANK AARON'S RECORD-BREAKING HOME RUN	CL	30.00	30.00
T. XARAS		**GOLDEN AGE OF AMERICAN RAILROADS**		
1991	"BIG BOY, THE"	CL	30.00	65.00
1991	"BLUE COMET, THE"	CL	30.00	50.00
1991	"EMPIRE BUILDER, THE"	CL	30.00	65.00
1991	"MORNING LOCAL, THE"	CL	30.00	65.00
1991	"PENNSYLVANIA K-4, THE"	CL	30.00	95.00
1991	"SANTA FE SUPER CHIEF, THE"	CL	30.00	110.00
1991	ABOVE THE CANYON	CL	30.00	95.00
1991	PORTRAIT IN STEAM	CL	30.00	80.00
1992	AN AMERICAN CLASSIC	CL	30.00	35.00
1992	FINAL DESTINATION	CL	30.00	40.00
C. LAWSON		**GOLDEN CLASSICS**		
1987	HANSEL AND GRETEL	CL	38.00	40.00
1987	JACK AND THE BEANSTALK	CL	38.00	40.00
1987	RUMPELSTILTSKIN	CL	38.00	40.00
1987	SLEEPING BEAUTY	CL	38.00	40.00
1987	SNOW WHITE AND ROSE RED	CL	38.00	40.00

YR	NAME	LIMIT	ISSUE	TREND
1988	"GOLDEN GOOSE, THE"	CL	38.00	40.00
1988	"SNOW QUEEN, THE"	CL	38.00	40.00
1988	CINDERELLA	CL	38.00	40.00
J. LAMB			**GOOD SPORTS**	
1990	"BASS MASTERS, THE"	CL	30.00	40.00
1990	DOUBLE PLAY	CL	30.00	40.00
1990	HOLE IN ONE	CL	30.00	65.00
1990	SLAP SHOT	CL	30.00	50.00
1990	SPOTTED ON THE SIDELINE	CL	30.00	40.00
1990	WIDE RETRIEVER	CL	30.00	50.00
1991	BASSETBALL	CL	30.00	40.00
1991	NET PLAY	CL	30.00	50.00
1992	BOXER REBELLION	CL	30.00	30.00
1992	GREAT TRY	CL	30.00	40.00
S. MOUSE		**GRATEFUL DEAD ART BY STANLEY MOUSE**		
1998	EUROPE '81	*	30.00	30.00
1998	GRATEFUL DEAD FAMILY ALBUM	*	30.00	30.00
1998	LIGHTNING ROSE	*	30.00	30.00
1998	ONE MORE SATURDAY NIGHT	*	30.00	30.00
1998	SUNSET JESTER	*	30.00	30.00
R. WADDEY			**GREAT FIGHTER PLANES OF WW II**	
1992	BIG HOG	CL	30.00	40.00
1992	F4F WILDCAT	CL	30.00	40.00
1992	OLD CROW	CL	30.00	40.00
1992	P-38F LIGHTNING	CL	30.00	40.00
1992	P-40 FLYING TIGER	CL	30.00	40.00
1992	P-47 THUNDERBOLT	CL	30.00	40.00
1993	F6F HELLCAT	CL	30.00	40.00
1993	MEMPHIS BELLE	14 DAYS	*	45.00
1993	P-39M AIRACOBRA	CL	*	40.00
1995	DRAGON AND HIS TAIL	14 DAYS	*	44.00
WYLAND		**GREAT MAMMALS OF THE SEA**		
1991	CHILDREN OF THE SEA	CL	35.00	65.00
1991	DOLPHIN PARADISE	CL	35.00	50.00
1991	HAWAII DOLPHINS	CL	35.00	40.00
1991	ISLANDS	CL	35.00	65.00
1991	KISSING DOLPHINS	CL	35.00	40.00
1991	ORCA JOURNEY	CL	35.00	40.00
1991	ORCA TRIO	CL	35.00	50.00
1991	ORCAS	CL	35.00	50.00
F. MOODY			**GREATEST SHOW ON EARTH**	
1981	AERIALISTS	CL	30.00	45.00
1981	CLOWNS	CL	30.00	50.00
1981	ELEPHANTS	CL	30.00	45.00
1981	EQUESTRIANS	CL	30.00	45.00
1981	GREAT PARADE	CL	30.00	45.00
1981	MIDWAY	CL	30.00	45.00
1982	GRANDE FINALE	CL	30.00	45.00
1982	LION TAMER	CL	30.00	45.00
P. BROOKS			**GROWING UP TOGETHER**	
1990	MY VERY BEST FRIENDS	CL	30.00	40.00
1990	PICNIC PALS	CL	30.00	40.00
1990	TEA FOR TWO	CL	30.00	40.00
1990	TENDER LOVING CARE	CL	30.00	40.00
1991	BEDTIME BLESSINGS	CL	30.00	40.00
1991	FISHING BUDDIES	CL	30.00	40.00
1991	KITTEN CABOODLE	CL	30.00	40.00
1991	NEWFOUND FRIENDS	CL	30.00	40.00
D. BOBNICK			**HONEYMOONERS**	
1993	"OFFICAL HONEYMOONER'S COMM. PLATE, THE"	CL	38.00	95.00
D. KILMER			**HONEYMOONERS**	
1987	"BABY, YOU'RE THE GREATEST"	CL	25.00	145.00
1987	"HONEYMOONERS, THE"	CL	25.00	135.00
1987	"HUCKLEBUCK, THE"	CL	25.00	135.00
1988	"GOLFER, THE"	CL	25.00	135.00
1988	"HONEYMOON EXPRESS, THE"	CL	25.00	275.00
1988	"ONLY WAY TO TRAVEL, THE"	CL	25.00	140.00
1988	"TV CHEFS, THE"	CL	25.00	140.00
1988	BANG! ZOOM!	CL	25.00	135.00
J. KRITZ			**I LOVE LUCY PLATE COLLECTION**	
1989	"CALIFORNIA, HERE WE COME"	CL	30.00	120.00
1989	IT'S JUST LIKE CANDY	CL	30.00	100.00
1990	"BIG SQUEEZE, THE"	CL	30.00	105.00
1990	EATING THE EVIDENCE	CL	30.00	110.00
1990	TWO OF A KIND	CL	30.00	70.00
1991	QUEEN OF THE GYPSIES	CL	30.00	70.00
1992	A RISING PROBLEM	CL	30.00	110.00
1992	NIGHT AT THE COPA	CL	30.00	90.00
KOSEKI/EBIHARA		**JAPANESE BLOSSOMS OF AUTUMN**		
1985	ARROWROOT	CL	45.00	50.00
1985	BELLFLOWER	CL	45.00	50.00
1985	BUSH CLOVER	CL	45.00	50.00
1985	MAIDEN FLOWER	CL	45.00	50.00
1985	PAMPAS GRASS	CL	45.00	50.00
1985	PURPLE TROUSERS	CL	45.00	50.00
1985	WILD CARNATION	CL	45.00	50.00

YR	NAME	LIMIT	ISSUE	TREND
SHUHO/KAGE		**JAPANESE FLORAL CALENDAR**		
1981	NEW YEAR'S DAY	CL	33.00	75.00
1982	AUTUMN	CL	33.00	75.00
1982	BOY'S DOLL DAY FESTIVAL	CL	33.00	75.00
1982	BUDDHA'S BIRTHDAY	CL	33.00	75.00
1982	EARLY SPRING	CL	33.00	75.00
1982	EARLY SUMMER	CL	33.00	35.00
1982	GIRL'S DOLL DAY FESTIVAL	CL	33.00	75.00
1982	SPRING	CL	33.00	75.00
1982	SUMMER	CL	33.00	75.00
1983	FESTIVAL OF THE FULL MOON	CL	33.00	75.00
1983	LATE AUTUMN	CL	33.00	75.00
1983	WINTER	CL	33.00	75.00
S. BASS		**JEFF GORDON COLLECTION**		
1998	ON THE WARPATH	28 DAYS	35.00	35.00
J. LANDENBERGER		**JEWELED HUMMINGBIRDS PLATE COLLECTION**		
1989	AMETHYST-THROATED HUMMINGBIRDS	CL	38.00	40.00
1989	ANDEAN EMERALD HUMMINGBIRDS	CL	38.00	50.00
1989	BLUE-HEADED SAPPHIRE HUMMINGBIRDS	CL	38.00	40.00
1989	GARNET-THROATED HUMMINGBIRDS	CL	38.00	50.00
1989	GREAT SAPPHIRE WING HUMMINGBIRDS	CL	38.00	40.00
1989	PEARL CORONET HUMMINGBIRDS	CL	38.00	50.00
1989	RUBY-THROATED HUMMINGBIRDS	CL	38.00	60.00
1989	RUBY-TOPAZ HUMMINGBIRDS	CL	38.00	50.00
P. COOPER		**KITTEN CLASSICS**		
1985	BIRDWATCHER	CL	30.00	60.00
1985	CAT NAP	CL	30.00	60.00
1985	COUNTRY KITTY	CL	30.00	60.00
1985	FIRST PRIZE	CL	30.00	60.00
1985	LITTLE RASCALS	CL	30.00	60.00
1985	PURRFECT TREASURE	CL	30.00	60.00
1985	TIGER'S FANCY	CL	30.00	60.00
1985	WILD FLOWER	CL	30.00	60.00
M. WEISTLING		**L.A. AT LAST**		
1998	LUCY MEETS THE STARS	*	35.00	35.00
C. REN		**LAST WARRIORS**		
1993	LONE WINTER JOURNEY	CL	30.00	40.00
1993	MORNING OF RECKONING	CL	30.00	40.00
1993	TWILIGHTS LAST GLEAMING	CL	30.00	40.00
1993	WINTER OF '41	CL	30.00	40.00
1994	CONFRONTING DANGER	CL	30.00	40.00
1994	SOLEMN REFLECTION	CL	30.00	40.00
1994	SOLITARY HUNTER	CL	30.00	40.00
1994	VICTORY'S REWARD	CL	30.00	40.00
V. DEZERIN		**LEGEND OF FATHER CHRISTMAS**		
1994	"FEAST OF THE HOLIDAY, THE"	CL	30.00	40.00
1994	"RETURN OF FATHER CHRISTMAS, THE"	CL	30.00	40.00
1994	GIFTS FROM FATHER CHRISTMAS	CL	30.00	40.00
1995	CHRISTMAS DAY VISITORS	28 DAYS	30.00	45.00
1995	DECORATING THE TREE	28 DAYS	30.00	44.00
1995	HOLY NIGHT	28 DAYS	30.00	45.00
1995	SKATING ON THE POND	28 DAYS	30.00	44.00
1995	SNOW SCULPTURE	28 DAYS	30.00	45.00
L. MARTIN		**LISI MARTIN CHRISTMAS**		
1992	SANTA'S LITTLES REINDEER	CL	30.00	30.00
1993	"CHRISTMAS STORY, THE"	CL	30.00	30.00
1993	"NIGHT BEFORE CHRISTMAS, THE"	CL	30.00	30.00
1993	A TASTE OF THE HOLIDAYS	CL	30.00	30.00
1993	CHRISTMAS DREAMS	CL	30.00	30.00
1993	CHRISTMAS WATCH	CL	30.00	30.00
1993	NOT A CREATURE WAS STIRRING	CL	30.00	30.00
1993	TRIMMING THE TREE	CL	30.00	30.00
M. HUMPHREY BOGART		**LITTLE LADIES**		
1989	PLAYING BRIDESMAID	CL	30.00	90.00
1990	"SEAMSTRESS, THE"	CL	30.00	65.00
1990	A DAY IN THE COUNTRY	CL	30.00	50.00
1990	KITTY'S BATH	CL	30.00	60.00
1990	LITTLE CAPTIVE	CL	30.00	50.00
1990	PLAYING MAMA	CL	30.00	65.00
1990	SUSANNA	CL	30.00	50.00
1991	"MAGIC KITTEN, THE"	CL	30.00	30.00
1991	FIRST PARTY	CL	30.00	30.00
1991	SARAH	CL	30.00	30.00
*		**LITTLE RASCALS**		
1985	BUTCH'S CHALLENGE	CL	25.00	30.00
1985	DARLA'S DEBUT	CL	25.00	30.00
1985	MY GAL	CL	25.00	50.00
1985	PETE'S PAL	CL	25.00	30.00
1985	ROUGHIN' IT	CL	25.00	50.00
1985	SKELETON CREW	CL	25.00	30.00
1985	SPANKY'S PRANKS	CL	25.00	30.00
1985	THREE FOR THE SHOW	CL	25.00	30.00
G. GERARDI		**LITTLE SHOPKEEPERS**		
1990	SEW TIRED	CL	30.00	30.00
1991	BREAK TIME	CL	30.00	30.00
1991	CANDY CAPERS	CL	30.00	40.00
1991	CHAIN REACTION	CL	30.00	50.00
1991	INFERIOR DECORATORS	CL	30.00	40.00

YR	NAME	LIMIT	ISSUE	TREND
1991	PURRFECT FIT	CL	30.00	30.00
1991	TOYING AROUND	CL	30.00	40.00
1991	TULIP TAG	CL	30.00	40.00
L. DANIELLE			**LORE OF THE WEST**	
1993	A CHIEF'S PRIDE	CL	30.00	45.00
1993	A MILE IN HIS MOCASSINS	CL	30.00	45.00
1993	PATH OF HONOR	CL	30.00	45.00
1994	GREAT SPIRIT OF THE PLAINS	28 DAYS	*	44.00
1994	GROWING UP BRAVE	CL	30.00	45.00
1994	IN HER STEPS	CL	30.00	45.00
1994	LEGACY TO MY SON	28 DAYS	*	44.00
1994	NOMADS OF THE SOUTHWEST	CL	30.00	45.00
1994	PATHWAYS OF THE PUEBLO	CL	30.00	45.00
1994	SACRED SPIRIT OF THE PLAINS	CL	30.00	45.00
1995	END OF THE TRAIL	28 DAYS	*	45.00
1995	WE'LL FIGHT NO MORE	28 DAYS	*	44.00
M. WEISTLING			**LOVING LUCY**	
1998	CHATTERBOX RICARDO	28 DAYS	35.00	35.00
1998	MILLION DOLLAR IDEA	28 DAYS	35.00	35.00
1998	SOAKING UP LOCAL COLOR	28 DAYS	35.00	35.00
1998	WE'RE HAVING A BABY	28 DAYS	30.00	30.00
M. WEISTLING			**LUCY COLLAGE**	
1993	LUCY	CL	38.00	225.00
M. WEISTLING			**LUCY MEETS THE STARS**	
1998	L.A. AT LAST!	28 DAYS	35.00	35.00
1998	LUCY AND HARPO MARX	28 DAYS	35.00	35.00
1998	LUCY MEETS ORSON WELLES	28 DAYS	35.00	35.00
1998	TENNESSEE ERNIE VISITS	28 DAYS	35.00	35.00
S. BOTTICELLI			**MADONNA AND CHILD**	
1993	MADONNA COL BAMBINO	CL	38.00	50.00
1993	MADONNA DEL MAGNIFICAT	CL	38.00	50.00
A. CORREGGIO			**MADONNA AND CHILD**	
1993	VIRGIN ADORING CHRIST CHILD	CL	38.00	50.00
L. DAVINCI			**MADONNA AND CHILD**	
1992	VIRGIN OF THE ROCKS	CL	38.00	50.00
P. MIGNARD			**MADONNA AND CHILD**	
1993	VIRGIN OF THE GRAPE	CL	38.00	50.00
B.E. MURILLO			**MADONNA AND CHILD**	
1993	MADONNA OF ROSARY	CL	38.00	50.00
R. SANZIO			**MADONNA AND CHILD**	
1992	MADONNA DELLA SEDIA	CL	38.00	50.00
1993	SISTINE MADONNA	CL	38.00	50.00
T. HIRATA			**MAJESTY OF FLIGHT**	
1989	"EAGLE SOARS, THE"	CL	38.00	70.00
1989	COASTAL JOURNEY	CL	38.00	70.00
1989	COMMANDING THE MARSH	CL	38.00	70.00
1989	REALM OF THE RED-TAIL	CL	38.00	70.00
1989	SENTRY OF THE NORTH	CL	38.00	70.00
1990	"VANTAGE POINT, THE"	CL	30.00	70.00
1990	FIERCE AND FREE	CL	30.00	70.00
1990	SILENT WATCH	CL	30.00	70.00
L. PICKEN			**MAN'S BEST FRIEND**	
1992	GOOD CATCH	CL	30.00	45.00
1992	MAKING WAVES	CL	30.00	45.00
1992	SPECIAL DELIVERY	CL	30.00	45.00
1993	BEDTIME STORY	CL	30.00	45.00
1993	FAITHFUL FRIEND	CL	30.00	45.00
1993	LET'S PLAY BALL	CL	30.00	45.00
1993	SITTING PRETTY	CL	30.00	45.00
1993	TIME FOR A WALK	CL	30.00	75.00
1993	TRUSTED COMPANION	CL	30.00	45.00
P. COOPER			**MIXED COMPANY**	
1990	A STICKY SITUATION	CL	30.00	40.00
1990	ALL WRAPPED UP	CL	30.00	40.00
1990	PICTURE PERFECT	CL	30.00	35.00
1990	TWO AGAINST ONE	CL	30.00	40.00
1990	WHAT'S UP	CL	30.00	35.00
1991	A MOMENT TO UNWIND	CL	30.00	40.00
1991	OLE	CL	30.00	40.00
1991	PICNIC PROWLERS	CL	30.00	35.00
C. REN			**MYSTIC WARRIORS**	
1992	DELIVERANCE	CL	30.00	45.00
1992	MAN WHO WALKS ALONE	CL	30.00	45.00
1992	MYSTIC WARRIOR	CL	30.00	45.00
1992	SPIRIT OF THE PLAINS	CL	30.00	45.00
1992	SUN SEEKER	CL	30.00	45.00
1992	TOP GUN	CL	30.00	45.00
1992	WINDRIDER	CL	30.00	45.00
1993	BLUE THUNDER	CL	30.00	45.00
1993	PEACE MAKER	CL	30.00	45.00
1993	SUN GLOW	CL	30.00	45.00
M. RICHTER			**NATURE'S MAJESTIC CATS**	
1993	AFRICAN LION	CL	30.00	45.00
1993	HIMALAYAN SNOW LEOPARD	CL	30.00	45.00
1993	SIBERIAN TIGER	CL	30.00	45.00
1994	AFRICAN CHEETAH	CL	30.00	45.00
1994	AMERICAN COUGAR	CL	30.00	45.00
1994	ASIAN CLOUDED LEOPARD	CL	30.00	45.00

YR	NAME	LIMIT	ISSUE	TREND
1994	CANADIAN LYNX	CL	30.00	45.00
1994	EAST AFRICAN LEOPARD	CL	30.00	45.00
G. MURRAY		**NATURE'S NIGHTTIME REALM**		
1992	BOBCAT	CL	30.00	45.00
1992	COUGAR	CL	30.00	45.00
1993	CHEETAH	CL	30.00	45.00
1993	JAGUAR	CL	30.00	45.00
1993	LION	CL	30.00	45.00
1993	LYNX	CL	30.00	45.00
1993	SNOW LEOPARD	CL	30.00	45.00
1993	WHITE TIGER	CL	30.00	45.00
R. PARKER		**NATURE'S QUIET MOMENTS**		
1988	A CURIOUS PAIR	CL	38.00	40.00
1988	JUST RESTING	CL	38.00	40.00
1988	NORTHERN MORNINGS	CL	38.00	40.00
1989	AUTUMN FORAGING	CL	38.00	40.00
1989	CREEKSIDE	CL	38.00	40.00
1989	MOUNTAIN BLOOMS	CL	38.00	40.00
1989	OLD MAN OF THE MOUNTAIN	CL	38.00	40.00
1989	WAITING OUT THE STORM	CL	38.00	40.00
D. WRIGHT		**NOBLE AMERICAN INDIAN WOMEN**		
1989	SACAJAWEA	CL	30.00	50.00
1990	LILY OF THE MOHAWK	CL	30.00	40.00
1990	MINNEHAHA	CL	30.00	40.00
1990	PINE LEAF	CL	30.00	50.00
1990	POCAHONTAS	CL	30.00	50.00
1990	WHITE ROSE	CL	30.00	50.00
1991	FALLING STAR	CL	30.00	50.00
1991	LOZEN	CL	30.00	30.00
J. SEEREY-LESTER		**NOBLE OWLS OF AMERICA**		
1986	MORNING MIST	15000	55.00	100.00
1987	AUTUMN MIST	15000	55.00	100.00
1987	DAWN IN THE WILLOWS	15000	55.00	100.00
1987	PRAIRIE SUNDOWN	15000	55.00	100.00
1987	SNOWY WATCH	15000	55.00	100.00
1987	WINTER VIGIL	15000	55.00	100.00
1988	HIDING PLACE	15000	55.00	100.00
1988	WAITING FOR DUSK	15000	55.00	100.00
R. TANENBAUM		**NOLAN RYAN**		
1994	"STRIKEOUT EXPRESS, THE"	CL	30.00	30.00
1994	27 SEASONS	CL	30.00	30.00
1994	BIRTH OF A LEGEND	CL	30.00	30.00
1994	FAREWELL	CL	30.00	30.00
1994	MILLION-DOLLAR PLAYER	CL	30.00	30.00
1994	MR. FASTBALL	CL	30.00	30.00
R. LAWRENCE		**NORTH AMERICAN DUCKS**		
1991	"RESTING PLACE, THE"	CL	30.00	40.00
1991	AUTUMN FLIGHT	CL	30.00	40.00
1991	TWIN FLIGHT	CL	30.00	40.00
1992	MISTY MORNING	CL	30.00	40.00
1992	OVERCAST	CL	30.00	40.00
1992	PERFECT PINTAILS	CL	30.00	40.00
1992	SPRINGTIME THAW	CL	30.00	40.00
1992	SUMMER RETREAT	CL	30.00	40.00
J. KILLEN		**NORTH AMERICAN GAMEBIRDS**		
1990	BOBWHITE QUAIL	CL	38.00	50.00
1990	GAMBEL QUAIL	CL	38.00	40.00
1990	MOURNING DOVE	CL	38.00	50.00
1990	RING-NECKED PHEASANT	CL	38.00	40.00
1990	RUFFED GROUSE	CL	38.00	40.00
1990	WOODCOCK	CL	38.00	50.00
1991	CHUKAR PARTRIDGE	CL	38.00	50.00
1991	WILD TURKEY	CL	38.00	50.00
R. LAWRENCE		**NORTH AMERICAN WATERBIRDS**		
1988	CANADA GEESE	CL	38.00	50.00
1988	HOODED MERGANSERS	CL	38.00	60.00
1988	PINTAILS	CL	38.00	50.00
1988	WOOD DUCKS	CL	38.00	60.00
1989	AMERICAN WIDGEONS	CL	38.00	60.00
1989	CANVASBACKS	CL	38.00	60.00
1989	MALLARD PAIR	CL	38.00	65.00
1989	SNOW GEESE	CL	38.00	50.00
S. FISHER		**NUTCRACKER BALLET**		
1978	CLARA	CL	20.00	40.00
1979	GODFATHER	CL	20.00	20.00
1979	SNOW QUEEN AND KING	CL	20.00	45.00
1980	CLARA AND THE PRINCE	CL	20.00	50.00
1980	WALTZ OF THE FLOWERS	CL	20.00	25.00
J. PITCHER		**ON WINGS OF EAGLES**		
1995	CHANGING OF THE GUARD	28 DAYS	30.00	40.00
1995	FREE FLIGHT	28 DAYS	30.00	40.00
1995	MORNING MAJESTY	28 DAYS	30.00	40.00
1995	OVER THE LAND OF THE FREE	28 DAYS	30.00	40.00
1995	WINTER'S MAJESTIC FLIGHT	28 DAYS	30.00	40.00
R. MASSEY		**PASSAGE TO CHINA**		
1983	ALLIANCE	15000	55.00	60.00
1983	EMPRESS OF CHINA	15000	55.00	60.00
1985	CHALLENGE	15000	55.00	60.00

YR	NAME	LIMIT	ISSUE	TREND
1985	FLYING CLOUD	15000	55.00	60.00
1985	GRAND TURK	15000	55.00	60.00
1985	ROMANCE OF THE SEAS	15000	55.00	60.00
1985	SEA SERPENT	15000	55.00	60.00
1985	SEA WITCH	15000	55.00	60.00
B. HARRISON		**PETALS AND PURRS**		
1988	BLUSHING BEAUTIES	CL	25.00	60.00
1988	FORGET-ME-NOT	CL	25.00	50.00
1988	MORNING GLORIES	CL	25.00	50.00
1988	SPRING FEVER	CL	25.00	50.00
1989	GOLDEN FANCY	CL	25.00	50.00
1989	PINK LILIES	CL	25.00	50.00
1989	SIAMESE SUMMER	CL	25.00	50.00
1989	SUMMER SUNSHINE	CL	25.00	50.00
T. BLACKSHEAR		**PORTRAITS FROM OZ**		
1989	DOROTHY	CL	30.00	160.00
1989	SCARECROW	CL	30.00	120.00
1989	TIN MAN	CL	30.00	130.00
1990	COWARDLY LION	CL	30.00	135.00
1990	GLINDA	CL	30.00	105.00
1990	TOTO	CL	30.00	225.00
1990	WICKED WITCH	CL	30.00	200.00
1990	WIZARD	CL	30.00	110.00
T. UTZ		**PORTRAITS OF CHILDHOOD**		
1981	BUTTERFLY MAGIC	CL	25.00	50.00
1982	SWEET DREAMS	CL	25.00	50.00
1983	TURTLE TALK	CL	25.00	50.00
1984	FRIENDS FOREVER	CL	25.00	50.00
J. PITCHER		**PORTRAITS OF THE BALD EAGLE**		
1993	IN BOLD DEFIANCE	CL	38.00	55.00
1993	MASTER OF THE SUMMER SKIES	CL	38.00	55.00
1993	RULER OF THE SKY	CL	38.00	55.00
1993	SPRING'S SENTINEL	CL	38.00	55.00
J. MEGER		**PORTRAITS OF THE WILD**		
1994	CALL OF AUTUMN	CL	30.00	40.00
1994	DEVOTED PROTECTOR	CL	30.00	40.00
1994	INTERLUDE	CL	30.00	40.00
1994	WATCHFUL EYES	CL	30.00	40.00
1994	WINTER SOLITUDE	CL	30.00	40.00
1995	BABIES OF SPRING (BEAR CUBS)	28 DAYS	30.00	40.00
1995	BIGHORN (SHEEP)	28 DAYS	30.00	40.00
1995	MONARCH OF THE PLAINS	28 DAYS	30.00	45.00
1995	MOONLIGHT VIGIL	28 DAYS	30.00	45.00
1995	TENDER COURTSHIP	28 DAYS	30.00	40.00
1995	UNBRIDLED POWER	28 DAYS	30.00	45.00
S. BUTCHER		**PRECIOUS MOMENTS BIBLE STORY**		
1990	COME LET US ADORE HIM	CL	30.00	30.00
1992	"CARPENTER SHOP, THE"	CL	30.00	30.00
1992	"CRUCIFIXION, THE"	CL	30.00	30.00
1992	"FLIGHT INTO EGYPT, THE"	CL	30.00	30.00
1992	JESUS IN THE TEMPLE	CL	30.00	30.00
1992	THEY FOLLOWED THE STAR	CL	30.00	30.00
1993	HE IS NOT HERE	CL	30.00	30.00
S. BUTCHER		**PRECIOUS MOMENTS CLASSICS**		
1993	GOD LOVETH A CHEERFUL GIVER	CL	35.00	40.00
1993	MAKE A JOYFUL NOISE	CL	35.00	40.00
T. UTZ		**PRECIOUS MOMENTS PLATES**		
1979	FRIEND IN THE SKY	CL	22.00	55.00
1980	SAND IN HER SHOE	CL	22.00	30.00
1980	SEASHELLS	CL	22.00	35.00
1980	SNOW BUNNY	CL	22.00	25.00
1981	DAWN	CL	22.00	30.00
1982	MY KITTY	CL	22.00	40.00
B.P. GUTMANN		**PRECIOUS PORTRAITS**		
1987	BUNNY	CL	25.00	50.00
1987	FAIRY GOLD	CL	25.00	50.00
1987	GOLDILOCKS	CL	25.00	50.00
1987	MISCHIEF	CL	25.00	50.00
1987	PEACH BLOSSOM	CL	25.00	50.00
1987	SUNBEAM	CL	25.00	50.00
D. WRIGHT		**PRINCESSES OF THE PLAINS**		
1993	GENTLE BEAUTY	CL	30.00	45.00
1993	NOBLE BEAUTY	CL	30.00	45.00
1993	PRAIRIE FLOWER	CL	30.00	45.00
1993	SNOW PRINCESS	CL	30.00	45.00
1993	WILD FLOWER	CL	30.00	45.00
1993	WINTER'S ROSE	CL	30.00	45.00
1994	MOUNTAIN PRINCESS	CL	30.00	45.00
1994	NATURE'S GUARDIAN	CL	30.00	45.00
1995	PROUD DREAMER	28 DAYS	30.00	45.00
1995	SPRING MAIDEN	28 DAYS	30.00	45.00
A. AGNEW		**PROTECTOR OF THE WOLF SHIELD COLLECTION**		
1998	AUTUMN MAJESTY	*	40.00	40.00
1998	SPRING MAJESTY	*	40.00	40.00
1998	SUMMER MAJESTY	*	40.00	40.00
1998	WINTER MAJESTY	*	40.00	40.00

YR	NAME	LIMIT	ISSUE	TREND
K. FREEMAN			**PROUD INDIAN FAMILIES**	
1991	"NAMING CEREMONY, THE"	CL	30.00	45.00
1991	"POWER OF THE BASKET, THE"	CL	30.00	45.00
1991	"STORYTELLER, THE"	CL	30.00	45.00
1991	PLAYING WITH TRADITION	CL	30.00	45.00
1992	"MARRIAGE CEREMONY, THE"	CL	30.00	45.00
1992	CEREMONIAL DRESS	CL	30.00	45.00
1992	PREPARING THE BERRY HARVEST	CL	30.00	45.00
1992	SOUNDS OF THE FOREST	CL	30.00	45.00
1993	"JEWELRY MAKER, THE"	CL	30.00	45.00
1993	BEAUTIFUL CREATIONS	CL	30.00	45.00
J. SCHMIDT			**PROUD INNOCENCE**	
1994	DESERT FLOWER	CL	30.00	40.00
1995	LAUGHING HEART	28 DAYS	30.00	45.00
1995	LITTLE DRUMMER	28 DAYS	30.00	44.00
1995	MORNING CHILD	28 DAYS	30.00	44.00
1995	SUN BLOSSOM	28 DAYS	30.00	44.00
1995	WISE ONE	28 DAYS	30.00	45.00
1995	YOUNG ARCHER	28 DAYS	30.00	45.00
R. SWANSON			**PROUD NATION**	
1989	AUTUMN TREAT	CL	25.00	50.00
1989	DRESSED UP FOR THE POW WOW	CL	25.00	50.00
1989	IN A BIG LAND	CL	25.00	50.00
1989	JUST A FEW DAYS OLD	CL	25.00	50.00
1989	NAVAJO LITTLE ONE	CL	25.00	50.00
1989	NEWEST LITTLE SHEEPHERDER	CL	25.00	50.00
1989	OUT WITH MAMA'S FLOCK	CL	25.00	50.00
1989	UP THE RED ROCKS	CL	25.00	85.00
J. LAMB			**PUPPY PLAYTIME**	
1987	CABIN FEVER-BLACK LABRADORS	CL	25.00	50.00
1987	CATCH OF THE DAY-GOLDEN RETRIEVERS	CL	25.00	50.00
1987	DOUBLE TAKE-COCKER SPANIELS	CL	25.00	80.00
1987	FUN AND GAMES-POODLE	CL	25.00	50.00
1987	GETTING ACQUAINTED-BEAGLES	CL	25.00	55.00
1987	HANGING OUT-GERMAN SHEPHERD	CL	25.00	50.00
1987	NEW LEASH ON LIFE-MINI SCHNAUZER	CL	25.00	55.00
1987	WEEKEND GARDENER-LHASA APSOS	CL	25.00	55.00
D. GREEN			**QUIET MOMENTS OF CHILDHOOD**	
1991	CHRISTINA'S SECRET GARDEN	CL	30.00	40.00
1991	ELIZABETH'S AFTERNOON TEA	CL	30.00	50.00
1991	ERIC & ERIN'S STORYTIME	CL	30.00	40.00
1992	CHILDREN'S DAY BY THE SEA	CL	30.00	40.00
1992	DANIELS' MORNING PLAYTIME	CL	30.00	40.00
1992	JESSICA'S TEA PARTY	CL	30.00	35.00
1992	JORDAN'S PLAYFUL PUPS	CL	30.00	35.00
1992	MEGAN & MONIQUE'S BAKERY	CL	30.00	40.00
M. STEELE			**QUILTED COUNTRYSIDE**	
1991	"COUNTRY MERCHANT, THE"	CL	30.00	40.00
1991	"OLD COUNTRY STORE, THE"	CL	30.00	55.00
1991	"QUILTER'S CABIN, THE"	CL	30.00	50.00
1991	SPRING CLEANING	CL	30.00	40.00
1991	SUMMER HARVEST	CL	30.00	40.00
1991	WINTER'S END	CL	30.00	40.00
1992	"ANTIQUES STORE, THE"	CL	30.00	40.00
1992	WASH DAY	CL	30.00	40.00
L. BYWATERS			**RENAISSANCE ANGELS**	
1994	ANGELIC INNOCENCE	CL	30.00	45.00
1994	DOVES OF PEACE	CL	30.00	45.00
1994	JOY TO THE WORLD	28 DAYS	30.00	44.00
1995	"ANGELS SING, THE"	28 DAYS	30.00	44.00
1995	ANGEL OF FAITH	28 DAYS	30.00	45.00
1995	CHRISTMAS STAR	28 DAYS	30.00	44.00
1995	HARMONIOUS HEAVENS	28 DAYS	30.00	45.00
1995	TRUMPETER'S CALL	28 DAYS	30.00	44.00
S. MORTON			**REPUBLIC PICTURES FILM LIBRARY COLLECTION**	
1992	"FIGHTING SEABEES, THE"	CL	38.00	60.00
1992	"QUIET MAN, THE"	CL	38.00	60.00
1993	ANGEL & THE BADMAN	CL	38.00	60.00
N. ROCKWELL			**ROCKWELL HOME OF THE BRAVE**	
1981	BACK TO HIS OLD JOB	18000	35.00	60.00
1981	HERO'S WELCOME	18000	35.00	60.00
1981	REMINISCING	18000	35.00	60.00
1981	WAR HERO	18000	35.00	40.00
1982	TAKING MOTHER OVER THE TOP	18000	35.00	40.00
1982	UNCLE SAM TAKES WINGS	18000	35.00	80.00
1982	WAR BOND	18000	35.00	40.00
1982	WILLIE GILLIS IN CHURCH	18000	35.00	60.00
D. TUTWEILER			**ROMANCE OF THE RAILS**	
1994	BLUE BONNET	28 DAYS	30.00	45.00
1994	CRESCENT LIMITED	CL	30.00	45.00
1994	MORNING STAR	CL	30.00	45.00
1994	ORANGE BLOSSOM SPECIAL	CL	30.00	45.00
1994	PINE TREE LIMITED	28 DAYS	30.00	44.00
1994	PORTLAND ROSE	CL	30.00	45.00
1994	STARLIGHT LIMITED	CL	30.00	45.00
1994	SUNRISE LIMITED	CL	30.00	45.00
1994	SUNSET LIMITED	CL	30.00	45.00
1994	WESTERN STAR	CL	30.00	45.00

YR	NAME	LIMIT	ISSUE	TREND
Q. LEMONDS		**ROMANTIC FLIGHTS OF FANCY**		
1994	EVENING SOLO	28 DAYS	30.00	44.00
1994	MORNING MINUET	CL	30.00	45.00
1994	SUNLIT WALTZ	CL	30.00	45.00
1995	EXOTIC INTERLUDE	28 DAYS	30.00	44.00
1995	SUMMER SONATA	28 DAYS	30.00	44.00
1995	SUNRISE SAMBA	28 DAYS	30.00	44.00
1995	SUNSET BALLET	28 DAYS	30.00	44.00
1995	TWILIGHT TANGO	28 DAYS	30.00	44.00
J. GROSSMAN		**ROMANTIC VICTORIAN KEEPSAKE**		
1992	AS FAIR AS A ROSE	CL	35.00	50.00
1992	BONNIE BLUE EYES	CL	35.00	50.00
1992	DEAREST KISS	CL	35.00	50.00
1992	FIRST LOVE	CL	35.00	50.00
1992	PRECIOUS FRIENDS	CL	35.00	50.00
1992	SPRINGTIME BEAUTY	CL	35.00	50.00
1992	SUMMERTIME FANCY	CL	35.00	50.00
1994	BONNETS AND BOUQUETS	CL	35.00	50.00
N. ROCKWELL		**SATURDAY EVENING POST BASEBALL COLLECTION**		
1992	100TH YEAR OF BASEBALL	CL	20.00	25.00
1993	"DUGOUT, THE"	CL	20.00	25.00
1993	"ROOKIE, THE"	CL	20.00	25.00
1993	BOTTOM OF THE SIXTH	CL	20.00	25.00
N. ROCKWELL		**SATURDAY EVENING POST PLATE COLLECTION**		
1989	"FACTS OF LIFE, THE"	CL	35.00	40.00
1989	"WONDERS OF RADIO, THE"	CL	35.00	40.00
1989	EASTER MORNING	CL	35.00	65.00
1990	"WINDOW WASHER, THE"	CL	35.00	50.00
1990	FIRST FLIGHT	CL	35.00	55.00
1990	FURLOUGH	CL	35.00	40.00
1990	JURY ROOM	CL	35.00	40.00
1990	TRAVELING COMPANION	CL	35.00	40.00
B. PERRY		**SCENES OF AN AMERICAN CHRISTMAS**		
1994	CHRISTMAS EVE WORSHIP	CL	30.00	45.00
1994	I'LL BE HOME FOR CHRISTMAS	CL	30.00	45.00
1995	AFTERNOON OUTING	28 DAYS	30.00	45.00
1995	DEAR SANTA	28 DAYS	30.00	45.00
1995	HOLIDAY HAPPENING	28 DAYS	30.00	44.00
1995	LONG WINTER'S NIGHT	28 DAYS	30.00	44.00
1995	SOUNDS OF CHRISTMAS	28 DAYS	30.00	45.00
1995	WINTER WORSHIP	28 DAYS	30.00	45.00
J. PITCHER		**SEASONS OF THE BALD EAGLE**		
1991	AUTUMN IN THE MOUNTAINS	CL	38.00	40.00
1991	SPRING ON THE RIVER	CL	38.00	40.00
1991	SUMMER ON THE SEACOAST	CL	38.00	40.00
1991	WINTER IN THE VALLEY	CL	38.00	40.00
T. UTZ		**SINGLE ISSUE**		
1983	PRINCESS GRACE	CL	40.00	65.00
C. FRACE		**SMALL WONDERS OF THE WILD**		
1989	HIDEAWAY	CL	30.00	50.00
1990	EXPLORING A NEW WORLD	CL	30.00	45.00
1990	EYES OF WONDER	CL	30.00	45.00
1990	QUIET MORNING	CL	30.00	45.00
1990	READY FOR ADVENTURE	CL	30.00	45.00
1990	THREE OF A KIND	CL	30.00	45.00
1990	UNO	CL	30.00	45.00
1990	YOUNG EXPLORERS	CL	30.00	45.00
J. LAMB		**SPORTING GENERATION**		
1991	"LIKE FATHER, LIKE SON"	CL	30.00	45.00
1991	"LOOKOUT, THE"	CL	30.00	45.00
1991	GOLDEN MOMENTS	CL	30.00	45.00
1992	FIRST TIME OUT	CL	30.00	45.00
1992	PICKING UP THE SCENT	CL	30.00	45.00
1992	POINT OF INTEREST	CL	30.00	45.00
1992	SPRINGING INTO ACTION	CL	30.00	45.00
1992	WHO'S TRACKING WHO	CL	30.00	45.00
*		**STAINED GLASS GARDENS**		
1989	"COCKATOO'S GARDEN, THE"	15000	55.00	60.00
1989	GARDEN SUNSET	15000	55.00	60.00
1989	PEACOCK AND WISTERIA	15000	55.00	60.00
1989	WATERFALL AND IRIS	15000	55.00	60.00
1990	A HOLLYHOCK SUNRISE	15000	55.00	60.00
1990	PEACEFUL WATERS	15000	55.00	60.00
1990	ROSES AND MAGNOLIAS	15000	55.00	60.00
1990	SPRINGTIME IN THE VALLEY	15000	55.00	60.00
T. BLACKSHEAR		**STAR TREK 25TH ANNIVERSARY COMMEMORATIVE COLLECTION**		
1991	KIRK	CL	35.00	100.00
1991	SPOCK	CL	35.00	115.00
1991	STAR TREK 25TH ANNIVERSARY PLATE	CL	38.00	135.00
1992	MCCOY	CL	35.00	40.00
1992	SCOTTY	CL	35.00	40.00
1992	UHURA	CL	35.00	40.00
1993	CHEKOV	CL	35.00	40.00
1993	SULU	CL	35.00	40.00
1994	U.S.S. ENTERPRISE NCC-1701	CL	35.00	40.00
T. BLACKSHEAR		**STAR TREK NEXT GENERATION**		
1993	CAPTAIN JEAN-LUC PICARD	CL	35.00	135.00
1993	COMMANDER WILLIAM T. RIKER	CL	35.00	50.00

YR	NAME	LIMIT	ISSUE	TREND
1994	LIEUTENANT COMMANDER DATA	CL	35.00	95.00
1994	LIEUTENANT WORF	CL	35.00	50.00
K. BIRDSONG	**STAR TREK NEXT GENERATION THE EPISODES**			
1994	"BEST OF BOTH WORLDS, THE"	CL	35.00	50.00
1994	ALL GOOD THINGS	28 DAYS	35.00	60.00
1994	ENCOUNTER AT FAR POINT	CL	35.00	50.00
1994	UNIFICATION	28 DAYS	35.00	60.00
1994	YESTERDAY'S ENTERPRISE	28 DAYS	35.00	60.00
1995	BIG GOODBYE	28 DAYS	35.00	60.00
1995	DESCENT	28 DAYS	35.00	60.00
1995	INNER LIGHT	28 DAYS	35.00	60.00
1995	REDEMPTION	28 DAYS	35.00	60.00
1995	RELICS	28 DAYS	35.00	60.00
M. WEISTLING	**STAR TREK THE MOVIES**			
1994	"MOTION PICTURE, THE"	28 DAYS	35.00	60.00
1994	FINAL FRONTIER	28 DAYS	35.00	60.00
1994	SEARCH FOR SPOCK	28 DAYS	35.00	60.00
1994	STAR TREK II: THE WRATH OF KHAN	CL	35.00	50.00
1994	STAR TREK IV: THE VOYAGE HOME	CL	35.00	50.00
1994	UNDISCOVERED COUNTRY	28 DAYS	35.00	60.00
K. BIRDSONG	**STAR TREK THE VOYAGERS**			
1994	KLINGON BATTLECRUISER	CL	35.00	50.00
1994	ROMULAN WARBIRD	CL	35.00	50.00
1994	U.S.S. ENTERPRISE NCC-1701	CL	35.00	50.00
1994	U.S.S. ENTERPRISE NCC-1701-D	CL	35.00	50.00
1995	"U.S.S. ENTERPRISE, NCC 1701A VOYAGER"	TL	35.00	60.00
1995	CARDASSIAN GALOR WARSHIP	28 DAYS	35.00	60.00
1995	FERENGI MARAUDER	28 DAYS	35.00	60.00
1995	KLINGON BIRD OF PREY	28 DAYS	35.00	60.00
1995	TRIPLE NACELLED ENTERPRISE	28 DAYS	35.00	60.00
1995	U.S.S. EXCELSIOR	TL	35.00	60.00
T. BLACKSHEAR	**STAR WARS 10TH ANNIVERSARY COMMEMORATIVE PLATE**			
1990	STAR WARS 10TH ANNIVERSARY PLATE	CL	40.00	90.00
K. BIRDSONG	**STAR WARS HEROES AND VILLAINS**			
1998	LUKE SKYWALKER	28 DAYS	35.00	35.00
T. BLACKSHEAR	**STAR WARS PLATE COLLECTION**			
1987	"IMPERIAL WALKERS, THE"	CL	30.00	105.00
1987	HAN SOLO	CL	30.00	85.00
1987	LUKE AND YODA	CL	30.00	95.00
1987	LUKE SKYWALKER AND DARTH VADER	CL	30.00	70.00
1987	PRINCESS LEIA	CL	30.00	125.00
1987	R2-D2 AND WICKET	CL	30.00	85.00
1988	CREW IN THE COCKPIT	CL	30.00	175.00
1988	SPACE BATTLE	CL	30.00	325.00
M. WEISTLING	**STAR WARS TRILOGY**			
1993	"EMPIRE STRIKES BACK, THE"	CL	38.00	50.00
1993	RETURN OF THE JEDI	CL	38.00	50.00
1993	STAR WARS	CL	38.00	50.00
T. UTZ	**SUMMER DAYS OF CHILDHOOD**			
1983	"BIRTHDAY PARTY, THE"	CL	30.00	50.00
1983	A JUMPING CONTEST	CL	30.00	50.00
1983	A STOLEN KISS	CL	30.00	50.00
1983	BALLOON CARNIVAL	CL	30.00	50.00
1983	BLOWING BUBBLES	CL	30.00	50.00
1983	COOLING OFF	CL	30.00	50.00
1983	FIRST CUSTOMER	CL	30.00	50.00
1983	GARDEN MAGIC	CL	30.00	50.00
1983	KITTY'S BATHTIME	CL	30.00	50.00
1983	LITTLE BEACHCOMBER	CL	30.00	50.00
1983	MOUNTAIN FRIENDS	CL	30.00	50.00
1983	PLAYING DOCTOR	CL	30.00	50.00
T. UTZ	**THORNTON UTZ 10TH ANNIVERSARY PLATE COLLECTION**			
1989	AMONG THE DAFFODILS	CL	30.00	45.00
1989	BEST FRIENDS	CL	30.00	35.00
1989	DAWN	CL	30.00	35.00
1989	FRIENDS IN THE SKY	CL	30.00	35.00
1989	JUST LIKE MOMMY	CL	30.00	35.00
1989	LITTLE EMILY	CL	30.00	35.00
1989	MY KITTY	CL	30.00	35.00
1989	PLAYING DOCTOR	CL	30.00	35.00
1989	TEDDY'S BATHTIME	CL	30.00	35.00
1989	TURTLE TALK	CL	30.00	35.00
M. TSANG	**TIMELESS EXPRESSIONS OF THE ORIENT**			
1990	FIDELITY	15000	75.00	100.00
1991	BEAUTY	15000	55.00	60.00
1991	FEMININITY	15000	75.00	80.00
1991	LONGEVITY	15000	75.00	80.00
1992	COURAGE	15000	55.00	60.00
H. BOND	**TREASURED DAYS**			
1987	AMANDA	CL	25.00	50.00
1987	ASHLEY	CL	30.00	65.00
1987	CHRISTOPHER	CL	25.00	50.00
1987	JEREMY	CL	25.00	50.00
1987	SARA	CL	25.00	35.00
1988	JUSTIN	CL	25.00	50.00
1988	LINDSAY	CL	25.00	50.00
1988	NICHOLAS	CL	25.00	50.00

This Bud's For You, *from the "Man's Best Friend" series, was limited to 25 firing days and retailed for $27.50.*

Share the sweet melody of Morning Song *by Jody Bergsma. Issued in 1985 as part of the Days Gone By collection by Reco International, production was limited to 14 days.*

Gorham's first doll plate, Lydia, *from the Gorham Museum Doll Plates collection, debuted in 1984 with an edition of 5,000. The gold-banded 8 ¹/₂-inch plate retailed for $29 and is currently valued at $130.*

To All A Good Night, *produced by the Edwin M. Knowles China Co., portrays the artwork of famous Santa illustrator, Haddon Sundblom.*

YR	NAME	LIMIT	ISSUE	TREND
P. HILLMAN		TREASURY OF CHERISHED TEDDIES		
1995	A NEW YEAR WITH OLD FRIENDS	CL	30.00	30.00
1995	VALENTINES FOR YOU	CL	30.00	30.00
C. DEHAAN		UNBRIDLED SPIRIT		
1992	DESERT SHADOWS	CL	30.00	40.00
1992	SURF DANCER	CL	30.00	44.00
1992	WINTER RENEGADE	CL	30.00	40.00
1993	AUTUMN REVERIE	CL	30.00	40.00
1993	BLIZZARD'S PERIL	CL	30.00	40.00
1993	DESERT DUEL	CL	30.00	40.00
1993	MIDNIGHT RUN	CL	30.00	40.00
1993	MOONLIGHT MAJESTY	CL	30.00	40.00
1993	PAINTED SUNRISE	CL	30.00	40.00
1993	SUNRISE SURPRISE	CL	30.00	40.00
T. UTZ		UTZ MOTHER'S DAY		
1983	A GIFT OF LOVE	TL	28.00	40.00
1983	MOTHER'S ANGEL	TL	28.00	30.00
1983	MOTHER'S HELPING HAND	TL	28.00	30.00
J. HARRISON		VANISHING RURAL AMERICA		
1991	AMERICA'S HEARTLAND	CL	30.00	30.00
1991	AUTUMN'S PASSAGE	CL	30.00	50.00
1991	COUNTRY PATH	CL	30.00	40.00
1991	COVERED IN FALL	CL	30.00	50.00
1991	QUIET REFLECTIONS	CL	30.00	50.00
1991	RURAL DELIVERY	CL	30.00	30.00
1991	STOREFRONT MEMORIES	CL	30.00	50.00
1991	WHEN THE CIRCUS CAME TO TOWN	CL	30.00	40.00
J. GROSSMAN		VICTORIAN CHRISTMAS MEMORIES		
1992	A VISIT FROM ST. NICHOLAS	CL	30.00	40.00
1992	WITH VISIONS OF SUGAR PLUMS	CL	30.00	40.00
1993	CHRISTMAS ANGELS	CL	30.00	40.00
1993	CHRISTMAS DELIVERY	CL	30.00	40.00
1993	CHRISTMAS INNOCENCE	CL	30.00	40.00
1993	GRANDFATHER FROST	CL	30.00	40.00
1993	JOYOUS NOEL	CL	30.00	40.00
1993	MERRY OLDE KRIS KRINGLE	CL	30.00	40.00
M. HUMPHREY BOGART		VICTORIAN PLAYTIME		
1991	A BUSY DAY	CL	30.00	40.00
1992	A LITTLE PERSUASION	CL	30.00	40.00
1992	CLEANING HOUSE	CL	30.00	40.00
1992	LITTLE MASTERPIECE	CL	30.00	40.00
1992	PEEK-A-BOO	CL	30.00	40.00
1992	PLAYING BRIDE	CL	30.00	40.00
1992	TEA AND GOSSIP	CL	30.00	40.00
1992	WAITING FOR A NIBBLE	CL	30.00	40.00
C. DEHAAN		WARRIOR'S PRIDE		
1994	BATTLE COLORS	28 DAYS	30.00	45.00
1994	BLACKFOOT WAR PONY	CL	30.00	40.00
1994	CALL OF THE DRUMS	28 DAYS	30.00	45.00
1994	CHAMPION'S REVELRY	28 DAYS	30.00	45.00
1994	CROW WAR PONY	CL	30.00	40.00
1994	RUNNING FREE	CL	30.00	40.00
1994	SHOSHONI WAR PONY	28 DAYS	30.00	45.00
1994	SOUTHERN CHEYENNE	CL	30.00	40.00
D. CROOK		WE THE CHILDREN		
1987	"FREEDOM OF SPEECH, THE"	14 DAYS	25.00	40.00
1988	CRUEL AND UNUSUAL PUNISHMENT	14 DAYS	25.00	40.00
1988	QUARTERING OF SOLDIERS	14 DAYS	25.00	40.00
1988	RIGHT TO BEAR ARMS	14 DAYS	25.00	40.00
1988	RIGHT TO VOTE	14 DAYS	25.00	40.00
1988	SELF INCRIMINATION	14 DAYS	25.00	40.00
1988	TRIAL BY JURY	14 DAYS	25.00	40.00
1988	UNREASONABLE SEARCH AND SEIZURE	14 DAYS	25.00	40.00
F. MCCARTHY		WEST OF FRANK MCCARTHY		
1991	"HOSTILE THREAT, THE"	CL	38.00	50.00
1991	"PRAYER, THE"	CL	38.00	55.00
1991	ATTACKING THE IRON HORSE	CL	38.00	65.00
1991	ATTEMPT ON THE STAGE	CL	38.00	50.00
1991	BRINGING OUT THE FURS	CL	38.00	50.00
1991	HEADED NORTH	CL	38.00	40.00
1991	KIOWA RAIDER	CL	38.00	50.00
1991	ON THE OLD NORTH TRAIL	CL	38.00	50.00
R. PARKER		WINGED REFLECTIONS		
1989	ABOVE THE BREAKERS	CL	38.00	40.00
1989	AMONG THE REEDS	CL	38.00	40.00
1989	FOLLOWING MAMA	CL	38.00	40.00
1989	FREEZE UP	CL	38.00	40.00
1989	WINGS ABOVE THE WATER	CL	38.00	40.00
1990	AT THE WATER'S EDGE	CL	30.00	30.00
1990	EARLY SPRING	CL	30.00	30.00
1990	SUMMER LOON	CL	30.00	30.00
T. XARAS		WINTER RAILS		
1992	WINTER CLOSING	CL	30.00	40.00
1993	"LONG HAUL, THE"	CL	30.00	40.00
1993	BY SEA OR RAIL	CL	30.00	40.00
1993	COAL COUNTRY	CL	30.00	40.00
1993	COUNTRY CROSSROADS	CL	30.00	40.00
1993	DARBY CROSSING	CL	30.00	40.00

YR	NAME	LIMIT	ISSUE	TREND
1993	DAYLIGHT RUN	CL	30.00	40.00
1993	TIMBER LINE	CL	30.00	40.00
1995	EAST BROAD TOP	28 DAYS	30.00	45.00
1995	LANSDOWN STATION	28 DAYS	30.00	45.00

J. SEEREY-LESTER — WINTER WILDLIFE

YR	NAME	LIMIT	ISSUE	TREND
1989	"REFUGE, THE"	15000	55.00	60.00
1989	AMONG THE CATTAILS	15000	55.00	60.00
1989	CLOSE ENCOUNTERS	15000	55.00	60.00
1989	EARLY SNOW	15000	55.00	60.00
1989	FIRST SNOW	15000	55.00	60.00
1989	LYING IN WAIT	15000	55.00	60.00
1989	OUT OF THE BLIZZARD	15000	55.00	60.00
1989	WINTER HIDING	15000	55.00	60.00

T. BLACKSHEAR — WIZARD OF OZ COMMEMORATIVE

YR	NAME	LIMIT	ISSUE	TREND
1988	DOROTHY MEETS THE SCARECROW	CL	25.00	115.00
1988	WE'RE OFF TO SEE THE WIZARD	CL	25.00	215.00
1989	"GREAT AND POWERFUL OZ, THE"	CL	25.00	150.00
1989	"TIN MAN SPEAKS, THE"	CL	25.00	130.00
1989	"WITCH CASTS A SPELL, THE"	CL	25.00	145.00
1989	A GLIMPSE OF THE MUNCHKINS	CL	25.00	120.00
1989	IF I WERE KING OF THE FOREST	CL	25.00	150.00
1989	THERE'S NO PLACE LIKE HOME	CL	25.00	155.00

R. ORR — WOODLAND CREATURES

YR	NAME	LIMIT	ISSUE	TREND
1985	"HIDING PLACE, THE"	10 DAYS	38.00	40.00
1985	FIRST ADVENTURE	10 DAYS	38.00	40.00
1985	FISHING TRIP	10 DAYS	38.00	40.00
1985	MEADOWLAND VIGIL	10 DAYS	38.00	40.00
1985	MORNING LESSON	10 DAYS	38.00	40.00
1985	RESTING IN THE GLEN	10 DAYS	38.00	40.00
1985	SPRINGTIME FROLIC	10 DAYS	38.00	40.00
1985	STARTLED SENTRY	10 DAYS	38.00	40.00

G. GIORDANO — WOODLAND ENCOUNTERS

YR	NAME	LIMIT	ISSUE	TREND
1991	ANYONE FOR A SWIM?	CL	30.00	40.00
1991	HI NEIGHBOR	CL	30.00	40.00
1991	LUNCHTIME VISITOR	CL	30.00	40.00
1991	MEADOW MEETING	CL	30.00	40.00
1991	NATURE SCOUTS	CL	30.00	40.00
1991	PEEK-A-BOO!	CL	30.00	40.00
1991	WANT TO PLAY?	CL	30.00	40.00
1992	FIELD DAY	CL	30.00	40.00

D. ZOLAN — WORLD OF ZOLAN

YR	NAME	LIMIT	ISSUE	TREND
1992	FIRST KISS	CL	30.00	45.00
1992	MORNING DISCOVERY	CL	30.00	45.00
1993	"LITTLE FISHERMAN, THE"	CL	30.00	30.00
1993	FLOWERS FOR MOTHER	CL	30.00	45.00
1993	LETTER TO GRANDMA	CL	30.00	45.00
1993	TWILIGHT PRAYER	CL	30.00	30.00

A. AGNEW — YEAR OF THE WOLF

YR	NAME	LIMIT	ISSUE	TREND
1993	BROKEN SILENCE	CL	30.00	40.00
1993	LEADER OF THE PACK	CL	30.00	40.00
1993	SOLITUDE	CL	30.00	40.00
1994	A SECOND GLANCE	CL	30.00	40.00
1994	FREE AS THE WIND	CL	30.00	40.00
1994	GUARDIANS OF THE HIGH COUNTRY	CL	30.00	40.00
1994	SONG OF THE WOLF	CL	30.00	40.00
1994	TUNDRA LIGHT	CL	30.00	40.00
1995	LORDS OF THE TUNDRA	28 DAYS	30.00	45.00
1995	WILDERNESS COMPANIONS	28 DAYS	30.00	45.00

HAMILTON/BOEHM

BOEHM — AWARD WINNING ROSES

YR	NAME	LIMIT	ISSUE	TREND
1979	ANGEL FACE ROSE	15000	45.00	65.00
1979	ELEGANCE ROSE	15000	45.00	65.00
1979	MR. LINCOLN ROSE	15000	45.00	65.00
1979	PEACE ROSE	15000	45.00	65.00
1979	QUEEN ELIZABETH ROSE	15000	45.00	65.00
1979	ROYAL HIGHNESS ROSE	15000	45.00	65.00
1979	TROPICANA ROSE	15000	45.00	65.00
1979	WHITE MASTERPIECE ROSE	15000	45.00	65.00

BOEHM — GAMEBIRDS OF NORTH AMERICA

YR	NAME	LIMIT	ISSUE	TREND
1984	AMERICAN WOODCOCK	15000	63.00	65.00
1984	BOB WHITE QUAIL	15000	63.00	65.00
1984	CALIFORNIA QUAIL	15000	63.00	65.00
1984	PRAIRIE GROUSE	15000	63.00	65.00
1984	RING-NECKED PHEASANT	15000	63.00	65.00
1984	RUFFED GROUSE	15000	63.00	65.00
1984	WILD TURKEY	15000	63.00	65.00
1984	WILLOW PARTRIDGE	15000	63.00	65.00

BOEHM — HUMMINGBIRD COLLECTION

YR	NAME	LIMIT	ISSUE	TREND
1980	BLUE THROATED	15000	63.00	85.00
1980	BRAZILIAN RUBY	15000	63.00	85.00
1980	BROADBILLED	15000	63.00	65.00
1980	BROADTAIL	15000	63.00	65.00
1980	CALLIOPE	15000	63.00	85.00
1980	CRIMSON TOPAZ	15000	63.00	65.00
1980	RUFOUS FLAME BEARER	15000	63.00	85.00
1980	STREAMERTAIL	15000	63.00	85.00

YR	NAME	LIMIT	ISSUE	TREND
BOEHM			**OWL COLLECTION**	
1980	BARN OWL	15000	45.00	65.00
1980	BARRED OWL	15000	45.00	65.00
1980	BOREAL OWL	15000	45.00	80.00
1980	GREAT HORNED OWL	15000	45.00	65.00
1980	SAW WHET OWL	15000	45.00	65.00
1980	SCREECH OWL	15000	45.00	65.00
1980	SHORT EARED OWL	15000	45.00	65.00
1980	SNOWY OWL	15000	45.00	65.00
BOEHM			**WATER BIRDS**	
1981	AMERICAN PINTAIL	15000	63.00	65.00
1981	CANADA GEESE	15000	63.00	80.00
1981	CANVAS BACK	15000	63.00	65.00
1981	COMMON MALLARD	15000	63.00	65.00
1981	GREEN WINGED TEAL	15000	63.00	65.00
1981	HOODED MERGANSER	15000	63.00	90.00
1981	ROSS'S GEESE	15000	63.00	65.00
1981	WOOD DUCKS	15000	63.00	65.00

HAVILAND

R. HETREAU			**TWELVE DAYS OF CHRISTMAS**	
1970	PARTRIDGE	30000	25.00	300.00
1971	TWO TURTLEDOVES	30000	25.00	80.00
1972	THREE FRENCH HENS	30000	28.00	40.00
1973	FOUR CALLING BIRDS	30000	29.00	60.00
1974	FIVE GOLDEN RINGS	30000	30.00	40.00
1975	SIX GEESE A'LAYING	30000	33.00	40.00
1976	SEVEN SWANS	30000	38.00	60.00
1977	EIGHT MAIDS	30000	40.00	80.00
1978	NINE LADIES DANCING	30000	45.00	75.00
1979	TEN LORDS A'LEAPING	30000	50.00	40.00
1980	ELEVEN PIPERS PIPING	30000	55.00	40.00
1981	TWELVE DRUMMERS	30000	60.00	65.00

HAVILAND & PARLON

*			**CHRISTMAS MADONNAS**	
1972	BY RAPHAEL	5000	35.00	45.00
1973	BY FERUZZI	5000	40.00	80.00
1974	BY RAPHAEL	5000	43.00	45.00
1975	BY MURILLO	7500	43.00	45.00
1976	BY BOTTICELLI	7500	45.00	50.00
1977	BY BELLINI	7500	48.00	50.00
1978	BY LIPPI	7500	48.00	55.00
1979	MADONNA OF THE EUCHARIST	7500	50.00	115.00
*			**LADY AND THE UNICORN**	
1977	TO MY ONLY DESIRE	20000	45.00	130.00
1978	SIGHT	20000	45.00	75.00
1979	SOUND	20000	48.00	80.00
1980	TOUCH	15000	53.00	150.00
1981	SCENT	10000	59.00	125.00
1982	TASTE	10000	59.00	125.00
*			**TAPESTRY I**	
1971	UNICORN IN CAPTIVITY	10000	35.00	150.00
1972	START OF THE HUNT	10000	35.00	75.00
1973	CHASE OF THE UNICORN	10000	35.00	120.00
1974	END OF THE HUNT	10000	38.00	120.00
1975	UNICORN SURROUNDED	10000	40.00	80.00
1976	BROUGHT TO THE CASTLE	10000	43.00	80.00

HUTSCHENREUTHER

W.C. HALLETT			**GLORY OF CHRISTMAS**	
1982	NATIVITY, THE	25000	80.00	130.00
1983	ANNUNCIATION, THE	25000	80.00	120.00
1984	SHEPHERDS, THE	25000	80.00	105.00
1985	WISEMAN, THE	25000	80.00	105.00
G. GRANGET			**GUNTHER GRANGET**	
1972	AMERICAN SPARROWS	5000	50.00	155.00
1972	EUROPEAN SPARROWS	5000	30.00	70.00
1973	AMERICAN KILDEER	2250	75.00	95.00
1973	AMERICAN SQUIRREL	2500	75.00	80.00
1973	EUROPEAN SQUIRREL	2500	35.00	55.00
1974	AMERICAN PARTRIDGE	2500	75.00	95.00
1975	AMERICAN RABBITS	2500	90.00	95.00
1976	FREEDOM IN FLIGHT	5000	100.00	105.00
1976	FREEDOM IN FLIGHT, GOLD	200	200.00	195.00
1976	WRENS	5000	100.00	105.00
1977	BEARS	2500	100.00	105.00
1978	FOXES' SPRING JOURNEY	1000	125.00	205.00

IMPERIAL CHING-TE CHEN

Z. HUIMIN			**BEAUTIES OF THE RED MANSION**	
1986	PAO-CHAI	CL	28.00	75.00
1986	YUAN-CHUN	CL	28.00	50.00
1987	HSI-CHUN	CL	31.00	50.00
1987	HSI-FENG	CL	31.00	60.00
1988	HSIANG-YUN	CL	35.00	65.00
1988	KO-CHING	CL	33.00	50.00
1988	LI-WAN	CL	33.00	50.00
1988	MIAO-YU	CL	31.00	50.00
1988	TAI-YU	CL	33.00	50.00

YR	NAME	LIMIT	ISSUE	TREND
1988	YING-CHUN	CL	31.00	55.00
1989	CHIAO-CHIEH	CL	35.00	70.00
1989	TAN-CHUN	CL	35.00	75.00
Z. SONG MAO		**BLESSINGS FROM A CHINESE GARDEN**		
1988	GIFT OF PURITY, THE	CL	40.00	45.00
1989	GIFT OF BEAUTY, THE	CL	43.00	50.00
1989	GIFT OF GRACE, THE	CL	40.00	45.00
1989	GIFT OF HAPPINESS, THE	CL	43.00	45.00
1990	GIFT OF JOY, THE	CL	43.00	50.00
1990	GIFT OF TRUTH, THE	CL	43.00	50.00
Z. HUIMIN		**FLOWER GODDESSES OF CHINA**		
1991	CAMELLIA GODDESS, THE	CL	38.00	55.00
1991	CHRYSANTHEMUM GODDESS, THE	CL	35.00	40.00
1991	LOTUS GODDESS, THE	CL	35.00	40.00
1991	NARCISSUS GODDESS, THE	CL	38.00	65.00
1991	PEONY GODDESS, THE	CL	38.00	45.00
1991	PLUM BLOSSOM GODDESS, THE	CL	38.00	45.00
S. FU		**FORBIDDEN CITY**		
1990	FLYING KITES/SPRING DAY	CL	40.00	45.00
1990	PAVILION OF 10,000 SPRINGS	CL	40.00	45.00
1990	PAVILION/FLOATING JADE GREEN	CL	43.00	45.00
1991	DRESSING THE EMPRESS	CL	46.00	45.00
1991	HALL OF THE CULTIVATING MIND, THE	CL	43.00	50.00
1991	LANTERN FESTIVAL, THE	CL	43.00	50.00
1991	NINE DRAGON SCREEN	CL	43.00	65.00
1991	PAVILION OF FLOATING CUPS	CL	46.00	48.00
J. XUE-BING		**GARDEN OF SATIN WINGS**		
1992	A MORNING DREAM	CL	30.00	45.00
1993	A GARDEN WHISPER	CL	30.00	45.00
1993	AN EVENING MIST	CL	30.00	45.00
J. XUE-BING		**LEGENDS OF WEST LAKE**		
1989	LADY WHITE	CL	30.00	45.00
1990	APRICOT FAIRY, THE	CL	33.00	40.00
1990	BRIGHT PEARL	CL	33.00	45.00
1990	LADY SILKWORM	CL	30.00	45.00
1990	LAUREL PEAK	CL	30.00	40.00
1990	RISING SUN TERRACE	CL	33.00	45.00
1990	THREAD OF SKY	CL	35.00	50.00
1991	ANCESTORS OF TEA	CL	35.00	60.00
1991	CASE OF THE FOLDING FANS, THE	CL	37.00	55.00
1991	FLY-IN PEAK	CL	37.00	55.00
1991	PHOENIX MOUNTAIN	CL	35.00	45.00
1991	THREE POOLS MIRRORING/MOON	CL	37.00	70.00
J. XUE-BING		**MAIDENS OF THE FOLDING SKY**		
1992	BRIDE YEN CHUN	CL	33.00	50.00
1992	LADY LU	CL	30.00	45.00
1992	MISTRESS YANG	CL	30.00	45.00
1993	PARROT MAIDEN	CL	33.00	50.00
Z. SONG MAO		**SCENES FROM THE SUMMER PALACE**		
1988	JADE BELT BRIDGE	CL	30.00	45.00
1988	MARBLE BOAT, THE	CL	30.00	65.00
1989	BOATERS ON KUMMING LAKE	CL	35.00	55.00
1989	GARDEN/HARMONIOUS PLEASURE	CL	33.00	45.00
1989	GREAT STAGE, THE	CL	33.00	45.00
1989	HALL THAT DISPELS THE CLOUDS	CL	33.00	50.00
1989	LONG PROMENADE, THE	CL	33.00	50.00
1989	SEVENTEEN ARCH BRIDGE	CL	35.00	55.00

INCOLAY

YR	NAME	LIMIT	ISSUE	TREND
R. AKERS		**CHRISTMAS CAMEO COLLECTION**		
1990	HOME WITH THE TREE	*	60.00	73.00
1991	SKATERS AT TWILIGHT	YR	60.00	76.00
1992	EVENING CAROLERS	OP	65.00	84.00
1993	SLEDDING BY STARLIGHT	YR	65.00	99.00
1994	PROPOSAL UNDER THE STARS	YR	65.00	65.00
*		**FALL OF TROY**		
1987	JUDGMENT OF PARIS, THE	CL	55.00	80.00
1988	HECTOR AND ANDROMACHE	CL	55.00	80.00
1988	HELEN AND PARIS	CL	55.00	80.00
1988	TROJAN HORSE, THE	CL	55.00	80.00
*		**LOVE SONNETS OF SHAKESPEARE**		
1987	LOVE ALTERS NOT	CL	60.00	95.00
1987	SHALL I COMPARE THEE	CL	55.00	95.00
1987	SINCE I FIRST SAW YOU	CL	60.00	100.00
1987	THOU ART TOO DEAR	CL	55.00	95.00
1988	YOU SHALL SHINE MORE BRIGHT	CL	60.00	100.00
1988	YOUR FAIR EYES	CL	60.00	95.00
R. AKERS		**LOVE THEMES FROM GRAND OPERA**		
1990	CARMEN	*	65.00	65.00
1990	MADAME BUTTERFLY	CL	65.00	65.00
1990	MARRIAGE OF FIGARO, THE	CL	70.00	89.00
1991	AIDA	CL	70.00	100.00
1991	LA TRAVIATA	CL	70.00	80.00
1991	TRISTAN AND ISOIDE	CL	70.00	77.00
D. STAPLEFORD		**MAJESTIC SAILING SHIPS**		
1992	FLYING CLOUD, THE	YR	65.00	65.00
1992	SEA WITCH, THE	YR	65.00	90.00

YR	NAME	LIMIT	ISSUE	TREND
1993	CHARLES W. MORGAN	YR	65.00	90.00
1994	DREADNOUGHT, THE	YR	65.00	65.00

R. AKERS — **NIGHT BEFORE CHRISTMAS**

YR	NAME	LIMIT	ISSUE	TREND
1993	HAPPY CHRISTMAS	YR	69.00	69.00
1994	VISIONS OF SUGAR PLUMS	YR	74.00	74.00

D. CLIFF — **NORTH AMERICA'S WILDLIFE HERITAGE**

YR	NAME	LIMIT	ISSUE	TREND
1991	AT STREAM'S EDGE	OP	65.00	68.00
1991	IN THE POND'S SHALLOWS	OP	65.00	65.00
1992	BENEATH THE OPEN SKY	OP	70.00	70.00
1992	BESIDE THE SHELTERING KNOLL	OP	75.00	75.00
1992	ON THE RIVERBANK	OP	70.00	75.00
1992	THROUGH THE GRASSY CLEARING	OP	75.00	75.00
1992	UPON THE ROCKY LEDGE	OP	70.00	75.00
1993	AT STREAMS EDGE (DEER)	YR	65.00	65.00
1993	IN PONDS SHALLOW (MOOSE)	YR	65.00	65.00
1993	NEAR THE RUNNING BROOK	YR	75.00	90.00
1994	GRASSY CLEARING, THE (ELK)	YR	75.00	75.00

R. AKERS — **ROMANTIC POET SERIES**

YR	NAME	LIMIT	ISSUE	TREND
1981	KISS, THE	YR	65.00	95.00
1982	MY HEART LEAPS UP	YR	70.00	100.00
1983	I STOOD TIPTOE	YR	70.00	110.00
1984	DREAM, THE	YR	70.00	90.00
1985	RECOLLECTION, THE	YR	70.00	90.00

G. APPLEBY — **ROMANTIC POET SERIES**

YR	NAME	LIMIT	ISSUE	TREND
1977	SHE WALKS IN BEAUTY	YR	60.00	85.00
1978	A THING OF BEAUTY	YR	60.00	70.00
1979	ODE TO A SKYLARK	YR	65.00	85.00
1980	PHANTOM OF DELIGHT	YR	65.00	80.00

R. AKERS — **SHAKESPEARE LOVERS**

YR	NAME	LIMIT	ISSUE	TREND
1988	ROMEO AND JULIET	OP	65.00	110.00
1989	HAMLET AND OPHELIA	OP	65.00	95.00
1989	MACBETH AND LADY MACBETH	OP	70.00	100.00
1989	PETRUCHIO AND KATHARINA	OP	70.00	120.00
1990	BENEDICK AND BEATRICE	OP	70.00	100.00
1990	FERDINAND AND MIRANDA	OP	75.00	100.00
1990	LYSANDER AND HERMIA	OP	70.00	100.00
1990	OTHELLO AND DESDEMONA	OP	75.00	100.00

R. AKERS — **TWAS THE NIGHT BEFORE CHRISTMAS**

YR	NAME	LIMIT	ISSUE	TREND
1992	HAPPY CHRISTMAS TO ALL	OP	69.00	90.00
1992	I SPRANG FROM MY BED	OP	74.00	88.00
1992	IT MUST BE ST. NICK	YR	74.00	85.00
1992	UP ON THE ROOFTOP	YR	69.00	80.00
1992	WITH VISIONS OF SUGAR PLUMS	OP	74.00	125.00
1993	UP THE CHIMNEY HE ROSE	YR	74.00	145.00

C. WORKMASTER — **VICTORIAN DREAM HOMES**

YR	NAME	LIMIT	ISSUE	TREND
1992	125 MAIN STREET	OP	55.00	90.00
1992	212 THIRD AVENUE	OP	55.00	79.00
1992	367 RIVERSIDE DRIVE	OP	60.00	85.00
1992	432 FAIRVIEW LANE	OP	60.00	78.00

INTERNATIONAL SILVER

M. DEOLIVEIRA — **BICENTENNIAL**

YR	NAME	LIMIT	ISSUE	TREND
1972	SIGNING DECLARATION	7500	40.00	450.00
1973	PAUL REVERE	7500	40.00	200.00
1974	CONCORD BRIDGE	7500	40.00	175.00
1975	CROSSING DELAWARE	7500	50.00	125.00
1976	VALLEY FORGE	7500	50.00	80.00
1977	SURRENDER AT YORKTOWN	7500	50.00	65.00

JAN HAGARA COLLECTABLES

J. HAGARA — **FALL IN LOVE AGAIN**

YR	NAME	LIMIT	ISSUE	TREND
1995	TAMMY	7500	39.00	39.00

J. HAGARA — **VICTORIAN CHILDREN**

YR	NAME	LIMIT	ISSUE	TREND
1979	DAISIES FROM MARYBETH	*	38.00	150.00
1979	LISA	5000	60.00	90.00
1980	ADRIANNE	5000	60.00	250.00
1980	CARA		25.00	250.00
1980	DAISIES FROM JIMMY	*	38.00	300.00
1981	HEARTS & FLOWERS		25.00	250.00
1981	LYDIA	5000	60.00	175.00
1982	DAISIES FOR MOMMY	*	38.00	120.00
1982	MELANEE	5000	60.00	125.00
1983	CAROL	15000	45.00	210.00
1984	CHRIS	15000	45.00	150.00
1985	NOEL	15000	45.00	100.00
1986	LESLEY	RT	43.00	120.00
1986	NIKKI	15000	45.00	100.00
1988	HANNAH	15000	50.00	125.00

JOHN HINE STUDIOS LTD.

M. FISHER — **DAVID WINTER PLATE COLLECTION**

YR	NAME	LIMIT	ISSUE	TREND
1991	A CHRISTMAS CAROL	10000	30.00	61.00
1991	COTSWOLD VILLAGE	10000	30.00	39.00
1992	CHICHESTER CROSS	10000	30.00	24.00
1992	LITTLE MILL	10000	30.00	24.00
1992	OLD CURIOSTY SHOP, THE	10000	30.00	58.00
1992	SCROOGE'S COUNTING HOUSE	10000	30.00	30.00

YR	NAME	LIMIT	ISSUE	TREND
D. WINTER		DAVID WINTER PLATE COLLECTION		
1993	DOVE COTTAGE	10000	30.00	30.00
1993	FORGE, THE	10000	30.00	30.00
# KAISER				
G. NEUBACHER		AMERICA, THE BEAUTIFUL		
1988	CALIFORNIA QUAIL	9500	50.00	59.00
1988	SNOWY EGRET	9500	50.00	50.00
1990	BROWSING FOR DELICACIES	9500	50.00	59.00
1990	SCANNING THE TERRITORY	9500	50.00	59.00
G. WILLIAMS		AMERICAN CATS		
1991	KITS IN A CRADLE, SIAMESE	7500	50.00	50.00
1991	LAZY RIVER DAYS, SHORTHAIRS	7500	50.00	50.00
1991	TAKING IT EASY, PERSIANS	7500	50.00	50.00
1991	TREE VIEW, SHORTHAIRS	7500	50.00	50.00
K. BAUER		ANNIVERSARY		
1975	TENDER MOMENT	CL	25.00	40.00
1982	BETROTHAL	CL	40.00	40.00
H. BLUM		ANNIVERSARY		
1979	ROMANTIC INTERLUDE	CL	32.00	32.00
1980	LOVE AT PLAY	CL	40.00	40.00
1981	RENDEZVOUS	CL	40.00	40.00
T. SCHOENER		ANNIVERSARY		
1972	LOVE BIRDS	CL	16.00	30.00
1973	IN THE PARK	CL	16.00	25.00
1974	CANOEING	CL	20.00	30.00
1976	SERENADE	CL	25.00	25.00
1977	SIMPLE GIFT	CL	25.00	25.00
1978	VIKING TOAST	CL	30.00	30.00
1983	SUNDAY AFTERNOON	CL	40.00	40.00
R. HERSEY		ARABIAN NIGHTS		
1989	SCHEHERAZADE	9500	75.00	75.00
J. TRUMBALL		BICENTENNIAL PLATE		
1976	SIGNING DECLARATION	CL	75.00	175.00
J. FRANCIS		BIRD DOG SERIES		
*	BEAGLE	19500	40.00	50.00
*	BLACK LABRADOR	19500	40.00	50.00
*	COCKER SPANIEL	19500	40.00	50.00
*	ENGLISH POINTER	19500	40.00	50.00
*	ENGLISH SETTER	19500	40.00	50.00
*	GERMAN SHORT HAIR POINTER	19500	40.00	50.00
*	GOLDEN LABRADOR	19500	40.00	50.00
*	IRISH SETTER	19500	40.00	50.00
A. SCHLESINGER		CHILDHOOD MEMORIES		
1985	WAIT A LITTLE	CL	29.00	29.00
W. ZEUNER		CHILDREN'S PRAYER		
1982	NOW I LAY ME DOWN TO SLEEP	CL	30.00	30.00
1982	SAYING GRACE	CL	30.00	30.00
K. BAUER		CHRISTMAS PLATES		
1971	SILENT NIGHT	CL	14.00	35.00
1972	WELCOME HOME	CL	16.00	45.00
1974	CHRISTMAS CAROLERS	CL	25.00	40.00
1981	ADORATION BY THREE KINGS	CL	40.00	55.00
1982	BRINGING HOME THE TREE	CL	40.00	50.00
H. BLUM		CHRISTMAS PLATES		
1979	CHRISTMAS EVE	CL	32.00	50.00
1980	JOYS OF WINTER	CL	40.00	45.00
C. MARATTI		CHRISTMAS PLATES		
1976	CHRIST/SAVIOUR BORN	CL	25.00	40.00
J. NORTHCOTT		CHRISTMAS PLATES		
1975	BRINGING HOME THE TREE	CL	25.00	35.00
T. SCHOENER		CHRISTMAS PLATES		
1970	WAITING FOR SANTA CLAUS	CL	12.00	30.00
1973	HOLY NIGHT	CL	18.00	45.00
1977	THREE KINGS, THE	CL	25.00	30.00
1978	SHEPHERDS IN THE FIELD	CL	30.00	35.00
G. NEUBACHER		CLASSIC FAIRY TALES COLLECTION		
1982	FROG KING	*	40.00	50.00
1983	LITTLE RED RIDING HOOD	*	40.00	50.00
1983	PUSS IN BOOTS	*	40.00	50.00
1984	CINDERELLA	*	40.00	45.00
1984	HANSEL AND GRETEL	*	40.00	45.00
1984	SLEEPING BEAUTY	*	40.00	45.00
R. CLARKE		DANCE, BALLERINA, DANCE		
*	OPENING NIGHT	CL	48.00	48.00
*	PIROUETTE	CL	48.00	48.00
*	RECITAL, THE	CL	48.00	48.00
*	SWAN LAKE	CL	48.00	48.00
1982	FIRST SLIPPERS	CL	48.00	48.00
1983	AT THE BARRE	CL	48.00	48.00
*		EGYPTIAN		
1980	NEFERTITI	10000	275.00	475.00
1980	TUTANKHAMEN	10000	275.00	475.00
R.J. MAY		FAITHFUL COMPANIONS		
1990	BEAGLE	9500	50.00	50.00
1990	BOXER	*	*	54.00
1990	COCKER SPANIEL	9500	50.00	50.00
1990	DASHCHUND	9500	50.00	50.00

YR	NAME	LIMIT	ISSUE	TREND
1990	DOBERMAN	9500	50.00	50.00
1990	ENGLISH SPRINGER SPANIEL	9500	50.00	50.00
1990	GERMAN SHEPHERD	9500	50.00	50.00
1990	GOLDEN RETRIEVER	9500	50.00	50.00
1990	POODLE	*	*	54.00
1990	ROTTWEILER	9500	50.00	50.00
1990	ROUGH COLLIE (MAY)	*	*	54.00
1991	LABRADOR RETRIEVER	*	*	53.00
1991	YORKSHIRE TERRIERS	*	*	53.00
A. LOHMANN			**FAMOUS HORSES**	
1983	SNOW KNIGHT	CL	95.00	95.00
1984	NORTHERN DANCER	CL	95.00	95.00
G. NEUBACHER			**FAMOUS LULLABIES**	
1985	SLEEP BABY SLEEP	*	40.00	40.00
1986	A MOCKINGBIRD	*	40.00	46.00
1986	AU CLAIR DE LUNE	*	40.00	44.00
1986	ROCKABYE BABY	*	40.00	41.00
1987	WELSH LULLABYE	*	40.00	57.00
1988	BRAHMS' LULLABYE	*	40.00	45.00
G. LOATES			**FEATHERED FRIENDS**	
1978	BLUE JAYS	CL	70.00	150.00
1979	CARDINALS	CL	80.00	150.00
1980	WAXWINGS	CL	80.00	150.00
1981	GOLDFINCH	CL	80.00	150.00
G. NEUBACHER			**FOREST SURPRISES**	
1989	DEERHEAD ORCHID	9500	50.00	59.00
1989	MARSH MARIGOLD	9500	50.00	59.00
1990	VIOLETS	9500	50.00	59.00
1990	WILD IRIS	9500	50.00	59.00
I. CENKOVCAN			**FOUR SEASONS**	
1981	AUTUMN	*	50.00	64.00
1981	SPRING	*	50.00	64.00
1981	SUMMER	*	50.00	64.00
1981	WINTER	*	50.00	64.00
W. GAWANTKA			**GARDEN AND SONG BIRDS**	
1973	CARDINALS	CL	200.00	250.00
1973	TITMOUSE	CL	200.00	250.00
J. MCKERNAN			**GRADUATE**	
1986	BOY	7500	40.00	40.00
1986	GIRL	7500	40.00	40.00
K. BAUER			**GREAT YACHTS**	
1972	CETONIA	CL	50.00	50.00
1972	WESTWARD	CL	50.00	50.00
G. NEUBACHER			**HAPPY DAYS**	
1979	AEROPLANE, THE	CL	75.00	75.00
1980	JULIE	CL	75.00	75.00
1981	WINTER FUN	CL	75.00	75.00
1982	LOOKOUT, THE	CL	75.00	75.00
J. LITTLEJOHN			**HARMONY AND NATURE**	
1985	SPRING ENCORE	CL	40.00	40.00
E. HIBEL			**HIBEL HOLIDAYS**	
1994	AND UNTO US A CHILD IS BORN	*	*	78.00
1995	WONDER OF LOVE	*	*	79.00
*			**KING TUT**	
1978	KING TUT	CL	65.00	110.00
G. NEUBACHER			**MEMORIES OF CHRISTMAS**	
1983	WONDER OF CHRISTMAS, THE	CL	43.00	43.00
1984	A CHRISTMAS DREAM	CL	40.00	43.00
1985	CHRISTMAS EVE	CL	40.00	40.00
1986	A VISIT WITH SANTA	CL	40.00	40.00
K. BAUER			**MOTHER'S DAY**	
1982	PHEASANT FAMILY	CL	40.00	45.00
1983	TENDER CARE	CL	40.00	85.00
H. BLUM			**MOTHER'S DAY**	
1981	SAFE NEAR MOTHER	CL	40.00	45.00
J. NORTHCOTT			**MOTHER'S DAY**	
1980	RACCOON FAMILY	CL	40.00	60.00
N. PETERNER			**MOTHER'S DAY**	
1979	A MOTHER'S DEVOTION	CL	32.00	45.00
T. SCHOENER			**MOTHER'S DAY**	
1971	MARE AND FOAL	CL	13.00	45.00
1972	FLOWERS FOR MOTHER	CL	16.00	40.00
1973	CATS	CL	17.00	50.00
1974	FOX	CL	20.00	70.00
1975	GERMAN SHEPHERD	CL	25.00	95.00
1976	SWAN AND CYGNETS	CL	25.00	30.00
1977	MOTHER RABBIT AND YOUNG	CL	25.00	35.00
1978	HEN AND CHICKS	CL	30.00	55.00
L. TURNER			**NOBLE HORSE COLLECTION**	
1988	ARABIAN	OP	50.00	50.00
1988	GELDERLANDER	OP	50.00	50.00
1988	HOLSTEIN	OP	50.00	50.00
1988	QUARTER HORSE	OP	50.00	50.00
1988	THOROUGHBRED	OP	50.00	50.00
1988	TRAKEHNER	OP	50.00	50.00

YR	NAME	LIMIT	ISSUE	TREND
	OBERAMMERGAU PASSION PLAY			
*				
1991	OBERAMMERGAU, COBALT	400	64.00	64.00
1991	OBERAMMERGAU, SEPIA	700	38.00	38.00
	K. BAUER		**OBERAMMERGAU PASSION PLAY**	
1970	OBERAMMERGAU	CL	40.00	40.00
	T. SCHOENER		**OBERAMMERGAU PASSION PLAY**	
1970	OBERAMMERGAU	CL	25.00	30.00
	A. LOHMANN			**ON THE FARM**
*	DUCKS ON THE POND		50.00	108.00
*	GIRL FEEDING ANIMALS		50.00	108.00
*	GIRL WITH GOATS		50.00	108.00
*	WHITE HORSE		50.00	108.00
1981	DUCK, THE		50.00	108.00
1982	ROOSTER, THE		50.00	108.00
1983	HORSES, THE		50.00	108.00
1983	POND, THE		50.00	108.00
	R. HORTON		**RACING FOR PRIDE AND PROFIT**	
*	PROFIT OR PRISON	9500	*	60.00
1984	AGING VICTOR, THE	9500	50.00	50.00
1985	SECOND GOES HUNGRY	9500	50.00	50.00
1986	NO TIME TO BOAST	9500	50.00	50.00
1987	FIRST FISH TO MARKET	9500	50.00	60.00
1988	GYPSY TRADERS	9500	60.00	60.00
	G. NEUBACHER		**ROMANTIC PORTRAITS**	
1981	LILIE	CL	200.00	210.00
1982	CAMELIA	CL	175.00	180.00
1983	ROSE	CL	175.00	185.00
1984	DAISY	CL	175.00	180.00
	D. TWINNEY		**STABLE DOOR COLLECTION**	
1988	FIRST STEPS	OP	30.00	30.00
1988	IMPUDENCE	OP	30.00	30.00
1988	PRIDE	OP	30.00	30.00
1988	VISITOR, THE	OP	30.00	30.00
	D. KING		**TRADITIONAL FAIRY TALES**	
1983	CINDERELLA	*	40.00	40.00
1983	JACK AND THE BEANSTALK	*	40.00	40.00
1984	THREE LITTLE PIGS	*	40.00	40.00
1984	TOM THUMB	*	40.00	40.00
1985	DICK WITTINGTON	*	40.00	40.00
1985	GOLDILOCKS	*	40.00	40.00
	E. BIERLY		**WATER FOWL COLLECTION**	
1985	CANVASBACK DUCKS	19500	55.00	89.00
1985	MALLARD DUCKS	19500	55.00	50.00
1985	PINTAIL DUCKS	19500	55.00	50.00
1985	WOOD DUCKS	19500	55.00	60.00
	T. BOYER		**WATER FOWL COLLECTION**	
1989	CAROLINA WOODDUCKS	*	*	48.00
1989	GREENWINGED TEALS	*	*	48.00
1989	PAIR OF CANVASBACKS	15000	50.00	50.00
1989	PAIR OF CAROLINA WOOD DUCKS	15000	50.00	50.00
1989	PAIR OF GREENWINGED TEALS	15000	50.00	50.00
1989	PAIR OF MALLARDS	15000	50.00	50.00
1989	PAIR OF PINTAILS	15000	50.00	50.00
1989	PAIR OF REDHEADS	15000	50.00	50.00
1989	REDHEADS	*	*	48.00
	G. NEUBACHER			**WILDFLOWERS**
1986	TRILLIUM	9500	40.00	80.00
1987	SPRING BEAUTY	9500	45.00	64.00
1987	WILD ASTERS	9500	50.00	59.00
1987	WILD ROSES	9500	50.00	59.00

KERN COLLECTIBLES

YR	NAME	LIMIT	ISSUE	TREND
	G. PERILLO			**COMPANIONS**
1977	CUBS	RT	40.00	40.00
1978	MIGHTY SIOUX	RT	40.00	40.00
1979	NATURE GIRL	RT	50.00	50.00
1980	BUFFALO BOY	RT	50.00	50.00
1981	SHEPHERDS	RT	55.00	55.00
	G. PERILLO		**LIVING AMERICAN ARTISTS**	
1977	APACHE GIRL 10-1/2"	5000	35.00	35.00

KONIGSZELT BAYERN

YR	NAME	LIMIT	ISSUE	TREND
	H. KELLER		**HEDI KELLER CHRISTMAS**	
1979	ADORATION, THE	*	30.00	33.00
1980	FLIGHT INTO EGYPT	*	30.00	33.00
1981	RETURN INTO GALILEE	*	30.00	31.00
1982	FOLLOWING THE STAR	*	30.00	32.00
1983	REST ON THE FLIGHT	*	30.00	35.00
1984	NATIVITY, THE	*	30.00	35.00
1985	GIFT OF THE MAGI	*	35.00	40.00
1986	ANNUNCIATION	*	35.00	40.00

KPM-ROYAL CORPORATION

YR	NAME	LIMIT	ISSUE	TREND
*				**CHRISTMAS**
1969	CHRISTMAS STAR	5000	28.00	400.00
1970	THREE KINGS	5000	28.00	300.00
1971	CHRISTMAS TREE	5000	28.00	300.00
1972	CHRISTMAS ANGEL	5000	31.00	320.00
1973	CHRIST CHILD ON SLED	5000	33.00	300.00

YR	NAME	LIMIT	ISSUE	TREND
1974	ANGEL AND HORN	5000	35.00	200.00
1975	SHEPHERDS	5000	40.00	175.00
1976	STAR OF BETHLEHEM	5000	43.00	150.00
1977	MARY AT CRIB	5000	46.00	100.00
1978	THREE WISE MEN	5000	49.00	60.00
1979	MANGER, THE	5000	55.00	60.00
1980	SHEPHERDS IN FIELDS	5000	55.00	60.00

L.L. KNICKERBOCKER CO. INC.
R.T. GORDON

1994	VARSITY BEAR PHOTO C15001	2500	31.00	32.00

LALIQUE
M. LALIQUE

				ANNUAL
1965	DEUX OISEAUX (TWO BIRDS)	2000	25.00	1200.00
1966	ROSE DE SONGERIE (DREAM ROSE)	5000	25.00	125.00
1967	BALLET DE POISSON (FISH BALLET)	5000	25.00	100.00
1968	GAZELLE FANTAISIE (GAZELLE FANTASY)	5000	25.00	65.00
1969	PAPILLON (BUTTERFLY)	5000	30.00	40.00
1970	PAON (PEACOCK)	5000	30.00	60.00
1971	HIBOU (OWL)	5000	35.00	70.00
1972	COQUILLAGE (SHELL)	5000	40.00	65.00
1973	PETIT GEAI (JAYLING)	5000	43.00	100.00
1974	SOUS D'ARGENT (SILVER PENNIES)	5000	48.00	100.00
1975	DUO DE POISSON (FISH DUET)	5000	50.00	140.00
1976	AIGLE (EAGLE)	5000	60.00	75.00

LANCE CORP.
*

	12 DAYS OF CHRISTMAS (CHILMARK PEWTER/STAINED GLASS)			
1979	PARTRIDGE IN A PEAR TREE 8 IN.	RT	100.00	100.00
1980	TWO TURTLEDOVES 8 IN.	RT	100.00	100.00

R. LAMB

	AMERICAN COMM. (HUDSON PEWTER)			
1975	HYDE PARK 6 IN.	RT	*	55.00
1975	LOG CABIN 6 IN.	RT	*	55.00
1975	MONTICELLO 6 IN.	RT	*	55.00
1975	MT. VERNON 6 IN.	RT	*	55.00
1975	SPIRIT OF '76 6 IN.	RT	*	55.00

P.W. BASTON

	AMERICAN EXPANSION (HUDSON PEWTER)			
1975	AMERICAN EXPANSION	CL	*	60.00
1975	AMERICAN INDEPENDENCE	CL	*	110.00
1975	AMERICAN WAR BETWEEN THE STATES, THE	CL	*	175.00
1975	SPIRIT OF '76 (6 IN. PLATE)	CL	28.00	110.00

C. TERRIS

	AMERICA'S FAVORITE BIRDS (HUDSON PEWTER/CRYSTAL)			
1978	CRYSTAL WREN 8 IN.	RT	80.00	80.00

A. PETITTO

	CHILD'S CHRISTMAS (HUDSON PEWTER)			
1978	BEDTIME STORY	SU	35.00	60.00
1979	LITTLEST ANGELS	SU	35.00	60.00
1980	HEAVEN'S CHRISTMAS TREE	SU	43.00	60.00
1981	FILLING THE SKY	SU	48.00	60.00

*

	CHRISTMAS (CHILMARK PEWTER)			
1977	CURRIER & IVES CHRISTMAS 8 IN.	RT	60.00	75.00
1978	TRIMMING THE TREE 8 IN.	RT	65.00	75.00
1979	THREE WISEMEN 8 IN.	RT	65.00	75.00

A. MCGRORY

	CHRISTMAS (HUDSON PEWTER)			
1993	CRACK THE WHIP	950	55.00	55.00
1994	HOME FOR CHRISTMAS	950	50.00	50.00

A. PETITTO

	CHRISTMAS (HUDSON PEWTER)			
1987	CAROLING ANGELS, THE	SU	48.00	60.00

J. WANAT

	CHRISTMAS (HUDSON PEWTER)			
1986	BRINGING HOME THE TREE	SU	48.00	60.00

D. EVERHART

	MICKEY'S CHRISTMAS (HUDSON PEWTER)			
1986	GOD BLESS US, EVERY ONE	SU	48.00	60.00
1987	JOLLY OLD SAINT NICK	SU	55.00	60.00
1988	HE'S CHECKING IT TWICE	SU	50.00	60.00

*

	MOTHER'S DAY (CHILMARK PEWTER)			
1974	FLOWERS OF THE FIELD 8 IN.	RT	60.00	75.00
1980	1980 MOTHER'S DAY	RT	90.00	90.00

A. PETITTO

	MOTHER'S DAY (HUDSON PEWTER)			
1979	CHERISHED 6 IN.	RT	43.00	55.00
1980	1980 MOTHER'S DAY 6 IN.	RT	43.00	55.00

A. PETITTO

	SAILING SHIPS (HUDSON PEWTER)			
1978	AMERICA 6 IN.	RT	35.00	55.00
1978	CONSTITUTION 6 IN.	RT	35.00	55.00
1978	FLYING CLOUD 6 IN.	RT	35.00	55.00
1978	MORGAN 6 IN.	RT	35.00	55.00

P.W. BASTON

	SEBASTIAN PLATES			
1974	SPIRIT OF '76 (9 IN.)	RT	28.00	75.00
1976	DECLARATION OF INDEPENDENCE (8 1/2 IN.)	RT	25.00	50.00
1978	MOTIF NO. 1	CL	75.00	60.00
1978	ZODIAC (8 IN.)	RT	60.00	75.00
1979	GRAND CANYON	CL	75.00	60.00
1980	IN THE CANDY STORE	CL	40.00	45.00
1980	LONE CYPRESS	CL	75.00	160.00
1981	DOCTOR, THE	CL	40.00	45.00
1983	LITTLE MOTHER	CL	40.00	45.00
1984	SWITCHING THE FREIGHT	CL	43.00	90.00

HOLLIS/YOURDON

	SONG BIRDS OF THE FOUR SEASONS (HUDSON PEWTER)			
1978	CARDINAL (WINTER 6 IN.)	RT	35.00	55.00
1978	HUMMINGBIRD (SUMMER 6 IN.)	RT	35.00	55.00

YR	NAME	LIMIT	ISSUE	TREND
1978	SPARROW (AUTUMN 6 IN.)	RT	35.00	55.00
1978	WOOD THRUSH (SPRING 6 IN.)	RT	35.00	55.00
A. MCGRORY		**SONGS OF CHRISTMAS (HUDSON PEWTER)**		
1988	SILENT NIGHT	SU	55.00	60.00
1989	HARK! THE HERALD ANGELS SING	SU	60.00	60.00
1990	FIRST NOEL, THE	SU	60.00	60.00
1991	WE THREE KINGS	SU	60.00	60.00
A. HOLLIS		**TWAS THE NIGHT BEFORE CHRISTMAS (HUDSON PEWTER)**		
1982	NOT A CREATURE WAS STIRRING	SU	48.00	70.00
1983	VISIONS OF SUGAR PLUMS	SU	48.00	60.00
1984	HIS EYES HOW THEY TWINKLED	SU	48.00	60.00
1985	HAPPY CHRISTMAS TO ALL	SU	48.00	60.00

LENOX CHINA/CRYSTAL COLLECTION

YR	NAME	LIMIT	ISSUE	TREND
N. ADAMS		**AMERICAN WILDLIFE**		
1982	BLACK BEARS	9500	65.00	70.00
1982	BUFFALO	9500	65.00	70.00
1982	DALL SHEEP	9500	65.00	80.00
1982	JACK RABBITS	9500	65.00	70.00
1982	MOUNTAIN LIONS	9500	65.00	70.00
1982	OCELOTS	9500	65.00	80.00
1982	OTTERS	9500	65.00	70.00
1982	POLAR BEARS	9500	65.00	70.00
1982	RACCOONS	9500	65.00	70.00
1982	RED FOXES	9500	65.00	70.00
1982	SEA LIONS	9500	65.00	80.00
1982	WHITE TAILED DEER	9500	65.00	70.00
*		**ANNUAL CHRISTMAS PLATES**		
1992	SLEIGH	YR	75.00	75.00
L. BYWATERS		**ANNUAL CHRISTMAS PLATES**		
1993	MIDNIGHT SLEIGH RIDE	CL	119.00	125.00
J. VAN ZYLE		**ARCTIC WOLVES**		
1993	CRY OF THE WILD	CL	30.00	30.00
1993	FAR COUNTRY CROSSING	CL	30.00	30.00
1993	MIDNIGHT RENEGADE	CL	30.00	30.00
1993	NIGHTWATCH	CL	30.00	30.00
1993	ON THE EDGE	CL	30.00	30.00
1993	PICKING UP THE TRAIL	CL	30.00	30.00
Q. LEMONDS		**BIG CATS OF THE WORLD**		
1993	BLACK PANTHER	OP	40.00	40.00
1993	BOBCAT	OP	40.00	40.00
1993	CHINESE LEOPARD	OP	40.00	40.00
1993	COUGAR	OP	40.00	40.00
1993	LION	OP	40.00	40.00
1993	SNOW LEOPARD	OP	40.00	40.00
1993	TIGER	OP	40.00	40.00
1993	WHITE TIGER	OP	40.00	40.00
W. MUMM		**BIRDS OF THE GARDEN**		
1992	SPRING GLORY, CARDINALS	OP	40.00	40.00
1993	BLOSSOMING BOUGH, CHICKADEES	OP	40.00	40.00
1993	BLUEBIRDS HAVEN, BLUEBIRDS	OP	40.00	40.00
1993	INDIGO MEADOW, INDIGO BUNTINGS	OP	40.00	40.00
1993	JEWELS OF THE GARDEN, HUMMINGBIRDS	OP	40.00	40.00
1993	SCARLET TANAGERS	OP	40.00	40.00
1993	SUNBRIGHT SONGBIRDS, GOLDFINCH	OP	40.00	40.00
E. BOEHM				**BOEHM BIRDS**
1970	WOOD THRUSH	YR	35.00	500.00
1971	GOLDFINCH	YR	35.00	175.00
1972	MOUNTAIN BLUEBIRD	YR	38.00	120.00
1973	MEADOWLARK	YR	41.00	100.00
1974	RUFOUS HUMMINGBIRD	YR	45.00	85.00
1975	AMERICAN REDSTART	YR	50.00	80.00
1976	CARDINALS	YR	53.00	100.00
1977	ROBINS	YR	55.00	85.00
1978	MOCKINGBIRDS	YR	58.00	100.00
1979	GOLDEN-CROWNED KINGLETS	YR	65.00	100.00
1980	BLACK-THROATED BLUE WARBLERS	YR	80.00	125.00
1981	EASTERN PHOEBES	YR	90.00	140.00
E. BOEHM		**BOEHM WOODLAND WILDLIFE**		
1973	RACCOONS	YR	50.00	125.00
1974	RED FOXES	YR	53.00	70.00
1975	COTTONTAIL RABBITS	YR	59.00	100.00
1976	EASTERN CHIPMUNKS	YR	63.00	100.00
1977	BEAVER	YR	68.00	100.00
1978	WHITETAIL DEER	YR	70.00	95.00
1979	SQUIRRELS	YR	76.00	110.00
1980	BOBCATS	YR	83.00	140.00
1981	MARTENS	YR	100.00	150.00
1982	RIVER OTTERS	YR	100.00	150.00
D. CROWLEY		**CHILDREN OF THE SUN & MOON**		
1993	DESERT BLOSSOM	OP	40.00	40.00
1993	FEATHERS & FURS	OP	40.00	40.00
1993	SHY ONE	OP	40.00	40.00
1994	DAUGHTER OF THE SUN	OP	40.00	40.00
1994	INDIGO GIRL	OP	40.00	40.00
1994	LITTLE FLOWER	OP	40.00	40.00
1994	RED FEATHERS	OP	40.00	40.00
1994	STARS IN HER EYES	OP	40.00	40.00

YR	NAME	LIMIT	ISSUE	TREND
*		**CHRISTMAS TREES AROUND THE WORLD**		
1991	GERMANY	YR	75.00	78.00
1992	FRANCE	YR	75.00	80.00
*		**COLONIAL CHRISTMAS WREATH**		
1981	COLONIAL VIRGINIA	YR	65.00	100.00
1982	MASSACHUSETTS	YR	70.00	95.00
1983	MARYLAND	YR	70.00	175.00
1984	RHODE ISLAND	YR	70.00	100.00
1985	CONNECTICUT	YR	70.00	100.00
1986	NEW HAMPSHIRE	YR	70.00	115.00
1987	PENNSYLVANIA	YR	70.00	100.00
1988	DELAWARE	YR	70.00	150.00
1989	NEW YORK	YR	75.00	150.00
1990	NEW JERSEY	YR	75.00	100.00
1991	SOUTH CAROLINA	YR	75.00	78.00
1992	NORTH CAROLINA	YR	75.00	140.00
Q. LEMONDS		**CUBS OF THE BIG CATS**		
1993	JAGUAR CUB	CL	30.00	30.00
L. PICKEN		**DARLING DALMATIANS**		
1993	ALL FIRED UP	CL	30.00	30.00
1993	CAUGHT IN THE ACT	CL	30.00	30.00
1993	FIRE BRIGADE	CL	30.00	30.00
1993	PLEASE DON'T PICK THE FLOWERS	CL	30.00	30.00
1993	PUPS IN BOOTS	CL	30.00	30.00
1993	THREE ALARM FIRE	CL	30.00	30.00
J. HOLDERBY		**DOLPHINS OF THE SEVEN SEAS**		
1993	BOTTLENOSE DOLPHINS	OP	40.00	40.00
R. KELLY		**EAGLE CONSERVATION**		
1993	DAYBREAK ON RIVER'S EDGE	OP	40.00	40.00
1993	EAGLES ON MT. MCKINLEY	OP	40.00	40.00
1993	LONE SENTINEL	OP	40.00	40.00
1993	NORTHERN HERITAGE	OP	40.00	40.00
1993	NORTHWOOD'S LEGEND	OP	40.00	40.00
1993	RIVER SCOUT	OP	40.00	40.00
1993	SOARING THE PEAKS	OP	40.00	40.00
1993	SOLO FLIGHT	OP	40.00	40.00
*		**GARDEN BIRD PLATE COLLECTION**		
1988	BLUEJAY	OP	48.00	53.00
1988	CHICKADEE	OP	48.00	53.00
1989	HUMMINGBIRD	OP	48.00	53.00
1991	CARDINAL	OP	48.00	53.00
1991	DOVE	OP	48.00	53.00
1992	GOLDFINCH	OP	48.00	53.00
G. COHELEACH		**GREAT CATS OF THE WORLD**		
1993	CHINESE LEOPARD	OP	40.00	40.00
1993	COUGAR	OP	40.00	40.00
1993	JAGUAR	OP	40.00	40.00
1993	LION	OP	40.00	40.00
1993	LIONESS	OP	40.00	40.00
1993	SIBERIAN TIGER	OP	40.00	40.00
1993	SNOW LEOPARD	OP	40.00	40.00
1993	WHITE TIGER	OP	40.00	40.00
R. HOOVER		**INTERNATIONAL VICTORIAN SANTAS**		
1992	KRIS KRINGLE	CL	40.00	40.00
1993	FATHER CHRISTMAS	CL	40.00	40.00
1994	GRANDFATHER FROST	CL	40.00	40.00
1995	AMERICAN SANTA CLAUS	CL	40.00	40.00
S. COMBES		**KING OF THE PLAINS**		
1994	AFRICAN ANCIENTS	OP	40.00	40.00
1994	END OF THE LINE	OP	40.00	40.00
1994	GUARDIAN	OP	40.00	40.00
1994	LAST ELEPHANT, THE	OP	40.00	40.00
1994	PROTECTING THE FLANKS	OP	40.00	40.00
1994	RAINBOW TRAIL	OP	40.00	40.00
1994	SPARRING BULLS	OP	40.00	40.00
1994	TSAVA ELEPHANT	OP	40.00	40.00
L. BYWATERS		**MAGIC OF CHRISTMAS**		
1993	GIFTS FOR ALL	OP	40.00	40.00
1993	SANTA OF THE NORTHERN FOREST	OP	40.00	40.00
1993	SANTA'S GIFT OF PEACE	OP	40.00	40.00
1994	A BERRY MERRY CHRISTMAS	OP	40.00	40.00
1994	COMING HOME	OP	40.00	40.00
1994	SANTA'S SENTINELS	OP	40.00	40.00
1994	WONDER OF WONDERS	OP	40.00	40.00
C. MCCLUNG		**NATURE'S COLLAGE**		
1992	CEDAR WAXWING, AMONG THE BERRIES	OP	35.00	35.00
1992	GOLD FINCHES, GOLDEN SPLENDOR	OP	35.00	35.00
1993	BLUEBIRDS, SUMMER INTERLUDE	CL	40.00	40.00
1993	BLUEJAYS, WINTER SONG	CL	40.00	40.00
1993	CARDINALS, SPRING COURTSHIP	CL	40.00	40.00
1993	CHICKADEES, ROSE MORNING	CL	40.00	40.00
1993	HUMMINGBIRDS, JEWELED GLORY	CL	40.00	40.00
1993	INDIGO BUNTINGS, INDIGO EVENING	CL	40.00	40.00
L. LAFFIN		**OWLS OF NORTH AMERICA**		
1993	SPIRIT OF THE ARCTIC, SNOWY OWL	OP	40.00	40.00
*		**PIERCED NATIVITY**		
1993	HOLY FAMILY	OP	45.00	45.00
1994	HERALDING ANGELS	OP	45.00	45.00

YR	NAME	LIMIT	ISSUE	TREND
1994	SHEPHERDS	OP	45.00	45.00
1994	THREE KINGS	OP	45.00	45.00

G. COHELEACH

ROYAL CATS OF GUY COHELEACH

YR	NAME	LIMIT	ISSUE	TREND
1994	AFTERNOON SHADE	OP	40.00	40.00
1994	AMBUSH IN THE SNOW	OP	40.00	40.00
1994	CAT NAP	OP	40.00	40.00
1994	JUNGLE JAGUAR	OP	40.00	40.00
1994	LION IN WAIT	OP	40.00	40.00
1994	ROCKY MOUNTAIN PUMA	OP	40.00	40.00
1994	ROCKY REFUGE	OP	40.00	40.00
1994	SIESTA	OP	40.00	40.00

J. HOLDERBY

WHALE CONSERVATION

YR	NAME	LIMIT	ISSUE	TREND
1993	ORCA	OP	40.00	40.00

LIGHTPOST PUBLISHING

T. KINKADE

T. KINKADE SIGNATURE COLLECTION

YR	NAME	LIMIT	ISSUE	TREND
1991	CEDAR NOOK	2500	50.00	65.00
1991	CHANDLER'S COTTAGE	2500	50.00	60.00
1991	HOME TO GRANDMA'S	2500	50.00	60.00
1991	SLEIGH RIDE HOME	2500	50.00	65.00

LILLIPUT LANE LTD.

R. DAY

AMERICAN LANDMARKS COLLECTION

YR	NAME	LIMIT	ISSUE	TREND
1990	COUNTRY CHURCH	RT	35.00	35.00
1990	MAIL BARN	5000	35.00	125.00
1990	RIVERSIDE CHAPEL	RT	35.00	35.00

R. DAY

COCA COLA COUNTRY

YR	NAME	LIMIT	ISSUE	TREND
1998	CATCH OF THE DAY	OP	40.00	40.00
1998	ICE-COLD COKE	OP	40.00	40.00
1998	SPRING HAS SPRUNG	OP	40.00	40.00
1998	WHEN I WAS YOUR AGE	OP	40.00	40.00

LITTLE ANGEL PUBLISHING

D. GELSINGER

AN ANGEL'S LIGHT

YR	NAME	LIMIT	ISSUE	TREND
1998	LITTLE HOPE LIGHTS THE WAY, A	95 DAYS	30.00	30.00

D. GELSINGER

OUR LOVING GUARDIANS

YR	NAME	LIMIT	ISSUE	TREND
1998	SOMEONE TO GUIDE THE WAY	295 DAYS	40.00	40.00

LLADRO

*

CHRISTMAS PLATES

YR	NAME	LIMIT	ISSUE	TREND
1971	CHRISTMAS CAROLING L7006	YR	27.00	160.00
1972	CHRISTMAS CAROLERS L7008	YR	35.00	160.00
1973	BOY AND GIRL AT CHRISTMAS L7010	YR	35.00	145.00
1974	CHRISTMAS CAROLERS L7012	YR	55.00	130.00
1975	CHRISTMAS CHERUBS L7014	YR	60.00	130.00
1976	CHRIST CHILD L7016	YR	65.00	130.00
1977	NATIVITY L7022	YR	65.00	110.00
1978	CHRISTMAS CAROLING CHILD L7106	YR	65.00	110.00
1979	CHRISTMAS SNOW DANCE L7108	YR	55.00	100.00
1980	CHRISTMAS PLATE L7024	YR	45.00	100.00

*

MINIATURE PLATES

YR	NAME	LIMIT	ISSUE	TREND
1990	MINIATURE PLATE L7501	LE	*	75.00
1993	DUCK PLATE L6000	RT	38.00	50.00
1993	GREAT VOYAGE, THE L5964	RT	50.00	95.00
1993	LOOKING OUT L5998	RT	38.00	50.00
1993	SWINGING L5999	RT	38.00	50.00
1994	APPLE PICKING L6159	RT	32.00	45.00
1994	CHRISTMAS MELODIES PLATE L6184	LE	*	90.00
1994	FLAMINGO L6161	RT	32.00	45.00
1994	FRIENDS L6158	RT	32.00	45.00
1994	RESTING L6162	RT	32.00	45.00
1994	TURTLEDOVE L6160	RT	32.00	45.00

*

MOTHER'S DAY PLATES

YR	NAME	LIMIT	ISSUE	TREND
1971	MOTHER'S DAY PLATE L7025	YR	25.00	140.00
1972	BIRDS AND CHICKS L7007	YR	27.00	140.00
1973	MOTHER AND CHILDREN L7009	YR	35.00	140.00
1974	NURSING MOTHER L7011	YR	45.00	130.00
1975	MOTHER AND CHILD L7013	YR	60.00	130.00
1976	TENDER VIGIL L7015	YR	60.00	130.00
1977	MOTHER AND DAUGHTER L7021	YR	65.00	120.00
1978	NEW ARRIVAL L7105	YR	65.00	120.00
1979	OFF TO SCHOOL L7107	YR	55.00	110.00
1980	MOTHER'S DAY PLATE L7023	YR	45.00	90.00

MAFEKING COLLECTION

M. GREEN

FOREVER FRIENDS

YR	NAME	LIMIT	ISSUE	TREND
1993	HIDE AWAY, THE	500	85.00	100.00
1994	RUFOUS (THE HUMMINGBIRD)	500	35.00	85.00

M. GREEN

LORD'S CHILDREN

YR	NAME	LIMIT	ISSUE	TREND
1993	A FRAGRANCE IN TIME	500	85.00	100.00
1993	HEAR MY PRAYERS	500	75.00	85.00
1994	TRADITIONS	500	40.00	85.00

M. GREEN

MAN'S BEST FRIEND

YR	NAME	LIMIT	ISSUE	TREND
1993	DEREK (THE LABRADOR RETRIEVER)	500	65.00	85.00
1993	DIVOT (THE GERMAN SHEPHERD)	500	85.00	100.00
1994	MICKEY (SPANIEL CROSS)	500	40.00	45.00
1994	PEPPER (THE AIREDALE)	500	40.00	85.00

M. GREEN

MY LITTLE BEAR

YR	NAME	LIMIT	ISSUE	TREND
1993	BEAR WITH ME	500	85.00	100.00
1993	SHIZAM (THE MAGICIAN)	500	85.00	100.00

YR	NAME	LIMIT	ISSUE	TREND

MARIGOLD

CARRENO
				SPORT
1989	JOE DIMAGGIO F/BLUE SIGNATURE	RT	60.00	110.00
1989	JOE DIMAGGIO H/S	RT	100.00	1200.00
1989	MICKEY MANTLE H/S	RT	100.00	645.00
1989	MICKEY MANTLE U/S	RT	60.00	95.00
1990	JOE DIMAGGIO AP H/S	RT	*	2200.00

MARURI USA

W. GAITHER
				EAGLE PLATE SERIES
1984	FREE FLIGHT	CL	150.00	175.00
*				TREASURES OF THE SKY
1998	HUMMINGBIRD PLATE ALLEN'S W/HIBISCUS	OP	40.00	40.00
1998	HUMMINGBIRD PLATE ANNA'S W/LILY	OP	40.00	40.00
1998	HUMMINGBIRD PLATE RUBY-THROATED W/TRUMPET CREEPER	OP	40.00	40.00

MORGANTOWN

C. YATES
				HEAVENS ABOVE
1989	CASSIOPEIA	OP	65.00	75.00
1990	ORION	OP	65.00	120.00
1990	PEGASUS	OP	65.00	200.00
1991	CYGNUS	OP	65.00	150.00

C. YATES
				STAR OF BETHLEHEM
1988	HOLY FAMILY, THE	OP	35.00	50.00
1989	SHEPHERDS IN THE FIELD	OP	35.00	54.00
1990	LED BY THE STAR	OP	38.00	50.00
1991	TIDINGS OF GREAT JOY	OP	38.00	50.00

C. YATES
				YATE'S COUNTRY LADIES
1981	ANGELICA	OP	75.00	110.00
1982	VIOLET	OP	75.00	110.00
1983	HEATHER	OP	75.00	110.00
1984	LAUREL	OP	75.00	110.00

MUSEUM COLLECTIONS INC.

N. ROCKWELL
				AMERICAN FAMILY I
1979	BABY'S FIRST STEP	9900	29.00	85.00
1979	BIRTHDAY PARTY	9900	29.00	38.00
1979	BRIDE AND GROOM	9900	29.00	38.00
1979	FIRST HAIRCUT	9900	29.00	40.00
1979	FIRST PROM	9900	29.00	40.00
1979	HAPPY BIRTHDAY DEAR MOTHER	9900	29.00	65.00
1979	LITTLE MOTHER	9900	29.00	45.00
1979	MOTHER'S LITTLE HELPERS	9900	29.00	38.00
1979	STUDENT, THE	9900	29.00	40.00
1979	SWEET SIXTEEN	9900	29.00	100.00
1979	WASHING OUR DOG	9900	29.00	40.00
1979	WRAPPING CHRISTMAS PRESENTS	9900	29.00	40.00

N. ROCKWELL
				AMERICAN FAMILY II
1980	ALMOST GROWN UP	22500	35.00	50.00
1980	COURAGEOUS HERO	22500	35.00	50.00
1980	GIVING THANKS	22500	35.00	50.00
1980	HOME RUN SLUGGER	22500	35.00	50.00
1980	LITTLE SALESMAN	22500	35.00	50.00
1980	LITTLE SHAVER	22500	35.00	50.00
1980	NEW ARRIVAL	22500	35.00	50.00
1980	SPACE PIONEERS	22500	35.00	50.00
1980	SWEET DREAMS	22500	35.00	50.00
1980	WE MISSED YOU DADDY	22500	35.00	50.00
1981	AT THE CIRCUS	22500	35.00	50.00
1981	GOOD FOOD, GOOD FRIENDS	22500	35.00	50.00

N. ROCKWELL
				CHRISTMAS
1979	DAY AFTER CHRISTMAS	YR	75.00	100.00
1980	CHECKING HIS LIST	YR	75.00	100.00
1981	RINGING IN GOOD CHEER	YR	75.00	100.00
1982	WAITING FOR SANTA	YR	75.00	100.00
1983	HIGH HOPES	YR	75.00	100.00
1984	SPACE AGE SANTA	YR	55.00	100.00

N. ROCKWELL GALLERY

N. ROCKWELL
				N. ROCKWELL CENTENNIAL
1993	COBBLER, THE	CL	40.00	60.00
1993	TOYMAKER, THE	CL	40.00	60.00

N. ROCKWELL
				ROCKWELL'S CHRISTMAS LEGACY
1992	SANTA'S WORKSHOP	CL	50.00	70.00
1993	MAKING A LIST	CL	50.00	60.00
1993	VISIONS OF SANTA	CL	55.00	65.00
1993	WHILE SANTA SLUMBERS	CL	55.00	60.00

NEWELL

S. STILWELL
				WEBER'S CALENDAR
1984	JULY	OP	19.00	19.00
1984	JUNE	OP	19.00	19.00
1985	AUGUST	OP	19.00	19.00
1985	NOVEMBER	OP	19.00	19.00
1985	OCTOBER	OP	19.00	19.00
1985	SEPTEMBER	OP	19.00	19.00
1986	APRIL	OP	19.00	25.00
1986	DECEMBER	OP	19.00	20.00
1986	FEBRUARY	OP	19.00	19.00

YR	NAME	LIMIT	ISSUE	TREND
1986	JANUARY	OP	19.00	19.00
1986	MARCH	OP	19.00	22.00
1986	MAY	OP	19.00	55.00

NOSTALGIA
L. CASIGA — HISPANIC COLLECTORS

1995	RINCONCITO CRIOLLO	12000	30.00	30.00

E. DIUZ — HISPANIC COLLECTORS

1995	LA GARITA	9000	30.00	30.00

J. FELLIN — HISPANIC COLLECTORS

1995	A LA LUZ DE MI BALCON	12000	30.00	30.00

OSIRIS PORCELAIN
N.N. BICHAY — LEGEND OF TUTANKHAMEN

1991	TUTANKHAMEN AND HIS PRINCESS	195 DAYS	40.00	45.00

PEMBERTON & OAKES
D. ZOLAN — ADVENTURES OF CHILDHOOD

1989	ALMOST HOME	RT	20.00	55.00
1989	CRYSTAL'S CREEK	RT	20.00	40.00
1989	SUMMER SUDS	RT	22.00	45.00
1990	SNOWY ADVENTURE	RT	22.00	50.00
1991	FORESTS & FAIRY TALES	RT	24.00	50.00

D. ZOLAN — ANNIVERSARY (10TH)

1988	RIBBONS AND ROSES	RT	24.00	45.00

D. ZOLAN — BEST OF ZOLAN IN MINIATURE

1985	SABINA IN THE GRASS	RT	12.00	119.00
1986	ERIK AND DANDELION	RT	12.00	90.00
1986	TENDER MOMENT	RT	12.00	87.00
1986	TOUCHING THE SKY	RT	12.00	75.00
1987	A GIFT FOR LAURIE	RT	12.00	67.00
1987	SMALL WONDER	RT	12.00	64.00

D. ZOLAN — CHILDHOOD DISCOVERIES (MINIATURE)

1990	AUTUMN LEAVES	RT	14.00	35.00
1990	COLORS OF SPRING	RT	14.00	40.00
1990	FIRST KISS	RT	14.00	55.00
1991	ENCHANTED FOREST	RT	17.00	35.00
1991	JUST DUCKY	RT	17.00	30.00
1991	RAINY DAY PALS	RT	17.00	35.00
1992	DOUBLE TROUBLE	RT	17.00	35.00
1993	PEPPERMINT KISS	RT	17.00	30.00
1995	TENDER HEARTS	RT	17.00	17.00

D. ZOLAN — CHILDHOOD FRIENDSHIP

1986	BEACH BREAK	RT	19.00	50.00
1987	LITTLE ENGINEERS	RT	19.00	60.00
1988	DOZENS OF DAISIES	RT	19.00	35.00
1988	SHARING SECRETS	RT	19.00	50.00
1989	TINY TREASURES	RT	19.00	50.00
1990	COUNTRY WALK	RT	19.00	35.00

D. ZOLAN — CHILDREN AND PETS

1984	GOLDEN MOMENT	RT	19.00	50.00
1984	TENDER MOMENT	RT	19.00	60.00
1985	MAKING FRIENDS	RT	19.00	40.00
1985	TENDER BEGINNING	RT	19.00	40.00
1986	BACKYARD DISCOVERY	RT	19.00	40.00
1986	WAITING TO PLAY	RT	19.00	40.00

D. ZOLAN — CHILDREN AT CHRISTMAS

1981	A GIFT FOR LAURIE	RT	48.00	100.00
1982	CHRISTMAS PRAYER	RT	48.00	70.00
1983	ERIK'S DELIGHT	RT	48.00	80.00
1984	CHRISTMAS SECRET	RT	48.00	80.00
1985	CHRISTMAS KITTEN	RT	48.00	80.00
1986	LAURIE AND THE CRECHE	RT	48.00	80.00

D. ZOLAN — CHRISTMAS

1991	CANDLELIGHT MAGIC	RT	25.00	55.00

D. ZOLAN — CHRISTMAS (MINIATURE)

1993	SNOWY ADVENTURE	RT	17.00	25.00
1994	CANDLELIGHT MAGIC	RT	17.00	17.00

D. ZOLAN — EASTER (MINIATURE)

1991	EASTER MORNING	RT	17.00	35.00

D. ZOLAN — FATHER'S DAY

1986	DADDY'S HOME	RT	19.00	100.00

D. ZOLAN — FATHER'S DAY (MINIATURE)

1994	TWO OF A KIND	RT	17.00	25.00

D. ZOLAN — GRANDPARENT'S DAY

1990	IT'S GRANDMA & GRANDPA	RT	24.00	50.00
1993	GRANDPA'S FENCE	RT	24.00	35.00

D. ZOLAN — HEIRLOOM OVALS

1992	MY KITTY	RT	19.00	40.00

D. ZOLAN — MEMBERS ONLY SINGLE ISSUE (MINIATURE)

1990	BY MYSELF	RT	14.00	60.00
1993	SUMMER'S CHILD	RT	17.00	30.00
1994	LITTLE SLUGGER	CL	17.00	17.00

D. ZOLAN — MEMBERSHIP (MINIATURE)

1987	FOR YOU	RT	12.00	75.00
1988	MAKING FRIENDS	RT	12.00	75.00
1989	GRANDMA'S GARDEN	RT	12.00	65.00
1990	A CHRISTMAS PRAYER	RT	14.00	45.00

YR	NAME	LIMIT	ISSUE	TREND
1991	GOLDEN MOMENT	RT	15.00	35.00
1992	BROTHERLY LOVE	RT	15.00	50.00
1993	NEW SHOES	RT	17.00	35.00
1994	MY KITTY	RT	*	30.00

D. ZOLAN — MOMENTS TO REMEMBER (MINIATURE)

YR	NAME	LIMIT	ISSUE	TREND
1992	ALMOST HOME	RT	17.00	25.00
1992	JUST WE TWO	RT	17.00	35.00
1993	FOREST FRIENDS	RT	17.00	25.00
1993	TINY TREASURES	RT	17.00	25.00

D. ZOLAN — MOTHER'S DAY

YR	NAME	LIMIT	ISSUE	TREND
1988	MOTHER'S ANGELS	RT	19.00	65.00

D. ZOLAN — MOTHER'S DAY (MINIATURE)

YR	NAME	LIMIT	ISSUE	TREND
1990	FLOWERS FOR MOTHER (MOTHER'S DAY)	RT	14.00	45.00
1992	TWILIGHT PRAYER (MOTHER'S DAY)	RT	17.00	35.00
1993	JESSICA'S FIELD	RT	17.00	35.00
1994	ONE SUMMER DAY	RT	17.00	25.00

R. ANDERSON — NUTCRACKER II

YR	NAME	LIMIT	ISSUE	TREND
1988	ROYAL WELCOME, THE	RT	24.00	40.00

S. FISHER — NUTCRACKER II

YR	NAME	LIMIT	ISSUE	TREND
1981	GRAND FINALE	RT	24.00	35.00
1982	ARABIAN DANCERS	RT	24.00	65.00
1983	DEW DROP FAIRY	RT	24.00	55.00
1984	CLARA'S DELIGHT	RT	24.00	50.00
1985	BEDTIME FOR NUTCRACKER	RT	24.00	45.00
1986	CROWNING OF CLARA, THE	RT	24.00	40.00

M. VICKERS — NUTCRACKER II

YR	NAME	LIMIT	ISSUE	TREND
1989	SPANISH DANCER, THE	RT	24.00	45.00

D. ZOLAN — NUTCRACKER II

YR	NAME	LIMIT	ISSUE	TREND
1987	DANCE OF THE SNOWFLAKES	RT	24.00	45.00

D. ZOLAN — PLAQUES

YR	NAME	LIMIT	ISSUE	TREND
1991	FLOWERS FOR MOTHER	RT	17.00	25.00
1991	NEW SHOES	RT	19.00	30.00
1992	EASTER MORNING	RT	19.00	25.00
1992	GRANDMA'S GARDEN	RT	19.00	25.00
1992	SMALL WONDER	RT	19.00	25.00

D. ZOLAN — SINGLE ISSUE

YR	NAME	LIMIT	ISSUE	TREND
1993	WINTER FRIENDS	RT	19.00	35.00

D. ZOLAN — SINGLE ISSUE (MINIATURE)

YR	NAME	LIMIT	ISSUE	TREND
1986	BACKYARD DISCOVERY	RT	12.00	110.00
1986	DADDY'S HOME	RT	12.00	650.00
1989	MY PUMPKIN	RT	14.00	60.00
1989	SUNNY SURPRISE	RT	12.00	60.00
1991	BACKYARD BUDDIES	RT	17.00	35.00
1991	THINKER, THE	RT	17.00	35.00
1993	QUIET TIME	RT	17.00	40.00
1994	LITTLE FISHERMAN	RT	17.00	25.00

D. ZOLAN — SINGLE ISSUE BONE CHINA (MINIATURE)

YR	NAME	LIMIT	ISSUE	TREND
1992	WINDOWS OF DREAMS	RT	19.00	25.00

D. ZOLAN — SINGLE ISSUE DAY TO DAY SPODE

YR	NAME	LIMIT	ISSUE	TREND
1991	DAISY DAYS	RT	48.00	50.00

D. ZOLAN — SPECIAL MOMENTS

YR	NAME	LIMIT	ISSUE	TREND
1988	BROTHERLY LOVE	RT	19.00	90.00
1988	SUNNY SURPRISE	RT	19.00	40.00
1989	SISTERLY LOVE	RT	22.00	35.00
1989	SUMMER'S CHILD	RT	22.00	45.00
1990	CONE FOR TWO	RT	25.00	50.00
1990	MEADOW MAGIC	RT	22.00	40.00
1990	RODEO GIRL	RT	25.00	40.00

D. ZOLAN — THANKSGIVING

YR	NAME	LIMIT	ISSUE	TREND
1981	I'M THANKFUL TOO	RT	19.00	85.00

D. ZOLAN — THANKSGIVING (MINIATURE)

YR	NAME	LIMIT	ISSUE	TREND
1993	I'M THANKFUL TOO	RT	17.00	25.00

D. ZOLAN — TIMES TO TREASURE BONE CHINA (MINIATURE)

YR	NAME	LIMIT	ISSUE	TREND
1993	GARDEN SWING	RT	17.00	30.00
1993	LITTLE TRAVELER	RT	17.00	30.00
1994	SEPTEMBER GIRL	RT	17.00	40.00
1994	SUMMER GARDEN	RT	17.00	40.00

D. ZOLAN — WONDER OF CHILDHOOD

YR	NAME	LIMIT	ISSUE	TREND
1982	TOUCHING THE SKY	RT	19.00	60.00
1983	SPRING INNOCENCE	RT	19.00	100.00
1984	WINTER ANGEL	RT	22.00	85.00
1985	SMALL WONDER	RT	22.00	65.00
1986	GRANDMA'S GARDEN	RT	22.00	45.00
1987	DAY DREAMER	RT	22.00	45.00

D. ZOLAN — YESTERDAY'S CHILDREN (MINIATURE)

YR	NAME	LIMIT	ISSUE	TREND
1994	LITTLE FRIENDS	RT	17.00	30.00
1994	SEASIDE TREASURES	RT	17.00	30.00

D. ZOLAN — ZOLAN'S CHILDREN

YR	NAME	LIMIT	ISSUE	TREND
1978	ERIK AND DANDELION	RT	19.00	120.00

PFALTZGRAFF

B.B. RICHARDS

YR	NAME	LIMIT	ISSUE	TREND
1993	LITTLEST ANGEL	5000	19.00	23.00
1994	CHRISTMAS TRADITION	10000	15.00	18.00
1994	HARVEST MEMORIES	10000	15.00	18.00

YR	NAME	LIMIT	ISSUE	TREND

PICKARD

BOTTICELLI — ANNUAL CHRISTMAS

1979	ADORATION OF THE MAGI	10000	70.00	100.00

MEMLING — ANNUAL CHRISTMAS

1981	MADONNA AND CHILD WITH ANGELS	10000	90.00	125.00

RAPHAEL — ANNUAL CHRISTMAS

1976	ALBA MADONNA	7500	60.00	400.00

SODOMA — ANNUAL CHRISTMAS

1980	MADONNA AND CHILD	10000	80.00	125.00

G. DAVID — ANNUAL CHRISTMAS

1978	REST ON FLIGHT INTO EGYPT	10000	65.00	175.00

L. LOTTO — ANNUAL CHRISTMAS

1977	NATIVITY, THE	7500	65.00	200.00

J. SANCHEZ — CHILDREN OF MEXICO

1981	MARIA	5000	85.00	225.00
1981	MIGUEL	5000	85.00	120.00
1982	REGINA	5000	90.00	120.00
1983	RAPHAEL	5000	90.00	120.00

* — GEMS OF NATURE: HUMMINGBIRDS

1989	RUBY-THROATED HUMMINGBIRD	CL	29.00	55.00
1990	BLACK-CHINNED HUMMINGBIRD	CL	32.00	60.00
1990	BROAD-BILLED HUMMINGBIRD	CL	32.00	40.00
1990	CALLIOPE HUMMINGBIRD	CL	32.00	50.00
1990	RUFOUS HUMMINGBIRD	CL	29.00	50.00
1991	ANNA'S HUMMINGBIRD/PETUNIAS	CL	34.00	50.00
1991	COSTA'S HUMMINGBIRD & HOLLYHOCKS	CL	34.00	50.00
1991	WHITE-EARED HUMMINGBIRD	CL	32.00	44.00

* — HAWAIIAN SPLENDOR

1992	AN EVENING IN THE ISLANDS	CL	34.00	50.00
1992	COASTAL HARMONY	CL	34.00	52.00
1992	TROPICAL ENCHANTMENT	CL	34.00	37.00
1992	TWILIGHT PARADISE	CL	34.00	55.00

* — HOLIDAY TRADITIONS

1992	CHRISTMAS HOMECOMING	CL	29.00	45.00
1992	QUIET UNDER THE EAVES	CL	29.00	65.00
1993	HEART OF CHRISTMAS, THE	CL	29.00	29.00
1993	SNOWS OF YESTERYEAR	CL	29.00	30.00

* — INNOCENT ENCOUNTERS

1988	JUST PASSING BY	CL	34.00	50.00
1988	MAKING FRIENDS	CL	34.00	55.00
1989	EYE TO EYE	CL	34.00	60.00
1989	LET'S PLAY	CL	34.00	60.00

J. LOCKHART — LOCKHART WILDLIFE

1970	WOODCOCK/RUFFED GROUSE, PAIR	2000	150.00	550.00
1971	TEAL/MALLARD, PAIR	2000	150.00	325.00
1972	MOCKINGBIRD/CARDINAL, PAIR	2000	163.00	300.00
1973	TURKEY/PHEASANT, PAIR	2000	163.00	350.00
1974	AMERICAN BALD EAGLE	2000	150.00	1000.00
1975	WHITE TAILED DEER	2500	100.00	250.00
1976	AMERICAN BUFFALO	2500	165.00	300.00
1977	GREAT HORNED OWL	2500	100.00	200.00
1978	AMERICAN PANTHER	2000	175.00	350.00
1979	RED FOXES	2500	120.00	175.00
1980	TRUMPETER SWAN	2000	200.00	300.00

I. SPENCER — MOTHER'S LOVE

1980	MIRACLE	7500	95.00	100.00
1981	STORY TIME	7500	110.00	110.00
1982	FIRST EDITION	7500	115.00	120.00
1983	PRECIOUS MOMENT	7500	120.00	200.00

D. SWEET — ROMANTIC CASTLES OF EUROPE

1990	LUDWIG'S CASTLE	19500	55.00	80.00
1991	DAVINCI'S CHAMBORD	19500	55.00	80.00
1991	EILEAN DONAN	19500	55.00	80.00
1991	LEGENDARY CASTLE OF LEEDS, THE	19500	55.00	80.00
1991	PALACE OF THE MOORS	19500	55.00	80.00
1991	SWISS ISLE FORTRESS	19500	55.00	80.00
1992	ELTZ CASTLE	19500	55.00	80.00
1992	KYLEMORE ABBEY	19500	55.00	80.00

I. SPENCER — SYMPHONY OF ROSES

1982	WILD IRISH ROSE	10000	85.00	120.00
1983	YELLOW ROSE OF TEXAS	10000	90.00	125.00
1984	HONEYSUCKLE ROSE	10000	95.00	140.00
1985	ROSE OF WASHINGTON SQUARE	10000	100.00	300.00

PORSGRUND

G. BRATILE — CHRISTMAS (ANNUAL)

1968	CHURCH SCENE	UD	12.00	300.00
1969	THREE KINGS	UD	12.00	30.00
1970	ROAD TO BETHLEHEM	UD	12.00	30.00
1971	A CHILD IS BORN	UD	12.00	30.00
1972	HARK THE HERALD ANGELS	UD	12.00	30.00
1973	PROMISE OF THE SAVIOR	UD	12.00	30.00
1974	SHEPHERDS, THE	UD	15.00	75.00
1975	ROAD TO TEMPLE	UD	20.00	20.00
1976	JESUS AND THE ELDERS	UD	22.00	26.00
1977	DRAUGHT OF THE FISH	UD	24.00	40.00

YR	NAME	LIMIT	ISSUE	TREND

PORTERFIELD'S

R. ANDERS — CHRISTMAS

| 1998 | A VISIT TO SANTA | 10 DAYS | 17.00 | 42.00 |

R. ANDERS — FATHER'S DAY

| 1997 | COOKIES FOR DADDY | 19 DAYS | 17.00 | 80.00 |

R. ANDERS — HALLOWEEN

| 1997 | SPOOKY STORIES | SO | 17.00 | 38.00 |

R. ANDERS — MOMENTS OF WONDER

1996	DIGGING IN	19 DAYS	17.00	44.00
1996	FIRST LOVE	CL	17.00	65.00
1996	SAFE HARBOR	SO	17.00	40.00
1996	TIME OUT	SO	17.00	52.00
1997	SWEET DREAMS	SO	17.00	34.00
1997	TWO BITES TO GO	SO	17.00	40.00

R. ANDERS — MOTHER'S DAY

| 1998 | TUCKED IN | 10 DAYS | 17.00 | 17.00 |
| 1999 | JUST LIKE MOMMY | 10 DAYS | 17.00 | 17.00 |

R. ANDERS — ROB ANDERS COLLECTORS SOCIETY

1997	SHORT STORIES	YR	19.00	110.00
1998	CUDDLING UP	YR	19.00	42.00
1999	FIRST LOOK	YR	19.00	19.00

R. ANDERS — TREASURES OF THE HEART

1997	IN GOOD HANDS	SO	17.00	34.00
1998	BUBBLES AWAY	10 DAYS	17.00	30.00
1998	LAZY DAYS	10 DAYS	17.00	17.00
1998	MR. MUSCLES	10 DAYS	17.00	28.00
1998	PICTURE PERFECT	10 DAYS	17.00	17.00
1999	TEDDY & ME	10 DAYS	17.00	17.00

PRECIOUS ARTS PLATES

G. PERILLO — ONE IN THE SPIRIT

1989	MAI LAI	RT	35.00	35.00
1989	MARTIN	RT	35.00	35.00
1989	MICHAEL	RT	35.00	35.00
1989	MOON GLOW	RT	35.00	35.00
1989	MY SANTA	RT	35.00	35.00

PRINCETON GALLERY

K. MCELROY

| 1995 | UNICORN BY THE SEA, THE | 95 DAYS | 30.00 | 30.00 |

J. VAN ZYLE — ARCTIC WOLVES

| 1991 | SONG OF THE WILDERNESS | CL | 30.00 | 30.00 |
| 1992 | IN THE EYE OF THE MOON | CL | 30.00 | 30.00 |

R. SANDERSON — CIRCUS FRIENDS COLLECTION

1989	DON'T BE SHY	*	30.00	30.00
1990	CHEER UP MR. CLOWN	*	30.00	30.00
1990	LOOKS LIKE RAIN	*	30.00	30.00
1990	MAKE ME A CLOWN	*	30.00	30.00

Q. LEMOND — CUBS OF THE BIG CATS

1990	COUGAR CUB	*	30.00	40.00
1991	CHEETAH	CL	30.00	40.00
1991	LION CUB	CL	30.00	40.00
1991	SNOW LEOPARD	CL	30.00	40.00
1991	TIGER	CL	30.00	40.00
1992	LYNX CUB	CL	30.00	40.00
1992	WHITE TIGER CUB	CL	30.00	40.00

L. PICKEN — DARLING DALMATIANS

| 1991 | DALMATIAN | CL | 30.00 | 30.00 |
| 1992 | FIREHOUSE FROLIC | CL | 30.00 | 30.00 |

R. SANDERSON — ENCHANTED WORLD OF THE UNICORN

1991	RAINBOW VALLEY	CL	30.00	40.00
1992	ENCHANTED SHORES	CL	30.00	40.00
1992	HIDDEN GLADE OF UNICORN	CL	30.00	40.00
1992	JOYFUL MEADOW OF UNICORN	CL	30.00	40.00
1992	MISTY HILLS OF UNICORN	CL	30.00	40.00
1992	SECRET GARDEN OF UNICORN	CL	30.00	40.00
1992	SPRINGTIME PASTURE OF UNICORN	CL	30.00	40.00
1992	TROPICAL PARADISE OF UNICORN	CL	30.00	40.00

R.J. ERNST ENTERPRISES

S. MORTON — BEAUTIFUL WORLD

1981	TAHITIAN DREAMER	RT	28.00	50.00
1982	FLIRTATION	RT	28.00	50.00
1984	ELKE OF OSLO	RT	28.00	50.00

S. KUHNLY — CLASSY CARS

1982	26T, THE	RT	25.00	50.00
1982	31A, THE	RT	25.00	45.00
1983	PICKUP, THE	RT	25.00	45.00
1984	PANEL VAN	RT	25.00	45.00

S. MORTON — COMMEMORATIVES

1981	JOHN LENNON	RT	40.00	160.00
1982	MARILYN MONROE	RT	40.00	80.00
1983	JUDY GARLAND	RT	40.00	100.00
1984	JOHN WAYNE	RT	40.00	80.00

S. MORTON — ELVIRA

1988	MISTRESS OF THE DARK	RT	30.00	50.00
1988	NIGHT ROSE	CL	30.00	50.00
1988	RED VELVET	RT	30.00	50.00

"Bah Humbug" *says old Mr. Scrooge to Tiny Tim. The Disney plate is from the "Mickey's Christmas Carol" series distributed by The Bradford Exchange.*

Good Mooood! *is from the Farm Animal Collection by Denise Calisti and was issued in 1996 for DianaArt, Waldorf, Md.*

Zhivago and Lara *share a brisk outing in this first issue in the Dr. Zhivago collection. Issued by W.S. George in 1990, production was limited to 150 days.*

Evening Retreat *is from the "Retreat" series by Terry Redlin, produced by Hadley Companies.*

YR	NAME	LIMIT	ISSUE	TREND
S. MORTON			**ELVIS PRESLEY**	
1988	ELVIS PRESLEY	RT	40.00	80.00
1988	FOREVER YOURS	RT	40.00	90.00
1988	MOODY BLUES	RT	40.00	80.00
1989	ELVIS PRESLEY- SPECIAL REQUEST	RT	150.00	275.00
S. MORTON			**ELVIS REMEMBERED**	
1989	EARLY YEARS	CL	38.00	90.00
1989	KING, THE	CL	38.00	100.00
1989	LOVING YOU	CL	38.00	90.00
1989	ROCKIN' IN THE MOONLIGHT	CL	38.00	90.00
1989	TENDERLY	RT	38.00	90.00
S. MORTON			**HOLLYWOOD GREATS**	
1981	GARY COOPER	RT	30.00	50.00
1981	JOHN WAYNE	RT	30.00	75.00
1982	CLARK GABLE	RT	30.00	75.00
1984	ALAN LADD	RT	30.00	50.00
S. MORTON			**HOLLYWOOD, WALK OF FAME**	
1989	ELIZABETH TAYLOR	RT	40.00	70.00
1989	JIMMY STEWART	RT	40.00	70.00
1989	JOAN COLLINS	RT	40.00	70.00
1989	TOM SELLECK	RT	40.00	70.00
1990	BURT REYNOLDS	RT	40.00	70.00
1990	SYLVESTER STALLONE	RT	40.00	70.00
S. MORTON			**REPUBLIC PICTURES LIBRARY**	
1991	ATTACK AT TARAWA	RT	38.00	40.00
1991	RIDE HOME, THE	RT	38.00	40.00
1991	SHOWDOWN WITH LAREDO	RT	38.00	40.00
1991	THOUGHTS OF ANGELIQUE	RT	38.00	60.00
1992	ANGEL AND THE BADMAN	RT	38.00	40.00
1992	FLIGHTING SEABEES, THE	RT	38.00	40.00
1992	WAR OF THE WILDCATS	RT	38.00	60.00
1993	FLYING TIGERS	RT	38.00	60.00
1993	SANDS OF IWO JIMA	RT	38.00	60.00
1993	TRIBUTE, THE 12 IN.	RT	98.00	100.00
1994	TRIBUTE, THE 8 1/4 IN.	9500	30.00	30.00
R. MONEY			**SEEMS LIKE YESTERDAY**	
1981	STOP & SMELL THE ROSES	RT	25.00	50.00
1982	HOME BY LUNCH	RT	25.00	50.00
1982	LISA'S CREEK	RT	25.00	50.00
1983	IT'S GOT MY NAME ON IT	RT	25.00	50.00
1983	MY MAGIC HAT	RT	25.00	50.00
1984	LITTLE PRINCE	RT	25.00	50.00
S. MORTON			**STAR TREK**	
1984	MR. SPOCK	RT	30.00	70.00
1985	BEAM US DOWN SCOTTY	RT	30.00	50.00
1985	CAPTAIN KIRK	RT	30.00	60.00
1985	CHEKOV	RT	30.00	50.00
1985	DR. MCCOY	RT	30.00	60.00
1985	ENTERPRISE, THE	RT	40.00	105.00
1985	SCOTTY	RT	30.00	50.00
1985	SULU	RT	30.00	50.00
1985	UHURA	RT	30.00	55.00
S. MORTON		**STAR TREK: COMMEMORATIVE COLLECTION**		
1987	A PIECE OF THE ACTION	RT	30.00	110.00
1987	AMOK TIME	RT	30.00	105.00
1987	CITY ON THE EDGE OF FOREVER, THE	RT	30.00	210.00
1987	DEVIL IN THE DARK, THE	RT	30.00	105.00
1987	JOURNEY TO BABEL	RT	30.00	145.00
1987	MENAGERIE, THE	RT	30.00	130.00
1987	MIRROR, MIRROR	RT	30.00	180.00
1987	TROUBLE WITH TRIBBLES, THE	RT	30.00	100.00
R. MONEY			**TURN OF THE CENTURY**	
1981	RIVERBOAT HONEYMOON	RT	35.00	40.00
1982	CHILDREN'S CAROUSEL	RT	35.00	40.00
1984	FLOWER MARKET	RT	35.00	40.00
1985	BALLOON RACE	RT	35.00	40.00
D. PUTNAM			**WOMEN OF THE WEST**	
1979	EXPECTATIONS	RT	40.00	60.00
1981	SILVER DOLLAR SAL	RT	40.00	60.00
1982	SCHOOL MARM	RT	40.00	60.00
1983	DOLLY	RT	40.00	60.00

RAYMON TROUP STUDIO

YR	NAME	LIMIT	ISSUE	TREND
W. RAYMON		**AMERICAN LANDMARKS COLLECTION**		
1995	IVY GREEN	1500	40.00	40.00
1995	OLD MILL, THE	1500	40.00	40.00
W.R. TROUP			**ANGELS**	
1998	SNOW BUBBLES	OP	70.00	70.00
1998	STAR LIGHT, STAR BRIGHT	OP	70.00	70.00

RECO INTERNATIONAL

YR	NAME	LIMIT	ISSUE	TREND
A. MALEY		**ALAN MALEY'S PAST IMPRESSIONS**		
1999	ELEGANT AFFAIR	95 DAYS	30.00	30.00
1999	ROMANTIC ENGAGEMENT	95 DAYS	30.00	30.00
1999	SECRET THOUGHTS	95 DAYS	30.00	30.00
1999	SUMMER ROMANCE	95 DAYS	30.00	30.00
S. DEVLIN			**AMERICANA**	
1972	GASPEE INCIDENT	RT	200.00	350.00

YR	NAME	LIMIT	ISSUE	TREND
B. FARNSWORTH				
			AMISH TRADITIONS	
1994	FAMILY OUTING	CL	30.00	30.00
1994	GOLDEN HARVEST	CL	30.00	30.00
1994	QUILTING BEE, THE	CL	30.00	30.00
1995	LAST DAY OF SCHOOL	CL	30.00	30.00
S. KUCK			**BAREFOOT CHILDREN**	
1987	GOLDEN AFTERNOON	RT	30.00	40.00
1987	NIGHT-TIME STORY	RT	30.00	40.00
1988	CAROUSEL MAGIC	RT	30.00	50.00
1988	GRANDMA'S TRUNK	RT	30.00	40.00
1988	LITTLE SWEETHEARTS	RT	30.00	40.00
1988	PRETTY AS A PICTURE	RT	30.00	40.00
1988	REHEARSAL, THE	RT	30.00	40.00
1988	UNDER THE APPLE TREE	RT	30.00	40.00
J. MCCLELLAND			**BECKY'S DAY**	
1985	AWAKENING	CL	25.00	30.00
1985	GETTING DRESSED	RT	25.00	35.00
1986	BREAKFAST	RT	28.00	35.00
1986	EVENING PRAYER	RT	28.00	45.00
1986	LEARNING IS FUN	RT	28.00	40.00
1986	MUFFIN MAKING	RT	28.00	40.00
1986	TUB TIME	CL	28.00	40.00
G. RATNAVIRA			**BIRDS OF THE HIDDEN FOREST**	
1994	MACAW WATERFALL	CL	30.00	30.00
1994	PARADISE VALLEY	CL	30.00	30.00
1995	TOUCAN TREASURE	96 DAYS	30.00	30.00
*			**BOHEMIAN ANNUALS**	
1974	1974	RT	130.00	160.00
1975	1975	RT	140.00	160.00
1976	1976	RT	150.00	160.00
R. LEE			**CARNIVAL COLLECTION**	
1998	CLOWN AIR	2500	30.00	30.00
1998	HORSIN'	2500	30.00	30.00
1998	RUNAWAY TRAIN	2500	30.00	30.00
1998	WHEELIN	2500	30.00	30.00
J. BERGSMA			**CASTLES & DREAMS**	
1992	BIRTH OF A DREAM, THE	CL	30.00	30.00
1992	DREMAS COME TRUE	CL	30.00	30.00
1993	BELIEVE IN YOUR DREAMS	CL	30.00	30.00
1994	FOLLOW YOUR DREAMS	CL	30.00	30.00
J. HALL			**CELEBRATION OF LOVE**	
1992	10TH ANNIVERSARY (6 1/2 IN.)	OP	25.00	30.00
1992	10TH ANNIVERSARY (9 1/4 IN.)	OP	35.00	40.00
1992	25TH ANNIVERSARY (6 1/2 IN.)	OP	25.00	30.00
1992	25TH ANNIVERSARY (9 1/4 IN.)	OP	35.00	40.00
1992	50TH ANNIVERSARY (6 1/2 IN.)	OP	25.00	30.00
1992	50TH ANNIVERSARY (9 1/4 IN.)	OP	35.00	40.00
1992	HAPPY ANNIVERSARY (6 1/2 IN.)	OP	25.00	30.00
1992	HAPPY ANNIVERSARY (9 1/4 IN.)	OP	35.00	40.00
S. KUCK			**CHILDHOOD ALMANAC**	
1985	BE MINE-FEBRUARY	RT	30.00	40.00
1985	CHRISTMAS MAGIC-DECEMBER	RT	35.00	50.00
1985	EASTER MORNING-APRIL	RT	30.00	50.00
1985	FIRESIDE DREAMS-JANUARY	RT	30.00	50.00
1985	FOR MOM-MAY	RT	30.00	40.00
1985	GIVING THANKS-NOVEMBER	RT	30.00	40.00
1985	INDIAN SUMMER-OCTOBER	RT	30.00	40.00
1985	JUST DREAMING-JUNE	RT	30.00	50.00
1985	SCHOOL DAYS-SEPTEMBER	RT	30.00	50.00
1985	STAR SPANGLED SKY-JULY	RT	30.00	40.00
1985	SUMMER SECRETS-AUGUST	RT	30.00	50.00
1985	WINDS OF MARCH-MARCH	RT	30.00	40.00
S. KUCK			**CHILDREN'S CHRISTMAS PAGEANT**	
1986	SILENT NIGHT	RT	33.00	60.00
1987	HARK THE HERALD ANGELS SING	RT	33.00	60.00
1988	WHILE SHEPHERDS WATCHED...	RT	33.00	60.00
1989	WE THREE KINGS	YR	33.00	60.00
J. MCCLELLAND			**CHILDREN'S GARDEN**	
1993	GARDEN FRIENDS	RT	30.00	30.00
1993	PUPPY LOVE	RT	30.00	30.00
1993	TEA FOR THREE	RT	30.00	30.00
S. KUCK			**CHRISTENING GIFT**	
1995	GOD'S GIFT	OP	30.00	30.00
J. BERGSMA			**CHRISTMAS SERIES**	
1990	DOWN THE GLISTENING LANE	RT	35.00	30.00
1991	A CHILD IS BORN	RT	35.00	30.00
1992	CHRISTMAS DAY	RT	35.00	30.00
J. BERGSMA			**CHRISTMAS WISHES**	
1993	I WISH YOU AN ANGEL	75 DAYS	30.00	30.00
1994	I WISH YOU LOVE	CL	30.00	30.00
1995	I WISH YOU JOY	75 DAYS	30.00	30.00
R. LEE			**CLOWNING AROUND**	
1999	ALMOST THERE	5000	30.00	30.00
1999	BEWARE OF SNAKES	5000	30.00	30.00
1999	CROSSING	5000	30.00	30.00
1999	ON THE EDGE	5000	30.00	30.00

YR	NAME	LIMIT	ISSUE	TREND
S. KUCK				
				DAYS GONE BY
1983	AMY'S MAGIC HORSE	RT	30.00	75.00
1983	SUNDAY BEST	RT	30.00	100.00
1984	AFTERNOON RECITAL	RT	30.00	80.00
1984	EASTER AT GRANDMA'S	RT	30.00	60.00
1984	LITTLE ANGLERS	RT	30.00	75.00
1984	LITTLE TUTOR	RT	30.00	60.00
1985	MORNING SONG	RT	30.00	50.00
1985	SURREY RIDE, THE	RT	30.00	55.00
*				
				DRESDEN CHRISTMAS
1971	SHEPHERD SCENE	RT	15.00	50.00
1972	NIKLAS CHURCH	RT	15.00	30.00
1973	SCHWANSTEIN CHURCH	RT	18.00	40.00
1974	VILLAGE SCENE	RT	20.00	30.00
1975	ROTHENBURG SCENE	RT	24.00	30.00
1976	VILLAGE CHURCH	RT	26.00	40.00
1977	OLD MILL (ISSUE CLOSED)	RT	28.00	30.00
*				
				DRESDEN MOTHER'S DAY
1972	DOE AND FAWN	RT	15.00	20.00
1973	MARE AND COLT	RT	16.00	30.00
1974	TIGER AND CUB	RT	20.00	25.00
1975	DACHSHUNDS	RT	24.00	30.00
1976	OWL AND OFFSPRING	RT	26.00	30.00
1977	CHAMOIS (ISSUE CLOSED)	RT	28.00	30.00
*				
				ELVIS PRESLEY-GRACELAND
1999	JUNGLE ROOM	*	50.00	50.00
1999	MANSION FOYER	*	50.00	50.00
S. KUCK				
				ENCHANTED GARDENS
1999	WILDFLOWERS OF LOVE	95 DAYS	33.00	33.00
C. HOPKINS				
				ENCHANTED NORFIN TROLLS
1993	TROLL AND HIS DRAGON, THE	RT	20.00	20.00
1993	TROLL MAIDEN	RT	20.00	20.00
1993	WIZARD TROLL, THE	RT	20.00	20.00
1994	CHEF LE TROLL	RT	20.00	20.00
1994	IF TROLLS COULD FLY	RT	20.00	20.00
1994	MINSTREL TROLL	RT	20.00	20.00
1994	QUEEN OF THE TROLLS	RT	20.00	20.00
1994	TROLL IN SHINNING ARMOR	RT	20.00	20.00
S. KUCK				
				EVERLASTING FRIENDS
1998	SHARING STORIES	95 DAYS	30.00	30.00
C.M. BARKER				
				FLOWER FAIRIES YEAR COLLECTION
1990	PINE TREE FAIRY, THE	RT	30.00	30.00
1990	RED CLOVER FAIRY, THE	RT	30.00	30.00
1990	ROSE HIP FAIRY, THE	RT	30.00	30.00
1990	WILD CHERRY BLOSSOM FAIRY, THE	RT	30.00	30.00
J. POLUSZYNSKI				
				FOUR SEASONS
1973	FALL	RT	50.00	75.00
1973	SPRING	RT	50.00	75.00
1973	SUMMER	RT	50.00	75.00
1973	WINTER	RT	50.00	75.00
*				
				FURSTENBERG CHRISTMAS
1971	RABBITS	RT	15.00	30.00
1972	SNOWY VILLAGE	RT	15.00	20.00
1973	CHRISTMAS EVE	RT	18.00	40.00
1974	SPARROWS	RT	20.00	30.00
1975	DEER FAMILY	RT	22.00	30.00
1976	WINTER BIRDS	RT	25.00	30.00
E. GROSSBERG				
				FURSTENBERG DELUXE CHRISTMAS
1971	WISE MEN	RT	45.00	50.00
1972	HOLY FAMILY	RT	45.00	50.00
1973	CHRISTMAS EVE	RT	60.00	85.00
*				
				FURSTENBERG EASTER
1971	SHEEP	RT	15.00	160.00
1972	CHICKS	RT	15.00	65.00
1973	BUNNIES	RT	16.00	85.00
1974	PUSSYWILLOW	RT	20.00	40.00
1975	EASTER WINDOW	RT	22.00	30.00
1976	FLOWER COLLECTING	RT	25.00	30.00
*				
				FURSTENBERG MOTHER'S DAY
1972	HUMMINGBIRDS, FE	RT	15.00	50.00
1973	HEDGEHOGS	RT	16.00	40.00
1974	DOE AND FAWN	RT	20.00	30.00
1975	SWANS	RT	22.00	30.00
1976	KOALA BEARS	RT	25.00	40.00
J. POLUSZYNSKI				
				FURSTENBERG OLYMPIC
1972	MUNICH	RT	20.00	75.00
1976	MONTREAL	RT	38.00	40.00
S. KUCK				
				GAMES CHILDREN PLAY
1979	ME FIRST	RT	45.00	80.00
1980	FOREVER BUBBLES	RT	45.00	80.00
1981	SKATING PALS	RT	45.00	80.00
1982	JOIN ME	10000	45.00	75.00
D. BARLOWE				
				GARDENS OF AMERICA
1992	COLONIAL SPLENDOR	CL	30.00	30.00
D. BARLOWE				
				GARDENS OF BEAUTY
1988	DUTCH COUNTRY GARDEN	RT	30.00	45.00
1988	ENGLISH COUNTRY GARDEN	RT	30.00	45.00
1988	JAPANESE GARDEN	RT	30.00	45.00

YR	NAME	LIMIT	ISSUE	TREND
1988	NEW ENGLAND GARDEN	RT	30.00	45.00
1989	GERMAN COUNTRY GARDEN	RT	30.00	45.00
1989	HAWAIIAN GARDEN	RT	30.00	45.00
1989	ITALIAN GARDEN	RT	30.00	45.00
1989	MEXICAN GARDEN	RT	30.00	45.00
S. KUCK			**GARDENS OF INNOCENCE**	
1998	HIGHEST HARMONY	95 DAYS	33.00	33.00
1999	HEAVEN'S BLOSSOMS	95 DAYS	33.00	33.00
1999	PEACEFUL PRAYERS	95 DAYS	33.00	33.00
1999	PERFECT PLACE	95 DAYS	33.00	33.00
B. BROWN			**GENERATIONS**	
1998	LOVING TIME	95 DAYS	30.00	30.00
S. KUCK			**GIFT OF LOVE**	
1993	MORNING GLORY	RT	65.00	90.00
1994	FIELD OF DREAMS	*	*	90.00
1994	MEMORIES FROM THE HEART	RT	65.00	90.00
C. MICARELLI			**GLORY OF CHRIST**	
1992	ASCENSION, THE	CL	30.00	30.00
1993	JESUS HEALS THE SICK	CL	30.00	30.00
1993	JESUS TEACHING	CL	30.00	30.00
1993	LAST SUPPER, THE	CL	30.00	30.00
1994	BAPTISM OF CHRIST, THE	CL	30.00	30.00
1994	DESCENT FROM THE CROSS	CL	30.00	30.00
1994	JESUS WALKS ON WATER	CL	30.00	30.00
1994	NATIVITY, THE	CL	30.00	30.00
I. DRECHSLER			**GOD'S OWN COUNTRY**	
1990	COMING HOME	RT	30.00	45.00
1990	DAYBREAK	RT	30.00	45.00
1990	PEACEFUL GATHERING	RT	30.00	45.00
1990	QUIET WATERS	RT	30.00	45.00
J. MCCLELLAND			**GOLF COLLECTION**	
1992	PAR EXCELLENCE	CL	35.00	40.00
*			**GRAFBURG CHRISTMAS**	
1975	BLACK-CAPPED CHICKADEE	RT	20.00	60.00
1976	SQUIRRELS	RT	22.00	30.00
S. KUCK			**GRANDPARENT COLLECTOR'S PLATES**	
1981	GRANDMA'S COOKIE JAR	YR	38.00	55.00
1981	GRANDPA AND THE DOLLHOUSE	YR	38.00	55.00
G. KATZ			**GREAT STORIES FROM THE BIBLE**	
1987	JOSEPH'S COAT OF MANY COLORS	RT	30.00	50.00
1987	KING SAUL & DAVID	RT	30.00	50.00
1987	MOSES AND THE TEN COMMANDMENTS	RT	30.00	50.00
1987	MOSES IN THE BULRUSHES	RT	30.00	50.00
1988	DANIEL READS THE WRITING ON THE WALL	RT	30.00	50.00
1988	KING SOLOMON	RT	30.00	50.00
1988	REBEKAH AT THE WELL	RT	30.00	50.00
1988	STORY OF RUTH, THE	RT	30.00	50.00
J. BERGSMA			**GUARDIANS OF THE KINGDOM**	
1990	GUARDIANS OF THE INNOCENT CHILDREN	17500	35.00	50.00
1990	MIRACLE OF LOVE, THE	17500	35.00	50.00
1990	RAINBOW TO RIDE ON	RT	35.00	50.00
1990	SPECIAL FRIENDS ARE FEW	17500	35.00	50.00
1991	IN FAITH I AM FREE	17500	35.00	50.00
1991	MAGIC OF LOVE, THE	17500	35.00	50.00
1991	ONLY WITH THE HEART	17500	35.00	50.00
1991	TO FLY WITHOUT WINGS	17500	35.00	50.00
H. ROE			**HAVEN OF THE HUNTERS**	
1994	EAGLE'S CASTLE	RT	30.00	45.00
1994	SANCTUARY OF THE HAWK	RT	30.00	45.00
J. YORK			**HEART OF THE FAMILY**	
1992	SHARING SECRETS	CL	30.00	45.00
1993	SPINNING DREAMS	CL	30.00	45.00
S. KUCK			**HEARTS & FLOWERS**	
1991	PATIENCE	120 DAYS	30.00	53.00
1991	TEA PARTY	CL	30.00	43.00
1992	CAROUSEL OF DREAMS	CL	33.00	45.00
1992	CATS IN THE CRADLE	120 DAYS	33.00	44.00
1992	DELIGHTFUL BUNDLE	120 DAYS	35.00	51.00
1992	EASTER MORNING VISITOR	120 DAYS	35.00	50.00
1992	STORYBOOK MEMORIES	120 DAYS	33.00	45.00
1993	ME AND MY PONY	120 DAYS	35.00	50.00
W. LOWE			**IN THE EYE OF THE STORM**	
1991	FIRST STRIKE	RT	30.00	30.00
1992	NIGHT FORCE	RT	30.00	30.00
1992	TRACKS ACROSS THE SAND	RT	30.00	30.00
P. JEPSON			**KINGDOM OF THE GREAT CATS**	
1994	SNOWY TIGER	*	*	40.00
1994	SUMMIT SANCTUARY	CL	30.00	40.00
1995	OUT OF THE MIST	36 DAYS	30.00	40.00
MERLI			**KING'S CHRISTMAS**	
1973	ADORATION	RT	100.00	275.00
1974	MADONNA	RT	150.00	250.00
1975	HEAVENLY CHOIR	RT	160.00	240.00
1976	SIBLINGS	RT	200.00	230.00
A. FALCHI			**KING'S FLOWERS**	
1973	CARNATION	RT	85.00	200.00
1974	RED ROSE	RT	100.00	215.00
1975	YELLOW DAHLIA	RT	110.00	250.00

YR	NAME	LIMIT	ISSUE	TREND
1976	BLUEBELLS	RT	130.00	250.00
1977	ANEMONES	RT	130.00	250.00
MERLI			**KING'S MOTHER'S DAY**	
1973	DANCING GIRL	RT	100.00	230.00
1974	DANCING BOY	RT	115.00	250.00
1975	MOTHERLY LOVE	RT	140.00	230.00
1976	MAIDEN	RT	180.00	200.00
S. SOMERVILLE			**KITTENS 'N HATS**	
1994	OPENING NIGHT	CL	30.00	45.00
1994	SITTING PRETTY	CL	30.00	45.00
1995	LITTLE LEAGUE	48 DAYS	30.00	45.00
J. BERGSMA			**LAND OF OUR DREAMS**	
1989	LAND OF NOD	19000	35.00	40.00
1989	SECRET DOOR, THE	19000	35.00	40.00
1989	STARS, THE	19500	35.00	40.00
1989	SWING, THE	19000	35.00	40.00
S. KUCK			**LITTLE ANGEL PLATE COLLECTION**	
1994	ANGEL OF CHARITY	CL	30.00	30.00
1994	ANGEL OF JOY	CL	30.00	30.00
S. KUCK			**LITTLE PROFESSIONALS**	
1982	ALL IS WELL	RT	40.00	65.00
1983	TENDER LOVING CARE	RT	40.00	65.00
1984	LOST AND FOUND	RT	40.00	65.00
1985	READING, WRITING AND...	RT	40.00	65.00
J. BERGSMA			**MAGIC COMPANIONS**	
1994	BELIEVE IN LOVE	CL	30.00	40.00
1994	IMAGINE PEACE	CL	30.00	40.00
1996	LIVE IN HARMONY	48 DAYS	30.00	43.00
1996	TRUST IN LOVE	48 DAYS	30.00	44.00
G. PERILLO			**MAJESTIC SPIRITS**	
1999	FREEDOM'S THUNDER	5000	30.00	30.00
1999	NATURE'S MIGHT	5000	30.00	30.00
*	NOBLE SPIRIT	5000	35.00	35.00
			MARMOT CHRISTMAS	
1970	POLAR BEAR, FE	RT	13.00	60.00
1971	AMERICAN BUFFALO	RT	14.00	40.00
1971	BUFFALO BILL	RT	16.00	60.00
1972	BOY AND GRANDFATHER	RT	20.00	50.00
1973	SNOWMAN	RT	22.00	50.00
1974	DANCING	RT	24.00	30.00
1975	QUAIL	RT	30.00	40.00
1976	WINDMILL	RT	40.00	50.00
*			**MARMOT FATHER'S DAY**	
1970	STAG	RT	12.00	100.00
1971	HORSE	RT	12.00	40.00
*			**MARMOT MOTHER'S DAY**	
1972	SEAL	RT	16.00	65.00
1973	BEAR WITH CUB	RT	20.00	150.00
1974	PENGUINS	RT	24.00	50.00
1975	RACCOONS	RT	30.00	50.00
1976	DUCKS	RT	40.00	50.00
J. MCCLELLAND		**MCCLELLAND CHILDREN'S CIRCUS COLLECTION**		
1982	KATIE THE TIGHTROPE WALKER	RT	30.00	50.00
1982	TOMMY THE CLOWN	RT	30.00	50.00
1983	JOHNNY THE STRONGMAN	RT	30.00	40.00
1984	MAGGIE THE ANIMAL TRAINER	RT	30.00	65.00
M. ATTWELL			**MEMORIES OF YESTERDAY**	
1993	HUSH	RT	30.00	45.00
1993	I'VE BEEN PAINTING	RT	30.00	45.00
1993	JUST LOOKING PRETTY	RT	30.00	45.00
1993	TIME FOR BED	RT	30.00	45.00
1994	GIVE IT YOUR BEST SHOT	RT	30.00	45.00
1994	I PRAY THE LORD MY SOUL TO KEEP	RT	30.00	45.00
1994	JUST THINKING ABOUT YOU	RT	30.00	45.00
1994	WHAT WILL I GROW UP TO BE	RT	30.00	45.00
G. BUFFET			**MINI VIEWS**	
1999	ROOM SERVICE	*	20.00	20.00
S. HATCHETT BOHLMANN			**MINI VIEWS**	
1999	CHAMPAGNE WISHES	*	20.00	20.00
1999	FROM SANTORINI WITH LOVE	*	20.00	20.00
1999	ONCE UPON A TIME	*	20.00	20.00
*			**MOSER CHRISTMAS**	
1970	HARDCANY CASTLE	RT	75.00	175.00
1971	KARLSTEIN CASTLE	RT	75.00	85.00
1972	OLD TOWN HALL	RT	85.00	95.00
1973	KARLOVY VARY CASTLE	RT	90.00	100.00
*			**MOSER MOTHER'S DAY**	
1971	PEACOCKS	RT	75.00	150.00
1972	BUTTERFLIES	RT	85.00	350.00
1973	SQUIRRELS	RT	90.00	100.00
J. MCCLELLAND			**MOTHER GOOSE**	
1979	MARY, MARY	RT	23.00	200.00
1980	LITTLE BOY BLUE	RT	23.00	100.00
1981	LITTLE MISS MUFFET	YR	25.00	60.00
1982	LITTLE JACK HORNER	RT	25.00	40.00
1983	LITTLE BO PEEP	YR	25.00	45.00
1984	DIDDLE, DIDDLE DUMPLING	YR	25.00	35.00
1985	MARY HAD A LITTLE LAMB	YR	28.00	50.00

YR	NAME	LIMIT	ISSUE	TREND
1986	JACK AND JILL	RT	28.00	50.00

MOTHER'S DAY COLLECTION

J. BERGSMA

YR	NAME	LIMIT	ISSUE	TREND
1991	BEAUTY OF LIFE	*	*	49.00
1992	LIFE'S BLESSING	*	*	48.00
1993	MY GREATEST TREASURES	CL	35.00	50.00
1994	FOREVER IN MY HEART	*	*	49.00

MOTHER'S DAY COLLECTION

S. KUCK

YR	NAME	LIMIT	ISSUE	TREND
1985	ONCE UPON A TIME	RT	30.00	65.00
1986	TIMES REMEMBERED	YR	30.00	65.00
1987	A CHERISHED TIME	YR	30.00	50.00
1988	A TIME TOGETHER	YR	30.00	60.00
1995	HOME IS WHERE THE HEART IS	48 DAYS	35.00	40.00

NOBLE AND FREE

KELLY

YR	NAME	LIMIT	ISSUE	TREND
1994	GATHERING STORM	CL	30.00	40.00
1994	MOONLIGHT RUN	CL	30.00	40.00
1994	PROTECTED JOURNEY	CL	30.00	40.00

NUTCRACKER BALLET

C. MICARELLI

YR	NAME	LIMIT	ISSUE	TREND
1989	CHRISTMAS EVE PARTY	RT	35.00	50.00
1990	CLARA AND HER PRINCE	CL	35.00	50.00
1990	DREAM BEGINS, THE	CL	35.00	50.00
1991	DANCE OF THE SNOW FAIRIES	RT	35.00	50.00
1992	LAND OF SWEETS, THE	CL	35.00	50.00
1992	SUGAR PLUM FAIRY, THE	CL	35.00	50.00

ON ANGEL'S WINGS

S. KUCK

YR	NAME	LIMIT	ISSUE	TREND
1999	ANGEL KISSES	95 DAYS	30.00	30.00

ON WINGS OF EAGLES

J. PITCHER

YR	NAME	LIMIT	ISSUE	TREND
1994	BY DAWN'S EARLY LIGHT	CL	30.00	45.00

OSCAR & BERTIE'S EDWARDIAN HOLIDAY

P.D. JACKSON

YR	NAME	LIMIT	ISSUE	TREND
1991	SNAPSHOT	RT	30.00	40.00
1992	EARLY RISE	RT	30.00	40.00
1993	ALL ABOARD	RT	30.00	42.00
1993	LEARNING TO SWIM	RT	30.00	43.00

OUR CHERISHED SEAS

S. BARLOWE

YR	NAME	LIMIT	ISSUE	TREND
1991	FLIGHT OF THE DOLPHINS	CL	38.00	50.00
1991	LIONS OF THE SEA	CL	38.00	50.00
1991	WHALE SONG	CL	38.00	50.00
1992	PALACE OF THE SEALS	CL	38.00	50.00
1993	EMPORERS OF THE ICE	CL	38.00	50.00
1993	ORCA BALLET	48 DAYS	38.00	45.00
1993	SEA TURTLES	CL	38.00	50.00
1993	SPLENDOR OF THE SEA	48 DAYS	38.00	45.00
1993	TURTLE TREASURE	48 DAYS	38.00	45.00

PERPETUAL CALENDAR

S. KUCK

YR	NAME	LIMIT	ISSUE	TREND
1999	PLATE CALENDAR	*	70.00	70.00

PLATE OF THE MONTH COLLECTION

S. KUCK

YR	NAME	LIMIT	ISSUE	TREND
1990	APRIL	RT	25.00	30.00
1990	AUGUST	RT	25.00	30.00
1990	DECEMBER	RT	25.00	30.00
1990	FEBRUARY	RT	25.00	30.00
1990	JANUARY	RT	25.00	30.00
1990	JULY	RT	25.00	30.00
1990	JUNE	RT	25.00	30.00
1990	MARCH	RT	25.00	30.00
1990	MAY	RT	25.00	30.00
1990	NOVEMBER	RT	25.00	30.00
1990	OCTOBER	RT	25.00	30.00
1990	SEPTEMBER	RT	25.00	30.00

PRECIOUS ANGELS

S. KUCK

YR	NAME	LIMIT	ISSUE	TREND
1994	ANGEL OF SHARING	CL	30.00	40.00
1995	ANGEL OF GRACE	95 DAYS	30.00	40.00
1995	ANGEL OF HAPPINESS	95 DAYS	30.00	40.00
1995	ANGEL OF HOPE	CL	30.00	30.00
1995	ANGEL OF LAUGHTER	95 DAYS	30.00	40.00
1995	ANGEL OF LOVE	95 DAYS	30.00	40.00
1995	ANGEL OF PEACE	95 DAYS	30.00	40.00
1995	ANGEL OF SUNSHINE	95 DAYS	30.00	40.00

PREMIER COLLECTION

S. KUCK

YR	NAME	LIMIT	ISSUE	TREND
1991	KITTEN	RT	95.00	175.00
1991	PUPPY	RT	95.00	140.00

PREMIER COLLECTION

J. MCCLELLAND

YR	NAME	LIMIT	ISSUE	TREND
1991	LOVE	7500	75.00	75.00

PROTECTORS OF THE WILD

M. WOOD

YR	NAME	LIMIT	ISSUE	TREND
1999	MOON SONG	95 DAYS	30.00	30.00

ROYALE

*

YR	NAME	LIMIT	ISSUE	TREND
1969	APOLLO MOON LANDING	RT	30.00	85.00

ROYALE CHRISTMAS

*

YR	NAME	LIMIT	ISSUE	TREND
1969	CHRISTMAS FAIR	RT	12.00	130.00
1970	VIGIL MASS	RT	13.00	110.00
1971	CHRISTMAS NIGHT	RT	16.00	50.00
1972	ELKS	RT	16.00	50.00
1973	CHRISTMAS DOWN	RT	20.00	40.00
1974	VILLAGE CHRISTMAS	RT	22.00	65.00
1975	FEEDING TIME	RT	26.00	40.00
1976	SEAPORT CHRISTMAS	RT	28.00	30.00
1977	SLEDDING	RT	30.00	40.00

ROYALE FATHER'S DAY

*

YR	NAME	LIMIT	ISSUE	TREND
1970	FRIGATE CONSTITUTION	RT	13.00	85.00
1971	MAN FISHING	RT	13.00	50.00

YR	NAME	LIMIT	ISSUE	TREND
1972	MOUNTAINEER	RT	16.00	80.00
1973	CAMPING	RT	18.00	50.00
1974	EAGLE	RT	22.00	50.00
1975	REGATTA	RT	26.00	45.00
1976	HUNTING	RT	28.00	45.00
1977	FISHING	RT	30.00	45.00
J. POLUSZYNSKI		**ROYALE GAME PLATES**		
1972	SETTERS	RT	180.00	300.00
1973	FOX	RT	200.00	375.00
W. SCHIENER		**ROYALE GAME PLATES**		
1974	OSPREY	RT	250.00	360.00
1975	CALIFORNIA QUAIL	RT	265.00	360.00
*		**ROYALE GERMANIA CHRISTMAS ANNUAL**		
1970	ORCHID	RT	200.00	675.00
1971	CYCLAMEN	RT	200.00	330.00
1972	SILVER THISTLE	RT	250.00	300.00
1973	TULIPS	RT	275.00	325.00
1974	SUNFLOWERS	RT	300.00	350.00
1975	SNOWDROPS	RT	450.00	500.00
1976	FLAMING HEART	RT	450.00	500.00
*		**ROYALE GERMANIA CRYSTAL MOTHER'S DAY**		
1971	ROSES	RT	135.00	675.00
1972	ELEPHANT AND YOUNGSTER	RT	180.00	250.00
1973	KOALA BEAR AND CUB	RT	200.00	230.00
1974	SQUIRRELS	RT	240.00	250.00
1975	SWAN AND YOUNG	RT	350.00	375.00
*		**ROYALE MOTHER'S DAY**		
1970	SWAN AND YOUNG	RT	12.00	85.00
1971	DOE AND FAWN	RT	13.00	60.00
1972	RABBITS	RT	16.00	40.00
1973	OWL FAMILY	RT	18.00	40.00
1974	DUCK AND YOUNG	RT	22.00	40.00
1975	LYNX AND CUBS	RT	26.00	40.00
1976	WOODCOCK AND YOUNG	RT	28.00	35.00
1977	KOALA BEAR	RT	30.00	40.00
A. FAZIO		**SOPHISTICATED LADIES COLLECTION**		
1985	CLEO	CL	30.00	50.00
1985	FELICIA	CL	30.00	50.00
1985	PHOEBE	CL	30.00	50.00
1985	SAMANTHA	CL	30.00	50.00
1986	BIANKA	CL	30.00	50.00
1986	CERISSA	CL	30.00	50.00
1986	CHELSEA	CL	30.00	50.00
1986	NATASHA	CL	30.00	50.00
C. MICARELLI		**SPECIAL OCCASION PLATES**		
1999	QUINECEANERD	*	30.00	30.00
1999	SWEET SIXTEEN	*	30.00	30.00
S. KUCK		**SPECIAL OCCASIONS**		
1988	WEDDING, THE	OP	35.00	50.00
1989	WEDDING DAY (6 1/2 IN.)	RT	25.00	30.00
1990	SPECIAL DAY, THE	RT	25.00	30.00
1992	WEDDING (BRIDE & GROOM)	*	*	43.00
C. MICARELLI		**SPECIAL OCCASIONS-WEDDING**		
1991	FROM THIS DAY FORWARD (6 1/2 IN.)	RT	25.00	30.00
1991	FROM THIS DAY FORWARD (9 1/2 IN.)	OP	35.00	40.00
1991	TO HAVE AND TO HOLD (6 1/2 IN.)	RT	25.00	30.00
1991	TO HAVE AND TO HOLD (9 1/2 IN.)	OP	35.00	40.00
T. UTZ		**SPRINGTIME OF LIFE**		
1985	TEDDY'S BATHTIME	CL	30.00	60.00
1986	AMONG THE DAFFODILS	CL	30.00	60.00
1986	AUNT TILLIE'S HATS	CL	30.00	60.00
1986	GRANNY'S BOOTS	CL	30.00	60.00
1986	JUST LIKE MOMMY	CL	30.00	60.00
1986	LITTLE EMILY	CL	30.00	60.00
1986	MY FAVORITE DOLLS	CL	30.00	60.00
1986	MY MASTERPIECE	CL	30.00	60.00
S. KUCK		**SUGAR & SPICE**		
1993	BEST FRIENDS	CL	30.00	45.00
1993	SISTERS	CL	30.00	40.00
1994	GARDEN OF SUNSHINE	CL	35.00	40.00
1994	LITTLE ONE	CL	33.00	45.00
1994	MORNING PRAYERS	CL	33.00	40.00
1994	TEDDY BEAR TALES	CL	33.00	40.00
1995	A SPECIAL DAY	95 DAYS	35.00	50.00
1995	FIRST SNOW	95 DAYS	35.00	50.00
S. KUCK		**TIDINGS OF JOY**		
1992	PEACE ON EARTH	RT	35.00	50.00
1993	REJOICE	RT	35.00	50.00
1994	NOEL	RT	35.00	50.00
J. BERGSMA		**TOTEMS OF THE WEST**		
1994	PEACE AT LAST	CL	30.00	40.00
1994	WATCHMEN, THE	CL	30.00	40.00
1996	NEVER ALONE	96 DAYS	35.00	45.00
S. BARLOWE		**TOWN AND COUNTRY DOGS**		
1990	FOX HUNT	CL	35.00	48.00
1991	GOLDEN FIELDS (GOLDEN RETRIEVER)	CL	35.00	48.00
1991	RETRIEVAL, THE	CL	35.00	48.00
1993	FAITHFUL COMPANIONS	36 DAYS	35.00	53.00

YR	NAME	LIMIT	ISSUE	TREND
R. JOHNSON			**TRAINS OF THE ORIENT**	
1993	GOLDEN ARROW-ENGLAND, THE	RT	30.00	40.00
1994	AUSTRIA	RT	30.00	40.00
1994	BAVARIA	RT	30.00	40.00
1994	FRANCE	RT	30.00	40.00
1994	FRANKONIA	RT	30.00	40.00
1994	GREECE	RT	30.00	40.00
1994	RUMANIA	RT	30.00	40.00
1994	TURKEY	RT	30.00	40.00
J. MCCLELLAND			**TREASURED SONGS OF CHILDHOOD**	
1988	A TISKET, A TASKET	RT	30.00	40.00
1988	BAA, BAA, BLACK SHEEP	RT	33.00	50.00
1988	TWINKLE, TWINKLE, LITTLE STAR	RT	30.00	40.00
1989	I'M A LITTLE TEAPOT	RT	33.00	40.00
1989	PAT-A-CAKE	CL	35.00	50.00
1989	RAIN, RAIN GO AWAY	RT	33.00	45.00
1989	ROUND THE MULBERRY BUSH	CL	33.00	45.00
1990	HUSH LITTLE BABY	CL	35.00	50.00
S. BARLOWE			**VANISHING ANIMAL KINGDOMS**	
1986	OLEPI THE BUFFALO	21500	35.00	63.00
1986	RAMA THE TIGER	21500	35.00	63.00
1987	COOLIBAH THE KOALA	21500	35.00	63.00
1987	ORTWIN THE DEER	21500	35.00	63.00
1987	YEN-POH THE PANDA	21500	35.00	63.00
1988	MAMAKUU THE ELEPHANT	21500	35.00	63.00
S. KUCK			**VICTORIAN CHRISTMAS**	
1995	DEAR SANTA	72 DAYS	35.00	42.00
1996	NIGHT BEFORE CHRISTMAS	72 DAYS	35.00	42.00
S. KUCK			**VICTORIAN MOTHER'S DAY**	
1989	MOTHER'S SUNSHINE	RT	35.00	65.00
1990	REFLECTION OF LOVE	RT	35.00	65.00
1991	A PRECIOUS TIME	RT	35.00	60.00
1991	BOUQUETS OF LOVE	YR	35.00	40.00
1992	LOVING TOUCH	RT	35.00	40.00
G. PERILLO			**VIEWS OF THE AMERICAN WEST**	
1999	ANASAZI'S SANCTUARY	*	45.00	45.00
1999	CHEYENNE'S PRIDE	*	45.00	45.00
1999	IROQUOIS DIGNITY	*	45.00	45.00
1999	NAVAJO'S REFUGE	*	45.00	45.00
1999	PUEBLO ABODE	*	45.00	45.00
E. BERKE			**WESTERN**	
1974	MOUNTAIN MAN	RT	165.00	250.00
W. MUMM			**WINGS OF NATURE**	
1999	ROYAL COURTSHIP	95 DAYS	30.00	30.00
S. KUCK			**WINTER WONDERLAND**	
1999	MAGIC SLEIGH RIDE	95 DAYS	35.00	35.00
C. CORCILIUS			**WOMEN OF THE PLAINS**	
1994	NO BOUNDARIES	CL	30.00	50.00
1994	PRIDE OF A MAIDEN	CL	30.00	50.00
1995	SILENT COMPANIONS	36 DAYS	35.00	49.00
J. MCCLELLAND			**WONDER OF CHRISTMAS**	
1991	MY FAVORITE ORNAMENT	RT	30.00	50.00
1991	SANTA'S SECRET	RT	30.00	50.00
1992	WAITING FOR SANTA	RT	30.00	50.00
1993	CANDLELIGHT CHRISTMAS	RT	30.00	50.00
1993	CAROLER, THE	RT	30.00	50.00
J. MCCLELLAND			**WORLD OF CHILDREN**	
1977	RAINY DAY FUN	10000	50.00	60.00
1978	WHEN I GROW UP	15000	50.00	60.00
1979	YOU'RE INVITED	15000	50.00	60.00
1980	KITTENS FOR SALE	15000	50.00	60.00

REECE
*			**WATERFOWL**	
1973	MALLARDS & WOOD DUCKS (PAIR)	900	250.00	375.00
1974	CANVASBACK & CANADIAN GEESE (PAIR)	900	250.00	375.00
1975	PINTAILS & TEAL (PAIR)	900	250.00	425.00

REED & BARTON
AUDUBON			**AUDUBON**	
1970	PINE SISKIN	5000	60.00	175.00
1971	RED-SHOULDERED HAWK	5000	60.00	100.00
1972	STILT SANDPIPER	5000	60.00	100.00
1973	RED CARDINAL	5000	60.00	100.00
1974	BOREAL CHICKADEE	5000	65.00	100.00
1975	YELLOW-BREASTED CHAT	5000	65.00	100.00
1976	BAY-BREASTED WARBLER	5000	65.00	100.00
1977	PURPLE FINCH	5000	65.00	100.00
J. DOWNING			**TWAS THE NIGHT BEFORE CHRISTMAS**	
1989	'TWAS THE NIGHT BEFORE CHRISTMAS	4000	75.00	85.00
1990	VISIONS OF SUGARPLUMS	3500	75.00	85.00
1991	AWAY TO THE WINDOW	3500	74.00	79.00

RHODES STUDIO
*			**BOUNTIFUL HARVEST**	
1992	BASKET FULL OF APPLES	CL	39.00	50.00
1992	BUSHEL OF PEACHES	CL	39.00	50.00
1993	FRESH OFF THE PLUM TREE	CL	39.00	50.00
1993	PEARS FROM THE GROVE	CL	39.00	75.00

YR	NAME	LIMIT	ISSUE	TREND
*			**LEGENDARY STEAM TRAINS**	
1989	AMERICAN STANDARD 4-4-0	CL	65.00	89.00
1990	BEST FRIEND/CHARLESTON 0-4-OT	CL	70.00	110.00
1990	CHALLENGER CLASS, THE 4-6-6-4	CL	70.00	110.00
1990	HUDSON J3 STREAMLINER 4-6-4	CL	65.00	92.00
1991	K-28, THE- 2-8-2	CL	70.00	100.00
1991	K4 CLASS, THE- 4-6-2	CL	70.00	125.00
*			**MIRACLES OF LIGHT**	
1992	NATIVITY OF HOPE	CL	90.00	100.00
1992	NATIVITY OF JOY	CL	90.00	100.00
1992	NATIVITY OF LOVE	CL	85.00	100.00
1992	NATIVITY OF PEACE	CL	85.00	100.00
1993	NATIVITY OF FAITH	CL	90.00	100.00
1993	NATIVITY OF PRAISE	CL	90.00	100.00
*			**TREASURES OF THE DORE BIBLE**	
1986	MOSES/TEN COMMANDMENTS	CL	59.00	90.00
1987	JACOB AND THE ANGEL	CL	59.00	90.00
1987	REBEKAH AT THE WELL	CL	64.00	90.00
1988	DANIEL IN THE LION'S DEN	CL	64.00	90.00
1988	ELIJAH AND/CHARIOT OF FIRE	CL	64.00	100.00
1988	JUDGMENT OF SOLOMON	CL	64.00	90.00
*			**VILLAGE LIGHTS**	
1993	CHURCH AT THE BEND	CL	54.00	65.00
1993	EVERGREEN BOOKS	CL	54.00	65.00
1993	HOLLY STREET BAKERY	CL	49.00	60.00
1993	KRINGLE'S GENERAL STORE	CL	54.00	65.00
1993	MISTLETOE TOY SHOP	CL	49.00	60.00
1993	MRS. SUGARPLUM'S CHOCOLATES	CL	54.00	65.00
*			**WATERFOWL LEGACY**	
1991	MALLARD'S DESCENT	CL	69.00	80.00
1992	IN FLIGHT	CL	69.00	75.00
1992	TAKING OFF	CL	74.00	70.00
1992	WIND RIDERS	CL	74.00	70.00
1993	FLYING IN	CL	74.00	70.00
1993	RISING UP	CL	74.00	70.00

RIVER SHORE

R. BROWN

YR	NAME	LIMIT	ISSUE	TREND
			BABY ANIMALS	
1979	AKIKU	20000	50.00	75.00
1980	ROOSEVELT	20000	50.00	90.00
1981	CLOVER	20000	50.00	70.00
1982	ZUELA	20000	50.00	70.00

ROCKWELL/ BROWN

YR	NAME	LIMIT	ISSUE	TREND
			FAMOUS AMERICANS	
1976	BROWN'S LINCOLN	9500	40.00	600.00
1977	ROCKWELL'S TRIPLE SELF-PORTRAIT	9500	45.00	180.00
1978	PEACE CORPS	9500	45.00	100.00
1979	SPIRIT OF LINDBERGH	9500	50.00	85.00

N. ROCKWELL

YR	NAME	LIMIT	ISSUE	TREND
			FOUR FREEDOMS	
1981	FREEDOM OF SPEECH	17000	65.00	85.00
1982	FREEDOM FROM FEAR	17000	65.00	65.00
1982	FREEDOM FROM WANT	17000	65.00	65.00
1982	FREEDOM OF WORSHIP	17000	65.00	75.00

E. CHRISTOPHERSON

YR	NAME	LIMIT	ISSUE	TREND
			LITTLE HOUSE ON THE PRAIRIE	
1985	A BELL FOR WALNUT GROVE	10 DAYS	30.00	60.00
1985	CAROLINE'S EGGS	10 DAYS	30.00	60.00
1985	FOUNDER'S DAY PICNIC	10 DAYS	30.00	60.00
1985	INGALLS FAMILY	10 DAYS	30.00	60.00
1985	MARY'S GIFT	10 DAYS	30.00	60.00
1985	MEDICINE SHOW	10 DAYS	30.00	60.00
1985	SWEETHEART TREE, THE	10 DAYS	30.00	60.00
1985	WOMEN'S HARVEST	10 DAYS	30.00	60.00

M. HAGUE

YR	NAME	LIMIT	ISSUE	TREND
			LOVABLE TEDDIES	
1985	BEARLY FRIGHTFUL	10 DAYS	22.00	50.00
1985	BEDTIME BLUES	10 DAYS	22.00	50.00
1985	CAUGHT IN THE ACT	10 DAYS	22.00	50.00
1985	FIRESIDE FRIENDS	10 DAYS	22.00	50.00
1985	HARVEST TIME	10 DAYS	22.00	50.00
1985	MISSED A BUTTON	10 DAYS	22.00	50.00
1985	SUNDAY STROLL	10 DAYS	22.00	50.00
1985	TENDER LOVING BEAR	10 DAYS	22.00	50.00

N. ROCKWELL

YR	NAME	LIMIT	ISSUE	TREND
			NORMAN ROCKWELL SINGLE ISSUE	
1979	SPRING FLOWERS	17000	75.00	150.00
1980	LOOKING OUT TO SEA	17000	75.00	140.00
1982	GRANDPA'S GUARDIAN	17000	80.00	75.00
1982	GRANDPA'S TREASURES	17000	80.00	75.00

J. LAMB

YR	NAME	LIMIT	ISSUE	TREND
			PUPPY PLAYTIME	
1987	DOUBLE TAKE	14 DAYS	25.00	75.00
1987	FUN AND GAMES	14 DAYS	25.00	50.00
1988	A NEW LEASH ON LIFE	14 DAYS	25.00	50.00
1988	CABIN FEVER	14 DAYS	25.00	50.00
1988	CATCH OF THE DAY	14 DAYS	25.00	50.00
1988	GETTING ACQUAINTED	14 DAYS	25.00	50.00
1988	HANGING OUT	14 DAYS	25.00	50.00
1988	WEEKEND GARDENER	14 DAYS	25.00	50.00

HICKS

YR	NAME	LIMIT	ISSUE	TREND
			SIGNS OF LOVE	
1981	A KISS FOR MOTHER	CL	19.00	30.00
1981	A WATCHFUL EYE	CL	22.00	30.00
1982	A GENTLE PERSUASION	CL	24.00	30.00

YR	NAME	LIMIT	ISSUE	TREND
1983	A PROTECTIVE EMBRACE	CL	24.00	40.00
1983	A TENDER COAXING	CL	24.00	100.00
1984	A REASSURING TOUCH	CL	24.00	30.00
1985	A LOVING GUIDANCE	CL	27.00	40.00
1985	A TRUSTING HUG	CL	27.00	40.00

ROCKWELL SOCIETY

N. ROCKWELL — **CHRISTMAS**

YR	NAME	LIMIT	ISSUE	TREND
1974	SCOTTY GETS HIS TREE	YR	25.00	90.00
1975	ANGEL WITH BLACK EYE	YR	25.00	34.00
1976	GOLDEN CHRISTMAS	YR	25.00	35.00
1977	TOY SHOP WINDOW	YR	25.00	25.00
1978	CHRISTMAS DREAM	YR	25.00	30.00
1979	SOMEBODY'S UP THERE	YR	25.00	30.00
1980	SCOTTY PLAYS SANTA	YR	25.00	28.00
1981	WRAPPED UP IN CHRISTMAS	YR	26.00	26.00
1982	CHRISTMAS COURTSHIP	YR	26.00	26.00
1983	SANTA IN THE SUBWAY	YR	26.00	26.00
1984	SANTA IN THE WORKSHOP	YR	28.00	28.00
1985	GRANDPA PLAYS SANTA	YR	28.00	28.00
1986	DEAR SANTY CLAUS	YR	28.00	27.00
1987	SANTA'S GOLDEN GIFT	YR	30.00	30.00
1988	SANTA CLAUS	YR	30.00	30.00
1989	JOLLY OLD ST. NICK	YR	30.00	30.00
1990	A CHRISTMAS PRAYER	YR	30.00	30.00
1991	SANTA'S HELPERS	YR	33.00	33.00
1992	CHRISTMAS SURPRISE, THE	YR	33.00	44.00
1993	TREE BRIGADE, THE	YR	33.00	39.00
1994	CHRISTMAS MARVEL	YR	33.00	50.00

N. ROCKWELL — **COLONIALS-THE RAREST ROCKWELLS**

YR	NAME	LIMIT	ISSUE	TREND
1985	UNEXPECTED PROPOSAL	CL	28.00	28.00
1986	LIGHT FOR THE WINTER	CL	31.00	38.00
1986	WORDS OF COMFORT	CL	28.00	28.00
1987	CLINCHING THE DEAL	CL	31.00	31.00
1987	JOURNEY HOME, THE	CL	31.00	31.00
1987	PORTRAIT FOR A BRIDEGROOM	CL	31.00	31.00
1988	SIGN OF THE TIMES	CL	33.00	33.00
1988	YE GLUTTON	CL	33.00	33.00

N. ROCKWELL — **COMING OF AGE**

YR	NAME	LIMIT	ISSUE	TREND
1990	A NEW LOOK	CL	33.00	35.00
1990	BACK TO SCHOOL	CL	30.00	30.00
1990	HER FIRST FORMAL	CL	33.00	40.00
1990	HOME FROM CAMP	CL	30.00	30.00
1990	MUSCLEMAN, THE	CL	33.00	33.00
1991	A BALCONY SEAT	CL	33.00	33.00
1991	DOORWAY TO THE PAST	CL	35.00	49.00
1991	MEN ABOUT TOWN	CL	35.00	35.00
1991	PATHS OF GLORY	CL	35.00	35.00
1991	SCHOOL'S OUT!	CL	35.00	60.00

N. ROCKWELL — **GOLDEN MOMENTS**

YR	NAME	LIMIT	ISSUE	TREND
1987	GRANDMA'S LOVE	CL	20.00	44.00
1987	GRANDPA'S GIFT	CL	20.00	50.00
1988	BEST FRIENDS	CL	23.00	40.00
1988	END OF DAY	CL	23.00	40.00
1989	EVENING'S REPOSE	CL	25.00	50.00
1989	KEEPING COMPANY	CL	25.00	40.00
1989	LOVE LETTERS	CL	23.00	40.00
1989	NEWFOUND WORLDS	CL	23.00	50.00

N. ROCKWELL — **HERITAGE**

YR	NAME	LIMIT	ISSUE	TREND
1977	TOY MAKER	YR	14.00	175.00
1978	COBBLER	YR	20.00	75.00
1979	LIGHTHOUSE KEEPER'S DAUGHTER	YR	20.00	75.00
1980	SHIP BUILDER	YR	20.00	65.00
1981	MUSIC MAKER	YR	20.00	45.00
1982	TYCOON	YR	20.00	40.00
1983	PAINTER	YR	20.00	40.00
1984	STORYTELLER	YR	20.00	45.00
1985	GOURMET	YR	20.00	35.00
1986	PROFESSOR	YR	23.00	40.00
1987	SHADOW ARTIST	YR	23.00	40.00
1988	BANJO PLAYER, THE	YR	23.00	40.00
1988	VETERAN, THE	YR	23.00	40.00
1990	OLD SCOUT, THE	YR	25.00	40.00
1991	FAMILY DOCTOR, THE	YR	28.00	50.00
1991	YOUNG SCHOLAR, THE	YR	25.00	40.00
1993	HALLOWEEN FROLIC	YR	28.00	64.00
1993	JEWELER	YR	28.00	49.00
1995	APPRENTICE	YR	30.00	50.00
1997	DREAMER	YR	*	50.00

N. ROCKWELL — **INNOCENCE & EXPERIENCE**

YR	NAME	LIMIT	ISSUE	TREND
1991	AMERICAN HEROES, THE	150 DAYS	33.00	40.00
1991	MAGICIAN, THE	150 DAYS	33.00	40.00
1991	RADIO OPERATOR, THE	150 DAYS	30.00	40.00
1991	SEA CAPTAIN, THE	150 DAYS	30.00	40.00

N. ROCKWELL — **MIND OF HER OWN**

YR	NAME	LIMIT	ISSUE	TREND
1986	SITTING PRETTY	CL	25.00	40.00
1987	BREAKING THE RULES	CL	28.00	40.00
1987	GOOD INTENTIONS	CL	28.00	40.00
1987	SERIOUS BUSINESS	CL	25.00	40.00

YR	NAME	LIMIT	ISSUE	TREND
1988	KISS AND TELL	CL	30.00	40.00
1988	ON MY HONOR	CL	30.00	40.00
1988	SECOND THOUGHTS	CL	28.00	40.00
1988	WORLD'S AWAY	CL	28.00	40.00
N. ROCKWELL			MOTHER'S DAY	
1976	A MOTHER'S LOVE	YR	25.00	125.00
1977	FAITH	YR	25.00	80.00
1978	BEDTIME	YR	25.00	40.00
1979	REFLECTIONS	YR	25.00	40.00
1980	A MOTHER'S PRIDE	YR	25.00	35.00
1981	AFTER THE PARTY	YR	25.00	35.00
1982	COOKING LESSON, THE	YR	26.00	75.00
1983	ADD TWO CUPS AND LOVE	YR	26.00	35.00
1984	GRANDMA'S COURTING DRESS	YR	26.00	35.00
1985	MENDING TIME	YR	28.00	35.00
1986	PANTRY RAID	YR	28.00	40.00
1987	GRANDMA'S SURPRISE	YR	30.00	40.00
1988	MY MOTHER	YR	30.00	40.00
1989	SUNDAY DINNER	YR	30.00	40.00
1990	EVENING PRAYERS	YR	30.00	40.00
1991	BUILDING OUR FUTURE	YR	33.00	40.00
1991	GENTLE REASSURANCE	YR	33.00	40.00
1992	A SPECIAL DELIVERY	YR	33.00	40.00
N. ROCKWELL			ROCKWELL ON TOUR	
1983	PROMENADE A PARIS	CL	16.00	20.00
1983	WALKING THROUGH MERRIE ENGLANDE	CL	16.00	30.00
1983	WHEN IN ROME	CL	16.00	20.00
1984	WALK ON THE RHINE	CL	16.00	30.00
N. ROCKWELL			ROCKWELL'S AMERICAN DREAM	
1985	A COUPLE'S COMMITMENT	CL	20.00	40.00
1985	A FAMILY'S FULL MEASURE	CL	23.00	34.00
1985	A YOUNG GIRL'S DREAM	CL	20.00	60.00
1986	A MOTHER'S WELCOME	CL	23.00	30.00
1986	MUSICIAN'S MAGIC, THE	CL	23.00	50.00
1986	YOUNG MAN'S DREAM	CL	23.00	40.00
1987	AN ORPHAN'S HOPE	CL	25.00	40.00
1987	LOVE'S REWARD	CL	25.00	50.00
N. ROCKWELL			ROCKWELL'S CHRISTMAS LEGACY	
1993	FILLING EVERY STOCKING (3D)	*	*	70.00
1993	SANTA'S MAGICAL VIEW (3D)			70.00
N. ROCKWELL			ROCKWELL'S LIGHT CAMPAIGN	
1983	THIS IS THE ROOM THAT LIGHT MADE	CL	20.00	80.00
1984	BIRTHDAY WISH, THE	CL	22.00	35.00
1984	CLOSE HARMONY	CL	22.00	30.00
1984	EVENING'S EASE	CL	20.00	35.00
1984	FATHER'S HELP	CL	20.00	20.00
1984	GRANDPA'S TREASURE CHEST	CL	20.00	20.00
N. ROCKWELL			ROCKWELL'S REDISCOVERED WOMEN	
*	COMPLETE COLLECTION	100 DAYS	267.00	267.00
1984	CONFIDING IN THE DEN	CL	23.00	35.00
1984	DREAMING IN THE ATTIC	CL	20.00	35.00
1984	FLIRTING IN THE PARLOR	CL	23.00	35.00
1984	GOSSIPING IN THE ALCOVE	CL	23.00	35.00
1984	MAKING BELIEVE AT THE MIRROR	CL	23.00	35.00
1984	MEETING ON THE PATH	CL	23.00	35.00
1984	PONDERING ON THE PORCH	CL	23.00	35.00
1984	REMINISCING IN THE QUIET	CL	23.00	35.00
1984	STANDING IN THE DOORWAY	CL	23.00	35.00
1984	WAITING AT THE DANCE	CL	23.00	35.00
1984	WAITING ON THE SHORE	CL	23.00	35.00
1984	WORKING IN THE KITCHEN	CL	23.00	35.00
N. ROCKWELL			ROCKWELL'S THE ONES WE LOVE	
1988	TENDER LOVING CARE	CL	20.00	35.00
1989	A TIME TO KEEP	CL	20.00	27.00
1989	GROWING STRONG	CL	23.00	23.00
1989	INVENTOR AND THE JUDGE, THE	CL	23.00	30.00
1989	READY FOR THE WORLD	CL	23.00	23.00
1990	COUNTRY DOCTOR, THE	CL	25.00	25.00
1990	HOMECOMING, THE	CL	25.00	22.00
1990	OUR LOVE OF COUNTRY	CL	25.00	25.00
1990	STORY HOUR, THE	CL	23.00	24.00
1991	A HELPING HAND	CL	25.00	25.00
N. ROCKWELL			ROCKWELL'S TREASURED MEMORIES	
1991	EVENING PASSAGE	CL	33.00	33.00
1991	HEAVENLY DREAMS	150 DAYS	33.00	33.00
1991	QUIET REFLECTIONS	CL	30.00	15.00
1991	ROMANTIC REVERIE	CL	30.00	30.00
1991	SENTIMENTAL SHORES	150 DAYS	33.00	35.00
1991	TENDER ROMANCE	CL	33.00	33.00

ROMAN INC.

YR	NAME	LIMIT	ISSUE	TREND
F. HOOK			CHILD'S PLAY	
1982	BREEZY DAY	TL	30.00	35.00
1982	KITE FLYING	TL	30.00	35.00
1984	BATHTUB SAILOR	TL	30.00	35.00
1984	FIRST SNOW, THE	TL	30.00	35.00
F. HOOK			CHILD'S WORLD	
1980	LITTLE CHILDREN, COME TO ME	15000	45.00	65.00

YR	NAME	LIMIT	ISSUE	TREND
E. SIMONETTI		**FONTANINI ANNUAL CHRISTMAS PLATE**		
1986	A KING IS BORN	YR	60.00	60.00
1987	O COME, LET US ADORE HIM	YR	60.00	65.00
1988	ADORATION OF THE MAGI	YR	70.00	75.00
1989	FLIGHT INTO EGYPT	YR	75.00	85.00
F. HOOK		**FRANCES HOOK COLLECTION-SET I**		
1982	BABY BLOSSOMS	15000	25.00	75.00
1982	DAISY DREAMER	15000	25.00	75.00
1982	I WISH, I WISH	15000	25.00	75.00
1982	TREES SO TALL	15000	25.00	75.00
F. HOOK		**FRANCES HOOK COLLECTION-SET II**		
1983	CAN I KEEP HIM	15000	25.00	50.00
1983	CAUGHT IT MYSELF	15000	25.00	50.00
1983	SO CUDDLY	15000	25.00	50.00
1983	WINTER WRAPPINGS	15000	25.00	50.00
F. HOOK		**FRANCES HOOK LEGACY**		
1985	DAYDREAMING	CL	20.00	20.00
1985	DISAPPOINTMENT	CL	23.00	23.00
1985	DISCOVERY	CL	23.00	23.00
1985	EXPECTATION	CL	23.00	23.00
1985	FASCINATION	CL	20.00	20.00
1986	WONDERMENT	TL	23.00	33.00
G. DELLE NOTTI		**MASTERPIECE COLLECTION**		
1981	HOLY FAMILY, THE	5000	95.00	115.00
R. FERRUZZI		**MASTERPIECE COLLECTION**		
1982	MADONNA OF THE STREETS	5000	85.00	100.00
F. LIPPE		**MASTERPIECE COLLECTION**		
1979	ADORATION	5000	65.00	75.00
P. MIGNARD		**MASTERPIECE COLLECTION**		
1980	MADONNA WITH GRAPES	5000	88.00	100.00
M.J. DORCY		**MILLENIUM COLLECTION**		
1992	SILENT NIGHT	2000	50.00	50.00
1993	ANNUNCIATION	5000	50.00	50.00
1994	PEACE ON EARTH	5000	50.00	50.00
1995	CAUSE OF OUR JOY	7500	50.00	50.00
1996	PRINCE OF PEACE	15000	50.00	50.00
1997	GENTLE LOVE	YR	50.00	50.00
1998	REJOICE	YR	50.00	50.00
1999	HEAVEN'S BLESSING	YR	50.00	50.00
1999	JOYFUL PROMISE, 2000 PLATE	TL	50.00	50.00
F. HOOK		**ROMAN MEMORIAL**		
1984	CARPENTER, THE	CL	100.00	140.00
FARO STUDIOS		**SERAPHIM CLASSICS FARO COLLECTION PLATES**		
1994	ROSALYN, RAREST OF HEAVEN	YR	65.00	65.00
1995	HELENA, HEAVEN'S HERALD	YR	65.00	65.00
1996	FLORA, FLOWER OF HEAVEN	YR	65.00	65.00
1997	EMILY, HEAVEN'S TREASURE	YR	65.00	65.00
1998	ELISE, HEAVEN'S GLORY	YR	65.00	65.00
1999	GWYNDOLYN, HEAVEN'S TRIUMPH	YR	65.00	65.00
SERAPHIM STUDIO		**SERAPHIM CLASSICS OVAL PLATES**		
1996	CYMBELINE, PEACEMAKER	TL	50.00	50.00
1996	ISABEL, GENTLE SPIRIT	TL	50.00	50.00
1996	LYDIA, WINGED POET	TL	50.00	50.00
1996	PRISCILLA, BENEVOLENT GUIDE	TL	50.00	50.00
A. WILLIAMS		**SINGLE RELEASES**		
1987	CHRISTENING, THE	OP	30.00	30.00
1990	BAPTISM, THE	CL	30.00	30.00
1990	DEDICATION, THE	OP	30.00	30.00

RORSTRAND

YR	NAME	LIMIT	ISSUE	TREND
G. NYLUND		**CHRISTMAS**		
1968	BRINGING HOME THE TREE	YR	12.00	510.00
1969	FISHERMAN SAILING HOME	YR	14.00	50.00
1970	NILS WITH HIS GEESE	YR	14.00	50.00
1971	NILS IN LAPLAND	YR	15.00	20.00
1972	DALECARLIAN FIDDLER	YR	15.00	20.00
1973	FARM IN SMALAND	YR	16.00	60.00
1974	VADSLENA	YR	19.00	40.00
1975	NILS IN VASTMANLAND	YR	20.00	35.00
1976	NILS IN UAPLAND	YR	20.00	40.00
1977	NILS IN VARMLAND	YR	30.00	30.00
1978	NILS IN FJALLBACKA	YR	33.00	50.00
1979	NILS IN VAESTERGOETLAND	YR	39.00	39.00
1980	NILS IN HALLAND	YR	55.00	65.00
1981	NILS IN GOTLAND	YR	55.00	45.00
1982	NILS AT SKANSEN	YR	48.00	40.00
1983	NILS IN OLAND	YR	43.00	55.00
1984	ANGERMAN LAND	YR	43.00	35.00
1985	NILS IN JAMTLAND	YR	43.00	65.00
1986	NILS IN KARLSKR	YR	43.00	50.00
1987	DALSLAND, FORGET-ME-NOT	YR	48.00	150.00
1988	NILS IN HALSINGLAND	YR	55.00	60.00
1989	NILS VISITS GOTHENBORG	YR	60.00	60.00
A. WILLIAMS		**CHRISTMAS**		
1990	NILS IN KVIKKJOKK	YR	75.00	75.00
1991	NILS IN MEDELPAD	YR	85.00	85.00
1992	GASTRIKLAND, LILY OF THE VALLEY	YR	93.00	93.00
1993	NARKE'S CASTLE	YR	93.00	93.00

ROSENTHAL
*

YR	NAME	LIMIT	ISSUE	TREND
				CHRISTMAS
1910	WINTER PEACE	YR	*	575.00
1911	THREE WISE MEN	YR	*	350.00
1912	STARDUST	YR	*	265.00
1913	CHRISTMAS LIGHTS	YR	*	250.00
1914	CHRISTMAS SONG	YR	*	350.00
1915	WALKING TO CHURCH	YR	*	190.00
1916	CHRISTMAS DURING WAR	YR	*	240.00
1917	ANGEL OF PEACE	YR	*	210.00
1918	PEACE ON EARTH	YR	*	210.00
1919	ST. CHRISTOPHER WITH CHRIST CHILD	YR	*	225.00
1920	MANGER IN BETHLEHEM	YR	*	350.00
1921	CHRISTMAS IN MOUNTAINS	YR	*	210.00
1922	ADVENT BRANCH	YR	*	210.00
1923	CHILDREN IN WINTER WOODS	YR	*	210.00
1924	DEER IN THE WOODS	YR	*	210.00
1925	THREE WISE MEN	YR	*	210.00
1926	CHRISTMAS IN MOUNTAINS	YR	*	200.00
1927	STATION ON THE WAY	YR	*	210.00
1928	CHALET CHRISTMAS	YR	*	200.00
1929	CHRISTMAS IN ALPS	YR	*	225.00
1930	GROUP OF DEER UNDER PINES	YR	*	225.00
1931	PATH OF THE MAGI	YR	*	225.00
1932	CHRIST CHILD	YR	*	200.00
1933	THRU THE NIGHT TO LIGHT	YR	*	200.00
1934	CHRISTMAS PEACE	YR	*	200.00
1935	CHRISTMAS BY THE SEA	YR	*	200.00
1936	NURNBERG ANGELS	YR	*	200.00
1937	BERCHTESGADEN	YR	*	200.00
1938	CHRISTMAS IN THE ALPS	YR	*	200.00
1939	SCHNEEKOPPE MOUNTAIN	YR	*	200.00
1940	MARIEN CHURCH IN DANZIG	YR	*	250.00
1941	STRASSBURG CATHEDRAL	YR	*	250.00
1942	MARIANBURG CASTLE	YR	*	300.00
1943	WINTER IDYLL	YR	*	300.00
1944	WOOD SCAPE	YR	*	300.00
1945	CHRISTMAS PEACE	YR	*	400.00
1946	CHRISTMAS IN AN ALPINE VALLEY	YR	*	240.00
1947	DILLINGEN MADONNA	YR	*	985.00
1948	MESSAGE TO THE SHEPHERDS	YR	*	875.00
1949	HOLY FAMILY, THE	YR	*	200.00
1950	CHRISTMAS IN THE FOREST	YR	*	200.00
1951	STAR OF BETHLEHEM	YR	*	450.00
1952	CHRISTMAS IN THE ALPS	YR	*	200.00
1953	HOLY LIGHT, THE	YR	*	200.00
1954	CHRISTMAS EVE	YR	*	200.00
1955	CHRISTMAS IN A VILLAGE	YR	*	200.00
1956	CHRISTMAS IN THE ALPS	YR	*	200.00
1957	CHRISTMAS BY THE SEA	YR	*	200.00
1958	CHRISTMAS EVE	YR	*	200.00
1959	MIDNIGHT MASS	YR	*	200.00
1960	CHRISTMAS IN A SMALL VILLAGE	YR	*	200.00
1961	SOLITARY CHRISTMAS	YR	*	225.00
1962	CHRISTMAS EVE	YR	*	200.00
1963	SILENT NIGHT	YR	*	200.00
1964	CHRISTMAS MARKET IN NUREMBERG	YR	*	225.00
1965	CHRISTMAS IN MUNICH	YR	*	200.00
1966	CHRISTMAS IN ULM	YR	*	275.00
1967	CHRISTMAS IN REGINBURG	YR	*	200.00
1968	CHRISTMAS IN BREMEN	YR	*	200.00
1969	CHRISTMAS IN ROTHENBURG	YR	*	220.00
1970	CHRISTMAS IN COLOGNE	YR	*	175.00
1971	CHRISTMAS IN GARMISCH	YR	42.00	100.00
1972	CHRISTMAS IN FRANCONIA	YR	50.00	100.00
1973	LUBECK-HOLSTEIN	YR	77.00	110.00
1974	CHRISTMAS IN WURZBURG	YR	85.00	100.00
E. HIBEL				**NOBILITY OF CHILDREN**
1976	LA CONTESSA ISABELLA	12750	120.00	300.00
1977	LA MARQUIS MAURICE-PIERRE	12750	120.00	230.00
1978	BARONESSE JOHANNA	12750	130.00	230.00
1979	CHIEF RED FEATHER	12750	140.00	195.00
E. HIBEL				**ORIENTAL GOLD**
1976	YASUKO	2000	275.00	750.00
1977	MR. OBATA	2000	275.00	600.00
1978	SAKURA	2000	295.00	740.00
1979	MICHIO	2000	325.00	750.00
B. WIINBLAD				**WIINBLAD CHRISTMAS**
1971	MARIA & CHILD	UD	100.00	700.00
1972	CASPAR	UD	100.00	290.00
1973	MELCHIOR	UD	125.00	335.00
1974	BALTHAZAR	UD	125.00	300.00
1975	ANNUNCIATION, THE	UD	195.00	200.00
1976	ANGEL WITH TRUMPET	UD	195.00	200.00
1977	ADORATION OF SHEPHERDS	UD	225.00	225.00
1978	ANGEL WITH HARP	UD	275.00	295.00
1979	EXODUS FROM EGYPT	UD	310.00	310.00
1980	ANGEL WITH GLOCKENSPIEL	UD	360.00	360.00

YR	NAME	LIMIT	ISSUE	TREND
1981	CHRIST CHILD VISITS TEMPLE	UD	375.00	375.00
1982	CHRISTENING OF CHRIST	UD	375.00	375.00

ROYAL BAYREUTH
*

				CHRISTMAS
1972	CARRIAGE IN THE VILLAGE	4000	15.00	80.00
1973	SNOW SCENE	4000	16.00	20.00
1974	OLD MILL, THE	4000	24.00	24.00
1975	FOREST CHALET 'SERENITY'	4000	28.00	28.00
1976	CHRISTMAS IN THE COUNTRY	5000	40.00	40.00
1977	PEACE ON EARTH	5000	40.00	40.00
1978	PEACEFUL INTERLUDE	5000	45.00	45.00
1979	HOMEWARD BOUND	5000	50.00	50.00

ROYAL COPENHAGEN
S. VESTERGAARD

1998	GRANDPARENTS	YR	35.00	35.00
1998	YOUNG ANDVENTURERS	YR	35.00	35.00

S. VESTERGAARD

				AMERICA'S MOTHER'S DAY
1988	WESTERN TRAIL	YR	35.00	35.00
1989	INDIAN LOVE CALL	YR	37.00	35.00
1990	SOUTHERN BELLE	YR	40.00	39.00
1991	MOTHER'S DAY AT THE MISSION	YR	43.00	39.00
1992	TURN OF THE CENTURY BOSTON	YR	45.00	40.00

*

				CHRISTMAS
1962	LITTLE MERMAID, THE	YR	11.00	309.00

R. BOCHER

				CHRISTMAS
1916	SHEPHERD AT CHRISTMAS	YR	2.00	129.00
1926	CHRISTIANSHAVN CANAL	YR	2.00	145.00
1936	ROSKILDE CATHEDRAL	YR	2.00	243.00
1945	A PEACEFUL MOTIF	YR	4.00	599.00
1951	CHRISTMAS ANGEL	YR	5.00	439.00

A. BOESEN

				CHRISTMAS
1913	FREDERIK CHURCH SPIRE	YR	2.00	163.00
1914	HOLY SPIRIT CHURCH	YR	2.00	210.00

H. HANSEN

				CHRISTMAS
1949	OUR LADY'S CATHEDRAL	YR	5.00	339.00
1957	GOOD SHEPHERD, THE	YR	8.00	163.00
1958	SUNSHINE OVER GREENLAND	YR	9.00	163.00
1959	CHRISTMAS NIGHT	YR	9.00	163.00
1960	STAG, THE	YR	10.00	185.00

I. JENSEN

				CHRISTMAS
1998	CHILDREN'S CHRISTMAS	*	40.00	40.00
1998	CHILDREN'S CHRISTMAS (REG. ED.)	YR	40.00	40.00

O. JENSEN

				CHRISTMAS
1911	DANISH LANDSCAPE	YR	1.00	210.00
1917	OUR SAVIOR CHURCH	YR	2.00	129.00
1918	SHEEP AND SHEPHERDS	YR	2.00	129.00
1919	IN THE PARK	YR	2.00	115.00
1921	AABENRAA MARKETPLACE	YR	2.00	115.00
1923	DANISH LANDSCAPE	YR	2.00	97.00
1925	CHRISTIANSHAVN	YR	2.00	115.00
1929	GRUNDTVIG CHURCH	YR	2.00	113.00
1932	FREDERIKSBERG GARDENS	YR	2.00	129.00
1934	HERMITAGE CASTLE, THE	YR	2.00	210.00

T. KJOLNER

				CHRISTMAS
1941	DANISH VILLAGE CHURCH	YR	3.00	499.00
1948	NODEBO CHURCH	YR	4.00	309.00
1953	FREDERIKSBERG CASTLE	YR	6.00	163.00

A. KROG

				CHRISTMAS
1915	DANISH LANDSCAPE	YR	2.00	210.00

K. LANGE

				CHRISTMAS
1940	GOOD SHEPHERD, THE	YR	3.00	597.00
1947	GOOD SHEPHERD, THE	YR	4.00	339.00
1952	CHRISTMAS IN THE FOREST	YR	5.00	163.00
1954	AMALIENBORG PALACE	YR	6.00	195.00
1955	FANO GIRL	YR	7.00	243.00
1956	ROSENBORG CASTLE	YR	7.00	210.00
1961	TRAINING SHIP	YR	10.00	195.00
1963	HOJSAGER MILL	YR	11.00	109.00
1964	FETCHING THE TREE	YR	11.00	69.00
1965	LITTLE SKATERS	YR	12.00	74.00
1966	BLACKBIRD	YR	12.00	38.00
1967	ROYAL OAK, THE	YR	13.00	38.00
1968	LAST UMIAK, THE	YR	13.00	38.00
1969	OLD FARMYARD, THE	YR	14.00	38.00
1970	CHRISTMAS ROSE AND CAT	YR	14.00	38.00
1971	HARE IN WINTER	YR	15.00	25.00
1972	IN THE DESERT	YR	16.00	27.00
1973	TRAIN HOMEWARD BOUND	YR	22.00	27.00
1974	WINTER TWILIGHT	YR	22.00	30.00
1975	QUEEN'S PALACE	YR	28.00	25.00
1977	IMMERVAD BRIDGE	YR	32.00	27.00
1978	GREENLAND SCENERY	YR	35.00	27.00
1979	CHOOSING CHRISTMAS TREE	YR	43.00	82.00
1980	BRINGING HOME THE TREE	YR	50.00	35.00
1981	ADMIRING CHRISTMAS TREE	YR	53.00	82.00
1982	WAITING FOR CHRISTMAS	YR	55.00	82.00
1983	MERRY CHRISTMAS	YR	55.00	82.00

YR	NAME	LIMIT	ISSUE	TREND
1984	JINGLE BELLS	YR	55.00	82.00
1985	SNOWMAN	YR	55.00	95.00
1986	CHRISTMAS VACATION	YR	55.00	83.00
H. NIELSEN				**CHRISTMAS**
1938	ROUND CHURCH IN OSTERLARS	YR	3.00	439.00
S. NIELSEN				**CHRISTMAS**
1939	GREENLAND PACK-ICE	YR	3.00	597.00
B. OLSEN				**CHRISTMAS**
1924	SAILING SHIP	YR	2.00	129.00
1927	SHIP'S BOY AT TILLER	YR	2.00	173.00
1930	FISHING BOATS	YR	2.00	145.00
1933	FERRY AND THE GREAT BELT	YR	2.00	195.00
1935	KRONBORG CASTLE	YR	2.00	309.00
V. OLSON				**CHRISTMAS**
1944	DANISH VILLAGE SCENE	YR	4.00	405.00
1950	BOESLUNDE CHURCH	YR	5.00	399.00
G. RODE				**CHRISTMAS**
1920	MARY AND CHILD JESUS	YR	2.00	115.00
1928	VICAR'S FAMILY	YR	2.00	145.00
1931	MOTHER AND CHILD	YR	2.00	145.00
E. SELSCHAU				**CHRISTMAS**
1922	THREE SINGING ANGELS	YR	2.00	97.00
C. THOMSEN				**CHRISTMAS**
1908	MADONNA AND CHILD	YR	1.00	4900.00
1910	MAGI, THE	YR	1.00	179.00
1912	CHRISTMAS TREE	YR	1.00	210.00
N. THORSSON				**CHRISTMAS**
1937	MAIN STREET COPENHAGEN	YR	2.00	339.00
1942	BELL TOWER	YR	4.00	565.00
1943	FLIGHT INTO EGYPT	YR	4.00	759.00
1946	ZEALAND VILLAGE CHURCH	YR	4.00	275.00
S. USSING				**CHRISTMAS**
1909	DANISH LANDSCAPE	YR	1.00	243.00
S. VESTERGAARD				**CHRISTMAS**
1976	DANISH WATERMILL	YR	28.00	27.00
1987	WINTER BIRDS	YR	60.00	98.00
1988	CHRISTMAS EVE IN COPENHAGEN	YR	60.00	98.00
1989	OLD SKATING POND, THE	YR	60.00	113.00
1990	CHRISTMAS AT TIVOLI	YR	70.00	210.00
1991	FESTIVAL OF SANTA LUCIA, THE	YR	70.00	113.00
1992	QUEEN'S CARRIAGE	YR	70.00	83.00
1993	CHRISTMAS GUESTS	YR	70.00	113.00
1994	CHRISTMAS SHOPPING	YR	73.00	83.00
1995	CHRISTMAS AT THE MANOR HOUSE	YR	73.00	75.00
1998	CHRISTMAS 1998	YR	70.00	70.00
H. HANSEN				**CHRISTMAS IN DENMARK**
1991	BRINGING HOME THE TREE	YR	73.00	113.00
1992	CHRISTMAS SHOPPING	YR	73.00	83.00
1993	SKATING PARTY, THE	YR	75.00	113.00
1994	SLEIGH RIDE, THE	YR	75.00	83.00
C. MAGADINE				**FIRST/BING & GRONDAHL**
1996	CHRISTMAS EVE AT THE STATUE OF LIBERTY	YR	48.00	48.00
J. NIELSEN				**NATURE'S CHILDREN**
1993	ROBINS, THE	YR	40.00	40.00
1994	FAWN, THE	YR	40.00	40.00
1998	NATURE'S CHILDREN 1998	YR	40.00	40.00

ROYAL CORNWALL

YR	NAME	LIMIT	ISSUE	TREND
Y. KOUTSIS				**CREATION**
1977	IN HIS IMAGE	10000	45.00	130.00
1977	IN THE BEGINNING	10000	38.00	90.00
1977	NOAH AND THE ARK	10000	45.00	180.00
1977	TOWER OF BABEL	19500	30.00	70.00
1978	ADAM'S RIB	10000	45.00	125.00
1978	BANISHED FROM EDEN	10000	45.00	125.00
1978	JACOB'S LADDER	19500	30.00	70.00
1978	JACOB'S WEDDING	19500	30.00	70.00
1978	JOSEPH INTERPRETS PHARAOH'S DREAM	19500	30.00	70.00
1978	JOSEPH'S COAT OF MANY COLORS	19500	30.00	70.00
1978	REBEKAH AT THE WELL	19500	30.00	80.00
1978	SODOM AND GOMORRAH	19500	30.00	70.00

ROYAL DEVON

YR	NAME	LIMIT	ISSUE	TREND
N. ROCKWELL				**ROCKWELL CHRISTMAS**
1975	DOWNHILL DARING	YR	25.00	30.00
1976	CHRISTMAS GIFT, THE	YR	25.00	35.00
1977	BIG MOMENT, THE	YR	28.00	50.00
1978	PUPPETS FOR CHRISTMAS	YR	28.00	30.00
1979	ONE PRESENT TOO MANY	YR	32.00	30.00
1980	GRAMPS MEETS GRAMPS	YR	33.00	35.00
N. ROCKWELL				**ROCKWELL MOTHER'S DAY**
1975	DOCTOR AND DOLL	YR	24.00	45.00
1976	PUPPY LOVE	YR	25.00	100.00
1977	FAMILY, THE	YR	25.00	80.00
1978	MOTHER'S DAY OFF	YR	27.00	35.00
1979	MOTHER'S EVENING OUT	YR	30.00	35.00
1980	MOTHER'S TREAT	YR	33.00	35.00

YR	NAME	LIMIT	ISSUE	TREND

ROYAL DOULTON
*

CHRISTMAS PLATES

YR	NAME	LIMIT	ISSUE	TREND
1993	SLEIGH RIDE	YR	45.00	45.00
1993	TOGETHER FOR CHRISTMAS	YR	45.00	50.00

*

FAMILY CHRISTMAS PLATES

YR	NAME	LIMIT	ISSUE	TREND
1991	DAD PLAYS SANTA	CL	60.00	60.00

ROYAL GRAFTON/THE COLLECTOR'S TREASURY
M. JACKSON

BEAUTY OF POLAR WILDLIFE

YR	NAME	LIMIT	ISSUE	TREND
1990	BABY SEALS	150 DAYS	*	43.00
1990	POLAR BEAR CUBS	*	*	38.00
1991	ARCTIC FOX CUBS	*	*	42.00
1991	ARCTIC HARE FAMILY	*	*	44.00
1991	ARCTIC WOLF FAMILY	*	*	49.00
1991	DALL SHEEP	*	*	49.00
1991	EMPEROR PENGUINS	*	*	42.00
1992	REINDEER YOUNG	*	*	47.00

ROYAL WICKFORD PORCELAIN
G. TERP

ALICE IN WONDERLAND

YR	NAME	LIMIT	ISSUE	TREND
1987	CATERPILLAR, THE	45 DAYS	30.00	48.00
1987	DUCHESS AND COOK, THE	45 DAYS	30.00	48.00
1987	TEA PARTY, THE	45 DAYS	30.00	43.00
1987	TWEEDLEDEE-TWEEDLEDUM	45 DAYS	30.00	30.00
1987	WHITE KNIGHT, THE	45 DAYS	30.00	48.00
1988	HUMPTY DUMPTY	45 DAYS	30.00	30.00
1988	LION AND THE UNICORN, THE	45 DAYS	30.00	30.00
1988	OFF WITH THEIR HEADS	45 DAYS	30.00	30.00
1988	RED AND WHITE QUEENS	45 DAYS	30.00	30.00
1988	TALKING FLOWERS	45 DAYS	30.00	30.00
1988	WALRUS AND CARPENTER	45 DAYS	30.00	30.00
1988	WHITE RABBIT, THE	45 DAYS	30.00	30.00

L. DUBIN

LIL' PEDDLERS

YR	NAME	LIMIT	ISSUE	TREND
1987	APPLE A DAY	YR	30.00	48.00
1987	BALLOONS N' THINGS	YR	30.00	30.00
1987	CHIMNEY SWEEP	YR	30.00	30.00
1987	COBBLESTONE DELI	YR	30.00	30.00
1987	COOLIN' OFF	YR	30.00	50.00
1987	EXTRA, EXTRA	YR	30.00	50.00
1987	FORGET ME NOTS	YR	30.00	50.00
1987	JUST PICKED	YR	30.00	30.00
1987	OVEN FRESH	YR	30.00	30.00
1987	PENNY CANDY	YR	30.00	30.00
1987	POPPIN' CORN	YR	30.00	30.00
1987	TODAY'S CATCH	YR	30.00	30.00

ROYAL WORCESTER
P.W. BASTON

BIRTH OF A NATION

YR	NAME	LIMIT	ISSUE	TREND
1972	BOSTON TEA PARTY	10000	45.00	210.00
1973	PAUL REVERE	10000	45.00	195.00
1974	CONCORD BRIDGE	10000	50.00	135.00
1975	SIGNING DECLARATION	10000	65.00	135.00
1976	CROSSING DELAWARE	10000	65.00	135.00
1977	WASHINGTON'S INAUGURATION	1250	65.00	135.00

P.W. BASTON

CURRIER AND IVES PLATES

YR	NAME	LIMIT	ISSUE	TREND
1974	ROAD IN WINTER	5570	60.00	100.00
1975	OLD GRIST MILL	3200	60.00	100.00
1976	WINTER PASTIME	1500	60.00	90.00
1977	HOME TO THANKSGIVING	546	60.00	225.00

P. COOPER

KITTEN CLASSICS

YR	NAME	LIMIT	ISSUE	TREND
1985	CAT NAP	CL	30.00	35.00
1985	COUNTRY KITTY	CL	30.00	35.00

P. COOPER

KITTEN ENCOUNTERS

YR	NAME	LIMIT	ISSUE	TREND
1987	BEDTIME BUDDIES	CL	30.00	30.00
1987	BUNNY CHASE	CL	30.00	30.00
1987	FISHFUL THINKING	CL	30.00	42.00
1987	FLUTTER BY	CL	30.00	30.00
1987	JUST DUCKY	CL	30.00	35.00
1987	PUPPY PAL	CL	30.00	35.00
1988	CAT AND MOUSE	CL	30.00	35.00
1988	STABLEMATES	CL	30.00	50.00

*

SPODE MARITIME PLATES

YR	NAME	LIMIT	ISSUE	TREND
1980	CONSTITUTION & GUERRIRE	2000	150.00	150.00
1980	CONSTITUTION & JAVA	2000	150.00	150.00
1980	PELICAN & ARGUS	2000	150.00	150.00
1980	PRESIDENT & LITTLE BELT	2000	150.00	150.00
1980	SHANNON & CHESAPEAKE	2000	150.00	150.00
1980	UNITED STATES/MACEDONIAN	2000	150.00	150.00

J. COOKE

WATER BIRDS OF NORTH AMERICA

YR	NAME	LIMIT	ISSUE	TREND
1985	AMERICAN PINTAILS	15000	55.00	55.00
1985	CANADA GEESE	15000	55.00	55.00
1985	CANVASBACKS	15000	55.00	55.00
1985	GREEN WINGED TEALS	15000	55.00	55.00
1985	HOODED MERGANSERS	15000	55.00	55.00
1985	MALLARDS	15000	55.00	55.00
1985	SNOW GEESE	15000	55.00	55.00
1985	WOOD DUCKS	15000	55.00	55.00

YR	NAME	LIMIT	ISSUE	TREND

SARAH'S ATTIC
S. SCHULTZ
			CLASSROOM MEMORIES	
1991	CLASSROOM MEMORIES	CL	80.00	80.00

SCHMID
L. DAVIS
			CAT TALES	
1982	COMPANY'S COMING	12500	38.00	100.00
1982	FLEW THE COOP	12500	38.00	100.00
1982	ON THE MOVE	12500	38.00	100.00
1982	RIGHT CHURCH, WRONG PEW	12500	38.00	100.00

L. DAVIS
			CHRISTMAS	
1983	HOOKER AT MAILBOX W/ PRESENT	7500	45.00	120.00
1984	COUNTRY CHRISTMAS	7500	45.00	85.00
1985	CHRISTMAS AT FOXFIRE FARM	7500	45.00	130.00
1986	CHRISTMAS AT RED OAK	7500	45.00	60.00
1987	BLOSSOM'S GIFT	7500	48.00	100.00
1988	CUTTING THE FAMILY CHRISTMAS TREE	7500	48.00	60.00
1989	PETER AND THE WREN	7500	48.00	80.00
1990	WINTER DEER	7500	48.00	50.00
1991	CHRISTMAS AT RED OAK II	7500	55.00	75.00
1992	BORN ON A STARRY NIGHT	7500	55.00	75.00
1993	WAITING FOR MR. LOWELL	7500	55.00	55.00
1994	VISIONS OF SUGARPLUMS	5000	55.00	55.00
1995	BAH HUMBUG	5000	55.00	55.00

B. HUMMEL
			CHRISTMAS	
1971	ANGEL	YR	15.00	29.00
1972	ANGEL WITH FLUTE	YR	15.00	20.00
1973	NATIVITY, THE	YR	15.00	20.00
1974	GUARDIAN ANGEL, THE	YR	19.00	70.00
1975	CHRISTMAS CHILD	YR	25.00	20.00
1976	SACRED JOURNEY	YR	28.00	30.00
1977	HERALD ANGEL	YR	28.00	30.00
1978	HEAVENLY TRIO	YR	33.00	30.00
1979	STARLIGHT ANGEL	YR	38.00	33.00
1980	PARADE INTO TOYLAND	YR	45.00	40.00
1981	A TIME TO REMEMBER	YR	45.00	50.00
1982	ANGELIC PROCESSION	YR	45.00	50.00
1983	ANGELIC MESSENGER	YR	45.00	50.00
1984	A GIFT FROM HEAVEN	YR	45.00	50.00
1985	HEAVENLY LIGHT	YR	45.00	50.00
1986	TELL THE HEAVENS	YR	45.00	47.00
1987	ANGELIC GIFTS	YR	45.00	50.00
1988	CHEERFUL CHERUBS	YR	48.00	50.00
1989	ANGELIC MUSICIAN	YR	53.00	75.00
1990	ANGEL'S LIGHT	YR	53.00	75.00
1991	MESSAGE FROM ABOVE	YR	53.00	75.00
1992	SWEET BLESSINGS	YR	60.00	75.00
		YR	65.00	75.00

L. DAVIS
			COUNTRY PRIDE	
1981	DUKE'S MIXTURE	7500	35.00	185.00
1981	PLUM TUCKERED OUT	7500	35.00	125.00
1981	SURPRISE IN THE CELLAR	7500	35.00	200.00
1982	BUSTIN' WITH PRIDE	7500	35.00	125.00
*				

			DISNEY ANNUAL	
1983	SNEAK PREVIEW	20000	23.00	25.00
1984	COMMAND PERFORMANCE	20000	23.00	25.00
1985	SHOW BIZ	20000	23.00	25.00
1986	TREE FOR TWO	20000	23.00	25.00
1987	MERRY MOUSE MEDLEY	20000	25.00	25.00
1988	WARM WINTER RIDE	20000	25.00	25.00
1989	MERRY MICKEY CLAUS	20000	33.00	75.00
1990	HOLLY JOLLY CHRISTMAS	20000	33.00	35.00
1991	MICKEY AND MINNIE'S ROCKIN' CHRISTMAS	20000	37.00	40.00
*				

			DISNEY CHRISTMAS	
1973	SLEIGH RIDE	YR	10.00	275.00
1974	DECORATING THE TREE	YR	10.00	75.00
1975	CAROLING	YR	12.00	15.00
1976	BUILDING A SNOWMAN	YR	13.00	15.00
1977	DOWN THE CHIMNEY	YR	13.00	15.00
1978	NIGHT BEFORE CHRISTMAS	YR	15.00	30.00
1979	SANTA'S SURPRISE	15000	18.00	30.00
1980	SLEIGH RIDE	15000	18.00	35.00
1981	HAPPY HOLIDAYS	15000	18.00	22.00
1982	WINTER GAMES	15000	19.00	30.00
*				

			DISNEY MOTHER'S DAY	
1974	FLOWERS FOR MOTHER	YR	10.00	50.00
1975	SNOW WHITE & DWARFS	YR	12.00	50.00
1976	MINNIE MOUSE	YR	13.00	25.00
1977	PLUTO'S PALS	YR	13.00	25.00
1978	FLOWERS FOR BAMBI	YR	15.00	35.00
1979	HAPPY FEET	10000	18.00	20.00
1980	MINNIE'S SURPRISE	10000	18.00	30.00
1981	PLAYMATES	10000	18.00	35.00
1982	A DREAM COME TRUE	10000	19.00	40.00

J. FERRANDIZ
			FERRANDIZ BEAUTIFUL BOUNTY PORCELAIN PLATES	
1982	A MID-WINTER'S DREAM	10000	40.00	50.00
1982	AUTUMN'S BLESSING	10000	40.00	50.00
1982	SPRING BLOSSOMS	10000	40.00	40.00
1982	SUMMER'S GOLDEN HARVEST	10000	40.00	40.00

The first plate in Pickard Inc.'s Gems of Nature collection, Ruby-Throated Hummingbird with Lily was released in 1989 for $29 and has since increased in value.

R. Cobane's Cardinals on a Snowy Branch was the first issue in the "Glorious Songbirds" series from W.S. George.

Sapphire Wings light gently on glorious flowers in this first issue in the "Jewels of the Flower" series from Edwin M. Knowles China Co. in 1991.

Artist P. Buckley Moss captures the simplistic pleasures of Amish life in Family Outing, the first issue in "The Family Collection" produced by Anna Perenna.

Recalling a historic moment for baby boomers, 1991's The Beatles, Live in Concert was the first issue in "The Beatles" series from Delphi.

YR	NAME	LIMIT	ISSUE	TREND
J. FERRANDIZ				
	FERRANDIZ MUSIC MAKERS PORCELAIN PLATES			
1981	ENTERTAINER, THE	10000	25.00	30.00
1981	FLUTIST, THE	10000	25.00	30.00
1982	MAGICAL MEDLEY	10000	25.00	30.00
1982	SWEET SERENADE	10000	25.00	30.00
J. FERRANDIZ				
	FERRANDIZ PORCELAIN CHRISTMAS PLATES			
1972	CHRIST IN THE MANAGER	*	30.00	175.00
1973	CHRISTMAS	*	30.00	230.00
J. FERRANDIZ				
	FERRANDIZ WOODEN BIRTHDAY PLATES			
1972	BOY	*	15.00	150.00
1972	GIRL	*	15.00	175.00
1973	BOY	*	20.00	200.00
1973	GIRL	*	20.00	150.00
1974	BOY	*	22.00	175.00
1974	GIRL	*	22.00	175.00
L. DAVIS				
	FRIENDS OF MINE			
1989	SUNDAY WORSHIPPERS	7500	53.00	75.00
1990	SUNDAY AFTERNOON TREAT	7500	53.00	75.00
1991	WARM MILK	7500	55.00	75.00
1992	CAT AND JENNY WREN	7500	55.00	75.00
M. LILLEMOE				
	KITTY CUCUMBER ANNUAL			
1989	RING AROUND THE ROSIE	20000	25.00	25.00
1990	SWAN LAKE	20000	25.00	25.00
1991	TEA PARTY	2500	25.00	25.00
1992	DANCE ROUND THE MAYPOLE	2500	25.00	50.00
B. HUMMEL				
	MOTHER'S DAY			
1972	PLAYING HOOKY	YR	15.00	16.00
1973	LITTLE FISHERMAN	YR	15.00	35.00
1974	BUMBLEBEE	YR	19.00	20.00
1975	MESSAGE OF LOVE	YR	25.00	30.00
1976	DEVOTION FOR MOTHER	YR	28.00	30.00
1977	MOONLIGHT RETURN	YR	28.00	30.00
1978	AFTERNOON STROLL	YR	33.00	33.00
1979	CHERUB'S GIFT	YR	38.00	38.00
1980	MOTHER'S LITTLE HELPERS	YR	45.00	50.00
1981	PLAYTIME	YR	45.00	52.00
1982	FLOWER BASKET, THE	YR	45.00	50.00
1983	SPRING BOUQUET	YR	45.00	75.00
1984	A JOY TO SHARE	YR	45.00	50.00
1985	A MOTHER'S JOURNEY	YR	45.00	50.00
1986	HOME FROM SCHOOL	YR	45.00	75.00
1988	YOUNG READER	YR	53.00	80.00
1989	PRETTY AS A PICTURE	YR	53.00	80.00
1990	MOTHER'S LITTLE ATHLETE	YR	53.00	75.00
1991	SOFT & GENTLE	YR	55.00	75.00
*				
	PADDINGTON BEAR/MUSICIAN'S DREAM PLATES			
1983	BEAT GOES ON, THE	10000	18.00	25.00
1983	KNOWING THE SCORE	10000	18.00	20.00
1983	PERFECT HARMONY	10000	18.00	25.00
1983	TICKLING THE IVORY	10000	18.00	25.00
C. SCHULZ				
	PEANUTS CHRISTMAS			
1972	SNOOPY GUIDES THE SLEIGH	YR	10.00	35.00
1973	CHRISTMAS EVE AT DOGHOUSE	YR	10.00	90.00
1974	CHRISTMAS AT FIREPLACE	YR	10.00	50.00
1975	WOODSTOCK AND SANTA CLAUS	YR	12.00	20.00
1976	WOODSTOCK'S CHRISTMAS	YR	13.00	20.00
1977	DECK THE DOGHOUSE	YR	13.00	20.00
1978	FILLING THE STOCKING	YR	15.00	40.00
1979	CHRISTMAS AT HAND	15000	18.00	25.00
1980	WAITING FOR SANTA	15000	18.00	25.00
1981	A CHRISTMAS WISH	15000	18.00	30.00
1982	PERFECT PERFORMANCE	15000	19.00	50.00
C. SCHULZ				
	PEANUTS MOTHER'S DAY PLATES			
1972	LINUS	*	10.00	10.00
1973	MOM?	*	10.00	10.00
1974	SNOOPY/WOODSTOCK/PARADE	*	10.00	15.00
1975	A KISS FOR LUCY	*	12.00	15.00
1976	LINUS AND SNOOPY	*	13.00	35.00
1977	DEAR MOM	*	13.00	30.00
1978	THOUGHTS THAT COUNT	*	15.00	25.00
1979	A SPECIAL LETTER	*	18.00	25.00
1980	A TRIBUTE TO MOM	*	18.00	25.00
1981	MISSION FOR MOM	*	18.00	20.00
1982	WHICH WAY TO MOTHER	*	19.00	20.00
C. SCHULZ				
	PEANUTS SPECIAL EDITION PLATE			
1976	BICENTENNIAL	*	13.00	30.00
C. SCHULZ				
	PEANUTS VALENTINE'S DAY PLATES			
1977	HOME IS WHERE THE HEART IS	*	13.00	35.00
1978	HEAVENLY BLISS	*	13.00	30.00
1979	LOVE MATCH	*	18.00	30.00
1980	FROM SNOOPY, WITH LOVE	*	18.00	25.00
1981	HEARTS-A-FLUTTER	*	18.00	20.00
1982	LOVE PATCH	*	18.00	25.00
C. SCHULZ				
	PEANUTS WORLD'S GREATEST ATHLETE			
1982	CROWD WENT WILD, THE	10000	18.00	25.00
1982	GO DEEP	10000	18.00	25.00
1982	PUCK STOPS HERE, THE	10000	18.00	25.00
1982	WAY YOU PLAY THE GAME, THE	10000	18.00	20.00

YR	NAME	LIMIT	ISSUE	TREND
*				
	RAGGEDY ANN ANNUAL PLATES			
1980	SUNSHINE WAGON, THE	10000	18.00	90.00
1981	RAGGEDY SHUFFLE, THE	10000	18.00	50.00
1982	FLYING HIGH	10000	19.00	20.00
1983	WINNING STREAK	10000	23.00	25.00
1984	ROCKING RODEO	10000	23.00	25.00
*				
	RAGGEDY ANN BICENTENNIAL PLATE			
1976	BICENTENNIAL PLATE	*	13.00	50.00
*				
	RAGGEDY ANN CHRISTMAS PLATES			
1975	GIFTS OF LOVE	*	12.00	50.00
1976	MERRY BLADES	*	13.00	40.00
1977	CHRISTMAS MORNING	*	13.00	25.00
1978	CHECKING THE LIST	*	15.00	20.00
1979	LITTLE HELPER	*	18.00	20.00
*				
	RAGGEDY ANN VALENTINE'S DAY PLATES			
1978	AS TIME GOES BY	*	13.00	25.00
1979	DAISIES DO TELL	*	18.00	20.00
	L. DAVIS — RED OAK SAMPLER			
1985	GENERAL STORE	5000	45.00	150.00
1987	COUNTRY WEDDING	5000	45.00	120.00
1989	COUNTRY SCHOOL	5000	45.00	100.00
1990	BLACKSMITH SHOP	5000	53.00	75.00
	L. DAVIS — SPECIAL EDITION			
1984	CRITICS, THE	12500	45.00	100.00
1984	GOOD OLE DAYS PRIVY- 2 PC	5000	60.00	175.00
1985	HOME FROM MARKET	7500	55.00	150.00
*				
	WALT DISNEY SPECIAL EDITION PLATES			
1978	MICKEY MOUSE AT FIFTY	15000	25.00	90.00
1980	HAPPY BIRTHDAY PINOCCHIO	7500	18.00	50.00
1981	ALICE IN WONDERLAND	7500	18.00	25.00
1982	GOOFY'S GOLDEN JUBILEE	7500	19.00	30.00
1982	HAPPY BIRTHDAY PLUTO	7500	18.00	40.00
1987	SNOW WHITE GOLDEN ANNIVERSARY	5000	48.00	50.00
1988	MICKEY MOUSE & MINNIE MOUSE-60TH ANNIV.	10000	50.00	110.00
1989	SLEEPING BEAUTY-30TH ANNIVERSARY	5000	80.00	95.00
1990	FANTASIA RELIEF PLATE	20000	25.00	40.00
1990	FANTASIA-SORCERER'S APPRENTICE	5000	59.00	80.00
1990	PINOCCHIO'S FRIEND	YR	25.00	25.00
*				
	YEAR WITH PADDINGTON BEAR PLATES			
1979	PYRAMID OF PRESENTS	25000	12.00	28.00
1980	SPRINGTIME	25000	12.00	25.00
1981	SANDCASTLES	25000	12.00	25.00
1982	SCHOOL DAYS	25000	12.00	13.00

SEELEY CERAMICS

YR	NAME	LIMIT	ISSUE	TREND
	M. SEELEY — OLD FRENCH DOLL COLLECTION			
1979	A.T., THE	5000	39.00	55.00
1979	BRU, THE	5000	39.00	200.00
1979	E.J., THE	5000	39.00	75.00
1980	ALEZANDRE	5000	39.00	45.00
1981	MARQUE, THE	5000	39.00	43.00
1981	SCHMITT, THE	5000	39.00	43.00

SEYMOUR MANN

YR	NAME	LIMIT	ISSUE	TREND
	BERNINI — CONNOISSEUR PLATE COLLECTION			
1996	BUTTERFLY/LILY CLT 330	25000	45.00	45.00
1996	HUMMINGBIRDS/MORNING GLORY CLT 320	25000	45.00	45.00
1996	ROSES/FORGET ME NOT CLT 340	25000	45.00	45.00

SILVER DEER LTD.

YR	NAME	LIMIT	ISSUE	TREND
	E. ERIKSEN — CHRISTMAS			
1972	MAID OF COPENHAGEN	YR	16.00	37.00
	S. OTTO — CHRISTMAS			
1973	FIR TREE, THE	YR	22.00	25.00
1974	CHIMNEY SWEEP, THE	YR	25.00	25.00
1975	UGLY DUCKLING, THE	YR	28.00	28.00
1977	SNOWMAN	YR	30.00	30.00
1978	LAST DREAM OF THE OLD OAK TREE	YR	32.00	32.00
1979	OLD STREET LAMP, THE	YR	37.00	37.00
1980	WILLIE WINKIE	YR	43.00	43.00
1981	UTTERMOST PARTS OF THE SEA	YR	50.00	50.00
1982	TWELVE BY THE MAILCOACH	YR	55.00	55.00
1983	STORY OF THE YEAR, THE	YR	55.00	55.00
1984	NIGHTINGALE, THE	YR	55.00	55.00
1985	KRONBERG CASTLE	YR	60.00	60.00
1986	BELL, THE	YR	60.00	75.00
1987	THUMBELINA	YR	60.00	60.00
1988	BELL DEEP, THE	YR	60.00	60.00
1989	OLD HOUSE, THE	YR	60.00	60.00
1990	GRANDFATHER'S PICTURE BOOK	YR	65.00	72.00
1991	WINDMILL, THE	YR	65.00	75.00
	G. SAUSMARK — CHRISTMAS			
1970	H.C. ANDERSON HOUSE	YR	14.00	39.00
	M. STAGE — CHRISTMAS			
1971	LITTLE MATCH GIRL	YR	15.00	38.00
1976	SNOW QUEEN, THE	YR	28.00	28.00
	***** — MOTHER'S DAY**			
1970	BOUQUET FOR MOTHER	*	14.00	75.00
1971	MOTHER'S LOVE	*	15.00	40.00

YR	NAME	LIMIT	ISSUE	TREND
1972	GOOD NIGHT	*	16.00	35.00
1973	FLOWERS FOR MOTHER	*	20.00	35.00
1974	DAISIES FOR MOTHER	*	25.00	35.00
1975	SURPRISE FOR MOTHER	*	28.00	28.00
1976	COMPLETE GARDENER, THE	*	28.00	28.00
1977	LITTLE FRIENDS	*	30.00	30.00
1978	DREAMS	*	32.00	32.00
1979	PROMENADE	*	37.00	37.00
1980	NURSERY SCENE	*	43.00	43.00
1981	DAILY DUTIES	*	50.00	50.00
1982	MY BEST FRIEND	*	55.00	55.00
1983	AN UNEXPECTED MEETING	*	55.00	55.00

S. OTTO

MOTHER'S DAY

YR	NAME	LIMIT	ISSUE	TREND
1987	COMPLETE ANGLER, THE	YR	60.00	60.00
1988	LITTLE BAKERY, THE	YR	60.00	60.00
1989	SPRINGTIME	YR	60.00	60.00
1990	SPRING EXCURSION, THE	YR	65.00	65.00
1991	WALKING AT THE BEACH	YR	65.00	65.00

M. STAGE

MOTHER'S DAY

YR	NAME	LIMIT	ISSUE	TREND
1984	WHO ARE YOU?	YR	55.00	55.00
1986	MEETING ON THE MEADOW	YR	60.00	60.00

SPODE

R. HARM

AMERICAN SONG BIRDS

YR	NAME	LIMIT	ISSUE	TREND
1972	SET OF TWELVE	UD	350.00	765.00

G. WEST

CHRISTMAS

YR	NAME	LIMIT	ISSUE	TREND
1970	PARTRIDGE	UD	35.00	35.00
1971	ANGEL'S SINGING	UD	35.00	35.00
1972	THREE SHIPS A'SAILING	UD	35.00	38.00
1973	WE THREE KINGS OF ORIENT	UD	35.00	55.00
1974	DECK THE HALLS	UD	35.00	55.00
1975	CHRISTBAUM	UD	45.00	45.00
1976	GOOD KING WENCESLAS	UD	45.00	55.00
1977	HOLLY & IVY	UD	45.00	45.00
1978	WHILE SHEPHERDS WATCHED	UD	45.00	45.00
1979	AWAY IN A MANGER	UD	50.00	50.00
1980	BRINGING IN THE BOAR'S HEAD	UD	60.00	60.00
1981	MAKE WE MERRY	UD	65.00	65.00

SPORTS IMPRESSIONS

*

YR	NAME	LIMIT	ISSUE	TREND
1995	CHARLES BARKLEY	2500	150.00	150.00

C. HAYES

YR	NAME	LIMIT	ISSUE	TREND
1995	DREAM TEAM II	1994	150.00	150.00

GLENICE

CELEBRITY IMPRESSIONS

YR	NAME	LIMIT	ISSUE	TREND
*	HULK HOGAN	5000	40.00	40.00
*	MIKE TYSON	5000	40.00	40.00

J. CATALANO

COLLECTOVAL PLATES

YR	NAME	LIMIT	ISSUE	TREND
1990	KINGS OF K	*	195.00	195.00

T. FOGARTY

COLLECTOVAL PLATES

YR	NAME	LIMIT	ISSUE	TREND
1990	LIFE OF A LEGEND	1968	195.00	195.00

B. JOHNSON

COLLECTOVAL PLATES

YR	NAME	LIMIT	ISSUE	TREND
1990	FENWAY TRADITION	1000	195.00	195.00

M. PETRONELLA

COLLECTOVAL PLATES

YR	NAME	LIMIT	ISSUE	TREND
1990	GOLDEN YEARS	1000	195.00	195.00

*

GOLD EDITION PLATES

YR	NAME	LIMIT	ISSUE	TREND
	JACKIE ROBINSON	1956	150.00	150.00
1989	KIRK GIBSON	2500	125.00	125.00

J. CATALANO

GOLD EDITION PLATES

YR	NAME	LIMIT	ISSUE	TREND
1988	JOSE CANSECO	2500	125.00	125.00
1988	YANKEE TRADITION	CL	150.00	155.00
1989	MANTLE SWITCH HITTER	CL	150.00	300.00
1989	OREL HERSHISER	2500	125.00	125.00
1989	WILL CLARK	CL	125.00	150.00
1991	MICHAEL JORDAN	CL	150.00	200.00

T. FOGARTY

GOLD EDITION PLATES

YR	NAME	LIMIT	ISSUE	TREND
1988	PAUL MOLITOR	1000	125.00	125.00
1989	DARRYL STRAWBERRY #2	CL	125.00	130.00
1989	DWIGHT GOODEN	5000	125.00	125.00
1989	FRANK VIOLA	2500	125.00	125.00

B. JOHNSON

GOLD EDITION PLATES

YR	NAME	LIMIT	ISSUE	TREND
1986	DON MATTINGLY	CL	125.00	180.00
1986	WADE BOGGS	CL	125.00	145.00
1988	DUKE SNIDER	1500	125.00	125.00

E. LAPERE

GOLD EDITION PLATES

YR	NAME	LIMIT	ISSUE	TREND
1987	AL KALINE	1000	125.00	125.00
1988	BOB FELLER	2500	125.00	125.00
1989	ALAN TRAMMELL	1000	125.00	125.00

R. LEWIS

GOLD EDITION PLATES

YR	NAME	LIMIT	ISSUE	TREND
1989	GREATEST CENTERFIELDERS	5000	150.00	150.00
1990	ANDRE DAWSON	CL	150.00	150.00
1990	LIVING TRIPLE CROWN WINNERS	CL	150.00	190.00
1990	TOM SEAVER	CL	150.00	150.00

C.W. MUNDY

GOLD EDITION PLATES

YR	NAME	LIMIT	ISSUE	TREND
1991	MAGIC JOHNSON	CL	150.00	200.00

L. SALK

GOLD EDITION PLATES

YR	NAME	LIMIT	ISSUE	TREND
1992	TEAM USA BASKETBALL	CL	150.00	250.00

YR	NAME	LIMIT	ISSUE	TREND
R. SIMON			**GOLD EDITION PLATES**	
1986	KEITH HERNANDEZ	CL	125.00	170.00
1986	LARRY BIRD	CL	125.00	200.00
1986	MICKEY MANTLE AT NIGHT	CL	95.00	275.00
1987	CARL YASTRZEMSKI	CL	125.00	170.00
1987	DARRYL STRAWBERRY #1	CL	125.00	130.00
1987	GARY CARTER	CL	125.00	150.00
1987	LENNY DYKSTRA	1000	125.00	125.00
1987	MICKEY, WILLIE, & DUKE	CL.	150.00	525.00
1987	TED WILLIAMS U/S	CL	95.00	335.00
1988	BROOKS ROBINSON	CL	125.00	200.00
M. PETRONELLA			**GOLDEN YEARS**	
1990	DUKE SNIDER	5000	60.00	60.00
1990	MICKEY MANTLE	5000	60.00	60.00
1990	WILLIE MAYS	5000	60.00	60.00
J. CATALANO			**NFL GOLD EDITION PLATES**	
1990	BOOMER ESIASON	1990	150.00	150.00
1990	DAN MARINO	*	150.00	150.00
1990	JOE MONTANA 49ERS	CL	150.00	150.00
1990	JOHN ELWAY		150.00	150.00
1990	LAWRENCE TAYLOR	*	150.00	150.00
1990	RANDALL CUNNINGHAM	*	150.00	150.00
M. PETRONELLA			**NFL PLATINUM EDITION PLATES**	
1990	BOOMER ESIASON	*	50.00	50.00
1990	DAN MARINO	5000	50.00	50.00
1990	JOE MONTANA	5000	50.00	50.00
1990	JOHN ELWAY	5000	50.00	50.00
1990	LAWRENCE TAYLOR	5000	50.00	50.00
1990	RANDALL CUNNINGHAM	5000	50.00	50.00
J. CATALANO			**REGULAR EDITION PLATES**	
*	JOSE CANSECO	10000	50.00	65.00
*	WHO'S ON FIRST	10000	50.00	75.00
*	WILL CLARK	10000	50.00	65.00
*	YANKEE TRADITION	10000	50.00	65.00
T. FOGARTY			**REGULAR EDITION PLATES**	
*	FRANK VIOLA	10000	50.00	65.00
*	KIRK GIBSON	10000	50.00	65.00
*	PAUL MOLITOR	10000	50.00	65.00
B. JOHNSON			**REGULAR EDITION PLATES**	
*	BABE RUTH	10000	50.00	75.00
*	DON MATTINGLY R/E	5000	50.00	75.00
*	DUKE SNIDER	5000	50.00	75.00
*	LOU GEHRIG	10000	50.00	75.00
*	WADE BOGGS	2000	50.00	65.00
E. LAPERE			**REGULAR EDITION PLATES**	
*	AL KALINE	10000	50.00	65.00
*	ALAN TRAMMEL	10000	50.00	65.00
*	BOB FELLER	10000	50.00	65.00
R. LEWIS			**REGULAR EDITION PLATES**	
*	ANDRE DAWSON	10000	50.00	65.00
*	CY YOUNG	10000	50.00	75.00
*	HONUS WAGNER	10000	50.00	75.00
*	LIVING TRIPLE CROWN	10000	50.00	75.00
*	NOLAN RYAN	5000	150.00	150.00
*	R. CLEMENTE	10000	50.00	75.00
*	TY COBB	10000	50.00	75.00
R. SIMON			**REGULAR EDITION PLATES**	
*	B. ROBINSON	2000	50.00	75.00
*	CARL YASTRZEMSKI	3000	50.00	65.00
*	CARY CARTER	2000	50.00	65.00
*	DARRYL STRAWBERRY R/E	2000	50.00	75.00
*	DEM BUMS	10000	50.00	75.00
*	K. HERNANDEZ	2000	50.00	65.00
*	LARRY BIRD	2000	50.00	65.00
*	LENNY DYKSTRA	2000	50.00	65.00
*	MICKEY MANTLE R/E	3500	50.00	75.00
*	MICKEY, WILLIE, DUKE F/S	3500	50.00	175.00
*	TED WILLIAMS	3000	50.00	65.00
*	THURMAN MUNSON	10000	50.00	75.00

STUDIO COLLECTION

T. RUBEL			**SANTA'S ANIMAL KINGDOM**	
1994	SANTA'S ANIMAL KINGDOM COLLECTORS PLATE	5000	30.00	32.00

U.S. HISTORICAL SOCIETY

W. HOMER			**YOUNG AMERICA**	
1973	YOUNG AMERICA OF WINSLOW HOMER-6 PLATES	2500	425.00	1100.00

V. PALEKH ART STUDIOS

A. KOVALEV			**RUSSIAN LEGENDS**	
1988	PRINCESS/SEVEN BOGATYRS, THE	195 DAYS	30.00	60.00
G. LUBIMOV			**RUSSIAN LEGENDS**	
1988	RUSSIAN AND LUDMILLA	195 DAYS	30.00	55.00
V. VLESHKO			**RUSSIAN LEGENDS**	
1988	GOLDEN COCKEREL, THE	195 DAYS	33.00	33.00
1988	LUKOMORYA	195 DAYS	33.00	33.00
1989	FISHERMAN AND THE MAGIC FISH	195 DAYS	33.00	33.00
1989	PRIEST AND HIS SERVANT, THE	195 DAYS	35.00	35.00
1989	TSAR SALTAN	195 DAYS	33.00	33.00

YR	NAME	LIMIT	ISSUE	TREND
1990	MOROZKO	195 DAYS	37.00	37.00
1990	SADKO	195 DAYS	35.00	35.00
1990	SILVER HOOF	195 DAYS	37.00	37.00
1990	STONE FLOWER	195 DAYS	35.00	35.00
1990	TWELVE MONTHS, THE	195 DAYS	37.00	37.00

VAGUE SHADOWS

G. PERILLO — ARABIANS, THE

YR	NAME	LIMIT	ISSUE	TREND
1986	SILVER STREAK	3500	95.00	155.00

G. PERILLO — ARCTIC FRIENDS

1982	SIBERIAN LOVE/SNOW PALS SET	7500	100.00	150.00

G. PERILLO — CHIEFTAINS I

1979	CHIEF JOSEPH	7500	65.00	115.00
1979	CHIEF SITTING BULL	7500	65.00	405.00
1980	CHIEF GERONIMO	7500	65.00	90.00
1980	CHIEF RED CLOUD	7500	65.00	125.00
1981	CHIEF CRAZY HORSE	7500	65.00	235.00

G. PERILLO — CHIEFTAINS II

1983	CHIEF PONTIAC	7500	70.00	100.00
1983	CHIEF VICTORIO	7500	70.00	100.00
1984	CHIEF BLACK KETTLE	7500	70.00	100.00
1984	CHIEF COCHISE	7500	70.00	100.00
1984	CHIEF TECUMSEH	7500	70.00	100.00

G. PERILLO — CHILD LIFE

1983	SIESTA	10000	45.00	60.00
1984	SWEET DREAMS	10000	45.00	60.00

G. PERILLO — CLUB MEMBER LIMITED EDITION

1985	PENCIL, THE	YR	35.00	80.00

G. PERILLO — COLTS, THE

1984	APPALOOSA	5000	40.00	105.00
1984	ARABIAN	5000	40.00	105.00
1984	PINTO	5000	40.00	115.00
1984	THOROUGHBRED	5000	40.00	105.00

G. PERILLO — INDIAN NATIONS

1983	APACHE, B & W, 8-1/4"	7500	35.00	50.00
1983	BLACKFOOT, B & W, 8-1/4"	7500	35.00	50.00
1983	CHEYENNE, B & W, 8-1/4"	7500	35.00	50.00
1983	SIOUX, B & W, 8-1/4"	7500	35.00	50.00

G. PERILLO — LEGENDS OF THE WEST

1982	DANIEL BOONE	10000	65.00	100.00
1982	DAVY CROCKETT	10000	65.00	100.00
1983	BUFFALO BILL	10000	65.00	100.00
1983	KIT CARSON	10000	65.00	100.00

G. PERILLO — MAIDENS

1985	SHIMMERING WATERS	5000	60.00	155.00
1985	SNOW BLANKET	5000	60.00	155.00
1985	SONG BIRD	5000	60.00	155.00

G. PERILLO — MOTHERHOOD SERIES

1983	MADRE	10000	50.00	80.00
1984	MADONNA OF THE PLAINS	3500	50.00	90.00
1985	ABUELA	3500	50.00	80.00
1986	NAP TIME	3500	50.00	80.00

G. PERILLO — NATURE'S HARMONY

1982	BENGAL TIGER 8-1/4"	12500	50.00	75.00
1982	PEACEABLE KINGDOM, THE 10-1/2"	12500	100.00	160.00
1982	ZEBRA 8-1/4"	12500	50.00	75.00
1983	BLACK PANTHER 8-1/4"	12500	50.00	75.00
1983	ELEPHANT 8-1/4"	12500	50.00	75.00

G. PERILLO — PLAINSMAN, THE--BRONZE

1978	BUFFALO HUNT (BRONZE)	2500	300.00	390.00
1979	PROUD ONE, THE (BRONZE)	2500	300.00	390.00

G. PERILLO — PRIDE OF AMERICA'S INDIANS

1986	BRAVE AND FREE	CL	25.00	60.00
1986	DARK-EYED FRIENDS	CL	25.00	60.00
1986	NOBLE COMPANIONS	CL	25.00	60.00
1987	KINDRED SPIRITS	CL	25.00	50.00
1987	LOYAL ALLIANCE	CL	25.00	75.00
1987	PEACEFUL COMRADES	CL	25.00	55.00
1987	SMALL AND WISE	CL	25.00	55.00
1987	WINTER SCOUTS	CL	25.00	50.00

G. PERILLO — PRINCESSES

1981	POCAHONTAS	7500	50.00	60.00
1982	LILY OF THE MOHAWKS	7500	50.00	90.00
1982	MINNEHAHA	7500	50.00	70.00
1982	SACAJAWEA	7500	50.00	90.00

G. PERILLO — PROFESSIONALS

1979	BIG LEAGUER, THE	15000	30.00	100.00
1980	BALLERINA'S DILEMMA	15000	33.00	50.00
1981	QUARTERBACK	15000	33.00	50.00
1981	RODEO JOE	15000	35.00	45.00
1982	MAJOR LEAGUER	15000	35.00	50.00
1983	HOCKEY PLAYER, THE	15000	35.00	50.00

G. PERILLO — SANTA SERIES, THE

1980	SANTA'S JOY	YR	30.00	55.00
1981	SANTA'S BUNDLE	YR	30.00	50.00

G. PERILLO — SPECIAL ISSUE

1981	APACHE BOY	5000	95.00	180.00
1983	PAPOOSE 10-1/2"	3500	100.00	130.00

YR	NAME	LIMIT	ISSUE	TREND
1984	LOVERS, THE	OP	50.00	105.00
1984	NAVAJO GIRL	3500	95.00	355.00
1986	NAVAJO BOY	3500	95.00	175.00
G. PERILLO			STORYBOOK COLLECTION	
1980	LITTLE RED RIDING HOOD	CL	30.00	45.00
1981	CINDERELLA	CL	30.00	45.00
1981	HANSEL & GRETEL	CL	30.00	45.00
1982	GOLDILOCKS & THE 3 BEARS	CL	30.00	45.00
G. PERILLO			TENDER MOMENTS	
1985	SUNSET/WINTER ROMANCE SET	2000	150.00	255.00
G. PERILLO			THOROUGHBREDS	
1984	MAN O' WAR	9500	50.00	80.00
1984	SECRETARIAT	9500	50.00	85.00
1984	WHIRLAWAY	9500	50.00	85.00
1985	SEABISCUIT	9500	50.00	85.00
G. PERILLO			TRIBAL PONIES	
1984	ARAPAHO TRIBAL PONY	3500	65.00	100.00
1984	COMANCHE TRIBAL PONY	3500	65.00	100.00
1984	CROW TRIBAL PONY	3500	65.00	100.00
G. PERILLO			WAR PONIES	
1983	APACHE WAR PONY	7500	60.00	100.00
1983	NEZ PERCE WAR PONY	7500	60.00	105.00
1983	SIOUX WAR PONY	7500	60.00	100.00
G. PERILLO			YOUNG CHIEFTAINS	
1985	YOUNG JOSEPH	5000	50.00	85.00
1985	YOUNG SITTING BULL	5000	50.00	85.00
1986	YOUNG CRAZY HORSE	5000	50.00	85.00
1986	YOUNG GERONIMO	5000	50.00	85.00
1986	YOUNG RED CLOUD	5000	50.00	85.00

VENETO FLAIR

YR	NAME	LIMIT	ISSUE	TREND
V. TIZIANO			BELLINI	
1971	MADONNA	500	45.00	400.00
*			BIRDS	
1972	FALCON	2000	38.00	38.00
1972	OWL	2000	38.00	100.00
1973	MALLARD	2000	45.00	45.00
V. TIZIANO			CHRISTMAS	
1971	THREE KINGS	1500	55.00	160.00
1972	SHEPHERDS	2000	55.00	90.00
1973	CHRIST CHILD	2000	55.00	55.00
1974	ANGEL	*	55.00	55.00
V. TIZIANO			DOGS	
1972	GERMAN SHEPHERD	2000	38.00	75.00
1973	COLLIE	2000	40.00	45.00
1973	DACHSHUND	2000	45.00	43.00
1973	DOBERMAN	2000	38.00	35.00
1973	POODLE	2000	38.00	45.00
*			EASTER	
1973	RABBITS	2000	50.00	90.00
1974	CHICKS	2000	50.00	55.00
1975	LAMB	2000	50.00	55.00
1976	COMPOSITE	2000	55.00	55.00
*			ST. MARK'S OF VENICE	
1984	NOAH AND THE DOVE	UD	60.00	65.00
1985	MOSES AND THE BURNING BUSH	UD	60.00	65.00
1986	ABRAHAM AND THE JOURNEY	UD	60.00	66.00
1986	JOSEPH AND THE COAT	UD	63.00	65.00
V. TIZIANO			WILDLIFE	
1971	DEER	500	38.00	450.00
1972	ELEPHANT	1000	38.00	275.00
1973	PUMA	2000	38.00	65.00
1974	TIGER	2000	40.00	50.00

VILETTA

YR	NAME	LIMIT	ISSUE	TREND
*			DISNEYLAND	
1976	BETSY ROSS	3000	15.00	100.00
1976	CROSSING THE DELAWARE	3000	15.00	100.00
1976	SIGNING THE DECLARATION	3000	15.00	100.00
1976	SPIRIT OF '76	3000	15.00	100.00
1979	MICKEY'S 50TH ANNIVERSARY	5000	37.00	50.00
*			NUTCRACKER BALLET	
1978	CLARA AND NUTCRACKER	OP	20.00	10.00
1979	GIFT FROM GODFATHER	OP	20.00	9.00
1979	SNOW KING AND QUEEN	OP	20.00	24.00
1980	CARLA AND THE PRINCE	OP	20.00	15.00
1980	WALTZ OF THE FLOWERS	OP	20.00	11.00
S. FISHER			NUTCRACKER BALLET	
1979	SUGARPLUM FAIRY, THE	CL	20.00	25.00
D. ZOLAN			ZOLAN'S CHILDREN	
1978	ERIK AND DANDELION	OP	19.00	240.00
1979	SABINA IN THE GRASS	RT	22.00	300.00
1980	BY MYSELF	OP	24.00	24.00
1981	FOR YOU	OP	24.00	24.00

VILLEROY & BOCH

YR	NAME	LIMIT	ISSUE	TREND
C. BARKER			FLOWER FAIRY	
1979	LAVENDER	CL	35.00	130.00
1980	CANDYTUFT	CL	35.00	90.00

YR	NAME	LIMIT	ISSUE	TREND
1980	SWEET PEA	CL	35.00	130.00
1981	APPLEBLOSSOM	CL	35.00	100.00
1981	BLACKTHORN	CL	35.00	80.00
1981	HELIOTROPE	CL	35.00	80.00
B. ZVORYKIN		**RUSSIAN FAIRY TALES MARIA MOREVNA**		
1982	KOSHCHEY CARRIES OFF MARIA MOREVNA	27500	70.00	75.00
1982	MARIA MOREVNA AND TSAREVICH IVAN	27500	70.00	85.00
1982	TSAREVICH IVAN AND THE BEAUTIFUL CASTLE	27500	70.00	105.00
B. ZVORYKIN		**RUSSIAN FAIRY TALES SNOW MAIDEN**		
1980	SNOW MAIDEN, THE	27500	70.00	120.00
1981	SNEGUROCHKA AND LEI, THE SHEPHERD BOY	27500	70.00	70.00
1981	SNEGUROCHKA AT THE COURT/TSAR BERENDEI	27500	70.00	70.00
B. ZVORYKIN		**RUSSIAN FAIRY TALES THE FIREBIRD**		
1981	IN SEARCH OF THE FIREBIRD	27500	70.00	105.00
1981	IVAN AND TSAREVNA ON THE GREY WOLF	27500	70.00	75.00
1981	WEDDING OF TSAREVNA ELENA THE FAIR, THE	27500	70.00	109.00
B. ZVORYKIN		**RUSSIAN FAIRY TALES THE RED KNIGHT**		
1981	RED KNIGHT, THE	27500	70.00	55.00
1981	VASSILISSA AND HER STEPSISTERS	27500	70.00	55.00
1981	VASSILISSA IS PRESENTED TO THE TSAR	27500	70.00	65.00

W.S. GEORGE

YR	NAME	LIMIT	ISSUE	TREND
H. LAMBSON		**ALASKA: THE LAST FRONTIER**		
1991	AUTUMN GRANDEUR	CL	35.00	40.00
1991	ICY MAJESTY	CL	35.00	40.00
1992	ARCTIC JOURNEY	CL	40.00	45.00
1992	DOWN THE TRAIL	CL	38.00	45.00
1992	GRACEFUL PASSAGE	CL	40.00	45.00
1992	MOONLIGHT LOOKOUT	CL	38.00	45.00
1992	MOUNTAIN MONARCH	CL	38.00	40.00
1992	SUMMIT DOMAIN	CL	40.00	45.00
M. HARVEY		**ALONG AN ENGLISH LANE**		
1993	COTTAGE AROUND THE BEND	CL	30.00	50.00
1993	FRIENDS AND FLOWERS	CL	30.00	50.00
1993	GREETING THE DAY	CL	30.00	50.00
1993	SUMMER'S BRIGHT WELCOME	CL	30.00	50.00
H. JOHNSON		**AMERICA THE BEAUTIFUL**		
1988	GRAND CANYON, THE	CL	35.00	40.00
1988	YOSEMITE FALLS	CL	35.00	40.00
1989	GREAT SMOKEY MOUNTAINS, THE	CL	38.00	40.00
1989	YELLOWSTONE RIVER	CL	38.00	40.00
1990	ACADIA	CL	38.00	45.00
1990	CRATER LAKE	CL	40.00	45.00
1990	EVERGLADES, THE	CL	38.00	40.00
1990	GRAND TETONS, THE	CL	40.00	45.00
R. RICHERT		**AMERICA'S PRIDE**		
1992	MISTY FJORDS	CL	30.00	70.00
1992	RUGGED SHORES	CL	30.00	55.00
1993	CANYON CLIMB	CL	35.00	40.00
1993	GOLDEN VISTA	CL	35.00	40.00
1993	LOFTY REFLECTIONS	CL	33.00	40.00
1993	MIGHTY SUMMIT	CL	33.00	70.00
1993	MOUNTAIN MAJESTY	CL	35.00	40.00
1993	TRANQUIL WATERS	CL	33.00	40.00
M. MCDONALD		**ART DECO**		
1989	A FLAPPER WITH GREYHOUNDS	CL	40.00	55.00
1990	ARRIVING IN STYLE	CL	40.00	80.00
1990	ON THE TOWN	CL	40.00	80.00
1990	TANGO DANCERS	CL	40.00	65.00
J. SEEREY-LESTER		**BEAR TRACKS**		
1992	DENALI FAMILY	CL	30.00	50.00
1993	ALONG THE ICE FLOW	CL	30.00	50.00
1993	BREAKING COVER	CL	30.00	50.00
1993	HEAVY GOING	CL	30.00	50.00
1993	HIGH COUNTRY CHAMPION	CL	30.00	50.00
1993	THEIR FIRST SEASON	CL	30.00	50.00
C. BARKER		**BELOVED HYMNS OF CHILDHOOD**		
1988	AWAY IN A MANGER	CL	30.00	35.00
1988	LORD'S MY SHEPHERD, THE	CL	30.00	50.00
1989	ALL GLORY, LAUD AND HONOUR	CL	33.00	35.00
1989	I LOVE TO HEAR THE STORY	CL	33.00	35.00
1989	LOVE DIVINE	CL	33.00	35.00
1989	NOW THANK WE ALL OUR GOD	CL	33.00	35.00
1990	ALL PEOPLE ON EARTH DO DWELL	CL	35.00	40.00
1990	LOVING SHEPHERD OF THY SHEEP	OP	35.00	40.00
C. JAGODITS		**BLACK TIE AFFAIR: THE PENGUIN**		
1992	BABY-SITTERS	CL	30.00	50.00
1992	LITTLE EXPLORER	CL	30.00	50.00
1992	PENGUIN PARADE	CL	30.00	50.00
1993	BELLY FLOPPING	CL	30.00	50.00
W. RANE		**BLESSED ARE THE CHILDREN**		
1990	I AM THE GOOD SHEPHERD	CL	30.00	55.00
1991	BLESSED ARE THE PEACEMAKERS	CL	35.00	50.00
1991	HOSANNA IN THE HIGHEST	CL	33.00	45.00
1991	I AM THE VINE, YOU ARE THE BRANCHES	CL	35.00	65.00
1991	JESUS HAD COMPASSION ON THEM	CL	33.00	40.00
1991	LET THE LITTLE CHILDREN COME TO ME	CL	30.00	40.00
1991	SEEK AND YOU WILL FIND	CL	35.00	45.00

YR	NAME	LIMIT	ISSUE	TREND
1991	WHOEVER WELCOMES THIS LITTLE CHILD	CL	33.00	45.00
B. BURKE				**BONDS OF LOVE**
1989	PRECIOUS EMBRACE	CL	30.00	40.00
1990	CHERISHED MOMENT	CL	30.00	35.00
1991	TENDER CARESS	CL	33.00	40.00
1992	LOVING TOUCH	CL	33.00	45.00
1992	TREASURED KISSES	CL	33.00	50.00
1994	ENDEARING WHISPERS	CL	33.00	35.00
H. GARRIDO				**CHRISTMAS STORY**
1992	GIFTS OF THE MAGI	CL	30.00	45.00
1993	ADORATION OF THE SHEPHERDS	CL	30.00	45.00
1993	ANNUNCIATION, THE	CL	30.00	45.00
1993	JOURNEY OF THE MAGI	CL	30.00	45.00
1993	NATIVITY, THE	CL	30.00	45.00
1993	REST ON THE FLIGHT INTO EGYPT	CL	30.00	45.00
J. PENALVA	COLUMBUS DISCOVERS AMERICA: THE 500TH ANNIVERSARY			
1992	ASHORE AT DAWN	CL	30.00	50.00
1992	BRINGING TOGETHER TWO CULTURES	CL	33.00	65.00
1992	COLUMBUS RAISES THE FLAG	CL	33.00	60.00
1992	QUEEN'S APPROVAL, THE	CL	33.00	60.00
1992	TREASURES FROM THE NEW WORLD	CL	33.00	55.00
1992	UNDER FULL SAIL	CL	30.00	35.00
G. KURZ				**COUNTRY BOUQUETS**
1991	GARDEN'S BOUNTY	CL	33.00	40.00
1991	MORNING SUNSHINE	CL	30.00	45.00
1991	SUMMER PERFUME	CL	30.00	55.00
1991	WARM WELCOME	CL	33.00	55.00
M. HARVEY				**COUNTRY NOSTALGIA**
1989	APPLE CIDER PRESS,THE	CL	30.00	45.00
1989	OLD HAND PUMP, THE	CL	33.00	45.00
1989	SPRING BUGGY, THE	CL	30.00	35.00
1989	VINTAGE SEED PLANTER, THE	CL	30.00	45.00
1990	ANTIQUE SPINNING WHEEL, THE	CL	35.00	40.00
1990	DAIRY CANS, THE	CL	33.00	40.00
1990	FORGOTTEN PLOW, THE	CL	35.00	40.00
1990	WOODEN BUTTER CHURN, THE	CL	33.00	50.00
P. JENNIS	CRITIC'S CHOICE: GONE WITH THE WIND			
1991	A DECLARATION OF LOVE	CL	31.00	60.00
1991	MARRY ME, SCARLETT	CL	28.00	50.00
1991	PARIS HAT, THE	CL	31.00	50.00
1991	SCARLETT ASKS A FAVOR	CL	31.00	50.00
1991	WAITING FOR RHETT	CL	28.00	50.00
1992	BUGGY RIDE, THE	CL	33.00	35.00
1992	SCARLETT GETS DOWN TO BUSINESS	CL	35.00	40.00
1992	SCARLETT GETS HER WAY	CL	33.00	55.00
1992	SCARLETT'S SHOPPING SPREE	CL	33.00	35.00
1992	SMITTEN SUITOR, THE	CL	33.00	50.00
1993	AT CROSS PURPOSES	CL	35.00	35.00
1993	SCARLETT'S HEART IS W/TARA	CL	35.00	35.00
G. BEECHAM	DELICATE BALANCE: VANISHING WILDLIFE			
1992	TOMORROW'S HOPE	CL	30.00	35.00
1993	EYES ON THE NEW DAY	CL	33.00	40.00
1993	PRESENT DREAMS	CL	33.00	40.00
1993	TODAY'S FUTURE	CL	30.00	35.00
G. BUSH				**DR. ZHIVAGO**
1991	LARA'S LOVE	CL	40.00	50.00
1991	LOVE POEMS FOR LARA	CL	40.00	45.00
1991	ZHIVAGO AND LARA	CL	40.00	45.00
1991	ZHIVAGO SAYS FAREWELL	CL	40.00	45.00
*				**DUCKS UNLIMITED**
1988	CANADA GEESE/AUTUMN FIELDS	OP	37.00	37.00
1990	PINTAILS IN INDIAN SUMMER	OP	40.00	40.00
L. KAATZ				**DUCKS UNLIMITED**
1988	MALLARDS AT SUNRISE	*	*	55.00
1989	CANVAS BACKS BREAKING AWAY	*	*	53.00
1989	GREEN WINGS AT MORNING MARSH	*	*	51.00
1990	BLUEBILLS COMING IN	*	*	53.00
1990	SNOWGEESE AGAINST NOV. SKIES	*	*	53.00
1990	WOOD DUCKS TAKING FLIGHT	*	*	49.00
J. FAULKNER				**ELEGANT BIRDS**
1988	GREAT BLUE HERON	CL	33.00	35.00
1988	SWAN, THE	CL	33.00	35.00
1989	ANHINGA, THE	CL	36.00	40.00
1989	FLAMINGO, THE	CL	36.00	40.00
1989	SNOWY EGRET	CL	33.00	40.00
1990	SANDHILL AND WHOOPING CRANE	CL	36.00	40.00
E. ANTONACCIO				**ENCHANTED GARDEN**
1993	A PEACEFUL RETREAT	CL	25.00	30.00
1993	A PLACE TO DREAM	CL	25.00	30.00
1993	PLEASANT PATHWAYS	CL	25.00	30.00
1993	TRANQUIL HIDEAWAY	CL	25.00	30.00
*				**ENDANGERED SPECIES**
1989	RED WOLF, THE	OP	31.00	31.00
D. PIERCE				**EYES OF THE WILD**
1993	EYES IN THE MIST	CL	30.00	35.00
1993	EYES IN THE PINES	CL	30.00	35.00
1993	EYES IN THE SNOW	CL	30.00	35.00
1993	EYES OF GOLD	CL	30.00	35.00

YR	NAME	LIMIT	ISSUE	TREND
1993	EYES OF SILENCE	CL	30.00	35.00
1993	EYES OF WONDER	CL	30.00	35.00
1993	EYES ON THE SLY	CL	30.00	35.00
1994	EYES OF STRENGTH	CL	30.00	35.00
J. KRAMER-COLE			**FACES OF NATURE**	
1992	CANYON OF THE CAT	RT	30.00	45.00
1992	WOLF RIDGE	CL	30.00	45.00
1993	TRAIL OF THE TALISMAN	CL	30.00	45.00
1993	TWO BEARS CAMP	CL	30.00	45.00
1993	WAMBLI OKIYE	CL	30.00	45.00
1993	WINTERING WITH THE WAPITI	CL	30.00	45.00
1993	WITHIN SUNRISE	CL	30.00	45.00
1993	WOLFPACK OF THE ANCIENTS	CL	30.00	45.00
N. ANDERSON		**FEDERAL DUCK STAMP PLATE COLLECTION**		
1990	CANVASBACKS	CL	31.00	40.00
1990	LESSER SCAUP, THE	CL	28.00	45.00
1990	MALLARD	CL	28.00	60.00
1990	RUDDY DUCKS, THE	CL	31.00	30.00
1991	CINNAMON TEAL	CL	33.00	35.00
1991	FULVOUS WISTLING DUCK	CL	33.00	50.00
1991	PINTAILS	CL	31.00	32.00
1991	REDHEADS, THE	CL	33.00	50.00
1991	SNOW GOOSE	CL	33.00	35.00
1991	WIGEONS	CL	31.00	40.00
H. RONNER			**FELINE FANCY**	
1993	GEOGRAPHERS, THE	CL	35.00	40.00
1993	GLOBETROTTERS	CL	35.00	40.00
1993	LITTLE ATHLETES	CL	35.00	40.00
1993	YOUNG ADVENTURERS	CL	35.00	40.00
D. BUSH		**FIELD BIRDS OF NORTH AMERICA**		
1991	AUTUMN MOMENT: AMERICAN WOODCOCK	CL	43.00	75.00
1991	IN DISPLAY: RUFFED GOOSE	CL	40.00	50.00
1991	MISTY CLEARING: WILD TURKEY	CL	43.00	60.00
1991	MORNING LIGHT: BOBWHITE QUAIL	CL	43.00	65.00
1991	WINTER COLORS: RING-NECKED PHEASANT	CL	40.00	55.00
1992	SEASON'S END: WILLOW PTARMIGAN	CL	43.00	50.00
C. CALLOG			**FLORAL FANCIES**	
1993	SITTING PINK	CL	35.00	40.00
1993	SITTING PRETTY	CL	35.00	40.00
1993	SITTING SUNNY	CL	35.00	40.00
L. LIU			**FLOWER FAIRIES**	
1993	ARMOROUS ANGELS	*	33.00	45.00
1993	DELICATE DANCER	*	*	50.00
1993	FANCIFUL FAIRIES	*	35.00	55.00
1993	MAGIC MAKERS	CL	30.00	40.00
1993	MISCHIEF MASTERS	*	33.00	45.00
1993	PETAL PLAYMATE	*	30.00	40.00
1995	MINIATURE MERMAIDS	*	35.00	50.00
G. KURZ		**FLOWERS FROM GRANDMA'S GARDEN**		
1990	COUNTRY CUTTINGS	CL	25.00	50.00
1990	MORNING BOUQUET, THE	CL	25.00	45.00
1991	A COUNTRY WELCOME	CL	30.00	60.00
1991	GARDENER'S DELIGHT	CL	28.00	65.00
1991	HARVEST IN THE MEADOW	CL	28.00	35.00
1991	HOMESPUN BEAUTY	CL	28.00	40.00
1991	NATURE'S BOUNTY	CL	28.00	55.00
1991	SPRINGTIME ARRANGEMENT, THE	CL	30.00	55.00
V. MORLEY			**FLOWERS OF YOUR GARDEN**	
1988	CHRYSANTHEMUMS	CL	28.00	30.00
1988	DAISIES	CL	28.00	45.00
1988	LILACS	CL	25.00	50.00
1988	PEONIES	CL	28.00	30.00
1988	ROSES	CL	25.00	70.00
1989	DAFFODILS	CL	28.00	30.00
1989	IRISES	CL	30.00	35.00
1989	TULIPS	CL	30.00	35.00
C. GILLIES			**GARDEN OF THE LORD**	
1992	ASK IN PRAYER	CL	35.00	40.00
1992	LORD BLESS YOU, THE	CL	33.00	40.00
1992	LORD'S LOVE, THE	CL	33.00	40.00
1992	LOVE ONE ANOTHER	CL	30.00	35.00
1992	PERFECT PEACE	CL	30.00	35.00
1992	TRUST IN THE LORD	CL	33.00	40.00
1993	GIVE THANKS TO THE LORD	CL	35.00	40.00
1993	PEACE BE WITH YOU	CL	35.00	40.00
L. CHANG			**GARDENS OF PARADISE**	
1992	SPLENDOR	CL	33.00	40.00
1992	TRANQUILITY	CL	30.00	35.00
1993	BEAUTY	CL	33.00	40.00
1993	ELEGANCE	CL	33.00	40.00
1993	GRANDEUR	CL	33.00	40.00
1993	HARMONY	CL	33.00	40.00
1993	MAJESTY	CL	33.00	40.00
1993	SERENITY	CL	30.00	35.00
W. NELSON			**GENTLE BEGINNINGS**	
1991	A TOUCH OF LOVE	CL	35.00	70.00
1991	LAP OF LOVE	CL	38.00	45.00
1991	TENDER LOVING CARE	CL	35.00	60.00

YR	NAME	LIMIT	ISSUE	TREND
1991	UNDER WATCHFUL EYES	CL	38.00	65.00
1992	FIRST STEPS	CL	38.00	50.00
1992	HAPPY TOGETHER	CL	38.00	50.00
R. COBANE			**GLORIOUS SONGBIRDS**	
1991	BALTIMORE ORIOLES/AUTUMN LEAVES	CL	35.00	40.00
1991	BLUEBIRDS IN A BLUEBERRY BUSH	CL	35.00	40.00
1991	CARDINALS ON A SNOWY BRANCH	CL	30.00	40.00
1991	CEDAR WAXWING/WINTER BERRIES	CL	33.00	35.00
1991	CHICKADEES AMONG THE LILACS	CL	33.00	35.00
1991	GOLDFINCHES IN THE THISTLE	CL	33.00	35.00
1991	INDIGO BUNTINGS AND/BLOSSOMS	CL	30.00	35.00
1991	ROBINS WITH DOGWOOD IN BLOOM	CL	35.00	40.00
C. VICKERY			**GOLDEN AGE OF THE CLIPPER SHIP**	
1989	BLUE JACKET AT SUNSET, THE	CL	30.00	35.00
1989	TWILIGHT UNDER FULL SAIL, THE	CL	30.00	35.00
1989	YOUNG AMERICA, HOMEWARD	CL	33.00	35.00
1990	DAVY CROCKETT AT DAYBREAK	CL	33.00	40.00
1990	FLYING CLOUD	CL	33.00	50.00
1990	GOLDEN EAGLE CONQUERS WIND	CL	33.00	40.00
1990	LIGHTNING IN LIFTING FOG, THE	CL	35.00	40.00
1990	SEA WITCH, MISTRESS/OCEANS	CL	35.00	50.00
H. ROGERS			**GONE WITH THE WIND: GOLDEN ANNIVERSARY**	
1988	BURNING OF ATLANTA, THE	CL	25.00	70.00
1988	PROPOSAL, THE	CL	28.00	110.00
1988	SCARLETT AND ASHLEY AFTER THE WAR	CL	28.00	75.00
1988	SCARLETT AND HER SUITORS	CL	25.00	75.00
1989	A QUESTION OF HONOR	CL	30.00	45.00
1989	FRANKLY MY DEAR	CL	30.00	65.00
1989	HOME TO TARA	CL	28.00	50.00
1989	MELANIE AND ASHLEY	CL	33.00	50.00
1989	SCARLETT'S RESOLVE	CL	30.00	50.00
1989	STROLLING IN ATLANTA	CL	28.00	55.00
1990	A TOAST TO BONNIE BLUE	CL	33.00	55.00
1990	SCARLETT & RHETT'S HONEYMOON	CL	33.00	60.00
C. FRACE			**GRAND SAFARI: IMAGES OF AFRICA**	
1992	A MOMENT'S REST	CL	35.00	40.00
1992	ELEPHANTS OF KILIMANJARO	CL	35.00	40.00
1992	GREATER KUDO, THE	CL	38.00	45.00
1992	LONE HUNTER	CL	38.00	45.00
1992	QUIET TIME IN SAMBURU	CL	38.00	45.00
1992	UNDIVIDED ATTENTION	CL	38.00	45.00
G. BEECHAM			**HEART OF THE WILD**	
1991	A GENTLE TOUCH	CL	30.00	55.00
1992	AN AFTERNOON TOGETHER	CL	33.00	50.00
1992	MOTHER'S PRIDE	CL	30.00	105.00
1992	QUIET TIME?	CL	33.00	35.00
E. DZENIS			**HOLLYWOOD'S GLAMOUR GIRLS**	
1989	JEAN HARLOW-DINNER AT EIGHT	CL	25.00	45.00
1990	CAROL LOMBAR/THE GAY BRIDE	CL	30.00	35.00
1990	GRETA GARBO-IN GRAND HOTEL	CL	30.00	35.00
1990	LANA TURNER-POSTMAN RINGS TWICE	CL	30.00	35.00
H.T. BECKER			**HOMETOWN MEMORIES**	
1993	A WINTER RIDE	CL	30.00	30.00
1993	HEADING HOME	CL	30.00	30.00
1993	MOONLIGHT SKATERS	CL	30.00	30.00
1993	MOUNTAIN SLEIGH RIDE	CL	30.00	30.00
W. NELSON			**LAST OF THEIR KIND: THE ENDANGERED SPECIES**	
1988	PANDA, THE	CL	28.00	50.00
1988	SNOW LEOPARD, THE	CL	28.00	50.00
1989	ASIAN ELEPHANT, THE	CL	31.00	30.00
1989	RED WOLF, THE	CL	31.00	30.00
1990	BLACK-FOOTED FERRET, THE	CL	34.00	35.00
1990	BRIDLED WALLABY, THE	CL	31.00	30.00
1990	SIBERIAN TIGER, THE	CL	34.00	40.00
1990	SLENDER-HORNED GAZELLE, THE	CL	31.00	30.00
1991	PRZEWALSKI'S HORSE	CL	34.00	35.00
1991	VICUNA, THE	CL	34.00	35.00
L. LIU			**LENA LIU'S BASKET BOUQUETS**	
1992	IRISES	CL	33.00	55.00
1992	LILIES	CL	33.00	65.00
1992	PANSIES	CL	30.00	50.00
1992	PARROT TULIPS	CL	33.00	50.00
1992	PEONIES	CL	33.00	50.00
1992	ROSES	CL	30.00	35.00
1992	TULIPS AND LILACS	CL	33.00	40.00
1993	BEGONIAS	CL	33.00	32.50
1993	CALLA LILIES	CL	33.00	40.00
1993	HYDRANGEAS	CL	33.00	40.00
1993	MAGNOLIAS	CL	33.00	40.00
1993	ORCHIDS	CL	33.00	40.00
L. LIU			**LENA LIU'S HUMMINGBIRD TREASURY**	
1992	ANNA'S HUMMINGBIRD	CL	30.00	55.00
1992	RUBY-THROATED HUMMINGBIRD, THE	CL	30.00	55.00
1992	RUFOUS HIUMMINGBIRD, THE	CL	33.00	55.00
1992	VIOLET-CROWNED HUMMINGBIRD	CL	33.00	55.00
1993	ALLEN'S HUMMINGBIRD, THE	CL	35.00	55.00
1993	BOARD-BILLED HUMMINGBIRD	CL	35.00	55.00
1993	CALLIOPE HUMMINGBIRD	CL	35.00	55.00

YR	NAME	LIMIT	ISSUE	TREND
1993	WHITE-EARED HUMMINGBIRD	CL	33.00	55.00

B. BURKE — LITTLE ANGELS

YR	NAME	LIMIT	ISSUE	TREND
1992	ANGELS WE HAVE HEARD ON HIGH	CL	30.00	55.00
1992	O TANNENBAUM	CL	30.00	55.00
1993	FIRST NOEL, THE	CL	33.00	55.00
1993	HARK THE HERALD ANGELS SING	CL	33.00	55.00
1993	IT CAME UPON A MIDNIGHT CLEAR	CL	33.00	55.00
1993	JOY TO THE WORLD	CL	33.00	55.00

B. LANGTON — LOVING LOOK: DUCK FAMILIES

YR	NAME	LIMIT	ISSUE	TREND
1990	FAMILY OUTING	CL	35.00	40.00
1991	FAMILY TREE, THE	CL	38.00	55.00
1991	QUIET MOMENT	CL	38.00	40.00
1991	SAFE AND SOUND	CL	38.00	40.00
1991	SLEEPY START	CL	35.00	40.00
1991	SPRING ARRIVALS	CL	38.00	75.00

P. WILDERMUTH — MAJESTIC HORSE

YR	NAME	LIMIT	ISSUE	TREND
1992	AMERICAN GOLD: THE QUARTERHORSE	CL	35.00	45.00
1992	CLASSIC BEAUTY: THOROUGHBRED	CL	35.00	50.00
1992	REGAL SPIRIT: THE ARABIAN	CL	35.00	55.00
1992	WESTERN FAVORITE: AM. PAINT HORSE	CL	35.00	60.00

A. SAKHAVARZ — MELODIES IN THE MIST

YR	NAME	LIMIT	ISSUE	TREND
1993	AMONG THE DEWDROPS	CL	35.00	45.00
1993	EARLY MORNING RAIN	CL	35.00	40.00
1993	FEEDING TIME	CL	38.00	45.00
1993	GARDEN PARTY, THE	CL	38.00	45.00
1993	SPRING RAIN	CL	38.00	45.00
1993	UNPLEASANT SURPRISE	CL	38.00	45.00

*

MEMORIES OF A VICTORIAN CHILDHOOD

YR	NAME	LIMIT	ISSUE	TREND
1992	AN ARMFUL OF TREASURES	CL	33.00	50.00
1992	SWEET SLUMBER	CL	30.00	60.00
1992	THROUGH THICK AND THIN	CL	33.00	55.00
1992	YOU'D BETTER NOT POUT	CL	30.00	30.00
1993	A TRIO OF BOOKWORMS	CL	33.00	65.00
1993	PUGNACIOUS PLAYMATE	CL	33.00	65.00

J. SIAS — NATURE'S LEGACY

YR	NAME	LIMIT	ISSUE	TREND
1990	BLUE SNOW AT HALF DOME	CL	25.00	35.00
1991	AUTUMN SPLENDOR IN THE SMOKEY MTNS.	CL	28.00	30.00
1991	GOLDEN MAJESTY/ROCKY MOUNTAINS	CL	30.00	35.00
1991	HAVASU CANYON	CL	28.00	30.00
1991	MISTY MORNING/MT. MCKINLEY	CL	25.00	40.00
1991	MOUNT RANIER	CL	28.00	28.00
1991	MT. RANIER/TWILIGHT REFLECTIONS	CL	28.00	40.00
1991	RADIANT SUNSET OVER THE EVERGLADES	CL	30.00	35.00
1991	WINTER PEACE IN YELLOWSTONE PARK	CL	30.00	35.00

C. FRACE — NATURE'S LOVABLES

YR	NAME	LIMIT	ISSUE	TREND
1990	KOALA, THE	CL	28.00	45.00
1991	BABY HARP SEAL	CL	31.00	65.00
1991	BANDIT	CL	33.00	45.00
1991	BOBCAT: NATURE'S DAWN	CL	31.00	35.00
1991	CHINESE TREASURE	CL	28.00	30.00
1991	CLOUDED LEOPARD	CL	33.00	40.00
1991	NEW ARRIVAL	CL	28.00	50.00
1991	ZEBRA FOAL	CL	33.00	65.00

C. FRACE — NATURE'S PLAYMATES

YR	NAME	LIMIT	ISSUE	TREND
1991	DOUBLE TROUBLE	CL	33.00	50.00
1991	PALS	CL	33.00	50.00
1991	PARTNERS	CL	30.00	50.00
1991	RECESS	CL	33.00	50.00
1991	SECRET HEIGHTS	CL	30.00	40.00
1992	AMBASSADORS	CL	37.00	40.00
1992	CURIOUS TRIO	CL	35.00	40.00
1992	PEACE ON ICE	CL	37.00	40.00
1992	PLAYMATES	CL	35.00	40.00
1992	SURPRISE	CL	35.00	40.00

L. LIU — NATURE'S POETRY

YR	NAME	LIMIT	ISSUE	TREND
1989	MORNING SERENADE	CL	25.00	40.00
1989	SONG OF PROMISE	CL	25.00	45.00
1990	GENTLE REFRAIN	CL	28.00	35.00
1990	MELODY AT DAYBREAK	CL	30.00	35.00
1990	MORNING CHORUS	CL	28.00	40.00
1990	NATURE'S HARMONY	CL	28.00	55.00
1990	TENDER LULLABY	CL	28.00	30.00
1991	CHERUB CHORALE	CL	33.00	55.00
1991	DELICATE ACCORD	CL	30.00	40.00
1991	LYRICAL BEGINNINGS	CL	30.00	40.00
1991	MOTHER'S MELODY	CL	33.00	45.00
1991	SONG OF SPRING	CL	33.00	45.00

W. GOEBEL — ON GOLDEN WINGS

YR	NAME	LIMIT	ISSUE	TREND
1993	AS DAY BREAKS	CL	33.00	40.00
1993	DAYLIGHT FLIGHT	CL	33.00	40.00
1993	EARLY RISERS	CL	30.00	35.00
1993	MORNING LIGHT	CL	30.00	35.00
1993	WINTER DAWN	CL	33.00	40.00
1994	FIRST LIGHT	CL	35.00	40.00

L. LIU — ON GOSSAMER WINGS

YR	NAME	LIMIT	ISSUE	TREND
1988	MALACHITES	CL	28.00	30.00
1988	MONARCH BUTTERFLIES	CL	25.00	40.00
1988	RED-SPOTTED PURPLE	CL	28.00	35.00

YR	NAME	LIMIT	ISSUE	TREND
1988	WESTERN TIGER SWALLOWTAILS	CL	25.00	40.00
1988	WHITE PEACOCKS	CL	28.00	50.00
1989	EASTERN TAILED BLUES	CL	28.00	30.00
1989	RED ADMIRALS	CL	30.00	40.00
1989	ZEBRA SWALLOWTAILS	CL	30.00	35.00
T. HUMPHREY				ON THE WING
1992	GLORIOUS ASCENT	CL	33.00	40.00
1992	RISING MALLARD	CL	30.00	35.00
1992	TAKING WING	CL	33.00	40.00
1992	UPWARD BOUND	CL	33.00	40.00
1992	WINGED SPLENDOR	CL	30.00	35.00
1993	ON THE WING	CL	35.00	40.00
1993	SPRINGING FORTH	CL	25.00	40.00
1993	WONDROUS MOTION	CL	35.00	40.00
L. LIU				ON WINGS OF SNOW
1991	COCKATOOS, THE	CL	38.00	45.00
1991	DOVES, THE	CL	35.00	45.00
1991	EGRETS, THE	CL	38.00	45.00
1991	PEACOCKS, THE	CL	38.00	45.00
1991	SWANS, THE	CL	35.00	40.00
1992	HERONS, THE	CL	38.00	45.00
C. BRENDERS				OUR WOODLAND FRIENDS
1989	FASCINATION	CL	30.00	30.00
1990	BENEATH THE PINES	CL	30.00	30.00
1990	HIGH ADVENTURE	CL	33.00	35.00
1990	SHY EXPLORERS	CL	33.00	40.00
1991	A JUMP INTO LIFE: SPRING FAWN	CL	35.00	45.00
1991	FOREST SENTINEL: BOBCAT	CL	35.00	45.00
1991	FULL HOUSE FOX FAMILY	CL	33.00	65.00
1991	GOLDEN SEASON: GRAY SQUIRREL	CL	33.00	40.00
P. JENNIS				PASSIONS OF SCARLETT O'HARA
1992	AS GOD IS MY WITNESS	CL	35.00	55.00
1992	DREAMS OF ASHLEY	CL	33.00	75.00
1992	FIERY EMBRACE	CL	30.00	70.00
1992	FOND FAREWELL, THE	CL	33.00	55.00
1992	PRIDE AND PASSION	CL	30.00	70.00
1992	WALTZ, THE	CL	33.00	80.00
1993	BRAVE SCARLETT	CL	35.00	40.00
1993	DANGEROUS ATTRACTION	CL	37.00	40.00
1993	EVENING PRAYERS	CL	35.00	40.00
1993	NAPTIME	CL	37.00	40.00
1993	NIGHTMARE	CL	35.00	40.00
1994	END OF AN ERA, THE	CL	37.00	40.00
C. FRACE				PAW PRINTS: BABY CATS OF THE WILD
1992	MORNING MISCHIEF	CL	30.00	35.00
1993	BUDDY SYSTEM, THE	CL	33.00	40.00
1993	NAP TIME	CL	33.00	40.00
1993	TOGETHERNESS	CL	30.00	35.00
L. CHANG				PETAL PALS
1992	FLOWERING FASCINATION	CL	25.00	30.00
1992	GARDEN DISCOVERY	CL	25.00	30.00
1993	ALLURING LILIES	CL	25.00	30.00
1993	BLOSSOMING ADVENTURE	CL	25.00	30.00
1993	DANCING DAFFODILS	CL	25.00	30.00
1993	MORNING MELODY	CL	25.00	30.00
1993	SPRINGTIME OASIS	CL	25.00	30.00
1993	SUMMER SURPRISE	CL	25.00	30.00
C. VALENTE				POETIC COTTAGES
1992	BEDFORDSHIRE EVENING SKY	CL	33.00	50.00
1992	GARDEN PATHS OF OXFORDSHIRE	CL	30.00	50.00
1992	STONEWALL BROOK BLOSSOMS	CL	33.00	50.00
1992	TWILIGHT AT WOODGREEN POND	CL	30.00	50.00
1993	ALDERBURY GARDENS	CL	33.00	50.00
1993	HAMPSHIRE SPRING SPLENDOR	CL	33.00	50.00
1993	WILTSHIRE ROSE ARBOR	CL	33.00	50.00
1993	WISTERIA SUMMER	CL	33.00	50.00
J. SALAMANCA				PORTRAITS OF CHRIST
1991	BECOME AS LITTLE CHILDREN	CL	33.00	65.00
1991	FATHER, FORGIVE THEM	CL	30.00	95.00
1991	LO, I AM WITH YOU	CL	33.00	65.00
1991	PEACE I LEAVE WITH YOU	CL	35.00	70.00
1991	THIS IS MY BELOVED SON	CL	33.00	55.00
1991	THY WILL BE DONE	CL	30.00	55.00
1992	FOLLOW ME	CL	35.00	40.00
1992	FOR GOD SO LOVED THE WORLD	CL	35.00	70.00
1992	I AM THE WAY, THE TRUTH & THE LIFE	CL	35.00	85.00
1992	WEEP NOT FOR ME	CL	35.00	55.00
C. BRENDERS				PORTRAITS OF EXQUISITE BIRDS
1990	BACKYARD TREASURE-CHICKADEE	CL	30.00	40.00
1990	BEAUTIFUL BLUEBIRD, THE	CL	30.00	40.00
1991	IVORY-BILLED WOODPECKER	CL	33.00	35.00
1991	MEADOWLARK'S SONG, THE	CL	33.00	35.00
1991	RED-WINGED BLACKBIRD	CL	33.00	35.00
1991	SUMMER GOLD: THE ROBIN	CL	33.00	40.00
D. SCHWARTZ				PUREBRED HORSES OF THE AMERICAS
1989	APPALOOSA, THE	CL	35.00	40.00
1989	TENNESSEE WALKER, THE	CL	35.00	40.00
1990	MORGAN, THE	CL	38.00	75.00

YR	NAME	LIMIT	ISSUE	TREND
1990	MUSTANG, THE	CL	38.00	40.00
1990	QUARTERHORSE, THE	CL	38.00	40.00
1990	SADDLEBRED, THE	CL	38.00	50.00
J. SEEREY-LESTER			RARE ENCOUNTERS	
1993	BLACK MAGIC	CL	30.00	35.00
1993	FUTURE SONG	CL	33.00	40.00
1993	HIGH AND MIGHTY	CL	33.00	40.00
1993	LAST SANCTUARY	CL	33.00	40.00
1993	SOFTLY, SOFTLY	CL	30.00	35.00
1993	SOMETHING STIRRED	CL	35.00	40.00
C. SMITH			ROMANTIC GARDENS	
1989	PLANTATION GARDEN, THE	CL	30.00	35.00
1989	WOODLAND GARDEN, THE	CL	30.00	35.00
1990	COLONIAL GARDEN, THE	CL	33.00	35.00
1990	COTTAGE GARDEN, THE	CL	33.00	45.00
C. VICKERY			ROMANTIC HARBORS	
1993	ADVENT OF THE GOLDEN BOUGH	CL	35.00	40.00
1993	CHRISTMAS TREE SCHOONER	CL	35.00	40.00
1993	PRELUDE TO THE JOURNEY	CL	38.00	45.00
1993	SHIMMERING LIGHT OF DUSK	CL	38.00	45.00
V. MORLEY			ROMANTIC ROSES	
1993	COUNTRY CHARM	CL	33.00	40.00
1993	OLD-FASHIONED GRACE	CL	30.00	35.00
1993	PASTORAL DELIGHT	CL	33.00	40.00
1993	SPRINGTIME ELEGANCE	CL	35.00	40.00
1993	SUMMER ROMANCE	CL	33.00	40.00
1993	VICTORIAN BEAUTY	CL	30.00	35.00
1993	VINTAGE SPLENDOR	CL	35.00	40.00
1994	HEAVENLY PERFECTION	CL	35.00	40.00
L. GARRISON			SCENES OF CHRISTMAS PAST	
1987	HOLIDAY SKATERS	CL	28.00	55.00
1988	CHRISTMAS EVE	CL	28.00	40.00
1989	HOMECOMING, THE	CL	31.00	35.00
1990	TOY STORE, THE	CL	31.00	35.00
1991	CAROLLERS, THE	CL	31.00	31.00
1992	FAMILY TRADITIONS	CL	33.00	45.00
1993	HOLIDAY PAST	OP	33.00	45.00
1994	A GATHERING OF FAITH	OP	33.00	33.00
J. BRIDGETT			SECRET WORLD OF THE PANDA	
1990	A MOTHER'S CARE	CL	28.00	35.00
1991	A BAMBOO FEAST	CL	33.00	80.00
1991	A DAY OF EXPLORING	CL	31.00	35.00
1991	A FROLIC IN THE SNOW	CL	28.00	30.00
1991	A GENTLE HUG	CL	33.00	35.00
1991	LAZY AFTERNOON	CL	31.00	35.00
C. FRACE			SOARING MAJESTY	
1991	FREEDOM	CL	30.00	50.00
1991	GOLDEN EAGLE, THE	CL	35.00	65.00
1991	GYRFALCON, THE	CL	35.00	50.00
1991	NORTHERN GOSHAWK, THE	CL	30.00	45.00
1991	OSPREY, THE	CL	33.00	40.00
1991	PEREGRINE FALCON	CL	33.00	35.00
1991	RED-TAILED HAWK	CL	33.00	35.00
1992	RED-SHOULDERED HAWK	CL	35.00	40.00
G. KURZ			SONNETS IN FLOWERS	
1992	SONNET OF BEAUTY	CL	35.00	45.00
1992	SONNET OF HAPPINESS	CL	35.00	40.00
1992	SONNET OF LOVE	CL	35.00	40.00
1992	SONNET OF PEACE	CL	35.00	40.00
V. GADINO			SOUND OF MUSIC: SILVER ANNIVERSARY	
1991	HILLS ARE ALIVE, THE	CL	30.00	35.00
1992	LET'S START AT THE VERY BEGINNING	CL	30.00	35.00
1992	MARIA'S WEDDING DAY	CL	33.00	40.00
1992	SOMETHING GOOD	CL	33.00	40.00
J. SIAS			SPIRIT OF CHRISTMAS	
1990	SILENT NIGHT	CL	30.00	45.00
1991	DECK THE HALLS	CL	33.00	50.00
1991	I'LL BE HOME FOR CHRISTMAS	CL	33.00	55.00
1991	JINGLE BELLS	CL	30.00	30.00
1991	O CHRISTMAS TREE	CL	33.00	40.00
1991	WINTER WONDERLAND	CL	33.00	45.00
C. FISHER			SPIRITS OF THE SKY	
1992	EVENING GLIMMER	CL	33.00	40.00
1992	FIRST LIGHT	CL	30.00	35.00
1992	GOLDEN DUSK	CL	33.00	40.00
1992	TWILIGHT GLOW	CL	30.00	35.00
1993	AMBER FLIGHT	CL	35.00	40.00
1993	DAY'S END	CL	35.00	40.00
1993	SUNSET SPLENDOR	CL	33.00	40.00
1993	WINGED RADIANCE	CL	35.00	40.00
L. LIU			SYMPHONY OF SHIMMERING BEAUTIES	
1991	HIBISCUS MEDLEY	CL	35.00	40.00
1991	IRIS QUARTET	CL	30.00	55.00
1991	LILY CONCERTO	CL	33.00	55.00
1991	PEONY PRELUDE	CL	33.00	35.00
1991	POPPY PASTORALE	CL	33.00	40.00
1991	ROSE FANTASY	CL	35.00	40.00
1991	TULIP ENSEMBLE	CL	30.00	40.00

YR	NAME	LIMIT	ISSUE	TREND
1992	CARNATION SERENADE	CL	37.00	40.00
1992	DAHLIA MELODY	CL	35.00	40.00
1992	GLADIOLUS ROMANCE	CL	37.00	40.00
1992	HOLLYHOCK MARCH	CL	35.00	40.00
1992	ZINNIA FINALE	CL	37.00	40.00
J. SIAS			**TIS THE SEASON**	
1993	A TIME FOR TRADITION	CL	30.00	35.00
1993	A WORLD DRESSED IN SNOW	CL	30.00	35.00
1993	OUR FAMILY TREE	CL	30.00	42.00
1993	WE SHALL COME REJOICING	CL	30.00	35.00
W. NELSON			**TOMORROW'S PROMISE**	
1992	CURIOSITY: ASIAN ELEPHANTS	CL	30.00	55.00
1992	FRISKINESS: KIT FOXES	CL	33.00	50.00
1992	INNOCENCE: RHINOS	CL	33.00	65.00
1992	PLAYTIME PANDAS	CL	30.00	35.00
J. KRAMER-COLE			**TOUCHING THE SPIRIT**	
1993	CAMP OF THE SACRED DOGS	CL	30.00	45.00
1993	HE WHO WATCHES	CL	30.00	45.00
1993	KEEPER OF THE SECRET	CL	30.00	45.00
1993	KINDRED SPIRITS	CL	30.00	45.00
1993	MARKING TREE, THE	CL	30.00	45.00
1993	RUNNING WITH THE WIND	CL	30.00	45.00
1993	TWICE TRAVELED TRAIL	CL	30.00	45.00
1993	WAKAN TANKA	CL	30.00	45.00
R. STINE			**TREASURY OF SONGBIRDS**	
1992	AFTERNOON CALM	CL	33.00	50.00
1992	ALLURING DAYLIGHT	CL	35.00	50.00
1992	DAWN'S RADIANCE	CL	33.00	50.00
1992	GOLDEN DAYBREAK	CL	33.00	48.00
1992	MORNING GLORY	CL	30.00	35.00
1992	SAPPHIRE DAWN	CL	35.00	50.00
1992	SCARLET SUNRISE	CL	35.00	50.00
1992	SPRINGTIME SPLENDOR	CL	30.00	49.00
A. CASAY			**VANISHING GENTLE GIANTS**	
1991	JUMPING FOR JOY	CL	33.00	40.00
1991	MONARCH OF THE DEEP	CL	36.00	50.00
1991	SONG OF THE HUMPBACK	CL	33.00	40.00
1991	TRAVELERS OF THE SEA	CL	36.00	55.00
1991	UNICORN OF THE SEA	CL	36.00	60.00
1991	WHITE WHALE OF THE NORTH	CL	36.00	55.00
H. BONNER			**VICTORIAN CAT**	
1990	MISCHIEF WITH THE HATBOX	CL	25.00	50.00
1991	DAYDREAMS	CL	28.00	50.00
1991	FRISKY FELINES	CL	28.00	55.00
1991	KITTENS AT PLAY	CL	28.00	50.00
1991	PERFECTLY POISED	CL	30.00	50.00
1991	PLAYING IN THE PARLOR	CL	30.00	60.00
1991	STRING QUARTET	CL	25.00	60.00
1992	MIDDAY REPOSE	CL	30.00	35.00
*			**VICTORIAN CAT CAPERS**	
1992	A CURIOUS KITTY	CL	28.00	55.00
1992	FORBIDDEN FRUIT	CL	30.00	30.00
1992	MY BOWL IS EMPTY	CL	28.00	36.00
1992	PUSS IN BOOT	CL	25.00	62.00
1992	VANITY FAIR	CL	28.00	28.00
1992	WHO'S THE FAIREST OF THEM ALL?	CL	25.00	68.00
1993	KITTEN EXPRESS, THE	CL	30.00	30.00
1993	PURR-FECT PEN PAL, THE	CL	30.00	30.00
C. FRACE			**WILD INNOCENTS**	
1993	LION CUB	CL	30.00	40.00
1993	REFLECTIONS	CL	30.00	40.00
1993	SPIRITUAL HEIR	CL	30.00	40.00
1993	SUNNY SPOT	CL	30.00	40.00
T. HIRATA			**WILD SPIRITS**	
1992	MOUNTAIN MAGIC	CL	33.00	45.00
1992	SOLITARY WATCH	CL	30.00	45.00
1992	TIMBER GHOST	CL	30.00	43.00
1993	LONE VANGUARD	CL	35.00	50.00
1993	MIGHTY PRESENCE	CL	35.00	50.00
1993	QUIET VIGIL	CL	35.00	50.00
1993	SILENT GUARD	CL	33.00	45.00
1993	SLY EYES	CL	33.00	45.00
D.L. RUST			**WINGS OF WINTER**	
1993	FULL MOON COMPANIONS	CL	30.00	30.00
1993	MOONLIGHT RETREAT	CL	30.00	40.00
1993	NIGHT LIGHTS	CL	30.00	30.00
1993	SILENT SUNSET	CL	30.00	30.00
1993	TWILIGHT SERENADE	CL	30.00	30.00
1993	WHITE NIGHT	CL	30.00	30.00
1993	WINTER HAVEN	CL	30.00	30.00
1993	WINTER REFLECTIONS	150 DAYS	30.00	30.00
C. FRACE			**WINTER'S MAJESTY**	
1992	CHASE, THE	CL	35.00	40.00
1992	QUEST, THE	CL	35.00	40.00
1993	ALASKAN FRIEND	CL	35.00	40.00
1993	AMERICAN COUGAR	CL	35.00	40.00
1993	ON WATCH	CL	35.00	40.00
1993	SOLITUDE	CL	35.00	40.00

YR	NAME	LIMIT	ISSUE	TREND
R. HARM			**WONDERS OF THE SEA**	
1991	A FAMILY AFFAIR	CL	35.00	35.00
1991	HEART TO HEART	CL	35.00	40.00
1991	STAND BY ME	CL	35.00	40.00
1991	WARM EMBRACE	CL	35.00	45.00
C. FRACE			**WORLD'S MOST MAGNIFICENT CATS**	
1991	AFRICAN LEOPARD, THE	CL	30.00	60.00
1991	CLOUDED LEOPARD, THE	CL	30.00	110.00
1991	COUGAR	CL	25.00	80.00
1991	FLEETING ENCOUNTER	CL	25.00	70.00
1991	JAGUAR	CL	28.00	80.00
1991	MIGHTY WARRIOR	CL	30.00	75.00
1991	POWERFUL PRESENCE	CL	28.00	65.00
1991	ROYAL BENGAL	CL	28.00	45.00
1992	CHEETAH, THE	CL	32.00	70.00
1992	SIBERIAN TIGER	CL	32.00	70.00

WATERFORD WEDGWOOD USA

YR	NAME	LIMIT	ISSUE	TREND
*			**BICENTENNIAL**	
1972	BOSTON TEA PARTY	YR	40.00	45.00
1973	PAUL REVERE'S RIDE	YR	40.00	120.00
1974	BATTLE OF CONCORD	YR	40.00	60.00
1975	ACROSS THE DELAWARE	YR	40.00	110.00
1975	VICTORY AT YORKTOWN	YR	45.00	55.00
1976	DECLARATION SIGNED	YR	45.00	50.00
*			**MOTHER'S DAY**	
1971	SPORTIVE LOVE	*	20.00	20.00
1972	SEWING LESSON, THE	*	20.00	20.00
1973	BAPTISM OF ACHILLES, THE	*	20.00	25.00
1974	DOMESTIC EMPLOYMENT	*	30.00	33.00
1975	MOTHER AND CHILD	*	35.00	37.00
1976	SPINNER, THE	*	35.00	35.00
1977	LEISURE TIME	*	35.00	35.00
1978	SWAN AND CYGNETS	*	40.00	40.00
1979	DEER AND FAWN	*	45.00	45.00
1980	BIRDS	*	48.00	48.00
1981	MARE AND FOAL	*	50.00	60.00
1982	CHERUBS WITH SWING	*	55.00	60.00
1983	CUPID AND BUTTERFLY	*	55.00	55.00
1984	MUSICAL CUPIDS	*	55.00	59.00
1985	CUPIDS AND DOVES	YR	55.00	80.00
1986	CUPIDS FISHING	YR	55.00	55.00
1987	SPRING FLOWERS	YR	55.00	80.00
1988	TIGER LILY	YR	55.00	59.00
1989	IRISES	YR	65.00	65.00
1991	PEONIES	YR	65.00	65.00
*			**WATERFORD WEDGWOOD**	
1989	MOSS ROSE	*	*	70.00
*			**WEDGWOOD CHRISTMAS**	
1979	BUCKINGHAM PALACE	YR	65.00	70.00
1980	ST. JAMES PALACE	YR	70.00	75.00
1981	MARBLE ARCH	YR	75.00	80.00
1982	LAMBETH PALACE	YR	80.00	85.00
1983	ALL SOULS, LANGHAM PALACE	YR	80.00	85.00
1984	CONSTITUTION HILL	YR	80.00	85.00
1985	TATE GALLERY, THE	YR	80.00	85.00
1986	ALBERT MEMORIAL, THE	YR	80.00	145.00
1987	GUILDHALL	YR	80.00	90.00
1988	OBSERVATORY/GREENWICH, THE	YR	80.00	95.00
1989	WINCHESTER CATHEDRAL	YR	88.00	90.00
T. HARPER			**WEDGWOOD CHRISTMAS**	
1969	WINDSOR CASTLE	YR	25.00	185.00
1970	TRAFALGAR SQUARE	YR	30.00	55.00
1971	PICADILLY CIRCUS	YR	30.00	40.00
1972	ST. PAUL'S CATHEDRAL	YR	35.00	45.00
1973	TOWER OF LONDON	YR	40.00	85.00
1974	HOUSES OF PARLIAMENT	YR	40.00	45.00
1975	TOWER BRIDGE	YR	45.00	50.00
1976	HAMPTON COURT	YR	50.00	55.00
1977	WESTMINISTER ABBEY	YR	55.00	60.00
1978	HORSE GUARDS	YR	60.00	65.00

WENDELL AUGUST FORGE

YR	NAME	LIMIT	ISSUE	TREND
L. YOUNGO			**COLLECTORS GUILD MEMBER'S ONLY**	
1995	HOLIDAY EXPRESS	YR	*	N/A
1996	FIRST LOVE	5000	39.00	39.00

WILD WINGS INC.

YR	NAME	LIMIT	ISSUE	TREND
R. ABBETT				
1998	ENGLISH POINTER HEAD	14 DAYS	50.00	50.00
1998	POINTER	*	50.00	50.00
S. BOURDET				
1998	BACK TO NATURE BLUEBIRD	*	50.00	50.00
1998	BACK TO NATURE-BLUEBIRDS	14 DAYS	50.00	50.00
R. MILLETTE				
1998	RUSTIC RETREAT-RED FOX	14 DAYS	50.00	50.00
1998	RUSTIC RETREAT-WHITETAIL DEER	14 DAYS	50.00	50.00
1999	PRAIRIE MONARCHS-BISON	*	50.00	50.00

YR	NAME	LIMIT	ISSUE	TREND
M. SUSINNO				
1998	HOOKED-FLY FISHING	14 DAYS	50.00	50.00
1998	MATCHING THE HATCH-BROOK TROUT	14 DAYS	50.00	50.00
1998	MATCHING THE HATCH-BROWN TROUT	14 DAYS	50.00	50.00
1998	MATCHING THE HATCH-CUTTHROAT TROUT	14 DAYS	50.00	50.00
1998	MATCHING THE HATCH-RAINBOW TROUT	14 DAYS	50.00	50.00
M. SUSINNO			**MATCHING THE HATCH**	
1998	BROOK TROUT	*	50.00	50.00
1998	BROWN TROUT	*	50.00	50.00
1998	CUTTHROAT TROUT	*	50.00	50.00
1998	HOOKED FLY FISHING	*	50.00	50.00
1998	RAINBOW TROUT	*	50.00	50.00
R. MILLETTE			**RUSTIC RETREAT**	
1998	DEER	*	50.00	50.00
1998	FOX	*	50.00	50.00
1998	PHEASANT	*	50.00	50.00
C. CUMMINGS			**THUNDER RIDGE**	
1999	THUNDER RIDGE	*	50.00	50.00
1999	THUNDER RIDGE-LIGHTNING	*	50.00	50.00
1999	THUNDER RIDGE-STORM FRONT	*	50.00	50.00

WILDLIFE INTERNATIONALE

J. RUTHVEN			**SPORTING DOGS**	
1985	DECOY (LABORADOR RETRIEVER)	5000	55.00	150.00
1985	DUSTY (GOLDEN RETRIEVER)	5000	55.00	80.00
1985	RUMMY (ENGLISH SETTER)	5000	55.00	55.00
1985	SCARLETT (IRISH SETTER)	5000	55.00	150.00

WILLITTS DESIGNS

T. BLACKSHEAR			**EBONY VISIONS COLLECTION**	
1995	KATIE'S FIRST QUILT	RT	30.00	30.00
2000	SUMMERTIME	*	75.00	75.00
B. JOYSMITH			**OUR SONG**	
2000	TIME HONORED PLATE	9500	38.00	38.00

WINDBERG ENTERPRISES

D. WINDBERG				
1975	AUTUMN'S WAY	*	650.00	650.00
1975	MOUNTAIN'S MAJESTY, THE	*	*	650.00
D. WINDBERG			**AMERICAN SNOWSCAPE**	
1995	JOYOUS EVENSONG	1500	65.00	65.00

ZOLAN FINE ARTS

D. ZOLAN				
1995	HARP SONG	CL	30.00	90.00
1997	RAINED OUT	CL	20.00	33.00
1998	DOWNHILL DELIGHT	CL	20.00	20.00
1999	CHILD'S PRAYER, A	CL	20.00	20.00
1999	MY LITTLE SNOWMAN	CL	20.00	20.00
1999	SPRING BREEZES	CL	20.00	20.00
1999	WAIT YOUR TURN	CL	20.00	20.00
2000	BEDTIME PRAYER	2000	20.00	20.00
2000	SPRING BOUQUET	2000	20.00	20.00
D. ZOLAN			**ANGEL SONGS**	
1997	HARP SONG	CL	20.00	20.00
1997	HEAVENLY SONG	CL	20.00	20.00
1997	LOVE SONG	CL	20.00	20.00
D. ZOLAN			**COUNTRY FRIENDS**	
1998	GIGGLES & WIGGLES	CL	20.00	20.00
1998	LET'S PLAY	CL	20.00	20.00
1998	LITTLE GARDENER	CL	20.00	20.00
1998	TWO IN A TREE	CL	20.00	20.00
D. ZOLAN			**LITTLE BOYS' BIG DREAMS**	
1999	FAMILY TREASURES	CL	20.00	20.00
1999	FINISHING TOUCHES	CL	20.00	20.00
1999	PUPPY'S PALACE	CL	20.00	20.00
1999	SUDS & SHINE	CL	20.00	20.00
D. ZOLAN			**SYMPHONY OF SEASONS**	
1996	WINTER WONDER	CL	20.00	20.00
1997	COUNTRY PUMPKINS	CL	20.00	20.00
1997	PUDDLES 'N SPLASHES	CL	20.00	20.00
1997	SUMMERTIME FRIENDS	CL	20.00	20.00
D. ZOLAN			**ZOLAN SOCIETY**	
1997	CHILD'S FAITH, A	CL	*	N/A
1998	REACH FOR THE SKY	CL	*	N/A
1998	SUMMER THUNDER	CL	*	N/A
1999	FIELD OF DREAMS	CL	*	N/A

ZOLAN FINE ARTS/WINSTON ROLAND

D. ZOLAN			**COUNTRY FRIENDS**	
1998	HELPING OUT	15 DAYS	20.00	20.00
1998	LITTLE TOMBOY	15 DAYS	20.00	20.00
1998	PUPPY LOVE	15 DAYS	20.00	20.00

Prints

Jay Brown

The art of offset lithography is still in its infancy. With only a little more than 30 years of existence, we've seen it revolutionize the art world's perception of the limited edition print.

Consider what the art world was like only two decades ago. Limited edition print enthusiasts collected and invested in original prints— etchings, serigraphs and stone lithographs. Artists such as Norman Rockwell, Salvador Dali, Pablo Picasso and Alexander Calder, in conjunction with their publishers, would issue their new releases in editions of 200 or 300 prints, and they would take months (if not years) to sell out!

Today an artist like Bev Doolittle can do an edition of 69,996 offset lithographic fine art prints and it doesn't just sell out, but it does so on its release. Furthermore, within just a few months it often becomes highly sought-after on the resale market. That's quite a significant accomplishment in a relatively short period of time. It is proof that the offset lithograph is the preferred decorative and collectible art form in the world today. But why?

Unlike the printing processes for art prints that were most common two decades ago, such as serigraphy, etching and stone lithography, with offset lithography there is an ability to guarantee continued quality throughout the printing process. Because of this consistency in quality, the process of offset lithography allows for larger edition sizes and lower prices, and the combination equates to more opportunity for people to become involved in the marketplace.

Also consider the trend in American art that has aided the offset lithograph. Today, America is a country drawn toward realism, and none of the other printing processes can compete with the realistic, sometimes photographic quality that is usually associated with an offset lithograph print. Perhaps we're tired of looking at abstract art, composed of lines and shapes, that makes us say "huh?" Today, we want to look at art that has a specific meaning—that tells a story and that speaks a genuine message to our souls.

With the acceptance of this method to create art reproductions, it is now possible to nearly duplicate an original painting and make as many exact duplicate copies as the public demands. Perhaps, if we had the technology 100 years ago, we wouldn't speak of realism as a trend, but as the way the world perceives American art.

It only makes sense that the preferred printmaking method should be the one that exhibits the most current technology, assuming it can complete the process in the easiest, fastest and least expensive way, while attaining the highest quality results. This is exactly why offset lithography is the preferred printmaking method of our generation's artists, publishers and collectors.

Just as with other major industries, there will always be the cynics who won't admit that there can be technological advances that improve the market. But the public is speaking by their performance, and the cynics are being forced to listen.

America loves the offset lithograph for its great quality and proven collectibility. The offset lithograph is not only controlling the art market today, but it is changing the art of print collecting.

JAY BROWN owns and operates Gallery One with locations in Mentor and Strongsville, Ohio, where he specializes in the retail sales of limited edition prints, original paintings and sculptures by the industry's most popular artists. He also deals extensively in the secondary market sale of these collectibles. He can be reached at art@galleryone.com.

Newmark Publishing released Peaceful Afternoon *by Paula Vaughan in 1995. The print depicts the serenity and calm found in a good book and a faithful companion.*

Limited to only 150 prints, Sandra Kuck's First Recital *from V.F. Fine Arts epitomizes the Victorian era.*

YR	NAME	LIMIT	ISSUE	TREND

PRINTS

3-DIMENSIONAL EDITIONS
F. MILLER
*	ONE WINNER, OR TWO LOSERS	1500	155.00	245.00
*	WHEN TIMES WERE GOOD	1500	165.00	170.00
1989	WINNER TAKES ALL, THE	1000	145.00	322.00
1991	NATURE'S MONARCH	1000	145.00	550.00
1992	TIME TO REMEMBER, A	SO	145.00	250.00
1993	AUTUMN SONG	SO	145.00	400.00
1993	NO MARGIN FOR ERROR	SO	145.00	400.00
1994	HIGH MTN. PEACE	1000	145.00	300.00
1994	ON THE WINGS OF EAGLES	1000	145.00	200.00
1994	THUNDERING WATERS NIAGARA FALLS	1000	145.00	145.00
1995	ELUSIVE PRIZE, THE	SO	95.00	110.00
1995	KEEPER OF THE FALLS	1000	145.00	145.00
1995	RETURN, THE	1000	165.00	275.00
1995	YOSEMITE'S MESSENGER TO THE GODS	1000	145.00	145.00
1996	THERE WAS A PLACE	1000	155.00	175.00
1996	WILDERNESS RETREAT	1000	155.00	170.00

AMCAL FINE ARTS
C. WYSOCKI
1997	YOUNG HEARTS AT SEA	1500	185.00	175.00
1997	YOUNG HEARTS AT SEA (FR. CANVAS TRANSFER)	300	850.00	975.00

C. WYSOCKI — FRAMED CANVAS
1995	MABEL THE STOWAWAY	CL	750.00	1100.00
1996	BLACK BIRDS ROOST AT MILL CREEK	CL	795.00	1250.00
1996	MAGGIE THE MESSMAKER	500	795.00	1400.00

S. ROSS — PRINT
1995	FLORA AND FIONA	500	75.00	135.00

M. STACK — PRINT
1995	UNDER A SUMMER SKY	750	150.00	200.00

C. WYSOCKI — PRINT
1995	MABEL THE STOWAWAY	CL	175.00	325.00
1995	OLDE CAPE COD	2500	195.00	315.00
1995	ROOT BEER BREAK AT THE BUTTERFIELD'S	2500	165.00	315.00
1996	MAGGIE THE MESSMAKER	6500	175.00	700.00
1996	UNCLE JACK'S TOPIARY TENDENCIES	SO	185.00	210.00

C. WYSOCKI — THE FOUR SEASONS-SET
1997	PAPERBOYS,THE	2000	*	N/A
1997	PROMISES, PROMISES	2000	*	N/A
1997	SO PROULDY WE HAIL	2000	*	N/A
1997	THERE'S A RIGHT WAY, A WRONG WAY AND THE AMISH WAY	2000	*	N/A

C. WYSOCKI — UNFRAMED CANVAS
1995	MABEL THE STOWAWAY	500	495.00	600.00

AMERICAN ARTISTS
F. STONE
*	CIGAR	*	150.00	200.00
*	SUNDAY SILENCE	950	195.00	525.00
1978	AFFIRMED, STEVE CAUTHEN UP	750	100.00	625.00
1978	MARE AND FOAL	500	90.00	775.00
1978	MOMENT AFTER, THE	500	90.00	350.00
1979	ONE, TWO, THREE	500	100.00	1000.00
1979	PATIENCE	1000	90.00	1550.00
1979	RIVALS, THE: AFFIRMED & ALYDAR	500	90.00	500.00
1980	BELMONT, THE: BOLD FORBES	500	100.00	625.00
1980	EXCELLER: BILL SHOEMAKER	500	90.00	800.00
1980	GENUINE RISK	500	100.00	875.00
1980	KENTUCKY DERBY, THE	750	100.00	1300.00
1980	KIDNAPPED MARE: FRANFRELUCHE	750	115.00	775.00
1980	PASTURE PEST, THE	500	100.00	960.00
1980	SPECTACULAR BID	500	65.00	350.00
1981	ARABIANS, THE	750	115.00	460.00
1981	CONTENTMENT	750	115.00	460.00
1981	SHOE, THE: 8,000 WINS	395	200.00	3000.00
1981	THOROUGHBREDS, THE	750	115.00	425.00
1982	JOHN HENRY: BILL SHOEMAKER UP	595	160.00	600.00
1982	MAN O' WAR: FINAL THUNDER	750	175.00	3100.00
1982	OFF AND RUNNING	750	125.00	550.00
1982	POWER HORSES, THE	750	125.00	300.00
1982	WATER TROUGH, THE	750	125.00	550.00
1983	ANDALUSIAN, THE	750	150.00	275.00
1983	DUEL, THE	750	150.00	405.00
1983	FOR ONLY A MOMENT: RUFFIAN	750	175.00	1150.00
1983	TRANQUILITY	750	150.00	600.00
1984	NORTHERN DANCER	950	175.00	515.00
1984	SECRETARIAT	950	175.00	1150.00
1984	TURNING FOR HOME	750	150.00	500.00
1985	ETERNAL LEGACY	950	175.00	460.00
1985	FRED STONE PAINTS THE SPORT OF KINGS	750	265.00	750.00
1985	JOHN HENRY: MCCARRON UP	750	175.00	615.00
1985	KELSO	950	175.00	330.00
1985	LEGACY, THE	950	175.00	950.00
1986	FOREVER FRIENDS	950	175.00	600.00
1986	NIJINSKI II	950	175.00	175.00

YR	NAME	LIMIT	ISSUE	TREND
1986	RUFFIAN & FOOLISH PLEASURE	950	175.00	1270.00
1987	FIRST DAY, THE	950	175.00	370.00
1987	LADY'S SECRET	950	175.00	300.00
1987	RIVALRY, THE: ALYSHEBA AND BET TWICE	950	195.00	550.00
1988	ALYSHEBA	950	195.00	340.00
1988	CAM-FELLA	950	175.00	775.00
1988	SHOE & BALD EAGLE	950	195.00	400.00
1989	BATTLE FOR THE TRIPLE CROWN	950	225.00	475.00
1989	PHAR LAP	950	195.00	275.00
1990	FINAL TRIBUTE: SECRETARIAT	1150	265.00	500.00
1990	OLD WARRIORS SHOEMAKER: JOHN HENRY	1950	265.00	450.00
1991	BLACK STALLION	1500	225.00	225.00
1991	FOREGO	1150	225.00	225.00
1991	GO FOR WAND: A CANDLE IN THE WIND	1150	225.00	225.00
1992	AMERICAN TRIPLE CROWN I (1948-1978)	1500	325.00	450.00
1992	DANCE SMARTLY	950	225.00	225.00
1993	AMERICAN TRIPLE CROWN II (1937-1946)	1500	325.00	325.00
1993	AMERICAN TRIPLE CROWN III (1919-1935)	1500	225.00	225.00
1995	HOLY BULL	1150	225.00	275.00
1995	HOLY BULL (CANVAS)	350	375.00	375.00
1995	JULIE KRONE - COLONIAL AFFAIR	1150	225.00	275.00
1995	SUMMER DAYS	1150	225.00	330.00

A. SEHRING — **AMERICANA**

YR	NAME	LIMIT	ISSUE	TREND
1988	AUTUMN FIELDS	445	300.00	300.00
1988	FIELDS OF SUMMER	445	300.00	300.00
1988	HIGH ON THE HILL	445	300.00	300.00
1988	PICNIC BY THE POND	445	300.00	620.00
1988	PINK BONNET	545	300.00	375.00
1988	STRAWBERRY TIME	445	300.00	300.00
1988	SUMMER WILDFLOWER	445	300.00	300.00
1988	SUMMERS BY THE SEA	445	300.00	300.00
1988	SUN & SHADE	545	300.00	375.00
1988	VIOLETS	445	300.00	400.00
1993	LOOK WHAT I CAUGHT	186	600.00	600.00
1996	QUIET MOMENTS	68	800.00	800.00
1997	WHERE THE LILIES GROW II	68	800.00	800.00

A. SEHRING — **STILL LIFE**

YR	NAME	LIMIT	ISSUE	TREND
1995	WILDFLOWERS	186	600.00	600.00
1997	IRISES	150	400.00	400.00

A. SEHRING — **WILDLIFE**

YR	NAME	LIMIT	ISSUE	TREND
1989	THREATENING GESTURES	475	300.00	300.00
1990	FACE OF THE JUNGLE	2600	250.00	300.00
1990	REFLECTIONS OF THE JUNGLE	475	300.00	775.00
1990	SOLITARY HUNTER	475	300.00	300.00

AMERICAN LEGACY

S. ETEM

YR	NAME	LIMIT	ISSUE	TREND
*	FOUNTAIN, THE	CL	150.00	150.00
*	INDIANA SUMMER	CL	150.00	150.00
*	LITTLE BANDIT	CL	150.00	150.00

AMERICAN MASTERS

P. CROWE

YR	NAME	LIMIT	ISSUE	TREND
1985	FOGGY MORNING MALLARDS	950	90.00	90.00
1986	OUTLAWS II, THE	1950	60.00	300.00
1987	MASTERS OF DISASTER, THE	950	90.00	100.00
1987	WILD BUNCH, THE	950	90.00	150.00
1987	WINTER RETREAT	950	90.00	125.00

L. DYKE

YR	NAME	LIMIT	ISSUE	TREND
1978	ISAIAH 40:3 S/N	1000	40.00	250.00
1978	ISAIAH 40:3 S/O	1500	30.00	180.00
1978	ISAIAH 58:8 S/N	1000	35.00	390.00
1978	JOHN 3:8 S/N	1000	30.00	400.00
1978	PSALMS 27:4 S/N	1000	40.00	675.00
1979	COLLECTOR'S SUITE S/N	1000	48.00	48.00
1979	JOHN 9:4 S/N	1000	45.00	50.00
1979	JOHN 9:4 S/O	2000	30.00	40.00
1979	PROVERBS 8:25 S/N	1000	45.00	80.00
1979	PROVERBS 8:25 S/O	1800	30.00	50.00
1979	PSALMS 113:3 S/N	1000	40.00	40.00
1979	PSALMS 113:3 S/O	1500	30.00	100.00
1979	PSALMS 147:16 S/N	1000	45.00	50.00
1979	PSALMS 147:16 S/O	1200	30.00	80.00
1979	SONG OF SOLOMON 2:17 S/N	1000	45.00	45.00
1979	SONG OF SOLOMON 2:17 S/O	1800	30.00	95.00
1980	COLLECTOR'S SUITE S/O	1800	35.00	90.00
1980	DEUTERONOMY 28:8 S/N	1000	55.00	90.00
1980	DEUTERONOMY 28:8 S/O	1800	38.00	200.00
1980	EZEKIEL 34:15 S/N	1000	55.00	60.00
1980	EZEKIEL 34:15 S/O	1800	38.00	40.00
1980	PSALMS 42:1 S/N	1000	55.00	55.00
1980	PSALMS 42:1 S/O	1200	38.00	80.00
1980	PSALMS 91:1 S/N	1000	45.00	45.00
1980	PSALMS 91:1 S/O	2200	30.00	50.00
1980	QUIET ENCOUNTER (PSALM 104:13) S/N	1600	85.00	400.00
1980	REVELATIONS 21:6 S/N	1000	55.00	675.00
1980	REVELATIONS 21:6 S/O	1800	35.00	400.00
1980	ROMANS 15:32 S/N	1000	58.00	60.00
1980	ROMANS 15:32 S/O	2200	38.00	50.00

YR	NAME	LIMIT	ISSUE	TREND
1981	EZEKIEL 32:14 S/N	1500	65.00	65.00
1981	EZEKIEL 32:14 S/O	2500	40.00	40.00
1981	JOHN 10:27 S/N	1000	60.00	60.00
1981	JOHN 10:27 S/O	2700	38.00	100.00
1981	LAMENTATIONS 3:28 S/N	1500	68.00	180.00
1981	LAMENTATIONS 3:28 S/O	2500	45.00	150.00
1981	MATTHEW 6:30 S/N	1000	40.00	40.00
1981	MATTHEW 9:37 S/N	1000	65.00	65.00
1981	MATTHEW 9:37 S/O	2200	38.00	40.00
1981	PROVERBS 23:10 S/N	1000	60.00	90.00
1981	PROVERBS 23:10 S/O	2200	38.00	50.00
1981	PSALMS 90:2 S/N	1500	68.00	70.00
1981	PSALMS 90:2 S/O	2500	45.00	90.00
1982	DANIEL 2:21 S/N	1500	70.00	85.00
1982	DANIEL 2:21 S/O	2500	45.00	45.00
1982	ECCLESIASTES 3:1 S/N	1500	70.00	90.00
1982	ISAIAH 45:3 S/N	1950	80.00	115.00
1982	JOB 39:8 S/N	1500	70.00	100.00
1982	JOB 39:8 S/O	2500	45.00	90.00
1982	JOHN 8:32 S/N	1500	85.00	85.00
1982	JOSHUA 2:22 S/N	1500	70.00	70.00
1982	JOSHUA 2:22 S/O	2500	45.00	45.00
1983	EARLY ARRIVAL (EPHESIANS 5:8) S/N	1600	75.00	250.00
1983	ISAIAH 58:11 S/N	1600	85.00	350.00
1983	MATTHEW 18:12 S/N	1500	75.00	160.00
1983	ZECHARIAH 14:7 S/N	1600	85.00	85.00
1984	MAJESTIC MORNING (AMOS 4:13) S/N	1600	85.00	135.00
1984	MORGAN'S CLEARING S/N	1600	80.00	85.00
1984	SHARING THE FAITH (PSALM 23) S/N	5000	85.00	125.00
1984	TRANQUIL REFUGE (JEREMIAH 48:40) S/N	1600	80.00	125.00
1985	A NEW PROMISE (GENESIS 9:16) S/N	1600	85.00	380.00
1985	OFFERING, THE (MARK 12:41-44) S/N	3000	125.00	175.00
1985	SHADY CREEK MILL (JOB 40:22) S/N	1600	85.00	175.00
1987	MISSION, THE (ISAIAH 40:8) S/N	1503	85.00	250.00
1988	AFTER THE STORM (LAMENTATIONS 3:26) S/N	1000	110.00	160.00

C. FRACE

YR	NAME	LIMIT	ISSUE	TREND
1973	GIANT PANDA	5000	45.00	240.00
1973	GOLDEN EAGLE	1000	75.00	200.00
1973	PRONGHORN	5000	50.00	55.00
1973	TIGER	3000	35.00	400.00
1974	CHEETAH KITTEN	5000	40.00	400.00
1974	HARP SEAL	2000	75.00	950.00
1974	HERRING GULL	5000	45.00	100.00
1974	LIONS, THE	5000	40.00	180.00
1974	RACCOON	5000	50.00	280.00
1974	ZEBRA	4000	60.00	150.00
1975	BIGHORN COUNTRY	2500	75.00	260.00
1975	LION CUB	3500	35.00	100.00
1975	NORTHERN GOSHAWK	4000	50.00	900.00
1975	SAFE RETURN	3000	140.00	140.00
1975	SIBERIAN TIGER	2000	80.00	160.00
1975	TIGER CUB	3500	35.00	130.00
1975	ZEBRA FOAL	4000	35.00	265.00
1976	DOUBLE TROUBLE	2500	90.00	200.00
1976	ELEPHANTS AT KILIMANJARO	1000	75.00	400.00
1976	FLEETING ENCOUNTER	3000	150.00	925.00
1976	FLORIDA BOBCAT	3000	40.00	280.00
1976	GREATER KUDU	3000	50.00	85.00
1976	MASAI GIRAFFES	3000	40.00	400.00
1976	OCELOTS	5000	35.00	250.00
1976	WHITE TIGER	1500	75.00	165.00
1976	WHITE TIGER (REMARQUE)	1000	125.00	225.00
1977	CANADA LYNX	3000	50.00	120.00
1977	CAVALIER SPANIELS	1500	35.00	200.00
1977	CHEETAH	3000	50.00	170.00
1977	COUGAR	1000	90.00	950.00
1977	GYRFALCON	3000	40.00	130.00
1978	AFRICAN LEOPARD	1500	75.00	400.00
1978	AFRICAN LEOPARD (REMARQUE)	1000	125.00	900.00
1978	BISON	2000	50.00	175.00
1978	CHINESE TREASURE	3000	140.00	250.00
1978	CLOUDED LEOPARD	2000	65.00	85.00
1978	CLOUDED LEOPARD CUB	2000	75.00	125.00
1978	HIMALAYAN PRINCE	2000	75.00	800.00
1978	RACCOONS (3)	5000	100.00	330.00
1978	RED SHOULDERED HAWK	2000	60.00	125.00
1979	KOALA	2000	65.00	400.00
1979	SNOW LEOPARD	1500	75.00	1000.00
1979	SNOW LEOPARD (REMARQUE)	1000	125.00	1450.00
1979	SNOW LEOPARD HEAD	15000	20.00	225.00
1979	SNOWY OWLS	2000	65.00	140.00
1980	IMPALA	2000	60.00	85.00
1980	POLAR BEAR	2000	100.00	110.00
1980	SCREECH OWLS	3500	20.00	85.00
1980	SIBERIAN LYNX CUB	2000	75.00	80.00
1980	WHITE TIGER HEAD	20000	25.00	30.00
1981	AFRICAN LEOPARD CUB	2000	65.00	275.00
1981	AFRICAN LEOPARD HEAD	12500	25.00	30.00
1981	HIGH MOUNTAIN PATH	3000	140.00	140.00

YR	NAME	LIMIT	ISSUE	TREND
1981	LOFTY VIEW	2500	75.00	300.00
1981	ROYAL PRIDE	2500	100.00	80.00
1982	HARLAN'S HAWK	1500	60.00	100.00
1982	JAGUAR	2000	75.00	700.00
1982	JAGUAR HEAD	12500	25.00	30.00
1982	LONE HUNTER	2500	100.00	240.00
1982	MAJESTY	2500	80.00	80.00
1982	ON WATCH	2500	80.00	400.00
1982	RACCOON (TENNESSEE CONSERVATION STAMP)	2000	50.00	400.00
1982	UNO	2500	75.00	80.00
1983	A MOMENT'S REST	2500	100.00	300.00
1983	AFRICAN LION	3000	35.00	140.00
1983	ALASKAN AUTUMN	2500	80.00	310.00
1983	BLACK LEOPARD	3000	50.00	400.00
1983	BOBCAT (MS WILDLIFE FED. STAMP)	5000	90.00	100.00
1983	LABRADOR RETRIEVER (NTL. RETR. CLUB)	2192	125.00	175.00
1983	LABRADOR RETRIEVER (NTL. RETR. CLUB/REM)	190	250.00	400.00
1983	MY FRIEND	7500	35.00	135.00
1983	RED RASCAL	2500	80.00	400.00
1983	YOUNG EXPLORER	2500	80.00	80.00
1984	AMERICAN EAGLE	2000	75.00	80.00
1984	AMERICAN MONARCH	3750	120.00	250.00
1984	BANDIT	2500	90.00	240.00
1984	COUGAR CUB	3000	50.00	100.00
1984	NEW ARRIVAL	7500	35.00	225.00
1984	SOLITUDE	2500	100.00	120.00
1985	A RADIANT MOMENT	3000	155.00	155.00
1985	A SUNNY SPOT	2500	100.00	100.00
1985	KING'S FAVORITE	2500	110.00	110.00
1985	PALS	2500	70.00	70.00
1985	QUIET TIME IN SAMBURU	2500	100.00	100.00
1985	ROYAL BENGAL	3950	125.00	200.00
1986	FIRST LIGHT	3950	125.00	125.00
1986	FREEDOM	2500	120.00	400.00
1986	HIDEAWAY	3950	85.00	260.00
1986	THREE OF A KIND	3950	110.00	200.00
1986	TREASURES OF THE SEA (FRIEND/SEA OTTER)	500	150.00	115.00
1987	CHALLENGER, THE	3000	140.00	150.00
1987	MIGHTY WARRIOR	3000	140.00	140.00
1987	MORRIS THE CAT	5000	30.00	460.00
1987	PLAYMATES	2500	120.00	180.00
1987	READY FOR ADVENTURE	3950	115.00	130.00
1987	TAKING A BREAK	3950	100.00	110.00
1988	OUT ON A LIMB	3000	140.00	150.00
1988	RECESS	2500	140.00	150.00
1988	WANDERER, THE	3000	140.00	700.00
1989	NATURE'S DAWN	3000	140.00	140.00
1989	POWERFUL PRESENCE	5619	155.00	260.00
1989	SURPRISE	3000	140.00	140.00
1990	AMBASSADORS	3000	155.00	155.00
1990	PARTNERS	3000	55.00	400.00

C. FRAZIER

YR	NAME	LIMIT	ISSUE	TREND
1987	BURST OF SPRING	950	65.00	90.00
1987	PARADISAL SETTING	950	65.00	90.00
1987	PASSING THROUGH	950	65.00	200.00
1987	ROSE GARDENS	950	65.00	200.00

L. GORDON

YR	NAME	LIMIT	ISSUE	TREND
1988	EVENING RIDE	950	75.00	280.00
1988	FLOWER MARKET, THE	950	70.00	175.00
1988	PLEASANT PROMENADE	950	70.00	110.00
1988	SUMMER CAROUSEL	950	70.00	185.00

R. SUMMERS

YR	NAME	LIMIT	ISSUE	TREND
1978	BOSQUE TERRITORY	1500	35.00	200.00
1978	FORBIDDEN WILDERNESS	1500	35.00	135.00
1978	WHITE BUFFALO	1500	35.00	300.00
1979	COLTER'S QUEST	1500	50.00	100.00
1979	COMANCHE MOON	1500	36.00	190.00
1979	FOOTPRINTS IN THE SNOW	1500	40.00	800.00
1979	MIGHTY OAK ENDURETH, THE	1500	25.00	50.00
1980	ANOTHER DAY	1500	52.00	475.00
1980	NATURE'S CLASSROOM	1500	52.00	90.00
1980	RECEDING STORM	1500	50.00	140.00
1980	SLICKER TIME	1500	52.00	1150.00
1981	CAMP COFFEE	1500	75.00	95.00
1981	COMMUNE WITH GOD	1500	75.00	180.00
1981	FIRST VISIT	1500	62.00	135.00
1981	HEADIN' HOME	1500	57.00	60.00
1981	LEADIN' LOOSE	1500	60.00	110.00
1981	RENDEZVOUS	1500	55.00	90.00
1982	BOOM TOWN	1950	75.00	185.00
1982	COOLING OFF	1500	80.00	150.00
1982	FAMILY TREE	1500	80.00	180.00
1982	I'D LIKE TO BE THERE	1500	80.00	240.00
1982	PEACEFUL VALLEY	1500	80.00	200.00
1982	TEXAS GOLD	1950	90.00	170.00
1983	AGAINST THE WIND	1500	90.00	135.00
1983	ALL IS CALM	1500	90.00	90.00
1983	PERFECT DAY, THE	1500	90.00	160.00
1983	RANGE FARE	1500	95.00	180.00

YR	NAME	LIMIT	ISSUE	TREND
1984	CHANGING TIMES	1500	85.00	225.00
1984	COWTOWN	1500	90.00	110.00
1986	LEGEND OF THE WEST	1500	85.00	85.00
1987	BARON'S DAUGHTER	750	100.00	445.00
1987	COUNTRY SLICKERS	750	100.00	325.00

ANNA-PERENNA
T. KRUMEICH — KRUMEICH HECTOR'S WINDOW

YR	NAME	LIMIT	ISSUE	TREND
*	13-COLOR LITHO, FRAMED	995	95.00	95.00
*	GENUINE STONE LITHO	325	175.00	225.00

APPLEJACK LTD.
C. CORCILIUS — APPLEJACK LTD.

YR	NAME	LIMIT	ISSUE	TREND
1990	CLAN OF THE WOLF	SO	150.00	351.00

ARMSTRONG'S
A. D'ESTREHAN

YR	NAME	LIMIT	ISSUE	TREND
1987	SAN PEDRO	500	95.00	250.00
1987	SAN PEDRO A/P	CL	95.00	250.00
1987	U.S.S. CONSTITUTION	500	95.00	95.00
1987	U.S.S. CONSTITUTION A/P	CL	95.00	95.00

L. DEWINNE

| 1987 | WINDSWEPT | 500 | 95.00 | 95.00 |
| 1987 | WINDSWEPT A/P | CL | 95.00 | 95.00 |

S. ETEM

1987	BOYS, THE	500	70.00	70.00
1987	BOYS, THE A/P	CL	70.00	70.00
1987	SISSY AND MISSY	500	70.00	70.00
1987	SISSY AND MISSY A/P	CL	70.00	70.00

G. LAMBERT

| 1987 | LADY CUNNINGHAM | 500 | 95.00 | 95.00 |
| 1987 | LADY CUNNINGHAM A/P | CL | 95.00 | 95.00 |

ART IMPRESSIONS WEST
R. VAN BEEK

YR	NAME	LIMIT	ISSUE	TREND
1988	END OF DAY	450	28.00	325.00
1988	FOUR SEASONS SET	450	112.00	3250.00
1990	MT. BAKER TWIN SISTER SET	250	74.00	2000.00
1994	SPRING BREEZE	950	75.00	75.00

R. VAN BEEK — CANVAS

1993	MORNING LIGHT ON SKAGIT FIELDS	750	195.00	195.00
1994	CASCADE FAMILY TREE	450	195.00	195.00
1994	SATURDAY IN OCTOBER	450	195.00	610.00
1994	SPRING BREEZE	450	195.00	610.00
1994	WINTER MEMORIES	450	195.00	610.00

R. VAN BEEK — FOUR SEASONS COLLECTIONS

1995	DAYS OF AUTUMN	450	28.00	60.00
1995	END OF DAY	450	28.00	60.00
1995	PALLET OF SPRING	450	28.00	60.00
1995	SUMMER MEMORIES	450	28.00	60.00

R. VAN BEEK — LIMITED EDITION

1995	COMPANIONS	450	45.00	45.00
1995	MT. BAKER TWIN SISTER SET	450	74.00	74.00
1995	SPRING BREEZE	450	75.00	75.00

ART WORLD OF BOURGEAULT
R. BOURGEAULT — ROYAL LITERARY SERIES

YR	NAME	LIMIT	ISSUE	TREND
1989	ANNE HATHAWAY COTTAGE	OP	75.00	115.00
1989	JOHN BUNYAN COTTAGE	OP	75.00	115.00
1989	JOHN MILTON COTTAGE	OP	75.00	115.00
1989	THOMAS HARDY COTTAGE	OP	75.00	115.00

R. BOURGEAULT — THE ENGLISH COUNTRYSIDE

| 1989 | COUNTRY SQUIRE, THE | 550 | 130.00 | 500.00 |

ARTAFFECTS
MAGO

YR	NAME	LIMIT	ISSUE	TREND
1988	BETH	950	95.00	200.00
1988	JESSICA AND SEBASTIAN (PR.)	550	225.00	325.00
1988	SERENITY	950	95.00	200.00

J. DENEEN

1988	EMPIRE BUILDER	950	75.00	75.00
1988	SANTA FE	950	75.00	75.00
1988	TWENTIETH CENTURY LIMITED	950	75.00	75.00

G. PERILLO

1977	MADRE	500	125.00	410.00
1978	MADONNA OF THE PLAINS	500	125.00	500.00
1978	SNOW PALS	500	125.00	260.00
1979	SIOUX SCOUT/BUFFALO HUNT (PR.)	500	150.00	750.00
1980	BABYSITTER	3000	60.00	120.00
1980	PUPPIES	3000	45.00	260.00
1981	PEACEABLE KINGDOM	950	100.00	104.00
1982	CHIEF PONTIAC	950	75.00	100.00
1982	HOOFBEATS	950	100.00	150.00
1982	INDIAN STYLE	950	75.00	325.00
1982	LONESOME COWBOY	950	75.00	390.00
1982	MARIA	550	150.00	350.00
1982	TENDER LOVE	950	75.00	104.00
1982	TINKER	3000	45.00	100.00
1983	MOMENT, THE (POSTER)	OP	20.00	60.00
1984	NAVAJO LOVE	300	125.00	550.00

YR	NAME	LIMIT	ISSUE	TREND
1984	OUT OF THE FOREST	*	*	450.00
1985	CHIEF CRAZY HORSE	950	125.00	450.00
1985	CHIEF SITTING BULL	500	125.00	350.00
1985	MARIGOLD	500	125.00	350.00
1985	SECRETARIAT	950	125.00	125.00
1985	WHIRLAWAY	950	125.00	125.00
1986	LEARNING HIS WAYS	325	150.00	150.00
1986	POUT	325	150.00	350.00
1986	RESCUE, THE	325	150.00	450.00
1986	WAR PONY	325	150.00	250.00
1988	BY THE STREAM	950	100.00	100.00
1988	MAGNIFICENT SEVEN	950	125.00	125.00
1990	PACK, THE	950	150.00	150.00

R. SAUBER

| 1982 | BUTTERFLY | 3000 | 45.00 | 100.00 |

MAGO

			GRAND GALLERY COLLECTION	
1988	AMY	2500	75.00	90.00
1988	LAUREN	2500	75.00	90.00
1988	MISCHIEF	2500	75.00	90.00
1988	TOMORROWS	2500	75.00	90.00

L. MARCHETTI

			GRAND GALLERY COLLECTION	
1988	PARIS	2500	75.00	90.00
1988	VENICE	2500	75.00	90.00

G. PERILLO

			GRAND GALLERY COLLECTION	
1988	BLACKFOOT HUNTER	2500	75.00	90.00
1988	BRAVE & FREE	2500	75.00	200.00
1988	CHEYENNE NATION, THE	2500	75.00	90.00
1988	CHIEF CRAZY HORSE	2500	75.00	90.00
1988	CHIEF RED CLOUD	2500	75.00	98.00
1988	LAST FRONTIER, THE	2500	75.00	90.00
1988	LATE MAIL	2500	75.00	98.00
1988	LILY OF THE MOHAWKS	2500	75.00	90.00
1988	NATIVE AMERICAN	2500	75.00	220.00
1988	NOBLE HERITAGE	2500	75.00	220.00
1988	PEACEABLE KINGDOM, THE	2500	75.00	90.00
1988	TENDER LOVE	2500	75.00	130.00

R. SAUBER

			GRAND GALLERY COLLECTION	
1988	GOD BLESS AMERICA	2500	75.00	90.00
1988	HOME SWEET HOME	2500	75.00	90.00
1988	MOTHERHOOD	2500	75.00	90.00
1988	VISITING THE DOCTOR	2500	75.00	90.00
1988	WEDDING, THE	2500	75.00	90.00

ARTISTS OF THE WORLD

T. DEGRAZIA

1994	ADORATION	950	80.00	83.00
1994	BEAUTIFUL HARVEST	950	80.00	83.00
1994	SPRING BLOSSOMS	950	80.00	83.00
1994	YOUNG MADONNA	950	80.00	83.00

AVIATION ART MUSEUM

K. FOX

1980	P-40 WARHAWKS AVG FLYING TIGERS	1000	150.00	N/A
1982	B-17F MEMPHIS BELLE 26TH MISSION	1000	150.00	150.00
1982	MEMPHIS BELLE 26TH MISSION	1000	150.00	N/A

K. FOX

			50TH ANNIVERSARY COMMEMORATIVE	
1977	LINDBERGH	3000	150.00	1100.00
1982	EARHART	2000	150.00	1100.00

K. FOX

			90TH ANNIVERSARY COMMEMORATIVE	
1993	WRIGHT BROS.	1903	150.00	N/A

K. FOX

			ARTISTS PROOFS	
1993	WRIGHT BROS.	90	200.00	N/A

B. BOURGEAU RICHARDS COLLECTION

B.B. RICHARDS

1993	ALWAYS	1000	25.00	30.00
1993	BARNEY	1000	20.00	23.00
1993	DAPHNEY DUBUNNY	1000	20.00	23.00
1993	FOR THE CHILDREN	1000	45.00	55.00
1993	GRANDMA'S TEAPOT	1000	20.00	23.00
1993	MARY & PETE NEWEST ARRIVAL	1000	20.00	23.00
1993	MEDORE'S PRIZE PIG	1000	40.00	45.00
1993	RED ROSES FOR CONSTANCE	1000	30.00	35.00
1993	SUNFLOWER FOR FLORENCE	1000	20.00	23.00
1994	BIRD WATCHING	1000	15.00	18.00
1994	CYNTHIA'S TEAPOT	1000	15.00	18.00
1994	FISHERMAN, THE	1000	15.00	18.00
1994	FRIENDSHIP GARDEN, THE	1000	37.00	42.00
1994	FROM THE HEART	1000	15.00	18.00
1994	INDIAN SUMMER	1000	37.00	42.00
1994	INNOCENCE	1000	40.00	45.00
1994	JOSEPHINE WEDS CHARLES	1000	15.00	18.00
1994	JUST THREE ANGELS	1000	15.00	18.00
1994	MA	1000	35.00	40.00
1994	PEARL LOVES HELEN	1000	15.00	18.00
1994	SARAH ON WASH DAY	1000	15.00	18.00
1994	WAITING FOR PAPA	1000	25.00	30.00

YR	NAME	LIMIT	ISSUE	TREND
B.B. RICHARDS		**AMANDA MOORE SERIES**		
1993	APPLE FOR MISS AMANDA	1000	40.00	45.00
1993	HOUSE ON HOLLISTER	1000	30.00	35.00
B.B. RICHARDS		**CHRISTMAS SERIES**		
1993	PEACE, LOVE AND JOY	1050	32.00	40.00
1994	WHERE MY HEART FINDS CHRISTMAS	1452	32.00	40.00
B.B. RICHARDS		**FLORAL SERIES**		
1993	WILD ROSES	1000	40.00	45.00
1994	PURPLE IRIS	1000	40.00	45.00
B.B. RICHARDS		**FOUR SEASONS WEDDING SERIES**		
1993	WINTER WEDDING BELLS	1000	34.00	40.00
1994	WEDDING IN SPRING	1000	35.00	40.00

BARBER GALLERY

YR	NAME	LIMIT	ISSUE	TREND
J.M. BARBER		**STANDARD PRINT**		
1978	ATLANTIC SENTINEL	SO	40.00	650.00
1978	BOAT SHED	SO	40.00	350.00
1978	CHESAPEAKE BAY SKIPJACK	SO	40.00	600.00
1978	NELLIE CROCKETT OYSTER BOAT	SO	40.00	1850.00
1979	BUTLER'S BOAT YARD	SO	40.00	380.00
1979	HAMPTON CREEK DERELICT	SO	40.00	425.00
1979	PARRAMORE ISLAND GUARDIAN	SO	250.00	2500.00
1979	SPRING PAINTING	SO	40.00	120.00
1979	WILD DUCK ROUNDING HOOPER ST.	SO	40.00	1800.00
1980	SKIPJACK ELSWORTH, THE	SO	40.00	1500.00
1981	CAP'N WALTER'S WHARF	SO	40.00	450.00
1981	SKIPJACK LADY KATIE, THE	SO	40.00	450.00
1981	SKIPJACK MARTHA LEWIS, THE	SO	40.00	500.00
1982	BUYBOAT WILLIAM B. TENNYSON	SO	55.00	351.00
1982	GOOD DAY'S CATCH, A	SO	55.00	875.00
1982	SIGSBEE- B&W	SO	25.00	120.00
1982	SKIPJACK SIGSBEE, THE	SO	55.00	190.00
1983	AT THE NETS- B&W	SO	25.00	50.00
1983	CHESAPEAKE OYSTER TONGERS- B&W	SO	25.00	100.00
1983	DISTANT THUNDER	SO	75.00	300.00
1983	MORNING AT BELL BUOY- B&W	SO	25.00	212.00
1983	SKIPJACK MAGGIE LEE, THE	SO	55.00	500.00
1984	BUYING OYSTERS AT DRUM POINT	SO	100.00	422.00
1984	COMING SQUALL	SO	50.00	515.00
1984	GUARDIAN OF DIAMOND SHOALS	SO	65.00	225.00
1984	MISTY MORNING	SO	65.00	350.00
1984	MORNING AT COVE POINT	SO	75.00	790.00
1984	TRADEWINDS	SO	65.00	460.00
1985	BUYBOATS ON JACKSON CREEK	SO	65.00	380.00
1985	CHESAPEAKE MORNING	SO	130.00	500.00
1985	GLOUCESTER POINT WATERMEN	SO	75.00	765.00
1985	NIGHT CROSSING	SO	95.00	2780.00
1985	SPINNAKER REACH	SO	85.00	350.00
1985	WINDWARD START	SO	85.00	300.00
1986	AUGUST AFTERNOON	SO	95.00	270.00
1986	DAWN ON THE CHOPTANK	SO	95.00	266.00
1986	ON THE RAILWAY	SO	75.00	196.00
1986	TWILIGHT HARBOR	SO	125.00	1160.00
1986	VANISHING FLEET, THE	SO	145.00	1290.00
1987	BAY COUNTRY MILL- B&W	OP	35.00	35.00
1987	BAY COUNTRY MILL- COLOR	SO	135.00	270.00
1987	MOONLIGHT HARBOR	SO	175.00	1076.00
1987	RACING FOR THE OYSTERS- B&W	OP	35.00	35.00
1987	RACING FOR THE OYSTERS- COLOR	SO	175.00	420.00
1987	RETURNING HOME	SO	145.00	1400.00
1988	BREEZING UP	SO	140.00	400.00
1988	NIGHT PASSAGE	SO	225.00	650.00
1988	UNCERTAIN WEATHER	SO	125.00	266.00
1989	FOG OVER BLOODY POINT BAR	SO	165.00	330.00
1989	MOONLIGHT OVER ST. MICHAELS	SO	285.00	935.00
1989	TOWN DOCK	SO	95.00	190.00
1989	UP FOR REPAIR	OP	95.00	95.00
1990	AUTUMN MORNING	SO	85.00	170.00
1990	DAWN'S EARLY LIGHT	SO	85.00	450.00
1990	SKIPJACKS AT SANDY POINT	SO	165.00	330.00
1990	SUNRISE OVER MOBJACK BAY	SO	185.00	370.00
1991	ANNAPOLIS, CIRCA 1900	SO	195.00	468.00
1991	MOONLIGHT RUN	SO	245.00	561.00
1991	TILGHMAN ISLAND SUNSET	OP	120.00	240.00
1992	CHESAPEAKE COUNTRY	OP	75.00	75.00
1992	FAIR BREEZE & A FULL MOON, A	SO	145.00	383.00
1992	ROUNDING THE WINDWARD MARK	OP	115.00	115.00
1992	SKIPJACKS AT POINT NO POINT	OP	125.00	125.00
1993	DAY'S END ON DAVIS CREEK	OP	120.00	120.00
1993	MORNING ARRIVAL AT BALTIMORE	OP	195.00	195.00
1993	SUMMER MEMORIES	SO	165.00	502.00
1994	FOGGY RUN	OP	130.00	130.00
1994	SUMMER BREEZES	OP	165.00	165.00
1994	TANGIER AFTERNOON	OP	85.00	135.00
1994	WINTER IN ANNAPOLIS	SO	95.00	342.00
1995	DEAL ISLAND MORNING	OP	75.00	75.00
1995	ENCOUNTER AT SMITH POINT LIGHT	OP	110.00	110.00
1995	GOLDEN DAWN	OP	115.00	230.00
1995	OLD NORFOLK EVENING	OP	195.00	195.00

YR	NAME	LIMIT	ISSUE	TREND
1995	OLD TOWN ALEXANDRIA	SO	195.00	502.00
1995	WINTER ON THE EASTERN SHORE	OP	95.00	95.00
1996	HARVESTERS	OP	100.00	100.00
1996	MOONLIGHT FLIGHT	OP	65.00	65.00
1996	SUMMER AFTERNOON AT ST. MICHAEL'S	OP	195.00	195.00
1996	WINTER HARBOR	SO	95.00	95.00
1997	MORNING ON THE POTOMAC	OP	100.00	100.00
1997	MORNING STROLL	*	85.00	220.00
1997	OFF WINDMILL POINT	OP	120.00	120.00
1997	REFLECTIONS-GWYNN'S ISLAND	*	95.00	190.00
1997	RETURN OF THE KEEPER	*	95.00	95.00
1998	EVENING IN SHOCKOE SLIP	*	115.00	230.00
1998	ON THE BOULEVARD	*	115.00	115.00
1998	PASSING IN THE NIGHT	*	110.00	110.00
1998	WINTER'S EVE ON THE NORTHERN NECK	*	95.00	95.00
1999	STROLLING IN THE FAN	*	115.00	115.00

BARTZ STUDIOS
D. CLAPP-BARTZ

YR	NAME	LIMIT	ISSUE	TREND
*	LITTLE NIGHT MUSIC, A	600	25.00	100.00
1984	CASA DE VIDA	445	45.00	65.00
1984	ENCHANTMENT	245	75.00	500.00
1984	GOLDEN MEMORIES	445	45.00	65.00
1984	GOLDEN TREASURES	245	75.00	200.00
1984	GUARDIAN	445	45.00	200.00
1984	INSPIRATION	245	75.00	275.00
1984	MIDWINTER'S DREAM	245	75.00	500.00
1984	NEW BEGINNINGS	445	45.00	65.00
1985	DREAMMAKER	500	85.00	180.00
1985	EMERALD MAGIC	950	30.00	30.00
1985	GIFT, THE	500	85.00	450.00
1985	SUMMER RETROSPECT	500	85.00	130.00
1986	AUTUMN HIDEAWAY	500	135.00	125.00
1986	FRIENDS	600	25.00	100.00
1986	MAGIC MOMENTS	500	55.00	350.00
1986	MOONGLO	600	40.00	350.00
1986	QUIET SERENADE	500	135.00	390.00
1986	REFUGE	500	60.00	350.00
1987	AUTUMN COMES	500	110.00	200.00
1987	MORNING MAGIC, THE	500	110.00	450.00
1987	MORNING SONGS	500	165.00	1200.00
1987	NATURE'S VEIL	500	95.00	1200.00
1987	PATTERNS	500	150.00	165.00
1988	ARABESQUE	500	115.00	125.00
1988	ARCADIA	600	45.00	100.00
1988	BLUE MOON	500	155.00	165.00
1988	DISCOVERIES	500	155.00	165.00
1988	DREAMIN'	500	155.00	155.00
1988	IMAGES	600	45.00	100.00
1988	WELCOME	500	45.00	75.00
1989	AMBROSIA	500	185.00	415.00
1989	FORUM I	285	500.00	950.00
1989	SUNLIT PASSAGE	500	125.00	130.00
1989	TIME PASSAGE	500	115.00	125.00
1990	AUDIENCE, THE	600	45.00	45.00
1990	NY POSTER	4000	25.00	25.00
1990	PRELUDE	500	165.00	165.00
1990	WHITE KNIGHTS	500	165.00	225.00
1991	DEJA VU	500	125.00	125.00
1991	INTERLUDE	500	165.00	240.00
1991	MYSTIC HUES	500	190.00	190.00
1991	SMOOTH JOURNEY	500	150.00	165.00
1991	SUNDAY AFTERNOON	290	750.00	950.00
1992	BLUE NOTES	20	700.00	1200.00
1992	ESSENTIALS	20	800.00	1400.00
1992	SERENDIPITY	20	500.00	1000.00
1992	STRING OF PEARLS	20	500.00	1200.00
1992	VERNAL FALLS	20	1000.00	1400.00
1992	YO MAXFIELD	20	800.00	1000.00
1993	AH ROMANCE	600	95.00	95.00
1993	PATRIOT, THE	600	50.00	50.00
1993	PREREQUISITE	500	110.00	110.00
1993	RHAPSODIES	500	195.00	195.00
1993	SOLITUDES ILLUSION	600	65.00	65.00
1995	MEMORIES	500	195.00	195.00
1996	AU NATURAL	500	195.00	195.00

BENSON FINE ART PRINTS
G. BENSON

YR	NAME	LIMIT	ISSUE	TREND
1992	AT THE LAKE	750	95.00	300.00
1992	QUIET MOMENT	950	85.00	85.00
1992	STORM RETREAT	750	85.00	160.00
1993	AUTUMN TREASURES	175	95.00	95.00
1993	TOGETHER AT DAWN	250	95.00	170.00

G. BENSON — REMEMBERING AMERICA

YR	NAME	LIMIT	ISSUE	TREND
1994	HOMELAND REFLECTIONS	950	125.00	185.00
1994	TIME PASSAGES	950	125.00	160.00
1995	OUT OF THE MIST	1500	65.00	70.00
1995	TIMBER COUNTRY	950	125.00	200.00

YR	NAME	LIMIT	ISSUE	TREND
1996	CAMPFIRE POINT	950	125.00	125.00
1996	RETURNING HOME	950	125.00	200.00

BISHOP FINE ART LTD.
J. MARIE

YR	NAME	LIMIT	ISSUE	TREND
1993	DREAMING	1100	125.00	125.00

J. MARIE
ANGELIC SERENITY

YR	NAME	LIMIT	ISSUE	TREND
1996	HEAVEN AND EARTH IN HARMONY	1100	125.00	125.00
1996	TRANQUILITY	1100	125.00	125.00
1997	MOMENTS OF BLISS	110	395.00	395.00
1997	PARADISE FOUND	220	395.00	395.00

BRIGHTER IMAGE PUBLISHING
K. AUNCHMAN

YR	NAME	LIMIT	ISSUE	TREND
1995	18TH HOLE HARBOURTOWN	1000	90.00	90.00

CANEY CREEK PUBLISHING
P. MURRAY

YR	NAME	LIMIT	ISSUE	TREND
1995	AUNTY EMILY	CL	205.00	330.00
1995	DENIM	680	35.00	35.00
1995	LID'L FANNIE	680	30.00	30.00
1995	MAUDE	680	35.00	35.00
1995	MILT	680	30.00	30.00

P. MURRAY
LAST OF THE LEGEND

YR	NAME	LIMIT	ISSUE	TREND
1993	DANIEL	CL	385.00	1450.00
1995	WASHBOARD COMPLAINT	680	285.00	285.00

CAT CORCILIUS
C. CORCILIUS
CORCILIUS STUDIOS

YR	NAME	LIMIT	ISSUE	TREND
1989	BEAR TRACKS	SO	95.00	500.00
1989	BUFFALO ROBE	SO	125.00	425.00
1989	HAWK'S WOMAN	SO	95.00	180.00
1991	NINTOTEM	SO	125.00	210.00
1992	RAINDANCE	SO	100.00	210.00
1993	DREAMWEAVER	SO	150.00	225.00
1994	CHINA TRADE	SO	175.00	300.00
1994	PRIDE OF A WARRIOR	SO	150.00	210.00

C. CORCILIUS
SECOND EMERALD

YR	NAME	LIMIT	ISSUE	TREND
1992	LITTLE PRINCESS	SO	60.00	70.00
1992	LITTLE WARRIOR	SO	60.00	70.00

C. CORCILIUS
WIEGHORST MUSEUM

YR	NAME	LIMIT	ISSUE	TREND
1995	SHARED VISION	SO	150.00	270.00

CHRISTOPHER PALUSO ART WORKS
C. PALUSO

YR	NAME	LIMIT	ISSUE	TREND
*	AL KALINE	750	5.00	30.00
*	ALAN TRAMMELL	750	5.00	30.00
*	ANDY HAWKINS	750	5.00	30.00
*	BABE RUTH	500	85.00	125.00
*	BASEBALL'S IRON MAN	10000	15.00	35.00
*	CHUCK CONNORS	750	5.00	50.00
*	DARRYL STRAWBERRY	1000	10.00	30.00
*	DAVE DRAVECKY	750	5.00	30.00
*	DON MATTINGLY	1000	10.00	30.00
*	DUKE SNIDER	500	5.00	30.00
*	DWIGHT GOODEN	1000	10.00	30.00
*	K. MCREYNOLDS	500	5.00	30.00
*	NOLAN RYAN	1000	50.00	300.00
*	OREL HERSHISER	750	5.00	30.00
*	RICKY HENDERSON	1000	10.00	30.00
*	RON CEY	250	5.00	30.00
*	RUPPERT JONES	750	5.00	30.00
*	RYNE SANDBERG	500	5.00	30.00
*	SPARKY ANDERSON	250	5.00	30.00
*	STEVE GARVEY	1000	10.00	30.00
*	TED WILLIAMS	500	5.00	35.00
*	TERRY KENNEDY	750	5.00	30.00
*	TONY GWYNN	351	85.00	150.00
*	WILLIE MAYS	500	5.00	35.00
*	WILLIE MCCOVEY	500	5.00	30.00

CHUST COUNTRY
T. NEIFFER

YR	NAME	LIMIT	ISSUE	TREND
1993	AND THE ANIMALS CAME	450	98.00	98.00
1994	ADVENTURES OF COLE THE CAT, THE	850	98.00	98.00

CIRCLE FINE ART
L. NEIMAN
NEIMAN

YR	NAME	LIMIT	ISSUE	TREND
*	12 METER YACHT RACE	250	*	1800.00
*	AL CAPONE	300	*	2000.00
*	BACKHAND	300	*	1450.00
*	CASINO	300	*	4100.00
*	CHIPPING ON	275	*	1500.00
*	DEUCE	275	*	2000.00
*	DOUBLES	300	*	3150.00
*	DOWNHILL	600	*	1800.00
*	END AROUND	300	2800.00	2800.00
*	FOUR ACES	300	*	1500.00
*	FOX HUNT	300	*	1500.00
*	GOAL	300	*	1500.00

YR	NAME	LIMIT	ISSUE	TREND
*	HARLEQUIN	200	3600.00	3600.00
*	HARLEQUIN W/SWORD	250	*	1150.00
*	HARLEQUIN W/TEXT	200	*	1150.00
*	HOCKEY PLAYER	300	*	2800.00
*	HOMMAGE TO BOUCHER	250	*	1700.00
*	IN THE STRETCH	250	*	1400.00
*	INNSBRUCK	300	*	2000.00
*	JOCKEY	300	3200.00	3200.00
*	LEOPARD	300	*	5500.00
*	LION PRIDE	300	*	4000.00
*	MARATHON	300	*	1800.00
*	OCELOT	250	*	2500.00
*	PADDOCK	300	*	3900.00
*	PIERROT	250	*	1150.00
*	PIERROT THE JUGGLER	200	*	1150.00
*	POOL ROOM	350	*	6500.00
*	PUNCHINELLO	250	*	2200.00
*	PUNCHINELLO W/TEXT	200	*	1600.00
*	RACE, THE	300	*	5000.00
*	ROULETTE	40	*	11000.00
*	SAILING	275	*	1700.00
*	SCRAMBLE	300	*	1800.00
*	SKIER	300	*	1800.00
*	SLALOM	300	*	2500.00
*	SLAPSHOT	300	*	2000.00
*	SLIDING HOME	300	*	2450.00
*	SMASH	300	*	1760.00
*	STOCK MARKET	300	*	7500.00
*	SUDDEN DEATH	250	*	2350.00
*	TEE SHOT	300	*	4000.00
*	TENNIS PLAYER	300	*	1500.00
*	TIGER	300	*	5100.00
*	TROTTERS	300	*	1850.00

N. ROCKWELL — ROCKWELL

YR	NAME	LIMIT	ISSUE	TREND
*	AMERICAN FAMILY FOLIO	200	*	17550.00
*	ARTIST AT WORK, THE	130	*	3550.00
*	AT THE BARBER	200	*	5000.00
*	AUTUMN	200	*	3550.00
*	AUTUMN/JAPON	25	*	3700.00
*	AVIARY	200	*	3850.00
*	BARBERSHOP QUARTET	200	*	2000.00
*	BASEBALL	200	*	3650.00
*	BEN FRANKLIN'S PHILADELPHIA	200	*	3675.00
*	BEN'S BELLES	200	*	3675.00
*	BIG DAY, THE	200	*	3500.00
*	BIG TOP, THE	148	*	3400.00
*	BLACKSMITH SHOP	200	*	5000.00
*	BOOKSELLER	200	*	2775.00
*	BOOKSELLER/JAPON	25	*	2800.00
*	BRIDGE, THE	200	*	3150.00
*	CAT	200	*	3500.00
*	CAT/COLLOTYPE	200	*	4050.00
*	CHEERING	200	*	3650.00
*	CHILDREN AT WINDOW	200	*	3650.00
*	CHURCH	200	*	3450.00
*	CHURCH/COLLOTYPE	200	*	4075.00
*	CIRCUS	200	*	2700.00
*	COUNTY AGRICULTURAL	200	*	2300.00
*	CRITIC, THE	200	*	4700.00
*	DAY IN THE LIFE OF A BOY	25	*	3850.00
*	DEBUT	200	*	3650.00
*	DISCOVERY	200	*	3000.00
*	DOCTOR AND BOY	200	*	9500.00
*	DOCTOR AND DOLL	200	*	8500.00
*	DRESSING UP/INK	60	*	4500.00
*	DRESSING UP/PENCIL	200	*	3775.00
*	DRUNKARD, THE	200	*	3675.00
*	EXPECTED AND UNEXPECTED, THE	200	*	3750.00
*	FAMILY TREE A/P	200	*	4900.00
*	FIDO'S HOUSE	200	*	3600.00
*	FOOTBALL MASCOT	200	*	3700.00
*	FOUR SEASONS FOLIO	200	*	5500.00
*	FOUR SEASONS FOLIO/JAPON	25	*	14000.00
*	FREEDOM FROM FEAR	200	*	6500.00
*	FREEDOM FROM WANT	200	*	6500.00
*	FREEDOM OF RELIGION	200	*	6500.00
*	FREEDOM OF SPEECH	200	*	6500.00
*	GAIETY DANCE TEAM	200	*	3000.00
*	GIRL AT MIRROR	200	*	8500.00
*	GOLDEN AGE, THE	200	*	3500.00
*	GOLDEN RULE	200	*	4500.00
*	GOLF	200	*	3700.00
*	GOSSIPS	200	*	5000.00
*	GOSSIPS/JAPON	25	*	5200.00
*	GROTTO	200	*	3500.00
*	GROTTO/COLLOTYPE	200	*	4000.00
*	HIGH DIVE	200	*	2500.00
*	HOMECOMING, THE	200	*	3700.00
*	HOUSE, THE	200	*	3700.00

YR	NAME	LIMIT	ISSUE	TREND
*	HUCK FINN FOLIO	200	*	16000.00
*	ICHABOD CRANE	200	*	6800.00
*	INVENTOR, THE	200	*	3600.00
*	JERRY	200	*	4800.00
*	JIM GOT DOWN ON HIS KNEES	200	*	4500.00
*	LINCOLN	200	*	5000.00
*	LOBSTERMAN	200	*	5500.00
*	LOBSTERMAN/JAPON	25	*	5600.00
*	MARRIAGE LICENSE	200	*	1000.00
*	MEDICINE	200	*	3500.00
*	MEDICINE/COLOR LITHO	200	*	6000.00
*	MISS MARY JANE	200	*	4500.00
*	MOVING DAY	200	*	4000.00
*	MUSIC HATH CHARMS	200	*	4200.00
*	MY HAND SHOOK	200	*	4500.00
*	OUT THE WINDOW	200	*	3400.00
*	OUT THE WINDOW/COLLOTYPE	200	*	4000.00
*	OUTWARD BOUND	200	*	8000.00
*	POOR RICHARD'S ALMANAC	200	*	11500.00
*	PRESCRIPTION	200	*	5000.00
*	PRESCRIPTION/JAPON	25	*	5000.00
*	PROBLEM WE ALL LIVE WITH, THE	200	*	4300.00
*	PUPPIES	200	*	3700.00
*	RALEIGH THE DOG	200	*	4000.00
*	ROCKET SHIP	200	*	4000.00
*	ROYAL CROWN, THE	200	*	3500.00
*	RUNAWAY	200	*	4600.00
*	SAFE AND SOUND	200	*	3800.00
*	SATURDAY PEOPLE	200	*	3300.00
*	SAVE ME	200	*	3600.00
*	SAVING GRACE	200	*	7500.00
*	SCHOOL DAYS FOLIO	200	*	18000.00
*	SCHOOLHOUSE, THE	200	*	4500.00
*	SCHOOLHOUSE/JAPON	25	*	4700.00
*	SEE AMERICA FIRST	200	*	2600.00
*	SEE AMERICA FIRST/JAPON	25	*	5700.00
*	SETTLING IN	200	*	5000.00
*	SHUFFELTON'S BARBERS	200	*	7500.00
*	SMOKING	200	*	4000.00
*	SMOKING/COLLOTYPE	200	*	4000.00
*	SPANKING	200	*	3500.00
*	SPANKING/COLLOTYPE	200	*	3600.00
*	SPELLING BEE	200	*	3800.00
*	SPRING	200	*	2500.00
*	SPRING FLOWERS	200	*	5200.00
*	SPRING/JAPON	25	*	3650.00
*	STUDY FOR THE DOCTOR	200	*	6000.00
*	STUDYING	200	*	3600.00
*	SUMMER	200	*	3600.00
*	SUMMER STOCK	200	*	5000.00
*	SUMMER STOCK/JAPON	25	*	5000.00
*	SUMMER/JAPON	25	*	3600.00
*	TEACHER, THE	200	*	3400.00
*	TEACHER, THE/JAPON	25	*	3500.00
*	TEACHER'S PET	200	*	3600.00
*	TEXAN, THE	200	*	2000.00
*	THEN FOR THREE MINUTES	200	*	4500.00
*	THEN MISS WATSON	200	*	4500.00
*	THERE WARN'T NO HARM	200	*	4500.00
*	THREE FARMERS	200	*	3600.00
*	TICKETSELLER	200	*	2700.00
*	TOM SAWYER COLOR SUITE	200	*	30500.00
*	TOM SAWYER FOLIO	200	*	11000.00
*	TOP OF THE WORLD	200	*	4300.00
*	TRUMPETER	200	*	4000.00
*	TRUMPETER/JAPON	25	*	4100.00
*	TWO O'CLOCK FEEDING	200	*	3600.00
*	VILLAGE SMITHY, THE	200	*	3500.00
*	WELCOME	200	*	3500.00
*	WET PAINT	200	*	2000.00
*	WHEN I LIT MY CANDLE	200	*	4500.00
*	WHITEWASHING	200	*	3450.00
*	WHITEWASHING THE FENCE	200	*	4000.00
*	WINDOW WASHER	200	*	6500.00
*	WINTER	200	*	2300.00
*	WINTER/JAPON	25	*	3600.00
*	YE OLD PRINT SHOPPE	200	*	3500.00
*	YOUR EYES IS LOOKIN'	200	*	4600.00

COLE FINE ART

J. KRAMER COLE

COLE CONCEPT

1993	HOMEWARD JOURNEY	SO	95.00	126.00
1995	MAHTOLA	5000	125.00	155.00

J. KRAMER COLE

COLLECTORS SERIES

1986	MAN WHO SEES FAR	SO	25.00	3000.00
1992	HE WHO WATCHES	SO	185.00	248.00
1992	WHEN SILENCE WARNS	SO	185.00	247.00
1993	LISTENING	SO	185.00	185.00
1994	BRINGING THE SHIELD	SO	185.00	252.00

YR	NAME	LIMIT	ISSUE	TREND
1995	RED SHIELD, THE	SO	235.00	255.00
1996	JOURNEY OF RENEWAL	950	235.00	245.00
1997	WOLF CREEK	950	235.00	270.00
J. KRAMER COLE			**EMERGING IMAGE**	
1988	CANYON OF THE CAT	SO	50.00	270.00
1988	WOLF RIDGE	SO	50.00	638.00
1989	MANY WINTERS I AM	SO	75.00	347.00
1989	TWO BEARS CAMP	SO	100.00	1358.00
1989	WAMBLI OKIYE	SO	75.00	292.00
1990	TRAIL OF THE TALISMAN	SO	110.00	573.00
1990	WITHIN SUNRISE	SO	95.00	180.00
1991	TWICE TRAVELED TRAIL	SO	135.00	317.00
1991	WINTERING WITH THE WAPITI	SO	135.00	230.00
1991	WOLFPACK OF THE ANCIENTS	SO	135.00	360.00
1992	MARKING TREE, THE	S0	145.00	256.00
1992	SACRED DOGS	SO	145.00	1082.00
1993	KEEPERS OF THE SECRET	SO	185.00	185.00
1993	WAKAN TANKA	SO	185.00	457.00
1994	CIRCLE OF THE SACRED DOGS	SO	185.00	185.00
1995	TOPONAS	3850	185.00	185.00
1996	FEATHER, THE	2850	185.00	212.00
1996	SUMMONED SPIRITS	2500	195.00	195.00
1997	OFFERING, THE	SO	195.00	195.00
1998	ANIMAL DREAMS	1500	195.00	195.00
1998	UPPER RUINS	1500	195.00	195.00
J. KRAMER COLE			**LIFESTYLES SERIES**	
1991	ISABEL	950	135.00	338.00
1994	MEMORY, A	950	185.00	185.00
J. KRAMER COLE			**MASTER EDITION SERIES**	
1994	BROTHER TO THE MOON, SUN OF THE SUN	3850	245.00	245.00
J. KRAMER COLE			**SONG OF THE SEASONS**	
1999	FALLEN LEAVES	395	235.00	235.00
1999	TREETOPS GLISTEN	395	235.00	235.00

COMPETITIVE IMAGES

R. RUSH

1976	GUARANTEED WINNER (SUPER BOWL III)	900	100.00	1150.00
1978	SUGAR BOWL 1987: ALABAMA VS OHIO STATE	275	200.00	3000.00
1979	TURN, THE (THOROUGHBRED)	275	300.00	900.00
1979	YOU BETTER PASS (SUGAR BOWL)	130	300.00	4500.00
1980	SPINNAKER RUN (12 M. YACHTS)	325	400.00	1000.00
1980	SPIRIT OF VICTORY (USA OLYM. HOCKEY)	325	400.00	4000.00
1981	CHAMPIONSHIP SEASON (U. OF GEORGIA)	325	400.00	500.00
1981	HAPPY BIRTHDAY AMERICA (MCENROE)	325	400.00	1500.00
1981	JACK NICKLAUS: THE GOLDEN BEAR	325	400.00	800.00
1981	SLALOM	325	400.00	2500.00
1981	SUPER BOWL GIANTS	410	500.00	550.00
1982	COACH PAUL BEAR BRYANT	200	425.00	2500.00
1982	HILTON HEAD: THE HERITAGE CLASSIC	325	425.00	3500.00
1982	LAST CHUKKER, THE (POLO)	500	400.00	500.00
1982	NATIONAL CHAMPION CLEMSON UNIV.	500	450.00	1000.00
1982	NORTH CAROLINA NATIONAL CHAMPION	500	450.00	500.00
1982	PEBBLE BEACH	500	500.00	2000.00
1983	DINNER WHITE NIGHT (PENN STATE)	350	450.00	500.00
1983	GREENTRACK (GREYHOUND RACING)	225	425.00	500.00
1983	UCLA	500	450.00	500.00
1984	A DREAM OF GOLD (XXIII OLYMPIAD)	500	500.00	600.00
1984	FAIRBANKS, THE (XXXIII OLYM. EQUES.)	200	500.00	550.00
1984	ONE AND ONLY, THE (NEBRASKA)	225	450.00	500.00
1984	WIMBLEDON WOMEN (100TH ANNIVERSARY)	500	450.00	800.00
1985	A CENTURY OF EXCELLENCE (GA TECH)	225	500.00	550.00
1985	CHRIS EVERT LLOYD	275	500.00	500.00
1985	MIAMI ON THE MOVE (DOLPHINS)	225	500.00	4000.00
1985	TWENTY SIX & GLORY (OK STATE)	100	450.00	450.00
1986	GLORY YEARS, THE (ICE BOWL)	135	500.00	4000.00
1986	INDY 500, THE	175	500.00	600.00
1986	KENTUCKY DERBY, THE	500	450.00	550.00
1986	MARTINA NAVRATILOVA	275	500.00	550.00
1986	OKLAHOMA NATIONAL CHAMPION (B. SWITZER)	100	500.00	800.00
1986	ROYAL FINISH (KANSAS CITY)	300	522.00	600.00
1986	SHOW ME SERIES, THE (K.C. WORLD SERIES)	375	450.00	550.00
1986	WON FOR PAPA (SUPER BOWL)	200	500.00	4500.00
1987	AMAZIN AGAIN: N.Y. METS	320	525.00	550.00
1987	AMERICA'S COWBOYS (DALLAS)	310	500.00	550.00
1987	BURGUNDY IN GOLD (REDSKINS)	165	500.00	550.00
1987	MILE HIGH DENVER BRONCOS	425	500.00	500.00
1988	CUMMINGS AGAIN: BUCKS	175	500.00	550.00
1988	LED BY THE SPIRIT (COTTON BOWL 88)	150	525.00	1500.00
1988	NATIONAL CHAMPION HOOSIERS	250	525.00	525.00
1988	NATIONAL CHAMPION JAYHAWKS	275	450.00	450.00
1988	ON WISCONSIN	185	500.00	500.00
1988	REACHING THE MARK (AMERICA'S CUP)	*	525.00	700.00
1989	A TRADITION OF GOLD (NOTRE DAME)	275	550.00	550.00
1989	HIGH FLYING CARDINALS (BASEBALL)	190	525.00	525.00
1989	HIT & RUN BREWERS 1987	190	525.00	550.00
1989	SECOND AND GOLD: 1987 ROSE BOWL	150	525.00	525.00
1990	ABOVE THE CROWD (M. JORDAN)	200	600.00	2000.00

YR	NAME	LIMIT	ISSUE	TREND

CROSS GALLERY

P. CROSS — **BANDITS & BOUNTY HUNTERS**

YR	NAME	LIMIT	ISSUE	TREND
1994	BOUNTY HUNTER	865	225.00	225.00
1998	BANDITS, THE	675	225.00	225.00

P. CROSS — **GIFT, THE**

| 1989 | B'ACHUA DLUBH-BIA BII NOSKIIYAHI, II | SO | 225.00 | 650.00 |
| 1993 | GIFT, THE, PART III | SO | 225.00 | 225.00 |

P. CROSS — **HALF BREED SERIES**

1989	ACH-HUA DLUBH: HALF BREED	SO	190.00	1450.00
1990	ACH-HUA DLUBH: HALF BREED II	SO	225.00	950.00
1990	ACH-HUA DLUBH: HALF BREED III	SO	225.00	850.00
1995	ACH-HUA DLUBH: HALF BREED IV	865	225.00	300.00
1995	HALF-BREED IV	865	225.00	165.00
1996	HEALER, THE	250	795.00	225.00
1996	WOLVES	865	225.00	225.00

P. CROSS — **LIMITED EDITION ORIGINAL GRAPHICS**

1987	CAROLINE (STONE LITHO)	SO	300.00	600.00
1988	MAIDENHOOD HOPI (STONE LITHO)	SO	950.00	950.00
1989	RED CAPOTE, THE (SERIGRAPH)	SO	750.00	400.00
1989	ROSAPINA (ETCHING)	74	1200.00	1200.00
1990	NIGHTEYES I (SERIGRAPH)	SO	225.00	250.00
1991	BIA-A-HOOSE (A VERY SPECIAL WOMAN), STONE LITHO	SO	500.00	325.00
1991	WOOLTALKERS, SERIGRAPH	275	750.00	750.00

P. CROSS — **LIMITED EDITION PRINTS**

1983	AYLA-SA-XUH-XAH (PRETTY COLOURS, MANY DESIGNS)	SO	150.00	225.00
1983	ISBAALOO EETSCHIILEEHCHEE (SORTING BEADS)	SO	150.00	1800.00
1984	BLUE BEADED HAIR TIES	SO	85.00	400.00
1984	PROFILE OF CAROLINE	SO	85.00	125.00
1984	THICK LODGE CLAN BOY: CROW	475	85.00	180.00
1984	WHISTLING WATER CLAN GIRL: CROW	SO	85.00	330.00
1985	WATER VISION, THE	SO	150.00	250.00
1986	GRAND ENTRY	SO	85.00	95.00
1986	RED CAPOTE, THE	SO	150.00	825.00
1986	WINTER MORNING	SO	185.00	1000.00
1986	WINTER SHAWL, THE	SO	150.00	1150.00
1987	CAROLINE	SO	45.00	70.00
1987	DII-TAH-SHTEH EE-WIHZA-AHOOK (COAT)	SO	90.00	750.00
1987	ELKSKIN ROBE, THE	SO	190.00	600.00
1987	RED NECKLACE, THE	SO	90.00	700.00
1987	TINA	SO	45.00	300.00
1988	DANCE APACHE	SO	190.00	190.00
1988	MA-A-LUPPIS-SHE-LA-DUS (SHE IS ABOVE)	SO	190.00	375.00
1989	BIAACHEE-ITAH BAH-ACHBEH (MEDICINE WOMAN SCOUT)	SO	225.00	230.00
1989	CHEY-AYJEH: PREY	SO	190.00	350.00
1989	DREAMER, THE	SO	190.00	225.00
1989	TEESA WAITS TO DANCE	SO	135.00	135.00
1990	BAAPE OCHIA (NIGHT WIND, TURQUOISE)	SO	185.00	190.00
1990	ESHTE	SO	185.00	185.00
1990	ISHIA-KAHDA #1 (QUIET ONE)	SO	185.00	185.00
1991	ASHPAHDUA HAGAY ASHAE-GYOKE (MY HOME & HEART/CROW)	SO	225.00	300.00
1991	BLUE SHAWL, THE	SO	185.00	200.00
1993	WINTER GIRL BRIDE	1730	225.00	150.00

P. CROSS — **MINIATURE LINE**

1991	BJ	SO	80.00	85.00
1991	FLORAL SHAWL, THE	SO	80.00	125.00
1991	KENDRA	SO	80.00	100.00
1991	WATERCOLOR STUDY #2 FOR HALF BREED	SO	80.00	80.00
1993	BRAIDS	447	80.00	80.00
1993	DAYBREAK	447	80.00	80.00
1993	PONYTAILS	447	80.00	80.00
1993	SUNDOWN	447	80.00	80.00

P. CROSS — **PAINTED LADIES' SUITE**

1991	SUS(H)GAH-DAYDUS(H) (CROW: QUICK)	447	185.00	185.00
1991	TZE-GO-JUNI (CHIRICAHUA APACHE)	447	80.00	80.00
1992	ACORIA (CROW: SEAT OF HONOR)	SO	185.00	150.00
1992	AVISOLA	SO	185.00	135.00
1992	DAH-SAY (CROW HEART)	SO	185.00	130.00
1992	ITZA-CHU (APACHE: THE EAGLE)	SO	185.00	250.00
1992	KEL'HOYA (HOPI: LITTLE SPARROW HAWK)	SO	185.00	190.00
1992	PAINTED LADIES, THE	SO	225.00	950.00

P. CROSS — **STAR QUILT**

1985	WINTER WARMTH	SO	150.00	1000.00
1986	REFLECTIONS	SO	185.00	875.00
1988	QUILT MAKERS, THE	SO	190.00	225.00

P. CROSS — **WOLF SERIES**

1985	DII-TAH-SHTEH BII-WIK; CHEDAH-BAH LIIDAH	SO	185.00	2000.00
1987	MORNING STAR GIVES LONG OTTER HIS HOOP	SO	190.00	1150.00
1989	BIAGOHT EECUEBEH HEHSHEESH-CHEDAH	SO	225.00	425.00
1990	AGNJNAUG AMAGUUT; INUPIAG (WOMEN/WOLVES)	SO	325.00	380.00
1993	AHMAH-GHUT, TUHTU-LOO; EELAHN-NUHT KAH-AUHK	1050	255.00	255.00
1997	CHEEDE BILAXPAAKE AASHE AAKEESHDAK	675	225.00	225.00

DAVE GROSSMAN CREATIONS

*

GONE WITH THE WIND

1994	ATLANTA BURNING CANVAS PRINT 18X24	RT	200.00	200.00
1994	ATLANTA BURNING CANVAS PRINT 8X10	RT	100.00	100.00
1994	MISS SCARLETT CANVAS PRINT 18X24	RT	200.00	200.00
1994	MISS SCARLETT MONTAGE CANVAS PRINT 8X10	RT	100.00	100.00

YR	NAME	LIMIT	ISSUE	TREND
1994	OPENING SCENE CANVAS PRINT 18X24	RT	200.00	200.00
1994	OPENING SCENE CANVAS PRINT 8X10	RT	100.00	100.00
1994	SCARLETT & TARA CANVAS PRINT 8X10	RT	100.00	100.00
1994	SCARLETT AND TARA CANVAS PRINT 18X24	RT	200.00	200.00

DEBORAH ROBINSON

D. ROBINSON

YR	NAME	LIMIT	ISSUE	TREND
1984	JEWELS IN THE SUNSET	CL	*	N/A
1984	TO GOD GIVE THE GLORY	CL	*	N/A
1985	ME TOO	CL	*	N/A
1987	BEAR YOUR HEART	CL	*	N/A
1987	EVERYTHING'S COMING UP ROSES	CL	*	N/A
1989	HIBISCUS	500	125.00	125.00
1989	TIDEPOOL	CL	*	N/A
1990	GIVE IT A WHIRL	500	125.00	125.00
1991	SECRETS	CL	*	N/A
1992	FRIENDS	500	50.00	50.00
1992	SAND CASTLE	500	85.00	85.00
1992	SAND TIME	500	85.00	85.00
1992	WHEN WE WERE YOUNG	500	225.00	225.00
1992	YESTERDAY	500	85.00	85.00

DELGADO STUDIO

DELGADO

NAME	LIMIT	ISSUE	TREND
* CAMACHO VS MACINI S/N	500	25.00	100.00
* CATCH, THE A/P	49	149.00	275.00
* CATCH, THE S/N H/S	750	100.00	200.00
* HEAD TO HEAD EASY GOER & SUNDAY SILENCE	500	100.00	250.00
* JOHN HENRY	750	75.00	275.00
* MICKEY AT NIGHT H/S	750	125.00	450.00
* MONTANA TO RICE A/P	49	300.00	400.00
* MONTANTA TO RICE H/S S/N	500	250.00	300.00
* PAEZ VS LOPEZ S/N	500	25.00	100.00
* RONNIE LOTT H/S S/N	1049	149.00	225.00
* SHOES ROSES A/P, THE	25	150.00	300.00
* SHOES ROSES S/N, THE	500	50.00	200.00
* WITAKER, TAYLER, CAMACHO AT CAESARS S/N	500	25.00	125.00

DENNIS P. LEWAN FINE ART STUDIOS

D. PATRICK LEWAN
A/P CANVAS FRAMED

NAME	LIMIT	ISSUE	TREND
* BEAR COTTAGE	30	505.00	1475.00
* BEAR HAUS INN, THE	45	230.00	325.00
* BEARLY EVE	40	410.00	975.00
* FLOWER HARVEST	45	230.00	300.00
* FLYING THE KITES	9	610.00	650.00
* GATE TO THE COURTYARD	30	230.00	200.00
* GRAND MANOR	40	850.00	1350.00
* KINGSBERRY COTTAGE	40	175.00	250.00
* LITTLE BEAR COTTAGE	40	300.00	900.00
* MANOR HOUSE, THE	40	500.00	2256.00
* MEAGAN'S FRIENDS	30	230.00	215.00
* MILL CREEK MANOR	40	525.00	800.00
* OLDE AMSTERDAM	30	495.00	320.00
* SEACLIFF COTTAGE	40	175.00	250.00
* SPRING IN BAVARIA	30	155.00	285.00
* TRANQUILITY FALLS	9	610.00	660.00
* VICTORIAN DREAMS	50	440.00	750.00
* VICTORIAN FANTASY	40	410.00	975.00
* WENTWORTH COTTAGE	30	155.00	255.00

D. PATRICK LEWAN
A/P FRAMED

NAME	LIMIT	ISSUE	TREND
* BEARINGTON STREET	50	800.00	1250.00

D. PATRICK LEWAN
A/P PAPER UNFRAMED

NAME	LIMIT	ISSUE	TREND
* BEAR COTTAGE	50	225.00	600.00
* MANOR HOUSE, THE	55	175.00	245.00

D. PATRICK LEWAN
REMARQUE CANVAS

NAME	LIMIT	ISSUE	TREND
* BEARY PATCH PARK	5	1350.00	1600.00

D. PATRICK LEWAN
S/N CANVAS FRAMED

NAME	LIMIT	ISSUE	TREND
* BEAR COTTAGE	300	430.00	1325.00
* BEAR HAUS INN, THE	450	190.00	280.00
* BEARINGTON STREET	500	650.00	1100.00
* BEARLY EVE	375	265.00	900.00
* FLOWER HARVEST	450	190.00	300.00
* FLYING THE KITES	90	550.00	750.00
* GATE TO THE COURTYARD	300	200.00	175.00
* GRAND MANOR	400	700.00	1200.00
* KINGSBERRY COTTAGE	400	150.00	225.00
* LITTLE BEAR COTTAGE	400	250.00	850.00
* MANOR HOUSE, THE	400	440.00	1250.00
* MEAGAN'S FRIENDS	300	200.00	180.00
* MILL CREEK MANOR	375	450.00	750.00
* OLDE AMSTERDAM	300	390.00	850.00
* SEACLIFF COTTAGE	400	150.00	400.00
* SOMEWHERE IN TIME	100	720.00	950.00
* SPRING IN BAVARIA	300	130.00	260.00
* TRANQUILITY FALLS	90	550.00	650.00
* VICTORIAN DREAMS	500	390.00	1000.00
* VICTORIAN FANTASY	375	360.00	1000.00

YR	NAME	LIMIT	ISSUE	TREND
D. PATRICK LEWAN			**S/N CANVAS UNFRAMED**	
*	SEACLIFF COTTAGE	400	120.00	195.00
*	WENTWORTH COTTAGE	300	100.00	260.00
D. PATRICK LEWAN			**S/N PAPER UNFRAMED**	
*	BEAR COTTAGE	500	150.00	500.00
*	MANOR HOUSE, THE	550	125.00	170.00
*	VICTORIAN FANTASY	500	150.00	767.00
D. PATRICK LEWAN		**SIGNATURE REMARQUE CANVAS FRAMED**		
*	BEARINGTON STREET	25	975.00	1450.00
*	FLYING THE KITES	3	780.00	875.00
*	TRANQUILITY FALLS	3	780.00	
*	VICTORIAN DREAMS	25	625.00	800.00

DIANE PHALEN WATERCOLORS

YR	NAME	LIMIT	ISSUE	TREND
D. PHALEN			**AMERICANA QUILT**	
1994	COUNTRY STORE QUILTS	750	20.00	20.00
1995	AMISH ROADSIDE MARKET	1500	30.00	30.00
1995	AMISH SPRING	1500	30.00	30.00
1995	CHRISTMAS QUILTS	1500	30.00	30.00
1995	GRANDMA'S TREASURES	1500	30.00	30.00
1995	LOG CABIN QUILTS	1500	30.00	30.00
1995	QUILTS FOR SALE	1500	40.00	40.00
1995	SUMMER BREEZE	1500	40.00	40.00
1996	AMISH NEIGHBORS	1500	30.00	30.00
1996	CHRISTMAS EVE QUILTS	1500	60.00	60.00
1996	COTTAGE IRISES	1500	40.00	40.00
1996	LLAMAS AND QUILTS	1500	30.00	30.00
1996	SEPTEMBER GOLD	1500	40.00	40.00
1996	SPRING GARDEN	1500	40.00	40.00
1996	THREE SISTERS' QUILTS	1500	60.00	60.00
1997	A QUILTED VIEW	1500	40.00	40.00
1997	HOLIDAY AIRING	1500	60.00	60.00
1997	SHORELINE TREASURES	1500	60.00	60.00

DIMENSIONAL AESTHETICS

YR	NAME	LIMIT	ISSUE	TREND
B. HAILS				
1985	GAZEBO, THE	*	40.00	65.00
1986	BRIGHT NEW DAY	*	40.00	60.00
1986	RIVER VISTA (THE GAP)	*	40.00	60.00
1986	SOLITUDE	*	40.00	60.00
1986	TAVERN, THE	*	40.00	65.00
1987	CITY BREEZES	*	80.00	90.00
1987	INDIAN SUMMER	*	40.00	90.00
1987	LOCK, THE	*	95.00	95.00
1987	QUIET LIGHT	*	40.00	60.00
1988	AZALEA BANK A/P	*	90.00	130.00
1989	AZALEA GLOW	*	40.00	40.00
1989	TRACERY	*	40.00	50.00

EAGLE EDITIONS LTD.

YR	NAME	LIMIT	ISSUE	TREND
J. CRANDALL				
1977	SMOKE UP AHEAD	450	60.00	400.00
1979	I FOUND THE PASS	500	60.00	350.00
1979	PURSUED	525	60.00	1000.00
1980	ON TO TAOS	560	65.00	130.00
1980	SHRINE TO THE BUFFALO	525	65.00	330.00
1981	CAUTION	650	40.00	145.00
1981	NOT ALONE	650	55.00	300.00
1982	COUREURS DES BOIS	1000	85.00	250.00
1983	AN EARLY SNOW	750	85.00	100.00
J. CRANDALL			**WINGS OF VALOR**	
1985	MOUSE AND THE FLEA, THE: B-17	950	85.00	140.00
1987	TOMCATS 2-FITTERS 0: F-14	950	85.00	100.00
1989	BLOND KNIGHT, THE: ME 109	950	145.00	950.00

EDNA HIBEL STUDIOS

YR	NAME	LIMIT	ISSUE	TREND
E. HIBEL		**HIBEL LITHOGRAPHY ON PORCELAIN**		
1978	LENORE AND CHILD (ON PORCELAIN)	395	600.00	2100.00
1980	CHERYLL AND WENDY (ON PORCELAIN)	100	3900.00	11500.00
E. HIBEL			**HIBEL STONE LITHOGRAPHY**	
*	BEGGAR	70	250.00	4700.00
1974	MOTHER AND FOUR CHILDREN	60	150.00	1675.00
1975	SANDY (STONE LITHO)	140	75.00	1550.00
1976	ELSA & BABY	300	150.00	4200.00
1976	JAPANESE DOLL	28	160.00	2600.00
1976	KIKUE (SILK)	145	195.00	2700.00
1976	MOTHER & FOUR CHILDREN (HORIZONTAL)	300	250.00	2000.00
1976	SOPHIA & CHILDREN	296	325.00	4300.00
1976	SWITZERLAND	270	350.00	2000.00
1977	COLETTE & CHILD	275	195.00	1100.00
1977	MAYAN MAN	295	350.00	4300.00
1977	MUSEUM SUITE	375	1900.00	9700.00
1978	FELICIA	148	900.00	2250.00
1979	AKIKO & CHILDREN	335	450.00	2800.00
1979	INTERNATIONAL YEAR OF THE CHILD SUITE	420	900.00	2250.00
1979	JOSEPH	335	495.00	1325.00
1979	NORA	394	175.00	750.00
1979	PETRA MIT KINDER	320	345.00	2500.00
1979	THAI PRINCESS	335	495.00	1450.00
1980	CHERYLL & WENDY	100	3900.00	11500.00

YR	NAME	LIMIT	ISSUE	TREND
1980	CHO CHO SAN	396	500.00	1050.00
1980	HOPE	396	400.00	1100.00
1980	SPIRIT OF MAINAU SUITE, THE	385	1200.00	3150.00
1980	TINA	200	750.00	1200.00
1981	JACKLIN & CHILD	197	110.00	400.00
1981	LITTLE EMPEROR, THE	275	1000.00	2250.00
1981	LITTLE EMPRESS	319	1000.00	2100.00
1982	BETTINA AND CHILDREN	300	310.00	1400.00
1982	FAMILY OF THE MOUNTAIN LAKE	305	395.00	2250.00
1982	JOELLE	348	295.00	1000.00
1982	KELLY	347	320.00	1700.00
1982	LYDIA	298	295.00	650.00
1982	NARO-SAN	322	310.00	675.00
1982	RENA & RACHEL	329	345.00	1025.00
1983	VALERIE & CHILDREN	400	295.00	625.00
1984	ARIELLE & AMY	275	295.00	675.00
1984	BEVERLY & CHILD	216	160.00	425.00
1984	CARESS, THE	430	325.00	700.00
1984	CELESTE	256	175.00	400.00
1984	CLAIRE	206	335.00	975.00
1984	DES FLEURS ROUGES	298	245.00	750.00
1984	DORENE & CHILD	331	250.00	525.00
1984	DREAM SKETCHBOOK	298	175.00	475.00
1984	GERARD	200	250.00	725.00
1984	JENNIFER & CHILDREN	318	445.00	775.00
1984	NATASHA & CHILDREN	308	195.00	500.00
1984	NAVA & CHILDREN	385	385.00	750.00
1984	SANDY & CHILDREN	419	365.00	750.00
1984	SARAH & JOSHUA	343	475.00	850.00
1984	WENDY WITH HAT	308	395.00	725.00
1985	LA TOSCA	355	595.00	725.00
1986	BELINDA & NINA	320	295.00	625.00
1986	DUCHESS	320	325.00	525.00
1986	NANCY WITH MEGAN	367	450.00	900.00
1987	FINNISH MOTHER & CHILD	343	185.00	325.00
1987	FLOWERS OF KASHMIR	297	275.00	525.00
1987	MONICA MATTEAO & VANESSA	300	350.00	650.00
1987	ONCE UPON A TIME	287	365.00	550.00
1988	AMELIA & CHILDREN	268	675.00	825.00
1988	FLOWERS OF THE ADRIATIC	286	300.00	500.00
1988	JOHN M	308	185.00	325.00
1988	LINDA T	302	185.00	325.00
1988	NEW HAT, THE	298	310.00	550.00
1988	XIN-XIN OF THE HIGH MOUNTAINS	325	1300.00	2000.00
1989	HELENE & CHILDREN	280	365.00	630.00
1990	TAMARA	254	360.00	500.00

EIGHTH AVENUE GRAPHICS

D. DAY

1994	DADDY'S GIRL	2500	225.00	425.00

T. DOUGLAS

1996	MENTOR, THE	565	380.00	700.00

FANTASTIC ART

R. SPANGLER

			20.00	40.00
1978	MORNING ON THE BALCONY	*	45.00	150.00
1983	DREAMER	*	25.00	125.00
1983	GREAT, GREAT GRANDDRAGON	*	35.00	125.00
1984	DRAGONSLAYER	*	25.00	450.00
1984	STORYTELLER	*	24.00	36.00
1984	WIZARD'S GIFT	*	15.00	24.00
1985	GUARDIAN OF THE CANDLES	*	25.00	45.00
1985	NEW ARRIVAL	*	20.00	45.00
1985	PIPELIGHTER	*	24.00	34.00
1985	STOCKING STUFFERS	*	20.00	34.00
1985	TEA PARTY	*	35.00	55.00
1985	WIZARD'S NEW PET	*	45.00	400.00
1986	ASTRONOMER	*	25.00	250.00
1986	DRAGON AWAY!	*	20.00	40.00
1986	JUST A LITTLE BIT HIGHER	*	24.00	37.00
1986	PERFECT AIM	*	24.00	37.00
1986	SPRING CLEANING	*	15.00	35.00
1986	YOU LIGHT UP MY LIFE	*	15.00	17.00
1987	CANDLEHOLDER I	*	15.00	17.00
1987	CANDLEHOLDER II	*	48.00	125.00
1987	FASCINATION	*	35.00	49.00
1987	FLOATING CITIES OF ELAN	*	20.00	50.00
1987	MORNING COFFEE	*	24.00	30.00
1987	OVERLOAD	*	25.00	350.00
1987	SWEET DREAMS	*	45.00	450.00
1987	TWILIGHT STORIES	*	15.00	30.00
1987	WHAT COOKIES?	*	20.00	24.00
1988	CHRISTMAS COOKIES	*	24.00	44.00
1988	MIDNIGHT MUNCHIES	*	20.00	40.00
1988	MISGUIDED MAGIC	*	45.00	450.00
1988	MOONLIGHT MAGIC	*	30.00	37.00
1988	MYSTIC CAT I	*	25.00	45.00
1988	MYSTIC CAT II	*	15.00	25.00
1988	MYSTIC CAT III			

YR	NAME	LIMIT	ISSUE	TREND
1988	MYSTIC CAT IV	*	32.00	42.00
1988	WAKING THE WIZARD	*	25.00	42.00
1988	WANNA PLAY?	*	24.00	45.00
1989	DRAGLING'S WORK IS NEVER DONE, A	*	28.00	38.00
1989	GREY LADY	*	48.00	65.00
1989	GUARD DUTY	*	24.00	34.00
1989	GUARDIAN OF THE COOKIES	*	24.00	34.00
1989	MIDNIGHT RAID	*	35.00	44.00
1989	SATURDAY NIGHT BATH	*	28.00	55.00
1990	BEST FRIENDS	*	34.00	55.00
1990	BIRTHDAY COOKIE	*	15.00	24.00
1990	BUBBLE BATH	*	34.00	55.00
1990	CHOCOLATE LOVER'S DELIGHT	*	24.00	31.00
1990	CHRISTMAS TREASURES	*	17.00	24.00
1990	ENCHANTED	*	55.00	75.00
1990	FETCHING FIREFLIES	*	24.00	75.00
1990	FLOUR JUST FOR YOU, A	*	20.00	20.00
1990	I BELIEVE IN DRAGONS	*	22.00	200.00
1990	I LOVE TREES	*	24.00	34.00
1990	PRINCE OF FISH	*	26.00	42.00
1990	PRINCESS OF NATURE	*	30.00	47.00
1990	RUPERT	*	26.00	32.00
1990	SNACK TIME	*	24.00	28.00
1990	STOP & SMELL THE COOKIES	*	28.00	46.00
1990	WHO'S THERE?	*	25.00	40.00
1991	ANXIOUS ANGLER	*	14.00	21.00
1991	BLUE SUEDE GROUPER	*	14.00	21.00
1991	CAT & MOUSE	*	85.00	85.00
1991	FANTASY FLIGHT	*	38.00	48.00
1991	GUARDIAN	*	38.00	48.00
1991	NEPTUNE'S MOUNT	*	26.00	35.00
1991	SEA RIDER	*	42.00	49.00
1991	STORYTIME	*	35.00	200.00
1991	WITH A LITTLE HELP...	*	28.00	38.00
1991	WOULD BE APPRENTICE	*	30.00	50.00
1992	ADMIRAL LADNAR'S MECHANICAL MACKEREL	*	85.00	85.00
1992	AMBUSH	*	38.00	75.00
1992	BIRD IN HAND	*	20.00	24.00
1992	CAUGHT WITH THE COOKIE	*	24.00	29.00
1992	COOKIE SNEAK	*	26.00	34.00
1992	COSMIC CONTEMPLATION	*	20.00	24.00
1992	DRAGGIN' IN THE MORNING	*	24.00	35.00
1992	DRAGON DREAMS	*	24.00	45.00
1992	EASTER DRAGON	*	26.00	30.00
1992	FIRESIDE FAIRYTAILS	*	95.00	450.00
1992	LET'S SHARE: 1 FOR YOU, 2 FOR ME	*	26.00	29.00
1992	NEVER REFUSE HOMEMADE COOKIES	*	16.00	20.00
1992	NO SMOKING I	*	18.00	45.00
1992	ONLY WAY TO HAVE A FRIEND	*	25.00	34.00
1992	WE THREE KINGS	*	40.00	49.00
1992	WHAT CHOCOLATE?	*	24.00	45.00
1992	WIZARD'S RAIN MACHINE	*	55.00	67.00
1993	ALWAYS HAVE FRESH COOKIES FOR YOUR GUESTS	950	20.00	20.00
1993	BERRY HEIST	*	38.00	49.00
1993	BUBBLES	*	20.00	20.00
1993	EMERALD EYES	*	58.00	65.00
1993	FISHGAZING	*	55.00	67.00
1993	FULL DRAGON/HAPPY DRAGON	*	22.00	28.00
1993	MUSHROOM INN	*	34.00	39.00
1993	NEON FISH	*	15.00	18.00
1993	NO SMOKING II	*	25.00	45.00
1993	OVERWEIGHT AGAIN!	*	35.00	38.00
1993	STOWAWAY	*	22.00	28.00
1994	CAT-THEDRAL	*	28.00	30.00
1994	CHERISH THE SMALL WONDERS OF LIFE	1100	20.00	20.00
1994	COOKIES BY CANDLELIGHT	*	20.00	20.00
1994	DRAGONS' DREAM	1100	65.00	68.00
1994	FAERIE I: THE GUIDE	*	24.00	28.00
1994	FAERIE II: THE GIFT	*	24.00	28.00
1994	FIREFLY FANTASY	1100	45.00	52.00
1994	HIDDEN TREASURE	950	28.00	32.00
1994	I'M DRAGGIN' EVERY MORNING	*	28.00	36.00
1994	MONDAY MORNING	1100	42.00	48.00
1994	MOUNTAIN DWARF	950	15.00	18.00
1994	MYSTIC CAT V	*	68.00	75.00
1994	NO SMOKING III	*	28.00	36.00
1994	ONCE AROUND THE CASTLE	950	36.00	39.00
1994	ROYAL GUARD	950	15.00	18.00
1994	SAMANTHA'S SEARCH	*	26.00	34.00
1994	SWORDSMAN, THE	950	15.00	18.00
1994	TIMELY TASK, A	950	27.00	30.00
1994	WINTER WARRIOR	950	15.00	18.00
1995	HEAVENLY COMPANION	950	36.00	38.00
1995	HOME IS WHERE THE MAGIC IS	950	125.00	125.00
1995	HOW MUCH WOULD I WEIGH?	950	38.00	38.00
1995	MAKING TIME FOR SOMEONE SPECIAL	950	24.00	28.00
1995	MYSTERY SHELF, THE	950	36.00	40.00
1995	NO ME!	950	36.00	38.00
1995	SANTA'S SURPRISE	950	28.00	32.00

YR	NAME	LIMIT	ISSUE	TREND
1995	YOU SCRUB MY BACK & I'LL SCRUB YOURS	950	36.00	38.00
1996	ALL IN A DAYS WORK	*	40.00	40.00
1996	BREAKFAST OF CHAMPIONS	*	38.00	38.00
1996	DELIGHT IN LIFE'S WONDERS	*	24.00	24.00
1996	EVENING PLEASURES	*	78.00	78.00
1996	FANTAIL	950	20.00	28.00
1996	FLIGHT OF THE FIREFLIES	*	38.00	38.00
1996	I'M FOREVER BLOWING BUBBLES	950	24.00	24.00
1996	JADE EYES	*	17.00	17.00
1996	JOURNEY OVER OHM	*	55.00	55.00
1996	MILK MOUSTACHE	950	24.00	24.00
1996	NO SMOKING IV	950	34.00	34.00
1996	PURR-FECT HARMONY	*	40.00	40.00
1996	SAPPHIRE EYES	*	17.00	17.00
1996	SHARE THE MAGIC OF LOVE	*	24.00	24.00
1996	WISHFUL THINKING	950	38.00	38.00

R. SPANGLER — FAERIEL I

YR	NAME	LIMIT	ISSUE	TREND
1995	GUIDE, THE	950	25.00	25.00

R. SPANGLER — FAERIEL II

YR	NAME	LIMIT	ISSUE	TREND
1995	GIFT, THE	950	25.00	25.00

FARAWAY
L. STONE

YR	NAME	LIMIT	ISSUE	TREND
1974	BLUE NOSE ON THE GRAND BANKS	2000	75.00	125.00
1978	VIGIL	1300	75.00	125.00
1998	INTIMA (NUDE)	250	160.00	160.00

FLAMBRO
B. LEIGHTON-JONES — EMMETT KELLY JR. LITHOGRAPHS

YR	NAME	LIMIT	ISSUE	TREND
1994	70TH BIRTHDAY COMMEMORATIVE	YR	150.00	150.00
1994	A PICTURE IS WORTH 1,000 WORDS	YR	90.00	95.00
1994	I LOVE YOU	YR	90.00	95.00
1994	JOYFUL NOISE	YR	90.00	95.00
1995	ALL STAR CIRCUS	2 YR	150.00	150.00

FOR ARTS SAKE
B. ABBOTT

YR	NAME	LIMIT	ISSUE	TREND
1995	BLUE JAY/FALL COLOR	900	25.00	25.00
1995	CARDINAL/WINTER BERRIES	900	25.00	25.00
1995	GOLD FINCH/SPRING GOLD	900	25.00	25.00
1995	HUMMINGBIRDS/TRUMPET NECTAR	900	25.00	25.00
1997	BUOY'S CLUB, THE	50	90.00	200.00
1997	EGRETS IN THE MIST	25	200.00	200.00
1997	SWAN SERENITY	50	90.00	200.00
1998	BUOY #9 OSPREY	250	40.00	40.00
1998	FUTURE BEST BUDDIES-LABS	100	25.00	25.00
1998	MALLARDS N MAPLES	250	30.00	30.00
1998	SPORTSMEN, THE-GOLDENS	100	25.00	25.00
1998	WOODUCKS WATER LILY	250	30.00	30.00

FOUNTAINHEAD
M. FERNANDEZ

YR	NAME	LIMIT	ISSUE	TREND
*	HEART OF SEVEN COLORS	*	*	950.00
*	MOST PRECIOUS GIFT	*	*	950.00
*	OH, SMALL CHILD	*	*	245.00
*	SPREADING THE WORD	*	*	100.00

FRAME HOUSE
C. HARPER

YR	NAME	LIMIT	ISSUE	TREND
*	ARCTIC CIRCLE-MUSKOX	*	175.00	175.00
*	BARK EYES-OWL	*	90.00	90.00
*	BIG RAC' ATTACK-RACCOON	*	125.00	125.00
*	BLACKBERRY JAM	*	90.00	135.00
*	CARDINAL COURTSHIP	*	175.00	275.00
*	CARDINAL CRADLE	*	175.00	185.00
*	CHRISTMAS CAPER	*	25.00	35.00
*	CLAIR DE LOON	*	175.00	200.00
*	CONFISKATION-ROBIN	*	90.00	160.00
*	CONVIVIAL PURSUIT	*	125.00	125.00
*	COTTONTAIL IN A COTTONFIELD-RABBIT	*	125.00	125.00
*	CRABITAT	*	125.00	125.00
*	DREAM TEAM	*	20.00	26.00
*	EVERGLADE KITE	*	*	250.00
*	FEARLESS FEATHERS	*	125.00	125.00
*	FLAMINGO A GO GO	*	150.00	150.00
*	FROG IN GRASS	*	*	250.00
*	GIFT RAPT-RACCOON	*	175.00	175.00
*	KOALA, KOALA-KOALA BEAR	*	*	20.00
*	LOVE ON A LIMB-MONKEY	*	125.00	175.00
*	LUCKY LADYBUG	*	8.00	25.00
*	MANATEE IN THE MANGROVE	*	195.00	195.00
*	MYSTERY OF THE MISSING MIGRANT-BIRD	*	*	30.00
*	OWLTERCATION	*	175.00	185.00
*	PACK PACT-MILL	*	175.00	175.00
*	PELICAN PANTRY	*	60.00	100.00
*	PISCINE QUEUES	*	125.00	125.00
*	QUAILSAFE	*	90.00	95.00
*	RACCROBAT	*	*	10.00
*	RACCSNACK-RACCOON	*	90.00	100.00
*	SQUIRREL IN A SQUALL	*	90.00	115.00

YR	NAME	LIMIT	ISSUE	TREND
*	SUGAR FREE	*	125.00	150.00
*	TAILGATOR	*	125.00	170.00
*	UPSIDE DOWNY	*	125.00	125.00
*	WINGDING	*	90.00	90.00
1968	HOUSE WRENS	500	20.00	175.00
1968	LADYBUG	500	20.00	250.00
1968	LADYBUG (LITHO)	10000	6.00	50.00
1968	PORTFOLIO OF FOUR PRINTS	500	60.00	375.00
1969	ANHINGA (LITHO ON CANVAS)	500	50.00	225.00
1969	HUNGRY EYES	500	20.00	600.00
1969	WATER STRIDER	500	40.00	475.00
1970	BOBWHITE FAMILY	750	30.00	150.00
1970	BURROWING OWL	500	30.00	180.00
1970	CARDINAL (ON CORN)	500	30.00	400.00
1970	CRAYFISH MOLTING	750	30.00	125.00
1970	PILEATED WOODPECKER	750	30.00	150.00
1971	BEETLE BATTLE	750	30.00	180.00
1971	BLUE JAY BATHING	1500	30.00	145.00
1971	LADYBUG LOVERS	1500	30.00	160.00
1971	PUFFIN	750	30.00	140.00
1971	RED-BELLIED WOODPECKER	1500	30.00	100.00
1972	BEAR IN THE BIRCHES	1500	35.00	525.00
1972	BOX TURTLE	1500	30.00	200.00
1972	CHIPMUNK	1500	30.00	100.00
1972	FAMILY OWLBUM	1500	30.00	125.00
1972	PELICAN IN A DOWNPOUR	1500	30.00	600.00
1972	YELLOW BELLIED SAPSUCKER	1500	30.00	50.00
1973	LAST SUNFLOWER SEED, THE	1500	30.00	550.00
1973	ROUND ROBIN	1500	30.00	135.00
1973	WATERMELON MOON	1500	30.00	375.00
1973	WEDDING FEAST	1500	30.00	115.00
1973	WOOD DUCK	1500	30.00	575.00
1974	BIRDS OF A FEATHER	2000	50.00	160.00
1974	COOL CARDINAL	2000	30.00	775.00
1974	CROW IN THE SNOW	1500	35.00	275.00
1974	FINE FEATHER	1500	30.00	150.00
1974	PAINTED BUNTING	1500	30.00	425.00
1974	TALL TAIL	2000	30.00	100.00
1975	BIRDWATCHER	2000	40.00	775.00
1975	BLUEBIRDS IN THE BLUEGRASS	2000	45.00	70.00
1975	PFWHOOOO	*	40.00	210.00
1975	RACCPACK	2000	35.00	160.00
1975	WHITECOAT	2000	30.00	180.00
1976	CLAWS	2000	40.00	190.00
1976	CORNPONE	2500	40.00	300.00
1976	DEVOTION IN THE OCEAN	2000	40.00	100.00
1976	LOVE FROM ABOVE	2000	40.00	720.00
1976	SKIMMERSCAPE	2000	40.00	200.00
1977	BRRRTHDAY	2500	40.00	90.00
1977	CATNIP	2500	50.00	125.00
1977	DOLFUN	2500	50.00	90.00
1977	DOWN UNDER, DOWN UNDER	2500	40.00	80.00
1977	PHANCY PHEATHERS	2500	50.00	175.00
1977	SEEING RED	2500	40.00	150.00
1977	SKIPPING SCHOOL	2500	50.00	50.00
1978	BITTERN SUITE	2500	50.00	50.00
1978	CRAWLING TALL	3500	50.00	80.00
1978	FROG EAT FROG	2500	50.00	90.00
1978	HARE'S BREADTH	2500	50.00	50.00
1978	LOVEY DOVEY	2500	50.00	160.00
1979	BUZZ OFF YOU TURKEY	2500	55.00	75.00
1979	COOL CARNIVORE	2500	50.00	50.00
1979	FURRED FEEDER	2500	50.00	60.00
1979	SERENGETI SPAGHETTI	2500	55.00	110.00
1980	HEXIT	1500	60.00	110.00
1980	JUMBRELLA	1500	60.00	135.00
1980	POTLUCK	1500	60.00	120.00
1980	REDBIRDS AND REDBUDS	1500	60.00	70.00
1981	FOXSIMILES	1500	60.00	60.00
1981	LAST APHID	1500	60.00	135.00
1981	RACC & RUIN	1500	60.00	100.00
1981	ROMANCE ON THE RICHTER SCALE-WHALE	1500	60.00	125.00
1982	ARMADITTO	1500	60.00	135.00
1982	PRICKLEY PAIR	1500	60.00	300.00
1982	TERN, STONES, AND TURNSTONES	1500	60.00	110.00
1984	GREEN CUISINE	1000	90.00	110.00
1984	PIER GROUP	1000	90.00	380.00
1984	RACCOONNAISSANCE	1000	90.00	135.00
1985	HERONDIPITY	500	175.00	300.00
1985	VOWLENTINE	1000	45.00	45.00
1986	B-R-R-R-R-R-DBATH	1000	125.00	170.00
1986	LOONRISE	500	175.00	465.00
J. HARRISON				
1974	RURAL AMERICANA	1500	40.00	300.00
1975	AMERICAN BYWAYS	1500	40.00	400.00
1975	COUNTRY SEASONIN'	1500	40.00	250.00
1975	DISAPPEARING AMERICA	1500	40.00	1400.00
1976	RURAL DELIVERY	1500	40.00	475.00
1976	YESTERYEAR	1500	50.00	210.00

In Harmony, *by the late artist Alan Maley and published by Past Impressions, captures the quiet feeling of comfort felt by this family.*

Pride of the Warrior *was originally released in 1994 in an edition of 650 signed and numbered prints.*

A little boy and his puppy sadly watch the rain fall in Rained Out, *a 16x20-inch print by Donald Zolan, Zolan Fine Art Studios.*

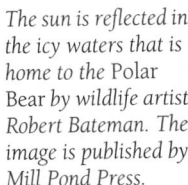

The sun is reflected in the icy waters that is home to the Polar Bear *by wildlife artist Robert Bateman. The image is published by Mill Pond Press.*

YR	NAME	LIMIT	ISSUE	TREND
1977	BURMA SHAVE	1500	50.00	350.00
1977	COMMUNITY CHURCH	1500	50.00	230.00
1977	DR. PEPPER	1500	50.00	300.00
1977	FALLOW AND FORGOTTON	1500	50.00	200.00
1978	666 COLD TABLETS	1500	50.00	270.00
1978	PHILIP MORRIS	1500	50.00	180.00
1978	RC COLA	975	135.00	135.00
1978	RED COVERED BRIDGE	1500	50.00	300.00
1978	TOOLS	300	275.00	265.00
1978	WOODPILE	1500	75.00	80.00
1979	CLABBER GIRL	1500	75.00	325.00
1979	GOLD DUST TWINS	1500	55.00	90.00
1979	GOODY'S	1500	50.00	90.00
1979	LUCKY STRIKE	1500	50.00	170.00
1980	PEANUTS AND PEPSI	1500	60.00	250.00
1980	TONIC AND LINIMENT	1500	85.00	90.00
1980	TUBE ROSE SNUFF	1500	60.00	90.00
1980	UNPAINTED COVERED BRIDGE	1500	60.00	150.00
1981	7-UP AND BLACK EYED SUSANS	1500	75.00	110.00
1981	BRUSH AND BUCKET	300	300.00	350.00
1981	HOUSE AND BARN	1500	50.00	90.00
1981	OLD DUTCH CLEANSER	1500	75.00	155.00
1982	BULL OF THE WOODS	1500	75.00	115.00
1982	RAILROAD CROSSING	1500	75.00	340.00
1982	WINDMILL	1500	75.00	80.00
1983	FILLIN' STATION	1500	80.00	200.00
1983	FRESH GRITS	1500	80.00	860.00
1983	LEE OVERALLS	OP	8.00	20.00
1983	LIGHTHOUSE	975	135.00	550.00
1983	MOUNTAIN BRIDGE	1500	80.00	300.00
1983	SHRINE CIRCUS	1500	80.00	145.00
1984	MEMORIES	408	90.00	195.00
1984	MORTON SALT AND ROCK CITY	1500	135.00	240.00
1984	RED GOOSE SHOES	1500	90.00	95.00
1985	MEMORIES II	431	90.00	200.00
1985	OLD STONE BARN	1500	90.00	110.00
1985	SPRING CLOUDS	1500	90.00	130.00
1986	FISHING VILLAGE	975	135.00	140.00
1987	COCA-COLA BRIDGE	975	135.00	500.00
1987	JEFFERSON ISLAND SALT	975	135.00	135.00
1987	UNCLE JOHN'S SYRUP	975	135.00	200.00
1988	HERSHEY BAR	975	135.00	140.00
1988	RED BOAT	975	135.00	275.00

A. HUNT

YR	NAME	LIMIT	ISSUE	TREND
1984	LAZY AFTERNOON	1500	75.00	75.00
1985	FOX IN REEDS	1500	75.00	75.00
1986	SNOW LEOPARD	1000	150.00	435.00
1988	DAWN ALERT	TL	160.00	225.00

GARTLAN USA

J. MARTIN

				LITHOGRAPH
1986	GEORGE BRETT: THE SWING	2000	85.00	85.00

C. SOILEAU

				LITHOGRAPH
1987	ROGER STAUBACH	1979	85.00	85.00

M. TAYLOR

				LITHOGRAPH
1989	KAREEM ABDUL-JABBAR: THE RECORD SETTER	1989	85.00	300.00
1990	DARRYL STRAWBERRY	500	295.00	295.00
1991	JOE MONTANA, SIGNED, H/S	500	495.00	545.00

GREENWICH WORKSHOP

M. BASTIN

YR	NAME	LIMIT	ISSUE	TREND
1997	DINNER GUESTS	SO	95.00	160.00
1998	GARDEN PICNIC	1950	119.00	175.00

A. BEAN

1994	IN THE BEGINNING	SO	450.00	1150.00

C. BLISH

1998	FATHER, THE HOUR HAS COME	OP	70.00	70.00

C. BLOSSOM

1998	GOLD RUSH TWILIGHT	550	195.00	195.00

W. BULLAS

1995	DOG BYTE	SO	95.00	135.00
1998	A FOOL AND HIS BUNNY	950	95.00	115.00

S. COMBES

1998	SENTINELS	550	125.00	125.00

E. DUBOWSKI

1998	ERRAND, THE	550	125.00	125.00

L. FRAZIER

1998	CONSTANT TRAVELER	750	150.00	150.00

S. GUSTAFSON

YR	NAME	LIMIT	ISSUE	TREND
*	ADVICE FROM CATERPILLAR	*	*	200.00
*	FAIRY TALE SET OF 5	*	*	120.00
*	MAD TEA PARTY	*	*	190.00
*	OWL & PUSSYCAT	*	125.00	140.00
1993	GOLDILOCKS AND THE THREE BEARS	RT	125.00	600.00
1993	HUMPTY DUMPTY	RT	125.00	150.00
1993	LITTLE RED RIDING HOOD	RT	125.00	175.00
1993	SNOW WHITE AND THE SEVEN DWARFS	RT	165.00	380.00
1994	FROG PRINCE	RT	125.00	150.00
1994	PAT-A-CAKE	RT	125.00	130.00

YR	NAME	LIMIT	ISSUE	TREND
1995	ALICE IN WONDERLAND SUITE	4000	195.00	195.00
1995	HANSEL & GRETEL	3000	125.00	125.00
1995	JACK AND THE BEANSTALK	3500	125.00	135.00
1995	RUMPLESTILTSKIN	2750	125.00	135.00
1995	TOUCHED BY MAGIC	4000	185.00	185.00
1996	OLD KING COLE	2750	125.00	135.00
1996	PUSS IN BOOTS	2750	145.00	150.00
1997	TOM THUMB	SO	125.00	150.00
1998	LITTLE BO PEEP	950	125.00	165.00
1998	MOONBEAR LISTENS TO THE EARTH	1250	175.00	175.00
J. HOLM				
1998	FIVE PERSIANS	550	130.00	130.00
S. KENNEDY				
1994	QUIET TIME COMPANIONS-SAMOYED	SO	125.00	160.00
1998	CROSSING OVER	750	145.00	145.00
P. LANDRY				
1996	AFTERNOON TEA	SO	495.00	495.00
S. LYMAN				
1997	WINTER SHADOWS	SO	225.00	175.00
B. MARRIS				
1996	LITTLE PIG WITH A BIG HEART (BABE)	SO	95.00	120.00
1998	UNDERCOVER	750	145.00	145.00
F. MCCARTHY				
1995	MEDICINE MAN	SO	165.00	250.00
1998	PATROL AT BROKEN FINGER	750	165.00	220.00
W.S. PHILLIPS				
1996	LIGHTKEEPER'S GIFT	SO	175.00	220.00
H. PRESSE				
1998	DANCE OF THE SUN	550	125.00	125.00
J. REYNOLDS				
1994	QUIET PLACE, THE	SO	185.00	185.00
1998	SWING SHIFT (CANVAS)	450	495.00	495.00
H. TERPNING				
*	CROW PIPE CEREMONY	SO	895.00	1750.00
J. TERPNING				
1998	HOLY MAN OF THE BLACKFOOT (CANVAS)	975	895.00	895.00
J. WEISS				
*	GOOD AS GOLD	SO	95.00	170.00
1998	DOUBLE TROUBLE	1450	95.00	95.00
J. CHRISTENSEN				**CHRISTENSEN**
*	ANGEL WITH FISH	*	*	275.00
*	BIRDS HUNTERS FULL CAMO.	*	*	165.00
*	FISH WATER	*	*	3200.00
1985	GIFT FOR MRS. CLAUS, THE	3500	80.00	600.00
1986	JONAH	850	95.00	800.00
1986	OLDE WORLD SANTA	3500	80.00	900.00
1986	YOUR PLACE, OR MINE?	850	125.00	250.00
1987	OLD MAN WITH A LOT ON HIS MIND	850	85.00	800.00
1987	VOYAGE OF THE BASSET	850	225.00	1530.00
1988	MAN WHO MINDS THE MOON, THE	850	145.00	800.00
1988	WIDOW'S MITE, THE	850	145.00	200.00
1989	ANNUNCIATION, THE	850	175.00	230.00
1990	BURDEN OF THE RESPONSIBLE MAN, THE	850	145.00	2300.00
1990	RHYMES & REASONS	OP	150.00	250.00
1990	TWO SISTERS	650	325.00	400.00
1991	CANDLEMAN, THE	850	160.00	500.00
1991	LAWRENCE AND A BEAR	850	145.00	400.00
1991	ONCE UPON A TIME	1500	175.00	1900.00
1991	ONCE UPON A TIME (REMARQUE)	500	375.00	2000.00
1991	PELICAN KING	850	115.00	400.00
1992	OLDEST ANGEL, THE	850	125.00	1400.00
1992	RESPONSIBLE WOMAN, THE	2500	175.00	900.00
1992	ROYAL PROCESSIONAL, THE	1500	185.00	600.00
1992	ROYAL PROCESSIONAL, THE- REMARQUE	1500	185.00	700.00
1993	COLLEGE OF MAGICAL KNOWLEDGE	*	185.00	500.00
1993	GETTING IT RIGHT	4000	185.00	185.00
1993	ROYAL MUSIC BARQUE, THE	2750	375.00	375.00
1993	SCHOLAR, THE	3250	125.00	215.00
1993	WAITING FOR THE TIDE	2250	150.00	335.00
1994	SIX BIRD HUNTERS	*	165.00	185.00
1998	SUPERSTITIONS	RT	195.00	280.00
B. DOOLITTLE				**DOOLITTLE**
*	GHOST OF THE GRIZZLY	*	*	3000.00
1979	PINTOS	1000	65.00	8000.00
1980	BUGGED BEAR	1000	85.00	4000.00
1980	GOOD OMEN, THE	1000	85.00	4800.00
1980	WHOO!?	1000	75.00	2160.00
1981	SPIRIT OF THE GRIZZLY	1500	150.00	4000.00
1981	UNKNOWN PRESENCE	1500	135.00	3000.00
1981	WOODLAND ENCOUNTER	1500	145.00	7850.00
1982	EAGLE'S FLIGHT	1500	185.00	4150.00
1983	CHRISTMAS DAY, GIVE OR TAKE A WEEK	4800	80.00	2000.00
1983	ESCAPE BY A HARE	1500	80.00	925.00
1983	RUNS WITH THUNDER	1500	150.00	1350.00
1983	RUSHING WAR EAGLE	1500	150.00	1300.00
1984	LET MY SPIRIT SOAR	1500	195.00	4775.00
1985	TWO INDIAN HORSES	12253	225.00	3400.00
1985	WOLVES OF THE CROW	2650	225.00	1500.00

YR	NAME	LIMIT	ISSUE	TREND
1986	TWO BEARS OF THE BLACKFEET	2650	225.00	1100.00
1986	WHERE SILENCE SPEAKS, ART OF DOOLITTLE	3500	650.00	2400.00
1987	CALLING THE BUFFALO	8500	245.00	1200.00
1987	GUARDIAN SPIRITS	13238	295.00	900.00
1987	SEASON OF THE EAGLE	36548	245.00	900.00
1988	DOUBLED BACK	15000	285.00	1700.00
1989	SACRED GROUND	70000	265.00	1000.00
1990	HIDE AND SEEK SUITE	25000	900.00	1980.00
1990	HIDE AND SEEK-7 PC. COMP SET	RT	1200.00	1200.00
1990	HIDE AND SEEK-LG	RT	300.00	300.00
1990	HIDE AND SEEK-MINI	*	*	250.00
1991	SACRED CIRCLE		265.00	500.00
1991	SACRED CIRCLE (PC)	40192	325.00	600.00
1991	SENTINEL, THE	35000	275.00	800.00
1992	EAGLE HEART	48000	285.00	300.00
1993	PRAYER FOR THE WILD THINGS	*	325.00	500.00
1993	WILDERNESS...WILDERNESS!	RT	65.00	80.00
1994	WHEN THE WIND HAD WINGS	*	325.00	400.00
1995	TWO MORE INDIAN HORSES	48000	385.00	650.00
J. CHRISTENSEN				**ETCHING**
*	ARTIST, THE	*	*	450.00
*	GIFT, THE	*	*	350.00
*	OLD ANGEL	*	*	350.00
*	WIZARD	*	*	50.00
J. CHRISTENSEN				**FANTASY**
1994	EVENING ANGELS	4000	195.00	200.00
1994	SOMETIMES THE SPIRIT..W/BOOK	3600	195.00	260.00
1994	TWO ANGELS DISCUSS BOTTICELLI	2950	145.00	160.00
1995	PISCATORIAL PERCUSSIONIST	3000	125.00	130.00
1995	SERENADE FOR AN ORANGE CAT	3000	125.00	135.00
1995	SISTERS OF THE SEA	SO	195.00	195.00
J. CHRISTENSEN				**FANTASY/ETCHING**
*	FISHE	*	*	325.00
*	FISHWALKER	*	*	1300.00
*	MECHANICAL FISH	*	*	300.00
*	MIDNIGHT SCHOLAR	*	*	350.00
*	MUSICIAN	*	*	300.00
J. CHRISTENSEN				**FANTASY/LITHO**
*	ANGEL IN PURSUIT FISH KNOW.	*	*	300.00
*	CONVERSATION AROUND FISH	*	*	600.00
*	FISH ANGEL	*	*	400.00
B. DOOLITTLE				**INDIAN**
1984	FOREST HAS EYES, THE	RT	175.00	4500.00
F. MCCARTHY				**INDIAN**
1992	NAVAJO PONIES FOR COMANCHE	1000	225.00	225.00
1992	WHEN THE LAND WAS THEIRS	1000	225.00	225.00
1992	WHERE OTHERS HAD PASSED	1000	245.00	245.00
1993	IN THE LAND OF ANCIENT ONES	1250	245.00	220.00
1993	SIGHTING THE INTRUDERS	1000	225.00	225.00
1994	SHOW OF DEFIANCE	1000	195.00	195.00
1994	WAY OF ANCIENT MIGRATION	1250	245.00	245.00
S. LYMAN				**LANDSCAPE**
1993	LAKE OF THE SHINING ROCKS-LANDSCAPE	*	235.00	550.00
1994	NORTH COUNTRY SHORES-LANDSCAPE	*	225.00	700.00
1995	CATHEDRAL SNOW-LANDSCAPE	4000	245.00	330.00
J. CHRISTENSEN				**LITHO**
*	COPADEORA	*	*	140.00
S. LYMAN				**LYMAN**
*	BIG COUNTRY, THE-GRIZZLY	*	225.00	200.00
1983	EARLY WINTER IN THE MOUNTAINS	850	95.00	800.00
1983	END OF THE RIDGE	850	95.00	985.00
1983	PASS, THE	850	95.00	800.00
1984	FREE FLIGHT	850	70.00	220.00
1984	NOISY NEIGHBORS (R)	25	95.00	1000.00
1985	AUTUMN GATHERING-LANDSCAPE	850	115.00	1500.00
1985	BEAR & BLOSSOMS-BLACK BEAR	850	75.00	860.00
1986	COLORS OF TWILIGHT	850	75.00	175.00
1986	HIGH TRAIL AT SUNSET-MOUNTAIN GOAT	1000	125.00	925.00
1986	MORNING SOLITUDE-GREY BLUE HERON	850	115.00	725.00
1986	SNOWY THRONE (C)	850	85.00	525.00
1987	AN ELEGANT COUPLE	1000	125.00	550.00
1987	CANADIAN AUTUMN-MOOSE	1500	165.00	950.00
1987	ELEGANT COUPLE-WOOD DUCK	1000	125.00	150.00
1987	HIGH CREEK CROSSING-BISON	1000	165.00	1465.00
1987	MOON SHADOWS-CANADA GOOSE	1500	135.00	200.00
1987	NEW TERRITORY-GRIZZLY BEAR	1000	135.00	480.00
1987	TWILIGHT SNOW-BLUE JAY	950	85.00	725.00
1988	INTRUDER, THE	1500	150.00	175.00
1988	RAPTOR'S WATCH, THE-EAGLE	1500	150.00	1000.00
1988	RETURN OF THE FALCON	1500	150.00	500.00
1988	SNOW HUNTER-BOBCAT	1500	135.00	200.00
1988	UZUMATI: GREAT BEAR OF YOSEMITE	1750	150.00	250.00
1989	COLOR IN THE SNOW-PHEASANT	1500	165.00	575.00
1989	HIGH LIGHT	1250	165.00	700.00
1989	LAST LIGHT OF WINTER-CANADA GOOSE	1500	175.00	1550.00
1989	QUIET RAIN-CANADA GOOSE	1500	165.00	950.00
1990	A MOUNTAIN CAMPFIRE	1500	195.00	2650.00
1990	AMONG THE WILD BRAMBLES-KESTREL	1750	185.00	775.00

YR	NAME	LIMIT	ISSUE	TREND
1990	EVENING LIGHT	2500	225.00	3000.00
1990	SILENT SNOWS-WOLF	1750	210.00	450.00
1991	DANCE OF CLOUD AND CLIFF-LANDSCAPE	1500	225.00	550.00
1991	DANCE OF WATER AND LIGHT	3000	225.00	275.00
1991	EMBERS AT DAWN	3500	225.00	1900.00
1991	RIVER OF LIGHT	2950	225.00	230.00
1991	SECRET WATCH-LYNX	2250	150.00	175.00
1992	WARMED BY THE VIEW-CAMPFIRE	8500	235.00	725.00
1992	WILDERNESS WELCOME	8500	235.00	1150.00
1992	WILDFLOWER SUITE	2250	175.00	300.00
1992	WOODLAND HAVEN-ELK	2500	195.00	325.00
1993	FIRE DANCE-CAMPFIRE	8500	235.00	800.00
1993	RIPARIAN RICHES-G/B HERON	2500	235.00	270.00
1993	SPIRIT OF CHRISTMAS-SANTA	RT	165.00	550.00
1994	MOONFIRE	7500	245.00	1200.00
1994	MOONLIT FLIGHT, CHRISTMAS	2750	165.00	200.00
1994	NEW KID ON THE ROCK-OTTER	2250	185.00	275.00
1995	MIDNIGHT FIRE	8500	245.00	400.00
1995	THUNDERBOLT	7000	235.00	1050.00
F. MCCARTHY				**MCCARTHY**
1974	HUNT, THE	1000	75.00	440.00
1974	LONE SENTINEL	1000	55.00	1400.00
1974	LONG COLUMN	1000	75.00	500.00
1974	NIGHT THEY NEEDED A GOOD RIBBON MAN, THE	1000	65.00	200.00
1975	RETURNING RAIDERS	1000	75.00	400.00
1975	SMOKE WAS THEIR ALLY	1000	75.00	260.00
1975	SURVIVOR, THE	1000	65.00	200.00
1975	WAITING FOR THE ESCORT	1000	75.00	90.00
1976	HOSTILES, THE	1000	55.00	500.00
1976	PACKING IN	1000	65.00	700.00
1976	SIOUX WARRIORS	650	55.00	230.00
1976	WARRIOR, THE	650	55.00	225.00
1977	AN OLD TIME MOUNTAIN MAN	1000	65.00	200.00
1977	BEAVER MEN, THE	1000	75.00	440.00
1977	COMANCHE MOON	1000	75.00	210.00
1977	DISTANT THUNDER	1500	75.00	1050.00
1977	DUST STAINED POSSE	1000	75.00	1075.00
1977	ROBE SIGNAL	850	60.00	800.00
1978	AMBUSH, THE	1000	125.00	325.00
1978	BEFORE THE NORTHER	1000	90.00	500.00
1978	FORDING, THE	1000	75.00	175.00
1978	IN THE PASS	1500	90.00	275.00
1978	NIGHT CROSSING	1000	75.00	200.00
1978	SINGLE FILE	1000	75.00	900.00
1978	TO BATTLE	1000	75.00	400.00
1979	LONER, THE	1000	75.00	500.00
1979	ON THE WARPATH	1000	75.00	150.00
1979	PRAYER, THE	1500	90.00	425.00
1979	RETREAT TO HIGHER GROUND	2000	90.00	225.00
1980	A TIME OF DECISION	1150	125.00	275.00
1980	BEFORE THE CHARGE	1000	115.00	250.00
1980	BURNING THE WAY STATION	1000	125.00	300.00
1980	FORBIDDEN LAND	1000	125.00	210.00
1980	ROAR OF THE NORTHER	1000	90.00	200.00
1980	SNOW MOON	1000	115.00	225.00
1980	TROOPER, THE	1000	90.00	200.00
1981	COUP, THE	1000	125.00	525.00
1981	CROSSING THE DIVIDE/THE OLD WEST	1500	850.00	850.00
1981	HEADED NORTH	1000	150.00	325.00
1981	RACE WITH THE HOSTILES	1000	135.00	175.00
1981	SURROUNDED	1000	150.00	700.00
1981	UNDER HOSTILE FIRE	1000	150.00	175.00
1982	ALERT	1000	135.00	175.00
1982	APACHE SCOUT	1000	165.00	250.00
1982	ATTACK ON THE WAGON TRAIN	1400	150.00	250.00
1982	CHALLENGE, THE	1000	175.00	330.00
1982	WARRIORS, THE	1000	150.00	230.00
1983	BLACKFEET RAIDERS	1000	90.00	300.00
1983	IN THE LAND OF THE SPARROW HAWK PEOPLE	1000	165.00	165.00
1983	MOONLIT TRAIL	1000	90.00	275.00
1983	OUT OF THE MIST THEY CAME	1000	165.00	245.00
1983	UNDER ATTACK	5676	125.00	360.00
1984	AFTER THE DUST STORM	1000	145.00	160.00
1984	ALONG THE WEST FORK	1000	175.00	320.00
1984	DECOYS, THE	450	325.00	510.00
1984	SAVAGE TAUNT, THE	1000	225.00	330.00
1984	WATCHING THE WAGONS	1400	175.00	900.00
1984	WHIRLING HE RACED TO MEET THE CHALLENGE	1000	175.00	725.00
1985	CHARGING THE CHALLENGER	1000	150.00	330.00
1985	FIREBOAT, THE	1000	175.00	230.00
1985	LAST CROSSING, THE	550	350.00	400.00
1985	LONG KNIVES, THE	1000	175.00	625.00
1985	SCOUTING THE LONG KNIVES	1400	195.00	300.00
1985	TRADERS, THE	1000	195.00	325.00
1986	CHILDREN OF THE RAVEN	1000	185.00	1025.00
1986	COMANCHE WAR TRAIL	1000	165.00	165.00
1986	DRIVE, THE	1000	95.00	310.00
1986	RED BULL'S WAR PARTY	1000	165.00	175.00
1986	SPOOKED	1400	195.00	200.00

YR	NAME	LIMIT	ISSUE	TREND
1986	WHERE TRACKS WILL BE LOST	550	350.00	525.00
1987	CHIRICAHUA RAIDERS	1000	165.00	525.00
1987	FOLLOWING THE HERDS	1000	195.00	375.00
1987	FROM THE RIM	1000	225.00	280.00
1987	IN THE LAND OF THE WINTER HAWK	1000	225.00	300.00
1987	WHEN OMENS TURN BAD	1000	165.00	500.00
1988	APACHE TRACKERS	1000	95.00	100.00
1988	BUFFALO RUNNERS, THE	1000	195.00	250.00
1988	HOSTILE LAND, THE	1000	225.00	225.00
1988	IN PURSUIT OF THE WHITE BUFFALO	1500	225.00	450.00
1988	LAST STAND, THE: LITTLE BIG HORN	2250	225.00	225.00
1988	SABER CHARGE	2250	225.00	225.00
1988	TURNING THE LEADERS	1500	225.00	225.00
1989	BIG MEDICINE	1000	225.00	400.00
1989	CANYON LANDS	1250	225.00	225.00
1989	COMING OF THE IRON HORSE, THE	1500	225.00	400.00
1989	COMING OF/IRON HORSE, THE (PRINT/PEWTER)	100	1500.00	2000.00
1989	DOWN FROM THE MOUNTAINS	1500	245.00	240.00
1989	LOS DIABLOS	1250	225.00	225.00
1990	BELOW THE BREAKING DAWN	1250	225.00	225.00
1990	HOKA HEY: SIOUX WAR CRY	1250	225.00	225.00
1990	ON THE OLD NORTH TRAIL	650	550.00	2500.00
1990	OUT OF THE WINDSWEPT RAMPARTS	1250	225.00	225.00
1990	WINTER TRAIL	1500	235.00	235.00
1991	PONY EXPRESS	1000	225.00	225.00
1991	PURSUIT, THE	650	550.00	550.00
1991	WILD ONES, THE	1000	225.00	225.00
1993	SHADOWS OF THE WARRIORS	1000	225.00	225.00

F. MCCARTHY

WESTERN

YR	NAME	LIMIT	ISSUE	TREND
1991	CHASE, THE	1000	225.00	225.00
1992	BREAK'G THE MOONLIT SILENCE	650	375.00	375.00
1992	HEADING BACK	1000	225.00	225.00
1992	WHERE ANCIENT ONES HUNTED	1000	245.00	275.00
1993	BY ANCIENT TRAILS THEY PASS	1000	245.00	245.00
1993	WITH PISTOLS DRAWN	1000	195.00	200.00
1994	BENEATH THE CLIFF OF SPIRIT	1500	295.00	295.00
1994	FLASHES OF LIGHTNING	550	435.00	450.00
1995	CHARGE OF BUFFALO SOLDIERS	1000	195.00	250.00
1995	SPLITTING THE HERD	550	465.00	525.00

C. WYSOCKI

WYSOCKI

YR	NAME	LIMIT	ISSUE	TREND
1979	BUTTERNUT FARMS	1000	75.00	1400.00
1979	FAIRHAVEN BY THE SEA	1000	75.00	800.00
1979	FOX RUN	1000	75.00	1015.00
1979	SHALL WE?	1000	75.00	1300.00
1980	CALEB'S BUGGY BARN	1000	80.00	360.00
1980	DERBY SQUARE	1000	90.00	1150.00
1980	JOLLY HILL FARMS	1000	75.00	940.00
1981	CARVER COGGINS	1000	145.00	1250.00
1981	OLDE AMERICA	1500	125.00	575.00
1981	PAGE'S BAKE SHOPPE	1000	115.00	550.00
1981	PRAIRIE WIND FLOWERS	1000	125.00	1750.00
1982	CARNIVAL CAPERS	620	200.00	360.00
1982	CHRISTMAS PRINT, 1982	2000	80.00	850.00
1982	NANTUCKET, THE	1000	145.00	315.00
1982	SLEEPY TOWN WEST	1500	150.00	700.00
1982	SUNSET HILLS, TEXAS WILDCATTERS	1000	125.00	135.00
1983	AMISH NEIGHBORS	1000	150.00	1400.00
1983	APPLE BUTTER MAKERS	1000	135.00	1390.00
1983	COMMEMORATIVE PRINT	2000	55.00	100.00
1983	COUNTRY RACE	1000	150.00	400.00
1983	TEA BY THE SEA	1000	145.00	1150.00
1984	A WARM CHRISTMAS LOVE	3951	80.00	330.00
1984	BIRD HOUSE	1000	85.00	300.00
1984	CAPE COD COLD FISH PARTY	1000	150.00	150.00
1984	CHUMBUDDIES	1000	55.00	60.00
1984	COMMEMORATIVE PRINT	2000	55.00	65.00
1984	COTTON COUNTRY	1000	150.00	370.00
1984	FOXY FOX OUTFOXES THE FOX HUNTERS, THE	1500	150.00	350.00
1984	GANG'S ALL HERE, THE W/REM	250	90.00	175.00
1984	GANG'S ALL HERE, THE/TEDDY BEAR	OP	65.00	65.00
1984	STORIN' UP	450	325.00	725.00
1984	SWEETHEART CHESSMATE	1000	95.00	600.00
1984	YANKEE WINK HOLLOW	1000	95.00	1150.00
1985	BIRDS OF A FEATHER	1250	145.00	950.00
1985	CLAMMERS AT HODGE'S HORN	1000	150.00	1500.00
1985	COMMEMORATIVE PRINT	2000	55.00	60.00
1985	DEVILSTONE HARBOR/AN AMERICAN CELEB.	3500	195.00	330.00
1985	I LOVE AMERICA	2000	20.00	20.00
1985	MERRYMAKERS SERENADE	1250	125.00	125.00
1985	SALTY WITCH BAY	475	350.00	2800.00
1986	COMMEMORATIVE PRINT	2000	55.00	80.00
1986	DADDY'S COMING HOME	1250	150.00	950.00
1986	DANCING PHEASANT FARMS	1750	165.00	700.00
1986	DEVILBELLY BAY	1000	145.00	1025.00
1986	HICKORY HAVEN CANAL	1500	165.00	850.00
1986	LADY LIBERTY INDEPENDENCE DAY	1500	140.00	425.00
1986	MR. SWALLOBARK	2000	145.00	1750.00
1987	BACH'S MAGNIFICAT IN D MINOR	2250	150.00	900.00
1987	DAHALIA DINALHAVEN MAKES A DORY DEAL	2250	150.00	400.00

YR	NAME	LIMIT	ISSUE	TREND
1987	TWAS THE TWILIGHT BEFORE CHRISTMAS	7500	95.00	150.00
1987	YEARNING FOR MY CAPTAIN	2000	150.00	275.00
1987	YOU'VE BEEN SO LONG AT SEA, HORATIO	2500	150.00	250.00
1988	AMERICANA BOWL, THE	3500	295.00	360.00
1988	FEATHERED CRITICS	2500	150.00	150.00
1988	HOME IS MY SAILOR	2500	150.00	150.00
1989	ANOTHER YEAR AT SEA	2500	175.00	1150.00
1989	BOSTONIANS AND BEANS	6711	225.00	1000.00
1989	CHRISTMAS GREETING	11000	125.00	125.00
1989	DREAMERS	3000	175.00	550.00
1989	FUN LOVIN' SILLY FOLKS	3000	185.00	460.00
1989	MEMORY MAKER, THE	2500	165.00	180.00
1990	BELLY WARMERS	2500	150.00	200.00
1990	JINGLE BELL TEDDY AND FRIENDS	5000	125.00	160.00
1990	ROBIN HOOD	2000	165.00	165.00
1990	WEDNESDAY NIGHT CHECKERS	2500	175.00	250.00
1990	WHERE THE BUOYS ARE	2750	175.00	215.00
1991	BEAUTY AND THE BEAST	2000	125.00	125.00
1991	ROCKLAND BREAKWATER LIGHT	2500	165.00	500.00
1991	SEA CAPTAIN'S WIFE ABIDING	1500	150.00	225.00
1991	WEST QUODDY HEAD LIGHT	RT	165.00	235.00
1991	WHISTLE STOP CHRISTMAS	5000	125.00	125.00
1992	ETHEL THE GOURMET-CAT	10180	150.00	900.00
1992	FREDERICK THE LITERATE-CAT	6500	150.00	3000.00
1992	GAY HEAD LIGHT/LIGHTHOUSE	2500	165.00	165.00
1992	LOVE LETTER FROM LARAMIE	1500	150.00	150.00
1992	PROUD LITTLE ANGLER	2750	150.00	300.00
1993	THREE SISTERS OF NAUSET/LIGHTHOUSE	2500	165.00	170.00
1994	HOME SWEET HOME	*	25.00	25.00
1994	LOST IN THE WOODIES	*	195.00	440.00
1994	OLDE BUCKS COUNTY	*	250.00	850.00
1994	REMINGTON THE HORTICULTWIST	*	195.00	275.00
1995	MABEL THE STOWAWAY	*	175.00	325.00
1995	MABEL THE STOWAWAY/CANVAS	*	*	600.00
1995	MABEL THE STOWAWAY/FRAMED	*	*	1100.00
1995	ROOT BEAR BREAK/BUTTERFIELD	*	160.00	340.00
1995	SMALL TOWN CHRISTMAS	*	145.00	200.00

GUILDHALL INC.

W. BAIZE

YR	NAME	LIMIT	ISSUE	TREND
1988	BEST OF FRIENDS	575	85.00	175.00
1988	WINTER ARRIVAL	575	85.00	180.00

C. DEHAAN

YR	NAME	LIMIT	ISSUE	TREND
1975	THREE OF A KIND	1000	30.00	140.00
1979	FOGGY MORNIN' WAIT	650	75.00	2000.00
1980	CIRCLE, THE	1000	30.00	140.00
1980	TEXAS PANHANDLE	650	75.00	1250.00
1981	FORGIN' THE KEECHI	85	650.00	280.00
1981	MAC TAVISH	650	65.00	1125.00
1981	SURPRISE ENCOUNTER	750	85.00	140.00
1982	O' THAT STRAWBERRY ROAN	750	85.00	170.00
1983	CROSSIN' HORSE CREEK	650	100.00	530.00
1983	KEEP A MOVIN' DAN	750	85.00	130.00
1983	RIDIN' OL' PAINT	750	85.00	380.00
1983	TWO OLD RENEGADES	150	150.00	1600.00
1984	JAKE	650	100.00	330.00
1984	SPOOKED	650	95.00	1400.00
1985	HORSEMEN OF THE WEST (SUITE OF 3)	650	145.00	525.00
1985	KEECHI COUNTRY	750	100.00	130.00
1985	OKLAHOMA PAINTS	750	100.00	200.00
1985	UP THE CHISHOLM	750	85.00	100.00
1986	LONER, THE (W/BELT BUCKLE)	750	145.00	350.00
1986	MOON DANCERS	750	100.00	145.00
1986	MUSTANGERS, THE	750	100.00	300.00
1986	SEARCHERS, THE	650	100.00	240.00
1987	CROW CEREMONIAL DRESS	750	100.00	165.00
1987	MURPHY'S LAW	750	100.00	190.00
1987	SNOW BIRDS	750	100.00	245.00
1987	SUPREMACY	750	100.00	105.00
1987	WINTER SONGSINGER	750	95.00	300.00
1988	MORNIN' GATHER	750	100.00	300.00
1988	STAGE TO DEADWOOD	750	100.00	215.00
1988	WATER BREAKIN'	750	125.00	450.00
1989	CROWS	800	135.00	700.00
1989	KENTUCKY BLUE	750	125.00	600.00
1989	QUARTER HORSE, THE	800	125.00	130.00
1989	VILLAGE MARKERS	750	125.00	170.00
1990	CROW AUTUMN	925	135.00	135.00
1990	ESCAPE	925	135.00	135.00
1990	HIGH PLAINS DRIFTERS	925	140.00	150.00
1990	WAR CRY	750	125.00	135.00
1991	ENCOUNTER, THE	925	140.00	140.00
1991	PIPE CARRIER, THE	925	140.00	140.00
1991	PRIDEFUL ONES, THE	925	150.00	150.00
1991	SUNDANCE	925	140.00	140.00
1992	73 DEGREES IN AMARILLO...YESTERDAY	925	140.00	225.00
1992	CROSSING AT THE BIG TREES	925	140.00	140.00
1992	SILENT TRAIL TALK	925	140.00	140.00

YR	NAME	LIMIT	ISSUE	TREND
B. MOLINE				
1988	COMPANIONS	575	85.00	150.00
1988	PORTRAYING HIS HERITAGE	575	85.00	140.00

GUND INC.

YR	NAME	LIMIT	ISSUE	TREND
H.D. MICHAEL			**FLIGHTS OF FANTASY**	
1995	A NEW DAY	1500	89.00	89.00
1995	KAPUT!	1500	89.00	89.00
1995	TALLY HO!	1500	89.00	89.00

HADLEY COMPANIES

YR	NAME	LIMIT	ISSUE	TREND
A. AGNEW				
1995	BOY'S CLUB, THE	999	125.00	180.00
1995	CHILD'S PLAY	999	100.00	175.00
J. BANOVICH				
1995	FOLLOWING THE TRACKS	999	125.00	150.00
1995	PATRIARCH, THE	750	125.00	200.00
1995	RETURN, THE	999	125.00	150.00
D. BARNHOUSE				
1995	AMERICAN MADE	1250	125.00	400.00
1995	BRAGGING RIGHTS CANVAS	*	125.00	1000.00
1995	FRIDAY EVENING	999	100.00	150.00
1995	LAST CHORE OF THE DAY	1250	150.00	300.00
1995	PERFECT TREE, THE	1250	150.00	175.00
1995	SHOP TALK	SO	30.00	60.00
1995	SMALL TOWN SERVICE	1250	150.00	275.00
1995	WINTER CAN BE FUN	999	125.00	210.00
1996	TALES OF THE DAY	1500	150.00	225.00
B. BENGER				
1996	BEDTIME STORY, THE	999	125.00	180.00
D. BUSH				
1995	CRESCENT MOON BAY	999	125.00	400.00
1995	MOONDANCE	999	125.00	400.00
1995	WARMTH OF WINTER III	*	30.00	30.00
1995	WINTER TRACKS	999	100.00	125.00
1996	MOON SHADOWS	999	125.00	160.00
M. CAPSER				
1995	A MOMENT IN TIME	999	120.00	180.00
1995	ENCHANTED WATERS	999	100.00	175.00
1995	GRAPEVINE ESTATES	999	100.00	175.00
1995	MARINER'S POINT	999	100.00	180.00
1995	ON GENTLE WINDS	999	100.00	135.00
1995	SPRING CREEK FEVER	999	100.00	775.00
1995	WINTER HAVEN	999	100.00	150.00
1996	ACROSS THE CALM	999	100.00	150.00
L. DIDIER				
1995	EARLY SNOW	999	125.00	75.00
1995	ON SILENT WINGS	999	45.00	150.00
H. EDWARDS				
1995	A BREATH OF SPRING	*	30.00	30.00
1995	ART OF WINE, THE	750	40.00	40.00
1995	CIRCA 1850	*	60.00	60.00
1995	HOMESPUN	*	60.00	60.00
1995	SUMMER'S RETREAT	*	30.00	30.00
1995	YESTERYEAR	*	60.00	60.00
1996	HEART OF SPRING		30.00	30.00
O. FRANCA				
1990	WINDSONG	RT	100.00	185.00
1991	LOVERS, THE	RT	125.00	650.00
S. HAMRICK				
1995	A FRIEND IN THE FIELDS	999	75.00	110.00
1995	ALWAYS ALERT	999	75.00	300.00
1995	COOL WATER, WARM HEART	1500	75.00	275.00
1995	FIELD COMPANIONS: BLACK LAB	4000	35.00	35.00
1995	FIELD COMPANIONS: GOLDEN RETRIEVER	4000	35.00	35.00
1995	FIELD COMPANIONS: SPRINGER SPANIEL	4000	35.00	35.00
1995	FIELD COMPANIONS: YELLOW LAB	4000	35.00	35.00
1995	GETTING WARM	999	75.00	115.00
S. HANKS				
1995	A CAPTIVE AUDIENCE	1500	150.00	280.00
1995	COUNTRY COMFORT	999	100.00	460.00
1995	DRIP CASTLE	4000	30.00	150.00
1995	PACIFIC SANCTUARY	1500	150.00	300.00
1995	ROOM TO THINK	999	125.00	550.00
1995	SMALL MIRACLE	1500	125.00	160.00
1995	STANDING ON THEIR OWN TWO FEET	1500	150.00	400.00
1996	BIG SHOES TO FILL	1500	150.00	240.00
L. HARRISON				
1995	INTRIGUED	*	30.00	30.00
1995	MAKING WAVES	999	75.00	130.00
1995	RURAL ROUTE #2	*	30.00	30.00
1995	SEA SPIRIT	999	125.00	140.00
1995	WINTER NAP	999	100.00	135.00
G. HOFF				
1995	GOLDEN TREASURES	999	100.00	180.00

YR	NAME	LIMIT	ISSUE	TREND
N. HOWE				
1995	CYGNATURE	750	125.00	130.00
1995	LITTLE MELODY POSTER	*	30.00	30.00
1995	SUN DANCE	750	100.00	90.00
L. KAATZ				
1995	LEFT BEHIND	SO	30.00	30.00
T. LIESS				
1995	WINTER SILENCE	*	30.00	30.00
T. MANGELSON				
1996	BAD BOYS OF THE ARCTIC POSTER	SO	25.00	25.00
1996	CATCH OF THE DAY POSTER	*	25.00	25.00
B. MOON				
1995	SIGNING OF THE PEACE TREATY	*	30.00	30.00
D. PLASSCHAERT				
1995	OUR LEGACY	999	75.00	95.00
T. REDLIN				
1977	APPLE RIVER MALLARDS	RT	100.00	700.00
1977	OVER THE BLOWDOWN	RT	20.00	700.00
1977	WINTER SNOWS	RT	20.00	90.00
1978	BACK FROM THE FIELDS	720	40.00	400.00
1978	BACKWATER MALLARDS	720	40.00	1200.00
1978	OLD LOGGERS TRAIL	720	40.00	950.00
1978	OVER THE RUSHES	720	40.00	425.00
1978	QUIET AFTERNOON	720	40.00	975.00
1978	STARTLED	720	30.00	1100.00
1979	AGING SHORELINE	960	40.00	400.00
1979	COLORFUL TRIO	960	40.00	450.00
1979	FIGHTING A HEADWIND	960	30.00	400.00
1979	LONER, THE	960	40.00	375.00
1979	MORNING CHORES	960	40.00	1425.00
1979	WHITECAPS	960	40.00	475.00
1980	AUTUMN RUN	960	60.00	500.00
1980	BREAKING AWAY	960	60.00	400.00
1980	CLEARING THE RAIL	960	60.00	750.00
1980	COUNTRY ROAD	960	60.00	700.00
1980	DRIFTING	960	60.00	350.00
1980	HOMESTEAD, THE	960	60.00	600.00
1980	INTRUDERS	960	60.00	400.00
1980	NIGHT WATCH	2400	60.00	1100.00
1980	RUSTY REFUGE	960	60.00	525.00
1980	SECLUDED POND	960	60.00	325.00
1980	SILENT SUNSET	960	60.00	750.00
1980	SPRING THAW	960	60.00	560.00
1980	SQUALL LINE	960	60.00	300.00
1981	1981 MINNESOTA DUCK STAMP	7800	125.00	185.00
1981	ALL CLEAR	960	150.00	450.00
1981	APRIL SNOW	960	100.00	975.00
1981	BROKEN COVEY	960	100.00	700.00
1981	HIGH COUNTRY	960	100.00	550.00
1981	HIGHTAILING	960	75.00	330.00
1981	LANDMARK, THE	960	100.00	475.00
1981	MORNING RETREAT	240	400.00	2300.00
1981	PASSING THROUGH	960	100.00	400.00
1981	RUSTY REFUGE II	960	100.00	600.00
1981	SHARING THE BOUNTY	960	100.00	2300.00
1981	SOFT SHADOWS	960	100.00	450.00
1981	SPRING RUN-OFF	1700	100.00	550.00
1982	1982 MINNESOTA TROUT STAMP	960	125.00	650.00
1982	BIRCH LINE, THE	960	100.00	1150.00
1982	EVENING RETREAT A/P	300	400.00	2400.00
1982	LANDING, THE	RT	30.00	400.00
1982	OCTOBER EVENING	960	100.00	950.00
1982	REFLECTIONS	960	100.00	700.00
1982	SEED HUNTERS	960	100.00	880.00
1982	SPRING MAPLING	960	100.00	1000.00
1982	WHITEWATER	960	100.00	1250.00
1982	WINTER HAVEN	500	85.00	625.00
1983	1983 NORTH DAKOTA DUCK STAMP	3438	135.00	190.00
1983	AUTUMN SHORELINE	RT	50.00	350.00
1983	BACKWOODS CABIN	960	100.00	1150.00
1983	EVENING GLOW	960	150.00	1850.00
1983	EVENING SURPRISE	960	150.00	2100.00
1983	HIDDEN POINT	960	150.00	1000.00
1983	ON THE ALERT	960	125.00	750.00
1983	PEACEFUL EVENING	960	100.00	1050.00
1983	PRAIRIE SPRINGS	960	150.00	550.00
1983	RUSHING RAPIDS	960	125.00	850.00
1984	1984 QUAIL CONSERVATION	1500	135.00	135.00
1984	BLUEBILL POINT A/P	240	300.00	700.00
1984	CHANGING SEASONS-SUMMER	960	150.00	2400.00
1984	CLOSED FOR THE SEASON	960	150.00	500.00
1984	LEAVING THE SANCTUARY	960	150.00	1200.00
1984	MORNING GLOW	960	150.00	1350.00
1984	NIGHT HARVEST	960	150.00	2000.00
1984	NIGHTFLIGHT	360	600.00	1700.00
1984	PRAIRIE SKYLINE	960	150.00	3000.00
1984	RURAL ROUTE	960	150.00	600.00
1984	RUSTY REFUGE III	960	150.00	950.00

YR	NAME	LIMIT	ISSUE	TREND
1984	SILENT WINGS SUITE (SET OF 4)	960	200.00	1050.00
1984	SUNDOWN	960	300.00	1100.00
1984	SUNNY AFTERNOON	960	150.00	850.00
1984	WINTER WINDBREAK	960	150.00	1300.00
1985	1985 MINNESOTA DUCK STAMP	4385	135.00	175.00
1985	AFTERNOON GLOW	960	150.00	1450.00
1985	BREAKING COVER	960	150.00	650.00
1985	BROWSING	960	150.00	725.00
1985	CLEAR VIEW	1500	300.00	2000.00
1985	DELAYED DEPARTURE	1500	150.00	1150.00
1985	EVENING COMPANY	960	150.00	1150.00
1985	NIGHT LIGHT	1500	300.00	1550.00
1985	RIVERSIDE POND	960	150.00	1100.00
1985	RUSTY REFUGE IV	960	150.00	500.00
1985	SHARING SEASON, THE	RT	60.00	380.00
1985	WHISTLE STOP	960	150.00	1100.00
1986	BACK TO THE SANCTUARY	960	150.00	600.00
1986	CHANGING SEASONS-AUTUMN	960	150.00	500.00
1986	CHANGING SEASONS-WINTER	960	200.00	1400.00
1986	COMING HOME	2400	100.00	1100.00
1986	HAZY AFTERNOON	2560	200.00	1350.00
1986	NIGHT MAPLING	2560	200.00	1700.00
1986	PRAIRIE MONUMENTS	2560	200.00	1450.00
1986	SHARING SEASON II, THE	RT	60.00	225.00
1986	SILENT FLIGHT	960	150.00	400.00
1986	STORMY WEATHER	1500	200.00	1050.00
1986	SUNLIT TRAIL	960	150.00	550.00
1986	TWILIGHT GLOW	960	200.00	1600.00
1987	AUTUMN AFTERNOON	4800	100.00	875.00
1987	CHANGING SEASONS-SPRING	960	200.00	650.00
1987	DEER CROSSING	2400	200.00	990.00
1987	EVENING CHORES (PRINT/BOOK)	2400	400.00	1000.00
1987	EVENING HARVEST	960	200.00	2000.00
1987	GOLDEN RETREAT	500	800.00	2000.00
1987	PREPARED FOR THE SEASON	RT	70.00	175.00
1987	SHARING THE SOLITUDE	2400	125.00	1000.00
1987	THAT SPECIAL TIME	2400	125.00	1150.00
1987	TOGETHER FOR THE SEASON	CL	70.00	120.00
1988	BOULDER RIDGE	4800	150.00	250.00
1988	CATCHING THE SCENT	2400	200.00	200.00
1988	COUNTRY NEIGHBORS	4800	150.00	515.00
1988	HOUSE CALL	6800	175.00	1200.00
1988	LIGHTS OF HOME	9500	125.00	1000.00
1988	MASTER'S DOMAIN, THE	2400	225.00	1300.00
1988	MOONLIGHT RETREAT	530	1000.00	1000.00
1988	PRAIRIE MORNING	4800	150.00	550.00
1988	QUIET OF THE EVENING	4800	150.00	1375.00
1988	WEDNESDAY AFTERNOON	6800	175.00	1100.00
1989	AROMA OF FALL	6800	200.00	1600.00
1989	HOMEWARD BOUND	RT	80.00	275.00
1989	INDIAN SUMMER	4800	200.00	900.00
1989	MORNING ROUNDS	6800	175.00	600.00
1989	OFFICE HOURS	6800	175.00	1200.00
1989	SPECIAL MEMORIES	570	1000.00	1150.00
1990	BEST FRIENDS	570	1000.00	1400.00
1990	EVENING SOLITUDE	RT	200.00	875.00
1990	EVENING WITH FRIENDS	19500	225.00	1650.00
1990	FAMILY TRADITIONS	RT	80.00	135.00
1990	HEADING HOME	CL	80.00	525.00
1990	MASTER OF THE VALLEY	RT	200.00	315.00
1990	PURE CONTENTMENT	9500	150.00	750.00
1990	WELCOME TO PARADISE	14500	150.00	1100.00
1991	COMFORTS OF HOME, THE	22900	175.00	560.00
1991	FLYING FREE	14500	200.00	315.00
1991	HUNTER'S HAVEN	*	1000.00	850.00
1991	MORNING SOLITUDE	12107	250.00	600.00
1991	PLEASURES OF WINTER, THE	SO	150.00	325.00
1992	SUMMERTIME	24900	225.00	300.00
1995	FROM SEA TO SHINING SEA	29500	250.00	350.00
1995	HARVEST MOON BALL	9500	275.00	690.00
1995	NIGHT ON THE TOWN	29500	150.00	350.00
1995	TOTAL COMFORT	9500	275.00	350.00
1996	EVENING REHEARSALS	9500	275.00	350.00

J. VAN ZYLE

YR	NAME	LIMIT	ISSUE	TREND
1995	CAT PUCCINO	1250	50.00	50.00
1995	LAST NIGHT, LONG NIGHT	580	125.00	125.00
1995	SUSHI BAR	999	100.00	100.00
1996	CATCH ME IF YOU CAN	580	125.00	125.00

O. WIEGHORST

YR	NAME	LIMIT	ISSUE	TREND
*	BEEF HERD	*	500.00	550.00
*	HIS SPOTTED PONY	*	500.00	500.00
*	LONESOME TRAIL W/ COMPANION PRINT	*	500.00	525.00
*	NOMADS OF THE PLAINS	*	500.00	525.00
1973	CORRALLING THE CAVEY	1000	200.00	325.00
1974	BUFFALO SCOUT	1000	150.00	950.00
1974	CALIFORNIA WRANGLER	1000	150.00	400.00
1974	MISSING IN THE ROUNDUP	1000	100.00	375.00
1974	NAVAJO PORTRAIT	1000	75.00	300.00

YR	NAME	LIMIT	ISSUE	TREND
1974	PACKING IN	1000	150.00	330.00
1977	BOYS IN THE BUNKHOUSE	1000	150.00	475.00

HAROLD RIGSBY

H. RIGSBY — RIGSBY

YR	NAME	LIMIT	ISSUE	TREND
1978	AFRICAN LION I	500	20.00	200.00
1978	CHEETAH	500	20.00	250.00
1978	RACCOON	500	15.00	30.00
1978	SIBERIAN TIGER	500	20.00	400.00
1979	BOBCAT	500	15.00	100.00
1979	SNOW LEOPARD	500	25.00	200.00
1979	SNOW TIGER	500	25.00	250.00
1979	TIGER CUB	500	20.00	400.00
1980	AFRICAN LION II	200	50.00	250.00
1980	BENGAL TIGER II	200	50.00	90.00
1980	GIRAFFE	500	25.00	250.00
1980	KOALA	500	25.00	100.00
1980	RED FOX I	950	30.00	200.00
1980	RED FOX II	950	30.00	225.00
1980	WHITE TIGER CUB	500	20.00	400.00
1981	AFRICAN LION CUB	950	30.00	100.00
1981	COTTONTAIL RABBIT	950	15.00	75.00
1981	GREAT HORNED OWL	SO	20.00	50.00
1981	ZEBRA FOAL	500	50.00	400.00
1982	COUGAR	500	50.00	450.00
1982	GREY SQUIRREL	950	15.00	75.00
1982	TIGER IV	950	20.00	100.00
1983	BABY HARP SEAL	950	25.00	300.00
1983	BALD EAGLE	950	15.00	100.00
1983	BENGAL TIGER CUB	500	50.00	50.00
1983	PANDA	950	35.00	90.00
1983	WHITE BENGAL TIGER	950	20.00	100.00
1984	BENGAL TIGER V	975	40.00	275.00
1984	RACCOON II	SO	25.00	50.00
1984	WHITETAIL DEER BUCK	SO	35.00	100.00
1985	BLACK LEOPARD	975	50.00	400.00
1985	GRAY WOLF	975	35.00	35.00
1985	KOALA II	SO	40.00	100.00
1986	WHITE BENGAL TIGER II	SO	50.00	150.00
1987	SNOW LEOPARD CUB	SO	40.00	200.00
1988	RED PANDA	SO	40.00	200.00
1988	SIBERIAN TIGER CUB	SO	50.00	300.00
1988	TUNDRA WOLF	SO	50.00	200.00
1989	BENGAL TIGER IV	SO	50.00	300.00

HELEN PAUL WATERCOLORS

H. PAUL

YR	NAME	LIMIT	ISSUE	TREND
1995	GREEN PLANTER BOX	350	55.00	55.00
1995	SPECIAL OCCASION	350	50.00	50.00
1995	SUNFLOWER PATCH	350	75.00	75.00
1996	CORNER OF THE GARDEN	350	75.00	75.00
1996	SUNFLOWER BASKET	350	75.00	75.00

HENNING PUBLISHING

R. HENNING

YR	NAME	LIMIT	ISSUE	TREND
1993	...AND BABY MAKES FOUR	300	25.00	25.00
1993	A FAMILY AFFAIR	600	80.00	80.00
1993	LION AND THE LAMB	200	80.00	80.00
1995	BIG OLD JO	300	25.00	25.00
1995	PATH TO GRANDMA'S, THE	450	60.00	60.00
1996	DASHING THRU THE SNOW	950	100.00	100.00
1996	FIRST RECITAL	600	70.00	70.00
1996	LION AND THE LAMB (SHOWCASE)	200	60.00	60.00

R. HENNING — WINTER WORK HORSE

YR	NAME	LIMIT	ISSUE	TREND
1993	HOME...AT LAST	350	80.00	175.00
1993	HOME...AT LAST (SHOWCASE)	SO	60.00	100.00
1993	STORM, THE	SO	75.00	160.00
1993	STORM, THE (SHOWCASE)	200	60.00	10.00
1994	HOMEWARD BOUND	350	80.00	80.00
1994	HOMEWARD BOUND (SHOWCASE)	200	60.00	60.00
1995	LIGHTS OF HOME, THE	350	80.00	80.00
1995	LIGHTS OF HOME, THE (SHOWCASE)	200	60.00	60.00

HISTORICAL ART PRINTS LTD.

D. TROIANI

YR	NAME	LIMIT	ISSUE	TREND
1982	CONFEDERATE STANDARD BEARER	600	75.00	2300.00
1982	CPL. WHEAT'S FIRST SPEC. BAT.	600	40.00	330.00
1983	BEFORE THE STORM (T.J. JACKSON)	600	75.00	2300.00
1983	FORWARD THE COLORS	750	85.00	1000.00
1983	UNION STANDARD BEARER	600	75.00	700.00
1984	CONFEDERATE DRUMMER	625	75.00	900.00
1984	J.E.B. STUART	850	95.00	775.00
1984	LEE'S TEXANS	950	95.00	1900.00
1984	UNION DRUMMER	625	75.00	600.00
1985	FIGHT FOR THE COLORS, THE	950	95.00	1300.00
1985	GRAY WALL, THE	950	95.00	775.00
1985	REBEL YELL	950	95.00	900.00
1985	SOUTHERN STEEL (N.B. FOREST)	950	95.00	2000.00
1986	BRONZE GUNS & IRON MEN	950	95.00	1100.00
1986	LAST ROUNDS, THE	950	95.00	620.00

YR	NAME	LIMIT	ISSUE	TREND
1986	MEN MUST SEE US TODAY, THE			
1986	OLD JACK	950	95.00	1050.00
1987	114TH PA/COLLIS ZOUAVES	950	95.00	620.00
1987	2ND MD INFANTRY	750	65.00	350.00
1987	8TH TEXAS CAVALRY	750	65.00	380.00
1987	CLEAR THE WAY	750	65.00	425.00
1987	CO.D 2ND U.S. SHARP SHOOTER	950	125.00	2600.00
1987	GIVE THEM COLD STEEL...	750	65.00	400.00
1987	STARS & BARS	950	95.00	2250.00
1988	BAYONET	950	125.00	1300.00
1988	BOY COLONEL, THE	1000	100.00	1100.00
1988	EAGLE OF THE 8TH	1000	125.00	550.00
1988	GENERAL ROBERT E. LEE	1000	125.00	450.00
1988	LAST SALUTE, THE	950	125.00	450.00
1988	SAVING THE FLAG	1000	125.00	1400.00
1989	12TH VIRGINIA CAVALRY, 1864	1000	125.00	1150.00
1989	2ND U.S. CAVALRY, 1861	750	75.00	250.00
1989	EMBLEMS OF VALOR	750	75.00	200.00
1989	FORLORN HOPE, THE	1000	125.00	625.00
1989	THUNDER ON LITTLE KENNESAW	1000	150.00	550.00
1989	UNITED STATES MARINES 1861-1865	1000	150.00	950.00
1990	BONNIE BLUE FLAG, THE	750	65.00	600.00
1990	CHARGE	1000	150.00	420.00
1990	GRAY COMANCHES, THE	1000	200.00	400.00
1990	OPDYCKE'S TIGERS	1000	175.00	775.00
1991	1ST S.C. RIFLES, 1861	1000	200.00	500.00
1991	DIEHARDS, THE	950	75.00	200.00
1991	MEN OF ARKANSAS	1000	200.00	675.00
1991	RED DEVILS, THE	1000	200.00	450.00
1991	WASHINGTON ARTILLERY OF NEW ORLEANS	1000	200.00	700.00
1992	RANGER MOSBY	950	75.00	325.00
1992	RETREAT BY RECOIL	1000	250.00	445.00
1992	UNTIL SUNDOWN	1000	250.00	560.00
		1000	200.00	750.00

IMPERIAL GRAPHICS LTD.

L. LIU

YR	NAME	LIMIT	ISSUE	TREND
*	OLD STONE HOUSE	SO	50.00	80.00
*	PANSIES W/BLUE STARDRIFT	SO	25.00	50.00
*	ROSE FAIRIES	SO	80.00	240.00
*	VIOLET CROWNED HUMMINGBIRD W/MORNING GLORIES	SO	30.00	65.00
1995	BURGUNDY IRISES W/FOXGLOVES	5500	60.00	100.00
1995	BUTTERFLY GARDEN I	5500	50.00	90.00
1995	BUTTERFLY GARDEN II	5500	50.00	90.00
1995	MAGNOLIAS & DAY LILIES	5500	80.00	150.00
1995	MAGNOLIAS & HYDRANGEAS	5500	80.00	150.00
1995	PURPLE IRISES W/FOXGLOVES	5500	60.00	90.00
1995	RUBY THROATED HUMMINGBIRD W/HIBISCUS	5800	40.00	50.00
1995	WHITE EARED HUMMINGBIRD W/HYDRANGEA	5800	40.00	75.00
1995	WREATH OF LILIES	5800	55.00	95.00
1995	WREATH OF PANSIES	5500	55.00	95.00
1996	MESSENGERS OF LOVE	5500	60.00	75.00
1996	PROTECTORS OF PEACE	5500	60.00	75.00

L. LIU — CANVAS EDITION

YR	NAME	LIMIT	ISSUE	TREND
1993	BASKET OF MAGNOLIAS	SO	195.00	195.00
1994	MERMAID CALLAS	SO	295.00	550.00
1995	LILAC BREEZES	300	295.00	295.00
1995	MAGNOLIA PATH	300	395.00	395.00
1995	NATURE'S RETREAT	300	395.00	650.00
1995	SPRING GARDEN	300	395.00	460.00
1995	SWEET BOUNTY	300	295.00	400.00
1996	ANGEL W/HARP	300	145.00	275.00
1996	ANGEL W/TRUMPET	300	145.00	145.00
1996	GUARDIAN ANGEL	300	395.00	395.00

L. LIU — CELESTIAL SYMPHONY - CANVAS EDITION

YR	NAME	LIMIT	ISSUE	TREND
1995	FLUTE INTERLUDE	300	145.00	70.00
1995	FRENCH HORN MELODY	300	145.00	70.00
1995	PIANO SONATA	300	145.00	70.00
1995	VIOLIN CONCERTO	300	145.00	75.00

L. LIU — CELESTIAL SYMPHONY - PAPER EDITION

YR	NAME	LIMIT	ISSUE	TREND
1995	FLUTE INTERLUDE	5500	40.00	75.00
1995	FRENCH HORN MELODY	5500	40.00	75.00
1995	PIANO SONATA	5500	40.00	75.00
1995	VIOLIN CONCERTO	5500	40.00	75.00

L. LIU — LENA Y. LIU LIMITED EDITION IMAGES

YR	NAME	LIMIT	ISSUE	TREND
*	BASKET OF PANSIES	2500	40.00	100.00
*	FLORAL SYMPHONY	1950	95.00	100.00
*	HUMMINGBIRDS & IRIS	1950	40.00	50.00
*	IRIS GARDEN	1950	45.00	200.00
*	MIXED IRISES I	2500	50.00	200.00
*	MIXED IRISES II	2500	50.00	200.00
*	MOONLIGHT SPLENDOR	1950	60.00	75.00
*	MORNING GLORIES & HUMMER	1950	45.00	55.00
*	MORNING ROOM, THE	2500	95.00	385.00
*	ORIENTAL SCREEN	2500	95.00	375.00
*	PARENTHOOD	1950	45.00	100.00
*	PEONIES & AZALEAS	1950	35.00	70.00
*	PEONIES & FORSYTHIA	1950	35.00	70.00
*	PEONIES & WATERFALL	1950	65.00	100.00
*	ROMANTIC ABUNDANCE	1950	95.00	200.00

YR	NAME	LIMIT	ISSUE	TREND
*	SOLITUDE	1950	60.00	225.00
*	SPRING DUET	1950	60.00	150.00
*	TWO WHITE IRISES	2500	40.00	75.00
1988	CHICKADEES	950	35.00	50.00
1989	SWANS & CALLAS	1950	65.00	100.00
1989	WATERFALL W/BLOSSOMS	1950	65.00	225.00

L. LIU

MUSIC ROOM IV - CANVAS EDITION

YR	NAME	LIMIT	ISSUE	TREND
1995	SWAN MELODY	300	425.00	425.00

L. LIU

MUSIC ROOM IV - PAPER EDITION

YR	NAME	LIMIT	ISSUE	TREND
1995	SWAN MELODY	6500	150.00	150.00

L. LIU

PAPER EDITION

YR	NAME	LIMIT	ISSUE	TREND
1990	POTTED BEAUTIES	SO	105.00	175.00
1991	GARDEN PEONIES	SO	60.00	100.00
1991	WILDFLOWERS WITH SINGLE BUTTERFLY	SO	50.00	90.00
1994	SWEET DELIGHT	SO	50.00	75.00
1995	LILAC BREEZES	5500	80.00	110.00
1995	MAGNOLIA PATH	5500	135.00	225.00
1995	NATURE'S RETREAT	5500	145.00	200.00
1995	SPRING GARDEN	5500	125.00	175.00
1995	SWEET BOUNTY	5500	80.00	135.00
1996	ANGEL W/HARP	5500	40.00	40.00
1996	ANGEL W/TRUMPET	5500	40.00	40.00
1996	GUARDIAN ANGEL	5500	125.00	250.00

J.S. PERRY ORIGINALS

J.S. PERRY

YR	NAME	LIMIT	ISSUE	TREND
1984	MIDWESTERN SKY	*	38.00	48.00
1984	PUSSYWILLOWS	800	38.00	72.00
1985	CALL OF THE WILD	800	95.00	220.00
1985	FRIENDS IN HIGH PLACES	800	95.00	165.00
1985	HOMEWARD BOUND	*	38.00	48.00
1985	THREE SCOOPS	800	48.00	72.00
1985	WAFTING AWAY	*	65.00	65.00
1986	HOME SWEET HOME	800	48.00	96.00
1986	SUMMER TALES	800	48.00	72.00
1987	BACKYARD JUNGLE GYM, THE	800	48.00	96.00
1987	BOXING MATCH, THE	800	65.00	100.00
1987	PEEKABOO	800	65.00	130.00
1988	A WALK ON THE WILD SIDE	*	65.00	98.00
1988	HOT PINK BIKINI, THE	800	35.00	70.00
1988	KATMANDU	*	45.00	45.00
1988	LOVE AT FIRST WHIFF	*	48.00	48.00
1988	PICK OF THE LITTER	*	35.00	53.00
1988	PUSS	*	35.00	35.00
1989	SUNBATHERS, THE	375	395.00	395.00
1990	GIRL'S NIGHT OUT	800	48.00	96.00
1990	QUE PASTA?	*	35.00	53.00
1990	STOWAWAYS	*	48.00	72.00
1991	NIGHT GAMES	*	110.00	110.00
1991	PEEPING TOMS	*	48.00	48.00
1992	HAPPY HOUR	*	125.00	125.00
1992	SHOPPING SPREE	*	56.00	56.00
1992	SIMPLE PLEASURES	*	35.00	35.00
1992	WELCOME HOME	*	56.00	56.00
1993	POSITIVELY CATTAILS	*	125.00	125.00
1993	SNUGGLERS	*	125.00	125.00

J.S. PERRY

PUSSONALITIES

YR	NAME	LIMIT	ISSUE	TREND
1984	MEW'S MIX	SO	38.00	750.00
1984	STILL LIFE WITH CUPCATS	800	38.00	500.00
1985	CATTAILS	SO	38.00	750.00
1985	CITY KITTY	CL	23.00	100.00
1985	PAPA WAS A ROLLING STONE	800	38.00	96.00
1985	PURPLE CHESHIRE	CL	23.00	100.00
1987	YOGA YOU CAN DO AT HOME	SO	35.00	210.00
1990	OFFICIAL FELINERS TEAM PORTRAIT,THE	800	48.00	72.00
1990	OFFICIAL FELINERS TEAM PORTRAIT,THE- AP	80	48.00	48.00
1992	HEY, KID!	800	65.00	98.00
1992	HEY, KID! AP	80	65.00	65.00
1993	STILL LIFE WITH CUPCATS	800	38.00	500.00
1994	STAR BRIGHT	800	35.00	53.00
1994	STAR BRIGHT AP	80	35.00	35.00
1996	ASPARAGUS TIPSY!	800	35.00	35.00
1996	ASPARAGUS TIPSY! AP	80	105.00	105.00
1996	FORE?	800	35.00	35.00
1996	FORE? AP	80	105.00	105.00
1996	GILDA LOVES GARLIC!	800	56.00	56.00
1996	GILDA LOVES GARLIC! AP	80	168.00	168.00
1996	HIGHLAND FLING	800	35.00	35.00
1996	HIGHLAND FLING AP	80	105.00	105.00
1996	POWDER PUFFS	800	65.00	65.00
1996	POWDER PUFFS AP	80	195.00	195.00
1996	RAINY DAY	800	65.00	65.00
1996	RAINY DAY AP	80	195.00	195.00
1999	EXTENDED FAMILY	400	270.00	270.00
1999	WELCOMING COMMITTEE, THE	400	270.00	270.00

YR	NAME	LIMIT	ISSUE	TREND
	JACK TERRY FINE ART			
	J. TERRY		**FRAMED CANVAS EDITION**	
*	APRIL IN OLD ASPEN	200	550.00	550.00
*	BUSY TIMES	250	185.00	185.00
*	CHAPEL STREET	200	630.00	630.00
*	EARLY SNOW	200	550.00	550.00
*	END OF A LONG DAY	250	630.00	630.00
*	FRENCH REFLECTIONS/PALETTE OF PARIS	750	475.00	475.00
*	GUARDING THE GOLD	500	630.00	630.00
*	HER FAVORITE THINGS	750	775.00	775.00
*	HIGH COUNTRY COWBOYS	250	630.00	630.00
*	MORNING IN NEW MEXICO	500	630.00	630.00
*	OUTFITTER'S HIDEAWAY	200	550.00	550.00
*	REMEMBERING SUNDAY	200	550.00	550.00
*	RIDERS OF MYSTIC CANYON	500	630.00	630.00
*	RIDIN' THE ROCKIES	250	185.00	185.00
*	ROCKY CREEK COLTS	250	630.00	630.00
*	TRAILDUST AND RAINDROPS	250	350.00	350.00
*	WHEN DENVER RODE THE RAILS	200	550.00	550.00
*	WHITEWATER CROSSING	200	550.00	550.00
*	WOODLANDS, THE	250	630.00	630.00
1990	HOME FROM THE FAIR	500	530.00	530.00
1991	AFTER THE CENTENNIAL PARADE	750	630.00	630.00
1991	IF IT WEREN'T FOR BAD LUCK	SO	595.00	700.00
1991	PAY'S THE SAME, RAIN OR SHINE	SO	595.00	700.00
1991	SLOW AND EASY	SO	595.00	1600.00
1991	TOO COLD TO SIT AND WAIT	SO	595.00	620.00
1992	BIG NIGHT IN A SMALL TOWN	750	630.00	630.00
1992	LADY IN RED	750	430.00	450.00
1993	CHASE, THE	SO	295.00	550.00
1993	CROSSING THE NUECES	SO	295.00	620.00
1993	FAITHFUL EVENING	250	630.00	675.00
1994	A SEASON TO REMEMBER	500	630.00	400.00
1994	CLEARWATER CROSSING	500	615.00	600.00
1994	HEADING HOME	750	630.00	675.00
1995	A COWBOY'S TIME TO REFLECT	750	350.00	380.00
1995	BAGGAGE, BULLION, AND BRAVE MEN	750	630.00	630.00
1995	FAST AND FURIOUS	750	350.00	300.00
1995	MISERY LOVES COMPANY	750	630.00	625.00
1995	MORNING ON THE MERCED	750	630.00	630.00
1995	PADRE'S GARDEN, THE	750	350.00	350.00
1995	RUSTLING MUSTANGS	750	630.00	630.00
1995	SAN FRANCISCO--THE 1880S	750	630.00	630.00
1995	SEASONS OF CHANGE	750	350.00	350.00
1995	SLEIGHBELLS AND MOONLIGHT	750	515.00	515.00
1995	SOUTHERN CHARM	750	630.00	630.00
1995	WHISPER VALLEY ROUNDUP	750	775.00	775.00
	J. TERRY		**PAPER EDITION**	
*	END OF A LONG DAY	500	150.00	150.00
*	HIGH COUNTRY COWBOYS	500	150.00	150.00
*	TRAILDUST AND RAINDROPS	500	75.00	75.00
*	WOODLANDS, THE	250	150.00	150.00
1990	HOME FROM THE FAIR POSTER	*	35.00	35.00
1991	AFTER THE CENTENNIAL PARADE	SO	150.00	200.00
1991	FRENCH REVOLUTION/PALETTE OF PARIS	750	125.00	200.00
1991	IF IT WEREN'T FOR BAD LUCK	SO	150.00	1000.00
1991	PAY'S THE SAME, RAIN OR SHINE	*	150.00	225.00
1991	SLOW AND EASY	SO	150.00	585.00
1991	TOO COLD TO SIT AND WAIT	SO	150.00	475.00
1992	BIG NIGHT IN A SMALL TOWN	750	150.00	150.00
1992	LADY IN RED	500	125.00	400.00
1993	CHASE, THE	SO	65.00	300.00
1993	CROSSING THE NUECES	SO	65.00	500.00
1993	FAITHFUL EVENING	750	150.00	220.00
1994	A SEASON TO REMEMBER	500	150.00	200.00
1994	CLEARWATER CROSSING	SO	150.00	400.00
1994	HEADING HOME	500	150.00	375.00
1995	A COWBOY'S TIME TO REFLECT	250	75.00	385.00
1995	BAGGAGE, BULLION, AND BRAVE MEN	250	150.00	200.00
1995	FAST AND FURIOUS	SO	75.00	135.00
1995	MISERY LOVES COMPANY	250	150.00	200.00
1995	MORNING ON THE MERCED	250	150.00	200.00
1995	PADRE'S GARDEN, THE	250	75.00	150.00
1995	RUSTLING MUSTANGS	*	150.00	150.00
1995	SAN FRANCISCO--THE 1880S	250	150.00	185.00
1995	SEASONS OF CHANGE	250	75.00	1500.00
1995	SLEIGHBELLS AND MOONLIGHT	250	150.00	200.00
1995	SOUTHERN CHARM	250	150.00	180.00
1995	WHISPER VALLEY ROUNDUP	250	200.00	250.00
1999	BUSY TIMES	250	35.00	35.00
1999	CELEBRATE LIFE	500	150.00	150.00
1999	CHAPEL STREET	500	150.00	150.00
1999	GUARDING THE GOLD	500	150.00	150.00
1999	MORNING IN NEW MEXICO	*	150.00	150.00
1999	RIDERS OF MYSTIC CANYON	500	150.00	150.00
1999	RIDIN' THE ROCKIES	250	35.00	35.00
1999	ROCKY CREEK COLTS	500	150.00	150.00

YR	NAME	LIMIT	ISSUE	TREND

JAN HAGARA COLLECTABLES

J. HAGARA

VICTORIAN CHILDREN

YR	NAME	LIMIT	ISSUE	TREND
*	BONNIE	*	*	65.00
*	HANNAH	*	*	150.00
1975	TRINA	600	7.00	500.00
1976	CHRIS	2000	5.00	75.00
1977	SPRING & LANCE	2000	12.00	175.00
1978	JUMEAU DOLL	1200	20.00	50.00
1978	OLIVIA	600	55.00	800.00
1979	DAISIES FROM MARYBETH	900	20.00	100.00
1980	BETSY	750	45.00	400.00
1980	JIMMY	750	45.00	300.00
1980	LYDIA	650	65.00	350.00
1981	JENNY	2000	45.00	300.00
1981	STORYTIME	450	125.00	600.00
1982	CAROL	2000	25.00	175.00
1982	IN LINE	1000	65.00	1200.00
1982	MANDY	500	60.00	400.00
1983	JENNIFER	700	60.00	250.00
1983	PAIGE	2000	48.00	200.00
1985	CYNTHIA	600	50.00	175.00
1985	GOLDIE	1200	48.00	125.00
1985	NOEL	2000	30.00	95.00
1986	PHILLIP'S COUSINS	1000	60.00	1050.00
1986	SOPHIE	1200	50.00	125.00
1987	CATHY	2000	30.00	150.00
1987	NIKKI	2000	30.00	95.00
1987	RENNY & BLUEBEARY	950	125.00	550.00
1988	ADDIE	2000	65.00	175.00
1988	MATTIE-FIRST COLLECTOR'S CLUB PRINT	YR	55.00	170.00

JIM HARRISON

J. HARRISON

YR	NAME	LIMIT	ISSUE	TREND
*	C&S BANK	OP	45.00	45.00
*	CHURCH	OP	30.00	30.00
*	COKE BOTTLE THERMOMETER	OP	30.00	30.00
*	FISH HOUSE	OP	45.00	45.00
*	GEESE OVER MARSH	OP	45.00	45.00
*	GROCERY STORE	OP	30.00	30.00
*	HAMMER GALLERIES I	OP	45.00	45.00
*	HAMMER GALLERIES II	OP	*	N/A
*	HIS WORLD REMEMBERED	OP	45.00	45.00
*	J.J. CORN- 4TH	OP	45.00	45.00
*	LEE OVERALLS	OP	30.00	30.00
*	MAYTAG	OP	45.00	45.00
*	NICKEL COCA-COLA	OP	45.00	45.00
*	OAK TREE	OP	45.00	45.00
*	ROUND COCA-COLA	OP	30.00	30.00
*	SAND DUNES	OP	45.00	45.00
*	SOUTH CAROLINA POSTER	OP	45.00	45.00
*	SWEET SNUFF	OP	45.00	45.00
*	VINTAGE HOUSE	OP	45.00	45.00
1973	COASTAL DUNES	1500	30.00	450.00
1973	COASTAL MARSHES	1500	30.00	450.00
1974	ABANDONED BOAT	1800	25.00	200.00
1974	HOUSE IN COUNTRY	1500	25.00	200.00
1974	RURAL AMERICANA/MAIL POUCH	1500	40.00	300.00
1975	AMERICAN BYWAYS	1500	40.00	400.00
1975	COUNTRY SEASONIN' - MORTON SALT	1500	40.00	250.00
1975	DISAPPEARING AMERICA	1500	40.00	1600.00
1976	RURAL DELIVERY/MAIL BOX	1500	40.00	425.00
1976	YESTERYEAR/WAGON	1500	50.00	200.00
1977	BURMA SHAVE	1500	50.00	350.00
1977	COMMUNITY CHURCH	1500	50.00	225.00
1977	DR. PEPPER	1500	50.00	300.00
1977	FALLOW & FORGOTTEN/PLOW	1500	50.00	200.00
1978	666 COLA TABLETS	1500	50.00	275.00
1978	PHILIP MORRIS	1500	50.00	175.00
1978	RED COVERED BRIDGE	1500	50.00	300.00
1978	WOOD PILE	1500	75.00	80.00
1979	CLABBER GIRL	1500	75.00	325.00
1979	GOLD DUST TWINS	1500	55.00	90.00
1979	GOODY'S	1500	50.00	90.00
1979	LUCKY STRIKE	1500	50.00	175.00
1980	PEPSI & PLANTERS PEANUTS/PAIR	1500	60.00	250.00
1980	TONIC & LINIMENT	1500	85.00	95.00
1980	TUBE ROSE SNUFF	1500	60.00	90.00
1980	UNPAINTED COVERED BRIDGE	1500	60.00	160.00
1981	7-UP & BLACK EYED SUSANS	1500	75.00	110.00
1981	HOUSE & BARN/PAIR	1500	50.00	90.00
1981	OLD DUTCH CLEANSER	1500	75.00	155.00
1982	BULL OF THE WOODS	1500	75.00	200.00
1982	RAILROAD CROSSING	1500	75.00	340.00
1982	WINDMILL	1500	75.00	80.00
1983	FILLIN' STATION	1500	80.00	200.00
1983	FRESH GRITS	1500	80.00	850.00
1983	MOUNTAIN BRIDGE	1500	80.00	275.00
1983	SHRINE CIRCUS	1500	80.00	150.00
1984	MEMORIES I	750	90.00	200.00

YR	NAME	LIMIT	ISSUE	TREND
1984	MORTON SALT	1500	135.00	250.00
1984	RED GOOSE SHOES	1500	90.00	95.00
1984	SIGN OF THE TIMES	3000	45.00	100.00
1985	MEMORIES II	750	90.00	200.00
1985	OLD STONE BARN	1500	90.00	110.00
1985	SAND DUNES/INLET MARSH/PAIR	1500	75.00	150.00
1985	SPRING CLOUDS	1500	90.00	130.00
1985	WIRE	500	45.00	175.00
1986	FISHING VILLAGE	975	135.00	165.00
1986	LIGHTHOUSE	975	135.00	500.00
1987	COCA-COLA BRIDGE	975	135.00	500.00
1987	JEFFERSON ISLAND SALT	975	135.00	135.00
1987	ROYAL CROWN COLA	975	315.00	160.00
1987	UNCLE JOHN'S SYRUP	975	135.00	200.00
1988	COCA-COLA BARN	500	275.00	275.00
1988	GULLS OVER BEACH	1500	75.00	175.00
1988	HERSHEY BAR	975	135.00	140.00
1988	RED BOAT	975	135.00	275.00
1989	BABY RUTH	1000	45.00	120.00
1989	BROWN'S MULE	975	135.00	135.00
1989	FALL - RC COLA	975	95.00	160.00
1989	VICKS VAPORUB	975	135.00	135.00
1990	SANDPIPER	500	185.00	200.00
1990	SODA POP SERIES	975	380.00	380.00
1990	SPRING - 7-UP	975	95.00	160.00
1990	SUMMER - COCA-COLA	975	95.00	180.00
1990	WINTER - PEPSI	975	95.00	160.00
1991	SINCLAIR STATION	500	135.00	550.00
1991	TWELVE CENT GAS	975	200.00	200.00
1992	CHURCH IN THE WOODS	975	185.00	215.00
1993	TREES	975	185.00	200.00
1994	WIND IN THE MARSH	975	185.00	185.00
1995	RED BRIDGE IN SNOW	975	65.00	65.00
1995	SUMMER COCA-COLA BRIDGE	975	185.00	200.00

J. HARRISON — ARTIST PROOF

YR	NAME	LIMIT	ISSUE	TREND
1978	TOOLS	50	325.00	275.00
1980	BRUSH AND BUCKET	50	350.00	400.00
1991	TWELVE CENT GAS	50	250.00	250.00
1992	CHURCH IN THE WOODS	50	235.00	235.00

J. HARRISON — REMARQUE

YR	NAME	LIMIT	ISSUE	TREND
1991	TWELVE CENT GAS	25	350.00	350.00

J. HARRISON — SERIGRAPH

YR	NAME	LIMIT	ISSUE	TREND
1978	TOOLS	300	275.00	450.00
1980	BRUSH AND BUCKET	300	300.00	350.00

KRAPF IMAGES
P. KRAPF

YR	NAME	LIMIT	ISSUE	TREND
1989	ANOTHER SEASON	*	90.00	90.00
1989	CLOSE TO COVER	*	60.00	60.00
1989	GRIZZLY COUNTRY	*	85.00	85.00
1989	HUNTER'S REST	*	95.00	95.00
1989	SURPRISED	*	55.00	55.00
1990	AMERICAN ORIGINAL	*	80.00	80.00
1990	CHIPPY ON THE ROCKS	*	50.00	65.00
1990	DISTANT BUGLE	*	95.00	95.00
1990	EDGE OF THE BURN	*	80.00	80.00
1990	OCTOBER MORNING, CANYON DE CHELLY	*	85.00	85.00
1990	ON HIS WAY	*	75.00	75.00
1990	ON THE EDGE	*	90.00	90.00
1990	READY	*	95.00	100.00
1990	YELLOWSTONE CANYON	*	80.00	90.00
1991	ABOVE AND BEYOND	*	95.00	95.00
1991	CAUGHT NAPPING	*	65.00	75.00

LANDMARK GALLERIES
C. KETCHIE

YR	NAME	LIMIT	ISSUE	TREND
1979	HOWARD'S CREEK MILL	500	50.00	1200.00
1983	AUTUMN'S BEST	750	35.00	135.00
1983	NOVEMBER MORNING 1865	750	50.00	225.00
1984	AUNT NETTIES PORCH	750	55.00	465.00
1984	CHURNING TIME	750	55.00	465.00
1985	HATTERAS DORY	750	35.00	150.00
1985	WILLIAMSBURG VIGNETTE	750	35.00	50.00
1985	WILLIAMSBURG WELLS	750	75.00	100.00
1986	MURRAY'S MILL	750	85.00	400.00
1987	QUIET COVE	750	75.00	500.00
1989	CAROLINA COUNTRY	750	45.00	250.00
1989	WINTERTIME IN WATAUGA	750	35.00	50.00
1990	CAPE HATTERAS LIGHT	750	75.00	175.00
1991	PILOT MOUNTAIN PINES	750	40.00	55.00
1992	BALDHEAD LIGHT	750	35.00	70.00
1992	CAPE LOOKOUT LIGHT	750	35.00	70.00
1993	CAPE HATTERAS LIGHTHOUSE	750	35.00	70.00
1993	OCRACOLE LIGHTHOUSE	750	35.00	70.00
1993	WINTER SOLITUDE	750	25.00	75.00
1994	BLUE RIDGE BLANKET	750	25.00	60.00

LIGHTPOST PUBLISHING
T. KINKADE — CANVAS EDITION

YR	NAME	LIMIT	ISSUE	TREND
*	GLORY OF THE EVENING	*	485.00	1000.00

YR	NAME	LIMIT	ISSUE	TREND
*	GLORY OF THE MORNING	*	315.00	1800.00
1985	MOONLIGHT ON THE WATERFRONT	260	795.00	1000.00
1986	ROOM WITH A VIEW	260	710.00	1150.00
1989	CARMEL, OCEAN AVENUE	CL	595.00	6000.00
1989	ENTRANCE TO THE MANOR HOUSE	CL	565.00	3125.00
1989	EVENING AT MERRITT'S COTTAGE	CL	595.00	1500.00
1990	CHANDLER'S COTTAGE	CL	495.00	2950.00
1990	CHRISTMAS COTTAGE	CL	295.00	1625.00
1990	HIDDEN COTTAGE	CL	495.00	2450.00
1990	MORNING LIGHT A/P	CL	695.00	800.00
1990	ROSE ARBOR	CL	495.00	1400.00
1990	SPRING AT STONEGATE	550	345.00	925.00
1991	AFTERNOON LIGHT, DOGWOODS	980	435.00	3200.00
1991	AUTUMN GATE, THE	980	595.00	5500.00
1991	BOSTON	550	435.00	3500.00
1991	CARMEL, TUCK BOX TEA ROOM	980	595.00	4000.00
1991	CEDAR NOOK COTTAGE	1960	315.00	800.00
1991	CHRISTMAS EVE	980	395.00	1200.00
1991	FLAGS OVER THE CAPITOL	980	565.00	1000.00
1991	HOME FOR THE EVENING	980	215.00	950.00
1991	HOME FOR THE HOLIDAYS	CL	595.00	2600.00
1991	LIT PATH, THE	1960	215.00	600.00
1991	MCKENNA'S COTTAGE	980	495.00	1100.00
1991	OLD PORTERFIELD TEA ROOM	980	495.00	1250.00
1991	OPEN GATE, SUSSEX	980	195.00	750.00
1991	PYE CORNER COTTAGE	1960	165.00	650.00
1991	SAN FRANCISCO, UNION SQUARE	CL	695.00	5500.00
1991	VICTORIAN EVENING	RT	595.00	1050.00
1991	WOODMAN'S THATCH	1960	215.00	750.00
1992	AMBER AFTERNOON	980	615.00	1950.00
1992	BESIDE STILL WATERS	1250	515.00	4000.00
1992	BLOSSOM HILL CHURCH	980	495.00	1500.00
1992	BROADWATER BRIDGE	980	495.00	3000.00
1992	CHRISTMAS AT AHWAHNEE	980	495.00	760.00
1992	COTTAGE-BY-THE-SEA	980	615.00	2000.00
1992	COUNTRY MEMORIES	980	395.00	1600.00
1992	EVENING AT SWANBROOK COTTAGE	980	595.00	3000.00
1992	EVENING CAROLERS	1960	315.00	400.00
1992	GARDEN PARTY	980	515.00	1000.00
1992	HOME IS WHERE THE HEART IS	980	615.00	3000.00
1992	JULIANNE'S COTTAGE	980	345.00	2750.00
1992	MILLER'S COTTAGE	980	515.00	2000.00
1992	MOONLIT SLEIGHRIDE	1960	315.00	850.00
1992	OLD PORTERFIELD GIFT SHOPPE	980	515.00	1100.00
1992	SAN FRANCISCO, CALIFORNIA STREET	980	645.00	5700.00
1992	SILENT NIGHT	980	395.00	1600.00
1992	SUNDAY AT APPLE HILL	980	515.00	1900.00
1992	SWEETHEART COTTAGE	980	495.00	1600.00
1992	VICTORIAN CHRISTMAS	CL	595.00	3750.00
1992	VICTORIAN GARDEN	980	695.00	3750.00
1992	WEATHERVANE HUTCH	1960	315.00	1000.00
1992	YOSEMITE	980	615.00	1750.00
1993	BEYOND AUTUMN GATE	1650	815.00	4200.00
1993	BLESSINGS OF AUTUMN, THE	1250	615.00	1650.00
1993	END OF A PERFECT DAY	1250	515.00	2500.00
1993	GARDEN OF PROMISE	1250	615.00	4000.00
1993	GLORY OF WINTER	1250	615.00	855.00
1993	HEATHER'S HUTCH	1250	395.00	1200.00
1993	HIDDEN COTTAGE II	1980	515.00	1000.00
1993	HIDDEN GAZEBO	2400	515.00	1400.00
1993	HOMESTEAD HOUSE	1250	615.00	1000.00
1993	LAMPLIGHT BROOKE	1650	615.00	2450.00
1993	LAMPLIGHT LANE	980	595.00	4000.00
1993	PARIS, CITY OF LIGHTS	1980	695.00	2450.00
1993	SAN FRANCISCO, FISHERMAN'S WHARF	2750	965.00	1650.00
1993	ST. NICHOLAS CIRCLE	1750	615.00	1250.00
1993	STONEHEARTH HUTCH	1650	415.00	975.00
1993	STUDIO IN THE GARDEN	1480	415.00	800.00
1993	SUNDAY OUTING	1250	515.00	1750.00
1993	SWEETHEART COTTAGE II	980	495.00	3750.00
1993	VICTORIAN CHRISTMAS II	1650	615.00	3000.00
1993	VILLAGE INN, THE	1200	515.00	1250.00
1993	WINTER'S END	1450	615.00	975.00
1994	AUTUMN AT ASHLEY'S COTTAGE	395	545.00	750.00
1994	BEACON OF HOPE	2750	615.00	1950.00
1994	BLESSINGS OF SPRING, THE	2750	515.00	700.00
1994	CHRISTMAS MEMORIES	3450	515.00	900.00
1994	CHRISTMAS TREE COTTAGE	2950	440.00	615.00
1994	COLLECTORS COTTAGE I	*	315.00	900.00
1994	EMERALD ISLE COTTAGE	2750	515.00	1200.00
1994	END OF A PERFECT DAY II	2750	815.00	3000.00
1994	GARDENS BEYOND AUTUMN GATE	CL	875.00	2000.00
1994	GUARDIAN CASTLE	4750	865.00	1000.00
1994	HIDDEN ARBOR	3750	515.00	825.00
1994	LAMPLIGHT INN	2750	615.00	1000.00
1994	MOONLIT LANE I	2400	515.00	850.00
1994	PARIS, EIFFEL TOWER	2750	795.00	1200.00
1994	POWER & THE MAJESTY, THE	2750	650.00	700.00
1994	SAN FRANCISCO, MARKET ST.	7500	795.00	900.00

YR	NAME	LIMIT	ISSUE	TREND
1994	SPRING IN THE ALPS	1984	575.00	575.00
1994	SWEETHEART COTTAGE III	1650	615.00	1000.00
1994	VICTORIAN CHRISTMAS III	CL	615.00	1450.00
1994	VICTORIAN CHRISTMAS IV	CL	695.00	1000.00
1994	WARMTH OF HOME, THE	3450	440.00	600.00
1995	A LIGHT IN THE STORM	3950	650.00	1200.00
1995	AUTUMN LANE	2950	650.00	855.00
1995	BLESSINGS OF SUMMER, THE	4950	865.00	1000.00
1995	BLOSSOM BRIDGE	2950	580.00	700.00
1995	BROOKSIDE HIDEAWAY	CL	545.00	1250.00
1995	DEER CREEK COTTAGE	OP	390.00	700.00
1995	END OF A PERFECT DAY III	4950	995.00	2200.00
1995	EVENING IN THE FOREST	OP	580.00	775.00
1995	HOMETOWN CHAPEL	4950	895.00	1100.00
1995	HOMETOWN MEMORIES I	4950	865.00	3200.00
1995	LAMPLIGHT VILLAGE	4950	650.00	1700.00
1995	MAIN STREET CELEBRATION	1250	650.00	850.00
1995	MAIN STREET MATINEE	1250	650.00	850.00
1995	MAIN STREET TROLLEY	1250	650.00	850.00
1995	MORNING DOGWOOD	4950	495.00	725.00
1995	MORNING GLORY COTTAGE	4950	545.00	1100.00
1995	PETALS OF HOPE	3950	580.00	975.00
1995	SAN FRANCISCO, GOLDEN GATE BRIDGE	3950	1090.00	2200.00
1995	SIMPLER TIMES I	OP	550.00	950.00
1995	STEPPING STONE COTTAGE	2950	650.00	1100.00
1996	BEGINNING OF A PERFECT DAY	2950	1000.00	1750.00
1996	COBBLESTONE LANE	2950	975.00	3200.00
1996	HOMETOWN EVENING	2950	975.00	2000.00
1996	LAMPLIGHT BRIDGE	2950	*	950.00
1996	LIGHT OF PEACE	2950	1150.00	3000.00
1996	MEADOWOOD COTTAGE	4950	375.00	700.00
1996	SAN FRANCISCO, HYDE ST.	3750	975.00	3000.00
1996	SUNDAY EVENING SLEIGHRIDE	2950	725.00	1200.00
1997	BEYOND SPRING GATE	1750	815.00	4000.00
1997	BRIDGE OF FAITH	3950	1150.00	4500.00
1997	CLEARING STORM 24X36	2950	1200.00	1900.00
1997	CLEARING THE STORMS 18X27	2950	750.00	1450.00
1997	COBBLESTONE BROOKE	4950	1200.00	1450.00
1997	HOME IS WHERE THE HEART IS II	CL	725.00	1150.00
1997	HOMETOWN LAKE	2950	1000.00	2350.00
1997	NEW DAY DAWNING	3950	*	1850.00
1997	SPRING GATE	3450	1200.00	2500.00
1997	TEACUP COTTAGE	2950	750.00	1250.00
1997	TWILIGHT COTTAGE	4950	685.00	950.00
1997	VALLEY OF PEACE	3950	*	3350.00
1999	FOREST CHAPEL 20X24	2950	855.00	1300.00
1999	FOREST CHAPEL 24X30	2950	1135.00	1700.00

T. KINKADE — **PAPER EDITION**

YR	NAME	LIMIT	ISSUE	TREND
*	MORNING LIGHT	*	175.00	330.00
*	SWEETHEART COTTAGE II	980	185.00	775.00
1984	DAWSON	CL	150.00	890.00
1984	PLACERVILLE, 1916	CL	90.00	700.00
1985	BIRTH OF A CITY	CL	150.00	325.00
1985	EVENING SERVICE	CL	90.00	400.00
1985	MOONLIGHT ON THE WATERFRONT	CL	150.00	325.00
1986	NEW YORK, 6TH AVENUE	CL	150.00	2000.00
1986	ROOM WITH A VIEW	CL	150.00	500.00
1989	CARMEL, OCEAN AVENUE	CL	225.00	1950.00
1989	ENTRANCE TO THE MANOR HOUSE	CL	125.00	775.00
1989	EVENING AT MERRITT'S COTTAGE	CL	125.00	1150.00
1990	BLUE COTTAGE	RT	125.00	170.00
1990	CHANDLER'S COTTAGE	CL	125.00	750.00
1990	CHRISTMAS COTTAGE	CL	95.00	600.00
1990	HIDDEN COTTAGE	CL	125.00	850.00
1990	NEW YORK, 1932	935	225.00	750.00
1990	ROSE ARBOR	CL	125.00	300.00
1990	SAN FRANCISCO, 1909	CL	150.00	1250.00
1990	SKATING IN THE PARK	750	275.00	2000.00
1990	SPRING AT STONEGATE	550	185.00	185.00
1991	AUTUMN GATE, THE	OP	225.00	1500.00
1991	BOSTON	550	175.00	200.00
1991	CARMEL, DELORES ST.	980	285.00	500.00
1991	CARMEL, TUCK BOX TEA ROOM	980	235.00	875.00
1991	CHRISTMAS EVE	980	185.00	375.00
1991	FLAGS OVER THE CAPITOL	980	235.00	350.00
1991	HOME FOR THE EVENING	980	100.00	500.00
1991	HOME FOR THE HOLIDAYS	980	225.00	535.00
1991	MCKENNA'S COTTAGE	980	205.00	300.00
1991	MOONLIT VILLAGE	935	225.00	750.00
1991	OLD PORTERFIELD TEA ROOM	980	205.00	400.00
1991	OPEN GATE, SUSSEX	980	110.00	170.00
1991	SAN FRANCISCO, UNION SQUARE	CL	225.00	1940.00
1991	VICTORIAN EVENING	RT	150.00	250.00
1992	AFTERNOON LIGHT, DOGWOODS	980	185.00	400.00
1992	AMBER AFTERNOON	980	235.00	450.00
1992	BESIDE STILL WATERS	1250	195.00	1400.00
1992	BLOSSOM HILL CHURCH	OP	250.00	250.00
1992	BROADWATER BRIDGE	CL	225.00	400.00
1992	CHRISTMAS AT AHWAHNEE	980	205.00	225.00

YR	NAME	LIMIT	ISSUE	TREND
1992	COTTAGE-BY-THE-SEA	980	235.00	400.00
1992	COUNTRY MEMORIES	980	185.00	230.00
1992	EVENING AT SWAVBROOK COTTAGE	980	250.00	440.00
1992	GARDEN PARTY	980	185.00	940.00
1992	HOME IS WHERE THE HEART IS	980	225.00	775.00
1992	JULIANNE'S COTTAGE	980	185.00	750.00
1992	MILLER'S COTTAGE	980	175.00	400.00
1992	OLD PORTERFIELD GIFT SHOPPE	980	195.00	250.00
1992	SAN FRANCISCO, CALIFORNIA STREET	980	235.00	2050.00
1992	SILENT NIGHT	980	185.00	300.00
1992	SUNDAY AT APPLE HILL	980	175.00	575.00
1992	SWANBROOKE COTTAGE	980	225.00	635.00
1992	SWEETHEART COTTAGE	CL	150.00	325.00
1992	VICTORIAN CHRISTMAS	980	225.00	850.00
1992	VICTORIAN GARDEN	980	275.00	650.00
1992	YOSEMITE	980	235.00	440.00
1993	BEYOND AUTUMN GATE	1750	250.00	510.00
1993	BLESSINGS OF AUTUMN, THE	1250	250.00	400.00
1993	END OF A PERFECT DAY	CL	185.00	600.00
1993	GARDEN OF PROMISE	1250	235.00	500.00
1993	GLORY OF WINTER	1250	235.00	400.00
1993	HEATHER'S HUTCH	1250	185.00	300.00
1993	HIDDEN COTTAGE II	1480	205.00	400.00
1993	HOMESTEAD HOUSE	1250	235.00	400.00
1993	LAMPLIGHT BROOKE	1650	235.00	400.00
1993	LAMPLIGHT LANE	980	235.00	800.00
1993	PARIS, CITY OF LIGHTS	1980	285.00	400.00
1993	SAN FRANCISCO, FISHERMAN'S WHARF	2750	300.00	325.00
1993	ST. NICHOLAS CIRCLE	1750	250.00	500.00
1993	STONEHEARTH HUTCH	1650	185.00	275.00
1993	STUDIO IN THE GARDEN	980	175.00	200.00
1993	SUNDAY OUTING	980	205.00	400.00
1993	VICTORIAN CHRISTMAS II	CL	235.00	750.00
1993	VILLAGE INN, THE	1200	195.00	350.00
1993	WINTER'S END	875	250.00	360.00
1994	AUTUMN AT ASHLEY'S COTTAGE	2450	185.00	315.00
1994	BEACON OF HOPE	OP	235.00	450.00
1994	BLESSINGS OF SPRING, THE	2750	205.00	330.00
1994	CHRISTMAS MEMORIES	2450	205.00	225.00
1994	CHRISTMAS TREE COTTAGE	2950	185.00	250.00
1994	EMERALD ISLE COTTAGE	2750	205.00	300.00
1994	END OF A PERFECT DAY II	CL	300.00	775.00
1994	GARDENS BEYOND AUTUMN GATE	CL	325.00	660.00
1994	GUARDIAN CASTLE	2750	300.00	550.00
1994	HIDDEN ARBOR	2750	195.00	625.00
1994	HIDDEN GAZEBO	2400	185.00	725.00
1994	LAMPLIGHT INN	2750	235.00	420.00
1994	MOONLIT LANE I	2400	205.00	360.00
1994	PARIS, EIFFEL TOWER	OP	295.00	840.00
1994	POWER & THE MAJESTY, THE	2750	250.00	345.00
1994	SAN FRANCISCO, MARKET ST.	7500	375.00	375.00
1994	SWEETHEART COTTAGE III, HAVENCREST	CL	250.00	320.00
1994	VICTORIAN CHRISTMAS III	CL	250.00	400.00
1994	WARMTH OF HOME, THE	2450	185.00	280.00
1995	A LIGHT IN THE STORM	OP	235.00	525.00
1995	AUTUMN LANE	2850	235.00	400.00
1995	BIARRITZ	1200	95.00	180.00
1995	BLESSINGS OF SUMMER, THE	4850	300.00	500.00
1995	BLOOMSBURY CAFE	1200	145.00	145.00
1995	BLOSSOM BRIDGE	2850	205.00	225.00
1995	BROOKSIDE HIDEAWAY	OP	205.00	400.00
1995	DEER CREEK COTTAGE	2850	185.00	250.00
1995	END OF A PERFECT DAY III	4850	325.00	675.00
1995	EVENING IN THE FOREST	4850	205.00	225.00
1995	GOLDEN GATE BRIDGE, SAN FRANCISCO	3850	325.00	475.00
1995	HOMETOWN CHAPEL	OP	75.00	800.00
1995	HOMETOWN MEMORIES I	4850	300.00	540.00
1995	LAMPLIGHT VILLAGE	4850	235.00	375.00
1995	LIGHTS OF HOME, THE	250	225.00	225.00
1995	LOCHAVEN COTTAGE, COLLECTOR COTTAGE II	CL	315.00	640.00
1995	LUXEMBOURG GARDENS	1200	95.00	95.00
1995	MAIN STREET CELEBRATION	1950	250.00	285.00
1995	MAIN STREET MATINEE	OP	250.00	325.00
1995	MAIN STREET TROLLEY	OP	250.00	250.00
1995	MORNING DOGWOOD	4850	195.00	340.00
1995	MORNING GLORY COTTAGE	4850	205.00	400.00
1995	PACIFIC GROVE	1200	125.00	200.00
1995	PARIS, ST. MICHEL	1200	125.00	200.00
1995	PETALS OF HOPE	3850	205.00	300.00
1995	PUERTA VALLARTA BEACH	1200	125.00	200.00
1995	SAN FRANCISCO, ALCATRAZ	1200	145.00	230.00
1995	SIMPLER TIMES I	3350	250.00	250.00
1995	STEPPING STONE COTTAGE	2850	250.00	675.00
1995	VENICE CANAL	1200	95.00	245.00
1995	VICTORIAN CHRISTMAS IV	702	250.00	330.00
1995	WISTERIA ARBOR	1200	125.00	200.00
1996	CHINATOWN, SAN FRANCISCO	950	95.00	180.00
1996	COBBLESTONE LANE	2850	300.00	460.00
1996	LAMPLIGHT BRIDGE	2950	205.00	330.00

YR	NAME	LIMIT	ISSUE	TREND
1996	LIGHT OF PEACE	2950	325.00	600.00
1996	MEADOWOOD COTTAGE	950	150.00	300.00
1996	SAN FRANCISCO, HYDE ST.	3850	300.00	450.00
1997	BEYOND SPRING GATE	3350	285.00	600.00

T. KINKADE — TENTH ANNIVERSARY ARCHIVE COLLECTION

YR	NAME	LIMIT	ISSUE	TREND
1994	CREEKSIDE TRAIL	CL	690.00	725.00
1994	CREEKSIDE TRAIL	1984	275.00	600.00
1994	DAYS OF PEACE	1984	275.00	300.00
1994	DAYS OF PEACE	CL	690.00	725.00
1994	DUSK IN THE VALLEY	1984	275.00	300.00
1994	DUSK IN THE VALLEY	CL	590.00	725.00
1994	SPRING IN THE ALPS	CL	225.00	350.00

LITTLE ANGEL PUBLISHING

D. GELSINGER — CANVAS

YR	NAME	LIMIT	ISSUE	TREND
1994	FLOWER FOR BABY A/P	25	585.00	585.00
1994	FLOWER FOR BABY S/N	250	510.00	510.00
1994	TOY BOX, THE A/P	25	525.00	525.00
1994	TOY BOX, THE S/N	250	450.00	450.00
1995	ALEXANDRIA'S TEDDY A/P	25	352.00	353.00
1995	ALEXANDRIA'S TEDDY S/N	250	295.00	295.00
1995	FIRELIGHT	300	520.00	800.00
1995	FIRELIGHT A/P	SO	595.00	595.00
1995	GOLDEN GATE A/P	20	795.00	795.00
1995	GOLDEN GATE S/N	200	695.00	695.00
1995	LIFE'S LITTLE TANGLES A/P	SO	595.00	595.00
1995	LIFE'S LITTLE TANGLES S/N	350	520.00	700.00
1995	MOTHERLY LOVE A/P	30	525.00	525.00
1995	MOTHERLY LOVE S/N	300	450.00	450.00
1995	PERFECT TREE, THE A/P	25	352.00	353.00
1995	PERFECT TREE, THE S/N	250	295.00	295.00
1996	LIGHTHOUSE KEEPER, THE A/P	CL	625.00	625.00
1996	SUGAR & SPICE A/P	20	352.00	353.00
1996	SUGAR & SPICE S/N	200	295.00	295.00
1997	FAREWELL BEND S/N	40	575.00	575.00

D. GELSINGER — CANVAS GICLEE

YR	NAME	LIMIT	ISSUE	TREND
1997	BOARDWALK, THE S/N	45	575.00	575.00

D. GELSINGER — CLASSIC MOMENTS IN OIL

YR	NAME	LIMIT	ISSUE	TREND
1996	LIGHTHOUSE KEEPER, THE	CL	525.00	675.00
1997	JOYOUS FEAST, A S/N	300	290.00	290.00
1998	HECETA HEAD LIGHTHOUSE	200	599.00	599.00
1998	TENDER LOVE	500	599.00	599.00

D. GELSINGER — CLASSIC MOMENTS IN OIL CANVAS EDITION

YR	NAME	LIMIT	ISSUE	TREND
1997	AN ANGEL'S TOUCH S/N	500	88.00	88.00
1997	GENTLE GUIDANCE S/N	500	88.00	88.00

D. GELSINGER — PAPER

YR	NAME	LIMIT	ISSUE	TREND
1994	FLOWER FOR BABY A/P	15	190.00	190.00
1994	FLOWER FOR BABY S/N	150	140.00	140.00
1994	TOY BOX, THE A/P	15	170.00	170.00
1994	TOY BOX, THE S/N	150	120.00	120.00
1995	ALEXANDRIA'S TEDDY A/P	15	120.00	120.00
1995	ALEXANDRIA'S TEDDY S/N	150	80.00	80.00
1995	FIRE LIGHT A/P	15	200.00	200.00
1995	FIRE LIGHT S/N	150	150.00	150.00
1995	GOLDEN GATE A/P	CL	230.00	230.00
1995	GOLDEN GATE S/N	100	180.00	180.00
1995	LIFE'S LITTLE TANGLES A/P	CL	200.00	200.00
1995	LIFE'S LITTLE TANGLES S/N	150	150.00	150.00
1995	MOTHERLY LOVE A/P	15	170.00	170.00
1995	MOTHERLY LOVE S/N	150	120.00	120.00
1995	PERFECT TREE, THE A/P	15	120.00	120.00
1995	PERFECT TREE, THE S/N	150	80.00	80.00
1996	SUGAR & SPICE A/P	5	120.00	120.00
1996	SUGAR & SPICE S/N	50	80.00	80.00

D. GELSINGER — THE SEASONS OF ANGELS CANVAS

YR	NAME	LIMIT	ISSUE	TREND
1996	SPRING ANGEL A/P	12	234.00	234.00
1996	SPRING ANGEL S/N	125	184.00	184.00
1996	WINTER ANGEL A/P	12	234.00	234.00
1996	WINTER ANGEL S/N	125	184.00	184.00

D. GELSINGER — THE SEASONS OF ANGELS PAPER

YR	NAME	LIMIT	ISSUE	TREND
1996	SPRING ANGEL A/P	12	87.00	87.00
1996	SPRING ANGEL S/N	125	57.00	57.00
1996	WINTER ANGEL S/N	125	57.00	57.00
1996	WINTER ANGLE A/P	12	87.00	87.00

LYNN'S PRINTS

D. GRAEBNER

YR	NAME	LIMIT	ISSUE	TREND
1987	BREAD AND MILK	*	40.00	150.00
1987	FIRST LOVE	*	40.00	40.00
1987	LITTLE APPLE PICKER	*	40.00	100.00
1987	SUNDAY MEETING	750	25.00	75.00
1988	AUCTION, THE	*	25.00	25.00
1988	BARN RAISING LUNCH	*	25.00	25.00
1988	BARNYARD FRIENDS	*	25.00	25.00
1988	SHARING	*	15.00	45.00
1989	AUTUMN PLAYTIME	*	85.00	85.00
1989	CART FOR DOLLIES	*	25.00	25.00
1989	COME A COURTIN	*	20.00	20.00
1989	FALL AFTERNOON	*	30.00	30.00

Artist Jim Daly captures the curiosity of youngsters, the optimism of adolescents, and the serenity of the older generation in his limited edition print Pillars of a Nation *published by Mill Pond Press.*

Hitching A Ride *by P. Buckley Moss, produced by Moss Portfolio, has more than doubled in value.*

P. Buckley Moss' To Grandmother's House We Go *has almost tripled in value since its 1984 release.*

Ole Time Religion, *a print by Paula Vaughan for Newmark Publishing U.S.A., has increased in value since its 1995 release.*

YR	NAME	LIMIT	ISSUE	TREND
1989	FEEDING TIME BEFORE SCHOOL	*	30.00	30.00
1989	FISHERMAN'S HELPER	*	30.00	30.00
1989	IN TOWN CHRISTMAS	*	100.00	225.00
1989	WILD GOOSE CHASE	*	30.00	30.00
1989	YOU CAN'T HAVE MY DOLLY	*	20.00	35.00
1990	AFTERNOON AT THE POND	*	65.00	65.00
1990	AIRING THE QUILTS	*	30.00	30.00
1990	CHRISTMASTIME IN THE COUNTRY	*	65.00	85.00
1990	DOLLY'S QUILT	*	20.00	20.00
1990	FETCH	*	20.00	20.00
1990	FIRST QUILT	*	20.00	20.00
1990	FIRST ROSE OF SUMMER	*	30.00	30.00
1990	FOREVER YOURS DAD	*	20.00	40.00
1990	FRIENDS	*	30.00	30.00
1990	FRONT PORCH TEA PARTY	*	30.00	30.00
1990	GRAPE PICKIN	*	30.00	30.00
1990	LET'S BE FRIENDS	*	30.00	30.00
1990	MMM GOOD	*	20.00	20.00
1990	SUMMER SCENTS	*	20.00	35.00
1990	SUNDAY MEETING HOOKY	*	65.00	65.00
1991	CLOAK ROOM	*	150.00	150.00
1991	COME DOWN AND HAVE A TREAT	*	25.00	25.00
1991	HITCHIN A RIDE	*	25.00	25.00
1991	KNIT PICKIN	*	25.00	25.00
1991	MOTHER'S DAY SPECIAL 1991	*	25.00	25.00
1991	ROUNDING UP THE PIGS	*	25.00	25.00
1991	SEEDS FOR YOU MR. CARDINAL	*	25.00	85.00

L. GRAEBNER

YR	NAME	LIMIT	ISSUE	TREND
1987	BACKFIRE	750	40.00	170.00
1987	HORSEY'S TREAT	750	40.00	150.00
1988	BACK PORCH QUILT FIXIN	750	25.00	95.00
1988	CART FULL OF APPLES	750	25.00	100.00
1988	MOTHERS SPECIAL DAY '88	750	20.00	130.00
1988	ROADSIDE BERRY PICKIN	750	25.00	100.00
1988	SHARING THE LOAD	750	25.00	85.00
1988	SWEET SMELLS	750	15.00	75.00
1988	TALKING WITH DOLLY	750	15.00	70.00
1990	BE GOOD TO EACH OTHER	50	100.00	250.00

MAFEKING COLLECTION
M. GREEN — MAN'S BEST FRIEND

YR	NAME	LIMIT	ISSUE	TREND
1994	DEREK (THE LABRADOR RETRIEVER)	1500	17.00	25.00
1994	MICKEY (SPANIEL CROSS)	1500	17.00	25.00
1994	PEPPER (THE AIREDALE)	1500	17.00	25.00

MARTY BELL FINE ART
M. BELL — AMERICA THE BEAUTIFUL

YR	NAME	LIMIT	ISSUE	TREND
1995	BLUEBIRD VICTORIAN, THE	YR	320.00	340.00
1995	GRETEL'S COTTAGE	750	225.00	225.00
1995	HANSEL'S HOUSE	750	225.00	225.00
1995	MENDOCINO TWILIGHT	750	400.00	330.00
1995	MORNING GLORY/TRIPLE	500	650.00	650.00
1995	TELEGRAPH HILL	750	150.00	150.00
1995	TUCK BOX CHRISTMAS	750	250.00	N/A
1995	TUCK BOX, THE-TEA ROOM, CARMEL	OP	200.00	200.00
1995	TUCK BOX, THE-TEA ROOM, CARMEL	500	456.00	1200.00

M. BELL — AMERICA THE BEAUTIFUL/GIFT

YR	NAME	LIMIT	ISSUE	TREND
1995	BLUEBIRD, THE	YR	*	120.00

M. BELL — ENGLAND

YR	NAME	LIMIT	ISSUE	TREND
1995	BLYTON COTTAGE	750	100.00	100.00
1995	BURTON COTTAGE	750	100.00	100.00
1995	HOLLY COTTAGE	750	100.00	100.00
1995	HONEYCOMB COTTAGE	750	100.00	100.00
1995	MILL HAY MANOR	750	850.00	850.00
1995	MRS. BROWNS FOR TEA	750	100.00	100.00
1995	ROSE BOWER COTTAGE/TRIPLE	500	520.00	520.00
1995	SISSINGHURST GARDEN	750	488.00	385.00
1995	TULIP TIME	500	456.00	456.00

M. BELL — GARDENS OF THE HEART

YR	NAME	LIMIT	ISSUE	TREND
1995	CLOISTER GARDEN	250	488.00	400.00
1995	MAJESTY	500	700.00	742.00
1995	SWEETHEART'S GATE	750	225.00	225.00

M. BELL — HUGGA BELLS

YR	NAME	LIMIT	ISSUE	TREND
1995	LUV BOAT, THE	350	110.00	116.00
1995	MOTHERLOVE	350	116.00	116.00
1995	STORYTIME	350	110.00	115.00
1995	WEDDED BLISS	350	116.00	116.00

M. BELL — LIMITED EDITION LITHOGRAPHS

YR	NAME	LIMIT	ISSUE	TREND
1982	BIBURY COTTAGE	550	290.00	1400.00
1982	BIG DADDY'S SHOE	950	64.00	300.00
1982	CASTLE COMBE COTTAGE	550	264.00	1200.00
1982	CROSSROADS COTTAGE	950	38.00	310.00
1983	NESTLEWOOD	550	300.00	4900.00
1984	PENHURST TEA ROOMS (ARCHIVAL)	1000	335.00	2750.00
1984	PENHURST TEA ROOMS (CANVAS)	550	335.00	3600.00
1984	WEST KINGTON DELL	550	240.00	1000.00
1985	LITTLE BOXFORD	550	78.00	900.00
1985	MEADOWLARK COTTAGE	550	78.00	700.00
1985	SUMMER'S GLOW	550	98.00	1000.00

YR	NAME	LIMIT	ISSUE	TREND
1985	SURREY GARDEN HOUSE	550	98.00	1500.00
1985	SWEET PINE COTTAGE	550	78.00	1500.00
1985	WINDSONG COTTAGE	550	78.00	800.00
1986	BURFORD VILLAGE STORE	550	120.00	1000.00
1986	COTSWOLD PARISH CHURCH	1850	98.00	2000.00
1986	HOUSEWIVES CHOICE	550	98.00	1000.00
1986	LORNA DOONE COTTAGE	550	380.00	9000.00
1986	YORK GARDEN SHOP	550	110.00	1000.00
1987	ALDERTON VILLAGE	550	264.00	900.00
1987	BROUGHTON VILLAGE	950	128.00	500.00
1987	CHAPLAIN'S GARDEN, THE	550	264.00	2250.00
1987	CHIPPENHAM FARM	550	120.00	900.00
1987	DOVE COTTAGE GARDEN	950	272.00	500.00
1987	DRIFTSONE MANOR	550	440.00	4000.00
1987	DUCKSBRIDGE COTTAGE	550	430.00	2500.00
1987	EASHING COTTAGE	950	128.00	350.00
1987	FIDDLEFORD COTTAGE	550	78.00	1950.00
1987	HALFWAY COTTAGE	950	272.00	800.00
1987	LITTLE TULIP THATCH	550	120.00	600.00
1987	MAY COTTAGE	950	128.00	620.00
1987	MILLPOND STOCKBRIDGE, THE	550	120.00	1800.00
1987	MORNING GLORY COTTAGE	550	120.00	600.00
1987	SUNRISE THATCH	950	128.00	350.00
1987	VICAR'S GATE, THE	550	110.00	900.00
1987	WAKEHURST PLACE	950	520.00	2700.00
1987	WELL COTTAGE, SANDY LANE	550	440.00	1600.00
1987	WHITE LILAC THATCH	950	272.00	700.00
1988	BISHOP'S ROSES, THE	2450	220.00	500.00
1988	CLOVE COTTAGE	950	128.00	800.00
1988	CLOVER LANE COTTAGE	1850	272.00	1100.00
1988	COTSWOLD TWILIGHT	950	128.00	500.00
1988	GINGER COTTAGE	1850	320.00	800.00
1988	ICOMB VILLAGE GARDEN	RT	620.00	1800.00
1988	JASMINE THATCH	950	272.00	700.00
1988	LULLABYE COTTAGE	RT	220.00	525.00
1988	MORNING'S GLOW	1850	280.00	650.00
1988	MURRLE COTTAGE	1850	320.00	1000.00
1988	RODWAY COTTAGE	RT	620.00	2000.00
1988	SHERE VILLAGE ANTIQUES	950	272.00	825.00
1988	SWEET TWILIGHT	RT	220.00	600.00
1989	BLUSH OF SPRING	1250	96.00	225.00
1989	FIRESIDE CHRISTMAS	550	136.00	800.00
1989	GAMEKEEPER'S COTTAGE, THE	950	560.00	2000.00
1989	LARKSPUR COTTAGE	2450	220.00	450.00
1989	OLD BEAMS COTTAGE	950	368.00	700.00
1989	PRIDE OF SPRING	1250	96.00	225.00
1989	PRIMROSE COTTAGE	2450	88.00	88.00
1990	ARBOR COTTAGE	950	130.00	250.00
1990	BRYANTS PUDDLE THATCH	950	130.00	250.00
1990	GOMSHALL FLOWER SHOP	950	396.00	2050.00
1990	LITTLE WELL THATCH	950	130.00	250.00
1990	LONGSTOCK LANE	950	130.00	250.00
1990	LOWER BROCKHAMPTON MANOR	950	730.00	1825.00
1990	OLD HERTFORDSHIRE COTTAGE	950	396.00	1500.00
1990	READY FOR CHRISTMAS	550	148.00	1050.00
1991	DEVON ROSES	1200	96.00	200.00
1991	DORSET ROSES	1200	96.00	200.00
1991	TEA TIME	900	130.00	200.00
1991	WINDWARD COTTAGE, RYE	1100	228.00	625.00

M. BELL

		MEMBERS ONLY COLLECTORS CLUB		
1991	LITTLE THATCH TWILIGHT	CL	288.00	380.00
1992	BLOSSOM LANE	CL	288.00	288.00
1992	CANDLE AT EVENTIDE	CL	*	N/A

MAZE CREEK STUDIO

A. THOMAS

1992	BATTLE OF CARTHAGE, THE	CL	35.00	80.00
1995	CROSSING BUCK BRANCH	400	35.00	35.00
1995	DELPHUS THEATER	400	19.00	19.00
1995	GOOD EARTH, THE	400	50.00	50.00
1995	SHAMANS SPIRIT	400	40.00	40.00
1996	MAIN ST. JOPLIN 1900	400	45.00	45.00
1996	PETTICOAT FLAG	400	35.00	35.00

A. THOMAS

		TRANS-MISSISSIPPI SERIES		
1998	SHELBY AND HIS MEN AT WESTPURT-BATTLE OF WESTPURT	900	50.00	50.00

MILITARY GALLERY

N. TRUDGIAN

		AIR COMBAT LEGEND		
1995	BLACK CAT RESCUE	800	65.00	65.00
1995	MYNARSKI'S LANC	800	65.00	65.00
1995	TRAINBUSTERS	800	65.00	65.00

N. TRUDGIAN

		NICOLAS TRUDGIAN		
1995	BOMBER FORCE	500	150.00	275.00
1995	COMBAT OVER BEACHY HEAD	800	65.00	65.00
1995	COMBAT OVER NEW GUINEA	800	65.00	65.00
1995	INVASION FORCE	800	65.00	135.00
1995	KIWI STRIKE	800	65.00	65.00
1995	LAST MAN HOME	1000	150.00	300.00
1995	LIGHTNING ENCOUNTER	1000	150.00	240.00

YR	NAME	LIMIT	ISSUE	TREND
1995	RETURN OF THE HUNTERS	1000	150.00	250.00
1995	SQUADRON SCRAMBLE	800	65.00	65.00
1995	TWILIGHT CONQUEST	600	150.00	200.00

R. TAYLOR — ROBERT TAYLOR

YR	NAME	LIMIT	ISSUE	TREND
1995	AIR APACHES ON THE WARPATH	600	295.00	380.00
1995	EAGLES OVER THE RHINE	1250	295.00	533.00
1995	OUT OF FUEL AND SAFELY HOME	1250	295.00	340.00
1995	RANGERS ON THE RAMPAGE	850	295.00	400.00
1995	SIGNED BY ONE PILOT VICTORY FLYOVER	500	75.00	75.00
1995	STEINHOFF TRIBUTE	1250	350.00	440.00
1995	VALOR IN THE PACIFIC	1250	295.00	500.00
1995	VICTORY FLYOVER	1200	295.00	560.00
1995	WIDE HORIZONS	1250	100.00	100.00

R. TAYLOR — ROBERT TAYLOR POSTER

YR	NAME	LIMIT	ISSUE	TREND
1995	VICTORY FLYOVER	OP	35.00	35.00

N. TRUDGIAN — WORLD WAR II INSIGNIA

YR	NAME	LIMIT	ISSUE	TREND
1995	ALPINE MUSTANG	OP	65.00	65.00
1995	FLYING FORTRESS	OP	65.00	65.00
1995	FLYING TIGER	OP	65.00	65.00
1995	KLINGS CLIFFE LIGHTNING	OP	65.00	65.00
1995	MITCHELL OVER THE RIVIERA	OP	65.00	65.00
1995	PACIFIC PIRATE	OP	65.00	65.00

MILL POND PRESS

R. BATEMAN

YR	NAME	LIMIT	ISSUE	TREND
*	AFRICAN FISH EAGLE	*	265.00	265.00
*	ARKANSAS DUCK STAMP 1987-WOOD DUCK	*	200.00	200.00
*	BUFFALO AT AMBOSELI-CAPE BUFFALO	*	400.00	600.00
*	CANADA DUCK PRINT W/S 1988-PINTAILS	*	175.00	175.00
*	CANADA DUCK STAMP-1985 W/2 MALLARD DUCKS	*	200.00	200.00
*	CANADA GEESE IN WINTER	*	*	2500.00
*	CHEETAH SIESTA	*	*	2500.00
*	CHICKADEE ON PINECONE-ETCHING	*	*	1790.00
*	COUGAR AND KIT	*	*	400.00
*	COUGAR IN THE SNOW	*	*	325.00
*	DESCENDING SHADOWS-WOLVES	*	295.00	295.00
*	DIK-DIKS	*	*	770.00
*	FOX-ETCHING	*	*	2200.00
*	GIANT PANDA IN THE WILD	*	295.00	310.00
*	GRIZZLY BEAR-ETCHING	*	*	2200.00
*	HOODED MERGANSER-DUCK	*	*	450.00
*	LION CUBS B/W	*	*	1000.00
*	LIONESS-ETCHING	*	*	2200.00
*	LION-ETCHING	*	*	2200.00
*	LOON PAIR AND YOUNG	*	*	475.00
*	MERGANSER DUCK-BRONZE	*	*	695.00
*	MEXICAN WOLF	*	*	285.00
*	MOOSE	*	*	1200.00
*	NEW YORK DUCK STAMP W/2 S	*	175.00	175.00
*	NO. AMERICAN WILD SHEEP STAMP	*	300.00	300.00
*	PEREGRINE AND YOUNG	*	*	500.00
*	PEREGRINE IN FLIGHT-BRONZE	*	*	1500.00
*	PREDATOR PORTFOLIO-WOLVERINE	*	275.00	275.00
*	RED-TAILED HAWK STUDY-BRONZE	*	*	1750.00
*	SAP BUCKET-MYRTLE WARBLER	*	195.00	195.00
*	SHADOW OF RAINFOREST-JAGUAR	*	345.00	700.00
*	SUMMER GARDEN - YOUNG ROBIN	*	235.00	235.00
*	SYMBOL OF RAINFOREST - JAGUAR	*	235.00	500.00
*	TEXAS DUCK STAMP 1990-AMERICAN WIGEON	*	135.00	135.00
*	VIGILANCE - PREMIER	*	650.00	650.00
*	WASHINGTON DUCK STAMP	*	150.00	150.00
*	WILDEBEEST AT SUNSET	*	400.00	260.00
*	WINTER TRACKERS COYOTE	*	335.00	335.00
*	WOLF SKETCH		250.00	440.00
1978	BY THE TRACKS-KILLDEER	950	75.00	700.00
1978	CHEETAH WITH CUBS	950	95.00	350.00
1978	DOWNY WOODPECKER ON GOLDENROD	950	50.00	1100.00
1978	LION CUBS	950	125.00	250.00
1978	MAJESTY ON THE WING-BALD EAGLE	950	150.00	2250.00
1978	YOUNG BARN SWALLOW	950	75.00	1000.00
1979	AFTERNOON GLOW-SNOWY OWL	950	125.00	500.00
1979	AMONG THE LEAVES-COTTONTAIL RABBIT	950	75.00	1450.00
1979	BULL MOOSE	950	125.00	1150.00
1979	COUNTRY LANE-PHEASANTS	950	85.00	700.00
1979	EVENING SNOWFALL-AMERICAN ELK	950	150.00	900.00
1979	GOLDEN EAGLE	950	150.00	300.00
1979	GREAT BLUE HERON	950	125.00	980.00
1979	HIGH COUNTRY-STONE SHEEP	950	125.00	535.00
1979	KING OF THE REALM-LION	950	125.00	440.00
1979	MASTER OF THE HERD-AMERICAN BUFFALO	950	150.00	2085.00
1979	SURF AND SANDERLINGS	950	65.00	2200.00
1979	UP IN THE PINE-GREAT HORNED OWL	950	150.00	800.00
1979	WILY AND WARY-RED FOX	950	125.00	1300.00
1979	WINTER CARDINAL	950	75.00	2600.00
1979	WINTER-SNOWSHOE HARE	950	95.00	1465.00
1979	WOLF PACK IN MOONLIGHT	950	95.00	1900.00
1979	YELLOW-RUMPED WARBLER	950	50.00	400.00
1980	AFRICAN AMBER-LIONESS PAIR	950	175.00	330.00
1980	ANTARCTIC ELEMENTS-SEA GULL	950	125.00	360.00

YR	NAME	LIMIT	ISSUE	TREND
1980	ARCTIC FAMILY-POLAR BEARS	950	150.00	1375.00
1980	ASLEEP ON THE HEMLOCK-SCREECH OWL	950	125.00	700.00
1980	AUTUMN OVERTURE-MOOSE	950	245.00	1800.00
1980	AWESOME LAND-AMERICAN ELK	950	245.00	1925.00
1980	BARN OWL IN THE CHURCHYARD	950	125.00	790.00
1980	BLUFFING BULL-AFRICAN ELEPHANT	950	135.00	1400.00
1980	BROWN PELICAN AND PILINGS	950	165.00	1450.00
1980	CHAPEL DOORS	950	135.00	700.00
1980	COYOTE IN WINTER SAGE	950	245.00	2350.00
1980	CURIOUS GLANCE-RED FOX	950	135.00	1215.00
1980	EVENING GROSBEAK	950	125.00	900.00
1980	FALLEN WILLOW-SNOWY OWL	950	200.00	700.00
1980	FLYING HIGH-GOLDEN EAGLE	950	150.00	900.00
1980	HERON ON THE ROCKS	950	75.00	700.00
1980	KINGFISHER IN WINTER	950	175.00	950.00
1980	KITTIWAKES GREETING	950	75.00	330.00
1980	LEOPARD IN A SAUSAGE TREE	950	150.00	1850.00
1980	LION AT TSAVO	950	150.00	400.00
1980	MISCHIEF ON THE PROWL-RACCOON	950	85.00	400.00
1980	MISTY COAST-GULLS	950	135.00	300.00
1980	ON THE ALERT-CHIPMUNK	950	60.00	500.00
1980	PRAIRIE EVENING-SHORT-EARED OWL	950	150.00	200.00
1980	ROCKY WILDERNESS-COUGAR	950	175.00	1450.00
1980	SPRING CARDINAL	950	125.00	475.00
1980	SPRING THAW-KILLDEER	950	85.00	185.00
1980	VANTAGE POINT-BALD EAGLE	950	245.00	1000.00
1980	WHITE ENCOUNTER-POLAR BEAR	950	245.00	2800.00
1980	WHITE FOOTED MOUSE IN WINTERGREEN	RT	60.00	525.00
1980	WINTER ELM-AMERICAN KESTREL	950	135.00	1150.00
1980	WINTER SONG-CHICKADEES	950	95.00	650.00
1981	ARTIST AND HIS DOG	950	150.00	700.00
1981	BRIGHT DAY-ATLANTIC PUFFINS	950	175.00	1300.00
1981	CANADA GEESE-NESTING	950	295.00	2700.00
1981	CLEAR NIGHT-WOLVES	950	245.00	5700.00
1981	COURTING PAIR-WHISTLING SWAN	950	245.00	300.00
1981	COURTSHIP DISPLAY-WILD TURKEY	950	175.00	210.00
1981	EDGE OF THE ICE-ERMINE	950	175.00	525.00
1981	EVENING LIGHT-WHITE GYRFALCON	950	245.00	1450.00
1981	GALLOPING HERD-GIRAFFES	950	175.00	1200.00
1981	GRAY SQUIRREL	950	180.00	750.00
1981	HIGH CAMP AT DUSK-HORSE	950	245.00	1300.00
1981	IN FOR THE EVENING-SHEEP	950	150.00	2000.00
1981	KINGFISHER AND ASPENS	950	225.00	900.00
1981	LAST LOOK-BIGHORN SHEEP	950	195.00	200.00
1981	LAUGHING GULL AND HORSESHOE CRAB	950	125.00	125.00
1981	LITTLE BLUE HERON	950	95.00	250.00
1981	MISTY MORNING-LOONS	950	150.00	2000.00
1981	OSPREY FAMILY	950	245.00	500.00
1981	PAIR OF SKIMMERS	950	150.00	160.00
1981	RED-TAILED HAWK BY THE CLIFF	950	245.00	500.00
1981	RED-WINGED BLACKBIRD AND RAIL FENCE	950	195.00	325.00
1981	ROUGH-LEGGED HAWK IN THE ELM	950	175.00	250.00
1981	ROYAL FAMILY-MUTE SWANS	950	245.00	950.00
1981	SARAH E. WITH GULLS	950	245.00	3000.00
1981	SHEER DROP-MOUNTAIN GOATS	950	245.00	1400.00
1981	SWIFT FOX	950	175.00	300.00
1981	WATCHFUL REPOSE-BLACK BEAR	950	245.00	600.00
1981	WINTER MIST-GREAT HORNED OWL	950	245.00	625.00
1981	WINTER WREN	950	135.00	400.00
1981	WRANGLER'S CAMPSITE-GRAY JAY	950	195.00	950.00
1982	ABOVE THE RIVER-TRUMPETER SWANS	950	200.00	850.00
1982	ARCTIC EVENING-WHITE WOLF	950	185.00	1250.00
1982	ARCTIC PORTRAIT-WHITE GYRFALCON	950	175.00	400.00
1982	AT THE ROADSIDE-RED TAILED HAWK	950	185.00	1075.00
1982	BAOBAB TREE AND IMPALA	950	245.00	725.00
1982	BARN SWALLOWS IN AUGUST	950	245.00	950.00
1982	CHEETAH PROFILE	950	245.00	400.00
1982	DIPPER BY THE WATERFALL	950	165.00	540.00
1982	EDGE OF THE WOODS-WHITETAIL DEER/BOOK	950	745.00	1150.00
1982	FOX AT THE GRANARY	950	165.00	475.00
1982	FROSTY MORNING-BLUE JAY	950	185.00	960.00
1982	GALLINULE FAMILY	950	135.00	135.00
1982	GENTOO PENGUINS AND WHALE BONES	950	205.00	625.00
1982	GOLDEN CROWNED KINGLET W/RHODODENDRON	950	150.00	2300.00
1982	LEOPARD AMBUSH	950	150.00	440.00
1982	LIVELY PAIR-CHICKADEES	950	160.00	400.00
1982	MEADOW'S EDGE-MALLARD	950	175.00	600.00
1982	MERGANSER FAMILY IN HIDING	950	200.00	500.00
1982	PILEATED WOODPECKER ON BEECH TREE	950	175.00	735.00
1982	PIONEER MEMORIES-MAGPIE PAIR	950	175.00	180.00
1982	POLAR BEAR PROFILE	950	210.00	2200.00
1982	POLAR BEARS AT BAFFIN ISLAND	950	245.00	1400.00
1982	QUEEN ANNE'S LACE/AMERICAN GOLDFINCH	950	150.00	875.00
1982	READY FOR THE HUNT-SNOWY OWL	950	245.00	1100.00
1982	RED SQUIRREL	950	245.00	700.00
1982	RED WOLF	950	175.00	260.00
1982	SPRING MARSH-PINTAIL PAIR	950	200.00	300.00
1982	STILL MORNING-HERRING GULLS	950	200.00	250.00
1982	WHITE WORLD-DALL SHEEP	950	200.00	530.00

YR	NAME	LIMIT	ISSUE	TREND
1982	WHITE-FOOTED MOUSE ON ASPEN	950	90.00	300.00
1982	WILLET ON THE SHORE	950	125.00	175.00
1983	BALD EAGLE PORTRAIT	950	185.00	400.00
1983	CALL OF THE WILD-BALD EAGLE	950	200.00	200.00
1983	EARLY SNOWFALL-RUFFED GROUSE	950	195.00	195.00
1983	EARLY SPRING-BLUEBIRD	950	185.00	2250.00
1983	EVENING IDYLL-MUTE SWANS	950	245.00	700.00
1983	GHOST OF THE NORTH-GREAT GREY OWL	950	200.00	2000.00
1983	GOSHAWK AND RUFFED GROUSE	950	185.00	525.00
1983	GREAT HORNED OWL IN THE WHITE PINE	950	225.00	500.00
1983	LOON FAMILY	950	200.00	1075.00
1983	MORNING ON THE FLATS-BISON	950	200.00	400.00
1983	MULE DEER IN WINTER	950	200.00	220.00
1983	NEW SEASON-AMERICAN ROBIN	950	200.00	350.00
1983	OSPREY IN THE RAIN	950	110.00	600.00
1983	PHEASANT IN CORNFIELD	950	200.00	325.00
1983	RUBY-THROAT AND COLUMBINE-HUMMINGBIRD	950	150.00	2250.00
1983	SNOWY OWL ON DRIFTWOOD	950	170.00	700.00
1983	SPIRITS OF THE FOREST-WOODTHRUSH	950	170.00	2000.00
1983	TIGER PORTRAIT	950	130.00	540.00
1983	WINTER BARN-SHEEP	950	170.00	350.00
1983	WINTER LADY-CARDINAL	950	200.00	1400.00
1983	WOLVES ON THE TRAIL	950	225.00	350.00
1983	WOODLAND DRUMMER-RUFFED GROUSE	950	185.00	215.00
1983	YOUNG ELF OWL-OLD SAGUARO	950	95.00	500.00
1984	ACROSS THE SKY-SNOW GOOSE	950	220.00	800.00
1984	ALONG THE RIDGE-GRIZZLY BEARS	950	200.00	980.00
1984	AMERICAN GOLDFINCH-WINTER DRESS	950	75.00	135.00
1984	BIG COUNTRY-PRONGHORN ANTELOPE	RT	185.00	200.00
1984	COUGAR PORTRAIT	950	95.00	320.00
1984	DOWN FOR A DRINK-MOURNING DOVE	950	135.00	250.00
1984	HOODED MERGANSERS IN WINTER	950	210.00	450.00
1984	HOUSE FINCH AND YUCCA	950	95.00	180.00
1984	IN THE BRIAR PATCH-COTTONTAIL	950	165.00	325.00
1984	LILY PADS AND LOON	950	200.00	1400.00
1984	MAY MAPLE-SCARLET TANAGER	950	175.00	900.00
1984	MISTY LAKE-OSPREY	950	95.00	300.00
1984	MORNING ON THE RIVER-TRUMPETER SWANS	950	185.00	350.00
1984	PEREGRINE AND RUDDY TURNSTONES	950	200.00	700.00
1984	READY FOR FLIGHT-PEREGRINE FALCON	950	185.00	525.00
1984	RED FOX ON THE PROWL	RT	245.00	850.00
1984	REEDS- STILLIFE	950	185.00	425.00
1984	SMALLWOOD-LABRADOR DOG	950	200.00	500.00
1984	STRETCHING-CANADA GOOSE	950	225.00	3800.00
1984	SUMMER MORNING-LOON	950	185.00	1200.00
1984	TADPOLE TIME	950	135.00	950.00
1984	TIGER AT DAWN	950	225.00	1400.00
1984	WHITE-THROATED SPARROW AND PUSSY WILLOW	950	150.00	700.00
1984	WINDOW INTO ONTARIO	950	265.00	1400.00
1984	WINTER SUNSET-MOOSE	950	245.00	1900.00
1985	ARCTIC TERN PAIR	950	175.00	200.00
1985	BEAVER POND REFLECTIONS	RT	185.00	200.00
1985	CANADA GEESE FAMILY (STONE LITHO)	260	350.00	1300.00
1985	CANADA GEESE OVER THE ESCARPMENT	950	135.00	200.00
1985	ENTERING THE WATER-COMMON GULLS	950	195.00	240.00
1985	GAMBEL'S QUAIL PAIR	950	95.00	380.00
1985	GIANT PANDA	*	245.00	900.00
1985	GOLDEN EAGLE PORTRAIT	950	115.00	175.00
1985	IN THE HIGHLANDS-GOLDEN EAGLE	950	235.00	325.00
1985	IN THE MOUNTAINS-OSPREY	950	95.00	180.00
1985	IRISH COTTAGE AND WAGTAIL	950	175.00	400.00
1985	LEOPARD AT SERONERA	950	175.00	550.00
1985	LIONS IN THE GRASS	950	265.00	950.00
1985	MORNING DEW-ROE DEER	950	175.00	175.00
1985	OLD WHALING BASE AND FUR SEALS	950	195.00	270.00
1985	ON THE GARDEN WALL-CHAFFINCH	950	115.00	370.00
1985	ORCA PROCESSION	950	245.00	2525.00
1985	PEREGRINE FALCON & WHITE-THROATED SWIFTS	950	245.00	1150.00
1985	SNOWY HEMLOCK-BARRED OWL	950	245.00	250.00
1985	STREAM BANK-JUNE-BIRD	950	160.00	175.00
1985	STRUTTING-RING-NECKED PHEASANT	950	225.00	500.00
1985	SUDDEN BLIZZARD-RED-TAILED HAWK	950	245.00	550.00
1985	TRUMPETER SWANS AND ASPEN	950	245.00	400.00
1985	WEATHERED BRANCH-BALD EAGLE	950	115.00	450.00
1985	WHITE-BREASTED NUTHATCH ON A BEECH TREE	950	175.00	200.00
1985	WINGED SPIRIT - 2 PC. SNOWY OWL	*	*	475.00
1985	WINTER COMPANION-YELLOW LAB. DOG	950	175.00	775.00
1985	WOOD BISON PORTRAIT	950	165.00	200.00
1986	A RESTING PLACE-CAPE BUFFALO	950	265.00	265.00
1986	BLACK EAGLE	RT	200.00	200.00
1986	BLACKSMITH PLOVER	RT	185.00	185.00
1986	BLACK-TAILED DEER IN THE OLYMPICS	RT	245.00	250.00
1986	CANADA GEESE WITH YOUNG	950	195.00	375.00
1986	CHARGING RHINO	950	325.00	850.00
1986	DARK GYRFALCON	950	225.00	300.00
1986	DRIFTWOOD PERCH-STRIPED SWALLOWS	950	195.00	320.00
1986	ELEPHANT HERD AND SANDGROUSE	950	235.00	600.00
1986	EUROPEAN ROBIN AND HYDRANGEAS	950	130.00	300.00
1986	FENCE POST AND BURDOCK	950	130.00	200.00

YR	NAME	LIMIT	ISSUE	TREND
1986	HOUSE SPARROW	950	125.00	180.00
1986	HUMMINGBIRD PAIR (DIPTYCH)	950	330.00	600.00
1986	IN THE GRASS-LIONESS	950	245.00	350.00
1986	MALLARD FAMILY-MISTY MARSH	950	130.00	200.00
1986	MALLARD PAIR-EARLY WINTER	41740	135.00	200.00
1986	MALLARD PAIR-EARLY WINTER (24K GOLD)	950	1650.00	2000.00
1986	MALLARD PAIR-EARLY WINTER (GOLD)	7691	250.00	375.00
1986	MARGINAL MEADOW-LANDSCAPE	950	220.00	380.00
1986	MOOSE AT WATER'S EDGE	950	130.00	200.00
1986	MULE DEER IN ASPEN	950	175.00	175.00
1986	NORTHERN REFLECTIONS-LOON FAMILY	8631	255.00	1450.00
1986	PROUD SWIMMER-SNOW GOOSE	950	185.00	185.00
1986	RESTING PLACE-CAPE BUFFALO	950	265.00	265.00
1986	ROBINS AT THE NEST	950	185.00	185.00
1986	SPLIT RAILS-SNOW BUNTINGS	950	220.00	220.00
1986	SUMMERTIME-POLAR BEARS	950	225.00	300.00
1986	SWIFT FOX STUDY	950	115.00	200.00
1986	WILDEBEEST	950	185.00	185.00
1986	WINTER IN THE MOUNTAINS-RAVEN	950	200.00	200.00
1987	AT THE NEST-SECRETARY BIRDS	950	290.00	350.00
1987	CONTINUING GENERATIONS-SPOTTED OWLS	950	525.00	700.00
1987	END OF SEASON-GRIZZLY	950	325.00	650.00
1987	EVERGLADES-EGRET	950	360.00	350.00
1987	FARM LANE AND BLUE JAYS	950	225.00	560.00
1987	GOLDFINCH WITH MULLEIN	*	225.00	225.00
1987	GREAT BLUE HERON IN FLIGHT	950	295.00	950.00
1987	GREAT EGRET PREENING	950	315.00	580.00
1987	GREATER KUDU BULL	950	145.00	145.00
1987	HIGH KINGDOM-SNOW LEOPARD	950	325.00	700.00
1987	HOUSE SPARROWS AND BITTERSWEET	950	220.00	400.00
1987	HURRICANE LAKE-WOOD DUCKS	950	135.00	200.00
1987	KING PENGUINS	950	130.00	130.00
1987	LATE WINTER-BLACK SQUIRREL	950	165.00	175.00
1987	LION AND WILDEBEEST	950	265.00	265.00
1987	LIONESS AT SERENGETI	950	325.00	325.00
1987	OLD WILLOW AND MALLARDS	950	325.00	350.00
1987	OTTER STUDY	950	235.00	450.00
1987	PEREGRINE FALCON/CLIFF (STONE LITHO)	525	350.00	650.00
1987	PICNIC TABLE	*	250.00	250.00
1987	PLOWED FIELD-SNOWY OWL	290	145.00	300.00
1987	PRIDE OF AUTUMN	RT	135.00	500.00
1987	PRIDE OF AUTUMN-CANADA GOOSE	950	135.00	200.00
1987	RHINO AT NGORO NGORO	950	325.00	325.00
1987	ROCKY POINT-OCTOBER-BOAT	950	195.00	925.00
1987	RUDDY TURNSTONES	950	175.00	175.00
1987	SNOWY OWL AND MILKWEED	950	235.00	700.00
1987	STONE SHEEP RAM	950	175.00	175.00
1987	SYLVAN STREAM-MUTE SWANS	950	125.00	175.00
1987	VERMILION FLYCATCHER	*	95.00	375.00
1987	WISE ONE, THE-ELEPHANT	950	325.00	750.00
1988	CARDINAL AND WILD APPLES	950	235.00	240.00
1988	CATTAILS, FIREWEED,YELLOWTHROAT WARBLER	950	235.00	290.00
1988	CHALLENGE, THE-BULL MOOSE	10671	325.00	350.00
1988	CHERRYWOOD WITH JUNCOS	950	245.00	250.00
1988	COLONIAL GARDEN-LANDSCAPE	950	245.00	700.00
1988	DOZING LYNX	950	335.00	1450.00
1988	FIRST ARRIVAL-KILLDEER	*	265.00	265.00
1988	GRASSY BANK-GREAT BLUE HERON	950	285.00	285.00
1988	GREAT CRESTED GREBE	950	135.00	135.00
1988	HARDWOOD FOREST-WHITE TAILED BUCK	950	345.00	1700.00
1988	HARLEQUIN DUCK-BULL KELP (EXEC.)	950	550.00	550.00
1988	HARLEQUIN DUCK-BULL KELP (GOLD)	950	300.00	300.00
1988	LEOPARD AND THOMSON GAZELLE KILL	950	275.00	275.00
1988	MALLARD FAMILY AT SUNSET	950	235.00	235.00
1988	MUSKOKA LAKE-COMMON LOONS	950	265.00	325.00
1988	PANDAS AT PLAY (STONE LITHO)	160	400.00	1500.00
1988	PHEASANTS AT DUSK	950	325.00	600.00
1988	PREENING PAIR-CANADA GEESE	950	235.00	240.00
1988	RED CROSSBILLS	950	125.00	130.00
1988	SHELTER-RURAL LANDSCAPE	950	325.00	1500.00
1988	TAWNY OWL IN BEECH	950	325.00	325.00
1988	TREE SWALLOW OVER POND	950	290.00	290.00
1988	YOUNG SANDHILL CRANES	950	325.00	325.00
1989	BACKLIGHT-MUTE SWAN	950	275.00	450.00
1989	BARN SWALLOW AND HORSE COLLAR	950	225.00	225.00
1989	BROAD-TAILED HUMMINGBIRD PAIR	950	225.00	225.00
1989	CATCHING THE LIGHT-BARN OWL	RT	295.00	400.00
1989	CENTENNIAL FARM	950	295.00	300.00
1989	DISPUTE OVER PREY	950	325.00	325.00
1989	DISTANT DANGER-RACCOON	1600	225.00	225.00
1989	EVENING CALL-COMMON LOON	950	235.00	440.00
1989	GOLDFINCH IN THE MEADOW	1600	150.00	160.00
1989	MANGROVE MORNING-ROSEATE SPOONBILLS	2000	325.00	400.00
1989	MIDNIGHT-BLACK WOLF	25352	325.00	1725.00
1989	NEAR GLENBURNIE-ROCK	950	265.00	265.00
1989	PUMPKIN TIME	950	195.00	250.00
1989	VULTURE AND WILDEBEEST	550	295.00	295.00
1989	YOUNG KITTIWAKE-BIRD	950	195.00	195.00
1989	YOUNG SNOWY OWL	950	195.00	195.00

YR	NAME	LIMIT	ISSUE	TREND
1990	AIR, THE FOREST & THE WATCH	42500	325.00	335.00
1990	CHINSTRAP PENGUIN	810	150.00	175.00
1990	HOMAGE TO AHMED-ELEPHANT	290	3300.00	3300.00
1990	IRELAND HOUSE-LANDSCAPE	950	265.00	300.00
1990	KEEPER OF THE LAND-GRIZZLY	290	3300.00	3300.00
1990	LUNGING HERON	1250	225.00	225.00
1990	MORNING COVE-COMMON LOON	950	165.00	200.00
1990	MOSSY BRANCHES-SPOTTED OWL	4500	300.00	400.00
1990	MOWED MEADOW	950	190.00	190.00
1990	PEACEFUL FLOCK-AMERICAN WIGEON	*	225.00	275.00
1990	PINTAILS IN SPRING	9651	135.00	400.00
1990	POLAR BEAR	290	3300.00	3300.00
1990	POWERPLAY-RHINOCEROS	950	320.00	500.00
1990	ROLLING WAVES-LESSER SCAUP	3330	125.00	125.00
1990	SNOW LEOPARD	290	2500.00	1600.00
1990	SUMMER MORNING PASTURE-COWS	290	175.00	175.00
1990	WHITE ON WHITE-SNOWSHOE HARE	290	195.00	500.00
1991	ARCTIC CLIFF-WHITE WOLVES	13000	184.00	1300.00
1991	ARCTIC CLIFF-WHITE WOLVES (CONSERV.)	13000	325.00	440.00
1991	ARCTIC CLIFF-WHITE WOLVES (PREMIER ED.)	*	625.00	625.00
1991	AT THE CLIFF-BOBCAT	RT	325.00	325.00
1991	AT THE CLIFF-BOBCAT (SIGNATURE ED.)	*	400.00	400.00
1991	BLUEBIRD AND BLOSSOMS	4500	235.00	250.00
1991	BLUEBIRD AND BLOSSOMS (PRESTIGE ED.)	450	625.00	625.00
1991	CEREMONIAL POSE-JAPANESE CRANE	*	*	3300.00
1991	COTTAGE LANE-RED FOX	950	285.00	285.00
1991	ELEPHANT COW AND CALF	950	300.00	2000.00
1991	ENCOUNTER IN THE BUSH-AFRICAN LIONS	950	295.00	300.00
1991	ENDANGERED SPACES-GRIZZLY	4008	325.00	330.00
1991	ENDANGERED SPACES-ROYAL-BEAR	*	925.00	2250.00
1991	FLUID POWER-ORCA	290	2500.00	2500.00
1991	GULLS ON PILINGS	1950	265.00	285.00
1991	MANGROVE SHADOW-COMMON EGRET	1250	285.00	285.00
1991	SCOLDING, THE-CHICKADEES AND SCREECH OWL	*	235.00	400.00
1991	SEA OTTER STUDY	*	150.00	250.00
1991	TRUMPETER SWAN FAMILY	290	2500.00	2500.00
1991	WHISTLING SWAN-LAKE ERIE	1950	325.00	325.00
1991	WIDE HORIZON-TUNDRA SWANS	2862	325.00	200.00
1991	WIDE HORIZON-TUNDRA SWANS COMPANION	2862	325.00	325.00
1991	YOUNG GIRAFFE	290	850.00	2100.00
1992	ARCTIC LANDSCAPE-POLAR BEAR	5000	345.00	345.00
1992	ARCTIC LANDSCAPE-POLAR BEAR, PREM. ED.	450	800.00	800.00
1992	AT THE FEEDER-CARDINAL	950	125.00	425.00
1992	BEACH GRASS & TREE FROG	1250	345.00	345.00
1992	CANADA GOOSE	*	450.00	215.00
1992	CLAN OF THE RAVEN	950	235.00	425.00
1992	CRIES OF COURTSHIP-CRANE	950	350.00	950.00
1992	INTRUSION-MOUNTAIN GORILLA	2250	325.00	400.00
1992	JUNCO IN WINTER	1250	185.00	250.00
1992	PREDATOR PORTFOLIO-COUGAR	950	465.00	1400.00
1992	SIBERIAN TIGER	4500	325.00	400.00
1992	SIBERIAN TIGER - PRESTIGE	*	625.00	625.00
1992	TEMBO-ELEPHANT	1550	350.00	575.00
1992	WHITE TAILED DEER THROUGH BIRCH	10000	335.00	335.00
1992	WINTER COAT-LANDSCAPE	1250	245.00	245.00
1993	CARDINAL & SUMAC	2500	235.00	235.00
1993	DAY LILIES AND DRAGONFLIES	1250	345.00	345.00
1993	GOLDEN-HEADED LION TAMARIN	*	350.00	350.00
1993	GRIZZLY AND CUBS	2250	335.00	350.00
1993	KESTREL AND GRASSHOPPER	1250	335.00	335.00
1993	MARBLED MURRELET-DUCK	55	1200.00	1400.00
1993	ON THE BRINK-RIVER OTTERS	1250	345.00	375.00
1993	PREDATOR PORTFOLIO-GRIZZLY	950	475.00	475.00
1993	PREDATOR PORTFOLIO-POLAR BEAR	950	485.00	485.00
1993	PREDATOR PORTFOLIO-WOLF	950	475.00	475.00
1993	RECLINING SNOW LEOPARD	1250	335.00	350.00
1993	RIVER OTTER	290	1500.00	2000.00
1993	ROSE-BREASTED GROSBEAK	290	450.00	450.00
1993	SAW WHET OWL & WILD GRAPES	950	185.00	185.00
1993	SHADOWS OF THE RAINFOREST	RT	345.00	680.00
1993	VIGILANCE	9500	330.00	330.00
1994	IN HIS PRIME-MALLARD DUCK	950	195.00	215.00
1994	MERU DUCK - LESSER KUDUS	950	135.00	135.00
1994	PATH OF THE PANTHER	1950	295.00	295.00
1994	PREDATOR PORTFOLIO-BLACK BEAR	950	475.00	475.00
1994	SALT SPRING SHEEP	1250	235.00	235.00
1994	SIERRA EVENING-MEXICAN WOLF	*	285.00	285.00
1994	SNOWY NAP-TIGER	RT	185.00	1100.00
1994	SNOWY OWL	150	265.00	600.00
1994	WINTER PINE- G/H OWL	*	265.00	265.00
1994	WINTER RUN-BULL MOOSE	*	295.00	295.00
1994	WOLF PAIR IN THE SNOW	290	795.00	1500.00
1995	SPARRING ELEPHANTS	*	325.00	325.00
A. BRACKENBURY				
1983	GREAT EXPECTATIONS	950	40.00	200.00
1983	UNDER THE RED TWIGS-COTTONTAIL	950	40.00	150.00
1984	CATTAILS	950	60.00	100.00
1984	COTTONTAIL FAMILY-RABBIT	*	40.00	50.00
1984	FIRST EXCURSION-CHICKEN	*	*	75.00

YR	NAME	LIMIT	ISSUE	TREND
1984	GRIZZLY IN CHOKEBERRIES	*	60.00	100.00
1985	CRAB APPLE CRAVING-SQUIRREL	*	60.00	75.00
1985	PROWLING BANDITS-RACCOONS	*	50.00	75.00
1985	SLED DOGS	950	50.00	175.00
1985	TOADALLY CAPTIVATED-DOG	950	60.00	135.00
1986	CHILLY DOG-YELLOW LAB	*	75.00	75.00
1987	STONE LYIN'-CAT	*	85.00	125.00
1988	CAT IN THE MAIZE	*	80.00	100.00
1988	CHOCOLATE CLUSTER-CHOCOLATE LAB	*	80.00	125.00
1988	CORN DOGS-LAB. DOG	*	85.00	85.00
1988	FEATHERBRAIN-LAB. DOG	*	80.00	225.00
1988	POLE CAT	*	85.00	100.00
1989	BASKET CASE-PUPPIES	950	95.00	95.00
1989	BUREAUCATS-KITTENS	*	95.00	95.00
1989	RED TAPE-LAB. DOG	950	95.00	95.00
1989	WINTER COAT-GOLDEN RETRIEVER	*	85.00	100.00
1990	PUPULATION EXPLOSION-BLK VARI.-COCKER	950	95.00	100.00
1990	PUPULATION EXPLOSION-GLD VARI.-COCKER	950	95.00	100.00
1990	WAGGIN' TAILS-PUPPIES	950	95.00	95.00
1991	DAWN ON THE BEACH-SNOWY EGRET	*	95.00	95.00

C. BRENDERS

YR	NAME	LIMIT	ISSUE	TREND
*	BROKEN SILENCE-FAWNS	*	195.00	200.00
*	BUTTERFLY COLLECTION - 2ND	*	375.00	600.00
*	BUTTERFLY COLLECTION - 3RD	*	375.00	375.00
*	CLOSE-UP, JAGUAR	*	110.00	110.00
*	DEN MOTHER - MOTHER WOLF	*	135.00	135.00
*	DEN MOTHER-PREMIER-WOLF	*	700.00	700.00
*	FULL HOUSE-PREMIER ED.- FOXES	*	900.00	900.00
*	GOSLING STUDY	*	35.00	85.00
*	HUNTER'S DREAM-ELK	*	950.00	1400.00
*	MONARCH IS ALIVE-PREMIER-EAGLE	*	900.00	900.00
*	POLAR BEAR CUB STUDY	*	35.00	35.00
*	WREN STUDY	*	35.00	125.00
1984	ON THE ALERT-RED FOX	950	95.00	250.00
1984	PLAYFUL PAIR-CHIPMUNKS	950	40.00	525.00
1984	SILENT HUNTER-GREAT HORNED OWL	950	95.00	550.00
1984	SILENT PASSAGE-COUGAR	950	150.00	460.00
1984	WATERSIDE ENCOUNTER-RACCOON	950	95.00	875.00
1985	MIGHTY INTRUDER-BLACK BEAR	950	95.00	500.00
1986	ACROBATS MEAL, THE-RED SQUIRREL	950	65.00	550.00
1986	BLACK-CAPPED CHICKADEES	950	40.00	600.00
1986	BLUEBIRDS	950	40.00	400.00
1986	COLORFUL PLAYGROUND-COTTONTAILS	950	75.00	950.00
1986	DISTURBED DAYDREAMS	950	95.00	360.00
1986	GOLDEN SEASON-GRAY SQUIRREL	950	85.00	850.00
1986	HARVEST TIME-CHIPMUNK	950	65.00	625.00
1986	LATE SNOW-GREAT BLUE HERON	*	90.00	100.00
1986	MEADOWLARK	1250	165.00	400.00
1986	ROBINS	950	40.00	200.00
1987	AUTUMN LADY-DEER	950	150.00	850.00
1987	CLOSE TO MOM-BEAR	950	150.00	1300.00
1987	DOUBLE TROUBLE-RACCOONS	950	120.00	950.00
1987	IVORY BILLED WOODPECKER	RT	95.00	825.00
1987	MIGRATION FEVER-BARN SWALLOWS	950	150.00	450.00
1987	MYSTERIOUS VISITOR-BARN OWL	950	150.00	510.00
1987	SILENT PASSAGE-LION	*	400.00	500.00
1987	UNDER THE PINE TREES-CHIPMUNKS	*	65.00	425.00
1987	WHITE ELEGANCE-TRUMPETER SWANS	950	115.00	525.00
1987	YELLOW-BELLIED MARMOT	950	95.00	600.00
1988	A HUNTER'S DREAM	950	165.00	1250.00
1988	APPLE HARVEST	950	115.00	400.00
1988	CALIFORNIA QUAIL	*	95.00	400.00
1988	FOREST SENTINEL-BOBCAT	950	135.00	525.00
1988	HIDDEN IN THE PINES-GREAT HORNED OWL	950	175.00	950.00
1988	HIGH ADVENTURE-BLACK BEAR CUBS	950	105.00	850.00
1988	LONG DISTANCE HUNTERS-WOLF	1250	175.00	1450.00
1988	ROAMING THE PLAINS-PRONGHORNS	*	150.00	250.00
1988	TALK ON THE OLD FENCE	950	165.00	1050.00
1988	WITNESS OF A PAST-BISON	*	110.00	110.00
1989	A YOUNG GENERATION-RABBIT	1250	165.00	440.00
1989	APPLE LOVER, THE-ROBIN	1500	125.00	400.00
1989	COMPANIONS, THE-WOLF	18036	200.00	650.00
1989	FORAGER'S REWARD-RED SQUIRREL	*	135.00	180.00
1989	LORD OF THE MARSHES-BLUE HERON	950	40.00	175.00
1989	MERLINS AT THE NEST	1250	165.00	350.00
1989	NORTHERN COUSINS-BLACK SQUIRREL	950	95.00	220.00
1989	PREDATORS WALK, THE-COUGAR	*	150.00	300.00
1989	RED-WINGED BLACKBIRDS	*	40.00	170.00
1989	STELLER'S JAY	1250	135.00	250.00
1989	SURVIVORS, THE-CANADA GEESE	*	225.00	600.00
1990	A THREATENED SYMBOL-BALD EAGLE	1950	145.00	150.00
1990	BLOND BEAUTY-HORSE	RT	185.00	185.00
1990	FULL HOUSE-FOX FAMILY	20106	235.00	350.00
1990	GHOSTLY QUIET-SPANISH LYNX	RT	200.00	200.00
1990	MONARCH IS ALIVE,THE-EAGLE	RT	265.00	325.00
1990	MOUNTAIN BABY-BIGHORN SHEEP	1950	165.00	165.00
1990	ON THE OLD FARM DOOR-BLUEBIRD	1500	225.00	435.00
1990	SHORELINE QUARTET-WHITE IBIS	1950	265.00	265.00
1990	SMALL TALK	1500	125.00	150.00

YR	NAME	LIMIT	ISSUE	TREND
1990	SPRING FAWN	1500	125.00	225.00
1990	SQUIRREL'S DISH	1950	110.00	110.00
1991	BALANCE OF NATURE, THE-HAWK & RABBIT	1950	225.00	225.00
1991	CALM BEFORE THE CHALLENGE-MOOSE	RT	225.00	225.00
1991	NESTING SEASON, THE-HOUSE SPARROW	1950	195.00	200.00
1991	ONE TO ONE - GRAY WOLF STUDY	*	120.00	200.00
1991	ONE TO ONE-GRAY WOLF	10000	245.00	500.00
1991	SHADOWS IN THE GRASS (PRESTIGE ED.)	*	450.00	450.00
1991	SHADOWS IN THE GRASS-YOUNG COUGARS	*	235.00	235.00
1991	WOLF STUDY	RT	125.00	125.00
1992	DEN MOTHER - WOLF FAMILY	2500	250.00	325.00
1992	ISLAND SHORES - SNOWY EGRET	2500	250.00	275.00
1992	PATHFINDER - RED FOX	5000	245.00	280.00
1992	RED FOX STUDY	1250	125.00	125.00
1992	ROCKY KINGDOM - BIGHORN SHEEP	1750	255.00	250.00
1992	SNOW LEOPARD PORTRAIT	1750	150.00	150.00
1992	WOLF SCOUT #1-WOLF CUB	2500	105.00	105.00
1992	WOLF SCOUT #2-WOLF CUB	2500	105.00	105.00
1993	BLACK SPHINX	950	235.00	235.00
1993	BUTTERFLY COLLECTION-1ST	*	375.00	410.00
1993	IN THE NORTHERN HUNTING GROUNDS	1750	375.00	375.00
1993	MOTHER OF PEARLS-POLAR BEAR	5000	275.00	300.00
1993	NARROW ESCAPE - CHIPMUNK	1750	150.00	175.00
1993	ROCKY CAMP - COUGAR (GICLEE)	*	500.00	875.00
1993	ROCKY CAMP - COUGAR FAMILY	5000	275.00	1100.00
1993	ROCKY CAMP CUBS	950	225.00	225.00
1993	SUMMER ROSES - WINTER WREN	*	425.00	625.00
1994	DALL SHEEP PORTRAIT	950	115.00	130.00
1994	FOREST CARPENTER-PILEATED-WOODPECKER	*	195.00	195.00
1994	POWER AND GRACE-DEER	*	525.00	1000.00
1994	RIVERBANK KESTREL	*	325.00	575.00
1994	TAKE FIVE - CANADA LYNX	*	340.00	525.00
1994	TUNDRA SUMMIT-ARCTIC WOLVES	*	340.00	400.00
1995	FAMILY TREE, THE-OWLS	*	225.00	300.00

P. CALLE

YR	NAME	LIMIT	ISSUE	TREND
*	BUFFALO SKULL BUCKLE - BRONZE	*	95.00	95.00
*	BUFFALO SKULL BUCKLE - SILVER	*	750.00	750.00
*	EARLY ARRIVALS	*	245.00	245.00
*	FREE TRAPPER, THE - BRONZE	*	*	N/A
*	I CALL HIM FRIEND - B/W	*	375.00	375.00
*	LONELY WATCH	*	100.00	60.00
*	ONE STAR	*	125.00	200.00
*	PAUSE FOR A DRINK	*	100.00	65.00
*	THEY CALL ME WILLIAM	*	265.00	265.00
*	TRAIL BOSS	*	100.00	65.00
1980	CARING FOR THE HERD	RT	110.00	110.00
1980	CHIEF HIGH PIPE (PENCIL)	950	75.00	165.00
1980	CHIEF JOSEPH-MAN OF PEACE	950	135.00	160.00
1980	LANDMARK TREE	950	125.00	275.00
1980	PRAYER TO THE GREAT MYSTERY	950	245.00	250.00
1980	SIOUX CHIEF	RT	85.00	85.00
1980	SOMETHING FOR THE POT	950	175.00	1450.00
1980	VIEW FROM THE HEIGHTS	950	245.00	250.00
1980	WHEN SNOW CAME EARLY	950	85.00	580.00
1980	WINTER HUNTER, THE (PENCIL)	950	65.00	315.00
1981	ALMOST HOME	950	150.00	150.00
1981	AND STILL MILES TO GO	950	245.00	480.00
1981	ANDREW AT THE FALLS	950	150.00	315.00
1981	CHIEF HIGH PIPE (COLOR)	950	265.00	125.00
1981	END OF A LONG DAY	RT	150.00	210.00
1981	FRESH TRACKS	RT	150.00	165.00
1981	FRIEND OR FOE	950	125.00	150.00
1981	FRIENDS	RT	150.00	150.00
1981	JUST OVER THE RIDGE	950	245.00	245.00
1981	ONE WITH THE LAND	950	245.00	250.00
1981	PAUSE AT THE LOWER FALLS	950	110.00	275.00
1981	TETON FRIENDS	950	150.00	195.00
1981	WINTER HUNTER, THE (COLOR)	950	245.00	975.00
1982	BREATH OF FRIENDSHIP, THE	950	225.00	250.00
1982	EMERGING FROM THE WOODS	RT	110.00	110.00
1982	GENERATIONS IN THE VALLEY	RT	245.00	245.00
1982	RETURN TO CAMP	950	245.00	400.00
1982	TWO FROM THE FLOCK	950	245.00	600.00
1983	A WINTER'S SURPRISE	950	195.00	400.00
1983	COMPANIONS	*	150.00	240.00
1983	FREE SPIRITS	950	195.00	200.00
1983	FREE TRAPPER STUDY	*	125.00	525.00
1983	IN SEARCH OF BEAVER	950	225.00	1400.00
1983	STRAYS FROM THE FLYWAY	950	195.00	200.00
1984	BRACE FOR THE SPIT	950	110.00	560.00
1984	CHANCE ENCOUNTER	950	225.00	275.00
1984	FATE OF THE LATE MIGRANT	950	110.00	425.00
1984	HEAR ME O' GREAT SPIRIT	*	175.00	175.00
1984	MOUNTAIN MAN, THE	950	95.00	200.00
1984	MOUNTAIN MAN, THE (PENCIL)	*	95.00	425.00
1984	TRAPPER, THE	*	95.00	110.00
1984	WHEN TRAILS CROSS	950	245.00	1500.00
1985	CARRYING PLACE, THE	RT	195.00	325.00
1985	FRONTIER BLACKSMITH	950	245.00	245.00

YR	NAME	LIMIT	ISSUE	TREND
1985	GRANDMOTHER, THE	950	150.00	200.00
1985	STORYTELLER OF THE MOUNTAINS	950	225.00	1450.00
1986	FUR TRAPPER, THE	*	75.00	150.00
1986	SNOW HUNTER, THE	950	150.00	250.00
1987	IN THE LAND OF THE GIANTS	950	245.00	1150.00
1987	INTO THE GREAT ALONE	950	245.00	1050.00
1988	NEW DAY, A	950	150.00	240.00
1988	TRAPPER AT REST	550	95.00	175.00
1988	VOYAGEURS & WATERFOWL	RT	265.00	850.00
1989	AND A GOOD BOOK FOR COMPANY	950	135.00	620.00
1989	BEAVER MEN, THE	950	125.00	200.00
1989	GREAT MOMENT, THE	950	350.00	350.00
1989	MOUNTAIN MEN, THE (LITHO)	RT	400.00	400.00
1989	NAVAJO MADONNA	650	95.00	95.00
1989	WHERE EAGLES FLY	*	265.00	400.00
1989	WINTER FEAST	1250	265.00	400.00
1989	WINTER FEAST, A PREMIER ED.	290	465.00	400.00
1990	CHILDREN OF WALPI	350	160.00	175.00
1990	DOLL MAKER, THE	950	95.00	95.00
1990	INTERRUPTED JOURNEY	1750	265.00	400.00
1990	INTERRUPTED JOURNEY (PRESTIGE ED.)	RT	465.00	490.00
1990	SON OF SITTING BULL	950	95.00	125.00
1991	ALMOST THERE	RT	165.00	200.00
1991	IN THE BEGINNING...FRIENDS	RT	250.00	600.00
1991	MAN OF THE FUR TRADE	550	110.00	140.00
1991	SILENCED HONKERS, THE	1250	250.00	330.00
1991	THEY CALL ME MATTHEW	950	125.00	140.00
1991	WHEN TRAILS GROW COLD	2500	265.00	275.00
1991	WHEN TRAILS GROW COLD (PRESTIGE ED.)	RT	465.00	465.00
1992	HUNTER OF GEESE	950	125.00	125.00
1992	JIMMY DOOLITTLE PORTRAIT	*	425.00	425.00
1992	OUT OF THE SILENCE	2500	265.00	275.00
1992	OUT OF THE SILENCE - PRESTIGE	290	465.00	465.00
1992	THROUGH THE TALL GRASS	950	175.00	175.00
1993	AND A GRIZZLY CLAW NECKLACE	750	150.00	250.00
1993	I CALL HIM FRIEND - PRESTIGE	950	235.00	250.00
1994	NEAR JOURNEY'S END	*	245.00	245.00
1994	WHEN TRAPPERS MEET (PENCIL)	750	165.00	185.00
1995	FIRESIDE COMPANIONS	*	150.00	150.00

J. DALY

YR	NAME	LIMIT	ISSUE	TREND
*	ANNIE'S RAGGEDY	*	75.00	350.00
*	MARSHALL, THE	*	150.00	150.00
*	MY BEST FRIENDS	*	140.00	350.00
*	SATURDAY MORNING	*	150.00	150.00
*	WINNING CATCH	*	75.00	85.00
1980	SUNDAY MORNING	*	350.00	115.00
1982	SPRING FEVER	950	85.00	670.00
1983	SATURDAY NIGHT	950	85.00	1450.00
1986	FLYING HIGH-CHILDREN	950	50.00	400.00
1987	FAVORITE READER-BOY	RT	85.00	325.00
1987	ODD MAN OUT-BOY	RT	85.00	700.00
1988	ON THIN ICE-BOY ICE SKATING	RT	95.00	250.00
1988	TERRITORIAL RIGHTS-BOY	950	85.00	400.00
1988	TIE BREAKER-CHECKERS	950	95.00	300.00
1988	WIPED OUT-MARBLES	1250	125.00	950.00
1989	IN THE DOGHOUSE-BOY/DOG	1500	75.00	875.00
1989	LET'S PLAY BALL-BOY/DOG	1500	75.00	200.00
1989	THIEF, THE-BOY/DOG	1500	95.00	445.00
1989	THORN, THE	1500	125.00	450.00
1990	BIG MOMENT, THE-CLOWN W/CHILD	1500	125.00	150.00
1990	CONFRONTATION	1500	85.00	115.00
1990	CONTENTMENT	1500	95.00	350.00
1990	HONOR AND ALLEGIANCE	1500	110.00	135.00
1990	ICE MAN, THE-BOY	1500	125.00	300.00
1990	IT'S THAT TIME AGAIN	1500	120.00	120.00
1990	MAKE BELIEVE-LITTLE GIRLS	RT	75.00	340.00
1990	RADIO DAZE	1500	150.00	325.00
1990	SCHOLAR, THE	1500	110.00	180.00
1991	A NEW BEGINNING	5000	125.00	125.00
1991	CAT'S CRADLE	950	450.00	450.00
1991	HOME TEAM: ZERO-BASEBALL	1500	150.00	165.00
1991	HOMEMADE	1500	125.00	150.00
1991	PILLARS OF A NATION-ELLIS ISLAND	20000	175.00	175.00
1991	TIME-OUT-CHILDREN	RT	125.00	125.00
1992	DOMINOES	1500	155.00	155.00
1992	FAVORITE GIFT	RT	175.00	180.00
1992	FLYING HORSES, THE	950	325.00	325.00
1992	HER SECRET PLACE	*	275.00	400.00
1992	IMMIGRANT SPIRIT, THE	5000	125.00	170.00
1992	PLAYMATES	*	355.00	330.00
1992	WALKING THE RAILS	1500	175.00	175.00
1993	GOOD COMPANY	1500	155.00	155.00
1993	LEFT OUT	1500	110.00	125.00
1993	NEW CITIZEN, THE	5000	125.00	135.00
1993	SECRET ADMIRER	1500	150.00	150.00
1993	SUNDAY AFTERNOON	*	350.00	350.00
1993	TO ALL A GOOD NIGHT	1500	160.00	160.00
1993	WHEN I GROW UP	1500	175.00	175.00
1994	ALL ABOARD	*	145.00	145.00

YR	NAME	LIMIT	ISSUE	TREND
1994	CATCH OF MY DREAMS	4500	45.00	50.00
1994	CHILDHOOD FRIENDS	950	110.00	115.00
1994	EYE TO EYE	*	95.00	340.00
1994	MUD MATES	950	150.00	150.00
1994	SLUGGER	950	75.00	85.00
1994	WIND-UP, THE	950	75.00	135.00
1995	A GIFT OF TIME	*	145.00	165.00
1995	SLIDING HOME	*	75.00	100.00

N. ENGLE

YR	NAME	LIMIT	ISSUE	TREND
1981	HOUSE BY THE SEA	950	75.00	1000.00
1981	WILDERNESS MARSH	950	75.00	330.00
1983	MORNING ON THE YELLOWDOG RIVER	950	75.00	500.00
1983	QUIET WATERS	950	75.00	100.00
1983	SUMMER RIVER	950	75.00	600.00
1983	WILD OCTOBER	*	75.00	400.00
1983	WINTER BROOK	*	75.00	550.00
1984	APRIL LIGHT	*	*	125.00
1984	AUTUMN BLUEBERRIES	950	75.00	125.00
1984	EVENING HARBOR	950	75.00	135.00
1984	ISLAND HOME	*	75.00	140.00
1984	ISLAND LAKE	950	95.00	150.00
1984	LOST CREEK	*	15.00	125.00
1984	MARCH THAW	*	95.00	175.00
1984	MELTING INTO SPRING	*	95.00	100.00
1984	MIDDLE ISLAND POINT	*	115.00	170.00
1984	PEACEFUL MORNING-CANADAS	*	50.00	50.00
1985	AUTUMN GOLD	*	85.00	160.00
1985	AUTUMN RIVER	*	50.00	180.00
1985	GREAT PASSAGE	*	175.00	300.00
1985	GROUSE COUNTRY	950	85.00	100.00
1985	HEMLOCK MARSH	*	115.00	200.00
1985	MISTY ISLE	*	150.00	180.00
1985	MOUNTAIN COVE	*	125.00	135.00
1985	SALTY DOG	*	95.00	170.00
1985	WILD ROSE MARSH	950	95.00	775.00
1986	SUNSET SWAMP	*	75.00	90.00
1987	FISHERMAN AT DAWN	*	95.00	550.00
1987	MOUNTAIN MEADOW	*	95.00	500.00
1987	SAFE HARBOR	*	95.00	170.00
1988	DEEP WOODS WINTER	*	95.00	135.00
1988	EDGE OF WINTER-LAKE SUPERIOR	*	150.00	180.00
1988	FOREST POOL	*	110.00	180.00
1988	LIGHT IN THE WILLOWS-GREAT WHITE HERON	*	145.00	145.00
1988	VICTORIAN SPRING-GRAND HOTEL	*	150.00	170.00
1989	BRIGHT RIVER	950	150.00	150.00
1989	CARRIAGE WAITING	950	75.00	135.00
1989	DAISY BAY	*	150.00	550.00
1989	FIRST COLOR	*	135.00	200.00
1989	GOLDEN BEACH	*	110.00	115.00
1990	AFTERNOON VISITOR	950	75.00	150.00
1990	FEEDER STREAM	950	150.00	195.00
1990	WILD ROSES BY THE SEA	*	150.00	620.00

F. MACHETANZ

YR	NAME	LIMIT	ISSUE	TREND
1978	FACE TO FACE	950	150.00	2100.00
1978	HUNTER'S DAWN	950	125.00	475.00
1978	INTO THE HOME STRETCH	950	175.00	700.00
1979	BEGINNINGS	950	175.00	400.00
1979	DECISIONS ON THE ICE FIELD	950	150.00	950.00
1979	PICK OF THE LITTER	950	165.00	1400.00
1979	REACHING THE CAMPSITE	950	200.00	1450.00
1980	KING OF THE MOUNTAIN	950	200.00	400.00
1980	NELCHINA TRAIL	950	245.00	350.00
1980	SOURDOUGH	950	245.00	1450.00
1980	WHEN THREE'S A CROWD	950	225.00	1400.00
1981	GOLDEN YEARS	950	245.00	1000.00
1981	MIDDAY MOONLIGHT	950	265.00	580.00
1981	WHAT EVERY HUNTER FEARS	950	245.00	775.00
1981	WHERE MEN AND DOGS SEEM SMALL	950	245.00	1300.00
1981	WINTER HARVEST	950	265.00	950.00
1982	MIGHTY HUNTER	950	265.00	775.00
1982	MOONLIGHT STAKEOUT	950	265.00	650.00
1982	MOOSE TRACKS	950	265.00	425.00
1982	TENDER ARCTIC, THE	950	295.00	775.00
1983	NANOOK	950	295.00	325.00
1983	THEY OPENED THE NORTH COUNTRY	950	245.00	300.00
1984	END OF A LONG DAY-POLAR BEAR	950	200.00	700.00
1984	MANY MILES TOGETHER-ESKIMO	950	245.00	460.00
1984	MIDNIGHT WATCH	950	250.00	325.00
1984	SMOKE DREAMS	950	250.00	460.00
1984	STORY OF THE BEADS	950	245.00	700.00
1985	END OF THE HUNT-ESKIMO	950	245.00	620.00
1985	LAND OF THE MIDNIGHT SUN-POLAR BEAR	950	245.00	470.00
1985	LANGUAGE OF THE SNOW-ESKIMO	950	195.00	460.00
1985	REACHING THE PASS-DOG SLED	950	265.00	975.00
1986	KYROK-ESKIMO SEAMSTRESS	950	225.00	1200.00
1986	LEAVING THE NEST-POLAR BEAR	950	245.00	300.00
1986	LONE MUSHER-ALASKA	950	245.00	500.00
1986	MT. BLACKBURN-SOVEREIGN OF THE WRANGELLS	950	245.00	330.00
1986	SON OF THE NORTH-ESKIMO	*	175.00	370.00

YR	NAME	LIMIT	ISSUE	TREND
1987	SPRING FEVER-POLAR BEAR	950	225.00	225.00
1987	START OF THE DAY-ALASKA	*	200.00	200.00
1987	TRAIL THROUGH THE PRESSURE ICE-ALASKA	*	225.00	225.00
1988	CHANGE OF DIRECTION W/MEDAL	950	320.00	350.00
1988	TENSE MOMENT-POLAR BEAR	*	200.00	325.00
1988	VETERAN OF THE TRAIL-DOG SLED	*	175.00	200.00
1988	WHALING LOOKOUT-ESKIMO WHALING	*	195.00	400.00
1989	CHIEF DANCES, THE-ESKIMO	950	235.00	235.00
1989	INVADERS, THE-POLAR BEAR	*	235.00	550.00
1989	TWO OF MY FAVORITE SUBJECTS	*	225.00	225.00
1990	GLORY OF THE TRAIL-DOG MUSHING	950	225.00	660.00
1990	GRASS IS ALWAYS GREENER, THE-DOG	950	200.00	775.00
1990	QUALITY TIME-POLAR BEAR	950	200.00	620.00
1991	KAYAK MAN	950	215.00	215.00
1991	SEARCH FOR GOLD, THE	*	225.00	225.00
1991	TUNDRA FLOWER	950	235.00	400.00
1992	FIRST DAY IN HARNESS	*	225.00	225.00
1992	HARPOONER'S MOMENT-ALASKA	*	225.00	225.00
1993	FISHING RIGHTS-BROWN BEAR	*	195.00	195.00
1993	RARIN' TO GO DOG SLED	*	225.00	225.00
1994	SEARCH ON THE PRESSURE ICE	*	195.00	200.00
B. MOORE, JR.				
1979	HARRY SHOURDES REDHEAD	950	65.00	110.00
1979	LEE DUDLEY-CANVASBACK	950	65.00	300.00
1979	WARD BROTHERS-CANADAS	950	85.00	200.00
1980	WARD BROTHERS-CANVASBACKS	*	85.00	140.00
1981	JOSEPH LINCOLN PINTAIL ON THE SANTEE	*	85.00	90.00
1981	WAITING, THE	950	85.00	330.00
1981	WIND CALLED HIS NAME, THE	950	85.00	400.00
1982	GOLDEN DAWN	950	85.00	110.00
1982	POINT AND HONOR	*	115.00	195.00
1983	BECKY	*	75.00	300.00
1986	THIS PLACE NOT FOR SALE	*	85.00	160.00
R. PARKER				
*	BLUE SHADOWS-ARCTIC FOX	*	175.00	185.00
*	BREAK IN THE ICE-CANADA GOOSE	*	150.00	175.00
*	EVENING SILHOUETTE-COYOTES	*	225.00	225.00
*	EVENING SOLITUDE-WOLF	*	195.00	195.00
*	FALLEN TOTEM-EAGLE	*	245.00	250.00
*	FOREST FLIGHT-EAGLE	*	195.00	195.00
*	FROSTY ALDER-EVENING GROSBEAK	*	125.00	125.00
*	GRIZZLIES AT THE FALLS	*	225.00	225.00
*	ICY CREEK-MINK	*	105.00	120.00
*	LAST LIGHT-COUGAR	*	235.00	150.00
*	WAPITI PORTRAIT-AMERICAN ELK	*	105.00	105.00
*	WARY GLANCE - CHIPMUNK	*	70.00	70.00
1982	RACCOON PAIR	950	95.00	200.00
1982	RAIDING THE CACHE	*	95.00	100.00
1982	SNOW ON THE PINE-CHICKADEES	950	95.00	100.00
1982	SPRING MIST-GRAY WOLF	950	155.00	325.00
1982	WEATHERED WOOD-BLUEBIRDS	950	75.00	175.00
1983	MALLARD FAMILY	950	95.00	110.00
1983	MOUNTAIN BLOOMS-GROUND SQUIRREL	*	50.00	90.00
1983	RED SQUIRREL	*	65.00	150.00
1983	RIVERSIDE PAUSE-RIVER OTTER	950	95.00	540.00
1983	YELLOW DAWN-AMERICAN ELK	950	130.00	130.00
1984	CHICKADEES IN AUTUMN	950	75.00	90.00
1984	FACE OF THE NORTH-WOLF	950	95.00	175.00
1984	FAT AND SASSY-ROBIN	*	95.00	100.00
1984	GRAY WOLF PORTRAIT	950	115.00	210.00
1984	SILENT STEPS-LYNX	950	145.00	225.00
1984	WHEN PATHS CROSS	950	185.00	275.00
1984	WINTER JAY-BLUE JAY	950	95.00	180.00
1985	AFTERNOON SHADOWS-MULE DEER	*	105.00	105.00
1985	MISTY MORN-LOON	950	120.00	330.00
1985	REFLECTIONS-MALLARD DUCK	*	175.00	400.00
1985	SPRING ARRIVALS-CANADA GEESE	950	120.00	135.00
1985	WAITING OUT THE STORM-WOLF	950	105.00	450.00
1985	WINGS OVER WINTER-BALD EAGLE	950	135.00	325.00
1985	WINTER CLOAK-ERMINE	*	105.00	125.00
1986	ABOVE THE BREAKERS-OSPREY	950	150.00	225.00
1986	AT END OF DAY-WOLVES	950	235.00	235.00
1986	AUTUMN FIELDS-RED FOX	*	220.00	220.00
1986	AUTUMN FORAGING-MOOSE	950	175.00	320.00
1986	AUTUMN LEAVES-RED FOX	950	95.00	100.00
1986	AUTUMN MEADOW-ELK	950	195.00	200.00
1986	BEHIND THE HEMLOCK-LYNX	*	105.00	115.00
1986	CARDINAL IN BLUE SPRUCE	950	125.00	150.00
1986	CARDINAL IN BRAMBLES	950	125.00	125.00
1986	CREEKSIDE-COUGAR	950	225.00	225.00
1986	FOLLOWING MAMA-MUTE SWANS	950	165.00	400.00
1986	JUST RESTING-SEA OTTER	950	85.00	400.00
1986	MORNING ON THE LAGOON-MUTE SWAN	950	95.00	100.00
1986	NORTHERN MORNING-ARCTIC FOX	950	125.00	125.00
1986	RED-COCKADED WOODPECKER	*	120.00	120.00
1986	RIMROCK-COUGAR	950	200.00	1000.00
1986	STILL WATER - MALLARD DUCK	*	105.00	105.00
1986	WHITETAIL AND WOLVES	950	180.00	200.00
1986	WINTER CREEK-COYOTE	950	130.00	250.00

YR	NAME	LIMIT	ISSUE	TREND
1987	ABOVE THE WAVES-COMMON TERNS	*	95.00	95.00
1987	ARCTIC SPRING-WHITE GYRFALCON	*	185.00	185.00
1987	ARCTIC WOLF PORTRAIT	*	105.00	105.00
1987	AUTUMN MORNING-GRIZZLY	*	200.00	200.00
1987	BARN SWALLOWS ON FENCE POST	*	105.00	105.00
1987	DESERT RESPITE-KIT FOX	*	125.00	125.00
1987	EVENING GLOW-WOLF PACK	950	245.00	250.00
1987	EVENING REFLECTIONS-TRUMPETER SWAN	*	115.00	135.00
1987	FREEZE UP-CANADA GEESE	950	85.00	85.00
1987	GOLDEN GRASSES-CALIFORNIA QUAIL	*	95.00	120.00
1987	LOW WATER-RACCOON	*	125.00	125.00
1987	ON THE RUN-WOLF PACK	950	245.00	245.00
1987	RAIL FENCE-BLUEBIRDS	950	105.00	105.00
1987	RAMPARTS-MOUNTAIN GOATS	*	200.00	200.00
1987	SHELTERED SPOT-LYNX	*	150.00	150.00
1987	WALKING THE RIDGE-PRONGHORN	*	185.00	185.00
1987	WHITE-CROWNED SPARROW ON DRIFTWOOD	*	125.00	135.00
1987	WINTER CREEK AND WHITETAILS	950	185.00	185.00
1987	WINTER ENCOUNTER-WOLF	950	235.00	400.00
1987	WINTER PINE-DOWNY WOODPECKER	*	110.00	110.00
1987	WINTER SAGE-COYOTE	950	225.00	225.00
1987	WINTER STORM-COYOTES	950	245.00	245.00
1988	EAGLES IN THE PINES	*	200.00	200.00
1988	FIRST SNOW-ARCTIC WOLVES	*	175.00	175.00
1988	FOX PUP AT THE DEN ENTRANCE	*	115.00	120.00
1988	OLD MAN OF THE MOUNTAIN-BLACK BEAR	*	185.00	225.00
1988	RED-BREASTED NUTHATCH ON PI	*	95.00	95.00
1988	SEARCHING THE STREAM-RACCOON	*	125.00	125.00
1988	SILENT PASSAGE-ORCAS	950	175.00	175.00
1988	SNOW PALACE-MULE DEER	*	225.00	225.00
1988	SUMMER-LOON	*	125.00	125.00
1988	WHITE-TAILED TROPICBIRDS	*	130.00	130.00
1988	WINTER VALLEY-ELK	*	150.00	150.00
1988	WINTER WREN ON IVY	*	95.00	135.00
1989	AUTUMN ASPEN-WHITE-TAILED DEER	*	175.00	175.00
1989	AUTUMN CORNFIELD-CARDINAL	*	115.00	115.00
1989	AUTUMN MAPLES-WOLVES	950	195.00	195.00
1989	DEEP WATER-ORCAS WHALE	1250	195.00	195.00
1989	EARLY SNOWFALL-ELK	950	185.00	185.00
1989	EARLY SPRING-GREAT BLUE HERON	*	135.00	135.00
1989	EUCALYPTUS CLIMBER-KOALA BEAR	*	110.00	110.00
1989	EVENING AMBER-TRUMPETER SWAN	*	125.00	125.00
1989	FLYING REDTAIL HAWK-ORIGINAL	290	295.00	315.00
1990	BREAKING THE SILENCE-WOLVES	1250	195.00	150.00
1990	ICY MORNING-RED FOX	950	150.00	150.00
1990	INSIDE PASSAGE-ORCAS WHALE	1500	195.00	195.00
1990	LIONESS AND CUBS	150	295.00	295.00
1990	MOOSE IN THE BRUSH	950	195.00	195.00
1990	WINTER LOOKOUT-COUGAR	950	175.00	175.00
1991	DEEP SNOW-WHITETAIL DEER	950	175.00	225.00
1991	FOREST TREK-GRAY WOLF	950	185.00	185.00
1991	GILA WOODPECKER	950	135.00	135.00
1991	MOONLIT TRACKS-WOLF	1500	200.00	200.00
1991	MOTHER AND SON-ORCAS	950	185.00	200.00
1991	THROUGH THE FIRS-EAGLE	*	500.00	725.00
1991	WINTER'S FURY-MOUNTAIN GOATS	*	195.00	195.00
1992	CROSSING THE RIDGE-WOLVES	*	265.00	620.00
1992	SEA OTTER WITH URCHIN	*	150.00	150.00
1995	COASTAL MORNING-GRIZZLY	*	195.00	200.00
M. REECE				
*	FLIGHT- CANADA GEESE - BRONZE	*	4000.00	4000.00
*	MADISON COUNTY BRIDGE-PHEASANTS	*	135.00	150.00
*	QUIET LANDING-MALLARD-BRONZE	*	3000.00	3000.00
*	ROSEMAN BRIDGE-MADISON CITY	*	135.00	300.00
*	SHALLOW RIVER-AMERICAN WIGEON	*	195.00	195.00
*	SUNSET-CANADA GEESE	*	195.00	195.00
*	TWIN FAWNS-WHITE-TAILED DEER	*	235.00	235.00
*	WASHINGTON DUCK 1989 - AMERICAN WIGEON	*	135.00	135.00
*	WATERFOWL ART OF MAYNARD		650.00	650.00
1948	FEDERAL DUCK STAMP-BUFFLEHEADS	200	15.00	1200.00
1951	FEDERAL DUCK STAMP-GADWALLS	250	15.00	1200.00
1959	FEDERAL DUCK STAMP-RETRIEVER	400	15.00	4000.00
1964	BOBWHITES (STONE LITHO)	950	20.00	650.00
1964	MALLARDS (STONE LITHO)	950	20.00	20.00
1969	FEDERAL DUCK STAMP-WHITE-WINGED SCOTERS	750	50.00	1000.00
1969	MALLARDS-PITCHING IN	500	40.00	50.00
1970	EDGE OF THE HEDGEROW-BOBWHITES	950	60.00	620.00
1971	FEDERAL DUCK STAMP-CINNAMON TEAL	950	75.00	5000.00
1972	AGAINST THE WIND-CANVASBACKS	950	60.00	400.00
1973	FEEDING TIME-CANADA GEESE	550	75.00	200.00
1973	LATE AFTERNOON-MALLARD	450	150.00	175.00
1973	MARSHLANDER MALLARDS	600	60.00	60.00
1973	PHEASANT COUNTRY	550	60.00	250.00
1973	WOOD DUCKS	550	125.00	240.00
1974	A BURST OF COLOR-RING-NECKED PHEASANTS	950	75.00	250.00
1974	COURTSHIP FLIGHT-PINTAILS	950	75.00	150.00
1974	EARLY ARRIVALS-MALLARDS	950	50.00	200.00
1974	FLOODED OAKS-MALLARDS	850	150.00	300.00
1974	MALLARDS-DROPPING IN	950	75.00	200.00

YR	NAME	LIMIT	ISSUE	TREND
1974	PASSING STORM, THE-CANVASBACKS	950	50.00	250.00
1974	QUAIL COVEY	750	150.00	250.00
1974	SANDBAR, THE-CANADA GEESE	950	50.00	385.00
1974	SNOW GEESE-BLUE GEESE	750	150.00	250.00
1974	SNOWY CREEK-MALLARDS	950	75.00	180.00
1974	SOLITUDE-WHITETAIL DEER	950	85.00	125.00
1974	WINGING SOUTH-CANADA GEESE	750	150.00	470.00
1974	WOODED SECLUSION-TURKEY	950	75.00	110.00
1975	AFTERNOON SHADOWS-BOBWHITES	950	100.00	330.00
1976	AUTUMN TRIO-RING-NECKED PHEASANTS	950	85.00	250.00
1976	CANADA GEESE-COMING IN	950	85.00	325.00
1976	DARK SKY-MALLARDS	950	85.00	550.00
1976	FLIGHT-CANADA GEESE	950	50.00	60.00
1976	GENTOO-PENGUINS	260	125.00	125.00
1976	GOOD FETCH-LABRADOR RETRIEVER	950	150.00	250.00
1976	RAIL FENCE, THE-BOBWHITES	950	85.00	325.00
1976	SHALLOW POND-MALLARDS	950	125.00	250.00
1976	THUNDERHEAD-CANADA GEESE	260	125.00	1150.00
1976	WEATHERED WOOD-BOBWHITES	950	50.00	170.00
1977	COVEY RISE-BOBWHITES	950	150.00	600.00
1977	DARK SHADOWS-WHITETAIL DEER	950	85.00	90.00
1977	EASY LANDING-PINTAILS	950	95.00	200.00
1977	GRACEFUL PAIR-RING-NECKED PHEASANTS	950	50.00	200.00
1977	JUMPING GREENWINGS-GREEN-WINGED TEAL	950	85.00	100.00
1977	NINE TRAVELERS-CANADA GEESE	950	95.00	200.00
1977	QUIET POND-MALLARDS	950	95.00	330.00
1977	RESTING-WOOD DUCKS	950	50.00	180.00
1977	SENTINEL, THE-WHITETAIL DEER	950	150.00	275.00
1977	STICK POND-MALLARDS	950	125.00	165.00
1977	THROUGH THE TREES-WOOD DUCKS	950	95.00	300.00
1978	CHINSTRAP PENGUINS	*	50.00	60.00
1978	CRESCENT LAKE-MALLARDS	950	125.00	190.00
1978	DARK SKY-CANADA GEESE	950	175.00	540.00
1978	NEW SNOW-WHITE TAIL DEER	950	95.00	145.00
1978	OAK FOREST-TURKEY	950	125.00	200.00
1978	OUT OF THE PINES-BOBWHITES	950	245.00	250.00
1978	OVER THE POINT-LESSER SCAUPS	950	125.00	250.00
1978	ROUGH WATER-CANVASBACKS	950	150.00	150.00
1978	WINTER COVEY-BOBWHITES	950	225.00	400.00
1979	DARK SKY-BOBWHITES	950	225.00	500.00
1979	MARSH, THE	950	75.00	110.00
1979	PHEASANT COVER	950	175.00	175.00
1979	REGAL FLIGHT-WHISTLING SWANS	950	125.00	130.00
1979	RENDEZVOUS-WHITE-FRONTED GEESE	950	85.00	140.00
1979	SUNRISE-GREEN WINGED TEAL	950	150.00	190.00
1979	VALLEY, THE-PINTAILS	950	150.00	150.00
1979	WINDY DAY-MALLARDS	950	150.00	150.00
1979	WINTER-RING-NECKED PHEASANTS	950	125.00	125.00
1980	ALONG THE SHORE-REDHEADS	950	160.00	160.00
1980	COLD MORNING-MALLARDS	*	175.00	175.00
1980	DARK SKY-CANVASBACKS	950	195.00	200.00
1980	DIAMOND ISLAND-MALLARDS	950	195.00	350.00
1980	LANDING-CANADA GEESE	950	125.00	130.00
1980	MOUNTAIN SNOW	950	95.00	135.00
1980	POINTERS AND BOBWHITES	950	245.00	250.00
1980	QUAIL COUNTRY	950	250.00	480.00
1980	QUIET PLACE, THE-CANADA GEESE	950	175.00	300.00
1980	TIMBER-WOOD DUCKS	950	160.00	225.00
1980	TUNDRA-BLACK BRANT	950	85.00	85.00
1980	TWILIGHT-AMERICAN WIDGEON	950	75.00	80.00
1980	WILLOW, THE-GREEN-WINGED TEAL	950	160.00	230.00
1981	DARK SKY-RUFFED GROUSE	950	245.00	360.00
1981	DARK SKY-SNOW GEESE	*	175.00	175.00
1981	EARLY SPRING-WILD TURKEYS	950	220.00	500.00
1981	ESCAPE-RING-NECKED PHEASANTS	950	195.00	195.00
1981	FROSTY MORNING-CANADA GEESE	950	175.00	300.00
1982	BREAKING AWAY-PINTAILS	*	150.00	150.00
1982	FLOODED TIMBER-MALLARDS	950	150.00	330.00
1982	HEAVY SNOW-RUFFED GROUSE	*	150.00	150.00
1982	MINIATURE SERIES II-WOOD DUCKS	950	75.00	150.00
1982	MINIATURE SERIES I-MALLARDS	950	75.00	75.00
1982	QUAIL COVEY-BOBWHITES	950	245.00	245.00
1982	SPLASH, THE-SMALLMOUTH BASS	950	95.00	375.00
1982	STONY LAKE-MALLARDS	*	100.00	125.00
1983	ALONG THE RIVER-TRUMPETER SWANS	*	50.00	50.00
1983	COASTING DOWN-CANADA GEESE	*	40.00	40.00
1983	DARK SKY-PHEASANTS	950	125.00	465.00
1983	PASSING THROUGH-LESSER SCAUP	*	100.00	110.00
1983	PREENING-BLUE WINGED TEAL	*	115.00	115.00
1983	RUNNING BLUES-SCALED QUAILS	*	100.00	100.00
1983	TRANQUIL MARSH MALLARDS	*	60.00	60.00
1984	DARK SKY-PINTAILS	*	125.00	125.00
1984	MINIATURE SERIES III-BOBWHITES	950	75.00	110.00
1984	MINIATURE SERIES IV-PHEASANTS	*	75.00	110.00
1984	SECLUSION-WOOD DUCKS	*	150.00	150.00
1985	FLARING-MALLARDS	*	175.00	240.00
1985	HAZY DAY-BOBWHITES	950	150.00	375.00
1985	HIGH COUNTRY SKIER	*	125.00	200.00
1985	MUSKRAT HOUSE, THE-CANVASBACKS	*	95.00	110.00

YR	NAME	LIMIT	ISSUE	TREND
1985	PAIR-TRUMPETER SWAN, THE	*	95.00	100.00
1985	SNOWSTORM, THE-MALLARDS	950	95.00	460.00
1985	STORM CLOUDS-CANADA GOOSE	950	125.00	175.00
1985	WATER'S EDGE-CANADA GEESE	950	95.00	375.00
1986	AUTUMN MARSH-MALLARDS	950	125.00	330.00
1986	FAMILY, THE - CANADA GEESE	*	95.00	110.00
1986	NORTHERN LAKE-COMMON LOONS	*	125.00	175.00
1986	QUAIL RIDGE-BOBWHITES	*	175.00	220.00
1986	SNOW COVER-CARDINAL	*	95.00	100.00
1987	BERRY FOOD-CEDAR WAXWINGS	*	85.00	100.00
1987	BIRCH, THE-RUFFED GROUSE	*	85.00	100.00
1987	CAREFUL LANDING-CANADA GEESE	*	175.00	190.00
1987	OLD TREE-BOBWHITE QUAIL	*	195.00	195.00
1987	RED PINE-BLACK-CAPPED CHICKADEES	*	95.00	130.00
1987	WHITE PINE- BLUE JAY	*	85.00	140.00
1987	WINTER SOLITUDE-MALLARDS	*	125.00	150.00
1988	LEAPING-RAINBOW TROUT	*	110.00	110.00
1988	OAK TIMBER-MALLARDS	*	165.00	190.00
1988	SONORAN DESERT-GAMBEL'S QUAIL	*	150.00	300.00
1989	FLYING LOW-CANADA GEESE	*	225.00	475.00
1989	ICY WATER-MALLARDS	*	175.00	190.00
1989	OVER THE MARSH-CANADA GEESE	*	165.00	165.00
1989	UPLAND SERIES I-BOBWHITES	950	125.00	250.00
1989	WEEDY DRAW-RING-NECKED PHEASANTS	*	150.00	200.00
1990	AMERICAN WIGEON-WASHINGTON CENTENNIAL	1058	*	135.00
1990	GREENHEAD-MALLARD	150	245.00	425.00
1990	UPLAND SERIES III-RING-NECKED PHEASANT	*	125.00	200.00
1990	UPLAND SERIES II-WILD TURKEYS & REDBUD	950	125.00	200.00
1991	CHASE, THE-WOLF PACK	550	150.00	150.00
1991	OFFSHORE LUNCH-COMMON LOONS	550	195.00	325.00
1991	UPLAND SERIES IV-RUFFED GOOSE	950	125.00	200.00
1992	ALERT-WHITETAILED DEER	*	175.00	200.00
1993	MISTY FLIGHT-CANADA GEESE	*	150.00	150.00
J. SEEREY-LESTER				
*	CANADA D.U. DUCK STAMP PRINT	*	135.00	135.00
*	CANADA D.U. DUCK STAMP-EXEC.	*	375.00	375.00
*	EARLY SNOW-RED FOX	*	200.00	180.00
*	ICE COMPANIONS-HARP SEAL-SEAL PUPS	*	175.00	175.00
*	KEEPING PACE-GRIZZLY W/CUBS	*	550.00	150.00
*	IMPRESSION, OF INDIA/NEPAL-W/C WILDLIFE	*	200.00	200.00
*	LEAVING THE NEST-WOOD DUCK	*	150.00	550.00
*	SNOWBOUNDING-GRIZZLY	*	225.00	250.00
*	YOUNG PREDATOR-LEOPARD CUB	*	200.00	200.00
1983	COOL RETREAT-LYNX	950	85.00	200.00
1983	EARLY WINDFALL-GRAY SQUIRRELS	950	85.00	100.00
1983	FIRST SNOW-GRIZZLY BEARS	950	95.00	400.00
1983	LONE FISHERMAN-GREAT BLUE HERON	950	85.00	620.00
1983	REFUGE, THE-RACCOONS	950	85.00	300.00
1983	RIVER WATCH-PEREGRINE FALCON	950	85.00	125.00
1983	WINTER LOOKOUT-COUGAR	950	85.00	700.00
1984	AMONG THE CATTAILS-CANADA GEESE	950	130.00	225.00
1984	ARCTIC PROCESSION-WILLOW PTARMIGAN	950	220.00	800.00
1984	BASKING-BROWN PELICANS	950	115.00	300.00
1984	BREAKING COVER-BLACK BEAR	950	130.00	190.00
1984	CLOSE ENCOUNTER-BOBCAT	950	130.00	130.00
1984	HIGH GROUND-WOLVES	950	130.00	200.00
1984	ICY OUTCROP-WHITE GYRFALCON	950	115.00	135.00
1984	LYING LOW-COUGAR	950	85.00	620.00
1984	MORNING MIST-SNOWY OWL	RT	95.00	100.00
1984	PLAINS HUNTER-PRAIRIE FALCON	950	95.00	115.00
1984	SPIRIT OF THE NORTH-WHITE WOLF	950	130.00	130.00
1985	AWAKENING MEADOW-COTTONTAIL	950	50.00	125.00
1985	CHILDREN OF THE FOREST-RED FOX KITS	950	110.00	180.00
1985	CHILDREN OF THE TUNDRA-ARCTIC WOLF PUP	950	110.00	400.00
1985	COUGAR HEAD STUDY	950	60.00	60.00
1985	DAYBREAK-MOOSE	950	135.00	135.00
1985	FALLEN BIRCH-CHIPMUNK	950	60.00	400.00
1985	FIRST LIGHT-GRAY JAYS	950	130.00	170.00
1985	GATHERING, THE-GRAY WOLVES	950	165.00	225.00
1985	ISLAND SANCTUARY-MALLARDS	950	95.00	135.00
1985	RED FOX KIT STUDY	*	60.00	125.00
1985	RETURN TO WINTER-PINTAILS	RT	135.00	160.00
1985	SUNDOWN REFLECTIONS-WOOD DUCK	950	85.00	175.00
1985	UNDER THE PINES-BOBCAT	950	95.00	300.00
1985	WINTER RENDEZVOUS-COYOTES	950	140.00	140.00
1986	ABOVE THE TREELINE-COUGAR	950	130.00	130.00
1986	AFTER THE FIRE-GRIZZLY BEAR	RT	95.00	105.00
1986	ALONG THE ICE FLOE-POLAR BEARS	950	200.00	200.00
1986	CONFLICT AT DAWN-HERON AND OSPREY	950	130.00	200.00
1986	COTTONWOOD GOLD-BALTIMORE ORIOLE	950	85.00	85.00
1986	EARLY ARRIVALS-SNOW BUNTINGS	950	75.00	75.00
1986	HIDDEN ADMIRER-MOOSE	950	165.00	330.00
1986	HIGH COUNTRY CHAMPION-GRIZZLY	950	175.00	440.00
1986	KENYAN FAMILY-CHEETAHS	950	130.00	130.00
1986	LAKESIDE FAMILY-CANADA GEESE	950	75.00	90.00
1986	LOW TIDE-BALD EAGLES	950	130.00	155.00
1986	MORNING FORAGE-GROUND SQUIRREL	RT	75.00	75.00
1986	RACING THE STORM-ARCTIC WOLVES	950	200.00	300.00
1986	SNOWY EXCURSION-RED SQUIRREL	950	75.00	85.00

YR	NAME	LIMIT	ISSUE	TREND
1986	SPRING MIST-CHICKADEES	950	105.00	175.00
1986	TREADING THIN ICE-CHIPMUNK	950	75.00	100.00
1986	WINTER HIDING-COTTONTAIL	950	75.00	75.00
1986	WINTER PERCH-CARDINAL	950	85.00	150.00
1986	YOUNG EXPLORER, THE-RED FOX KIT	950	75.00	85.00
1987	ALPENGLOW-ARCTIC WOLF	950	200.00	210.00
1987	AMBOSELI CHILD-AF/ELEPHANT	950	160.00	325.00
1987	AUTUMN MIST-BARRED OWL	950	160.00	160.00
1987	AUTUMN THUNDER-MUSK OXEN	950	150.00	155.00
1987	BATHING-MUTE SWAN	RT	175.00	200.00
1987	CANYON CREEK-COUGAR	950	195.00	600.00
1987	DAWN ON THE MARSH-COYOTE	950	200.00	200.00
1987	FIRST TRACKS-COUGAR	950	150.00	150.00
1987	HIGH REFUGE-RED SQUIRREL	950	120.00	120.00
1987	IN DEEP-BLACK BEAR CUB	950	135.00	225.00
1987	LYING IN WAIT-ARCTIC FOX	950	175.00	175.00
1987	OUT OF THE BLIZZARD-TIMBER WOLVES	950	215.00	530.00
1987	OUT OF THE MIST-GRIZZLY	950	200.00	525.00
1987	RAIN WATCH-BELTED KINGFISHER	950	125.00	200.00
1987	SUNDOWN ALERT-BOBCAT	950	150.00	175.00
1987	WINTER VIGIL-GREAT HORNED OWL	RT	175.00	175.00
1988	BATHING-BLUE JAY	950	95.00	95.00
1988	CLIFF HANGER-BOBCAT	950	200.00	380.00
1988	COASTAL CLIQUE-HARBOR SEALS	950	160.00	160.00
1988	EDGE OF THE FOREST-TIMBER WOLVES	950	500.00	665.00
1988	EVENING MEADOW-AMERICAN GOLDFINCH	950	150.00	180.00
1988	HIDING PLACE-SAW-WHET OWL	950	95.00	170.00
1988	LAST SANCTUARY-FLORIDA PANTHER	RT	175.00	750.00
1988	MOONLIGHT FISHERMAN-RACCOON	RT	175.00	260.00
1988	MOOSE HAIR	950	165.00	330.00
1988	MORNING DISPLAY-COMMON LOONS	950	135.00	145.00
1988	NIGHT MOVES-AFRICAN ELEPHANTS	950	150.00	150.00
1988	NORTHWOODS FAMILY-MOOSE	950	75.00	75.00
1988	SAVANNA SIESTA-AFRICAN LIONS	950	165.00	165.00
1988	SNOWY WATCH-GREAT GRAY OWL	950	175.00	175.00
1988	SPANISH MIST-YOUNG BARRED OWL	950	175.00	175.00
1988	TUNDRA FAMILY-ARCTIC WOLVES	950	200.00	200.00
1988	WINTER GRAZING-BISON	950	185.00	185.00
1988	WINTER SPIRIT-GRAY WOLF	950	200.00	200.00
1989	BEFORE THE FREEZE-BEAVER	950	165.00	314.00
1989	COUGAR RUN	950	185.00	285.00
1989	EVENING DUET-SNOWY EGRETS	1250	185.00	275.00
1989	FLUKE SIGHTING-HUMPBACK WHALES	RT	185.00	185.00
1989	GORILLA	290	400.00	530.00
1989	HEAVY GOING-GRIZZLY	RT	175.00	400.00
1989	HIGH AND MIGHTY-GORILLA	950	185.00	185.00
1989	SNEAK PEEK-CHICKEN	950	950.00	190.00
1989	SOFTLY, SOFTLY-WHITE TIGER	950	220.00	400.00
1989	SPRING FLURRY-ADELIE PENGUINS	950	185.00	120.00
1989	WATER SPORT-BOBCAT	RT	185.00	190.00
1990	ARCTIC WOLF PUPS	290	500.00	500.00
1990	BITTERSWEET WINTER-CARDINAL	1250	150.00	175.00
1990	DAWN MAJESTY-WHITE TIGER	RT	185.00	190.00
1990	GRIZZLY-ORIGINAL	290	400.00	400.00
1990	IN THEIR PRESENCE-ORCAS	1250	200.00	200.00
1990	MARKER 221-CANVASBACKS NEW YORK	*	*	135.00
1990	MOUNTAIN CRADLE-GORILLA	1250	200.00	200.00
1990	N.Y. DUCK STAMP	*	300.00	300.00
1990	N.Y. DUCK STAMP -1990 W/MEDAL	*	550.00	550.00
1990	NEW YORK DUCK STAMP 1990 RE	*	*	135.00
1990	NIGHT RUN-ARCTIC WOLVES	1250	200.00	200.00
1990	PLUNGE-NORTHERN SEA LIONS	1250	200.00	200.00
1990	SEASONAL GREETING-CARDINAL	1250	150.00	150.00
1990	SPOUT-WHALES	290	500.00	500.00
1990	SUITORS, THE-WOOD DUCKS	3313	135.00	185.00
1990	SUMMER RAIN-COMMON LOONS	RT	200.00	200.00
1990	SUMMER RAIN-COMMON LOONS (SPECIAL)	450	425.00	425.00
1990	THEIR FIRST SEASON-GRIZZLY BEAR	RT	200.00	200.00
1990	TOGETHERNESS-LION	1250	125.00	125.00
1990	WHITETAIL SPRING-WHITETAIL DEER	RT	185.00	185.00
1991	DENALI FAMILY-GRIZZLY BEAR	950	195.00	750.00
1991	EVENING ENCOUNTER-GRIZZLY & WOLF	1250	185.00	185.00
1991	FACE TO FACE	1250	200.00	200.00
1991	MONSOON-WHITE TIGER	RT	195.00	195.00
1991	MOONLIGHT CHASE-COUGAR	250	195.00	195.00
1991	OUT ON A LIMB-YOUNG BARRED OWL	950	185.00	225.00
1991	PANDA TRILOGY	950	375.00	178.00
1991	SISTERS-ARCTIC WOLVES	1250	185.00	185.00
1991	SOMETHING STIRRED-BENGAL TIGER	950	195.00	195.00
1992	BANYAN AMBUSH-BLACK PANTHER	RT	235.00	200.00
1992	BLACK JADE-WOLVES	*	550.00	500.00
1992	BLACK MAGIC-PANTHER	*	475.00	275.00
1992	CHASE-SNOW LEOPARD, THE	950	200.00	200.00
1992	OUT OF THE DARKNESS-BLACK PANTHER	290	200.00	200.00
1992	RANTHAMBHORE RUSH-TIGER	950	225.00	225.00
1992	REGAL MAJESTY-BLACK PANTHER	290	200.00	200.00
1993	DARK ENCOUNTER-BLACK WOLF	*	200.00	250.00
1993	FREEDOM I -HARPY EAGLE	350	500.00	500.00
1993	FROZEN MOONLIGHT-ARCTIC WOLVES	2500	225.00	280.00

YR	NAME	LIMIT	ISSUE	TREND
1993	GRIZZLY IMPACT	950	225.00	340.00
1993	LOONLIGHT-LOON	1500	225.00	225.00
1993	MORNING GLORY-BALD EAGLE	1250	225.00	225.00
1993	NIGHT SPECTER- BLACK JAGUAR	1250	195.00	195.00
1993	PHANTOMS OF THE TUNDRA-WOLVES	950	235.00	235.00
1993	RAINS-TIGER, THE	950	225.00	225.00
1993	SEEKING ATTENTION-GRIZZLY	950	200.00	200.00
1993	WOLONG WHITEOUT-PANDA	950	225.00	225.00
1994	ABANDONED-WOLF PUPS	*	175.00	300.00
1994	CHILD OF THE OUTBACK-KOALA	950	175.00	185.00
1994	COURTSHIP, THE-EGERTS	950	175.00	175.00
1994	FOREST GLOW-JAGUAR	*	225.00	225.00
1994	NIGHT PROWLER-WOLF	*	225.00	225.00
1994	SQUIRREL MONKEY STUDY	*	145.00	145.00
1995	ICE FISHING-POLAR BEAR	*	225.00	175.00
1995	QINLING PANDA	*	225.00	225.00
1995	RETURN TO YELLOWSTONE-WOLVES	*	235.00	235.00
1995	SILENT WATERS-MOOSE	*	175.00	185.00

M. SOLBERG

YR	NAME	LIMIT	ISSUE	TREND
*	ANTELOPE RIDGE	*	150.00	150.00
*	DARK WATERS-HERON	*	70.00	70.00
*	FEMALE TIMBER WOLF	*	100.00	100.00
*	MALE TIMBER WOLF	*	100.00	100.00
1979	BENGAL TIGER	*	65.00	180.00
1980	CHALLENGE OF THE WILD	*	225.00	200.00
1982	ACCEPT MY FATHERS SPIRIT	*	95.00	210.00
1983	BANDITS, THE	*	125.00	125.00
1984	BUFFALO BROTHERS	*	175.00	215.00
1984	TOMORROW MAY BE COOLER-LION	*	135.00	135.00
1985	ACROSS THE TUNDRA	*	135.00	450.00
1985	MCNEIL RIVER FISHERMAN-BROWN BEAR	*	150.00	150.00
1986	CHECKING FOR STRAYS	*	85.00	85.00
1986	EARLY MORNING CHALLENGE-ELK	*	150.00	175.00
1986	EDGE OF NIGHT-BARN OWL	*	150.00	170.00
1986	LONG CAST, THE-FISHERMAN	*	95.00	95.00
1986	MORNING MIST-CANADA GEESE	*	95.00	150.00
1986	MOUNTAIN VISTA-LANDSCAPE	950	95.00	600.00
1986	ON SCENT-GERMAN SHORTHAIRS	*	115.00	95.00
1986	SUNLIT MIST-ELK	*	85.00	85.00
1986	VIRGIN WATERS-LANDSCAPE	*	150.00	250.00
1986	WHERE THE TRAIL ENDS-SNOW LEOPARD	*	150.00	150.00
1986	WINGS OF WONDER-BALD EAGLE	950	150.00	400.00
1986	WINTER REFLECTION-BEAR	*	150.00	150.00
1987	ALERT-DOE AND FAWN	*	125.00	200.00
1987	BAD WATER BEAR	*	150.00	215.00
1987	FROM NORTH THEY CAME-WOLF	*	85.00	85.00
1987	GRAND DUKE, THE-OWL	*	150.00	150.00
1987	HANDSOME HUNTER-AMERICAN KESTREL	950	115.00	475.00
1987	HIGH COUNTRY MORNING-BIGHORN SHEEP	*	125.00	135.00
1987	MONARCH OF THE SKY-GOLDEN EAGLE	950	200.00	200.00
1987	MOUNTAIN SENTINEL-LION	*	125.00	125.00
1987	ON THE HIGH SIDE-MOUNTAIN GOAT	*	95.00	100.00
1987	SOMETHING MOVED-BOBCAT	*	125.00	125.00
1987	YELLOWSTONE OSPREY	*	75.00	75.00
1988	ARCTIC NOMADS	950	150.00	300.00
1988	BLACK-CAPPED CHICKADEE	*	95.00	175.00
1988	FATEFUL MOMENT-EAGLE	*	150.00	170.00
1988	INTO THE STORM-CARIBOU	*	140.00	140.00
1988	MORNING MEMORIES	*	135.00	220.00
1988	ON SILENT WINGS-BALD EAGLE	*	150.00	330.00
1988	RIVER OF DREAMS-FISHING	*	150.00	175.00
1989	DECEPTIVE CALM-GOSHAWK	950	95.00	140.00
1989	REFLECTION-WOLF	950	150.00	150.00
1989	WHEN WINTER WARMS-POLAR BEAR	950	115.00	180.00
1989	WHISPERING WINGS-TRUMPETER SWAN	*	135.00	400.00
1989	WINTER WHITE-SNOWY OWL	*	95.00	175.00
1990	BY FIRELIGHT-MOUNTAIN LION	*	160.00	150.00
1990	NOMAD OF THE ICE-POLAR BEAR	1250	165.00	170.00
1990	ON WATCH	950	150.00	175.00
1990	OUT OF THE FOG-GRIZZLY BEAR	*	150.00	150.00
1990	SERENE SETTING-AMERICAN KESTRELS	1250	150.00	200.00
1990	SIGNS OF SPRING-HORSE	*	150.00	200.00
1990	SMALL WONDER-CHIPMUNK	*	110.00	110.00
1990	THISTLEDOWN-KESTREL	*	150.00	150.00
1991	AFTERNOON SHADOWS-MULE DEER	*	145.00	175.00
1991	AUTUMN CHALLENGE-ELK	*	150.00	200.00
1991	KORBEL GARDENS-FLORAL	*	150.00	225.00
1991	MOUSE TRACKS-COYOTE	*	150.00	165.00
1991	TIMBER WOLF STUDY COMPANION	*	185.00	200.00
1992	GARDEN VISITOR-RED FOX	*	210.00	210.00
1992	ICE BEAR	*	210.00	210.00
1994	TIMBER WOLF STUDY	*	75.00	190.00
1994	WHITE WOLF STUDY	*	75.00	165.00

R. TORY PETERSON

YR	NAME	LIMIT	ISSUE	TREND
*	VOLUNTEERS	*	255.00	255.00
1973	BALTIMORE ORIOLE	450	150.00	400.00
1973	CARDINAL	450	150.00	600.00
1973	FLICKER	450	150.00	700.00
1973	WOOD THRUSH	450	150.00	370.00

YR	NAME	LIMIT	ISSUE	TREND
1974	BALD EAGLE	950	150.00	500.00
1974	BARN SWALLOW	750	150.00	225.00
1974	BLUE JAYS	950	150.00	700.00
1974	BOBOLINK	750	150.00	250.00
1974	GREAT HORNED OWL	950	150.00	775.00
1975	BOBWHITES	950	150.00	400.00
1975	FUR SEALS		25.00	25.00
1975	JAYS-COLOR PLATE #30-BLUE JAY	*	150.00	150.00
1975	OWLS-COLOR PLATE #16	*	150.00	160.00
1975	RUFFED GROUSE	950	150.00	400.00
1975	SEA OTTERS	*	25.00	160.00
1976	ADELIE PENGUINS	950	35.00	50.00
1976	BARN OWL	950	225.00	460.00
1976	GOLDEN EAGLE	950	200.00	620.00
1976	QUAILS-COLOR PLATE #9	*	150.00	160.00
1976	ROADRUNNER	*	25.00	300.00
1976	SNOWY OWL	950	175.00	1450.00
1977	BLUEBIRD	950	75.00	300.00
1977	PEREGRINE FALCON	950	175.00	800.00
1977	SCARLET TANAGER	950	125.00	380.00
1977	SOOTY TERNS	450	50.00	200.00
1977	WILD ORCHIDS AND TRILLIUMS	*	75.00	75.00
1977	WILLETS	450	50.00	75.00
1978	MOCKINGBIRD	950	125.00	325.00
1978	RING-NECKED PHEASANT	950	200.00	520.00
1978	ROBIN	950	125.00	400.00
1978	ROSE-BREASTED GROSBEAK	950	125.00	450.00
1978	SHOWY WAYSIDE FLOWERS	*	75.00	75.00
1979	GYRFALCON	950	225.00	400.00
1979	PUFFIN	*	175.00	175.00
1981	WILD TURKEYS	*	195.00	300.00
1983	ARCTIC GLOW-SNOWY OWL	*	200.00	725.00
1986	LORD OF THE AIR-PEREGRINE FALCON	*	120.00	120.00

F. MACHETANZ ALASKAN

1992	TRAIL OF GREAT WHITE BEAR-ALASKA	*	225.00	225.00

R. PARKER BRONZE

	COYOTE	*	950.00	950.00
1986	RIMROCK - BRONZE	*	1450.00	1450.00

T. UTZ UTZ

1981	GREENHOUSE NUDE, THE	550	95.00	135.00
1981	LAVENDER LACE	950	75.00	75.00
1981	MELANIE	450	85.00	120.00
1981	PICNIC	550	110.00	115.00
1981	PINK LADY	450	85.00	135.00
1981	SOFT WIND, THE	950	75.00	75.00
1983	INTERLUDE	*	40.00	45.00
1986	MORNING MELODY	*	90.00	90.00
1986	STRAND OF PEARLS	*	90.00	90.00
1987	ANGELICA	*	85.00	85.00
1987	GABRIELLA	*	85.00	85.00
1988	GRANNY'S BOOTS	*	95.00	150.00
1988	SOLITUDE	*	95.00	125.00
1990	CONTEMPLATION	*	150.00	150.00
1990	DRAGON SLAYER, THE	*	95.00	100.00
1990	EARLY LIGHT	*	110.00	110.00
1990	END OF THE RAINBOW	*	95.00	125.00
1990	GOSSAMER	*	150.00	250.00

M. WARREN WARREN

1974	TOP HAND OF THE CONCHO	950	150.00	1900.00
1981	A COLD DAY	950	245.00	2185.00
1981	APPROACHING STORM	*	195.00	300.00
1981	WHEN COWBOYS GET EDGY	*	245.00	330.00
1982	NIGHT IN CHIMAYO	*	125.00	180.00

J. ZEMSKY ZEMSKY

1979	COME AND SEE THE NEW COLT	950	65.00	150.00
1979	JORDAN AT THE WEDDING	950	65.00	750.00
1979	JORDAN'S DOLLY	950	65.00	200.00
1979	LOVE AT FIRST SIGHT	950	75.00	90.00
1979	WHEN THE THEN AND THE NOW HOLD HANDS	950	65.00	200.00
1980	JORDAN'S SPRING	*	65.00	350.00
1984	JENNY IN THE ATTIC	*	75.00	150.00
1984	THEY'LL BE SORRY WHEN WE'RE GONE	*	75.00	165.00

MOSS PORTFOLIO

P. BUCKLEY MOSS

		LIMIT	ISSUE	TREND
*	APPLE PICKER	1000	30.00	125.00
*	BARELIMBED REFLECTIONS	1000	25.00	70.00
*	BLUE BOUQUET	1000	16.00	32.00
*	CENTRAL PARK	1000	80.00	200.00
*	EMILY	1000	30.00	100.00
*	FLAG BOY	1000	16.00	100.00
*	GINNY	1000	16.00	45.00
*	GRANDMOTHER	1000	60.00	120.00
*	JOHN	1000	16.00	45.00
*	LANDSCAPE W/GEESE (GOLD)	1000	500.00	1000.00
*	LESSON IN PATIENCE	1000	150.00	340.00
*	LITTLE GIRL IN BLUE	1000	16.00	40.00
*	LORDS OF THE REALM	1000	80.00	210.00
*	MARY AND MAGNOLIA	1000	15.00	110.00

YR	NAME	LIMIT	ISSUE	TREND
*	SHENANDOAH SILHOUETTE	1000	25.00	60.00
*	STACK OF GIRLS	1000	25.00	125.00
*	STONE HOUSE	99	600.00	1250.00
1978	BECKY AND TOM	1000	10.00	100.00
1978	CANADA GEESE	1000	60.00	140.00
1978	DAILY CHORES	1000	16.00	5000.00
1978	EVENING RUN	1000	55.00	155.00
1978	FAMILY OUTING	1000	65.00	300.00
1978	FOUR LITTLE GIRLS	1000	30.00	150.00
1978	FRESH BOUQUET	1000	15.00	160.00
1978	FRIENDLY STEED	1000	50.00	150.00
1978	FRIENDS	1000	35.00	160.00
1978	FROSTY FROLIC	1000	75.00	180.00
1978	GINNY AND CHRIS WITH LAMBS	1000	35.00	150.00
1978	GOLDEN WINTER	1000	150.00	430.00
1978	GOSSIP	1000	45.00	130.00
1978	HELPERS	1000	35.00	125.00
1978	HUNGRY BABY BIRD	1000	15.00	100.00
1978	LITTLE APPLES IN A ROW	1000	100.00	310.00
1978	LITTLE FELLOW	1000	57.00	150.00
1978	MILK LAD	1000	15.00	125.00
1978	MILK MAID	1000	15.00	125.00
1978	MOMMA APPLE (BLUE)	1000	10.00	125.00
1978	MOMMA APPLE (GOLD)	1000	16.00	125.00
1978	MOONLIT SKATERS I (LARGE)	1000	75.00	300.00
1978	MOONLIT SKATERS II (SMALL)	1000	40.00	175.00
1978	MUFFET BOY I	1000	10.00	75.00
1978	MUFFET GIRL I	1000	10.00	75.00
1978	NINE MENNONITES GIRLS	1000	40.00	180.00
1978	PERFECT PET	1000	15.00	90.00
1978	POPPA APPLE (BLUE)	1000	10.00	100.00
1978	POPPA APPLE (GOLD)	1000	15.00	100.00
1978	QUILTING BEE	1000	55.00	200.00
1978	QUILTING LADIES	1000	40.00	200.00
1978	RACHEL & JACOB	1000	150.00	610.00
1978	RELUCTANT BALLERINA	1000	16.00	100.00
1978	SEASON'S OVER	1000	35.00	150.00
1978	SERENITY IN BLACK AND WHITE	1000	120.00	360.00
1978	SHOWALTER'S FARM	1000	100.00	310.00
1978	SKATING AWAY I	1000	70.00	230.00
1978	SKATING LESSON	1000	150.00	500.00
1978	SNOW GOOSE	1000	50.00	200.00
1978	SNOWY BIRCHES	1000	60.00	200.00
1978	SOLITARY SKATER	1000	35.00	200.00
1978	SPIRIT OF EQUUS	1000	100.00	300.00
1978	TENDING HER FLOCK	1000	80.00	100.00
1978	WINTER CAMEO	1000	30.00	150.00
1978	WINTER VISITOR	1000	80.00	200.00
1978	WORKDAY'S O'ER	1000	110.00	410.00
1979	A WELCOME	1000	45.00	110.00
1979	APPLE HARVEST	1000	75.00	150.00
1979	AWAKE, O EARTH	1000	50.00	150.00
1979	BEHOLD	1000	35.00	100.00
1979	DEAR LORD (LONG)	1000	30.00	100.00
1979	EVERY BLESSING	1000	50.00	150.00
1979	FANEUIL HALL	1000	40.00	100.00
1979	GRANNY'S FAVORITE	1000	40.00	120.00
1979	HAIL THE DAY, SOLACE	1000	75.00	215.00
1979	HARK	1000	40.00	160.00
1979	HE LIVES	1000	25.00	95.00
1979	HOW CALM THE MORN	1000	75.00	245.00
1979	JOY	1000	16.00	80.00
1979	LOVE	1000	10.00	105.00
1979	MARY'S LAMB (LARGE)	1000	75.00	180.00
1979	MARY'S LAMB (SMALL)	1000	40.00	100.00
1979	MY HANDS TO THEE	1000	75.00	300.00
1979	NEVER ALONE	1000	35.00	440.00
1979	O GENTLE FRIEND	1000	40.00	175.00
1979	OH LIFE	1000	40.00	150.00
1979	PAVILION AT WOLFEBORO	1000	40.00	100.00
1979	PROMISED	1000	40.00	150.00
1979	PUBLIC GARDENS AND BEACON STREET	1000	50.00	260.00
1979	TARRY NOT	1000	35.00	160.00
1979	TIS GRACE	1000	20.00	120.00
1979	TWO LITTLE HANDS	1000	35.00	150.00
1979	WOMAN TALK	1000	35.00	150.00
1980	CAPITOL SKATERS	1000	80.00	200.00
1980	ON THE CANAL	1000	60.00	200.00
1980	PEACH HARVEST	1000	150.00	500.00
1980	RING AROUND A ROSIE	1000	40.00	200.00
1980	STREET BY THE PARK	1000	200.00	600.00
1980	WAYSIDE INN	1000	65.00	500.00
1980	WAYSIDE INN (ETCHING)	99	1800.00	3300.00
1980	WINTER'S HOUSE	1000	350.00	750.00
1981	BLACK CAT ON PINK CUSHION	1000	40.00	130.00
1981	QUILTING DREAMS	1000	40.00	180.00
1981	SAM	1000	16.00	95.00
1981	SARAH	1000	16.00	155.00
1981	SKATING JOY	1000	200.00	610.00

The Carpenter by Frances Hook was released by Roman Inc. in 1981. Limited to one year of production, the original issue price was $100.

A 1994 release by V.F. Fine Arts, Dear Santa by Sandra Kuck captures the innocence of a child at Christmastime

The setting sun reflected in the water, the warm light of a cozy room and the smoke from the chimney represent the Comforts of Home by Terry Redlin. The 1991 Hadley House release was issued at $175 and is currently valued at $400.

An Indian spirit and his eagles watch over Sacred Ground in Bev Doolittle's limited edition print of the same name, published by The Greenwich Workshop.

YR	NAME	LIMIT	ISSUE	TREND
1981	SOLITARY SKATER II	1000	35.00	160.00
1981	SOLO	1000	15.00	150.00
1981	SPRING LOVE	1000	25.00	140.00
1981	STREET BY THE PARK II	1000	125.00	290.00
1981	SUNDAY MORNING	1000	60.00	270.00
1981	SUNDAY'S RIDE	1000	60.00	200.00
1981	TOGETHER	99	450.00	2000.00
1981	WAITING FOR TOM	1000	40.00	525.00
1981	WINTER AT THE MILL	1000	80.00	290.00
1982	APPLE DAY	1000	80.00	210.00
1982	APPLE GIRL	1000	30.00	145.00
1982	AUTUMN RIDE	1000	80.00	200.00
1982	BALLOON RIDE	1000	100.00	220.00
1982	BLUE WINTER	1000	100.00	310.00
1982	CAMEO GEESE	1000	40.00	180.00
1982	CHRIS	1000	25.00	100.00
1982	DANIEL	1000	20.00	180.00
1982	DASHING AWAY	1000	100.00	325.00
1982	DONKEY BOY	1000	40.00	110.00
1982	EBONY'S JET	1000	150.00	340.00
1982	FLAG GIRL	1000	10.00	75.00
1982	FLOWER GIRL	1000	20.00	75.00
1982	FRUIT OF THE VALLEY	1000	80.00	300.00
1982	GAGGLE OF GEESE	1000	125.00	290.00
1982	GRANDPA'S HOUSE	1000	40.00	110.00
1982	HAND IN HAND	1000	40.00	130.00
1982	HAYRIDE	1000	50.00	175.00
1982	HURRAH!	1000	20.00	80.00
1982	LISA AND TIGER	1000	30.00	120.00
1982	LITTLE GIRL'S PRAYER	1000	35.00	140.00
1982	MY PLACE	1000	30.00	150.00
1982	MY SISTERS	1000	40.00	150.00
1982	ON THE SWING	1000	40.00	190.00
1982	OUR LITTLE BROTHER	1000	50.00	180.00
1982	OUR LITTLE SISTER	1000	50.00	180.00
1982	PALS	1000	25.00	100.00
1982	PINK BALLERINA	1000	25.00	105.00
1982	PLEASE GOD	1000	50.00	190.00
1982	PLEASE!	1000	35.00	130.00
1982	ROCKING	1000	40.00	130.00
1982	SHENANDOAH HARVEST	1000	60.00	200.00
1982	SKATING DUET	1000	40.00	155.00
1982	SLEIGH RIDE	1000	50.00	170.00
1982	STACK OF BOYS	1000	30.00	125.00
1982	TAKING TURNS	1000	50.00	180.00
1982	TOGETHER IN THE PARK	1000	80.00	190.00
1982	TWO ON A BARREL	1000	25.00	130.00
1982	TWO ON A SWING	1000	50.00	150.00
1982	WEDDING	1000	80.00	300.00
1982	WEDDING DAY	1000	160.00	380.00
1982	WEDDING II	1000	90.00	220.00
1982	WINTER DUET	1000	90.00	260.00
1982	WINTER'S GLIMPSE	1000	40.00	145.00
1983	ADAM	1000	20.00	150.00
1983	AMY	1000	20.00	160.00
1983	BECKY	1000	20.00	160.00
1983	BROTHERS	1000	35.00	150.00
1983	CARRIE	1000	30.00	100.00
1983	CHERISHED	1000	35.00	150.00
1983	CHICKEN FARMERS	1000	40.00	140.00
1983	CHRISTMAS CAROL	1000	60.00	580.00
1983	COLONIAL SLEIGH RIDE	1000	125.00	300.00
1983	COUNTRY CHURCH	1000	80.00	200.00
1983	EVENING GUESTS	1000	60.00	145.00
1983	EVENING WELCOME	1000	60.00	210.00
1983	FAMILY, THE	1000	125.00	300.00
1983	FINISHING TOUCHES	1000	60.00	130.00
1983	FIRST LOVE	1000	60.00	150.00
1983	GAGGLE OF GEESE (SILKSCREEN)	99	600.00	2000.00
1983	GINGER	1000	40.00	55.00
1983	GIRLS IN GREEN	1000	40.00	125.00
1983	GOLDEN AUTUMN	1000	110.00	280.00
1983	GOVERNOR'S PALACE	1000	50.00	240.00
1983	GRANNY'S GIRL	1000	50.00	180.00
1983	JOSHUA	1000	25.00	150.00
1983	KATIE	1000	25.00	150.00
1983	LONG GROVE CHURCH	1000	100.00	275.00
1983	LORDS OF THE VALLEY	1000	175.00	390.00
1983	MARY ANN	1000	20.00	110.00
1983	MONARCH	1000	35.00	120.00
1983	MY GIRLS	1000	60.00	300.00
1983	NOTRE DAME	1000	90.00	200.00
1983	OLD MILL HOUSE	1000	125.00	140.00
1983	ORCHARD GIRL	1000	40.00	200.00
1983	ORCHARD HELPERS	1000	75.00	310.00
1983	OUR BIG BROTHER	1000	35.00	120.00
1983	QUILT, THE	1000	90.00	260.00
1983	RED BIKE	1000	35.00	120.00
1983	RED HOUSE	1000	100.00	300.00

YR	NAME	LIMIT	ISSUE	TREND
1983	ROTHENBURG	1000	40.00	135.00
1983	SISTERS FOUR	1000	60.00	240.00
1983	SPRING BOUQUET	1000	40.00	150.00
1983	SPRING SHEPHERDS	1000	40.00	145.00
1983	SUMMER LOVE	1000	50.00	200.00
1983	SUNDAY'S APPLES	1000	50.00	210.00
1983	TENDER SHEPHERD	1000	50.00	190.00
1983	TERRACE HILL	1000	110.00	425.00
1983	TIMOTHY	1000	30.00	125.00
1983	TOGETHER ON SUNDAY (SILKSCREEN)	99	600.00	2000.00
1983	WEDDING III	1000	90.00	190.00
1983	WHITE CHURCH, THE	1000	80.00	250.00
1983	WINTER RIDE	1000	60.00	145.00
1983	WINTER SKATER	1000	40.00	145.00
1983	WINTER'S DAY	1000	50.00	200.00
1983	WINTER'S JOY (SILKSCREEN)	99	500.00	1150.00
1984	AUTUMN TRIPTYCH	1000	150.00	340.00
1984	BALLOON GIRL	1000	20.00	70.00
1984	BLESSING, THE	1000	60.00	260.00
1984	BROWER HOMESTEAD	1000	100.00	240.00
1984	CRAZY QUILT	1000	50.00	155.00
1984	ENGAGEMENT, THE	1000	40.00	125.00
1984	EVENING HOUR, THE	1000	70.00	145.00
1984	FIRST BORN	1000	50.00	140.00
1984	FROSTY RIDE	1000	70.00	265.00
1984	GRANDMA'S BED	1000	60.00	235.00
1984	HITCHING A RIDE	1000	60.00	150.00
1984	HOMEWARD BOUND	1000	90.00	250.00
1984	LOUDMOUTHS	1000	125.00	310.00
1984	MAGGIE	1000	30.00	115.00
1984	MARY JEN	1000	20.00	115.00
1984	MIKE AND JESSIE	1000	60.00	180.00
1984	MOLLY	1000	30.00	120.00
1984	NEWBORN, THE	1000	55.00	200.00
1984	OHIO STAR	1000	60.00	180.00
1984	PRINCELY PAIR	1000	60.00	180.00
1984	RED WAGON	1000	50.00	180.00
1984	SCHOOL YARD, THE	1000	60.00	180.00
1984	SECRET, THE	1000	50.00	440.00
1984	SUNDAY'S PRAYER	1000	50.00	210.00
1984	SWAN HOUSE	1000	80.00	170.00
1984	TO GRANDMOTHER'S HOUSE WE GO	1000	80.00	210.00
1984	VICTORIAN LEGACY	1000	150.00	390.00
1984	WEDDING RIDE, THE	1000	130.00	350.00
1984	WEDDING RING	1000	75.00	200.00
1984	WINTER'S GLORY	1000	200.00	425.00
1985	A VISIT TO THE CAPITOL	1000	30.00	120.00
1985	BILLY	1000	25.00	150.00
1985	CATHY	1000	20.00	150.00
1985	CHILDREN'S MUSEUM CAROUSEL, THE	1000	80.00	190.00
1985	CINDY	1000	40.00	125.00
1985	COUNTRY ROAD	1000	160.00	400.00
1985	DANIEL HARRISON HOUSE, THE	1000	100.00	240.00
1985	DAREDEVIL SKATERS	1000	100.00	220.00
1985	ERIN	1000	25.00	100.00
1985	EVENING HOUR IN LONG GROVE	1000	70.00	200.00
1985	EVERYTHING NICE	1000	65.00	140.00
1985	FAMILY HEIRLOOM	1000	80.00	260.00
1985	HEARTLAND, THE	1000	80.00	200.00
1985	HEATHER	1000	25.00	125.00
1985	IMPERIAL MAJESTY (SILKSCREEN)	99	600.00	1450.00
1985	JAKE	1000	25.00	100.00
1985	KENTUCKY	1000	70.00	200.00
1985	LANCASTER MORN	1000	275.00	850.00
1985	LITTLE SISTER	1000	35.00	100.00
1985	MARY'S WEDDING	1000	65.00	250.00
1985	MIKE	1000	25.00	125.00
1985	MINNESOTA	1000	70.00	195.00
1985	MY LITTLE BROTHERS	1000	50.00	90.00
1985	NANCY	1000	40.00	145.00
1985	NIGHT BEFORE CHRISTMAS, THE	1000	65.00	260.00
1985	NURSES, THE	1000	70.00	190.00
1985	NURSING TEAM	1000	70.00	215.00
1985	OUR GIRLS	1000	60.00	175.00
1985	PAT	1000	25.00	100.00
1985	PICKET FENCE	1000	60.00	180.00
1985	PIE MAKERS, THE	1000	80.00	200.00
1985	PLAYMATES	1000	70.00	180.00
1985	PLEASE MA'AM	1000	50.00	150.00
1985	RED CARRIAGE	1000	65.00	190.00
1985	ROBBIE	1000	20.00	100.00
1985	SCREECH OWL TWINS	1000	75.00	200.00
1985	SENATORS, THE	1000	275.00	600.00
1985	SENTINELS, THE	1000	65.00	140.00
1985	SUMMER'S BLESSING	1000	65.00	210.00
1985	THREE SISTERS	1000	70.00	190.00
1985	TO EACH OTHER	1000	40.00	125.00
1985	TWILIGHT RIDE	1000	80.00	275.00
1985	WATCH, THE	1000	30.00	180.00

YR	NAME	LIMIT	ISSUE	TREND
1985	WEDDING BOUQUET	1000	75.00	200.00
1985	WEDDING JOY	5000	200.00	625.00
1985	WEDDING MORN	1000	70.00	300.00
1985	WINTER'S TRAVELERS	1000	60.00	180.00
1986	ALLELUIA!	1000	70.00	200.00
1986	ALLISON	1000	20.00	150.00
1986	AMY'S FLOWERS	1000	50.00	150.00
1986	ANDREW	1000	20.00	150.00
1986	ANNIE & TEDDY	1000	20.00	100.00
1986	BRANDON	1000	20.00	100.00
1986	BRIAN	1000	20.00	150.00
1986	CANADA GEESE (ETCHING)	99	600.00	1500.00
1986	CAROLINE	1000	30.00	95.00
1986	DEAR LORD (SHORT)	1000	30.00	75.00
1986	DIANA	1000	25.00	100.00
1986	EVELYN	1000	40.00	115.00
1986	FIRST PROMISE	1000	70.00	175.00
1986	GENTLE SWING	1000	50.00	140.00
1986	HOMESTEADERS	99	1200.00	2300.00
1986	JACK	1000	25.00	120.00
1986	KIM	1000	20.00	150.00
1986	MAID MARION	1000	50.00	145.00
1986	PROFESSOR, THE	1000	40.00	150.00
1986	SCHOOL DAYS	1000	70.00	200.00
1986	SKATING WALTZ	1000	60.00	150.00
1986	SPRING WEDDING	1000	70.00	200.00
1986	STEPHANIE	1000	35.00	140.00
1986	SUNDAY STROLL	1000	50.00	200.00
1986	WINTER WEDDING	1000	80.00	195.00
1986	WINTER'S EVE	1000	100.00	240.00
1986	WINTER'S MATES	1000	50.00	180.00
1987	BETTY	1000	20.00	80.00
1987	BILL	1000	20.00	150.00
1987	CHAMPIONS	1000	80.00	160.00
1987	CHRISTMAS DANCE	1000	70.00	90.00
1987	CONTEMPLATION	1000	75.00	155.00
1987	SITTING PRETTY	1000	60.00	145.00
1987	THREE LITTLE SISTERS	1000	70.00	180.00
1987	YOUNG MAESTRO	1000	60.00	135.00
1988	ANGEL'S PRAYER	1000	70.00	130.00
1988	ANGELS TWO	1000	40.00	100.00
1988	CAROL	1000	25.00	100.00
1988	CHELSEA	1000	30.00	100.00
1988	GEORGETOWN (ETCHING)	1000	1000.00	2000.00
1988	GRANDAD'S BUDDY	1000	45.00	110.00
1988	LITTLE BROWN CHURCH	1000	100.00	250.00
1989	A MOTHER'S LOVE	1000	45.00	85.00
1989	FOREVER YOURS	1000	125.00	350.00
1989	KATIE'S FLOWERS	1000	30.00	150.00
1989	MY BIG SISTER	1000	50.00	125.00
1989	OUR BEDROOM	1000	70.00	110.00
1989	PARTNERS	1000	40.00	110.00
1989	WINTER GEESE (ETCHING)	99	400.00	1550.00
1990	BABY BOY	1000	25.00	90.00
1990	BABY GIRL	1000	25.00	75.00
1990	CALLING ON FRIENDS	1000	110.00	200.00
1990	SHADOWS OF ETERNITY	1000	50.00	125.00
1990	SISTER LOVE	1000	40.00	155.00
1990	SISTERS	1000	20.00	120.00
1990	SPRING MORN	1000	125.00	250.00
1990	TAMMY	1000	30.00	100.00
1995	ACROSS THE SILENT SNOW	226	200.00	200.00
1995	AMERICAN APPLES	1000	65.00	65.00
1995	APPLE BARN	1000	80.00	140.00
1995	APPLE BLOSSOM TIME	1000	75.00	225.00
1995	ASHLEY'S DELIGHT	1000	45.00	45.00
1995	AUSTIN	1000	45.00	45.00
1995	BARN DANCE AT THE WHITE BARN	1000	95.00	170.00
1995	BEAUTIES IN BLUE	1000	160.00	160.00
1995	BEAUTY AT THE STAR BARN	1000	75.00	75.00
1995	BIRDS OF PEACE	1000	60.00	60.00
1995	BOO!	1000	60.00	60.00
1995	BROTHERS TOGETHER	1000	55.00	135.00
1995	CAROUSEL QUEEN	1000	80.00	80.00
1995	CARRIE'S TREE	1200	75.00	75.00
1995	CAT DREAMS	1000	75.00	75.00
1995	COLLEGE MEMORIES	1000	100.00	100.00
1995	CONTENTMENT	1000	70.00	70.00
1995	COOL KRIS KRINGLE	1989	45.00	45.00
1995	DANNY'S BEAR	1000	45.00	45.00
1995	DASHING THROUGH THE SNOW	1000	130.00	215.00
1995	DAVID'S CAT	1000	35.00	2260.00
1995	DIANE'S CAT	1000	35.00	35.00
1995	DID YOU KNOW?	1000	45.00	115.00
1995	DON'T LET GO!	1000	45.00	45.00
1995	DOWN TOWN	1000	75.00	75.00
1995	DUTCH DREAMS	1000	70.00	135.00
1995	EARLY MORNING RIDE	1000	55.00	60.00
1995	EASTER FRIENDS	1000	50.00	50.00

YR	NAME	LIMIT	ISSUE	TREND
1995	ELEMENTARY SCHOOL	1000	75.00	80.00
1995	EMORY & HENRY	1000	100.00	100.00
1995	EVENING LIGHT	1000	65.00	65.00
1995	EVENING SURPRISE	1000	50.00	50.00
1995	EXCHANGE PLACE	1000	145.00	440.00
1995	FEED ME	1000	25.00	25.00
1995	FIDDLE DANCE	1000	50.00	90.00
1995	FISHING AT HUMPBACK BRIDGE	1000	100.00	100.00
1995	FREE AS THE WIND	1000	175.00	175.00
1995	FT. MYER MARRIAGE CARRIAGE	1000	100.00	100.00
1995	GENTLE GIANT	1000	35.00	35.00
1995	GIRLS IN A ROW	1000	60.00	60.00
1995	GOLDEN LOVE	1000	75.00	75.00
1995	GRANDMA'S BUREAU	1000	50.00	50.00
1995	GRANDMA'S REDHEAD	1000	50.00	50.00
1995	GREENBRIER, THE	1000	125.00	125.00
1995	HEAVENLY BABE	2000	60.00	60.00
1995	HEAVENLY GRACE	1000	75.00	75.00
1995	HER FLOCK	1000	55.00	55.00
1995	HOTEL ROANOKE	1000	225.00	225.00
1995	IOWA HAY RIDE	1000	150.00	150.00
1995	IOWA MORN	1000	100.00	100.00
1995	IT'S A BOY	1000	45.00	45.00
1995	IT'S A GIRL	1000	45.00	45.00
1995	JEFFERSON'S GENTLEMEN	1000	50.00	50.00
1995	JOHN DEERE GIRL, THE	1000	75.00	250.00
1995	JOHNNY SHILOH	2000	115.00	115.00
1995	JUST FOR NANA	1000	45.00	45.00
1995	LAKE RIDE	1000	110.00	110.00
1995	LET IT RAIN	1000	50.00	90.00
1995	LET'S BE PALS	1000	45.00	135.00
1995	LITTLE BROWN CHURCH REVISITED	1000	125.00	125.00
1995	LITTLE RASCALS	1000	45.00	45.00
1995	LOTS OF LOVE	1000	45.00	45.00
1995	LOVE IN BLOOM	1000	65.00	65.00
1995	LOVE'S WINTER RIDE	3000	45.00	45.00
1995	MAGIC MOMENT	1000	45.00	45.00
1995	MANSION, THE	1000	70.00	70.00
1995	MARCHING W/OUR PIG	1000	55.00	55.00
1995	MARK'S TRAIN	1000	40.00	40.00
1995	MATTHEW'S TRAIN	1000	40.00	70.00
1995	MEGHAN'S LAMB	1000	50.00	50.00
1995	MILL HOUSE, THE	1000	60.00	60.00
1995	MIRROR MIRROR ON THE WALL	1000	50.00	50.00
1995	MONTICELLO	1000	125.00	125.00
1995	MORNING GLORY	1000	35.00	60.00
1995	MOTHER IS LOVE	1000	45.00	45.00
1995	MOTHER'S DAY	2000	50.00	115.00
1995	MOVING IN	1000	75.00	75.00
1995	MT. ZION	1000	75.00	75.00
1995	MY TWO GIRLS	1000	50.00	50.00
1995	NEVER ENDING LOVE	1000	60.00	60.00
1995	OLD SLED, THE	1000	75.00	75.00
1995	ONE MORE STAR	1500	100.00	100.00
1995	OUR AMERICAN GOTHICS	1000	150.00	150.00
1995	OUR FAMILY HERITAGE	1000	225.00	225.00
1995	OUR GIRL SCOUT	1000	55.00	55.00
1995	OUR WINTER DAY	1000	45.00	45.00
1995	OUT ON A LIMB	1000	40.00	40.00
1995	PAT'S PEACHES	1000	55.00	100.00
1995	PEACE	1000	175.00	175.00
1995	PRECIOUS FRIENDS	1000	65.00	65.00
1995	PRECIOUS SISTERS	1000	50.00	50.00
1995	READING, 'RITING & 'RITHMETIC	1000	100.00	180.00
1995	RED BARN, THE	1000	45.00	45.00
1995	ROYAL PAIR	1000	80.00	80.00
1995	SALES BARN, THE	1000	135.00	135.00
1995	SERVING OUR NEEDS	1000	100.00	100.00
1995	SHADOWY RIDE	1000	175.00	175.00
1995	SING ALONG, THE	1000	70.00	70.00
1995	SNOWY MORNING ON THE FARM	1000	100.00	100.00
1995	SOCIETY QUILT, THE	8933	50.00	50.00
1995	SPIRIT OF THE MIDWEST	585	200.00	200.00
1995	ST. JOHN'S CEMETARY	1000	225.00	225.00
1995	STATE FAIR	1000	90.00	90.00
1995	STAY TOGETHER	1000	50.00	50.00
1995	STITCHED WITH LOVE	1000	275.00	275.00
1995	STITCHING NURSE	1000	65.00	65.00
1995	STITCHING SISTERS	1000	80.00	80.00
1995	SUNDAY AT GRANDMA'S	1000	75.00	75.00
1995	TEXAS STAR	1000	75.00	75.00
1995	THREE YOUNG MEN	1000	60.00	110.00
1995	TRACTORS ON PARADE	1000	135.00	320.00
1995	TRAIN MAN	1000	65.00	115.00
1995	TREES IN HARMONY	1000	120.00	120.00
1995	TRICK OR TREAT	1000	40.00	40.00
1995	TRIO, THE	1000	250.00	250.00
1995	TULLIE SMITH HOUSE	1000	60.00	60.00
1995	TWILIGHT FISHERMAN	1000	40.00	40.00

YR	NAME	LIMIT	ISSUE	TREND
1995	TWIN BOUQUETS	1000	45.00	80.00
1995	UNDER THE MISTLETOE	7532	70.00	70.00
1995	UNITED WE STAND	1000	70.00	70.00
1995	VIOLET BANK	1000	75.00	75.00
1995	VISIT TO THE RED SCHOOLHOUSE	1000	70.00	125.00
1995	VISIT TO THE VILLAGE, A	1000	100.00	180.00
1995	WATER TOWER, THE	1000	80.00	80.00
1995	WATERLOO COUNTY HOMESTEAD	1000	100.00	100.00
1995	WE THREE	1000	90.00	90.00
1995	WEDDING IN WHITE	1000	75.00	75.00
1995	WEDDING IN WINTER	1000	50.00	50.00
1995	WELCOME	1000	60.00	110.00
1995	WHICH ONE?	1000	60.00	135.00
1995	WHITE BARN, THE	1000	55.00	95.00
1995	WINFREE MEMORIAL, THE	500	750.00	750.00
1995	WINTER HARMONY	1000	75.00	75.00
1995	WINTER PRINCE	1000	115.00	115.00
1995	WINTER'S GENTLE EVE	1000	100.00	100.00
1995	WREN'S NEST REVISITED	1000	100.00	100.00
1995	YATES CIDER MILL	1000	60.00	60.00
1996	ALL DRESSED UP	1000	80.00	180.00
1996	APPLE BLOSSOM LOVE	1000	50.00	50.00
1996	DANCING JOY	1000	75.00	135.00
1996	DELIVERY TEAM, THE	1000	85.00	160.00
1996	FARM LIFE	1000	70.00	70.00
1996	FISHERMAN, THE	1000	80.00	80.00
1996	FOR THE GIRLS	1000	40.00	40.00
1996	GIRL SERIES IV	1000	80.00	150.00
1996	GUARDIAN ANGELS	1000	65.00	65.00
1996	HAIRCUT, THE	1000	35.00	35.00
1996	HERE I GO!	1000	50.00	90.00
1996	JUST PURRFECT	1000	115.00	115.00
1996	LIBERTY	1000	75.00	135.00
1996	MOTHER'S HEART	1000	75.00	180.00
1996	QUILTED CATS	1000	70.00	70.00
1996	WE'RE ALWAYS TOGETHER			

P. BUCKLEY MOSS SILKSCREEN

YR	NAME	LIMIT	ISSUE	TREND
1995	HORSES FOUR	500	115.00	115.00
1995	NURSES THREE	250	250.00	250.00

N. ROCKWELL GALLERY
N. ROCKWELL

YR	NAME	LIMIT	ISSUE	TREND
1997	30TH ANNIVERSARY MAIN STREET CANVAS	5000	195.00	195.00

NAME THAT TOON
CHARACTER SHOP ANHEUSER-BUSCH BUD FROGS

YR	NAME	LIMIT	ISSUE	TREND
1996	CLYDESDALE- FOOTBALL	2000	198.00	202.00
1996	JAMMIN'	2000	198.00	202.00
1996	SPEEDBOAT	2000	198.00	202.00

R. LAZZARINI ANHEUSER-BUSCH BUD FROGS

YR	NAME	LIMIT	ISSUE	TREND
1995	BUD FROGS II	2000	198.00	202.00
1996	BUD FROGS/ ALLIGATOR	2000	198.00	198.00

S. WINSTON ANHEUSER-BUSCH BUD FROGS

YR	NAME	LIMIT	ISSUE	TREND
1995	BUD FROGS	2000	198.00	300.00

ATHERTON ANHEUSER-BUSCH BUD ICE PENGUIN

YR	NAME	LIMIT	ISSUE	TREND
1996	CHASE, THE	2000	198.00	202.00

PARK VILLAGE ANHEUSER-BUSCH BUD ICE PENGUIN

YR	NAME	LIMIT	ISSUE	TREND
1996	DOOBIE DOOBIE DOO	OP	38.00	38.00
*				
1996	HOW WE MAKE TOMATO SOUP			

CAMPBELL SOUP

YR	NAME	LIMIT	ISSUE	TREND
1996	SOUP TIME	2000	198.00	202.00

AARDMAN | | OP | 38.00 | 38.00 |

CHEVRON TECHRON CARS

YR	NAME	LIMIT	ISSUE	TREND
1995	WASH ME	2000	198.00	202.00

S. WINSTON COCA-COLA GORILLA

YR	NAME	LIMIT	ISSUE	TREND
1996	CHOICE, THE	2000	198.00	202.00

A. CLOBEY COCA-COLA GUMBY

YR	NAME	LIMIT	ISSUE	TREND
1995	ALWAYS FRIENDS	2000	198.00	225.00

* COCA-COLA NBA LIMELIGHT

YR	NAME	LIMIT	ISSUE	TREND
1995	ALWAYS JAMMIN'	2000	198.00	202.00

* COCA-COLA POLAR BEARS RHYTHM & HUES

YR	NAME	LIMIT	ISSUE	TREND
1994	ALWAYS COOL	SO	198.00	500.00
1994	PAUSE THAT REFRESHES	2000	198.00	300.00
1995	CUBS DAY OUT	2000	198.00	250.00
1995	ENCHANTED EVENING	2000	198.00	250.00
1996	COCA-COLA SEAL	2000	198.00	202.00
1996	GOOD FRIENDS	2000	198.00	250.00
1996	LATE NIGHT LUGE	2000	198.00	250.00
1996	YES!	OP	38.00	38.00

* COCA-COLA SUN COLOSSAL PICTURES

YR	NAME	LIMIT	ISSUE	TREND
1994	REFRESHMENT	2000	198.00	202.00
1995	SUN-DAY AT THE BEACH	2000	198.00	202.00

* HERSHEY'S KISSES COLOSSAL PICTURES

YR	NAME	LIMIT	ISSUE	TREND
1995	BUNNY HOP	2000	198.00	202.00

* HERSHEY'S NOSTALGIA

YR	NAME	LIMIT	ISSUE	TREND
1996	CLUB COCOA	OP	38.00	38.00
1996	HERSHEY COW	OP	38.00	38.00
1996	HERSHEY KISSES	OP	38.00	38.00
1996	MEAL IN ITSELF, A	OP	38.00	38.00

YR	NAME	LIMIT	ISSUE	TREND
W. VINTON				**M&M MARS**
1996	JUST YOUR FRIENDLY NEIGHBORHOOD M&M'S	2000	198.00	202.00
1996	SO, IS IT LOVE?	OP	38.00	38.00
*				**NABISCO LIFESAVER**
1997	BALLOONS	OP	38.00	38.00
*				**NABISCO MR. PEANUT**
1997	CHORUS LINE	OP	38.00	38.00
ATHERTON				**NABISCO MR. PEANUT**
1997	EVERYBODY LOVES A NUT	2000	198.00	202.00
*				**NABISCO OREO**
1997	OREO DESSERT	OP	38.00	38.00
*				**NABISCO RITZ**
1997	SIMPLY MARVELOUS	OP	38.00	38.00
*				**PILLSBURY DOUGHBOY**
1995	POPPIN' FRESH	2000	198.00	202.00
1996	DOUGHBOY DELIGHT	OP	38.00	38.00

NEW MASTERS PUBLISHING

P. BANNISTER

YR	NAME	LIMIT	ISSUE	TREND
*	ANGEL TRUMPETS	950	316.00	316.00
*	APPLE ORCHARD	950	265.00	420.00
*	BUTTONS & BOWS	950	265.00	265.00
*	DOLL HOUSE	950	265.00	300.00
*	ENCHANTED EVENING	1500	265.00	300.00
*	PEACHES	950	265.00	300.00
*	SOLITAIRE	1500	265.00	300.00
*	STRAWBERRIES	950	265.00	300.00
*	SUNDAY AFTERNOON	950	265.00	275.00
*	THANKSGIVING	950	265.00	400.00
*	WINTER'S TALE	950	265.00	300.00
1978	BANDSTAND	250	75.00	600.00
1980	DUST OF AUTUMN	200	200.00	1225.00
1980	FADED GLORY	200	200.00	1225.00
1980	GIFT OF HAPPINESS	200	200.00	2050.00
1980	GIRL ON THE BEACH	200	200.00	1500.00
1980	SEA HAVEN	SO	285.00	775.00
1980	SILVER BELL, THE	200	200.00	2200.00
1980	TITANIA	SO	300.00	1100.00
1981	CRYSTAL	300	300.00	425.00
1981	EASTER	SO	300.00	1200.00
1981	JULIET	SO	300.00	5000.00
1981	MY SPECIAL PLACE	SO	300.00	2100.00
1981	PORCELAIN ROSE	SO	300.00	2100.00
1981	REHEARSAL	SO	300.00	1950.00
1982	AMARYLLIS	SO	285.00	2000.00
1982	APRIL	SO	200.00	1150.00
1982	CINDERELLA	500	285.00	580.00
1982	EMILY	SO	285.00	1200.00
1982	IVY	SO	285.00	800.00
1982	JASMINE	SO	235.00	750.00
1982	LILY	500	235.00	235.00
1982	MAIL ORDER BRIDES	SO	325.00	2100.00
1982	MEMORIES	SO	235.00	575.00
1982	NUANCE	SO	235.00	580.00
1982	PARASOLS	500	235.00	235.00
1982	PRESENT, THE	SO	285.00	1050.00
1983	DUCHESS, THE	SO	250.00	2000.00
1983	MEMENTOS	SO	150.00	1250.00
1983	OPHELIA	SO	150.00	750.00
1983	WINDOW SEAT	SO	150.00	800.00
1984	APRIL LIGHT	SO	150.00	675.00
1984	FAN WINDOW, THE	SO	195.00	1200.00
1984	MAKE BELIEVE	SO	150.00	800.00
1984	SCARLET RIBBONS	SO	150.00	350.00
1986	PRIDE & JOY	SO	150.00	325.00
1986	SOIREE	950	150.00	150.00
1987	AUTUMN FIELDS	950	150.00	350.00
1987	FIRST PRIZE	950	115.00	325.00
1987	QUIET CORNER	SO	115.00	675.00
1987	SEPTEMBER HARVEST	SO	150.00	450.00
1988	APPLES AND ORANGES	SO	265.00	675.00
1988	FLORIBUNDA	SO	265.00	750.00
1988	GUINEVERE	485	265.00	1350.00
1988	LOVE SEAT	SO	230.00	525.00
1988	SUMMER CHOICES	300	250.00	900.00
1989	CHAPTER ONE	SO	265.00	1875.00
1989	DAYDREAMS	SO	265.00	625.00
1989	LOW TIDE	SO	265.00	650.00
1989	MARCH WINDS	SO	265.00	550.00
1989	PEACE	SO	265.00	1300.00
1989	QUILT, THE	SO	265.00	975.00
1990	GOOD FRIENDS	SO	265.00	525.00
1990	LAVENDER HILL	SO	265.00	800.00
1990	RENDEZVOUS	SO	265.00	540.00
1990	SEASCAPES	SO	265.00	550.00
1990	SISTERS	SO	265.00	1250.00
1990	SONGBIRD	SO	265.00	400.00
1990	STRING OF PEARLS	SO	265.00	620.00
1991	CELEBRATION	SO	350.00	825.00

YR	NAME	LIMIT	ISSUE	TREND
1991	CROSSROADS	SO	295.00	400.00
1991	PUDDINGS & PIES	SO	265.00	500.00
1991	TEATIME	SO	295.00	850.00
1991	WILDFLOWERS	SO	295.00	540.00
1992	BED OF ROSES	663	265.00	650.00
1992	CRYSTAL BOWL	485	265.00	675.00
1992	HEIRLOOM, THE	485	265.00	265.00
1992	LOVE LETTERS	485	265.00	600.00
1992	MORNING MIST	485	265.00	320.00
1992	PERFECTION	*	85.00	85.00
1993	CROWNING GLORY	485	265.00	650.00
1993	DEJA VU	663	265.00	1450.00
1993	IN THE WINGS	660	265.00	775.00
1993	INTO THE WOODS	485	265.00	700.00
1993	LILIES IN THE FIELD	663	265.00	265.00
1993	RAMBLING ROSE	485	265.00	670.00
1994	ANGELS	950	265.00	265.00
1994	CUCKOO CLOCK	950	265.00	600.00
1994	FOUNTAIN	485	265.00	775.00
1994	FROM RUSSIA W/LOVE	950	165.00	300.00
1994	ONCE UPON A TIME	950	265.00	700.00
1995	BRIDESMAIDS	950	265.00	530.00
1995	MAGNOLIAS	950	265.00	1500.00
1995	NOW AND THEN	*	265.00	530.00
1996	PARADISE COVE	950	265.00	950.00
1996	SOUTHERN BELLE	950	265.00	1300.00

NEWMARK PUBLISHING USA
P. VAUGHAN

YR	NAME	LIMIT	ISSUE	TREND
1995	AWAY IN A MANGER	570	95.00	225.00
1995	BEAUTIFUL DREAMER	750	95.00	850.00
1995	FAMILY TREE	1200	95.00	120.00
1995	FOREVER FRIENDS	1200	95.00	150.00
1995	HEIRLOOMS	2500	95.00	140.00
1995	HER LITTLE RED SHOES	1200	95.00	270.00
1995	OLE TIME RELIGION	1200	95.00	300.00
1995	PEACEFUL AFTERNOON	1200	95.00	155.00

NORTHWOODS CRAFTSMAN
J. GADAMUS

YR	NAME	LIMIT	ISSUE	TREND
1995	ANGEL OF LIGHT	850	110.00	150.00
1995	ANGEL OF PEACE	850	110.00	110.00
1995	CHANGING THE GUARD	750	135.00	180.00
1996	ABE	850	135.00	200.00
1996	SPRING ROSE	850	50.00	50.00

G. KOVACH

YR	NAME	LIMIT	ISSUE	TREND
1995	BOYS OF SUMMER	950	150.00	175.00
1995	EVENING AT HOLY HILL	2000	150.00	150.00
1995	SANTA'S TREAT	1995	90.00	90.00
1995	STAR SPANGLED NIGHT	950	150.00	180.00
1996	HOME TOWN HEROES	1000	150.00	165.00
1996	THOUGHTS OF HOME	950	150.00	200.00

T. SCHULTZ

YR	NAME	LIMIT	ISSUE	TREND
1996	AUTUMN CRIMSON	600	50.00	50.00
1996	HOMECOMING	600	90.00	90.00
1996	SUMMERTIME GOLD	600	50.00	50.00

M. SINGLETON

YR	NAME	LIMIT	ISSUE	TREND
1995	CIRCUS PARADE	600	50.00	90.00
1995	COTTAGE BY THE SHORE	600	75.00	180.00
1995	SPRING CLEANING	600	50.00	90.00
1996	NOAH'S ARK	600	80.00	130.00
1996	SATURDAY NIGHT DOWNTOWN	600	75.00	75.00

M. SOLBERG

YR	NAME	LIMIT	ISSUE	TREND
1995	TO TOUCH THE SKY	950	150.00	150.00

J. GADAMUS

YR	NAME	LIMIT	CANVAS	
1995	ANGEL OF LIGHT	100	300.00	300.00
1995	ANGEL OF PEACE	100	300.00	300.00

G. KOVACH

YR	NAME	LIMIT	CANVAS	
1995	BOYS OF SUMMER	200	350.00	350.00
1995	EVENING AT HOLY HILL	200	400.00	400.00
1995	SANTA'S TREAT	200	300.00	400.00
1995	STAR SPANGLED NIGHT	200	350.00	350.00
1996	HOME TOWN HEROES	200	375.00	375.00
1996	THOUGHTS OF HOME	200	375.00	375.00

M. SINGLETON

YR	NAME	LIMIT	CANVAS	
1995	CIRCUS PARADE	50	150.00	180.00
1995	COTTAGE BY THE SHORE	50	250.00	250.00
1995	SPRING CLEANING	50	150.00	170.00
1996	NOAH'S ARK	50	275.00	130.00
1996	SATURDAY NIGHT DOWNTOWN	50	250.00	250.00

M. SOLBERG

YR	NAME	LIMIT	CANVAS	
1995	TO TOUCH THE SKY	100	350.00	350.00

ON THE WILD SIDE
J. MEGER

YR	NAME	LIMIT	MEGER	
*	SILHOUETTE-TIMBER WOLF	*	95.00	225.00
1979	WILDSIDE I-CANVASBACKS	*	100.00	800.00
1980	MANITOBA MEMORIES-CANVASBACKS	*	100.00	300.00
1980	SPLIT DECISION-CANVASBACKS	*	100.00	330.00

YR	NAME	LIMIT	ISSUE	TREND
1981	STACK OF BILLS-LESSER SCAUP	*	75.00	250.00
1981	WINGS IN THE WILLOWS	*	100.00	165.00
1982	PRAIRIE POTHOLES-CANVASBACKS	*	60.00	150.00
1982	STOP ON RED-REDHEADS	100	100.00	190.00
1983	RISKY BUSINESS	75	75.00	100.00
1984	BLUE BANDITS	60	60.00	120.00
1984	GOOD MORNING	45	45.00	70.00
1984	LEADING LADY	*	60.00	70.00
1984	LEGACY-LOON	60	85.00	1300.00
1985	BURNING THROUGH	*	100.00	275.00
1985	FIELDSTONES-PHEASANTS	125	125.00	680.00
1985	LEGACY-EAGLE	85	85.00	400.00
1985	LEGACY-MOOSE	85	85.00	170.00
1985	WINDSONG-CANADA GEESE	225	225.00	400.00
1986	FIRST LIGHT-LOONS	95	95.00	125.00
1986	SUNDANCE-SNOWY OWL	125	125.00	125.00
1986	UNINVITED GUESTS	60	60.00	60.00
1987	COMING HOME	125	125.00	185.00
1987	HEARTLAND-PHEASANTS	100	100.00	300.00
1987	INTERLUDE	75	75.00	100.00
1987	ONE MORE PASS	60	60.00	60.00
1987	OUTBACK-PHEASANTS	*	75.00	250.00
1987	UP AT THE LAKE	95	95.00	125.00
1988	FAST MOVING GAME	60	60.00	150.00
1988	HERITAGE CARDINAL	*	85.00	300.00
1988	LEGACY-TIMBERWOLVES (AP)	125	85.00	125.00
1988	SEPTEMBER PASSAGE	*	125.00	225.00
1988	SNOWY COURTSHIP-SNOWY OWLS	125	125.00	190.00
1989	EDGE OF TOWN	95	95.00	95.00
1989	HOMESTEAD-PHEASANTS (AP)	125	125.00	125.00
1989	MOONRIDE-LOONS	95	95.00	800.00
1989	PRAIRIE DANCEHALL-PHEASANTS	95	75.00	100.00
1989	THREE'S A CROWD	60	60.00	100.00
1990	ALPHA-TIMBER WOLF	*	150.00	280.00
1990	ALPHA-TIMBER WOLF (AP)	225	225.00	330.00
1990	ALPHA-TIMBER WOLF (COLLECTOR'S EDITION)	225	275.00	475.00
1990	BREEZING UP-WOOD DUCKS (AP)	*	145.00	180.00
1990	FANFARE-TRUMPETER SWANS	150	150.00	250.00
1990	FIRST OUTING	60	60.00	300.00
1990	HIDDEN GAME-TIMBER WOLF (AP)	75	75.00	90.00
1990	MOON SHADOWS-WHITE-TAILED DEER	95	95.00	400.00
1990	STORM WARNING-PHEASANTS	95	95.00	410.00
1991	PROMISE, THE	*	150.00	175.00
1991	PROMISE, THE (COLLECTOR'S EDITION)	295	295.00	350.00
1991	SNOWY PURSUIT	*	125.00	275.00

PAST IMPRESSIONS

A. MALEY

				CANVAS
1987	LOVE LETTER	CL	445.00	700.00
1987	PROMISE, THE	500	625.00	625.00
1989	WINTER IMPRESSIONS	CL	595.00	925.00
1990	CAFE ROYALE	CL	665.00	1075.00
1990	FESTIVE OCCASION	CL	595.00	595.00
1990	GRACIOUS ERA	CL	645.00	1300.00
1990	ROMANTIC ENGAGEMENT	CL	445.00	1750.00
1991	SUMMER CAROUSEL	CL	345.00	900.00
1992	CIRCLE OF LOVE	CL	445.00	775.00
1992	ELEGANT AFFAIR	CL	595.00	2250.00
1992	EVENING PERFORMANCE	CL	295.00	1400.00
1992	WALK IN THE PARK	CL	595.00	920.00
1993	RAGS AND RICHES	CL	445.00	500.00
1993	RECITAL, THE	CL	595.00	1100.00
1993	SLEIGH BELLS	CL	595.00	950.00
1993	VISITING THE NURSERY	CL	445.00	1700.00
1994	NEW YEAR'S EVE	CL	445.00	620.00
1994	PARISIAN BEAUTIES	CL	645.00	1750.00
1994	SUMMER ELEGANCE	CL	595.00	1100.00
1995	GRAND ENTRANCE	250	615.00	1000.00
1995	LETTER, THE	CL	465.00	1250.00
1995	NEW CARRIAGE	250	265.00	480.00
1995	SLEIGH RACE	250	615.00	715.00
1995	SOUTHERN BELLES	250	615.00	640.00
1995	SUMMER ROMANCE	CL	465.00	1350.00
1996	BOATING PARTY, THE	350	665.00	720.00
1996	PRIVATE CONVERSATION	350	615.00	900.00

A. MALEY

				PAPER PRINT
1984	GLORIOUS SUMMER	CL	150.00	850.00
1984	SECLUDED GARDEN	CL	150.00	950.00
1985	PASSING ELEGANCE	CL	150.00	700.00
1985	SECRET THOUGHTS	CL	150.00	850.00
1986	TELL ME	CL	150.00	800.00
1986	WINTER ROMANCE	CL	150.00	750.00
1987	DAY DREAMS	CL	200.00	275.00
1987	LOVE LETTER	CL	200.00	600.00
1987	LOVE LETTER A/P	450	300.00	700.00
1987	PROMISE, THE	CL	200.00	700.00
1988	BOARDWALK, THE	CL	250.00	275.00
1988	JOYS OF CHILDHOOD	CL	250.00	260.00
1988	OPENING NIGHT	CL	250.00	1950.00

YR	NAME	LIMIT	ISSUE	TREND
1988	TRANQUIL MOMENT	CL	250.00	300.00
1988	VICTORIAN TRIO	CL	250.00	300.00
1989	ENGLISH ROSE	CL	250.00	460.00
1989	IN HARMONY	CL	250.00	300.00
1989	WINTER IMPRESSIONS	750	250.00	845.00
1990	CAFE ROYALE	750	275.00	600.00
1990	FESTIVE OCCASION	CL	250.00	250.00
1990	GRACIOUS ERA	750	275.00	470.00
1990	ROMANTIC ENGAGEMENT	750	275.00	300.00
1990	SUMMER PASTIME	CL	250.00	320.00
1991	BETWEEN FRIENDS	750	275.00	275.00
1991	EVENING PERFORMANCE	750	150.00	175.00
1991	SUMMER CAROUSEL	750	200.00	400.00
1991	SUNDAY AFTERNOON	750	275.00	620.00
1991	WINTER CAROUSEL	750	200.00	200.00
1992	AN ELEGANT AFFAIR	500	260.00	300.00
1992	CIRCLE OF LOVE	500	250.00	350.00
1992	INTIMATE MOMENT	750	250.00	250.00
1992	WALK IN THE PARK	500	260.00	775.00
1993	RAGS AND RICHES	500	250.00	1050.00
1993	RECITAL, THE	500	275.00	275.00
1993	SLEIGH BELLS	500	260.00	300.00
1993	VISITING THE NURSERY	500	250.00	300.00
1994	NEW YEAR'S EVE	500	250.00	400.00
1994	PARISIAN BEAUTIES	500	275.00	950.00
1994	SUMMER ELEGANCE	500	275.00	275.00
1995	GRAND ENTRANCE	500	250.00	300.00
1995	LETTER, THE	500	250.00	250.00
1995	NEW CARRIAGE	500	100.00	100.00
1995	SLEIGH RACE	500	260.00	300.00
1995	SOUTHERN BELLES	500	260.00	300.00
1995	SUMMER ROMANCE	500	250.00	250.00
1996	BOATING PARTY	400	275.00	250.00
1996	PRIVATE CONVERSATION	400	260.00	550.00

A. MALEY — WOMEN OF ELEGANCE/PAPER PRINT

YR	NAME	LIMIT	ISSUE	TREND
1989	ALEXANDRA	CL	125.00	200.00
1989	BETH	CL	125.00	200.00
1989	CATHERINE	CL	125.00	125.00
1989	VICTORIA	CL	125.00	125.00

PEMBERTON & OAKES

D. ZOLAN

YR	NAME	LIMIT	ISSUE	TREND
1984	SABINA IN THE GRASS	880	98.00	495.00
1988	DAY DREAMER	1000	35.00	150.00
1988	WAITING TO PLAY	1000	35.00	150.00
1988	WINTER ANGEL	880	98.00	270.00
1989	GRANDMA'S MIRROR	RT	98.00	170.00
1989	RODEO GIRL	RT	98.00	135.00
1989	SUMMER'S CHILD	RT	98.00	175.00
1990	LAURIE AND THE CRECHE	RT	98.00	145.00
1991	FLOWERS FOR MOTHER	RT	98.00	115.00

D. ZOLAN — SINGLE ISSUE

YR	NAME	LIMIT	ISSUE	TREND
1982	BY MYSELF	880	98.00	210.00
1982	ERIK AND DANDELION	880	98.00	225.00
1986	TENDER MOMENT	880	98.00	212.00
1987	TOUCHING THE SKY	880	98.00	225.00
1988	SMALL WONDER	880	98.00	160.00
1988	TINY TREASURES	450	150.00	250.00
1989	ALMOST HOME	880	98.00	150.00
1989	BROTHERLY LOVE	880	98.00	280.00
1989	CHRISTMAS PRAYER	880	98.00	160.00
1989	DADDY'S HOME	880	98.00	294.00
1989	MOTHER'S ANGELS	880	98.00	160.00
1989	SNOWY ADVENTURE	880	98.00	129.00
1990	COLORS OF SPRING	880	98.00	175.00
1990	CRYSTAL'S CREEK	880	98.00	200.00
1990	FIRST KISS	880	98.00	135.00
1992	ENCHANTED FOREST	880	98.00	170.00
1993	GRANDMA'S GARDEN	880	98.00	137.00

PINE RIDGE PRODUCTIONS

N.P. SANTOLERI

YR	NAME	LIMIT	ISSUE	TREND
1986	DECEMBER DUSK	SO	50.00	182.00
1986	PRISCILLA & PIGLETS	SO	50.00	110.00
1986	WASHINGTON'S HEADQUARTERS	SO	50.00	158.00
1987	DIAMOND ROCK SCHOOL HOUSE	SO	65.00	128.00
1987	HERBAL BOUQUET	450	80.00	80.00
1987	KNOX BRIDGE	SO	65.00	130.00
1987	SQUARE, THE	SO	65.00	157.00
1987	WE THE PEOPLE	SO	65.00	108.00
1988	PORTRAIT OF A GOOSE	500	70.00	70.00
1988	STARRY NIGHT	SO	80.00	250.00
1989	POND'S EDGE	SO	100.00	200.00
1989	VIEW OF THE HUNT, A	SO	95.00	415.00
1990	BOATHOUSE ROW	SO	100.00	500.00
1990	OLD TIMER	450	85.00	85.00
1990	VALLEY GREEN	SO	100.00	280.00
1990	WINTER RETREAT	SO	90.00	155.00
1991	HARVARD'S BOATHOUSE	500	95.00	95.00

YR	NAME	LIMIT	ISSUE	TREND
1991	IN FOR THE EVENING	SO	100.00	325.00
1991	LONGFELLOW HOUSE, THE	500	95.00	95.00
1991	ON WALDEN POND	SO	100.00	212.00
1991	REACHING FOR THE SKY	SO	100.00	415.00
1992	AFTERNOON ON LAKE AFTON	500	50.00	50.00
1992	CONTENTMENT FOUND	SO	100.00	206.00
1992	EVENING AT EDGMONT	950	100.00	100.00
1993	BOATHOUSE ROW III	SO	100.00	205.00
1993	CHAPEL AT VILLANOVA	SO	100.00	200.00
1993	WOODLAND VISITORS	2500	200.00	200.00
1994	KIRBYS MILL	950	100.00	100.00
1994	PHILA. MUSEUM OF ART	950	100.00	100.00
1995	AFTER LABOR DAY	SO	100.00	510.00
1995	BRANDYWINE CHRISTMAS	950	125.00	125.00
1995	INDEPENDENCE HALL	SO	100.00	200.00
1996	BOATHOUSE ROW IV	1500	125.00	125.00
1996	SNOW DAYS	950	100.00	100.00
1996	ST. JOSEPH'S UNIVERSITY	950	100.00	100.00
1996	ST. THOMAS OF VILLANOVA	SO	100.00	175.00
1996	VIEW OF COLUMBIA AVE, A	950	125.00	125.00
1997	ANGEL OF THE SEA	950	125.00	125.00
1997	VALLEY GREEN II	SO	125.00	200.00
1998	PENN STATE (OLD MAIN)	1750	100.00	100.00
1998	TIME TO FLY	950	125.00	125.00
1999	PHILADELPHIA SKYLINE (AT TURN OF THE 21ST CENT.)	1500	125.00	125.00
1999	REFLECTIONS AT DAWN	950	125.00	125.00
1999	WINTER IN ANNAPOLIS	950	125.00	125.00

PORTERFIELD'S

R. ANDERS

1997	DIGGING IN	5000	27.00	60.00
1997	SAFE HARBOR	5000	27.00	60.00
1997	TIME OUT	5000	17.00	120.00
1997	TWO BITES TO GO	5000	27.00	60.00

PRIZM

PIPKA

1998	KNOCK KNOCK SANTA	750	180.00	180.00

RECO INTERNATIONAL

FINE ART CANVAS REPRODUCTION

J. MCCLELLAND

1990	BEACH PLAY	350	80.00	80.00
1991	FLOWER SWING	350	100.00	100.00
1991	SUMMER CONVERSATION	350	80.00	80.00

S. KUCK

LIMITED EDITION PRINT

1984	JESSICA	500	60.00	400.00
1985	HEATHER	500	75.00	145.00
1986	ASHLEY	500	85.00	175.00

J. MCCLELLAND

MCCLELLAND

*	I LOVE TAMMY	500	75.00	100.00
*	JUST FOR YOU	300	155.00	160.00
*	OLIVIA	300	175.00	175.00
*	REVERIE	300	110.00	100.00
*	SWEET DREAMS	300	145.00	150.00

RIE MUNOZ LTD.

R. MUNOZ

1971	DANCE IN KASHIM	100	8.00	450.00
1973	ESKIMO STORY TELLER	300	30.00	825.00
1974	KING ISLAND	300	30.00	1600.00
1974	SCARY SEA	500	30.00	1500.00
1975	CREATION OF MAN	500	30.00	2000.00
1975	CROW IN A MOUNTAIN ASH	950	30.00	845.00
1977	CANNERY WORKERS, NAKNEK	500	30.00	820.00
1977	CRABBING	100	30.00	350.00
1977	CRANE LEGEND	500	40.00	1900.00
1977	GATHERING EGGS	500	30.00	1250.00
1977	GOSSIPING WOMEN	500	27.00	200.00
1977	KOTZEBU BREAKUP	500	36.00	990.00
1977	WINTER SUN, GAMBELL	500	30.00	550.00
1978	BERRY PICKERS	500	36.00	415.00
1978	RAFT OF DUCKS	950	30.00	715.00
1978	RIBBON SEALS	950	20.00	480.00
1979	BUTCHERING CRABS, TENAKEE	500	36.00	775.00
1979	FISHING FOR KING CRAB, UKIVOK	500	36.00	875.00
1979	LADIES IN THE BATH	500	36.00	500.00
1980	BLUEBERRIES, BLUEBIRDS	500	30.00	295.00
1980	CATS CRADLE	500	27.00	300.00
1980	DOUGLAS CRAB BOAT	500	60.00	895.00
1980	HAPPY HOUR, NOME	500	40.00	795.00
1980	KETCHIKAN ALASKA	500	12.00	365.00
1980	LAST CARIBOU	500	35.00	860.00
1980	LOOSE DOGS	500	32.00	490.00
1980	MIDDLETON	500	36.00	645.00
1980	OFF TO SUMMER CAMP	500	40.00	590.00
1980	RECESS AUKE BAY SCHOOL	500	42.00	870.00
1980	STRING GAME	250	75.00	895.00
1980	TUNDRA	500	32.00	440.00
1981	BERRY PICKERS	550	40.00	450.00
1981	BOOM BOAT	750	45.00	980.00

YR	NAME	LIMIT	ISSUE	TREND
1981	CRAB BUTCHERING PARTY	500	40.00	645.00
1981	DANCER IN MOTION	500	36.00	365.00
1981	FISHERMAN, KETCHIKAN	500	40.00	645.00
1981	FRIENDS, GAMBELL	500	30.00	390.00
1981	GATHERING GRASS	500	30.00	265.00
1981	GOING BERRY PICKING, HOONAH	500	40.00	750.00
1981	HOPKINS ALLEY	750	45.00	595.00
1981	INTERVIEWING THE WINNER	500	40.00	650.00
1981	MONKEY TREE	500	40.00	665.00
1981	REINDEER ROUNDUP	200	200.00	1000.00
1981	SEALIONS AT UNALASKA	750	50.00	685.00
1981	STARRING	500	36.00	595.00
1982	DRYING LAUNDRY & FISH	750	40.00	415.00
1982	EVERGREEN BOWL	750	45.00	850.00
1982	HAULING IN CRABS	750	40.00	540.00
1982	ICE FISHING	750	32.00	720.00
1982	IDITAROD RACE HEADQUARTERS	750	40.00	610.00
1982	NOAH	750	36.00	685.00
1982	RIE MUNOZ IN TAPESTRY	OP	20.00	40.00
1982	SIGNS OF SPRING	750	30.00	465.00
1982	SOME ALASKA BIRDS	175	45.00	565.00
1982	SUMMER CAMP	750	45.00	175.00
1982	SUMMER STORM, BUCKLAND	750	45.00	425.00
1982	TESTING A SEAL SKIN FLOAT	750	28.00	325.00
1983	CHASING MOULTING GEESE	750	32.00	645.00
1983	ELFIN COVE	750	32.00	495.00
1983	FISH BUYER, ELFIN COVE	750	40.00	175.00
1983	IN THE PARK, FRANCE	500	15.00	550.00
1983	PACKING FISH	500	28.00	325.00
1983	POKER GAME	750	20.00	590.00
1983	PRIEST, UNALASKA	750	36.00	595.00
1983	ROOSTING BIRDS	200	85.00	530.00
1983	SEAGULL STORY	750	32.00	355.00
1983	SNOW BUNTINGS, GAMBELL	750	45.00	400.00
1983	WHISTLING AT NORTHERN LIGHTS	500	36.00	670.00
1983	WRANGELL WATER FRONT	750	40.00	465.00
1984	BERRY PICKER	750	28.00	480.00
1984	CHAPEL, ROCHE HARBOR	750	35.00	525.00
1984	COMING HOME	750	45.00	695.00
1984	CRABBER, UNALASKA	750	60.00	1175.00
1984	DANCERS IN SEALGUT PARKAS	OP	20.00	20.00
1984	FISH CAMP	750	48.00	300.00
1984	GROCERIES NOME	750	38.00	475.00
1984	IDITAROD, SHATOOLOK	750	64.00	600.00
1984	ISTKA SUMMER FESTIVAL	OP	20.00	40.00
1984	PACKING FISH	750	40.00	325.00
1984	PAINT JOB THOMAS BASIN	750	36.00	335.00
1984	POTLATCH BAR, KETCHIKAN	750	30.00	395.00
1984	SANDHILL CRANES	750	50.00	695.00
1984	ST. NICHOLAS, JUNEAU	750	38.00	695.00
1984	STEAMBATH LAKE, ILIAMNA	750	30.00	900.00
1984	STORY KNIFE	750	20.00	445.00
1984	SWING, THE	750	20.00	430.00
1984	TANGLED TRACES	750	20.00	385.00
1984	WAITING FOR FERRY, TENAKEE	750	40.00	525.00
1985	CLEANING FISH	750	40.00	245.00
1985	CRAB POTS, SITKA	750	36.00	455.00
1985	HALIBUT $1	750	60.00	1100.00
1985	JUNEAU CANNERY	750	45.00	525.00
1985	NORTH STAR COMING	750	50.00	400.00
1985	SPRING SUNDAY	750	38.00	395.00
1985	WOMAN BEAR LEGEND	750	60.00	1000.00
1986	BLUEBERRIES	750	45.00	435.00
1986	CACHE	750	36.00	230.00
1986	CATHEDRAL, SITKA	750	48.00	500.00
1986	CLEANING SALMON	750	48.00	235.00
1986	DINNER, NOME	750	40.00	460.00
1986	FALL MIGRATION	750	65.00	565.00
1986	GREY POUPON	750	20.00	465.00
1986	INNER HARBOR	750	45.00	390.00
1986	JESSIE'S FLOWERS	750	45.00	450.00
1986	LATE BOAT	750	48.00	425.00
1986	LOOKING FOR HALLEY'S COMET	750	30.00	600.00
1986	PACKING DUNGENESS	750	25.00	375.00
1986	RASPBERRY PATCH	750	20.00	255.00
1986	STORM AT FISH CAMP	750	50.00	190.00
1986	UNLOADING WALRUS MEAT	750	50.00	295.00
1986	WHALE	750	50.00	375.00
1987	ABANDONED CABIN	950	35.00	90.00
1987	CASH BUYER, KOTZEBUE	750	40.00	165.00
1987	DOWNHILL SKIERS, EAGLECREST	750	60.00	795.00
1987	FIRST SNOW, STARR HILL	750	30.00	600.00
1987	FIRST SNOW, TENAKEE	750	48.00	240.00
1987	FISHERMAN'S FAMILY, EAGEGIK	750	35.00	165.00
1987	GREENHOUSE	750	45.00	400.00
1987	HAULING WATER, TENAKEE	750	28.00	28.00
1987	MUG UP, METLAKATLA	750	45.00	105.00
1987	PUNTING OVER TO THE MIDNIGHT SUN	750	42.00	220.00
1987	RUSSIAN CHURCH, UNALASKA	750	30.00	180.00

YR	NAME	LIMIT	ISSUE	TREND
1987	SPRING FLOWERS	750	25.00	145.00
1987	TEKAKEE CABIN	750	55.00	295.00
1987	UNLOADING FREIGHT, GAMBRELL	750	65.00	950.00
1988	CANNERY COOK, CRAIG	750	30.00	300.00
1988	COMING INTO TENAKEE INLET	750	55.00	295.00
1988	FEEDING THE SWANS CORNWALL	750	55.00	475.00
1988	FOLLOWING THE LEADER	750	45.00	370.00
1988	GOING FISHING	750	32.00	380.00
1988	LONDON PUB	750	25.00	225.00
1988	NOATAK	750	48.00	320.00
1988	RUNAWAY MITTENS	750	50.00	485.00
1988	SELF PORTRAIT, 4TH ST. STAIRS	750	50.00	340.00
1988	WINTER VILLAGE, NOATAK	750	55.00	315.00
1989	BLUE MOON CAFE	750	55.00	300.00
1989	EDDIE BAUER'S IDITAROD RACER	950	60.00	525.00
1989	FALL COLORS	750	55.00	370.00
1989	HOLY ASSUMPTION CHURCH	750	60.00	295.00
1989	MUSHER	750	40.00	185.00
1989	NIGHT SLEDDING, JUNEAU	750	60.00	395.00
1989	PTARMIGAN LIFT	750	60.00	700.00
1989	SEABIRDS OF ALEUTIANS	750	65.00	215.00
1989	WINTER, JUNEAU	750	65.00	440.00
1990	ARK IN ALASKA	750	70.00	810.00
1990	CREEK STREET, KETCHIKAN	750	72.00	700.00
1990	EMBRACE, THE	750	35.00	750.00
1990	LAUNDRY, EGEGIK	750	45.00	45.00
1990	LOADING CRAB POTS	750	65.00	285.00
1990	OFF TO THE BATH, TENAKEE	750	48.00	220.00
1990	RUSSIAN CHURCH, JUNEAU	750	68.00	400.00
1991	ANDY	950	45.00	190.00
1991	MARRY ME, MY DEAR	950	40.00	85.00
1991	NUMBER 27	950	45.00	180.00
1991	SHADE TREE	950	65.00	65.00
1991	SHARPENING AN ULU	950	68.00	200.00
1991	SLIDING AT UNALAKLEET	950	90.00	250.00
1991	SPRING MIGRATION	950	60.00	375.00
1991	STAR PRINCESS	950	75.00	275.00
1991	SWING, TENAKEE	750	55.00	215.00
1991	TULIPS $2	950	50.00	125.00
1991	WHALE LEGEND	950	60.00	60.00
1991	WHALE WATCH	750	60.00	100.00
1991	WINTER CABIN, TENAKEE	950	55.00	325.00
1991	WINTER GAMES	950	65.00	195.00
1992	MOLLY-O	950	100.00	340.00
1992	NORTHERN LIGHTS, JUNEAU	950	125.00	825.00

R. MUNOZ **SERIGRAPH**

YR	NAME	LIMIT	ISSUE	TREND
1974	CATS CRADLE	105	27.00	760.00
1975	BELUGA WHALE & CALF	950	25.00	845.00
1975	HONKERS	100	21.00	300.00
1975	REINDEER HERD	*	27.00	325.00
1975	SPLITTING WALRUS HIDE	100	27.00	215.00
1976	CRESTED AUKLET	95	21.00	450.00
1976	ICE FISHING	120	30.00	395.00
1977	CANNERY WORKER	105	36.00	425.00
1977	COMMERCIAL CRABBER	95	30.00	400.00
1978	SEINER	350	25.00	1400.00
1979	CARIBOU HUNTER	190	36.00	850.00
1979	DANCER	250	50.00	795.00
1979	NORTHERN LIGHTS, JUNEAU	250	75.00	775.00
1979	RAVEN HAD TWO WIVES	90	50.00	1325.00
1980	ADRIFT	250	60.00	1130.00
1980	DRUMMER & DANCER	350	36.00	475.00
1980	FISH GRADER	250	50.00	1500.00
1980	SUMMER VOYAGE	250	75.00	900.00
1981	INVITATION	250	65.00	856.00
1981	RAVEN LEGEND	77	60.00	1295.00
1982	SPRING ICE FISHING	200	85.00	1300.00
1983	ESKIMO GAME	200	124.00	1200.00
1984	ARK IN ALASKA	200	125.00	1635.00
1984	MERMAID	220	45.00	410.00
1985	WOMAN BEAR LEGEND	183	60.00	1100.00
1986	THROAT CHANTERS	750	110.00	1325.00

R. MUNOZ **STONE LITHO**

YR	NAME	LIMIT	ISSUE	TREND
1974	BUTCHERING AT GAMBELL	125	85.00	690.00
1975	SEATED DANCER	125	50.00	175.00
1981	WHALE DANCE	100	225.00	450.00
1982	ESKIMO MOTHER	100	185.00	1700.00

ROMAN INC.

A. WILLIAMS **ABBIE WILLIAMS**

YR	NAME	LIMIT	ISSUE	TREND
1988	MARY, MOTHER OF THE CARPENTER	CL	100.00	100.00

I. SPENCER **DISCOVERY OF AMERICA**

YR	NAME	LIMIT	ISSUE	TREND
1991	DISCOVERY OF AMERICA, THE	CL	100.00	100.00

F. HOOK **HOOK**

YR	NAME	LIMIT	ISSUE	TREND
1981	CARPENTER, THE	YR	100.00	1000.00
1981	CARPENTER, THE (REMARQUE)	YR	100.00	3000.00
1982	BOUQUET	1200	70.00	375.00
1982	FROLICKING	1200	60.00	375.00
1982	GATHERING	1200	60.00	350.00

YR	NAME	LIMIT	ISSUE	TREND
1982	LITTLE CHILDREN, COME TO ME	1950	50.00	525.00
1982	LITTLE CHILDREN, COME TO ME (REMARQUE)	50	100.00	525.00
1982	POSING	1200	70.00	375.00
1982	POULETS	1200	60.00	375.00
1982	SURPRISE	1200	50.00	375.00

F. HOOK PORTRAITS OF LOVE

YR	NAME	LIMIT	ISSUE	TREND
1988	EXPECTATION	2500	25.00	25.00
1988	IN MOTHER'S ARMS	2500	25.00	25.00
1988	MY KITTY	2500	25.00	25.00
1988	REMEMBER WHEN...	2500	25.00	25.00
1988	SHARING	2500	25.00	25.00
1988	SUNKISSED AFTERNOON	2500	25.00	25.00

R.J. ZOLAN RICHARD JUDSON ZOLAN COLLECTION

YR	NAME	LIMIT	ISSUE	TREND
1995	BLESSING, THE	500	100.00	100.00
1995	CHILDREN OF GOD	500	100.00	100.00
1995	EVENING PRAYER	500	100.00	100.00
1995	KNOCKING AT THE DOOR	500	100.00	100.00
1995	PORTRAIT OF CHRIST	500	100.00	100.00
1995	WAY TO EMMAUS, THE	500	100.00	100.00
1997	COME UNTO ME	500	100.00	100.00
1997	LOVE ONE ANOTHER	500	100.00	100.00

ROYALHAUS PUBLISHING

D. ROTTINGHAUS

YR	NAME	LIMIT	ISSUE	TREND
1995	IDES OF AUTUMN, THE	950	125.00	140.00
1995	SAINT NICHOLAS CHRISTMAS BREAK	550	65.00	65.00
1995	SUMMER DAYS	999	125.00	125.00
1996	SANCTUARY	950	125.00	170.00

S & V ENTERPRISES

S. LYONS

YR	NAME	LIMIT	ISSUE	TREND
1984	FROM DAYS GONE BY	*	55.00	1250.00
1987	BLUE'S HORNET	200	55.00	600.00
1987	LEAD SOLO	200	55.00	600.00
1988	AIR ASSAULT	*	95.00	250.00
1988	GEORGIA EAGLE	200	45.00	250.00
1989	FLYIN' TIME	325	45.00	400.00
1990	GASIN' UP	450	95.00	625.00
1990	MORNING REFLECTIONS	600	75.00	250.00
1994	CUB DAZE	*	110.00	N/A
1997	MACON' A LIVING	200	95.00	95.00
1997	ST. GEORGE LIGHTHOUSE	200	95.00	95.00
1998	FLYING IS THE PITTS	*	125.00	125.00
1998	FLYING IS THE PITTS	OP	20.00	20.00
1998	PIEDMONT PACEMAKER-THE BEGINNING	*	125.00	125.00
1998	PIEDMONT PACEMAKER-THE BEGINNING	OP	20.00	20.00
1999	INDIAN SUMMER	450	125.00	125.00

S. LYONS CUB SERIES

YR	NAME	LIMIT	ISSUE	TREND
1987	MAD DOG AT THE FOUR OAKS	300	45.00	1100.00
1992	SITTIN' PRETTY	600	95.00	4000.00

SAN MARTIN FINE ART

ANNE-LAN

YR	NAME	LIMIT	ISSUE	TREND
1988	LA NAISSANCE DU PRINTEMPS	175	250.00	1350.00
1988	MATERNITE	225	250.00	1150.00
1988	PERSEPHONE	385	600.00	800.00
1989	EYES OF THE NIGHT	385	350.00	750.00
1989	FEMME FLEUR	385	250.00	500.00
1989	REVE DE CHAT	262	250.00	800.00
1990	HEURE BLEUE	262	500.00	500.00
1990	L'AURORE	262	500.00	500.00
1990	PLUME	385	500.00	550.00
1991	INVITATION AU VOYAGE	262	500.00	500.00

VALERE

YR	NAME	LIMIT	ISSUE	TREND
1988	SETTING SUN	495	950.00	1250.00
1991	LE CHATEAU FLEURI	300	450.00	450.00

VERCRUYCE

YR	NAME	LIMIT	ISSUE	TREND
1990	LA GRANDE CASCADE	230	200.00	240.00
1990	PUPUCE	230	200.00	240.00
1991	EGLANTINE	450	60.00	60.00
1991	LOVE STORY	450	60.00	60.00

SANDY CLOUGH STUDIO

S. CLOUGH

YR	NAME	LIMIT	ISSUE	TREND
1995	GOD BLESS OUR HOME	1500	70.00	80.00
1995	IN THE GARDEN	2500	75.00	75.00
1995	TEA PARTY II	3500	55.00	55.00
1996	SERENITY	3500	50.00	50.00
1996	SUNDAY STROLL	3500	40.00	40.00
1997	BLESSED ARE THE PURE IN HEART	3900	80.00	80.00
1998	HIS EYE IS ON THE SPARROW	3900	80.00	80.00
1998	REMEMBER ME	3900	60.00	60.00
1998	SEWING WITH MAMA	3900	60.00	60.00

SARAH'S ATTIC

S. SCHULTZ

YR	NAME	LIMIT	ISSUE	TREND
1997	ADORA ANGEL- WOOD	1000	14.00	14.00
1997	ANGELS ON EARTH- GOLD	1000	24.00	24.00
1997	ANGELS ON EARTH- WOOD	1000	15.00	15.00
1997	CHILLY/BURLEY- GOLD	1000	24.00	24.00

YR	NAME	LIMIT	ISSUE	TREND
1997	CHILLY/BURLEY- WOOD	1000	15.00	15.00
1997	ENOS ANGEL- WOOD	1000	14.00	14.00
1997	FLITTER ANGEL- WOOD	1000	14.00	14.00
1997	FLUTTER ANGEL- WOOD	1000	14.00	14.00
1997	GINGERBREAD- WOOD	RT	14.00	14.00
1997	KATIE PRAYING- WOOD	1000	14.00	14.00
1997	MAGGIE- GOLD	1000	24.00	24.00
1997	MAGGIE- WOOD	1000	15.00	15.00
1997	MATT- GOLD	1000	24.00	24.00
1997	MATT- WOOD	1000	15.00	15.00
1997	MISSY/MIKEY- GOLD	1000	24.00	24.00
1997	MISSY/MIKEY- WOOD	1000	15.00	15.00
1997	NAT- GOLD	1000	24.00	24.00
1997	NAT- WOOD	1000	15.00	15.00
1997	NETTIE- GOLD	1000	24.00	24.00
1997	NETTIE- WOOD	1000	15.00	15.00
1997	NOAH'S ANGEL- GOLD	1000	24.00	24.00
1997	NOAH'S ANGEL- WOOD	1000	15.00	15.00
1997	SANTA OF WOODS- GOLD	1000	24.00	24.00
1997	SANTA OF WOODS- WOOD	1000	15.00	15.00
1997	SARAH'S GANG- WOOD	1000	24.00	24.00
1997	TILLIE	1000	14.00	14.00
1997	WILLIE & TILLIE- GOLD	1000	34.00	34.00

SCHMID

J. FERRANDIZ

FERRANDIZ LITHOGRAPHS

1980	MOST PRECIOUS GIFT	425	125.00	1300.00
1980	MOST PRECIOUS GIFT (REMARQUE)	50	225.00	2900.00
1980	MY STAR	675	100.00	700.00
1980	MY STAR (REMARQUE)	75	175.00	1900.00
1981	HEART OF SEVEN COLORS	600	100.00	400.00
1981	HEART OF SEVEN COLORS (REMARQUE)	75	175.00	660.00
1982	HE SEEMS TO SLEEP	450	150.00	800.00
1982	HE SEEMS TO SLEEP (REMARQUE)	25	300.00	3250.00
1982	MIRROR OF THE SOUL	225	150.00	500.00
1982	MIRROR OF THE SOUL (REMARQUE)	35	250.00	2450.00
1982	OH SMALL CHILD	450	125.00	425.00
1982	OH SMALL CHILD (REMARQUE)	50	225.00	1500.00
1982	ON THE THRESHOLD OF LIFE	425	150.00	500.00
1982	ON THE THRESHOLD OF LIFE (REMARQUE)	50	275.00	1400.00
1982	RIDING THROUGH THE RAIN	900	165.00	400.00
1982	RIDING THROUGH THE RAIN (REMARQUE)	100	300.00	775.00
1982	SPREADING THE WORD	675	125.00	300.00
1982	SPREADING THE WORD (REMARQUE)	75	225.00	1100.00
1983	FRIENDSHIP	460	165.00	500.00
1983	FRIENDSHIP (REMARQUE)	15	1200.00	2350.00
1984	STAR IN THE TEAPOT	410	165.00	175.00
1984	STAR IN THE TEAPOT (REMARQUE)	15	1200.00	2100.00

L. DAVIS

LOWELL DAVIS LITHOGRAPHS

1981	DUKE'S MIXTURE	899	75.00	130.00
1981	DUKE'S MIXTURE (REMARQUE)	101	150.00	375.00
1981	PLUM TUCKERED OUT	899	75.00	390.00
1981	PLUM TUCKERED OUT (REMARQUE)	101	100.00	350.00
1981	SURPRISE IN THE CELLAR	899	75.00	553.00
1981	SURPRISE IN THE CELLAR (REMARQUE)	101	100.00	400.00
1982	BIRTH OF A BLOSSOM	400	125.00	420.00
1982	BIRTH OF A BLOSSOM (REMARQUE)	50	200.00	450.00
1982	BUSTIN' WITH PRIDE	899	75.00	125.00
1982	BUSTIN' WITH PRIDE (REMARQUE)	101	150.00	250.00
1982	FOXFIRE FARM	800	125.00	125.00
1982	FOXFIRE FARM (REMARQUE)	100	200.00	250.00
1982	SUPPERTIME	400	125.00	300.00
1982	SUPPERTIME (REMARQUE)	50	200.00	450.00
1985	SELF PORTRAIT	450	75.00	160.00
1987	BLOSSOM'S GIFT	450	75.00	195.00
1989	SUN WORSHIPPERS	750	100.00	145.00
1990	SUNDAY AFTERNOON TREAT	750	100.00	100.00
1991	WARM MILK	750	100.00	100.00
1992	CAT AND JENNY WREN	750	100.00	100.00

M.I. HUMMEL

M.I. HUMMEL LITHOGRAPHS

1980	MOONLIGHT RETURN	900	150.00	850.00
1981	A TIME TO REMEMBER	720	150.00	300.00
1982	POPPIES	450	150.00	650.00
1983	ANGELIC MESSENGER (75TH ANNIV. ED.)	195	375.00	700.00
1983	ANGELIC MESSENGER, CHRISTMAS MESSENGER	400	275.00	330.00
1985	BIRTHDAY BOUQUET I	195	450.00	550.00
1985	BIRTHDAY BOUQUET II	225	375.00	375.00
1985	BIRTHDAY BOUQUET III	100	195.00	395.00

SERENDIPITY TRADING CO.

B. RABBIT

1987	ELDERS, THE	950	45.00	200.00
1987	FROM EARTH MAN CAME	950	65.00	200.00
1988	FAITHFUL, THE	350	90.00	275.00
1988	YESTERDAY, TODAY AND TOMORROW	1500	35.00	200.00
1989	AFTER THE RAINS	650	65.00	135.00
1989	PROMISES, DREAMS AND HOPE	650	65.00	175.00
1990	ANCESTORS	350	125.00	375.00
1990	COMING OF WINTER	200	250.00	750.00

YR	NAME	LIMIT	ISSUE	TREND
1990	FEAST DAY	350	125.00	375.00
1990	PRICE OF PEPPERS, THE	650	75.00	90.00
1990	PROPOSAL, THE	350	125.00	375.00
1990	STRENGTH TOGETHER	350	125.00	375.00
1990	WARMTH OF YOUR TOUCH	350	125.00	130.00

SIMON ART

C. BLACK

YR	NAME	LIMIT	ISSUE	TREND
1984	BLUE LADY	290	85.00	100.00
1985	SUMMER DAY/CHARLES STREET	350	60.00	75.00
1986	CHRISTMAS MORNING	225	125.00	400.00
1986	HALTON HOMESTEAD	125	100.00	850.00
1986	MAITLAND HALL	125	85.00	175.00
1986	NANA'S BACK DOOR	125	85.00	650.00
1986	SILENT VISITOR	125	50.00	130.00
1986	SNOW & THUNDER	125	125.00	275.00
1986	WELCOME HOME	125	100.00	150.00
1987	CENTURY FARM	395	125.00	450.00
1987	FIRST CHRISTMAS	395	125.00	60.00
1987	HOME FOR CHRISTMAS	395	125.00	200.00
1987	JOURNEY'S END	395	125.00	225.00
1987	OLD APPLE TREE, THE	395	125.00	60.00
1987	SNOWED IN	395	125.00	500.00
1988	CAROLE'S GARDEN	395	170.00	80.00
1988	DADDY'S GIRL	395	170.00	125.00
1988	MORNING ON MAIN STREET	395	200.00	160.00
1989	AUNT MARTHA'S	390	170.00	175.00
1989	HIGH HOUSE	390	170.00	60.00
1989	SILENT NIGHT	390	170.00	75.00
1990	A NIGHT'S LODGING	390	210.00	210.00
1990	HOME FOR THE HOLIDAYS	450	170.00	60.00
1990	MARY'S KITCHEN	490	170.00	60.00
1991	SATURDAY MORNING	*	130.00	130.00
1991	SPRING PLANTING		130.00	130.00

A. KINGSLAND

YR	NAME	LIMIT	ISSUE	TREND
1986	BROKEN FENCE	390	50.00	50.00
1986	LONER, THE	560	30.00	40.00
1986	MAIL BOX, THE	450	120.00	200.00
1986	OLD GOLD	560	30.00	60.00
1986	OLD RED	390	50.00	50.00
1986	ROUNDHOUSE, THE	200	120.00	150.00
1986	SEA SCAVENGERS	450	120.00	120.00
1986	SILENT MIST	390	80.00	80.00
1986	SNOW TRACKS	450	120.00	120.00
1986	WAITING OUT WINTER	560	30.00	30.00
1986	WINTER BIRCH	560	30.00	60.00
1987	CALM WATERS	450	150.00	150.00
1987	COUNTRY FOLK	450	150.00	150.00
1987	FISHING BOATS	450	150.00	150.00
1987	GIANT, THE	200	180.00	225.00
1987	HOMESTEAD & RURAL ROUTE, THE (SET OF 2)	450	250.00	250.00
1987	OCTOBER	450	150.00	150.00
1987	WINTER DRESS	450	150.00	150.00
1988	BOYS OF SUMMER	450	90.00	90.00
1988	COUNTRY AUTUMN	450	150.00	150.00
1988	HOME TEAM, THE	450	90.00	178.00
1988	JUST A GAME	450	90.00	90.00
1988	LASER FUN	450	150.00	150.00
1988	SHINNY	450	150.00	400.00
1988	SNOWBALLS	450	150.00	150.00
1988	TADPOLES	450	150.00	150.00
1989	CROSSING THE 16TH	200	180.00	180.00
1989	MILL POND, THE	490	110.00	110.00
1989	PLAYOFF, THE	450	180.00	270.00
1989	SKATERS, THE	490	180.00	180.00
1989	SNOWMAN, THE	450	180.00	180.00
1989	TEMPESTUOUS SKY	450	180.00	180.00
1990	A WINTER VISIT	490	200.00	200.00
1990	COLLECTIBLES	490	110.00	110.00
1990	MY HOME TOWN	490	180.00	180.00
1990	SHADY LADY	490	190.00	190.00
1990	SKI TRAIN	390	200.00	200.00
1990	WHERE DREAMS BEGIN	490	190.00	250.00
1991	CLEAR THE TRACK	*	180.00	180.00
1991	DEDICATED	790	216.00	216.00
1991	WINTER VIGIL	790	140.00	140.00

L. LESPERANCE

YR	NAME	LIMIT	ISSUE	TREND
1983	WATERS EDGE	350	115.00	230.00
1985	COOL INTERLUDE	390	115.00	250.00
1985	WATCHFUL GUARDIAN	390	115.00	170.00
1986	AMBUSH!	690	95.00	250.00
1986	MAY BRINGS FLOWERS	690	90.00	110.00
1986	SILENT REFLECTIONS	350	115.00	800.00
1987	MYSTICAL SHADOWS	790	140.00	230.00
1987	SUMMER'S END–COYOTES	*	110.00	110.00
1987	WINGING WESTWARD	790	160.00	800.00
1988	MARCH FLURRIES	790	150.00	200.00
1988	MORNING PATROL	790	150.00	155.00
1989	GREAT ESCAPE, THE	590	225.00	260.00

YR	NAME	LIMIT	ISSUE	TREND
1989	THOSE EYES	590	150.00	150.00
1990	DELICATE BALANCE	790	200.00	200.00
1990	OLD TIRE SWING, THE	790	200.00	250.00
1990	PHANTOM OF THE MARSH	950	225.00	225.00
1990	SILENT WINGS	790	225.00	225.00
1990	SPOOKING THE HERD	590	225.00	255.00
1991	PLAYTIME	790	190.00	260.00
1991	SIBLINGS	*	200.00	200.00

J. LUMBERS

YR	NAME	LIMIT	ISSUE	TREND
1985	MR. EMMET'S FISHIN' HOLE	200	200.00	1900.00
1985	SATURDAY MORNING	200	250.00	2000.00
1986	ADRIFT	390	200.00	1400.00
1986	BEYOND THE SHORE	390	200.00	1250.00
1986	CHANGING SEASONS	390	200.00	550.00
1986	COUNTRY KITCHEN	390	200.00	850.00
1986	DEJA VU	390	200.00	330.00
1986	DUNROWAN	450	160.00	1400.00
1986	GONE FISHIN'	390	200.00	2000.00
1986	JOY RIDE	390	200.00	400.00
1986	KITE, THE	390	200.00	980.00
1986	SECRET OF THE WELL	450	160.00	770.00
1987	BIG CATCH, THE	390	250.00	1200.00
1987	CATS	390	250.00	2775.00
1987	INHERITANCE, THE	390	250.00	1210.00
1987	MEMORIES FOR SALE	390	250.00	475.00
1987	SUNSET MEMORIES	390	250.00	490.00
1988	BILLY NINE FINGERS	590	250.00	300.00
1988	CHERRY HILL ROAD COLLECTION (SET OF 4)	490	500.00	950.00
1988	DOUBLE TROUBLE	490	250.00	400.00
1988	FIRESIDE SHADOWS	590	250.00	850.00
1988	JUST FOR YOU	590	250.00	775.00
1988	LUCKY STRIKE	790	250.00	775.00
1988	MISCHIEF	590	250.00	775.00
1988	OUT ON A LIMB	490	250.00	330.00
1989	A WINTER'S GLOW	790	250.00	475.00
1989	ABANDONED HERITAGE	790	280.00	1050.00
1989	LONE PINE	950	280.00	1150.00
1989	MORNING REFLECTIONS	950	280.00	280.00
1989	SHADES OF SUMMER	790	280.00	660.00
1989	SIDE BY SIDE	2183	350.00	1000.00
1989	STIRRING MEMORIES	790	280.00	775.00
1989	SUMMERS PAST	790	280.00	470.00
1990	AN ENCHANTED EVENING	1500	280.00	400.00
1990	CAT NAPPING	1500	280.00	410.00
1990	DAYS GONE BY	950	280.00	620.00
1990	DIFFERENT TIMES	1500	280.00	280.00
1990	PLAYING THROUGH	950	280.00	865.00
1990	SHOPPING	1500	280.00	255.00
1991	A BOY AND HIS DREAM	*	275.00	360.00
1991	A BOY AND HIS DREAM (CS)	*	1250.00	1850.00
1991	MR. HOCKEY	*	275.00	240.00
1991	MR. HOCKEY (CS)	*	1250.00	1250.00
1991	SUN NEVER SETS, THE	*	280.00	260.00

J. REID

YR	NAME	LIMIT	ISSUE	TREND
*	AT BAT	650	200.00	300.00
*	O.K., BLUE JAYS!	390	150.00	200.00
*	QUEEN & SPADINA	390	150.00	950.00
*	WHERE THE WORLD COMES TO PLAY	521	300.00	350.00
1985	CAT TAILS	450	125.00	125.00
1985	FLOWER HOUSE	450	125.00	600.00
1985	NEAR ELORA	450	125.00	200.00
1985	SNOW PODS	450	125.00	125.00
1986	GEORGIAN BAY SKY	450	125.00	125.00
1986	NORTHERN STREAM	450	125.00	125.00
1987	RAIL FENCE	450	150.00	150.00
1987	SNOW BANKS	450	180.00	180.00
1987	SUGAR SHACK	450	150.00	150.00
1988	BEDFORD MILLS	450	170.00	170.00
1988	MORNING MAIL	450	125.00	125.00
1988	MURPHY'S PLACE	450	125.00	125.00
1988	SILENT STREAM AND STANDING BY (SET OF 2)	450	210.00	210.00
1989	CHRISTMAS HOUSE	450	170.00	170.00
1989	HURON COUNTRY	450	170.00	170.00
1990	DAYBREAK	450	170.00	170.00
1990	SHORELINE TRILOGY (SET OF 3)	450	125.00	125.00

J. TRINIDAD

YR	NAME	LIMIT	ISSUE	TREND
1988	A COUNTRY SCENE	590	210.00	260.00
1988	A SUMMER PLACE	590	210.00	260.00
1988	BACKYARD SETTING	590	210.00	260.00
1988	FLOWER GIRL	590	210.00	210.00
1988	LITTLE GARDENERS	450	210.00	650.00
1989	CATHERINE	450	170.00	245.00
1989	COUNTRY WALK	450	125.00	400.00
1989	MARKET, THE	450	170.00	170.00
1989	PLAYTIME	450	125.00	125.00
1989	SUMMER RESORT	450	170.00	200.00
1989	TEA TIME	450	210.00	210.00
1990	FLOWER LOVER	590	145.00	145.00
1990	GUARDIAN OF THE ROSES	590	210.00	210.00

YR	NAME	LIMIT	ISSUE	TREND
1990	SHARING	450	170.00	170.00
1990	WINTER WARMTH	450	170.00	170.00

SMITH & SCHOEN
R. TEJADA

M.I. HUMMEL

YR	NAME	LIMIT	ISSUE	TREND
1989	CHILD WITH BLUE BELLS	5000	125.00	125.00
1989	SIEGLINDE'S FIRST TREE	5000	125.00	125.00

SOMERSET HOUSE PUBLISHING
G. HARVEY

YR	NAME	LIMIT	ISSUE	TREND
1974	POKER PALS	500	50.00	90.00
1976	BOSS' NEW RIG	1500	60.00	175.00
1976	CAREFREE COWHANDS	500	50.00	130.00
1978	CROSSING THE CANYON	2000	50.00	525.00
1978	DRIFTING COWHANDS	2000	60.00	500.00
1978	LEAVIN' THE LINE SHACK	2000	50.00	500.00
1979	CHANGING OF THE RANGELAND	250	150.00	2025.00
1979	WHEN BANKERS WORE BOOTS	1000	75.00	760.00
1980	COMING HOME, THE	1000	75.00	140.00
1980	EARLY RUN	1000	75.00	250.00
1980	GOOD LORD WILLIN/CREEK DON'T RISE	1000	90.00	315.00
1980	IN THE LAND OF THE ROCKIES	1000	90.00	200.00
1980	IN THE LAND OF THE WALKIN' RAIN	1000	75.00	190.00
1980	RANCHING-PUMP JACK STYLE	1000	90.00	1000.00
1980	RIDING THE SALT RIVER CANYON	1000	75.00	180.00
1980	RIDING WITH GRANDPA	1000	90.00	180.00
1980	SATURDAY NIGHT POKER PALACE	1000	75.00	150.00
1980	SILENT HUNTER, THE	1000	75.00	130.00
1980	SPRING PALETTE	1000	90.00	330.00
1980	TEXAS FROM HIDE AND HORN	1000	90.00	275.00
1980	TIMES REMEMBERED	2250	100.00	150.00
1981	BOOMTOWN DRIFTERS	2250	150.00	675.00
1981	OIL PATCH	1000	150.00	700.00
1981	ON THE STREETS OF NEW ORLEANS	1000	150.00	280.00
1981	WALL STREET	SO	150.00	1400.00
1981	WITH NO INTENTION OF CHARGING	1000	150.00	400.00
1982	BOOT TOP DEEP	1000	150.00	1875.00
1982	COWBOYS' CHRISTMAS BALL	1000	150.00	320.00
1982	COWTOWN 1880	1000	150.00	2550.00
1982	DALLAS 1908	1200	150.00	925.00
1982	INDEPENDENT OILMEN	1000	150.00	355.00
1982	LEAVING THE OIL PATCH	1000	150.00	440.00
1982	PLAZA, NEW YORK, THE	1000	150.00	270.00
1982	SUPPLIES FOR THE MISSION	1000	150.00	175.00
1983	COUNTRY POST OFFICE	1000	150.00	385.00
1983	FAMILY CHRISTMAS	1250	150.00	330.00
1983	FRESH SNOW FIRST LIGHT	1250	150.00	230.00
1983	STREETCARS ALONG THE AVENUE	2500	90.00	780.00
1984	AMERICAN WEST	1250	150.00	300.00
1984	EARLY DOWNTOWN HOUSTON	1250	150.00	565.00
1984	GRAND OPENING	1250	150.00	300.00
1984	ME, GRANDPA, AND LITTLE SIS	1250	150.00	180.00
1984	TOO WET TO PLOW	1000	100.00	520.00
1984	TRADING AT THE GENERAL STORE	1250	150.00	175.00
1985	CHESTNUT VENDOR	1250	150.00	160.00
1985	DALLAS REMEMBERED	1250	150.00	440.00
1985	NEW LEASE, A	1250	150.00	360.00
1985	ONLY WORKING HORSEBACK	1250	150.00	400.00
1985	SANTA FE PLAZA	1250	150.00	200.00
1986	INDEPENDENT TEXANS	1250	150.00	350.00
1986	REFLECTIONS OF YESTERDAY (W/BOOK)	1250	275.00	2000.00
1986	ROYAL STREET	1250	160.00	275.00
1986	TEXAS RANCHER	1250	150.00	215.00
1986	TIES OF HOME, THE	1250	150.00	150.00
1987	EVENING ALONG THE AVENUE	1250	150.00	380.00
1987	FIFTH AVENUE	1250	150.00	330.00
1988	FLOWER CART, THE	1250	150.00	360.00
1988	MEN OF THE AMERICAN WEST	1250	150.00	825.00
1988	PENNSYLVANIA AVENUE	2575	150.00	1350.00
1988	SATURDAY NIGHT CONTRACT	1250	150.00	700.00
1989	COWBOY'S PAYDAY	1250	165.00	975.00
1989	EARLY RIDERS	*	150.00	260.00
1989	JEB STUART'S RETURN	1800	165.00	860.00
1989	WALL STREET-NEW YORK	4378	165.00	550.00
1990	AN EVENING WITH THE PRESIDENT	*	165.00	1400.00
1990	CITY BY THE BAY	*	165.00	730.00
1990	HORSE TROLLEY ON PARK ROW	*	165.00	190.00
1990	PICKET'S REPORT	1800	165.00	600.00
1990	REMEMBERING THE GOOD TIMES	*	165.00	300.00
1990	THINKING OF SPRING	*	165.00	200.00
1990	THOUGHTS OF HOME	*	165.00	275.00
1991	CATHEDRAL OF ST. BASIL, THE-RED SQUARE	*	165.00	400.00
1991	GENTEEL NATION	*	165.00	200.00
1991	WIND RIVER RANGE	*	165.00	200.00

V. HOLLAN SWAIN

YR	NAME	LIMIT	ISSUE	TREND
1986	BRIDGES AND BLOSSOMS	950	80.00	320.00
1986	WHISPERING LIGHT	950	80.00	135.00
1987	CASCADE OF COLOR	950	80.00	140.00
1987	COURTYARD, THE	950	80.00	180.00

YR	NAME	LIMIT	ISSUE	TREND
1987	ENCHANTED POND, THE	950	80.00	135.00
1987	QUIET VILLAGE, THE	950	80.00	400.00
1988	MORNING LIGHT-DEVON	950	80.00	130.00
1988	RIVERWALK	950	80.00	135.00

P. VAUGHAN

YR	NAME	LIMIT	ISSUE	TREND
1984	REFLECTIONS OF THE PAST	1000	40.00	250.00
1984	TIMELESS ELEGANCE	1000	40.00	225.00
1985	AUNT VERDI'S PORCH	1000	45.00	250.00
1985	FRIENDSHIP QUILTS	1000	50.00	775.00
1985	PRESERVED IN TIME	1000	50.00	115.00
1985	SISTERS THREE	1000	50.00	180.00
1985	SUMMERS REMEMBERED (PAIR)	5000	50.00	150.00
1985	UPSTAIRS SEWING ROOM, THE	1000	45.00	400.00
1985	YESTERDAY'S DREAMS	1000	45.00	260.00
1986	BOUQUET FOR ELIZABETH	1000	50.00	300.00
1986	CAMEO OF THE PAST	1000	50.00	240.00
1986	FABRIC OF DREAMS, THE	1000	50.00	90.00
1986	FOREVER YOURS (SET OF 3)	1500	90.00	135.00
1986	IN THE GARRET	1000	50.00	86.00
1986	VICTORIAN BOUQUET	1000	50.00	90.00
1987	BREATH OF SPRING	1000	50.00	120.00
1987	COTILLION	1000	50.00	90.00
1987	FIDDLER AND THE QUILT MAKER	1000	50.00	90.00
1987	LITTLE WOMEN	1000	50.00	125.00
1987	TEA, ROSES AND ROMANCE	1675	60.00	400.00
1988	CHERISHED MOMENTS	1000	55.00	375.00
1988	LOVE SONGS	1000	55.00	200.00
1988	ROSE OF SHARON	1000	55.00	135.00
1988	SOMETHING OLD, SOMETHING NEW	1000	55.00	500.00

SOUDERS FINE ART

R. SOUDERS

YR	NAME	LIMIT	ISSUE	TREND
1980	COUNTRY GROCERY	750	30.00	255.00
1980	SANTA FE LINE	750	30.00	225.00
1980	VICTORIAN REFLECTIONS	500	25.00	500.00
1981	AUTUMN YEARS	750	40.00	1200.00
1981	COUNTRY MUSIC	750	25.00	125.00
1981	FLOYD'S SUPER SERVICE	750	50.00	475.00
1981	MORNING GLORY	750	25.00	125.00
1981	RED'S CAFE	750	50.00	450.00
1982	DAYBREAK	750	65.00	400.00
1983	AMAZING GRACE	750	60.00	475.00
1983	COUNTY SEAT	750	70.00	375.00
1984	INDEPENDENCE DAY	750	75.00	365.00
1984	PENN STREET	750	70.00	785.00
1985	CATTLE BARON'S BALL	750	70.00	775.00
1985	HARVEST TIME	750	70.00	185.00
1985	WEST TEXAS GOLD	1100	50.00	385.00
1986	BISHOP'S PALACE	950	80.00	225.00
1988	SOUTHERN LIVING	950	90.00	110.00
1989	SINGING IN THE RAIN	950	100.00	175.00
1990	LOST AT SEA	950	85.00	100.00
1992	GOLDEN GATE	950	60.00	75.00
1992	SHEPHERD'S PRAYER	950	60.00	75.00

SPORTS COLLECTORS WAREHOUSE

C. PALUSO

YR	NAME	LIMIT	ISSUE	TREND
1986	CARL YASTRZEMSKI	452	95.00	275.00
1986	DON DRYSDALE	465	95.00	240.00
1986	DON SUTTON	310	95.00	200.00
1986	MICKEY MANTLE	250	175.00	2250.00
1986	SPARKY ANDERSON	574	75.00	140.00
1987	CARL HUBBELL	800	75.00	185.00
1987	SANDY KOUFAX	950	100.00	325.00
1988	BILL DICKEY	800	75.00	425.00
1988	CHARLES GEHRINGER	800	75.00	185.00
1988	LEFTY GOMEZ	800	75.00	185.00
1988	MUHAMMAD ALI	300	250.00	1395.00
1988	NOLAN RYAN	383	125.00	600.00
1988	TED WILLIAMS	406	185.00	950.00
1989	BILLY HERMAN	800	110.00	140.00
1989	BOB FELLER	500	125.00	140.00
1989	JOE SEWELL	800	110.00	200.00
1989	JOHNNY MIZE	500	125.00	140.00
1989	LOU BOUDREAU	500	125.00	145.00
1989	MONTE IRVIN	500	125.00	140.00
1989	RALPH KINER	500	125.00	145.00
1989	RICK FERRELL	800	110.00	145.00
1989	ROY CAMPANELLA	250	600.00	1490.00
1989	STAN MUSIAL	475	185.00	625.00
1989	WILLIE MAYS	500	185.00	325.00
1990	GORDIE HOWE	500	125.00	350.00
1990	JOE MONTANA	400	400.00	790.00
1990	JOHNNY UNITAS	500	150.00	280.00
1990	MAURICE RICHARD	500	125.00	200.00
1990	PEE WEE REESE	500	175.00	185.00
1990	YOGI BERRA	500	185.00	225.00

D. SMITH

YR	NAME	LIMIT	ISSUE	TREND
*	ROGER CRAIG	1060	90.00	500.00

YR	NAME	LIMIT	ISSUE	TREND
1986	HUDDLE, THE	1000	60.00	400.00
1988	SWEETNESS: WALTER PAYTON	1000	90.00	400.00
1989	JERRY RICE	1060	60.00	525.00
1989	NATURAL, THE: WILL CLARK	1060	65.00	640.00
1990	BO JACKSON	*	120.00	400.00
1990	MONEY: M. JORDAN	1990	120.00	215.00
1990	MVP: JOE MONTANA	950	325.00	900.00
1990	SPECIAL TEAMS	1000	80.00	400.00
1990	STEVE LARGENT	1060	120.00	425.00
1990	TOP GUN: DAN MARINO	950	120.00	345.00

SPORTS IMPRESSIONS

*				
*	ARTFUL DODGERS, THE	1000	95.00	395.00

J. CATALANO

*	MICK, THE: MANTLE	750	125.00	295.00
*	YANKEE GREATS	750	95.00	245.00

B. JOHNSON

*	DON MATTINGLY H/S	950	125.00	200.00
*	DON MATTINGLY PLAYER OF THE YEAR H/S	950	125.00	350.00
*	DON MATTINGLY PLAYER OF THE YEAR U/S	950	95.00	200.00

R. SIMON

*	DON MATTINGLY ROOKIE H/S	950	125.00	295.00
*	LIVING TRIPLE CROWN	950	195.00	450.00
*	MANTLE ALL STAR	750	125.00	375.00
*	MANTLE HALL OF FAME	750	125.00	375.00
*	MANTLE ROOKIE H/S	750	125.00	375.00
*	MANTLE TRIPLE CROWN	750	125.00	375.00
*	MICKEY AT NIGHT	750	125.00	450.00
*	STARS AND STRIPES	500	125.00	225.00
*	TED WILLIAMS G/E	950	125.00	250.00
1991	BOYS OF SUMMER	500	335.00	350.00

STEINER PRINTS

J. HAUTMAN

1998	CONNECTICUT DUCK STAMP	6500	166.00	166.00

G. LOCKWOOD

1997	ALASKA DUCK STAMP	5550	157.00	157.00

R. STEINER

1981	1981 CALIFORNIA DUCK STAMP	1150	115.00	400.00
1982	UNEXPECTED SPRIG	200	45.00	80.00
1983	BULL SPRIG AT BUTTE SINK	450	85.00	90.00
1983	FLUSHED WOODIES	450	45.00	80.00
1983	STORMY MORNING MALLARDS	450	85.00	300.00
1984	1984 NEVADA DUCK STAMP	1990	135.00	250.00
1984	BLACK LAB WITH PINTAIL	950	25.00	150.00
1985	1985 MICHIGAN DUCK STAMP	980	135.00	200.00
1985	EARLY LIGHT A/P	175	135.00	275.00
1985	HONKERS AT DAWN	350	85.00	350.00
1986	1986 FLORIDA DUCK STAMP	1000	135.00	250.00
1986	CALIFORNIA PHEASANT (CIRCLE)	100	99.00	100.00
1986	REFLECTIVE SPRIG	350	45.00	50.00
1986	SILENT PARTNER	780	65.00	70.00
1987	1987 CALIFORNIA DUCK STAMP	750	135.00	400.00
1987	1987 CALIFORNIA DUCK STAMP (MED.)	50	300.00	900.00
1987	1987 NEW HAMPSHIRE DUCK STAMP	5507	135.00	500.00
1987	1987 NEW HAMPSHIRE DUCK STAMP (GOV.)	50	850.00	3500.00
1987	1987 NEW HAMPSHIRE DUCK STAMP (MED.)	50	300.00	1000.00
1987	CALIFORNIA QUAIL W/POPPIES	450	65.00	65.00
1987	EMPERORS OVER THE ALEUTIANS	350	85.00	250.00
1987	OPENING DAY	350	65.00	85.00
1987	PINTAILS AT THE COLORADO	450	85.00	100.00
1988	1988 CALIFORNIA DUCK STAMP	750	135.00	300.00
1988	1988 CALIFORNIA DUCK STAMP (MED.)	300	300.00	700.00
1988	1988 NEW HAMPSHIRE DUCK STAMP	5507	135.00	300.00
1988	1988 NEW HAMPSHIRE DUCK STAMP (GOV.)	100	500.00	300.00
1988	1988 NEW HAMPSHIRE DUCK STAMP (MED.)	50	300.00	600.00
1989	1989 ARIZONA DUCK STAMP	900	135.00	200.00
1989	1989 ARIZONA DUCK STAMP (GOV.)	200	500.00	1200.00
1989	1989 ARIZONA DUCK STAMP (MED.)	100	300.00	400.00
1989	1989 CALIFORNIA DUCK STAMP	750	145.00	200.00
1989	1989 CALIFORNIA DUCK STAMP (MED.)	300	300.00	500.00
1989	1989 NEW HAMPSHIRE DUCK STAMP	5507	135.00	300.00
1989	LATE SNOW WOOD DUCKS	100	65.00	70.00
1990	1990 COLORADO GOVERNOR'S ED STAMP	4980	58.00	65.00
1990	1990 COLORADO PRINT	14500	169.00	250.00
1990	1990 COLORADO PRINT (GOV)	400	619.00	1500.00
1990	1990 COLORADO PRINT (MED)	2000	319.00	500.00
1990	1990 NEW HAMPSHIRE GOVERNOR'S ED STAMP	1380	54.00	65.00
1990	1990 NEW HAMPSHIRE PRINT	5507	140.00	300.00
1990	1990 NEW HAMPSHIRE PRINT (GOV)	135	505.00	2000.00
1990	1990 NEW HAMPSHIRE PRINT (MED)	50	305.00	600.00
1990	1990 RHODE ISLAND GOVERNOR'S ED STAMP	1800	58.00	65.00
1990	1990 RHODE ISLAND PRINT	3000	154.00	250.00
1990	1990 RHODE ISLAND PRINT (GOV)	200	558.00	1500.00
1990	1990 RHODE ISLAND PRINT (MED)	300	308.00	500.00
1990	GRACEFUL ASCENT	1850	45.00	80.00
1991	1991 COLORADO GOVERNOR'S ED STAMP	1380	55.00	65.00
1991	1991 COLORADO PRINT	8000	169.00	200.00

Red Fox on the Prowl *was introduced in 1984 and sold for $245. The retired print by Robert Bateman is now worth $925.*

Sheer Drop—Mountain Goats *by Robert Bateman, released in 1981 for $245 by Mill Pond Press, is now worth over $2,100.*

Charles Wysocki put Maggie the Messmaker *right in the middle of a sewing project in this 1996 AMCAL Fine Arts print.*

Jim Daly's Contentment *from Mill Pond Press shows relaxation as only a cat can express it. The 1990 limited edition of 1,500 was originally priced at $95 and is currently valued at $400.*

YR	NAME	LIMIT	ISSUE	TREND
1991	1991 COLORADO PRINT (GOV)	200	619.00	1200.00
1991	1991 COLORADO PRINT (MED)	1000	319.00	400.00
1991	1991 NEW HAMPSHIRE GOVERNOR'S ED STAMP	990	54.00	65.00
1991	1991 NEW HAMPSHIRE PRINT	5507	154.00	200.00
1991	1991 NEW HAMPSHIRE PRINT (GOV)	130	519.00	1200.00
1991	1991 NEW HAMPSHIRE PRINT (MED)	50	319.00	400.00
1991	1991 NEW MEXICO GOVERNOR'S ED STAMP	3990	58.00	65.00
1991	1991 NEW MEXICO PRINT	12000	179.00	250.00
1991	1991 NEW MEXICO PRINT (GOV)	500	649.00	1200.00
1991	1991 NEW MEXICO PRINT (MED)	1000	339.00	500.00
1991	1991 RHODE ISLAND GOVERNOR'S ED STAMP	1200	58.00	65.00
1991	1991 RHODE ISLAND PRINT	8000	169.00	200.00
1991	1991 RHODE ISLAND PRINT (GOV)	130	574.00	1200.00
1991	1991 RHODE ISLAND PRINT (MED)	200	319.00	400.00
1991	1991 UTAH PRINT	14028	163.00	200.00
1991	1991 UTAH PRINT (GOV)	75	618.00	1800.00
1991	1991 UTAH PRINT (MED)	1600	318.00	400.00
1992	1992 NEW MEXICO PRINT (GOV)	95	505.00	649.00
1992	1992 NEW MEXICO PRINT (MED)	600	305.00	339.00
1998	ALASKA DUCK STAMP	5500	157.00	157.00
1998	CALIFORNIA DUCK STAMP	750	189.00	189.00
1998	OREGON DUCK STAMP	11825	156.00	156.00
1998	RHODE ISLAND DUCK STAMP	1800	169.00	169.00
1998	WASHINGTON DUCK STAMP	1500	142.00	142.00
1999	CALIFORNIA DUCK STAMP	*	*	N/A
1999	OREGON DUCK STAMP	*	*	N/A
1999	WASHINGTON DUCK STAMP	*	*	N/A

T.S.M. & COMPANY
A. MANOCCHIA

YR	NAME	LIMIT	ISSUE	MANOCCHIA
1984	COYOTE	150	45.00	85.00
1984	SKIRMISH IN THE TALL GRASS	500	65.00	150.00
1985	ROOM FOR ONLY ONE	600	60.00	120.00
1985	SOARING	600	65.00	150.00
1987	ALONE AT HOME	500	85.00	250.00
1987	EVENING HUNT	500	70.00	200.00
1987	SAVE THE SOUND	OP	20.00	75.00
1988	HARRIS HAWK	350	60.00	75.00
1989	EARLY MORNING AUSABLE	350	45.00	100.00
1989	FALL FISHING	350	40.00	85.00
1989	FALL WHITETAIL COUNTRY	*	35.00	80.00
1989	FIRST CATCH	150	60.00	60.00
1989	FISHING THE EAST BRANCH	350	40.00	80.00
1989	FROM HIGH ABOVE	OP	25.00	80.00
1989	MOUNT KATAHDIN-MOOSE	*	135.00	135.00
1989	SPARROW	350	50.00	50.00
1990	A WAITING GAME	*	85.00	85.00
1990	BAY BRANT	*	200.00	300.00
1990	IT DOESN'T GET BETTER THAN THIS...	*	75.00	75.00
1990	JUSTIES SET	*	75.00	135.00
1990	MOUNT KATAHDIN-WHITETAIL	*	135.00	135.00
1990	TEAMWORK	*	80.00	80.00
1991	AFTER THE LIMIT	*	270.00	250.00
1991	EARLY MORNING WORKOUT	*	10.00	25.00
1991	HONORS COURSE-9TH HOLE USGA	*	195.00	195.00
1991	MOUNT KATAHDIN-BLACK BEAR	*	135.00	135.00
1991	ROCK HOLE, THE	*	90.00	165.00
1991	TODAY'S WATER TEMPERATURE IS...	*	45.00	45.00
1991	TOO LATE FOR LUNCH	*	60.00	60.00
1991	YELLOWSTONE MAGIC	*	75.00	75.00

THE ART OF GLYNDA TURLEY
G. TURLEY

YR	NAME	LIMIT	ISSUE	TREND
1997	KEEPING WATCH	7500	77.00	77.00
1997	WREATH OF SPRING	7500	64.00	64.00

G. TURLEY

YR	NAME	LIMIT	ISSUE	ARTIST PROOF
1995	ABUNDANCE III	50	110.00	110.00
1995	ALMOST AN ANGEL	50	84.00	84.00
1995	GLYNDA'S GARDEN	50	110.00	110.00
1995	GRAND GLORY III	50	98.00	98.00
1995	GRAND GLORY IV	50	98.00	98.00
1995	HOLLYHOCKS III	50	104.00	104.00
1995	IN FULL BLOOM III	50	96.00	96.00
1995	LITTLE RED RIVER	50	110.00	110.00
1995	MABRY IN SPRING	50	98.00	98.00
1995	REMEMBER WHEN	50	110.00	110.00
1995	SOUTHERN SUNDAY II	50	110.00	110.00
1995	SUMMER IN VICTORIA	50	80.00	80.00
1996	A SOUTHERN TRADITION I	50	110.00	110.00
1996	SECRET GARDEN III	50	98.00	98.00

G. TURLEY

YR	NAME	LIMIT	ISSUE	CANVAS REPLICA
1995	ABUNDANCE III	350	380.00	380.00
1995	ALMOST AN ANGEL	350	260.00	260.00
1995	GLYNDA'S GARDEN	350	380.00	380.00
1995	GRAND GLORY III	350	320.00	320.00
1995	GRAND GLORY IV	350	320.00	320.00
1995	HOLLYHOCKS III	350	320.00	320.00
1995	IN FULL BLOOM III	350	280.00	280.00
1995	LITTLE RED RIVER	350	380.00	380.00

YR	NAME	LIMIT	ISSUE	TREND
1995	MOBRY IN SPRING	350	320.00	320.00
1995	REMEMBER WHEN	350	380.00	380.00
1995	SOUTHERN SUNDAY II	350	380.00	380.00
1995	SUMMER IN VICTORIA	350	260.00	260.00
1996	A SOUTHERN TRADITION V	350	380.00	380.00
1996	SECRET GARDEN III	350	320.00	320.00
2000	IVY AND ROSES III	350	249.00	249.00
G. TURLEY			**GLYNDA TURLEY COLLECTION**	
1995	CIRCLE OF FRIENDS	4800	67.00	67.00
1995	COURTYARD II	4800	99.00	99.00
1995	FLOWERS FOR MOMMY	4800	85.00	85.00
1995	PAST TIMES	4800	78.00	78.00
1995	PLAYING HOOKIE AGAIN	4800	83.00	83.00
1995	SECRET GARDEN II	RT	95.00	95.00
G. TURLEY			**MEANINGFUL HARVEST**	
1997	CHRYSANTHEMUMS & APPLES	7500	64.00	64.00
1997	PEARS & ROSES	7500	64.00	64.00
G. TURLEY			**OLD MILL STREAM**	
1997	OLD MILL STREAM IV	7500	73.00	73.00
G. TURLEY			**PAPER EDITION**	
1995	ABUNDANCE III	7500	73.00	73.00
1995	ALMOST AN ANGEL	7500	56.00	56.00
1995	GLYNDA'S GARDEN	7500	73.00	73.00
1995	GRAND GLORY III	7500	65.00	65.00
1995	GRAND GLORY IV	7500	65.00	65.00
1995	HOLLYHOCKS III	7500	69.00	69.00
1995	IN FULL BLOOM III	7500	64.00	64.00
1995	LITTLE RED RIVER	7500	73.00	73.00
1995	MABRY IN SPRING	7500	65.00	65.00
1995	REMEMBER WHEN	7500	73.00	73.00
1995	SOUTHERN SUNDAY II	7500	73.00	73.00
1995	SUMMER IN VICTORIA	7500	53.00	53.00
1996	A SOUTHERN TRADITION V	7500	73.00	73.00
1996	SECRET GARDEN III	7500	65.00	65.00
2000	IVY AND ROSES III	2500	104.00	104.00
G. TURLEY			**ROMANCING THE HOME/CANVAS**	
1999	HEAVENLY HYDRANGEAS	350	249.00	249.00
G. TURLEY			**ROMANCING THE HOME/PRINT**	
1999	HEAVENLY HYDRANGEAS	2500	104.00	104.00

V.F. FINE ARTS

S. KUCK

YR	NAME	LIMIT	ISSUE	TREND
1986	SILHOUETTE	250	60.00	245.00
1986	SUMMER REFLECTIONS	900	60.00	250.00
1986	TENDER MOMENTS	500	70.00	250.00
1987	DAISY, THE	900	30.00	200.00
1987	FLOWER GIRL, THE	900	40.00	125.00
1987	LE PAPILLION	350	90.00	150.00
1987	LOVESEAT, THE	900	30.00	130.00
1987	MOTHER'S LOVE	150	195.00	510.00
1987	QUIET TIME	900	40.00	275.00
1987	READING LESSON, THE	900	60.00	135.00
1988	FIRST RECITAL	150	200.00	360.00
1988	KITTEN, THE	350	120.00	1200.00
1988	LITTLE BALLERINA	150	110.00	300.00
1988	MY DEAREST	350	160.00	775.00
1988	WILD FLOWERS	350	160.00	400.00
1989	BUNDLE OF JOY	1000	125.00	700.00
1989	DAY DREAMING	900	150.00	245.00
1989	INNOCENCE	900	150.00	165.00
1989	PUPPY	500	120.00	615.00
1989	ROSE GARDEN	500	95.00	620.00
1989	SISTERS	900	95.00	150.00
1989	SONATINA	900	150.00	675.00
1990	CHOPSTICKS	1500	80.00	130.00
1990	FIRST SNOW	500	95.00	315.00
1990	LE BEAU	1500	80.00	140.00
1990	LE BELLE	1500	80.00	80.00
1990	LILY POND	750	150.00	250.00
1991	GOD'S GIFT	1500	95.00	525.00
1991	MEMORIES	5000	195.00	210.00
1992	DUET	950	125.00	210.00
1992	JOYOUS DAY	1200	125.00	135.00
1992	YESTERDAY	950	95.00	225.00
1993	BEST FRIENDS	2500	145.00	160.00
1993	GARDEN MEMORIES	2500	145.00	150.00
1993	GOOD MORNING	2500	145.00	150.00
1993	THINKING OF YOU	2500	145.00	220.00
1994	DEAR SANTA	950	95.00	250.00
1994	READING TO THEODORE	*	145.00	150.00

VISUAL DELITES

P. RASHFORD

YR	NAME	LIMIT	ISSUE	TREND
			HAND PAINTED PHOTO PRINT	
1993	CASTLES MADE OF SAND	1000	375.00	375.00
P. RASHFORD				**PRINT**
1991	PASSAGEWAY	500	72.00	72.00
1992	TWO TREES ON A HILL	850	72.00	72.00
1993	MOMENT OF SECLUSION	*	30.00	30.00
1994	PATHS NOT TAKEN	500	30.00	30.00

YR	NAME	LIMIT	ISSUE	TREND
1994	PLACID AFTERNOON	500	30.00	30.00
1994	PUPPY	500	22.00	22.00

P. RASHFORD   **SERIGRAPH**

YR	NAME	LIMIT	ISSUE	TREND
1989	MOUNTAIN LAKE	CL	850.00	850.00
1989	NO BLUE HORIZONS	CL	285.00	285.00
1990	CARAVANSERAI	465	90.00	90.00
1990	WISE LIKENESS	RT	30.00	30.00

VOYAGEUR ART
K. DANIEL

YR	NAME	LIMIT	ISSUE	TREND
*	ADORNMENT OF WINTER	*	85.00	100.00
*	CONSEQUENCE OF FIRE	*	225.00	225.00
*	FIRST RECITAL	*	125.00	360.00
*	LOST DECOY II	*	85.00	170.00
*	SEARCH FOR SURVIVAL	*	145.00	150.00
*	WINTER SILENCE	*	155.00	155.00
1980	WETLAND AND WIKIS	*	120.00	140.00
1981	BARNYARD TUSSLE	*	85.00	85.00
1981	OUT ON A LIMB	*	85.00	90.00
1981	PINE RIDGE	*	85.00	125.00
1982	A TOUCH OF ORANGE	*	85.00	130.00
1982	BEWILDERED	*	85.00	150.00
1982	BLUE HERONS	*	85.00	150.00
1982	CHICKADEE	*	50.00	50.00
1982	SAFE AND SOUND	*	50.00	100.00
1982	SILENT SENTINEL	*	85.00	175.00
1983	PRIDE OF THE LAKES	*	85.00	325.00
1984	BREAK IN THE STORM	*	85.00	100.00
1984	LOST DECOY	*	85.00	150.00
1985	ON THE RUN	*	85.00	85.00
1985	RUFFED GROUSE SPRING CREEK	*	85.00	125.00
1985	SUMMER BLUE JAY	*	85.00	100.00
1985	WINGS OF THE NORTH	*	85.00	135.00
1986	BOUNDARY WATER SOLITUDE	*	85.00	85.00
1986	MAJESTIC VIEW	*	85.00	150.00
1990	CONSEQUENCE OF TIME	*	225.00	275.00
1990	MISTY WATERS	*	155.00	250.00
1990	STALKING THE BLUFFS	*	150.00	225.00
1990	SWEET DREAMS	*	185.00	200.00
1991	RHAPSODY IN BLOOM	*	185.00	185.00

WHITE DOOR PUBLISHING
G. ALEXANDER

YR	NAME	LIMIT	ISSUE	TREND
1995	A PLACE IN THE SUN	380	125.00	175.00

D.E. KUCERA

YR	NAME	LIMIT	ISSUE	TREND
1995	SHADOW OF A DREAM	680	150.00	150.00
1996	RENEZVOUS AT TRAILS END	680	125.00	125.00

D. MIEDUCH

YR	NAME	LIMIT	ISSUE	TREND
1995	LORD HELPS THOSE...., THE	750	150.00	150.00

C.L. PETERSON

YR	NAME	LIMIT	ISSUE	TREND
1989	STALL,THE	950	95.00	1050.00
1989	SUNDAY HITCH	950	95.00	1450.00
1990	ALL ABOARD	950	125.00	2000.00
1990	ANDERSON'S STORE	950	125.00	1100.00
1990	CONCERT, THE	950	150.00	4300.00
1991	FAMILY REUNION	950	125.00	3000.00
1991	POTLUCK AT JUDDVILLE	1250	150.00	1200.00
1991	SWING YOUR PARTNER	950	150.00	1050.00
1992	AT THE MILL	1250	175.00	950.00
1992	EVENING LEMONADE	1250	165.00	1700.00
1992	ON VALENTINE LANE	1250	175.00	1250.00
1992	RECITATION	1500	175.00	1450.00
1993	COUNTRY DOCTOR	1750	175.00	400.00
1993	NEIGHBORS	1500	185.00	1200.00
1993	VOLUNTEERS	1500	185.00	700.00
1994	FIRST HAIRCUT	2000	175.00	300.00
1994	FRESH SNOW	2000	185.00	550.00
1994	HARMONY	2000	185.00	850.00
1994	R.F.D.	1850	185.00	300.00
1995	AND APPLE PIE	2500	195.00	950.00
1995	GRANDMA'S QUILT	2000	195.00	1050.00
1995	HAYRIDE	2600	195.00	260.00
1995	HOME GROWN	2000	195.00	575.00
1996	AUCTION DAY	2800	225.00	450.00
1996	SKATERS ICE	2800	195.00	400.00
1996	SUGAR TIME	2500	195.00	225.00
1996	TALK OF SPRING	2500	195.00	250.00
1997	STITCH IN TIME	2800	195.00	380.00

J. SLOANE

YR	NAME	LIMIT	ISSUE	TREND
1995	CHRISTMAS MAGIC	650	65.00	90.00

B.J. PARRISH   **CANVAS EDITION**

YR	NAME	LIMIT	ISSUE	TREND
1995	NORTH POLE EXPRESS	250	395.00	245.00

R. SALTER   **MEMORIES COLLECTION**

YR	NAME	LIMIT	ISSUE	TREND
1995	WALKING IN A WINTER WONDERLAND	680	115.00	130.00

B.J. PARRISH   **PAPER EDITION**

YR	NAME	LIMIT	ISSUE	TREND
1995	NORTH POLE EXPRESS	1500	175.00	260.00

YR	NAME	LIMIT	ISSUE	TREND

WILD WINGS INC.

R. ABBETT
1996	ON THE WILLOWEMOC	850	145.00	145.00

S. BOURDET
1996	SEPTEMBER MORNING-CARDINAL	750	125.00	175.00
1998	MOUNTAIN MEMORIES	750	85.00	85.00
1999	RUNAWAYS-WRENS	950	125.00	125.00

J. BRANDENBURG
1996	AUTUMN WOLF	9500	85.00	85.00

R. BURNS
1996	STODDARD'S LANE	850	125.00	125.00
1998	ARCTIC ECHOES-ARCTIC WOLVES	850	125.00	125.00

C. CUMMINGS
1996	EVENING IN SPRING	750	125.00	140.00
1998	HIGH SPIRITS	850	95.00	170.00

M. HANSON
1996	GOLDEN GLORIES-GOLDFINCHES	*	50.00	50.00

J. HAUTMAN
1996	1996 MN DSP	2000	145.00	145.00
1996	ROCKY SHALLOWS-LOONS	950	125.00	125.00
1999	BLACKFOOT VILLAGE	750	125.00	125.00

J. KASPER
1996	SPRING FEVER-EASTERN WILD TURKEYS	950	145.00	145.00
1998	SOUTHERN CHARMS-OSCEOLA TURKEYS	950	125.00	125.00

J. KILLEN
1996	GREAT HUNTING DOGS-LABRADORS	980	125.00	125.00
1998	GREAT HUNTING DOGS II-LABS	1200	125.00	200.00
1999	HEAD OF THE CLASS-BOYKIN	580	95.00	95.00

S. KOZAR
1996	LATE SUMMER REFLECTIONS	850	145.00	145.00

L. KROMSCHROEDER
1996	FLANK SPEED-ORCAS	950	175.00	175.00
1998	BICYCLE BUILT FOR TWO-CARDINALS	1200	95.00	95.00
1998	PEEPING TOMS, THE	1200	145.00	240.00
1999	TAKING WING	850	175.00	175.00

J. LAMB
1999	MISSING SHOE-YELLOW LAB	750	95.00	95.00

D. MAASS
1996	BREAKING SKIES-CANVASBACKS	850	175.00	175.00
1996	THREE BIRDS UP-RUFFED GROUSE	950	175.00	300.00
1998	EVENING FLIGHT-PHEASANTS	1200	175.00	300.00

R. MILLETTE
1996	BACKWATER PASSAGE-WHITETAIL DEER	950	145.00	200.00
1996	BACKWATER PASSAGE-WILD TURKEYS	950	145.00	225.00
1997	MEADOW MIST-PHEASANTS	CL	145.00	600.00
1997	MEADOW MIST-WHITETAIL DEER	CL	145.00	225.00
1998	AFTER THE STORM-PHEASANTS	1200	145.00	175.00
1998	PRAIRIE MONARCHS-BISON	950	95.00	225.00
1999	THREE OF A KIND	950	145.00	250.00

P. SCHOLER
1998	TWILIGHT PATROL-LOONS	950	95.00	95.00

R. SCOTT
1996	SILENT GUNS	850	145.00	145.00
1998	SILVER AND GOLD TRIPTYCH	950	195.00	195.00

M. SIEVE
1996	A DAY IN THE SUN-DALL SHEEP	950	145.00	145.00
1996	MISTY FOREST-BALD EAGLE	1500	145.00	225.00
1996	SCRAPELINE BUCK	1500	145.00	250.00
1998	1998 MINNESOTA WILD TURKEY	*	*	N/A
1998	BOSSIES 'N BLUEBELLS	950	145.00	145.00
1998	RULE NUMBER SIX-GET LUCKY	*	*	270.00

M. SUSINNO
1996	DUPED-BROWN TROLT	850	125.00	125.00
1998	MATCHING THE HATCH-BROOK TROUT	950	85.00	85.00
1998	MATCHING THE HATCH-BROWN TROUT	950	85.00	85.00
1998	MATCHING THE HATCH-CUTTHROAT TROUT	950	85.00	85.00
1998	MATCHING THE HATCH-RAINBOW TROUT	950	85.00	85.00
1999	ON THE RUN-STEELHEAD	950	95.00	95.00

S. TIMM
1996	1996 WI DSP	1500	145.00	145.00
1996	STARLIGHT NIGHT	950	125.00	170.00
1999	SPECIAL DELIVERY	750	95.00	95.00

R. VAN GILDER
1996	PINNACLE BOONE & CROCKETT, THE	1200	175.00	175.00
1998	WHEN SPRING CALLS	950	95.00	95.00

P.C. WEIRS
1996	DREAM TEAM-WHITETAIL DEER	1900	145.00	240.00
1996	FROSTY MORNING	950	145.00	160.00
1996	LONESOME BULL-ELK	950	145.00	280.00
1998	COFFEE AND CHOCOLATE IN THE MORNING	850	85.00	135.00
1998	MOONRISE-WOLVES	950	95.00	95.00

N. YOUNG
1996	BENEATH SPRING BLOSSOMS	750	125.00	125.00

CANVAS PRINT

D. MAASS
1999	WORKING THE LEDGES-EIDERS	450	395.00	395.00

FISHING BUDDIES

R. BRANDT
1999	SUNNY CATCH	750	75.00	135.00

YR	NAME	LIMIT	ISSUE	TREND
1999	SUNNY OVERLOOK	750	75.00	135.00

J. KILLEN

YR	NAME	LIMIT	ISSUE	TREND
1999	SHORTHAIR	950	125.00	125.00

C. CUMMINGS

GREAT HUNTING DOGS

YR	NAME	LIMIT	ISSUE	TREND
1999	LITTLE PARTNERS REUNION	850	95.00	190.00

R. SCOTT

LITTLE PARTNERS

YR	NAME	LIMIT	ISSUE	TREND
1999	FALLEN LUFTWAFFE-MESSERSCHMITT ME 109	750	145.00	145.00

M. SIEVE

SUNKEN WARBIRDS

YR	NAME	LIMIT	ISSUE	TREND
1998	RULE NUMBER FIVE-HOLD TIGHT	6327	125.00	150.00

J. KILLEN

SURVIVAL SERIES

YR	NAME	LIMIT	ISSUE	TREND
1999	CHOCOLATE LAB	*	45.00	45.00
1999	GERMAN SHORT HAIR	*	45.00	45.00

M. SIEVE

THAT'S MY DOG TOO

YR	NAME	LIMIT	ISSUE	TREND
1999	BATTLING BUCKS-WHITETAIL DEER	1999	145.00	145.00

THE BATTLING SERIES

WILDLIFE INTERNATIONALE

J. RUTHVEN

RUTHVEN

	NAME	LIMIT	ISSUE	TREND
*	ALGONQUIN	750	75.00	200.00
*	ALLEN'S HUMMINGBIRD	750	75.00	125.00
*	AMERICAN WIDGEON	950	65.00	100.00
*	ANNA'S HUMMINGBIRD	750	75.00	125.00
*	BALD EAGLE-INITIAL	1000	30.00	900.00
*	BATELEUR EAGLE	750	110.00	250.00
*	BENGAL TIGER-COMMISSION, IDAHO	1000	100.00	675.00
*	BENGAL TIGER-REGAL	1000	80.00	2000.00
*	BENGAL TIGER-SAFARI	5000	65.00	1000.00
*	BLACK MANED LION	5000	65.00	200.00
*	BLUE WINGED TEAL	500	75.00	190.00
*	BLUEBIRDS-INITIAL	1000	30.00	700.00
*	BLUEBIRDS-SPRING, COMMISSION	200	*	250.00
*	BOBWHITE QUAIL-AMERICANA	1000	80.00	500.00
*	BOBWHITE QUAIL-INITIAL	1000	360.00	400.00
*	BOBWHITE QUAIL-KNOB CREEK	750	75.00	425.00
*	BROADBILLED HUMMINGBIRD	500	75.00	125.00
*	BROWN PELICAN	500	125.00	400.00
*	CALIFORNIA VALLEY QUAIL	950	50.00	180.00
*	CANADA GOOSE	1000	95.00	400.00
*	CANVASBACKS-DU COMMISSION	150	425.00	750.00
*	CANVASBACKS-NORTH AMERICAN	1000	50.00	650.00
*	CARDINAL-INITIAL	1000	30.00	900.00
*	CARDINAL-MARIEMONT	500	75.00	225.00
*	CARDINAL-SONGBIRD	950	75.00	650.00
*	CAROLINA PARAKEET	500	300.00	1050.00
*	CAROLINA WREN	950	50.00	100.00
*	CEDAR WAXWING	950	50.00	225.00
*	CHICKADEES	950	50.00	150.00
*	CHIPMUNK	750	50.00	450.00
*	CHIPPEWA BRAVE	950	50.00	175.00
*	CINNAMON TEAL	2000	30.00	285.00
*	COMMON ELDERS-DU CANADA COMMISSION	100	125.00	175.00
*	DECOY	750	125.00	1100.00
*	DOUBLE TIME	750	85.00	200.00
*	DOWNY WOODPECKER	600	55.00	425.00
*	DUSTY	950	150.00	680.00
*	EAGLE TO THE MOON	500	150.00	1590.00
*	EASTERN WILD TURKEY-INITIAL	1000	30.00	600.00
*	EASTERN WILD TURKEY-KNOB CREEK	750	75.00	500.00
*	ELEPHANTS	5000	65.00	200.00
*	FLICKERS	950	65.00	275.00
*	FLYING SNOWY OWL	950	125.00	400.00
*	FOX MASQUE I	1000	30.00	175.00
*	FOX MASQUE II	1000	30.00	165.00
*	FRIENDS-INDIAN CHILDREN	500	75.00	175.00
*	GIANT PANDA	5000	65.00	725.00
*	GOLDFINCH-COMMISSION	600	55.00	375.00
*	GRANT'S ZEBRA	3500	75.00	180.00
*	GRAY FOX FAMILY	950	150.00	200.00
*	GRAY FOX-MASTERPIECE	950	125.00	1275.00
*	GRAY FOX-WOODLAND	1500	200.00	275.00
*	GREAT HORNED OWL	1000	90.00	330.00
*	GREEN WINGED TEAL	500	75.00	200.00
*	GREY SQUIRREL	600	55.00	175.00
*	HERRING GULLS	1000	50.00	175.00
*	HOODED MERGANSER	750	75.00	190.00
*	HOODED MERGANSER (SM.)	1000	50.00	100.00
*	INDIGO BUNTING	950	50.00	50.00
*	IVORY BILLED WOODPECKERS	5000	350.00	600.00
*	JAGUAR	950	65.00	550.00
*	KIRTLAND WARBLER	1000	100.00	175.00
*	KIT FOX	500	100.00	400.00
*	LABRADOR DUCK	500	350.00	350.00
*	LEOPARD	3500	75.00	200.00
*	MALLARD/WOOD DUCK (PR.)	99	750.00	1850.00
*	MALLARD-INITIAL	1000	50.00	500.00
*	MISTY-REDHEAD DUCKS	100	125.00	300.00
*	N.Y. STATE BLUEBIRD	1000	50.00	380.00
*	NATURE CENTER CARDINAL	1000	50.00	225.00
*	OAKGROVE PINTAIL (SM.)	3000	50.00	100.00
*	ON THE HUNT	1000	90.00	180.00

YR	NAME	LIMIT	ISSUE	TREND
*	PASSENGER PIGEON-AQUATINT	500	350.00	500.00
*	PASSENGER PIGEON-MARTHA	500	100.00	400.00
*	PEREGRINE FALCON	600	65.00	65.00
*	PHEASANT (PAIR)	99	850.00	1750.00
*	PHEASANT-INITIAL	1000	30.00	100.00
*	RED FOX FAMILY	1000	90.00	1200.00
*	RED FOX-COMMISSION	1000	100.00	600.00
*	RED FOX-REGAL	1000	90.00	1700.00
*	RED FOX-WOODLAND	950	150.00	330.00
*	REDHEAD DUCKS	450	350.00	425.00
*	REDHEADED WOODPECKERS	1000	50.00	180.00
*	RIVOLI'S HUMMINGBIRD	750	75.00	125.00
*	ROADRUNNER	1000	50.00	190.00
*	ROBIN FAMILY	600	55.00	350.00
*	ROBINS	1000	50.00	360.00
*	RUBY-THROATED HUMMINGBIRD	750	75.00	125.00
*	RUDDY DUCKS-COMMISSION	650	55.00	500.00
*	RUDDY DUCKS-GEORGETOWN	1000	50.00	100.00
*	RUDDY DUCKS-NORTH AMERICAN	1000	50.00	650.00
*	RUFFED GROUSE (PAIR)	99	750.00	1200.00
*	RUFFED GROUSE-INITIAL	1000	40.00	450.00
*	RUFOUS HUMMINGBIRD	750	75.00	125.00
*	RUMMY	950	150.00	700.00
*	SAND HILL CRANE	950	150.00	150.00
*	SAW WHET OWLS	950	50.00	100.00
*	SCARLET IRISH SETTER	950	150.00	180.00
*	SCREECH OWL-HOMESTEAD	950	50.00	400.00
*	SCREECH OWLS-INITIAL	1000	30.00	600.00
*	SNOWY OWL	1000	50.00	135.00
*	TERNS	750	150.00	460.00
*	TIMBER WOLF	950	150.00	150.00
*	TOWHEES	950	75.00	250.00
*	WANDERING BRAVE	1000	90.00	550.00
*	WHITE TIGERS	1000	150.00	600.00
*	WHITE-TAILED DEER-KNOB CREEK	750	150.00	700.00
*	WHITE-TAILED DEER-OHIO DIV. WILDLIFE	500	125.00	300.00
*	WILD BOAR	200	100.00	200.00
*	WILSON'S PLOVER	500	75.00	175.00
*	WINSTON-SPRINGER SPANIEL	950	150.00	300.00
*	WOOD DUCKS-INITIAL	1000	40.00	415.00
*	WOOD DUCKS-NORTH AMERICAN	1000	90.00	650.00
*	WOOD DUCKS-OHIO DUCK STAMP (PRINT ONLY)	10000	125.00	450.00
*	WOOD DUCKS-OHIO DUCK STAMP (STAMP ONLY)	10000	6.00	60.00
1976	BALD EAGLE-BICENTENNIAL	776	350.00	765.00
1976	EASTERN WILD TURKEY-BICENTENNIAL	776	350.00	300.00
1980	WINGS IN THE WIND	750	200.00	180.00
1981	BLUEBIRDS-1981	950	75.00	500.00
1981	CARDINAL-1981	950	75.00	500.00
1981	MALLARD-1981	500	75.00	175.00
1981	OSPREY	750	175.00	175.00
1981	PHEASANT-1981	950	75.00	175.00
1981	SWALLOW-TAILED KITES	500	100.00	90.00
1982	KESTREL AND MOUSE	950	150.00	175.00
1982	KINGLET	950	75.00	150.00
1982	NUTHATCH	950	75.00	150.00
1983	ARCTIC FOX	350	350.00	330.00
1983	GOLDFINCH-1983	950	75.00	175.00
1983	PAPAW BANDIT	600	125.00	175.00
1983	PILEATED WOODPECKER	350	350.00	550.00
1983	QUAIL WITH YOUNG	950	50.00	100.00
1984	BENGAL TIGER	950	200.00	250.00
1984	RIVER OTTERS	500	125.00	300.00
1984	SPRING FLOWERS	600	125.00	400.00
1985	BLACK DUCK FAMILY	600	125.00	125.00
1985	EASTERN FOX SQUIRREL	600	75.00	150.00
1985	RACCOONS (FAMILY)	1000	125.00	250.00
1985	WINTER REFLECTION	500	225.00	270.00
1986	BLUEBIRDS-EASTERN	500	30.00	275.00
1986	FROSTY MORNING	400	75.00	250.00
1986	STONY RUN-RED FOX	750	225.00	400.00
1987	WINTER QUARTET	400	75.00	200.00

WILLITTS DESIGNS

T. BLACKSHEAR

EBONY VISIONS

1997	EBONY VISIONS CANVAS TRANSFER	RT	575.00	575.00

C. PYLE

HISTORY OF ANGELS COLLECTION BY BILL DALE

1995	ANGEL GABRIEL, THE	2500	30.00	30.00
1995	ARCHANGEL MICHAEL, THE	2500	30.00	30.00
1995	ASCENSION OF THE SOUL, THE	2500	30.00	30.00
1995	GARDEN OF GETHSEMANE, THE	2500	30.00	30.00

MAJOR LEAGUE BASEBALL FILM CEL

*				
1998	BABE RUTH EDITION	*	25.00	25.00
1998	BABE RUTH SPECIAL EDITION	*	25.00	25.00
1998	HANK AARON EDITION	*	25.00	25.00
1998	LOU GEHRIG EDITION	*	25.00	25.00
1998	TED WILLIAMS EDITION	*	25.00	25.00

MAJOR LEAGUE BASEBALL MOTION CEL

*				
1998	BABE RUTH EDITION	*	25.00	25.00
1998	HANK AARON EDITION	*	25.00	25.00

YR	NAME	LIMIT	ISSUE	TREND
1998	JACKIE ROBINSON EDITION	*	25.00	25.00
1998	STAN MUSIAL EDITION	*	25.00	25.00
1998	TED WILLIAMS EDITION	*	25.00	25.00
*	**MAJOR LEAGUE BASEBALL PRINT W/LIGHTED FILM CEL**			
1998	BABE RUTH & LOU GEHRIG EDITION	*	150.00	150.00
1998	HANK AARON EDITION	*	125.00	125.00
1998	JACKIE ROBINSON EDITION	*	125.00	125.00
1998	TED WILLIAMS EDITION	*	125.00	125.00
*	**STAR WARS: A NEW HOPE FILM CEL**			
1998	BEN KENOBI	*	12.00	13.00
1998	C-3PO	*	12.00	13.00
1998	CHEWBACCA	*	12.00	13.00
1998	CREATURES	*	12.00	13.00
1998	DARTH VADER	*	12.00	13.00
1998	GALACTIC EMPIRE	*	12.00	13.00
1998	HAN SOLO	*	12.00	13.00
1998	LUKE SKYWALKER	*	12.00	13.00
1998	PRINCESS LEIA	*	12.00	13.00
1998	R2-D2	*	12.00	13.00
1998	REBEL ALLIANCE	*	12.00	13.00
1998	STORMTROOPER	*	12.00	13.00
	R. MCQUARRIE **STAR WARS: A NEW HOPE PRINT W/LIGHTED FILM CEL**			
1998	CANTINA ON MOS EISLEY	*	200.00	200.00
1998	MILLENNIUM FALCON	*	200.00	200.00
1998	REBEL ATTACK ON THE DEATH STAR	*	200.00	200.00
1998	REBEL CEREMONY	*	200.00	200.00
*	**STAR WARS: ESB I FILM CEL**			
1998	IMPERIAL ATTACK	*	12.00	13.00
1998	LUKE SKYWALKER ON HOTH	*	12.00	13.00
1998	MILLENNIUM FALCON	*	12.00	13.00
1998	REBEL ALLIANCE	*	12.00	13.00
1998	YODA SPECIAL EDITION	*	12.00	13.00
*	**STAR WARS: ESB II FILM CEL**			
1998	DARTH VADER	*	12.00	13.00
1998	HAN SOLO & PRINCESS LEIA	*	12.00	13.00
1998	JEDI MASTER YODA	*	12.00	13.00
1998	JEDI TRAINING	*	12.00	13.00
1998	LANDO CALRISSIAN	*	12.00	13.00
1998	LIGHTSABER DUEL SPECIAL EDITION	*	12.00	13.00
1998	LUKE SKYWALKER/CLOUD CITY	*	12.00	13.00
1998	REBEL ESCAPE	*	12.00	13.00
	R. MCQUARRIE **STAR WARS: ESB PRINT W/LIGHTED FILM CEL**			
1998	CLOUD CITY OF BESPIN	*	200.00	200.00
1998	ICE PLANET HOTH BATTLE	*	200.00	200.00
1998	LUKE & DARTH DUEL	*	200.00	200.00
1998	LUKE & TAUNTAUN ON PATROL	*	200.00	200.00
1998	LUKE & TAUNTAUN ON PATROL SIGNED BY MARK HAMILL	*	250.00	250.00
*	**STAR WARS: RETURN OF THE JEDI FILM CEL**			
1998	ALIENS OF JABBA'S PALACE	*	12.00	13.00
1998	DARTH VADER	*	12.00	13.00
1998	DROIDS	*	12.00	13.00
1998	EMPEROR PALPATINE	*	12.00	13.00
1998	EWOKS	*	12.00	13.00
1998	FINAL CONFRONTATION	*	12.00	13.00
1998	GENERAL HAN SOLO	*	12.00	13.00
1998	IMPERIAL FORCES	*	12.00	13.00
1998	JABBA THE HUTT SPECIAL EDITION	*	12.00	13.00
1998	JEDI	*	12.00	13.00
1998	PRINCESS LEIA	*	12.00	13.00
1998	THE JEDI EMERGES	*	12.00	13.00
1998	THE REBELLION	*	12.00	13.00
1998	TURNING POINTS	*	12.00	13.00
	R. MCQUARRIE **STAR WARS: RETURN OF THE JEDI PRINT W/LIGHTED FILM CEL**			
1998	DEATH STAR MAIN REACTOR	*	200.00	200.00
1998	JABBA THE HUTT	*	200.00	200.00
1998	RANCORE PIT, THE	*	200.00	200.00
1998	SPEEDER BIKE CHASE	*	200.00	200.00
*	**WALT DISNEY SHOWCASE COLLECTION FILM CEL**			
1998	COMMEMORATIVE EDITION	*	25.00	25.00
1998	EVIL QUEEN	*	25.00	25.00
1998	MENAGERIE EDITION	*	25.00	25.00
1998	ROYALS EDITION	*	25.00	25.00
1998	SEVEN DWARFS	*	25.00	25.00
1998	SNOW WHITE EDITION	*	25.00	25.00
1998	STEP FAMILY EDITION	*	25.00	25.00
*	**WALT DISNEY SHOWCASE COLLECTION MOTION CEL**			
1998	SHOW WHITE SERIES	*	25.00	25.00
*	**WALT DISNEY SHOWCASE COLLECTION PRINT W/LIGHTED FILM CEL**			
1998	CINDERELLA LITHOGRAPH	2500	250.00	250.00
1998	SNOW WHITE LITHOGRAPH	2500	250.00	250.00

WINDBERG ENTERPRISES
D. WINDBERG

YR	NAME	LIMIT	ISSUE	TREND
1968	PELICAN	*	*	650.00
1970	ONE SUMMER DAY 12X16	*	10.00	220.00
1970	ONE SUMMER DAY 18X24	*	20.00	125.00
1970	ONE SUMMER DAY 8X10	*	5.00	50.00
1971	BIG TREE 12X16 AMERICAN MASTERS	*	100.00	75.00

YR	NAME	LIMIT	ISSUE	TREND
1971	BIG TREE 24X36 NEW YORK GRAPHICS	*	200.00	200.00
1971	BIG TREE 8X10 AMERICAN MASTERS	*	50.00	50.00
1971	LBJ LIBRARY & SCHOOL OF PUBLIC AFFAIRS, THE	*	3.00	130.00
1971	MOONGLOW	*	*	350.00
1971	SAND DUNES 12X16 W.E.I.	*	10.00	70.00
1971	SAND DUNES 18X24 W.E.I.	*	20.00	150.00
1971	SAND DUNES 24X36 NEW YORK GRAPHICS	*	*	175.00
1971	SAND DUNES 8X10 W.E.I.	*	*	50.00
1971	TRANQUILITY 12X16	*	10.00	75.00
1971	TRANQUILITY 8X10	*	5.00	45.00
1971	WOODLAND REFLECTIONS 12X16 AM. MASTERS	*	10.00	70.00
1971	WOODLAND REFLECTIONS 18X24 AM. MASTERS	*	*	245.00
1971	WOODLAND REFLECTIONS 8X10 AM. MASTERS	*	5.00	50.00
1971	YESTERYEAR 12X16	*	10.00	50.00
1971	YESTERYEAR 18X24	*	20.00	110.00
1971	YESTERYEAR 8X10	*	5.00	50.00
1972	AUTUMN MEMORIES	*	40.00	600.00
1973	BLUE SPRINGTIME	*	50.00	200.00
1973	COUNTRY HUES 12X16	*	10.00	80.00
1973	COUNTRY HUES 18X24	*	20.00	100.00
1973	CYPRESS MIST 12X16	*	100.00	55.00
1973	CYPRESS MIST 18X24	*	200.00	135.00
1973	CYPRESS MIST 8X10	*	50.00	50.00
1973	HIDDEN COVE 12X16	*	10.00	225.00
1973	HIDDEN COVE 8X10	*	5.00	40.00
1973	OBSCURITY 12X16	*	10.00	65.00
1973	OBSCURITY 18X24	*	20.00	175.00
1973	OBSCURITY 8X10	*	5.00	50.00
1973	WINTER'S REPOSE	*	*	250.00
1974	AUTUMN'S GOLD	*	40.00	75.00
1974	GLOW OF LOVE	*	50.00	775.00
1974	GOIN' COURTIN'	*	35.00	675.00
1974	HILL COUNTRY	*	50.00	175.00
1974	LOVE'S REFLECTION	*	50.00	620.00
1974	MORNING MIST	*	*	330.00
1974	OLD HOME PLACE	*	50.00	740.00
1974	SAFE PASSAGE	*	50.00	150.00
1974	SECLUSION	*	50.00	460.00
1974	SUNDAY OUTING	*	30.00	375.00
1974	WINTRY PASTORAL	*	40.00	140.00
1975	AUTUMN'S WAY 1 OF SET OF 4	*	40.00	700.00
1975	BAYOU COUNTRY	*	220.00	220.00
1975	FROM SEA TO SEA 1 OF 4	*	300.00	300.00
1975	MOUNTAIN'S MAJESTY, THE 1 OF 4	*	*	300.00
1975	OUR DESERT'S BOUNTY 1 OF 4	*	*	300.00
1975	SECLUDED FALLS	*	60.00	950.00
1975	SPRING'S WAY	*	50.00	160.00
1975	SUMMER'S WAY	*	50.00	100.00
1975	TRANQUIL TIMES	*	80.00	950.00
1975	UNDISTURBED	*	50.00	470.00
1975	WINTER'S WAY	*	50.00	110.00
1976	CONTENTMENT	*	80.00	2600.00
1976	DAWN'S SERENITY 12X16	*	100.00	65.00
1976	DAWN'S SERENITY 18X24	*	150.00	75.00
1976	DAWN'S SERENITY 8X10	*	40.00	40.00
1976	FLEETING SPLENDOR	*	60.00	200.00
1976	NATURE'S INNER GLOW	*	50.00	400.00
1976	PELICAN'S WHARF	*	40.00	500.00
1976	SNOW-CLAD RELICS	*	45.00	975.00
1977	EVENING RADIANCE	*	65.00	115.00
1977	GLADSOM SOLITUDE	*	60.00	135.00
1977	HARMONY IN THE HIGHLANDS	*	55.00	275.00
1977	LAST STAND	*	70.00	2800.00
1977	MEMORABLE SPRINGTIDE 12X16 AM. MASTERS	*	100.00	70.00
1977	MEMORABLE SPRINGTIDE 18X24 AM. MASTERS	*	35.00	40.00
1977	MEMORABLE SPRINGTIDE 8X10 AM. MASTERS	*	*	35.00
1977	NIGHTLONG SENTINELS	*	60.00	500.00
1978	BLACKSMITH SHOP, THE	*	10.00	460.00
1978	IN SEASONAL ATTIRE	*	70.00	180.00
1978	PERPETUAL HAVEN	*	60.00	120.00
1978	REFLECTIVE ELEGANCE	*	80.00	150.00
1978	ROSEATE SHORELINE	*	65.00	175.00
1978	SPANNING THE STREAM OF TIME	*	70.00	45.00
1979	NOCTURNAL HARMONY	*	80.00	90.00
1979	SEASON OF RENEWAL	*	80.00	250.00
1979	SNOW-CROWNED SILENCE	*	70.00	350.00
1979	THUNDERING SPLENDOR 16X12, THE	*	24.00	60.00
1980	EMBRACED BY MOONLIGHT 12X16	*	24.00	24.00
1980	EMBRACED BY MOONLIGHT 18X24	*	35.00	60.00
1980	FLOURISH OF NATURE'S HUES 12X16, THE	*	20.00	75.00
1980	GIFT OF LOVE	*	120.00	135.00
1980	MELODY OF THE MAROON BELLS 12X16	*	24.00	43.00
1980	MELODY OF THE MAROON BELLS 18X24	*	35.00	35.00
1980	MEMORABLE SPRINGTIDE 12X16 W.E.I.	*	24.00	50.00
1980	MEMORABLE SPRINGTIDE 18X24 W.E.I.	*	35.00	35.00
1980	MOTHER EARTH-FATHER SKY	*	90.00	220.00
1980	OPALESCENT IMAGES 12X16	*	24.00	75.00
1980	TIMEWORN SHELFERS	*	90.00	100.00
1980	WOODLAND REFLECTIONS 12X16 W.E.I.	*	24.00	60.00

YR	NAME	LIMIT	ISSUE	TREND
1981	COMPANIONS IN NATURE 12X16	*	24.00	90.00
1981	COMPANIONS IN NATURE 18X24	*	24.00	70.00
1981	DELIGHTFUL RETREAT	*	80.00	100.00
1981	ENDURING REFUGE	*	120.00	180.00
1981	MISTY COUNTRY MORN 12X16	*	24.00	70.00
1981	MISTY COUNTRY MORN 18X24	*	35.00	110.00
1981	MOONLIT COVE 12X16	*	24.00	115.00
1981	QUIET GRANDEUR 16X12	*	24.00	70.00
1981	SLUMBEROUSE INTERLUDE	*	80.00	250.00
1982	COMPANIONS IN NATURE 8X10	*	12.00	45.00
1982	HEARTFELT MEMORIES 12X16	*	24.00	43.00
1982	REFRESHING PAUSE	*	120.00	475.00
1982	TRANQUIL CROSSING	*	120.00	120.00
1982	WINTER'S VELVET MANTLE	*	150.00	330.00
1983	1983 DEER UNLIMITED STAMP & PRINT	*	125.00	450.00
1983	BLOOMS AMID THORNS	*	25.00	70.00
1983	DAWNLIGHT	*	160.00	150.00
1983	OLD FRIENDS	*	90.00	225.00
1983	SPRING VELVET	*	150.00	150.00
1983	TIMELESS SENTINELS 12X16	*	24.00	75.00
1984	CANYON GOLD 10X20	*	24.00	90.00
1984	NIGHTIME REPOSE	*	150.00	150.00
1984	SUMMER LIGHT 16X12	*	24.00	75.00
1984	SUMMER OF INNOCENCE	*	300.00	425.00
1984	TIME OF MEMORIES	*	175.00	1050.00
1985	CLASSIC ELEGANCE	*	300.00	545.00
1985	COUNTRY MORN	*	90.00	140.00
1985	EMBRACED BY MOONLIGHT 8X10	*	12.00	40.00
1985	ENCHANTING DOMAIN 12X16	*	24.00	95.00
1985	ENCHANTING DOMAIN 8X10	*	12.00	20.00
1985	HARMONY OF NATURE, THE	*	150.00	400.00
1985	HEARTFELT MEMORIES 8X10	*	12.00	12.00
1985	MELODY OF THE MAROON BELLS 8X10	*	12.00	12.00
1985	MEMORABLE SPRINGTIDE 8X10 W.E.I.	*	12.00	35.00
1985	MISTY COUNTRY MORN 8X10	*	12.00	12.00
1985	MOONLIT COVE 8X10	*	12.00	12.00
1985	NEW DAY BREAKING	*	150.00	150.00
1985	OPALESCENT IMAGES 8X10	*	12.00	70.00
1985	ROUTINE MAINTENANCE	*	225.00	400.00
1985	SUMMER LIGHT 8X10	*	12.00	40.00
1985	TIMELESS SENTINELS 8X10	*	12.00	40.00
1986	EQUINE PARADISE	*	150.00	150.00
1986	EVENING QUIESCENCE	*	24.00	24.00
1986	EVERLASTING SANCTUARY 12X16	*	24.00	140.00
1986	FROSTY HOMECOMING	*	195.00	580.00
1986	NEPTUNE'S LACE	*	95.00	600.00
1986	PASTORAL COLOURS	*	35.00	35.00
1986	PRESIDIO LA BAHIA 8X10	*	12.00	50.00
1987	ENLIGHTENED PATHWAY	*	125.00	125.00
1987	MISSION ESPIRITU SANTO 8X10	*	12.00	90.00
1987	MOMENT FOR MEMORIES	*	125.00	400.00
1987	NATURE'S WINTER BLANKET	*	195.00	250.00
1987	SEASIDE TREASURY 18X24	*	35.00	100.00
1988	AGELESS MONARCH	*	195.00	240.00
1988	COACH TO EL PASO	*	24.00	170.00
1988	LAZY DAY IN THE MEADOW	*	150.00	200.00
1988	ONE SERENE AND MOONLIT NIGHT	*	195.00	475.00
1988	SYMPHONY OF THE WILDERNESS	*	195.00	380.00
1989	A CUSTOM OF GENERATIONS	*	24.00	75.00
1989	A FAMILIAR EARTHLY TASK	*	150.00	175.00
1989	JAUNT ACROSS THE DIVIDE	*	195.00	525.00
1989	PEACE BE UNTO YOU	*	225.00	1000.00
1989	SEASONABLE RETURN	*	150.00	610.00
1990	CELEBRATION OF THE WOODLANDS	*	125.00	165.00
1990	CELESTIAL GLORY	*	225.00	1050.00
1990	MOONLIGHTIN'	*	225.00	410.00
1990	ROARING ONWARD	*	225.00	400.00
1990	SLUMBERING HOMEPLACE	*	35.00	35.00
1990	SPRINGTIME TRILOGY - TRIPTYCH	*	150.00	325.00
1991	A COZY MOUNTAIN RETREAT	*	225.00	225.00
1991	AMBIANCE OF AUTUMN	*	45.00	80.00
1991	BENEVOLENT PROVIDER, THE	*	225.00	225.00
1991	HILL COUNTRY FLORESCENCE	*	45.00	175.00
1991	SILENT PINNACLES	*	45.00	110.00
1991	STROLLING WITH AN OLD FRIEND	*	225.00	375.00
1991	TEXAS OAK	*	*	400.00
1992	AFTERGLOW OF SPRING SHOWERS	*	225.00	350.00
1992	AMID TRANQUILITY OF THE MORNING	*	225.00	225.00
1992	FORAGING ON A WINTER EVENING	*	250.00	250.00
1993	ANTICIPATION	*	250.00	390.00
1993	ROMANTIC TRADITIONS	*	150.00	470.00
1993	TAKING A BREAK	*	260.00	180.00
1993	TEA TIME REFLECTIONS	*	150.00	130.00
1994	COURT'N BY MOONLIGHT	*	150.00	700.00
1994	FIRST LIGHT ON A WINTRY DAY	*	250.00	245.00
1994	HOME AT LAST	*	250.00	400.00
1994	INNOCENCE OF SPRING	*	150.00	250.00
1994	LAKESIDE HIDEAWAY	*	24.00	170.00
1994	MAKING OF A MEMORY	*	250.00	275.00

YR	NAME	LIMIT	ISSUE	TREND
1994	NIGHTWATCH	*	24.00	130.00
1994	ONE SUMMER NIGHT	*	24.00	90.00
1994	RETIRED	*	24.00	365.00
1995	JOYOUS EVENSONG	*	250.00	250.00
1995	MORNING DELIGHT/EVENING TREAT	*	150.00	275.00
1995	PERFECT SERENITY	*	150.00	150.00
1996	OUR SPECTACULAR SURROUNDINGS	*	195.00	195.00
D. WINDBERG				**CANVAS EDITION**
1972	ANTICIPATION	*	450.00	1500.00
1993	AMID TRANQUILITY OF THE MORNING	*	350.00	350.00
1993	TAKING A BREAK	*	350.00	350.00
1994	FIRST LIGHT ON A WINTRY DAY	*	350.00	350.00
1994	HOME AT LAST	*	350.00	620.00
1994	INNOCENCE OF SPRING	*	350.00	350.00
1994	MAKING OF A MEMORY	*	350.00	250.00
1995	AN ENCHANTING VIEW OF THE NIGHT	250	350.00	350.00
1995	GLIMPSE OF UPLAND GRANDEUR	250	350.00	350.00
1995	HILLTOP GARDENS	250	350.00	250.00
1995	JOYOUS EVENSONG	*	350.00	350.00
1995	MORNING DELIGHT/EVENING TREAT	*	350.00	350.00
D. WINDBERG				**FIESTA POSTER**
1991	REFLECTIONS OF THE NIGHT	*	45.00	80.00
D. WINDBERG				**NATIONAL PARK**
1979	THUNDERING SPLENDOR	*	50.00	250.00
1980	FLOURISH OF NATURE'S HUES, THE	*	50.00	175.00
1981	QUIET GRANDEUR	SO	50.00	90.00
1984	CANYON GOLD	SO	50.00	180.00
1986	EVERLASTING SANCTUARY	*	140.00	140.00
D. WINDBERG				**PAPER EDITION**
1995	AN ENCHANTING VIEW OF THE NIGHT	1000	250.00	260.00
1995	GLIMPSE OF UPLAND GRANDEUR	1000	250.00	250.00
1995	HILLTOP GARDENS	1000	250.00	250.00
D. WINDBERG				**POSTER**
1988	AMERICAN IMPRESSIONS	*	35.00	35.00
1988	GALLERY AMERICANA	*	35.00	35.00
1988	VISIONS OF AMERICA	*	35.00	35.00
1988	WILDERNESS	*	35.00	75.00
D. WINDBERG				**SPECIAL EDITION**
1986	PRESIDIO LA BAHIA	*	80.00	620.00
1987	MISSION ESPIRITU SANTO	*	80.00	125.00
D. WINDBERG		**WINDBERG COLLECTORS SOCIETY MEMBERS ONLY**		
1995	PERFECT SERENITY	*	150.00	150.00

WINN DEVON

T. BERG				
1997	THE COVE AT DUSK	375	750.00	750.00
J. COLOMER				
1997	AT THE STREAM	375	750.00	750.00
1997	BESIDE THE STILL WATERS	375	750.00	750.00
1997	NOBLE NATURE	375	825.00	825.00
1997	TALL REFLECTIONS	375	750.00	750.00
1997	WATER'S EDGE	375	775.00	775.00
C. GLADSON				
1997	ARBORETUM PATHWAY	950	95.00	95.00
1997	ARBORETUM VISTA	950	95.00	95.00
1997	REFLECTIONS ON LAKE MELANCHOLY	950	95.00	95.00
E. GUNN				
1997	FLORAL SENSATION	375	300.00	300.00
1997	PLEASANT VIEW	375	300.00	300.00
1997	STILL LIFE WITH LILIES I	375	550.00	550.00
1997	STILL LIFE WITH LILIES II	375	550.00	550.00
K. HAINES DENCH				
1997	ANGEL TRUMPETS I	250	550.00	550.00
1997	ANGEL TRUMPETS II	250	550.00	550.00
1997	PERSIMMON STILL LIFE	175	550.00	550.00
1997	POMEGRANATE STILL LIFE	175	550.00	550.00
M. HAYSLETTE				
1997	CRANBERRY DELIGHT I	950	95.00	95.00
1997	CRANBERRY DELIGHT II	950	95.00	95.00
1997	LAPIS MOON I	950	95.00	95.00
1997	LAPIS MOON II	950	95.00	95.00
1997	MEMORIES OF THE NIGHT	950	95.00	95.00
1997	MOON ASCENDING #1	950	95.00	95.00
1997	MOON ASCENDING #2	950	95.00	95.00
1997	SONG OF THE SAMURAI	950	95.00	95.00
L. LI				
1997	BROOK, THE	950	95.00	95.00
1997	FLOWERING VINE BY THE STREAM	950	95.00	95.00
1997	SPRING BLOOMS ALONG THE RAVINE	950	95.00	95.00
E. RODRIGUEZ				
1997	CORTE CANALE	275	235.00	235.00
1997	DE L'APRES MIDI	275	235.00	235.00
1997	FEVRIER	275	235.00	235.00
1997	LA VISITE	275	235.00	235.00
1997	PROVENCE	275	235.00	235.00
1997	RIALTO	275	235.00	235.00
1997	SAN CROCE	275	235.00	235.00
1997	SAN PAULO	275	235.00	235.00

YR	NAME	LIMIT	ISSUE	TREND
SARINA				
1997	CASA BONITA	200	550.00	550.00
1997	CASA DORADO	200	550.00	550.00
1997	CASA TORTUGA	200	550.00	550.00
G. SINGLEY				
1997	ARBOR ROSES	375	375.00	375.00
1997	BLUE GATE	375	375.00	375.00
1997	CASCADING ROSES	375	375.00	375.00
1997	EUROPEAN GARDEN I	375	375.00	375.00
1997	EUROPEAN GARDEN II	375	375.00	375.00
1997	SPRING MEDLEY REVISITED I	375	425.00	425.00
1997	SPRING MEDLEY REVISITED II	375	425.00	425.00
1997	WHITE ROSE ARBOR	375	375.00	375.00
R. STRIFFOLINO				
1997	LAKESIDE TREES	375	750.00	750.00
1997	RIVER BEND	375	750.00	750.00

WORLD ART EDITIONS

YR	NAME	LIMIT	ISSUE	TREND
MAGO				**MAGO**
1982	DEPOSITION	300	325.00	325.00
1982	SIPARIO	300	325.00	325.00
F. MASSERIA				**MASSERIA**
1980	EDUARDO	300	275.00	2700.00
1980	FIRST KISS	300	375.00	2200.00
1980	NINA	300	325.00	1950.00
1980	ROSANNA	300	257.00	3200.00
1981	ELEANOR	300	375.00	775.00
1981	ELISA WITH FLOWER	300	325.00	775.00
1981	FIRST FLOWER	300	325.00	950.00
1981	JESSICA	300	375.00	2300.00
1981	JULIE	300	375.00	950.00
1981	SELENE	300	325.00	2200.00
1981	SOLANGE	300	325.00	2200.00
1981	SUSAN SEWING	300	375.00	950.00
1982	AMY	300	425.00	775.00
1982	JAMIE	300	425.00	750.00
1982	JILL	300	425.00	775.00
1982	JODIE	300	425.00	775.00
1982	JUDITH	300	425.00	750.00
1982	ROBIN	300	425.00	775.00
1982	YASMIN	300	425.00	720.00
1982	YVETTE	300	425.00	775.00
1983	ANTONIO	300	450.00	1100.00
1983	TARA	300	450.00	775.00
1984	BETTINA	250	550.00	775.00
1984	CHRISTOPHER	300	450.00	775.00
1984	MEMOIRS	300	450.00	1000.00
1984	PETER	950	395.00	495.00
1984	REGINA	950	395.00	495.00
1984	VINCENTE	360	550.00	775.00
1985	CHRISTINA	300	500.00	775.00
1985	JORGITO	300	500.00	775.00
1985	MARGUERITA	950	495.00	495.00
1985	TO CATCH A BUTTERFLY	950	495.00	495.00

WREN'S NEST GALLERY INC.

YR	NAME	LIMIT	ISSUE	TREND
L. MARTIN				
1995	MAGNOLIAS & GREEK REVIVAL	950	65.00	65.00
1995	ROYAL FLUSH	950	85.00	180.00
1995	SPRING GARDEN	950	75.00	75.00
1995	TREDAWAY HOME, THE	950	28.00	28.00
1996	MOLTEN GOLD	950	65.00	65.00
1996	NEW GEMS	950	38.00	38.00
1996	TRAIL BOSS	950	110.00	110.00
L. MARTIN				**AMERICA THE BEAUTIFUL**
1995	SPACIOUS SKIES I	500	100.00	200.00
1995	SPACIOUS SKIES II	500	28.00	65.00
1996	AMERICA, AMERICA I	500	85.00	85.00
1996	AMERICA, AMERICA II	500	65.00	65.00
1996	GOD SHED HIS GRACE ON THEE	950	100.00	100.00
1996	PURPLE MOUNTAIN MAJESTIES	950	100.00	100.00

ZOLAN FINE ARTS

YR	NAME	LIMIT	ISSUE	TREND
D. ZOLAN				**ANGEL SONGS**
1997	HARP SONG	CL	220.00	220.00
1997	LOVE SONG	CL	220.00	220.00
1998	HEAVENLY SONG	CL	220.00	220.00

ZOLAN FINE ARTS/WINSTON ROLAND

YR	NAME	LIMIT	ISSUE	TREND
D. ZOLAN				
1996	RAINED OUT	CL	35.00	47.00
D. ZOLAN				**SYMPHONY OF SEASONS**
1998	COUNTRY PUMPKINS	CL	220.00	220.00
1998	SUMMERTIME FRIENDS	CL	220.00	220.00

Steins

Ken Armke

Beer steins, more than nearly any other component of today's collectibles market, bridge the gap between authentic antiques and contemporary limited editions.

After all, some of the most popular lines of today's collectibles, such as Precious Moments figurines and Department 56 cottages, are barely 20 years old. Even M.I. Hummel figurines have been around for just over 60 years.

Steins, on the other hand, have been going strong for more than 400 years. Even if one discounts the early utilitarian steins that were used for centuries, these drinking vessels emerged as an artistic collectible popular in the United States during the late 1800s.

It's no wonder then that steins are often thought of as a "traditional" aspect of the collectibles secondary market. With the exception of some of the Anheuser-Busch issues, they tend to perform with less volatility—fewer wondrous jumps in value and correspondingly fewer disastrous plunges—than do most other collectibles.

For this reason, steins—for those who enjoy them and the artwork they represent—should be looked upon with favor by those collectors seeking a longer-term commitment to their collectibles. Traditional art has always shown a strong tendency to grow in value over time to at least match inflation.

KEN ARMKE SR., president of OHI Exchange, initiated one of the first comprehensive secondary market exchanges covering architectural miniatures. His company has since become a primary source for steins available on the secondary market.

YR	NAME	LIMIT	ISSUE	TREND

STEINS

ANHEUSER-BUSCH INC.
J.C. LEYENDECKER

YR	NAME	LIMIT	ISSUE	TREND
1996	SATURDAY EVENING POST FOURTH OF JULY	5000	180.00	180.00
*				**A&EAGLE**
1975	A&EAGLE CSL2	RT	*	358.00
1976	A&EAGLE CS2	RT	*	215.00
1976	A&EAGLE CS26	RT	*	156.00
1976	A&EAGLE CS28	RT	*	228.00
1993	A&E EAGEL TRADEMARK II W/TIN CS218	*	*	65.00
1994	A&EAGLE TRADEMARK II CS219	RT	24.00	35.00
1994	A&EAGLE TRADEMARK III W/TIN CS238	*	*	78.00
1995	A&E EAGEL TRADEMARK IV W/TIN CS255	*	*	52.00
1995	A&EAGLE TRADEMARK III CS240	OP	25.00	22.00
1996	A&EAGLE TRADEMARK IV CS271	OP	*	25.00
1996	TRADEMARK IV STEIN	30000	27.00	27.00
				ANIMAL/WILDLIFE
1988	BUDWEISER FIELD & STREAM SET CS95	RT	70.00	295.00
1989	BALD EAGLE CS106	RT	25.00	543.00
1990	ASIAN TIGER CS126	RT	28.00	130.00
1991	AFRICAN ELEPHANT CS135	RT	29.00	59.00
1991	AMERICAN BALD EAGLE CS164	RT	125.00	150.00
1992	DOLPHIN CS187	RT	90.00	98.00
1992	GIANT PANDA CS173	RT	29.00	46.00
1992	KILLER WHALE CS186	RT	100.00	85.00
1992	PEREGRINE FALCON CS183	OP	125.00	150.00
1993	GRIZZLY BEAR CS199	OP	30.00	56.00
1993	LABRADOR CS195	RT	33.00	125.00
1994	GRAY WOLF CS226	OP	30.00	39.00
1994	MANATEE CS203	OP	34.00	65.00
1994	OSPREY STEIN CS212	RT	135.00	1200.00
1994	SETTER CS205	OP	33.00	30.00
1995	COUGAR CS253	OP	*	30.00
1995	GOLDEN RETRIEVER CS248	OP	*	30.00
1995	GREAT HORNED OWL CS264	OP	137.00	130.00
1995	GREAT WHITE SHARK STEIN CS247	OP	*	35.00
1996	BEAGLE CS272	OP	*	30.00
*				**ANIMALS/WILDLIFE**
1996	DOLPHIN STEIN CS284	*	*	36.00
*				**BREWERY SPECIFIC**
	ADOLPHUS BUSCH	RT	*	190.00
1985	LIMITED EDITION I CS64	RT	30.00	120.00
1986	BREW HOUSE CS67	RT	20.00	56.00
1986	LIMITED EDITION II CS65	RT	30.00	59.00
1987	BUDWEISER STABLES CS73	RT	20.00	62.00
1987	LIMITED EDITION III CS71	RT	30.00	49.00
1988	CLASSIC I CS93	RT	35.00	189.00
1988	GRANT'S CABIN CS83	RT	*	30.00
1988	LIMITED EDITION IV CS75	RT	30.00	50.00
1988	OLD SCHOOL HOUSE CS84	RT	20.00	46.00
1989	CLASSIC II CS104	RT	55.00	130.00
1989	LIMITED EDITION V CS98	RT	35.00	64.00
1990	CLASSIC III CS113	RT	65.00	98.00
1991	AFTER THE HUNT CS155	RT	100.00	90.00
1991	CLASSIC IV CS130	RT	75.00	98.00
1992	BERNINGHAUS CS105	RT	75.00	90.00
1992	CHERUB CS182	RT	100.00	70.00
1992	COLUMBIAN EXPOSITION CS169	RT	35.00	46.00
1993	A&EAGLE TRADEMARK I CS191	RT	22.00	45.00
1993	A&EAGLE TRADEMARK I CS201	RT	31.00	98.00
1993	ADOLPHUS BUSCH CS216	OP	180.00	190.00
1993	GANYMEDE CS190	RT	35.00	215.00
1994	A&EAGLE TM III CS238	RT	28.00	78.00
1994	AUGUST A. BUSCH ST. CS229	RT	220.00	254.00
1994	BUDWEISER GREATEST TRIUMPH CS222	RT	35.00	30.00
1994	SIX-PACK II MINI STEINS N4571	OP	*	19.00
1995	ADOLPHUS BUSCH III CS265	OP	*	215.00
1995	BUD-WEIS-ER FROG MUG N5402-5	*	*	23.00
1995	MIRROR OF TRUCH CS252	OP	*	30.00
1996	AUGUST A. BUSCH JR. CS286	*	*	200.00
1996	BUD-WEIS-ER FROG CS289	OP	*	25.00
1996	BUDWEISER LABEL CS282	OP	*	19.00
*				**BUSCH GARDENS**
1990	EXTINCTION IS FOREVER II BG1	10000	*	65.00
1992	EXTINCTION IS FOREVER III BG2	10000	*	46.00
*				**CLYDESDALES**
1976	CLYDESDALE DECANTER CS33	RT	*	N/A
1976	CLYDESDALES CS15	RT	*	325.00
1976	CLYDESDALES CS15/II	RT	*	433.00
1976	CLYDESDALES CSL15	RT	*	N/A
1976	CLYDESDALES CSL29	RT	*	325.00
1976	CLYDESDALES CSL9	RT	*	306.00
1983	BUD LIGHT BARON CS61	RT	*	46.00
1986	HORSESHOE CS68	RT	15.00	52.00
1987	HORSEHEAD CS76	RT	16.00	52.00

YR	NAME	LIMIT	ISSUE	TREND
1987	HORSEHEAD CS78	RT	15.00	78.00
1987	HORSESHOE CS77	RT	16.00	59.00
1987	WORLD FAMOUS CLYDESDALE CS74	RT	10.00	39.00
1988	CLYDESDALE MARE & FOAL CS90	RT	*	59.00
1988	HORSE HARNESS CS94	RT	16.00	85.00
1989	PARADE DRESS CS99	RT	12.00	111.00
1991	CLYDESDALES TRAINING HITCH CS131	RT	13.00	39.00
1994	PROUD AND FREE CS223	OP	17.00	17.00
*			**COLLECTOR CLUB**	
1995	BREWHOUSE CLOCK TOWER CB2	RT	*	829.00
1995	CLYDESDALES AT BAUERNHF CB1	RT	*	195.00
*			**EARLY YEARS**	
*	SENIOR GRANDE CS6	RT	*	590.00
1975	GERMAN PILIQUE CS5	RT	*	515.00
1975	GERMAN TAVERN SCENE CSL6	RT	*	358.00
1975	SENIOR GRANDE CSL4	RT	*	N/A
1976	BUDWEISER CENT. HOFBRAU ST. CS22	RT	*	325.00
1976	BUDWEISER CENTENNIAL CS13	RT	*	375.00
1976	BUDWEISER CENTENNIAL CSL7	RT	*	395.00
1976	CORACAO DECANTER SET 5 PC SET CS31	RT	*	485.00
1976	GERMAN PILIQUE CSL5	RT	*	N/A
1976	GERMAN TAVERN SCENE CS4	RT	*	124.00
1976	KATAKOMBE CS3	RT	*	195.00
1976	KATAKOMBE CSL3	RT	*	277.00
1976	ST. LOUIS DECANTER SET CS37	RT	*	433.00
1976	ST. LOUIS DECANTER SET CS38	RT	*	1018.00
1976	U.S. BICENTENNIAL CS14	RT	*	488.00
1976	U.S. BICENTENNIAL CSL8	RT	*	515.00
1976	WURZBURGER CS39	RT	*	275.00
P. FORD			**FIRST HUNT**	
1996	LABRADOR STEIN	10000	190.00	194.00
*			**GERZ MEISTERWERKE**	
*	WINCHESTER GL2	RT	*	143.00
1992	SANTA'S MAILBAG GM1	RT	*	305.00
1993	GOLDEN RETRIEVER GM2	OP	*	170.00
1993	JOHN F. KENNEDY GM4	OP	*	180.00
1994	MALLARD GM7	OP	*	190.00
1994	ROSIE THE RIVETER GM9	OP	*	150.00
1994	SPRINGER SPANIEL GM5	OP	*	170.00
1994	WINCHESTER MODEL 94 GM10	OP	*	150.00
1995	GIANT PANDA GM8	OP	*	190.00
1995	POINTER GM16	OP	*	170.00
1996	FOURTH OF JULY GM15	OP	*	165.00
N. ROCKWELL			**GERZ MEISTERWERKE**	
1993	DUGOUT, THE GL1	RT	*	150.00
1993	SANTA'S HELPER GM3	OP	*	180.00
1994	ALL I WANT FOR CHRISTMAS GM13	OP	*	190.00
1994	TRIPLE SELF-PORTRAIT GM6	OP	*	225.00
*			**HOLIDAY**	
1976	BUDWEISER CHAM. CLYDESDALE CS19	RT	10.00	250.00
1980	BUDWEISER CHAM. CLYDESDALES CS19/II	RT	*	169.00
1981	SNOWY WOODLAND CS50	RT	10.00	338.00
1982	50TH ANNIV. CELEBRATION CS57	RT	10.00	135.00
1983	CAMEO WHEATLAND CS58	RT	10.00	51.00
1984	COVERED BRIDGE CS62	RT	10.00	34.00
1985	SNOW CAPPED MTNS. CS63	RT	10.00	40.00
1986	TRADITIONAL HOUSES CS66	RT	10.00	80.00
1987	GRANT'S FARM GATES CS70	RT	10.00	40.00
1988	COBBLESTONE PASSAGE CS88	RT	10.00	40.00
1989	WINTER EVENING CS89	RT	13.00	40.00
1990	AN AMERICAN TRADITION CS112	RT	14.00	20.00
1990	AN AMERICAN TRADITION GOLD CS112	RT	*	152.00
1990	AN AMERICAN TRADITION SIG. ED. CS112SE	RT	50.00	40.00
1991	SEASON'S BEST CS133	RT	15.00	20.00
1991	SEASON'S BEST, GOLD CS133	RT	*	152.00
1991	SEASON'S BEST, SIG. ED. CS133SE	RT	50.00	65.00
1992	A PERFECT CHRISTMAS CS167	RT	15.00	20.00
1992	A PERFECT CHRISTMAS, GOLD CS167	RT	*	152.00
1992	A PERFECT CHRISTMAS, SIG. ED. CS167SE	RT	50.00	65.00
1993	SPECIAL DELIVERY CS192	RT	15.00	40.00
1993	SPECIAL DELIVERY, GOLD CS192	RT	60.00	135.00
1993	SPECIAL DELIVERY, SIG. ED. CS192	RT	*	129.00
1994	1994 HOLIDAY CS211	OP	14.00	40.00
1994	'94 HOLIDAY SG. ED.	RT	65.00	116.00
1995	'95 HOLIDAY, SG. ED.	OP	*	116.00
1995	CHRISTMAS-SATURDAY EVENING POST GL5	OP	*	116.00
1996	HOLIDAY SIGNATURE CS273SE	*	*	116.00
S. RYAN			**HUNTER'S COMPANION**	
1996	BEAGLE STEIN	50000	35.00	35.00
*			**RARITIES**	
*	AMERICANA CS17	RT	*	415.00
*	CLYDESDALE HOFBRAU CS29	RT	*	173.00
*	DAS FESTHAUS CS41	RT	*	182.00
*	HAMBURG CS16	RT	*	375.00
*	MINI MUGS SET OF 4 CS8	RT	*	1250.00
1975	MINIATURE BAVARIAN MUG CS7	RT	*	560.00
1976	CANTEEN DECANTER SET 7 PC FLORAL CS036	RT	*	N/A
1976	CLYDESDALES CS12/VERSION OF CSL9	RT	*	250.00

YR	NAME	LIMIT	ISSUE	TREND
1976	DELFT, ASST. DESIGNS CS11	RT	*	462.00
1976	GERMAN WINE SET 7 PC CS32	RT	*	625.00
1976	HOLANDA DECANTER SET 7 PC BRN CS34	RT	*	N/A
1976	HOLANDA DECANTER SET 7 PC CO. BLU CS35	RT	*	N/A
1977	A&EAGLE, BAVARIAN SHAPE CS24	RT	*	880.00
1980	BUSCH HOFBRAU STYLE CS44	RT	*	212.00
1980	MICHELOB HOFBRAU ST. CS45	RT	*	98.00
1980	NATURAL LIGHT HOFBRAU CS43	RT	*	212.00
1981	BUDWEISER HOFBRAU ST. CS46	RT	*	65.00
*				**SPECIAL EVENT**
1980	BUDWEISER CHICAGO SKYLINE CS40	RT	*	65.00
1981	BUDWEISER CALIFORNIA CS56	RT	*	59.00
1981	BUDWEISER CHICAGOLAND CS51	RT	*	46.00
1981	BUDWEISER TEXAS CS52	RT	*	59.00
1983	BUDWEISER SAN FRANCISCO CS29	RT	*	228.00
1983	SAN FRANCISCO CS59	*	*	175.00
1989	NORTH/SOUTH DAKOTA SO42268	*	*	33.00
1990	DAYTONA BUD BIKE WK. N/A-2	*	*	33.00
1990	DAYTONA BUD SPEED W N/A-3	*	*	33.00
1990	IDAHO: CENTENNIAL SO49804	*	*	33.00
1990	INTRO. TO WI WILDLIFE DUCK N/A-4	*	*	N/A
1990	MICHIGAN DUCKS UNLIMITED SO42208	*	*	25.00
1990	SEATTLE: GOOD WILL GMS. SO47627	*	*	33.00
1990	WISCONSIN WILDLIFE: DEER SO49700	*	*	25.00
1990	WISCONSIN WILDLIFE: DUCK SO48249	*	*	25.00
1990	WYOMING: CENTENNIAL N SP50138	*	*	33.00
1991	ARKANSAS: RICE/DUCK SO51582	*	*	50.00
1991	CA: BIG BEAR OKTOBERFEST SO53954	*	*	46.00
1991	COLORADO: AND NO... SP52848	*	*	50.00
1991	DODGE CITY DAYS SO53465	*	*	100.00
1991	FORT LEWIS, WASHINGTON SO54147	*	*	25.00
1991	GEORGIA FISHING: ON... SO53834	*	*	25.00
1991	GEORGIA HUNTING: ON... SO54141	*	*	33.00
1991	HOUSTON RODEO N/A-5	*	*	N/A
1991	ILLINOIS STATE SO54808	*	*	33.00
1991	KANSAS: GOOD TO KNOW SO53618	*	*	33.00
1991	KENTUCKY: THE CELEB. SO54022	*	*	25.00
1991	MARDI GRAS: NOTHING... SO50500	*	*	33.00
1991	MICHIGAN DU, LOON SO54807	*	*	25.00
1991	MINNESOTA WILDLIFE: LOON SO53143	*	*	25.00
1991	MISSISSIPPI BASS: ALWAY SO54822	*	*	25.00
1991	MISSISSIPPI DEER: ALWAY SO54806	*	*	25.00
1991	MISSOURI WAKE UP... SO54149	*	*	33.00
1991	NEBRASKA: TRADITIONS SO50512	*	*	33.00
1991	NEW YORK: A STATE OF... SO54214	*	*	25.00
1991	OHIO: THE HEART OF... SO55446	*	*	25.00
1991	OKLAHOMA: BETTER SOON SO53689	*	*	33.00
1991	OKLAHOMA: FESTIVAL OF... SO55447	*	*	25.00
1991	OKTOBERFEST SO54077	*	*	25.00
1991	PENNSYLVANIA: A STATE... SO54215	*	*	25.00
1991	REDLANDS: CHILI COOK-OFF SO53757	*	*	25.00
1991	SAN ANTONIO: FIESTA SO52190	*	*	50.00
1991	SAVE LAKE PONTC'TRAIN SO54240	*	*	46.00
1991	SAVE THE BAY I SO52286	*	*	33.00
1991	TEMECULA: TRACTOR RACE SO53847	*	*	25.00
1991	UTAH: NATURALLY SO52847	*	*	33.00
1991	VERMONT: BICENTENNIAL SO53758	*	*	25.00
1991	WISCONSIN WILDLIFE: BEST SO55713	*	*	150.00
1992	ADVERTISING THROUGH... N3989	*	*	85.00
1992	ALABAMA STATE SO64282	*	*	33.00
1992	ATHENS, NY FIREFIGHTERS SO64209	*	*	25.00
1992	BUDWEISER BURNS COAL SO64374	*	*	33.00
1992	BUDWEISER RACING N3553	*	*	N/A
1992	CARDINALS: 100TH ANNIV. N3767	*	*	59.00
1992	CINCINNATI: TALLSTACKS N3942	*	*	N/A
1992	DU QUOIN: STATE FAIR N3941	*	*	85.00
1992	GEORGIA: BASS SO63840	*	*	39.00
1992	GEORGIA: DEER SO64054	*	*	39.00
1992	INDIANA: CROSSROADS... SO68206	*	*	33.00
1992	IOWA: THE TIME IS... SO67816	*	*	33.00
1992	IT'S A BUD THING N3645	*	*	N/A
1992	LOUISIANA: WE'RE REALLY SO67814	*	*	33.00
1992	MARDI GRAS 1992: BUD SO56219	*	*	33.00
1992	MICHIGAN DU SO64169	*	*	25.00
1992	MICHIGAN DUCKS UNLIMITED N3828	*	*	N/A
1992	MINNESOTA WILDLIFE: MALLARD SO67817	*	*	33.00
1992	NC: CAROLINA ON MY... SO64215	*	*	33.00
1992	NEW YORK STATE II SO67691	*	*	25.00
1992	O'DOUL'S: WHAT BEER..N3522	*	*	35.00
1992	PUERTO RICO: QUINTO... SO65691	*	*	33.00
1992	TENNESSEE: WE'RE PLAY SO63887	*	*	33.00
1992	TEXAS: LIVING FREE... N3648	*	*	N/A
1992	WEST TEXAS: CENTENNIAL N3943	*	*	N/A
1993	ARKANSAS: BREWED.. N3940	*	*	N/A
1993	MARDI GRAS 1993 N4073	*	*	N/A
1993	MISSOURI: ALWAYS IN... N4118	*	*	N/A
1993	NEBRASKA WILDLIFE N4117	*	*	33.00
1993	OHIO JAYCEES: PARTNES N4119	*	*	N/A
1993	PHOENIX: ONE MILLION... N4105	*	*	N/A

Mallards at Sunrise *was offered in the "Classic Waterfowl" series from Longton Crown. It was based on art by Lynn Kaatz.*

The thrill of victory is celebrated in this 1992 Summer Olympics stein by Anheuser-Busch.

Anheuser-Busch reminds collectors that the Giant Panda is one of many endangered species.

Wolves take center stage in the Scouting the Bluffs stein available from Longton Crown in 1996. It was based on artwork by Kevin Daniels.

YR	NAME	LIMIT	ISSUE	TREND
1993	SAVE THE BAY II N4120	*	*	N/A
1996	1996 ST. PATRICK'S DAY CS269	OP	*	24.00
1996	OCTOBERFEST STEIN CS291	*	*	25.00
1997	ST. PATRICK'S DAY	OP	*	25.00
*				25.00
				SPECIALTY
1975	BUD MAN CS1	RT	*	683.00
1975	BUD MAN CS1/II	RT	*	485.00
1976	BUDWEISER LABEL CS18	RT	*	550.00
1976	MICHELOB CS27	RT	*	165.00
1977	NATURAL LIGHT CS9	RT	*	245.00
1980	OKTOBERFEST BUSCH GAR. CS42	RT	*	170.00
1982	POST CONV.-OLYMPIC CS53	RT	*	254.00
1982	POST CONV.-OLYMPIC CS54	RT	*	240.00
1982	POST CONV.-OLYMPIC CS55	RT	*	293.00
1987	KING COBRA CS80	RT	*	270.00
1987	ST. NICK CS79	RT	*	85.00
1988	ADOLPHUS BUSCH CS87	RT	*	142.00
1988	AUGUST BUSCH SR. CS102	RT	*	125.00
1989	ADOLPHUS BUSCH III CS114	RT	*	60.00
1989	BUD MAN, 1989 STYLE CS100	RT	30.00	111.00
1989	BUDWEISER LABEL CS101	RT	14.00	33.00
1989	ST. LOUIS CARDINALS CS125	RT	30.00	60.00
1990	A&EAGLE LOGO CS148	RT	16.00	18.00
1990	AUGUST BUSCH JR. CS141	RT	*	50.00
1990	BUD LIGHT LOGO CS144	RT	16.00	18.00
1990	BUDWEISER ANTIQUE LABEL CS127	RT	14.00	52.00
1990	BUDWEISER LOGO CS143	RT	16.00	18.00
1990	BUSCH LOGO CS147	RT	16.00	18.00
1990	MICHELOB DRY LOGO CS146	RT	16.00	18.00
1990	MICHELOB LOGO CS145	RT	16.00	18.00
1990	NINA CS107	RT	40.00	59.00
1991	AUGUST BUCSH III CS174	*	35.00	35.00
1991	BEVO FOX CS160	RT	250.00	325.00
1991	BEVO FOX GERZ/CS160	RT	*	325.00
1991	BOTTLED BEER W/TIN N3292	*	*	N/A
1991	BUD DRY LOGO CS156	RT	16.00	18.00
1991	BUDWEISER BOTTLED BEER CS136	RT	15.00	33.00
1991	BUDWEISER PEWTER N2755	*	*	125.00
1991	ERIN GO BUD CS109	RT	15.00	78.00
1991	GEN. ULYSSES S. GRANT CS181	RT	150.00	195.00
1991	MICHELOB DRY PEWTER N2371	*	*	125.00
1991	MICHELOB PEWTER CS158	RT	*	125.00
1991	PINTA CS129	RT	40.00	59.00
1992	1993 BUDWEISER OKTOBERFEST CS202	RT	18.00	33.00
1992	BUDWEISER OKTOBERFEST CS185	OP	16.00	33.00
1992	BUDWEISER RODEO CS184	RT	18.00	20.00
1992	CLYDESDALES ON PARADE CS161	RT	16.00	15.00
1992	GEN. ROBERT E. LEE CS188	RT	150.00	195.00
1992	MINI STEINS SET OF 6 N3289	*	*	N/A
1992	POT OF GOLD CS166	OP	15.00	20.00
1992	SANTA MARIA CS138	RT	40.00	46.00
1993	ABRAHAM LINCOLN CS189	RT	*	195.00
1993	BOTTLED TREASURE CS193	RT	16.00	52.00
1993	BUD MAN, 1993 STYLE CS213	RT	45.00	98.00
1994	AIR FORCE CS228	OP	19.00	20.00
1994	BUDWEISER SALUTES THE ARMY CS224	OP	19.00	18.00
1994	LUCK O' THE IRISH CS210	OP	18.00	18.00
1994	WALKING TALL BOOT CS251	OP	18.00	18.00
1995	1995 ST. PATRICK'S DAY CS242	OP	19.00	17.00
1995	BUDWEISER SALUTES THE NAVY CS243	OP	20.00	20.00
1995	MARINES CS256	OP	*	20.00
1996	A&EAGLE LOGO IV CS255	OP	*	27.00
*				**SPORTS**
1984	1984 BUDWEISER OLYMPIC GAMES CS60	RT	*	25.00
1987	1988 WINTER OLYMPICS CS81	RT	50.00	60.00
1987	BUDWEISER WINTER OLYMPICS CS85	RT	25.00	33.00
1988	BUDWEISER SUMMER OLYMPICS CS91	RT	55.00	65.00
1988	BUDWEISER SUMMER OLYMPICS CS92	RT	55.00	33.00
1990	AM. FAVORITE PASTIME CS124	RT	20.00	39.00
1991	1992 WINTER OLYMPICS CS162	RT	85.00	50.00
1991	BABE RUTH CS142	RT	85.00	78.00
1991	BUDWEISER 1992 OLYMPICS CS168	RT	16.00	15.00
1991	CHASING CHECKERED FLAG CS132	RT	22.00	39.00
1991	GRIDIRON LEGACY CS128	RT	20.00	33.00
1991	HEROES OF HARDWOOD CS134	OP	*	24.00
1992	1992 SUMMER OLYMPICS CS163	RT	85.00	50.00
1992	JIM THORPE CS171	RT	85.00	117.00
1992	PAR FOR THE COURSE CS165	RT	*	46.00
1993	BILL ELLIOTT CS196	RT	150.00	115.00
1993	BILL ELLIOTT, SIG. ED. CS196SE	RT	295.00	243.00
1993	CENTER ICE CS209	OP	22.00	40.00
1993	JOU LOUIS CS206	RT	85.00	116.00
1993	RACING TEAM CS194	RT	19.00	25.00
1994	1994 WORLD CUP COMMN CS230	RT	40.00	78.00
1994	FORE! GOLF BAG CS225	OP	16.00	16.00
1995	'96 OLYMPICS, CENTENNIAL	OP	*	45.00
1995	'96 OLYMPICS, GYMNASTICS	OP	*	75.00
1995	'96 OLYMPICS, TRACK	OP	*	75.00
1995	BASEBALL MIT STEIN CS244	OP	*	18.00

YR	NAME	LIMIT	ISSUE	TREND
1995	CHIP MANAUER MUG N5511	OP	*	22.00
1995	KEN SCHRADER MUG B5510	OP	*	22.00
1995	KENNY BERNSTEIN MUG N5512	*	*	22.00
1996	BILLIARDS CS278	OP	*	22.00
1996	BOWLING CS288	*	*	23.00
1996	CENTENNIAL OLYMPIC GAMES CS267	YR	*	525.00
1996	OLYMPIC GAMES CS249	*	*	N/A

FENTON ART GLASS

CONNOISSEUR COLLECTION

YR	NAME	LIMIT	ISSUE	TREND
*				
1983	CRAFTSMEN STEIN 9640WI	1500	35.00	75.00

HADLEY COMPANIES

T. REDLIN

YR	NAME	LIMIT	ISSUE	TREND
1995	WINTER WONDERLAND	45 DAYS	40.00	40.00
1996	PLEASURES OF WINTER	2000	60.00	60.00

LONGTON CROWN

ALL-STAR SLUGGERS — * | 40.00 | 40.00
1996 MICKEY MANTLE

L. MARTIN
AMERICA THE BEAUTIFUL — OP | 33.00 | 33.00
1996 GOD'S GRACE ON THEE

BABE RUTH — * | 40.00 | 40.00
1997 THE 60TH HOME RUN, 1927

CAL RIPKEN: A LEGEND IN OUR TIME — * | 40.00 | 40.00
1998 1983 WORLD CHAMPION

CINEMA SWEETHEART — * | 45.00 | 45.00
1997 SEVEN YEAR ITCH

L. KAATZ
CLASSIC WATERFOWL — * | 40.00 | 40.00
1996 MALLARDS AT SUNRISE

H. SUNDBLOM
COCA-COLA CHRISTMAS — * | 45.00 | 45.00
1997 SEASON'S GREETINGS
1997 THINGS GO BETTER WITH COKE — * | 45.00 | 45.00

K. DANIELS
CRY OF THE WOLFPACK — * | 40.00 | 40.00
1996 SCOUTING THE BLUFFS

T. KINKADE
EMERALD ISLE — * | 45.00 | 45.00
1997 EMERALD ISLE COTTAGE

FACES OF HOPE — * | 45.00 | 45.00
1997 NOBLE GRIZZLY

GOLDEN AGE OF ELVIS COLLECTION — * | 45.00 | 45.00
1997 TEDDY BEAR

GREAT BATTLES OF THE CIVIL WAR — * | 42.00 | 42.00
1997 GETTYSBURG
1998 VICKSBURG — * | 45.00 | 45.00

T. KINKADE
HOME FOR THE HOLIDAYS — * | 48.00 | 48.00
1997 VICTORIAN CHRISTMAS
1998 MAGIC OF CHRISTMAS, THE — * | 48.00 | 48.00

LEGENDS OF BASEBALL SIGNATURE — OP | 35.00 | 35.00
1996 JIMMIE FOXX: THE BEAST
1996 WALTER JOHNSON: BIG TRAIN — OP | 35.00 | 35.00

NASA MISSIONS OF HONOR — * | 40.00 | 40.00
1997 EAGLE HAS LANDED, THE

NATIONAL FRESHWATER FISHING HALL OF FAME — * | 50.00 | 50.00
1997 LARGE MOUTH BASS 22 LB. 4 OZ.
1998 RAINBOW TROUT — * | 50.00 | 50.00

C. COOLIDGE
ORIGINAL POKER DOGS — * | 30.00 | 30.00
1997 THE LAST HAND

PORTRAITS OF THE WILD — * | 40.00 | 40.00
1997 WHITE TAILED DEER

N. ROCKWELL
ROCKWELL'S ANNUAL CHRISTMAS COLLECTION — * | 50.00 | 50.00
1997 SANTA'S WORKSHOP

STAR TREK: THESE ARE THE VOYAGES — * | 45.00 | 45.00
1997 THE DOOMSDAY MACHINE

SUPERBOWL CHAMPIONS — * | 50.00 | 50.00
1997 GREEN BAY PACKERS
1997 MIAMI DOLPHINS, THE — * | 50.00 | 50.00
1997 SAN FRANCISCO 49ERS — * | 50.00 | 50.00

TAKE ME OUT TO THE BALLGAME — * | 30.00 | 30.00
1998 TAKE ME OUT TO THE BALLGAME

L.K. MARTIN
THE SPORTING BREEDS — * | 35.00 | 35.00
1997 BLACK LABORADOR
1997 CHOCOLATE LABORADOR — * | 35.00 | 35.00

THESE ARE THE VOYAGES — * | 45.00 | 45.00
1998 REDEMPTION

K. DANIELS
TIMBERWOLF: LORD OF THE WILDERNESS — OP | 43.00 | 43.00
1996 FIRST OUTING

UNDER THE LIGHT OF DANCING SKIES — * | 50.00 | 50.00
1997 ECHOES IN THE NIGHT
1997 NEW MOON'S LIGHT — * | 50.00 | 50.00

T. KINKADE
WOODLAND RETREAT — * | 40.00 | 40.00
1997 AUTUMN'S GLORY
1997 BEGINNING OF A PERFECT DAY — * | 40.00 | 40.00
1997 SIMPLER TIMES — * | 40.00 | 40.00

C. FRACE
WORLD'S MOST MAGNIFICENT CATS — * | 40.00 | 40.00
1997 NOBLE CONFINES

YR	NAME	LIMIT	ISSUE	TREND

M. CORNELL IMPORTERS
*

CORNELL STEINS

YR	NAME	LIMIT	ISSUE	TREND
1986	JOIN US! GEMUETLICHKEIT 3766	10000	30.00	40.00
1987	A TOAST 3963	10000	88.00	113.00
1987	ALPINE FLOWER 4047	5000	90.00	100.00
1987	BEERWAGON 6280	4000	110.00	133.00
1987	BERLIN CITY 3788	5000	130.00	159.00
1987	BERLIN CITY UNLIDDED 3789	5000	88.00	113.00
1987	CLUB HUNT 4402	8000	87.00	106.00
1987	ELK 6340	5000	100.00	120.00
1987	ELK UNLIDDED 6342	5000	30.00	38.00
1987	FARMER & PLOW 3423	10000	88.00	113.00
1987	FARMER & PLOW UNLIDDED 3424	10000	35.00	49.00
1987	GOLDEN HOPS & MALT 6279	4000	159.00	219.00
1987	GRIZZLY BEAR 6331	5000	100.00	120.00
1987	GRIZZLY BEAR UNLIDDED 6333	5000	30.00	38.00
1987	HAPPY DWARF 6282	4000	106.00	137.00
1987	HEIDELBERG 6278	4000	100.00	125.00
1987	HOT AIR BALLOON	5000	100.00	130.00
1987	JOIN US! GEMUETLICHKEIT 3767	10000	78.00	100.00
1987	JOIN US! GEMUETLICHKEIT 3768	10000	125.00	150.00
1987	MAY STROLL 3770	10000	79.00	100.00
1987	MAY STROLL UNLIDDED 3769	10000	30.00	40.00
1987	MOOSE 6337	5000	100.00	120.00
1987	MOOSE UNLIDDED 6339	5000	100.00	120.00
1987	WEDDING PARADE 3776	10000	85.00	104.00
1987	WEDDING PARADE UNLIDDED 3775	10000	35.00	48.00
1987	WHITE TAIL DEER 6343	5000	100.00	120.00
1987	WHITE TAIL DEER UNLIDDED 6345	5000	30.00	38.00
1987	ZITHER PLAYER 3773	10000	85.00	106.00
1987	ZITHER PLAYER UNLIDDED 3772	10000	35.00	48.00
1988	BEER BARREL 6285	4000	130.00	137.00
1988	FATHER & SON 6291	4000	115.00	135.00
1988	PROLETARIAN 3970	5000	100.00	118.00
1988	ROYAL KING LUDWIG 6287	4000	194.00	200.00
1988	SUMMER 6286	4000	80.00	89.00
1988	TYROLEAN 4413	9000	80.00	84.00
1989	AHRENS-FOX FIRE ENGINE 3719	10000	119.00	158.00
1989	AHRENS-FOX FIRE ENGINE UNLIDDED 3720	10000	35.00	44.00
1989	APOSTLE 6298	2000	239.00	290.00
1989	BICYCLIST 4723	5000	68.00	86.00
1989	CAROUSEL 6467	5000	159.00	190.00
1989	CAROUSEL MUSICAL 6468	5000	184.00	220.00
1989	COOPER (BARREL MAKER)	2000	110.00	135.00
1989	FIREFIGHTER 4765	5000	68.00	86.00
1989	GAMBRINUS 3792	10000	125.00	130.00
1989	GAMBRINUS UNLIDDED 3793	10000	40.00	50.00
1989	MUNICH 3790	5000	115.00	190.00
1989	PROLETARIAN UNLIDDED 3972	5000	45.00	60.00
1989	RED BARON 6295	4000	100.00	130.00
1989	SINGER 4768	5000	68.00	86.00
1989	SINGER UNLIDDED 4767	5000	38.00	45.00
1989	ST. GEORGE 4409	6000	150.00	165.00
1989	VILLAGE BLACKSMITH 6308	2000	110.00	135.00
1989	WEDDING DANCE JUG 4048	1500	239.00	299.00
1989	WEIHNACHTEN 3716	10000	150.00	185.00
1989	WEIHNACHTEN UNLIDDED 3717	10000	110.00	139.00
1990	BERLIN WALL 6320	2000	100.00	110.00
1990	BICYCLIST 6325	4000	120.00	130.00
1990	CLIPPER 3814	10000	168.00	185.00
1990	CLIPPER UNLIDDED 3811	10000	47.00	50.00
1990	FIREFIGHTER 6327	4000	120.00	135.00
1990	FRIEDOLIN 3785	10000	99.00	110.00
1990	FRIEDOLIN UNLIDDED 3784	10000	47.00	50.00
1990	GOLFER 3820	10000	168.00	185.00
1990	GOLFER UNLIDDED 3816	10000	47.00	50.00
1990	GRENZAU CASTLE 4590	12000	120.00	132.00
1990	LORELEY 3782	10000	95.00	104.00
1990	LORELEY UNLIDDED 3781	10000	43.00	47.00
1990	MUNICH BIER-WAGON 6326	4000	150.00	165.00
1990	NAS GRIZZLY BEAR 4451	20000	175.00	193.00
1990	NAS HUMPBACK WHALE	20000	175.00	193.00
1990	NAS PEREGRINE FALCON 4452	20000	175.00	193.00
1990	NAS WOOD DUCK 4453	20000	175.00	193.00
1990	NOAH'S ARK 6469	5000	129.00	150.00
1990	SEPPL 3779	10000	95.00	104.00
1990	SEPPL UNLIDDED 3778	10000	43.00	47.00
1990	STONEWARE NUTCRACKER 6473	5000	139.00	150.00
1990	TURNVATER JAHN 3797	10000	138.00	150.00
1990	TURNVATER JAHN UNLIDDED 3796	10000	95.00	104.00
1990	WIESBADEN 3794	2000	125.00	140.00
1990	WIESBADEN UNLIDDED 3795	2000	100.00	115.00

E. BREIDEN

CORNELL STEINS

YR	NAME	LIMIT	ISSUE	TREND
1987	MALLARD 4041	4000	100.00	130.00
1987	WILD BOAR 4044	4000	100.00	130.00

P. DUEMLER

CORNELL STEINS

YR	NAME	LIMIT	ISSUE	TREND
1987	BIBLE 3870	10000	80.00	99.00
1987	BIBLE UNLIDDED 3869	10000	30.00	42.00

The 1992 U.S. Olympic Team *is honored in this stein by Anheuser-Busch.*

Limited to 50,000, Anheuser-Busch's Beagle *stein is part of the company's "Hunters Companion Series."*

Anheuser-Busch commemorates the 1893 Columbian Exposition.

This open edition St. Patrick's Day *stein from Anheuser-Busch celebrates the Irish holiday.*

YR	NAME	LIMIT	ISSUE	TREND
1987	BICYCLISTS UNLIDDED, THE 3857	10000	30.00	42.00
1987	BICYCLISTS, THE 3858	10000	80.00	100.00
1987	CARDPLAYER UNLIDDED, THE 3868	10000	35.00	47.00
1987	CARDPLAYER, THE 3867	10000	190.00	220.00
1987	CENTURIO 3861	10000	74.00	88.00
1987	CENTURIO UNLIDDED 3860	10000	30.00	42.00
1987	CHERUSKAN 3873	10000	109.00	148.00
1987	CHERUSKAN UNLIDDED 3872	10000	40.00	55.00
1987	DR. FAUST 3851	10000	80.00	98.00
1987	DR. FAUST 3852	10000	30.00	40.00
1987	MINUET 3876	10000	79.00	108.00
1987	MINUET UNLIDDED 3875	10000	30.00	42.00
1987	PATRIZIER 3864	10000	75.00	88.00
1987	PATRIZIER UNLIDDED 3863	10000	30.00	42.00
1988	DRAGON SLAYER 3980	10000	165.00	200.00
1988	DRAGON SLAYER BEER CHALICE 3982	10000	79.00	105.00
1988	ROYALTY 3878	10000	80.00	88.00
1988	ROYALTY 3880	10000	110.00	130.00
1989	CRUSADER 3883	10000	145.00	180.00
1989	GENERAL TILLY TANKARD 3715	5000	380.00	440.00
1989	ROYALTY 3887	10000	65.00	75.00
1989	ROYALTY UNLIDDED 3888	10000	35.00	47.00

W. GOSSEL CORNELL STEINS

YR	NAME	LIMIT	ISSUE	TREND
1990	BABA YAGA 4993	5000	238.00	249.00

J. LIM CORNELL STEINS

YR	NAME	LIMIT	ISSUE	TREND
1989	BALD EAGLE 3721	10000	150.00	175.00
1989	BALD EAGLE 3722	10000	110.00	139.00
1989	BALD EAGLE UNLIDDED 3723	10000	40.00	48.00
1989	DRAGON REGIMENTAL 4992	5000	199.00	249.00

CATEGORY INDEX

PRINTS

STEINS

COMPANY INDEX

A

Adolf Sehring Studio 201
Adrian Taron & Sons 201, 524
Amazee Gifts 22
AMCAL Fine Arts 804
American Artists 201, 662, 804
American Greetings 524
American Legacy 805
American Masters 805
American Rails & Highways 662
American Rose Society 663
Americast Inc. 201
Anheuser-Busch Inc. 202, 525, 663, 896
Annalee Mobilitee 89, 525
Anna-Perenna 202, 525, 663, 808
ANRI 10, 116, 202, 526, 664
Applejack Ltd. 808
Arabia Annual 665
Ardleigh-Elliott 211
Armani 212, 526
Armstrong's 216, 665, 808
Art Impressions West 808
Art World of Bourgeault 666, 808
Artaffects 10, 117, 217, 526, 666, 808
Arthur Court Designs 527
Artists of the World 10, 219, 527, 671, 809
Ashton-Drake Galleries 117, 527
Attic Babies 129
Aviation Art Museum 809
Avonlea Traditions Inc. 130

B

B. Bourgeau Richards Collection 809
Banberry Designs Inc. 220
Band Creations 22, 221, 527
Barber Gallery 810
Bareuther 672
Bartz Studios 811
Belleek 673
Benson Fine Art Prints 811
Berlin Design 673
Biedermann & Sons 528, 673
Bing & Grondahl 10, 224, 528, 673
Bishop Fine Art Ltd. 812
Boehm Studios 224, 676
Boyds Collection Ltd. 130, 228, 528
Bradford Editions 11, 231, 528,
Bradford Exchange 131, 231, 529, 676
Brandywine Woodcrafts 23, 529
Briercroft 231, 529
Brighter Image Publishing 812
Buccellati 529
Byers' Choice Ltd. 232
Byliny's Porcelain 704

C

C.U.I./Carolina Collection 11, 704
Cairn Studio Ltd. 234
Caney Creek Publishing 812
Carriage House Studio Inc. 529
Cast Art 11, 237, 529, 705
Cat Corcilius 812
Cavanagh Group 24, 242, 529, 705
Cazenovia Abroad 530
Charming Tails 24, 243, 531
Christian Ulbricht Usa 248
Christina's World 532

Christopher Paluso Art Works 812
Christopher Radko 534
Chust Country 249, 812
Circle Fine Art 812
Clarissa's Creations 705
Cole Fine Art 814
Competitive Images 815
Constance Collection 249
Country Artists 251
Creart 252
Creative Craftsmen 25
Crestley Collection 705
Cross Gallery 816
Crown & Rose 11
Crown Parian 706
Crystal World 253
Curator Collection Ltd. 706
Cybis 260, 545

D

D'arceau Limoges 708
Daddy's Long Legs 131, 264, 545
Danbury Mint 11, 264, 706
Dave Grossman Creations 11, 25, 264, 545, 709, 816
David Winter Cottages/Enesco 25, 269, 546
David Winter Cottages/John Hine Studios 26
Deborah Robinson 817
Delgado Studio 817
Delphi 710
Dennis P. Lewan Fine Art Studios 817
Department 56 11, 32, 134, 269, 546, 712
Diana Art 712
Diane Phalen Watercolors 818
Dianna Effner Porcelain Dolls 134
Different Drummer Studios 43
Digital Vista 712
Dimensional Aesthetics 818
Dolls By Jerri 134
Duncan Royale 274, 714
Dynasty Doll 134

E

Eagle Editions Ltd. 818
Edna Hibel Studios 135, 714, 818
Edwin M. Knowles 135, 715
Eggspressions 277
Eighth Avenue Graphics 819
Elke's Originals 136
Emi 279
Enchantica 724
Endurance 279
Enesco 11, 43, 136, 280, 549, 724
Ertl Collectibles 43, 137, 307, 566

F

Fairmont 725
Fantastic Art 819
Faraway 821
Fenton Art Glass 12, 137, 308, 567, 725, 901
Figi Collections Inc. 326, 567
Fitz & Floyd 137, 727
FJ Designs/Cat's Meow 43, 326, 567
Flambro 328, 567, 727, 821
For Arts Sake 821

Forma Vitrum 53
Fountainhead 727, 821
Frame House 821
Franklin Mint 334, 727

G

Ganz 137, 334, 567
Gartlan USA 337, 727, 824
Genesis Designs 54, 338
Geo. Zoltan Lefton Co. 54, 339
Georgetown Collection Inc. 137, 729
Ghent Collection 729
Glass Eye 340, 569
Goebel Inc. 15, 58, 138, 340, 569, 729
Goebel Miniatures 352
Good-Kruger Dolls 143
Gorham 15, 143, 356, 572, 730
Grande Copenhagen 734
Granget 359
Greenwich Workshop 16, 359, 824
Guildhall Inc. 829
Gund Inc. 148, 360, 830

H

H & G Studios 148, 734
Hackett American 734
Hadley Companies 58, 572, 735, 830, 901
Hallmark 16, 58, 148, 360, 572, 735
Hamilton Collection 149, 361, 630, 736
Hamilton Gifts 16, 152, 365, 630
Hamilton/Boehm 366, 751
Hand & Hammer 630
Hanford's 366
Harbour Lights 58, 633
Harmony Kingdom 366
Harold Rigsby 833
Haviland & Parlon 752
Haviland 752
Hawthorne 60, 369, 634
Helen Paul Watercolors 833
Helen Sabatte Designs Inc. 370
Henning Publishing 833
Historical Art Prints Ltd. 833
Hutschenreuther 371, 752

I

Imperial Ching-Te Chen 752
Imperial Graphics Ltd. 834
Incolay 753
International Silver 754
Iris Arc 371
Ispanky 371

J

J.H. Boone 373
J.S. Perry Originals 835
Jack Terry Fine Art 836
Jan Hagara Collectables 16, 152, 374, 634, 754, 837
Jan McLean Originals 152
Jan's Originals 65
Jeffrey Scott Co. 67, 374
Jim Harrison 837
Johannes Zook Originals 152
John Hine Studios Ltd. 68, 374, 634, 754

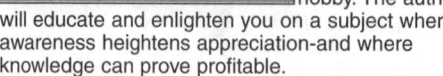